Kapitalmarktrecht

dtv

# Schnellübersicht

BörsenG (BörsG) 4
Börsenzulassungs-VO (BörsZulV) 4a
DepotG (DepotG) 16
DerivateVO (DerivateV) 14b
EU-Marktmissbrauchsverordnung 11
EU-Prospekt-VO 6
Gegenpartei-PrüfbescheinigungsVO (GPrüfbV) 12i
Kapitalanlagegesetzbuch (KAGB) 15
Kapitalanlage-Prüfungsberichte-VO (KAPrüfbV) 15e
Kapitalanlage-Rechnungslegungs- und -BewertungsVO (KARBV) 15d
Kapitalanlage-Verhaltens- und -OrganisationsVO (KAVerOV) 15a
Kapitalanleger-MusterverfahrensG (KapMuG) 14
KlageregisterVO (KlagRegV) 14a
Leerverkaufs-AnzeigeVO (LAnzV) 12f
MarktzugangsangabenVO (MarktangV) 12c
Netto-LeerverkaufspositionsVO (NLPosV) 12h
RL 2014/65/EU über Märkte für Finanzinstrumente (MiFiD II) 1
SchuldverschreibungsG 10
Transparenzrichtlinie-DurchführungsVO (TranspRLDV) 12e
VermögensanlagenG (VermAnlG) 8
Vermögensanlagen-Informationsblatt-BestätigungsVO (VIBBestV) 8d
Vermögensanlagen-VerkaufsprospektgebührenVO (VermVerkProspGebV) 8b
Vermögensanlagen-VerkaufsprospektvVO (VermVerkProspV) 8a
Vermögensanlagen-Veröffentlichungs- und MitteilungspflichtenVO (VermVerMiV) 8c
VO (EU) 1286/2014 9
VO (EU) 2017/565 13
VO (EU) 2017/568 5
VO (EU) 2019/979 6a
VO (EU) 2019/980 6b
VO (EU) 600/2014 2
VO zum elektr. Anzeigeverfahren nach dem KAGB (EAKAV) 15c
Wertpapierdienstleistungs-PrüfungsVO (WpDPV) 12b
Wertpapierdienstleistungs-Verhaltens- und OrganisationsVO (WpDVerOV) 12d
Wertpapiererwerbs- und ÜbernahmeG (WpÜG) 17
WertpapierhandelsanzeigeVO (WpAV) 12a
WertpapierhandelsG (WpHG) 12
WertpapierprospektG (WpPG) 7
WertpapierprospektgebührenVO (WpPGebV) 7a
Wertpapier- und Marktaufsichtsbehörden-VO (ESMA-VO) 3
WpHG-MitarbeiteranzeigeVO (WpHGMaAnzV) 12g
WpÜG-AngebotsVO 17c
WpÜG-AnwendbarkeitsVO 17a
WpÜG-BeaufsichtigungsmitteilungsVO 17b
WpÜG-BeiratsVO 17f
WpÜG-GebührenVO 17e
WpÜG-Widerspruchsausschuss-VO 17d

# Kapitalmarktrecht

Textausgabe mit Sachverzeichnis
und einer Einführung von Prof. Dr. Lars Klöhn

8. Auflage
Stand 1. Januar 2021

dtv

**Redaktioneller Hinweis:**
Paragraphenüberschriften in eckigen Klammern sind nichtamtlich.
Sie sind ebenso wie alle übrigen nichtamtlichen Bestandteile urheber- und wettbewerbsrechtlich geschützt.
Die Angaben zum Stand der Sammlung auf dem Titelblatt beziehen sich auf das Ausgabedatum der maßgeblichen Gesetz-, Verordnungs- und Amtsblätter.
Für Hinweise, Anregungen und Kritik ist der Verlag stets dankbar.
Richten Sie diese bitte an den Verlag C. H. Beck,
Postfach 40 03 40, 80703 München

www.dtv.de

www.beck.de

**Sonderausgabe**
dtv Verlagsgesellschaft mbH & Co. KG,
Tumblingerstraße 21, 80337 München
© 2021. Redaktionelle Verantwortung: Verlag C. H. Beck
Gesamtherstellung: Druckerei C. H. Beck, Nördlingen
(Adresse der Druckerei: Wilhelmstraße 9, 80801 München)
Umschlagtypographie auf der Grundlage
der Gestaltung von Celestino Piatti

chbeck.de/nachhaltig

ISBN 978-3-423-53083-5 (dtv)
ISBN 978-3-406-77020-3 (C. H. Beck)

# Inhaltsverzeichnis

**Abkürzungsverzeichnis** .................................................................. XI
**Einführung** von Prof. Dr. Lars Klöhn ............................................. XV

**Kapitalmarktorganisationsrecht**

1. **Richtlinie 2014/65/EU** des Europäischen Parlaments und des Rates vom 15. Mai 2014 über Märkte für Finanzinstrumente sowie zur Änderung der Richtlinien 2002/92/EG und 2011/61/EU ...... 1
2. **Verordnung (EU) Nr. 600/2014** des Europäischen Parlaments und des Rates vom 15. Mai 2014 über Märkte für Finanzinstrumente und zur Änderung der Verordnung (EU) Nr. 648/2012 ....... 159
3. **Verordnung (EU) Nr. 1095/2010** des Europäischen Parlaments und des Rates vom 24. November 2010 zur Errichtung einer Europäischen Aufsichtsbehörde (Europäische Wertpapier- und Marktaufsichtsbehörde), zur Änderung des Beschlusses Nr. 716/2009/EG und zur Aufhebung des Beschlusses 2009/77/EG der Kommission v. 24.11.2010 ...................................................................................... 275
4. **Börsengesetz (BörsG)** v. 16.7.2007 .......................................... 351
4a. Verordnung über die Zulassung von Wertpapieren zur regulierten Notierung an einer Wertpapierbörse **(Börsenzulassungs-Verordnung – BörsZulV)** idF der Bek. v. 9.9.1998 ............................... 405
5. **Delegierte Verordnung (EU) 2017/568** der Kommission vom 24. Mai 2016 zur Ergänzung......... der Richtlinie 2014/65/EU des Europäischen Parlaments und des Rates durch technische Regulierungsstandards für die Zulassung von Finanzinstrumenten zum Handel an geregelten Märkten ....................................................... 413

**Primärmarkt**

6. **Verordnung (EU) 2017/1129** des Europäischen Parlaments und des Rates vom 14. Juni 2017 über den Prospekt, der beim öffentlichen Angebot von Wertpapieren oder bei deren Zulassung zum Handel an einem geregelten Markt zu veröffentlichen ist und zur Aufhebung der Richtlinie 2003/71/EG ........................................ 419
6a. **Delegierte Verordnung (EU) 2019/979** der Kommission vom 14. März 2019 zur Ergänzung der Verordnung (EU) 2017/1129 des Europäischen Parlaments und des Rates durch technische Regulierungsstandards für wesentliche Finanzinformationen in der Zusammenfassung des Prospekts, die Veröffentlichung und Klassifizierung von Prospekten, die Werbung für Wertpapiere, Nachträge zum Prospekt und das Notifizierungsportal und zur Aufhebung der Delegierten Verordnung (EU) Nr. 382/2014 der Kommission und der Delegierten Verordnung (EU) 2016/301 der Kommission ............. 505

## Inhalt

**6b. Delegierte Verordnung (EU) 2019/980** der Kommission vom 14. März 2019 zur Ergänzung der Verordnung (EU) 2017/1129 des Europäischen Parlaments und des Rates hinsichtlich der Aufmachung, des Inhalts, der Prüfung und der Billigung des Prospekts, der beim öffentlichen Angebot von Wertpapieren oder bei deren Zulassung zum Handel an einem geregelten Markt zu veröffentlichen ist, und zur Aufhebung der Verordnung (EG) Nr. 809/2004 der Kommission ................................................................................................ 528

**7.** Gesetz über die Erstellung, Billigung und Veröffentlichung des Prospekts, der beim öffentlichen Angebot von Wertpapieren oder bei der Zulassung von Wertpapieren zum Handel an einem organisierten Markt zu veröffentlichen ist **(Wertpapierprospektgesetz – WpPG)** v. 22.6.2005 ..................................................................... 563

**7a.** Verordnung über die Erhebung von Gebühren nach dem Wertpapierprospektgesetz **(Wertpapierprospektgebührenverordnung – WpPGebV)** v. 29.6.2005 ........................................................... 587

**8.** Gesetz über Vermögensanlagen **(Vermögensanlagengesetz – VermAnlG)** v. 6.12.2011 .................................................................. 591

**8a.** Verordnung über Vermögensanlagen-Verkaufsprospekte **(Vermögensanlagen-Verkaufsprospektverordnung – VermVerkProspV)** v. 16.12.2004 ........................................................... 624

**8b.** Verordnung über die Gebühren für Amtshandlungen betreffend Verkaufsprospekte für Vermögensanlagen nach dem Vermögensanlagengesetz **(Vermögensanlagen-Verkaufsprospektgebührenverordnung – VermVerkProspGebV)** v. 29.6.2005 .................... 635

**8c.** Verordnung zur Durchführung des § 11a des Vermögensanlagengesetzes **(Vermögensanlagen-Veröffentlichungs- und Mitteilungspflichtenverordnung – VermVerMiV)** v. 20.8.2015 ......... 637

**8d.** Verordnung zur Durchführung des § 15 Absatz 4 des Vermögensanlagengesetzes **(Vermögensanlagen-Informationsblatt-Bestätigungsverordnung – VIBBestV)** v. 20.8.2015 ............................ 640

**9. Verordnung (EU) Nr. 1286/2014** des Europäischen Parlaments und des Rates vom 26. November 2014 über Basisinformationsblätter für verpackte Anlageprodukte für Kleinanleger und Versicherungsanlageprodukte (PRIIP) ....................................................... 643

**10.** Gesetz über Schuldverschreibungen aus Gesamtemissionen **(Schuldverschreibungsgesetz – SchVG)** v. 31.7.2009 ............... 673

### Sekundärmarkt

**11. Verordnung (EU) Nr. 596/2014** des Europäischen Parlaments und des Rates vom 16. April 2014 über Marktmissbrauch (Marktmissbrauchsverordnung) und zur Aufhebung der Richtlinie 2003/6/EG des Europäischen Parlaments und des Rates und der Richtlinien 2003/124/EG, 2003/125/EG und 2004/72/EG der Kommission .................................................................................. 685

**12.** Gesetz über den Wertpapierhandel **(Wertpapierhandelsgesetz – WpHG)** idF der Bek. v. 9.9.1998 ................................................. 753

# Inhalt

**12a.** Verordnung zur Konkretisierung von Anzeige-, Mitteilungs-und Veröffentlichungspflichten nach dem Wertpapierhandelsgesetz **(Wertpapierhandelsanzeigeverordnung – WpAV)** v. 13.12.2004 .................................................................. 930

**12b.** Verordnung über die Prüfung der Wertpapierdienstleistungsunternehmen nach § 89 des Wertpapierhandelsgesetzes **(Wertpapierdienstleistungs-Prüfungsverordnung – WpDPV)** v. 17.1.2018 .................................................................. 942

**12c.** Verordnung über die erforderlichen Angaben und vorzulegenden Unterlagen bei einem Erlaubnisantrag nach § 102 des Wertpapierhandelsgesetzes **(Marktzugangsangabenverordnung – MarktangV)** v. 30.9.2004 .................................................................. 956

**12d.** Verordnung zur Konkretisierung der Verhaltensregeln und Organisationsanforderungen für Wertpapierdienstleistungsunternehmen **(Wertpapierdienstleistungs-Verhaltens- und Organisationsverordnung – WpDVerOV)** v. 17.10.2017 .................................................................. 959

**12e.** Verordnung zur Umsetzung der Richtlinie 2007/14/EG der Kommission vom 8. März 2007 mit Durchführungsbestimmungen zu bestimmten Vorschriften der Richtlinie 2004/109/EG zur Harmonisierung der Transparenzanforderungen in Bezug auf Informationen über Emittenten, deren Wertpapiere zum Handel an einem geregelten Markt zugelassen sind **(Transparenzrichtlinie-Durchführungsverordnung – TranspRLDV)** v. 13.3.2008 .................................................................. 979

**12f.** Verordnung zur Konkretisierung von Art, Umfang und Form der Mitteilungen und Benachrichtigungen gemäß Artikel 17 Absatz 5, 6, 9 und 10 der Verordnung (EU) Nr. 236/2012 **(Leerverkaufs-Anzeigeverordnung – LAnzV)** v. 16.4.2014 .................................................................. 987

**12g.** Verordnung über den Einsatz von Mitarbeitern in der Anlageberatung, als Vertriebsmitarbeiter, in der Finanzportfolioverwaltung, als Vertriebsbeauftragte oder als Compliance- Beauftragte und über die Anzeigepflichten nach § 87 des Wertpapierhandelsgesetzes **(WpHG-Mitarbeiteranzeigeverordnung – WpHGMaAnzV)** v. 21.12.2011 .................................................................. 990

**12h.** Verordnung zur Konkretisierung der Mitteilungs- und Veröffentlichungspflichten für Netto-Leerverkaufspositionen **(Netto-Leerverkaufspositionsverordnung – NLPosV)** v. 17.12.2012 ......... 1001

**12i.** Verordnung über die Prüfung und Bescheinigung der Einhaltung bestimmter Pflichten auf Grund der Verordnung (EU) Nr. 648/2012 des Europäischen Parlaments und des Rates vom 4. Juli 2012 über OTC Derivate, zentrale Gegenparteien und Transaktionsregister durch prüfpflichtige nichtfinanzielle Gegenparteien **(Gegenpartei-Prüfbescheinigungsverordnung – GPrüfbV)** v. 19.3.2014 .................................................................. 1007

**13.** **Delegierte Verordnung (EU) 2017/565** der Kommission vom 25. April 2016 zur Ergänzung der Richtlinie 2014/65/EU des Europäischen Parlaments und des Rates in Bezug auf die organisatorischen Anforderungen an Wertpapierfirmen und die Bedingungen

## Inhalt

für die Ausübung ihrer Tätigkeit sowie in Bezug auf die Definition bestimmter Begriffe für die Zwecke der genannten Richtlinie ....... 1013

14. Gesetz über Musterverfahren in kapitalmarktrechtlichen Streitigkeiten **(Kapitalanleger-Musterverfahrensgesetz – KapMuG)** v. 19.10.2012 ............................. 1119

14a. Verordnung über das Klageregister nach dem Kapitalanleger-Musterverfahrensgesetz **(Klageregisterverordnung – KlagRegV)** v. 14.12.2012 ............................. 1131

### Intermediäre

15. **Kapitalanlagegesetzbuch (KAGB)** v. 4.7.2013 ........................ 1137

15a. Verordnung zur Konkretisierung der Verhaltensregeln und Organisationsregeln nach dem Kapitalanlagegesetzbuch **(Kapitalanlage-Verhaltens- und –Organisationsverordnung – KAVerOV)** v. 16.7.2013 ............................. 1471

15b. Verordnung über Risikomanagement und Risikomessung beim Einsatz von Derivaten, Wertpapier-Darlehen und Pensionsgeschäften in Investmentvermögen nach dem Kapitalanlagegesetzbuch **(Derivateverordnung – DerivateV)** v. 16.7.2013 ............. 1476

15c. Verordnung zum **elektronischen Anzeigeverfahren** für inländische Investmentvermögen und EU-Investmentvermögen nach dem Kapitalanlagegesetzbuch **(EAKAV)** v. 16.7.2013 ............. 1501

15d. Verordnung über Inhalt, Umfang und Darstellung der Rechnungslegung von Sondervermögen, Investmentaktiengesellschaften und Investmentkommanditgesellschaften sowie über die Bewertung der zu dem Investmentvermögen gehörenden Vermögensgegenstände **(Kapitalanlage-Rechnungslegungs- und -Bewertungsverordnung – KARBV)** v. 16.7.2013 ............................. 1504

15e. Verordnung über den Gegenstand der Prüfung und die Inhalte der Prüfungsberichte für externe Kapitalverwaltungsgesellschaften, Investmentaktiengesellschaften, Investmentkommanditgesellschaften und Sondervermögen **(Kapitalanlage-Prüfungsberichte-Verordnung – KAPrüfbV)** v. 24.7.2013 ............................. 1533

16. Gesetz über die Verwahrung und Anschaffung von Wertpapieren **(Depotgesetz – DepotG)** idF der Bek. v. 11.1.1995 ............. 1561

### Übernahmerecht

17. **Wertpapiererwerbs- und Übernahmegesetz (WpÜG)** v. 20.12.2001 ............................. 1575

17a. Verordnung über die Anwendbarkeit von Vorschriften betreffend Angebote im Sinne des § 1 Abs. 2 und 3 des Wertpapiererwerbs- und Übernahmegesetzes **(WpÜG-Anwendbarkeitsverordnung)** v. 17.7.2006 ............................. 1612

# Inhalt

**17b.** Verordnung über den Zeitpunkt sowie den Inhalt und die Form der Mitteilung und der Veröffentlichung der Entscheidung einer Zielgesellschaft nach § 1 Abs. 5 Satz 1 und 2 ............des Wertpapiererwerbs- und Übernahmegesetzes **(WpÜG-Beaufsichtigungsmitteilungsverordnung)** v. 13.10.2006 .................... 1614

**17c.** Verordnung über den Inhalt der Angebotsunterlage, die Gegenleistung bei Übernahmeangeboten und Pflichtangeboten und die Befreiung von der Verpflichtung zur Veröffentlichung und zur Abgabe eines Angebots **(WpÜG-Angebotsverordnung)** v. 27.12.2001 .. 1616

**17d.** Verordnung über die Zusammensetzung und das Verfahren des Widerspruchsausschusses beim Bundesaufsichtsamt für den Wertpapierhandel **(WpÜG-Widerspruchsausschuss-Verordnung)** v. 27.12.2001 ................................. 1623

**17e.** Verordnung über Gebühren nach dem Wertpapiererwerbs- und Übernahmegesetz **(WpÜG-Gebührenverordnung)** v. 27.12.2001 ................................. 1625

**17f.** Verordnung über die Zusammensetzung, die Bestellung der Mitglieder und das Verfahren des Beirats beim Bundesaufsichtsamt für den Wertpapierhandel **(WpÜG-Beiratsverordnung)** v. 27.12.2001 ................................. 1627

**Sachverzeichnis** .................................................................. 1629

# Abkürzungsverzeichnis

| | |
|---|---|
| Abl. EU | Amtsblatt der Europäischen Union |
| Abs. | Absatz |
| AEUV | EU-Arbeitsweisevertrag |
| aF | alte Fassung |
| AG | Aktiengesellschaft |
| AGB | Allgemeine Geschäftsbedingungen |
| AIF | Alternative Investmentfonds |
| Anm. | Anmerkung |
| Art. | Artikel |
| | |
| BaFin | Bundesanstalt für Finanzdienstleistungsaufsicht |
| BAKred | Bundesaufsichtsamt für das Kreditwesen |
| Banz. | Bundesanzeiger |
| BBankG | Gesetz über die Deutsche Bundesbank |
| BBK | Deutsche Bundesbank |
| Bek. | Bekanntmachung |
| ber. | berichtigt |
| BGB | Bürgerliches Gesetzbuch |
| BörsG | Börsengesetz |
| BörsZulV | Börsenzulassungs-Verordnung |
| | |
| DepotG | Depotgesetz |
| DerivateV | Derivateverordnung |
| | |
| EAKAV | VO zum elektr. Anzeigeverfahren nach dem Kapitalanlagegesetzbuch |
| EG | Einführungsgesetz; Europäische Gemeinschaft |
| EGBGB | Einführungsgesetz zum Bürgerlichen Gesetzbuche |
| ESZB | Europäisches System der Zentralbanken |
| EU | Europäische Union |
| EU-MarktmissbrauchsVO | Verordnung (EU) Nr. 596/2014 |
| EU-Prospekt-VO | Verordnung (EU) 2017/1129 |
| EWS | Europäisches Währungssystem |
| EZB | Europäische Zentralbank |
| EZB-VO | Verordnung (EG) Nr. 1745/2003 der Europäischen Zentralbank über die Auferlegung einer Mindestreservepflicht |
| | |
| FNA | Fundstellennachweis Teil A zum Bundesgesetzblatt Teil I (erscheint jährlich) |
| | |
| G | Gesetz |
| GG | Grundgesetz für die Bundesrepublik Deutschland |
| GPrüfbV | Gegenpartei-Prüfbescheinigungsverordnung |
| GVBl. | Gesetz- und Verordnungsblatt |

# Abkürzungen

| | |
|---|---|
| HGB | Handelsgesetzbuch |
| idF | in der Fassung |
| IMM | Interne Modelle Methode |
| IRBA | auf Internen Ratings Basierender Ansatz |
| iSd | im Sinne des |
| IWF | Internationaler Währungsfonds |
| KAGB | Kapitalanlagegesetzbuch |
| Kap. | Kapitel |
| KapMuG | Kapitalanleger-Musterverfahrensgesetz |
| KAPrüfbV | Kapitalanlage-Prüfungsberichte-Verordnung |
| KARBV | Kapitalanlage-Rechnungslegungs- und -Bewertungsverordnung |
| KAVerOV | Kapitalanlage-Verhaltens- und -OrganisationsVO |
| KGaA | Kommanditgesellschaft auf Aktien |
| KlagRegV | Klageregisterverordnung |
| KSA | Kreditrisiko-Standardansatz |
| LAnzV | Leerverkaufs-Anzeigeverordnung |
| LZB | Landeszentralbank |
| MAR | Market Abuse Regulation |
| MarktangV | Marktzugangsangabenverordnung |
| MiFiD | Markets in Financial Instruments Directive |
| MiFiD II | Richtlinie 2014/65/EU |
| NLPosV | Netto-Leerverkaufspositionsverordnung |
| Nr. | Nummer |
| OECD | Organisation für wirtschaftliche Zusammenarbeit und Entwicklung |
| OGAW | Organismen für gemeinsame Anlagen in Wertpapieren |
| OLG | Oberlandesgericht |
| PRIIP | Packaged Retail and Insurance-Based Investment Products |
| PRIIP-VO | Verordnung (EU) Nr. 1286/2014 |
| RGBl. | Reichsgesetzblatt |
| RL | Richtlinie |
| RStruktFG | Restrukturierungsfondsgesetz |
| ScheckG | Scheckgesetz |
| SEPA | Single Euro Payments Area |
| SM | Standardmethode |
| StGB | Strafgesetzbuch |
| StPO | Strafprozessordnung |
| SWIFT | Society for Worldwide Interbank Financial Telecommunication |

# Abkürzungen

| | |
|---|---|
| TranspRLDV | Transparenzrichtlinie-Durchführungsverordnung |
| v.H. | vom Hundert |
| VermAnlG | Vermögensanlagengesetz |
| VermVerkProspGebV | Vermögensanlagen-Verkaufsprospektgebührenverordnung |
| VermVerkProspV | Vermögensanlagen-Verkaufsprospektverordnung |
| VermVerMiV | Vermögensanlagen-Veröffentlichungs- und Mitteilungspflichtenverordnung |
| VIBBestV | Vermögensanlagen-Informationsblatt-Bestätigungsverordnung |
| VO | Verordnung |
| WpAV | Wertpapierhandelsanzeigeverordnung |
| WpDPV | Wertpapierdienstleistungs-Prüfungsverordnung |
| WpDVerOV | Wertpapierdienstleistungs-Verhaltens- und Organisationsverordnung |
| WpHG | Wertpapierhandelsgesetz |
| WpHGMaAnzV | WpHG-Mitarbeiteranzeigeverordnung |
| WpPG | Wertpapierprospektgesetz |
| WpPGebV | Wertpapierprospektgebührenverordnung |
| WpÜG | Wertpapiererwerbs- und Übernahmegesetz |
| zB | zum Beispiel |
| Ziff. | Ziffer |

# Einführung

Von Universitätsprofessor Dr. Lars Klöhn, Berlin

## I. Kapitalmarkt

### 1. Begriff

Kapitalmärkte sind besondere Finanzmärkte. Als Finanzmarkt bezeichnet man in Abgrenzung zum Gütermarkt jeden Markt, auf dem Finanzierungshilfen oder andere Finanzprodukte gehandelt werden. Kapitalmärkte sind Märkte, auf denen langfristige Finanzierungshilfen (Kapital) gehandelt werden. Sie lassen sich in vielfacher Weise einteilen. Nach der Marktchronologie unterscheidet man Primärmärkte, auf denen Emittenten Wertpapiere erstmalig ausgeben, und Sekundärmärkte (Zirkulationsmärkte), auf denen bereits emittierte Wertpapiere zirkulieren. Hinsichtlich der gehandelten Finanzinstrumente kann man insbesondere Aktien-, Renten- und Märkte für Investmentanteile auseinanderhalten. Hinsichtlich der Regulierungsintensität differenziert man zwischen regulierten und nicht oder kaum spezifisch regulierten „Grauen" Kapitalmärkten.

### 2. Ökonomische Bedeutung

Kapitalmärkte erfüllen einige für die Volkswirtschaft wichtige Funktionen: Die wichtigste besteht darin, Unternehmen die Möglichkeit zu bieten, langfristige Finanzierungshilfen bei Anlegern einzuwerben und damit ihre Projekte zu verwirklichen. Dies kommt nicht nur großen Emittenten, sondern auch kleinen und mittleren Unternehmen (KMU) zugute, die von Banken Fremdkapital nur zu prohibitiv hohen Zinssätzen erhalten würden. Zahlreiche Studien zeigen einen unmittelbaren Zusammenhang zwischen der Liquidität und den Transaktionskosten auf den Kapitalmärkten auf der einen Seite und dem Wirtschaftswachstum auf der anderen Seite: Gute Kapitalmärkte schaffen Arbeitsplätze! Daneben erlauben Kapitalmärkte den Marktteilnehmern, sich effektiv und kostensparend gegen Risiken zu versichern. Sie bieten Menschen die Möglichkeit, Altersvorsorge zu betreiben und am globalen Wirtschaftswachstum teilzuhaben. Schließlich transportieren ihre Preise wichtige Informationen, die an anderen Stellen der Wirtschaft genutzt werden können.

## II. Kapitalmarktregulierung

### 1. Warum?

Warum müssen Kapitalmärkte spezifisch geregelt werden? Der Grund liegt zum einen in ihrer großen volkswirtschaftlichen Bedeutung. Was auf Kapitalmärkten geschieht, ist von großem öffentlichen Interesse. Wie die Realwirtschaft leidet, wenn die Liquidität auf den Kapitalmärkten schwindet, hat man zuletzt in der Finanzkrise 2008 gesehen, die die meisten Volkswirtschaften in eine Rezession schickte oder ihnen zumindest ein deutlich schwächeres Wachstum bescherte.

# Einführung

Zum anderen ergibt sich die Regulierungsbedürftigkeit von Kapitalmärkten aus den Besonderheiten der auf diesen Märkten gehandelten Produkte: Niemand kann die Qualität von Aktien, Anleihen, Investmentanteilen und anderen Kapitalmarkttiteln sehen, hören oder fühlen. Zur Einschätzung ihrer Qualität benötigt man *Informationen* – zB über die Fundamentaldaten des Emittenten, über die Handelsbedingungen der Märkte und über die mit dem Finanzinstrument verbundenen Rechte und Pflichten. Diese Informationen sind in ökonomischer Terminologie *öffentliche Güter*, die allein aufgrund des Marktmechanismus nicht in ausreichender Menge produziert würden. Ohne staatliche Regulierung würde Kapitalmärkten daher das Schicksal drohen, das der Wirtschaftsnobelpreisträger *George Akerlof* allen Märkten mit hohen Informationsasymmetrien vorhersagte (sog. „Zitronenmarkt-Problem"): Ehrliche Anbieter qualitativ hochwertiger Produkte könnten sich kaum von betrügerischen Anbietern geringwertiger Produkte unterscheiden und müssten den Markt verlassen. Ultimativ käme es aufgrund dieser Negativauslese zu einem kollektiven Vertrauensentzug und zum Zusammenbruch des gesamten Marktes.

## 2. Wie?

Kapitalmärkte müssen also staatlich geregelt werden. Aber wie? Die Suche nach der optimalen Regulierungsstruktur von Kapitalmärkten ist eine wissenschaftliche Lebensaufgabe, mit der sich Generationen von Akademikerinnen und Akademikern, Praktikerinnen und Praktikern auf der ganzen Welt beschäftigt und über die sie teils leidenschaftlich gestritten haben. Um sich in dieser Diskussion nicht zu verlieren, kann man sich an drei Fixpunkten orientieren.

### a) Attribute guter Kapitalmärkte

Weitgehende Einigkeit herrscht darüber, was gute, funktionierende, d. h. der Volkswirtschaft dienende Kapitalmärkte auszeichnet. Es ist die Trias aus Effizienz, Liquidität und Stabilität.

### aa) Effizienz

Gute Kapitalmärkte sind effizient. In der regulierungstheoretischen Debatte unterscheidet man vier Dimensionen der Kapitalmarkteffizienz:
- *Informationelle Effizienz* herrscht, wenn neue Informationen in Kapitalmarktpreisen reflektiert werden, sodass Spekulanten aufgrund dieser Informationen keinen Profit erzielen können. Vollständige informationelle Effizienz ist ein Idealzustand, der nie erreicht werden kann, da es immer jemanden geben muss, der einen Anreiz hat, nach neuen Informationen zu suchen, um sie in Preise „einzuarbeiten" und so von seinem Wissen zu profitieren. Die Geschwindigkeit, mit der neue Informationen in Preisen reflektiert werden, bezeichnet man als relative Effizienz. Wie effizient Kapitalmärkte sind, ist umstritten und kann nicht pauschal beantwortet werden. In der ökonomischen Theorie nimmt man üblicherweise an, dass Kapitalmarktpreise zu jeder Zeit jede öffentlich bekannte Information reflektieren, dass Anleger also nur aufgrund nicht öffentlich bekannter Informationen den Markt schlagen können (halbstrenge Form der *Efficient Capital Market Hypothesis*, ECMH). Diese Ansicht wird jedoch zunehmend unter dem Dach der verhaltensökonomischen Kapitalmarktforschung (*Behavioral Finance*) angezweifelt. Vor allem Blasenbildungen und Börsencrashs lassen sich auf Grundlage der ECMH kaum erklären.

# Einführung

- *Allokative Effizienz* herrscht, wenn Anlagekapital über die Marktpreise zu seinen besten Einsatzmöglichkeiten gelenkt wird. Dies verlangt nicht nur „informierte", sondern auch „zutreffende" Preise. Informationseffizienz führt häufig, aber nicht notwendigerweise zu Allokationseffizienz. Informationseffizienz impliziert nur, dass der Markt so auf neue Informationen reagiert, dass einzelne Marktteilnehmer diese Informationen nicht ausbeuten können. Allokationseffizienz setzt voraus, dass der Markt zutreffend reagiert.
- *Operationale Effizienz* herrscht, wenn die Transaktionskosten auf den Kapitalmärkten niedrig sind.
- Als *institutionelle Effizienz* bezeichnet man den Grad des Vertrauens, das Marktteilnehmer in das Funktionieren des Marktes haben.

### bb) Liquidität

Das zweite Merkmal „guter" Kapitalmärkte ist Liquidität. Märkte sind liquide, wenn Händler zu jeder Zeit Finanzinstrumente in jeder Größenordnung ohne wesentlichen Effekt auf den Preis handeln können. Liquidität senkt die Transaktionskosten, führt zu informativeren und genaueren Preisen und ermutigt sowohl Kleinanleger als auch professionelle Anleger zum Markteintritt.

### cc) Stabilität

Schließlich sollten die Preise auf Kapitalmärkten immer nur so weit schwanken, wie sich der Fundamentalwert eines Finanzinstruments verändert. Jede darüberhinausgehende („exzessi-ve") Volatilität erfreut zwar die „Zocker" auf den Märkten, beeinträchtigt jedoch das Vertrauen aller anderen Marktteilnehmer.

## b) Instrumente der Kapitalmarktregulierung

Grundsätzliche Einigkeit herrscht auch über die Instrumente, mit denen Kapitalmärkte reguliert werden sollten, wenngleich über die richtige Dosierung und Zusammensetzung dieser Mittel (den „richtigen Mix") trefflich gestritten wird.

### aa) Informationspflichten

Das weltweit populärste Instrument der Kapitalmarktregulierung sind Informationspflichten. Am schönsten auf den Punkt gebracht hat dies *Louis Loss*, der Nestor des US-amerikanischen Kapitalmarktrechts, der die Grundphilosophie des Kapitalmarktrechts schon vor mehr als 50 Jahren als „*disclosure, again disclosure, and still more disclosure*" beschrieb. Der mit Abstand größte Teil des Kapitalmarktrechts besteht aus Informationspflichten, mit denen Emittenten, deren Management, deren Aktionäre und Inhaber anderer Finanzinstrumente, Intermediäre und weitere Marktteilnehmer zur Offenlegung kursrelevanter oder aus anderen Gründen bedeutsamer Informationen verpflichtet werden.

### bb) Verbot von Marktpraktiken

Flankiert werden Informationspflichten mit Verboten bestimmter Marktpraktiken, denen redliche Marktteilnehmer zum Opfer fallen und die sie daher zum Marktaustritt veranlassen können. Dazu gehören vor allem das Verbot des Insiderhandels und der Marktmanipulation.

### cc) Regelung der Kapitalmarktintermediäre

Aufgrund der hohen Informationsasymmetrie sind Kapitalmärkte prädestiniert für Intermediation, d. h. für das Angebot von Dienstleistungen, mit denen

# Einführung

Dritte die Emittenten und Anleger oder Anleger untereinander zusammenbringen. Vertrauen auf das Funktionieren der Kapitalmärkte ist in weiten Teilen Vertrauen auf das Funktionieren seiner Intermediäre – seien es Börsen oder andere Handelsplatzbetreiber, Banken und Wertpapierdienstleistungsunternehmen, Finanzanalysten, Ratingagenturen und andere. Ein großer Teil des Kapitalmarktrechts besteht daher in der Regelung der Verhaltens-, Organisations-, Informations- und Dokumentationspflichten dieser Intermediäre.

### dd) Rechtsdurchsetzung

Sämtliche vorgenannten Instrumente sind Verhaltensnormen, die von Kapitalmarktteilnehmern ein bestimmtes Tun oder Unterlassen verlangen. Ihre Effektivität hängt davon ab, wie sie durchgesetzt werden. Das letzte Kernelement des Kapitalmarktrechts sind daher Vorschriften über die staatliche und private Durchsetzung von Kapitalmarktrecht (*public* und *private enforcement*).

Zum Torso der staatlichen Rechtsdurchsetzung gehört eine Behördenstruktur, ein Verwaltungsverfahren und ein verwaltungsrechtlicher Sanktionsapparat. Ergänzt werden muss dies in kritischen Bereichen durch Straf- und Bußgeldnormen, die von der Staatsanwaltschaft durchgesetzt werden.

Hinzu treten privatrechtliche Normen, die Anlegern das Recht geben, diejenigen, die gegen bestimmte Verhaltensnormen des Kapitalmarktrechts verstoßen haben, auf Schadensersatz zu verklagen. Häufig geht es dabei um sog. Streuschäden, die für einzelne Anleger relativ geringfügig sind, aber eine so große Anzahl von Anlegern betreffen, dass der gesamtgesellschaftliche Schaden immens ist. Um dem Recht zu einer effektiven Wirkung zu verhelfen, braucht es daher Mechanismen der kollektiven Rechtsdurchsetzung, also zivilverfahrensrechtliche Vorschriften, mit denen Anleger ihre Ansprüche kostengünstig und ohne wesentliche Prozessrisiken durchsetzen können.

### c) Ziele der Kapitalmarktregulierung

Weitgehender Konsens herrscht schließlich über die beiden grundsätzlichen Ziele, die Kapitalmarktrecht verfolgt: Einerseits geht es dem Recht um den *Schutz des Marktes*, d. h. die Förderung und Wahrung von dessen Effizienz, Liquidität und Stabilität (s. o.). Anderseits verfolgt Kapitalmarktrecht das Ziel eines hohen *Anlegerschutzes*, um das Vertrauen der Anleger in den Markt zu erhalten. Die erste Zielbestimmung wird meist Institutions-, die andere Individualschutz genannt. Beide Zielbestimmungen hängen voneinander ab; sie sind Kehrseiten derselben Medaille. Funktioniert der Markt, sind Anleger allein schon dadurch geschützt, da sie stets zu niedrigen Transaktionskosten und zutreffenden Preisen handeln können. Umgekehrt ist ein hohes Niveau des Anlegerschutzes Bedingung dafür, dass Menschen den Kapitalmarkt nutzen und dadurch die Liquidität, Effizienz und Stabilität des Marktes erhöhen.

## III. Kennzeichen des geltenden Kapitalmarktrechts

### 1. Europäisierung

Die in dieser Textsammlung abgedruckten Rechtsakte stammen überwiegend vom deutschen, teils vom EU-Gesetzgeber. Tatsächlich sind die allermeisten Vorschriften (nach Schätzung des Verf. ca. 90 %) europäischen Ursprungs, da die meisten Normen des deutschen Rechts auf den Vorgaben europäischer Richtlinien beruhen. Deutsches Kapitalmarktrecht ohne europarechtlichen

## Einführung

Hintergrund muss man mit einer Lupe suchen; das Kapitalmarktrecht ist der vielleicht am stärksten europäisierte Bereich des Wirtschaftsrechts.

Der Grundstein für das europäische Kapitalmarktrecht ist der Segré-Bericht aus dem Jahr 1966, in dem die Kommission erstmals Motive und Leitprinzipien eines gemeinschaftsweiten Kapitalmarktrechts formulierte. Der „Aufbau eines europäischen Kapitalmarktes" steht seitdem auf der politischen Agenda der EU. Ausgangspunkt des heute geltenden Rechts ist der Aktionsplan Finanzdienstleistungen (Financial Services Action Plan, FSAP) aus dem Jahr 1999. Die meisten Richtlinien und Verordnungen des heutigen europäischen Kapitalmarktrechts – etwa die MiFID, die Prospekt-VO oder die Übernahme-RL – beruhen auf diesem Plan. Eine weitere Ausdehnung, Vertiefung und Verschärfung erfuhr das europäische Kapitalmarktrecht nach der Finanzkrise 2008. Eine Expertengruppe unter dem Vorsitz von *Jaques de Larosière* empfahl 2009 zahlreiche Maßnahmen zur Verhinderung weiterer Krisen. Die Kommission reagierte mit einigen Sofortmaßnahmen – unter anderem der Regulierung von Ratingagenturen und einer Reform der europäischen Aufsichtsstruktur – und legte Mitte 2010 eine Mitteilung „Regulierung der Finanzdienstleistungen für nachhaltiges Wachstum" vor, in der sie 30 Einzelmaßnahmen im Bereich des Bank-, Versicherungs- und Kapitalmarktrechts vorschlug. Aktuell verfolgt die Kommission einen Aktionsplan zur Schaffung einer Kapitalmarktunion (Capital Markets Union), mit dem v. a. KMU eine verbesserte banken- und standortunabhängige Finanzierung ermöglicht und Hindernisse bei grenzübergreifenden Investitionen in der EU beseitigt werden sollen. Sie soll das Seitenstück zu der europäischen Bankenunion sein.

Den Grund für den hohen Integrationsgrad des Kapitalmarktrechts erkennt man, wenn man sich die Attribute „guter" Kapitalmärkte verdeutlicht, die oben entfaltet wurden, denn ein einheitlich geregelter Kapitalmarkt in Europa mit „ebenem Spielfeld" (*level playing field*) und ohne zwischenstaatliche Handelsbeschränkungen ist *vielfach liquider* als national abgeschottete Märkte, hat *niedrigere Transaktionskosten, informativere und genauere Preise*, ist stabiler und genießt ein *höheres institutionelles Vertrauen*. Daneben setzt er im weltweiten Wettbewerb um Kapital ein Gegengewicht zu dem weit entwickelten US-amerikanischen und den an Bedeutung gewinnenden asiatischen Kapitalmärkten.

### 2. Lamfalussy-Verfahren

Der Zugang zu den Rechtsakten dieser Textsammlung fällt leichter, wenn man sich den institutionellen Rahmen verdeutlicht, in dem europäisches Kapitalmarktrecht erlassen wird. Zur zügigen Umsetzung des FSAP wurde auf EU-Ebene ein spezielles Rechtsetzungs- und Rechtsumsetzungsverfahren geschaffen, das Lamfalussy-Verfahren. Es geht zurück auf den Abschlussbericht des Rates der Weisen unter Vorsitz von Baron *Alexandre Lamfalussy*, basiert auf dem (früheren) europäischen Komitologieverfahren und soll die Behäbigkeit des klassischen Rechtsetzungsverfahrens auf EU-Ebene überwinden. Seitdem unterscheidet man drei Stufen der Rechtsetzung:

- Auf der ersten Stufe (Level 1) erlassen die Kommission, der Rat und das Parlament die sog. Rahmenrechtsakte. In diesen Rechtsakten sind die Grundprinzipien und wichtigsten Vorschriften verankert. Regelmäßig werden diese Rechtsakte im ordentlichen Gesetzgebungsverfahren erlassen, d. h. sie nehmen meist längere Zeit in Anspruch, genießen daher aber eine umso höhere politische Legitimation. Zu diesen Rahmenrechtsakten gehören insbesondere

# Einführung

die MiFID, die ProspektVO, die MAR, die Transparenz-RL, die AIFM- und die OGAW- sowie die Übernahme-RL.
- Auf der zweiten Stufe (Level 2) erlässt die Kommission delegierte und Durchführungsrechtsakte, in denen die Rahmenrechtsakte ergänzt oder konkretisiert werden. Zu unterscheiden sind die „einfachen" delegierten und Durchführungsrechtsakte sowie die technischen Regulierungs- und Durchführungsstandards. Letztere werden faktisch von der Europäischen Wertpapier- und Marktaufsichtsbehörde (European Securities and Markets Authority, ESMA) erlassen.
- Auf der dritten Stufe (Level 3) erlässt die ESMA Leitlinien und Empfehlungen für die Auslegung des EU-Kapitalmarktrechts. Hierbei handelt es sich um nicht verbindliche Rechtsakte, die jedoch in der Praxis häufig so behandelt werden, als seien sie geltendes Recht.

## IV. Inhalt dieser Textsammlung

### 1. Kapitalmarktorganisationsrecht

Die Textsammlung beginnt mit den Rechtsgrundlagen des Kapitalmarktorganisationsrechts, also den Rechtsakten, in denen die rechtliche Verfassung der Kapitalmarktplätze und die wesentlichen Pflichten der Marktbetreiber geregelt sind. Die europarechtlichen Grundlagen finden sich in der EU-Finanzmarktrichtlinie (MiFID) (**1**) und in der EU-FinanzmarktVO (MiFIR) (**2**), die zwischen drei grundsätzlichen Handelsplätzen unterscheiden: geregelten Märkten, multilateralen Handelssystemen (MTFs) und organisierten Handelssystemen (OTFs).

Zwar handelt es sich bei der MiFID um eine Richtlinie, die nicht unmittelbar anwendbar ist, sondern in staatliches Recht umgesetzt werden muss. Ihr kommt jedoch eine so hohe praktische und dogmatische Bedeutung zu, dass sie in diese Textsammlung aufgenommen wurde. Nicht ohne Übertreibung wird die MiFID als „Grundgesetz des europäischen Kapitalmarktrechts" bezeichnet. Insbesondere definiert sie zahlreiche Grundbegriffe, auf die in unmittelbar anwendbaren europäischen Rechtsakten Bezug genommen wird, vor allem diejenigen des Finanzinstruments und der Wertpapierdienstleistung. Ergänzt wird die MiFID u. a. durch die Delegierte Verordnung (EU) 2017/568 (**5**), in der sich technische Regulierungsstandards für die Zulassung von Finanzinstrumenten zum Handel an geregelten Märkten finden.

Die Dichotomie von EU- und nationalem Recht prägt auch die Kapitalmarktaufsicht. Durchgesetzt wird Kapitalmarktrecht in Deutschland von der Bundesanstalt für Finanzdienstleistungsaufsicht (BaFin). Deren organisatorische Grundlagen finden sich im FinDAG, das in der Gesetzessammlung BankR abgedruckt ist. Die BaFin ist eingebettet in das System der Europäischen Finanzaufsicht (European System of Financial Supervision, ESFS), ein Netzverbund von Aufsichtsbehörden, der eine einheitliche und effektive Durchsetzung des europäischen Bank-, Versicherungs- und Kapitalmarktrechts in der EU sicherstellen will. Die zentrale EU-Behörde im Kapitalmarktrecht ist die Europäische Wertpapier- und Marktaufsichtsbehörde (European Securities and Markets Authority, ESMA), die als „Aufsicht der Aufsicht" konzipiert ist und deren Rechtsgrundlagen in der ESMA-VO (**3**) geregelt sind.

Der zentrale Rechtsakt des deutschen Kapitalmarktorganisationsrechts ist das BörsG (**4**), das durch die BörsZulV (**4a**) ergänzt wird. Weitere Normen sind im

# Einführung

WpHG (**12**) enthalten. Während das BörsG die rechtliche Verfassung des börslich organisierten Kapitalmarkts regelt, sind die Pflichten der Betreiber von multilateralen Handelssystemen und organisierten Handelssystemen im WpHG enthalten. Der Begriff der Börse ist übrigens kein Begriff des europäischen Kapitalmarktrechts. Die deutsche Wertpapierbörse ist in europarechtlicher Terminologie Betreiberin eines geregelten Marktes.

## 2. Primärmarkt

Im zweiten Abschnitt der Textsammlung folgen die Rechtsakte, die den Primärmarkt regeln, also den Markt für die erstmalige Ausgabe von Finanzinstrumenten. Diese Rechtsakte enthalten im Wesentlichen Informationspflichten der Emittenten und Anbieter von Kapitalmarkttiteln sowie Regeln zur Durchsetzung dieser Offenlegungsvorschriften, vor allem über die zivilrechtliche Haftung.

Das zentrale Instrument ist die Prospektpflicht, welche Anbieter oder Emittenten von Finanzinstrumenten dazu verpflichtet, in einem Dokument sämtliche Informationen offenzulegen, die ein verständiger Anleger bei seiner Investitionsentscheidung berücksichtigen würde. In der Praxis können solche Prospekte bei umfangreicheren Angeboten hunderte von Seiten umfassen. Selbstverständlich geht kein Gesetzgeber davon aus, dass alle Anleger diese Dokumente lesen. Ausreichend für den Anlegerschutz ist jedoch, dass wenige (typischerweise professionelle) Anleger diese Dokumente studieren und ihre Beurteilung des Angebots in die Preisbildung einfließen lassen. Dies gelingt bei Angeboten mit institutionalisiertem Preisbildungsverfahren (zB dem Bookbuilding-Verfahren) deutlich besser als bei Angeboten ohne ein solches Verfahren.

Welcher Rechtsakt anwendbar ist, richtet sich nach dem angebotenen Kapitalmarktprodukt: Bei Wertpapieren ist die EU-ProspektVO (**6**) nebst delegierten Rechtsakten (die wichtigsten sind die unter **6a** und **6b** abgedruckten Verordnungen) sowie das WpPG (**7**) nebst WpPGebV (**7a**) einschlägig. Bei unverbrieften Vermögensanlagen gilt das VermAnlG (**8**) nebst Annex- und Durchführungsregulierung (**8a–8d**), beim Angebot von Anteilen an Investmentvermögen richtet sich die Prospektpflicht nach dem KAGB (**15**). Bei verpackten Anlageprodukten für Kleinanleger und Versicherungsanlageprodukten ist die PRIIP-VO (**9**) zu beachten. Das SchVG (**10**) regelt bestimmte Aspekte der (Gesamt-)Emission von Schuldverschreibungen, vor allem die Rechte der Gläubiger in der finanziellen Krise des Emittenten.

## 3. Sekundärmarkt

Das Herzstück der Sekundärmarktregulierung sind die Marktmissbrauchs-VO (Market Abuse Regulation, MAR) und das WpHG. Die MAR (**11**) enthält mit dem Insider- und Marktmanipulationsverbot die beiden wichtigsten Verbote missbräuchlicher Verhaltensweisen auf dem Kapitalmarkt (zusammen „Marktmissbrauch" genannt). Zudem regelt sie die in der Praxis sehr bedeutsame Ad-hoc-Publizitätspflicht, wonach jeder Emittent von Finanzinstrumenten kursrelevante Informationen, die ihn unmittelbar betreffen, unverzüglich bekannt geben muss, wenn er kein berechtigtes Geheimhaltungsinteresse hat. Durchgesetzt wird diese Pflicht unter anderem mit Hilfe privatrechtlicher Schadensersatzansprüche des WpHG, die schon in einigen hochbrisanten Verfahren deutsche Gerichte beschäftigt haben (Daimler, IKB, Hypo Real Estate und ak-

# Einführung

tuell VW). Enthalten sind in der MAR zudem verschiedene Annex-Vorschriften, insbesondere die Publizität von Directors' Dealings, die Pflicht zur Führung von Insiderlisten sowie verschiedene weitere, auf die Verhinderung von Insiderhandel und Marktmanipulation zugeschnittene Organisationspflichten. Schließlich macht die MAR Vorgaben zur verwaltungsrechtlichen Sanktionierung von Verstößen gegen ihre Verhaltenspflichten, jedoch sind diese Vorschriften nicht unmittelbar anwendbar, sondern müssen ihrerseits umgesetzt werden. Vorgaben zur strafrechtlichen Sanktionierung von Marktmissbrauch sind in der EU-Richtlinie über strafrechtliche Sanktionen bei Marktmissbrauch (CRIM-MAD) enthalten, die hier jedoch nicht abgedruckt ist.

Das WpHG (**12**) ist der zentrale Rechtsakt des deutschen Kapitalmarktrechts, nicht nur, aber vor allem am Sekundärmarkt. Es enthält die Vorschriften, die zur Durchführung der MAR erforderlich sind. Zudem setzt es die Vorgaben der CRIM-MAD über die strafrechtliche Sanktionierung von Marktmissbrauch um. Es regelt darüber hinaus – in Umsetzung der europäischen Transparenz-RL – einige weitere Transparenzpflichten, insbesondere die Beteiligungspublizität börsennotierter Gesellschaften. Für Anleger ist diese Publizität von vitalem Interesse, da sie wissen möchten, wer das Sagen und wer welches wirtschaftliche Interesse an dem Schicksal der Gesellschaft hat. Das WpHG ist zudem der zentrale Rechtsakt für die Betreiber von MTFs und OTFs (dazu bereits o.) und der sonstigen Kapitalmarktintermediäre, vor allem der Wertpapierdienstleistungsunternehmen (dazu u.). Ergänzende Bestimmungen zu verschiedenen Regelungen des WpHG sind in der WpAV (**12a**), WpDPV (**12b**), MarktangV (**12c**), WpDVerOV (**12d**), TranspRLDV (**12e**), LAnzV (**12f**), WpHGMaAnzV (**12g**), NLPosV (**12h**) und GPrüfbV (**12i**) enthalten. Die Delegierte Verordnung (EU) 2017/565 (**13**) ist ein Level-2-Rechtsakt zur MiFID und regelt die in der Praxis überaus wichtigen Organisationspflichten von Wertpapierfirmen.

Das KapMuG (**14**), ergänzt um die KlagRegV (**14a**), regelt ein spezielles Verfahren zur Geltendmachung privatrechtlicher Schadensersatzansprüche wegen fehlerhafter Kapitalmarktinformation. Es soll Anlegern eine kostengünstige und einfache Möglichkeit zur Geltendmachung ihrer Ansprüche bieten. Zudem soll es die Gerichte entlasten. Gesetzgebungsimpuls des KapMuG war der „Dritte Börsengang" der Deutschen Telekom im Jahr 2000, in dessen Folge insgesamt mehr als 15.000 Anleger Prospekthaftungsklage erhoben. In der Praxis erfreut sich das Verfahren recht großer Beliebtheit, so sind vor allem im Kontext der oben genannten Schadensersatzklagen wegen fehlerhafter Ad-hoc-Publizität jeweils Musterverfahren angestrengt worden.

## 4. Intermediäre

Rechtliche Anforderungen an Kapitalmarktintermediäre, also an deren Organisation, Auftreten am Markt, Pflichten gegenüber Kunden usw. finden sich in verschiedenen Gesetzen, abhängig davon, um welche Intermediäre es geht. Wertpapierdienstleistungsunternehmen, also zB Broker, Anlageberater, Anlagevermittler, sind im WpHG (**12**) geregelt, das insoweit die Vorgaben der MiFID umsetzt. Anforderungen an die Organisation von Wertpapierdienstleistungsunternehmen finden sich zudem in der bereits erwähnten Delegierten Verordnung (EU) 2017/565 (**13**). Weitere Anforderungen ergeben sich aus Rechtsakten, die in der Textsammlung BankR abgedruckt sind, insbesondere der EU-Wertpapierfirmen-VO (Investment Firm Regulation, IFR), dem Kre-

# Einführung

ditwesengesetz (KWG) sowie dem in diesem Jahr zu erlassenden Wertpapierfirmengesetz (WpFG).

Die Verwaltung von Investmentvermögen (Fonds) ist keine Wertpapierdienstleistung. Kapitalverwaltungsgesellschaften (Fondsmanager) sind daher in einem speziellen Gesetz reguliert, dem KAGB (**15**). Es regelt aber nicht nur die aufsichtsrechtlichen Anforderungen an Kapitalverwaltungsgesellschaften, sondern zahlreiche weitere Rechtsfragen der kollektiven Vermögensanlage, etwa die Prospektpflicht beim Angebot von Investmentanteilen (s. o.), die Pflichten von Verwahrstellen und Aspekte des Publikums-Personengesellschaftsrechts. Europarechtliche Grundlagen des KAGB sind einerseits die AIFM-Richtlinie, andererseits die OGAW-Richtlinie. Ergänzende Regelungen sind in den unter **15a-15e** abgedruckten Rechtsakten enthalten, insbesondere eine Konkretisierung der Verhaltens- und Organisationsanforderungen an Kapitalverwaltungsgesellschaften in der KAVerOV (**15a**). Aufsichtsrechtliche Anforderungen an Depotbanken enthält das DepotG (**16**).

## 5. Übernahmerecht

Im letzten Abschnitt der Textsammlung findet sich die Regelung des Marktes für Unternehmenskontrolle (*market for corporate control*), also das Übernahmerecht. In seinem Zentrum steht die Pflicht zur Unterbreitung eines Übernahmeangebots an alle Aktionäre der Zielgesellschaft. Sie trifft jeden, der die Kontrolle an einer börsennotierten Gesellschaft übernehmen will. Der Preis dieses Angebots ist nicht frei wählbar, sondern muss angemessen sein, was insbesondere bedeutet, dass der durchschnittliche Börsenkurs vor dem Übernahmeangebot sowie eventuelle Vorerwerbe des Bieters oder mit ihm verbundener Personen berücksichtigt werden müssen. Als Kontrolle gilt nicht erst die Erlangung der Stimmrechtsmehrheit in der Zielgesellschaft, sondern schon der Erwerb von 30 % der Stimmrechte. Hintergrund ist die Tatsache, dass auf Hauptversammlungen so gut wie nie 100 % der Stimmrechte vertreten sind, sondern häufig ein deutlich geringerer Anteil, so dass derjenige, der über 30 % der Stimmrechte verfügt, die Kontrolle in der Gesellschaft ausüben kann.

Übernahmen sind einschneidende Ereignisse, die für eine Reihe von Interessenträgern der Zielgesellschaft (Stakeholder) relevant sind: Dem Management droht der Verlust des Amts, Arbeitnehmer haben Angst vor Umstrukturierungen und Entlassungen, Aktionäre müssen befürchten, dass der künftige Großaktionär seinen Einfluss in der Gesellschaft zum eigenen Vorteil nutzt, nicht aber zum Wohl aller Aktionäre. Das WpÜG (**17**) regelt vor allem den Schutz der Aktionäre, am Rande aber auch den der Arbeitnehmer (die im Übrigen durch Vorschriften des Arbeitsrechts geschützt werden). Europarechtliche Grundlage dieser Vorschriften ist die EU-Übernahme-RL.

Dem WpÜG unterfallen nicht nur Übernahmeangebote, es enthält auch Vorschriften für einfache Erwerbsangebote, die unterhalb der Kontrollschwelle bleiben. Zudem bestimmt es, dass jeder, der mindestens 30 % der Stimmrechte einer börsennotierten Aktiengesellschaft erwirbt, allen anderen Aktionären ein Pflichtangebot unterbreiten muss, das grundsätzlich denselben Regeln wie Übernahmeangebote unterliegt, also insbesondere eine angemessene Gegenleistung enthalten muss. Es schafft insoweit einen gesellschaftsrechtlichen Konzerneingangsschutz. Schließlich enthält das WpÜG zahlreiche Informationspflichten, die sich getreu dem Grundsatz „*disclosure, again disclosure, and still more disclosure*" als kapitalmarktrechtliches Seitenstück zur Prospektpflicht verstehen

# Einführung

lassen. Während es dort um den Schutz der Investitionsentscheidung geht, möchte das WpÜG den Anlegern eine informierte Desinvestitionsentscheidung ermöglichen.

Konkretisiert wird das WpÜG in verschiedenen Rechtsverordnungen (**17a–17f**), die in bestimmten Regelungsbereichen zusätzliche oder klarstellende Regelungen enthalten, insbesondere im Hinblick auf den genauen Anwendungsbereich des WpÜG (WpÜG-Anwendbarkeitsverordnung, **17a**) oder die Höhe der Gegenleistung bei Übernahme- und Pflichtangeboten (WpÜG-Angebotsverordnung, **17c**).

# 1. Richtlinie 2014/65/EU des Europäischen Parlaments und des Rates vom 15. Mai 2014 über Märkte für Finanzinstrumente sowie zur Änderung der Richtlinien 2002/92/EG und 2011/61/EU

(Neufassung)
(Text von Bedeutung für den EWR)

(ABl. L 173 S. 349, ber. ABl. 2015 L 74 S. 38, ABl. 2016 L 188 S. 28, ABl. L 273 S. 35, ABl. 2017 L 64 S. 116, ABl. L 278 S. 56)

**Celex-Nr. 3 2014 L 0065**

zuletzt geänd. durch Art. 1 RL (EU) 2020/1504 v. 7.10.2020 (ABl. L 347 S. 50)

DAS EUROPÄISCHE PARLAMENT UND DER RAT DER EUROPÄISCHEN UNION –

gestützt auf den Vertrag über die Arbeitsweise der Europäischen Union, insbesondere auf Artikel 53 Absatz 1,

auf Vorschlag der Kommission,

nach Zuleitung des Entwurfs des Gesetzgebungsakts an die nationalen Parlamente,

nach Stellungnahme der Europäischen Zentralbank[1],

nach Stellungnahme des Europäischen Wirtschafts- und Sozialausschusses[2],

gemäß dem ordentlichen Gesetzgebungsverfahren[3],

in Erwägung nachstehender Gründe:

(1) Die Richtlinie 2004/39/EG des Europäischen Parlaments und des Rates[4] wurde mehrfach wesentlich geändert[5]. Aus Gründen der Klarheit empfiehlt es sich, im Rahmen der jetzt anstehenden Änderungen eine Neufassung dieser Richtlinie vorzunehmen.

(2) Die Richtlinie 93/22/EWG des Rates[6] zielte darauf ab, die Bedingungen festzulegen, unter denen zugelassene Wertpapierfirmen und Banken in anderen Mitgliedstaaten auf der Grundlage der Zulassung und der Aufsicht durch den Herkunftsstaat spezifische Dienstleistungen erbringen oder Zweigniederlassungen errichten konnten. Zu diesem Zweck wurden mit jener Richtlinie die Erstzulassung und die Tätigkeitsbedingungen von Wertpapierfirmen, einschließlich der Wohlverhaltensregeln, harmonisiert. Mit jener Richtlinie wurden auch einige Bedingungen für den Betrieb geregelter Märkte harmonisiert.

(3) In den letzten Jahren wurden immer mehr Anleger auf den Finanzmärkten aktiv; ihnen wird ein immer komplexeres und umfangreicheres Spektrum an Dienstleistungen und Finanzinstrumenten angeboten. Angesichts dieser Entwicklungen sollte der Rechtsrahmen der Union das volle Angebot der anlegerorientierten Tätigkeiten abdecken. Folglich ist es erforderlich, eine Harmonisierung in dem Umfang vorzunehmen, der notwendig ist, um Anlegern ein hohes Schutzniveau zu bieten und Wertpapierfirmen das Erbringen von Dienstleistungen in der gesamten Union im Rahmen des Binnenmarkts auf der Grundlage der Herkunftslandaufsicht zu gestatten. Die Richtlinie 93/22/EWG wurde daher durch die Richtlinie 2004/39/EG ersetzt.

---

[1] **Amtl. Anm.:** ABl. C 161 vom 7.6.2012, S. 3.
[2] **Amtl. Anm.:** ABl. C 191 vom 29.6.2012, S. 80.
[3] **Amtl. Anm.:** Standpunkt des Europäischen Parlaments vom 15. April 2014 (noch nicht im Amtsblatt veröffentlicht) und Beschluss des Rates vom 13. Mai 2014.
[4] **Amtl. Anm.:** Richtlinie 2004/39/EG des Europäischen Parlaments und des Rates vom 21. April 2004 über Märkte für Finanzinstrumente, zur Änderung der Richtlinien 85/611/EWG und 93/6/EWG des Rates und der Richtlinie 2000/12/EG des Europäischen Parlaments und des Rates und zur Aufhebung der Richtlinie 93/22/EWG (ABl. L 145 vom 30.4.2004, S. 1).
[5] **Amtl. Anm.:** Siehe Anhang III, Teil A.
[6] **Amtl. Anm.:** Richtlinie 93/22/EWG des Rates vom 10. Mai 1993 über Wertpapierdienstleistungen (ABl. L 141 vom 11.6.1993, S. 27).

# 1 MiFiD II

RL 2014/65/EU

(4) Die Finanzkrise hat Schwächen in der Funktionsweise und bei der Transparenz der Finanzmärkte zutage treten lassen. Die Entwicklung der Finanzmärkte hat gezeigt, dass der Rahmen für die Regulierung der Märkte für Finanzinstrumente – auch in Bezug auf den außerbörslichen Handel (OTC) – gestärkt werden muss, um die Transparenz zu erhöhen, Anleger besser zu schützen, das Vertrauen wiederherzustellen, sich mit nichtregulierten Bereichen zu befassen und sicherzustellen, dass Aufsichtsstellen angemessene Befugnisse zur Erfüllung ihrer Aufgaben erhalten.

(5) Unter Regulierungsstellen auf internationaler Ebene besteht Einigkeit darüber, dass Schwächen in der Unternehmensführung und -kontrolle von mehreren Finanzinstituten, darunter das Fehlen wirksamer institutsinterner Kontrollen, einer der Faktoren waren, die zur Finanzkrise beigetragen haben. Die übermäßige und unvorsichtige Übernahme von Risiken kann auf mitgliedstaatlicher und globaler Ebene zum Ausfall einzelner Finanzinstitute und zu Systemproblemen führen. Das Fehlverhalten von Firmen, die Dienstleistungen für Kunden erbringen, kann zu Nachteilen für die Anleger und einem Vertrauensverlust führen. Um der potenziell schädigenden Wirkung dieser Schwächen bei den Unternehmensführungsregelungen entgegenzuwirken, sollte die Richtlinie 2004/39/EG um detailliertere Grundsätze und Mindeststandards ergänzt werden. Diese Grundsätze und Standards sollten der Art, dem Umfang und der Komplexität von Wertpapierfirmen Rechnung tragen.

(6) Die Hochrangige Gruppe zu Fragen der EU-Finanzaufsicht hat die Union ersucht, stärker harmonisierte Vorschriften der Finanzregulierung auszuarbeiten. Im Kontext der künftigen europäischen Aufsichtsarchitektur hat auch der Europäische Rat auf seiner Tagung vom 18./19. Juni 2009 die Notwendigkeit unterstrichen, ein einheitliches, für alle Finanzinstitute im Binnenmarkt geltendes europäisches Regelwerk zu schaffen.

(7) Die Richtlinie 2004/39/EG sollte daher zum Teil mit der vorliegenden neuen Richtlinie neu gefasst und zum Teil durch die Verordnung (EU) Nr. 600/2014[1]) des Europäischen Parlaments und des Rates[2]) ersetzt. Zusammen sollten diese beiden Rechtsinstrumente den Rechtsrahmen für die Anforderungen bilden, die an Wertpapierfirmen, geregelte Märkte, Datenbereitstellungsdienste und Drittlandfirmen, die Wertpapierdienstleistungen oder Anlagetätigkeiten in der Union erbringen bzw. ausüben, gestellt werden. Die vorliegende Richtlinie sollte daher in Zusammenhang mit jener Verordnung gesehen werden. Diese Richtlinie sollte die Bestimmungen enthalten über die Zulassung der Geschäftstätigkeit, den Erwerb von qualifizierten Beteiligungen, die Ausübung der Niederlassungsfreiheit und des freien Dienstleistungsverkehrs, die Bedingungen für die Ausübung der Tätigkeit von Wertpapierfirmen im Hinblick auf den Anlegerschutz, die Befugnisse der Aufsichtsbehörden von Aufnahme- und Herkunftsmitgliedstaaten sowie die Auferlegung von Sanktionen. Da Ziel und Gegenstand dieser Richtlinie in erster Linie die Harmonisierung nationaler Vorschriften in diesen Bereichen ist, sollte sie auf Artikel 53 Absatz 1 des Vertrags über die Arbeitsweise der Europäischen Union (AEUV) gestützt werden. Die Form einer Richtlinie bietet sich an, damit die Durchführungsbestimmungen in den von dieser Richtlinie erfassten Bereichen bei Bedarf den Besonderheiten der jeweiligen Märkte und Rechtsordnungen der einzelnen Mitgliedstaaten angepasst werden können.

(8) Es ist zweckmäßig, in die Liste der Finanzinstrumente Waren- und sonstige Derivate aufzunehmen, die so konzipiert sind und gehandelt werden, dass sie unter aufsichtsrechtlichen Aspekten traditionellen Finanzinstrumenten vergleichbar sind.

(9) Zu den Finanzinstrumenten werden Energiekontrakte gehören, bei denen eine effektive Lieferung vorgesehen ist und die über ein organisiertes Handelssystem (OTF) gehandelt werden, mit Ausnahme derjenigen, die bereits nach der Verordnung (EU) Nr. 1227/2011 des Europäischen Parlaments und des Rates[3]) reguliert sind. Es wurden mehrere Maßnahmen ergriffen, um die Auswirkungen einer solchen Einbeziehung auf Firmen abzumildern, die Handel mit diesen Produkten treiben. Diese Firmen sind derzeit von den Pflichten in Bezug auf Eigenmittel gemäß

---

[1]) Nr. 2.
[2]) **Amtl. Anm.:** Verordnung (EU) Nr. 600/2014 des Europäischen Parlaments und des Rates vom 15. Mai 2014 über Märkte für Finanzinstrumente und zur Änderung der Verordnung (EU) Nr. 648/2012 (siehe Seite 84 dieses Amtsblatts *[Red. Anm.: ABl. L 173 vom 12.6.2014]*).
[3]) **Amtl. Anm.:** Verordnung (EG) Nr. 1227/2011 des Europäischen Parlaments und des Rates vom 25. Oktober 2011 über die Integrität und Transparenz des Energiegroßhandelsmarkts (ABl. L 326 vom 8.12.2011, S. 1).

der Verordnung (EU) Nr. 575/2013 des Europäischen Parlaments und des Rates[1] freigestellt, und diese Ausnahme wird vor ihrem Auslaufen spätestens Ende 2017 Gegenstand einer Überprüfung gemäß Artikel 493 Absatz 1 jener Verordnung sein. Da diese Kontrakte Finanzinstrumente sind, wären von Anfang an die Anforderungen des Finanzmarktrechts anwendbar, weswegen die Anforderungen hinsichtlich Positionslimits, der Meldung von Geschäften und Marktmissbrauch von dem Datum an, zu dem diese Richtlinie und die Verordnung (EU) Nr. 600/2014[2] anwendbar sind, gelten würden. Allerdings ist eine Zeitspanne von 42 Monaten zur stufenweisen Einführung der Anwendung der Clearingpflicht und der Anforderung des „Einschussverfahren" (Margining) gemäß der Verordnung (EU) Nr. 648/2012 des Europäischen Parlaments und des Rates[3] vorgesehen.

(10) Die Beschränkung des Anwendungsbereichs hinsichtlich Warenderivate, die über ein OTF gehandelt werden und bei denen eine effektive Lieferung vorgesehen ist, sollte begrenzt sein, um ein Schlupfloch zu vermeiden, das zu Aufsichtsarbitrage führen könnte. Deshalb ist es notwendig, einen delegierten Rechtsakt vorzusehen um festzulegen, was unter dem Ausdruck „muss effektiv geliefert werden" zu verstehen ist, wobei zumindest die Begründung einer durchsetzbaren und rechtlich verbindlichen Pflicht zur effektiven Lieferung berücksichtigt werden muss, die nicht aufgehoben werden kann und bei der es kein Recht auf Barausgleich oder Kompensationsgeschäfte gibt, es sei denn, es liegt ein Fall höherer Gewalt, ein Ausfall oder eine andere nicht zurechenbare Unfähigkeit zur Leistungserbringung vor.

(11) An den Spot-Sekundärmärkten für Emissionszertifikate (EUA) sind zunehmend verschiedene betrügerische Praktiken zu beobachten, die das Vertrauen in das mit der Richtlinie 2003/87/EG des Europäischen Parlaments und des Rates[4] eingerichtete Emissionshandelssystem untergraben könnten; derzeit werden Maßnahmen zur Verbesserung des Systems der EUA-Registrierungen und der Bedingungen für die Eröffnung eines Kontos für den EUA-Handel ergriffen. Zur Förderung der Integrität dieser Märkte und zur Gewährleistung ihres effizienten Funktionierens, einschließlich der umfassenden Beaufsichtigung der Handelstätigkeit, ist es angezeigt, die im Rahmen der Richtlinie 2003/87/EG getroffenen Maßnahmen zu ergänzen, indem Emissionszertifikate in vollem Umfang in den Anwendungsbereich dieser Richtlinie und der Verordnung (EU) Nr. 600/2014[2] des Europäischen Parlaments und des Rates[5] einbezogen werden.

(12) Ziel dieser Richtlinie ist, Wertpapierfirmen zu erfassen, die im Rahmen ihrer üblichen beruflichen oder gewerblichen Tätigkeit Wertpapierdienstleistungen erbringen und/oder Anlagetätigkeiten ausüben. Ihr Anwendungsbereich sollte deshalb keine Personen erfassen, die eine andere berufliche Tätigkeit ausüben.

(13) Es ist erforderlich, die Ausführung von Geschäften mit Finanzinstrumenten – unabhängig von den für den Abschluss dieser Geschäfte verwendeten Handelsmethoden – umfassend zu regeln, damit bei der Ausführung der entsprechenden Anlegeraufträge eine hohe Qualität gewährleistet ist und die Integrität und Gesamteffizienz des Finanzsystems gewahrt werden. Es sollte ein kohärenter und risikosensibler Rahmen zur Regelung der wichtigsten Arten der derzeit auf dem europäischen Finanzmarkt vertretenen Auftragsausführungssysteme geschaffen werden. Es ist erforderlich, einer aufkommenden neuen Generation von Systemen des organisierten Handels neben den geregelten Märkten Rechnung zu tragen, die Pflichten unterworfen werden sollten, die auch weiterhin ein wirksames und ordnungsgemäßes Funktionieren der Finanzmärkte gewährleisten. Außerdem muss sichergestellt werden, dass solche Systeme des organisierten Handels nicht von Regelungslücken profitieren.

---

[1] **Amtl. Anm.:** Verordnung (EU) Nr. 575/2013 des Europäischen Parlaments und des Rates vom 26. Juni 2013 über Aufsichtsanforderungen an Kreditinstitute und Wertpapierfirmen und zur Änderung der Verordnung (EU) Nr. 648/2012 (ABl. L 176 vom 27.6.2013, S. 1).
[2] Nr. 2.
[3] **Amtl. Anm.:** Verordnung (EU) Nr. 648/2012 des Europäischen Parlaments und des Rates vom 4. Juli 2012 über OTC-Derivate, zentrale Gegenparteien und Transaktionsregister (ABl. L 201 vom 27.7.2012, S. 1).
[4] **Amtl. Anm.:** Richtlinie 2003/87/EG des Europäischen Parlaments und des Rates vom 13. Oktober 2003 über ein System für den Handel mit Treibhausgasemissionszertifikaten in der Gemeinschaft und zur Änderung der Richtlinie 96/61/EG des Rates (ABl. L 275 vom 25.10.2003, S. 32).
[5] **Amtl. Anm.:** Verordnung (EU) Nr. 596/2014 des Europäischen Parlaments und des Rates vom 16. April 2014 über Marktmissbrauch (Marktmissbrauchsverordnung) und zur Aufhebung der Richtlinie 2003/6/EG des Europäischen Parlaments und des Rates und der Richtlinien 2003/124/EG, 2003/125/EG und 2004/72/EG der Kommission (siehe Seite 1 dieses Amtsblatts *[Red. Anm.: ABl. L 173 vom 12.6.2014]*).

(14) Alle Handelsplätze, d. h. geregelte Märkte, multilaterale Handelssysteme (MTF) und OTF, sollten transparente und nichtdiskriminierende Regeln festlegen, die den Zugang zu dem System regeln. Während an geregelte Märkte und MTF weiterhin ähnliche Anforderungen gestellt werden sollten, was die Frage angeht, wen sie als Mitglieder oder Teilnehmer zulassen dürfen, sollten OTF in der Lage sein, unter Berücksichtigung unter anderem der Rolle und der Verpflichtungen, die sie hinsichtlich ihrer Kunden haben, den Zugang zu bestimmen und einzuschränken. Hierfür sollten die Handelsplätze Parameter festlegen können, die für das System gelten, wie etwa minimale Latenzzeiten, vorausgesetzt, dies erfolgt in offener und transparenter Weise und enthält keine Diskriminierung durch den Betreiber der Plattform.

(15) Eine zentrale Gegenpartei ist in der Verordnung (EU) Nr. 648/2012 als eine juristische Person definiert, die zwischen die Partner der auf einem oder mehreren Finanzmärkten gehandelten Verträge tritt, so dass sie gegenüber jedem Verkäufer als Käufer und gegenüber jedem Käufer als Verkäufer auftritt. Zentrale Gegenparteien fallen nicht unter den Begriff „OTF" im Sinne dieser Richtlinie.

(16) Personen, die Zugang zu geregelten Märkten oder MTF haben, werden als Mitglieder oder Teilnehmer bezeichnet. Diese beiden Begriffe können synonym verwendet werden. Diese Begriffe schließen keine Nutzer ein, die lediglich direkten elektronischen Zugang zu den Handelsplätzen haben.

(17) Systematische Internalisierer sollten definiert werden als Wertpapierfirmen, die in organisierter und systematischer Weise häufig in erheblichem Umfang Handel für eigene Rechnung treiben, wenn sie Kundenaufträge außerhalb eines geregelten Marktes, eines MTF oder eines OTF ausführen. Um die objektive und effektive Anwendung dieser Begriffsbestimmung auf Wertpapierfirmen zu gewährleisten, sollten mit Kunden durchgeführte bilaterale Handelstätigkeiten relevant sein; zudem sollten Kriterien für die Bestimmung der Wertpapierfirmen, die sich als systematische Internalisierer registrieren müssen, entwickelt werden. Während Handelsplätze Einrichtungen sind, in denen die Interessen einer Vielzahl Dritter am Kauf und Verkauf innerhalb des Systems zusammengeführt werden, sollte es einem systematischen Internalisierer nicht gestattet sein, in funktional gleicher Weise wie die Handelsplätze Kauf- und Verkaufsinteressen Dritter zusammenzuführen.

(18) Personen, die ihr eigenes Vermögen verwalten, und Unternehmen, die keine anderen Wertpapierdienstleistungen erbringen oder Anlagetätigkeiten vornehmen als den Handel für eigene Rechnung mit Finanzinstrumenten, bei denen es sich nicht um Warenderivate, Emissionszertifikate oder Derivate davon handelt, sollten nicht in den Anwendungsbereich dieser Richtlinie fallen, es sei denn, sie sind Market-Maker, Mitglieder oder Teilnehmer eines geregelten Marktes oder eines MTF oder haben einen direkten elektronischen Zugang zu einem Handelsplatz, wenden eine hochfrequente algorithmische Handelstechnik an oder treiben durch die Ausführung von Kundenaufträgen Handel für eigene Rechnung.

(19) In der Erklärung der Finanzminister und Zentralbankgouverneure der G20 vom 15. April 2011 heißt es, dass Teilnehmer an Märkten für Warenderivate einer angemessenen Regulierung und Aufsicht unterliegen sollten, weswegen bestimmte Ausnahmen von der Richtlinie 2004/39/EG zu ändern sind.

(20) Personen, die für eigene Rechnung mit Warenderivaten, Emissionszertifikaten und Derivaten davon handeln oder für Kunden oder Zulieferer ihrer Haupttätigkeit Wertpapierdienstleistungen in Bezug auf Warenderivate oder Emissionszertifikate oder Derivate davon erbringen, einschließlich Market-Maker und unter Ausschluss von Personen, die Handel für eigene Rechnung treiben, wenn sie Kundenaufträge ausführen, sollten unter der Voraussetzung nicht in den Anwendungsbereich dieser Richtlinie fallen, dass diese Tätigkeit eine Nebentätigkeit zu ihrer Haupttätigkeit auf der Ebene der Unternehmensgruppe ist, und dass die Haupttätigkeit weder in der Erbringung von Wertpapierdienstleistungen im Sinne der vorliegenden Richtlinie noch in der Erbringung von Bankgeschäften im Sinne der Richtlinie 2013/36/EU des Europäischen Parlaments und des Rates[1] oder im Betreiben des Market-Makings in Bezug auf Warenderivate besteht, und diese Personen keine hochfrequente algorithmische Handelstechnik anwenden. Die technischen Kriterien zur Bestimmung, wann eine Tätigkeit eine Nebentätigkeit zu einer

---

[1] **Amtl. Anm.:** Richtlinie 2013/36/EU des Europäischen Parlaments und des Rates vom 26. Juni 2013 über den Zugang zur Tätigkeit von Kreditinstituten und die Beaufsichtigung von Kreditinstituten und Wertpapierfirmen, zur Änderung der Richtlinie 2002/87/EG und zur Aufhebung der Richtlinien 2006/48/EG und 2006/49/EG (ABl. L 176 vom 27.6.2013, S. 338).

solchen Haupttätigkeit darstellt, sollten in technischen Regulierungsstandards klargestellt werden, die den in dieser Richtlinie festgelegten Kriterien Rechnung tragen. Durch diese Kriterien sollte sichergestellt werden, dass Nichtfinanzunternehmen, die mit Finanzinstrumenten in einer Weise Handel treiben, die im Vergleich zu dem Umfang der Anlagen in der Haupttätigkeit unverhältnismäßig ist, in den Anwendungsbereich dieser Richtlinie fallen. Dabei sollte bei diesen Kriterien zumindest berücksichtigt werden, dass Nebentätigkeiten den kleineren Teil der Tätigkeiten auf Gruppenebene darstellen müssen, und welchen Umfang die Handelstätigkeit im Vergleich zu der gesamten Markthandelstätigkeit in dieser Anlageklasse hat. Wenn durch Regulierungsbehörden im Einklang mit Unionsrecht oder nationalem Recht oder Rechts- und Verwaltungsvorschriften oder wenn Handelsplätze die Versorgung eines Handelsplatzes mit Liquidität verpflichtend verlangen, sollten die zur Erfüllung dieser Pflicht abgeschlossenen Geschäfte bei der Bewertung, ob die Tätigkeit eine Nebentätigkeit ist, unberücksichtigt bleiben.

(21) Für die Zwecke dieser Richtlinie und der Verordnung (EU) Nr. 600/2014[1], durch die sowohl OTC als auch börsengehandelte Derivate im Sinne der Verordnung (EU) Nr. 600/2014[1] geregelt werden, sollten Tätigkeiten, bei denen davon ausgegangen wird, dass sie objektiv messbar die direkt mit der Geschäftstätigkeit oder dem Liquiditäts- und Finanzmanagement verbundenen Risiken verringern, und gruppeninterne Geschäfte in einer Weise berücksichtigt werden, die mit der Verordnung (EU) Nr. 648/2012 im Einklang steht.

(22) Personen, die mit Warenderivaten, Emissionszertifikaten und Derivaten davon handeln, können als Teil ihres mit der Geschäftstätigkeit oder dem Liquiditäts- und Finanzmanagement verbundenen Risikomanagements auch mit anderen Finanzinstrumenten Handel treiben, um sich gegen Risiken, wie zum Beispiel Wechselkursrisiken, abzusichern. Daher ist es wichtig klarzustellen, dass Ausnahmen kumulativ anwendbar sind. Die Ausnahme nach Artikel 2 Absatz 1 Buchstabe j kann beispielsweise in Verbindung mit der Ausnahme nach Artikel 2 Absatz 1 Buchstabe d angewandt werden.

(23) Um einen potenziellen Missbrauch von Ausnahmen zu vermeiden, sollten Market-Maker in Finanzinstrumenten in den Anwendungsbereich dieser Richtlinie fallen und von keinen Ausnahmen profitieren, es sei denn, es handelt sich um Market-Maker in Warenderivaten, Emissionszertifikaten oder Derivaten davon und ihre Market-Making-Tätigkeit stellt auf der Ebene der Unternehmensgruppe betrachtet eine Nebentätigkeit zu ihrer Haupttätigkeit dar und sie wenden keine hochfrequente algorithmische Handelstechnik an. Personen, die den Handel für eigene Rechnung treiben oder eine hochfrequente algorithmische Handelstechnik anwenden, sollten ebenfalls in den Anwendungsbereich dieser Richtlinie fallen und nicht von Ausnahmen profitieren.

(24) Zu den Personen, die bei Ausführung von Kundenaufträgen für eigene Rechnung Handel treiben, sollten auch Firmen zählen, die Aufträge verschiedener Kunden ausführen, indem sie sich deckende Kundenaufträge zusammenführen (Back-to-Back-Trading); sie sollten als Auftraggeber angesehen werden und den Bestimmungen dieser Richtlinie sowohl über die Auftragsausführung im Namen von Kunden als auch über den Handel für eigene Rechnung unterliegen.

(25) Die Ausführung von Aufträgen in Bezug auf Finanzinstrumente als eine Nebentätigkeit zwischen zwei Personen, deren Haupttätigkeit auf Ebene der Unternehmensgruppe weder in der Erbringung von Wertpapierdienstleistungen im Sinne dieser Richtlinie noch in der Erbringung von Bankgeschäften im Sinne der Richtlinie 2013/36/EU besteht, sollte nicht als Handel für eigene Rechnung gelten, wenn Kundenaufträge ausgeführt werden.

(26) Verweise auf „Personen" im Text sollten so verstanden werden, dass damit sowohl natürliche als auch juristische Personen gemeint sind.

(27) Versicherungsunternehmen, deren Tätigkeit von den zuständigen Aufsichtsbehörden in geeigneter Weise überwacht wird und die der Richtlinie 2009/138/EG des Europäischen Parlaments und des Rates[2] unterliegen, sollten vom Anwendungsbereich der vorliegenden Richtlinie ausgeschlossen sein, wenn sie die in der zuerst genannten Richtlinie genannten Tätigkeiten ausüben.

(28) Personen, die keine Dienstleistungen für Dritte erbringen, sondern deren Tätigkeit darin besteht, Wertpapierdienstleistungen ausschließlich für ihre Mutterunternehmen, ihre Tochter-

---

[1] Nr. 2.
[2] **Amtl. Anm.:** Richtlinie 2009/138/EG des Europäischen Parlaments und des Rates vom 25. November 2009 betreffend die Aufnahme und Ausübung der Versicherungs- und der Rückversicherungstätigkeit (Solvabilität II) (ABl. L 335 vom 17.12.2009, S. 1).

unternehmen oder andere Tochterunternehmen ihrer Mutterunternehmen zu erbringen, sollten nicht von dieser Richtlinie erfasst werden.

(29) Einige lokale Energieversorgungsunternehmen und einige Betreiber industrieller Anlagen, die unter das Emissionshandelssystem der EU fallen, bündeln ihre Handelstätigkeiten und lagern sie an nichtkonsolidierte Tochtergesellschaften aus, um geschäftliche Risiken abzusichern. Diese Gemeinschaftsunternehmen erbringen keine anderen Dienstleistungen und erfüllen genau dieselbe Aufgabe wie die in Erwägungsgrund 28 genannten Personen. Damit gleiche Wettbewerbsbedingungen gewährleistet werden, sollte es möglich sein, Gemeinschaftsunternehmen vom Anwendungsbereich dieser Richtlinie auszunehmen, wenn sie von lokalen Energieversorgungsunternehmen oder Betreibern, die unter Artikel 3 Buchstabe f der Richtlinie 2003/87/EG fallen, gehalten werden, die keine anderen Dienstleistungen als Wertpapierdienstleistungen für lokale Energieversorgungsunternehmen oder Betreiber, die unter Artikel 3 Buchstabe f der Richtlinie 2003/87/EG fallen, erbringen, und unter der Bedingung, dass diese lokalen Energieversorgungsunternehmen oder Betreiber gemäß Artikel 2 Absatz 1 Buchstabe j ausgenommen sind, falls sie diese Wertpapierdienstleistungen selbst erbringen. Allerdings sollten diejenigen Mitgliedstaaten, die sich für eine Freistellung solcher Gemeinschaftsunternehmen entscheiden, Anforderungen für diese Unternehmen vorschreiben, die zumindest zu denen dieser Richtlinie analog sind, insbesondere in der Zulassungsphase, bei der Bewertung ihrer Reputation und ihrer Erfahrung sowie der Eignung von Gesellschaftern, bei der Überprüfung der Voraussetzungen für die Erteilung der Erstzulassung und bei der laufenden Überwachung sowie hinsichtlich der Wohlverhaltensregeln, um sicherzustellen, dass es geeignete Schutzmechanismen gibt und dass die Anleger ausreichend geschützt sind.

(30) Personen, die im Rahmen ihrer beruflichen Tätigkeit Wertpapierdienstleistungen nur gelegentlich erbringen, sollten ebenfalls vom Anwendungsbereich dieser Richtlinie ausgenommen werden, sofern diese Tätigkeit geregelt ist und die betreffende Regelung die gelegentliche Erbringung von Wertpapierdienstleistungen nicht ausschließt.

(31) Personen, deren Wertpapierdienstleistungen ausschließlich in der Verwaltung eines Systems der Arbeitnehmerbeteiligung bestehen und deshalb keine Wertpapierdienstleistungen für Dritte erbringen, sollten nicht von dieser Richtlinie erfasst werden.

(32) Es ist erforderlich, Zentralbanken und andere Stellen mit ähnlichen Aufgaben sowie die staatlichen Stellen, die für die staatliche Schuldenverwaltung – einschließlich der Platzierung staatlicher Schuldtitel – zuständig oder daran beteiligt sind, aus dem Anwendungsbereich der Richtlinie auszunehmen; Stellen mit öffentlicher Kapitalbeteiligung, deren Aufgabe gewerblicher Art ist oder mit der Übernahme von Beteiligungen zusammenhängt, sind nicht auszunehmen.

(33) Damit die Ausnahmeregelung für das Europäische System der Zentralbanken (ESZB), andere nationale Stellen mit ähnlichen Aufgaben sowie Stellen, die an der staatlichen Schuldenverwaltung beteiligt sind, eindeutig ist, ist es zweckmäßig, solche Ausnahmen auf die Stellen und Einrichtungen zu begrenzen, die ihre Aufgaben gemäß dem Recht eines Mitgliedstaats oder gemäß dem Recht der Union ausüben, sowie auf internationale Einrichtungen, denen zwei oder mehr Mitgliedstaaten angehören und die dem Zweck dienen, Finanzmittel zu mobilisieren und Finanzhilfen zugunsten ihrer Mitglieder zu geben, die von schwerwiegenden Finanzierungsproblemen betroffen oder bedroht sind, wie etwa den Europäischer Stabilitätsmechanismus.

(34) Es ist erforderlich, Organismen für gemeinsame Anlagen und Pensionsfonds, unabhängig davon, ob sie auf der Ebene der Union koordiniert worden sind, sowie die Verwahr- und Verwaltungsgesellschaften derartiger Organismen aus dem Anwendungsbereich der Richtlinie auszunehmen, da für sie besondere, unmittelbar auf ihre Tätigkeit zugeschnittene Regeln gelten.

(35) Es ist notwendig, vom Anwendungsbereich dieser Richtlinie Übertragungsnetzbetreiber im Sinne des Artikels 2 Absatz 4 der Richtlinie 2009/72/EG des Europäischen Parlaments und des Rates[1] oder Artikel 2 Absatz 4 der Richtlinie 2009/73/EG des Europäischen Parlaments und des Rates[2] auszunehmen, wenn sie die Aufgaben nach diesen Richtlinien, nach der Verordnung

---

[1] **Amtl. Anm.:** Richtlinie 2009/72/EG des Europäischen Parlaments und des Rates vom 13. Juli 2009 über gemeinsame Vorschriften für den Elektrizitätsbinnenmarkt und zur Aufhebung der Richtlinie 2003/54/EG (ABl. L 211 vom 14.8.2009, S. 55).

[2] **Amtl. Anm.:** Richtlinie 2009/73/EG des Europäischen Parlaments und des Rates vom 13. Juli 2009 über gemeinsame Vorschriften für den Erdgasbinnenmarkt und zur Aufhebung der Richtlinie 2003/55/EG (ABl. L 211 vom 14.8.2009, S. 94).

(EG) Nr. 714/2009 des Europäischen Parlaments und des Rates[1], nach der Verordnung (EG) zu Nr. 715/2009 des Europäischen Parlaments und des Rates[2] bzw. nach den aufgrund der genannten Gesetzgebungsakte erlassenen Netzcodes oder Leitlinien wahrnehmen. Im Einklang mit diesen Gesetzgebungsakten haben Übertragungsnetzbetreiber spezifische Pflichten und Verantwortlichkeiten, unterliegen einer spezifischen Zertifizierung und werden von sektorspezifischen zuständigen Behörden beaufsichtigt. Übertragungsnetzbetreiber sollten eine solche Ausnahme auch in den Fällen in Anspruch nehmen können, wenn andere Personen in ihrem Namen als Dienstleister handeln, um die Aufgaben eines Übertragungsnetzbetreibers gemäß jener Gesetzgebungsakte bzw. den nach diesen Verordnungen erlassenen Netzcodes oder Leitlinien wahrzunehmen. Übertragungsnetzbetreiber sollten eine solche Ausnahme nicht in Anspruch nehmen können, wenn sie Wertpapierdienstleistungen erbringen oder Tätigkeiten mit Finanzinstrumenten ausüben, darunter den Betrieb einer Plattform für den Sekundärhandel mit finanziellen Übertragungsrechten.

(36) Die Ausnahmen gemäß dieser Richtlinie können nur die Personen in Anspruch nehmen, die die Voraussetzungen für diese Ausnahmen auf Dauer erfüllen. Insbesondere sollte für Personen, deren Wertpapierdienstleistungen oder Anlagetätigkeiten vom Geltungsbereich dieser Richtlinie ausgenommen sind, weil es sich dabei auf Ebene der Unternehmensgruppe um Nebentätigkeiten zu ihrer Haupttätigkeit handelt, die Ausnahmeregelung für Nebentätigkeiten nicht mehr gelten, wenn die betreffenden Dienstleistungen oder Tätigkeiten nicht mehr nur eine Nebentätigkeit zu ihrer Haupttätigkeit darstellen.

(37) Aus Gründen des Anlegerschutzes und der Stabilität des Finanzsystems sollten Personen, die die unter diese Richtlinie fallenden Wertpapierdienstleistungen erbringen und/oder Anlagetätigkeiten ausüben, der Zulassung durch ihren Herkunftsmitgliedstaat unterliegen.

(38) Gemäß der Richtlinie 2013/36/EU zugelassene Kreditinstitute sollten keine weitere Zulassung gemäß dieser Richtlinie benötigen, um Wertpapierdienstleistungen erbringen oder Anlagetätigkeiten ausüben zu dürfen. Beschließt ein Kreditinstitut, Wertpapierdienstleistungen zu erbringen oder Anlagetätigkeiten auszuüben, überprüfen die zuständigen Behörden vor der Erteilung der Zulassung nach Richtlinie 2013/36, dass es die einschlägigen Bestimmungen der vorliegenden Richtlinie einhält.

(39) Als eine neue Form von Anlageprodukt sind strukturierte Einlagen entstanden; sie fallen aber im Gegensatz zu anderen strukturierten Anlagen unter keinen Rechtsakt für den Anlegerschutz auf Ebene der Union. Es ist daher sinnvoll, das Vertrauen der Anleger zu stärken und die rechtliche Behandlung des Vertriebs verschiedener Standardprodukte für Privatanleger einheitlicher zu gestalten, damit ein angemessenes Maß an Anlegerschutz in der ganzen Union besteht. Aus diesem Grund ist es zweckmäßig, strukturierte Einlagen in den Anwendungsbereich der vorliegenden Richtlinie aufzunehmen. In diesem Zusammenhang ist klarzustellen, dass, da es sich bei strukturierten Einlagen um eine Form von Anlageprodukt handelt, diese keine Einlagen beinhalten, die ausschließlich an Zinssätze – wie Euribor oder Libor – gebunden sind, unabhängig davon, ob die Zinssätze im Voraus bestimmt, fest oder variabel sind. Solche Einlagen sollten deshalb vom Anwendungsbereich dieser Richtlinie ausgenommen werden.

(40) Wenn Wertpapierfirmen strukturierte Einlagen an Kunden verkaufen oder sie zu diesen beraten, sollte diese Richtlinie in derselben Weise für sie gelten, wie wenn sie als Vermittler für diese Produkte aufträten, die von Kreditinstituten begeben worden sind, die gemäß der Richtlinie 2006/48/EG Einlagen entgegennehmen können.

(41) Zentralverwahrer sind für die Finanzmärkte systemrelevante Einrichtungen, die für die erstmalige Erfassung von Wertpapieren, die Führung der Konten, in denen die begebenen Wertpapiere verbucht sind, und die Abwicklung praktisch aller Wertpapiergeschäfte sorgen. Zentralverwahrer sind durch das Unionsrecht konkret zu regulieren und unterliegen insbesondere der Zulassung und bestimmten Bedingungen für die Ausübung ihrer Tätigkeit. Gleichwohl können Zentralverwahrer neben den im Unionsrecht genannten Hauptdienstleistungen Wertpapierdienstleistungen erbringen und Anlagetätigkeiten ausüben, die in den Anwendungsbereich dieser Richtlinie fallen.

---

[1] **Amtl. Anm.:** Verordnung (EG) Nr. 714/2009 des Europäischen Parlaments und des Rates vom 13. Juli 2009 über die Netzzugangsbedingungen für den grenzüberschreitenden Stromhandel und zur Aufhebung der Verordnung (EG) Nr. 1228/2003 (ABl. L 211 vom 14.8.2009, S. 15).

[2] **Amtl. Anm.:** Verordnung (EG) Nr. 715/2009 des Europäischen Parlaments und des Rates vom 13. Juli 2009 über die Bedingungen für den Zugang zu den Erdgasfernleitungsnetzen und zur Aufhebung der Verordnung (EG) Nr. 1775/2005 (ABl. L 211 vom 14.8.2009, S. 36).

Um dafür zu sorgen, dass alle Einrichtungen, die Wertpapierdienstleistungen erbringen und Anlagetätigkeiten ausüben, demselben Rechtsrahmen unterliegen, sollte sichergestellt werden, dass solche Zentralverwahrer den Vorschriften dieser Richtlinie über die Zulassung und bestimmte Bedingungen für die Ausübung ihrer Tätigkeit nicht unterliegen, sondern das Unionsrecht zur Regulierung der Zentralverwahrer sollte als solches gewährleisten, dass sie den Bestimmungen dieser Richtlinie unterliegen, wenn sie neben den in jenem Unionsrecht aufgeführten Dienstleistungen Wertpapierdienstleistungen erbringen und Anlagetätigkeiten ausüben.

(42) Um den Anlegerschutz in der Union zu stärken, ist es sinnvoll, die Bedingungen zu beschränken, unter denen Mitgliedstaaten Personen, die Wertpapierdienstleistungen für Kunden erbringen, von der Anwendung dieser Richtlinie ausnehmen können, da diese Kunden demzufolge nicht durch diese Richtlinie geschützt sind. Insbesondere ist es zweckmäßig, von den Mitgliedstaaten zu verlangen, Anforderungen an diese Personen zu stellen, die zumindest zu denen dieser Richtlinie analog sind, insbesondere in der Zulassungsphase, bei der Bewertung ihres Leumunds und ihrer Erfahrung sowie der Eignung von Gesellschaftern, bei der Überprüfung der Voraussetzungen für die Erteilung der Erstzulassung und bei der laufenden Überwachung sowie hinsichtlich der Wohlverhaltensregeln.

Zudem sollten die von der Anwendung dieser Richtlinie ausgenommenen Personen einem Anlegerentschädigungssystem in Einklang mit der Richtlinie 97/9/EG des Europäischen Parlaments und des Rates[1]) angeschlossen sein oder über eine Berufshaftpflichtversicherung verfügen, die ihren Kunden in den unter jene Richtlinie fallenden Situationen einen gleichwertigen Schutz bietet.

(43) Eine Wertpapierfirma, die eine oder mehrere von ihrer Zulassung nicht abgedeckte Wertpapierdienstleistungen oder Anlagetätigkeiten erbringt, sollte keine zusätzliche Zulassung gemäß dieser Richtlinie benötigen, wenn sie diese nicht regelmäßig erbringt bzw. ausübt.

(44) Für die Zwecke dieser Richtlinie sollte die Tätigkeit der Annahme und Übermittlung von Aufträgen auch die Zusammenführung von zwei oder mehr Anlegern umfassen, durch die ein Geschäftsabschluss zwischen diesen Anlegern ermöglicht wird.

(45) Wertpapierfirmen und Kreditinstitute, die Finanzinstrumente vertreiben, die sie selbst ausgeben, sollten von dieser Richtlinie erfasst werden, wenn sie Anlageberatung für ihre Kunden leisten. Um Unklarheiten zu beseitigen und den Anlegerschutz zu stärken, ist es zweckmäßig, die Anwendung dieser Richtlinie vorzusehen, wenn auf dem Primärmarkt Wertpapierfirmen und Kreditinstitute von ihnen selbst ausgegebene Finanzinstrumente vertreiben, ohne dabei Beratung zu leisten. Zu diesem Zweck sollte die Begriffsbestimmung für die Dienstleistung der „Ausführung von Aufträgen im Namen von Kunden" ausgedehnt werden.

(46) Die Grundsätze der gegenseitigen Anerkennung und der Kontrolle durch den Herkunftsmitgliedstaat erfordern, dass die zuständigen Behörden der Mitgliedstaaten die Zulassung entweder nicht erteilen oder entziehen sollten, wenn aus Umständen wie dem Inhalt des Geschäftsplans, der geografischen Ansiedlung oder der tatsächlich ausgeübten Tätigkeit unzweifelhaft hervorgeht, dass eine Wertpapierfirma die Rechtsordnung eines Mitgliedstaats in der Absicht gewählt hat, sich den strengeren Normen eines anderen Mitgliedstaats zu entziehen, in dessen Hoheitsgebiet sie den überwiegenden Teil ihrer Tätigkeit ausübt oder auszuüben beabsichtigt. Eine Wertpapierfirma, die eine juristische Person ist, sollte in dem Mitgliedstaat zugelassen werden, in dem sie ihren Sitz hat. Eine Wertpapierfirma, die keine juristische Person ist, sollte in dem Mitgliedstaat zugelassen werden, in dem sich ihre Hauptverwaltung befindet. Im Übrigen sollten die Mitgliedstaaten verlangen, dass die Hauptverwaltung einer Wertpapierfirma sich stets in ihrem Herkunftsmitgliedstaat befindet und dort tatsächlich tätig ist.

(47) Mit der Richtlinie 2007/44/EG des Europäischen Parlaments und des Rates[2]) wurden detaillierte Kriterien für die aufsichtsrechtliche Beurteilung eines beabsichtigten Erwerbs einer Wertpapierfirma und ein Verfahren für ihre Anwendung festgelegt. Um Rechtssicherheit, Klarheit und Vorhersehbarkeit in Bezug auf den Beurteilungsprozess und das entsprechende Ergebnis zu

---

[1]) **Amtl. Anm.**: Richtlinie 97/9/EG des Europäischen Parlaments und des Rates vom 3. März 1997 über Systeme für die Entschädigung der Anleger (ABl. L 84 vom 26.3.1997, S. 22).

[2]) **Amtl. Anm.**: Richtlinie 2007/44/EG des Europäischen Parlaments und des Rates vom 5. September 2007 zur Änderung der Richtlinie 92/49/EWG des Rates sowie der Richtlinien 2002/83/EG, 2004/39/EG, 2005/68/EG und 2006/48/EG in Bezug auf Verfahrensregeln und Bewertungskriterien für die aufsichtsrechtliche Beurteilung des Erwerbs und der Erhöhung von Beteiligungen im Finanzsektor (ABl. L 247 vom 21.9.2007, S. 1).

schaffen, sollten die Kriterien und der Prozess der aufsichtsrechtlichen Beurteilung, wie sie in jener Richtlinie festgelegt sind, bestätigt werden. Insbesondere sollten die zuständigen Behörden die Eignung des interessierten Erwerbers und die finanzielle Solidität des beabsichtigten Erwerbs im Hinblick auf sämtliche folgende Kriterien prüfen: die Zuverlässigkeit des interessierten Erwerbers, die Zuverlässigkeit und die Erfahrung einer jeden Person, die die Geschäfte der Wertpapierfirma infolge des beabsichtigten Erwerbs leiten wird; die finanzielle Solidität des interessierten Erwerbers; die Fähigkeit der Wertpapierfirma, den Aufsichtsanforderungen aufgrund dieser Richtlinie und aufgrund anderer Richtlinien, insbesondere der Richtlinien 2002/87/EG des Europäischen Parlaments und des Rates[1] und 2013/36/EU, zu genügen; die Tatsache, ob ein hinreichender Verdacht besteht, dass Geldwäsche oder Terrorismusfinanzierung im Sinne des Artikels 1 der Richtlinie 2005/60/EG des Europäischen Parlaments und des Rates[2] stattfinden, stattgefunden haben oder ob diese Straftaten versucht wurden bzw. ob der beabsichtigte Erwerb das Risiko eines solchen Verhaltens erhöhen könnte.

(48) Eine in ihrem Herkunftsmitgliedstaat zugelassene Wertpapierfirma sollte berechtigt sein, in der gesamten Union Wertpapierdienstleistungen zu erbringen oder Anlagetätigkeiten auszuüben, ohne eine gesonderte Zulassung der zuständigen Behörde des Mitgliedstaats, in dem sie diese Leistungen zu erbringen oder Tätigkeiten auszuüben wünscht, einholen zu müssen.

(49) Da bestimmte Wertpapierfirmen von bestimmten Verpflichtungen gemäß der Richtlinie 2013/36/EU ausgenommen sind, sollten sie zu einer Mindestkapitalausstattung oder zum Abschluss einer Berufshaftpflichtversicherung oder einer Kombination von beiden verpflichtet sein. Bei den Anpassungen der Beträge dieser Versicherung sollte den Anpassungen Rechnung getragen werden, die im Rahmen der Richtlinie 2002/92/EG des Europäischen Parlaments und des Rates[3] vorgenommen werden. Diese besondere Behandlung für die Zwecke der angemessenen Eigenkapitalausstattung sollte von Beschlüssen in Bezug auf die zweckmäßige Behandlung dieser Firmen im Rahmen der künftigen Änderungen des Rechts der Union über die angemessene Eigenkapitalausstattung nicht berührt werden.

(50) Da der Anwendungsbereich der Aufsichtsvorschriften auf jene Rechtspersönlichkeiten beschränkt werden sollte, die aufgrund der Tatsache, dass sie ein professionelles Handelsbuch führen, Quelle eines Gegenparteirisikos für andere Marktteilnehmer sind, sollten Rechtspersönlichkeiten vom Anwendungsbereich dieser Richtlinie ausgenommen werden, die für eigene Rechnung mit anderen Finanzinstrumenten als Warenderivaten, Emissionszertifikaten oder Derivaten davon handeln, unter der Voraussetzung, dass sie sich bei ihnen nicht um Market-Maker handelt, sie bei der Ausführung von Kundenaufträgen nicht für eigene Rechnung Handel treiben, sie keine Mitglieder oder Teilnehmer eines geregelten Markts oder MTF sind, sie keinen direkten elektronischen Zugang zu einem Handelsplatz haben und keine hochfrequente algorithmische Handelstechnik anwenden.

(51) Um die Eigentumsrechte des Anlegers an Wertpapieren und andere eigentumsähnliche Rechte sowie die Rechte des Anlegers an den der Wertpapierfirma anvertrauten Geldern zu schützen, sollten diese Rechte insbesondere von den Rechten der Wertpapierfirma abgegrenzt werden. Dieser Grundsatz sollte eine Wertpapierfirma jedoch nicht hindern, im eigenen Namen, aber im Interesse des Anlegers zu handeln, wenn dies aufgrund der besonderen Natur des Geschäfts erforderlich ist und der Anleger dazu seine Zustimmung erteilt hat, z.B. bei Wertpapierleihgeschäften.

(52) Die Anforderungen an den Schutz der Vermögenswerte von Kunden sind ein entscheidendes Instrument, um Kunden bei der Erbringung von Dienstleistungen und der Ausübung von Tätigkeiten zu schützen. Eine Befreiung von diesen Anforderungen ist möglich, wenn zur

---

[1] **Amtl. Anm.:** Richtlinie 2002/87/EG des Europäischen Parlaments und des Rates vom 16. Dezember 2002 über die zusätzliche Beaufsichtigung der Kreditinstitute, Versicherungsunternehmen und Wertpapierfirmen eines Finanzkonglomerats und zur Änderung der Richtlinien 73/239/EWG, 79/267/EWG, 92/49/EWG, 92/96/EWG, 93/6/EWG und 93/22/EWG des Rates und der Richtlinien 98/78/EG und 2000/12/EG des Europäischen Parlaments und des Rates (ABl. L 35 vom 11.2.2003, S. 1).
[2] **Amtl. Anm.:** Richtlinie 2005/60/EG des Europäischen Parlaments und des Rates vom 26. Oktober 2005 zur Verhinderung der Nutzung des Finanzsystems zum Zwecke der Geldwäsche und der Terrorismusfinanzierung (ABl. L 309 vom 25.11.2005, S. 15).
[3] **Amtl. Anm.:** Richtlinie 2002/92/EG des Europäischen Parlaments und des Rates vom 9. Dezember 2002 über Versicherungsvermittlung (ABl. L 9 vom 15.1.2003, S. 3).

# 1 MiFiD II RL 2014/65/EU

Deckung bestehender oder künftiger, tatsächlicher, möglicher oder voraussichtlicher Verbindlichkeiten das uneingeschränkte Eigentum an Geldern und Finanzinstrumenten oder Geldern auf eine Wertpapierfirma übertragen wird. Diese weit gefasste Möglichkeit kann zu Unsicherheiten führen und die Effektivität der Anforderungen hinsichtlich der Sicherung von Kundenvermögen gefährden. Zumindest wenn es um die Vermögenswerte von Kleinanlegern geht, sollte daher die Möglichkeit von Wertpapierfirmen begrenzt werden, Finanzsicherheiten in Form der Vollrechtsübertragung im Sinne der Richtlinie 2002/47/EG des Europäischen Parlaments und des Rates[1] zum Zwecke der Besicherung oder anderweitigen Deckung von Verbindlichkeiten abzuschließen.

(53) Um eine solide und umsichtige Führung von Wertpapierfirmen zu gewährleisten und die Marktintegrität und das Interesse der Anleger zu fördern, ist es notwendig, die Rolle der Leitungsorgane von Wertpapierfirmen, geregelten Märkten und Datenbereitstellungsdiensten zu stärken. Das Leitungsorgan von Wertpapierfirmen, geregelten Märkten und Datenbereitstellungsdiensten sollte stets genügend Zeit aufwenden und kollektiv ausreichende Kenntnisse, Fähigkeiten und Erfahrungen besitzen, die zum Verständnis der Tätigkeiten der Wertpapierfirma samt ihrer Hauptrisiken erforderlich sind. Um Gruppendenken zu vermeiden und den Mitgliedern der Leitungsorgane eine unabhängige Meinungsbildung und kritisches Hinterfragen von Management-Entscheidungen zu erleichtern, sollten diese Organe in Bezug auf Alter, Geschlecht, geografische Herkunft sowie Ausbildungs- und Berufshintergrund deshalb so zusammengesetzt sein, dass vielfältige Auffassungen und Erfahrungen vertreten sind. Die Arbeitnehmervertretung in Leitungsorganen könnte ebenfalls als positive Möglichkeit zur Verbesserung der Diversität gesehen werden, da hiermit zusätzlich eine wichtige Perspektive und echtes Wissen über die interne Arbeitsweise der Firmen geboten werden. Aus diesem Grund sollte eines der Kriterien für die Zusammensetzung von Leitungsorganen die Diversität sein. Firmen sollten auch bei ihrer allgemeinen Einstellungspolitik auf Diversität achten. Eine solche Politik sollte beispielsweise Firmen ermutigen, Kandidaten von Vorschlagslisten auszuwählen, die Bewerber beider Geschlechter enthalten. Im Interesse eines kohärenten Ansatzes zur Corporate Governance ist es wünschenswert, die Anforderungen an Wertpapierfirmen so weit wie möglich an die in der Richtlinie 2013/36/EU enthaltenen Anforderungen anzugleichen.

(54) Um eine effektive Übersicht und Kontrolle über die Tätigkeiten von Wertpapierfirmen, geregelten Märkten und Datenbereitstellungsdiensten zu haben, sollte das Leitungsorgan für die Gesamtstrategie der Firma verantwortlich und rechenschaftspflichtig sein und dabei die Tätigkeiten und das Risikoprofil der Firma berücksichtigen. Das Leitungsorgan sollte klare Zuständigkeiten im gesamten Geschäftsablauf der Firma übernehmen; dies betrifft die Festlegung und Ausgestaltung der strategischen Ziele, der Risikostrategie und der internen Unternehmensführung der Firma, die Genehmigung der internen Organisation, einschließlich Kriterien für die Auswahl und Schulung der Mitarbeiter, die wirksame Aufsicht über das höhere Management sowie die Festlegung der Gesamtstrategie für die Erbringung der Dienstleistungen und die Ausübung von Tätigkeiten, einschließlich der Vergütung des Verkaufspersonals und der Genehmigung neuer Produkte für den Vertrieb bei den Kunden. Durch regelmäßige Überwachung und Bewertung der strategischen Ziele von Firmen, ihrer internen Organisation und ihrer Strategien für die Erbringung von Dienstleistungen und die Ausübung von Tätigkeiten sollte gewährleistet werden, dass das Leitungsorgan stets in der Lage ist, die Firma solide und umsichtig im Interesse der Integrität der Märkte und der Anlegerschutzes zu führen. Die Kumulierung einer zu großen Anzahl von Leitungs- oder Aufsichtsfunktionen würde ein Mitglied des Leitungsorgans daran hindern, der Wahrnehmung seiner Überwachungsaufgabe die gebührende Zeit zu widmen.
Aus diesem Grund sollte die Zahl der Funktionen, die ein Mitglied des Leitungsorgans eines Instituts gleichzeitig bei verschiedenen Unternehmen innehaben darf, begrenzt werden. Leitungs- oder Aufsichtsfunktionen in Organisationen, die nicht überwiegend gewerbliche Ziele verfolgen, wie gemeinnützige oder karitative Organisationen, sollten jedoch bei der Anwendung dieser Begrenzung nicht berücksichtigt werden.

(55) In den Mitgliedstaaten sind unterschiedliche Unternehmensführungsstrukturen üblich. Dabei handelt es sich meistens um eine monistische oder eine dualistische Unternehmensverfassung. Mit den Begriffsbestimmungen dieser Richtlinie sollen sämtliche vorhandenen Leitstrukturen erfasst werden, ohne jedoch einer bestimmten Struktur den Vorzug zu geben. Sie haben lediglich funktionalen Charakter, um Vorschriften für die Erreichung eines bestimmten Zwecks

---

[1] **Amtl. Anm.:** Richtlinie 2002/47/EG des Europäischen Parlaments und des Rates vom 6. Juni 2002 über Finanzsicherheiten (ABl. L 168 vom 27.6.2002, S. 43).

festlegen zu können, ungeachtet des nationalen Gesellschaftsrechts, das für ein Institut in dem jeweiligen Mitgliedstaat gilt. Die Begriffsbestimmungen sollten daher die allgemeine Verteilung der Befugnisse nach dem nationalen Gesellschaftsrecht nicht berühren.

(56) Das immer größere Spektrum von Tätigkeiten, die viele Wertpapierfirmen gleichzeitig ausführen, hat das Potenzial für Interessenkonflikte zwischen diesen verschiedenen Tätigkeiten und den Interessen der Kunden erhöht. Daher ist es erforderlich, Bestimmungen vorzusehen, die sicherstellen, dass solche Konflikte die Interessen der Kunden nicht beeinträchtigen. Die Firmen haben die Pflicht, wirksame Maßnahmen zu ergreifen, um Interessenkonflikte zu erkennen und zu vermeiden oder zu regeln und die potenziellen Auswirkungen dieser Risiken so weit wie möglich zu mindern. Verbleiben dennoch Restrisiken, die die Interessen des Kunden beeinträchtigen können, sollten dem Kunden die allgemeine Art und/oder die Quellen von Interessenkonflikten und die zur Begrenzung dieser Risiken ergriffenen Maßnahmen eindeutig dargelegt werden, bevor Geschäfte in seinem Namen getätigt werden.

(57) Die Richtlinie 2006/73/EG der Kommission[1] ermöglicht es den Mitgliedstaaten, im Rahmen der organisatorischen Anforderungen an Wertpapierfirmen die Aufzeichnung von Telefongesprächen oder elektronischen Mitteilungen in Bezug auf Kundenaufträge zu verlangen. Die Aufzeichnung von Telefongesprächen oder elektronischen Mitteilungen in Bezug auf Kundenaufträge ist mit der Charta der Grundrechte der Union (im Folgenden „Charta") vereinbar und ist gerechtfertigt, um den Anlegerschutz zu stärken, die Marktüberwachung zu verbessern und die Rechtssicherheit im Interesse von Wertpapierfirmen und ihrer Kunden zu erhöhen. Auf die Bedeutung solcher Aufzeichnungen hat auch der Ausschuss der europäischen Wertpapierregulierungsbehörden in seiner technischen Stellungnahme vom 29. Juli 2010 für die Kommission hingewiesen. Diese Aufzeichnungen sollten gewährleisten, dass die Bedingungen aller von den Kunden erteilten Aufträge und deren Übereinstimmung mit den von den Wertpapierfirmen ausgeführten Geschäften nachgewiesen werden können, und dass alle Verhaltensweisen aufgedeckt werden, die im Hinblick auf Marktmissbrauch relevant sein können, und zwar auch dann, wenn Firmen für eigene Rechnung Handel treiben.
Hierzu werden Aufzeichnungen aller Gespräche benötigt, an denen die Vertreter einer Firma beteiligt sind, wenn sie für eigene Rechnung Handel treiben oder zu treiben beabsichtigen. Wenn Kunden ihre Aufträge über andere Kanäle als das Telefon mitteilen, sollten solche Mitteilungen über einen dauerhaften Datenträger erfolgen, wie z.B. E-Mail, Fax oder während eines Treffens erstellte Aufzeichnungen über Kundenaufträge. Beispielsweise könnte der Inhalt der entsprechenden persönlichen Gespräche durch die Anfertigung schriftlicher Protokolle oder Vermerke aufgezeichnet werden. Diese Aufträge sollten als den telefonisch entgegengenommenen Aufträgen gleichwertig gelten. Wenn Protokolle persönlicher Gespräche mit Kunden erstellt werden, sollten die Mitgliedstaaten dafür sorgen, dass es geeignete Schutzmechanismen gibt um sicherzustellen, dass dem Kunden keine Nachteile entstehen, wenn in dem Protokoll die Kommunikation zwischen den Parteien unzutreffend wiedergegeben wird. Solche Schutzmechanismen sollten nicht dazu führen, dass der Kunde irgendeine Haftung übernimmt.
Um Rechtssicherheit hinsichtlich des Umfangs der Verpflichtung zu schaffen, sollte diese für alle Geräte gelten, die von der Firma zur Verfügung gestellt werden oder deren Nutzung von der Firma gebilligt wurde; gleichzeitig müssen die Wertpapierfirmen dazu verpflichtet werden, durch angemessene Vorkehrungen sicherzustellen, dass keine im Privatbesitz befindlichen Geräte im Zusammenhang mit Geschäften verwendet werden. Diese Aufzeichnungen sollten den zuständigen Behörden zur Verfügung stehen, wenn sie ihre Aufsichtsaufgaben wahrnehmen und Maßnahmen zur Durchsetzung dieser Richtlinie, der Verordnung (EU) Nr. 600/2014[2], der Verordnung (EU) Nr. 596/2014[3] und der Richtlinie 2014/57/EU des Europäischen Parlaments und des Rates[4] ergreifen, damit die zuständigen Behörden anhand dieser Aufzeichnungen Verhaltensweisen ermitteln können, die nicht mit dem Rechtsrahmen in Bezug auf die Tätigkeit

---

[1] **Amtl. Anm.:** Richtlinie 2006/73/EG der Kommission vom 10. August 2006 zur Durchführung der Richtlinie 2004/39/EG des Europäischen Parlaments und des Rates in Bezug auf die organisatorischen Anforderungen an Wertpapierfirmen und die Bedingungen für die Ausübung ihrer Tätigkeit sowie in Bezug auf die Definition bestimmter Begriffe für die Zwecke der genannten Richtlinie (ABl. L 241 vom 2.9.2006, S. 26).
[2] Nr. 2.
[3] Nr. 11.
[4] **Amtl. Anm.:** Richtlinie 2014/57/EU des Europäischen Parlaments und des Rates vom 16. April 2014 über strafrechtliche Sanktionen bei Marktmissbrauch (Marktmissbrauchsrichtlinie) (siehe Seite 179 dieses Amtsblatts *[Red. Anm.: ABl. L 173 vom 12.6.2014]*).

von Wertpapierfirmen in Einklang stehen. Die Aufzeichnungen sollten ferner den Wertpapierfirmen und ihren Kunden als Nachweise zur Verfügung stehen, um ihnen die Nachverfolgung ihrer Beziehung hinsichtlich der von den Kunden erteilten Aufträge und der von den Firmen abgeschlossenen Geschäfte zu ermöglichen. Aus diesen Gründen sollten in der vorliegenden Richtlinie die Grundsätze einer allgemeinen Regelung hinsichtlich der Aufzeichnung von Telefongesprächen oder elektronischen Mitteilungen in Bezug auf Kundenaufträge enthalten sein.

(58) Im Einklang mit den Schlussfolgerungen des Rates zur Stärkung der europäischen Finanzaufsicht vom Juni 2009 hat sich die Union verpflichtet, durch das Recht der Union über Finanzdienstleistungen eröffnete Ermessensspielräume der Mitgliedstaaten zu verringern, um zur Aufstellung eines einheitlichen Regelwerks für die Finanzmärkte in der Union beizutragen, die weitere Entwicklung gleicher Wettbewerbsbedingungen für die Mitgliedstaaten und die Marktteilnehmer zu unterstützen, den Anlegerschutz zu verstärken und die Aufsicht und Durchsetzung zu verbessern. Zusätzlich zu der Einführung einer gemeinsamen Regelung für die Aufzeichnung von Telefongesprächen oder elektronischen Mitteilungen in Bezug auf Kundenaufträge ist es zweckmäßig, die Möglichkeit der zuständigen Behörden, in bestimmten Fällen Aufsichtspflichten zu delegieren, einzuschränken sowie die Ermessensspielräume bei den Anforderungen an vertraglich gebundene Vermittler und die Meldungen von Zweigniederlassungen zu begrenzen.

(59) Der Einsatz von Technologie für den Handel hat sich in den letzten zehn Jahren erheblich weiterentwickelt und ist mittlerweile unter den Marktteilnehmern weit verbreitet. Viele Marktteilnehmer nutzen inzwischen den algorithmischen Handel, bei dem ein Computeralgorithmus einzelne Aspekte eines Auftrags mit minimalem oder völlig ohne Eingreifen des Menschen automatisch bestimmt. Die sich aus dem algorithmischen Handel ergebenden Risiken sollten reguliert werden. Allerdings stellt die Benutzung von Algorithmen bei der Nachhandelsbearbeitung ausgeführter Geschäfte keinen algorithmischen Handel dar. Eine Wertpapierfirma, die in Verfolgung einer Market-Making-Strategie algorithmischen Handel betreibt, sollte dieses Market-Making kontinuierlich während eines festgelegten Teils der Handelszeiten des Handelsplatzes durchführen. In technischen Regulierungsstandards sollte präzisiert werden, was unter einem festgelegten Teil der Handelszeiten des Handelsplatzes zu verstehen ist, wobei sichergestellt werden sollte, dass dieser festgelegte Teil gemessen an der Gesamthandelszeit erheblich ist. Dabei sollten auch die Liquidität, der Umfang und die Art des konkreten Markts und die Merkmale des gehandelten Finanzinstruments berücksichtigt werden.

(60) Wertpapierfirmen, die eine Market-Making-Strategie unter Einsatz von algorithmischem Handel verfolgen, sollten über geeignete Systeme und Kontrollen für diese Tätigkeit verfügen. Eine solche Tätigkeit sollte in ihrem spezifischen Kontext und Zweck verstanden werden. Die Definition einer solchen Tätigkeit erfolgt daher unabhängig von Definition wie jener von „Market-Making-Tätigkeiten" in der Verordnung (EU) Nr. 236/2012 des Europäischen Parlaments und des Rates[1].

(61) Eine Sonderform des algorithmischen Handels ist der algorithmische Hochfrequenzhandel, bei dem ein Handelssystem Daten oder Signale des Marktes in hoher Geschwindigkeit analysiert und anschließend innerhalb einer sehr kurzen Zeit als Reaktion auf diese Analyse Aufträge in großer Anzahl sendet oder aktualisiert. Insbesondere kann der algorithmische Hochfrequenzhandel Merkmale aufweisen wie die Einleitung, Erstellung, Weiterleitung und Ausführung von Aufträgen, die für jedes einzelne Geschäft oder jeden einzelnen Auftrag von einem System ohne menschliche Beteiligung bestimmt werden, eine kurze Frist für das Eingehen und Auflösen von Positionen, einen hohen täglichen Portfolioumsatz, einen sehr hohen taggleichen Anteil an Aufträgen im Verhältnis zu Geschäftsabschlüssen und den Schluss des Börsentags mit einer weitgehend ausgeglichenen Position. Der algorithmische Hochfrequenzhandel ist unter anderem durch eine hohe Anzahl von Vorgängen (Aufträge, Kursofferten oder Stornierungen) innerhalb eines Tages gekennzeichnet. Bei der Festlegung, was als hohe Anzahl von Vorgängen innerhalb eines Tages zu betrachten ist, sollten die Identität des letztlich hinter den Vorgängen stehenden Kunden, die Dauer des Beobachtungszeitraums, das Verhältnis zum gesamten Marktgeschehen während dieses Zeitraums und die relative Konzentration oder Fragmentierung des Handelsgeschehens berücksichtigt werden. Der algorithmische Hochfrequenzhandel wird in der Regel von Händlern betrieben, die ihr eigenes Kapital für den Handel einsetzen, und ist keine Strategie

---

[1] **Amtl. Anm.:** Verordnung (EU) Nr. 236/2012 des Europäischen Parlaments und des Rates vom 14. März 2012 über Leerverkäufe und bestimmte Aspekte von Credit Default Swaps (ABl. L 86 vom 24.3.2012, S. 1).

an sich, sondern vielmehr der Einsatz ausgefeilter Technologie zur Umsetzung traditionellerer Handelsstrategien wie Market-Making oder Arbitrage.

(62) Technische Fortschritte haben den Hochfrequenzhandel und die Weiterentwicklung von Geschäftsmodellen ermöglicht. Der Hochfrequenzhandel wird dadurch erleichtert, dass Marktteilnehmer ihre Systeme gemeinsam in unmittelbarer räumlicher Nähe zu einer Matching-Maschine eines Handelsplatzes unterbringen („Co-Location"). Um ordnungsgemäße und faire Handelsbedingungen zu gewährleisten, sollten die Handelsplätze verpflichtet werden, solche Co-Location-Dienste auf einer nichtdiskriminierenden, fairen und transparenten Grundlage anzubieten. Der Einsatz von Technologie für den Handel hat die Geschwindigkeit, Kapazität und Komplexität erhöht, mit der Anleger Handel betreiben. Außerdem wurde es den Marktteilnehmern möglich, ihren Kunden durch die Nutzung ihrer Handelssysteme, durch direkten Marktzugang oder geförderten Zugang leichter einen direkten elektronischen Zugang zu den Märkten zu gewähren. Die Handelstechnologie hat Vorteile für den Markt und die Marktteilnehmer im Allgemeinen gebracht, etwa eine größere Beteiligung an den Märkten, erhöhte Liquidität, engere Spreads, verringerte kurzfristige Volatilität und die Mittel, mit denen die Ausführung von Kundenaufträgen verbessert wird. Doch diese Handelstechnologie birgt auch eine Reihe potenzieller Risiken, wie die erhöhte Gefahr der Überlastung der Systeme von Handelsplätzen infolge großer Mengen an Aufträgen oder das Risiko, dass der algorithmische Handel zu doppelten oder irrtümlichen Aufträgen oder sonstigen Fehlleistungen führt, so dass es zu Störungen auf dem Markt kommen kann.
Daneben besteht das Risiko, dass algorithmische Handelssysteme auf andere Marktereignisse überreagieren, was die Volatilität verschärfen kann, wenn es schon vorher ein Marktproblem gegeben hat. Schließlich können durch den algorithmischen Handel oder die hochfrequenten algorithmischen Handelstechniken selbst – wie bei jeder anderen Form des Handels – bestimmte Verhaltensformen entstehen, die nach der Verordnung (EU) Nr. 596/2014[1]) verboten sind. Der Hochfrequenzhandel könnte auch wegen des Informationsvorteils, über den Hochfrequenzhändler verfügen, dazu führen, dass sich Anleger dafür entscheiden, Handelsgeschäfte an Handelsplätzen auszuführen, an denen sie eine Interaktion mit Hochfrequenzhändlern vermeiden können. Es ist sachgerecht, Methoden des algorithmischen Hochfrequenzhandels, die sich bestimmter spezifischer Merkmale bedienen, einer besonderen aufsichtlichen Überwachung zu unterwerfen. Wenn es sich hierbei auch überwiegend um Methoden handelt, bei denen es um Handel für eigene Rechnung geht, sollte eine solche Überwachung auch dann gelten, wenn die Ausführung der Methode in einer Weise strukturiert ist, dass vermieden wird, dass die Ausführung für eigene Rechnung erfolgt.

(63) Diese potenziellen Risiken aus dem verstärkten Einsatz von Technologie werden am besten dadurch eingedämmt, dass Maßnahmen und spezielle Risikokontrollen, die auf Firmen ausgerichtet sind, die algorithmischen oder hochfrequente algorithmische Handelstechniken anwenden und solche, die einen direkten elektronischen Zugang bereitstellen, kombiniert werden mit anderen Maßnahmen, die Betreibern von Handelsplätzen gelten, an denen solche Firmen aktiv sind. Um die Widerstandsfähigkeit von Märkten angesichts technologischer Entwicklungen zu stärken, sollten sich diese Maßnahmen an den im Februar 2012 von der durch die Verordnung (EU) Nr. 1095/2010[2]) des Europäischen Parlaments und des Rates[3]) errichteten Europäischen Aufsichtsbehörde (Europäische Wertpapier- und Marktaufsichtsbehörde) (ESMA) herausgegebenen technischen Leitlinien mit dem Titel „Guidelines on systems and controls in an automated trading environment for trading platforms, investment firms and competent authorities" (ESMA/2012/122 (EN)) orientieren und darauf aufbauen. Es ist erstrebenswert, dass alle Firmen, die algorithmischen Hochfrequenzhandel betreiben, zugelassen sein müssen. Eine derartige Zulassung sollte gewährleisten, dass die Firmen den organisatorischen Anforderungen der Richtlinie unterliegen und ordnungsgemäß beaufsichtigt werden. Allerdings sollten nach dem Unionsrecht für den Finanzsektor zugelassene und beaufsichtigte Unternehmen, die vom Geltungsbereich dieser Richtlinie ausgenommen sind, aber dennoch algorithmische oder hochfrequente algorithmische Handelstechniken anwenden, nicht verpflichtet sein, eine Zulassung nach dieser Richtlinie zu erlangen, und nur den Maßnahmen und Kontrollen unterlie-

---

[1]) Nr. 11
[2]) Nr. 3.
[3]) **Amtl. Anm.**: Verordnung (EU) Nr. 1095/2010 des Europäischen Parlaments und des Rates vom 24. November 2010 zur Errichtung einer Europäischen Aufsichtsbehörde (Europäische Wertpapier- und Marktaufsichtsbehörde), zur Änderung des Beschlusses Nr. 716/2009/EG und zur Aufhebung des Beschlusses 2009/77/EG der Kommission (ABl. L 331 vom 15.12.2010, S. 84).

gen, die darauf ausgerichtet sind, das sich aus diesen Handelsarten ergebende spezifische Risiko zu bekämpfen. In diesem Zusammenhang sollte die ESMA eine wichtige Rolle bei der Koordinierung spielen und angemessene Tick-Größen festlegen, damit geordnet funktionierende Märkte auf Unionsebene sichergestellt werden können.

(64) Sowohl Wertpapierfirmen als auch Handelsplätze sollten dafür sorgen, dass mit soliden Vorkehrungen verhindert wird, dass algorithmische oder hochfrequente algorithmische Handelstechniken zu Störungen auf den Märkten führen und zu missbräuchlichen Zwecken genutzt werden können. Handelsplätze sollten außerdem sicherstellen, dass ihre Handelssysteme widerstandsfähig und korrekt getestet sind, um erhöhtem Auftragsaufkommen oder Marktbelastungen standzuhalten, und dass es Notfallsicherungen an Handelsplätzen gibt, um den Handel vorübergehend anzuhalten oder einzuschränken, wenn es zu plötzlichen, unerwarteten Preisschwankungen kommt.

(65) Ferner muss sichergestellt werden, dass die Gebührenstrukturen der Handelsplätze transparent, nichtdiskriminierend und fair sind und dass sie nicht so konzipiert sind, dass sie Marktstörungen begünstigen. Deshalb ist es zweckmäßig, Handelsplätzen die Möglichkeit zu geben, ihre Gebühren für stornierte Aufträge an die Zeitspanne anzupassen, in der der Auftrag aufrechterhalten wurde, und austarierte Gebühren für jedes Finanzinstrument festzulegen, für das sie gelten. Die Mitgliedstaaten sollten außerdem Handelsplätzen erlauben können, höhere Gebühren für die Erteilung von Aufträgen, die später storniert werden, oder Teilnehmern, bei denen der Anteil stornierter Aufträge hoch ist, oder solchen Teilnehmern zu berechnen, die eine hochfrequente algorithmische Handelstechnik anwenden, um der zusätzlichen Belastung der Systemkapazität, ohne dass andere Marktteilnehmer notwendigerweise davon profitieren, Rechnung zu tragen.

(66) Neben den Maßnahmen zu algorithmischen oder hochfrequenten algorithmischen Handelstechniken ist es sinnvoll, die Bereitstellung eines direkten elektronischen Zugangs zu Märkten durch Wertpapierfirmen für ihre Kunden zu verbieten, wenn dieser Zugang nicht ordnungsgemäßen Systemen und Kontrollen unterliegt. Unabhängig von der Form des bereitgestellten direkten elektronischen Zugangs sollten Firmen, die einen solchen Zugang bereitstellen, die Eignung von Kunden, die diesen Dienst in Anspruch nehmen, beurteilen und überprüfen und dafür sorgen, dass die Nutzung des Dienstes Risikokontrollen unterliegt; zudem sollten diese Firmen weiterhin die Verantwortung für Handelsaufträge tragen, die ihre Kunden unter Nutzung ihrer Systeme oder ihrer Handelscodes erteilen. Die organisatorischen Anforderungen an diese neuen Formen des Handels sollten ausführlicher in technischen Regulierungsstandards vorgeschrieben werden. Dadurch sollte sichergestellt sein, dass die Anforderungen geändert werden können, falls dies infolge weiterer Innovationen und Entwicklungen in diesem Bereich erforderlich ist.

(67) Damit wirksame Beaufsichtigung gewährleistet ist und die zuständigen Behörden rechtzeitig geeignete Maßnahmen gegen fehlerhafte oder betrügerische algorithmische Strategien ergreifen können, sollten alle durch algorithmischen Handel generierten Aufträge gekennzeichnet werden. Anhand der Kennzeichnung sollten die zuständigen Behörden Aufträge, die durch verschiedene Algorithmen generiert wurden, ermitteln und voneinander unterscheiden und die von algorithmischen Händlern angewandten Strategien effizient rekonstruieren und evaluieren können. Dadurch sollte sich das Risiko verringern, dass Aufträge in nicht unzweideutiger Weise einer bestimmten algorithmischen Strategie oder einem Händler zugeordnet werden. Werden die Aufträge gekennzeichnet, können die zuständigen Behörden effizient und wirksam gegen algorithmische Handelsstrategien vorgehen, die zu missbräuchlichen Zwecken angewendet werden oder das geordnete Funktionieren des Markts gefährden.

(68) Um sicherzustellen, dass die Marktintegrität angesichts der technologischen Entwicklungen auf den Finanzmärkten gewahrt wird, sollte die ESMA regelmäßig das Fachwissen nationaler Sachverständiger im Bereich von Entwicklungen im Zusammenhang mit Handelstechnologien in Anspruch nehmen, einschließlich Hochfrequenzhandel und neuer Praktiken, die einen Marktmissbrauch darstellen könnten, damit wirksame Strategien für die Verhinderung und die Bekämpfung eines solchen Missbrauchs ermittelt und gefördert werden können.

(69) In der Union sind derzeit eine Vielzahl von Handelsplätzen tätig; an einigen davon werden dieselben Finanzinstrumente gehandelt. Mit Blick auf die potenziellen Risiken für die Anlegerinteressen ist es notwendig, die Schritte zu formalisieren und weiter zu koordinieren, die im Zusammenhang mit den Folgen für den Handel an anderen Handelsplätzen ergriffen werden, wenn eine Wertpapierfirma oder ein Marktbetreiber, die bzw. der einen Handelsplatz betreibt, beschließt, ein Finanzinstrument vorübergehend oder endgültig vom Handel auszuschließen. Im Interesse der Rechtssicherheit und im Hinblick auf einen angemessenen Umgang mit Interessenkonflikten bei der Entscheidung, Finanzinstrumente vom Handel auszuschließen oder den

Handel damit auszusetzen, sollte sichergestellt werden, dass wenn eine Wertpapierfirma oder ein Marktbetreiber, die bzw. der einen Handelsplatz betreibt, den Handel anhält, weil ihre bzw. seine Vorschriften nicht eingehalten werden, die anderen dieser Entscheidung folgen, wenn ihre zuständigen Behörden dies beschließen, es sei denn, dass außergewöhnliche Umstände die Fortsetzung des Handels rechtfertigen. Darüber hinaus ist es notwendig, den Informationsaustausch und die Zusammenarbeit zwischen den zuständigen Behörden zu formalisieren und zu verbessern, wenn es darum geht, Finanzinstrumente vorübergehend oder endgültig vom Handel an einem Handelsplatz auszuschließen. An den Finanzmärkten ist die Zahl der Anleger mittlerweile größer geworden. Diese Vorkehrungen sollten so angewandt werden, dass die Handelsplätze daran gehindert werden, Informationen, die im Zusammenhang mit der Aussetzung des Handels mit einem Finanzinstrument oder mit dessen Ausschluss vom Handel übermittelt werden, für kommerzielle Zwecke zu nutzen.

(70) Auf den Finanzmärkten ist die Zahl der Anleger mittlerweile größer geworden; ihnen wird eine immer komplexere, weit reichende Palette von Dienstleistungen und Instrumenten angeboten; angesichts dieser Entwicklungen ist es notwendig, für eine gewisse Harmonisierung zu sorgen, damit den Anlegern in der gesamten Union ein hohes Schutzniveau geboten wird. Als die Richtlinie 2004/39/EG verabschiedet wurde, war es infolge der wachsenden Abhängigkeit der Anleger von persönlichen Empfehlungen erforderlich, die Anlageberatung als eine Wertpapierdienstleistung aufzunehmen, die einer Zulassung bedarf und den speziellen Wohlverhaltensregeln unterliegt. Da persönliche Empfehlungen für Kunden weiterhin relevant sind und die Komplexität der Dienstleistungen und Instrumente zunimmt, ist es notwendig, die Wohlverhaltensregeln zu verschärfen, um den Anlegerschutz zu stärken.

(71) Die Mitgliedstaaten sollten dafür sorgen, dass Wertpapierfirmen im bestmöglichen Interesse ihrer Kunden tätig sind und in der Lage sind, ihre Pflichten nach dieser Richtlinie zu erfüllen. Wertpapierfirmen sollten deshalb die Merkmale angebotener oder empfohlener Finanzinstrumente verstehen und wirksame Maßnahmen und Vorkehrungen treffen und überprüfen, um die Kundengattung zu bestimmen, der Produkte und Dienstleistungen zur Verfügung gestellt werden sollen. Die Mitgliedstaaten sollten dafür sorgen, dass Wertpapierfirmen, die Finanzinstrumente konzipieren, sicherstellen, dass diese Produkte so beschaffen sind, dass sie den Bedürfnissen des bestimmten Zielmarktes von Endkunden innerhalb der jeweiligen Kundengattung entsprechen, dass sie zumutbare Schritte unternehmen um zu gewährleisten, dass die Finanzinstrumente an den bestimmten Zielmarkt vertrieben werden und dass sie die Bestimmung des Zielmarktes und die Wertentwicklung der von ihnen angebotenen Produkte regelmäßig überprüfen. Wertpapierfirmen, die Kunden Finanzinstrumente anbieten oder empfehlen, die nicht von ihnen hergestellt wurden, sollten über geeignete Vorkehrungen verfügen, um die entsprechenden Informationen bezüglich des Produktgenehmigungsverfahrens einzuholen und zu verstehen, einschließlich des bestimmten Zielmarkts und der Merkmale des von ihnen angebotenen oder empfohlenen Produkts. Diese Pflicht sollte unbeschadet einer etwaigen Beurteilung der Angemessenheit oder Eignung gelten, die später durch die Wertpapierfirma bei der Erbringung von Wertpapierdienstleistungen für die einzelnen Kunden auf der Grundlage ihres persönlichen Bedarfs sowie ihrer persönlichen Merkmale und Ziele durchgeführt wird.
Um sicherzustellen, dass Finanzinstrumente nur angeboten oder empfohlen werden, wenn dies im Interesse des Kunden liegt, sollten Wertpapierfirmen, die das Produkt anbieten oder empfehlen, das diese Firmen nicht herstellen, sondern die Änderungen an die Produktüberwachung nach dieser Richtlinie unterliegen, oder durch Firmen aus einem Drittland konzipiert wurde, ebenfalls über geeignete Vorkehrungen verfügen, um ausreichende Informationen über die Finanzinstrumente zu erhalten.

(72) Um Anlegern sämtliche relevanten Informationen an die Hand zu geben, sollte von Wertpapierfirmen, die Anlageberatung leisten, verlangt werden, dass sie die Kosten der Beratung offen legen und klarstellen, auf welcher Grundlage sie die Beratung leisten, insbesondere die Palette an Produkten, die sie bei der Abgabe von persönlichen Empfehlungen für den Kunden in Betracht ziehen, ob die Beratung unabhängig geleistet wird und ob sie dem Kunden eine regelmäßige Beurteilung über die Eignung der Finanzinstrumente bieten, die den Kunden empfohlen werden. Zudem sollte von Wertpapierfirmen verlangt werden, dass sie ihren Kunden die Gründe für die Empfehlung erläutern, die sie ihnen geben.

(73) Um den Rechtsrahmen für die Leistung von Anlageberatung weiter auszugestalten und dabei gleichzeitig Wertpapierfirmen und Kunden Wahlmöglichkeiten zu lassen, ist es zweckmäßig, die Bedingungen für die Erbringung dieser Dienstleistung festzulegen, wenn Wertpapierfirmen ihre Kunden darüber informieren, dass die Dienstleistung unabhängig erbracht wird. Wird die Beratung unabhängig geleistet, sollte eine ausreichend breite Palette an Produkten unterschied-

licher Produktanbieter bewertet werden, bevor eine persönliche Empfehlung abgegeben wird. Es ist nicht notwendig, dass der Berater die auf dem Markt verfügbaren Anlageprodukte aller Produktanbieter oder Emittenten prüft, jedoch sollte die Palette an Finanzinstrumenten nicht auf Finanzinstrumente beschränkt sein, die von Einrichtungen emittiert oder angeboten wurden, die in enger Verbindung zu der Wertpapierfirma stehen oder andere rechtliche oder wirtschaftliche Verbindungen, wie etwa Vertragsbeziehungen, zu dieser unterhalten, die so eng sind, dass sie die Unabhängigkeit der Beratung gefährden.

(74) Um den Anlegerschutz zu stärken und um zu erreichen, dass Kunden hinsichtlich der für sie erbrachten Dienstleistung besser aufgeklärt sind, sollte auch die Möglichkeit für Wertpapierfirmen, die unabhängige Anlageberatung und Portfolioverwaltung anbieten, eingeschränkt werden, Gebühren, Provisionen oder andere monetäre und nichtmonetäre Vorteile von Dritten oder für Dritte, insbesondere von Emittenten oder Produktanbietern, anzunehmen und einzubehalten. Dies bedeutet, dass alle Gebühren, Provisionen oder anderen monetären Vorteile, die durch einen Dritten gezahlt oder gewährt werden, durch die Firma in vollem Umfang an die Kunden sobald wie möglich nach Eingang dieser Zahlungen erstattet werden müssen, und der Firma sollte nicht gestattet sein, etwaige Zahlungen von Dritten von den Gebühren, die der Kunde der Firma schuldet, abzuziehen. Der Kunde sollte zutreffend und gegebenenfalls regelmäßig über alle Gebühren, Provisionen und Vorteile unterrichtet werden, die die Firma im Zusammenhang mit der Anlageberatung, die sie dem Kunden geleistet hat, erhalten und auf ihn übertragen hat. Firmen, die Anlageberatung leisten und Portfolioverwaltung zur Verfügung stellen, sollten als Teil ihrer organisatorischen Anforderungen Verfahrensgrundsätze aufzustellen, durch die sichergestellt wird, dass eingegangene Zahlungen Dritter den Kunden zugewiesen und auf sie übertragen werden. Lediglich geringfügige nichtmonetäre Vorteile sollten unter der Voraussetzung erlaubt sein, dass sie dem Kunden unmissverständlich offengelegt werden, die Qualität der Dienstleistungserbringung verbessern können und sie nicht vermuten lassen, dass die Fähigkeit von Wertpapierfirmen, im bestmöglichen Interesse ihrer Kunden zu handeln, hiervon beeinträchtigt wird.

(75) Bei der unabhängigen Anlageberatung und der Portfolioverwaltung sollten Gebühren, Provisionen und nicht monetäre Vorteile, die von einer Person im Namen des Kunden gezahlt oder gewährt werden, nur insofern zulässig sein, als sich die Person darüber bewusst ist, dass solche Zahlungen im Namen der Person getätigt wurden, und dass der Betrag und die Häufigkeit etwaiger Zahlungen zwischen dem Kunden und der Wertpapierfirma vereinbart und nicht durch einen Dritten bestimmt wurden. Zu den Fällen, die diese Anforderung erfüllen würden, gehört der Fall, dass ein Kunde die Rechnung einer Firma direkt bezahlt oder dass sie von einem unabhängigen Dritten bezahlt wird, der keine Verbindung zu der Wertpapierfirma hinsichtlich der dem Kunden erbrachten Wertpapierdienstleistung aufweist und nur auf Anweisungen des Kunden hin tätig wird, sowie Fälle, in denen der Kunde die Gebühr für eine durch die Wertpapierfirma erbrachte Dienstleistung aushandelt und diese Gebühr bezahlt. Dies wäre in der Regel der Fall bei Wirtschaftsprüfern oder Rechtsanwälten, die nach einer eindeutigen Zahlungsanweisung des Kunden tätig werden, oder wenn eine Person als reine zwischengeschaltete Stelle für die Zahlung tätig wird.

(76) Diese Richtlinie legt die Bedingungen und Verfahren fest, die die Mitgliedstaaten einhalten müssen, wenn sie zusätzliche Anforderungen vorschreiben wollen. Zu diesen Anforderungen kann gehören, dass das Anbieten oder Annehmen von Gebühren, Provisionen oder anderen monetären oder nichtmonetären Vorteilen einer dritten Partei oder einer Person, die im Namen einer dritten Partei handelt, für die Erbringung von Dienstleistungen an Kunden verboten oder weiter eingeschränkt wird.

(77) Um die Verbraucher zusätzlich zu schützen, sollte auch dafür gesorgt werden, dass Wertpapierfirmen die Leistung ihrer Mitarbeiter nicht in einer Weise vergüten oder bewerten, die mit ihrer Pflicht, im bestmöglichen Interesse ihrer Kunden zu handeln, kollidiert, beispielsweise durch Vergütung, Verkaufsziele oder in anderer Weise, wodurch Anreize geschaffen werden, ein bestimmtes Finanzinstrument zu empfehlen oder zu verkaufen, obwohl ein anderes Produkt den Bedürfnissen des Kunden besser entspräche.

(78) Werden ausreichende Informationen über die Kosten und Nebenkosten oder die Risiken bezüglich des Finanzinstruments im Einklang mit anderem Unionsrecht erteilt, sollten diese Informationen für die Zwecke der Erteilung von Informationen an Kunden nach dieser Richtlinie als angemessen betrachtet werden. Allerdings sollten Wertpapierfirmen oder Kreditinstitute, die dieses Finanzinstrument vertreiben, zusätzlich ihre Kunden über alle sonstigen Kosten und Nebenkosten im Zusammenhang mit ihrer Erbringung von Wertpapierdienstleistungen im Zusammenhang mit diesem Finanzinstrument unterrichten.

(79) Da es sich bei Anlageprodukten um hochkomplexe Produkte handelt und ihre Ausgestaltung kontinuierlicher Innovation unterliegt, ist es auch wichtig, dafür zu sorgen, dass Mitarbeiter, die Anlageprodukte Kleinanlegern verkaufen, ein angemessenes Kenntnis- und Kompetenzniveau in Bezug auf die angebotenen Produkte haben. Wertpapierfirmen sollten ihren Mitarbeitern ausreichend Zeit und Ressourcen zur Verfügung stellen, um diese Kenntnis und Kompetenz zu erlangen und sie anzuwenden, wenn sie Kundendienstleistungen erbringen.

(80) Wertpapierfirmen ist es gestattet, Wertpapierdienstleistungen, die lediglich in der Ausführung von Kundenaufträgen und/oder der Annahme und Übermittlung von Kundenaufträgen bestehen, zu erbringen, ohne Angaben über die Kenntnisse und Erfahrungen des Kunden einholen zu müssen, um die Eignung der Dienstleistung oder des Finanzinstruments für den Kunden zu bewerten. Da diese Dienstleistungen eine erhebliche Einschränkung des Schutzes des Kunden zur Folge haben, sollten die Bedingungen für die Erbringung verschärft werden. Insbesondere sollte die Möglichkeit ausgeschlossen werden, diese Dienstleistungen in Verbindung mit der Nebendienstleistung der Gewährung von Krediten oder Darlehen an Anleger für die Durchführung von Geschäften, an denen die Wertpapierfirma beteiligt ist, zu erbringen, da dies die Komplexität des Geschäfts erhöht und es schwieriger macht, das damit verbundene Risiko zu verstehen. Ferner sollten die Kriterien für die Auswahl der Finanzinstrumente, auf die sich diese Dienstleistungen beziehen sollten, besser definiert werden, damit bestimmte Finanzinstrumente ausgeschlossen werden, einschließlich solcher Finanzinstrumente, in die ein Derivat eingebettet ist oder die eine Struktur enthalten, die es dem Kunde erschwert, die damit einhergehenden Risiken zu verstehen, Aktien von Organismen, bei denen es sich nicht um Organismen für gemeinsame Anlagen in Wertpapieren (OGAW) handelt (Nicht-OGAW) und strukturierter OGAW im Sinne von Artikel 36 Absatz 1 Unterabsatz 2 der Verordnung (EU) Nr. 583/2010 der Kommission[1]. Durch die Behandlung bestimmter OGAW als komplexe Produkte sollte künftiges Unionsrecht, durch der Geltungsbereich solcher Produkte und die auf sie anwendbaren Regelungen festgelegt werden, nicht berührt werden.

(81) Querverkäufe sind in der gesamten Union eine übliche Strategie für Anbieter von Finanzdienstleistungen für Privatkunden. Sie können Vorteile für Kleinanleger bringen, aber auch Praktiken darstellen, bei denen das Interesse der Kunden nicht angemessen berücksichtigt wird. Zum Beispiel können bestimmte Formen von Querverkäufen, insbesondere Kopplungsgeschäfte, bei denen zwei oder mehr Finanzdienstleistungen zusammen in einem Paket verkauft werden und zumindest eine dieser Dienstleistungen nicht getrennt erhältlich ist, den Wettbewerb verzerren und die Mobilität sowie die Fähigkeit der Kunden, Entscheidungen in voller Sachkenntnis zu treffen, negativ beeinträchtigen. Ein Beispiel für ein Kopplungsgeschäft ist die Verpflichtung zur Eröffnung von Transaktionskonten, wenn eine Wertpapierdienstleistung für einen Kleinanleger erbracht wird. Während Bündelungspraktiken, bei denen zwei oder mehr Finanzdienstleistungen zusammen in einem Paket verkauft werden, die aber auch einzeln erworben werden können, den Wettbewerb zwar auch verzerren und die Mobilität sowie die Fähigkeit der Kunden, Entscheidungen in voller Sachkenntnis zu treffen, negativ beeinträchtigen können, lassen sie dem Kunden doch zumindest Wahlmöglichkeiten, so dass die Gefahr möglicherweise geringer ist, dass Wertpapierfirmen ihre Verpflichtungen aus dieser Richtlinie nicht einhalten. Der Einsatz solcher Praktiken sollte sorgfältig geprüft werden, damit der Wettbewerb gefördert und die Wahlmöglichkeiten für die Verbraucher erhöht werden.

(82) Leistet die Wertpapierfirma Anlageberatung, sollte sie in einer schriftlichen Erklärung zur Geeignetheit darlegen, wie die Empfehlung von den Präferenzen, Bedürfnissen und sonstigen Merkmalen des Kleinanlegers entspricht. Die Erklärung sollte mittels eines dauerhaften Datenträgers, einschließlich in elektronischer Form, erfolgen. Die Wertpapierfirma ist dafür verantwortlich, die Geeignetheitsprüfung durchzuführen und die schriftliche Erklärung zur Geeignetheit zur Verfügung zu stellen, und sie sollte angemessene Schutzmechanismen geben um sicherzustellen, dass dem Kunden keine Verluste daraus entstehen, dass in der Erklärung die persönliche Empfehlung unzutreffend oder unfair dargestellt wird, einschließlich der Frage, wie sich die abgegebene Empfehlung für den Kunden eignet sowie der Nachteile der empfohlenen Vorgehensweise

---

[1] **Amtl. Anm.:** Verordnung (EU) Nr. 583/2010 der Kommission vom 1. Juli 2010 zur Durchführung der Richtlinie 2009/65/EG des Europäischen Parlaments und des Rates im Hinblick auf die wesentlichen Informationen für den Anleger und die Bedingungen, die einzuhalten sind, wenn die wesentlichen Informationen für den Anleger oder der Prospekt auf einem anderen dauerhaften Datenträger als Papier oder auf einer Website zur Verfügung gestellt werden (ABl. L 176 vom 10.7.2010, S. 1).

# 1 MiFiD II

(83) Um festzustellen, wann eine Information als rechtzeitig vor einem in dieser Richtlinie genannten Zeitpunkt erteilt gilt, sollte eine Wertpapierfirma unter Berücksichtigung der Dringlichkeit dem Umstand Rechnung tragen, dass der Kunde vor seiner Anlageentscheidung genügend Zeit benötigt, um die Information zu lesen und zu verstehen. Wahrscheinlich wird ein Kunde für die Überprüfung einer Information über ein komplexes oder ihm nicht vertrautes Produkt bzw. eine entsprechende Dienstleistung oder ein Produkt bzw. eine Dienstleistung, mit dem bzw. der er noch keine Erfahrungen gesammelt hat, mehr Zeit benötigen als ein Kunde, der ein einfacheres oder vertrauteres Produkt oder eine entsprechende Dienstleistung prüft, oder ein Kunde, der bereits über einschlägige Erfahrungen verfügt.

(84) Diese Richtlinie sollte Wertpapierfirmen in keiner Weise verpflichten, alle vorgeschriebenen Angaben über die Wertpapierfirma, Finanzinstrumente, Kosten und Nebenkosten oder über den Schutz der Kundenfinanzinstrumente oder Kundengelder unverzüglich und gleichzeitig zur Verfügung zu stellen, wenn sie der allgemeinen Verpflichtung genügen, die einschlägigen Informationen rechtzeitig vor dem in dieser Richtlinie festgelegten Zeitpunkt zur Verfügung zu stellen. Solange diese Informationen dem Kunden rechtzeitig vor der Erbringung der Dienstleistung übermittelt werden, verpflichtet diese Richtlinie Wertpapierfirmen in keiner Weise, die Informationen entweder gesondert oder durch Aufnahme in den Vertrag mit dem Kunden zu übermitteln.

(85) Eine Wertpapierdienstleistung sollte als auf Veranlassung eines Kunden erbracht angesehen werden, es sei denn, der Kunde fordert diese Leistung als Reaktion auf eine an ihn persönlich gerichtete Mitteilung der Wertpapierfirma oder im Namen dieser Firma an, mit der er zum Kauf eines bestimmten Finanzinstruments oder zum Abschluss eines bestimmten Geschäfts aufgefordert wird oder bewogen werden soll. Eine Wertpapierdienstleistung kann auch dann als auf Veranlassung des Kunden erbracht betrachtet werden, wenn der Kunde auf der Grundlage einer beliebigen Mitteilung, die Werbung oder ein Kaufangebot gleich welcher Art für Finanzinstrumente enthält und sich an das Publikum generell oder eine größere Gruppe oder Gattung von Kunden oder potenziellen Kunden richtet, diese Dienstleistung anfordert.

(86) Ein Ziel dieser Richtlinie ist der Anlegerschutz. Die Vorkehrungen zum Schutz der Anleger sollten den Eigenheiten jeder Anlegerkategorie (Kleinanleger, professionelle Kunden, Gegenparteien) angepasst sein. Damit der Rechtsrahmen für die Erbringung von Dienstleistungen unabhängig von der Kategorie des betreffenden Kunden gestärkt wird, sollte allerdings deutlich herausgestellt werden, dass der Grundsatz, ehrlich, redlich und professionell zu handeln, und die Verpflichtung, fair und klar zu sein und den Anleger nicht in die Irre zu führen, in der Beziehung zu jedem Kunden gelten sollten.

(87) Anlagen, die Versicherungsverträge enthalten, werden oft als Alternative zu Finanzinstrumenten, die unter diese Richtlinie fallen, oder als Ersatz dafür Kunden angeboten. Um allen Kleinanlegern den gleichen Schutz zu bieten und für ähnliche Produkte gleiche Wettbewerbsbedingungen zu gewährleisten, müssen Anlageprodukte aufgrund von Versicherungen angemessenen Anforderungen unterliegen. Zwar sollten die Anforderungen dieser Richtlinie in Bezug auf Anlegerschutz daher auch für Anlagen aufgrund von Versicherungsverträgen gelten, wegen ihrer unterschiedlichen Marktstrukturen und Produktmerkmale ist es aber sachgerechter, detailliertere Anforderungen lieber im Rahmen der laufenden Überarbeitung der Richtlinie 2002/92/EG als in dieser Richtlinie festzulegen. Künftiges Unionsrecht zur Regelung der Tätigkeiten von Versicherungsvermittlern und Versicherungsunternehmen sollte deshalb in geeigneter Weise für einen kohärenten Regelungsansatz beim Vertrieb der verschiedenen Finanzprodukte sicherstellen, die einen ähnlichen Anlegerbedarf decken und deshalb vergleichbare Probleme beim Anlegerschutz aufwerfen. Die durch die Verordnung (EU) Nr. 1094/2010 des Europäischen Parlaments und des Rates[1)] errichteten Europäischen Aufsichtsbehörde (Europäische Aufsichtsbehörde für das Versicherungswesen und die betriebliche Altersversorgung) (EIOPA) und die ESMA sollten zusammenarbeiten, um eine möglichst weit gehende Kohärenz bei den Wohlverhaltensregeln für diese Anlageprodukte zu erreichen. Die neuen Anforderungen für Anlageprodukte aufgrund von Versicherungen sollten in der Richtlinie 2002/92/EG festgelegt werden.

---

[1)] **Amtl. Anm.:** Verordnung (EU) Nr. 1094/2010 des Europäischen Parlaments und des Rates vom 24. November 2010 zur Errichtung einer Europäischen Aufsichtsbehörde (Europäische Aufsichtsbehörde für das Versicherungswesen und die betriebliche Altersversorgung), zur Änderung des Beschlusses Nr. 716/2009/EG und zur Aufhebung des Beschlusses 2009/79/EG der Kommission (ABl. L 331 vom 15.12.2010, S. 48).

(88) Um die Regelungen in Bezug auf Interessenkonflikte, allgemeine Grundsätze und Kundeninformationen sowie die Möglichkeit der Mitgliedstaaten, die Vergütung von Versicherungsvermittlern Beschränkungen zu unterwerfen, anzugleichen, sollte die Richtlinie 2002/92/EG entsprechend geändert werden.

(89) Anlageprodukte aufgrund von Versicherungen, die keine Investitionsmöglichkeiten bieten, und Einlagen, die ausschließlich Zinssätzen unterliegen, sollten vom Geltungsbereich dieser Richtlinie ausgenommen werden. Individuelle und betriebliche Altersvorsorgeprodukte, deren Zweck in erster Linie darin besteht, dem Anleger im Ruhestand ein Einkommen zu gewähren, sollte angesichts ihrer Besonderheiten und Zielsetzungen vom Anwendungsbereich dieser Richtlinie ausgenommen werden.

(90) Abweichend vom Grundsatz der Zulassung, Überwachung und Durchsetzung der Verpflichtungen in Bezug auf den Betrieb von Zweigniederlassungen durch den Herkunftsmitgliedstaat ist es zweckmäßig, dass die zuständige Behörde des Aufnahmemitgliedstaats für die Einhaltung bestimmter Verpflichtungen dieser Richtlinie in Bezug auf Geschäfte, die über eine Zweigniederlassung in dem Hoheitsgebiet, in dem sich die Niederlassung befindet, getätigt werden, verantwortlich ist, da diese Behörde aufgrund der größeren Nähe zu der Zweigniederlassung besser in der Lage ist, Verstöße gegen die Vorschriften für den Geschäftsbetrieb der Zweigniederlassung aufzudecken und zu ahnden.

(91) Um zu gewährleisten, dass Kundenaufträge zu den für den Kunden günstigsten Konditionen ausgeführt werden, müssen die Wertpapierfirmen wirksam zur „bestmöglichen Ausführung" verpflichtet werden. Diese Verpflichtung gelten, wenn eine Firma dem Kunden gegenüber vertraglich oder im Rahmen eines Vermittlungsgeschäfts verpflichtet sind.

(92) Angesichts des inzwischen in der Union gegebenen größeren Angebots an Ausführungsplätzen ist es sachgerecht, den Rahmen der bestmöglichen Ausführung für Kleinanleger zu stärken. Bei der Anwendung der Regeln über die bestmögliche Ausführung sollten Fortschritte in den für die Überwachung der bestmöglichen Ausführung verfügbaren Technologien gemäß Artikel 27 Absatz 1 Unterabsätze 2 und 3 berücksichtigt werden.

(93) Um bei der Ausführung von Kleinanlegeraufträgen zu bestimmen, welche Ausführung als bestmögliche anzusehen ist, sollten in Fällen, in denen die Grundsätze der Auftragsausführung der Wertpapierfirma mehrere Ausführungsplätze vorsehen, die mit der Ausführung verbundenen Kosten auch die eigenen Provisionen der Wertpapierfirma und die dem Kunden für bestimmte Zwecke in Rechnung gestellten Gebühren einschließen. In einem solchen Fall sollte anhand der eigenen Provisionen der Wertpapierfirma und der Kosten der Auftragsausführung an jedem der möglichen Ausführungsplätze beurteilt werden, wo das für den Kunden günstigste Ergebnis erzielt werden kann. Doch sollen die Wertpapierfirmen keineswegs dazu verpflichtet werden, die Ergebnisse, die aufgrund ihrer eigenen Grundsätze der Auftragsausführung mit ihren eigenen Provisionen und Gebühren für den Kunden erzielt würden, mit den Ergebnissen zu vergleichen, die eine andere Wertpapierfirma mit anderen Grundsätzen der Auftragsausführung und einer anderen Provisions- und Gebührenstruktur für die gleichen Kunden erzielen könnte. Ebenso wenig sollen die Firmen zum Vergleich ihrer eigenen Provisionen verpflichtet werden, deren Höhe aufgrund unterschiedlich gearteter Dienstleistungen variieren kann.

(94) Die Bestimmungen dieser Richtlinie, wonach die Ausführungskosten die eigenen Provisionen oder Gebühren einschließen müssen, die die Wertpapierfirma dem Kunden für eine Wertpapierdienstleistung in Rechnung stellt, sollten keine Anwendung finden, wenn für die Zwecke des Artikels 27 Absatz 5 dieser Richtlinie bestimmt wird, welche Ausführungsplätze in die Grundsätze der Auftragsausführung der Wertpapierfirma einbezogen werden sollten.

(95) Es sollte als unredliche Diskriminierung zwischen Ausführungsplätzen angesehen werden, wenn eine Wertpapierfirma ihre Provisionen derart strukturiert oder in Rechnung stellt, dass sie Kunden für die Ausführung von Aufträgen je nach Ausführungsplatz unterschiedliche Provisionen oder Spreads in Rechnung stellt, ohne dass diese Unterschiede die tatsächlichen Unterschiede bei den Kosten widerspiegeln, die der Wertpapierfirma aus der Auftragsausführung an den betreffenden Ausführungsplätzen entstehen.

(96) Um die Bedingungen zu verschärfen, unter denen Wertpapierfirmen ihre Verpflichtung erfüllen, im Einklang mit dieser Richtlinie Aufträge zu den für den Kunden günstigsten Konditionen auszuführen, ist es zweckmäßig, für Finanzinstrumente, die der Handlungspflicht nach den Artikeln 23 und 28 der Verordnung (EU) Nr. 600/2014[1] von jedem Handelsplatz und systematischen Internalisierer und für andere Finanzinstrumente von jedem Ausführungsplatz zu ver-

---

[1] Nr. 2.

langen, der Öffentlichkeit Daten über die Qualität der Geschäftsausführung an den einzelnen Ausführungsplätzen zur Verfügung zu stellen.

(97) Die Informationen, die Wertpapierfirmen Kunden zu ihrer Ausführungspolitik geben, sind häufig allgemeingültiger Art und ermöglichen es den Kunden nicht, zu verstehen, wie ein Auftrag ausgeführt werden wird, und nachzuprüfen, ob die Firmen ihre Verpflichtung, Aufträge zu den für den Kunden günstigsten Konditionen auszuführen, einhalten. Im Hinblick auf einen besseren Anlegerschutz ist es sinnvoll, die Grundsätze für die Informationen festzulegen, die Wertpapierfirmen ihren Kunden zu ihrer Ausführungspolitik geben, und von Firmen zu verlangen, jährlich für jede Kategorie von Finanzinstrumenten die fünf wichtigsten Handelsplätze, an denen sie Kundenaufträge im Vorjahr ausgeführt haben, zu veröffentlichen und diesen Informationen sowie den Informationen zur Ausführungsqualität, die von den Ausführungsplätzen in den Strategien zur besten Auftragsausführung veröffentlicht werden, Rechnung zu tragen.

(98) Bei Aufnahme der Geschäftsbeziehung mit dem Kunden könnte die Wertpapierfirma den Kunden oder potenziellen Kunden auffordern, zugleich den Grundsätzen der Auftragsausführung und der Möglichkeit zuzustimmen, dass seine Aufträge außerhalb eines Handelsplatzes ausgeführt werden dürfen.

(99) Personen, die für mehr als eine Wertpapierfirma Wertpapierdienstleistungen erbringen, sollten nicht als vertraglich gebundener Vermittler, sondern als Wertpapierfirma gelten, wenn sie der Begriffsbestimmung dieser Richtlinie entsprechen; dies gilt nicht für bestimmte Personen, die ausgenommen werden können.

(100) Von dieser Richtlinie unberührt bleiben sollte das Recht von vertraglich gebundenen Vermittlern, unter andere Richtlinien fallende Tätigkeiten und verbundene Tätigkeiten in Bezug auf Finanzdienstleistungen oder -produkte, die nicht unter diese Richtlinie fallen, auszuüben, selbst wenn dies im Namen von Teilen derselben Finanzgruppe geschieht.

(101) Die Bedingungen für die Ausübung von Tätigkeiten außerhalb der Geschäftsräume der Wertpapierfirma (Haustürgeschäfte) sollten nicht von dieser Richtlinie erfasst werden.

(102) Die zuständigen Behörden der Mitgliedstaaten sollten von einer Registrierung absehen oder die Registrierung entziehen, wenn aus der tatsächlich ausgeübten Tätigkeit unzweifelhaft hervorgeht, dass ein vertraglich gebundener Vermittler die Rechtsordnung eines Mitgliedstaats in der Absicht gewählt hat, sich den strengeren Normen eines anderen Mitgliedstaats zu entziehen, in dem er den überwiegenden Teil seiner Tätigkeit auszuüben beabsichtigt oder ausübt.

(103) Für die Zwecke dieser Richtlinie sollten geeignete Gegenparteien als Kunden angesehen werden.

(104) Die Finanzkrise hat gezeigt, dass auch andere Anleger als Kleinanleger nur begrenzt in der Lage sind, das Risiko ihrer Investitionen einzuschätzen. Zwar sollte bestätigt werden, dass die Wohlverhaltensregeln in Bezug auf Anleger, die diesen Schutz am dringendsten benötigen, anzuwenden ist; jedoch ist es sinnvoll, die Anforderungen besser an die einzelnen Kategorien von Kunden anzupassen. In dieser Hinsicht sollten einige der Informations- und Meldepflichten auf die Beziehung zu geeigneten Gegenparteien ausgedehnt werden. Insbesondere sollten sich die entsprechenden Anforderungen auf die Sicherung von Finanzinstrumenten und Geldern von Kunden sowie auf Informations- und Meldepflichten im Zusammenhang mit komplexeren Finanzinstrumenten und Geschäften beziehen. Damit die Einstufung von Gebietskörperschaften und kommunalen Behörden besser eingegrenzt werden kann, sollten sie eindeutig aus der Liste der geeigneten Gegenparteien und der Kunden ausgeschlossen werden, die als professionelle Kunden gelten, wobei diesen Kunden immer noch die Möglichkeit einzuräumen ist, eine Behandlung als professionelle Kunden zu beantragen.

(105) Bei Geschäften mit geeigneten Gegenparteien sollte die Pflicht zur Veröffentlichung von Kunden-Limitaufträgen nur gelten, wenn die betreffende Gegenpartei einen Limitauftrag zur Ausführung ausdrücklich an eine Wertpapierfirma schickt.

(106) Die Mitgliedstaaten sollten die Achtung des Rechts auf Schutz personenbezogener Daten im Einklang mit der Richtlinie 95/46/EG des Europäischen Parlaments und des Rates[1] und der

---

[1] **Amtl. Anm.**: Richtlinie 95/46/EG des Europäischen Parlaments und des Rates vom 24. Oktober 1995 zum Schutz natürlicher Personen bei der Verarbeitung personenbezogener Daten und zum freien Datenverkehr (ABl. L 281 vom 23.11.1995, S. 31).

Richtlinie 2002/58/EG des Europäischen Parlaments und des Rates[1] gewährleisten, die die in Anwendung dieser Richtlinie erfolgende Verarbeitung personenbezogener Daten regeln. Die Verarbeitung personenbezogener Daten durch die ESMA in Anwendung dieser Richtlinie unterliegt der Verordnung (EU) Nr. 45/2001 des Europäischen Parlaments und des Rates[2].

(107) Alle Wertpapierfirmen sollten in der gesamten Union gleichermaßen die Möglichkeit haben, Mitglied eines geregelten Markts zu werden oder Zugang zu diesem Markt zu erhalten. Unabhängig von den in den Mitgliedstaaten bestehenden Formen der organisatorischen Abwicklung von Geschäften ist es wichtig, alle technischen und rechtlichen Beschränkungen für den Zugang zu geregelten Märkten aufzuheben.

(108) Um den Abschluss grenzüberschreitender Geschäfte zu erleichtern, sollte Wertpapierfirmen in der gesamten Union Zugang zu Clearing- und Abrechnungssystemen verschafft werden, unabhängig davon, ob die Geschäfte über geregelte Märkte in den betreffenden Mitgliedstaaten geschlossen wurden. Wertpapierfirmen, die unmittelbar an Abrechnungssystemen in anderen Mitgliedstaaten teilnehmen möchten, sollten die für eine Mitgliedschaft erforderlichen betrieblichen und gewerblichen Anforderungen sowie die zur Aufrechterhaltung eines reibungslosen und ordnungsgemäßen Funktionierens der Finanzmärkte erlassenen Aufsichtsmaßnahmen erfüllen.

(109) Dienstleistungen, die innerhalb der Union von Drittlandfirmen erbracht werden, unterliegen nationalen Regelungen und Anforderungen. Firmen, die aufgrund dieser Regelungen eine Zulassung erhalten, genießen weder Dienstleistungsfreiheit noch ein Niederlassungsrecht in anderen Mitgliedstaaten als dem, in dem sie niedergelassen sind. Deshalb ist es sachgerecht, in dem Fall, dass ein Mitgliedstaat der Auffassung ist, dass ein angemessenes Schutzniveau für seine Kleinanleger oder Kleinanleger, die beantragt haben, als professionelle Kunden behandelt zu werden, über die Einrichtung einer Zweigniederlassung durch eine Drittlandfirma erreicht werden kann, einen gemeinsamen Mindestregelungsrahmen auf Unionsebene hinsichtlich der für solche Zweigniederlassungen geltenden Anforderungen und unter Berücksichtigung des Grundsatzes einzuführen, dass Drittlandfirmen im Vergleich zu Firmen der Union nicht bevorzugt behandelt werden sollten.

(110) Bei der Umsetzung der Bestimmungen dieser Richtlinie sollten die Mitgliedstaaten die Empfehlungen der „Financial Action Task Force on Anti-Money Laundering and Terrorist Financing" (Arbeitsgruppe Finanzielle Maßnahmen gegen Geldwäsche und Terrorismusfinanzierung – FATF) zu Ländern, bei denen es strategische Schwachstellen bei der Bekämpfung der Geldwäsche und der Finanzierung von Terrorismus gibt und für die Gegenmaßnahmen gelten, und zu Ländern gebührend berücksichtigen, bei denen es strategische Schwachstellen bei der Bekämpfung der Geldwäsche und der Terrorismusfinanzierung gibt und die bei der Ausräumung dieser Schwachstellen nicht ausreichende Fortschritte erzielt oder sich nicht zu einem Aktionsplan verpflichtet haben, der mit der FATF zur Ausräumung der Schwachstellen erstellt wurde.

(111) Die Bestimmungen dieser Richtlinie über die Erbringung von Wertpapierdienstleistungen oder die Ausübung von Anlagetätigkeiten durch Drittlandfirmen in der Union sollte die Möglichkeit für in der Union ansässige Personen beeinträchtigen, Wertpapierdienstleistungen einer Drittlandfirma auf ihre eigene ausschließliche Veranlassung in Anspruch zu nehmen. Erbringt eine Drittlandfirma auf eigene Initiative einer in der Union niedergelassenen Person Dienstleistungen, sollten diese nicht als im Gebiet der Union erbracht anzusehen sein. Falls eine Drittlandfirma sich aktiv um Kunden oder potenzielle Kunden in der Union bemüht oder Wertpapierdienstleistungen oder Anlagetätigkeiten zusammen mit Nebentätigkeiten in der Union fördert oder dafür Werbung treibt, sollte dies nicht als ein Dienst angesehen werden, der auf eigene ausschließliche Veranlassung des Kunden erbracht wird.

(112) Die Zulassung zum Betrieb eines geregelten Markts sollte sich auf alle Tätigkeiten erstrecken, die direkt mit der Anzeige, der Abwicklung, der Ausführung, der Bestätigung und der Meldung von Aufträgen ab dem Auftragseingang beim geregelten Markt bis zur Weiterleitung zwecks

---

[1] **Amtl. Anm.:** Richtlinie 2002/58/EG des Europäischen Parlaments und des Rates vom 12. Juli 2002 über die Verarbeitung personenbezogener Daten und den Schutz der Privatsphäre in der elektronischen Kommunikation (ABl. L 201 vom 31.7.2002, S. 37).
[2] **Amtl. Anm.:** Verordnung (EG) Nr. 45/2001 des Europäischen Parlaments und des Rates vom 18. Dezember 2000 zum Schutz natürlicher Personen bei der Verarbeitung personenbezogener Daten durch die Organe und Einrichtungen der Gemeinschaft und zum freien Datenverkehr (ABl. L 8 vom 12.1.2001, S. 1).

anschließendem Abschluss zusammenhängen, sowie auf Tätigkeiten im Zusammenhang mit der Zulassung von Finanzinstrumenten zum Handel. Dies sollte auch Geschäfte einschließen, die über bestimmte, von dem geregelten Markt benannte Market-Maker innerhalb des Systems eines geregelten Markts nach den für dieses System geltenden Regeln abgeschlossen werden. Nicht alle von Mitgliedern oder Teilnehmern eines geregelten Marktes, des MTF oder des OTF abgeschlossenen Geschäfte sind als innerhalb des Systems des geregelten Marktes, des MTF oder des OTF abgeschlossen anzusehen. Geschäfte, die Mitglieder oder Teilnehmer auf bilateraler Basis abschließen und die nicht allen Anforderungen dieser Richtlinie an einen geregelten Markt, ein MTF oder ein OTF genügen, sollten im Sinne der Begriffsbestimmung des systematischen Internalisierers als außerhalb eines geregelten Marktes, eines MTF oder eines OTF abgeschlossen gelten. In diesem Fall sollte die Pflicht der Wertpapierfirmen zur Veröffentlichung verbindlicher Kursofferten Anwendung finden, sofern die Bedingungen dieser Richtlinie und der Verordnung (EU) Nr. 600/2014[1]) erfüllt sind.

(113) Angesichts der Bedeutung von Liquiditätszufuhr für das ordnungsgemäße und effiziente Funktionieren von Märkten sollten Wertpapierfirmen, die in Verfolgung einer Market-Making-Strategie algorithmischen Handel betreiben, über schriftliche Vereinbarungen mit Handelsplätzen verfügen, in denen ihre Pflichten, den Markt mit Liquidität zu versorgen, klargestellt werden.

(114) Diese Richtlinie sollte in keiner Weise verlangen, dass die zuständigen Behörden den Inhalt der schriftlichen Vereinbarung zwischen dem geregelten Markt und der Wertpapierfirma, die aufgrund der Teilnahme an einem Market-Making System erforderlich ist, genehmigen oder prüfen müssen. Sie steht dem aber auch nicht entgegen, wenn sich eine solche Genehmigung oder Prüfung nur darauf bezieht, dass die geregelten Märkte ihren Pflichten gemäß Artikel 48 nachkommen müssen.

(115) Dienstleistungen zur Übermittlung zentraler Marktdaten, die für Nutzer von entscheidender Bedeutung sind, um den gewünschten Überblick über die Handelstätigkeit auf den Finanzmärkten der Union zu bekommen, und für zuständige Behörden, um zutreffende, umfassende Informationen über einschlägige Geschäfte zu erhalten, sollten einer Zulassung und Regulierung unterliegen, damit das notwendige Qualitätsniveau gesichert ist.

(116) Die Einführung genehmigter Veröffentlichungssysteme (APA) sollte die Qualität der im außerbörslichen Bereich veröffentlichten Handelstransparenzdaten verbessern und entscheidend dazu beitragen, dass solche Daten auf eine Weise veröffentlicht werden, die ihre Konsolidierung mit Daten, die von Handelsplätzen veröffentlicht werden, erleichtert.

(117) Da es nunmehr eine Marktstruktur gibt, die den Wettbewerb zwischen mehreren Handelsplätzen ermöglicht, sollte so bald wie möglich ein umfassender konsolidierter Datenticker (Consolidated Tape) in Betrieb genommen werden. Die Einführung einer gewerblichen Lösung für konsolidierte Datenticker für Eigenkapitalinstrumente und eigenkapitalähnliche Finanzinstrumente sollte dazu beitragen, einen stärker integrierten europäischen Markt zu schaffen, und es Marktteilnehmern einfacher machen, Zugang zu einer konsolidierten Übersicht über die verfügbaren Handelstransparenzdaten zu erhalten. Vorgesehen ist eine Zulassung von Anbietern, die anhand von im Voraus festgelegten und überwachten Parametern tätig sind und miteinander im Wettbewerb stehen, um technisch sehr ausgereifte, innovative Lösungen zu erzielen und damit dem Markt den größtmöglichen Nutzen bringen und um sicherzustellen, dass schlüssige und zutreffende Marktdaten zur Verfügung gestellt werden. Indem alle Anbieter konsolidierter Datenticker (Consolidated Tape Providers, im Folgenden „CTP") verpflichtet werden, sämtliche Daten von allen APA und Handelsplätzen zu konsolidieren, wird dafür gesorgt, dass auf der Grundlage der Qualität von Kundendienstleistungen und nicht des Datenumfangs Wettbewerb stattfindet. Dennoch ist es sachgerecht, jetzt einen konsolidierten Datenticker vorzusehen, der im Wege eines öffentlichen Auftragsverfahrens einzurichten wäre, wenn der geplante Mechanismus nicht zu einer baldigen Bereitstellung eines wirksamen und umfassenden konsolidierten Datentickers für Eigenkapitalinstrumente und eigenkapitalähnliche Finanzinstrumente führt.

(118) Die Errichtung eines konsolidierten Datentickers für Nichteigenkapitalfinanzinstrumente dürfte schwieriger sein als die Errichtung eines konsolidierten Datentickers für Eigenkapitalfinanzinstrumente; potenzielle Anbieter sollten deshalb zunächst mit letzterem Erfahrungen sammeln können. Um die ordnungsgemäße Errichtung eines konsolidierten Datentickers für Nichteigenkapitalfinanzinstrumente zu erleichtern, ist es daher zweckmäßig, einen späteren Geltungsbeginn für die einzelstaatlichen Maßnahmen vorzusehen, mit denen die entsprechende Bestimmung

---

[1]) Nr. 2.

umgesetzt wird. Dennoch ist es sachgerecht, jetzt einen konsolidierten Datenticker vorzusehen, der im Wege eines öffentlichen Auftragsverfahrens einzurichten wäre, wenn der geplante Mechanismus nicht zu einer baldigen Bereitstellung eines wirksamen und umfassenden konsolidierten Datentickers für Nichteigenkapitalfinanzinstrumente führt.

(119) Bei der Bestimmung der Handelsplätze und APA, die in den von den CTP verbreiteten nachbörslichen Informationen aufgenommen werden müssen, sollte die ESMA sicherstellen, dass der Zweck der Schaffung eines integrierten Unionsmarkts für Nichteigenkapitalfinanzinstrumente erreicht wird und sollte eine nichtdiskriminierende Behandlung von APA und Handelsplätzen gewährleisten.

(120) Unionsrecht zu Eigenmittelanforderungen sollte Mindestanforderungen für die Eigenkapitalausstattung festlegen, denen geregelte Märkte genügen müssen, um zugelassen zu werden; dabei sollte die besondere Beschaffenheit der mit solchen Märkten verbundenen Risiken berücksichtigt werden.

(121) Die Betreiber geregelter Märkte sollten im Einklang mit den einschlägigen Bestimmungen dieser Richtlinie auch ein MTF oder OTF betreiben können.

(122) Die Bestimmungen dieser Richtlinie in Bezug auf die Zulassung von Finanzinstrumenten zum Handel nach den vom geregelten Markt erlassenen Regeln sollten die Anwendung der Richtlinie 2001/34/EG des Europäischen Parlaments und des Rates[1]) und der Richtlinie 2003/71/ EG des Europäischen Parlaments und des Rates[2]) unberührt lassen. Es sollte einem geregelten Markt nicht verwehrt sein, die Emittenten von Finanzinstrumenten, deren Zulassung zum Handel er in Betracht zieht, strengeren Anforderungen als denen dieser Richtlinie zu unterwerfen.

(123) Die Mitgliedstaaten sollten für die Durchsetzung der vielfältigen Verpflichtungen gemäß dieser Richtlinie mehrere zuständige Behörden benennen können. Um die Unabhängigkeit von der Wirtschaft zu garantieren und Interessenkonflikte zu vermeiden, sollte es sich dabei um staatliche Stellen handeln. Die Mitgliedstaaten sollten im Einklang mit ihrem nationalen Recht die angemessene finanzielle Ausstattung der zuständigen Behörde gewährleisten. Die Benennung staatlicher Behörden sollte die Möglichkeit einer Übertragung von Aufgaben, bei der die Verantwortung bei der zuständigen Behörde verbleibt, nicht ausschließen.

(124) Damit eine effiziente und rechtzeitige Kommunikation zwischen den zuständigen Behörden in Bezug auf Aussetzungen, Ausschlüsse, Störungen, marktstörende Handelsbedingungen und Umstände, die auf Marktmissbrauch hindeuten können, gewährleistet werden kann, bedarf es eines wirksamen Kommunikations- und Koordinationsprozesses zwischen den zuständigen nationalen Behörden; dies wird durch Vereinbarungen erreicht, die von der ESMA ausgearbeitet werden.

(125) Auf dem G-20-Gipfel am 25. September 2009 in Pittsburgh wurde vereinbart, die Regulierung, Funktionsweise und Transparenz der Finanz- und Warenmärkte zu verbessern und gegen übermäßige Schwankungen der Rohstoffpreise vorzugehen. In den Kommissionsmitteilungen vom 28. Oktober 2009 mit dem Titel „Die Funktionsweise der Lebensmittelversorgungskette in Europa verbessern" und vom 2. Februar 2011 zum Thema „Grundstoffmärkte und Rohstoffe: Herausforderungen und Lösungsansätze" werden Maßnahmen umrissen, die im Zusammenhang mit der Überarbeitung der Richtlinie 2004/39/EG zu ergreifen sind. Im September 2011 hat die Internationale Vereinigung der Wertpapieraufsichtsbehörden Prinzipien für die Regulierung und Überwachung der Warenderivatemärkte veröffentlicht. Diese Grundsätze wurden auf dem G-20-Gipfel vom 4. November 2011 in Cannes gebilligt, auf dem gefordert wurde, dass die Marktaufsichtsbehörden über formelle Befugnisse zum Positionsmanagement verfügen sollen, inklusive der Befugnis, vorab Positionslimits festzulegen, soweit dies angemessen ist.

(126) Die den zuständigen Behörden eingeräumten Befugnisse sollten durch ausdrückliche Befugnisse ergänzt werden, von jeder Person Auskünfte über die Größe und den Zweck einer Position in Warenderivatkontrakten zu erhalten und die Person zu ersuchen, Maßnahmen zur Reduzierung der Größe der Position in den Derivatkontrakten zu ergreifen.

---

[1]) **Amtl. Anm.**: Richtlinie 2001/34/EG des Europäischen Parlaments und des Rates vom 28. Mai 2001 über die Zulassung von Wertpapieren zur amtlichen Börsennotierung und über die hinsichtlich dieser Wertpapiere zu veröffentlichenden Informationen (ABl. L 184 vom 6.7.2001, S. 1).
[2]) **Amtl. Anm.**: Richtlinie 2003/71/EG des Europäischen Parlaments und des Rates vom 4. November 2003 betreffend den Prospekt, der beim öffentlichen Angebot von Wertpapieren oder bei deren Zulassung zum Handel zu veröffentlichen ist (ABl. L 345 vom 31.12.2003, S. 64).

(127) Eine harmonisierte Regelung der Positionslimits ist notwendig, um mehr Koordinierung und Kohärenz bei der Anwendung des G20-Abkommens zu gewährleisten, insbesondere für Kontrakte, die in der gesamten Union gehandelt werden. Deshalb sollten den zuständigen Behörden ausdrücklich Befugnisse eingeräumt werden, auf der Grundlage einer von der ESMA festgelegten Methodologie Limits für Positionen festzulegen, die eine Person aggregiert auf Gruppenebene in einem Warenderivatkontrakt jederzeit halten kann, um Marktmissbrauch, einschließlich der Beherrschung des Markts, zu verhindern und geordnete Preisbildungs- und Abwicklungsbedingungen, einschließlich der Verhinderung marktverzerrender Positionen, zu unterstützen. Solche Limits sollten die Integrität des Marktes für das Derivat und die zu Grunde liegende Ware fördern, ohne dass die Preisfeststellung im Markt für die zu Grunde liegende Ware beeinträchtigt wird, und sie sollten nicht für Positionen gelten, die objektiv Risiken verringern, welche direkt mit der Geschäftstätigkeit in Bezug auf die Ware verbunden sind. Die Unterscheidung zwischen Spotkontrakten für Waren und Warenderivatkontrakten sollte ebenfalls klargestellt werden. Um eine harmonisierte Regelung zu erreichen, ist es ebenfalls sachgerecht, dass die ESMA die Umsetzung der Positionslimits überwacht und dass die zuständigen Behörden Kooperationsvereinbarungen, einschließlich des Austauschs einschlägiger Daten untereinander, abschließen und die Überwachung und Durchsetzung der Limits ermöglichen.

(128) Alle Handelsplätze, die Handel mit Warenderivaten anbieten, sollten über angemessene Positionsmanagementkontrollen verfügen, die die notwendigen Befugnisse einräumen, um mindestens Informationen über Positionen in Warenderivaten zu überwachen und abzurufen, die Reduzierung oder Auflösung solcher Positionen zu verlangen und vorzuschreiben, dass dem Markt Liquidität zurückgeführt wird, um die Wirkungen einer großen oder marktbeherrschenden Position abzumildern. Die ESMA sollte eine Liste mit Zusammenfassungen sämtlicher geltender Positionslimits und Positionsmanagementkontrollen veröffentlichen. Diese Limits und Vorkehrungen sollten konsequent angewendet werden und den jeweiligen Besonderheiten des betreffenden Marktes Rechnung tragen. Es sollte klar festgelegt sein, wie sie anzuwenden sind und welche quantitativen Schwellenwerte die Limits bilden oder eventuell andere Verpflichtungen nach sich ziehen.

(129) Handelsplätze sollten wöchentlich eine aggregierte Aufschlüsselung der Positionen veröffentlichen, die in den einzelnen Personenkategorien für die verschiedenen Warenderivatkontrakte, Emissionszertifikate und Derivate davon, die auf ihrer Plattform gehalten werden. Eine umfassende und ausführliche Aufschlüsselung der von allen Personen gehaltenen Positionen sollte den zuständigen Behörden mindestens einmal täglich zur Verfügung gestellt werden. Bei Vorkehrungen für Meldungen nach dieser Richtlinie sollten gegebenenfalls die bereits nach Artikel 8 der Verordnung (EU) Nr. 1227/2011 vorgeschriebenen Meldevorgaben berücksichtigt werden.

(130) Zwar sollten durch die Methodologie für die Berechnung von Positionslimits keine Hindernisse für die Entwicklung neuer Warenderivate geschaffen werden, die ESMA sollte aber bei der Bestimmung der Berechnungsmethodologie sicherstellen, dass die Entwicklung neuer Warenderivate nicht dazu benutzt werden kann, die Regelung der Positionslimits zu umgehen.

(131) Positionslimits sollten für jeden einzelnen Warenderivatkontrakt festgesetzt werden. Um eine Umgehung der Regelung der Positionslimits durch die ständige Entwicklung neuer Warenderivatekontrakte zu verhindern, sollte die ESMA dafür sorgen, dass die Berechnungsmethodologie jede Umgehung verhindert, indem die Gesamtheit der offenen Positionen bei anderen Warenderivaten mit der gleichen zu Grunde liegenden Ware berücksichtigt wird.

(132) Es ist erstrebenswert, den Zugang zu Kapital für kleinere und mittlere Unternehmen (KMU) sowie die Weiterentwicklung spezialisierter Märkte, die auf die Bedürfnisse kleinerer und mittlerer Emittenten zugeschnitten sind, zu erleichtern. Diese Märkte, die in der Regel im Rahmen dieser Richtlinie als MTF betrieben werden, sind gemeinhin als KMU-Wachstumsmärkte oder Wachstumsmärkte bekannt. Durch die Schaffung einer neuen Unterkategorie des „KMU-Wachstumsmarkts" innerhalb der MTF-Kategorie und die Registrierung dieser Märkte sollte ihr Bekanntheitsgrad und ihr Ansehen erhöht sowie zur Entwicklung gemeinsamer unionsweiter Regulierungsstandards für solche Märkte beigetragen werden. Schwerpunktmäßig sollte die Aufmerksamkeit darauf gelegt werden, wie eine künftige Regulierung die Nutzung dieses Marktes weiter unterstützen und fördern kann, sowie dass die Verwaltungslast verringert wird und weitere Anreize für KMU geboten werden, sich der Kapitalmärkte über KMU-Wachstumsmärkte zu bedienen.

(133) Die Anforderungen an diese neue Kategorie von Märkten müssen ausreichend flexibel sein, um der zurzeit in Europa existierenden Bandbreite erfolgreicher Marktmodelle Rechnung zu tragen. Zudem müssen sie das richtige Gleichgewicht treffen zwischen der Aufrechterhaltung eines hohen Anlegerschutzes, der für die Förderung des Vertrauens der Anleger in Emittenten ent-

scheidend ist, und der Verringerung des Verwaltungsaufwands für die Emittenten an solchen Märkten. Es wird vorgeschlagen, dass mehr Einzelheiten zu den Anforderungen an KMU-Wachstumsmärkte, etwa Kriterien für die Zulassung zum Handel auf einem solchen Markt, in delegierten Rechtsakten oder technischen Standards festgelegt werden.

(134) Angesichts des wichtigen Anliegens, keine negativen Folgen für bestehende erfolgreiche Märkte zu verursachen, sollte Betreibern von Märkten für kleinere und mittlere Emittenten weiterhin die Option offenstehen, zu entscheiden, einen solchen Markt im Einklang mit den Anforderungen dieser Richtlinie weiter zu betreiben, ohne eine Registrierung als ein KMU-Wachstumsmarkt zu beantragen. Emittenten, bei denen es sich um KMU handelt, sollten nicht verpflichtet sein, die Zulassung ihrer Finanzinstrumente zum Handel an einem KMU-Wachstumsmarkt zu beantragen.

(135) Damit KMU von dieser neuen Marktkategorie profitieren können, sollten mindestens 50 % der Emittenten, deren Finanzinstrumente an einem KMU-Wachstumsmarkt gehandelt werden, KMU sein. Eine entsprechende Evaluierung sollte jedes Jahr durchgeführt werden. Dieses 50 %-Kriterium sollte flexibel gehandhabt werden. Die vorübergehende Nichteinhaltung dieses Kriteriums sollte nicht bedeuten, dass die Registrierung des betreffenden Handelsplatzes als KMU-Wachstumsmarkt unverzüglich aufzuheben oder eine entsprechende Registrierung abzulehnen ist, wenn eine hinreichende Aussicht besteht, dass der Handelsplatz das 50 %-Kriterium ab dem folgenden Jahr wieder erfüllt. Die Beurteilung, anhand derer festgelegt wird, ob ein Emittent ein KMU ist, sollte auf der Grundlage der Marktkapitalisierung in den letzten drei Kalenderjahren erfolgten. Dies dürfte gewährleisten, dass der Übergang der betreffenden Emittenten von diesen spezialisierten Märkten zu den Hauptmärkten reibungsloser verläuft.

(136) Vertrauliche Informationen, die die Kontaktstelle eines Mitgliedstaates von der Kontaktstelle eines anderen Mitgliedstaates erhält, sollten nicht als rein inländische Informationen angesehen werden.

(137) Die Befugnisse der zuständigen Behörden müssen stärker aneinander angeglichen werden, um so die Voraussetzungen für ein vergleichbares Maß der Durchsetzung der Anwendung der Richtlinie auf dem gesamten integrierten Finanzmarkt zu schaffen. Ein gemeinsamer Mindestkatalog von Befugnissen, verbunden mit einer angemessenen Mittelausstattung, sollte eine wirksame Überwachung garantieren. Diese Richtlinie sollte daher ein Mindestmaß an Aufsichts- und Untersuchungsbefugnissen vorsehen, die den zuständigen Behörden der Mitgliedstaaten im Einklang mit den nationalen Rechtsvorschriften übertragen werden sollten. Wenn es die nationalen Rechtsvorschriften erfordern, sollten diese Befugnisse durch Antrag bei den zuständigen Justizbehörden ausgeübt werden. Die zuständigen Behörden sollten bei der Ausübung ihrer Befugnisse gemäß dieser Richtlinie objektiv und unparteiisch vorgehen und bei ihrer Beschlussfassung unabhängig bleiben.

(138) In dieser Richtlinie wird ein Mindestmaß an Befugnissen festgelegt, die die zuständigen Behörden haben sollten, und diese Befugnisse müssen im Rahmen vollständiger nationaler Rechtsvorschriften ausgeübt werden, in denen die Einhaltung der Grundrechte und auch das Recht auf Schutz der Privatsphäre garantiert wird. Für den Zweck der Ausübung dieser Befugnisse, durch die es zu gravierenden Eingriffen in Bezug auf das Recht auf Achtung des Privat- und Familienlebens, der Wohnung sowie der Kommunikation kommen kann, sollten die Mitgliedstaaten angemessene und wirksame Schutzvorkehrungen gegen jegliche Form des Missbrauchs vorsehen, beispielsweise, falls notwendig, die Einholung einer vorherigen Genehmigung der Justizbehörden eines betroffenen Mitgliedstaats. Die Mitgliedstaaten sollten die Möglichkeit vorsehen, dass die zuständigen Behörden derartige Eingriffsbefugnisse in dem Umfang ausüben, in dem dies für die ordnungsgemäße Untersuchung schwerwiegender Fälle notwendig ist, sofern keine gleichwertigen Mittel zur Verfügung stehen, mit denen wirksam dasselbe Ergebnis erzielt werden kann.

(139) Die von einer zuständigen Behörde oder der ESMA im Rahmen ihrer Aufgaben getroffenen Maßnahmen sollten in keiner Weise, weder direkt noch indirekt, einen Mitgliedstaat oder eine Gruppe von Mitgliedstaaten als Platz für die Erbringung von Wertpapierdienstleistungen oder die Ausübung von Anlagetätigkeiten in jeglicher Währung benachteiligen.

(140) Angesichts des beträchtlichen Einflusses und Marktanteils, den mehrere MTF erworben haben, sollte sichergestellt werden, dass zwischen der zuständigen Behörde des MTF und der des Hoheitsgebiets, in dem das MTF Dienstleistungen erbringt, entsprechende Kooperationsvereinbarungen bestehen. Um ähnlichen Entwicklungen vorzugreifen, sollte dies auf OTF ausgeweitet werden.

# 1 MiFiD II

(141) Um zu gewährleisten, dass die Wertpapierfirmen, die Marktbetreiber, die für den Betrieb eines MTF oder OTF zugelassen sind, die geregelten Märkte, die APA, die CTP oder die genehmigte Meldemechanismen (Approved Reporting Mechanisms, im Folgenden „ARM"), die Personen, die deren Geschäfte tatsächlich kontrollieren und die Mitglieder des Leitungsorgans der Wertpapierfirmen und geregelten Märkte die aus dieser Richtlinie und aus der Verordnung (EU) Nr. 600/2014[1]) erwachsenden Pflichten erfüllen und in der gesamten Europäischen Union einer ähnlichen Behandlung unterliegen, sollten die Mitgliedstaaten dazu verpflichtet werden, wirksame, verhältnismäßige und abschreckende Sanktionen und andere Maßnahmen vorzusehen. Die von den Mitgliedstaaten festgelegten verwaltungsrechtlichen Sanktionen und Maßnahmen sollten in Bezug auf die Adressaten, die bei Verhängung einer Sanktion oder Maßnahme zu berücksichtigenden Kriterien, die Bekanntmachung von Sanktionen oder Maßnahmen, die wesentlichen Sanktionierungsbefugnisse sowie die Höhe der von den Verwaltungen verhängten Geldbußen bestimmte grundlegende Anforderungen erfüllen.

(142) Die zuständigen Behörden sollten insbesondere befugt werden, Geldbußen zu verhängen, die so hoch sind, dass sie den zu erwartenden Nutzen aufwiegen und selbst auf größere Institute und deren Geschäftsleitung abschreckend wirken.

(143) Die zuständigen Behörden müssen in Einklang mit nationalem Recht und der Charta die Möglichkeit haben, sich Zugang zu den Räumlichkeiten natürlicher und juristischer Personen zu verschaffen. Der Zugang zu solchen Räumlichkeiten ist notwendig, wenn der begründete Verdacht besteht, dass Dokumente und andere Daten vorhanden sind, die in Zusammenhang mit dem Gegenstand einer Untersuchung stehen und Beweismittel für einen Verstoß gegen diese Richtlinie oder die Verordnung (EU) Nr. 600/2014[1]) sein können. Darüber hinaus ist der Zugang zu solchen Räumlichkeiten notwendig, wenn die Person, an die ein Auskunftsersuchen gerichtet wurde, diesem Ersuchen nicht oder nur teilweise nachkommt oder wenn berechtigte Gründe für die Annahme bestehen, dass im Falle eines Auskunftsersuchens diesem nicht nachgekommen würde oder die Dokumente oder Informationen, die Gegenstand des Auskunftsersuchens sind, beseitigt, manipuliert oder vernichtet würden. Ist gemäß dem jeweiligen nationalen Recht eine vorherige Genehmigung der zuständigen Justizbehörde des betreffenden Mitgliedstaats notwendig, sollte von der Befugnis zum Betreten von Räumlichkeiten nach Einholung dieser vorherigen Genehmigung Gebrauch gemacht werden.

(144) Bereits existierende Aufzeichnungen von Telefongesprächen und Datenverkehrsaufzeichnungen von der Ausführung und der Dokumentation der Ausführung von Geschäften durch Wertpapierfirmen sowie bereits bestehende Telefon- und Datenverkehrsaufzeichnungen von Telekommunikationsbetreibern sind unverzichtbare und zuweilen die einzigen Nachweise, um das Vorliegen eines Marktmissbrauchs aufzudecken und zu beweisen sowie zu überprüfen, ob Firmen die Anforderungen an den Anlegerschutz und andere Anforderungen nach dieser Richtlinie oder der Verordnung (EU) Nr. 600/2014[1]) erfüllen. Deshalb sollten die zuständigen Behörden bereits existierende Aufzeichnungen von Telefongesprächen, elektronische Mitteilungen und Datenverkehrsaufzeichnungen im Besitz einer Wertpapierfirma oder eines Kreditinstituts anfordern können. Der Zugang zu Daten- und Telefonaufzeichnungen ist für die Aufdeckung und Sanktionierung von Marktmissbrauch oder Verstößen gegen die Anforderungen nach dieser Richtlinie oder der Verordnung (EU) Nr. 600/2014[1]) erforderlich.
Um gleiche Wettbewerbsbedingungen in der Union hinsichtlich des Zugangs zu Telefonaufzeichnungen und bereits existierenden Datenverkehrsaufzeichnungen im Besitz eines Telekommunikationsbetreibers oder den bereits existierenden Aufzeichnungen von Telefongesprächen und Datenverkehrsaufzeichnungen im Besitz einer Wertpapierfirma herzustellen, sollten die zuständigen Behörden im Einklang mit nationalem Recht bereits existierende Telefon- und Datenverkehrsaufzeichnungen im Besitz eines Telekommunikationsbetreibers insofern, als dies nach nationalem Recht zulässig ist, und bereits existierende Aufzeichnungen von Telefongesprächen sowie Datenverkehrsaufzeichnungen im Besitz einer Wertpapierfirma in den Fällen anfordern können, in denen der begründete Verdacht besteht, dass derlei Aufzeichnungen, die mit dem Gegenstand der Ermittlung oder Untersuchung in Zusammenhang stehen, für den Nachweis von Verhalten, das nach der Verordnung (EU) Nr. 596/2014[2]) verboten ist oder von Verstößen gegen die Anforderungen nach dieser Richtlinie oder der Verordnung (EU) Nr. 600/2014[1]) von Belang sein könnten. Der Zugang zu Telefon- und Datenverkehrsaufzeichnungen im Besitz von Telekommunikationsgesellschaften sollte nicht den Inhalt von Telefongesprächen umfassen.

---

[1]) Nr. 2.
[2]) Nr. 11.

(145) Um eine unionsweit kohärente Verhängung von Sanktionen zu gewährleisten, sollten die Mitgliedstaaten sicherstellen müssen, dass die zuständigen Behörden bei der Festlegung der Art der verwaltungsrechtlichen Sanktion oder Maßnahme und der Höhe der Verwaltungsgeldbußen allen maßgeblichen Umständen Rechnung tragen.

(146) Um zu gewährleisten, dass Entscheidungen der zuständigen Behörden eine abschreckende Wirkung auf die breite Öffentlichkeit haben, sollten sie grundsätzlich veröffentlicht werden. Die Veröffentlichung von Entscheidungen ist auch ein wichtiges Mittel, mit dem die zuständigen Behörden die Marktteilnehmer darüber unterrichten können, welches Verhalten als ein Verstoß gegen diese Richtlinie betrachtet wird, und mit dem sie ein breiteres Wohlverhalten unter den Marktteilnehmern fördern können. Wenn eine solche Veröffentlichung den beteiligten Personen unverhältnismäßigen Schaden zufügt oder die Stabilität der Finanzmärkte oder eine laufende Untersuchung gefährdet, sollten die zuständigen Behörden die Sanktionen oder Maßnahmen anonym in einer Weise veröffentlichen, die im Einklang mit nationalem Recht steht, oder die Veröffentlichung aufschieben.
Die zuständigen Behörden sollten die Möglichkeit haben, Sanktionen nicht zu veröffentlichen, wenn eine anonyme oder verschobene Veröffentlichung als unzureichend angesehen wird um zu gewährleisten, dass die Stabilität der Finanzmärkte nicht gefährdet wird. Die zuständigen Behörden sollten nicht verpflichtet sein, Maßnahmen zu veröffentlichen, bei denen eine Veröffentlichung unverhältnismäßig wäre, weil sie als Maßnahmen geringerer Art eingestuft werden. Es ist sachgerecht, einen Mechanismus für die Meldung unveröffentlichter Sanktionen an die ESMA vorzusehen, damit die zuständigen Behörden sie bei ihrer laufenden Überwachungstätigkeit berücksichtigen können. Diese Richtlinie schreibt die Veröffentlichung strafrechtlicher Sanktionen, die wegen Verstößen gegen diese Richtlinie oder die Verordnung (EU) Nr. 600/2014[1]) verhängt werden, nicht vor, steht ihr allerdings auch nicht entgegen.

(147) Um potenzielle Verstöße aufdecken zu können, sollten die zuständigen Behörden über die notwendigen Ermittlungsbefugnisse verfügen und wirksame und zuverlässige Mechanismen einrichten, die zur Anzeige potenzieller oder tatsächlicher Verstöße ermutigen, einschließlich des Schutzes von Arbeitnehmer, die im eigenen Institut begangene Verstöße melden. Angemessene Schutzmaßnahmen für Beschuldigte sollten von diesen Mechanismen umfasst bleiben. Es sollten geeignete Verfahren, um den angemessenen Schutz einer beschuldigten Person zu gewährleisten, insbesondere hinsichtlich des Rechts auf Schutz personenbezogener Daten dieser Person, und Verfahren eingerichtet werden, damit das Recht der beschuldigten Person, sich zu verteidigen und vor der Annahme einer sie betreffenden Entscheidung angehört zu werden, wie auch das Recht, einen wirksamen Rechtsbehelf gegen eine solche Entscheidung einzulegen, gewahrt sind.

(148) Um alle Schritte zu erfassen, die nach einem Verstoß zur Verhinderung weiterer Verstöße eingeleitet werden – ob es sich dabei nach nationalem Recht um eine Sanktion oder eine andere Maßnahme handelt – sollte diese Richtlinie Sanktionen und Maßnahmen vorsehen.

(149) Etwaige gesetzliche Bestimmungen der Mitgliedstaaten über strafrechtliche Sanktionen sollten von dieser Richtlinie unberührt bleiben.

(150) Obwohl es den Mitgliedstaaten freisteht, Vorschriften für verwaltungsrechtliche und strafrechtliche Sanktionen für die gleichen Verstöße festzulegen, sollten sie nicht verpflichtet sein, Vorschriften für verwaltungsrechtliche Sanktionen für Verstöße gegen diese Richtlinie oder die Verordnung (EU) Nr. 600/2014[1]) festzulegen, die dem nationalen Strafrecht unterliegen. Im Einklang mit nationalem Recht sind Mitgliedstaaten nicht verpflichtet, für dasselbe Vergehen sowohl verwaltungsrechtliche als auch strafrechtliche Sanktionen zu verhängen, sollten dies aber tun können, wenn es das nationale Recht erlaubt. Die Aufrechterhaltung strafrechtlicher Sanktionen anstelle von verwaltungsrechtlichen Sanktionen für Verstöße gegen diese Richtlinie oder die Verordnung (EU) Nr. 600/2014[1]) sollte jedoch nicht die Möglichkeiten der zuständigen Behörden einschränken oder in anderer Weise beeinträchtigen, sich für die Zwecke dieser Richtlinie oder der Verordnung (EU) Nr. 600/2014[1]) rechtzeitig mit den zuständigen Behörden in anderen Mitgliedstaaten ins Benehmen zu setzen, um mit ihnen zusammenzuarbeiten, Zugang zu ihren Informationen zu erhalten und mit ihnen Informationen auszutauschen, und zwar auch dann, wenn die zuständigen Justizbehörden bereits mit der strafrechtlichen Verfolgung der betreffenden Verstöße befasst wurden.

(151) Zum Schutz der Kunden und unbeschadet ihres Rechts auf Anrufung eines Gerichts sollten die Mitgliedstaaten dafür sorgen, dass staatliche oder private Stellen, deren Aufgabe die außerge-

---

[1]) Nr. 2.

richtliche Beilegung von Streitfällen ist, bei der Lösung grenzüberschreitender Streitfälle zusammenarbeiten und dabei der Empfehlung 98/257/EG der Kommission[1] und der Empfehlung 2001/310/EG der Kommission[2] Rechnung tragen. Die Mitgliedstaaten sollten ermutigt werden, bei der Umsetzung der Bestimmungen über Beschwerde- und Schlichtungsverfahren für die außergerichtliche Streitbeilegung möglichst auf bestehende grenzübergreifende Systeme für die Zusammenarbeit, insbesondere das Beschwerdenetz für den Finanzdienstleistungssektor (FIN-Net), zurückzugreifen.

(152) Bei jedem Informationsaustausch und jeder Informationsübermittlung zwischen zuständigen Behörden, anderen Behörden, Stellen oder Personen sollten die Vorschriften über die Übermittlung personenbezogener Daten an Drittländer gemäß der Richtlinie 95/46/EG eingehalten werden. Bei jedem Austausch und jeder Übermittlung persönlicher Daten mit bzw. an Drittländer(n) durch die ESMA sollten die Vorschriften über die Übermittlung personenbezogener Daten an Drittländer gemäß der Verordnung (EG) Nr. 45/2001 eingehalten werden.

(153) Die Bestimmungen über den Austausch von Informationen zwischen den zuständigen Behörden der Mitgliedstaaten sowie deren gegenseitige Verpflichtung zur Amtshilfe und Zusammenarbeit müssen verstärkt werden. In Anbetracht zunehmender grenzüberschreitender Tätigkeiten sollten die zuständigen Behörden einander die für die Wahrnehmung ihrer Aufgaben zweckdienlichen Informationen übermitteln, um eine wirksame Anwendung dieser Richtlinie auch in Situationen zu gewährleisten, in denen Verstöße oder mutmaßliche Verstöße für die Behörden in zwei oder mehreren Mitgliedstaaten von Bedeutung sein können. Bei diesem Informationsaustausch ist die strikte Wahrung des Berufsgeheimnisses erforderlich, um die reibungslose Übermittlung dieser Informationen und den Schutz individueller Rechte zu gewährleisten.

(154) Hat der Betrieb eines Handelsplatzes mit Vorkehrungen in einem Aufnahmemitgliedstaat wesentliche Bedeutung für das Funktionieren der dortigen Wertpapiermärkte und den dortigen Anlegerschutz erlangt, sollten die zu treffenden angemessenen Vorkehrungen für die Zusammenarbeit diejenige Form unter den möglichen Modalitäten der Zusammenarbeit zwischen den zuständigen Behörden des Herkunfts- und Aufnahmemitgliedstaats annehmen, die geeignet ist, den Bedürfnissen einer grenzübergreifenden Aufsichtszusammenarbeit entspricht und sich insbesondere durch die Art und den Umfang der Auswirkungen auf die Wertpapiermärkte und den Anlegerschutz im Aufnahmemitgliedstaat ergibt, wie etwa eine punktuelle oder regelmäßige Informationsweitergabe, Konsultationen und Hilfestellung.

(155) Zur Verwirklichung der in dieser Richtlinie festgelegten Ziele sollte der Kommission die Befugnis übertragen werden, gemäß Artikel 290 AEUV Rechtsakte hinsichtlich der Einzelheiten der Ausnahmen, die Klarstellung der Definitionen, die Kriterien für die Beurteilung eines beabsichtigten Erwerbs einer Wertpapierfirma, die organisatorischen Anforderungen an Wertpapierfirmen, APA und CTP, den Umgang mit Interessenkonflikten, Wohlverhaltensregeln bei der Erbringung von Wertpapierdienstleistungen, die kundengünstigste Ausführung von Aufträgen, die Bearbeitung von Kundenaufträgen, die Geschäfte mit geeigneten Gegenparteien, die Umstände. die eine Informationspflicht für Wertpapierfirmen oder Marktbetreiber, die ein MTF oder PTF betreiben oder Betreiber eines Handelsplatzes auslösen, die Umstände, die ein erheblichen Schaden für die Interessen der Anleger und das ordnungsgemäße Funktionieren des Marktes für die Zwecke der Aussetzung oder des Ausschlusses eines Finanzinstruments vom Handel auf einem MTF oder OTF oder einem geregelten Markt darstellen, die KMU-Wachstumsmärkte, die Grenzwerte, oberhalb derer die Pflichten zur Meldung von Positionen gelten und die Kriterien, nach denen sich bestimmt, ob die Geschäfte eines Handelsplatzes in einem Aufnahmemitgliedstaat als von wesentlicher Bedeutung für das Funktionieren der Wertpapiermärkte und den Anlegerschutz angesehen werden können, zu erlassen. Es ist von besonderer Bedeutung, dass die Kommission im Zuge ihrer Vorbereitungsarbeit angemessene Konsultationen, auch auf der Ebene von Sachverständigen, durchführt. Bei der Vorbereitung und Ausarbeitung delegierter Rechtsakte sollte die Kommission gewährleisten, dass die einschlägigen Dokumente dem Europäischen Parlament und dem Rat gleichzeitig, rechtzeitig und auf angemessene Weise übermittelt werden.

---

[1] **Amtl. Anm.:** Empfehlung 98/257/EG der Kommission vom 30. März 1998 betreffend die Grundsätze für Einrichtungen, die für die außergerichtliche Beilegung von Verbraucherrechtsstreitigkeiten zuständig sind (ABl. L 115 vom 17.4.1998, S. 31).
[2] **Amtl. Anm.:** Empfehlung 2001/310/EG der Kommission vom 4. April 2001 über die Grundsätze für an der einvernehmlichen Beilegung von Verbraucherrechtsstreitigkeiten beteiligte außergerichtliche Einrichtungen (ABl. L 109 vom 19.4.2001, S. 56).

(156) Technische Standards bei Finanzdienstleistungen sollten in der gesamten Union eine kohärente Harmonisierung und einen angemessenen Schutz von Anlegern, einschließlich derer, die in strukturierte Einlagen investieren, und Verbrauchern gewährleisten. Da die ESMA über spezialisierte Fachkräfte verfügt, wäre es sinnvoll und angemessen, ihr die Aufgabe zu übertragen, für technische Regulierungs- und Durchführungsstandards, die keine politischen Entscheidungen erfordern, Entwürfe auszuarbeiten und der Kommission vorzulegen. Um einen konsequenten Schutz von Anlegern und Verbrauchern in allen Finanzdienstleistungssektoren herbeizuführen, sollte die ESMA ihre Aufgaben, soweit möglich, in enger Zusammenarbeit mit der gemäß der Verordnung (EU) Nr. 1093/2010 des Europäischen Parlaments und des Rates[1] eingerichteten Europäischen Aufsichtsbehörde (Europäische Bankenaufsichtsbehörde) (EBA) und der EIOPA wahrnehmen.

(157) Die Kommission sollte die Entwürfe technischer Regulierungsstandards annehmen, die die ESMA in Bezug auf Ausnahmen, die Tätigkeiten betreffen, die als Nebentätigkeit zur Haupttätigkeit betrachtet werden, die zu erteilenden Informationen und gewisse Anforderungen im Zusammenhang mit den Verfahren für die Erteilung der Zulassung von Wertpapierfirmen, den Erwerb einer qualifizierten Beteiligung, den algorithmischen Handel, die Verpflichtung zur kundengünstigsten Ausführung von Aufträgen, die Aussetzung des Handels und der Ausschluss von Finanzinstrumenten vom Handel auf einem geregelten Markt, einem MTF oder einem OTF, die Freiheit der Wertpapierdienstleistung und der Anlagetätigkeit, die Errichtung einer Zweigniederlassung, die Belastbarkeit der Systeme, Notfallsicherungen und elektronischen Handel, die Tickgröße, die Synchronisierung von im Geschäftsverkehr verwendeten Uhren, die Zulassung von Finanzinstrumenten zum Handel, Positionslimits und Positionsmanagementkontrollen bei Warenderivaten, Verfahren für die Erteilung der Zulassung und die Ablehnung von Anträgen auf Zulassung von Datenbereitstellungsdiensten, organisatorische Anforderungen an APA, CTP und ARM sowie die Zusammenarbeit zwischen den zuständigen Behörden ausarbeitet. Die Kommission sollte diese Entwürfe technischer Regulierungsstandards im Wege delegierter Rechtsakte im Sinne von Artikel 290 AEUV und gemäß den Artikeln 10 bis 14 der Verordnung (EU) Nr. 1093/2010 annehmen.

(158) Der Kommission sollte ferner die Befugnis übertragen werden, technischer Durchführungsstandards mittels Durchführungsrechtsakten gemäß Artikel 291 AEUV und im Einklang mit Artikel 15 der Verordnung (EU) Nr. 1095/2010[2] zu erlassen. Die ESMA sollte beauftragt werden, Entwürfe technischer Durchführungsstandards für die Verfahren für die Erteilung der Zulassung von Wertpapierfirmen und die Ablehnung von Anträgen auf Zulassung, den Erwerb einer qualifizierten Beteiligung, den Handel und Abschluss von Geschäften über MTF und OTF, die Aussetzung des Handels mit und den Ausschluss von Instrumenten vom Handel, die Freiheit der Wertpapierdienstleistung und der Anlagetätigkeit, die Errichtung einer Zweigniederlassung, nach Positionsinhaberkategorien aufgeschlüsselte Positionsmeldungen, Verfahren für die Erteilung der Zulassung und die Ablehnung von Anträgen auf Zulassung, die Verfahren und Formulare für die Informationsübermittlung in Bezug auf die öffentliche Bekanntmachung von Entscheidungen, die Pflicht zur Zusammenarbeit, die Zusammenarbeit zwischen den zuständigen Behörden, den Informationsaustausch und über die Konsultation vor einer Zulassung einer Wertpapierfirma auszuarbeiten und der Kommission vorzulegen.

(159) Die Kommission sollte dem Europäischen Parlament und dem Rat einen Bericht vorlegen, in dem die Funktionsweise der OTF, die Funktionsweise der Regelung für KMU-Wachstumsmärkte, die Folgen der Anforderungen an den automatisierten und den Hochfrequenzhandel, die Erfahrungen mit dem Mechanismus zum Verbot bestimmter Produkte bzw. Praktiken und die Folgen der Maßnahmen hinsichtlich Märkten für Warenderivate bewertet werden.

(160) Bis zum 1. Januar 2018 sollte die Kommission einen Bericht erstellen, in dem die potenziellen Auswirkungen des Ablaufens der Übergangsfrist für die Anwendung der gemäß der Verordnung (EU) Nr. 648/2012 vorgesehenen Clearingverpflichtung und der Anforderung des „Einschussverfahrens" (Margining) vorgesehenen Anpassungszeitraums auf die Energiepreise und das Funktionieren des Energiemarkts bewertet werden. Gegebenenfalls sollte die Kommission Gesetzgebungsvorschläge zur Schaffung oder Änderung des einschlägigen Rechts vorlegen, einschließlich spezifischer sektoraler Rechtsvorschriften, wie etwa der Verordnung (EU) Nr. 1227/2011.

---

[1] **Amtl. Anm.:** Verordnung (EU) Nr. 1093/2010 des Europäischen Parlaments und des Rates vom 24. November 2010 zur Errichtung einer Europäischen Aufsichtsbehörde (Europäische Bankenaufsichtsbehörde), zur Änderung des Beschlusses Nr. 716/2009/EG und zur Aufhebung des Beschlusses 2009/78/EG der Kommission (ABl. L 331 vom 15.12.2010, S. 12).
[2] Nr. 3.

# 1 MiFiD II

RL 2014/65/EU

(161) Nach der Richtlinie 2011/61/EU des Europäischen Parlaments und des Rates[1] dürfen die Mitgliedstaaten Verwaltern alternativer Investmentfonds (im Folgenden „AIFM") gestatten, bestimmte Wertpapierdienstleistungen zusätzlich zu der kollektiven Verwaltung alternativer Investmentfonds (AIF) zu erbringen, einschließlich Dienstleistungen zur Verwaltung von Portfolios, Anlageberatung, die Verwahrung und die technische Verwaltung in Bezug auf die Anteile von Organismen für gemeinsame Anlagen sowie Annahme und Übermittlung von Aufträgen, die Finanzinstrumente zum Gegenstand haben. Da die für die Erbringung dieser Dienstleistungen geltenden Anforderungen innerhalb der Union harmonisiert sind, sollten AIFM, die von den zuständigen Behörden ihres Herkunftsmitgliedstaats die Zulassung erhalten haben, diese Dienstleistungen zu erbringen, nicht einer zusätzliche Zulassung in den Aufnahmemitgliedstaaten oder einer Maßnahme gleicher Wirkung unterliegen.

(162) Im derzeitigen Rechtsrahmen haben AIFM, die über die Zulassung verfügen, diese Wertpapierdienstleistungen zu erbringen, und beabsichtigen, sie in anderen Mitgliedstaaten als in ihrem Herkunftsmitgliedstaat zu erbringen, zusätzliche nationale Anforderungen zu erfüllen, einschließlich der Schaffung einer eigenständigen juristischen Person. Um Hindernisse bei der grenzübergreifenden Erbringung harmonisierter Wertpapierdienstleistungen auszuräumen und gleiche Wettbewerbsbedingungen zwischen den Stellen sicherzustellen, die die gleichen Wertpapierdienstleistungen unter den gleichen rechtlichen Anforderungen erbringen, sollte ein AIFM, der über die Zulassung verfügt, diese Dienstleistungen zu erbringen, sie vorbehaltlich geeigneter Meldepflichten auf einer grenzübergreifenden Grundlage im Rahmen der Zulassung erbringen können, die ihm von den zuständigen Behörden seines Herkunftsmitgliedstaats gewährt wurde.

(163) Die Richtlinie 2011/61/EU sollte daher entsprechend geändert werden.

(164) Da das Ziel dieser Richtlinie, nämlich die Schaffung eines integrierten Finanzmarktes, in dem die Anleger wirksam geschützt und Effizienz und Integrität des gesamten Marktes gesichert sind, die Festlegung gemeinsamer regulatorischer Anforderungen für Wertpapierfirmen unabhängig von ihrem Zulassungsort in der Union und für die Funktionsweise geregelter Märkte und anderer Handelssysteme, um zu verhindern, dass mangelnde Transparenz oder Störungen auf einem Markt das reibungslose Funktionieren des Finanzsystems der Union insgesamt beeinträchtigen, von den Mitgliedstaaten nicht ausreichend verwirklicht werden kann, sondern vielmehr wegen des Umfangs und der Wirkungen dieser Richtlinie auf Unionsebene besser zu verwirklichen ist, kann die Union im Einklang mit dem in Artikel 5 des Vertrags über die Europäische Union verankerten Subsidiaritätsprinzip tätig werden. Entsprechend dem in demselben Artikel genannten Grundsatz der Verhältnismäßigkeit geht diese Richtlinie nicht über das für die Verwirklichung dieses Ziels erforderliche Maß hinaus.

(165) Angesichts der Zunahme der Aufgaben, die der ESMA mit dieser Richtlinie und mit der Verordnung (EU) Nr. 600/2014[2] übertragen werden, sollten das Europäische Parlament, der Rat und die Kommission sicherstellen, dass angemessene personelle und finanzielle Ressourcen bereitgestellt werden.

(166) Diese Richtlinie steht im Einklang mit den Grundrechten und Grundsätzen, die in der Charta verankert sind, insbesondere dem Recht auf den Schutz personenbezogener Daten, der unternehmerischen Freiheit, dem Recht auf Verbraucherschutz, dem Recht auf einen wirksamen Rechtsbehelf und ein unparteiisches Gericht und dem Recht, wegen derselben Straftat nicht zweimal strafrechtlich verfolgt oder bestraft zu werden, und ist unter Wahrung dieser Rechte und Grundsätze durchzuführen.

(167) Der Europäische Datenschutzbeauftragte wurde gemäß Artikel 28 Absatz 2 der Verordnung (EG) Nr. 45/2001 angehört und hat am 10. Februar 2012 eine Stellungnahme abgegeben[3].

(168) Gemäß der Gemeinsamen Politischen Erklärung der Mitgliedstaaten und der Kommission zu erläuternden Dokumenten vom 28. September 2011[4] haben sich die Mitgliedstaaten verpflichtet, in begründeten Fällen zusätzlich zur Mitteilung ihrer Umsetzungsmaßnahmen ein oder mehrere Dokumente zu übermitteln, in dem bzw. denen der Zusammenhang zwischen den

---

[1] **Amtl. Anm.:** Richtlinie 2011/61/EU des Europäischen Parlaments und des Rates vom 8. Juni 2011 über die Verwalter alternativer Investmentfonds und zur Änderung der Richtlinien 2003/41/EG und 2009/65/EG und der Verordnungen (EG) Nr. 1060/2009 und (EU) Nr. 1095/2010 (ABl. L 174 vom 1.7.2011, S. 1).
[2] Nr. 2.
[3] **Amtl. Anm.:** ABl. C 147 vom 25.5.2012, S. 1.
[4] **Amtl. Anm.:** ABl. C 369 vom 17.12.2011, S. 14.

Bestandteilen einer Richtlinie und den entsprechenden Teilen innerstaatlicher Umsetzungsinstrumente erläutert wird. In Bezug auf diese Richtlinie hält der Gesetzgeber die Übermittlung derartiger Dokumente für gerechtfertigt.

(169) Die Verpflichtung zur Umsetzung dieser Richtlinie in nationales Recht sollte nur jene Bestimmungen betreffen, die im Vergleich zu den bisherigen Richtlinien inhaltlich geändert wurden. Die Verpflichtung zur Umsetzung der inhaltlich unveränderten Bestimmungen ergibt sich aus den bisherigen Richtlinien.

(170) Die vorliegende Richtlinie sollte die Verpflichtungen der Mitgliedstaaten hinsichtlich der in Anhang III, Teil B genannten Fristen für die Umsetzung der dort genannten Richtlinien in innerstaatliches Recht und der Zeitpunkte ihrer Anwendung unberührt lassen –

HABEN FOLGENDE RICHTLINIE ERLASSEN:

## Titel I. Anwendungsbereich und Begriffsbestimmungen

**Art. 1 Anwendungsbereich.** (1) Diese Richtlinie gilt für Wertpapierfirmen, Marktbetreiber sowie für Drittlandfirmen, die in der Union durch die Einrichtung einer Zweigniederlassung Wertpapierdienstleistungen erbringen oder Anlagetätigkeiten ausüben.

(2) Diese Richtlinie legt Anforderungen in den folgenden Bereichen fest:

a) Bedingungen für die Zulassung und Tätigkeit von Wertpapierfirmen,

b) Erbringung von Wertpapierdienstleistungen oder Ausübung von Anlagetätigkeiten durch Drittlandfirmen durch die Errichtung einer Zweigniederlassung,

c) Zulassung und Betrieb geregelter Märkte,

d) *(aufgehoben)*

e) Überwachung, Zusammenarbeit und Durchsetzung durch die zuständigen Behörden.

(3) Folgende Bestimmungen gelten auch für Kreditinstitute, die gemäß der Richtlinie 2006/48/EG zugelassen sind, wenn sie eine oder mehrere Wertpapierdienstleistungen erbringen und/oder Anlagetätigkeiten ausüben:

a) Artikel 2 Absatz 2, Artikel 9 Absatz 3, Artikel 14, Artikel 16 bis Artikel 20

b) Titel II Kapitel II, ausgenommen Artikel 29 Absatz 2 Unterabsatz 2

c) Titel II Kapitel III, ausgenommen Artikel 34 Absätze 2 und 3 sowie Artikel 35 Absätze 2 bis 6 und 9

d) die Artikel 67 bis 75 und die Artikel 80, 85 und 86.

(4) Folgende Bestimmungen gelten auch für Wertpapierfirmen und Kreditinstitute, die gemäß der Richtlinie 2006/48/EG zugelassen sind, wenn sie strukturierte Einlagen an Kunden verkaufen oder sie über diese beraten:

a) Artikel 9 Absatz 3, Artikel 14 und Artikel 16 Absätze 2, 3 und 6;

b) Artikel 23 bis Artikel 26, Artikel 28 und Artikel 29, ausgenommen Artikel 29 Absatz 2 Unterabsatz 2 und Artikel 30 und

c) Artikel 67 bis 75.

(5) Artikels 17 Absätze 1 bis 6 gelten auch für Mitglieder oder Teilnehmer von geregelten Märkten und MTF, die gemäß Artikel 2 Absatz 1 Buchstaben a, e, i und j keine Zulassung gemäß dieser Richtlinie benötigen.

(6) Artikel 57 und 58 gelten auch für Personen, die gemäß Artikel 2 dieser Richtlinie vom Anwendungsbereich ausgenommen sind.

(7) *[1]* Alle multilateralen Systeme für Finanzinstrumente sind entweder im Einklang mit den Bestimmungen des Titels II für MTF bzw. OTF oder gemäß den Bestimmungen des Titels III für geregelte Märkte zu betreiben.

*[2]* Jede Wertpapierfirma, die in organisierter und systematischer Weise häufig Handel für eigene Rechnung treibt, wenn sie Kundenaufträge außerhalb eines geregelten Marktes, eines MTF oder eines OTF ausführt, ist gemäß Titel III der Verordnung (EU) Nr. 600/2014[1]) zu betreiben.

*[3]* Unbeschadet der Artikel 23 und 28 der Verordnung (EU) Nr. 600/2014 haben alle in den Unterabsätzen 1 und 2 genannten Geschäfte mit Finanzinstrumenten, die nicht über multilaterale Systeme oder systematische Internalisierer abgeschlossen werden, den einschlägigen Bestimmungen des Titels III der Verordnung (EU) Nr. 600/2014 zu genügen.

**Art. 2 Ausnahmen.** (1) Diese Richtlinie gilt nicht für

a) Versicherungsunternehmen sowie Unternehmen, die die in der Richtlinie 2009/138/EG genannten Rückversicherungs- und Retrozessionstätigkeiten ausüben, wenn sie die in jener Richtlinie genannten Tätigkeiten ausüben;
b) Personen, die Wertpapierdienstleistungen ausschließlich für ihr Mutterunternehmen, ihre Tochterunternehmen oder andere Tochterunternehmen ihres Mutterunternehmens erbringen;
c) Personen, die nur gelegentlich Wertpapierdienstleistungen im Rahmen ihrer beruflichen Tätigkeit erbringen, wenn diese Tätigkeit durch Rechts- oder Verwaltungsvorschriften oder Standesregeln geregelt ist, die die Erbringung dieser Dienstleistung nicht ausschließen;
d) Personen, die für eigene Rechnung Handel mit Finanzinstrumenten treiben, bei denen es sich nicht um Warenderivate oder Emissionszertifikate oder Derivate davon handelt, und die keine anderen Wertpapierdienstleistungen erbringen oder anderen Anlagetätigkeiten in Finanzinstrumenten vornehmen, bei denen es sich nicht um Warenderivate oder Emissionszertifikate oder Derivate davon handelt, außer diese Personen
   i) sind Market-Maker oder
   ii) sind zum einen Mitglied oder Teilnehmer eines geregelten Marktes oder MTF oder haben zum anderen einen direkten elektronischen Zugang zu einem Handelsplatz, mit Ausnahme nichtfinanzieller Stellen, die an einem Handelsplatz Geschäfte tätigen, die in objektiv messbarer Weise die direkt mit der Geschäftstätigkeit oder dem Liquiditäts- und Finanzmanagement verbundenen Risiken dieser nichtfinanziellen Stellen oder ihrer Gruppen verringern.[2])
   iii) wenden eine hochfrequente algorithmische Handelstechnik an oder
   iv) treiben für eigene Rechnung bei der Ausführung von Kundenaufträgen Handel;
   Personen, die gemäß den Buchstaben a, i oder j von der Anwendung ausgenommen sind, müssen die in diesem Buchstaben genannten Bedingungen nicht erfüllen, um von der Anwendung ausgenommen zu werden.
e) Anlagenbetreiber mit Verpflichtung zur Einhaltung der Anforderungen der Richtlinie 2003/87/EG, die beim Handel mit Emissionszertifikaten keine

---

[1]) Nr. 2.
[2]) Zeichensetzung amtlich.

Kundenaufträge ausführen und die keine anderen Wertpapierdienstleistungen erbringen oder Anlagetätigkeiten ausüben als den Handel für eigene Rechnung unter der Voraussetzung, dass diese Personen keine hochfrequente algorithmische Handelstechnik anwenden;

f) Personen, deren Wertpapierdienstleistungen ausschließlich in der Verwaltung von Systemen der Arbeitnehmerbeteiligung bestehen;

g) Personen, die als einzige Wertpapierdienstleistungen sowohl die Verwaltung von Systemen der Arbeitnehmerbeteiligung als auch Wertpapierdienstleistungen ausschließlich für ihre Mutterunternehmen, ihre Tochterunternehmen oder andere Tochterunternehmen ihrer Mutterunternehmen erbringen;

h) die Mitglieder des Europäischen Systems der Zentralbanken (ESZB) und andere nationale Stellen mit ähnlichen Aufgaben in der Union, andere staatliche Stellen, die für die staatliche Schuldenverwaltung in der Union zuständig oder daran beteiligt sind, und internationale Finanzinstitute, die von zwei oder mehr Staaten gegründet wurden und dem Zweck dienen, Finanzmittel zu mobilisieren und Finanzhilfen zugunsten ihrer Mitglieder zu geben, die von schwerwiegenden Finanzierungsproblemen betroffen oder bedroht sind;

i) Organismen für gemeinsame Anlagen und Pensionsfonds, unabhängig davon, ob sie auf der Ebene der Union koordiniert werden, sowie die Verwahrer und Verwalter solcher Organismen;

j) Personen,
  i) die für eigene Rechnung mit Warenderivaten oder Emissionszertifikaten oder Derivaten davon handeln, einschließlich Market-Maker, aber mit Ausnahme der Personen, die Handel für eigene Rechnung treiben, wenn sie Kundenaufträge ausführen, oder
  ii) die in Bezug auf Warenderivate oder Emissionszertifikate oder Derivate davon andere Wertpapierdienstleistungen als den Handel für eigene Rechnung für die Kunden oder Zulieferer ihrer Haupttätigkeit erbringen,
  sofern:
  – dies in jedem dieser Fälle auf individueller und aggregierter Basis auf der Ebene der Unternehmensgruppe eine Nebentätigkeit zu ihrer Haupttätigkeit darstellt und diese Haupttätigkeit weder in der Erbringung von Wertpapierdienstleistungen im Sinne der vorliegenden Richtlinie noch in der Erbringung von Bankgeschäften im Sinne der Richtlinie 2013/36/EU oder in der Tätigkeit als Market-Maker in Bezug auf Warenderivate besteht
  – diese Personen keine hochfrequente algorithmische Handelstechnik anwenden, und
  – diese Personen in allen Fällen der maßgeblichen zuständigen Behörde jährlich melden, dass sie von dieser Ausnahme Gebrauch machen, und auf Anforderung der zuständigen Behörde die Grundlage mitteilen, auf der sie zu der Auffassung gelangten, dass ihre Tätigkeit nach Ziffern i und ii eine Nebentätigkeit zu ihrer Haupttätigkeit darstellt;

k) Personen, die im Rahmen einer anderen, nicht unter diese Richtlinie fallenden beruflichen Tätigkeit Anlageberatung betreiben, sofern eine solche Beratung nicht besonders vergütet wird;

# 1 MiFiD II  Art. 2

RL 2014/65/EU

l) Vereinigungen, die von dänischen und finnischen Pensionsfonds mit dem ausschließlichen Ziel gegründet wurden, die Vermögenswerte von Pensionsfonds zu verwalten, die Mitglieder dieser Vereinigungen sind;

m) „agenti di cambio", deren Tätigkeiten und Aufgaben in Artikel 201 des italienischen Gesetzesdekrets Nr. 58 vom 24. Februar 1998 geregelt sind;

n) Übertragungsnetzbetreiber im Sinne von Artikel 2 Nummer 4 der Richtlinie 2009/72/EG oder Artikel 2 Nummer 4 der Richtlinie 2009/73/EG, wenn sie ihre Aufgaben gemäß diesen Richtlinien, der Verordnung (EG) Nr. 714/2009, der Verordnung (EG) Nr. 715/2009 bzw. den nach diesen Verordnungen erlassenen Netzcodes oder Leitlinien wahrnehmen, Personen, die in ihrem Namen als Dienstleister handeln, um die Aufgaben eines Übertragungsnetzbetreibers gemäß diesen Gesetzgebungsakten bzw. den nach diesen Verordnungen erlassenen Netzcodes oder Leitlinien wahrzunehmen, sowie Betreiber oder Verwalter eines Energieausgleichssystems, eines Rohrleitungsnetzes oder eines Systems zum Ausgleich von Energieangebot und -verbrauch bei der Wahrnehmung solcher Aufgaben.

Diese Ausnahme gilt für Personen, die in diesem Buchstaben genannte Tätigkeiten ausüben nur, wenn sie in Bezug auf Warenderivate Anlagetätigkeiten ausüben oder Wertpapierdienstleistungen erbringen, die mit den obengenannten Tätigkeiten im Zusammenhang stehen. Diese Ausnahme gilt nicht für den Betrieb eines Sekundärmarktes, einschließlich einer Plattform für den Sekundärhandel mit finanziellen Übertragungsrechten;

o) Zentralverwahrer mit den in Artikel 73 der Verordnung (EU) Nr. 909/2014 des Europäischen Parlaments und des Rates[1] vorgesehenen Ausnahmen;

p) Schwarmfinanzierungsdienstleister im Sinne von Artikel 2 Absatz 1 Buchstabe e der Verordnung (EU) 2020/1503 des Europäischen Parlaments und des Rates[2].

(2) Die durch diese Richtlinie verliehenen Rechte erfassen nicht die Erbringung von Dienstleistungen als Gegenpartei bei Geschäften, die von staatlichen Stellen der staatlichen Schuldenverwaltung oder von Mitgliedern des ESZB in Wahrnehmung ihrer Aufgaben gemäß dem AEUV und Protokoll Nr. 4 über die Satzung des Europäischen Systems der Zentralbanken und der Europäischen Zentralbank oder in Wahrnehmung vergleichbarer Aufgaben gemäß nationalen Vorschriften abgeschlossen werden.

(3) Die Kommission erlässt gemäß Artikel 89delegierte Rechtsakte um für die Zwecke von Absatz 1 Buchstabe c zu klären, wann eine Tätigkeit als nur gelegentlich erbracht gilt.

(4) *[1]* Die ESMA arbeitet Entwürfe technischer Regulierungsstandards hinsichtlich der Ausnahmen nach Absatz 1 Buchstabe j aus, um die Kriterien festzulegen, nach denen eine Tätigkeit auf der Ebene der Unternehmensgruppe als Nebentätigkeit zur Haupttätigkeit gilt.

---

[1] **Amtl. Anm.:** Verordnung (EU) Nr. 909/2014 des Europäischen Parlaments und des Rates vom 23. Juli 2014 zur Verbesserung der Wertpapierlieferungen und -abrechnungen in der Europäischen Union und über Zentralverwahrer sowie zur Änderung der Richtlinien 98/26/EG und 2014/65/EU und der Verordnung (EU) Nr. 236/2012 (ABl. L 257 vom 28.8.2014, S. 1).

[2] **Amtl. Anm.:** Verordnung (EU) 2020/1503 des Europäischen Parlaments und des Rates vom 7. Oktober 2020 über Europäische Schwarmfinanzierungsdienstleister für Unternehmen und zur Änderung der Verordnung (EU) 2017/1129 und der Richtlinie (EU) 2019/1937 (ABl. L 347 vom 20.10.2020, S. 1).

*[2]* Diese Kriterien berücksichtigen zumindest die folgenden Punkte:
a) die Notwendigkeit, dass Nebentätigkeiten den kleineren Teil der Tätigkeiten auf Gruppenebene darstellen müssen;
b) den Umfang der Handelstätigkeit verglichen mit der gesamten Markthandelstätigkeit innerhalb der betreffenden Anlageklasse.

*[3]* ¹Bei der Bestimmung der Frage, inwieweit Nebentätigkeiten den kleineren Teil der Tätigkeiten auf Gruppenebene darstellen, kann die ESMA festlegen, dass das für die Ausübung der Nebentätigkeit eingesetzte Kapital im Verhältnis zu dem für die Haupttätigkeit eingesetzten Kapital zu berücksichtigen ist. ²Allerdings darf dieser Faktor in keinem Fall ausreichen um darzulegen, dass die Tätigkeit gegenüber der Haupttätigkeit der Gruppe eine Nebentätigkeit darstellt.

*[4]* Die in diesem Absatz genannten Tätigkeiten werden auf Gruppenebene betrachtet.

*[5]* Von den in Unterabsatz 2 genannten Punkten sind auszunehmen:
a) gruppeninterne Geschäfte nach Artikel 3 der Verordnung (EU) Nr. 648/2012, die dem gruppenweiten Liquiditäts- oder Risikomanagement dienen;
b) Derivatgeschäfte, die die mit der Geschäftstätigkeit oder dem Liquiditäts- und Finanzmanagement direkt verbundenen Risiken objektiv messbar verringern;
c) Geschäfte mit Warenderivaten und Emissionszertifikaten, die abgeschlossen werden, um der Verpflichtung, einen Handelsplatz mit Liquidität zu versorgen, nachzukommen, wenn solche Verpflichtungen von Regulierungsbehörden im Einklang mit dem Unionsrecht oder dem nationalen Recht, Verordnungen und Verwaltungsvorschriften oder von Handelsplätzen verlangt werden.

*[6]* Die ESMA legt der Kommission diese Entwürfe technischer Regulierungsstandards bis zum 3. Juli 2015 vor.

*[7]* Der Kommission wird die Befugnis übertragen, die in Unterabsatz 1 genannten technischen Regulierungsstandards gemäß den Artikeln 10 bis 14 der Verordnung (EU) Nr. 1095/2010[1)] zu erlassen.

**Art. 3 Fakultative Ausnahmen.** (1) Die Mitgliedstaaten können beschließen, dass diese Richtlinie nicht für Personen gilt, für die sie Herkunftsmitgliedstaat sind, sofern die Tätigkeiten dieser Personen auf nationaler Ebene zugelassen und geregelt sind und diese Personen
a) nicht berechtigt sind, Gelder oder Wertpapiere von Kunden zu halten und die sich aus diesem Grund zu keinem Zeitpunkt gegenüber ihren Kunden in einer Debet-Position befinden dürfen, und
b) nicht zur Erbringung von Wertpapierdienstleistungen berechtigt sind, außer zur Annahme und Übermittlung von Aufträgen in Bezug auf übertragbare Wertpapiere und Anteile von Organismen für gemeinsame Anlagen und/oder zur Anlageberatung in Bezug auf solche Finanzinstrumente und
c) bei der Erbringung dieser Dienstleistung Aufträge nur übermitteln dürfen an
 i) gemäß dieser Richtlinie zugelassene Wertpapierfirmen,

---

[1)] Nr. 3.

ii) gemäß der Richtlinie 2013/36/EU zugelassene Kreditinstitute,
iii) in einem Drittland zugelassene Zweigniederlassungen von Wertpapierfirmen oder Kreditinstituten, die Aufsichtsbestimmungen unterliegen und einhalten, die nach Auffassung der zuständigen Behörden mindestens genauso streng sind wie diejenigen der vorliegenden Richtlinie, der Verordnung (EU) Nr. 575/2013 oder der Richtlinie 2013/36/EU,
iv) Organismen für gemeinsame Anlagen, die nach dem Recht eines Mitgliedstaats ihre Anteile öffentlich vertreiben dürfen, sowie die Leiter solcher Organismen oder
v) Investmentgesellschaften mit festem Kapital im Sinne von Artikel 17 Absatz 7 der Richtlinie 2012/30/EU des Europäischen Parlaments und des Rates[1], deren Wertpapiere auf einem geregelten Markt in einem Mitgliedstaat notiert bzw. gehandelt werden oder

d) Wertpapierdienstleistungen ausschließlich in Bezug auf Warenderivate, Emissionszertifikate und/oder Derivate davon mit dem alleinigen Ziel der Absicherung der Geschäftsrisiken ihrer Kunden erbringen, sofern diese Kunden ausschließlich lokale Elektrizitätsunternehmen im Sinne des Artikels 2 Nummer 35 der Richtlinie 2009/72/EG oder Erdgasunternehmen im Sinne des Artikels 2 Nummer 1 der Richtlinie 2009/73/EG sind und sofern sie zusammen 100 % des Kapitals oder der Stimmrechte der betreffenden Personen halten und diese gemeinsam kontrollieren und nach Artikel 2 Absatz 1 Buchstabe j der vorliegenden Richtlinie ausgenommen wären, wenn sie die betreffenden Wertpapierdienstleistungen selbst erbrächten oder

e) Wertpapierdienstleistungen ausschließlich im Zusammenhang mit Emissionszertifikaten und/oder Derivaten davon mit dem alleinigen Ziel der Absicherung der Geschäftsrisiken ihrer Kunden erbringen, sofern diese Kunden ausschließlich Betreiber im Sinne des Artikels 3 Buchstabe f der Richtlinie 2003/87/EG sind und sofern sie zusammen 100 % des Kapitals oder der Stimmrechte der betreffenden Personen halten und diese gemeinsam kontrollieren und nach Artikel 2 Absatz 1 Buchstabe j der vorliegenden Richtlinie ausgenommen wären, wenn sie die betreffenden Wertpapierdienstleistungen selbst erbrächten.

(2) *[1]* Die in Absatz 1 genannten Personen müssen gemäß den Bestimmungen der Mitgliedstaaten Anforderungen unterliegen, die zumindest den folgenden Anforderungen der vorliegenden Richtlinie entsprechen:

a) den Bedingungen und Verfahren für die Zulassung und die laufende Überwachung gemäß Artikel 5 Absätze 1 und 3 sowie den Artikeln 7, bis 10, 21, 22 und 23 und den entsprechenden von der Kommission gemäß Artikel 89 erlassenen delegierten Rechtsakten;

b) den Wohlverhaltensregeln gemäß Artikel 24 Absätze 1, 3, 4, 5, 7 und 10, Artikel 25 Absätze 2, 5 und 6 sowie – wenn die nationale Regelung diesen Personen die Heranziehung von vertraglich gebundenen Vermittlern gestattet – Artikel 29 wie auch den entsprechenden Durchführungsmaßnahmen.

---

[1] **Amtl. Anm.**: Richtlinie 2012/30/EU des Europäischen Parlaments und des Rates vom 25. Oktober 2012 zur Koordinierung der Schutzbestimmungen, die in den Mitgliedstaaten den Gesellschaften im Sinne des Artikels 54 Absatz 2 des Vertrages über die Arbeitsweise der Europäischen Union im Interesse der Gesellschafter sowie Dritter für die Gründung der Aktiengesellschaft sowie für die Erhaltung und Änderung ihres Kapitals vorgeschrieben sind, um diese Bestimmungen gleichwertig zu gestalten (ABl. L 315 vom 14.11.2012, S. 74).

c) den organisatorischen Anforderungen nach Artikel 16 Absatz 3 Unterabsätze 1, 6 und 7 sowie Artikel 16 Absätze 6 und 7 und den von der Kommission gemäß Artikel 89 erlassenen delegierten Rechtakten.

*[2]* ¹Die Mitgliedstaaten schreiben vor, dass die Personen, die gemäß Absatz 1 dieses Artikels von dieser Richtlinie ausgenommen sind, über ein System für die Entschädigung der Anleger in Einklang mit der Richtlinie 97/9/EG verfügen. ²Die Mitgliedstaaten können zulassen, dass Wertpapierfirmen nicht über ein solches System verfügen, sofern sie eine Berufshaftpflichtversicherung abgeschlossen haben, wenn im Hinblick auf den Umfang und das Risikoprofil sowie die Rechtsform der von dieser Richtlinie gemäß Absatz 1 dieses Artikels ausgenommenen Personen ihren Kunden ein gleichwertiger Schutz geboten wird.

*[3]* Abweichend von Unterabsatz 2 dieses Absatzes können die Mitgliedstaaten, die bereits dem 2. Juli 2014 über solche Gesetze, Verordnungen und Verwaltungsvorschriften verfügen, bis zum 3. Juli 2019 vorschreiben, dass die von dieser Richtlinie gemäß Absatz 1 dieses Artikels ausgenommenen Personen – sofern sie Wertpapierdienstleistungen zur Annahme und Übermittlung von Aufträgen erbringen und/oder Anlageberatung in Organismen für gemeinsame Anlagen leisten und als Vermittler in Verwaltungsgesellschaften im Sinne der Richtlinie 2009/65 tätig sind – gegenüber dem Kunden für sämtliche Schäden, die diesem in Bezug auf diese Dienste entstanden sind, mit der Verwaltungsgesellschaft gesamtschuldnerisch haften.

(3) Personen, die gemäß Absatz 1 von dieser Richtlinie ausgenommen sind, dürfen die Freiheit der Erbringung von Wertpapierdienstleistung oder der Ausübung von Anlagetätigkeit oder die Freiheit der Errichtung von Zweigniederlassungen gemäß Artikel 34 bzw. 35 nicht in Anspruch nehmen.

(4) Die Mitgliedstaaten unterrichten die Kommission und die ESMA davon, dass sie von der Option dieses Artikels Gebrauch machen, und stellen sicher, dass in jeder in Einklang mit Absatz 1 erteilten Zulassung angegeben ist, dass sie in Einklang mit diesem Artikel erteilt wurde.

(5) Die Mitgliedstaaten teilen der ESMA die Bestimmungen der nationalen Rechtsvorschriften mit, die den Anforderungen von Absatz 2 der vorliegenden Richtlinie entsprechen.

**Art. 4 Begriffsbestimmungen.** (1) Für die Zwecke dieser Richtlinie bezeichnet der Ausdruck:

1. „Wertpapierfirma" jede juristische Person, die im Rahmen ihrer üblichen beruflichen oder gewerblichen Tätigkeit gewerbsmäßig eine oder mehrere Wertpapierdienstleistungen für Dritte erbringt und/oder eine oder mehrere Anlagetätigkeiten ausübt.
Die Mitgliedstaaten können als Wertpapierfirma auch Unternehmen, die keine juristischen Personen sind, definieren, sofern
   a) ihre Rechtsform Dritten ein Schutzniveau bietet, das dem von juristischen Personen gebotenen Schutz gleichwertig ist, und
   b) sie einer gleichwertigen und ihrer Rechtsform angemessenen Aufsicht unterliegen.
Erbringt eine natürliche Person jedoch Dienstleistungen, die das Halten von Geldern oder übertragbaren Wertpapieren Dritter umfassen, so kann diese Person nur dann als Wertpapierfirma im Sinne dieser Richtlinie und

der Verordnung (EU) Nr. 600/2014[1]) gelten, wenn sie unbeschadet der sonstigen Anforderungen dieser Richtlinie, der Verordnung (EU) Nr. 600/2014 und der Richtlinie 2013/36/EU folgende Bedingungen erfüllt:

a) Die Eigentumsrechte Dritter an Wertpapieren und Geldern müssen insbesondere im Falle der Insolvenz der Firma oder ihrer Eigentümer, einer Pfändung, einer Aufrechnung oder anderer von den Gläubigern der Firma oder ihrer Eigentümer geltend gemachter Ansprüche gewahrt werden;

b) die Firma muss Vorschriften zur Überwachung ihrer Solvenz einschließlich der ihrer Eigentümer unterworfen sein;

c) der Jahresabschluss der Firma muss von einer oder mehreren nach nationalem Recht zur Rechnungsprüfung befugten Personen geprüft werden;

d) hat eine Firma nur einen Eigentümer, so muss diese Person entsprechende Vorkehrungen zum Schutz der Anleger für den Fall treffen, dass die Firma ihre Geschäftstätigkeit aufgrund seines Ablebens, seiner Geschäftsunfähigkeit oder einer vergleichbaren Gegebenheit einstellt;

2. „Wertpapierdienstleistungen und Anlagetätigkeiten" jede in Anhang I Abschnitt A genannte Dienstleistung und Tätigkeit, die sich auf eines der Instrumente in Anhang I Abschnitt C bezieht.

Die Kommission erlässt delegierte Rechtsakte gemäß Artikel 89 zur Festlegung der

a) in Anhang I Abschnitt C Nummer 6 genannten Derivatkontrakte, die Merkmale von Energiegroßhandelsprodukten, die effektiv geliefert werden müssen, aufweisen, und der C.6-Energiederivatkontrakte;

b) in Anhang I Abschnitt C Nummer 7 genannten Derivatkontrakte, die Merkmale anderer derivativer Finanzinstrumente aufweisen;

c) in Anhang I Abschnitt C Nummer 10 genannten Derivatkontrakte, die Merkmale anderer derivativer Finanzinstrumente aufweisen, wobei unter anderem berücksichtigt wird, ob sie an einem geregelten Markt, einem MTF oder einem OTF gehandelt werden;

3. „Nebendienstleistung" jede in Anhang I Abschnitt B genannte Dienstleistung;

4. „Anlageberatung" die Abgabe persönlicher Empfehlungen an einen Kunden entweder auf dessen Aufforderung oder auf Initiative der Wertpapierfirma, die sich auf ein oder mehrere Geschäfte mit Finanzinstrumenten beziehen;

5. „Ausführung von Aufträgen im Namen von Kunden" die Tätigkeit zum Abschluss von Vereinbarungen, ein oder mehrere Finanzinstrumente im Namen von Kunden zu kaufen oder zu verkaufen, und umfasst den Abschluss von Vereinbarungen über den Verkauf von Finanzinstrumenten, die von einer Wertpapierfirma oder einem Kreditinstitut zum Zeitpunkt ihrer Emission ausgegeben werden;

6. „Handel für eigene Rechnung" den Handel unter Einsatz des eigenen Kapitals, der zum Abschluss von Geschäften mit einem oder mehreren Finanzinstrumenten führt;

---

[1]) Nr. 2.

7. „Market-Maker" eine Person, die an den Finanzmärkten auf kontinuierlicher Basis ihre Bereitschaft anzeigt, durch den An- und Verkauf von Finanzinstrumenten unter Einsatz des eigenen Kapitals Handel für eigene Rechnung zu von ihr gestellten Kursen zu betreiben;
8. „Portfolioverwaltung" die Verwaltung von Portfolios auf Einzelkundenbasis mit einem Ermessensspielraum im Rahmen eines Mandats des Kunden, sofern diese Portfolios ein oder mehrere Finanzinstrumente enthalten;
9. „Kunde" jede natürliche oder juristische Person, für die eine Wertpapierfirma Wertpapierdienstleistungen oder Nebendienstleistungen erbringt;
10. „professioneller Kunde" einen Kunden, der die in Anhang II genannten Kriterien erfüllt;
11. „Kleinanleger" einen Kunden, der kein professioneller Kunde ist;
12. „KMU-Wachstumsmarkt" ein in Einklang mit Artikel 33 als KMU-Wachstumsmarkt registriertes MTF;
13. „kleine und mittlere Unternehmen" für die Zwecke dieser Richtlinie Unternehmen, deren durchschnittliche Marktkapitalisierung auf der Grundlage der Notierungen zum Jahresende in den letzten drei Kalenderjahren weniger als 200 000 000 EUR betrug;
14. „Limitauftrag" einen Auftrag zum Kauf oder Verkauf eines Finanzinstruments innerhalb eines festgelegten Kurslimits oder besser und in einem festgelegten Umfang;
15. „Finanzinstrument" die in Anhang I Abschnitt C genannten Instrumente;
16. „C.6-Energiederivatkontrakte" Optionen, Terminkontrakte (Futures), Swaps oder andere in Anhang I Abschnitt C Nummer 6 genannte Derivatkontrakte in Bezug auf Kohle oder Öl, die an einem OTF gehandelt werden und effektiv geliefert werden müssen;
17. „Geldmarktinstrumente" die üblicherweise auf dem Geldmarkt gehandelten Gattungen von Instrumenten, wie Schatzanweisungen, Einlagenzertifikate und Commercial Papers, mit Ausnahme von Zahlungsinstrumenten;
18. „Marktbetreiber" eine Person oder Personen, die das Geschäft eines geregelten Marktes verwaltet bzw. verwalten und/oder betreibt bzw. betreiben und die der geregelte Markt selbst sein kann;
19. „multilaterales System" ein System oder Mechanismus, der die Interessen einer Vielzahl Dritter am Kauf und Verkauf von Finanzinstrumenten innerhalb des Systems zusammenführt;
20. „systematischer Internalisierer" eine Wertpapierfirma, die in organisierter und systematischer Weise häufig in erheblichem Umfang Handel für eigene Rechnung treibt, wenn sie Kundenaufträge außerhalb eines geregelten Marktes oder eines MTF bzw. OTF ausführt, ohne ein multilaterales System zu betreiben;
Ob „in systematischer Weise häufig" gehandelt wird, bemisst sich nach der Zahl der OTC-Geschäfte mit einem Finanzinstrument, die von der Wertpapierfirma für eigene Rechnung durchgeführt werden, wenn sie Kundenaufträge ausführt. Ob „in erheblichem Umfang" gehandelt wird, bemisst sich entweder nach dem Anteil, den der OTC-Handel am Gesamthandelsvolumen der Wertpapierfirma in einem bestimmten Finanzinstrument hat, oder nach dem Umfang des OTC-Handels der Wertpapierfirma, bezogen auf das Gesamthandelsvolumen in der Union in einem bestimmten Finanzinstrument. Die Definition eines systematischen Internalisierers findet nur

Anwendung, wenn die beiden festgesetzten Obergrenzen, nämlich die für den in systematischer Weise und häufig erfolgenden Handel und die für den Handel in erheblichem Umfang, überschritten werden oder wenn eine Wertpapierfirma sich dafür entscheidet, sich den für die systematische Internalisierung geltenden Regeln zu unterwerfen;

21. „geregelter Markt" ein von einem Marktbetreiber betriebenes und/oder verwaltetes multilaterales System, das die Interessen einer Vielzahl Dritter am Kauf und Verkauf von Finanzinstrumenten innerhalb des Systems und nach seinen nichtdiskretionären Regeln in einer Weise zusammenführt oder das Zusammenführen fördert, die zu einem Vertrag in Bezug auf Finanzinstrumente führt, die gemäß den Regeln und/oder den Systemen des Marktes zum Handel zugelassen wurden, und das eine Zulassung erhalten hat und ordnungsgemäß und gemäß Titel III dieser Richtlinie funktioniert;

22. „multilaterales Handelssystem" (MTF) ein von einer Wertpapierfirma oder einem Marktbetreiber betriebenes multilaterales System, das die Interessen einer Vielzahl Dritter am Kauf und Verkauf von Finanzinstrumenten innerhalb des Systems und nach nichtdiskretionären Regeln in einer Weise zusammenführt, die zu einem Vertrag gemäß Titel II dieser Richtlinie führt;

23. „organisiertes Handelssystem (OTF)" ein multilaterales System, bei dem es sich nicht um einen geregelten Markt oder ein MTF handelt und das die Interessen einer Vielzahl Dritter am Kauf und Verkauf von Schuldverschreibungen, strukturierten Finanzprodukten, Emissionszertifikaten oder Derivaten innerhalb des Systems in einer Weise zusammenführt, die zu einem Vertrag gemäß Titel II dieser Richtlinie führt;

24. „Handelsplatz": einen geregelten Markt, ein MTF oder ein OTF;

25. „liquider Markt": einen Markt für ein Finanzinstrument oder eine Kategorie von Finanzinstrumenten, auf dem kontinuierlich kauf- oder verkaufsbereite vertragswillige Käufer oder Verkäufer verfügbar sind und der nach den folgenden Kriterien unter Berücksichtigung der speziellen Marktstrukturen des betreffenden Finanzinstruments oder der betreffenden Kategorie von Finanzinstrumenten bewertet wird:

a) Durchschnittsfrequenz und -volumen der Geschäfte bei einer bestimmten Bandbreite von Marktbedingungen unter Berücksichtigung der Art und des Lebenszyklus von Produkten innerhalb der Kategorie von Finanzinstrumenten;

b) Zahl und Art der Marktteilnehmer, einschließlich des Verhältnisses Marktteilnehmer zu gehandelten Instrumenten in Bezug auf ein bestimmtes Produkt;

c) durchschnittlicher Spread, sofern verfügbar;

26. „zuständige Behörde" die Behörde, die von jedem Mitgliedstaat gemäß Artikel 67 benannt wird, sofern diese Richtlinie nichts anderes bestimmt;

27. „Kreditinstitut" ein Kreditinstitut im Sinne des Artikels 4 Absatz 1 Nummer 1 der Verordnung (EU) Nr. 575/2013;

28. „OGAW-Verwaltungsgesellschaft" eine Verwaltungsgesellschaft im Sinne von Artikel 2 Absatz 1 Buchstabe b der Richtlinie 2009/65/EG des Europäischen Parlaments und des Rates[1)];

29. „vertraglich gebundener Vermittler" eine natürliche oder juristische Person, die unter unbeschränkter und vorbehaltsloser Haftung einer einzigen Wertpapierfirma, für die sie tätig ist, Wertpapier- und/oder Nebendienstleistungen für Kunden oder potenzielle Kunden erbringt, Weisungen oder Aufträge des Kunden in Bezug auf Wertpapierdienstleistungen oder Finanzinstrumente annimmt und weiterleitet, Finanzinstrumente platziert und/oder Kunden oder potenzielle Kunden bezüglich dieser Finanzinstrumente oder Dienstleistungen berät;

30. „Zweigniederlassung" eine Betriebsstelle, die nicht die Hauptverwaltung ist, die einen rechtlich unselbstständigen Teil einer Wertpapierfirma bildet und Wertpapierdienstleistungen, gegebenenfalls auch Nebendienstleistungen, erbringt und/oder Anlagetätigkeiten ausübt, für die der Wertpapierfirma eine Zulassung erteilt wurde; alle Geschäftsstellen einer Wertpapierfirma mit Hauptverwaltung in einem anderen Mitgliedstaat, die sich in ein und demselben Mitgliedstaat befinden, gelten als eine einzige Zweigniederlassung;

31. „qualifizierte Beteiligung" direktes oder indirektes Halten einer Beteiligung an einer Wertpapierfirma von mindestens 10 % des Kapitals oder der Stimmrechte gemäß den Artikeln 9 und 10 der Richtlinie 2004/109/EG des Europäischen Parlaments und des Rates[2)] unter Berücksichtigung der Voraussetzungen für das Zusammenrechnen der Beteiligungen nach Artikel 12 Absätze 4 und 5 jener Richtlinie oder die Möglichkeit der Ausübung eines maßgeblichen Einflusses auf die Geschäftsführung einer Wertpapierfirma, an der eine direkte oder indirekte Beteiligung gehalten wird;

32. „Mutterunternehmen" ein Mutterunternehmen im Sinne des Artikels 2 Nummer 9 und Artikel 22 der Richtlinie 2013/34/EU des Europäischen Parlaments und des Rates[3)];

33. „Tochterunternehmen" ein Tochterunternehmen im Sinne des Artikels 2 Nummer 10 und des Artikels 22 der Richtlinie 2013/34/EU, einschließlich aller Tochterunternehmen eines Tochterunternehmens des an der Spitze stehenden Mutterunternehmens;

34. „Gruppe" eine Gruppe im Sinne des Artikels 2 Nummer 11 der Richtlinie 2013/34/EU;

---

[1)] **Amtl. Anm.:** Richtlinie 2009/65/EG des Europäischen Parlaments und des Rates vom 13. Juli 2009 zur Koordinierung der Rechts- und Verwaltungsvorschriften betreffend bestimmte Organismen für gemeinsame Anlagen in Wertpapieren (OGAW) (ABl. L 302 vom 17.11.2009, S 32).
[2)] **Amtl. Anm.:** Richtlinie 2004/109/EG des Europäischen Parlaments und des Rates vom 15. Dezember 2004 zur Harmonisierung der Transparenzanforderungen in Bezug auf Informationen über Emittenten, deren Wertpapiere zum Handel auf einem geregelten Markt zugelassen sind, und zur Änderung der Richtlinie 2001/34/EG (ABl. L 390 vom 31.12.2004, S. 38).
[3)] **Amtl. Anm.:** Richtlinie 2013/34/EU des Europäischen Parlaments und des Rates vom 26. Juni 2013 über den Jahresabschluss, den konsolidierten Abschluss und damit verbundene Berichte von Unternehmen bestimmter Rechtsformen und zur Änderung der Richtlinie 2006/43/EG des Europäischen Parlaments und des Rates und zur Aufhebung der Richtlinien 78/660/EWG und 83/349/EWG des Rates (ABl. L 182 vom 29.6.2013, S. 19).

35. „enge Verbindungen" eine Situation, in der zwei oder mehr natürliche oder juristische Personen auf eine der folgenden Weisen miteinander verbunden sind:
   a) über eine Beteiligung in Form des direkten Haltens oder des Haltens im Wege der Kontrolle von mindestens 20 % der Stimmrechte oder des Kapitals an einem Unternehmen;
   b) durch Kontrolle, d.h. das Verhältnis zwischen einem Mutter- und einem Tochterunternehmen in allen Fällen des Artikels 22 Absätze 1 und 2 der Richtlinie 2013/34/EU oder ein ähnliches Verhältnis zwischen einer natürlichen oder juristischen Person und einem Unternehmen; Tochterunternehmen von Tochterunternehmen gelten ebenfalls als Tochterunternehmen des Mutterunternehmens, das an der Spitze dieser Unternehmen steht;
   c) über ein dauerhaftes Kontrollverhältnis beider oder aller mit ein und derselben dritten Person;
36. „Leitungsorgan" das Organ oder die Organe einer Wertpapierfirma, eines Marktbetreibers oder eines Datenbereitstellungsdienstleisters im Sinne von Artikel 2 Absatz 1 Nummer 36a der Verordnung (EU) Nr. 600/2014, das bzw. die nach nationalem Recht bestellt wurde bzw. wurden und befugt ist bzw. sind, Strategie, Ziele und Gesamtpolitik des Unternehmens festzulegen und die Entscheidungen der Geschäftsleitung zu kontrollieren und zu überwachen, und dem bzw. denen die Personen angehören, die die Geschäfte des Unternehmens tatsächlich führen.
Wird in dieser Richtlinie auf das Leitungsorgan Bezug genommen und ist nach nationalem Recht vorgesehen, dass die Geschäftsleitungs- und die Aufsichtsfunktion des Leitungsorgans verschiedenen Organen oder verschiedenen Mitgliedern innerhalb eines Organs zugewiesen ist, bezeichnet der Mitgliedstaat die gemäß seinem nationalen Recht jeweils verantwortlichen Organe oder Mitglieder des Leitungsorgans, soweit in dieser Richtlinie nichts anderes angegeben ist;
37. „Geschäftsleitung" die natürlichen Personen, die in einer Wertpapierfirma, einem Marktbetreiber oder einem Datenbereitstellungsdienstleister im Sinne von Artikel 2 Absatz 1 Nummer 36a der Verordnung (EU) Nr. 600/2014 Geschäftsführungsaufgaben wahrnehmen und für das Tagesgeschäft des Unternehmens verantwortlich und gegenüber dem Leitungsorgan rechenschaftspflichtig sind, einschließlich der Umsetzung der Firmenstrategie hinsichtlich des Vertriebs von Produkten und Dienstleistungen durch die Firma und ihr Personal an die Kunden;
38. „Zusammenführung sich deckender Kundenaufträge" ein Geschäft, bei dem zwischen Käufer und Verkäufer einer Transaktion ein Vermittler zwischengeschaltet ist, der während der gesamten Ausführung der Transaktion zu keiner Zeit einem Marktrisiko ausgesetzt ist, vorausgesetzt, dass sowohl Kaufgeschäft als auch Verkaufsgeschäft gleichzeitig ausgeführt werden und die Transaktion zu einem Preis abgeschlossen wird, bei dem der Vermittler abgesehen von einer vorab offengelegten Provision, Gebühr oder sonstigen Vergütung weder Gewinn noch Verlust macht;
39. „algorithmischer Handel" der Handel mit einem Finanzinstrument, bei dem ein Computeralgorithmus die einzelnen Auftragsparameter automatisch bestimmt, z.B. ob der Auftrag eingeleitet werden soll, Zeitpunkt, Preis bzw. Quantität des Auftrags oder wie der Auftrag nach seiner Ein-

reichung mit eingeschränkter oder gar keiner menschlichen Beteiligung bearbeitet werden soll, unter Ausschluss von Systemen, die nur zur Weiterleitung von Aufträgen zu einem oder mehreren Handelsplätzen, zur Bearbeitung von Aufträgen ohne Bestimmung von Auftragsparametern, zur Bestätigung von Aufträgen oder zur Nachhandelsbearbeitung ausgeführter Aufträge verwendet werden;

40. „hochfrequente algorithmische Handelstechnik" eine algorithmische Handelstechnik, die gekennzeichnet ist durch

    a) eine Infrastruktur zur Minimierung von Netzwerklatenzen und anderen Verzögerungen bei der Orderübertragung (Latenzen), die mindestens eine der folgenden Vorrichtungen für die Eingabe algorithmischer Aufträge aufweist: Kollokation, Proximity Hosting oder direkter elektronischer Hochgeschwindigkeitszugang,

    b) die Entscheidung des Systems über die Einleitung, das Erzeugen, das Weiterleiten oder die Ausführung eines Auftrags ohne menschliche Intervention, und

    c) ein hohes untertägiges Mitteilungsaufkommen in Form von Aufträgen, Quotes oder Stornierungen;

41. „direkter elektronischer Zugang" eine Regelung, in deren Rahmen ein Mitglied, ein Teilnehmer oder ein Kunde eines Handelsplatzes einer anderen Person die Nutzung seines Handelscodes gestattet, damit diese Person Aufträge in Bezug auf Finanzinstrumente elektronisch direkt an den Handelsplatz übermitteln kann, einschließlich Vereinbarungen, die die Nutzung der Infrastruktur des Mitglieds, des Teilnehmers oder des Kunden bzw. irgendeines Verbindungssystems des Mitglieds, des Teilnehmers oder des Kunden durch diese Person zur Übermittlung von Aufträgen (direkter Marktzugang) sowie diejenigen Vereinbarungen, bei denen eine solche Infrastruktur nicht durch diese Person genutzt wird (geförderter Zugang);

42. „Querverkäufe" das Angebot einer Wertpapierdienstleistung zusammen mit einer anderen Dienstleistung oder einem anderen Produkt als Teil eines Pakets oder als Bedingung für dieselbe Vereinbarung bzw. dasselbe Paket;

43. „strukturierte Einlage" eine Einlage im Sinne des Artikels 2 Absatz 1 Nummer 3 der Richtlinie 2014/49/EU des Europäischen Parlaments und des Rates[1], die bei Fälligkeit in voller Höhe zurückzuzahlen ist, wobei sich die Zahlung von Zinsen oder einer Prämie bzw. das Zins- oder Prämienrisiko aus einer Formel ergibt, die von Faktoren abhängig ist, wie etwa

    a) einem Index oder einer Indexkombination, ausgenommen variabel verzinsliche Einlagen, deren Ertrag unmittelbar an einen Zinsindex wie Euribor oder Libor gebunden ist,

    b) einem Finanzinstrument oder einer Kombination von Finanzinstrumenten,

    c) einer Ware oder einer Kombination von Waren oder anderen körperlichen oder nicht körperlichen nicht übertragbaren Vermögenswerten oder

    d) einem Wechselkurs oder einer Kombination von Wechselkursen;

---

[1] **Amtl. Anm.:** Richtlinie 2014/49/EU des Europäischen Parlaments und des Rates vom 16. April 2014 über Einlagensicherungssysteme (siehe Seite 149 dieses Amtsblatts *[Red. Anm.: ABl. L 173 vom 12.6.2014]*).

# 1 MiFiD II Art. 4 RL 2014/65/EU

44. „übertragbare Wertpapiere" die Kategorien von Wertpapieren, die auf dem Kapitalmarkt gehandelt werden können, mit Ausnahme von Zahlungsinstrumenten, wie

   a) Aktien und andere, Aktien oder Anteilen an Gesellschaften, Personengesellschaften oder anderen Rechtspersönlichkeiten gleichzustellende Wertpapiere sowie Aktienzertifikate;
   b) Schuldverschreibungen oder andere verbriefte Schuldtitel, einschließlich Zertifikaten (Hinterlegungsscheinen) für solche Wertpapiere;
   c) alle sonstigen Wertpapiere, die zum Kauf oder Verkauf solcher Wertpapiere berechtigen oder zu einer Barzahlung führen, die anhand von übertragbaren Wertpapieren, Währungen, Zinssätzen oder -erträgen, Waren oder anderen Indizes oder Messgrößen bestimmt wird;

45. „Aktienzertifikate" (Hinterlegungsscheine) jene Wertpapiere, die auf dem Kapitalmarkt handelbar sind und ein Eigentumsrecht an Wertpapieren gebietsfremder Emittenten darstellen, wobei sie aber gleichzeitig zum Handel auf einem geregelten Markt zugelassen und unabhängig von den Wertpapieren gebietsfremder Emittenten gehandelt werden können;

46. „börsengehandelter Fonds" einen Fonds, bei dem mindestens eine Anteils- oder Aktiengattung ganztätig an mindestens einem Handelsplatz und mit mindestens einem Market-Maker, der tätig wird, um sicherzustellen, dass der Preis seiner Anteile oder Aktien an diesem Handelsplatz nicht wesentlich von ihrem Nettovermögenswert und gegebenenfalls von ihrem indikativen Nettovermögenswert abweicht, gehandelt wird;

47. „Zertifikate" jene Wertpapiere im Sinne von Artikel 2 Absatz 1 Nummer 27 der Verordnung (EU) Nr. 600/2014;

48. „strukturierte Finanzprodukte" Wertpapiere, im Sinne von Artikel 2 Absatz 1 Nummer 28 der Verordnung (EU) Nr. 600/2014;

49. „Derivate" Finanzinstrumente, die in Artikel 2 Absatz 1 Nummer 29 der Verordnung (EU) Nr. 600/2014 definiert sind;

50. „Warenderivate" Finanzinstrumente, die in Artikel 2 Absatz 1 Nummer 30 der Verordnung (EU) Nr. 600/2014 definiert sind;

51. „zentrale Gegenpartei" eine CCP im Sinne von Artikel 2 Absatz 1 der Verordnung (EU) Nr. 648/2012;

52. *(aufgehoben)*

53. *(aufgehoben)*

54. *(aufgehoben)*

55. „Herkunftsmitgliedstaat"

   a) im Falle von Wertpapierfirmen
      i) den Mitgliedstaat, in dem sich ihre Hauptverwaltung befindet, wenn die Wertpapierfirma eine natürliche Person ist;
      ii) den Mitgliedstaat, in dem sie ihren Sitz hat, wenn die Wertpapierfirma eine juristische Person ist;
      iii) den Mitgliedstaat, in dem sich ihre Hauptverwaltung befindet, wenn die Wertpapierfirma gemäß dem für sie maßgebenden nationalen Recht keinen Sitz hat;
   b) im Falle eines geregelten Marktes den Mitgliedstaat, in dem der geregelte Markt registriert ist, oder – sofern er gemäß dem Recht dieses Mit-

gliedstaats keinen Sitz hat – den Mitgliedstaat, in dem sich die Hauptverwaltung des geregelten Marktes befindet;

c) *(aufgehoben)*

56. „Aufnahmemitgliedstaat" einen Mitgliedstaat, der nicht der Herkunftsmitgliedstaat ist und in dem eine Wertpapierfirma eine Zweigniederlassung hat oder Wertpapierdienstleistungen erbringt und/oder Anlagetätigkeiten ausübt, oder einen Mitgliedstaat, in dem ein geregelter Markt geeignete Vorkehrungen bietet, um in diesem Mitgliedstaat niedergelassenen Fernmitgliedern oder -teilnehmern den Zugang zum Handel über das System dieses Mitgliedstaats zu erleichtern;

57. „Drittlandfirma" eine Firma, die ein Kreditinstitut, das Wertpapierdienstleistungen erbringt oder Anlagetätigkeiten ausführt, oder eine Wertpapierfirma wäre, wenn sie ihre Hauptverwaltung oder ihren Sitz in der Union hätte;

58. „Energiegroßhandelsprodukt" Energiegroßhandelsprodukt im Sinne von Artikel 2 Nummer 4 der Verordnung (EU) Nr. 1227/2011;

59. „Derivate auf landwirtschaftliche Grunderzeugnisse" Derivatkontrakte in Bezug auf die Erzeugnisse, die in Artikel 1 und Anhang I Teile I bis XX und XXIV/1 der Verordnung (EU) Nr. 1308/2013 des Europäischen Parlaments und des Rates[1]) aufgeführt sind;

60. „öffentlicher Emittent" folgende Emittenten von Schuldtiteln:
    i) die Union;
    ii) einen Mitgliedstaat einschließlich eines Ministeriums, einer Behörde oder einer Zweckgesellschaft dieses Mitgliedstaats;
    iii) im Falle eines bundesstaatlich organisierten Mitgliedstaats einen Gliedstaat des Bundes;
    iv) eine für mehrere Mitgliedstaaten tätige Zweckgesellschaft;
    v) ein von zwei oder mehr Mitgliedstaaten gegründetes internationales Finanzinstitut, das dem Zweck dient, Finanzmittel zu mobilisieren und seinen Mitgliedern Finanzhilfen zu gewähren, die von schwerwiegenden Finanzierungsproblemen betroffen oder bedroht sind;
    vi) die Europäische Investitionsbank;

61. „öffentlicher Schuldtitel" ein Schuldinstrument, das von einem öffentlichen Emittenten begeben wird;

62. „dauerhafter Datenträger" jedes Medium, das
    a) es dem Kunden gestattet, an ihn persönlich gerichtete Informationen derart zu speichern, dass er sie in der Folge für eine für die Zwecke der Informationen angemessene Dauer einsehen kann, und
    b) die unveränderte Wiedergabe der gespeicherten Informationen ermöglicht;

63. *(aufgehoben)*

64. „Zentralverwahrer": Zentralverwahrer im Sinne von Artikel 2 Absatz 1 Nummer 1 der Verordnung (EU) Nr. 909/2014.

---

[1]) **Amtl. Anm.:** Verordnung (EU) Nr. 1308/2013 des Europäischen Parlaments und des Rates vom 17. Dezember 2013 über eine gemeinsame Marktorganisation für landwirtschaftliche Erzeugnisse und zur Aufhebung der Verordnungen (EWG) Nr. 922/72, (EWG) Nr. 234/79, (EG) Nr. 1037/2001 und (EG) Nr. 1234/2007 (ABl. L 347 vom 20.12.2013, S. 671).

(2) Der Kommission wird die Befugnis übertragen, delegierte Rechtsakte gemäß Artikel 89 zu erlassen, um einige technische Elemente der Begriffsbestimmungen in Absatz 1 zu bestimmen, mit dem Ziel, sie an die Marktentwicklungen, die technologischen Entwicklungen und die Erfahrungen mit nach der Verordnung (EU) Nr. 596/2014[1]) verbotenen Tätigkeiten anzupassen und die einheitliche Anwendung dieser Richtlinie sicherzustellen.

## Titel II. Zulassung von Wertpapierfirmen und Bedingungen für die Ausübung der Tätigkeit

### Kapitel I. Zulassungsbedingungen und -verfahren

**Art. 5 Zulassungsanforderung.** (1) ¹Jeder Mitgliedstaat schreibt vor, dass die Erbringung von Wertpapierdienstleistungen und/oder die Ausübung von Anlagetätigkeiten als übliche berufliche oder gewerbliche Tätigkeit der vorherigen Zulassung gemäß diesem Kapitel bedarf. ²Diese Zulassung wird von der gemäß Artikel 67 benannten zuständigen Behörde des Herkunftsmitgliedstaats erteilt.

(2) Abweichend von Absatz 1 genehmigen die Mitgliedstaaten allen Marktbetreibern, ein MTF oder ein OTF zu betreiben, sofern zuvor festgestellt wurde, dass sie diesem Kapitel nachkommen.

(3) *[1]* ¹Die Mitgliedstaaten registrieren sämtliche Wertpapierfirmen. ²Dieses Register ist öffentlich zugänglich und enthält Informationen über die Dienstleistungen und/oder Tätigkeiten, für die die Wertpapierfirma zugelassen ist. ³Es wird regelmäßig aktualisiert. ⁴Jede Zulassung wird der ESMA mitgeteilt.

*[2]* ¹Die ESMA erstellt ein Verzeichnis sämtlicher Wertpapierfirmen in der Union. ²Dieses Verzeichnis enthält Informationen über die Dienstleistungen oder Tätigkeiten, für die jede einzelne Wertpapierfirma zugelassen ist, und es wird regelmäßig aktualisiert. ³Die ESMA veröffentlicht dieses Verzeichnis auf ihrer Website und aktualisiert es regelmäßig.

*[3]* Hat eine zuständige Behörde gemäß Artikel 8 Buchstaben b, c und d eine Zulassung entzogen, wird dies für einen Zeitraum von fünf Jahren im Verzeichnis veröffentlicht.

(4) Jeder Mitgliedstaat schreibt vor, dass

a) jede Wertpapierfirma, die eine juristische Person ist, ihre Hauptverwaltung im selben Mitgliedstaat hat wie ihren Sitz,

b) jede Wertpapierfirma, die keine juristische Person ist, oder jede Wertpapierfirma, die eine juristische Person ist, aber gemäß dem für sie geltenden nationalen Recht keinen Sitz hat, ihre Hauptverwaltung in dem Mitgliedstaat hat, in dem sie ihre Geschäftstätigkeit tatsächlich ausübt.

**Art. 6 Umfang der Zulassung.** (1) ¹Der Herkunftsmitgliedstaat stellt sicher, dass in der Zulassung die Wertpapierdienstleistungen oder Anlagetätigkeiten spezifiziert werden, die die Wertpapierfirma erbringen bzw. ausüben darf. ²Die Zulassung kann sich auch auf eine oder mehrere der in Anhang I Abschnitt B genannten Nebendienstleistungen erstrecken. ³Die Zulassung wird auf keinen Fall lediglich für die Erbringung von Nebendienstleistungen erteilt.

---

[1]) Nr. 11.

(2) Eine Wertpapierfirma, die um eine Zulassung zur Ausweitung ihrer Tätigkeit auf zusätzliche Wertpapierdienstleistungen oder Anlagetätigkeiten oder Nebendienstleistungen ersucht, die bei der Erstzulassung nicht vorgesehen waren, stellt einen Antrag auf Ausweitung ihrer Zulassung.

(3) Die Zulassung ist in der gesamten Union gültig und gestattet einer Wertpapierfirma, Wertpapierdienstleistungen oder Anlagetätigkeiten, für die ihr eine Zulassung erteilt wurde, in der gesamten Union zu erbringen bzw. auszuüben; dies kann entweder durch die Niederlassungsfreiheit, auch über die Errichtung einer Zweigniederlassung, oder im Rahmen des freien Dienstleistungsverkehrs geschehen.

**Art. 7 Verfahren für die Erteilung der Zulassung und die Ablehnung von Anträgen auf Zulassung.** (1) Die zuständige Behörde erteilt eine Zulassung erst dann, wenn ihr hinreichend nachgewiesen wurde, dass der Antragsteller sämtliche Anforderungen der zur Umsetzung dieser Richtlinie erlassenen Vorschriften erfüllt.

(2) Die Wertpapierfirma übermittelt sämtliche Informationen, einschließlich eines Geschäftsplans, aus dem unter anderem die Art der geplanten Geschäfte und der organisatorische Aufbau hervorgehen, damit die zuständige Behörde sich davon überzeugen kann, dass die Wertpapierfirma bei der Erstzulassung alle erforderlichen Vorkehrungen getroffen hat, um den Verpflichtungen gemäß diesem Kapitel nachzukommen.

(3) Dem Antragsteller wird binnen sechs Monaten nach Einreichung eines vollständigen Antrags mitgeteilt, ob eine Zulassung erteilt wird oder nicht.

(4) *[1]* Die ESMA entwickelt Entwürfe technischer Regulierungsstandards, um Folgendes zu bestimmen:

a) die nach Absatz 2 dieses Artikels an die zuständige Behörde zu übermittelnden Informationen einschließlich des Geschäftsplans;
b) die für die Leitung von Wertpapierfirmen nach Artikel 9 Absatz 6 geltenden Anforderungen und die Informationen für die Mitteilungen nach Artikel 9 Absatz 5;
c) die Anforderungen an Aktionäre und Mitglieder mit qualifizierten Beteiligungen sowie die Umstände, die die zuständige Behörde an der ordnungsgemäßen Wahrnehmung ihrer Überwachungsfunktionen hindern könnten, nach Artikel 10 Absätze 1 und 2.

*[2]* Die ESMA legt der Kommission diese Entwürfe technischer Regulierungsstandards bis zum 3. Juli 2015 vor.

*[3]* Der Kommission wird die Befugnis übertragen, die in Unterabsatz 1 genannten technischen Regulierungsstandards gemäß den Artikeln 10 bis 14 der Verordnung (EU) Nr. 1095/2010[1]) zu erlassen.

(5) *[1]* Die ESMA entwickelt Entwürfe technischer Durchführungsstandards, um Standardformulare, Mustertexte und Verfahren für die in Absatz 2 dieses Artikels und Artikel 9 Absatz 5 vorgesehenen Mitteilungen oder die Bereitstellung von Informationen festzulegen.

*[2]* Die ESMA legt der Kommission diese Entwürfe technischer Durchführungsstandards bis zum 3. Januar 2016 vor.

---

[1]) Nr. 3.

*[3]* Der Kommission wird die Befugnis übertragen, die in Unterabsatz 1 genannten technischen Durchführungsstandards nach Artikel 15 der Verordnung (EU) Nr. 1095/2010 zu erlassen.

**Art. 8 Entzug von Zulassungen.** *[1]* Die zuständige Behörde kann einer Wertpapierfirma die Zulassung entziehen, wenn diese Wertpapierfirma

a) nicht binnen zwölf Monaten von der Zulassung Gebrauch macht, ausdrücklich auf sie verzichtet oder in den sechs vorhergehenden Monaten keine Wertpapierdienstleistungen erbracht oder Anlagetätigkeit ausgeübt hat, es sei denn, der betreffende Mitgliedstaat sieht in diesen Fällen das Erlöschen der Zulassung vor;

b) die Zulassung aufgrund falscher Erklärungen oder auf sonstige rechtswidrige Weise erhalten hat;

c) die Voraussetzungen, auf denen die Zulassung beruht, wie etwa die Erfüllung der Anforderungen der Verordnung (EU) 2019/2033 des Europäischen Parlaments und des Rates[1] nicht mehr erfüllt;

d) in schwerwiegender Weise systematisch gegen die Bestimmungen zur Durchführung dieser Richtlinie oder der Verordnung (EU) Nr. 600/2014[2] verstoßen hat, die die Bedingungen für die Ausübung der Tätigkeit einer Wertpapierfirma regeln;

e) einen der Fälle erfüllt, in denen das nationale Recht in Bezug auf Angelegenheiten, die außerhalb des Anwendungsbereichs dieser Richtlinie liegen, den Entzug vorsieht.

*[2]* Jeder Entzug der Zulassung wird der ESMA mitgeteilt.

**Art. 9 Leitungsorgan.** (1) *[1]* Die zuständigen Behörden, die die Zulassung gemäß Artikel 5 erteilen, sorgen dafür, dass Wertpapierfirmen und ihre Leitungsorgane die Artikel 88 und 91 der Richtlinie 2013/36/EU einhalten.

*[2]* Die ESMA und die EBA erlassen gemeinsam Leitlinien zu den in Artikel 91 Absatz 12 der Richtlinie 2013/36/EU aufgeführten Elementen.

(2) *[1]* [1] Bei der Erteilung der Genehmigung gemäß Artikel 5 können die zuständige Behörden den Mitgliedern des Leitungsorgans genehmigen, eine Aufsichtsfunktion mehr, als gemäß Artikel 91 Absatz 3 der Richtlinie 2013/36/EU zulässig ist, innezuhaben. [2] Die zuständigen Behörden unterrichten die EBA regelmäßig über derartige Genehmigungen.

*[2]* Die EBA und die ESMA stimmen die Einholung der Informationen gemäß Unterabsatz 1 dieses Absatzes und Artikel 91 Absatz 6 der Richtlinie 2013/36/EU mit Bezug auf Wertpapierfirmen ab.

(3) *[1]* [1] Die Mitgliedstaaten stellen sicher, dass das Leitungsorgan einer Wertpapierfirma die Umsetzung der Unternehmensführungsregelungen, die die wirksame und umsichtige Führung der Wertpapierfirma gewährleisten und unter anderem eine Aufgabentrennung in der Wertpapierfirma und die Vorbeugung von Interessenkonflikten vorsehen, festlegt, überwacht und für sie

---

[1] **Amtl. Anm.:** Verordnung (EU) 2019/2033 des Europäischen Parlaments und des Rates vom 27. November 2019 über Aufsichtsanforderungen an Wertpapierfirmen und zur Änderung der Verordnungen (EU) Nr. 1093/2010, (EU) Nr. 575/2013, (EU) Nr. 600/2014 und (EU) Nr. 806/2014 (ABl. L 314 vom 5.12.2019, S. 1).
[2] Nr. 2.

rechenschaftspflichtig ist. ²Dies hat auf eine Weise zu erfolgen, durch die die Integrität des Markts und die Interessen von Kunden gefördert werden.

*[2]* Unbeschadet der Anforderungen nach Artikel 88 Absatz 1 der Richtlinie 2013/36/EU müssen solche Regelungen gewährleisten, dass das Leitorgan:

a) für die Festlegung, die Annahme und die Überwachung der Firmenorganisation zur Erbringung von Wertpapierdienstleistungen und zur Ausübung von Anlagetätigkeiten sowie zur Erbringung von Nebendienstleistungen, einschließlich der vom Personal geforderten Fähigkeiten, Kenntnisse und Erfahrungen sowie der Ressourcen, der Verfahren und der Regelung für die Erbringung von Dienstleistungen und die Ausübung von Anlagetätigkeiten durch die Firma sorgt, wobei die Art, der Umfang und die Komplexität ihrer Geschäfte sowie alle von der Firma einzuhaltenden Anforderungen zu berücksichtigen sind.

b) für die Festlegung, die Annahme und die Überwachung einer Firmenpolitik hinsichtlich der angebotenen und erbrachten bzw. gelieferten Dienstleistungen, Anlagetätigkeiten, Produkte und Geschäfte in Einklang mit der Risikotoleranz der Firma und den Besonderheiten und Bedürfnissen der Kunden der Firma, denen diese angeboten und für die diese erbracht bzw. geliefert werden, sorgt, gegebenenfalls einschließlich der Durchführung geeigneter Stresstests.

c) für die Festlegung, die Annahme und die Überwachung einer Vergütungspolitik für Personen, die an der Erbringung von Dienstleistungen für Kunden beteiligt sind, sorgt, die auf eine verantwortungsvolle Unternehmensführung, auf eine faire Behandlung der Kunden und auf eine Vermeidung von Interessenkonflikten im Verhältnis zu den Kunden abzielt.

*[3]* Das Leitungsorgan überwacht und überprüft regelmäßig die Eignung und die Umsetzung der strategischen Ziele der Firma bei der Erbringung von Wertpapierdienstleistungen sowie bei der Ausübung von Anlagetätigkeiten und der Erbringung von Nebendienstleistungen, die Wirksamkeit der Unternehmensführungsregelungen der Wertpapierfirma und die Angemessenheit der Firmenpolitik hinsichtlich der Erbringung von Dienstleistungen an die Kunden und unternimmt die erforderlichen Schritte, um etwaige Mängel zu beseitigen.

*[4]* Die Mitglieder des Leitungsorgans haben einen angemessenen Zugang zu den Informationen und Dokumenten, die für die Beaufsichtigung und Überwachung der Entscheidungsfindung der Geschäftsleitung erforderlich sind.

(4) Die zuständige Behörde verweigert die Zulassung, wenn sie nicht davon überzeugt ist, dass die Mitglieder des Leitungsorgans der Wertpapierfirma gut beleumdet sind, über ausreichende Kenntnisse, Fähigkeiten und Erfahrungen verfügen und der Wahrnehmung ihrer Aufgaben ausreichend Zeit widmen, oder wenn objektive und nachweisbare Gründe für die Vermutung vorliegen, dass die Geschäftsleitung der Firma deren wirksame, solide und umsichtige Führung sowie die angemessene Berücksichtigung der Interessen ihrer Kunden und der Marktintegrität gefährden könnte.

(5) Die Mitgliedstaaten schreiben vor, dass die Wertpapierfirma der zuständigen Behörde Angaben über alle Mitglieder seines Leitungsorgans sowie sämtliche Veränderungen in der Mitgliedschaft zusammen mit allen Informationen übermittelt, die erforderlich sind, um zu beurteilen, ob eine Wertpapierfirma die Absätze 1, 2 und 3 erfüllt.

(6) *[1]* Die Mitgliedstaaten schreiben vor, dass mindestens zwei Personen, die die Anforderungen des Absatzes 1 erfüllen, die Geschäftstätigkeit der antragstellenden Wertpapierfirma tatsächlich lenken.

*[2]* ¹ Abweichend von Unterabsatz 1 können die Mitgliedstaaten Wertpapierfirmen, die natürliche Personen sind, oder Wertpapierfirmen, die juristische Personen sind, aber in Übereinstimmung mit ihrer Satzung und den nationalen Rechtsvorschriften von einer einzigen natürlichen Person geführt werden, die Zulassung erteilen. ² Die Mitgliedstaaten schreiben jedoch vor, dass

a) alternative Regelungen bestehen, die die solide und umsichtige Führung solcher Wertpapierfirmen und die angemessene Berücksichtigung der Kundeninteressen und der Marktintegrität gewährleisten;

b) die betreffenden natürlichen Personen ausreichend gut beleumundet sind, ausreichende Kenntnisse, Fähigkeiten und Erfahrungen besitzen und der Wahrnehmung ihrer Aufgaben ausreichend Zeit widmen.

**Art. 10 Aktionäre und Gesellschafter mit qualifizierten Beteiligungen.**

(1) *[1]* Die zuständigen Behörden erteilen einer Wertpapierfirma erst dann die Zulassung zur Erbringung von Wertpapierdienstleistungen oder zur Ausübung von Anlagetätigkeiten, wenn ihnen die Namen der natürlichen oder juristischen Personen, die als Anteilseigner oder Gesellschafter direkt oder indirekt qualifizierte Beteiligungen halten, sowie die Höhe der jeweiligen Beteiligungen mitgeteilt wurden.

*[2]* Die zuständigen Behörden verweigern die Zulassung, wenn sie angesichts der Notwendigkeit, die solide und umsichtige Führung einer Wertpapierfirma zu gewährleisten, nicht von der Geeignetheit der Anteilseigner oder Gesellschafter, die qualifizierte Beteiligungen halten, überzeugt sind.

*[3]* Bestehen zwischen der Wertpapierfirma und anderen natürlichen oder juristischen Personen enge Verbindungen, erteilt die zuständige Behörde die Zulassung nur, wenn diese Verbindungen die zuständige Behörde nicht an der ordnungsgemäßen Wahrnehmung ihrer Aufsichtsfunktionen hindern.

(2) Die zuständige Behörde verweigert die Zulassung, wenn die Rechts- oder Verwaltungsvorschriften eines Drittlandes, die für eine oder mehrere natürliche oder juristische Personen gelten, zu der bzw. denen das Unternehmen enge Verbindungen hat, oder Schwierigkeiten bei deren Anwendung die zuständige Behörde daran hindern, ihre Aufsichtsfunktionen ordnungsgemäß wahrzunehmen.

(3) *[1]* Die Mitgliedstaaten schreiben vor, dass die zuständige Behörde, falls der Einfluss der in Absatz 1 Unterabsatz 1 genannten Personen die umsichtige und solide Geschäftsführung der Wertpapierfirma gefährden könnte, die erforderlichen Maßnahmen ergreift, um diesen Zustand zu beenden.

*[2]* Diese Maßnahmen können Anträge auf einstweilige Verfügungen oder die Verhängung von Sanktionen gegen Geschäftsführer und die Geschäftsleitung oder die Aussetzung des Stimmrechts, das an die von den betreffenden Anteilseignern oder Gesellschaftern gehaltenen Anteile geknüpft ist, umfassen.

**Art. 11 Mitteilung eines beabsichtigten Erwerbs.** (1) *[1]* Die Mitgliedstaaten schreiben vor, dass eine natürliche oder juristische Person oder gemeinsam handelnde natürliche oder juristische Personen (der „interessierte Erwerber"), die beschlossen hat bzw. haben, an einer Wertpapierfirma eine qualifizierte Beteiligung direkt oder indirekt zu erwerben oder eine derartige qualifizierte Beteiligung direkt oder indirekt zu erhöhen, mit der Folge, dass ihr Anteil an den Stimmrechten oder am Kapital 20 %, 30 % oder 50 % erreichen oder überschreiten würde oder die Wertpapierfirma ihr Tochterunternehmen würde (der „beabsichtigte Erwerb"), den für die Wertpapierfirma, an der eine qualifizierte Beteiligung erworben oder erhöht werden soll, zuständigen Behörden zuerst schriftlich diese Tatsache unter Angabe des Umfangs der geplanten Beteiligung zusammen mit den in Artikel 13 Absatz 4 genannten einschlägigen Informationen anzuzeigen hat bzw. haben.

*[2]* ¹Die Mitgliedstaaten schreiben vor, dass eine natürliche oder juristische Person, die beschlossen hat, ihre an einer Wertpapierfirma direkt oder indirekt gehaltene qualifizierte Beteiligung zu veräußern, zuerst die zuständigen Behörden schriftlich unterrichtet und den Umfang der geplanten Beteiligung anzeigt. ²Diese natürliche oder juristische Person hat den zuständigen Behörden ebenfalls anzuzeigen, wenn sie beschlossen hat, ihre qualifizierte Beteiligung so zu verringern, dass ihr Anteil an den Stimmrechten oder am Kapital 20 %, 30 % oder 50 % unterschreiten würde oder die Wertpapierfirma nicht mehr ihr Tochterunternehmen wäre.

*[3]* Die Mitgliedstaaten können davon absehen, die 30 %-Schwelle anzuwenden, wenn sie nach Artikel 9 Absatz 3 Buchstabe a der Richtlinie 2004/109/EG eine Schwelle von einem Drittel anwenden.

*[4]* Bei der Prüfung, ob die in Artikel 10 und diesem Artikel festgelegten Kriterien für eine qualifizierte Beteiligung erfüllt sind, berücksichtigen die Mitgliedstaaten nicht die Stimmrechte oder Kapitalanteile, die Wertpapierfirmen oder Kreditinstitute möglicherweise infolge einer Übernahme der Emission von Finanzinstrumenten und/oder Platzierung von Finanzinstrumenten mit fester Übernahmeverpflichtung im Sinne des Anhangs I Abschnitt A Nummer 6 halten, vorausgesetzt, diese Rechte werden zum einen nicht ausgeübt oder anderweitig benutzt, um in die Geschäftsführung des Emittenten einzugreifen, und zum anderen innerhalb eines Jahres nach dem Zeitpunkt des Erwerbs veräußert.

(2) *[1]* Die jeweils zuständigen Behörden arbeiten bei der Beurteilung des Erwerbs nach Maßgabe des Artikels 13 Absatz 1 (die „Beurteilung") eng zusammen, wenn es sich bei dem interessierten Erwerber um eine der nachfolgenden natürlichen oder juristischen Personen handelt:

a) ein Kreditinstitut, ein Lebens-, Schaden- oder Rückversicherungsunternehmen, eine Wertpapierfirma oder eine OGAW-Verwaltungsgesellschaft, das bzw. die in einem anderen Mitgliedstaat oder anderen Sektor als dem, in dem der Erwerb beabsichtigt wird, zugelassen ist;

b) ein Mutterunternehmen eines Kreditinstituts, eines Lebens-, Schaden- oder Rückversicherungsunternehmens, einer Wertpapierfirma oder einer OGAW-Verwaltungsgesellschaft, das bzw. die in einem anderen Mitgliedstaat oder anderen Sektor als dem, in dem der Erwerb beabsichtigt wird, zugelassen ist; oder

c) eine natürliche oder juristische Person, die ein Kreditinstitut, ein Lebens-, Schaden- oder Rückversicherungsunternehmen, eine Wertpapierfirma oder eine OGAW-Verwaltungsgesellschaft kontrolliert, das bzw. die in einem anderen Mitgliedstaat oder anderen Sektor als dem, in dem der Erwerb beabsichtigt wird, zugelassen ist.

*[2]* ¹Die zuständigen Behörden tauschen untereinander unverzüglich die Informationen aus, die für die Beurteilung erforderlich oder wesentlich sind. ²Dabei teilen die zuständigen Behörden einander alle einschlägigen Informationen auf Anfrage mit und übermitteln alle wesentlichen Informationen von sich aus. ³In der Entscheidung der zuständigen Behörde, die die Wertpapierfirma zugelassen hat, an der der Erwerb beabsichtigt wird, sind alle Bemerkungen oder Vorbehalte seitens der für den interessierten Erwerber zuständigen Behörde zu vermerken.

(3) *[1]* Die Mitgliedstaaten schreiben vor, dass eine Wertpapierfirma die zuständige Behörde unverzüglich davon zu unterrichten hat, wenn sie von einem Erwerb oder einer Abtretung von Beteiligungen an ihrem Kapital Kenntnis erhält, aufgrund deren diese Beteiligungen einen der in Absatz 1 Unterabsatz 1 genannten Schwellenwerte über- oder unterschreiten.

*[2]* Ferner teilt eine Wertpapierfirma der zuständigen Behörde mindestens einmal jährlich die Namen der Anteilseigner und Gesellschafter, die qualifizierte Beteiligungen halten, sowie die jeweiligen Beteiligungsbeträge mit, die zum Beispiel aus den Mitteilungen anlässlich der Jahreshauptversammlung der Anteilseigner und Gesellschafter oder aus den Pflichtmeldungen der Gesellschaften hervorgehen, deren übertragbare Wertpapiere zum Handel an einem geregelten Markt zugelassen sind.

(4) ¹Die Mitgliedstaaten schreiben den zuständigen Behörden vor, ähnliche Maßnahmen wie nach Artikel 10 Absatz 3 zu ergreifen in Bezug auf Personen, die ihrer Pflicht zur vorherigen Unterrichtung der zuständigen Behörden beim Erwerb oder der Erhöhung einer qualifizierten Beteiligung nicht nachkommen. ²Wird eine Beteiligung trotz Einspruchs der zuständigen Behörden erworben, sehen die Mitgliedstaaten unbeschadet der von ihnen zu verhängenden Sanktionen entweder vor, dass die entsprechenden Stimmrechte ausgesetzt werden oder die Stimmrechtsausübung ungültig ist oder für nichtig erklärt werden kann.

## Art. 12 Beurteilungszeitraum.

(1) *[1]* ¹Die zuständigen Behörden bestätigen dem interessierten Erwerber umgehend, in jedem Fall jedoch innerhalb von zwei Arbeitstagen nach Erhalt der Anzeige nach Artikel 11 Absatz 1 Unterabsatz 1 sowie dem etwaigen anschließenden Erhalt der in Absatz 2 dieses Artikels genannten Informationen schriftlich deren Eingang.

*[2]* Die zuständigen Behörden verfügen über maximal 60 Arbeitstage ab dem Datum der schriftlichen Bestätigung des Eingangs der Anzeige und aller von dem Mitgliedstaat verlangten Unterlagen, die der Anzeige nach Maßgabe der in Artikel 13 Absatz 4 genannten Liste beizufügen sind (der „Beurteilungszeitraum"), um die Beurteilung vorzunehmen.

*[3]* Die zuständigen Behörden teilen dem interessierten Erwerber zum Zeitpunkt der Bestätigung des Eingangs der Anzeige mit, zu welchem Zeitpunkt der Beurteilungszeitraum abläuft.

(2) *[1]* ¹Die zuständigen Behörden können erforderlichenfalls bis spätestens am 50. Arbeitstag des Beurteilungszeitraums weitere Informationen anfordern, die für den Abschluss der Beurteilung notwendig sind. ²Diese Anforderung ergeht schriftlich unter Angabe der zusätzlich benötigten Informationen.

*[2]* ¹Der Beurteilungszeitraum wird für die Dauer vom Zeitpunkt der Anforderung von Informationen durch die zuständigen Behörden bis zum Ein-

gang der entsprechenden Antwort des interessierten Erwerbers unterbrochen. ²Diese Unterbrechung darf 20 Arbeitstage nicht überschreiten. ³Es liegt im Ermessen der zuständigen Behörden, weitere Ergänzungen oder Klarstellungen zu den Informationen anzufordern, doch darf dies nicht zu einer Unterbrechung des Beurteilungszeitraums führen.

(3) Die zuständigen Behörden können die Unterbrechung nach Absatz 2 Unterabsatz 2 bis auf 30 Arbeitstage ausdehnen, wenn der interessierte Erwerber entweder:

a) eine natürliche oder juristische Person ist, die außerhalb der Union ansässig ist oder beaufsichtigt wird,

b) eine natürliche oder juristische Person ist, die nicht einer Beaufsichtigung nach dieser Richtlinie oder den Richtlinien 2009/65/EG, 2009/138/EG oder 2013/36/EU unterliegt.

(4) ¹Entscheiden die zuständigen Behörden nach Abschluss der Beurteilung, Einspruch gegen den beabsichtigten Erwerb zu erheben, setzen sie den interessierten Erwerber davon innerhalb von zwei Arbeitstagen und unter Einhaltung des Beurteilungszeitraums schriftlich unter Angabe der Gründe für die Entscheidung in Kenntnis. ²Vorbehaltlich nationaler Rechtsvorschriften kann eine Begründung der Entscheidung auf Antrag des interessierten Erwerbers der Öffentlichkeit zugänglich gemacht werden. ³Diese Bestimmung hindert die Mitgliedstaaten nicht daran, den zuständigen Behörden zu gestatten, die Entscheidungsgründe auch ohne entsprechenden Antrag des interessierten Erwerbers der Öffentlichkeit zugänglich zu machen.

(5) Erheben die zuständigen Behörden innerhalb des Beurteilungszeitraums keinen schriftlichen Einspruch gegen den beabsichtigten Erwerb, gilt dieser als genehmigt.

(6) Die zuständigen Behörden können eine Frist für den Abschluss eines beabsichtigten Erwerbs festlegen und diese Frist gegebenenfalls verlängern.

(7) Die Mitgliedstaaten dürfen an die Anzeige eines direkten oder indirekten Erwerbs von Stimmrechten oder Kapital an die zuständigen Behörden und die Genehmigung eines derartigen Erwerbs durch diese Behörden keine strengeren Anforderungen stellen, als in dieser Richtlinie vorgesehen ist.

(8) *[1]* Die ESMA arbeitet Entwürfe technischer Regulierungsstandards aus, um unbeschadet des Absatzes 2 dieses Artikels eine erschöpfende Liste der gemäß Artikel 13 Absatz 4 von interessierten Erwerbern in ihrer Anzeige vorzulegenden Informationen festzulegen.

*[2]* Die ESMA legt der Kommission diese Entwürfe technischer Regulierungsstandards bis zum 1. Januar 2014 vor.

*[3]* Der Kommission wird die Befugnis übertragen, die in Unterabsatz 1 genannten technischen Regulierungsstandards gemäß den Artikeln 10 bis 14 der Verordnung (EU) Nr. 1095/2010[1]) zu erlassen.

(9) *[1]* Die ESMA arbeitet Entwürfe technischer Durchführungsstandards aus, um Standardformulare, Mustertexte und Verfahren für die Modalitäten des Konsultationsprozesses zwischen den jeweils zuständigen Behörden im Sinne von Artikel 11 Absatz 2 festzulegen.

---

[1]) Nr. 3.

*[2]* Die ESMA legt der Kommission bis 1. Januar 2014 die Entwürfe dieser technischen Durchführungsstandards vor.

*[3]* Der Kommission wird die Befugnis übertragen, die in Unterabsatz 1 genannten technischen Durchführungsstandards gemäß Artikel 15 der Verordnung (EU) Nr. 1095/2010 zu erlassen.

**Art. 13 Beurteilung.** (1) *[1]* Bei der Beurteilung der Anzeige nach Artikel 11 Absatz 1 und der Informationen nach Artikel 12 Absatz 2 haben die zuständigen Behörden im Interesse einer soliden und umsichtigen Führung der Wertpapierfirma, an der der Erwerb beabsichtigt wird, und unter Berücksichtigung des voraussichtlichen Einflusses des interessierten Erwerbers auf die Wertpapierfirma die Eignung des interessierten Erwerbers und die finanzielle Solidität des beabsichtigten Erwerbs im Hinblick auf sämtliche folgende Kriterien zu prüfen:

a) Leumund des interessierten Erwerbers;

b) die Zuverlässigkeit und die Erfahrung einer jeden Person, die die Geschäfte der Wertpapierfirma infolge des beabsichtigten Erwerbs leiten wird;

c) die finanzielle Solidität des interessierten Erwerbers, insbesondere in Bezug auf die Art der tatsächlichen und geplanten Geschäfte der Wertpapierfirma, an der der Erwerb beabsichtigt wird;

d) die Tatsache, ob die Wertpapierfirma in der Lage sein und bleiben wird, den Aufsichtsanforderungen aufgrund dieser Richtlinie und gegebenenfalls aufgrund anderer Richtlinien, insbesondere der Richtlinien 2002/87/EG und 2013/36/EU zu genügen, und insbesondere die Tatsache, ob die Gruppe, zu der sie gehören wird, über eine Struktur verfügt, die es ermöglicht, eine wirksame Beaufsichtigung auszuüben, einen wirksamen Austausch von Informationen zwischen den zuständigen Behörden durchzuführen und die Aufteilung der Zuständigkeiten zwischen den zuständigen Behörden zu bestimmen;

e) die Tatsache, ob ein hinreichender Verdacht besteht, dass im Zusammenhang mit dem beabsichtigten Erwerb Geldwäsche oder Terrorismusfinanzierung im Sinne des Artikels 1 der Richtlinie 2005/60/EG stattfinden, stattgefunden haben oder ob diese Straftaten versucht wurden bzw. ob der beabsichtigte Erwerb das Risiko eines solchen Verhaltens erhöhen könnte.

*[2]* Der Kommission wird die Befugnis übertragen, delegierte Rechtsakte gemäß Artikel 89 zur Anpassung der in Unterabsatz 1 des vorliegenden Absatzes festgelegten Kriterien zu erlassen.

(2) Die zuständigen Behörden können gegen den beabsichtigten Erwerb nur dann Einspruch erheben, wenn es dafür triftige Gründe auf der Grundlage der in Absatz 1 genannten Kriterien gibt oder die vom interessierten Erwerber vorgelegten Informationen unvollständig sind.

(3) Die Mitgliedstaaten dürfen weder Vorbedingungen an die Höhe der zu erwerbenden Beteiligung knüpfen noch ihren zuständigen Behörden gestatten, bei der Prüfung des beabsichtigten Erwerbs auf die wirtschaftlichen Bedürfnisse des Marktes abzustellen.

(4) [1]Die Mitgliedstaaten veröffentlichen eine Liste, in der die Informationen genannt werden, die für die Beurteilung erforderlich sind und die den zuständigen Behörden zum Zeitpunkt der Anzeige nach Artikel 11 Absatz 1 zu übermitteln sind. [2]Der Umfang der beizubringenden Informationen muss der Art des interessierten Erwerbers und der Art des beabsichtigten Erwerbs angemes-

sen und angepasst sein. ³Die Mitgliedstaaten fordern keine Informationen an, die für die aufsichtliche Beurteilung nicht relevant sind.

(5) Werden der zuständigen Behörde zwei oder mehrere Vorhaben betreffend den Erwerb oder die Erhöhung von qualifizierten Beteiligungen an ein und derselben Wertpapierfirma angezeigt, hat die Behörde unbeschadet des Artikels 12 Absätze 1, 2 und 3 alle interessierten Erwerber auf nicht diskriminierende Art und Weise zu behandeln.

**Art. 14 Mitgliedschaft in einem zugelassenen Anlegerentschädigungssystem.** *[1]* Die zuständige Behörde überprüft, ob eine Rechtspersönlichkeit, die einen Antrag auf Zulassung als Wertpapierfirma gestellt hat, bei der Zulassung die Anforderungen der Richtlinie 97/9/EG erfüllt.

*[2]* Die Verpflichtung nach Absatz 1 ist in Bezug auf strukturierte Einlagen erfüllt, wenn die strukturierte Einlage von einem Kreditinstitut ausgegeben wird, das Mitglied eines gemäß der Richtlinie 2014/49/EU anerkannten Einlagensicherungssystems ist.

**Art. 15 Anfangskapitalausstattung.** Die Mitgliedstaaten stellen sicher, dass die zuständigen Behörden eine Zulassung nicht erteilen, wenn die Wertpapierfirma nicht über ausreichendes Anfangskapital gemäß Artikel 9 der Richtlinie (EU) 2019/2034 des Europäischen Parlaments und des Rates[1]) verfügt, das für die jeweilige Wertpapierdienstleistung oder Anlagetätigkeit vorgeschrieben ist.

**Art. 16 Organisatorische Anforderungen.** (1) Der Herkunftsmitgliedstaat schreibt vor, dass Wertpapierfirmen die organisatorischen Anforderungen der Absätze 2 bis 10 dieses Artikels und des Artikels 17 erfüllen.

(2) Eine Wertpapierfirma sieht angemessene Strategien und Verfahren vor, die ausreichen, um sicherzustellen, dass die Firma, ihre Geschäftsleitung, Beschäftigten und vertraglich gebundenen Vermittler den Verpflichtungen gemäß dieser Richtlinie sowie den einschlägigen Vorschriften für persönliche Geschäfte dieser Personen nachkommen.

(3) *[1]* Eine Wertpapierfirma muss auf Dauer wirksame organisatorische und verwaltungsmäßige Vorkehrungen für angemessene Maßnahmen treffen um zu verhindern, dass Interessenkonflikte im Sinne des Artikels 23 den Kundeninteressen schaden.

*[2]* Eine Wertpapierfirma, die Finanzinstrumente zum Verkauf an Kunden konzipiert, hat ein Verfahren für die Genehmigung jedes einzelnen Finanzinstruments und jeder wesentlichen Anpassung bestehender Finanzinstrumente zu unterhalten, zu betreiben und zu überprüfen, bevor es an Kunden vermarktet oder vertrieben wird.

*[3]* In dem Produktgenehmigungsverfahren wird ein bestimmter Zielmarkt für Endkunden innerhalb der jeweiligen Kundengattung für jedes Finanzinstrument festgelegt und sichergestellt, dass alle einschlägigen Risiken für diesen bestimmten Zielmarkt bewertet werden und dass die beabsichtigte Vertriebsstrategie dem bestimmten Zielmarkt entspricht.

---

[1]) **Amtl. Anm.:** Richtlinie (EU) 2019/2034 des Europäischen Parlaments und des Rates vom 27. November 2019 über die Beaufsichtigung von Wertpapierfirmen und zur Änderung der Richtlinien 2002/87/EG, 2009/65/EG, 2011/61/EU, 2013/36/EU, 2014/59/EU und 2014/65/EU (ABl. L 314 vom 5.12.2019, S. 64).

*[4]* ¹Eine Wertpapierfirma hat außerdem von ihr angebotene oder vermarktete Finanzinstrumente regelmäßig zu überprüfen und dabei alle Ereignisse zu berücksichtigen, die wesentlichen Einfluss auf das potentielle Risiko für den bestimmten Zielmarkt haben könnten. ²Außerdem muss sie zumindest beurteilen, ob das Finanzinstrument weiterhin den Bedürfnissen des bestimmten Zielmarkts entspricht und ob die beabsichtigte Vertriebsstrategie immer noch geeignet ist.

*[5]* Eine Wertpapierfirma, die Finanzinstrumente konzipiert, stellt allen Vertreibern sämtliche sachgerechten Informationen zu dem Finanzinstrument und dem Produktgenehmigungsverfahren, einschließlich des bestimmten Zielmarkts des Finanzinstruments, zur Verfügung.

*[6]* Wenn eine Wertpapierfirma Finanzinstrumente anbietet oder empfiehlt, die sie nicht konzipiert, muss sie über angemessene Vorkehrungen verfügen, um die in Unterabsatz 5 genannten Informationen zu erhalten und die Merkmale und den bestimmten Zielmarkt jedes Finanzinstruments zu verstehen.

*[7]* Durch die in diesem Absatz genannten Maßnahmen, Verfahren und Vorkehrungen werden alle anderen Anforderungen nach dieser Richtlinie und der Verordnung (EU) Nr. 600/2014[1]), einschließlich derjenigen, die sich auf Offenlegung, Eignung oder Angemessenheit, Ermittlung von Interessenkonflikten und den Umgang mit ihnen sowie Anreize beziehen, nicht berührt.

(4) ¹Eine Wertpapierfirma trifft angemessene Vorkehrungen, um die Kontinuität und Regelmäßigkeit der Wertpapierdienstleistungen und Anlagetätigkeiten zu gewährleisten. ²Zu diesem Zweck greift sie auf geeignete und verhältnismäßige Systeme, Ressourcen und Verfahren zurück.

(5) *[1]* ¹Eine Wertpapierfirma stellt sicher, dass beim Rückgriff auf Dritte zur Wahrnehmung betrieblicher Aufgaben, die für die kontinuierliche und zufrieden stellende Erbringung bzw. Ausübung von Dienstleistungen für Kunden und Anlagetätigkeiten ausschlaggebend sind, angemessene Vorkehrungen getroffen werden, um unnötige zusätzliche Geschäftsrisiken zu vermeiden. ²Die Auslagerung wichtiger betrieblicher Aufgaben darf nicht dergestalt erfolgen, dass die Qualität der internen Kontrolle und die Fähigkeit der beaufsichtigenden Stelle zu überprüfen, ob die Wertpapierfirma sämtlichen Anforderungen genügt, wesentlich beeinträchtigt werden.

*[2]* Eine Wertpapierfirma muss über eine ordnungsgemäße Verwaltung und Buchhaltung, interne Kontrollmechanismen, effiziente Verfahren zur Risikobewertung sowie wirksame Kontroll- und Sicherheitsmechanismen für Datenverarbeitungssysteme verfügen.

*[3]* Unbeschadet der Möglichkeit der zuständigen Behörden, Zugang zu Kommunikation im Einklang mit dieser Richtlinie und mit Verordnung (EU) Nr. 600/2014 zu verlangen, muss eine Wertpapierfirma über solide Sicherheitsmechanismen verfügen, durch die die Sicherheit und Authentifizierung der Informationsübermittlungswege gewährleistet werden, das Risiko der Datenverfälschung und des unberechtigten Zugriffs minimiert und ein Durchsickern von Informationen verhindert wird, so dass die Vertraulichkeit der Daten jederzeit gewährleistet ist.

(6) Eine Wertpapierfirma sorgt dafür, dass Aufzeichnungen über alle ihre Dienstleistungen, Tätigkeiten und Geschäfte geführt werden, die ausreichen,

---

[1]) Nr. 2.

um der zuständigen Behörde zu ermöglichen, ihrer Aufsichtspflicht nachzukommen und die in dieser Richtlinie, in der Verordnung (EU) Nr. 600/2014, in der Richtlinie 2014/57/EU und in der Verordnung (EU) Nr. 596/2014[1]) vorgesehenen Durchsetzungsmaßnahmen zu ergreifen und sich vor allem zu vergewissern, dass die Wertpapierfirma sämtlichen Verpflichtungen, einschließlich denen gegenüber den Kunden oder potenziellen Kunden und im Hinblick auf die Integrität des Marktes, nachgekommen ist.

(7) *[1]* Die Aufzeichnungen enthalten die Aufzeichnung von Telefongesprächen oder elektronischer Kommunikation zumindest in Bezug auf die beim Handel für eigene Rechnung getätigten Geschäfte und die Erbringung von Dienstleistungen, die sich auf die Annahme, Übermittlung und Ausführung von Kundenaufträgen beziehen.

*[2]* Diese Telefongespräche und elektronische Kommunikation umfassen auch solche, mit denen Geschäfte im Rahmen des Handels für eigene Rechnung oder die Erbringung von Dienstleistungen veranlasst werden sollen, die sich auf die Annahme, Übermittlung und Ausführung von Kundenaufträgen beziehen, auch wenn diese Gespräche und Mitteilungen nicht zum Abschluss solcher Geschäfte oder zur Erbringung solcher Dienstleistungen führen.

*[3]* Eine Wertpapierfirma ergreift zu diesem Zweck alle angemessenen Maßnahmen, um einschlägige Telefongespräche und elektronische Kommunikation aufzuzeichnen, die mit Geräten erstellt oder von Geräten gesendet oder empfangen wurden, die die Firma einem Angestellten oder freien Mitarbeiter zur Verfügung gestellt hat oder deren Nutzung durch einen Angestellten oder freien Mitarbeiter von der Firma gebilligt oder gestattet wurde.

*[4]* Eine Wertpapierfirma teilt Neu- und Altkunden mit, dass Telefongespräche oder -kommunikation zwischen der Wertpapierfirma und ihren Kunden, die zu Geschäften führen oder führen können, aufgezeichnet werden.

*[5]* Es genügt, dies Neu- und Altkunden ein Mal vor Erbringung der Wertpapierdienstleistungen mitzuteilen.

*[6]* Eine Wertpapierfirma, die ihre Kunden nicht im Voraus über die Aufzeichnung ihrer Telefongespräche oder Kommunikation informiert hat, darf für diese weder telefonische Wertpapierdienstleistungen erbringen noch telefonische Anlagetätigkeiten ausüben, wenn sich diese Wertpapierdienstleistungen und Anlagetätigkeiten auf die Annahme, Übermittlung und Ausführung von Kundenaufträgen beziehen.

*[7]* [1] Die Kunden dürfen ihre Aufträge über andere Kanäle platzieren, allerdings müssen solche Mitteilungen über einen dauerhaften Datenträger erfolgen, wie z.B. E-Mail, Fax oder während eines Treffens erstellte Aufzeichnungen über Kundenaufträge. [2] Insbesondere der Inhalt der relevanten persönlichen Gespräche darf durch die Anfertigung schriftlicher Protokolle oder Vermerke aufgezeichnet werden. [3] Diese Aufträge gelten als den telefonisch entgegengenommenen Aufträgen gleichwertig.

*[8]* Eine Wertpapierfirma ergreift alle angemessenen Maßnahmen um zu verhindern, dass ein Angestellter oder freier Mitarbeiter mithilfe privater Geräte Telefongespräche oder elektronische Mitteilungen erstellt, sendet oder empfängt, die die Firma nicht aufzeichnen oder kopieren kann.

---

[1]) Nr. 11.

## 1 MiFiD II Art. 16

*[9]* ¹Die in Einklang mit diesem Absatz gespeicherten Aufzeichnungen werden den betreffenden Kunden auf Anfrage zur Verfügung gestellt und fünf Jahre aufbewahrt. ²Wenn dies von der zuständigen Behörde verlangt wird, werden sie bis zu sieben Jahre aufbewahrt.

(8) Eine Wertpapierfirma, die Kunden gehörende Finanzinstrumente hält, trifft geeignete Vorkehrungen, um deren Eigentumsrechte – insbesondere für den Fall der Insolvenz der Wertpapierfirma – an diesen Finanzinstrumenten zu schützen und zu verhindern, dass die Finanzinstrumente eines Kunden ohne dessen ausdrückliche Zustimmung für eigene Rechnung verwendet werden.

(9) Eine Wertpapierfirma, die Kunden gehörende Gelder hält, trifft geeignete Vorkehrungen, um die Rechte der Kunden zu schützen und – außer im Falle von Kreditinstituten – zu verhindern, dass die Gelder der Kunden für eigene Rechnung verwendet werden.

(10) Eine Wertpapierfirma schließt keine Finanzsicherheiten in Form von Rechtsübertragungen mit Kleinanlegern zur Besicherung oder Deckung bestehender oder künftiger, tatsächlicher, möglicher oder voraussichtlicher Verpflichtungen der Kunden ab.

(11) *[1]* Im Falle von Zweigniederlassungen von Wertpapierfirmen ist die zuständige Behörde des Mitgliedstaats, in dem sich die Zweigniederlassung befindet, unbeschadet der direkten Zugriffsmöglichkeit der zuständigen Behörde des Herkunftsmitgliedstaats der Wertpapierfirma auf diese Aufzeichnungen, für die Kontrolle der Einhaltung der Absätze 6 und 7 in Bezug auf die von der Zweigniederlassung getätigten Geschäfte verantwortlich.

*[2]* ¹Die Mitgliedstaaten können den Wertpapierfirmen unter außergewöhnlichen Umständen zusätzlich zu den Bestimmungen in den Absätzen 8, 9 und 10 und den entsprechenden delegierten Rechtsakten nach Absatz 12 Anforderungen betreffend den Schutz der Vermögenswerte der Kunden vorschreiben. ²Diese Anforderungen müssen sachlich gerechtfertigt und verhältnismäßig sein und der Steuerung spezifischer Risiken für den Anlegerschutz oder die Marktintegrität, die angesichts der Umstände der Marktstruktur dieses Mitgliedstaats besonders bedeutsam sind, dienen, sofern die Wertpapierfirmen den Schutz der Vermögenswerte und Gelder der Kunden gewährleisten.

*[3]* ¹Die Mitgliedstaaten teilen der Kommission unverzüglich etwaige Anforderungen mit, die sie gemäß diesem Absatz mindestens zwei Monate vor Inkrafttreten der betreffenden Anforderung vorzuschreiben beabsichtigen. ²Die Mitteilung enthält eine Begründung für diese Anforderung. ³Durch solche zusätzlichen Anforderungen werden die Rechte von Wertpapierfirmen nach den Artikeln 34 und 35 nicht eingeschränkt oder in sonstiger Weise berührt.

*[4]* Die Kommission nimmt innerhalb von zwei Monaten ab der Mitteilung gemäß Unterabsatz 3 zu der Verhältnismäßigkeit und der Begründung der zusätzlichen Anforderungen Stellung.

*[5]* Die Mitgliedstaaten dürfen zusätzliche Anforderungen beibehalten, sofern sie der Kommission im Einklang mit Artikel 4 der Richtlinie 2006/73/EG vor dem 2. Juli 2014 gemeldet wurden und die in diesem Artikel festgelegten Bedingungen erfüllt sind.

*[6]* Die Kommission unterrichtet die Mitgliedstaaten über die zusätzlichen Anforderungen, die gemäß diesem Absatz vorgeschrieben werden, und veröffentlicht sie auf ihrer Website.

(12) Der Kommission wird die Befugnis übertragen, delegierte Rechtsakte gemäß Artikel 89 zu erlassen, um die in den Absätzen 2 bis 10 dieses Artikels festgelegten konkreten organisatorischen Anforderungen zu präzisieren, die Wertpapierfirmen und in Einklang mit Artikel 41 zugelassenen Zweigniederlassungen von Drittlandfirmen vorzuschreiben sind, die verschiedene Wertpapierdienstleistungen, Anlagetätigkeiten und/oder Nebendienstleistungen oder entsprechende Kombinationen erbringen oder ausüben.

**Art. 17 Algorithmischer Handel.** (1) ¹Eine Wertpapierfirma, die algorithmischen Handel betreibt, verfügt über wirksame Systeme und Risikokontrollen, die für das von ihr betriebene Geschäft geeignet sind, um sicherzustellen, dass ihre Handelssysteme belastbar sind und über ausreichende Kapazitäten verfügen, angemessenen Handelsschwellen und Handelsobergrenzen unterliegen sowie die Übermittlung von fehlerhaften Aufträgen oder eine Funktionsweise der Systeme vermieden wird, durch die Störungen auf dem Markt verursacht werden könnten bzw. ein Beitrag zu diesen geleistet werden könnte. ²Eine solche Wertpapierfirma verfügt außerdem über wirksame Systeme und Risikokontrollen, um sicherzustellen, dass die Handelssysteme nicht für einen Zweck verwendet werden können, der gegen die Verordnung (EU) Nr. 596/2014[1]) oder die Vorschriften des Handelsplatzes verstößt, mit dem sie verbunden ist. ³Die Wertpapierfirma verfügt über wirksame Notfallvorkehrungen, um mit jeglichen Störungen in ihrem Handelssystemen umzugehen, und stellt sicher, dass ihre Systeme vollständig geprüft sind und ordnungsgemäß überwacht werden, damit die in diesem Absatz festgelegten Anforderungen erfüllt werden.

(2) *[1]* Eine Wertpapierfirma, die in einem Mitgliedstaat algorithmischen Handel betreibt, teilt dies den zuständigen Behörden ihres Herkunftsmitgliedstaats und des Handelsplatzes mit, als dessen Mitglied oder Teilnehmer sie algorithmischen Handel betreibt.

*[2]* ¹Die zuständige Behörde des Herkunftsmitgliedstaats der Wertpapierfirma kann dieser vorschreiben, regelmäßig oder ad hoc eine Beschreibung ihrer algorithmischen Handelsstrategien, die Einzelheiten zu den Handelsparametern oder Handelsobergrenzen, denen das System unterliegt, die wichtigsten Kontrollen für Einhaltung und Risiken, die sie zur Erfüllung der in Absatz 1 festgelegten Bedingungen eingerichtet hat, sowie die Einzelheiten über ihre Systemprüfung vorzulegen. ²Die zuständige Behörde des Herkunftsmitgliedstaats der Wertpapierfirma kann von dieser jederzeit weitere Informationen über ihren algorithmischen Handel und die für diesen Handel eingesetzten Systeme anfordern.

*[3]* Die zuständige Behörde des Herkunftsmitgliedstaats der Wertpapierfirma leitet auf Verlangen einer zuständigen Behörde des Handelsplatzes, als dessen Mitglied oder Teilnehmer eine Firma algorithmischen Handel betreibt, unverzüglich die in Unterabsatz 2 genannten Informationen weiter, die sie von der algorithmischen Handel betreibenden Firma erhält.

*[4]* Die Wertpapierfirma sorgt dafür, dass Aufzeichnungen zu den in diesem Absatz genannten Angelegenheiten aufbewahrt werden, und stellt sicher, dass diese ausreichend sind, um der zuständigen Behörde zu ermöglichen, die Einhaltung der Anforderungen dieser Richtlinie zu überprüfen.

---

[1]) Nr. 11.

*[5]* Eine Wertpapierfirma, die eine Hochfrequente algorithmische Handelstechnik anwendet, muss von allen von ihr platzierten Aufträgen, einschließlich Auftragsstornierungen, ausgeführter Aufträge und Kursnotierungen an Handelsplätzen, in einer genehmigten Form zutreffende und chronologisch geordnete Aufzeichnungen aufbewahren und muss diese der zuständigen Behörde auf deren Anfrage hin zur Verfügung stellen.

(3) Eine Wertpapierfirma, die in Verfolgung einer Market-Making-Strategie algorithmischen Handel betreibt, muss, unter Berücksichtigung der Liquidität, des Umfangs und der Art des konkreten Markts und der Merkmale des gehandelten Instruments,

a) dieses Market-Making während eines festgelegten Teils der Handelszeiten des Handelsplatzes – abgesehen von außergewöhnlichen Umständen – kontinuierlich betreiben, wodurch der Handelsplatz regelmäßig und verlässlich mit Liquidität versorgt wird,

b) eine rechtlich bindende schriftliche Vereinbarung mit dem Handelsplatz schließen, in der zumindest die Verpflichtungen der Wertpapierfirma im Einklang mit Buchstabe a festgelegt werden, und

c) über wirksame Systeme und Kontrollen verfügten, durch die gewährleistet wird, dass sie jederzeit ihre Verpflichtungen nach der in Buchstabe b genannten Vereinbarung erfüllt.

(4) Für die Zwecke dieses Artikels und des Artikels 48 dieser Richtlinie wird angenommen, dass eine Wertpapierfirma, die algorithmischen Handel betreibt, eine Market-Making-Strategie verfolgt, wenn sie Mitglied oder Teilnehmer eines oder mehrerer Handelsplätze ist und ihre Strategie beim Handel auf eigene Rechnung beinhaltet, dass sie in Bezug auf ein oder mehrere Finanzinstrumente an einem einzelnen Handelsplatz oder an verschiedenen Handelsplätzen feste, zeitgleiche Geld- und Briefkurse vergleichbarer Höhe zu wettbewerbsfähigen Preisen stellt, so dass der Gesamtmarkt regelmäßig und kontinuierlich mit Liquidität versorgt wird.

(5) *[1]* [1] Eine Wertpapierfirma, die einen direkten elektronischen Zugang zu einem Handelsplatz bietet, verfügt über wirksame Systeme und Kontrollen, durch die eine ordnungsgemäße Beurteilung und Überprüfung der Eignung der Kunden gewährleistet wird, die diesen Dienst nutzen, und sichergestellt wird, dass diese Kunden die angemessenen voreingestellten Handels- und Kreditschwellen nicht überschreiten können, der Handel dieser Kunden ordnungsgemäß überwacht wird und ein Handel, durch den Risiken für die Wertpapierfirma selbst entstehen oder durch den Störungen am Markt auftreten könnten oder dazu beigetragen werden könnte oder der gegen die Verordnung (EU) Nr. 596/2014 bzw. die Vorschriften des Handelsplatzes verstoßen könnte, durch angemessene Risikokontrollen verhindert wird. [2] Direkter elektronischer Zugang ohne solche Kontrollen ist verboten.

*[2]* [1] Eine Wertpapierfirma, die einen direkten elektronischen Zugang bietet, hat sicherzustellen, dass Kunden, die diesen Dienst nutzen, die Anforderungen dieser Richtlinie erfüllen und die Vorschriften des Handelsplatzes einhalten. [2] Die Wertpapierfirma überwacht die Geschäfte, um Verstöße gegen diese Regeln, marktstörende Handelsbedingungen oder auf Marktmissbrauch hindeutende Verhaltensweisen, welche der zuständigen Behörde zu melden sind, zu erkennen. [3] Die Wertpapierfirma sorgt dafür, dass eine rechtlich bindende schriftliche Vereinbarung zwischen ihr und dem jeweiligen Kunden im Hin-

blick auf die wesentlichen Rechte und Pflichten, die durch diesen Dienst entstehen, besteht und die Verantwortung im Rahmen dieser Richtlinie nach dieser Vereinbarung bei der Wertpapierfirma verbleibt.

*[3]* Eine Wertpapierfirma, die einen direkten elektronischen Zugang zu einem Handelsplatz bietet, macht den zuständigen Behörden ihres Herkunftsmitgliedstaats und des Handelsplatzes, an dem sie den direkten elektronischen Zugang bietet, eine entsprechende Meldung.

*[4]* Die zuständige Behörde des Herkunftsmitgliedstaats der Wertpapierfirma kann dieser vorschreiben, regelmäßig oder ad hoc eine Beschreibung der in Unterabsatz 1 genannten Systeme und Kontrollen sowie Nachweise für ihre Anwendung vorzulegen.

*[5]* Auf Ersuchen einer zuständigen Behörde des Handelsplatzes, zu dem eine Firma direkten elektronischen Zugang bietet, leitet die zuständige Behörde des Herkunftsmitgliedstaats der Wertpapierfirma die in Unterabsatz 4 genannten Informationen, die sie von der Firma erhält, unverzüglich weiter.

*[6]* Die Wertpapierfirma sorgt dafür, dass Aufzeichnungen zu den in diesem Absatz genannten Angelegenheiten aufbewahrt werden, und stellt sicher, dass diese ausreichend sind, um der zuständigen Behörde zu ermöglichen, die Einhaltung der Anforderungen dieser Richtlinie zu überprüfen.

(6) [1] Eine Wertpapierfirma, die als allgemeines Clearing-Mitglied für andere Personen handelt, verfügt über wirksame Systeme und Kontrollen, um sicherzustellen, dass Clearing-Dienste nur für Personen angewandt werden, die dafür geeignet sind und die eindeutigen Kriterien erfüllen, und diesen Personen geeignete Anforderungen auferlegt werden, damit sie die Risiken für die Wertpapierfirma und den Markt verringern. [2] Die Wertpapierfirma sorgt dafür, dass eine rechtlich bindende schriftliche Vereinbarung zwischen der Wertpapierfirma und der jeweiligen Person im Hinblick auf die wesentlichen Rechte und Pflichten besteht, die durch diesen Dienst entstehen.

(7) *[1]* Die ESMA arbeitet Entwürfe technischer Regulierungsstandards aus, in denen Folgendes präzisiert wird:

a) die Einzelheiten der in den Absätzen 1 bis 6 festgelegten konkreten organisatorischen Anforderungen, die Wertpapierfirmen vorzuschreiben sind, die verschiedene Wertpapierdienstleistungen und/oder Anlagetätigkeiten und Nebendienstleistungen oder entsprechende Kombinationen erbringen bzw. ausüben; in den Präzisierungen zu den organisatorischen Anforderungen gemäß Absatz 5 werden besondere Anforderungen für den direkten Marktzugang und für den geförderten Zugang in einer Weise festgelegt, dass sichergestellt ist, dass die beim geförderten Zugang durchgeführten Kontrollen denjenigen, die beim direkten Marktzugang durchgeführt werden, zumindest gleichwertig sind;

b) die Umstände, unter denen eine Wertpapierfirma verpflichtet wäre, eine Market Making-Vereinbarung im Sinne von Absatz 3 Buchstabe b zu schließen, und der Inhalt einer solchen Vereinbarung, einschließlich des Teils der Handelszeiten des Handelsplatzes gemäß Absatz 3;

c) die Situationen, die außergewöhnliche Umstände im Sinne von Absatz 3 darstellen, darunter Zustände extremer Volatilität, politische und makroökonomische Gegebenheiten, systembedingte und operationelle Sachverhalte sowie Umstände, die verhindern, dass die Wertpapierfirma solide Risikomanagementverfahren nach Absatz 1 verfolgen kann;

d) der Inhalt und das Format der in Absatz 2 Unterabsatz 5 genannten genehmigten Form und die Zeitspanne, während der solche Aufzeichnungen von der Wertpapierfirma aufbewahrt werden müssen.

*[2]* Die ESMA legt der Kommission diese Entwürfe technischer Regulierungsstandards bis zum 3. Juli 2015 vor.

*[3]* Der Kommission wird die Befugnis übertragen, die in Unterabsatz 1 genannten technischen Regulierungsstandards gemäß den Artikeln 10 bis 14 der Verordnung (EU) Nr. 1095/2010[1]) zu erlassen.

### Art. 18 Handel und Abschluss von Geschäften über MTF und OTF.

(1) [1] Die Mitgliedstaaten schreiben vor, dass Wertpapierfirmen und Marktbetreiber, die ein MTF oder ein OTF betreiben, neben der Einhaltung der organisatorischen Anforderungen des Artikels 16 transparente Regeln und Verfahren für einen fairen und ordnungsgemäßen Handel sowie objektive Kriterien für die wirksame Ausführung von Aufträgen festlegen. [2] Sie verfügen über Vorkehrungen für eine solide Verwaltung der technischen Abläufe des Systems, einschließlich wirksamer Notfallvorkehrungen für den Fall einer Systemstörung.

(2) *[1]* Die Mitgliedstaaten schreiben vor, dass Wertpapierfirmen und Marktbetreiber, die ein MTF oder ein OTF betreiben, transparente Regeln für die Kriterien aufstellen, nach denen sich bestimmt, welche Finanzinstrumente innerhalb ihrer Systeme gehandelt werden können.

*[2]* Die Mitgliedstaaten schreiben vor, dass Wertpapierfirmen und Marktbetreiber, die ein MTF oder ein OTF betreiben, gegebenenfalls ausreichende öffentlich zugängliche Informationen bereitstellen oder sich vergewissern, dass Zugang zu solchen Informationen besteht, damit seine Nutzer sich ein Urteil über die Anlagemöglichkeiten bilden können, wobei sowohl die Art der Nutzer als auch die Art der gehandelten Instrumente zu berücksichtigen ist.

(3) Die Mitgliedstaaten schreiben vor, dass Wertpapierfirmen und Marktbetreiber, die ein MTF oder ein OTF betreiben, transparente und nichtdiskriminierende, auf objektiven Kriterien beruhende Regeln festlegen, veröffentlichen, beibehalten und umsetzen, die den Zugang zu dem System regeln.

(4) Die Mitgliedstaaten schreiben vor, dass Wertpapierfirmen und Marktbetreiber, die ein MTF oder ein OTF betreiben, Vorkehrungen treffen, mit denen sich mögliche nachteilige Auswirkungen von Interessenkonflikten zwischen dem MTF, dem OTF, ihren Eigentümern oder der Wertpapierfirma bzw. dem Marktbetreiber, die/der das MTF oder OTF betreibt, und dem einwandfreien Funktionieren des MTF bzw. OTF auf den Betrieb des MTF bzw. OTF oder auf seine Mitglieder bzw. Teilnehmer und Nutzer klar erkennen und regeln lassen.

(5) Die Mitgliedstaaten schreiben vor, dass Wertpapierfirmen oder Marktbetreiber, die ein MTF oder ein OTF betreiben, mit den Artikel 48 und 49 im Einklang stehen und hierfür über wirksame Systeme, Verfahren und Vorkehrungen verfügen.

(6) [1] Die Mitgliedstaaten schreiben vor, dass Wertpapierfirmen und Marktbetreiber, die ein MTF oder ein OTF betreiben, ihre Mitglieder oder Teilnehmer klar über ihre jeweilige Verantwortung für die Abrechnung der über

---

[1]) Nr. 3.

das System abgewickelten Geschäfte informieren. ²Die Mitgliedstaaten schreiben vor, dass Wertpapierfirmen und Marktbetreiber, die ein MTF oder ein OTF betreiben, die erforderlichen Vorkehrungen getroffen haben müssen, um die wirksame Abrechnung der innerhalb der Systeme dieses MTF oder OTF abgeschlossenen Geschäfte zu erleichtern.

(7) Die Mitgliedstaaten schreiben vor, dass MTF und OTF mindestens drei aktive Mitglieder oder Nutzer haben, die über die Möglichkeit verfügen, mit allen übrigen zum Zwecke der Preisbildung in Verbindung zu treten.

(8) Wird ein übertragbares Wertpapier, das zum Handel an einem geregelten Markt zugelassen wurde, ohne Zustimmung des Emittenten auch über ein MTF oder ein OTF gehandelt, entstehen dem Emittenten dadurch keine Verpflichtungen in Bezug auf die erstmalige, laufende oder punktuelle Veröffentlichung von Finanzinformationen für das MTF oder das OTF.

(9) Die Mitgliedstaaten schreiben vor, dass Wertpapierfirmen oder Marktbetreiber, die ein MTF oder ein OTF betreiben, unverzüglich jeder Anweisung ihrer zuständigen Behörde aufgrund von Artikel 69 Absatz 2 nachkommen, ein Finanzinstrument vom Handel auszuschließen oder den Handel damit auszusetzen.

(10) ¹Die Mitgliedstaaten schreiben vor, dass Wertpapierfirmen und Marktbetreiber, die ein MTF oder ein OTF betreiben, der zuständigen Behörde eine ausführliche Beschreibung über die Funktionsweise des MTF oder OTF übermitteln, einschließlich – unbeschadet des Artikels 20 Absätze 1, 4 und 5 – etwaiger Verbindungen zu einem geregelten Markt, einem MTF, einem OTF oder einem systematischen Internalisierer im Eigentum derselben Wertpapierfirma oder desselben Marktbetreibers, sowie eine Liste ihrer Mitglieder, Teilnehmer und/oder Nutzer. ²Die zuständigen Behörden stellen der ESMA diese Informationen auf Anfrage zur Verfügung. ³Jede Zulassung einer Wertpapierfirma oder eines Marktbetreibers als MTF und OTF wird der ESMA mitgeteilt.
⁴Die ESMA erstellt ein Verzeichnis sämtlicher MTF und OTF in der Union.
⁵Das Verzeichnis enthält Informationen über die Dienste, die ein MTF oder ein OTF bietet, und den einheitlichen Code, der das MTF oder OTF in den Meldungen gemäß Artikel 23 dieser Richtlinie und den Artikeln 6 und 10 der Verordnung (EU) Nr. 600/2014[1)] kennzeichnet. ⁶Es wird regelmäßig aktualisiert. ⁷Die ESMA veröffentlicht dieses Verzeichnis auf ihrer Website und aktualisiert es regelmäßig.

(11) *[1]* Die ESMA arbeitet Entwürfe technischer Durchführungsstandards aus, um den Inhalt und das Format der in Absatz 10 genannten Beschreibung und Meldung zu bestimmen.

*[2]* Die ESMA legt der Kommission bis zum 3. Januar 2016 diese Entwürfe technischer Durchführungsstandards vor.

*[3]* Der Kommission wird die Befugnis übertragen, die in Unterabsatz 1 genannten technischen Durchführungsstandards gemäß Artikel 15 der Verordnung (EU) Nr. 1095/2010[2)] zu erlassen.

**Art. 19 Besonderes Anforderungen für MTF.** (1) Die Mitgliedstaaten schreiben vor, dass Wertpapierfirmen und Marktbetreiber, die ein MTF betrei-

---

[1)] Nr. 2.
[2)] Nr. 3.

ben, zusätzlich zur Einhaltung der Anforderungen der Artikel 16 und 18, nichtdiskretionäre Regeln für die Ausführung der Aufträge im System festlegen und umsetzen.

(2) Die Mitgliedstaaten schreiben vor, dass die in Artikel 18 Absatz 3 genannten Vorschriften, die den Zugang zu einem MTF regeln, in Einklang mit den Bestimmungen von Artikel 53 Absatz 3 stehen.

(3) Die Mitgliedstaaten schreiben vor, dass Wertpapierfirmen oder Marktbetreiber, die ein MTF betreiben, Vorkehrungen treffen,

a) um angemessen für die Steuerung ihrer Risiken gerüstet zu sein, angemessene Vorkehrungen und Systeme zur Ermittlung aller für ihren Betrieb wesentlichen Risiken zu schaffen und wirksame Maßnahmen zur Begrenzung dieser Risiken zu treffen,

b) um über wirksame Vorkehrungen zu verfügen, die einen reibungslosen und rechtzeitigen Abschluss der innerhalb ihrer Systeme ausgeführten Geschäfte erleichtern, und

c) um bei der Zulassung und fortlaufend über ausreichende Finanzmittel zu verfügen, um ihr ordnungsgemäßes Funktionieren zu erleichtern, wobei der Art und dem Umfang der an dem geregelten Markt abgeschlossenen Geschäfte sowie dem Spektrum und der Höhe der Risiken, denen sie ausgesetzt sind, Rechnung zu tragen ist.

(4) [1] Die Mitgliedstaaten stellen sicher, dass die Artikel 24, 25, Artikel 27 Absätze 1, 2, und 4 bis 10 und Artikel 28 nicht für Geschäfte gelten, die nach den für ein MTF geltenden Regeln zwischen dessen Mitgliedern oder Teilnehmern oder zwischen dem MTF und seinen Mitgliedern oder Teilnehmern in Bezug auf die Nutzung des MTF abgeschlossen werden. [2] Die Mitglieder oder Teilnehmer des MTF müssen allerdings den Verpflichtungen der Artikel 24, 25, 27 und 28 in Bezug auf ihre Kunden nachkommen, wenn sie im Namen ihrer Kunden deren Aufträge im Rahmen eines MTF ausführen.

(5) Die Mitgliedstaaten gestatten Wertpapierfirmen und Marktbetreibern, die ein MTF betreiben, nicht, Kundenaufträge unter Einsatz des Eigenkapitals auszuführen oder auf die Zusammenführung sich deckender Kundenaufträge zurückzugreifen.

**Art. 20 Besondere Anforderungen für OTF.** (1) Die Mitgliedstaaten schreiben vor, dass Wertpapierfirmen und Marktbetreiber, die ein OTF betreiben, Vorkehrungen treffen, durch die die Ausführung von Kundenaufträgen in einem OTF unter Einsatz des Eigenkapitals der Wertpapierfirmen oder Marktbetreiber, die das OTF betreiben, oder einer Einrichtung derselben Gruppe oder juristischen Person wie die Wertpapierfirma oder der Marktbetreiber verhindert wird.

(2) [1] Die Mitgliedstaaten gestatten Wertpapierfirmen oder Marktbetreibern, die ein OTF betreiben, auf die Zusammenführung sich deckender Kundenaufträge für Schuldverschreibungen, strukturierte Finanzprodukte, Emissionszertifikate und bestimmte Derivate zurückzugreifen nur, wenn der Kunde dem Vorgang zugestimmt hat.

[2] Wertpapierfirmen oder Marktbetreiber, die ein OTF betreiben, greifen nicht auf die Zusammenführung sich deckender Kundenaufträge zurück, um Kundenaufträge in einem OTF auszuführen, wenn diese Derivate betreffen, die

zu einer Derivatekategorie gehören, die der Verpflichtung zum Clearing nach Artikel 5 der Verordnung (EU) Nr. 648/2012 unterliegt.

*[3]* Wertpapierfirmen oder Marktbetreiber, die ein OTF betreiben, treffen Vorkehrungen, um sicherzustellen, dass die Definition der „Zusammenführung sich deckender Kundenaufträge" in Artikel 4 Absatz 1 Nummer 38 erfüllt wird.

(3) Die Mitgliedstaaten gestatten Wertpapierfirmen oder Marktbetreibern, die ein OTF betreiben, den Handel für eigene Rechnung, bei dem es sich nicht um die Zusammenführung sich deckender Kundenaufträge handelt, nur in Bezug auf öffentliche Schuldtitel, für die kein liquider Markt besteht.

(4) ¹Die Mitgliedstaaten untersagen den Betrieb eines OTF und die systematische Internalisierung innerhalb derselben rechtlichen Einheit. ²Ein OTF darf keine Verbindung zu einem systematischen Internalisierer in einer Weise herstellen, dass die Interaktion von Aufträgen in einem OTF und Aufträgen oder Offerten in einem systematischen Internalisierer ermöglicht wird. ³Ein OTF wird nicht mit einem anderen OTF verbunden, wenn dadurch die Interaktion von Aufträgen in unterschiedlichen OTF ermöglicht wird.

(5) *[1]* Die Mitgliedstaaten hindern Wertpapierfirmen oder Marktbetreiber, die ein OTF betreiben, nicht daran, eine andere Wertpapierfirma zu beauftragen, unabhängig in einem OTF Market-Making zu betreiben.

*[2]* Für die Zwecke dieses Artikels betreibt eine Wertpapierfirma nicht unabhängig in einem OTF Market-Making, wenn sie in enger Verbindung zu der Wertpapierfirma oder dem Marktbetreiber steht, die bzw. der das OTF betreibt.

(6) *[1]* Die Mitgliedstaaten schreiben vor, dass Aufträge in einem OTF nach Ermessen ausgeführt werden.

*[2]* Wertpapierfirmen oder Marktbetreiber, die ein OTF betreiben, üben ihr Ermessen nur bei Vorliegen eines oder beider der folgenden Umstände aus:
a) wenn sie darüber entscheiden, einen Auftrag über das von ihnen betriebene OTF zu platzieren oder zurückzunehmen;
b) wenn sie darüber entscheiden, einen bestimmten Kundenauftrag nicht mit anderen zu einem bestimmten Zeitpunkt im System vorhandenen Aufträgen zusammenzuführen, sofern dies gemäß den spezifischen Anweisungen eines Kunden und ihren Verpflichtungen nach Artikel 27 erfolgt.

*[3]* ¹Bei dem System, bei dem gegenläufige Kundenaufträge eingehen, kann die Wertpapierfirma oder der Marktbetreiber, die bzw. der das OTF betreiben, entscheiden, ob, wann und in welchem Umfang er zwei oder mehr Aufträge innerhalb des Systems zusammenzuführen wünscht. ²Im Einklang mit den Absätzen 1, 2, 4 und 5 und unbeschadet des Absatzes 3 kann die Wertpapierfirma oder der Marktbetreiber, die bzw. der das OTF betreibt, bei einem System, über das Geschäfte mit Nichteigenkapitalinstrumenten in die Wege geleitet werden, die Verhandlungen zwischen den Kunden erleichtern, um so zwei oder mehr möglicherweise kompatible Handelsinteressen in einem Geschäft zusammenzuführen.

*[4]* Diese Verpflichtung gilt unbeschadet der Artikel 18 und 27.

(7) ¹Die zuständige Behörde kann entweder beim Antrag einer Wertpapierfirma oder eines Marktbetreibers auf Zulassung für den Betrieb eines OTF oder ad hoc ausführliche Erklärung darüber, warum das System keinem geregelten Markt, MTF oder systematischen Internalisierer entspricht und nicht als solcher

bzw. solches betrieben werden kann, und eine ausführliche Beschreibung dazu verlangen, wie der Ermessensspielraum genutzt wird, insbesondere wann ein Auftrag im OTF zurückgezogen werden kann und wann und wie zwei oder mehr sich deckende Kundenaufträge innerhalb des OTF zusammengeführt werden. ²Außerdem stellen Wertpapierfirmen oder Marktbetreiber eines OTF der zuständigen Behörde Informationen zur Verfügung, mit denen ihr Rückgriff auf die Zusammenführung sich deckender Kundenaufträge erklärt wird. ³Die zuständige Behörde überwacht den Handel durch Zusammenführung sich deckender Aufträge, den Wertpapierfirmen oder Marktbetreiber betreiben, damit sichergestellt ist, dass er weiterhin mit der Definition eines solchen Handels in Einklang steht, und dass der von ihnen betriebene Handel durch Zusammenführung sich deckender Aufträge nicht zu Interessenkonflikten zwischen den Wertpapierfirmen bzw. Marktbetreibern und ihren Kunden führt.

(8) Die Mitgliedstaaten stellen sicher, dass die Artikel 24, 25, 27 und 28 für Geschäfte gelten, die über ein OTF abgeschlossen wurden.

### Kapitel II. Bedingungen für die Ausübung der Tätigkeit von Wertpapierfirmen

### Abschnitt 1. Allgemeine Bestimmungen

**Art. 21 Regelmäßige Überprüfung der Voraussetzungen für die Erstzulassung.** (1) Die Mitgliedstaaten schreiben vor, dass eine in ihrem Hoheitsgebiet zugelassene Wertpapierfirma die Voraussetzungen für die Erstzulassung gemäß Kapitel I jederzeit erfüllen muss.

(2) *[1]* ¹Die Mitgliedstaaten schreiben vor, dass die zuständigen Behörden durch geeignete Methoden überwachen, dass Wertpapierfirmen ihren Verpflichtungen gemäß Absatz 1 nachkommen. ²Sie schreiben vor, dass Wertpapierfirmen den zuständigen Behörden alle wichtigen Änderungen der Voraussetzungen für die Erteilung der Erstzulassung mitteilen.

*[2]* Die ESMA kann Leitlinien für die in diesem Absatz genannten Überwachungsmethoden ausarbeiten.

**Art. 22 Allgemeine Verpflichtung zur laufenden Überwachung.**

(1) ¹Die Mitgliedstaaten stellen sicher, dass die zuständigen Behörden die Tätigkeit von Wertpapierfirmen überwachen, um die Einhaltung der Bedingungen für die Ausübung der Tätigkeit gemäß dieser Richtlinie zu beurteilen. ²Die Mitgliedstaaten stellen sicher, dass geeignete Maßnahmen vorhanden sind, damit die zuständigen Behörden die notwendigen Informationen erhalten, um die Einhaltung dieser Bedingungen durch die Wertpapierfirmen zu prüfen.

(2) ¹Die Mitgliedstaaten stellen sicher, dass die zuständigen Behörden, wenn sie mit der Zulassung und Beaufsichtigung der Tätigkeit eines genehmigten Veröffentlichungssystems (APA) im Sinne von Artikel 2 Absatz 1 Nummer 34 der Verordnung (EU) Nr. 600/2014[1]), im Rahmen einer Ausnahme gemäß Artikel 2 Absatz 3 jener Verordnung, oder eines genehmigten Meldemechanismus (ARM) im Sinne von Artikel 2 Absatz 1 Nummer 36 jener Verordnung, im Rahmen einer Ausnahme gemäß Artikel 2 Absatz 3 jener Verordnung, betraut sind, die Tätigkeit dieses APA oder dieses ARM überwachen, um die Einhaltung der Bedingungen für die Ausübung der Tätigkeit gemäß jener

---

[1]) Nr. 2.

Verordnung zu beurteilen. ²Die Mitgliedstaaten stellen sicher, dass geeignete Maßnahmen vorhanden sind, damit die zuständigen Behörden die notwendigen Informationen erhalten, um die Einhaltung dieser Bedingungen durch APA und ARM zu prüfen.

**Art. 23 Interessenkonflikte.** (1) Die Mitgliedstaaten schreiben vor, dass Wertpapierfirmen alle geeigneten Vorkehrungen treffen, um Interessenkonflikte zwischen ihnen selbst, einschließlich ihrer Geschäftsleitung, ihren Beschäftigten und vertraglich gebundenen Vermittlern oder anderen Personen, die mit ihnen direkt oder indirekt durch Kontrolle verbunden sind, und ihren Kunden oder zwischen ihren Kunden untereinander zu erkennen und zu vermeiden oder zu regeln, die bei der Erbringung von Wertpapierdienstleistungen oder Nebendienstleistungen oder einer Kombination davon entstehen, einschließlich derjenigen, die auf den Erhalt von Anreizen von Dritten oder durch die eigene Vergütungsstruktur oder sonstige eigene Anreizstrukturen der Wertpapierfirma zurückgehen.

(2) Reichen die organisatorischen oder verwaltungsmäßigen Vorkehrungen, die die Wertpapierfirma gemäß Artikel 16 Absatz 3 getroffen hat um zu verhindern, dass Interessenkonflikte den Kundeninteressen schaden, nicht aus, um nach vernünftigem Ermessen zu gewährleisten, dass das Risiko der Beeinträchtigung von Kundeninteressen vermieden wird, legt die Wertpapierfirma dem Kunden die allgemeine Art und/oder die Quellen von Interessenkonflikten sowie die zur Begrenzung dieser Risiken ergriffenen Maßnahmen eindeutig dar, bevor sie Geschäfte in seinem Namen tätigt.

(3) Diese in Absatz 2 genannte Offenlegung hat

a) mittels eines dauerhaften Datenträgers zu erfolgen und

b) je nach Status des Kunden so ausführlich zu sein, dass dieser seine Entscheidung über die Dienstleistung, in deren Zusammenhang der Interessenkonflikt auftritt, in Kenntnis der Sachlage treffen kann.

(4) Der Kommission wird die Befugnis übertragen, delegierte Rechtsakte gemäß Artikel 89 zu erlassen, um

a) die Maßnahmen zu bestimmen, die von Wertpapierfirmen nach vernünftigem Ermessen erwartet werden können, um Interessenkonflikte zu erkennen, zu vermeiden, zu regeln und offenzulegen, wenn sie verschiedene Arten von Wertpapierdienstleistungen und Nebendienstleistungen oder Kombinationen davon erbringen;

b) geeignete Kriterien festzulegen, anhand derer die Typen von Interessenkonflikten bestimmt werden können, die den Interessen der Kunden oder potenziellen Kunden der Wertpapierfirma schaden könnten.

### Abschnitt 2. Bestimmungen zum Anlegerschutz

**Art. 24 Allgemeine Grundsätze und Kundeninformation.** (1) Die Mitgliedstaaten schreiben vor, dass eine Wertpapierfirma bei der Erbringung von Wertpapierdienstleistungen oder gegebenenfalls Nebendienstleistungen für ihre Kunden ehrlich, redlich und professionell im bestmöglichen Interesse ihrer Kunden handelt und insbesondere den Grundsätzen dieses Artikels und des Artikels 25 genügt.

# 1 MiFiD II Art. 24 RL 2014/65/EU

(2) *[1]* Wertpapierfirmen, die Finanzinstrumente zum Verkauf an Kunden konzipieren, sorgen dafür, dass diese Finanzinstrumente so ausgestaltet sind, dass sie den Bedürfnissen eines bestimmten Zielmarktes von Endkunden innerhalb der jeweiligen Kundengattung entsprechen, dass die Strategie für den Vertrieb der Finanzinstrumente mit dem bestimmten Zielmarkt vereinbar ist und dass die Wertpapierfirma zumutbare Schritte unternimmt um zu gewährleisten, dass das Finanzinstrument an den bestimmten Zielmarkt vertrieben wird.

*[2]* Eine Wertpapierfirma muss die von ihr angebotenen oder empfohlenen Finanzinstrumente verstehen, die Vereinbarkeit der Finanzinstrumente mit den Bedürfnissen der Kunden, denen sie Wertpapierdienstleistungen erbringt, beurteilen und auch den in Artikel 16 Absatz 3 genannten Zielmarkt von Endkunden berücksichtigen sowie sicherstellen, dass Finanzinstrumente nur angeboten oder empfohlen werden, wenn dies im Interesse des Kunden liegt.

(3) [1] Alle Informationen, einschließlich Marketing-Mitteilungen, die die Wertpapierfirma an Kunden oder potenzielle Kunden richtet, müssen redlich, eindeutig und nicht irreführend sein. [2] Marketing-Mitteilungen müssen eindeutig als solche erkennbar sein.

(4) *[1]* [1] Kunden und potenziellen Kunden sind angemessene Informationen über die Wertpapierfirma und ihre Dienstleistungen, die Finanzinstrumente und die vorgeschlagenen Anlagestrategien, Ausführungsorte und sämtliche Kosten und verbundenen Gebühren rechtzeitig zur Verfügung zu stellen. [2] Diese Informationen enthalten das Folgende:

a) wird eine Anlageberatung erbracht, informiert die Wertpapierfirma den Kunden rechtzeitig vor dieser Beratung darüber,

i) ob die Beratung unabhängig erbracht wird oder nicht;

ii) ob die Beratung sich auf eine umfangreiche oder eine eher beschränkte Analyse verschiedener Arten von Finanzinstrumenten stützt und insbesondere ob die Palette an Finanzinstrumenten auf Finanzinstrumente beschränkt ist, die von Einrichtungen emittiert oder angeboten wurden, die in enger Verbindung zu der Wertpapierfirma stehen oder andere rechtliche oder wirtschaftliche Verbindungen, wie etwa Vertragsbeziehungen, zu dieser unterhalten, die so eng sind, dass das Risiko besteht, dass die Unabhängigkeit der Beratung beeinträchtigt wird;

iii) ob die Wertpapierfirma dem Kunden eine regelmäßige Beurteilung der Eignung der Finanzinstrumente bietet, die diesem Kunden empfohlen wurden;

b) die Information zu Finanzinstrumenten und vorgeschlagenen Anlagestrategien muss geeignete Leitlinien und Warnhinweise zu den mit einer Anlage in diese Finanzinstrumente oder mit diesen Anlagestrategien verbundenen Risiken und zu der Frage umfassen, ob die Finanzinstrumente für Kleinanleger oder professionelle Kunden bestimmt sind, wobei der bestimmte Zielmarkt im Einklang mit Absatz 2 zu berücksichtigen ist;

c) die Information zu sämtlichen Kosten und Nebenkosten muss Informationen sowohl in Bezug auf Wertpapierdienstleistungen als auch auf Nebendienstleistungen, einschließlich gegebenenfalls der Beratungskosten, der Kosten des dem Kunden empfohlenen oder an ihn vermarkteten Finanzinstruments und der diesbezüglichen Zahlungsmöglichkeiten des Kunden sowie etwaiger Zahlungen durch Dritte, umfassen.

*[2]* ¹ Die Informationen über Kosten und Nebenkosten, einschließlich Kosten und Nebenkosten im Zusammenhang mit der Wertpapierdienstleistung und dem Finanzinstrument, die nicht durch das zugrundeliegende Marktrisiko verursacht werden, sind zusammenzufassen, um es den Kunden zu ermöglichen, die Gesamtkosten sowie die kumulative Wirkung auf die Rendite der Anlage verstehen kann, und – falls der Kunde dies verlangt – ist eine Aufstellung nach Posten zur Verfügung zu stellen. ² Gegebenenfalls werden solche Informationen dem Kunden regelmäßig, mindestens aber jährlich, während Laufzeit der Anlage zur Verfügung gestellt.

(5) ¹ Die in den Absätzen 4 und 9 genannten Informationen werden auf verständliche und eine solche Weise zur Verfügung gestellt, dass die Kunden bzw. potenziellen Kunden nach vernünftigem Ermessen die genaue Art und die Risiken der Wertpapierdienstleistungen und des speziellen Typs von Finanzinstrument, der ihnen angeboten wird, verstehen können und somit auf informierter Grundlage Anlageentscheidungen treffen können. ² Die Mitgliedstaaten können zulassen, dass diese Informationen in standardisierter Form zur Verfügung gestellt werden.

(6) Wird eine Wertpapierdienstleistung als Teil eines Finanzprodukts angeboten, das in Bezug auf die Informationspflichten bereits anderen Bestimmungen des Unionsrechts in den Bereichen Kreditinstitute und Verbraucherkredite unterliegt, unterliegt diese Dienstleistung nicht zusätzlich den Anforderungen der Absätze 3, 4 und 5.

(7) Informiert eine Wertpapierfirma den Kunden darüber, dass die Anlageberatung unabhängig erbracht wird, dann

a) bewertet diese Wertpapierfirma eine ausreichende Palette von auf dem Markt angebotenen Finanzinstrumenten, die hinsichtlich ihrer Art und Emittenten oder Produktanbieter hinreichend gestreut sein müssen, um zu gewährleisten, dass die Anlageziele des Kunden in geeigneter Form erreicht werden können, und sie dürfen nicht auf Finanzinstrumente beschränkt sein, die

   i) von der Wertpapierfirma selbst oder von Einrichtungen emittiert oder angeboten werden, die in enger Verbindung zur Wertpapierfirma stehen,

   ii) von anderen Einrichtungen emittiert oder angeboten werden, zu denen die Wertpapierfirma so enge rechtliche oder wirtschaftliche Beziehungen, wie etwa Vertragsbeziehungen, unterhält, dass das Risiko besteht, dass die Unabhängigkeit der Beratung beeinträchtigt wird,

b) ist es dieser Wertpapierfirma nicht gestattet, für die Erbringung der Dienstleistung an die Kunden Gebühren, Provisionen oder andere monetäre und nichtmonetäre Vorteile einer dritten Partei oder einer Person, die im Namen einer dritten Partei handelt, anzunehmen und zu behalten. Kleinere nichtmonetäre Vorteile, die die Servicequalität für den Kunden verbessern können und die von ihrem Umfang und ihrer Art her nicht vermuten lassen, dass sie die Einhaltung der Pflicht der Wertpapierfirma, im bestmöglichen Interesse ihrer Kunden zu handeln, beeinträchtigen, sind unmissverständlich offenzulegen und fallen nicht unter diesen Buchstaben.

(8) ¹ Bietet die Wertpapierfirma ein Portfolio-Management an, ist es ihr nicht gestattet, für die Erbringung der Dienstleistung an die Kunden Gebühren, Provisionen oder andere monetäre oder nichtmonetäre Vorteile einer dritten Partei oder einer Person, die im Namen einer dritten Partei handelt, anzunehmen und zu behalten. ² Kleinere nichtmonetäre Vorteile, die die Servicequalität

für den Kunden verbessern können und die von ihrem Umfang und ihrer Art her nicht vermuten lassen, dass sie die Einhaltung der Pflicht der Wertpapierfirma, im bestmöglichen Interesse ihrer Kunden zu handeln, beeinträchtigen, sind unmissverständlich offenzulegen und fallen nicht unter diesen Absatz.

(9) *[1]* Die Mitgliedstaaten tragen dafür Sorge, dass nicht davon ausgegangen wird, dass Wertpapierfirmen ihre Verpflichtungen nach Artikel 23 oder Absatz 1 dieses Artikel erfüllen, wenn sie eine Gebühr oder Provision zahlen oder eine Gebühr oder Provision erhalten oder einen nicht-monetären Vorteil im Zusammenhang mit der Erbringung einer Wertpapierdienstleistung oder einer Nebendienstleistung einer Partei gewähren oder von einer Partei erhalten, sofern es sich bei dieser Partei nicht um den Kunden oder eine Person handelt, die im Auftrag des Kunden tätig wird, es sei denn, die Provision oder der Vorteil

a) ist dazu bestimmt, die Qualität der jeweiligen Dienstleistung für den Kunden zu verbessern, und

b) beeinträchtigt nicht die Erfüllung der Pflicht der Wertpapierfirma, im bestmöglichen Interesse der Kunden zu handeln.

*[2]* [1] Die Existenz, die Art und der Betrag der in Unterabsatz 1 genannten Gebühr oder Provision oder – wenn der Betrag nicht feststellbar ist – die Art und Weise der Berechnung dieses Betrages müssen dem Kunden vor Erbringung der betreffenden Wertpapier- oder Nebendienstleistung in umfassender, zutreffender und verständlicher Weise unmissverständlich offen gelegt werden. [2] Gegebenenfalls hat die Wertpapierfirma den Kunden über den Mechanismus für die Weitergabe der Gebühren, Provisionen und monetären oder nichtmonetären Vorteile an den Kunden zu unterrichten, die sie im Zusammenhang mit der Erbringung der Wertpapierdienstleistung und Nebenleistung eingenommen hat.

*[3]* Die Zahlung oder der Vorteil, die bzw. der die Erbringung von Wertpapierdienstleistungen – wie Verwahrungsgebühren, Abwicklungs- und Handelsplatzgebühren, Verwaltungsabgaben oder gesetzliche Gebühren – ermöglicht oder für sie notwendig ist und wesensbedingt keine Konflikte mit der Verpflichtung der Wertpapierfirma hervorrufen kann, im besten Interesse ihrer Kunden ehrlich, redlich und professionell zu handeln, unterliegt nicht der Anforderung nach Unterabsatz 1.

(10) [1] Eine Wertpapierfirma, die Wertpapierdienstleistungen für Kunden erbringt, stellt sicher, dass sie die Leistung ihrer Mitarbeiter nicht in einer Weise vergütet oder bewertet, die mit ihrer Pflicht, im bestmöglichen Interesse ihrer Kunden zu handeln, kollidiert. [2] Insbesondere trifft sie keine Vereinbarung im Wege der Vergütung, Verkaufsziele oder auf sonstigem Wege, die ihre Mitarbeiter verleiten könnte, einem Kleinanleger ein bestimmtes Finanzinstrument zu empfehlen, obwohl die Wertpapierfirma ein anderes, den Bedürfnissen des Kunden besser entsprechendes Finanzinstrument anbieten könnte.

(11) *[1]* Wird eine Wertpapierdienstleistung zusammen mit einer anderen Dienstleistung oder einem Produkt als Teil eines Pakets oder als Bedingung für dieselbe Vereinbarung bzw. dasselbe Paket angeboten, informiert die Wertpapierfirma den Kunden darüber, ob die verschiedenen Bestandteile getrennt voneinander gekauft werden können, und erbringt für jeden Bestandteil einen getrennten Nachweis über Kosten und Gebühren.

*[2]* Besteht die Wahrscheinlichkeit, dass sich die mit solchen einem Kleinanleger angebotenen Vereinbarungen bzw. Paketen verbundenen Risiken von den mit den einzelnen Bestandteilen verknüpften Risiken unterscheiden, legt die Wertpapierfirma eine angemessene Beschreibung der verschiedenen Bestandteile der Vereinbarung bzw. des Pakets vor, in der auch dargelegt wird, inwiefern deren Wechselwirkung die Risiken verändert.

*[3]* Die ESMA arbeitet gemeinsam mit der EBA und der EIOPA spätestens bis zum 3. Januar 2016 Leitlinien für die Bewertung und die Beaufsichtigung von Querverkäufen aus, in denen insbesondere Situationen beschrieben werden, in denen Querverkäufe die Verpflichtungen von Absatz 1 nicht erfüllen, und aktualisiert diese in regelmäßigen Abständen.

(12) *[1]* ¹Die Mitgliedstaaten können den Wertpapierfirmen in Ausnahmefällen zusätzliche Anforderungen vorschreiben, die Sachverhalte betreffen, die durch diesen Artikel geregelt werden. ²Diese Anforderungen müssen sachlich gerechtfertigt und verhältnismäßig sein und der Steuerung spezifischer Risiken für den Anlegerschutz oder die Marktintegrität, die angesichts der Umstände der Marktstruktur dieses Mitgliedstaats besonders bedeutsam sind, dienen.

*[2]* ¹Die Mitgliedstaaten teilen der Kommission unverzüglich und mindestens zwei Monate vor Inkrafttreten der betreffenden Anforderung etwaige Anforderungen mit, die sie gemäß diesem Absatz vorzuschreiben beabsichtigen. ²Die Mitteilung enthält eine Begründung für diese Anforderung. ³Durch solche zusätzlichen Anforderungen werden die Rechte von Wertpapierfirmen nach den Artikeln 34 und 35 dieser Richtlinie nicht eingeschränkt oder in sonstiger Weise berührt.

*[3]* Die Kommission nimmt innerhalb von zwei Monaten ab der Mitteilung gemäß Unterabsatz 2 zu der Verhältnismäßigkeit und der Begründung der zusätzlichen Anforderungen Stellung.

*[4]* Die Kommission unterrichtet die Mitgliedstaaten über die zusätzlichen Anforderungen, die sie gemäß diesem Absatz vorschreibt, und veröffentlicht sie auf ihrer Website.

*[5]* Die Mitgliedstaaten dürfen zusätzliche Anforderungen beibehalten, die der Kommission im Einklang mit Artikel 4 der Richtlinie 2006/73/EG vor dem 2. Juli 2014 gemeldet wurden, sofern die in dieser Bestimmung festgelegten Bedingungen erfüllt sind.

(13) *[1]* Der Kommission wird die Befugnis übertragen, delegierte Rechtsakte gemäß Artikel 89 zu erlassen, um sicherzustellen, dass die Wertpapierfirmen bei der Erbringung von Wertpapierdienstleistungen oder Nebendienstleistungen für ihre Kunden die in diesem Artikel vorgeschriebenen Grundsätze einhalten; hierzu zählen:

a) die Bedingungen, die Informationen erfüllen müssen, um redlich, eindeutig und nicht irreführend zu sein,

b) Einzelheiten zu Inhalt und Form der Kundeninformationen im Hinblick auf die Kundeneinstufung, die Wertpapierfirmen und ihre Dienstleistungen, die Finanzinstrumente und die Kosten und Gebühren,

c) die Kriterien für die Bewertung einer Auswahl von auf dem Markt angebotenen Finanzinstrumenten,

d) die Kriterien, anhand derer beurteilt wird, ob Firmen, die Anreize erhalten, die Pflicht erfüllen, ehrlich, redlich und professionell im bestmöglichen Interesse ihrer Kunden zu handeln.

*[2]* Bei der Aufstellung der Anforderungen für Informationen zu Finanzinstrumenten in Bezug auf Absatz 4 Buchstabe b sind gegebenenfalls Informationen über die Struktur des Produkts unter Berücksichtigung der entsprechenden nach Unionsrecht vorgeschriebenen standardisierten Informationen einbezogen werden.

(14) Bei den in Absatz 13 genannten delegierten Rechtsakten sind folgende Aspekte zu berücksichtigen:

a) die Art der den Kunden oder potenziellen Kunden angebotenen oder für diese erbrachten Dienstleistung(en) unter Berücksichtigung von Typ, Gegenstand, Umfang und Häufigkeit der Geschäfte;

b) die Art und die Palette der angebotenen oder in Betracht gezogenen Produkte, einschließlich der unterschiedlichen Arten von Finanzinstrumenten;

c) ob es sich bei den Kunden oder potenziellen Kunden um Kleinanleger oder professionelle Anleger handelt oder im Fall von Absatz 4 und Absatz 5 deren Einstufung als geeignete Gegenpartei.

**Art. 25 Beurteilung der Eignung und Zweckmäßigkeit sowie Berichtspflicht gegenüber Kunden.** (1) ¹Die Mitgliedstaaten verlangen von Wertpapierfirmen, dafür zu sorgen und der zuständigen Behörde auf Anfrage nachzuweisen, dass natürliche Personen, die gegenüber Kunden im Namen der Wertpapierfirma eine Anlageberatung erbringen oder Kunden Informationen über Anlageprodukte, Wertpapierdienstleistungen oder Nebendienstleistungen erteilen, über die Kenntnisse und Kompetenzen verfügen, die für die Erfüllung der Verpflichtungen nach Artikel 24 und diesem Artikel notwendig sind. ²Die Mitgliedstaaten veröffentlichen die Kriterien, die für die Beurteilung der Kenntnisse und Kompetenzen angelegt werden.

(2) *[1]* Erbringt die Wertpapierfirma Anlageberatung- oder Portfolio-Management, holt sie die notwendigen Informationen über die Kenntnisse und Erfahrung des Kunden oder potenziellen Kunden im Anlagebereich in Bezug auf den speziellen Produkttyp oder den speziellen Typ der Dienstleistung, seine finanziellen Verhältnisse, einschließlich seiner Fähigkeit, Verluste zu tragen, und seine Anlageziele, einschließlich seiner Risikotoleranz, ein, um ihr zu ermöglichen, dem Kunden oder potenziellen Kunden Wertpapierdienstleistungen und Finanzinstrumente zu empfehlen, die für ihn geeignet sind und insbesondere seiner Risikotoleranz und seiner Fähigkeit, Verluste zu tragen, entsprechen.

*[2]* Die Mitgliedstaaten stellen sicher, dass in dem Fall, dass eine Wertpapierfirma eine Anlageberatung erbringt, bei der ein Paket von Dienstleistungen oder Produkten empfohlen wird, die gemäß Artikel 24 Absatz 11 gebündelt sind, das gesamte gebündelte Paket für den Kunden geeignet ist.

(3) *[1]* ¹Die Mitgliedstaaten stellen sicher, dass Wertpapierfirmen bei anderen als den in Absatz 2 genannten Finanzdienstleistungen Kunden oder potenzielle Kunden um Angaben zu ihren Kenntnissen und Erfahrungen im Anlagebereich in Bezug auf den speziellen Typ der angebotenen oder angeforderten Produkte oder Dienstleistungen bitten, um beurteilen zu können, ob die in Betracht gezogenen Wertpapierdienstleistungen oder Produkte für den Kunden angemessen sind. ²Wird ein Bündel von Dienstleistungen oder Produkten gemäß

Artikel 24 Absatz 11 in Betracht gezogen, wird bei der Beurteilung berücksichtigt, ob das gesamte gebündelte Paket angemessen ist.

*[2]* ¹Ist die Wertpapierfirma aufgrund der gemäß Unterabsatz 1 erhaltenen Informationen der Auffassung, dass das Produkt oder die Dienstleistung für den Kunden oder potenziellen Kunden nicht angemessen ist, warnt sie den Kunden oder potenziellen Kunden. ²Dieser Hinweis kann in standardisierter Form erfolgen.

*[3]* ¹Machen die Kunden oder potenziellen Kunden die in Unterabsatz 1 genannten Angaben nicht oder machen sie unzureichende Angaben zu ihren Kenntnissen und Erfahrungen, warnt sie die Wertpapierfirma, dass sie nicht in der Lage ist zu beurteilen, ob die in Betracht gezogene Wertpapierdienstleistung oder das in Betracht gezogene Produkt für sie angemessen ist. ²Dieser Hinweis kann in standardisierter Form erfolgen.

(4) Die Mitgliedstaaten gestatten Wertpapierfirmen, deren Wertpapierdienstleistungen lediglich in der Ausführung von Kundenaufträgen oder der Annahme und Übermittlung von Kundenaufträgen mit oder ohne Nebendienstleistungen bestehen, mit Ausnahme der in Anhang 1 Abschnitt B Nummer 1 genannten Gewährung von Krediten oder Darlehen, die keine bestehenden Kreditobergrenzen von Darlehen, Girokonten und Überziehungsmöglichkeiten von Kunden beinhalten, solche Wertpapierdienstleistungen für ihre Kunden zu erbringen, ohne zuvor die Angaben gemäß Absatz 3 einholen oder bewerten zu müssen, wenn alle der nachstehenden Voraussetzungen erfüllt sind:

a) die Dienstleistungen beziehen sich auf eines der folgenden Finanzinstrumente:

i) Aktien, die zum Handel an einem geregelten Markt oder einem gleichwertigen Markt eines Drittlandes oder in einem MTF zugelassen sind, sofern es sich um Aktien von Unternehmen handelt, mit Ausnahme von Anteilen an Organismen für gemeinsame Anlagen, die keine OGAW sind, und Aktien, in die ein Derivat eingebettet ist;

ii) Schuldverschreibungen oder sonstige verbriefte Schuldtitel, die zum Handel an einem geregelten Markt oder einem gleichwertigen Markt eines Drittlandes oder in einem MTF zugelassen sind, mit Ausnahme der Schuldverschreibungen oder verbrieften Schuldtitel, in die ein Derivat eingebettet ist oder die eine Struktur enthalten, die es dem Kunden erschwert, die damit einhergehenden Risiken zu verstehen;

iii) Geldmarktinstrumente, mit Ausnahme der Instrumente, in die ein Derivat eingebettet ist oder die eine Struktur enthalten, die es dem Kunde erschwert, die damit einhergehenden Risiken zu verstehen;

iv) Aktien oder Anteile an OGAW, mit Ausnahme der in Artikel 36 Absatz 1 Unterabsatz 2 der Verordnung (EU) Nr. 583/2010 genannten strukturierten OGAW;

v) strukturierte Einlagen mit Ausnahme der Einlagen, die eine Struktur enthalten, die es dem Kunden erschwert, das Ertragsrisiko oder die Kosten eines Verkaufs des Produkts vor Fälligkeit zu verstehen;

vi) andere nicht komplexe Finanzinstrumente im Sinne dieses Absatzes.

Für die Zwecke dieses Buchstabens gilt ein Markt eines Drittlandes als einem geregelten Markt gleichwertig, wenn die Anforderungen und das Verfahren der Unterabsätze 3 und 4 erfüllt sind.

# 1 MiFiD II  Art. 25

Auf Antrag der zuständigen Behörde eines Mitgliedstaats erlässt die Kommission gemäß dem in Artikel 89a Absatz 2 genannten Prüfungsverfahren Beschlüsse über die Gleichwertigkeit, durch die festgestellt wird, ob der Rechts- und Aufsichtsrahmen eines Drittlands gewährleistet, dass ein in diesem Drittland zugelassener geregelter Markt rechtlich bindende Anforderungen erfüllt, die zum Zweck der Anwendung des vorliegenden Buchstabens den Anforderungen, die sich aus der Verordnung (EU) Nr. 596/2014[1], aus Titel III der vorliegenden Richtlinie, aus Titel II der Verordnung (EU) Nr. 600/2014[2] sowie aus der Richtlinie 2004/109/EG ergeben, gleichwertig sind und in diesem Drittland einer wirksamen Beaufsichtigung und Durchsetzung unterliegen. Die zuständige Behörde legt dar, weshalb sie der Ansicht ist, dass der Rechts- und Aufsichtsrahmen des betreffenden Drittlands als gleichwertig anzusehen ist, und legt hierfür einschlägige Informationen vor.

Ein solcher Rechts- und Aufsichtsrahmen eines Drittlands kann als gleichwertig betrachtet werden, wenn dieser Rahmen mindestens die folgenden Bedingungen erfüllt:

i) Die Märkte unterliegen der Zulassung und kontinuierlichen wirksamen Beaufsichtigung und Durchsetzung;

ii) die Märkte verfügen über klare und transparente Vorschriften für die Zulassung von Wertpapieren zum Handel, sodass diese Wertpapiere fair, ordnungsgemäß und effizient gehandelt werden können und frei handelbar sind;

iii) die Wertpapieremittenten unterliegen regelmäßig und kontinuierlich Informationspflichten, die ein hohes Maß an Anlegerschutz gewährleisten; und

iv) Markttransparenz und -integrität sind gewährleistet, indem Marktmissbrauch in Form von Insider-Geschäften und Marktmanipulation verhindert wird.

b) die Dienstleistung wird auf Veranlassung des Kunden oder potenziellen Kunden erbracht;

c) der Kunde oder potenzielle Kunde wurde eindeutig darüber informiert, dass die Wertpapierfirma bei der Erbringung dieser Dienstleistung die Angemessenheit der Finanzinstrumente oder Dienstleistungen, die erbracht oder angeboten werden, nicht prüfen muss und der Kunde daher nicht in den Genuss des Schutzes der einschlägigen Wohlverhaltensregeln kommt. Eine derartige Warnung kann in standardisierter Form erfolgen;

d) die Wertpapierfirma kommt ihren Pflichten gemäß Artikel 23 nach.

(5) [1]Die Wertpapierfirma erstellt eine Aufzeichnung, die das Dokument oder die Dokumente mit den Vereinbarungen zwischen der Wertpapierfirma und dem Kunden enthält, die die Rechte und Pflichten der Parteien sowie die sonstigen Bedingungen, zu denen die Wertpapierfirma Dienstleistungen für den Kunden erbringt, festlegt. [2]Die Rechte und Pflichten der Vertragsparteien können durch einen Verweis auf andere Dokumente oder Rechtstexte aufgenommen werden.

---

[1] Nr. 11.
[2] Nr. 2.

(6) *[1]* ¹Die Wertpapierfirma stellt dem Kunden geeignete Berichte über die erbrachten Dienstleistungen mittels eines dauerhaften Datenträgers zur Verfügung. ²Diese Berichte enthalten regelmäßige Mitteilungen an die Kunden, in denen der Art und der Komplexität der jeweiligen Finanzinstrumente sowie der Art der für den Kunden erbrachten Dienstleistung Rechnung getragen wird, und gegebenenfalls die Kosten, die mit den im Namen des Kunden durchgeführten Geschäften und den erbrachten Dienstleistungen verbunden sind.

*[2]* Leistet die Wertpapierfirma Anlageberatung, erhält der Kunde vor Durchführung des Geschäfts von ihr eine Erklärung zur Geeignetheit auf einem dauerhaften Datenträger, in der sie die erbrachte Beratung nennt und erläutert, wie die Beratung auf die Präferenzen, Ziele und sonstigen Merkmale des Kleinanlegers abgestimmt wurde.

*[3]* Wenn die Vereinbarung, ein Finanzinstrument zu kaufen oder zu verkaufen, unter Verwendung eines Fernkommunikationsmittels geschlossen wird und die vorherige Aushändigung der Geeignetheitserklärung somit nicht möglich ist, kann die Wertpapierfirma dem Kunden die schriftliche Erklärung zur Geeignetheit auf einem dauerhaften Datenträger übermitteln, unmittelbar nachdem dieser sich vertraglich gebunden hat, sofern die folgenden Bedingungen erfüllt sind:
a) Der Kunde hat der Übermittlung der Geeignetheitserklärung unverzüglich nach Geschäftsabschluss zugestimmt, und
b) die Wertpapierfirma hat den Kunden die Option eingeräumt, das Geschäft zu verschieben, um die Geeignetheitserklärung vorher zu erhalten.

*[4]* Wenn eine Wertpapierfirma eine Portfolioverwaltung erbringt oder dem Kunden mitgeteilt hat, dass sie eine regelmäßige Beurteilung der Geeignetheit vornehmen werde, muss der regelmäßige Bericht eine aktualisierte Erklärung dazu enthalten, wie die Anlage auf die Präferenzen, Ziele und sonstigen Merkmale des Kleinanlegers abgestimmt wurde.

(7) Ist ein Wohnimmobilienkreditvertrag, der den Bestimmungen zur Beurteilung der Kreditwürdigkeit von Verbrauchern der Richtlinie 2014/17/EU des Europäischen Parlaments und des Rates[1] unterliegt, an die Vorbedingung geknüpft, dass demselben Verbraucher eine Wertpapierdienstleistung in Bezug auf speziell zur Besicherung der Finanzierung des Kredits begebene Pfandbriefe mit denselben Konditionen wie der Wohnimmobilienkreditvertrag erbracht wird, damit der Kredit ausgezahlt, refinanziert oder abgelöst werden kann, unterliegt diese Dienstleistung nicht den in diesem Artikel genannten Verpflichtungen.

(8) ¹Der Kommission wird die Befugnis übertragen, delegierte Rechtsakte gemäß Artikel 89 zu erlassen um zu gewährleisten, dass Wertpapierfirmen bei der Erbringung von Wertpapierdienstleistungen oder Nebendienstleistungen für ihre Kunden den in den Absätzen 2 bis 6 dieses Artikels festgelegten Grundsätzen genügen; hierzu zählen die zur Beurteilung der Eignung oder Zweckmäßigkeit der Dienstleistungen und der Finanzinstrumente für ihre

---

[1] **Amtl. Anm.:** Richtlinie 2014/17/EU des Europäischen Parlaments und des Rates vom 4. Februar 2014 über Wohnimmobilienkreditverträge für Verbraucher und zur Änderung der Richtlinien 2008/48/EG und 2013/36/EU und der Verordnung (EU) Nr. 1093/2010 Text von Bedeutung für den EWR (ABl. L 60 vom 28.2.2014, S. 34).

Kunden einzuholenden Informationen, die Kriterien zur Beurteilung nicht komplexer Finanzinstrumente für die Zwecke des Absatzes 4 Buchstabe a Ziffer vi dieses Artikels, der Inhalt und das Format der Aufzeichnungen und Vereinbarungen für die Erbringung von Dienstleistungen für Kunden und der regelmäßigen Berichte an die Kunden über die erbrachten Leistungen. ²In diesen delegierten Rechtsakten sind folgende Aspekte zu berücksichtigen:

a) die Art der den Kunden oder potenziellen Kunden angebotenen oder für diese erbrachten Dienstleistung(en) unter Berücksichtigung von Typ, Gegenstand, Umfang und Häufigkeit der Geschäfte;

b) die Art der angebotenen oder in Betracht gezogenen Produkte, einschließlich der unterschiedlichen Arten von Finanzinstrumenten;

c) ob es sich bei den Kunden oder potenziellen Kunden um Kleinanleger oder professionelle Anleger handelt oder im Fall von Absatz 6 deren Einstufung als geeignete Gegenpartei.

(9) Die ESMA nimmt bis zum 3. Januar 2016 Leitlinien an, in denen die Kriterien für die Beurteilung der Kenntnisse und Kompetenzen, die nach Absatz 1 erforderlich sind, angegeben werden.

(10) Die ESMA arbeitet bis zum 3. Januar 2016 Leitlinien für die Bewertung von Folgendem aus:

a) Finanzinstrumente, die gemäß Absatz 4 Buchstabe a Ziffern ii und iii eine Struktur enthalten, die es dem Kunden erschwert, die damit einhergehenden Risiken zu verstehen;

b) strukturierte Einlagen, die gemäß Absatz 4 Buchstabe a Ziffer v eine Struktur enthalten, die es dem Kunden erschwert, das Ertragsrisiko oder die Kosten eines Verkaufs des Produkts vor der Fälligkeit zu verstehen.

(11) Die ESMA kann Leitlinien für die Bewertung von Finanzinstrumenten, die als nicht komplex für die Zwecke des Absatzes 4 Buchstabe a Ziffer vi eingestuft werden, unter Berücksichtigung der nach Absatz 8 erlassenen delegierten Rechtsakte ausarbeiten und sie regelmäßig aktualisieren.

## Art. 26 Erbringung von Dienstleistungen über eine andere Wertpapierfirma.

*[1]* ¹Die Mitgliedstaaten gestatten einer Wertpapierfirma, die über eine andere Wertpapierfirma eine Anweisung erhält, Wertpapierdienstleistungen oder Nebendienstleistungen im Namen eines Kunden zu erbringen, sich auf Kundeninformationen zu stützen, die von der zuletzt genannten Wertpapierfirma weitergeleitet werden. ²Die Verantwortung für die Vollständigkeit und Richtigkeit der weitergeleiteten Anweisungen verbleibt bei der Wertpapierfirma, die die Anweisungen übermittelt.

*[2]* ¹Die Wertpapierfirma, die eine Anweisung erhält, auf diese Art Dienstleistungen im Namen eines Kunden zu erbringen, darf sich auch auf Empfehlungen in Bezug auf die Dienstleistung oder das Geschäft verlassen, die dem Kunden von einer anderen Wertpapierfirma gegeben wurden. ²Die Verantwortung für die Eignung der Empfehlungen oder der Beratung für den Kunden verbleibt bei der Wertpapierfirma, welche die Anweisungen übermittelt.

*[3]* Die Verantwortung für die Erbringung der Dienstleistung oder den Abschluss des Geschäfts auf der Grundlage solcher Angaben oder Empfehlungen im Einklang mit den einschlägigen Bestimmungen dieses Titels verbleibt bei

der Wertpapierfirma, die die Kundenanweisungen oder -aufträge über eine andere Wertpapierfirma erhält.

**Art. 27 Verpflichtung zur kundengünstigsten Ausführung von Aufträgen.** (1) *[1]* ¹Die Mitgliedstaaten schreiben vor, dass Wertpapierfirmen bei der Ausführung von Aufträgen unter Berücksichtigung des Kurses, der Kosten, der Schnelligkeit, der Wahrscheinlichkeit der Ausführung und Abwicklung des Umfangs, der Art und aller sonstigen, für die Auftragsausführung relevanten Aspekte alle hinreichenden Maßnahmen ergreifen, um das bestmögliche Ergebnis für ihre Kunden zu erreichen. ²Liegt jedoch eine ausdrückliche Weisung des Kunden vor, führt die Wertpapierfirma den Auftrag gemäß dieser ausdrücklichen Weisung aus.

*[2]* Führt eine Wertpapierfirma einen Auftrag im Namen eines Kleinanlegers aus, bestimmt sich das bestmögliche Ergebnis nach der Gesamtbewertung, die den Preis des Finanzinstruments und die Kosten im Zusammenhang mit der Ausführung darstellt und alle dem Kunden entstandenen Kosten umfasst, die in direktem Zusammenhang mit der Ausführung des Auftrags stehen, einschließlich der Gebühren des Ausführungsplatzes, Clearing- und Abwicklungsgebühren und sonstigen Gebühren, die Dritten gezahlt wurden, die an der Ausführung des Auftrags beteiligt sind.

*[3]* Kann ein Auftrag über ein Finanzinstrument an mehreren konkurrierenden Plätzen ausgeführt werden, müssen – um die in den Grundsätzen der Auftragsausführung der Wertpapierfirma aufgeführten und zur Ausführung des Auftrags fähigen Ausführungsplätze für den Kunden miteinander zu vergleichen und zu bewerten – die Provisionen der Wertpapierfirma und die Kosten der Ausführung an den einzelnen in Frage kommenden Plätzen im Interesse der Erzielung des bestmöglichen Ergebnisses in Einklang mit Unterabsatz 1 in diese Bewertung einfließen.

(2) Eine Wertpapierfirma erhält keine Vergütung und keinen Rabatt oder nicht-monetären Vorteil für die Weiterleitung von Kundenaufträgen zu einem bestimmten Handelsplatz oder Ausführungsplatz, die einen Verstoß gegen die Anforderungen zu Interessenkonflikten oder Anreizen nach Absatz 1 dieses Artikels, nach Artikel 16 Absatz 3 sowie den Artikeln 23 bis 24 darstellen würde.

(3) ¹Die Mitgliedsaaten schreiben vor, dass für Finanzinstrumente, die der Handelspflicht nach den Artikeln 23 und 28 der Verordnung (EU) Nr. 600/2014[1]) unterliegen, jeder Handelsplatz und systematische Internalisierer und für andere Finanzinstrumente jeder Ausführungsplatz der Öffentlichkeit mindestens einmal jährlich gebührenfrei Informationen über die Qualität der Ausführung von Aufträgen auf diesem Handelsplatz zur Verfügung stellt und dass eine Wertpapierfirma nach Ausführung eines Geschäfts dem Kunden mitteilt, wo der Auftrag ausgeführt wurde. ²Diese regelmäßigen Berichte enthalten ausführliche Angaben zu den Kursen, den Kosten sowie der Schnelligkeit und Wahrscheinlichkeit der Ausführung einzelner Finanzinstrumente.

(4) ¹Die Mitgliedstaaten schreiben vor, dass Wertpapierfirmen wirksame Vorkehrungen für die Einhaltung von Absatz 1 treffen und anwenden. ²Die Mitgliedstaaten schreiben insbesondere vor, dass Wertpapierfirmen Grundsätze der Auftragsausführung festlegen und anwenden, die es ihnen erlauben, für die

---

[1]) Nr. 2.

Aufträge ihrer Kunden das bestmögliche Ergebnis in Einklang mit Absatz 1 zu erzielen.

(5) *[1]* ¹Die Grundsätze der Auftragsausführung enthalten für jede Gattung von Finanzinstrumenten Angaben zu den verschiedenen Handelsplätzen, an denen die Wertpapierfirma Aufträge ihrer Kunden ausführt, und die Faktoren, die für die Wahl des Ausführungsplatzes ausschlaggebend sind. ²Es werden zumindest die Handelsplätze genannt, an denen die Wertpapierfirma gleich bleibend die bestmöglichen Ergebnisse bei der Ausführung von Kundenaufträgen erzielen kann.

*[2]* ¹Die Mitgliedstaaten schreiben vor, dass Wertpapierfirmen ihre Kunden über ihre Grundsätze der Auftragsausführung in geeigneter Form informieren. ²In diesen Informationen wird klar, ausführlich und auf eine für Kunden verständliche Weise erläutert, wie die Kundenaufträge von der Wertpapierfirma ausgeführt werden. ³Die Mitgliedstaaten schreiben vor, dass Wertpapierfirmen die vorherige Zustimmung ihrer Kunden zu ihrer Ausführungspolitik für Aufträge einholen.

*[3]* ¹Für den Fall, dass die Grundsätze der Auftragsausführung vorsehen, dass Aufträge außerhalb eines Handelsplatzes ausgeführt werden dürfen, schreiben die Mitgliedstaaten vor, dass die Wertpapierfirma ihre Kunden oder potenziellen Kunden insbesondere auf diese Möglichkeit hinweisen muss. ²Die Mitgliedstaaten schreiben vor, dass Wertpapierfirmen die vorherige ausdrückliche Zustimmung der Kunden einholen, bevor sie Kundenaufträge außerhalb eines Handelsplatzes ausführen. ³Wertpapierfirmen können eine solche Zustimmung entweder in Form einer allgemeinen Vereinbarung oder zu jedem Geschäft einzeln einholen.

(6) Die Mitgliedstaaten schreiben vor, dass Wertpapierfirmen, die Kundenaufträge ausführen, einmal jährlich für jede Klasse von Finanzinstrumenten die fünf Ausführungsplätze, die ausgehend vom Handelsvolumen am wichtigsten sind, auf denen sie Kundenaufträge im Vorjahr ausgeführt haben, und Informationen über die erreichte Ausführungsqualität zusammenfassen und veröffentlichen.

(7) ¹Die Mitgliedstaaten schreiben vor, dass Wertpapierfirmen, die Kundenaufträge ausführen, die Effizienz ihrer Vorkehrungen zur Auftragsausführung und ihre Ausführungspolitik überwachen, um Mängel festzustellen und gegebenenfalls zu beheben. ²Insbesondere prüfen sie regelmäßig, ob die in der Ausführungspolitik genannten Handelsplätze das bestmögliche Ergebnis für die Kunden erbringen oder ob die Vorkehrungen zur Auftragsausführung geändert werden müssen. ³Dabei berücksichtigen sie unter anderem die gemäß den Absätzen 3 und 6 veröffentlichten Informationen. ⁴Die Mitgliedstaaten schreiben vor, dass Wertpapierfirmen ihren Kunden, mit denen sie eine laufende Geschäftsbeziehung unterhalten, wesentliche Änderungen ihrer Vorkehrungen zur Auftragsausführung oder ihrer Ausführungspolitik mitteilen.

(8) Die Mitgliedstaaten schreiben Wertpapierfirmen vor, ihren Kunden gegenüber auf deren Anfragen nachzuweisen, dass sie deren Aufträge im Einklang mit der Ausführungspolitik der Wertpapierfirma ausgeführt haben, und der zuständigen Behörde auf deren Anfrage nachzuweisen, dass sie diesen Artikel eingehalten haben.

(9) Der Kommission wird die Befugnis übertragen, gemäß Artikel 89 delegierte Rechtsakte zu erlassen in Bezug auf

a) die Kriterien, nach denen die relative Bedeutung der verschiedenen Faktoren bestimmt wird, die gemäß Absatz 1 herangezogen werden können, um das bestmögliche Ergebnis unter Berücksichtigung des Umfangs und der Art des Auftrags und des Kundentyps – Kleinanleger oder professioneller Kunde – zu ermitteln;

b) Faktoren, die eine Wertpapierfirma heranziehen kann, um ihre Ausführungsvorkehrungen zu überprüfen und um zu prüfen, unter welchen Umständen eine Änderung dieser Vorkehrungen angezeigt wäre. Insbesondere die Faktoren zur Bestimmung, welche Handelsplätze Wertpapierfirmen ermöglichen, bei der Ausführung von Kundenaufträgen auf Dauer die bestmöglichen Ergebnisse zu erzielen;

c) Art und Umfang der Informationen über die Ausführungspolitik, die den Kunden gemäß Absatz 5 zur Verfügung zu stellen.

(10) *[1]* Die ESMA arbeitet Entwürfe technischer Regulierungsstandards aus, um Folgendes festzulegen:

a) den genauen Inhalt, das Format und die Periodizität der in Einklang mit Absatz 3 zu veröffentlichenden Daten in Bezug auf die Qualität der Ausführung, wobei der Art des Ausführungsplatzes sowie der Art des Finanzinstruments Rechnung getragen wird;

b) den Inhalt und das Format der von den Wertpapierfirmen in Einklang mit Absatz 6 zu veröffentlichenden Informationen.

*[2]* Die ESMA legt der Kommission diese Entwürfe technischer Regulierungsstandards bis zum 3. Juli 2015 vor.

*[3]* Der Kommission wird die Befugnis übertragen, die in Unterabsatz 1 genannten technischen Regulierungsstandards gemäß den Artikeln 10 bis 14 der Verordnung (EU) Nr. 1095/2010[1)] zu erlassen.

## Art. 28 Vorschriften für die Bearbeitung von Kundenaufträgen.

(1) *[1]* Die Mitgliedstaaten schreiben vor, dass Wertpapierfirmen, die zur Ausführung von Aufträgen im Namen von Kunden berechtigt sind, Verfahren und Systeme einrichten, die die unverzügliche, redliche und rasche Ausführung von Kundenaufträgen im Verhältnis zu anderen Kundenaufträgen oder den Handelsinteressen der Wertpapierfirma gewährleisten.

*[2]* Diese Verfahren oder Systeme ermöglichen es, dass ansonsten vergleichbare Kundenaufträge gemäß dem Zeitpunkt ihres Eingangs bei der Wertpapierfirma ausgeführt werden.

(2) [1] Die Mitgliedstaaten schreiben vor, dass Wertpapierfirmen bei Kundenlimitaufträgen in Bezug auf Aktien, die zum Handel an einem geregelten Markt zugelassen sind oder an einem Handelsplatz gehandelt werden, die zu den vorherrschenden Marktbedingungen nicht unverzüglich ausgeführt werden, Maßnahmen ergreifen, um die schnellstmögliche Ausführung dieser Aufträge dadurch zu erleichtern, dass sie sie unverzüglich und auf eine Art und Weise bekannt machen, die für andere Marktteilnehmer leicht zugänglich ist, sofern der Kunde nicht ausdrücklich eine anders lautende Anweisung gibt. [2] Die Mitgliedstaaten können beschließen, dass eine Wertpapierfirma dieser Pflicht genügt, wenn sie die Kundenlimitaufträge an einen Handelsplatz weiterleitet.

---

[1)] Nr. 3.

³ Die Mitgliedstaaten sehen vor, dass die zuständigen Behörden von dieser Verpflichtung zur Bekanntmachung eines Limitauftrags im Sinne von Artikel 4 der Verordnung (EU) Nr. 600/2014[1]) absehen können, wenn dieser im Vergleich zum marktüblichen Geschäftsumfang sehr groß ist.

(3) Der Kommission wird die Befugnis übertragen, delegierte Rechtsakte gemäß Artikel 89 zu erlassen, um Folgendes festzulegen:

a) die Bedingungen und die Art der Verfahren und Systeme für die unverzügliche, redliche und rasche Ausführung von Kundenaufträgen, sowie die Situationen oder Geschäftsarten, in denen bzw. bei denen Wertpapierfirmen sinnvollerweise von der unverzüglichen Ausführung abweichen können, um günstigere Bedingungen für Kunden zu erwirken;

b) die verschiedenen Methoden, die eine Wertpapierfirma anwenden kann, um ihrer Verpflichtung nachzukommen, dem Markt Kundenlimitaufträge, die nicht unverzüglich ausgeführt werden können, bekannt zu machen.

**Art. 29 Verpflichtungen von Wertpapierfirmen bei der Bestellung vertraglich gebundener Vermittler.** (1) Die Mitgliedstaaten gestatten einer Wertpapierfirma, vertraglich gebundene Vermittler für die Förderung des Dienstleistungsgeschäfts der Wertpapierfirma, das Hereinholen neuer Geschäfte oder die Entgegennahme der Aufträge von Kunden oder potenziellen Kunden sowie die Übermittlung dieser Aufträge, das Platzieren von Finanzinstrumenten sowie für Beratungen in Bezug auf die von der Wertpapierfirma angebotenen Finanzinstrumente und Dienstleistungen zu bestellen.

(2) *[1]* ¹ Die Mitgliedstaaten schreiben vor, dass eine Wertpapierfirma, die beschließt, einen vertraglich gebundenen Vermittler zu bestellen, für jedes Handeln oder Unterlassen des vertraglich gebundenen Vermittlers uneingeschränkt haftet, wenn er im Namen der Wertpapierfirma tätig ist. ² Die Mitgliedstaaten schreiben der Wertpapierfirma vor sicherzustellen, dass ein vertraglich gebundener Vermittler mitteilt, in welcher Eigenschaft er handelt und welche Wertpapierfirma er vertritt, wenn er mit Kunden oder potenziellen Kunden Kontakt aufnimmt oder bevor er mit diesen Geschäfte abschließt.

*[2]* Die Mitgliedstaaten können gemäß Artikel 16 Absätze 6, 8 und 9 vertraglich gebundenen Vermittlern, die in ihrem Hoheitsgebiet registriert sind, gestatten, für die Wertpapierfirma, für die sie tätig sind, und unter deren uneingeschränkter Verantwortung in ihrem Hoheitsgebiet oder – bei grenzüberschreitenden Geschäften – im Hoheitsgebiet eines Mitgliedstaats, der vertraglich gebundenen Vermittlern die Verwaltung von Kundengeldern gestattet, Gelder und/oder Finanzinstrumente von Kunden zu verwalten.

*[3]* Die Mitgliedstaaten schreiben vor, dass die Wertpapierfirmen die Tätigkeiten ihrer vertraglich gebundenen Vermittler überwachen, um zu gewährleisten, dass sie diese Richtlinie auf Dauer einhalten, wenn sie über vertraglich gebundene Vermittler tätig werden.

(3) *[1]* ¹ Vertraglich gebundene Vermittler werden in das öffentliche Register des Mitgliedstaats eingetragen, in dem sie niedergelassen sind. ² Die ESMA veröffentlicht auf ihrer Website Verweise oder Hyperlinks zu den öffentlichen Registern, die nach diesem Artikel von den Mitgliedstaaten eingerichtet wor-

---

[1]) Nr. 2.

den sind, die es Wertpapierfirmen gestatten, vertraglich gebundene Vermittler heranzuziehen.

*[2]* Die Mitgliedstaaten stellen sicher, dass vertraglich gebundene Vermittler nur dann in das öffentliche Register eingetragen werden, wenn feststeht, dass sie ausreichend gut beleumdet sind und über die angemessenen allgemeinen, kaufmännischen und beruflichen Kenntnisse verfügen, um die Wertpapierdienstleistungen oder Nebendienstleistungen erbringen und alle einschlägigen Informationen über die angebotene Dienstleistung korrekt an den Kunden oder den potenziellen Kunden weiterleiten zu können.

*[3]* Die Mitgliedstaaten können beschließen, dass Wertpapierfirmen – vorbehaltlich einer angemessenen Kontrolle – überprüfen dürfen, ob die von ihnen herangezogenen vertraglich gebundenen Vermittler ausreichend gut beleumdet sind und über die Kenntnisse und Kompetenzen gemäß Unterabsatz 2 verfügen.

*[4]* ¹Das Register wird regelmäßig aktualisiert. ²Es steht der Öffentlichkeit zur Einsichtnahme offen.

(4) *[1]* Die Mitgliedstaaten schreiben vor, dass Wertpapierfirmen, die vertraglich gebundene Vermittler heranziehen, durch geeignete Maßnahmen sicherstellen, dass die nicht in den Anwendungsbereich dieser Richtlinie fallenden Tätigkeiten des vertraglich gebundenen Vermittlers keine nachteiligen Auswirkungen auf die Tätigkeiten haben, die der vertraglich gebundene Vermittler im Namen der Wertpapierfirma ausübt.

*[2]* ¹Die Mitgliedstaaten können den zuständigen Behörden gestatten, mit Wertpapierfirmen und Kreditinstituten, deren Verbänden und sonstigen Rechtspersönlichkeiten bei der Registrierung von vertraglich gebundenen Vermittlern und der Überwachung der Einhaltung der Anforderungen nach Absatz 3 durch die vertraglich gebundenen Vermittler zusammenzuarbeiten. ²Insbesondere können vertraglich gebundene Vermittler durch Wertpapierfirmen, Kreditinstitute oder deren Verbände und sonstige Rechtspersönlichkeiten unter der Aufsicht der zuständigen Behörde registriert werden.

(5) Die Mitgliedstaaten schreiben vor, dass Wertpapierfirmen nur vertraglich gebundene Vermittler heranziehen dürfen, die in den öffentlichen Registern gemäß Absatz 3 geführt werden.

(6) Die Mitgliedstaaten können für in ihrem Hoheitsgebiet registrierte vertraglich gebundene Vermittler strengere Bestimmungen als die dieses Artikels oder zusätzliche Anforderungen erlassen oder beibehalten.

### Art. 30 Geschäfte mit geeigneten Gegenparteien.

(1) *[1]* Die Mitgliedstaaten stellen sicher, dass Wertpapierfirmen, die zur Ausführung von Aufträgen im Namen von Kunden und/oder zum Handel für eigene Rechnung und/oder zur Entgegennahme und Weiterleitung von Aufträgen berechtigt sind, Geschäfte mit geeigneten Gegenparteien anbahnen oder abschließen können, ohne in Bezug auf diese Geschäfte oder auf Nebendienstleistungen in direktem Zusammenhang mit diesen Geschäften den Auflagen des Artikels 24 mit Ausnahme der Absätze 4 und 5, des Artikels 25 mit Ausnahme von Absatz 6, des Artikels 27 und des Artikels 28 Absatz 1 genügen zu müssen.

*[2]* Die Mitgliedstaaten stellen sicher, dass Wertpapierfirmen in ihrer Beziehung mit den geeigneten Gegenparteien ehrlich, redlich und professionell handeln sowie auf redliche, eindeutige und nicht irreführende Weise mit ihnen

kommunizieren, und dabei der Form der geeigneten Gegenpartei und deren Geschäftstätigkeit Rechnung tragen.

(2) *[1]* Die Mitgliedstaaten erkennen für die Zwecke dieses Artikels Wertpapierfirmen, Kreditinstitute, Versicherungsgesellschaften, OGAW und ihre Verwaltungsgesellschaften, Pensionsfonds und ihre Verwaltungsgesellschaften, sonstige zugelassene oder nach dem Unionsrecht oder den Rechtsvorschriften eines Mitgliedstaats einer Aufsicht unterliegende Finanzinstitute, nationale Regierungen und deren Einrichtungen, einschließlich öffentlicher Stellen der staatlichen Schuldenverwaltung auf nationaler Ebene, Zentralbanken und supranationale Organisationen als geeignete Gegenparteien an.

*[2]* Die Einstufung als geeignete Gegenpartei gemäß Unterabsatz 1 berührt nicht das Recht solcher Rechtspersönlichkeiten, entweder generell oder für jedes einzelne Geschäft eine Behandlung als Kunde zu beantragen, für dessen Geschäfte mit der Wertpapierfirma die Artikel 24, 25, 27 und 28 gelten.

(3) *[1]* [1]Die Mitgliedstaaten können auch andere Unternehmen als geeignete Gegenparteien anerkennen, die im Voraus festgelegte proportionale Anforderungen einschließlich quantitativer Schwellenwerte erfüllen. [2]Im Falle eines Geschäfts mit potenziellen Gegenparteien, die verschiedenen Rechtsordnungen angehören, trägt die Wertpapierfirma dem Status des anderen Unternehmens Rechnung, der sich nach den Rechtsvorschriften oder Maßnahmen des Mitgliedstaats bestimmt, in dem das Unternehmen ansässig ist.

*[2]* [1]Die Mitgliedstaaten stellen sicher, dass die Wertpapierfirma, die Geschäfte gemäß Absatz 1 mit solchen Unternehmen abschließt, die ausdrückliche Zustimmung der potenziellen Gegenpartei einholt, als geeignete Gegenpartei behandelt zu werden. [2]Die Mitgliedstaaten gestatten der Wertpapierfirma, diese Zustimmung entweder in Form einer allgemeinen Vereinbarung oder für jedes einzelne Geschäft einzuholen.

(4) *[1]* Die Mitgliedstaaten können Rechtspersönlichkeiten von Drittländern, die den in Absatz 2 genannten Kategorien von Rechtspersönlichkeiten gleichwertig sind, als zulässige Gegenparteien anerkennen.

*[2]* Die Mitgliedstaaten können auch Unternehmen von Drittländern, wie die nach Absatz 3, unter denselben Voraussetzungen und bei Erfüllung derselben Anforderungen wie denen des Absatzes 3 als zulässige Gegenparteien anerkennen.

(5) Der Kommission wird die Befugnis übertragen, delegierte Rechtsakte gemäß Artikel 89 zu erlassen, die Folgendes festlegen:

a) die Verfahren zur Beantragung einer Behandlung als Kunde gemäß Absatz 2;
b) die Verfahren zur Einholung der ausdrücklichen Zustimmung potenzieller Gegenparteien gemäß Absatz 3;
c) die im Voraus festgelegten proportionalen Anforderungen einschließlich der quantitativen Schwellenwerte, nach denen ein Unternehmen als geeignete Gegenpartei gemäß Absatz 3 anerkannt werden kann.

### Abschnitt 3. Markttransparenz und -integrität

**Art. 31 Überwachung der Einhaltung der Regeln des MTF oder des OTF und anderer rechtlicher Verpflichtungen.** (1) [1]Die Mitgliedstaaten schreiben vor, dass Wertpapierfirmen und Marktbetreiber, die ein MTF oder OTF betreiben, für das MTF oder OTF auf Dauer wirksame Vorkehrungen und Verfahren für die regelmäßige Überwachung der Einhaltung der Regeln des MTF oder OTF durch dessen Mitglieder, Teilnehmer oder Nutzer festlegen. ²Wertpapierfirmen und Marktbetreiber, die ein MTF oder OTF betreiben, überwachen die von ihren Mitgliedern, Teilnehmern oder Nutzern innerhalb ihrer Systeme übermittelten Aufträge, einschließlich Stornierungen, und abgeschlossenen Geschäfte, um Verstöße gegen diese Regeln, marktstörende Handelsbedingungen, Verhaltensweisen, die auf nach der Verordnung (EU) Nr. 596/2014[1]) verbotene Tätigkeiten hindeuten könnten, oder Systemstörungen in Bezug auf ein Finanzinstrument zu erkennen, und setzen die Ressourcen ein, die notwendig sind um sicherzustellen, dass eine solche Überwachung effektiv ist.

(2) *[1]* Die Mitgliedstaaten schreiben vor, dass Wertpapierfirmen und Marktbetreiber, die ein MTF oder OTF betreiben, der zuständigen Behörde schwerwiegende Verstöße gegen dessen Regeln, marktstörende Handelsbedingungen, Verhaltensweisen, die auf nach der Verordnung (EU) Nr. 596/2014 verbotene Tätigkeiten hindeuten könnten, oder Systemstörungen in Bezug auf ein Finanzinstrument unverzüglich melden.

*[2]* Die Behörden, die für ein MTF oder OTF betreibende Wertpapierfirmen und Marktbetreiber zuständig sind, übermittelnd der ESMA und den zuständigen Behörden der anderen Mitgliedstaaten die in Unterabsatz 1 genannten Informationen.

*[3]* Was Verhaltensweisen angeht, die auf nach der Verordnung (EU) Nr. 596/2014 verbotene Tätigkeiten hindeuten könnten, muss die zuständige Behörde davon überzeugt sein, dass ein solches Verhalten vorliegt, bevor sie die zuständigen Behörden der anderen Mitgliedstaaten und die ESMA in Kenntnis setzt.

(3) Die Mitgliedstaaten schreiben ferner vor, dass Wertpapierfirmen und Marktbetreiber, die ein MTF oder OTF betreiben, die Informationen nach Absatz 2 auch der für die Ermittlung und Verfolgung von Marktmissbrauch zuständigen Behörde unverzüglich übermitteln und diese bei Ermittlungen wegen Marktmissbrauchs innerhalb oder über ihre Systeme und dessen Verfolgung in vollem Umfang unterstützen.

(4) Der Kommission wird die Befugnis übertragen, delegierte Rechtsakte gemäß Artikel 89 zu erlassen, um die Umstände festzulegen, durch die eine Informationspflicht nach Absatz 2 dieses Artikels bewirkt wird.

**Art. 32 Aussetzung des Handels und Ausschluss von Finanzinstrumenten vom Handel an einem MTF oder einem OTF.** (1) Unbeschadet des Rechts der zuständigen Behörde gemäß Artikel 69 Absatz 2, die Aussetzung des Handels mit einem Finanzinstrument oder dessen Ausschluss vom Handel zu verlangen, können Wertpapierfirmen oder Marktbetreiber, die ein MTF oder OTF betreiben, den Handel mit einem Finanzinstrument, das den Regeln des MTF oder OTF nicht mehr entspricht, aussetzen oder dieses Instrument vom Handel ausschließen, sofern die Anlegerinteressen oder das ordnungsgemäße Funktionieren des Marktes durch eine solche Aussetzung oder ein solchen Ausschluss nicht erheblich geschädigt werden könnten.

---

[1]) Nr. 11.

# 1 MiFiD II Art. 32

(2) *[1]* ¹Die Mitgliedstaaten schreiben vor, dass Wertpapierfirmen oder Marktbetreiber, die ein MTF oder OTF betreiben, das ein Finanzinstrument vom Handel aussetzt oder ausschließt, ebenfalls den Handel mit Derivaten gemäß Anhang I Abschnitt C Nummern 4 bis 10, die mit diesem Finanzinstrument verbunden sind oder sich darauf beziehen, aussetzt oder sie vom Handel ausschließt, wenn dies zur Verwirklichung der Ziele der Aussetzung des Handels mit dem zugrundeliegenden Finanzinstrument oder dessen Ausschlusses vom Handel erforderlich ist. ²Wertpapierfirmen oder Marktbetreiber, die ein MTF oder OTF betreiben, veröffentlichen ihre Entscheidung über die Aussetzung des Handels mit dem Finanzinstrument oder mit entsprechenden Derivaten oder deren Ausschluss vom Handel und übermitteln die einschlägigen Entscheidungen der für sie zuständigen Behörde.

*[2]* Die zuständige Behörde, in deren Zuständigkeitsbereich die Aussetzung oder der Ausschluss veranlasst wurde, schreibt vor, dass geregelte Märkte, andere MTF, andere OTF und systematische Internalisierer in ihrem Zuständigkeitsbereich, die mit demselben Finanzinstrument oder mit Derivaten gemäß Anhang I Abschnitt C Nummern 4 bis 10 dieser Richtlinie handeln, die mit dem betreffenden Finanzinstrument verbunden sind oder sich darauf beziehen, den Handel mit diesem Finanzinstrument oder diesen Derivaten ebenfalls aussetzen oder sie vom Handel ausschließen, sofern die Aussetzung oder der Ausschluss durch einen mutmaßlichen Marktmissbrauch, ein Übernahmeangebot oder die Nichtveröffentlichung von Insider-Informationen über den Emittenten oder das Finanzinstrument unter Verstoß gegen die Artikel 7 und 17 der Verordnung (EU) Nr. 596/2014[1]) bedingt ist, außer in den Fällen, in denen durch eine solche Aussetzung oder einen solchen Ausschluss die Anlegerinteressen oder das ordnungsgemäße Funktionieren des Marktes erheblich geschädigt werden könnten.

*[3]* Die zuständige Behörde veröffentlicht ihre Entscheidung unverzüglich und teilt diese der ESMA und den zuständigen Behörden der anderen Mitgliedstaaten mit.

*[4]* Die zuständigen Behörden der anderen Mitgliedstaaten, die eine entsprechende Mitteilung erhalten haben, schreiben vor, dass geregelte Märkte, andere MTF, andere OTF und systematische Internalisierer in ihrem Hoheitsbereich, die mit demselben Finanzinstrument oder mit Derivaten gemäß Anhang I Abschnitt C Nummern 4 bis 10 handeln, die mit dem betreffenden Finanzinstrument verbunden sind oder sich darauf beziehen, den Handel mit diesem Finanzinstrument oder diesen Derivaten ebenfalls aussetzen oder diese vom Handel ausschließen, sofern die Aussetzung oder der Ausschluss durch einen mutmaßlichen Marktmissbrauch, ein Übernahmeangebot oder die Nichtveröffentlichung von Insider-Informationen über den Emittenten oder das Finanzinstrument unter Verstoß gegen die Artikel 7 und 17 der Verordnung (EU) Nr. 596/2014 bedingt ist, außer in den Fällen, in denen durch eine solche Aussetzung oder einen solchen Ausschluss die Anlegerinteressen oder das ordnungsgemäße Funktionieren des Marktes erheblich geschädigt werden könnten.

*[5]* Jede zuständige Behörde, die eine entsprechende Meldung erhalten hat, teilt ihre Entscheidung der ESMA und den anderen zuständigen Behörden mit, einschließlich einer Erläuterung, falls sie entscheidet, den Handel mit dem

---

[1]) Nr. 11.

Finanzinstrument oder den Derivaten gemäß Anhang I Abschnitt C Nummern 4 bis 10, die mit diesem Finanzinstrument verbunden sind oder sich darauf beziehen, nicht auszusetzen bzw. diese nicht vom Handel auszuschließen.

*[6]* Dieser Absatz gilt auch, wenn die Aussetzung des Handels mit einem Finanzinstrument oder mit Derivaten gemäß Anhang I Abschnitt C Nummern 4 bis 10, die mit dem betreffenden Finanzinstrument verbunden sind oder sich darauf beziehen, aufgehoben wird.

*[7]* Das Meldeverfahren nach diesem Absatz gilt auch für den Fall, dass die Entscheidung über die Aussetzung des Handels mit einem Finanzinstrument oder mit Derivaten gemäß Anhang I Abschnitt C Nummern 4 bis 10, die mit dem betreffenden Finanzinstrument verbunden sind oder sich darauf beziehen, oder über deren Ausschluss vom Handel von der zuständigen Behörde gemäß Artikel 69 Absatz 2 Buchstaben m und n getroffen wird.

*[8]* Um sicherzustellen, dass die Verpflichtung zur Aussetzung oder zum Ausschluss des Handels mit solchen Derivaten im verhältnismäßig angewandt wird, erarbeitet die ESMA Entwürfe technischer Regulierungsstandards zur Bestimmung von Fällen, in denen die Verbindung zwischen einem Derivat gemäß Anhang I Abschnitt C Nummern 4 bis 10, das mit einem vom Handel ausgesetzten oder ausgeschlossenen Finanzinstrument verbunden ist oder sich darauf bezieht, und dem ursprünglichen Finanzinstrument es erfordert, dass der Handel mit dem Derivat ebenfalls ausgesetzt oder es vom Handel ausgeschlossen werden muss, um die Ziele der Aussetzung oder des Ausschlusses des zugrunde liegenden Finanzinstruments zu verwirklichen.

*[9]* Die ESMA legt der Kommission diese Entwürfe technischer Regulierungsstandards bis zum 3. Juli 2015 vor.

*[10]* Der Kommission wird die Befugnis übertragen, die in Unterabsatz 1 genannten technischen Regulierungsstandards gemäß den Artikeln 10 bis 14 der Verordnung (EU) Nr. 1095/2010[1]) zu erlassen.

(3) *[1]* Die ESMA arbeitet Entwürfe technischer Durchführungsstandards aus, um Format und Zeitpunkt der in Absatz 2 genannten Mitteilung und Veröffentlichung zu bestimmen.

*[2]* Die ESMA legt der Kommission diese Entwürfe technischer Durchführungsstandards bis zum 3. Januar 2016 vor.

*[3]* Der Kommission wird die Befugnis übertragen, die in Unterabsatz 1 genannten technischen Durchführungsstandards gemäß Artikel 15 der Verordnung (EU) Nr. 1095/2010 zu erlassen.

(4) Der Kommission wird die Befugnis übertragen, delegierte Rechtsakte gemäß Artikel 89 zu erlassen, um die Situationen aufzulisten, in denen gemäß Absatz 1 und 2 dieses Artikels die Anlegerinteressen oder das ordnungsgemäße Funktionieren des Marktes erheblich geschädigt würden.

### Abschnitt 4. KMU-Wachstumsmärkte

**Art. 33 KMU-Wachstumsmärkte.** (1) Die Mitgliedstaaten sehen vor, dass der Betreiber eines MTF die Registrierung des MTF als KMU-Wachstums-

---

[1]) Nr. 3.

# 1 MiFiD II Art. 33

markt bei der zuständigen Behörde seines Herkunftsmitgliedstaats beantragen kann.

(2) Die Mitgliedstaaten sehen vor, dass die zuständige Behörde des Herkunftsmitgliedstaats das MTF als KMU-Wachstumsmarkt registrieren kann, sofern sie einen Antrag gemäß Absatz 1 erhalten hat und davon überzeugt ist, dass die Anforderungen von Absatz 3 im Zusammenhang mit dem MTF erfüllt sind.

(3) Die Mitgliedstaaten stellen sicher, dass MTF wirksamen Regeln, Systemen und Verfahren unterliegen, durch die sichergestellt wird, dass die folgenden Anforderungen eingehalten werden:

a) Bei mindestens 50 % der Emittenten, deren Finanzinstrumente zum Handel auf dem MTF zugelassen sind, handelt es sich zum Zeitpunkt der Registrierung des MTF als KMU-Wachstumsmarkt und in jedem folgenden Kalenderjahr um kleine und mittlere Unternehmen.

b) Für die ursprüngliche und laufende Zulassung der Finanzinstrumente von Emittenten zum Handel auf dem Markt wurden geeignete Kriterien festgelegt.

c) Über die ursprüngliche Zulassung von Finanzinstrumenten zum Handel auf dem Markt wurden ausreichende Informationen veröffentlicht, so dass Anleger in der Lage sind, eine informierte Entscheidung darüber zu treffen, ob sie in das Finanzinstrument investieren wollen. Diese Informationen liegen entweder in Form eines Zulassungsdokuments oder eines Prospekts vor, falls die in der Richtlinie 2003/71/EG festgelegten Anforderungen im Hinblick auf ein öffentliches Angebot im Zusammenhang mit der ursprünglichen Zulassung des Finanzinstruments zum Handel auf dem MTF Anwendung finden.

d) Es findet eine geeignete laufende Finanzberichterstattung durch einen oder im Namen eines Emittenten am Markt statt, z.B. geprüfte Jahresberichte.

e) Die in Artikel 3 Absatz 1 Nummer 21 der Verordnung (EU) Nr. 596/2014[1]) definierten Emittenten auf dem Markt und die in Artikel 3 Absatz 1 Nummer 25 der Verordnung (EU) Nr. 596/2014 definierten Personen, die bei einem Emittenten Führungsaufgaben wahrnehmen, sowie die in Artikel 3 Absatz 1 Nummer 26 der Verordnung (EU) Nr. 596/2014 definierten Personen, die in enger Beziehung zu diesen stehen, erfüllen die jeweiligen Anforderungen, die für sie gemäß der Verordnung (EU) Nr. 596/2014 gelten.

f) Die gesetzlich vorgeschriebenen Informationen in Bezug auf die Emittenten auf dem Markt werden gespeichert und öffentlich verbreitet.

g) Es bestehen wirksame Systeme und Kontrollen, durch die ein Marktmissbrauch an dem betreffenden Markt gemäß der Verordnung (EU) Nr. 596/2014 erkannt und verhindert werden soll.

(4) [1]Die Einhaltung anderer Verpflichtungen im Zusammenhang mit dem Betrieb von MTF gemäß dieser Richtlinie durch die Wertpapierfirma oder den Marktbetreiber, die/der das MTF betreibt, wird durch die Anforderungen von Absatz 3 nicht berührt. [2]Diese hindern die Wertpapierfirma oder den Markt-

---

[1]) Nr. 11.

betreiber, die/der das MTF betreibt, auch nicht daran, zusätzliche Anforderungen festzulegen.

(5) Die Mitgliedstaaten sehen vor, dass die zuständige Behörde des Herkunftsmitgliedstaats die Registrierung eines MTF als KMU-Wachstumsmarkt unter den folgenden Umständen aufheben kann:

a) Die Wertpapierfirma oder der Marktbetreiber beantragt die Aufhebung;

b) die Anforderungen von Absatz 3 in Zusammenhang mit dem MTF werden nicht mehr erfüllt.

(6) [1] Die Mitgliedstaaten schreiben vor, dass die zuständige Behörde des Herkunftsmitgliedstaats die ESMA schnellstmöglich über die Registrierung bzw. die Aufhebung einer Registrierung eines MTF als KMU-Wachstumsmarkt gemäß diesem Artikel in Kenntnis setzt. [2] Die ESMA veröffentlicht auf ihrer Website ein Verzeichnis der KMU-Wachstumsmärkte und aktualisiert dieses Verzeichnis regelmäßig.

(7) [1] Die Mitgliedstaaten schreiben vor, dass ein Finanzinstrument eines Emittenten, das zum Handel auf einem KMU-Wachstumsmarkt zugelassen ist, nur auch auf einem anderen KMU-Wachstumsmarkt gehandelt werden kann, wenn der Emittent unterrichtet wurde und keine Einwände erhoben hat. [2] In einem solchen Fall entstehen dem Emittenten im Hinblick auf diesen anderen KMU-Wachstumsmarkt keine Verpflichtungen in Bezug auf die Unternehmensführung und -kontrolle oder erstmalige, laufende oder punktuelle Veröffentlichungen.

(8) [1] Der Kommission wird die Befugnis übertragen, delegierte Rechtsakte gemäß Artikel 89 zu erlassen, durch die die in Absatz 3 dieses Artikels festgelegten Anforderungen näher bestimmt werden. [2] In den Maßnahmen wird berücksichtigt, dass durch die Anforderungen ein hoher Anlegerschutz aufrechterhalten, das Vertrauen der Anleger auf diesen Märkten gefördert und gleichzeitig der Verwaltungsaufwand für die Emittenten am Markt verringert werden sollte und dass es nicht infolge einer lediglich vorübergehenden Nichteinhaltung der in Absatz 3 Buchstabe a dieses Artikels genannten Bedingungen zur Aufhebung oder Verweigerung einer Registrierung kommen soll.

(9) [1] Die Kommission setzt bis zum 1. Juli 2020 eine Gruppe sachverständiger Interessenträger ein, die das Funktionieren und den Erfolg der KMU-Wachstumsmärkte beobachtet. [2] Bis zum 1. Juli 2021 veröffentlicht die Gruppe sachverständiger Interessenträger einen Bericht über ihre Feststellungen.

## Kapitel III. Rechte von Wertpapierfirmen
## Art. 34 Freiheit der Wertpapierdienstleistung und der Anlagetätigkeit.

(1) *[1]* [1] Die Mitgliedstaaten stellen sicher, dass jede Wertpapierfirma, die von den zuständigen Behörden eines anderen Mitgliedstaats im Einklang mit dieser Richtlinie und bei Kreditinstituten im Einklang mit der Richtlinie 2013/36/EU zugelassen und beaufsichtigt wird, in ihrem Hoheitsgebiet ungehindert Wertpapierdienstleistungen erbringen und/oder Anlagetätigkeiten ausüben sowie Nebendienstleistungen erbringen kann, sofern diese Dienstleistungen und Tätigkeiten durch ihre Zulassung gedeckt sind. [2] Nebendienstleistungen dürfen nur in Verbindung mit einer Wertpapierdienstleistung und/oder Anlagetätigkeit erbracht werden.

*[2]* Die Mitgliedstaaten erlegen diesen Wertpapierfirmen oder Kreditinstituten in den von der vorliegenden Richtlinie erfassten Bereichen keine zusätzlichen Anforderungen auf.

(2) *[1]* Jede Wertpapierfirma, die im Hoheitsgebiet eines anderen Mitgliedstaats erstmals Dienstleistungen erbringen oder Anlagetätigkeiten ausüben möchte oder die Palette ihrer dort angebotenen Dienstleistungen oder Tätigkeiten ändern möchte, übermittelt der zuständigen Behörde ihres Herkunftsmitgliedstaats folgende Angaben:

a) den Mitgliedstaat, in dem sie ihre Tätigkeit auszuüben beabsichtigt;

b) einen Geschäftsplan, aus dem insbesondere hervorgeht, welche Wertpapierdienstleistungen und/oder Anlagetätigkeiten sowie Nebendienstleistungen sie im Hoheitsgebiet dieses Mitgliedstaats zu erbringen bzw. auszuüben beabsichtigt und ob sie beabsichtigt, hierfür vertraglich gebundene Vermittler heranzuziehen, die in ihrem Herkunftsmitgliedstaat niedergelassen sind. Beabsichtigt die Wertpapierfirma, vertraglich gebundene Vermittler heranzuziehen, teilt sie der zuständigen Behörde ihres Herkunftsmitgliedstaats die Namen dieser vertraglich gebundenen Vermittler mit.

*[2]* ¹Beabsichtigt eine Wertpapierfirma, im Hoheitsgebiet der Mitgliedstaaten, in denen sie Dienstleistungen zu erbringen beabsichtigt, vertraglich gebundene Vermittler heranzuziehen, die in ihrem Herkunftsmitgliedstaat niedergelassen sind, teilt die zuständige Behörde des Herkunftsmitgliedstaats der Wertpapierfirma innerhalb eines Monats nach Erhalt aller Informationen der gemäß Artikel 79 Absatz 1 als Kontaktstelle benannten zuständigen Behörde des Aufnahmemitgliedstaats den beziehungsweise die Namen der vertraglich gebundenen Vermittler mit, die die Wertpapierfirma in dem genannten Mitgliedstaat zur Erbringung von Wertpapierdienstleistungen und Anlagetätigkeiten heranzuziehen beabsichtigt. ²Der Aufnahmemitgliedstaat veröffentlicht die entsprechenden Angaben. ³Die ESMA kann nach dem Verfahren und unter den in Artikel 35 der Verordnung (EU) Nr. 1095/2010¹⁾ festgelegten Bedingungen den Zugang zu diesen Informationen beantragen.

(3) ¹Die zuständige Behörde des Herkunftsmitgliedstaats leitet diese Angaben innerhalb eines Monats nach Erhalt an die gemäß Artikel 79 Absatz 1 als Kontaktstelle benannte zuständige Behörde des Aufnahmemitgliedstaats weiter. ²Die Wertpapierfirma kann dann im Aufnahmemitgliedstaat die betreffenden Wertpapierdienstleistungen und Anlagetätigkeiten erbringen.

(4) ¹Bei einer Änderung der nach Absatz 2 übermittelten Angaben teilt die Wertpapierfirma der zuständigen Behörde des Herkunftsmitgliedstaats diese Änderung mindestens einen Monat vor Durchführung der Änderung schriftlich mit. ²Die zuständige Behörde des Herkunftsmitgliedstaats setzt die zuständige Behörde des Aufnahmemitgliedstaats von dieser Änderung in Kenntnis.

(5) *[1]* Jedes Kreditinstitut, das gemäß Absatz 1 Wertpapierdienstleistungen oder Anlagetätigkeiten sowie Nebendienstleistungen durch vertraglich gebundene Vermittler erbringen bzw. ausüben möchte, teilt der zuständigen Behörde seines Herkunftsmitgliedstaats die Namen dieser vertraglich gebundenen Vermittler mit.

*[2]* ¹Beabsichtigt das Kreditinstitut, im Hoheitsgebiet der Mitgliedstaaten, in denen es Dienstleistungen zu erbringen beabsichtigt, vertraglich gebundene

---

¹⁾ Nr. 3.

Vermittler heranzuziehen, die in seinem Herkunftsmitgliedstaat niedergelassen sind, teilt die zuständige Behörde des Herkunftsmitgliedstaats des Kreditinstituts innerhalb eines Monats nach Erhalt aller Informationen der gemäß Artikel 79 Absatz 1 als Kontaktstelle benannten zuständigen Behörde des Aufnahmemitgliedstaats den bzw. die Namen der vertraglich gebundenen Vermittler mit, die das Kreditinstitut in dem genannten Mitgliedstaat als Dienstleistungserbringer heranzuziehen beabsichtigt. [2] Der Aufnahmemitgliedstaat veröffentlicht die entsprechenden Angaben.

(6) Die Mitgliedstaaten gestatten Wertpapierfirmen und Marktbetreibern aus anderen Mitgliedstaaten, die MTF und OTF betreiben, ohne weitere rechtliche oder verwaltungstechnische Auflagen, in ihrem Hoheitsgebiet geeignete Systeme bereitzustellen, um Fernnutzern, -mitgliedern oder -teilnehmern in ihrem Hoheitsgebiet den Zugang zu sowie den Handel an ihren Märkten zu erleichtern.

(7) *[1]* [1] Wertpapierfirmen oder Marktbetreiber, die ein MTF oder OTF betreiben, teilen der zuständigen Behörde ihres Herkunftsmitgliedstaats mit, in welchem Mitgliedstaat sie derartige Systeme bereitzustellen beabsichtigen. [2] Die zuständige Behörde des Herkunftsmitgliedstaats übermittelt diese Angaben innerhalb eines Monats an die zuständige Behörde des Mitgliedstaats, in dem das MTF oder das OTF derartige Systeme bereitstellen möchte.

*[2]* Die zuständige Behörde des Herkunftsmitgliedstaats des MTF übermittelt der zuständigen Behörde des Aufnahmemitgliedstaats des MTF auf deren Ersuchen unverzüglich die Namen der Fernmitglieder oder -teilnehmer des in jenem Mitgliedstaat niedergelassenen MTF.

(8) *[1]* Die ESMA entwickelt Entwürfe technischer Regulierungsstandards zur Präzisierung der Angaben, die gemäß den Absätzen 2, 4, 5 und 7 zu übermitteln sind.

*[2]* Die ESMA legt der Kommission bis zum 3. Juli 2015 diese Entwürfe technischer Regulierungsstandards vor.

*[3]* Der Kommission wird die Befugnis übertragen, die in Unterabsatz 1 genannten technischen Regulierungsstandards gemäß den Artikeln 10 bis 14 der Verordnung (EU) Nr. 1095/2010 zu erlassen.

(9) *[1]* Die ESMA entwickelt nach Maßgabe der Absätze 2, 3, 4, 5 und 7 Entwürfe technischer Durchführungsstandards, um Standardformulare, Mustertexte und Verfahren für die Übermittlung von Angaben festzulegen.

*[2]* Die ESMA legt der Kommission bis 31. Dezember 2016 die Entwürfe dieser technischen Durchführungsstandards vor.

*[3]* Der Kommission wird die Befugnis übertragen, die in Unterabsatz 1 genannten technischen Durchführungsstandards gemäß Artikel 15 der Verordnung (EU) Nr. 1095/2010 zu erlassen.

**Art. 35 Errichtung einer Zweigniederlassung.** (1) *[1]* [1] Die Mitgliedstaaten stellen sicher, dass in ihrem Hoheitsgebiet Wertpapierdienstleistungen und/oder Anlagetätigkeiten sowie Nebendienstleistungen im Einklang mit dieser Richtlinie und der Richtlinie 2013/36/EU im Wege der Niederlassungsfreiheit – sei es durch die Errichtung einer Zweigniederlassung oder durch Heranziehung eines vertraglich gebundenen Vermittlers, der in einem anderen Mitgliedstaat als dem Herkunftsmitgliedstaat niedergelassen ist – erbracht bzw. ausgeübt werden können, sofern diese Dienstleistungen und Tätigkeiten von der der Wertpapierfirma oder dem Kreditinstitut im Herkunftsmitgliedstaat erteilten Zulassung abgedeckt sind. ²Nebendienstleistungen dürfen nur in Verbindung mit einer Wertpapierdienstleistung und/oder Anlagetätigkeit erbracht werden.

*[2]* Mit Ausnahme der nach Absatz 8 zulässigen Auflagen sehen die Mitgliedstaaten keine zusätzlichen Anforderungen an die Errichtung und den Betrieb einer Zweigniederlassung in den von dieser Richtlinie erfassten Bereichen vor.

(2) *[1]* Die Mitgliedstaaten schreiben jeder Wertpapierfirma, die im Hoheitsgebiet eines anderen Mitgliedstaats eine Zweigniederlassung errichten oder vertraglich gebundene Vermittler, die in einem anderen Mitgliedstaat niedergelassen sind, in dem sie keine Zweigniederlassung errichtet hat, heranziehen möchte, vor, die zuständige Behörde ihres Herkunftsmitgliedstaats zuvor davon in Kenntnis zu setzen und dieser folgende Angaben zu übermitteln:

a) die Mitgliedstaaten, in deren Hoheitsgebiet die Errichtung einer Zweigniederlassung geplant ist, oder die Mitgliedstaaten, in denen sie keine Zweigniederlassung errichtet hat, in denen sie jedoch vertraglich gebundene Vermittler, die dort niedergelassen sind, heranzuziehen beabsichtigt;

b) einen Geschäftsplan, aus dem unter anderem die Art der angebotenen Wertpapierdienstleistungen und/oder Anlagetätigkeiten sowie Nebendienstleistungen hervorgeht;

c) gegebenenfalls die Organisationsstruktur der Zweigniederlassung erläutert und angibt, ob beabsichtigt ist, dass die Zweigniederlassung vertraglich gebundene Vermittler heranzieht, sowie die Namen dieser vertraglich gebundenen Vermittler;

d) falls in einem Mitgliedstaat, in dem eine Wertpapierfirma keine Zweigniederlassung errichtet hat, vertraglich gebundene Vermittler herangezogen werden sollen, eine Beschreibung des beabsichtigten Einsatzes dieser Vermittler und der Organisationsstruktur, was auch Berichtslinien mit einschließt, aus denen hervorgeht, wie die Vermittler in die Unternehmensstruktur der Wertpapierfirma eingeordnet sind;

e) die Anschrift, unter der im Aufnahmemitgliedstaat Unterlagen angefordert werden können,

f) die Namen der verantwortlichen Geschäftsführer der Zweigniederlassung oder des vertraglich gebundenen Vermittlers.

*[2]* Zieht eine Wertpapierfirma einen vertraglich gebundenen Vermittler heran, der in einem anderen Mitgliedstaat als ihrem Herkunftsmitgliedstaat ansässig ist, wird dieser vertraglich gebundene Vermittler der Zweigniederlassung – sofern eine solche errichtet wurde – gleichgestellt und unterliegt in jedem Fall den für Zweigniederlassungen geltenden Bestimmungen dieser Richtlinie.

(3) Sofern die zuständige Behörde des Herkunftsmitgliedstaats in Anbetracht der geplanten Tätigkeiten keinen Grund hat, die Angemessenheit der Verwaltungsstrukturen oder der Finanzlage der Wertpapierfirma anzuzweifeln, übermittelt sie die Angaben innerhalb von drei Monaten nach Eingang sämtlicher Angaben der gemäß Artikel 79 Absatz 1 als Kontaktstelle benannten zuständigen Behörde des Aufnahmemitgliedstaats und teilt dies der betreffenden Wertpapierfirma mit.

(4) ¹Zusätzlich zu den Angaben gemäß Absatz 2 übermittelt die zuständige Behörde des Herkunftsmitgliedstaats der zuständigen Behörde des Aufnahme-

mitgliedstaats genaue Angaben zu dem anerkannten Anlegerentschädigungssystem, dem die Wertpapierfirma gemäß der Richtlinie 97/9/EG angeschlossen ist. ²Im Falle einer Änderung dieser Angaben teilt die zuständige Behörde des Herkunftsmitgliedstaats dies der zuständigen Behörde des Aufnahmemitgliedstaats mit.

(5) Verweigert die zuständige Behörde des Herkunftsmitgliedstaats die Übermittlung der Angaben an die zuständige Behörde des Aufnahmemitgliedstaats, nennt sie der betroffenen Wertpapierfirma innerhalb von drei Monaten nach Eingang sämtlicher Angaben die Gründe dafür.

(6) Nach Eingang einer Mitteilung der zuständigen Behörde des Aufnahmemitgliedstaats oder bei deren Nichtäußerung spätestens nach zwei Monaten nach Weiterleitung der Mitteilung durch die zuständige Behörde des Herkunftsmitgliedstaats, kann die Zweigniederlassung errichtet werden und ihre Tätigkeit aufnehmen.

(7) *[1]* Jedes Kreditinstitut, das zur Erbringung von Wertpapierdienstleistungen und/oder zur Ausübung von Anlagetätigkeiten und Nebendienstleistungen im Einklang mit dieser Richtlinie einen vertraglich gebundenen Vermittler heranziehen möchte, der in einem anderen Mitgliedstaat als seinem Herkunftsmitgliedstaat ansässig ist, teilt dies der zuständigen Behörde seines Herkunftsmitgliedstaats mit und übermittelt dieser die in Absatz 2 genannten Informationen.

*[2]* Sofern die zuständige Behörde des Herkunftsmitgliedstaats keinen Grund hat, die Angemessenheit der Verwaltungsstrukturen oder der Finanzlage des Kreditinstituts anzuzweifeln, übermittelt sie die Angaben innerhalb von drei Monaten nach Eingang sämtlicher Angaben der gemäß Artikel 79 Absatz 1 als Kontaktstelle benannten zuständigen Behörde des Aufnahmemitgliedstaats und teilt dies dem betreffenden Kreditinstitut mit.

*[3]* Verweigert die zuständige Behörde des Herkunftsmitgliedstaats die Übermittlung der Angaben an die zuständige Behörde des Aufnahmemitgliedstaats, nennt sie dem betreffenden Kreditinstitut innerhalb von drei Monaten nach Eingang sämtlicher Angaben die Gründe dafür.

*[4]* ¹Nach Eingang einer Mitteilung der zuständigen Behörde des Aufnahmemitgliedstaats oder bei Ausbleiben einer solchen Mitteilung spätestens nach zwei Monaten nach der Weiterleitung der Mitteilung durch die zuständige Behörde des Herkunftsmitgliedstaats, kann der vertraglich gebundene Vermittler seine Tätigkeit aufnehmen. ²Dieser vertraglich gebundene Vermittler unterliegt den für Zweigniederlassungen geltenden Bestimmungen dieser Richtlinie.

(8) *[1]* Der zuständigen Behörde des Mitgliedstaats, in dem sich die Zweigniederlassung befindet, obliegt es zu gewährleisten, dass die Zweigniederlassung bei Erbringung ihrer Leistungen im Hoheitsgebiet dieses Staates den Verpflichtungen nach den Artikeln 24, 25, 27 und 28 dieser Richtlinie und den Artikeln 14 bis 26 der Verordnung (EU) Nr. 600/2014[1]) sowie den im Einklang damit vom Aufnahmemitgliedstaat erlassenen Maßnahmen nachkommt, soweit sie gemäß Artikel 24 Absatz 12 zulässig sind.

*[2]* Die zuständige Behörde des Mitgliedstaats, in dem sich die Zweigniederlassung befindet, hat das Recht, die von der Zweigniederlassung getroffenen Vorkehrungen zu überprüfen und Änderungen zu verlangen, die zwingend

---

[1]) Nr. 2.

notwendig sind, um der zuständigen Behörde zu ermöglichen, die Einhaltung der Verpflichtungen gemäß den Artikeln 24, 25, 27 und 28, dieser Richtlinie und den Artikeln 14 bis 26 der Verordnung (EU) Nr. 600/2014 sowie den im Einklang damit erlassenen Maßnahmen in Bezug auf die Dienstleistungen und/oder Aktivitäten der Zweigniederlassung in ihrem Hoheitsgebiet zu überwachen.

(9) Jeder Mitgliedstaat sieht vor, dass die zuständige Behörde des Herkunftsmitgliedstaats einer Wertpapierfirma, die in einem anderen Mitgliedstaat zugelassen ist und in seinem Hoheitsgebiet eine Zweigniederlassung errichtet hat, in Wahrnehmung ihrer Pflichten und nach Unterrichtung der zuständigen Behörde des Aufnahmemitgliedstaats vor Ort Ermittlungen in dieser Zweigniederlassung vornehmen kann.

(10) [1] Bei einer Änderung der nach Absatz 2 übermittelten Angaben teilt die Wertpapierfirma der zuständigen Behörde des Herkunftsmitgliedstaats diese Änderung mindestens einen Monat vor Durchführung der Änderung schriftlich mit. [2] Die zuständige Behörde des Aufnahmemitgliedstaats wird von der zuständigen Behörde des Herkunftsmitgliedstaats ebenfalls über diese Änderung in Kenntnis gesetzt.

(11) *[1]* Die ESMA entwickelt Entwürfe technischer Regulierungsstandards zur Präzisierung der Angaben, die gemäß den Absätzen 2, 4, 7 und 10 zu übermitteln sind.

*[2]* Die ESMA legt der Kommission diese Entwürfe technischer Regulierungsstandards bis zum 3. Juli 2015 vor.

*[3]* Der Kommission wird die Befugnis übertragen, die in Unterabsatz 1 genannten technischen Regulierungsstandards gemäß den Artikeln 10 bis 14 der Verordnung (EU) Nr. 1095/2010[1]) zu erlassen.

(12) *[1]* Die ESMA entwickelt nach Maßgabe der Absätze 2, 3, 4, 7 und 10 Entwürfe technischer Durchführungsstandards, um Standardformulare, Mustertexte und Verfahren für die Übermittlung von Angaben festzulegen.

*[2]* Die ESMA legt der Kommission diese Entwürfe technischer Durchführungsstandards bis zum 3. Januar 2016 vor.

*[3]* Der Kommission wird die Befugnis übertragen, die in Unterabsatz 1 genannten technischen Durchführungsstandards gemäß Artikel 15 der Verordnung (EU) Nr. 1095/2010 zu erlassen.

**Art. 36 Zugang zu geregelten Märkten.** (1) Die Mitgliedstaaten schreiben vor, dass Wertpapierfirmen aus anderen Mitgliedstaaten, die zur Ausführung von Kundenaufträgen oder zum Handel auf eigene Rechnung berechtigt sind, auf eine der nachstehend genannten Arten Mitglied der in ihrem Hoheitsgebiet ansässigen geregelten Märkte werden können oder zu diesen Märkten Zugang haben:

a) unmittelbar durch Errichtung von Zweigniederlassungen in den Aufnahmemitgliedstaaten;

b) in Fällen, in denen die Handelsabläufe und -systeme des betreffenden Marktes für Geschäftsabschlüsse keine physische Anwesenheit erfordern, durch Fernmitgliedschaft in dem geregelten Markt oder Fernzugang zu diesem

---

[1]) Nr. 3.

ohne im Herkunftsmitgliedstaat des geregelten Marktes niedergelassen sein zu müssen.

(2) Die Mitgliedstaaten erlegen Wertpapierfirmen, die das Recht gemäß Absatz 1 in Anspruch nehmen, in den von dieser Richtlinie erfassten Bereichen keine zusätzlichen rechtlichen oder verwaltungstechnischen Auflagen auf.

**Art. 37 Zugang zu zentralen Gegenparteien, Clearing- und Abrechnungssystemen sowie Recht auf Wahl eines Abrechnungssystems.**

(1) *[1]* Unbeschadet der Titel III, IV bzw. V der Verordnung (EU) Nr. 648/2012 schreiben die Mitgliedstaaten vor, dass Wertpapierfirmen aus anderen Mitgliedstaaten in ihrem Hoheitsgebiet für den Abschluss von Geschäften mit Finanzinstrumenten oder die Vorkehrungen zum Abschluss von Geschäften mit Finanzinstrumenten das Recht auf direkten und indirekten Zugang zu zentralen Gegenparteien, Clearing- und Abrechnungssystemen haben.

*[2]* ¹Die Mitgliedstaaten schreiben vor, dass für den direkten und indirekten Zugang dieser Wertpapierfirmen zu diesen Einrichtungen dieselben nichtdiskriminierenden, transparenten und objektiven Kriterien gelten wie für inländische Mitglieder oder Teilnehmer. ²Die Mitgliedstaaten beschränken die Nutzung dieser Einrichtungen nicht auf Clearing und Abrechnung von Geschäften mit Finanzinstrumenten, die an einem Handelsplatz in ihrem Hoheitsgebiet getätigt werden.

(2) *[1]* Die Mitgliedstaaten schreiben vor, dass geregelte Märkte in ihrem Hoheitsgebiet allen ihren Mitgliedern oder Teilnehmern das Recht auf Wahl des Systems einräumen, über das die an diesem geregelten Markt getätigten Geschäfte mit Finanzmarktinstrumenten abgerechnet werden, vorausgesetzt, dass die folgenden Bedingungen erfüllt sind:

a) es bestehen die Verbindungen und Vereinbarungen zwischen dem gewählten Abrechnungssystem und jedem anderen System oder jeder anderen Einrichtung, die für eine effiziente und wirtschaftliche Abrechnung des betreffenden Geschäfts erforderlich sind,

b) die für die Überwachung des geregelten Marktes zuständige Behörde ist der Auffassung, dass die technischen Voraussetzungen für die Abrechnung der an dem geregelten Markt getätigten Geschäfte durch ein anderes Abrechnungssystem als das von dem geregelten Markt gewählte ein reibungsloses und ordnungsgemäßes Funktionieren der Finanzmärkte ermöglichen.

*[2]* ¹Diese Beurteilung der für den geregelten Markt zuständigen Behörde lässt die Zuständigkeit der nationalen Zentralbanken als Aufsichtsorgan von Abrechnungssystemen oder anderer für diese Systeme zuständigen Aufsichtsbehörden unberührt. ²Die zuständige Behörde berücksichtigt die von diesen Stellen bereits ausgeübte Aufsicht, um unnötige Doppelkontrollen zu vermeiden.

**Art. 38 Vereinbarungen mit einer zentralen Gegenpartei und über Clearing und Abrechnung in Bezug auf MTF.** (1) Die Mitgliedstaaten hindern Wertpapierfirmen und Marktbetreiber, die ein MTF betreiben, nicht daran, mit einer zentralen Gegenpartei oder Clearingstelle und einem Abwicklungssystem eines anderen Mitgliedstaats geeignete Vereinbarungen über Clearing und/oder Abwicklung einiger oder aller Geschäfte, die von den Mitgliedern oder Teilnehmern innerhalb ihrer Systeme getätigt werden, zu schließen.

(2) *[1]* Die zuständigen Behörden von Wertpapierfirmen und Marktbetreibern, die ein MTF betreiben, dürfen die Nutzung einer zentralen Gegenpartei, einer Clearingstelle und/oder eines Abwicklungssystems in einem anderen Mitgliedstaat nicht untersagen, es sei denn, dies ist für die Aufrechterhaltung des ordnungsgemäßen Funktionierens dieses geregelten Markts unumgänglich; die Bedingungen des Artikels 37 Absatz 2 für den Rückgriff auf Abwicklungssysteme sind zu berücksichtigen.

*[2]* Zur Vermeidung unnötiger Doppelkontrollen berücksichtigt die zuständige Behörde die von den Zentralbanken als Aufsichtsorgane von Clearing- und Abwicklungssystemen oder anderen für diese Systeme zuständigen Aufsichtsbehörden ausgeübte Aufsicht über das Clearing- und Abwicklungssystem.

### Kapitel IV. Erbringung von Wertpapierdienstleistungen und Anlagetätigkeiten durch Drittlandfirmen

### Abschnitt 1. Erbringung von Dienstleistungen oder Ausübung von Tätigkeiten durch Errichtung einer Zweigniederlassung

**Art. 39 Errichtung einer Zweigniederlassung.** (1) Die Mitgliedstaaten können vorschreiben, dass eine Drittlandfirma, die die Erbringung von Wertpapierdienstleistungen oder die Ausübung von Anlagetätigkeiten mit oder ohne Nebentätigkeiten für Kleinanleger oder für professionelle Kunden im Sinne von Anhang II Abschnitt 2 in ihrem Hoheitsgebiet beabsichtigt, eine Zweigniederlassung in diesem Mitgliedstaat errichten muss.

(2) Wenn ein Mitgliedstaat vorschreibt, dass eine Drittlandfirma, die beabsichtigt, in seinem Hoheitsgebiet Wertpapierdienstleistungen oder Anlagetätigkeiten mit oder ohne Nebentätigkeiten zu erbringen, eine Zweigniederlassung zu errichten hat, muss die Zweigniederlassung eine vorherige Zulassung der zuständigen Behörden dieses Mitgliedstaats in Einklang mit den folgenden Voraussetzungen einholen:

a) Die Erbringung der Dienstleistungen, für die die Drittlandfirma eine Zulassung beantragt, unterliegt der Zulassung und der Beaufsichtigung in dem Drittland, in dem die Firma ihren Sitz hat, und die beantragende Firma ist ordnungsgemäß zugelassen, wobei die zuständige Behörde die Empfehlungen der FATF zur Bekämpfung von Geldwäsche und Terrorismusfinanzierung gebührend berücksichtigt;

b) es bestehen Kooperationsvereinbarungen zwischen den zuständigen Behörden in dem Mitgliedstaat, in dem die Zweigniederlassung errichtet werden soll, und den zuständigen Aufsichtsbehörden des Drittlandes, in dem die Firma ihren Sitz hat, in denen Bestimmungen zur Regulierung des Informationsaustausches enthalten sind, um die Integrität des Marktes zu erhalten und die Anleger zu schützen;

c) der Zweigniederlassung steht ein ausreichendes Anfangskapital zur freien Verfügung;

d) eine oder mehrere Personen sind zur Leitung der Zweigniederlassung bestellt, und sie alle erfüllen die Anforderungen gemäß Artikel 9 Absatz 1;

e) das Drittland, in dem die Drittlandfirma ihren Sitz hat, hat mit dem Mitgliedstaat eine Vereinbarung unterzeichnet, in dem die Zweigniederlassung errichtet werden soll; diese Vereinbarung entspricht vollständig den Standards gemäß Artikel 26 des OECD-Musterabkommens zur Vermeidung von

Doppelbesteuerung von Einkommen und Vermögen und gewährleistet einen wirksamen Informationsaustausch in Steuerangelegenheiten, gegebenenfalls einschließlich multilateraler Steuervereinbarungen;

f) die Firma gehört einem System für die Entschädigung der Anleger an, das in Einklang mit der Richtlinie 97/9/EG zugelassen oder anerkannt ist.

(3) Die in Absatz 1 genannte Drittlandfirma reicht ihren Antrag bei der zuständigen Behörde des Mitgliedstaats ein, in dem sie beabsichtigt, eine Zweigniederlassung zu errichten.

**Art. 40 Mitteilungspflicht.** Eine Drittlandfirma, die eine Zulassung für die Erbringung von Wertpapierdienstleistungen oder die Ausübung von Anlagetätigkeiten mit oder ohne Nebentätigkeiten in dem Hoheitsgebiet eines Mitgliedstaats über eine Zweigniederlassung anstrebt, übermittelt der zuständigen Behörde dieses Mitgliedstaats die folgenden Angaben:

a) den Namen der für ihre Beaufsichtigung in dem betreffenden Drittland verantwortlichen Behörde; falls mehrere Behörden für die Beaufsichtigung verantwortlich sind, werden genaue Angaben zu den jeweiligen Zuständigkeitsbereichen gemacht;

b) sämtliche relevanten Firmenangaben (Name, Rechtsform, Firmensitz und Adresse, Mitglieder des Leitungsorgans, relevante Gesellschafter) und einen Geschäftsplan, in dem die Wertpapierdienstleistungen und/oder Anlagetätigkeiten und Nebendienstleistungen sowie die organisatorische Struktur der Zweigniederlassung angegeben sind, einschließlich einer Beschreibung jeglicher Auslagerung wichtiger betrieblicher Aufgaben an Dritte;

c) die Namen der für die Leitung der Zweigniederlassung verantwortlichen Personen und die entsprechenden Unterlagen, um die Einhaltung der Anforderungen nach Artikel 9 Absatz 1 nachzuweisen;

d) Angaben zu dem Anfangskapital, das der Zweigniederlassung zur freien Verfügung steht.

**Art. 41 Erteilung der Zulassung.** (1) *[1]* Die zuständige Behörde des Mitgliedstaats, in dem die Drittlandfirma ihre Zweigniederlassung errichtet hat oder zu errichten beabsichtigt, erteilt dieser eine Zulassung nur, wenn die zuständige Behörde davon überzeugt ist, dass

a) die Bedingungen des Artikels 39 erfüllt sind und

b) die Zweigniederlassung der Drittlandfirma in der Lage ist, die in den Absätzen 2 und 3 genannten Bestimmungen einzuhalten.

*[2]* Die zuständige Behörde teilt der Drittlandfirma binnen sechs Monaten nach Einreichung eines vollständigen Antrags mit, ob eine Zulassung erteilt wurde.

(2) *[1]* Die im Einklang mit Absatz 1 zugelassene Zweigniederlassung der Drittlandfirma kommt den Verpflichtungen der Artikel 16 bis 20, 23, 24, 25 und 27, des Artikels 28 Absatz 1 sowie der Artikel 30, 31 und 32 dieser Richtlinie und der Artikel 3 bis 26 der Verordnung (EU) Nr. 600/2014[1]) sowie den in Einklang damit erlassenen Maßnahmen nach und unterliegt der Beauf-

---

[1]) Nr. 2.

sichtigung durch die zuständige Behörde des Mitgliedstaats, in dem die Zulassung erteilt wurde.

*[2]* Die Mitgliedstaaten sehen keine zusätzlichen Anforderungen an die Errichtung und den Betrieb einer Zweigniederlassung in den von dieser Richtlinie erfassten Bereichen vor und gewähren Zweigniederlassungen von Drittlandfirmen keine günstigeren Bedingungen als Unionsfirmen.

*[3]* Die Mitgliedstaaten stellen sicher, dass die zuständigen Behörden der ESMA jährlich die Liste der auf ihrem Hoheitsgebiet tätigen Zweigniederlassungen von Drittlandfirmen übermittelt.

*[4]* Die ESMA veröffentlicht jährlich eine Liste der in der Union tätigen Zweigniederlassungen aus Drittländern, einschließlich des Namens der Drittlandfirma, der eine Zweigniederlassung angehört.

(3) Die gemäß Absatz 1 zugelassene Zweigniederlassung der Drittlandfirma übermittelt der zuständigen Behörde gemäß Absatz 2 jährlich folgende Angaben:

a) Umfang und Bandbreite der von der Zweigniederlassung in diesem Mitgliedstaat erbrachten Dienstleistungen und ausgeübten Tätigkeiten;

b) für Drittlandfirmen, welche die in Anhang I Abschnitt A Nummer 3 aufgeführte Tätigkeit ausüben, ihre monatliche Mindest-, Durchschnitts- und Höchstrisikoposition gegenüber Gegenparteien aus der EU;

c) für Drittlandfirmen, welche einer der in Anhang I Abschnitt A Nummer 6 aufgeführten Dienstleistungen erbringen, den Gesamtwert der von Gegenparteien aus der EU stammenden Finanzinstrumente, bei denen die Übernahme der Emission oder die Platzierung mit fester Übernahmeverpflichtung während der vorausgegangenen zwölf Monate durchgeführt wurde;

d) Umsatz und Gesamtwert der Vermögenswerte, die den unter Buchstabe a genannten Dienstleistungen und Tätigkeiten entsprechen;

e) eine detaillierte Beschreibung der den Kunden der Zweigniederlassung zur Verfügung stehenden Anlegerschutzmaßnahmen, einschließlich der aus dem System für die Entschädigung der Anleger gemäß Artikel 39 Absatz 2 Buchstabe f resultierenden Rechte dieser Kunden;

f) die von der Zweigniederlassung für die Dienstleistungen und Tätigkeiten gemäß Buchstabe a angewandte Risikomanagementstrategie und die entsprechenden Vorkehrungen;

g) die Unternehmensführungsregelung und Inhaber von Schlüsselfunktionen für die Tätigkeiten der Zweigniederlassung;

h) alle sonstigen Informationen, die nach Ansicht der zuständigen Behörde für eine umfassende Überwachung der Tätigkeiten der Zweigniederlassung erforderlich sind.

(4) Auf Ersuchen übermitteln die zuständigen Behörden der ESMA folgende Angaben:

a) alle Zulassungen der gemäß Absatz 1 zugelassenen Zweigniederlassungen und alle späteren Änderungen dieser Zulassungen;

b) Umfang und Bandbreite der von einer zugelassenen Zweigniederlassung in dem betreffenden Mitgliedstaat erbrachten Dienstleistungen und ausgeübten Tätigkeiten;

c) Umsatz und gesamte Vermögenswerte, die den unter Buchstabe b genannten Dienstleistungen und Tätigkeiten entsprechen;

d) den Namen der Drittlandsgruppe, der eine zugelassene Zweigniederlassung angehört.

(5) Die in Absatz 2 dieses Artikels genannten zuständigen Behörden, die zuständigen Behörden von Unternehmen, die derselben Gruppe angehören wie die gemäß Absatz 1 zugelassenen Zweigniederlassungen von Drittlandfirmen, sowie die ESMA und die EBA arbeiten eng zusammen, um sicherzustellen, dass alle Tätigkeiten dieser Gruppe in der Union einer umfassenden, einheitlichen und wirksamen Aufsicht gemäß dieser Richtlinie, der Verordnung (EU) Nr. 575/2013, der Verordnung (EU) Nr. 600/2014, der Verordnung (EU) 2019/2033, der Richtlinie 2013/36/EU und der Richtlinie (EU) 2019/2034 unterliegen.

(6) *[1]* Die ESMA arbeitet Entwürfe technischer Durchführungsstandards aus, in denen sie das Format präzisiert, in dem die in Absätze 3 und 4 genannten Angaben zu übermitteln sind.

*[2]* Die ESMA legt der Kommission diese Entwürfe technischer Durchführungsstandards bis zum 26. September 2020 vor.

*[3]* Der Kommission wird die Befugnis übertragen, diese Richtlinie zu ergänzen, indem die in Unterabsatz 1 genannten technischen Durchführungsstandards gemäß Artikel 15 der Verordnung (EU) Nr. 1095/2010[1]) erlassen werden.

### Art. 42 Erbringung von Dienstleistungen auf Veranlassung des Kunden.

(1) *[1]* Wenn Kleinanleger oder professionelle Kunden im Sinne von Anhang II Abschnitt II, die in der Union ansässig oder niedergelassen sind, ausschließlich in Eigeninitiative die Erbringung einer Wertpapierdienstleistung oder die Ausübung einer Anlagetätigkeit durch eine Drittlandfirma veranlassen, stellen die Mitgliedstaaten sicher, dass die Anforderung einer Zulassung nach Artikel 39 nicht für die Erbringung dieser Dienstleistung oder die Ausübung dieser Tätigkeit, einschließlich Beziehungen, die in direktem Zusammenhang mit der Erbringung dieser Dienstleistung oder der Ausübung dieser Tätigkeit stehen, gilt.

*[2]* Wenn eine Drittlandfirma – auch über ein Unternehmen, das in ihrem Namen handelt oder enge Verbindungen zu dieser Drittlandfirma hat, oder eine andere im Namen dieses Unternehmens handelnde Person – sich aktiv um Kunden oder potenzielle Kunden in der Union bemüht, darf dies nicht als ein Dienst angesehen werden, der auf eigene ausschließliche Veranlassung des Kunden erbracht wird; dies gilt unbeschadet von gruppeninternen Beziehungen.

(2) Eine Initiative eines in Absatz 1 genannten Kunden berechtigt die Drittlandfirma nicht, neue Kategorien von Anlageprodukten oder Wertpapierdienstleistungen diesem Kunden auf anderem Wege als über die Zweigniederlassung zu vermarkten, wenn eine solche nach nationalem Recht vorgeschrieben ist.

---

[1]) Nr. 3.

## Abschnitt 2. Entzug von Zulassungen

**Art. 43 Entzug der Zulassung.** Die zuständige Behörde, die eine Zulassung gemäß Artikel 41 erteilt hat, kann der Drittlandfirma die Zulassung entziehen, wenn diese Drittlandfirma

a) nicht binnen zwölf Monaten von der Zulassung Gebrauch macht, ausdrücklich auf sie verzichtet oder in den sechs vorhergehenden Monaten keine Wertpapierdienstleistungen erbracht oder Anlagetätigkeit ausgeübt hat, es sei denn, der betreffende Mitgliedstaat sieht in diesen Fällen das Erlöschen der Zulassung vor;

b) die Zulassung aufgrund falscher Angaben oder auf sonstige rechtswidrige Weise erhalten hat,

c) die Voraussetzungen, auf denen die Zulassung beruhte, nicht mehr erfüllt;

d) schwerwiegend und systematisch gegen die Bestimmungen dieser Richtlinie verstoßen hat, die die Bedingungen für die Ausübung der Tätigkeit einer Wertpapierfirma regeln und auf Drittlandfirmen Anwendung finden;

e) einen der Fälle erfüllt, in denen das nationale Recht in Bezug auf Angelegenheiten, die außerhalb des Anwendungsbereichs dieser Richtlinie liegen, den Entzug vorsieht.

## Titel III. Geregelte Märkte

**Art. 44 Zulassung und anwendbares Recht.** (1) *[1]* Die Mitgliedstaaten lassen nur diejenigen Systeme als geregelten Markt zu, die diesem Titel genügen.

*[2]* Die Zulassung als geregelter Markt wird nur erteilt, wenn die zuständige Behörde sich davon überzeugt hat, dass sowohl der Marktbetreiber als auch die Systeme des geregelten Marktes zumindest den Anforderungen dieses Titels genügen.

*[3]* Handelt es sich bei einem geregelten Markt um eine juristische Person, die von einem anderen Marktbetreiber als dem geregelten Markt selbst verwaltet oder betrieben wird, legen die Mitgliedstaaten fest, welche der verschiedenen Verpflichtungen des Marktbetreibers nach dieser Richtlinie von dem geregelten Markt und welche vom Marktbetreiber zu erfüllen sind.

*[4]* Der Marktbetreiber stellt alle Angaben, einschließlich eines Geschäftsplans, aus dem unter anderem die Arten der in Betracht gezogenen Geschäfte und die Organisationsstruktur hervorgehen, zur Verfügung, damit die zuständige Behörde prüfen kann, ob der geregelte Markt bei der Erstzulassung alle erforderlichen Vorkehrungen getroffen hat, um seinen Verpflichtungen gemäß diesem Titel nachzukommen.

(2) [1] Die Mitgliedstaaten schreiben vor, dass der Marktbetreiber die mit der Organisation und dem Betrieb des geregelten Marktes zusammenhängenden Aufgaben unter der Aufsicht der zuständigen Behörde wahrnimmt. [2] Die Mitgliedstaaten stellen sicher, dass die zuständigen Behörden die geregelten Märkte regelmäßig auf die Einhaltung dieses Titels hin überprüfen. [3] Sie stellen ferner sicher, dass die zuständigen Behörden überwachen, ob die geregelten Märkte jederzeit die Voraussetzungen für die Erstzulassung nach diesem Titel erfüllen.

(3) *[1]* Die Mitgliedstaaten stellen sicher, dass der Marktbetreiber dafür verantwortlich ist, zu gewährleisten, dass der geregelte Markt, den er verwaltet, den in diesem Titel festgelegten Anforderungen genügt.

*[2]* Die Mitgliedstaaten stellen ferner sicher, dass der Marktbetreiber die Rechte wahrnehmen darf, die dem von ihm verwalteten geregelten Markt durch diese Richtlinie zustehen.

(4) Unbeschadet etwaiger einschlägiger Bestimmungen der Verordnung (EU) Nr. 596/2014[1)] oder der Richtlinie 2014/57/EU unterliegt der nach den Systemen des geregelten Marktes betriebene Handel dem öffentlichen Recht des Herkunftsmitgliedstaats des geregelten Marktes.

(5) Die zuständige Behörde kann einem geregelten Markt die Zulassung entziehen, wenn dieser

a) nicht binnen zwölf Monaten von der Zulassung Gebrauch macht, ausdrücklich auf die Zulassung verzichtet oder in den sechs vorhergehenden Monaten nicht tätig gewesen ist, es sei denn, der betreffende Mitgliedstaat sieht in diesen Fällen das Erlöschen der Zulassung vor;

b) die Zulassung aufgrund falscher Angaben oder auf sonstige rechtswidrige Weise erhalten hat,

c) die Voraussetzungen, auf denen die Zulassung beruhte, nicht mehr erfüllt;

d) in schwerwiegender Weise systematisch gegen die Bestimmungen zur Durchführung dieser Richtlinie oder der Verordnung (EU) Nr. 600/2014[2)] verstoßen hat;

e) einen der Fälle erfüllt, in denen das nationale Recht den Entzug vorsieht.

(6) Jeder Entzug der Zulassung wird der ESMA mitgeteilt.

### Art. 45 Anforderungen an das Leitungsorgan eines Marktbetreibers.

(1) [1] Die Mitgliedstaaten schreiben vor, dass sämtliche Mitglieder des Leitungsorgans eines Marktbetreibers zu jeder Zeit ausreichend gut beleumundet sind und ausreichende Kenntnisse, Fähigkeiten und Erfahrungen besitzen, um ihre Aufgaben wahrnehmen zu können. [2] Die Zusammensetzung des Leitungsorgans spiegelt ferner insgesamt ein angemessen breites Spektrum an Erfahrung wider.

(2) [1] Die Mitglieder des Leitungsorgans erfüllen insbesondere die folgenden Anforderungen:

a) Alle Mitglieder des Leitungsorgans widmen der Wahrnehmung ihrer Funktionen für den Marktbetreiber ausreichend Zeit. Die Zahl der Leitungsfunktionen, die ein Mitglied des Leitungsorgans in einer rechtlichen Einheit gleichzeitig wahrnehmen kann, richtet sich nach den einzelnen Umständen sowie nach Art, Umfang und Komplexität der Tätigkeiten des Marktbetreibers.

Sofern sie nicht den Mitgliedstaat vertreten, beschränken die Mitglieder des Leitungsorgans von Marktbetreibern, die aufgrund ihrer Größe, ihrer internen Organisation und der Art, des Umfangs und der Komplexität ihrer Geschäfte von erheblicher Bedeutung sind, die Kumulierung auf eine der folgenden Kombinationen:

---

[1)] Nr. 11.
[2)] Nr. 2.

i) eine Leitungsfunktion mit zwei Aufsichtsfunktionen,
ii) vier Aufsichtsfunktionen.

Leitungs- oder Aufsichtsfunktionen innerhalb derselben Gruppe oder innerhalb von Unternehmen, an denen der Marktbetreiber über eine qualifizierte Beteiligung verfügt, werden als eine einzige Funktion betrachtet.

Die zuständigen Behörden können Mitgliedern des Leitungsorgans genehmigen, eine weitere Aufsichtsfunktion auszuüben. Die zuständigen Behörden unterrichten die EBA regelmäßig über derartige Genehmigungen.

Die Leitungs- oder Aufsichtsfunktionen in Organisationen, die nicht vorwiegend kommerzielle Ziele verfolgen, sind von den Beschränkungen der Zahl der Leitungs- und Aufsichtsfunktionen, die ein Mitglied des Leitungsorgans wahrnehmen kann, ausgenommen.

b) Das Leitungsorgan verfügt kollektiv über die zum Verständnis der Tätigkeiten des Marktbetreibers samt seinen Hauptrisiken notwendigen Kenntnisse, Fähigkeiten und Erfahrungen.

c) Jedes Mitglied des Leitungsorgans handelt aufrichtig, integer und unvoreingenommen, um die Entscheidungen der Geschäftsleitung wirksam zu beurteilen und erforderlichenfalls in Frage zu stellen und die Entscheidungsfindung wirksam zu kontrollieren und zu überwachen.

(3) Die Marktbetreiber setzen für die Einführung der Mitglieder des Leitungsorgans in ihr Amt und deren Schulung Personal und Finanzressourcen in angemessenem Umfang ein.

(4) *[1]* Die Mitgliedstaaten stellen sicher, dass Marktbetreiber, die aufgrund ihrer Größe, ihrer internen Organisation und der Art, des Umfangs und der Komplexität ihrer Geschäfte von erheblicher Bedeutung sind, einen Nominierungsausschuss einsetzen, der sich aus Mitgliedern des Leitungsorgans zusammensetzt, die bei dem betreffenden Marktbetreiber keine Geschäftsführungsaufgaben wahrnehmen.

*[2]* Der Nominierungsausschuss hat folgende Aufgaben:

a) Ist im Leitungsorgan eine Stelle zu besetzen, ermittelt er Bewerber und empfiehlt diese dem Leitungsorgan oder der Hauptversammlung zur Zustimmung. Dabei bewertet der Nominierungsausschuss die Ausgewogenheit der Kenntnisse und Fähigkeiten, der Diversität und der Erfahrungen des Leitungsorgans. Darüber hinaus erstellt der Ausschuss eine Aufgabenbeschreibung mit Bewerberprofil und beurteilt den mit der Aufgabe verbundenen Zeitaufwand. Ferner entscheidet der Nominierungsausschuss über eine Zielvorgabe für die Vertretung des unterrepräsentierten Geschlechts im Leitungsorgan, und erstellt eine Strategie für die Anhebung des Anteils des unterrepräsentierten Geschlechts im Leitungsorgan, um diese Zielvorgabe zu erreichen.

b) Er bewertet regelmäßig und zumindest einmal jährlich die Struktur, Größe, Zusammensetzung und Leistung des Leitungsorgans und empfiehlt diesem etwaige Änderungen.

c) Er bewertet regelmäßig und zumindest einmal jährlich die Kenntnisse, Fähigkeiten und Erfahrung sowohl der einzelnen Mitglieder des Leitungsorgans in seiner geschäftsführenden Funktion als auch des Leitungsorgans insgesamt und informiert das Leitungsorgan entsprechend.

d) Er überprüft den Kurs des Leitungsorgans bei der Auswahl und Bestellung der Geschäftsleitung und richtet Empfehlungen an das Leitungsorgan.

*[3]* Bei der Wahrnehmung seiner Aufgaben berücksichtigt der Nominierungsausschuss soweit wie möglich und kontinuierlich, die Notwendigkeit, sicherzustellen, dass die Entscheidungen des Leitungsorgans nicht von einer einzigen Person oder einer kleinen Gruppe von Personen in einer Weise beherrscht werden, die für die Interessen des Marktbetreibers als Ganzem von Nachteil ist.

*[4]* Bei der Wahrnehmung seiner Aufgaben kann der Nominierungsausschuss auf alle Ressourcen zurückgreifen, die er für angemessen hält, einschließlich externer Berater.

*[5]* Ist das Leitungsorgan nach nationalem Recht in keiner Weise an der Auswahl und Bestellung seiner Mitglieder beteiligt, findet dieser Absatz keine Anwendung.

(5) Die Mitgliedstaaten oder die zuständigen Behörden verlangen von Marktbetreibern und deren Nominierungsausschüssen, dass sie bei der Berufung von Mitgliedern in das Leitungsorgan auf eine große Bandbreite von Eigenschaften und Fähigkeiten achten und zu diesem Zweck eine Politik der Förderung von Diversität innerhalb des Leitungsorgans verfolgen.

(6) *[1]* Die Mitgliedstaaten stellen sicher, dass das Leitungsorgan eines Marktbetreibers die Umsetzung der Unternehmensführungsregelungen, die die wirksame und umsichtige Führung einer Organisation sicherstellen und unter anderem eine Aufgabentrennung in der Organisation und die Vorbeugung von Interessenkonflikten vorsehen, auf eine Weise festlegt und überwacht, durch die die Integrität des Markts gefördert wird.

*[2]* Die Mitgliedstaaten sorgen dafür, dass das Leitungsorgan die Wirksamkeit der Unternehmensführungsregelungen des Marktbetreibers überwacht und regelmäßig bewertet und angemessene Schritte zur Behebung etwaiger Defizite einleitet.

*[3]* Die Mitglieder des Leitungsorgans haben einen angemessenen Zugang zu den Informationen und Dokumenten, die für die Beaufsichtigung und Überwachung der Entscheidungsfindung der Geschäftsleitung erforderlich sind.

(7) *[1]* Die zuständige Behörde verweigert die Zulassung, wenn sie nicht davon überzeugt ist, dass die Mitglieder des Leitungsorgans des Marktbetreibers gut beleumdet sind, über ausreichende Kenntnisse, Fähigkeiten und Erfahrungen besitzen und der Wahrnehmung ihrer Aufgaben ausreichend Zeit widmen, oder wenn objektive und nachweisbare Gründe für die Vermutung vorliegen, dass die Geschäftsleitung des Marktbetreibers dessen wirksame, solide und umsichtige Führung sowie die angemessene Berücksichtigung der Marktintegrität gefährden könnte.

*[2]* Die Mitgliedstaaten stellen sicher, dass bei der Zulassung eines geregelten Markts davon ausgegangen wird, dass die Personen, die die Geschäfte und den Betrieb eines bereits in Einklang mit dieser Richtlinie zugelassenen geregelten Markts tatsächlich leiten, die Anforderungen von Absatz 1 erfüllen.

(8) Die Mitgliedstaaten schreiben vor, dass der Marktbetreiber der zuständigen Behörde die Namen aller Mitglieder seines Leitungsorgans und jede Änderung in dessen Zusammensetzung sowie alle Informationen übermittelt, die

erforderlich sind, um zu beurteilen, ob der Marktbetreiber die Bestimmungen der Absätze 1 bis 5 erfüllt.

(9) *[1]* Die ESMA gibt Leitlinien heraus zu

a) dem Konzept des ausreichenden Zeitaufwands, d.h. der Zeit, die ein Mitglied des Leitungsorgans für die Wahrnehmung seiner Aufgaben aufwenden muss, damit dies im Verhältnis zu den Umständen im Einzelfall und zu Art, Umfang und Komplexität der Geschäfte des Marktbetreibers als ausreichend anzusehen ist,

b) notwendigen Kenntnisse, Fähigkeiten und Erfahrungen, über die das Leitungsorgan nach Absatz 2 Buchstabe b kollektiv verfügen muss;

c) Aufrichtigkeit, Integrität und Unvoreingenommenheit eines Mitglieds des Leitungsorgans im Sinne des Absatzes 2 Buchstabe c;

d) dem Konzept des angemessenem Umfangs von Personal und Finanzressourcen für die Einführung der Mitglieder des Leitungsorgans in ihr Amt und deren Schulung im Sinne des Absatzes 3;

e) dem Konzept der Diversität als einem gemäß Absatz 5 bei der Auswahl der Mitglieder des Leitungsorgans heranzuziehenden Kriterium.

*[2]* Die ESMA gibt diese Leitlinien bis zum 3. Januar 2016 heraus.

**Art. 46 Anforderungen an Personen mit wesentlichem Einfluss auf die Verwaltung des geregelten Marktes.** (1) Die Mitgliedstaaten schreiben vor, dass die Personen, die direkt oder indirekt tatsächlich wesentlichen Einfluss auf die Verwaltung des geregelten Marktes nehmen können, die zu diesem Zweck erforderliche Eignung besitzen müssen.

(2) Die Mitgliedstaaten schreiben vor, dass der Marktbetreiber des geregelten Marktes

a) der zuständigen Behörde Angaben zu den Eigentumsverhältnissen des geregelten Marktes und/oder des Marktbetreibers, insbesondere die Namen aller Parteien, die wesentlichen Einfluss auf seine Geschäftsführung nehmen können, und die Höhe ihrer Beteiligung vorlegt und diese Informationen veröffentlicht;

b) die zuständige Behörde über jede Eigentumsübertragung, die den Kreis derjenigen verändert, die wesentlichen Einfluss auf die Führung des geregelten Marktes nehmen, unterrichtet und diese Übertragung veröffentlicht.

(3) Die zuständige Behörde verweigert die Genehmigung vorgeschlagener Änderungen der Mehrheitsbeteiligung des geregelten Marktes und/oder des Marktbetreibers, wenn objektive und nachweisbare Gründe für die Vermutung vorliegen, dass sie die solide und umsichtige Verwaltung des geregelten Marktes gefährden würden.

**Art. 47 Organisatorische Anforderungen.** (1) Die Mitgliedstaaten schreiben vor, dass der geregelte Markt

a) Vorkehrungen trifft, mit denen sich etwaige nachteilige Auswirkungen von Interessenkonflikten zwischen dem geregelten Markt, seinen Eigentümern oder seinem Marktbetreiber und dem einwandfreien Funktionieren des geregelten Marktes auf den Betrieb des geregelten Marktes oder seine Mitglieder oder Teilnehmer klar erkennen und regeln lassen, und zwar insbesondere dann, wenn solche Interessenkonflikte die Erfüllung von Aufgaben, die dem geregelten Markt von der zuständigen Behörde übertragen wurden, behindern könnten;

b) um angemessen für die Steuerung ihrer Risiken ausgestattet zu sein, angemessene Vorkehrungen und Systeme zur Ermittlung aller für ihren Betrieb wesentlichen Risiken zu schaffen und wirksame Maßnahmen zur Begrenzung dieser Risiken zu treffen,

c) Vorkehrungen für eine solide Verwaltung der technischen Abläufe des Systems, einschließlich wirksamer Notmaßnahmen für den Fall eines Systemzusammenbruchs, trifft;

d) transparente und nichtdiskretionäre Regeln und Verfahren für einen fairen und ordnungsgemäßen Handel sowie objektive Kriterien für eine effiziente Auftragsausführung festlegt;

e) um über wirksame Vorkehrungen zu verfügen, die einen reibungslosen und rechtzeitigen Abschluss der innerhalb seiner Systeme ausgeführten Geschäfte erleichtern,

f) um bei der Zulassung und fortlaufend über ausreichende Finanzmittel zu verfügen, um ihr ordnungsgemäßes Funktionieren zu erleichtern, wobei der Art und dem Umfang der an dem geregelten Markt abgeschlossenen Geschäfte sowie dem Spektrum und der Höhe der Risiken, denen sie ausgesetzt sind, Rechnung zu tragen ist.

(2) Die Mitgliedstaaten gestatten Marktbetreibern nicht, an einem von ihnen betriebenen geregelten Markt Kundenaufträge unter Einsatz des Eigenkapitals auszuführen oder auf die Zusammenführung sich deckender Kundenaufträge zurückzugreifen.

### Art. 48 Belastbarkeit der Systeme, Notfallsicherungen („circuit breakers") und elektronischer Handel.

(1) Die Mitgliedstaaten schreiben vor, dass ein geregelter Markt über wirksame Systeme, Verfahren und Vorkehrungen verfügt, um sicherzustellen, dass seine Handelssysteme belastbar sind und über ausreichende Kapazitäten für Spitzenvolumina an Aufträgen und Mitteilungen verfügen, in der Lage sind, unter extremen Stressbedingungen auf den Märkten einen ordnungsgemäßen Handel zu gewährleisten, vollständig geprüft sind um zu gewährleisten, dass diese Bedingungen erfüllt sind, und wirksamen Notfallvorkehrungen unterliegen, um im Fall von Störungen in seinen Handelssystemen die Kontinuität seines Geschäftsbetriebs zu gewährleisten.

(2) Die Mitgliedstaaten schreiben vor, dass ein geregelter Markt über

a) schriftliche Vereinbarungen mit allen Wertpapierfirmen, die eine Market-Making-Strategie an dem geregelten Markt verfolgen, und

b) Systeme, durch die sichergestellt wird, dass an diesen Vereinbarungen eine ausreichende Zahl an Wertpapierfirmen teilnimmt, die feste Kurse zu wettbewerbsfähigen Preisen abgeben, wodurch dem Markt regelmäßig und vorhersehbar Liquidität zugeführt wird, wenn eine solche Anforderung der Art und dem Umfang der Handelstätigkeit an diesem geregelten Markt angemessen ist, verfügt.

(3) [1] In der im Absatz 2 genannten schriftlichen Vereinbarung ist mindestens Folgendes festgelegt:

## 1 MiFiD II Art. 48           RL 2014/65/EU

a) die Verpflichtungen der Wertpapierfirma im Zusammenhang mit der Zuführung von Liquidität und gegebenenfalls sonstige Verpflichtungen, die sich aus der Teilnahme an dem in Absatz 2 genannten System ergeben;
b) etwaige Anreize in Form von Rabatten oder sonstigem, die vom geregelten Markt einer Wertpapierfirma dafür angeboten werden, dass sie dem Markt regelmäßig und vorhersehbar Liquidität zuführt, und gegebenenfalls sonstige Rechte, die die Wertpapierfirma aufgrund ihrer Teilnahme an dem in Absatz 2 genannten System erwirbt.

*[2]* $^1$Es obliegt dem geregelten Markt, zu überwachen und dafür zu sorgen, dass die Wertpapierfirmen den Anforderungen dieser rechtlich bindenden schriftlichen Vereinbarungen nachkommen. $^2$Der geregelte Markt teilt der zuständigen Behörde den Inhalt der rechtlich bindenden Vereinbarung mit und legt der zuständigen Behörde auf Anfrage alle weiteren Informationen vor, die erforderlich sind, damit die zuständige Behörde prüfen kann, ob der geregelte Markt diesen Absatz einhält.

(4) Die Mitgliedstaaten schreiben vor, dass ein geregelter Markt über wirksame Systeme, Verfahren und Vorkehrungen verfügt, um Aufträge abzulehnen, die die im Voraus festgelegten Grenzen für Volumina und Kurse überschreiten oder eindeutig irrtümlich zustande kamen.

(5) *[1]* $^1$Die Mitgliedstaaten schreiben vor, dass ein geregelter Markt in der Lage zu sein hat, den Handel vorübergehend einzustellen oder einzuschränken, wenn es kurzfristig zu einer erheblichen Preisbewegung bei einem Finanzinstrument auf diesem Markt oder einem benachbarten Markt kommt, und dass er in Ausnahmefällen in der Lage zu sein hat, jedes Geschäft zu stornieren, zu ändern oder zu berichtigen. $^2$Die Mitgliedstaaten schreiben vor, dass ein geregelter Markt sicherzustellen hat, dass die Parameter für die Einstellung des Handels so in geeigneter Weise austariert werden, dass der Liquidität bei den einzelnen Kategorien und Teilkategorien von Vermögenswerten, der Art des Marktmodells und der Art der Nutzer Rechnung getragen wird und die Möglichkeit besteht, wesentliche Störungen eines ordnungsgemäßen Handels zu unterbinden.

*[2]* $^1$Die Mitgliedstaaten sorgen dafür, dass ein geregelter Markt die Parameter für die Einstellung des Handels und wesentliche Änderungen an ihnen der zuständigen Behörde auf kohärente und vergleichbare Weise meldet und dass die zuständige Behörde sie ihrerseits der ESMA meldet. $^2$Die Mitgliedstaaten schreiben vor, dass bei Einstellung des Handels in einem Mitgliedstaat durch einen geregelten Markt, der für die Liquidität in Bezug auf dieses Finanzinstrument maßgeblich ist, dieser Handelsplatz über die Systeme und Verfahren verfügt, die notwendig sind um sicherzustellen, dass er die zuständigen Behörden benachrichtigt, damit diese eine marktweite Reaktion koordinieren und entscheiden können, ob es angemessen ist, den Handel an anderen Handelsplätzen, an denen das Finanzinstrument gehandelt wird, einzustellen, bis der Handel am ursprünglichen Markt wieder aufgenommen wird.

(6) Die Mitgliedstaaten setzen voraus, dass ein geregelter Markt über wirksame Systeme, Verfahren und Vorkehrungen verfügt, einschließlich der Anforderung, dass Mitglieder oder Teilnehmer angemessene Tests von Algorithmen durchführen und ein Umfeld schaffen, um solche Tests zu vereinfachen, um sicherzustellen, dass algorithmischen Handelssysteme keine marktstörenden Handelsbedingungen auf dem Markt schaffen oder zu solchen beitragen, und

um etwaige marktstörende Handelsbedingungen, die sich aus algorithmischen Handelssystemen ergeben, zu kontrollieren, einschließlich Systeme zur Begrenzung des Verhältnisses nicht ausgeführter Handelsaufträge zu Geschäften, die von einem Mitglied oder Teilnehmer in das System eingegeben werden können, mit dem Ziel das Auftragsaufkommen zu verlangsamen, wenn das Risiko besteht, dass seine Systemkapazität erreicht wird, und die kleinstmögliche Tick-Größe zu begrenzen und durchzusetzen, die auf dem Markt ausgeführt werden kann.

(7) *[1]* Die Mitgliedstaaten schreiben vor, dass ein geregelter Markt, der einen direkten elektronischen Zugang gestattet, über wirksame Systeme, Verfahren und Vorkehrungen verfügt um sicherzustellen, dass die Mitglieder oder Teilnehmer eine solche Dienstleistung nur erbringen dürfen, wenn es sich dabei um in Einklang mit dieser Richtlinie zugelassene Wertpapierfirmen oder im Einklang mit der Richtlinie 2006/48/EG zugelassene Kreditinstitute handelt, dass angemessene Kriterien in Bezug auf die Eignung der Personen festgelegt sind und angewandt werden, die einen solchen Zugang erhalten können, und dass die Verantwortung für Aufträge und Geschäfte, die über diesen Dienst abgeschlossen werden, in Bezug auf die Anforderungen dieser Richtlinie bei dem Mitglied oder Teilnehmer verbleibt.

*[2]* Die Mitgliedstaaten schreiben auch vor, dass der geregelte Markt angemessene Standards in Bezug auf Risikokontrollen und Schwellen für den Handel über einen solchen Zugang festlegt und in der Lage ist, zwischen Aufträgen und Geschäften zu unterscheiden, die von einer Person über einen direkten elektronischen Zugang abgeschlossen werden und sonstigen Aufträgen und Geschäften, die von Mitgliedern oder Teilnehmern ausgeführt werden, und diese Aufträge und Geschäfte gegebenenfalls einzustellen.

*[3]* Der geregelte Markt muss über Vorkehrungen verfügen, um die Bereitstellung des direkten elektronischen Zugangs durch ein Mitglied oder einen Teilnehmer für einen Kunden im Falle der Nichteinhaltung dieses Absatzes auszusetzen oder einzustellen.

(8) Die Mitgliedstaaten schreiben vor, dass ein geregelter Markt gewährleistet, dass seine Bestimmungen über Kollokationsdienste transparent, gerecht und nichtdiskriminierend sind.

(9) *[1]* ¹Die Mitgliedstaaten schreiben vor, dass ein geregelter Markt sicherstellt, dass seine Gebührenstrukturen, einschließlich Ausführungsgebühren, Nebengebühren und möglichen Rabatten, transparent, gerecht und diskriminierungsfrei sind und keine Anreize schaffen, Aufträge so zu platzieren, zu ändern oder zu stornieren bzw. Geschäfte so zu tätigen, dass dies zu marktstörenden Handelsbedingungen oder Marktmissbrauch beiträgt. ²Insbesondere verlangen die Mitgliedstaaten von einem geregelten Markt, im Austausch für gewährte Rabatte Market-Making-Pflichten in Bezug auf einzelne Aktien oder Aktienportfolios aufzuerlegen.

*[2]* Die Mitgliedstaaten geben einem geregelten Markt die Möglichkeit, seine Gebühren für stornierte Aufträge an die Zeitspanne anzupassen, in der der Auftrag aufrechterhalten wurde, und austarierte Gebühren für jedes Finanzinstrument festzulegen, für das sie gelten.

*[3]* Die Mitgliedstaaten können einem geregelten Markt erlauben, höhere Gebühren für die Erteilung von Aufträgen, die später storniert werden, oder Teilnehmern, bei denen der Anteil stornierter Aufträge hoch ist, oder solchen

Teilnehmern zu berechnen, die eine Methode des algorithmischen Hochfrequenzhandels anwenden, um der zusätzlichen Belastung der Systemkapazität Rechnung zu tragen.

(10) ¹Die Mitgliedstaaten schreiben vor, dass ein geregelter Markt in der Lage sein muss, mittels Kennzeichnung durch die Mitglieder oder Teilnehmer die durch algorithmischen Handel erzeugten Aufträge, die verschiedenen für die Auftragserstellung verwendeten Algorithmen sowie die Personen, die diese Aufträge initiiert haben, kenntlich zu machen. ²Diese Informationen werden den zuständigen Behörden auf deren Ersuchen hin zugänglich gemacht.

(11) Die Mitgliedstaaten schreiben vor, dass der geregelte Markt den zuständigen Behörden des Herkunftsmitgliedstaats auf deren Anfrage Daten in Bezug auf das Auftragsbuch zur Verfügung stellt bzw. den zuständigen Behörden Zugang zu dem Auftragsbuch gibt, so dass diese in der Lage sind, die Geschäfte zu überwachen.

(12) *[1]* Die ESMA arbeitet Entwürfe technischer Regulierungsstandards aus,

a) um die Anforderungen festzulegen, die sicherstellen, dass die Handelssysteme eines geregelten Markts belastbar sind und über ausreichende Kapazität verfügen;

b) um das in Absatz 6 genannte Verhältnis unter Berücksichtigung von Faktoren festzulegen, wie etwa des Wertes nicht ausgeführter Aufträge im Verhältnis zum Wert ausgeführter Geschäfte;

c) um Kontrollen für einen direkten elektronischen Zugang so festzulegen, dass sichergestellt ist, dass auf geförderten Zugang angewandte Kontrollen denjenigen, die auf direkten Marktzugang angewandt werden, zumindest gleichwertig sind;

d) um die Anforderungen festzulegen, die sicherstellen, dass Kollokationsdienste und Gebührenstrukturen gerecht und nichtdiskriminierend sind und dass die Gebührenstrukturen keine Anreize für marktstörende Handelsbedingungen oder Marktmissbrauch schaffen;

e) um zu bestimmen, wann ein geregelter Markt für die Liquidität in Bezug auf dieses Finanzinstrument maßgeblich ist;

f) um die Anforderungen festzulegen, die sicherstellen, dass Market-Making-Systeme fair und nichtdiskriminierend sind, und die Mindestanforderungen festzulegen, die geregelte Märkte bei der Entwicklung eines Market-Making-Systems vorsehen müssen, sowie um festzulegen, unter welchen Bedingungen es je nach der Art und dem Umfang des Handels auf diesem geregelten Markt nicht angemessen ist, die Einrichtung eines solchen Systems vorzuschreiben, wobei auch zu berücksichtigen ist, ob der geregelte Markt algorithmischen Handel über seine Systeme erlaubt oder ermöglicht;

g) um dafür zu sorgen, dass angemessene Tests durchgeführt werden um sicherzustellen, dass die algorithmischen Handelssysteme, einschließlich hochfrequenter algorithmischer Handelssysteme, keine marktstörenden Handelsbedingungen auf dem Markt schaffen können.

*[2]* Die ESMA legt der Kommission diese Entwürfe technischer Regulierungsstandards bis zum 3. Juli 2015 vor.

*[3]* Der Kommission wird die Befugnis übertragen, die in Unterabsatz 1 genannten technischen Regulierungsstandards gemäß den Artikeln 10 bis 14 der Verordnung (EU) Nr. 1095/2010[1)] zu erlassen.

(13) Die ESMA arbeitet bis zum 3. Januar 2016 Leitlinien zur geeigneten Kalibrierung von Handelseinstellungen nach Absatz 5 unter Berücksichtigung der in jenem Absatz genannten Faktoren aus.

**Art. 49 Tick-Größen.** (1) [1] Die Mitgliedstaaten schreiben vor, dass geregelte Märkte Regelungen für die Tick-Größen bei Aktien, Aktienzertifikaten, börsengehandelten Fonds, Zertifikaten und anderen vergleichbaren Finanzinstrumenten sowie anderen Finanzinstrumenten erlassen, für die technische Regulierungsstandards gemäß Absatz 4 ausgearbeitet werden. [2] Die Anwendung von Tick-Größen darf geregelte Märkte nicht daran hindern, Aufträge mit großem Volumen beim Mittelwert zwischen den aktuellen Geld- und Briefkursen zusammenzuführen.

(2) Die in Absatz 1 genannten Systeme für die Tick-Größe

a) werden so austariert, dass sie das Liquiditätsprofil des Finanzinstruments auf verschiedenen Märkten widerspiegeln sowie der durchschnittliche Geld-Brief-Spread, wobei berücksichtigt wird, dass es wünschenswert ist, angemessen stabile Preise zu ermöglichen, ohne die weitere Einengung der Spreads übermäßig zu beschränken,

b) passen die Tick-Größe für jedes Finanzinstrument in geeigneter Weise an.

(3) *[1]* Die ESMA arbeitet Entwürfe technischer Regulierungsstandards aus, um die kleinstmögliche Tick-Größe oder Tick-Größen-Systeme für spezifische Aktien, Aktienzertifikate, börsengehandelte Fonds, Zertifikate und andere vergleichbare Finanzinstrumente festzulegen, sofern dies notwendig ist, um das reibungslose Funktionieren der Märkte im Einklang mit den in Absatz 2 genannten Faktoren sowie dem Preis, den Spreads und der Tiefe der Liquidität der Finanzinstrumente sicherzustellen.

*[2]* Die ESMA legt der Kommission diese Entwürfe technischer Regulierungsstandards bis zum 3. Juli 2015 vor.

*[3]* Der Kommission wird die Befugnis übertragen, die in Unterabsatz 1 genannten technischen Regulierungsstandards gemäß den Artikeln 10 bis 14 der Verordnung (EU) Nr. 1095/2010[1)] zu erlassen.

(4) *[1]* Die ESMA kann Entwürfe technischer Regulierungsstandards ausarbeiten, um die kleinstmögliche Tick-Größe oder Tick-Größen-Systeme für spezifische Finanzinstrumente festzulegen, die nicht in Absatz 3 aufgeführt sind, sofern dies notwendig ist, um das reibungslose Funktionieren der Märkte im Einklang mit den in Absatz 2 genannten Faktoren sowie dem Preis, den Spreads und der Tiefe der Liquidität der Finanzinstrumente sicherzustellen.

*[2]* Die ESMA legt der Kommission diese Entwürfe technischer Regulierungsstandards bis zum 3. Januar 2016 vor.

*[3]* Der Kommission wird die Befugnis übertragen, die in Unterabsatz 1 genannten technischen Regulierungsstandards gemäß den Artikeln 10 bis 14 der Verordnung (EU) Nr. 1095/2010 zu erlassen.

---

[1)] Nr. 3.

**Art. 50 Synchronisierung von im Geschäftsverkehr verwendeten Uhren.** (1) Die Mitgliedstaaten schreiben vor, dass alle Handelsplätze und ihre Mitglieder oder Teilnehmer die im Geschäftsverkehr verwendeten Uhren synchronisieren, die sie benutzen, um das Datum und die Uhrzeit von Ereignisse aufzuzeichnen, die gemeldet werden müssen.

(2) *[1]* Die ESMA erarbeitet Entwürfe technischer Regulierungsstandards, um den Grad an Genauigkeit festzulegen, zu dem die Uhren im Einklang mit internationalen Standards synchronisiert werden.

*[2]* Die ESMA legt der Kommission diese Entwürfe technischer Regulierungsstandards bis zum 3. Juli 2015 vor.

*[3]* Der Kommission wird die Befugnis übertragen, die in Unterabsatz 1 genannten technischen Regulierungsstandards gemäß den Artikeln 10 bis 14 der Verordnung (EU) Nr. 1095/2010[1]) zu erlassen.

**Art. 51 Zulassung von Finanzinstrumenten zum Handel.** (1) *[1]* Die Mitgliedstaaten schreiben vor, dass geregelte Märkte über klare und transparente Regeln für die Zulassung von Finanzinstrumenten zum Handel verfügen müssen.

*[2]* Diese Regeln gewährleisten, dass alle zum Handel an einem geregelten Markt zugelassenen Finanzinstrumente fair, ordnungsgemäß und effizient gehandelt werden können und, im Falle übertragbarer Wertpapiere, frei handelbar sind.

(2) Bei Derivaten stellen die Regeln nach Absatz 1 insbesondere sicher, dass die Ausgestaltung des Derivatgeschäfts eine ordnungsgemäße Kursbildung sowie eine wirksame Abrechnung ermöglicht.

(3) *[1]* Zusätzlich zu den Verpflichtungen der Absätze 1 und 2 schreiben die Mitgliedstaaten dem geregelten Markt vor, auf Dauer wirksame Vorkehrungen zur Prüfung zu treffen, ob die Emittenten von übertragbaren Wertpapieren, die zum Handel an dem geregelten Markt zugelassen sind, ihren Verpflichtungen nach dem Recht der Union bezüglich erstmaliger, laufender oder punktueller Veröffentlichungsverpflichtungen nachkommen.

*[2]* Die Mitgliedstaaten stellen sicher, dass der geregelte Markt Vorkehrungen trifft, die seinen Mitgliedern oder Teilnehmern den Zugang zu den nach dem Recht der Union veröffentlichten Informationen erleichtern.

(4) Die Mitgliedstaaten stellen sicher, dass geregelte Märkte die notwendigen Vorkehrungen treffen, um die von ihnen zum Handel zugelassenen Finanzinstrumente regelmäßig auf Erfüllung der Zulassungsanforderungen hin zu überprüfen.

(5) [1] Ein zum Handel an einem geregelten Markt zugelassenes übertragbares Wertpapier kann in der Folge auch ohne Zustimmung des Emittenten und im Einklang mit den einschlägigen Bestimmungen der Richtlinie 2003/71/EG zum Handel an anderen geregelten Märkten zugelassen werden. [2] Der geregelte Markt unterrichtet den Emittenten darüber, dass seine Wertpapiere an dem betreffenden geregelten Markt gehandelt werden. [3] Der Emittent ist nicht verpflichtet, die Angaben gemäß Absatz 3 dem geregelten Markt, der seine Wertpapiere ohne seine Zustimmung zum Handel zugelassen hat, direkt zu übermitteln.

---

[1]) Nr. 3.

RL 2014/65/EU  Art. 52  MiFiD II 1

(6) *[1]* Die ESMA arbeitet Entwürfe technischer Regulierungsstandards aus, in denen

a) die Eigenschaften verschiedener Kategorien von Finanzinstrumenten festgelegt werden, die vom geregelten Markt bei der Prüfung der Frage zu berücksichtigen sind, ob ein Finanzinstrument in einer Art und Weise ausgegeben wurde, die den Bedingungen des Absatzes 1 Unterabsatz 2 für die Zulassung zum Handel in den von ihm betriebenen Marktsegmenten entspricht;

b) die Vorkehrungen präzisiert werden, die der geregelte Markt durchführen muss, damit davon ausgegangen wird, dass er seiner Verpflichtung zur Prüfung, ob der Emittent eines übertragbaren Wertpapiers seine Verpflichtungen nach dem Recht der Union bezüglich erstmaliger, laufender oder punktueller Veröffentlichungsverpflichtungen erfüllt;

c) die Vorkehrungen präzisiert werden, die der geregelte Markt gemäß Absatz 3 zu treffen hat, um seinen Mitgliedern oder Teilnehmern den Zugang zu Informationen zu erleichtern, die gemäß den Auflagen des Rechts der Union veröffentlicht wurden.

*[2]* Die ESMA legt der Kommission diese Entwürfe technischer Regulierungsstandards bis zum 3. Juli 2015 vor.

*[3]* Der Kommission wird die Befugnis übertragen, die in Unterabsatz 1 genannten technischen Regulierungsstandards gemäß den Artikeln 10 bis 14 der Verordnung (EU) Nr. 1095/2010[1]) zu erlassen.

**Art. 52 Aussetzung des Handels und Ausschluss von Finanzinstrumenten vom Handel an einem geregelten Markt.** (1) Unbeschadet des Rechts der zuständigen Behörde gemäß Artikel 69 Absatz 2, die Aussetzung des Handels mit einem Finanzinstrument oder dessen Ausschluss vom Handel zu verlangen, kann ein Marktbetreiber den Handel mit einem Finanzinstrument, das den Regeln des geregelten Marktes nicht mehr entspricht, aussetzen oder dieses Instrument vom Handel ausschließen, sofern die Anlegerinteressen oder das ordnungsgemäße Funktionieren des Marktes durch eine solche Aussetzung oder einen solchen Ausschluss nicht erheblich geschädigt werden könnte.

(2) *[1]* ¹ Die Mitgliedstaaten schreiben vor, dass ein Marktbetreiber, der den Handel mit einem Finanzinstrument aussetzt oder dieses vom Handel ausschließt, ebenfalls den Handel mit Derivaten gemäß Anhang I Abschnitt C Nummern 4 bis 10, die mit diesem Finanzinstrument verbunden sind oder sich darauf beziehen, aussetzt oder sie vom Handel ausschließt, wenn dies zur Verwirklichung der Ziele der Aussetzung des Handels mit dem zugrundeliegenden Finanzinstrument oder dessen Ausschlusses vom Handel erforderlich ist. ² Der Marktbetreiber veröffentlicht seine Entscheidung über die Aussetzung des Handels mit dem Finanzinstrument oder mit entsprechenden Derivaten oder deren Ausschluss vom Handel und übermittelt die einschlägigen Entscheidungen der für ihn zuständigen Behörde.

*[2]* Die zuständige Behörde, in deren Zuständigkeitsbereich die Aussetzung oder der Ausschluss veranlasst wurde, schreibt vor, dass andere geregelte Märkte, MTF, OTF und systematische Internalisierer in ihrem Zuständigkeitsbereich, die mit demselben Finanzinstrument oder mit Derivaten gemäß An-

---

[1]) Nr. 3.

# 1 MiFiD II Art. 52

hang I Abschnitt C Nummern 4 bis 10 dieser Richtlinie handeln, die mit dem betreffenden Finanzinstrument verbunden sind oder sich darauf beziehen, den Handel mit diesem Finanzinstrument oder diesen Derivaten ebenfalls aussetzen oder sie vom Handel ausschließen, sofern die Aussetzung oder der Ausschluss durch einen mutmaßlichen Marktmissbrauch, ein Übernahmeangebot oder die Nichtveröffentlichung von Insider-Informationen über den Emittenten oder das Finanzinstrument unter Verstoß gegen die Artikel 7 und 17 der Verordnung (EU) Nr. 596/2014[1]) bedingt ist, außer in den Fällen, in denen durch eine solche Aussetzung oder einen solchen Ausschluss die Anlegerinteressen oder das ordnungsgemäße Funktionieren des Marktes erheblich geschädigt werden könnten.

*[3]* Jede zuständige Behörde, die eine entsprechende Meldung erhalten hat, teilt ihre Entscheidung der ESMA und den anderen zuständigen Behörden mit; falls sie entscheidet, den Handel mit dem Finanzinstrument oder den Derivaten gemäß Anhang I Abschnitt C Nummern 4 bis 10, die mit diesem Finanzinstrument verbunden sind oder sich darauf beziehen, nicht auszusetzen bzw. diese nicht vom Handel auszuschließen, erläutert sie ihre Entscheidung.

*[4]* Die zuständige Behörde veröffentlicht ihre Entscheidung unverzüglich und teilt diese der ESMA und den zuständigen Behörden der anderen Mitgliedstaaten mit.

*[5]* Die zuständigen Behörden der anderen Mitgliedstaaten, die eine entsprechende Mitteilung erhalten haben, schreiben vor, dass geregelte Märkte, andere MTF, andere OTF und systematische Internalisierer in ihrem Zuständigkeitsbereich, die mit demselben Finanzinstrument oder mit Derivaten gemäß Anhang I Abschnitt C Nummern 4 bis 10 dieser Richtlinie handeln, die mit dem betreffenden Finanzinstrument verbunden sind oder sich darauf beziehen, den Handel mit diesem Finanzinstrument oder diesen Derivaten ebenfalls aussetzen oder diese vom Handel ausschließen, sofern die Aussetzung oder der Ausschluss durch einen mutmaßlichen Marktmissbrauch, ein Übernahmeangebot oder die Nichtveröffentlichung von Insider-Informationen über den Emittenten oder das Finanzinstrument unter Verstoß gegen die Artikel 7 und 17 der Verordnung (EU) Nr. 596/2014 bedingt ist, außer in den Fällen, in denen durch eine solche Aussetzung oder einen solchen Ausschluss die Anlegerinteressen oder das ordnungsgemäße Funktionieren des Marktes erheblich geschädigt werden könnten.

*[6]* Dieser Absatz gilt auch, wenn die Aussetzung des Handels mit einem Finanzinstrument oder mit Derivaten gemäß Anhang I Abschnitt C Nummern 4 bis 10, die mit diesem Finanzinstrument verbunden sind oder sich darauf beziehen, aufgehoben wird.

*[7]* Das Meldeverfahren nach diesem Absatz gilt auch für den Fall, dass die Entscheidung über die Aussetzung des Handels mit einem Finanzinstrument oder mit Derivaten gemäß Anhang I Abschnitt C Nummern 4 bis 10, die mit dem betreffenden Finanzinstrument verbunden sind oder sich darauf beziehen, oder über deren Ausschluss vom Handel von der zuständigen Behörde gemäß Artikel 69 Absatz 2 Buchstaben m und n getroffen wird.

*[8]* Um sicherzustellen, dass die Verpflichtung zur Aussetzung oder zum Ausschluss des Handels mit solchen Derivaten verhältnismäßig angewandt wird,

---

[1]) Nr. 11.

erarbeitet die ESMA Entwürfe technischer Regulierungsstandards zur Bestimmung von Fällen, in denen die Verbindung zwischen einem Derivat, das mit einem vom Handel ausgesetzten oder ausgeschlossenen Finanzinstrument verbunden ist oder sich darauf bezieht, und dem ursprünglichen Finanzinstrument es erfordert, dass der Handel mit dem Derivat ebenfalls ausgesetzt oder es vom Handel ausgeschlossen werden muss, um die Ziele der Aussetzung oder des Ausschlusses des zugrunde liegenden Finanzinstruments zu verwirklichen.

*[9]* Die ESMA legt der Kommission diese Entwürfe technischer Regulierungsstandards bis zum 3. Juli 2015 vor.

*[10]* Der Kommission wird die Befugnis übertragen, die technischen Regulierungsstandards im Sinne von Unterabsatz 1 gemäß den Artikeln 10 bis 14 der Verordnung (EU) Nr. 1095/2010[1)] zu erlassen.

(3) *[1]* Die ESMA arbeitet Entwürfe technischer Durchführungsstandards aus, um das Format und den Zeitpunkt der in Absatz 2 genannten Mitteilung und Veröffentlichung zu bestimmen.

*[2]* Die ESMA legt der Kommission diese Entwürfe technischer Durchführungsstandards bis zum 3. Januar 2016 vor.

*[3]* Der Kommission wird die Befugnis übertragen, die in Unterabsatz 1 genannten technischen Durchführungsstandards gemäß Artikel 15 der Verordnung (EU) Nr. 1095/2010 zu erlassen.

(4) Die Kommission wird ermächtigt, delegierte Rechtsakte gemäß Artikel 89 zu erlassen, um die Situationen aufzulisten, in denen gemäß den Absätzen 1 und 2 die Anlegerinteressen oder das ordnungsgemäße Funktionieren des Marktes erheblich geschädigt würden.

**Art. 53 Zugang zum geregelten Markt.** (1) Die Mitgliedstaaten schreiben vor, dass der geregelte Markt auf Dauer transparente, diskriminierungsfreie und auf objektiven Kriterien beruhende Regeln für den Zugang zu dem geregelten Markt oder die Mitgliedschaft darin festlegt und umsetzt.

(2) In den Regeln nach Absatz 1 wird festgelegt, welche Pflichten den Mitgliedern oder Teilnehmern erwachsen aus

a) der Einrichtung und Verwaltung des geregelten Marktes,

b) den Regeln für die am Markt getätigten Geschäfte,

c) den Standesregeln, zu deren Einhaltung die Mitarbeiter der am Markt tätigen Wertpapierfirmen oder Kreditinstitute verpflichtet sind,

d) den für andere Mitglieder oder Teilnehmer als Wertpapierfirmen und Kreditinstitute gemäß Absatz 3 festgelegten Bedingungen,

e) den Regeln und Verfahren für das Clearing und die Abrechnung der am geregelten Markt getätigten Geschäfte.

(3) Geregelte Märkte können als Mitglieder oder Teilnehmer Wertpapierfirmen, nach der Richtlinie 2013/36/EU zugelassene Kreditinstitute sowie andere Personen zulassen, die

a) ausreichend gut beleumundet sind,

b) über ausreichende Fähigkeiten, Kompetenzen und Erfahrung in Bezug auf den Handel verfügen,

---

[1)] Nr. 3.

c) über die gegebenenfalls erforderlichen organisatorischen Grundlagen verfügen,

d) über ausreichende Mittel verfügen, um ihre Funktion auszuführen, wobei den etwaigen finanziellen Vorkehrungen Rechnung zu tragen ist, die der geregelte Markt gegebenenfalls getroffen hat, um die angemessene Abrechnung der Geschäfte zu gewährleisten.

(4) ¹Die Mitgliedstaaten stellen sicher, dass Mitglieder und Teilnehmer in Bezug auf Geschäfte, die an einem geregelten Markt geschlossen werden, den Verpflichtungen der Artikel 24, 25, 27 und 28 nicht nachkommen müssen. ²Allerdings müssen die Mitglieder und Teilnehmer des geregelten Marktes die Verpflichtungen gemäß den Artikeln 24, 25, 27 und 28 in Bezug auf ihre Kunden einhalten, wenn sie für diese Aufträge an einem geregelten Markt ausführen.

(5) Die Mitgliedstaaten stellen sicher, dass die Regeln für den Zugang zu dem geregelten Markt oder die Mitgliedschaft oder Teilnahme darin die direkte Teilnahme oder die Fernteilnahme von Wertpapierfirmen und Kreditinstituten vorsehen.

(6) *[1]* Die Mitgliedstaaten gestatten geregelten Märkten aus anderen Mitgliedstaaten ohne weitere rechtliche oder verwaltungstechnische Auflagen, in ihrem Hoheitsgebiet angemessene Systeme bereitzustellen, um Fernmitgliedern oder -teilnehmern in ihrem Hoheitsgebiet den Zugang zu diesen Märkten und den Handel an ihnen zu erleichtern.

*[2]* ¹Der geregelte Markt teilt der zuständigen Behörde seines Herkunftsmitgliedstaats mit, in welchem Mitgliedstaat er derartige Systeme bereitzustellen beabsichtigt. ²Die zuständige Behörde des Herkunftsmitgliedstaats übermittelt diese Angaben innerhalb eines Monats dem Mitgliedstaat, in dem der geregelte Markt derartige Systeme bereitstellen will. ³Die ESMA kann nach dem Verfahren und unter den Bedingungen in Artikel 35 der Verordnung (EU) Nr. 1095/2010[1]) den Zugang zu diesen Informationen beantragen.

*[3]* Die zuständige Behörde des Herkunftsmitgliedstaats des geregelten Marktes übermittelt der zuständigen Behörde des Aufnahmemitgliedstaats auf deren Ersuchen unverzüglich die Namen der Mitglieder oder Teilnehmer des im Herkunftsmitgliedstaat niedergelassenen geregelten Marktes.

(7) Die Mitgliedstaaten schreiben vor, dass der Marktbetreiber der zuständigen Behörde des geregelten Marktes regelmäßig das Verzeichnis der Mitglieder bzw. Teilnehmer des geregelten Marktes übermittelt.

## Art. 54 Überwachung der Einhaltung der Regeln des geregeltes Marktes und anderer rechtlicher Verpflichtungen.

(1) ¹Die Mitgliedstaaten schreiben vor, dass geregelte Märkte auf Dauer wirksame Vorkehrungen und Verfahren zur regelmäßigen Überwachung der Einhaltung ihrer Regeln durch ihre Mitglieder und Teilnehmer sowie die dafür notwendigen Mittel festlegen. ²Geregelte Märkte überwachen die von ihren Mitgliedern oder Teilnehmern innerhalb ihrer Systeme übermittelten Aufträge, Stornierungen und abgeschlossenen Geschäfte, um Verstöße gegen diese Regeln, marktstörende Handelsbedingungen, Verhaltensweisen, die auf nach der Verordnung (EU) Nr. 596/

---

[1]) Nr. 3.

2014[1]) verbotene Tätigkeiten hindeuten könnten, oder Systemstörungen in Bezug auf ein Finanzinstrument zu erkennen.

(2) *[1]* Die Mitgliedstaaten schreiben den Betreibern geregelter Märkte vor, ihrer zuständigen Behörde schwerwiegende Verstöße gegen ihre Regeln, marktstörende Handelsbedingungen, Verhaltensweisen, die auf nach der Verordnung (EU) Nr. 596/2014 verbotene Tätigkeiten hindeuten könnten, oder Systemstörungen in Bezug auf ein Finanzinstrument umgehend zu melden.

*[2]* Die zuständigen Behörden der geregelten Märkte übermitteln der ESMA und den zuständigen Behörden der anderen Mitgliedstaaten die Informationen nach Unterabsatz 1.

*[3]* Was Verhaltensweisen angeht, die auf nach der Verordnung (EU) Nr. 596/2014 verbotene Tätigkeiten hindeuten könnten, muss die zuständige Behörde davon überzeugt sein, dass ein solches Verhalten vorliegt, bevor sie die zuständigen Behörden der anderen Mitgliedstaaten und die ESMA in Kenntnis setzt.

(3) Die Mitgliedstaaten schreiben dem Marktbetreiber vor, der Behörde, die für die Ermittlung und Verfolgung von Marktmissbrauch zuständig ist, die einschlägigen Informationen unverzüglich zu übermitteln und sie bei Ermittlungen wegen Marktmissbrauchs innerhalb oder über die Systeme des geregelten Marktes und dessen Verfolgung in vollem Umfang zu unterstützen.

(4) Der Kommission wird die Befugnis übertragen, delegierte Rechtsakte gemäß Artikel 89 zu erlassen, um die Umstände festzulegen, durch die eine Informationspflicht nach Absatz 2 dieses Artikels bewirkt wird.

**Art. 55 Vereinbarungen mit einer zentralen Gegenpartei und über Clearing und Abrechnung.** (1) Unbeschadet der Titel III, IV und V der Verordnung (EU) Nr. 648/2012 hindern die Mitgliedstaaten geregelte Märkte nicht daran, mit einer zentralen Gegenpartei oder Clearingstelle und einem Abrechnungssystem eines anderen Mitgliedstaats zweckmäßige Vereinbarungen über Clearing und/oder Abrechnung einiger oder aller Geschäfte, die von Marktteilnehmern innerhalb ihrer Systeme getätigt werden, zu schließen.

(2) *[1]* Unbeschadet der Titel III, IV und V der Verordnung (EU) Nr. 648/2012 darf die für einen geregelten Markt zuständige Behörde die Nutzung einer zentralen Gegenpartei, einer Clearingstelle und/oder eines Abwicklungssystems in einem anderen Mitgliedstaat nicht untersagen, es sei denn, dies ist für die Aufrechterhaltung des ordnungsgemäßen Funktionierens dieses geregelten Markts nachgewiesenermaßen unumgänglich; die Bedingungen des Artikels 39 Absatz 2 dieser Richtlinie für den Rückgriff auf Abwicklungssysteme sind zu berücksichtigen.

*[2]* Zur Vermeidung unnötiger Doppelkontrollen berücksichtigt die zuständige Behörde die von den Zentralbanken als Aufsichtsorgane von Clearing- und Abwicklungssystemen oder anderen für diese Systeme zuständigen Aufsichtsbehörden ausgeübte Aufsicht über das Clearing- und Abwicklungssystem.

**Art. 56 Verzeichnis geregelter Märkte.** [1] Jeder Mitgliedstaat erstellt ein Verzeichnis der geregelten Märkte, für die er der Herkunftsmitgliedstaat ist, und übermittelt dieses Verzeichnis den übrigen Mitgliedstaaten und der ESMA.

---

[1]) Nr. 11.

²Die gleiche Mitteilung erfolgt bei jeder Änderung dieses Verzeichnisses. ³Die ESMA veröffentlicht ein Verzeichnis aller geregelten Märkte auf ihrer Website und aktualisiert es regelmäßig. ⁴Dieses Verzeichnis enthält den von der ESMA im Einklang mit Artikel 65 Absatz 6 festgelegten einheitlichen Code zur Kennzeichnung der geregelten Märkte, der gemäß Artikel 65 Absatz 1 Buchstabe g und Artikel 65 Absatz 2 Buchstabe g dieser Richtlinie sowie gemäß den Artikeln 6, 10 und 26 der Verordnung (EU) Nr. 600/2014[1]) in den Meldungen zu verwenden ist.

## Titel IV. Positionslimits und Positionsmanagementkontrollen bei Warenderivaten und Positionsmeldungen

**Art. 57 Positionslimits und Positionsmanagementkontrollen bei Warenderivaten.** (1) *[1]* ¹Die Mitgliedstaaten stellen sicher, dass die zuständigen Behörden in Übereinstimmung mit der von der ESMA entwickelten Berechnungsmethodologie Positionslimits für die Größe der Nettopositionen festlegen und anwenden, die eine Person jederzeit in Warenderivaten, die an Handelsplätzen gehandelt werden, und in wirtschaftlich gleichwertigen OTC-Kontrakten halten darf. ²Die Positionslimits werden auf der Grundlage aller Positionen festgelegt, die von einer Person oder aggregiert auf Gruppenebene für diese Person gehalten werden, um

a) Marktmissbrauch zu verhindern,

b) zu geordneten Preisbildungs- und Abwicklungsbedingungen beizutragen, dies beinhaltet marktverzerrende Positionen zu verhindern und insbesondere eine Konvergenz zwischen den Preisen von Derivaten im Monat der Lieferung und den Spotpreisen für die zugrundeliegende Ware sicherzustellen, ohne dass die Preisbildung am Markt für die zugrundeliegende Ware davon berührt wird.

*[2]* Positionslimits gelten nicht für Positionen, die von oder für eine nichtfinanzielle Stelle gehalten werden und objektiv messbar die direkt mit der Geschäftstätigkeit dieser nichtfinanziellen Stelle verbundenen Risiken verringern.

(2) Die Positionslimits legen eindeutige quantitative Schwellenwerte für die maximale Größe einer Position in einem Warenderivat fest, die eine Person halten darf.

(3) *[1]* ¹Die ESMA erarbeitet Entwürfe technischer Regulierungsstandards, um die Berechnungsmethodologie zu bestimmen, nach der die zuständigen Behörden die Positionslimits in Spot-Monaten und anderen Monaten für effektiv gelieferte oder bar abgerechnete Warenderivate auf der Grundlage der Eigenschaften der entsprechenden Derivate festzulegen haben. ²Die Berechnungsmethodologie berücksichtigt mindestens die folgenden Faktoren:

a) die Laufzeit der Warenderivatkontrakte,

b) die lieferbare Menge der zugrundeliegenden Ware,

c) die Gesamtheit der offenen Positionen bei diesem Kontrakt und die Gesamtheit der offenen Positionen bei anderen Finanzinstrumenten, denen dieselbe Ware zugrunde liegt,

---

[1]) Nr. 2.

d) die Volatilität an den jeweiligen Märkten einschließlich Ersatzderivaten und der zugrundeliegenden Warenmärkte,

e) die Anzahl und Größe der Marktteilnehmer,

f) die Merkmale des zugrundeliegenden Warenmarkts, einschließlich Produktions- und Verbrauchsmodellen sowie Modellen für den Transport zum Markt,

g) die Entwicklung neuer Kontrakte.

[2] Die ESMA berücksichtigt die Erfahrungen von Wertpapierfirmen oder Marktbetreibern, die einen Handelsplatz betreiben, und von anderen Rechtsordnungen in Bezug auf die Positionslimits.

[3] Die ESMA legt die in Unterabsatz 1 genannten Entwürfe technischer Regulierungsstandards der Kommission bis zum 3. Juli 2015 vor.

[4] Der Kommission wird die Befugnis übertragen, die in Unterabsatz 1 genannten technischen Regulierungsstandards gemäß den Artikeln 10 bis 14 der Verordnung (EU) Nr. 1095/2010[1]) zu erlassen.

(4) [1] ¹Eine zuständige Behörde legt auf der Grundlage der von der ESMA im Einklang mit Absatz 3 entwickelten Berechnungsmethodologie für jeden Kontrakt auf Warenderivate, die an Handelsplätzen gehandelt werden, Positionslimits fest. ²Diese Positionslimits gelten auch für wirtschaftlich gleichwertige OTC-Kontrakte.

[2] Eine zuständige Behörde überprüft die Positionslimits im Falle einer erheblichen Änderung der lieferbaren Menge oder der offenen Kontraktpositionen oder im Falle sonstiger erheblicher Änderungen auf dem Markt auf der Grundlage der von ihr ermittelten lieferbaren Menge und offenen Kontraktposition und berechnet die Positionslimits im Einklang mit der von der ESMA entwickelten Methodologie neu.

(5) [1] ¹Die zuständigen Behörden unterrichten die ESMA über die genauen Positionslimits, die sie in Übereinstimmung mit der von der ESMA gemäß Absatz 3 entwickelten Berechnungsmethodologie festzulegen beabsichtigen. ²Binnen zwei Monaten nach Erhalt der Meldung gibt die ESMA eine Stellungnahme gegenüber der betroffenen zuständige Behörde ab, in der die Vereinbarkeit der Positionslimits mit den Zielen nach Absatz 1 und der von der ESMA gemäß Absatz 3 entwickelten Berechnungsmethodologie bewertet wird. ³Die ESMA veröffentlicht die Stellungnahme auf ihrer Website. ⁴Die betreffende zuständige Behörde passt die Positionslimits entsprechend der Stellungnahme der ESMA an oder begründet der ESMA gegenüber, warum die Änderung als unnötig erachtet wird. ⁵Werden von einer zuständigen Behörde Positionslimits verhängt, die der Stellungnahme der ESMA zuwiderlaufen, so veröffentlicht sie auf ihrer Website umgehend eine Bekanntmachung, in der sie die Gründe für ihr Vorgehen vollständig darlegt.

[2] Stellt die ESMA fest, dass ein Positionslimit nicht der Berechnungsmethodologie nach Absatz 3 entspricht, ergreift sie Maßnahmen in Ausübung ihrer Befugnisse gemäß Artikel 17 der Verordnung (EU) Nr. 1095/2010.

(6) [1] ¹Wird dasselbe Warenderivat an Handelsplätzen in mehreren Hoheitsgebieten in erheblichem Volumen gehandelt, legt die zuständige Behörde des Handelsplatzes, an dem das größte Volumen gehandelt wird (die zentrale zu-

---

[1]) Nr. 3.

ständige Behörde) das einheitliche Positionslimit fest, dass für den gesamten Handel mit diesem Kontrakt gilt. ²Die zentrale zuständige Behörde konsultiert im Hinblick auf das anzuwendende einheitliche Positionslimit und jede Überarbeitung dieses einheitlichen Positionslimits die zuständigen Behörden der anderen Handelsplätze, an denen große Volumen dieses Derivats gehandelt werden. ³Falls sich die zuständigen Behörden nicht einigen können, legen sie die vollständigen und ausführlichen Gründe dar, warum aus ihrer Sicht die in Absatz 1 festgelegten Voraussetzungen nicht erfüllt sind. ⁴Meinungsverschiedenheiten zwischen den zuständigen Behörden legt die ESMA in Ausübung ihrer Befugnisse nach Artikel 19 der Verordnung (EU) Nr. 1095/2010 bei.

*[2]* Die zuständigen Behörden der Handelsplätze, an denen dasselbe Warenderivat gehandelt wird, und die für die Inhaber von Positionen in diesem Warenderivat zuständigen Behörden treffen Vereinbarungen für eine Zusammenarbeit, einschließlich des Austauschs einschlägiger Daten, um die Überwachung und Durchsetzung der einheitlichen Positionslimits zu ermöglichen.

(7) ¹Die ESMA überprüft mindestens einmal im Jahr, wie die zuständigen Behörden die Positionslimits umgesetzt haben, die mit der von der ESMA gemäß Absatz 3 entwickelten Berechnungsmethodologie festgelegt wurden. ²Dabei stellt die ESMA sicher, dass ein einheitliches Positionslimit gemäß Absatz 6 tatsächlich für denselben Kontrakt gilt, ungeachtet dessen, wo dieser gehandelt wird.

(8) ¹Die Mitgliedstaaten stellen sicher, dass Wertpapierfirmen oder Marktbetreiber, die einen Handelsplatz betreiben, an dem Warenderivate gehandelt werden Positionsmanagementkontrollen durchführen. ²Diese Kontrollen umfassen zumindest die Befugnis des Handelsplatzes,

a) die offenen Kontraktpositionen jeder Person zu überwachen,

b) von jeder Person Zugang zu Informationen, einschließlich aller einschlägigen Unterlagen, über Größe und Zweck einer eingegangenen Position oder offenen Forderung sowie Informationen über wirtschaftliche oder tatsächliche Eigentümer, etwaige Absprachen sowie alle zugehörigen Vermögenswerte oder Verbindlichkeiten am Basismarkt zu erhalten,

c) von jeder Person je nach Einzelfall die zeitweilige oder dauerhafte Auflösung oder Reduzierung einer Position zu verlangen und – falls der Betreffende dem nicht nachkommt – einseitig geeignete Maßnahmen zu ergreifen, um die Auflösung oder Reduzierung sicherzustellen, und

d) von jeder Person gegebenenfalls zu verlangen, zeitweilig Liquidität zu einem vereinbarten Preis und in vereinbartem Umfang eigens zu dem Zweck in den Markt zurückfließen zu lassen, die Auswirkungen einer großen oder marktbeherrschenden Position abzumildern.

(9) Die Positionslimits und Positionsmanagementkontrollen sind transparent und diskriminierungsfrei, legen fest, wie sie auf Personen anzuwenden sind, und tragen der Art und der Zusammensetzung der Marktteilnehmer sowie deren Nutzung der zum Handel zugelassenen Kontrakte Rechnung.

(10) *[1]* Die Wertpapierfirmen oder Marktbetreiber, die den Handelsplatz betreiben, informieren die zuständige Behörde über die Einzelheiten der Positionsmanagementkontrollen.

*[2]* Die zuständige Behörde leitet diese Informationen sowie die Einzelheiten der von ihr festgelegten Positionslimits an die ESMA weiter, die auf ihrer

Website eine Datenbank mit Zusammenfassungen der Positionslimits und der Positionsmanagementkontrollen veröffentlicht und regelmäßig aktualisiert.

(11) Die Positionslimits nach Absatz 1 werden von den zuständigen Behörden gemäß Artikel 69 Absatz 2 Buchstabe p vorgeschrieben.

(12) *[1]* Die ESMA erarbeitet Entwürfe technischer Regulierungsstandards, in denen Folgendes spezifiziert wird:

a) die Kriterien und Methoden für die Bestimmung, ob eine Position als Position gelten kann, die direkt mit der Geschäftstätigkeit verbundene Risiken verringert,

b) die Methoden zur Bestimmung, wann die Positionen einer Person auf Gruppenebene aggregiert werden,

c) die Kriterien zur Bestimmung, ob ein Kontrakt ein zu dem an dem Handelsplatz gehandelten Kontrakt nach Absatz 1 wirtschaftlich gleichwertiger OTC-Kontrakt ist, auf eine Art und Weis, die die Meldung von in gleichwertigen OTC-Kontrakten eingegangenen Positionen an die entsprechende zuständige Behörde gemäß Artikel 58 Absatz 2 ermöglicht,

d) die Festlegung, was „dasselbe Warenderivat" und „erhebliches Volumen" gemäß Absatz 6 dieses Artikels bedeutet,

e) die Methodologie für die Aggregierung und Saldierung von OTC-Positionen und an Handelsplätzen gehandelten Positionen in Warenderivaten, um die Nettoposition für die Bewertung der Einhaltung der Positionslimits festzulegen. Diese Methodologie legt Kriterien fest, um zu bestimmen, welche Positionen gegeneinander saldiert werden können, und ermöglicht nicht den Aufbau von Positionen auf eine Weise, die nicht den in Absatz 1 dieses Artikels genannten Zielen entspricht,

f) das Verfahren zur Festlegung, wie Personen die Ausnahme gemäß Absatz 1 Unterabsatz 2 dieses Artikels beantragen können und wie die entsprechende zuständige Behörde derartige Anträge genehmigen wird,

g) die Berechnungsmethode zur Bestimmung des Handelsplatzes, an dem das größte Volumen eines Warenderivats gehandelt wird, und zur Festlegung der „erheblichen Volumen" gemäß Absatz 6 dieses Artikels.

*[2]* Die ESMA legt die in Unterabsatz 1 genannten Entwürfe technischer Regulierungsstandards der Kommission bis zum 3. Juli 2015 vor.

*[3]* Der Kommission wird die Befugnis übertragen, die in Unterabsatz 1 genannten technischen Regulierungsstandards gemäß den Artikeln 10 bis 14 der Verordnung (EU) Nr. 1095/2010 zu erlassen.

(13) *[1]* [1] Die zuständigen Behörden verhängen keine Limits, die restriktiver sind als die gemäß Absatz 1 eingeführten Limits, außer in Ausnahmefällen, wenn sie unter Berücksichtigung der Liquidität und der geordneten Funktionsweise des spezifischen Markts sachlich gerechtfertigt und verhältnismäßig sind. [2] Die zuständigen Behörden veröffentlichen auf ihrer Website die Einzelheiten der von ihnen verhängten restriktiveren Positionslimits; diese treten zunächst für einen Zeitraum in Kraft, der sechs Monate ab dem Datum ihrer Veröffentlichung auf der Website nicht überschreitet. [3] Die restriktiveren Positionslimits können in der Folge jeweils für einen Zeitraum verlängert werden, der sechs Monate nicht überschreiten darf, sofern die Gründe hierfür weiterhin bestehen. [4] Werden sie nach Ablauf dieser sechs Monate nicht verlängert, treten sie automatisch außer Kraft.

*[2]* ¹Wenn die zuständigen Behörden beschließen, restriktivere Positionslimits zu verhängen, teilen sie dies der ESMA mit. ²Dieser Mitteilung ist eine Begründung für die restriktiveren Positionslimits beizufügen. ³Die ESMA gibt innerhalb von 24 Stunden eine Stellungnahme darüber ab, ob aus ihrer Sicht die restriktiveren Positionslimits zur Bewältigung des Ausnahmefalls erforderlich sind. ⁴Die Stellungnahme wird auf der Website der ESMA veröffentlicht.

*[3]* Werden von einer zuständigen Behörde Positionslimits verhängt, die der Stellungnahme der ESMA zuwiderlaufen, so veröffentlicht sie auf ihrer Website umgehend eine Mitteilung, in der sie die Gründe für ihr Vorgehen vollständig darlegt.

(14) Die Mitgliedstaaten sorgen dafür, dass die zuständigen Behörden ihre Sanktionsbefugnisse gemäß dieser Richtlinie für Verstöße gegen die gemäß diesem Artikel festgelegten Positionslimits ausüben können im Hinblick auf:

a) Positionen, die von Personen gehalten werden, die sich in ihrem Hoheitsgebiet oder im Ausland aufhalten oder dort tätig sind, und die die Limits für die Warenderivatkontrakte überschreiten, die die zuständige Behörde für Kontrakte an Handelsplätzen, die sich in ihrem Hoheitsgebiet befinden oder dort betrieben werden, oder für wirtschaftlich gleichwertige OTC-Kontrakte festgelegt hat,

b) Positionen, die von Personen gehalten werden, die sich in ihrem Hoheitsgebiet aufhalten oder dort tätig sind, und die die Limits für Warenderivatkontrakte überschreiten, die von den zuständigen Behörden in anderen Mitgliedstaaten festgelegt wurden.

## Art. 58 Nach Positionsinhaberkategorien aufgeschlüsselte Positionsmeldungen.

(1) *[1]* Die Mitgliedstaaten stellen sicher, dass Wertpapierfirmen oder Marktbetreiber, die Handelsplätze betreiben, an denen Warenderivate oder Emissionszertifikate bzw. Derivate davon gehandelt werden,

a) einen wöchentlichen Bericht mit den aggregierten Positionen, die von den unterschiedlichen Personenkategorien in den verschiedenen an ihrem Handelsplatz gehandelten Warenderivaten oder Emissionszertifikaten bzw. Derivaten davon gehalten werden, veröffentlichen, der die Zahl der Kauf- und Verkaufspositionen nach diesen Kategorien, diesbezügliche Änderungen seit dem letzten Bericht, den Prozentsatz der gesamten offenen Kontraktpositionen jeder Kategorie sowie die Anzahl der Positionsinhaber in jeder Kategorie gemäß Absatz 4 enthält, und diesen Bericht der zuständigen Behörde und der ESMA übermitteln; die ESMA nimmt im Anschluss eine zentrale Veröffentlichung der in diesen Berichten enthaltenen Informationen vor,

b) der zuständigen Behörde mindestens einmal täglich eine vollständige Aufschlüsselung der Positionen aller Personen einschließlich der Mitglieder oder Teilnehmer und deren Kunden an diesem Handelsplatz übermitteln.

*[2]* Die in Buchstabe a festgelegte Verpflichtung findet nur Anwendung, wenn sowohl die Zahl der Personen als auch ihre offenen Positionen Mindestschwellen überschreiten.

(2) Die Mitgliedstaaten stellen sicher, dass Wertpapierfirmen, die außerhalb eines Handelsplatzes mit Warenderivaten, Emissionszertifikaten bzw. Derivaten davon handeln, der zuständigen Behörde des Handelsplatzes, an dem die Warenderivate oder Emissionszertifikate bzw. Derivate davon gehandelt werden, oder – wenn die Warenderivate oder Emissionszertifikate bzw. Derivate

davon an mehreren Handelsplätzen in mehr als einem Hoheitsgebiet in erheblichen Volumen gehandelt werden – der zentralen zuständigen Behörde mindestens einmal täglich eine vollständige Aufschlüsselung ihrer Positionen in Warenderivaten oder Emissionszertifikaten bzw. Derivaten davon, die an einem Handelsplatz gehandelt werden, und in wirtschaftlich gleichwertigen OTC-Kontrakten sowie der Positionen ihrer Kunden und der Kunden dieser Kunden bis zum Endkunden gemäß Artikel 26 der Verordnung (EU) Nr. 600/2014[1]) und gegebenenfalls Artikel 8 der Verordnung (EU) Nr. 1227/2011 übermitteln.

(3) Um die Überwachung der Einhaltung von Artikel 57 Absatz 1 zu ermöglichen, schreiben die Mitgliedstaaten den Mitgliedern oder Teilnehmern von geregelten Märkten und MTF und den Kunden von OTF vor, der Wertpapierfirma bzw. dem Marktbetreiber, die/der den Handelsplatz betreibt, mindestens einmal täglich die Einzelheiten ihrer eigenen Positionen, die in an diesem Handelsplatz gehandelten Kontrakten gehalten werden, wie auch der Positionen ihrer Kunden und der Kunden dieser Kunden bis zum Endkunden zu melden.

(4) *[1]* Inhaber einer Position in einem Warenderivat bzw. einem Emissionszertifikat oder einem Derivat davon werden von der Wertpapierfirma bzw. dem Marktbetreiber, die/der diesen Handelsplatz betreibt, je nach der Art ihrer Haupttätigkeit unter Berücksichtigung der geltenden Zulassungen einer der folgenden Kategorien zugeordnet:

a) Wertpapierfirmen oder Kreditinstitute,

b) Investmentfonds, d.h. entweder ein Organismus für gemeinsame Anlagen in Wertpapieren (OGAW) im Sinne der Richtlinie 2009/65/EG oder ein Verwalter alternativer Investmentfonds im Sinne der Richtlinie 2011/61/EU,

c) sonstige Finanzinstitute, einschließlich Versicherungsunternehmen oder Rückversicherungsunternehmen im Sinne der Richtlinie 2009/138/EG und Einrichtungen der betrieblichen Altersversorgung im Sinne der Richtlinie 2003/41/EG,

d) Handelsunternehmen,

e) Betreiber mit der Verpflichtung zur Einhaltung der Anforderungen der Richtlinie 2003/87/EG, bei Emissionszertifikaten bzw. Derivaten davon.

*[2]* Die in Absatz 1 Buchstabe a genannten Berichte enthalten die Anzahl der Kauf- und Verkaufspositionen nach Personenkategorien, diesbezügliche Änderungen seit dem letzten Bericht, den Prozentsatz der gesamten offenen Kontraktpositionen jeder Kategorie sowie die Anzahl der Personen in jeder Kategorie.

*[3]* Die in Absatz 1 Buchstabe a genannten Berichte und die in Absatz 2 genannten Aufschlüsselungen unterscheiden außerdem zwischen

a) Positionen, die als solche Positionen identifiziert wurden, die objektiv messbar die unmittelbar mit einer Geschäftstätigkeit im Zusammenhang stehenden Risiken verringern, und

b) anderen Positionen.

---

[1]) Nr. 2.

(5) *[1]* Die ESMA arbeitet Entwürfe technischer Durchführungsstandards aus, um das Format der in Absatz 1 Buchstabe a genannten Berichte und die in Absatz 2 genannten Aufschlüsselungen zu bestimmen.

*[2]* Die ESMA legt der Kommission diese Entwürfe technischer Durchführungsstandards bis zum 3. Januar 2016 vor.

*[3]* Der Kommission wird die Befugnis übertragen, die in Unterabsatz 1 genannten technischen Durchführungsstandards gemäß Artikel 15 der Verordnung (EU) Nr. 1095/2010[1]) zu erlassen.

*[4]* Im Fall von Emissionszertifikaten bzw. Derivaten davon berührt diese Meldung nicht die Einhaltungspflichten gemäß der Richtlinie 2003/87/EG.

(6) Die Kommission wird ermächtigt, delegierte Rechtsakte gemäß Artikel 89 zu erlassen, um die in Absatz 1 Unterabsatz 2 dieses Artikels genannten Schwellen für die Gesamtzahl der offenen Positionen, ihre Größe und die Gesamtzahl der Positionsinhaber zu präzisieren.

(7) *[1]* Die ESMA arbeitet Entwürfe technischer Durchführungsstandards aus, in denen die Maßnahmen aufgeführt werden, durch die vorgeschrieben wird, dass alle in Absatz 1 Buchstabe a genannten Berichte der ESMA zu einem festgelegten wöchentlichen Zeitpunkt zum Zweck ihrer zentralisierten Veröffentlichung zu übermitteln sind.

*[2]* Die ESMA legt der Kommission diese Entwürfe technischer Durchführungsstandards bis zum 3. Januar 2016 vor.

*[3]* Der Kommission wird die Befugnis übertragen, die in Unterabsatz 1 genannten technischen Durchführungsstandards gemäß Artikel 15 der Verordnung (EU) Nr. 1095/2010 zu erlassen.

### Titel V. *(aufgehoben)*

### Titel VI. Zuständige Behörden

#### Kapitel I. Benennung, Befugnisse und Rechtsbehelfe

**Art. 67 Benennung der zuständigen Behörden.** (1) [1]Jeder Mitgliedstaat benennt die zuständigen Behörden, die für die Wahrnehmung der verschiedenen Aufgaben gemäß den einzelnen Bestimmungen der Verordnung (EU) Nr. 600/2014[2]) und dieser Richtlinie verantwortlich sind. [2]Die Mitgliedstaaten teilen der Kommission, der ESMA und den zuständigen Behörden der anderen Mitgliedstaaten den Namen der für die Wahrnehmung dieser Aufgaben verantwortlichen zuständigen Behörden sowie jede etwaige Aufgabenteilung mit.

(2) *[1]* Unbeschadet der Möglichkeit, in den in Artikel 29 Absatz 4 ausdrücklich genannten Fällen anderen Stellen Aufgaben zu übertragen, muss es sich bei den zuständigen Behörden im Sinne von Absatz 1 um staatliche Stellen handeln.

*[2]* [1]Eine Übertragung von Aufgaben auf andere Stellen als die Behörden gemäß Absatz 1 darf weder mit der Ausübung der Staatsgewalt noch einem Ermessensspielraum bei Entscheidungen verbunden sein. [2]Die Mitgliedstaaten schreiben vor, dass die zuständigen Behörden vor einer Übertragung durch

---

[1]) Nr. 3.
[2]) Nr. 2.

zweckmäßige Vorkehrungen sicherstellen, dass die Stelle, der Aufgaben übertragen werden sollen, über die notwendigen Kapazitäten und Mittel verfügt, um diese tatsächlich wahrnehmen zu können, und dass eine Übertragung nur stattfindet, wenn eine klar definierte und dokumentierte Regelung für die Wahrnehmung übertragener Aufgaben existiert, in der die Aufgaben und die Bedingungen für ihre Wahrnehmung dargelegt sind. ³Zu diesen Bedingungen gehört eine Klausel, die die betreffende Stelle verpflichtet, so zu handeln und organisiert zu sein, dass Interessenkonflikte vermieden werden und die in Wahrnehmung der übertragenen Aufgaben erhaltenen Informationen nicht in unredlicher Weise oder zur Verhinderung des Wettbewerbs verwendet werden. ⁴Die gemäß Absatz 1 benannte(n) zuständige(n) Behörde(n) ist/sind in letzter Instanz für die Überwachung der Einhaltung dieser Richtlinie und der zu ihrer Durchführung erlassenen Maßnahmen zuständig.

*[3]* Die Mitgliedstaaten unterrichten die Kommission, die ESMA und die zuständigen Behörden der anderen Mitgliedstaaten über jede Regelung, die im Hinblick auf eine Übertragung von Aufgaben getroffen wurde, sowie über die genauen Bedingungen dieser Übertragung.

(3) Die ESMA veröffentlicht ein Verzeichnis der zuständigen Behörden im Sinne der Absätze 1 und 2 auf ihrer Website und aktualisiert es regelmäßig.

### Art. 68 Zusammenarbeit zwischen Behörden ein und desselben Mitgliedstaats.
*[1]* Benennt ein Mitgliedstaat für die Durchsetzung einer Bestimmung dieser Richtlinie oder der Verordnung (EU) Nr. 600/2014[1]) mehr als eine zuständige Behörde, so müssen die jeweiligen Aufgaben klar abgegrenzt werden und die betreffenden Behörden eng zusammenarbeiten.

*[2]* Jeder Mitgliedstaat gewährleistet, dass eine solche Zusammenarbeit auch zwischen den im Sinne dieser Richtlinie oder der Verordnung (EU) Nr. 600/2014 zuständigen Behörden und den in diesem Mitgliedstaat für die Überwachung der Kreditinstitute, sonstigen Finanzinstitute, Pensionsfonds, OGAW, Versicherungs- und Rückversicherungsvermittler und Versicherungsunternehmen zuständigen Behörden stattfindet.

*[3]* Die Mitgliedstaaten schreiben vor, dass die zuständigen Behörden untereinander alle Informationen austauschen, die für die Wahrnehmung ihrer Aufgaben und Verantwortlichkeiten wesentlich oder von Belang sind.

### Art. 69 Aufsichtsbefugnisse.
(1) Die zuständigen Behörden sind mit allen für die Erfüllung ihrer Aufgaben gemäß dieser Richtlinie und gemäß der Verordnung (EU) Nr. 600/2014[1]) notwendigen Aufsichtsbefugnissen, Ermittlungsbefugnissen und Befugnissen zur Festlegung von Abhilfemaßnahmen auszustatten.

(2) *[1]* Die Befugnisse gemäß Absatz 1 umfassen zumindest folgende Befugnisse:
a) Unterlagen oder sonstige Daten aller Art einzusehen, die nach Ansicht der zuständigen Behörde für die Ausführung ihrer Aufgaben von Belang sein könnten, und Kopien von ihnen zu erhalten oder zu machen,
b) von jeder Person die Erteilung von Auskünften zu fordern oder zu verlangen und, falls notwendig, eine Person vorzuladen und zu vernehmen,

---

[1]) Nr. 2.

c) Ermittlungen oder Untersuchungen vor Ort durchzuführen,
d) bereits existierende Aufzeichnungen von Telefongesprächen, elektronische Mitteilungen oder sonstigen Datenübermittlungen anzufordern, die sich im Besitz einer Wertpapierfirma, eines Kreditinstituts oder sonstiger Stellen gemäß dieser Richtlinie oder der Verordnung (EU) Nr. 600/2014 befinden,
e) das Einfrieren oder die Beschlagnahme von Vermögenswerten oder beides zu verlangen,
f) ein vorübergehendes Verbot der Ausübung der Berufstätigkeit zu verlangen,
g) von den Wirtschaftsprüfern von zugelassenen Wertpapierfirmen, geregelten Märkte und Datenbereitstellungsdiensten die Erteilung von Auskünften zu verlangen,
h) eine Sache zwecks strafrechtlicher Verfolgung zu verweisen,
i) Überprüfungen oder Ermittlungen durch Wirtschaftsprüfer oder Sachverständige vornehmen zu lassen,
j) von jeder Person die Bereitstellung von Informationen, einschließlich aller einschlägigen Unterlagen, über Volumen und Zweck einer mittels eines Warenderivats eingegangenen Position oder offenen Forderung sowie über alle Vermögenswerte oder Verbindlichkeiten am Basismarkt zu fordern oder zu verlangen,
k) zu verlangen, dass Praktiken oder Verhaltensweisen, die nach Ansicht der zuständigen Behörde den Bestimmungen der Verordnung (EU) Nr. 600/2014 und den zur Umsetzung dieser Richtlinie erlassenen Vorschriften zuwiderlaufen, vorübergehend oder dauerhaft eingestellt werden, und eine Wiederholung dieser Praktiken und Verhaltensweisen zu verhindern,
l) Maßnahmen beliebiger Art zu erlassen, um sicherzustellen, dass Wertpapierfirmen, geregelte Märkte und andere Personen, auf die diese Richtlinie oder die Verordnung (EU) Nr. 600/2014 Anwendung findet, weiterhin den rechtlichen Anforderungen genügen,
m) die Aussetzung des Handels mit einem Finanzinstrument zu verlangen,
n) den Ausschluss eines Finanzinstruments vom Handel zu verlangen, unabhängig davon, ob dieser an einem geregelten Markt oder über ein anderes Handelssystem stattfindet,
o) von jeder Person zu verlangen, dass sie Schritte zur Verringerung der Größe der Position oder offenen Forderung unternimmt,
p) für jede Person die Möglichkeiten einzuschränken, eine Position in Warenderivaten einzugehen, einschließlich der Möglichkeit zur Festlegung von Limits für die Größe einer Position, die eine Person jederzeit gemäß Artikel 57 halten kann,
q) öffentliche Bekanntmachungen abzugeben,
r) bereits existierende Aufzeichnungen von Datenübermittlungen, die sich im Besitz eines Telekommunikationsbetreibers befinden, anzufordern, soweit dies nach nationalem Recht zulässig ist, wenn ein begründeter Verdacht eines Verstoßes besteht und wenn derlei Aufzeichnungen für eine Ermittlung im Zusammenhang mit Verstößen gegen diese Richtlinie oder die Verordnung (EU) Nr. 600/2014 von Belang sein könnten,
s) den Vertrieb oder Verkauf von Finanzinstrumenten oder strukturierten Einlagen auszusetzen, wenn die Bedingungen der Artikel 40, 41 oder 42 der Verordnung (EU) Nr. 600/2014 erfüllt sind,

t) den Vertrieb oder Verkauf von Finanzinstrumenten oder strukturierten Einlagen auszusetzen, wenn die Wertpapierfirma kein wirksames Genehmigungsverfahren für Produkte entwickelt hat oder anwendet oder in anderer Weise gegen Artikel 16 Absatz 3 dieser Richtlinie verstoßen hat,

u) die Abberufung einer natürlichen Person aus dem Leitungsorgan einer Wertpapierfirma oder eines Marktbetreibers zu verlangen.

*[2]* ¹Die Mitgliedstaaten unterrichten die Kommission und die ESMA bis zum 3. Juli 2017 über die Gesetze, Verordnungen und Verwaltungsvorschriften, mit denen die Absätze 1 und 2 umgesetzt werden. ²Sie teilen der Kommission und der ESMA unverzüglich jede spätere Änderung dieser Gesetze, Verordnungen und Verwaltungsvorschriften mit.

*[3]* Die Mitgliedstaaten sorgen dafür, dass Mechanismen eingerichtet werden, um sicherzustellen, dass in Übereinstimmung mit den nationalen Gesetzen für finanzielle Verluste oder entstandene Schäden aufgrund eines Verstoßes gegen diese Richtlinie oder die Verordnung (EU) Nr. 600/2014 Entschädigungen gezahlt oder andere Abhilfemaßnahmen ergriffen werden können.

**Art. 70 Sanktionen bei Verstößen.** (1) *[1]* ¹Unbeschadet der Aufsichtsbefugnisse, der Ermittlungsbefugnissen und der Befugnisse zur Festlegung von Abhilfemaßnahmen der zuständigen Behörden gemäß Artikel 69 und des Rechts der Mitgliedstaaten, strafrechtliche Sanktionen vorzusehen und zu verhängen, legen die Mitgliedstaaten Vorschriften für verwaltungsrechtliche Sanktionen und Maßnahmen fest, die bei allen Verstößen gegen diese Richtlinie oder die Verordnung (EU) Nr. 600/2014[1] und gegen die zur Umsetzung dieser Richtlinie und der Verordnung (EU) Nr. 600/2014 erlassenen einzelstaatlichen Vorschriften anwendbar sind, sorgen dafür, dass ihre zuständigen Behörden derartige verwaltungsrechtliche Sanktionen und Maßnahmen verhängen können, und ergreifen alle notwendigen Maßnahmen, um deren Umsetzung sicherzustellen. ²Diese Sanktionen und Maßnahmen müssen wirksam, verhältnismäßig und abschreckend sein und auch für Verstöße gelten, die nicht ausdrücklich in den Absätzen 3, 4 und 5 genannt sind.

*[2]* ¹Die Mitgliedstaaten können entscheiden, für Verstöße, die nach nationalem Recht strafrechtlich verfolgt werden, keine Vorschriften für verwaltungsrechtliche Sanktionen festzulegen. ²In diesem Fall unterrichten die Mitgliedstaaten die Kommission über die einschlägigen strafrechtlichen Vorschriften.

*[3]* ¹Die Mitgliedstaaten unterrichten die Kommission und die ESMA bis zum 3. Juli 2017 über die Gesetze, Verordnungen und Verwaltungsvorschriften, mit denen dieser Artikel umgesetzt wird, einschließlich der einschlägigen strafrechtlichen Vorschriften. ²Sie teilen der Kommission und der ESMA unverzüglich jede spätere Änderung dieser Gesetze, Verordnungen und Verwaltungsvorschriften mit.

(2) Die Mitgliedstaaten stellen sicher, dass, wenn Verpflichtungen für Wertpapierfirmen, Marktbetreiber, Datenbereitstellungsdienste, Kreditinstitute (in Zusammenhang mit Wertpapierdienstleistungen oder Anlagetätigkeiten oder damit verbundenen Dienstleistungen) sowie Niederlassungen von Drittlandfirmen gelten, im Falle eines Verstoßes Sanktionen und Maßnahmen vorbehaltlich der im nationalen Recht festgelegten Bedingungen für nicht durch diese

---

[1] Nr. 2.

# 1 MiFiD II Art. 70

Richtlinie harmonisierte Bereiche gegen die Mitglieder des Leitungsorgans der Wertpapierfirmen und Marktbetreiber sowie gegen jede andere natürliche oder juristische Person verhängt werden können, die nach nationalem Recht für den Verstoß verantwortlich ist.

(3) Die Mitgliedstaaten sorgen dafür, dass zumindest ein Verstoß gegen die folgenden Bestimmungen dieser Richtlinie oder der Verordnung (EU) Nr. 600/2014 als Verstoß gegen diese Richtlinie oder die Verordnung (EU) Nr. 600/2014 gilt:

a) im Hinblick auf diese Richtlinie

i) Artikel 8 Buchstabe b,
ii) Artikel 9 Absätze 1 bis 6,
iii) Artikel 11 Absätze 1 und 3,
iv) Artikel 16 Absätze 1 bis 11,
v) Artikel 17 Absätze 1 bis 6,
vi) Artikel 18 Absätze 1 bis 9 und Artikel 18 Absatz 10 Satz 1,
vii) Artikel 19 und 20,
viii) Artikel 21 Absatz 1,
ix) Artikel 23 Absätze 1, 2 und 3,
x) Artikel 24 Absätze 1 bis 5 und 7 bis 10 und Artikel 24 Absatz 11 Unterabsätze 1 und 2,
xi) Artikel 25 Absätze 1 bis 6,
xii) Artikel 26 Absatz 1 Satz 2 und Artikel 26 Absätze 2 und 3,
xiii) Artikel 27 Absätze 1 bis 8,
xiv) Artikel 28 Absätze 1 und 2,
xv) Artikel 29 Absatz 2 Unterabsätze 1 und 3, Artikel 29 Absatz 3 Satz 1, Artikel 29 Absatz 4 Unterabsatz 1 und Artikel 29 Absatz 5,
xvi) Artikel 30 Absatz 1 Unterabsatz 2 und Artikel 30 Absatz 3 Unterabsatz 2 Satz 1,
xvii) Artikel 31 Absatz 1, Artikel 31 Absatz 2 Unterabsatz 1 und Artikel 31 Absatz 3,
xviii) Artikel 32 Absatz 1, Artikel 32 Absatz 2 Unterabsätze 1, 2 und 4,
xix) Artikel 33 Absatz 3,
xx) Artikel 34 Absatz 2, Artikel 34 Absatz 4 Satz 1, Artikel 34 Absatz 5 Satz 1, Artikel 34 Absatz 7 Satz 1,
xxi) Artikel 35 Absatz 2, Artikel 35 Absatz 7 Unterabsatz 1, Artikel 35 Absatz 10 Satz 1,
xxii) Artikel 36 Absatz 1,
xxiii) Artikel 37 Absatz 1 Unterabsatz 1 und Unterabsatz 2 Satz 1, Artikel 37 Absatz 2 Unterabsatz 1,
xxiv) Artikel 44 Absatz 1 Unterabsatz 4, Artikel 44 Absatz 2 Satz 1, Artikel 44 Absatz 3 Unterabsatz 1 und Artikel 44 Absatz 5 Buchstabe b,
xxv) Artikel 45 Absätze 1 bis 6 und Absatz 8,
xxvi) Artikel 46 Absatz 1, Artikel 46 Absatz 2 Buchstaben a und b,

RL 2014/65/EU  **Art. 70 MiFiD II 1**

xxvii) Artikel 47,
xxviii) Artikel 48 Absätze 1 bis 11,
xxix) Artikel 49 Absatz 1,
xxx) Artikel 50 Absatz 1,
xxxi) Artikel 51 Absätze 1 bis 4 und Artikel 51 Absatz 5 Satz 2,
xxxii) Artikel 52 Absatz 1 und Artikel 52 Unterabsatz 2 Unterabsätze 1, 2 und 5,
xxxiii) Artikel 53 Absätze 1, 2 und 3, Artikel 55 Absatz 6 Unterabsatz 2 Satz 1 und Artikel 53 Absatz 7,
xxxiv) Artikel 54 Absatz 1, Artikel 54 Absatz 2 Unterabsatz 1 und Artikel 54 Absatz 3,
xxxv) Artikel 57 Absätze 1 und 2, Artikel 57 Absatz 8 und Artikel 57 Absatz 10 Unterabsatz 1,
xxxvi) Artikel 58 Absätze 1 bis 4,
xxxvii) *(aufgehoben)*
xxxviii) *(aufgehoben)*
xxxix) *(aufgehoben)*
xxxx) *(aufgehoben)*

b) im Hinblick auf die Verordnung (EU) Nr. 600/2014:
i) Artikel 3 Absätze 1 und 3,
ii) Artikel 4 Absatz 3 Unterabsatz 1,
iii) Artikel 6,
iv) Artikel 7 Absatz 1 Unterabsatz 3 Satz 1,
v) Artikel 8 Absätze 1, 3 und 4,
vi) Artikel 10,
vii) Artikel 11 Absatz 1 Unterabsatz 3 Satz 1 und Artikel 11 Absatz 3 Unterabsatz 3,
viii) Artikel 12 Absatz 1,
ix) Artikel 13 Absatz 1,
x) Artikel 14 Absatz 1, Artikel 14 Absatz 2 Satz 1 und Artikel 14 Absatz 3 Sätze 2, 3 und 4,
xi) Artikel 15 Absatz 1 Unterabsatz 1 und Unterabsatz 2 Sätze 1 und 3, Artikel 15 Absatz 2 und Artikel 15 Absatz 4 Satz 2,
xii) Artikel 17 Absatz 1 Satz 2,
xiii) Artikel 18 Absätze 1 und 2, Artikel 18 Absatz 4 Satz 1, Artikel 18 Absatz 5 Satz 1, Artikel 18 Absatz 6 Unterabsatz 1, Artikel 18 Absätze 8 und 9,
xiv) Artikel 20 Absatz 1 und Artikel 20 Absatz 2 Satz 1,
xv) Artikel 21 Absätze 1, 2 und 3,
xvi) Artikel 22 Absatz 2,
xvii) Artikel 23 Absätze 1 und 2,
xviii) Artikel 25 Absätze 1 und 2,

| | |
|---|---|
| xix) | Artikel 26 Absatz 1 Unterabsatz 1, Artikel 26 Absätze 2 bis 5, Artikel 26 Absatz 6 Unterabsatz 1, und Artikel 26 Absatz 7 Unterabsätze 1 bis 5 und 8, |
| xx) | Artikel 27 Absatz 1, |
| xxa) | Artikel 27f Absätze 1, 2 und 3, Artikel 27g Absätze 1 bis 5 und Artikel 27i Absätze 1 bis 4, in denen einem APA oder einem ARM eine Ausnahme nach Artikel 2 Absatz 3 gewährt wurde, |
| xxi) | Artikel 28 Absatz 1 und Artikel 28 Absatz 2 Unterabsatz 1, |
| xxii) | Artikel 29 Absätze 1 und 2, |
| xxiii) | Artikel 30 Absatz 1, |
| xxiv) | Artikel 31 Absätze 2 und 3, |
| xxv) | Artikel 35 Absätze 1, 2 3[1)] |
| xxvi) | Artikel 36 Absätze 1, 2 und 3, |
| xxvii) | Artikel 37 Absätze 1 und 3 und |
| xxviii) | Artikel 40, 41 und 42. |

(4) Die Erbringung von Wertpapierdienstleistungen oder die Ausübung von Anlagetätigkeiten ohne die erforderliche Zulassung oder Genehmigung gemäß den folgenden Bestimmungen dieser Richtlinie oder der Verordnung (EU) Nr. 600/2014 gilt ebenfalls als Verstoß gegen diese Richtlinie oder die Verordnung (EU) Nr. 600/2014:

a) Artikel 5 oder Artikel 6 Absatz 2 oder Artikel 34, 35, 39 oder 44 dieser Richtlinie oder

b) Artikel 7 Absatz 1 Satz 3 der Verordnung (EU) Nr. 600/2014 oder Artikel 11 Absatz 1 jener Verordnung und, sofern einem APA oder einem ARM eine Ausnahme nach Artikel 2 Absatz 3 jener Verordnung gewährt wurde, Artikel 27b jener Verordnung.

(5) Die Missachtung der Verpflichtung zur Zusammenarbeit oder zur Befolgung von Anweisungen im Rahmen einer Ermittlung oder Untersuchung oder einer Aufforderung gemäß Artikel 69 gilt ebenfalls als Verstoß gegen diese Richtlinie.

(6) Die Mitgliedstaaten sehen im Falle der in den Absätzen 3, 4 und 5 genannten Verstöße im Einklang mit nationalem Recht vor, dass die zuständigen Behörden die Befugnis haben, die folgenden verwaltungsrechtlichen Sanktionen oder Maßnahmen zu erlassen:

a) öffentliche Bekanntgabe der natürlichen oder juristischen Person und der Art des Verstoßes gemäß Artikel 71,

b) Anordnung, wonach die natürliche oder juristische Person die Verhaltensweise einzustellen und von einer Wiederholung abzusehen hat,

c) im Falle einer Wertpapierfirma, eines zum Betrieb eines MTF oder eines OTF zugelassenen Marktbetreibers oder eines geregelten Marktes Entzug oder Aussetzung der Zulassung des Instituts gemäß Artikel 8 und Artikel 43 dieser Richtlinie und, sofern einem APA oder einem ARM eine Ausnahme nach Artikel 2 Absatz 3 der Verordnung (EU) Nr. 600/2014 gewährt wurde, Entzug oder Aussetzung der Zulassung gemäß Artikel 27e jener Verordnung,

---

[1)] Richtig wohl: „2 und 3".

d) vorübergehendes oder – bei wiederholten schweren Verstößen – permanentes Verbot für das verantwortliche Mitglied des Leitungsorgans der Wertpapierfirma oder eine andere verantwortliche natürliche Person, in Wertpapierfirmen Leitungsaufgaben wahrzunehmen,

e) vorübergehendes Verbot für die Wertpapierfirmen, die Mitglied oder Teilnehmer geregelter Märkte oder MTF sind, oder für alle Kunden eines OTF,

f) im Falle einer juristischen Person maximale Geldbußen von mindestens 5 000 000 EUR oder bei Mitgliedstaaten, deren Währung nicht der Euro ist, in Höhe des entsprechenden Gegenwerts in der Landeswährung zum 2. Juli 2014 oder bis zu 10 % des jährlichen Gesamtumsatzes der juristischen Person, der im letzten verfügbaren vom Leitungsorgan gebilligten Abschluss ausgewiesen ist; handelt es sich bei der juristischen Person um ein Mutterunternehmen oder ein Tochterunternehmen des Mutterunternehmens, das einen konsolidierten Abschluss nach der Richtlinie 2013/34/EU aufzustellen hat, bezeichnet „jährlicher Gesamtumsatz" den jährlichen Gesamtumsatz oder die entsprechende Einkunftsart gemäß den einschlägigen Gesetzgebungsakten zur Rechnungslegung, der bzw. die im letzten verfügbaren konsolidierten Abschluss ausgewiesen ist, der vom Leitungsorgan des Mutterunternehmens an der Spitze gebilligt wurde,

g) im Falle einer natürlichen Person maximale Geldbußen von mindestens 5 000 000 EUR bzw. in den Mitgliedstaaten, deren Währung nicht der Euro ist, in Höhe des entsprechenden Gegenwerts in der Landeswährung zum 2. Juli 2014,

h) maximale Geldbußen in mindestens zweifacher Höhe des aus dem Verstoß gezogenen Nutzens, soweit sich dieser beziffern lässt, auch wenn dieser Betrag über die unter den Buchstaben f und g genannten Maximalbeträge hinausgeht.

(7) Die Mitgliedstaaten können die zuständigen Behörden ermächtigen, zusätzlich zu den in Absatz 6 genannten Sanktionen weitere Arten von Sanktionen oder solche Geldbußen zu verhängen, die die in Absatz 6 Buchstaben f, g und h genannten Beträge übersteigen.

## Art. 71 Öffentliche Bekanntmachung von Entscheidungen.

(1) *[1]* ¹Die Mitgliedstaaten sorgen dafür, dass die zuständigen Behörden jede Entscheidung, mit der eine verwaltungsrechtliche Sanktion oder Maßnahme bei einem Verstoß gegen die Verordnung (EU) Nr. 600/2014[1]) oder die zur Umsetzung dieser Richtlinie erlassenen innerstaatlichen Vorschriften verhängt wird, unverzüglich nach Unterrichtung der Person, gegen die die Sanktion verhängt wurde, über diese Entscheidung auf ihrer offiziellen Website öffentlich bekanntmachen. ²Diese Bekanntmachung muss zumindest Informationen zu Art und Charakter des Verstoßes und zu den verantwortlichen Personen enthalten. ³Diese Verpflichtung gilt nicht für Entscheidungen, mit denen Maßnahmen mit Ermittlungscharakter verfügt werden.

*[2]* Ist jedoch die zuständige Behörde nach einer fallbezogenen Bewertung der Verhältnismäßigkeit der Bekanntmachung der betreffenden Daten zu der Ansicht gelangt, dass die Bekanntmachung der Identität der juristischen Personen oder der personenbezogenen Daten der natürlichen Personen unverhält-

---

[1]) Nr. 2.

nismäßig wäre, oder würde die Bekanntmachung die Stabilität der Finanzmärkte oder laufende Ermittlungen gefährden, so stellen die Mitgliedstaaten sicher, dass die zuständigen Behörden entweder

a) die Entscheidung, mit der die Sanktion bzw. Maßnahme verhängt wird, erst dann bekanntmachen, wenn die Gründe für den Verzicht auf ihre Bekanntmachung nicht mehr bestehen, oder

b) die Entscheidung, mit der die Sanktion bzw. Maßnahme verhängt wird, im Einklang mit dem nationalen Recht auf anonymer Basis bekanntmachen, wenn diese anonyme Bekanntmachung einen wirksamen Schutz der betreffenden personenbezogenen Daten gewährleistet, oder

c) gänzlich davon absehen, die Entscheidung, mit der die Sanktion bzw. Maßnahme verhängt wird, bekanntzumachen, wenn die unter den Buchstaben a und b genannten Optionen ihrer Ansicht nach nicht ausreichen, um zu gewährleisten, dass

i) die Stabilität der Finanzmärkte nicht gefährdet würde,

ii) die Bekanntmachung solcher Entscheidungen über Maßnahmen, die als geringfügiger eingestuft werden, verhältnismäßig ist.

*[3]* Im Falle der Entscheidung, eine Sanktion oder eine Maßnahme auf anonymer Basis bekanntzumachen, kann die Bekanntmachung der einschlägigen Daten um einen angemessenen Zeitraum aufgeschoben werden, wenn vorhersehbar ist, dass die Gründe für die anonyme Bekanntmachung innerhalb dieses Zeitraums wegfallen werden.

(2) ¹ Werden gegen die Entscheidung, eine Sanktion oder eine Maßnahme zu verhängen, bei den einschlägigen Justizbehörden oder sonstigen Behörden Rechtsmittel eingelegt, so machen die zuständigen Behörden auch diesen Sachverhalt und alle weiteren Informationen über das Ergebnis des Rechtsmittelverfahrens umgehend auf ihrer offiziellen Website bekannt. ² Ferner wird jede Entscheidung, mit der eine frühere Entscheidung über die Verhängung einer Sanktion bzw. einer Maßnahme für ungültig erklärt wird, ebenfalls bekanntgemacht.

(3) *[1]* ¹ Die zuständigen Behörden stellen sicher, dass jede Bekanntmachung nach diesem Artikel ab ihrer Veröffentlichung für einen Zeitraum von mindestens fünf Jahren auf ihrer offiziellen Website zugänglich bleibt. ² Enthält die Bekanntmachung personenbezogene Daten, so bleiben diese nur so lange auf der offiziellen Website der zuständigen Behörde einsehbar, wie dies nach den geltenden Datenschutzbestimmungen erforderlich ist.

*[2]* ¹ Die zuständigen Behörden unterrichten die ESMA über alle verwaltungsrechtlichen Sanktionen, die zwar verhängt, im Einklang mit Absatz 1 Buchstabe c aber nicht bekanntgemacht wurden, sowie über alle Rechtsmittel in Verbindung mit diesen Sanktionen und die Ergebnisse der Rechtsmittelverfahren. ² Die Mitgliedstaaten sorgen dafür, dass die zuständigen Behörden die Informationen und das endgültige Urteil in Verbindung mit verhängten strafrechtlichen Sanktionen erhalten und an die ESMA weiterleiten. ³ Die ESMA betreibt eine zentrale Datenbank der ihr gemeldeten Sanktionen, deren alleiniger Zweck der Informationsaustausch zwischen den zuständigen Behörden ist. ⁴ Diese Datenbank ist nur für die zuständigen Behörden zugänglich, und sie wird anhand der von den zuständigen Behörden bereitgestellten Informationen aktualisiert.

(4) *[1]* ¹Die Mitgliedstaaten übermitteln der ESMA jährlich eine Zusammenfassung von Informationen über alle gemäß Absatz 1 und 2 verhängten Sanktionen und Maßnahmen. ²Diese Verpflichtung gilt nicht für Maßnahmen mit Ermittlungscharakter.

*[2]* ¹Haben die Mitgliedstaaten beschlossen, im Einklang mit Artikel 70 strafrechtliche Sanktionen für Verstöße gegen die in diesem Artikel genannten Bestimmungen niederzulegen, so übermitteln ihre zuständigen Behörden der ESMA jedes Jahr anonymisierte und aggregierte Daten über alle durchgeführten strafrechtlichen Ermittlungen und verhängten strafrechtlichen Sanktionen. ²Die ESMA veröffentlicht die Daten zu den verhängten strafrechtlichen Sanktionen in einem Jahresbericht.

(5) Hat die zuständige Behörde eine Verwaltungsmaßnahme, eine Sanktion oder eine strafrechtliche Sanktion der Öffentlichkeit bekanntgemacht, so unterrichtet sie die ESMA gleichzeitig darüber.

(6) Wenn eine veröffentliche strafrechtliche oder verwaltungsrechtliche Sanktion eine Wertpapierfirma, einen Marktbetreiber, ein Kreditinstitut (in Zusammenhang mit Wertpapierdienstleistungen und Anlagetätigkeiten oder damit verbundenen Dienstleistungen) oder eine Niederlassung von Drittlandfirmen betrifft, die nach der vorliegenden Richtlinie zugelassen sind, oder ein gemäß der Verordnung (EU) Nr. 600/2014 zugelassenes APA oder ARM, dem eine Ausnahme nach Artikel 2 Absatz 3 jener Verordnung gewährt wurde, macht die ESMA einen Vermerk über die veröffentlichte Sanktion im entsprechenden Register.

(7) *[1]* Die ESMA arbeitet Entwürfe technischer Durchführungsstandards zu den Verfahren und Formularen für die in diesem Artikel vorgesehene Informationsübermittlung aus.

*[2]* Die ESMA legt der Kommission diese Entwürfe technischer Durchführungsstandards bis zum 3. Januar 2016 vor.

*[3]* Der Kommission wird die Befugnis übertragen, die in Unterabsatz 1 genannten technischen Durchführungsstandards gemäß Artikel 15 der Verordnung (EU) Nr. 1095/2010[1)] zu erlassen.

## Art. 72 Wahrnehmung der Aufsichts- und Sanktionsbefugnisse.

(1) Die zuständigen Behörden üben die in Artikel 69 genannten Aufsichtsbefugnisse, Ermittlungsbefugnisse und Befugnisse zur Festlegung von Abhilfemaßnahmen sowie die in Artikel 70 genannten Sanktionsbefugnisse in Übereinstimmung mit ihrem jeweiligen nationalen Rechtsrahmen entweder

a) unmittelbar oder

b) in Zusammenarbeit mit anderen Behörden oder

c) in eigener Zuständigkeit, durch Übertragung von Aufgaben auf Stellen, denen gemäß Artikel 67 Absatz 2 Aufgaben übertragen wurden, oder

d) durch Antragstellung bei den zuständigen Justizbehörden aus.

(2) *[1]* ¹Die Mitgliedstaaten sorgen dafür, dass die zuständigen Behörden bei der Bestimmung der Art und der Höhe bzw. des Umfangs einer verwaltungsrechtlichen Sanktion oder einer Maßnahme, die in Ausübung der Sanktions-

---

[1)] Nr. 3.

befugnisse nach Artikel 70 verhängt wurde, allen maßgeblichen Umständen Rechnung tragen. ²Dazu zählen gegebenenfalls:

a) die Schwere und Dauer des Verstoßes,
b) der Grad an Verantwortung der für den Verstoß verantwortlichen natürlichen oder juristischen Person,
c) die Finanzkraft der verantwortlichen natürlichen oder juristischen Person, wie sie sich insbesondere aus dem Gesamtumsatz der verantwortlichen juristischen Person oder den Jahreseinkünften und dem Nettovermögen der verantwortlichen natürlichen Person ablesen lässt,
d) die Höhe der von der verantwortlichen natürlichen oder juristischen Person erzielten Gewinne oder verhinderten Verluste, sofern sich diese beziffern lassen,
e) die Verluste, die Dritten durch den Verstoß entstanden sind, sofern sich diese beziffern lassen,
f) die Bereitschaft der verantwortlichen natürlichen oder juristischen Person zur Zusammenarbeit mit der zuständigen Behörde, unbeschadet des Erfordernisses, die von dieser Person erzielten Gewinne oder verhinderten Verluste einzuziehen,
g) frühere Verstöße der verantwortlichen natürlichen oder juristischen Person.

*[2]* Die zuständigen Behörden können zusätzlich zu den in Unterabsatz 1 genannten Faktoren weitere Faktoren berücksichtigen, wenn sie die Art und die Höhe bzw. den Umfang von verwaltungsrechtlichen Sanktionen und Maßnahmen festlegen.

**Art. 73 Meldung von Verstößen.** (1) *[1]* Die Mitgliedstaaten sorgen dafür, dass die zuständigen Behörden wirksame Mechanismen schaffen, um die Meldung potenzieller oder tatsächlicher Verstöße gegen die Bestimmungen der Verordnung (EU) Nr. 600/2014[1]) oder die zur Umsetzung dieser Richtlinie erlassenen innerstaatlichen Bestimmungen bei den zuständigen Behörden zu ermöglichen.

*[2]* Die in Unterabsatz 1 genannten Mechanismen umfassen zumindest Folgendes:

a) spezielle Verfahren für die Entgegennahme der Meldungen potenzieller oder tatsächlicher Verstöße und für deren Weiterbehandlung, einschließlich der Einrichtung sicherer Kommunikationswege für derartige Meldungen;
b) einen angemessenen Schutz für die Mitarbeiter von Finanzinstituten, die Verstöße innerhalb des Finanzinstituts anzeigen, zumindest vor Vergeltungsmaßnahmen, Diskriminierung oder anderen Arten von unfairer Behandlung;
c) den Schutz der Identität sowohl der Person, die die Verstöße anzeigt, als auch der natürlichen Person, die mutmaßlich für einen Verstoß verantwortlich ist, in allen Verfahrensstufen, es sei denn, die Bekanntgabe der Identität ist im Rahmen weiterer Ermittlungen oder anschließender Verwaltungs- oder Gerichtsverfahren nach innerstaatlichem Recht vorgeschrieben.

(2) Die Mitgliedstaaten verpflichten Wertpapierfirmen, Marktbetreiber, Datenbereitstellungsdienste, Wertpapier- oder Nebendienstleistungen erbringende oder Anlagetätigkeiten ausübende Kreditinstitute sowie Zweigniederlassungen

---

[1]) Nr. 2.

von Drittlandfirmen, angemessene Verfahren einzurichten, über die ihre Mitarbeiter potenzielle oder tatsächliche Verstöße intern über einen speziellen, unabhängigen und eigenständigen Weg melden können.

**Art. 74 Recht auf Einlegung eines Rechtsbehelfs.** (1) [1] Die Mitgliedstaaten stellen sicher, dass jede Entscheidung, die im Rahmen der Bestimmungen der Verordnung (EU) Nr. 600/2014[1]) oder im Rahmen der nach dieser Richtlinie erlassenen Rechts- oder Verwaltungsvorschriften getroffen wird, ordnungsgemäß begründet wird und dem Recht auf Einlegung eines Rechtsbehelfs bei einem Gericht unterliegt. [2] Ein Recht auf Einlegung eines Rechtsbehelfs bei einem Gericht besteht auch, wenn über einen Antrag auf Zulassung, der alle erforderlichen Angaben enthält, innerhalb von sechs Monaten nach Einreichung nicht entschieden wurde.

(2) Die Mitgliedstaaten sehen vor, dass eine oder mehrere der folgenden nach nationalem Recht bestimmten Stellen gemäß dem nationalen Recht im Interesse von Verbrauchern ebenfalls die Gerichte oder die zuständigen Verwaltungsinstanzen anrufen kann bzw. können, um dafür zu sorgen, dass die Verordnung (EU) Nr. 600/2014 und die nationalen, zur Durchführung dieser Richtlinie erlassenen Vorschriften angewandt werden:

a) staatliche Stellen oder ihre Vertreter;

b) Verbraucherverbände, die ein berechtigtes Interesse am Schutz der Verbraucher haben;

c) Berufsverbände, die ein berechtigtes Interesse daran haben, sich für den Schutz ihrer Mitglieder einzusetzen.

**Art. 75 Außergerichtliches Verfahren für Verbraucherbeschwerden.**

(1) [1] Die Mitgliedstaaten stellen die Einrichtung effizienter und wirksamer Beschwerde- und Schlichtungsverfahren für die außergerichtliche Beilegung von Streitfällen von Verbrauchern über die von Wertpapierfirmen erbrachten Wertpapier- und Nebendienstleistungen sicher und greifen dabei gegebenenfalls auf bestehende Einrichtungen zurück. [2] Die Mitgliedstaaten stellen darüber hinaus sicher, dass alle Wertpapierfirmen einer oder mehreren solcher Einrichtungen, die entsprechende Beschwerde- und Schlichtungsverfahren durchführen, angehören.

(2) Die Mitgliedstaaten stellen sicher, dass diese Einrichtungen bei der Beilegung grenzüberschreitender Streitfälle aktiv mit den entsprechenden Einrichtungen in anderen Mitgliedstaaten zusammenarbeiten.

(3) [1] Die zuständigen Behörden teilen der ESMA die in Absatz 1 genannten Beschwerde- und Rechtsbehelfsverfahren mit, die in ihren Rechtsordnungen vorgesehen sind.

[2] Die ESMA veröffentlicht ein Verzeichnis aller außergerichtlichen Streitschlichtungsmechanismen auf ihrer Website und aktualisiert es regelmäßig.

**Art. 76 Berufsgeheimnis.** (1) [1] Die Mitgliedstaaten stellen sicher, dass die zuständigen Behörden, alle Personen, die für diese oder für Stellen, denen nach Artikel 67 Absatz 2 Aufgaben übertragen wurden, tätig sind oder waren, sowie die von den zuständigen Behörden beauftragten Wirtschaftsprüfer und Sach-

---

[1]) Nr. 2.

verständigen dem Berufsgeheimnis unterliegen. ²Diese geben keine vertraulichen Informationen weiter, die sie in ihrer beruflichen Eigenschaft erhalten, es sei denn in zusammengefasster oder allgemeiner Form, so dass die einzelnen Wertpapierfirmen, Marktbetreiber, geregelten Märkte oder anderen Personen nicht zu erkennen sind; davon unberührt bleiben Anforderungen des nationalen Straf- oder Steuerrechts oder anderer Bestimmungen dieser Richtlinie oder der Verordnung (EU) Nr. 600/2014[1]).

(2) Wurde gegen eine Wertpapierfirma, einen Marktbetreiber oder einen geregelten Markt durch Gerichtsbeschluss das Konkursverfahren eröffnet oder ihre Zwangsabwicklung eingeleitet, so dürfen vertrauliche Informationen, die sich nicht auf Dritte beziehen, in zivil- oder handelsrechtlichen Verfahren weitergegeben werden, sofern dies für das betreffende Verfahren erforderlich ist.

(3) ¹Unbeschadet der Anforderungen des nationalen Straf- oder Steuerrechts dürfen die zuständigen Behörden oder andere Stellen bzw. andere natürliche oder juristische Personen als die zuständigen Behörden vertrauliche Informationen, die sie gemäß dieser Richtlinie oder der Verordnung (EU) Nr. 600/2014 erhalten, nur zur Wahrnehmung ihrer Verantwortlichkeiten und Aufgaben – im Falle der zuständigen Behörden – innerhalb des Geltungsbereichs dieser Richtlinie oder der Verordnung (EU) Nr. 600/2014 oder – im Falle anderer Behörden, Stellen, natürlicher oder juristischer Personen – für die Zwecke, für die die Information übermittelt wurde, und/oder bei Verwaltungs- oder Gerichtsverfahren, die sich speziell auf die Wahrnehmung dieser Aufgaben beziehen, verwenden. ²Gibt die zuständige Behörde oder andere Behörde, Stelle oder Person, die die Information übermittelt, jedoch ihre Zustimmung, so darf die Behörde, die die Information erhält, diese für andere Zwecke verwenden.

(4) ¹Vertrauliche Informationen, die gemäß dieser Richtlinie oder der Verordnung (EU) Nr. 600/2014 empfangen, ausgetauscht oder übermittelt werden, unterliegen den Vorschriften dieses Artikels über das Berufsgeheimnis. ²Dieser Artikel steht dem allerdings nicht entgegen, dass die zuständigen Behörden im Einklang mit dieser Richtlinie oder der Verordnung (EU) Nr. 600/2014 und mit anderen, für Wertpapierfirmen, Kreditinstitute, Pensionsfonds, OGAW, alternative Investmentfonds (AIF), Versicherungs- und Rückversicherungsvermittler, Versicherungsunternehmen, geregelte Märkte, Marktbetreiber, zentrale Gegenparteien oder CSD geltenden Richtlinien oder Verordnungen oder aber mit Zustimmung der die Informationen übermittelnden zuständigen Behörde oder der anderen Behörden, Stellen und sonstigen juristischen oder natürlichen Personen vertrauliche Informationen austauschen oder solche übermitteln.

(5) Dieser Artikel steht dem Austausch oder der Übermittlung vertraulicher Informationen, die nicht von der zuständigen Behörde eines anderen Mitgliedstaats empfangen wurden, durch die zuständigen Behörden im Einklang mit dem jeweils maßgebenden nationalen Recht nicht entgegen.

**Art. 77 Beziehungen zu Wirtschaftsprüfern.** (1) *[1]* Die Mitgliedstaaten sehen zumindest vor, dass jede gemäß der Richtlinie 2006/43/EG des Europäi-

---

[1]) Nr. 2.

schen Parlaments und des Rates[1]) zugelassene Person, die in einer Wertpapierfirma, auf einem geregelten Markt oder in einem gemäß der Verordnung (EU) Nr. 600/2014[2]) zugelassenen APA oder ARM, dem eine Ausnahme nach Artikel 2 Absatz 3 jener Verordnung gewährt wurde, die in Artikel 34 der Richtlinie 2013/34/EU bzw. in Artikel 73 der Richtlinie 2009/65/EG beschriebenen Aufgaben oder andere gesetzlich vorgeschriebene Aufgaben erfüllt, verpflichtet ist, den zuständigen Behörden unverzüglich jeden dieses Unternehmen betreffenden Sachverhalt oder Beschluss zu melden, von dem sie bei der Wahrnehmung dieser Aufgaben Kenntnis erlangt hat und der

a) einen erheblichen Verstoß gegen die Rechts- oder Verwaltungsvorschriften, die die Zulassungsvoraussetzungen enthalten oder die Ausübung der Tätigkeit von Wertpapierfirmen regeln, darstellen könnte;

b) den Fortbestand der Wertpapierfirma in Frage stellen könnte;

c) dazu führen könnte, dass der Prüfungsvermerk verweigert oder unter einen Vorbehalt gestellt wird.

*[2]* Diese Person ist ferner zur Meldung jedes Sachverhalts oder Beschlusses verpflichtet, von dem sie in Ausübung einer der Tätigkeiten gemäß Unterabsatz 1 in einem Unternehmen Kenntnis erlangt, das in enger Verbindung zu der Wertpapierfirma steht, in der sie diese Tätigkeit ausübt.

(2) Meldet eine im Rahmen der Richtlinie 2006/43/EG zugelassene Person den zuständigen Behörden nach Treu und Glauben einen der in Absatz 1 genannten Sachverhalte oder Beschlüsse, so stellt dies keinen Verstoß gegen eine etwaige vertragliche oder rechtliche Beschränkung der Informationsweitergabe dar und zieht für diese Person keinerlei Haftung nach sich.

**Art. 78 Datenschutz.** Die Verarbeitung personenbezogener Daten, die bei der oder zur Ausübung der Überwachungsbefugnisse, einschließlich Ermittlungsbefugnissen, gemäß dieser Richtlinie erhoben werden, erfolgt im Einklang mit den nationalen Rechtsvorschriften zur Umsetzung der Richtlinie 95/46/EG und gegebenenfalls im Einklang mit der Verordnung (EG) Nr. 45/2001.

### Kapitel II. Zusammenarbeit zwischen den zuständigen Behörden der Mitgliedstaaten und der ESMA

**Art. 79 Pflicht zur Zusammenarbeit.** (1) *[1]* Die zuständigen Behörden der einzelnen Mitgliedstaaten arbeiten zusammen, wann immer dies zur Wahrnehmung der in dieser Richtlinie oder der Verordnung (EU) Nr. 600/2014[2]) festgelegten Aufgaben erforderlich ist, und machen dazu von den ihnen entweder durch diese Richtlinie oder die Verordnung (EU) Nr. 600/2014 oder das nationale Recht übertragenen Befugnissen Gebrauch.

*[2]* Haben die Mitgliedstaaten beschlossen, im Einklang mit Artikel 70 strafrechtliche Sanktionen für die Verstöße gegen dort genannten die Bestimmungen niederzulegen, so sorgen sie dafür, dass angemessene Vorkehrungen getroffen werden, damit die zuständigen Behörden über die für die Kontaktaufnahme

---

[1]) **Amtl. Anm.:** Richtlinie 2006/43/EG des Europäischen Parlaments und des Rates vom 17. Mai 2006 über Abschlussprüfungen von Jahresabschlüssen und konsolidierten Abschlüssen, zur Änderung der Richtlinien 78/660/EWG und 83/349/EWG des Rates und zur Aufhebung der Richtlinie 84/253/EWG des Rates (ABl. L 157 vom 9.6.2006, S. 87).
[2]) Nr. 2.

# 1 MiFiD II Art. 79

mit den zuständigen Justizbehörden innerhalb ihres Hoheitsgebiets notwendigen Befugnisse verfügen, um spezifische Informationen in Bezug auf strafrechtliche Ermittlungen oder Verfahren zu erhalten, die aufgrund mutmaßlicher Verstöße gegen diese Richtlinie und die Verordnung (EU) Nr. 600/2014 eingeleitet wurden, und dasselbe für andere zuständige Behörden und die ESMA zu leisten, um ihrer Verpflichtung nachzukommen, im Sinne dieser Richtlinie und der Verordnung (EU) Nr. 600/2014 miteinander sowie mit der ESMA zu kooperieren.

*[3]* ¹Die zuständigen Behörden leisten den zuständigen Behörden der anderen Mitgliedstaaten Amtshilfe. ²Bei Ermittlungen oder der Überwachung tauschen sie insbesondere Informationen aus und arbeiten zusammen.

*[4]* Die zuständigen Behörden können auch mit den zuständigen Behörden anderer Mitgliedstaaten zusammenarbeiten, was die Erleichterung der Einziehung von Geldbußen angeht.

*[5]* ¹Zur Erleichterung und Beschleunigung der Zusammenarbeit und insbesondere des Informationsaustauschs benennen die Mitgliedstaaten für die Zwecke dieser Richtlinie und der Verordnung (EU) Nr. 600/2014 eine einzige zuständige Behörde als Kontaktstelle. ²Die Mitgliedstaaten teilen der Kommission, der ESMA und den anderen Mitgliedstaaten die Namen der Behörden mit, die dazu bestimmt sind, die Ersuchen um Austausch von Informationen oder um Zusammenarbeit gemäß diesem Absatz entgegenzunehmen. ³Die ESMA veröffentlicht ein Verzeichnis dieser Behörden auf ihrer Website und aktualisiert es regelmäßig.

(2) Haben die Geschäfte eines Handelsplatzes, der Vorkehrungen in einem Aufnahmemitgliedstaat errichtet hat, in Anbetracht der Lage an den Wertpapiermärkten des Aufnahmemitgliedstaats wesentliche Bedeutung für das Funktionieren der Wertpapiermärkte und den Anlegerschutz in diesem Mitgliedstaat erlangt, so treffen die zuständigen Behörden des Herkunfts- und des Aufnahmemitgliedstaats des Handelsplatzes angemessene Vorkehrungen für die Zusammenarbeit.

(3) *[1]* Die Mitgliedstaaten ergreifen die notwendigen verwaltungstechnischen und organisatorischen Maßnahmen, um die Amtshilfe gemäß Absatz 1 zu erleichtern.

*[2]* Die zuständigen Behörden können für die Zwecke der Zusammenarbeit von ihren Befugnissen Gebrauch machen, auch wenn die Verhaltensweise, die Gegenstand der Ermittlung ist, keinen Verstoß gegen eine in dem betreffenden Mitgliedstaat geltende Vorschrift darstellt.

(4) ¹Hat eine zuständige Behörde begründeten Anlass zu der Vermutung, dass Unternehmen, die nicht ihrer Aufsicht unterliegen, im Hoheitsgebiet eines anderen Mitgliedstaats gegen die Bestimmungen dieser Richtlinie oder der Verordnung (EU) Nr. 600/2014 verstoßen oder verstoßen haben, so unterrichtet sie die zuständige Behörde des anderen Mitgliedstaats und die ESMA so genau wie möglich. ²Die unterrichtete zuständige Behörde ergreift geeignete Maßnahmen. ³Sie unterrichtet die zuständige Behörde, von der sie die Mitteilung erhalten hat, und die ESMA über den Ausgang dieser Maßnahmen und so weit wie möglich über wesentliche zwischenzeitlich eingetretene Entwicklungen. ⁴Die Befugnisse der zuständigen Behörde, die die Informationen übermittelt hat, werden durch diesen Absatz nicht berührt.

# Art. 79 MiFiD II 1

(5) *[1]* Unbeschadet der Absätze 1 und 4 unterrichten die zuständigen Behörden die ESMA und die anderen zuständigen Behörden über die Einzelheiten
a) etwaiger Aufforderungen gemäß Artikel 69 Absatz 2 Buchstabe o, die Größe einer Position oder offene Forderung zu verringern;
b) etwaiger Einschränkungen der Möglichkeiten von Personen, Positionen in einem Warenderivat einzugehen, gemäß Artikel 69 Absatz 2 Buchstabe p.

*[2]* Die Unterrichtung beinhaltet gegebenenfalls auch Einzelheiten der Aufforderung oder des Verlangens nach Artikel 69 Absatz 2 Buchstabe j einschließlich der Identität der Person bzw. der Personen, an die sie gerichtet wurde, und die Gründe dafür, sowie den Umfang der gemäß Artikel 69 Absatz 2 Buchstabe p verhängten Einschränkungen einschließlich der betroffenen Person, der jeweiligen Finanzinstrumente, etwaiger Beschränkungen der Größe der Positionen, die diese Person jederzeit halten darf, etwaiger gemäß Artikel 57 gestatteter Ausnahmen und der Gründe dafür.

*[3]* [1] Die Unterrichtung erfolgt mindestens 24 Stunden, bevor die Schritte oder Maßnahmen in Kraft treten sollen. [2] Ist eine Unterrichtung 24 Stunden im Voraus nicht möglich, kann die zuständige Behörde die Unterrichtung im Ausnahmefall auch weniger als 24 Stunden vor dem geplanten Inkrafttreten der Maßnahme vornehmen.

*[4]* [1] Die zuständige Behörde eines Mitgliedstaats, die gemäß diesem Absatz unterrichtet wird, kann Maßnahmen nach Artikel 69 Absatz 2 Buchstabe o oder p ergreifen, wenn sie überzeugt ist, dass die Maßnahme notwendig ist, um das Ziel der anderen zuständigen Behörde zu erreichen. [2] Will die zuständige Behörde Maßnahmen ergreifen, nimmt sie ebenfalls eine Unterrichtung gemäß diesem Absatz vor.

*[5]* Betrifft eine Maßnahme nach Unterabsatz 1 Buchstabe a oder b dieses Absatzes Energiegroßhandelsprodukte, so unterrichtet die zuständige Behörde auch die durch Verordnung (EG) Nr. 713/2009 gegründete Agentur für die Zusammenarbeit der Energieregulierungsbehörden (ACER).

(6) Im Hinblick auf Emissionszertifikate arbeiten die zuständigen Behörden mit den für die Beaufsichtigung der Spot- und Auktionsmärkte zuständigen staatlichen Stellen sowie mit den zuständigen Behörden, Registerverwaltern und anderen mit der Überwachung der Einhaltung der Richtlinie 2003/87/EG betrauten staatlichen Stellen zusammen, um sicherzustellen, dass sie sich einen Gesamtüberblick über die Emissionszertifikatmärkte verschaffen können.

(7) In Bezug auf Derivate auf landwirtschaftliche Grunderzeugnisse erstatten die zuständigen Behörden den für die Beaufsichtigung, Verwaltung und Regulierung der landwirtschaftlichen Warenmärkte gemäß der Verordnung (EU) Nr. 1308/2013 zuständigen öffentlichen Stellen Bericht und arbeiten mit diesen zusammen.

(8) Der Kommission wird die Befugnis übertragen, delegierte Rechtsakte gemäß Artikel 89 zur Festlegung der Kriterien zu erlassen, nach denen sich bestimmt, ob die Geschäfte eines Handelsplatzes in einem Aufnahmemitgliedstaat als von wesentlicher Bedeutung für das Funktionieren der Wertpapiermärkte und den Anlegerschutz in diesem Mitgliedstaat angesehen werden können.

(9) *[1]* Die ESMA arbeitet Entwürfe technischer Durchführungsstandards aus, um Standardformulare, Mustertexte und Verfahren für die in Absatz 2 genannten Vorkehrungen für die Zusammenarbeit festzulegen.

*[2]* Die ESMA legt der Kommission bis zum 3. Januar 2016 diese Entwürfe technischer Durchführungsstandards vor.

*[3]* Der Kommission wird die Befugnis übertragen, die in Unterabsatz 1 genannten technischen Durchführungsstandards gemäß Artikel 15 der Verordnung (EU) Nr. 1095/2010[1)] zu erlassen.

**Art. 80 Zusammenarbeit zwischen den zuständigen Behörden bei der Überwachung, den Überprüfungen vor Ort oder den Ermittlungen.**

(1) *[1]* ¹Die zuständige Behörde eines Mitgliedstaats kann die zuständige Behörde eines anderen Mitgliedstaats um Zusammenarbeit bei einer Überwachung oder einer Überprüfung vor Ort oder einer Ermittlung ersuchen. ²Im Falle von Wertpapierfirmen, die Fernmitglieder oder -teilnehmer eines geregelten Marktes sind, kann die zuständige Behörde des geregelten Marktes sich auch direkt an diese wenden, wobei sie die zuständige Behörde des Herkunftsmitgliedstaats des Fernmitglieds oder -teilnehmers davon in Kenntnis setzt.

*[2]* Erhält eine zuständige Behörde ein Ersuchen um eine Überprüfung vor Ort oder eine Ermittlung, so wird sie im Rahmen ihrer Befugnisse tätig, indem sie

a) die Überprüfungen oder Ermittlungen selbst vornimmt;

b) der ersuchenden Behörde die Durchführung der Überprüfung oder Ermittlung gestattet;

c) Wirtschaftsprüfern oder Sachverständigen die Durchführung der Überprüfung oder Ermittlung gestattet.

(2) Mit dem Ziel, die Aufsichtspraktiken anzugleichen, kann die ESMA an den Tätigkeiten der Aufsichtskollegien, auch in Form von Überprüfungen oder Ermittlungen vor Ort, teilnehmen, die gemeinsam von zwei oder mehreren zuständigen Behörden gemäß Artikel 21 der Verordnung (EU) Nr. 1095/2010[1)] des Europäischen Parlaments und des Rates durchgeführt werden.

(3) *[1]* Die ESMA arbeitet Entwürfe technischer Regulierungsstandards zur Präzisierung der Informationen aus, die zwischen den zuständigen Behörden im Rahmen der Zusammenarbeit bei der Überwachung, bei Überprüfungen vor Ort oder bei Ermittlungen auszutauschen sind.

*[2]* Die ESMA legt der Kommission bis zum 3. Juli 2015 diese Entwürfe technischer Regulierungsstandards vor.

*[3]* Der Kommission wird die Befugnis übertragen, die in Unterabsatz 1 genannten technischen Regulierungsstandards gemäß den Artikeln 10 bis 14 der Verordnung (EU) Nr. 1095/010 zu erlassen.

(4) *[1]* Die ESMA arbeitet Entwürfe technischer Durchführungsstandards aus, um Standardformulare, Mustertexte und Verfahren für die zuständigen Behörden festzulegen, die bei der Überwachung, bei Überprüfungen vor Ort oder bei Ermittlungen zusammenarbeiten.

---

[1)] Nr. 3.

RL 2014/65/EU                                    Art. 81   MiFiD II   1

*[2]* Die ESMA legt der Kommission bis zum 3. Januar 2016 diese Entwürfe technischer Durchführungsstandards vor.

*[3]* Der Kommission wird die Befugnis übertragen, die in Unterabsatz 1 genannten technischen Durchführungsstandards gemäß Artikel 15 der Verordnung (EU) Nr. 1095/2010 zu erlassen.

**Art. 81 Informationsaustausch.** (1) *[1]* Die gemäß Artikel 79 Absatz 1 dieser Richtlinie für die Zwecke dieser Richtlinie und der Verordnung (EU) Nr. 600/2014[1)] als Kontaktstellen benannten zuständigen Behörden der Mitgliedstaaten übermitteln einander unverzüglich die für die Wahrnehmung der Aufgaben der gemäß Artikel 67 Absatz 1 dieser Richtlinie benannten zuständigen Behörden erforderlichen Informationen, die in den Bestimmungen zur Durchführung der Richtlinie oder der Verordnung (EU) Nr. 600/2014 genannt sind.

*[2]* Zuständige Behörden, die aufgrund dieser Richtlinie oder der Verordnung (EU) Nr. 600/2014 Informationen mit anderen zuständigen Behörden austauschen, können bei der Übermittlung darauf hinweisen, dass diese nur mit ihrer ausdrücklichen Zustimmung veröffentlicht werden dürfen, in welchem Fall sie nur für die Zwecke, für die die Zustimmung erteilt wurde, ausgetauscht werden dürfen.

(2) [1] Die gemäß Artikel 79 Absatz 1 als Kontaktstelle benannte zuständige Behörde darf gemäß Absatz 1 dieses Artikels und gemäß den Artikeln 77 und 88 empfangene Informationen an die in Artikel 67 Absatz 1 genannten Behörden weiterleiten. [2] Außer in gebührend begründeten Fällen dürfen sie diese Informationen nur mit ausdrücklicher Zustimmung der Behörden, die sie übermittelt haben, und nur für die Zwecke, für die diese Behörden ihre Zustimmung gegeben haben, an andere Stellen oder natürliche oder juristische Personen weitergeben. [3] In diesem Fall unterrichtet die betreffende Kontaktstelle unverzüglich die Kontaktstelle, von der die Information stammt.

(3) Die in Artikel 71 genannten Behörden sowie andere Stellen oder natürliche oder juristische Personen, die vertrauliche Informationen nach Absatz 1 oder nach den Artikeln 77 und 88 erhalten, dürfen diese in Wahrnehmung ihrer Aufgaben insbesondere nur für folgende Zwecke verwenden:

a) zur Prüfung, ob die Zulassungsbedingungen für Wertpapierfirmen erfüllt sind, und zur leichteren Überwachung der Ausübung der Tätigkeit, der verwaltungsmäßigen und buchhalterischen Organisation und der internen Kontrollmechanismen,

b) zur Überwachung des reibungslosen Funktionierens der Handelsplätze,

c) zur Verhängung von Sanktionen,

d) im Rahmen von Verwaltungsverfahren über die Anfechtung von Entscheidungen der zuständigen Behörden,

e) im Rahmen von Gerichtsverfahren aufgrund von Artikel 74,

f) im Rahmen außergerichtlicher Verfahren für Anlegerbeschwerden gemäß Artikel 75.

---

[1)] Nr. 2.

(4) *[1]* Die ESMA arbeitet Entwürfe technischer Durchführungsstandards aus, um Standardformulare, Mustertexte und Verfahren für den Informationsaustausch festzulegen.

*[2]* Die ESMA legt der Kommission bis zum 3. Januar 2016 diese Entwürfe technischer Durchführungsstandards vor.

*[3]* Der Kommission wird die Befugnis übertragen, die in Unterabsatz 1 genannten technischen Durchführungsstandards gemäß Artikel 15 der Verordnung (EU) Nr. 1095/2010[1]) zu erlassen.

(5) [1] Weder dieser Artikel noch die Artikel 76 und 88 hindern die zuständigen Behörden, der ESMA, dem Europäischen Ausschuss für Systemrisiken, den Zentralbanken, dem ESZB und der EZB in ihrer Eigenschaft als Währungsbehörden sowie gegebenenfalls anderen staatlichen Behörden, die mit der Überwachung der Zahlungs- und Abwicklungssysteme betraut sind, zur Erfüllung ihrer Aufgaben vertrauliche Informationen zu übermitteln. [2] Ebenso wenig hindern sie diese Behörden oder Stellen, den zuständigen Behörden die Informationen zu übermitteln, die diese zur Erfüllung ihrer Aufgaben gemäß dieser Richtlinie oder der Verordnung (EU) Nr. 600/2014 benötigen.

**Art. 82 Bindende Vermittlung.** (1) Die zuständigen Behörden können die ESMA mit Fällen befassen, in denen ein Ersuchen zurückgewiesen wurde oder nicht innerhalb einer angemessenen Frist zu einer Reaktion geführt hat, das Folgendes zum Gegenstand hatte:

a) die Durchführung einer Überwachung, einer Überprüfung vor Ort oder einer Ermittlung gemäß Artikel 80 oder

b) einen Informationsaustausch im Sinne des Artikels 81.

(2) Gemäß Artikel 19 der Verordnung (EU) Nr. 1095/2010[1]) kann die ESMA in den in Absatz 1 genannten Fällen unbeschadet der in Artikel 83 dieser Richtlinie genannten Möglichkeiten zur Ablehnung der Übermittlung angeforderter Informationen und unbeschadet eines möglichen Handelns der ESMA gemäß Artikel 17 der Verordnung (EU) Nr. 1095/2010 tätig werden.

**Art. 83 Ablehnung der Zusammenarbeit.** *[1]* Eine zuständige Behörde kann ein Ersuchen auf Zusammenarbeit bei der Durchführung einer Ermittlung, einer Überprüfung vor Ort oder einer Überwachung nach Artikel 84 oder auf Austausch von Informationen nach Artikel 81 nur ablehnen, wenn

a) aufgrund derselben Handlungen und gegen dieselben Personen bereits ein Verfahren vor einem Gericht des ersuchten Mitgliedstaats anhängig ist;

b) im ersuchten Mitgliedstaat gegen die betreffenden Personen aufgrund derselben Handlungen bereits ein rechtskräftiges Urteil ergangen ist.

*[2]* Im Falle einer Ablehnung teilt die zuständige Behörde dies der ersuchenden zuständigen Behörde und der ESMA mit und übermittelt ihnen möglichst genaue Informationen.

**Art. 84 Konsultation vor einer Zulassung.** (1) Die zuständigen Behörden des anderen betroffenen Mitgliedstaats werden konsultiert, bevor einer Wertpapierfirma die Zulassung erteilt wird, auf die einer der folgenden Sachverhalte zutrifft:

---

[1]) Nr. 3.

a) Sie ist Tochterunternehmen einer Wertpapierfirma, eines Marktbetreibers oder eines Kreditinstituts, die/der/das in einem anderen Mitgliedstaat zugelassen ist.

b) Sie ist Tochterunternehmen des Mutterunternehmens einer Wertpapierfirma oder eines Kreditinstituts, die/das in einem anderen Mitgliedstaat zugelassen ist.

c) Sie wird von denselben natürlichen oder juristischen Personen kontrolliert wie eine Wertpapierfirma oder ein Kreditinstitut, die/das in einem anderen Mitgliedstaat zugelassen ist.

(2) Die zuständige Behörde des für die Überwachung von Kreditinstituten oder Versicherungsunternehmen zuständigen Mitgliedstaats wird konsultiert, bevor einer Wertpapierfirma oder einem Marktbetreiber die Zulassung erteilt wird, auf die/den einer der folgenden Sachverhalte zutrifft:

a) Sie bzw. er ist Tochterunternehmen eines in der Union zugelassenen Kreditinstituts oder Versicherungsunternehmens.

b) Sie bzw. er ist Tochterunternehmen des Mutterunternehmens eines in der Union zugelassenen Kreditinstituts oder Versicherungsunternehmens.

c) Sie bzw. er wird von derselben natürlichen oder juristischen Person kontrolliert wie ein in der Union zugelassenes Kreditinstitut oder Versicherungsunternehmen.

(3) [1] Die zuständigen Behörden im Sinne der Absätze 1 und 2 konsultieren einander insbesondere, wenn sie die Eignung der Anteilseigner oder Gesellschafter und den Leumund und die Erfahrung der Personen, die die Geschäfte eines anderen Unternehmens derselben Gruppe tatsächlich leiten, überprüfen. [2] Sie übermitteln einander alle Informationen hinsichtlich der Eignung der Anteilseigner oder Gesellschafter und des Leumunds und der Erfahrung der Personen, die die Geschäfte tatsächlich leiten, die für die anderen zuständigen Behörden bei der Erteilung der Zulassung und der laufenden Überprüfung der Einhaltung der Bedingungen für die Ausübung der Tätigkeit von Belang sind.

(4) [1] Die ESMA arbeitet Entwürfe technischer Durchführungsstandards aus, um Standardformulare, Mustertexte und Verfahren für die Konsultation anderer zuständiger Behörden vor der Vergabe einer Zulassung festzulegen.

[2] Die ESMA legt der Kommission bis zum 3. Januar 2016 diese Entwürfe technischer Durchführungsstandards vor.

[3] Der Kommission wird die Befugnis übertragen, die in Unterabsatz 1 genannten technischen Durchführungsstandards gemäß Artikel 15 der Verordnung (EU) Nr. 1095/2010[1)] zu erlassen.

### Art. 85 Befugnisse der Aufnahmemitgliedstaaten.

(1) Die Aufnahmemitgliedstaaten sehen vor, dass die zuständige Behörde für statistische Zwecke verlangen kann, dass alle Wertpapierfirmen mit Zweigniederlassungen in ihrem Hoheitsgebiet ihnen in regelmäßigen Abständen über die Tätigkeit dieser Zweigniederlassungen Bericht erstatten.

(2) [1] Die Aufnahmemitgliedstaaten sehen in Ausübung der ihnen mit dieser Richtlinie übertragenen Befugnisse vor, dass die zuständige Behörde von den Zweigniederlassungen der Wertpapierfirmen die Angaben verlangen kann, die

---

[1)] Nr. 3.

erforderlich sind, um in den Fällen des Artikels 35 Absatz 8 die Einhaltung der auf diese Firmen anwendbaren Normen der Aufnahmemitgliedstaaten durch diese Firmen zu kontrollieren. ²Diese Anforderungen dürfen nicht strenger sein als die Anforderungen, die diese Mitgliedstaaten den niedergelassenen Firmen zur Überwachung der Einhaltung derselben Normen auferlegen.

**Art. 86 Von den Aufnahmemitgliedstaaten zu treffende Sicherungsmaßnahmen.** (1) *[1]* Hat die zuständige Behörde des Aufnahmemitgliedstaats klare und nachweisliche Gründe zu der Annahme, dass eine in ihrem Hoheitsgebiet im Rahmen des freien Dienstleistungsverkehrs tätige Wertpapierfirma gegen die Verpflichtungen verstößt, die ihr aus den nach dieser Richtlinie erlassenen Vorschriften erwachsen, oder dass eine Wertpapierfirma mit einer Zweigniederlassung in ihrem Hoheitsgebiet gegen Verpflichtungen verstößt, die ihr aus den nach dieser Richtlinie erlassenen Vorschriften erwachsen, die der zuständigen Behörde des Aufnahmemitgliedstaats keine Zuständigkeit übertragen, so teilt sie ihre Erkenntnisse der zuständigen Behörde des Herkunftsmitgliedstaats mit.

*[2]* Verhält sich die Wertpapierfirma trotz der von der zuständigen Behörde des Herkunftsmitgliedstaats ergriffenen Maßnahmen – oder weil sich diese Maßnahmen als unzureichend erweisen – weiterhin auf eine Art und Weise, die den Interessen der Anleger des Aufnahmemitgliedstaats oder dem ordnungsgemäßen Funktionieren der Märkte eindeutig abträglich ist, so gilt Folgendes:

a) Die zuständige Behörde des Aufnahmemitgliedstaats ergreift nach vorheriger Unterrichtung der zuständigen Behörde des Herkunftsmitgliedstaats alle geeigneten Maßnahmen, um den Schutz der Anleger und das ordnungsgemäße Funktionieren der Märkte zu gewährleisten; zu diesen Maßnahmen gehört auch die Möglichkeit, den betreffenden Wertpapierfirmen die Anbahnung neuer Transaktionen in ihren Hoheitsgebieten zu untersagen. Die Kommission und die ESMA werden von diesen Maßnahmen unverzüglich in Kenntnis gesetzt.

b) Zudem kann die zuständige Behörde des Aufnahmemitgliedstaats die ESMA mit der Angelegenheit befassen; diese kann im Rahmen der ihr mit Artikel 19 der Verordnung (EU) Nr. 1095/2010[1)] übertragenen Befugnisse tätig werden.

(2) *[1]* Stellen die zuständigen Behörden eines Aufnahmemitgliedstaats fest, dass eine Wertpapierfirma, die eine Zweigniederlassung in ihrem Hoheitsgebiet hat, gegen die Rechts- oder Verwaltungsvorschriften verstößt, die in Anwendung der die Zuständigkeit der Behörden des Aufnahmemitgliedstaats regelnden Bestimmungen dieser Richtlinie in diesem Mitgliedstaat erlassen wurden, so fordern die Behörden die betreffende Wertpapierfirma auf, die vorschriftswidrige Situation zu beenden.

*[2]* ¹Kommt die Wertpapierfirma der Aufforderung nicht nach, so treffen die zuständigen Behörden des Aufnahmemitgliedstaats alle geeigneten Maßnahmen, damit die betreffende Wertpapierfirma die vorschriftswidrige Situation beendet. ²Die Art dieser Maßnahmen ist den zuständigen Behörden des Herkunftsmitgliedstaats mitzuteilen.

---

[1)] Nr. 3.

*[3]* ¹ Verstößt die Wertpapierfirma trotz der von dem Aufnahmemitgliedstaat getroffenen Maßnahmen weiter gegen die in Unterabsatz 1 genannten Rechts- oder Verwaltungsvorschriften des Aufnahmemitgliedstaats, so ergreift die zuständige Behörde des Aufnahmemitgliedstaats nach vorheriger Unterrichtung der zuständigen Behörde des Herkunftsmitgliedstaats alle geeigneten Maßnahmen, um den Schutz der Anleger und das ordnungsgemäße Funktionieren der Märkte zu gewährleisten. ² Die Kommission und die ESMA werden von diesen Maßnahmen unverzüglich in Kenntnis gesetzt.

*[4]* Außerdem kann die zuständige Behörde des Aufnahmemitgliedstaats die ESMA mit der Angelegenheit befassen; diese kann im Rahmen der ihr mit Artikel 19 der Verordnung (EU) Nr. 1095/2010 übertragenen Befugnisse tätig werden.

(3) *[1]* Hat die zuständige Behörde des Aufnahmemitgliedstaats eines geregelten Marktes, eines MTF oder eines OTF klare und nachweisbare Gründe für die Annahme, dass der betreffende geregelte Markt, das betreffende MTF oder das betreffende OTF gegen die Verpflichtungen verstößt, die ihm aus den nach dieser Richtlinie erlassenen Vorschriften erwachsen, so teilt sie ihre Erkenntnisse der zuständigen Behörde des Herkunftsmitgliedstaats des geregelten Marktes, des MTF oder des OTF mit.

*[2]* ¹ Handelt der geregelte Markt, das MTF oder das OTF trotz der von der zuständigen Behörde des Herkunftsmitgliedstaats getroffenen Maßnahmen oder weil sich diese Maßnahmen als unzureichend erweisen, weiterhin in einer Weise, die den Interessen der Anleger des Aufnahmemitgliedstaats oder dem ordnungsgemäßen Funktionieren der Märkte eindeutig abträglich ist, so ergreift die zuständige Behörde des Aufnahmemitgliedstaats nach vorheriger Unterrichtung der zuständigen Behörde des Herkunftsmitgliedstaats alle geeigneten Maßnahmen, um den Schutz der Anleger und das ordnungsgemäße Funktionieren der Märkte zu gewährleisten. ² Hierzu gehört auch die Möglichkeit, dem geregelten Markt, dem MTF oder dem OTF zu untersagen, sein System Fernmitgliedern oder -teilnehmern in dem betreffenden Aufnahmemitgliedstaat zugänglich zu machen. ³ Die Kommission und die ESMA werden von diesen Maßnahmen unverzüglich in Kenntnis gesetzt.

*[3]* Außerdem kann die zuständige Behörde des Aufnahmemitgliedstaats die ESMA mit der Angelegenheit befassen; diese kann im Rahmen der ihr mit Artikel 19 der Verordnung (EU) Nr. 1095/2010 übertragenen Befugnisse tätig werden.

(4) Jede Maßnahme gemäß den Absätzen 1, 2 oder 3, die Sanktionen oder Einschränkungen der Tätigkeit einer Wertpapierfirma oder eines geregelten Marktes umfasst, ist ordnungsgemäß zu begründen und der betreffenden Wertpapierfirma oder dem betreffenden geregelten Markt mitzuteilen.

## Art. 87 Zusammenarbeit und Informationsaustausch mit der ESMA.

(1) Die zuständigen Behörden arbeiten gemäß der Verordnung (EU) Nr. 1095/2010[1)] für die Zwecke dieser Richtlinie mit der ESMA zusammen.

(2) Die zuständigen Behörden stellen der ESMA gemäß den Artikeln 35 und 36 der Verordnung (EU) Nr. 1095/2010 unverzüglich alle für die Aus-

---

[1)] Nr. 3.

führung ihrer Aufgaben aufgrund dieser Richtlinie und der Verordnung (EU) Nr. 600/2014[1]) erforderlichen Informationen zur Verfügung.

### Kapitel III. Zusammenarbeit mit Drittländern

**Art. 88 Informationsaustausch mit Drittländern.** (1) *[1]* ¹Die Mitgliedstaaten sowie – gemäß Artikel 33 der Verordnung (EU) Nr. 1095/2010[2]) – die ESMA können Kooperationsvereinbarungen über den Informationsaustausch mit den zuständigen Behörden von Drittländern schließen, sofern gewährleistet ist, dass die übermittelten Informationen zumindest in dem in Artikel 76 vorgeschriebenen Umfang dem Berufsgeheimnis unterliegen. ²Ein derartiger Informationsaustausch muss der Wahrnehmung der Aufgaben dieser zuständigen Behörden dienen.

*[2]* Die Weiterleitung personenbezogener Daten an ein Drittland durch einen Mitgliedstaat erfolgt gemäß Kapitel IV der Richtlinie 95/46/EG.

*[3]* Die Weiterleitung personenbezogener Daten an ein Drittland durch die ESMA erfolgt gemäß Artikel 9 der Verordnung (EG) Nr. 45/2001.

*[4]* Die Mitgliedstaaten und die ESMA können ferner Kooperationsvereinbarungen über den Informationsaustausch mit Behörden, Stellen und natürlichen oder juristischen Personen von Drittländern schließen, die für eine oder mehrere der folgenden Aufgaben zuständig sind:

a) Beaufsichtigung von Kreditinstituten, sonstigen Finanzinstituten, Versicherungsunternehmen und der Finanzmärkte,

b) Abwicklungen, Insolvenzverfahren und ähnliche Verfahren bei Wertpapierfirmen,

c) Durchführung der Pflichtprüfung der Rechnungslegungsunterlagen von Wertpapierfirmen und sonstigen Finanzinstituten, Kreditinstituten und Versicherungsunternehmen in Wahrnehmung ihrer Aufsichtsbefugnisse oder Verwaltung von Entschädigungssystemen in Wahrnehmung ihrer Aufgaben,

d) Beaufsichtigung der an der Abwicklung und an Insolvenzverfahren oder ähnlichen Verfahren in Bezug auf Wertpapierfirmen beteiligten Stellen,

e) Beaufsichtigung der Personen, die die Pflichtprüfung der Rechnungslegungsunterlagen von Versicherungsunternehmen, Kreditinstituten, Wertpapierfirmen und sonstigen Finanzinstituten vornehmen,

f) Beaufsichtigung der an den Märkten für Emissionszertifikate tätigen Personen zwecks Sicherung eines Gesamtüberblicks über die Finanz- und Spotmärkte,

g) Beaufsichtigung der an den Märkten für Derivate auf landwirtschaftliche Grunderzeugnisse tätigen Personen zwecks Sicherung eines Gesamtüberblicks über die Finanz- und Spotmärkte.

*[5]* ¹Die in Unterabsatz 3 genannten Kooperationsvereinbarungen können nur geschlossen werden, wenn gewährleistet ist, dass die übermittelten Informationen zumindest in dem in Artikel 76 vorgeschriebenen Umfang dem Berufsgeheimnis unterliegen. ²Ein derartiger Informationsaustausch dient der Wahrnehmung der Aufgaben dieser Behörden, Stellen, natürlichen oder juristischen Personen. ³Beinhaltet eine Kooperationsvereinbarung die Weiterleitung

---
[1]) Nr. 2.
[2]) Nr. 3.

personenbezogener Daten durch einen Mitgliedstaat, so erfolgt diese Weiterleitung im Einklang mit Kapitel IV der Richtlinie 95/46/EG und der Verordnung (EG) Nr. 45/2001, falls die ESMA an der Weiterleitung beteiligt ist.

(2) ¹Stammen die Informationen aus einem anderen Mitgliedstaat, so dürfen sie nur mit ausdrücklicher Zustimmung der zuständigen Behörden, die diese übermittelt haben, und gegebenenfalls nur für die Zwecke, für die diese Behörden ihre Zustimmung gegeben haben, weitergegeben werden. ²Dies gilt auch für Informationen, die von den zuständigen Behörden eines Drittlandes übermittelt werden.

## Titel VII. Delegierte Rechtsakte

**Art. 89 Ausübung der Befugnisübertragung.** (1) Die Befugnis zum Erlass delegierter Rechtsakte wird der Kommission unter den in diesem Artikel festgelegten Bedingungen übertragen.

(2) Die Befugnis zum Erlass delegierter Rechtsakte gemäß Artikel 2 Absatz 3, Artikel 4 Absatz 1 Nummer 2 Unterabsatz 2, Artikel 4 Absatz 2, Artikel 13 Absatz 1, Artikel 16 Absatz 12, Artikel 23 Absatz 4, Artikel 24 Absatz 13, Artikel 25 Absatz 8, Artikel 27 Absatz 9, Artikel 28 Absatz 3, Artikel 30 Absatz 5, Artikel 31 Absatz 4, Artikel 32 Absatz 4, Artikel 33 Absatz 8, Artikel 52 Absatz 4, Artikel 54 Absatz 4, Artikel 58 Absatz 6 und Artikel 79 Absatz 8 wird der Kommission auf unbestimmte Zeit ab dem 2. Juli 2014 übertragen.

(3) ¹Die Befugnisübertragung gemäß Artikel 2 Absatz 3, Artikel 4 Absatz 1 Nummer 2 Unterabsatz 2, Artikel 4 Absatz 2, Artikel 13 Absatz 1, Artikel 16 Absatz 12, Artikel 23 Absatz 4, Artikel 24 Absatz 13, Artikel 25 Absatz 8, Artikel 27 Absatz 9, Artikel 28 Absatz 3, Artikel 30 Absatz 5, Artikel 31 Absatz 4, Artikel 32 Absatz 4, Artikel 33 Absatz 8, Artikel 52 Absatz 4, Artikel 54 Absatz 4, Artikel 58 Absatz 6 und Artikel 79 Absatz 8 kann vom Europäischen Parlament oder vom Rat jederzeit widerrufen werden. ²Der Beschluss über den Widerruf beendet die Übertragung der in diesem Beschluss angegebenen Befugnis. ³Er wird am Tag nach seiner Veröffentlichung im Amtsblatt der Europäischen Union oder zu einem im Beschluss über den Widerruf angegebenen späteren Zeitpunkt wirksam. ⁴Die Gültigkeit delegierter Rechtsakte, die bereits in Kraft sind, wird von dem Beschluss über den Widerruf nicht berührt.

(4) Sobald die Kommission einen delegierten Rechtsakt erlässt, übermittelt sie ihn gleichzeitig dem Europäischen Parlament und dem Rat.

(5) ¹Ein delegierter Rechtsakt, der gemäß Artikel 2 Absatz 3, Artikel 4 Absatz 1 Nummer 2 Unterabsatz 2, Artikel 4 Absatz 2, Artikel 13 Absatz 1, Artikel 16 Absatz 12, Artikel 23 Absatz 4, Artikel 24 Absatz 13, Artikel 25 Absatz 8, Artikel 27 Absatz 9, Artikel 28 Absatz 3, Artikel 30 Absatz 5, Artikel 31 Absatz 4, Artikel 32 Absatz 4, Artikel 33 Absatz 8, Artikel 52 Absatz 4, Artikel 54 Absatz 4, Artikel 58 Absatz 6 oder Artikel 79 Absatz 8 erlassen wurde, tritt nur in Kraft, wenn weder das Europäische Parlament noch der Rat innerhalb einer Frist von drei Monaten nach Übermittlung dieses Rechtsakts an das Europäische Parlament und den Rat Einwände erhoben haben oder wenn vor Ablauf dieser Frist das Europäische Parlament und der Rat beide der Kommission mitgeteilt haben, dass sie keine Einwände erheben

werden. ²Auf Initiative des Europäischen Parlaments oder des Rates wird diese Frist um drei Monate verlängert.

**Art. 89a Ausschussverfahren.** (1) ¹Die Kommission wird von dem durch den Beschluss 2001/528/EG der Kommission[1)] eingesetzten Europäischen Wertpapierausschuss unterstützt. ²Dieser Ausschuss ist ein Ausschuss im Sinne der Verordnung (EU) Nr. 182/2011 des Europäischen Parlaments und des Rates[2)].

(2) Wird auf diesen Absatz Bezug genommen, so gilt Artikel 5 der Verordnung (EU) Nr. 182/2011.

## Schlussbestimmungen

**Art. 90 Berichte und Überprüfung.** (1) Vor dem 3. März 2020 unterbreitet die Kommission dem Europäischen Parlament und dem Rat nach Anhörung der ESMA einen Bericht über

a) die Funktionsweise der OTF, einschließlich ihres spezifischen Rückgriffs auf die Zusammenführung sich deckender Kundenaufträge, wobei die Aufsichtserfahrung der zuständigen Behörden und die Zahl der in der Union zugelassenen OTF sowie deren Marktanteil berücksichtigt werden und insbesondere zu prüfen ist, ob die Definition des Begriffs OTF einer Anpassung bedarf und ob das Spektrum der Finanzinstrumente, die zur Kategorie OTF gehören, weiterhin angemessen ist;

b) die Funktionsweise der Regelung für KMU-Wachstumsmärkte, wobei die Zahl der als KMU-Wachstumsmärkte registrierten MTF, die Zahl der auf diesen Märkten vertretenen Emittenten und die jeweiligen Handelsvolumina berücksichtigt werden;
in dem Bericht wird insbesondere beurteilt, ob der in Artikel 33 Absatz 3 Buchstabe a genannte Schwellenwert weiterhin ein geeigneter Mindestwert für die Verfolgung der in dieser Richtlinie genannten Ziele für KMU-Wachstumsmärkte ist;

c) die Auswirkungen der für den algorithmischen Handel und auch für den algorithmischen Hochfrequenzhandel geltenden Anforderungen;

d) die Erfahrungen mit dem Mechanismus für das Verbot bestimmter Produkte bzw. Praktiken, wobei die Häufigkeit der Auslösung dieser Mechanismen und ihre Wirkung berücksichtigt werden;

e) die Anwendung der verwaltungsrechtlichen und strafrechtlichen Sanktionen unter besonderer Berücksichtigung der erforderlichen weitergehenden Vereinheitlichung der für Verstöße gegen die Anforderungen dieser Richtlinie und der Verordnung (EU) Nr. 600/2014[3)] vorgesehenen verwaltungsrechtlichen Sanktionen;

---

[1)] **Amtl. Anm.:** Beschluss 2001/528/EG der Kommission vom 6. Juni 2001 zur Einsetzung des Europäischen Wertpapierausschusses (ABl. L 191 vom 13.7.2001, S. 45).
[2)] **Amtl. Anm.:** Verordnung (EU) Nr. 182/2011 des Europäischen Parlaments und des Rates vom 16. Februar 2011 zur Festlegung der allgemeinen Regeln und Grundsätze, nach denen die Mitgliedstaaten die Wahrnehmung der Durchführungsbefugnisse durch die Kommission kontrollieren (ABl. L 55 vom 28.2.2011, S. 13).
[3)] Nr. 2.

f) die Auswirkungen der Anwendung von Positionslimits und Positionsmanagement auf Liquidität, Marktmissbrauch und geordnete Preis- und Abwicklungsbedingungen an den Warenderivatmärkten;

g) die Entwicklungen der Kurse für Vor- und Nachhandelstransparenzdaten von geregelten Märkten, MTF, OTF und APA;

h) die Auswirkungen der Anforderung gemäß Artikel 24 Absatz 9a, alle Gebühren, Provisionen und nicht-monetären Vorteile im Zusammenhang mit der Erbringung einer Wertpapier- oder Nebendienstleistung für Kunden offenzulegen, einschließlich der Auswirkungen auf das ordnungsgemäße Funktionieren des Binnenmarkts bei grenzüberschreitender Anlageberatung.

(2) *(aufgehoben)*

(3) *(aufgehoben)*

(4) *[1]* Bis 1. Januar 2019 erstellt die Kommission nach Anhörung der ESMA und der ACER einen Bericht, in dem die potenziellen Auswirkungen auf die Energiepreise und das Funktionieren des Energiemarkts ebenso bewertet werden wie die Durchführbarkeit und der Nutzen im Hinblick auf die Verringerung der Gegenpartei- und Systemrisiken sowie der direkten Kosten von C.6-Energiederivatkontrakten, die der Clearingpflicht gemäß Artikel 4 der Verordnung (EU) Nr. 648/2012 und den Risikominderungstechniken gemäß Artikel 11 Absatz 3 jener Verordnung unterliegen und bei der Berechnung des Clearingschwellenwerts nach Artikel 10 jener Verordnung berücksichtigt werden müssen.

*[2]* ¹ Ist die Kommission der Auffassung, dass die Berücksichtigung dieser Kontrakte weder durchführbar noch nutzbringend ist, unterbreitet sie dem Europäischen Parlament und dem Rat gegebenenfalls einen Legislativvorschlag. ² Der Kommission wird die Befugnis übertragen, delegierte Rechtsakte gemäß Artikel 89 dieser Richtlinie zu erlassen, um den in Artikel 95 Absatz 1 dieser Richtlinie genannten Zeitraum von 42 Monaten einmal um zwei Jahre und ein weiteres Mal um ein Jahr zu verlängern.

**Art. 91 Änderung der Richtlinie 2002/92/EG** *(hier nicht wiedergegeben)*

**Art. 92 Änderung der Richtlinie 2011/61/EU** *(hier nicht wiedergegeben)*

**Art. 93 Umsetzung.** (1) *[1]* ¹ Die Mitgliedstaaten erlassen und veröffentlichen bis zum 3. Juli 2017 die Rechts- und Verwaltungsvorschriften, die erforderlich sind, um dieser Richtlinie nachzukommen. ² Sie teilen der Kommission unverzüglich den Wortlaut dieser Maßnahmen mit.

*[2]* Die Mitgliedstaaten wenden diese Maßnahmen ab dem 3. Januar 2018 an.

*[3]* ¹ Wenn die Mitgliedstaaten diese Vorschriften erlassen, nehmen sie in den Vorschriften selbst oder durch einen Hinweis bei der amtlichen Veröffentlichung auf diese Richtlinie Bezug. ² Die Mitgliedstaaten regeln die Einzelheiten dieser Bezugnahme. ³ In diese Vorschriften fügen sie die Erklärung ein, dass Bezugnahmen in den geltenden Rechts- und Verwaltungsvorschriften auf die durch die vorliegende Richtlinie geänderten Richtlinien als Bezugnahmen auf die vorliegende Richtlinie gelten. ⁴ Die Mitgliedstaaten regeln die Einzelheiten dieser Bezugnahme und die Formulierung dieser Erklärung.

(2) Die Mitgliedstaaten wenden die Maßnahmen nach Artikel 92 ab dem 3. Juli 2015 an.

(3) Die Mitgliedstaaten teilen der Kommission und der ESMA den Wortlaut der wichtigsten innerstaatlichen Rechtsvorschriften mit, die sie auf dem unter diese Richtlinie fallenden Gebiet erlassen.

**Art. 94 Aufhebung.** *[1]* Die Richtlinie 2004/39/EG in der Fassung der in Anhang III Teil A der vorliegenden Richtlinie aufgeführten Rechtsakte wird unbeschadet der Verpflichtungen der Mitgliedstaaten zur Einhaltung der in dessen Anhang III Teil B der vorliegenden Richtlinie aufgeführten Fristen für die Umsetzung der Richtlinien in nationales Recht mit Wirkung vom 3. Januar 2018 aufgehoben.

*[2]* Bezugnahmen auf die Richtlinie 2004/39/EG oder die Richtlinie 93/22/EWG gelten als Bezugnahmen auf die vorliegende Richtlinie oder die Verordnung (EU) Nr. 600/2014[1]) und sind nach Maßgabe der Entsprechungstabellen in Anhang IV der vorliegenden Richtlinie zu lesen.

*[3]* Bezugnahmen auf Begriffsbestimmungen oder Artikel der Richtlinie 2004/39/EG oder der Richtlinie 93/22/EWG gelten als Bezugnahmen auf die entsprechenden Begriffsbestimmungen oder Artikel der vorliegenden Richtlinie.

**Art. 95 Übergangsbestimmungen.** (1) *[1]* Bis zum 3. Januar 2021

a) gelten für C.6-Energiederivatkontrakte, die von nichtfinanziellen Gegenparteien im Sinne von Artikel 10 Absatz 1 der Verordnung (EU) Nr. 648/2012 oder von nichtfinanziellen Gegenparteien, die nach dem 3. Januar 2018 erstmals als Wertpapierfirmen zugelassen werden, eingegangen werden, weder die Clearingpflicht gemäß Artikel 4 der Verordnung (EU) Nr. 648/2012 (Verordnung über europäische Marktinfrastrukturen, EMIR) noch die Risikominderungstechniken gemäß Artikel 11 Absatz 3 und

b) gelten derlei C.6-Energiederivatkontrakte nicht als OTC-Derivatkontrakte für die Zwecke des Clearingschwellenwerts gemäß Artikel 10 Absatz 1 der Verordnung (EU) Nr. 648/2012.

*[2]* Entsprechende C.6-Energiederivatkontrakte, für die die Übergangsregelung gemäß Unterabsatz 1 gilt, unterliegen allen anderen Anforderungen der Verordnung (EU) Nr. 648/2012.

(2) [1] Die Ausnahmeregelung gemäß Absatz 1 wird von der jeweils zuständigen Behörde gewährt. [2] Die zuständige Behörde teilt der ESMA mit, für welche C.6-Energiederivatkontrakte die Ausnahmeregelung gemäß Absatz 1 gewährt worden ist, und die ESMA veröffentlicht auf ihrer Website ein Verzeichnis dieser C.6-Energiederivatkontrakte.

**Art. 95a Übergangsbestimmung für die Zulassung von Kreditinstituten im Sinne des Artikels 4 Absatz 1 Nummer 1 Buchstabe b der Verordnung (EU) Nr. 575/2013.** Die zuständigen Behörden unterrichten die zuständige Behörde nach Artikel 8 der Richtlinie 2013/36/EU, wenn die Vermögenswerte eines Unternehmens, das vor dem 25. Dezember 2019 eine Zulassung gemäß Titel II dieser Richtlinie beantragt hat, um Tätigkeiten gemäß Anhang I Abschnitt A Nummern 3 und 6 auszuüben, voraussichtlich insgesamt einem Betrag von 30 Mrd. EUR entsprechen oder diesen überschreiten, und setzen den Antragsteller davon in Kenntnis.

---

[1]) Nr. 2.

**Art. 96 Inkrafttreten.** Diese Richtlinie tritt am 20. Tag nach ihrer Veröffentlichung[1] im *Amtsblatt der Europäischen Union* in Kraft.

**Art. 97 Adressaten.** Diese Richtlinie ist an die Mitgliedstaaten gerichtet.

Geschehen zu Brüssel am 15. Mai 2014.

**Anhang I. Liste der Dienstleistungen und Tätigkeiten und Finanzinstrumente**

**Abschnitt A. Wertpapierdienstleistungen und Anlagetätigkeiten**

(1) Annahme und Übermittlung von Aufträgen, die ein oder mehrere Finanzinstrument(e) zum Gegenstand haben;
(2) Ausführung von Aufträgen im Namen von Kunden;
(3) Handel für eigene Rechnung;
(4) Portfolio-Verwaltung;
(5) Anlageberatung;
(6) Übernahme der Emission von Finanzinstrumenten und/oder Platzierung von Finanzinstrumenten mit fester Übernahmeverpflichtung;
(7) Platzierung von Finanzinstrumenten ohne feste Übernahmeverpflichtung;
(8) Betrieb eines MTF;
(9) Betrieb eines OTF.

**Abschnitt B. Nebendienstleistungen**

(1) Verwahrung und Verwaltung von Finanzinstrumenten für Rechnung von Kunden, einschließlich Depotverwahrung und verbundener Dienstleistungen wie Cash-Management oder Sicherheitenverwaltung und mit Ausnahme der Bereitstellung und Führung von Wertpapierkonten auf oberster Ebene („zentrale Kontenführung") gemäß Abschnitt A Nummer 2 des Anhangs zur Verordnung (EU) Nr. 909/2014;
(2) Gewährung von Krediten oder Darlehen an Anleger für die Durchführung von Geschäften mit einem oder mehreren Finanzinstrumenten, sofern die kredit- oder darlehensgewährende Unternehmen an diesen Geschäften beteiligt ist;
(3) Beratung von Unternehmen hinsichtlich der Kapitalstrukturierung, der branchenspezifischen Strategie und damit zusammenhängender Fragen sowie Beratung und Dienstleistungen bei Unternehmensfusionen und -aufkäufen;
(4) Devisengeschäfte, wenn diese im Zusammenhang mit der Erbringung von Wertpapierdienstleistungen stehen;
(5) Wertpapier- und Finanzanalyse oder sonstige Formen allgemeiner Empfehlungen, die Geschäfte mit Finanzinstrumenten betreffen;
(6) Dienstleistungen im Zusammenhang mit der Übernahme von Emissionen;
(7) Wertpapierdienstleistungen und Anlagetätigkeiten sowie Nebendienstleistungen des in Anhang I Abschnitt A oder B enthaltenen Typs 1 betreffend den Basiswert der in Abschnitt C Nummern 5, 6, 7 und 10 enthaltenen Derivate, wenn diese mit der Erbringung der Wertpapier- oder der Nebendienstleistung in Zusammenhang stehen.

**Abschnitt C. Finanzinstrumente**

(1) Übertragbare Wertpapiere;
(2) Geldmarktinstrumente;
(3) Anteile an Organismen für gemeinsame Anlagen;
(4) Optionen, Terminkontrakte (Futures), Swaps, außerbörsliche Zinstermingeschäfte (Forward Rate Agreements) und alle anderen Derivatkontrakte in Bezug auf Wertpapiere, Währungen, Zinssätze oder -erträge, Emissionszertifikate oder andere Derivat-Instrumente, finanzielle Indizes oder finanzielle Messgrößen, die effektiv geliefert oder bar abgerechnet werden können;

---

[1] Veröffentlicht am 12.6.2014.

# 1 MiFiD II

(5) Optionen, Terminkontrakte (Futures), Swaps, Termingeschäfte (Forwards) und alle anderen Derivatkontrakte in Bezug auf Waren, die bar abgerechnet werden müssen oder auf Wunsch einer der Parteien bar abgerechnet werden können, ohne dass ein Ausfall oder ein anderes Beendigungsereignis vorliegt;

(6) Optionen, Terminkontrakte (Futures), Swaps und alle anderen Derivatkontrakte in Bezug auf Waren, die effektiv geliefert werden können, vorausgesetzt, sie werden an einem geregelten Markt, über ein MTF oder über ein OTF gehandelt; ausgenommen davon sind über ein OTF gehandelte Energiegroßhandelsprodukte, die effektiv geliefert werden müssen;

(7) Optionen, Terminkontrakte (Futures), Swaps, Termingeschäfte (Forwards) und alle anderen Derivatkontrakte in Bezug auf Waren, die effektiv geliefert werden können, die sonst nicht in Nummer 6 dieses Abschnitts genannt sind und nicht kommerziellen Zwecken dienen, die die Merkmale anderer derivativer Finanzinstrumente aufweisen;

(8) Derivative Instrumente für den Transfer von Kreditrisiken;

(9) Finanzielle Differenzgeschäfte;

(10) Optionen, Terminkontrakte (Futures), Swaps, außerbörsliche Zinstermingeschäfte (Forward Rate Agreements) und alle anderen Derivatkontrakte in Bezug auf Klimavariablen, Frachtsätze, Inflationsraten oder andere offizielle Wirtschaftsstatistiken, die bar abgerechnet werden müssen oder auf Wunsch einer der Parteien bar abgerechnet werden können, ohne dass ein Ausfall oder ein anderes Beendigungsereignis vorliegt, sowie alle anderen Derivatkontrakte in Bezug auf Vermögenswerte, Rechte, Obligationen, Indizes und Messgrößen, die sonst nicht im vorliegenden Abschnitt C genannt sind und die die Merkmale anderer derivativer Finanzinstrumente aufweisen, wobei unter anderem berücksichtigt wird, ob sie auf einem geregelten Markt, einem OTF oder einem MTF gehandelt werden;

(11) Emissionszertifikate, die aus Anteilen bestehen, deren Übereinstimmung mit den Anforderungen der Richtlinie 2003/87/EG (Emissionshandelssystem) anerkannt ist.

## Anhang II. Professionelle Kunden im Sinne dieser Richtlinie

Ein professioneller Kunde ist ein Kunde, der über ausreichende Erfahrungen, Kenntnisse und Sachverstand verfügt, um seine Anlageentscheidungen selbst treffen und die damit verbundenen Risiken angemessen beurteilen zu können. Um als professioneller Kunde angesehen zu werden, muss ein Kunde den folgenden Kriterien genügen:

### I. Kategorien von Kunden, die als professionelle Kunden angesehen werden

Folgende Rechtssubjekte werden in Bezug auf alle Wertpapierdienstleistungen und Finanzinstrumente als professionelle Kunden im Sinne der Richtlinie angesehen:

(1) Rechtssubjekte, die zugelassen sein oder unter Aufsicht stehen müssen, um an den Finanzmärkten tätig werden zu können. Die nachstehende Liste ist so zu verstehen, dass sie alle zugelassenen Rechtssubjekte umfasst, die Tätigkeiten erbringen, die für die genannten Rechtssubjekte kennzeichnend sind: Rechtssubjekte, die von einem Mitgliedstaat im Rahmen einer Richtlinie zugelassen sen sind, Rechtssubjekte, die von einem Mitgliedstaat ohne Bezugnahme auf eine Richtlinie zugelassen oder beaufsichtigt werden, Rechtssubjekte, die von einem Drittland zugelassen oder beaufsichtigt werden:

a) Kreditinstitute;

b) Wertpapierfirmen;

c) sonstige zugelassene oder beaufsichtigte Finanzinstitute;

d) Versicherungsgesellschaften;

e) Organismen für gemeinsame Anlagen und ihre Verwaltungsgesellschaften;

f) Pensionsfonds und ihre Verwaltungsgesellschaften;

g) Warenhändler und Warenderivate-Händler;

h) örtliche Anleger;

i) sonstige institutionelle Anleger;

(2) Große Unternehmen, die auf Unternehmensebene zwei der nachfolgenden Anforderungen erfüllen:

− Bilanzsumme: 20 000 000 EUR

− Nettoumsatz: 40 000 000 EUR

– Eigenmittel: 2 000 000 EUR

(3) Nationale und regionale Regierungen, einschließlich Stellen der staatlichen Schuldenverwaltung auf nationaler oder regionaler Ebene, Zentralbanken, internationale und supranationale Einrichtungen wie die Weltbank, der IWF, die EZB, die EIB und andere vergleichbare internationale Organisationen.

(4) Andere institutionelle Anleger, deren Haupttätigkeit in der Anlage in Finanzinstrumenten besteht, einschließlich Einrichtungen, die die wertpapiermäßige Verbriefung von Verbindlichkeiten und andere Finanzierungsgeschäfte betreiben.

Die oben genannten Rechtspersönlichkeiten werden als professionelle Kunden angesehen. Es muss ihnen allerdings möglich sein, eine Behandlung als nichtprofessioneller Kunde zu beantragen, bei der Wertpapierfirmen bereit sind, ein höheres Schutzniveau zu gewähren. Handelt es sich bei dem Kunden einer Wertpapierfirma um eines der obengenannten Unternehmen, muss die Wertpapierfirma ihn vor Erbringung jeglicher Dienstleistungen darauf hinweisen, dass er aufgrund der ihr vorliegenden Informationen als professioneller Kunde eingestuft und behandelt wird, es sei denn, die Wertpapierfirma und der Kunde vereinbaren etwas anderes. Die Wertpapierfirma muss den Kunden auch darüber informieren, dass er eine Änderung der vereinbarten Bedingungen beantragen kann, um sich ein höheres Schutzniveau zu verschaffen.

Es obliegt dem als professioneller Kunde eingestuften Kunden, das höhere Schutzniveau zu beantragen, wenn er glaubt, die mit der Anlage verbundenen Risiken nicht korrekt beurteilen oder steuern zu können.

Das höhere Schutzniveau wird dann gewährt, wenn ein als professioneller Kunde eingestufter Kunde eine schriftliche Übereinkunft mit der Wertpapierfirma dahingehend trifft, ihn im Sinne der geltenden Wohlverhaltensregeln nicht als professionellen Kunden zu behandeln. In dieser Übereinkunft wird festgelegt, ob dies für eine oder mehrere Dienstleistung(en) oder Geschäfte oder für eine oder mehrere Art(en) von Produkten oder Geschäften gilt.

## II. Kunden, die auf Antrag als professionelle Kunden behandelt werden können

### II.1. Einstufungskriterien

Anderen Kunden als den in Abschnitt I genannten, einschließlich öffentlich-rechtlicher Körperschaften, kommunaler Behörden und Gebietskörperschaften und individueller privater Anleger, kann es ebenfalls gestattet werden, auf das Schutzniveau zu verzichten, das von den Wohlverhaltensregeln geboten wird.

Wertpapierfirmen wird folglich gestattet, diese Kunden als professionelle Kunden zu behandeln, sofern die nachstehend genannten einschlägigen Kriterien und Verfahren eingehalten werden. Bei diesen Kunden wird allerdings nicht davon ausgegangen, dass sie über Marktkenntnisse und -erfahrungen verfügen, die denen der Kunden nach Abschnitt I vergleichbar sind.

Eine Senkung der normalerweise von den Wohlverhaltensregeln gebotenen Schutzniveaus ist nur dann zulässig, wenn die Wertpapierfirma sich durch eine angemessene Beurteilung des Sachverstands, der Erfahrungen und der Kenntnisse des Kunden davon vergewissert hat, dass dieser in Anbetracht der Art der geplanten Geschäfte oder Dienstleistungen nach vernünftigem Ermessen in der Lage ist, Anlageentscheidungen zu treffen und die damit einhergehenden Risiken versteht.

Der Eignungstest, der auf Manager und Führungskräfte von Unternehmen angewandt wird, die aufgrund von Finanzrichtlinien zugelassen sind, könnte als ein Beispiel für die Beurteilung des Sachverstands und der Kenntnisse angesehen werden. Im Falle kleiner Unternehmen wird die Person, die befugt ist, Geschäfte im Namen des Unternehmens zu tätigen, der dieser Beurteilung unterzogen.

Diese Beurteilung muss ergeben, dass mindestens zwei der folgenden Kriterien erfüllt werden:

– Der Kunde hat an dem relevanten Markt während der vier vorhergehenden Quartale durchschnittlich pro Quartal 10 Geschäfte von erheblichem Umfang abgeschlossen.

– Das Finanzinstrument-Portfolio des Kunden, das definitionsgemäß Bardepots und Finanzinstrumente umfasst, übersteigt 500 000 EUR.

– Der Kunde ist oder war mindestens ein Jahr lang in einer beruflichen Position im Finanzsektor tätig, die Kenntnisse über die geplanten Geschäfte oder Dienstleistungen voraussetzt.

Die Mitgliedstaaten können spezifische Kriterien für die Beurteilung des Sachverstands und der Kenntnisse von Gebietskörperschaften und kommunalen Behörden festlegen, die eine Einstufung als professionelle Kunden beantragen. Diese Kriterien können alternativ oder zusätzlich zu den in Absatz 5 aufgeführten Kriterien herangezogen werden.

# 1 MiFiD II

## II.2. Verfahren

Diese Kunden können nur dann auf den Schutz durch die Wohlverhaltensregeln verzichten, wenn folgendes Verfahren eingehalten wird:

– Sie müssen der Wertpapierfirma schriftlich mitteilen, dass sie generell oder in Bezug auf eine bestimmte Wertpapierdienstleistung oder ein bestimmtes Wertpapiergeschäft oder in Bezug auf eine bestimmte Art von Geschäft oder Produkt als professioneller Kunde behandelt werden möchten.

– Die Wertpapierfirma muss sie schriftlich klar darauf hinweisen, welches Schutzniveau und welche Anlegerentschädigungsrechte sie gegebenenfalls verlieren.

– Die Kunden müssen schriftlich in einem vom jeweiligen Vertrag getrennten Dokument bestätigen, dass sie sich der Folgen des Verlustes dieses Schutzniveaus bewusst sind.

Wertpapierfirmen müssen verpflichtet sein, durch angemessene Vorkehrungen sicherzustellen, dass ein Kunde, der als professioneller Kunde behandelt werden möchte, die einschlägigen Kriterien gemäß Abschnitt II.1 erfüllt, bevor sie einem Antrag auf Verzicht auf den Schutz stattgeben.

Wurden Kunden hingegen aufgrund von Parametern und Verfahren, die den obengenannten vergleichbar sind, bereits als professionelle Kunden eingestuft, ändert sich ihr Verhältnis zu den Wertpapierfirmen durch neue, aufgrund dieses Anhangs angenommene Regeln nicht.

Die Firmen müssen zweckmäßige schriftliche interne Strategien und Verfahren einführen, anhand deren die Kunden eingestuft werden können. Die professionellen Kunden sind dafür verantwortlich, die Wertpapierfirma über alle Änderungen zu informieren, die ihre Einstufung beeinflussen könnten. Gelangt die Wertpapierfirma zu der Erkenntnis, dass der Kunde die Bedingungen nicht mehr erfüllt, die ihn anfänglich für eine Behandlung als professioneller Kunde in Frage kommen ließen, so muss sie entsprechende Schritte in die Wege leiten.

## Anhang III

### Teil A. Aufgehobene Richtlinie mit der Liste ihrer nachfolgenden Änderungen (gemäß Artikel 94)

Richtlinie 2004/39/EG des Europäischen Parlaments und des Rates (ABl. L 145 vom 30.4.2004, S. 1)

Richtlinie 2006/31/EG des Europäischen Parlaments und des Rates (ABl. L 114 vom 27.4.2006, S. 60)

Richtlinie 2007/44/EG des Europäischen Parlaments und des Rates (ABl. L 247 vom 21.9.2007, S. 1)

Richtlinie 2008/10/EG des Europäischen Parlaments und des Rates (ABl. L 76 vom 19.3.2008, S. 33)

Richtlinie 2010/78/EU des Europäischen Parlaments und des Rates (ABl. L 331 vom 15.12.2010, S. 120)

### Teil B. Fristen für die Umsetzung in innerstaatliches Recht (gemäß Artikel 94)

Richtlinie 2004/39/EG
Umsetzungsfrist 31. Januar 2007
Anwendungsfrist 1. November 2007
Richtlinie 2006/31/EG
Umsetzungsfrist 31. Januar 2007
Anwendungsfrist 1. November 2007
Richtlinie 2007/44/EG
Umsetzungsfrist 21. März 2009
Richtlinie 2010/78/EU
Umsetzungsfrist 31. Dezember 2011

## Anhang IV. Entsprechungstabelle, genannt in Artikel 94

| Richtlinie 2004/39/EG | Richtlinie 2014/65/EU | Verordnung (EU) Nr. 600/2014[1] |
|---|---|---|
| Artikel 1 Absatz 1 | Artikel 1 Absatz 1 | |
| Artikel 1 Absatz 2 | Artikel 1 Absatz 3 | |
| Artikel 2 Absatz 1 Buchstabe a | Artikel 2 Absatz 1 Buchstabe a | |
| Artikel 2 Absatz 1 Buchstabe b | Artikel 2 Absatz 1 Buchstabe b | |
| Artikel 2 Absatz 1 Buchstabe c | Artikel 2 Absatz 1 Buchstabe c | |
| Artikel 2 Absatz 1 Buchstabe d | Artikel 2 Absatz 1 Buchstabe d | |
| Artikel 2 Absatz 1 Buchstabe e | Artikel 2 Absatz 1 Buchstabe f | |
| Artikel 2 Absatz 1 Buchstabe f | Artikel 2 Absatz 1 Buchstabe g | |
| Artikel 2 Absatz 1 Buchstabe g | Artikel 2 Absatz 1 Buchstabe h | |
| Artikel 2 Absatz 1 Buchstabe h | Artikel 2 Absatz 1 Buchstabe i | |
| Artikel 2 Absatz 1 Buchstabe i | Artikel 2 Absatz 1 Buchstabe j | |
| Artikel 2 Absatz 1 Buchstabe j | Artikel 2 Absatz 1 Buchstabe k | |
| Artikel 2 Absatz 1 Buchstabe k | Artikel 2 Absatz 1 Buchstabe i | |
| Artikel 2 Absatz 1 Buchstabe l | | |
| Artikel 2 Absatz 1 Buchstabe m | Artikel 2 Absatz 1 Buchstabe l | |
| Artikel 2 Absatz 1 Buchstabe n | Artikel 2 Absatz 1 Buchstabe m | |
| Artikel 2 Absatz 2 | Artikel 2 Absatz 2 | |
| Artikel 2 Absatz 3 | Artikel 2 Absatz 4 | |
| Artikel 3 Absatz 1 | Artikel 3 Absatz 1 | |
| Artikel 3 Absatz 2 | Artikel 3 Absatz 3 | |
| Artikel 4 Absatz 1 Unterabsatz 1 | Artikel 4 Absatz 1 Unterabsatz 1 | |
| Artikel 4 Absatz 1 Unterabsatz 2 | Artikel 4 Absatz 1 Unterabsatz 2 | |
| Artikel 4 Absatz 1 Unterabsatz 3 | Artikel 4 Absatz 1 Unterabsatz 3 | |
| Artikel 4 Absatz 1 Unterabsatz 4 | Artikel 4 Absatz 1 Unterabsatz 4 | |
| Artikel 4 Absatz 1 Unterabsatz 5 | Artikel 4 Absatz 1 Unterabsatz 5 | |
| Artikel 4 Absatz 1 Unterabsatz 6 | Artikel 4 Absatz 1 Unterabsatz 6 | |
| Artikel 4 Absatz 1 Unterabsatz 7 | Artikel 4 Absatz 1 Unterabsatz 20 | |
| Artikel 4 Absatz 1 Unterabsatz 8 | Artikel 4 Absatz 1 Unterabsatz 7 | |
| Artikel 4 Absatz 1 Unterabsatz 9 | Artikel 4 Absatz 1 Unterabsatz 8 | |
| Artikel 4 Absatz 1 Unterabsatz 10 | Artikel 4 Absatz 1 Unterabsatz 9 | |
| Artikel 4 Absatz 1 Unterabsatz 11 | Artikel 4 Absatz 1 Unterabsatz 10 | |
| Artikel 4 Absatz 1 Unterabsatz 12 | Artikel 4 Absatz 1 Unterabsatz 11 | |
| Artikel 4 Absatz 1 Unterabsatz 13 | Artikel 4 Absatz 1 Unterabsatz 18 | |
| Artikel 4 Absatz 1 Unterabsatz 14 | Artikel 4 Absatz 1 Unterabsatz 21 | |
| Artikel 4 Absatz 1 Unterabsatz 15 | Artikel 4 Absatz 1 Unterabsatz 22 | |
| Artikel 4 Absatz 1 Unterabsatz 16 | Artikel 4 Absatz 1 Unterabsatz 14 | |
| Artikel 4 Absatz 1 Unterabsatz 17 | Artikel 4 Absatz 1 Unterabsatz 15 | |
| Artikel 4 Absatz 1 Unterabsatz 18 | Artikel 4 Absatz 1 Unterabsatz 44 | |
| Artikel 4 Absatz 1 Unterabsatz 19 | Artikel 4 Absatz 1 Unterabsatz 17 | |
| Artikel 4 Absatz 1 Unterabsatz 20 | Artikel 4 Absatz 1 Unterabsatz 55 | |
| Artikel 4 Absatz 1 Unterabsatz 21 | Artikel 4 Absatz 1 Unterabsatz 56 | |
| Artikel 4 Absatz 1 Unterabsatz 22 | Artikel 4 Absatz 1 Unterabsatz 26 | |
| Artikel 4 Absatz 1 Unterabsatz 23 | Artikel 4 Absatz 1 Unterabsatz 27 | |
| Artikel 4 Absatz 1 Unterabsatz 24 | Artikel 4 Absatz 1 Unterabsatz 28 | |
| Artikel 4 Absatz 1 Unterabsatz 25 | Artikel 4 Absatz 1 Unterabsatz 29 | |
| Artikel 4 Absatz 1 Unterabsatz 26 | Artikel 4 Absatz 1 Unterabsatz 30 | |
| Artikel 4 Absatz 1 Unterabsatz 27 | Artikel 4 Absatz 1 Unterabsatz 31 | |

---

[1] Nr. 2.

# 1 MiFiD II

| Richtlinie 2004/39/EG | Richtlinie 2014/65/EU | Verordnung (EU) Nr. 600/2014 |
|---|---|---|
| Artikel 4 Absatz 1 Unterabsatz 28 | Artikel 4 Absatz 1 Unterabsatz 32 | |
| Artikel 4 Absatz 1 Unterabsatz 29 | Artikel 4 Absatz 1 Unterabsatz 33 | |
| Artikel 4 Absatz 1 Unterabsatz 30 | Artikel 4 Absatz 1 Unterabsatz 35 Buchstabe b | |
| Artikel 4 Absatz 1 Unterabsatz 31 | Artikel 4 Absatz 1 Unterabsatz 35 | |
| Artikel 4 Absatz 2 | Artikel 4 Absatz 2 | |
| Artikel 5 Absatz 1 | Artikel 5 Absatz 1 | |
| Artikel 5 Absatz 2 | Artikel 5 Absatz 2 | |
| Artikel 5 Absatz 3 | Artikel 5 Absatz 3 | |
| Artikel 5 Absatz 4 | Artikel 5 Absatz 4 | |
| Artikel 5 Absatz 5 | – | |
| Artikel 6 Absatz 1 | Artikel 6 Absatz 1 | |
| Artikel 6 Absatz 2 | Artikel 6 Absatz 2 | |
| Artikel 6 Absatz 3 | Artikel 6 Absatz 3 | |
| Artikel 7 Absatz 1 | Artikel 7 Absatz 1 | |
| Artikel 7 Absatz 2 | Artikel 7 Absatz 2 | |
| Artikel 7 Absatz 3 | Artikel 7 Absatz 3 | |
| Artikel 7 Absatz 4 | Artikel 7 Absätze 4 und 5 | |
| Artikel 8 Buchstabe a | Artikel 8 Buchstabe a | |
| Artikel 8 Buchstabe b | Artikel 8 Buchstabe b | |
| Artikel 8 Buchstabe c | Artikel 8 Buchstabe c | |
| Artikel 8 Buchstabe d | Artikel 8 Buchstabe d | |
| Artikel 8 Buchstabe e | Artikel 8 Buchstabe e | |
| Artikel 9 Absatz 1 | Artikel 9 Absätze 1 und 3 | |
| Artikel 9 Absatz 2 | Artikel 9 Absatz 5 | |
| Artikel 9 Absatz 3 | Artikel 9 Absatz 4 | |
| Artikel 9 Absatz 4 | Artikel 9 Absatz 6 | |
| Artikel 10 Absatz 1 | Artikel 10 Absatz 1 | |
| Artikel 10 Absatz 2 | Artikel 10 Absatz 2 | |
| Artikel 10 Absatz 3 | Artikel 11 Absatz 1 | |
| Artikel 10 Absatz 4 | Artikel 11 Absatz 2 | |
| Artikel 10 Absatz 5 | Artikel 11 Absatz 3 | |
| Artikel 10 Absatz 6 | Artikel 10 Absatz 3, Artikel 11 Absatz 4 | |
| Artikel 10a Absatz 1 | Artikel 12 Absatz 1 | |
| Artikel 10a Absatz 2 | Artikel 12 Absatz 2 | |
| Artikel 10a Absatz 3 | Artikel 12 Absatz 3 | |
| Artikel 10a Absatz 4 | Artikel 12 Absatz 4 | |
| Artikel 10a Absatz 5 | Artikel 12 Absatz 5 | |
| Artikel 10a Absatz 6 | Artikel 12 Absatz 6 | |
| Artikel 10a Absatz 7 | Artikel 12 Absatz 7 | |
| Artikel 10a Absatz 8 | Artikel 12 Absätze 8 und 9 | |
| Artikel 10b Absatz 1 | Artikel 13 Absatz 1 | |
| Artikel 10b Absatz 2 | Artikel 13 Absatz 2 | |
| Artikel 10b Absatz 3 | Artikel 13 Absatz 3 | |
| Artikel 10b Absatz 4 | Artikel 13 Absatz 4 | |
| Artikel 10b Absatz 5 | Artikel 13 Absatz 5 | |
| Artikel 11 | Artikel 14 | |
| Artikel 12 | Artikel 15 | |
| Artikel 13 Absatz 1 | Artikel 16 Absatz 1 | |
| Artikel 13 Absatz 2 | Artikel 16 Absatz 2 | |
| Artikel 13 Absatz 3 | Artikel 16 Absatz 3 | |

# RL 2014/65/EU           MiFiD II 1

| Richtlinie 2004/39/EG | Richtlinie 2014/65/EU | Verordnung (EU) Nr. 600/2014 |
|---|---|---|
| Artikel 13 Absatz 4 | Artikel 16 Absatz 4 | |
| Artikel 13 Absatz 5 | Artikel 16 Absatz 5 | |
| Artikel 13 Absatz 6 | Artikel 16 Absatz 6 | |
| Artikel 13 Absatz 7 | Artikel 16 Absatz 8 | |
| Artikel 13 Absatz 8 | Artikel 16 Absatz 9 | |
| Artikel 13 Absatz 9 | Artikel 16 Absatz 11 | |
| Artikel 13 Absatz 10 | Artikel 16 Absatz 12 | |
| Artikel 14 Absatz 1 | Artikel 18 Absatz 1, Artikel 19 Absatz 1 | |
| Artikel 14 Absatz 2 | Artikel 18 Absatz 2 | |
| Artikel 14 Absatz 3 | Artikel 19 Absatz 4 | |
| Artikel 14 Absatz 4 | Artikel 18 Absatz 3, Artikel 19 Absatz 2 | |
| Artikel 14 Absatz 5 | Artikel 18 Absatz 6, Artikel 19 Absatz 3 | |
| Artikel 14 Absatz 6 | Artikel 18 Absatz 8 | |
| Artikel 14 Absatz 7 | Artikel 18 Absatz 9 | |
| Artikel 15 | – | |
| Artikel 16 Absatz 1 | Artikel 21 Absatz 1 | |
| Artikel 16 Absatz 2 | Artikel 21 Absatz 2 | |
| Artikel 16 Absatz 3 | – | |
| Artikel 17 Absatz 1 | Artikel 22 | |
| Artikel 17 Absatz 2 | – | |
| Artikel 18 Absatz 1 | Artikel 23 Absatz 1 | |
| Artikel 18 Absatz 2 | Artikel 23 Absatz 2 | |
| Artikel 18 Absatz 3 | Artikel 23 Absatz 4 | |
| Artikel 19 Absatz 1 | Artikel 24 Absatz 1 | |
| Artikel 19 Absatz 2 | Artikel 24 Absatz 3 | |
| Artikel 19 Absatz 3 | Artikel 24 Absatz 4 | |
| Artikel 19 Absatz 4 | Artikel 25 Absatz 2 | |
| Artikel 19 Absatz 5 | Artikel 25 Absatz 3 | |
| Artikel 19 Absatz 6 | Artikel 25 Absatz 4 | |
| Artikel 19 Absatz 7 | Artikel 25 Absatz 5 | |
| Artikel 19 Absatz 8 | Artikel 25 Absatz 6 | |
| Artikel 19 Absatz 9 | Artikel 24 Absatz 6, Artikel 25 Absatz 7 | |
| Artikel 19 Absatz 10 | Artikel 24 Absatz 13, Artikel 24 Absatz 14, Artikel 25 Absatz 8 | |
| Artikel 20 | Artikel 26 | |
| Artikel 21 Absatz 1 | Artikel 27 Absatz 1 | |
| Artikel 21 Absatz 2 | Artikel 27 Absatz 4 | |
| Artikel 21 Absatz 3 | Artikel 27 Absatz 5 | |
| Artikel 21 Absatz 4 | Artikel 27 Absatz 7 | |
| Artikel 21 Absatz 5 | Artikel 27 Absatz 8 | |
| Artikel 21 Absatz 6 | Artikel 27 Absatz 9 | |
| Artikel 22 Absatz 1 | Artikel 28 Absatz 1 | |
| Artikel 22 Absatz 2 | Artikel 28 Absatz 2 | |
| Artikel 22 Absatz 3 | Artikel 28 Absatz 3 | |
| Artikel 23 Absatz 1 | Artikel 29 Absatz 1 | |
| Artikel 23 Absatz 2 | Artikel 29 Absatz 2 | |
| Artikel 23 Absatz 3 | Artikel 29 Absatz 3 | |
| Artikel 23 Absatz 4 | Artikel 29 Absatz 4 | |

# 1 MiFiD II

| Richtlinie 2004/39/EG | Richtlinie 2014/65/EU | Verordnung (EU) Nr. 600/2014 |
|---|---|---|
| Artikel 23 Absatz 5 | Artikel 29 Absatz 5 | |
| Artikel 23 Absatz 6 | Artikel 29 Absatz 6 | |
| Artikel 24 Absatz 1 | Artikel 30 Absatz 1 | |
| Artikel 24 Absatz 2 | Artikel 30 Absatz 2 | |
| Artikel 24 Absatz 3 | Artikel 30 Absatz 3 | |
| Artikel 24 Absatz 4 | Artikel 30 Absatz 4 | |
| Artikel 24 Absatz 5 | Artikel 30 Absatz 5 | |
| Artikel 25 Absatz 1 | | Artikel 24 |
| Artikel 25 Absatz 2 | | Artikel 25 Absatz 1 |
| Artikel 25 Absatz 3 | | Artikel 26 Absätze 1 und 2 |
| Artikel 25 Absatz 4 | | Artikel 26 Absatz 3 |
| Artikel 25 Absatz 5 | | Artikel 26 Absatz 7 |
| Artikel 25 Absatz 6 | | Artikel 26 Absatz 8 |
| Artikel 25 Absatz 7 | | Artikel 26 Absatz 9 |
| Artikel 26 Absatz 1 | Artikel 31 Absatz 1 | |
| Artikel 26 Absatz 2 | Artikel 31 Absätze 2 und 3 | |
| Artikel 27 Absatz 1 | | Artikel 14 Absätze 1 bis 5 |
| Artikel 27 Absatz 2 | | Artikel 14 Absatz 6 |
| Artikel 27 Absatz 3 | | Artikel 15 Absätze 1 bis 4 |
| Artikel 27 Absatz 4 | | Artikel 16 |
| Artikel 27 Absatz 5 | | Artikel 17 Absatz 1 |
| Artikel 27 Absatz 6 | | Artikel 17 Absatz 2 |
| Artikel 27 Absatz 7 | | Artikel 17 Absatz 3 |
| Artikel 28 Absatz 1 | | Artikel 20 Absatz 1 |
| Artikel 28 Absatz 2 | | Artikel 20 Absatz 2 |
| Artikel 28 Absatz 3 | | Artikel 20 Absatz 3 |
| Artikel 29 Absatz 1 | | Artikel 3 Absätze 1, 2 und 3 |
| Artikel 29 Absatz 2 | | Artikel 4 Absätze 1, 2 und 3 |
| Artikel 29 Absatz 3 | | Artikel 4 Absatz 6 |
| Artikel 30 Absatz 1 | | Artikel 6 Absätze 1 und 2 |
| Artikel 30 Absatz 2 | | Artikel 7 Absatz 1 |
| Artikel 30 Absatz 3 | | Artikel 7 Absatz 2 |
| Artikel 31 Absatz 1, | Artikel 34 Absatz 1 | |
| Artikel 31 Absatz 2 | Artikel 34 Absatz 2 | |
| Artikel 31 Absatz 3 | Artikel 34 Absatz 3 | |
| Artikel 31 Absatz 4 | Artikel 34 Absatz 4 | |
| Artikel 31 Absatz 5 | Artikel 34 Absatz 6 | |
| Artikel 31 Absatz 6 | Artikel 34 Absatz 7 | |
| Artikel 31 Absatz 7 | Artikel 34 Absätze 8 und 9 | |
| Artikel 32 Absatz 1, | Artikel 35 Absatz 1 | |
| Artikel 32 Absatz 2 | Artikel 35 Absatz 2 | |
| Artikel 32 Absatz 3 | Artikel 35 Absatz 3 | |
| Artikel 32 Absatz 4 | Artikel 35 Absatz 4 | |
| Artikel 32 Absatz 5 | Artikel 35 Absatz 5 | |
| Artikel 32 Absatz 6 | Artikel 35 Absatz 6 | |
| Artikel 32 Absatz 7 | Artikel 35 Absatz 8 | |
| Artikel 32 Absatz 8 | Artikel 35 Absatz 9 | |
| Artikel 32 Absatz 9 | Artikel 35 Absatz 10 | |
| Artikel 32 Absatz 10 | Artikel 35 Absätze 11 und 12 | |
| Artikel 33 Absatz 1 | Artikel 36 Absatz 1 | |
| Artikel 33 Absatz 2 | Artikel 36 Absatz 2 | |
| Artikel 34 Absatz 1 | Artikel 37 Absatz 1 | |

RL 2014/65/EU  MiFiD II 1

| Richtlinie 2004/39/EG | Richtlinie 2014/65/EU | Verordnung (EU) Nr. 600/2014 |
|---|---|---|
| Artikel 34 Absatz 2 | Artikel 37 Absatz 2 | |
| Artikel 34 Absatz 3 | – | |
| Artikel 35 Absatz 1 | Artikel 38 Absatz 1 | |
| Artikel 35 Absatz 2 | Artikel 38 Absatz 2 | |
| Artikel 36 Absatz 1 | Artikel 44 Absatz 1 | |
| Artikel 36 Absatz 2 | Artikel 44 Absatz 2 | |
| Artikel 36 Absatz 3 | Artikel 44 Absatz 3 | |
| Artikel 36 Absatz 4 | Artikel 44 Absatz 4 | |
| Artikel 36 Absatz 5 | Artikel 44 Absatz 5 | |
| Artikel 36 Absatz 6 | Artikel 44 Absatz 6 | |
| Artikel 37 Absatz 1 | Artikel 45 Absätze 1 und 8 | |
| Artikel 37 Absatz 2 | Artikel 45 Absatz 7 Unterabsatz 2 | |
| Artikel 38 Absatz 1 | Artikel 46 Absatz 1 | |
| Artikel 38 Absatz 2 | Artikel 46 Absatz 2 | |
| Artikel 38 Absatz 3 | Artikel 46 Absatz 3 | |
| Artikel 39 | Artikel 47 Absatz 1 | |
| Artikel 40 Absatz 1 | Artikel 51 Absatz 1 | |
| Artikel 40 Absatz 2 | Artikel 51 Absatz 2 | |
| Artikel 40 Absatz 3 | Artikel 51 Absatz 3 | |
| Artikel 40 Absatz 4 | Artikel 51 Absatz 4 | |
| Artikel 40 Absatz 5 | Artikel 51 Absatz 5 | |
| Artikel 40 Absatz 6 | Artikel 51 Absatz 6 | |
| Artikel 41 Absatz 1 | Artikel 52 Absatz 1 | |
| Artikel 41 Absatz 2 | Artikel 52 Absatz 2 | |
| Artikel 42 Absatz 1 | Artikel 53 Absatz 1 | |
| Artikel 42 Absatz 2 | Artikel 53 Absatz 2 | |
| Artikel 42 Absatz 3 | Artikel 53 Absatz 3 | |
| Artikel 42 Absatz 4 | Artikel 53 Absatz 4 | |
| Artikel 42 Absatz 5 | Artikel 53 Absatz 5 | |
| Artikel 42 Absatz 6 | Artikel 53 Absatz 6 | |
| Artikel 42 Absatz 7 | Artikel 53 Absatz 7 | |
| Artikel 43 Absatz 1 | Artikel 54 Absatz 1 | |
| Artikel 43 Absatz 2 | Artikel 54 Absätze 2 und 3 | |
| Artikel 44 Absatz 1 | | Artikel 3 Absätze 1, 2 und 3 |
| Artikel 44 Absatz 2 | | Artikel 4 Absätze 1, 2 und 3 |
| Artikel 44 Absatz 3 | | Artikel 4 Absatz 6 |
| Artikel 45 Absatz 1 | | Artikel 6 Absätze 1 und 2 |
| Artikel 45 Absatz 2 | | Artikel 7 Absatz 1 |
| Artikel 45 Absatz 3 | | Artikel 7 Absatz 2 |
| Artikel 46 Absatz 1 | Artikel 55 Absatz 1 | |
| Artikel 46 Absatz 2 | Artikel 55 Absatz 2 | |
| Artikel 47 | Artikel 56 | |
| Artikel 48 Absatz 1 | Artikel 67 Absatz 1 | |
| Artikel 48 Absatz 2 | Artikel 67 Absatz 2 | |
| Artikel 48 Absatz 3 | Artikel 67 Absatz 3 | |
| Artikel 49 | Artikel 68 | |
| Artikel 50 Absatz 1 | Artikel 69 Absatz 1, Artikel 72 Absatz 1 | |
| Artikel 50 Absatz 2 | Artikel 69 Absatz 2 | |
| Artikel 51 Absatz 1 | Artikel 70 Absätze 1 und 2 | |
| Artikel 51 Absatz 2 | Artikel 70 Absatz 5 | |
| Artikel 51 Absatz 3 | Artikel 71 Absatz 1 | |

# 1 MiFiD II

| Richtlinie 2004/39/EG | Richtlinie 2014/65/EU | Verordnung (EU) Nr. 600/2014 |
|---|---|---|
| Artikel 51 Absatz 4 | Artikel 71 Absatz 4 | |
| Artikel 51 Absatz 5 | Artikel 71 Absatz 5 | |
| Artikel 51 Absatz 6 | Artikel 71 Absatz 6 | |
| Artikel 52 Absatz 1 | Artikel 74 Absatz 1 | |
| Artikel 52 Absatz 2 | Artikel 74 Absatz 2 | |
| Artikel 53 Absatz 1 | Artikel 75 Absatz 1 | |
| Artikel 53 Absatz 2 | Artikel 75 Absatz 2 | |
| Artikel 53 Absatz 3 | Artikel 75 Absatz 3 | |
| Artikel 54 Absatz 1 | Artikel 76 Absatz 1 | |
| Artikel 54 Absatz 2 | Artikel 76 Absatz 2 | |
| Artikel 54 Absatz 3 | Artikel 76 Absatz 3 | |
| Artikel 54 Absatz 4 | Artikel 76 Absatz 4 | |
| Artikel 54 Absatz 5 | Artikel 76 Absatz 5 | |
| Artikel 55 Absatz 1 | Artikel 77 Absatz 1 | |
| Artikel 55 Absatz 2 | Artikel 77 Absatz 2 | |
| Artikel 56 Absatz 1 | Artikel 79 Absatz 1 | |
| Artikel 56 Absatz 2 | Artikel 79 Absatz 2 | |
| Artikel 56 Absatz 3 | Artikel 79 Absatz 3 | |
| Artikel 56 Absatz 4 | Artikel 79 Absatz 4 | |
| Artikel 56 Absatz 5 | Artikel 79 Absatz 8 | |
| Artikel 56 Absatz 6 | Artikel 79 Absatz 9 | |
| Artikel 57 Absatz 1 | Artikel 80 Absatz 1 | |
| Artikel 57 Absatz 2 | Artikel 80 Absatz 2 | |
| Artikel 57 Absatz 3 | Artikel 80 Absätze 3 und 4 | |
| Artikel 58 Absatz 1 | Artikel 81 Absatz 1 | |
| Artikel 58 Absatz 2 | Artikel 81 Absatz 2 | |
| Artikel 58 Absatz 3 | Artikel 81 Absatz 3 | |
| Artikel 58 Absatz 4 | Artikel 81 Absatz 4 | |
| Artikel 58 Absatz 5 | Artikel 81 Absatz 5 | |
| Artikel 58a | Artikel 82 | |
| Artikel 59 | Artikel 83 | |
| Artikel 60 Absatz 1 | Artikel 84 Absatz 1 | |
| Artikel 60 Absatz 2 | Artikel 84 Absatz 2 | |
| Artikel 60 Absatz 3 | Artikel 84 Absatz 3 | |
| Artikel 60 Absatz 4 | Artikel 84 Absatz 4 | |
| Artikel 61 Absatz 1 | Artikel 85 Absatz 1 | |
| Artikel 61 Absatz 2 | Artikel 85 Absatz 2 | |
| Artikel 62 Absatz 1 | Artikel 86 Absatz 1 | |
| Artikel 62 Absatz 2 | Artikel 86 Absatz 2 | |
| Artikel 62 Absatz 3 | Artikel 86 Absatz 3 | |
| Artikel 62 Absatz 4 | Artikel 86 Absatz 4 | |
| Artikel 62a Absatz 1 | Artikel 87 Absatz 1 | |
| Artikel 62a Absatz 2 | Artikel 87 Absatz 2 | |
| Artikel 63 Absatz 1 | Artikel 88 Absatz 1 | |
| Artikel 63 Absatz 2 | Artikel 88 Absatz 2 | |
| Artikel 64 | – | – |
| Artikel 64a | – | – |
| Artikel 65 | – | – |
| Artikel 66 | – | – |
| Artikel 67 | – | – |
| Artikel 68 | – | – |
| Artikel 69 | – | – |

| Richtlinie 2004/39/EG | Richtlinie 2014/65/EU | Verordnung (EU) Nr. 600/2014 |
|---|---|---|
| Artikel 70 | – | – |
| Artikel 71 | – | – |
| Artikel 72 | – | – |
| Artikel 73 | – | – |
| Anhang I | Anhang I | |
| Anhang II | Anhang II | |

# 2. Verordnung (EU) Nr. 600/2014 des Europäischen Parlaments und des Rates vom 15. Mai 2014 über Märkte für Finanzinstrumente und zur Änderung der Verordnung (EU) Nr. 648/2012

(Text von Bedeutung für den EWR)

(ABl. L 173 S. 84, ber. ABl. 2015 L 6 S. 6, L 270 S. 4, ABl. 2017 L 278 S. 54)

**Celex-Nr. 3 2014 R 0600**

zuletzt geänd. durch Art. 4 VO (EU) 2019/2175 v. 18.12.2019 (ABl. L 334 S. 1)

### Nichtamtliche Inhaltsübersicht

**Titel I. Gegenstand, Anwendungsbereich und Begriffsbestimmungen**

Artikel 1 Gegenstand und Anwendungsbereich
Artikel 2 Begriffsbestimmungen

**Titel II. Transparenz für Handelsplätze**

Kapitel 1. Transparenz für Eigenkapitalinstrumente

Artikel 3 Vorhandelstransparenzanforderungen für Handelsplätze im Hinblick auf Aktien, Aktienzertifikate, börsengehandelte Fonds, Zertifikate und andere vergleichbare Finanzinstrumente
Artikel 4 Ausnahmen für Eigenkapitalinstrumente
Artikel 5 Mechanismus zur Begrenzung des Volumens
Artikel 6 Nachhandelstransparenzanforderungen für Handelsplätze im Hinblick auf Aktien, Aktienzertifikate, börsengehandelte Fonds, Zertifikate und andere vergleichbare Finanzinstrumente
Artikel 7 Genehmigung einer späteren Veröffentlichung

Kapitel 2. Transparenz für Nichteigenkapitalinstrumente

Artikel 8 Vorhandelstransparenzanforderungen für Handelsplätze im Hinblick auf Schuldverschreibungen, strukturierte Finanzprodukte, Emissionszertifikate und Derivate
Artikel 9 Ausnahmen für Nichteigenkapitalinstrumente
Artikel 10 Nachhandelstransparenzanforderungen für Handelsplätze im Hinblick auf Schuldverschreibungen, strukturierte Finanzprodukte, Emissionszertifikate und Derivate
Artikel 11 Genehmigung einer späteren Veröffentlichung

Kapitel 3. Verpflichtung, Handelsdaten gesondert und zu angemessenen kaufmännischen Bedingungen anzubieten

Artikel 12 Verpflichtung zur gesonderten Offenlegung von Vorhandels- und Nachhandelsdaten
Artikel 13 Verpflichtung zur Offenlegung von Vorhandels- und Nachhandelsdaten zu angemessenen kaufmännischen Bedingungen

**Titel III. Tranzparenz für systematische Internalisierer und Wertpapierfirmen, die-OTChandeln, und Tick-Größen-System für systematische Internalisierer**

Artikel 14 Verpflichtung der systematischen Internalisierer zur Offenlegung von verbindlichen Kursofferten für Aktien, Aktienzertifikate, börsengehandelte Fonds, Zertifikate und andere vergleichbare Finanzinstrumente
Artikel 15 Ausführung von Kundenaufträgen
Artikel 16 Pflichten der zuständigen Behörden
Artikel 17 Zugang zu Kursofferten
Artikel 17a Tick-Größen
Artikel 18 Verpflichtung der systematischen Internalisierer zur Veröffentlichung verbindlicher Kursofferten in Bezug auf Schuldverschreibungen, strukturierte Finanzprodukte, Emissionszertifikate und Derivate
Artikel 19 Überwachung durch die ESMA
Artikel 20 Veröffentlichungen von Wertpapierfirmen – einschließlich systematischer Internalisierer – nach dem Handel betreffend Aktien, Aktienzertifikate, börsengehandelte Fonds, Zertifikate und andere vergleichbare Finanzinstrumente

# 2 VO (EU) 600/2014

Artikel 21 Veröffentlichungen von Wertpapierfirmen – einschließlich systematischer Internalisierer – nach dem Handel betreffend Schuldverschreibungen, strukturierte Finanzprodukte, Emissionszertifikate und Derivate
Artikel 22 Bereitstellung von Informationen für Transparenz- und andere Berechnungen
Artikel 23 Handelspflichten für Wertpapierfirmen

## Titel IV. Meldung von Geschäften

Artikel 24 Pflicht zur Wahrung der Marktintegrität
Artikel 25 Pflicht zum Führen von Aufzeichnungen
Artikel 26 Pflicht zur Meldung von Geschäften
Artikel 27 Pflicht zur Bereitstellung von Referenzdaten für die einzelnen Finanzinstrumente

*[ab 1.1.2022:]*

### Titel IVa. Datenbereitstellungsdienste

#### Kapitel 1. Zulassung von Datenbereitstellungsdienstleistern

*Artikel 27a [Zuständigkeitserklärung]*
*Artikel 27b Zulassungspflicht*
*Artikel 27c Zulassung von Datenbereitstellungsdienstleistern*
*Artikel 27d Verfahren für die Erteilung der Zulassung und die Ablehnung von Anträgen auf Zulassung*
*Artikel 27e Entzug der Genehmigung*
*Artikel 27f Anforderungen an das Leitungsorgan des Datenbereitstellungsdienstleisters*

#### Kapitel 2. Bedingungen für APA, CTP und ARM

*Artikel 27g Organisatorische Anforderungen an APA*
*Artikel 27h Organisatorische Anforderungen an CTP*
*Artikel 27i Organisatorische Anforderungen an ARM*

## Titel V. Derivate

Artikel 28 Pflicht zum Handel über geregelte Märkte, MTF oder OTF
Artikel 29 Clearingpflicht für über geregelte Märkte gehandelte Derivate und Zeitrahmen für die Annahme zum Clearing
Artikel 30 Indirekte Clearingvereinbarungen
Artikel 31 Portfoliokomprimierung
Artikel 32 Verfahren bei einer Handelspflicht
Artikel 33 Mechanismus zur Vermeidung doppelter oder kollidierender Vorschriften
Artikel 34 Verzeichnis von der Handelspflicht unterliegenden Derivaten

## Titel VI. Diskriminierungsfreier Zugang zum Clearing für Finanzinstrumente

Artikel 35 Diskriminierungsfreier Zugang zu einer zentralen Gegenpartei
Artikel 36 Diskriminierungsfreier Zugang zu einem Handelsplatz
Artikel 37 Diskriminierungsfreier Zugang zu Referenzwerten und Genehmigungspflicht
Artikel 38 Zugang für in einem Drittland niedergelassene zentrale Gegenparteien und Handelsplätze

*[ab 1.1.2022:]*

### Titel VIa. Befugnisse und Zuständigkeiten der ESMA

#### Kapitel 1. Zuständigkeiten und Verfahren

*Artikel 38a Ausübung der Befugnisse durch die ESMA*
*Artikel 38b Informationsersuchen*
*Artikel 38c Allgemeine Untersuchungen*
*Artikel 38d Kontrollen vor Ort*
*Artikel 38e Informationsaustausch*
*Artikel 38f Wahrung des Berufsgeheimnisses*
*Artikel 38g Aufsichtsmaßnahmen der ESMA*

#### Kapitel 2. Verwaltungssanktionen und andere Verwaltungsmaßnahmen

*Artikel 38h Geldbußen*
*Artikel 38i Zwangsgelder*
*Artikel 38j Offenlegung, Art, Vollstreckung und Zuweisung der Geldbußen und Zwangsgelder*
*Artikel 38k Verfahrensvorschriften für Aufsichtsmaßnahmen und Geldbußen*
*Artikel 38l Anhörung der betroffenen Personen*
*Artikel 38m Überprüfung durch den Gerichtshof*
*Artikel 38n Zulassungs- und Aufsichtsgebühren*
*Artikel 38o Übertragung von Aufgaben durch die ESMA an die zuständigen Behörden*

**Titel VII. Aufsichtsmaßnahmen zur Produktintervention und zu den Positionen**
    Kapitel 1. Produktüberwachung und Produktintervention
Artikel 39 Marktüberwachung
Artikel 40 Befugnisse der ESMA zur vorübergehenden Intervention
Artikel 41 Befugnisse der EBA zur vorübergehenden Intervention
Artikel 42 Produktintervention seitens der zuständigen Behörden
Artikel 43 Koordinierung durch die ESMA und die EBA
    Kapitel 2. Positionen
Artikel 44 Koordinierung nationaler Positionsmanagementmaßnahmen und Positionsbeschränkungen durch die ESMA
Artikel 45 Positionsmanagementbefugnisse der ESMA

**Titel VIII. Erbringung von Dienstleistungen und Tätigkeiten durch Drittlandfirmen infolge einer Gleichwertigkeitsentscheidung oder ohne Zweigniederlassung**
Artikel 46 Allgemeine Bestimmungen
Artikel 47 Gleichwertigkeitsbeschluss
Artikel 48 Register
*[bis 25.6.2021:]*
Artikel 49 Widerruf der Registrierung
*[ab 26.6.2021:]*
*Artikel 49 Von der ESMA zu ergreifende Maßnahmen*

**Titel IX. Delegierte Rechtsakte und Durchführungsrechtsakte**
    Kapitel 1. Delegierte Rechtsakte
Artikel 50 Ausübung der Befugnisübertragung
    Kapitel 2. Durchführungsrechtsakte
Artikel 51 Ausschussverfahren

**Titel X. Schlussbestimmungen**
Artikel 52 Berichte und Überprüfung
Artikel 53 Änderung der Verordnung (EU) Nr. 648/2012 *(hier nicht wiedergegeben)*
Artikel 54 Übergangsbestimmungen
*[ab 1.1.2022:]*
*Artikel 54a Übergangsmaßnahmen in Bezug auf die ESMA*
*[ab 1.1.2022:]*
*Artikel 54b Beziehungen zu Wirtschaftsprüfern*
Artikel 55 Inkrafttreten und Anwendung

DAS EUROPÄISCHE PARLAMENT UND DER RAT DER EUROPÄISCHEN UNION –

gestützt auf den Vertrag über die Arbeitsweise der Europäischen Union, insbesondere auf Artikel 114,

auf Vorschlag der Europäischen Kommission,

nach Zuleitung des Entwurfs des Gesetzgebungsakts an die nationalen Parlamente,

nach Stellungnahme der Europäischen Zentralbank[1],

nach Stellungnahme des Europäischen Wirtschafts- und Sozialausschusses[2],

gemäß dem ordentlichen Gesetzgebungsverfahren[3],

in Erwägung nachstehender Gründe:

(1) Die Finanzkrise hat Transparenzdefizite der Finanzmärkte zutage treten lassen, die schädliche sozioökonomische Auswirkungen haben können. Die Erhöhung der Transparenz ist eines der gemeinsamen Prinzipien bei der Stärkung des Finanzsystems, wie dies auch in der Londoner Erklärung der Staats- und Regierungschefs der G20 vom 2. April 2009 bekräftigt wurde. Zur Verbesserung der Transparenz und der Funktionsweise des Binnenmarkts für Finanzinstrumente sollte ein neuer Rahmen geschaffen werden, der einheitliche Anforderungen an die Transparenz von Geschäften auf den Märkten für Finanzinstrumente festlegt. Dieser Rahmen sollte umfassen-

---

[1] **Amtl. Anm.:** ABl. C 161 vom 7.6.2012, S. 3.
[2] **Amtl. Anm.:** ABl. C 143 vom 22.5.2012, S. 74.
[3] **Amtl. Anm.:** Standpunkt des Europäischen Parlaments vom 15. April 2014 (noch nicht im Amtsblatt veröffentlicht) und Beschluss des Rates vom 13. Mai 2014.

de Vorschriften für ein breites Spektrum von Finanzinstrumenten vorgeben. Er sollte die in der Richtlinie 2004/39/EG des Europäischen Parlaments und des Rates[1] festgelegten Anforderungen an die Transparenz von Aufträgen und Geschäften im Aktienbereich ergänzen.

(2) Die Hochrangige Gruppe auf dem Gebiet der Finanzaufsicht in der EU unter Vorsitz von Jacques de Larosière forderte die Union auf, eine stärker harmonisierte Finanzregulierung auf den Weg zu bringen. Im Kontext der künftigen europäischen Aufsichtsarchitektur hat der Europäische Rat auf seiner Tagung vom 18. und 19. Juni 2009 die Notwendigkeit unterstrichen, ein einheitliches, für alle Finanzinstitute im Binnenmarkt geltendes europäisches Regelwerk zu schaffen.

(3) Die neue Gesetzgebung sollte folglich aus zwei verschiedenen Rechtsinstrumenten bestehen: einer Richtlinie und dieser Verordnung. Zusammen sollten diese beiden Rechtsinstrumente den Rechtsrahmen für die Festlegung der Anforderungen bilden, denen Wertpapierfirmen, geregelte Märkte und Datenübermittlungsdienstleister zu genügen haben. Somit ist diese Verordnung in Kombination mit der Richtlinie zu sehen. Die Notwendigkeit, einen für alle Institute geltenden einheitlichen Katalog von bestimmte Anforderungen betreffenden Vorschriften festzulegen und eine Aufsichtsarbitrage zu vermeiden sowie größere Rechtssicherheit zu schaffen und die Komplexität der Regulierung für die Marktteilnehmer zu reduzieren, rechtfertigt den Rückgriff auf eine Rechtsgrundlage, die den Erlass einer Verordnung zulässt. Um die noch bestehenden Handelshindernisse und die durch divergierende nationale Rechtsvorschriften bedingten signifikanten Wettbewerbsverzerrungen zu beseitigen und der Entstehung etwaiger weiterer Handelshindernisse und signifikanter Wettbewerbsverzerrungen vorzubeugen, ist es somit erforderlich, eine Verordnung zu erlassen, der in einheitliche, in allen Mitgliedstaaten anwendbare Vorschriften festgelegt werden. Dieser unmittelbar anwendbare Gesetzgebungsakt zielt darauf ab, einen wichtigen Beitrag zum reibungslosen Funktionieren des Binnenmarkts zu leisten, und sollte sich folglich auf Artikel 114 des Vertrags über die Arbeitsweise der Europäischen Union (AEUV) in der Auslegung der ständigen Rechtsprechung des Gerichtshofs der Europäischen Union stützen.

(4) In der Richtlinie 2003/39/EG wurden Vorschriften festgelegt, die den Handel mit zum Handel an einem geregelten Markt zugelassenen Aktien in der Vorhandels und in der Nachhandelsphase transparenter machen und die eine Meldung von Geschäften mit zum Handel an einem geregelten Markt zugelassenen Finanzinstrumenten an die zuständigen Behörden vorsehen. Die Richtlinie bedarf einer Neufassung, damit den Entwicklungen an den Finanzmärkten in angemessener Weise Rechnung getragen, Schwachstellen behoben und Lücken geschlossen werden können, die unter anderem in der Finanzmarktkrise zutage getreten sind.

(5) Vorschriften zu den Transparenzanforderungen in Bezug auf Handel und Regulierung müssen in Form eines unmittelbar anwendbaren Gesetzgebungsakts erlassen werden, der auf alle Wertpapierfirmen Anwendung findet; letztere sollten auf allen Märkten in der Union einheitliche Regeln zu befolgen haben, damit eine einheitliche Anwendung eines einzigen Rechtsrahmens sichergestellt, unionsweit das Vertrauen in die Transparenz der Märkte gestärkt, die Komplexität der Regulierung und die Befolgungskosten für die Wertpapierfirmen, insbesondere für grenzüberschreitend tätige Finanzinstitute, reduziert und ein Beitrag zur Beseitigung von Wettbewerbsverzerrungen geleistet werden kann. Der Erlass einer Verordnung, die eine unmittelbare Anwendbarkeit gewährleistet, ist der beste Weg, um diese Regulierungsziele zu verwirklichen und einheitliche Rahmenbedingungen zu gewährleisten, indem die Einführung divergierender nationaler Anforderungen, zu der es im Zuge der Umsetzung einer Richtlinie kommen könnte, verhindert wird.

(6) Es ist unbedingt sicherzustellen, dass der Handel mit Finanzinstrumenten nach Möglichkeit an organisierten Handelsplätzen stattfindet und dass diese Handelsplätze angemessen reguliert werden. Gemäß Richtlinie 2004/39/EG wurden einige Handelssysteme aufgebaut, die vom Regulierungsrahmen nicht ausreichend erfasst wurden. Alle Handelssysteme für Finanzinstrumente, beispielsweise die derzeit als „Broker-Crossing-Systeme" bekannten Einheiten, sollten künftig zu den in dieser Verordnung und der Richtlinie 2014/65/EU[2][3] festgelegten Bedingun-

---

[1] **Amtl. Anm.:** Richtlinie 2004/39/EG des Europäischen Parlaments und des Rates vom 21. April 2004 über Märkte für Finanzinstrumente, zur Änderung der Richtlinien 85/611/EWG und 93/6/EWG des Rates und der Richtlinie 2000/12/EG des Europäischen Parlaments und des Rates und zur Aufhebung der Richtlinie 93/22/EWG des Rates (ABl. L 145 vom 30.4.2004, S. 1).
[2] Nr. 1.
[3] **Amtl. Anm.:** Richtlinie 2014/65/EU des Europäischen Parlaments und des Rates vom 15. Mai 2014 über Märkte für Finanzinstrumente sowie zur Änderung der Richtlinien 2002/92/EG und 2011/61/EU (siehe Seite 349 dieses Amtsblatts *[Red. Anm.: ABl. L 173 vom 12.6.2014]*).

gen ordnungsgemäß reguliert und als eine Art multilateraler Handelsplatz oder als systematischer Internalisierer zugelassen werden.

(7) Es sollten Begriffsbestimmungen für den geregelten Markt und das multilaterale Handelssystem (MTF) klargestellt werden und eng aneinander angelehnt bleiben, um der Tatsache Rechnung zu tragen, dass beide effektiv die Funktion des organisierten Handels erfüllen. Die Begriffsbestimmungen sollten bilaterale Systeme ausschließen, bei denen eine Wertpapierfirma jedes Geschäft für eigene Rechnung tätigt, auch wenn es als risikolose Gegenpartei zwischen Käufer und Verkäufer steht. Geregelten Märkten und MTF sollte es nicht gestattet sein, Kundenaufträge unter Einsatz von Eigenkapital auszuführen. Der Begriff „System" umfasst sowohl die Märkte, die aus einem Regelwerk und einer Handelsplattform bestehen, als auch solche, die ausschließlich auf der Grundlage eines Regelwerks funktionieren. Geregelte Märkte und MTF müssen keine „technischen" Systeme für das Zusammenführen von Aufträgen betreiben und sollten andere Handelsprotokolle betreiben dürfen, einschließlich Systemen, über die Nutzer gegen Kursofferten handeln können, die sie von mehreren Anbietern anfordern. Ein Markt, der nur aus einem Regelwerk besteht, das Fragen in Bezug auf die Mitgliedschaft, die Zulassung von Finanzinstrumenten zum Handel, den Handel zwischen Mitgliedern, die Meldung von Geschäften und gegebenenfalls die Transparenzpflichten regelt, ist ein geregelter Markt oder ein MTF im Sinne dieser Verordnung; Geschäfte, die nach diesen Regeln abgeschlossen werden, gelten als an einem geregelten Markt oder über ein MTF geschlossene Geschäfte. Der Begriff „Interesse am Kauf und Verkauf" ist im weiten Sinne zu verstehen und schließt Aufträge, Kursofferten und Interessensbekundungen ein.

Eine der wichtigen Anforderungen betrifft die Pflicht, dass die Interessen innerhalb des Systems und nach den nichtdiskretionären, vom Betreiber des Systems festgelegten Regeln zusammengeführt werden müssen. Diese Anforderung bedeutet, dass die Zusammenführung nach den Regeln des Systems oder mit Hilfe der Protokolle oder internen Betriebsverfahren des Systems, einschließlich der in Computersoftware enthaltenen Verfahren, erfolgt. Der Begriff „nichtdiskretionär" bezieht sich auf Regeln, die einem geregelten Markt, einem Marktbetreiber oder der Wertpapierfirma, die ein MTF betreibt, keinerlei Ermessensspielraum im Hinblick auf die möglichen Wechselwirkungen zwischen Interessen einräumen. Den Begriffsbestimmungen zufolge müssen Interessen so zusammengeführt werden, dass ein Vertrag zustande kommt, wenn die Ausführung nach den Regeln des Systems oder über dessen Protokolle oder interne Betriebsverfahren erfolgt.

(8) Um auf den Finanzmärkten der Union für mehr Transparenz und Effizienz in Bezug auf gleiche Wettbewerbsbedingungen für die verschiedenen multilateralen Handelsplätze zu sorgen, ist es erforderlich, eine neue Kategorie von Handelsplätzen, nämlich das organisierte Handelssystem („organised trading facility", OTF), für Schuldverschreibungen, strukturierte Finanzprodukte, Emissionszertifikate und Derivate einzuführen und sicherzustellen, dass es angemessenen reguliert wird und dass diskriminierungsfreie Regeln für den Zugang zu diesem System gelten. Die Definition dieser neuen Kategorie von Handelssystem ist weit gefasst, so dass sie nicht nur heute, sondern auch in Zukunft in der Lage sein dürfte, alle Arten der organisierten Ausführung und Vereinbarung von Handelsgeschäften abzudecken, die nicht den Funktionen oder Regulierungsvorgaben der bestehenden Handelsplätze entsprechen. Folglich sind geeignete organisatorische Anforderungen und Transparenzvorschriften anzuwenden, die einer effizienten Preisfeststellung förderlich sind. Diese neue Kategorie umfasst ferner Systeme, die sich für den Handel mit clearingfähigen und ausreichend liquiden Derivaten eignen.

Der neuen Kategorie nicht zugerechnet werden sollten hingegen Systeme, in deren Rahmen keine Geschäfte im eigentlichen Sinne ausgeführt oder vereinbart werden, wie etwa „Bulletin Boards", die für die Bekanntmachung von Kauf- und Verkaufsinteressen genutzt werden, andere Einrichtungen, die potenzielle Kauf- und Verkaufsinteressen bündeln, elektronische Nachhandelsbestätigungsdienste oder Portfoliokomprimierung, die eine Verminderung der Nichtmarktrisiken für bestehende Derivate-Portfolios bewirkt, ohne die Marktrisiken der Portfolios zu verändern. Portfoliokomprimierung kann von verschiedenen Unternehmen, die als solche nicht unter die Regelungen dieser Verordnung oder der Richtlinie 2014/65/EU [1] fallen, etwa zentrale Gegenparteien oder Transaktionsregister, aber auch von Wertpapierfirmen oder Marktbetreibern angeboten werden. Es sollte präzisiert werden, dass bestimmte Vorschriften dieser Verordnung und der Richtlinie 2014/65/EU [1] auf die Portfoliokomprimierung nicht anwendbar sind, wenn diese von Wertpapierfirmen oder Marktbetreibern durchgeführt wird. Da Zentralverwahrer denselben Anforderungen wie Wertpapierfirmen unterliegen, wenn sie bestimmte Wertpapierdienstleistungen erbringen oder bestimmte Anlagetätigkeiten ausführen, sollten die Bestimmun-

---

[1] Nr. 1.

gen der vorliegenden Verordnung und der Richtlinie 2014/65/EU[1] keine Anwendung auf Firmen, die ihnen nicht unterfallen, finden, wenn sie eine Portfoliokomprimierung durchführen.

(9) Diese neue Kategorie des OTF wird die bestehenden Arten von Handelsplätzen ergänzen. Während für geregelte Märkte und MTF nichtdiskretionäre Vorschriften für die Ausführung von Geschäften gelten, sollte der Betreiber eines OTF bei der Auftragsausführung, gegebenenfalls vorbehaltlich Vorhandelstransparenzanforderungen und der Pflicht zur bestmöglichen Ausführung, über einen Ermessensspielraum verfügen. Folglich sollten auch für Geschäfte, die über ein von einer Wertpapierfirma oder einem Marktbetreiber betriebenes OTF abgeschlossen werden, die Wohlverhaltensregeln und die Verpflichtung zur kundengünstigsten Ausführung und Bearbeitung von Aufträgen gelten. Ferner sollte jeder Marktbetreiber, der für den Betrieb eines OTF zugelassen ist, Kapitel 1 der Richtlinie 2014/65/EU[1] hinsichtlich der Bedingungen und Verfahren für die Zulassung von Wertpapierfirmen einhalten. Wertpapierfirmen oder Marktbetreiber, die ein OTF betreiben, sollten ihr Ermessen auf zwei unterschiedlichen Ebenen ausüben können: erstens wenn sie darüber entscheiden, einen Auftrag über ein OTF zu platzieren oder wieder zurückzunehmen, und zweitens wenn sie darüber entscheiden, zu einem bestimmten Zeitpunkt einen bestimmten Auftrag nicht mit den im System vorhandenen Aufträgen zusammenzuführen, sofern das mit den Vorgaben der Kunden und der Pflicht zur bestmöglichen Ausführung vereinbar ist.

Bei dem System, bei dem gegenläufige Kundenaufträge eingehen, sollte der Betreiber entscheiden können, ob, wann und in welchem Umfang zwei oder mehr Aufträge innerhalb des Systems zusammenzuführen wünscht. Gemäß Artikel 20 Absätze 1, 2, 4 und 5 der Richtlinie 2014/65/EU[1] und unbeschadet Artikel 20 Absatz 3 der Richtlinie 2014/65/EU[1] sollte die Firma die Verhandlungen zwischen den Kunden erleichtern können, um so zwei oder mehr möglicherweise kompatible Handelsinteressen in einem Geschäft zusammenzuführen. Auf beiden Ebenen der Ermessensentscheidung muss der Betreiber eines OTF den sich für ihn aus den Artikeln 18 und 27 der Richtlinie 2014/65/EU[1] ergebenden Verpflichtungen Rechnung tragen. Der Marktbetreiber oder die Wertpapierfirma, die ein OTF betreibt, sollte den Nutzern des Handelsplatzes deutlich darlegen, wie sie ihr Ermessen ausübt. Da ein OTF eine echte Handelsplattform ist, sollte der Betreiber der Plattform neutral sein. Daher sollten Wertpapierfirmen oder Marktbetreiber, die ein OTF betreiben, den Anforderungen in Bezug auf die diskriminierungsfreie Ausführung unterliegen, und weder der Wertpapierfirma bzw. dem Marktbetreiber, der das OTF betreibt, noch einem anderen Unternehmen, das derselben Gruppe oder juristischen Person wie die Wertpapierfirma bzw. der Marktbetreiber angehört, sollte es gestattet sein, Kundenaufträge über ein OTF unter Einsatz seines eigenen Kapitals abzuwickeln.

Zur Erleichterung der Ausführung eines oder mehrerer Kundenaufträge über Schuldverschreibungen, strukturierte Finanzprodukte, Emissionszertifikate und Derivate, die nicht der Clearingpflicht im Sinne von Artikel 5 der Verordnung (EU) Nr. 648/2012 des Europäischen Parlaments und des Rates[2] unterliegen, darf ein OTF-Betreiber auf die „Zusammenführung sich deckender Kundenaufträge" im Sinne der Richtlinie 2014/65/EU[1] zurückgreifen, sofern der Kunde diesem Vorgang zugestimmt hat. Mit öffentlichen Schuldinstrumenten, für die kein liquider Markt besteht, können Wertpapierfirmen oder Marktbetreiber, die ein OTF betreiben, über die Zusammenführung sich deckender Kundenaufträge hinaus für eigene Rechnung handeln. Wird von der Zusammenführung sich deckender Kundenaufträge Gebrauch gemacht, so müssen sämtliche Vor- und Nachhandelstransparenzanforderungen sowie die Pflicht zur bestmöglichen Ausführung eingehalten werden. Ein OTF-Betreiber oder ein Unternehmen, das derselben Gruppe oder juristischen Person wie die Wertpapierfirma oder der Marktbetreiber angehört, sollte in dem von ihm betriebenen OTF nicht als systematischer Internalisierer agieren. Außerdem sollte der Betreiber eines OTF in Bezug auf den ordnungsgemäßen Umgang mit potentiellen Interessenkonflikten den gleichen Pflichten wie ein MTF unterliegen.

(10) Der gesamte organisierte Handel sollte an regulierten.Handelsplätzen stattfinden und sowohl in der Vorhandels- als auch in der Nachhandelsphase vollkommen transparent sein. Daher müssen in geeigneter Weise austarierte Transparenzanforderungen für alle Arten von Handelsplätzen für alle dort gehandelten Finanzinstrumente gelten.

(11) Um sicherzustellen, dass mehr Handelsbewegungen an regulierten Handelsplätzen und über systematische Internalisierer stattfinden, sollte mit dieser Verordnung für Wertpapierfirmen eine

---

[1] Nr. 1.
[2] **Amtl. Anm.:** Verordnung (EU) Nr. 648/2012 des Europäischen Parlaments und des Rates vom 4. Juli 2012 über OTC-Derivate, zentrale Gegenparteien und Transaktionsregister (ABl. L 201 vom 27.7.2012, S. 1).

Handelspflicht für Aktien eingeführt werden, die zum Handel an einem geregelten Markt zugelassen sind oder an einem Handelsplatz gehandelt werden. Dadurch werden Wertpapierfirmen verpflichtet, sämtliche Handelsgeschäfte, sowohl die für eigene Rechnung und als auch die in Ausführung von Kundenaufträgen getätigten, über einen geregelten Markt, ein MTF, einen systematischen Internalisierer oder einen gleichwertigen Drittlandhandelsplatz abzuwickeln. Eine Ausnahme von dieser Handelspflicht sollte möglich sein, wenn dafür ein berechtigter Grund vorliegt. Ein berechtigter Grund liegt vor, wenn Geschäfte nicht systematisch, ad hoc, unregelmäßig und selten ausgeführt werden oder es sich um technische Geschäfte handelt, wie Give-up-Geschäfte, die nicht zur Kursfestsetzung beitragen. Eine Befreiung von der Handelspflicht sollte nicht dazu ausgenutzt werden, um die Einschränkungen für die Inanspruchnahme von Ausnahmen vom Referenzkurs oder vom ausgehandelten Preis zu umgehen oder um ein Broker-Crossing-Netzwerk oder andere Crossing-Systeme zu betreiben.
Die Option, Handelsgeschäfte über einen systematischen Internalisierer abzuwickeln, erfolgt unbeschadet der Regelungen für systematische Internalisierung gemäß dieser Verordnung. Beabsichtigt wird in diesem Zusammenhang, dass das Geschäft auf diese Art und Weise abgewickelt werden kann, sofern die Wertpapierfirma selbst die einschlägigen, in dieser Verordnung festgelegten Kriterien erfüllt, um für eine bestimmte Aktie als systematischer Internalisierer zu gelten; wird die Wertpapierfirma jedoch in Bezug auf eine bestimmte Aktie nicht als systematischer Internalisierer betrachtet, so kann sie das Geschäft immer noch über einen anderen systematischen Internalisierer abwickeln, sofern dies ihre Pflicht zur bestmöglichen Ausführung erfüllt und ihr diese Option zur Verfügung steht. Darüber hinaus sollte eine Wertpapierfirma, die ein internes System zur Zusammenführung von Aufträgen auf multilateraler Basis betreibt, als MTF zugelassen werden, damit der multilaterale Handel mit Aktien, Aktienzertifikaten, börsengehandelten Fonds, Zertifikaten oder anderen vergleichbaren Finanzinstrumenten stattfinden kann. Es sollte präzisiert werden, dass die Bestimmungen über die bestmögliche Ausführung der Richtlinie 2014/65/EU[1)] so angewandt werden sollten, dass sie den Handelspflichten nach dieser Verordnung nicht entgegenstehen.

(12) Der Handel mit Aktienzertifikaten, börsengehandelten Fonds, Zertifikaten und vergleichbaren – nicht zum Handel an einem geregelten Markt zugelassenen – Finanzinstrumenten findet weitgehend auf dieselbe Weise statt und dient einem nahezu identischen wirtschaftlichen Zweck wie der Handel mit Aktien, die zum Handel an einem geregelten Markt zugelassen sind. Der Geltungsbereich der Transparenzvorschriften, die auf zum Handel an geregelten Märkten zugelassene Aktien anwendbar sind, sollte daher auf die genannten Finanzinstrumente ausgeweitet werden.

(13) Die Notwendigkeit von Ausnahmeregelungen, die im Interesse eines effizienten Funktionierens der Märkte Abweichungen von den Vorhandelstransparenzvorschriften zulassen, wird zwar grundsätzlich anerkannt, doch müssen die für Aktien geltenden Ausnahmebestimmungen gemäß der Richtlinie 2004/39/EG und der Verordnung (EG) Nr. 1287/2006 der Kommission[2)] eingehend daraufhin geprüft werden, ob sie, was ihren Anwendungsbereich und die anwendbaren Bedingungen betrifft, nach wie vor angemessen sind. Um eine einheitliche Anwendung der Ausnahmen von den Vorhandelstransparenzanforderungen bei Aktien und letztlich auch anderen, vergleichbaren Finanzinstrumenten und Nichteigenkapital-Produkten für spezifische Marktmodelle und spezifische Auftragsarten und -volumina zu gewährleisten, sollte die durch die Verordnung (EU) Nr. 1095/2010[3)] des Europäischen Parlaments und des Rates[4)] errichtete Europäische Aufsichtsbehörde (Europäische Wertpapier- und Marktaufsichtsbehörde, im Folgenden „ESMA") bewerten, ob individuelle Anträge auf Anwendung einer Ausnahme mit Bestimmungen dieser Verordnung und in dieser Verordnung vorgesehenen delegierten Rechtsakten vereinbar sind. Die von der ESMA vorgenommene Bewertung sollte in Form einer Stellung-

---

[1)] Nr. 1.
[2)] **Amtl. Anm.:** Verordnung (EG) Nr. 1287/2006 der Kommission vom 10. August 2006 zur Durchführung der Richtlinie 2004/39/EG des Europäischen Parlaments und des Rates betreffend die Aufzeichnungspflichten für Wertpapierfirmen, die Meldung von Geschäften, die Markttransparenz, die Zulassung von Finanzinstrumenten zum Handel und bestimmte Begriffe im Sinne dieser Richtlinie (ABl. L 241 vom 2.9.2006, S. 1).
[3)] Nr. 3.
[4)] **Amtl. Anm.:** Verordnung (EU) Nr. 1095/2010 des Europäischen Parlaments und des Rates vom 24. November 2010 zur Errichtung einer Europäischen Aufsichtsbehörde (Europäische Wertpapier- und Marktaufsichtsbehörde), zur Änderung des Beschlusses Nr. 716/2009/EG und zur Aufhebung des Beschlusses 2009/77/EG der Kommission (ABl. L 331 vom 15.12.2010, S. 84).

nahme nach Artikel 29 der Verordnung (EU) Nr. 1095/2010[1] festgehalten werden. Außerdem sollten die bereits geltenden Ausnahmen für Aktien innerhalb eines angemessenen Zeitrahmens von der ESMA überprüft und nach demselben Verfahren daraufhin bewertet werden, ob sie noch im Einklang mit den Vorschriften dieser Verordnung und den in dieser Verordnung vorgesehenen delegierten Rechtsakten stehen.

(14) Die Finanzkrise hat bestimmte Schwachstellen in der Art und Weise offenbart, wie Informationen über Handelsmöglichkeiten mit und Kurse von anderen Finanzinstrumenten als Aktien für Marktteilnehmer verfügbar gemacht werden, insbesondere was Zeitpunkt, Granularität, gleichen Zugang und Zuverlässigkeit angeht. Daher sollten unter Berücksichtigung der unterschiedlichen Merkmale bestimmter Arten von Finanzinstrumenten, bei denen es sich nicht um Aktien handelt, sowie der unterschiedlichen Marktstrukturen rechtzeitig Vorhandels- und Nachhandelstransparenzanforderungen eingeführt und auf die verschiedenen Arten von Handelssystemen, einschließlich Orderbuch-, Kursnotierungs- und Hybridsystemen, auf periodischen Auktionen basierenden Handelssystemen und sprachbasierten Handelssystemen, individuell zugeschnitten werden. Um einen soliden Transparenzrahmen für alle einschlägigen Finanzinstrumente zu schaffen, sollten diese Anforderungen für Schuldverschreibungen, strukturierte Finanzprodukte, Emissionszertifikate und Derivate gelten, die an einem Handelsplatz gehandelt werden. Daher sollten Ausnahmen von der Vorhandelstransparenz und Anpassungen der Anforderungen für eine spätere Veröffentlichung nur in bestimmten Fällen gelten.

(15) Es ist erforderlich, auf den Märkten für Schuldverschreibungen, strukturierte Finanzprodukte und Derivate für ein angemessenes Maß an Handelstransparenz zu sorgen, um die Bewertung von Produkten zu erleichtern und die Effizienz der Kursbildung zu fördern. Strukturierte Finanzprodukte sollten insbesondere durch Forderungen unterlegte Wertpapiere („asset backed securities") im Sinne von Artikel 2 Absatz 5 der Verordnung (EG) Nr. 809/2004 der Kommission[2] umfassen, zu denen unter anderem besicherte Schuldtitel zählen.

(16) Um an allen Handelsplätzen einheitliche Bedingungen zu schaffen, sollten für die verschiedenen Arten von Handelsplätzen dieselben Anforderungen an Vorhandels- und Nachhandelstransparenz gelten. Die Transparenzanforderungen sollten individuell zugeschnitten sein auf die jeweiligen Arten von Finanzinstrumenten, einschließlich Aktien, Schuldverschreibungen und Derivaten, und den Interessen der Anleger und der Emittenten, auch der Emittenten von Staatsanleihen, sowie der Marktliquidität Rechnung tragen. Die Anforderungen sollten auf die verschiedenen Arten des Handels, einschließlich Orderbuchsystemen und Kursnotierungssystemen, wie Systemen der Preisanfrage („request for quote"), sowie Hybridsystemen und sprachbasierten Maklersystemen, individuell zugeschnitten sein, wobei das Geschäftsvolumen einschließlich Umsatz und andere relevante Kriterien zu berücksichtigen sind.

(17) Um nachteilige Auswirkungen auf die Kursbildung zu vermeiden, ist es erforderlich, für Aufträge, die in Systemen platziert werden, welche auf einer Handelsmethode basieren, bei der der Kurs im Einklang mit einem Referenzkurs bestimmt wird, sowie für bestimmte ausgehandelte Geschäfte einen angemessenen Mechanismus zur Begrenzung des Volumens einzuführen. Dieser Mechanismus sollte für eine Begrenzung in zweifacher Hinsicht sorgen, nämlich eine Begrenzung des Volumens, die für jeden Handelsplatz gilt, von diesen Ausnahmeregelungen Gebrauch macht, so dass an jedem Handelsplatz nur ein bestimmter Prozentsatz an Handelsgeschäften abgeschlossen werden kann, sowie zusätzlich dazu eine Begrenzung des Gesamtvolumens, die bewirken würde, dass bei einer Überschreitung die Inanspruchnahme dieser Ausnahmeregelungen unionsweit ausgesetzt wird. Für ausgehandelte Geschäfte sollte die Begrenzung nur für Geschäfte gelten, die innerhalb der aktuellen gewichteten Spread abgeschlossen werden, so wie er im Orderbuch wiedergegeben wird, bzw. zu den Kursofferten der Market-Maker des Handelsplatzes, der das System betreibt. Davon ausgeschlossen sein sollten ausgehandelte Geschäfte, die mit illiquiden Aktien, Aktienzertifikaten, börsengehandelten Fonds, Zertifikaten oder anderen, vergleichbaren Finanzinstrumenten getätigt werden, und Geschäfte, auf die andere Bedingungen als der jeweils geltende Marktkurs anwendbar sind, da sie nicht zur Kursbildung beitragen.

---

[1] Nr. 3.
[2] **Amtl. Anm.:** Verordnung (EG) Nr. 809/2004 der Kommission vom 29. April 2004 zur Umsetzung der Richtlinie 2003/71/EG des Europäischen Parlaments und des Rates betreffend die in Prospekten enthaltenen Angaben sowie die Aufmachung, die Aufnahme von Angaben in Form eines Verweises und die Veröffentlichung solcher Prospekte sowie die Verbreitung von Werbung (ABl. L 149 vom 30.4.2004, S. 1).

(18) Um sicherzustellen, dass der OTC-Handel nicht eine effiziente Kursfestsetzung oder die Schaffung transparenter, gleicher Wettbewerbsbedingungen für alle Handelsformen gefährdet, sollten angemessene Vorhandelstransparenzanforderungen für Wertpapierfirmen gelten, die „over-the-counter" für eigene Rechnung mit Finanzinstrumenten handeln, soweit sie dies als systematische Internalisierer in Bezug auf Aktien, Aktienzertifikate, börsengehandelte Fonds, Zertifikate oder ähnliche Finanzinstrumente, für die es einen liquiden Markt gibt, sowie auf Schuldverschreibungen, strukturierte Finanzprodukte, Emissionszertifikate und Derivate, die an einem Handelsplatz gehandelt werden und für die es einen liquiden Markt gibt, tun.

(19) Eine Wertpapierfirma, die Kundenaufträge unter Einsatz ihres eigenen Kapitals ausführt, ist als systematischer Internalisierer anzusehen, sofern die Geschäfte nicht außerhalb eines Handelsplatzes auf gelegentlicher, Ad-hoc- und unregelmäßiger Basis getätigt werden. Systematische Internalisierer sollten deshalb definiert werden als Wertpapierfirmen, die in organisierter und systematischer Weise häufig in erheblichem Umfang Handel für eigene Rechnung durch Ausführung von Kundenaufträgen außerhalb eines Handelsplatzes treiben. Die für systematische Internalisierer nach dieser Verordnung geltenden Anforderungen sollten für Wertpapierfirmen lediglich in Bezug auf jedes einzelne Finanzinstrument, beispielsweise auf Basis der Internationalen Wertpapierkennnummer ISIN, gelten, für das sie als systematischer Internalisierer auftreten. Um die objektive und effektive Anwendung der Definition des Begriffs „systematischer Internalisierer" auf Wertpapierfirmen zu gewährleisten, sollte eine im Voraus festgelegte Schwelle für die systematische Internalisierung bestehen, bei der genau festgelegt wird, was unter „in systematischer Weise häufig in erheblichem Umfang" zu verstehen ist.

(20) Während es sich bei einem OTF um ein System oder einen Mechanismus handelt, innerhalb dessen Kauf- und Verkaufsinteressen mehrerer Dritter interagieren, sollte es systematischen Internalisierern nicht gestattet sein, Kauf- und Verkaufsinteressen Dritter zusammenzuführen. So sollte beispielsweise eine sogenannte Single-Dealer-Plattform, bei der der Handel immer mit einer einzigen Wertpapierfirma abgewickelt wird, als systematischer Internalisierer gelten, sofern die in dieser Verordnung enthaltenen Anforderungen eingehalten würden. Hingegen sollte eine sogenannte Multi-Dealer-Plattform, auf die viele Händler für dasselbe Finanzinstrument interagieren, nicht als systematischer Internalisierer gelten.

(21) Systematische Internalisierer sollten in der Lage sein, entsprechend ihrer Geschäftspolitik und in objektiver, diskriminierungsfreier Weise zu entscheiden, welchen Kunden sie Zugang zu ihren Kursofferten geben, wobei sie zwischen den Kundenkategorien unterscheiden, und sollten auch das Recht haben, Unterschieden zwischen den Kunden, beispielsweise in Bezug auf das Kreditrisiko, Rechnung zu tragen. Systematische Internalisierer sollten nicht verpflichtet sein, verbindliche Kursofferten zu veröffentlichen, Kundenaufträge auszuführen und Zugang zu ihren Kursofferten im Zusammenhang mit Geschäften mit Eigenkapitalinstrumenten, die über die Standardmarktgröße hinausgehen, und im Zusammenhang mit Geschäften mit Nichteigenkapitalinstrumenten, die über das für das Finanzinstrument typische Geschäftsvolumen hinausgehen, zu gestatten. Die systematischen Internalisierer sollten von den zuständigen Behörden dahingehend überprüft werden, ob sie ihren Pflichten nachkommen, und den Behörden die dafür erforderlichen Angaben zur Verfügung stellen.

(22) Mit dieser Verordnung wird nicht beabsichtigt, die Anwendung von Vorhandelstransparenzanforderungen auf OTC-Geschäfte vorzuschreiben, die nicht innerhalb eines systematischen Internalisierers ausgeführt werden.

(23) Marktdaten sollten für die Nutzer leicht zugänglich sein, und zwar in möglichst stark disaggregierter Form, damit Anleger und Datendienstleister sich weitgehend maßgeschneiderte Datenlösungen zurückgreifen können. Daher sollten Vorhandels- und Nachhandelstransparenzdaten in „ungebündelter" Form veröffentlicht werden, so dass für die Marktteilnehmer die durch den Erwerb von Daten entstehenden Kosten reduziert werden.

(24) Die Richtlinie 95/46/EG des Europäischen Parlaments und des Rates[1] und die Verordnung (EG) Nr. 45/2001 des Europäischen Parlaments und des Rates[2] sollten auf den Austausch, die

---

[1] **Amtl. Anm.:** Richtlinie 95/46/EG des Europäischen Parlaments und des Rates vom 24. Oktober 1995 zum Schutz natürlicher Personen bei der Verarbeitung personenbezogener Daten und zum freien Datenverkehr (ABl. L 281 vom 23.11.1995, S. 31).

[2] **Amtl. Anm.:** Verordnung (EG) Nr. 45/2001 des Europäischen Parlaments und des Rates vom 18. Dezember 2000 zum Schutz natürlicher Personen bei der Verarbeitung personenbezogener Daten durch die Organe und Einrichtungen der Gemeinschaft und zum freien Datenverkehr (ABl. L 8 vom 12.1.2001, S. 1).

Übermittlung und die Verarbeitung personenbezogener Daten durch die Mitgliedstaaten und die ESMA für die Zwecke dieser Verordnung, insbesondere von Titel IV, uneingeschränkt Anwendung finden.

(25) Nachdem beim G20-Gipfel am 25. September 2009 in Pittsburgh vereinbart wurde, den Handel mit standardisierten OTC-Derivatkontrakten soweit angebracht auf Börsen oder elektronischen Handelsplattformen zu verlagern, sollte ein formelles Regulierungsverfahren festgelegt werden, um den Handel zwischen finanziellen Gegenparteien und großen nichtfinanziellen Gegenparteien mit allen Derivaten, die als clearingfähig gelten und ausreichend liquide sind, an verschiedene Handelsplätze zu verlagern, die einer vergleichbaren Regulierung unterliegen, und es den Teilnehmern zu ermöglichen, mit verschiedenen Gegenparteien Handelsgeschäfte abzuwickeln. Die Bewertung der ausreichenden Liquidität sollte den Gegebenheiten des nationalen Marktes, unter anderem Zahl und Art der Marktteilnehmer, sowie den Merkmalen der Geschäftstätigkeit, wie etwa Transaktionsvolumen und Transaktionsfrequenz am betreffenden Markt, Rechnung tragen.

Ein liquider Markt in einer Produktkategorie von Derivaten ist dadurch gekennzeichnet, dass gemessen an der Zahl der gehandelten Produkte eine große Zahl aktiver Marktteilnehmer, einschließlich einer angemessenen Mischung von Liquiditätsgebern und Liquiditätsnehmern, vorhanden ist, die häufig in einem Umfang mit den betreffenden Produkten handeln, der unterhalb des Volumens eines großen Auftrags liegt. Eine solche Marktaktivität sollte an einer hohen Zahl zu erwartender Kauf- und Verkaufsofferten für das betreffende Derivat erkennbar sein, die zu einem geringen Spread für ein Geschäft im marktüblichen Umfang führt. Bei der Bewertung der ausreichenden Liquidität sollte dem Umstand Rechnung getragen werden, dass die Liquidität eines Derivats in Abhängigkeit von den Marktbedingungen und seinem Lebenszyklus erheblichen Schwankungen unterworfen sein kann.

(26) Angesichts der auf der Ebene der G20 am 25. September 2009 in Pittsburgh getroffenen Vereinbarung, den Handel mit standardisierten OTC-Derivaten soweit angezeigt auf Börsen oder elektronischen Handelsplattformen zu verlagern, einerseits und der im Verhältnis geringen Liquidität verschiedener OTC-Derivate andererseits erscheint es angebracht, ein ausreichendes Spektrum geeigneter Handelsplätze vorzusehen, an denen der Handel im Einklang mit der eingegangenen Verpflichtung stattfinden kann. Alle geeigneten Handelsplätze sollten eng aufeinander abgestimmten regulatorischen Anforderungen in Bezug auf organisatorische und operationelle Aspekte, Mechanismen zur Beilegung von Interessenkonflikten, die Überwachung sämtlicher Handelstätigkeiten, die Vorhandels- und Nachhandelstransparenz – speziell zugeschnitten auf die jeweiligen Finanzinstrumente und Arten von Handelssystemen – und die Möglichkeit einer Interaktion zwischen den Handelsinteressen einer Vielzahl Dritter unterliegen. Im Interesse besserer Ausführungsbedingungen und einer höheren Liquidität sollte für die Betreiber von Handelsplätzen jedoch die Möglichkeit bestehen, im Einklang mit der eingegangenen Verpflichtung auf diskretionäre Weise Geschäfte zwischen einer Vielzahl Dritter auf den Weg zu bringen.

(27) Die Verpflichtung, Geschäfte mit Derivaten abzuschließen, die einer Derivatekategorie angehören, die der Handelspflicht an einem geregelten Markt, über ein MTF, über ein OTF oder an einem Drittlandhandelsplatz unterliegen, sollte nicht für die Bestandteile von nicht kursbildenden Diensten zur Verringerung von Nachhandelsrisiken gelten, die eine Verminderung der Nichtmarktrisiken für Derivatportfolios einschließlich bestehender OTC-Derivatportfolios gemäß der Verordnung (EU) Nr. 648/2012 bewirken, ohne die Marktrisiken der Portfolios zu verändern. Darüber hinaus ist es zwar sinnvoll, Sonderbestimmungen für die Portfoliokomprimierung zu erlassen, doch soll mit dieser Verordnung nicht der Einsatz von Diensten zur Verringerung von Nachhandelsrisiken verhindert werden.

(28) Die für diese Derivate eingeführte Handelspflicht dürfte einen effizienten Wettbewerb zwischen geeigneten Handelsplätzen ermöglichen. Daher sollten diese Handelsplätze für sich keine Exklusivrechte in Bezug auf diese Handelspflicht unterliegende Derivate beanspruchen können und damit andere Handelsplätze darin hindern können, Handelsgeschäfte mit diesen Finanzinstrumenten anzubieten. Im Interesse eines effektiven Wettbewerbs zwischen Handelsplätzen für Derivate ist es von zentraler Bedeutung, dass die Handelsplätze über einen diskriminierungsfreien, transparenten Zugang zu zentralen Gegenparteien verfügen. Einen diskriminierungsfreien Zugang zu einer zentralen Gegenpartei zu haben bedeutet, dass ein Handelsplatz Anspruch auf nichtdiskriminierende Behandlung hat, was die Anforderungen an die Besicherung, die Aufrechnung wirtschaftlich gleichwertiger Kontrakte und das Cross-Margining mit korrelierenden, von derselben zentralen Gegenpartei geclearten Kontrakten betrifft, sowie auf nichtdiskriminierende Clearing-Gebühren.

(29) Die Befugnisse der zuständigen Behörden sollten ergänzt werden durch einen expliziten Mechanismus zum Verbot oder zur Beschränkung von Marketing, Vertrieb und Verkauf von Finanzinstrumenten oder strukturierten Einlagen, bei denen ernsthafte Bedenken hinsichtlich des Anlegerschutzes, des ordnungsgemäßen Funktionierens und der Integrität der Finanz- oder Warenmärkte oder der Stabilität des gesamten Finanzsystems oder eines Teils davon bestehen; gleichzeitig sollte die ESMA – bzw. für strukturierte Einlagen die durch Verordnung (EU) Nr. 1093/2010 des Europäischen Parlaments und des Rates[1] errichtete Europäische Aufsichtsbehörde (Europäische Bankenaufsichtsbehörde) (EBA) – mit angemessenen Koordinierungs- und Notfallbefugnissen ausgestattet werden. Die Ausübung solcher Befugnisse durch die zuständigen Behörden, sowie in Ausnahmefällen durch die ESMA oder die EBA, sollte an eine Reihe spezifischer Voraussetzungen geknüpft sein. Wenn diese Voraussetzungen erfüllt sind, sollte die zuständige Behörde bzw. in Ausnahmefällen die ESMA oder die EBA in der Lage sein, ein Verbot oder eine Beschränkung vorsorglich auszusprechen, bevor ein Finanzinstrument oder eine strukturierte Einlage vermarktet, vertrieben oder an Kunden verkauft wird.

Diese Befugnisse sind nicht mit einer Verpflichtung verbunden, eine Produktzulassung durch die zuständige Behörde, die ESMA oder die EBA einzuführen oder anzuwenden, und befreien Wertpapierfirmen nicht von ihrer Verantwortung, alle einschlägigen Erfordernisse gemäß dieser Verordnung und der Richtlinie 2014/65/EU[2] zu erfüllen. Das ordnungsgemäße Funktionieren und die Integrität der Warenmärkte sollte als Kriterium für ein Tätigwerden der zuständigen Behörden aufgenommen werden, damit Maßnahmen ergriffen werden können, um den von den Finanzmärkten ausgehenden möglichen negativen externen Effekten auf den Warenmärkten entgegenzuwirken. Dies gilt insbesondere für die Märkte für landwirtschaftliche Grunderzeugnisse, deren Zweck es ist, eine sichere Lebensmittelversorgung der Bevölkerung zu gewährleisten. In solchen Fällen sollten die Maßnahmen mit den für die betreffenden Warenmärkte zuständigen Behörden abgestimmt werden.

(30) Die zuständigen Behörden sollten der ESMA nähere Einzelheiten zu ihren Aufforderungen zur Reduzierung einer Position in Bezug auf einen Derivatkontrakt, zu einmaligen Positionslimits sowie zu Ex-ante-Positionslimits mitteilen, um eine bessere Koordinierung und eine höhere Konvergenz in Bezug auf die Art und Weise der Ausübung der einschlägigen Befugnisse zu erreichen. Die wesentlichen Einzelheiten der von einer zuständigen Behörde vorgenommenen Ex-ante-Positionslimits sollten auf der Website der ESMA veröffentlicht werden.

(31) Die ESMA sollte über die Möglichkeit verfügen, von jeder Person Informationen über ihre Position in Bezug auf einen Derivatkontrakt anzufordern, die Reduzierung der betreffenden Position zu verlangen und die Möglichkeiten einer Person, Einzelgeschäfte in Bezug auf Waren derivate zu tätigen, zu beschränken. Die ESMA sollte den zuständigen Behörden sodann mitteilen, welche Maßnahmen sie vorschlägt, und diese Maßnahmen bekanntgeben.

(32) Die Einzelheiten der Geschäfte mit Finanzinstrumenten sollten den zuständigen Behörden gemeldet werden, um diese in die Lage zu versetzen, potenzielle Fälle eines Marktmissbrauchs aufzudecken und zu untersuchen sowie das faire und ordnungsgemäße Funktionieren der Märkte und die Tätigkeiten von Wertpapierfirmen zu überwachen. Diese Beaufsichtigung erstreckt sich auf alle Finanzinstrumente, die an einem Handelsplatz gehandelt werden, und auf Finanzinstrumente, deren Basiswert ein an einem Handelsplatz gehandeltes Finanzinstrument ist oder deren Basiswert ein an einem Handelsplatz gehandelter Index oder Korb von Finanzinstrumenten ist. Die Meldepflicht sollte unabhängig davon gelten, ob die Geschäfte mit einem der genannten Finanzinstrumente an einem Handelsplatz ausgeführt wurden oder nicht. Um unnötigen Verwaltungsaufwand für Wertpapierfirmen zu vermeiden, sollten Finanzinstrumente, bei denen kein Marktmissbrauch zu befürchten ist, von der Meldepflicht ausgenommen werden. Bei den Meldungen sollte gemäß den G20-Verpflichtungen eine Kennung für Rechtsträger verwendet werden. Die ESMA sollte der Kommission über die Erfahrungen mit dieser Meldepflicht berichten, und eine Kommission sollte Maßnahmen ergreifen, um gegebenenfalls Änderungen vorzuschlagen.

(33) Der Betreiber eines Handelsplatzes sollte der für ihn zuständigen Behörde die einschlägigen Referenzdaten für die einzelnen Finanzinstrumente übermitteln. Diese Mitteilungen sollten von den zuständigen Behörden unverzüglich an die ESMA weiterzuleiten, die sie umgehend auf ihrer

---

[1] Amtl. Anm.: Verordnung (EU) Nr. 1093/2010 des Europäischen Parlaments und des Rates vom 24. November 2010 zur Errichtung einer Europäischen Aufsichtsbehörde (Europäische Bankenaufsichtsbehörde), zur Änderung des Beschlusses Nr. 716/2009/EG und zur Aufhebung des Beschlusses 2009/78/EG der Kommission (ABl. L 331 vom 15.12.2010, S. 12).

[2] Nr. 1.

Webseite veröffentlichen sollte, damit die ESMA und die zuständigen Behörden die Meldungen über Geschäfte verwenden, auswerten und austauschen können.

(34) Damit sie ihren Zweck als Marktüberwachungsinstrument erfüllen können, sollten Meldungen über Geschäfte Angaben zur Person, die die Anlageentscheidung getroffen hat, sowie zu den Personen, die für die Ausführung des Geschäfts verantwortlich sind, enthalten. Zusätzlich zur Transparenzregelung gemäß der Verordnung (EG) Nr. 236/2012 des Europäischen Parlaments und des Rates[1] bietet die Kennzeichnung von Leerverkäufen nützliche Zusatzinformationen, anhand derer die zuständigen Behörden das Volumen der Leerverkäufe überwachen können. Die zuständigen Behörden müssen in allen Phasen der Auftragsausführung, angefangen bei der ursprünglichen Entscheidung über einen Handelsabschluss bis hin zu seiner effektiven Ausführung, uneingeschränkten Zugang zu den Aufzeichnungen haben. Daher sollten Wertpapierfirmen Aufzeichnungen über all ihre Aufträge und all ihre Geschäfte mit Finanzinstrumenten führen, und von Betreibern von Plattformen sollte verlangt werden, dass sie Aufzeichnungen über alle an ihre Systeme übermittelten Aufträge führen. Die ESMA sollte den Informationsaustausch zwischen den zuständigen Behörden koordinieren, um sicherzustellen, dass diese Zugang zu allen Aufzeichnungen über Geschäfte und Aufträge haben, die ihrer Aufsicht unterliegende Finanzinstrumente betreffen, einschließlich Geschäften und Aufträgen, die über Plattformen getätigt werden, welche außerhalb ihres Hoheitsgebiets operieren.

(35) Eine Doppelmeldung ein und derselben Information sollte vermieden werden. Es sollte nicht erforderlich sein, Meldungen, die die einschlägigen Finanzinstrumente betreffen, an nach der Verordnung (EU) Nr. 648/2012 registrierte und anerkannte Transaktionsregister übermittelt wurden und sämtliche für die Meldung von Geschäften erforderlichen Angaben enthalten, auch den zuständigen Behörden zuzuleiten; stattdessen sollten sie von den Transaktionsregistern an die Behörden weitergeleitet werden. Die Verordnung (EU) Nr. 648/2012 sollte entsprechend geändert werden.

(36) Jeder Austausch und jede Übermittlung von Informationen durch die zuständigen Behörden sollte nach den Vorschriften für die Übermittlung personenbezogener Daten erfolgen, die in der Richtlinie 95/46/EG festgelegt sind. Der Austausch und die Übermittlung von Informationen durch die ESMA sollte nach den Vorschriften für die Übermittlung personenbezogener Daten erfolgen, die in der Verordnung (EG) Nr. 45/2001 festgelegt sind und für die Verarbeitung personenbezogener Daten für die Zwecke dieser Verordnung uneingeschränkt gelten sollten.

(37) In der Verordnung (EU) Nr. 648/2012 werden die Kriterien festgelegt, anhand deren zu bestimmen ist, welche OTC-Derivate einer Clearingpflicht unterliegen sollten. Durch die Verordnung werden Wettbewerbsverzerrungen verhindert, indem ein diskriminierungsfreier Zugang zu zentralen Gegenparteien, die Handelsplätzen ein Clearing von OTC-Derivaten anbieten, sowie ein diskriminierungsfreier Zugang zu den Handelsströmen von Handelsplätzen für zentrale Gegenparteien, die Clearing-Dienste für OTC-Derivate anbieten, sichergestellt werden. Da OTC-Derivate definiert sind als Derivatkontrakte, deren Ausführung nicht an einem geregelten Markt stattfindet, ist es erforderlich, im Rahmen dieser Verordnung ähnliche Anforderungen für geregelte Märkte einzuführen. Auch für die an geregelten Märkten gehandelten Derivate sollte ein zentrales Clearing vorgeschrieben sein.

(38) Zusätzlich zu den Anforderungen der Richtlinie 2004/39/EG und der Richtlinie 2014/65/EU[2], die die Mitgliedstaaten daran hindern, den Zugang zu Nachhandelsinfrastrukturen wie zentralen Gegenparteien und Abrechnungsmechanismen in unzulässiger Weise zu beschränken, ist es erforderlich, dass diese Verordnung verschiedene andere Handelsbarrieren beseitigt, die einen Wettbewerb beim Clearing von Finanzinstrumenten verhindern können. Zur Vermeidung solch diskriminierender Praktiken sollten zentrale Gegenparteien das Clearing von an verschiedenen Handelsplätzen ausgeführten Geschäften akzeptieren, soweit die betreffenden Handelsplätze den von der zentralen Gegenpartei festgelegten betrieblichen und technischen Anforderungen, einschließlich der Risikomanagementvorschriften, genügen. Der Zugang sollte von einer zentralen Gegenpartei gestattet werden, wenn bestimmte in technischen Regulierungsstandards festgelegte Zugangskriterien erfüllt sind. Was neu gegründete zentrale Gegenparteien anbelangt, deren Zulassung oder Anerkennung zum Zeitpunkt des Inkrafttretens dieser Verordnung weniger als drei Jahre zurückliegt, so sollten die zuständigen Behörden in Bezug auf übertragbare Wertpapiere

---

[1] **Amtl. Anm.:** Verordnung (EU) Nr. 236/2012 des Europäischen Parlaments und des Rates vom 14. März 2012 über Leerverkäufe und bestimmte Aspekte von Credit Default Swaps (ABl. L 86 vom 24.3.2012, S. 1).
[2] Nr. 1.

und Geldmarktinstrumente die Möglichkeit haben, einen Übergangszeitraum von bis zu zweieinhalb Jahren zu genehmigen, bevor vollständig diskriminierungsfreier Zugang zu diesen zentralen Gegenparteien in Bezug auf übertragbare Wertpapiere und Geldmarktinstrumente besteht. Entscheidet sich eine zentrale Gegenpartei jedoch dafür, von der Übergangsregelung Gebrauch zu machen, so kann sie während der Laufzeit der Übergangsregelung die Zugangsrechte zu einem Handelsplatz gemäß dieser Verordnung nicht in Anspruch nehmen. Darüber hinaus sollte ein Handelsplatz, der in enger Verbindung zu dieser zentralen Gegenpartei steht, während der Laufzeit der Übergangsregelung die Zugangsrechte zu einer zentralen Gegenpartei gemäß dieser Verordnung ebenfalls nicht in Anspruch nehmen können.

(39) In der Verordnung (EU) Nr. 648/2012 werden die Voraussetzungen festgelegt, unter denen zwischen zentralen Gegenparteien und Handelsplätzen der diskriminierungsfreie Zugang für OTC-Derivate zu gestatten ist. In der genannten Verordnung werden OTC-Derivate als Derivate definiert, deren Ausführung nicht auf einem geregelten Markt oder auf einem Markt in Drittstaaten, der gemäß Artikel 19 Absatz 6 der Richtlinie 2004/39/EG als einem geregelten Markt gleichwertig angesehen wird, erfolgt. Um Lücken oder Überschneidungen vorzubeugen und die Kohärenz zwischen der Verordnung (EU) Nr. 648/2012 und der vorliegenden Verordnung sicherzustellen, gelten die in der vorliegenden Verordnung festgelegten Anforderungen bezüglich des diskriminierungsfreien Zugangs zwischen zentralen Gegenparteien und Handelsplätzen für Derivate, die an geregelten Märkten oder an einem als einem geregelten Markt gleichwertig angesehenen Drittlandsmarkt im Einklang mit der Richtlinie 2014/65/EU[1)] gehandelt werden, und für alle nichtderivativen Finanzinstrumente.

(40) Handelsplätze sollten verpflichtet werden, zentralen Gegenparteien, die an einem Handelsplatz ausgeführte Geschäfte clearen wollen, einen transparenten und diskriminierungsfreien Zugang, auch zu Datenströmen, zu gewähren. Dies sollte jedoch weder dazu führen, dass für das Clearing von Geschäften mit Derivaten Interoperabilitätsvereinbarungen erforderlich sind, noch sollte es zu einer Fragmentierung der Liquidität führen, die das reibungslose und ordnungsgemäße Funktionieren der Märkte gefährden würde. Der Zugang sollte von einem Handelsplatz nur dann verweigert werden, wenn bestimmte, in technischen Regulierungsstandards festgelegte Zugangskriterien nicht erfüllt sind. In Bezug auf börsengehandelte Derivate wäre es nicht angemessen, kleineren Handelsplätzen – insbesondere solchen, die in enger Verbindung zu zentralen Gegenparteien stehen – vorzuschreiben, dass sie Anforderungen hinsichtlich des diskriminierungsfreien Zugangs umgehend genügen müssen, wenn sie die technischen Fähigkeiten, um unter gleichen Ausgangsbedingungen wie die Mehrheit der Nachhandelsinfrastrukturen am Markt tätig zu werden, noch nicht erworben haben. Daher sollten Handelsplätze, die die betreffende Schwelle unterschreiten, die Möglichkeit haben, sich selbst und damit auch die mit ihnen assoziierten zentralen Gegenparteien von den Anforderungen an den diskriminierungsfreien Zugang in Bezug auf börsengehandelte Derivate für einen Zeitraum von 30 Monaten auszunehmen – mit der Option auf anschließende Verlängerungen. Entscheidet sich ein Handelsplatz jedoch dafür, sich selbst auszunehmen, so sollte er die Zugangsrechte zu einer zentralen Gegenpartei gemäß dieser Verordnung während der Laufzeit dieser Ausnahme nicht in Anspruch nehmen können. Darüber hinaus sollte eine zentrale Gegenpartei, die in enger Verbindung zu diesem Handelsplatz steht, während der Laufzeit der Ausnahme die Zugangsrechte zu einem Handelsplatz gemäß dieser Verordnung ebenfalls nicht in Anspruch nehmen können. In der Verordnung (EU) Nr. 648/2012 ist festgelegt, dass in Fällen, in denen sich Rechte an gewerblichem und geistigem Eigentum auf Finanzdienstleistungen im Zusammenhang mit Derivatekontrakten beziehen, die diesbezüglichen Genehmigungen zu verhältnismäßigen, fairen, angemessenen und diskriminierungsfreien Bedingungen erteilt werden sollten. Deshalb sollte zentralen Gegenparteien und anderen Handelsplätzen der Zugang zu Lizenzen für Referenzwerte und zu Informationen über Referenzwerte, die benötigt werden, um den Wert von Finanzinstrumenten zu bestimmen, zu verhältnismäßigen, fairen, angemessenen und diskriminierungsfreien Bedingungen gewährt werden, und die Lizenzen sollten zu angemessenen kaufmännischen Bedingungen erteilt werden. Unbeschadet etwaiger wettbewerbsrechtlicher Bestimmungen sollte für neue Referenzwerte, die nach dem Inkrafttreten dieser Verordnung entwickelt werden, eine Genehmigungspflicht gelten, die 30 Monate, nachdem ein Finanzinstrument, das sich auf den Referenzwert bezieht, in den Handel gelangt ist oder zum Handel zugelassen wurde, beginnt. Der Zugang zu Genehmigungen ist von wesentlicher Bedeutung, um den Zugang zwischen Handelsplätzen und zentralen Gegenparteien nach den Artikeln 35 und 36 zu erleichtern, da anderenfalls der Zugang zwischen

---

[1)] Nr. 1.

Handelsplätzen und zentralen Gegenparteien, zu denen der Zugang beantragt wurde, nach wie vor durch Genehmigungsregelungen verhindert werden könnte. Mit der Beseitigung von Barrieren und diskriminierenden Praktiken sollen der Wettbewerb beim Clearing und beim Handel mit Finanzinstrumenten verstärkt werden, mit dem Ziel, auf den Märkten in der Union Anlagekosten und Fremdkapitalkosten zu senken, Ineffizienzen zu beseitigen und Innovationen zu fördern. Die Kommission sollte die Entwicklung der Nachhandelsinfrastrukturen weiterhin genauestens verfolgen und, soweit erforderlich, intervenieren, um Wettbewerbsverzerrungen im Binnenmarkt zu verhindern, vor allem, wenn die Verweigerung des Zugangs zu Infrastruktur oder Referenzwerten im Widerspruch zu Artikel 101 oder 102 AEUV steht. Die Genehmigungspflichten gemäß dieser Verordnung sollten die allgemeine Verpflichtung der Eigentümer von Referenzwerten nach dem Wettbewerbsrecht der Union, insbesondere nach Artikel 101 und 102 AEUV, bezüglich des Zugangs zu Referenzwerten, die für den Eintritt in einen neuen Markt unerlässlich sind, nicht berühren. Wenn die zuständigen Behörden genehmigen, dass in Übergangsfristen keine Zugangsrechte gelten, handelt es sich nicht um eine Zulassung oder die Änderung einer Zulassung.

(41) Dienstleistungen, die innerhalb der Union von Drittlandfirmen erbracht werden, unterliegen nationalen Regelungen und Anforderungen. Die betreffenden Regelungen sind höchst unterschiedlich, und Firmen, die aufgrund dieser Regelungen eine Zulassung erhalten, genießen weder Dienstleistungsfreiheit noch Niederlassungsrecht in anderen Mitgliedstaaten als dem, in dem sie niedergelassen sind. Es ist angezeigt, einen gemeinsamen Rechtsrahmen auf Unionsebene festzulegen. Dabei gilt es, den bestehenden fragmentierten Rahmen zu harmonisieren, Rechtssicherheit und Gleichbehandlung für Drittlandfirmen zu gewährleisten, die in der Union tätig werden, sicherzustellen, dass die Kommission eine Beurteilung der effektiven Gleichwertigkeit des Rahmens der Aufsichts- und Wohlverhaltensregeln von Drittländern vorgenommen hat, und ein vergleichbares Schutzniveau für Kunden in der Union zu gewährleisten, die die Dienste von Drittlandfirmen in Anspruch nehmen.
Bei der Anwendung der Regelung sollten die Kommission und die Mitgliedstaaten die Bereiche vorrangig behandeln, die Teil der G-20-Verpflichtungen und von Abkommen mit den wichtigsten Handelspartnern der Union sind, der zentralen Rolle, die die Union auf den globalen Finanzmärkten spielt, Rechnung tragen und dafür sorgen, dass die Anwendung der Anforderungen in Bezug auf Drittländer nicht dazu führt, dass Anleger und Emittenten aus der Union daran gehindert werden, in Drittländern zu investieren oder dort Kapital aufzunehmen, oder Anleger und Emittenten aus Drittländern daran gehindert werden, auf den europäischen Märkten zu investieren, Kapital aufzunehmen oder andere Finanzdienstleistungen in Anspruch zu nehmen, es sei denn, dies ist durch objektive, durch Fakten gestützte aufsichtsrechtliche Bedenken gerechtfertigt. Bei der Beurteilung sollte die Kommission den Zielen und Grundsätzen der Wertpapieraufsicht der Internationalen Organisation der Wertpapieraufsichtsbehörden (International Organization of Securities Commissions, im Folgenden „IOSCO") und ihren Empfehlungen mit Änderungen und in der Auslegung der IOSCO Rechnung tragen.
Kann kein Beschluss über die effektive Gleichwertigkeit gefasst werden, unterliegen die in der Union erbrachten Dienstleistungen von Drittlandfirmen den jeweiligen nationalen Regelungen. Die Kommission sollte die Gleichwertigkeitsprüfung aus eigenem Entschluss vornehmen. Die Mitgliedstaaten sollten ihr Interesse bekunden können, dass ein oder mehrere bestimmte Drittländer von der Kommission einer Gleichwertigkeitsprüfung unterzogen werden, ohne dass die Kommission dadurch verpflichtet würde, eine solche Prüfung vorzunehmen. Die Gleichwertigkeitsprüfung sollte ergebnisorientiert sein; sie sollte der Beurteilung dienen, inwieweit der Regulierungs- und Aufsichtsrahmen des jeweiligen Drittlands eine vergleichbare und gleichwertige Regulierungswirkung wie das Unionsrecht erzielt und inwieweit er die gleichen Ziele verfolgt. Wenn die Kommission diese Gleichwertigkeitsprüfungen einleitet, sollte sie ihre Wahl, in welchen Drittländern sie die einschlägigen Bestimmungen vorrangig prüft, davon abhängig machen können, wie wichtig die Prüfungsergebnisse für Firmen und Kunden in der Union sind, ob Aufsichts- und Kooperationsabkommen zwischen dem Drittland und Mitgliedstaaten in Kraft sind, ob das Land über ein wirksames, gleichwertiges System für die Anerkennung von nach ausländischem Recht zugelassenen Wertpapierfirmen verfügt und ob es Interesse und die Bereitschaft zeigt, an dem Verfahren zur Gleichwertigkeitsprüfung teilzunehmen. Die Kommission sollte wesentliche Änderungen im Regulierungs- und Aufsichtsrahmen des jeweiligen Drittlands beobachten und den Beschluss über die Gleichwertigkeit bei Bedarf korrigieren.

(42) Nach dieser Verordnung sollte die Erbringung von Dienstleistungen ohne Zweigniederlassungen auf geeignete Gegenparteien und professionelle Kunden beschränkt sein. Die Erbringung der Dienstleistung sollte bei der ESMA registriert und der Aufsicht im Drittland unterliegen. Zwi-

schen der ESMA und den zuständigen Behörden im Drittland sollten geeignete Kooperationsvereinbarungen bestehen.

(43) Die Vorschriften dieser Verordnung, die die Erbringung von Dienstleistungen oder die Durchführung von Tätigkeiten durch Drittlandfirmen regeln, sollten die Möglichkeit unberührt lassen, dass in der Union niedergelassene Personen in der Union auf eigene Initiative Wertpapierdienstleistungen einer Drittlandfirma in Anspruch nehmen können oder dass Wertpapierfirmen oder Kreditinstitute der Union auf eigene Initiative Wertpapierdienstleistungen oder Anlagetätigkeiten einer Drittlandfirma in Anspruch nehmen können oder dass ein Kunde auf eigene Initiative Wertpapierdienstleistungen einer Drittlandfirma in Anspruch nehmen kann, die durch ein solches Kreditinstitut oder eine solche Wertpapierfirma vermittelt werden. Erbringt eine Drittlandfirma auf eigene Initiative einer in der Union niedergelassenen Person Dienstleistungen, so sollten diese nicht als im Gebiet der Union erbracht anzusehen sein. Falls eine Drittlandfirma sich aktiv um Kunden oder potenzielle Kunden in der Union bemüht oder in der Union Wertpapierdienstleistungen oder Anlagetätigkeiten in Kombination mit Nebendienstleistungen anbietet oder bewirbt, sollte dies nicht als Dienstleistung betrachtet werden, der auf eigene Initiative des Kunden erbracht wird.

(44) Unter anderem im Einklang mit den von den G20 im September 2009 formulierten allgemeinen aufsichtsrechtlichen Zielen und Standards – Verbesserung der Transparenz an den Derivatemärkten, Senkung des Systemrisikos und Schutz vor Marktmissbrauch – sollten hinsichtlich der Anerkennung von Drittlandfirmen gemäß den internationalen Verpflichtungen der Union nach dem Übereinkommen zur Errichtung der Welthandelsorganisation einschließlich des Allgemeinen Übereinkommens über den Handel mit Dienstleistungen Beschlüsse, mit denen die Regulierungs- und Aufsichtsrahmen eines Drittlands als denen der Union gleichwertig anerkannt werden, nur dann gefasst werden, wenn der Rechts- und Aufsichtsrahmen des Drittlands ein wirksames gleichwertiges System für die Anerkennung von nach ausländischem Recht zugelassenen Wertpapierfirmen vorsieht. Ein derartiges System sollte als gleichwertig betrachtet werden, wenn es gewährleistet, dass die wesentlichen Ergebnisse des anzuwendenden Regulierungsrahmens mit den Anforderungen der Union vergleichbar sind, und als wirksam, wenn diese Bestimmungen einheitlich Anwendung finden.

(45) An den Spot-Sekundärmärkten für Emissionszertifikate (im Folgenden „EUA") sind zunehmend verschiedene betrügerische Praktiken zu beobachten, die das Vertrauen in das mit der Richtlinie 2003/87/EG des Europäischen Parlaments und des Rates[1] geschaffene Emissionshandelssystem untergraben könnten; derzeit werden Maßnahmen zur Verbesserung des Systems der EUA-Registrierungen und der Bedingungen für die Eröffnung eines Kontos für den Handel mit EUA ergriffen. Zur Förderung der Integrität dieser Märkte und zur Gewährleistung ihres effizienten Funktionierens, einschließlich der umfassenden Beaufsichtigung der Handelstätigkeit, ist es angezeigt, die im Rahmen der Richtlinie 2003/87/EG getroffenen Maßnahmen zu ergänzen, indem Emissionszertifikate als Finanzinstrumente eingestuft und damit in vollem Umfang in den Anwendungsbereich dieser Verordnung und der Richtlinie 2014/65/EU[2] sowie der Verordnung (EU) Nr. 596/2014[3] des Europäischen Parlaments und des Rates[4] wie auch der Richtlinie 2014/57/EU des Europäischen Parlaments und des Rates[5] einbezogen werden.

(46) Der Kommission sollte die Befugnis übertragen werden, delegierte Rechtsakte im Einklang mit Artikel 290 AEUV zu erlassen. Insbesondere sollten delegierte Rechtsakte erlassen werden, die spezifische Details folgender Aspekte regeln: die Ausdehnung des Anwendungsbereichs bestimmter Regelungen dieser Verordnung auf Drittland-Zentralbanken, spezifische Details in Bezug auf Begriffsbestimmungen, spezifische kostenbezogene Vorschriften zur Verfügbarkeit von Markt-

---

[1] **Amtl. Anm.:** Richtlinie 2003/87/EG des Europäischen Parlaments und des Rates vom 13. Oktober 2003 über ein System für den Handel mit Treibhausgasemissionszertifikaten in der Gemeinschaft und zur Änderung der Richtlinie 96/61/EG des Rates (ABl. L 275 vom 25.10.2003, S. 32).
[2] Nr 1
[3] Nr. 11.
[4] **Amtl. Anm.:** Verordnung (EU) Nr. 596/2014 des Europäischen Parlaments und des Rates vom 16. April 2014 über Marktmissbrauch (Marktmissbrauchsverordnung) und zur Aufhebung der Richtlinie 2003/6/EG des Europäischen Parlaments und des Rates und der Richtlinien 2003/124/EG, 2003/125/EG und 2004/72/EG der Kommission (siehe Seite 1 dieses Amtsblatts *[Red. Anm.: ABl. L 173 vom 12.6.2014]*).
[5] **Amtl. Anm.:** Richtlinie 2014/57/EU des Europäischen Parlaments und des Rates vom 15. Mai 2014 über strafrechtliche Sanktionen bei Marktmissbrauch (Marktmissbrauchsrichtlinie) (siehe Seite 179 dieses Amtsblatts *[Red. Anm.: ABl. L 173 vom 12.6.2014]*).

daten, Zugang zu Kursofferten, der Umfang, zu dem oder unterhalb dessen eine Wertpapierfirma Geschäfte mit anderen Kunden abschließen muss, denen die Kursofferte zur Verfügung gestellt wurde, Portfoliokomprimierung und eine Festlegung, wann eine Gefahr für den Anlegerschutz, für das ordnungsgemäße Funktionieren und die Integrität der Finanzmärkte oder der Warenmärkte oder für die Stabilität des gesamten Finanzsystems der Union oder eines Teils dieses Systems ein Tätigwerden der ESMA, der EBA oder der zuständigen Behörden gerechtfertigt erscheinen lässt, Befugnisse für Positionsmanagement der ESMA, die Verlängerung der Übergangsregelung gemäß Artikel 35 Absatz 5 dieser Verordnung für einen bestimmten Zeitraum und die vorübergehende Ausnahme börsengehandelter Derivate vom Anwendungsbereich bestimmter Regelungen. Besonders wichtig ist, dass die Kommission bei ihren vorbereitenden Arbeiten angemessene Konsultationen, auch auf Sachverständigenebene, durchführt. Bei der Vorbereitung und Ausarbeitung der delegierten Rechtsakte sollte die Kommission eine gleichzeitige, zügige und angemessene Weiterleitung der einschlägigen Unterlagen an das Europäische Parlament und den Rat sicherstellen.

(47) Damit die Bedingungen für die Durchführung dieser Verordnung einheitlich sind, sollten der Kommission Durchführungsbefugnisse bezüglich der Annahme des Beschlusses über die Gleichwertigkeit des Rechts- und Aufsichtsrahmens von Drittländern mit Blick auf die Erbringung von Dienstleistungen durch Drittlandfirmen oder Drittlandhandelsplätze, übertragen werden, bei dem es um die Anerkennungsfähigkeit als Handelsplatz für Derivate und um den Zugang von in einem Drittland niedergelassenen zentralen Gegenparteien und in der Union niedergelassenen Handelsplätzen und zentralen Gegenparteien geht, die der Handelspflicht unterliegen. Diese Befugnisse sollten im Einklang mit der Verordnung (EU) Nr. 182/2001 des Europäischen Parlaments und des Rates[1] ausgeübt werden.

(48) Da die Ziele dieser Verordnung, nämlich die Aufstellung einheitlicher Bedingungen für Finanzinstrumente bezüglich der Offenlegung von Handelsdaten, der Meldung von Geschäften an die zuständigen Behörden, den Derivate- und Aktienhandel an organisierten Handelsplätzen, den diskriminierungsfreien Zugang zu zentralen Gegenparteien, Handelsplätzen und Informationen zu Referenzwerten, Befugnisse für Produktintervention, Positionsmanagement und Positionsbeschränkungen, die Erbringung von Wertpapierdienstleistungen und Ausübung von Anlagetätigkeiten durch Drittlandfirmen, von den Mitgliedstaaten nicht in ausreichend verwirklicht werden können, weil ungeachtet der Tatsache, dass sich die zuständigen nationalen Behörden in einer günstigeren Position befinden, um Marktentwicklungen zu überwachen, die Gesamtwirkung der Probleme im Zusammenhang mit der Handelstransparenz, der Meldung von Geschäften, dem Derivatehandel und daher dem Verbot von Produkten und Praktiken nur im Unionskontext in vollem Umfang verstanden werden kann, sondern vielmehr aufgrund ihres Umfangs und ihrer Wirkungen auf Unionsebene besser zu verwirklichen sind kann die Union in Einklang mit dem in Artikel 5 des Vertrags über die Europäische Union verankerten Subsidiaritätsprinzip tätig werden. Entsprechend dem in demselben Artikel genannten Verhältnismäßigkeitsprinzip geht diese Verordnung nicht über das für die Verwirklichung dieser Ziele erforderliche Maß hinaus.

(49) Die von einer zuständigen Behörde oder der ESMA im Rahmen ihrer Aufgaben getroffenen Maßnahmen sollten in keiner Weise, weder direkt noch indirekt, einen Mitgliedstaat oder eine Gruppe von Mitgliedstaaten als Ort für die Erbringung von Wertpapierdienstleistungen und die Ausübung von Anlagetätigkeiten in einer beliebigen Währung benachteiligen. Die von der EBA im Rahmen ihrer Aufgaben nach dieser Verordnung getroffenen Maßnahmen sollten in keiner Weise, weder direkt noch indirekt, einen Mitgliedstaat oder eine Gruppe von Mitgliedstaaten benachteiligen.

(50) Technische Standards für den Finanzdienstleistungssektor sollten EU-weit einen angemessenen Schutz von Einlegern, Anlegern und Verbrauchern gewährleisten. Da die ESMA über hochspezialisierte Fachkräfte verfügt, wäre es sinnvoll und angemessen, ihr die Aufgabe zu übertragen, Entwürfe technischer Regulierungsstandards, die keine politischen Entscheidungen erfordern, auszuarbeiten und der Kommission vorzulegen.

(51) Die Kommission sollte die Entwürfe technischer Regulierungsstandards erlassen, die die ESMA über genaue Angaben zu den Handelstransparenzanforderungen, über geld-, devisen- und finanzstabilitätspolitische Geschäfte und die Arten bestimmter Geschäfte im Sinne dieser Verordnung,

---

[1] **Amtl. Anm.**: Verordnung (EU) Nr. 182/2011 des Europäischen Parlaments und des Rates vom 16. Februar 2011 zur Festlegung der allgemeinen Regeln und Grundsätze, nach denen die Mitgliedstaaten die Wahrnehmung der Durchführungsbefugnisse durch die Kommission kontrollieren (ABl. L 55 vom 28.2.2011, S. 13).

über genaue Bedingungen für die Anwendung von Ausnahmen von den Vorhandelstransparenzanforderungen, über Vereinbarungen über spätere Nachhandelsveröffentlichungen, über die Verpflichtung zur gesonderten Offenlegung von Vorhandels- und Nachhandelsdaten; über die Kriterien für die Anwendung der Vorhandelstransparenzverpflichtungen auf systematische Internalisierer, über die Nachhandelsveröffentlichungen von Wertpapierfirmen, über den Inhalt und die Häufigkeit der Datenanforderungen für die Bereitstellung von Informationen für Transparenz- und andere Berechnungen, über Geschäfte, die nicht zur Kursfestsetzung beitragen, über Auftragsdaten, die aufzubewahren sind, über den Inhalt und die Spezifikationen der Meldungen von Geschäften, über Inhalt und Spezifikation der Referenzdaten für die einzelnen Finanzinstrumente, über Kategorien von Kontrakten, die eine unmittelbare, wesentliche und vorhersehbare Auswirkung in der Union zeitigen, sowie die Fälle, in denen eine Handelspflicht erforderlich oder angemessen ist, über die Bedingungen für Systeme und Verfahren zur Sicherstellung, dass Geschäfte mit geclearten Derivaten so schnell wie mit automatisierten Systemen technisch möglich zum Clearing eingereicht und angenommen werden, über die Festlegung der Arten von Vereinbarungen über indirekte Clearingdienste, über Derivate, die einer Handelspflicht an organisierten Handelsplätzen unterliegen, über den diskriminierungsfreien Zugang zu einer zentralen Gegenpartei und einem Handelsplatz, über den diskriminierungsfreien Zugang zu Referenzwerten und die Genehmigungspflicht, A über Informationen, die Drittlandfirmen der ESMA in ihrem Registrierungsantrag beibringen sollten ausarbeitet. Die Kommission sollte diese Entwurfe technischer Regulierungsstandards im Wege delegierter Rechtsakte gemäß Artikel 290 AEUV und gemäß Artikel 10 bis 14 der Verordnung (EU) Nr. 1093/2010 erlassen.

(52) Artikel 95 der Richtlinie 2014/65/EU[1)] sieht die vorübergehende Befreiung bestimmter C6-Energiederivatkontrakte vor. Es ist daher notwendig, dass die technischen Standards zur Präzisierung der von der ESMA gemäß Artikel 5 Absatz 2 Buchstabe b der Verordnung (EU) Nr. 648/2012 aufgestellten Clearingpflicht dies berücksichtigen, damit die Clearingpflicht nicht für die Derivatkontrakte gilt, die anschließend von der vorübergehenden Befreiung für C6-Energiederivatkontrakte betroffen sind.

(53) Die Anwendung der in dieser Verordnung festgelegten Anforderungen sollte auf einen späteren Zeitpunkt verschoben werden, so dass die Anwendbarkeit ihrer Vorschriften an der Anwendbarkeit der umgesetzten Vorschriften der Neufassung der Richtlinie ausgerichtet und alle wesentlichen Durchführungsmaßnahmen eingeführt werden können. Das gesamte Regulierungspaket sollte dann zeitgleich anwendbar werden. Lediglich die Ausübung der Befugnisse in Bezug auf Durchführungsmaßnahmen sollte nicht aufgeschoben werden, damit die erforderlichen Schritte zur Ausarbeitung und Verabschiedung der Durchführungsmaßnahmen so früh wie möglich eingeleitet werden können.

(54) Diese Verordnung steht im Einklang mit den Grundrechten und Grundsätzen, die insbesondere in der Charta der Grundrechte der Europäischen Union anerkannt wurden, namentlich dem Recht auf Schutz personenbezogener Daten (Artikel 8), der unternehmerischen Freiheit (Artikel 16), dem Recht auf Verbraucherschutz (Artikel 38), dem Recht auf einen wirksamen Rechtsbehelf und ein unparteiisches Gericht (Artikel 47) und dem Recht, wegen derselben Straftat nicht zweimal strafrechtlich verfolgt oder bestraft zu werden (Artikel 50), und ist unter Wahrung dieser Rechte und Grundsätze anzuwenden.

(55) Der Europäische Datenschutzbeauftragte wurde gemäß Artikel 28 Absatz 2 der Verordnung (EG) Nr. 45/2001 angehört und hat am 10. Februar 2012 eine Stellungnahme abgegeben[2)] –

HABEN FOLGENDE VERORDNUNG ERLASSEN:

# Titel I. Gegenstand, Anwendungsbereich und Begriffsbestimmungen

## Art. 1 Gegenstand und Anwendungsbereich (1) Mit dieser Verordnung werden einheitliche Anforderungen festgelegt in Bezug auf

a) die Veröffentlichung von Handelsdaten;

b) die Meldung von Geschäften an die zuständigen Behörden;

---

[1)] Nr. **1**.
[2)] **Amtl. Anm.:** ABl. C 147 vom 25.5.2012, S. 1.

c) den Handel mit Derivaten an organisierten Handelsplätzen;
d) den diskriminierungsfreien Zugang zum Clearing sowie zum Handel mit Referenzwerten;
e) Befugnisse zur Produktintervention seitens der zuständigen Behörden, der ESMA und der EBA sowie Befugnisse der ESMA im Hinblick auf Positionsmanagementkontrollen und Positionslimits;
f) die Erbringung von Wertpapierdienstleistungen oder Anlagetätigkeiten durch Drittfirmen mit oder ohne Zweigniederlassung infolge eines gültigen Beschlusses der Kommission über die Gleichwertigkeit*[bis 31.12. 2021: .][ab 1.1.2022: ;]*

*[Buchst. g ab 1.1.2022:]*
*g) die Zulassung und Beaufsichtigung von Datenbereitstellungsdienstleistern.*

(2) Diese Verordnung findet auf nach der Richtlinie 2014/65/EU[1] zugelassene Wertpapierfirmen und nach der Richtlinie 2013/36/EU des Europäischen Parlaments und des Rates[2] zugelassene Kreditinstitute im Hinblick auf die Erbringung von Wertpapierdienstleistungen und/oder Anlagetätigkeiten sowie auf Marktbetreiber einschließlich der von ihnen betriebenen Handelsplätze Anwendung.

(3) Titel V dieser Verordnung findet ebenfalls auf alle finanziellen Gegenparteien im Sinne von Artikel 2 Absatz 8 der Verordnung (EU) Nr. 648/2012 sowie alle nichtfinanziellen Gegenparteien im Sinne von Artikel 10 Absatz 1 Buchstabe b der genannten Verordnung Anwendung.

(4) Titel VI dieser Verordnung findet auch auf zentrale Gegenparteien und Personen mit Eigentumsrechten an Referenzwerten Anwendung.

*[Abs. 4a ab 26.6.2021:]*
*(4a) Titel VII Kapitel 1 dieser Verordnung findet auch auf Drittlandfirmen Anwendung, die innerhalb der Union Wertpapierdienstleistungen erbringen oder Anlagetätigkeiten ausüben.*

(5) Titel VIII dieser Verordnung findet auf Drittlandfirmen Anwendung, die infolge eines gültigen Beschlusses der Kommission über die Gleichwertigkeit mit oder ohne Zweigniederlassung in der Union Wertpapierdienstleistungen erbringen oder Anlagetätigkeiten ausführen.

(5a) Die Titel II und III finden keine Anwendung auf Wertpapierfinanzierungsgeschäfte im Sinne von Artikel 3 Nummer 11 der Verordnung (EU) 2015/2365 des Europäischen Parlaments und des Rates[3].

(6) Die Artikel 8, 10, 18 und 21 finden keine Anwendung auf geregelte Märkte, Marktbetreiber und Wertpapierfirmen in Bezug auf Geschäfte mit einem Mitglied des Europäischen Systems der Zentralbanken (ESZB) als Gegenpartei, die Geschäfte in Ausübung der Geld-, Devisen- oder Finanzmarkt-

---

[1] Nr. 1.
[2] **Amtl. Anm.:** Richtlinie 2013/36/EU des Europäischen Parlaments und des Rates vom 26. Juni 2013 über den Zugang zur Tätigkeit von Kreditinstituten und die Beaufsichtigung von Kreditinstituten und Wertpapierfirmen, zur Änderung der Richtlinie 2002/87/EG und zur Aufhebung der Richtlinien 2006/48/EG und 2006/49/EG (ABl. L 176 vom 27.6.2013, S. 338).
[3] **Amtl. Anm.:** Verordnung (EU) 2015/2365 des Europäischen Parlaments und des Rates vom 25. November 2015 über die Transparenz von Wertpapierfinanzierungsgeschäften und der Weiterverwendung sowie zur Änderung der Verordnung (EU) Nr. 648/2012 (ABl. L 337 vom 23.12.2015, S. 1).

politik, die dieses ESZB-Mitglied zu ergreifen rechtlich befugt ist, abgeschlossen wird und dieses Mitglied die Gegenpartei zuvor davon in Kenntnis gesetzt hat, dass das Geschäft der Ausnahmeregelung unterliegt.

(7) Absatz 6 findet keine Anwendung, wenn das Geschäft von einem Mitglied des ESZB in Ausübung seiner Wertpapiertransaktionen abgeschlossen wird.

(8)[1] *[1]* Die ESMA erarbeitet in enger Zusammenarbeit mit dem ESZB Entwürfe technischer Regulierungsstandards zur Präzisierung der geld-, devisen- und finanzstabilitätspolitischen Geschäfte und der Arten von Geschäften, für die Absätze 6 und 7 gelten.

*[2]* Die ESMA legt der Kommission bis zum 3. Juli 2015 diese Entwürfe technischer Regulierungsstandards vor.

*[3]* Der Kommission wird die Befugnis übertragen, die in Unterabsatz 1 genannten technischen Regulierungsstandards gemäß dem in den Artikeln 10 bis 14 der Verordnung (EU) Nr. 1095/2010[2] festgelegten Verfahren zu erlassen.

(9)[1] *[1]* Die Kommission wird befugt, delegierte Rechtsakte gemäß Artikel 50 zu erlassen und den Anwendungsbereich von Absatz 6 auf andere Zentralbanken auszudehnen.

*[2]* ¹Dafür legt die Kommission dem Europäischen Parlament und dem Rat bis zum 1. Juni 2015 einen Bericht vor, in dem die Behandlung von Geschäften von Drittlandzentralbanken, die für die Zwecke dieses Absatzes die Bank für Internationalen Zahlungsausgleich einschließen, bewertet wird. ²Der Bericht enthält eine Untersuchung ihrer gesetzlichen Aufgaben und ihres Handelsvolumens in der Union. ³In dem Bericht

a) werden die in den jeweiligen Drittländern geltenden Vorschriften für die aufsichtsrechtliche Offenlegung von Zentralbankgeschäften, einschließlich Geschäften von Mitgliedern des ESZB in diesen Drittländern, genannt,

b) werden die potenziellen Auswirkungen der aufsichtsrechtlichen Offenlegungspflichten in der Union auf die Zentralbankgeschäfte von Drittländern beurteilt.

*[3]* Kommt der Bericht zu dem Ergebnis, dass eine Befreiung nach Absatz 6 für Geschäfte mit der Zentralbank eines Drittlands erforderlich ist, die Transaktionen in Ausübung der Geld-, Devisen- oder Finanzmarktpolitik vornimmt, trägt die Kommission dafür Sorge, dass diese Befreiung auch für diese Zentralbank eines Drittlands gilt.

**Art. 2 Begriffsbestimmungen.** (1) Für die Zwecke dieser Verordnung bezeichnet der Ausdruck

1. „Wertpapierfirma" eine Wertpapierfirma gemäß Artikel 4 Absatz 1 Nummer 1 der Richtlinie 2014/65/EU[3];
2. „Wertpapierdienstleistungen und Anlagetätigkeiten" die Dienstleistungen und Tätigkeiten im Sinne von Artikel 4 Absatz 1 Nummer 2 der Richtlinie 2014/65/EU;

---

[1] Beachte zum Inkrafttreten Art. 55 Abs. 3.
[2] Nr. 3.
[3] Nr. 1.

3. „Nebendienstleistung" jede in Artikel 4 Absatz 1 Nummer 3 der Richtlinie 2014/65/EU genannte Dienstleistung;
4. „Ausführung von Aufträgen im Namen von Kunden" Ausführung von Aufträgen im Namen von Kunden gemäß Artikel 4 Absatz 1 Nummer 5 der Richtlinie 2014/65/EU;
5. „Handel für eigene Rechnung" Handel auf eigene Rechnung gemäß Artikel 4 Absatz 1 Nummer 6 der Richtlinie 2014/65/EU;
6. „Market-Maker" Market-Maker gemäß Artikel 4 Absatz 1 Nummer 7 der Richtlinie 2014/65/EU;
7. „Kunde" Kunde gemäß Artikel 4 Absatz 1 Nummer 9 der Richtlinie 2014/65/EU;
8. „professioneller Kunde" professioneller Kunde gemäß Artikel 4 Absatz 1 Nummer 10 der Richtlinie 2014/65/EU;
9. „Finanzinstrument" Finanzinstrument gemäß Artikel 4 Absatz 1 Nummer 15 der Richtlinie 2014/65/EU;
10. „Marktbetreiber" Marktbetreiber gemäß Artikel 4 Absatz 1 Nummer 18 der Richtlinie 2014/65/EU;
11. „multilaterales System" jedes in Artikel 4 Absatz 1 Nummer 19 der Richtlinie 2014/65/EU genanntes multilaterale System;
12. „systematischer Internalisierer" einen systematischen Internalisierer gemäß Artikel 4 Absatz 1 Nummer 20 der Richtlinie 2014/65/EU;
13. „geregelter Markt" einen geregelten Markt gemäß Artikel 4 Absatz 1 Nummer 21 der Richtlinie 2014/65/EU;
14. „multilaterales Handelssystem oder MTF" ein multilaterales Handelssystem gemäß Artikel 4 Absatz 1 Nummer 22 der Richtlinie 2014/65/EU;
15. „organisiertes Handelssystem" oder „OTF" ein organisiertes Handelssystem gemäß Artikel 4 Absatz 1 Nummer 23 der Richtlinie 2014/65/EU;
16. „Handelsplatz": Handelsplatz gemäß Artikel 4 Absatz 1 Nummer 24 der Richtlinie 2014/65/EU;
17. „liquider Markt"
    a) für die Zwecke von Artikel 9, Artikel 11 und von Artikel 18 einen Markt für ein Finanzinstrument oder eine Kategorie von Finanzinstrumenten, auf dem kontinuierlich kauf- oder verkaufsbereite vertragswillige Käufer oder Verkäufer verfügbar sind und bei dem der Markt nach den folgenden Kriterien und unter Berücksichtigung der speziellen Marktstrukturen der betreffenden Finanzinstrumente oder der betreffenden Kategorie von Finanzinstrumenten bewertet wird:
       i) Durchschnittsfrequenz und -volumen der Geschäfte bei einer Bandbreite von Marktbedingungen unter Berücksichtigung der Art und des Lebenszyklus von Produkten innerhalb der Kategorie von Finanzinstrumenten;
       ii) Zahl und Art der Marktteilnehmer, einschließlich des Verhältnisses Marktteilnehmer zu gehandelten Finanzinstrumenten in Bezug auf ein bestimmtes Produkt;
       iii) durchschnittlicher Spread, sofern verfügbar;
    b) für die Zwecke der Artikel 4, 5 und 14 einen Markt für ein Finanzinstrument, das täglich gehandelt wird, bei dem der Markt nach folgenden Kriterien bewertet wird:

i) Streubesitz,
ii) Tagesdurchschnitt der Transaktionen in diesen Finanzinstrumenten,
iii) Tagesdurchschnitt der mit diesen Finanzinstrumenten erzielten Umsätze;

*[Nr. 18 bis 31.12.2021:]*
18. „zuständige Behörde" die in Artikel 4 Absatz 1 Nummer 26 der Richtlinie 2014/65/EU genannte Behörde;

*[Nr. 18 ab 1.1.2022:]*
*18 „zuständige Behörde" die in Artikel 4 Absatz 1 Nummer 26 der Richtlinie 2014/65/EU genannte Behörde und – für die Zulassung und Beaufsichtigung von Datenbereitstellungsdienstleistern – die ESMA mit Ausnahme von denjenigen genehmigten Meldemechanismen (ARM) und genehmigten Veröffentlichungssystemen (APA), für die eine Ausnahmeregelung gemäß Absatz 3 des vorliegenden Artikels gilt;*

19. „Kreditinstitut" ein Kreditinstitut im Sinne des Artikels 4 Absatz 1 Nummer 1 der Verordnung (EU) Nr. 575/2013 des Europäischen Parlaments und des Rates[1];
20. „Zweigniederlassung" eine Zweigniederlassung gemäß Artikel 4 Absatz 1 Nummer 30 der Richtlinie 2014/65/EU;
21. „enge Verbindungen" enge Verbindungen gemäß Artikel 4 Absatz 1 Nummer 35 der Richtlinie 2014/65/EU;
22. „Leitungsorgan" ein Leitungsorgan gemäß Artikel 4 Absatz 1 Nummer 36 der Richtlinie 2014/65/EU;

*[Nr. 22 ab 1.1.2022:]*
*22.[2] „Geschäftsleitung" die Geschäftsleitung im Sinne von Artikel 4 Absatz 1 Nummer 37 der Richtlinie 2014/65/EU;*

23. „strukturierte Einlage" eine strukturierte Einlage gemäß Artikel 4 Absatz 1 Nummer 43 der Richtlinie 2014/65/EU;
24. „übertragbare Wertpapiere" übertragbare Wertpapiere gemäß Artikel 4 Absatz 1 Nummer 44 der Richtlinie 2014/65/EU;
25. „Aktienzertifikate (Hinterlegungsscheine)" Aktienzertifikate gemäß Artikel 4 Absatz 1 Nummer 45 der Richtlinie 2014/65/EU;
26. „börsengehandelter Fonds" Fonds gemäß Artikel 4 Absatz 1 Nummer 46 der Richtlinie 2014/65/EU;
27. „Zertifikate" jene Wertpapiere, die auf dem Kapitalmarkt handelbar sind und im Falle der Tilgung einer Anlage seitens des Emittenten Vorrang vor Aktien haben, aber nicht besicherten Anleiheinstrumenten und anderen vergleichbaren Instrumenten nachgeordnet sind;
28. „strukturierte Finanzprodukte" Wertpapiere, die zur Besicherung und Übertragung des mit einem Pool an finanziellen Vermögenswerten einhergehenden Kreditrisikos geschaffen wurden und die den Wertpapierinhaber zum Empfang regelmäßiger Zahlungen berechtigen, die vom Cashflow der Basisvermögenswerte abhängen;

---

[1] **Amtl. Anm.:** Verordnung (EU) Nr. 575/2013 des Europäischen Parlaments und des Rates vom 26. Juni 2013 über Aufsichtsanforderungen an Kreditinstitute und Wertpapierfirmen und zur Änderung der Verordnung (EU) Nr. 646/2012 (ABl. L 176 vom 27.6.2013, S. 1).
[2] Doppelte Zählung ist amtlich.

29. „Derivate" Finanzinstrumente, die in Artikel 4 Absatz 1 Nummer 44 Buchstabe c der Richtlinie 2014/65/EU definiert sind und auf die in Anhang I Abschnitt C Absätze 4 bis 10 jener Richtlinie verwiesen wird;
30. „Warenderivate" Finanzinstrumente, die in Artikel 4 Absatz 1 Nummer 44 Buchstabe c der Richtlinie 2014/65/EU in Bezug auf eine Ware oder einen Basiswert definiert sind, die in Anhang I Abschnitt C Nummer 10 der Richtlinie 2014/65/EU oder in Anhang I Abschnitt C Ziffern 5, 6, 7 und 10 jener Richtlinie genannt werden;
31. „zentrale Gegenpartei" eine CCP im Sinne von Artikel 2 Absatz 1 der Verordnung (EU) Nr. 648/2012;
32. „börsengehandeltes Derivat" ein Derivat, das auf einem geregelten Markt oder auf einem Drittlandsmarkt gehandelt wird, der gemäß Artikel 28 als einem geregelten Markt gleichwertig gilt, und das somit nicht unter die Begriffsbestimmung eines OTC-Derivats nach Artikel 2 Absatz 7 der Verordnung (EU) Nr. 648/2012 fällt;
33. „verbindliche Interessenbekundung" eine Mitteilung eines Mitglieds oder Teilnehmers eines Handelssystems in Bezug auf ein Handelsinteresse, die alle für eine Einigung auf den Handelsabschluss erforderlichen Angaben enthält;

*[Nr. 34 bis 31.12.2021:]*
34. „genehmigtes Veröffentlichungssystem" oder „APA" ein genehmigtes Veröffentlichungssystem gemäß Artikel 4 Absatz 1 Nummer 52 der Richtlinie 2014/65/EU;

*[Nr. 35 bis 31.12.2021:]*
35. „Bereitsteller konsolidierter Datenträger" oder „CTP" einen Bereitsteller konsolidierter Datenträger gemäß Artikel 4 Absatz 1 Nummer 53 der Richtlinie 2014/65/EU;

*[Nr. 36 bis 31.12.2021:]*
36. „genehmigter Meldemechanismus" oder „ARM" ein genehmigter Meldemechanismus gemäß Artikel 4 Absatz 1 Nummer 54 der Richtlinie 2014/65/EU;

*[Nr. 34 ab 1.1.2022:]*
*34. „genehmigtes Veröffentlichungssystem" oder „APA" eine Person, die gemäß dieser Verordnung zur Dienstleistung der Veröffentlichung von Handelsauskünften im Namen von Wertpapierfirmen im Sinne von Artikel 20 und 21 erbringt;*

*[Nr. 35 ab 1.1.2022:]*
*35. „Bereitsteller konsolidierter Datenticker" oder „CTP" eine Person, die gemäß dieser Verordnung zur Einholung von Handelsauskünften über in den Artikeln 6, 7, 10, 12, 13, 20 und 21 genannte Finanzinstrumente auf geregelten Märkten, MTF, OTF und APA berechtigt ist und sie in einem kontinuierlichen elektronischen Echtzeit-Datenstrom konsolidiert, über den Preis- und Handelsvolumendaten pro Finanzinstrument abrufbar sind;*

*[Nr. 36 ab 1.1.2022:]*
*36. „genehmigter Meldemechanismus" oder „ARM" eine Person, die gemäß dieser Verordnung zur Meldung der Einzelheiten zu Geschäften an die zuständigen Behörden oder die ESMA im Namen der Wertpapierfirmen berechtigt ist;*

Art. 2 VO (EU) 600/2014 2

*[Nr. 36a ab 1.1.2022:]*

36a. *„Datenbereitstellungsdienstleister"* eine *Person im Sinne der Nummern 34 bis 36 und eine Person im Sinne von Artikel 27b Absatz 2;*

37. „Herkunftsmitgliedstaat" einen Herkunftsmitgliedsstaat gemäß Artikel 4 Absatz 1 Nummer 55 der Richtlinie 2014/65/EU;

38. „Aufnahmemitgliedstaat" einen Aufnahmemitgliedstaat gemäß Artikel 4 Absatz 1 Nummer 56 der Richtlinie 2014/65/EU;

39. „Referenzwert" einen Kurs, einen Index oder eine Zahl, die öffentlich erhältlich ist oder veröffentlicht wird und regelmäßig durch Anwendung einer Formel auf den Wert – oder aufgrund des Wertes – eines oder mehrerer Basiswerte oder Preise, einschließlich geschätzter Preise, tatsächlicher oder geschätzter Zinssätze oder anderer Werte, oder Erhebungen berechnet wird; die Bezugnahme auf diese Größe bestimmt sodann den Betrag, der für ein Finanzinstrument zu entrichten ist, oder den Wert eines Finanzinstruments;

40. „Interoperabilitätsvereinbarung" eine Interoperabilitätsvereinbarung im Sinne von Artikel 2 Absatz 12 der Verordnung (EU) Nr. 648/2012;

41. „Drittlandfinanzinstitut" ein Institut, dessen Hauptverwaltung in einem Drittland ansässig ist und das dem Recht dieses Drittlands zufolge eine Zulassung für die Erbringung sämtlicher in der Richtlinie 2013/36/EU, der Richtlinie 2014/65/EU, der Richtlinie 2009/138/EG des Europäischen Parlaments und des Rates[1], der Richtlinie 2009/65/EG des Parlaments und des Rates[2], der Richtlinie 2003/41/EG des Parlaments und des Rates[3] oder der Richtlinie 2011/61/EU des Parlaments und des Rates[4] genannten Dienstleistungen oder Tätigkeiten hat;

42. „Drittlandfirma" eine Drittlandfirma gemäß Artikel 4 Absatz 1 Nummer 57 der Richtlinie 2014/65/EU;

43. „Energiegroßhandelsprodukt" Energiegroßhandelsprodukte im Sinne von Artikel 2 Absatz 4 der Verordnung (EU) Nr. 1227/2011 des Europäischen Parlaments und des Rates[5];

44. „Derivate auf landwirtschaftliche Grunderzeugnisse" Derivatkontrakte in Bezug auf die Erzeugnisse, die in Artikel 1 und Anhang I Teile I bis XX

---

[1] **Amtl. Anm.:** Richtlinie 2009/138/EG des Europäischen Parlaments und des Rates vom 25. November 2009 betreffend die Aufnahme und Ausübung der Versicherungs- und der Rückversicherungstätigkeit (Solvabilität II) (ABl. L 335 vom 17.12.2009, S. 1).

[2] **Amtl. Anm.:** Richtlinie 2009/65/EG des Europäischen Parlaments und des Rates vom 13. Juli 2009 zur Koordinierung der Rechts- und Verwaltungsvorschriften betreffend bestimmte Organismen für gemeinsame Anlagen in Wertpapieren (OGAW) (ABl. L 302 vom 17.11.2009, S. 32).

[3] **Amtl. Anm.:** Richtlinie 2003/41/EG des Europäischen Parlaments und des Rates vom 3. Juni 2003 über die Tätigkeiten und die Beaufsichtigung von Einrichtungen der betrieblichen Altersvorsorge (ABl. L 235 vom 23.9.2003, S. 10).

[4] **Amtl. Anm.:** Richtlinie 2011/61/EU des Europäischen Parlaments und des Rates vom 8. Juni 2011 über die Verwalter alternativer Investmentfonds und zur Änderung der Richtlinien 2003/41/EG und 2009/65/EG oder der Verordnungen (EG) Nr. 1060/2009 und (EU) Nr. 1095/2010 (ABl. L 174 vom 1.7.2011, S. 1).

[5] **Amtl. Anm.:** Verordnung (EG) Nr. 1227/2011 des Europäischen Parlaments und des Rates vom 25 Oktober 2011 über die Integrität und Transparenz des Energiegroßhandelsmarkts (ABl. L 326 vom 8.12.2011, S. 1).

und XXIV/1 der Verordnung (EU) Nr. 1308/2013 des Europäischen Parlaments und des Rates[1]) aufgeführt sind;

45. „Fragmentierung der Liquidität" eine der folgenden Situationen:
   a) wenn die Teilnehmer an einem Handelsplatz ein Geschäft mit einem oder mehreren anderen Teilnehmern an diesem Handelsplatz nicht abschließen können, weil keine Clearingvereinbarungen vorhanden sind, zu denen alle Teilnehmer Zugang haben;
   b) wenn ein Clearingmitglied oder seine Kunden gezwungen wären, ihre Positionen in einem Finanzinstrument bei mehr als einer zentralen Gegenpartei zu halten, was das Potenzial für das Netting der finanziellen Risiken einschränken würde;

46. „öffentlicher Schuldtitel" einen öffentlichen Schuldtitel gemäß Artikel 4 Absatz 1 Nummer 61 der Richtlinie 2014/65/EU;

47. „Portfoliokomprimierung" einen Dienst zur Risikoverringerung, bei dem zwei oder mehr Gegenparteien einige oder alle in die Portfoliokomprimierung einzubeziehenden Derivatepositionen ganz oder teilweise beenden und diese durch andere Derivatpositionen ersetzen, deren Gesamtnennwert geringer ist als der der beendeten Derivatepositionen.

48. „Exchange for Physical" ein Geschäft mit einem Derivatekontrakt oder einem anderen Finanzinstrument unter der Bedingung der zeitgleichen Ausführung eines zugrunde liegenden physischen Vermögenswerts in entsprechendem Umfang;

49. „Auftragspaket" ein preislich als eine einzige Einheit ausgewiesener Auftrag
   a) zur Ausführung eines Exchange for Physical oder
   b) zur Ausführung eines Transaktionspakets mit zwei oder mehr Finanzinstrumenten;

50. „Transaktionspaket"
   a) ein Exchange for Physical oder
   b) ein Geschäft, das die Ausführung von zwei oder mehr Teilgeschäften mit Finanzinstrumenten umfasst und alle nachstehenden Kriterien erfüllt:
      i) das Geschäft wird zwischen zwei oder mehr Gegenparteien ausgeführt;
      ii) jedes Teilgeschäft bringt ein deutliches wirtschaftliches oder finanzielles Risiko bei allen anderen Teilgeschäften mit sich;
      iii) die Ausführung jedes Teilgeschäfts erfolgt zeitgleich und unter der Bedingung der Ausführung aller übrigen Teilgeschäfte.

(2)[2]) Die Kommission wird ermächtigt, gemäß Artikel 50 delegierte Rechtsakte zu erlassen, mit denen bestimmte technische Elemente der Begriffsbestimmungen nach Absatz 1 präzisiert werden, um sie an die Marktentwicklungen anzupassen.

---

[1]) **Amtl. Anm.:** Verordnung (EU) Nr. 1308/2013 des Europäischen Parlaments und des Rates vom 17. Dezember 2013 über eine gemeinsame Marktorganisation für landwirtschaftliche Erzeugnisse und zur Aufhebung der Verordnungen (EWG) Nr. 922/72, (EWG) Nr. 234/79, (EG) Nr. 1037/2001 und (EG) Nr. 1234/2007 (ABl. L 347 vom 20.12.2013, S. 671).
[2]) Beachte zum Inkrafttreten Art. 55 Abs. 3.

*[Abs. 3 ab 1.1.2022:]*

*(3) [1] Der Kommission wird die Befugnis übertragen, delegierte Rechtsakte gemäß Artikel 50 zu erlassen, in denen die Kriterien für die Ermittlung derjenigen ARM und APA festgelegt werden, die abweichend von der vorliegenden Verordnung aufgrund ihrer begrenzten Bedeutung für den Binnenmarkt einer Zulassung und Beaufsichtigung durch eine zuständige Behörde eines Mitgliedstaats im Sinne von Artikel 4 Absatz 1 Nummer 26 der Richtlinie 2014/65/EU unterliegen.*

*[2] Beim Erlass des delegierten Rechtsakts berücksichtigt die Kommission eines oder mehrere der folgenden Elemente:*

*a) das Ausmaß, in dem die Dienstleistungen für Wertpapierfirmen erbracht werden, die nur in einem Mitgliedstaat berechtigt sind, tätig zu werden;*

*b) die Zahl der Handelsauskünfte oder Geschäfte;*

*c) die Zugehörigkeit des ARM oder des APA zu einer Gruppe von Finanzmarktteilnehmern, die grenzüberschreitend tätig sind.*

*[3] Wird ein Unternehmen im Hinblick auf jegliche Dienste, die es in seiner Eigenschaft als Datenbereitstellungsdienstleister nach dieser Verordnung erbringt, von der ESMA beaufsichtigt, so wird keine seiner Tätigkeiten als ARM oder APA von der Beaufsichtigung durch die ESMA gemäß einem nach diesem Absatz erlassenen delegierten Rechtsakt ausgeschlossen.*

## Titel II. Transparenz für Handelsplätze

### Kapitel 1. Transparenz für Eigenkapitalinstrumente

**Art. 3 Vorhandelstransparenzanforderungen für Handelsplätze im Hinblick auf Aktien, Aktienzertifikate, börsengehandelte Fonds, Zertifikate und andere vergleichbare Finanzinstrumente.** (1) [1] Marktbetreiber und Wertpapierfirmen, die einen Handelsplatz betreiben, veröffentlichen die aktuellen Geld- und Briefkurse und die Tiefe der Handelspositionen zu diesen Kursen, die über ihre Systeme für Aktien, Aktienzertifikate, börsengehandelte Fonds, Zertifikate und andere vergleichbare Finanzinstrumente, die an den Handelsplatz gehandelt werden, mitgeteilt werden. [2] Diese Anforderung gilt auch für verbindliche Interessenbekundungen. [3] Marktbetreiber und Wertpapierfirmen, die einen Handelsplatz betreiben, veröffentlichen diese Informationen während der üblichen Handelszeiten auf kontinuierlicher Basis.

(2) Die in Absatz 1 genannten Transparenzanforderungen sind auf die verschiedenen Arten von Handelssystemen, einschließlich Orderbuch-, Kursnotierungs- und Hybridsystemen sowie auf periodischen Auktionen basierenden Handelssystemen, individuell zugeschnitten.

(3) Marktbetreiber und Wertpapierfirmen, die einen Handelsplatz betreiben, gewähren Wertpapierfirmen, die ihre Offerten für Aktien, Aktienzertifikate, börsengehandelte Fonds, Zertifikate und andere vergleichbare Finanzinstrumente gemäß Artikel 14 offenlegen müssen, zu angemessenen kaufmännischen Bedingungen und diskriminierungsfrei Zugang zu den Systemen, die sie für die Veröffentlichung der Informationen nach Absatz 1 verwenden.

**Art. 4 Ausnahmen für Eigenkapitalinstrumente.** (1) Die zuständigen Behörden können Marktbetreiber und Wertpapierfirmen, die einen Handelsplatz betreiben, in folgenden Fällen von der Pflicht zur Veröffentlichung der Angaben gemäß Artikel 3 Absatz 1 ausnehmen:

a) bei Systemen für das Zusammenführen von Aufträgen, die auf einer Handelsmethode gründen, bei der der Kurs des Finanzinstruments gemäß Artikel 3 Absatz 1 aus dem Handelsplatz, auf dem das Finanzinstrument erstmals zum Handel zugelassen wurde, oder aus dem unter Liquiditätsaspekten wichtigsten Markt abgeleitet wird, sofern dieser Referenzkurs eine breite Veröffentlichung erfährt und von den Marktteilnehmern als verlässlicher Referenzkurs angesehen wird; für eine kontinuierliche Inanspruchnahme dieser Ausnahme müssen die in Artikel 5 genannten Bedingungen erfüllt sein;

b) bei Systemen, die ausgehandelte Geschäfte formalisieren, für die Folgendes gilt:

   i) die Geschäfte werden innerhalb des aktuellen gewichteten Spreads abgeschlossen, so wie er im Orderbuch wiedergegeben wird, bzw. zu den Kursofferten der Market-Maker des Handelsplatzes, der das System betreibt; hierbei müssen die in Artikel 5 festgelegten Bedingungen erfüllt sein,

   ii) die Geschäfte betreffen illiquide Aktien, Aktienzertifikate, börsengehandelte Fonds, Zertifikate oder andere vergleichbare Finanzinstrumente, die nicht unter den Begriff des liquiden Marktes fallen; sie werden innerhalb eines Prozentsatzes eines angemessenen Referenzpreises, die beide vorher vom Systembetreiber festgelegt wurden, abgeschlossen; oder

   iii) auf die Geschäfte sind andere Bedingungen anwendbar als der jeweils geltende Marktkurs des betreffenden Finanzinstruments;

c) bei Aufträgen mit großem Volumen im Vergleich zum marktüblichen Geschäftsumfang;

d) bei Aufträgen, die mit einem Auftragsverwaltungssystems des Handelsplatzes getätigt werden, solange die Veröffentlichung noch nicht erfolgt ist.

(2) *[1]* Der Referenzkurs nach Absatz 1 Buchstabe a wird festgelegt, indem einer der folgenden Kurse ermittelt wird:

a) der Mittelwert der aktuellen Geld- und Briefkurse an dem Handelsplatz, an dem das Finanzinstrument erstmals zum Handel zugelassen wurde, oder an dem nach Liquiditätsaspekten wichtigsten Markt;

b) wenn der unter Ziffer a genannte Kurs nicht festgestellt werden kann, der Eröffnungs- oder Schlusskurs des betreffenden Handelstages;

*[2]* Aufträge dürfen sich nur außerhalb des durchgehenden Handelszeitraums des betreffenden Geschäftstags auf die in Buchstabe b genannten Kurse beziehen.

(3) *[1]* Wenn Handelsplätze Systeme betreiben, die gemäß Absatz 1 Buchstabe b Ziffer i ausgehandelte Geschäfte formalisieren,

a) werden diese Geschäfte gemäß den Regeln des Handelsplatzes ausgeführt;

b) verfügt der Handelsplatz über Vorkehrungen, Systeme und Verfahren, um Marktmissbrauch oder Versuche des Marktmissbrauchs in Bezug auf ausgehandelte Geschäfte gemäß Artikel 16 der Verordnung (EU) Nr. 596/2014[1]) zu verhindern und aufzudecken;

c) sorgt der Handelsplatz für die Einrichtung, Pflege und Umsetzung von Systemen zur Aufdeckung von Versuchen, die Ausnahmeregelung zur Um-

---

[1]) Nr. 11.

## Art. 4 VO (EU) 600/2014

gehung anderer Erfordernisse dieser Verordnung oder der Richtlinie 2014/65/EU[1]) zu umgehen, und zur Meldung entsprechender Versuche an die zuständigen Behörden;

*[2]* Gewährt eine zuständige Behörde eine Ausnahme nach Absatz 1 Buchstabe b Ziffer i oder iii, überwacht sie die Handhabung der Ausnahme durch den Handelsplatz und stellt so sicher, dass die Bedingungen für die Anwendung der Ausnahme erfüllt werden.

(4) [1] Vor der Gewährung einer Ausnahme nach Absatz 1 unterrichten die zuständigen Behörden die ESMA sowie andere zuständige Behörden über ihre Absicht, von einer individuellen Ausnahme Gebrauch zu machen, und erläutern die Handhabung der jeweiligen Ausnahme, einschließlich der Details des Handelsplatzes, auf dem der Referenzkurs nach Absatz 1 Buchstabe a festgelegt wird. [2] Die Absicht zur Gewährung einer Ausnahme ist spätestens vier Monate vor deren Inkrafttreten bekannt zu geben. [3] Binnen zwei Monaten nach Erhalt der Meldung gibt die ESMA eine unverbindliche Stellungnahme an die jeweils zuständige Behörde ab, in der die Vereinbarkeit der Ausnahme mit den Anforderungen bewertet wird, die in Absatz 1 festgelegt sind und in den gemäß Absatz 6 zu erlassenden technischen Regulierungsstandards festgelegt werden. [4] Gewährt eine zuständige Behörde eine Ausnahme und eine zuständige Behörde eines anderen Mitgliedstaats ist damit nicht einverstanden, kann die betreffende zuständige Behörde die ESMA erneut mit der Angelegenheit befassen. [5] Diese kann sodann im Rahmen der ihr durch Artikel 19 der Verordnung (EU) Nr. 1095/2010[2]) übertragenen Befugnisse tätig werden. [6] Die ESMA überwacht die Anwendung der Ausnahmen und legt der Kommission jährlich einen Bericht über ihre Anwendung in der Praxis vor.

(5) *[1]* Eine zuständige Behörde kann die nach Absatz 1 gewährte und in Absatz 6 präzisierte Ausnahme aus eigener Initiative oder auf Antrag einer anderen zuständigen Behörde zurücknehmen, wenn sie feststellt, dass von der Ausnahme in einer von ihrem ursprünglichen Zweck abweichenden Weise Gebrauch gemacht wird, oder wenn sie zu dem Schluss gelangt, dass die Ausnahme zur Umgehung der in diesem Artikel festgelegten Bestimmungen benutzt wird.

*[2]* Die zuständigen Behörden unterrichten die ESMA und die anderen zuständigen Behörden von der Rücknahme einer Ausnahme und begründen dies ausführlich.

(6) *[1]* Die ESMA arbeitet Entwürfe technischer Regulierungsstandards aus, in denen Folgendes präzisiert wird:

a) die Bandbreite der Geld- und Briefkurse oder Kursofferten bestimmter Market-Maker sowie die Tiefe der Handelspositionen zu diesen Kursen, die für jede Kategorie von Finanzinstrumenten nach Artikel 3 Absatz 1 zu veröffentlichen sind; dabei ist der erforderliche Zuschnitt auf die verschiedenen Arten von Handelssystemen nach Artikel 3 Absatz 2 zu berücksichtigen;

b) der nach Liquiditätsaspekten wichtigste Markt für ein Finanzinstrument gemäß Absatz 1 Buchstabe a;

---

[1]) Nr. 1.
[2]) Nr. 3.

c) die spezifischen Merkmale eines ausgehandelten Geschäfts mit Blick auf die verschiedenen Arten, in denen ein Mitglied oder Teilnehmer eines Handelsplatzes ein solches Geschäft tätigen kann;
d) die ausgehandelten Geschäfte, die nicht zur Kursbildung beitragen, bei denen von der Ausnahme nach Absatz 1 Buchstabe b Ziffer iii Gebrauch gemacht wird;
e) für jede einschlägige Kategorie von Finanzinstrumenten der Umfang der Aufträge mit großem Volumen sowie Art und Mindestgröße der Aufträge, die mittels eines Auftragsverwaltungssystems eines Handelsplatzes getätigt werden, solange ihre Veröffentlichung noch nicht erfolgt ist, bei denen gemäß Absatz 1 von der Veröffentlichung von Vorhandelsinformationen abgesehen werden kann.

*[2]* Die ESMA legt der Kommission bis zum 3. Juli 2015 diese Entwürfe technischer Regulierungsstandards vor.

*[3]* Der Kommission wird die Befugnis übertragen, die in Unterabsatz 1 genannten technischen Regulierungsstandards gemäß den Artikeln 10 bis 14 der Verordnung (EU) Nr. 1095/2010 zu erlassen.

(7) [1] Von den zuständigen Behörden gemäß Artikel 29 Absatz 2 und Artikel 44 Absatz 2 der Richtlinie 2004/39/EG und Artikel 18, 19 und 20 der Verordnung (EG) Nr. 1287/2006 vor dem 3. Januar 2018 gewährte Ausnahmen werden von der ESMA bis zum 3. Januar 2020 überprüft. [2] Die ESMA gibt eine Stellungnahme an die betreffende zuständige Behörde ab, in der die fortwährende Vereinbarkeit jeder dieser Ausnahmen mit den Anforderungen dieser Verordnung und jeglichen auf dieser Verordnung basierenden technischen Regulierungsstandards bewertet wird.

**Art. 5 Mechanismus zur Begrenzung des Volumens.** (1) *[1]* Um sicherzustellen, dass die Inanspruchnahme der Ausnahmen nach Artikel 4 Absatz 1 Buchstabe a und Artikel 4 Absatz 1 Buchstabe b Ziffer i die Kursbildung nicht unverhältnismäßig stark beeinträchtigt, wird der Handel unter diesen Ausnahmen wie folgt beschränkt:
a) der Prozentsatz der Handelsgeschäfte mit einem Finanzinstrument an einem Handelsplatz unter Inanspruchnahme der genannten Ausnahmen darf 4 % des gesamten Handelsvolumens des betreffenden Finanzinstruments an allen Handelsplätzen der gesamten Union in den vorangegangenen 12 Monaten nicht überschreiten;
b) EU-weit darf der Handel mit einem Finanzinstrument unter Inanspruchnahme der genannten Ausnahmen 8 % des gesamten Handelsvolumens des betreffenden Finanzinstruments an allen Handelsplätzen der gesamten Union in den vorangegangenen 12 Monaten nicht überschreiten.

*[2]* Dieser Mechanismus zur Begrenzung des Handelsvolumens gilt nicht für ausgehandelte Geschäfte mit einer Aktie, einem Aktienzertifikat, einem börsengehandelten Fonds, einem Zertifikat oder einem anderen vergleichbaren Finanzinstrument, für die es keinen liquiden Markt nach Artikel 2 Absatz 1 Nummer 17 Buchstabe b gibt und die innerhalb eines Prozentsatzes eines angemessenen Referenzpreises gemäß Artikel 4 Absatz 1 Buchstabe b Ziffer ii abgeschlossen werden, oder für ausgehandelte Geschäfte, auf die andere Bedingungen als der jeweils geltende Marktkurs des betreffenden Finanzinstruments gemäß Artikel 4 Absatz 1 Buchstabe b Ziffer iii anwendbar sind.

(2) Wenn der Prozentsatz der Handelsgeschäfte mit einem Finanzinstrument an einem Handelsplatz unter Inanspruchnahme der Ausnahmen die in Absatz 1 Ziffer a genannte Obergrenze überschritten hat, setzt die zuständige Behörde, die diese Ausnahmeregelungen für den betreffenden Handelsplatz genehmigt hat, innerhalb von zwei Arbeitstagen deren Anwendung für das betreffende Finanzinstrument auf diesem Handelsplatz unter Zugrundelegung der von der ESMA gemäß Absatz 4 veröffentlichten Daten für einen Zeitraum von sechs Monaten aus.

(3) Wenn der Prozentsatz der Handelsgeschäfte mit einem Finanzinstrument unter Inanspruchnahme dieser Ausnahmen an allen Handelsplätzen der gesamten Union die in Absatz 1 Ziffer b genannte Obergrenze überschritten hat, setzen alle zuständigen Behörden die Anwendung der Ausnahmeregelungen innerhalb von zwei Arbeitstagen unionsweit für einen Zeitraum von sechs Monaten aus.

(4) Die ESMA veröffentlicht innerhalb von fünf Arbeitstagen nach Ablauf eines jeden Kalendermonats das Gesamtvolumen des Unionshandels für jedes Finanzinstrument in den vorangegangenen 12 Monaten, den Prozentsatz der Handelsgeschäfte mit einem Finanzinstrument, die im vorangegangenen Zwölfmonatszeitraum unionsweit unter Anwendung der genannten Ausnahmeregelungen getätigt wurden, sowie den entsprechenden Prozentsatz für jeden Handelsplatz und die Methode, nach der diese Prozentsätze berechnet werden.

(5) ¹ Überstieg dem in Absatz 4 genannten Bericht zufolge der Handel mit einem Finanzinstrument unter Anwendung der Ausnahmeregelungen an einem Handelsplatz 3,75 % des gesamten unionsweiten Handels mit diesem Finanzinstrument in den vorangegangenen 12 Monaten, veröffentlicht die ESMA innerhalb von fünf Arbeitstagen nach dem 15. des Kalendermonats, in dem der in Absatz 4 genannte Bericht veröffentlicht wurde, einen weiteren Bericht. ² Er enthält die in Absatz 4 festgelegten Angaben für die Finanzinstrumente, deren Handel den Prozentsatz von 3,75 % überstiegen hat.

(6)[1] ¹ Überstieg dem in Absatz 4 genannten Bericht zufolge der Handel mit einem Finanzinstrument unter Anwendung der Ausnahmeregelungen an einem Handelsplatz 7,75 % des gesamten EU-weiten Handels mit diesem Finanzinstrument im vorangegangenen Zwölfmonatszeitraum, veröffentlicht die ESMA innerhalb von fünf Arbeitstagen nach dem 15. des Kalendermonats, in dem der in Absatz 4 genannte Bericht veröffentlicht wurde, einen weiteren Bericht. ² Er enthält die in Absatz 4 festgelegten Angaben für die Finanzinstrumente, deren Handel den Prozentsatz von 7,75 % überstiegen hat.

(7) Um sicherzustellen, dass die Überwachung des Handels unter Inanspruchnahme dieser Ausnahmen auf verlässlicher Grundlage erfolgt und damit zuverlässig festgestellt werden kann, ob die in Absatz 1 genannten Obergrenzen überschritten wurden, werden die Betreiber von Handelsplätzen verpflichtet, Systeme und Verfahren einzurichten,

a) die die Identifizierung aller Handelsgeschäfte ermöglichen, die an ihren Handelsplätzen unter Inanspruchnahme dieser Ausnahmen getätigt wurden, und

---

[1] Beachte zum Inkrafttreten Art. 55 Abs. 3.

b) mit denen sichergestellt wird, dass der im Rahmen dieser Ausnahmen nach Absatz 1 Ziffer a zulässige Prozentsatz von Handelsgeschäften unter keinen Umständen überschritten wird.

(8) ¹Der Zeitraum, für den die Handelsdaten durch die ESMA veröffentlicht werden und in dem der Handel mit einem Finanzinstrument unter Inanspruchnahme dieser Ausnahmen zu überwachen ist, beginnt am 3. Januar 2017. ²Unbeschadet des Artikels 4 Absatz 5 erhalten die zuständigen Behörden die Befugnis, die Anwendung dieser Ausnahmeregelungen ab Inkrafttreten dieser Verordnung und danach auf monatlicher Basis auszusetzen.

(9)¹⁾ *[1]* Die ESMA arbeitet Entwürfe technischer Regulierungsstandards aus, mit denen die Methode, einschließlich der Kennzeichnung der Geschäfte, festgelegt wird, mit der sie die Geschäftsdaten nach Absatz 4 zusammenstellt, berechnet und veröffentlicht, um das gesamte Handelsvolumen für jedes Finanzinstrument und die Prozentsätze der Handelsgeschäfte, bei denen EU-weit und an den einzelnen Handelsplätzen von diesen Ausnahmen Gebrauch gemacht wird, genau zu bestimmen.

*[2]* Die ESMA legt der Kommission bis zum 3. Juli 2015 diese Entwürfe technischer Regulierungsstandards vor.

*[3]* Der Kommission wird die Befugnis übertragen, die in Unterabsatz 1 genannten technischen Regulierungsstandards gemäß Artikel 10 bis 14 der Verordnung (EU) Nr. 1095/2010²⁾ zu erlassen.

**Art. 6 Nachhandelstransparenzanforderungen für Handelsplätze im Hinblick auf Aktien, Aktienzertifikate, börsengehandelte Fonds, Zertifikate und andere vergleichbare Finanzinstrumente.** (1) ¹Marktbetreiber und Wertpapierfirmen, die einen Handelsplatz betreiben, veröffentlichen den Preis, das Volumen sowie den Zeitpunkt der Geschäfte im Hinblick auf Aktien, Aktienzertifikate, börsengehandelte Fonds, Zertifikate und andere vergleichbare Finanzinstrumente, die an dem Handelsplatz gehandelt werden. ²Marktbetreiber und Wertpapierfirmen, die einen Handelsplatz betreiben, veröffentlichen die Einzelheiten zu sämtlichen Geschäften so nah in Echtzeit wie technisch möglich.

(2) Marktbetreiber und Wertpapierfirmen, die einen Handelsplatz betreiben, gewähren Wertpapierfirmen, die Einzelheiten zu ihren Geschäften mit Aktien, Aktienzertifikaten, börsengehandelten Fonds, Zertifikaten und anderen vergleichbaren Finanzinstrumenten gemäß Artikel 20 offenlegen müssen, zu angemessenen kaufmännischen Bedingungen und diskriminierungsfrei den Zugang zu den Systemen, die sie für die Veröffentlichung der Angaben nach Absatz 1 dieses Artikels anwenden.

**Art. 7¹⁾ Genehmigung einer späteren Veröffentlichung.** (1) *[1]* Die zuständigen Behörden können Marktbetreibern und Wertpapierfirmen, die einen Handelsplatz betreiben, gestatten, Einzelheiten zu Geschäften je nach deren Art und Umfang zu einem späteren Zeitpunkt zu veröffentlichen.

*[2]* Die zuständigen Behörden können insbesondere eine spätere Veröffentlichung bei Geschäften gestatten, die im Vergleich zum marktüblichen Geschäftsumfang bei der betreffenden Aktie, dem betreffenden Aktienzertifikat,

---

¹⁾ Beachte zum Inkrafttreten Art. 55 Abs. 3.
²⁾ Nr. 3.

börsengehandelten Fonds, Zertifikat oder einem anderen vergleichbaren Finanzinstrument bzw. der Kategorie einer Aktie, eines Aktienzertifikats, eines börsengehandelten Fonds, eines Zertifikats oder eines anderen vergleichbaren Finanzinstruments ein großes Volumen aufweisen.

[3] [1] Marktbetreiber und Wertpapierfirmen, die einen Handelsplatz betreiben, müssen vorab die Genehmigung der zuständigen Behörde zu geplanten Regelungen für eine spätere Veröffentlichung einholen und die Marktteilnehmer sowie die Öffentlichkeit auf diese Regelungen deutlich hinweisen. [2] Die ESMA überwacht die Anwendung dieser Regelungen für eine spätere Veröffentlichung und legt der Kommission jährlich einen Bericht über ihre Anwendung in der Praxis vor.

[4] Gestattet eine zuständige Behörde eine Veröffentlichung zu einem späteren Zeitpunkt, und eine zuständige Behörde eines anderen Mitgliedstaats ist mit der Verschiebung oder mit der tatsächlichen Anwendung der erteilten Genehmigung nicht einverstanden, so kann die betreffende zuständige Behörde die ESMA erneut mit der Angelegenheit befassen; diese kann sodann im Rahmen der ihr durch Artikel 19 der Verordnung (EU) Nr. 1095/2010[1]) übertragenen Befugnisse tätig werden.

(2) [1] Die ESMA erarbeitet Entwürfe technischer Regulierungsstandards, in denen in einer Weise, die die Veröffentlichung von nach Artikel 64 der Richtlinie 2014/65/EU[2]) geforderten Informationen ermöglicht, Folgendes festgelegt wird:

a) die Einzelheiten zu Geschäften, die Wertpapierfirmen, einschließlich systematischer Internalisierer, sowie Marktbetreiber und Wertpapierfirmen, die einen Handelsplatz betreiben, für jede Kategorie der betreffenden Finanzinstrumente gemäß Artikel 6 Absatz 1 offenzulegen haben, einschließlich der Kennzeichen der verschiedenen Arten von im Rahmen von Artikel 6 Absatz 1 und Artikel 20 veröffentlichten Geschäften, bei denen zwischen solchen unterschieden wird, die vor allem durch mit der Bewertung von Finanzinstrumenten verbundene Faktoren charakterisiert sind, und solchen, die durch andere Faktoren bestimmt werden;

b) die Frist, die als Erfüllung der Verpflichtung angesehen würde, eine Veröffentlichung so nah in Echtzeit wie möglich vorzunehmen, wenn ein Handel außerhalb der üblichen Handelszeiten vorgenommen wird;

c) die Voraussetzungen, unter denen Wertpapierfirmen, einschließlich systematischer Internalisierer, sowie Marktbetreiber und Wertpapierfirmen, die einen Handelsplatz betreiben, Einzelheiten zu Geschäften für jede Kategorie der betreffenden Finanzinstrumente gemäß Absatz 1 dieses Artikels und Artikel 20 Absatz 1 später veröffentlichen dürfen;

d) die Kriterien, anhand deren entschieden wird, bei welchen Geschäften aufgrund ihres Umfangs oder der Kategorie, einschließlich des Liquiditätsprofils der Aktie, des Aktienzertifikats, des börsengehandelten Fonds, des Zertifikats und anderer vergleichbarer Finanzinstrumente für jede Kategorie der betreffenden Finanzinstrumente eine spätere Veröffentlichung zulässig ist.

[2] Die ESMA legt der Kommission diese Entwürfe technischer Regulierungsstandards bis zum 3. Juli 2015 vor.

---

[1]) Nr. 3.
[2]) Nr. 1.

[3] Der Kommission wird die Befugnis übertragen, die in Unterabsatz 1 genannten technischen Regulierungsstandards gemäß den Artikeln 10 bis 14 der Verordnung (EU) Nr. 1095/2010 zu erlassen.

## Kapitel 2. Transparenz für Nichteigenkapitalinstrumente

**Art. 8 Vorhandelstransparenzanforderungen für Handelsplätze im Hinblick auf Schuldverschreibungen, strukturierte Finanzprodukte, Emissionszertifikate und Derivate.** (1) [1] Marktbetreiber und Wertpapierfirmen, die einen Handelsplatz betreiben, veröffentlichen die aktuellen Geld- und Briefkurse und die Tiefe der Handelspositionen zu diesen Kursen, die über ihre Systeme für Schuldverschreibungen, strukturierte Finanzprodukte, Emissionszertifikate, Derivate, die an einem Handelsplatz gehandelt werden, und Auftragspakete mitgeteilt werden. [2] Diese Anforderung gilt auch für verbindliche Interessenbekundungen. [3] Marktbetreiber und Wertpapierfirmen, die einen Handelsplatz betreiben, veröffentlichen diese Informationen während der üblichen Handelszeiten auf kontinuierlicher Basis. [4] Diese Veröffentlichungspflicht gilt nicht für solche Geschäfte mit Derivaten von nichtfinanziellen Gegenparteien, durch die die objektiv messbaren Risiken verringert werden und die in direktem Zusammenhang mit der Geschäftstätigkeit oder der Geschäftsfinanzierung der nichtfinanziellen Gegenpartei oder der betreffenden Gruppe stehen.

(2) Die in Absatz 1 genannten Transparenzanforderungen sind auf die verschiedenen Arten von Handelssystemen, einschließlich Orderbuch-, Kursnotierungs- und Hybridsystemen sowie auf periodischen Auktionen basierenden Handelssystemen und sprachbasierten Handelssystemen, individuell zugeschnitten.

(3) Marktbetreiber und Wertpapierfirmen, die einen Handelsplatz betreiben, gewähren Wertpapierfirmen, die ihre Offerten für Schuldverschreibungen, strukturierte Finanzprodukte, Emissionszertifikate und Derivate gemäß Artikel 18 offenlegen müssen, zu angemessenen kaufmännischen Bedingungen und in nichtdiskriminierender Weise Zugang zu den Regelungen, die sie für die Veröffentlichung der Informationen nach Absatz 1 anwenden.

(4) [1] Marktbetreiber und Wertpapierfirmen, die einen Handelsplatz betreiben und denen eine Ausnahme nach Artikel 9 Absatz 1 Buchstabe b gewährt wird, veröffentlichen mindestens einen indikativen Vorhandelsgeld- und -briefkurs, der nahe bei dem Kurs der Handelsinteressen liegt, der über ihre Systeme für Schuldverschreibungen, strukturierte Finanzprodukte, Emissionszertifikate und Derivate, die an einem Handelsplatz gehandelt werden, mitgeteilt wird. [2] Marktbetreiber und Wertpapierfirmen, die einen Handelsplatz betreiben, veröffentlichen diese Informationen auf elektronischem Wege während der üblichen Handelszeiten auf kontinuierlicher Basis. [3] Durch diese Regelung wird sichergestellt, dass die Informationen zu angemessenen kaufmännischen Bedingungen und in nichtdiskriminierender Weise zur Verfügung gestellt werden.

**Art. 9 Ausnahmen für Nichteigenkapitalinstrumente.** (1) Die zuständigen Behörden können Marktbetreiber und Wertpapierfirmen, die einen Handelsplatz betreiben, in den folgenden Fällen von der Pflicht zur Veröffentlichung der Angaben gemäß Artikel 8 Absatz 1 ausnehmen:

## Art. 9 VO (EU) 600/2014

a) bei im Vergleich zum marktüblichen Geschäftsumfang großen Aufträgen und bei Aufträgen, die mittels eines Auftragsverwaltungssystems des Handelsplatzes getätigt werden, solange die Veröffentlichung noch nicht erfolgt ist;

b) bei verbindlichen Interessensbekundungen in Preisanfragesystemen und sprachbasierten Handelssystemen, die über den für ein Finanzinstrument typischen Umfang hinausgehen, bei dem ein Liquiditätsgeber unangemessenen Risiken ausgesetzt würde, und bei dem berücksichtigt wird, ob es sich bei den einschlägigen Marktteilnehmern um Klein- oder Großanleger handelt;

c) bei Derivaten, die nicht der in Artikel 28 festgelegten Pflicht zum Handel unterliegen, sowie bei anderen Finanzinstrumenten, für die kein liquider Markt besteht.[1)]

d) bei Aufträgen zur Ausführung eines Exchange for Physical;

e) bei Auftragspaketen, die eine der folgenden Bedingungen erfüllen:

　i) mindestens einer der Teilaufträge betrifft ein Finanzinstrument, für das kein liquider Markt besteht, es sei denn, es besteht ein liquider Markt für das Auftragspaket als Ganzes;

　ii) mindestens einer der Teilaufträge hat ein großes Volumen im Vergleich zum marktüblichen Geschäftsumfang, es sei denn, es besteht ein liquider Markt für das Auftragspaket als Ganzes;

　iii) alle Teilaufträge werden nach einem Preisanfragesystem oder einem sprachbasierten Handelssystem (voice system) ausgeführt und gehen über das für das Instrument typische Volumen hinaus.

(2) [1] Vor der Gewährung einer Ausnahme nach Absatz 1 unterrichten die zuständigen Behörden die ESMA sowie andere zuständige Behörden über ihre jeweilige Absicht, eine individuelle Ausnahme zu gewähren, und erläutern die Handhabung der jeweiligen Ausnahme. [2] Die Absicht zur Gewährung einer Ausnahme ist spätestens vier Monate vor deren Inkrafttreten bekannt zu geben. [3] Binnen zwei Monaten nach Erhalt der Meldung gibt die ESMA eine Stellungnahme an die jeweils zuständige Behörde ab, in der die Vereinbarkeit der Ausnahme mit den Anforderungen bewertet wird, die in Absatz 1 festgelegt sind und in den gemäß Absatz 5 zu erlassenden technischen Regulierungsstandards festgelegt werden. [4] Gewährt eine zuständige Behörde eine Ausnahme, und eine zuständige Behörde eines anderen Mitgliedstaats ist damit nicht einverstanden, kann die betreffende zuständige Behörde die ESMA erneut mit der Angelegenheit befassen. [5] Diese kann sodann im Rahmen der ihr durch Artikel 19 der Verordnung (EU) Nr. 1095/2010[2)] übertragenen Befugnisse tätig werden. [6] Die ESMA überwacht die Anwendung der Ausnahmen und legt der Kommission jährlich einen Bericht über ihre Anwendung in der Praxis vor.

(2a) Die zuständigen Behörden können die Verpflichtung gemäß Artikel 8 Absatz 1 für jeden einzelnen Teilauftrag eines Auftragspakets aufheben.

(3) [1] Die zuständigen Behörden können entweder von sich aus oder auf Antrag anderer zuständiger Behörden eine nach Absatz 1 gewährte Ausnahme zurücknehmen, wenn sie feststellen, dass die Ausnahme in einer Weise genutzt wird, die von ihrem ursprünglichen Zweck abweicht, oder wenn sie zu der

---

[1)] Zeichensetzung amtlich.
[2)] Nr. 3.

Auffassung gelangen, dass die Ausnahme genutzt wird, um die in diesem Artikel festgeschriebenen Anforderungen zu umgehen.

*[2]* Die zuständigen Behörden unterrichten die ESMA und die anderen zuständigen Behörden unverzüglich, und bevor sie Wirkung entfaltet, von der Rücknahme einer Ausnahme und begründen dies ausführlich.

(4) *[1]* ¹Eine zuständige Behörde, die einen oder mehrerer Handelsplätze beaufsichtigt, an dem/denen eine Kategorie von Schuldverschreibungen, strukturierten Finanzprodukten, Emissionszertifikaten oder Derivaten gehandelt wird, kann die Pflichten gemäß Artikel 8 vorübergehend aussetzen, wenn die Liquidität dieser Kategorie von Finanzinstrumenten unter einen vorgegebenen Schwellenwert fällt. ²Dieser vorgegebene Schwellenwert wird auf der Grundlage objektiver Kriterien, die für den Markt für das betreffende Finanzinstrument typisch sind, festgelegt. ³Die Bekanntgabe einer solchen vorübergehenden Aussetzung ist auf der Website der jeweils zuständigen Behörde zu veröffentlichen.

*[2]* ¹Die vorübergehende Aussetzung gilt zunächst für einen Zeitraum von höchstens drei Monaten ab dem Tag ihrer Bekanntgabe auf der Website der jeweils zuständigen Behörde. ²Eine solche Aussetzung kann um jeweils höchstens weitere drei Monate verlängert werden, sofern die Gründe für die vorübergehende Aussetzung weiterhin gegeben sind. ³Wird die vorübergehende Aussetzung nach Ablauf dieser drei Monate nicht verlängert, tritt sie automatisch außer Kraft.

*[3]* ¹Vor einer Aussetzung oder einer Verlängerung der vorübergehenden Aussetzung der Pflichten gemäß Artikel 8 nach diesem Absatz unterrichtet die jeweils zuständige Behörde die ESMA über ihre Absicht und begründet diese ausführlich. ²Die ESMA gibt so bald wie möglich eine Stellungnahme an die zuständige Behörde zu der Frage ab, ob ihrer Meinung nach die Aussetzung oder die Verlängerung der vorübergehenden Aussetzung gemäß den Unterabsätzen 1 und 2 gerechtfertigt ist.

(5)[1] *[1]* Die ESMA arbeitet Entwürfe technischer Regulierungsstandards aus, in denen Folgendes festgelegt wird:

a) die Parameter und Methoden zur Berechnung der Liquiditätsschwelle nach Absatz 4 in Bezug auf das Finanzinstrument. Die von den Mitgliedstaaten für die Berechnung des Schwellenwerts anzuwendenden Parameter und Methoden sind in einer Weise festzulegen, dass ein Erreichen des Schwellenwerts für das betreffenden Finanzinstrument gestützt auf die Kriterien nach Artikel 2 Absatz 1 Nummer 17 einem erheblichen Rückgang der Liquidität an allen Handelsplätzen der Union entspricht;

b) die Bandbreite der Geld- und Briefkurse oder Kursofferten sowie die Markttiefe des Handelsinteresses zu diesen Kursen oder indikative Vorhandelsgeld- und -briefkurse, die nahe bei den Kursen des Handelsinteresses liegen, die für jede Kategorie von Finanzinstrumenten nach Artikel 8 Absätze 1 und 4 zu veröffentlichen sind; dabei ist der erforderliche Zuschnitt auf die verschiedenen Arten von Handelssystemen nach Artikel 8 Absatz 2 zu berücksichtigen;

c) für jede einschlägige Kategorie von Finanzinstrumenten der Umfang der großen Aufträge sowie Art und Mindestgröße der Aufträge, die mittels eines

---

[1]) Beachte zum Inkrafttreten Art. 55 Abs. 3.

Auftragsverwaltungssystems getätigt werden, solange ihre Veröffentlichung noch nicht erfolgt ist, bei denen gemäß Absatz 1 von der Veröffentlichung von Vorhandelsinformationen abgesehen werden kann;

d) der in Absatz 1 Buchstabe b genannte für das Finanzinstrument typische Umfang und die Definition des Systems der Preisanfrage und des sprachbasierten Handelssystems, bei denen gemäß Absatz 1 von einer Veröffentlichung von Vorhandelsinformationen abgesehen werden kann.

Bei der Festlegung des für ein Finanzinstrument typischen Volumens, bei dem im Einklang mit Absatz 1 Buchstabe b die Liquiditätsgeber unangemessenen Risiken ausgesetzt würden und berücksichtigt wird, ob es sich bei den einschlägigen Marktteilnehmern um Klein- oder Großanleger handelt, trägt die ESMA den nachstehenden Faktoren Rechnung:

i) der Frage, ob die Liquiditätsgeber bei diesem Volumen in der Lage sind, ihre Risiken abzusichern;

ii) in Fällen, in denen ein Teil des Marktes für ein Finanzinstrument oder eine Kategorie von Finanzinstrumenten von Kleinanlegern gebildet wird, dem Durchschnittswert der von diesen Anlegern getätigten Geschäften;

e) die Finanzinstrumente oder die Kategorien von Finanzinstrumenten, für die kein liquider Markt besteht, bei denen gemäß Absatz 1 von einer Veröffentlichung von Vorhandelsinformationen abgesehen werden kann;

*[2]* Die ESMA legt der Kommission diese Entwürfe technischer Regulierungsstandards bis zum 3. Juli 2015 vor.

*[3]* Der Kommission wird die Befugnis übertragen, die in Unterabsatz 1 genannten technischen Regulierungsstandards gemäß den Artikeln 10 bis 14 der Verordnung (EU) Nr. 1095/2010 zu erlassen.

(6) *[1]* ¹Um eine kohärente Anwendung von Absatz 1 Buchstabe e Ziffern i und ii zu gewährleisten, arbeitet die ESMA Entwürfe technischer Regulierungsstandards zur Festlegung einer Methodik aus, mit der festgestellt werden kann, für welche Auftragspakete ein liquider Markt besteht. ²Bei der Entwicklung einer solchen Methodik zur Feststellung, ob es einen liquiden Markt für ein Paket als Ganzes gibt, prüft die ESMA, ob Pakete standardisiert sind und häufig gehandelt werden.

*[2]* Die ESMA legt der Kommission diese Entwürfe technischer Regulierungsstandards bis zum 28. Februar 2017 vor.

*[3]* Der Kommission wird die Befugnis übertragen, die in Unterabsatz 1 genannten technischen Regulierungsstandards gemäß den Artikeln 10 bis 14 der Verordnung (EU) Nr. 1095/2010 zu erlassen.

## Art. 10 Nachhandelstransparenzanforderungen für Handelsplätze im Hinblick auf Schuldverschreibungen, strukturierte Finanzprodukte, Emissionszertifikate und Derivate.

(1) ¹Marktbetreiber und Wertpapierfirmen, die einen Handelsplatz betreiben, veröffentlichen Kurs, Volumen und Zeitpunkt der Geschäfte, die auf dem Gebiet der Schuldverschreibungen, strukturierten Finanzprodukte, Emissionszertifikate und Derivate, die an einem Handelsplatz gehandelt werden, getätigt wurden. ²Marktbetreiber und Wertpapierfirmen, die einen Handelsplatz betreiben, veröffentlichen die Einzelheiten zu sämtlichen Geschäften so nah in Echtzeit wie technisch möglich.

(2) Marktbetreiber und Wertpapierfirmen, die einen Handelsplatz betreiben, gewähren Wertpapierfirmen, die die Einzelheiten ihrer Geschäfte mit Schuld-

verschreibungen, strukturierten Finanzprodukten, Emissionszertifikaten und Derivaten gemäß Artikel 21 offenlegen müssen, zu angemessenen kaufmännischen Bedingungen und in nichtdiskriminierender Weise Zugang zu den Regelungen, die sie für die Veröffentlichung der Informationen nach Absatz 1 anwenden.

**Art. 11 Genehmigung einer späteren Veröffentlichung.** (1) *[1]* Die zuständigen Behörden können Marktbetreibern und Wertpapierfirmen, die einen Handelsplatz betreiben, gestatten, Einzelheiten zu Geschäften je nach deren Umfang und Art zu einem späteren Zeitpunkt zu veröffentlichen.

*[2]* Die zuständigen Behörden können eine spätere Veröffentlichung insbesondere bei Geschäften gestatten, die

a) im Vergleich zum marktüblichen Geschäftsumfang bei einer Schuldverschreibung, einem strukturierten Finanzprodukt, einem Emissionszertifikat oder einem Derivat, die bzw. das an einem Handelsplatz gehandelt wird, bzw. bei der betreffenden Kategorie von Schuldverschreibungen, strukturierten Finanzprodukten, Emissionszertifikaten oder Derivaten, die an einem Handelsplatz gehandelt wird, ein großes Volumen aufwiesen, oder

b) mit einer Schuldverschreibung, einem strukturierten Finanzprodukt, einem Emissionszertifikat oder einem Derivat, die bzw. das an einem Handelsplatz gehandelt wird, oder mit einer Kategorie von Schuldverschreibungen, strukturierten Finanzprodukten, Emissionszertifikaten oder Derivaten, die an einem Handelsplatz gehandelt wird, im Zusammenhang stehen, für die kein liquider Markt besteht, oder

c) über einen Umfang hinausgehen, der für diese Schuldverschreibung, dieses strukturierte Finanzprodukt, Emissionszertifikat oder Derivat, die bzw. das an einem Handelsplatz gehandelt wird, oder für diese Kategorie von Schuldverschreibungen, strukturierten Finanzprodukten, Emissionszertifikaten oder Derivaten, die an einem Handelsplatz gehandelt wird, typisch ist, bei dem die Liquiditätsgeber unangemessenen Risiken ausgesetzt würden, wobei berücksichtigt wird, ob es sich bei den einschlägigen Marktteilnehmern um Klein- oder Großanleger handelt.

*[3]* [1] Marktbetreiber und Wertpapierfirmen, die einen Handelsplatz betreiben, müssen vorab die Genehmigung der zuständigen Behörde zu geplanten Regelungen für eine spätere Veröffentlichung einholen und die Marktteilnehmer sowie die Öffentlichkeit auf diese Regelungen deutlich hinweisen. [2] Die ESMA überwacht die Anwendung dieser Vereinbarungen für eine spätere Veröffentlichung und legt der Kommission jährlich einen Bericht über ihre Verwendung in der Praxis vor.

(2) *[1]* [1] Eine zuständige Behörde, die einen oder mehrerer Handelsplätze beaufsichtigt, an dem/denen eine Kategorie von Schuldverschreibungen, strukturierten Finanzprodukten, Emissionszertifikaten oder Derivaten gehandelt wird, kann die Pflichten gemäß Artikel 10 vorübergehend aussetzen, wenn die Liquidität dieser Kategorie von Finanzinstrumenten unter den nach der Methodik gemäß Artikel 9 Absatz 5 Buchstabe a ermittelten Schwellenwert fällt. [2] Dieser Schwellenwert wird auf der Grundlage objektiver Kriterien, die für den Markt für das betreffende Finanzinstrument typisch sind, festgelegt. [3] Eine solche vorübergehende Aussetzung ist auf der Website der jeweils zuständigen Behörde bekanntzugeben.

*[2]* ¹Die vorübergehende Aussetzung gilt zunächst für einen Zeitraum von höchstens drei Monaten ab dem Tag ihrer Bekanntgabe auf der Website der jeweils zuständigen Behörde. ²Eine solche Aussetzung kann um jeweils höchstens weitere drei Monate verlängert werden, sofern die Gründe für die vorübergehende Aussetzung weiterhin gegeben sind. ³Wird die vorübergehende Aussetzung nach Ablauf dieser drei Monate nicht verlängert, tritt sie automatisch außer Kraft.

*[3]* ¹Vor einer Aussetzung oder einer Verlängerung der vorübergehenden Aussetzung der Pflichten gemäß Artikel 10 unterrichtet die jeweils zuständige Behörde die ESMA über ihre Absicht und begründet diese ausführlich. ²Die ESMA gibt so bald wie möglich eine Stellungnahme an die zuständige Behörde zu der Frage ab, ob ihrer Meinung nach die Aussetzung oder die Verlängerung der vorübergehenden Aussetzung gemäß den Unterabsätzen 1 und 2 gerechtfertigt ist.

(3) *[1]* Die zuständigen Behörden können in Verbindung mit einer Genehmigung einer späteren Veröffentlichung

a) die Veröffentlichung nur weniger Einzelheiten zu einem Geschäft oder die Veröffentlichung der Einzelheiten zu mehreren Geschäften in aggregierter Form oder eine Kombination von beidem während des Zeitraums des gewährten Aufschubs fordern;

b) die Nichtveröffentlichung des Volumens eines einzelnen Geschäfts während des verlängerten Aufschubzeitraums gestatten;

c) im Hinblick auf Nichteigenkapitalinstrumente, bei denen es sich nicht um öffentliche Schuldinstrumente handelt, die Veröffentlichung mehrerer Geschäfte in aggregierter Form während eines verlängerten Aufschubzeitraums gestatten;

d) im Hinblick auf öffentliche Schuldinstrumente die Veröffentlichung mehrerer Geschäfte in aggregierter Form für einen unbefristeten Zeitraum gestatten.

*[2]* Bei öffentlichen Schuldinstrumenten können die Buchstaben b und d entweder getrennt oder aufeinander folgend angewandt werden, wobei die Volumina nach Ablauf des verlängerten Zeitraums der Nichtveröffentlichung dann in aggregierter Form veröffentlicht werden könnten.

*[3]* Bei allen anderen Finanzinstrumenten sind die noch ausstehenden Einzelheiten zu dem Geschäft sowie sämtliche Einzelheiten zu einzelnen Geschäften nach Ablauf des Zeitraums des gewährten Aufschubs zu veröffentlichen.

(4)[1] *[1]* Die ESMA erarbeitet Entwürfe technischer Regulierungsstandards, in denen Folgendes in einer Weise festgelegt ist, die die Veröffentlichung von nach Artikel 64 der Richtlinie 2014/65/EU[2] geforderten Informationen ermöglicht:

a) die Einzelheiten zu Geschäften, die Wertpapierfirmen, einschließlich systematischer Internalisierer, sowie Marktbetreiber und Wertpapierfirmen, die einen Handelsplatz betreiben, für jede Kategorie der betreffenden Finanzinstrumente gemäß Artikel 10 Absatz 1 offenzulegen haben, einschließlich der Kennzeichen der verschiedenen Arten von im Rahmen von Artikel 10

---

[1] Beachte zum Inkrafttreten Art. 55 Abs. 3.
[2] Nr. **1**.

Absatz 1 und Artikel 21 Absatz 1 veröffentlichten Geschäften, bei denen zwischen solchen unterschieden wird, die vor allem durch mit der Bewertung von Finanzinstrumenten verbundene Faktoren charakterisiert sind, und solchen, die durch andere Faktoren bestimmt werden;

b) die Frist, die als Erfüllung der Verpflichtung angesehen würde, eine Veröffentlichung so nah in Echtzeit wie möglich vorzunehmen, wenn ein Handel außerhalb der üblichen Handelszeiten vorgenommen wird;

c) die Voraussetzungen, unter denen Wertpapierfirmen, einschließlich systematischer Internalisierer, sowie Marktbetreiber und Wertpapierfirmen, die einen Handelsplatz betreiben, Einzelheiten zu Geschäften für jede Kategorie der betreffenden Finanzinstrumente gemäß Absatz 1 und Artikel 21 Absatz 4 später veröffentlichen dürfen;

d) die Kriterien, anhand deren der Umfang oder die Art des Geschäfts festgelegt wird, für die eine spätere Veröffentlichung und die Veröffentlichung nur weniger Einzelheiten zu einem Geschäft, die Veröffentlichung der Einzelheiten zu mehreren Geschäften in aggregierter Form oder die Nichtveröffentlichung des Umfangs eines Geschäfts, speziell was die Genehmigung eines verlängerten Aufschubzeitraums für bestimmte Finanzinstrumente in Abhängigkeit von ihrer Liquidität angeht, nach Absatz 3 zulässig ist.

*[2]* Die ESMA legt der Kommission diese Entwürfe technischer Regulierungsstandards bis zum 3. Juli 2015 vor.

*[3]* Der Kommission wird die Befugnis übertragen, die in Unterabsatz 1 genannten technischen Regulierungsstandards gemäß den Artikeln 10 bis 14 der Verordnung (EU) Nr. 1095/2010[1)] zu erlassen.

### Kapitel 3. Verpflichtung, Handelsdaten gesondert und zu angemessenen kaufmännischen Bedingungen anzubieten

**Art. 12 Verpflichtung zur gesonderten Offenlegung von Vorhandels- und Nachhandelsdaten.** (1) Marktbetreiber und Wertpapierfirmen, die einen Handelsplatz betreiben, legen die gemäß den Artikeln 3, 4 und 6 bis 11 veröffentlichten Informationen offen, wobei sie Vorhandels- und Nachhandelstransparenzdaten gesondert ausweisen.

(2)[2)] *[1]* Die ESMA erarbeitet Entwürfe technischer Regulierungsstandards, in denen die angebotenen Vorhandels- und Nachhandelstransparenzdaten, die nach Absatz 1 zu veröffentlichen sind, einschließlich des Disaggregationsniveaus dieser Daten, festgelegt werden.

*[2]* Die ESMA legt der Kommission diese Entwürfe technischer Regulierungsstandards bis zum 3. Juli 2015 vor.

*[3]* Der Kommission wird die Befugnis übertragen, die in Unterabsatz 1 genannten technischen Regulierungsstandards gemäß den Artikeln 10 bis 14 der Verordnung (EU) Nr. 1095/2010[1)] zu erlassen.

---

[1)] Nr. 3.
[2)] Beachte zum Inkrafttreten Art. 55 Abs. 3.

**Art. 13 Verpflichtung zur Offenlegung von Vorhandels- und Nachhandelsdaten zu angemessenen kaufmännischen Bedingungen.**

(1) ¹Marktbetreiber und Wertpapierfirmen, die einen Handelsplatz betreiben, legen die gemäß Artikel 3, 4 und 6 bis 11 veröffentlichten Angaben zu angemessenen kaufmännischen Bedingungen offen und stellen einen diskriminierungsfreien Zugang zu den Informationen sicher. ²Die Informationen werden kostenlos binnen 15 Minuten nach der Veröffentlichung bereitgestellt.

(2)¹⁾ Die Kommission erlässt delegierte Rechtsakte gemäß Artikel 50, in denen präzisiert wird, was unter „angemessenen kaufmännischen Bedingungen" zu verstehen ist, unter denen die in Absatz 1 genannten Informationen zu veröffentlichen sind.

### Titel III. Tranzparenz für systematische Internalisierer und Wertpapierfirmen, die OTC handeln, und Tick-Größen-System für systematische Internalisierer

**Art. 14 Verpflichtung der systematischen Internalisierer zur Offenlegung von verbindlichen Kursofferten für Aktien, Aktienzertifikate, börsengehandelte Fonds, Zertifikate und andere vergleichbare Finanzinstrumente.** (1) *[1]* Wertpapierfirmen legen verbindliche Kursofferten für die Aktien, Aktienzertifikate, börsengehandelten Fonds, Zertifikate und anderen vergleichbaren Finanzinstrumente offen, die an einem Handelsplatz gehandelt werden, für die sie eine systematische Internalisierung betreiben und für die es einen liquiden Markt gibt.

*[2]* Besteht kein liquider Markt für die Finanzinstrumente nach Unterabsatz 1, so bieten systematische Internalisierer ihren Kunden auf Anfrage Kursofferten an.

(2) ¹Dieser Artikel sowie die Artikel 15, 16 und 17 gelten für systematische Internalisierer bei der Ausführung von Aufträgen bis zur Standardmarktgröße. ²Systematische Internalisierer unterliegen nicht den Bestimmungen dieses Artikels und der Artikel 15, 16 und 17, wenn sie Aufträge über der Standardmarktgröße ausführen.

(3) ¹Die systematischen Internalisierer können das Volumen bzw. die Volumina festlegen, zu denen sie Kursofferten abgeben. ²Eine Kursofferte muss mindestens 10 % der Standardmarktgröße einer Aktie, eines Aktienzertifikats, eines börsengehandelten Fonds, eines Zertifikats oder eines anderen vergleichbaren Finanzinstruments, die an einem Handelsplatz gehandelt werden, entsprechen. ³Für eine bestimmte Aktie, ein bestimmtes Aktienzertifikat, einen bestimmten börsengehandelten Fonds, ein bestimmtes Zertifikat oder ein bestimmtes anderes vergleichbares Finanzinstrument, das an einem Handelsplatz gehandelt wird, umfasst jede Offerte einen verbindlichen Geld- und/oder Briefkurs bzw. Briefkurse für eine Größe bzw. für Größen bis zur Standardmarktgröße für die Kategorie, der die Aktie, das Aktienzertifikat, der börsengehandelte Fonds, das Zertifikat oder ein anderes, vergleichbares Finanzinstrument angehört. ⁴Der Kurs bzw. die Kurse spiegeln die vorherrschenden Marktbedingungen für die betreffende Aktie, das betreffende Aktienzertifikat, den

---

¹⁾ Beachte zum Inkrafttreten Art. 55 Abs. 3.

betreffenden börsengehandelten Fonds, das betreffende Zertifikat oder das betreffende andere vergleichbare Finanzinstrument wider.

(4) [1] Aktien, Aktienzertifikate, börsengehandelte Fonds, Zertifikate oder andere, vergleichbare Finanzinstrumente werden auf der Grundlage des arithmetischen Durchschnittswerts der Aufträge, die an dem Markt für diese Finanzinstrumente ausgeführt werden, in Kategorien zusammengefasst. [2] Die Standardmarktgröße für jede Klasse von Aktien, Aktienzertifikaten, börsengehandelten Fonds, Zertifikaten oder anderen vergleichbaren Finanzinstrumenten ist eine Größe, die repräsentativ für den arithmetischen Durchschnittswert der Aufträge ist, die am Markt für Finanzinstrumente der jeweiligen Kategorie ausgeführt werden.

(5) Der Markt für jede Aktie, jedes Aktienzertifikat, jeden börsengehandelten Fonds, jedes Zertifikat und jedes andere vergleichbare Finanzinstrument umfasst sämtliche in der Union für das betreffende Finanzinstrument ausgeführten Aufträge mit Ausnahme derjenigen, die ein im Vergleich zum üblichen Marktvolumen großes Volumen aufweisen.

(6) [1] Die zuständige Behörde des unter Liquiditätsaspekten wichtigsten Marktes, wie in Artikel 26 für jede Aktie, jedes Aktienzertifikat, jeden börsengehandelten Fonds, jedes Zertifikat und jedes andere vergleichbare Finanzinstrument definiert, legt mindestens einmal jährlich auf der Grundlage des arithmetischen Durchschnittswerts der Aufträge, die an dem Markt für dieses Finanzinstrument ausgeführt werden, die Kategorie fest, der es angehört. [2] Diese Informationen werden allen Marktteilnehmern bekannt gegeben und der ESMA mitgeteilt, die die Informationen auf ihrer Website veröffentlicht.

(7)[1] *[1]* Um eine wirksame Bewertung von Aktien, Aktienzertifikaten, börsengehandelten Fonds, Zertifikaten und anderen vergleichbaren Finanzinstrumenten zu gewährleisten und die Möglichkeit von Wertpapierfirmen zu maximieren, das beste Angebot für ihre Kunden zu erhalten, erarbeitet die ESMA Entwürfe technischer Regulierungsstandards, in denen die Regeln für die Veröffentlichung einer festen Notierung gemäß Absatz 1, die Bestimmungsmethode dafür, ob die Preise die vorherrschenden Marktbedingungen gemäß Absatz 3 widerspiegeln, und die Standardmarktgröße gemäß Absätze 2 und 4 weiter festgelegt werden.

*[2]* Die ESMA legt der Kommission diese Entwürfe technischer Regulierungsstandards bis zum 3. Juli 2015 vor.

*[3]* Der Kommission wird die Befugnis übertragen, die in Unterabsatz 1 genannten technischen Regulierungsstandards gemäß den Artikeln 10 bis 14 der Verordnung (EU) Nr. 1095/2010[2] zu erlassen.

**Art. 15 Ausführung von Kundenaufträgen.** (1) *[1]* [1] Systematische Internalisierer veröffentlichen ihre Kursofferten regelmäßig und kontinuierlich während der üblichen Handelszeiten. [2] Sie sind berechtigt, ihre Offerten jederzeit zu aktualisieren. [3] Sie dürfen im Falle außergewöhnlicher Marktbedingungen ihre Offerten zurückziehen.

*[2]* [1] Die Mitgliedstaaten schreiben vor, dass Firmen, die die Definition eines systematischen Internalisierers erfüllen, ihre zuständige Behörde hierüber un-

---

[1] Beachte zum Inkrafttreten Art. 55 Abs. 3.
[2] Nr. 3.

terrichten. ²Diese Benachrichtigung wird der ESMA übermittelt. ³Die ESMA erstellt eine Liste aller systematischen Internalisierer in der Union.

*[3]* Die Kursofferten sind den übrigen Marktteilnehmern zu angemessenen kaufmännischen Bedingungen in leicht zugänglicher Weise bekanntzumachen.

(2) *[1]* Systematische Internalisierer führen die Aufträge ihrer Kunden in Bezug auf Aktien, Aktienzertifikate, börsengehandelte Fonds, Zertifikate oder andere vergleichbare Finanzinstrumente, für die sie eine systematische Internalisierung betreiben, zu den zum Zeitpunkt des Auftragseingangs gebotenen Kursen aus und kommen dem Artikels 27 der Richtlinie 2014/65/EU[1] nach.

*[2]* Sie können diese Aufträge jedoch in begründeten Fällen zu besseren Kursen ausführen, sofern diese Kurse innerhalb einer veröffentlichten, marktnahen Bandbreite liegen.

(3) Systematische Internalisierer können Aufträge professioneller Kunden zu anderen als den von ihnen angebotenen Kursen ausführen, ohne die Auflagen von Absatz 2 einhalten zu müssen, wenn es sich dabei um Geschäfte handelt, bei denen die Ausführung in Form verschiedener Wertpapiere Teil ein und desselben Geschäfts ist, oder um Aufträge, für die andere Bedingungen als der jeweils geltende Marktkurs anwendbar sind.

(4) ¹Wenn ein systematischer Internalisierer, der nur eine Kursofferte abgibt oder dessen höchste Kursofferte unter der Standardmarktgröße liegt, einen Auftrag von einem Kunden erhält, der über seiner Quotierungsgröße liegt, jedoch unter der Standardmarktgröße, kann er sich dafür entscheiden, den Teil des Auftrags auszuführen, der seine Quotierungsgröße übersteigt, sofern er zu dem quotierten Kurs ausgeführt wird, außer in den Fällen, in denen gemäß Absätze 2 und 3 etwas anderes zulässig ist. ²Gibt ein systematischer Internalisierer Kursofferten in unterschiedlicher Höhe an und erhält er einen Auftrag, den er ausführen will und der zwischen diesen beiden Volumina liegt, so führt er den Auftrag gemäß Artikel 28 der Richtlinie 2014/65/EU zu einem der quotierten Kurse aus, außer in den Fällen, in denen gemäß Absätze 2 und 3 etwas anderes zulässig ist.

(5)[2] Der Kommission wird die Befugnis übertragen, gemäß Artikel 50 delegierte Rechtsakte zu erlassen, in denen präzisiert wird, was im Zusammenhang mit der Veröffentlichung von Kursofferten im Sinne von Absatz 1 unter angemessenen kaufmännischen Bedingungen zu verstehen ist.

**Art. 16 Pflichten der zuständigen Behörden.** Die zuständigen Behörden haben Folgendes zu prüfen:

a) dass die Wertpapierfirmen die Geld- und/oder Briefkurse, die sie gemäß Artikel 14 veröffentlichen, regelmäßig aktualisieren und Kurse anbieten, die den allgemeinen Marktbedingungen entsprechen;

b) dass die Wertpapierfirmen die Bedingungen für die Kursverbesserungen gemäß Artikel 15 Absatz 2 erfüllen.

**Art. 17 Zugang zu Kursofferten.** (1) ¹Systematische Internalisierer dürfen entsprechend ihrer Geschäftspolitik und in objektiver, nichtdiskriminierender Weise entscheiden, welchen Kunden sie Zugang zu ihren Kursofferten geben.

---
[1] Nr. 1.
[2] Beachte zum Inkrafttreten Art. 55 Abs. 3.

² Zu diesem Zweck verfügen sie über eindeutige Standards für den Zugang zu ihren Kursofferten. ³ Systematische Internalisierer können es ablehnen, mit Kunden eine Geschäftsbeziehung aufzunehmen, oder sie können eine solche beenden, wenn dies aufgrund wirtschaftlicher Erwägungen wie der Kreditsituation des Kunden, des Gegenparteirisikos und der Endabrechnung des Geschäfts erfolgt.

(2) ¹ Um das Risiko aufgrund einer Häufung von Geschäften mit ein und demselben Kunden zu beschränken, sind systematische Internalisierer berechtigt, die Zahl der Geschäfte, die sie zu den veröffentlichten Bedingungen mit demselben Kunden abzuschließen bereit sind, in nichtdiskriminierender Weise zu beschränken. ² Sie dürfen – in nichtdiskriminierender Weise und gemäß den Bestimmungen des Artikels 28 der Richtlinie 2014/65/EU[1] – die Gesamtzahl der gleichzeitig ausgeführten Geschäfte für verschiedene Kunden beschränken, sofern dies nur dann zulässig ist, wenn die Zahl und/oder das Volumen der Kundenaufträge erheblich über der Norm liegt.

(3)[2] Um die effiziente Bewertung der Aktien, Aktienzertifikate, börsengehandelten Fonds, Zertifikate oder anderer vergleichbarer Finanzinstrumente sicherzustellen, und um die Möglichkeit von Wertpapierfirmen zu maximieren, für ihre Kunden die besten Geschäftskonditionen zu erzielen, erlässt die Kommission nach Anhörung der ESMA delegierter Rechtsakte im Sinne von Artikel 50, in denen Folgendes festgelegt wird:

a) die Kriterien dafür, wann eine Offerte im Sinne von Artikel 15 Absatz 1 regelmäßig und kontinuierlich veröffentlicht wird und leicht zugänglich ist, sowie die Mittel und Wege, mit denen Wertpapierfirmen ihrer Pflicht zur Bekanntmachung ihrer Kursofferten nachkommen können; in Betracht kommt eine Veröffentlichung
   i) über das System jedes geregelten Marktes, an dem das betreffende Finanzinstrument zum Handel zugelassen ist;
   ii) über ein genehmigtes Veröffentlichungssystem;
   iii) mittels eigener Vorkehrungen;

b) die Kriterien zur Festlegung der Geschäfte im Sinne von Artikel 15 Absatz 3, bei denen die Ausführung in Form verschiedener Wertpapiere Teil ein und desselben Geschäfts ist, oder der Aufträge im Sinne von Artikel 15 Absatz 3, auf die andere Bedingungen als der jeweils geltende Marktkurs anwendbar sind;

c) die Kriterien dafür, welche Bedingungen als „außergewöhnliche Marktbedingungen" im Sinne von Artikel 15 Absatz 1 zu betrachten sind, die die Rücknahme von Kursofferten zulassen, sowie die Bedingungen für die Aktualisierung von Kursofferten im Sinne von Artikel 15 Absatz 1;

d) die Kriterien dafür, wann die Zahl und/oder das Volumen der Aufträge der Kunden nach Absatz 2 erheblich über der Norm liegt;

e) die Kriterien dafür, wann die Kurse – wie in Artikel 15 Absatz 2 ausgeführt – innerhalb einer veröffentlichten, marktnahen Bandbreite liegen.

**Art. 17a Tick-Größen.** Die Kursofferten systematischer Internalisierer, die Kursvorteile bei solchen Offerten und die Ausführungspreise müssen im Ein-

---
[1] Nr. 1.
[2] Beachte zum Inkrafttreten Art. 55 Abs. 3.

klang mit den Tick-Größen stehen, die gemäß Artikel 49 der Richtlinie 2014/65/EU[1]) festgelegt worden sind.

Die Anwendung von Tick-Größen hindert systematische Internalisierer nicht daran, Aufträge mit großem Volumen beim Mittelwert zwischen den aktuellen Geld- und Briefkursen zusammenzuführen.

**Art. 18 Verpflichtung der systematischen Internalisierer zur Veröffentlichung verbindlicher Kursofferten in Bezug auf Schuldverschreibungen, strukturierte Finanzprodukte, Emissionszertifikate und Derivate.** (1) Wertpapierfirmen veröffentlichen feste Kursofferten in Bezug auf die Schuldverschreibungen, strukturierten Finanzprodukte, Emissionszertifikate und Derivate, die an einem Handelsplatz gehandelt werden, für die sie eine systematische Internalisierung betreiben und für die ein liquider Markt besteht, sofern folgende Bedingungen erfüllt sind:

a) sie sind für eine Kursofferte für einen Kunden des systematischen Internalisierers erforderlich;

b) die Internalisierer sind mit der Abgabe einer Kursofferte einverstanden.

(2) ¹Für Schuldverschreibungen, strukturierte Finanzprodukte, Emissionszertifikate und Derivate, die an einem Handelsplatz gehandelt werden und für die kein liquider Markt besteht, bieten systematische Internalisierer – sofern sie mit der Abgabe einer Kursofferte einverstanden sind – ihren Kunden auf Anfrage Kursofferten an. ²Sie können von dieser Verpflichtung befreit werden, wenn die Bedingungen nach Artikel 9 Absatz 1 erfüllt sind.

(3) ¹Systematische Internalisierer sind berechtigt, ihre Offerten jederzeit zu aktualisieren. ²Im Falle außergewöhnlicher Marktbedingungen dürfen sie ihre Kursofferten zurückziehen.

(4) ¹Die Mitgliedstaaten schreiben vor, dass Firmen, die die Definition eines systematischen Internalisierers erfüllen, ihre zuständige Behörde hierüber unterrichten. ²Diese Benachrichtigung wird der ESMA übermittelt. ³Die ESMA erstellt eine Liste aller systematischen Internalisierer in der Union.

(5) ¹Systematische Internalisierer machen verbindliche Kursofferten, die gemäß Absatz 1 veröffentlicht wurden, ihren anderen Kunden zugänglich. ²Ungeachtet dessen dürfen systematische Internalisierer entsprechend ihrer Geschäftspolitik und in objektiver, nichtdiskriminierender Weise entscheiden, welchen Kunden sie Zugang zu ihren Kursofferten geben. ³Zu diesem Zweck verfügen sie über eindeutige Standards für den Zugang zu ihren Kursofferten. ⁴Systematische Internalisierer können es ablehnen, mit Kunden eine Geschäftsbeziehung aufzunehmen oder eine solche beenden, wenn dies aufgrund wirtschaftlicher Erwägungen wie der Kreditsituation des Kunden, des Gegenparteirisikos und der Endabrechnung des Geschäfts erfolgt.

(6) ¹Systematische Internalisierer verpflichten sich gemäß den veröffentlichten Bedingungen zum Abschluss von Geschäften mit einem anderen Kunden, dem die Kursofferte im Einklang mit Absatz 5 zur Verfügung gestellt wurde, wenn das notierte Geschäftsvolumen dem für das betreffende Instrument gemäß Artikel 9 Absatz 5 Buchstabe d ermittelten typischen Umfang entspricht oder es unterschreitet.

---

[1]) Nr. 1.

*[2]* Bei Finanzinstrumenten, die unter den nach Artikel 9 Absatz 4 ermittelten Liquiditätsschwellenwert fallen, unterliegen systematische Internalisierer nicht der Verpflichtung, eine verbindliche Kursofferte im Sinne von Absatz 1 abzugeben.

(7) Systematische Internalisierer können die Zahl der Geschäfte, die sie sich mit Kunden infolge einer bestimmten Kursofferte einzugehen verpflichten, auf nichtdiskriminierende und transparente Art und Weise beschränken.

(8) Gemäß Absätzen 1 und 5 veröffentlichte Kursofferten und Kursofferten, die dem in Absatz 6 genannten Volumen entsprechen oder es unterschreiten, sind so bekanntzumachen, dass sie den übrigen Marktteilnehmern zu angemessenen kaufmännischen Bedingungen leicht zugänglich sind.

(9) *[1]* Durch die Kursofferte(n) muss sichergestellt werden, dass der systematische Internalisierer seinen Verpflichtungen nach Artikel 27 der Richtlinie 2014/65/EU[1]) nachkommt, und sie müssen gegebenenfalls die vorherrschenden Marktbedingungen in Bezug auf die Kurse, zu denen Geschäfte mit denselben oder ähnlichen Finanzinstrumenten an einem Handelsplatz abgeschlossen werden, widerspiegeln.

*[2]* Sie können Aufträge jedoch in begründeten Fällen zu besseren Kursen ausführen, sofern diese Kurse innerhalb einer veröffentlichten, marktnahen Bandbreite liegen.

(10) Systematische Internalisierer unterliegen nicht den Bestimmungen dieses Artikels, wenn sie Geschäfte mit einem Volumen tätigen, das den für das Finanzinstrument gemäß Artikel 9 Absatz 5 Buchstabe d ermittelten typischen Geschäftsumfang übersteigt.

(11) In Bezug auf ein Auftragspaket gelten unbeschadet des Absatzes 2 die Verpflichtungen in diesem Artikel nur für das Auftragspaket als Ganzes und nicht gesondert für die einzelnen Teilaufträge des Auftragspakets.

**Art. 19 Überwachung durch die ESMA.** (1) [1] Die zuständigen Behörden und die ESMA überwachen die Anwendung von Artikel 18 im Hinblick auf das Volumen, in dem Kursofferten Kunden von Wertpapierfirmen und anderen Marktteilnehmern in Bezug auf die sonstige Handelstätigkeit der Firma zur Verfügung gestellt werden, sowie den Grad, in dem die Kursofferten die vorherrschenden Marktbedingungen für Geschäfte mit denselben oder ähnlichen Finanzinstrumenten widerspiegeln, die an einem Handelsplatz abgewickelt werden. [2] Die ESMA legt der Kommission bis zum 3. Januar 2020 einen Bericht über die Anwendung von Artikel 18 vor. [3] Im Falle umfangreicher Kursofferten und einer erheblichen Handelstätigkeit knapp über dem in Artikel 18 Absatz 6 genannten Schwellenwert oder außerhalb der vorherrschenden Marktbedingungen legt die ESMA der Kommission vor diesem Datum einen Bericht vor.

(2)[2]) [1] Die Kommission erlässt delegierte Rechtsakte gemäß Artikel 50 zur Festlegung des in Artikel 18 Absatz 6 genannten Volumens, in dem eine Wertpapierfirma Geschäfte mit anderen Kunden betreiben kann, denen eine Kursofferte zur Verfügung gestellt wurde. [2] Das für das Finanzinstrument typische

---

[1]) Nr. 1.
[2]) Beachte zum Inkrafttreten Art. 55 Abs. 3.

Volumen wird gemäß den in Artikel 9 Absatz 5 Buchstabe d festgelegten Kriterien ermittelt.

(3)[1] Die Kommission erlässt delegierte Rechtsakte gemäß Artikel 50, in denen präzisiert wird, was unter „angemessenen kaufmännischen Bedingungen" zu verstehen ist, unter denen die in Artikel 18 Absatz 8 genannten Kursofferten zu veröffentlichen sind.

**Art. 20 Veröffentlichungen von Wertpapierfirmen – einschließlich systematischer Internalisierer – nach dem Handel betreffend Aktien, Aktienzertifikate, börsengehandelte Fonds, Zertifikate und andere vergleichbare Finanzinstrumente.** (1) ¹Wertpapierfirmen, die entweder für eigene Rechnung oder im Namen von Kunden Geschäfte mit Aktien, Aktienzertifikaten, börsengehandelten Fonds, Zertifikaten und anderen vergleichbaren Finanzinstrumenten betreiben, die an einem Handelsplatz gehandelt werden, veröffentlichen das Volumen und den Kurs dieser Geschäfte sowie den Zeitpunkt ihres Abschlusses. ²Diese Informationen werden im Rahmen eines APA bekannt gegeben.

(2) ¹Die gemäß Absatz 1 dieses Artikels veröffentlichten Informationen und die Fristen, innerhalb deren sie zu veröffentlichen sind, müssen den gemäß Artikel 6 festgelegten Anforderungen, einschließlich der nach Artikel 7 Absatz 2 Buchstabe a angenommenen technischen Regulierungsstandards, genügen. ²Sehen die gemäß Artikel 7 festgelegten Maßnahmen eine spätere Veröffentlichung für bestimmte Kategorien von Geschäften mit Aktien, Aktienzertifikaten, börsengehandelten Fonds, Zertifikaten und anderen vergleichbaren Finanzinstrumenten, die an einem Handelsplatz gehandelt werden, vor, so besteht diese Möglichkeit auch für diese Geschäfte, wenn sie außerhalb von Handelsplätzen abgeschlossen werden.

(3)[1] *[1]* Die ESMA arbeitet Entwürfe technischer Regulierungsstandards aus, in denen Folgendes festgelegt wird:

a) die Kennzeichen der verschiedenen Arten von im Rahmen dieses Artikels veröffentlichten Geschäften, bei denen zwischen solchen unterschieden wird, die vor allem durch mit der Bewertung von Finanzinstrumenten verbundene Faktoren charakterisiert sind, und solchen, die durch andere Faktoren bestimmt werden;

b) Anwendung der Verpflichtung gemäß Absatz 1 auf Geschäfte, die die Verwendung dieser Finanzinstrumente zum Zwecke der Besicherung, der Beleihung oder für andere Zwecke, bei denen der Umtausch von Finanzinstrumenten durch andere Faktoren als die aktuelle Marktbewertung des Finanzinstruments bestimmt wird, umfassen;

c) die an einem Geschäft beteiligte Partei, die ein Geschäft im Einklang mit Absatz 1 veröffentlichen muss, wenn beide an dem Geschäft beteiligte Parteien Wertpapierfirmen sind.

*[2]* Die ESMA legt der Kommission diese Entwürfe technischer Regulierungsstandards bis zum 3. Juli 2015 vor.

---

[1] Beachte zum Inkrafttreten Art. 55 Abs. 3.

*[3]* Der Kommission wird die Befugnis übertragen, die in Unterabsatz 1 genannten technischen Regulierungsstandards gemäß den Artikeln 10 bis 14 der Verordnung (EU) Nr. 1095/2010[1]) zu erlassen.

**Art. 21 Veröffentlichungen von Wertpapierfirmen – einschließlich systematischer Internalisierer – nach dem Handel betreffend Schuldverschreibungen, strukturierte Finanzprodukte, Emissionszertifikate und Derivate.** (1) [1] Wertpapierfirmen, die entweder für eigene Rechnung oder im Namen von Kunden Geschäfte mit Schuldverschreibungen, strukturierten Finanzprodukten, Emissionszertifikaten und Derivaten tätigen, die an einem Handelsplatz gehandelt werden, veröffentlichen das Volumen und den Kurs dieser Geschäfte sowie den Zeitpunkt ihres Abschlusses. [2] Diese Informationen werden im Rahmen eines APA bekannt gegeben.

(2) Jedes einzelne Geschäft ist einmal im Rahmen eines einzelnen APA zu veröffentlichen.

(3) Die gemäß Absatz 1 veröffentlichten Informationen und die Fristen, innerhalb deren sie zu veröffentlichen sind, müssen den gemäß Artikel 10 festgelegten Anforderungen, einschließlich der nach Artikel 11 Absatz 4 Buchstaben a und b angenommenen technischen Regulierungsstandards, genügen.

(4) *[1]* Die zuständigen Behörden können Wertpapierfirmen gestatten, eine spätere Veröffentlichung vorzusehen, oder sie können während des Zeitraums des gewährten Aufschubs von Wertpapierfirmen die Veröffentlichung von wenigen Einzelheiten zu einem Geschäft oder von Einzelheiten zu mehreren Geschäften in aggregierter Form oder eine Kombination von beidem verlangen; alternativ können sie die Nichtveröffentlichung des Umfangs einzelner Geschäfte während eines verlängerten Aufschubzeitraums gestatten oder im Falle von Nicht-Eigenkapitalfinanzinstrumenten, bei denen es sich nicht um öffentliche Schuldinstrumente handelt, die Veröffentlichung mehrerer Geschäfte in aggregierter Form während eines verlängerten Aufschubzeitraums gestatten, oder im Falle öffentlicher Schuldinstrumente die Veröffentlichung mehrerer Geschäfte in aggregierter Form für einen unbefristeten Zeitraum gestatten, und sie können unter den in Artikel 11 festgelegten Voraussetzungen die Verpflichtungen nach Absatz 1 vorübergehend aussetzen.

*[2]* Sehen die gemäß Artikel 11 festgelegten Maßnahmen für bestimmte Kategorien von Geschäften mit Schuldverschreibungen, strukturierten Finanzprodukten, Emissionszertifikaten und Derivaten, die an einem Handelsplatz gehandelt werden, eine spätere Veröffentlichung, eine Veröffentlichung von wenigen Einzelheiten oder von Einzelheiten in aggregierter Form oder eine Kombination hiervon oder eine Nichtveröffentlichung des Geschäftsvolumens vor, so besteht diese Möglichkeit für diese Geschäfte auch, wenn sie außerhalb von Handelsplätzen abgeschlossen werden.

(5)[2]) *[1]* Die ESMA erarbeitet Entwürfe technischer Regulierungsstandards, in denen Folgendes in einer Weise festgelegt wird, die die Veröffentlichung von nach Artikel 64 der Richtlinie 2014/65/EU[3]) geforderten Informationen ermöglicht:

---

[1]) Nr. 3.
[2]) Beachte zum Inkrafttreten Art. 55 Abs. 3.
[3]) Nr. 1.

**Art. 22 VO (EU) 600/2014**

a) die Kennzeichen der verschiedenen Arten von im Einklang mit diesem Artikel veröffentlichten Geschäften, bei denen zwischen solchen unterschieden wird, die vor allem durch mit der Bewertung von Finanzinstrumenten verbundene Faktoren charakterisiert sind, und solchen, die durch andere Faktoren bestimmt werden;

b) Anwendung der Verpflichtung gemäß Absatz 1 auf Geschäfte, die die Verwendung dieser Finanzinstrumente zum Zwecke der Besicherung, der Beleihung oder für andere Zwecke, bei denen der Umtausch von Finanzinstrumenten durch andere Faktoren als die aktuelle Marktbewertung des Finanzinstruments bestimmt wird, umfassen;

c) die an einem Geschäft beteiligte Partei, die ein Geschäft im Einklang mit Absatz 1 veröffentlichen muss, wenn beide an dem Geschäft beteiligte Parteien Wertpapierfirmen sind.

*[2]* Die ESMA legt der Kommission diese Entwürfe technischer Regulierungsstandards bis zum 3. Juli 2015 vor.

*[3]* Der Kommission wird die Befugnis übertragen, die in Unterabsatz 1 genannten technischen Regulierungsstandards gemäß den Artikeln 10 bis 14 der Verordnung (EU) Nr. 1095/2010[1]) Verfahren zu erlassen.

*[Art. 22 bis 31.12.2021:]*
**Art. 22 Bereitstellung von Informationen für Transparenz- und andere Berechnungen.** (1) Für die Berechnungen zur Festlegung der Anforderungen an Vor- und Nachhandelstransparenz und der für Finanzinstrumente geltenden Handelspflichten nach den Artikeln 3 bis 11, 14 bis 21 und 32 sowie zur Festlegung, ob eine Wertpapierfirma ein systematischer Internalisierer ist, können die zuständigen Behörden Informationen anfordern von:

a) Handelsplätzen,

b) genehmigten Veröffentlichungssystemen (APA) und

c) Anbietern konsolidierter Datenticker (CTP).

(2) Die Handelsplätze, APA und CTP speichern die erforderlichen Daten während eines ausreichenden Zeitraums.

(3) Die zuständigen Behörden übermitteln der ESMA diese Informationen, da die ESMA die Erstellung der Berichte nach Artikel 5 Absätze 4, 5 und 6 verlangt.

(4)[2]) *[1]* Die ESMA arbeitet Entwürfe technischer Regulierungsstandards aus, in denen Inhalt und Häufigkeit der Datenanforderungen, Formate und Zeitrahmen, in denen die Handelsplätze, APA und CTP auf die Anforderungen nach Absatz 1 reagieren müssen sowie die Art der zu speichernden Daten und die Frist festgelegt werden, während der die Handelsplätze, APA und CTP die Daten mindestens speichern müssen, damit sie den Anforderungen nach Absatz 2 nachkommen können.

*[2]* Die ESMA legt der Kommission diese Entwürfe technischer Regulierungsstandards bis zum 3. Juli 2015 vor.

---

[1]) Nr. 3.
[2]) Beachte zum Inkrafttreten Art. 55 Abs. 3.

*[3]* Der Kommission wird die Befugnis übertragen, die in diesem Absatz genannten technischen Regulierungsstandards gemäß dem in den Artikeln 10 bis 14 der Verordnung (EU) Nr. 1095/2010[1]) festgelegten Verfahren zu erlassen.

**[Art. 22 ab 1.1.2022:]**
**Art. 22 Bereitstellung von Informationen für Transparenz- und andere Berechnungen.** *(1) Für die Berechnungen zur Festlegung der Anforderungen an Vor- und Nachhandelstransparenz und der für Finanzinstrumente geltenden Handelspflichten nach den Artikeln 3 bis 11, 14 bis 21 und 32 sowie zur Festlegung, ob eine Wertpapierfirma ein systematischer Internalisierer ist, können die ESMA und die zuständigen Behörden Informationen anfordern von:*

*a) Handelsplätzen,*

*b) APA und*

*c) CTP.*

*(2) Die Handelsplätze, APA und CTP speichern die erforderlichen Daten für einen ausreichenden Zeitraum.*

*(3) [1] Die ESMA erarbeitet Entwürfe technischer Regulierungsstandards, in denen Inhalt und Häufigkeit der Datenanforderungen, Formate und Zeitrahmen, in denen die Handelsplätze, APA und CTP auf die Datenanforderungen nach Absatz 1 reagieren müssen sowie die Art der zu speichernden Daten und die Frist festgelegt werden, während der die Handelsplätze, APA und CTP die Daten mindestens speichern müssen, damit sie den Datenanforderungen nach Absatz 2 nachkommen können.*

*[2] Der Kommission wird die Befugnis übertragen, die vorliegende Verordnung durch Erlass der in Unterabsatz 1 genannten technischen Regulierungsstandards gemäß den Artikeln 10 bis 14 der Verordnung (EU) Nr. 1095/2010[1]) zu ergänzen.*

**Art. 23 Handelspflichten für Wertpapierfirmen.** (1) Wertpapierfirmen stellen sicher, dass ihre Handelsgeschäfte mit Aktien, die zum Handel an einem geregelten Markt zugelassen sind oder an einem Handelsplatz gehandelt werden, an einem geregelten Markt oder gegebenenfalls im Rahmen eines MTF oder systematischen Internalisierers oder an einem Drittlandhandelsplatz, der gemäß Artikel 25 Absatz 4 Buchstabe a der Richtlinie 2014/65/EU[2]) als gleichwertig gilt, getätigt werden, sofern nicht zu deren Merkmalen gehört,

a) dass sie auf nicht systematische Weise, ad hoc, unregelmäßig und selten getätigt werden, oder

b) dass sie zwischen geeigneten und/oder professionellen Gegenparteien getätigt werden und nicht zum Prozess der Kursfestsetzung beitragen.

(2) Eine Wertpapierfirma, die ein internes System zur Zusammenführung von Aufträgen betreibt, das Kundenaufträge zu Aktien, Aktienzertifikaten, börsengehandelten Fonds, Zertifikaten und anderen vergleichbaren Finanzinstrumenten auf multilateraler Basis ausführt, muss sicherstellen, dass dieses als MTF im Rahmen der Richtlinie 2014/65/EU zugelassen ist und dass es alle einschlägigen, für eine solche Zulassung geltenden Bestimmungen erfüllt.

---
[1]) Nr. 3.
[2]) Nr. 1.

(3)[1] *[1]* Um die einheitliche Anwendung dieses Artikels zu gewährleisten, arbeitet die ESMA Entwürfe technischer Regulierungsstandards aus, in denen die besonderen Merkmale derjenigen Aktiengeschäfte festgelegt werden, die nicht zum Prozess der Kursfestsetzung nach Absatz 1 beitragen, wobei etwa Fälle berücksichtigt werden wie

a) nicht ausweisbare Liquiditätsgeschäfte oder

b) Fälle, in denen der Handel mit solchen Finanzinstrumenten von anderen Faktoren als dem aktuellen Marktwert des Finanzinstruments bestimmt wird.

*[2]* Die ESMA legt der Kommission diese Entwürfe technischer Regulierungsstandards bis zum 3. Juli 2015 vor.

*[3]* Der Kommission wird die Befugnis übertragen, die in Unterabsatz 1 genannten technischen Regulierungsstandards gemäß den Artikeln 10 bis 14 der Verordnung (EU) Nr. 1095/2010[2] zu erlassen.

## Titel IV. Meldung von Geschäften

**Art. 24 Pflicht zur Wahrung der Marktintegrität.** Unbeschadet der Zuweisung der Zuständigkeiten für die Durchsetzung der Verordnung (EU) Nr. 596/2014[3] überwachen die zuständigen Behörden, die von der ESMA gemäß Artikel 31 der Verordnung (EU) Nr. 1095/2010[2] koordiniert werden, die Tätigkeiten von Wertpapierfirmen, um sicherzustellen, dass diese redlich, professionell und in einer Weise handeln, die die Integrität des Marktes fördert.

**Art. 25 Pflicht zum Führen von Aufzeichnungen.** (1) [1] Wertpapierfirmen halten die einschlägigen Daten über sämtliche Aufträge und sämtliche Geschäfte mit Finanzinstrumenten, die sie entweder für eigene Rechnung oder im Namen ihrer Kunden getätigt haben, fünf Jahre zur Verfügung der zuständigen Behörden. [2] Im Fall von im Namen von Kunden ausgeführten Geschäften enthalten die Aufzeichnungen sämtliche Angaben zur Identität des Kunden sowie die gemäß der Richtlinie 2005/60/EG des Europäischen Parlaments und des Rates[4] geforderten Angaben. [3] Die ESMA kann nach dem Verfahren und unter den in Artikel 35 der Verordnung (EU) Nr. 1095/2010[2] festgelegten Bedingungen den Zugang zu diesen Informationen beantragen.

(2) [1] Der Betreiber eines Handelsplatzes hält die einschlägigen Daten über sämtliche Aufträge für Finanzinstrumente, die über das jeweilige System mitgeteilt werden, mindestens fünf Jahre zur Verfügung der zuständigen Behörde. [2] Die Aufzeichnungen enthalten die einschlägigen Daten, die die für den Auftrag charakteristischen Merkmale darstellen, darunter diejenigen, die einen Auftrag mit dem daraus resultierenden Geschäft bzw. den daraus resultierenden Geschäften verknüpfen und die/deren Einzelheiten gemäß Artikel 26 Absätze 1 und 3 übermittelt werden. [3] Beim Zugang der zuständigen Behörden zu den nach diesem Absatz geforderten Informationen übernimmt die ESMA die Rolle des Vermittlers und Koordinators.

---

[1] Beachte zum Inkrafttreten Art. 55 Abs. 3.
[2] Nr. 3.
[3] Nr. 11.
[4] **Amtl. Anm.:** Richtlinie 2005/60/EG des Europäischen Parlaments und des Rates vom 26. Oktober 2005 zur Verhinderung der Nutzung des Finanzsystems zum Zwecke der Geldwäsche und der Terrorismusfinanzierung (ABl. L 309 vom 25.11.2005, S. 15).

(3)[1] *[1]* Die ESMA arbeitet Entwürfe technischer Regulierungsstandards aus, mit denen die Einzelheiten der einschlägigen Auftragsdaten, die nach Absatz 2 aufbewahrt werden müssen und die nicht in Artikel 26 genannt sind, festgelegt werden.

*[2]* Diese Entwürfe technischer Regulierungsstandards enthalten die Kennziffer des Mitglieds oder Teilnehmers, das bzw. der den Auftrag übermittelt hat, die Kennziffer des Auftrags sowie Datum und Uhrzeit seiner Übermittlung, die Auftragsmerkmale einschließlich der Art des Auftrags, gegebenenfalls des Limitpreises und der Gültigkeitsdauer, spezielle Anweisungen zum Auftrag, Einzelheiten zu Änderungen, Stornierung, der teilweisen oder vollständigen Ausführung des Auftrags und Angaben zum Handeln auf eigene oder fremde Rechnung.

*[3]* Die ESMA legt der Kommission diese Entwürfe technischer Regulierungsstandards bis zum 3. Juli 2015 vor.

*[4]* Der Kommission wird die Befugnis übertragen, die technischen Regulierungsstandards im Sinne von Unterabsatz 1 gemäß dem in den Artikeln 10 bis 14 der Verordnung (EU) Nr. 1095/2010 festgelegten Verfahren zu erlassen.

**Art. 26 Pflicht zur Meldung von Geschäften.** (1) *[1]* Wertpapierfirmen, die Geschäfte mit Finanzinstrumenten tätigen, melden der zuständigen Behörde die vollständigen und zutreffenden Einzelheiten dieser Geschäfte so schnell wie möglich und spätestens am Ende des folgenden Arbeitstags.

*[2]* Die zuständigen Behörden treffen im Einklang mit Artikel 85 der Richtlinie 2014/65/EU[2]) die notwendigen Vorkehrungen, um sicherzustellen, dass diese Informationen auch der zuständigen Behörde des für die betreffenden Finanzinstrumente unter Liquiditätsaspekten relevantesten Marktes übermittelt werden.

**[UAbs. 3 bis 31.12.2021:]**
*[3]* Die zuständigen Behörden stellen der ESMA auf Anfrage alle Informationen zur Verfügung, die gemäß diesem Artikel übermittelt werden.

**[UAbs. 3 ab 1.1.2022:]**
*[3] Die zuständigen Behörden stellen der ESMA unverzüglich alle Informationen zur Verfügung, die gemäß diesem Artikel übermittelt werden.*

(2) *[1]* Die Verpflichtung gemäß Absatz 1 gilt für

a) Finanzinstrumente, die zum Handel zugelassen sind oder die an einem Handelsplatz gehandelt werden oder für die ein Antrag auf Zulassung zum Handel gestellt wurde;

b) Finanzinstrumente, deren Basiswert ein an einem Handelsplatz gehandeltes Finanzinstrument ist, und

c) Finanzinstrumente, deren Basiswert ein aus an einem Handelsplatz gehandelten Finanzinstrumenten zusammengesetzter Index oder Korb von Finanzinstrumenten ist.

*[2]* Die Meldepflicht gilt für Geschäfte mit Finanzinstrumenten nach den Buchstaben a bis c unabhängig davon, ob die Geschäfte an einem Handelsplatz abgeschlossen werden oder nicht.

---

[1]) Beachte zum Inkrafttreten Art. 55 Abs. 3.
[2]) Nr. 1.

(3) ¹Die Meldungen müssen insbesondere die Bezeichnung und die Zahl der erworbenen oder veräußerten Finanzinstrumente, Volumen, Datum und Zeitpunkt des Abschlusses, den Kurs und Angaben zur Identifizierung der Kunden enthalten, in deren Namen die Wertpapierfirma das Geschäft abgeschlossen hat, Angaben zu den Personen und Computeralgorithmen in der Wertpapierfirma, die für die Anlageentscheidung und Ausführung des Geschäfts verantwortlich sind, Angaben zu der für das Geschäft in Anspruch genommenen betreffenden Ausnahme, Möglichkeiten zur Ermittlung der betreffenden Wertpapierfirmen sowie Angaben zur Ermittlung von Leerverkäufen im Sinne von Artikel 2 Absatz 1 Buchstabe b der Verordnung (EU) Nr. 236/2012 in Bezug auf in den Anwendungsbereich der Artikel 20 Absatz 3 Buchstabe a und Artikel 21 Absatz 5 Buchstabe a anzunehmenden Maßnahmen eine Bezeichnung der Geschäftstypen. ³Bei Warenderivaten wird in den Meldungen angegeben, ob mit diesen Geschäften eine objektiv messbare Risikominderung gemäß Artikel 57 der Richtlinie 2014/65/EU einhergeht.

(4) ¹Wertpapierfirmen, die Aufträge übermitteln, fügen diesen sämtliche in den Absätzen 1 und 3 angegebenen Einzelheiten bei. ²Anstatt einer Auftragsübermittlung die genannten Einzelheiten beizufügen, kann eine Wertpapierfirma sich dafür entscheiden, einen übermittelten Auftrag, wenn dieser ausgeführt wurde, gemäß den Anforderungen nach Absatz 1 als Geschäft zu melden. ³In diesem Fall muss die von der Wertpapierfirma gemachte Geschäftsmeldung den Hinweis enthalten, dass sie sich auf einen übermittelten Auftrag bezieht.

(5) Der Betreiber eines Handelsplatzes meldet Einzelheiten gemäß den Absätzen 1 und 3 zu den Geschäften mit über seine Plattform gehandelten Finanzinstrumenten, die eine nicht dieser Verordnung unterliegende Firma über sein System abgewickelt hat.

(6) *[1]* In Bezug auf die Angaben zur Identifizierung der Kunden gemäß den Absätzen 3 und 4 verwenden Wertpapierfirmen eine Kennung für Rechtsträger (Legal Entity Identifier), die zur Identifizierung von Kunden eingeführt wurde, bei denen es sich um juristische Personen handelt.

*[2]* Die ESMA erarbeitet gemäß Artikel 16 der Verordnung (EU) Nr. 1095/2010[1]) bis zum 3. Januar 2016 Leitlinien, mit deren Hilfe sichergestellt werden kann, dass die Verwendung von Kennungen für Rechtsträger in der Union den internationalen Normen – vor allem den Normen des Rates für Finanzstabilität (FSB) – entspricht.

(7) *[1]* Die Meldungen an die zuständige Behörde werden entweder von der Wertpapierfirma selbst, einem in ihrem Namen handelnden ARM oder einem Handelsplatz, über dessen System das Geschäft abgewickelt wurde, im Einklang mit den Absätzen 1, 3 und 9 vorgenommen.

*[2]* Die Wertpapierfirmen sind für die Vollständigkeit und Richtigkeit sowie die rechtzeitige Übermittlung der Meldungen an die zuständige Behörde verantwortlich.

*[3]* ¹Abweichend hiervon sind Wertpapierfirmen nicht für Mängel bei der Vollständigkeit, Richtigkeit und rechtzeitigen Übermittlung der Meldungen

---

[1]) Nr. 3.

verantwortlich, wenn die Wertpapierfirma die Einzelheiten dieser Geschäfte über einen in ihrem Namen handelnden ARM oder einen Handelsplatz meldet und diese Mängel dem ARM oder dem Handelsplatz zuzuschreiben sind. ²In diesen Fällen und vorbehaltlich des Artikels 66 Absatz 4 der Richtlinie 2014/65/EU sind der ARM oder der Handelsplatz für diese Mängel verantwortlich.

*[4]* Die Wertpapierfirmen müssen dennoch angemessene Schritte unternehmen, um die Vollständigkeit, Richtigkeit und rechtzeitige Übermittlung der Geschäftsmeldungen zu überprüfen, die in ihren Namen übermittelt wurden.

*[5]* ¹Der Herkunftsmitgliedstaat verpflichtet den Handelsplatz für den Fall, dass dieser im Namen einer Wertpapierfirma Meldungen vornimmt, solide Sicherheitsmechanismen einzurichten, die darauf ausgelegt sind, die Sicherheit und Authentifizierung der Informationsübermittlungswege zu gewährleisten, das Risiko der Datenverfälschung und des unberechtigten Zugriffs zu minimieren, ein Durchsickern von Informationen zu verhindern und so jederzeit die Vertraulichkeit der Daten zu wahren. ²Der Herkunftsmitgliedstaat verpflichtet den Handelsplatz, jederzeit ausreichende Ressourcen vorzuhalten und Notfallsysteme einzurichten, um seine Dienste jederzeit anbieten und aufrechterhalten zu können.

*[6]* Systeme zur Abgleichung oder Meldung von Geschäften, einschließlich gemäß Titel VI der Verordnung (EU) Nr. 648/2012 registrierte oder anerkannte Transaktionsregister, können von der zuständigen Behörde als ARM anerkannt werden, um im Einklang mit den Absätzen 1, 3 und 9 Meldungen von Geschäften an die zuständige Behörde zu übermitteln.

*[7]* Wurden Geschäfte einem als ARM anerkannten Transaktionsregister gemäß Artikel 9 der Verordnung (EU) Nr. 648/2012 gemeldet und enthalten diese Meldungen die nach den Absätzen 1, 3 und 9 erforderlichen Einzelheiten und werden diese der zuständigen Behörde von einem Transaktionsregister innerhalb der Frist gemäß Absatz 1 übermittelt, so gilt die Verpflichtung der Wertpapierfirma nach Absatz 1 als erfüllt.

*[8]* Enthalten die Geschäftsmeldungen Fehler oder Lücken berichtigt der ARM, die Wertpapierfirma oder der Handelsplatz, der bzw. die das Geschäft meldet, die Informationen und übermittelt der zuständigen Behörde eine berichtigte Meldung.

(8) Werden Meldungen im Sinne des vorliegenden Artikels gemäß Artikel 35 Absatz 8 der Richtlinie 2014/65/EU an die zuständige Behörde des Aufnahmemitgliedstaats gesandt, so leitet diese sie an die zuständigen Behörden des Herkunftsmitgliedstaats der Wertpapierfirma weiter, es sei denn, diese beschließen, dass sie die Übermittlung dieser Information nicht wünschen.

(9)[1] *[1]* Die ESMA erarbeitet Entwürfe technischer Regulierungsstandards, in denen Folgendes festgelegt wird:

a) Datenstandards und -formate für die gemäß den Absätzen 1 und 3 zu meldenden Informationen, einschließlich der Methoden und Regelungen für die Meldung von Finanzgeschäften sowie Form und Inhalt dieser Meldungen;

b) die Kriterien für die Definition eines relevanten Marktes nach Absatz 1;

---

[1] Beachte zum Inkrafttreten Art. 55 Abs. 3.

c) die Referenzen der erworbenen oder veräußerten Finanzinstrument, Volumen, Datum und Zeitpunkt des Abschlusses, den Kurs und Angaben zur Identifizierung des bzw. der Kunden, in dessen/deren Namen die Wertpapierfirma das Geschäft abgeschlossen hat, Angaben zu den Personen und Computeralgorithmen in der Wertpapierfirma, die für die Anlageentscheidung und Ausführung des Geschäfts verantwortlich sind, Angaben zu der für das Geschäft in Anspruch genommenen betreffenden Ausnahme, Möglichkeiten zur Ermittlung der betreffenden Wertpapierfirmen, Art und Weise der Ausführung des Geschäfts und für die Verarbeitung und Analyse der Geschäftsmeldungen nach Absatz 3 erforderliche Datenfelder;

d) Angaben zur Identifizierung von Leerverkäufen in Aktien und öffentlichen Schuldtiteln im Sinne von Absatz 3;

e) die einschlägigen Kategorien von Finanzinstrumenten, dies nach Absatz 2 zu melden sind;

f) die Bedingungen, unter denen Kennungen für Rechtsträger von den Mitgliedstaaten gemäß Artikel 6 entwickelt, zugeteilt und geführt werden, sowie die Bedingungen, unter denen diese Kennungen für Rechtsträger von Wertpapierfirmen dazu genutzt werden, die Angaben zur Identifizierung der Kunden gemäß den Absätzen 3, 4 und 5 in den Meldungen über Geschäfte, die sie gemäß Absatz 1 erstellen müssen, zur Verfügung zu stellen;

g) die Anwendung der Pflicht zur Meldung von Geschäften auf Zweigniederlassungen von Wertpapierfirmen;

h) Festlegung, was für die Zwecke dieses Artikels unter Geschäft und unter Ausführung eines Geschäfts zu verstehen ist;

i) Festlegung, wann ein Auftrag für die Zwecke von Absatz 4 als durch eine Wertpapierfirma übermittelt gilt.

*[2]* Die ESMA legt diese Entwürfe technischer Regulierungsstandards der Kommission bis zum 3. Juli 2015 vor.

*[3]* Der Kommission wird die Befugnis übertragen, die technischen Regulierungsstandards im Sinne von Unterabsatz 1 gemäß dem in den Artikeln 10 bis 14 der Verordnung (EU) Nr. 1095/2010 festgelegten Verfahren zu erlassen.

(10) [1] Spätestens bis 3. Januar 2020 legt die ESMA der Kommission einen Bericht über die Funktionsweise dieses Artikels vor. [2] Dazu zählt auch eine Analyse seiner Wechselwirkung mit den entsprechenden Berichtspflichten nach der Verordnung (EU) Nr. 648/2012 und die Klärung der Frage, ob Inhalt und Form der bei den zuständigen Behörden eingegangenen und zwischen ihnen ausgetauschten Geschäftsmeldungen eine umfassende Überwachung der Tätigkeiten von Wertpapierfirmen im Sinne von Artikel 24 zulassen. [3] Die Kommission kann tätig werden, um Änderungen vorzuschlagen, auch die Änderung, dass Geschäfte, statt an die zuständigen Behörden, nur an das von der ESMA bestellte einheitliche System übermittelt werden. [4] Die Kommission übermittelt den Bericht der ESMA dem Europäischen Parlament und dem Rat.

*[Art. 27 bis 31.12.2021:]*
**Art. 27 Pflicht zur Bereitstellung von Referenzdaten für die einzelnen Finanzinstrumente.** (1) *[1]* In Bezug auf die Finanzinstrumente, die zum Handel an einem geregelten Markt zugelassen sind oder über ein MTF oder OTF gehandelt werden, stellen die Handelsplätze den zuständigen Behörden

identifizierende Referenzdaten für die Zwecke der Meldung von Geschäften nach Artikel 26 zur Verfügung.

*[2]* In Bezug auf andere unter Artikel 26 Absatz 2 fallende Finanzinstrumente, die über sein System gehandelt werden, stellt jeder systematische Internalisierer seiner zuständigen Behörde Referenzdaten zu diesen Finanzinstrumenten zur Verfügung.

*[3]* [1] Die identifizierenden Referenzdaten sind zur Vorlage bei der zuständigen Behörde in einem elektronischen und standardisierten Format zusammenzustellen, bevor der Handel in diesem betreffenden Finanzinstrument beginnt.
[2] Die Referenzdaten eines Finanzinstruments werden immer dann aktualisiert, wenn Änderungen der Daten bezüglich eines Finanzinstruments auftreten.
[3] Diese Mitteilungen sind von den zuständigen Behörden unverzüglich an die ESMA zu übermitteln, die sie umgehend auf ihrer Webseite veröffentlicht.
[4] Die ESMA gewährt den zuständigen Behörden Zugang zu diesen Referenzdaten.

(2) Damit die zuständigen Behörden die Tätigkeiten der Wertpapierfirmen gemäß Artikel 26 so überwachen können, dass gewährleistet wird, dass diese ehrlich, redlich, professionell und auf eine Art und Weise handeln, die der Integrität des Marktes dient, treffen die ESMA und die zuständigen Behörden die erforderlichen Vorkehrungen, um sicherzustellen, dass

a) die ESMA und die zuständigen Behörden die Referenzdaten für die einzelnen Finanzinstrumente gemäß Absatz 1 tatsächlich erhalten;

b) die Qualität der so erhaltenen Daten dem Zweck der Meldung von Geschäften nach Artikel 26 entspricht;

c) die nach Absatz 1 erhaltenen Referenzdaten für die einzelnen Finanzinstrumente tatsächlich zwischen den betreffenden zuständigen Behörden ausgetauscht werden.

(3)[1]) *[1]* Die ESMA arbeitet Entwürfe technischer Regulierungsstandards aus, in denen Folgendes festgelegt wird:

a) Datenstandards und -formate für die Referenzdaten eines Finanzinstruments gemäß Absatz 1, einschließlich der Methoden und Regelungen für die Lieferung der Daten und ihrer etwaigen Aktualisierung und die zuständigen Behörden und Übermittlung dieser gemäß Absatz 1 an die ESMA, sowie Form und Inhalt dieser Meldungen;

b) die technischen Maßnahmen, die in Bezug auf die von der ESMA und den zuständigen Behörden gemäß Absatz 2 getroffenen Vereinbarungen festgelegt werden müssen.

*[2]* Die ESMA legt diese Entwürfe technischer Regulierungsstandards der Kommission bis zum 3. Juli 2015 vor.

*[3]* Der Kommission wird die Befugnis übertragen, die in Unterabsatz 1 genannten technischen Regulierungsstandards nach dem in den Artikeln 10 bis 14 der Verordnung (EU) Nr. 1095/2010[2]) festgelegten Verfahren zu erlassen.

---

[1]) Beachte zum Inkrafttreten Art. 55 Abs. 3.
[2]) Nr. 3.

*[Art. 27 ab 1.1.2022:]*
**Art. 27 Pflicht zur Bereitstellung von Referenzdaten für die einzelnen Finanzinstrumente.** *(1) [1] In Bezug auf Finanzinstrumente, die zum Handel an einem geregelten Markt zugelassen sind oder über ein MTF oder OTF gehandelt werden, stellen die Handelsplätze der ESMA identifizierende Referenzdaten für die Zwecke der Meldung von Geschäften nach Artikel 26 zur Verfügung.*

*[2] In Bezug auf andere unter Artikel 26 Absatz 2 fallende Finanzinstrumente, die über sein System gehandelt werden, stellt jeder systematische Internalisierer der ESMA Referenzdaten zu diesen Finanzinstrumenten zur Verfügung.*

*[3] ¹ Die identifizierenden Referenzdaten sind zur Vorlage bei der ESMA in einem elektronischen und standardisierten Format zusammenzustellen, bevor der Handel in diesem betreffenden Finanzinstrument beginnt. ² Die Referenzdaten eines Finanzinstruments werden immer dann aktualisiert, wenn Änderungen der Daten bezüglich eines Finanzinstruments auftreten. ³ Die ESMA veröffentlicht diese Referenzdaten unverzüglich auf ihrer Website. ⁴ Die ESMA gewährt den zuständigen Behörden unverzüglich Zugang zu diesen Referenzdaten.*

*(2) Damit die zuständigen Behörden die Tätigkeiten der Wertpapierfirmen gemäß Artikel 26 so überwachen können, dass gewährleistet wird, dass diese ehrlich, redlich, professionell und auf eine Art und Weise handeln, die der Integrität des Marktes dient, trifft die ESMA nach Anhörung der zuständigen Behörden die erforderlichen Vorkehrungen, um sicherzustellen, dass*

*a) die ESMA die Referenzdaten für die Finanzinstrumente gemäß Absatz 1 des vorliegenden Artikels tatsächlich erhält;*

*b) die Qualität der nach Absatz 1 des vorliegenden Artikels erhaltenen Referenzdaten für die Finanzinstrumente dem Zweck der Meldung von Geschäften nach Artikel 26 angemessen ist;*

*c) die nach Absatz 1 des vorliegenden Artikels erhaltenen Referenzdaten für die Finanzinstrumente effizient und unverzüglich an die betreffenden zuständigen Behörden übermittelt werden;*

*d) zwischen der ESMA und den zuständigen Behörden wirksame Verfahren bestehen, um Probleme in Bezug auf die Datenübermittlung oder die Datenqualität auszuräumen.*

*(3) [1] Die ESMA erarbeitet Entwürfe technischer Regulierungsstandards, in denen Folgendes festgelegt wird:*

*a) Datenstandards und -formate für die Referenzdaten eines Finanzinstruments gemäß Absatz 1, einschließlich der Methoden und Regelungen für die Lieferung der Daten und ihrer etwaigen Aktualisierungen an die ESMA und ihre Übermittlung an die zuständigen Behörden gemäß Absatz 1, sowie Form und Inhalt dieser Meldungen;*

*b) die technischen Maßnahmen, die in Bezug auf die von der ESMA und den zuständigen Behörden gemäß Absatz 2 getroffenen Vereinbarungen festgelegt werden müssen.*

*[2] Der Kommission wird die Befugnis übertragen, diese Verordnung durch Erlass der in Unterabsatz 1 genannten technischen Regulierungsstandards gemäß den Artikeln 10 bis 14 der Verordnung (EU) Nr. 1095/2010¹⁾ zu ergänzen.*

---

¹⁾ Nr. 3.

*(4)* *[1]* *Die ESMA kann die in Absatz 1 festgelegten Meldepflichten für bestimmte oder alle Finanzinstrumente aussetzen, wenn alle folgenden Bedingungen erfüllt sind:*

*a) Die Aussetzung ist notwendig, um die Integrität und Qualität der Referenzdaten zu wahren, die der in Absatz 1 festgelegten Meldepflicht unterliegen, die durch Folgendes beeinträchtigt werden könnten:*

   *i) erhebliche Unvollständigkeit, Ungenauigkeit oder Verfälschung der übermittelten Daten oder*

   *ii) die für die Übermittlung, das Sammeln, die Verarbeitung oder Speicherung der jeweiligen Referenzdaten durch die ESMA, die zuständigen nationalen Behörden, Marktinfrastrukturen, Clearing- und Abrechnungssysteme und wichtige Marktteilnehmer eingesetzten Systeme stehen nicht rechtzeitig zur Verfügung, sind beschädigt oder es liegt eine Störung vor.*

*b) Die geltenden und anwendbaren regulatorischen Anforderungen der Union wenden die Gefahr nicht ab.*

*c) Die Aussetzung hat keine negativen Auswirkungen auf die Effizienz der Finanzmärkte oder die Anleger, die in einem unangemessenen Verhältnis zu den Vorteilen der Maßnahme stehen.*

*d) Die Aussetzung schafft keine Aufsichtsarbitrage.*

*[2] Bei Einleitung der in Unterabsatz 1 des vorliegenden Absatzes genannten Maßnahme berücksichtigt die ESMA, in welchem Umfang mit der Maßnahme die Richtigkeit und Vollständigkeit der gemeldeten Daten für die in Absatz 2 festgelegten Zwecke sichergestellt wird.*

*[3] Bevor die ESMA beschließt, die in Unterabsatz 1 genannte Maßnahme zu ergreifen, unterrichtet sie die zuständigen Behörden entsprechend.*

*[4] Der Kommission wird die Befugnis übertragen, gemäß Artikel 50 delegierte Rechtsakte zu erlassen, um diese Verordnung durch Präzisierung der Bedingungen gemäß Unterabsatz 1 und der Umstände, unter denen die Aussetzung gemäß dem genannten Unterabsatz nicht länger anwendbar ist, zu ergänzen.*

**[Titel IVa ab 1.1.2022:]**

### Titel IVa. Datenbereitstellungsdienste

### Kapitel 1. Zulassung von Datenbereitstellungsdienstleistern

**Art. 27a** *[Zuständigkeitserklärung] Für Zwecke dieses Titels bedeutet „zuständige nationale Behörde" eine zuständige Behörde im Sinne von Artikel 4 Absatz 1 Nummer 26 der Richtlinie 2014/65/EU[1].*

**Art. 27b** **Zulassungspflicht.** *(1) [1] Der Betrieb eines APA, eines CTP oder eines ARM als übliche berufliche oder gewerbliche Tätigkeit erfordert die vorherige Zulassung durch die ESMA gemäß diesem Titel.*

*[2] Abweichend von Unterabsatz 1 des vorliegenden Absatzes unterliegen gemäß dem in Artikel 2 Absatz 3 genannten delegierten Rechtsakt ermittelte APA oder ARM der vorherigen Zulassung und Beaufsichtigung durch die zuständige nationale Behörde nach Maßgabe dieses Titels.*

---

[1] Nr. 1.

**Art. 27c, 27d VO (EU) 600/2014**

*(2)* ¹ *Wertpapierfirmen oder Marktbetreiber, die einen Handelsplatz betreiben, können ebenfalls Dienstleistungen eines APA, eines CTP und eines ARM erbringen, sofern zuvor von der ESMA oder der jeweiligen zuständigen nationalen Behörde festgestellt worden ist, dass die Wertpapierfirmen oder die Marktbetreiber den Anforderungen dieses Titels genügen.* ² *Die Erbringung dieser Dienstleistungen ist in ihrer Zulassung eingeschlossen.*

*(3) [1]* ¹ *Die ESMA erstellt ein Verzeichnis sämtlicher Datenbereitstellungsdienstleister in der Union.* ² *Das Verzeichnis ist öffentlich zugänglich, enthält Informationen über die Dienstleistungen, für die der Datenbereitstellungsdienstleister zugelassen ist, und wird regelmäßig aktualisiert.*

*[2] Hat die ESMA oder gegebenenfalls eine nationale zuständige Behörde eine Zulassung gemäß Artikel 27e entzogen, so wird dies für einen Zeitraum von fünf Jahren im Verzeichnis veröffentlicht.*

*(4)* ¹ *Die Erbringung von Dienstleistungen durch Datenbereitstellungsdienstleister unterliegt der Beaufsichtigung durch die ESMA oder gegebenenfalls die nationale zuständige Behörde.* ² *Die ESMA oder gegebenenfalls die nationale zuständige Behörde überprüft die Datenbereitstellungsdienstleister regelmäßig im Hinblick auf die Einhaltung der Anforderungen dieses Titels.* ³ *Die ESMA oder gegebenenfalls die nationale zuständige Behörde überwacht, ob die Datenbereitstellungsdienstleister jederzeit die Voraussetzungen für die Erstzulassung nach diesem Titel erfüllen.*

**Art. 27c** *Zulassung von Datenbereitstellungsdienstleistern. (1) Datenbereitstellungsdienstleister werden von der ESMA oder gegebenenfalls der nationalen zuständigen Behörde für die Zwecke dieses Titels zugelassen, wenn*

*a) der Datenbereitstellungsdienstleister eine juristische Person mit Sitz in der Union ist und*

*b) der Datenbereitstellungsdienstleister die Anforderungen dieses Titels erfüllt.*

*(2)* ¹ *In der Zulassung gemäß Absatz 1 werden die Datenbereitstellungsdienste genannt, die der Datenbereitstellungsdienstleister erbringen darf.* ² *Ein zugelassener Datenbereitstellungsdienstleister, der seine Tätigkeit um zusätzliche Datenbereitstellungsdienste erweitern will, beantragt die Ausweitung seiner Zulassung bei der ESMA oder gegebenenfalls bei der nationalen zuständigen Behörde.*

*(3)* ¹ *Ein zugelassener Datenbereitstellungsdienstleister hat die Voraussetzungen für die Zulassung nach diesem Titel jederzeit zu erfüllen.* ² *Ein zugelassener Datenbereitstellungsdienstleister unterrichtet die ESMA oder gegebenenfalls die nationale zuständige Behörde unverzüglich über alle wesentlichen Änderungen der für die Zulassung erforderlichen Voraussetzungen.*

*(4) Die Zulassung gemäß Absatz 1 ist im gesamten Gebiet der Union wirksam und gültig und gestattet einem Datenbereitstellungsdienstleister, die Dienstleistungen, für die ihm eine Zulassung erteilt wurde, in der gesamten Union zu erbringen.*

**Art. 27d** *Verfahren für die Erteilung der Zulassung und die Ablehnung von Anträgen auf Zulassung. (1) Der vom antragstellenden Datenbereitstellungsdienstleister vorzulegende Antrag enthält alle erforderlichen Informationen, anhand denen die ESMA oder gegebenenfalls die nationale zuständige Behörde bestätigen kann, dass er zum Zeitpunkt der Erstzulassung alle erforderlichen Vorkehrungen getroffen hat, um seinen Verpflichtungen gemäß diesem Titel nachzukommen, einschließlich eines Geschäftsplans, aus dem unter anderem die Art der geplanten Dienstleistungen und der organisatorische Aufbau hervorgehen.*

*(2) [1]* Die ESMA oder gegebenenfalls die nationale zuständige Behörde überprüft den Zulassungsantrag innerhalb von 20 Arbeitstagen nach seinem Eingang auf Vollständigkeit.

*[2]* Ist der Antrag unvollständig, setzt die ESMA oder gegebenenfalls die zuständige nationale Behörde eine Frist, innerhalb deren ihr der Datenbereitstellungsdienstleister zusätzliche Informationen zu übermitteln hat.

*[3]* Hat die ESMA oder gegebenenfalls die zuständige nationale Behörde festgestellt, dass der Antrag vollständig ist, teilt sie dies dem Datenbereitstellungsdienstleister mit.

*(3)* ¹Die ESMA oder gegebenenfalls die nationale zuständige Behörde prüft innerhalb von sechs Monaten nach Eingang eines vollständigen Zulassungsantrags, ob der Datenbereitstellungsdienstleister die Anforderungen des vorliegenden Titels erfüllt. ²Sie erlässt einen ausführlich begründeten Beschluss über die Zulassung oder die Ablehnung der Zulassung und teilt dies dem antragstellenden Datenbereitstellungsdienstleister innerhalb von fünf Arbeitstagen mit.

*(4) [1]* Die ESMA erarbeitet Entwürfe technischer Regulierungsstandards, in denen Folgendes festgelegt wird:

a) die nach Absatz 1 zu übermittelnden Informationen einschließlich des Geschäftsplans,
b) die Angaben, die die Mitteilungen nach Artikel 27f Absatz 2 enthalten müssen.

*[2]* Der Kommission wird die Befugnis übertragen, diese Verordnung durch Erlass der in Unterabsatz 1 genannten technischen Regulierungsstandards gemäß den Artikeln 10 bis 14 der Verordnung (EU) Nr. 1095/2010¹⁾ zu ergänzen.

*(5) [1]* Die ESMA erarbeitet Entwürfe technischer Durchführungsstandards, in denen die Standardformulare, Vorlagen und Verfahren für die nach Absatz 1 und nach Artikel 27f Absatz 2 zu übermittelnden Mitteilungen und Angaben festgelegt sind.

*[2]* Der Kommission wird die Befugnis übertragen, die in Unterabsatz 1 genannten technischen Durchführungsstandards nach Artikel 15 der Verordnung (EU) Nr. 1095/2010 zu erlassen.

**Art. 27e Entzug der Genehmigung.** *(1)* Die ESMA oder gegebenenfalls die nationale zuständige Behörde kann einem Datenbereitstellungsdienstleister die Zulassung entziehen, wenn dieser

a) innerhalb eines Zeitraums von zwölf Monaten von der Zulassung keinen Gebrauch macht, ausdrücklich auf die Zulassung verzichtet oder in den vorangegangenen sechs Monaten keine Dienstleistungen erbracht hat;
b) die Zulassung aufgrund falscher Angaben oder auf andere rechtswidrige Weise erhalten hat;
c) die Voraussetzungen, auf denen die Zulassung beruhte, nicht mehr erfüllt;
d) in schwerwiegender Weise und systematisch gegen diese Verordnung verstoßen hat.

*(2)* Die ESMA teilt der zuständigen nationalen Behörde des Mitgliedstaats, in dem der Datenbereitstellungsdienstleister seinen Sitz hat, sofern relevant unverzüglich ihren Beschluss mit, die Zulassung eines Datenbereitstellungsdienstleisters zu widerrufen.

**Art. 27f Anforderungen an das Leitungsorgan des Datenbereitstellungsdienstleisters.** *(1) [1]* Das Leitungsorgan eines Datenbereitstellungsdienstleisters muss zu jeder Zeit ausreichend gut beleumundet sein, ausreichende Kenntnisse, Fähigkeiten und Erfahrungen besitzen und der Wahrnehmung seiner Aufgaben ausreichend Zeit widmen.

---

¹⁾ Nr. 3.

**Art. 27g VO (EU) 600/2014**

*[2]* ¹ Das Leitungsorgan verfügt kollektiv über die zum Verständnis der Tätigkeiten des Datenbereitstellungsdienstleisters notwendigen Kenntnisse, Fähigkeiten und Erfahrungen. ² Jedes Mitglied des Leitungsorgans handelt aufrichtig, integer und unvoreingenommen, um die Entscheidungen der Geschäftsführung erforderlichenfalls wirksam in Frage zu stellen und die Entscheidungsfindung, wenn nötig, wirksam zu kontrollieren und zu überwachen.

*[3]* Beantragt ein Marktbetreiber die Zulassung für den Betrieb eines APA, eines CTP oder eines ARM gemäß Artikel 27d und handelt es sich bei den Mitgliedern des Leitungsorgans des APA, des CTP oder des ARM um dieselben Personen wie die Mitglieder des Leitungsorgans des geregelten Marktes, so wird davon ausgegangen, dass diese Personen die Anforderungen des Unterabsatzes 1 erfüllen.

*(2)* Ein Datenbereitstellungsdienstleister teilt der ESMA oder gegebenenfalls der nationalen zuständigen Behörde die Namen sämtlicher Mitglieder seines Leitungsorgans und jede Veränderung in dessen Zusammensetzung sowie alle anderen Informationen mit, die erforderlich sind, um zu beurteilen, ob es den in Absatz 1 genannten Anforderungen entspricht.

*(3)* Das Leitungsorgan eines Datenbereitstellungsdienstleisters legt Unternehmensführungsregelungen fest, die die wirksame und umsichtige Führung einer Organisation sicherstellen, die zu diesem Zweck unter anderem eine Aufgabentrennung in der Organisation und die Vorbeugung von Interessenkonflikten vorsehen und die gewährleisten, dass die Marktintegrität und die Interessen seiner Kunden gefördert werden, und überwacht deren Umsetzung.

*(4)* Die ESMA oder gegebenenfalls die nationale zuständige Behörde verweigert die Zulassung, wenn sie nicht davon überzeugt ist, dass die Person oder die Personen, die die Geschäfte des Datenbereitstellungsdienstleisters tatsächlich leiten, gut beleumundet ist/sind, oder wenn objektive und nachweisbare Gründe für die Vermutung vorliegen, dass die vorgeschlagenen Veränderungen im Leitungsorgan des Datenbereitstellungsdienstleisters dessen solide und umsichtige Führung sowie die angemessene Berücksichtigung der Interessen seiner Kunden und der Marktintegrität gefährden könnten.

*(5) [1]* Die ESMA erarbeitet bis zum 1. Januar 2021 Entwürfe technischer Regulierungsstandards für die Beurteilung der in Absatz 1 beschriebenen Eignung der Mitglieder des Leitungsorgans, wobei den verschiedenen von ihnen wahrgenommenen Aufgaben und Funktionen und der Notwendigkeit Rechnung getragen wird, Interessenkonflikte zwischen Mitgliedern des Leitungsorgans und den Nutzern des APA, des CTP oder des ARM zu unterbinden.

*[2]* Der Kommission wird die Befugnis übertragen, die vorliegende Verordnung durch Erlass der in Unterabsatz 1 genannten technischen Regulierungsstandards gemäß den Artikeln 10 bis 14 der Verordnung (EU) Nr. 1095/2010[1)] zu ergänzen.

## Kapitel 2. Bedingungen für APA, CTP und ARM

*Art.* **27g** *Organisatorische Anforderungen an APA.* (1) ¹ Ein APA verfügt über angemessene Grundsätze und Vorkehrungen, um die nach den Artikeln 20 und 21 vorgeschriebenen Informationen zu angemessenen kaufmännischen Bedingungen und soweit wie technisch möglich auf Echtzeitbasis veröffentlichen zu können. ² Die Informationen werden 15 Minuten nach ihrer Veröffentlichung durch das APA kostenlos zur Verfügung gestellt. ³ Das APA verbreitet diese Informationen effizient und kohärent in einer Weise, die einen raschen diskriminierungsfreien Zugang zu den betreffenden

---

[1)] Nr. 3.

*Informationen in einem Format sicherstellt, das die Konsolidierung der Daten mit vergleichbaren Daten aus anderen Quellen erleichtert.*

*(2) Die durch ein APA nach Absatz 1 veröffentlichten Informationen umfassen mindestens die folgenden Angaben:*

*a) Kennung des Finanzinstruments;*

*b) Kurs, zu dem das Geschäft abgeschlossen wurde;*

*c) Volumen des Geschäfts;*

*d) Zeitpunkt des Geschäfts;*

*e) Zeitpunkt, zu dem das Geschäft gemeldet wurde;*

*f) Kurszusatz des Geschäfts;*

*g) Code für den Handelsplatz, an dem das Geschäft ausgeführt wurde, oder, wenn das Geschäft über einen systematischen Internalisierer ausgeführt wurde, den Code „SI" oder andernfalls den Code „OTC";*

*h) sofern anwendbar, einen Hinweis, dass das Geschäft besonderen Bedingungen unterlag.*

*(3) [1] Das APA trifft wirksame administrative Vorkehrungen, um Interessenkonflikte mit seinen Kunden zu verhindern, und behält diese bei. [2] Insbesondere behandelt ein APA, das auch Marktbetreiber oder Wertpapierfirma ist, alle erhobenen Informationen auf diskriminierungsfreie Weise und trifft auf Dauer geeignete Vorkehrungen, um unterschiedliche Unternehmensfunktionen voneinander zu trennen.*

*(4) [1] Das APA richtet solide Sicherheitsmechanismen ein, die darauf ausgelegt sind, die Sicherheit der Informationsübermittlungswege zu gewährleisten, das Risiko der Datenkorruption und des unberechtigten Zugriffs zu minimieren und ein Durchsickern noch nicht veröffentlichter Informationen zu verhindern. [2] Das APA verfügt dauerhaft über ausreichende Ressourcen und über Notfallsysteme, um seine Dienste jederzeit anbieten und aufrechterhalten zu können.*

*(5) Das APA verfügt über Systeme, die effektiv imstande sind, Handelsauskünfte auf Vollständigkeit zu prüfen, Lücken und offensichtliche Fehler zu erkennen und bei derlei fehlerhaften Auskünften eine Neuübermittlung anzufordern.*

*(6) [1] Die ESMA erarbeitet Entwürfe technischer Regulierungsstandards, in denen allgemeine Formate, Datenstandards und technische Vorkehrungen festgelegt werden, die die Konsolidierung der Informationen im Sinne von Absatz 1 erleichtern.*

*[2] Der Kommission wird die Befugnis übertragen, die vorliegende Verordnung durch Erlass der in Unterabsatz 1 genannten technischen Regulierungsstandards gemäß den Artikeln 10 bis 14 der Verordnung (EU) Nr. 1095/2010[1]) zu ergänzen.*

*(7) Die Kommission wird die Befugnis übertragen, gemäß Artikel 50 delegierte Rechtsakte zu erlassen, die vorliegende Verordnung durch Präzisierung dessen, was im Zusammenhang mit der Veröffentlichung von Informationen im Sinne von Absatz 1 des vorliegenden Artikels unter angemessenen kaufmännischen Bedingungen zu verstehen ist, zu ergänzen.*

*(8) [1] Die ESMA erarbeitet Entwürfe technischer Regulierungsstandards, in denen Folgendes festgelegt wird:*

*a) die Mittel und Wege, mit denen ein APA die in Absatz 1 genannte Informationspflicht erfüllen kann;*

---

[1]) Nr. 3.

b) der Inhalt der gemäß Absatz 1 veröffentlichten Informationen, darunter mindestens die in Absatz 2 genannten Informationen in einer Weise, die die Veröffentlichung der Informationen gemäß diesem Artikel ermöglicht;

c) die konkreten organisatorischen Anforderungen nach den Absätzen 3, 4 und 5.

[2] Der Kommission wird die Befugnis übertragen, die vorliegende Verordnung durch den Erlass der in Unterabsatz 1 genannten technischen Regulierungsstandards gemäß den Artikeln 10 bis 14 der Verordnung (EU) Nr. 1095/2010 zu ergänzen.

## Art. 27h Organisatorische Anforderungen an CTP.

(1) [1] Der CTP verfügt über angemessene Grundsätze und Vorkehrungen, um die gemäß den Artikeln 6 und 20 veröffentlichten Informationen erheben, zu einem kontinuierlichen elektronischen Datenstrom konsolidieren und der Öffentlichkeit zu angemessenen kaufmännischen Bedingungen und soweit wie technisch möglich auf Echtzeitbasis zur Verfügung stellen zu können.

[2] ¹ Diese Informationen umfassen mindestens die folgenden Angaben:

a) Kennung des Finanzinstruments;

b) Kurs, zu dem das Geschäft abgeschlossen wurde;

c) Volumen des Geschäfts;

d) Zeitpunkt des Geschäfts;

e) Zeitpunkt, zu dem das Geschäft gemeldet wurde;

f) Kurszusatz des Geschäfts;

g) Code für den Handelsplatz, an dem das Geschäft ausgeführt wurde, oder, wenn das Geschäft über einen systematischen Internalisierer ausgeführt wurde, den Code „SI" oder andernfalls den Code „OTC";

h) sofern anwendbar, einen Hinweis darauf, dass die Anlageentscheidung und Ausführung des Geschäfts durch die Wertpapierfirma auf einem Computeralgorithmus beruhte;

i) sofern anwendbar, einen Hinweis, dass das Geschäft besonderen Bedingungen unterlag;

j) falls für die Pflicht zur Veröffentlichung der Informationen gemäß Artikel 3 Absatz 1 eine Ausnahme nach Artikel 4 Absatz 1 Buchstabe a oder b gewährt wurde, eine Kennzeichnung, welche dieser Ausnahmen für das Geschäft gewährt wurde.

[3] ¹ Die Informationen werden 15 Minuten nach ihrer Veröffentlichung durch den CTP kostenlos zur Verfügung gestellt. ² Der CTP ist in der Lage, diese Informationen effizient und kohärent in einer Weise zu verbreiten, die einen raschen diskriminierungsfreien Zugang zu den betreffenden Informationen in Formaten sicherstellt, die für die Marktteilnehmer leicht zugänglich und nutzbar sind.

(2) [1] Der CTP verfügt über angemessene Grundsätze und Vorkehrungen, um die gemäß den Artikeln 10 und 21 veröffentlichten Informationen erheben, zu einem kontinuierlichen elektronischen Datenstrom konsolidieren und der Öffentlichkeit zu angemessenen kaufmännischen Bedingungen und soweit wie technisch möglich auf Echtzeitbasis zur Verfügung stellen zu können, wozu mindestens folgende Angaben gehören:

a) Kennung oder kennzeichnende Merkmale des Finanzinstruments;

b) Kurs, zu dem das Geschäft abgeschlossen wurde;

c) Volumen des Geschäfts;

d) Zeitpunkt des Geschäfts;

e) Zeitpunkt, zu dem das Geschäft gemeldet wurde;

f) Kurszusatz des Geschäfts;

*g)* *Code für den Handelsplatz, an dem das Geschäft ausgeführt wurde, oder, wenn das Geschäft über einen systematischen Internalisierer ausgeführt wurde, den Code „SI" oder andernfalls den Code „OTC";*

*h) sofern anwendbar, ein Hinweis, dass das Geschäft besonderen Bedingungen unterlag.*

*[2] ¹ Die Informationen werden 15 Minuten nach ihrer Veröffentlichung durch den CTP kostenlos zur Verfügung gestellt. ² Der CTP ist in der Lage, diese Informationen effizient und kohärent in einer Weise zu verbreiten, die einen raschen, diskriminierungsfreien Zugang zu den betreffenden Informationen in allgemein anerkannten Formaten sicherstellt, die interoperabel und für die Marktteilnehmer leicht zugänglich und nutzbar sind.*

*(3) Der CTP stellt sicher, dass die zur Verfügung gestellten Daten von allen geregelten Märkten, MTF, OTF, APA und für die in technischen Regulierungsstandards gemäß Absatz 8 Buchstabe c festgelegten Finanzinstrumente konsolidiert werden.*

*(4) ¹ Der CTP trifft wirksame administrative Vorkehrungen, um Interessenkonflikte zu verhindern, und behält diese bei. ² Insbesondere behandelt ein Marktbetreiber oder ein APA, der beziehungsweise das auch einen konsolidierten Datenticker anbietet, alle erhobenen Informationen auf nichtdiskriminierende Weise und trifft auf Dauer geeignete Vorkehrungen, um unterschiedliche Unternehmensfunktionen voneinander zu trennen.*

*(5) ¹ Der CTP richtet solide Sicherheitsmechanismen ein, die darauf ausgelegt sind, die Sicherheit der Informationsübermittlungswege zu gewährleisten und das Risiko der Datenkorruption und des unberechtigten Zugriffs zu minimieren. ² Der CTP verfügt dauerhaft über ausreichende Ressourcen und über Notfallsysteme, um seine Dienste jederzeit anbieten und aufrechterhalten zu können.*

*(6) [1] Die ESMA erarbeitet Entwürfe technischer Regulierungsstandards, in denen Datenstandards und -formate für die gemäß den Artikeln 6, 10, 20 und 21 zu veröffentlichenden Informationen, darunter Finanzinstrumentenkennung, Kurs, Volumen, Zeitpunkt, Kurszusatz, Handelsplatzkennung und Hinweise auf besondere Bedingungen, denen das Geschäft unterlag, sowie technische Vorkehrungen festgelegt werden, die eine effiziente und kohärente Verbreitung der Informationen ermöglichen und die leichte Zugänglichkeit und Nutzbarkeit der Informationen für die Marktteilnehmer im Sinne der Absätze 1 und 2 des vorliegenden Artikels gewährleisten, was auch zusätzliche Dienstleistungen einschließt, die der CTP erbringen könnte, um die Effizienz des Marktes zu erhöhen.*

*[2] Der Kommission wird die Befugnis übertragen, die vorliegende Verordnung durch Erlass der in Unterabsatz 1 genannten technischen Regulierungsstandards gemäß den Artikeln 10 bis 14 der Verordnung (EU) Nr. 1095/2010[1]) zu ergänzen.*

*(7) Die Kommission erlässt delegierte Rechtsakte gemäß Artikel 50, um die vorliegende Verordnung durch Präzisierung dessen, was im Zusammenhang mit der Zugänglichmachung von Datenströmen im Sinne der Absätze 1 und 2 des vorliegenden Artikels unter angemessenen kaufmännischen Bedingungen zu verstehen ist, zu ergänzen.*

*(8) [1] Die ESMA erarbeitet Entwürfe technischer Regulierungsstandards, in denen Folgendes festgelegt wird:*

*a) die Mittel und Wege, mit denen der CTP die in den Absätzen 1 und 2 genannte Informationspflicht erfüllen kann;*

*b) der Inhalt der gemäß den Absätzen 1 und 2 veröffentlichten Informationen;*

---

[1]) Nr. 3.

**Art. 27i VO (EU) 600/2014**

c) die Finanzinstrumente, für die Daten im Datenstrom zur Verfügung zu stellen sind, und für Nichteigenkapitalinstrumente die Handelsplätze und APA, die enthalten sein müssen;

d) andere Mittel und Wege, um sicherzustellen, dass die von verschiedenen CTP veröffentlichten Daten kohärent sind, eine umfassende Einordnung und Herstellung von Querverweisen zu ähnlichen Daten aus anderen Quellen ermöglichen und auf Ebene der Union aggregiert werden können;

e) die konkreten organisatorischen Anforderungen nach den Absätzen 4 und 5.

[2] Der Kommission wird die Befugnis übertragen, die vorliegende Verordnung durch Erlass der in Unterabsatz 1 genannten technischen Regulierungsstandards gemäß den Artikeln 10 bis 14 der Verordnung (EU) Nr. 1095/2010 zu ergänzen.

**Art. 27i Organisatorische Anforderungen an ARM.** (1) Ein ARM verfügt über angemessene Grundsätze und Vorkehrungen, um die nach Artikel 26 vorgeschriebenen Informationen so schnell wie möglich, spätestens jedoch am Ende des auf den Geschäftsabschluss folgenden Arbeitstages zu melden.

(2) [1] Der ARM trifft wirksame administrative Vorkehrungen, um Interessenkonflikte mit seinen Kunden zu verhindern, und behält diese bei. [2] Insbesondere behandelt ein ARM, der auch Marktbetreiber oder Wertpapierfirma ist, alle erhobenen Informationen auf diskriminierungsfreie Weise und trifft auf Dauer geeignete Vorkehrungen, um unterschiedliche Unternehmensfunktionen voneinander zu trennen.

(3) [1] Der ARM richtet solide Sicherheitsmechanismen ein, die darauf ausgelegt sind, die Sicherheit und Authentifizierung der Informationsübermittlungswege zu gewährleisten, das Risiko der Datenkorruption und des unberechtigten Zugriffs zu minimieren und ein Durchsickern von Informationen zu verhindern, sodass die Vertraulichkeit der Daten jederzeit gewährleistet ist. [2] Der ARM verfügt dauerhaft über ausreichende Ressourcen und über Notfallsysteme, um seine Dienste jederzeit anbieten und aufrechterhalten zu können.

(4) [1] Der ARM verfügt über Systeme, die effektiv imstande sind, Geschäftsmeldungen auf Vollständigkeit zu prüfen, durch die Wertpapierfirma verschuldete Lücken und offensichtliche Fehler zu erkennen und – sofern solche Fehler oder Lücken auftreten – der Wertpapierfirma genaue Angaben hierzu zu übermitteln sowie bei derlei fehlerhaften Meldungen eine Neuübermittlung anzufordern.

[2] Der ARM verfügt über Systeme, die ihn in die Lage versetzen, selbst verschuldete Fehler oder Lücken zu erkennen, diese zu berichtigen und der zuständigen Behörde korrigierte und vollständige Meldungen der Geschäfte zu übermitteln oder gegebenenfalls erneut zu übermitteln.

(5) [1] Die ESMA erarbeitet Entwürfe technischer Regulierungsstandards, in denen Folgendes festgelegt wird:

a) die Mittel und Wege, mit denen der ARM die in Absatz 1 genannte Informationspflicht erfüllen kann, und

b) die konkreten organisatorischen Anforderungen nach den Absätzen 2, 3 und 4.

[2] Der Kommission wird die Befugnis übertragen, die vorliegende Verordnung durch Erlass der in Unterabsatz 1 genannten technischen Regulierungsstandards gemäß den Artikeln 10 bis 14 der Verordnung (EU) Nr. 1095/2010[1]) zu ergänzen.

---

[1]) Nr. 3.

## Titel V. Derivate

**Art. 28 Pflicht zum Handel über geregelte Märkte, MTF oder OTF.**

(1) Finanzielle Gegenparteien im Sinne von Artikel 2 Absatz 8 der Verordnung (EU) Nr. 648/2012 sowie nichtfinanzielle Gegenparteien, die die in Artikel 10 Absatz 1 Buchstabe b der Verordnung (EU) Nr. 648/2012 genannten Bedingungen erfüllen, schließen Geschäfte, bei denen es sich weder um gruppeninterne Geschäfte im Sinne von Artikel 3, noch um unter die Übergangsbestimmungen von Artikel 89 der Verordnung (EU) Nr. 648/2012 fallende Geschäfte mit anderen finanziellen Gegenparteien oder nichtfinanziellen Gegenparteien handelt, die die Bedingungen von Artikel 10 Absatz 1 Buchstabe b der Verordnung (EU) Nr. 648/2012 erfüllen, mit Derivaten, die einer Kategorie von Derivaten angehören, die einer Handelspflicht im Sinne des in Artikel 32 genannten Verfahrens unterliegen und in dem in Artikel 34 genannten Verzeichnis registriert sind, lediglich über folgende Plätze ab:

a) geregelte Märkte,

b) MTF,

c) OTF oder

d) Drittlandhandelsplätze, vorausgesetzt, die Kommission hat einen Beschluss nach Absatz 4 gefasst und das Drittland sieht ein effektives, gleichwertiges Anerkennungssystem für Handelsplätze vor, die nach der Richtlinie 2014/65/EU[1)] zugelassen sind, um Derivate zum Handel zuzulassen oder zu handeln, die in dem Drittland einer Handelspflicht auf nichtausschließlicher Basis unterliegen.

(2) *[1]* ¹Die Handelspflicht gilt auch für in Absatz 1 genannte Gegenparteien, die Derivategeschäfte abschließen, die zu einer Derivatekategorie gehören, die der Handelspflicht mit Drittlandfinanzinstituten oder sonstigen Drittlandeinrichtungen unterliegt, die bei einer Niederlassung in der Union zum Clearing verpflichtet wären. ²Die Handelspflicht gilt auch für Drittlandeinrichtungen, die bei Niederlassung in der Union zum Clearing verpflichtet wären und die Derivategeschäfte, die zu einer Derivatekategorie gehören, die der Handelspflicht unterliegt, abschließen, sofern der Kontrakt eine unmittelbare, wesentliche und vorhersehbare Auswirkung in der Union hat oder diese Pflicht erforderlich oder angemessen ist, um eine Umgehung von Bestimmungen dieser Verordnung zu vermeiden.

*[2]* Die ESMA überwacht regelmäßig den Handel mit Derivaten, die nicht der Handelspflicht gemäß Absatz 1 unterliegen, um Fälle zu erkennen, in denen eine bestimmte Kategorie von Kontrakten ein Systemrisiko darstellen könnte, und um eine Aufsichtsarbitrage zwischen Geschäften mit Derivaten, die der Handelspflicht unterliegen, und solchen, die nicht der Handelspflicht unterliegen, zu verhindern.

(3) Der Handelspflicht unterliegende Derivate gemäß Absatz 1 können zum Handel an einem geregelten Markt oder an einem der in Absatz 1 genannten Handelsplätze zugelassen oder dort gehandelt werden, wenn dies auf nichtausschließlicher und nichtdiskriminierender Basis erfolgt.

---

[1)] Nr. 1.

**Art. 28 VO (EU) 600/2014**

(4)[1] *[1]* Die Kommission kann nach dem in Artikel 51 Absatz 2 genannten Prüfverfahren Beschlüsse erlassen, durch die festgestellt wird, dass der Rechts- und Aufsichtsrahmen eines Drittlands gewährleistet, dass ein in diesem Drittland zugelassener Handelsplatz rechtsverbindliche Anforderungen erfüllt, die mit den Anforderungen für die in Absatz 1 Buchstaben a, b oder c dieses Artikels genannten Handelsplätzen, die sich aus dieser Richtlinie, der Richtlinie 2014/65/EU und der Verordnung (EU) Nr. 596/2014[2] ergeben, gleichwertig sind und einer wirksamen Beaufsichtigung und Durchsetzung in dem Drittland unterliegen.

*[2]* Bei diesen Beschlüssen geht es allein um die Anerkennungsfähigkeit als Handelsplatz für Derivate, die der Handelspflicht unterliegen.

*[3]* Der Rechts- und Aufsichtsrahmen eines Drittlands wird als gleichwertig betrachtet, wenn dieser Rahmen sämtliche nachstehend genannten Bedingungen erfüllt:

a) die Handelsplätze unterliegen in diesem Drittland einer Zulassungspflicht und sind Gegenstand einer wirksamen und kontinuierlichen Beaufsichtigung und Durchsetzung;

b) die Handelsplätze verfügen über eindeutige und transparente Regeln für die Zulassung von Finanzinstrumenten zum Handel, so dass solche Finanzinstrumente fair, ordnungsgemäß und effizient gehandelt werden können und frei handelbar sind;

c) die Emittenten von Finanzinstrumenten kommen regelmäßig und kontinuierlich Informationspflichten nach, die ein hohes Maß an Anlegerschutz gewährleisten;

d) Transparenz und Integrität des Marktes sind durch Vorschriften, mit denen gegen Marktmissbrauch in Form von Insider-Geschäften und Marktmanipulation vorgegangen wird, gewährleistet;

*[4]* ¹Der gemäß diesem Absatz von der Kommission gefasste Beschluss kann auf eine Kategorie oder Kategorien von Handelsplätzen beschränkt sein. ²In diesem Fall fällt ein Drittlandhandelsplatz nur dann unter Absatz 1 Buchstabe d, wenn er einer Kategorie angehört, die von dem Beschluss der Kommission abgedeckt wird.

(5)[1] *[1]* Um eine kohärente Anwendung dieses Artikels zu gewährleisten, erarbeitet die ESMA Entwürfe technischer Regulierungsstandards, in denen Kategorien von in Absatz 2 genannten Kontrakten festgelegt werden, die eine unmittelbare, wesentliche und vorhersehbare Auswirkung in der Union zeitigen, sowie die Fälle, in denen eine Handelspflicht erforderlich oder angemessen ist, um eine Umgehung von Bestimmungen dieser Verordnung zu vermeiden.

*[2]* Die ESMA legt diese Entwürfe technischer Regulierungsstandards der Kommission bis zum 3. Juli 2015 vor.

*[3]* Der Kommission wird die Befugnis übertragen, die technischen Regulierungsstandards im Sinne von Unterabsatz 1 gemäß dem in den Artikeln 10 bis 14 der Verordnung (EU) Nr. 1095/2010[3] festgelegten Verfahren zu erlassen.

---

[1] Beachte zum Inkrafttreten Art. 55 Abs. 3.
[2] Nr. **11**.
[3] Nr. **3**.

*[4]* Die Entwürfe technischer Regulierungsstandards im Sinne dieses Absatzes entsprechen so weit wie möglich und angemessen den gemäß Artikel 4 Absatz 4 der Verordnung (EU) Nr. 648/2012 angenommenen Standards.

**Art. 29 Clearingpflicht für über geregelte Märkte gehandelte Derivate und Zeitrahmen für die Annahme zum Clearing.** (1) Der Betreiber eines geregelten Marktes stellt sicher, dass sämtliche über diesen geregelten Markt abgeschlossenen Geschäfte mit Derivaten von einer zentralen Gegenpartei gecleart werden.

(2) *[1]* Zentrale Gegenparteien, Handelsplätze und Wertpapierfirmen, die im Einklang mit Artikel 2 Absatz 14 der Verordnung (EU) Nr. 648/2012 als Clearingmitglieder auftreten, müssen in Bezug auf gecleart Derivate über wirksame Systeme, Verfahren und Vorkehrungen verfügen, durch die gewährleistet wird, dass Geschäfte mit geclearten Derivaten so schnell wie mit automatisierten Systemen technisch möglich zum Clearing eingereicht und angenommen werden.

*[2]* Für die Zwecke dieses Absatzes bezeichnet „gecleart Derivate"

a) sämtliche Derivate, die aufgrund der Clearingpflicht gemäß Absatz 1 dieses Artikels oder aufgrund der Clearingpflicht gemäß Artikel 4 der Verordnung (EU) Nr. 648/2012 zu clearen sind,

b) sämtliche Derivate, für deren Clearing von den relevanten Parteien eine sonstige Regelung vereinbart wurde.

(3)[1] *[1]* Die ESMA arbeitet Entwürfe technischer Regulierungsstandards mit Mindestanforderungen an die in diesem Artikel genannten Systeme, Verfahren und Vorkehrungen einschließlich des Zeitrahmens für die Annahme aus, wobei sie berücksichtigt, dass ein angemessenes Management der operativen und sonstigen Risiken sicherzustellen ist.

*[2]* Die ESMA ist jederzeit befugt, weitere technische Regulierungsstandards zu auszuarbeiten und die geltenden zu aktualisieren, wenn sie der Ansicht ist, dass dies angesichts der sich weiterentwickelnden Branchenstandards notwendig ist.

*[3]* Die ESMA legt der Kommission bis zum 3. Juli 2015 die in Unterabsatz 1 genannten Entwürfe technischer Regulierungsstandards vor.

*[4]* Der Kommission wird die Befugnis übertragen, die in den Unterabsätzen 1 und 2 genannten technischen Regulierungsstandards gemäß dem in den Artikeln 10 bis 14 der Verordnung (EU) Nr. 1095/2010[2] festgelegten Verfahren zu erlassen.

**Art. 30 Indirekte Clearingvereinbarungen.** (1) Indirekte Clearingvereinbarungen für börsengehandelte Derivate sind zulässig, sofern durch diese Vereinbarungen das Risiko der Gegenpartei nicht steigt und sichergestellt ist, dass die Vermögenswerte und Positionen der Gegenpartei ebenso geschützt sind wie im Falle der Schutzvorkehrungen nach den Artikeln 39 und 48 der Verordnung (EU) Nr. 648/2012.

(2)[1] *[1]* Die ESMA arbeitet Entwürfe technischer Regulierungsstandards aus, in denen festgelegt wird, welche Arten von Vereinbarungen über indirekte

---

[1] Beachte zum Inkrafttreten Art. 55 Abs. 3.
[2] Nr. 3.

Clearingdienste gegebenenfalls die in Absatz 1 genannten Bedingungen erfüllen, wobei Kohärenz mit den in Kapitel II der delegierten Verordnung (EU) Nr. 149/2013[1)] der Kommission festgelegten Bestimmungen für OTC-Derivate sicherzustellen ist.

*[2]* Die ESMA legt der Kommission bis zum 3. Juli 2015 diese Entwürfe technischer Regulierungsstandards vor.

*[3]* Der Kommission wird die Befugnis übertragen, die in diesem Absatz genannten technischen Regulierungsstandards gemäß dem in den Artikeln 10 bis 14 der Verordnung (EU) Nr. 1095/2010[2)] festgelegten Verfahren zu erlassen.

**Art. 31 Portfoliokomprimierung.** (1) [1] Wertpapierfirmen und Marktbetreiber, die eine Portfoliokomprimierung durchführen, unterliegen nicht der Pflicht zur bestmöglichen Ausführung nach Artikel 27 der Richtlinie 2014/65/EU[3)], den Transparenzpflichten nach den Artikeln 8, 10, 18 und 21 dieser Verordnung und der Pflicht nach Artikel 1 Absatz 6 der Richtlinie 2014/65/EU. [2] Die Auflösung oder die Ersetzung von verbundenen Derivaten im Rahmen der Portfoliokomprimierung unterliegt nicht Artikel 28.

(2) Wertpapierfirmen und Marktbetreiber, die eine Portfoliokomprimierung durchführen, veröffentlichen über ein APA den Umfang der Geschäfte, die Gegenstand von Portfoliokomprimierungen sind, sowie den Zeitpunkt ihrer Abschlüsse innerhalb der in Artikel 10 genannten Fristen.

(3) [1] Wertpapierfirmen und Marktbetreiber, die Portfoliokomprimierungen durchführen, führen vollständige und genaue Aufzeichnungen über sämtliche Portfoliokomprimierungen, die sie organisieren oder an denen sie teilnehmen. [2] Diese Aufzeichnungen sind der zuständigen Behörde oder der ESMA auf Antrag umgehend zur Verfügung zu stellen.

(4)[4)] Die Kommission kann Maßnahmen in Form delegierter Rechtsakte gemäß Artikel 50 erlassen, in denen Folgendes festgelegt wird:

a) die Elemente der Portfoliokomprimierung,

b) die nach Absatz 2 zu veröffentlichenden Informationen

in einer Weise, durch die bestehende Anforderungen in Bezug auf Aufzeichnungen, Meldungen oder Veröffentlichungen soweit wie möglich genutzt werden.

**Art. 32 Verfahren bei einer Handelspflicht.** (1)[4)] *[1]* Die ESMA erarbeitet Entwürfe technischer Regulierungsstandards, in denen Folgendes präzisiert wird:

a) welche Derivatekategorien, die der Clearingpflicht im Sinne von Artikel 5 Absätze 2 und 4 der Verordnung (EU) Nr. 648/2012 oder entsprechender

---

[1)] **Amtl. Anm.:** Delegierte Verordnung (EU) Nr. 149/2013 der Kommission vom 19. Dezember 2012 zur Ergänzung der Verordnung (EU) Nr. 648/2012 des Europäischen Parlaments und des Rates im Hinblick auf technische Regulierungsstandards für indirekte Clearingvereinbarungen, die Clearingpflicht, das öffentliche Register, den Zugang zu einem Handelsplatz, nichtfinanzielle Gegenparteien und Risikominderungstechniken für nicht durch eine CCP geclearte OTC-Derivatekontrakte (ABl. L 52 vom 23.2.2013, S. 11).
[2)] Nr. **3**.
[3)] Nr. **1**.
[4)] Beachte zum Inkrafttreten Art. 55 Abs. 3.

daraus folgender Bestimmungen unterliegen, ausschließlich auf den in Artikel 28 Absatz 1 dieser Verordnung genannten Handelsplätzen gehandelt werden sollen;

b) Zeitpunkt oder Zeitpunkte, ab dem bzw. denen die Handelspflicht wirksam wird, einschließlich einer stufenweisen Einführung und der Kategorien von Gegenparteien, für die die Pflicht gilt, sofern eine solche stufenweise Einführung und solche Kategorien von Gegenparteien in den technischen Regulierungsstandards nach Artikel 5 Absatz 2 Buchstabe b der Verordnung (EU) Nr. 648/2012 vorgesehen sind.

*[2]* Die ESMA übermittelt der Kommission diese Entwürfe technischer Regulierungsstandards binnen sechs Monaten nach Annahme der technischen Regulierungsstandards im Sinne von Artikel 5 Absatz 2 der Verordnung (EU) Nr. 648/2012 durch die Kommission.

*[3]* Vor der Übermittlung der Entwürfe technischer Regulierungsstandards zwecks Annahme durch die Kommission führt die ESMA eine öffentliche Anhörung durch und kann sich gegebenenfalls mit den zuständigen Drittlandbehörden ins Benehmen setzen.

*[4]* Die Kommission wird ermächtigt, die in Unterabsatz 1 genannten technischen Regulierungsstandards nach den Artikeln 10 bis 14 der Verordnung (EU) Nr. 1095/2010[1]) zu verabschieden.

(2) Damit die Handelspflicht wirksam wird,

a) muss die Derivatekategorie gemäß Absatz 1 Buchstabe a bzw. eine entsprechende Unterkategorie zum Handel an zumindest einem Handelsplatz im Sinne von Artikel 28 Absatz 1 zugelassen sein bzw. dort gehandelt werden und

b) muss ein ausreichendes Kauf- und Verkaufsinteresse Dritter in Bezug auf diese Derivatekategorie bzw. eine entsprechende Unterkategorie vorliegen, damit diese Derivatekategorie als ausreichend liquide angesehen wird, um allein auf den in Artikel 28 Absatz 1 genannten Handelsplätzen gehandelt zu werden.

(3) *[1]* Bei der Entwicklung von Entwürfen technischer Regulierungsstandards im Sinne von Absatz 1 stuft die ESMA die Derivatekategorie bzw. eine entsprechende Unterkategorie anhand folgender Kriterien als ausreichend liquide ein:

a) Durchschnittsfrequenz und -volumen der Abschlüsse bei einer bestimmten Bandbreite von Marktbedingungen unter Berücksichtigung der Art und des Lebenszyklus von Produkten innerhalb der Derivatekategorie;

b) Zahl und Art der aktiven Marktteilnehmer, einschließlich des Verhältnisses Marktteilnehmer zu auf einem bestimmten Produktemarkt gehandelten Produkten/Kontrakten;

c) durchschnittlicher Spread.

*[2]* Bei der Ausarbeitung dieser Entwürfe für technische Regulierungsstandards trägt die ESMA den voraussichtlichen Auswirkungen dieser Handelspflicht auf die Liquidität einer Derivatekategorie bzw. einer entsprechenden

---

[1]) Nr. 3.

Unterkategorie und auf die Geschäftstätigkeit der Endnutzer, bei denen es sich nicht um Finanzunternehmen handelt, Rechnung.

*[3]* Die ESMA legt fest, ob die Derivatekategorie bzw. eine entsprechende Unterkategorie nur bei Geschäften unterhalb eines gewissen Umfangs ausreichend liquide ist.

(4) *[1]* Die ESMA ermittelt aus eigener Initiative im Sinne der in Absatz 2 genannten Kriterien und nach Durchführung einer öffentlichen Anhörung die Derivatekategorien oder einzelne Derivatkontrakte, die der Handelspflicht auf den in Artikel 28 Absatz 1 genannten Handelsplätzen unterliegen sollten, für die aber bislang keine zentrale Gegenpartei eine Genehmigung nach Artikel 14 oder 15 der Verordnung (EU) Nr. 648/2012 erhalten hat bzw. die nicht zum Handel auf einem der in Artikel 28 Absatz 1 genannten Handelsplätze zugelassen sind oder dort gehandelt werden, und teilt dies der Kommission mit.

*[2]* Nach der Meldung nach Unterabsatz 1 durch die ESMA kann die Kommission eine Ausschreibung zur Vorlage von Vorschlägen für den Handel mit diesen Derivaten auf den in Artikel 28 Absatz 1 genannten Handelsplätzen veröffentlichen.

(5)[1] *[1]* ¹Die ESMA übermittelt der Kommission gemäß Absatz 1 neue Entwürfe technischer Regulierungsstandards, um die bestehenden technischen Regulierungsstandards zu ändern, auszusetzen oder zu widerrufen, sollten sich die in Absatz 2 genannten Kriterien wesentlich ändern. ²Vor einer solchen Maßnahme kann die ESMA gegebenenfalls die zuständigen Behörden von Drittländern konsultieren.

*[2]* Der Kommission wird die Befugnis übertragen, die in diesem Absatz genannten technischen Regulierungsstandards gemäß den Artikeln 10 bis 14 der Verordnung (EU) Nr. 1095/2010 zu erlassen.

(6)[1] *[1]* Die ESMA erarbeitet Entwürfe technischer Regulierungsstandards, in denen die in Absatz 2 Buchstabe b genannten Kriterien festgelegt werden.

*[2]* Die Entwürfe dieser technischen Regulierungsstandards legt die ESMA der Kommission bis zum 3. Juli 2015 vor.

*[3]* Der Kommission wird die Befugnis übertragen, die technischen Regulierungsstandards im Sinne von Unterabsatz 1 gemäß dem in den Artikeln 10 bis 14 der Verordnung (EU) Nr. 1095/2010 festgelegten Verfahren zu erlassen.

### Art. 33 Mechanismus zur Vermeidung doppelter oder kollidierender Vorschriften.
(1) Die Kommission wird von der ESMA bei der Überwachung der internationalen Anwendung der in den Artikeln 28 und 29 festgelegten Grundsätze, insbesondere in Bezug auf etwaige doppelte oder kollidierende Anforderungen an die Marktteilnehmer, und bei der mindestens einmal jährlich erfolgenden Erstellung einschlägiger Berichte an das Europäische Parlament und den Rat unterstützt, und sie empfiehlt mögliche Maßnahmen.

(2)[1] *[1]* Die Kommission kann Durchführungsrechtsakte erlassen, in denen sie erklärt, dass die Rechts-, Aufsichts- und Durchsetzungsmechanismen eines Drittlands

a) den durch die Artikel 28 und 29 festgelegten Anforderungen gleichwertig sind,

---
[1] Beachte zum Inkrafttreten Art. 55 Abs. 3.

b) einen Schutz des Berufsgeheimnisses gewährleisten, der dem dieser Verordnung gleichwertig ist,

c) wirksam angewandt und auf faire und den Wettbewerb nicht verzerrende Weise durchgesetzt werden, damit eine funktionierende Aufsicht und Rechtsdurchsetzung in diesem Drittstaat gewährleistet ist.

*[2]* Diese Durchführungsrechtsakte werden gemäß Artikel 51 erlassen.

(3) Ein Durchführungsrechtsakt über die Gleichwertigkeit gemäß Absatz 2 bewirkt, dass die in den Artikeln 28 und 29 vorgesehenen Pflichten der Gegenparteien, die ein Geschäft im Rahmen dieser Verordnung abschließen, nur dann als erfüllt gelten, wenn mindestens eine der Gegenparteien in dem betreffenden Drittland niedergelassen ist und die Gegenparteien die Rechts-, Aufsichts- und Durchsetzungsmechanismen dieses Drittlandes befolgen.

(4) *[1]* Die Kommission überwacht in Zusammenarbeit mit der ESMA die wirksame Umsetzung der Anforderungen, die den in den Artikeln 28 und 29 festgelegten Anforderungen gleichwertig sind, durch die Drittländer, für die ein Durchführungsrechtsakt über die Gleichwertigkeit erlassen worden ist, und erstattet dem Europäischen Parlament und dem Rat regelmäßig und mindestens einmal jährlich Bericht.

*[2]* [1] Sofern aus diesem Bericht hervorgeht, dass ein erheblicher Fehler oder erhebliche Inkohärenz bei der Umsetzung der Gleichwertigkeitsanforderungen durch Drittstaatsbehörden vorliegt, kann die Kommission innerhalb von 30 Kalendertagen nach Vorlage des Berichts die Anerkennung der Gleichwertigkeit des betreffenden Rechtsrahmens des Drittstaats zurücknehmen. [2] Wird ein Durchführungsrechtsakt über die Gleichwertigkeit zurückgenommen, so unterliegen die Geschäfte der Gegenparteien automatisch wieder allen in Artikel 28 und 29 vorgesehenen Anforderungen dieser Verordnung.

### Art. 34 Verzeichnis von der Handelspflicht unterliegenden Derivaten.

Die ESMA veröffentlicht und aktualisiert auf ihrer Website ein Verzeichnis, in dem in erschöpfender und eindeutiger Weise die Derivate aufgelistet werden, die der Handelspflicht an den in Artikel 28 Absatz 1 genannten Handelsplätzen unterliegen, sowie die Handelsplätze, an denen sie zum Handel zugelassen sind bzw. gehandelt werden, und den Zeitpunkt, ab dem die Handelspflicht wirksam wird.

## Titel VI. Diskriminierungsfreier Zugang zum Clearing für Finanzinstrumente

### Art. 35 Diskriminierungsfreier Zugang zu einer zentralen Gegenpartei.

(1) *[1]* [1] Unbeschadet Artikel 7 der Verordnung (EU) Nr. 648/2012 übernimmt eine zentrale Gegenpartei das Clearen von Finanzinstrumenten auf nichtdiskriminierender und transparenter Basis, einschließlich der Anforderungen für Sicherheiten und mit dem Zugang verbundener Gebühren und unabhängig vom Handelsplatz, auf dem das Geschäft ausgeführt wird. [2] Damit wird insbesondere sichergestellt, dass ein Handelsplatz in Bezug auf Folgendes das Recht auf nichtdiskriminierende Behandlung der auf diesem Handelsplatz gehandelten Kontrakte hat:

a) Anforderungen für Sicherheiten und das Netting wirtschaftlich gleichwertiger Kontrakte, sofern die Glattstellung oder sonstige Aufrechnungsverfahren

## Art. 35 VO (EU) 600/2014

einer zentralen Gegenpartei aufgrund des geltenden Insolvenzrechts durch die Einbeziehung solcher Kontrakte nicht unterbrochen oder gestört, ungültig oder in Bezug auf ihre Durchsetzbarkeit beeinträchtigt werden, und

b) das Cross-Margining mit korrelierten Kontrakten, die im Rahmen eines Risikomodells gemäß Artikel 41 der Verordnung (EU) Nr. 648/2012 von derselben zentralen Gegenpartei gecleart werden.

[2] ¹Eine zentrale Gegenpartei kann verlangen, dass der Handelsplatz den von ihr festgelegten operationellen und technischen Anforderungen, einschließlich derjenigen für das Risikomanagement, genügt. ²Die Anforderung nach diesem Absatz gilt nicht für Derivatkontrakte, die bereits den Zugangsverpflichtungen gemäß Artikel 7 der Verordnung (EU) Nr. 648/2012 unterliegen.

[3] Eine zentrale Gegenpartei ist durch diesen Artikel nicht gebunden, wenn sie durch enge Beziehungen mit einem Handelsplatz verbunden ist, der eine Mitteilung nach Artikel 36 Absatz 5 übermittelt hat.

(2) ¹Der Antrag eines Handelsplatzes auf Zugang zu einer zentralen Gegenpartei ist der zentralen Gegenpartei, der für sie zuständigen Behörde und der zuständigen Behörde des Handelsplatzes förmlich zu übermitteln. ²In dem Antrag ist anzugeben, zu welchen Arten von Finanzinstrumenten Zugang beantragt wird.

(3) ¹Die zentrale Gegenpartei antwortet dem Handelsplatz schriftlich, im Falle von übertragbaren Wertpapieren und Geldmarktinstrumenten binnen drei Monaten und im Falle von börsengehandelten Derivaten binnen sechs Monaten, und gestattet den Zugang unter der Voraussetzung, dass eine der zuständigen Behörden ihn nach Absatz 4 gewährt hat, oder untersagt ihn. ²Die zentrale Gegenpartei kann einen Antrag auf Zugang nur unter den in Absatz 6 Buchstabe a genannten Bedingungen ablehnen. ³Untersagt eine zentrale Gegenpartei den Zugang, muss sie dies in ihrer Antwort ausführlich begründen und die zuständige Behörde schriftlich über ihren Beschluss unterrichten. ⁴Haben der Handelsplatz und die zentrale Gegenpartei ihren Sitz in unterschiedlichen Mitgliedstaaten, so übermittelt die zentrale Gegenpartei die entsprechende Mitteilung und die Begründung auch an die für den Handelsplatz zuständige Behörde. ⁵Die zentrale Gegenpartei ermöglicht den Zugang drei Monate nach Übermittlung einer positiven Antwort auf den Zugangsantrag.

(4) [1] Die für eine zentrale Gegenpartei zuständige Behörde oder die für einen Handelsplatz zuständige Behörde gewährt einem Handelsplatz den Zugang zu einer zentralen Gegenpartei nur, wenn ein solcher Zugang

a) bei Derivaten, bei denen es sich nicht um OTC-Derivate im Sinne von Artikel 2 Nummer 7 der Verordnung (EU) Nr. 648/2012 handelt, keine Interoperabilitätsvereinbarung erforderlich machen würde oder

b) weder das reibungslose und ordnungsgemäße Funktionieren der Märkte, insbesondere durch Fragmentierung der Liquidität, gefährden noch Systemrisiken verstärken würde.

[2] Unterabsatz 1 Buchstabe a steht der Gewährung des Zugangs nicht entgegen, wenn ein Antrag nach Absatz 2 Interoperabilität erforderlich macht und der Handelsplatz und alle zentralen Gegenparteien, die Vertragsparteien der vorgesehenen Interoperabilitätsvereinbarung sind, dieser Vereinbarung zugestimmt haben und die Risiken, denen die betreffende zentrale Gegenpartei

aufgrund von Positionen zwischen den zentralen Gegenparteien ausgesetzt ist, von einer dritten Partei abgesichert werden.

*[3]* Ist das Erfordernis einer Interoperabilitätsvereinbarung der Grund oder einer der Gründe, aus dem oder denen ein Antrag abgelehnt wird, so setzt der Handelsplatz die zentrale Gegenpartei davon in Kenntnis und informiert die ESMA darüber, welche anderen zentralen Gegenparteien Zugang zu diesem Handelsplatz haben; die ESMA veröffentlicht diese Angaben, sodass Wertpapierfirmen sich dafür entscheiden können, ihre Rechte nach Artikel 37 der Richtlinie 2014/65/EU[1)] hinsichtlich dieser anderen zentralen Gegenparteien auszuüben, um alternative Zugangsvereinbarungen zu erleichtern.

*[4]* Verweigert eine zuständige Behörde den Zugang, so muss sie ihren Beschluss innerhalb von zwei Monaten nach Erhalt des in Absatz 2 genannten Antrags fassen und ihn gegenüber der anderen zuständigen Behörde, der zentralen Gegenpartei und dem Handelsplatz klar begründen sowie die Nachweise beibringen, auf deren Grundlage der Beschluss gefasst wurde.

(5) *[1]* [1]Bei handelbaren Wertpapieren und Geldmarktinstrumenten kann eine neu gegründete zentrale Gegenpartei, die nach Artikel 17 der Verordnung (EU) Nr. 648/2012 als CCP im Sinne von Artikel 2 Nummer 1 der Verordnung (EU) Nr. 648/2012 zum Clearing zugelassen wurde oder die nach Artikel 25 der Verordnung (EU) Nr. 648/2012 anerkannt wurde oder die im Rahmen eines zuvor bestehenden nationalen Zulassungssystems am 2. Juli 2014 für einen Zeitraum von weniger als drei Jahren zugelassen ist, vor dem 3. Januar 2018 bei der für sie zuständigen Behörde beantragen, von der Übergangsregelung Gebrauch zu machen. [2]Die zuständige Behörde kann entscheiden, dass dieser Artikel in Bezug auf handelbare Wertpapiere und Geldmarktinstrumente für einen Übergangszeitraum bis zum 3. Juli 2020 auf die zentrale Gegenpartei keine Anwendung findet.

*[2]* [1]Wird ein solcher Übergangszeitraum genehmigt, so kann die zentrale Gegenpartei für handelbare Wertpapiere und Geldmarktinstrumente die Zugangsrechte nach Artikel 36 oder diesem Artikel während der Dauer der Übergangsregelung nicht in Anspruch nehmen. [2]Die zuständige Behörde benachrichtigt die Kollegiumsmitglieder der für die zentrale Gegenpartei und die ESMA zuständigen Behörden, wenn ein Übergangszeitraum genehmigt wurde. [3]Die ESMA veröffentlicht eine Liste der bei ihr eingegangenen Benachrichtigungen.

*[3]* Ist eine zentrale Gegenpartei, für die eine Übergangsregelung nach diesem Absatz genehmigt wurde, durch enge Beziehungen mit einem oder mehreren Handelsplätzen verbunden, so können diese für handelbare Wertpapiere und Geldmarktinstrumente die Zugangsrechte nach Artikel 36 oder nach diesem Artikel während der Dauer der Übergangsregelung nicht in Anspruch nehmen.

*[4]* Eine zentrale Gegenpartei, die während des Dreijahreszeitraums vor Inkrafttreten zugelassen ist, die jedoch durch eine Fusion oder Übernahme entstanden ist, an der mindestens eine vor diesem Zeitraum zugelassene zentrale Gegenpartei beteiligt war, darf keine Übergangsregelung nach diesem Absatz beantragen.

---

[1)] Nr. 1.

(6)[1] *[1]* Die ESMA erarbeitet Entwürfe technischer Regulierungsstandards, in denen Folgendes festgelegt wird:

a) die konkreten Bedingungen, unter denen eine zentrale Gegenpartei einen Antrag auf Zugang verweigern kann, einschließlich des voraussichtlichen Geschäftsvolumens, der Zahl und Art der Nutzer, der Regelungen für die Steuerung von operativem Risiko und operativer Komplexität sowie anderer erhebliche unangemessene Risiken schaffender Faktoren,

b) die Bedingungen, unter denen von einer zentralen Gegenpartei Zugang gewährt wird, einschließlich Vertraulichkeit der Informationen, die für Finanzinstrumente während der Entwicklungsphase zur Verfügung gestellt werden, die nichtdiskriminierende und transparente Basis der Clearing-Gebühren, Anforderungen an die Besicherung und operationelle Anforderungen im Hinblick auf das „Einschussverfahren" (Margining),

c) die Bedingungen, unter denen eine Zugangsgewährung das reibungslose und ordnungsgemäße Funktionieren der Märkte gefährden oder Systemrisiken verstärken würde,

d) das Mitteilungsverfahren nach Absatz 5,

e) die Bedingungen für eine nichtdiskriminierende Behandlung der an dem betreffenden Handelsplatz gehandelten Kontrakte in Bezug auf die Anforderungen für Sicherheiten und das Netting wirtschaftlich gleichwertiger Kontrakte und das Cross-Margining mit korrelierten Kontrakten, die von derselben zentralen Gegenpartei gecleart werden.

*[2]* Die ESMA legt diese Entwürfe technischer Regulierungsstandards bis zum 3. Juli 2015 der Kommission vor.

*[3]* Der Kommission wird die Befugnis übertragen, die in Unterabsatz 1 genannten technischen Regulierungsstandards gemäß den Artikeln 10 bis 14 der Verordnung (EU) Nr. 1095/2010[2] zu erlassen.

## Art. 36 Diskriminierungsfreier Zugang zu einem Handelsplatz.

(1) *[1]* ¹Unbeschadet des Artikels 8 der Verordnung (EU) Nr. 648/2012 kann ein Handelsplatz Handelsdaten, auch zu Zugangsgebühren, auf nichtdiskriminierender und transparenter Basis bereitstellen, wenn eine nach der Verordnung (EU) Nr. 648/2012 zugelassene oder anerkannte zentrale Gegenpartei, die an diesem Handelsplatz abgeschlossene Geschäfte mit Finanzinstrumenten zu clearen gedenkt, dies beantragt. ²Diese Anforderung gilt nicht für Derivatkontrakte, die bereits den Zugangsverpflichtungen gemäß Artikel 8 der Verordnung (EU) Nr. 648/2012 unterliegen.

*[2]* Ein Handelsplatz ist durch diesen Artikel nicht gebunden, wenn er durch enge Beziehungen mit einer zentralen Gegenpartei verbunden ist, die mitgeteilt hat, dass sie von der Übergangsregelung nach Artikel 35 Absatz 5 Gebrauch macht.

(2) Der Antrag einer zentralen Gegenpartei auf Zugang zu einem Handelsplatz ist dem Handelsplatz, der für diesen Handelsplatz zuständigen Behörde und der zuständigen Behörde der zentralen Gegenpartei förmlich zu übermitteln.

---

[1] Beachte zum Inkrafttreten Art. 55 Abs. 3.
[2] Nr. 3.

(3) ¹Der Handelsplatz antwortet der zentralen Gegenpartei schriftlich – im Falle von übertragbaren Wertpapieren und Geldmarktinstrumenten binnen drei Monaten und im Falle von börsengehandelten Derivaten binnen sechs Monaten – und gestattet den Zugang unter der Voraussetzung, dass die jeweils zuständige Behörde ihn nach Absatz 4 gewährt hat, oder untersagt ihn. ²Der Handelsplatz kann den Zugang nur unter den in Absatz 6 Buchstabe a genannten Bedingungen verweigern. ³Bei einer Untersagung des Zugangs muss der Handelsplatz dies in seiner Antwort ausführlich begründen und die zuständige Behörde schriftlich über seinen Beschluss unterrichten. ⁴Haben die zentrale Gegenpartei und der Handelsplatz ihren Sitz in unterschiedlichen Mitgliedstaaten, so übermittelt der Handelsplatz die entsprechende Mitteilung und die Begründung auch an die für die zentrale Gegenpartei zuständige Behörde. ⁵Der Handelsplatz ermöglicht den Zugang drei Monate nach der Übermittlung einer positiven Antwort auf den Zugangsantrag.

(4) *[1]* Die für einen Handelsplatz zuständige Behörde oder die für eine zentrale Gegenpartei zuständige Behörde gewähren einer zentralen Gegenpartei den Zugang zu einem Handelsplatz nur, wenn ein solcher Zugang

a) bei Derivaten, bei denen es sich nicht um OTC-Derivate im Sinne von Artikel 2 Nummer 7 der Verordnung (EU) Nr. 648/2012 handelt, keine Interoperabilitätsvereinbarung erforderlich machen oder

b) weder das reibungslose und ordnungsgemäße Funktionieren der Märkte, insbesondere durch Fragmentierung der Liquidität gefährden noch Systemrisiken verstärken würde.

*[2]* Unterabsatz 1 Buchstabe a steht der Gewährung des Zugangs nicht entgegen, wenn ein Antrag nach Absatz 2 Interoperabilität erforderlich macht und der Handelsplatz und alle zentralen Gegenparteien, die Vertragsparteien der vorgesehenen Interoperabilitätsvereinbarung sind, dieser Vereinbarung zugestimmt haben und die Risiken, denen die betreffende zentrale Gegenpartei aufgrund von Positionen zwischen den zentralen Gegenparteien ausgesetzt ist, von einer dritten Partei abgesichert werden.

*[3]* Ist das Erfordernis einer Interoperabilitätsvereinbarung der Grund oder einer der Gründe, aus dem oder denen ein Antrag abgelehnt wird, so setzt der Handelsplatz die zentrale Gegenpartei davon in Kenntnis und informiert die ESMA darüber, welche anderen zentralen Gegenparteien Zugang zu diesem Handelsplatz haben; die ESMA veröffentlicht diese Angaben, sodass Wertpapierfirmen sich dafür entscheiden können, ihre Rechte nach Artikel 37 der Richtlinie 2014/65/EU[1]) hinsichtlich dieser anderen zentralen Gegenparteien auszuüben, um alternative Zugangsvereinbarungen zu erleichtern.

*[4]* Verweigert eine zuständige Behörde den Zugang, muss sie ihren Beschluss innerhalb von zwei Monaten nach Erhalt des in Absatz 2 genannten Antrags fassen und ihn gegenüber der anderen zuständigen Behörde, dem Handelsplatz und der zentralen Gegenpartei klar begründen sowie die Nachweise beibringen, auf deren Grundlage der Beschluss gefasst wurde.

(5) *[1]* ¹Im Falle börsengehandelter Derivate kann ein Handelsplatz, der im Kalenderjahr vor Inkrafttreten dieser Verordnung den betreffenden Schwellenwert unterschreitet, der ESMA und der für ihn zuständigen Behörde vor Inkrafttreten dieser Verordnung mitteilen, dass er während eines Zeitraums von

---

[1]) Nr. 1.

30 Monaten ab Beginn der Anwendung dieser Verordnung in Bezug auf von diesem Schwellenwert erfasste börsengehandelte Derivate durch diesen Artikel nicht gebunden sein möchte. ²Ein Handelsplatz, der den betreffenden Schwellenwert in jedem Jahr des betreffenden 30-monatigen Zeitraums oder späterer 30-monatiger Zeiträume unterschreitet, kann der ESMA und der für ihn zuständigen Behörde am Ende des jeweiligen Zeitraums mitteilen, dass er wünscht, für weitere 30 Monate nicht durch diesen Artikel gebunden zu sein. ³Im Falle einer solchen Mitteilung kann der Handelsplatz die Zugangsrechte nach Artikel 35 oder nach diesem Artikel für von dem betreffenden Schwellenwert erfasste börsengehandelte Derivate während der Dauer der Nichtbeteiligung nicht in Anspruch nehmen. ⁴Die ESMA veröffentlicht eine Liste der bei ihr eingegangenen Mitteilungen.

*[2]* ¹Der betreffende Schwellenwert für die Nichtbeteiligung ist ein Nominalbetrag des jährlichen Handelsvolumens von 1 000 000 Mio. EUR. ²Der Nominalbetrag wird in Einfachzählung ermittelt und umfasst alle nach den Regelungen des Handelsplatzes getätigten Geschäfte mit börsengehandelten Derivaten.

*[3]* Ist ein Handelsplatz Teil einer durch enge Beziehungen verbundenen Gruppe, so wird der Schwellenwert berechnet, indem der Nominalbetrag des jährlichen Handelsvolumens der gesamten in der Union gelegenen Handelsplätze der Gruppe addiert wird.

*[4]* Ist ein Handelsplatz, der eine Mitteilung nach diesem Absatz übermittelt hat, durch enge Beziehungen mit einer oder mehreren zentralen Gegenparteien verbunden, so können diese die Zugangsrechte nach Artikel 35 oder nach diesem Artikel für von dem betreffenden Schwellenwert erfasste börsengehandelte Derivate während der Dauer der Nichtbeteiligung nicht in Anspruch nehmen.

(6)[1] *[1]* Die ESMA erarbeitet Entwürfe technischer Regulierungsstandards, in denen Folgendes festgelegt wird:

a) die konkreten Bedingungen, unter denen ein Handelsplatz einen Antrag auf Zugang verweigern kann, einschließlich der Bedingungen auf der Grundlage des voraussichtlichen Geschäftsvolumens, der Zahl und Art der Nutzer, der Regelungen für die Steuerung von operativem Risiko und operativer Komplexität sowie anderer erhebliche unangemessene Risiken schaffender Faktoren,

b) die Bedingungen, unter denen der Zugang gewährt wird, einschließlich Vertraulichkeit der Informationen, die für Finanzinstrumente während der Entwicklungsphase zur Verfügung gestellt werden, und die nichtdiskriminierende und transparente Basis der Zugangsgebühren,

c) die Bedingungen, unter denen die Zugangsgewährung das reibungslose und ordnungsgemäße Funktionieren der Märkte gefährden oder die Systemrisiken verstärken würde,

d) das Verfahren für eine Mitteilung nach Absatz 5 einschließlich weiterer Spezifikationen für die Berechnung des Nominalbetrags und die Methode, nach der die ESMA die Berechnung der Handelsvolumina überprüfen und die Nichtbeteiligung genehmigen kann.

---

[1] Beachte zum Inkrafttreten Art. 55 Abs. 3.

*[2]* Die ESMA legt diese Entwürfe technischer Regulierungsstandards bis zum 3. Juli 2015 der Kommission vor.

*[3]* Der Kommission wird die Befugnis übertragen, die technischen Regulierungsstandards im Sinne von Unterabsatz 1 gemäß dem in den Artikeln 10 bis 14 der Verordnung (EU) Nr. 1095/2010[1)] festgelegten Verfahren zu erlassen.

**Art. 37 Diskriminierungsfreier Zugang zu Referenzwerten und Genehmigungspflicht.** (1)[2)] *[1]* Wird der Wert eines Finanzinstruments unter Bezugnahme auf einen Referenzwert berechnet, sorgt eine über Eigentumsrechte an diesem Referenzwert verfügende Person dafür, dass zentralen Gegenparteien und Handelsplätzen für Handels- und Clearingzwecke ein diskriminierungsfreier Zugang gewährt wird zu

a) einschlägigen Kurs- und Handelsdaten sowie Angaben zur Zusammensetzung, zur Methode und zur Kursbildung dieser Referenzwert für Clearing- und Handelszwecke und

b) Lizenzen.

*[2]* Eine Lizenz, die den Zugang zu Informationen einschließt, wird zu fairen, angemessenen und nichtdiskriminierenden Bedingungen binnen drei Monaten nach dem Antrag einer zentralen Gegenpartei oder eines Handelsplatzes gewährt.

*[3]* ¹Die Gewährung des Zugangs erfolgt zu einem angemessenen handelsüblichen Preis unter Berücksichtigung des Preises, zu dem einer anderen zentralen Gegenpartei, einem anderen Handelsplatz oder einer damit verbundenen Person zu Clearing- und Handelszwecken der Zugang zum Referenzwert gewährt wird, und zu denselben Bedingungen, zu denen die Rechte an geistigem Eigentum genehmigt werden. ²Von unterschiedlichen zentralen Gegenparteien, Handelsplätzen oder damit verbundenen Personen dürfen nur dann unterschiedliche Preise verlangt werden, wenn dies aus vertretbaren kommerziellen Gründen, wie etwa der gewünschten Menge oder des gewünschten Geltungs- oder Anwendungsbereichs, objektiv gerechtfertigt ist.

(2)[2)] *[1]* ¹Wenn nach dem 3. Januar 2018 ein neuer Referenzwert eingeführt wird, wird die Lizensierungspflicht spätestens 30 Monate nach Beginn des Handels mit einem Finanzinstrument, auf das sich der Referenzwert bezieht, oder nach dessen Zulassung zum Handel wirksam. ²Ist eine über Eigentumsrechte an einem neuen Referenzwert verfügende Person Eigentümer eines bereits bestehenden Referenzwerts, so weist diese Person nach, dass der neue Referenzwert im Vergleich zu einem entsprechenden bestehenden Referenzwert folgende Kriterien kumulativ erfüllt:

a) Der neue Referenzwert ist keine bloße Kopie oder Anpassung eines entsprechenden bestehenden Referenzwerts, und die Methode des neuen Referenzwerts, einschließlich der zugrunde liegenden Daten, unterscheidet sich in wesentlicher Hinsicht von einem entsprechenden bestehenden Referenzwert und

b) der neue Referenzwert ist kein Ersatz für einen entsprechenden bestehenden Referenzwert.

---

[1)] Nr. 3.
[2)] Beachte zum Inkrafttreten Art. 55 Abs. 4.

*[2]* Die Anwendung geltender Wettbewerbsvorschriften insbesondere der Artikel 101 und 102 AEUV bleibt von diesem Absatz unberührt.

(3)[1] Keine zentrale Gegenpartei, kein Handelsplatz bzw. keine verbundene Einheit darf mit dem Erbringer eines Referenzwerts eine Vereinbarung treffen, die folgende Auswirkungen zeitigen würde:

a) Hinderung einer anderen zentralen Gegenpartei bzw. eines anderen Handelsplatzes am Zugang zu den in Absatz 1 genannten Informationen oder Rechten oder

b) Hinderung einer anderen zentralen Gegenpartei bzw. eines anderen Handelsplatzes am Zugang zu der in Absatz 1 genannten Lizenz.

(4)[2] *[1]* Die ESMA erarbeitet Entwürfe technischer Regulierungsstandards, um Folgendes festzulegen:

a) die Informationen, die nach Absatz 1 Buchstabe a aufgrund einer Lizensierung zur ausschließlichen Nutzung durch die zentrale Gegenpartei oder den Handelsplatz zur Verfügung zu stellen sind,

b) weitere Bedingungen, unter denen der Zugang gewährt wird, einschließlich der Vertraulichkeit der übermittelten Informationen,

c) die Standards, die Anhaltspunkte dafür liefern, wie nachgewiesen werden kann, dass ein Referenzwert gemäß Absatz 2 Buchstaben a und b neu ist.

*[2]* Die ESMA legt diese Entwürfe technischer Regulierungsstandards bis zum 3. Juli 2015 der Kommission vor.

*[3]* Der Kommission wird die Befugnis übertragen, die in Unterabsatz 1 genannten technischen Regulierungsstandards gemäß den Artikeln 10 bis 14 der Verordnung (EU) Nr. 1095/2010[3] zu erlassen.

### Art. 38 Zugang für in einem Drittland niedergelassene zentrale Gegenparteien und Handelsplätze.

(1) ¹Ein in einem Drittland niedergelassener Handelsplatz kann den Zugang zu einer in der Union ansässigen zentralen Gegenpartei nur dann beantragen, wenn die Kommission im Hinblick auf dieses Drittland einen Beschluss nach Artikel 28 Absatz 4 gefasst hat. ²Eine in einem Drittland niedergelassene zentrale Gegenpartei kann den Zugang zu einem Handelsplatz mit Sitz in der Union beantragen, wenn sie nach Artikel 25 der Verordnung (EG) Nr. 648/2012 anerkannt wurde. ³In einem Drittland niedergelassenen zentralen Gegenparteien und Handelsplätzen werden die Zugangsrechte nach den Artikeln 35 und 36 nur gewährt, wenn die Kommission mit einem Beschluss nach Absatz 3 entschieden hat, dass das im Rechts- und Aufsichtsrahmen des Drittlands vorgesehene System als wirksames, gleichwertiges System gelten kann, was die Zulassung von nach ausländischem Recht zugelassenen zentralen Gegenparteien und Handelsplätzen für den Zugang zu in diesem Drittland niedergelassenen zentralen Gegenparteien und Handelsplätzen betrifft.

(2) In einem Drittland niedergelassene zentrale Gegenparteien und Handelsplätze können die Lizenz und den Zugang nach Artikel 37 nur beantragen, wenn die Kommission mit einem Beschluss nach Absatz 3 dieses Artikels entschieden hat, dass im Rechts- und Aufsichtsrahmen des Drittlands ein wirk-

---

[1] Beachte zum Inkrafttreten Art. 55 Abs. 4.
[2] Beachte zum Inkrafttreten Art. 55 Abs. 3.
[3] Nr. 3.

sames, gleichwertiges Genehmigungssystem vorgesehen ist, in dessen Rahmen zentrale Gegenparteien und Handelsplätze, die nach den rechtlichen Bestimmungen des Drittlands für den Zugang zugelassen sind, zu fairen, angemessenen und diskriminierungsfreien Bedingungen Zugang gewährt wird zu

a) einschlägigen Kurs- und Handelsdaten sowie Angaben zur Zusammensetzung, zur Methode und zur Kursbildung von Referenzwerten für Clearing- und Handelszwecke und

b) Lizenzen

von in dem Drittland niedergelassenen Personen mit Eigentumsrechten an Referenzwerten.

(3)[1] *[1]* Die Kommission kann nach dem in Artikel 51 genannten Prüfverfahren Beschlüsse erlassen, durch die festgestellt wird, dass durch den Rechts- und Aufsichtsrahmen eines Drittlands sichergestellt ist, dass ein in diesem Drittland zugelassener Handelsplatz oder eine in diesem Drittland zugelassene zentrale Gegenpartei rechtsverbindliche Anforderungen erfüllt, die den Anforderungen nach Absatz 2 dieses Artikels gleichwertig sind und einer wirksamen Beaufsichtigung und Durchsetzung in dem Drittland unterliegen.

*[2]* Der Rechts- und Aufsichtsrahmen eines Drittlandes wird als gleichwertig betrachtet, wenn dieser Rahmen sämtliche nachstehend genannten Bedingungen erfüllt:

a) Die Handelsplätze in diesem Drittland unterliegen einer Zulassungspflicht und sind Gegenstand einer wirksamen und kontinuierlichen Beaufsichtigung und Durchsetzung,

b) es ist ein wirksames, gleichwertiges Genehmigungssystem für zentrale Gegenparteien und Handelsplätze vorgesehen, die nach den rechtlichen Bestimmungen eines Drittlandes den Zugang zu in diesem Drittland niedergelassenen zentralen Gegenparteien und Handelsplätzen beantragen können,

c) im Rechts- und Aufsichtsrahmen des Drittlandes ist ein wirksames, gleichwertiges Genehmigungssystem vorgesehen, in dessen Rahmen zentrale Gegenparteien und Handelsplätzen, die nach den rechtlichen Bestimmungen des Drittlands für den Zugang zugelassen sind, zu fairen, angemessenen und diskriminierungsfreien Bedingungen Zugang gewährt wird zu

i) einschlägigen Kurs- und Handelsdaten sowie Angaben zur Zusammensetzung, zur Methode und zur Kursbildung von Referenzwerten für Clearing- und Handelszwecke und

ii) Lizenzen

von in dem Drittland niedergelassenen Personen mit Eigentumsrechten an Referenzwerten.

*[Titel VIa ab 1.1.2022:]*

*Titel VIa. Befugnisse und Zuständigkeiten der ESMA*

*Kapitel 1. Zuständigkeiten und Verfahren*

**Art. 38a** *Ausübung der Befugnisse durch die ESMA.* Die der ESMA oder Bediensteten der ESMA oder sonstigen von ihr bevollmächtigten Personen nach den

---

[1]) Beachte zum Inkrafttreten Art. 55 Abs. 3.

Artikeln 38b bis 38e übertragenen Befugnisse dürfen nicht genutzt werden, um die Offenlegung von Informationen oder Unterlagen zu verlangen, die dem Berufsgeheimnis unterliegen.

**Art. 38b Informationsersuchen.** (1) Die ESMA kann durch einfaches Ersuchen oder im Wege eines Beschlusses von folgenden Personen die Vorlage sämtlicher Informationen verlangen, die sie für die Wahrnehmung ihrer Aufgaben im Rahmen dieser Verordnung benötigt:

a) von APA, CTP und ARM, wenn diese von ESMA beaufsichtigt werden, sowie von Wertpapierfirmen oder Marktbetreibern, die einen Handelsplatz betreiben, die Datenbereitstellungsdienstleistungen eines APA, eines CTP oder eines ARM erbringen, und von Personen, die diese kontrollieren oder von diesen kontrolliert werden;

b) von den Führungskräften der unter Buchstabe a genannten Personen;

c) von den Prüfern und Beratern der unter Buchstabe a genannten Personen.

*(2) Jedes einfache Informationsersuchen gemäß Absatz 1*

a) nimmt auf diesen Artikel als Rechtsgrundlage des Ersuchens Bezug,

b) nennt den Zweck des Ersuchens;

c) erläutert die Art der verlangten Informationen;

d) legt die Frist für die Vorlage der Informationen fest;

e) enthält eine Erklärung darüber, dass die Person, die um Informationen ersucht wird, nicht zu deren Übermittlung verpflichtet ist, dass jedoch eine freiwillige Beantwortung des Informationenersuchens nicht falsch oder irreführend sein darf;

f) gibt den Betrag der Geldbuße an, die nach Artikel 38h verhängt werden kann, wenn die vorgelegten Informationen falsch oder irreführend sind.

*(3) Bei der Aufforderung zur Vorlage von Informationen nach Absatz 1 durch Beschluss verfährt die ESMA wie folgt: Sie*

a) nimmt auf diesen Artikel als Rechtsgrundlage des Ersuchens Bezug;

b) nennt den Zweck des Ersuchens;

c) erläutert die Art der verlangten Informationen;

d) legt die Frist fest, innerhalb derer die Informationen vorzulegen sind;

e) nennt die nach Artikel 38i zu verhängenden Zwangsgelder, wenn die verlangten Informationen unvollständig sind;

f) nennt die nach Artikel 38h zu verhängende Geldbuße für den Fall, dass die Antworten auf die gestellten Fragen falsch oder irreführend sind;

g) weist auf das Recht nach den Artikeln 60 und 61 der Verordnung (EU) Nr. 1095/ 2010[1]) hin, vor dem Beschwerdeausschuss der ESMA Beschwerde gegen den Beschluss einzulegen und den Beschluss durch den Gerichtshof der Europäischen Union (Gerichtshof) überprüfen zu lassen.

*(4)* [1] *Die in Absatz 1 genannten Personen oder deren Vertreter und bei juristischen Personen und nicht rechtsfähigen Vereinen die nach Gesetz oder Satzung zur Vertretung berufenen Personen stellen die verlangten Informationen zur Verfügung.* [2] *Ordnungsgemäß bevollmächtigte Rechtsanwälte können die Auskünfte im Namen ihrer Mandanten erteilen.* [3] *Letztere bleiben in vollem Umfang dafür verantwortlich, wenn die erteilten Auskünfte unvollständig, sachlich unrichtig und irreführend sind.*

---

[1]) Nr. 3.

*(5) Die ESMA übermittelt der zuständigen Behörde des Mitgliedstaats der in Absatz 1 genannten Personen unverzüglich eine Kopie des einfachen Ersuchens oder ihres Beschlusses.*

**Art. 38c** Allgemeine Untersuchungen. *(1) ¹ Zur Wahrnehmung ihrer Aufgaben nach dieser Verordnung kann die ESMA im Hinblick auf die in Artikel 38b Absatz 1 genannten Personen erforderliche Untersuchungen durchführen. ² Zu diesem Zweck haben die Bediensteten der ESMA und sonstige von ihr bevollmächtigte Personen die Befugnis,*

*a) Aufzeichnungen, Daten, Verfahren und sonstiges für die Erfüllung ihrer Aufgaben relevantes Material unabhängig von der Speicherform zu prüfen;*

*b) beglaubigte Kopien oder Auszüge dieser Aufzeichnungen, Daten und Verfahren und des sonstigen Materials anzufertigen oder zu verlangen;*

*c) jede in Artikel 38b Absatz 1 genannte Person oder ihre Vertreter oder Beschäftigten vorzuladen und zur Abgabe schriftlicher oder mündlicher Erklärungen zu Sachverhalten oder Unterlagen aufzufordern, die mit Gegenstand und Zweck der Kontrolle in Zusammenhang stehen, und die Antworten aufzuzeichnen;*

*d) jede andere natürliche oder juristische Person zu befragen, die einer Befragung zum Zwecke des Erlangens von Informationen über einen Untersuchungsgegenstand zustimmt;*

*e) Aufzeichnungen von Telefongesprächen und Datenübermittlungen anzufordern.*

*(2) ¹ Die Bediensteten der ESMA und sonstige von ihr zu Untersuchungen im Sinne des Absatzes 1 bevollmächtigte Personen üben ihre Befugnisse unter Vorlage einer schriftlichen Vollmacht aus, in der Gegenstand und Zweck der Untersuchung angegeben werden. ² Darüber hinaus wird in der Vollmacht angegeben, welche Zwangsgelder gemäß Artikel 38i verhängt werden, wenn die angeforderten Aufzeichnungen, Daten, Verfahren und das sonstige Material oder die Antworten auf die Fragen, die den in Artikel 38b Absatz 1 genannten Personen gestellt wurden, nicht zur Verfügung gestellt werden oder unvollständig sind, und welche Geldbußen gemäß Artikel 38h verhängt werden, wenn die Antworten auf die Fragen, die den in Artikel 38b Absatz 1 genannten Personen gestellt wurden, sachlich falsch oder irreführend sind.*

*(3) ¹ Die in Artikel 38b Absatz 1 genannten Personen sind verpflichtet, sich den durch Beschluss der ESMA eingeleiteten Untersuchungen zu unterziehen. ² In dem Beschluss sind Gegenstand und Zweck der Untersuchung, die in Artikel 38i vorgesehenen Zwangsgelder, die nach der Verordnung (EU) Nr. 1095/2010¹⁾ möglichen Rechtsbehelfe sowie das Recht, den Beschluss durch den Gerichtshof überprüfen zu lassen, angegeben.*

*(4) ¹ Die ESMA unterrichtet die zuständige Behörde des betreffenden Mitgliedstaats, in dem die Untersuchung gemäß Absatz 1 erfolgen soll, rechtzeitig über die bevorstehende Untersuchung und die Identität der bevollmächtigten Personen. ² Bedienstete der zuständigen Behörde des betreffenden Mitgliedstaats unterstützen auf Antrag der ESMA die bevollmächtigten Personen bei der Durchführung ihrer Aufgaben. ³ Die Bediensteten der betreffenden zuständigen Behörde können auf Antrag auch an den Untersuchungen teilnehmen.*

*(5) ¹ Setzt die Anforderung von Aufzeichnungen von Telefongesprächen oder Datenübermittlungen gemäß Absatz 1 Buchstabe e nach geltendem nationalem Recht eine*

---

¹⁾ Nr. 3.

*Genehmigung von einem Gericht voraus, so muss diese beantragt werden.* ²*Die Genehmigung kann auch vorsorglich beantragt werden.*

*(6) [1] Geht bei einem nationalen Gericht ein Antrag auf Genehmigung einer Anforderung von Aufzeichnungen von Telefongesprächen oder Datenübermittlungen gemäß Absatz 1 Buchstabe e ein, so prüft das Gericht,*

*a) ob der in Absatz 3 genannte Beschluss der ESMA echt ist;*

*b) ob die zu ergreifenden Maßnahmen verhältnismäßig und weder willkürlich noch unangemessen sind.*

*[2] ¹Für die Zwecke von Buchstabe b kann das nationale Gericht die ESMA um detaillierte Erläuterungen ersuchen, insbesondere in Bezug auf die Gründe, aus denen die ESMA annimmt, dass ein Verstoß gegen diese Verordnung erfolgt ist, sowie in Bezug auf die Schwere des mutmaßlichen Verstoßes und die Art der Beteiligung der Person, gegen die sich die Zwangsmaßnahmen richten.* ²*Das nationale Gericht darf jedoch weder die Notwendigkeit der Untersuchung prüfen noch die Übermittlung der in den Akten der ESMA enthaltenen Informationen verlangen.* ³*Die Rechtmäßigkeit des Beschlusses der ESMA unterliegt ausschließlich der Überprüfung durch den Gerichtshof nach dem in der Verordnung (EU) Nr. 1095/2010 vorgesehenen Verfahren.*

***Art. 38d Kontrollen vor Ort.*** *(1) Zur Wahrnehmung ihrer Aufgaben nach dieser Verordnung kann die ESMA alle erforderlichen Kontrollen vor Ort in den Geschäftsräumen der in Artikel 38b Absatz 1 genannten Personen durchführen.*

*(2) ¹Die Bediensteten der ESMA und sonstige von ihr zur Durchführung der Kontrollen vor Ort bevollmächtigte Personen sind befugt, die Geschäftsräume der Personen, die Gegenstand des Beschlusses der ESMA über die Einleitung einer Untersuchung sind, zu betreten, und verfügen über sämtliche in Artikel 38b Absatz 1 genannten Befugnisse.* ²*Darüber hinaus sind sie befugt, jegliche Geschäftsräume und Bücher oder Aufzeichnungen für die Dauer der Kontrolle und in dem dafür erforderlichen Ausmaß zu versiegeln.*

*(3) ¹Die ESMA unterrichtet die zuständige Behörde des Mitgliedstaats, in dem die Kontrolle erfolgen soll, rechtzeitig über die bevorstehende Kontrolle.* ²*Wenn die ordnungsgemäße Durchführung und die Wirksamkeit der Kontrolle dies erfordern, kann die ESMA die Kontrolle vor Ort ohne vorherige Ankündigung durchführen, sofern sie die betreffende zuständige Behörde entsprechend vorab informiert hat.* ³*Kontrollen im Sinne dieses Artikels werden durchgeführt, sofern die betreffende zuständige Behörde bestätigt hat, dass sie keine Einwände gegen diese Kontrollen erhebt.*

*(4) Die Bediensteten der ESMA und sonstige von ihr zur Durchführung der Kontrollen vor Ort bevollmächtigte Personen üben ihre Befugnisse unter Vorlage einer schriftlichen Vollmacht aus, in der der Gegenstand und der Zweck der Kontrolle genannt werden und angegeben wird, welche Zwangsgelder gemäß Artikel 38i für den Fall verhängt werden, dass sich die betreffenden Personen nicht der Kontrolle unterziehen.*

*(5) ¹Die in Artikel 38b Absatz 1 genannten Personen müssen sich den durch Beschluss der ESMA angeordneten Kontrollen vor Ort unterziehen.* ²*In dem Beschluss sind Gegenstand, Zweck und Zeitpunkt des Beginns der Kontrolle, die in Artikel 38i vorgesehenen Zwangsgelder, die nach der Verordnung (EU) Nr. 1095/2010[1]) möglichen Rechtsbehelfe sowie das Recht, den Beschluss durch den Gerichtshof überprüfen zu lassen, angegeben.*

---

[1]) Nr. 3.

*(6)* ¹*Auf Antrag der ESMA unterstützen Bedienstete der zuständigen Behörde des Mitgliedstaats, in dem die Kontrolle vorgenommen werden soll, sowie von dieser Behörde entsprechend ermächtigte oder bestellte Personen die Bediensteten der ESMA und sonstige von ihr bevollmächtigte Personen aktiv.* ² *Ferner können Bedienstete der zuständigen Behörde des betreffenden an den Kontrollen vor Ort teilnehmen.*

*(7) Die ESMA kann die zuständigen Behörden zudem auffordern, bestimmte Untersuchungsaufgaben und Kontrollen vor Ort im Sinne dieses Artikels und des Artikels 38b Absatz 1 in ihrem Namen durchzuführen.*

*(8) Stellen die Bediensteten der ESMA oder andere von ihr bevollmächtigte Begleitpersonen fest, dass sich eine Person einer nach Maßgabe dieses Artikels angeordneten Kontrolle widersetzt, so gewährt die zuständige Behörde des betreffenden Mitgliedstaats gegebenenfalls unter Einsatz von Polizeikräften oder einer entsprechenden vollziehenden Behörde die erforderliche Unterstützung, damit die Kontrolle vor Ort durchgeführt werden kann.*

*(9)* ¹ *Setzt die Kontrolle vor Ort gemäß Absatz 1 oder die Unterstützung gemäß Absatz 7 nach nationalem Recht eine Genehmigung von einem Gericht voraus, so muss diese beantragt werden.* ² *Die Genehmigung kann auch vorsorglich beantragt werden.*

*(10) [1] Geht bei einem nationalen Gericht ein Antrag auf Genehmigung einer Kontrolle vor Ort gemäß Absatz 1 oder einer Unterstützung gemäß Artikel 7 ein, prüft das Gericht,*

*a) ob der in Absatz 5 genannte Beschluss der ESMA echt ist;*

*b) ob die zu ergreifenden Maßnahmen angemessen und weder willkürlich noch unverhältnismäßig sind.*

*[2]* ¹ *Für die Zwecke von Buchstabe b kann das nationale Gericht die ESMA um detaillierte Erläuterungen ersuchen, insbesondere in Bezug auf die Gründe, aus denen die ESMA annimmt, dass ein Verstoß gegen diese Verordnung erfolgt ist, sowie in Bezug auf die Schwere des mutmaßlichen Verstoßes und die Art der Beteiligung der Person, gegen die sich die Zwangsmaßnahmen richten.* ² *Das nationale Gericht darf jedoch weder die Notwendigkeit der Untersuchung prüfen noch die Übermittlung der in den Akten der ESMA enthaltenen Informationen verlangen.* ³ *Die Rechtmäßigkeit des Beschlusses der ESMA unterliegt ausschließlich der Überprüfung durch den Gerichtshof nach dem in der Verordnung (EU) Nr. 1095/2010 vorgesehenen Verfahren.*

**Art. 38e** *Informationsaustausch.* Die ESMA und die zuständigen Behörden übermitteln einander unverzüglich die zur Wahrnehmung ihrer Aufgaben gemäß dieser Verordnung erforderlichen Informationen.

**Art. 38f** *Wahrung des Berufsgeheimnisses.* Die ESMA und alle Personen, die bei der ESMA oder bei einer sonstigen Person, an die die ESMA Aufgaben delegiert hat, tätig sind oder tätig waren, einschließlich der unter Anweisung der ESMA tätigen Prüfer und Sachverständigen, sind zur Wahrung des Berufsgeheimnisses gemäß Artikel 76 der Richtlinie 2014/65/EU[1)] verpflichtet.

**Art. 38g** *Aufsichtsmaßnahmen der ESMA.* (1) Stellt die ESMA fest, dass eine Person nach Artikel 38b Absatz 1 Buchstabe a gegen die Anforderungen gemäß Titel IVa verstoßen hat, ergreift sie eine oder mehrere der folgenden Maßnahmen:

---

[1)] Nr. 1.

*a)* *Erlass eines Beschlusses, mit dem die Person aufgefordert wird, den Verstoß zu beenden;*

*b)* *Erlass eines Beschlusses über die Verhängung von Geldbußen oder Zwangsgeldern gemäß den Artikeln 38h und 38i;*

*c)* *Veröffentlichung einer Bekanntmachung.*

*(2) Wenn sie die in Absatz 1 genannten Maßnahmen ergreift, berücksichtigt die ESMA die Art und die Schwere des Verstoßes anhand folgender Kriterien:*

*a)* *Dauer und Häufigkeit des Verstoßes;*

*b)* *die Tatsache, ob ein Finanzverbrechen verursacht oder erleichtert wurde oder ansonsten mit dem Verstoß in Verbindung steht;*

*c)* *die Tatsache, ob der Verstoß vorsätzlich oder fahrlässig begangen wurde;*

*d)* *das Maß an Verantwortung der für den Verstoß verantwortlichen Person;*

*e)* *die Finanzkraft der für den Verstoß verantwortlichen Person, wie sie sich aus dem Gesamtumsatz der verantwortlichen juristischen Person oder den Jahreseinkünften und dem Nettovermögen der verantwortlichen natürlichen Person ablesen lässt;*

*f)* *die Auswirkungen des Verstoßes auf die Interessen der Anleger;*

*g)* *die Höhe der durch den Verstoß von der für den Verstoß verantwortlichen Person erzielten Gewinne beziehungsweise vermiedenen Verluste oder die Höhe der Dritten entstandenen Verluste, soweit diese sich beziffern lassen;*

*h)* *das Ausmaß der Zusammenarbeit der für den Verstoß verantwortlichen Person mit der ESMA, unbeschadet des Erfordernisses, die erzielten Gewinne oder vermiedenen Verluste dieser Person einzuziehen;*

*i)* *frühere Verstöße der für den Verstoß verantwortlichen Person;*

*j)* *Maßnahmen, die die für den Verstoß verantwortliche Person nach dem Verstoß ergriffen hat, um eine Wiederholung zu verhindern.*

*(3) [1] ¹Die ESMA teilt der für den Verstoß verantwortlichen Person unverzüglich jede gemäß Absatz 1 ergriffene Maßnahme mit und setzt die zuständigen Behörden der Mitgliedstaaten und die Kommission unverzüglich davon in Kenntnis. ²Sie macht jede derartige Maßnahme innerhalb von zehn Arbeitstagen, nachdem sie ergriffen wurde, auf ihrer Website öffentlich bekannt.*

*[2] Die in Unterabsatz 1 genannte Veröffentlichung umfasst:*

*a)* *eine Erklärung darüber, dass die für den Verstoß verantwortliche Person das Recht hat, Beschwerde gegen den Beschluss einzulegen;*

*b)* *gegebenenfalls eine Erklärung darüber, dass Beschwerde eingelegt wurde, mit dem Hinweis darauf, dass eine Beschwerde keine aufschiebende Wirkung hat;*

*c)* *den Hinweis, dass der Beschwerdeausschuss der ESMA die Möglichkeit hat, die Anwendung eines angefochtenen Beschlusses nach Artikel 60 Absatz 3 der Verordnung (EU) Nr. 1095/2010[1]) auszusetzen.*

## *Kapitel 2. Verwaltungssanktionen und andere Verwaltungsmaßnahmen*

**Art. 38h** *Geldbußen. (1) [1] Stellt die ESMA im Einklang mit Artikel 38k Absatz 5 fest, dass eine Person vorsätzlich oder fahrlässig gegen eine der Anforderungen gemäß Titel IVa verstoßen hat, so fasst sie im Einklang mit Absatz 2 des vorliegenden Artikels einen Beschluss über die Verhängung einer Geldbuße.*

---

[1]) Nr. **3**.

*[2] Ein Verstoß gilt als vorsätzlich begangen, wenn die ESMA objektive Anhaltspunkte zum Nachweis dessen ermittelt hat, dass eine Person den Verstoß absichtlich begangen hat.*

*(2) Die für Verstöße nach Absatz 1 zu verhängende Geldbuße beträgt höchstens 200 000 EUR beziehungsweise entspricht in den Mitgliedstaaten, deren amtliche Währung nicht der Euro ist, dem Gegenwert in Landeswährung.*

*(3) Bei der Festsetzung der Höhe einer Geldbuße gemäß Absatz 1 berücksichtigt die ESMA die in Artikel 38g Absatz 2 festgelegten Kriterien.*

**Art. 38i** *Zwangsgelder. (1) Die ESMA verhängt per Beschluss Zwangsgelder, um*

*a) eine Person im Einklang mit einem Beschluss gemäß Artikel 38g Absatz 1 Buchstabe a zur Beendigung eines Verstoßes zu verpflichten;*

*b) eine in Artikel 38b Absatz 1 genannte Person zu verpflichten,*

- *i) eine Information, die per Beschluss nach Artikel 38b angefordert wurde, vollständig zu erteilen;*
- *ii) sich einer Untersuchung zu unterziehen und insbesondere vollständige Aufzeichnungen, Daten, Verfahren und sonstiges angefordertes Material vorzulegen sowie sonstige im Rahmen einer per Beschluss nach Artikel 38c angeordneten Untersuchung vorzulegende Informationen zu vervollständigen oder zu berichtigen;*
- *iii) sich einer per Beschluss nach Artikel 38d angeordneten Kontrolle vor Ort zu unterziehen.*

*(2) ¹ Ein Zwangsgeld muss wirksam und verhältnismäßig sein. ² Die Zahlung des Zwangsgelds wird für jeden Tag des Verzugs angeordnet.*

*(3) ¹ Unbeschadet des Absatzes 2 beträgt das Zwangsgeld 3 % des durchschnittlichen Tagesumsatzes im vorangegangenen Geschäftsjahr beziehungsweise bei natürlichen Personen 2 % des durchschnittlichen Tageseinkommens im vorausgegangenen Kalenderjahr. ² Es wird ab dem im Beschluss über die Verhängung des Zwangsgelds festgelegten Termin berechnet.*

*(4) ¹ Ein Zwangsgeld kann für einen Zeitraum von höchstens sechs Monaten ab der Bekanntgabe des Beschlusses der ESMA verhängt werden. ² Nach Ende dieses Zeitraums überprüft die ESMA diese Maßnahme.*

**Art. 38j** *Offenlegung, Art, Vollstreckung und Zuweisung der Geldbußen und Zwangsgelder. (1) ¹ Die ESMA veröffentlicht sämtliche gemäß den Artikeln 38h und 38i verhängten Geldbußen und Zwangsgelder, sofern dies die Stabilität der Finanzmärkte nicht ernsthaft gefährdet und den Beteiligten daraus kein unverhältnismäßiger Schaden erwächst. ² Diese Veröffentlichung darf keine personenbezogenen Daten im Sinne der Verordnung (EU) 2018/1725 des Europäischen Parlaments und des Rates[1] enthalten.*

*(2) Gemäß den Artikeln 38h und 38i verhängte Geldbußen und Zwangsgelder sind verwaltungsrechtlicher Natur.*

*(3) Beschließt die ESMA, keine Geldbußen oder Zwangsgelder zu verhängen, so informiert sie das Europäische Parlament, den Rat, die Kommission und die zuständigen*

---

[1] **Amtl. Anm.:** Verordnung (EU) 2018/1725 des Europäischen Parlaments und des Rates vom 23. Oktober 2018 zum Schutz natürlicher Personen bei der Verarbeitung personenbezogener Daten durch die Organe, Einrichtungen und sonstigen Stellen der Union, zum freien Datenverkehr und zur Aufhebung der Verordnung (EG) Nr. 45/2001 und des Beschlusses Nr. 1247/2002/EG (ABl. L 295 vom 21.11.2018, S. 39).

## Art. 38k VO (EU) 600/2014

*Behörden des betreffenden Mitgliedstaats entsprechend und legt die Gründe für ihren Beschluss dar.*

*(4) [1] Gemäß den Artikeln 38h und 38i verhängte Geldbußen und Zwangsgelder sind vollstreckbar.*

*[2] Die Vollstreckung erfolgt nach den geltenden Verfahrensvorschriften des Mitgliedstaats, in dessen Hoheitsgebiet sie stattfindet.*

*(5) Die eingezogenen Geldbußen und Zwangsgelder werden dem Gesamthaushaltsplan der Europäischen Union zugewiesen.*

**Art. 38k** *Verfahrensvorschriften für Aufsichtsmaßnahmen und Geldbußen.*

*(1) [1] Stellt die ESMA bei der Wahrnehmung ihrer Aufgaben nach dieser Verordnung fest, dass es ernsthafte Anhaltspunkte für das Vorliegen von Tatsachen gibt, die einen oder mehrere Verstöße gegen die Anforderungen gemäß Titel IVa darstellen können, benennt sie aus dem Kreis ihrer Bediensteten einen unabhängigen Untersuchungsbeauftragten zur Untersuchung des Sachverhalts. [2] Der benannte Beauftragte darf nicht direkt oder indirekt in die Beaufsichtigung oder das Zulassungsverfahren des betreffenden Datenbereitstellungsdienstleisters einbezogen sein oder gewesen sein und nimmt seine Aufgaben unabhängig von der ESMA wahr.*

*(2) Der in Absatz 1 genannte Untersuchungsbeauftragte untersucht die mutmaßlichen Verstöße, wobei er alle Bemerkungen der Personen, die Gegenstand der Untersuchungen sind, berücksichtigt, und legt der ESMA eine vollständige Verfahrensakte mit seinen Feststellungen vor.*

*(3) Zur Erfüllung seiner Aufgaben kann der Untersuchungsbeauftragte von der Befugnis Gebrauch machen, nach Artikel 38b Informationen anzufordern und nach den Artikeln 38c und 38d Untersuchungen und Kontrollen vor Ort durchzuführen.*

*(4) Bei der Erfüllung seiner Aufgaben hat der Untersuchungsbeauftragte Zugang zu allen Unterlagen und Informationen, die die ESMA bei ihren Aufsichtstätigkeiten zusammengetragen hat.*

*(5) [1] Beim Abschluss seiner Untersuchung gibt der Untersuchungsbeauftragte den Personen, gegen die sich die Untersuchung richtet, Gelegenheit, zu den untersuchten Fragen angehört zu werden, bevor er der ESMA die Verfahrensakte mit seinen Feststellungen vorlegt. [2] Der Untersuchungsbeauftragte stützt seine Feststellungen nur auf Tatsachen, zu denen die betreffenden Personen Stellung nehmen konnten.*

*(6) Die Verteidigungsrechte der Personen, die Gegenstand der Untersuchungen sind, müssen während der Untersuchungen nach diesem Artikel in vollem Umfang gewahrt werden.*

*(7) [1] Wenn der Untersuchungsbeauftragte der ESMA die Verfahrensakte mit seinen Feststellungen vorlegt, setzt er die Personen, die Gegenstand der Untersuchungen sind, davon in Kenntnis. [2] Vorbehaltlich des berechtigten Interesses anderer Personen an der Wahrung ihrer Geschäftsgeheimnisse haben die Personen, die Gegenstand der Untersuchungen sind, das Recht auf Einsicht in die Verfahrensakte. [3] Das Recht auf Einsicht in die Verfahrensakte gilt nicht für vertrauliche Informationen, die Dritte betreffen.*

*(8) Anhand der Verfahrensakte mit den Feststellungen des Untersuchungsbeauftragten und – wenn die Personen, die Gegenstand der Untersuchungen sind, darum ersuchen – nach deren Anhörung gemäß Artikel 38l entscheidet die ESMA, ob die Personen, die Gegenstand der Untersuchungen sind, einen oder mehrere Verstöße gegen Anforderungen gemäß Titel IVa begangen haben; ist dies der Fall, ergreift sie eine Aufsichtsmaßnahme nach Artikel 38g.*

*(9) Der Untersuchungsbeauftragte nimmt nicht an den Beratungen der ESMA teil und greift auch nicht in anderer Weise in den Beschlussfassungsprozess der ESMA ein.*

*(10) Die Kommission erlässt bis zum 1. Oktober 2021 gemäß Artikel 50 delegierte Rechtsakte, in denen die Ausübung der Befugnis zur Verhängung von Geldbußen oder Zwangsgeldern im Einzelnen geregelt wird; diese Rechtsakte enthalten auch Bestimmungen zu den Verteidigungsrechten, zu Zeitpunkten und Fristen, zur Einziehung der Geldbußen oder Zwangsgelder und zur Verjährung bezüglich der Verhängung und Vollstreckung von Buß- oder Zwangsgeldzahlungen.*

*(11)* [1] *Stellt die ESMA bei der Wahrnehmung ihrer Pflichten nach dieser Verordnung ernsthafte Anhaltspunkte für das Vorliegen von Tatsachen fest, die Straftaten darstellen könnten, verweist sie diese Sachverhalte zur strafrechtlichen Verfolgung an die zuständigen nationalen Behörden.* [2] *Ferner sieht die ESMA davon ab, Geldbußen oder Zwangsgelder zu verhängen, wenn ein früherer Freispruch oder eine frühere Verurteilung aufgrund identischer oder im Wesentlichen gleichartiger Tatsachen als Ergebnis eines Strafverfahrens nach nationalem Recht bereits Rechtskraft erlangt hat.*

### Art. 38l Anhörung der betroffenen Personen.

*(1) [1]* [1] *Vor einem Beschluss gemäß den Artikeln 38g, 38h und 38i gibt die ESMA den Personen, die Gegenstand des Verfahrens sind, Gelegenheit, zu ihren Feststellungen angehört zu werden.* [2] *Die ESMA stützt ihre Beschlüsse nur auf Feststellungen, zu denen sich die Personen, die dem Verfahren unterworfen sind, äußern konnten.*

*[2]* [1] *Unterabsatz 1 gilt nicht für den Fall, dass dringende Maßnahmen ergriffen werden müssen, um ernsthaften und unmittelbar bevorstehenden Schaden vom Finanzsystem abzuwenden.* [2] *In einem solchen Fall kann die ESMA einen Interimsbeschluss fassen und muss den betreffenden Personen die Gelegenheit geben, so bald wie möglich nach Erlass ihres Beschlusses gehört zu werden.*

*(2)* [1] *Die Verteidigungsrechte der Personen, die Gegenstand der Untersuchungen sind, müssen während des Verfahrens in vollem Umfang gewahrt werden.* [2] *Sie haben vorbehaltlich des berechtigten Interesses anderer Personen an der Wahrung ihrer Geschäftsgeheimnisse Recht auf Einsicht in die Akten der ESMA.* [3] *Von der Akteneinsicht ausgenommen sind vertrauliche Informationen sowie interne vorbereitende Unterlagen der ESMA.*

### Art. 38m Überprüfung durch den Gerichtshof.

[1] *Der Gerichtshof besitzt die unbeschränkte Befugnis zur Überprüfung von Beschlüssen, mit denen die ESMA eine Geldbuße oder ein Zwangsgeld festgesetzt hat.* [2] *Er kann die verhängten Geldbußen oder Zwangsgelder aufheben, herabsetzen oder erhöhen.*

### Art. 38n Zulassungs- und Aufsichtsgebühren.

*(1)* [1] *Die ESMA stellt den Datenbereitstellungsdienstleistern gemäß dieser Verordnung und gemäß den nach Absatz 3 des vorliegenden Artikels erlassenen delegierten Rechtsakten Gebühren in Rechnung.* [2] *Diese Gebühren decken die Aufwendungen der ESMA im Zusammenhang mit der Zulassung und Beaufsichtigung von Datenbereitstellungsdienstleistern und der Erstattung der Kosten, die den zuständigen Behörden bei der Durchführung von Arbeiten nach dieser Verordnung – insbesondere infolge einer Übertragung von Aufgaben Artikel 38o – entstehen können, voll ab.*

*(2)* [1] *Die Höhe einer einzelnen, von einem Datenbereitstellungsdienstleister zu entrichtenden Gebühr deckt alle Verwaltungskosten der ESMA für die Zulassungs- und Beaufsichtigungstätigkeiten im Zusammenhang mit diesem Dienstleister ab.* [2] *Sie steht in einem angemessenen Verhältnis zum Umsatz des Datenbereitstellungsdienstleisters.*

# Art. 38o–40 VO (EU) 600/2014

*(3) Die Kommission erlässt bis zum 1. Oktober 2021 einen delegierten Rechtsakt gemäß Artikel 50, durch den die Art der Gebühren, die Tatbestände, für die Gebühren zu entrichten sind, die Höhe der Gebühren und die Art und Weise, wie sie zu zahlen sind, im Einzelnen festgelegt werden.*

**Art. 38o** *Übertragung von Aufgaben durch die ESMA an die zuständigen Behörden.* **(1)** ¹ Soweit es für die ordnungsgemäße Erfüllung einer Aufsichtsaufgabe erforderlich ist, kann die ESMA spezifische Aufsichtsaufgaben gemäß den von der ESMA nach Artikel 16 der Verordnung (EU) Nr. 1095/2010¹⁾ herausgegebenen Leitlinien an die zuständige Behörde eines Mitgliedstaats übertragen. ² Zu diesen spezifischen Aufsichtsaufgaben können insbesondere die Befugnis zum Stellen von Informationsersuchen gemäß Artikel 38b und die Befugnis zur Durchführung von Untersuchungen und Kontrollen vor Ort gemäß den Artikeln 38c und 38d zählen.

*(2) Bevor die ESMA Aufgaben überträgt, konsultiert sie die jeweils zuständige Behörde in Bezug auf:*

*a) den Umfang der zu übertragenden Aufgabe;*

*b) den Zeitplan für die Ausführung der Aufgabe; und*

*c) die Übermittlung erforderlicher Informationen durch und an die ESMA.*

*(3) Gemäß dem nach Artikel 38n Absatz 3 erlassenen delegierten Rechtsakt erstattet die ESMA einer zuständigen Behörde die Kosten, die dieser bei der Durchführung übertragener Aufgaben entstanden sind.*

*(4) ¹ Die ESMA überprüft den Beschluss nach Absatz 1 in angemessenen Zeitabständen. ² Eine Übertragung von Aufgaben kann jederzeit widerrufen werden.*

*(5) Eine Übertragung von Aufgaben berührt nicht die Zuständigkeit der ESMA und schränkt die Möglichkeit der ESMA, die übertragene Tätigkeit durchzuführen und zu überwachen, nicht ein.*

## Titel VII. Aufsichtsmaßnahmen zur Produktintervention und zu den Positionen

### Kapitel 1. Produktüberwachung und Produktintervention

**Art. 39** **Marktüberwachung.** (1) Gemäß Artikel 9 Absatz 2 der Verordnung (EU) Nr. 1095/2010¹⁾ überwacht die ESMA den Markt für Finanzinstrumente, die in der Union vermarktet, vertrieben oder verkauft werden.

(2) Gemäß Artikel 9 Absatz 2 der Verordnung (EU) Nr. 1093/2010 überwacht die EBA den Markt für strukturierte Einlagen, die in der Union vermarktet, vertrieben oder verkauft werden.

(3) Die zuständigen Behörden überwachen den Markt für Finanzinstrumente und strukturierte Einlagen, die in ihrem Mitgliedstaat oder von ihrem Mitgliedstaat aus vermarktet, vertrieben oder verkauft werden.

### Art. 40 Befugnisse der ESMA zur vorübergehenden Intervention.

(1) *[1]* Gemäß Artikel 9 Absatz 5 der Verordnung (EU) Nr. 1095/2010¹⁾ kann die ESMA, wenn die Bedingungen der Absätze 2 und 3 erfüllt sind, in der Union vorübergehend Folgendes verbieten oder beschränken:

---

¹⁾ Nr. 3.

a) die Vermarktung, den Vertrieb oder den Verkauf von bestimmten Finanzinstrumenten oder von Finanzinstrumenten mit bestimmten Merkmalen oder

b) eine Form der Finanztätigkeit oder -praxis.

*[2]* Ein Verbot oder eine Beschränkung kann unter von der ESMA festgelegten Bedingungen oder vorbehaltlich von Ausnahmen geltend gemacht werden.

(2) *[1]* Die ESMA fasst einen Beschluss gemäß Absatz 1 nur, wenn alle folgenden Bedingungen erfüllt sind:

a) Die vorgeschlagene Maßnahme begegnet erheblichen Bedenken hinsichtlich des Anlegerschutzes oder einer Gefahr für das ordnungsgemäße Funktionieren und die Integrität der Finanz- oder Warenmärkte oder für die Stabilität des gesamten Finanzsystems in der Union oder eines Teils davon,

b) die regulatorischen Anforderungen nach dem Unionsrecht, die auf das jeweilige Finanzinstrument oder die jeweilige Finanztätigkeit anwendbar sind, wenden die Gefahr nicht ab,

c) eine oder mehrere zuständige Behörden haben keine Maßnahmen ergriffen, um der Bedrohung zu begegnen, oder die ergriffenen Maßnahmen werden der Bedrohung nicht gerecht.

*[2]* Wenn die Voraussetzungen nach Unterabsatz 1 erfüllt sind, kann die ESMA das Verbot oder die Beschränkung nach Absatz 1 vorsorglich aussprechen, bevor ein Finanzinstrument vermarktet, vertrieben oder an Kunden verkauft wird.

(3) *[1]* Bei der Ergreifung von Maßnahmen im Sinne dieses Artikels stellt die ESMA sicher, dass die Maßnahme

a) keine negativen Auswirkungen auf die Effizienz der Finanzmärkte oder auf die Anleger hat, die in keinem Verhältnis zu den Vorteilen der Maßnahme stehen,

b) kein Risiko einer Aufsichtsarbitrage schafft und

c) nach Anhörung der für die Beaufsichtigung, Verwaltung und Regulierung der landwirtschaftlichen Warenmärkte gemäß der Verordnung (EG) Nr. 1234/2007 zuständigen öffentlichen Stellen ergriffen wurde, sofern die Maßnahme Derivate auf landwirtschaftliche Grunderzeugnisse betrifft.

*[2]* Haben eine oder mehrere zuständige Behörden eine Maßnahme nach Artikel 42 ergriffen, kann die ESMA die in Absatz 1 genannten Maßnahmen ergreifen, ohne die in Artikel 43 vorgesehene Stellungnahme abzugeben.

(4) Bevor die ESMA beschließt, Maßnahmen nach diesem Artikel zu ergreifen, unterrichtet sie die zuständigen Behörden über ihr vorgeschlagenes Vorgehen.

(5) [1] Die ESMA gibt auf ihrer Website jeden Beschluss einer nach diesem Artikel zu ergreifenden Maßnahme bekannt. [2] Die Mitteilung erläutert die Einzelheiten des Verbots oder der Beschränkung und nennt einen Zeitpunkt nach der Veröffentlichung der Mitteilung, an dem die Maßnahmen wirksam werden. [3] Ein Verbot oder eine Beschränkung gelten erst dann, wenn die Maßnahmen wirksam geworden sind.

*[Abs. 6 bis 31.12.2021:]*

(6) ¹Die ESMA überprüft ein Verbot oder eine Beschränkung gemäß Absatz 1 in geeigneten Zeitabständen, mindestens aber alle drei Monate. ²Wird das Verbot oder die Beschränkung nach Ablauf dieser drei Monate nicht verlängert, treten sie automatisch außer Kraft.

*[Abs. 6 ab 1.1.2022:]*

*(6) ¹Die ESMA überprüft ein Verbot oder eine Beschränkung gemäß Absatz 1 in geeigneten Zeitabständen, und mindestens alle sechs Monate. ²Nach mindestens zwei aufeinanderfolgenden Verlängerungen kann die ESMA auf der Grundlage einer ordnungsgemäßen Analyse zur Bewertung der Auswirkungen auf die Verbraucher die jährliche Verlängerung des Verbots oder der Beschränkung beschließen.*

(7) Eine gemäß diesem Artikel beschlossene Maßnahme der ESMA erhält Vorrang vor allen etwaigen früheren Maßnahmen einer zuständigen Behörde.

(8)¹⁾ *[1]* Die Kommission nimmt delegierte Rechtsakte gemäß Artikel 50 an, in denen die Kriterien und Faktoren festgelegt werden, die von der ESMA bei der Bestimmung der Tatsache zu berücksichtigen sind, wann erhebliche Bedenken hinsichtlich des Anlegerschutzes gegeben sind oder die ordnungsgemäße Funktionsweise und die Integrität der Finanzmärkte oder der Warenmärkte oder aber die Stabilität des gesamten oder eines Teils des Finanzsystems in der Union im Sinne von Absatz 2 Buchstabe a gefährdet ist.

*[2]* Diese Kriterien und Faktoren schließen unter anderem Folgendes ein:

a) den Grad der Komplexität eines Finanzinstruments und den Bezug zu der Art von Kunden, an die es vermarktet und verkauft wird,

b) das Volumen oder den Nominalwert bei Ausgabe eines Finanzinstruments,

c) den Innovationsgrad eines Finanzinstruments, einer Finanztätigkeit oder einer Finanzpraxis,

d) den Leverage-Effekt eines Finanzinstruments oder einer Finanzpraxis.

## Art. 41 Befugnisse der EBA zur vorübergehenden Intervention.

(1) *[1]* Gemäß Artikel 9 Absatz 5 der Verordnung (EU) Nr. 1093/2010 kann die EBA, wenn die Bedingungen der Absätze 2 und 3 erfüllt sind, in der Union vorübergehend Folgendes verbieten oder beschränken:

a) die Vermarktung, den Vertrieb oder den Verkauf von bestimmten strukturierten Einlagen oder von strukturierten Einlagen mit bestimmten Merkmalen oder

b) eine Form der Finanztätigkeit oder -praxis.

*[2]* Ein Verbot oder eine Beschränkung kann unter von der EBA festgelegten Bedingungen oder vorbehaltlich von Ausnahmen geltend gemacht werden.

(2) *[1]* Die EBA fasst einen Beschluss gemäß Absatz 1 nur, wenn die folgenden Bedingungen erfüllt sind:

a) Die vorgeschlagene Maßnahme begegnet erheblichen Bedenken hinsichtlich des Anlegerschutzes oder einer Gefahr für das ordnungsgemäße Funktionieren und die Integrität der Finanzmärkte oder für die Stabilität des gesamten Finanzsystems in der Union oder eines Teils davon,

---

¹⁾ Beachte zum Inkrafttreten Art. 55 Abs. 3.

b) die regulatorischen Anforderungen nach dem Unionsrecht, die auf die jeweilige strukturierte Einlage oder entsprechende Tätigkeiten anwendbar sind, wenden die Gefahr nicht ab,

c) eine oder mehrere zuständige Behörden haben keine Maßnahmen ergriffen, um der Bedrohung zu begegnen, oder die ergriffenen Maßnahmen werden der Bedrohung nicht gerecht.

*[2]* Wenn die Voraussetzungen nach Unterabsatz 1 erfüllt sind, kann die EBA das Verbot oder die Beschränkung nach Absatz 1 vorsorglich aussprechen, bevor eine strukturierte Einlage vermarktet, vertrieben oder an Kunden verkauft wird.

(3) *[1]* Bei der Ergreifung von Maßnahmen im Sinne dieses Artikels stellt die EBA sicher, dass die Maßnahmen

a) keine negativen Auswirkungen auf die Effizienz der Finanzmärkte oder auf die Anleger haben, die in keinem Verhältnis zu den Vorteilen der Maßnahme stehen und

b) kein Risiko der Aufsichtsarbitrage schaffen.

*[2]* Haben eine oder mehrere zuständige Behörden eine Maßnahme nach Artikel 42 ergriffen, kann die EBA die in Absatz 1 genannten Maßnahmen ergreifen, ohne die in Artikel 43 vorgesehene Stellungnahme abzugeben.

(4) Bevor die EBA beschließt, Maßnahmen nach diesem Artikel zu ergreifen, unterrichtet sie die zuständigen Behörden über ihr vorgeschlagenes Vorgehen.

(5) [1] Die EBA gibt auf ihrer Website jeden Beschluss an, im Sinne dieses Artikels Maßnahmen zu ergreifen. [2] Die Mitteilung erläutert die Einzelheiten des Verbots oder der Beschränkung und nennt einen Zeitpunkt nach der Veröffentlichung der Mitteilung, ab dem die Maßnahmen wirksam werden. [3] Ein Verbot oder eine Beschränkung gelten erst, nachdem die Maßnahmen wirksam geworden sind.

**[Abs. 6 bis 31.12.2021:]**

(6) [1] Die EBA überprüft ein Verbot oder eine Beschränkung gemäß Absatz 1 in geeigneten Zeitabständen, mindestens aber alle drei Monate. [2] Wird das Verbot oder die Beschränkung nach Ablauf dieser dreimonatigen Frist nicht verlängert, treten sie automatisch außer Kraft.

**[Abs. 6 ab 1.1.2022:]**

*(6) [1] Die EBA überprüft ein Verbot oder eine Beschränkung gemäß Absatz 1 in geeigneten Zeitabständen, und mindestens alle sechs Monate. [2] Nach mindestens zwei aufeinanderfolgenden Verlängerungen kann die EBA auf der Grundlage einer ordnungsgemäßen Analyse zur Bewertung der Auswirkungen auf die Verbraucher die jährliche Verlängerung des Verbots oder der Beschränkung beschließen.*

(7) Eine gemäß diesem Artikel beschlossene Maßnahme der EBA erhält Vorrang vor allen etwaigen früheren Maßnahmen einer zuständigen Behörde.

(8)[1] *[1]* Die Kommission nimmt delegierte Rechtsakte gemäß Artikel 50 an, in denen die Kriterien und Faktoren festgelegt werden, die von der EBA bei der Bestimmung der Tatsache zu berücksichtigen sind, wann erhebliche Bedenken hinsichtlich des Anlegerschutzes gegeben sind oder die ordnungsgemäße Funktionsweise und die Integrität der Finanzmärkte oder aber die Stabilität des

---

[1]) Beachte zum Inkrafttreten Art. 55 Abs. 3.

gesamten oder eines Teils des Finanzsystems in der Union im Sinne von Absatz 2 Buchstabe a gefährdet ist.

*[2]* Diese Kriterien und Faktoren schließen unter anderem Folgendes ein:
a) den Grad der Komplexität einer strukturierten Einlage und den Bezug zu der Art von Kunden, an die es vermarktet und verkauft wird,
b) das Volumen oder den Nominalwert bei Ausgabe einer strukturierten Einlage,
c) den Innovationsgrad einer strukturierten Einlage oder einer entsprechenden Tätigkeit oder Praxis,
d) den Leverage-Effekt einer strukturierten Einlage oder einer Praxis.

**Art. 42 Produktintervention seitens der zuständigen Behörden.**

(1) Eine zuständige Behörde kann in oder aus diesem Mitgliedstaat Folgendes verbieten oder beschränken:
a) die Vermarktung, den Vertrieb oder den Verkauf von bestimmten Finanzinstrumenten oder strukturierten Einlagen oder von Finanzinstrumenten oder strukturierten Einlagen mit bestimmten Merkmalen oder
b) eine Form der Finanztätigkeit oder -praxis.

(2) *[1]* Eine zuständige Behörde kann die in Absatz 1 genannte Maßnahme ergreifen, wenn sie sich begründetermaßen vergewissert hat, dass
a) entweder
  i) ein Finanzinstrument, eine strukturierte Einlage oder eine entsprechende Tätigkeit oder Praxis erhebliche Bedenken für den Anlegerschutz aufwirft oder eine Gefahr für das ordnungsgemäße Funktionieren und die Integrität der Finanz- oder Warenmärkte oder in mindestens einem Mitgliedstaat für die Stabilität des gesamten Finanzsystems oder eines Teils davon darstellt oder
  ii) ein Derivat negative Auswirkungen auf den Preisbildungsmechanismus in den zugrunde liegenden Märkten hat;
b) bestehende regulatorische Anforderungen nach Unionsrecht, die auf das Finanzinstrument, die strukturierte Einlage oder die entsprechende Tätigkeit oder Praxis anwendbar sind, den in Buchstabe a genannten Risiken nicht hinreichend begegnen und das Problem durch eine stärkere Aufsicht oder Durchsetzung der vorhandenen Anforderungen nicht besser gelöst würde;
c) die Maßnahme verhältnismäßig ist, wenn man die Wesensart der ermittelten Risiken, das Kenntnisniveau der betreffenden Anleger oder Marktteilnehmer und die wahrscheinliche Wirkung der Maßnahme auf Anleger und Marktteilnehmer berücksichtigt, die das Finanzinstrument oder die strukturierte Einlage eventuell halten und es/sie bzw. die entsprechende Tätigkeit oder Praxis nutzen oder davon profitieren;
d) die zuständige Behörde die zuständigen Behörden anderer Mitgliedstaaten, die von der Maßnahme erheblich betroffen sein können, angemessen angehört hat;
e) sich die Maßnahme nicht diskriminierend auf Dienstleistungen oder Tätigkeiten auswirkt, die von einem anderen Mitgliedstaat aus erbracht werden, und

f) dass, wenn von einem Finanzinstrument oder einer Finanztätigkeit oder -praxis eine erhebliche Gefahr für das ordnungsgemäße Funktionieren und die Integrität der landwirtschaftlichen Warenmärkte ausgeht, eine angemessene Anhörung der für die Beaufsichtigung, Verwaltung und Regulierung dieser Märkte gemäß der Verordnung (EG) Nr. 1234/2007 zuständigen öffentlichen Stellen stattgefunden hat.

*[2]* Wenn die Voraussetzungen nach Unterabsatz 1 erfüllt sind, kann die zuständige Behörde das Verbot oder die Beschränkung nach Absatz 1 vorsorglich aussprechen, bevor ein Finanzinstrument oder eine strukturierte Einlage vermarktet, vertrieben oder an Kunden verkauft wird.

*[3]* Ein Verbot oder eine Beschränkung kann unter von der zuständigen Behörde festgelegten Bedingungen oder vorbehaltlich von Ausnahmen geltend gemacht werden.

(3) Die zuständige Behörde spricht im Sinne dieses Artikels keine Verbote oder Beschränkungen aus, es sei denn, sie hat spätestens einen Monat, bevor die Maßnahme wirksam werden soll, allen anderen zuständigen Behörden und der ESMA schriftlich oder auf einen anderen, von den Behörden vereinbarten Weg folgende Einzelheiten übermittelt:

a) Finanzinstrument, Finanztätigkeit oder Finanzpraxis, auf die sich die vorgeschlagene Maßnahme bezieht;

b) genauer Charakter des vorgeschlagenen Verbots oder der vorgeschlagenen Beschränkung sowie geplanter Zeitpunkt des Inkrafttretens, und

c) Nachweise, auf die sie ihren Beschluss gestützt hat, und die als Grundlage für die Feststellung dienen, dass die Bedingungen von Absatz 2 erfüllt sind.

(4) [1] In Ausnahmefällen, in denen die zuständige Behörde dringende Maßnahmen nach diesem Artikel für erforderlich hält, um Schaden, der aufgrund der Finanzinstrumente, der strukturierten Einlagen oder der entsprechenden Praktiken oder Tätigkeiten nach Absatz 1 entstehen könnte, abzuwenden, kann die zuständige Behörde frühestens 24 Stunden, nachdem sie alle anderen zuständigen Behörden und die ESMA bzw. – im Falle strukturierter Einlagen – die EBA von dem geplanten Inkrafttreten der Maßnahme benachrichtigt hat, vorläufig tätig werden, sofern alle nach diesem Artikel geltenden Kriterien erfüllt sind und außerdem eindeutig nachgewiesen ist, dass auf die konkreten Bedenken oder die konkrete Gefahr bei einer einmonatigen Notifikationsfrist nicht angemessen reagiert werden kann. [2] Die zuständige Behörde darf nicht für mehr als drei Monate vorläufig tätig werden.

(5) [1] Die zuständige Behörde gibt auf ihrer Website jeden Beschluss zur Verhängung eines Verbots oder einer Beschränkung nach Absatz 1 bekannt. [2] Die Mitteilung erläutert die Einzelheiten des Verbots oder der Beschränkung und nennt einen Zeitpunkt nach der Veröffentlichung der Mitteilung, an dem die Maßnahmen wirksam werden, sowie die Nachweise, aufgrund deren die Erfüllung aller Bedingungen nach Absatz 2 belegt ist. [3] Das Verbot oder die Beschränkung gelten nur für Maßnahmen, die nach der Veröffentlichung der Mitteilung ergriffen wurden.

(6) Die zuständige Behörde widerruft ein Verbot oder eine Beschränkung, wenn die Bedingungen nach Absatz 2 nicht mehr gelten.

(7)[1] *[1]* Die Kommission nimmt delegierte Rechtsakte gemäß Artikel 50 an, in denen die Kriterien und Faktoren festgelegt werden, die von den zuständigen Behörden bei der Bestimmung der Tatsache zu berücksichtigen sind, wann erhebliche Bedenken hinsichtlich des Anlegerschutzes gegeben sind oder die ordnungsgemäße Funktionsweise und die Integrität der Finanzmärkte oder der Warenmärkte oder aber in mindestens einem Mitgliedstaat die Stabilität des Finanzsystems im Sinne von Absatz 2 Buchstabe a gefährdet ist.

*[2]* Diese Kriterien und Faktoren schließen unter anderem Folgendes ein:

a) den Grad der Komplexität eines Finanzinstruments oder einer strukturierten Einlage und den Bezug zu der Art von Kunden, an die es/sie vermarktet, vertrieben und verkauft wird,

b) den Innovationsgrad eines Finanzinstruments oder einer strukturierten Einlage oder einer entsprechenden Tätigkeit oder Praxis,

c) den Leverage-Effekt eines Finanzinstruments oder einer strukturierten Einlage oder einer Praxis,

d) in Bezug auf das ordnungsgemäße Funktionieren und die Integrität der Finanz- oder Warenmärkte – das Volumen oder den Nominalwert bei Ausgabe eines Finanzinstruments.

**Art. 43 Koordinierung durch die ESMA und die EBA.** (1) [1] Bei Maßnahmen der zuständigen Behörden gemäß Artikel 42 spielt die ESMA bzw. – bei strukturierten Einlagen – die EBA die Rolle des Vermittlers und Koordinators. [2] Insbesondere stellt die ESMA bzw. – bei strukturierten Einlagen – die EBA sicher, dass eine von einer zuständigen Behörde ergriffene Maßnahme gerechtfertigt und verhältnismäßig ist und dass die zuständigen Behörden gegebenenfalls einen einheitlichen Ansatz wählen.

(2) [1] Nach Erhalt der Mitteilung nach Artikel 42 in Bezug auf eine im Sinne dieses Artikels zu ergreifende Maßnahme gibt die ESMA bzw. – bei strukturierten Einlagen – die EBA eine Stellungnahme ab, in der sie klärt, ob das Verbot oder die Beschränkung gerechtfertigt und verhältnismäßig ist. [2] Hält die ESMA bzw. – bei strukturierten Einlagen – die EBA Maßnahmen anderer zuständiger Behörden für notwendig, um die Risiken zu bewältigen, gibt sie dies in ihrer Stellungnahme an. [3] Die Stellungnahme wird auf der Website der ESMA bzw. – bei strukturierten Einlagen – auf der Website der EBA veröffentlicht.

(3) Werden von einer zuständigen Behörde Maßnahmen vorgeschlagen oder ergriffen, die der in Absatz 2 genannten, von der ESMA oder der EBA angenommenen Stellungnahme zuwiderlaufen, oder wird das Ergreifen von Maßnahmen entgegen dieser Stellungnahme von einer zuständigen Behörde abgelehnt, so veröffentlicht die betreffende zuständige Behörde auf ihrer Website umgehend eine Mitteilung, in der sie die Gründe dafür vollständig darlegt.

## Kapitel 2. Positionen

**Art. 44 Koordinierung nationaler Positionsmanagementmaßnahmen und Positionsbeschränkungen durch die ESMA.** (1) [1] Die ESMA wird als Vermittler und Koordinator im Hinblick auf Maßnahmen tätig, die von den zuständigen Behörden nach Artikel 69 Absatz 2 Buchstaben o und p der Richt-

---

[1] Beachte zum Inkrafttreten Art. 55 Abs. 3.

linie 2014/65/EU[1]) ergriffen werden. ²Insbesondere sorgt die ESMA dafür, dass die zuständigen Behörden einen kohärenten Ansatz verfolgen, wenn es um den Zeitpunkt der Ausübung dieser Befugnisse, die Wesensart und den Anwendungsbereich der vorgeschriebenen Maßnahmen und die Dauer sowie die Weiterverfolgung dieser Maßnahmen geht.

(2) ¹Nach Eingang der Meldung einer Maßnahme gemäß Artikel 79 Absatz 5 der Richtlinie 2014/65/EU verzeichnet die ESMA die Maßnahme sowie ihre Gründe. ²Bei Maßnahmen nach Artikel 69 Absatz 2 Buchstaben o oder p der Richtlinie 2014/65/EU führt sie auf ihrer Website öffentlich eine Datenbank mit Zusammenfassungen der geltenden Maßnahmen, einschließlich Einzelheiten zur betreffenden Person, den anwendbaren Finanzinstrumenten, sämtlichen Beschränkungen der Größe der Positionen, die Personen zu jeder Zeit halten können, Ausnahmen, die diesbezüglich gemäß Artikel 57 der Richtlinie 2014/65/EU gewährt werden können, und die Gründe dafür.

**Art. 45 Positionsmanagementbefugnisse der ESMA.** (1) Nach Artikel 9 Absatz 5 der Verordnung (EU) Nr. 1095/2010[2]) kann die ESMA, wenn beide Bedingungen nach Absatz 2 erfüllt sind, eine oder mehrere der folgenden Maßnahmen treffen:

a) Anforderung aller relevanten Informationen von Seiten jeder Person im Hinblick auf Größe oder Zweck einer mittels eines Derivats eingegangenen Position oder offene Forderung;

b) nach Analyse der erhaltenen Informationen gemäß Buchstabe a Aufforderung dieser Person, Maßnahmen zur Reduzierung der Größe oder zur Aufhebung der Position oder offene Forderung gemäß dem delegierten Rechtsakt nach Absatz 10 Buchstabe b zu ergreifen;

c) als letztes Mittel Beschränkung der Möglichkeit einer Person, einen Warenderivatkontrakt abzuschließen.

(2) *[1]* Die ESMA fasst einen Beschluss gemäß Absatz 1 nur, wenn die beiden folgenden Bedingungen erfüllt sind:

a) Mit den in Absatz 1 genannten Maßnahmen wird einer Gefahr für die ordnungsgemäße Funktionsweise und die Integrität der Finanzmärkte, auch der Warenderivatmärkte in Einklang mit den Zielen nach Artikel 57 Absatz 1 der Richtlinie 2014/65/EU[1]) einschließlich Lieferungsvereinbarungen für physische Waren, oder einer Gefahr für die Stabilität des gesamten oder eines Teils des Finanzsystems in der Union begegnet.

b) Eine oder mehrere zuständige Behörden haben keine Maßnahmen ergriffen, um der Gefahr zu begegnen, oder die ergriffenen Maßnahmen begegnen der Gefahr nicht ausreichend.

*[2]* Die ESMA bewertet die Erfüllung der Bedingungen nach Unterabsatz 1 Buchstaben a und b dieses Absatzes anhand der Kriterien und Faktoren, die in dem delegierten Rechtsakt nach Absatz 10 Buchstabe a dieses Artikels festgelegt sind.

(3) *[1]* Beim Ergreifen von Maßnahmen nach Absatz 1 sorgt die ESMA dafür, dass die Maßnahme

---

[1]) Nr. 1.
[2]) Nr. 3.

a) Gefahren für das ordnungsgemäße Funktionieren und Integrität der Finanzmärkte, auch der Warenderivatemärkte im Einklang mit den Zielen nach Artikel 57 Absatz 1 der Richtlinie 2014/65/EU einschließlich Lieferungsvereinbarungen für physische Waren oder Gefahren für die Stabilität des gesamten Finanzsystems oder eines Teils davon in der Union signifikant begegnet oder die Möglichkeiten der zuständigen Behörden, die anhand der Kriterien und Faktoren nach Maßgabe des delegierten Rechtsakts gemäß Absatz 10 Buchstabe a dieses Artikels bestimmten Gefahren zu überwachen, signifikant verbessert;

b) nicht das gemäß Absatz 10 Buchstabe c dieses Artikels bewertete Risiko einer Aufsichtsarbitrage birgt;

c) keine der folgenden, gegenüber den Vorteilen der Maßnahme unverhältnismäßigen negativen Auswirkungen auf die Effizienz der Finanzmärkte bewirkt: Verringerung der Liquidität auf diesen Märkten, Einschränkung der Bedingungen für die Minderung der Risiken, die in direktem Zusammenhang mit der Geschäftstätigkeit einer nichtfinanziellen Gegenpartei stehen, oder Schaffung von Unsicherheit für die Marktteilnehmer.

*[2]* Bevor die ESMA Energiegroßhandelsprodukte betreffende Maßnahmen trifft, konsultiert sie die gemäß der Verordnung (EG) Nr. 713/2009 des Europäischen Parlaments und des Rates[1]) eingerichtete Agentur für die Zusammenarbeit der Energieregulierungsbehörden.

*[3]* Bevor die ESMA Maßnahmen trifft, die Warenderivate auf landwirtschaftliche Grunderzeugnisse betreffen, konsultiert sie die öffentlichen Stellen, die gemäß der Verordnung (EG) Nr. 1234/2007 für die Beaufsichtigung, Verwaltung und Regulierung der landwirtschaftlichen Warenmärkte zuständig sind.

(4) [1] Bevor die ESMA die Ergreifung oder Verlängerung einer Maßnahme nach Absatz 1 beschließt, unterrichtet sie die jeweils zuständigen Behörden über die von ihr vorgeschlagene Maßnahme. [2] Im Falle eines Antrags nach Absatz 1 Buchstabe a oder b muss die Meldung die Identität der Person oder Personen enthalten, an die sie gerichtet war, sowie die jeweiligen Einzelheiten und die Gründe dafür. [3] Im Falle einer Maßnahme nach Absatz 1 Buchstabe c enthält die Meldung Einzelheiten zur betreffenden Person, zu den anwendbaren Finanzinstrumenten, einschlägigen quantitativen Maßnahmen, wie der maximalen Größe einer Position, die die fragliche Person abschließen kann, und die Gründe dafür.

(5) [1] Die Unterrichtung erfolgt spätestens 24 Stunden vor dem geplanten Inkrafttreten der Maßnahme oder ihrer Verlängerung. [2] Kann die 24-Stunden-Frist nicht eingehalten werden, kann die ESMA die Unterrichtung im Ausnahmefall weniger als 24 Stunden vor dem geplanten Inkrafttreten der Maßnahme vornehmen.

(6) [1] Die ESMA gibt auf ihrer Website jeden Beschluss zur Verhängung oder Verlängerung einer Maßnahme nach Absatz 1 Buchstabe c bekannt. [2] Die Meldung enthält Einzelheiten zur betreffenden Person, zu den anwendbaren Finanzinstrumenten, den einschlägigen quantitativen Maßnahmen, wie der

---

[1]) **Amtl. Anm.:** Verordnung (EG) Nr. 713/2009 des Europäischen Parlaments und des Rates vom 13. Juli 2009 zur Gründung einer Agentur für die Zusammenarbeit der Energieregulierungsbehörden (ABl. L 211 vom 14.8.2009, S. 1).

maximalen Größe einer Position, die die fragliche Person abschließen kann, und die entsprechenden Gründe.

(7) Eine Maßnahme im Sinne von Absatz 1 Buchstabe c tritt zum Zeitpunkt der Veröffentlichung der Bekanntmachung oder einem darin genannten späteren Zeitpunkt in Kraft und gilt nur für Geschäfte, die nach Inkrafttreten der Maßnahme eingegangen werden.

(8) ¹Die ESMA überprüft ihre gemäß Absatz 1 Buchstabe c ergriffenen Maßnahmen in geeigneten Zeitabständen, mindestens aber alle drei Monate. ²Wird eine Maßnahme nach Ablauf dieser drei Monate nicht verlängert, tritt sie automatisch außer Kraft. ³Die Absätze 2 bis 8 finden ebenfalls auf die Verlängerung von Maßnahmen Anwendung.

(9) Eine gemäß diesem Artikel beschlossene Maßnahme der ESMA ist vorrangig gegenüber allen etwaigen früheren Maßnahmen einer zuständigen Behörde nach Artikel 69 Absatz 2 Buchstabe o oder p der Richtlinie 2014/65/EU.

(10)[1]) *[1]* Die Kommission erlässt gemäß Artikel 50 delegierte Rechtsakte, in denen die Kriterien und Faktoren festgelegt werden, anhand deren Folgendes bestimmt wird:

a) das Vorliegen einer Gefahr für die ordnungsgemäße Funktionsweise und die Integrität der Finanzmärkte, auch der Warenderivatemärkte im Einklang mit den Zielen nach Artikel 57 Absatz 1 der Richtlinie 2014/65/EU einschließlich Lieferungsvereinbarungen für physische Waren, oder einer Gefahr für die Stabilität des gesamten oder eines Teils des Finanzsystems in der Union im Sinne von Absatz 2 Buchstabe a, wobei berücksichtigt wird, in welchem Maße Positionen genutzt werden, um Positionen in physischen Waren oder Warenkontrakten abzusichern, sowie in welchem Maße die Kurse auf den zugrunde liegenden Märkten durch Bezugnahme auf die Preise von Warenderivaten festgelegt werden;

b) die angemessene Reduzierung einer mittels eines Derivates eingegangenen Position oder offene Forderung nach Absatz 1 Buchstabe b dieses Artikels;

c) die Situationen, die das Risiko einer Aufsichtsarbitrage nach Absatz 3 Buchstabe b bergen könnten.

*[2]* Bei diesen Kriterien und Faktoren werden die technischen Regulierungsstandards im Sinnes von Artikel 57 Absatz 3 der Richtlinie 2014/65/EU berücksichtigt, und es wird unterschieden zwischen Situationen, in denen die ESMA aufgrund des Nichttätigwerdens einer zuständigen Behörde tätig wird, und Situationen, in denen die ESMA auf eine zusätzliche Gefahr reagiert, der die zuständige Behörde im Sinne von Artikel 69 Absatz 2 Buchstabe j oder o der Richtlinie 2014/65/EU nicht angemessen begegnen kann.

## Titel VIII. Erbringung von Dienstleistungen und Tätigkeiten durch Drittlandfirmen infolge einer Gleichwertigkeitsentscheidung oder ohne Zweigniederlassung

**Art. 46 Allgemeine Bestimmungen.** (1) Eine Drittlandfirma kann für geeignete in der gesamten Union ansässige Gegenparteien oder professionelle

---

¹⁾ Beachte zum Inkrafttreten Art. 55 Abs. 3.

**Art. 46 VO (EU) 600/2014**

Kunden im Sinne von Anhang II Abschnitt 1 der Richtlinie 2014/65/EU[1] ohne Zweigniederlassung Wertpapierdienstleistungen erbringen oder Anlagetätigkeiten mit oder ohne Nebendienstleistungen durchführen, wenn diese Drittlandfirma in dem Register von Drittlandfirmen verzeichnet ist, das von der ESMA gemäß Artikel 47 geführt wird.

(2) Die ESMA registriert eine Drittlandfirma, die sich für die Erbringung von Wertpapierdienstleistungen oder Tätigkeiten in der gesamten Union gemäß Absatz 1 beworben hat, nur dann, wenn die folgenden Bedingungen erfüllt sind:
a) die Kommission hat gemäß Artikel 47 Absatz 1 einen Beschluss gefasst;
b) die Firma ist in dem Land, in dem sie ihre Hauptverwaltung hat, befugt, in der Union zu erbringende Wertpapierdienstleistungen oder Anlagetätigkeiten zu erbringen, und unterliegt einer wirksamen Beaufsichtigung und Durchsetzung, die die vollständige Einhaltung der in diesem Drittland gültigen Anforderungen sicherstellen;
c) die Vereinbarungen über die Zusammenarbeit wurden gemäß Artikel 47 Absatz 2 geschlossen*[bis 25.6.2021: .][ab 26.6.2021: ;]*
*[Buchst. d ab 26.6.2021:]*
*d) die Firma hat die erforderlichen Vorkehrungen für die Meldung der in Absatz 6a genannten Informationen getroffen und verfügt über die dafür erforderlichen Verfahren.*

(3) Wenn eine Drittlandfirma gemäß diesem Artikel registriert ist, sehen die Mitgliedstaaten für die Drittlandfirma in den Bereichen, die durch die vorliegende Verordnung oder durch die Richtlinie 2014/65/EU geregelt sind, keine zusätzlichen Anforderungen vor, ebenso gewähren sie Drittlandfirmen keine günstigeren Bedingungen als Firmen aus der Union.

(4) *[1]* Die in Absatz 1 genannte Drittlandfirma übermittelt ihren Antrag an die ESMA nach Annahme des in Artikel 47 genannten Beschlusses durch die Kommission, in dem festgelegt ist, dass der Rechts- und Aufsichtsrahmen des Drittlands, in dem die Wertpapierfirma zugelassen ist, den in Artikel 47 Absatz 1 genannten Anforderungen gleichwertig ist.

*[2]* [1] Die antragstellende Drittlandfirma übermittelt der ESMA alle Informationen, die für ihre Registrierung erforderlich sind. [2] Innerhalb von 30 Arbeitstagen nach Eingang des Antrags bewertet die ESMA, ob er vollständig ist. [3] Ist der Antrag unvollständig, legt die ESMA eine Frist fest, innerhalb deren der Antragsteller zusätzliche Informationen beibringen muss.

*[3]* Der Registrierungsbeschluss stützt sich auf die Bedingungen in Absatz 2.

*[4]* Innerhalb von 180 Arbeitstagen nach Übermittlung eines vollständigen Antrags unterrichtet die ESMA die antragstellende Drittlandfirma schriftlich darüber, ob die Registrierung bewilligt oder abgelehnt wurde, und gibt dazu eine vollständige Begründung ab.

*[UAbs. 5 bis 25.6.2021:]*
*[5]* Wenn die Kommission keinen Beschluss nach Artikel 47 Absatz 1 erlassen hat oder der betreffende Beschluss nicht mehr gilt, können Mitgliedstaaten Drittlandfirmen gestatten, den Einklang mit den innerstaatlichen Vorschriften für geeignete in ihrem Hoheitsgebiet ansässige Gegenparteien oder professionelle Kunden im Sinne von Anhang II Abschnitt 1 der Richtlinie 2014/65/EU

---

[1] Nr. 1.

Wertpapierdienstleistungen oder Anlagetätigkeiten zusammen mit Nebendienstleistungen zu erbringen.

*[UAbs. 5 ab 26.6.2021:]*

*[5] Mitgliedstaaten können Drittlandfirmen gestatten, im Einklang mit den innerstaatlichen Vorschriften für geeignete Gegenparteien oder professionelle Kunden im Sinne von Anhang II Abschnitt 1 der Richtlinie 2014/65/EU, die in ihrem Hoheitsgebiet ansässig oder niedergelassen sind, Wertpapierdienstleistungen zu erbringen oder Anlagetätigkeiten zusammen mit Nebendienstleistungen auszuüben, wenn die Kommission keinen Beschluss nach Artikel 47 Absatz 1 erlassen hat, oder wenn ein solcher Beschluss erlassen wurde aber nicht mehr gilt oder die betreffenden Dienstleistungen oder Tätigkeiten nicht umfasst.*

(5) *[1]* [1] Drittlandfirmen, die Dienstleistungen im Sinne dieses Artikels erbringen, unterrichten in der Union niedergelassene Kunden vor der Erbringung etwaiger Wertpapierdienstleistungen, dass es ihnen nicht gestattet ist, Dienstleistungen für andere Kunden als zulässige Gegenparteien oder professionelle Kunden im Sinne von Anhang II Abschnitt 1 der Richtlinie 2014/65/EU zu erbringen, und dass sie in der Union keiner Aufsicht unterliegen. [2] Sie nennen Name und Anschrift der für die Aufsicht im Drittland zuständigen Behörde.

*[2]* Die Angaben nach dem ersten Unterabsatz werden schriftlich und deutlich beigebracht.

*[UAbs. 3 bis 25.6.2021:]*

*[3]* [1] Wenn geeignete in der EU ansässige oder niedergelassene Gegenparteien oder professionelle Kunden im Sinne von Anhang II Abschnitt 1 der Richtlinie 2014/65/EU ausschließlich in Eigeninitiative die Erbringung einer Wertpapierdienstleistung oder Anlagetätigkeit durch eine Drittlandfirma veranlassen, stellen die Mitgliedstaaten sicher, dass dieser Artikel nicht für die Erbringung dieser Dienstleistung oder Tätigkeit durch die Drittlandfirma, einschließlich Beziehungen, die in direktem Zusammenhang mit der Erbringung dieser Dienstleistung oder Tätigkeit stehen, gilt. [2] Das Drittlandunternehmen ist aufgrund der Initiative solcher Kunden nicht dazu befugt, neue Kategorien von Anlageprodukten oder Wertpapierdienstleistungen an diese Person zu vermarkten.

*[UAbs. 3 ab 26.6.2021:]*

*[3]* [1] *Wenn geeignete Gegenparteien oder professionelle Kunden im Sinne von Anhang II Abschnitt 1 der Richtlinie 2014/65/EU, die in ihrem Hoheitsgebiet ansässig oder niedergelassen sind, ausschließlich in Eigeninitiative die Erbringung einer Wertpapierdienstleistung oder die Ausübung einer Anlagetätigkeit durch eine Drittlandfirma veranlassen, stellen die Mitgliedstaaten sicher, dass dieser Artikel nicht für die Erbringung dieser Dienstleistung oder die Ausübung dieser Tätigkeit durch die Drittlandfirma, einschließlich Beziehungen, die in direktem Zusammenhang mit der Erbringung dieser Dienstleistung oder der Ausübung dieser Tätigkeit stehen, gilt.* [2] *Wenn eine Drittlandfirma – auch über ein Unternehmen, das in ihrem Namen handelt oder enge Verbindungen zu dieser Drittlandfirma hat, oder eine andere im Namen dieses Unternehmens handelnde Person – sich aktiv um Kunden oder potenzielle Kunden in der Union bemüht, darf dies nicht als ein Dienst angesehen werden, der auf eigene ausschließliche Veranlassung des Kunden erbracht wird; dies gilt unbeschadet von gruppeninternen Beziehungen.* [3] *Die Drittlandfirma ist aufgrund der Initiative solcher Kunden*

**Art. 46 VO (EU) 600/2014**

nicht dazu befugt, neue Kategorien von Anlageprodukten oder Wertpapierdienstleistungen an diese Person zu vermarkten.

(6) Drittlandfirmen, die gemäß diesem Artikel Dienstleistungen oder Tätigkeiten erbringen, bieten in der EU niedergelassenen Kunden vor der Erbringung von Dienstleistungen oder Tätigkeiten an, etwaige Streitigkeiten im Zusammenhang mit diesen Dienstleistungen oder Tätigkeiten zur Regelung an ein Gericht oder Schiedsgericht eines Mitgliedstaats zu übermitteln.

*[Abs. 6a ab 26.6.2021:]*

*(6a) [1] Drittlandfirmen, die gemäß diesem Artikel Dienstleistungen erbringen oder Tätigkeiten ausüben, melden der ESMA jährlich Folgendes:*

*a) Umfang und Bandbreite der von den Firmen in der Union erbrachten Dienstleistungen und ausgeübten Tätigkeiten, einschließlich der geografischen Verteilung auf die Mitgliedstaaten;*

*b) für Firmen, welche die in Anhang I Abschnitt A Nummer 3 der Richtlinie 2014/65/EU genannte Tätigkeit ausüben, ihre monatliche Mindest-, Durchschnitts- und Höchstrisikoposition gegenüber Gegenparteien aus der EU;*

*c) für Firmen, welche die in Anhang I Abschnitt A Nummer 6 der Richtlinie 2014/65/EU genannte Dienstleistung erbringen, den Gesamtwert der von Gegenparteien aus der EU stammenden Finanzinstrumente, bei denen die Übernahme der Emission oder die Platzierung mit fester Übernahmeverpflichtung während der vorausgegangenen zwölf Monate durchgeführt wurde;*

*d) Umsatz und Gesamtwert der Vermögenswerte, die den unter Buchstabe a genannten Dienstleistungen und Tätigkeiten entsprechen;*

*e) die Tatsache, ob Vorkehrungen für den Anlegerschutz getroffen wurden, sowie eine ausführliche Beschreibung dieser Vorkehrungen;*

*f) Grundsätze und Vorkehrungen der Firma für das Risikomanagement in Bezug auf die Erbringung bzw. Ausübung der unter Buchstabe a genannten Dienstleistungen und Tätigkeiten;*

*g) die Unternehmensführungsregelung und Inhaber von Schlüsselfunktionen für die Tätigkeiten der Firma in der Union;*

*h) alle sonstigen Informationen, die erforderlich sind, damit die ESMA oder die zuständigen Behörden ihre Aufgaben im Einklang mit dieser Verordnung wahrnehmen können.*

*[2] Die ESMA übermittelt die Angaben, die sie gemäß diesem Absatz erhalten hat, den zuständigen Behörden der Mitgliedstaaten, wenn eine Drittlandfirma gemäß diesem Artikel Wertpapierdienstleistungen erbringt oder Anlagetätigkeiten ausübt.*

*[3] Wenn dies für die Erfüllung der Aufgaben der ESMA oder der zuständigen Behörden gemäß der vorliegenden Verordnung erforderlich ist, kann die ESMA, auch auf Ersuchen der zuständigen Behörde der Mitgliedstaaten, in denen eine Drittlandfirma gemäß diesem Artikel Wertpapierdienstleistungen erbringt oder Anlagetätigkeiten ausübt, Drittlandfirmen, die gemäß dem vorliegenden Artikel Dienstleistungen erbringen oder Tätigkeiten ausüben, um weitere Angaben zu deren Geschäftsbetrieb ersuchen.*

*[Abs. 6b ab 26.6.2021:]*

*(6b) [1] Wenn eine Drittlandfirma gemäß diesem Artikel Dienstleistungen erbringt oder Tätigkeiten ausübt, hält sie die Daten über sämtliche Aufträge und sämtliche Geschäfte in der Union mit Finanzinstrumenten, die sie entweder für eigene Rechnung oder im Namen ihrer Kunden getätigt hat, fünf Jahre zur Verfügung der ESMA.*

*[2]* *Auf Ersuchen der zuständigen Behörde eines Mitgliedstaats, in dem eine Drittlandfirma gemäß diesem Artikel Wertpapierdienstleistungen erbringt oder Anlagetätigkeiten ausübt, greift die ESMA auf die einschlägigen Daten zu, die gemäß Unterabsatz 1 zu ihrer Verfügung gehalten werden, und macht diese Daten der ersuchenden zuständigen Behörde zugänglich.*

*[Abs. 6c ab 26.6.2021:]*
*(6c) Wenn eine Drittlandfirma bei einer Untersuchung oder einer Inspektion vor Ort, die gemäß Artikel 47 Absatz 2 durchgeführt wird, nicht kooperiert oder einem Ersuchen der ESMA gemäß Absatz 6a oder 6b dieses Artikels nicht rechtzeitig und nicht in gebührender Weise nachkommt, kann die ESMA gemäß Artikel 49 ihre Registrierung widerrufen oder ihre Tätigkeiten vorübergehend verbieten oder beschränken.*

*[Abs. 7 bis 25.6.2021:]*
(7)[1] *[1]* Die ESMA erarbeitet Entwürfe technischer Regulierungsstandards, die festlegen, welche Informationen die antragstellende Drittlandfirma der ESMA in ihrem Antrag auf Registrierung gemäß Absatz 4 übermittelt, sowie das Format der gemäß Absatz 5 beizubringenden Informationen.

*[2]* Die ESMA legt diese Entwürfe technischer Regulierungsstandards der Kommission bis 3. Juli 2015 vor.

*[3]* Der Kommission wird die Befugnis übertragen, die im ersten Unterabsatz genannten technischen Regulierungsstandards gemäß Artikel 10 bis 14 der Verordnung (EU) Nr. 1095/2010[2]) zu erlassen.

*[Abs. 7 ab 26.6.2021:]*
*(7) [1] Die ESMA erarbeitet in Abstimmung mit der EBA Entwürfe technischer Regulierungsstandards, in denen festgelegt wird, welche Informationen die antragstellende Drittlandfirma in dem in Absatz 4 genannten Antrag auf Registrierung sowie in Bezug auf die gemäß Absatz 6a zu übermittelnden Angaben zu übermitteln hat.*

*[2] Die ESMA legt diese Entwürfe technischer Regulierungsstandards der Kommission bis zum 26. September 2020 vor.*

*[3] Der Kommission wird die Befugnis übertragen, diese Verordnung zu ergänzen, indem die in Unterabsatz 1 genannten technischen Regulierungsstandards gemäß den Artikeln 10 bis 14 der Verordnung (EU) Nr. 1095/2010 erlassen werden.*

*[Abs. 8 ab 26.6.2021:]*
*(8) [1] Die ESMA erarbeitet Entwürfe technischer Durchführungsstandards, in denen das Format für die Übermittlung des in Absatz 4 genannten Antrags auf Registrierung und für die Meldung der in Absatz 6a genannten Angaben festgelegt wird.*

*[2] Die ESMA legt diese Entwürfe technischer Regulierungsstandards der Kommission bis zum 26. September 2020 vor.*

*[3] Der Kommission wird die Befugnis übertragen, diese Verordnung zu ergänzen, indem die in Unterabsatz 1 genannten technischen Durchführungsstandards gemäß Artikel 15 der Verordnung (EU) Nr. 1095/2010 erlassen werden.*

## Art. **47** Gleichwertigkeitsbeschluss.
*[Abs. 1 bis 25.6.2021:]*
(1)[1] *[1]* Die Kommission kann nach dem in Artikel 51 Absatz 2 genannten Prüfverfahren Beschlüsse im Hinblick auf ein Drittland erlassen, die besagen,

---
[1]) Beachte zum Inkrafttreten Art. 55 Abs. 3.
[2]) Nr. 3.

## Art. 47 VO (EU) 600/2014

dass durch die Rechts- und Aufsichtsvereinbarungen eines Drittlands sichergestellt ist, dass in diesem Drittland zugelassene Firmen im Bereich der Aufsichts- und Wohlverhaltensregeln rechtsverbindliche Anforderungen erfüllen, die den Anforderungen in dieser Verordnung, in der Richtlinie 2013/36/EU, in der Richtlinie 2014/65/EU[1)] und in den gemäß dieser Verordnung und den genannten Richtlinien erlassenen Durchführungsmaßnahmen gleichwertig sind und dass im Rechtsrahmen dieses Drittlands ein wirksames, gleichwertiges System der Anerkennung von Wertpapierfirmen, die nach ausländischen Vorschriften zugelassen sind, vorgesehen ist.

[2] Der Rahmen der Aufsichts- und Wohlverhaltensregeln eines Drittlands kann als in Bezug auf seine Wirkung gleichwertig betrachtet werden, wenn dieser Rahmen sämtliche nachstehend genannten Bedingungen erfüllt:

a) die Firmen, die Wertpapierdienstleistungen und Anlagetätigkeiten in dem Drittland erbringen, unterliegen in diesem Drittland einer Zulassungspflicht und wirksamer und kontinuierlicher Beaufsichtigungs- und Durchsetzungsverfahren;

b) die Firmen, die Wertpapierdienstleistungen und Anlagetätigkeiten in dem Drittland erbringen, unterliegen hinreichenden Eigenkapitalanforderungen und angemessenen, auf Aktionäre und Mitglieder des Leitungsorgans anwendbaren Anforderungen;

c) Wertpapierfirmen, die Dienstleistungen und Anlagetätigkeiten erbringen, unterliegen angemessenen Organisationsanforderungen auf dem Gebiet der internen Kontrollfunktionen;

d) Wertpapierfirmen, die Wertpapierdienstleistungen und Anlagetätigkeiten erbringen, unterliegen angemessenen Wohlverhaltensregeln;

e) Transparenz und Integrität des Marktes sind durch die Verhinderung von Marktmissbrauch durch Insider-Geschäfte und Marktmanipulation gewährleistet.

*[Abs. 1 ab 26.6.2021:]*

*(1) [1] Die Kommission kann nach dem in Artikel 51 Absatz 2 genannten Prüfverfahren Beschlüsse im Hinblick auf ein Drittland erlassen, die besagen, dass durch die Rechts- und Aufsichtsvereinbarungen eines Drittlands Folgendes sichergestellt ist:*

*a) in diesem Drittland zugelassene Firmen erfüllen im Bereich der Aufsichts-, Organisations- und Wohlverhaltensregeln rechtsverbindliche Anforderungen, die den Anforderungen in dieser Verordnung, in Verordnung (EU) Nr. 575/2013 und Verordnung (EU) 2019/2033 des Europäischen Parlaments und des Rates[2)], in der Richtlinie 2013/36/EU, in der Richtlinie 2014/65/EU und in der Richtlinie (EU) 2019/2034 des Europäischen Parlaments und des Rates[3)] sowie in den gemäß den genannten Gesetzgebungsakten erlassenen Durchführungsmaßnahmen gleichwertig sind;*

---

[1)] Nr. 1.
[2)] **Amtl. Anm.:** Verordnung (EU) 2019/2033 des Europäischen Parlaments und des Rates vom 27. November 2019 über Aufsichtsanforderungen an Wertpapierfirmen und zur Änderung der Verordnungen (EU) Nr. 1093/2010, (EU) Nr. 575/2013, (EU) Nr. 600/2014 und (EU) Nr. 806/2014 (ABl. L 314 vom 5.12.2019, S. 1).
[3)] **Amtl. Anm.:** Richtlinie (EU) 2019/2034 des Europäischen Parlaments und des Rates vom 27. November 2019 über die Beaufsichtigung von Wertpapierfirmen und zur Änderung der Richtlinien 2002/87/EG, 2009/65/EG, 2011/61/EU, 2013/36/EU, 2014/59/EU und 2014/65/EU (ABl. L 314 vom 5.12.2019, S. 64).

b) in diesem Drittland zugelassene Firmen unterliegen einer wirksamen Beaufsichtigung und Durchsetzung, durch die sichergestellt wird, dass sie die geltenden rechtsverbindlichen Anforderungen im Bereich der Aufsichts-, Organisations- und Wohlverhaltensregeln erfüllen, und

c) im Rechtsrahmen dieses Drittlands ist ein wirksames, gleichwertiges System der Anerkennung von Wertpapierfirmen, die nach ausländischen Vorschriften zugelassen sind, vorgesehen.

[2] ¹In Fällen, in denen davon auszugehen ist, dass der Umfang und die Bandbreite der infolge des in Unterabsatz 1 genannten Beschlusses von Drittlandfirmen in der Union erbrachten Dienstleistungen und ausgeübten Tätigkeiten für die Union systemrelevant sind, dürfen die in Unterabsatz 1 genannten rechtsverbindlichen Anforderungen im Bereich der Aufsichts-, Organisations- und Wohlverhaltensregeln erst nach einer detaillierten Bewertung als mit den Anforderungen der in Unterabsatz 1 genannten Rechtsakte gleichwertig betrachtet werden. ²Zu diesem Zweck bewertet und berücksichtigt die Kommission auch die aufsichtliche Konvergenz zwischen dem betreffenden Drittland und der Union.

*[Abs. 1a ab 26.6.2021:]*

(1a) [1] Der Kommission wird die Befugnis übertragen, gemäß Artikel 50 delegierte Rechtsakte zu erlassen, um diese Verordnung zu ergänzen, indem genauer festgelegt wird, unter welchen Umständen davon auszugehen ist, dass der Umfang und die Bandbreite der infolge des in Absatz 1 genannten Beschlusses von Drittlandfirmen in der Union erbrachten Dienstleistungen und ausgeübten Tätigkeiten für die Union systemrelevant sind.

[2] In Fällen, in denen davon auszugehen ist, dass der Umfang und die Bandbreite der von Drittlandfirmen erbrachten Dienstleistungen und ausgeübten Tätigkeiten für die Union systemrelevant sind, kann die Kommission besondere operative Bedingungen an einen Gleichwertigkeitsbeschluss knüpfen, mit denen sichergestellt würde, dass die ESMA und die nationalen zuständigen Behörden über die notwendigen Instrumente verfügen, um eine Aufsichtsarbitrage zu verhindern und die Tätigkeiten von gemäß Artikel 46 Absatz 2 registrierten Drittlandfirmen in Bezug auf in der Union erbrachte Dienstleistungen und ausgeübte Tätigkeiten zu überwachen, indem sichergestellt wird, dass diese Firmen folgende Anforderungen erfüllen und Pflichten nachkommen:

a) Anforderungen, die den Anforderungen nach den Artikeln 20 und 21 gleichwertig sind;

b) Meldepflichten, die den Anforderungen nach Artikel 26 gleichwertig sind, wenn solche Angaben nicht direkt und kontinuierlich im Wege einer Vereinbarung mit der zuständigen Drittlandsbehörde beschafft werden können;

c) Anforderungen, die den Handelspflichten nach den Artikeln 23 und 28, sofern zutreffend, gleichwertig sind.

[3] Bei Erlass des in Absatz 1 dieses Artikels genannten Beschlusses berücksichtigt die Kommission, ob das Drittland im Rahmen der einschlägigen Unionspolitik als ein für Steuerzwecke nicht kooperatives Land oder als Drittland mit hohem Risiko gemäß Artikel 9 Absatz 2 der Richtlinie (EU) 2015/849 eingestuft wird.

*[Abs. 1b ab 26.6.2021:]*

(1b) [1] Der Rahmen der Aufsichts-, Organisations- und Wohlverhaltensregeln eines Drittlands kann als in Bezug auf seine Wirkung gleichwertig betrachtet werden, wenn dieser Rahmen sämtliche nachstehend genannten Bedingungen erfüllt:

## Art. 47 VO (EU) 600/2014

*a)* die Firmen, die in dem Drittland Wertpapierdienstleistungen erbringen oder Anlagetätigkeiten ausüben, unterliegen in diesem Drittland einer Zulassungspflicht und wirksamer und laufender Beaufsichtigungs- und Durchsetzungsverfahren;

*b)* die Firmen, die in dem Drittland Wertpapierdienstleistungen erbringen oder Anlagetätigkeiten ausüben, unterliegen hinreichenden Kapitalanforderungen. Insbesondere unterliegen Firmen, welche die Dienstleistungen erbringen oder die Tätigkeiten ausüben, die in Anhang I Abschnitt A Nummer 3 oder Nummer 6 der Richtlinie 2014/65/EU genannt sind, Kapitalanforderungen, die denen vergleichbar sind, die sie anwenden würden, wenn sie in der Union niedergelassen wären;

*c)* die Firmen, die in dem Drittland Wertpapierdienstleistungen erbringen oder Anlagetätigkeiten ausüben, unterliegen angemessenen, auf Aktionäre und Mitglieder des Leitungsorgans anwendbaren Anforderungen;

*d)* Wertpapierfirmen, die in dem Drittland Wertpapierdienstleistungen erbringen oder Anlagetätigkeiten ausüben, unterliegen angemessenen Wohlverhaltens- und Organisationsanforderungen;

*e)* Transparenz und Integrität des Marktes sind durch die Verhinderung von Marktmissbrauch durch Insider-Geschäfte und Marktmanipulation gewährleistet.

*[2] Für den Zweck von Absatz 1a dieses Artikels muss die Kommission bei der Bewertung der Gleichwertigkeit von Drittlandsvorschriften in Bezug auf die Handelspflichten gemäß den Artikeln 23 und 28 auch bewerten, ob der Rechtsrahmen des Drittlands Kriterien für die Benennung von für die Erfüllung der Handelspflicht anerkennungsfähigen Handelsplätzen vorsieht, die eine ähnliche Wirkung haben wie diejenigen, die im Rahmen dieser Verordnung oder der Richtlinie 2014/65/EU festgelegt sind.*

(2) ¹Die ESMA legt mit den jeweils zuständigen Drittlandbehörden, deren Rechts- und Aufsichtsrahmen als im Sinne von Absatz 1 tatsächlich gleichwertig anerkannt wurde, Vereinbarungen über die Zusammenarbeit fest. ²In diesen Vereinbarungen wird zumindest Folgendes festgelegt:

**[Buchst. a bis 25.6.2021:]**

a) der Mechanismus für den Informationsaustausch zwischen der ESMA und den betreffenden zuständigen Drittlandbehörden, einschließlich des Zugangs zu allen Informationen über in Drittländern zugelassene Nicht-EU-Firmen, die von der ESMA angefordert werden;

**[Buchst. a ab 26.6.2021:]**

*a) der Mechanismus für den Informationsaustausch zwischen der ESMA und den betreffenden zuständigen Drittlandbehörden, einschließlich des Zugangs zu allen Informationen über in Drittländern zugelassene Nicht-EU-Firmen, die von der ESMA angefordert werden, und, falls zutreffend, die Modalitäten der Weitergabe solcher Informationen durch die ESMA an die zuständigen Behörden der Mitgliedstaaten;*

b) der Mechanismus für eine unverzügliche Unterrichtung der ESMA für den Fall, dass eine zuständige Drittlandbehörde der Auffassung ist, dass eine von ihr beaufsichtigte Drittlandfirma, die von der ESMA im in Artikel 48 vorgesehenen Verzeichnis registriert wurde, gegen ihre Zulassungsbedingungen und anderes von ihr einzuhaltendes Recht verstößt;

**[Buchst. c bis 25.6.2021:]**

c) die Verfahren zur Koordinierung der Aufsichtstätigkeiten, einschließlich gegebenenfalls Inspektionen vor Ort.

## 2 VO (EU) 600/2014 Art. 47

*[Buchst. c ab 26.6.2021:]*

c) die Verfahren zur Koordinierung der Aufsichtstätigkeiten, einschließlich Untersuchungen und Inspektionen vor Ort, welche die ESMA in Zusammenarbeit mit den zuständigen Behörden der Mitgliedstaaten durchführen darf, in denen die Drittlandfirma gemäß Artikel 46 Wertpapierdienstleistungen erbringt oder Anlagetätigkeiten ausübt, sofern dies für die Erfüllung der Aufgaben der ESMA oder der zuständigen Behörden im Einklang mit dieser Verordnung erforderlich ist, nachdem die zuständige Drittlandbehörde ordnungsgemäß darüber unterrichtet wurde;

*[Buchst. d ab 26.6.2021:]*

d) die Verfahren für ein Informationsersuchen gemäß Artikel 46 Absätze 6a und 6b, das die ESMA an eine gemäß Artikel 46 Absatz 2 registrierte Drittlandfirma richten kann.

(3) *[1]* ¹Eine Drittlandfirma, die in einem Land niedergelassen ist, dessen Rechts- und Aufsichtsrahmen als im Sinne von Absatz 1 tatsächlich gleichwertig anerkannt wurde und die gemäß Artikel 39 der Richtlinie 2014/65/EU zugelassen ist, ist in der Lage, im Rahmen der Zulassung für geeignete Gegenparteien und professionelle Kunden im Sinne von Anhang II Abschnitt 1 der Richtlinie 2014/65/EU Dienstleistungen und Tätigkeiten in anderen Mitgliedstaaten der EU zu erbringen, ohne neue Zweigniederlassungen zu gründen. ²Zu diesem Zweck erfüllt es die in Artikel 34 der Richtlinie 2014/65/EU festgelegten Anforderungen, die bei grenzüberschreitender Erbringung von Dienstleistungen und Tätigkeiten in Bezug auf Informationen gelten.

*[2]* ¹Die Zweigniederlassung unterliegt weiterhin der Aufsicht des Mitgliedstaats, in dem die Zweigniederlassung im Einklang mit Artikel 39 der Richtlinie 2014/65/EU ihren Sitz hat. ²Die zuständige Behörde des Mitgliedstaats, in dem die Zweigniederlassung ihren Sitz hat, und die zuständige Behörde des Aufnahmemitgliedstaats können jedoch unbeschadet der nach Richtlinie 2014/65/EU bestehenden Verpflichtung zur Zusammenarbeit angemessene Kooperationsvereinbarungen schließen, um sicherzustellen, dass die Zweigniederlassung der Drittlandfirma, die in der Union Wertpapierdienstleistungen erbringt, für einen angemessenen Anlegerschutz sorgt.

(4)¹⁾ Eine Drittlandfirma kann die Rechte nach Artikel 46 Absatz 1 nicht länger in Anspruch nehmen, wenn die Kommission die in Bezug auf dieses Drittland nach Absatz 1 getroffene Entscheidung mit einem nach Maßgabe des Prüfverfahrens gemäß Artikel 51 Absatz 2 gefassten Beschluss zurückzieht.

*[Abs. 5 ab 26.6.2021:]*

(5) *[1]* ¹Die ESMA überwacht die regulatorischen und aufsichtsrechtlichen Entwicklungen, die Durchsetzungspraxis sowie sonstige relevante Marktentwicklungen in Drittländern, für die die Kommission gemäß Absatz 1 Gleichwertigkeitsbeschlüsse erlassen hat, um zu prüfen, ob die Bedingungen, auf deren Grundlage diese Beschlüsse erlassen wurden, nach wie vor erfüllt sind. ²Die ESMA legt der Kommission jährlich einen vertraulichen Bericht über ihre Erkenntnisse vor. ³Die ESMA kann die EBA zu dem Bericht konsultieren, sofern sie dies für zweckmäßig erachtet.

*[2]* In dem Bericht werden auch die Trends berücksichtigt, die auf der Grundlage der gemäß Artikel 46 Absatz 6a erhobenen Daten, insbesondere in Bezug auf Firmen, welche die Dienstleistungen erbringen oder die Tätigkeiten ausüben, die in Anhang I

---

¹⁾ Beachte zum Inkrafttreten Art. 55 Abs. 3.

*Abschnitt A Nummern 3 und 6 der Richtlinie 2014/65/EU genannt sind, beobachtet wurden.*

**[Abs. 6 ab 26.6.2021:]**

*(6) [1] ¹ Auf der Grundlage des in Absatz 5 genannten Berichts legt die Kommission dem Europäischen Parlament und dem Rat mindestens einmal jährlich einen Bericht vor. ² Der Bericht beinhaltet eine Aufstellung der Gleichwertigkeitsbeschlüsse, die von der Kommission im Berichtsjahr erlassen oder widerrufen wurden, sowie der von der ESMA gemäß Artikel 49 ergriffenen Maßnahmen und liefert eine Begründung dieser Beschlüsse und Maßnahmen.*

*[2] ¹ Der Bericht der Kommission beinhaltet Informationen über die Überwachung der regulatorischen und aufsichtsrechtlichen Entwicklungen, die Durchsetzungsverfahren und andere relevante Marktentwicklungen in Drittländern, für die Gleichwertigkeitsbeschlusse erlassen wurden. ² Er beinhaltet auch eine Bestandsaufnahme zu der Frage, wie die grenzüberschreitende Erbringung von Wertpapierdienstleistungen durch Drittlandfirmen sich generell entwickelt hat, insbesondere in Bezug auf die Dienstleistungen und Tätigkeiten, die in Anhang I Abschnitt A Nummern 3 und 6 der Richtlinie 2014/65/EU genannt sind. ³ Der Bericht beinhaltet zudem zu gegebener Zeit Informationen über laufende Bewertungen der Gleichwertigkeit, welche die Kommission gerade in Bezug auf ein Drittland durchführt.*

**Art. 48 Register.** ¹ Die ESMA führt ein Register aller Drittlandfirmen, die gemäß Artikel 46 Wertpapierdienstleistungen oder Anlagetätigkeiten in der Union erbringen bzw. ausüben dürfen. ² Das Register ist auf der Website der ESMA öffentlich zugänglich und enthält Informationen über die Wertpapierdienstleistungen oder Anlagetätigkeiten, die die Drittlandfirmen erbringen bzw. ausüben dürfen, und einen Verweis auf die im Drittland für ihre Beaufsichtigung zuständige Behörde.

**[Art. 49 bis 25.6.2021:]**

**Art. 49 Widerruf der Registrierung.** (1) Die ESMA widerruft die Registrierung einer Drittlandfirma im Sinne von Artikel 48, wenn

a) die ESMA fundierte Gründe anhand dokumentierter Nachweise hat, um zu glauben, dass eine Drittlandfirma bei der Erbringung von Wertpapierdienstleistungen und Anlagetätigkeiten in der Union auf eine Art und Weise handelt, die den Anlegerinteressen oder der ordnungsgemäßen Funktionsweise der Märkte zuwider läuft oder

b) die ESMA fundierte Gründe anhand dokumentierter Nachweise hat, um zu glauben, dass eine Drittlandfirma bei der Erbringung von Wertpapierdienstleistungen und Anlagetätigkeiten in der Union ernsthaft gegen die auf sie zutreffenden Bestimmungen des Drittlands verstoßen hat, auf deren Grundlage die Kommission den in Artikel 47 Absatz 1 genannten Beschluss gefasst hat,

c) die ESMA die Angelegenheit an die zuständige Drittlandbehörde verwiesen hat und diese Behörde keine angemessenen Maßnahmen ergriffen hat, um die Anleger und die ordnungsgemäße Funktionsweise der Märkte in der Union zu schützen, oder nicht nachgewiesen hat, dass die betreffende Drittlandfirma den im Drittland auf sie zutreffenden Anforderungen nachkommt, und

d) die ESMA die zuständige Drittlandbehörde mindestens 30 Tage vor dem Widerruf über ihre Absicht unterrichtet hat, die Registrierung der Drittlandfirma zu widerrufen.

(2) Die ESMA unterrichtet die Kommission unverzüglich über jede gemäß Absatz 1 angenommene Maßnahme und veröffentlicht ihren Beschluss auf ihrer Website.

(3) Die Kommission bewertet, ob die Bedingungen, unter denen ein Beschluss nach Artikel 47 Absatz 1 gefasst wurde, im Hinblick auf das betreffende Drittland weiter bestehen.

*[Art. 49 ab 26.6.2021:]*
*Art. 49 Von der ESMA zu ergreifende Maßnahmen. (1) Die ESMA kann einer Drittlandfirma vorübergehend verbieten, gemäß Artikel 46 Absatz 1 Wertpapierdienstleistungen zu erbringen oder Anlagetätigkeiten mit oder ohne Nebendienstleistungen auszuüben, oder diese Dienstleistungen bzw. Tätigkeiten beschränken, wenn die Drittlandfirma ein Verbot oder eine Beschränkung, das bzw. die von der ESMA oder der EBA gemäß den Artikeln 40 und 41 oder von einer zuständigen Behörde gemäß Artikel 42 verhängt wurde, nicht rechtzeitig und nicht in gebührender Weise eingehalten hat oder einem Ersuchen der ESMA gemäß Artikel 46 Absätze 6a und 6b nicht rechtzeitig und nicht in gebührender Weise nachgekommen ist, oder wenn die Drittlandfirma bei einer Untersuchung oder einer Inspektion vor Ort, die gemäß Artikel 47 Absatz 2 durchgeführt wird, nicht kooperiert.*

*(2) Unbeschadet des Absatzes 1 widerruft die ESMA die Registrierung einer Drittlandfirma in dem gemäß Artikel 48 eingerichteten Register, wenn die ESMA die Angelegenheit an die zuständige Drittlandbehörde verwiesen hat und diese Behörde keine angemessenen Maßnahmen ergriffen hat, um die Anleger oder die ordnungsgemäße Funktionsweise der Märkte in der Union zu schützen, oder nicht nachgewiesen hat, dass die betreffende Drittlandfirma den im Drittland auf sie zutreffenden Anforderungen nachkommt, oder die Bedingungen einhält, unter denen ein Beschluss gemäß Artikel 47 Absatz 1 erlassen wurde, und einer der folgenden Sachverhalte zutrifft:*

*a) Die ESMA hat fundierte Gründe anhand dokumentierter Nachweise, die auch — aber nicht nur — die gemäß Artikel 46 Absatz 6a übermittelten jährlichen Angaben umfassen, um zu glauben, dass eine Drittlandfirma bei der Erbringung von Wertpapierdienstleistungen und der Ausübung von Anlagetätigkeiten in der Union auf eine Art und Weise handelt, die den Anlegerinteressen oder der ordnungsgemäßen Funktionsweise der Märkte zuwider läuft;*

*b) die ESMA hat fundierte Gründe anhand dokumentierter Nachweise, die auch — aber nicht nur — die gemäß Artikel 46 Absatz 6a übermittelten jährlichen Angaben umfassen, um zu glauben, dass eine Drittlandfirma bei der Erbringung von Wertpapierdienstleistungen und Anlagetätigkeiten in der Union ernsthaft gegen die auf sie zutreffenden Bestimmungen des Drittlands verstoßen hat, auf deren Grundlage die Kommission den in Artikel 47 Absatz 1 genannten Beschluss gefasst hat.*

*(3) [1] Die ESMA unterrichtet die zuständige Drittlandbehörde von ihrer Absicht, zu gegebener Zeit Maßnahmen gemäß Absatz 1 oder Absatz 2 zu ergreifen.*

*[2] Bei ihrer Entscheidung über gemäß diesem Artikel zu ergreifende geeignete Maßnahmen berücksichtigt die ESMA die Art und die Schwere des Risikos für die Anleger und die ordnungsgemäße Funktionsweise der Märkte in der Union anhand folgender Kriterien:*

*a) Dauer und Häufigkeit des Risikos;*

*b) die Tatsache, ob das Risiko schwerwiegende oder systemische Schwächen der Verfahren der Drittlandfirmen aufgedeckt hat;*
*c) die Tatsache, ob ein Finanzverbrechen verursacht oder erleichtert wurde oder ansonsten mit dem Risiko in Verbindung steht;*
*d) die Tatsache, ob das Risiko vorsätzlich oder fahrlässig eingegangen wurde.*

*[3] Die ESMA unterrichtet die Kommission und die betreffende Drittlandfirma unverzüglich über jede gemäß Absatz 1 oder 2 angenommene Maßnahme und veröffentlicht ihren Beschluss auf ihrer Website.*

*[4] Die Kommission bewertet, ob die Bedingungen, unter denen ein Beschluss nach Artikel 47 Absatz 1 gefasst wurde, im Hinblick auf das betreffende Drittland weiter bestehen.*

## Titel IX. Delegierte Rechtsakte und Durchführungsrechtsakte
### Kapitel 1. Delegierte Rechtsakte
**Art. 50 Ausübung der Befugnisübertragung.** (1) Die Befugnis zum Erlass delegierter Rechtsakte wird der Kommission unter den in diesem Artikel genannten Bedingungen übertragen.

*[Abs. 2 bis 25.6.2021:]*
(2) Die Befugnis zum Erlass delegierter Rechtsakte gemäß Artikel 1 Absatz 9, Artikel 2 Absatz 2, Artikel 13 Absatz 2, Artikel 15 Absatz 5, Artikel 17 Absatz 3, Artikel 19 Absätze 2 und 3, Artikel 31 Absatz 4, Artikel 40 Absatz 8, Artikel 41 Absatz 8, Artikel 42 Absatz 7, Artikel 45 Absatz 10 und Artikel 52 Absätze 10 und 12 wird der Kommission auf unbestimmte Zeit ab dem 2. Juli 2014 übertragen.

*[Abs. 2 von 26.6.2021 bis 31.12.2021:]*
*(2) Die Befugnis zum Erlass delegierter Rechtsakte gemäß Artikel 1 Absatz 9, Artikel 2 Absatz 2, Artikel 13 Absatz 2, Artikel 15 Absatz 5, Artikel 17 Absatz 3, Artikel 19 Absätze 2 und 3, Artikel 31 Absatz 4, Artikel 40 Absatz 8, Artikel 41 Absatz 8, Artikel 42 Absatz 7, Artikel 45 Absatz 10, Artikel 47 Absatz 1a und Artikel 52 Absätze 10 und 12 wird der Kommission auf unbestimmte Zeit ab dem 2. Juli 2014 übertragen.*

*[Abs. 2 ab 1.1.2022:]*
*(2) ¹Die Befugnis zum Erlass delegierter Rechtsakte gemäß Artikel 1 Absatz 9, Artikel 2 Absätze 2 und 3, Artikel 13 Absatz 2, Artikel 15 Absatz 5, Artikel 17 Absatz 3, Artikel 19 Absätze 2 und 3, Artikel 27 Absatz 4, Artikel 27g Absatz 7, Artikel 27h Absatz 7, Artikel 31 Absatz 4, Artikel 38k Absatz 10, Artikel 38n Absatz 3, Artikel 40 Absatz 8, Artikel 41 Absatz 8, Artikel 42 Absatz 7, Artikel 45 Absatz 10 und Artikel 52 Absätze 10, 12 und 14 wird der Kommission auf unbestimmte Zeit ab dem 2. Juli 2014 übertragen.*

*[Abs. 3 bis 25.6.2021:]*
(3) ¹Die Befugnisübertragung gemäß Artikel 1 Absatz 9, Artikel 2 Absatz 2, Artikel 13 Absatz 2, Artikel 15 Absatz 5, Artikel 17 Absatz 3, Artikel 19 Absätze 2 und 3, Artikel 31 Absatz 4, Artikel 40 Absatz 8, Artikel 41 Absatz 8, Artikel 42 Absatz 7, Artikel 45 Absatz 10 und Artikel 52 Absätze 10 und 12 kann vom Europäischen Parlament oder vom Rat jederzeit widerrufen werden. ²Der Beschluss über den Widerruf beendet die Übertragung der in diesem Beschluss angegebenen Befugnis. ³Er wird am Tag nach seiner Veröffentlichung

im *Amtsblatt der Europäischen Union* oder zu einem im Beschluss über den Widerruf angegebenen späteren Zeitpunkt wirksam. ⁴Die Gültigkeit von delegierten Rechtsakten, die bereits in Kraft sind, wird von dem Beschluss über den Widerruf nicht berührt.

*[Abs. 3 ab 26.6.2021:]*

*(3) [Satz 1 bis 31.12.2021:] ¹ Die Befugnisübertragung gemäß Artikel 1 Absatz 9, Artikel 2 Absatz 2, Artikel 13 Absatz 2, Artikel 15 Absatz 5, Artikel 17 Absatz 3, Artikel 19 Absätze 2 und 3, Artikel 31 Absatz 4, Artikel 40 Absatz 8, Artikel 41 Absatz 8, Artikel 42 Absatz 7, Artikel 45 Absatz 10, Artikel 47 Absatz 1a und Artikel 52 Absätze 10 und 12 kann vom Europäischen Parlament oder vom Rat jederzeit widerrufen werden. [Satz 1 ab 1.1.2022:] ¹ Die Befugnisübertragung gemäß Artikel 1 Absatz 9, Artikel 2 Absätze 2 und 3, Artikel 13 Absatz 2, Artikel 15 Absatz 5, Artikel 17 Absatz 3, Artikel 19 Absätze 2 und 3, Artikel 27 Absatz 4, Artikel 27g Absatz 7, Artikel 27h Absatz 7, Artikel 31 Absatz 4, Artikel 38k Absatz 10, Artikel 38n Absatz 3, Artikel 40 Absatz 8, Artikel 41 Absatz 8, Artikel 42 Absatz 7, Artikel 45 Absatz 10 und Artikel 52 Absätze 10, 12 und 14 kann vom Europäischen Parlament oder vom Rat jederzeit widerrufen werden. ² Der Beschluss über den Widerruf beendet die Übertragung der in diesem Beschluss angegebenen Befugnis. ³ Er wird am Tag nach seiner Veröffentlichung im Amtsblatt der Europäischen Union oder zu einem im Beschluss über den Widerruf angegebenen späteren Zeitpunkt wirksam. ⁴ Die Gültigkeit von delegierten Rechtsakten, die bereits in Kraft sind, wird von dem Beschluss über den Widerruf nicht berührt.*

(4) Sobald die Kommission einen delegierten Rechtsakt erlässt, übermittelt sie ihn gleichzeitig dem Europäischen Parlament und dem Rat.

*[Abs. 5 bis 25.6.2021:]*

(5) ¹Ein delegierter Rechtsakt, der gemäß Artikel 1 Absatz 9, Artikel 2 Absatz 2, Artikel 13 Absatz 2, Artikel 15 Absatz 5, Artikel 17 Absatz 3, Artikel 19 Absätze 2 und 3, Artikel 31 Absatz 4, Artikel 40 Absatz 8, Artikel 41 Absatz 8, Artikel 42 Absatz 7, Artikel 45 Absatz 10 und Artikel 52 Absätze 10 oder 12 erlassen wurde, tritt nur in Kraft, wenn weder das Europäische Parlament noch der Rat innerhalb einer Frist von drei Monaten nach Übermittlung dieses Rechtsakts an das Europäische Parlament und den Rat Einwände erhoben haben oder wenn vor Ablauf dieser Frist das Europäische Parlament und der Rat beide der Kommission mitgeteilt haben, dass sie keine Einwände erheben werden. ²Auf Initiative des Europäischen Parlaments oder des Rates wird diese Frist um drei Monate verlängert.

*[Abs. 5 ab 26.6.2021:]*

*(5) [Satz 1 bis 31.12.2021:] ¹ Ein delegierter Rechtsakt, der gemäß Artikel 1 Absatz 9, Artikel 2 Absatz 2, Artikel 13 Absatz 2, Artikel 15 Absatz 5, Artikel 17 Absatz 3, Artikel 19 Absätze 2 und 3, Artikel 31 Absatz 4, Artikel 40 Absatz 8, Artikel 41 Absatz 8, Artikel 42 Absatz 7, Artikel 45 Absatz 10, Artikel 47 Absatz 1a und Artikel 52 Absätze 10 oder 12 erlassen wurde, tritt nur in Kraft, wenn weder das Europäische Parlament noch der Rat innerhalb einer Frist von drei Monaten nach Übermittlung dieses Rechtsakts an das Europäische Parlament und den Rat Einwände erhoben haben oder wenn vor Ablauf dieser Frist das Europäische Parlament und der Rat beide der Kommission mitgeteilt haben, dass sie keine Einwände erheben werden. [Satz 1 ab 1.1.2022:] ¹ Ein delegierter Rechtsakt, der gemäß Artikel 1 Absatz 9, Artikel 2 Absätze 2 und 3, Artikel 13 Absatz 2, Artikel 15 Absatz 5, Artikel 17 Absatz 3, Artikel 19 Absätze 2 und 3, Artikel 27 Absatz 4, Artikel 27g*

*Absatz 7, Artikel 27h Absatz 7, Artikel 31 Absatz 4, Artikel 38k Absatz 10, Artikel 38n Absatz 3, Artikel 40 Absatz 8, Artikel 41 Absatz 8, Artikel 42 Absatz 7, Artikel 45 Absatz 10 und Artikel 52 Absätze 10, 12 und 14 erlassen wurde, tritt nur in Kraft, wenn weder das Europäische Parlament noch der Rat innerhalb einer Frist von drei Monaten nach Übermittlung dieses Rechtsakts an das Europäische Parlament und den Rat Einwände erhoben haben oder wenn vor Ablauf dieser Frist das Europäische Parlament und der Rat beide der Kommission mitgeteilt haben, dass sie keine Einwände erheben werden.* ²*Auf Initiative des Europäischen Parlaments oder des Rates wird diese Frist um drei Monate verlängert.*

## Kapitel 2. Durchführungsrechtsakte

**Art. 51 Ausschussverfahren.** (1) ¹Die Kommission wird von dem durch den Beschluss 2001/528/EG der Kommission¹⁾ eingesetzten Europäischen Wertpapierausschuss unterstützt. ²Dieser Ausschuss ist ein Ausschuss im Sinne der Verordnung (EU) Nr. 182/2011.

(2) Wird auf diesen Absatz Bezug genommen, so gilt Artikel 5 der Verordnung (EU) Nr. 182/2011.

## Titel X. Schlussbestimmungen

**Art. 52 Berichte und Überprüfung.** (1) Bis zum 3. März 2020 legt die Kommission nach Anhörung der ESMA dem Europäischen Parlament und dem Rat einen Bericht über die Auswirkungen der Transparenzanforderungen nach Artikel 3 bis 13 in der Praxis vor; darin geht sie insbesondere auf die Auswirkungen des in Artikel 5 beschriebenen Mechanismus zur Begrenzung des Volumens – auch auf die Handelskosten geeigneter Gegenparteien und professioneller Kunden und den Aktienhandel von Unternehmen mit geringer und mittlerer Kapitalausstattung – und darauf ein, wie wirksam mit dem Mechanismus sichergestellt werden kann, dass die Kursbildung durch die Inanspruchnahme von Ausnahmeregelungen nicht beeinträchtigt wird, und wie entsprechende Mechanismen zur Verhängung von Sanktionen bei Verstößen gegen die Volumenbegrenzung funktionieren könnten sowie welche Auswirkungen auf die Anwendung und weitere Zweckmäßigkeit der Ausnahmen für die Vorhandelstransparenz nach Artikel 4 Absätze 2 und 3 und Artikel 9 Absätze 2 bis 5 zu erwarten sind.

(2) In dem Bericht nach Absatz 1 geht es auch darum, wie sich die Anwendung der Ausnahmeregelung nach Artikel 4 Absatz 1 Buchstabe a und Artikel 4 Absatz 1 Buchstabe b Ziffer i und die Volumenbegrenzung nach Artikel 5 auf die europäischen Aktienmärkte auswirkt, wobei insbesondere auf Folgendes eingegangen wird:

a) Umfang und Entwicklung des „nicht offenen" Orderbuchhandels in der Union seit Einführung dieser Verordnung;

b) Auswirkungen auf die transparenten quotierten Spreads in der Vorhandelsphase;

c) Auswirkungen auf die Liquiditätstiefe bei offenen Orderbüchern;

d) Auswirkungen auf den Wettbewerb und die Anleger in der Union;

---

¹⁾ **Amtl. Anm.:** Beschluss der Kommission vom 6. Juni 2001 zur Einsetzung des Europäischen Wertpapierausschusses (ABl. L 191 vom 13.7.2001, S. 45).

e) Auswirkungen auf den Aktienhandel von Unternehmen mit geringer und mittlerer Kapitalausstattung;

f) Entwicklungen auf internationaler Ebene und der Beratungen mit Drittstaaten und internationalen Organisationen.

(3) ¹Wenn in dem Bericht festgestellt wird, dass die Anwendung der Ausnahmeregelung nach Artikel 4 Absatz 1 Buchstabe a und Artikel 4 Absatz 1 Buchstabe b Ziffer i die Kursbildung oder den Aktienhandel von Unternehmen mit geringer und mittlerer Kapitalausstattung beeinträchtigt, legt die Kommission gegebenenfalls Vorschläge – auch für Änderungen dieser Verordnung – hinsichtlich der Anwendung dieser Ausnahmen vor. ²In diesen Vorschlägen, die eine Folgenabschätzung der vorgeschlagenen Änderungen beinhalten, wird den Zielen dieser Verordnung, den Auswirkungen in Form von Marktstörungen, den Auswirkungen auf den Wettbewerb sowie potenziellen Auswirkungen auf die Anleger in der Union Rechnung getragen.

(4) ¹Bis zum 3. März 2020 legt die Kommission nach Anhörung der ESMA dem Europäischen Parlament und dem Rat einen Bericht über die Funktionsweise von Artikel 26 vor, wobei sie auch darauf eingeht, ob Inhalt und Form der bei den zuständigen Behörden eingegangenen und zwischen ihnen ausgetauschten Geschäftsmeldungen eine umfassende Überwachung der Tätigkeiten von Wertpapierfirmen im Sinne von Artikel 26 Absatz 1 zulassen. ²Die Kommission kann geeignete Vorschläge unterbreiten, zu denen auch die Meldung von Geschäften an ein von der ESMA bestelltes System anstatt an die zuständigen Behörden gehört, so dass die jeweils zuständigen Behörden für die Zwecke dieser Verordnung und der Richtlinie 2014/65/EU[1)] sowie im Interesse der Aufdeckung von Insider-Geschäften und Marktmanipulation im Sinne der Verordnung (EU) Nr. 596/2014[2)] Zugang zu sämtlichen infolge dieses Artikels gemeldeten Informationen haben.

(5) ¹Bis zum 3. März 2020 legt die Kommission nach Anhörung der ESMA dem Europäischen Parlament und dem Rat einen Bericht über geeignete Lösungen zur Minderung von Informationsasymmetrien zwischen den Marktakteuren sowie über Hilfsmittel vor, die den Regulierungsbehörden eine bessere Überwachung der Notationsaktivitäten an Handelsplätzen ermöglichen. ²In diesem Bericht wird zumindest eine Einschätzung darüber abgegeben, ob zur Verwirklichung dieser Ziele die Einführung eines Systems zur Ermittlung der europaweit besten Geld- und Briefnennung (EBBO, European Best Bid and Offer System) bei konsolidierten Kursen realisierbar wäre.

(6) Bis zum 3. März 2020 legt die Kommission nach Anhörung der ESMA dem Europäischen Parlament und dem Rat einen Bericht über die Fortschritte bei der Verlagerung des Handels mit standardisierten OTC-Derivaten von Börsen auf elektronische Handelsplattformen im Sinne von Artikel 25 und 28 vor.

(7) Bis zum 3. Juli 2020 legt die Kommission nach Anhörung der ESMA dem Europäischen Parlament und dem Rat einen Bericht über die Entwicklungen der Kurse für Vorhandels- und Nachhandelstransparenzdaten von geregelten Märkten, MTF, OTF, APA und CTP vor.

---

[1)] Nr. 1.
[2)] Nr. 11.

(8) Bis zum 3. Juli 2020 legt die Kommission nach Anhörung der ESMA dem Europäischen Parlament und dem Rat einen Bericht vor, in dem die Bestimmungen zur Interoperabilität nach Artikel 36 der vorliegenden Verordnung sowie nach Artikel 8 der Verordnung (EU) Nr. 648/2012 überprüft werden.

(9) *[1]* Bis zum 3. Juli 2020 legt die Kommission nach Anhörung der ESMA dem Europäischen Parlament und dem Rat einen Bericht über die Anwendung der Artikel 35 und 36 dieser Verordnung sowie der Artikel 7 und 8 der Verordnung (EU) Nr. 648/2012 vor.

*[2]* Bis zum 3. Juli 2022 legt die Kommission nach Anhörung der ESMA dem Europäischen Parlament und dem Rat einen Bericht über die Anwendung von Artikel 37 vor.

(10)[1] *[1]* Bis zum 3. Juli 2020 legt die Kommission nach Anhörung der ESMA dem Europäischen Parlament und dem Rat einen Bericht darüber vor, wie sich die Artikel 35 und 36 der vorliegenden Verordnung auf neu gegründete und zugelassene zentrale Gegenparteien im Sinne von Artikel 35 Absatz 5 und mit diesen zentralen Gegenparteien eng verbundene Handelsplätze auswirken und ob die in Artikel 35 Absatz 5 festgelegte Übergangsregelung verlängert werden soll, wobei sie die möglichen Vorteile eines verbesserten Wettbewerbs für die Verbraucher und die Wahlmöglichkeiten für die Marktteilnehmer gegen die etwaigen unverhältnismäßigen Auswirkungen dieser Vorschriften auf neu gegründete und zugelassene zentrale Gegenparteien und die Beschränkungen für lokale Marktteilnehmer hinsichtlich des Zugangs zu globalen zentralen Gegenparteien sowie das reibungslose Funktionieren des Markts aufwiegt.

*[2]* Vorbehaltlich der Feststellungen dieses Berichts kann die Kommission einen delegierten Rechtsakt gemäß Artikel 50 erlassen, um den Übergangszeitraum gemäß Artikel 35 Absatz 5 um höchstens 30 Monate zu verlängern.

(11) Bis zum 3. Juli 2020 legt die Kommission nach Anhörung der ESMA dem Europäischen Parlament und dem Rat einen Bericht darüber vor, ob der in Artikel 36 Absatz 5 festgelegte Schwellenwert weiterhin angemessen ist und ob der Nichtbeteiligungsmechanismus in Bezug auf börsengehandelte Derivate beibehalten werden soll.

(12)[1] *[1]* ¹Bis zum 3. Juli 2016 legt die Kommission auf der Grundlage einer Risikobewertung, die von der ESMA in Abstimmung mit dem ESRB vorgenommen wird, dem Europäischen Parlament und dem Rat einen Bericht vor, in dem beurteilt wird, ob es notwendig ist, börsengehandelte Derivate vorübergehend vom Anwendungsbereich der Artikel 35 und 36 auszunehmen. ²In diesem Bericht wird Risiken Rechnung getragen, die aufgrund der im Zusammenhang mit börsengehandelten Derivaten bestehenden Bestimmungen über den offenen Zugang für die Stabilität im Allgemeinen und das ordnungsgemäße Funktionieren der Finanzmärkte in der Union bestehen können.

*[2]* Vorbehaltlich der Feststellungen dieses Berichts kann die Kommission einen delegierten Rechtsakt gemäß Artikel 50 erlassen, um börsengehandelte Derivate für bis zu 30 Monate ab dem 3. Januar 2018 vom Anwendungsbereich der Artikel 35 und 36 auszunehmen.

**[Abs. 13 ab 26.6.2021:]**

---

[1] Beachte zum Inkrafttreten Art. 55 Abs. 3.

*(13) Die ESMA beurteilt bis zum 31. Dezember 2020 den Personal- und Ressourcenbedarf, der sich aus der Wahrnehmung der ihr gemäß Artikel 64 der Verordnung (EU) 2019/2033 übertragenen Befugnisse und Aufgaben ergibt, und übermittelt dem Europäischen Parlament, dem Rat und der Kommission einen Bericht zu dieser Beurteilung.*

**[Abs. 13 ab 1.1.2022:]**

*(13)*[1] *[1]* ¹*Die Kommission legt dem Europäischen Parlament und dem Rat nach Anhörung der ESMA Berichte über die Funktionsweise der im Einklang mit Titel IVa eingerichteten konsolidierten Datenticker vor.* ²*Der Bericht zu Artikel 27h Absatz 1 wird bis zum 3. September 2019 vorgelegt.* ³*Der Bericht zu Artikel 27h Absatz 2 wird bis zum 3. September 2021 vorgelegt.*

*[2] In den in Unterabsatz 1 genannten Berichten wird die Funktionsweise der konsolidierten Datenticker anhand folgender Kriterien beurteilt:*

a) *Verfügbarkeit und Aktualität nachbörslicher Informationen in einem konsolidierten Format, das sämtliche Geschäfte erfasst, unabhängig davon, ob sie an einem Handelsplatz abgeschlossen werden oder nicht;*

b) *Verfügbarkeit und Aktualität vollständiger und partieller nachbörslicher Informationen von hoher Qualität in Formaten, die für die Marktteilnehmer leicht zugänglich und nutzbar sind und zu angemessenen kaufmännischen Bedingungen angeboten werden.*

*[3]* ¹*Kommt die Kommission zu dem Schluss, dass die CTP Informationen auf eine Weise zur Verfügung gestellt haben, die den in Unterabsatz 2 genannten Kriterien nicht genügt, so fügt sie ihrem Bericht ein Ersuchen an die ESMA bei, ein Verhandlungsverfahren einzuleiten, in dessen Rahmen eine gewerbliche Stelle im Wege von der ESMA durchzuführenden öffentlichen Vergabeverfahrens als Betreiberin eines konsolidierten Datentickers benannt wird.* ²*Nach Eingang des Ersuchens der Kommission leitet die ESMA das Verfahren unter den im Ersuchen festgelegten Bedingungen und im Einklang mit der Verordnung (EU, Euratom) 2018/1046 des Europäischen Parlaments und des Rates*[2] *ein.*

**[Abs. 14 ab 1.1.2022:]**

*(14)* ¹*Wird ein Verfahren nach Absatz 13 eingeleitet, so wird der Kommission die Befugnis übertragen, gemäß Artikel 50 zur Ergänzung dieser Verordnung delegierte Rechtsakte zu erlassen, in denen*

a) *die Laufzeit des Vertrags mit der gewerblichen Stelle, die einen konsolidierten Datenticker betreibt, sowie das Verfahren und die Bedingungen für die Verlängerung des Vertrags und die Einleitung eines neuen öffentlichen Vergabeverfahrens festgelegt werden;*

b) *vorgeschrieben wird, dass die gewerbliche Stelle, die einen konsolidierten Datenticker betreibt, diese Tätigkeit ausschließlich ausübt und dass keine andere Stelle nach Artikel 27b als CTP zugelassen wird;*

c) *die ESMA ermächtigt wird, sicherzustellen, dass die im Wege eines öffentlichen Vergabeverfahrens benannte gewerbliche Stelle, die einen konsolidierten Datenticker betreibt, die Ausschreibungsbedingungen einhält;*

---

[1] Doppelte Absatzzählung amtlich

[2] **Amtl. Anm.:** Verordnung (EU, Euratom) Nr. 2018/1046 des Europäischen Parlaments und des Rates vom 18. Juli 2018 über die Haushaltsordnung für den Gesamthaushaltsplan der Union, zur Änderung der Verordnungen (EU) Nr. 1296/2013, (EU) Nr. 1301/2013, (EU) Nr. 1303/2013, (EU) Nr. 1304/2013, (EU) Nr. 1309/2013, (EU) Nr. 1316/2013, (EU) Nr. 223/2014, (EU) Nr. 283/2014 und des Beschlusses Nr. 541/2014/EU sowie zur Aufhebung der Verordnung (EU, Euratom) Nr. 966/2012 (ABl. L 193 vom 30.7.2018, S. 1).

*d)* sichergestellt wird, dass die nachbörslichen Informationen der gewerblichen Stelle, die einen konsolidierten Datenticker betreibt, von hoher Qualität sind und in Formaten, die für die Marktteilnehmer leicht zugänglich und nutzbar sind, sowie in einem konsolidierten Format, das den gesamten Markt erfasst, zur Verfügung gestellt werden;

*e)* sichergestellt wird, dass die nachbörslichen Informationen zu angemessenen kaufmännischen Bedingungen auf konsolidierter und nichtkonsolidierter Grundlage zur Verfügung gestellt werden und den Bedürfnissen der Nutzer in der gesamten Union gerecht werden;

*f)* sichergestellt wird, dass Handelsplätze und APA der im Wege eines öffentlichen, von der ESMA durchgeführten Vergabeverfahrens benannten gewerblichen Stelle, die einen konsolidierten Datenticker betreibt, ihre Handelsdaten zu vertretbaren Kosten zur Verfügung stellen;

*g)* Vorkehrungen für den Fall getroffen werden, dass die im Wege eines öffentlichen Vergabeverfahrens benannte gewerbliche Stelle, die einen konsolidierten Datenticker betreibt, die Ausschreibungsbedingungen nicht einhält;

*h)* Vorkehrungen getroffen werden, wonach die nach Artikel 27b zugelassenen CTP für den Fall, dass die Befugnisse gemäß Buchstabe b des vorliegenden Absatzes nicht wahrgenommen werden oder keine Stelle im Wege eines öffentlichen Vergabeverfahrens benannt wird, weiterhin einen konsolidierten Datenticker betreiben dürfen, bis ein neues öffentliches Vergabeverfahren abgeschlossen und eine gewerbliche Stelle als Betreiberin eines konsolidierten Datentickers benannt wird.

**Art. 53 Änderung der Verordnung (EU) Nr. 648/2012** *(hier nicht wiedergegeben)*

**Art. 54 Übergangsbestimmungen.**
*[Abs. 1 bis 25.6.2021:]*
(1)[1]) Drittlandfirmen können in Übereinstimmung mit den nationalen Regelungen bis drei Jahre nach Annahme eines Beschlusses im Zusammenhang mit dem entsprechenden Drittland gemäß Artikel 47 in den Mitgliedstaaten weiterhin Wertpapierdienstleistungen und Anlagetätigkeiten erbringen.

*[Abs. 1 ab 26.6.2021:]*
*(1) [1] Drittlandfirmen können in Übereinstimmung mit den nationalen Regelungen bis drei Jahre nach Annahme eines Beschlusses im Zusammenhang mit dem entsprechenden Drittland gemäß Artikel 47 in den Mitgliedstaaten weiterhin Wertpapierdienstleistungen erbringen und Anlagetätigkeiten ausüben. [2] Dienstleistungen und Tätigkeiten, die nicht durch einen solchen Beschluss abgedeckt sind, dürfen im Rahmen einer nationalen Regelung weiterhin erbracht bzw. ausgeübt werden.*

(2) *[1]* [1] Wenn die Kommission zu der Einschätzung gelangt, dass börsengehandelte Derivate nicht gemäß Artikel 52 Absatz 12 vom Anwendungsbereich der Artikel 35 und 36 ausgenommen werden müssen, kann eine zentrale Gegenpartei oder ein Handelsplatz vor dem Inkrafttreten dieser Verordnung bei der zuständigen Behörde Antrag auf Inanspruchnahme der Übergangsregelung stellen. [2] Aufgrund der Risiken für ein ordnungsgemäßes Funktionieren der zentralen Gegenpartei oder des Handelsplatzes, die sich durch Inanspruchnahme der Zugangsrechte nach Artikel 35 oder 36 bei börsengehan-

---
[1]) Beachte zum Inkrafttreten Art. 55 Abs. 3.

delten Derivaten ergeben, kann die zuständige Behörde entscheiden, dass Artikel 35 oder 36 bei börsengehandelten Derivaten für diese zentrale Gegenpartei oder diesen Handelsplatz für einen Übergangszeitraum bis zum 3. Juli 2020 nicht zur Anwendung kommt. [3]Wenn ein solcher Übergangszeitraum genehmigt wurde, kann die zentrale Gegenpartei oder der Handelsplatz die Zugangsrechte nach Artikel 35 oder 36 bei börsengehandelten Derivaten innerhalb des Übergangszeitraums nicht in Anspruch nehmen. [4]Die zuständige Behörde unterrichtet die ESMA und im Fall einer zentralen Gegenpartei das Kollegium der zuständigen Behörden für diese zentrale Gegenpartei, wenn ein Übergangszeitraum genehmigt wurde.

*[2]* Wenn eine zentrale Gegenpartei, der ein Übergangszeitraum genehmigt wurde, eng mit einem oder mehreren Handelsplätzen verbunden ist, dürfen diese Handelsplätze die Zugangsrechte nach Artikel 35 oder 36 bei börsengehandelten Derivaten innerhalb des Übergangszeitraums nicht in Anspruch nehmen.

*[3]* Wenn ein Handelsplatz, dem ein Übergangszeitraum genehmigt wurde, eng mit einer oder mehreren zentralen Gegenparteien verbunden ist, dürfen diese zentralen Gegenparteien die Zugangsrechte nach Artikel 35 oder 36 bei börsengehandelten Derivaten innerhalb des Übergangszeitraums nicht in Anspruch nehmen.

*[Art. 54a ab 1.1.2022:]*
**Art. 54a** *Übergangsmaßnahmen in Bezug auf die ESMA.* *(1)* *[1]Sämtliche Zuständigkeiten und Aufgaben im Zusammenhang mit Aufsichts- und Vollstreckungstätigkeiten in Bezug auf Datenbereitstellungsdienstleister werden am 1. Januar 2022 der ESMA übertragen, mit Ausnahme der Zuständigkeiten und Pflichten im Zusammenhang mit APA und ARM, für die eine Ausnahmeregelung gemäß Artikel 2 Absatz 3 gilt. [2]Die ESMA übernimmt diese übertragenen Zuständigkeiten und Aufgaben am selben Tag.*

*(2) [1] Alle Unterlagen und Arbeitsdokumente im Zusammenhang mit Aufsichts- und Vollstreckungstätigkeiten in Bezug auf Datenbereitstellungsdienstleister, einschließlich sämtlicher eventuell laufender Prüfungen und Vollstreckungsmaßnahmen, oder die beglaubigten Kopien dieser Unterlagen und Arbeitsdokumente werden an dem in Absatz 1 genannten Tag von der ESMA übernommen.*

*[2] Abweichend davon werden Zulassungsanträge, die bei den zuständigen Behörden vor dem 1. Oktober 2021 eingegangen sind, nicht der ESMA übergeben und wird der Beschluss über die Registrierung oder die Ablehnung der Registrierung von der jeweils zuständigen Behörde erlassen.*

*(3) [1]Die in Absatz 1 genannten zuständigen Behörden sorgen dafür, dass sämtliche eventuell vorhandenen Aufzeichnungen und Arbeitspapiere sowie die beglaubigten Kopien dieser Aufzeichnungen und Arbeitspapiere sobald wie möglich und bis zum 1. Januar 2022 an die ESMA übergeben werden. [2]Diese zuständigen Behörden leisten der ESMA ferner jede Unterstützung und Beratung, die erforderlich ist, um eine wirksame und effiziente Übergabe und Aufnahme der Aufsichts- und Vollstreckungstätigkeiten in Bezug auf Datenbereitstellungsdienstleister zu gewährleisten.*

*(4) Die ESMA ist Rechtsnachfolgerin der in Absatz 1 genannten zuständigen Behörden in allen Verwaltungs- oder Gerichtsverfahren, die die Aufsichts- oder Vollstreckungstätigkeiten dieser zuständigen Behörden im Rahmen dieser Verordnung betreffen.*

**Art. 54b, 55 VO (EU) 600/2014**

*(5) Sämtliche von einer zuständigen Behörde im Sinne von Artikel 4 Absatz 1 Nummer 26 der Richtlinie 2014/65/EU[1] erteilten Zulassungen von Datenbereitstellungsdienstleistern behalten nach der Befugnisübertragung auf die ESMA ihre Gültigkeit.*

*[Art. 54b ab 1.1.2022:]*
**Art. 54b** *Beziehungen zu Wirtschaftsprüfern. (1) [1] Jede im Rahmen der Richtlinie 2006/43/EG des Europäischen Parlaments und des Rates[2] zugelassene Person, die bei einem Datenbereitstellungsdienstleister die in Artikel 34 der Richtlinie 2013/34/EU des Europäischen Parlaments und des Rates[3] beziehungsweise in Artikel 73 der Richtlinie 2009/65/EG beschriebenen Aufgaben oder andere gesetzlich vorgeschriebene Aufgaben erfüllt, ist verpflichtet, der ESMA unverzüglich jeden diesen Datenbereitstellungsdienstleister betreffenden Sachverhalt oder Beschluss zu melden, von dem sie bei der Wahrnehmung dieser Aufgaben Kenntnis erlangt hat und der*

*a) einen erheblichen Verstoß gegen die Rechts- oder Verwaltungsvorschriften, die die Zulassungsvoraussetzungen enthalten oder die Ausübung der Tätigkeit von Datenbereitstellungsdienstleistern regeln, darstellen könnte;*

*b) den Fortbestand des Datenbereitstellungsdienstleisters infrage stellen könnte;*

*c) dazu führen könnte, dass der Prüfungsvermerk verweigert oder unter Vorbehalt gestellt wird.*

*[2] Diese Person ist ferner zur Meldung jedes Sachverhalts oder Beschlusses verpflichtet, von dem sie in Ausübung einer der Tätigkeiten gemäß Unterabsatz 1 in einem Unternehmen Kenntnis erlangt, das in enger Verbindung zu dem Datenbereitstellungsdienstleister steht, bei dem sie diese Tätigkeit ausübt.*

*(2) Meldet eine im Rahmen der Richtlinie 2006/43/EG zugelassene Person den zuständigen Behörden nach Treu und Glauben einen der in Absatz 1 genannten Sachverhalte oder Beschlüsse, so stellt dies keinen Verstoß gegen eine etwaige vertragliche oder rechtliche Beschränkung der Informationsweitergabe dar und zieht für diese Person keinerlei Haftung nach sich.*

**Art. 55 Inkrafttreten und Anwendung.** *[1]* Diese Verordnung tritt am zwanzigsten Tag nach ihrer Veröffentlichung[4] im Amtsblatt der Europäischen Union in Kraft.

*[2]* Diese Verordnung gilt ab dem 3. Januar 2018.

*[3]* Ungeachtet von Absatz 2 gelten Artikel 1 Absätze 8 und 9, Artikel 2 Absatz 2, Artikel 4 Absatz 6, Artikel 5 Absätze 6 und 9, Artikel 7 Absatz 2, Artikel 9 Absatz 5, Artikel 11 Absatz 4, Artikel 12 Absatz 2, Artikel 13 Absatz 5, Artikel 14 Absatz 7, Artikel 15 Absatz 5, Artikel 17 Absatz 3, Artikel 19 Absätze 2 und 3, Artikel 20 Absatz 3, Artikel 21 Absatz 5, Artikel 22 Absatz 4,

---

[1] Nr. 1.
[2] **Amtl. Anm.:** Richtlinie 2006/43/EG des Europäischen Parlaments und des Rates vom 17. Mai 2006 über Abschlussprüfungen von Jahresabschlüssen und konsolidierten Abschlüssen, zur Änderung der Richtlinien 78/660/EWG und 83/349/EWG des Rates und zur Aufhebung der Richtlinie 84/253/EWG des Rates (ABl. L 157 vom 9.6.2006, S. 87).
[3] **Amtl. Anm.:** Richtlinie 2013/34/EU des Europäischen Parlaments und des Rates vom 26. Juni 2013 über den Jahresabschluss, den konsolidierten Abschluss und damit verbundene Berichte von Unternehmen bestimmter Rechtsformen und zur Änderung der Richtlinie 2006/43/EG des Europäischen Parlaments und des Rates und zur Aufhebung der Richtlinien 78/660/EWG und 83/349/EWG des Rates (ABl. L 182 vom 29.6.2013, S. 19).
[4] Veröffentlicht am 12.6.2014.

Artikel 23 Absatz 3, Artikel 25 Absatz 3, Artikel 26 Absatz 9, Artikel 27 Absatz 3, Artikel 28 Absatz 4, Artikel 28 Absatz 5, Artikel 29 Absatz 3, Artikel 30 Absatz 2, Artikel 31 Absatz 4, Artikel 32 Absätze 1, 5 und 6, Artikel 33 Absatz 2, Artikel 35 Absatz 6, Artikel 36 Absatz 6, Artikel 37 Absatz 4, Artikel 38 Absatz 3, Artikel 40 Absatz 8, Artikel 41 Absatz 8, Artikel 42 Absatz 7, Artikel 45 Absatz 10, Artikel 46 Absatz 7, Artikel 47 Absätze 1 und 4 und Artikel 52 Absätze 10 und 12 und Artikel 54 Absatz 1 unmittelbar nach Inkrafttreten dieser Verordnung.

*[4]* Unbeschadet des Absatzes 2 gilt Artikel 37 Absätze 1, 2 und 3 ab dem 3. Januar 2020.

Diese Verordnung ist in allen ihren Teilen verbindlich und gilt unmittelbar in jedem Mitgliedstaat.

Geschehen zu Brüssel am 15. Mai 2014.

# 3. Verordnung (EU) Nr. 1095/2010 des Europäischen Parlaments und des Rates vom 24. November 2010 zur Errichtung einer Europäischen Aufsichtsbehörde (Europäische Wertpapier- und Marktaufsichtsbehörde), zur Änderung des Beschlusses Nr. 716/2009/EG und zur Aufhebung des Beschlusses 2009/77/EG der Kommission

(ABl. L 331 S. 84)

**Celex-Nr. 3 2010 R 1095**

zuletzt geänd. durch Art. 3 VO (EU) 2019/2175 v. 18.12.2019 (ABl. L 334 S. 1)

DAS EUROPÄISCHE PARLAMENT UND DER RAT DER EUROPÄISCHEN UNION –

gestützt auf den Vertrag über die Arbeitsweise der Europäischen Union, insbesondere auf Artikel 114,

auf Vorschlag der Europäischen Kommission,

nach Stellungnahme der Europäischen Zentralbank[1],

nach Stellungnahme des Europäischen Wirtschafts- und Sozialausschusses[2],

gemäß dem ordentlichen Gesetzgebungsverfahren[3],

in Erwägung nachstehender Gründe:

(1) Die Finanzkrise von 2007 und 2008 hat erhebliche Schwachstellen bei der Finanzaufsicht, sowohl in Einzelfällen als auch hinsichtlich des Finanzsystems als Ganzem, offenbart. Die Aufsichtsmodelle auf nationaler Ebene konnten mit der Globalisierung des Finanzsektors und mit der Realität der Integration und Verknüpfung der europäischen Finanzmärkte mit vielen grenzüberschreitend tätigen Finanzinstituten nicht Schritt halten. Die Krise brachte Mängel bei der Zusammenarbeit, bei der Koordinierung, bei der kohärenten Anwendung des Unionsrechts und einen Mangel an Vertrauen zwischen den nationalen Aufsichtsbehörden zutage.

(2) Vor und während der Finanzkrise hat das Europäische Parlament eine stärker integrierte europäische Aufsicht gefordert, damit wirklich gleiche Wettbewerbsbedingungen für alle auf Unionsebene tätigen Akteure gewährleistet werden und der zunehmenden Integration der Finanzmärkte in der Union Rechnung getragen wird (Entschließungen des Europäischen Parlaments vom 13. April 2000 zu der Mitteilung der Kommission „Umsetzung des Finanzmarktrahmens: Aktionsplan"[4], vom 21. November 2002 zu den aufsichtsrechtlichen Vorschriften in der Europäischen Union[5], vom 11. Juli 2007 zu der Finanzdienstleistungspolitik für die Jahre 2005–2010 – Weißbuch[6], vom 23. September 2008 mit Empfehlungen an die Kommission zu Hedge-Fonds und Private Equity[7], vom 9. Oktober 2008 mit Empfehlungen an die Kommission zu Lamfalussy-Folgemaßnahmen: Künftige Aufsichtsstruktur[8] sowie Standpunkte des Europäischen Parlaments vom 22. April 2009 zu dem geänderten Vorschlag für eine Richtlinie des Europäischen Parlaments und des Rates betreffend die Aufnahme und Ausübung der Versicherungs- und der Rückversicherungstätigkeit – Solvabilität II[9] und vom 23. April 2009 zu dem Vorschlag für eine Verordnung des Europäischen Parlaments und des Rates über Ratingagenturen[10]).

(3) Die Kommission beauftragte im November 2008 eine hochrangige Gruppe unter dem Vorsitz von Jacques de Larosière mit der Ausarbeitung von Empfehlungen, wie die europäischen Auf-

---

[1] **Amtl. Anm.:** ABl. C 13 vom 20.1.2010, S. 1.
[2] **Amtl. Anm.:** Stellungnahme vom 22. Januar 2010 (noch nicht im Amtsblatt veröffentlicht).
[3] **Amtl. Anm.:** Standpunkt des Europäischen Parlaments vom 22. September 2010 (noch nicht im Amtsblatt veröffentlicht) und Beschluss des Rates vom 17. November 2010.
[4] **Amtl. Anm.:** ABl. C 40 vom 7.2.2001, S. 453.
[5] **Amtl. Anm.:** ABl. C 25 E vom 29.1.2004, S. 394.
[6] **Amtl. Anm.:** ABl. C 175 E vom 10.7.2008, S. 392.
[7] **Amtl. Anm.:** ABl. C 8 E vom 14.1.2010, S. 26.
[8] **Amtl. Anm.:** ABl. C 9 E vom 15.1.2010, S. 48.
[9] **Amtl. Anm.:** ABl. C 184 E vom 8.7.2010, S. 214.
[10] **Amtl. Anm.:** ABl. C 184 E vom 8.7.2010, S. 292.

sichtsregelungen gestärkt werden können, um die Bürger besser zu schützen und das Vertrauen in das Finanzsystem wiederherzustellen. In ihrem Schlussbericht vom 25. Februar 2009 (im Folgenden „De-Larosière-Bericht") empfahl die hochrangige Gruppe, den Aufsichtsrahmen zu stärken, um das Risiko und den Schweregrad künftiger Finanzkrisen zu vermindern. Sie empfahl Reformen der Aufsichtsstruktur für den Finanzsektor in der Union. Die Gruppe kam überdies zu dem Schluss, dass ein Europäisches System der Finanzaufsicht geschaffen werden solle, das sich aus drei Europäischen Finanzaufsichtsbehörden zusammensetzt, und zwar aus einer Behörde für den Bankensektor, einer Behörde für den Wertpapiersektor sowie einer Behörde für Versicherungen und die betriebliche Altersversorgung; des Weiteren empfahl die Gruppe die Errichtung eines Europäischen Ausschusses für Systemrisiken. Der Bericht enthielt die von den Experten für notwendig erachteten Reformen, zu denen die Arbeiten unverzüglich aufgenommen werden mussten.

(4) In ihrer Mitteilung vom 4. März 2009 „Impulse für den Aufschwung in Europa" schlug die Kommission die Vorlage von Entwürfen für Rechtsvorschriften vor, mit denen ein Europäisches System der Finanzaufsicht und ein Europäischer Ausschuss für Systemrisiken geschaffen werden sollten. In ihrer Mitteilung vom 27. Mai 2009 mit dem Titel „Europäische Finanzaufsicht" erläuterte die Kommission im Einzelnen die mögliche Struktur eines solchen neuen Aufsichtsrahmens, der die wesentlichen Richtungsvorgaben des De-Larosière-Berichts widerspiegelt.

(5) In seinen Schlussfolgerungen vom 19. Juni 2009 bestätigte der Europäische Rat, dass ein Europäisches System der Finanzaufsicht bestehend aus drei neuen Europäischen Aufsichtsbehörden errichtet werden sollte. Mit dem System sollten die Qualität und Kohärenz der nationalen Aufsicht verbessert, die Beaufsichtigung grenzübergreifend tätiger Gruppen gestärkt und ein einheitliches europäisches Regelwerk eingeführt werden, das für alle Finanzmarktteilnehmer im Binnenmarkt gilt. Der Europäische Rat betonte, dass die Europäischen Aufsichtsbehörden auch über Aufsichtsbefugnisse für Ratingagenturen verfügen sollten, und forderte die Kommission auf, konkrete Vorschläge für die Art und Weise auszuarbeiten, wie das Europäische System der Finanzaufsicht in Krisensituationen eine wirksame Rolle spielen könnte; dabei unterstrich er, dass die von den Europäischen Aufsichtsbehörden erlassenen Beschlüsse die haushaltspolitischen Zuständigkeiten der Mitgliedstaaten nicht berühren sollten. Die Kommission hat einen Vorschlag für eine Verordnung zur Änderung der Verordnung (EG) Nr. 1060/2009 des Europäischen Parlaments und des Rates vom 16. September 2009 über Ratingagenturen[1]) vorgelegt. Das Europäische Parlament und der Rat sollten diesen Vorschlag prüfen, um sicherzustellen, dass die Europäische Aufsichtsbehörde (Europäische Wertpapier- und Marktaufsichtsbehörde) (im Folgenden „Behörde") angemessene Aufsichtsbefugnisse für Ratingagenturen erhält, wobei zu berücksichtigen ist, dass die Behörde gemäß der Verordnung (EG) Nr. 1060/2009 exklusive Aufsichtsbefugnisse für Ratingagenturen wahrnehmen sollte. Zu diesem Zweck sollte die Behörde angemessene Befugnisse zur Durchführung von Nachforschungen und Durchsetzung erhalten, so wie sie in den einschlägigen Rechtsvorschriften festgeschrieben sind, sowie die Möglichkeit, Gebühren in Rechnung zu stellen.

(6) Am 17. Juni 2010 kam der Europäische Rat überein, dass „die Mitgliedstaaten Systeme für Abgaben und Steuern für Finanzinstitute einführen sollten, damit für eine gerechte Lastenverteilung gesorgt wird und damit Anreize für eine Eindämmung der Systemrisiken geschaffen werden. Diese Abgaben und Steuern sollten Teil eines glaubwürdigen Rahmens für Rettungsmaßnahmen sein. An ihren wichtigsten Merkmalen muss dringend weitergearbeitet werden, und Fragen im Zusammenhang mit gleichen Wettbewerbsbedingungen und den kumulativen Auswirkungen der verschiedenen Regulierungsmaßnahmen sollten sorgfältig beurteilt werden".

(7) Die Wirtschafts- und Finanzkrise hat zu realen und schwerwiegenden Risiken für die Stabilität des Finanzsystems und das Funktionieren des Binnenmarkts geführt. Die Wiederherstellung und Aufrechterhaltung eines stabilen und verlässlichen Finanzsystems ist eine Grundvoraussetzung für die Wahrung des Vertrauens in den Binnenmarkt und seiner Kohärenz und dadurch für die Wahrung und Verbesserung der Bedingungen im Hinblick auf die Schaffung eines vollständig integrierten und gut funktionierenden Binnenmarkts im Bereich der Finanzdienstleistungen. Darüber hinaus bieten tiefere und stärker integrierte Finanzmärkte bessere Möglichkeiten für Finanzierungen und Risikodiversifizierung, was wiederum die Kapazität der Volkswirtschaften bei der Abfederung von Schocks verbessert.

(8) Die Union hat die Grenzen dessen erreicht, was im Rahmen der gegenwärtig bestehenden Ausschüsse der Europäischen Aufsichtsbehörden geschehen kann. Die Union darf sich nicht

---

[1]) **Amtl. Anm.:** ABl. L 302 vom 17.11.2009, S. 1.

damit abfinden, dass es keinen Mechanismus gibt, der sicherstellt, dass die nationalen Aufsichtsbehörden bei Aufsichtsentscheidungen für grenzübergreifend tätige Finanzmarktteilnehmer zur bestmöglichen Lösung gelangen, dass Zusammenarbeit und Informationsaustausch zwischen den nationalen Aufsehern unzureichend sind, dass ein gemeinsames Vorgehen der nationalen Behörden komplizierte Vereinbarungen erfordert, um den sehr unterschiedlichen Regulierungs- und Aufsichtsanforderungen Rechnung zu tragen, dass die nationalen Lösungen in den meisten Fällen die einzig vertretbare Antwort auf Probleme auf Unionsebene sind und dass ein und derselbe Rechtstext unterschiedlich ausgelegt wird. Das Europäische System der Finanzaufsicht (im Folgenden „ESFS") sollte so konzipiert sein, dass es diese Mängel überwindet und ein System schafft, das dem Ziel eines stabilen und einheitlichen Finanzmarkts der Union für Finanzdienstleistungen entspricht und die nationalen Aufsichtsbehörden innerhalb eines starken Netzwerks der Union verbindet.

(9) Beim ESFS sollte es sich um ein integriertes Netz nationaler Aufsichtsbehörden und Aufsichtsbehörden der Union handeln, in dem die laufende Beaufsichtigung auf nationaler Ebene verbleibt. Auch sollte eine größere Harmonisierung und kohärente Anwendung von Vorschriften für die Finanzmarktteilnehmer in der Union erreicht werden. Zusätzlich zur Behörde sollten eine Europäische Aufsichtsbehörde (Europäische Bankenaufsichtsbehörde) und eine Europäische Aufsichtsbehörde (Europäische Aufsichtsbehörde für das Versicherungswesen und die betriebliche Altersversorgung) sowie ein Gemeinsamer Ausschuss der Europäischen Aufsichtsbehörden (im Folgenden „Gemeinsamer Ausschuss") errichtet werden. Ein Europäischer Ausschuss für Systemrisiken (im Folgenden „ESRB") sollte Teil des ESFS zur Wahrnehmung der Aufgaben gemäß dieser Verordnung und der Verordnung (EU) Nr. 1092/2010 des Europäischen Parlaments und des Rates[1]) sein.

(10) Die Europäischen Aufsichtsbehörden (im Folgenden zusammen „ESA") sollten an die Stelle des Ausschusses der europäischen Bankaufsichtsbehörden, der durch den Beschluss 2009/78/EG der Kommission[2]) eingesetzt wurde, des Ausschusses der Europäischen Aufsichtsbehörden für das Versicherungswesen und die betriebliche Altersversorgung, der durch den Beschluss 2009/79/EG der Kommission[3]) eingesetzt wurde, und des Ausschusses der Europäischen Wertpapierregulierungsbehörden, der durch den Beschluss 2009/77/EG der Kommission[4]) eingesetzt wurde, treten und sämtliche Aufgaben und Zuständigkeiten dieser Ausschüsse, einschließlich gegebenenfalls der Fortführung laufender Arbeiten und Projekte, übernehmen. Der Tätigkeitsbereich jeder Europäischen Aufsichtsbehörde sollte klar festgelegt werden. Die ESA sollten dem Europäischen Parlament und dem Rat gegenüber rechenschaftspflichtig sein. Bezieht sich diese Rechenschaftspflicht auf sektorübergreifende Fragen, die über den Gemeinsamen Ausschuss koordiniert wurden, so sollten die ESA über den Gemeinsamen Ausschuss für diese Koordinierung rechenschaftspflichtig sein.

(11) Die Behörde sollte dazu beitragen, dass das Funktionieren des Binnenmarkts verbessert wird, indem insbesondere unter Berücksichtigung der verschiedenen Interessen aller Mitgliedstaaten und der Verschiedenartigkeit der Finanzmarktteilnehmer ein hohes, wirksames und kohärentes Maß an Regulierung und Beaufsichtigung gewährleistet ist. Die Behörde sollte öffentliche Werte wie die Integrität und Stabilität des Finanzsystems und die Transparenz der Märkte und Finanzprodukte schützen und den Schutz von Anlegern gewährleisten. Die Behörde sollte ferner Aufsichtsarbitrage verhindern und gleiche Wettbewerbsbedingungen gewährleisten und die internationale Koordinierung der Aufsicht zum Wohle der Volkswirtschaften insgesamt, einschließlich der Finanzinstitute sowie sonstiger Interessengruppen, Verbraucher und Arbeitnehmer ausbauen. Zu den Aufgaben der Behörde sollte auch gehören, die Angleichung der Aufsicht zu fördern und die Organe der Union in den in ihre Zuständigkeit fallenden Bereichen zu beraten. Die Behörde sollte ebenfalls mit bestimmten Zuständigkeiten für bestehende und neue Finanztätigkeiten betraut werden.

(12) Die Behörde sollte auch in der Lage sein, bestimmte Finanztätigkeiten, durch die das ordnungsgemäße Funktionieren und die Integrität der Finanzmärkte oder die Stabilität des gesamten oder von Teilen des Finanzsystems in der Union gefährdet wird, in den Fällen und unter den Bedingungen, die in den in dieser Verordnung genannten Gesetzgebungsakten festgelegt sind, vorübergehend zu verbieten oder zu beschränken. Ist es notwendig, ein solches vorübergehendes Verbot im Krisenfall auszusprechen, so sollte die Behörde dies gemäß dieser Verordnung und

---

[1]) **Amtl. Anm.:** Siehe Seite 1 dieses Amtsblatts.
[2]) **Amtl. Anm.:** ABl. L 25 vom 29.1.2009, S. 23.
[3]) **Amtl. Anm.:** ABl. L 25 vom 29.1.2009, S. 28.
[4]) **Amtl. Anm.:** ABl. L 25 vom 29.1.2009, S. 18.

unter den darin festgelegten Bedingungen tun. In den Fällen, in denen die vorübergehende Untersagung oder Beschränkung bestimmter Finanztätigkeiten sektorübergreifende Auswirkungen hat, sollten die sektorspezifischen Vorschriften vorsehen, dass die Behörde über den Gemeinsamen Ausschuss die Europäische Aufsichtsbehörde (Europäische Bankenaufsichtsbehörde) und die Europäische Aufsichtsbehörde (Europäische Aufsichtsbehörde für das Versicherungswesen und die betriebliche Altersversorgung) konsultieren und gegebenenfalls ihre Maßnahmen mit diesen abstimmen sollte.

(13) Die Behörde sollte die Auswirkung ihrer Tätigkeiten auf Wettbewerb und Innovation innerhalb des Binnenmarkts, auf die globale Wettbewerbsfähigkeit der Union, die finanzielle Integration und auf die neue Strategie der Union für Wachstum und Beschäftigung angemessen berücksichtigen.

(14) Um ihre Ziele zu erreichen, sollte die Behörde Rechtspersönlichkeit sowie administrative und finanzielle Autonomie besitzen.

(15) Ausgehend von dem Arbeiten internationaler Gremien sollte das Systemrisiko als ein Risiko der Störung des Finanzsystems definiert werden, die das Potenzial hat, zu schwerwiegenden negativen Folgen für den Binnenmarkt und die Realwirtschaft zu führen. Alle Arten von Finanzintermediären, -märkten und -infrastrukturen können potenziell in gewissem Maße systemrelevant sein.

(16) Zu den grenzübergreifenden Risiken gehören alle Risiken, die durch wirtschaftliche Ungleichgewichte oder Finanzausfälle in der Gesamtheit oder in einem Teil der Union verursacht wurden und die das Potenzial haben, erhebliche negative Folgen für die Transaktionen zwischen den Wirtschaftsbeteiligten aus zwei oder mehr Mitgliedstaaten, für das Funktionieren des Binnenmarkts oder für die öffentlichen Finanzen der Union oder jedes ihrer Mitgliedstaaten nach sich zu ziehen.

(17) Der Gerichtshof der Europäischen Union hat in seinem Urteil vom 2. Mai 2006 in der Rechtssache C-217/04 (Vereinigtes Königreich Großbritannien und Nordirland gegen Europäisches Parlament und Rat der Europäischen Union) anerkannt, „dass der Wortlaut des Artikels 95 EG-Vertrag [jetzt Artikel 114 des Vertrags über die Arbeitsweise der Europäischen Union (AEUV)] nicht den Schluss erlaubt, dass die vom Gemeinschaftsgesetzgeber auf der Grundlage dieser Vorschrift erlassenen Maßnahmen nur an die Mitgliedstaaten gerichtet sein dürften. Der Gemeinschaftsgesetzgeber kann nämlich aufgrund seiner Sachwürdigung die Schaffung einer Gemeinschaftseinrichtung für notwendig erachten, deren Aufgabe es ist, in Situationen, in denen der Erlass von nicht zwingenden Begleit- und Rahmenmaßnahmen zur Erleichterung der einheitlichen Durchführung und Anwendung von auf Artikel 95 EG gestützten Rechtsakten geeignet erscheint, zur Verwirklichung des Harmonisierungsprozesses beizutragen"[1]. Zweck und Aufgaben der Behörde, d.h. den zuständigen nationalen Aufsichtsbehörden bei der kohärenten Auslegung und Anwendung der Unionsvorschriften Hilfe zu leisten und einen Beitrag zur für die Finanzintegration erforderlichen Finanzstabilität zu leisten, sind eng mit den Zielen verknüpft, die im Besitzstand der Union für den Binnenmarkt für Finanzdienstleistungen festgeschrieben sind. Deshalb sollte die Behörde auf der Grundlage von Artikel 114 AEUV errichtet werden.

(18) Die folgenden Gesetzgebungsakte legen die Aufgaben der zuständigen Behörden der Mitgliedstaaten, einschließlich der Zusammenarbeit untereinander sowie mit der Kommission, fest: Richtlinie 97/9/EG des Europäischen Parlaments und des Rates vom 3. März 1997 über Systeme für die Entschädigung der Anleger[2], Richtlinie 98/26/EG des Europäischen Parlaments und des Rates vom 19. Mai 1998 über die Wirksamkeit von Abrechnungen in Zahlungs- sowie Wertpapierliefer- und -abrechnungssystemen[3], Richtlinie 2001/34/EG des Europäischen Parlaments und des Rates vom 28. Mai 2001 über die Zulassung von Wertpapieren zur amtlichen Börsennotierung und über die hinsichtlich dieser Wertpapiere zu veröffentlichenden Informationen[4], Richtlinie 2002/47/EG des Europäischen Parlaments und des Rates vom 6. Juni 2002 über Finanzsicherheiten[5], Richtlinie 2003/6/EG des Europäischen Parlaments und des Rates vom 28. Januar 2003 über Insider-Geschäfte und Marktmanipulation (Marktmissbrauch)[6], Richtlinie 2003/71/EG des Europäischen Parlaments und des Rates vom 4. November 2003 betreffend den

---

[1] **Amtl. Anm.:** Sammlung der Rechtsprechung des Europäischen Gerichtshofs 2006, I-3771, Randnummer 44.
[2] **Amtl. Anm.:** ABl. L 84 vom 26.3.1997, S. 22.
[3] **Amtl. Anm.:** ABl. L 166 vom 11.6.1998, S. 45.
[4] **Amtl. Anm.:** ABl. L 184 vom 6.7.2001, S. 1.
[5] **Amtl. Anm.:** ABl. L 168 vom 27.6.2002, S. 43.
[6] **Amtl. Anm.:** ABl. L 96 vom 12.4.2003, S. 16.

Prospekt, der beim öffentlichen Angebot von Wertpapieren oder bei deren Zulassung zum Handel zu veröffentlichen ist, und zur Änderung der Richtlinie 2001/34/EG [1], Richtlinie 2004/39/EG des Europäischen Parlaments und des Rates vom 21. April 2004 über Märkte für Finanzinstrumente [2], Richtlinie 2004/109/EG des Europäischen Parlaments und des Rates vom 15. Dezember 2004 zur Harmonisierung der Transparenzanforderungen in Bezug auf Informationen über Emittenten, deren Wertpapiere zum Handel auf einem geregelten Markt zugelassen sind [3], Richtlinie 2006/49/EG des Europäischen Parlaments und des Rates vom 14. Juni 2006 über die angemessene Eigenkapitalausstattung von Wertpapierfirmen und Kreditinstituten [4] unbeschadet der Zuständigkeit der Europäischen Aufsichtsbehörde (Europäische Bankenaufsichtsbehörde) hinsichtlich der Bankenaufsicht, Richtlinie 2009/65/EG des Europäischen Parlaments und des Rates vom 13. Juli 2009 zur Koordinierung der Rechts- und Verwaltungsvorschriften betreffend bestimmte Organismen für gemeinsame Anlagen in Wertpapieren (OGAW) [5], alle künftigen Rechtsvorschriften über die Verwalter alternativer Investmentfonds (AIFM) und Verordnung (EG) Nr. 1060/2009.

(19) Zu den vorhandenen Gesetzgebungsakten der Union, die den durch diese Verordnung abgedeckten Bereich regulieren, zählen ebenfalls die Richtlinie 2002/87/EG des Europäischen Parlaments und des Rates vom 16. Dezember 2002 über die zusätzliche Beaufsichtigung der Kreditinstitute, Versicherungsunternehmen und Wertpapierfirmen eines Finanzkonglomerats [6], die Richtlinie 98/78/EG des Europäischen Parlaments und des Rates vom 27. Oktober 1998 über die zusätzliche Beaufsichtigung der einer Versicherungsgruppe angehörenden Versicherungsunternehmen [7], die Verordnung (EG) Nr. 1781/2006 des Europäischen Parlaments und des Rates vom 15. November 2006 über die Übermittlung von Angaben zum Auftraggeber bei Geldtransfers [8] sowie die einschlägigen Teile der Richtlinie 2005/60/EG des Europäischen Parlaments und des Rates vom 26. Oktober 2005 zur Verhinderung der Nutzung des Finanzsystems zum Zwecke der Geldwäsche und der Terrorismusfinanzierung [9] und der Richtlinie 2002/65/EG des Europäischen Parlaments und des Rates vom 23. September 2002 über den Fernabsatz von Finanzdienstleistungen an Verbraucher [10].

(20) Es ist wünschenswert, dass die Behörde einen kohärenten Ansatz auf dem Gebiet der Anlegerentschädigungssysteme fördert, um gleiche Wettbewerbsbedingungen zu gewährleisten, und für eine Gleichbehandlung der Anleger in der gesamten Union zu sorgen. Da Anlegerentschädigungssysteme der Aufsicht in ihren Mitgliedstaaten und nicht der regulatorischen Aufsicht unterliegen, sollte die Behörde ihre Befugnisse im Rahmen dieser Verordnung im Zusammenhang mit dem Anlegerentschädigungssystem als solchem und seinem Betreiber ausüben können.

(21) Gemäß der Erklärung (Nr. 39) zu Artikel 290 des Vertrags über die Arbeitsweise der Europäischen Union zur Schlussakte der Regierungskonferenz, die den Vertrag von Lissabon angenommen hat, ist für die Ausarbeitung technischer Regulierungsstandards die Unterstützung durch Sachverständige in einer für den Bereich der Finanzdienstleistungen spezifischen Form erforderlich. Die Behörde muss diese Sachkenntnis auch im Hinblick auf Standards oder Teile von Standards zur Verfügung stellen können, die sich nicht auf einen von der Behörde selbst ausgearbeiteten Entwurf technischer Regulierungsstandards stützen.

(22) Zur Festlegung harmonisierter technischer Regulierungsstandards für Finanzdienstleistungen und um sicherzustellen, dass mittels eines einheitlichen Regelwerks gleiche Wettbewerbsbedingungen und ein angemessener Schutz von Anlegern und Verbrauchern in der Union gewährleistet sind, bedarf es der Einführung eines wirksamen Rechtsinstruments. Als ein Organ mit hochspezialisierter Sachkenntnis, ist es wirksam und angemessen, die Behörde in vom Unionsrecht genau festgelegten Bereichen mit der Ausarbeitung von Entwürfen technischer Regulierungsstandards zu betrauen, die an keine politischen Entscheidungen geknüpft sind.

---

[1] **Amtl. Anm.**: ABl. L 345 vom 31.12.2003, S. 64.
[2] **Amtl. Anm.**: ABl. L 145 vom 30.4.2004, S. 1.
[3] **Amtl. Anm.**: ABl. L 390 vom 31.12.2004, S. 38.
[4] **Amtl. Anm.**: ABl. L 177 vom 30.6.2006, S. 201.
[5] **Amtl. Anm.**: ABl. L 302 vom 17.11.2009, S. 32.
[6] **Amtl. Anm.**: ABl. L 35 vom 11.2.2003, S. 1.
[7] **Amtl. Anm.**: ABl. L 330 vom 5.12.1998, S. 1.
[8] **Amtl. Anm.**: ABl. L 345 vom 8.12.2006, S. 1.
[9] **Amtl. Anm.**: ABl. L 309 vom 25.11.2005, S. 15.
[10] **Amtl. Anm.**: ABl. L 271 vom 9.10.2002, S. 16.

(23) Die Kommission sollte diese Entwürfe technischer Regulierungsstandards mittels delegierter Rechtsakte gemäß Artikel 290 AEUV billigen, um ihnen verbindliche Rechtswirkung zu verleihen. Sie sollten nur in äußerst begrenzten Fällen und unter außergewöhnlichen Umständen geändert werden dürfen, da die Behörde der Akteur ist, der sich im engen Kontakt mit den Finanzmärkten befindet und deren tägliches Funktionieren am besten kennt. Entwürfe technischer Regulierungsstandards müssten in Fällen geändert werden, in denen sie nicht mit dem Unionsrecht vereinbar wären, gegen den Grundsatz der Verhältnismäßigkeit verstoßen würden oder grundlegenden Prinzipien des Binnenmarkts für Finanzdienstleistungen zuwider laufen würden, so wie sie im Besitzstand der Union für Rechtsvorschriften auf dem Gebiet der Finanzdienstleistungen verankert sind. Die Kommission sollte den Inhalt der von der Behörde ausgearbeiteten Entwürfe technischer Regulierungsstandards nicht ändern, ohne sich vorher mit der Behörde abgestimmt zu haben. Um eine reibungslose und rasche Annahme dieser Standards zu gewährleisten, sollte die Billigung von Entwürfen technischer Standards durch die Kommission an eine Frist gebunden sein.

(24) Angesichts der Sachkenntnis der Behörde in den Bereichen, in denen technische Regulierungsstandards entwickelt werden sollten, sollte die erklärte Absicht der Kommission zur Kenntnis genommen werden, in der Regel auf die Entwürfe technischer Regulierungsstandards zurückzugreifen, die die Behörde ihr im Hinblick auf die Annahme der entsprechenden delegierten Rechtsakte übermittelt hat. Legt die Behörde jedoch nicht innerhalb der in einem einschlägigen Gesetzgebungsakt angegebenen Frist einen Entwurf technischer Regulierungsstandards vor, so sollte sichergestellt werden, dass das Ergebnis der Ausübung der delegierten Befugnis tatsächlich erreicht wird und die Effizienz des Prozesses der Beschlussfassung erhalten bleibt. Daher sollte die Kommission in diesen Fällen befugt sein, in Ermangelung eines von der Behörde vorgelegten Entwurfs technische Regulierungsstandards anzunehmen.

(25) Der Kommission sollte ferner die Befugnis übertragen werden, technische Durchführungsstandards mittels Durchführungsrechtsakten gemäß Artikel 291 AEUV zu erlassen.

(26) In von den technischen Regulierungs- oder Durchführungsstandards nicht abgedeckten Bereichen sollte die Behörde befugt sein, Leitlinien und Empfehlungen zur Anwendung des Unionsrechts abzugeben. Zur Gewährleistung der Transparenz und verstärkten Einhaltung dieser Leitlinien und Empfehlungen seitens der nationalen Aufsichtsbehörden sollte es der Behörde möglich sein, die Gründe für die Nichteinhaltung der Leitlinien und Empfehlungen durch die Aufsichtsbehörden zu veröffentlichen.

(27) Für die Integrität, Transparenz, Effizienz und das ordnungsgemäße Funktionieren der Finanzmärkte, für die Stabilität des Finanzsystems und neutrale Wettbewerbsbedingungen für Finanzmarktteilnehmer in der Union ist es eine unabdingbare Voraussetzung, dass das Unionsrecht korrekt und vollständig angewandt wird. Deshalb sollte ein Mechanismus eingeführt werden, mit dem die Behörde Fälle einer Nichtanwendung oder nicht ordnungsgemäßen Anwendung des Unionsrechts, die eine Verletzung desselben darstellen, angehen kann. Dieser Mechanismus sollte in Bereichen angewandt werden, in denen das Unionsrecht klare und unbedingte Verpflichtungen vorsieht.

(28) Um auf Fälle einer nicht ordnungsgemäßen oder unzureichenden Anwendung des Unionsrechts angemessen reagieren zu können, sollte ein Drei-Stufen-Mechanismus eingeführt werden. Erstens sollte die Behörde befugt sein, Nachforschungen über eine vermutete nicht ordnungsgemäße oder unzureichende Anwendung der Verpflichtungen nach dem Unionsrecht durch die nationalen Behörden in deren Aufsichtspraxis anzustellen, die durch eine Empfehlung abgeschlossen werden sollte. Kommt die zuständige nationale Behörde der Empfehlung nicht nach, so sollte die Kommission zweitens die Befugnis haben, eine förmliche Stellungnahme abzugeben, in der sie die zuständige Behörde unter Berücksichtigung der Empfehlung der Behörde auffordert, die notwendigen Maßnahmen zu treffen, um die Einhaltung des Unionsrechts zu gewährleisten.

(29) Um Ausnahmesituationen vorzubeugen, in denen die zuständige Behörde nachhaltig nicht reagiert, sollte die Behörde als drittes und letztes Mittel die Befugnis haben, Beschlüsse zu erlassen, die an einzelne Finanzmarktteilnehmer gerichtet sind. Diese Befugnis sollte auf Ausnahmefälle beschränkt sein, in denen eine zuständige Behörde der an sie gerichteten förmlichen Stellungnahme nicht Folge leistet und das Unionsrecht kraft bestehender oder künftiger Unionsverordnungen unmittelbar auf Finanzmarktteilnehmer anwendbar ist.

(30) Ernsthafte Bedrohungen für die ordnungsgemäße Funktionieren oder die Integrität der Finanzmärkte oder der Stabilität des Finanzsystems in der Union erfordern eine rasche und konzertierte Antwort auf Unionsebene. Die Behörde sollte von den nationalen Behörden daher fordern können, in einer Krisensituation spezifische Abhilfemaßnahmen zu ergreifen. Die Befugnis zur

Feststellung, dass eine Krisensituation vorliegt, sollte im Anschluss an ein Ersuchen einer der ESA, der Kommission oder des ESRB dem Rat übertragen werden.

(31) Die Behörde sollte von den nationalen Aufsichtsbehörden fordern können, in einer Krisensituation spezifische Abhilfemaßnahmen zu ergreifen. Die Behörde sollte die Maßnahmen in dieser Hinsicht unbeschadet der Befugnis der Kommission treffen, nach Artikel 258 AEUV ein Vertragsverletzungsverfahren gegen den Mitgliedstaat dieser Aufsichtsbehörde wegen Nichtergreifens solcher Maßnahmen einzuleiten, sowie unbeschadet des Rechts der Kommission, unter diesen Umständen vorläufige Maßnahmen gemäß der Verfahrensordnung des Gerichtshofs der Europäischen Union zu beantragen. Ferner sollten die Maßnahmen der Behörde jegliche Haftung, der dieser Mitgliedstaat gemäß der Rechtsprechung des Gerichtshofs der Europäischen Union unterliegen könnte, unberührt lassen, wenn dessen Aufsichtsbehörden die von der Behörde geforderten Maßnahmen nicht ergreifen.

(32) Zur Gewährleistung einer effizienten und wirksamen Aufsicht und einer ausgewogenen Berücksichtigung der Positionen der zuständigen Behörden in den verschiedenen Mitgliedstaaten sollte die Behörde in grenzüberschreitenden Fällen bestehende Differenzen zwischen diesen zuständigen Behörden – auch in den Aufsichtskollegien – verbindlich schlichten können. Es sollte eine Schlichtungsphase vorgesehen werden, in der die zuständigen Behörden eine Einigung erzielen können. Die Befugnis der Behörde sollte sich auf Meinungsverschiedenheiten in Bezug auf das Verfahren oder den Inhalt einer Maßnahme oder das Nichttätigwerden einer zuständigen Behörde eines Mitgliedstaats in den Fällen, die in den verbindlichen Rechtsakten der Union nach dieser Verordnung genannt sind, erstrecken. In solchen Fällen sollte eine der betroffenen Aufsichtsbehorden befugt sein, die Behörde mit der Frage zu befassen, die im Einklang mit dieser Verordnung tätig werden sollte. Die Behörde sollte die Befugnis erhalten, von den betreffenden zuständigen Behörden mit für diese verbindlicher Wirkung zu verlangen, zur Beilegung der Angelegenheit und zur Einhaltung des Unionsrechts bestimmte Maßnahmen zu treffen oder von solchen abzusehen. Kommt eine zuständige Behörde dem gegen sie ergangenen Schlichtungsbeschluss nicht nach, sollte die Behörde befugt sein, unmittelbar an die Finanzmarktteilnehmer gerichtete Beschlüsse in Bereichen des direkt auf sie anwendbaren Unionsrechts zu erlassen. Von der Befugnis zum Erlass solcher Beschlüsse sollte nur als letztes Mittel und dann nur zur Sicherstellung einer korrekten und kohärenten Anwendung des Unionsrechts Gebrauch gemacht werden. In den Fällen, in denen die einschlägigen Rechtsvorschriften der Union den zuständigen Behörden der Mitgliedstaaten ein eigenes Ermessen einräumen, können die Beschlüsse der Behörde die Ausübung dieses Ermessens im Einklang mit dem Unionsrecht nicht ersetzen.

(33) Die Krise hat gezeigt, dass das derzeitige System der Zusammenarbeit zwischen nationalen Behörden, deren Befugnisse auf einzelne Mitgliedstaaten begrenzt sind, mit Blick auf grenzübergreifend tätige Finanzinstitute unzureichend ist.

(34) Von den Mitgliedstaaten eingesetzte Expertengruppen, die die Ursachen der Krise prüfen und Vorschläge zur Verbesserung der Regulierung und Beaufsichtigung des Finanzsektors unterbreiten sollten, haben bestätigt, dass die bestehenden Regelungen keine solide Grundlage für die künftige Regulierung und Beaufsichtigung grenzüberschreitend tätiger Finanzinstitute in der Union als Ganzer sind.

(35) Wie im De-Larosière-Bericht festgestellt wird, „haben wir [im Grunde] zwei Möglichkeiten: Jeder für sich, im Alleingang auf Kosten der anderen, oder aber eine verstärkte, pragmatische und vernünftige Zusammenarbeit in Europa zugunsten aller, um eine offene Weltwirtschaft zu erhalten. […] [Diese] Lösung [wird] unbestritten wirtschaftliche Vorteile bringen".

(36) Die Aufsichtskollegien spielen bei der effizienten, wirksamen und kohärenten Beaufsichtigung grenzübergreifend tätiger Finanzmarktteilnehmer eine zentrale Rolle. Die Behörde sollte dazu beitragen, eine effiziente, wirksame und einheitliche Funktionsweise der Aufsichtskollegien zu fördern und zu überwachen und in dieser Hinsicht eine führende Rolle bei der Gewährleistung der einheitlichen und kohärenten Funktionsweise der Aufsichtskollegien für grenzübergreifend tätige Finanzinstitute in der gesamten Union übernehmen. Die Behörde sollte daher an diesen Aufsichtskollegien voll beteiligt sein, um ihre Funktionsweise und ihre Informationsaustauschverfahren zu straffen sowie die Angleichung und die Kohärenz bei der Anwendung des Unionsrechts durch diese Aufsichtskollegien zu fördern. Wie der De-Larosière-Bericht betont, müssen „durch unterschiedliche Aufsichtspraktiken bedingte Wettbewerbsverzerrungen und Arbitrage […] vermieden werden, weil sie die Stabilität des Finanzsystems unter anderem dadurch untergraben können, dass sie die Verlagerung von Finanztätigkeiten in Länder mit laxer Aufsicht fördern. Das Aufsichtssystem muss als fair und ausgewogen empfunden werden".

(37) In ihren Zuständigkeitsbereichen sollte die Behörde zur Entwicklung und Koordinierung von wirksamen und kohärenten Sanierungs- und Abwicklungsplänen, von Verfahren im Krisenfall

und von Präventivmaßnahmen beitragen und aktiv daran beteiligt sein, um die Internalisierung der Kosten durch das Finanzsystem sicherzustellen, damit die systemischen Auswirkungen von Insolvenzen sowie der Rückgriff auf Steuermittel zur Rettung von Finanzmarktteilnehmern minimiert werden. Sie sollte zur Entwicklung von Verfahren für die Abwicklung insolvenzbedrohter wichtiger Finanzmarktteilnehmer beitragen, die so konzipiert sind, dass das Insolvenzrisiko nicht weitergegeben wird und die Finanzmarktteilnehmer geordnet und rasch abgewickelt werden können, und die gegebenenfalls kohärente und glaubwürdige Finanzierungsmechanismen einschließen.

(38) Bei der derzeitigen Überprüfung der Richtlinie 94/19/EG des Europäischen Parlaments und des Rates vom 30. Mai 1994 über Einlagensicherungssysteme[1] und der Richtlinie 97/9/EG will die Kommission der Notwendigkeit, unionsweit für eine weitere Harmonisierung zu sorgen, besondere Aufmerksamkeit widmen. Im Versicherungssektor will die Kommission die Möglichkeit prüfen, Unionsregeln einzuführen, mit denen Versicherungsnehmer im Falle der drohenden Insolvenz einer Versicherungsgesellschaft geschützt werden. Die ESA sollten in diesen Bereichen eine wichtige Rolle übernehmen und es sollten ihnen geeignete Befugnisse in Bezug auf die Europäischen Sicherungs- beziehungsweise Entschädigungssysteme übertragen werden.

(39) Die Delegation von Aufgaben und Zuständigkeiten kann ein nützliches Instrument für das Funktionieren des Netzes der Aufsichtsbehörden sein, wenn es darum geht, Doppelarbeit bei den Aufsichtsaufgaben zu verringern, die Zusammenarbeit zu fördern und dadurch die Aufsichtsprozesse zu vereinfachen und die Verwaltungslast für Finanzmarktteilnehmer abzubauen. In dieser Verordnung sollte folglich eine klare Rechtsgrundlage für eine solche Delegation geschaffen werden. Zwar sollte die allgemeine Regel, dass die Delegation erlaubt sein sollte, eingehalten werden, doch sollte den Mitgliedstaaten erlaubt sein, spezifische Bedingungen für die Delegation von Zuständigkeiten – beispielsweise in Bezug auf die Informationen über Delegationsregelungen und die Notifizierung dieser Regelungen – vorzusehen. Die Delegation von Aufgaben bedeutet, dass Aufgaben von der Behörde oder von einer anderen nationalen Aufsichtsbehörde als der eigentlich zuständigen wahrgenommen werden, obwohl die Zuständigkeit für Aufsichtsbeschlüsse bei der delegierenden Behörde verbleibt. Durch die Delegation von Zuständigkeiten sollte es der Behörde oder einer nationalen Aufsichtsbehörde (der „Bevollmächtigten") ermöglicht werden, in einer bestimmten Aufsichtsangelegenheit selbst anstelle der delegierenden Behörde zu beschließen. Die Delegationen sollten dem Prinzip folgen, dass die Aufsichtskompetenz auf eine Aufsichtsbehörde übertragen wird, die am besten geeignet ist, in der entsprechenden Angelegenheit Maßnahmen zu ergreifen. Eine Umverteilung der Zuständigkeiten wäre dann zweckmäßig, wenn es z.b. um Größen- oder Verbundvorteile, die Kohärenz bei der Gruppenaufsicht und eine optimale Nutzung des technischen Sachverstands der verschiedenen nationalen Aufsichtsbehörden geht. Entscheidungen der Bevollmächtigten sollten von der delegierenden Behörde und von anderen zuständigen Behörden als maßgeblich anerkannt werden, sofern sie im Rahmen der Delegation erfolgen. In einschlägigen Unionsvorschriften könnten überdies die Grundsätze der Umverteilung von Zuständigkeiten aufgrund von Vereinbarungen festgelegt werden. Die Behörde sollte Delegationsvereinbarungen zwischen den nationalen Aufsichtsbehörden mit allen angemessenen Mitteln fördern und kontrollieren.
Auch sollte sie im Voraus über geplante Vereinbarungen unterrichtet werden, um gegebenenfalls dazu Stellung nehmen zu können. Sie sollte die Veröffentlichung derartiger Vereinbarungen zentralisieren, um entsprechend freigerechte, transparente und leicht zugängliche Informationen für alle interessierten Kreise zu gewährleisten. Sie sollte vorbildliche Vorgehensweisen im Bereich Delegation und Delegationsvereinbarungen ermitteln und bekannt machen.

(40) Im Hinblick auf die Schaffung einer gemeinsamen Aufsichtskultur sollte die Behörde die Angleichung der Aufsicht in der Union fördern.

(41) Vergleichende Analysen („Peer Reviews") sind ein effizientes und wirksames Instrument für die Förderung der Kohärenz innerhalb des Netzes der Finanzaufsichtsbehörden. Deshalb sollte die Behörde eine Rahmenmethode für derlei Bewertungen entwickeln und diese regelmäßig durchführen. Im Mittelpunkt sollten dabei nicht nur die Angleichung der Aufsichtspraktiken stehen, sondern auch die Fähigkeit der Aufsichtsbehörden, qualitativ hochwertige Aufsichtsergebnisse zu erzielen, und die Unabhängigkeit der zuständigen Behörden. Die Ergebnisse der vergleichenden Analysen sollten mit Zustimmung der der Bewertung unterzogenen zuständigen Behörde veröffentlicht werden. Des Weiteren sollten vorbildliche Vorgehensweisen ermittelt und veröffentlicht werden.

---

[1] **Amtl. Anm.:** ABl. L 135 vom 31.5.1994, S. 5.

(42) Die Behörde sollte eine abgestimmte Antwort der Union in Aufsichtsfragen fördern, um vor allem das ordnungsgemäße Funktionieren und die Integrität von Finanzmärkten und die Stabilität des Finanzsystems in der Union sicherzustellen. Über ihre Befugnisse für die Ergreifung von Maßnahmen in Krisenfällen hinaus sollte der Behörde eine allgemeine Koordinierungsrolle im ESFS zukommen. Die Maßnahmen der Behörde sollten insbesondere einen reibungslosen Fluss aller wichtigen Informationen zwischen den zuständigen Behörden sicherstellen.

(43) Zur Sicherung der Finanzstabilität müssen frühzeitig Trends, potenzielle Risiken und Schwachstellen bei der Aufsicht auf Mikroebene sowie bei grenz- und sektorübergreifenden Tätigkeiten ausgemacht werden. Die Behörde sollte diese Entwicklungen in ihrem Zuständigkeitsbereich überwachen und bewerten und erforderlichenfalls das Europäische Parlament, den Rat, die Kommission, die anderen Europäischen Aufsichtsbehörden sowie den ESRB regelmäßig oder, wenn erforderlich, auf Ad-hoc-Basis darüber unterrichten. Die Behörde sollte überdies in Zusammenarbeit mit dem ESRB unionsweite Stresstests initiieren und koordinieren, um die Widerstandsfähigkeit von Finanzmarktteilnehmern gegenüber ungünstigen Marktentwicklungen bewerten zu können, und sie sollte dabei sicherstellen, dass auf nationaler Ebene eine soweit wie möglich kohärente Methode für diese Tests zugrunde gelegt wird. Um ihre Aufgaben angemessen wahrnehmen zu können, sollte die Behörde wirtschaftliche Analysen der Märkte vornehmen und untersuchen, wie sich mögliche Marktentwicklungen auswirken könnten.

(44) Angesichts der Globalisierung der Finanzdienstleistungen und der zunehmenden Bedeutung internationaler Standards sollte die Behörde den Dialog und die Zusammenarbeit mit Aufsichtsstellen außerhalb der Union fördern. Sie sollte die Befugnis erhalten, Kontakte zu den Aufsichtsbehörden und Verwaltungseinrichtungen in Drittländern sowie zu internationalen Organisationen zu knüpfen und Verwaltungsvereinbarungen mit diesen zu schließen; dabei sollte sie die jeweilige Rolle und die jeweiligen Zuständigkeiten der Mitgliedstaaten und der Organe der Union beachten. Die Beteiligung an der Arbeit der Behörde sollte Ländern offen stehen, die mit der Union Abkommen geschlossen haben, denen zufolge sie das Unionsrecht übernommen haben und anwenden, und die Behörde sollte mit Drittländern zusammenarbeiten können, die Rechtsvorschriften anwenden, die als den Rechtsvorschriften der Union gleichwertig anerkannt wurden.

(45) Die Behörde sollte in ihrem Zuständigkeitsbereich unabhängig beratend für das Europäische Parlament, den Rat und die Kommission tätig sein. Unbeschadet der Zuständigkeiten der betreffenden zuständigen Behörden sollte die Behörde im Rahmen der Richtlinie 2004/39/EG des Europäischen Parlaments und des Rates vom 21. April 2004 über Märkte für Finanzinstrumente [1], in der durch die Richtlinie 2007/44/EG geänderten Fassung [2] auch ihre Stellungnahme zur aufsichtsrechtlichen Beurteilung des Erwerbs und der Erhöhung von Beteiligungen im Finanzsektor in Fällen abgeben können, in denen nach der genannten Richtlinie eine Konsultation zwischen den zuständigen Behörden von zwei oder mehr Mitgliedstaaten erforderlich ist.

(46) Um ihre Aufgaben wirksam wahrzunehmen, sollte die Behörde alle notwendigen Informationen anfordern können. Zur Vermeidung doppelter Meldepflichten für Finanzmarktteilnehmer sollten derlei Informationen in der Regel von den nationalen Aufsichtsbehörden übermittelt werden, die den Finanzmärkten und Finanzmarktteilnehmern am nächsten sind, und die Behörde sollte bereits vorhandene Statistiken berücksichtigen. Allerdings sollte die Behörde nach Ausschöpfung aller Möglichkeiten befugt sein, in Fällen, in denen eine zuständige nationale Behörde diese Informationen nicht fristgerecht übermittelt oder übermitteln kann, ein gebührend gerechtfertigtes und begründetes Ersuchen um Informationen direkt an ein Finanzmarktteilnehmer zu richten. Die Behörden der Mitgliedstaaten sollten verpflichtet sein, der Behörde bei der Durchsetzung derartiger direkter Anfragen zu helfen. In diesem Zusammenhang ist die Arbeit an gemeinsamen Berichtsformaten wichtig. Die Maßnahmen für die Erhebung von Informationen sollten den Rechtsrahmen des Europäischen Statistischen Systems und des Europäischen Systems der Zentralbanken im Bereich der Statistik unberührt lassen. Diese Verordnung sollte daher die Verordnung (EG) Nr. 223/2009 des Europäischen Parlaments und des Rates vom 11. März 2009 über europäische Statistiken [3] und die Verordnung (EG) Nr. 2533/98 des Rates vom 23. Novem-

---

[1] **Amtl. Anm.**: ABl. L 145 vom 30.4.2004, S. 1.
[2] **Amtl. Anm.**: Richtlinie 2007/44/EG des Europäischen Parlaments und des Rates vom 5. September 2007 zur Änderung der Richtlinie 92/49/EWG des Rates sowie der Richtlinien 2002/83/EG, 2004/39/EG, 2005/68/EG und 2006/48/EG in Bezug auf Verfahrensregeln und Bewertungskriterien für die aufsichtsrechtliche Beurteilung des Erwerbs und der Erhöhung von Beteiligungen im Finanzsektor (ABl. L 247 vom 21.9.2007, S. 1).
[3] **Amtl. Anm.**: ABl. L 87 vom 31.3.2009, S. 164.

ber 1998 über die Erfassung statistischer Daten durch die Europäische Zentralbank[1] unberührt lassen.

(47) Eine enge Zusammenarbeit zwischen der Behörde und dem ESRB ist von grundlegender Bedeutung, um die Funktionsweise des ESRB und die Folgemaßnahmen zu seinen Warnungen und Empfehlungen voll wirksam zu gestalten. Die Behörde und der ESRB sollten alle wichtigen Informationen miteinander teilen. Daten über einzelne Unternehmen sollten nur auf eine begründete Anfrage hin übermittelt werden. Nach dem Erhalt von Warnungen oder Empfehlungen, die der ESRB an die Behörde oder eine nationale Aufsichtsbehörde richtet, sollte die Behörde gegebenenfalls Folgemaßnahmen gewährleisten.

(48) Die Behörde sollte interessierte Parteien zu technischen Regulierungs- oder Durchführungsstandards, Leitlinien oder Empfehlungen konsultieren und ihnen ausreichend Gelegenheit geben, zu den vorgeschlagenen Maßnahmen Stellung zu nehmen. Vor der Annahme von Entwürfen technischer Regulierungs- oder Durchführungsstandards, Leitlinien und Empfehlungen sollte die Behörde eine Folgenabschätzung durchführen. Aus Gründen der Effizienz sollte zu diesem Zweck eine Interessengruppe Wertpapiere und Wertpapiermärkte genutzt werden, in der Finanzmarktteilnehmer, kleine und mittlere Unternehmen (KMU), Wissenschaftler sowie Verbraucher und andere private Nutzer von Finanzdienstleistungen in einem ausgewogenen Maße vertreten sein sollten. Die Interessengruppe Wertpapiere und Wertpapiermärkte sollte als Schnittstelle zu anderen Nutzergruppen im Finanzdienstleistungsbereich dienen, die von der Kommission oder aufgrund von Rechtsvorschriften der Union eingesetzt wurden.

(49) Die Mitglieder der Interessengruppe Wertpapiere und Wertpapiermärkte, die Organisationen ohne Erwerbszweck oder die Wissenschaft vertreten, sollten eine angemessene Erstattung erhalten, damit die Personen, die weder über solide finanzielle Mittel verfügen noch Wirtschaftsvertreter sind, in umfassender Weise an den Erörterungen über die Finanzregulierung teilnehmen können.

(50) Zur Gewährleistung eines koordinierten Krisenmanagements und der Wahrung der Finanzstabilität in Krisensituationen kommt den Mitgliedstaaten eine Schlüsselverantwortung zu, insbesondere was die Stabilisierung und die Rettung notleidender Finanzmarktteilnehmer betrifft. Beschlüsse der Behörde in Krisensituationen oder bei der Beilegung von Differenzen, die die Stabilität eines Finanzmarktteilnehmers beeinträchtigen, sollten sich nicht auf die haushaltspolitischen Zuständigkeiten der Mitgliedstaaten auswirken. Es sollte ein Mechanismus eingeführt werden, der es den Mitgliedstaaten gestattet, sich auf diese Schutzklausel zu berufen und die Angelegenheit in letzter Instanz an den Rat weiterzuleiten, so dass dieser darüber freigen kann. Dieser Schutzmechanismus sollte jedoch nicht missbraucht werden, und zwar insbesondere im Zusammenhang mit einem Beschluss der Behörde, der keine signifikanten oder wesentlichen haushaltspolitischen Auswirkungen hat, wie etwa eine Einkommenskürzung infolge des vorübergehenden Verbots spezifischer Tätigkeiten oder Produkte zum Zwecke des Verbraucherschutzes. Bei der Beschlussfassung gemäß dieser Schutzklausel sollte der Rat bei der Abstimmung nach dem Grundsatz vorgehen, dass jedes Mitglied eine Stimme hat. Angesichts der besonderen Zuständigkeiten der Mitgliedstaaten auf diesem Gebiet ist es angemessen, dem Rat in dieser Angelegenheit eine Rolle zu übertragen. Aufgrund der Sensibilität der Thematik sollten strenge Vertraulichkeitsregelungen gewährleistet werden.

(51) Bei ihren Beschlussfassungsverfahren sollte die Behörde an Unionsregeln und allgemeine Grundsätze für ein ordnungsgemäßes Verfahren und Transparenz gebunden sein. Das Recht der Adressaten, an die die Beschlüsse der Behörde gerichtet sind, auf Anhörung sollte umfassend geachtet werden. Die Rechtsakte der Behörde sollten integraler Bestandteil des Unionsrechts sein.

(52) Ein Rat der Aufseher, der sich aus den Leitern der jeweils zuständigen Behörde jedes Mitgliedstaats zusammensetzt und unter der Leitung des Vorsitzenden der Behörde steht, sollte das Hauptbeschlussfassungsorgan der Behörde sein. Vertreter der Kommission, des ESRB, der Europäischen Aufsichtsbehörde (Europäische Aufsichtsbehörde für das Versicherungswesen und die betriebliche Altersversorgung) und der Europäischen Aufsichtsbehörde (Europäische Bankenaufsichtsbehörde) sollten als Beobachter an den Sitzungen teilnehmen. Die Mitglieder des Rates der Aufseher sollten unabhängig und lediglich im Interesse der Union handeln.

(53) In der Regel sollte der Rat der Aufseher seinen Beschluss mit einfacher Mehrheit nach dem Grundsatz treffen, dass jedes Mitglied über eine Stimme verfügt. Für Rechtsakte allgemeiner Art einschließlich jener im Zusammenhang mit technischen Regulierungs- und Durchführungsstandards, Leitlinien und Empfehlungen, im Hinblick auf Haushaltsfragen sowie für Anträge von

---

[1] **Amtl. Anm.:** ABl. L 318 vom 27.11.1998, S. 8.

Mitgliedstaaten auf Überprüfung des Beschlusses der Behörde, bestimmte Finanztätigkeiten vorübergehend zu verbieten oder zu beschränken, ist es jedoch angemessen, die in Artikel 16 Absatz 4 des Vertrags über die Europäische Union und in dem dem Vertrag über die Europäische Union und dem Vertrag über die Arbeitsweise der Europäischen Union beigefügten Protokoll (Nr. 36) über die Übergangsbestimmungen festgelegten Regeln für Abstimmungen mit qualifizierter Mehrheit anzuwenden. Fälle, in denen es um die Beilegung von Meinungsverschiedenheiten zwischen den nationalen Aufsichtsbehörden geht, sollten von einem objektiven Gremium mit begrenzter Repräsentation untersucht werden, das sich aus Mitgliedern zusammensetzt, die weder Vertreter der zuständigen Behörden sind, noch ein Interesse an der Meinungsverschiedenheit oder direkte Verbindungen zu den betreffenden zuständigen Behörden haben. Die Zusammensetzung des Gremiums sollte angemessen ausgewogen sein. Der Beschluss, der von dem Gremium vorgeschlagenen Beschlüsse jedoch durch Mitglieder, die eine Sperrminorität gemäß Artikel 16 Absatz 4 der Vertrags über die Europäische Union und gemäß Artikel 3 des Protokolls (Nr. 36) über die Übergangsbestimmungen darstellen, abgelehnt werden.

(54) Ein Verwaltungsrat, der sich aus dem Vorsitzenden der Behörde, Vertretern der nationalen Aufsichtsbehörden und der Kommission zusammensetzt, sollte gewährleisten, dass die Behörde ihren Auftrag erfüllt und die ihr zugewiesenen Aufgaben wahrnimmt. Dem Verwaltungsrat sollte unter anderem die Befugnis übertragen werden, das Jahres- und Mehrjahresarbeitsprogramm vorzuschlagen, bestimmte Haushaltsbefugnisse auszuüben, die Personalpolitikplanung der Behörde anzunehmen, besondere Bestimmungen über das Recht auf Zugang zu Dokumenten anzunehmen und den Jahresbericht vorzuschlagen.

(55) Die Behörde sollte von einem in Vollzeit beschäftigten Vorsitzenden vertreten werden, der vom Rat der Aufseher aufgrund eines von diesem veranstalteten und durchgeführten offenen Auswahlverfahrens aufgrund seiner Verdienste, seiner Kompetenzen, seiner Kenntnis von Finanzinstituten und -märkten sowie seiner Erfahrungen im Bereich Finanzaufsicht und -regulierung ernannt wird; die Kommission unterstützt den Rat der Aufseher bei der Durchführung des Auswahlverfahrens. Für die Benennung des ersten Vorsitzenden der Behörde sollte die Kommission unter anderem eine Liste von Bewerbern aufgrund ihrer Verdienste, ihrer Kompetenzen, ihrer Kenntnis von Finanzinstituten und -märkten sowie ihrer Erfahrungen in den Bereichen Finanzaufsicht und -regulierung aufstellen. Für die nachfolgenden Benennungen sollte die Möglichkeit, von der Kommission eine Liste aufstellen zu lassen, in dem gemäß dieser Verordnung zu erstellenden Bericht überprüft werden. Vor dem Amtsantritt der ausgewählten Person und innerhalb eines Monats nach ihrer Auswahl durch den Rat der Aufseher sollte das Europäische Parlament nach Anhörung der ausgewählten Person deren Ernennung widersprechen können.

(56) Die Leitung der Behörde sollte ein Exekutivdirektor übernehmen, der an den Sitzungen des Rates der Aufseher und des Verwaltungsrats ohne Stimmrecht teilnehmen kann.

(57) Um die sektorübergreifende Kohärenz der Tätigkeiten der ESA zu gewährleisten, sollten diese eng im Rahmen des Gemeinsamen Ausschusses zusammenarbeiten und erforderlichenfalls gemeinsame Positionen festlegen. Der Gemeinsame Ausschuss sollte die Aufgaben der ESA in Bezug auf Finanzkonglomerate und andere sektorübergreifende Fragen koordinieren. Erforderlichenfalls sollten Rechtsakte, die auch in den Zuständigkeitsbereich der Europäischen Aufsichtsbehörde (Europäische Aufsichtsbehörde für das Versicherungswesen und die betriebliche Altersversorgung) oder der Europäischen Aufsichtsbehörde (Europäische Bankenaufsichtsbehörde) fallen, von den betreffenden Europäischen Aufsichtsbehörden parallel angenommen werden. Im Gemeinsamen Ausschuss sollten die Vorsitzenden der ESA für jeweils zwölf Monate im Wechsel den Vorsitz führen. Der Vorsitzende des Gemeinsamen Ausschusses sollte ein stellvertretender Vorsitzender des ESRB sein. Der Gemeinsame Ausschuss sollte über eigenes Personal verfügen, das von den ESA bereitgestellt wird, sodass ein informeller Informationsaustausch und die Entwicklung einer gemeinsamen Aufsichtskultur für ESA ermöglicht werden.

(58) Es muss gewährleistet sein, dass Beteiligte, die von Beschlüssen der Behörde betroffen sind, über angemessene Rechtsbehelfe verfügen. Um die Rechte von Beteiligten wirksam zu schützen und im Interesse eines reibungslosen Verfahrensablaufs in Fällen, in denen die Behörde Beschlussfassungsbefugnisse hat, sollten die Beteiligten das Recht erhalten, einen Beschwerdeausschuss anzurufen. Aus Gründen der Effizienz und der Kohärenz sollte es sich bei dem Beschwerdeausschuss um ein gemeinsames Organ der ESA handeln, das von ihren Verwaltungs- und Regulierungsstrukturen unabhängig ist. Die Beschlüsse des Beschwerdeausschusses sollten vor dem Gerichtshof der Europäischen Union anfechtbar sein.

(59) Um die volle Autonomie und Unabhängigkeit der Behörde zu gewährleisten, sollte dieser ein eigener Haushalt zur Verfügung gestellt werden, der im Wesentlichen aus Pflichtbeiträgen der nationalen Aufsichtsbehörden und aus dem Gesamthaushalt der Europäischen Union finanziert wird. Die Finanzierung der Behörde durch die Union wird gemäß Nummer 47 der Interinstitutionellen Vereinbarung vom 17. Mai 2006 zwischen dem Europäischen Parlament, dem Rat und der Kommission über die Haushaltsdisziplin und die wirtschaftliche Haushaltsführung[1] in einer Übereinkunft der Haushaltsbehörde geregelt. Das Haushaltsverfahren der Union sollte Anwendung finden. Die Rechnungsprüfung sollte durch den Rechnungshof erfolgen. Der gesamte Haushaltsplan unterliegt dem Entlastungsverfahren.

(60) Die Verordnung (EG) Nr. 1073/1999 des Europäischen Parlaments und des Rates vom 25. Mai 1999 über die Untersuchungen des Europäischen Amtes für Betrugsbekämpfung (OLAF)[2] sollte auf die Behörde Anwendung finden. Die Behörde sollte der Interinstitutionellen Vereinbarung vom 25. Mai 1999 zwischen dem Europäischen Parlament, dem Rat der Europäischen Union und der Kommission der Europäischen Gemeinschaften über die internen Untersuchungen des Europäischen Amtes für Betrugsbekämpfung (OLAF)[3] beitreten.

(61) Zur Gewährleistung offener und transparenter Beschäftigungsbedingungen und der Gleichbehandlung der Beschäftigten sollte das Personal der Behörde unter das Statut der Beamten der Europäischen Gemeinschaften und die Beschäftigungsbedingungen für die sonstigen Bediensteten der Gemeinschaften[4] fallen.

(62) Der Schutz von Geschäftsgeheimnissen und sonstiger vertraulicher Informationen ist von grundlegender Bedeutung. Deshalb sollten die der Behörde bereitgestellten und innerhalb des Netzwerks ausgetauschten Informationen strengen und wirksamen Vertraulichkeitsregeln unterworfen werden.

(63) Die Richtlinie 95/46/EG des Europäischen Parlaments und des Rates vom 24. Oktober 1995 zum Schutz natürlicher Personen bei der Verarbeitung personenbezogener Daten und zum freien Datenverkehr[5] und die Verordnung (EG) Nr. 45/2001 des Europäischen Parlaments und des Rates vom 18. Dezember 2000 zum Schutz natürlicher Personen bei der Verarbeitung personenbezogener Daten durch die Organe und Einrichtungen der Gemeinschaft und zum freien Datenverkehr[6] finden auf die Verarbeitung personenbezogener Daten für die Zwecke dieser Verordnung uneingeschränkt Anwendung.

(64) Um eine transparente Arbeitsweise der Behörde zu gewährleisten, sollte die Verordnung (EG) Nr. 1049/2001 des Europäischen Parlaments und des Rates vom 30. Mai 2001 über den Zugang der Öffentlichkeit zu Dokumenten des Europäischen Parlaments, des Rates und der Kommission[7] auf die Behörde Anwendung finden.

(65) Drittländer sollten sich auf der Grundlage entsprechender von der Union zu schließender Übereinkünfte an den Arbeiten der Behörde beteiligen können.

(66) Da die Ziele dieser Verordnung, nämlich die Verbesserung des Funktionierens des Binnenmarkts mittels der Gewährleistung eines hohen, wirksamen und kohärenten Maßes an Regulierung und Beaufsichtigung, des Schutzes von Anlegern, des Schutzes der Integrität, Effizienz und des ordnungsgemäßen Funktionierens der Finanzmärkte, der Wahrung der Stabilität des Finanzsystems und des Ausbaus der internationalen Koordinierung der Aufsicht, auf Ebene der Mitgliedstaaten nicht ausreichend verwirklicht werden können und daher wegen des Umfangs der Maßnahmen besser auf Unionsebene zu verwirklichen sind, kann die Union im Einklang mit dem in Artikel 5 des Vertrags über die Europäische Union niedergelegten Subsidiaritätsprinzip tätig werden. Entsprechend dem in demselben Artikel genannten Grundsatz der Verhältnismäßigkeit geht diese Verordnung nicht über das zur Erreichung dieser Ziele erforderliche Maß hinaus.

(67) Die Behörde sollte alle derzeitigen Aufgaben und Befugnisse des Ausschusses der europäischen Wertpapierregulierungsbehörden übernehmen. Der Beschluss 2009/77/EG der Kommission sollte deshalb mit dem Tag der Errichtung der Behörde aufgehoben werden und der Beschluss Nr. 716/2009/EG des Europäischen Parlaments und des Rates vom 16. September 2009 zur Auflegung eines Gemeinschaftsprogramms zur Unterstützung spezifischer Tätigkeiten auf dem

---

[1] **Amtl. Anm.:** ABl. C 139 vom 14.6.2006, S. 1.
[2] **Amtl. Anm.:** ABl. L 136 vom 31.5.1999, S. 1.
[3] **Amtl. Anm.:** ABl. L 136 vom 31.5.1999, S. 15.
[4] **Amtl. Anm.:** ABl. L 56 vom 4.3.1968, S. 1.
[5] **Amtl. Anm.:** ABl. L 281 vom 23.11.1995, S. 31.
[6] **Amtl. Anm.:** ABl. L 8 vom 12.1.2001, S. 1.
[7] **Amtl. Anm.:** ABl. L 145 vom 31.5.2001, S. 43.

Gebiet der Finanzdienstleistungen, der Rechnungslegung und der Abschlussprüfung[1] sollte entsprechend geändert werden. Angesichts der bestehenden Strukturen und Maßnahmen des Ausschusses der europäischen Wertpapierregulierungsbehörden ist es wichtig, für eine sehr enge Zusammenarbeit zwischen dem Ausschuss der europäischen Wertpapierregulierungsbehörden und der Kommission bei der Festlegung der geeigneten Übergangsregelungen zu sorgen, so dass sichergestellt wird, dass der Zeitraum, innerhalb dessen die Kommission für die administrative Errichtung und die Aufnahme der administrativen Tätigkeiten der Behörde verantwortlich ist, möglichst begrenzt ist.

(68) Für die Anwendung dieser Verordnung sollte eine Frist festgelegt werden, um zu gewährleisten, dass die Behörde für die Aufnahme ihrer Tätigkeiten angemessen vorbereitet ist und der Übergang vom Ausschuss der europäischen Wertpapierregulierungsbehörden auf die Behörde reibungslos erfolgt. Die Behörde sollte mit angemessenen Finanzmitteln ausgestattet sein. Zumindest am Anfang sollte sie zu 40 % aus Unionsmitteln und zu 60 % durch Beiträge der Mitgliedstaaten finanziert werden, die nach Maßgabe der Stimmengewichtung gemäß Artikel 3 Absatz 3 des Protokolls (Nr. 36) über die Übergangsbestimmungen entrichtet werden.

(69) Damit die Behörde am 1. Januar 2011 errichtet werden kann, sollte diese Verordnung am Tag nach ihrer Veröffentlichung im *Amtsblatt der Europäischen Union* in Kraft treten –

HABEN FOLGENDE VERORDNUNG ERLASSEN:

## Kapitel I. Errichtung und Rechtsstellung

**Art. 1 Errichtung und Tätigkeitsbereich.** (1) Mit dieser Verordnung wird eine Europäische Aufsichtsbehörde (Europäische Wertpapier- und Marktaufsichtsbehörde) (im Folgenden „Behörde" genannt) errichtet.

(2) *[1]* Die Behörde handelt im Rahmen der ihr durch diese Verordnung übertragenen Befugnisse und innerhalb des Anwendungsbereichs der Richtlinien 97/9/EG, 98/26/EG, 2001/34/EG, 2002/47/EG, 2004/109/EG, 2009/65/EG, der Richtlinie 2011/61/EU des Europäischen Parlaments und des Rates[2], der Verordnung (EG) Nr. 1060/2009, der Richtlinie 2014/65/EU[3] des Europäischen Parlaments und des Rates[4] und der Verordnung (EU) 2017/1129[5] des Europäischen Parlaments und des Rates[6], und soweit diese Gesetzgebungsakte sich auf Firmen, die Wertpapierdienstleistungen erbringen, oder für Organismen für gemeinsame Anlagen, die ihre Anteilscheine oder Anteile vertreiben, und die Behörden, die sie beaufsichtigen, beziehen, der einschlägigen Teile der Richtlinien 2002/87/EG und 2002/65/EG, einschließlich sämtlicher Richtlinien, Verordnungen und Beschlüsse, die auf der Grundlage dieser Gesetzgebungsakte angenommen wurden, sowie aller weiteren verbindlichen Rechtsakte der Union, die der Behörde Aufgaben übertragen.

---

[1] **Amtl. Anm.**: ABl. L 253 vom 25.9.2009, S. 8.
[2] **Amtl. Anm.**: Richtlinie 2011/61/EU des Europäischen Parlaments und des Rates vom 8. Juni 2011 über die Verwalter alternativer Investmentfonds und zur Änderung der Richtlinien 2003/41/EG und 2009/65/EG und der Verordnungen (EG) Nr. 1060/2009 und (EU) Nr. 1095/2010 (ABl. L 174 vom 1.7.2011, S. 1).
[3] Nr. 1.
[4] **Amtl. Anm.**: Richtlinie 2014/65/EU des Europäischen Parlaments und des Rates vom 15. Mai 2014 über Märkte für Finanzinstrumente sowie zur Änderung der Richtlinien 2002/92/EG und 2011/61/EU (ABl. L 173 vom 12.6.2014, S. 349).
[5] Nr. 6.
[6] **Amtl. Anm.**: Verordnung (EU) 2017/1129 des Europäischen Parlaments und des Rates vom 14. Juni 2017 über den Prospekt, der beim öffentlichen Angebot von Wertpapieren oder bei deren Zulassung zum Handel an einem geregelten Markt zu veröffentlichen ist und zur Aufhebung der Richtlinie 2003/71/EG (ABl. L 168 vom 30.6.2017, S. 12).

*[2]* ¹Die Behörde trägt zu der Arbeit bei, die von der durch die Verordnung (EU) Nr. 1093/2010 des Europäischen Parlaments und des Rates[1] errichteten Europäischen Aufsichtsbehörde (Europäische Bankenaufsichtsbehörde) im Zusammenhang mit der Verhinderung der Nutzung des Finanzsystems zum Zwecke der Geldwäsche oder der Terrorismusfinanzierung im Einklang mit der Richtlinie (EU) 2015/849 des Europäischen Parlaments und des Rates[2] und der Verordnung (EU) Nr. 1093/2010 durchgeführt wird. ²Die Behörde beschließt über ihre Zustimmung nach Artikel 9a Absatz 9 der Verordnung (EU) Nr.1093/2010.

(3) ¹Die Behörde wird in den Tätigkeitsbereichen von Finanzmarktteilnehmern im Zusammenhang mit Fragen tätig, die nicht unmittelbar von den in Absatz 2 genannten Gesetzgebungsakten abgedeckt werden, einschließlich Fragen der Unternehmensführung sowie der Rechnungsprüfung und Rechnungslegung, wobei sie nachhaltigen Geschäftsmodellen und der Einbeziehung ökologischer, sozialer und die Governance betreffender Faktoren Rechnung trägt, vorausgesetzt, solche Maßnahmen sind erforderlich, um die wirksame und kohärente Anwendung dieser Gesetzgebungsakte sicherzustellen. ²Die Behörde ergreift auch geeignete Maßnahmen im Zusammenhang mit Fragen bezüglich Übernahmeangeboten, Clearing und Abrechnung sowie Derivaten.

(3a) Diese Verordnung gilt unbeschadet anderer Rechtsakte der Union, mit denen der Behörde Zulassungs- oder Beaufsichtigungsfunktionen und die entsprechenden Befugnisse übertragen werden.

(4) Die Bestimmungen dieser Verordnung berühren nicht die Befugnisse der Kommission, die ihr insbesondere aus Artikel 258 AEUV erwachsen, um die Einhaltung des Unionsrechts zu gewährleisten.

(5) *[1]* ¹Das Ziel der Behörde besteht darin, das öffentliche Interesse zu schützen, indem sie für die Wirtschaft der Union, ihre Bürger und Unternehmen zur kurz-, mittel- und langfristigen Stabilität und Wirksamkeit des Finanzsystems beiträgt. ²Die Behörde trägt im Rahmen ihrer jeweiligen Zuständigkeiten zu Folgendem bei:

a) Verbesserung des Funktionierens des Binnenmarkts, insbesondere mittels einer soliden, wirksamen und kohärenten Regulierung und Überwachung;
b) Gewährleistung der Integrität, Transparenz, Effizienz und des ordnungsgemäßen Funktionierens der Finanzmärkte;
c) Ausbau der internationalen Koordinierung bei der Aufsicht;
d) Verhinderung von Aufsichtsarbitrage und Förderung gleicher Wettbewerbsbedingungen;
e) Gewährleistung, dass die Übernahme von Anlage- und anderen Risiken angemessen reguliert und beaufsichtigt wird;

---

[1] **Amtl. Anm.:** Verordnung (EU) Nr. 1093/2010 des Europäischen Parlaments und des Rates vom 24. November 2010 zur Errichtung einer Europäischen Aufsichtsbehörde (Europäische Bankenaufsichtsbehörde), zur Änderung des Beschlusses Nr. 716/2009/EG und zur Aufhebung des Beschlusses 2009/78/EG der Kommission (ABl. L 331 vom 15.12.2010, S. 12).
[2] **Amtl. Anm.:** Richtlinie (EU) 2015/849 des Europäischen Parlaments und des Rates vom 20. Mai 2015 zur Verhinderung der Nutzung des Finanzsystems zum Zwecke der Geldwäsche und der Terrorismusfinanzierung, zur Änderung der Verordnung (EU) Nr. 648/2012 des Europäischen Parlaments und des Rates und zur Aufhebung der Richtlinie 2005/60/EG des Europäischen Parlaments und des Rates und der Richtlinie 2006/70/EG der Kommission (ABl. L 141 vom 5.6.2015, S. 73).

f) Verbesserung des Kunden- und Anlegerschutzes;
g) Verbesserung der Angleichung der Aufsicht im gesamten Binnenmarkt.

*[2]* Zu diesen Zwecken leistet die Behörde einen Beitrag zur Gewährleistung der kohärenten, effizienten und wirksamen Anwendung der in Absatz 2 des vorliegenden Artikels genannten Gesetzgebungsakte, fördert die Angleichung der Aufsicht und gibt gemäß Artikel 16a Stellungnahmen für das Europäische Parlament, den Rat und die Kommission ab.

*[3]* Bei der Wahrnehmung der ihr durch diese Verordnung übertragenen Aufgaben berücksichtigt die Behörde insbesondere die Systemrisiken, die von Finanzmarktteilnehmern ausgehen, deren Zusammenbruch Auswirkungen auf das Finanzsystem oder die Realwirtschaft haben kann.

*[4]* ¹Bei der Wahrnehmung ihrer Aufgaben handelt die Behörde unabhängig, objektiv und in nichtdiskriminierender und transparenter Weise im Interesse der Union als Ganzes und beachtet, wann immer dies relevant ist, den Grundsatz der Verhältnismäßigkeit. ²Die Behörde ist rechenschaftspflichtig, handelt integer und stellt sicher, dass alle Interessenvertreter fair behandelt werden.

*[5]* ¹Inhalt und Form der Tätigkeiten und Maßnahmen der Behörde, insbesondere Leitlinien, Empfehlungen, Stellungnahmen, Fragen und Antworten sowie die Entwürfe von Regulierungsstandards und Durchführungsstandards stehen in voller Übereinstimmung mit den anwendbaren Bestimmungen dieser Verordnung und der in Absatz 2 genannten Gesetzgebungsakte. ²Soweit nach diesen Bestimmungen zulässig und relevant, tragen die Tätigkeiten und Maßnahmen der Behörde gemäß dem Grundsatz der Verhältnismäßigkeit der Art, dem Umfang und der Komplexität der Risiken, die sich aus der von den Tätigkeiten und Maßnahmen der Behörde betroffenen Geschäftstätigkeit von Finanzmarktteilnehmern, Unternehmen, anderen Subjekten oder Finanztätigkeiten ergeben, gebührend Rechnung.

(6) Die Behörde errichtet – als integralen Bestandteil der Behörde – einen Ausschuss, der sie in der Frage berät, wie ihre Tätigkeiten und Maßnahmen unter vollständiger Einhaltung der geltenden Vorschriften spezifischen Unterschieden, die innerhalb des Sektors in Bezug auf Art, Umfang und Komplexität von Risiken, Geschäftsmodelle und -praktiken sowie die Größe von Finanzinstituten und von Märkten bestehen, Rechnung tragen sollten, soweit diese Faktoren im Rahmen der betreffenden Vorschriften relevant sind.

**Art. 2 Europäisches System der Finanzaufsicht.** (1) ¹Die Behörde ist Bestandteil eines Europäischen Systems der Finanzaufsicht (ESFS). ²Das Hauptziel des ESFS besteht darin, die angemessene Anwendung der für den Finanzsektor geltenden Vorschriften zu gewährleisten, um die Finanzstabilität zu erhalten und für Vertrauen in das Finanzsystem insgesamt und für einen wirksamen und ausreichenden Schutz der Kunden, die Finanzdienstleistungen in Anspruch nehmen, zu sorgen.

(2) Das ESFS besteht aus:
a) dem Europäischen Ausschuss für Systemrisiken (ESRB) zur Wahrnehmung der Aufgaben gemäß der Verordnung (EU) Nr. 1092/2010¹⁾ und dieser Verordnung;
b) der Behörde;

---

¹⁾ **Amtl. Anm.:** Siehe Seite 1 dieses Amtsblatts.

c) der durch die Verordnung (EU) Nr. 1093/2010 des Europäischen Parlaments und des Rates[1] errichteten Europäischen Aufsichtsbehörde (Europäische Bankenaufsichtsbehörde);

d) der durch die Verordnung (EU) Nr. 1094/2010 des Europäischen Parlaments und des Rates[2] errichteten Europäischen Aufsichtsbehörde (Europäische Aufsichtsbehörde für das Versicherungswesen und die betriebliche Altersversorgung);

e) dem Gemeinsamen Ausschuss der Europäischen Aufsichtsbehörden (im Folgenden „Gemeinsamer Ausschuss") zur Wahrnehmung der Aufgaben gemäß den Artikeln 54 bis 57 der vorliegenden Verordnung, der Verordnung (EU) Nr. 1093/2010 und der Verordnung (EU) Nr. 1094/2010;

f) den zuständigen Behörden oder Aufsichtsbehörden der Mitgliedstaaten, die in den in Artikel 1 Absatz 2 der vorliegenden Verordnung, der Verordnung (EU) Nr. 1093/2010 und der Verordnung (EU) Nr. 1094/2010 genannten Rechtsakten der Union genannt sind.

(3) Die Behörde arbeitet im Rahmen des Gemeinsamen Ausschusses regelmäßig und eng mit dem ESRB sowie der Europäischen Aufsichtsbehörde (Europäische Bankenaufsichtsbehörde) und der Europäischen Aufsichtsbehörde (Europäische Behörde für das Versicherungswesen und die betriebliche Altersversorgung) zusammen und sorgt so für eine sektorübergreifende Kohärenz der Arbeiten und das Herbeiführen gemeinsamer Positionen im Bereich der Beaufsichtigung von Finanzkonglomeraten und in anderen sektorübergreifenden Fragen.

(4) Im Einklang mit dem Grundsatz der loyalen Zusammenarbeit gemäß Artikel 4 Absatz 3 des Vertrags über die Europäische Union (EUV) arbeiten die Teilnehmer am ESFS vertrauensvoll und in uneingeschränktem gegenseitigem Respekt zusammen und stellen insbesondere die Weitergabe von angemessenen und zuverlässigen Informationen untereinander und von der Behörde an das Europäische Parlament, den Rat und die Kommission sicher.

(5) [1] Diese Aufsichtsbehörden, die zum ESFS gehören, sind verpflichtet, die in der Union tätigen Finanzmarktteilnehmer gemäß den in Artikel 1 Absatz 2 genannten Rechtsakten zu beaufsichtigen.

[2] Unbeschadet der nationalen Zuständigkeiten beinhalten die in dieser Verordnung enthaltenen Bezugnahmen auf„ Aufsicht" beziehungsweise „Beaufsichtigung" auch alle einschlägigen Tätigkeiten aller zuständigen Behörden, die gemäß den in Artikel 1 Absatz 2 genannten Gesetzgebungsakten durchzuführen sind.

**Art. 3 Rechenschaftspflicht der Behörden.** (1) Die in Artikel 2 Absatz 2 Buchstaben a bis d genannten Behörden sind dem Europäischen Parlament und dem Rat gegenüber rechenschaftspflichtig.

(2) Gemäß Artikel 226 AEUV kooperiert die Behörde bei Untersuchungen im Rahmen des genannten Artikels uneingeschränkt mit dem Europäischen Parlament.

(3) [1] Der Rat der Aufseher nimmt einen Jahresbericht über die Tätigkeiten der Behörde, einschließlich der Ausführung der Aufgaben des Vorsitzenden, an

---

[1] Amtl. Anm.: Siehe Seite 12 dieses Amtsblatts.
[2] Amtl. Anm.: Siehe Seite 48 dieses Amtsblatts.

und übermittelt diesen Bericht bis zum 15. Juni eines jeden Jahres dem Europäischen Parlament, dem Rat, der Kommission, dem Rechnungshof und dem Europäischen Wirtschafts- und Sozialausschuss. ²Der Bericht wird veröffentlicht.

(4) ¹Der Vorsitzende nimmt auf Ersuchen des Europäischen Parlaments an einer Anhörung vor dem Europäischen Parlaments zur Leistung der Behörde teil. ²Eine Anhörung findet mindestens einmal jährlich statt. ³Der Vorsitzende gibt vor dem Europäischen Parlament eine Erklärung ab und stellt sich den Fragen seiner Mitglieder, wenn hierum ersucht wird.

(5) Der Vorsitzende legt dem Europäischen Parlament einen schriftlichen Bericht über die Tätigkeiten der Behörde vor, wenn er dazu aufgefordert wird und spätestens 15 Tage vor Abgabe der in Absatz 4 genannten Erklärung.

(6) Neben den in den Artikeln 11 bis 18 sowie den Artikeln 20 und 33 genannten Informationen beinhaltet der Bericht auch sämtliche relevanten Informationen, die vom Europäischen Parlament ad hoc angefordert werden.

(7) Die Behörde beantwortet sämtliche Fragen, die vom Europäischen Parlament oder vom Rat gestellt werden, mündlich oder schriftlich spätestens innerhalb von fünf Wochen nach deren Eingang.

(8) ¹Auf Verlangen führt der Vorsitzende mit dem Vorsitzenden, den stellvertretenden Vorsitzenden und den Koordinatoren des zuständigen Ausschusses des Europäischen Parlaments unter Ausschluss der Öffentlichkeit vertrauliche Gespräche. ²Alle Teilnehmer unterliegen der Geheimhaltungspflicht.

(9) Unbeschadet ihrer aus der Teilnahme an internationalen Foren erwachsenden Vertraulichkeitsverpflichtungen unterrichtet die Behörde das Europäische Parlament auf Verlangen über ihren Beitrag zu einer geschlossenen, gemeinsamen, kohärenten und wirksamen Vertretung der Interessen der Union in solchen internationalen Foren.

**Art. 4 Begriffsbestimmungen.** Im Sinne dieser Verordnung bezeichnet der Ausdruck

1. „Finanzmarktteilnehmer" jede Person, auf die eine in Artikel 1 Absatz 2 genannte Rechtsvorschrift oder eine nationale Rechtsvorschrift zur Umsetzung der erstgenannten Anwendung findet;

2. „Wichtiger Finanzmarktteilnehmer" einen Finanzmarktteilnehmer, dessen regelmäßige Tätigkeit oder finanzielle Tragfähigkeit bedeutende Auswirkungen auf die Stabilität, Integrität oder Effizienz der Finanzmärkte in der Union zeitigt oder zeitigen kann;

3. „Zuständige Behörden"
   i) die zuständigen Behörden und/oder Aufsichtsbehörden im Sinne der in Artikel 1 Absatz 2 genannten Rechtsvorschriften;
   ii) in Bezug auf die Richtlinie 2002/65/EG die Behörden und Stellen, die dafür zuständig sind, die Einhaltung der Anforderungen der genannten Richtlinie durch Firmen, die Wertpapierdienstleistungen erbringen, und durch Organismen für gemeinsame, die ihre Anteilsscheine oder Anteile vertreiben, sicherzustellen;
   iii) in Bezug auf Anlegerentschädigungssysteme Einrichtungen, die nationale Entschädigungssysteme nach der Richtlinie 97/9/EG verwalten, oder in dem Fall, dass der Betrieb des Anlegerentschädigungssystems von einer

privaten Gesellschaft verwaltet wird, die öffentliche Behörde, die solche Systeme gemäß der genannten Richtlinie beaufsichtigt.

**Art. 5 Rechtsstellung.** (1) Die Behörde ist eine Einrichtung der Union mit eigener Rechtspersönlichkeit.

(2) ¹Die Behörde verfügt in jedem Mitgliedstaat über die weitestreichende Rechtsfähigkeit, die juristischen Personen nach dem jeweiligen nationalen Recht zuerkannt wird. ²Sie kann insbesondere bewegliches und unbewegliches Vermögen erwerben und veräußern und ist vor Gericht parteifähig.

(3) Die Behörde wird von ihrem Vorsitzenden vertreten.

**Art. 6 Zusammensetzung.** Die Behörde besteht aus:

1. einem Rat der Aufseher, der die in Artikel 43 vorgesehenen Aufgaben wahrnimmt;
2. einem Verwaltungsrat, der die in Artikel 47 vorgesehenen Aufgaben wahrnimmt;
3. einem Vorsitzenden, der die in Artikel 48 vorgesehenen Aufgaben wahrnimmt;
4. einem Exekutivdirektor, der die in Artikel 53 vorgesehenen Aufgaben wahrnimmt;
5. einem Beschwerdeausschuss, der die in Artikel 60 vorgesehenen Aufgaben wahrnimmt.

**Art. 7** *[1]* Die Behörde hat ihren Sitz in Paris.

*[2]* Der Standort des Sitzes der Behörde darf die Behörde nicht bei der Wahrnehmung ihrer Aufgaben und Befugnisse, der Organisation ihrer Leitungsstruktur, dem Betrieb ihrer zentralen Organisation und der Sicherstellung der wesentlichen Finanzierung ihrer Tätigkeiten beeinträchtigen, wobei die Behörde gegebenenfalls Dienste im Bereich der Verwaltungsunterstützung und der Gebäudeverwaltung, die keinerlei Verbindung zu ihren Kernaufgaben aufweisen, gemeinsam mit Agenturen der Union nutzen kann.

## Kapitel II. Aufgaben und Befugnisse der Behörde

**Art. 8 Aufgaben und Befugnisse der Behörde.** (1) Die Behörde hat folgende Aufgaben:

a) Sie leistet auf Grundlage der in Artikel 1 Absatz 2 genannten Gesetzgebungsakte einen Beitrag zur Festlegung qualitativ hochwertiger gemeinsamer Regulierungs- und Aufsichtsstandards und -praktiken, indem sie insbesondere Entwürfe für technische Regulierungs- und Durchführungsstandards, Leitlinien, Empfehlungen sowie sonstige Maßnahmen, einschließlich Stellungnahmen, ausarbeitet;

aa) sie erarbeitet ein Aufsichtshandbuch der Union zur Beaufsichtigung von Finanzmarktteilnehmern in der Union, das bewährte Praktiken und qualitativ hochwertige Methoden und Verfahren enthalten soll und unter anderem sich verändernden Geschäftspraktiken und Geschäftsmodellen sowie der Größe der Finanzmarktteilnehmer und der Märkte Rechnung trägt, und hält es auf dem neuesten Stand;

b) sie trägt zur kohärenten Anwendung der verbindlichen Rechtsakte der Union bei, insbesondere indem sie eine gemeinsame Aufsichtskultur schafft, die kohärente, effiziente und wirksame Anwendung der in Artikel 1 Absatz 2 genannten Gesetzgebungsakte sicherstellt, Aufsichtsarbitrage verhindert, die Unabhängigkeit der Aufsicht fördert und überwacht, bei Meinungsverschiedenheiten zwischen den zuständigen Behörden vermittelt und diese beilegt, eine wirksame und einheitliche Beaufsichtigung der Finanzmarktteilnehmer sowie ein kohärentes Funktionieren der Aufsichtskollegien sicherstellt, und unter anderem in Krisensituationen tätig wird;

c) sie regt die Delegation von Aufgaben und Zuständigkeiten unter zuständigen Behörden an und erleichtert diese;

d) sie arbeitet eng mit dem ESRB zusammen, indem sie dem ESRB insbesondere die für die Erfüllung seiner Aufgaben erforderlichen Informationen übermittelt und angemessene Folgemaßnahmen für die Warnungen und Empfehlungen des ESRB sicherstellt;

e) sie organisiert vergleichende Analysen (im Folgenden „Peer Reviews") der zuständigen Behörden und führt diese durch, gibt in diesem Zusammenhang Leitlinien und Empfehlungen heraus und bestimmt bewährte Vorgehensweisen, um die Kohärenz der Ergebnisse der Aufsicht zu stärken;

f) sie überwacht und bewertet Marktentwicklungen in ihrem Zuständigkeitsbereich, gegebenenfalls einschließlich Entwicklungen in Bezug auf Tendenzen bei innovativen Finanzdienstleistungen, wobei sie Entwicklungen im Zusammenhang mit ökologischen, sozialen und die Governance betreffenden Faktoren gebührend berücksichtigt;

g) sie führt Marktanalysen durch, um bei der Wahrnehmung ihrer Aufgaben auf entsprechende Informationen zurückgreifen zu können;

h) sie fördert gegebenenfalls den Verbraucher- und Anlegerschutz, insbesondere im Hinblick auf Mängel in einem grenzübergreifenden Kontext und unter Berücksichtigung damit zusammenhängender Risiken;

i) sie trägt im Einklang mit den Artikeln 21 bis 26 zur einheitlichen und kohärenten Funktionsweise der Aufsichtskollegien, zur Überwachung, Bewertung und Messung der Systemrisiken, zur Entwicklung und Koordinierung von Sanierungs- und Abwicklungsplänen bei, bietet ein hohes Schutzniveau für Anleger in der gesamten Union, entwickelt Verfahren für die Abwicklung insolvenzbedrohter Finanzmarktteilnehmer und bewertet die Notwendigkeit geeigneter Finanzierungsinstrumente;

ia) sie leistet einen Beitrag zur Aufstellung einer gemeinsamen Finanzdatenstrategie der Union;

j) sie erfüllt jegliche sonstigen Aufgaben, die in dieser Verordnung oder in anderen Gesetzgebungsakten festgelegt sind;

k) sie veröffentlicht auf ihrer Website regelmäßig aktualisierte Informationen über ihren Tätigkeitsbereich, insbesondere innerhalb ihres Zuständigkeitsbereichs über registrierte Finanzmarktteilnehmer, um sicherzustellen, dass die Informationen der Öffentlichkeit leicht zugänglich sind;

ka) sie veröffentlicht und aktualisiert auf ihrer Website regelmäßig für jeden in Artikel 1 Absatz 2 genannten Gesetzgebungsakt alle technischen Regulierungsstandards, technischen Durchführungsstandards, Leitlinien, Empfehlungen sowie Fragen und Antworten einschließlich Übersichten zum aktuellen Stand laufender Arbeiten und zum Zeitplan für die Annahme von

Entwürfen technischer Regulierungsstandards und technischer Durchführungsstandards.

(1a) Bei der Wahrnehmung ihrer Aufgaben gemäß dieser Verordnung
a) macht die Behörde in vollem Umfang von ihren Befugnissen Gebrauch;
b) trägt die Behörde unter gebührender Berücksichtigung des Ziels, die Sicherheit und Solidität der Finanzmarktteilnehmer zu gewährleisten, den verschiedenen Arten der Finanzmarktteilnehmer, ihren Geschäftsmodellen und ihrer Größe umfassend Rechnung; und
c) trägt die Behörde der technologischen Innovation, innovativen und nachhaltigen Geschäftsmodellen und der Einbeziehung ökologischer, sozialer und die Governance betreffender Faktoren Rechnung.

(2) Um die in Absatz 1 festgelegten Aufgaben ausführen zu können, wird die Behörde mit den in dieser Verordnung vorgesehenen Befugnissen ausgestattet; dazu zählen insbesondere die Befugnisse
a) zur Entwicklung von Entwürfen technischer Regulierungsstandards in den in Artikel 10 genannten besonderen Fällen;
b) zur Entwicklung von Entwürfen technischer Durchführungsstandards in den in Artikel 15 genannten besonderen Fällen;
c) zur Herausgabe von Leitlinien und Empfehlungen gemäß Artikel 16;
ca) zur Herausgabe von Empfehlungen gemäß Artikel 29a;
d) zur Abgabe von Empfehlungen in besonderen Fällen gemäß Artikel 17 Absatz 3;
da) zur Herausgabe von Warnungen gemäß Artikel 9 Absatz 3;
e) zum Erlass von an die zuständigen Behörden gerichteten Beschlüssen im Einzelfall in den in Artikel 18 Absatz 3 und Artikel 19 Absatz 3 genannten besonderen Fällen;
f) in Fällen, die unmittelbar anwendbares Unionsrecht betreffen, zum Erlass von an Finanzmarktteilnehmer gerichteten Beschlüssen im Einzelfall in den in Artikel 17 Absatz 6, in Artikel 18 Absatz 4 und in Artikel 19 Absatz 4 genannten besonderen Fällen;
g) zur Abgabe von Stellungnahmen für das Europäische Parlament, den Rat oder die Kommission gemäß Artikel 16a;
ga) zur Beantwortung von Fragen gemäß Artikel 16b;
gb) zur Ergreifung von Maßnahmen gemäß Artikel 9a;
h) zur Einholung der erforderlichen Informationen zu Finanzmarktteilnehmern gemäß Artikel 35;
i) zur Entwicklung gemeinsamer Methoden zur Bewertung der Wirkungen von Produktmerkmalen und Verteilungsprozessen auf die Finanzlage der Finanzmarktteilnehmer und den Verbraucherschutz;
j) zur Bereitstellung einer zentral zugänglichen Datenbank der registrierten Finanzmarktteilnehmer in ihrem Zuständigkeitsbereich, sofern dies in den in Artikel 1 Absatz 2 genannten Rechtsakten vorgesehen ist.

(3) *[1]* Bei der Wahrnehmung der in Absatz 1 genannten Aufgaben und bei der Ausübung der in Absatz 2 genannten Befugnisse handelt die Behörde auf Grundlage des Rechtsrahmens und innerhalb der von ihm gesetzten Grenzen und trägt dem Grundsatz der Verhältnismäßigkeit, sofern dies relevant ist, und der besseren Rechtsetzung Rechnung, einschließlich den Ergebnissen von

Kosten-Nutzen-Analysen, die im Einklang mit dieser Verordnung erstellt wurden.

*[2]* ¹Die in den Artikeln 10, 15, 16 und 16a genannten offenen öffentlichen Konsultationen finden auf möglichst breiter Basis statt, damit alle interessierten Parteien einbezogen werden können, und gewähren den Interessenvertretern einen angemessenen Zeitraum für Antworten. ²Die Behörde veröffentlicht eine Zusammenfassung der von Interessenvertretern eingegangenen Beiträge und einen Überblick darüber, wie die bei den Konsultationen erhaltenen Informationen und Ansichten in einem Entwurf eines technischen Regulierungsstandards und einem Entwurf eines technischen Durchführungsstandards verwertet wurden.

### Art. 9 Aufgaben im Zusammenhang mit dem Verbraucherschutz und mit Finanztätigkeiten.

(1) Die Behörde übernimmt eine Führungsrolle bei der Förderung von Transparenz, Einfachheit und Fairness auf dem Markt für Finanzprodukte beziehungsweise -dienstleistungen für Verbraucher im Binnenmarkt, und zwar unter anderem durch

a) die Erfassung und Analyse von Verbrauchertrends, wie etwa der Entwicklung der Kosten und Gebühren für Finanzdienstleistungen und -produkte für Privatkunden in den Mitgliedstaaten, und die Berichterstattung über diese Trends;

aa) die Durchführung eingehender themenbezogener Überprüfungen des Marktverhaltens, wobei an der Entwicklung eines gemeinsamen Verständnisses der Marktpraktiken gearbeitet wird, um mögliche Probleme zu erkennen und ihre Auswirkungen zu analysieren;

ab) die Entwicklung von Indikatoren für das Privatanlegerrisiko, mit denen Faktoren, die negative Auswirkungen für die Verbraucher und Anleger haben könnten, rechtzeitig ermittelt werden können;

b) die Überprüfung und Koordinierung von Initiativen der zuständigen Behörden zur Vermittlung von Wissen und Bildung über Finanzfragen;

c) die Entwicklung von Ausbildungsstandards für die Wirtschaft; und

d) die Mitwirkung an der Entwicklung allgemeiner Offenlegungsvorschriften;

e) die Förderung von gleichen Wettbewerbsbedingungen im Binnenmarkt, sodass die Verbraucher und anderen Nutzer von Finanzdienstleistungen einen fairen Zugang zu Finanzdienstleistungen und -produkten haben;

f) gegebenenfalls die Koordinierung von Testkäufen durch die zuständigen Behörden.

(2) Die Behörde überwacht neue und bestehende Finanztätigkeiten und kann Leitlinien und Empfehlungen annehmen, um die Sicherheit und Solidität der Märkte und die Angleichung und Wirksamkeit der Regulierungs- und Aufsichtspraktiken zu fördern.

(3) Die Behörde kann auch Warnungen herausgeben, wenn eine Finanztätigkeit eine ernsthafte Bedrohung für die in Artikel 1 Absatz 5 festgelegten Ziele darstellt.

(4) ¹Die Behörde errichtet – als integralen Bestandteil der Behörde – einen Ausschuss für Verbraucherschutz und Finanzinnovationen, der alle jeweils zuständigen Behörden und Verbraucherschutzbehörden zusammen bringt, um den Verbraucherschutz zu stärken, eine koordinierte Herangehensweise an die

regulatorische und aufsichtsrechtliche Behandlung neuer oder innovativer Finanztätigkeiten zu erreichen und der Behörde Rat zu erteilen, den sie dem Europäischen Parlament, dem Rat und der Kommission vorlegt. ²Die Behörde arbeitet eng mit dem mit der Verordnung (EU) 2016/679 des Europäischen Parlaments und des Rates[1)] eingerichteten Europäischen Datenschutzausschuss zusammen, um Duplizierungen, Unstimmigkeiten und Rechtsunsicherheit im Bereich des Datenschutzes zu vermeiden. ³Die Behörde kann auch nationale Datenschutzbehörden als Beobachter in den Ausschuss laden.

(5) *[1]* Die Behörde kann die Vermarktung, den Vertrieb oder den Verkauf von bestimmten Finanzprodukten, -instrumenten oder -tätigkeiten, die das Potenzial haben, den Kunden oder Verbrauchern erheblichen finanziellen Schaden zu verursachen, oder das ordnungsgemäße Funktionieren und die Integrität der Finanzmärkte oder die Stabilität des Finanzsystems in der Union als Ganzes oder in Teilen zu gefährden, in den Fällen und unter den Bedingungen, die in den in Artikel 1 Absatz 2 genannten Gesetzgebungsakten festgelegt sind, beziehungsweise erforderlichenfalls im Krisenfall nach Maßgabe des Artikels 18 und unter den darin festgelegten Bedingungen vorübergehend verbieten oder beschränken.

*[2]* ¹Die Behörde überprüft den in Unterabsatz 1 genannten Beschluss in angemessenen Abständen, und mindestens alle sechs Monate. ²Nach mindestens zwei aufeinanderfolgenden Verlängerungen und auf der Grundlage einer ordnungsgemäßen Analyse mit dem Ziel der Bewertung der Auswirkungen auf den Kunden oder Verbraucher kann die Behörde die jährliche Verlängerung des Verbots beschließen.

*[3]* ¹Ein Mitgliedstaat kann die Behörde ersuchen, ihren Beschluss zu überprüfen. ²In diesem Fall beschließt die Behörde gemäß dem in Artikel 44 Absatz 1 Unterabsatz 2 festgelegten Verfahren, ob dieser Beschluss aufrechterhalten wird.

*[4]* Die Behörde kann auch überprüfen, ob es notwendig ist, bestimmte Arten von Finanztätigkeiten oder -praktiken zu verbieten oder zu beschränken, und, sollte dies notwendig sein, die Kommission und die zuständigen Behörden informieren, um den Erlass eines solchen Verbots oder einer solchen Beschränkung zu erleichtern.

**Art. 9a Garantien der Verfahrensaussetzung.** (1) Die Behörde ergreift die in Absatz 2 genannten Maßnahmen nur unter außergewöhnlichen Umständen, wenn sie der Auffassung ist, dass die Anwendung eines der in Artikel 1 Absatz 2 genannten Gesetzgebungsakte oder eines der darauf gestützten delegierten Rechtsakte oder Durchführungsrechtsakte aus einem der folgenden Gründe wahrscheinlich erhebliche Bedenken aufwirft:
a) Die Behörde ist der Auffassung, dass Bestimmungen, die in einem dieser Rechtsakte enthalten sind, in direktem Widerspruch zu einem anderen einschlägigen Rechtsakt stehen könnten;
b) bei einem der in Artikel 1 Absatz 2 genannten Gesetzgebungsakte fehlen delegierte Rechtsakte oder Durchführungsrechtsakte, die den betreffenden

---

[1)] **Amtl. Anm.:** Verordnung (EU) 2016/679 des Europäischen Parlaments und des Rates vom 27. April 2016 zum Schutz natürlicher Personen bei der Verarbeitung personenbezogener Daten, zum freien Datenverkehr und zur Aufhebung der Richtlinie 95/46/EG (Datenschutz-Grundverordnung) (ABl. L 119 vom 4.5.2016, S. 1).

Gesetzgebungsakt ergänzen oder spezifizieren, sodass berechtigte Zweifel an den Rechtsfolgen des Gesetzgebungsakts oder an seiner ordnungsgemäßen Anwendung aufkommen könnten;
c) fehlende Leitlinien und Empfehlungen nach Artikel 16 würden praktische Schwierigkeiten bei der Anwendung des betreffenden Gesetzgebungsakts aufwerfen.

(2) *[1]* In den in Absatz 1 genannten Fällen richtet die Behörde eine ausführliche, schriftliche Beschreibung der aus ihrer Sicht bestehenden Bedenken an die zuständigen Behörden und die Kommission.

*[2]* ¹In den in Absatz 1 Buchstaben a und b genannten Fällen übermittelt die Behörde der Kommission eine Stellungnahme dazu, welche etwaigen Maßnahmen sie in Form eines neuen Gesetzgebungsvorschlags oder eines Vorschlags für einen neuen delegierten Rechtsakt oder Durchführungsrechtsakt für angemessen hält und welche Dringlichkeit den Bedenken nach dem Dafürhalten der Behörde zukommt. ²Die Stellungnahme wird von der Behörde veröffentlicht.

*[3]* In dem in Absatz 1 Buchstabe c des vorliegenden Artikels genannten Fall beurteilt die Behörde so bald wie möglich, ob einschlägige Leitlinien oder Empfehlungen gemäß Artikel 16 angenommen werden müssen.

*[4]* Die Behörde handelt zügig, insbesondere um dazu beizutragen, den in Absatz 1 genannten Fragen nach Möglichkeit vorzubeugen.

(3) Sofern es in den in Absatz 1 genannten Fällen erforderlich ist und bis zur Annahme und Anwendung neuer Maßnahmen im Anschluss an die in Absatz 2 genannten Schritte gibt die Behörde Stellungnahmen zu spezifischen Bestimmungen der in Absatz 1 genannten Rechtsakte ab, um kohärente, effiziente und wirksame Aufsichts- und Durchsetzungspraktiken sowie die gemeinsame, einheitliche und kohärente Anwendung des Unionsrechts zu fördern.

(4) ¹Ist die Behörde aufgrund der insbesondere von den zuständigen Behörden erhaltenen Informationen der Auffassung, dass einer der in Artikel 1 Absatz 2 genannten Gesetzgebungsakte oder einer der auf diese Gesetzgebungsakte gestützten delegierten Rechtsakte oder Durchführungsrechtsakte erhebliche außergewöhnliche Bedenken aufwirft, die das Marktvertrauen, den Kunden- oder Anlegerschutz, das ordnungsgemäße Funktionieren und die Integrität der Finanz- oder Warenmärkte oder die Stabilität des Finanzsystems in der Union als Ganzes oder in Teilen betreffen, so richtet sie unverzüglich eine ausführliche, schriftliche Beschreibung der aus ihrer Sicht bestehenden Bedenken an die zuständigen Behörden und die Kommission. ²Die Behörde kann der Kommission eine Stellungnahme dazu übermitteln, welche etwaigen Maßnahmen sie in Form eines neuen Gesetzgebungsvorschlags oder eines Vorschlags für einen neuen delegierten Rechtsakt oder Durchführungsrechtsakt für angemessen hält und welche Dringlichkeit den Bedenken zukommt. ³Die Stellungnahme wird von der Behörde veröffentlicht.

**Art. 10 Technische Regulierungsstandards.** (1) *[1]* ¹Übertragen das Europäische Parlament und der Rat der Kommission die Befugnis, gemäß Artikel 290 AEUV technische Regulierungsstandards mittels delegierter Rechtsakte zu erlassen, um eine kohärente Harmonisierung in den Bereichen zu gewährleisten, die ausdrücklich in den in Artikel 1 Absatz 2 der vorliegenden Verordnung genannten Gesetzgebungsakten aufgeführt sind, so kann die Behörde Entwürfe technischer Regulierungsstandards erarbeiten. ²Die Behörde legt ihre Entwürfe technischer Regulierungsstandards der Kommission zur Annahme vor. ³Gleichzeitig leitet die Behörde diese Entwürfe technischer Regulierungsstandards zur Kenntnisnahme an das Europäische Parlament und den Rat weiter.

*[2]* Die technischen Regulierungsstandards sind technischer Art und beinhalten keine strategischen oder politischen Entscheidungen, und ihr Inhalt wird durch die Gesetzgebungsakte, auf denen sie beruhen, beschränkt.

*[3]* ¹Bevor sie die Standards der Kommission übermittelt, führt die Behörde offene öffentliche Konsultationen zu Entwürfen technischer Regulierungsstandards durch und analysiert die verbundenen potenziellen Kosten- und Nutzeneffekte, es sei denn, solche Konsultationen und Analysen sind im Verhältnis zum Anwendungsbereich und zu den Auswirkungen der betreffenden Entwürfe technischer Regulierungsstandards oder im Verhältnis zur besonderen Dringlichkeit der Angelegenheit in hohem Maße unangemessen. ²Die Behörde holt auch den Rat der in Artikel 37 genannten Interessengruppe Wertpapiere und Wertpapiermärkte ein.

*[4] (aufgehoben)*

*[5]* ¹Innerhalb von drei Monaten nach Erhalt eines Entwurfs eines technischen Regulierungsstandards befindet die Kommission darüber, ob sie diesen annimmt. ²Die Kommission informiert das Europäische Parlament und den Rat rechtzeitig, wenn die Annahme nicht innerhalb des Zeitraums von drei Monaten erfolgen kann. ³Die Kommission kann den Entwurf des technischen Regulierungsstandards lediglich teilweise oder mit Änderungen annehmen, sofern dies aus Gründen des Unionsinteresses erforderlich ist.

*[6]* ¹Beabsichtigt die Kommission, einen Entwurf technischer Regulierungsstandards nicht oder nur teilweise beziehungsweise mit Änderungen anzunehmen, so sendet sie den Entwurf technischer Regulierungsstandards an die Behörde zurück und erläutert dabei, warum sie ihn nicht annimmt oder warum sie Änderungen vorgenommen hat. ²Die Kommission übermittelt eine Kopie ihres Schreibens dem Europäischen Parlament und dem Rat. ³Die Behörde kann den Entwurf technischer Regulierungsstandards anhand der Änderungsvorschläge der Kommission innerhalb eines Zeitraums von sechs Wochen ändern und ihn der Kommission in Form einer förmlichen Stellungnahme erneut vorlegen. ⁴Die Behörde übermittelt dem Europäischen Parlament und dem Rat eine Kopie ihrer förmlichen Stellungnahme.

*[7]* Hat die Behörde bei Ablauf dieser Frist von sechs Wochen keinen geänderten Entwurf eines technischen Regulierungsstandards vorgelegt oder hat sie einen Entwurf eines technischen Regulierungsstandards vorgelegt, der nicht in Übereinstimmung mit den Änderungsvorschlägen der Kommission geändert worden ist, so kann die Kommission den technischen Regulierungsstandard entweder mit den von ihr als wichtig erachteten Änderungen annehmen oder ihn ablehnen.

*[8]* Die Kommission darf den Inhalt eines von der Behörde ausgearbeiteten Entwurfs eines technischen Regulierungsstandards nicht ändern, ohne sich nicht vorher mit der Behörde gemäß diesem Artikel abgestimmt zu haben.

(2) ¹Hat die Behörde keinen Entwurf eines technischen Regulierungsstandards innerhalb der Frist, die in den in Artikel 1 Absatz 2 genannten Gesetzgebungsakten angegeben ist, vorgelegt, so kann die Kommission einen solchen

Entwurf innerhalb einer neuen Frist anfordern. ²Die Behörde teilt dem Europäischen Parlament, dem Rat und der Kommission rechtzeitig mit, dass sie die neue Frist nicht einhalten wird.

(3) *[1]* Nur wenn die Behörde der Kommission innerhalb der Frist gemäß Absatz 2 keinen Entwurf eines technischen Regulierungsstandards vorlegt, kann die Kommission einen technischen Regulierungsstandard ohne Entwurf der Behörde mittels eines delegierten Rechtsakts annehmen.

*[2]* ¹Die Kommission führt offene öffentliche Konsultationen zu Entwürfen technischer Regulierungsstandards durch und analysiert die verbundenen potenziellen Kosten- und Nutzeneffekte, es sei denn, solche Konsultationen und Analysen sind im Verhältnis zum Anwendungsbereich und zu den Auswirkungen der betreffenden Entwürfe technischer Regulierungsstandards oder im Verhältnis zur besonderen Dringlichkeit der Angelegenheit unangemessen. ²Die Kommission holt auch den Rat der in Artikel 37 genannten Interessengruppe Wertpapiere und Wertpapiermärkte ein.

*[3]* Die Kommission leitet den Entwurf des technischen Regulierungsstandards umgehend an das Europäische Parlament und den Rat weiter.

*[4]* ¹Die Kommission übermittelt der Behörde ihren Entwurf des technischen Regulierungsstandards. ²Die Behörde kann den Entwurf des technischen Regulierungsstandards innerhalb einer Frist von sechs Wochen ändern und ihn der Kommission in Form einer förmlichen Stellungnahme vorlegen. ³Die Behörde übermittelt dem Europäischen Parlament und dem Rat eine Kopie ihrer förmlichen Stellungnahme.

*[5]* Hat die Behörde bei Ablauf der in Unterabsatz 4 genannten Frist von sechs Wochen keinen geänderten Entwurf des technischen Regulierungsstandards vorgelegt, so kann die Kommission den technischen Regulierungsstandard annehmen.

*[6]* ¹Hat die Behörde innerhalb der Frist von sechs Wochen einen geänderten Entwurf des technischen Regulierungsstandards vorgelegt, so kann die Kommission den Entwurf des technischen Regulierungsstandards auf der Grundlage der von der Behörde vorgeschlagenen Änderungen ändern oder den technischen Regulierungsstandard mit den von ihr als wichtig erachteten Änderungen annehmen. ²Die Kommission darf den Inhalt des von der Behörde ausgearbeiteten Entwurfs des technischen Regulierungsstandards nicht ändern, ohne sich vorher mit der Behörde gemäß diesem Artikel abgestimmt zu haben.

(4) ¹Die technischen Regulierungsstandards werden mittels Verordnungen oder Beschlüssen erlassen. ²Die Worte „technischer Regulierungsstandard" kommen im Titel solcher Verordnungen oder Beschlüsse vor. ³Diese Standards werden im *Amtsblatt der Europäischen Union* veröffentlicht und treten an dem darin genannten Datum in Kraft.

**Art. 11 Ausübung der Befugnisübertragung.** (1) ¹Die Befugnis zum Erlass der in Artikel 10 genannten technischen Regulierungsstandards wird der Kommission für einen Zeitraum von vier Jahren ab dem 16. Dezember 2010 übertragen. ²Die Kommission legt spätestens sechs Monate vor Ablauf des Zeitraums von vier Jahren einen Bericht in Bezug auf die übertragenen Befugnisse vor. ³Die Befugnisübertragung verlängert sich automatisch um Zeiträume gleicher Länge, es sei denn, das Europäische Parlament oder der Rat widerrufen sie gemäß Artikel 14.

(2) Sobald die Kommission einen technischen Regulierungsstandard erlässt, übermittelt sie ihn gleichzeitig dem Europäischen Parlament und dem Rat.

(3) Die der Kommission übertragene Befugnis zum Erlass technischer Regulierungsstandards unterliegt den in den Artikeln 12 bis 14 genannten Bedingungen.

**Art. 12 Widerruf der Befugnisübertragung.** (1) Die in Artikel 10 genannte Befugnisübertragung kann vom Europäischen Parlament oder vom Rat jederzeit widerrufen werden.

(2) Das Organ, das ein internes Verfahren eingeleitet hat, um zu beschließen, ob eine Befugnisübertragung widerrufen werden soll, bemüht sich, das andere Organ und die Kommission innerhalb einer angemessenen Frist vor der endgültigen Beschlussfassung zu unterrichten, unter Nennung der übertragenen Befugnis, die widerrufen werden könnte.

(3) [1] Der Beschluss über den Widerruf beendet die in diesem Beschluss angegebene Befugnisübertragung. [2] Er wird sofort oder zu einem darin angegebenen späteren Zeitpunkt wirksam. [3] Die Gültigkeit von technischen Regulierungsstandards, die bereits in Kraft sind, wird davon nicht berührt. [4] Er wird im *Amtsblatt der Europäischen Union* veröffentlicht.

**Art. 13 Einwände gegen technische Regulierungsstandards.** (1) [1] Das Europäische Parlament oder der Rat können gegen einen technischen Regulierungsstandard innerhalb einer Frist von drei Monaten ab dem Datum der Übermittlung des von der Kommission erlassenen technischen Regulierungsstandards Einwände erheben. [2] Auf Initiative des Europäischen Parlaments oder des Rates wird diese Frist um drei Monate verlängert.

(2) *[1]* Haben bei Ablauf der in Absatz 1 genannten Frist weder das Europäische Parlament noch der Rat Einwände gegen den technischen Regulierungsstandard erhoben, so wird dieser im *Amtsblatt der Europäischen Union* veröffentlicht und tritt zu dem darin genannten Zeitpunkt in Kraft.

*[2]* Der technische Regulierungsstandard kann vor Ablauf dieser Frist im *Amtsblatt der Europäischen Union* veröffentlicht werden und in Kraft treten, wenn das Europäische Parlament und der Rat beide der Kommission mitgeteilt haben, dass sie nicht die Absicht haben, Einwände zu erheben.

(3) [1] Erheben das Europäische Parlament oder der Rat innerhalb der in Absatz 1 genannten Frist Einwände gegen einen technischen Regulierungsstandard, so tritt dieser nicht in Kraft. [2] Gemäß Artikel 296 AEUV gibt das Organ, das Einwände gegen den technischen Regulierungsstandard erhebt, die Gründe für seine Einwände gegen den technischen Regulierungsstandard an.

**Art. 14 Nichtannahme oder Änderung des Entwurfs eines technischen Regulierungsstandards.** (1) Nimmt die Kommission den Entwurf eines technischen Regulierungsstandards nicht an oder ändert sie ihn gemäß Artikel 10 ab, so unterrichtet sie die Behörde, das Europäische Parlament und den Rat unter Angabe der Gründe dafür.

(2) Das Europäische Parlament oder der Rat können gegebenenfalls den zuständigen Kommissar zusammen mit dem Vorsitzenden der Behörde innerhalb eines Monats nach der in Absatz 1 genannten Unterrichtung zu einer Ad-hoc-Sitzung des zuständigen Ausschusses des Europäischen Parlaments oder des Rates zur Darlegung und Erläuterung ihrer Differenzen einladen.

Art. 15 Technische Durchführungsstandards. (1) *[1]* ¹ Übertragen das Europäische Parlament und der Rat der Kommission Durchführungsbefugnisse, um technische Durchführungsstandards mittels Durchführungsrechtsakten gemäß Artikel 291 AEUV für die Bereiche zu erlassen, die ausdrücklich in den in Artikel 1 Absatz 2 der vorliegenden Verordnung genannten Gesetzgebungsakten festgelegt sind, so kann die Behörde Entwürfe technischer Durchführungsstandards erarbeiten. ²Die technischen Durchführungsstandards sind technischer Art und beinhalten keine strategischen oder politischen Entscheidungen, und ihr Inhalt dient dazu, die Bedingungen für die Anwendung der genannten Gesetzgebungsakte festzulegen. ³Die Behörde legt ihre Entwürfe technischer Durchführungsstandards der Kommission zur Annahme vor. ⁴Gleichzeitig leitet die Behörde diese technischen Standards zur Kenntnisnahme an das Europäische Parlament und den Rat weiter.

*[2]* ¹Bevor sie die Entwürfe technischer Durchführungsstandards der Kommission übermittelt, führt die Behörde offene öffentliche Konsultationen durch und analysiert die verbundenen potenziellen Kosten- und Nutzeneffekte, es sei denn, solche Konsultationen und Analysen sind im Verhältnis zum Anwendungsbereich und zu den Auswirkungen der betreffenden Entwürfe technischer Durchführungsstandards oder im Verhältnis zur besonderen Dringlichkeit der Angelegenheit in hohem Maße unangemessen. ²Die Behörde holt auch den Rat der in Artikel 37 genannten Interessengruppe Wertpapiere und Wertpapiermärkte ein.

*[3]* ¹Innerhalb von drei Monaten nach Erhalt eines Entwurfs eines technischen Durchführungsstandards befindet die Kommission darüber, ob sie diesen annimmt. ²Die Kommission kann diese Frist um einen Monat verlängern. ³Die Kommission informiert das Europäische Parlament und den Rat rechtzeitig, wenn die Annahme nicht innerhalb des Zeitraums von drei Monaten erfolgen kann. ⁴Die Kommission kann den Entwurf des technischen Durchführungsstandards lediglich teilweise oder mit Änderungen annehmen, wenn dies aus Gründen des Unionsinteresses erforderlich ist.

*[4]* ¹Beabsichtigt die Kommission, einen Entwurf eines technischen Durchführungsstandards nicht oder nur teilweise beziehungsweise mit Änderungen anzunehmen, so sendet sie diesen zurück an die Behörde und erläutert dabei, warum sie ihn nicht anzunehmen beabsichtigt oder warum sie Änderungen vorgenommen hat. ²Die Kommission übermittelt eine Kopie ihres Schreibens dem Europäischen Parlament und dem Rat. ³Die Behörde kann den Entwurf technischer Durchführungsstandards anhand der Änderungsvorschläge der Kommission innerhalb eines Zeitraums von sechs Wochen ändern und ihn der Kommission in Form einer förmlichen Stellungnahme erneut vorlegen. ⁴Die Behörde übermittelt dem Europäischen Parlament und dem Rat eine Kopie ihrer förmlichen Stellungnahme.

*[5]* Hat die Behörde bei Ablauf der in Unterabsatz 4 genannten Frist von sechs Wochen keinen geänderten Entwurf des technischen Durchführungsstandards vorgelegt oder einen Entwurf eines technischen Durchführungsstandards vorgelegt, der nicht in Übereinstimmung mit den Änderungsvorschlägen der Kommission abgeändert worden ist, so kann die Kommission den technischen Durchführungsstandard entweder mit den von ihr als wichtig erachteten Änderungen annehmen oder ihn ablehnen.

*[6]* Die Kommission darf den Inhalt eines von der Behörde ausgearbeiteten Entwurfs eines technischen Durchführungsstandards nicht ändern, ohne sich vorher mit der Behörde gemäß diesem Artikel abgestimmt zu haben.

(2) ¹ Hat die Behörde keinen Entwurf eines technischen Durchführungsstandards innerhalb der Frist, die in den in Artikel 1 Absatz 2 genannten Gesetzgebungsakten angegeben ist, vorgelegt, so kann die Kommission einen solchen Entwurf innerhalb einer neuen Frist anfordern. ² Die Behörde teilt dem Europäischen Parlament, dem Rat und der Kommission rechtzeitig mit, dass sie die neue Frist nicht einhalten wird.

(3) *[1]* Nur wenn die Behörde der Kommission innerhalb der Fristen nach Absatz 2 keinen Entwurf eines technischen Durchführungsstandards vorlegt, kann die Kommission einen technischen Durchführungsstandard ohne Entwurf der Behörde mittels eines Durchführungsrechtsakts annehmen.

*[2]* ¹ Die Kommission führt offene öffentliche Konsultationen zu Entwürfen technischer Durchführungsstandards durch und analysiert die verbundenen potenziellen Kosten- und Nutzeneffekte, es sei denn, solche Konsultationen und Analysen sind im Verhältnis zum Anwendungsbereich und zu den Auswirkungen der betreffenden Entwürfe technischer Durchführungsstandards oder im Verhältnis zur besonderen Dringlichkeit der Angelegenheit unangemessen. ² Die Kommission holt auch den Rat der in Artikel 37 genannten Interessengruppe Wertpapiere und Wertpapiermärkte ein.

*[3]* Die Kommission leitet den Entwurf eines technischen Durchführungsstandards umgehend an das Europäische Parlament und den Rat weiter.

*[4]* ¹ Die Kommission übersendet der Behörde den Entwurf eines technischen Durchführungsstandards. ² Die Behörde kann den Entwurf eines technischen Durchführungsstandards innerhalb einer Frist von sechs Wochen ändern und ihn der Kommission in Form einer förmlichen Stellungnahme vorlegen. ³ Die Behörde übermittelt dem Europäischen Parlament und dem Rat eine Kopie ihrer förmlichen Stellungnahme.

*[5]* Hat die Behörde nach Ablauf der in Unterabsatz 4 genannten Frist von sechs Wochen keinen geänderten Entwurf des technischen Durchführungsstandards vorgelegt, kann die Kommission den technischen Durchführungsstandard erlassen.

*[6]* Hat die Behörde innerhalb der Frist von sechs Wochen einen geänderten Entwurf des technischen Durchführungsstandards vorgelegt, so kann die Kommission den Entwurf des technischen Durchführungsstandards auf der Grundlage der von der Behörde vorgeschlagenen Änderungen ändern oder den technischen Durchführungsstandard mit den von ihr als wichtig erachteten Änderungen erlassen.

*[7]* Die Kommission darf den Inhalt des von der Behörde ausgearbeiteten Entwurfs des technischen Durchführungsstandards nicht ändern, ohne sich nicht vorher mit der Behörde gemäß diesem Artikel abgestimmt zu haben.

(4) ¹ Die technischen Durchführungsstandards werden mittels Verordnungen oder Beschlüssen angenommen. ² Die Worte „technischer Durchführungsstandard" kommen im Titel solcher Verordnungen oder Beschlüsse vor. ³ Diese Standards werden im *Amtsblatt der Europäischen Union* veröffentlicht und treten an dem darin genannten Datum in Kraft.

**Art. 16 Leitlinien und Empfehlungen.** (1) *[1]* Um innerhalb des ESFS kohärente, effiziente und wirksame Aufsichtspraktiken zu schaffen und eine gemeinsame, einheitliche und kohärente Anwendung des Unionsrechts sicherzustellen, gibt die Behörde Leitlinien für alle zuständigen Behörden beziehungsweise alle Finanzmarktteilnehmer heraus und richtet Empfehlungen an eine oder mehrere zuständige Behörden oder ein oder mehrere Finanzmarktteilnehmer.

*[2]* Die Leitlinien und Empfehlungen stehen im Einklang mit den Befugnissen, die in den in Artikel 1 Absatz 2 genannten Gesetzgebungsakten oder in diesem Artikel übertragen werden.

(2) ¹Die Behörde führt soweit angemessen offene öffentliche Konsultationen zu den Leitlinien und Empfehlungen, die sie herausgibt, durch und analysiert die mit der Herausgabe dieser Leitlinien und Empfehlungen verbundenen potenziellen Kosten- und Nutzeneffekte. ²Diese Konsultationen und Analysen müssen in Bezug auf den Umfang, Natur und Folgen der Leitlinien oder Empfehlungen verhältnismäßig sein. ³Die Behörde holt soweit angemessen auch den Rat der in Artikel 37 genannten Interessengruppe Wertpapiere und Wertpapiermärkte ein. ⁴Führt die Behörde keine offenen öffentlichen Konsultationen durch oder holt sie nicht den Rat der Interessengruppe Wertpapiere und Wertpapiermärkte ein, so gibt die Behörde Gründe dafür an.

(2a) ¹Leitlinien und Empfehlungen beschränken sich nicht auf die bloße Wiedergabe von Elementen von Gesetzgebungsakten oder Bezugnahmen darauf. ²Vor der Herausgabe einer neuen Leitlinie oder Empfehlung überprüft die Behörde zunächst die bestehenden Leitlinien und Empfehlungen, damit es nicht zu Duplizierungen kommt.

(3) *[1]* Die zuständigen Behörden und die Finanzmarktteilnehmer unternehmen alle erforderlichen Anstrengungen, um diesen Leitlinien und Empfehlungen nachzukommen.

*[2]* ¹Binnen zwei Monaten nach der Herausgabe einer Leitlinie oder Empfehlung bestätigt jede zuständige Behörde, ob sie dieser Leitlinie oder Empfehlung nachkommt oder nachzukommen beabsichtigt. ²Kommt eine zuständige Behörde der Leitlinie oder Empfehlung nicht nach oder beabsichtigt sie nicht, dieser nachzukommen, teilt sie dies der Behörde unter Angabe der Gründe mit.

*[3]* ¹Die Behörde veröffentlicht die Tatsache, dass eine zuständige Behörde dieser Leitlinie oder Empfehlung nicht nachkommt oder nicht nachzukommen beabsichtigt. ²Die Behörde kann zudem von Fall zu Fall die Veröffentlichung der von einer zuständigen Behörde angegebenen Gründe für die Nichteinhaltung einer Leitlinie oder Empfehlung beschließen. ³Die Behörde wird im Voraus über eine solche Veröffentlichung informiert.

*[4]* Wenn dies gemäß dieser Leitlinie oder Empfehlung erforderlich ist, erstatten die Finanzmarktteilnehmer auf klare und ausführliche Weise Bericht darüber, ob sie dieser Leitlinie oder Empfehlung nachkommen.

(4) In dem in Artikel 43 Absatz 5 genannten Bericht informiert die Behörde das Europäische Parlament, den Rat und die Kommission darüber, welche Leitlinien und Empfehlungen herausgegeben wurden.

**Art. 16a Stellungnahmen.** (1) Die Behörde kann auf Ersuchen des Europäischen Parlaments, des Rates oder der Kommission oder von Amts wegen zu allen in ihren Zuständigkeitsbereich fallenden Fragen Stellungnahmen an das Europäische Parlament, den Rat und die Kommission richten.

(2) In dem Ersuchen nach Absatz 1 kann eine öffentliche Konsultation oder eine technische Analyse vorgesehen sein.

(3) [1] Im Hinblick auf die aufsichtsrechtliche Beurteilung von Zusammenschlüssen und Übernahmen, die in den Anwendungsbereich der Richtlinie 2014/65/EU[1)] fallen und der genannten Richtlinie entsprechend eine Konsultation zwischen den zuständigen Behörden aus zwei oder mehr Mitgliedstaaten erfordern, kann die Behörde auf Ersuchen einer der betreffenden zuständigen Behörden zu einer aufsichtsrechtlichen Beurteilung eine Stellungnahme abgeben und diese veröffentlichen, außer in Zusammenhang mit den Kriterien gemäß Artikel 13 Absatz 1 Buchstabe e der Richtlinie 2014/65/EU. [2] Die Stellungnahme wird unverzüglich und auf jeden Fall vor Ablauf des Beurteilungszeitraums gemäß der Richtlinie 2014/65/EU abgegeben.

(4) Die Behörde kann dem Europäischen Parlament, dem Rat und der Kommission auf deren Ersuchen technische Beratung in den Bereichen leisten, die in den in Artikel 1 Absatz 2 genannten Gesetzgebungsakten aufgeführt sind.

**Art. 16b Fragen und Antworten.** (1) *[1]* Unbeschadet des Absatzes 5 des vorliegenden Artikels kann jede natürliche oder juristische Person einschließlich zuständiger Behörden und der Organe und Einrichtungen der Union Fragen zur praktischen Anwendung oder Umsetzung von Bestimmungen der in Artikel 1 Absatz 2 genannten Gesetzgebungsakte, der damit verbundenen delegierten Rechtsakte und Durchführungsrechtsakte sowie der gemäß diesen Gesetzgebungsakten erlassenen Leitlinien und Empfehlungen in jeder Amtssprache der Union an die Behörde richten.

*[2]* Finanzmarktteilnehmer prüfen, bevor sie eine Frage bei der Behörde einreichen, ob die Frage zunächst an ihre zuständige Behörde gerichtet werden sollte.

*[3]* Bevor Antworten auf zulässige Fragen veröffentlicht werden, kann die Behörde zu Fragen, die von den im vorliegenden Absatz genannten natürlichen oder juristischen Personen gestellt wurden, um weitere Erläuterungen ersuchen.

(2) [1] Die Antworten der Behörde auf die in Absatz 1 genannten Fragen sind nicht bindend. [2] Die Antworten werden zumindest in der Sprache veröffentlicht, in der die Frage eingereicht wurde.

(3) [1] Die Behörde erstellt und unterhält auf ihrer Website ein webbasiertes Tool, mit dem Fragen eingereicht und zeitnah alle erhaltenen Fragen sowie alle Antworten auf alle gemäß Absatz 1 zulässigen Fragen veröffentlicht werden können, es sei denn, die Veröffentlichung steht im Widerspruch zum legitimen Interesse der betreffenden Personen oder würde die Stabilität des Finanzsystems gefährden. [2] Die Behörde kann Fragen, die sie nicht zu beantworten gedenkt, zurückweisen. [3] Zurückgewiesene Fragen werden von der Behörde zwei Monate lang auf ihrer Website veröffentlicht.

(4) [1] Drei stimmberechtigte Mitglieder des Rates der Aufseher können den Rat der Aufseher ersuchen, gemäß Artikel 44 zu beschließen, den Gegenstand der zulässigen Frage im Sinne von Absatz 1 des vorliegenden Artikels in Leit-

---

[1)] Nr. 1.

linien gemäß Artikel 16 zu behandeln, Ratschläge der in Artikel 37 genannten Interessengruppe einzuholen, die Fragen und Antworten in angemessenen Abständen zu überprüfen, offene öffentliche Konsultationen durchzuführen oder die verbundenen potenziellen Kosten- und Nutzeneffekte zu analysieren. ² Diese Konsultationen und Analysen müssen im Verhältnis zu Umfang, Natur und Folgen der betreffenden Fragen- und Antwortentwürfe oder im Verhältnis zur besonderen Dringlichkeit der Angelegenheit verhältnismäßig sein. ³ Bei Einbeziehung der in Artikel 37 genannten Interessengruppe gilt eine Vertraulichkeitspflicht.

(5) ¹ Die Behörde übermittelt Fragen, die einer Auslegung des Unionsrechts bedürfen, an die Kommission. ² Alle Antworten der Kommission werden von der Behörde veröffentlicht.

**Art. 17 Verletzung von Unionsrecht.** (1) Hat eine zuständige Behörde die in Artikel 1 Absatz 2 genannten Rechtsakte nicht angewandt oder diese so angewandt, dass eine Verletzung des Unionsrechts, einschließlich der technischen Regulierungs- und Durchführungsstandards, die nach den Artikeln 10 bis 15 festgelegt werden, vorzuliegen scheint, insbesondere weil sie es versäumt hat sicherzustellen, dass ein Finanzmarktteilnehmer den in den genannten Rechtsakten festgelegten Anforderungen genügt, so nimmt die Behörde die in den Absätzen 2, 3 und 6 des vorliegenden Artikels genannten Befugnisse wahr.

(2) *[1]* Auf Ersuchen einer oder mehrerer zuständiger Behörden, des Europäischen Parlaments, des Rates, der Kommission oder der Interessengruppe Wertpapiere und Wertpapiermärkte oder von Amts wegen, einschließlich in Fällen, in denen dies auf stichhaltigen Informationen von natürlichen oder juristischen Personen beruht, und nach Unterrichtung der betroffenen zuständigen Behörde legt die Behörde dar, wie sie in dem betreffenden Fall vorzugehen gedenkt, und führt gegebenenfalls eine Untersuchung der angeblichen Verletzung oder der Nichtanwendung des Unionsrechts durch.

*[2]* Unbeschadet der in Artikel 35 festgelegten Befugnisse übermittelt die zuständige Behörde der Behörde unverzüglich alle Informationen, die letztere für ihre Untersuchungen für erforderlich hält, einschließlich Informationen darüber, wie die in Artikel 1 Absatz 2 genannten Rechtsakte in Übereinstimmung mit dem Unionsrecht angewendet werden.

*[3]* Unbeschadet der in Artikel 35 festgelegten Befugnisse kann die Behörde nach Unterrichtung der betroffenen zuständigen Behörde ein gebührend gerechtfertigtes und mit Gründen versehenes Informationsersuchen direkt an andere zuständige Behörden richten, wenn ein Informationsersuchen an die betroffene zuständige Behörde sich als unzureichend erwiesen hat oder unzureichend erachtet wird, um die Informationen zu erhalten, die für die Zwecke der Untersuchung einer mutmaßlichen Verletzung oder Nichtanwendung des Unionsrechts für erforderlich erachtet werden.

*[4]* Die Adressaten eines solchen Ersuchens übermitteln der Behörde unverzüglich klare, korrekte und vollständige Informationen.

(2a) Unbeschadet der Befugnisse im Rahmen dieser Verordnung und vor der Abgabe einer Empfehlung im Absatz 3 setzt sich die Behörde mit der betroffenen zuständigen Behörde in Verbindung, wenn sie dies zur Abstellung einer Unionsrechtsverletzung für angemessen hält, um zu einer Einigung darüber zu gelangen, welche Maßnahmen notwendig sind, damit die zuständige Behörde das Unionsrecht einhält.

(3) *[1]* Spätestens zwei Monate nach Beginn ihrer Untersuchung kann die Behörde eine Empfehlung an die betroffene zuständige Behörde richten, in der die Maßnahmen erläutert werden, die zur Einhaltung des Unionsrechts ergriffen werden müssen.

*[2]* Die zuständige Behörde unterrichtet die Behörde innerhalb von zehn Arbeitstagen nach Eingang der Empfehlung über die Schritte, die sie unternommen hat oder zu unternehmen beabsichtigt, um die Einhaltung des Unionsrechts zu gewährleisten.

(4) *[1]* ¹Sollte die zuständige Behörde das Unionsrecht innerhalb eines Monats nach Eingang der Empfehlung der Behörde nicht einhalten, so kann die Kommission nach Unterrichtung durch die Behörde oder von Amts wegen eine förmliche Stellungnahme abgeben, in der die zuständige Behörde aufgefordert wird, die zur Einhaltung des Unionsrechts erforderlichen Maßnahmen zu ergreifen. ²Die förmliche Stellungnahme der Kommission trägt der Empfehlung der Behörde Rechnung.

*[2]* ¹Die Kommission gibt diese förmliche Stellungnahme spätestens drei Monate nach Abgabe der Empfehlung ab. ²Die Kommission kann diese Frist um einen Monat verlängern.

*[3]* Die Behörde und die zuständigen Behörden übermitteln der Kommission alle erforderlichen Informationen.

(5) Die zuständige Behörde unterrichtet die Kommission und die Behörde innerhalb von zehn Arbeitstagen nach Eingang der in Absatz 4 genannten förmlichen Stellungnahme über die Schritte, die sie unternommen hat oder zu unternehmen beabsichtigt, um dieser förmlichen Stellungnahme nachzukommen.

(6) *[1]* Unbeschadet der Befugnisse der Kommission nach Artikel 258 AEUV kann die Behörde, wenn eine zuständige Behörde der in Absatz 4 des vorliegenden Artikels genannten förmlichen Stellungnahme nicht innerhalb der dort gesetzten Frist nachkommt und es erforderlich ist, der Nichteinhaltung rechtzeitig ein Ende zu setzen, um neutrale Wettbewerbsbedingungen auf dem Markt aufrechtzuerhalten oder wieder herzustellen beziehungsweise um das ordnungsgemäße Funktionieren und die Integrität des Finanzsystems zu gewährleisten, und sofern die einschlägigen Anforderungen der in Artikel 1 Absatz 2 der vorliegenden Verordnung genannten Gesetzgebungsakte auf Finanzinstitute unmittelbar anwendbar sind, einen an ein Finanzinstitut gerichteten Beschluss im Einzelfall erlassen, der dieses zum Ergreifen der Maßnahmen verpflichtet, die zur Erfüllung seiner Pflichten im Rahmen des Unionsrechts erforderlich sind, einschließlich der Einstellung jeder Tätigkeit.

*[2]* Der Beschluss der Behörde muss mit der förmlichen Stellungnahme der Kommission gemäß Absatz 4 des vorliegenden Artikels im Einklang stehen.

(7) *[1]* Gemäß Absatz 6 erlassene Beschlüsse haben Vorrang vor allen von den zuständigen Behörden in gleicher Sache erlassenen früheren Beschlüssen.

*[2]* Ergreifen die zuständigen Behörden Maßnahmen in Bezug auf Sachverhalte, die Gegenstand einer förmlichen Stellungnahme nach Absatz 4 oder eines Beschlusses nach Absatz 6 sind, müssen die zuständigen Behörden der förmlichen Stellungnahme beziehungsweise dem Beschluss nachkommen.

(8) In dem in Artikel 43 Absatz 5 genannten Bericht legt die Behörde dar, welche nationalen Behörden und Finanzmarktteilnehmer den in den Absät-

zen 4 und 6 des vorliegenden Artikels genannten förmlichen Stellungnahmen oder Beschlüssen nicht nachgekommen sind.

**Art. 17a Schutz von Hinweisgebern.** (1) Die Behörde verfügt über besondere Meldekanäle, um von einer natürlichen oder juristischen Person gemeldete Informationen über tatsächliche oder potenzielle Fälle von Verletzungen, Rechtsmissbrauch oder Nichtanwendung des Unionsrechts entgegenzunehmen und zu bearbeiten.

(2) Die natürlichen oder juristischen Personen, die diese Meldekanäle als Hinweisgeber nutzen, werden gemäß der Richtlinie (EU) 2019/1937 des Europäischen Parlaments und des Rates[1], sofern diese anwendbar ist, vor Vergeltungsmaßnahmen geschützt.

(3) [1] Die Behörde stellt sicher, dass alle Informationen anonym oder vertraulich sowie sicher übermittelt werden können. [2] Ist die Behörde der Ansicht, dass die übermittelten Informationen Nachweise oder erhebliche Anzeichen für einen wesentlichen Verstoß enthalten, so gibt sie dem Hinweisgeber Rückmeldung.

**Art. 18 Maßnahmen im Krisenfall.** (1) [1] Im Fall von ungünstigen Entwicklungen, die das ordnungsgemäße Funktionieren und die Integrität von Finanzmärkten oder die Stabilität des Finanzsystems in der Union als Ganzes oder in Teilen ernsthaft gefährden könnten, kann die Behörde sämtliche von den betreffenden zuständigen nationalen Aufsichtsbehörden ergriffenen Maßnahmen aktiv erleichtern und diese, sofern dies als notwendig erachtet wird, koordinieren.

[2] Um diese Aufgabe des Erleichterns und Koordinierens von Maßnahmen wahrnehmen zu können, wird die Behörde über alle relevanten Entwicklungen in vollem Umfang unterrichtet und wird sie eingeladen, als Beobachterin an allen einschlägigen Zusammentreffen der betreffenden zuständigen nationalen Aufsichtsbehörden teilzunehmen.

(2) [1] [1] Der Rat kann in Abstimmung mit der Kommission und dem ESRB sowie gegebenenfalls den ESA auf Ersuchen der Behörde, der Kommission oder des ESRB einen an die Behörde gerichteten Beschluss erlassen, in dem das Vorliegen einer Krisensituation im Sinne dieser Verordnung festgestellt wird. [2] Der Rat überprüft diesen Beschluss in angemessenen Abständen, mindestens jedoch einmal pro Monat. [3] Wird der Beschluss bei Ablauf der Frist von einem Monat nicht verlängert, so tritt er automatisch außer Kraft. [4] Der Rat kann die Krisensituation jederzeit für beendet erklären.

[2] [1] Sind der ESRB oder die Behörde der Auffassung, dass sich eine Krisensituation abzeichnet, richten sie eine vertrauliche Empfehlung an den Rat und geben eine Lagebeurteilung ab. [2] Der Rat beurteilt dann, ob es notwendig ist, eine Tagung einzuberufen. [3] Hierbei ist darauf zu achten, dass die Vertraulichkeit gewahrt bleibt.

[3] Wenn der Rat das Vorliegen einer Krisensituation feststellt, so unterrichtet er das Europäische Parlament und die Kommission ordnungsgemäß und unverzüglich davon.

---

[1] Amtl. Anm.: Richtlinie (EU) 2019/1937 des Europäischen Parlaments und des Rates vom 23. Oktober 2019 zum Schutz von Personen, die Verstöße gegen das Unionsrecht melden (ABl. L 305 vom 26.11.2019, S. 17).

**3 ESMA-VO Art. 19** Wertpapier- und Marktaufsichtsbehörden-VO

(3) Hat der Rat einen Beschluss nach Absatz 2 des vorliegenden Artikels erlassen und liegen außergewöhnliche Umstände vor, die ein koordiniertes Vorgehen der zuständigen Behörden erfordern, um auf ungünstige Entwicklungen zu reagieren, die das geordnete Funktionieren und die Integrität von Finanzmärkten oder die Stabilität des Finanzsystems in der Union als Ganzes oder in Teilen oder den Kunden- und Anlegerschutz ernsthaft gefährden könnten, kann die Behörde die zuständigen Behörden durch Erlass von Beschlüssen im Einzelfall dazu verpflichten, gemäß den in Artikel 1 Absatz 2 genannten Gesetzgebungsakten die Maßnahmen zu treffen, die erforderlich sind, um auf solche Entwicklungen zu reagieren, indem sie sicherstellt, dass Finanzinstitute und zuständige Behörden die in den genannten Gesetzgebungsakten festgelegten Anforderungen erfüllen.

(4) [1] Unbeschadet der Befugnisse der Kommission nach Artikel 258 AEUV kann die Behörde, wenn eine zuständige Behörde dem in Absatz 3 genannten Beschluss nicht innerhalb der in diesem Beschluss genannten Frist nachkommt und wenn die einschlägigen Anforderungen der in Artikel 1 Absatz 2 genannten Gesetzgebungsakte, einschließlich der gemäß diesen Gesetzgebungsakten erlassenen technischen Regulierungs- und Durchführungsstandards, unmittelbar auf Finanzmarktteilnehmer anwendbar sind, einen an einen Finanzmarktteilnehmer gerichteten Beschluss im Einzelfall erlassen, der diesen zum Ergreifen der Maßnahmen verpflichtet, die zur Erfüllung seiner Pflichten im Rahmen der genannten Rechtsvorschriften erforderlich sind, einschließlich der Einstellung jeder Tätigkeit. [2] Dies gilt nur in Fällen, in denen die zuständige Behörde die in Artikel 1 Absatz 2 genannten Gesetzgebungsakte, einschließlich der gemäß diesen Gesetzgebungsakten erlassenen technischen Regulierungs- und Durchführungsstandards, nicht anwendet oder in einer Weise anwendet, die eine eindeutige Verletzung dieser Rechtsakte darzustellen scheint, und sofern dringend eingeschritten werden muss, um das ordnungsgemäße Funktionieren und die Integrität der Finanzmärkte oder die Stabilität des Finanzsystems in der Union als Ganzes oder in Teilen wiederherzustellen.

(5) [1] Nach Absatz 4 erlassene Beschlüsse haben Vorrang vor allen von den zuständigen Behörden in gleicher Sache erlassenen früheren Beschlüssen.

[2] Jede Maßnahme der zuständigen Behörden im Zusammenhang mit Fragen, die Gegenstand eines Beschlusses nach den Absätzen 3 oder 4 sind, muss mit diesen Beschlüssen in Einklang stehen.

**Art. 19 Beilegung von Meinungsverschiedenheiten zwischen zuständigen Behörden in grenzübergreifenden Fällen.** (1) [1] In Fällen, die in den in Artikel 1 Absatz 2 genannten Gesetzgebungsakten der Union festgelegt sind, kann die Behörde unbeschadet der Befugnisse nach Artikel 17 den zuständigen Behörden helfen, nach dem in den Absätzen 2 bis 4 des vorliegenden Artikels festgelegten Verfahren eine Einigung zu erzielen, und zwar entweder

a) auf Ersuchen einer oder mehrerer der betroffenen zuständigen Behörden, wenn eine zuständige Behörde mit dem Vorgehen oder dem Inhalt der Maßnahme beziehungsweise geplanten Maßnahme einer anderen zuständigen Behörde oder mit deren Nichttätigwerden nicht einverstanden ist, oder

b) in Fällen, in denen die in Artikel 1 Absatz 2 genannten Gesetzgebungsakte vorsehen, dass die Behörde von Amts wegen helfen kann, wenn anhand objektiver Gründe eine Meinungsverschiedenheit zwischen den zuständigen Behörden festzustellen ist.

*[2]* In Fällen, in denen gemäß den in Artikel 1 Absatz 2 genannten Gesetzgebungsakten ein gemeinsamer Beschluss der zuständigen Behörden erforderlich ist und die Behörde im Einklang mit diesen Gesetzgebungsakten den betreffenden zuständigen Behörden von Amts wegen helfen kann, nach dem in den Absätzen 2 bis 4 des vorliegenden Artikels festgelegten Verfahren eine Einigung zu erzielen, wird eine Meinungsverschiedenheit angenommen, wenn die zuständigen Behörden innerhalb der in den genannten Gesetzgebungsakten festgesetzten Fristen keinen gemeinsamen Beschluss fassen.

(1a) Die betroffenen zuständigen Behörden setzen die Behörde in den folgenden Fällen unverzüglich darüber in Kenntnis, dass keine Einigung erzielt wurde:

a) Wenn in den in Artikel 1 Absatz 2 genannten Gesetzgebungsakten eine Frist für die Erzielung einer Einigung zwischen den zuständigen Behörden festgelegt ist und einer der folgenden Fälle eintritt:
  i) Die Frist ist abgelaufen oder
  ii) mindestens zwei der betroffenen zuständigen Behörden gelangen anhand objektiver Gründe zu dem Ergebnis, dass eine Meinungsverschiedenheit besteht;

b) wenn in den in Artikel 1 Absatz 2 genannten Gesetzgebungsakten keine Frist für die Erzielung einer Einigung zwischen den zuständigen Behörden festgelegt ist und einer der folgenden Fälle eintritt:
  i) mindestens zwei der betroffenen zuständigen Behörden gelangen anhand objektiver Gründe zu dem Ergebnis, dass eine Meinungsverschiedenheit besteht; oder
  ii) seit dem Tag, an dem bei einer zuständigen Behörde das Ersuchen einer anderen zuständigen Behörde eingegangen ist, im Hinblick auf die Einhaltung der genannten Gesetzgebungsakte eine bestimmte Maßnahme zu ergreifen, sind zwei Monate vergangen, ohne dass die ersuchte Behörde einen Beschluss gefasst hätte, mit dem sie dem Ersuchen nachkommt.

(1b) *[1]* ¹ Der Vorsitzende beurteilt, ob die Behörde im Einklang mit Absatz 1 handeln sollte. ² Wenn die Behörde von Amts wegen tätig wird, setzt sie die betreffenden zuständigen Behörden von ihrem Beschluss, tätig zu werden, in Kenntnis.

*[2]* ¹ In Erwartung des Beschlusses der Behörde gemäß dem Verfahren nach Artikel 44 Absatz 4 setzen in Fällen, in denen die in Artikel 1 Absatz 2 genannten Gesetzgebungsakte einen gemeinsamen Beschluss erfordern, alle an dem gemeinsamen Beschluss beteiligten zuständigen Behörden ihre individuelle Beschlussfassung aus. ² Beschließt die Behörde, tätig zu werden, setzen alle an dem gemeinsamen Beschluss beteiligten zuständigen Behörden ihre Beschlussfassung aus, bis das Verfahren nach den Absätzen 2 und 3 des vorliegenden Artikels abgeschlossen ist.

(2) ¹ Die Behörde setzt den zuständigen Behörden für die Schlichtung ihrer Meinungsverschiedenheit eine Frist und trägt dabei allen relevanten Fristen, die in den in Artikel 1 Absatz 2 genannten Rechtsakten festgelegt sind, sowie der Komplexität und Dringlichkeit der Angelegenheit Rechnung. ² In diesem Stadium handelt die Behörde als Vermittlerin.

(3) ¹Erzielen die betroffenen zuständigen Behörden innerhalb der in Absatz 2 genannten Schlichtungsphase keine Einigung, so kann die Behörde einen Beschluss fassen, mit dem die zuständigen Behörden dazu verpflichtet werden, zur Beilegung der Angelegenheit bestimmte Maßnahmen zu treffen oder von solchen abzusehen, und die Einhaltung des Unionsrechts zu gewährleisten. ²Der Beschluss der Behörde ist für die betroffenen zuständigen Behörden bindend. ³Die Behörde kann die zuständigen Behörden mit ihrem Beschluss auffordern, einen von ihnen gefassten Beschluss aufzuheben oder zu ändern oder die Befugnisse, die sie nach dem einschlägigen Unionsrecht haben, wahrzunehmen.

(3a) Die Behörde setzt die betreffenden zuständigen Behörden von dem Abschluss der Verfahren nach den Absätzen 2 und 3 sowie gegebenenfalls von ihrem nach Absatz 3 gefassten Beschluss in Kenntnis.

(4) Unbeschadet der Befugnisse der Kommission nach Artikel 258 AEUV kann die Behörde, wenn eine zuständige Behörde ihrem Beschluss nicht nachkommt und somit nicht sicherstellt, dass ein Finanzmarktteilnehmer die Anforderungen erfüllt, die nach den in Artikel 1 Absatz 2 der vorliegenden Verordnung genannten Gesetzgebungsakten unmittelbar auf diesen anwendbar sind, einen Beschluss im Einzelfall an den betreffenden Finanzmarktteilnehmer richten und ihn so dazu verpflichten, alle zur Einhaltung seiner Pflichten im Rahmen des Unionsrechts erforderlichen Maßnahmen zu treffen, einschließlich der Einstellung jeder Tätigkeit.

(5) ¹Nach Absatz 4 erlassene Beschlüsse haben Vorrang vor allen von den zuständigen Behörden in gleicher Sache erlassenen früheren Beschlüssen. ²Jede Maßnahme der zuständigen Behörden im Zusammenhang mit Sachverhalten, die Gegenstand eines Beschlusses nach den Absätzen 3 oder 4 sind, muss mit diesen Beschlüssen in Einklang stehen.

(6) In dem in Artikel 50 Absatz 2 genannten Bericht legt der Vorsitzende der Behörde die Art der Meinungsverschiedenheiten zwischen den zuständigen Behörden, die erzielten Einigungen und die zur Beilegung solcher Meinungsverschiedenheiten getroffenen Beschlüsse dar.

**Art. 20 Beilegung von Meinungsverschiedenheiten zwischen den sektorübergreifend zuständigen Behörden.** Der Gemeinsame Ausschuss legt im Einklang mit dem Verfahren gemäß den Artikeln 19 und 56 sektorübergreifende Meinungsverschiedenheiten bei, die zwischen zuständigen Behörden im Sinne des Artikels 4 Nummer 2 der vorliegenden Verordnung, der Verordnung (EU) Nr. 1093/2010 beziehungsweise der Verordnung (EU) Nr. 1094/2010 auftreten können.

**Art. 21 Aufsichtskollegien.** (1) ¹Die Behörde fördert und überwacht im Rahmen ihrer Befugnisse das effiziente, wirksame und kohärente Funktionieren der Aufsichtskollegien, die mit den in Artikel 1 Absatz 2 genannten Gesetzgebungsakten errichtet wurden, und fördert die einheitliche und kohärente Anwendung des Unionsrechts in den Aufsichtskollegien. ²Im Hinblick auf eine Angleichung der bewährten Aufsichtspraktiken fördert die Behörde gemeinsame Aufsichtspläne und gemeinsame Prüfungen, und die Mitarbeiter der Behörde sind an den Aufsichtskollegien uneingeschränkt beteiligt und können daher an den Aktivitäten der Aufsichtskollegien teilnehmen, einschließlich

Kontrollen vor Ort, die gemeinsam von zwei oder mehr zuständigen Behörden durchgeführt werden.

(2) *[1]* Die Behörde übernimmt eine führende Rolle dabei, das einheitliche und kohärente Funktionieren der Aufsichtskollegien, die für in der Union grenzüberschreitend tätige Institute zuständig sind, sicherzustellen; dabei berücksichtigt sie das von Finanzmarktteilnehmern ausgehende Systemrisiko im Sinne des Artikels 23 und beruft gegebenenfalls eine Sitzung eines Kollegiums ein.

*[2]* Für die Zwecke des vorliegenden Absatzes und des Absatzes 1 dieses Artikels wird die Behörde als „zuständige Behörde" im Sinne der einschlägigen Rechtsvorschriften betrachtet.

*[3]* Die Behörde kann:

a) in Zusammenarbeit mit den zuständigen Behörden alle relevanten Informationen erfassen und austauschen, um die Tätigkeit des Kollegiums zu erleichtern, und ein zentrales System einrichten und verwalten, mit dem diese Informationen den zuständigen Behörden im Kollegium zugänglich gemacht werden;

b) die Durchführung unionsweiter Stresstests gemäß Artikel 32 veranlassen und koordinieren, um die Widerstandsfähigkeit von Finanzmarktteilnehmern und insbesondere das von Finanzmarktteilnehmern ausgehende Systemrisiko im Sinne des Artikels 23 gegenüber ungünstigen Marktentwicklungen bewerten zu können; und um die potenzielle Erhöhung des von wichtigen Finanzmarktteilnehmern ausgehenden Systemrisikos in Stress-Situationen bewerten zu können, wobei sicherzustellen ist, dass bei diesen Tests auf nationaler Ebene eine kohärente Methode angewandt wird; und gegebenenfalls eine Empfehlung an die zuständigen Behörden aussprechen, Problempunkte zu beheben, die bei den Stresstests festgestellt wurden, einschließlich einer Empfehlung zur Durchführung spezifischer Bewertungen; sie kann den zuständigen Behörden empfehlen, Kontrollen vor Ort durchzuführen, und kann an diesen Kontrollen teilnehmen, um die Vergleichbarkeit und Zuverlässigkeit der Methoden, Praktiken und Ergebnisse von unionsweiten Bewertungen sicherzustellen;

c) wirksame und effiziente Aufsichtstätigkeiten unterstützen, wozu auch die Beurteilung der Risiken gehört, denen Finanzmarktteilnehmer in Stress-Situationen ausgesetzt sind oder ausgesetzt sein könnten;

d) die Tätigkeiten der zuständigen Behörden im Einklang mit den in dieser Verordnung festgelegten Aufgaben und Befugnissen überwachen; und

e) weitere Beratungen eines Aufsichtskollegiums in den Fällen fordern, in denen sie der Auffassung ist, dass der Beschluss in eine falsche Anwendung des Unionsrechts münden oder nicht zur Erreichung des Ziels der Angleichung der Aufsichtspraktiken beitragen würde. Die Behörde kann außerdem verlangen, dass eine Sitzung des Kollegiums angesetzt wird oder ein zusätzlicher Tagesordnungspunkt in die Tagesordnung einer Sitzung aufgenommen wird.

(3) ¹Die Behörde kann, entsprechend den Befugnisübertragungen, die in den in Artikel 1 Absatz 2 genannten Gesetzgebungsakten vorgesehen sind, und gemäß den Artikeln 10 bis 15 Entwürfe technischer Regulierungs- und Durchführungsstandards erarbeiten, um einheitliche Anwendungsbedingungen im Hinblick auf die Vorschriften zur operativen Funktionsweise der Aufsichts-

kollegien sicherzustellen. ²Die Behörde kann Leitlinien und Empfehlungen gemäß Artikel 16 herausgeben, um die Angleichung der Funktionsweise der Aufsicht und bewährter Aufsichtspraktiken zu fördern, die von den Aufsichtskollegien angenommen wurden.

(4) ¹Die Behörde hat eine rechtlich verbindliche Aufgabe als Vermittlerin, um Streitigkeiten zwischen den zuständigen Behörden nach dem Verfahren des Artikels 19 zu schlichten. ²Im Einklang mit Artikel 19 kann die Behörde Aufsichtsbeschlüsse treffen, die direkt auf den betreffenden Finanzmarktteilnehmer anwendbar sind.

**Art. 22 Allgemeine Bestimmungen zu Systemrisiken.** (1) *[1]* ¹Die Behörde trägt dem Systemrisiko im Sinne der Verordnung (EU) Nr. 1092/2010 gebührend Rechnung. ²Sie reagiert auf alle Risiken der Beeinträchtigung der Finanzdienstleistungen, die

a) durch eine Störung des Finanzsystems insgesamt oder in Teilen verursacht wird; und

b) das Potenzial hat, schwerwiegende negative Folgen für den Binnenmarkt und die Realwirtschaft nach sich zu ziehen.

*[2]* Die Behörde berücksichtigt gegebenenfalls die Überwachung und Bewertung des Systemrisikos, die vom ESRB und der Behörde entwickelt wurden, und reagiert auf Warnungen und Empfehlungen des ESRB gemäß Artikel 17 der Verordnung (EU) Nr. 1092/2010.

(2) *[1]* Die Behörde entwickelt in Zusammenarbeit mit dem ESRB und im Einklang mit Artikel 23 einen gemeinsamen Ansatz für die Ermittlung und Messung des von wichtigen Finanzmarktteilnehmern ausgehenden Systemrisikos, gegebenenfalls einschließlich quantitativer und qualitativer Indikatoren.

*[2]* ¹Diese Indikatoren sind ein wesentliches Element für die Festlegung eines geeigneten aufsichtlichen Handelns. ²Die Behörde überwacht zur Förderung eines gemeinsamen Ansatzes das Ausmaß an Angleichung bei den getroffenen Festlegungen.

(3) *[1]* Unbeschadet der in Artikel 1 Absatz 2 genannten Rechtsakte formuliert die Behörde nach Bedarf zusätzliche Leitlinien und Empfehlungen für wichtige Finanzmarktteilnehmer, um dem von diesen ausgehenden Systemrisiko Rechnung zu tragen.

*[2]* Die Behörde stellt sicher, dass dem von wichtigen Finanzmarktteilnehmern ausgehenden Systemrisiko bei der Ausarbeitung von Entwürfen für technische Regulierungs- und Durchführungsstandards in den Bereichen, die in den in Artikel 1 Absatz 2 genannten Gesetzgebungsakten festgelegt sind, Rechnung getragen wird.

(4) *[1]* Die Behörde kann auf Ersuchen einer oder mehrerer zuständiger Behörden, des Europäischen Parlaments, des Rates oder der Kommission oder von Amts wegen eine Untersuchung in Bezug auf eine bestimmte Art von Finanztätigkeit, Produkt oder Verhaltensweise durchführen, um die davon ausgehende potenzielle Bedrohung der Stabilität des Finanzsystems oder des Kunden- und Anlegerschutzes beurteilen zu können.

*[2]* Nachdem eine Untersuchung gemäß Unterabsatz 1 durchgeführt wurde, kann der Rat der Aufseher den betreffenden zuständigen Behörden geeignete Empfehlungen für Maßnahmen geben.

Wertpapier- und Marktaufsichtsbehörden-VO  Art. 23–26  ESMA-VO 3

*[3]* Für diese Zwecke kann die Behörde die Befugnisse nutzen, die ihr durch diese Verordnung einschließlich des Artikels 35 übertragen werden.

(5) Der Gemeinsame Ausschuss stellt eine umfassende sektorübergreifende Koordinierung der gemäß diesem Artikel ergriffenen Maßnahmen sicher.

**Art. 23 Ermittlung und Messung des Systemrisikos.** (1) ¹Die Behörde erarbeitet in Abstimmung mit dem ESRB Kriterien für die Ermittlung und Messung des Systemrisikos sowie ein geeignetes Verfahren zur Durchführung von Stresstests, mit denen sich auch beurteilen lässt, wie hoch das Potenzial ist, dass sich das von Finanzmarktteilnehmern ausgehende oder auf diese einwirkende Systemrisiko, einschließlich eines möglichen umweltbezogenen Systemrisikos, in Stress-Situationen erhöht. ²Finanzmarktteilnehmer, von denen ein Systemrisiko ausgehen könnte, sind Gegenstand einer verstärkten Aufsicht und, sofern erforderlich, der in Artikel 25 genannten Sanierungs- und Abwicklungsverfahren.

(2) Bei der Entwicklung der Kriterien für die Ermittlung und Messung des von Finanzmarktteilnehmern ausgehenden Systemrisikos trägt die Behörde den einschlägigen internationalen Konzepten, einschließlich der vom Finanzstabilitätsrat, vom Internationalen Währungsfonds und von der Bank für internationalen Zahlungsausgleich ausgearbeiteten Konzepte, uneingeschränkt Rechnung.

**Art. 24 Dauerhafte Fähigkeit zur Reaktion auf Systemrisiken.**

(1) Die Behörde stellt sicher, dass sie dauerhaft über die fachliche Kapazität verfügt, die es erlaubt, effizient auf das tatsächliche Eintreten eines Systemrisikos im Sinne der Artikel 22 und 23 und insbesondere in Bezug auf Institute, von denen ein Systemrisiko ausgeht, zu reagieren.

(2) Die Behörde erfüllt alle ihr in dieser Verordnung und in den in Artikel 1 Absatz 2 genannten Rechtsvorschriften übertragenen Aufgaben und trägt dazu bei, eine kohärente und koordinierte Regelung zum Krisenmanagement und zur Krisenbewältigung in der Union sicherzustellen.

**Art. 25 Sanierungs- und Abwicklungsverfahren.** (1) Die Behörde trägt dazu bei, dass wirksame und kohärente Sanierungs- und Abwicklungspläne, Verfahren im Krisenfall und Präventivmaßnahmen zur Minimierung von systemischen Auswirkungen von Insolvenzen entwickelt und aufeinander abgestimmt werden, und beteiligt sich aktiv daran.

(2) Die Behörde kann technische Regulierungs- und Durchführungsstandards nach Maßgabe der in Artikel 1 Absatz 2 genannten Gesetzgebungsakte gemäß dem in den Artikeln 10 bis 15 festgelegten Verfahren ausarbeiten.

**Art. 26 Europäisches System der nationalen Anlegerentschädigungssysteme.** (1) Die Behörde trägt zur Stärkung des Europäischen Systems der nationalen Anlegerentschädigungssysteme bei, indem sie ihre Befugnisse gemäß dieser Verordnung wahrnimmt, um die ordnungsgemäße Anwendung der Richtlinie 97/9/EG sicherzustellen und so zu gewährleisten, dass die nationalen Anlegerentschädigungssysteme durch Beiträge der betreffenden Finanzmarktteilnehmer – gegebenenfalls einschließlich Finanzmarktteilnehmern, die ihren Hauptsitz in Drittländern haben – ausreichend finanziert werden, und gewährleistet innerhalb eines harmonisierten Unionsrahmens ein hohes Schutzmaß für alle Anleger.

(2) Artikel 16 über die Befugnisse der Behörde zur Annahme von Leitlinien und Empfehlungen gilt für Anlegerentschädigungssysteme.

(3) Die Behörde kann technische Regulierungs- und Durchführungsstandards nach Maßgabe der in Artikel 1 Absatz 2 genannten Gesetzgebungsakte gemäß dem in den Artikeln 10 bis 15 festgelegten Verfahren ausarbeiten.

(4) Bei der Überprüfung dieser Verordnung gemäß Artikel 81 wird insbesondere die Angleichung innerhalb des Europäischen Systems der nationalen Anlegerentschädigungssysteme geprüft.

**Art. 27 Europäisches System der Abwicklungs- und Finanzierungsvorkehrungen.** (1) Die Behörde trägt in ihren Zuständigkeitsbereichen dazu bei, dass Verfahren für die Abwicklung insolvenzbedrohter wichtiger Finanzmarktteilnehmer entwickelt werden, die so konzipiert sind, dass das Insolvenzrisiko nicht weitergegeben wird und die Finanzmarktteilnehmer geordnet und rasch abgewickelt werden können, und die gegebenenfalls kohärente und glaubwürdige Finanzierungsmechanismen einschließen.

(2) Die Behörde leistet Beiträge zu den Arbeiten über Fragen in Bezug auf gleiche Wettbewerbsbedingungen und die kumulativen Auswirkungen von Systemen zur Erhebung von Abgaben und Beiträgen von Finanzinstituten, die eingeführt werden könnten, um im Rahmen eines kohärenten und glaubwürdigen Abwicklungsmechanismus für eine gerechte Lastenverteilung zu sorgen und Anreize für eine Eindämmung der Systemrisiken zu schaffen.

**Art. 28 Delegation von Aufgaben und Pflichten.** (1) [1] Die zuständigen Behörden können – mit Zustimmung der Bevollmächtigten – Aufgaben und Pflichten vorbehaltlich der in diesem Artikel genannten Voraussetzungen an die Behörde oder andere zuständige Behörden delegieren. [2] Die Mitgliedstaaten können spezielle Regelungen für die Delegation von Pflichten festlegen, die erfüllt werden müssen, bevor ihre zuständigen Behörden solche Delegationsvereinbarungen schließen, und sie können den Umfang der Delegation auf das für die wirksame Beaufsichtigung von grenzübergreifend tätigen Finanzmarktteilnehmern oder grenzübergreifend tätigen Gruppen erforderliche Maß begrenzen.

(2) Die Behörde fördert und erleichtert die Delegation von Aufgaben und Pflichten zwischen zuständigen Behörden, indem sie ermittelt, welche Aufgaben und Pflichten delegiert oder gemeinsam erfüllt werden können, und indem sie empfehlenswerte Praktiken fördert.

(3) [1] Die Delegation von Pflichten führt zu einer Neuzuweisung der Zuständigkeiten, die in den in Artikel 1 Absatz 2 genannten Rechtsakten festgelegt sind. [2] Das Recht der bevollmächtigten Behörde ist maßgeblich für das Verfahren, die Durchsetzung und die verwaltungsrechtliche und gerichtliche Überprüfung in Bezug auf die delegierten Pflichten.

(4) *[1]* [1] Die zuständigen Behörden unterrichten die Behörde über die von ihnen beabsichtigten Delegationsvereinbarungen. [2] Sie setzen diese Vereinbarungen frühestens einen Monat nach Unterrichtung der Behörde in Kraft.

*[2]* Die Behörde kann innerhalb eines Monats nach ihrer Unterrichtung zu der beabsichtigten Vereinbarung Stellung nehmen.

[3] Um eine angemessene Unterrichtung aller Betroffenen zu gewährleisten, werden alle von den zuständigen Behörden geschlossenen Delegationsvereinbarungen von der Behörde in geeigneter Weise veröffentlicht.

**Art. 29 Gemeinsame Aufsichtskultur.** (1) ¹Die Behörde spielt bei der Schaffung einer gemeinsamen Aufsichtskultur in der Union und einer Kohärenz der Aufsichtspraktiken sowie bei der Gewährleistung einheitlicher Verfahren und kohärenter Vorgehensweisen in der gesamten Union eine aktive Rolle. ²Die Behörde hat zumindest folgende Aufgaben:

a) sie gibt Stellungnahmen an die zuständigen Behörden ab;

aa) sie legt im Einklang mit Artikel 29a die strategischen Aufsichtsprioritäten der Union fest,

ab) sie setzt im Einklang mit Artikel 45b Koordinierungsgruppen ein, um die Angleichung der Aufsicht zu fördern und bewährte Praktiken zu bestimmen,

b) sie fördert einen wirksamen bi- und multilateralen Informationsaustausch zwischen den zuständigen Behörden zu allen relevanten Fragen, einschließlich Cybersicherheit und Cyberangriffen, wobei sie den nach den einschlägigen Gesetzgebungsakten der Union geltenden Geheimhaltungs- und Datenschutzbestimmungen in vollem Umfang Rechnung trägt,

c) sie trägt zur Entwicklung qualitativ hochwertiger, einheitlicher Aufsichtsstandards einschließlich Berichterstattungsstandards sowie internationaler Rechnungslegungsstandards im Einklang mit Artikel 1 Absatz 3 bei;

d) sie überprüft die Anwendung der von der Kommission festgelegten einschlägigen technischen Regulierungs- und Durchführungsstandards und der von der Behörde herausgegebenen Leitlinien und Empfehlungen und schlägt gegebenenfalls Änderungen vor; und

e) sie richtet sektorspezifische und sektorübergreifende Schulungsprogramme ein, auch in Bezug auf die technologische Innovation, erleichtert den Personalaustausch und ermutigt die zuständigen Behörden, in verstärktem Maße Personal abzuordnen und andere Instrumente einzusetzen;

f) sie richtet ein Überwachungssystem zur Bewertung wesentlicher ökologischer, sozialer und die Governance betreffender Risiken ein, wobei sie dem Übereinkommen von Paris im Rahmen des Rahmenübereinkommens der Vereinten Nationen über Klimaänderungen Rechnung trägt.

(2) [1] Die Behörde kann zur Förderung gemeinsamer Aufsichtskonzepte und -praktiken gegebenenfalls neue praktische Hilfsmittel und Instrumente erarbeiten, die die Konvergenz erhöhen.

[2] ¹Im Hinblick auf die Schaffung einer gemeinsamen Aufsichtskultur erarbeitet die Behörde ein Aufsichtshandbuch der Union zur Beaufsichtigung von Finanzmarktteilnehmern in der Union und hält es auf dem neuesten Stand, das der Art, dem Umfang und der Komplexität der Risiken, den Geschäftspraktiken, den Geschäftsmodellen und der Größe der Finanzinstitute, einschließlich durch technologische Innovation bedingter Veränderungen, der Finanzmarktteilnehmer und der Märkte gebührend Rechnung trägt. ²Im Aufsichtshandbuch der Union werden bewährte Praktiken und qualitativ hochwertige Methoden und Verfahren dargelegt.

[3] ¹Die Behörde führt soweit angemessen offene öffentliche Konsultationen zu den in Absatz 1 Buchstabe a genannten Stellungnahmen sowie zu den im

vorliegenden Absatz genannten Hilfsmitteln und Instrumenten durch. ² Sie analysiert soweit angemessen auch die damit verbundenen potenziellen Kosten- und Nutzeneffekte. ³ Diese Konsultationen und Analysen müssen im Verhältnis zu Umfang, Art und Folgen der Stellungnahmen beziehungsweise der Hilfsmittel und Instrumente verhältnismäßig sein. ⁴ Die Behörde holt soweit angemessen auch den Rat der Interessengruppe Wertpapiere und Wertpapiermärkte ein.

**Art. 29a Strategische Aufsichtsprioritäten der Union.** *[1]* ¹ Die Behörde legt im Anschluss an eine Beratung im Rat der Aufseher und unter Berücksichtigung der Beiträge der zuständigen Behörden, der von den Organen der Union geleisteten Arbeit und der vom ESRB veröffentlichten Analysen, Warnungen und Empfehlungen mindestens alle drei Jahre und bis zum 31. März bis zu zwei Prioritäten von unionsweiter Bedeutung fest, die künftige Entwicklungen und Trends widerspiegeln. ² Die zuständigen Behörden tragen diesen Prioritäten bei der Aufstellung ihrer Arbeitsprogramme Rechnung und teilen dies der Behörde entsprechend mit. ³ Die Behörde erörtert die entsprechenden Tätigkeiten der zuständigen Behörden im folgenden Jahr und zieht Schlussfolgerungen. ⁴ Die Behörde erörtert mögliche Folgemaßnahmen, die Leitlinien, Empfehlungen an die zuständigen Behörden und Peer Reviews im betreffenden Bereich umfassen können.

*[2]* Die von der Behörde festgelegten Prioritäten von unionsweiter Bedeutung hindern die zuständigen Behörden nicht daran, ihre bewährten Praktiken anzuwenden und ihre zusätzlichen Prioritäten und Entwicklungen zu berücksichtigen, zudem wird nationalen Besonderheiten Rechnung getragen.

**Art. 30 Peer Reviews der zuständigen Behörden.** (1) ¹ Um bei den Ergebnissen der Aufsicht eine größere Angleichung und Wirksamkeit zu erreichen, unterzieht die Behörde alle oder einige Tätigkeiten der zuständigen Behörden regelmäßig einem Peer Review. ² Hierzu erarbeitet die Behörde Methoden, die eine objektive Bewertung und einen objektiven Vergleich zwischen den analysierten zuständigen Behörden ermöglichen. ³ Bei der Planung und Durchführung der Peer Reviews werden die in Bezug auf die betreffende zuständige Behörde vorhandenen Informationen und bereits vorgenommenen Bewertungen berücksichtigt, einschließlich etwaiger relevanter Informationen, die der Behörde gemäß Artikel 35 vorgelegt wurden, und etwaiger relevanter Informationen von Interessenvertretern.

(2) ¹ Für die Zwecke dieses Artikels setzt die Behörde Ad-hoc-Peer-Review-Ausschüsse ein, die aus Mitarbeitern der Behörde und Mitgliedern der zuständigen Behörden bestehen. ² Den Vorsitz der Peer-Review-Ausschüsse führt ein Mitarbeiter der Behörde. ³ Der Vorsitzende schlägt nach Konsultation des Verwaltungsrates und im Anschluss an eine offene Aufforderung zur Beteiligung den Vorsitzenden und die Mitglieder eines Peer-Review-Ausschusses vor; der Vorschlag wird vom Rat der Aufseher gebilligt. ⁴ Der Vorschlag gilt als angenommen, wenn er nicht innerhalb von 10 Tagen nach Vorschlag des Vorsitzenden durch Beschluss des Rates der Aufseher abgelehnt wird.

(3) Bei dem Peer Review wird unter anderem, aber nicht ausschließlich, Folgendes bewertet:

a) die Angemessenheit der Ausstattung, der Grad der Unabhängigkeit und die Regelungen hinsichtlich der Leitung der zuständigen Behörde mit besonderem Augenmerk auf der wirksamen Anwendung der in Artikel 1 Absatz 2 genannten Gesetzgebungsakte und der Fähigkeit, auf Marktentwicklungen zu reagieren;

b) die Wirksamkeit und der Grad der Angleichung, der bei der Anwendung des Unionsrechts und bei den Aufsichtspraktiken, einschließlich der nach den Artikeln 10 bis 16 angenommenen technischen Regulierungs- und Durchführungsstandards, Leitlinien und Empfehlungen, erzielt wurde, sowie der Umfang, in dem mit den Aufsichtspraktiken die im Unionsrecht gesetzten Ziele erreicht werden;

c) die Anwendung der von zuständigen Behörden entwickelten bewährten Praktiken, deren Übernahme für andere zuständige Behörden von Nutzen sein könnte;

d) die Wirksamkeit und der Grad an Angleichung, die in Bezug auf die Durchsetzung der im Rahmen der Durchführung des Unionsrechts erlassenen Bestimmungen, wozu auch Verwaltungssanktionen und andere Verwaltungsmaßnahmen gegen Personen, die für die Nichteinhaltung dieser Bestimmungen verantwortlich sind, gehören, erreicht wurden.

(4) *[1]* [1] Die Behörde erstellt einen Bericht über die Ergebnisse des Peer Reviews. [2] Dieser Peer-Review-Bericht wird vom Peer-Review-Ausschuss ausgearbeitet und vom Rat der Aufseher im Einklang mit Artikel 44 Absatz 4 angenommen. [3] Bei der Ausarbeitung des Berichts konsultiert der Peer-Review-Ausschuss den Verwaltungsrat, um die Kohärenz mit anderen Peer-Review-Berichten und gleiche Wettbewerbsbedingungen zu gewährleisten. [4] Der Verwaltungsrat bewertet insbesondere, ob die Methode in gleicher Weise angewandt worden ist. [5] In dem Bericht werden die infolge des Peer Review als angemessen, verhältnismäßig und notwendig erachteten Folgemaßnahmen angegeben und erläutert. [6] Diese Folgemaßnahmen können in Form von Leitlinien und Empfehlungen nach Artikel 16 und Stellungnahmen nach Artikel 29 Absatz 1 Buchstabe a angenommen werden.

*[2]* Im Einklang mit Artikel 16 Absatz 3 unternehmen die zuständigen Behörden alle erforderlichen Anstrengungen, um allen herausgegebenen Leitlinien und Empfehlungen nachzukommen.

*[3]* Bei der Ausarbeitung von Entwürfen technischer Regulierungs- und Durchführungsstandards gemäß den Artikeln 10 bis 15 oder von Leitlinien oder Empfehlungen gemäß Artikel 16 berücksichtigt die Behörde das Ergebnis der Peer Reviews und alle weiteren Informationen, die sie bei der Wahrnehmung ihrer Aufgaben erlangt hat, um eine Angleichung in Richtung der bestmöglichen Aufsichtspraktiken sicherzustellen.

(5) Die Behörde legt der Kommission eine Stellungnahme vor, wenn sie auf der Grundlage des Ergebnisses des Peer Review oder sonstiger von der Behörde bei der Wahrnehmung ihrer Aufgaben erlangter Informationen die Auffassung vertritt, dass aus Sicht der Union eine weitere Harmonisierung der Unionsvorschriften für Finanzmarktteilnehmer oder zuständige Behörden erforderlich ist.

(6) [1] Die Behörde erstellt zwei Jahre nach Veröffentlichung des Peer-Review-Berichts einen Folgebericht. [2] Der Folgebericht wird vom Peer-Review-Ausschuss ausgearbeitet und vom Rat der Aufseher im Einklang mit Artikel 44 Absatz 4 angenommen. [3] Bei der Ausarbeitung des Berichts konsultiert der Peer-Review-Ausschuss den Verwaltungsrat, um die Kohärenz mit anderen

Folgeberichten zu gewährleisten. ⁴Im Folgebericht wird unter anderem, aber nicht ausschließlich, bewertet, ob die Maßnahmen, die die dem Peer Review unterzogenen zuständigen Behörden auf die Folgemaßnahmen des Peer-Review-Berichts hin ergriffen haben, angemessen und wirksam sind.

(7) ¹Der Peer-Review-Ausschuss stellt nach Konsultation der dem Peer Review unterzogenen zuständigen Behörden die mit Gründen versehenen wichtigsten Ergebnisse des Peer Reviews fest. ²Die Behörde veröffentlicht die mit Gründen versehenen wichtigsten Ergebnisse des Peer Review und des in Absatz 6 genannten Folgeberichts. ³Weichen die mit Gründen versehenen wichtigsten Ergebnisse der Behörde von den vom Peer-Review-Ausschuss festgestellten Ergebnissen ab, übermittelt die Behörde die Ergebnisse des Peer-Review-Ausschusses auf vertraulicher Basis an das Europäische Parlament, den Rat und die Kommission. ⁴Ist eine dem Peer Review unterzogene zuständige Behörde der Auffassung, dass die Veröffentlichung der mit Gründen versehenen wichtigsten Ergebnisse der Behörde die Stabilität des Finanzsystems gefährden würde, kann sie die Angelegenheit an den Rat der Aufseher verweisen. ⁵Der Rat der Aufseher kann beschließen, die betreffenden Auszüge nicht zu veröffentlichen.

(8) ¹Für die Zwecke dieses Artikels unterbreitet der Verwaltungsrat einen Vorschlag für einen Peer-Review-Arbeitsplan für die nächsten zwei Jahre, der unter anderem den Erkenntnissen, die im Zuge der vergangenen Peer Reviews und Beratungen der in Artikel 45b genannten Koordinierungsgruppen gewonnen wurden, Rechnung trägt. ²Der Peer-Review-Arbeitsplan ist ein separater Bestandteil des Jahres- und des Mehrjahresarbeitsprogramms. ³Er wird veröffentlicht. ⁴In dringenden Fällen oder bei unvorhergesehenen Ereignissen kann die Behörde beschließen, zusätzliche Peer Reviews durchzuführen.

**Art. 31 Koordinatorfunktion.** (1) Die Behörde wird allgemein als Koordinatorin zwischen den zuständigen Behörden tätig, insbesondere in Fällen, in denen ungünstige Entwicklungen die geordnete Funktionsweise und die Integrität von Finanzmärkten oder die Stabilität des Finanzsystems in der Union möglicherweise gefährden könnten.

(2) Die Behörde fördert ein abgestimmtes Vorgehen auf Unionsebene, indem sie unter anderem

a) den Informationsaustausch zwischen den zuständigen Behörden erleichtert;
b) den Umfang der Informationen, die alle betroffenen zuständigen Behörden erhalten sollten, bestimmt und – sofern möglich und zweckmäßig – die Zuverlässigkeit dieser Informationen überprüft;
c) unbeschadet des Artikels 19 auf Ersuchen der zuständigen Behörden oder von Amts wegen eine nicht bindende Vermittlertätigkeit wahrnimmt;
d) den ESRB unverzüglich auf jeden potenziellen Krisenfall aufmerksam macht;
e) erforderliche Maßnahmen ergreift, um die Tätigkeiten der jeweils zuständigen Behörden zu koordinieren, wenn Entwicklungen eintreten, die das Funktionieren der Finanzmärkte gefährden können,
ea) erforderliche Maßnahmen ergreift, um die Maßnahmen der jeweils zuständigen Behörden zur Erleichterung des Markteintritts von Akteuren oder Produkten, die auf technologischer Innovation beruhen, zu koordinieren,

Wertpapier- und Marktaufsichtsbehörden-VO **Art. 31a–32 ESMA-VO 3**

f) Informationen zentralisiert, die sie von den zuständigen Behörden gemäß den Artikeln 21 und 35 als Ergebnis der Berichterstattungspflichten im Regulierungsbereich, die für Finanzmarktteilnehmer gelten, die in mehr als einem Mitgliedstaat tätig sind, erhält. Die Behörde stellt diese Informationen auch den anderen betroffenen zuständigen Behörden zur Verfügung.

(3) [1] Um zur Schaffung einer gemeinsamen europäischen Vorgehensweise im Hinblick auf technologische Innovation beizutragen, fördert die Behörde, gegebenenfalls mit Unterstützung des Ausschusses für Verbraucherschutz und Finanzinnovationen, die Angleichung der Aufsicht, insbesondere durch den Austausch von Informationen und bewährten Praktiken, womit der Markteintritt von Akteuren oder Produkten, die auf technologischer Innovation beruhen, erleichtert wird. [2] Die Behörde kann gegebenenfalls auch Leitlinien und Empfehlungen gemäß Artikel 16 annehmen.

### Art. 31a Informationsaustausch zu Eignung und Zuverlässigkeit.

Die Behörde richtet zusammen mit der Europäischen Aufsichtsbehörde (Europäische Bankenaufsichtsbehörde) und der Europäischen Aufsichtsbehörde (Europäische Aufsichtsbehörde für das Versicherungswesen und die betriebliche Altersversorgung) ein System für den Austausch von Informationen ein, die für die Bewertung der Eignung und Zuverlässigkeit der Halter qualifizierter Beteiligungen, der Direktoren und der Inhaber von Schlüsselfunktionen von Finanzmarktteilnehmern durch die zuständigen Behörden gemäß den in Artikel 1 Absatz 2 genannten Gesetzgebungsakten von Bedeutung sind.

### Art. 31b Koordinatorfunktion in Bezug auf Aufträge, Geschäfte und Tätigkeiten mit erheblichen grenzüberschreitenden Auswirkungen.

[1] Hat eine zuständige Behörde Nachweise oder eindeutige Anhaltspunkte aus verschiedenen Quellen dafür, dass Aufträge, Geschäfte oder sonstige Tätigkeiten mit erheblichen grenzüberschreitenden Auswirkungen das ordnungsgemäße Funktionieren und die Integrität von Finanzmärkten oder die Finanzstabilität in der Union gefährden könnten, setzt sie die Behörde unverzüglich davon in Kenntnis und stellt die einschlägigen Informationen zur Verfügung. [2] Die Behörde kann eine Stellungnahme zu geeigneten Folgemaßnahmen an die zuständigen Behörden der Mitgliedstaaten, in denen die verdächtige Tätigkeit stattgefunden hat, richten.

### Art. 32 Bewertung von Marktentwicklungen einschließlich Stresstests.

(1) [1] Die Behörde verfolgt und bewertet die in ihren Zuständigkeitsbereich fallenden Marktentwicklungen und unterrichtet die Europäische Aufsichtsbehörde (Europäische Bankenaufsichtsbehörde) und die Europäische Aufsichtsbehörde (Europäische Aufsichtsbehörde für das Versicherungswesen und die betriebliche Altersversorgung), den ESRB sowie das Europäische Parlament, den Rat und die Kommission erforderlichenfalls über die einschlägigen mikroprudentiellen Trends, über potenzielle Risiken und Schwachstellen. [2] Die Behörde nimmt in ihre Bewertungen eine Analyse der Märkte, auf denen Finanzmarktteilnehmer tätig sind, sowie eine Bewertung der Folgen potenzieller Marktentwicklungen auf diese Finanzmarktteilnehmer auf.

(2) [1] [1] Die Behörde initiiert und koordiniert unionsweite Bewertungen der Widerstandsfähigkeit von Finanzmarktteilnehmern bei ungünstigen Marktentwicklungen. [2] Zu diesem Zweck erarbeitet sie:

a) gemeinsame Methoden zur Bewertung der Auswirkungen ökonomischer Szenarien auf die Finanzlage eines Finanzmarktteilnehmers, wobei unter anderem Risiken Rechnung getragen wird, die aus ungünstigen ökologischen Entwicklungen erwachsen,

aa) gemeinsame Methoden für die Identifizierung der in unionsweite Bewertungen aufzunehmenden Finanzmarktteilnehmer,

b) gemeinsame Vorgehensweisen für die Bekanntgabe der Ergebnisse dieser Bewertungen der Widerstandsfähigkeit von Finanzmarktteilnehmern,

c) gemeinsame Methoden für die Bewertung der Auswirkungen von bestimmten Produkten oder Absatzwegen auf die Finanzlage eines Finanzmarktteilnehmers und auf Informationen für Anleger und Verbraucher;

d) gemeinsame Methoden zur Bewertung der Auswirkungen ökologischer Risiken auf die Finanzstabilität der Finanzmarktteilnehmer.

*[2]* Für die Zwecke des vorliegenden Absatzes arbeitet die Behörde mit dem ESRB zusammen.

(3) *[1]* Unbeschadet der in der Verordnung (EG) Nr. 1092/2010 festgelegten Aufgaben des ESRB legt die Behörde dem Europäischen Parlament, dem Rat, der Kommission und dem ESRB einmal jährlich, bei Bedarf häufiger, für ihren Zuständigkeitsbereich Bewertungen von Trends, potenziellen Risiken und Schwachstellen in Kombination mit den Indikatoren nach Artikel 22 Absatz 2 der vorliegenden Verordnung vor.

*[2]* In diesen Bewertungen nimmt die Behörde auch eine Einstufung der größten Risiken und Schwachstellen vor und empfiehlt bei Bedarf Präventiv- oder Abhilfemaßnahmen.

(4) Die Behörde sorgt durch eine enge Zusammenarbeit mit der Europäischen Aufsichtsbehörde (Europäische Bankenaufsichtsbehörde) und der Europäischen Aufsichtsbehörde (Europäische Aufsichtsbehörde für das Versicherungswesen und die betriebliche Altersversorgung) im Gemeinsamen Ausschuss dafür, dass sektorübergreifende Entwicklungen, Risiken und Schwachstellen bei den Bewertungen angemessen abgedeckt sind.

### Art. 33 Internationale Beziehungen einschließlich Gleichwertigkeit.

(1) *[1]* ¹Unbeschadet der jeweiligen Zuständigkeiten der Mitgliedstaaten und der Organe der Union kann die Behörde Kontakte zu den Regulierungs- und Aufsichtsbehörden, zu internationalen Organisationen und den Verwaltungen von Drittländern knüpfen und Verwaltungsvereinbarungen mit diesen schließen. ²Durch diese Vereinbarungen entstehen keine rechtlichen Verpflichtungen der Union und ihrer Mitgliedstaaten, und diese Vereinbarungen hindern die Mitgliedstaaten und ihre zuständigen Behörden auch nicht daran, bilaterale oder multilaterale Vereinbarungen mit diesen Drittländern zu schließen.

*[2]* ¹Ist ein Drittland im Einklang mit einem geltenden, von der Kommission gemäß Artikel 9 der Richtlinie (EU) 2015/849 erlassenen delegierten Rechtsakt, auf der Liste derjenigen Staaten aufgeführt, deren nationale Systeme zur Bekämpfung von Geldwäsche und Terrorismusfinanzierung strategische Mängel aufweisen, die wesentliche Risiken für das Finanzsystem der Union darstellen, so schließt die Behörde keine Verwaltungsvereinbarungen mit den Regulierungs- und Aufsichtsbehörden dieses Drittlands. ²Dies schließt andere Formen der Zusammenarbeit zwischen der Behörde und den jeweiligen Dritt-

landsbehörden im Hinblick auf die Verringerung der Risiken für das Finanzsystem der Union nicht aus.

(2) Auf besonderes Ersuchen der Kommission um Beratung oder wenn dies in den in Artikel 1 Absatz 2 aufgeführten Gesetzgebungsakten vorgesehen ist, unterstützt die Behörde die Kommission bei der Vorbereitung von Beschlüssen über die Gleichwertigkeit der Regulierungs- und Aufsichtsrahmen von Drittländern.

(3) *[1]* Die Behörde verfolgt relevante regulierungs- und aufsichtsspezifische Entwicklungen und Durchsetzungsverfahren sowie Marktentwicklungen in Drittländern, soweit sie für die risikobasierten Gleichwertigkeitsbewertungen, zu denen die Kommission gemäß den in Artikel 1 Absatz 2 genannten Gesetzgebungsakten Beschlüsse über die Gleichwertigkeit angenommen hat, von Belang sind, wobei der besondere Schwerpunkt auf den Auswirkungen dieser Entwicklungen beziehungsweise Verfahren auf die Finanzstabilität, die Marktintegrität, den Anlegerschutz und das Funktionieren des Binnenmarkts liegt.

*[2]* Darüber hinaus verifiziert sie, ob die Kriterien, auf deren Grundlage diese Beschlüsse über die Gleichwertigkeit gefasst wurden, und die darin festgelegten Bedingungen weiterhin erfüllt sind.

*[3]* ¹Die Behörde kann sich mit den einschlägigen Behörden in den Drittländern in Verbindung setzen. ²Die Behörde legt dem Europäischen Parlament, dem Rat, der Kommission sowie der Europäischen Aufsichtsbehörde (Europäische Bankenaufsichtsbehörde) und der Europäischen Aufsichtsbehörde (Europäische Aufsichtsbehörde für das Versicherungswesen und die betriebliche Altersversorgung) einen vertraulichen Bericht, der die Ergebnisse ihrer Überwachung in Bezug auf alle als gleichwertig eingestuften Drittländer zusammenfasst, vor. ³Der Schwerpunkt des Berichts liegt insbesondere auf den Auswirkungen auf die Finanzstabilität, die Marktintegrität, den Anlegerschutz oder das Funktionieren des Binnenmarkts.

*[4]* Stellt die Behörde in den im vorliegenden Absatz genannten Drittländern relevante Entwicklungen in Bezug auf die Regulierung und Aufsicht oder die Durchsetzungspraxis fest, die sich auf die Finanzstabilität der Union oder eines oder mehrerer ihrer Mitgliedstaaten, auf die Marktintegrität oder den Anlegerschutz oder auf das Funktionieren des Binnenmarktes auswirken könnten, unterrichtet sie unverzüglich und auf vertraulicher Basis das Europäische Parlament, den Rat und die Kommission.

(4) *[1]* ¹Unbeschadet der besonderen Anforderungen, die in den in Artikel 1 Absatz 2 genannten Gesetzgebungsakten aufgeführt sind, und vorbehaltlich der in Absatz 1 Satz 2 des vorliegenden Artikels genannten Bedingungen arbeitet die Behörde soweit möglich mit den jeweils zuständigen Behörden von Drittländern zusammen, deren Regulierungs- und Aufsichtsrahmen als gleichwertig anerkannt worden sind. ²Diese Zusammenarbeit erfolgt grundsätzlich auf der Grundlage von Verwaltungsvereinbarungen mit den jeweiligen Behörden der betreffenden Drittländer. ³Bei der Aushandlung solcher Verwaltungsvereinbarungen nimmt die Behörde Bestimmungen zu Folgendem auf:

a) den Mechanismen, die es der Behörde erlauben, sachdienliche Informationen einzuholen, einschließlich Informationen über den Regulierungsrahmen, das Aufsichtskonzept, relevante Marktentwicklungen und etwaige Änderungen, die sich auf den Beschluss über die Gleichwertigkeit auswirken könnten;

b) den Verfahren für die Koordinierung der Aufsichtstätigkeiten, einschließlich, sofern erforderlich, Kontrollen vor Ort, soweit es für die Weiterverfolgung derartiger Beschlüsse über die Gleichwertigkeit erforderlich ist.

*[2]* Die Behörde unterrichtet die Kommission, wenn die zuständige Behörde eines Drittlandes es ablehnt, derartige Verwaltungsvereinbarungen zu schließen, oder wenn sie eine wirksame Zusammenarbeit ablehnt.

(5) *[1]* ¹Die Behörde kann Muster-Verwaltungsvereinbarungen erarbeiten, um in der Union eine kohärente, effiziente und wirksame Aufsichtspraxis zu begründen und um die internationale Koordinierung der Aufsicht zu verbessern. ²Die zuständigen Behörden unternehmen alle erforderlichen Anstrengungen, um derartige Mustervereinbarungen anzuwenden.

*[2]* Die Behörde nimmt in den in Artikel 43 Absatz 5 genannten Bericht Informationen über die mit Aufsichtsbehörden, internationalen Organisationen oder Verwaltungen von Drittländern geschlossenen Verwaltungsvereinbarungen, über die Unterstützung, die die Behörde der Kommission bei der Vorbereitung von Beschlüssen über die Gleichwertigkeit geleistet hat, und über die Überwachung durch die Behörde nach Absatz 3 des vorliegenden Artikels auf.

(6) Die Behörde trägt im Rahmen der Befugnisse, die ihr mit dieser Verordnung und den in Artikel 1 Absatz 2 genannten Gesetzgebungsakten übertragen wurden, zur geschlossenen, gemeinsamen, kohärenten und wirksamen Vertretung der Interessen der Union in internationalen Foren bei.

## Art. 34 *(aufgehoben)*

## Art. 35 Sammlung von Informationen.

(1) Die zuständigen Behörden der Mitgliedstaaten stellen der Behörde auf Verlangen alle Informationen zur Verfügung, die sie zur Wahrnehmung der ihr durch diese Verordnung übertragenen Aufgaben benötigt, vorausgesetzt sie haben rechtmäßigen Zugang zu den einschlägigen Informationen und das Informationsgesuch ist angesichts der Art der betreffenden Aufgabe erforderlich.

(2) ¹Die Behörde kann ebenfalls verlangen, dass ihr diese Informationen in regelmäßigen Abständen und in vorgegebenen Formaten zur Verfügung gestellt werden. ²Für solche Gesuche werden – soweit möglich – gemeinsame Berichtsformate verwendet.

(3) Auf hinreichend begründeten Antrag einer zuständigen Behörde eines Mitgliedstaats kann die Behörde sämtliche Informationen vorlegen, die erforderlich sind, damit die zuständige Behörde ihre Aufgaben wahrnehmen kann, und zwar im Einklang mit den Verpflichtungen aufgrund des Berufsgeheimnisses gemäß den sektoralen Rechtsvorschriften und Artikel 70.

(4) Bevor die Behörde Informationen gemäß diesem Artikel anfordert, berücksichtigt sie – zur Vermeidung doppelter Berichtspflichten – einschlägige bestehende Statistiken, die vom Europäischen Statistischen System und vom Europäischen System der Zentralbanken erstellt und verbreitet werden.

(5) Stehen diese Informationen nicht zur Verfügung oder werden sie von den zuständigen Behörden nicht rechtzeitig übermittelt, so kann die Behörde ein gebührend gerechtfertigtes und mit Gründen versehenes Ersuchen um Informationen an andere Aufsichtsbehörden, an das für Finanzen zuständige Ministerium – sofern dieses über aufsichtsrechtliche Informationen verfügt –,

an die nationale Zentralbank oder an das statistische Amt des betreffenden Mitgliedstaats richten.

(6) *[1]* ¹ Stehen diese Informationen nicht zur Verfügung oder werden sie nicht rechtzeitig gemäß Absatz 1 oder Absatz 5 übermittelt, so kann die Behörde ein gebührend gerechtfertigtes und mit Gründen versehenes Ersuchen direkt an die betreffenden Finanzmarktteilnehmer richten. ² In dem mit Gründen versehenen Ersuchen wird erläutert, weshalb die Informationen über die einzelnen Finanzmarktteilnehmer notwendig sind.

*[2]* Die Behörde setzt die jeweils zuständigen Behörden von den Ersuchen gemäß dem vorliegenden Absatz und gemäß Absatz 5 in Kenntnis.

*[3]* Die zuständigen Behörden unterstützen die Behörde auf Verlangen bei der Einholung der Informationen.

(7) Die Behörde darf vertrauliche Informationen, die sie im Rahmen dieses Artikels erhält, nur für die Wahrnehmung der ihr durch diese Verordnung übertragenen Aufgaben verwenden.

**Art. 36 Verhältnis zum ESRB.** (1) Die Behörde arbeitet eng und regelmäßig mit dem ESRB zusammen.

(2) ¹ Sie liefert dem ESRB regelmäßig und rechtzeitig Informationen, die dieser zur Erfüllung seiner Aufgaben benötigt. ² Alle Angaben, die der ESRB zur Erfüllung seiner Aufgaben benötigt und die nicht in zusammengefasster oder aggregierter Form vorliegen, werden dem ESRB gemäß Artikel 15 der Verordnung (EU) Nr. 1092/2010 auf begründeten Antrag hin unverzüglich vorgelegt. ³ Die Behörde sorgt in Zusammenarbeit mit dem ESRB für angemessene interne Verfahren für die Übertragung vertraulicher Informationen, insbesondere Informationen über einzelne Finanzmarktteilnehmer.

(3) *(aufgehoben)*

(4) *[1]* Erhält die Behörde vom ESRB eine an sie gerichtete Warnung oder Empfehlung, so erörtert die Behörde diese Warnung oder Empfehlung bei der nächsten Sitzung des Rates der Aufseher oder gegebenenfalls zu einem früheren Zeitpunkt und bewertet die Auswirkungen einer solchen Warnung oder Empfehlung auf die Erfüllung ihrer Aufgaben sowie mögliche Folgemaßnahmen.

*[2]* Sie beschließt nach dem einschlägigen Entscheidungsverfahren über etwaige Maßnahmen, die nach Maßgabe der ihr durch diese Verordnung übertragenen Befugnisse zu treffen sind, um auf die in den Warnungen und Empfehlungen identifizierten Probleme zu reagieren.

*[3]* ¹ Lässt die Behörde einer Warnung oder Empfehlung keine Maßnahmen folgen, so legt sie dem ESRB ihre Gründe hierfür dar. ² Der ESRB setzt das Europäische Parlament gemäß Artikel 19 Absatz 5 der Verordnung (EU) Nr. 1092/2010 davon in Kenntnis. ³ Außerdem setzt der ESRB den Rat davon in Kenntnis.

(5) *[1]* Erhält die Behörde eine Warnung oder Empfehlung, die der ESRB an eine zuständige Behörde gerichtet hat, so macht sie gegebenenfalls von den ihr durch diese Verordnung übertragen Befugnissen Gebrauch, um rechtzeitige Folgemaßnahmen zu gewährleisten.

*[2]* Beabsichtigt der Adressat, der Empfehlung des ESRB nicht zu folgen, so teilt er dem Rat der Aufseher die Gründe für sein Nichthandeln mit und erörtert sie mit dem Rat der Aufseher.

*[3]* Unterrichtet die zuständige Behörde das Europäische Parlament, den Rat, die Kommission und den ESRB gemäß Artikel 17 Absatz 1 der Verordnung (EU) Nr. 1092/2010 über die zur Umsetzung der Empfehlung des ESRB unternommenen Maßnahmen, so trägt sie den Standpunkten des Rates der Aufseher angemessen Rechnung.

**Art. 37 Interessengruppe Wertpapiere und Wertpapiermärkte.**

(1) *[1]* ¹Um die Konsultation von Interessenvertretern in Bereichen, die für die Aufgaben der Behörde relevant sind, zu erleichtern, wird eine Interessengruppe Wertpapiere und Wertpapiermärkte eingesetzt. ²Die Interessengruppe Wertpapiere und Wertpapiermärkte wird zu Maßnahmen konsultiert, die gemäß den Artikeln 10 bis 15 in Bezug auf technische Regulierungs- und Durchführungsstandards und, soweit sie nicht einzelne Finanzmarktteilnehmer betreffen, gemäß Artikel 16 in Bezug auf Leitlinien und Empfehlungen ergriffen werden. ³Müssen Maßnahmen sofort ergriffen werden und sind Konsultationen nicht möglich, so wird die Interessengruppe Wertpapiere und Wertpapiermärkte schnellstmöglich informiert.

*[2]* Die Interessengruppe Wertpapiere und Wertpapiermärkte tritt mindestens viermal jährlich zusammen.

(2) ¹Die Interessengruppe Wertpapiere und Wertpapiermärkte setzt sich aus 30 Mitgliedern zusammen. ²Zu diesen Mitgliedern gehören:
a) 13 Mitglieder, die in ausgewogenem Verhältnis Finanzmarktteilnehmer, die in der Union tätig sind, vertreten,
b) 13 Mitglieder, die Vertreter der Beschäftigten von Finanzmarktteilnehmern, die in der Union tätig sind, sowie Verbraucher, Nutzer von Finanzdienstleistungen und Vertreter von KMU vertreten, und
c) vier Mitglieder, die renommierte unabhängige Wissenschaftler sind.

(3) ¹Die Mitglieder der Interessengruppe Wertpapiere und Wertpapiermärkte werden nach einem offenen und transparenten Auswahlverfahren vom Rat der Aufseher ernannt. ²Bei seinem Beschluss sorgt der Rat der Aufseher soweit wie möglich für eine angemessene Berücksichtigung der Vielfalt im Wertpapier- und Wertpapiermarktsektor sowie eine angemessene geografische und geschlechterspezifische Verteilung und Vertretung der Interessenvertreter aus der gesamten Union. ³Die Mitglieder der Interessengruppe Wertpapiere und Wertpapiermärkte werden auf Grundlage ihrer Qualifikation, ihrer Kompetenz, ihres relevanten Wissens und ihrer nachgewiesenen Fachkenntnisse ausgewählt.

(3a) *[1]* ¹Die Mitglieder der Interessengruppe Wertpapiere und Wertpapiermärkte wählen aus ihrer Mitte einen Vorsitzenden. ²Die Dauer der Amtszeit des Vorsitzenden beträgt zwei Jahre.

*[2]* Das Europäische Parlament kann den Vorsitzenden der Interessengruppe Wertpapiere und Wertpapiermärkte auffordern, eine Erklärung vor dem Europäischen Parlament abzugeben und sich den Fragen seiner Mitglieder zu stellen, wenn darum ersucht wird.

(4) *[1]* ¹Die Behörde legt – vorbehaltlich des Berufsgeheimnisses gemäß Artikel 70 der vorliegenden Verordnung – alle erforderlichen Informationen vor und gewährleistet, dass die Interessengruppe Wertpapiere und Wertpapiermärkte angemessene Unterstützung für die Abwicklung der Sekretariatsgeschäfte erhält. ²Diejenigen Mitglieder der Interessengruppe Wertpapiere und Wertpapiermärkte, die Organisationen ohne Erwerbszweck vertreten, erhalten

eine angemessene Aufwandsentschädigung; Vertreter der Wirtschaft sind hiervon ausgenommen. ³Die Aufwandsentschädigung trägt der Vor- und Nachbereitungsarbeit der Mitglieder Rechnung und entspricht zumindest der Höhe der Kostenerstattung für Beamte gemäß Titel V Kapitel 1 Abschnitt 2 des Statuts der Beamten der Europäischen Union und der Beschäftigungsbedingungen für die sonstigen Bediensteten der Europäischen Union, wie sie in der Verordnung (EWG, Euratom, EGKS) Nr. 259/68 des Rates[1] (im Folgenden „Statut") festgelegt sind. ⁴Die Interessengruppe Wertpapiere und Wertpapiermärkte kann Arbeitsgruppen zu technischen Fragen einsetzen. ⁵Die Mitglieder der Interessengruppe Wertpapiere und Wertpapiermärkte bleiben vier Jahre im Amt; nach Ablauf dieses Zeitraums findet ein neues Auswahlverfahren statt.

*[2]* Die Amtszeit der Mitglieder der Interessengruppe Wertpapiere und Wertpapiermärkte kann einmal verlängert werden.

(5) *[1]* Die Interessengruppe Wertpapiere und Wertpapiermärkte kann zu jedem Thema, das mit den Aufgaben der Behörde zusammenhängt, der Behörde Ratschläge erteilen; der Schwerpunkt liegt dabei auf den in den Artikeln 10 bis 16, 29, 30 und 32 festgelegten Aufgaben.

*[2]* Gelingt es den Mitgliedern der Interessengruppe Wertpapiere und Wertpapiermärkte nicht, sich auf einen Rat zu einigen, ist es einem Drittel ihrer Mitglieder oder den Mitgliedern, die eine Gruppe von Interessenvertretern vertreten, erlaubt, einen gesonderten Rat zu erteilen.

*[3]* Die Interessengruppe Wertpapiere und Wertpapiermärkte, die Interessengruppe Bankensektor, die Interessengruppe Versicherung und Rückversicherung und die Interessengruppe betriebliche Altersversorgung können zu Fragen im Zusammenhang mit der Arbeit der ESA gemeinsame Ratschläge gemäß Artikel 56 über gemeinsame Standpunkte und gemeinsame Handlungen abgeben.

(6) Die Interessengruppe Wertpapiere und Wertpapiermärkte gibt sich mit einer Zweidrittelmehrheit ihrer Mitglieder eine Geschäftsordnung.

(7) Die Ratschläge der Interessengruppe Wertpapiere und Wertpapiermärkte, die gesonderten Ratschläge ihrer Mitglieder und die Ergebnisse ihrer Konsultationen sowie Informationen über die Art und Weise, wie Ratschläge und Konsultationsergebnisse berücksichtigt wurden, werden von der Behörde veröffentlicht.

**Art. 38 Schutzmaßnahmen.** (1) Die Behörde gewährleistet, dass kein nach den Artikeln 18 oder 19 erlassener Beschluss in die haushaltspolitischen Zuständigkeiten der Mitgliedstaaten eingreift.

(2) *[1]* Ist ein Mitgliedstaat der Auffassung, dass sich ein nach Artikel 19 Absatz 3 erlassener Beschluss auf seine haushaltspolitischen Zuständigkeiten auswirkt, kann er der Behörde und der Kommission innerhalb von zwei Wochen, nachdem die zuständige Behörde über den Beschluss der Behörde in Kenntnis gesetzt wurde, mitteilen, dass die zuständige Behörde den Beschluss nicht umsetzen wird.

*[2]* In seiner Mitteilung erläutert der Mitgliedstaat unmissverständlich und konkret, warum und in welcher Weise der Beschluss in seine haushaltspolitischen Zuständigkeiten eingreift.

---

[1] **Amtl. Anm.:** ABl. L 56 vom 4.3.1968, S. 1.

*[3]* In Fall einer solchen Mitteilung wird der Beschluss der Behörde ausgesetzt.

*[4]* ¹Die Behörde setzt den Mitgliedstaat innerhalb eines Monats nach seiner Mitteilung darüber in Kenntnis, ob sie an ihrem Beschluss festhält, ihn ändert oder aufhebt. ²Wird der Beschluss aufrechterhalten oder geändert, so erklärt die Behörde, dass haushaltspolitische Zuständigkeiten nicht berührt werden.

*[5]* Hält die Behörde an ihrem Beschluss fest, fasst der Rat auf einer seiner Tagungen, jedoch spätestens zwei Monate, nachdem die Behörde den Mitgliedstaat gemäß Unterabsatz 4 unterrichtet hat, mit der Mehrheit der abgegebenen Stimmen einen Beschluss, ob der Beschluss der Behörde aufrechterhalten wird.

*[6]* Fasst der Rat nach Erörterung der Angelegenheit gemäß Unterabsatz 5 keinen Beschluss, den Beschluss der Behörde aufrechtzuerhalten, so erlischt der Beschluss der Behörde.

(3) *[1]* Ist ein Mitgliedstaat der Auffassung, dass ein nach Artikel 18 Absatz 3 erlassener Beschluss in seine haushaltspolitischen Zuständigkeiten eingreift, so kann er der Behörde, der Kommission und dem Rat innerhalb von drei Arbeitstagen nach der Bekanntgabe des Beschlusses der Behörde an die zuständige Behörde mitteilen, dass die zuständige Behörde den Beschluss nicht umsetzen wird.

*[2]* In seiner Mitteilung erläutert der Mitgliedstaat eindeutig und konkret, warum und in welcher Weise der Beschluss in seine haushaltspolitischen Zuständigkeiten eingreift.

*[3]* In Fall einer solchen Mitteilung wird der Beschluss der Behörde ausgesetzt.

*[4]* Der Rat beruft innerhalb von zehn Arbeitstagen eine Tagung ein und fasst mit der einfachen Mehrheit seiner Mitglieder einen Beschluss darüber, ob der Beschluss der Behörde aufgehoben wird.

*[5]* Fasst der Rat nach Erörterung der Angelegenheit gemäß Unterabsatz 4 keinen Beschluss, den Beschluss der Behörde aufzuheben, so endet die Aussetzung des Beschlusses.

(4) *[1]* ¹Hat der Rat gemäß Absatz 3 den Beschluss gefasst, den Beschluss der Behörde im Zusammenhang mit Artikel 18 Absatz 3 nicht aufzuheben, und ist der betreffende Mitgliedstaat weiterhin der Auffassung, dass der Beschluss in seine haushaltspolitischen Zuständigkeiten eingreift, so kann dieser Mitgliedstaat der Kommission und der Behörde dies mitteilen und den Rat ersuchen, die Angelegenheit erneut zu prüfen. ²Der betreffende Mitgliedstaat begründet seine Ablehnung des Beschlusses des Rates eindeutig.

*[2]* Innerhalb von vier Wochen nach der Mitteilung gemäß Unterabsatz 1 bestätigt der Rat seinen ursprünglichen Beschluss oder fasst einen neuen Beschluss gemäß Absatz 3.

*[3]* Der Rat kann die Frist von vier Wochen um weitere vier Wochen verlängern, falls die besonderen Umstände des Falls dies erfordern.

(5) Jeder Missbrauch dieses Artikels, insbesondere im Zusammenhang mit einem Beschluss der Behörde, der keine signifikanten oder wesentlichen haushaltspolitischen Auswirkungen hat, ist mit dem Binnenmarkt unvereinbar und verboten.

Wertpapier- und Marktaufsichtsbehörden-VO **Art. 39, 40 ESMA-VO 3**

**Art. 39 Beschlussfassungsverfahren.** (1) Beim Erlass von Beschlüssen nach den Artikeln 17, 18 und 19 handelt die Behörde im Einklang mit den Absätzen 2 bis 6 des vorliegenden Artikels.

(2) ¹Bevor die Behörde einen Beschluss erlässt, teilt sie dem Adressaten in dessen Amtssprache ihre diesbezügliche Absicht mit und setzt eine Frist, innerhalb deren der Adressat zum Gegenstand des Beschlusses Stellung nehmen kann und die der Dringlichkeit, der Komplexität und den möglichen Folgen der Angelegenheit in vollem Umfang Rechnung trägt. ²Der Adressat kann in seiner Amtssprache Stellung dazu nehmen. ³Satz 1 gilt für Empfehlungen nach Artikel 17 Absatz 3 entsprechend.

(3) Die Beschlüsse der Behörde sind zu begründen.

(4) Die Adressaten von Beschlüssen der Behörde werden über die im Rahmen dieser Verordnung zur Verfügung stehenden Rechtsbehelfe belehrt.

(5) Hat die Behörde einen Beschluss nach Artikel 18 Absatz 3 oder Artikel 18 Absatz 4 erlassen, so überprüft sie diesen Beschluss in angemessenen Abständen.

(6) ¹Die Beschlüsse, die die Behörde nach den Artikeln 17, 18 oder 19 erlässt, werden veröffentlicht. ²Die Veröffentlichung erfolgt unter Nennung der betreffenden zuständigen Behörde beziehungsweise des betreffenden Finanzmarktteilnehmers und unter Angabe des wesentlichen Inhalts des Beschlusses, es sei denn, die Veröffentlichung steht im Widerspruch zum legitimen Interesse dieser Finanzmarktteilnehmer oder zum Schutz ihrer Geschäftsgeheimnisse oder könnte das ordnungsgemäße Funktionieren und die Integrität von Finanzmärkten oder die Stabilität des Finanzsystems in der Union als Ganzes oder in Teilen ernsthaft gefährden.

## Kapitel III. Organisation

### Abschnitt 1. Rat der Aufseher

**Art. 40 Zusammensetzung.** (1) Der Rat der Aufseher besteht aus

a) dem Vorsitzenden,

b) dem Leiter der für die Beaufsichtigung von Finanzmarktteilnehmern zuständigen nationalen Behörden jedes Mitgliedstaats, der mindestens zweimal im Jahr persönlich erscheint,

c) einem nicht stimmberechtigten Vertreter der Kommission,

d) einem nicht stimmberechtigten Vertreter des ESRB,

e) je einem nicht stimmberechtigten Vertreter der beiden anderen Europäischen Aufsichtsbehörden.

(2) Der Aufsichtsrat organisiert mindestens zweimal jährlich Sitzungen mit der Interessengruppe Wertpapiere und Wertpapiermärkte.

(3) Jede zuständige Behörde benennt aus ihren Reihen einen hochrangigen Stellvertreter, der das in Absatz 1 Buchstabe b genannte Mitglied des Rates der Aufseher bei Verhinderung vertreten kann.

(4) ¹In Mitgliedstaaten, in denen mehr als eine Behörde für die Aufsicht gemäß dieser Verordnung verantwortlich ist, einigen sich diese Behörden auf einen gemeinsamen Vertreter. ²Muss der Rat der Aufseher jedoch einen Punkt erörtern, der nicht in die Zuständigkeit der nationalen Behörde fällt, die von dem in Absatz 1 Buchstabe b genannten Mitglied vertreten wird, so kann dieses

Mitglied einen nicht stimmberechtigten Vertreter der betreffenden nationalen Behörde hinzuziehen.

(5) Für die Zwecke des Tätigwerdens im Anwendungsbereich der Richtlinie 97/9/EG kann das in Absatz 1 Buchstabe b genannte Mitglied des Rates der Aufseher gegebenenfalls von einem nicht stimmberechtigten Vertreter der Stellen begleitet werden, die in den einzelnen Mitgliedstaaten die Anlegerentschädigungssysteme verwalten.

(6) [1] Der Rat der Aufseher kann beschließen, Beobachter zuzulassen.

[2] Der Exekutivdirektor kann ohne Stimmrecht an den Sitzungen des Aufsichtsrats teilnehmen.

(7) [1] Ist die in Absatz 1 Buchstabe b genannte nationale Behörde nicht für die Durchsetzung von Verbraucherschutzvorschriften zuständig, kann das in Absatz 1 Buchstabe b genannte Mitglied des Rates der Aufseher beschließen, einen Vertreter der Verbraucherschutzbehörde des betreffenden Mitgliedstaats hinzuzuziehen, der kein Stimmrecht erhält. [2] Sind in einem Mitgliedstaat mehrere Behörden für den Verbraucherschutz zuständig, einigen sich diese Behörden auf einen gemeinsamen Vertreter.

**Art. 41 Interne Ausschüsse.** (1) [1] Der Rat der Aufseher kann von Amts wegen oder auf Ersuchen des Vorsitzenden für bestimmte ihm zugewiesene Aufgaben interne Ausschüsse einsetzen. [2] Auf Ersuchen des Verwaltungsrates oder des Vorsitzenden kann der Rat der Aufseher für bestimmte dem Verwaltungsrat zugewiesene Aufgaben interne Ausschüsse einsetzen. [3] Der Rat der Aufseher kann die Delegation bestimmter, genau festgelegter Aufgaben und Beschlüsse an interne Ausschüsse, den Verwaltungsrat oder den Vorsitzenden vorsehen.

(2) [1] [1] Für die Zwecke des Artikels 17 schlägt der Vorsitzende einen Beschluss zur Einberufung eines unabhängigen Gremiums vor, der vom Rat der Aufseher angenommen werden muss. [2] Das unabhängige Gremium besteht aus dem Vorsitzenden und sechs weiteren Mitgliedern, die vom Vorsitzenden nach Konsultation des Verwaltungsrates und im Anschluss an eine offene Aufforderung zur Beteiligung vorgeschlagen werden. [3] Die sechs weiteren Mitglieder dürfen keine Vertreter der zuständigen Behörde sein, die mutmaßlich gegen Unionsrecht verstoßen hat, und dürfen weder Interessen haben, die durch die Angelegenheit berührt werden, noch direkte Verbindungen zu der betreffenden zuständigen Behörde.

[2] Jedes Mitglied des Gremiums hat eine Stimme.

[3] Beschlüsse des Gremiums werden mit der Zustimmung von mindestens vier Mitgliedern gefasst.

(3) [1] [1] Für die Zwecke des Artikels 19 schlägt der Vorsitzende einen Beschluss zur Einberufung eines unabhängigen Gremiums vor, der vom Rat der Aufseher angenommen werden muss. [2] Das unabhängige Gremium besteht aus dem Vorsitzenden und sechs weiteren Mitgliedern, die vom Vorsitzenden nach Konsultation des Verwaltungsrates und im Anschluss an eine offene Aufforderung zur Beteiligung vorgeschlagen werden. [3] Die sechs weiteren Mitglieder dürfen keine Vertreter der zuständigen Behörden sein, zwischen denen die Meinungsverschiedenheit besteht, und dürfen weder Interessen haben, die durch den Konflikt berührt werden, noch direkte Verbindungen zu den betreffenden zuständigen Behörden.

*[2]* Jedes Mitglied des Gremiums hat eine Stimme.

*[3]* Beschlüsse des Gremiums werden mit der Zustimmung von mindestens vier Mitgliedern gefasst.

(4) *[1]* ¹Für die Zwecke der Durchführung der in Artikel 22 Absatz 4 Unterabsatz 1 vorgesehenen Untersuchung kann der Vorsitzende einen Vorschlag für einen Beschluss zur Einleitung der Untersuchung und für einen Beschluss zur Einberufung eines unabhängigen Gremiums unterbreiten, was vom Rat der Aufseher angenommen werden muss. ²Das unabhängige Gremium besteht aus dem Vorsitzenden und sechs weiteren Mitgliedern, die vom Vorsitzenden nach Konsultation des Verwaltungsrates und im Anschluss an eine offene Aufforderung zur Beteiligung vorgeschlagen werden.

*[2]* Jedes Mitglied des Gremiums hat eine Stimme.

*[3]* Beschlüsse des Gremiums werden mit der Zustimmung von mindestens vier Mitgliedern gefasst.

(5) ¹Beschlüsse nach Artikel 17 oder Artikel 19 werden von den in den Absätzen 2 und 3 des vorliegenden Artikels genannten Gremien oder vom Vorsitzenden zur endgültigen Annahme durch den Rat der Aufseher vorgeschlagen. ²Ein in Absatz 4 des vorliegenden Artikels genanntes Gremium legt das Ergebnis der gemäß Artikel 22 Absatz 4 Unterabsatz 1 durchgeführten Untersuchung dem Rat der Aufseher vor.

(6) Der Rat der Aufseher gibt den in diesem Artikel genannten Gremien eine Geschäftsordnung.

**Art. 42 Unabhängigkeit des Rates der Aufseher.** (1) Bei der Wahrnehmung der ihnen durch diese Verordnung übertragenen Aufgaben handeln die Mitglieder des Rates der Aufseher unabhängig und objektiv im alleinigen Interesse der Union als Ganzes und fordern von Organen oder Einrichtungen der Union, von Regierungen sowie von öffentlichen oder privaten Stellen keine Weisungen an oder nehmen solche entgegen.

(2) Die Mitgliedstaaten, die Organe oder Einrichtungen der Union und andere öffentliche oder private Stellen versuchen nicht, die Mitglieder des Rates der Aufseher bei der Wahrnehmung ihrer Aufgaben zu beeinflussen.

(3) Die Mitglieder des Rates der Aufseher, der Vorsitzende sowie die nicht stimmberechtigten Vertreter und Beobachter, die an den Sitzungen des Rates der Aufseher teilnehmen, geben vor diesen Sitzungen eine wahrheitsgetreue und vollständige Erklärung über das Nichtbestehen beziehungsweise Bestehen von Interessen ab, die ihre Unabhängigkeit bei einem Tagesordnungspunkt als beeinträchtigend angesehen werden könnten, und beteiligen sich nicht an den Beratungen und Abstimmungen über die betreffenden Punkte.

(4) Der Rat der Aufseher legt in seiner Geschäftsordnung die praktischen Einzelheiten für die in Absatz 3 vorgesehene Regelung bezüglich Interessenerklärungen sowie für die Vorbeugung von und den Umgang mit Interessenkonflikten fest.

**Art. 43 Aufgaben.** (1) ¹Der Rat der Aufseher gibt die Leitlinien für die Arbeiten der Behörde vor und erlässt die in Kapitel II genannten Beschlüsse. ²Der Rat der Aufseher gibt die in Kapitel II genannten Stellungnahmen und Empfehlungen der Behörde ab, erlässt ihre dort genannten Leitlinien und Beschlüsse und erteilt die dort genannten Ratschläge, wobei er sich auf einen

Vorschlag des einschlägigen internen Ausschusses oder Gremiums, des Vorsitzenden beziehungsweise des Verwaltungsrates stützt.

(2) *(aufgehoben)*

(3) *(aufgehoben)*

(4) *[1]* Der Rat der Aufseher legt vor dem 30. September jedes Jahres auf Vorschlag des Verwaltungsrats das Arbeitsprogramm der Behörde für das darauffolgende Jahr fest und übermittelt es zur Kenntnisnahme dem Europäischen Parlament, dem Rat und der Kommission.

*[2]* Das Arbeitsprogramm wird unbeschadet des jährlichen Haushaltsverfahrens angenommen und öffentlich bekannt gemacht.

(5) [1] Der Rat der Aufseher nimmt auf Vorschlag des Verwaltungsrates den Jahresbericht über die Tätigkeiten der Behörde, einschließlich über die Ausführung der Aufgaben des Vorsitzenden, an und übermittelt diesen Bericht bis zum 15. Juni eines jeden Jahres dem Europäischen Parlament, dem Rat, der Kommission, dem Rechnungshof und dem Europäischen Wirtschafts- und Sozialausschuss. [2] Der Bericht wird veröffentlicht.

(6) *[1]* Der Rat der Aufseher beschließt das mehrjährige Arbeitsprogramm der Behörde und übermittelt es zur Kenntnisnahme dem Europäischen Parlament, dem Rat und der Kommission.

*[2]* Das mehrjährige Arbeitsprogramm wird unbeschadet des jährlichen Haushaltsverfahrens beschlossen und öffentlich bekannt gemacht.

(7) Der Rat der Aufseher erlässt gemäß Artikel 63 den Haushaltsplan.

(8) [1] Der Rat der Aufseher hat die Disziplinargewalt über den Vorsitzenden und den Exekutivdirektor. [2] Er kann den Exekutivdirektor gemäß Artikel 51 Absatz 5 seines Amtes entheben.

**Art. 43a Transparenz der vom Rat der Aufseher erlassenen Beschlüsse.** [1] Ungeachtet des Artikels 70 übermittelt die Behörde dem Europäischen Parlament innerhalb von sechs Wochen nach jeder Sitzung des Rates der Aufseher zumindest einen umfassenden und aussagekräftigen Bericht über die Beratungen in dieser Sitzung, der ein vollständiges Verständnis der Erörterungen ermöglicht, sowie ein kommentiertes Verzeichnis der Beschlüsse. [2] Dieser Bericht gibt nicht die Beratungen des Rates der Aufseher über einzelne Finanzmarktteilnehmer wider, es sei denn, Artikel 75 Absatz 3 oder die in Artikel 1 Absatz 2 genannten Gesetzgebungsakte sehen etwas anderes vor.

**Art. 44 Beschlussfassung.** (1) *[1]* [1] Der Rat der Aufseher trifft seine Beschlüsse mit einfacher Mehrheit. [2] Jedes stimmberechtigte Mitglied hat eine Stimme.

*[2]* In Bezug auf die in den Artikeln 10 bis 16 der vorliegenden Verordnung genannten Rechtsakte und die gemäß Artikel 9 Absatz 5 Unterabsatz 3 der vorliegenden Verordnung und Kapitel VI der vorliegenden Verordnung erlassenen Maßnahmen und Beschlüsse trifft der Rat der Aufseher abweichend von Unterabsatz 1 des vorliegenden Absatzes seine Beschlüsse mit qualifizierter Mehrheit seiner Mitglieder im Sinne des Artikels 16 Absatz 4 des EUV und des Artikels 3 des Protokolls Nr. 36 über die Übergangsbestimmungen.

*[3]* Der Vorsitzende beteiligt sich nicht an den Abstimmungen über die in Unterabsatz 2 genannten Beschlüsse.

*[4]* ¹In Bezug auf die Zusammensetzung der Gremien nach Artikel 41 Absätze 2, 3 und 4 sowie die Mitglieder des in Artikel 30 Absatz 2 genannten Peer-Review-Ausschusses ist der Rat der Aufseher, wenn er die Vorschläge des Vorsitzenden prüft, um Konsens bemüht. ²Kann kein Konsens erzielt werden, werden die Beschlüsse des Rats der Aufseher mit Dreiviertelmehrheit der stimmberechtigten Mitglieder gefasst. ³Jedes stimmberechtigte Mitglied hat eine Stimme.

*[5]* In Bezug auf die gemäß Artikel 18 Absätze 3 und 4 erlassenen Beschlüsse trifft der Rat der Aufseher abweichend von Unterabsatz 1 seine Beschlüsse mit der einfachen Mehrheit seiner stimmberechtigten Mitglieder.

(2) Die Sitzungen des Rates der Aufseher werden vom Vorsitzenden von Amts wegen oder auf Antrag eines Drittels der Mitglieder einberufen; der Vorsitzende leitet die Sitzungen.

(3) Der Rat der Aufseher gibt sich eine Geschäftsordnung und veröffentlicht diese.

(4) *[1]* ¹Bei Beschlüssen nach den Artikeln 17, 19 und 30 stimmt der Rat der Aufseher über die vorgeschlagenen Beschlusse im Wege eines schriftlichen Verfahrens ab. ²Die stimmberechtigten Mitglieder des Rates der Aufseher geben ihre Stimme innerhalb von acht Arbeitstagen ab. ³Jedes stimmberechtigte Mitglied hat eine Stimme. ⁴Der vorgeschlagene Beschluss gilt als angenommen, es sei denn, er wird von den stimmberechtigten Mitgliedern des Rates der Aufseher mit einfacher Mehrheit abgelehnt. ⁵Enthaltungen zählen weder als Zustimmung noch als Ablehnung und werden bei der Berechnung der abgegebenen Stimmen nicht berücksichtigt. ⁶Erheben drei stimmberechtigte Mitglieder des Rates der Aufseher Einwände gegen das schriftliche Verfahren, so erörtert der Rat der Aufseher den Entwurf des Beschlusses und entscheidet darüber nach dem Verfahren des Absatzes 1 des vorliegenden Artikels.

*[2]* Die nicht stimmberechtigten Mitglieder und die Beobachter mit Ausnahme des Exekutivdirektors nehmen nicht an Beratungen des Rates der Aufseher über einzelne Finanzmarktteilnehmer teil, es sei denn, Artikel 75 Absatz 3 oder die in Artikel 1 Absatz 2 genannten Gesetzgebungsakte sehen etwas anderes vor.

(5) ¹Der Vorsitzende der Behörde ist befugt, jederzeit eine Abstimmung zu veranlassen. ²Unbeschadet dieser Befugnis und der Wirksamkeit der Beschlussfassungsverfahren der Behörde, ist der Rat der Aufseher der Behörde darum bemüht, seine Beschlüsse einvernehmlich zu fassen.

## Abschnitt 2. Verwaltungsrat

**Art. 45 Zusammensetzung.** (1) *[1]* Der Verwaltungsrat setzt sich aus dem Vorsitzenden und sechs Mitgliedern des Rates der Aufseher zusammen, die von den stimmberechtigten Mitgliedern des Rates der Aufseher und aus ihrem Kreis gewählt werden.

*[2]* Mit Ausnahme des Vorsitzenden hat jedes Mitglied des Verwaltungsrates einen Stellvertreter, der es bei Verhinderung vertreten kann.

(2) ¹Die Amtszeit der vom Rat der Aufseher gewählten Mitglieder beträgt zweieinhalb Jahre. ²Diese Amtszeit kann einmal verlängert werden. ³Die Zusammensetzung des Verwaltungsrates muss ein ausgewogenes Geschlechterverhältnis aufweisen, verhältnismäßig sein und die Union als Ganzes widerspie-

geln. ⁴Die Mandate überschneiden sich, und es gilt eine angemessene Rotationsregelung.

(3) ¹Die Sitzungen des Verwaltungsrates werden vom Vorsitzenden von Amts wegen oder auf Ersuchen von mindestens einem Drittel seiner Mitglieder einberufen und vom Vorsitzenden geleitet. ²Der Verwaltungsrat tritt vor jeder Sitzung des Rates der Aufseher und so oft es der Verwaltungsrat für notwendig hält, zusammen. ³Er tritt mindestens fünfmal jährlich zusammen.

(4) ¹Die Mitglieder des Verwaltungsrates können vorbehaltlich der Geschäftsordnung von Beratern oder Sachverständigen unterstützt werden. ²Die nicht stimmberechtigten Mitglieder mit Ausnahme des Exekutivdirektors nehmen nicht an Beratungen des Verwaltungsrates über einzelne Finanzmarktteilnehmer teil.

**Art. 45a Beschlussfassung.** (1) ¹Der Verwaltungsrat trifft seine Beschlüsse mit einfacher Mehrheit und bemüht sich um Konsens. ²Jedes Mitglied hat eine Stimme. ³Der Vorsitzende ist stimmberechtigtes Mitglied.

(2) ¹Der Exekutivdirektor und ein Vertreter der Kommission nehmen ohne Stimmrecht an den Sitzungen des Verwaltungsrates teil. ²In den in Artikel 63 genannten Fragen ist der Vertreter der Kommission stimmberechtigt.

(3) Der Verwaltungsrat gibt sich eine Geschäftsordnung und veröffentlicht diese.

**Art. 45b Koordinierungsgruppen.** (1) ¹Der Verwaltungsrat kann von Amts wegen oder auf Ersuchen einer zuständigen Behörde Koordinierungsgruppen für bestimmte Themen einsetzen, bei denen angesichts spezifischer Marktentwicklungen Koordinierungsbedarf bestehen könnte. ²Der Verwaltungsrat setzt Koordinierungsgruppen für bestimmte Themen ein, wenn fünf Mitglieder des Rates der Aufseher darum ersuchen.

(2) ¹Alle zuständigen Behörden nehmen an den Koordinierungsgruppen teil und stellen den Koordinierungsgruppen gemäß Artikel 35 die Informationen zur Verfügung, die die Koordinierungsgruppen zur Wahrnehmung der ihnen übertragenen Koordinierungsaufgaben benötigen. ²Die Arbeit der Koordinierungsgruppen stützt sich auf die von den zuständigen Behörden zur Verfügung gestellten Informationen und etwaige un der Behörde festgestellte Ergebnisse.

(3) ¹In den Gruppen führt ein Mitglied des Verwaltungsrates den Vorsitz. ²Jedes Jahr erstattet das jeweilige Mitglied des Verwaltungsrates, das für die Koordinierungsgruppe zuständig ist, dem Rat der Aufseher über die wesentlichen Elemente der Erörterungen und Ergebnisse Bericht und gibt – sofern relevant – Empfehlungen für regulatorische Folgemaßnahmen oder einen Peer Review im betreffenden Bereich ab. ³Die zuständigen Behörden teilen der Behörde mit, wie sie die Arbeit der Koordinierungsgruppen bei ihren Tätigkeiten berücksichtigt haben.

(4) Wenn die Behörde Marktentwicklungen beobachtet, die im Fokus der Koordinierungsgruppen stehen könnten, kann die Behörde die zuständigen Behörden gemäß Artikel 35 ersuchen, die Informationen zur Verfügung zu stellen, die die Behörde zur Wahrnehmung ihrer überwachenden Rolle benötigt.

**Art. 46 Unabhängigkeit des Verwaltungsrates.** *[1]* Die Mitglieder des Verwaltungsrates handeln unabhängig und objektiv im alleinigen Interesse der

Union als Ganzes und fordern von Organen oder Einrichtungen der Union, von Regierungen sowie von öffentlichen oder privaten Stellen keine Weisungen an oder nehmen solche entgegen.

*[2]* Die Mitgliedstaaten, die Organe oder Einrichtungen der Union und andere öffentliche oder private Stellen versuchen nicht, die Mitglieder des Verwaltungsrates bei der Wahrnehmung ihrer Aufgaben zu beeinflussen.

**Art. 47 Aufgaben.** (1) Der Verwaltungsrat gewährleistet, dass die Behörde ihren Auftrag ausführt und die ihr durch diese Verordnung zugewiesenen Aufgaben wahrnimmt.

(2) Der Verwaltungsrat schlägt dem Rat der Aufseher das Jahres- und das mehrjährige Arbeitsprogramm zur Annahme vor.

(3) Der Verwaltungsrat übt seine Haushaltsbefugnisse nach Maßgabe der Artikel 63 und 64 aus.

(3a) Der Verwaltungsrat kann alle vom Rat der Aufseher zu beschließenden Angelegenheiten prüfen, eine Stellungnahme dazu abgeben und Vorschläge dazu unterbreiten, nachdem diese Angelegenheiten im zuständigen internen Ausschuss erörtert worden sind; dies gilt nicht für Peer Reviews nach Artikel 30.

(4) Der Verwaltungsrat nimmt die Personalplanung der Behörde an und erlässt gemäß Artikel 68 Absatz 2 die nach dem Statut der Beamten der Europäischen Gemeinschaften (im Folgenden „Statut") notwendigen Durchführungsbestimmungen.

(5) Der Verwaltungsrat erlässt gemäß Artikel 72 die besonderen Bestimmungen über das Recht auf Zugang zu den Dokumenten der Behörde.

(6) Der Verwaltungsrat schlägt dem Rat der Aufseher einen Jahresbericht über die Tätigkeiten der Behörde, einschließlich über die Aufgaben des Vorsitzenden, zur Billigung vor.

(7) Der Verwaltungsrat gibt sich eine Geschäftsordnung und veröffentlicht diese.

(8) Der Verwaltungsrat bestellt und entlässt die Mitglieder des Beschwerdeausschusses gemäß Artikel 58 Absätze 3 und 5, wobei er einen Vorschlag des Rates der Aufseher gebührend berücksichtigt.

(9) [1] Die Mitglieder des Verwaltungsrates machen alle abgehaltenen Sitzungen und erhaltenen Bewirtungen öffentlich. [2] Ausgaben werden gemäß dem Statut öffentlich festgehalten.

### Abschnitt 3. Vorsitz

**Art. 48 Ernennung und Aufgaben.** (1) *[1]* Die Behörde wird durch einen Vorsitzenden vertreten, der dieses Amt unabhängig und als Vollzeitbeschäftigter wahrnimmt.

*[2]* Der Vorsitzende bereitet die Arbeiten des Rates der Aufseher vor, was unter anderem die Festlegung der vom Rat der Aufseher anzunehmenden Tagesordnung, die Einberufung der Sitzungen und die Vorlage von Punkten zur Beschlussfassung umfasst, und leitet die Sitzungen des Rates der Aufseher.

*[3]* Der Vorsitzende legt die vom Verwaltungsrat anzunehmende Tagesordnung des Verwaltungsrates fest und leitet die Sitzungen des Verwaltungsrates.

*[4]* Der Vorsitzende kann den Verwaltungsrat auffordern, die Einsetzung einer Koordinierungsgruppe nach Artikel 45b zu erwägen.

(2) *[1]* ¹Der Vorsitzende wird im Anschluss an ein offenes Auswahlverfahren, bei dem der Grundsatz eines ausgewogenen Geschlechterverhältnisses geachtet wird und das im *Amtsblatt der Europäischen Union* veröffentlicht wird, aufgrund seiner Verdienste, seiner Kompetenzen, seiner Kenntnis über Finanzmarktteilnehmer und über Märkte sowie seiner Erfahrungen im Bereich Finanzaufsicht und -regulierung ausgewählt. ²Der Rat der Aufseher erstellt mit Unterstützung der Kommission eine Auswahlliste der qualifizierten Bewerber für die Position des Vorsitzenden. ³Auf Basis der Auswahlliste erlässt der Rat nach Bestätigung durch das Europäische Parlament einen Beschluss zur Ernennung des Vorsitzenden.

*[2]* Erfüllt der Vorsitzende die in Artikel 49 aufgeführten Voraussetzungen nicht mehr oder hat er sich eines schweren Fehlverhaltens schuldig gemacht, so kann der Rat auf einen vom Europäischen Parlament gebilligten Vorschlag der Kommission hin einen Beschluss erlassen, mit dem der Vorsitzende seines Amtes enthoben wird.

*[3]* ¹Der Rat der Aufseher wählt aus den Reihen seiner Mitglieder einen stellvertretenden Vorsitzenden, der bei Abwesenheit des Vorsitzenden dessen Aufgaben wahrnimmt. ²Dieser stellvertretende Vorsitzende wird nicht aus den Mitgliedern des Verwaltungsrats gewählt.

(3) Die Amtszeit des Vorsitzes beträgt fünf Jahre und kann einmal verlängert werden.

(4) *[1]* In den neun Monaten vor Ablauf der fünfjährigen Amtszeit des Vorsitzenden beurteilt der Rat der Aufseher

a) welche Ergebnisse in der ersten Amtszeit und mit welchen Mitteln sie erzielt wurden,

b) welche Aufgaben und Anforderungen in den folgenden Jahren auf die Behörde zukommen.

*[2]* Für die Zwecke der in Unterabsatz 1 genannten Beurteilung werden die Aufgaben des Vorsitzenden vom stellvertretenden Vorsitzenden wahrgenommen.

*[3]* Der Rat kann die Amtszeit des Vorsitzenden auf Vorschlag des Rates der Aufseher und mit Unterstützung der Kommission und unter Berücksichtigung der Beurteilung gemäß Unterabsatz 1 einmal verlängern.

(5) ¹Der Vorsitzende kann nur aus schwerwiegenden Gründen seines Amtes enthoben werden. ²Die Amtsenthebung kann nur durch das Europäische Parlament nach einem Beschluss des Rates, der nach Anhörung des Rates der Aufseher angenommen wurde, erfolgen.

**Art. 49 Unabhängigkeit des Vorsitzenden.** *[1]* Unbeschadet der Rolle, die der Rat der Aufseher im Zusammenhang mit den Aufgaben des Vorsitzenden spielt, fordert der Vorsitzende von Organen oder Einrichtungen der Union, von Regierungen oder von anderen öffentlichen oder privaten Stellen keine Weisungen an oder nimmt solche entgegen.

*[2]* Weder die Mitgliedstaaten, die Organe oder Einrichtungen der Union noch andere öffentliche oder private Stellen versuchen, den Vorsitzenden bei der Wahrnehmung seiner Aufgaben zu beeinflussen.

*[3]* Im Einklang mit dem in Artikel 68 genannten Statut ist der Vorsitzende nach dem Ausscheiden aus dem Dienst verpflichtet, bei der Annahme gewisser Tätigkeiten oder Vorteile ehrenhaft und zurückhaltend zu sein.

**Art. 49a Ausgaben.** ¹Der Vorsitzende macht alle abgehaltenen Sitzungen mit externen Interessenvertretern innerhalb von zwei Wochen nach der Sitzung und alle erhaltenen Bewirtungen öffentlich. ²Ausgaben werden gemäß dem Statut öffentlich festgehalten.

**Art. 50** *(aufgehoben)*

### Abschnitt 4. Exekutivdirektor

**Art. 51 Ernennung.** (1) Die Behörde wird von einem Exekutivdirektor geleitet, der sein Amt unabhängig und als Vollzeitbeschäftigter wahrnimmt.

(2) Der Exekutivdirektor wird vom Rat der Aufseher im Anschluss an ein offenes Auswahlverfahren und nach Bestätigung durch das Europäische Parlament auf der Grundlage seiner Verdienste, Fähigkeiten, Kenntnis über Finanzmarktteilnehmer und -märkte sowie seiner Erfahrung im Bereich der Finanzaufsicht und -regulierung und seiner Erfahrung als Führungskraft ernannt.

(3) Die Amtszeit des Exekutivdirektors beträgt fünf Jahre und kann einmal verlängert werden.

(4) *[1]* In den neun Monaten vor Ende der fünfjährigen Amtszeit des Exekutivdirektors beurteilt der Rat der Aufseher insbesondere,

a) welche Ergebnisse in der ersten Amtszeit erreicht und mit welchen Mitteln sie erzielt wurden,

b) welche Aufgaben und Anforderungen in den folgenden Jahren auf die Behörde zukommen.

*[2]* Der Rat der Aufseher kann die Amtszeit des Exekutivdirektors unter Berücksichtigung der Beurteilung gemäß Unterabsatz 1 einmal verlängern.

(5) Der Exekutivdirektor kann seines Amtes nur durch einen Beschluss des Rates der Aufseher enthoben werden.

**Art. 52 Unabhängigkeit.** *[1]* Unbeschadet der Rolle, die der Verwaltungsrat und der Rat der Aufseher im Zusammenhang mit den Aufgaben des Exekutivdirektors spielen, darf der Exekutivdirektor von Organen oder Einrichtungen der Union, von der Regierung eines Mitgliedstaats und von anderen öffentlichen oder privaten Stellen Weisungen weder anfordern noch entgegennehmen.

*[2]* Weder die Mitgliedstaaten, die Organe oder Einrichtungen der Union noch andere öffentliche oder private Einrichtungen versuchen, den Exekutivdirektor bei der Wahrnehmung seiner Aufgaben zu beeinflussen.

*[3]* Im Einklang mit dem in Artikel 68 genannten Statut ist der Exekutivdirektor nach dem Ausscheiden aus dem Dienst verpflichtet, bei der Annahme gewisser Tätigkeiten oder Vorteile ehrenhaft und zurückhaltend zu sein.

**Art. 53 Aufgaben.** (1) Der Exekutivdirektor ist für die Leitung der Behörde verantwortlich und bereitet die Arbeiten des Verwaltungsrats vor.

(2) Der Exekutivdirektor ist für die Durchführung des Jahresarbeitsprogramms der Behörde verantwortlich, wobei der Rat der Aufseher eine Lenkungsfunktion übernimmt und der Verwaltungsrat die Kontrolle ausübt.

(3) Der Exekutivdirektor trifft alle erforderlichen Maßnahmen und erlässt insbesondere interne Verwaltungsanweisungen und veröffentlicht Mitteilungen, um das Funktionieren der Behörde gemäß dieser Verordnung zu gewährleisten.

(4) Der Exekutivdirektor erstellt das in Artikel 47 Absatz 2 genannte mehrjährige Arbeitsprogramm.

(5) Der Exekutivdirektor erstellt jedes Jahr bis zum 30. Juni das in Artikel 47 Absatz 2 genannte Arbeitsprogramm für das folgende Jahr.

(6) Der Exekutivdirektor erstellt einen Vorentwurf des Haushaltsplans der Behörde gemäß Artikel 63 und führt den Haushaltsplan der Behörde gemäß Artikel 64 aus.

(7) Der Exekutivdirektor erstellt alljährlich einen Berichtsentwurf, der einen Abschnitt über die Regulierungs- und Aufsichtstätigkeiten der Behörde und einen Abschnitt über finanzielle und administrative Angelegenheiten enthält.

(8) Der Exekutivdirektor übt gegenüber dem Personal der Behörde die in Artikel 68 niedergelegten Befugnisse aus und regelt Personalangelegenheiten.

## Kapitel IV. Gemeinsame Gremien der Europäischen Aufsichtsbehörden

### Abschnitt 1. Gemeinsamer Ausschuss der Europäischen Aufsichtsbehörden

**Art. 54 Einsetzung.** (1) Hiermit wird der Gemeinsame Ausschuss der Europäischen Aufsichtsbehörden errichtet.

(2) Der Gemeinsame Ausschuss dient als Forum für die regelmäßige und enge Zusammenarbeit der Behörde mit der Europäischen Aufsichtsbehörde (Europäische Bankenaufsichtsbehörde) und der Europäischen Aufsichtsbehörde (Europäische Aufsichtsbehörde für das Versicherungswesen und die betriebliche Altersversorgung), um unter Berücksichtigung sektorspezifischer Besonderheiten eine sektorübergreifende Abstimmung mit diesen zu gewährleisten, insbesondere in Bezug auf

– Finanzkonglomerate und, wenn dies aufgrund des Unionsrechts erforderlich ist, die aufsichtliche Konsolidierung,

– Rechnungslegung und Rechnungsprüfung,

– mikroprudentielle Analysen sektorübergreifender Entwicklungen, Risiken und Schwachstellen in Bezug auf Finanzstabilität,

– Anlageprodukte für Kleinanleger,

– Cybersicherheit,

– den Informationsaustausch und den Austausch bewährter Verfahren mit dem ESRB und den anderen ESA,

– Finanzdienstleistungen für Privatkunden und Fragen des Verbraucher- und Anlegerschutzes;

– die Beratung durch den nach Artikel 1 Absatz 6 eingesetzten Ausschuss.

(2a) Der gemeinsame Ausschuss kann die Kommission bei der Bewertung der Bedingungen sowie der technischen Spezifikationen und Verfahren unterstützen, durch die sichergestellt werden soll, dass die zentralen automatischen Mechanismen entsprechend dem Bericht gemäß Artikel 32a Absatz 5 der Richtlinie (EU) 2015/849 gesichert und wirksam miteinander verbunden werden können, sowie bei der wirksamen Verknüpfung der nationalen Register gemäß jener Richtlinie.

(3) [1] Der Gemeinsame Ausschuss verfügt über eigenes Personal, das von den ESA bereitgestellt wird und das die Aufgaben eines ständigen Sekretariats wahrnimmt. [2] Die Behörde stellt angemessene Ressourcen für die Ausgaben für Verwaltungs-, Infrastruktur- und Betriebsaufwendungen bereit.

(4) Ist ein Finanzmarktteilnehmer sektorübergreifend tätig ist, so regelt der Gemeinsame Ausschuss Meinungsverschiedenheiten im Einklang mit Artikel 56.

**Art. 55 Zusammensetzung.** (1) Der Gemeinsame Ausschuss setzt sich aus den Vorsitzenden der ESA sowie gegebenenfalls dem Vorsitzenden jedes gemäß Artikel 57 eingerichteten Unterausschusses zusammen.

(2) Der Exekutivdirektor, ein Vertreter der Kommission und der ESRB werden zu den Sitzungen des Gemeinsamen Ausschusses und den Sitzungen der in Artikel 57 genannten Unterausschüsse als Beobachter geladen.

(3) [1] Der Vorsitzende des Gemeinsamen Ausschusses wird unter jährlicher Rotation aus den Reihen der Vorsitzenden der ESA ernannt. [2] Der Vorsitzende des Gemeinsamen Ausschusses ist der zweite stellvertretende Vorsitzende des ESRB.

(4) *[1]* [1] Der Gemeinsame Ausschuss gibt sich eine Geschäftsordnung und veröffentlicht diese. [2] Darin können weitere Teilnehmer der Sitzungen des Gemeinsamen Ausschusses bestimmt werden.

*[2]* Der Gemeinsame Ausschuss trifft mindestens einmal alle drei Monate zusammen.

(5) Der Vorsitzende der Behörde unterrichtet den Rat der Aufseher regelmäßig über die in den Sitzungen des Gemeinsamen Ausschusses angenommenen Positionen.

**Art. 56 Gemeinsame Positionen und gemeinsame Maßnahmen.**

*[1]* Die Behörde führt im Rahmen ihrer Aufgaben nach Kapitel II der vorliegenden Verordnung und – sofern einschlägig – insbesondere im Hinblick auf die Umsetzung der Richtlinie 2002/87/EG gemeinsame Positionen mit der Europäischen Aufsichtsbehörde (Europäische Aufsichtsbehörde für das Versicherungswesen und die betriebliche Altersversorgung) beziehungsweise der Europäischen Aufsichtsbehörde (Europäische Bankenaufsichtsbehörde) durch Konsens herbei.

*[2]* Wenn dies aufgrund des Unionsrechts erforderlich ist, werden Maßnahmen gemäß den Artikeln 10 bis 16 und Beschlüsse gemäß den Artikeln 17, 18 und 19 der vorliegenden Verordnung in Bezug auf die Anwendung der Richtlinie 2002/87/EG und anderer in Artikel 1 Absatz 2 der vorliegenden Verordnung aufgeführter Gesetzgebungsakte, die auch in den Zuständigkeitsbereich der Europäischen Aufsichtsbehörde (Europäische Bankenaufsichtsbehörde) oder der Europäischen Aufsichtsbehörde (Europäische Aufsichtsbehörde für das Versicherungswesen und die betriebliche Altersversorgung) fallen, je nach Einzelfall von der Behörde und der Europäischen Aufsichtsbehörde (Europäische

Bankenaufsichtsbehörde) beziehungsweise der Europäischen Aufsichtsbehörde (Europäische Aufsichtsbehörde für das Versicherungswesen und die betriebliche Altersversorgung), gleichzeitig angenommen.

**Art. 57 Unterausschüsse.** (1) Der Gemeinsame Ausschuss kann Unterausschüsse einrichten, die Entwürfe gemeinsamer Positionen und gemeinsamer Maßnahmen für den Gemeinsamen Ausschuss vorbereiten.

(2) Jeder Unterausschuss setzt sich aus den in Artikel 55 Absatz 1 genannten Personen und einem hochrangigen Vertreter des Personals der betreffenden zuständigen Behörde jedes Mitgliedstaats zusammen.

(3) Jeder Unterausschuss wählt aus den Vertretern der jeweiligen zuständigen Behörden einen Vorsitzenden, der auch Beobachter im Gemeinsamen Ausschuss ist.

(4) Für die Zwecke des Artikels 56 wird innerhalb des Gemeinsamen Ausschusses ein Unterausschuss für Finanzkonglomerate eingerichtet.

(5) Der Gemeinsame Ausschuss veröffentlicht auf seiner Website alle eingerichteten Unterausschüsse, einschließlich ihrer Mandate und einer Liste ihrer Mitglieder mit ihren jeweiligen Funktionen im Unterausschuss.

### Abschnitt 2. Beschwerdeausschuss

**Art. 58 Zusammensetzung und Arbeitsweise.** (1) Hiermit wird der Beschwerdeausschuss der Europäischen Aufsichtsbehörden errichtet.

(2) *[1]* [1] Der Beschwerdeausschuss besteht aus sechs Mitgliedern und sechs stellvertretenden Mitgliedern, die einen ausgezeichneten Ruf genießen und nachweislich über einschlägige Kenntnisse des Unionsrechts und internationale berufliche Erfahrungen auf ausreichend hoher Ebene in den Sektoren Banken, Versicherungen, betriebliche Altersversorgung und Wertpapiere oder andere Finanzdienstleistungen verfügen und nicht zum aktuellen Personal der zuständigen Behörden oder anderer nationaler Organe oder Einrichtungen beziehungsweise von Organen oder Einrichtungen der Union gehören, die an den Tätigkeiten der Behörde beteiligt sind, und keine Mitglieder der Interessengruppe Wertpapiere und Wertpapiermärkte sind. [2] Die Mitglieder und stellvertretenden Mitglieder sind Staatsangehörige eines Mitgliedstaats und verfügen über fundierte Kenntnisse in mindestens zwei Amtssprachen der Union. [3] Der Beschwerdeausschuss muss über ausreichende Rechtskenntnisse verfügen, um die Behörde bei der Ausübung ihrer Befugnisse hinsichtlich der Rechtmäßigkeit einschließlich der Verhältnismäßigkeit sachkundig rechtlich beraten zu können.

*[2]* Der Beschwerdeausschuss ernennt seinen Vorsitzenden.

(3) *[1]* Zwei Mitglieder des Beschwerdeausschusses und zwei stellvertretende Mitglieder werden vom Verwaltungsrat der Behörde aus einer Auswahlliste ernannt, die die Kommission im Anschluss an eine öffentliche Aufforderung zur Interessenbekundung, die im *Amtsblatt der Europäischen Union* veröffentlicht wird, und nach Anhörung des Rates der Aufseher vorschlägt.

*[2]* Nach Erhalt der Auswahlliste kann das Europäische Parlament die als Mitglieder und Stellvertreter infrage kommenden Bewerber auffordern, eine Erklärung vor dem Europäischen Parlament abzugeben und sich den Fragen seiner Mitglieder zu stellen.

*[3]* Das Europäische Parlament kann die Mitglieder des Beschwerdeausschusses auffordern, eine Erklärung vor dem Europäischen Parlament abzugeben und sich den Fragen seiner Mitglieder zu stellen, wenn darum ersucht wird; dies gilt nicht für Erklärungen, Fragen oder Antworten zu Einzelfällen, die vom Beschwerdeausschuss entschieden werden oder bei diesem anhängig sind.

(4) ¹Die Amtszeit der Mitglieder des Beschwerdeausschusses beträgt fünf Jahre. ²Diese Amtszeit kann einmal verlängert werden.

(5) Ein vom Verwaltungsrat der Behörde ernanntes Mitglied des Beschwerdeausschusses kann während seiner Amtszeit nur dann seines Amtes enthoben werden, wenn es sich eines schweren Fehlverhaltens schuldig gemacht hat und der Verwaltungsrat nach Anhörung des Rates der Aufseher einen entsprechenden Beschluss gefasst hat.

(6) ¹Die Beschlüsse des Beschwerdeausschusses werden mit einer Mehrheit von mindestens vier der sechs Mitglieder gefasst. ²Fällt der angefochtene Beschluss in den Geltungsbereich dieser Verordnung, so muss die Beschlussmehrheit mindestens eines der beiden von der Behörde ernannten Mitglieder des Beschwerdeausschusses umfassen.

(7) Der Beschwerdeausschuss wird von seinem Vorsitzenden bei Bedarf einberufen.

(8) Die ESA gewährleisten, dass der Beschwerdeausschuss durch den Gemeinsamen Ausschuss angemessene Unterstützung für die Abwicklung der Betriebs- und Sekretariatsgeschäfte erhält.

**Art. 59 Unabhängigkeit und Unparteilichkeit.** (1) ¹Die Mitglieder des Beschwerdeausschusses sind in ihren Beschlüssen unabhängig. ²Sie sind an keinerlei Weisungen gebunden. ³Sie dürfen keine anderen Aufgaben für die Behörde, den Verwaltungsrat oder den Rat der Aufseher wahrnehmen.

(2) Die Mitglieder des Beschwerdeausschusses und das Personal der Behörde, das Unterstützung bei der Abwicklung der Betriebs- und Sekretariatsgeschäfte leistet, dürfen nicht an einem Beschwerdeverfahren mitwirken, wenn dieses Verfahren ihre persönlichen Interessen berührt, wenn sie vorher als Vertreter eines Verfahrensbeteiligten tätig gewesen sind oder wenn sie an dem Beschluss mitgewirkt haben, gegen den Beschwerde eingelegt wurde.

(3) Ist ein Mitglied des Beschwerdeausschusses aus einem der in den Absätzen 1 und 2 genannten Gründe oder aus einem sonstigen Grund der Ansicht, dass ein anderes Mitglied nicht an einem Beschwerdeverfahren mitwirken sollte, so teilt es dies dem Beschwerdeausschuss mit.

(4) *[1]* Jeder am Beschwerdeverfahren Beteiligte kann die Mitwirkung eines Mitglieds des Beschwerdeausschusses aus einem der in den Absätzen 1 und 2 genannten Gründe oder wegen des Verdachts der Befangenheit ablehnen.

*[2]* Eine Ablehnung aufgrund der Staatsangehörigkeit eines Mitglieds ist ebenso unzulässig wie eine Ablehnung in dem Fall, dass der am Beschwerdeverfahren Beteiligte eine Verfahrenshandlung vorgenommen hat, ohne die Zusammensetzung des Beschwerdeausschusses abzulehnen, obwohl er den Ablehnungsgrund kannte.

(5) *[1]* Der Beschwerdeausschuss beschließt über das Vorgehen in den in den Absätzen 1 und 2 genannten Fällen ohne Mitwirkung des betroffenen Mitglieds.

*[2]* ¹Das betroffene Mitglied wird bei diesem Beschluss durch seinen Stellvertreter im Beschwerdeausschuss vertreten. ²Befindet sich der Stellvertreter in einer ähnlichen Situation, so benennt der Vorsitzende eine Person aus dem Kreis der verfügbaren Stellvertreter.

(6) *[1]* Die Mitglieder des Beschwerdeausschusses verpflichten sich, unabhängig und im öffentlichen Interesse zu handeln.

*[2]* Zu diesem Zweck geben sie eine Verpflichtungserklärung sowie eine Interessenerklärung ab, aus der hervorgeht, dass entweder keinerlei Interessen bestehen, die als ihre Unabhängigkeit beeinträchtigend angesehen werden können, oder dass keine mittelbaren oder unmittelbaren Interessen vorhanden sind, die als ihre Unabhängigkeit beeinträchtigend angesehen werden könnten.

*[3]* Diese Erklärungen werden jedes Jahr schriftlich abgegeben und öffentlich bekannt gemacht.

## Kapitel V. Rechtsbehelfe

**Art. 60 Beschwerden.** (1) Eine natürliche oder juristische Person, einschließlich der zuständigen Behörden, kann gegen einen gemäß den Artikeln 17, 18 und 19 getroffenen Beschluss der Behörde, gegen jeden anderen von der Behörde gemäß den in Artikel 1 Absatz 2 genannten Rechtsakten der Union getroffenen, an sie gerichteten Beschluss sowie gegen Beschlüsse, die an eine andere Person gerichtet sind, sie aber unmittelbar und individuell betreffen, Beschwerde einlegen.

(2) *[1]* Die Beschwerde ist samt Begründung innerhalb von drei Monaten nach dem Tag der Bekanntgabe des Beschlusses an die betreffende Person oder, sofern eine solche Bekanntgabe nicht erfolgt ist, innerhalb von drei Monaten ab dem Tag, an dem die Behörde ihren Beschluss veröffentlicht hat, schriftlich bei der Behörde einzulegen.

*[2]* Der Beschwerdeausschuss beschließt über Beschwerden innerhalb von drei Monaten nach deren Einreichung.

(3) *[1]* Eine Beschwerde nach Absatz 1 hat keine aufschiebende Wirkung.

*[2]* Der Beschwerdeausschuss kann jedoch den Vollzug des angefochtenen Beschlusses aussetzen, wenn die Umstände dies nach seiner Auffassung erfordern.

(4) ¹Ist die Beschwerde zulässig, so prüft der Beschwerdeausschuss, ob sie begründet ist. ²Er fordert die am Beschwerdeverfahren Beteiligten auf, innerhalb bestimmter Fristen eine Stellungnahme zu den von ihm selbst abgegebenen Mitteilungen oder zu den Schriftsätzen der anderen am Beschwerdeverfahren Beteiligten einzureichen. ³Die am Beschwerdeverfahren Beteiligten haben das Recht, mündliche Erklärungen abzugeben.

(5) ¹Der Beschwerdeausschuss kann entweder den Beschluss der zuständigen Stelle der Behörde bestätigen oder die Angelegenheit an die zuständige Stelle der Behörde zurückverweisen. ²Diese Stelle ist an den Beschluss des Beschwerdeausschusses gebunden und trifft einen geänderten Beschluss zu der betreffenden Angelegenheit.

(6) Der Beschwerdeausschuss gibt sich eine Geschäftsordnung und veröffentlicht diese.

(7) Die Beschlüsse des Beschwerdeausschusses werden begründet und von der Behörde veröffentlicht.

**Art. 60a Befugnisüberschreitung durch die Behörde.** Jede natürliche oder juristische Person kann mit Gründen versehenen Rat an die Kommission richten, wenn diese Person der Auffassung ist, dass die Behörde bei ihren Handlungen im Rahmen der Artikel 16 und 16b ihre Befugnisse überschritten hat – wozu auch gehört, dass sie den Grundsatz der Verhältnismäßigkeit nach Artikel 1 Absatz 5 missachtet hat – und diese Person davon unmittelbar und individuell betroffen ist.

**Art. 61 Klagen vor dem Gerichtshof der Europäischen Union.**

(1) Im Einklang mit Artikel 263 AEUV kann vor dem Gerichtshof der Europäischen Union Klage gegen einen Beschluss des Beschwerdeausschusses oder, in Fällen, in denen kein Rechtsbehelf beim Beschwerdeausschuss möglich ist, der Behörde erhoben werden.

(2) Im Einklang mit Artikel 263 AEUV können die Mitgliedstaaten und die Organe der Union sowie jede natürliche oder juristische Person Klage vor dem Gerichtshof der Europäischen Union gegen Beschlüsse der Behörde erheben.

(3) Nimmt die Behörde trotz der Verpflichtung, tätig zu werden, keinen Beschluss an, so kann vor dem Gerichtshof der Europäischen Union eine Untätigkeitsklage nach Artikel 265 AEUV erhoben werden.

(4) Die Behörde muss die erforderlichen Maßnahmen ergreifen, um dem Urteil des Gerichtshofs der Europäischen Union nachzukommen.

## Kapitel VI. Finanzvorschriften

**Art. 62 Haushalt der Behörde.** (1) *[1]* Die Einnahmen der Behörde, einer europäischen Einrichtung gemäß Artikel 70 der Verordnung (EU, Euratom) 2018/1046 des Europäischen Parlaments und des Rates[1] (im Folgenden „Haushaltsordnung"), bestehen insbesondere aus einer Kombination der folgenden Einnahmen:

a) Pflichtbeiträge der nationalen Behörden, die für die Aufsicht über Finanzmarktteilnehmer zuständig sind, die gemäß einer Formel geleistet werden, die auf der Stimmengewichtung nach Artikel 3 Absatz 3 des Protokolls (Nr. 36) über die Übergangsbestimmungen basiert. Für die Zwecke dieses Artikels gilt Artikel 3 Absatz 3 des Protokolls (Nr. 36) über die Übergangsbestimmungen über den darin festgelegten Stichtag des 31. Oktober 2014 hinaus;

b) einem Zuschuss der Union aus dem Gesamthaushaltsplan der Europäischen Union (Einzelplan Kommission);

c) Gebühren, die in den in den einschlägigen Instrumenten des Unionsrechts festgelegten Fällen an die Behörde gezahlt werden;

---

[1] **Amtl. Anm.:** Verordnung (EU, Euratom) Nr. 2018/1046 des Europäischen Parlaments und des Rates vom 18. Juli 2018 über die Haushaltsordnung für den Gesamthaushaltsplan der Union, zur Änderung der Verordnungen (EU) Nr. 1296/2013, (EU) Nr. 1301/2013, (EU) Nr. 1303/2013, (EU) Nr. 1304/2013, (EU) Nr. 1309/2013, (EU) Nr. 1316/2013, (EU) Nr. 223/2014, (EU) Nr. 283/2014 und des Beschlusses Nr. 541/2014/EU sowie zur Aufhebung der Verordnung (EU, Euratom) Nr. 966/2012 (ABl. L 193 vom 30.7.2018, S. 1).

d) etwaige freiwillige Beiträge von Mitgliedstaaten oder Beobachtern;
e) vereinbarte Entgelte für Veröffentlichungen, Ausbildungsmaßnahmen und sonstige Dienstleistungen, die von der Behörde erbracht werden, sofern sie von einer oder mehreren zuständigen Behörden ausdrücklich angefordert wurden.

*[2]* [1] Etwaige freiwillige Beiträge von Mitgliedstaaten oder Beobachtern nach Unterabsatz 1 Buchstabe d werden nicht angenommen, wenn durch eine solche Annahme Zweifel an der Unabhängigkeit und Unparteilichkeit der Behörde entstehen könnten. [2] Freiwillige Beiträge, die eine Kostenentschädigung für Aufgaben darstellen, die der Behörde von einer zuständigen Behörde übertragen wurden, werden nicht als Grund für Zweifel an der Unabhängigkeit der Behörde angesehen.

(2) Die Ausgaben der Behörde umfassen zumindest die Personalaufwendungen, Entgelte, die Verwaltungs- und Infrastrukturausgaben, die Ausgaben für berufliche Fortbildung und die Betriebskosten.

(3) Einnahmen und Ausgaben müssen ausgeglichen sein.

(4) Alle Einnahmen und Ausgaben der Behörde sind Gegenstand von Vorausschätzungen für jedes Haushaltsjahr und werden im Haushaltsplan der Behörde ausgewiesen; das Haushaltsjahr fällt mit dem Kalenderjahr zusammen.

**Art. 63 Aufstellung des Haushaltsplans.** (1) Jedes Jahr erstellt der Exekutivdirektor einen vorläufigen Entwurf des einheitlichen Programmplanungsdokuments der Behörde für die drei folgenden Haushaltsjahre, das die geschätzten Einnahmen und Ausgaben sowie Informationen über Personal aus seiner jährlichen und mehrjährigen Programmplanung enthält, und legt ihn, zusammen mit dem Stellenplan, dem Verwaltungsrat und dem Rat der Aufseher vor.

(2) Auf der Grundlage des vom Verwaltungsrat genehmigten Entwurfs nimmt der Rat der Aufseher den Entwurf des einheitlichen Programmplanungsdokuments für die drei folgenden Haushaltsjahre an.

(3) Der Verwaltungsrat leitet das einheitliche Programmplanungsdokument bis zum 31. Januar der Kommission, dem Europäischen Parlament und dem Rat sowie dem Europäischen Rechnungshof zu.

(4) Die Kommission stellt unter Berücksichtigung des einheitlichen Programmplanungsdokuments die mit Blick auf den Stellenplan für erforderlich erachteten Mittel und den Betrag des aus dem Gesamthaushaltsplan der Union gemäß den Artikeln 313 und 314 AEUV zu zahlenden Ausgleichsbeitrags in den Entwurf des Haushaltsplans der Union ein.

(5) [1] Das Europäische Parlament und der Rat nehmen den Stellenplan der Behörde an. [2] Das Europäische Parlament und der Rat bewilligen die Mittel für den Ausgleichsbeitrag für die Behörde.

(6) [1] Der Haushaltsplan der Behörde wird vom Rat der Aufseher angenommen. [2] Er wird endgültig, wenn der Gesamthaushaltsplan der Union endgültig angenommen ist. [3] Erforderlichenfalls wird er entsprechend angepasst.

(7) Der Verwaltungsrat unterrichtet das Europäische Parlament und den Rat unverzüglich über alle von ihm geplanten Vorhaben, die erhebliche finanzielle Auswirkungen auf die Finanzierung seines Haushaltsplans haben könnten, insbesondere im Hinblick auf Immobilienvorhaben wie die Anmietung oder den Erwerb von Gebäuden.

(8) Unbeschadet der Artikel 266 und 267 der Haushaltsordnung ist eine Bewilligung durch das Europäische Parlament und den Rat für Vorhaben, die erhebliche finanzielle oder langfristige Auswirkungen auf die Finanzierung des Haushaltsplans der Behörde haben könnten, insbesondere im Hinblick auf Immobilienvorhaben wie die Anmietung oder den Erwerb von Gebäuden, einschließlich Auflösungsklauseln, erforderlich.

**Art. 64 Ausführung und Kontrolle des Haushaltsplans.** (1) Der Exekutivdirektor handelt als Anweisungsbefugter und führt den jährlichen Haushaltsplan der Behörde aus.

(2) [1] Der Rechnungsführer der Behörde übermittelt dem Rechnungsführer der Kommission und dem Rechnungshof bis zum 1. März des folgenden Jahres den vorläufigen Rechnungsabschluss. [2] Mit Artikel 70 wird nicht ausgeschlossen, dass die Behörde dem Rechnungshof auf Ersuchen des Rechnungshofs Informationen bereitstellt, die in seinem Zuständigkeitsbereich liegen.

(3) Der Rechnungsführer der Behörde übermittelt dem Rechnungsführer der Kommission bis zum 1. März des folgenden Jahres die erforderlichen Rechnungsführungsinformationen für Konsolidierungszwecke in der Form und dem Format, die vom Rechnungsführer der Kommission vorgegeben werden.

(4) Ferner übermittelt der Rechnungsführer der Behörde den Mitgliedern des Rates der Aufseher, dem Europäischen Parlament, dem Rat und dem Rechnungshof bis zum 31. März des folgenden Jahres den Bericht über die Haushaltsführung und das Finanzmanagement.

(5) [1] Nach Übermittlung der Bemerkungen des Rechnungshofs zum vorläufigen Rechnungsabschluss der Behörde gemäß Artikel 246 der Haushaltsordnung erstellt der Rechnungsführer der Behörde den endgültigen Rechnungsabschluss der Behörde. [2] Der Exekutivdirektor übermittelt ihn dem Rat der Aufseher, der eine Stellungnahme dazu abgibt.

(6) [1] Der Rechnungsführer der Behörde übermittelt dem Rechnungsführer der Kommission, dem Europäischen Parlament, dem Rat und dem Rechnungshof bis zum 1. Juli des folgenden Jahres den endgültigen Rechnungsabschluss zusammen mit der Stellungnahme des Rates der Aufseher.

[2] Ferner übermittelt der Rechnungsführer der Behörde dem Rechnungsführer der Kommission bis zum 15. Juni jeden Jahres ein Berichterstattungspaket in einem vom Rechnungsführer der Kommission für Konsolidierungszwecke vorgegebenen Standardformat.

(7) Der endgültige Rechnungsabschluss wird bis zum 15. November des folgenden Jahres im *Amtsblatt der Europäischen Union* veröffentlicht.

(8) Der Exekutivdirektor übermittelt dem Rechnungshof bis zum 30. September eine Antwort auf dessen Bemerkungen; er übermittelt dem Verwaltungsrat und der Kommission auch eine Kopie dieser Antwort.

(9) Der Exekutivdirektor unterbreitet dem Europäischen Parlament auf dessen Anfrage gemäß Artikel 261 Absatz 3 der Haushaltsordnung alle Informationen, die für die ordnungsgemäße Durchführung des Entlastungsverfahrens für das betreffende Haushaltsjahr erforderlich sind.

(10) Das Europäische Parlament erteilt der Behörde auf Empfehlung des Rates, der mit qualifizierter Mehrheit beschließt, vor dem 15. Mai des Jahres N +2 Entlastung für die Ausführung des Haushaltsplans für das Haushaltsjahr N.

(11) Die Behörde gibt zur Position des Europäischen Parlaments und etwaigen anderen Anmerkungen des Europäischen Parlaments im Rahmen des Entlastungsverfahrens eine mit Gründen versehene Stellungnahme ab.

**Art. 65 Finanzregelung.** ¹Der Verwaltungsrat erlässt nach Konsultation der Kommission die für die Behörde geltende Finanzregelung. ²Diese Regelung darf von den Bestimmungen der Delegierten Verordnung (EU) 2019/715 der Kommission[1] nur dann abweichen, wenn die besonderen Erfordernisse der Arbeitsweise der Behörde dies verlangen und sofern die Kommission zuvor ihre Zustimmung erteilt hat.

**Art. 66 Betrugsbekämpfungsmaßnahmen.** (1) Zur Bekämpfung von Betrug, Korruption und sonstigen rechtswidrigen Handlungen wird die Verordnung (EU, Euratom) Nr. 883/2013 des Europäischen Parlaments und des Rates[2] ohne Einschränkung auf die Behörde angewandt.

(2) Die Behörde tritt der Interinstitutionellen Vereinbarung über die internen Untersuchungen des OLAF bei und erlässt unverzüglich die entsprechenden Vorschriften, die Geltung für sämtliche Mitarbeiter der Behörde haben.

(3) Die Finanzierungsbeschlüsse und Vereinbarungen sowie die daran geknüpften Umsetzungsinstrumente sehen ausdrücklich vor, dass der Rechnungshof und OLAF bei den Empfängern der von der Behörde ausgezahlten Gelder sowie bei den für die Zuweisung der Gelder Verantwortlichen bei Bedarf Kontrollen vor Ort durchführen können.

## Kapitel VII. Allgemeine Bestimmungen

**Art. 67 Vorrechte und Befreiungen.** Das dem Vertrag über die Europäische Union und dem AEUV beigefügte Protokoll (Nr. 7) über die Vorrechte und Befreiungen der Europäischen Union findet auf die Behörde und ihr Personal Anwendung.

**Art. 68 Personal.** (1) Für das Personal der Behörde, einschließlich ihres Exekutivdirektors und ihres Vorsitzenden, gelten das Statut und die Beschäftigungsbedingungen für die sonstigen Bediensteten sowie die von den Organen der Union gemeinsam erlassenen Regelungen für deren Anwendung.

(2) Der Verwaltungsrat legt im Einvernehmen mit der Kommission die erforderlichen Durchführungsbestimmungen gemäß Artikel 110 des Statuts fest.

(3) Die Behörde übt in Bezug auf ihr Personal die Befugnisse aus, die der Anstellungsbehörde durch das Statut und der vertragsschließenden Behörde durch die Beschäftigungsbedingungen für die sonstigen Bediensteten übertragen wurden.

---

[1] **Amtl. Anm.:** Delegierte Verordnung (EU) 2019/715 der Kommission vom 18. Dezember 2018 über die Rahmenfinanzregelung für gemäß dem AEUV und dem Euratom-Vertrag geschaffene Einrichtungen nach Artikel 70 der Verordnung (EU, Euratom) 2018/1046 des Europäischen Parlaments und des Rates (ABl. L 122 vom 10.5.2019, S. 1).

[2] **Amtl. Anm.:** Verordnung (EU, Euratom) Nr. 883/2013 des Europäischen Parlaments und des Rates vom 11. September 2013 über die Untersuchungen des Europäischen Amtes für Betrugsbekämpfung (OLAF) und zur Aufhebung der Verordnung (EG) Nr. 1073/1999 des Europäischen Parlaments und des Rates und der Verordnung (Euratom) Nr. 1074/1999 des Rates (ABl. L 248 vom 18.9.2013, S. 1).

(4) Der Verwaltungsrat erlässt Vorschriften für das Hinzuziehen nationaler Sachverständiger, die von den Mitgliedstaaten zur Behörde abgeordnet werden.

**Art. 69 Haftung der Behörde.** (1) ¹Im Bereich der außervertraglichen Haftung ersetzt die Behörde durch sie oder ihre Bediensteten in Ausübung ihrer Amtstätigkeit verursachte Schäden nach den allgemeinen Rechtsgrundsätzen, die den Rechtsordnungen der Mitgliedstaaten gemeinsam sind. ²Für Entscheidungen in Schadensersatzstreitigkeiten ist der Gerichtshof der Europäischen Union zuständig.

(2) Für die persönliche finanzielle Haftung und disziplinarische Verantwortung der Bediensteten der Behörde gegenüber der Behörde gelten die einschlägigen Regeln für das Personal der Behörde.

**Art. 70 Berufsgeheimnis.** (1) Mitglieder des Rates der Aufseher und alle Mitglieder des Personals der Behörde, einschließlich der von den Mitgliedstaaten vorübergehend abgeordneten Beamten und aller weiteren Personen, die auf vertraglicher Grundlage für die Behörde Aufgaben durchführen, unterliegen auch nach Beendigung ihrer Amtstätigkeit den Anforderungen des Berufsgeheimnisses gemäß Artikel 339 AEUV und den einschlägigen Bestimmungen des Unionsrechts.

(2) *[1]* Unbeschadet der Fälle, die unter das Strafrecht fallen, dürfen vertrauliche Informationen, die die unter Absatz 1 genannten Personen in ihrer beruflichen Eigenschaft erhalten, an keine Person oder Behörde weitergegeben werden, es sei denn in zusammengefasster oder aggregierter Form, so dass einzelne Finanzmarktteilnehmer nicht bestimmbar sind.

*[2]* Die Verpflichtung gemäß Absatz 1 des vorliegenden Artikels und Unterabsatz 1 des vorliegenden Absatzes hindert die Behörde und die zuständigen Behörden nicht daran, die Informationen für die Durchsetzung der in Artikel 1 Absatz 2 genannten Gesetzgebungsakte und insbesondere für die Verfahren zum Erlass von Beschlüssen zu nutzen.

(2a) *[1]* Der Verwaltungsrat und der Rat der Aufseher stellen sicher, dass Personen, die direkt oder indirekt, ständig oder gelegentlich Dienstleistungen im Zusammenhang mit den Aufgaben der Behörde erbringen, einschließlich der Beamten und sonstigen vom Verwaltungsrat und vom Rat der Aufseher ermächtigten Personen beziehungsweise der für diesen Zweck von den zuständigen Behörden bestellten Personen, Anforderungen des Berufsgeheimnisses unterliegen, die den in den Absätzen 1 und 2 aufgeführten Anforderungen entsprechen.

*[2]* Auch Beobachter, die den Sitzungen des Verwaltungsrates oder des Rates der Aufseher beiwohnen und an den Tätigkeiten der Behörde beteiligt sind, unterliegen den gleichen Anforderungen des Berufsgeheimnisses.

(3) *[1]* Die Absätze 1 und 2 hindern die Behörde nicht daran, im Einklang mit dieser Verordnung und anderen auf Finanzmarktteilnehmer anwendbaren Rechtsvorschriften der Union mit zuständigen Behörden Informationen auszutauschen.

*[2]* ¹Diese Informationen unterliegen den Bedingungen des Berufsgeheimnisses gemäß den Absätzen 1 und 2. ²Die Behörde legt in ihren internen Verfahrensvorschriften die praktischen Vorkehrungen für die Anwendung der in den Absätzen 1 und 2 genannten Geheimhaltungsregelungen fest.

(4) Die Behörde wendet den Beschluss (EU, Euratom) 2015/444 der Kommission[1] an.

**Art. 71 Datenschutz.** Diese Verordnung berührt weder die aus der Verordnung (EU) 2016/679 erwachsenden Verpflichtungen der Mitgliedstaaten hinsichtlich der Verarbeitung personenbezogener Daten noch die aus der Verordnung (EU) 2018/1725 des Europäischen Parlaments und des Rates[2] erwachsenden Verpflichtungen der Behörde hinsichtlich der Verarbeitung personenbezogener Daten bei der Erfüllung ihrer Aufgaben.

**Art. 72 Zugang zu Dokumenten.** (1) Für die Dokumente, die sich im Besitz der Behörde befinden, gilt die Verordnung (EG) Nr. 1049/2001.

(2) Der Verwaltungsrat erlässt praktische Maßnahmen zur Anwendung der Verordnung (EG) Nr. 1049/2001.

(3) Gegen Beschlüsse der Behörde gemäß Artikel 8 der Verordnung (EG) Nr. 1049/2001 kann, gegebenenfalls nach einer Beschwerde beim Beschwerdeausschuss, nach Maßgabe von Artikel 228 beziehungsweise 263 AEUV Beschwerde beim Bürgerbeauftragten beziehungsweise Klage beim Gerichtshof der Europäischen Union erhoben werden.

**Art. 73 Sprachenregelung.** (1) Für die Behörde gelten die Bestimmungen der Verordnung Nr. 1 des Rates zur Regelung der Sprachenfrage für die Europäische Wirtschaftsgemeinschaft[3].

(2) Der Verwaltungsrat beschließt über die interne Sprachenregelung der Behörde.

(3) Die für die Arbeit der Behörde erforderlichen Übersetzungsdienste werden vom Übersetzungszentrum für die Einrichtungen der Europäischen Union erbracht.

**Art. 74 Sitzabkommen.** *[1]* Die notwendigen Vorkehrungen hinsichtlich der Unterbringung der Behörde in dem Mitgliedstaat, in dem sie ihren Sitz hat, und hinsichtlich der Ausstattung, die von diesem Staat zur Verfügung zu stellen ist, sowie die speziellen Vorschriften, die in diesem Sitzstaat für das Personal der Behörde und dessen Familienangehörige gelten, werden in einem Sitzabkommen festgelegt, das nach Billigung durch den Verwaltungsrat zwischen der Behörde und dem betreffenden Mitgliedstaat geschlossen wurde.

*[2]* Der betreffende Mitgliedstaat gewährleistet die bestmöglichen Bedingungen für ein reibungsloses Funktionieren der Behörde, einschließlich eines mehrsprachigen und europäisch ausgerichteten schulischen Angebots und geeigneter Verkehrsanbindungen.

**Art. 75 Beteiligung von Drittländern.** (1) Die Beteiligung an der Arbeit der Behörde steht Drittländern offen, die mit der Union Abkommen geschlos-

---

[1] **Amtl. Anm.:** Beschluss (EU, Euratom) 2015/444 der Kommission vom 13. März 2015 über die Sicherheitsvorschriften für den Schutz von EU-Verschlusssachen (ABl. L 72 vom 17.3.2015, S. 53).
[2] **Amtl. Anm.:** Verordnung (EU) 2018/1725 des Europäischen Parlaments und des Rates vom 23. Oktober 2018 zum Schutz natürlicher Personen bei der Verarbeitung personenbezogener Daten durch die Organe, Einrichtungen und sonstigen Stellen der Union, zum freien Datenverkehr und zur Aufhebung der Verordnung (EG) Nr. 45/2001 und des Beschlusses Nr. 1247/2002/EG (ABl. L 295 vom 21.11.2018, S. 39).
[3] **Amtl. Anm.:** ABl. 17 vom 6.10.1958, S. 385.

sen haben, denen zufolge sie das Unionsrecht in den in Artikel 1 Absatz 2 genannten Zuständigkeitsbereichen der Behörde übernommen haben und anwenden.

(2) Die Behörde kann mit Drittländern gemäß Absatz 1 zusammenarbeiten, die Rechtsvorschriften anwenden, die in den in Artikel 1 Absatz 2 genannten Zuständigkeitsbereichen der Behörde als gleichwertig anerkannt wurden, wie in den von der Union gemäß Artikel 216 AEUV geschlossenen internationalen Abkommen vorgesehen.

(3) [1] Nach den einschlägigen Bestimmungen der in den Absätzen 1 und 2 genannten Abkommen werden insbesondere die Modalitäten für Art und Umfang der Beteiligung dieser in Absatz 1 genannten Länder an der Arbeit der Behörde und die verfahrenstechnischen Aspekte festgelegt, einschließlich Bestimmungen zu Finanzbeiträgen und Personal. [2] Eine Vertretung im Rat der Aufseher mit Beobachterstatus kann vorgesehen werden, wobei jedoch sicherzustellen ist, dass diese Länder nicht an Beratungen über einzelne Finanzmarktteilnehmer teilnehmen, es sei denn, es besteht ein unmittelbares Interesse.

## Kapitel VIII. Übergangs- und Schlussbestimmungen

**Art. 76 Verhältnis zum Ausschuss der europäischen Wertpapierregulierungsbehörden.** [1] Die Behörde wird als Rechtsnachfolgerin des Ausschusses der europäischen Wertpapierregulierungsbehörden (CESR) betrachtet. [2] Zum Zeitpunkt der Errichtung der Behörde gehen alle Vermögenswerte und Verbindlichkeiten sowie alle laufenden Tätigkeiten des CESR automatisch auf die Behörde über. [3] Der CESR erstellt eine Aufstellung seiner Vermögenswerte und Verbindlichkeiten zum Zeitpunkt des Übergangs. [4] Diese Aufstellung wird vom CESR und von der Kommission geprüft und genehmigt.

**Art. 77 Übergangsbestimmungen für das Personal.** (1) [1] Abweichend von Artikel 68 laufen sämtliche Arbeitsverträge und Abordnungsvereinbarungen, die vom CESR oder dessen Sekretariat abgeschlossen werden und am 1. Januar 2011 gültig sind, bis zum Vertragsende. [2] Sie können nicht verlängert werden.

(2) *[1]* Personalmitgliedern mit einem unter Absatz 1 genannten Arbeitsvertrag wird der Abschluss eines Vertrags als Bediensteter auf Zeit im Sinne von Artikel 2 Buchstabe a der Beschäftigungsbedingungen für die sonstigen Bediensteten in einem im Stellenplan der Behörde beschriebenen Dienstgrad angeboten.

*[2]* [1] Nach Inkrafttreten dieser Verordnung richtet die zum Abschluss von Verträgen ermächtigte Behörde ein internes Auswahlverfahren für diejenigen Personalmitglieder aus, die einen Vertrag mit dem CESR oder dessen Sekretariat abgeschlossen haben, um Fähigkeiten, Effizienz und Integrität der Personen zu prüfen, die eingestellt werden sollen. [2] Im Rahmen des internen Auswahlverfahrens werden die durch die Leistungen des Einzelnen vor der Einstellung erwiesenen Fähigkeiten und Erfahrungen umfassend berücksichtigt.

(3) Je nach Art und Niveau der wahrzunehmenden Aufgaben wird den erfolgreichen Bewerbern ein Vertrag als Bediensteter auf Zeit angeboten, dessen Laufzeit mindestens genauso lang ist wie die noch verbleibende Laufzeit des vorherigen Vertrags.

(4) Für Personalmitglieder mit früheren Verträgen, die beschließen, sich nicht für einen Vertrag als Bediensteter auf Zeit zu bewerben, oder denen kein Vertrag als Bediensteter auf Zeit gemäß Absatz 2 angeboten wird, gelten weiterhin das einschlägige nationale Recht, das auf Arbeitsverträge anwendbar ist, sowie andere einschlägige Instrumente.

**Art. 78 Nationale Vorkehrungen.** Die Mitgliedstaaten treffen alle geeigneten Vorkehrungen, um die wirksame Anwendung dieser Verordnung zu gewährleisten.

**Art. 79 Änderungen.** Der Beschluss Nr. 716/2009/EG wird insoweit geändert, als der CESR von der Liste der Begünstigten in Abschnitt B des Anhangs des Beschlusses gestrichen wird.

**Art. 80 Aufhebung.** Der Beschluss 2009/77/EG der Kommission zur Einsetzung des CESR wird mit Wirkung vom 1. Januar 2011 aufgehoben.

**Art. 81 Überprüfungsklausel.** (1) [1] Die Kommission veröffentlicht bis zum 31. Dezember 2021 und danach alle drei Jahre einen allgemeinen Bericht über die Erfahrungen aus den Tätigkeiten der Behörde und über die in dieser Verordnung festgelegten Verfahren. [2] In diesem Bericht wird unter anderem Folgendes bewertet:

a) die Wirksamkeit und die Angleichung, die von den zuständigen Behörden in Bezug auf die angewandten Aufsichtspraktiken erreicht wurde;
  i) die Unabhängigkeit der zuständigen Behörden und die Angleichung bei Standards, die Regeln der guten Unternehmensführung gleichwertig sind;
  ii) die Unparteilichkeit, Objektivität und Autonomie der Behörde;
b) das Funktionieren der Aufsichtskollegien;
c) Fortschritte, die im Hinblick auf die Angleichung in den Bereichen Verhütung, Management und Bewältigung von Krisen erzielt wurden, einschließlich Finanzierungsmechanismen der Union;
d) die Rolle der Behörde hinsichtlich Systemrisiken;
e) die Anwendung der Schutzklausel gemäß Artikel 38;
f) die Anwendung der verbindlichen Vermittlerrolle gemäß Artikel 19;
g) das Funktionieren des Gemeinsamen Ausschusses.

(2) In dem Bericht nach Absatz 1 wird ebenfalls geprüft, ob

a) es zweckmäßig ist, Banken, Versicherungen, betriebliche Altersversorgungen, Wertpapiere und Finanzmärkte weiterhin getrennt zu beaufsichtigen;
b) es zweckmäßig ist, prudentielle Aufsicht und Aufsicht über Geschäftsverhalten zu trennen oder durch dieselbe Aufsichtsbehörde vorzunehmen;
c) es zweckmäßig ist, die Strukturen des ESFS zu vereinfachen und zu stärken, um die Kohärenz zwischen den Makro- und Mikroebenen und zwischen den ESA zu erhöhen;
d) die Entwicklung des ESFS im Einklang mit der globalen Entwicklung verläuft;
e) innerhalb des ESFS ausreichend Vielfalt und Kompetenz besteht;
f) die Rechenschaftspflicht und die Transparenz den Offenlegungserfordernissen gerecht werden;

g) die Behörde mit ausreichenden Mitteln zur Wahrnehmung ihrer Aufgaben ausgestattet ist;

h) es angemessen ist, den Sitz der Behörde beizubehalten, oder die ESA an einem einzigen Sitz anzusiedeln, um eine bessere Koordinierung untereinander zu fördern.

(2a) Die Kommission führt als Teil des allgemeinen Berichts nach Absatz 1 des vorliegenden Artikels nach Konsultation aller betroffenen Behörden und Interessenvertreter eine umfassende Bewertung der Anwendung des Artikels 9a durch.

(2b) ¹Die Kommission führt als Teil des allgemeinen Berichts nach Absatz 1 nach Konsultation aller betroffenen Behörden und Interessenvertreter eine umfassende Bewertung der möglichen Beaufsichtigung von Handelsplätzen in Drittländern durch die Behörde durch, wobei Aspekte wie die Anerkennung aufgrund der Systemrelevanz, organisatorische Anforderungen, fortlaufende Erfüllung, Geldbußen und Zwangsgelder sowie Personal und Ressourcen untersucht werden. ²Bei ihrer Bewertung berücksichtigt die Kommission die Auswirkungen auf die Liquidität, einschließlich der Verfügbarkeit von Bestpreisen für Anleger, der bestmöglichen Ausführung für Kunden aus der EU, Zugangshemmnissen und wirtschaftlicher Vorteile für EU-Gegenparteien in Bezug auf den globalen Handel sowie die Entwicklung der Kapitalmarktunion.

(2c) Die Kommission führt als Teil des allgemeinen Berichts nach Absatz 1 nach Konsultation aller betroffenen Behörden und Interessenvertreter eine umfassende Bewertung der möglichen Beaufsichtigung von Zentralverwahrern in Drittländern durch die Behörde durch, wobei Aspekte wie die Anerkennung aufgrund der Systemrelevanz, organisatorische Anforderungen, fortlaufende Erfüllung, Geldbußen und Zwangsgelder sowie Personal und Ressourcen untersucht werden.

(2d) Die Kommission legt die Bewertungen nach den Absätzen 2b und 2c, gegebenenfalls zusammen mit etwaigen Gesetzgebungsvorschlägen, bis zum 30. Juni 2021 dem Europäischen Parlament und dem Rat vor.

(3) Zur Frage der direkten Beaufsichtigung von Finanzinstituten oder Infrastrukturen mit europaweiten Bezügen wird die Kommission unter Berücksichtigung der Marktentwicklungen jährlich einen Bericht dazu erstellen, ob es zweckmäßig ist, der Behörde weitere Aufsichtsaufgaben in diesem Bereich zu übertragen.

(4) Der Bericht und etwaige begleitende Vorschläge werden dem Europäischen Parlament und dem Rat übermittelt.

**Art. 82 Inkrafttreten.** *[1]* Diese Verordnung tritt am Tag nach ihrer Veröffentlichung[1] im *Amtsblatt der Europäischen Union* in Kraft.

*[2]* Sie gilt mit Wirkung vom 1. Januar 2011; hiervon ausgenommen sind Artikel 76 und Artikel 77 Absätze 1 und 2, die ab dem Tag des Inkrafttretens der Verordnung gelten.

*[3]* Die Behörde wird am 1. Januar 2011 errichtet.

Diese Verordnung ist in allen ihren Teilen verbindlich und gilt unmittelbar in jedem Mitgliedstaat.

---

[1] Veröffentlicht am 15.12.2010.

# 4. Börsengesetz (BörsG)[1]

Vom 16. Juli 2007
(BGBl. I S. 1330)

**FNA 4110-10**

zuletzt geänd. durch Art. 61 Zweites Datenschutz-Anpassungs- und Umsetzungsgesetz EU v. 20.11.2019 (BGBl. I S. 1626)

### Inhaltsübersicht

**Abschnitt 1. Allgemeine Bestimmungen über die Börsen und ihre Organe**

| | |
|---|---|
| § 1 | Anwendungsbereich |
| § 2 | Börsen und weitere Begriffsbestimmungen |
| § 3 | Aufgaben und Befugnisse der Börsenaufsichtsbehörde |
| § 3a | Aufgaben und Befugnisse der Börsenaufsichtsbehörde zur Ausführung der Verordnung (EU) 2015/2365 |
| § 3b | Meldung von Verstößen |
| § 4 | Erlaubnis |
| § 4a | Geschäftsleitung des Börsenträgers |
| § 4b | Verwaltungs- oder Aufsichtsorgan des Börsenträgers |
| § 5 | Pflichten des Börsenträgers |
| § 6 | Inhaber bedeutender Beteiligungen |
| § 7 | Handelsüberwachungsstelle |
| § 8 | Zusammenarbeit |
| § 9 | Anwendbarkeit kartellrechtlicher Vorschriften |
| § 10 | Verschwiegenheitspflicht |
| § 11 | Untersagung der Preisfeststellung für ausländische Währungen |
| § 12 | Börsenrat |
| § 13 | Wahl des Börsenrates |
| § 14 | (weggefallen) |
| § 15 | Leitung der Börse |
| § 16 | Börsenordnung |
| § 17 | Gebühren und Entgelte |
| § 18 | Sonstige Benutzung von Börseneinrichtungen |
| § 19 | Zulassung zur Börse |
| § 19a | Verantwortung des Handelsteilnehmers für Aufträge von mittelbaren Handelsteilnehmern |
| § 20 | Sicherheitsleistungen |
| § 21 | Externe Abwicklungssysteme |
| § 22 | Sanktionsausschuss |
| § 22a | Synchronisierung von im Geschäftsverkehr verwendeten Uhren |
| § 22b | Verarbeitung personenbezogener Daten |

**Abschnitt 2. Börsenhandel und Börsenpreisfeststellung**

| | |
|---|---|
| § 23 | Zulassung von Wirtschaftsgütern und Rechten |
| § 24 | Börsenpreis |
| § 25 | Aussetzung und Einstellung des Handels |
| § 26 | Verleitung zu Börsenspekulationsgeschäften |
| § 26a | Order-Transaktions-Verhältnis |
| § 26b | Mindestpreisänderungsgröße |
| § 26c | Market-Making-Systeme |
| § 26d | Algorithmische Handelssysteme und elektronischer Handel |
| § 26e | Informationen über die Ausführungsqualität |
| § 26f | Positionsmanagementkontrollen |

---

[1] Verkündet als Art. 2 des Finanzmarktrichtlinie-UmsetzungsG v. 16.7.2007 (BGBl. I S. 1330); Inkrafttreten gem. Art. 14 dieses G am 1.11.2007. Siehe bis zum 31.10.2007 das BörsenG 2002 v. 21.6.2002 (BGBl. I S. 2010).

§ 26g  Übermittlung von Daten

**Abschnitt 3. Skontroführung und Transparenzanforderungen an Wertpapierbörsen**
§ 27  Zulassung zum Skontroführer
§ 28  Pflichten des Skontroführers
§ 29  Verteilung der Skontren
§ 30  *(aufgehoben)*
§ 31  *(aufgehoben)*

**Abschnitt 4. Zulassung von Wertpapieren zum Börsenhandel**
§ 32  Zulassungspflicht
§ 33  Einbeziehung von Wertpapieren in den regulierten Markt
§ 34  Ermächtigungen
§ 35  Verweigerung der Zulassung
§ 36  Zusammenarbeit in der Europäischen Union
§ 37  Staatliche Schuldverschreibungen
§ 38  Einführung
§ 39  Widerruf der Zulassung bei Wertpapieren
§ 40  Pflichten des Emittenten
§ 41  Auskunftserteilung
§ 42  Teilbereiche des regulierten Marktes mit besonderen Pflichten für Emittenten
§ 43  Verpflichtung des Insolvenzverwalters
§§ 44 bis 47 (weggefallen)

**Abschnitt 5. Freiverkehr, KMU-Wachstumsmarkt und organisiertes Handelssystem**
§ 48  Freiverkehr
§ 48a  KMU-Wachstumsmarkt
§ 48b  Organisiertes Handelssystem an einer Börse

**Abschnitt 6. Straf- und Bußgeldvorschriften; Schlussvorschriften**
§ 49  Strafvorschriften
§ 50  Bußgeldvorschriften
§ 50a  Bekanntmachung von Maßnahmen
§ 51  Geltung für Wechsel und ausländische Zahlungsmittel
§ 52  Übergangsregelungen

## Abschnitt 1. Allgemeine Bestimmungen über die Börsen und ihre Organe

**§ 1 Anwendungsbereich** (1) ¹Dieses Gesetz enthält Regelungen insbesondere zum Betrieb und zur Organisation von Börsen, zur Zulassung von Handelsteilnehmern, Finanzinstrumenten, Rechten und Wirtschaftsgütern zum Börsenhandel, zur Ermittlung von Börsenpreisen, zu den Zuständigkeiten und Befugnissen der zuständigen obersten Landesbehörde (Börsenaufsichtsbehörde) und zur Ahndung von Verstößen hinsichtlich

1. der Vorschriften dieses Gesetzes,

2. der Artikel 4 und 15 der Verordnung (EU) 2015/2365 vom 25. November 2015 über die Transparenz von Wertpapierfinanzierungsgeschäften und der Weiterverwendung sowie zur Änderung der Verordnung (EU) Nr. 648/2012 (ABl. L 337 vom 23.12.2015, S. 1) sowie der auf Grundlage des Artikels 4 dieser Verordnung erlassenen delegierten Rechtsakte und Durchführungsrechtsakte der Europäischen Kommission in der jeweils geltenden Fassung und

3. der Verordnung (EU) Nr. 600/2014 des Europäischen Parlaments und des Rates vom 15. Mai 2014 über Märkte für Finanzinstrumente und zur Änderung der Verordnung (EU) Nr. 648/2012 (ABl. L 173 vom 12.6.2014, S. 84; L 6 vom 10.1.2015, S. 6; L 270 vom 15.10.2015, S. 4), die durch die

Verordnung (EU) 2016/1033 (ABl. L 175 vom 30.6.2016, S. 1) geändert worden ist, in der jeweils geltenden Fassung.

² Es ist auch anzuwenden auf den Betrieb von multilateralen oder organisierten Handelssystemen durch Börsenträger an einer Börse.

(2) Ist eine Börse beauftragt worden, Versteigerungen gemäß der Verordnung (EU) Nr. 1031/2010 der Kommission vom 12. November 2010 über den zeitlichen und administrativen Ablauf sowie sonstige Aspekte der Versteigerung von Treibhausgasemissionszertifikaten gemäß der Richtlinie 2003/87/EG des Europäischen Parlaments und des Rates über ein System für den Handel mit Treibhausgasemissionszertifikaten in der Gemeinschaft (ABl. L 302 vom 18.11. 2010, S. 1) durchzuführen, gelten hinsichtlich dieser Versteigerungen die Vorschriften dieses Gesetzes, soweit in der Verordnung (EU) Nr. 1031/2010 in der jeweils geltenden Fassung nichts anderes bestimmt ist.

**§ 2 Börsen und weitere Begriffsbestimmungen.** (1) Börsen sind teilrechtsfähige Anstalten des öffentlichen Rechts, die nach Maßgabe dieses Gesetzes multilaterale Systeme regeln und überwachen, welche die Interessen einer Vielzahl von Personen am Kauf und Verkauf von dort zum Handel zugelassenen Wirtschaftsgütern und Rechten innerhalb des Systems nach nichtdiskretionären Bestimmungen in einer Weise zusammenbringen oder das Zusammenbringen fördern, die zu einem Vertrag über den Kauf dieser Handelsobjekte führt.

(2) ¹ Wertpapierbörsen im Sinne dieses Gesetzes sind Börsen, an denen Wertpapiere und sich hierauf beziehende Derivate im Sinne des § 2 Absatz 3 des Wertpapierhandelsgesetzes[1]) gehandelt werden. ² An Wertpapierbörsen können auch andere Finanzinstrumente im Sinne des § 2 Absatz 4 des Wertpapierhandelsgesetzes und Edelmetalle gehandelt werden.

(3) ¹ Warenbörsen im Sinne dieses Gesetzes sind Börsen, an denen Waren im Sinne des § 2 Absatz 5 des Wertpapierhandelsgesetzes und Termingeschäfte in Bezug auf Waren gehandelt werden. ² An Warenbörsen können auch Termingeschäfte im Sinne des § 2 Absatz 3 Nummer 2 des Wertpapierhandelsgesetzes und die diesen zugrunde liegenden Basiswerte gehandelt werden.

(4) Auf eine Börse, an der sowohl die in Absatz 2 als auch die in Absatz 3 genannten Wirtschaftsgüter und Rechte gehandelt werden, sind sowohl die sich auf Wertpapierbörsen als auch die sich auf Warenbörsen beziehenden Vorschriften anzuwenden.

(5) Handelsplätze im Sinne dieses Gesetzes sind Börsen, multilaterale Handelssysteme und organisierte Handelssysteme.

(6) Ein multilaterales Handelssystem im Sinne dieses Gesetzes ist ein multilaterales System, das die Interessen einer Vielzahl von Personen am Kauf und Verkauf von Finanzinstrumenten innerhalb des Systems und nach nichtdiskretionären Bestimmungen in einer Weise zusammenbringt, die zu einem Vertrag über den Kauf dieser Finanzinstrumente führt.

(7) Ein organisiertes Handelssystem im Sinne dieses Gesetzes ist ein multilaterales System, bei dem es sich nicht um eine Börse oder ein multilaterales Handelssystem handelt und das die Interessen einer Vielzahl Dritter am Kauf und Verkauf von Schuldverschreibungen, strukturierten Finanzprodukten,

---

[1]) Nr. **12**.

Emissionszertifikaten oder Derivaten innerhalb des Systems in einer Weise zusammenbringt, die zu einem Vertrag über den Kauf dieser Finanzinstrumente führt.

(8) [1] Handelsteilnehmer im Sinne dieses Gesetzes sind die nach § 19 zur Teilnahme am Börsenhandel zugelassenen Unternehmen, Börsenhändler, Skontroführer und skontroführenden Personen. [2] Mittelbare Handelsteilnehmer im Sinne dieses Gesetzes sind Personen, die einem Handelsteilnehmer Aufträge elektronisch übermitteln, die unter eingeschränkter oder ohne menschliche Beteiligung von dem Handelsteilnehmer an die Börse weitergeleitet werden, oder die einen direkten elektronischen Zugang nutzen.

(9) [1] Ein direkter elektronischer Zugang im Sinne dieses Gesetzes ist eine Vereinbarung, in deren Rahmen ein Handelsteilnehmer einer anderen Person die Nutzung seines Handelscodes gestattet, damit diese Person Aufträge in Bezug auf Finanzinstrumente elektronisch direkt an den Handelsplatz übermitteln kann, mit Ausnahme der in Artikel 20 der Delegierten Verordnung (EU) 2017/565 der Kommission vom 25. April 2016 zur Ergänzung der Richtlinie 2014/65/EU des Europäischen Parlaments und des Rates in Bezug auf die organisatorischen Anforderungen an Wertpapierfirmen und die Bedingungen für die Ausübung ihrer Tätigkeit sowie in Bezug auf die Definition bestimmter Begriffe für die Zwecke der genannten Richtlinie (ABl. L 87 vom 31.3.2017, S. 1), in der jeweils geltenden Fassung, genannten Fälle. [2] Der direkte elektronische Zugang umfasst auch Vereinbarungen, die die Nutzung der Infrastruktur oder eines anderweitigen Verbindungssystems des Handelsteilnehmers durch diese Person zur Übermittlung von Aufträgen beinhalten (direkter Marktzugang) sowie diejenigen Vereinbarungen, bei denen eine solche Infrastruktur nicht durch diese Person genutzt wird (geförderter Zugang).

(10) [1] Kleine und mittlere Unternehmen im Sinne dieses Gesetzes sind Unternehmen, deren durchschnittliche Marktkapitalisierung auf der Grundlage der Notierungen zum Jahresende in den letzten drei Kalenderjahren weniger als 200 Millionen Euro betrug. [2] Nähere Bestimmungen enthalten die Artikel 77 bis 79 der Delegierten Verordnung (EU) 2017/565.

(11) In verwaltungsgerichtlichen Verfahren kann die Börse unter ihrem Namen klagen und verklagt werden.

**§ 3 Aufgaben und Befugnisse der Börsenaufsichtsbehörde.** (1) [1] Die zuständige oberste Landesbehörde (Börsenaufsichtsbehörde) übt die Aufsicht über die Börse nach den Vorschriften dieses Gesetzes aus. [2] Ihrer Aufsicht unterliegen insbesondere der Börsenrat, die Börsengeschäftsführung, der Sanktionsausschuss und die Handelsüberwachungsstelle (Börsenorgane) sowie der Börsenträger, die Einrichtungen, die sich auf den Börsenverkehr einschließlich der nach § 5 Abs. 3 ausgelagerten Bereiche beziehen, und der Freiverkehr. [3] Die Aufsicht erstreckt sich auf die Einhaltung der börsenrechtlichen Vorschriften und Anordnungen, die ordnungsmäßige Durchführung des Handels an der Börse sowie die ordnungsmäßige Erfüllung der Börsengeschäfte (Börsengeschäftsabwicklung).

(2) [1] Die Börsenaufsichtsbehörde ist berechtigt, an den Beratungen der Börsenorgane teilzunehmen. [2] Die Börsenorgane sind verpflichtet, die Börsenaufsichtsbehörde bei der Erfüllung ihrer Aufgaben zu unterstützen.

(3) Die Börsenaufsichtsbehörde nimmt die ihr nach diesem Gesetz zugewiesenen Aufgaben und Befugnisse nur im öffentlichen Interesse wahr.

(4) ¹Die Börsenaufsichtsbehörde kann, soweit dies zur Erfüllung ihrer Aufgaben erforderlich ist, auch ohne besonderen Anlass von der Börse und dem Börsenträger sowie von den Handelsteilnehmern, von mittelbaren Handelsteilnehmern und von den Emittenten der zum regulierten Markt zugelassenen Wertpapiere Auskünfte und die Vorlage von Unterlagen verlangen sowie Prüfungen vornehmen. ²Die Börsenaufsichtsbehörde kann verlangen, dass die Übermittlung der Auskünfte und Unterlagen auf automatisiert verarbeitbaren Datenträgern erfolgt. ³Sofern Anhaltspunkte vorliegen, welche die Annahme rechtfertigen, dass börsenrechtliche Vorschriften oder Anordnungen verletzt werden oder sonstige Missstände vorliegen, welche die ordnungsmäßige Durchführung des Handels an der Börse oder die Börsengeschäftsabwicklung beeinträchtigen können, kann die Börsenaufsichtsbehörde von jedermann Auskünfte, die Vorlage von Unterlagen und die Überlassung von Kopien verlangen sowie Personen laden und vernehmen, soweit dies zur Erfüllung ihrer Aufgaben erforderlich ist. ⁴Sie kann in diesen Fällen insbesondere

1. von den Handelsteilnehmern die Angabe der Identität der Auftraggeber und der aus den getätigten Geschäften berechtigten oder verpflichteten Personen sowie der Veränderungen der Bestände von Handelsteilnehmern in an der Börse gehandelten Finanzinstrumenten verlangen,
2. von den Auftraggebern und berechtigten oder verpflichteten Personen Auskünfte über die getätigten Geschäfte einschließlich der Angabe der Identität der an diesen Geschäften beteiligten Personen verlangen,
3. von Wertpapiersammelbanken und Systemen zur Sicherung der Erfüllung von Börsengeschäften Auskünfte über Veränderungen der Bestände von Handelsteilnehmern in an der Börse gehandelten Finanzinstrumenten verlangen,
4. von der Börse, den Handelsteilnehmern und mit diesen verbundenen Unternehmen die Vorlage von bereits existierenden Aufzeichnungen von Telefongesprächen und Datenübermittlungen verlangen; das Grundrecht des Artikels 10 des Grundgesetzes wird insoweit eingeschränkt, die Betroffenen sind nach § 101 der Strafprozessordnung zu benachrichtigen und
5. von den Handelsteilnehmern, die den algorithmischen Handel im Sinne des § 33 Absatz 1a Satz 1 des Wertpapierhandelsgesetzes[1)] betreiben, jederzeit Informationen über ihren algorithmischen Handel, die für diesen Handel eingesetzten Systeme sowie eine Beschreibung der algorithmischen Handelsstrategien und der Einzelheiten zu den Handelsparametern oder Handelsobergrenzen, denen das System unterliegt, verlangen.

⁵Die Auskunftspflichtigen haben den Bediensteten der Börsenaufsichtsbehörde während der üblichen Arbeitszeit das Betreten ihrer Grundstücke und Geschäftsräume zu gestatten, soweit dies zur Wahrnehmung der Aufgaben der Börsenaufsichtsbehörde erforderlich ist. ⁶Das Betreten außerhalb dieser Zeit oder, wenn die Geschäftsräume sich in einer Wohnung befinden, ist ohne Einverständnis nur zur Verhütung von dringenden Gefahren für die öffentliche Sicherheit und Ordnung zulässig und insoweit zu dulden. ⁷Das Grundrecht der Unverletzlichkeit der Wohnung (Artikel 13 des Grundgesetzes) wird insoweit eingeschränkt. ⁸Die Befugnisse und Verpflichtungen nach diesem Absatz gelten entsprechend, sofern von der Börsenaufsichtsbehörde beauftragte Personen und

---

[1)] Nr. 12.

Einrichtungen nach diesem Gesetz tätig werden. ⁹Der zur Erteilung einer Auskunft Verpflichtete kann die Auskunft auf solche Fragen verweigern, deren Beantwortung ihn selbst oder einen der in § 383 Abs. 1 Nr. 1 bis 3 der Zivilprozessordnung bezeichneten Angehörigen der Gefahr strafgerichtlicher Verfolgung oder eines Verfahrens nach dem Gesetz über Ordnungswidrigkeiten aussetzen würde. ¹⁰Der Verpflichtete ist über sein Recht zur Verweigerung der Auskunft zu belehren.

(4a) ¹Die Börsenaufsichtsbehörde kann, soweit dies zur Erfüllung ihrer Aufgaben erforderlich ist, auch ohne besonderen Anlass von der Börse und von dem Börsenträger Informationen über die durch algorithmischen Handel im Sinne des § 80 Absatz 2 Satz 1 des Wertpapierhandelsgesetzes erzeugten Aufträge verlangen. ²Auch kann sie verlangen, insoweit von der Börse Zugang zu dem Orderbuch oder den entsprechenden Daten zu erhalten.

(5) ¹Die Börsenaufsichtsbehörde ist befugt, zur Aufrechterhaltung der Ordnung und für den Geschäftsverkehr an der Börse Anordnungen zu erlassen. ²Sie kann gegenüber jedermann Anordnungen treffen, die geeignet und erforderlich sind, Verstöße gegen börsenrechtliche Vorschriften und Anordnungen zu verhindern oder Missstände zu beseitigen, welche die ordnungsgemäße Durchführung des Handels an der Börse, der Börsengeschäftsabwicklung oder deren Überwachung beeinträchtigen können. ³Sie kann zu diesem Zweck insbesondere

1. die Aussetzung oder Einstellung des Börsenhandels mit einzelnen oder mehreren Finanzinstrumenten, Rechten oder Wirtschaftsgütern anordnen,

2. der Börse die Nutzung einer zentralen Gegenpartei, einer Clearingstelle oder eines börslichen Abwicklungssystems untersagen, wenn hierdurch die ordnungsgemäße Durchführung des Handels an der Börse oder der Börsengeschäftsabwicklung beeinträchtigt wird oder die Voraussetzungen des Artikels 7 Absatz 4 oder des Artikels 8 Absatz 4 der Verordnung (EU) Nr. 648/2012 des Europäischen Parlaments und des Rates vom 4. Juli 2012 über OTC-Derivate, zentrale Gegenparteien und Transaktionsregister (ABl. L 201 vom 27.7.2012, S. 1) vorliegen,

3. die Nutzung eines externen Abwicklungssystems untersagen oder

4. die Nutzung einer algorithmischen Handelsstrategie untersagen,

soweit dies zur Durchsetzung der Vorschriften dieses Gesetzes geboten ist. ⁴Eine Maßnahme nach Satz 1 Nr. 1 hat die Börsenaufsichtsbehörde unverzüglich auf ihrer Internetseite zu veröffentlichen.

(5a) ¹Hat die Geschäftsführung die Zulassung eines Finanzinstruments gemäß § 39 widerrufen oder den Handel mit diesem gemäß § 25 Absatz 1 ausgesetzt oder eingestellt, ordnet die Börsenaufsichtsbehörde den Widerruf der Zulassung, die Aussetzung oder die Einstellung des Handels dieses Finanzinstruments oder der mit diesem verbundenen Derivate im Sinne von Anhang I Abschnitt C Nummer 4 bis 10 der Richtlinie 2014/65/EU des Europäischen Parlaments und des Rates vom 15. Mai 2014 über Märkte für Finanzinstrumente sowie zur Änderung der Richtlinien 2002/92/EG und 2011/61/EU (ABl. L 173 vom 12.6.2014, S. 349; L 74 vom 18.3.2015, S. 38; L 188 vom 13.7.2016, S. 28; L 273 vom 8.10.2016, S. 35; L 64 vom 10.3.2017, S. 116), die zuletzt durch die Richtlinie (EU) 2016/1034 (ABl. L 175 vom 30.6.2016, S. 8) geändert worden ist, auch an anderen Börsen in ihrem Zuständigkeitsbereich an, soweit der Widerruf der Zulassung oder die Aussetzung oder die

Einstellung des Handels durch den Verdacht eines Marktmissbrauchs, ein Übernahmeangebot oder die Nichtveröffentlichung von Insiderinformationen über den Emittenten oder einen Verstoß gegen die Artikel 7 und 17 der Verordnung (EU) Nr. 596/2014 des Europäischen Parlaments und des Rates vom 16. April 2014 über Marktmissbrauch (Marktmissbrauchsverordnung) und zur Aufhebung der Richtlinie 2003/6/EG des Europäischen Parlaments und des Rates und der Richtlinien 2003/124/EG, 2003/125/EG und 2004/72/EG der Kommission (ABl. L 173 vom 12.6.2014, S. 1; L 287 vom 21.10.2016, S. 320; L 306 vom 15.11.2016, S. 43; L 348 vom 21.12.2016, S. 83), die zuletzt durch die Verordnung (EU) 2016/1033 (ABl. L 175 vom 30.6.2016, S. 1) geändert worden ist, bedingt ist. ²Dies gilt nicht in den Fällen, in denen der Widerruf oder die Aussetzung oder Einstellung des Handels die Anlegerinteressen oder das ordnungsgemäße Funktionieren des Marktes erheblich schädigen könnte.

(5b) ¹Die Börsenaufsichtsbehörde teilt eine Entscheidung nach Absatz 5a Satz 1 unverzüglich der Bundesanstalt für Finanzdienstleistungsaufsicht (Bundesanstalt), anderen inländischen Börsenaufsichtsbehörden, die Börsen beaufsichtigen, an denen die jeweils betroffenen Finanzinstrumente ebenfalls gehandelt werden, und der Europäischen Wertpapier- und Marktaufsichtsbehörde mit und veröffentlicht diese Entscheidung unverzüglich. ²Ergreift sie keine Maßnahmen an weiteren Börsen in ihrem Zuständigkeitsbereich, so teilt sie die Gründe hierfür den in Satz 1 genannten Behörden mit.

(5c) ¹Erhält die Börsenaufsichtsbehörde Kenntnis vom Widerruf der Zulassung oder der Aussetzung oder der Einstellung des Handels eines Finanzinstruments oder eines mit diesem verbundenen Derivats im Sinne von Anhang I Abschnitt C Nummer 4 bis 10 der Richtlinie 2014/65/EU an einer Börse in einem anderen Mitgliedstaat der Europäischen Union oder in einem anderen Vertragsstaat des Abkommens über den Europäischen Wirtschaftsraum oder an einer anderen inländischen Börse, so ordnet sie den Widerruf der Zulassung oder die Aussetzung oder die Einstellung des Handels der betroffenen Finanzinstrumente im Sinne des Satzes 1 an Börsen innerhalb ihres Zuständigkeitsbereiches an, soweit der Widerruf der Zulassung oder die Aussetzung oder die Einstellung des Handels durch den Verdacht eines Marktmissbrauchs, ein Übernahmeangebot oder die Nichtveröffentlichung von Insiderinformationen über den Emittenten oder einen Verstoß gegen die Artikel 7 und 17 der Verordnung (EU) Nr. 596/2014 bedingt ist. ²Absatz 5a Satz 2 und Absatz 5b gelten entsprechend.

(6) Stellt die Börsenaufsichtsbehörde Tatsachen fest, welche die Rücknahme oder den Widerruf der Erlaubnis zur Ermittlung des Börsenpreises oder der Zulassung des Unternehmens oder andere Maßnahmen der Geschäftsführung rechtfertigen können, hat sie die Geschäftsführung zu unterrichten.

(7) Die nach Landesrecht zuständige Stelle wird ermächtigt, Aufgaben und Befugnisse der Börsenaufsichtsbehörde auf eine andere Behörde zu übertragen.

(8) Die Börsenaufsichtsbehörde kann sich bei der Durchführung ihrer Aufgaben anderer Personen und Einrichtungen bedienen.

(9) Widerspruch und Anfechtungsklage gegen Maßnahmen nach den Absätzen 4 und 5 haben keine aufschiebende Wirkung.

(10) Kommt die Börse oder eines ihrer Organe wiederholt und dauerhaft den Anordnungen der Börsenaufsicht nicht nach, kann die Börsenaufsichtsbehörde, sofern ihre sonstigen Befugnisse nicht ausreichen und soweit und

solange der ordnungsgemäße Börsenbetrieb es erfordert, Beauftragte bestellen, die die Aufgaben der Börse oder eines ihrer Organe auf Kosten des Börsenträgers wahrnehmen.

(11) Adressaten von Maßnahmen nach Absatz 4, die von der Börsenaufsichtsbehörde wegen eines möglichen Verstoßes gegen die Verbote des § 26 dieses Gesetzes oder des Artikels 14 oder des Artikels 15 der Verordnung (EU) Nr. 596/2014[1] des Europäischen Parlaments und des Rates vom 16. April 2014 über Marktmissbrauch (Marktmissbrauchsverordnung) und zur Aufhebung der Richtlinie 2003/6/EG des Europäischen Parlaments und des Rates und der Richtlinien 2003/124/EG, 2003/125/EG und 2004/72/EG der Kommission (ABl. L 173 vom 12.6.2014, S. 1), in der jeweils geltenden Fassung, vorgenommen werden, dürfen keine anderen Personen als staatliche Stellen und solche, die auf Grund ihres Berufs einer gesetzlichen Verschwiegenheitspflicht unterliegen, von diesen Maßnahmen oder von einem daraufhin eingeleiteten Ermittlungsverfahren nicht in Kenntnis setzen.

(12) Die Börsenaufsichtsbehörde ist zuständige Behörde im Sinne des Titels II sowie der Artikel 22 und 25 Absatz 2, der Artikel 29 bis 31 und 36 der Verordnung (EU) Nr. 600/2014[2], soweit die Pflichten von Börsenträgern und Börsen betroffen sind.

## § 3a Aufgaben und Befugnisse der Börsenaufsichtsbehörde zur Ausführung der Verordnung (EU) 2015/2365.

(1) Die Börsenaufsichtsbehörde überwacht die Einhaltung der Verbote und Gebote der Verordnung (EU) 2015/2365 durch die Börse und den Börsenträger und kann Anordnungen treffen, die geeignet und erforderlich sind, Verstöße gegen die Artikel 4 und 15 der Verordnung (EU) 2015/2365 sowie die auf Grundlage des Artikels 4 erlassenen delegierten Rechtsakte und Durchführungsrechtsakte der Europäischen Kommission in der jeweils geltenden Fassung zu verhindern oder Missstände zu beseitigen.

(2) ¹Bei Verstößen gegen die in Absatz 1 genannten Vorschriften sowie sich hierauf beziehende Anordnungen der Börsenaufsichtsbehörde kann diese eine dauerhafte Einstellung der den Verstoß begründenden Handlungen oder Verhaltensweisen verlangen. ²Verstößt eine Person, die bei der Börse oder dem Börsenträger tätig ist, vorsätzlich gegen eine der in Absatz 1 genannten Vorschriften oder eine sich auf diese Vorschriften beziehende Anordnung der Börsenaufsichtsbehörde und setzt sie dieses Verhalten trotz Verwarnung durch die Börsenaufsichtsbehörde fort, kann die Börsenaufsichtsbehörde dieser Person für einen Zeitraum von bis zu zwei Jahren die Wahrnehmung von Führungsaufgaben bei Börsen oder Börsenträgern untersagen.

## § 3b Meldung von Verstößen.

(1) ¹Die Börsenaufsichtsbehörde trifft geeignete Vorkehrungen, um die Meldung von möglichen oder tatsächlichen Verstößen gegen dieses Gesetz oder gegen die Verordnung (EU) Nr. 600/2014 oder gegen Artikel 4 oder 15 der Verordnung (EU) 2015/2365 oder gegen die zur Durchführung dieses Gesetzes oder der Verordnung (EU) Nr. 600/2014 oder von Artikel 4 oder 15 der Verordnung (EU) 2015/2365 erlassenen Verordnungen, Rechtsakte oder Anordnungen oder gegen sonstige Vorschriften,

---
[1] Nr. 11.
[2] Nr. 2.

Börsengesetz § 4 BörsG 4

deren Einhaltung sie zu überwachen hat, zu ermöglichen. ²Die Meldungen können auch anonym abgegeben werden.

(2) ¹Die Börsenaufsichtsbehörde ist zu diesem Zweck befugt, personenbezogene Daten zu verarbeiten, soweit dies zur Erfüllung ihrer Aufgaben nach Absatz 1 erforderlich ist. ²Die eingehenden Meldungen unterliegen den datenschutzrechtlichen Bestimmungen.

(3) ¹Die Börsenaufsichtsbehörde macht die Identität einer Person, die eine Meldung erstattet hat, nicht bekannt, ohne zuvor die ausdrückliche Einwilligung dieser Person eingeholt zu haben. ²Ferner gibt die Börsenaufsichtsbehörde die Identität einer Person, die Gegenstand einer Meldung ist, nicht preis. ³Die Sätze 1 und 2 gelten nicht, wenn eine Weitergabe der Information im Zusammenhang mit weiteren Ermittlungen oder nachfolgenden Verwaltungs- oder Gerichtsverfahren erforderlich ist oder wenn die Offenlegung durch eine gerichtliche Entscheidung angeordnet wird.

(4) Die Informationsfreiheitsgesetze der Länder finden auf die Meldung von Verstößen nach Absatz 1 keine Anwendung.

(5) Mitarbeiter, die bei Unternehmen oder Personen beschäftigt sind, die von einer Börsenaufsichtsbehörde beaufsichtigt werden, oder die bei Unternehmen oder Personen beschäftigt sind, auf die Tätigkeiten von beaufsichtigten Unternehmen oder Personen ausgelagert wurden, und die eine Meldung nach Absatz 1 abgeben, dürfen wegen dieser Meldung weder nach arbeitsrechtlichen oder strafrechtlichen Vorschriften verantwortlich noch schadenersatzpflichtig gemacht werden, es sei denn, es ist vorsätzlich oder grob fahrlässig eine unwahre Meldung abgegeben worden.

(6) ¹Die Berechtigung zur Abgabe von Meldungen nach Absatz 1 durch Mitarbeiter, die bei Unternehmen oder Personen beschäftigt sind, die von der Börsenaufsichtsbehörde beaufsichtigt werden oder die bei anderen Unternehmen oder Personen beschäftigt sind, auf die Tätigkeiten von beaufsichtigten Unternehmen oder Personen ausgelagert wurden, die bei einer Börse oder einem Börsenträger beschäftigt sind, darf vertraglich nicht eingeschränkt werden. ²Entgegenstehende Vereinbarungen sind unwirksam.

(7) Die Rechte einer Person, die Gegenstand einer Meldung ist, insbesondere die Rechte nach den anwendbaren Verwaltungsverfahrensgesetzen, nach den §§ 68 bis 71 der Verwaltungsgerichtsordnung und nach den §§ 137, 140, 141 und 147 der Strafprozessordnung werden durch die Einrichtung des Systems zur Meldung von Verstößen nach Absatz 1 nicht eingeschränkt.

**§ 4 Erlaubnis.** (1) Die Errichtung einer Börse bedarf der schriftlichen Erlaubnis der Börsenaufsichtsbehörde.

(2) ¹Der Antrag auf Erteilung der Erlaubnis ist schriftlich bei der Börsenaufsichtsbehörde zu stellen. ²Er muss enthalten:
1. einen geeigneten Nachweis der nach § 5 Abs. 5 zum Börsenbetrieb erforderlichen Mittel,
2. die Namen der Geschäftsleiter und der Mitglieder des Verwaltungs- oder Aufsichtsorgans des Börsenträgers sowie die Angaben, die für die Beurteilung der Anforderungen nach den §§ 4a und 4b erforderlich sind,
3. einen Geschäftsplan, aus dem die Art der geplanten Geschäfte und der organisatorische Aufbau und die geplanten internen Kontrollverfahren des Trägers der Börse hervorgehen, sowie das Regelwerk der Börse,

4. die Angabe der Eigentümerstruktur des Trägers der Börse, insbesondere die Inhaber bedeutender Beteiligungen im Sinne des § 6 Abs. 6 und deren Beteiligungshöhe, und

5. die Angaben, die für die Beurteilung der Zuverlässigkeit der Inhaber bedeutender Beteiligungen erforderlich sind; ist der Inhaber einer bedeutenden Beteiligung eine juristische Person oder Personenhandelsgesellschaft, sind die für die Beurteilung der Zuverlässigkeit seiner gesetzlichen oder satzungsmäßigen Vertreter oder persönlich haftenden Gesellschafter wesentlichen Tatsachen anzugeben.

³Die Börsenaufsichtsbehörde kann zusätzliche Angaben verlangen, soweit diese erforderlich sind, um zu prüfen, ob der Antragsteller die Einhaltung der Vorschriften dieses Gesetzes gewährleistet. ⁴Handelt es sich bei den Geschäftsleitern des Trägers der Börse um solche eines organisierten Marktes, kann der Antragsteller hinsichtlich dieser Personen von den Angaben nach Satz 2 Nr. 2 und 5 absehen.

(3) Die Erlaubnis ist insbesondere zu versagen, wenn

1. der Nachweis der zum Börsenbetrieb erforderlichen Mittel nicht erbracht wird,

2. Tatsachen vorliegen, aus denen sich ergibt, dass eine der in Absatz 2 Satz 2 Nummer 2 genannten Personen den Anforderungen nach den §§ 4a und 4b nicht entspricht,

3. Tatsachen die Annahme rechtfertigen, dass der Inhaber einer bedeutenden Beteiligung oder, wenn er eine juristische Person ist, auch ein gesetzlicher oder satzungsmäßiger Vertreter, oder, wenn er eine Personenhandelsgesellschaft ist, auch ein Gesellschafter, nicht zuverlässig ist oder aus anderen Gründen nicht den im Interesse einer soliden und umsichtigen Führung des Trägers einer Börse zu stellenden Ansprüchen genügt; dies gilt im Zweifel auch dann, wenn Tatsachen die Annahme rechtfertigen, dass er die von ihm aufgebrachten Mittel durch eine Handlung erbracht hat, die objektiv einen Straftatbestand erfüllt, oder

4. sich aus den vom Antragsteller vorgelegten Unterlagen ernstliche Zweifel an seiner Fähigkeit ergeben, die sich aus diesem Gesetz ergebenden Anforderungen an den Betrieb der Börse zu erfüllen.

(4) Die Erlaubnis erlischt, wenn von ihr nicht innerhalb eines Jahres seit ihrer Erteilung Gebrauch gemacht wird.

(5) ¹Die Börsenaufsichtsbehörde kann die Erlaubnis außer nach den Vorschriften der Verwaltungsverfahrensgesetze der Länder aufheben, wenn

1. der Börsenbetrieb, auf den sich die Erlaubnis bezieht, seit mehr als sechs Monaten nicht mehr ausgeübt worden ist,

2. ihr Tatsachen bekannt werden, welche die Versagung der Erlaubnis nach Absatz 3 rechtfertigen würden, oder

3. die Börse oder der Träger der Börse nachhaltig gegen Bestimmungen dieses Gesetzes oder der Verordnung (EU) Nr. 600/2014 oder der Artikel 4 und 15 der Verordnung (EU) 2015/2365 oder die zur Durchführung dieser Gesetze erlassenen Verordnungen oder Anordnungen verstoßen hat.

Börsengesetz § 4a BörsG 4

²Die den § 48 Abs. 4 Satz 1 und § 49 Abs. 2 Satz 2 des Verwaltungsverfahrensgesetzes entsprechenden Regelungen der Landesgesetze sind nicht anzuwenden.

(5a) ¹Die Börsenaufsichtsbehörde kann die Erlaubnis mit Auflagen versehen, soweit dies erforderlich ist, um die Erlaubnisvoraussetzungen sicherzustellen. ²Die nachträgliche Aufnahme von Auflagen oder die nachträgliche Änderung oder Ergänzung bestehender Auflagen ist unter den Voraussetzungen des Satzes 1 zulässig.

(6) ¹Die Landesregierungen werden ermächtigt, Art, Umfang, Zeitpunkt und Form der nach Absatz 2 zu machenden Angaben und vorzulegenden Unterlagen durch Rechtsverordnung näher zu bestimmen. ²Die Landesregierung kann die Ermächtigung durch Rechtsverordnung auf die Börsenaufsichtsbehörde übertragen.

(7) ¹Der Börsenträger hat der Börsenaufsichtsbehörde einen Wechsel bei den Personen der Geschäftsleitung sowie wesentliche Änderungen hinsichtlich der nach Absatz 2 Satz 2 Nr. 1 bis 5 gemachten Angaben unverzüglich anzuzeigen. ²Absatz 2 Satz 3 und 4 gilt entsprechend.

**§ 4a Geschäftsleitung des Börsenträgers.** (1) Die Geschäftsleiter des Börsenträgers müssen fachlich geeignet und zuverlässig sein und der Wahrnehmung ihrer Aufgaben ausreichend Zeit widmen.

(2) ¹Bei der Zahl der Leitungs- oder Aufsichtsmandate, die ein Geschäftsleiter gleichzeitig innehaben kann, sind der Einzelfall und die Art, der Umfang und die Komplexität der Geschäfte des Börsenträgers zu berücksichtigen. ²Geschäftsleiter eines Börsenträgers, der auf Grund seiner Größe, seiner internen Organisation und der Art, des Umfangs und der Komplexität seiner Geschäfte von erheblicher Bedeutung ist, kann nicht sein, wer in einem anderen Unternehmen Geschäftsleiter ist oder bereits in mehr als zwei Unternehmen Mitglied des Verwaltungs- oder Aufsichtsorgans ist. ³Dabei gelten mehrere Mandate als ein Mandat, wenn sie bei Unternehmen wahrgenommen werden,

1. die derselben Gruppe im Sinne des Artikels 2 Nummer 11 der Richtlinie 2013/34/EU des Europäischen Parlaments und des Rates vom 26. Juni 2013 über den Jahresabschluss, den konsolidierten Abschluss und damit verbundene Berichte von Unternehmen bestimmter Rechtsformen und zur Änderung der Richtlinie 2006/43/EG des Europäischen Parlaments und des Rates und zur Aufhebung der Richtlinien 78/660/EWG und 83/349/EWG des Rates angehören oder

2. an denen der Börsenträger eine bedeutende Beteiligung im Sinne des § 1 Absatz 9 des Kreditwesengesetzes hält.

⁴Mandate als Geschäftsleiter einer Börse oder als Mitglied eines Börsenrates und Mandate bei Organisationen und Unternehmen, die nicht überwiegend gewerbliche Ziele verfolgen, insbesondere Unternehmen, die der kommunalen Daseinsvorsorge dienen, werden bei den nach Satz 2 höchstens zulässigen Mandaten nicht berücksichtigt. ⁵Die Börsenaufsichtsbehörde kann einem Geschäftsleiter unter Berücksichtigung der Umstände im Einzelfall gestatten, ein zusätzliches Mandat in einem Verwaltungs- oder Aufsichtsorgan innezuhaben, wenn dies den Geschäftsleiter nicht daran hindert, der Wahrnehmung seiner Aufgaben bei dem Börsenträger ausreichend Zeit zu widmen.

**§ 4b Verwaltungs- oder Aufsichtsorgan des Börsenträgers.** (1) [1]Die Mitglieder des Verwaltungs- oder Aufsichtsorgans des Börsenträgers müssen zuverlässig sein, die erforderliche Sachkunde zur Wahrnehmung der Kontrollfunktion sowie zur Beurteilung und Überwachung der Geschäfte, die das jeweilige Unternehmen betreibt, besitzen und der Wahrnehmung ihrer Aufgaben ausreichend Zeit widmen. [2]Bei der Prüfung, ob eine der in Satz 1 genannten Personen die erforderliche Sachkunde besitzt, sind die Art, der Umfang und die Komplexität des Börsenträgers zu berücksichtigen.

(2) [1]Das Verwaltungs- oder Aufsichtsorgan muss in seiner Gesamtheit die Kenntnisse, Fähigkeiten und Erfahrungen haben, die zur Wahrnehmung der Kontrollfunktion sowie zur Beurteilung und Überwachung der Geschäftsleitung notwendig sind. [2]Jedes Mitglied hat aufrichtig und unvoreingenommen zu handeln, um die Entscheidungen der Geschäftsleitung beurteilen und erforderlichenfalls in Frage stellen zu können und die Entscheidungsfindung wirksam überwachen zu können. [3]Die Vorschriften der Mitbestimmungsgesetze über die Wahl und die Abberufung der Arbeitnehmervertreter im Verwaltungs- oder Aufsichtsorgan bleiben unberührt.

(3) [1]Das Verwaltungs- oder Aufsichtsorgan hat insbesondere die Aufgabe, zu überwachen, ob Unternehmensführungsregelungen bestehen und eingehalten werden, die eine wirksame und umsichtige Führung sicherstellen und insbesondere eine Aufgabentrennung in der Organisation und die Vorbeugung von Interessenkonflikten vorsehen. [2]Dies hat auf eine Weise zu erfolgen, durch die die Integrität des Markts gefördert wird. [3]Das Verwaltungs- oder Aufsichtsorgan hat gegebenenfalls angemessene Schritte zur Behebung etwaiger Mängel einzuleiten.

(4) [1]Bei der Zahl der Leitungs- oder Aufsichtsmandate, die ein Mitglied des Verwaltungs- oder Aufsichtsorgans gleichzeitig innehaben kann, sind der Einzelfall und die Art, der Umfang und die Komplexität der Geschäfte des Börsenträgers zu berücksichtigen. [2]Mitglied des Verwaltungs- oder Aufsichtsorgans eines Börsenträgers, der auf Grund seiner Größe, seiner internen Organisation und der Art, des Umfangs und der Komplexität seiner Geschäfte von erheblicher Bedeutung ist, kann nicht sein,

1. wer in einem anderen Unternehmen Geschäftsleiter ist und zugleich in mehr als zwei Unternehmen Mitglied des Verwaltungs- oder Aufsichtsorgans ist oder

2. wer in mehr als vier Unternehmen Mitglied des Verwaltungs- oder Aufsichtsorgans ist.

[3]Dabei gelten mehrere Mandate als ein Mandat, wenn die Mandate bei Unternehmen wahrgenommen werden,

1. die derselben Gruppe im Sinne des Artikels 2 Nummer 11 der Richtlinie 2013/34/EU des Europäischen Parlaments und des Rates vom 26. Juni 2013 über den Jahresabschluss, den konsolidierten Abschluss und damit verbundene Berichte von Unternehmen bestimmter Rechtsformen und zur Änderung der Richtlinie 2006/43/EG des Europäischen Parlaments und des Rates und zur Aufhebung der Richtlinien 78/660/EWG und 83/349/EWG des Rates angehören oder

2. an denen der Börsenträger eine bedeutende Beteiligung im Sinne des § 1 Absatz 9 des Kreditwesengesetzes hält.

⁴ Mandate als Geschäftsleiter einer Börse oder als Mitglied eines Börsenrates und Mandate bei Organisationen und Unternehmen, die nicht überwiegend gewerbliche Ziele verfolgen, insbesondere Unternehmen, die der kommunalen Daseinsvorsorge dienen, werden bei den höchstens zulässigen Mandaten nicht berücksichtigt. ⁵ Die Börsenaufsichtsbehörde kann einem Mitglied des Verwaltungs- oder Aufsichtsorgans des Börsenträgers unter Berücksichtigung der Umstände im Einzelfall gestatten, ein zusätzliches Mandat in einem Verwaltungs- oder Aufsichtsorgan innezuhaben, wenn dies das Mitglied nicht daran hindert, der Wahrnehmung seiner Aufgaben bei dem Börsenträger ausreichend Zeit zu widmen.

(5) ¹ Das Verwaltungs- oder Aufsichtsorgan eines Börsenträgers, der auf Grund seiner Größe, seiner internen Organisation und der Art, des Umfangs und der Komplexität seiner Geschäfte von erheblicher Bedeutung ist, hat aus seiner Mitte einen Nominierungsausschuss zu bestellen. ² Der Nominierungsausschuss unterstützt das Verwaltungs- oder Aufsichtsorgan bei der

1. Ermittlung von Bewerbern für die Besetzung einer Stelle im Verwaltungs- oder Aufsichtsorgan und in der Geschäftsleitung und der Vorbereitung von Wahlvorschlägen für die Wahl von deren Mitgliedern; hierbei hat er darauf zu achten, dass die Kenntnisse, Fähigkeiten und Erfahrungen aller Mitglieder des betreffenden Organs unterschiedlich und ausgewogen sind, und eine Stellenbeschreibung mit einem Bewerberprofil zu entwerfen sowie den mit der Aufgabe verbundenen Zeitaufwand anzugeben;
2. Erarbeitung einer Strategie zur Förderung der Vertretung des unterrepräsentierten Geschlechts im Verwaltungs- oder Aufsichtsorgan sowie zur Förderung der Diversität, um eine große Bandbreite von Eigenschaften und Fähigkeiten bei dessen Mitgliedern zu erreichen;
3. regelmäßigen, mindestens jährlichen Bewertung der Struktur, Größe, Zusammensetzung und Leistung der Geschäftsleitung und des Verwaltungs- oder Aufsichtsorgans und der Erarbeitung von Empfehlungen an das Verwaltungs- oder Aufsichtsorgan zu Verbesserungen;
4. regelmäßigen, mindestens jährlichen Bewertung der Kenntnisse, Fähigkeiten und Erfahrung sowohl der einzelnen Geschäftsleiter und der einzelnen Mitglieder des Verwaltungs- oder Aufsichtsorgans als auch des jeweiligen Organs in seiner Gesamtheit und
5. Überprüfung der Grundsätze des Verwaltungs- oder Aufsichtsorgans für die Auswahl und Bestellung der Geschäftsleiter und der Abgabe diesbezüglicher Empfehlungen an das Verwaltungs- oder Aufsichtsorgan.

³ Der Nominierungsausschuss hat bei der Wahrnehmung seiner Aufgaben insbesondere darauf zu achten, dass die Entscheidungsfindung innerhalb der Geschäftsleitung oder des Verwaltungs- oder Aufsichtsorgans durch einzelne Personen oder Gruppen nicht in einer Weise beeinflusst wird, die dem Börsenbetreiber insgesamt schadet. ⁴ Er kann bei der Wahrnehmung seiner Aufgaben auf alle aus seiner Sicht erforderlichen Mittel zurückgreifen und auch externe Berater hinzuziehen. ⁵ Zu diesem Zweck soll er vom Unternehmen angemessene Finanzmittel erhalten.

**§ 5 Pflichten des Börsenträgers.** (1) ¹ Mit Erteilung der Erlaubnis wird der Antragsteller als Träger der Börse zu deren Errichtung und Betrieb berechtigt und verpflichtet. ² Er ist verpflichtet, der Börse auf Anforderung der Geschäftsführung der Börse die zur Durchführung und angemessenen Fortentwicklung des Börsenbetriebs erforderlichen finanziellen, personellen und sachlichen Mittel zur Verfügung zu stellen.

(2) Der Börsenträger ist verpflichtet, die aktuellen Angaben zu seiner Eigentümerstruktur in dem nach § 4 Abs. 2 Satz 2 Nr. 4 erforderlichen Umfang auf seiner Internetseite zu veröffentlichen.

(3) [1]Die Auslagerung von Bereichen, die für die Durchführung des Börsenbetriebs wesentlich sind, auf ein anderes Unternehmen darf weder die ordnungsmäßige Durchführung des Handels an der Börse und der Börsengeschäftsabwicklung noch die Aufsicht über die Börse beeinträchtigen. [2]Der Börsenträger hat sich insbesondere die erforderlichen Weisungsbefugnisse vertraglich zu sichern und die ausgelagerten Bereiche in seine internen Kontrollverfahren einzubeziehen. [3]Der Börsenträger hat die Absicht der Auslagerung sowie ihren Vollzug der Börsenaufsichtsbehörde unverzüglich anzuzeigen.

(4) Der Börsenträger ist verpflichtet,

1. Vorkehrungen zu treffen, um Konflikte zwischen Eigeninteressen des Börsenträgers oder dessen Eigentümern und dem öffentlichen Interesse am ordnungsgemäßen Betrieb der Börse zu erkennen und zu verhindern, soweit diese geeignet sind, sich nachteilig auf den Börsenbetrieb oder auf die Handelsteilnehmer auszuwirken, insbesondere soweit die der Börse gesetzlich übertragenen Überwachungsaufgaben betroffen sind,

2. angemessene Vorkehrungen und Systeme zur Ermittlung und zum Umgang mit den wesentlichen Risiken des Börsenbetriebs zu schaffen, um diese wirksam zu begrenzen, und

3. die technische Funktionsfähigkeit der Börsenhandels- und Abwicklungssysteme sicherzustellen, technische Vorkehrungen für einen reibungslosen und zeitnahen Abschluss der im Handelssystem geschlossenen Geschäfte zu schaffen und insbesondere wirksame Notfallmaßnahmen vorzusehen, die bei einem Systemausfall oder bei Störungen in seinen Handelssystemen die Kontinuität seines Geschäftsbetriebs gewährleisten.

(4a) Der Börsenträger muss über Systeme und Verfahren verfügen, um

1. sicherzustellen, dass seine Handelssysteme belastbar sind und über ausreichende Kapazitäten für Spitzenvolumina an Aufträgen und Mitteilungen verfügen und

2. Aufträge abzulehnen, die die im Voraus festgelegten Grenzen für Volumina und Kurse überschreiten oder eindeutig irrtümlich zustande kamen.

(5) Der Börsenträger muss über ausreichende finanzielle Mittel für eine ordnungsgemäße Durchführung des Börsenbetriebs verfügen, wobei Art, Umfang und Risikostruktur der an der Börse getätigten Geschäfte zu berücksichtigen sind.

(6) Der Börsenträger hat das Land, in dessen Gebiet die Börse ansässig ist, von allen Ansprüchen Dritter wegen Schäden freizustellen, die durch die für die Börse Handelnden in Ausübung der ihnen übertragenen Aufgaben verursacht werden.

(7) Dem Börsenträger ist es nicht gestattet, an einer Börse Kundenaufträge unter Einsatz seines eigenen Kapitals auszuführen oder auf die Zusammenfüh-

rung sich deckender Kundenaufträge im Sinne von § 2 Absatz 29 des Wertpapierhandelsgesetzes[1]) zurückzugreifen.

(8) Der Börsenträger muss über einen Prozess verfügen, der es den Mitarbeitern unter Wahrung der Vertraulichkeit ihrer Identität ermöglicht, mögliche oder tatsächliche Verstöße gegen die Verordnung (EU) Nr. 596/2014, gegen die Verordnung (EU) 2015/2365, gegen die Verordnung (EU) Nr. 600/2014, gegen die Verordnung (EU) Nr. 1286/2014 des Europäischen Parlaments und des Rates vom 26. November 2014 über Basisinformationsblätter für verpackte Anlageprodukte für Kleinanleger und Versicherungsanlageprodukte (PRIIP) (ABl. L 352 vom 9.12.2014, S. 1, L 358 vom 13.12.2014, S. 50), gegen dieses Gesetz, gegen das Wertpapierhandelsgesetz oder gegen die auf Grund des Wertpapierhandelsgesetzes erlassenen Rechtsverordnungen sowie etwaige strafbare Handlungen innerhalb des Unternehmens an geeignete Stellen zu berichten.

**§ 6 Inhaber bedeutender Beteiligungen.** (1) ¹Wer beabsichtigt, eine bedeutende Beteiligung im Sinne des § 1 Abs. 9 des Kreditwesengesetzes an dem Träger einer Börse zu erwerben, hat dies der Börsenaufsichtsbehörde unverzüglich anzuzeigen. ²In der Anzeige hat er die Höhe der Beteiligung und gegebenenfalls die für die Begründung des maßgeblichen Einflusses wesentlichen Tatsachen sowie die für die Beurteilung seiner Zuverlässigkeit und die Prüfung der weiteren Untersagungsgründe nach Absatz 2 Satz 1 wesentlichen Tatsachen und Unterlagen, die durch Rechtsverordnung nach Absatz 7 näher zu bestimmen sind, sowie die Personen und Unternehmen anzugeben, von denen er die entsprechenden Anteile erwerben will. ³Die Börsenaufsichtsbehörde kann über die Vorgaben der Rechtsverordnung hinausgehende Angaben und die Vorlage von weiteren Unterlagen verlangen, falls dies für die Beurteilung der Zuverlässigkeit oder die Prüfung der weiteren Untersagungsgründe nach Absatz 2 Satz 1 zweckmäßig erscheint. ⁴Ist der Anzeigepflichtige eine juristische Person oder Personenhandelsgesellschaft, hat er in der Anzeige die für die Beurteilung der Zuverlässigkeit seiner gesetzlichen oder satzungsmäßigen Vertreter oder persönlich haftenden Gesellschafter wesentlichen Tatsachen anzugeben. ⁵Der Inhaber einer bedeutenden Beteiligung hat jeden neu bestellten gesetzlichen oder satzungsmäßigen Vertreter oder neuen persönlich haftenden Gesellschafter mit den für die Beurteilung von dessen Zuverlässigkeit wesentlichen Tatsachen der Börsenaufsichtsbehörde unverzüglich anzuzeigen. ⁶Der Inhaber einer bedeutenden Beteiligung hat der Börsenaufsichtsbehörde ferner unverzüglich anzuzeigen, wenn er beabsichtigt, den Betrag der bedeutenden Beteiligung so zu erhöhen, dass die Schwellen von 20 Prozent, 33 Prozent oder 50 Prozent der Stimmrechte oder des Kapitals erreicht oder überschritten werden oder dass der Träger der Börse unter seine Kontrolle im Sinne des § 1 Abs. 8 des Kreditwesengesetzes kommt. ⁷Die Börsenaufsichtsbehörde kann von Inhabern einer Beteiligung an dem Träger einer Börse Auskünfte und die Vorlage von Unterlagen verlangen, wenn Tatsachen die Annahme rechtfertigen, dass es sich hierbei um eine bedeutende Beteiligung handelt.

(2) ¹Die Börsenaufsichtsbehörde kann innerhalb eines Monats nach Eingang der vollständigen Anzeige nach Absatz 1 den beabsichtigten Erwerb der bedeu-

---

[1]) Nr. 12.

tenden Beteiligung oder ihre Erhöhung untersagen, wenn Tatsachen die Annahme rechtfertigen, dass

1. der Anzeigepflichtige oder, wenn er eine juristische Person ist, auch ein gesetzlicher oder satzungsmäßiger Vertreter, oder, wenn er eine Personenhandelsgesellschaft ist, auch ein Gesellschafter, nicht zuverlässig ist oder aus anderen Gründen nicht den im Interesse einer soliden und umsichtigen Führung des Trägers der Börse zu stellenden Ansprüchen genügt; dies gilt im Zweifel auch dann, wenn Tatsachen die Annahme rechtfertigen, dass die von ihm aufgebrachten Mittel für den Erwerb der bedeutenden Beteiligung aus einer objektiv rechtswidrigen Tat herrühren,
2. die Durchführung und angemessene Fortentwicklung des Börsenbetriebs beeinträchtigt wird.

²Wird der Erwerb nicht untersagt, kann die Börsenaufsichtsbehörde eine Frist festsetzen, nach deren Ablauf die Person oder Personenhandelsgesellschaft, welche die Anzeige nach Absatz 1 Satz 1 oder Satz 6 erstattet hat, ihr den Vollzug oder den Nichtvollzug des beabsichtigten Erwerbs anzuzeigen hat. ³Nach Ablauf der Frist hat diese Person oder Personenhandelsgesellschaft die Anzeige unverzüglich bei der Börsenaufsichtsbehörde einzureichen.

(3) Die Börsenaufsichtsbehörde hat die Auskunfts- und Vorlagerechte nach Absatz 1 auch nach Ablauf der Frist des Absatzes 2 Satz 1.

(4) ¹Die Börsenaufsichtsbehörde kann dem Inhaber einer bedeutenden Beteiligung sowie den von ihm kontrollierten Unternehmen die Ausübung seiner Stimmrechte untersagen und anordnen, dass über die Anteile nur mit seiner Zustimmung verfügt werden darf, wenn

1. die Voraussetzungen für eine Untersagungsverfügung nach Absatz 2 Satz 1 vorliegen,
2. der Inhaber der bedeutenden Beteiligung seiner Pflicht nach Absatz 1 zur vorherigen Unterrichtung der Börsenaufsichtsbehörde nicht nachgekommen ist und diese Unterrichtung innerhalb einer von der Börsenaufsichtsbehörde gesetzten Frist nicht nachgeholt hat oder
3. die Beteiligung entgegen einer vollziehbaren Untersagung nach Absatz 2 Satz 1 erworben oder erhöht worden ist.

²In den Fällen des Satzes 1 kann die Ausübung der Stimmrechte auf einen Treuhänder übertragen werden; dieser hat bei der Ausübung der Stimmrechte den Interessen einer soliden und umsichtigen Führung des Trägers einer Börse Rechnung zu tragen. ³In den Fällen des Satzes 1 kann die Börsenaufsichtsbehörde über die Maßnahmen nach Satz 1 hinaus einen Treuhänder mit der Veräußerung der Anteile, soweit sie eine bedeutende Beteiligung begründen, beauftragen, wenn der Inhaber der bedeutenden Beteiligung der Börsenaufsichtsbehörde nicht innerhalb einer von dieser bestimmten angemessenen Frist einen zuverlässigen Erwerber nachweist; die Inhaber der Anteile haben bei der Veräußerung in dem erforderlichen Umfang mitzuwirken. ⁴Der Treuhänder wird auf Antrag des Trägers der Börse, eines an ihm Beteiligten oder der Börsenaufsichtsbehörde vom Gericht des Sitzes des Trägers der Börse bestellt. ⁵Sind die Voraussetzungen des Satzes 1 entfallen, hat die Börsenaufsichtsbehörde den Widerruf der Bestellung des Treuhänders zu beantragen. ⁶Der Treuhänder hat Anspruch auf Ersatz angemessener Auslagen und auf Vergütung für seine Tätigkeit. ⁷Das Gericht setzt auf Antrag des Treuhänders die Auslagen

und die Vergütung fest; die Rechtsbeschwerde gegen die Vergütungsfestsetzung ist ausgeschlossen. ⁸Das Land schießt die Auslagen und die Vergütung vor; für seine Aufwendungen haften dem Land der betroffene Inhaber der bedeutenden Beteiligung und der Träger der Börse gesamtschuldnerisch.

(5) ¹Wer beabsichtigt, eine bedeutende Beteiligung an dem Träger der Börse aufzugeben oder den Betrag seiner bedeutenden Beteiligung unter die Schwellen von 20 Prozent, 33 Prozent oder 50 Prozent der Stimmrechte oder des Kapitals abzusenken oder die Beteiligung so zu verändern, dass der Träger der Börse nicht mehr kontrolliertes Unternehmen ist, hat dies der Börsenaufsichtsbehörde unverzüglich anzuzeigen. ²Dabei ist die beabsichtigte verbleibende Höhe der Beteiligung anzugeben. ³Die Börsenaufsichtsbehörde kann eine Frist festsetzen, nach deren Ablauf die Person oder Personenhandelsgesellschaft, welche die Anzeige nach Satz 1 erstattet hat, den Vollzug oder den Nichtvollzug der beabsichtigten Absenkung oder Veränderung der Börsenaufsichtsbehörde anzuzeigen hat. ⁴Nach Ablauf der Frist hat die Person oder Personenhandelsgesellschaft, welche die Anzeige nach Satz 1 erstattet hat, die Anzeige unverzüglich bei der Börsenaufsichtsbehörde zu erstatten.

(6) ¹Der Träger der Börse hat der Börsenaufsichtsbehörde unverzüglich den Erwerb oder die Aufgabe einer bedeutenden Beteiligung an dem Träger, das Erreichen, das Über- oder das Unterschreiten der Beteiligungsschwellen von 20 Prozent, 33 Prozent und 50 Prozent der Stimmrechte oder des Kapitals sowie die Tatsache, dass der Träger Tochterunternehmen eines anderen Unternehmens wird oder nicht mehr ist, anzuzeigen, wenn der Träger von der Änderung dieser Beteiligungsverhältnisse Kenntnis erlangt. ²Der Träger der Börse hat nach Satz 1 anzeigepflichtigen Tatsachen unverzüglich auf seiner Internetseite zu veröffentlichen.

(7) ¹Die Landesregierungen werden ermächtigt, durch Rechtsverordnung nähere Bestimmungen über Art, Umfang und Zeitpunkt der nach den Absätzen 1, 5 und 6 vorgesehenen Anzeigen zu erlassen. ²Die Landesregierung kann die Ermächtigung durch Rechtsverordnung auf die Börsenaufsichtsbehörde übertragen.

## § 7 Handelsüberwachungsstelle.

(1) ¹Die Börse hat unter Beachtung von Maßgaben der Börsenaufsichtsbehörde eine Handelsüberwachungsstelle als Börsenorgan einzurichten und zu betreiben, die den Handel an der Börse und die Börsengeschäftsabwicklung überwacht. ²Dies umfasst an einer Börse, an der Warenderivate gehandelt werden, die Überwachung, ob Positionslimits nach Abschnitt 9 des Wertpapierhandelsgesetzes durch die Handelsteilnehmer eingehalten werden. ³§ 57 Absatz 3 des Wertpapierhandelsgesetzes[1]) gilt hinsichtlich der Überwachung, ob Positionslimits eingehalten werden, mit der Maßgabe entsprechend, dass die Handelsüberwachungsstelle die Börsenaufsichtsbehörde und die Bundesanstalt unterrichtet. ⁴Die Handelsüberwachungsstelle hat Daten über den Börsenhandel und die Börsengeschäftsabwicklung einschließlich der Daten gemäß Artikel 25 Absatz 2 der Verordnung (EU) Nr. 600/2014[2]) systematisch und lückenlos zu erfassen und auszuwerten sowie notwendige Ermittlungen durchzuführen. ⁵An Warenbörsen, an denen Energie im Sinne des § 3 Nr. 14 des Energiewirtschaftsgesetzes gehandelt wird, sind von der

---
¹⁾ Nr. **12**.
²⁾ Nr. **2**.

Handelsüberwachungsstelle auch Daten über die Abwicklung von Geschäften systematisch und lückenlos zu erfassen und auszuwerten, die nicht über die Börse geschlossen werden, aber über ein Abwicklungssystem der Börse oder ein externes Abwicklungssystem, das an die börslichen Systeme für den Börsenhandel oder die Börsengeschäftsabwicklung angeschlossen ist, abgewickelt werden und deren Gegenstand der Handel mit Energie oder Termingeschäfte in Bezug auf Energie sind; die Handelsüberwachungsstelle kann auf Basis dieser Daten notwendige Ermittlungen durchführen. [6] Die Börsenaufsichtsbehörde kann der Handelsüberwachungsstelle Weisungen erteilen und die Ermittlungen übernehmen. [7] Die Geschäftsführung kann die Handelsüberwachungsstelle im Rahmen der Aufgaben dieser Stelle nach den Sätzen 1 bis 3 mit der Durchführung von Untersuchungen beauftragen.

(2) [1] Der Leiter der Handelsüberwachungsstelle hat der Börsenaufsichtsbehörde regelmäßig zu berichten. [2] Die bei der Handelsüberwachungsstelle mit Überwachungsaufgaben betrauten Personen können gegen ihren Willen nur im Einvernehmen mit der Börsenaufsichtsbehörde von ihrer Tätigkeit entbunden werden. [3] Mit Zustimmung der Börsenaufsichtsbehörde kann die Geschäftsführung diesen Personen auch andere Aufgaben übertragen. [4] Die Zustimmung ist zu erteilen, wenn hierdurch die Erfüllung der Überwachungsaufgaben der Handelsüberwachungsstelle nicht beeinträchtigt wird.

(3) Der Handelsüberwachungsstelle stehen die Befugnisse der Börsenaufsichtsbehörde nach § 3 Abs. 4 Satz 1 bis 5 zu; § 3 Abs. 4 Satz 9 und 10 und Abs. 9 gilt entsprechend.

(4) [1] Die Handelsüberwachungsstelle kann Daten über Geschäftsabschlüsse der Geschäftsführung und der Handelsüberwachungsstelle einer anderen Börse übermitteln, soweit sie für die Erfüllung der Aufgaben dieser Stellen erforderlich sind. [2] Die Handelsüberwachungsstelle kann Daten über Geschäftsabschlüsse auch den zur Überwachung des Handels an ausländischen organisierten Märkten oder entsprechenden Märkten mit Sitz außerhalb der Europäischen Union oder eines Vertragstaates des Abkommens über den Europäischen Wirtschaftsraum zuständigen Stellen übermitteln und solche Daten von diesen Stellen empfangen, soweit sie zur ordnungsgemäßen Durchführung des Handels und der Börsengeschäftsabwicklung erforderlich sind. [3] An diese Stellen dürfen solche Daten nur übermittelt werden, wenn diese Stellen und die von ihnen beauftragten Personen einer der Regelung des § 10 gleichwertigen Verschwiegenheitspflicht unterliegen. [4] Diese Stellen sind darauf hinzuweisen, dass sie die Daten nur zu dem Zweck verwenden dürfen, zu dessen Erfüllung sie ihnen übermittelt werden. [5] Die Handelsüberwachungsstelle hat der Börsenaufsichtsbehörde, der Geschäftsführung und der Bundesanstalt mitzuteilen, mit welchen zuständigen Stellen in anderen Staaten sie welche Art von Daten auszutauschen beabsichtigt.

(5) [1] Stellt die Handelsüberwachungsstelle Tatsachen fest, welche die Annahme rechtfertigen, dass börsenrechtliche Vorschriften oder Anordnungen verletzt werden oder sonstige Missstände vorliegen, welche die ordnungsmäßige Durchführung des Handels an der Börse oder die Börsengeschäftsabwicklung beeinträchtigen können, hat sie die Börsenaufsichtsbehörde und die Geschäftsführung unverzüglich zu unterrichten. [2] Die Geschäftsführung kann eilbedürftige Anordnungen treffen, die geeignet sind, die ordnungsmäßige Durchführung des Handels an der Börse und der Börsengeschäftsabwicklung sicherzustellen; § 3 Abs. 9 gilt entsprechend. [3] Die Geschäftsführung hat die Börsen-

Börsengesetz        **§§ 8, 9 BörsG 4**

aufsichtsbehörde über die getroffenen Maßnahmen unverzüglich zu unterrichten. [4] Stellt die Handelsüberwachungsstelle Tatsachen fest, deren Kenntnis für die Erfüllung der Aufgaben der Bundesanstalt erforderlich ist, unterrichtet sie unverzüglich die Bundesanstalt. [5] Die Unterrichtung der Bundesanstalt hat insbesondere zu erfolgen, wenn die Handelsüberwachungsstelle Tatsachen feststellt, deren Kenntnis für die Verfolgung von Verstößen gegen das Verbot von Insidergeschäften nach Artikel 14 der Verordnung (EU) Nr. 596/2014[1]) oder das Verbot der Marktpreismanipulation nach Artikel 15 der Verordnung (EU) Nr. 596/2014 erforderlich ist.

(6) Die Handelsüberwachungsstelle nimmt die ihr nach diesem Gesetz zugewiesenen Aufgaben und Befugnisse nur im öffentlichen Interesse wahr.

**§ 8 Zusammenarbeit.** (1) Die Börsenaufsichtsbehörden und die Bundesanstalt arbeiten eng zusammen und tauschen nach Maßgabe des § 10 untereinander alle Informationen aus, die für die Wahrnehmung ihrer Aufgaben sachdienlich sind.

(2) Die Börsenaufsichtsbehörde unterrichtet die Bundesanstalt unverzüglich von Handelsaussetzungen und -einstellungen nach § 3 Abs. 5 Satz 3 Nr. 1, vom Erlöschen einer Erlaubnis nach § 4 Absatz 4 und von der Aufhebung einer Erlaubnis nach § 4 Absatz 5 oder den Vorschriften der Verwaltungsverfahrensgesetze der Länder.

(3) Die Börsenaufsichtsbehörde unterrichtet die Bundesanstalt unverzüglich über gemäß § 4a Absatz 2 Satz 5, § 4b Absatz 4 Satz 5 erteilte Genehmigungen.

(4) Die Börsenaufsichtsbehörde unterrichtet die Bundesanstalt regelmäßig und auf eine einheitliche und vergleichbare Art über die gemäß § 24 Absatz 2b festgelegten Parameter für eine Volatilitätsunterbrechung.

(5) Die Börsenaufsichtsbehörde und die für die Durchführung der Verordnung (EU) Nr. 1308/2013 des Europäischen Parlaments und des Rates vom 17. Dezember 2013 über eine gemeinsame Marktorganisation für landwirtschaftliche Erzeugnisse und zur Aufhebung der Verordnungen (EWG) Nr. 922/72, (EWG) Nr. 234/79, (EG) Nr. 1037/2001 und (EG) Nr. 1234/2007 (ABl. L 347 vom 20.12.2013, S. 671; L 189 vom 27.6.2014, S. 261; L 130 vom 19.5.2016, S. 18; L 34 vom 9.2.2017, S. 41), die zuletzt durch die Delegierte Verordnung (EU) 2016/1226 (ABl. L 202 vom 28.7.2016, S. 5) geändert worden ist, zuständigen Behörden tauschen untereinander Informationen einschließlich personenbezogener Daten aus, die für die Erfüllung ihrer Aufgaben erforderlich sind.

**§ 9 Anwendbarkeit kartellrechtlicher Vorschriften.** (1) [1] Die Börsenaufsichtsbehörde hat darauf hinzuwirken, dass die Vorschriften des Gesetzes gegen Wettbewerbsbeschränkungen eingehalten werden. [2] Dies gilt insbesondere für den Zugang zu Handels-, Informations- und Abwicklungssystemen und sonstigen börsenbezogenen Dienstleistungseinrichtungen sowie deren Nutzung.

(2) [1] Die Zuständigkeit der Kartellbehörden bleibt unberührt. [2] Die Börsenaufsichtsbehörde unterrichtet die zuständige Kartellbehörde bei Anhaltspunkten für Verstöße gegen das Gesetz gegen Wettbewerbsbeschränkungen. [3] Diese unterrichtet die Börsenaufsichtsbehörde nach Abschluss ihrer Ermittlungen über das Ergebnis der Ermittlungen.

---
[1]) Nr. 11.

**§ 10 Verschwiegenheitspflicht.** (1) ¹Die bei der Börsenaufsichtsbehörde oder einer Behörde, der Aufgaben und Befugnisse der Börsenaufsichtsbehörde nach § 3 Abs. 7 übertragen worden sind, Beschäftigten, die nach § 3 Abs. 8 beauftragten Personen, die Mitglieder der Börsenorgane sowie die beim Träger der Börse Beschäftigten oder unmittelbar oder mittelbar in seinem Auftrag handelnden Personen, soweit sie für die Börse tätig sind, dürfen die ihnen bei ihrer Tätigkeit bekannt gewordenen Tatsachen, deren Geheimhaltung im Interesse der Handelsteilnehmer oder eines Dritten liegt, insbesondere Geschäfts- und Betriebsgeheimnisse sowie personenbezogene Daten, nicht unbefugt erheben oder verwenden, auch wenn sie nicht mehr im Dienst sind oder ihre Tätigkeit beendet ist. ²Dies gilt auch für andere Personen, die durch dienstliche Berichterstattung Kenntnis von den in Satz 1 bezeichneten Tatsachen erhalten. ³Ein unbefugtes Erheben oder Verwenden im Sinne des Satzes 1 liegt insbesondere nicht vor, wenn Informationen weitergegeben werden an

1. Strafverfolgungsbehörden oder für Straf- und Bußgeldsachen zuständige Gerichte,
2. kraft Gesetzes oder im öffentlichen Auftrag mit der Überwachung von Börsen oder anderen Märkten, an denen Finanzinstrumente gehandelt werden, von Kreditinstituten, Finanzdienstleistungsinstituten, Kapitalverwaltungsgesellschaften, extern verwalteten Investmentgesellschaften, Finanzunternehmen, Versicherungsunternehmen, Versicherungsvermittlern oder den Vermittlern von Anteilen an Investmentvermögen im Sinne des § 2a Abs. 1 Nr. 7 des Wertpapierhandelsgesetzes[1]) oder mit der Überwachung des Handels mit Finanzinstrumenten oder Devisen betraute Stellen sowie von diesen beauftragten Personen,
3. Zentralnotenbanken, das Europäische System der Zentralbanken oder die Europäische Zentralbank in ihrer Eigenschaft als Währungsbehörden sowie an andere staatliche Behörden, die mit der Überwachung der Zahlungssysteme betraut sind,
4. mit der Liquidation oder dem Insolvenzverfahren über das Vermögen eines Wertpapierdienstleistungsunternehmens im Sinne des § 2 Abs. 4 des Wertpapierhandelsgesetzes, eines Börsenträgers oder eines organisierten Marktes mit Sitz im Ausland oder dessen Betreiber befasste Stellen, und an
5. die Europäische Zentralbank, das europäische System der Zentralbanken, die Europäische Wertpapier- und Marktaufsichtsbehörde, die Europäische Aufsichtsbehörde für das Versicherungswesen und die betriebliche Altersversorgung, die Europäische Bankenaufsichtsbehörde, den Gemeinsamen Ausschuss der Europäischen Finanzaufsichtsbehörden, den Europäischen Ausschuss für Systemrisiken oder die Europäische Kommission,

soweit die Kenntnis dieser Informationen für diese Stellen zur Erfüllung ihrer Aufgaben erforderlich ist. ⁴Für die bei diesen Stellen Beschäftigten gilt die Verschwiegenheitspflicht nach Satz 1 entsprechend.

(2) Für die Mitglieder der Börsenorgane sowie die beim Träger der Börse Beschäftigten oder unmittelbar oder mittelbar in seinem Auftrag handelnden Personen gilt § 10 Absatz 1 Satz 2 des Wertpapierhandelsgesetzes entsprechend.

(3) ¹Die §§ 93, 97, 105 Abs. 1, § 111 Abs. 5 in Verbindung mit § 105 Abs. 1 sowie § 116 Abs. 1 der Abgabenordnung gelten nicht für die in Absatz 1 Satz 1

---

[1]) Nr. **12.**

oder 2 bezeichneten Personen, soweit sie zur Durchführung dieses Gesetzes tätig werden. ²Sie finden Anwendung, soweit die Finanzbehörden die Kenntnis für die Durchführung eines Verfahrens wegen einer Steuerstraftat sowie eines damit zusammenhängenden Besteuerungsverfahrens benötigen, an deren Verfolgung ein zwingendes öffentliches Interesse besteht und nicht Tatsachen betroffen sind, die den in Absatz 1 Satz 1 oder 2 bezeichneten Personen durch eine Stelle eines anderen Staates im Sinne des Absatzes 1 Satz 3 Nr. 2 oder durch von dieser Stelle beauftragte Personen mitgeteilt worden sind.

**§ 11 Untersagung der Preisfeststellung für ausländische Währungen.**

Das Bundesministerium der Finanzen kann im Einvernehmen mit dem Bundesministerium für Wirtschaft und Energie und nach Anhörung der Deutschen Bundesbank Einzelweisungen an eine Börse erteilen, die Preisermittlung für ausländische Währungen vorübergehend zu untersagen, wenn eine erhebliche Marktstörung droht, die schwerwiegende Gefahren für die Gesamtwirtschaft oder das Publikum erwarten lässt.

**§ 12 Börsenrat.** (1) ¹Jede Börse hat einen Börsenrat zu bilden, der aus höchstens 24 Personen besteht. ²Im Börsenrat müssen die zur Teilnahme am Börsenhandel zugelassenen Unternehmen und die Anleger vertreten sein. ³Bei einer Wertpapierbörse gelten als Unternehmen nach Satz 2 insbesondere die zur Teilnahme am Börsenhandel zugelassenen Kreditinstitute einschließlich der Wertpapierhandelsbanken, die zugelassenen Finanzdienstleistungsinstitute und sonstigen zugelassenen Unternehmen sowie die zur Teilnahme am Börsenhandel zugelassenen Kapitalverwaltungsgesellschaften. ⁴Handelt es sich bei der Börse zumindest auch um eine Wertpapierbörse, müssen im Börsenrat über die in Satz 2 genannten Unternehmen hinaus auch die Skontroführer, die Versicherungsunternehmen, deren emittierte Wertpapiere an der Börse zum Handel zugelassen sind, und andere Emittenten solcher Wertpapiere vertreten sein. ⁵Die Zahl der Vertreter der Kreditinstitute einschließlich der Wertpapierhandelsbanken sowie der mit den Kreditinstituten verbundenen Kapitalverwaltungsgesellschaften und sonstigen Unternehmen darf insgesamt nicht mehr als die Hälfte der Mitglieder des Börsenrates betragen. ⁶Die nach § 13 Absatz 4 zu erlassende Rechtsverordnung kann für einzelne Börsen Ausnahmen von den Bestimmungen der Sätze 2 bis 5 zulassen. ⁷Sie kann insbesondere vorsehen, dass sonstige betroffene Wirtschaftsgruppen im Börsenrat vertreten sind, und die Entsendung der Vertreter der nicht zum Börsenhandel zugelassenen Unternehmen regeln.

(2) ¹Dem Börsenrat obliegt insbesondere

1. der Erlass der Börsenordnung, der Bedingungen für Geschäfte an der Börse, der Gebührenordnung, der Zulassungsordnung für Börsenhändler und der Handelsordnung für den Freiverkehr, die jeweils als Satzung erlassen werden,
2. die Bestellung, Wiederbestellung und Abberufung der Geschäftsführer im Einvernehmen mit der Börsenaufsichtsbehörde,
3. die Überwachung der Geschäftsführung,
4. der Erlass einer Geschäftsordnung für die Geschäftsführung und
5. die Bestellung oder Wiederbestellung und Abberufung des Leiters der Handelsüberwachungsstelle auf Vorschlag der Geschäftsführung und im Einvernehmen mit der Börsenaufsichtsbehörde.

²Zur Überwachung der Geschäftsführung ist dem Börsenrat angemessener Zugang zu den dafür erforderlichen Informationen und Dokumenten zu gewähren. ³Die Entscheidung über die Einführung von technischen Systemen, die dem Handel oder der Abwicklung von Börsengeschäften dienen, bedarf der Zustimmung des Börsenrates. ⁴Die Börsenordnung kann für andere Maßnahmen der Geschäftsführung von grundsätzlicher Bedeutung die Zustimmung des Börsenrates vorsehen. ⁵Bei Kooperations- und Fusionsabkommen des Börsenträgers, die den Börsenbetrieb betreffen, sowie bei der Auslagerung von Funktionen und Tätigkeiten auf ein anderes Unternehmen nach § 5 Abs. 3 ist dem Börsenrat zuvor Gelegenheit zur Stellungnahme zu geben.

(3) ¹Der Börsenrat gibt sich eine Geschäftsordnung. ²Er wählt aus seiner Mitte einen Vorsitzenden und mindestens einen Stellvertreter, der einer anderen Gruppe im Sinne des Absatzes 1 Satz 2 angehört als der Vorsitzende. ³Wahlen nach Satz 2 sind geheim; andere Abstimmungen sind auf Antrag eines Viertels der Mitglieder geheim durchzuführen.

(4) Setzt der Börsenrat zur Vorbereitung seiner Beschlüsse Ausschüsse ein, hat er bei der Zusammensetzung der Ausschüsse dafür zu sorgen, dass Angehörige der Gruppen im Sinne des Absatzes 1 Satz 2, deren Belange durch die Beschlüsse berührt werden können, angemessen vertreten sind.

(5) Mit der Genehmigung einer neuen Börse bestellt die Börsenaufsichtsbehörde einen vorläufigen Börsenrat höchstens für die Dauer eines Jahres.

(6) Der Börsenrat nimmt die ihm nach diesem Gesetz zugewiesenen Aufgaben und Befugnisse nur im öffentlichen Interesse wahr.

**§ 13 Wahl des Börsenrates.** (1) Die Mitglieder des Börsenrates werden für die Dauer von bis zu drei Jahren von den in § 12 Absatz 1 Satz 2 bis 4 genannten Gruppen jeweils aus ihrer Mitte gewählt; die Vertreter der Anleger werden von den übrigen Mitgliedern des Börsenrates hinzugewählt.

(2) ¹Unternehmen, die mehr als einer der in § 12 Absatz 1 Satz 2 bis 4 genannten Gruppen angehören, dürfen nur in einer Gruppe wählen. ²Verbundene Unternehmen dürfen im Börsenrat nur mit einem Mitglied vertreten sein.

(3) ¹Die Mitglieder des Börsenrates müssen zuverlässig sein und die erforderliche fachliche Eignung haben. ²§ 4b Absatz 1 und Absatz 2 Satz 2 gilt entsprechend.

(4) ¹Das Nähere über die Amtszeit des Börsenrates, die Aufteilung in Gruppen, die Ausübung des Wahlrechts und die Wählbarkeit, die Durchführung der Wahl und die vorzeitige Beendigung der Mitgliedschaft im Börsenrat wird durch Rechtsverordnung der Landesregierung nach Anhörung des Börsenrates bestimmt. ²Die Landesregierung kann diese Ermächtigung durch Rechtsverordnung auf die Börsenaufsichtsbehörde übertragen. ³Die Rechtsverordnung muss sicherstellen, dass alle in § 12 Absatz 1 Satz 2 bis 4 genannten Gruppen angemessen vertreten sind. ⁴Sie kann zudem vorsehen, dass bei vorzeitigem Ausscheiden eines Mitglieds ein Nachfolger für die restliche Amtsdauer aus der Mitte der jeweiligen Gruppe durch die übrigen Mitglieder des Börsenrates hinzugewählt wird.

**§ 14** *(aufgehoben)*

Börsengesetz §§ 15, 16 BörsG 4

**§ 15 Leitung der Börse.** (1) ¹Die Leitung der Börse obliegt der Geschäftsführung in eigener Verantwortung. ²Sie kann aus einer oder mehreren Personen bestehen. ³Die Geschäftsführer müssen zuverlässig sein, der Wahrnehmung ihrer Aufgaben ausreichend Zeit widmen und die für die Leitung der Börse erforderliche fachliche Eignung besitzen. ⁴Sie werden für höchstens fünf Jahre bestellt; die wiederholte Bestellung ist zulässig. ⁵Die Bestellung eines Geschäftsführers ist unverzüglich der Börsenaufsichtsbehörde anzuzeigen. ⁶Die Anzeige muss die in § 4 Abs. 2 Satz 2 Nr. 2 genannten Angaben enthalten. ⁷§ 4 Abs. 2 Satz 3 und 4 gilt entsprechend.

(2) Die Börsenaufsichtsbehörde hat ihr Einvernehmen zu der Bestellung der Geschäftsführer zu verweigern, wenn aus objektiven und nachweisbaren Gründen Zweifel an der Zuverlässigkeit oder fachlichen Eignung der Geschäftsführer bestehen oder die ordnungsgemäße Leitung der Börse und die Marktintegrität gefährdet erscheint.

(3) ¹Die Geschäftsführer vertreten die Börse gerichtlich und außergerichtlich, soweit nicht der Träger der Börse zuständig ist. ²Das Nähere über die Vertretungsbefugnis der Geschäftsführer regelt die Börsenordnung.

(4) ¹Die Geschäftsführung kann gegenüber Handelsteilnehmern alle Anordnungen treffen, die geeignet und erforderlich sind, um Verstöße gegen börsenrechtliche Vorschriften und Anordnungen zu verhindern oder Missstände zu beseitigen, welche die ordnungsgemäße Durchführung des Handels an der Börse beeinträchtigen können. ²Sie kann zu diesem Zweck insbesondere Handelsteilnehmern längstens für die Dauer von sechs Monaten die vollständige oder teilweise Teilnahme am Börsenhandel untersagen.

(5) ¹Die Geschäftsführung überwacht die Einhaltung der Pflichten der Handelsteilnehmer und der für sie tätigen Personen. ²Sie trifft geeignete Vorkehrungen, die eine wirksame und dauerhafte Überwachung der Pflichten nach Satz 1 gewährleisten. ³Die Aufgaben der Handelsüberwachungsstelle nach § 7 bleiben unberührt.

(6) Widerspruch und Anfechtungsklage gegen Maßnahmen nach Absatz 4 haben keine aufschiebende Wirkung.

(7) ¹Die Geschäftsführung ist zuständige Behörde im Sinne des Artikels 23 Absatz 1 der Verordnung (EU) Nr. 236/2012 des Europäischen Parlaments und des Rates vom 14. März 2012 über Leerverkäufe und bestimmte Aspekte von Credit Default Swaps (ABl. L 86 vom 24.3.2012, S. 1), sofern Finanzinstrumente betroffen sind, die an einem regulierten Markt oder im Freiverkehr dieser Börse gehandelt werden. ²§ 10 Absatz 1 Satz 3 und 4 ist insoweit nicht anwendbar.

(8) Die Geschäftsführung nimmt die ihr nach diesem Gesetz zugewiesenen Aufgaben und Befugnisse nur im öffentlichen Interesse wahr.

**§ 16 Börsenordnung.** (1) ¹Die Börsenordnung soll sicherstellen, dass die Börse die ihr obliegenden Aufgaben erfüllen kann und dabei den Interessen des Publikums und des Handels gerecht wird. ²Sie muss Bestimmungen enthalten über

1. den Geschäftszweig der Börse;
2. die Organisation der Börse;
3. die Handelsarten;

4. die Veröffentlichung der Preise und Kurse sowie der ihnen zugrunde liegenden Umsätze;
5. eine Entgeltordnung für die Tätigkeit der Skontroführer.

(2) Bei Wertpapierbörsen muss die Börsenordnung zusätzlich Bestimmungen enthalten über

1. die Bedeutung der Kurszusätze und -hinweise,
2. die Sicherstellung der Börsengeschäftsabwicklung und die zur Verfügung stehenden Abwicklungssysteme nach Maßgabe des § 21 und
3. die Kennzeichnung der durch algorithmischen Handel im Sinne des § 80 Absatz 2 Satz 1 des Wertpapierhandelsgesetzes[1]) erzeugten Aufträge durch die Handelsteilnehmer, die Kenntlichmachung der hierfür jeweils verwendeten Handelsalgorithmen sowie die Kenntlichmachung der Personen, die diese Aufträge initiiert haben.

(3) [1] Die Börsenordnung bedarf der Genehmigung durch die Börsenaufsichtsbehörde. [2] Diese kann die Aufnahme bestimmter Vorschriften in die Börsenordnung verlangen, wenn und soweit sie zur Erfüllung der der Börse oder der Börsenaufsichtsbehörde obliegenden gesetzlichen Aufgaben notwendig sind.

**§ 17 Gebühren und Entgelte.** (1) Die Gebührenordnung kann die Erhebung von Gebühren und die Erstattung von Auslagen vorsehen für

1. die Zulassung zur Teilnahme am Börsenhandel und für die Teilnahme am Börsenhandel,
2. die Zulassung zum Besuch der Börse ohne das Recht zur Teilnahme am Handel,
3. die Zulassung von Finanzinstrumenten, anderen Wirtschaftsgütern und Rechten zum Börsenhandel, die Einbeziehung von Wertpapieren zum Börsenhandel im regulierten Markt sowie den Widerruf der Zulassung und der Einbeziehung,
4. die Einführung von Wertpapieren an der Börse,
5. die Notierung von Wertpapieren, deren Laufzeit nicht bestimmt ist,
6. die Prüfung der Druckausstattung von Wertpapieren,
7. die Ablegung der Börsenhändlerprüfung.

(1a) [1] Die Gebührenstrukturen, einschließlich der Ausführungsgebühren, Nebengebühren und möglichen Rabatte müssen transparent und diskriminierungsfrei ausgestaltet sein. [2] Die Gebühren dürfen keine Anreize schaffen, Aufträge so zu platzieren, zu ändern oder zu stornieren oder Geschäfte so zu tätigen, dass dies zu Beeinträchtigungen des ordnungsgemäßen Börsenhandels oder zu Marktmissbrauch beiträgt. [3] Insbesondere dürfen Rabatte in Bezug auf einzelne Aktien oder Aktienportfolios nur als Gegenleistung für die Übernahme von Market-Making-Pflichten gewährt werden.

(2) [1] Die Gebührenordnung bedarf der Genehmigung durch die Börsenaufsichtsbehörde. [2] Die Genehmigung gilt als erteilt, wenn die Gebührenordnung nicht innerhalb von sechs Wochen nach Zugang bei der Börsenaufsichtsbehörde von dieser gegenüber der Börse beanstandet wird.

---

[1]) Nr. 12.

(3) ¹Unbeschadet der nach Absatz 1 erhobenen Gebühren kann der Börsenträger separate Entgelte verlangen. ²Dies gilt auch für Dienstleistungen, welche er im Rahmen des Börsenbetriebs für Handelsteilnehmer oder Dritte erbringt, sowie für die Offenlegung von Vorhandels- und Nachhandelsdaten.

(4) ¹Unbeschadet des § 26a hat die Börse für die übermäßige Nutzung der Börsensysteme, insbesondere durch unverhältnismäßig viele Auftragseingaben, -änderungen und -löschungen, separate Gebühren zu erheben, sofern nicht der Börsenträger hierfür bereits separate Entgelte verlangt. ²Die Höhe dieser Gebühren oder Entgelte ist so zu bemessen, dass einer übermäßigen Nutzung im Sinne des Satzes 1 und der damit verbundenen negativen Auswirkungen auf die Systemstabilität oder die Marktintegrität wirksam begegnet wird.

**§ 18 Sonstige Benutzung von Börseneinrichtungen.** ¹Die Börsenordnung kann für einen anderen als den nach § 16 Abs. 1 Satz 2 Nr. 1 zu bezeichnenden Geschäftszweig die Benutzung von Börseneinrichtungen zulassen. ²Ein Anspruch auf die Benutzung erwächst in diesem Falle für die Beteiligten nicht.

**§ 19 Zulassung zur Börse.** (1) Zum Besuch der Börse, zur Teilnahme am Börsenhandel und für Personen, die berechtigt sein sollen, für ein zur Teilnahme am Börsenhandel zugelassenes Unternehmen an der Börse zu handeln (Börsenhändler), ist eine Zulassung durch die Geschäftsführung erforderlich.

(2) Zur Teilnahme am Börsenhandel darf nur zugelassen werden, wer gewerbsmäßig bei börsenmäßig handelbaren Gegenständen

1. die Anschaffung und Veräußerung für eigene Rechnung betreibt oder
2. die Anschaffung und Veräußerung im eigenen Namen für fremde Rechnung betreibt oder
3. die Vermittlung von Verträgen über die Anschaffung und Veräußerung übernimmt

und dessen Gewerbebetrieb nach Art und Umfang einen in kaufmännischer Weise eingerichteten Geschäftsbetrieb erfordert.

(3) Die Zulassung von Personen ohne das Recht zur Teilnahme am Handel regelt die Börsenordnung.

(3a) ¹Ein direkter elektronischer Zugang darf nur eingeräumt werden, wenn die Börsenordnung angemessene Standards für Risikokontrollen und Schwellen für den Handel über diesen Zugang festlegt. ²Die Börsenordnung muss Regelungen über die Kennzeichnung von Aufträgen und Geschäften, die von einer Person über einen direkten elektronischen Zugang abgeschlossen werden, enthalten. ³Dabei muss die Börsenordnung auch die Möglichkeit vorsehen, dass ein direkter elektronischer Zugang bei Verstößen gegen die entsprechenden Vorschriften der Börsenordnung jederzeit ausgesetzt oder beendet werden kann.

(4) ¹Die Zulassung eines Unternehmens zur Teilnahme am Börsenhandel nach Absatz 2 Satz 1 ist zu erteilen, wenn

1. bei Unternehmen, die in der Rechtsform des Einzelkaufmanns betrieben werden, der Geschäftsinhaber, bei anderen Unternehmen die Personen, die nach Gesetz, Satzung oder Gesellschaftsvertrag mit der Führung der Geschäfte des Unternehmens betraut und zu seiner Vertretung ermächtigt sind,

zuverlässig sind und zumindest eine dieser Personen die für das börsenmäßige Wertpapier- oder Warengeschäft notwendige berufliche Eignung hat;
2. die ordnungsgemäße Abwicklung der an der Börse abgeschlossenen Geschäfte sichergestellt ist;
3. das Unternehmen ein Eigenkapital von mindestens 50 000 Euro nachweist, es sei denn, es ist ein Kreditinstitut, ein Finanzdienstleistungsinstitut oder ein nach § 53 Abs. 1 Satz 1 oder § 53b Abs. 1 Satz 1 des Kreditwesengesetzes tätiges Unternehmen, das zum Betreiben des Finanzkommissionsgeschäfts im Sinne des § 1 Abs. 1 Satz 2 Nr. 4 oder zur Erbringung einer Finanzdienstleistung im Sinne des § 1 Abs. 1a Satz 2 Nr. 1 bis 4 des Kreditwesengesetzes befugt ist; als Eigenkapital sind das eingezahlte Kapital und die Rücklagen nach Abzug der Entnahmen des Inhabers oder der persönlich haftenden Gesellschafter und der diesen gewährten Kredite sowie eines Schuldenüberhanges beim freien Vermögen des Inhabers anzusehen;
4. bei dem Unternehmen, das nach Nummer 3 zum Nachweis von Eigenkapital verpflichtet ist, keine Tatsachen die Annahme rechtfertigen, dass es unter Berücksichtigung des nachgewiesenen Eigenkapitals nicht die für eine ordnungsmäßige Teilnahme am Börsenhandel erforderliche wirtschaftliche Leistungsfähigkeit hat.

[2] Die Börsenordnung kann vorsehen, dass bei Unternehmen, die an einer inländischen Börse oder an einem organisierten Markt im Sinne des § 2 Abs. 5 des Wertpapierhandelsgesetzes[1)] mit Sitz im Ausland zur Teilnahme am Handel zugelassen sind, die Zulassung ohne den Nachweis der Voraussetzungen nach Satz 1 Nr. 1, 3 und 4 erfolgt, sofern die Zulassungsbestimmungen des jeweiligen Marktes mit diesen vergleichbar sind. [3] Die Börsenordnung kann vorsehen, dass Handelsteilnehmer für den Zugang zu Handelssystemen der Börse weitere Voraussetzungen erfüllen müssen.

(5) Als Börsenhändler ist zuzulassen, wer zuverlässig ist und die notwendige berufliche Eignung hat.

(6) [1] Die berufliche Eignung im Sinne des Absatzes 4 Satz 1 Nr. 1 ist regelmäßig anzunehmen, wenn eine Berufsausbildung nachgewiesen wird, die zum börsenmäßigen Wertpapier- oder Warengeschäft befähigt. [2] Die berufliche Eignung im Sinne des Absatzes 5 ist anzunehmen, wenn die erforderlichen fachlichen Kenntnisse und Erfahrungen nachgewiesen werden, die zum Handel an der Börse befähigen. [3] Der Nachweis über die erforderlichen fachlichen Kenntnisse kann insbesondere durch die Ablegung einer Prüfung vor der Prüfungskommission einer Börse erbracht werden. [4] Das Nähere über die Anforderungen an die fachliche Eignung der zum Börsenhandel befähigten Personen und das Prüfungsverfahren regelt eine vom Börsenrat zu erlassende Zulassungsordnung für Börsenhändler, die der Genehmigung durch die Börsenaufsichtsbehörde bedarf.

(7) Das Nähere darüber, wie die in den Absätzen 4 bis 6 genannten Voraussetzungen nachzuweisen sind, bestimmt die Börsenordnung.

(8) [1] Besteht der begründete Verdacht, dass eine der in den Absätzen 2, 4 oder 5 bezeichneten Voraussetzungen nicht vorgelegen hat oder nachträglich weggefallen ist, so kann die Geschäftsführung das Ruhen der Zulassung längstens für die Dauer von sechs Monaten anordnen. [2] Das Ruhen der Zulassung

---

[1)] Nr. 12.

kann auch für die Dauer des Verzuges mit der Zahlung der nach § 17 Abs. 1 Nr. 1 und 2 festgesetzten Gebühren oder der nach § 22 Absatz 2 auferlegten Ordnungsgelder angeordnet werden. ³Ferner kann die Geschäftsführung das Ruhen der Zulassung längstens für die Dauer von sechs Monaten anordnen, wenn ein Handelsteilnehmer das Order-Transaktions-Verhältnis im Sinne des § 26a nicht einhält; hält ein Handelsteilnehmer wiederholt das Order-Transaktions-Verhältnis im Sinne des § 26a nicht ein, kann die Geschäftsführung die Zulassung widerrufen. ⁴Das Recht einer nach Absatz 5 zugelassenen Person zum Abschluss von Börsengeschäften ruht für die Dauer des Wegfalls der Zulassung des Unternehmens, für das sie Geschäfte an der Börse abschließt.

(9) ¹Die Geschäftsführung kann gegenüber Handelsteilnehmern mit Sitz außerhalb der Mitgliedstaaten der Europäischen Union oder der anderen Vertragsstaaten des Abkommens über den Europäischen Wirtschaftsraum das Ruhen der Zulassung längstens für die Dauer von sechs Monaten anordnen oder die Zulassung widerrufen, wenn die Erfüllung der Meldepflichten nach § 9 des Wertpapierhandelsgesetzes oder der Informationsaustausch zum Zwecke der Überwachung der Verbote von Insidergeschäften oder des Verbots der Marktmanipulation mit den in diesem Staat zuständigen Stellen nicht gewährleistet erscheint. ²Die Bundesanstalt teilt die Geschäftsführung und der Börsenaufsichtsbehörde die für eine Anordnung oder den Widerruf nach Satz 1 maßgeblichen Tatsachen mit.

(10) Beabsichtigt die Geschäftsführung der Börse, Handelsteilnehmern in anderen Staaten einen unmittelbaren Zugang zu ihrem Handelssystem zu gewähren, hat sie dies der Börsenaufsichtsbehörde und der Bundesanstalt anzuzeigen, sofern es sich um die erstmalige Zugangsgewährung an einen Handelsteilnehmer in dem betreffenden Staat handelt.

(11) Die Geschäftsführung der Börse übermittelt der Börsenaufsichtsbehörde regelmäßig ein aktuelles Verzeichnis der an der Börse zugelassenen Handelsteilnehmer.

## § 19a Verantwortung des Handelsteilnehmers für Aufträge von mittelbaren Handelsteilnehmern.
Der Handelsteilnehmer ist bei Aufträgen von mittelbaren Handelsteilnehmern im Sinne des § 2 Absatz 8 Satz 2, denen er Zugang zur Börse gewährt, für die Einhaltung der börsenrechtlichen Vorschriften verantwortlich.

## § 20 Sicherheitsleistungen.
(1) ¹Die Börsenordnung kann bestimmen, dass die zur Teilnahme am Börsenhandel zugelassenen Unternehmen und die Skontroführer ausreichende Sicherheit zu leisten haben, um die Verpflichtungen aus Geschäften, die an der Börse sowie in einem an der Börse zugelassenen elektronischen Handelssystem abgeschlossen werden, jederzeit erfüllen zu können. ²Die Höhe der Sicherheitsleistung muss in angemessenem Verhältnis zu den mit den abgeschlossenen Geschäften verbundenen Risiken stehen. ³Das Nähere über die Art und Weise der Sicherheitsleistung bestimmt die Börsenordnung.

(2) ¹Wird die nach der Börsenordnung erforderliche Sicherheitsleistung nicht erbracht oder entfällt sie nachträglich, kann die Börsenordnung vorsehen, dass das Ruhen der Zulassung längstens für die Dauer von sechs Monaten angeordnet werden kann. ²Die Börsenordnung kann vorsehen, dass zur Teilnahme am Börsenhandel zugelassene Unternehmen auf die Tätigkeit als Vermittler beschränkt werden können, wenn die geleistete Sicherheit nicht mehr

den in der Börsenordnung festgelegten Erfordernissen entspricht. ³Die Börsenordnung kann auch bestimmen, dass das Recht eines Börsenhändlers zum Abschluss von Börsengeschäften für die Dauer des Ruhens der Zulassung des Unternehmens ruht, für das er Geschäfte an der Börse abschließt.

(3) Die Börsenordnung kann Regelungen zur Begrenzung und Überwachung der Börsenverbindlichkeiten von zur Teilnahme am Börsenhandel zugelassenen Unternehmen und Skontroführern vorsehen.

(4) ¹Die Handelsüberwachungsstelle hat die nach Absatz 1 zu leistenden Sicherheiten und die Einhaltung der Regelungen nach Absatz 3 zu überwachen. ²Ihr stehen die Befugnisse der Börsenaufsichtsbehörde nach § 3 Abs. 4 zu. ³Sie kann insbesondere von der jeweiligen Abrechnungsstelle die Liste der offenen Aufgabegeschäfte und die Mitteilung negativer Kursdifferenzen verlangen. ⁴Stellt die Handelsüberwachungsstelle fest, dass der Sicherheitsrahmen überschritten ist, hat die Geschäftsführung Anordnungen zu treffen, die geeignet sind, die Erfüllung der Verpflichtungen aus den börslichen Geschäften nach Absatz 1 sicherzustellen. ⁵Sie kann insbesondere anordnen, dass das zur Teilnahme am Börsenhandel zugelassene Unternehmen und der Skontroführer unverzüglich weitere Sicherheiten zu leisten und offene Geschäfte zu erfüllen haben oder diese mit sofortiger Wirkung oder teilweise vom Börsenhandel vorläufig ausschließen. ⁶Die Geschäftsführung hat die Börsenaufsichtsbehörde über die Überschreitung des Sicherheitsrahmens und die getroffenen Anordnungen unverzüglich zu unterrichten.

(5) Widerspruch und Anfechtungsklage gegen Maßnahmen nach Absatz 4 haben keine aufschiebende Wirkung.

**§ 21 Externe Abwicklungssysteme.** (1) Wegen der Anbindung von externen Abwicklungssystemen an die Systeme der Börse für den Börsenhandel und die Börsengeschäftsabwicklung wird auf Artikel 35 der Verordnung (EU) Nr. 600/2014[1)] verwiesen.

(2) Sind nach Absatz 1 mehrere alternative Abwicklungssysteme verfügbar, ist es den Handelsteilnehmern freizustellen, welches der Systeme sie zur Erfüllung der Börsengeschäfte nutzen.

(3) Der Börsenträger hat die Börsenaufsichtsbehörde über das Stellen von Anträgen auf Zugang nach Artikel 7 der Verordnung (EU) Nr. 648/2012 sowie den Eingang eines Antrags auf Zugang nach Artikel 8 der Verordnung (EU) Nr. 648/2012 unverzüglich schriftlich zu unterrichten.

**§ 22 Sanktionsausschuss.** (1) ¹Die Landesregierung wird ermächtigt, durch Rechtsverordnung Vorschriften über die Errichtung eines Sanktionsausschusses, seine Zusammensetzung, sein Verfahren einschließlich der Beweisaufnahme und der Kosten sowie die Mitwirkung der Börsenaufsichtsbehörde zu erlassen. ²Die Vorschriften können vorsehen, dass der Sanktionsausschuss Zeugen und Sachverständige, die freiwillig vor ihm erscheinen, ohne Beeidigung vernehmen und das Amtsgericht um die Durchführung einer Beweisaufnahme, die er nicht vornehmen kann, ersuchen darf. ³Die Landesregierung kann die Ermächtigung nach Satz 1 durch Rechtsverordnung auf die Börsenaufsichtsbehörde übertragen.

---

[1)] Nr. 2.

(2) ¹Der Sanktionsausschuss kann einen Handelsteilnehmer mit Verweis, mit Ordnungsgeld bis zu einer Million Euro oder mit vollständigem oder teilweisem Ausschluss von der Börse bis zu 30 Handelstagen belegen, wenn der Handelsteilnehmer oder eine für ihn tätige Person vorsätzlich oder fahrlässig gegen börsenrechtliche Vorschriften verstößt, die eine ordnungsgemäße Durchführung des Börsenhandels oder der Börsengeschäftsabwicklung sicherstellen sollen. ²Mit einem Verweis oder mit Ordnungsgeld bis zu einer Million Euro kann der Sanktionsausschuss auch einen Emittenten belegen, wenn dieser oder eine für ihn tätige Person vorsätzlich oder fahrlässig gegen seine oder ihre Pflichten aus der Zulassung verstößt. ³Der Sanktionsausschuss nimmt die ihm nach diesem Gesetz zugewiesenen Aufgaben und Befugnisse nur im öffentlichen Interesse wahr.

(3) ¹In Streitigkeiten wegen der Entscheidungen des Sanktionsausschusses nach Absatz 2 ist der Verwaltungsrechtsweg gegeben. ²Vor Erhebung einer Klage bedarf es keiner Nachprüfung in einem Vorverfahren.

(4) ¹Haben sich in einem Verfahren vor dem Sanktionsausschuss Tatsachen ergeben, welche die Rücknahme oder den Widerruf der Zulassung eines Handelsteilnehmers oder eines Skontroführers rechtfertigen, so ist das Verfahren an die Geschäftsführung abzugeben. ²Sie ist berechtigt, in jeder Lage des Verfahrens von dem Sanktionsausschuss Berichte zu verlangen und das Verfahren an sich zu ziehen. ³Hat die Geschäftsführung das Verfahren übernommen und erweist sich, dass die Zulassung nicht zurückzunehmen oder zu widerrufen ist, so verweist sie das Verfahren an den Sanktionsausschuss zurück.

**§ 22a Synchronisierung von im Geschäftsverkehr verwendeten Uhren.** ¹Börse und Handelsteilnehmer müssen die von ihnen im Geschäftsverkehr verwendeten Uhren synchronisieren. ²Zum Verfahren wird auf die Delegierte Verordnung (EU) 2017/574 der Kommission vom 7. Juni 2016 zur Ergänzung der Richtlinie 2014/65/EU des Europäischen Parlaments und des Rates durch technische Regulierungsstandards für den Grad an Genauigkeit von im Geschäftsverkehr verwendeten Uhren (ABl. L 87 vom 31.3.2017, S. 148), in der jeweils geltenden Fassung, verwiesen.

**§ 22b Verarbeitung personenbezogener Daten.** (1) ¹Die Börsenaufsichtsbehörde, der Börsenrat, die Geschäftsführung, die Handelsüberwachungsstelle und der Sanktionsausschuss sind befugt, personenbezogene Daten zu verarbeiten, soweit dies zur Erfüllung ihrer gesetzlichen Aufgaben erforderlich ist. ²Verarbeiten die in Satz 1 genannten Stellen personenbezogene Daten im Zuge einer Maßnahme zur Durchführung ihrer Aufgaben nach diesem Gesetz, stehen den betroffenen Personen die Rechte aus den Artikeln 15 bis 18 und 20 bis 22 der Verordnung (EU) 2016/679 des Europäischen Parlaments und des Rates vom 27. April 2016 zum Schutz natürlicher Personen bei der Verarbeitung personenbezogener Daten, zum freien Datenverkehr und zur Aufhebung der Richtlinie 95/46/EG (Datenschutz-Grundverordnung) (ABl. L 119 vom 4.5.2016, S. 1; L 314 vom 22.11.2016, S. 72; L 127 vom 23.5.2018, S. 2) in der jeweils geltenden Fassung nicht zu, soweit die Erfüllung der Rechte der betroffenen Personen Folgendes gefährden würde:
1. die Stabilität und Integrität der Finanzmärkte der Bundesrepublik Deutschland oder eines oder mehrerer Mitgliedstaaten des Europäischen Wirtschaftsraums,

2. den Zweck der Maßnahme,
3. ein sonstiges wichtiges Ziel des allgemeinen öffentlichen Interesses der Bundesrepublik Deutschland oder eines oder mehrerer Mitgliedstaaten des Europäischen Wirtschaftsraums, insbesondere ein wichtiges wirtschaftliches oder finanzielles Interesse, oder
4. die Verhütung, Ermittlung, Aufdeckung oder Verfolgung von Straftaten oder die Strafvollstreckung, einschließlich des Schutzes vor und der Abwehr von Gefahren für die öffentliche Sicherheit.

[3] Unter diesen Voraussetzungen sind die Börsenaufsichtsbehörde, der Börsenrat, die Geschäftsführung, die Handelsüberwachungsstelle und der Sanktionsausschuss auch von den Pflichten nach den Artikeln 5, 12 bis 14, 19 und 34 der Verordnung (EU) 2016/679 befreit.

(2) Die jeweils betroffene Person ist über das Ende der Beschränkung in geeigneter Form zu unterrichten, sofern dies nicht dem Zweck der Beschränkung abträglich ist.

(3) [1] Soweit der betroffenen Person in den Fällen des Absatzes 1 keine Auskunft erteilt wird, ist die Auskunft auf Verlangen der betroffenen Person der nach Landesrecht für den Datenschutz zuständigen Aufsichtsbehörde zu erteilen, soweit nicht im Einzelfall festgestellt wird, dass dadurch die öffentliche Sicherheit des Bundes oder eines Landes oder die Stabilität und Integrität der Finanzmärkte gefährdet würde. [2] Die Mitteilung der nach Landesrecht für den Datenschutz zuständigen Aufsichtsbehörde an die betroffene Person über das Ergebnis der datenschutzrechtlichen Prüfung darf keine Rückschlüsse auf den Erkenntnisstand der genannten Stellen zulassen, sofern diese nicht einer weitergehenden Auskunft zustimmen.

(4) Soweit Personen oder Unternehmen personenbezogene Daten zur Erfüllung der Aufgaben nach Absatz 1 an die Börsenaufsichtsbehörde, den Börsenrat, die Geschäftsführung, die Handelsüberwachungsstelle oder den Sanktionsausschuss übermitteln oder diese von dort erhoben werden, bestehen die Pflicht zur Information der betroffenen Person nach Artikel 13 Absatz 3 und Artikel 14 Absatz 4 der Verordnung (EU) 2016/679 und das Recht auf Auskunft der betroffenen Person nach Artikel 15 der Verordnung (EU) 2016/679 nicht.

## Abschnitt 2. Börsenhandel und Börsenpreisfeststellung

**§ 23 Zulassung von Wirtschaftsgütern und Rechten.** (1) [1] Wirtschaftsgüter und Rechte, die an der Börse gehandelt werden sollen und nicht zum Handel im regulierten Markt zugelassen oder in den regulierten Markt oder in den Freiverkehr einbezogen sind, bedürfen der Zulassung zum Handel durch die Geschäftsführung. [2] Vor der Zulassung zum Handel hat der Börsenrat Geschäftsbedingungen für den Handel an der Börse zu erlassen. [3] Das Nähere regeln die Artikel 36 und 37 der Verordnung (EG) Nr. 1287/2006 der Kommission vom 10. August 2006 zur Durchführung der Richtlinie 2004/39/EG des Europäischen Parlaments und des Rates betreffend die Aufzeichnungspflichten für Wertpapierfirmen, die Meldung von Geschäften, die Markttransparenz, die Zulassung von Finanzinstrumenten zum Handel und bestimmte Begriffe im Sinne dieser Richtlinie (ABl. EU Nr. L 241 S. 1) und die Börsenordnung.

Börsengesetz § 24 BörsG 4

(2) ¹Unbeschadet des Absatzes 1 hat die Geschäftsführung vor der Zulassung von Derivaten zum Handel die Kontraktspezifikationen festzusetzen. ²Diese müssen so ausgestaltet sein, dass ein ordnungsgemäßer Börsenhandel und eine wirksame Börsengeschäftsabwicklung möglich sind. ³Absatz 1 Satz 3 gilt entsprechend.

**§ 24 Börsenpreis.** (1) ¹Preise, die während der Börsenzeit an einer Börse festgestellt werden, sind Börsenpreise. ²Satz 1 gilt auch für Preise, die während der Börsenzeit im Freiverkehr an einer Wertpapierbörse festgestellt werden.

(2) ¹Börsenpreise müssen ordnungsmäßig zustande kommen und der wirklichen Marktlage des Börsenhandels entsprechen. ²Soweit in Titel II der Verordnung (EU) 2014/600 nichts anderes bestimmt ist, müssen den Handelsteilnehmern insbesondere Angebote zugänglich und die Annahme der Angebote möglich sein. ³Bei der Ermittlung des Börsenpreises können auch Preise einer anderen Börse, eines organisierten Marktes mit Sitz im Ausland oder eines multilateralen Handelssystems im Sinne des § 2 Abs. 3 Satz 1 Nr. 8 des Wertpapierhandelsgesetzes¹⁾ berücksichtigt werden. ⁴Die Börse trifft nähere Bestimmungen über die Aufhebung, Änderung und Berichtigung von Geschäften durch die Geschäftsführung, insbesondere auch für den Fall, dass Börsenpreise auf Grund erheblicher Preisschwankungen nicht ordnungsgemäß zustande gekommen sind.

(2a) ¹Die Börse hat geeignete Vorkehrungen zu treffen, um auch bei erheblichen Preisschwankungen eine ordnungsgemäße Ermittlung des Börsenpreises sicherzustellen. ²Geeignete Vorkehrungen im Sinne des Satzes 1 sind insbesondere kurzfristige Änderungen des Marktmodells und kurzzeitige Volatilitätsunterbrechungen unter Berücksichtigung statischer oder dynamischer Preiskorridore oder Limitsysteme der mit der Preisfeststellung betrauten Handelsteilnehmer.

(2b) Die Börse hat geeignete Vorkehrungen zu treffen, um auch bei erheblichen Preisschwankungen eine ordnungsgemäße Preisermittlung sicherzustellen; geeignete Vorkehrungen sind insbesondere kurzfristige Änderungen des Marktmodells, kurzzeitige Volatilitätsunterbrechungen unter Berücksichtigung statischer oder dynamischer Preiskorridore und Limitsysteme der mit der Preisfeststellung betrauten Handelsteilnehmer, wobei es der Börse in Ausnahmefällen möglich sein muss, jedes Geschäft aufzuheben, zu ändern oder zu berichtigen; die Parameter für solche Volatilitätsunterbrechungen müssen der Liquidität der einzelnen Kategorien und Teilkategorien der betreffenden Finanzinstrumente, der Art des Marktmodells und der Art der Handelsteilnehmer Rechnung tragen und ermöglichen, dass wesentliche Störungen eines ordnungsgemäßen Börsenhandels unterbunden werden; die Börse hat der Börsenaufsichtsbehörde diese Parameter mitzuteilen.

(3) ¹Soweit in Titel II der Verordnung (EU) Nr. 600/2014 nichts anderes bestimmt ist, müssen Börsenpreise und die ihnen zugrunde liegenden Umsätze den Handelsteilnehmern unverzüglich und zu angemessenen kaufmännischen Bedingungen in leicht zugänglicher Weise bekannt gemacht werden, es sei denn, es erscheint eine verzögerte Veröffentlichung im Interesse der Vermeidung einer unangemessenen Benachteiligung der am Geschäft Beteiligten notwendig. ²Das Nähere regelt die Börsenordnung. ³Die Börsenordnung kann

---

¹⁾ Nr. 12.

auch festlegen, dass vor Feststellung eines Börsenpreises den Handelsteilnehmern zusätzlich der Preis des am höchsten limitierten Kaufauftrags und des am niedrigsten limitierten Verkaufsauftrags zur Kenntnis gegeben werden muss.

(4) Geschäfte, die zu Börsenpreisen geführt haben, sind bei der Eingabe in das Geschäftsabwicklungssystem der Börse besonders zu kennzeichnen.

**§ 25 Aussetzung und Einstellung des Handels.** (1) [1] Die Geschäftsführung kann den Handel von Finanzinstrumenten, Wirtschaftsgütern oder Rechten

1. aussetzen, wenn ein ordnungsgemäßer Börsenhandel zeitweilig gefährdet oder wenn dies zum Schutz des Publikums geboten erscheint; und
2. einstellen, wenn ein ordnungsgemäßer Börsenhandel nicht mehr gewährleistet erscheint.

[2] Die Geschäftsführung ist verpflichtet, Maßnahmen nach Satz 1 zu veröffentlichen. [3] Nähere Bestimmungen über die Veröffentlichung sind in der Börsenordnung zu treffen.

(1a) [1] Betrifft die Aussetzung des Handels nach Absatz 1 Satz 1 Nummer 1 ein Finanzinstrument im Sinne von Anhang I Abschnitt C der Richtlinie 2014/65/EU, so setzt die Geschäftsführung auch den Handel von mit diesem Finanzinstrument verbundenen Derivaten im Sinne von Anhang I Abschnitt C Nummer 4 bis 10 dieser Richtlinie aus, wenn dies zur Verwirklichung der Ziele der Aussetzung des Handels mit dem zugrunde liegenden Finanzinstrument erforderlich ist. [2] Das Gleiche gilt für eine Einstellung des Handels nach Absatz 1 Satz 1 Nummer 2.

(1b) Die Börsenaufsichtsbehörde und die Bundesanstalt sind von einer Aussetzung oder Einstellung des Handels nach Absatz 1 oder 1a unverzüglich in Kenntnis zu setzen.

(2) Widerspruch und Anfechtungsklage gegen die Aussetzung des Handels haben keine aufschiebende Wirkung.

(3) Für Maßnahmen nach Artikel 23 Absatz 1 der Verordnung (EU) Nr. 236/2012 gelten Absatz 1 Satz 2 und Absatz 2 entsprechend.

**§ 26 Verleitung zu Börsenspekulationsgeschäften.** (1) Es ist verboten, gewerbsmäßig andere unter Ausnutzung ihrer Unerfahrenheit in Börsenspekulationsgeschäften zu solchen Geschäften oder zur unmittelbaren oder mittelbaren Beteiligung an solchen Geschäften zu verleiten.

(2) Börsenspekulationsgeschäfte im Sinne des Absatzes 1 sind insbesondere

1. An- oder Verkaufsgeschäfte mit aufgeschobener Lieferzeit, auch wenn sie außerhalb einer inländischen oder ausländischen Börse abgeschlossen werden, und
2. Optionen auf solche Geschäfte,

die darauf gerichtet sind, aus dem Unterschied zwischen dem für die Lieferzeit festgelegten Preis und dem zur Lieferzeit vorhandenen Börsen- oder Marktpreis einen Gewinn zu erzielen.

**§ 26a Order-Transaktions-Verhältnis.** [1] Die Handelsteilnehmer sind verpflichtet, ein angemessenes Verhältnis zwischen ihren Auftragseingaben, -änderungen und -löschungen und den tatsächlich ausgeführten Geschäften (Order-Transaktions-Verhältnis) zu gewährleisten, um Risiken für den ordnungsgemäßen Börsenhandel zu vermeiden. ²Das Order-Transaktions-Verhältnis ist dabei jeweils für ein Finanzinstrument und anhand des zahlenmäßigen Volumens der jeweiligen Aufträge und Geschäfte innerhalb eines Tages zu bestimmen. ³Ein angemessenes Order-Transaktions-Verhältnis liegt insbesondere dann vor, wenn dieses auf Grund der Liquidität des betroffenen Finanzinstruments, der konkreten Marktlage oder der Funktion des handelnden Unternehmens wirtschaftlich nachvollziehbar ist. ⁴Die Börsenordnung muss nähere Bestimmungen zum angemessenen Order-Transaktions- Verhältnis für bestimmte Gattungen von Finanzinstrumenten treffen.

**§ 26b Mindestpreisänderungsgröße.** ¹Die Börse ist verpflichtet, eine angemessene Größe für den kleinstmöglichen Preisänderung bei den gehandelten Finanzinstrumenten festzulegen, um negative Auswirkungen auf die Marktintegrität und -liquidität zu verringern. ²Bei der Festlegung der Mindestgröße nach Satz 1 ist insbesondere zu berücksichtigen, dass diese den Preisfindungsmechanismus und das Ziel eines angemessenen Order Transaktions-Verhältnisses im Sinne des § 26a nicht beeinträchtigt. ³Wegen der einzelnen Anforderungen an die Festlegung der Mindestpreisänderungsgröße wird auf die Delegierte Verordnung (EU) 2017/588 der Kommission vom 14. Juli 2016 zur Ergänzung der Richtlinie 2014/65/EU des Europäischen Parlaments und des Rates durch technische Regulierungsstandards für das Tick-Größen-System für Aktien, Aktienzertifikate und börsengehandelte Fonds (ABl. L 87 vom 31.3. 2017, S. 411) in der jeweils geltenden Fassung verwiesen. ⁴Nähere Bestimmungen kann die Börsenordnung treffen.

**§ 26c Market-Making-Systeme.** (1) Die Börsenordnung muss Bestimmungen enthalten über die Zulassung von Wertpapierdienstleistungsunternehmen durch die Geschäftsführung, die an der Börse eine Market-Making-Strategie im Sinne des § 80 Absatz 5 des Wertpapierhandelsgesetzes verfolgen.

(2) ¹Die Börse trifft geeignete Vorkehrungen, um sicherzustellen, dass eine ausreichende Zahl an Wertpapierdienstleistungsunternehmen als Market Maker zugelassen wird, die feste und wettbewerbsfähige Preise stellen, wodurch dem Markt in stetiger und verlässlicher Weise Liquidität zugeführt wird (Market-Making-Systeme). ²Dies gilt nicht, soweit die in Artikel 5 der Delegierten Verordnung (EU) 2017/578 der Kommission vom 13. Juni 2016 zur Ergänzung der Richtlinie 2014/65/EU des Europäischen Parlaments und des Rates über Märkte für Finanzinstrumente durch technische Regulierungsstandards zur Angabe von Anforderungen an Market-Making-Vereinbarungen und -Systeme (ABl. L 87 vom 31.3.2017, S. 183), in der jeweils geltenden Fassung, geregelte Ausnahme greift oder soweit eine solche Anforderung nach Art und Umfang des Handels an der jeweiligen Börse aus sonstigen Gründen nicht sachgerecht ist.

(3) ¹Die Börsenordnung muss Verpflichtungen des Wertpapierdienstleistungsunternehmens im Zusammenhang mit der Zuführung von Liquidität enthalten. ²Sie kann Bestimmungen über sonstige Rechte und Pflichten enthalten, die sich aus der Teilnahme an den in Absatz 2 genannten Systemen ergeben.

(4) ¹Die Gebührenordnung muss Bestimmungen über die Verringerung von Gebühren enthalten, die einem Wertpapierdienstleistungsunternehmen dafür gewährt werden, dass es dem Markt in stetiger und verlässlicher Weise Liquidi-

tät zuführt. ²Dies gilt nicht, sofern und soweit der Börsenträger bereits entsprechende Vereinbarungen mit dem Wertpapierdienstleistungsunternehmen getroffen hat.

(5) Wegen der einzelnen Anforderungen an die Ausgestaltung von Market-Making-Systemen wird auf die Delegierte Verordnung (EU) 2017/578 verwiesen.

## § 26d Algorithmische Handelssysteme und elektronischer Handel.

(1) ¹Die Börse muss sicherstellen, dass algorithmische Handelssysteme nicht zu Beeinträchtigungen des ordnungsgemäßen Börsenhandels führen oder zu solchen Beeinträchtigungen beitragen. ²Um den von algorithmischen Handelssystemen ausgehenden Gefahren für den ordnungsgemäßen Börsenhandel vorzubeugen, hat die Börse geeignete Vorkehrungen zu treffen, einschließlich Vorkehrungen zur Begrenzung des Verhältnisses von nicht ausgeführten Handelsaufträgen zu ausgeführten Handelsaufträgen für den Fall, dass die Systemkapazität der Börse übermäßig in Anspruch genommen wird und die Gefahr besteht, dass die Kapazitätsgrenze erreicht wird.

(2) ¹Die Handelsteilnehmer sind verpflichtet, ihre Algorithmen in einer von der Börse zur Verfügung gestellten Umgebung zu testen. ²Die Geschäftsführung überwacht die Einhaltung der Pflicht nach Satz 1 und teilt der Börsenaufsichtsbehörde Anhaltspunkte für Verstöße mit.

(3) Wegen der geeigneten Vorkehrungen nach Absatz 1 und der Anforderungen an die Ausgestaltung der Tests nach Absatz 2 wird auf die Delegierte Verordnung (EU) 2017/584 der Kommission vom 14. Juli 2016 zur Ergänzung der Richtlinie 2014/65/EU des Europäischen Parlaments und des Rates durch technische Regulierungsstandards zur Festlegung der organisatorischen Anforderungen an Handelsplätze (ABl. L 87 vom 31.3.2017, S. 350), in der jeweils geltenden Fassung, verwiesen.

## § 26e Informationen über die Ausführungsqualität.
¹Börsen müssen für jedes Finanzinstrument, das an ihnen gehandelt wird, mindestens einmal jährlich gebührenfrei Informationen über die Qualität der Ausführung von Aufträgen veröffentlichen. ²Die Veröffentlichungen müssen ausführliche Angaben zum Preis, den mit einer Auftragsausführung verbundenen Kosten, der Geschwindigkeit und der Wahrscheinlichkeit der Ausführung enthalten. ³Wegen der einzelnen Anforderungen an Inhalt und Form der Veröffentlichungen nach den Sätzen 1 und 2 wird auf die Delegierte Verordnung (EU) 2017/575 der Kommission vom 8. Juni 2016 zur Ergänzung der Richtlinie 2014/65/EU des Europäischen Parlaments und des Rates über Märkte für Finanzinstrumente durch technische Regulierungsstandards bezüglich der Daten, die Ausführungsplätze zur Qualität der Ausführung von Geschäften veröffentlichen müssen (ABl. L 87 vom 31.3.2017, S. 152), in der jeweils geltenden Fassung, verwiesen.

## § 26f Positionsmanagementkontrollen.
(1) ¹Eine Börse, an der Warenderivate gehandelt werden, muss Verfahren zur Überwachung der Einhaltung der nach § 54 Absatz 1 bis 5 und § 55 des Wertpapierhandelsgesetzes festgelegten Positionslimits (Positionsmanagementkontrollen) einrichten. ²Diese müssen transparent und diskriminierungsfrei ausgestaltet werden, festlegen, wie sie anzuwenden sind und der Art und Zusammensetzung der Handelsteilnehmer

sowie deren Nutzung der zum Handel zugelassenen Kontrakte Rechnung tragen. ³ Im Rahmen von Kontrollen nach den Sätzen 1 und 2 hat die Börse insbesondere sicherzustellen, dass sie das Recht hat,

1. die offenen Kontraktpositionen jedes Handelsteilnehmers zu überwachen,
2. von jedem Handelsteilnehmer Zugang zu Informationen, einschließlich aller einschlägigen Unterlagen, über Größe und Zweck einer von ihm eingegangenen Position oder offenen Forderung, über wirtschaftliche oder tatsächliche Eigentümer, etwaige Absprachen sowie über alle zugehörigen Vermögenswerte oder Verbindlichkeiten am Basismarkt zu erhalten,
3. von jedem Handelsteilnehmer die zeitweilige oder dauerhafte Auflösung oder Reduzierung einer von ihm eingegangenen Position zu verlangen und, falls der Betreffende dem nicht nachkommt, einseitig geeignete Maßnahmen zu ergreifen, um die Auflösung oder Reduzierung sicherzustellen, und
4. von jedem Handelsteilnehmer zu verlangen, zeitweilig Liquidität zu einem vereinbarten Preis und in vereinbartem Umfang eigens zu dem Zweck in den Markt zurückfließen zu lassen, die Auswirkungen einer großen oder marktbeherrschenden Position abzumildern.

(2) ¹ Die Börse unterrichtet die Börsenaufsichtsbehörde über Einzelheiten der Positionsmanagementkontrollen nach Absatz 1. ² Die Börsenaufsichtsbehörde übermittelt diese Informationen an die Bundesanstalt und an die Europäische Wertpapier- und Marktaufsichtsbehörde.

**§ 26g Übermittlung von Daten.** Die Geschäftsführung kann von den Handelsteilnehmern die Übermittlung von Daten in Bezug auf deren Finanzinstrumente verlangen, soweit dies zur Erfüllung der Anforderungen aus Artikel 25 Absatz 2 der Verordnung (EU) Nr. 600/2014 erforderlich ist.

**Abschnitt 3. Skontroführung und Transparenzanforderungen an Wertpapierbörsen**

**§ 27 Zulassung zum Skontroführer.** (1) ¹ Die Geschäftsführung einer Wertpapierbörse kann unter Berücksichtigung des von der Börse genutzten Handelssystems zur Teilnahme am Börsenhandel zugelassene Unternehmen auf deren Antrag mit der Feststellung von Börsenpreisen an dieser Wertpapierbörse betrauen (Zulassung als Skontroführer). ² Der Antragsteller und seine Geschäftsleiter müssen die für die Skontroführung erforderliche Zuverlässigkeit haben und auf Grund ihrer fachlichen und wirtschaftlichen Leistungsfähigkeit zur Skontroführung geeignet sein. ³ Die Geschäftsführung hat Personen, die berechtigt sein sollen, für einen Skontroführer bei der Skontroführung zu handeln (skontroführende Personen), zuzulassen, wenn diese Personen Börsenhändler sind und die für die Skontroführung erforderliche berufliche Eignung haben.
⁴ Das Nähere regelt die Börsenordnung.

(2) ¹ Die Geschäftsführung hat die Zulassung als Skontroführer nach Anhörung der Börsenaufsichtsbehörde außer nach den Vorschriften des Verwaltungsverfahrensgesetzes zu widerrufen, wenn der Skontroführer sich einer groben Verletzung seiner Pflichten schuldig gemacht hat. ² Die Geschäftsführung kann die Zulassung widerrufen, wenn die Bundesanstalt Maßnahmen zur Sicherung der Erfüllung der Verbindlichkeiten des Skontroführers gegenüber dessen Gläubigern ergriffen hat. ³ In dringenden Fällen kann die Geschäftsführung einem

Skontroführer auch ohne dessen Anhörung die Teilnahme am Börsenhandel mit sofortiger Wirkung vorläufig untersagen; Widerspruch und Anfechtungsklage haben keine aufschiebende Wirkung.

(3) Besteht der begründete Verdacht, dass eine der in Absatz 1 bezeichneten Voraussetzungen nicht vorgelegen hat oder nachträglich weggefallen ist, so kann die Geschäftsführung das Ruhen der Zulassung eines Skontroführers längstens für die Dauer von sechs Monaten anordnen.

(4) Die Bundesanstalt hat die Geschäftsführung unverzüglich zu unterrichten, wenn sie Maßnahmen zur Sicherung der Erfüllung der Verbindlichkeiten des Skontroführers gegenüber dessen Gläubigern ergriffen hat.

**§ 28 Pflichten des Skontroführers.** (1) [1] Der Skontroführer und die skontroführenden Personen haben im Rahmen der Aufgaben des Skontroführers auf einen geordneten Marktverlauf hinzuwirken und die Skontroführung neutral auszuüben. [2] Der Skontroführer hat durch geeignete organisatorische Maßnahmen die Einhaltung der ihm obliegenden Pflichten sicherzustellen. [3] Bei der Preisfeststellung hat er weisungsfrei zu handeln. [4] Die Wahrnehmung der Pflichten hat so zu erfolgen, dass eine wirksame Überwachung der Einhaltung der Pflichten gewährleistet ist. [5] Das Nähere regelt die Börsenordnung.

(2) [1] Der Skontroführer und die skontroführenden Personen haben alle zum Zeitpunkt der Preisfeststellung vorliegenden Aufträge bei ihrer Ausführung unter Beachtung der an der Börse bestehenden besonderen Regelungen gleich zu behandeln. [2] Das Nähere regelt die Börsenordnung.

**§ 29 Verteilung der Skontren.** [1] Über die Verteilung der Skontren unter den für die Skontroführung geeigneten Antragstellern nach § 27 Abs. 1 Satz 2 und die Anzahl der Skontroführer entscheidet die Geschäftsführung. [2] Die Zuteilung von Skontren kann befristet erfolgen. [3] Das Nähere regelt die Börsenordnung. [4] Die Börsenordnung kann als Kriterien für die Zuteilung der Skontren insbesondere die fachliche und wirtschaftliche Leistungsfähigkeit des Antragstellers vorsehen.

**§§ 30, 31** *(aufgehoben)*

## Abschnitt 4. Zulassung von Wertpapieren zum Börsenhandel

**§ 32 Zulassungspflicht.** (1) Wertpapiere, die im regulierten Markt an einer Börse gehandelt werden sollen, bedürfen der Zulassung oder der Einbeziehung durch die Geschäftsführung, soweit nicht in § 37 oder in anderen Gesetzen etwas anderes bestimmt ist.

(2) [1] Die Zulassung ist vom Emittenten der Wertpapiere zusammen mit einem Kreditinstitut, Finanzdienstleistungsinstitut oder einem nach § 53 Abs. 1 Satz 1 oder § 53b Abs. 1 Satz 1 des Kreditwesengesetzes tätigen Unternehmen zu beantragen. [2] Das Institut oder Unternehmen muss an einer inländischen Wertpapierbörse mit dem Recht zur Teilnahme am Handel zugelassen sein und ein haftendes Eigenkapital im Gegenwert von mindestens 730 000 Euro nachweisen. [3] Ein Emittent, der ein Institut oder Unternehmen im Sinne des Satzes 1 ist und die Voraussetzungen des Satzes 2 erfüllt, kann den Antrag allein stellen. [4] Die Geschäftsführung kann vom Emittenten die Übermittlung von Referenzdaten in Bezug auf die zuzulassenden Wertpapiere verlangen, soweit

dies zur Erfüllung der Anforderungen aus Artikel 4 der Verordnung (EU) Nr. 596/2014[1]) erforderlich ist.

(3) Wertpapiere sind zuzulassen, wenn

1. der Emittent und die Wertpapiere den Anforderungen nach Artikel 35 der Verordnung (EG) Nr. 1287/2006 sowie den Bestimmungen entsprechen, die zum Schutz des Publikums und für einen ordnungsgemäßen Börsenhandel nach § 34 erlassen worden sind, und

2. ein nach der Verordnung (EU) 2017/1129[2]) des Europäischen Parlaments und des Rates vom 14. Juni 2017 über den Prospekt, der beim öffentlichen Angebot von Wertpapieren oder bei deren Zulassung zum Handel an einem geregelten Markt zu veröffentlichen ist und zur Aufhebung der Richtlinie 2003/71/EG (ABl. L 168 vom 30.6.2017, S. 12) gebilligter oder bescheinigter Prospekt oder ein Verkaufsprospekt im Sinne des § 42 des Investmentgesetzes in der bis zum 21. Juli 2013 geltenden Fassung veröffentlicht worden ist, der für den in § 345 Absatz 6 Satz 1 des Kapitalanlagegesetzbuchs[3]) vorgesehenen Zeitraum noch verwendet werden darf, oder ein Verkaufsprospekt im Sinne des § 165 des Kapitalanlagegesetzbuchs oder ein Prospekt im Sinne des § 318 Absatz 3 des Kapitalanlagegesetzbuchs veröffentlicht worden ist, soweit nicht nach Artikel 1 Absatz 2 oder Absatz 5 der Verordnung (EU) 2017/1129 von der Veröffentlichung eines Prospekts abgesehen werden kann.

(4) Der Antrag auf Zulassung der Wertpapiere kann trotz Erfüllung der Voraussetzungen des Absatzes 3 abgelehnt werden, wenn der Emittent seine Pflichten aus der Zulassung zum regulierten Markt an einem anderen organisierten Markt nicht erfüllt.

(5) ¹Die Geschäftsführung bestimmt mindestens drei inländische Zeitungen mit überregionaler Verbreitung zu Bekanntmachungsblättern für die vorgeschriebenen Veröffentlichungen (überregionale Börsenpflichtblätter). ²Die Bestimmung kann zeitlich begrenzt sein; sie ist durch Börsenbekanntmachung zu veröffentlichen.

## § 33 Einbeziehung von Wertpapieren in den regulierten Markt.

(1) Wertpapiere können auf Antrag eines Handelsteilnehmers oder von Amts wegen durch die Geschäftsführung zum Börsenhandel in den regulierten Markt einbezogen werden, wenn

1. die Wertpapiere bereits

  a) an einer anderen inländischen Börse zum Handel im regulierten Markt,

  b) in einem anderen Mitgliedstaat der Europäischen Union oder in einem anderen Vertragsstaat des Abkommens über den Europäischen Wirtschaftsraum zum Handel an einem organisierten Markt oder

  c) an einem Markt in einem Drittstaat, sofern an diesem Markt Zulassungsvoraussetzungen und Melde- und Transparenzpflichten bestehen, die mit denen im regulierten Markt für zugelassene Wertpapiere vergleichbar sind, und der Informationsaustausch zum Zwecke der Überwachung des Handels mit den zuständigen Stellen in dem jeweiligen Staat gewährleistet ist,

---

[1]) Nr. 11.
[2]) Nr. 6.
[3]) Nr. 15.

zugelassen sind und

2. keine Umstände bekannt sind, die bei Einbeziehung der Wertpapiere zu einer Übervorteilung des Publikums oder einer Schädigung erheblicher allgemeiner Interessen führen.

(2) [1]Die näheren Bestimmungen über die Einbeziehung von Wertpapieren sowie über die von dem Antragsteller nach erfolgter Einbeziehung zu erfüllenden Pflichten sind in der Börsenordnung zu treffen. [2]Die Börsenordnung muss insbesondere Bestimmungen enthalten über die Unterrichtung des Börsenhandels über Tatsachen, die von dem Emittenten an dem ausländischen Markt, an dem die Wertpapiere zugelassen sind, zum Schutz des Publikums und zur Sicherstellung der ordnungsgemäßen Durchführung des Handels zu veröffentlichen sind; § 38 Abs. 1, die §§ 39 und 41 finden keine Anwendung.

(3) Die Geschäftsführung unterrichtet den Emittenten, dessen Wertpapiere in den Handel nach Absatz 1 einbezogen wurden, von der Einbeziehung.

(4) [1]Für die Aussetzung und die Einstellung der Ermittlung des Börsenpreises gilt § 25 entsprechend. [2]Für den Widerruf der Einbeziehung gilt § 39 Abs. 1 entsprechend.

**§ 34 Ermächtigungen.** Die Bundesregierung wird ermächtigt, durch Rechtsverordnung mit Zustimmung des Bundesrates die zum Schutz des Publikums und für einen ordnungsgemäßen Börsenhandel erforderlichen Vorschriften über

1. die Voraussetzungen der Zulassung, insbesondere
   a) die Anforderungen an den Emittenten im Hinblick auf seine Rechtsgrundlage, seine Größe und die Dauer seines Bestehens;
   b) die Anforderungen an die zuzulassenden Wertpapiere im Hinblick auf ihre Rechtsgrundlage, Handelbarkeit, Stückelung und Druckausstattung;
   c) den Mindestbetrag der Emission;
   d) das Erfordernis, den Zulassungsantrag auf alle Aktien derselben Gattung oder auf alle Schuldverschreibungen derselben Emission zu erstrecken;
2. das Zulassungsverfahren

zu erlassen.

**§ 35 Verweigerung der Zulassung.** (1) Lehnt die Geschäftsführung einen Zulassungsantrag ab, so hat sie dies den anderen Börsen, an denen die Wertpapiere des Emittenten gehandelt werden sollen, unter Angabe der Gründe für die Ablehnung mitzuteilen.

(2) [1]Wertpapiere, deren Zulassung von einer anderen Börse abgelehnt worden ist, dürfen nur mit Zustimmung dieser Börse zugelassen werden. [2]Die Zustimmung ist zu erteilen, wenn die Ablehnung aus Rücksicht auf örtliche Verhältnisse geschah oder wenn die Gründe, die einer Zulassung entgegenstanden, weggefallen sind.

(3) [1]Wird ein Zulassungsantrag an mehreren inländischen Börsen gestellt, so dürfen die Wertpapiere nur mit Zustimmung aller Börsen, die über den Antrag zu entscheiden haben, zugelassen werden. [2]Die Zustimmung darf nicht aus Rücksicht auf örtliche Verhältnisse verweigert werden.

**§ 36 Zusammenarbeit in der Europäischen Union.** (1) Beantragt ein Emittent mit Sitz in einem anderen Mitgliedstaat der Europäischen Union oder in einem anderen Vertragsstaat des Abkommens über den Europäischen Wirtschaftsraum, dessen Aktien entsprechend der Richtlinie 2001/34/EG des Europäischen Parlaments und des Rates vom 28. Mai 2001 über die Zulassung von Wertpapieren zur amtlichen Börsennotierung und über die hinsichtlich dieser Wertpapiere zu veröffentlichenden Informationen (ABl. EG Nr. L 184 S. 1) in diesem Mitgliedstaat oder Vertragsstaat zugelassen sind, die Zulassung von Wertpapieren, mit denen Bezugsrechte für diese Aktien verbunden sind, so hat die Geschäftsführung vor ihrer Entscheidung eine Stellungnahme der zuständigen Stelle des anderen Mitgliedstaates oder Vertragsstaates einzuholen.

(2) Die Vorschriften über die Zusammenarbeit nach der Verordnung (EU) 2017/1129[1]) bleiben unberührt.

**§ 37 Staatliche Schuldverschreibungen.** Schuldverschreibungen des Bundes, seiner Sondervermögen oder eines Bundeslandes, auch soweit sie in das Bundesschuldbuch oder in die Schuldbücher der Bundesländer eingetragen sind, sowie Schuldverschreibungen, die von einem anderen Mitgliedstaat der Europäischen Union oder von einem anderen Vertragsstaat des Abkommens über den Europäischen Wirtschaftsraum ausgegeben werden, sind an jeder inländischen Börse zum Handel im regulierten Markt zugelassen.

**§ 38 Einführung.** (1) [1] Die Geschäftsführung entscheidet auf Antrag des Emittenten über die Aufnahme der Notierung zugelassener Wertpapiere im regulierten Markt (Einführung). [2] Der Emittent hat der Geschäftsführung in dem Antrag den Zeitpunkt für die Einführung und die Merkmale der einzuführenden Wertpapiere mitzuteilen. [3] Das Nähere regelt die Börsenordnung.

(2) Wertpapiere, die zur öffentlichen Zeichnung aufgelegt werden, dürfen erst nach beendeter Zuteilung eingeführt werden.

(3) Die Bundesregierung wird ermächtigt, durch Rechtsverordnung mit Zustimmung des Bundesrates zum Schutz des Publikums den Zeitpunkt zu bestimmen, zu dem die Wertpapiere frühestens eingeführt werden dürfen.

(4) [1] Werden die Wertpapiere nicht innerhalb von drei Monaten nach Veröffentlichung der Zulassungsentscheidung eingeführt, erlischt ihre Zulassung. [2] Die Geschäftsführung kann die Frist auf Antrag angemessen verlängern, wenn ein berechtigtes Interesse des Emittenten der zugelassenen Wertpapiere an der Verlängerung dargetan wird.

**§ 39 Widerruf der Zulassung bei Wertpapieren.** (1) Die Geschäftsführung kann die Zulassung von Wertpapieren zum Handel im regulierten Markt außer nach den Vorschriften des Verwaltungsverfahrensgesetzes widerrufen, wenn ein ordnungsgemäßer Börsenhandel auf Dauer nicht mehr gewährleistet ist und die Geschäftsführung die Notierung im regulierten Markt eingestellt hat oder der Emittent seine Pflichten aus der Zulassung auch nach einer angemessenen Frist nicht erfüllt.

(1a) Börsenaufsichtsbehörde und Bundesanstalt sind von einem Widerruf nach Absatz 1 unverzüglich in Kenntnis zu setzen.

(2) [1] Die Geschäftsführung kann die Zulassung im Sinne des Absatzes 1 auch auf Antrag des Emittenten widerrufen. [2] Der Widerruf darf nicht dem Schutz der Anleger widersprechen. [3] Bei Wertpapieren im Sinne des § 2 Absatz 2 des

---

[1]) Nr. 6.

Wertpapiererwerbs- und Übernahmegesetzes[1]) ist ein Widerruf nur zulässig, wenn

1. bei Antragstellung unter Hinweis auf den Antrag eine Unterlage über ein Angebot zum Erwerb aller Wertpapiere, die Gegenstand des Antrags sind, nach den Vorschriften des Wertpapiererwerbs- und Übernahmegesetzes veröffentlicht wurde oder
2. die Wertpapiere weiterhin zugelassen sind
   a) an einer anderen inländischen Börse zum Handel im regulierten Markt oder
   b) in einem anderen Mitgliedstaat der Europäischen Union oder einem anderen Vertragsstaat des Abkommens über den Europäischen Wirtschaftsraum zum Handel an einem organisierten Markt, sofern für einen Widerruf der Zulassung zum Handel an diesem Markt Nummer 1 entsprechende Voraussetzungen gelten.

(3) ¹Im Fall des Absatzes 2 Satz 3 Nummer 1 darf das Angebot nicht von Bedingungen abhängig gemacht werden. ²Auf das Angebot ist § 31 des Wertpapiererwerbs- und Übernahmegesetzes mit der Maßgabe entsprechend anzuwenden, dass die Gegenleistung in einer Geldleistung in Euro bestehen und mindestens dem gewichteten durchschnittlichen inländischen Börsenkurs der Wertpapiere während der letzten sechs Monate vor der Veröffentlichung nach § 10 Absatz 1 Satz 1 oder § 35 Absatz 1 Satz 1 des Wertpapiererwerbs- und Übernahmegesetzes entsprechen muss. ³Hat während dieses Zeitraums

1. der Emittent entgegen Artikel 17 Absatz 1 der Verordnung (EU) Nr. 596/2014[2]) oder einer entsprechenden Vorschrift des anwendbaren ausländischen Rechts eine Insiderinformation, die ihn unmittelbar betrifft, nicht so bald wie möglich veröffentlicht oder in einer Mitteilung nach Artikel 17 Absatz 1 dieser Verordnung oder einer entsprechenden Vorschrift des anwendbaren ausländischen Rechts eine unwahre Insiderinformation, die ihn unmittelbar betrifft, veröffentlicht, oder
2. der Emittent oder der Bieter in Bezug auf die Wertpapiere, die Gegenstand des Antrags sind, gegen das Verbot der Marktmanipulation nach Artikel 15 der Verordnung (EU) Nr. 596/2014 verstoßen,

so ist der Bieter zur Zahlung des Unterschiedsbetrags zwischen der im Angebot genannten Gegenleistung und der Gegenleistung verpflichtet, die dem anhand einer Bewertung des Emittenten ermittelten Wert des Unternehmens entspricht; dies gilt nicht, soweit die in den Nummern 1 und 2 bezeichneten Verstöße nur unwesentliche Auswirkungen auf den nach Satz 2 errechneten Durchschnittskurs hatten. ⁴Sind für die Wertpapiere des Emittenten, auf die sich das Angebot bezieht, während der letzten sechs Monate vor der Veröffentlichung nach § 10 Absatz 1 Satz 1 oder § 35 Absatz 1 Satz 1 des Wertpapiererwerbs- und Übernahmegesetzes an weniger als einem Drittel der Börsentage Börsenkurse festgestellt worden und weichen mehrere nacheinander festgestellte Börsenkurse um mehr als 5 Prozent voneinander ab, so ist der Bieter zur Zahlung einer Gegenleistung verpflichtet, die dem anhand einer Bewertung des Emittenten ermittelten Wert des Unternehmens entspricht.

---
[1]) Nr. 17.
[2]) Nr. 11.

(4) Auf Emittenten mit Sitz im Ausland finden im Hinblick auf das Angebot nach Absatz 2 die Vorschriften des Wertpapiererwerbs- und Übernahmegesetzes nach Maßgabe des Absatzes 3 entsprechende Anwendung.

(5) [1] Die Geschäftsführung hat einen Widerruf nach Absatz 2 unverzüglich im Internet zu veröffentlichen. [2] Der Zeitraum zwischen der Veröffentlichung und der Wirksamkeit des Widerrufs darf zwei Jahre nicht überschreiten. [3] Nähere Bestimmungen über den Widerruf sind in der Börsenordnung zu treffen.

(6) Im Hinblick auf die Anforderungen des Absatzes 3 bleibt die Rechtmäßigkeit des Widerrufs unberührt.

**§ 40 Pflichten des Emittenten.** (1) Der Emittent zugelassener Aktien ist verpflichtet, für später ausgegebene Aktien derselben Gattung die Zulassung zum regulierten Markt zu beantragen.

(2) Die Bundesregierung wird ermächtigt, durch Rechtsverordnung mit Zustimmung des Bundesrates Vorschriften darüber zu erlassen, wann und unter welchen Voraussetzungen die Verpflichtung nach Absatz 1 eintritt.

**§ 41 Auskunftserteilung.** (1) Der Emittent der zugelassenen Wertpapiere sowie das Institut oder Unternehmen, das die Zulassung der Wertpapiere nach § 32 Abs. 2 Satz 1 zusammen mit dem Emittenten beantragt hat, sind verpflichtet, der Geschäftsführung aus ihrem Bereich alle Auskünfte zu erteilen, die zur ordnungsgemäßen Erfüllung ihrer Aufgaben im Hinblick auf die Zulassung und die Einführung der Wertpapiere erforderlich sind.

(2) [1] Die Geschäftsführung kann verlangen, dass der Emittent der zugelassenen Wertpapiere in angemessener Form und Frist bestimmte Auskünfte veröffentlicht, wenn dies zum Schutz des Publikums oder für einen ordnungsgemäßen Börsenhandel erforderlich ist. [2] Kommt der Emittent dem Verlangen der Geschäftsführung nicht nach, kann die Geschäftsführung nach Anhörung des Emittenten auf dessen Kosten diese Auskünfte selbst veröffentlichen.

**§ 42 Teilbereiche des regulierten Marktes mit besonderen Pflichten für Emittenten.** (1) Die Börsenordnung kann für Teilbereiche des regulierten Marktes ergänzend zu den vom Unternehmen einzureichenden Unterlagen zusätzliche Voraussetzungen für die Zulassung von Aktien oder Aktien vertretenden Zertifikate und weitere Unterrichtungspflichten des Emittenten auf Grund der Zulassung von Aktien oder Aktien vertretenden Zertifikate zum Schutz des Publikums oder für einen ordnungsgemäßen Börsenhandel vorsehen.

(2) [1] Erfüllt der Emittent auch nach einer ihm gesetzten angemessenen Frist zusätzliche Pflichten nach § 42 nicht, kann die Geschäftsführung den Emittent aus dem entsprechenden Teilbereich des regulierten Marktes ausschließen. [2] § 25 Abs. 1 Satz 2 und 3 gilt bei Maßnahmen der Geschäftsführung nach diesem Absatz entsprechend.

**§ 43 Verpflichtung des Insolvenzverwalters.** (1) Wird über das Vermögen eines nach diesem Gesetz zu einer Handlung Verpflichteten ein Insolvenzverfahren eröffnet, hat der Insolvenzverwalter den Schuldner bei der Erfüllung der Pflichten nach diesem Gesetz zu unterstützen, insbesondere indem er aus der Insolvenzmasse die hierfür erforderlichen Mittel bereitstellt.

(2) Wird vor Eröffnung des Insolvenzverfahrens ein vorläufiger Insolvenzverwalter bestellt, hat dieser den Schuldner bei der Erfüllung seiner Pflichten zu unterstützen, insbesondere indem er der Verwendung der Mittel durch den Verpflichteten zustimmt oder, wenn dem Verpflichteten ein allgemeines Verfügungsverbot auferlegt wurde, indem er die Mittel aus dem von ihm verwalteten Vermögen zur Verfügung stellt.

## §§ 44–47 *(aufgehoben)*

### Abschnitt 5. Freiverkehr, KMU-Wachstumsmarkt und organisiertes Handelssystem

**§ 48 Freiverkehr.** (1) [1] Für Wertpapiere, die weder zum Handel im regulierten Markt zugelassen noch zum Handel in den regulierten Markt einbezogen sind, kann die Börse den Betrieb eines Freiverkehrs durch den Börsenträger zulassen, wenn durch eine Handelsordnung sowie durch Geschäftsbedingungen des Börsenträgers, die von der Geschäftsführung gebilligt wurden, eine ordnungsmäßige Durchführung des Handels und der Geschäftsabwicklung gewährleistet erscheint. [2] Die Handelsordnung regelt den Ablauf des Handels. [3] Die Geschäftsbedingungen regeln die Teilnahme am Handel und die Einbeziehung von Wertpapieren zum Handel. [4] Emittenten, deren Wertpapiere ohne ihre Zustimmung in den Freiverkehr einbezogen worden sind, können durch die Geschäftsbedingungen nicht dazu verpflichtet werden, Informationen in Bezug auf diese Wertpapiere zu veröffentlichen.

(2) Die Börsenaufsichtsbehörde kann den Handel im Freiverkehr untersagen, wenn ein ordnungsgemäßer Handel für die Wertpapiere nicht mehr gewährleistet erscheint.

(3) [1] Der Betrieb eines Freiverkehrs bedarf der schriftlichen Erlaubnis der Börsenaufsichtsbehörde. [2] Der Freiverkehr gilt als multilaterales Handelssystem. [3] Der Börsenträger legt der Börsenaufsichtsbehörde eine ausführliche Beschreibung der Funktionsweise des Handelssystems, einschließlich etwaiger Verbindungen zu einem anderen multilateralen oder organisierten Handelssystem oder einem systematischen Internalisierer in seinem Eigentum, sowie eine Liste der Handelsteilnehmer vor. [4] Die Börsenaufsichtsbehörde stellt diese Informationen der Bundesanstalt und auf deren Verlangen der Europäischen Wertpapier- und Marktaufsichtsbehörde zur Verfügung und teilt diesen jede Erteilung einer Erlaubnis eines Freiverkehrs mit. [5] Auf den Betrieb des Freiverkehrs sind unbeschadet der Absätze 4 und 5 die Vorschriften dieses Gesetzes mit Ausnahme der §§ 27 bis 43 entsprechend anzuwenden.

(4) Der Börsenträger hat sicherzustellen, dass der Freiverkehr über mindestens drei aktive Handelsteilnehmer verfügt, denen es jeweils möglich ist, mit allen übrigen Handelsteilnehmern zum Zwecke der Preisbildung zu interagieren.

(5) Der Börsenträger kann von einem Emittenten die Übermittlung von Referenzdaten in Bezug auf dessen Finanzinstrumente verlangen, soweit dies zur Erfüllung der Anforderungen aus Artikel 4 der Verordnung (EU) Nr. 596/2014 erforderlich ist.

**§ 48a KMU-Wachstumsmarkt.** (1) [1] Der Börsenträger kann einen Freiverkehr bei der Börsenaufsichtsbehörde als Wachstumsmarkt für kleine und mitt-

lere Unternehmen (KMU-Wachstumsmarkt) registrieren lassen, sofern folgende Anforderungen erfüllt sind:
1. bei mindestens 50 Prozent der Emittenten, deren Finanzinstrumente zum Handel in den Freiverkehr einbezogen sind, handelt es sich um kleine und mittlere Unternehmen;
2. der Börsenträger hat geeignete Kriterien für die Einbeziehung der Finanzinstrumente zum Handel in den Freiverkehr festgelegt;
3. der Börsenträger macht die Einbeziehung von Finanzinstrumenten zum Handel in den Freiverkehr davon abhängig, dass bei der Zulassung ausreichende Informationen veröffentlicht werden, um dem Publikum eine zutreffende Beurteilung des Emittenten und der Finanzinstrumente zu ermöglichen; bei diesen Informationen handelt es sich entweder um ein Einbeziehungsdokument oder einen Prospekt, falls auf Basis der Verordnung (EU) 2017/1129[1)] festgelegte Anforderungen im Hinblick auf ein öffentliches Angebot im Zusammenhang mit der ursprünglichen Einbeziehung des Finanzinstruments zum Handel in den Freiverkehr Anwendung finden;
4. der Börsenträger stellt sicher, dass eine geeignete regelmäßige Finanzberichterstattung durch den Emittenten am Markt stattfindet, dessen Finanzinstrumente zum Handel in den Freiverkehr einbezogen sind, insbesondere durch geprüfte Jahresberichte;
5. die in Artikel 3 Absatz 1 Nummer 21 der Verordnung (EU) Nr. 596/2014[2)] definierten Emittenten und die in Artikel 3 Absatz 1 Nummer 25 der Verordnung (EU) Nr. 596/2014 definierten Personen, die bei einem Emittenten Führungsaufgaben wahrnehmen, sowie die in Artikel 3 Absatz 1 Nummer 26 der Verordnung (EU) Nr. 596/2014 definierten Personen, die in enger Beziehung zu diesen stehen, erfüllen die jeweiligen Anforderungen, die für sie gemäß der Verordnung (EU) Nr. 596/2014 gelten;
6. der Börsenträger erfasst Informationen, die von einem Emittenten auf Grund einer rechtlichen Verpflichtung veröffentlicht wurden, und stellt diese öffentlich zur Verfügung und
7. der Börsenträger richtet wirksame Systeme und Kontrollen ein, die geeignet sind, einen Marktmissbrauch an dem betreffenden Markt gemäß der Verordnung (EU) Nr. 596/2014 zu erkennen und zu verhindern.
²Die Möglichkeit des Börsenträgers, zusätzliche Anforderungen festzulegen, bleibt unberührt.

(2) ¹Die Börsenaufsichtsbehörde hebt die Registrierung eines KMU-Wachstumsmarktes auf, wenn der Börsenträger dies beantragt oder wenn die Voraussetzungen für eine Registrierung nach Absatz 1 nicht mehr vorliegen. ²Die Börsenaufsichtsbehörde unterrichtet die Bundesanstalt und die Europäische Wertpapier- und Marktaufsichtsbehörde unverzüglich über die Registrierung eines KMU-Wachstumsmarktes und über deren Aufhebung.

(3) ¹Ein Finanzinstrument, das zum Handel in den Freiverkehr einbezogen ist, kann nur dann in einem anderen KMU-Wachstumsmarkt gehandelt werden, wenn der Emittent des Finanzinstruments hierüber unterrichtet wurde und dem nicht widersprochen hat. ²In einem solchen Fall entstehen dem

---
[1)] Nr. **6.**
[2)] Nr. **11.**

Emittenten im Hinblick auf diesen anderen KMU-Wachstumsmarkt keine Verpflichtungen in Bezug auf die Unternehmensführung und -kontrolle oder erstmalige, laufende oder punktuelle Veröffentlichungspflichten.

**§ 48b Organisiertes Handelssystem an einer Börse.** (1) [1] Der Betrieb eines organisierten Handelssystems an einer Börse bedarf der schriftlichen Erlaubnis der Börsenaufsichtsbehörde. [2] Der Börsenträger legt der Börsenaufsichtsbehörde eine ausführliche Beschreibung der Funktionsweise des organisierten Handelssystems vor, einschließlich etwaiger Verbindungen zu einem anderen organisierten oder multilateralen Handelssystem oder einem systematischen Internalisierer in seinem Eigentum, sowie eine Liste der Handelsteilnehmer. [3] Die Börsenaufsichtsbehörde stellt diese Informationen der Bundesanstalt und auf deren Verlangen der Europäischen Wertpapier- und Marktaufsichtsbehörde zur Verfügung und teilt diesen jede Zulassung eines organisierten Handelssystems mit. [4] Soweit die Absätze 2 bis 9 keine abweichende Regelung treffen, sind die für den Freiverkehr geltenden Vorschriften dieses Gesetzes entsprechend anzuwenden.

(2) Der Börsenträger als Betreiber eines organisierten Handelssystems hat geeignete Vorkehrungen zu treffen, durch die die Ausführung von Kundenaufträgen in dem organisierten Handelssystem unter Einsatz des eigenen Kapitals des Betreibers oder eines Mitglieds derselben Unternehmensgruppe verhindert wird.

(3) [1] Der Börsenträger als Betreiber eines organisierten Handelssystems darf auf die Zusammenführung sich deckender Kundenaufträge im Sinne von § 2 Absatz 29 des Wertpapierhandelsgesetzes[1]) für Schuldverschreibungen, strukturierte Finanzprodukte, Emissionszertifikate und bestimmte Derivate zurückgreifen, wenn der Kunde dem zugestimmt hat. [2] Er darf auf die Zusammenführung sich deckender Kundenaufträge über Derivate nicht zurückgreifen, wenn diese der Verpflichtung zum Clearing nach Artikel 4 der Verordnung (EU) Nr. 648/2012 unterliegen.

(4) Der Handel für eigene Rechnung ist dem Börsenträger als Betreiber eines organisierten Handelssystems nur gestattet, soweit es sich nicht um die Zusammenführung sich deckender Kundenaufträge im Sinne von § 2 Absatz 29 des Wertpapierhandelsgesetzes handelt und nur in Bezug auf öffentliche Schuldtitel, für die kein liquider Markt besteht.

(5) [1] Der Börsenträger darf ein organisiertes Handelssystem nicht innerhalb derselben rechtlichen Einheit mit einer systematischen Internalisierung betreiben. [2] Ein organisiertes Handelssystem darf keine Verbindung zu einem systematischen Internalisierer oder einem anderen organisierten Handelssystem in einer Weise herstellen, die eine Interaktion von Aufträgen in dem organisierten Handelssystem mit den Aufträgen oder Angeboten des systematischen Internalisierers oder in dem organisierten Handelssystem ermöglicht.

(6) [1] Der Börsenträger als Betreiber eines organisierten Handelssystems kann ein anderes Wertpapierdienstleistungsunternehmen beauftragen, unabhängig an diesem organisierten Handelssystem Market-Making zu betreiben. [2] Ein unabhängiges Betreiben liegt nur dann vor, wenn keine enge Verbindung des Wertpapierdienstleistungsunternehmens zu dem Börsenträger besteht.

---

[1]) Nr. 12.

(7) ¹Der Börsenträger als Betreiber des organisierten Handelssystems hat die Entscheidung über die Ausführung eines Auftrags in dem organisierten Handelssystem nach Ermessen zu treffen, wenn er darüber entscheidet,

1. einen Auftrag über das von ihm betriebene organisierte Handelssystem zu platzieren oder zurückzunehmen oder
2. einen bestimmten Kundenauftrag nicht mit anderen zu einem bestimmten Zeitpunkt im System vorhandenen Aufträgen zusammenzuführen.

²Im Falle des Satzes 1 Nummer 2 darf eine Zusammenführung nur dann unterbleiben, wenn dies mit etwaigen Anweisungen des Kunden sowie der Verpflichtung zur bestmöglichen Ausführung von Kundenaufträgen im Sinne von § 82 des Wertpapierhandelsgesetzes vereinbar ist. ³Bei einem System, bei dem gegenläufige Kundenaufträge eingehen, kann der Betreiber entscheiden, ob, wann und in welchem Umfang er zwei oder mehr Aufträge innerhalb des Systems zusammenführt. ⁴Im Einklang mit den Absätzen 2, 3, 5 und 6 und unbeschadet des Absatzes 4 kann der Betreiber bei einem System, über das Geschäfte mit Nichteigenkapitalinstrumenten in die Wege geleitet werden, die Verhandlungen zwischen den Kunden erleichtern, um so zwei oder mehr möglicherweise kompatible Handelsinteressen in einem Geschäft zusammenzuführen.

(8) ¹Die Börsenaufsichtsbehörde kann von dem Börsenträger als Betreiber eines organisierten Handelssystems jederzeit, insbesondere bei Antrag auf Zulassung des Betriebs, eine ausführliche Erklärung darüber verlangen, warum das organisierte Handelssystem keinem regulierten Markt, multilateralen Handelssystem oder systematischen Internalisierer entspricht und nicht in dieser Form betrieben werden kann. ²Die Erklärung hat eine ausführliche Beschreibung zu enthalten, wie der Ermessensspielraum genutzt wird, insbesondere wann ein Auftrag im organisierten Handelssystem zurückgezogen werden kann und wann und wie zwei oder mehr sich deckende Kundenaufträge innerhalb des organisierten Handelssystems zusammengeführt werden. ³Außerdem hat der Börsenträger als Betreiber eines organisierten Handelssystems der Börsenaufsichtsbehörde Informationen zur Verfügung zu stellen, mit denen der Rückgriff auf die Zusammenführung sich deckender Kundenaufträge erklärt wird. ⁴Die Börsenaufsichtsbehörde hat diese Informationen der Bundesanstalt und auf deren Verlangen der Europäischen Wertpapier- und Marktaufsichtsbehörde zur Verfügung zu stellen.

(9) Die Börsenaufsichtsbehörde überwacht den Handel durch Zusammenführung sich deckender Aufträge durch den Börsenträger als Betreiber des organisierten Handelssystems, damit sichergestellt ist, dass dieser die hierfür geltenden Anforderungen einhält und dass der von ihm betriebene Handel durch Zusammenführung sich deckender Aufträge nicht zu Interessenkonflikten zwischen dem Betreiber und seinen Kunden führt.

(10) § 63 Absatz 1, 3 bis 7 und 9, § 64 Absatz 1 sowie die §§ 69, 70 und 82 des Wertpapierhandelsgesetzes gelten entsprechend für Geschäfte, die über ein organisiertes Handelssystem an einer Börse abgeschlossen wurden.

## Abschnitt 6. Straf- und Bußgeldvorschriften; Schlussvorschriften

**§ 49 Strafvorschriften.** Mit Freiheitsstrafe bis zu drei Jahren oder mit Geldstrafe wird bestraft, wer entgegen § 26 Abs. 1 andere zu Börsenspekulationsgeschäften oder zu einer Beteiligung an einem solchen Geschäft verleitet.

**§ 50 Bußgeldvorschriften.** (1) Ordnungswidrig handelt, wer vorsätzlich oder leichtfertig entgegen

1. § 3 Absatz 11 eine Person über eine Maßnahme oder ein eingeleitetes Ermittlungsverfahren in Kenntnis setzt oder

2. § 41 Absatz 1 der Geschäftsführung der Börse eine dort benannte Auskunft nicht, nicht richtig oder nicht vollständig erteilt.

(2) Ordnungswidrig handelt, wer vorsätzlich oder fahrlässig

1. einer vollziehbaren Anordnung nach
   a) § 3 Absatz 4 Satz 1 oder Satz 3, jeweils auch in Verbindung mit § 7 Absatz 3, oder § 3 Absatz 5 Satz 2 oder
   b) § 6 Absatz 2 Satz 1 oder Absatz 4 Satz 1
   zuwiderhandelt,

2. entgegen § 3 Absatz 4 Satz 5 oder 6, jeweils auch in Verbindung mit Satz 8, ein Betreten nicht gestattet oder nicht duldet,

3. als Börsenträger einer vollziehbaren Anordnung nach § 3 Absatz 4a Satz 1 zuwiderhandelt,

4. bei der Antragstellung nach § 4 Absatz 2 Satz 1 unrichtige Angaben zu den in § 4 Absatz 2 Satz 2 oder Satz 3 genannten Tatsachen macht,

5. entgegen § 4 Absatz 7 Satz 1 einen Wechsel bei einer dort genannten Person der Geschäftsleitung nicht, nicht richtig, nicht vollständig oder nicht rechtzeitig anzeigt,

6. als Geschäftsleiter eines Börsenträgers von erheblicher Bedeutung die nach § 4a Absatz 2 Satz 2 in Verbindung mit den Sätzen 3 und 4 und einer etwaigen Genehmigung nach Satz 5 zulässige Anzahl von Mandaten durch Annahme eines weiteren Mandats überschreitet,

7. als Mitglied des Verwaltungs- oder Aufsichtsorgans eines Börsenträgers von erheblicher Bedeutung die nach § 4b Absatz 4 Satz 2 in Verbindung mit den Sätzen 3 und 4 und einer etwaigen Genehmigung nach Satz 5 zulässige Anzahl von Mandaten durch Annahme eines weiteren Mandats überschreitet,

8. entgegen § 4a Absatz 1 der Wahrnehmung der Aufgaben als Geschäftsleiter nicht die erforderliche Zeit widmet,

9. als Mitglied des Verwaltungs- oder Aufsichtsorgans eines Börsenträgers bei Vorliegen der Voraussetzungen des § 4b Absatz 5 Satz 1 nicht auf die Einsetzung eines Nominierungsausschusses hinwirkt,

10. entgegen § 5 Absatz 4 Nummer 1 keine oder keine hinreichenden Vorkehrungen trifft, um dort genannte Konflikte zu erkennen und zu verhindern,

11. entgegen § 5 Absatz 4 Nummer 2 keine angemessenen Vorkehrungen und Systeme schafft,

Börsengesetz **§ 50 BörsG 4**

12. entgegen § 5 Absatz 4 Nummer 3 nicht die technische Funktionsfähigkeit der betreffenden Systeme sicherstellt oder keine technischen Vorkehrungen für den reibungslosen und zeitnahen Abschluss der betreffenden Geschäfte schafft,
13. als Börsenträger eine Börse betreibt, ohne über die in § 5 Absatz 4a genannten Systeme und Verfahren zu verfügen,
14. als Börsenträger eine Börse betreibt, ohne über ausreichende finanzielle Mittel im Sinne des § 5 Absatz 5 zu verfügen,
15. als Börsenträger entgegen § 5 Absatz 7 an einer von ihm betriebenen Börse Kundenaufträge unter Einsatz seines eigenen Kapitals ausführt oder auf die Zusammenführung sich deckender Kundenaufträge zurückgreift,
16. entgegen
    a) § 6 Absatz 1 Satz 1, 5 oder 6 oder
    b) § 6 Absatz 5 Satz 1 oder 4 oder Absatz 6 Satz 1,
    jeweils auch in Verbindung mit einer Rechtsverordnung nach § 6 Absatz 7, eine Anzeige nicht, nicht richtig, nicht vollständig oder nicht rechtzeitig erstattet,
17. einer vollziehbaren Anordnung der Börsenaufsichtsbehörde nach § 6 Absatz 1 Satz 7 zuwiderhandelt,
18. entgegen § 6 Absatz 6 Satz 2 eine Veröffentlichung nicht oder nicht rechtzeitig vornimmt,
19. entgegen § 26c Absatz 2 Satz 1 kein Market-Making-System einrichtet,
20. als Handelsteilnehmer bei der Teilnahme am Börsenhandel einen Algorithmus im Sinne von § 26d Absatz 2 einsetzt, ohne diesen zuvor auf etwaige marktstörende Auswirkungen getestet zu haben,
21. als Börsenträger entgegen § 26e Satz 1 die dort genannte Veröffentlichung nicht mindestens einmal jährlich vornimmt,
22. als Börsenträger entgegen § 26f Absatz 1 keine Positionsmanagementkontrollen einrichtet oder
23. als Handelsteilnehmer entgegen § 26g die von der Geschäftsführung verlangten Daten nicht übermittelt.

(3) Ordnungswidrig handelt, wer gegen die Verordnung (EU) Nr. 648/2012 des Europäischen Parlaments und des Rates vom 4. Juli 2012 über OTC-Derivate, zentrale Gegenparteien und Transaktionsregister (ABl. L 201 vom 27.7.2012, S. 1; L 321 vom 30.11.2013, S. 6) verstößt, indem er vorsätzlich oder fahrlässig als Betreiber eines Freiverkehrs im Sinne des § 48 entgegen Artikel 8 Absatz 1 in Verbindung mit Absatz 4 Unterabsatz 1 Handelsdaten nicht, nicht richtig, nicht vollständig oder nicht in der vorgeschriebenen Weise oder nicht rechtzeitig zur Verfügung stellt.

(4) Ordnungswidrig handelt, wer als Börsenträger gegen die Verordnung (EU) 2015/2365 des Europäischen Parlaments und des Rates vom 25. November 2015 über die Transparenz von Wertpapierfinanzierungsgeschäften und der Weiterverwendung sowie zur Änderung der Verordnung (EU) Nr. 648/2012 (ABl. L 337 vom 23.12.2015, S. 1) verstößt, indem er vorsätzlich oder leichtfertig

1. entgegen Artikel 4 Absatz 1 eine Meldung nicht, nicht richtig, nicht vollständig, nicht in der vorgeschriebenen Weise oder nicht rechtzeitig vornimmt,

2. entgegen Artikel 4 Absatz 4 Aufzeichnungen nicht, nicht vollständig oder nicht mindestens für die vorgeschriebene Dauer aufbewahrt,
3. entgegen Artikel 15 Absatz 1 Finanzinstrumente weiterverwendet, ohne dass die dort genannten Voraussetzungen erfüllt sind oder
4. entgegen Artikel 15 Absatz 2 ein Recht auf Weiterverwendung ausübt, ohne dass die dort genannten Voraussetzungen erfüllt sind.

(5) Ordnungswidrig handelt, wer gegen die Verordnung (EU) Nr. 600/2014 des Europäischen Parlaments und des Rates vom 15. Mai 2014 über Märkte für Finanzinstrumente und zur Änderung der Verordnung (EU) Nr. 648/2012 (ABl. L 173 vom 12.6.2014, S. 84; L 6 vom 10.1.2015, S. 6; L 270 vom 15.10. 2015, S. 4), die durch die Verordnung (EU) 2016/1033 (ABl. L 175 vom 30.6. 2016, S. 1) geändert worden ist, verstößt, indem er vorsätzlich oder leichtfertig als Marktbetreiber im Sinne des Artikels 4 Absatz 1 Nummer 18 der Richtlinie 2014/65/EU oder als Börsenträger, der ein multilaterales Handelssystem im Sinne des Artikels 4 Absatz 1 Nummer 22 der Richtlinie 2014/65/EU oder ein organisiertes Handelssystem im Sinne des Artikels 4 Absatz 1 Nummer 23 der Richtlinie 2014/65/EU betreibt,

1. entgegen
   a) Artikel 3 Absatz 1,
   b) Artikel 6 Absatz 1,
   c) Artikel 8 Absatz 1,
   d) Artikel 8 Absatz 4,
   e) Artikel 10 Absatz 1,
   f) Artikel 11 Absatz 3 Unterabsatz 3 in Verbindung mit Artikel 10 Absatz 1 oder
   g) Artikel 31 Absatz 2
   eine Veröffentlichung nicht, nicht richtig, nicht vollständig, nicht in der vorgeschriebenen Weise oder nicht rechtzeitig vornimmt,
2. beim Betrieb eines Handelsplatzes ein dort genanntes System betreibt, das nicht oder nicht vollständig den in Artikel 4 Absatz 3 Unterabsatz 1 beschriebenen Anforderungen entspricht,
3. entgegen
   a) Artikel 3 Absatz 3 oder Artikel 6 Absatz 2 nicht in der dort beschriebenen Weise Zugang zu den betreffenden Systemen gewährt,
   b) Artikel 7 Absatz 1 Unterabsatz 3 Satz 1 oder Artikel 11 Absatz 1 Unterabsatz 3 Satz 1 eine Genehmigung nicht oder nicht rechtzeitig einholt oder auf geplante Regelungen nicht, nicht richtig, nicht vollständig, nicht in der vorgeschriebenen Weise oder nicht rechtzeitig hinweist,
   c) Artikel 8 Absatz 3 oder Artikel 10 Absatz 2 nicht in der dort beschriebenen Weise Zugang zu den betreffenden Regelungen gewährt,
   d) Artikel 12 Absatz 1 eine Information nicht, nicht richtig, nicht vollständig, nicht in der vorgeschriebenen Weise oder nicht rechtzeitig offenlegt,
   e) Artikel 13 Absatz 1 eine Angabe oder Information nicht, nicht richtig, nicht in der vorgeschriebenen Weise oder nicht rechtzeitig offenlegt oder bereitstellt oder keinen diskriminierungsfreien Zugang zu den Informationen sicherstellt,

f) Artikel 22 Absatz 2 erforderliche Daten nicht für einen ausreichend langen Zeitraum speichert,
g) Artikel 25 Absatz 2 die einschlägigen Daten eines Auftrags nicht für mindestens fünf Jahre zur Verfügung hält,
h) Artikel 29 Absatz 1 nicht sicherstellt, dass Geschäfte von einer zentralen Gegenpartei gecleart werden,
i) Artikel 29 Absatz 2 Unterabsatz 1 nicht über die dort bezeichneten Systeme, Verfahren und Vorkehrungen verfügt,
j) Artikel 31 Absatz 3 Satz 1 eine Aufzeichnung nicht, nicht richtig, nicht vollständig oder nicht in der vorgeschriebenen Weise führt,
k) Artikel 31 Absatz 3 Satz 2 eine Aufzeichnung nicht, nicht vollständig oder nicht rechtzeitig zur Verfügung stellt,
l) Artikel 35 Absatz 2 einen Antrag nicht, nicht vollständig oder nicht in der vorgeschriebenen Weise an eine zuständige Behörde übermittelt,
m) Artikel 36 Absatz 1 Handelsdaten nicht auf diskriminierungsfreier und transparenter Basis bereitstellt,
n) Artikel 36 Absatz 3 Satz 1 nicht, nicht in der vorgeschriebenen Weise oder nicht rechtzeitig antwortet,
o) Artikel 36 Absatz 3 Satz 2 einen Zugang verweigert,
p) Artikel 36 Absatz 3 Satz 3, auch in Verbindung mit Satz 4, eine Untersagung nicht ausführlich begründet oder eine Unterrichtung oder Mitteilung nicht oder nicht in der vorgeschriebenen Weise vornimmt oder
q) Artikel 36 Absatz 3 Satz 5 einen Zugang nicht oder nicht rechtzeitig ermöglicht.

(6) Ordnungswidrig handelt, wer gegen die Verordnung (EU) Nr. 600/2014 verstößt, indem er vorsätzlich oder fahrlässig
1. als Marktbetreiber im Sinne des Artikels 4 Absatz 1 Nummer 18 der Richtlinie 2014/65/EU[1]),
2. als Börsenträger, der ein multilaterales Handelssystem im Sinne des Artikels 4 Absatz 1 Nummer 22 der Richtlinie 2014/65/EU oder ein organisiertes Handelssystem im Sinne des Artikels 4 Absatz 1 Nummer 23 der Richtlinie 2014/65/EU betreibt oder
3. als ein mit einem Marktbetreiber nach Nummer 1 oder mit einem Börsenträger nach Nummer 2 verbundenes Unternehmen

entgegen Artikel 37 Absatz 3 mit dem Erbringer eines Referenzwerts eine Vereinbarung trifft, die eine andere zentrale Gegenpartei oder einen anderen Handelsplatz am Zugang zu den in Artikel 37 Absatz 1 genannten Informationen, Rechten oder Lizenzen hindern würde.

(7) Ordnungswidrig handelt, wer gegen die Verordnung (EU) Nr. 909/2014 des Europäischen Parlaments und des Rates vom 23. Juli 2014 zur Verbesserung der Wertpapierlieferungen und -abrechnungen in der Europäischen Union und über Zentralverwahrer sowie zur Änderung der Richtlinien 98/26/EG und 2014/65/EU und der Verordnung (EU) Nr. 236/2012 (ABl. L 257 vom 28.8.2014, S. 1; L 349 vom 21.12.2016, S. 5), die durch die Verordnung (EU) 2016/1033 (ABl. L 175 vom 30.6.2016, S. 1) geändert worden ist, verstößt, indem er

---

[1]) Nr. 1.

vorsätzlich oder fahrlässig als Börsenträger oder als Betreiber eines Freiverkehrs im Sinne des § 48 einem Zentralverwahrer entgegen Artikel 53 Absatz 1 Unterabsatz 1 Transaktionsdaten nicht, nicht richtig, nicht vollständig, nicht in der vorgeschriebenen Weise oder nicht rechtzeitig zur Verfügung stellt.

(8) Die Ordnungswidrigkeit kann in den Fällen des Absatzes 1 Nummer 2 und des Absatzes 3 mit einer Geldbuße bis hunderttausend Euro, in den übrigen Fällen mit einer Geldbuße bis fünfzigtausend Euro geahndet werden.

(9) [1] Die Ordnungswidrigkeit kann in den Fällen der Absätze 2 und 5 bis 7 mit einer Geldbuße von bis zu fünf Millionen Euro geahndet werden. [2] Gegenüber einer juristischen Person oder Personenvereinigung kann über Satz 1 hinaus eine höhere Geldbuße in Höhe von bis zu 10 Prozent des Gesamtumsatzes, den die juristische Person oder Personenvereinigung im der Behördenentscheidung vorangegangenen Geschäftsjahr erzielt hat, verhängt werden. [3] Über die in den Sätzen 1 und 2 genannten Beträge hinaus kann die Ordnungswidrigkeit mit einer Geldbuße bis zum Zweifachen des aus dem Verstoß gezogenen wirtschaftlichen Vorteils geahndet werden. [4] Der wirtschaftliche Vorteil umfasst erzielte Gewinne und vermiedene Verluste und kann geschätzt werden.

(10) [1] Die Ordnungswidrigkeit kann in den Fällen des Absatzes 4 mit einer Geldbuße bis zu fünf Millionen Euro geahndet werden. [2] Gegenüber einer juristischen Person oder Personenvereinigung kann über Satz 1 hinaus eine höhere Geldbuße verhängt werden; diese darf
1. in den Fällen des Absatzes 4 Satz 1 Nummer 1 und 2 den höheren der Beträge von fünf Millionen Euro und 10 Prozent des Gesamtumsatzes, den die juristische Person oder Personenvereinigung in der Behördenentscheidung vorangegangenen Geschäftsjahr erzielt hat,
2. in den Fällen des Absatzes 4 Satz 1 Nummer 3 und 4 den höheren der Beträge von fünfzehn Millionen Euro und 10 Prozent des Gesamtumsatzes, den die juristische Person oder Personenvereinigung in der Behördenentscheidung vorangegangenen Geschäftsjahr erzielt hat,

nicht überschreiten. [3] Über die in den Sätzen 1 und 2 genannten Beträge hinaus kann die Ordnungswidrigkeit mit einer Geldbuße bis zum Dreifachen des aus dem Verstoß gezogenen wirtschaftlichen Vorteils geahndet werden. [4] Der wirtschaftliche Vorteil umfasst erzielte Gewinne und vermiedene Verluste und kann geschätzt werden.

(11) [1] Gesamtumsatz im Sinne des Absatzes 9 Satz 2 und des Absatzes 10 Satz 2 ist
1. im Falle des Börsenträgers der Betrag der Nettoumsätze nach Maßgabe des auf den Börsenträger anwendbaren nationalen Rechts im Einklang mit Artikel 2 Nummer 5 der Richtlinie 2013/34/EU des Europäischen Parlaments und des Rates vom 26. Juni 2013 über den Jahresabschluss, den konsolidierten Abschluss und damit verbundene Berichte von Unternehmen bestimmter Rechtsformen und zur Änderung der Richtlinie 2006/43/EG des Europäischen Parlaments und des Rates und zur Aufhebung der Richtlinien 78/660/EWG und 83/349/EWG des Rates (ABl. L 182 vom 29.6. 2013, S. 19; L 369 vom 24.12.2014, S. 79), die zuletzt durch die Richtlinie 2014/102/EU (ABl. L 334 vom 21.11.2014, S. 86) geändert worden ist,
2. im Falle von Kreditinstituten, Zahlungsinstituten und Finanzdienstleistungsinstituten der Gesamtbetrag, der sich aus dem auf das Institut anwendbaren

nationalen Recht im Einklang mit Artikel 27 Nummer 1, 3, 4, 6 und 7 oder Artikel 28 Nummer B1, B2, B3, B4 und B7 der Richtlinie 86/635/EWG des Rates vom 8. Dezember 1986 über den Jahresabschluss und den konsolidierten Abschluss von Banken und anderen Finanzinstituten (ABl. L 372 vom 31.12.1986, S. 1; L 316 vom 23.11.1988, S. 51), die zuletzt durch die Richtlinie 2006/46/EG (ABl. L 224 vom 16.8.2006, S. 1) geändert worden ist, ergibt, abzüglich der Umsatzsteuer und sonstiger direkt auf diese Erträge erhobener Steuern,

3. im Falle von Versicherungsunternehmen der Gesamtbetrag, der sich aus dem auf das Versicherungsunternehmen anwendbaren nationalen Recht im Einklang mit Artikel 63 der Richtlinie 91/674/EWG des Rates vom 19. Dezember 1991 über den Jahresabschluss und den konsolidierten Abschluss von Versicherungsunternehmen (ABl. L 374 vom 31.12.1991, S. 7), die zuletzt durch die Richtlinie 2006/46/EG (ABl. L 224 vom 16.8.2006, S. 1) geändert worden ist, ergibt, abzüglich der Umsatzsteuer und sonstiger direkt auf diese Erträge erhobener Steuern,

4. im Übrigen der Betrag der Nettoumsätze nach Maßgabe des auf das Unternehmen anwendbaren nationalen Rechts im Einklang mit Artikel 2 Nummer 5 der Richtlinie 2013/34/EU.

²Handelt es sich bei den in Satz 1 genannten Personen um juristische Personen oder Personenvereinigungen, die zugleich Mutterunternehmen oder Tochtergesellschaften sind, so ist anstelle des Gesamtumsatzes der juristischen Person oder Personenvereinigung der jeweilige Gesamtbetrag in dem Konzernabschluss des Mutterunternehmens maßgeblich, der für den größten Kreis von Unternehmen aufgestellt wird. ³Wird der Konzernabschluss für den größten Kreis von Unternehmen nicht nach den in Satz 1 genannten Vorschriften aufgestellt, ist der Gesamtumsatz nach Maßgabe der dem in Satz 1 vergleichbaren Posten des Konzernabschlusses zu ermitteln. ⁴Ist ein Jahresabschluss oder Konzernabschluss für das maßgebliche Geschäftsjahr nicht verfügbar, ist der Jahres- oder Konzernabschluss für das unmittelbar vorangehende Geschäftsjahr maßgeblich; ist auch dieser nicht verfügbar, kann der Gesamtumsatz geschätzt werden.

(12) ¹§ 17 Absatz 2 des Gesetzes über Ordnungswidrigkeiten ist nicht anzuwenden bei Verstößen gegen Gebote und Verbote, die in den Absätzen 9 und 10 in Bezug genommen werden. ²§ 30 des Gesetzes über Ordnungswidrigkeiten gilt auch für juristische Personen oder Personenvereinigungen, die über eine Zweigniederlassung oder im Wege des grenzüberschreitenden Dienstleistungsverkehrs im Inland tätig sind. ³Die Verfolgung der Ordnungswidrigkeiten nach den Absätzen 9 und 10 verjährt in drei Jahren.

## § 50a Bekanntmachung von Maßnahmen.

(1) ¹Die Börsenaufsichtsbehörde hat jede unanfechtbar gewordene Bußgeldentscheidung nach § 50 Absatz 3 unverzüglich auf ihrer Internetseite öffentlich bekannt zu machen, es sei denn, diese Veröffentlichung würde die Finanzmärkte erheblich gefährden oder zu einem unverhältnismäßigen Schaden bei den Beteiligten führen. ²Die Bekanntmachung darf keine personenbezogenen Daten enthalten.

(2) ¹Die Börsenaufsichtsbehörde macht Entscheidungen über Maßnahmen und Sanktionen, die von ihr wegen Verstößen gegen Verbote oder Gebote der §§ 4, 4a, 4b, 5, 6, 26c, 26d, 26e, 26f und 26g oder gegen die Verbote oder Gebote der Artikel 3, 4, 6, 7, 8, 10, 11, 12, 13, 22, 25, 29, 31, 35, 36 und 37

der Verordnung (EU) Nr. 600/2014[1]) oder von Artikel 4 oder 15 der Verordnung (EU) 2015/2365 sowie gegen die zur Durchführung dieser Vorschriften erlassenen Rechtsverordnungen oder sonstigen Rechtsakte oder gegen eine im Zusammenhang mit einer Untersuchung betreffend die Pflichten nach diesen Vorschriften ergangene vollziehbare Anordnung der Börsenaufsichtsbehörde nach § 3 oder § 6 erlassen wurden, auf ihrer Internetseite unverzüglich nach Unterrichtung der natürlichen oder juristischen Person, gegen die die Maßnahme oder Sanktion verhängt wurde, bekannt. ²Dies gilt nicht für Entscheidungen, mit denen Maßnahmen mit Ermittlungscharakter verhängt werden. ³In der Bekanntmachung benennt die Börsenaufsichtsbehörde die Vorschrift, gegen die verstoßen wurde, und die für den Verstoß verantwortliche natürliche oder juristische Person oder Personenvereinigung. ⁴Ist die Bekanntmachung der Identität der juristischen Person oder der personenbezogenen Daten der natürlichen Person unverhältnismäßig oder gefährdet die Bekanntmachung laufende Ermittlungen oder die Stabilität der Finanzmärkte, so kann die Börsenaufsichtsbehörde

1. die Entscheidung, mit der die Sanktion oder Maßnahme verhängt wird, erst dann bekanntmachen, wenn die Gründe für den Verzicht auf ihre Bekanntmachung nicht mehr bestehen, oder

2. die Entscheidung, mit der die Sanktion oder Maßnahme verhängt wird, ohne Nennung personenbezogener Daten bekanntmachen, wenn diese anonymisierte Bekanntmachung einen wirksamen Schutz der betreffenden personenbezogenen Daten gewährleistet, oder

3. gänzlich von der Bekanntmachung der Entscheidung, mit der die Sanktion oder Maßnahme verhängt wird, absehen, wenn die unter den Nummern 1 und 2 genannten Möglichkeiten nicht ausreichen, um zu gewährleisten, dass

a) die Stabilität der Finanzmärkte nicht gefährdet wird oder

b) die Verhältnismäßigkeit der Bekanntmachung gewahrt bleibt.

⁵Entscheidet sich die Börsenaufsichtsbehörde für eine Bekanntmachung in anonymisierter Form, kann die Bekanntmachung um einen angemessenen Zeitraum aufgeschoben werden, wenn vorhersehbar ist, dass die Gründe für die anonymisierte Bekanntmachung innerhalb dieses Zeitraums wegfallen werden. ⁶Wird gegen die Bußgeldentscheidung ein Rechtsbehelf eingelegt, so macht die Börsenaufsichtsbehörde auch diesen Sachverhalt und das Ergebnis des Rechtsbehelfsverfahrens umgehend auf ihrer Internetseite bekannt. ⁷Ferner wird jede Entscheidung, mit der eine frühere Bußgeldentscheidung aufgehoben oder geändert wird, ebenfalls bekannt gemacht. ⁸Eine Bekanntmachung nach Satz 1 ist nach fünf Jahren zu löschen. ⁹Abweichend davon sind personenbezogene Daten zu löschen, sobald ihre Bekanntmachung nicht mehr erforderlich ist. ¹⁰Die Börsenaufsichtsbehörde unterrichtet die Bundesanstalt und die Europäische Wertpapier- und Marktaufsichtsbehörde über alle Bußgeldentscheidungen, die im Einklang mit Satz 4 Nummer 3 nicht bekannt gemacht wurden, sowie über alle Rechtsbehelfe in Verbindung mit diesen Bußgeldentscheidungen und die Ergebnisse der Rechtsbehelfsverfahren. ¹¹Über die Bekanntmachung einer Bußgeldentscheidung unterrichtet die Börsenaufsichtsbehörde die Bundesanstalt und die Europäische Wertpapier- und Marktaufsichtsbehörde gleichzeitig.

---

[1]) Nr. 2.

Börsengesetz §§ 51, 52 BörsG 4

**§ 51 Geltung für Wechsel und ausländische Zahlungsmittel.** (1) Die §§ 24 und 27 bis 29 gelten auch für den Börsenhandel mit Wechseln und ausländischen Zahlungsmitteln.

(2) Als Zahlungsmittel im Sinne des Absatzes 1 gelten auch Auszahlungen, Anweisungen und Schecks.

**§ 52 Übergangsregelungen.** (1) Sind Prospekte, auf Grund derer Wertpapiere zum Börsenhandel mit amtlicher Notierung zugelassen worden sind, oder Unternehmensberichte vor dem 1. April 1998 veröffentlicht worden, so sind auf diese Prospekte und Unternehmensberichte die Vorschriften der §§ 45 bis 49 und 77 des Börsengesetzes in der Fassung der Bekanntmachung vom 17. Juli 1996 (BGBl. I S. 1030) weiterhin anzuwenden.

(2) Sind Prospekte, auf Grund derer Wertpapiere zum Börsenhandel im amtlichen Markt zugelassen worden sind, oder Unternehmensberichte vor dem 1. Juli 2002 veröffentlicht worden, so ist auf diese Prospekte und Unternehmensberichte die Vorschrift des § 47 des Börsengesetzes in der Fassung der Bekanntmachung vom 9. September 1998 (BGBl. I S. 2682), das zuletzt durch Artikel 35 des Gesetzes vom 27. April 2002 (BGBl. I S. 1467) geändert worden ist, weiterhin anzuwenden.

(3) [1] Sind Prospekte, auf Grund derer Wertpapiere zum Handel im amtlichen Markt zugelassen worden sind, vor dem 1. Juli 2005 veröffentlicht worden, so ist auf diese Prospekte die Vorschrift des § 45 dieses Gesetzes in der vor dem 1. Juli 2005 geltenden Fassung weiterhin anzuwenden. [2] Auf Unternehmensberichte, die vor dem 1. Juli 2005 veröffentlicht worden sind, finden die §§ 44 bis 47 und 55 des Börsengesetzes in der vor dem 1. Juli 2005 geltenden Fassung weiterhin Anwendung.

(4) [1] Für Wertpapiere, deren Laufzeit nicht bestimmt ist und die am 1. Juli 2002 weniger als zehn Jahre an einer inländischen Börse eingeführt sind, gilt § 5 Abs. 1 Satz 1 des Börsengesetzes in der Fassung der Bekanntmachung vom 9. September 1998 (BGBl. I S. 2682), das zuletzt durch Artikel 35 des Gesetzes vom 27. April 2002 (BGBl. I S. 1467) geändert worden ist. [2] Auf die in Satz 1 genannten Wertpapiere ist § 17 Abs. 1 Nr. 5 erst mit Ablauf von zehn Jahren seit der Einführung anzuwenden.

(5) [1] Börsenträger, denen vor dem 1. November 2007 eine Genehmigung nach § 1 Abs. 1 des Börsengesetzes in der bis zum 31. Oktober 2007 geltenden Fassung erteilt worden ist, bedürfen insoweit keiner Erlaubnis nach § 4. [2] Sie müssen jedoch der Börsenaufsichtsbehörde bis zum 30. April 2009 die nach § 4 Abs. 2 Satz 2 erforderlichen Unterlagen einreichen. [3] Die Befugnisse der Börsenaufsichtsbehörde nach § 4 gelten in Ansehung der vor dem 1. November 2007 erteilten Genehmigungen entsprechend.

(6) Börsenträger, die den Betrieb eines Freiverkehrs bereits vor dem 1. November 2007 begonnen haben, sind verpflichtet, den Antrag auf Erteilung der Erlaubnis nach § 48 Abs. 3 Satz 1 bis zum 30. April 2009 nachzureichen.

(7) Wertpapiere, die vor dem 1. November 2007 zum amtlichen Markt oder zum geregelten Markt zugelassen waren, gelten ab dem 1. November 2007 als zum regulierten Markt zugelassen.

(8) Für Ansprüche wegen fehlerhafter Prospekte, die Grundlage für die Zulassung von Wertpapieren zum Handel an einer inländischen Börse sind und

die vor dem 1. Juni 2012 im Inland veröffentlicht worden sind, sind die §§ 44 bis 47 in der bis zum 31. Mai 2012 geltenden Fassung weiterhin anzuwenden.

(9) Auf Anträge auf Widerruf der Zulassung von Wertpapieren im Sinne des § 2 Absatz 2 des Wertpapiererwerbs- und Übernahmegesetzes[1]) zum Handel im regulierten Markt, die nach dem 7. September 2015 und vor dem 26. November 2015 gestellt worden sind und über die am 26. November 2015 noch nicht bestands- oder rechtskräftig entschieden worden ist, ist § 39 Absatz 2 bis 6 in der ab dem 26. November 2015 geltenden Fassung mit der Maßgabe anzuwenden, dass abweichend von § 39 Absatz 2 Satz 3 Nummer 1 in der ab dem 26. November 2015 geltenden Fassung ein Erwerbsangebot auch nach Antragstellung veröffentlicht werden kann.

(10) § 32 Absatz 3 Nummer 2 in der bis zum 20. Juli 2019 geltenden Fassung findet weiterhin Anwendung für den Fall eines Prospekts, der nach dem Wertpapierprospektgesetz[2]) in der bis zum 20. Juli 2019 geltenden Fassung gebilligt wurde, solange dieser Prospekt Gültigkeit hat, und für den Fall, dass die Zulassung vor dem 21. Juli 2019 beantragt wurde und zu diesem Zeitpunkt von der Veröffentlichung eines Prospekts nach § 1 Absatz 2 oder § 4 Absatz 2 des Wertpapierprospektgesetzes in der bis zum 20. Juli 2019 geltenden Fassung abgesehen werden durfte.

(11) § 48a Absatz 1 Satz 1 Nummer 3 in der bis zum 20. Juli 2019 geltenden Fassung findet weiterhin Anwendung für den Fall eines Prospekts, der nach dem Wertpapierprospektgesetz in der bis zum 20. Juli 2019 geltenden Fassung gebilligt wurde, solange dieser Prospekt Gültigkeit hat.

---

[1]) Nr. 17.
[2]) Nr. 7.

# 4a. Verordnung über die Zulassung von Wertpapieren zum regulierten Markt an einer Wertpapierbörse (Börsenzulassungs-Verordnung – BörsZulV)

In der Fassung der Bekanntmachung vom 9. September 1998[1]
(BGBl. I S. 2832)

**FNA 4110-1-1**

zuletzt geänd. durch Art. 8 Abs. 5 G zur weiteren Ausführung der EU-ProspektVO und zur Änd. von Finanzmarktgesetzen v. 8.7.2019 (BGBl. I S. 1002)

**Inhaltsübersicht**

**Erstes Kapitel. Zulassung von Wertpapieren zum regulierten Markt**
Erster Abschnitt. Zulassungsvoraussetzungen

| | |
|---|---|
| § 1 | Rechtsgrundlage des Emittenten |
| § 2 | Mindestbetrag der Wertpapiere |
| § 3 | Dauer des Bestehens des Emittenten |
| § 4 | Rechtsgrundlage der Wertpapiere |
| § 5 | Handelbarkeit der Wertpapiere |
| § 6 | Stückelung der Wertpapiere |
| § 7 | Zulassung von Wertpapieren einer Gattung oder einer Emission |
| § 8 | Druckausstattung der Wertpapiere |
| § 9 | Streuung der Aktien |
| § 10 | Emittenten aus Drittstaaten |
| § 11 | Zulassung von Wertpapieren mit Umtausch- oder Bezugsrecht |
| § 12 | Zulassung von Zertifikaten, die Aktien vertreten |

Zweiter Abschnitt. (weggefallen)
Dritter Abschnitt. Zulassungsverfahren

| | |
|---|---|
| § 48 | Zulassungsantrag |
| § 48a | Veröffentlichung eines Basisprospekts |
| § 49 | (weggefallen) |
| § 50 | Zeitpunkt der Zulassung |
| § 51 | Veröffentlichung der Zulassung |
| § 52 | Einführung |

**Zweites Kapitel. Pflichten des Emittenten zugelassener Wertpapiere**
Erster Abschnitt. (weggefallen)
Zweiter Abschnitt. Sonstige Pflichten

| | |
|---|---|
| § 63 | (weggefallen) |
| § 64 | (weggefallen) |
| § 65 | (weggefallen) |
| § 66 | (weggefallen) |
| § 67 | (weggefallen) |
| § 68 | (weggefallen) |
| § 69 | Zulassung später ausgegebener Aktien |
| § 70 | (weggefallen) |

**Drittes Kapitel. Schlussvorschriften**

| | |
|---|---|
| § 71 | (weggefallen) |
| § 72 | Allgemeine Bestimmungen über Jahresabschlüsse |
| § 72a | Übergangsvorschrift |
| § 73 | (Inkrafttreten) |

---

[1] Neubekanntmachung der VO idF v. 17.7.1996 (BGBl. I S. 1052) in der ab 1.8.1998 geltenden Fassung.

# Erstes Kapitel. Zulassung von Wertpapieren zum regulierten Markt

## Erster Abschnitt. Zulassungsvoraussetzungen

**§ 1 Rechtsgrundlage des Emittenten.** Die Gründung sowie die Satzung oder der Gesellschaftsvertrag des Emittenten müssen dem Recht des Staates entsprechen, in dem der Emittent seinen Sitz hat.

**§ 2 Mindestbetrag der Wertpapiere.** (1) [1]Der voraussichtliche Kurswert der zuzulassenden Aktien oder, falls seine Schätzung nicht möglich ist, das Eigenkapital der Gesellschaft im Sinne des § 266 Abs. 3 Buchstabe A des Handelsgesetzbuchs, deren Aktien zugelassen werden sollen, muß mindestens 1 250 000 Euro betragen. [2]Dies gilt nicht, wenn Aktien derselben Gattung an dieser Börse bereits zum regulierten Markt zugelassen sind.

(2) Für die Zulassung von anderen Wertpapieren als Aktien muß der Gesamtnennbetrag mindestens 250 000 Euro betragen.

(3) Für die Zulassung von Wertpapieren, die nicht auf einen Geldbetrag lauten, muß die Mindeststückzahl der Wertpapiere zehntausend betragen.

(4) Die Geschäftsführung kann geringere Beträge als in den vorstehenden Absätzen vorgeschrieben zulassen, wenn sie überzeugt ist, daß sich für die zuzulassenden Wertpapiere ein ausreichender Markt bilden wird.

**§ 3 Dauer des Bestehens des Emittenten.** (1) Der Emittent zuzulassender Aktien muß mindestens drei Jahre als Unternehmen bestanden und seine Jahresabschlüsse für die drei dem Antrag vorangegangenen Geschäftsjahre entsprechend den hierfür geltenden Vorschriften offengelegt haben.

(2) Die Geschäftsführung kann abweichend von Absatz 1 Aktien zulassen, wenn dies im Interesse des Emittenten und des Publikums liegt.

**§ 4 Rechtsgrundlage der Wertpapiere.** Die Wertpapiere müssen in Übereinstimmung mit dem für den Emittenten geltenden Recht ausgegeben werden und den für das Wertpapier geltenden Vorschriften entsprechen.

**§ 5 Handelbarkeit der Wertpapiere.** (1) Die Wertpapiere müssen frei handelbar sein.

(2) Die Geschäftsführung kann

1. nicht voll eingezahlte Wertpapiere zulassen, wenn sichergestellt ist, daß der Börsenhandel nicht beeinträchtigt wird und wenn in dem Prospekt auf die fehlende Volleinzahlung sowie auf die im Hinblick hierauf getroffenen Vorkehrungen hingewiesen wird oder, wenn ein Prospekt nicht zu veröffentlichen ist, das Publikum auf andere geeignete Weise unterrichtet wird;
2. Aktien, deren Erwerb einer Zustimmung bedarf, zulassen, wenn das Zustimmungserfordernis nicht zu einer Störung des Börsenhandels führt.

**§ 6 Stückelung der Wertpapiere.** Die Stückelung der Wertpapiere, insbesondere die kleinste Stückelung und die Anzahl der in dieser Stückelung ausgegebenen Wertpapiere, müssen den Bedürfnissen des Börsenhandels und des Publikums Rechnung tragen.

### § 7 Zulassung von Wertpapieren einer Gattung oder einer Emission.

(1) ¹Der Antrag auf Zulassung von Aktien muß sich auf alle Aktien derselben Gattung beziehen. ²Er kann jedoch insoweit beschränkt werden, als die nicht zuzulassenden Aktien zu einer der Aufrechterhaltung eines beherrschenden Einflusses auf den Emittenten dienenden Beteiligung gehören oder für eine bestimmte Zeit nicht gehandelt werden dürfen und wenn aus der nur teilweisen Zulassung keine Nachteile für die Erwerber der zuzulassenden Aktien zu befürchten sind. ³In dem Prospekt ist darauf hinzuweisen, daß nur für einen Teil der Aktien die Zulassung beantragt wurde, und der Grund hierfür anzugeben; ist ein Prospekt nicht zu veröffentlichen, so ist das Publikum auf andere geeignete Weise zu unterrichten.

(2) Der Antrag auf Zulassung von anderen Wertpapieren als Aktien muß sich auf alle Wertpapiere derselben Emission beziehen.

### § 8 Druckausstattung der Wertpapiere.

(1) ¹Die Druckausstattung der Wertpapiere in ausgedruckten Einzelurkunden muß einen ausreichenden Schutz vor Fälschung bieten und eine sichere und leichte Abwicklung des Wertpapierverkehrs ermöglichen. ²Für Wertpapiere eines Emittenten mit Sitz in einem anderen Mitgliedstaat der Europäischen Union oder in einem anderen Vertragsstaat des Abkommens über den Europäischen Wirtschaftsraum reicht die Beachtung der Vorschriften aus, die in diesem Staat für die Druckausstattung der Wertpapiere gelten.

(2) Bietet die Druckausstattung der Wertpapiere keinen ausreichenden Schutz vor Fälschung, so ist in dem Prospekt hierauf hinzuweisen; ist ein Prospekt nicht zu veröffentlichen, so ist das Publikum auf andere geeignete Weise zu unterrichten.

### § 9 Streuung der Aktien.

(1) ¹Die zuzulassenden Aktien müssen im Publikum eines Mitgliedstaats oder mehrerer Mitgliedstaaten der Europäischen Union oder eines Vertragsstaates oder mehrerer Vertragsstaaten des Abkommens über den Europäischen Wirtschaftsraum ausreichend gestreut sein. ²Sie gelten als ausreichend gestreut, wenn mindestens fünfundzwanzig vom Hundert des Gesamtnennbetrages, bei nennwertlosen Aktien der Stückzahl, der zuzulassenden Aktien vom Publikum erworben worden sind oder wenn wegen der großen Zahl von Aktien derselben Gattung und ihrer breiten Streuung im Publikum ein ordnungsgemäßer Börsenhandel auch mit einem niedrigeren Vomhundertsatz gewährleistet ist.

(2) Abweichend von Absatz 1 können Aktien zugelassen werden, wenn

1. eine ausreichende Streuung über die Einführung an der Börse erreicht werden soll und die Geschäftsführung davon überzeugt ist, daß diese Streuung innerhalb kurzer Frist nach der Einführung erreicht sein wird,
2. Aktien derselben Gattung innerhalb der Europäischen Gemeinschaft oder innerhalb eines Vertragsstaates des Abkommens über den Europäischen Wirtschaftsraum an einem organisierten Markt zugelassen werden und eine ausreichende Streuung im Verhältnis zur Gesamtheit aller ausgegebenen Aktien erreicht wird oder
3. die Aktien außerhalb der Europäischen Gemeinschaft oder außerhalb der anderen Vertragsstaaten des Abkommens über den Europäischen Wirtschaftsraum an einem Markt, der mit einem organisierten Markt vergleichbar ist,

zugelassen sind und eine ausreichende Streuung im Publikum derjenigen Staaten erreicht ist, in denen diese Aktien zugelassen sind.

**§ 10 Emittenten aus Drittstaaten.** Aktien eines Emittenten mit Sitz in einem Staat außerhalb der Europäischen Gemeinschaft oder außerhalb der anderen Vertragsstaaten des Abkommens über den Europäischen Wirtschaftsraum, die weder in diesem Staat noch in dem Staat ihrer hauptsächlichen Verbreitung an einem Markt, der mit einem organisierten Markt im Sinne des § 2 Absatz 11 des Wertpapierhandelsgesetzes[1] vergleichbar ist, zum Handel zugelassen sind, dürfen nur zugelassen werden, wenn glaubhaft gemacht wird, daß die Zulassung in diesen Staaten nicht aus Gründen des Schutzes des Publikums unterblieben ist.

**§ 11 Zulassung von Wertpapieren mit Umtausch- oder Bezugsrecht.**

(1) Wertpapiere, die den Gläubigern ein Umtausch- oder Bezugsrecht auf andere Wertpapiere einräumen, können nur zugelassen werden, wenn die Wertpapiere, auf die sich das Umtausch- oder Bezugsrecht bezieht, an einer inländischen Börse entweder zum Handel zugelassen oder in einen anderen organisierten Markt einbezogen sind oder gleichzeitig zugelassen oder einbezogen werden.

(2) Die Geschäftsführung kann abweichend von Absatz 1 Wertpapiere zulassen, wenn die Wertpapiere, auf die sich das Umtausch- oder Bezugsrecht bezieht, zum Handel an einem organisierten Markt zugelassen sind und wenn sich das Publikum im Inland regelmäßig über die Kurse unterrichten kann, die sich an dem Markt im Ausland im Handel in diesen Wertpapieren bilden.

**§ 12 Zulassung von Zertifikaten, die Aktien vertreten.** (1) Zertifikate, die Aktien vertreten, können zugelassen werden, wenn

1. der Emittent der vertretenen Aktien den Zulassungsantrag mitunterzeichnet hat, die Voraussetzungen nach den §§ 1 bis 3 erfüllt und sich gegenüber der Geschäftsführung schriftlich verpflichtet, die in den §§ 40 und 41 des Börsengesetzes genannten Pflichten des Emittenten zugelassener Aktien zu erfüllen,

2. die Zertifikate, die in den §§ 4 bis 10 genannten Voraussetzungen erfüllen und

3. der Emittent der Zertifikate die Gewähr für die Erfüllung seiner Verpflichtungen gegenüber den Zertifikatsinhabern bietet.

(2) Vertreten die Zertifikate Aktien eines Emittenten mit Sitz in einem Staat außerhalb der Europäischen Gemeinschaft oder außerhalb eines anderen Vertragsstaates des Abkommens über den Europäischen Wirtschaftsraum und sind die Aktien weder in diesem Staat noch in dem Staat ihrer hauptsächlichen Verbreitung an einer Börse an einem Markt, der mit einem organisierten Markt vergleichbar ist, zugelassen, so ist glaubhaft zu machen, daß die Zulassung nicht aus Gründen des Schutzes des Publikums unterblieben ist.

### Zweiter Abschnitt. *(aufgehoben)*

**§§ 13–47** *(aufgehoben)*

---

[1] Nr. 12.

## Dritter Abschnitt. Zulassungsverfahren

**§ 48 Zulassungsantrag.** (1) ¹Der Zulassungsantrag ist elektronisch zu stellen (elektronischer Antrag), es sei denn, in der Börsenordnung ist die schriftliche Antragstellung vorgeschrieben. ²Die Börsenordnung regelt die näheren Anforderungen an das für den elektronischen Antrag einzusetzende Verfahren. ³Es ist ein dem jeweiligen Stand der Technik entsprechendes sicheres Verfahren zu verwenden, das den Antragsteller authentifizieren und das die Vertraulichkeit und die Integrität des elektronisch übermittelten Datensatzes gewährleisten muss. ⁴Der Zulassungsantrag muß Firma und Sitz der Antragsteller, Art und Betrag der zuzulassenden Wertpapiere angeben. ⁵Ferner ist anzugeben, ob ein gleichartiger Antrag zuvor oder gleichzeitig an einer anderen inländischen Börse oder in einem anderen Mitgliedstaat der Europäischen Union oder in einem anderen Vertragsstaat des Abkommens über den Europäischen Wirtschaftsraum gestellt worden ist oder alsbald gestellt werden wird.

(2) ¹Dem Antrag sind ein Entwurf des Prospekts oder ein gebilligter Prospekt und die zur Prüfung der Zulassungsvoraussetzungen erforderlichen Nachweise beizufügen. ²Der Geschäftsführung sind auf Verlangen insbesondere vorzulegen

1. ein beglaubigter Auszug aus dem Handelsregister nach neuestem Stand;
2. die Satzung oder der Gesellschaftsvertrag in der neuesten Fassung;
3. die Genehmigungsurkunden, wenn die Gründung des Emittenten, die Ausübung seiner Geschäftstätigkeit oder die Ausgabe der Wertpapiere einer staatlichen Genehmigung bedarf;
4. die Jahresabschlüsse und die Lageberichte für die drei Geschäftsjahre, die dem Antrag vorausgegangen sind, einschließlich der Bestätigungsvermerke der Abschlußprüfer;
5. ein Nachweis über die Rechtsgrundlage der Wertpapierausgabe;
6. im Falle ausgedruckter Einzelurkunden ein Musterstück jeden Nennwertes der zuzulassenden Wertpapiere (Mantel und Bogen);
7. im Falle einer Sammelverbriefung der zuzulassenden Wertpapiere die Erklärung des Emittenten, daß
    a) die Sammelurkunde bei einer Wertpapiersammelbank (§ 1 Abs. 3 des Depotgesetzes[1])) hinterlegt ist und bei einer Auflösung der Sammelurkunde die Einzelurkunden gemäß Nummer 6 vorgelegt werden und
    b) er auf Anforderung der Geschäftsführung die Sammelurkunde auflösen wird, wenn er gegenüber den Inhabern der in der Sammelurkunde verbrieften Rechte verpflichtet ist, auf Verlangen einzelne Wertpapiere auszugeben;
8. im Falle des § 3 Abs. 2 die Berichte über die Gründung und deren Prüfung (§ 32 Abs. 1, § 34 Abs. 2 des Aktiengesetzes).

**§ 48a Veröffentlichung eines Basisprospekts.** ¹Schuldverschreibungen, die gleichzeitig mit ihrer öffentlichen ersten Ausgabe zugelassen werden sollen und für die ein nach der Verordnung (EU) 2017/1129[2)] des Europäischen Parlaments und des Rates vom 14. Juni 2017 über den Prospekt, der beim

---
[1)] Nr. **16**.
[2)] Nr. **6**.

öffentlichen Angebot von Wertpapieren oder bei deren Zulassung zum Handel an einem geregelten Markt zu veröffentlichen ist und zur Aufhebung der Richtlinie 2003/71/EG (ABl. L 168 vom 30.6.2017, S. 12) gültiger Basisprospekt vorliegt, kann die Geschäftsführung zulassen, wenn die endgültigen Bedingungen des Angebots erst kurz vor der Ausgabe festgesetzt werden und der Basisprospekt innerhalb von zwölf Monaten vor der Zulassung der Schuldverschreibungen veröffentlicht worden ist und darüber Auskunft gibt, wie diese Angaben in den Prospekt aufgenommen werden. ²Die endgültigen Bedingungen müssen vor der Einführung der Schuldverschreibungen nach Artikel 8 Absatz 5 Unterabsatz 1 der Verordnung (EU) 2017/1129 veröffentlicht werden.

**§ 49** *(aufgehoben)*

**§ 50 Zeitpunkt der Zulassung.** Die Zulassung darf frühestens an dem auf das Datum der Einreichung des Zulassungsantrags bei der Geschäftsführung folgenden Handelstag erfolgen.

**§ 51 Veröffentlichung der Zulassung.** Die Zulassung wird von der Geschäftsführung auf Kosten der Antragsteller im Bundesanzeiger veröffentlicht.

**§ 52 Einführung.** Die Einführung der Wertpapiere darf frühestens an dem auf die erste Veröffentlichung des Prospekts oder, wenn kein Prospekt zu veröffentlichen ist, an dem der Veröffentlichung der Zulassung folgenden Werktag erfolgen.

## Zweites Kapitel. Pflichten des Emittenten zugelassener Wertpapiere

### Erster Abschnitt. *(aufgehoben)*

**§§ 53–62** *(aufgehoben)*

### Zweiter Abschnitt. Sonstige Pflichten

**§§ 63–67** *(aufgehoben)*

**§ 68** *(aufgehoben)*

**§ 69 Zulassung später ausgegebener Aktien.** (1) ¹Der Emittent zugelassener Aktien ist verpflichtet, für später öffentlich ausgegebene Aktien derselben Gattung wie der bereits zugelassenen die Zulassung zum regulierten Markt zu beantragen, wenn ihre Zulassung einen Antrag voraussetzt. ² § 7 Abs. 1 Satz 2 und 3 bleibt unberührt.

(2) ¹Der Antrag nach Absatz 1 ist spätestens ein Jahr nach der Ausgabe der zuzulassenden Aktien oder, falls sie zu diesem Zeitpunkt nicht frei handelbar sind, zum Zeitpunkt ihrer freien Handelbarkeit zu stellen. ²Findet vor der Einführung der Aktien ein Handel von Bezugsrechten im regulierten Markt statt und ist ein Prospekt gemäß der Verordnung (EU) 2017/1129[1] zu veröffentlichen, so ist der Antrag auf Zulassung unter Beachtung der in Artikel 21 der Verordnung (EU) 2017/1129 für die Prospektveröffentlichung bestimmten Fristen zu stellen.

---

[1] Nr. 6.

**§ 70** *(aufgehoben)*

## Drittes Kapitel. Schlussvorschriften

**§ 71** *(aufgehoben)*

**§ 72**[1] **Allgemeine Bestimmungen über Jahresabschlüsse.** (1) ¹Jahresabschlüsse im Sinne dieser Verordnung sind:
1. der Jahresabschluss nach § 242 Abs. 3 des Handelsgesetzbuchs,
2. der Einzelabschluss nach § 325 Abs. 2a des Handelsgesetzbuchs,
3. der Konzernabschluss nach dem Zweiten Unterabschnitt des Zweiten Abschnitts des Dritten Buchs des Handelsgesetzbuchs oder nach dem Zweiten Abschnitt des Publizitätsgesetzes,
4. Abschlüsse nach anderen Vorschriften, sofern darin auf eine der vorgenannten Bestimmungen verwiesen wird, und
5. Abschlüsse nach ausländischem Recht, sofern sie ihrer Art nach einem Abschluss nach den Nummern 1 bis 4 entsprechen.

²Die Bestimmungen dieser Verordnung betreffend ausländische Emittenten bleiben unberührt.

(2) ¹Soweit der Emittent nach dieser Verordnung einen Einzelabschluss in den Prospekt aufzunehmen oder anderweitig offen zu legen hat, kann nach seiner Wahl ein Abschluss nach Absatz 1 Satz 1 Nr. 2 an die Stelle eines solchen nach Absatz 1 Satz 1 Nr. 1 oder nach Absatz 1 Satz 1 Nr. 4 in Verbindung mit Nr. 1 treten. ²Entsprechendes gilt für die Zusammenfassung eines Einzelabschlusses und für den Bestätigungsvermerk dazu.

**§ 72a Übergangsvorschrift.** (1) Für Schuldverschreibungen, für die ein Prospekt nach § 44 dieser Verordnung vor dem 1. Juli 2005 veröffentlicht worden ist, findet diese Verordnung in der vor dem 1. Juli 2005 geltenden Fassung weiterhin Anwendung.

(2) Für Schuldverschreibungen, für die ein Basisprospekt nach dem Wertpapierprospektgesetz[2] in der bis zum 20. Juli 2019 geltenden Fassung gebilligt wurde, findet § 48a in der bis zum 20. Juli 2019 geltenden Fassung weiterhin Anwendung, solange dieser Basisprospekt Gültigkeit hat.

(3) § 69 Absatz 2 Satz 2 in der bis zum 20. Juli 2019 geltenden Fassung findet weiterhin Anwendung für den Fall eines Prospekts, der nach dem Wertpapierprospektgesetz in der bis zum 20. Juli 2019 geltenden Fassung gebilligt wurde, solange dieser Prospekt Gültigkeit hat.

**§ 73** *(Inkrafttreten)*

**Anlage**
(zu § 57 Abs. 2)

*(aufgehoben)*

---

[1] Siehe hierzu Fußnote zu § 48a.
[2] Nr. 7.

# 5. Delegierte Verordnung (EU) 2017/568 der Kommission vom 24. Mai 2016 zur Ergänzung der Richtlinie 2014/65/EU des Europäischen Parlaments und des Rates durch technische Regulierungsstandards für die Zulassung von Finanzinstrumenten zum Handel an geregelten Märkten

(Text von Bedeutung für den EWR)

(ABl. 2017 L 87 S. 117, ber. L 183 S. 11)

**Celex-Nr. 3 2017 R 0568**

DIE EUROPÄISCHE KOMMISSION –

gestützt auf den Vertrag über die Arbeitsweise der Europäischen Union,

gestützt auf die Richtlinie 2014/65/EU[1] des Europäischen Parlaments und des Rates vom 15. Mai 2014 über Märkte für Finanzinstrumente sowie zur Änderung der Richtlinien 2002/92/EG und 2011/61/EU[2], insbesondere auf Artikel 51 Absatz 6 Unterabsatz 3,

in Erwägung nachstehender Gründe:

(1) Übertragbare Wertpapiere sollten nur dann als frei handelbar gelten, wenn vor ihrer Zulassung zum Handel keine Beschränkungen bestehen, die die Übertragung dieser Wertpapiere in einer Weise verhindern, die die Schaffung eines fairen, ordnungsgemäßen und effizienten Marktes beeinträchtigen würde.

(2) Zur Zulassung eines übertragbaren Wertpapiers im Sinne der Richtlinie 2014/65/EU[1] zum Handel an einem geregelten Markt müssen bei Wertpapieren im Sinne der Richtlinie 2003/71/EG des Europäischen Parlaments und des Rates[3] öffentlich ausreichende Informationen zur Verfügung stehen, sodass es möglich ist, dieses Finanzinstrument dahin gehend zu bewerten, dass es fair, ordnungsgemäß und effizient gehandelt werden kann. Bei Aktien sollte darüber hinaus eine ausreichende Anzahl zum Vertrieb beim Anlegerpublikum zur Verfügung stehen, während es für verbriefte Derivate entsprechende Abwicklungs- und Liefervorkehrungen geben sollte.

(3) Übertragbare Wertpapiere, die die Anforderungen für eine Zulassung zur amtlichen Notierung laut der Richtlinie 2001/34/EG des Europäischen Parlaments und des Rates[4] erfüllen, sollten als frei handelbar gelten sowie fair, ordnungsgemäß und effizient gehandelt werden können.

(4) Die Zulassung von Anteilen zum Handel an einem geregelten Markt, die von Organismen für gemeinsame Anlage in Wertpapieren oder alternativen Investmentfonds ausgegeben werden, sollte keine Umgehung der relevanten Bestimmungen der Richtlinie 2009/65/EG des Europäischen Parlaments und des Rates[5] oder der Richtlinie 2011/61/EU des Europäischen Parlaments und des Rates[6] gestatten. Daher muss der Betreiber eines geregelten Marktes sich vergewissern, dass die von ihm zum Handel zugelassenen Anteile aus einer kollektiven Kapitalanlage stammen,

---

[1] Nr. 1.
[2] **Amtl. Anm.:** ABl. L 173 vom 12.6.2014, S. 349.
[3] **Amtl. Anm.:** Richtlinie 2003/71/EG des Europäischen Parlaments und des Rates vom 4. November 2003 betreffend den Prospekt, der beim öffentlichen Angebot von Wertpapieren oder bei deren Zulassung zum Handel zu veröffentlichen ist, und zur Änderung der Richtlinie 2001/34/EG (ABl. L 345 vom 31.12.2003, S. 64).
[4] **Amtl. Anm.:** Richtlinie 2001/34/EG des Europäischen Parlaments und des Rates vom 28. Mai 2001 über die Zulassung von Wertpapieren zur amtlichen Börsennotierung und über die hinsichtlich dieser Wertpapiere zu veröffentlichenden Informationen (ABl. L 184 vom 6.7.2001, S. 1).
[5] **Amtl. Anm.:** Richtlinie 2009/65/EG des Europäischen Parlaments und des Rates vom 13. Juli 2009 zur Koordinierung der Rechts- und Verwaltungsvorschriften betreffend bestimmte Organismen für gemeinsame Anlagen in Wertpapieren (ABl. L 302 vom 17.11.2009, S. 32).
[6] **Amtl. Anm.:** Richtlinie 2011/61/EU des Europäischen Parlaments und des Rates vom 8. Juni 2011 über die Verwalter alternativer Investmentfonds und zur Änderung der Richtlinien 2003/41/EG und 2009/65/EG und der Verordnungen (EG) Nr. 1060/2009 und (EU) Nr. 1095/2010 (ABl. L 174 vom 1.7.2011, S. 1).

die den entsprechenden sektoralen Rechtsvorschriften entspricht. Bei börsengehandelten Fonds muss der Betreiber eines geregelten Marktes sicherstellen, dass für Anleger jederzeit adäquate Rücknahmevereinbarungen gelten.

(5) Bei der Zulassung der in Anhang I Abschnitt C Nummern 4 bis 10 der Richtlinie 2014/65/EU[1)] aufgeführten derivativen Instrumente zum Handel an einem geregelten Markt sollte berücksichtigt werden, ob für die Bewertung des Derivats sowie des Basiswerts hinreichende Informationen verfügbar sind und im Falle physisch abgewickelter Kontrakte geeignete Abwicklungs- und Lieferverfahren gelten.

(6) Die Richtlinie 2003/87/EG des Europäischen Parlaments und des Rates[2)] legt für Emissionszertifikate bestimmte Bedingungen fest, die sicherstellen sollen, dass diese frei handelbar sind sowie fair, ordnungsgemäß und effizient gehandelt werden. Emissionszertifikate im Sinne von Anhang I Abschnitt C Nummer 11 der Richtlinie 2014/65/EU[1)], die als im Einklang mit den Anforderungen der Richtlinie 2003/87/EG stehend gelten, sollten daher zum Handel an einem geregelten Markt zugelassen werden können; zudem sollten durch diese Verordnung keine weiteren Anforderungen auferlegt werden.

(7) Vorkehrungen geregelter Märkte, die dazu dienen, zu überprüfen, ob Emittenten ihren unionsrechtlichen Verpflichtungen nachkommen, und den Zugang zu Informationen erleichtern sollen, die nach Unionsrecht bereits veröffentlicht wurden, sollten auch die Verpflichtungen umfassen, die in der Verordnung (EU) Nr. 596/2014[3)] des Europäischen Parlaments und des Rates[4)], der Richtlinie 2003/71/EG und der Richtlinie 2004/109/EG des Europäischen Parlaments und des Rates[5)] festgelegt sind, da diese Rechtsakte die Kernpunkte und wichtigsten Verpflichtungen für die Emittenten nach der erstmaligen Zulassung zum Handel auf einem geregelten Markt enthalten.

(8) Geregelte Märkte sollten Verfahren einrichten, mit denen sich überprüfen lässt, ob die Emittenten übertragbarer Wertpapiere ihren unionsrechtlichen Verpflichtungen nachkommen, wobei diese auch für Emittenten und die Öffentlichkeit zugänglich sein sollten. Durch diese Vorgehensweise sollte sichergestellt werden, dass die Konformitätsprüfungen wirksam sind, während der geregelte Markt die Emittenten auf ihre Verpflichtungen hinweisen sollte.

(9) Geregelte Märkte sollten den Zugang zu Informationen erleichtern, die unter den nach dem Recht der Union festgelegten Voraussetzungen bereits veröffentlicht wurden und Mitgliedern sowie Teilnehmern über Vereinbarungen zur Verfügung stehen, laut denen alle Mitglieder und Teilnehmer ein einfacher, gerechter und nichtdiskriminierender Zugang offensteht. Zu den einschlägigen Rechtsvorschriften der Union gehören in diesem Sinne die Richtlinie 2003/71/EG, die Richtlinie 2004/109/EG, die Verordnung (EU) Nr. 596/2014[3)] sowie die Verordnung (EU) Nr. 600/2014[6)] des Europäischen Parlaments und des Rates[7)]. Anhand der Zugangsvereinbarungen sollte sichergestellt werden, dass die Mitglieder und Teilnehmer zu gleichen Bedingungen Zugang zu den betreffenden Informationen haben, durch welche die Bewertung eines Finanzinstruments ggf. beeinflusst werden könnte.

(10) Aus Kohärenzgründen und um das reibungslose Funktionieren der Finanzmärkte sicherzustellen, müssen die in dieser Verordnung festgelegten Bestimmungen sowie die zugehörigen nationalen Bestimmungen zur Umsetzung der Richtlinie 2014/65/EU[1)] ab demselben Zeitpunkt gelten.

---

[1)] Nr. 1.
[2)] **Amtl. Anm.:** Richtlinie 2003/87/EG des Europäischen Parlaments und des Rates vom 13. Oktober 2003 über ein System für den Handel mit Treibhausgasemissionszertifikaten in der Gemeinschaft und zur Änderung der Richtlinie 96/61/EG des Rates (ABl. L 275 vom 25.10.2003, S. 32).
[3)] Nr. 11.
[4)] **Amtl. Anm.:** Verordnung (EU) Nr. 596/2014 des Europäischen Parlaments und des Rates vom 16. April 2014 über Marktmissbrauch (Marktmissbrauchsverordnung) und zur Aufhebung der Richtlinie 2003/6/EG des Europäischen Parlaments und des Rates und der Richtlinien 2003/124/EG, 2003/125/EG und 2004/72/EG der Kommission (ABl. L 173 vom 12.6.2014, S. 1).
[5)] **Amtl. Anm.:** Richtlinie 2004/109/EG des Europäischen Parlaments und des Rates vom 15. Dezember 2004 zur Harmonisierung der Transparenzanforderungen in Bezug auf Informationen über Emittenten, deren Wertpapiere zum Handel auf einem geregelten Markt zugelassen sind, und zur Änderung der Richtlinie 2001/34/EG (ABl. L 390 vom 31.12.2004, S. 38).
[6)] Nr. 2.
[7)] **Amtl. Anm.:** Verordnung (EU) Nr. 600/2014 des Europäischen Parlaments und des Rates vom 15. Mai 2014 über Märkte für Finanzinstrumente und zur Änderung der Verordnung (EU) Nr. 648/2012 (ABl. L 173 vom 12.6.2014, S. 84).

(11) Diese Verordnung stützt sich auf den Entwurf technischer Regulierungsstandards, der der Kommission von der Europäischen Wertpapier- und Marktaufsichtsbehörde (ESMA) vorgelegt wurde.

(12) Die ESMA hat zu diesem Entwurf offene öffentliche Konsultationen durchgeführt, die potenziellen Kosten und Vorteile analysiert und die Stellungnahme der gemäß Artikel 37 der Verordnung (EU) Nr. 1095/2010[1)] des Europäischen Parlaments und des Rates[2)] eingesetzten Interessengruppe Wertpapiere und Wertpapiermärkte eingeholt –

HAT FOLGENDE VERORDNUNG ERLASSEN:

### Art. 1 Übertragbare Wertpapiere – freie Handelbarkeit.

(1) Übertragbare Wertpapiere gelten dann als frei handelbar, wenn sie zwischen den Parteien eines Geschäfts gehandelt und anschließend uneingeschränkt übertragen werden können und wenn alle der gleichen Kategorie wie das besagte Wertpapier angehörende Wertpapiere fungibel sind.

(2) ¹Übertragbare Wertpapiere, deren Übertragung Beschränkungen unterliegt, gelten nicht als frei handelbar gemäß Absatz 1, es sei denn, diese Beschränkung beeinträchtigt voraussichtlich nicht die Funktionsweise des Marktes. ²Übertragbare Wertpapiere, die nicht voll eingezahlt sind, können als frei handelbar angesehen werden, wenn Vorkehrungen getroffen wurden, mittels deren sichergestellt wird, dass die Handelbarkeit dieser Wertpapiere nicht eingeschränkt ist, und angemessene Informationen über die Tatsache, dass die Wertpapiere nicht voll eingezahlt sind, und die Auswirkungen dieses Umstands auf die Anleger öffentlich verfügbar sind.

### Art. 2 Übertragbare Wertpapiere – fairer, ordnungsgemäßer und effizienter Handel.

(1) Bei der Beurteilung, ob ein übertragbares Wertpapier fair, ordnungsgemäß und effizient gehandelt werden kann, muss ein geregelter Markt alle Informationen, die laut der Richtlinie 2003/71/EG aufzubereiten sind, bzw. alle Informationen berücksichtigen, die anderweitig öffentlich verfügbar sind, wie beispielsweise:

a) historische Finanzinformationen;

b) Informationen über den Emittenten;

c) Informationen, die einen Überblick über die Geschäftstätigkeit vermitteln.

(2) Bei der Beurteilung, ob eine Aktie an einem geregelten Markt fair, ordnungsgemäß und effizient gehandelt werden kann, ist neben Absatz 1 auch der Vertrieb dieser Aktien beim Anlegerpublikum zu berücksichtigen.

(3) Bei der Beurteilung, ob ein übertragbares Wertpapier im Sinne von Artikel 4 Absatz 1 Nummer 44 Buchstabe c der Richtlinie 2014/65/EU[3)] fair, ordnungsgemäß und effizient gehandelt werden kann, hat der geregelte Markt je nach Art des zuzulassenden Wertpapiers zu berücksichtigen, ob die nachfolgend genannten Kriterien erfüllt sind:

a) Die Bedingungen des Wertpapiers sind klar und unzweideutig und gestatten eine Korrelation zwischen dem Preis des Wertpapiers und dem Preis bzw. anderen Wertmaßstäben des Basiswerts;

---

[1)] Nr. 3.
[2)] **Amtl. Anm.:** Verordnung (EU) Nr. 1095/2010 des Europäischen Parlaments und des Rates vom 24. November 2010 zur Errichtung einer Europäischen Aufsichtsbehörde (Europäische Wertpapier- und Marktaufsichtsbehörde), zur Änderung des Beschlusses Nr. 716/2009/EG und zur Aufhebung des Beschlusses Nr. 2009/77/EG der Kommission (ABl. L 331 vom 15.12.2010, S. 84).
[3)] Nr. 1.

b) der Preis oder ein sonstiger Wertmaßstab des Basiswerts ist bzw. sind verlässlich und öffentlich verfügbar;
c) es liegen ausreichende öffentliche Informationen vor, anhand deren das Wertpapier bewertet werden kann;
d) die Vorkehrungen zur Bestimmung des Abwicklungspreises des Wertpapiers gewährleisten, dass dieser Preis dem Preis oder sonstigen Wertmaßstäben des Basiswerts angemessen Rechnung trägt;
e) sieht die Abwicklung des Wertpapiers verbindlich oder fakultativ die Möglichkeit vor, anstelle eines Barausgleichs die Lieferung des Basiswertpapiers oder des Basisvermögenswertes vorzunehmen, so müssen angemessene Abwicklungs- und Lieferverfahren für diesen Basiswert sowie angemessene Vereinbarungen zur Einholung relevanter Informationen über ihn bestehen.

**Art. 3 Übertragbare Wertpapiere – amtliche Notierung.** Bei einem übertragbaren Wertpapier, das im Sinne der Richtlinie 2001/34/EG amtlich notiert und dessen Notierung nicht ausgesetzt ist, ist davon auszugehen, dass es frei handelbar ist und fair, ordnungsgemäß und effizient gehandelt werden kann.

**Art. 4 Anteile und Aktien an Organismen für gemeinsame Anlagen.**
(1) Ein geregelter Markt muss bei der Zulassung von Anteilen oder Aktien an einem Organismus für gemeinsame Anlagen zum Handel sicherstellen, dass diese Anteile oder Aktien im Mitgliedstaat des geregelten Marktes vertrieben werden dürfen.

(2) Bei der Beurteilung, ob Anteile oder Aktien eines offenen Organismus für gemeinsame Anlagen fair, ordnungsgemäß und effizient gehandelt werden können, muss ein geregelter Markt Folgendem Rechnung tragen:
a) der Streuung dieser Anteile oder Aktien beim Anlegerpublikum;
b) der Tatsache, ob geeignete Market-Making-Vorkehrungen getroffen wurden oder ob die Verwaltungsgesellschaft des Organismus angemessene alternative Vorkehrungen für Anleger im Hinblick auf die Rücknahme der Anteile bzw. Aktien vorsieht;
c) bei börsengehandelten Fonds: der Tatsache, ob neben Market-Making-Vorkehrungen zumindest in den Fällen, in denen der Wert der Anteile oder Aktien erheblich von ihrem Nettoinventarwert abweicht, für die Anleger auch entsprechende alternative Vorkehrungen für die Rücknahme dieser Anteile oder Aktien getroffen wurden;
d) der Tatsache, ob der Wert der Anteile oder Aktien den Anlegern hinreichend transparent genug mittels der regelmäßigen Veröffentlichung des Nettoinventarwerts der Anteile oder Aktien dargelegt wird.

(3) Bei der Beurteilung, ob Anteile oder Aktien eines geschlossenen Organismus für gemeinsame Anlagen fair, ordnungsgemäß und effizient gehandelt werden können, muss ein geregelter Markt Folgendem Rechnung tragen:
a) der Streuung dieser Anteile oder Aktien beim Anlegerpublikum;
b) der Tatsache, ob der Wert der Anteile oder Aktien den Anlegern hinreichend transparent entweder mittels der Veröffentlichung von Informationen über die Anlagestrategie des Fonds oder mittels der regelmäßigen Veröffentlichung des Nettoinventarwerts der Anteile oder Aktien dargelegt wird.

**Art. 5 Derivate.** (1) Bei der Beurteilung, ob ein in Anhang I Abschnitt C Nummern 4 bis 10 der Richtlinie 2014/65/EU[1)] genanntes Finanzinstrument fair, ordnungsgemäß und effizient gehandelt werden kann, hat ein geregelter Markt sich zu vergewissern, dass folgende Voraussetzungen erfüllt sind:

a) die Bedingungen des Kontrakts, der das Finanzinstrument schafft, sind klar und unzweideutig und gestatten eine Korrelation zwischen dem Preis des Finanzinstruments und dem Preis bzw. anderen Wertmaßstäben des Basiswerts;

b) der Preis oder ein sonstiger Wertmaßstab des Basiswerts ist verlässlich und öffentlich verfügbar;

c) es liegen ausreichende öffentliche Informationen vor, anhand deren das Derivat bewertet werden kann;

d) die Vorkehrungen zur Bestimmung des Abrechnungspreises des Kontrakts gewährleisten, dass dieser Preis dem Preis oder sonstigen Wertmaßstäben des Basiswerts angemessen Rechnung trägt;

e) in Fällen, in denen die Abwicklung des Derivats verbindlich oder fakultativ die Möglichkeit vorsieht, anstelle eines Barausgleichs die Lieferung des Basiswertpapiers oder des Basisvermögenswertes vorzunehmen, wird durch angemessene Vorkehrungen gewährleistet, dass die Marktteilnehmer relevante Informationen über diesen Basiswert erhalten, und bestehen für diesen Basiswert angemessene Abwicklungs- und Lieferverfahren.

(2) Absatz 1 Buchstabe b gilt nicht für die in Anhang I Abschnitt C Nummern 5, 6, 7 und 10 der Richtlinie 2014/65/EU genannten Finanzinstrumente, wenn folgende Voraussetzungen erfüllt sind:

a) Der Kontrakt, der das Finanzinstrument schafft, ist geeignet, dem Markt ausreichende Informationen oder Mittel zur Bewertung zu geben, die für eine Unterrichtung über den Preis oder einen anderen Wertmaßstab des Basiswerts erforderlich sind, sofern der Preis oder der andere Wertmaßstab des Basiswerts nicht anderweitig öffentlich verfügbar sind.

b) Der geregelte Markt stellt sicher, dass angemessene Aufsichtsvorkehrungen bestehen, mit denen der Handel mit diesen Finanzinstrumenten und ihre Abwicklung überwacht werden.

c) Der geregelte Markt stellt sicher, dass die Vertragsbedingungen dieser Finanzinstrumente eine korrekte Abwicklung und Lieferung sicherstellen, gleich, ob es sich dabei um eine physische Lieferung der Wertpapiere oder um einen Barausgleich handelt.

**Art. 6 Emissionszertifikate.** Ein Emissionszertifikat gemäß Anhang I Abschnitt C Nummer 11 der Richtlinie 2014/65/EU[1)], das als im Einklang mit den Anforderungen der Richtlinie 2003/87/EG stehend gilt, kann ohne weitere Auflagen zum Handel an einem geregelten Markt zugelassen werden.

**Art. 7 Überprüfung der Verpflichtungen der Emittenten.** (1) Die geregelten Märkte müssen Verfahren verabschieden und auf ihrer Internetseite veröffentlichen, mit denen sich überprüfen lässt, ob der Emittent eines übertragbaren Wertpapiers seinen unionsrechtlichen Verpflichtungen nachkommt.

---

[1)] Nr. 1.

(2) Die geregelten Märkte müssen sicherstellen, dass die Einhaltung der in Absatz 1 genannten Verpflichtungen im Einklang mit der Art der geprüften Verpflichtung wirksam sowie unter Berücksichtigung der von den betreffenden zuständigen Behörden wahrgenommenen Aufsichtsaufgaben überprüft wird.

(3) Die geregelten Märkte müssen sicherstellen, dass im Rahmen der in Absatz 1 genannten Verfahren Folgendes beschrieben wird:

a) die Vorgehensweisen der geregelten Märkte zur Erzielung der in Absatz 1 genannten Ergebnisse;

b) wie ein Emittent die Einhaltung der in Absatz 1 genannten Verpflichtungen dem geregelten Markt gegenüber am besten nachweisen kann.

(4) Die geregelten Märkte müssen sicherstellen, dass ein Emittent bei der Zulassung seines übertragbaren Wertpapiers zum Handel sowie auf Anfrage des Emittenten auf die in Absatz 1 genannten Verpflichtungen hingewiesen wird.

**Art. 8 Erleichterung des Zugangs zu Informationen.** Die geregelten Märkte müssen Vorkehrungen treffen, die auf ihrer Internetseite leicht zugänglich und kostenfrei verfügbar sind sowie veröffentlicht werden, um den Zugang ihrer Mitglieder bzw. Teilnehmer zu allen Informationen zu erleichtern, die nach Unionsrecht bereits veröffentlicht wurden.

**Art. 9 Inkrafttreten und Geltungsbeginn.** *[1]* Diese Verordnung tritt am zwanzigsten Tag nach ihrer Veröffentlichung[1] im *Amtsblatt der Europäischen Union* in Kraft.

*[2]* Sie gilt ab dem in Artikel 93 Absatz 1 Unterabsatz 2 der Richtlinie 2014/65/EU[2] genannten Datum.

Diese Verordnung ist in allen ihren Teilen verbindlich und gilt unmittelbar in jedem Mitgliedstaat.

---

[1] Veröffentlicht am 31.3.2017.
[2] Nr. 1.

# 6. Verordnung (EU) 2017/1129 des Europäischen Parlaments und des Rates vom 14. Juni 2017 über den Prospekt, der beim öffentlichen Angebot von Wertpapieren oder bei deren Zulassung zum Handel an einem geregelten Markt zu veröffentlichen ist und zur Aufhebung der Richtlinie 2003/71/EG[1)]

**(Text von Bedeutung für den EWR)**

(ABl. L 168 S. 12)

**Celex-Nr. 3 2017 R 1129**

zuletzt geänd. durch Art. 46 VO (EU) 2020/1503 v. 7.10.2020 (ABl. L 347 S. 1)

DAS EUROPÄISCHE PARLAMENT UND DER RAT DER EUROPÄISCHEN UNION

gestützt auf den Vertrag über die Arbeitsweise der Europäischen Union, insbesondere auf Artikel 114,

auf Vorschlag der Europäischen Kommission,

nach Zuleitung des Entwurfs des Gesetzgebungsakts an die nationalen Parlamente,

nach Stellungnahme der Europäischen Zentralbank[2)],

nach Stellungnahme des Europäischen Wirtschafts- und Sozialausschusses[3)],

nach Anhörung des Ausschusses der Regionen,

gemäß dem ordentlichen Gesetzgebungsverfahren[4)],

in Erwägung nachstehender Gründe:

(1) Diese Verordnung ist ein wesentlicher Schritt zur Vollendung der Kapitalmarktunion im Sinne der Mitteilung der Kommission vom 30. September 2015 mit dem Titel „Aktionsplan zur Schaffung einer Kapitalmarktunion". Ziel der Kapitalmarktunion ist es, Unternehmen den Zugang zu einer größeren Vielfalt an Finanzierungsquellen in der gesamten Europäischen Union (nachfolgend „Union") zu erleichtern, ein effizienteres Funktionieren der Märkte zu ermöglichen und Anlegern sowie Sparern zusätzliche Ertragsmöglichkeiten zu bieten, um so das Wachstum und die Schaffung von Arbeitsplätzen zu fördern.

(2) Mit der Richtlinie 2003/71/EG des Europäischen Parlaments und des Rates[5)] wurden harmonisierte Grundsätze und Vorschriften für den Prospekt festgelegt, der beim öffentlichen Angebot von Wertpapieren oder bei deren Zulassung zum Handel an einem geregelten Markt zu erstellen, zu billigen und zu veröffentlichen ist. Angesichts der Rechts- und Marktentwicklungen seit Inkrafttreten der Richtlinie sollte diese Richtlinie aufgehoben und durch diese Verordnung ersetzt werden.

(3) Beim öffentlichen Angebot von Wertpapieren oder bei der Zulassung von Wertpapieren zum Handel an einem geregelten Markt ist die Offenlegung von Informationen für den Anlegerschutz von zentraler Bedeutung, da sie Informationsasymmetrien zwischen Anlegern und Emittenten beseitigt. Die Harmonisierung einer solchen Offenlegung ermöglicht die Einrichtung eines grenzüberschreitenden Pass-Mechanismus, der das wirksame Funktionieren des Binnenmarkts bei einem breiten Spektrum von Wertpapieren erleichtert.

---

[1)] Zum Geltungszeitraum siehe Art. 49 Abs. 2.
[2)] **Amtl. Anm.:** ABl. C 195 vom 2.6.2016, S. 1.
[3)] **Amtl. Anm.:** ABl. C 177 vom 18.5.2016, S. 9.
[4)] **Amtl. Anm.:** Standpunkt des Europäischen Parlaments vom 5. April 2017 (noch nicht im Amtsblatt veröffentlicht) und Beschluss des Rates vom 16. Mai 2017.
[5)] **Amtl. Anm.:** Richtlinie 2003/71/EG des Europäischen Parlaments und des Rates vom 4. November 2003 betreffend den Prospekt, der beim öffentlichen Angebot von Wertpapieren oder bei deren Zulassung zum Handel zu veröffentlichen ist, und zur Änderung der Richtlinie 2001/34/EG (ABl. L 345 vom 31.12.2003, S. 64).

(4) Divergierende Ansätze hätten eine Fragmentierung des Binnenmarkts zur Folge, da für Emittenten, Anbieter und die die Zulassung zum Handel an einem geregelten Markt beantragenden Personen in verschiedenen Mitgliedstaaten unterschiedliche Regelungen gelten würden und in einem Mitgliedstaat gebilligte Prospekte in anderen Mitgliedstaaten möglicherweise nicht verwendet werden könnten. Ohne einen harmonisierten Rahmen, der die Einheitlichkeit der Offenlegung und das Funktionieren des Passes in der Union gewährleistet, ist es deshalb wahrscheinlich, dass durch Unterschiede im Recht der Mitgliedstaaten Hindernisse für das reibungslose Funktionieren des Wertpapierbinnenmarkts entstehen. Um das ordnungsgemäße Funktionieren des Binnenmarkts sicherzustellen, die Voraussetzungen hierfür insbesondere in Bezug auf die Kapitalmärkte zu verbessern und einen hohen Verbraucher- und Anlegerschutz zu gewährleisten, ist es angemessen, einen Regelungsrahmen für Prospekte auf Unionsebene festzulegen.

(5) Es ist angemessen und notwendig, die beim öffentlichen Angebot von Wertpapieren oder deren Zulassung zum Handel an einem geregelten Markt geltenden Offenlegungsvorschriften in Form einer Verordnung festzulegen, damit sichergestellt ist, dass die Bestimmungen, die unmittelbare Pflichten für Personen beinhalten, die an öffentlichen Angeboten von Wertpapieren oder deren Zulassung zum Handel an einem geregelten Markt beteiligt sind, unionsweit einheitlich angewandt werden. Da ein Rechtsrahmen für Prospekte zwangsläufig Maßnahmen umfasst, die die genauen Anforderungen für sämtliche Aspekte von Prospekten regeln, könnten selbst geringe Unterschiede in dem bei einem einzelnen Aspekte verfolgten Ansatz zu erheblichen Beeinträchtigungen bei grenzüberschreitenden Angeboten von Wertpapieren, bei Mehrfachnotierungen an geregelten Märkten und bei den Verbraucherschutzvorschriften der Union führen. Daher sollte durch den Einsatz einer Verordnung, die unmittelbar anwendbar ist, ohne dass nationales Recht erforderlich wäre, die Möglichkeit divergierender Maßnahmen auf nationaler Ebene verringert, ein kohärenter Ansatz sowie größer Rechtssicherheit sichergestellt und erhebliche Beeinträchtigungen verhindert werden. Der Einsatz einer Verordnung wird auch das Vertrauen in die Transparenz der Märkte unionsweit stärken und die Regulierungskomplexität sowie die Such- und Compliancekosten für die Unternehmen verringern.

(6) Die Bewertung der Richtlinie 2010/73/EU des Europäischen Parlaments und des Rates[1] hat ergeben, dass bestimmte durch die genannte Richtlinie eingeführte Änderungen ihr ursprüngliches Ziel verfehlt haben und weitere Änderungen an der Prospektordnung der Union erforderlich sind, um deren Anwendung zu vereinfachen und zu verbessern, deren Effizienz zu erhöhen, die internationale Wettbewerbsfähigkeit der Union zu steigern und so zum Abbau von Verwaltungslasten beizutragen.

(7) Ziel dieser Verordnung ist es, Anlegerschutz und Markteffizienz sicherzustellen und gleichzeitig den Kapitalbinnenmarkt zu stärken. Die Bereitstellung der Informationen, die je nach Art des Emittenten und der Wertpapiere notwendig sind, damit die Anleger eine fundierte Anlageentscheidung treffen können, stellt zusammen mit den Wohlverhaltensregeln den Anlegerschutz sicher. Darüber hinaus sind diese Informationen ein wirksames Mittel, um das Vertrauen in Wertpapiere zu erhöhen und so zur reibungslosen Funktionsweise und zur Entwicklung der Wertpapiermärkte beizutragen. Die geeignete Form zur Bereitstellung jener Informationen ist die Veröffentlichung eines Prospekts.

(8) Die Offenlegungspflichten dieser Verordnung berühren nicht das Recht eines Mitgliedstaats, einer zuständigen Behörde oder einer Börse, mittels ihrer Börsenordnung, weitere besondere Anforderungen im Zusammenhang mit der Zulassung von Wertpapieren zum Handel an einem geregelten Markt, insbesondere in Bezug auf die Unternehmensführung, festzulegen. Diese Anforderungen sollten die Erstellung, den Inhalt und die Verbreitung des von einer zuständigen Behörde gebilligten Prospekts weder direkt noch indirekt einschränken.

(9) Nichtdividendenwerte, die von einem Mitgliedstaat oder einer Gebietskörperschaft eines Mitgliedstaats, von internationalen Organismen öffentlich-rechtlicher Art, denen mindestens ein Mitgliedstaat angehört, der Europäischen Zentralbank oder von den Zentralbanken der Mitgliedstaaten ausgegeben werden, sollten nicht von dieser Verordnung erfasst werden und daher von ihr unberührt bleiben.

---

[1] **Amtl. Anm.:** Richtlinie 2010/73/EU des Europäischen Parlaments und des Rates vom 24. November 2010 zur Änderung der Richtlinie 2003/71/EG betreffend den Prospekt, der beim öffentlichen Angebot von Wertpapieren oder bei deren Zulassung zum Handel zu veröffentlichen ist, und der Richtlinie 2004/109/EG zur Harmonisierung der Transparenzanforderungen in Bezug auf Informationen über Emittenten, deren Wertpapiere zum Handel auf einem geregelten Markt zugelassen sind (ABl. L 327 vom 11.12.2010, S. 1.)

(10) Um den Anlegerschutz sicherzustellen, sollte die Pflicht zur Veröffentlichung eines Prospekts sowohl für Dividendenwerte als auch für Nichtdividendenwerte gelten, die öffentlich angeboten oder zum Handel an geregelten Märkten zugelassen werden. Einige der unter diese Verordnung fallenden Wertpapiere berechtigen den Inhaber zum Erwerb von übertragbaren Wertpapieren oder zum Empfang eines Barbetrags im Rahmen eines Barausgleichs, der durch Bezugnahme auf andere Instrumente, nämlich übertragbare Wertpapiere, Währungen, Zinssätze oder Renditen, Rohstoffe oder andere Indizes oder Messzahlen festgesetzt wird. Diese Verordnung gilt insbesondere für Optionsscheine, gedeckte Optionsscheine, Zertifikate, Aktienzertifikate und Optionsanleihen, z.B. Wertpapiere, die nach Wahl des Anlegers umgewandelt werden können.

(11) Um die Billigung und grenzüberschreitende Zulassung des Prospekts sowie die Überwachung der Einhaltung dieser Verordnung sicherzustellen, muss für jeden Prospekt eine zuständige Behörde benannt werden. Daher sollte in dieser Verordnung eindeutig festgelegt werden, welcher Herkunftsmitgliedstaat am besten in der Lage ist, den Prospekt zu billigen.

(12) Bei öffentlichen Angeboten von Wertpapieren mit einem Gesamtgegenwert in der Union von weniger als 1 000 000 EUR dürften die Kosten für die Erstellung eines Prospekts nach Maßgabe dieser Verordnung vermutlich in keinem Verhältnis zum angestrebten Emissionserlös stehen. Daher ist es angemessen, dass die Pflicht zur Erstellung eines Prospekts im Rahmen dieser Verordnung bei Angeboten von Wertpapieren mit derart geringer Größenordnung nicht greift. Die Mitgliedstaaten sollten die Pflicht zur Erstellung eines Prospekts im Rahmen dieser Verordnung nicht auf öffentliche Angebote von Wertpapieren mit einem Gesamtgegenwert unter der genannten Schwelle ausdehnen. Die Mitgliedstaaten sollten jedoch in der Lage sein, auf nationaler Ebene andere Offenlegungspflichten vorzusehen, sofern diese Pflichten bei solchen Angeboten von Wertpapieren keine unverhältnismäßige oder unnötige Belastung darstellen.

(13) In Anbetracht der unterschiedlichen Größe der Finanzmärkte in der Union ist es zudem angemessen, dass die Mitgliedstaaten die Option haben, öffentliche Angebote von Wertpapieren mit einem Gesamtgegenwert von bis zu 8 000 000 EUR von der in dieser Verordnung vorgesehenen Pflicht zur Veröffentlichung eines Prospekts auszunehmen. Insbesondere sollte es den Mitgliedstaaten freigestellt sein, unter Berücksichtigung des von ihnen für angemessen erachteten inländischen Anlegerschutzniveaus in ihrem nationalen Recht einen Schwellenwert für das Wirksamwerden dieser Ausnahme bezogen auf den Gesamtgegenwert des Angebots in der Union innerhalb eines Zeitraums von 12 Monaten zwischen 1 000 000 EUR und 8 000 000 EUR festzulegen. Allerdings sollten solche ausgenommenen öffentlichen Angebote von Wertpapieren nicht von der Pass-Regelung nach dieser Verordnung begünstigt werden. Die Mitgliedstaaten sollten jedoch in der Lage sein, für Angebote unterhalb dieses Schwellenwerts auf nationaler Ebene andere Offenlegungspflichten vorzusehen, sofern diese Pflichten bei solchen Angeboten von Wertpapieren keine unverhältnismäßige oder unnötige Belastung darstellen. Diese Verordnung sollte eine Mitgliedstaaten in keiner Weise daran hindern, auf nationaler Ebene Vorschriften einzuführen, die es den Betreibern von multilateralen Handelssystemen (multilateral trading facilities – MTF) ermöglichen, den Inhalt des Zulassungsdokuments, das ein Emittent bei der Erstzulassung seiner Wertpapiere zum Handel zu erstellen hat, oder die Modalitäten für dessen Überprüfung festzulegen.

(14) Die bloße Zulassung von Wertpapieren zum Handel an einem MTF oder die Veröffentlichung von Geld- und Briefkursen ist nicht per se als öffentliches Angebot von Wertpapieren zu betrachten und unterliegt daher nicht der Pflicht zur Erstellung eines Prospekts gemäß dieser Verordnung. Ein Prospekt sollte nur dann verlangt werden, wenn diese Tätigkeiten mit einer Mitteilung einhergehen, die ein „öffentliches Angebot von Wertpapieren" gemäß dieser Verordnung darstellt, sollte ein Prospekt verlangt werden.

(15) Richtet sich ein Angebot von Wertpapieren ausschließlich an einen eingeschränkten Kreis von Anlegern, bei denen es sich nicht um qualifizierte Anleger handelt, stellt die Erstellung eines Prospekts angesichts der geringen Zahl von Personen, an die sich das Angebot richtet, eine unverhältnismäßige Belastung dar, sodass kein Prospekt vorgeschrieben werden sollte. Dies würde beispielsweise für Angebote gelten, die sich an eine begrenzte Anzahl von Angehörigen der Familie oder von persönlichen Bekannten der Geschäftsführer eines Unternehmens richten.

(16) Soweit dies in Bezug auf Übernahmeangebote, Zusammenschlüsse und andere Transaktionen, die die Eigentumsverhältnisse oder die Kontrolle von Unternehmen betreffen, erforderlich ist, sollte

diese Verordnung in einer Weise ausgelegt werden, die mit der Richtlinie 2004/25/EG des Europäischen Parlaments und des Rates[1] vereinbar ist.

(17) Anreize für Unternehmensleitung und Belegschaft, Wertpapiere des eigenen Unternehmens zu halten, können sich positiv auf die Unternehmensführung auswirken und langfristig zur Wertschöpfung beitragen, da sie das Engagement und die Eigenverantwortung der Arbeitnehmer fördern, für Interessenkongruenz zwischen Aktionären und Arbeitnehmern sorgen und Letzteren Anlagemöglichkeiten verschaffen. Eine Beteiligung der Arbeitnehmer am eigenen Unternehmen ist besonders für kleine und mittlere Unternehmen (KMU) wichtig, in denen es wahrscheinlich ist, dass einzelne Arbeitnehmer eine wichtige Rolle für den Erfolg des Unternehmens spielen. Daher sollte bei Angeboten im Rahmen eines Belegschaftsaktienprogramms von Unternehmen in der Union keine Pflicht zur Veröffentlichung eines Prospekts bestehen, sofern ein Dokument zur Verfügung gestellt wird, das Informationen über die Anzahl und Art der Wertpapiere enthält und in dem die Gründe und Einzelheiten des Angebots oder der Zuteilung dargelegt werden, damit der Anlegerschutz gewährleistet ist. Um unabhängig davon, ob der Arbeitgeber innerhalb oder außerhalb der Union ansässig ist, für die gesamte Unternehmensleitung und Belegschaft gleichberechtigten Zugang zu Belegschaftsaktienprogrammen zu gewährleisten, sollte kein Beschluss zur Feststellung der Gleichwertigkeit von Drittlandsmärkten mehr erforderlich sein, sofern ein solches Informationsdokument zur Verfügung gestellt wird. Auf diese Weise werden alle Teilnehmer an Belegschaftsaktienprogrammen gleichgestellt und informiert.

(18) Emissionen mit Verwässerungseffekt von Aktien oder von Wertpapieren, die Zugang zu Aktien verschaffen, weisen oftmals auf Transaktionen mit erheblicher Auswirkung auf die Kapitalstruktur, die Aussichten und die Finanzlage des Emittenten hin, wofür die in einem Prospekt enthaltenen Informationen erforderlich sind. Sind die Aktien eines Emittenten hingegen bereits zum Handel an einem geregelten Markt zugelassen, sollte für spätere Zulassungen von Aktien derselben Gattung am selben geregelten Markt kein Prospekt mehr verlangt werden, auch wenn diese Aktien aus der Umwandlung oder dem Eintausch anderer Wertpapiere oder aus der Ausübung der mit anderen Wertpapieren verbundenen Rechte resultieren, sofern die neu zugelassenen Aktien im Verhältnis zu den Aktien derselben Gattung, die bereits für denselben geregelten Markt zugelassen wurden, nur einen begrenzten Anteil ausmachen und eine solche Zulassung nicht mit einem in den Anwendungsbereich dieser Verordnung fallenden öffentlichen Angebot von Wertpapieren kombiniert wird. Derselbe Grundsatz sollte ganz allgemein für Wertpapiere gelten, die mit bereits zum Handel an einem geregelten Markt zugelassenen Wertpapieren fungibel sind.

(19) Diese Verordnung berührt nicht die Rechts- und Verwaltungsvorschriften, die im Zusammenhang mit der Abwicklung von Kreditinstituten nach der Richtlinie 2014/59/EU des Europäischen Parlaments und des Rates[2], insbesondere Artikel 53 Absatz 2, Artikel 59 Absatz 2 und Artikel 63 Absätze 1 und 2, die Ausnahmen von der Pflicht zur Veröffentlichung eines Prospekts enthalten, angenommen wurden.

(20) Ausnahmen von der Pflicht zur Veröffentlichung eines Prospekts gemäß dieser Verordnung sollten für ein öffentliches Angebot von Wertpapieren und/oder eine Zulassung zum Handel an einem geregelten Markt kombiniert werden können, wenn die Voraussetzungen für jene Ausnahmen gleichzeitig erfüllt sind. Wenn sich ein Angebot zum Beispiel gleichzeitig an qualifizierte Anleger, nicht qualifizierte Anleger, die sich verpflichten, jeweils mindestens 100 000 EUR zu investieren, die Beschäftigten des Emittenten und außerdem eine begrenzte Zahl nicht qualifizierter Anleger richtet, die in dieser Verordnung festgelegte Zahl nicht überschreitet, sollte dieses Angebot von der Pflicht zur Veröffentlichung eines Prospekts befreit werden.

(21) Zur Gewährleistung der ordnungsgemäßen Funktionsweise des Großkundenmarkts für Nichtdividendenwerte und zur Erhöhung der Liquidität am Markt ist eine gesonderte, vereinfachte Behandlung von Nichtdividendenwerten vorzusehen, die zum Handel an einem geregelten Markt zugelassen und für qualifizierte Anleger konzipiert sind. Solch vereinfachte Behandlung sollte darin bestehen, dass weniger aufwändige Mindestinformationspflichten als für Nichtdivi-

---

[1] **Amtl. Anm.**: Richtlinie 2004/25/EG des Europäischen Parlaments und des Rates vom 21. April 2004 betreffend Übernahmeangebote (ABl. L 142 vom 30.4.2004, S. 12).
[2] **Amtl. Anm.**: Richtlinie 2014/59/EU des Europäischen Parlaments und des Rates vom 15. Mai 2014 zur Festlegung eines Rahmens für die Sanierung und Abwicklung von Kreditinstituten und Wertpapierfirmen und zur Änderung der Richtlinie 82/891/EWG des Rates, der Richtlinien 2001/24/EG, 2002/47/EG, 2004/25/EG, 2005/56/EG, 2007/36/EG, 2011/35/EU, 2012/30/EU und 2013/36/EU sowie der Verordnungen (EU) Nr. 1093/2010 und (EU) Nr. 648/2012 des Europäischen Parlaments und des Rates (ABl. L 173 vom 12.6.2014, S. 190).

dendenwerte, die Kleinanlegern angeboten werden, vorgesehen werden, keine Zusammenfassung in den Prospekt aufgenommen werden muss und eine flexiblere Sprachenregelung gilt. Die vereinfachte Behandlung sollte erstens für Nichtdividendenwerte, unabhängig von ihrer Stückelung, gelten, die ausschließlich an einem geregelten Markt oder in einem bestimmten Segment eines solchen gehandelt werden, zu dem ausschließlich qualifizierte Anleger zu Zwecken des Handels mit diesen Wertpapieren Zugang erhalten und zweitens für Nichtdividendenwerte mit einer Mindeststückelung von 100 000 EUR, die die höhere Investitionskapazität der Anleger widerspiegelt, an die sich der Prospekt richtet. An nicht qualifizierte Anleger sollten Nichtdividendenwerte, die ausschließlich an einem geregelten Markt oder in einem bestimmten Segment eines solchen gehandelt werden, zu dem ausschließlich qualifizierte Anleger zu Zwecken des Handels mit diesen Wertpapieren Zugang erhalten, nicht weiterverkauft werden dürfen, es sei denn, es wird ein Prospekt nach Maßgabe dieser Verordnung erstellt, der für nicht qualifizierte Anleger geeignet ist. Daher ist es von entscheidender Bedeutung, dass die Marktbetreiber bei der Einrichtung eines solchen geregelten Markts oder eines bestimmten Segments eines solchen nicht qualifizierten Anlegern keinen direkten oder indirekten Zugang zu diesem geregelten Markt oder bestimmten Segment gewähren.

(22) Werden Wertpapiere zugeteilt, ohne dass auf Seiten des Empfängers die Möglichkeit einer individuellen Entscheidung gegeben ist, einschließlich bei Wertpapierzuteilungen ohne Recht auf Ablehnung der Zuteilung oder bei automatischer Zuteilung nach der Entscheidung eines Gerichts, wie etwa einer Wertpapierzuteilung an bestehende Gläubiger im Zuge eines gerichtlichen Insolvenzverfahrens, so sollte eine solche Zuteilung nicht als öffentliches Angebot von Wertpapieren gelten.

(23) Emittenten, Anbietern oder Personen, die die Zulassung von Wertpapieren zum Handel an einem geregelten Markt beantragen, sollte – soweit sie nicht der Pflicht zur Veröffentlichung eines Prospekts unterliegen – der einheitliche Pass gewährt werden, wenn sie sich freiwillig für die Einhaltung dieser Verordnung entscheiden.

(24) Angesichts der Besonderheiten der verschiedenen Arten von Wertpapieren, Emittenten, Angeboten und Zulassungen enthält diese Verordnung Vorschriften für verschiedene Formen von Prospekten – einen Standardprospekt, einen Großkundenprospekt für Nichtdividendenwerte, einen Basisprospekt, einen vereinfachten Prospekt für Sekundäremissionen und einen EU-Wachstumsprospekt. Daher sind alle Bezugnahmen auf einen „Prospekt" im Rahmen dieser Verordnung so zu verstehen, dass sie sich auf all jene Formen von Prospekten beziehen, soweit nicht ausdrücklich etwas anderes bestimmt ist.

(25) Für öffentliche Angebote von Wertpapieren, die sich ausschließlich an qualifizierte Anleger richten, sollte die mit einem Prospekt erfolgende Offenlegung nicht vorgeschrieben sein. Dagegen sollte bei der Weiterveräußerung an die Öffentlichkeit oder dem öffentlichen Handel im Wege der Zulassung zum Handel an einem geregelten Markt die Veröffentlichung eines Prospekts erforderlich sein.

(26) Ein gültiger, vom Emittenten oder der für die Erstellung des Prospekts verantwortlichen Person erstellter Prospekt, der der Öffentlichkeit zum Zeitpunkt der endgültigen Platzierung der Wertpapiere über Finanzintermediäre oder bei jeder etwaigen späteren Weiterveräußerung der Wertpapiere zur Verfügung gestellt wird, enthält alle Informationen, die der Anleger für fundierte Anlageentscheidungen benötigen. Aus diesem Grund sollten Finanzintermediäre, die die Wertpapiere platzieren oder nachfolgend weiterveräußern, den ursprünglichen vom Emittenten oder von der für die Erstellung des Prospekts verantwortlichen Person veröffentlichten Prospekt so lange nutzen dürfen, wie er gültig und um angemessene Nachträge ergänzt ist und der Emittent oder die für die Erstellung verantwortliche Person dieser Nutzung zustimmt. Der Emittent oder die für die Erstellung des Prospekts verantwortliche Person sollten eine solche Zustimmung an Bedingungen knüpfen dürfen. Die Zustimmung zur Nutzung des Prospekts sollte unter Angabe der Bedingungen, an die sie geknüpft ist, im Wege einer schriftlichen Vereinbarung erteilt werden, die es den Betroffenen ermöglicht zu bewerten, ob die Vereinbarung bei der Weiterveräußerung oder endgültigen Platzierung der Wertpapiere eingehalten wird. Wird die Zustimmung zur Nutzung des Prospekts erteilt, sollte der Emittent oder die für die Erstellung des ursprünglichen Prospekts verantwortliche Person für die in diesem Prospekt enthaltenen Angaben und, falls es sich um einen Basisprospekt handelt, für die Übermittlung und Hinterlegung der endgültigen Bedingungen haften und es sollte kein weiterer Prospekt verlangt werden. Sollten der Emittent oder die für die Erstellung des ursprünglichen Prospekts verantwortliche Person einer Nutzung jedoch nicht zustimmen, sollte der Finanzintermediär einen neuen Prospekt veröffentlichen müssen. In diesem Fall sollte der Finanzintermediär für die in dem Prospekt enthaltenen

Informationen einschließlich sämtlicher mittels Verweis aufgenommener Informationen und, sofern es sich um einen Basisprospekt handelt, die endgültigen Bedingungen haften.

(27) Die Harmonisierung der im Prospekt enthaltenen Informationen sollte einen gleichwertigen Anlegerschutz auf Unionsebene sicherstellen. Damit die Anleger fundierte Anlageentscheidungen treffen können, sollten diese Informationen ausreichend und objektiv sein und in leicht zu analysierender, knapper und verständlicher Form verfasst und präsentiert werden. Die in einem Prospekt enthaltenen Informationen sollten an die Art des Prospekts, die Art und die Umstände des Emittenten, die Art der Wertpapiere und daran, ob es sich bei den Anlegern, an die sich das Angebot richtet, ausschließlich um qualifizierte Anleger handelt, angepasst werden. Ein Prospekt sollte keine Informationen enthalten, die nicht wesentlich sind oder für den Emittenten und die betreffenden Wertpapiere nicht spezifisch sind, da dies die für die Anlageentscheidung relevanten Informationen verschleiern und so den Anlegerschutz unterlaufen könnte.

(28) Die Zusammenfassung des Prospekts sollte eine nützliche Informationsquelle für Anleger, insbesondere für Kleinanleger, sein. Sie sollte ein eigenständiger Bestandteil des Prospekts sein und sich auf die Basisinformationen konzentrieren, die die Anleger benötigen, um entscheiden zu können, welche Angebote und Zulassungen von Wertpapieren sie eingehender prüfen wollen, indem sie den gesamten Prospekt prüfen, um ihre Entscheidung zu treffen. Diese Basisinformationen sollten Aufschluss über die wesentlichen Merkmale und Risiken bezüglich des Emittenten, eines etwaigen Garantiegebers und der angebotenen oder zum Handel an einem geregelten Markt zugelassenen Wertpapiere geben. Sie sollte auch die allgemeinen Bedingungen des Angebots enthalten.

(29) Bei der Darlegung der Risikofaktoren in der Zusammenfassung sollte eine begrenzte Auswahl spezifischer Risiken genannt werden, die nach Auffassung des Emittenten für die Anleger bei der Anlageentscheidung am relevantesten sind. Die Beschreibung der Risikofaktoren in der Zusammenfassung sollte für das spezielle Angebot relevant sein und ausschließlich zugunsten der Anleger ausgearbeitet werden, keine allgemeinen Angaben zum Anlagerisiko enthalten und die Haftung des Emittenten, des Anbieters oder einer in deren Namen handelnden Person nicht beschränken. Unter diesen Risikofaktoren sollten gegebenenfalls die Risiken, besonders für Kleinanleger, hervorgehoben werden, die bei Wertpapieren bestehen, die von Kreditinstituten ausgegeben werden und der Gläubigerbeteiligung („Bail-in") nach der Richtlinie 2014/59/EU unterliegen.

(30) Die Prospektzusammenfassung sollte kurz, einfach und für die Anleger leicht verständlich sein. Sie sollte in einfacher, allgemeinverständlicher Sprache verfasst sein und die Informationen auf leicht zugängliche Weise darbieten. Sie sollte keine bloße Zusammenstellung von Auszügen aus dem Prospekt sein. Es ist angemessen, die maximale Länge der Zusammenfassung zu begrenzen, um sicherzustellen, dass die Anleger nicht davon abgehalten werden, sie zu lesen, und um die Emittenten zu veranlassen, die für die Anleger wesentlichen Informationen auszuwählen. Unter bestimmten Bedingungen, die in dieser Verordnung festgelegt sind, sollte die maximale Länge der Zusammenfassung angehoben werden.

(31) Um sicherzustellen, dass die Prospektzusammenfassung stets einheitlich aufgebaut ist, sollten Abschnitte und Unterabschnitte mit Hinweisen zu den erwarteten Inhalten vorgegeben werden, die der Emittent mit kurzen, frei formulierten Beschreibungen und, sofern angemessen, Zahlenangaben füllen sollte. Solange die Informationen in fairer und ausgewogener Weise dargeboten werden, sollte es ins Ermessen der Emittenten gestellt bleiben, welche Informationen sie als wesentlich und aussagekräftig auswählen.

(32) Die Prospektzusammenfassung sollte soweit wie möglich dem Muster des nach der Verordnung (EU) Nr. 1286/2014[1]) des Europäischen Parlaments und des Rates[2]) vorgeschriebenen Basisinformationsblatts folgen. Fallen Wertpapiere sowohl unter die vorliegende Verordnung als auch unter die Verordnung (EU) Nr. 1286/2014[1]), würde eine vollständige Wiederverwendung des Inhalts des Basisinformationsblatts in der Zusammenfassung die Compliancekosten und die Verwaltungslasten für die Emittenten möglichst gering halten und diese Verordnung erleichtert daher eine solche Wiederverwendung. Die Pflicht zur Erstellung einer Zusammenfassung sollte jedoch auch dann gelten, wenn ein Basisinformationsblatt vorgeschrieben ist, da Letzteres die Basisinformationen über den Emittenten und das öffentliche Angebot oder die Zulassung der betreffenden Wertpapiere zum Handel an einem geregelten Markt nicht enthält.

---

[1]) Nr. 9.
[2]) **Amtl. Anm.**: Verordnung (EU) Nr. 1286/2014 des Europäischen Parlaments und des Rates vom 26. November 2014 über Basisinformationsblätter für verpackte Anlageprodukte für Kleinanleger und Versicherungsanlageprodukte (PRIIP) (ABl. L 352 vom 9.12.2014, S. 1).

(33) Niemand sollte allein aufgrund der Zusammenfassung samt etwaiger Übersetzungen derselben haften, es sei denn, sie ist irreführend oder unrichtig oder steht im Widerspruch zu den einschlägigen Teilen des Prospekts oder vermittelt, wenn sie zusammen mit den anderen Teilen des Prospekts gelesen wird, nicht die Basisinformationen, die in Bezug auf Anlagen in die betreffenden Wertpapiere für die Anleger eine Entscheidungshilfe darstellen würden. Die Zusammenfassung sollte diesbezüglich einen eindeutigen Warnhinweis enthalten.

(34) Emittenten, die sich wiederholt über die Kapitalmärkte finanzieren, sollten spezielle Aufmachungen für Registrierungsformulare und Prospekte sowie spezielle Verfahren für deren Hinterlegung und Billigung nutzen können, um ihnen mehr Flexibilität und die Nutzung von Marktfenstern zu ermöglichen. In jedem Fall sollten sich die Emittenten freiwillig und wahlweise für diese Aufmachungen und Verfahren entscheiden können.

(35) Bei allen Nichtdividendenwerten, einschließlich jener die dauernd oder wiederholt oder im Rahmen eines Angebotsprogramms begeben werden, sollte es den Emittenten gestattet sein, den Prospekt in Form eines Basisprospekts zu erstellen.

(36) Es sollte klargestellt werden, dass die endgültigen Bedingungen eines Basisprospekts nur die Informationen der Wertpapierbeschreibung enthalten sollten, die für die einzelne Emission spezifisch sind und erst zum Zeitpunkt der einzelnen Emission feststehen. Diese Informationen können z. B. die internationale Wertpapier-Identifikationsnummer (international securities identification number – ISIN), den Ausgabepreis, das Fälligkeitsdatum, einen etwaigen Kupon, den Ausübungszeitpunkt, den Ausübungspreis, den Rücknahmepreis und andere Bedingungen umfassen, die zum Zeitpunkt der Erstellung des Basisprospekts noch nicht bekannt waren. Sind die endgültigen Bedingungen nicht im Basisprospekt enthalten, sollten sie nicht von der zuständigen Behörde gebilligt werden müssen, sondern sollten lediglich bei dieser hinterlegt werden. Sonstige neue Informationen, die die Beurteilung des Emittenten und der Wertpapiere beeinflussen können, sollten in einen Nachtrag zum Basisprospekt aufgenommen werden. Weder die endgültigen Bedingungen noch ein Nachtrag sollten dazu genutzt werden, eine Wertpapierart einzuführen, die nicht bereits im Basisprospekt beschrieben wurde.

(37) Im Rahmen eines Basisprospekts sollte vom Emittenten nur für jede einzelne Emission eine Zusammenfassung erstellt werden, um den Verwaltungsaufwand zu verringern und die Verständlichkeit für die Anleger zu verbessern. Diese emissionsspezifische Zusammenfassung sollte den endgültigen Bedingungen angefügt und von der zuständigen Behörde nur dann gebilligt werden, wenn die endgültigen Bedingungen im Basisprospekt oder in einem Nachtrag dazu enthalten sind.

(38) Um die Flexibilität und Kostenwirksamkeit des Basisprospekts zu erhöhen, sollte es dem Emittenten gestattet sein, einen Basisprospekt in Form von mehreren Einzeldokumenten zu erstellen.

(39) Daueremittenten sollten Anreize dafür erhalten, ihren Prospekt als in mehreren Einzeldokumenten zu erstellen, da dies ihre Kosten für die Befolgung dieser Verordnung senken und ihnen die rasche Nutzung von Marktfenstern gestatten kann. Daher sollten Emittenten, deren Wertpapiere zum Handel an einem geregelten Märkten oder an einem MTF zugelassen sind, die Möglichkeit haben, jedoch nicht verpflichtet sein, in jedem Geschäftsjahr ein einheitliches Registrierungsformular zu erstellen und zu veröffentlichen, das Angaben zur Rechts-, Geschäfts-, Finanz-, Rechnungslegungs- und Beteiligungssituation sowie eine Beschreibung des Emittenten für das betreffende Geschäftsjahr enthält. Unter der Bedingung, dass ein Emittent die in dieser Verordnung festgelegten Kriterien erfüllt, sollte der Emittent ab dem Zeitpunkt, zu dem er das einheitliche Registrierungsformular bei der zuständigen Behörde zur Billigung hinterlegt, als Daueremittent gelten. Die Erstellung eines einheitlichen Registrierungsformulars sollte den Emittenten ermöglichen, die Informationen auf dem neuesten Stand zu halten und, wenn die Marktbedingungen für ein öffentliches Angebot von Wertpapieren oder eine Zulassung zum Handel an einem geregelten Markt günstig werden, einen Prospekt zu erstellen, indem eine Wertpapierbeschreibung und eine Zusammenfassung hinzugefügt werden. Das einheitliche Registrierungsformular sollte insofern multifunktional sein, als sein Inhalt stets gleich sein sollte, unabhängig davon, ob es vom Emittenten später für ein öffentliches Angebot von Wertpapieren oder für die Zulassung zum Handel an einem geregelten Markt von Dividendenwerten oder Nichtdividendenwerten zum Handel an einem geregelten Markt verwendet wird. Daher sollten die Offenlegungsstandards für das einheitliche Registrierungsformular auf den Offenlegungsstandards für Dividendenwerte beruhen. Das einheitliche Registrierungsformular sollte als Referenzquelle für Informationen über den Emittenten dienen und Anlegern wie Analysten die Informationen liefern, die sie mindestens benötigen, um die Tätigkeit, die Finanzlage, die Gewinne und Gewinnaussichten sowie die Unternehmensführung und die Beteiligungsverhältnisse des Unternehmens fundiert beurteilen zu können.

(40) Wenn ein Emittent zwei Jahre in Folge ein einheitliches Registrierungsformular hinterlegt und gebilligt bekommen hat, kann er als der zuständigen Behörde bekannt angesehen werden. Daher sollte gestattet werden, dass alle weiteren einheitlichen Registrierungsformulare und etwaige Änderungen daran ohne Pflicht zur vorherigen Billigung hinterlegt und von der zuständigen Behörde nachträglich überprüft werden können, wenn diese es für erforderlich hält. Über die Häufigkeit solcher Überprüfungen sollte jede zuständige Behörde selbst entscheiden, wobei sie beispielsweise die Risiken des Emittenten, die Qualität seiner früheren Offenlegungen oder auch die Zeit berücksichtigen sollte, die seit der letzten Überprüfung eines hinterlegten einheitlichen Registrierungsformulars verstrichen ist.

(41) Solange ein einheitliches Registrierungsformular noch nicht Bestandteil eines gebilligten Prospekts geworden ist, sollte es entweder auf freiwilliger Basis durch den Emittenten – beispielsweise wenn sich die Organisation oder die Finanzlage des Emittenten wesentlich verändert haben – oder auf Verlangen der zuständigen Behörde geändert werden können, wenn deren Überprüfung im Anschluss an die Hinterlegung ergeben hat, dass die Standards der Vollständigkeit, Verständlichkeit und Kohärenz nicht erfüllt sind. Solche Änderungen sollten nach denselben Modalitäten veröffentlicht werden wie das einheitliche Registrierungsformular. Insbesondere wenn die zuständige Behörde eine wesentliche Nichtaufnahme, eine wesentliche Unrichtigkeit oder eine wesentliche Ungenauigkeit feststellt, sollte der Emittent sein einheitliches Registrierungsformular ändern und jene Änderung unverzüglich veröffentlichen. Da weder ein öffentliches Angebot noch eine Zulassung von Wertpapieren zum Handel stattfindet, sollte für die Änderung eines einheitlichen Registrierungsformulars ein anderes Verfahren gelten als das Verfahren für einen Nachtrag zu einem Prospekt, das erst nach der Billigung des Prospekts zur Anwendung kommen sollte.

(42) Erstellt ein Emittent einen aus mehreren Einzeldokumenten bestehenden Prospekt, sollten alle Bestandteile des Prospekts billigungspflichtig sein, gegebenenfalls einschließlich des einheitlichen Registrierungsformulars und etwaiger Änderungen daran, sofern sie bereits bei der zuständigen Behörde hinterlegt, aber noch nicht gebilligt wurden. Änderungen an dem einheitlichen Registrierungsformular sollten zum Zeitpunkt der Hinterlegung nicht der Billigung durch die zuständige Behörde unterliegen, sondern nur gebilligt werden, wenn alle Bestandteile des Prospekts zur Billigung eingereicht werden.

(43) Um den Prozess der Prospekterstellung zu beschleunigen und den Zugang zu den Kapitalmärkten auf kosteneffiziente Weise zu erleichtern, sollte für Daueremittenten, die ein einheitliches Registrierungsformular erstellen, ein beschleunigtes Billigungsverfahren eingerichtet werden, da der Hauptbestandteil des Prospekts entweder bereits gebilligt wurde oder bereits für die Überprüfung durch die zuständige Behörde zur Verfügung steht. Die für den Erhalt einer Billigung des Prospekts erforderliche Zeit sollte daher verkürzt werden, wenn das Registrierungsformular in Form eines einheitlichen Registrierungsformulars erstellt wird.

(44) Daueremittenten sollte es gestattet sein, ein einheitliches Registrierungsformular und etwaige Änderungen daran als Bestandteil eines Basisprospekts zu verwenden. Wenn ein Daueremittent zur Erstellung eines EU-Wachstumsprospekts, eines vereinfachten Prospekts auf der Grundlage der vereinfachten Offenlegungsregelungen für Sekundäremissionen oder eines Großkundenprospekts für Nichtdividendenwerte berechtigt ist, sollte ihm gestattet werden, anstelle des speziellen Registrierungsformulars, das gemäß diesen Offenlegungsregelungen vorgeschrieben ist, sein einheitliches Registrierungsformular und etwaige Änderungen daran als Bestandteil solcher Prospekte zu verwenden.

(45) Hält ein Emittent die Verfahren für die Hinterlegung, Verbreitung und Speicherung vorgeschriebener Informationen und die in den Artikeln 4 und 5 der Richtlinie 2004/109/EG des Europäischen Parlaments und des Rates[1)] genannten Fristen ein, sollte es ihm gestattet sein, die durch die Richtlinie 2004/109/EG vorgeschriebenen Jahres- und Halbjahresfinanzberichte als Bestandteile des einheitlichen Registrierungsformulars zu veröffentlichen, es sei denn, der Herkunftsmitgliedstaat des Emittenten für die Zwecke dieser Verordnung ist nicht mit dem Herkunftsmitgliedstaat des Emittenten für die Zwecke der Richtlinie 2004/109/EG identisch und die Sprache des einheitlichen Registrierungsformulars erfüllt nicht die Bedingungen des Artikels 20 der Richtlinie 2004/109/EG. Dies dürfte die mit Mehrfachhinterlegungen verbundene Verwaltungslast

---

[1)] **Amtl. Anm.:** Richtlinie 2004/109/EG des Europäischen Parlaments und des Rates vom 15. Dezember 2004 zur Harmonisierung der Transparenzanforderungen in Bezug auf Informationen über Emittenten, deren Wertpapiere zum Handel auf einem geregelten Markt zugelassen sind, und zur Änderung der Richtlinie 2001/34/EG (ABl. L 390 vom 31.12.2004, S. 38).

verringern, ohne die für die Öffentlichkeit verfügbaren Informationen oder die Überwachung jener Berichte im Rahmen der Richtlinie 2004/109/EG zu beeinträchtigen.

(46) Die Gültigkeitsdauer eines Prospekts sollte klar begrenzt werden, damit Anlageentscheidungen nicht aufgrund veralteter Informationen getroffen werden. Zur Erhöhung der Rechtssicherheit sollte die Gültigkeitsdauer des Prospekts mit seiner Billigung beginnen, was ein von der zuständigen Behörde leicht nachzuprüfender Zeitpunkt ist. Ein öffentliches Angebot von Wertpapieren im Rahmen eines Basisprospekts sollte nach dem nicht länger gültig bleiben können als der Basisprospekt, wenn vor Ablauf der Gültigkeit für das weiterhin bestehende Angebot ein Nachfolge-Basisprospekt gebilligt und veröffentlicht wird.

(47) In einem Prospekt enthaltene Informationen zur Besteuerung der Erträge aus den Wertpapieren können naturgemäß nur allgemeiner Art sein und sind für den einzelnen Anleger von geringem zusätzlichem Informationswert. Da sich diese Informationen bei der grenzüberschreitenden Zulassung von Prospekten nicht nur auf das Land beziehen müssen, in dem der Emittent seinen Sitz unterhält, sondern auch auf die Länder, in denen das Angebot erfolgt oder die Zulassung zum Handel an einem geregelten Markt angestrebt wird, sind sie kostspielig und könnten ein Hemmnis für grenzüberschreitende Angebote darstellen. Daher sollte ein Prospekt lediglich einen Warnhinweis enthalten, dass sich das Steuerrecht des Mitgliedstaats des Anlegers und des Gründungsmitgliedstaats des Emittenten auf die Erträge aus den Wertpapieren auswirken könnten. Zieht die angebotene Anlage jedoch eine besondere Steuerregelung nach sich, beispielsweise bei der Anlage in Wertpapieren, die für den Anleger mit Steuervorteilen verbunden sind, sollte der Prospekt nach wie vor angemessene Informationen zur Besteuerung enthalten.

(48) Sobald eine Wertpapiergattung zum Handel an einem geregelten Markt zugelassen wurde, haben die Anleger Zugang zu laufenden Offenlegung des Emittenten gemäß der Verordnung (EU) Nr. 596/2014[1]) des Europäischen Parlaments und des Rates[2]) und der Richtlinie 2004/109/EG. Bei nachfolgenden öffentlichen Angeboten oder Zulassungen zum Handel an einem geregelten Markt durch einen solchen Emittenten ist der Bedarf an einem vollständigen Prospekt daher weniger akut. Deshalb sollte für die Nutzung bei Sekundäremissionen ein andersartiger, vereinfachter Prospekt zur Verfügung stehen, für den im Vergleich zur üblichen Regelung inhaltliche Erleichterungen unter Berücksichtigung der bereits offengelegten Informationen vorgesehen sein sollten. Gleichwohl müssen den Anlegern konsolidierte und gut strukturierte Informationen zur Verfügung gestellt werden, insbesondere wenn diese Informationen gemäß der Verordnung (EU) Nr. 596/2014[1]) und der Richtlinie 2004/109/EG nicht laufend offengelegt werden müssen.

(49) Die vereinfachten Offenlegungsregelungen für Sekundäremissionen sollten für öffentliche Angebote von Emittenten zur Verfügung stehen, deren Wertpapiere an KMU-Wachstumsmärkten gehandelt werden, da deren Betreiber nach der Richtlinie 2014/65/EU[3]) des Europäischen Parlaments und des Rates[4]) verpflichtet sind, Vorschriften festzulegen und anzuwenden, die eine angemessene laufende Offenlegung sicherstellen.

(50) Die vereinfachten Offenlegungsregelungen für Sekundäremissionen sollten erst dann angewandt werden dürfen, wenn seit der Erstzulassung einer Wertpapiergattung eines Emittenten zum Handel an einem geregelten Markt oder an einem KMU-Wachstumsmarkt eine bestimmte Mindestdauer verstrichen ist. Eine Zeitspanne von 18 Monaten sollte sicherstellen, dass der Emittent seine Pflicht zur Veröffentlichung eines Jahresfinanzberichts nach der Richtlinie 2004/109/EG oder nach den Vorschriften des Betreibers eines KMU-Wachstumsmarkts mindestens schon einmal erfüllt hat.

(51) Eines der Kernziele der Kapitalmarktunion besteht darin, KMU die Finanzierung über die Kapitalmärkte in der Union zu erleichtern. Ferner ist es angemessen, die Definition von KMU auf KMU im Sinne der Richtlinie 2014/65/EU[3]) zu erweitern, um Übereinstimmung zwischen dieser Verordnung und der Richtlinie 2014/65/EU[3]) zu gewährleisten. Da KMU im Vergleich zu anderen Emittenten üblicherweise geringere Beträge aufbringen müssen, könnten die Kosten für

---

[1]) Nr. 11.
[2]) **Amtl. Anm.:** Verordnung (EU) Nr. 596/2014 des Europäischen Parlaments und des Rates vom 16. April 2014 über Marktmissbrauch (Marktmissbrauchsverordnung) und zur Aufhebung der Richtlinie 2003/6/EG des Europäischen Parlaments und des Rates und der Richtlinien 2003/124/EG, 2003/125/EG und 2004/72/EG der Kommission (ABl. L 173 vom 12.6.2014, S. 1).
[3]) Nr. 1.
[4]) **Amtl. Anm.:** Richtlinie 2014/65/EU des Europäischen Parlaments und des Rates vom 15. Mai 2014 über Märkte für Finanzinstrumente sowie zur Änderung der Richtlinien 2002/92/EG und 2011/61/EU (ABl. L 173 vom 12.6.2014, S. 349).

die Erstellung eines Standardprospekts unverhältnismäßig hoch sein und sie davon abhalten, ihre Wertpapiere öffentlich anzubieten. Zugleich könnten KMU aufgrund ihrer Größe und ihrer möglicherweise kürzeren Existenzdauer im Vergleich zu größeren Emittenten ein spezielles Anlagerisiko beinhalten und sollten ausreichende Informationen offenlegen, damit Anleger ihre Anlageentscheidung treffen können. Um die Inanspruchnahme von Kapitalmarktfinanzierung durch KMU zu unterstützen, sollte mit dieser Verordnung zudem sichergestellt werden, dass KMU-Wachstumsmärkte, die ein vielversprechendes Instrument dafür sind, kleineren, wachsenden Unternehmen die Beschaffung von Kapital zu ermöglichen, besonders berücksichtigt werden. Der Erfolg solcher Handelsplätze hängt jedoch von ihrer Fähigkeit zur Deckung des Finanzierungsbedarfs von wachsenden KMU ab. Ebenso würde bestimmten Unternehmen, die Wertpapiere im Gesamtgegenwert in der Union von bis zu 20 000 000 EUR öffentlich anbieten, ein erleichterter Zugang zu Finanzierungen an den Kapitalmärkten gewährt, damit sie wachsen können, und sie sollten sich zu nicht unverhältnismäßigen Kosten Kapital beschaffen können. Daher sollte mit dieser Verordnung eine spezielle verhältnismäßige Regelung für den EU-Wachstumsprospekt festgelegt werden, die derartigen Unternehmen offensteht. Bei der Kalibrierung des Inhalts eines EU-Wachstumsprospekts sollte das richtige Gleichgewicht zwischen einem kosteneffizienten Zugang zu den Finanzmärkten und dem Anlegerschutz hergestellt werden. Einem EU-Wachstumsprospekt sollte wie bei anderen Arten von Prospekten im Rahmen dieser Verordnung nach seiner Billigung die Pass-Regelung gemäß dieser Verordnung gewährt werden und er sollte damit für jedes unionsweite öffentliche Angebot von Wertpapieren gültig sein.

(52) Die verkürzten Informationen, die KMU in den EU-Wachstumsprospekten mindestens offenlegen müssen, sollten so kalibriert werden, dass der Schwerpunkt auf den Angaben liegt, die für Anlagen in die angebotenen Wertpapiere wesentlich und relevant sind, und auf der Notwendigkeit, sicherzustellen, dass die Größe des Unternehmens und sein Finanzierungsbedarf auf der einen Seite und die Kosten für die Erstellung eines Prospekts auf der anderen Seite zueinander in einem angemessenen Verhältnis stehen.

(53) Die verhältnismäßige Offenlegungsregelung für EU-Wachstumsprospekte sollte nicht zur Verfügung stehen, wenn die Wertpapiere eines Unternehmens bereits zum Handel an geregelten Märkten zugelassen sind, damit Anleger an geregelten Märkten darauf vertrauen, dass alle Emittenten, in deren Wertpapiere sie investieren, einheitlichen Offenlegungsvorschriften unterliegen. An den geregelten Märkten sollte es daher keinen zweistufigen Offenlegungsstandard geben, der von der Größe des Emittenten abhängt.

(54) Risikofaktoren werden in einen Prospekt vor allem mit dem Ziel aufgenommen, sicherzustellen, dass die Anleger eine fundierte Bewertung dieser Risiken vornehmen und somit Anlageentscheidungen in voller Kenntnis der Sachlage treffen. Die Risikofaktoren sollten daher auf jene beschränkt werden, die wesentlich und für den Emittenten sowie die Wertpapiere spezifisch sind und die durch den Inhalt des Prospekts bestätigt werden. Ein Prospekt sollte keine Risikofaktoren enthalten, die allgemeiner Natur sind und nur dem Haftungsausschluss dienen, denn jene könnten spezifische Risikofaktoren, die die Anleger kennen sollten, verschleiern und so verhindern, dass der Prospekt die Informationen in leicht zu analysierender, knapper und verständlicher Form präsentiert. Unter anderem können umwelt- und sozialpolitische Umstände sowie Faktoren in Bezug auf die Unternehmensführung ebenfalls spezifische und wesentliche Risiken für den Emittenten und seine Wertpapiere darstellen und sollten in diesem Fall offengelegt werden. Damit die Anleger die wesentlichsten Risiken erkennen können, sollte der Emittent jeden Risikofaktor im Prospekt angemessen beschreiben und darlegen. Eine begrenzte Zahl von Risikofaktoren, die vom Emittenten ausgewählt wird, sollte in die Zusammenfassung aufgenommen werden.

(55) Die Marktpraxis, wonach ein gebilligter Prospekt nicht den endgültigen Emissionskurs und/oder das endgültige Emissionsvolumen, die Gegenstand des öffentlichen Angebots sind, entweder als Anzahl der Wertpapiere oder als aggregierter Nominalbetrag enthält, sollte akzeptabel sein, wenn dieser endgültige Emissionskurs und/oder dieses endgültige Emissionsvolumen nicht im Prospekt genannt werden können, sofern Anleger in diesem Fall geschützt werden. Die Anleger sollten entweder ein Widerrufsrecht haben, sobald der endgültige Emissionskurs und/oder das endgültige Emissionsvolumen bekannt sind, oder ersatzweise sollten im Prospekt der Höchstkurs, den Anleger möglicherweise für die Wertpapiere zahlen müssen, oder das Höchstvolumen an Wertpapieren oder der Bewertungsmethoden und -kriterien und/oder Bedingungen, nach denen der Emissionskurs festzulegen ist, und eine Erläuterung etwaiger Bewertungsmethoden, wie die Diskontierungsmethode, eine Peer-Group-Analyse oder jede andere allgemein anerkannte Bewertungsmethode, offengelegt werden. Die Bewertungsmethoden und -kriterien sollten genau genug sein, um den Kurs vorhersehbar zu machen und ein Maß an Anlegerschutz zu gewährleisten, das mit der Offenlegung des Emissionshöchstkurses vergleichbar ist. In diesem Zusammenhang

würde eine bloße Bezugnahme auf das Orderbuchverfahren als Bewertungsmethode oder -kriterium nicht akzeptiert werden, wenn im Prospekt kein Höchstkurs genannt wird.

(56) Unter bestimmten Umständen sollte die Nichtaufnahme sensibler Informationen in einen Prospekt oder in Bestandteilen hiervon von der zuständigen Behörde durch Gewährung einer Ausnahme gestattet werden können, um nachteilige Situationen für einen Emittenten zu vermeiden.

(57) Die Mitgliedstaaten veröffentlichen eine Fülle von Informationen über ihre Finanzlage, die im Allgemeinen öffentlich zugänglich sind. Wird ein Angebot von Wertpapieren von einem Mitgliedstaat garantiert, sollten derartige Informationen daher nicht in den Prospekt aufgenommen werden müssen.

(58) Dass Emittenten Informationen in einen Prospekt aufnehmen können, indem sie auf Dokumente verweisen, die die geforderten Informationen enthalten – unter der Voraussetzung, dass diese Dokumente elektronisch veröffentlicht wurden –, sollte die Erstellung eines Prospekts erleichtern und die Kosten für die Emittenten senken, ohne dass dadurch der Anlegerschutz beeinträchtigt wird. Allerdings sollte das Ziel, die Erstellung eines Prospekts zu vereinfachen und zu verbilligen, nicht zulasten anderer Interessen verwirklicht werden, die mit dem Prospekt geschützt werden sollen, wie insbesondere die Zugänglichkeit der Informationen. Die Sprache der mittels Verweis aufgenommenen Informationen sollte der für Prospekte geltenden Sprachenregelung entsprechen. Die mittels Verweis aufgenommenen Informationen sollten sich auf historische Daten beziehen. Wenn jene Informationen jedoch aufgrund wesentlicher Veränderungen nicht mehr relevant sind, sollte dies im Prospekt klar zum Ausdruck gebracht und sollten die aktualisierten Informationen ebenfalls zur Verfügung gestellt werden.

(59) Vorgeschriebene Informationen im Sinne des Artikels 2 Absatz 1 Buchstabe k der Richtlinie 2004/109/EG sollten mittels Verweis in einen Prospekt aufgenommen werden können. Emittenten, deren Wertpapiere an einem MTF gehandelt werden, und Emittenten, die von der Veröffentlichung von Jahres- und Halbjahresfinanzberichten gemäß Artikel 8 Absatz 1 Buchstabe b der Richtlinie 2004/109/EG befreit sind, sollten ebenfalls die Möglichkeit haben, jährlich und unterjährig vorzulegende Finanzinformationen, Prüfungsberichte, Abschlüsse, Lageberichte oder Erklärungen zur Unternehmensführung ganz oder teilweise mittels Verweis in den Prospekt aufzunehmen, sofern jene Dokumente elektronisch veröffentlicht wurden.

(60) Aufgrund der unterschiedlichen Ansätze der zuständigen Behörden in den Mitgliedstaaten haben nicht alle Emittenten Zugang zu angemessenen Informationen und Hinweisen zum Prüfungs- und Billigungsverfahren sowie zur notwendigen Vorgehensweise, um die Billigung eines Prospekts zu erwirken. Diese Verordnung sollte diese Unterschiede beseitigen, indem die Kriterien für die Prüfung des Prospekts und die für die Billigungsverfahren der zuständigen Behörden geltenden Regeln gestrafft und damit harmonisiert werden. Es ist wichtig sicherzustellen, dass alle zuständigen Behörden einen konvergenten Ansatz verfolgen, wenn sie die Vollständigkeit, Kohärenz und Verständlichkeit der in einem Prospekt enthaltenen Informationen prüfen, wobei sie der Notwendigkeit eines verhältnismäßigen Ansatzes bei der Prüfung von Prospekten auf der Grundlage der Umstände des Emittenten und der Emission Rechnung tragen. Hinweise, wie die Billigung eines Prospekts zu beantragen ist, sollten auf den Websites der zuständigen Behörden öffentlich zugänglich sein. Die Europäische Wertpapier- und Marktaufsichtsbehörde (European Securities and Markets Authority – ESMA) sollte durch Ausübung ihrer Befugnisse im Rahmen der Verordnung (EU) Nr. 1095/2010[1)] des Europäischen Parlaments und des Rates[2)] bei der Förderung der Aufsichtskonvergenz in jenem Bereich eine maßgebliche Rolle spielen. Insbesondere sollte die ESMA mit angemessenem Vorlauf zur Überprüfung dieser Verordnung und im Einklang mit der Verordnung (EU) Nr. 1095/2010[1)] mittels Peer-Reviews begutachten, wie die zuständigen Behörden im Rahmen dieser Verordnung vorgehen.

(61) Um den Zugang zu den Märkten der Mitgliedstaaten zu erleichtern, ist es wichtig, dass die Gebühren, die die zuständigen Behörden für die Billigung und Hinterlegung von Prospekten und den dazugehörigen Dokumenten erheben, angemessen und verhältnismäßig sind und öffentlich bekannt gemacht werden.

---

[1)] Nr. 3.
[2)] **Amtl. Anm.:** Verordnung (EU) Nr. 1095/2010 des Europäischen Parlaments und des Rates vom 24. November 2010 zur Errichtung einer Europäischen Aufsichtsbehörde (Europäische Wertpapier- und Marktaufsichtsbehörde), zur Änderung des Beschlusses Nr. 716/2009/EG und zur Aufhebung des Beschlusses 2009/77/EG der Kommission (ABl. L 331 vom 15.12.2010, S. 84).

(62) Da das Internet einen leichten Zugang zu Informationen gewährleistet und um eine bessere Zugänglichkeit für die Anleger sicherzustellen, sollte der gebilligte Prospekt stets in elektronischer Form veröffentlicht werden. Der Prospekt sollte in einer speziellen Rubrik auf der Website des Emittenten, des Anbieters oder der Person, die die Zulassung zum Handel auf einem geregelten Markt beantragt, oder – sofern anwendbar – auf der Website der die Wertpapiere platzierenden oder verkaufenden Finanzintermediäre, einschließlich Zahlstellen, oder auf der Website des geregelten Markts, für den die Zulassung zum Handel beantragt wird, oder auf der Website des Betreibers des MTF veröffentlicht werden.

(63) Alle gebilligten Prospekte oder alternativ eine Liste der Prospekte mit Hyperlinks zu den relevanten spezifischen Rubriken der Website sollten auf der Website der zuständigen Behörde des Herkunftsmitgliedstaats des Emittenten veröffentlicht werden, und jeder Prospekt sollte von der zuständigen Behörde zusammen mit den relevanten Daten, die seine Klassifizierung ermöglichen, der ESMA übermittelt werden. Die ESMA sollte einen Mechanismus für die zentrale Speicherung von Prospekten bereitstellen, der der Öffentlichkeit kostenfreien Zugang und angemessene Suchfunktionen bietet. Um sicherzustellen, dass Anleger Zugang zu verlässlichen Daten haben, die zügig und effizient genutzt und analysiert werden können, sollten bestimmte in den Prospekten enthaltene Informationen, z.B. die ISINs als Kennung für die Wertpapiere und die Rechtsträgerkennung (legal entity identifiers – LEI) als Kennung für die Emittenten, die Anbieter und die Garantiegeber, maschinenlesbar sein, auch wenn Metadaten verwendet werden. Prospekte sollten ab ihrer Veröffentlichung mindestens zehn Jahre lang für die Öffentlichkeit verfügbar bleiben, um sicherzustellen, dass die Dauer ihrer öffentlichen Verfügbarkeit mit jener der Jahres- und Halbjahresfinanzberichte gemäß der Richtlinie 2004/109/EG übereinstimmt. Die Prospekte sollten den Anlegern auf Anfrage stets auf einem dauerhaften Datenträger kostenlos zur Verfügung stehen. Ein potenzieller Anleger sollte auf ausdrückliche Anforderung einer Papierversion eine gedruckte Fassung des Prospekts erhalten können. Der Emittent, der Anbieter, die die Zulassung zum Handel an einem geregelten Markt beantragende Person oder der Finanzintermediär müssen aber keine gedruckten Fassungen des Prospekts vorrätig haben, um solchen potenziellen Nachfragen nachkommen zu können.

(64) Damit das Vertrauen der Öffentlichkeit nicht untergraben und der ordnungsgemäße Betrieb der Finanzmärkte nicht beeinträchtigt wird, sollte auch die Werbung harmonisiert werden. Die Fairness und Wahrheitstreue von Werbung sowie deren inhaltliche Übereinstimmung mit dem Prospekt sind von größter Bedeutung für den Schutz von Anlegern, insbesondere auch von Kleinanlegern. Unbeschadet der in dieser Verordnung vorgesehenen Pass-Regelung ist die Überwachung derartiger Werbung untrennbarer Bestandteil der Aufgaben der zuständigen Behörden. Die Anforderungen dieser Verordnung an die Werbung sollten unbeschadet der anderen geltenden Bestimmungen des Unionsrechts, insbesondere im Hinblick auf den Verbraucherschutz und unlautere Geschäftspraktiken, gelten.

(65) Jeder wichtige neue Umstand und jede wesentliche Unrichtigkeit oder jede wesentliche Ungenauigkeit, die die Bewertung der Anlage beeinflussen könnten und nach der Veröffentlichung des Prospekts, aber vor dem Schluss des öffentlichen Angebots oder der Aufnahme des Handels an einem geregelten Markt auftreten, sollten von den Anlegern angemessen bewertet werden können und erfordern deshalb unverzüglich die Billigung und Verbreitung eines Nachtrags zum Prospekt.

(66) Um die Rechtssicherheit zu erhöhen, sollte festgelegt werden, innerhalb welcher Frist ein Emittent einen Nachtrag zum Prospekt veröffentlichen muss und innerhalb welcher Frist die Anleger nach der Veröffentlichung eines Nachtrags das Recht haben, ihre Zusage zum Angebot zu widerrufen. Einerseits sollte die Pflicht zur Erstellung eines Prospektnachtrags bei Auftreten des wichtigen neuen Umstands, der wesentlichen Unrichtigkeit oder der wesentlichen Ungenauigkeit vor dem Auslaufen der Angebotsfrist bzw. vor Beginn des Handels der betreffenden Wertpapiere an einem geregelten Markt gelten, je nachdem, welcher Zeitpunkt später eintritt. Andererseits sollte das Recht, eine Zusage zu widerrufen, nur gelten, wenn sich der Prospekt auf ein öffentliches Angebot von Wertpapieren bezieht und der wichtige neue Umstand, die wesentliche Unrichtigkeit oder wesentliche Ungenauigkeit vor dem Auslaufen der Angebotsfrist und der Lieferung der Wertpapiere eingetreten ist oder festgestellt wurde. Das Widerrufsrecht sollte somit an die zeitliche Einordnung des wichtigen neuen Umstands, der wesentlichen Unrichtigkeit oder der wesentlichen Ungenauigkeit gekoppelt sein, durch den bzw. die ein Nachtrag erforderlich wird, und sollte gelten, wenn dieses auslösende Ereignis eintritt, solange das Angebot noch gültig und die Lieferung der Wertpapiere noch nicht erfolgt ist. Das Widerrufsrecht, das Anlegern infolge eines wichtigen neuen Umstands, einer wesentlichen Unrichtigkeit oder einer wesentlichen Ungenauigkeit gewährt wird, der bzw. die während der Gültigkeitsdauer des Pro-

spekts eingetreten ist oder festgestellt wurde, wird nicht dadurch beeinträchtigt, dass der entsprechende Nachtrag nach Ablauf der Gültigkeitsdauer des Prospekts veröffentlicht wird. In dem Sonderfall, dass ein Angebot im Rahmen zweier aufeinanderfolgender Basisprospekte aufrechterhalten wird, wird die Pflicht zur Erstellung eines Nachtrags zum vorhergehenden Basisprospekt bis zum Ablauf seiner Gültigkeitsdauer und zur Gewährung der entsprechenden Widerrufsrechte nicht aufgrund der Tatsache aufgehoben, dass der Emittent den Nachfolge-Basisprospekt zur Billigung hinterlegt hat. Zur Erhöhung der Rechtssicherheit sollte in dem Prospektnachtrag angegeben werden, wann das Widerrufsrecht endet. Wenn Anleger ihr Widerrufsrecht ausüben, sollten die Finanzintermediäre die Anleger über ihre Rechte unterrichten und das Verfahren erleichtern.

(67) Die Pflicht eines Emittenten, den gesamten Prospekt in alle relevanten Amtssprachen zu übersetzen, ist grenzüberschreitenden Angeboten oder dem Mehrfach-Handel abträglich. Um grenzüberschreitende Angebote zu erleichtern, sollte lediglich die Zusammenfassung in der Amtssprache oder in mindestens einer der Amtssprachen des Aufnahmemitgliedstaats oder in einer von der zuständigen Behörde dieses Mitgliedstaats anerkannten anderen Sprache vorliegen.

(68) Die zuständige Behörde des Aufnahmemitgliedstaats sollte Anspruch auf eine Bescheinigung der zuständigen Behörde des Herkunftsmitgliedstaats haben, aus der hervorgeht, dass der Prospekt nach Maßgabe dieser Verordnung erstellt wurde. Die zuständige Behörde des Herkunftsmitgliedstaats sollte auch den Emittenten oder die für die Erstellung des Prospekts verantwortliche Person von der an die Behörde des Aufnahmemitgliedstaats gerichteten Bescheinigung über die Billigung des Prospekts in Kenntnis setzen, um dem Emittenten oder der für die Erstellung des Prospekts verantwortlichen Person Gewissheit zu verschaffen, ob und wann eine Notifizierung tatsächlich erfolgt ist. Jede Übermittlung von Dokumenten zwischen den zuständigen Behörden zum Zweck von Notifizierungen sollte über ein von der ESMA einzurichtendes Notifizierungsportal erfolgen.

(69) In den Fällen, in denen der Emittent gemäß dieser Verordnung die Wahl hat, seinen Herkunftsmitgliedstaat zum Zwecke der Billigung des Prospekts zu bestimmen, sollte sichergestellt werden, dass dieser Emittent ein Registrierungsformular oder ein einheitliches Registrierungsformular, das von der zuständigen Behörde eines anderen Mitgliedstaats bereits gebilligt wurde, als Bestandteil seines Prospekts verwenden kann. Zwischen den zuständigen Behörden sollte daher ein System von Notifizierungen eingeführt werden, um zu gewährleisten, dass dieses Registrierungsformular oder dieses einheitliche Registrierungsformular nicht der Prüfung und Billigung der zuständigen Behörde unterliegt, die den Prospekt billigt, und dass zuständige Behörden nur für den von ihnen gebilligten Bestandteil eines Prospekts verantwortlich sind, auch wenn später ein Nachtrag erstellt wird.

(70) Um sicherzustellen, dass die Ziele dieser Verordnung in vollem Umfang verwirklicht werden, müssen in den Anwendungsbereich dieser Verordnung auch Wertpapiere von Emittenten aufgenommen werden, die dem Recht eines Drittlands unterliegen. Zur Gewährleistung des Informationsaustauschs und der Zusammenarbeit mit Drittlandsbehörden im Hinblick auf die wirksame Durchsetzung dieser Verordnung sollten die zuständigen Behörden Kooperationsvereinbarungen mit den entsprechenden Behörden in Drittländern abschließen. Jede Übermittlung personenbezogener Daten auf der Grundlage dieser Vereinbarungen sollte im Einklang mit der Verordnung (EU) 2016/679 des Europäischen Parlaments und des Rates[1] und der Verordnung (EG) Nr. 45/2001 des Europäischen Parlaments und des Rates[2] erfolgen.

(71) Eine Vielzahl zuständiger Behörden mit unterschiedlichen Kompetenzen in den Mitgliedstaaten könnte unnötige Kosten verursachen und zu einer Überschneidung von Zuständigkeiten führen, ohne dass dadurch zusätzlicher Nutzen entsteht. In jedem Mitgliedstaat sollte eine einzige zuständige Behörde benannt werden, die Prospekte billigt und für die Überwachung der Einhaltung dieser Verordnung zuständig ist. Diese zuständige Behörde sollte eine Verwaltungsbehörde sein, die so beschaffen ist, dass ihre Unabhängigkeit von den Wirtschaftsteilnehmern

---

[1] **Amtl. Anm.:** Verordnung (EU) 2016/679 des Europäischen Parlaments und des Rates vom 27. April 2016 zum Schutz natürlicher Personen bei der Verarbeitung personenbezogener Daten, zum freien Datenverkehr und zur Aufhebung der Richtlinie 95/46/EG (Datenschutz-Grundverordnung) (ABl. L 119 vom 4.5.2016, S. 1).

[2] **Amtl. Anm.:** Verordnung (EG) Nr. 45/2001 des Europäischen Parlaments und des Rates vom 18. Dezember 2000 zum Schutz natürlicher Personen bei der Verarbeitung personenbezogener Daten durch die Organe und Einrichtungen der Gemeinschaft und zum freien Datenverkehr (ABl. L 8 vom 12.1.2001, S. 1).

sichergestellt ist und Interessenkonflikte vermieden werden. Die Benennung einer zuständigen Behörde für die Billigung der Prospekte sollte die Zusammenarbeit zwischen dieser zuständigen Behörde und Dritten, wie etwa Regulierungsbehörden für den Bank- und Versicherungssektor oder Börsenzulassungsbehörden, nicht ausschließen, um die Effizienz der Prüfung und Billigung von Prospekten im Interesse der Emittenten, der Anleger, der Marktteilnehmer und der Märkte gleichermaßen zu gewährleisten. Eine Übertragung der Aufgaben einer zuständigen Behörde auf Dritte sollte nur zulässig sein, wenn es um die Veröffentlichung gebilligter Prospekte geht.

(72) Eine wirkungsvolle Aufsicht wird durch wirksame Instrumente und Befugnisse sowie Ressourcen für die zuständigen Behörden der Mitgliedstaaten sichergestellt. Darum sollte diese Verordnung insbesondere ein Minimum an Aufsichts- und Untersuchungsbefugnissen vorsehen, die den zuständigen Behörden der Mitgliedstaaten im Einklang mit nationalem Recht übertragen werden sollten. Wenn es das nationale Recht erfordert, sollten diese Befugnisse durch Antrag bei den zuständigen Justizbehörden ausgeübt werden. Bei der Wahrnehmung ihrer Befugnisse gemäß dieser Verordnung sollten die zuständigen Behörden und die ESMA objektiv und unparteiisch handeln und in ihren Beschlüssen unabhängig bleiben.

(73) Zur Aufdeckung von Verstößen gegen diese Verordnung müssen die zuständigen Behörden die Möglichkeit haben, sich zu anderen Standorten als den privaten Wohnräumen natürlicher Personen Zugang zu verschaffen, um Dokumente zu beschlagnahmen. Zugang zu solchen Räumlichkeiten ist erforderlich, wenn der begründete Verdacht besteht, dass Dokumente und andere Daten vorhanden sind, die in Zusammenhang mit dem Gegenstand einer Überprüfung oder Ermittlung stehen und Beweismittel für einen Verstoß gegen diese Verordnung sein könnten. Darüber hinaus ist der Zugang zu solchen Räumlichkeiten erforderlich, wenn die Person, an die ein Auskunftsersuchen gerichtet wurde, diesem nicht nachkommt, oder wenn berechtigte Gründe für die Annahme bestehen, dass im Falle eines Auskunftsersuchens diesem nicht Folge geleistet würde oder die Dokumente oder Informationen, die Gegenstand des Auskunftsersuchens sind, beseitigt, manipuliert oder zerstört würden.

(74) Im Einklang mit der Mitteilung der Kommission vom 8. Dezember 2010 mit dem Titel „Stärkung der Sanktionsregelungen im Finanzdienstleistungssektor" und um zu gewährleisten, dass die Anforderungen dieser Verordnung erfüllt werden, ist es wichtig, dass die Mitgliedstaaten die notwendigen Schritte unternehmen, damit bei Verstößen gegen diese Verordnung angemessene verwaltungsrechtliche Sanktionen und andere verwaltungsrechtliche Maßnahmen verhängt werden. Diese Sanktionen und Maßnahmen sollten wirksam, verhältnismäßig und abschreckend sein und einen gemeinsamen Ansatz der Mitgliedstaaten sowie eine abschreckende Wirkung sicherstellen. Diese Verordnung sollte die Möglichkeit für die Mitgliedstaaten, höhere verwaltungsrechtliche Sanktionen festzusetzen, unbeschadet lassen.

(75) Damit die Beschlüsse über die Verhängung von verwaltungsrechtlichen Sanktionen oder anderen verwaltungsrechtlichen Maßnahmen der zuständigen Behörden in der Öffentlichkeit abschreckend wirken, sollten sie im Normalfall veröffentlicht werden, es sei denn, die zuständige Behörde hält es für notwendig, im Einklang mit dieser Verordnung eine Veröffentlichung auf anonymer Basis vorzunehmen, die Veröffentlichung zu verschieben oder auf die Veröffentlichung zu verzichten.

(76) Obgleich es den Mitgliedstaaten freistehen sollte, für dieselben Verstöße sowohl verwaltungsrechtliche als auch strafrechtliche Sanktionen vorzusehen, sollten sie nicht verpflichtet sein, verwaltungsrechtliche Sanktionen für Verstöße gegen diese Verordnung vorzusehen, die bis zum 21. Juli 2018 strafrechtlichen Sanktionen des nationalen Rechts unterliegen. Im Einklang mit dem nationalen Recht sind die Mitgliedstaaten nicht verpflichtet, für ein und denselben Verstoß sowohl verwaltungsrechtliche als auch strafrechtliche Sanktionen zu verhängen, sollten dies aber tun können, wenn es das nationale Recht erlaubt. Die Aufrechterhaltung strafrechtlicher anstelle von verwaltungsrechtlichen Sanktionen für Verstöße gegen diese Verordnung sollte jedoch nicht die Möglichkeit der zuständigen Behörden einschränken oder in anderer Weise beeinträchtigen, sich für die Zwecke dieser Verordnung rechtzeitig mit den zuständigen Behörden in anderen Mitgliedstaaten ins Einvernehmen zu setzen, um mit ihnen zusammenzuarbeiten, Zugang zu ihren Informationen zu erhalten und mit ihnen Informationen auszutauschen, und zwar auch dann, wenn die zuständigen Justizbehörden bereits mit der strafrechtlichen Verfolgung der betreffenden Verstöße befasst wurden.

(77) Informanten könnten den zuständigen Behörden neue Informationen zur Kenntnis bringen, die diese bei der Aufdeckung von Verstößen gegen diese Verordnung und der Verhängung von Sanktionen unterstützen. Deshalb sollte diese Verordnung sicherstellen, dass angemessene Vorkehrungen bestehen, um Informanten zur Unterrichtung der zuständigen Behörden über tatsäch-

liche oder mögliche Verstöße gegen diese Verordnung zu befähigen und sie vor Vergeltungsmaßnahmen zu schützen.

(78) Zur Präzisierung der Anforderungen dieser Verordnung sollte der Kommission die Befugnis übertragen werden, gemäß Artikel 290 des Vertrags über die Arbeitsweise der Union (AEUV) Rechtsakte zu erlassen, die Folgendes regeln: die Mindestinformationen in bestimmten Dokumenten, die der Öffentlichkeit anlässlich einer Übernahme im Wege eines Tauschangebots, einer Verschmelzung oder einer Spaltung zugänglich gemacht werden müssen, die Prüfung, Billigung, Hinterlegung und Überprüfung des einheitlichen Registrierungsformulars und etwaiger Änderungen, sowie die Bedingungen, unter denen der Status eines Daueremittenten aberkannt wird, die Aufmachung des Prospekts, des Basisprospekts und des endgültigen Bedingungen sowie die in einen Prospekt aufzunehmenden spezifischen Informationen, die Mindestinformationen im einheitlichen Registrierungsformular, die verkürzten Informationen im vereinfachten Prospekt bei Sekundäremissionen und Emissionen von KMU, den speziellen Inhalt und die standardisierte Format und die standardisierte Reihenfolge des EU-Wachstumsprospekts und seiner speziellen Zusammenfassung, die Kriterien für die Beurteilung und Einstufung der Risikofaktoren durch den Emittenten, die Prüfung und Billigung von Prospekten und die allgemeinen Gleichwertigkeitskriterien für Prospekte, die von Drittlandsemittenten erstellt werden. Es ist von besonderer Bedeutung, dass die Kommission im Zuge ihrer Vorbereitungsarbeit angemessene Konsultationen, auch auf Sachverständigenebene, durchführt und dass diese Konsultationen mit den Grundsätzen in Einklang stehen, die in der Interinstitutionellen Vereinbarung vom 13. April 2016 über bessere Rechtsetzung[1]) festgelegt sind. Um insbesondere eine gleichberechtigte Beteiligung an der Ausarbeitung der delegierten Rechtsakte zu gewährleisten, erhalten das Europäische Parlament und der Rat alle Dokumente zur gleichen Zeit wie die Sachverständigen der Mitgliedstaaten, und ihre Sachverständigen haben systematisch Zugang zu den Sitzungen der Sachverständigengruppen der Kommission, die mit der Ausarbeitung der delegierten Rechtsakte befasst sind.

(79) Zur Gewährleistung einheitlicher Bedingungen für die Durchführung dieser Verordnung in Bezug auf die Gleichwertigkeit des Prospektrechts von Drittländern sollten der Kommission Durchführungsbefugnisse für den Erlass entsprechender Gleichwertigkeitsbeschlüsse übertragen werden. Diese Befugnisse sollten im Einklang mit der Verordnung (EU) Nr. 182/2011 des Europäischen Parlaments und des Rates[2]) ausgeübt werden.

(80) Technische Standards für den Finanzdienstleistungssektor sollten unionsweit einen angemessenen Anleger- und Verbraucherschutz gewährleisten. Da die ESMA über hoch spezialisierte Fachkräfte verfügt, wäre es sinnvoll und angemessen, ihr die Aufgabe zu übertragen, für technische Regulierungsstandards, die keine politischen Entscheidungen erfordern, Entwürfe auszuarbeiten und der Kommission vorzulegen.

(81) Der Kommission sollte die Befugnis übertragen werden, technische Regulierungsstandards anzunehmen, die von der ESMA ausgearbeitet wurden und Folgendes regeln: Inhalt und Format der in die Zusammenfassung aufzunehmenden wesentlichen Finanzinformationen, Fälle, in denen es möglich ist, bestimmte Informationen im Prospekt nicht aufzunehmen, Informationen, die mittels Verweis aufzunehmen sind, und weitere nach Unionsrecht erforderliche Dokumente, Veröffentlichung des Prospekts, erforderliche Daten für die Klassifizierung von Prospekten in dem von der ESMA betriebenen Speichermechanismus, die Bestimmungen über die Werbung, Situationen, in denen ein wichtiger neuer Umstand, eine wesentliche Unrichtigkeit oder eine wesentliche Ungenauigkeit in Bezug auf die im Prospekt enthaltenen Angaben die Veröffentlichung eines Nachtrags zum Prospekt erfordert, die notwendigen technischen Vorkehrungen für das Funktionieren des ESMA-Notifizierungsportals, den Mindestinhalt der Kooperationsvereinbarungen mit Aufsichtsbehörden in Drittländern und die dafür zu verwendenden Muster sowie den Informationsaustausch zwischen den zuständigen Behörden und der ESMA im Rahmen der Verpflichtung zur Zusammenarbeit. Die Kommission sollte diese Entwürfe technischer Regulierungsstandards im Wege delegierter Rechtsakte im Sinne des Artikels 290 AEUV und gemäß den Artikeln 10 bis 14 der Verordnung (EU) Nr. 1095/2010[3]) annehmen.

---

[1]) **Amtl. Anm.:** ABl. L 123 vom 12.5.2016, S. 1.
[2]) **Amtl. Anm.:** Verordnung (EU) Nr. 182/2011 des Europäischen Parlaments und des Rates vom 16. Februar 2011 zur Festlegung der allgemeinen Regeln und Grundsätze, nach denen die Mitgliedstaaten die Wahrnehmung der Durchführungsbefugnisse durch die Kommission kontrollieren (ABl. L 55 vom 28.2.2011, S. 13).
[3]) Nr. 3.

(82) Der Kommission sollte außerdem die Befugnis übertragen werden, technische Durchführungsstandards, die von der ESMA in Bezug auf die Standardformulare, Mustertexte und Verfahren für die Notifizierung der Bescheinigung über die Billigung, des Prospekts, des Registrierungsformulars, des einheitlichen Registrierungsformulars, jedes diesbezüglichen Nachtrags samt etwaiger Übersetzungen, des Nachtrags zum Prospekt und der Übersetzung des Prospekts und/oder der Zusammenfassung, die Standardformulare, Mustertexte und Verfahren für die Zusammenarbeit und den Informationsaustausch zwischen den zuständigen Behörden sowie die Verfahren und Formulare für den Informationsaustausch zwischen den zuständigen Behörden und der ESMA ausgearbeitet wurden, zu erlassen. Die Kommission sollte diese technischen Durchführungsstandards im Wege von Durchführungsrechtsakten im Sinne des Artikels 291 AEUV und gemäß Artikel 15 der Verordnung (EU) Nr. 1095/2010[1] annehmen.

(83) Bei der Wahrnehmung ihrer delegierten Befugnisse und ihrer Durchführungsbefugnisse im Sinne dieser Verordnung sollte die Kommission Folgendes beachten:
– Das Vertrauen der Kleinanleger und KMU in die Finanzmärkte muss durch Förderung eines hohen Maßes an Transparenz auf den Finanzmärkten sichergestellt werden;
– die Offenlegungspflichten im Rahmen eines Prospekts müssen mit Rücksicht auf die Größe des Emittenten und die Informationen, die dieser bereits nach der Richtlinie 2004/109/EG und der Verordnung (EU) Nr. 596/2014[2] offenzulegen hat, kalibriert werden;
– KMU muss der Zugang zu den Kapitalmärkten erleichtert werden, während gleichzeitig das Anlegervertrauen in solche Unternehmen gesichert werden muss;
– die Anleger müssen aus einem breiten Spektrum konkurrierender Anlagemöglichkeiten wählen können, und das Offenlegungs- und Schutzniveau muss ihrer jeweiligen Lage angepasst sein;
– unabhängige Regulierungsbehörden müssen eine kohärente rechtliche Durchsetzung der Vorschriften gewährleisten, insbesondere was den Kampf gegen die Wirtschaftskriminalität angeht;
– es muss ein hohes Maß an Transparenz und eine umfassende Konsultation aller Marktteilnehmer sowie des Europäischen Parlaments und des Rates gewährleistet werden;
– die Innovation auf den Finanzmärkten muss gefördert werden, wenn diese dynamisch und effizient sein sollen;
– die systemische Stabilität des Finanzsystems muss durch eine enge und reaktive Überwachung der Finanzinnovation gewährleistet werden;
– die Senkung der Kapitalkosten und die Verbesserung des Kapitalzugangs sind von großer Bedeutung;
– Kosten und Nutzen einer Durchführungsmaßnahme müssen sich auf lange Sicht für alle Marktteilnehmer die Waage halten;
– die internationale Wettbewerbsfähigkeit der Finanzmärkte der Union muss unbeschadet der dringend erforderlichen Ausweitung der internationalen Zusammenarbeit gefördert werden;
– gleiche Wettbewerbsbedingungen für sämtliche Marktteilnehmer müssen erforderlichenfalls durch Unionsrecht sichergestellt werden;
– die Kohärenz mit anderem Unionsrecht im gleichen Bereich muss sichergestellt werden, da Informationsasymmetrien und mangelnde Transparenz die Funktionsfähigkeit der Märkte gefährden und vor allem Verbrauchern und Kleinanlegern zum Schaden gereichen könnten.

(84) Jede Verarbeitung personenbezogener Daten im Rahmen dieser Verordnung, wie der Austausch oder die Übermittlung personenbezogener Daten durch die zuständigen Behörden, sollte im Einklang mit der Verordnung (EU) 2016/679 und jeder Austausch oder jede Übermittlung von Informationen durch die ESMA sollte im Einklang mit der Verordnung (EG) Nr. 45/2001 erfolgen.

(85) Die Kommission sollte bis zum 21. Juli 2022 die Anwendung dieser Verordnung überprüfen und insbesondere bewerten, ob die Offenlegungsvorschriften für Sekundäremissionen und für den EU-Wachstumsprospekt, das einheitliche Registrierungsformular und die Prospektzusammenfassung nach wie vor angemessen sind, um die Ziele dieser Verordnung zu verwirklichen. Insbesondere sollten in dem Bericht die maßgeblichen Zahlenangaben und Tendenzen in Bezug auf den EU-Wachstumsprospekt analysiert werden; zudem sollte bewertet werden, ob die neue Regelung für ein ausgewogenes Verhältnis zwischen Anlegerschutz und der Verringerung des Verwaltungsaufwands für die zu ihrer Anwendung berechtigten Unternehmen sorgt. Im Zuge

---
[1] Nr. 3.
[2] Nr. 11.

dieser Überprüfung sollte auch bewertet werden, ob die Emittenten – insbesondere KMU – LEI und ISIN zu vertretbaren Kosten und innerhalb eines angemessenen Zeitraums erhalten können.

(86) Die Anwendung der in dieser Verordnung festgelegten Anforderungen sollte auf einen späteren Zeitpunkt verschoben werden, um den Erlass von delegierten Rechtsakten und Durchführungsrechtsakten zu ermöglichen und den zuständigen Behörden und den Marktteilnehmern Gelegenheit zu geben, sich auf die Anwendung der neuen Maßnahmen einzustellen und entsprechend zu planen.

(87) Da die Ziele dieser Verordnung, nämlich die Stärkung des Anlegerschutzes und der Markteffizienz im Zuge der Errichtung der Kapitalmarktunion, von den Mitgliedstaaten nicht ausreichend verwirklicht werden können, sondern vielmehr aufgrund ihrer Wirkungen auf Unionsebene besser zu verwirklichen sind, kann die Union im Einklang mit dem in Artikel 5 des Vertrags über die Europäische Union verankerten Subsidiaritätsprinzip tätig werden. Entsprechend dem in demselben Artikel genannten Verhältnismäßigkeitsprinzip geht diese Verordnung nicht über das für die Verwirklichung dieser Ziele erforderliche Maß hinaus.

(88) Die Verordnung steht im Einklang mit den Grundrechten und Grundsätzen, die insbesondere mit der Charta der Grundrechte der Europäischen Union anerkannt wurden. Deshalb sollte diese Verordnung im Einklang mit diesen Rechten und Grundsätzen ausgelegt und angewandt werden.

(89) Der Europäische Datenschutzbeauftragte wurde gemäß Artikel 28 Absatz 2 der Verordnung (EG) Nr. 45/2001 konsultiert –

HABEN FOLGENDE VERORDNUNG ERLASSEN:

# Kapitel I. Allgemeine Bestimmungen

**Art. 1 Gegenstand, Anwendungsbereich und Ausnahmen.** (1) Diese Verordnung legt die Anforderungen an die Erstellung, Billigung und Verbreitung des Prospekts, der beim öffentlichen Angebot von Wertpapieren oder bei der Zulassung von Wertpapieren zum Handel an einem geregelten Markt, der sich in einem Mitgliedstaat befindet oder dort betrieben wird, zu veröffentlichen ist, fest.

(2) Diese Verordnung findet keine Anwendung auf folgende Arten von Wertpapieren:

a) Anteilscheine, die von Organismen für gemeinsame Anlagen eines anderen als des geschlossenen Typs ausgegeben werden;

b) Nichtdividendenwerte, die von einem Mitgliedstaat oder einer Gebietskörperschaft eines Mitgliedstaats, von internationalen Organismen öffentlich-rechtlicher Art, denen ein oder mehrere Mitgliedstaaten angehören, von der Europäischen Zentralbank oder von den Zentralbanken der Mitgliedstaaten ausgegeben werden;

c) Anteile am Kapital der Zentralbanken der Mitgliedstaaten;

d) Wertpapiere, die uneingeschränkt und unwiderruflich von einem Mitgliedstaat oder einer Gebietskörperschaft eines Mitgliedstaats garantiert werden;

e) Wertpapiere, die von Vereinigungen mit Rechtspersönlichkeit oder von von einem Mitgliedstaat anerkannten Einrichtungen ohne Erwerbscharakter zum Zweck der Mittelbeschaffung für ihre nicht erwerbsorientierten Zwecke ausgegeben werden;

f) nichtfungible Kapitalanteile, deren Hauptzweck darin besteht, dem Inhaber das Recht auf die Nutzung einer Wohnung oder anderen Art von Immobilie oder eines Teils hiervon zu verleihen, wenn diese Anteile ohne Aufgabe des genannten Rechts nicht weiterveräußert werden können.

(3) *[1]* Unbeschadet des Unterabsatzes 2 dieses Absatzes und des Artikels 4 findet diese Verordnung keine Anwendung auf öffentliche Angebote von Wert-

papieren mit einem Gesamtgegenwert in der Union von weniger als 1 000 000 EUR, wobei diese Obergrenze über einen Zeitraum von 12 Monaten zu berechnen ist.

*[2]* ¹Die Mitgliedstaaten dehnen die Pflicht zur Erstellung eines Prospekts aufgrund dieser Verordnung nicht auf die in Unterabsatz 1 dieses Absatzes genannten öffentlichen Angebote von Wertpapieren aus. ²Sie können in diesen Fällen jedoch auf nationaler Ebene andere Offenlegungspflichten vorsehen, sofern diese keine unverhältnismäßige oder unnötige Belastung darstellen.

(4) Die Pflicht zur Veröffentlichung eines Prospekts gemäß Artikel 3 Absatz 1 findet keine Anwendung auf folgende Arten öffentlicher Angebote von Wertpapieren:

a) ein Wertpapierangebot, das sich ausschließlich an qualifizierte Anleger richtet;

b) ein Wertpapierangebot, das sich an weniger als 150 natürliche oder juristische Personen pro Mitgliedstaat richtet, bei denen es sich nicht um qualifizierte Anleger handelt;

c) ein Wertpapierangebot mit einer Mindeststückelung von 100 000 EUR;

d) ein Wertpapierangebot, das sich an Anleger richtet, die bei jedem gesonderten Angebot Wertpapiere ab einem Mindestbetrag von 100 000 EUR pro Anleger erwerben;

e) Aktien, die im Austausch für bereits ausgegebene Aktien derselben Gattung ausgegeben werden, sofern mit der Emission dieser neuen Aktien keine Kapitalerhöhung des Emittenten verbunden ist;

f) Wertpapiere, die anlässlich einer Übernahme im Wege eines Tauschangebots angeboten werden, sofern ein Dokument gemäß den Bestimmungen des Artikels 21 Absatz 2 der Öffentlichkeit zur Verfügung gestellt wurde, das Informationen zu der Transaktion und ihren Auswirkungen auf den Emittenten enthält;

g) Wertpapiere, die anlässlich einer Verschmelzung oder Spaltung angeboten oder zugeteilt werden bzw. zugeteilt werden sollen, sofern ein Dokument gemäß den Bestimmungen des Artikels 21 Absatz 2 der Öffentlichkeit zur Verfügung gestellt wurde, das Informationen zu der Transaktion und ihren Auswirkungen auf den Emittenten enthält;

h) an die vorhandenen Aktieninhaber ausgeschüttete Dividenden in Form von Aktien derselben Gattung wie die Aktien, für die solche Dividenden ausgeschüttet werden, sofern ein Dokument zur Verfügung gestellt wird, das Informationen über Anzahl und Art der Aktien enthält und in dem die Gründe und Einzelheiten des Angebots dargelegt werden;

i) Wertpapiere, die derzeitigen oder ehemaligen Führungskräften oder Beschäftigten von ihrem Arbeitgeber oder von einem verbundenen Unternehmen angeboten oder zugeteilt werden bzw. zugeteilt werden sollen, sofern ein Dokument zur Verfügung gestellt wird, das Informationen über Anzahl und Art der Wertpapiere enthält und in dem die Gründe und Einzelheiten des Angebots oder der Zuteilung dargelegt werden;

j) Nichtdividendenwerte, die von einem Kreditinstitut dauernd oder wiederholt begeben werden, wobei der aggregierte Gesamtgegenwert der angebotenen Wertpapiere in der Union weniger als 75 000 000 EUR pro Kreditinstitut über einen Zeitraum von 12 Monaten beträgt, sofern diese Wertpapiere

i) nicht nachrangig, konvertibel oder austauschbar sind und
ii) nicht zur Zeichnung oder zum Erwerb anderer Arten von Wertpapieren berechtigen und nicht an ein Derivat gebunden sind.

*[Buchst. k ab 10.11.2021:]*

*k) ein von einem im Rahmen der Verordnung (EU) 2020/1503 des Europäischen Parlaments und des Rates[1] zugelassenen Schwarmfinanzierungsdienstleister unterbreitetes öffentliches Angebot von Wertpapieren, sofern es nicht den in Artikel 1 Absatz 2 Buchstabe c jener Verordnung genannten Schwellenwert übersteigt.*

(5) *[1]* Die Pflicht zur Veröffentlichung eines Prospekts gemäß Artikel 3 Absatz 3 findet keine Anwendung auf die Zulassung folgender Instrumente zum Handel an einem geregelten Markt:

a) Wertpapiere, die mit bereits zum Handel am selben geregelten Markt zugelassenen Wertpapieren fungibel sind, sofern sie über einen Zeitraum von 12 Monaten weniger als 20 % der Zahl der Wertpapiere ausmachen, die bereits zum Handel am selben geregelten Markt zugelassen sind;

b) Aktien, die aus der Umwandlung oder dem Eintausch anderer Wertpapiere oder aus der Ausübung der mit anderen Wertpapieren verbundenen Rechte resultieren, sofern es sich dabei um Aktien derselben Gattung wie die bereits zum Handel am selben geregelten Markt zugelassenen Aktien handelt und sofern sie über einen Zeitraum von 12 Monaten weniger als 20 % der Zahl der Aktien derselben Gattung ausmachen, die bereits zum Handel am selben geregelten Markt zugelassen sind, vorbehaltlich Unterabsatz 2 dieses Absatzes;

c) Wertpapiere, die aus der Umwandlung oder dem Tausch anderer Wertpapiere, Eigenmittel oder anrechnungsfähiger Verbindlichkeiten durch eine Abwicklungsbehörde aufgrund der Ausübung einer Befugnis gemäß Artikel 53 Absatz 2, Artikel 59 Absatz 2 oder Artikel 63 Absatz 1 oder 2 der Richtlinie 2014/59/EU resultieren;

d) Aktien, die im Austausch für bereits am selben geregelten Markt zum Handel zugelassene Aktien derselben Gattung ausgegeben werden, sofern mit der Emission dieser Aktien keine Kapitalerhöhung des Emittenten verbunden ist;

e) Wertpapiere, die anlässlich einer Übernahme im Wege eines Tauschangebots angeboten werden, sofern ein Dokument gemäß den Bestimmungen des Artikels 21 Absatz 2 der Öffentlichkeit zur Verfügung gestellt wurde, das Informationen zu der Transaktion und ihren Auswirkungen auf den Emittenten enthält;

f) Wertpapiere, die anlässlich einer Verschmelzung oder Spaltung angeboten oder zugeteilt werden bzw. zugeteilt werden sollen, sofern ein Dokument gemäß den Bestimmungen des Artikels 21 Absatz 2 der Öffentlichkeit zur Verfügung gestellt wurde, das Informationen zu der Transaktion und ihren Auswirkungen auf den Emittenten enthält;

g) Aktien, die den vorhandenen Aktieninhabern unentgeltlich angeboten oder zugeteilt werden bzw. zugeteilt werden sollen, sowie Dividenden in Form von Aktien derselben Gattung wie die Aktien, für die die Dividenden aus-

---

[1] **Amtl. Anm.:** Verordnung (EU) 2020/1503 des Europäischen Parlaments und des Rates vom 7. Oktober 2020 über Europäische Schwarmfinanzierungsdienstleister für Unternehmen und zur Änderung der Verordnung (EU) 2017/1129 und der Richtlinie 2019/1937 (ABl. L 347 vom 20.10.2020, S. 1).

geschüttet werden, sofern es sich dabei um Aktien derselben Gattung handelt wie die Aktien, die bereits zum Handel am selben geregelten Markt zugelassen sind, und sofern ein Dokument zur Verfügung gestellt wird, das Informationen über Anzahl und Art der Aktien enthält und in dem die Gründe und Einzelheiten des Angebots oder der Zuteilung dargelegt werden;

h) Wertpapiere, die derzeitigen oder ehemaligen Führungskräften oder Beschäftigten von ihrem Arbeitgeber oder von einem verbundenen Unternehmen angeboten oder zugeteilt werden bzw. zugeteilt werden sollen, sofern es sich dabei um Wertpapiere derselben Gattung handelt wie die Wertpapiere, die bereits zum Handel am selben geregelten Markt zugelassen sind, und sofern ein Dokument zur Verfügung gestellt wird, das Informationen über Anzahl und Art der Wertpapiere enthält und in dem die Gründe und Einzelheiten des Angebots oder der Zuteilung dargelegt werden;

i) Nichtdividendenwerte, die von einem Kreditinstitut dauernd oder wiederholt begeben werden, wobei der aggregierte Gesamtgegenwert der angebotenen Wertpapiere in der Union weniger als 75 000 000 EUR pro Kreditinstitut über einen Zeitraum von 12 Monaten beträgt, sofern diese Wertpapiere

 i) nicht nachrangig, konvertibel oder austauschbar sind und

 ii) nicht zur Zeichnung oder zum Erwerb anderer Arten von Wertpapieren berechtigen und nicht an ein Derivat gebunden sind;

j) Wertpapiere, die bereits zum Handel an einem anderen geregelten Markt zugelassen sind, sofern sie folgende Bedingungen erfüllen:

 i) Jene Wertpapiere oder Wertpapiere derselben Gattung sind bereits länger als 18 Monate zum Handel an dem anderen geregelten Markt zugelassen;

 ii) bei Wertpapieren, die nach dem 1. Juli 2005 erstmalig zum Handel an einem geregelten Markt zugelassen wurden, ging die Zulassung zum Handel an dem anderen geregelten Markt mit der Billigung und Veröffentlichung eines Prospekts im Einklang mit der Richtlinie 2003/71/EG einher;

 iii) bei Wertpapieren, die nach dem 30. Juni 1983 erstmalig zur Börsennotierung zugelassen wurden, mit Ausnahme der unter Ziffer ii geregelten Fälle, wurden Prospekte entsprechend den Vorschriften der Richtlinie 80/390/EWG des Rates[1] oder der Richtlinie 2001/34/EG des Europäischen Parlaments und des Rates[2] gebilligt;

 iv) die laufenden Pflichten betreffend den Handel an dem anderen geregelten Markt werden eingehalten;

 v) die Person, die die Zulassung eines Wertpapiers zum Handel an einem geregelten Markt nach der Ausnahmeregelung gemäß Buchstabe j beantragt, stellt der Öffentlichkeit in dem Mitgliedstaat, in dem sich der geregelte Markt befindet, für den die Zulassung zum Handel angestrebt wird, gemäß den Bestimmungen des Artikels 21 Absatz 2 ein den inhalt-

---

[1] **Amtl. Anm.:** Richtlinie 80/390/EWG des Rates vom 17. März 1980 zur Koordinierung der Bedingungen für die Erstellung, die Kontrolle und die Verbreitung des Prospekts, der für die Zulassung von Wertpapieren zur amtlichen Notierung an einer Wertpapierbörse zu veröffentlichen ist (ABl. L 100 vom 17.4.1980, S. 1).

[2] **Amtl. Anm.:** Richtlinie 2001/34/EG des Europäischen Parlaments und des Rates vom 28. Mai 2001 über die Zulassung von Wertpapieren zur amtlichen Börsennotierung und über die hinsichtlich dieser Wertpapiere zu veröffentlichenden Informationen (ABl. L 184 vom 6.7.2001, S. 1).

lichen Anforderungen des Artikels 7 genügendes Dokument, mit der Ausnahme, dass die in Artikel 7 Absatz 3 festgelegte maximale Länge um zwei weitere DIN-A4-Seiten erhöht wird, in einer von der zuständigen Behörde des Mitgliedstaats, in dem sich der geregelte Markt befindet, für den die Zulassung angestrebt wird, anerkannten Sprache zur Verfügung; und

vi) in dem Dokument gemäß Buchstabe v wird angegeben, wo der neueste Prospekt erhältlich ist und wo die Finanzinformationen, die vom Emittenten entsprechend der geltenden Publizitätsvorschriften offen gelegt werden.

[2] Die Bedingung, wonach die resultierenden Aktien gemäß Unterabsatz 1 Buchstabe b über einen Zeitraum von 12 Monaten weniger als 20 % der Zahl der Aktien derselben Gattung ausmachen müssen, die bereits zum Handel am selben geregelten Markt zugelassen sind, gilt nicht in folgenden Fällen:

a) wenn im Einklang mit dieser Verordnung oder der Richtlinie 2003/71/EG beim öffentlichen Angebot oder bei der Zulassung zum Handel der Wertpapiere an einem geregelten Markt, die Zugang zu Aktien verschaffen, ein Prospekt erstellt wurde;

b) wenn die Wertpapiere, die Zugang zu Aktien verschaffen, vor dem 20. Juli 2017 begeben wurden;

c) wenn die Aktien gemäß Artikel 26 der Verordnung (EU) Nr. 575/2013 des Europäischen Parlaments und des Rates[1]) zu den Posten des harten Kernkapitals eines Instituts im Sinne des Artikels 4 Absatz 1 Nummer 3 der genannten Verordnung gerechnet werden können und aus der Umwandlung von Instrumenten des zusätzlichen Kernkapitals durch dieses Institut aufgrund des Eintretens eines Auslöseereignisses gemäß Artikel 54 Absatz 1 Buchstabe a der genannten Verordnung resultieren;

d) wenn die Aktien zu den anrechnungsfähigen Eigenmitteln oder den anrechnungsfähigen Basiseigenmitteln im Sinne des Titels I Kapitel VI Abschnitt 3 der Richtlinie 2009/138/EG des Europäischen Parlaments und des Rates[2]) gerechnet werden können und aus der Umwandlung anderer Wertpapiere resultieren, die zur Erfüllung der Solvenzkapitalanforderung oder der Mindestkapitalanforderung im Sinne des Titels I Kapitel VI Abschnitte 4 und 5 der Richtlinie 2009/138/EG oder der Solvenzanforderung der Gruppe gemäß Titel III der Richtlinie 2009/138/EG ausgelöst wurde.

(6) [1]Die in den Absätzen 4 und 5 genannten Ausnahmen von der Pflicht zur Veröffentlichung eines Prospekts können miteinander kombiniert werden. [2]Eine Kombination der Ausnahmen nach Absatz 5 Unterabsatz 1 Buchstaben a und b ist jedoch nicht zulässig, wenn dies dazu führen könnte, dass über einen Zeitraum von 12 Monaten mehr als 20 % der Zahl der Aktien derselben Gattung, die bereits zum Handel an einem geregelten Markt zugelassen sind, sofort oder zu einem späteren Zeitpunkt zum Handel am selben geregelten Markt zugelassen werden, ohne dass ein Prospekt veröffentlicht wird.

---

[1]) **Amtl. Anm.:** Verordnung (EU) Nr. 575/2013 des Europäischen Parlaments und des Rates vom 26. Juni 2013 über Aufsichtsanforderungen an Kreditinstitute und Wertpapierfirmen und zur Änderung der Verordnung (EU) Nr. 648/2012 (ABl. L 176 vom 27.6.2013, S. 1).
[2]) **Amtl. Anm.:** Richtlinie 2009/138/EG des Europäischen Parlaments und des Rates vom 25. November 2009 betreffend die Aufnahme und Ausübung der Versicherungs- und der Rückversicherungstätigkeit (Solvabilität II) (ABl. L 335 vom 17.12.2009, S. 1).

(6a) Die in Absatz 4 Buchstabe f und Absatz 5 Buchstabe e genannten Ausnahmen gelten nur für Dividendenwerte, und nur in den folgenden Fällen:

a) die angebotenen Dividendenwerte sind bereits vor der Übernahme und der damit verbundenen Transaktion mit den vorhandenen bereits zum Handel zugelassenen Dividendenwerten des Emittenten fungibel und die Übernahme gilt nicht als umgekehrter Unternehmenserwerb im Sinne des mit der Verordnung (EG) Nr. 1126/2008 der Kommission[1] übernommenen internationalen Rechnungslegungsstandards IFRS 3, Paragraph B19, „Unternehmenszusammenschlüsse", oder

b) die Aufsichtsstelle, die, sofern sie zur Prüfung der Angebotsunterlage gemäß der Richtlinie 2004/25/EG des Europäischen Parlaments und des Rates[2] befugt ist, eine vorherige Billigung des in Absatz 4 Buchstabe f oder Absatz 5 Buchstabe e genannten Dokuments erteilt hat.

(6b) Die Ausnahmen gemäß Absatz 4 Buchstabe g und Absatz 5 Buchstabe f gelten nur für Dividendenwerte, bezüglich derer die Transaktion nicht als umgekehrter Unternehmenserwerb im Sinne des internationalen Rechnungslegungsstandards IFRS 3, Paragraph B19, Unternehmenszusammenschlüsse, gilt, und nur in folgenden Fällen:

a) Die Dividendenwerte der übernehmenden Einrichtung waren bereits vor der Transaktion zum Handel an einem geregelten Markt zugelassen; oder

b) die Dividendenwerte der Einrichtungen, die Gegenstand der Spaltung ist, waren bereits vor der Transaktion zum Handel an einem geregelten Markt zugelassen.

(7) Der Kommission wird die Befugnis übertragen, gemäß Artikel 44 delegierte Rechtsakte zur Ergänzung dieser Verordnung zu erlassen, in denen die Mindestinformationen der in Absatz 4 Buchstaben f und g und in Absatz 5 Unterabsatz 1 Buchstaben e und f genannten Dokumente festgelegt werden.

**Art. 2 Begriffsbestimmungen.** Im Sinne dieser Verordnung bezeichnet der Ausdruck

a) „Wertpapiere" übertragbare Wertpapiere im Sinne des Artikels 4 Absatz 1 Nummer 44 der Richtlinie 2014/65/EU[3] mit Ausnahme von Geldmarktinstrumenten im Sinne des Artikels 4 Absatz 1 Nummer 17 der Richtlinie 2014/65/EU mit einer Laufzeit von weniger als 12 Monaten;

b) „Dividendenwerte" Aktien und andere, Aktien gleichzustellende übertragbare Wertpapiere sowie jede andere Art übertragbarer Wertpapiere, die das Recht verbriefen, bei Umwandlung des Wertpapiers oder Ausübung des verbrieften Rechts die erstgenannten Wertpapiere zu erwerben; Voraussetzung hierfür ist, dass die letztgenannten Wertpapiere vom Emittenten der zugrunde liegenden Aktien oder von einer zur Unternehmensgruppe dieses Emittenten gehörenden Einrichtung begeben wurden;

c) „Nichtdividendenwerte" alle Wertpapiere, die keine Dividendenwerte sind;

---

[1] **Amtl. Anm.:** Verordnung (EG) Nr. 1126/2008 der Kommission vom 3. November 2008 zur Übernahme bestimmter internationaler Rechnungslegungsstandards gemäß der Verordnung (EG) Nr. 1606/2002 des Europäischen Parlaments und des Rates (ABl. L 320 vom 29.11.2008, S. 1).
[2] **Amtl. Anm.:** Richtlinie 2004/25/EG des Europäischen Parlaments und des Rates vom 21. April 2004 betreffend Übernahmeangebote (ABl. L 142 vom 30.4.2004, S. 12).
[3] Nr. 1.

d) „öffentliches Angebot von Wertpapieren" eine Mitteilung an die Öffentlichkeit in jedweder Form und auf jedwede Art und Weise, die ausreichende Informationen über die Angebotsbedingungen und die anzubietenden Wertpapiere enthält, um einen Anleger in die Lage zu versetzen, sich für den Kauf oder die Zeichnung jener Wertpapiere zu entscheiden. Diese Definition gilt auch für die Platzierung von Wertpapieren durch Finanzintermediäre;

e) „qualifizierte Anleger" Personen oder Einrichtungen, die in Anhang II Abschnitt I Nummern 1 bis 4 der Richtlinie 2014/65/EU genannt sind, sowie Personen oder Einrichtungen, die gemäß Abschnitt II jenes Anhangs auf Antrag als professionelle Kunden behandelt werden oder die gemäß Artikel 30 der Richtlinie 2014/65/EU als geeignete Gegenparteien anerkannt werden, und nicht gemäß Abschnitt I Absatz 4 jenes Anhangs eine schriftliche Übereinkunft getroffen haben, als nichtprofessionelle Kunden behandelt zu werden. Für die Zwecke der Anwendung des ersten Satzes dieses Buchstabens teilen Wertpapierfirmen und Kreditinstitute dem Emittenten auf dessen Antrag die Einstufung ihrer Kunden unter Einhaltung des einschlägigen Datenschutzrechts mit;

f) „kleine und mittlere Unternehmen" oder „KMU":
   i) Gesellschaften, die laut ihrem letzten Jahresabschluss bzw. konsolidierten Abschluss zumindest zwei der nachfolgenden drei Kriterien erfüllen: eine durchschnittliche Beschäftigtenzahl im letzten Geschäftsjahr von weniger als 250, eine Gesamtbilanzsumme von höchstens 43 000 000 EUR und ein Jahresnettoumsatz von höchstens 50 000 000 EUR; oder
   ii) kleine und mittlere Unternehmen im Sinne des Artikels 4 Absatz 1 Nummer 13 der Richtlinie 2014/65/EU;

g) „Kreditinstitut" ein Kreditinstitut im Sinne des Artikels 4 Absatz 1 Nummer 1 der Verordnung (EU) Nr. 575/2013;

h) „Emittent" eine Rechtspersönlichkeit, die Wertpapiere begibt oder zu begeben beabsichtigt;

i) „Anbieter" eine Rechtspersönlichkeit oder natürliche Person, die Wertpapiere öffentlich anbietet;

j) „geregelter Markt" einen geregelten Markt im Sinne des Artikels 4 Absatz 1 Nummer 21 der Richtlinie 2014/65/EU;

k) „Werbung" eine Mitteilung mit den folgenden beiden Eigenschaften:
   i) die sich auf ein spezifisches öffentliches Angebot von Wertpapieren oder deren Zulassung zum Handel an einem geregelten Markt bezieht;
   ii) die darauf abstellt, die potenzielle Zeichnung oder den potenziellen Erwerb von Wertpapieren gezielt zu fördern;

l) „vorgeschriebene Informationen" vorgeschriebene Informationen im Sinne des Artikels 2 Absatz 1 Buchstabe k der Richtlinie 2004/109/EG;

m) „Herkunftsmitgliedstaat"
   i) für alle in der Union ansässigen und nicht unter Ziffer ii genannten Emittenten von Wertpapieren den Mitgliedstaat, in dem der Emittent seinen Sitz hat;
   ii) für jede Emission von Nichtdividendenwerten mit einer Mindeststückelung von 1 000 EUR sowie für jede Emission von Nichtdividenden-

werten, die das Recht verbriefen, bei Umwandlung des Wertpapiers oder Ausübung des verbrieften Rechts übertragbare Wertpapiere zu erwerben oder einen Barbetrag in Empfang zu nehmen, sofern der Emittent der Nichtdividendenwerte nicht der Emittent der zugrunde liegenden Wertpapiere oder eine zur Unternehmensgruppe des letztgenannten Emittenten gehörende Einrichtung ist, je nach Wahl des Emittenten, des Anbieters bzw. der die Zulassung zum Handel an einem geregelten Markt beantragenden Person den Mitgliedstaat, in dem der Emittent seinen Sitz hat, oder den Mitgliedstaat, in dem die Wertpapiere zum Handel an einem geregelten Markt zugelassen sind oder zugelassen werden sollen oder in dem die Wertpapiere öffentlich angeboten werden. Dasselbe gilt für Nichtdividendenwerte, die auf andere Währungen als auf Euro lauten, vorausgesetzt, dass der Wert solcher Mindeststückelungen annähernd 1 000 EUR entspricht;

iii) für alle in Drittländern ansässigen und nicht unter Ziffer ii genannten Emittenten von Wertpapieren je nach Wahl des Emittenten, des Anbieters bzw. der die Zulassung zum Handel an einem geregelten Markt beantragenden Person den Mitgliedstaat, in dem die Wertpapiere erstmals öffentlich angeboten werden sollen, oder den Mitgliedstaat, in dem der erste Antrag auf Zulassung zum Handel an einem geregelten Markt gestellt wird, vorbehaltlich einer späteren Wahl durch in Drittländern ansässige Emittenten in den folgenden Fällen:

– wenn der Herkunftsmitgliedstaat nicht gemäß der Wahl jener Emittenten bestimmt wurde;

– im Einklang mit Artikel 2 Absatz 1 Buchstabe i Ziffer iii der Richtlinie 2004/109/EG;

n) „Aufnahmemitgliedstaat" den Mitgliedstaat, in dem ein öffentliches Angebot von Wertpapieren unterbreitet oder die Zulassung zum Handel an einem geregelten Markt angestrebt wird, sofern dieser Staat nicht der Herkunftsmitgliedstaat ist;

o) „zuständige Behörde" die Behörde, die von dem jeweiligen Mitgliedstaat gemäß Artikel 31 benannt wird, soweit in dieser Verordnung nichts anderes bestimmt ist;

p) „Organismen für gemeinsame Anlagen eines anderen als des geschlossenen Typs" Investmentfonds und Investmentgesellschaften, die beide der folgenden Merkmale aufweisen:

i) Sie sammeln von einer Anzahl von Anlegern Kapital ein, um es gemäß einer festgelegten Anlagestrategie zum Nutzen dieser Anleger zu investieren;

ii) ihre Anteile werden auf Verlangen des Anteilsinhabers unmittelbar oder mittelbar zulasten ihres Vermögens zurückgekauft oder abgelöst;

q) „Anteile an Organismen für gemeinsame Anlagen" Wertpapiere, die von einem Organismus für gemeinsame Anlagen begeben werden und die Rechte der Anteilsinhaber am Vermögen dieses Organismus verbriefen;

r) „Billigung" die positive Handlung bei Abschluss der Prüfung des Prospekts durch die zuständige Behörde des Herkunftsmitgliedstaats auf Vollständigkeit, Kohärenz und Verständlichkeit der im Prospekt enthaltenen Informationen;

s) „Basisprospekt" einen Prospekt, der den Anforderungen des Artikels 8 entspricht und – je nach Wahl des Emittenten – die endgültigen Bedingungen des Angebots enthält;

t) „Arbeitstage" die Arbeitstage der jeweiligen zuständigen Behörde unter Ausschluss von Samstagen, Sonntagen und gesetzlichen Feiertagen im Sinne des für diese zuständige Behörde geltenden nationalen Rechts;

u) „multilaterales Handelssystem" oder „MTF" ein multilaterales Handelssystem im Sinne des Artikels 4 Absatz 1 Nummer 22 der Richtlinie 2014/65/EU;

v) „organisiertes Handelssystem" oder „OTF" ein organisiertes Handelssystem im Sinne des Artikels 4 Absatz 1 Nummer 23 der Richtlinie 2014/65/EU;

w) „KMU-Wachstumsmarkt" einen KMU-Wachstumsmarkt im Sinne des Artikels 4 Absatz 1 Nummer 12 der Richtlinie 2014/65/EU;

x) „Drittlandsemittent" einen in einem Drittland ansässigen Emittenten;

y) „Angebotsfrist" den Zeitraum, in dem potenzielle Anleger die betreffenden Wertpapiere erwerben oder zeichnen können;

z) „dauerhafter Datenträger" jedes Medium, das
   i) es einem Kunden ermöglicht, persönlich an ihn gerichtete Informationen so zu speichern, dass sie in der Folge während eines dem Informationszweck angemessenen Zeitraums abgerufen werden können, und
   ii) die unveränderte Wiedergabe der gespeicherten Daten ermöglicht.

**Art. 3 Pflicht zur Veröffentlichung eines Prospekts und Ausnahmen.**

(1) Unbeschadet des Artikels 1 Absatz 4 werden Wertpapiere in der Union nur nach vorheriger Veröffentlichung eines Prospekts gemäß dieser Verordnung öffentlich angeboten.

(2) *[1]* Unbeschadet des Artikels 4 kann ein Mitgliedstaat beschließen, öffentliche Angebote von Wertpapieren von der Pflicht zur Veröffentlichung eines Prospekts gemäß Absatz 1 auszunehmen, sofern

a) diese Angebote nicht der Notifizierung gemäß Artikel 25 unterliegen und

b) der Gesamtgegenwert eines solchen Angebots in der Union über einen Zeitraum von 12 Monaten 8 000 000 EUR nicht überschreitet.

*[2]* ¹Die Mitgliedstaaten unterrichten die Kommission und die ESMA, ob und auf welche Weise sie beschließen, die Ausnahme nach Unterabsatz 1 anzuwenden, und teilen mit, welchen Gegenwert sie als Obergrenze festgesetzt haben, unterhalb deren die Ausnahme für Angebote in diesem Mitgliedstaat gilt. ²Sie unterrichten die Kommission und die ESMA ferner über alle späteren Änderungen dieses Gegenwerts.

(3) Unbeschadet des Artikels 1 Absatz 5 werden Wertpapiere erst nach vorheriger Veröffentlichung eines Prospekts gemäß dieser Verordnung zum Handel an einem geregelten Markt, der sich in der Union befindet oder dort betrieben wird, zugelassen.

**Art. 4 Erstellung eines Prospekts auf freiwilliger Basis.** (1) Fällt ein öffentliches Angebot von Wertpapieren oder eine Zulassung von Wertpapieren zum Handel an einem geregelten Markt nicht in den Anwendungsbereich dieser Verordnung gemäß Artikel 1 Absatz 3 oder ist es gemäß Artikel 1 Absatz 4, Artikel 1 Absatz 5 oder Artikel 3 Absatz 2 von der Pflicht zur

Veröffentlichung eines Prospekts ausgenommen, so kann der Emittent, der Anbieter oder die die Zulassung zum Handel an einem geregelten Markt beantragende Person auf freiwilliger Basis einen Prospekt im Einklang mit dieser Verordnung erstellen.

(2) Aus einem solchen freiwillig erstellten Prospekt, der von der zuständigen Behörde des Herkunftsmitgliedstaats im Sinne des Artikels 2 Buchstabe m gebilligt wurde, ergeben sich dieselben Rechte und Pflichten wie aus einem Prospekt, der nach dieser Verordnung vorgeschrieben ist; ein freiwillig erstellter Prospekt unterliegt allen Bestimmungen dieser Verordnung und der Aufsicht der betreffenden zuständigen Behörde.

**Art. 5 Spätere Weiterveräußerung von Wertpapieren.** (1) *[1]* ¹Jede spätere Weiterveräußerung von Wertpapieren, die zuvor Gegenstand einer oder mehrerer Arten von öffentlichen Angeboten von Wertpapieren gemäß Artikel 1 Absatz 4 Buchstaben a bis d waren, gilt als gesondertes Angebot, wobei anhand der Begriffsbestimmung nach Artikel 2 Buchstabe d zu entscheiden ist, ob es sich bei dieser Weiterveräußerung um ein öffentliches Angebot von Wertpapieren handelt. ²Bei der Platzierung von Wertpapieren durch Finanzintermediäre ist ein Prospekt zu veröffentlichen, es sei denn, eine der Ausnahmen nach Artikel 1 Absatz 4 Buchstaben a bis d findet in Bezug auf die endgültige Platzierung Anwendung.

*[2]* Bei einer solchen späteren Weiterveräußerung von Wertpapieren oder einer endgültigen Platzierung von Wertpapieren durch Finanzintermediäre wird kein weiterer Prospekt verlangt, wenn ein gültiger Prospekt im Sinne des Artikels 12 vorliegt und der Emittent oder die für die Erstellung des Prospekts verantwortliche Person dessen Verwendung in einer schriftlichen Vereinbarung zugestimmt hat.

(2) Bezieht sich ein Prospekt auf die Zulassung von Nichtdividendenwerten zum Handel an einem geregelten Markt, die ausschließlich an einem geregelten Markt oder in einem bestimmten Segment eines solchen gehandelt werden sollen, zu dem ausschließlich qualifizierte Anleger zu Zwecken des Handels mit diesen Wertpapieren Zugang erhalten, werden die Wertpapiere nur dann an nicht qualifizierte Anleger weiterveräußert, wenn ein für diese geeigneter Prospekt gemäß der vorliegenden Verordnung erstellt wird.

## Kapitel II. Erstellung des Prospekts

**Art. 6 Der Prospekt.** (1) *[1]* Unbeschadet des Artikels 14 Absatz 2 und des Artikels 18 Absatz 1 enthält ein Prospekt die erforderlichen Informationen, die für den Anleger wesentlich sind, um sich ein fundiertes Urteil über Folgendes bilden zu können:

a) die Vermögenswerte und Verbindlichkeiten, die Gewinne und Verluste, die Finanzlage und die Aussichten des Emittenten und eines etwaigen Garantiegebers;

b) die mit den Wertpapieren verbundenen Rechte; und

c) die Gründe für die Emission und ihre Auswirkungen auf den Emittenten.

*[2]* Diese Informationen können sich unterscheiden

a) nach der Art des Emittenten;

b) nach der Art der Wertpapiere;

c) nach der Lage des Emittenten;

d) – soweit zutreffend – je nachdem, ob es sich um Nichtdividendenwerte mit einer Mindeststückelung von 100 000 EUR handelt oder nicht, oder ob die Wertpapiere ausschließlich an einem geregelten Markt oder in einem bestimmten Segment eines solchen gehandelt werden sollen, zu dem ausschließlich qualifizierte Anleger zu Zwecken des Handels mit den Wertpapieren Zugang erhalten.

(2) Die Informationen in einem Prospekt werden unter Beachtung der in Absatz 1 Unterabsatz 2 genannten Faktoren in leicht zu analysierender, knapper und verständlicher Form geschrieben und präsentiert.

(3) *[1]* Der Emittent, der Anbieter oder die die Zulassung zum Handel an einem geregelten Markt beantragende Person kann den Prospekt als ein einziges Dokument oder in mehreren Einzeldokumenten erstellen.

*[2]* ¹Unbeschadet des Artikels 8 Absatz 8 und des Artikels 7 Absatz 1 Unterabsatz 2, werden in einem aus mehreren Einzeldokumenten bestehenden Prospekt die geforderten Angaben in ein Registrierungsformular, eine Wertpapierbeschreibung und eine Zusammenfassung geteilt. ²Das Registrierungsformular enthält die Angaben zum Emittenten. ³Die Wertpapierbeschreibung enthält die Angaben zu den Wertpapieren, die öffentlich angeboten werden oder zum Handel an einem geregelten Markt zugelassen werden sollen.

## Art. 7 Die Prospektzusammenfassung.

(1) *[1]* Der Prospekt enthält eine Zusammenfassung mit Basisinformationen, die Anlegern Aufschluss über Art und Risiken des Emittenten, des Garantiegebers und der angebotenen oder zum Handel an einem geregelten Markt zugelassenen Wertpapiere geben; die Zusammenfassung ist zusammen mit den anderen Teilen des Prospekts zu lesen und soll eine Entscheidungshilfe für Anleger im Hinblick auf Anlagen in die betreffenden Wertpapiere darstellen.

*[2]* Abweichend von Unterabsatz 1 ist eine Zusammenfassung nicht erforderlich, wenn sich der Prospekt auf die Zulassung von Nichtdividendenwerten zum Handel an einem geregelten Markt bezieht, sofern

a) diese Wertpapiere ausschließlich an einem geregelten Markt oder in einem bestimmten Segment eines solchen gehandelt werden sollen, zu dem ausschließlich qualifizierte Anleger zu Zwecken des Handels mit diesen Wertpapieren Zugang erhalten; oder

b) diese Wertpapiere eine Mindeststückelung von 100 000 EUR haben.

(2) ¹Die in der Zusammenfassung enthaltenen Informationen sind präzise, redlich und klar und nicht irreführend. ²Die Zusammenfassung ist als Einleitung zu dem Prospekt zu lesen, und ihre Informationen stimmen mit den in den anderen Teilen des Prospekts enthaltenen Informationen überein.

(3) ¹Die Zusammenfassung wird als kurze Unterlage abgefasst, die prägnant formuliert ist und ausgedruckt eine maximale Länge von sieben DIN-A4-Seiten umfasst. ²Die Zusammenfassung wird

a) in einer Weise präsentiert und aufgemacht, die leicht verständlich ist, wobei Buchstaben in gut leserlicher Größe verwendet werden;

b) sprachlich und stilistisch so formuliert, dass das Verständnis der Informationen erleichtert wird, insbesondere durch Verwendung einer klaren, präzisen und für die Anleger allgemein verständlichen Sprache.

(4) Die Zusammenfassung ist in vier Abschnitte untergliedert:
a) eine Einleitung mit Warnhinweisen;
b) Basisinformationen über den Emittenten;
c) Basisinformationen über die Wertpapiere;
d) Basisinformationen über das öffentliche Angebot von Wertpapieren und/oder die Zulassung zum Handel an einem geregelten Markt.

(5) ¹Der Abschnitt gemäß Absatz 4 Buchstabe a enthält
a) die Bezeichnung und die internationale Wertpapier-Identifikationsnummer (ISIN) der Wertpapiere;
b) die Identität und Kontaktdaten des Emittenten, einschließlich der Rechtsträgerkennung (LEI);
c) gegebenenfalls die Identität und Kontaktdaten des Anbieters, einschließlich der LEI, falls der Anbieter Rechtspersönlichkeit hat, oder der die Zulassung zum Handel an einem geregelten Markt beantragenden Person;
d) die Identität und Kontaktdaten der zuständigen Behörde, die den Prospekt billigt, und der zuständigen Behörde, die das Registrierungsformular oder das einheitliche Registrierungsformular gebilligt hat, sofern sie nicht mit der erstgenannten Behörde identisch ist;
e) das Datum der Billigung des Prospekts.

² Er enthält die folgenden Warnhinweise:
a) dass die Zusammenfassung als Prospekteinleitung verstanden werden sollte;
b) dass der Anleger sich bei der Entscheidung, in die Wertpapiere zu investieren, auf den Prospekt als Ganzes stützen sollte;
c) gegebenenfalls dass der Anleger das gesamte angelegte Kapital oder einen Teil davon verlieren könnte, und – wenn die Haftung des Anlegers nicht auf den Anlagebetrag beschränkt ist – dass der Anleger mehr als das angelegte Kapital verlieren könnte sowie das Ausmaß dieses potenziellen Verlusts;
d) für den Fall, dass vor einem Gericht Ansprüche aufgrund der in einem Prospekt enthaltenen Informationen geltend gemacht werden, dass der als Kläger auftretende Anleger nach nationalem Recht die Kosten für die Übersetzung des Prospekts vor Prozessbeginn zu tragen haben könnte;
e) dass zivilrechtlich nur diejenigen Personen haften, die die Zusammenfassung samt etwaiger Übersetzungen vorgelegt und übermittelt haben, und dies auch nur für den Fall, dass die Zusammenfassung, wenn sie zusammen mit den anderen Teilen des Prospekts gelesen wird, irreführend, unrichtig oder widersprüchlich ist oder dass sie, wenn sie zusammen mit den anderen Teilen des Prospekts gelesen wird, nicht die Basisinformationen vermittelt, die in Bezug auf Anlagen in die betreffenden Wertpapiere für die Anleger eine Entscheidungshilfe darstellen würden;
f) gegebenenfalls den Warnhinweis gemäß Artikel 8 Absatz 3 Buchstabe b der Verordnung (EU) Nr. 1286/2014[1].

(6) Der Abschnitt gemäß Absatz 4 Buchstabe b enthält folgende Informationen:

---

[1] Nr. **9**.

a) in einem Unterabschnitt mit der Überschrift „Wer ist der Emittent der Wertpapiere?" eine kurze Beschreibung des Emittenten der Wertpapiere, die mindestens folgende Angaben enthält:
   i) Sitz und Rechtsform des Emittenten, seine LEI, für ihn geltendes Recht und Land der Eintragung;
   ii) Haupttätigkeiten des Emittenten;
   iii) Hauptanteilseigner des Emittenten, einschließlich Angabe, ob an ihm unmittelbare oder mittelbare Beteiligungen oder Beherrschungsverhältnisse bestehen und wer die Beteiligungen hält bzw. die Beherrschung ausübt;
   iv) Identität der Hauptgeschäftsführer;
   v) Identität der Abschlussprüfer;
b) in einem Unterabschnitt mit der Überschrift „Welches sind die wesentlichen Finanzinformationen über den Emittenten?" ausgewählte wesentliche historische Finanzinformationen für jedes Geschäftsjahr des von den historischen Finanzinformationen abgedeckten Zeitraums und für jeden nachfolgenden Zwischenberichtszeitraum sowie Vergleichsdaten für den gleichen Zeitraum des vorhergehenden Geschäftsjahrs. Die Anforderung der Beibringung vergleichbarer Bilanzinformationen wird durch die Vorlage der Bilanzdaten zum Jahresende erfüllt. Die wesentlichen Finanzinformationen enthalten gegebenenfalls
   i) Pro-forma-Finanzinformationen;
   ii) eine kurze Beschreibung etwaiger Einschränkungen im Bestätigungsvermerk zu den historischen Finanzinformationen;
c) in einem Unterabschnitt mit der Überschrift „Welches sind die zentralen Risiken, die für den Emittenten spezifisch sind?" eine kurze Beschreibung der im Prospekt enthaltenen für den Emittenten spezifischen wesentlichsten Risikofaktoren, wobei die in Absatz 10 genannte Höchstzahl an Risikofaktoren nicht überschritten werden darf.

(7) *[1]* ¹Der Abschnitt gemäß Absatz 4 Buchstabe c enthält folgende Informationen:

a) in einem Unterabschnitt mit der Überschrift „Welches sind die wichtigsten Merkmale der Wertpapiere?" eine kurze Beschreibung der öffentlich angebotenen und/oder zum Handel an einem geregelten Markt zugelassenen Wertpapiere, die mindestens folgende Angaben enthält:
   i) Art, Gattung und ISIN der Wertpapiere;
   ii) gegebenenfalls Währung, Stückelung, Nennwert, Anzahl der begebenen Wertpapiere und Laufzeit der Wertpapiere;
   iii) mit den Wertpapieren verbundene Rechte;
   iv) relativer Rang der Wertpapiere in der Kapitalstruktur des Emittenten im Fall einer Insolvenz, gegebenenfalls mit Angaben über ihre Nachrangigkeitsstufe und die potenziellen Auswirkungen auf die Anlagen im Fall der Abwicklung nach Maßgabe der Richtlinie 2014/59/EU;
   v) etwaige Beschränkungen der freien Handelbarkeit der Wertpapiere;
   vi) gegebenenfalls Angaben zur Dividenden- bzw. Ausschüttungspolitik;
b) in einem Unterabschnitt mit der Überschrift „Wo werden die Wertpapiere gehandelt?" Angaben dazu, ob für die Wertpapiere die Zulassung zum Handel an einem geregelten Markt oder zum Handel an einem MTF

beantragt wurde oder werden soll, und Nennung aller Märkte, an denen die Wertpapiere gehandelt werden oder gehandelt werden sollen;

c) wenn eine Garantie für die Wertpapiere gestellt wird, in einem Unterabschnitt mit der Überschrift „Wird für die Wertpapiere eine Garantie gestellt?" u.a. folgende Information:
  i) eine kurze Beschreibung von Art und Umfang der Garantie,
  ii) kurze Angaben zum Garantiegeber, einschließlich seiner LEI,
  iii) die einschlägigen wesentlichen Finanzinformationen zum Zwecke der Bewertung der Fähigkeit des Garantiegebers, seinen Verpflichtungen aus der Garantie nachzukommen, und
  iv) eine kurze Beschreibung der im Prospekt enthaltenen für den Garantiegeber spezifischen wesentlichsten Risikofaktoren gemäß Artikel 16 Absatz 3, wobei die in Absatz 10 genannte Höchstzahl an Risikofaktoren nicht überschritten werden darf;

d) in einem Unterabschnitt mit der Überschrift „Welches sind die zentralen Risiken, die für die Wertpapiere spezifisch sind?" eine kurze Beschreibung der im Prospekt enthaltenen für die Wertpapiere spezifischen wesentlichsten Risikofaktoren, wobei die in Absatz 10 genannte Höchstzahl an Risikofaktoren nicht überschritten werden darf.

²Ist gemäß der Verordnung (EU) Nr. 1286/2014 die Bereitstellung eines Basisinformationsblatts vorgeschrieben, so kann der Emittent, der Anbieter oder die die Zulassung zum Handel an einem geregelten Markt beantragende Person die in diesem Absatz genannten Inhalte durch die in Artikel 8 Absatz 3 Buchstaben c bis i der Verordnung (EU) Nr. 1286/2014 genannten Angaben ersetzen. ³Sofern die Verordnung (EU) Nr. 1286/2014 Anwendung findet, kann jeder Mitgliedstaat, der als Herkunftsmitgliedstaat im Sinne dieser Verordnung handelt, verlangen, dass Emittenten, Anbieter oder die die Zulassung zum Handel an einem geregelten Markt beantragenden Personen in den durch seine zuständige Behörde gebilligten Prospekten die in diesem Absatz genannten Inhalte durch die in Artikel 8 Absatz 3 Buchstaben c bis i der Verordnung (EU) Nr. 1286/2014 genannten Angaben ersetzen.

*[2]* ¹Findet eine Ersetzung des Inhalts gemäß Unterabsatz 2 statt, so erhöht sich die in Absatz 3 festgelegte maximale Länge um drei weitere DIN-A4-Seiten. ²Der Inhalt des Basisinformationsblatts wird als separater Abschnitt der Zusammenfassung beigefügt. ³Aus dem Layout dieses Abschnitts muss klar hervorgehen, dass es sich um den Inhalt des Basisinformationsblatts gemäß Artikel 8 Absatz 3 Buchstaben c bis i der Verordnung (EU) Nr. 1286/2014 handelt.

*[3]* ¹Falls gemäß Artikel 8 Absatz 9 Unterabsatz 3 für verschiedene Wertpapiere, die sich nur in einigen sehr wenigen Einzelheiten, etwa in Bezug auf den Emissionskurs oder den Fälligkeitstermin, unterscheiden, eine einzige Zusammenfassung erstellt wird, erhöht sich die in Absatz 3 festgelegte maximale Länge der Zusammenfassung um zwei weitere DIN-A4-Seiten. ²Wenn jedoch gemäß der Verordnung (EU) Nr. 1286/2014 ein Basisinformationsblatt für diese Wertpapiere erstellt werden muss und der Emittent, der Anbieter oder die die Zulassung zum Handel an einem geregelten Markt beantragende Person die Ersetzung von Inhalt gemäß Unterabsatz 2 dieses Absatzes vornimmt, erhöht sich die maximale Länge pro zusätzliches Wertpapier um drei weitere DIN-A4-Seiten.

*[4]* Enthält die Zusammenfassung die Informationen gemäß Unterabsatz 1 Buchstabe c, so erhöht sich die in Absatz 3 festgelegte maximale Länge um eine weitere DIN-A4-Seite.

(8) Der Abschnitt gemäß Absatz 4 Buchstabe d enthält folgende Informationen:

a) in einem Unterabschnitt mit der Überschrift „Zu welchen Konditionen und nach welchem Zeitplan kann ich in dieses Wertpapier investieren?" gegebenenfalls die allgemeinen Bedingungen, die Konditionen und den voraussichtlichen Zeitplan des Angebots, die Einzelheiten der Zulassung zum Handel an einem geregelten Markt, den Plan für den Vertrieb, den Betrag und Prozentanteil der sich aus dem Angebot ergebenden unmittelbaren Verwässerung sowie eine Schätzung der Gesamtkosten der Emission und/oder des Angebots, einschließlich der geschätzten Kosten, die dem Anleger vom Emittenten oder Anbieter in Rechnung gestellt werden;

b) sofern der Anbieter nicht dieselbe Person wie der Emittent ist, in einem Unterabschnitt mit der Überschrift „Wer ist der Anbieter und/oder die die Zulassung zum Handel beantragende Person?" eine kurze Beschreibung des Anbieters der Wertpapiere und/oder der die Zulassung zum Handel an einem geregelten Markt beantragenden Person mit Sitz und Rechtsform, des für ihn/sie geltenden Rechts sowie dem Land der Eintragung;

c) in einem Unterabschnitt mit der Überschrift „Weshalb wird dieser Prospekt erstellt?" eine kurze Beschreibung der Gründe für das Angebot bzw. für die Zulassung zum Handel an einem geregelten Markt sowie gegebenenfalls

   i) die Zweckbestimmung der Erlöse und die geschätzten Nettoerlöse,

   ii) eine Angabe, ob das Angebot einem Übernahmevertrag mit fester Übernahmeverpflichtung unterliegt, wobei jeder nicht erfasste Teil anzugeben ist,

   iii) eine Angabe der wesentlichsten Interessenkonflikte in Bezug auf das Angebot oder die Zulassung zum Handel.

(9) In jedem der in den Absätzen 6, 7 und 8 beschriebenen Abschnitte kann der Emittent bei Bedarf weitere Unterüberschriften einfügen.

(10) Die Gesamtzahl der in die Abschnitte der Zusammenfassung nach Absatz 6 Buchstabe c und Absatz 7 Unterabsatz 1 Buchstabe c Ziffer iv und Buchstabe d aufgenommenen Risikofaktoren darf 15 nicht überschreiten.

(11) Die Zusammenfassung darf keine Querverweise auf andere Teile des Prospekts oder Angaben in Form eines Verweises enthalten.

(12) Muss gemäß der Verordnung (EU) Nr. 1286/2014 ein Basisinformationsblatt für die öffentlich angebotenen Wertpapiere erstellt werden, und verlangt ein Herkunftsmitgliedstaat, dass der Emittent, der Anbieter oder die die Zulassung zum Handel an einem geregelten Markt beantragende Person den Inhalt des Basisinformationsblatts gemäß Absatz 7 Unterabsatz 2 Satz 2 dieses Artikels ersetzt, so wird davon ausgegangen, dass die Personen, die im Namen des Emittenten oder den Wertpapieren beraten oder sie verkaufen, der Anbieter oder die die Zulassung zum Handel an einem geregelten Markt beantragende Person die Verpflichtung zur Bereitstellung des Basisinformationsblatts gemäß Artikel 13 der Verordnung (EU) Nr. 1286/2014 während der Angebotsfrist erfüllt haben, sofern sie den betreffenden Anlegern stattdessen die Zusammen-

fassung des Prospekts im Rahmen der in den Artikeln 13 und 14 der genannten Verordnung festgelegten Fristen und Bedingungen bereitstellen.

(13) *[1]* Die ESMA arbeitet Entwürfe technischer Regulierungsstandards aus, in denen Inhalt und Format der Darstellung der wesentlichen Finanzinformationen gemäß Absatz 6 Buchstabe b und die einschlägigen wesentlichen Finanzinformationen gemäß Absatz 7 Buchstabe c Ziffer iii unter Berücksichtigung der verschiedenen Arten von Wertpapieren und Emittenten präzisiert werden, wobei sicherzustellen ist, dass die Informationen präzise und verständlich sind.

*[2]* Die ESMA übermittelt der Kommission diese Entwürfe technischer Regulierungsstandards bis zum 21. Juli 2018.

*[3]* Der Kommission wird die Befugnis übertragen, die in Unterabsatz 1 genannten technischen Regulierungsstandards nach den Artikeln 10 bis 14 der Verordnung (EU) Nr. 1095/2010[1]) zu erlassen.

**Art. 8 Der Basisprospekt.** (1) Für Nichtdividendenwerte, einschließlich Optionsscheine jeglicher Art, kann der Prospekt je nach Wahl des Emittenten, des Anbieters oder der die Zulassung zum Handel an einem geregelten Markt beantragenden Person aus einem Basisprospekt bestehen, der die erforderlichen Angaben zum Emittenten und den öffentlich angebotenen oder zum Handel an einem geregelten Markt zuzulassenden Wertpapieren enthält.

(2) Ein Basisprospekt enthält Folgendes:

a) ein Muster mit der Bezeichnung „Formular für die endgültigen Bedingungen", das für jede einzelne Emission auszufüllen ist und in dem die verfügbaren Optionen in Bezug auf die Angaben, die in den endgültigen Bedingungen des Angebots festgelegt werden, aufgeführt sind;

b) die Adresse der Website, auf der die endgültigen Bedingungen veröffentlicht werden.

(3) Enthält ein Basisprojekt Optionen in Bezug auf die Angaben, die nach der entsprechenden Wertpapierbeschreibung erforderlich sind, so wird in den endgültigen Bedingungen festgelegt, welche dieser Optionen für die einzelne Emission gilt, entweder indem auf die entsprechenden Rubriken des Basisprospekts verwiesen wird oder indem die betreffenden Angaben wiederholt werden.

(4) *[1]* [1]Die endgültigen Bedingungen werden in einem gesonderten Dokument dargelegt oder in den Basisprospekt oder in Nachträgen dazu aufgenommen. [2]Die endgültigen Bedingungen werden in leicht zu analysierender und verständlicher Form abgefasst.

*[2]* [1]Die endgültigen Bedingungen enthalten nur Angaben, die die Wertpapierbeschreibung betreffen, und dürfen nicht als Nachtrag zum Basisprospekt dienen. [2]In diesen Fällen gilt Artikel 17 Absatz 1 Buchstabe b.

(5) *[1]* Sind die endgültigen Bedingungen weder im Basisprospekt noch in einem Nachtrag enthalten, so stellt der Emittent sie so bald wie möglich bei Unterbreitung eines öffentlichen Angebots von Wertpapieren und, sofern möglich, vor Beginn des öffentlichen Angebots von Wertpapieren bzw. vor der Zulassung zum Handel an einem geregelten Markt gemäß den Bestimmungen

---

[1]) Nr. 3.

des Artikels 21 der Öffentlichkeit zur Verfügung und hinterlegt sie bei der zuständigen Behörde des Herkunftsmitgliedstaats.

*[2]* Die endgültigen Bedingungen müssen eine eindeutige und deutlich sichtbare Erklärung enthalten, aus der hervorgeht,

a) dass die endgültigen Bedingungen für die Zwecke dieser Verordnung ausgearbeitet wurden und zusammen mit dem Basisprospekt und Nachträgen dazu zu lesen sind, um alle relevanten Informationen zu erhalten;

b) wo der Basisprospekt und Nachträge dazu gemäß den Bestimmungen des Artikels 21 veröffentlicht werden;

c) dass den endgültigen Bedingungen eine Zusammenfassung für die einzelne Emission angefügt ist.

(6) *[1]* Ein Basisprospekt kann als ein einziges Dokument oder in mehreren Einzeldokumenten erstellt werden.

*[2]* Wenn der Emittent, der Anbieter oder die die Zulassung zum Handel an einem geregelten Markt beantragende Person ein Registrierungsformular für Nichtdividendenwerte oder ein einheitliches Registrierungsformular gemäß Artikel 9 hinterlegt hat und sich für die Erstellung eines Basisprospekts entscheidet, umfasst der Basisprospekt Folgendes:

a) die im Registrierungsformular oder im einheitlichen Registrierungsformular enthaltenen Angaben;

b) die Angaben, die ansonsten in der entsprechenden Wertpapierbeschreibung enthalten wären, mit Ausnahme der endgültigen Bedingungen, wenn diese nicht im Basisprospekt enthalten sind.

(7) Die spezifischen Angaben zu den verschiedenen Wertpapieren werden im Basisprospekt klar voneinander getrennt.

(8) Erst wenn die endgültigen Bedingungen in den Basisprospekt oder in einen Nachtrag aufgenommen oder hinterlegt sind, wird eine Zusammenfassung erstellt, die speziell die einzelne Emission betrifft.

(9) *[1]* Für die Zusammenfassung für die einzelne Emission gelten dieselben Anforderungen, die gemäß diesem Artikel für die endgültigen Bedingungen gelten; die Zusammenfassung wird den endgültigen Bedingungen angefügt.

*[2]* ¹Die Zusammenfassung für die einzelne Emission muss den Anforderungen des Artikels 7 entsprechen und Folgendes enthalten:

a) die Basisinformationen aus dem Basisprospekt, einschließlich der Basisinformationen über den Emittenten;

b) die Basisinformationen aus den entsprechenden endgültigen Bedingungen, einschließlich der Basisinformationen, die nicht in den Basisprospekt aufgenommen wurden.

²Beziehen sich die endgültigen Bedingungen auf verschiedene Wertpapiere, die sich nur in einigen sehr wenigen Einzelheiten unterscheiden, etwa in Bezug auf den Emissionskurs oder den Fälligkeitstermin, so kann für all diese Wertpapiere eine einzige Zusammenfassung für die einzelne Emission angefügt werden, sofern die Angaben zu den verschiedenen Wertpapieren klar voneinander getrennt sind.

(10) Die Angaben des Basisprospekts sind erforderlichenfalls im Einklang mit Artikel 23 nachzutragen.

(11) *[1]* ¹Ein öffentliches Angebot von Wertpapieren kann nach Ablauf des Basisprospekts, auf dessen Grundlage es eröffnet wurde, aufrechterhalten werden, sofern spätestens am letzten Tag der Gültigkeit des betreffenden Basisprospekts ein Nachfolge-Basisprospekt gebilligt und veröffentlicht wird. ²Die endgültigen Bedingungen eines solchen Angebots enthalten auf der ersten Seite einen deutlich sichtbaren Warnhinweis mit Angabe des letzten Tags der Gültigkeit des vorhergehenden Basisprospekts und des Orts der Veröffentlichung des Nachfolge-Basisprospekts. ³Der Nachfolge-Basisprospekt enthält das Formular für die endgültigen Bedingungen aus dem ursprünglichen Basisprospekt oder nimmt dies mittels eines Verweises auf und enthält zudem einen Verweis auf die für das weiterhin bestehende Angebot maßgebenden endgültigen Bedingungen.

*[2]* Ein Widerrufsrecht gemäß Artikel 23 Absatz 2 gilt auch für Anleger, die einem Erwerb oder einer Zeichnung der Wertpapiere während des Gültigkeitszeitraums des vorhergehenden Prospekts zugestimmt haben, es sei denn, die Wertpapiere wurden ihnen bereits geliefert.

**Art. 9 Das einheitliche Registrierungsformular.** (1) Ein Emittent, dessen Wertpapiere zum Handel an einem geregelten Markt oder an einem MTF zugelassen werden, kann in jedem Geschäftsjahr ein Registrierungsformular in Form eines einheitlichen Registrierungsformulars erstellen, das Angaben zu Organisation, Geschäftstätigkeiten, Finanzlage, Ertrag und Zukunftsaussichten, Führung und Beteiligungsstruktur des Unternehmens enthält.

(2) *[1]* Jeder Emittent, der sich dafür entscheidet, in jedem Geschäftsjahr ein einheitliches Registrierungsformular zu erstellen, legt dieses nach dem Verfahren des Artikels 20 Absätze 2 und 4 der zuständigen Behörde seines Herkunftsmitgliedsstaats zur Billigung vor.

*[2]* Wurde in zwei aufeinanderfolgenden Geschäftsjahren ein einheitliches Registrierungsformular des Emittenten von der zuständigen nationalen Behörde gebilligt, können künftige einheitliche Registrierungsformulare ohne vorherige Billigung bei der zuständigen Behörde hinterlegt werden.

*[3]* Versäumt es der Emittent danach, in einem Geschäftsjahr ein einheitliches Registrierungsformular zu hinterlegen, hat dies zur Folge, dass ihm die Möglichkeit einer Hinterlegung ohne vorherige Billigung wieder entzogen wird und dass alle künftigen einheitlichen Registrierungsformulare der zuständigen Behörde zur Billigung vorzulegen sind, bis die in Unterabsatz 2 genannte Voraussetzung wieder erfüllt ist.

*[4]* Der Emittent gibt in seinem Antrag an die zuständige Behörde an, ob das einheitliche Registrierungsformular zur Billigung oder zur Hinterlegung ohne vorherige Billigung eingereicht wird.

*[5]* Beantragt der Emittent nach Unterabsatz 2 dieses Absatzes die Notifizierung seines einheitlichen Registrierungsformulars gemäß Artikel 26, so legt er sein einheitliches Registrierungsformular – einschließlich etwaiger zuvor hinterlegten Änderungen daran – zur Billigung vor.

(3) Emittenten, die bis zum 21. Juli 2019 ein Registrierungsformular gemäß Anhang I der Verordnung (EG) Nr. 809/2004 der Kommission[1)] erstellt haben,

---

[1)] **Amtl. Anm.:** Verordnung (EG) Nr. 809/2004 der Kommission vom 29. April 2004 zur Umsetzung der Richtlinie 2003/71/EG des Europäischen Parlaments und des Rates betreffend die in Prospekten enthaltenen Informationen sowie das Format, die Aufnahme von Informationen mittels ➔

das von einer zuständigen Behörde für eine Dauer von mindestens zwei aufeinanderfolgenden Geschäftsjahren gebilligt wurde, und die anschließend gemäß Artikel 12 Absatz 3 der Richtlinie 2003/71/EG jedes Jahr ein solches Registrierungsformular hinterlegt haben oder deren Registrierungsformular jedes Jahr gebilligt wurde, wird gestattet, ab dem 21. Juli 2019 ein einheitliches Registrierungsformular ohne vorherige Billigung im Einklang mit Absatz 2 Unterabsatz 2 dieses Artikels zu hinterlegen.

(4) Nach seiner Billigung oder seiner Hinterlegung ohne vorherige Billigung werden das einheitliche Registrierungsformular und seine Änderungen nach den Absätzen 7 und 9 dieses Artikels unverzüglich gemäß den Bestimmungen des Artikels 21 der Öffentlichkeit zur Verfügung gestellt.

(5) Das einheitliche Registrierungsformular entspricht den in Artikel 27 festgelegten sprachlichen Anforderungen.

(6) Angaben können gemäß den in Artikel 19 festgelegten Bedingungen in Form eines Verweises in ein einheitliches Registrierungsformular aufgenommen werden.

(7) ¹ Nach Hinterlegung oder Billigung eines einheitlichen Registrierungsformulars kann der Emittent die darin enthaltenen Angaben jederzeit durch Hinterlegung einer Änderung hierzu bei der zuständigen Behörde aktualisieren. ² Vorbehaltlich Artikel 10 Absatz 3 Unterabsätze 1 und 2 ist für die Hinterlegung der Änderung bei der zuständigen Behörde keine Billigung erforderlich.

(8) *[1]* Die zuständige Behörde kann einheitliche Registrierungsformulare, die ohne vorherige Billigung hinterlegt wurden, sowie etwaige Änderungen dieser Formulare jederzeit einer inhaltlichen Überprüfung unterziehen.

*[2]* Die Überprüfung durch die zuständige Behörde besteht in einer Prüfung der Vollständigkeit, Kohärenz und Verständlichkeit der im einheitlichen Registrierungsformular und etwaiger Änderungen enthaltenen Informationen.

(9) *[1]* Stellt die zuständige Behörde im Zuge der Überprüfung fest, dass das einheitliche Registrierungsformular nicht den Standards der Vollständigkeit, Verständlichkeit und Kohärenz entspricht oder dass Änderungen oder zusätzliche Angaben erforderlich sind, so teilt sie dies dem Emittenten mit.

*[2]* ¹ Einem von der zuständigen Behörde an den Emittenten gerichteten Ersuchen um Änderung oder um zusätzliche Angaben muss vom Emittenten erst im nächsten einheitlichen Registrierungsformular Rechnung getragen werden, das für das folgende Geschäftsjahr hinterlegt wird, es sei denn, der Emittent möchte das einheitliche Registrierungsformular als Bestandteil eines zur Billigung vorgelegten Prospekts verwenden. ² In diesem Fall hinterlegt der Emittent spätestens bei Vorlage des Antrags gemäß Artikel 20 Absatz 6 eine Änderung des einheitlichen Registrierungsformulars.

*[3]* Abweichend von Unterabsatz 2 hinterlegt der Emittent unverzüglich eine Änderung des einheitlichen Registrierungsformulars, falls die zuständige Behörde dem Emittenten mitteilt, dass ihr Ersuchen um Änderung oder um zusätzliche Angaben eine wesentliche Nichtaufnahme oder eine wesentliche Unrichtigkeit oder eine wesentliche Ungenauigkeit betrifft, die die Öffentlich-

---

*(Fortsetzung der Anm. von voriger Seite)*
Verweis und die Veröffentlichung solcher Prospekte und die Verbreitung von Werbung (ABl. L 149 vom 30.4.2004, S. 1).

keit in Bezug auf Fakten und Umstände, die für eine fundierte Beurteilung des Emittenten wesentlich sind, aller Wahrscheinlichkeit nach irreführen würde.

*[4]* ¹Die zuständige Behörde kann vom Emittenten eine konsolidierte Fassung des geänderten einheitlichen Registrierungsformulars verlangen, wenn eine konsolidierte Fassung zur Gewährleistung der Verständlichkeit der Angaben des Dokuments erforderlich ist. ²Ein Emittent kann eine konsolidierte Fassung seines geänderten einheitlichen Registrierungsformulars freiwillig in eine Anlage zu der Änderung aufnehmen.

(10) ¹Die Absätze 7 und 9 finden nur dann Anwendung, wenn das einheitliche Registrierungsformular nicht als Bestandteil eines Prospekts verwendet wird. ²Sofern ein einheitliches Registrierungsformular als Bestandteil eines Prospekts verwendet wird, gilt zwischen dem Zeitpunkt der Billigung des Prospekts und dem Zeitpunkt der endgültigen Schließung des öffentlichen Angebots von Wertpapieren oder gegebenenfalls dem Zeitpunkt, zu dem der Handel an einem geregelten Markt beginnt – je nachdem, welches der spätere Zeitpunkt ist – ausschließlich Artikel 23 betreffend Nachträge zum Prospekt.

(11) *[1]* Ein Emittent, der die in Absatz 2 Unterabsätze 1 oder 2 oder in Absatz 3 dieses Artikels genannten Voraussetzungen erfüllt, hat den Status eines Daueremittenten und kommt in den Genuss des beschleunigten Billigungsverfahrens gemäß Artikel 20 Absatz 6, sofern

a) der Emittent bei der Hinterlegung jedes einheitlichen Registrierungsformulars bzw. bei jedem Antrag auf Billigung eines einheitlichen Registrierungsformulars der zuständigen Behörde eine schriftliche Bestätigung darüber vorlegt, dass seines Wissens alle vorgeschriebenen Informationen, die gegebenenfalls nach der Richtlinie 2004/109/EG und der Verordnung (EU) Nr. 596/2014[1]) offenzulegen sind, während der letzten 18 Monate oder während des Zeitraums seit Beginn der Pflicht zur Offenlegung der vorgeschriebenen Informationen – je nachdem, welcher Zeitraum kürzer ist – im Einklang mit diesen Rechtsakten hinterlegt und veröffentlicht wurden; und

b) der Emittent, wenn die zuständige Behörde die Überprüfung gemäß Absatz 8 vorgenommen hat, sein einheitliches Registrierungsformular nach Absatz 9 geändert hat.

*[2]* Wird eine der vorgenannten Voraussetzungen vom Emittenten nicht erfüllt, verliert dieser den Status des Daueremittenten.

(12) *[1]* Wird das bei der zuständigen Behörde hinterlegte oder von ihr gebilligte einheitliche Registrierungsformular spätestens vier Monate nach Ablauf des Geschäftsjahrs veröffentlicht und enthält es die im Jahresfinanzbericht gemäß Artikel 4 der Richtlinie 2004/109/EG offenzulegenden Informationen, so gilt die Pflicht des Emittenten zur Veröffentlichung des Jahresfinanzberichts gemäß jenem Artikel als erfüllt.

*[2]* Wird das einheitliche Registrierungsformular oder eine daran vorgenommene Änderung hinterlegt oder von der zuständigen Behörde gebilligt und spätestens drei Monate nach Ablauf der ersten sechs Monate des Geschäftsjahrs veröffentlicht und enthält es die in dem Halbjahresfinanzbericht gemäß Artikel 5 der Richtlinie 2004/109/EG offenzulegenden Informationen, so gilt die

---

[1]) Nr. 11.

Pflicht des Emittenten zur Veröffentlichung des Halbjahresfinanzberichts gemäß jenem Artikel als erfüllt.

*[3]* In den in den Unterabsätzen 1 und 2 genannten Fällen

a) nimmt der Emittent in das einheitliche Registrierungsformular eine Liste mit Querverweisen auf, in der angegeben ist, wo die einzelnen in den Jahres- und Halbjahresfinanzberichten anzugebenden Informationen im einheitlichen Registrierungsformular zu finden sind;

b) hinterlegt der Emittent das einheitliche Registrierungsformular gemäß Artikel 19 Absatz 1 der Richtlinie 2004/109/EG und stellt es dem amtlich bestellten System gemäß Artikel 21 Absatz 2 dieser Richtlinie zur Verfügung;

c) nimmt der Emittent in das einheitliche Registrierungsformular eine Erklärung der verantwortlichen Personen nach den Vorgaben des Artikels 4 Absatz 2 Buchstabe c und des Artikels 5 Absatz 2 Buchstabe c der Richtlinie 2004/109/EG auf.

(13) Absatz 12 findet nur dann Anwendung, wenn der Herkunftsmitgliedstaat des Emittenten für die Zwecke dieser Verordnung auch der Herkunftsmitgliedstaat für die Zwecke der Richtlinie 2004/109/EG ist und wenn die Sprache, in der das einheitliche Registrierungsformular abgefasst ist, den Anforderungen gemäß Artikel 20 dieser Richtlinie entspricht.

(14) Die Kommission erlässt bis zum 21. Januar 2019 gemäß Artikel 44 delegierte Rechtsakte zur Ergänzung dieser Verordnung, in denen die Kriterien für die Prüfung und Überprüfung des einheitlichen Registrierungsformulars und etwaiger Änderungen und die Verfahren für die Billigung und Hinterlegung dieser Dokumente sowie die Bedingungen, unter denen der Status eines Daueremittenten aberkannt wird, präzisiert werden.

### Art. 10 Aus mehreren Einzeldokumenten bestehende Prospekte.

(1) *[1]* ¹Ein Emittent, dessen Registrierungsformular bereits von der zuständigen Behörde gebilligt wurde, ist nur zur Erstellung der Wertpapierbeschreibung und gegebenenfalls der Zusammenfassung verpflichtet, wenn die Wertpapiere öffentlich angeboten oder zum Handel an einem geregelten Markt zugelassen werden. ²In diesem Fall werden die Wertpapierbeschreibung und die Zusammenfassung gesondert gebilligt.

*[2]* ¹Tritt nach der Billigung des Registrierungsformulars ein wichtiger neuer Umstand ein oder wird eine wesentliche Unrichtigkeit oder eine wesentliche Ungenauigkeit festgestellt, die die im Registrierungsformular enthaltenen Informationen betrifft und die Beurteilung der Wertpapiere beeinflussen können, so ist spätestens zum Zeitpunkt der Wertpapierbeschreibung und der Zusammenfassung ein Nachtrag zum Registrierungsformular zur Billigung vorzulegen. ²Das Recht, Zusagen gemäß Artikel 23 Absatz 2 zurückzuziehen, findet in diesem Fall keine Anwendung.

*[3]* Das Registrierungsformular und seine etwaigen Nachträge bilden zusammen mit der Wertpapierbeschreibung und der Zusammenfassung einen Prospekt, sobald die Billigung von der zuständigen Behörde erteilt wurde.

(2) Nach der Billigung wird das Registrierungsformular der Öffentlichkeit unverzüglich gemäß den Bestimmungen des Artikels 21 zur Verfügung gestellt.

(3) *[1]* Ein Emittent, dessen einheitliches Registrierungsformular bereits von der zuständigen Behörde gebilligt wurde oder der ein einheitliches Registrierungsformular ohne vorherige Billigung nach Artikel 9 Absatz 2 Unterabsatz 2 hinterlegt hat, ist nur zur Erstellung der Wertpapierbeschreibung und der Zusammenfassung verpflichtet, wenn die Wertpapiere öffentlich angeboten oder zum Handel an einem geregelten Markt zugelassen werden.

*[2]* Ist das einheitliche Registrierungsformular bereits gebilligt, so bedürfen die Wertpapierbeschreibung, die Zusammenfassung und sämtliche seit Billigung des einheitlichen Registrierungsformulars hinterlegten Änderungen des Formulars einer gesonderten Billigung.

*[3]* Hat ein Emittent ein einheitliches Registrierungsformular ohne vorherige Billigung hinterlegt, so bedarf die gesamte Dokumentation, einschließlich der Änderungen des einheitlichen Registrierungsformulars, einer Billigung – unbeschadet der Tatsache, dass es sich weiterhin um separate Dokumente handelt.

*[4]* Das gemäß Artikel 9 Absatz 7 oder Absatz 9 geänderte einheitliche Registrierungsformular bildet zusammen mit der Wertpapierbeschreibung und der Zusammenfassung einen Prospekt, sobald die Billigung von der zuständigen Behörde erteilt wurde.

**Art. 11 Prospekthaftung.** (1) [1]Die Mitgliedstaaten stellen sicher, dass je nach Fall zumindest der Emittent oder dessen Verwaltungs-, Leitungs- oder Aufsichtsorgan, der Anbieter, die die Zulassung zum Handel an einem geregelten Markt beantragende Person oder der Garantiegeber für die Richtigkeit der in einem Prospekt und Nachträgen dazu enthaltenen Angaben haftet. [2]Die für den Prospekt und Nachträge dazu verantwortlichen Personen sind im Prospekt eindeutig unter Angabe ihres Namens und ihrer Funktion – bei juristischen Personen ihres Namens und ihres Sitzes – zu benennen; der Prospekt muss zudem Erklärungen der betreffenden Personen enthalten, dass ihres Wissens die Angaben in dem Prospekt richtig sind und darin keine Angaben nicht aufgenommen werden, die die Aussage des Prospekts verändern können.

(2) *[1]* Die Mitgliedstaaten stellen sicher, dass ihre Rechts- und Verwaltungsvorschriften im Bereich der Haftung für die Personen gelten, die für die in einem Prospekt enthaltenen Angaben verantwortlich sind.

*[2]* Die Mitgliedstaaten gewährleisten jedoch, dass niemand lediglich aufgrund der Zusammenfassung nach Artikel 7 oder der speziellen Zusammenfassung eines EU-Wachstumsprospekts nach Artikel 15 Absatz 1 Unterabsatz 2 samt etwaiger Übersetzungen haftet, es sei denn,

a) die Zusammenfassung ist, wenn sie zusammen mit den anderen Teilen des Prospekts gelesen wird, irreführend, unrichtig oder widersprüchlich oder

b) sie vermittelt, wenn sie zusammen mit den anderen Teilen des Prospekts gelesen wird, nicht die Basisinformationen, die in Bezug auf Anlagen in die Wertpapiere für die Anleger eine Entscheidungshilfe darstellen würden.

(3) *[1]* Die Haftung für die in einem Registrierungsformular oder in einem einheitlichen Registrierungsformular enthaltenen Informationen liegt nur in den Fällen bei den in Absatz 1 genannten Personen, in denen das Registrierungsformular oder das einheitliche Registrierungsformular als Bestandteil eines gebilligten Prospekts verwendet wird.

*[2]* Unterabsatz 1 gilt unbeschadet der Artikel 4 und 5 der Richtlinie 2004/109/EG, wenn die gemäß jenen Artikeln offenzulegenden Informationen in einem einheitlichen Registrierungsformular enthalten sind.

**Art. 12 Gültigkeit des Prospekts, des Registrierungsformulars und des einheitlichen Registrierungsformulars.** (1) *[1]* Ein Prospekt ist – unabhängig davon, ob er aus einem einzigen Dokument oder aus mehreren Einzeldokumenten besteht – nach seiner Billigung 12 Monate lang für öffentliche Angebote oder Zulassungen zum Handel an einem geregelten Markt gültig, sofern er um etwaige gemäß Artikel 23 erforderliche Nachträge ergänzt wird.

*[2]* Besteht ein Prospekt aus mehreren Einzeldokumenten, beginnt die Gültigkeitsdauer mit der Billigung der Wertpapierbeschreibung.

(2) *[1]* Ein Registrierungsformular, das zuvor gebilligt wurde, bleibt für die Verwendung als Bestandteil eines Prospekts 12 Monate nach seiner Billigung gültig.

*[2]* Das Ende der Gültigkeitsdauer eines solchen Registrierungsformulars hat keine Auswirkungen auf die Gültigkeit eines Prospekts, dessen Bestandteil es ist.

(3) *[1]* Ein einheitliches Registrierungsformular bleibt für die Verwendung als Bestandteil eines Prospekts 12 Monate nach seiner Billigung gemäß Artikel 9 Absatz 2 Unterabsatz 1 oder nach seiner Hinterlegung gemäß Artikel 9 Absatz 2 Unterabsatz 2 gültig.

*[2]* Das Ende der Gültigkeitsdauer eines solchen einheitlichen Registrierungsformulars hat keine Auswirkungen auf die Gültigkeit eines Prospekts, dessen Bestandteil es ist.

## Kapitel III. Inhalt und Aufmachung des Prospekts

**Art. 13 Mindestangaben und Aufmachung.** (1) *[1]* Die Kommission erlässt gemäß Artikel 44 delegierte Rechtsakte zur Ergänzung dieser Verordnung in Bezug auf die Aufmachung des Prospekts, des Basisprospekts und der endgültigen Bedingungen sowie die Schemata für die in einen Prospekt aufzunehmenden spezifischen Angaben, wozu auch LEI und ISIN zählen, wobei im Falle eines Prospekts, der aus mehreren Einzeldokumenten besteht, Wiederholungen zu vermeiden sind.

*[2]* Bei der Festlegung der verschiedenen Prospektschemata ist insbesondere Folgendem Rechnung zu tragen:

a) den unterschiedlichen Arten von Angaben, die Anleger in Bezug auf Dividendenwerte im Gegensatz zu Nichtdividendenwerten benötigen; die geforderten Angaben eines Prospekts in Bezug auf Wertpapiere mit ähnlichen wirtschaftlichen Grundsätzen, insbesondere Derivate, sind hierbei gemäß einem kohärenten Ansatz zu behandeln;

b) den unterschiedlichen Arten und Eigenschaften der Angebote von Nichtdividendenwerten und deren Zulassungen zum Handel an einem geregelten Markt;

c) der Aufmachung und den geforderten Angaben der Basisprospekte in Bezug auf Nichtdividendenwerte, wozu auch Optionsscheine jeglicher Art gehören;

d) gegebenenfalls dem öffentlich-rechtlichen Charakter des Emittenten;

e) gegebenenfalls dem spezifischen Charakter der Tätigkeiten des Emittenten.

*[3]* Für die Zwecke von Unterabsatz 2 Buchstabe b legt die Kommission bei der Festlegung der verschiedenen Prospektschemata konkrete Informationsanforderungen an Prospekte fest, die sich auf die Zulassung von Nichtdividendenwerten zum Handel an einem geregelten Markt beziehen, die

a) ausschließlich an einem geregelten Markt oder in einem bestimmten Segment eines solchen gehandelt werden sollen, zu dem ausschließlich qualifizierte Anleger zu Zwecken des Handels mit diesen Wertpapieren Zugang erhalten, oder

b) eine Mindeststückelung von 100 000 EUR haben.

*[4]* Jene Informationsanforderungen müssen angemessen sein und dem Informationsbedarf der betreffenden Anleger Rechnung tragen.

(2) *[1]* Die Kommission erlässt bis zum 21. Januar 2019 gemäß Artikel 44 delegierte Rechtsakte zur Ergänzung dieser Verordnung, in denen das Schema für die in das einheitliche Registrierungsformular aufzunehmenden Mindestangaben festzulegen ist.

*[2]* ¹ Ein solches Schema gewährleistet, dass das einheitliche Registrierungsformular alle erforderlichen Angaben über den Emittenten enthält, sodass ein und dasselbe einheitliche Registrierungsformular in gleicher Weise für das anschließende öffentliche Angebot oder die Zulassung zum Handel an einem geregelten Markt von Dividendenwerten oder Nichtdividendenwerten verwendet werden kann. ² Hinsichtlich der Finanzinformationen, des Betriebsergebnisses, der Finanzlage, der Aussichten und der Führung des Unternehmens müssen die Angaben so weit wie möglich mit den Angaben übereinstimmen, die in den Jahres- und Halbjahresfinanzberichten gemäß den Artikeln 4 und 5 der Richtlinie 2004/109/EG offenzulegen sind, einschließlich des Lageberichts und der Erklärung zur Unternehmensführung.

(3) Die delegierten Rechtsakte gemäß den Absätzen 1 und 2 basieren auf den Standards im Bereich der Finanz- und der Nichtfinanzinformationen, die von den internationalen Organisationen der Wertpapieraufsichtsbehörden, insbesondere der Internationalen Organisation der Wertpapieraufsichtsbehörde (International Organization of Securities Commissions – IOSCO), ausgearbeitet wurden, sowie auf den Anhängen I, II und III dieser Verordnung.

## Art. 14 Vereinfachte Offenlegungsregelung für Sekundäremissionen.

(1) *[1]* Folgende Personen können sich im Falle eines öffentlichen Angebots von Wertpapieren oder einer Zulassung von Wertpapieren zum Handel an einem geregelten Markt dafür entscheiden, einen vereinfachten Prospekt auf der Grundlage der vereinfachten Offenlegungsregelung für Sekundäremissionen zu erstellen:

a) Emittenten, deren Wertpapiere mindestens während der letzten 18 Monate ununterbrochen zum Handel an einem geregelten Markt oder an einem KMU-Wachstumsmarkt zugelassen waren und die Wertpapiere emittieren, die mit den vorhandenen zuvor begebenen Wertpapieren fungibel sind;

b) Unbeschadet des Artikels 1 Absatz 5, Emittenten, deren Dividendenwerte mindestens während der letzten 18 Monate ununterbrochen zum Handel an einem geregelten Markt oder an einem KMU-Wachstumsmarkt zugelassen waren, und die Nichtdividendenwerte oder Wertpapiere begeben, die Zugang zu Dividendenwerten geben, die mit den vorhandenen bereits zum Handel zugelassenen Dividendenwerten des Emittenten fungibel sind;

c) Anbieter von Wertpapieren, die mindestens während der letzten 18 Monate ununterbrochen zum Handel an einem geregelten Markt oder an einem KMU-Wachstumsmarkt zugelassen waren.[1)]

d) Emittenten, deren Wertpapiere der Öffentlichkeit angeboten wurden und seit mindestens zwei Jahren ununterbrochen zum Handel an einem KMU-Wachstumsmarkt zugelassen waren, und die während des gesamten Zeitraums ihrer Zulassung zum Handel ihre Melde- und Offenlegungspflichten uneingeschränkt erfüllt haben und die die Zulassung zum Handel an einem geregelten Markt für Wertpapiere beantragen, die mit den vorhandenen, zuvor begebenen Wertpapieren fungibel sind.

*[2]* Der vereinfachte Prospekt besteht neben der Zusammenfassung gemäß Artikel 7 aus einem speziellen Registrierungsformular, das von den unter den Buchstaben a, b und c dieses Unterabsatzes 1 dieses Absatzes genannten Personen verwendet werden kann, und einer speziellen Wertpapierbeschreibung, die von den unter dem Buchstaben a und c dieses Unterabsatzes genannten Personen verwendet werden kann.

(2) *[1]* Abweichend von Artikel 6 Absatz 1 und unbeschadet des Artikels 18 Absatz 1 enthält der vereinfachte Prospekt die erforderlichen verkürzten Angaben, die es Anlegern ermöglichen, sich über Folgendes zu informieren:

a) die Aussichten des Emittenten und die bedeutenden Änderungen der Geschäftstätigkeit und der Finanzlage des Emittenten sowie des Garantiegebers, die gegebenenfalls seit Ablauf des letzten Geschäftsjahres eingetreten sind;

b) die mit den Wertpapieren verbundenen Rechte;

c) die Gründe für die Emission und ihre Auswirkungen auf den Emittenten, einschließlich seiner Kapitalstruktur insgesamt, sowie die Verwendung der Erlöse.

*[2]* [1] Die in dem vereinfachten Prospekt enthaltenen Angaben sind schriftlich und in leicht zu analysierender, knapper und verständlicher Form zu präsentieren und ermöglichen es Anlegern, eine fundierte Anlageentscheidung zu treffen. [2] Sie berücksichtigen auch die vorgeschriebenen Informationen, die bereits gegebenenfalls gemäß der Richtlinie 2004/109/EG und der Verordnung (EU) Nr. 596/2014[2)] offengelegt wurden. [3] Diejenigen in Absatz 1 Unterabsatz 1 Buchstabe d des vorliegenden Artikels genannten Emittenten, die nach der Zulassung ihrer Wertpapiere zum Handel auf einem geregelten Markt einen konsolidierten Abschluss nach Maßgabe der Richtlinie 2013/34/EU des Europäischen Parlaments und des Rates[3)] aufzustellen haben, erstellen ihre jüngsten Finanzinformationen gemäß Absatz 3 Unterabsatz 2 Buchstabe a des vorliegenden Artikels, die auch die im vereinfachten Prospekt enthaltenen Vergleichsinformationen für das Vorjahr umfassen, nach den in Verordnung (EG)

---

[1)] Zeichensetzung amtlich.
[2)] Nr. **11**.
[3)] **Amtl. Anm.:** Richtlinie 2013/34/EU des Europäischen Parlaments und des Rates vom 26. Juni 2013 über den Jahresabschluss, den konsolidierten Abschluss und damit verbundene Berichte von Unternehmen bestimmter Rechtsformen und zur Änderung der Richtlinie 2006/43/EG des Europäischen Parlaments und des Rates und zur Aufhebung der Richtlinien 78/660/EWG und 83/349/EWG des Rates (ABl. L 182 vom 29.6.2013, S. 19).

Nr. 1606/2002 des Europäischen Parlaments und des Rates[1] genannten internationalen Rechnungslegungsstandards.

*[3]* Diejenigen in Absatz 1 Unterabsatz 1 Buchstabe d des vorliegenden Artikels genannten Emittenten, die nach der Zulassung der Wertpapiere zum Handel auf einem geregelten Markt keinen konsolidierten Abschluss nach Maßgabe der Richtlinie 2013/34/EU aufzustellen haben, erstellen ihre jüngsten Finanzinformationen gemäß Absatz 3 Unterabsatz 2 Buchstabe a des vorliegenden Artikels, einschließlich der im vereinfachten Prospekt enthaltenen Vergleichsinformationen für das Vorjahr, nach den nationalen Rechtsvorschriften des Mitgliedstaats, der Sitzstaat des Emittenten ist.

*[4]* ¹ Drittlandsemittenten, deren Wertpapiere zum Handel an einem KMU-Wachstumsmarkt zugelassen sind, erstellen ihre jüngsten Finanzinformationen gemäß Absatz 3 Unterabsatz 2 Buchstabe a des vorliegenden Artikels, einschließlich der im vereinfachten Prospekt enthaltenen Vergleichsinformationen für das Vorjahr, nach ihren nationalen Rechnungslegungsstandards, soweit diese Standards zu der Verordnung (EG) Nr. 1606/2002 gleichwertig sind. ² Sind diese nationalen Rechnungslegungsstandards den internationalen Rechnungslegungsstandards nicht gleichwertig, so sind die Finanzinformationen gemäß der Verordnung (EG) Nr. 1606/2002 neu zu erstellen.

(3) *[1]* Die Kommission erlässt bis zum 21. Januar 2019 gemäß Artikel 44 delegierte Rechtsakte zur Ergänzung dieser Verordnung, indem sie die Schemata festlegt, die die auf der Grundlage der vereinfachten Offenlegungsregelung nach Absatz 1 aufzunehmenden verkürzten Informationen präzisieren.

*[2]* Die Schemata enthalten insbesondere:

a) die jährlichen und halbjährlichen Finanzinformationen, die in den 12 Monaten vor der Billigung des Prospekts veröffentlicht wurden;

b) gegebenenfalls Gewinnprognosen und -schätzungen;

c) eine knappe Zusammenfassung der gemäß der Verordnung (EU) Nr. 596/2014 in den 12 Monaten vor der Billigung des Prospekts offengelegten relevanten Informationen;

d) Risikofaktoren;

e) für Dividendenwerte einschließlich Wertpapieren, die Zugang zu Dividendenwerten geben, die Erklärung zum Geschäftskapital, die Erklärung zu Kapitalausstattung und Verschuldung, eine Offenlegung relevanter Interessenkonflikte und Geschäfte mit verbundenen Parteien sowie die Hauptaktionäre und gegebenenfalls eine Pro-forma-Finanzinformation.

*[3]* ¹ Bei der Festlegung der verkürzten Informationen, die gemäß der vereinfachten Offenlegungsregelung aufzunehmen sind, trägt die Kommission der Tatsache Rechnung, dass die Mittelbeschaffung über die Kapitalmärkte erleichtert werden muss und ebenso wichtig ist, die Kapitalkosten zu senken. ² Um den Emittenten keine unnötigen Belastungen aufzuerlegen, berücksichtigt die Kommission bei der Festlegung der verkürzten Informationen auch die Angaben, die ein Emittent bereits gegebenenfalls gemäß der Richtlinie 2004/109/EG und der Verordnung (EU) Nr. 596/2014 offenzulegen hat. ³ Die Kommission kalibriert die verkürzten Informationen ferner so, dass deren Schwerpunkt

---

[1] **Amtl. Anm.:** Verordnung (EG) Nr. 1606/2002 des Europäischen Parlaments und des Rates vom 19. Juli 2002 betreffend die Anwendung internationaler Rechnungslegungsstandards (ABl. L 243 vom 11.9.2002, S. 1).

auf den für Sekundäremissionen relevanten Angaben liegt und dass die Verhältnismäßigkeit gewahrt ist.

**Art. 15 EU-Wachstumsprospekt.** (1) *[1]* Die folgenden Personen können sich im Falle eines öffentlichen Angebots von Wertpapieren dafür entscheiden, einen EU-Wachstumsprospekt auf der Grundlage der verhältnismäßigen Offenlegungsregelung gemäß diesem Artikel zu erstellen, sofern sie keine Wertpapiere begeben haben, die zum Handel an einem geregelten Markt zugelassen wurden:

a) KMU;

b) Emittenten, bei denen es sich nicht um KMU handelt, deren Wertpapiere an einem KMU-Wachstumsmarkt gehandelt werden oder gehandelt werden sollen, sofern ihre durchschnittliche Marktkapitalisierung auf der Grundlage der Notierungen zum Jahresende in den letzten drei Kalenderjahren weniger als 500 000 000 EUR betrug;

c) andere als die unter den Buchstaben a und b genannten Emittenten, deren öffentliches Angebot von Wertpapieren einem Gesamtgegenwert in der Union von höchstens 20 000 000 EUR über einen Zeitraum von 12 Monaten entspricht, sofern keine Wertpapiere dieser Emittenten an einem MTF gehandelt werden und ihre durchschnittliche Beschäftigtenzahl im letzten Geschäftsjahr bis zu 499 betrug;

ca) Emittenten, bei denen es sich nicht um KMU handelt, die Aktien öffentlich anbieten und gleichzeitig einen Antrag auf Zulassung dieser Aktien zum Handel an einem KMU-Wachstumsmarkt stellen, sofern sie keine Aktien begeben haben, die bereits zum Handel an einem KMU-Wachstumsmarkt zugelassen sind, und der Gesamtwert der zwei folgenden Positionen unter 200 000 000 EUR liegt:

i) der Preis des endgültigen Angebots oder – in dem in Artikel 17 Absatz 1 Buchstabe b Ziffer i genannten Fall – der Höchstkurs;

ii) die Gesamtzahl der unmittelbar nach dem öffentlichen Aktienangebot im Umlauf befindlichen Aktien, berechnet entweder auf der Grundlage der Menge der öffentlich angebotenen Aktien oder, in dem in Artikel 17 Absatz 1 Buchstabe b Ziffer i genannten Fall, der Höchstmenge der öffentlich angebotenen Aktien.[1)]

d) Anbieter von Wertpapieren, die von den unter den Buchstaben a und b genannten Emittenten begeben wurden.

*[2]* ¹Bei einem EU-Wachstumsprospekt im Rahmen der verhältnismäßigen Offenlegungsregelung handelt es sich um ein Dokument mit einer standardisierten Aufmachung, das in leicht verständlicher Sprache abgefasst und für die Emittenten leicht auszufüllen ist. ²Er enthält eine spezielle Zusammenfassung auf der Grundlage des Artikels 7, ein spezielles Registrierungsformular und eine spezielle Wertpapierbeschreibung. ³Die in dem EU-Wachstumsprospekt enthaltenen Informationen werden in einer standardisierten Reihenfolge aufgeführt, die in dem delegierten Rechtsakt nach Absatz 2 festgelegt ist.

(2) *[1]* Die Kommission erlässt bis zum 21. Januar 2019 gemäß Artikel 44 delegierte Rechtsakte zur Ergänzung dieser Verordnung, in denen der verkürzte Inhalt, die standardisierte Aufmachung und die standardisierte Reihen-

---
[1)] Zeichensetzung amtlich.

folge für den EU-Wachstumsprospekt sowie der verkürzte Inhalt und die standardisierte Aufmachung der speziellen Zusammenfassung präzisiert werden.

*[2]* ¹Die spezielle Zusammenfassung erlegt den Emittenten insofern keinerlei zusätzliche Belastungen oder Kosten auf, als dafür nur die relevanten Informationen erforderlich sind, die bereits im EU-Wachstumsprospekt enthalten sind. ²Bei der Festlegung der standardisierten Aufmachung der speziellen Zusammenfassung kalibriert die Kommission die Anforderungen, um sicherzustellen, dass die Zusammenfassung kürzer ist als die Zusammenfassung gemäß Artikel 7.

*[3]* ¹Bei der Festlegung des verkürzten Inhalts, der standardisierten Aufmachung und der standardisierten Reihenfolge des EU-Wachstumsprospekts kalibriert die Kommission die Anforderungen so, dass deren Schwerpunkt auf Folgendem liegt:

a) den Angaben, die für die Anleger bei einer Anlageentscheidung wesentlich und relevant sind;

b) der Notwendigkeit, sicherzustellen, dass die Kosten für die Erstellung eines Prospekts in einem angemessenen Verhältnis zur Größe des Unternehmens stehen.

²Dabei berücksichtigt die Kommission Folgendes:

a) dass der EU-Wachstumsprospekt unter dem Aspekt der Verwaltungslasten und der Emissionskosten signifikant einfacher sein muss als der Standardprospekt;

b) dass KMU der Zugang zu den Kapitalmärkten erleichtert werden muss und die Kosten für die KMU möglichst gering zu halten sind, während gleichzeitig das Anlegervertrauen in solche Unternehmen gesichert werden muss;

c) die unterschiedlichen Arten von Angaben, die Anleger in Bezug auf Dividendenwerte und Nichtdividendenwerte benötigen.

³Die betreffenden delegierten Rechtsakte basieren auf der Grundlage der Anhänge IV und V.

**Art. 16 Risikofaktoren.** (1) *[1]* Auf Risikofaktoren wird in einem Prospekt nur insoweit eingegangen, als es sich um Risiken handelt, die für den Emittenten und/oder die Wertpapiere spezifisch und im Hinblick auf eine fundierte Anlageentscheidung von wesentlicher Bedeutung sind, wie auch durch den Inhalt des Registrierungsformulars und der Wertpapierbeschreibung bestätigt wird.

*[2]* Bei der Erstellung des Prospekts beurteilt der Emittent, der Anbieter oder die Person, die die Zulassung zum Handel auf einem geregelten Markt beantragt, die Wesentlichkeit der Risikofaktoren auf der Grundlage der Wahrscheinlichkeit ihres Eintretens und des zu erwartenden Umfangs ihrer negativen Auswirkungen.

*[3]* ¹Jeder Risikofaktor muss angemessen beschrieben werden, wobei zu erläutern ist, wie er sich auf den Emittenten oder die angebotenen oder zum Handel zuzulassenden Wertpapiere auswirken kann. ²Die Beurteilung der Wesentlichkeit der Risikofaktoren gemäß Unterabsatz 2 kann auch durch Verwendung der Qualitätseinteilungen „gering", „mittel" oder „hoch" offengelegt werden.

*[4]* ¹Die Risikofaktoren werden entsprechend ihrer Beschaffenheit in eine begrenzte Anzahl von Kategorien eingestuft. ²Für jede Kategorie werden die wesentlichsten Risikofaktoren entsprechend der Beurteilung gemäß Unterabsatz 2 an erster Stelle genannt.

(2) Zu den Risikofaktoren gehören auch die Risiken, die sich aus dem Grad der Nachrangigkeit eines Wertpapiers ergeben, sowie die Auswirkungen auf die voraussichtliche Höhe oder den voraussichtlichen Zeitpunkt der Zahlungen an die Inhaber von Wertpapieren, im Falle eines Konkurses oder eines vergleichbaren Verfahrens, einschließlich, soweit relevant, der Insolvenz eines Kreditinstituts oder dessen Abwicklung oder Umstrukturierung gemäß der Richtlinie 2014/59/EU.

(3) Wird für die Wertpapiere eine Garantie gestellt, so enthält der Prospekt die spezifischen und wesentlichen Risikofaktoren bezüglich des Garantiegebers, soweit diese für seine Fähigkeit, seinen Verpflichtungen aus der Garantie nachzukommen, relevant sind.

(4) Um eine angemessene und zielgerichtete Offenlegung der Risikofaktoren zu unterstützen, arbeitet die ESMA Leitlinien zur Unterstützung der zuständigen Behörden bei deren Überprüfung der Spezifität und der Wesentlichkeit der Risikofaktoren sowie der Einstufung der Risikofaktoren entsprechend ihrer Beschaffenheit in die Risikokategorien aus.

(5) Der Kommission wird die Befugnis übertragen, gemäß Artikel 44 delegierte Rechtsakte zur Ergänzung dieser Verordnung zu erlassen, in denen Kriterien für die Beurteilung der Spezifität und der Wesentlichkeit der Risikofaktoren sowie für die Einstufung der Risikofaktoren entsprechend ihrer Beschaffenheit in Risikokategorien präzisiert werden.

**Art. 17 Endgültiger Emissionskurs und endgültiges Emissionsvolumen der Wertpapiere.** (1) Wenn der endgültige Emissionskurs und/oder das endgültige Emissionsvolumen, die Gegenstand des öffentlichen Angebots sind, entweder als Anzahl von Wertpapieren oder als aggregierter Nominalbetrag, im Prospekt nicht genannt werden können,

a) kann eine Zusage zum Erwerb oder zur Zeichnung der Wertpapiere innerhalb von mindestens zwei Arbeitstagen nach Hinterlegung des endgültigen Emissionskurses und/oder des endgültigen Emissionsvolumens der öffentlich angebotenen Wertpapiere widerrufen werden oder

b) ist Folgendes im Prospekt anzugeben:

i) der Höchstkurs und/oder das maximale Emissionsvolumen, soweit vorhanden, oder

ii) die Bewertungsmethoden und -kriterien und/oder die Bedingungen, nach denen der endgültige Emissionskurs festzulegen ist, und eine Erläuterung etwaiger Bewertungsmethoden.

(2) Der endgültige Emissionskurs und das endgültige Emissionsvolumen werden bei der zuständigen Behörde des Herkunftsmitgliedstaats hinterlegt und gemäß den Bestimmungen des Artikels 21 Absatz 2 der Öffentlichkeit zur Verfügung gestellt.

**Art. 18 Nichtaufnahme von Informationen.** (1) ¹Die zuständige Behörde des Herkunftsmitgliedstaats kann die Nichtaufnahme bestimmter Informationen in den Prospekt oder in Bestandteilen hiervon genehmigen, wenn sie der Auffassung ist, dass eine der folgenden Bedingungen erfüllt ist:

a) Die Offenlegung der betreffenden Informationen würde dem öffentlichen Interesse zuwiderlaufen;

b) die Offenlegung der betreffenden Informationen würde dem Emittenten oder dem etwaigen Garantiegeber ernsthaft schaden, vorausgesetzt, dass die Öffentlichkeit durch die Nichtaufnahme der Informationen nicht in Bezug auf Tatsachen und Umstände irregeführt wird, die für eine fundierte Beurteilung des Emittenten oder des etwaigen Garantiegebers und der mit den Wertpapieren, auf die sich der Prospekt bezieht, verbundenen Rechte wesentlich sind;

c) die betreffende Information ist in Bezug auf ein spezifisches Angebot oder eine spezifische Zulassung zum Handel an einem geregelten Markt von untergeordneter Bedeutung und beeinflusst nicht die Beurteilung der Finanzlage und der Aussichten des Emittenten oder des etwaigen Garantiegebers.

²Die zuständige Behörde legt der ESMA alljährlich einen Bericht zu den Informationen vor, deren Nichtaufnahme sie genehmigt hat.

(2) Für den Fall, dass ausnahmsweise bestimmte Angaben, die in einen Prospekt oder in Bestandteilen hiervon aufzunehmen sind, dem Tätigkeitsbereich oder der Rechtsform des Emittenten oder des etwaigen Garantiegebers, oder aber den Wertpapieren, auf die sich der Prospekt bezieht, nicht angemessen sind, enthält der Prospekt oder Bestandteile hiervon vorbehaltlich einer angemessenen Information der Anleger Angaben, die den geforderten Angaben gleichwertig sind, es sei denn, solche Angaben sind nicht verfügbar.

(3) Wenn Wertpapiere von einem Mitgliedstaat garantiert werden, ist der Emittent, der Anbieter oder die die Zulassung zum Handel an einem geregelten Markt beantragende Person bei der Erstellung eines Prospekts gemäß Artikel 4 berechtigt, Angaben über den betreffenden Mitgliedstaat nicht aufzunehmen.

(4) *[1]* Die ESMA kann bzw. muss, wenn die Kommission dies verlangt, Entwürfe technischer Regulierungsstandards ausarbeiten, in denen präzisiert wird, in welchen Fällen im Einklang mit Absatz 1 und unter Berücksichtigung der in Absatz 1 genannten Berichte, die die zuständigen Behörden der ESMA vorzulegen haben, eine Nichtaufnahme von Angaben zulässig ist.

*[2]* Der Kommission wird die Befugnis übertragen, die in Unterabsatz 1 genannten technischen Regulierungsstandards gemäß den Artikeln 10 bis 14 der Verordnung (EU) Nr. 1095/2010[1]) zu erlassen.

**Art. 19 Aufnahme von Informationen mittels Verweis.** (1) *[1]* ¹Informationen können mittels Verweis in einen Prospekt aufgenommen werden, wenn sie zuvor oder gleichzeitig auf elektronischem Wege veröffentlicht werden, in einer Sprache gemäß den Anforderungen des Artikels 27 abgefasst sind und in einem der folgenden Dokumente enthalten sind:

a) Dokumente, die im Einklang mit dieser Verordnung oder der Richtlinie 2003/71/EG von einer zuständigen Behörde gebilligt oder bei ihr hinterlegt wurden;

---

[1]) Nr. 3.

b) Dokumente gemäß Artikel 1 Absatz 4 Buchstaben f bis i und Artikel 1 Absatz 5 Unterabsatz 1 Buchstaben e bis h sowie Buchstabe j Ziffer v;

c) vorgeschriebene Informationen;

d) jährlich und unterjährig vorzulegende Finanzinformationen;

e) Prüfungsberichte und Jahresabschlüsse;

f) Lageberichte gemäß Kapitel 5 der Richtlinie 2013/34/EU des Europäischen Parlaments und des Rates[1)];

g) Erklärungen zur Unternehmensführung gemäß Artikel 20 der Richtlinie 2013/34/EU;

h) Berichte über die Bestimmung des Wertes eines Unternehmens oder eines Vermögenswertes;

i) Vergütungsberichte gemäß Artikel 9b der Richtlinie 2007/36/EG des Europäischen Parlaments und des Rates[2)];

j) Jahresberichte oder Offenlegung der Informationen, die in den Artikeln 22 und 23 der Richtlinie 2011/61/EU des Europäischen Parlaments und des Rates[3)] vorgesehen sind;

k) Gründungsurkunde und Satzung.

²Dabei muss es sich um die dem Emittenten vorliegenden jüngsten Informationen handeln.

*[2]* Werden nur bestimmte Teile eines Dokuments mittels Verweis aufgenommen, so muss der Prospekt eine Erklärung enthalten, dass die nicht aufgenommenen Teile entweder für den Anleger nicht relevant sind oder an anderer Stelle im Prospekt enthalten sind.

(2) ¹Werden Informationen mittels Verweis aufgenommen, so gewährleistet der Emittent, der Anbieter oder die die Zulassung zum Handel an einem geregelten Markt beantragende Person die Zugänglichkeit der Informationen. ²Insbesondere muss der Prospekt eine Liste mit Querverweisen enthalten, damit Anleger bestimmte Einzelangaben leicht auffinden können, sowie elektronische Verknüpfungen (im Folgenden „Hyperlink") zu allen Dokumenten, die mittels Verweis aufgenommene Informationen enthalten.

(3) Der Emittent, der Anbieter oder die die Zulassung zum Handel an einem geregelten Markt beantragende Person legt soweit möglich zusammen mit dem bei der zuständigen Behörde eingereichten ersten Entwurf des Prospekts, spätestens aber zum Zeitpunkt des Überprüfungsprozesses alle mittels Verweis in den Prospekt aufgenommenen Informationen in einem elektronischen Format mit Suchfunktion vor, es sei denn, die betreffenden Informationen wurden

---

[1)] **Amtl. Anm.:** Richtlinie 2013/34/EU des Europäischen Parlaments und des Rates vom 26. Juni 2013 über den Jahresabschluss, den konsolidierten Abschluss und damit verbundene Berichte von Unternehmen bestimmter Rechtsformen und zur Änderung der Richtlinie 2006/43/EG des Europäischen Parlaments und des Rates und zur Aufhebung der Richtlinien 78/660/EWG und 83/349/EWG des Rates (ABl. L 182 vom 29.6.2013, S. 19).

[2)] **Amtl. Anm.:** Richtlinie 2007/36/EG des Europäischen Parlaments und des Rates vom 11. Juli 2007 über die Ausübung bestimmter Rechte von Aktionären in börsennotierten Gesellschaften (ABl. L 184 vom 14.7.2007, S. 17).

[3)] **Amtl. Anm.:** Richtlinie 2011/61/EU des Europäischen Parlaments und des Rates vom 8. Juni 2011 über die Verwalter alternativer Investmentfonds und zur Änderung der Richtlinien 2003/41/EG und 2009/65/EG und der Verordnungen (EG) Nr. 1060/2009 und (EU) Nr. 1095/2010 (ABl. L 174 vom 1.7.2011, S. 1).

bereits von der für die Billigung des Prospekts zuständigen Behörde gebilligt oder bei ihr hinterlegt.

(4) [1] Die ESMA kann bzw. muss, wenn die Kommission dies verlangt, Entwürfe technischer Regulierungsstandards zur Aktualisierung der in Absatz 1 dieses Artikels genannten Liste von Dokumenten durch Aufnahme weiterer Arten von Dokumenten, die nach dem Unionsrecht bei einer Behörde zu hinterlegen oder von einer Behörde zu billigen sind, ausarbeiten.

[2] Der Kommission wird die Befugnis übertragen, die in Unterabsatz 1 dieses Absatzes genannten technischen Regulierungsstandards gemäß den Artikeln 10 bis 14 der Verordnung (EU) Nr. 1095/2010[1]) zu erlassen.

### Kapitel IV. Regeln für die Billigung und die Veröffentlichung des Prospekts

**Art. 20 Prüfung und Billigung des Prospekts.** (1) Ein Prospekt darf erst veröffentlicht werden, wenn die jeweils zuständige Behörde ihn oder alle seine Bestandteile gemäß Artikel 10 gebilligt hat.

(2) [1] Die zuständige Behörde teilt dem Emittenten, dem Anbieter oder der die Zulassung zum Handel an einem geregelten Markt beantragenden Person innerhalb von zehn Arbeitstagen nach Vorlage des Prospektentwurfs ihre Entscheidung hinsichtlich der Billigung des Prospekts mit.

[2] Unterlässt es die zuständige Behörde, innerhalb der in Unterabsatz 1 dieses Absatzes sowie den Absätzen 3 und 6 genannten Fristen eine Entscheidung über den Prospekt zu treffen, so gilt diese Unterlassung nicht als Billigung.

[3] Die zuständige Behörde unterrichtet die ESMA so bald wie möglich über die Billigung des Prospekts und aller Prospektnachträge, auf jeden Fall spätestens bis zum Ende des ersten Arbeitstags, nachdem der Emittent, der Anbieter oder die die Zulassung zum Handel an einem geregelten Markt beantragende Person hierüber unterrichtet wurde.

(3) [1] Die Frist gemäß Absatz 2 Unterabsatz 1 wird auf 20 Arbeitstage verlängert, wenn das öffentliche Angebot Wertpapiere eines Emittenten betrifft, dessen Wertpapiere noch nicht zum Handel an einem geregelten Markt zugelassen sind und der zuvor keine Wertpapiere öffentlich angeboten hat.

[2] [1] Die Frist von 20 Arbeitstagen gilt nur für die erste Vorlage des Prospektentwurfs. [2] Sind gemäß Absatz 4 nachfolgende Vorlagen erforderlich, so gilt die Frist nach Absatz 2 Unterabsatz 1.

(4) [1] Stellt die zuständige Behörde fest, dass der Prospektentwurf die für eine Billigung vorausgesetzten Standards bezüglich Vollständigkeit, Verständlichkeit und Kohärenz nicht erfüllt und/oder dass Änderungen oder ergänzende Informationen erforderlich sind, so

a) unterrichtet sie den Emittenten, den Anbieter oder die die Zulassung zum Handel an einem geregelten Markt beantragende Person zeitnah darüber, spätestens innerhalb der in Absatz 2 Unterabsatz 1 oder gegebenenfalls Absatz 3 genannten Fristen, gerechnet ab der Vorlage des Prospektentwurfs und/oder der ergänzenden Informationen, und

---

[1]) Nr. 3.

b) gibt klar die Änderungen oder ergänzenden Informationen, die erforderlich sind, an.

²In diesen Fällen gilt die in Absatz 2 Unterabsatz 1 festgelegte Frist erst ab dem Datum, zu dem ein geänderter Prospektentwurf oder die verlangten zusätzlichen Informationen bei der zuständigen Behörde eingereicht werden.

(5) ¹Ist der Emittent, der Anbieter oder die die Zulassung zum Handel an einem geregelten Markt beantragende Person nicht in der Lage oder nicht willens, die erforderlichen Änderungen vorzunehmen oder die gemäß Absatz 4 verlangten ergänzenden Informationen vorzulegen, ist die zuständige Behörde berechtigt, die Billigung des Prospekts zu verweigern und den Überprüfungsprozess zu beenden. ²In diesem Fall teilt die zuständige Behörde dem Emittenten, dem Anbieter oder der die Zulassung zum Handel an einem geregelten Markt beantragenden Person ihre Entscheidung und die Gründe für die Ablehnung mit.

(6) *[1]* ¹Abweichend von den Absätzen 2 und 4 verkürzen sich die in Absatz 2 Unterabsatz 1 und Absatz 4 genannten Fristen für einen aus mehreren Einzeldokumenten bestehenden Prospekt, der durch in Artikel 9 Absatz 11 genannte Daueremittenten, einschließlich Daueremittenten, die das Notifizierungsverfahren nach Artikel 26 anwenden, erstellt wurde, auf fünf Arbeitstage. ²Der Daueremittent unterrichtet die zuständige Behörde spätestens fünf Arbeitstage vor dem Datum, zu dem der Antrag auf Billigung gestellt werden soll.

*[2]* Der Daueremittent legt der zuständigen Behörde seinen Antrag mit den erforderlichen Änderungen des einheitlichen Registrierungsformulars, soweit dies zutrifft, sowie der Wertpapierbeschreibung und der Zusammenfassung, die zur Billigung vorgelegt wurden, vor.

(7) ¹Die zuständigen Behörden stellen auf ihren Websites eine Anleitung zum Prüfungs- und Billigungsverfahren bereit, um eine wirksame und zeitnahe Billigung der Prospekte zu gewährleisten. ²Eine solche Anleitung schließt auch Kontaktdaten für Billigungen ein. ³Der Emittent, der Anbieter, die die Zulassung zum Handel an einem geregelten Markt beantragende Person oder die für die Erstellung des Prospekts zuständige Person erhalten die Möglichkeit, während des gesamten Verfahrens der Billigung des Prospekts direkt mit dem Personal der zuständigen Behörde zu kommunizieren und zu interagieren.

(8) ¹Auf Antrag des Emittenten, des Anbieters oder der die Zulassung zum Handel an einem geregelten Markt beantragenden Person kann die zuständige Behörde des Herkunftsmitgliedstaats die Billigung eines Prospekts der zuständigen Behörde eines anderen Mitgliedstaats übertragen, sofern die ESMA vorab darüber informiert wurde und die betreffende zuständige Behörde damit einverstanden ist. ²Die zuständige Behörde des Herkunftsmitgliedstaats übermittelt die hinterlegten Unterlagen zusammen mit ihrer Entscheidung, die Billigung zu übertragen, noch an dem Tag, an dem sie die Entscheidung getroffen hat, in elektronischer Form der zuständigen Behörde des anderen Mitgliedstaats. ³Eine solche Übertragung ist dem Emittenten, dem Anbieter oder der die Zulassung zum Handel an einem geregelten Markt beantragenden Person innerhalb von drei Arbeitstagen ab dem Datum mitzuteilen, zu dem die zuständige Behörde des Herkunftsmitgliedstaats ihre Entscheidung getroffen hat. ⁴Die in Absatz 2 Unterabsatz 1 und Absatz 3 genannten Fristen gelten ab dem Datum, zu dem die zuständige Behörde des Herkunftsmitgliedstaats die Entscheidung getroffen

hatte. ⁵Artikel 28 Absatz 4 der Verordnung (EU) Nr. 1095/2010¹⁾ findet auf die Übertragung der Billigung des Prospekts gemäß diesem Absatz keine Anwendung. ⁶Nach Abschluss der Übertragung der Billigung gilt die zuständige Behörde, der die Billigung des Prospekts übertragen wurde, für die Zwecke dieser Verordnung als die für diesen Prospekt zuständige Behörde des Herkunftsmitgliedstaats.

(9) *[1]* Diese Verordnung berührt nicht die Haftung der zuständigen Behörde, die weiterhin ausschließlich durch das nationale Recht geregelt wird.

*[2]* Die Mitgliedstaaten stellen sicher, dass ihre nationalen Vorschriften über die Haftung der zuständigen Behörde lediglich für die Billigung von Prospekten durch ihre zuständige Behörde gelten.

(10) Die Höhe der Gebühren, die die zuständige Behörde des Herkunftsmitgliedstaats für die Billigung von Prospekten, von Dokumenten, die Bestandteil von Prospekten gemäß Artikel 10 werden sollen, oder von Prospektnachträgen sowie für die Hinterlegung einheitlicher Registrierungsformulare, einschlägiger Änderungen und endgültiger Bedingungen erhebt, muss angemessen und verhältnismäßig sein und wird zumindest auf der Website der zuständigen Behörde veröffentlicht.

(11) Die Kommission erlässt bis zum 21. Januar 2019 gemäß Artikel 44 delegierte Rechtsakte zur Ergänzung dieser Verordnung, in denen die Kriterien für die Prüfung der Prospekte, insbesondere der Vollständigkeit, Verständlichkeit und Kohärenz der darin enthaltenen Informationen, und die Verfahren für die Billigung des Prospekts festgelegt werden.

(12) ¹Die ESMA nutzt ihre Befugnisse im Rahmen der Verordnung (EU) Nr. 1095/2010 zur Förderung der Aufsichtskonvergenz in Bezug auf die Prüfungs- und Billigungsverfahren der zuständigen Behörden zur Bewertung der Vollständigkeit, Kohärenz und Verständlichkeit der im Prospekt enthaltenen Informationen. ²Hierzu arbeitet die ESMA Leitlinien für die zuständigen Behörden über die Überwachung und Durchsetzung der Prospektvorschriften aus; diese Leitlinien beziehen sich auf die Überprüfung der Einhaltung dieser Verordnung und von auf ihrer Grundlage erlassenen delegierten Rechtsakten und Durchführungsrechtsakten. ³Die ESMA fördert insbesondere die Konvergenz hinsichtlich der Wirksamkeit, der Methoden und des Zeitpunkts der Prüfung der im Prospekt enthaltenen Informationen durch die zuständigen Behörden, wobei sie insbesondere vergleichende Analysen gemäß Absatz 13 durchführt.

(13) ¹Unbeschadet des Artikels 30 der Verordnung (EU) Nr. 1095/2010 unterzieht die ESMA die Prüfungs- und Billigungsverfahren der zuständigen Behörden, einschließlich der Verfahren zur Notifizierung der Billigung zwischen den zuständigen Behörden, mindestens einer vergleichenden Analyse („Peer review"). ²Bei der vergleichenden Analyse wird auch bewertet, wie sich unterschiedliche Ansätze bei der Prüfung und Billigung durch die zuständigen Behörden auf die Möglichkeiten der Emittenten, sich in der Union Kapital zu beschaffen, auswirken. ³Der Bericht über die vergleichende Analyse wird bis zum 21. Juli 2022 veröffentlicht. ⁴Die ESMA berücksichtigt im Rahmen dieser vergleichenden Analyse die Stellungnahmen oder Empfehlungen der in Arti-

---

¹⁾ Nr. 3.

kel 37 der Verordnung (EU) Nr. 1095/2010 genannten Interessengruppe Wertpapiere und Wertpapiermärkte.

**Art. 21 Veröffentlichung des Prospekts.** (1) *[1]* Nach seiner Billigung ist der Prospekt der Öffentlichkeit durch den Emittenten, den Anbieter oder die die Zulassung zum Handel an einem geregelten Markt beantragende Person rechtzeitig vor und spätestens mit Beginn des öffentlichen Angebots oder der Zulassung der betreffenden Wertpapiere zum Handel zur Verfügung zu stellen.

*[2]* Im Falle eines öffentlichen Erstangebots einer Gattung von Aktien, die zum ersten Mal zum Handel an einem geregelten Markt zugelassen wird, muss der Prospekt der Öffentlichkeit mindestens sechs Arbeitstage vor dem Ende des Angebots zur Verfügung gestellt werden.

(2) Der Prospekt gilt unabhängig davon, ob er aus einem oder mehreren Dokumenten besteht, als der Öffentlichkeit zur Verfügung gestellt, wenn er in elektronischer Form auf einer der folgenden Websites veröffentlicht wird:

a) der Website des Emittenten, des Anbieters oder der die Zulassung zum Handel an einem geregelten Markt beantragenden Person;

b) der Website der die Wertpapiere platzierenden oder verkaufenden Finanzintermediäre, einschließlich der Zahlstellen;

c) der Website des geregelten Marktes, an dem die Zulassung zum Handel beantragt wurde, oder – wenn keine Zulassung zum Handel an einem geregelten Markt beantragt wurde – auf der Website des Betreibers des MTF.

(3) *[1]* ¹Der Prospekt wird in einer beim Aufrufen der Website leicht zugänglichen eigenen Rubrik veröffentlicht. ²Er wird als herunterladbare, druckbare Datei in einem mit Suchfunktion ausgestatteten, jedoch nicht editierbaren elektronischen Format zur Verfügung gestellt.

*[2]* Dokumente mit Informationen, die mittels Verweis in den Prospekt aufgenommen werden, Nachträge und/oder endgültige Bedingungen für den Prospekt sowie eine gesonderte Kopie der Zusammenfassung werden in derselben Rubrik wie der Prospekt selbst, erforderlichenfalls in Form eines Hyperlinks, zur Verfügung gestellt.

*[3]* In der gesonderten Kopie der Zusammenfassung ist klar anzugeben, auf welchen Prospekt sie sich bezieht.

(4) ¹Für den Zugang zum Prospekt ist weder eine Registrierung noch die Akzeptanz einer Haftungsbegrenzungsklausel noch die Entrichtung einer Gebühr erforderlich. ²Warnhinweise, die angeben, im Rahmen welcher Rechtsordnungen ein Angebot unterbreitet oder eine Zulassung zum Handel erteilt wird, werden nicht als Haftungsbegrenzungsklausel angesehen.

(5) *[1]* ¹Die zuständige Behörde des Herkunftsmitgliedstaats veröffentlicht auf ihrer Website alle gebilligten Prospekte oder zumindest die Liste der gebilligten Prospekte, einschließlich eines Hyperlinks zu den in Absatz 3 dieses Artikels genannten spezifischen Rubriken der Website und der Angabe des Aufnahmemitgliedstaats oder der Aufnahmemitgliedstaaten, in dem/denen Prospekte gemäß Artikel 25 notifiziert werden. ²Die veröffentlichte Liste, einschließlich der Hyperlinks, wird stets auf aktuellem Stand gehalten, und jeder einzelne Eintrag bleibt mindestens während des in Absatz 7 dieses Artikels genannten Zeitraums auf der Website verfügbar.

*[2]* Bei der Notifizierung der Billigung des Prospekts oder eines Prospektnachtrags an die ESMA übermittelt die zuständige Behörde der ESMA gleichzeitig eine elektronische Kopie des Prospekts und des betreffenden Nachtrags sowie die erforderlichen Daten für die Klassifizierung in dem in Absatz 6 genannten Speichermechanismus durch die ESMA und für die Erstellung des Berichts nach Artikel 47.

*[3]* Die zuständige Behörde des Aufnahmemitgliedstaats veröffentlicht auf ihrer Website Informationen zu allen gemäß Artikel 25 eingehenden Notifizierungen.

(6) [1] Die ESMA veröffentlicht auf ihrer Website unverzüglich sämtliche Prospekte, die ihr von den zuständigen Behörden übermittelt wurden, einschließlich aller Prospektnachträge, endgültiger Bedingungen und gegebenenfalls entsprechender Übersetzungen, sowie Angaben zu dem Aufnahmemitgliedstaat/den Aufnahmemitgliedstaaten, in dem/denen Prospekte gemäß Artikel 25 notifiziert werden. [2] Die Veröffentlichung erfolgt über einen für die Öffentlichkeit kostenlos zugänglichen Speichermechanismus mit Suchfunktionen.

(7) *[1]* Alle gebilligten Prospekte bleiben nach ihrer Veröffentlichung mindestens zehn Jahre lang auf den in den Absätzen 2 und 6 genannten Websites in elektronischer Form öffentlich zugänglich.

*[2]* Werden für mittels Verweis in den Prospekt aufgenommene Informationen, Nachträge und/oder endgültige Bedingungen für den Prospekt Hyperlinks verwendet, so bleiben diese während des in Unterabsatz 1 genannten Zeitraums funktionsfähig.

(8) [1] Ein gebilligter Prospekt muss einen deutlich sichtbaren Warnhinweis mit der Angabe enthalten, ab wann der Prospekt nicht mehr gültig ist. [2] In dem Warnhinweis ist zudem anzugeben, dass die Pflicht zur Erstellung eines Prospektnachtrags im Falle wichtiger neuer Umstände, wesentlicher Unrichtigkeiten oder wesentlicher Ungenauigkeiten nicht besteht, wenn der Prospekt ungültig geworden ist.

(9) [1] Für den Fall, dass der Prospekt mehrere Einzeldokumente umfasst und/oder Angaben in Form eines Verweises enthält, können die den Prospekt bildenden Dokumente und Angaben getrennt veröffentlicht und verbreitet werden, sofern sie der Öffentlichkeit gemäß den Bestimmungen des Absatzes 2 zur Verfügung gestellt werden. [2] Besteht der Prospekt aus gesonderten Einzeldokumenten gemäß Artikel 10, so ist in jedem dieser Einzeldokumente mit Ausnahme der mittels Verweis aufgenommenen Dokumente anzugeben, dass es sich dabei lediglich um einen Teil des Prospekts handelt und wo die übrigen Einzeldokumente erhältlich sind.

(10) Der Wortlaut und die Aufmachung des Prospekts und jeglicher Nachträge zum Prospekt, die der Öffentlichkeit zur Verfügung gestellt werden, müssen jederzeit mit der ursprünglichen Fassung identisch sein, die von der zuständigen Behörde des Herkunftsmitgliedstaats gebilligt wurde.

(11) [1] Jedem potenziellen Anleger muss vom Emittenten, vom Anbieter, von der die Zulassung zum Handel an einem geregelten Markt beantragenden Person oder von den Finanzintermediären, die die Wertpapiere platzieren oder verkaufen, auf Verlangen kostenlos eine Version des Prospekts auf einem dauerhaften Datenträger zur Verfügung gestellt werden. [2] Für den Fall, dass ein potenzieller Anleger ausdrücklich eine Papierkopie anfordert, stellt ihm der Emittent, der Anbieter, die die Zulassung zum Handel an einem geregelten

Markt beantragende Person oder ein Finanzintermediär, der die Wertpapiere platziert oder verkauft, eine gedruckte Fassung des Prospekts zur Verfügung. ³Die Bereitstellung ist auf Rechtsordnungen beschränkt, in denen im Rahmen dieser Verordnung das öffentliche Angebot von Wertpapieren unterbreitet wird oder die Zulassung zum Handel an einem geregelten Markt erfolgt.

(12) *[1]* ESMA kann bzw. muss, wenn die Kommission dies verlangt, Entwürfe technischer Regulierungsstandards ausarbeiten, in denen die Anforderungen hinsichtlich der Veröffentlichung des Prospekts weiter präzisiert werden.

*[2]* Der Kommission wird die Befugnis übertragen, die in Unterabsatz 1 genannten technischen Regulierungsstandards gemäß den Artikeln 10 bis 14 der Verordnung (EU) Nr. 1095/2010[1]) zu erlassen.

(13) *[1]* Die ESMA erstellt Entwürfe technischer Regulierungsstandards, in denen die für die Klassifizierung der Prospekte nach Absatz 5 erforderlichen Daten und die praktischen Modalitäten spezifiziert werden, mit denen sichergestellt wird, dass diese Daten einschließlich der ISIN der Wertpapiere und der LEI der Emittenten, Anbieter und Garantiegeber maschinenlesbar sind.

*[2]* Die ESMA übermittelt der Kommission diese Entwürfe technischer Regulierungsstandards bis zum 21. Juli 2018.

*[3]* Der Kommission wird die Befugnis übertragen, die in Unterabsatz 1 genannten technischen Regulierungsstandards gemäß den Artikeln 10 bis 14 der Verordnung (EU) Nr. 1095/2010 zu erlassen.

**Art. 22 Werbung.** (1) ¹Jede Werbung, die sich auf ein öffentliches Angebot von Wertpapieren oder auf eine Zulassung zum Handel an einem geregelten Markt bezieht, muss die Grundsätze der Absätze 2 bis 5 beachten. ²Die Absätze 2 bis 4 und Absatz 5 Buchstabe b gelten nur für die Fälle, in denen der Emittent, der Anbieter oder die die Zulassung zum Handel an einem geregelten Markt beantragende Person der Pflicht zur Erstellung eines Prospekts unterliegt.

(2) In jeder Werbung ist darauf hinzuweisen, dass ein Prospekt veröffentlicht wurde bzw. zur Veröffentlichung ansteht und wo die Anleger ihn erhalten können.

(3) ¹Werbung muss klar als solche erkennbar sein. ²Die darin enthaltenen Informationen dürfen nicht unrichtig oder irreführend sein und müssen mit den im Prospekt enthaltenen Informationen übereinstimmen, falls er bereits veröffentlicht ist, oder die in den Prospekt aufzunehmen sind, falls er erst noch veröffentlicht wird.

(4) Alle mündlich oder schriftlich verbreiteten Informationen über das öffentliche Angebot von Wertpapieren oder die Zulassung zum Handel an einem geregelten Markt müssen, selbst wenn sie nicht zu Werbezwecken dienen, mit den im Prospekt enthaltenen Informationen übereinstimmen.

(5) Falls wesentliche Informationen von einem Emittenten oder einem Anbieter offengelegt und mündlich oder schriftlich an einen oder mehrere ausgewählte Anleger gerichtet werden, müssen diese Informationen entweder

---

[1]) Nr. 3.

a) allen anderen Anlegern, an die sich das Angebot richtet, mitgeteilt werden, falls keine Veröffentlichung eines Prospekt gemäß Artikel 1 Absätze 4 und 5 erforderlich ist, oder

b) in den Prospekt oder in einen Nachtrag zum Prospekt gemäß Artikel 23 Absatz 1 aufgenommen werden, falls die Veröffentlichung eines Prospekts erforderlich ist.

(6) *[1]* Die zuständige Behörde des Mitgliedstaats, in dem die Werbung verbreitet wird, ist befugt, zu kontrollieren, ob bei der Werbung für ein öffentliches Angebot von Wertpapieren oder eine Zulassung zum Handel an einem geregelten Markt Absätze 2 bis 4 beachtet werden.

*[2]* Falls erforderlich, unterstützt die zuständige Behörde des Herkunftsmitgliedstaats die zuständige Behörde des Mitgliedstaats, in dem die Werbung verbreitet wird, bei der Beurteilung der Frage, ob die Werbung mit den Informationen im Prospekt übereinstimmt.

*[3]* Unbeschadet des Artikels 32 Absatz 1 ist die Prüfung der Werbung durch eine zuständige Behörde keine Voraussetzung für ein öffentliches Angebot von Wertpapieren oder für die Zulassung zum Handel an einem geregelten Markt in einem Aufnahmemitgliedstaat.

*[4]* Nutzt die zuständige Behörde eines Aufnahmemitgliedstaats zur Durchsetzung des vorliegenden Artikels eine der Aufsichts- und Ermittlungsbefugnisse gemäß Artikel 32, so ist dies unverzüglich der zuständigen Behörde des Herkunftsmitgliedstaats des Emittenten mitzuteilen.

(7) [1] Die zuständigen Behörden der Aufnahmemitgliedstaaten dürfen Gebühren nur im Zusammenhang mit der Wahrnehmung ihrer Aufsichtsaufgaben gemäß diesem Artikel erheben. [2] Die Höhe der Gebühren ist auf den Websites der zuständigen Behörden anzugeben. [3] Die Gebühren müssen diskriminierungsfrei, angemessen und verhältnismäßig zu der Aufsichtsaufgabe sein. [4] Von den zuständigen Behörden der Aufnahmemitgliedstaaten werden keine Anforderungen oder Verwaltungsverfahren auferlegt, die über die für die Ausübung ihrer Aufsichtsaufgaben gemäß diesem Artikel erforderlichen Anforderungen oder Verwaltungsverfahren hinausgehen.

(8) [1] Abweichend von Absatz 6 können zwei zuständige Behörden eine Vereinbarung schließen, wonach in grenzüberschreitenden Situationen für die Zwecke der Ausübung der Kontrolle darüber, ob die für die Werbung geltenden Grundsätze eingehalten werden, diese Kontrolle weiterhin der zuständigen Behörde des Herkunftsmitgliedstaats obliegt. [2] Solche Vereinbarungen werden der ESMA mitgeteilt. [3] Die ESMA veröffentlicht eine Liste solcher Vereinbarungen und aktualisiert diese regelmäßig.

(9) *[1]* Die ESMA arbeitet Entwürfe technischer Regulierungsstandards aus, in denen die Bestimmungen der Absätze 2 bis 4 über die Werbung weiter präzisiert werden, auch zu dem Zweck, die Bestimmungen über die Verbreitung von Werbung festzulegen und Verfahren für die Zusammenarbeit zwischen der zuständigen Behörde des Herkunftsmitgliedstaats und der zuständigen Behörde des Mitgliedstaats, in dem die Werbung verbreitet wird, aufzustellen.

*[2]* Die ESMA übermittelt der Kommission diese Entwürfe technischer Regulierungsstandards bis 21. Juli 2018.

*[3]* Der Kommission wird die Befugnis übertragen, die in Unterabsatz 1 genannten technischen Regulierungsstandards gemäß den Artikeln 10 bis 14 der Verordnung (EU) Nr. 1095/2010[1)] zu erlassen.

(10) [1]Gemäß Artikel 16 der Verordnung (EU) Nr. 1095/2010 arbeitet die ESMA an die zuständigen Behörden gerichtete Leitlinien und Empfehlungen in Bezug auf die gemäß Absatz 6 ausgeübte Kontrolle aus. [2]In diesen Leitlinien und Empfehlungen wird berücksichtigt, dass eine solche Kontrolle die Funktionsweise des Notifizierungsverfahrens gemäß Artikel 25 nicht behindern darf, wobei zugleich der Verwaltungsaufwand für Emittenten, die grenzüberschreitende Angebote in der Union abgeben, so gering wie möglich zu halten ist.

(11) Dieser Artikel gilt unbeschadet der anderen geltenden Bestimmungen des Unionsrechts.

**Art. 23 Nachträge zum Prospekt.** (1) *[1]* Jeder wichtige neue Umstand, jede wesentliche Unrichtigkeit oder jede wesentliche Ungenauigkeit in Bezug auf die in einem Prospekt enthaltenen Angaben, die die Bewertung der Wertpapiere beeinflussen können und die zwischen der Billigung des Prospekts und dem Auslaufen der Angebotsfrist oder – falls später – der Eröffnung des Handels an einem geregelten Markt auftreten oder festgestellt werden, müssen unverzüglich in einem Nachtrag zum Prospekt genannt werden.

*[2]* [1]Dieser Nachtrag ist innerhalb von höchstens fünf Arbeitstagen auf die gleiche Art und Weise wie der Prospekt zu billigen und zumindest gemäß denselben Regeln zu veröffentlichen, die bei die Veröffentlichung des ursprünglichen Prospekts gemäß Artikel 21 galten. [2]Auch die Zusammenfassung und etwaige Übersetzungen sind erforderlichenfalls durch die im Nachtrag enthaltenen neuen Informationen zu ergänzen.

(2) *[1]* [1]Betrifft der Prospekt ein öffentliches Angebot von Wertpapieren, so haben Anleger, die Erwerb oder Zeichnung der Wertpapiere bereits vor Veröffentlichung des Nachtrags zugesagt haben, das Recht, ihre Zusagen innerhalb von zwei Arbeitstagen nach Veröffentlichung des Nachtrags zurückzuziehen, vorausgesetzt, dass der wichtige neue Umstand, die wesentliche Unrichtigkeit oder die wesentliche Ungenauigkeit gemäß Absatz 1 vor dem Auslaufen der Angebotsfrist oder – falls früher – der Lieferung der Wertpapiere eingetreten ist oder festgestellt wurde. [2]Diese Frist kann vom Emittenten oder vom Anbieter verlängert werden. [3]Die Frist für das Widerrufsrecht wird im Nachtrag angegeben.

*[2]* Der Nachtrag enthält eine deutlich sichtbare Erklärung in Bezug auf das Widerrufsrecht, in der Folgendes eindeutig angegeben ist:

a) dass nur denjenigen Anlegern ein Widerrufsrecht eingeräumt wird, die Erwerb oder Zeichnung der Wertpapiere bereits vor Veröffentlichung des Nachtrags zugesagt hatten, sofern die Wertpapiere den Anlegern zu dem Zeitpunkt, zu dem der wichtige neue Umstand, die wesentliche Unrichtigkeit oder die wesentliche Ungenauigkeit eingetreten ist oder festgestellt wurde, noch nicht geliefert worden waren;

b) der Zeitraum, in dem die Anleger ihr Widerrufsrecht geltend machen können, und

---

[1)] Nr. 3.

c) an wen sich die Anleger wenden können, wenn sie ihr Widerrufsrecht geltend machen wollen.

(3) *[1]* Werden die Wertpapiere über einen Finanzintermediär erworben oder gezeichnet, so informiert dieser die Anleger über die mögliche Veröffentlichung eines Nachtrags, über Ort und Zeitpunkt einer solchen Veröffentlichung sowie darüber, dass er ihnen in solchen Fällen behilflich sein würde, ihr Widerrufsrecht auszuüben.

*[2]* Der Finanzintermediär kontaktiert die Anleger am Tag der Veröffentlichung des Nachtrags.

*[3]* Werden die Wertpapiere unmittelbar vom Emittenten erworben oder gezeichnet, so informiert dieser die Anleger über die mögliche Veröffentlichung eines Nachtrags und über den Ort einer solchen Veröffentlichung sowie darüber, dass ihnen in einem solchen Fall ein Widerrufsrecht zustehen könnte.

(4) Erstellt der Emittent einen Nachtrag für Angaben im Basisprospekt, die sich nur auf eine oder mehrere Einzelemissionen beziehen, so gilt das Recht der Anleger, ihre Zusagen gemäß Absatz 2 zurückzuziehen, nur für die betreffenden Emissionen und nicht für andere Emissionen von Wertpapieren im Rahmen des Basisprospekts.

(5) [1] Wenn der wichtige neue Umstand, die wesentliche Unrichtigkeit oder die wesentliche Ungenauigkeit im Sinne des Absatzes 1 nur die in einem Registrierungsformular oder in einem einheitlichen Registrierungsformular enthaltenen Angaben betrifft und dieses Registrierungsformular oder dieses einheitliche Registrierungsformular gleichzeitig als Bestandteil mehrerer Prospekte verwendet wird, so wird nur ein Nachtrag erstellt und gebilligt. [2] In diesem Fall sind im Nachtrag alle Prospekte zu nennen, auf die er sich bezieht.

(6) [1] Bei der Prüfung eines Nachtrags vor dessen Billigung kann die zuständige Behörde verlangen, dass der Nachtrag in der Anlage eine konsolidierte Fassung des ergänzten Prospekts, Registrierungsformulars oder einheitlichen Registrierungsformulars enthält, sofern eine solche konsolidierte Fassung zur Gewährleistung der Verständlichkeit der Angaben des Prospekts erforderlich ist. [2] Ein solches Ersuchen gilt als Ersuchen um ergänzende Informationen im Sinne des Artikels 20 Absatz 4. [3] Ein Emittent kann in jedem Fall freiwillig eine konsolidierte Fassung des ergänzten Prospekts, Registrierungsformulars oder einheitlichen Registrierungsformulars als Anlage des Nachtrags beifügen.

(7) *[1]* Die ESMA arbeitet Entwürfe technischer Regulierungsstandards aus, um die Situationen zu benennen, in denen ein wichtiger neuer Umstand, eine wesentliche Unrichtigkeit oder eine wesentliche Ungenauigkeit in Bezug auf die im Prospekt enthaltenen Angaben die Veröffentlichung eines Prospektnachtrags erfordert.

*[2]* Die ESMA übermittelt der Kommission diese Entwürfe technischer Regulierungsstandards bis 21. Juli 2018.

*[3]* Der Kommission wird die Befugnis übertragen, die in Unterabsatz 1 genannten technischen Regulierungsstandards nach Artikel 10 bis 14 der Verordnung (EU) Nr. 1095/2010[1]) zu erlassen.

---

[1]) Nr. 3.

**Kapitel V. Grenzüberschreitende Angebote, Zulassungen zum Handel an einem geregelten Markt und Sprachenregelung**

**Art. 24 Unionsweite Geltung gebilligter Prospekte.** (1) [1] Sollen Wertpapiere in einem oder mehreren Mitgliedstaaten oder in einem anderen Mitgliedstaat als dem Herkunftsmitgliedstaat öffentlich angeboten oder zum Handel an einem geregelten Markt zugelassen werden, so ist unbeschadet des Artikels 37 der vom Herkunftsmitgliedstaat gebilligte Prospekt einschließlich etwaiger Nachträge in beliebig vielen Aufnahmemitgliedstaaten für ein öffentliches Angebot oder für die Zulassung zum Handel gültig, sofern die ESMA und die zuständige Behörde jedes Aufnahmemitgliedstaats gemäß Artikel 25 unterrichtet werden. [2] Die zuständigen Behörden der Aufnahmemitgliedstaaten führen für die von den zuständigen Behörden anderer Mitgliedstaaten gebilligten Prospekte und Nachträge sowie für die endgültigen Bedingungen keine Billigungs- oder Verwaltungsverfahren durch.

(2) [1] Tritt innerhalb des in Artikel 23 Absatz 1 genannten Zeitraums ein wichtiger neuer Umstand ein oder wird innerhalb dieses Zeitraums eine wesentliche Unrichtigkeit oder eine wesentliche Ungenauigkeit festgestellt, so verlangt die zuständige Behörde des Herkunftsmitgliedstaats die Veröffentlichung eines Nachtrags, der gemäß Artikel 20 Absatz 1 zu billigen ist. [2] Die ESMA und die zuständige Behörde des Aufnahmemitgliedstaats können die zuständige Behörde des Herkunftsmitgliedstaats über den Bedarf an neuen Informationen unterrichten.

**Art. 25 Notifizierung von Prospekten und Nachträgen und Mitteilung der endgültigen Bedingungen.** (1) *[1]* Die zuständige Behörde des Herkunftsmitgliedstaats übermittelt der zuständigen Behörde des Aufnahmemitgliedstaats innerhalb eines Arbeitstags nach Eingang eines entsprechenden Ersuchens des Emittenten, des Anbieters, der die Zulassung zum Handel an einem geregelten Markt beantragenden Person oder der für die Erstellung des Prospekts verantwortlichen Person oder, falls das Ersuchen zusammen mit dem Prospektentwurf vorgelegt wird, innerhalb eines Arbeitstags nach Billigung des Prospekts eine Bescheinigung über die Billigung, aus der hervorgeht, dass der Prospekt im Einklang mit dieser Verordnung erstellt wurde, sowie eine elektronische Kopie dieses Prospekts.

*[2]* Der in Unterabsatz 1 genannten Notifizierung ist gegebenenfalls eine von dem Emittenten, dem Anbieter, der die Zulassung zum Handel an einem geregelten Markt beantragenden Person oder der für die Erstellung des Prospekts verantwortlichen Person in Auftrag gegebene Übersetzung des Prospekts und jeglicher Zusammenfassung beizufügen.

*[3]* Dasselbe Verfahren findet auf etwaige Nachträge zum Prospekt Anwendung.

*[4]* Dem Emittenten, dem Anbieter, der die Zulassung zum Handel an einem geregelten Markt beantragenden Person oder der für die Erstellung des Prospekts verantwortlichen Person wird die Bescheinigung über die Billigung zur gleichen Zeit übermittelt wie der zuständigen Behörde des Aufnahmemitgliedstaats.

(2) Jede Anwendung der Bestimmungen des Artikels 18 Absätze 1 und 2 wird in der Bescheinigung über die Billigung erwähnt und begründet.

(3) Die zuständige Behörde des Herkunftsmitgliedstaats übermittelt der ESMA die Bescheinigung über die Billigung des Prospekts oder jeden Nachtrags hierzu zur gleichen Zeit wie der zuständigen Behörde des Aufnahmemitgliedstaats.

(4) Sind die endgültigen Bedingungen eines bereits notifizierten Basisprospekts weder im Basisprospekt noch in einem Nachtrag enthalten, so übermittelt die zuständige Behörde des Herkunftsmitgliedstaats diese auf elektronischem Wege der zuständigen Behörde der Aufnahmemitgliedstaaten und der ESMA so bald wie möglich nach deren Hinterlegung.

(5) Die zuständigen Behörden im Herkunftsmitgliedstaat und in den Aufnahmemitgliedstaaten erheben keine Gebühr für die Notifizierung – oder Entgegennahme der Notifizierung – von Prospekten und Nachträgen oder damit zusammenhängende Überwachungstätigkeiten.

(6) *[1]* Die ESMA richtet ein Notifizierungsportal ein, in das jede zuständige Behörde die in Absatz 1 dieses Artikels und in Artikel 26 Absatz 2 genannten Bescheinigungen über die Billigung und elektronischen Kopien sowie die endgültigen Bedingungen der Basisprospekte für die Zwecke der in den Absätzen 1, 3 und 4 des vorliegenden Artikels und in Artikel 26 genannten Notifizierungen und Übermittlungen hochlädt.

*[2]* Jede Übermittlung dieser Dokumente zwischen den zuständigen Behörden erfolgt über das genannte Notifizierungsportal.

(7) *[1]* Die ESMA erstellt Entwürfe technischer Regulierungsstandards, in denen die für den Betrieb des Notifizierungsportals nach Absatz 6 erforderlichen technischen Modalitäten spezifiziert werden.

*[2]* Die ESMA legt der Kommission diese Entwürfe technischer Regulierungsstandards bis zum 21. Juli 2018 vor.

*[3]* Der Kommission wird die Befugnis übertragen, die in Unterabsatz 1 genannten technischen Regulierungsstandards gemäß den Artikeln 10 bis 14 der Verordnung (EU) Nr. 1095/2010[1] zu erlassen.

(8) *[1]* Um einheitliche Bedingungen für die Anwendung dieser Verordnung zu gewährleisten und den technischen Entwicklungen auf den Finanzmärkten Rechnung zu tragen, kann die ESMA Entwürfe technischer Durchführungsstandards ausarbeiten, um Standardformulare, Mustertexte und Verfahren für die Notifizierung der Bescheinigung über die Billigung, des Prospekts, eines Prospektnachtrags hierzu und der Übersetzung des Prospekts und/oder der Zusammenfassung festzulegen.

*[2]* Der Kommission wird die Befugnis übertragen, die in Unterabsatz 1 genannten technischen Durchführungsstandards gemäß Artikel 15 der Verordnung (EU) Nr. 1095/2010 zu erlassen.

**Art. 26 Notifizierung von Registrierungsformularen oder einheitlichen Registrierungsformularen.** (1) Dieser Artikel gilt nur für Emissionen von Nichtdividendenwerten gemäß Artikel 2 Buchstabe m Ziffer ii und für in Drittländern ansässige Emittenten gemäß Artikel 2 Buchstabe m Ziffer iii, wenn es sich bei dem gewählten Herkunftsmitgliedstaat für die Billigung des Prospekts gemäß diesen Bestimmungen nicht um den Mitgliedstaat handelt, dessen zuständige Behörde das von dem Emittenten, dem Anbieter oder der die

---

[1] Nr. 3.

Zulassung zum Handel an einem geregelten Markt beantragenden Person erstellte Registrierungsformular oder einheitliche Registrierungsformular gebilligt hat.

(2) *[1]* ¹Eine zuständige Behörde, die ein Registrierungsformular oder ein einheitliches Registrierungsformular und etwaige Änderungen gebilligt hat, übermittelt der zuständigen Behörde des Herkunftsmitgliedstaats auf Ersuchen des Emittenten, des Anbieters, der Person, die die Zulassung zum Handel auf einem geregelten Markt beantragt, oder der für die Erstellung eines solchen Formulars verantwortlichen Person für die Billigung des Prospekts eine Bescheinigung über die Billigung, aus der hervorgeht, dass das Registrierungsformular oder das einheitliche Registrierungsformular und etwaige Änderungen im Einklang mit dieser Verordnung erstellt wurde, sowie eine elektronische Kopie dieses Formulars. ²Jene Notifizierung erfolgt innerhalb eines Arbeitstags nach Eingang des Ersuchens oder, falls das Ersuchen zusammen mit dem Entwurf des Registrierungsformulars oder dem Entwurf des einheitlichen Registrierungsformulars vorgelegt wird, innerhalb eines Arbeitstags nach Billigung dieses Formulars.

*[2]* Der in Unterabsatz 1 genannten Notifizierung ist gegebenenfalls eine vom Emittenten, vom Anbieter, von der Person, die die Zulassung zum Handel auf einem geregelten Markt beantragt, oder der für die Erstellung solcher Formulare verantwortlichen Person in Auftrag gegebene Übersetzung des Registrierungsformulars oder des einheitlichen Registrierungsformulars und etwaiger Änderungen beizufügen.

*[3]* Dem Emittenten, dem Anbieter, der Person, die die Zulassung zum Handel auf einem geregelten Markt beantragt, oder der für die Erstellung des Registrierungsformulars oder des einheitlichen Registrierungsformulars und etwaiger Änderungen verantwortlichen Person wird die Bescheinigung über die Billigung zur gleichen Zeit übermittelt wie der für die Billigung des Prospekts zuständigen Behörde des Herkunftsmitgliedstaats.

*[4]* Jede Anwendung der Bestimmungen des Artikels 18 Absätze 1 und 2 wird in der Bescheinigung erwähnt und begründet.

*[5]* Die zuständige Behörde, die das Registrierungsformular oder das einheitliche Registrierungsformular und etwaige Änderungen gebilligt hat, übermittelt der ESMA die Bescheinigung über die Billigung dieser Formulare zur gleichen Zeit, wie sie auch der für die Billigung des Prospekts zuständigen Behörde des Herkunftsmitgliedstaats übermittelt wird.

*[6]* Diese zuständigen Behörden erheben keine Gebühr für die Notifizierung oder Entgegennahme der Notifizierung von Registrierungsformularen oder einheitlichen Registrierungsformularen und etwaiger Änderungen oder damit zusammenhängende Überwachungstätigkeiten.

(3) *[1]* Ein gemäß Absatz 2 übermitteltes Registrierungsformular oder einheitliches Registrierungsformular kann als Bestandteil eines der für die Billigung des Prospekts zuständigen Behörde des Herkunftsmitgliedstaats zur Billigung vorgelegten Prospekts verwendet werden.

*[2]* Die für die Billigung des Prospekts zuständige Behörde des Herkunftsmitgliedstaats nimmt keinerlei Prüfung oder Billigung des übermittelten Registrierungsformulars oder einheitlichen Registrierungsformulars und etwaiger Änderungen vor und billigt erst nach Entgegennahme der Notifizierung ausschließlich die Wertpapierbeschreibung und die Zusammenfassung.

(4) *[1]* ¹Ein gemäß Absatz 2 übermitteltes Registrierungsformular oder einheitliches Registrierungsformular enthält einen Anhang mit den Basisinformationen über den Emittenten nach Artikel 7 Absatz 6. ²Die Billigung des Registrierungsformulars oder des einheitlichen Registrierungsformulars bezieht sich auch auf diesen Anhang.

*[2]* Der Notifizierung ist gegebenenfalls gemäß Artikel 27 Absatz 2 Unterabsatz 2 und Artikel 27 Absatz 3 Unterabsatz 2 eine von dem Emittenten, dem Anbieter oder der für die Erstellung des Registrierungsformulars oder einheitlichen Registrierungsformulars verantwortlichen Person in Auftrag gegebene Übersetzung des Anhangs des Registrierungsformulars oder einheitlichen Registrierungsformulars beizufügen.

*[3]* ¹Bei der Erstellung der Zusammenfassung gibt der Emittent, der Anbieter oder die für die Erstellung des Prospekts verantwortliche Person den Inhalt des Anhangs ohne Änderungen in dem in Artikel 7 Absatz 4 Buchstabe b genannten Abschnitt wieder. ²Die für die Billigung des Prospekts zuständige Behörde des Herkunftsmitgliedstaats prüft diesen Abschnitt der Zusammenfassung nicht.

(5) *[1]* ¹Tritt innerhalb des in Artikel 23 Absatz 1 genannten Zeitraums ein wichtiger neuer Umstand ein oder wird innerhalb dieses Zeitraums eine wesentliche Unrichtigkeit oder eine wesentliche Ungenauigkeit festgestellt, die die im Registrierungsformular oder im einheitlichen Registrierungsformular enthaltenen Angaben betrifft, so ist der zuständigen Behörde, die das Registrierungsformular oder das einheitliche Registrierungsformular gebilligt hat, der nach Artikel 23 erforderliche Nachtrag zur Billigung vorzulegen. ²Dieser Nachtrag wird der für die Billigung des Prospekts zuständigen Behörde des Herkunftsmitgliedstaats innerhalb eines Arbeitstags nach seiner Billigung nach dem Verfahren gemäß den Absätzen 2 und 3 dieses Artikels übermittelt.

*[2]* In Fällen, in denen ein Registrierungsformular oder ein einheitliches Registrierungsformular gemäß Artikel 23 Absatz 5 gleichzeitig als Bestandteil mehrerer Prospekte verwendet wird, wird der Nachtrag jeder zuständigen Behörde übermittelt, die solche Prospekte gebilligt hat.

(6) *[1]* Um einheitliche Bedingungen für die Anwendung dieser Verordnung zu gewährleisten und die technischen Entwicklungen auf den Finanzmärkten zu berücksichtigen, kann die ESMA Entwürfe technischer Durchführungsstandards ausarbeiten, um Standardformulare, Mustertexte und Verfahren für die Notifizierung der Bescheinigung über die Billigung des Registrierungsformulars, des einheitlichen Registrierungsformulars, jedes diesbezüglichen Nachtrags samt etwaiger Übersetzungen festzulegen.

*[2]* Der Kommission wird die Befugnis übertragen, die in Unterabsatz 1 genannten technischen Durchführungsstandards gemäß Artikel 15 der Verordnung (EU) Nr. 1095/2010[1)] zu erlassen.

**Art. 27 Sprachenregelung.** (1) Werden Wertpapiere nur im Herkunftsmitgliedstaat öffentlich angeboten oder nur dort die Zulassung zum Handel an einem geregelten Markt beantragt, so wird der Prospekt in einer von der zuständigen Behörde des Herkunftsmitgliedstaats anerkannten Sprache erstellt.

(2) *[1]* Werden Wertpapiere in einem oder mehreren anderen Mitgliedstaaten als dem Herkunftsmitgliedstaat öffentlich angeboten oder dort die Zulassung

---

[1)] Nr. 3.

zum Handel an einem geregelten Markt beantragt, so wird der Prospekt je nach Wahl des Emittenten, des Anbieters oder der Person, die die Zulassung an einem geregelten Markt beantragt, entweder in einer von den zuständigen Behörden dieser Mitgliedstaaten anerkannten oder in einer in internationalen Finanzkreisen gebräuchlichen Sprache erstellt.

[2] Die zuständigen Behörden der einzelnen Aufnahmemitgliedstaaten schreiben vor, dass die in Artikel 7 genannte Zusammenfassung in ihrer Amtssprache oder in mindestens einer ihrer Amtssprachen oder in einer von der zuständigen Behörde des betreffenden Mitgliedstaats anerkannten anderen Sprache vorliegen muss; sie verlangen jedoch nicht die Übersetzung anderer Teile des Prospekts.

[3] Für die Zwecke der Prüfung und Billigung durch die zuständige Behörde des Herkunftsmitgliedstaats wird der Prospekt je nach Wahl des Emittenten, des Anbieters oder der die Zulassung zum Handel an einem geregelten Markt beantragenden Person entweder in einer von dieser Behörde anerkannten oder in einer in internationalen Finanzkreisen gebräuchlichen Sprache erstellt.

(3) [1] Werden Wertpapiere in mehr als einem Mitgliedstaat einschließlich des Herkunftsmitgliedstaats öffentlich angeboten oder dort die Zulassung zum Handel an einem geregelten Markt beantragt, so wird der Prospekt in einer von der zuständigen Behörde des Herkunftsmitgliedstaats anerkannten Sprache erstellt und darüber hinaus je nach Wahl des Emittenten, des Anbieters oder der die Zulassung zum Handel an einem geregelten Markt beantragenden Person entweder in einer von den zuständigen Behörden der einzelnen Aufnahmemitgliedstaaten anerkannten Sprache oder in einer in internationalen Finanzkreisen gebräuchlichen Sprache zur Verfügung gestellt.

[2] Die zuständigen Behörden der einzelnen Aufnahmemitgliedstaaten schreiben vor, dass die in Artikel 7 genannte Zusammenfassung in ihrer Amtssprache oder in mindestens einer ihrer Amtssprachen oder in einer von der zuständigen Behörde des betreffenden Mitgliedstaats anerkannten anderen Sprache vorliegen muss; sie verlangen jedoch nicht die Übersetzung anderer Teile des Prospekts.

(4) [1] Die endgültigen Bedingungen und die Zusammenfassung für die einzelne Emission werden in derselben Sprache abgefasst wie der gebilligte Basisprospekt.

[2] Wenn die endgültigen Bedingungen gemäß Artikel 25 Absatz 4 an die zuständige Behörde des Aufnahmemitgliedstaats oder – im Falle mehrerer Aufnahmemitgliedstaaten – an die zuständigen Behörden der Aufnahmemitgliedstaaten übermittelt werden, gilt für die endgültigen Bedingungen und die ihnen angefügte Zusammenfassung die folgende Sprachenregelung:

a) die den endgültigen Bedingungen angefügte Zusammenfassung für die einzelne Emission liegt erforderlichenfalls gemäß Absatz 2 Unterabsatz 2 bzw. Absatz 3 Unterabsatz 2 in der Amtssprache oder in mindestens einer der Amtssprachen des Aufnahmemitgliedstaats oder in einer von der zuständigen Behörde des betreffenden Aufnahmemitgliedstaats anerkannten anderen Sprache vor;

b) ist nach Absatz 2 bzw. 3 der Basisprospekt zu übersetzen, so unterliegen die endgültigen Bedingungen und die diesen angefügte Zusammenfassung für die einzelne Emission den gleichen Übersetzungsanforderungen wie der Basisprospekt.

(5) Bezieht sich ein Prospekt auf die Zulassung von Nichtdividendenwerten zum Handel an einem geregelten Markt und wird die Zulassung zum Handel an einem geregelten Markt in einem oder mehreren Mitgliedstaaten beantragt, so wird der Prospekt je nach Wahl des Emittenten, des Anbieters oder der die Zulassung zum Handel an einem geregelten Markt beantragenden Person entweder in einer von den zuständigen Behörden des Herkunftsmitgliedstaats und der Aufnahmemitgliedstaaten anerkannten Sprache oder in einer in internationalen Finanzkreisen gebräuchlichen Sprache erstellt, sofern entweder

a) diese Wertpapiere ausschließlich an einem geregelten Markt oder in einem bestimmten Segment eines solchen gehandelt werden sollen, zu dem ausschließlich qualifizierte Anleger zu Zwecken des Handels mit diesen Wertpapieren Zugang erhalten, oder

b) diese Wertpapiere eine Mindeststückelung von 100 000 EUR haben.

## Kapitel VI. Besondere Vorschriften für in Drittländern niedergelassene Emittenten

**Art. 28 Öffentliches Angebot von Wertpapieren oder Zulassung zum Handel an einem geregelten Markt mittels eines nach Maßgabe dieser Verordnung erstellten Prospekts.** *[1]* Beabsichtigen Drittlandsemittenten, mittels eines nach Maßgabe dieser Verordnung erstellten Prospekts ein öffentliches Angebot von Wertpapieren in der Union zu platzieren oder eine Zulassung von Wertpapieren zum Handel an einem in der Union errichteten geregelten Markt zu beantragen, so stellen sie den Antrag zur Billigung des Prospekts gemäß Artikel 20 bei der zuständigen Behörde ihres Herkunftsmitgliedstaats.

*[2]* Wurde ein Prospekt nach Maßgabe des Unterabsatzes 1 gebilligt, erwachsen daraus alle in dieser Verordnung in Bezug auf einen Prospekt vorgesehenen Rechte und Pflichten, und der Prospekt und der Drittlandsemittent unterliegen allen Bestimmungen dieser Verordnung unter Aufsicht der zuständigen Behörde des Herkunftsmitgliedstaats.

**Art. 29 Öffentliches Angebot von Wertpapieren oder Zulassung zum Handel an einem geregelten Markt mittels eines nach Maßgabe des Rechts eines Drittlands erstellten Prospekts.** (1) Die zuständige Behörde des Herkunftsmitgliedstaats eines Drittlandsemittenten kann einen nach dem nationalen Recht des betreffenden Drittlands erstellten und diesen Vorschriften unterliegenden Prospekt für ein öffentliches Angebot von Wertpapieren oder die Zulassung zum Handel an einem geregelten Markt unter der Voraussetzung billigen, dass

a) die durch das Recht des betreffenden Drittlands auferlegten Informationspflichten den Anforderungen dieser Verordnung gleichwertig sind und

b) die zuständige Behörde des Herkunftsmitgliedstaats Kooperationsvereinbarungen nach Artikel 30 mit den einschlägigen Aufsichtsbehörden des Drittlandsemittenten geschlossen hat.

(2) Werden Wertpapiere eines Drittlandsemittenten in einem anderen Mitgliedstaat als dem Herkunftsmitgliedstaat öffentlich angeboten oder zum Handel an einem geregelten Markt zugelassen, so gelten die Anforderungen der Artikel 24, 25 und 27.

(3) *[1]* Der Kommission wird die Befugnis übertragen, gemäß Artikel 44 delegierte Rechtsakte zur Ergänzung dieser Verordnung zu erlassen, in denen die allgemeinen Kriterien für die Gleichwertigkeit auf der Grundlage der Anforderungen gemäß den Artikeln 6, 7, 8 und 13 festlegt werden.

*[2]* ¹Die Kommission kann auf der Grundlage der vorstehend genannten Kriterien einen Durchführungsbeschluss erlassen, durch den festgestellt wird, dass die durch nationales Recht eines Drittlands auferlegten Informationspflichten den Anforderungen dieser Verordnung gleichwertig sind. ²Dieser Durchführungsbeschluss wird nach dem Prüfverfahren gemäß Artikel 45 Absatz 2 erlassen.

**Art. 30 Zusammenarbeit mit Drittländern.** (1) *[1]* ¹Für die Zwecke des Artikels 29 und, sofern dies für notwendig erachtet wird, für die Zwecke des Artikels 28 schließen die zuständigen Behörden der Mitgliedstaaten Kooperationsvereinbarungen mit den Aufsichtsbehörden von Drittländern über den Informationsaustausch mit Aufsichtsbehörden in Drittländern und die Durchsetzung von Verpflichtungen aus dieser Verordnung in Drittländern, es sei denn, das jeweilige Drittland steht, gemäß Artikel 9 der Richtlinie (EU) 2015/849 des Europäischen Parlaments und des Rates[1]), auf der von der Kommission durch Inkraftsetzung delegierter Rechtsakte erlassenen Liste der Länder, deren nationale Systeme zur Bekämpfung von Geldwäsche und Terrorismusfinanzierung strategische Mängel aufweisen, die wesentliche Risiken für das Finanzsystem der Union darstellen. ²Diese Kooperationsvereinbarungen stellen zumindest einen wirksamen Informationsaustausch sicher, der den zuständigen Behörden die Wahrnehmung ihrer Aufgaben im Rahmen dieser Verordnung ermöglicht.

*[2]* Schlägt eine zuständige Behörde den Abschluss einer derartigen Vereinbarung vor, setzt sie die ESMA und die anderen zuständigen Behörden davon in Kenntnis.

(2) *[1]* Für die Zwecke des Artikels 29 und, sofern dies für notwendig erachtet wird, für die Zwecke des Artikels 28 erleichtert und koordiniert die ESMA die Ausarbeitung von Kooperationsvereinbarungen zwischen den zuständigen Behörden und den jeweiligen Aufsichtsbehörden von Drittländern.

*[2]* Die ESMA erleichtert und koordiniert erforderlichenfalls auch den Informationsaustausch zwischen den zuständigen Behörden hinsichtlich Informationen von Aufsichtsbehörden aus Drittländern, die für das Ergreifen von Maßnahmen gemäß den Artikeln 38 und 39 von Belang sein können.

(3) ¹Die zuständigen Behörden schließen Kooperationsvereinbarungen über den Informationsaustausch mit den Aufsichtsbehörden von Drittländern nur, wenn die Garantien zum Schutz des Berufsgeheimnisses in Bezug auf die offengelegten Informationen jenen nach Artikel 35 mindestens gleichwertig sind. ²Ein derartiger Informationsaustausch muss der Wahrnehmung der Aufgaben dieser zuständigen Behörden dienen.

---

[1]) **Amtl. Anm.:** Richtlinie (EU) 2015/849 des Europäischen Parlaments und des Rates vom 20. Mai 2015 zur Verhinderung der Nutzung des Finanzsystems zum Zwecke der Geldwäsche und der Terrorismusfinanzierung, zur Änderung der Verordnung (EU) Nr. 648/2012 des Europäischen Parlaments und des Rates und zur Aufhebung der Richtlinie 2005/60/EG des Europäischen Parlaments und des Rates und der Richtlinie 2006/70/EG der Kommission (ABl. L 141 vom 5.6.2015, S. 73).

(4) *[1]* Die ESMA kann bzw. muss, wenn die Kommission dies verlangt, Entwürfe technischer Regulierungsstandards ausarbeiten, in denen der Mindestinhalt der Kooperationsvereinbarungen nach Absatz 1 und das dafür zu verwendende Muster festgelegt werden.

*[2]* Der Kommission wird die Befugnis übertragen, die in Unterabsatz 1 genannten technischen Regulierungsstandards gemäß den Artikeln 10 bis 14 der Verordnung (EU) Nr. 1095/2010[1]) zu erlassen.

## Kapitel VII. ESMA und zuständige Behörden

**Art. 31 Zuständige Behörden.** (1) *[1]* [1]Jeder Mitgliedstaat benennt eine einzige zuständige Verwaltungsbehörde, die für die Erfüllung der aus dieser Verordnung erwachsenden Pflichten und für die Anwendung der Bestimmungen dieser Verordnung zuständig ist. [2]Die Mitgliedstaaten setzen die Kommission, die ESMA und die zuständigen Behörden der anderen Mitgliedstaaten entsprechend in Kenntnis.

*[2]* Die zuständige Behörde ist von Marktteilnehmern unabhängig.

(2) *[1]* Die Mitgliedstaaten können ihrer zuständigen Behörde gestatten, die Aufgaben im Zusammenhang mit der elektronischen Veröffentlichung der gebilligten Prospekte und der zugehörigen Dokumente an Dritte zu delegieren.

*[2]* [1]Jede Delegierung von Aufgaben erfolgt mittels eines eigenen Beschlusses, in dem festgelegt wird:

a) die zu übertragenden Aufgaben und unter welchen Bedingungen diese auszuführen sind,

b) eine Klausel, die den jeweiligen Dritten dazu verpflichtet, aufgrund seines Handelns und durch seine Organisationsstruktur zu gewährleisten, dass Interessenkonflikte vermieden werden und Informationen, die sie bei Ausführung der delegierten Aufgaben erhalten, nicht missbräuchlich oder wettbewerbswidrig verwendet werden, und

c) alle Vereinbarungen zwischen der zuständigen Behörde und Dritten, denen Aufgaben übertragen werden.

[2]Die nach Absatz 1 benannte zuständige Behörde ist in letzter Instanz für die Überwachung der Einhaltung dieser Verordnung und für die Billigung der Prospekte verantwortlich.

*[3]* Die Mitgliedstaaten teilen der Kommission, der ESMA und den zuständigen Behörden der anderen Mitgliedstaaten einen Beschluss zur Übertragung von Aufgaben nach Unterabsatz 2, einschließlich der genauen Bedingungen der Delegierung, mit.

(3) Die Absätze 1 und 2 berühren nicht die Möglichkeit der Mitgliedstaaten, für überseeische europäische Gebiete, deren Außenbeziehungen sie wahrnehmen, gesonderte Rechts- und Verwaltungsvorschriften zu erlassen.

**Art. 32 Befugnisse der zuständigen Behörden.** (1) *[1]* [1]Zur Wahrnehmung ihrer Aufgaben gemäß dieser Verordnung müssen die zuständigen Behör-

---

[1]) Nr. 3.

den im Einklang mit dem nationalem Recht zumindest über die erforderlichen Aufsichts- und Ermittlungsbefugnisse verfügen, um

a) von Emittenten, Anbietern oder die Zulassung zum Handel an einem geregelten Markt beantragenden Personen die Aufnahme zusätzlicher Angaben in den Prospekt zu verlangen, wenn der Anlegerschutz dies gebietet;
b) von Emittenten, Anbietern oder die Zulassung zum Handel an einem geregelten Markt beantragenden Personen sowie von Personen, die diese kontrollieren oder die kontrolliert werden, die Vorlage von Informationen und Unterlagen zu verlangen;
c) von den Abschlussprüfern und Führungskräften des Emittenten, des Anbieters oder der die Zulassung zum Handel an einem geregelten Markt beantragenden Person sowie von den Finanzintermediären, die mit der Platzierung des öffentlichen Angebots von Wertpapieren oder der Beantragung der Zulassung zum Handel an einem geregelten Markt beauftragt sind, die Vorlage von Informationen zu verlangen;
d) ein öffentliches Angebot von Wertpapieren oder eine Zulassung zum Handel auf einem geregelten Markt für jeweils höchstens zehn aufeinander folgende Arbeitstage auszusetzen, wenn ein hinreichend begründeter Verdacht besteht, dass gegen diese Verordnung verstoßen wurde;
e) die Werbung für jeweils höchstens zehn aufeinander folgende Arbeitstage zu untersagen oder auszusetzen oder zu verlangen, dass die Emittenten, Anbieter oder die die Zulassung zum Handel an einem geregelten Markt beantragenden Personen oder die einschlägigen Finanzintermediäre die Werbung unterlassen oder für jeweils höchstens zehn aufeinander folgende Arbeitstage aussetzen, wenn ein hinreichend begründeter Verdacht besteht, dass gegen diese Verordnung verstoßen wurde;
f) ein öffentliches Angebot von Wertpapieren oder eine Zulassung zum Handel an einem geregelten Markt zu untersagen, wenn sie feststellen, dass gegen diese Verordnung verstoßen wurde, oder ein hinreichend begründeter Verdacht besteht, dass gegen sie verstoßen würde;
g) den Handel an einem geregelten Markt, an einem MTF oder einem OTF für jeweils höchstens zehn aufeinander folgende Arbeitstage auszusetzen oder von den betreffenden geregelten Märkten, MTF oder OTF die Aussetzung des Handels an einem geregelten Markt oder an einem MTF für jeweils höchstens zehn aufeinander folgende Arbeitstage zu verlangen, wenn ein hinreichend begründeter Verdacht besteht, dass gegen diese Verordnung verstoßen wurde;
h) den Handel an einem geregelten Markt, an einem MTF oder einem OTF zu untersagen, wenn sie feststellen, dass gegen diese Verordnung verstoßen wurde;
i) den Umstand bekannt zu machen, dass ein Emittent, ein Anbieter oder eine die Zulassung zum Handel an einem geregelten Markt beantragende Person seinen/ihren Verpflichtungen nicht nachkommt;
j) die Prüfung eines zur Billigung vorgelegten Prospekts auszusetzen oder ein öffentliches Angebot von Wertpapieren oder eine Zulassung zum Handel an einem geregelten Markt auszusetzen oder einzuschränken, wenn die zuständige Behörde ihre Befugnis zur Verhängung von Verboten oder Beschrän-

kungen nach Artikel 42 der Verordnung (EU) Nr. 600/2014[1]) des Europäischen Parlaments und des Rates[2]) wahrnimmt, solange dieses Verbot oder diese Beschränkungen gelten;

k) die Billigung eines von einem bestimmten Emittenten, Anbieter oder einer die Zulassung zum Handel an einem geregelten Markt beantragenden Person erstellten Prospekts während höchstens fünf Jahren zu verweigern, wenn dieser Emittent, Anbieter oder diese die Zulassung zum Handel an einem geregelten Markt beantragende Person wiederholt und schwerwiegend gegen diese Verordnung verstoßen haben;

l) zur Gewährleistung des Anlegerschutzes oder des reibungslosen Funktionierens des Marktes alle wesentlichen Informationen, die die Bewertung der öffentlich angebotenen oder zum Handel an einem geregelten Markt zugelassenen Wertpapiere beeinflussen können, bekannt zu machen oder vom Emittenten die Bekanntgabe dieser Informationen zu verlangen;

m) den Handel der Wertpapiere auszusetzen oder von dem betreffenden geregelten Markt, MTF oder OTF die Aussetzung des Handels zu verlangen, wenn sie der Auffassung sind, dass der Handel angesichts der Lage des Emittenten den Anlegerinteressen abträglich wäre;

n) Überprüfungen oder Ermittlungen vor Ort an anderen Standorten als den privaten Wohnräumen natürlicher Personen durchzuführen und zu jenem Zweck Zugang zu Räumlichkeiten zu erhalten, um Unterlagen und Daten gleich welcher Form einzusehen, wenn der begründete Verdacht besteht, dass in Zusammenhang mit dem Gegenstand einer Überprüfung oder Ermittlung Dokumente und andere Daten vorhanden sind, die als Nachweis für einen Verstoß gegen diese Verordnung dienen können.

²Sofern das nationale Recht dies erfordert, kann die zuständige Behörde die zuständige Justizbehörde ersuchen, über die Ausübung der in Unterabsatz 1 genannten Befugnisse zu entscheiden.

*[2]* Wenn nach Unterabsatz 1 Buchstabe k die Billigung eines Prospekts verweigert wurde, teilt die zuständige Behörde dies der ESMA mit, die daraufhin die zuständigen Behörden anderer Mitgliedstaaten informiert.

*[3]* Nach Artikel 21 der Verordnung (EU) Nr. 1095/2010[3]) ist die ESMA berechtigt, sich an Überprüfungen vor Ort gemäß Unterabsatz 1 Buchstabe n zu beteiligen, wenn jene Überprüfungen gemeinsam von mindestens zwei zuständigen Behörden durchgeführt werden.

(2) Die zuständigen Behörden nehmen ihre in Absatz 1 genannten Aufgaben und Befugnisse auf eine der folgenden Arten wahr:

a) unmittelbar;

b) in Zusammenarbeit mit anderen Behörden;

c) unter eigener Zuständigkeit, durch Übertragung von Aufgaben an solche Behörden;

d) durch Antrag bei den zuständigen Justizbehörden.

---

[1]) Nr. 2.
[2]) **Amtl. Anm.:** Verordnung (EU) Nr. 600/2014 des Europäischen Parlaments und des Rates vom 15. Mai 2014 über Märkte für Finanzinstrumente und zur Änderung der Verordnung (EU) Nr. 648/2012 (ABl. L 173 vom 12.6.2014, S. 84).
[3]) Nr. 3.

(3) Die Mitgliedstaaten stellen durch geeignete Maßnahmen sicher, dass die zuständigen Behörden mit allen zur Wahrnehmung ihrer Aufgaben erforderlichen Aufsichts- und Ermittlungsbefugnissen ausgestattet sind.

(4) Diese Verordnung lässt Gesetze und Rechtsvorschriften zu Übernahmeangeboten, Zusammenschlüssen und anderen Transaktionen, die die Eigentumsverhältnisse oder die Kontrolle von Unternehmen betreffen, mit denen die Richtlinie 2004/25/EG umgesetzt wird und die zusätzlich zu den Anforderungen dieser Verordnung weitere Anforderungen festlegen, unberührt.

(5) Wenn eine Person der zuständigen Behörde im Einklang mit dieser Verordnung Informationen meldet, gilt das nicht als Verstoß gegen eine etwaige vertraglich oder durch Rechts- oder Verwaltungsvorschriften geregelte Einschränkung der Offenlegung von Informationen und hat keine diesbezügliche Haftung zur Folge.

(6) Die Absätze 1 bis 3 berühren nicht die Möglichkeit der Mitgliedstaaten, für überseeische europäische Gebiete, deren Außenbeziehungen sie wahrnehmen, gesonderte Rechts- und Verwaltungsvorschriften zu erlassen.

**Art. 33 Zusammenarbeit zwischen zuständigen Behörden.** (1) *[1]* ¹Die zuständigen Behörden arbeiten untereinander und mit der ESMA für die Zwecke dieser Verordnung zusammen. ²Sie tauschen Informationen unverzüglich aus und kooperieren bei Ermittlungen sowie Überwachungs- und Durchsetzungsmaßnahmen.

*[2]* Mitgliedstaaten, die im Einklang mit Absatz 38 strafrechtliche Sanktionen für Verstöße gegen diese Verordnung festgelegt haben, stellen durch angemessene Vorkehrungen sicher, dass die zuständigen Behörden alle notwendigen Befugnisse haben, um mit den Justizbehörden innerhalb ihres Hoheitsgebiets in Kontakt zu treten und spezifische Informationen in Bezug auf strafrechtliche Ermittlungen oder Verfahren zu erhalten, die aufgrund mutmaßlicher Verstöße gegen diese Verordnung eingeleitet wurden; sie leisten zur Erfüllung ihrer Verpflichtung, miteinander sowie mit der ESMA für die Zwecke dieser Verordnung zusammenzuarbeiten, dasselbe für andere zuständige Behörden und die ESMA.

(2) Eine zuständige Behörde kann es nur dann ablehnen, einem Ersuchen um Informationen oder einer Anfrage in Bezug auf die Zusammenarbeit bei einer Ermittlung zu entsprechen, wenn einer der folgenden außergewöhnlichen Umstände gegeben ist:

a) Ein Stattgeben wäre dazu geeignet, ihre eigene Untersuchung, ihre eigenen Durchsetzungsmaßnahmen oder eine strafrechtliche Ermittlung zu beeinträchtigen;

b) aufgrund derselben Tat ist gegen dieselben Personen bereits ein Verfahren vor einem Gericht des ersuchten Mitgliedstaats anhängig;

c) gegen die genannten Personen ist aufgrund derselben Tat bereits ein rechtskräftiges Urteil in dem ersuchten Mitgliedstaat ergangen.

(3) Die zuständigen Behörden übermitteln auf Ersuchen unverzüglich alle Informationen, die für die Zwecke dieser Verordnung erforderlich sind.

(4) *[1]* Die zuständige Behörde kann im Hinblick auf Überprüfungen oder Ermittlungen vor Ort die zuständige Behörde eines anderen Mitgliedstaats um Amtshilfe ersuchen.

*[2]* ¹Die ersuchende zuständige Behörde setzt die ESMA von jedem Ersuchen nach Unterabsatz 1 in Kenntnis. ²Im Falle von Überprüfungen vor Ort oder Ermittlungen mit grenzüberschreitender Wirkung koordiniert die ESMA auf Ersuchen einer der zuständigen Behörden die Überprüfung oder Ermittlung.

*[3]* Erhält eine zuständige Behörde ein Ersuchen einer zuständigen Behörde eines anderen Mitgliedstaats auf Durchführung von Überprüfungen oder Ermittlungen vor Ort, so hat sie folgende Möglichkeiten:

a) Sie führt die Überprüfung oder Ermittlung vor Ort selbst durch;

b) sie gestattet der ersuchenden zuständigen Behörde, sich an der Überprüfung oder Ermittlung vor Ort zu beteiligen;

c) sie gestattet der ersuchenden zuständigen Behörde, die Überprüfung oder Ermittlung vor Ort selbst durchzuführen;

d) sie benennt Rechnungsprüfer oder Sachverständige zur Durchführung der Überprüfung oder Ermittlung vor Ort;

e) sie teilt sich bestimmte mit der Wahrnehmung der Aufsichtstätigkeiten zusammenhängende Aufgaben mit den anderen zuständigen Behörden.

(5) ¹Die zuständigen Behörden können die ESMA mit Fällen befassen, in denen ein Ersuchen um Zusammenarbeit, insbesondere um Informationsaustausch, zurückgewiesen wurde oder innerhalb einer angemessenen Frist zu keiner Reaktion geführt hat. ²Unbeschadet des Artikels 258 AEUV kann die ESMA in den in Satz 1 dieses Absatzes genannten Fällen gemäß den ihr durch Artikel 19 der Verordnung (EU) Nr. 1095/2010[1]) übertragenen Befugnissen tätig werden.

(6) *[1]* Die ESMA kann bzw. muss, wenn die Kommission dies verlangt, Entwürfe technischer Regulierungsstandards zur Präzisierung der gemäß Absatz 1 zwischen den zuständigen Behörden auszutauschenden Informationen ausarbeiten.

*[2]* Der Kommission wird die Befugnis übertragen, die in Unterabsatz 1 genannten technischen Regulierungsstandards gemäß den Artikeln 10 bis 14 der Verordnung (EU) Nr. 1095/2010 zu erlassen.

(7) *[1]* Die ESMA kann Entwürfe technischer Durchführungsstandards zur Festlegung von Standardformularen, Mustertexten und Verfahren für die Zusammenarbeit und den Austausch von Informationen zwischen den zuständigen Behörden ausarbeiten.

*[2]* Der Kommission wird die Befugnis übertragen, die in Unterabsatz 1 genannten technischen Durchführungsstandards gemäß Artikel 15 der Verordnung (EU) Nr. 1095/2010 zu erlassen.

**Art. 34 Zusammenarbeit mit der ESMA.** (1) Die zuständigen Behörden arbeiten für die Zwecke dieser Verordnung gemäß der Verordnung (EU) Nr. 1095/2010[1]) mit der ESMA zusammen.

(2) Die zuständigen Behörden stellen der ESMA gemäß Artikel 35 der Verordnung (EU) Nr. 1095/2010 unverzüglich alle für die Erfüllung ihrer Aufgaben erforderlichen Informationen zur Verfügung.

---

[1]) Nr. 3.

(3) *[1]* Um einheitliche Bedingungen für die Anwendung dieses Artikels sicherzustellen, kann die ESMA Entwürfe technischer Durchführungsstandards zur Festlegung der Verfahren und Formen des Informationsaustauschs gemäß Absatz 2 ausarbeiten.

*[2]* Der Kommission wird die Befugnis übertragen, die in Unterabsatz 1 genannten technischen Durchführungsstandards gemäß Artikel 15 der Verordnung (EU) Nr. 1095/2010 zu erlassen.

**Art. 35 Berufsgeheimnis.** (1) Alle im Rahmen dieser Verordnung zwischen zuständigen Behörden ausgetauschten Informationen, die Geschäfts- oder Betriebsbedingungen und andere wirtschaftliche oder persönliche Angelegenheiten betreffen, gelten als vertraulich und unterliegen den Anforderungen des Berufsgeheimnisses, es sei denn, ihre Weitergabe wird von den zuständigen Behörden zum Zeitpunkt der Übermittlung für zulässig erklärt oder ist für Gerichtsverfahren erforderlich.

(2) ¹An das Berufsgeheimnis gebunden sind alle Personen, die für die zuständige Behörde oder für Dritte, denen die zuständige Behörde Befugnisse übertragen hat, tätig sind oder waren. ²Die unter das Berufsgeheimnis fallenden Informationen dürfen keiner anderen Person oder Behörde bekannt gegeben werden, es sei denn, dies geschieht aufgrund von Unionsrecht oder nationalem Recht.

**Art. 36 Datenschutz.** *[1]* In Bezug auf die Verarbeitung personenbezogener Daten im Rahmen dieser Verordnung führen die zuständigen Behörden ihre Aufgaben im Sinne dieser Verordnung im Einklang mit Verordnung (EU) 2016/679 aus.

*[2]* Die ESMA handelt bei der Verarbeitung personenbezogener Daten im Rahmen dieser Verordnung gemäß der Verordnung (EG) Nr. 45/2001.

**Art. 37 Vorsichtsmaßnahmen.** (1) Hat die zuständige Behörde des Aufnahmemitgliedstaats klare und nachweisliche Gründe für die Annahme, dass von dem Emittenten, dem Anbieter oder der die Zulassung zum Handel an einem geregelten Markt beantragenden Person oder von den mit der Platzierung des öffentlichen Angebots von Wertpapieren beauftragten Finanzintermediären Unregelmäßigkeiten begangen worden sind oder dass diese Personen den Pflichten, die ihnen aus dieser Verordnung erwachsen, nicht nachgekommen sind, so befasst sie die zuständige Behörde des Herkunftsmitgliedstaats und die ESMA mit diesen Feststellungen.

(2) Verstoßen der Emittent, der Anbieter oder die die Zulassung zum Handel an einem geregelten Markt beantragende Person oder die mit der Platzierung des öffentlichen Angebots von Wertpapieren beauftragten Finanzintermediären trotz der von der zuständigen Behörde des Herkunftsmitgliedstaats ergriffenen Maßnahmen weiterhin gegen diese Verordnung, so ergreift die zuständige Behörde des Aufnahmemitgliedstaats nach vorheriger Unterrichtung der zuständigen Behörde des Herkunftsmitgliedstaats und der ESMA alle für den Schutz der Anleger erforderlichen Maßnahmen und unterrichtet die Kommission und die ESMA unverzüglich darüber.

(3) ¹Ist eine zuständige Behörde nicht mit einer von einer anderen zuständigen Behörde nach Absatz 2 getroffenen Maßnahme einverstanden, so kann sie die Angelegenheit der ESMA zur Kenntnis bringen. ²Die ESMA kann im

Rahmen der ihr durch Artikel 19 der Verordnung (EU) Nr. 1095/2010[1]) übertragenen Befugnisse tätig werden.

## Kapitel VIII. Verwaltungsrechtliche Sanktionen und andere verwaltungsrechtliche Maßnahmen

**Art. 38 Verwaltungsrechtliche Sanktionen und andere verwaltungsrechtliche Maßnahmen.** (1) *[1]* [1] Unbeschadet der Aufsichts- und Ermittlungsbefugnisse der zuständigen Behörden gemäß Artikel 32 und des Rechts der Mitgliedstaaten, strafrechtliche Sanktionen festzulegen und zu verhängen, statten die Mitgliedstaaten die zuständigen Behörden im Einklang mit dem nationalen Recht mit der Befugnis aus, verwaltungsrechtliche Sanktionen zu verhängen und geeignete andere Verwaltungsmaßnahmen zu ergreifen, die wirksam, verhältnismäßig und abschreckend sein müssen. [2] Diese verwaltungsrechtlichen Sanktionen und andere verwaltungsrechtliche Maßnahmen finden mindestens Anwendung

a) bei Verstößen gegen Artikel 3, Artikel 5, Artikel 6, Artikel 7 Absätze 1 bis 11, Artikel 8, Artikel 9, Artikel 10, Artikel 11 Absätze 1 und 3, Artikel 14 Absätze 1 und 2, Artikel 15 Absatz 1, Artikel 16 Absätze 1, 2 und 3, Artikel 17, Artikel 18, Artikel 19 Absätze 1 bis 3, Artikel 20 Absatz 1, Artikel 21 Absätze 1 bis 4 und Absätze 7 bis 11, Artikel 22 Absätze 2 bis 5, Artikel 23 Absätze 1, 2, 3 und 5 sowie Artikel 27;

b) wenn bei einer Ermittlung oder Überprüfung nicht zusammengearbeitet oder einem unter Artikel 32 fallenden Ersuchen nicht nachgekommen wird.

[3] Die Mitgliedstaaten können beschließen, keine Regelungen für die in Unterabsatz 1 genannten verwaltungsrechtlichen Sanktionen festzulegen, sofern die in Unterabsatz 1 Buchstaben a oder b genannten Verstöße bis 21. Juli 2018 gemäß dem nationalen Recht bereits strafrechtlichen Sanktionen unterliegen. [4] Die Mitgliedstaaten melden der Kommission und der ESMA im Falle eines solchen Beschlusses die Einzelheiten der entsprechenden Bestimmungen ihres Strafrechts.

*[2]* [1] Die Mitgliedstaaten teilen der Kommission und der ESMA bis zum 21. Juli 2018 die Einzelheiten der in den Unterabsätzen 1 und 2 genannten Vorschriften mit. [2] Sie melden der Kommission und der ESMA unverzüglich jegliche späteren Änderungen dieser Vorschriften.

(2) Die Mitgliedstaaten stellen im Einklang mit ihrem nationalen Recht sicher, dass die zuständigen Behörden die Befugnis haben, bei Verstößen gemäß Absatz 1 Buchstabe a zumindest die folgenden verwaltungsrechtlichen Sanktionen und anderen verwaltungsrechtlichen Maßnahmen zu verhängen:

a) öffentliche Bekanntgabe der verantwortlichen natürlichen Person oder Rechtspersönlichkeit und der Art des Verstoßes gemäß Artikel 42;

b) Anordnung an die verantwortliche natürliche Person oder Rechtspersönlichkeit, das den Verstoß darstellende Verhalten einzustellen;

c) maximale Verwaltungsgeldstrafen in mindestens zweifacher Höhe der durch die Verstöße erzielten Gewinne oder vermiedenen Verluste, sofern diese sich beziffern lassen;

---

[1]) Nr. 3.

d) im Falle einer juristischen Person maximale Verwaltungsgeldstrafen in Höhe von mindestens 5 000 000 EUR bzw. in Mitgliedstaaten, deren Währung nicht der Euro ist, des entsprechenden Werts in der Landeswährung am 20. Juli 2017 oder 3 % des jährlichen Gesamtumsatzes der betreffenden juristischen Person nach dem letzten verfügbaren Abschluss, der vom Leitungsorgan gebilligt wurde. Handelt es sich bei der juristischen Person um eine Muttergesellschaft oder eine Tochtergesellschaft einer Muttergesellschaft, die nach der Richtlinie 2013/34/EU einen konsolidierten Abschluss aufzustellen hat, so ist der relevante jährliche Gesamtumsatz der jährliche Gesamtumsatz oder die entsprechende Einkunftsart nach dem einschlägigen Unionsrecht für die Rechnungslegung, der/die im letzten verfügbaren konsolidierten Abschluss ausgewiesen ist, der vom Leitungsorgan der Muttergesellschaft an der Spitze gebilligt wurde;

e) im Falle einer natürlichen Person maximale Verwaltungsgeldstrafen in Höhe von mindestens 700 000 EUR, bzw. in den Mitgliedstaaten, deren Währung nicht der Euro ist, Geldbußen in entsprechender Höhe in der Landeswahrung am 20. Juli 2017.

(3) Mitgliedstaaten können zusätzliche Sanktionen oder Maßnahmen sowie höhere Verwaltungsgeldstrafen, als in dieser Verordnung festgelegt, vorsehen.

## Art. 39 Wahrnehmung der Aufsichts- und Sanktionsbefugnisse.

(1) Die zuständigen Behörden berücksichtigen bei der Bestimmung der Art und der Höhe der verwaltungsrechtlichen Sanktionen und anderer verwaltungsrechtlicher Maßnahmen alle relevanten Umstände, darunter gegebenenfalls

a) die Schwere und Dauer des Verstoßes;

b) den Grad an Verantwortung der für den Verstoß verantwortlichen Person;

c) die Finanzkraft der für den Verstoß verantwortlichen Person, wie sie sich aus dem Gesamtumsatz der verantwortlichen juristischen Person oder den Jahreseinkünften und dem Nettovermögen der verantwortlichen natürlichen Person ablesen lässt;

d) die Auswirkungen des Verstoßes auf die Interessen der Kleinanleger;

e) die Höhe der durch den Verstoß von der für den Verstoß verantwortlichen Person erzielten Gewinne bzw. vermiedenen Verluste oder der Dritten entstandenen Verluste, soweit diese sich beziffern lassen;

f) das Ausmaß der Zusammenarbeit der für den Verstoß verantwortlichen Person mit der zuständigen Behörde, unbeschadet des Erfordernisses, die erzielten Gewinne oder vermiedenen Verluste dieser Person einzuziehen;

g) frühere Verstöße der für den Verstoß verantwortlichen Person;

h) Maßnahmen, die die für den Verstoß verantwortliche Person nach dem Verstoß ergriffen hat, um eine Wiederholung zu verhindern.

(2) [1] Bei der Wahrnehmung ihrer Befugnisse zur Verhängung von verwaltungsrechtlichen Sanktionen oder anderen verwaltungsrechtlichen Maßnahmen nach Artikel 38 arbeiten die zuständigen Behörden eng zusammen, um sicherzustellen, dass die Ausführung ihrer Aufsichts- und Ermittlungsbefugnisse sowie die verwaltungsrechtlichen Sanktionen, die sie verhängen, und die anderen verwaltungsrechtlichen Maßnahmen, die sie treffen, im Rahmen dieser Ver-

ordnung wirksam und angemessen sind. ²Sie koordinieren ihre Maßnahmen, um Doppelarbeit und Überschneidungen bei der Wahrnehmung ihrer Aufsichts- und Ermittlungsbefugnisse und bei der Verhängung von verwaltungsrechtlichen Sanktionen und anderen verwaltungsrechtlichen Maßnahmen in grenzüberschreitenden Fällen zu vermeiden.

**Art. 40 Rechtsmittel.** *[1]* Die Mitgliedstaaten stellen sicher, dass die in Anwendung dieser Verordnung getroffenen Entscheidungen ordnungsgemäß begründet sind und gegen sie Rechtsmittel eingelegt werden können.

*[2]* Für die Zwecke des Artikels 20 können auch Rechtsmittel eingelegt werden, wenn die zuständige Behörde innerhalb der in Artikel 20 Absätze 2, 3 und 6 genannten Fristen in Bezug auf den betreffenden Antrag auf Billigung weder eine Entscheidung getroffen hat, diesen zu billigen oder abzulehnen, noch Änderungen oder zusätzliche Informationen verlangt hat.

**Art. 41 Meldung von Verstößen.** (1) Die zuständigen Behörden schaffen wirksame Mechanismen, um Meldungen von tatsächlichen oder möglichen Verstößen gegen diese Verordnung an sie zu fördern und zu ermöglichen.

(2) Die in Absatz 1 genannten Mechanismen umfassen zumindest Folgendes:
a) Spezielle Verfahren für die Entgegennahme der Meldungen über tatsächliche oder mögliche Verstöße und deren Nachverfolgung, einschließlich der Einrichtung sicherer Kommunikationskanäle für derartige Meldungen;
b) angemessenen Schutz von auf der Grundlage eines Arbeitsvertrags beschäftigten Angestellten, die Verstöße melden, zumindest vor Vergeltungsmaßnahmen, Diskriminierung und anderen Arten ungerechter Behandlung durch ihren Arbeitgeber oder Dritte;
c) Schutz der Identität und der personenbezogenen Daten sowohl der Person, die die Verstöße meldet, als auch der natürlichen Person, die mutmaßlich für einen Verstoß verantwortlich ist, in allen Verfahrensstufen, es sei denn, die Offenlegung der Identität ist nach nationalem Recht vor dem Hintergrund weiterer Ermittlungen oder anschließender Gerichtsverfahren vorgeschrieben.

(3) Im Einklang mit dem nationalen Recht können die Mitgliedstaaten finanzielle Anreize für Personen, die relevante Informationen über tatsächliche oder mögliche Verstöße gegen diese Verordnung bereitstellen, unter der Voraussetzung gewähren, dass diese Personen nicht bereits anderen gesetzlichen oder vertraglichen Verpflichtungen zur Meldung solcher Informationen unterliegen, dass die Informationen neu sind und dass sie zur Verhängung einer verwaltungsrechtlichen oder einer strafrechtlichen Sanktion oder einer anderen verwaltungsrechtlichen Maßnahme wegen eines Verstoßes gegen diese Verordnung führen.

(4) Die Mitgliedstaaten verlangen von Arbeitgebern, die im Hinblick auf Finanzdienstleistungen regulierte Tätigkeiten ausüben, dass sie über geeignete Verfahren verfügen, die es ihren Mitarbeitern ermöglichen, tatsächliche oder mögliche Verstöße intern über einen spezifischen, unabhängigen und autonomen Kanal zu melden.

**Art. 42 Veröffentlichung von Entscheidungen.** (1) ¹Eine Entscheidung, wegen eines Verstoßes gegen diese Verordnung eine verwaltungsrechtliche Sanktion oder andere verwaltungsrechtliche Maßnahme zu verhängen, wird von den zuständigen Behörden auf ihren offiziellen Webseiten veröffentlicht, unverzüglich nachdem die von der Entscheidung betroffene Person darüber informiert wurde. ²Dabei werden mindestens Art und Wesen des Verstoßes und die Identität der verantwortlichen Personen veröffentlicht. ³Diese Verpflichtung gilt nicht für Entscheidungen, durch die Maßnahmen mit Ermittlungscharakter verfügt werden.

(2) ¹Ist die zuständige Behörde nach einer einzelfallbezogenen Bewertung zu der Ansicht gelangt, dass die Veröffentlichung der Identität der Rechtspersönlichkeit oder der Identität oder der personenbezogenen Daten von natürlichen Personen unverhältnismäßig wäre, oder würde eine solche Veröffentlichung die Stabilität der Finanzmärkte oder laufende Ermittlungen gefährden, so stellen die Mitgliedstaaten sicher, dass die zuständigen Behörden entweder

a) die Veröffentlichung der Verhängung einer Sanktion oder einer Maßnahme verschieben, bis die Gründe für ihre Nichtveröffentlichung weggefallen sind, oder

b) die Entscheidung zur Verhängung einer Sanktion oder Maßnahme in anonymisierter Form und im Einklang mit nationalem Recht veröffentlichen, wenn eine solche anonymisierte Veröffentlichung einen wirksamen Schutz der betreffenden personenbezogenen Daten gewährleistet, oder

c) davon absehen, die Entscheidung zur Verhängung einer Sanktion oder Maßnahme zu veröffentlichen, wenn die Möglichkeiten nach den Buchstaben a und b ihrer Ansicht nach nicht ausreichen, um zu gewährleisten, dass

   i) die Stabilität der Finanzmärkte nicht gefährdet wird;

   ii) bei einer Bekanntmachung der Entscheidung im Falle von Maßnahmen, deren Bedeutung für gering befunden wird, die Verhältnismäßigkeit gewahrt ist.

²Bei der Entscheidung, eine Sanktion oder Maßnahme in anonymisierter Form gemäß Unterabsatz 1 Buchstabe b zu veröffentlichen, kann die Veröffentlichung der relevanten Daten für vertretbare Zeit zurückgestellt werden, wenn vorhersehbar ist, dass die Gründe für die anonymisierte Veröffentlichung bei Ablauf dieser Zeitspanne nicht mehr bestehen.

(3) ¹Wenn gegen eine Entscheidung zur Verhängung einer Sanktion oder Maßnahme Rechtsmittel bei der zuständigen Justiz- oder sonstigen Behörde eingelegt werden, veröffentlichen die zuständigen Behörden dies auf ihrer offiziellen Website umgehend und informieren dort auch über den Ausgang dieses Verfahrens. ²Ferner wird jede Entscheidung, mit der eine frühere Entscheidung über die Verhängung einer Sanktion oder Maßnahme für ungültig erklärt wird, veröffentlicht.

(4) ¹Die zuständigen Behörden stellen sicher, dass Veröffentlichungen nach diesem Artikel ab dem Zeitpunkt ihrer Veröffentlichung mindestens fünf Jahre lang auf ihrer offiziellen Website zugänglich bleiben. ²In der Veröffentlichung enthaltene personenbezogene Daten bleiben nur so lange auf der offiziellen Website der zuständigen Behörde einsehbar, wie dies nach den geltenden Datenschutzbestimmungen erforderlich ist.

**Art. 43 Meldung von Sanktionen an die ESMA.** (1) *[1]* ¹Die zuständige Behörde übermittelt der ESMA jährlich aggregierte Informationen über alle gemäß Artikel 38 verhängten verwaltungsrechtlichen Sanktionen und andere verwaltungsrechtliche Maßnahmen. ²Die ESMA veröffentlicht diese Informationen in einem Jahresbericht.

*[2]* ¹Haben sich die Mitgliedstaaten gemäß Artikel 38 Absatz 1 dafür entschieden, strafrechtliche Sanktionen für Verstöße gegen die in jenem Absatz genannten Bestimmungen festzulegen, so übermitteln ihre zuständigen Behörden der ESMA jedes Jahr anonymisierte und aggregierte Informationen über alle durchgeführten strafrechtlichen Ermittlungen und verhängten strafrechtlichen Sanktionen. ²Die ESMA veröffentlicht die Angaben zu den verhängten strafrechtlichen Sanktionen in einem Jahresbericht.

(2) Hat die zuständige Behörde verwaltungsrechtliche Sanktionen oder andere verwaltungsrechtliche Maßnahmen oder strafrechtliche Sanktionen öffentlich gemacht, so meldet sie sie gleichzeitig der ESMA.

(3) ¹Die zuständigen Behörden teilen der ESMA alle verwaltungsrechtlichen Sanktionen oder andere verwaltungsrechtliche Maßnahmen, die verhängt, jedoch gemäß Artikel 42 Absatz 2 Unterabsatz 1 Buchstabe c nicht veröffentlicht wurden, einschließlich aller in diesem Zusammenhang eingelegten Rechtsmittel und der Ergebnisse der Rechtsmittelverfahren mit. ²Die Mitgliedstaaten stellen sicher, dass die zuständigen Behörden die Informationen und das endgültige Urteil im Zusammenhang mit verhängten strafrechtlichen Sanktionen erhalten und an die ESMA weiterleiten. ³Die ESMA unterhält ausschließlich für die Zwecke des Informationsaustauschs zwischen den zuständigen Behörden eine zentrale Datenbank der ihr gemeldeten Sanktionen. ⁴Diese Datenbank ist nur den zuständigen Behörden zugänglich und wird anhand der von diesen übermittelten Informationen aktualisiert.

## Kapitel IX. Delegierte Rechtsakte und Durchführungsrechtsakte

### Art. 44 Wahrnehmung der Befugnisübertragung.
(1) Die Befugnis zum Erlass delegierter Rechtsakte wird der Kommission unter den in diesem Artikel festgelegten Bedingungen übertragen.

(2) Die Befugnis zum Erlass delegierter Rechtsakte gemäß Artikel 1 Absatz 7, Artikel 9 Absatz 14, Artikel 13 Absätze 1 und 2, Artikel 14 Absatz 3, Artikel 15 Absatz 2, Artikel 16 Absatz 5, Artikel 20 Absatz 11 und Artikel 29 Absatz 3 wird der Kommission auf unbestimmte Zeit ab dem 20. Juli 2017 übertragen.

(3) ¹Die Befugnisübertragung gemäß Artikel 1 Absatz 7, Artikel 9 Absatz 14, Artikel 13 Absätze 1 und 2, Artikel 14 Absatz 3, Artikel 15 Absatz 2, Artikel 16 Absatz 5, Artikel 20 Absatz 11 und Artikel 29 Absatz 3 kann vom Europäischen Parlament oder vom Rat jederzeit widerrufen werden. ²Der Beschluss über den Widerruf beendet die Übertragung der in diesem Beschluss angegebenen Befugnis. ³Er wird am Tag nach seiner Veröffentlichung im *Amtsblatt der Europäischen Union* oder zu einem im Beschluss über den Widerruf angegebenen späteren Zeitpunkt wirksam. ⁴Die Gültigkeit von delegierten Rechtsakten, die bereits in Kraft sind, wird von dem Beschluss über den Widerruf nicht berührt.

(4) Vor dem Erlass eines delegierten Rechtsakts konsultiert die Kommission die von den einzelnen Mitgliedstaaten benannten Sachverständigen, im Einklang mit den in der Interinstitutionellen Vereinbarung über bessere Rechtsetzung vom 13. April 2016 enthaltenen Grundsätzen.

(5) Sobald die Kommission einen delegierten Rechtsakt erlässt, übermittelt sie ihn gleichzeitig dem Europäischen Parlament und dem Rat.

(6) *[1]* Ein delegierter Rechtsakt, der gemäß Artikel 1 Absatz 7, Artikel 9 Absatz 14, Artikel 13 Absätze 1 und 2, Artikel 14 Absatz 3, Artikel 15 Absatz 2, Artikel 16 Absatz 5, Artikel 20 Absatz 11 und Artikel 29 Absatz 3 erlassen wurde, tritt nur in Kraft, wenn weder das Europäische Parlament noch der Rat innerhalb einer Frist von drei Monaten nach Übermittlung dieses Rechtsakts an das Europäische Parlament und den Rat Einwände erhoben haben oder wenn vor Ablauf dieser Frist das Europäische Parlament und der Rat beide der Kommission mitgeteilt haben, dass sie keine Einwände erheben werden.

*[2]* Auf Initiative des Europäischen Parlaments oder des Rates wird diese Frist um drei Monate verlängert.

**Art. 45 Ausschussverfahren.** (1) [1] Die Kommission wird von dem durch den Beschluss 2001/528/EG der Kommission[1] eingesetzten Europäischen Wertpapierausschuss unterstützt. [2] Dieser Ausschuss ist ein Ausschuss im Sinne der Verordnung (EU) Nr. 182/2011.

(2) Wird auf diesen Absatz Bezug genommen, so gilt Artikel 5 der Verordnung (EU) Nr. 182/2011.

## Kapitel X. Schlussbestimmungen

**Art. 46 Aufhebung.** (1) Die Richtlinie 2003/71/EG wird mit Wirkung vom 21. Juli 2019 aufgehoben, mit Ausnahme von:

a) Artikel 4 Absatz 2 Buchstaben a und g der Richtlinie 2003/71/EG, die mit Wirkung vom 20. Juli 2017 aufgehoben werden, und

b) Artikel 1 Absatz 2 Buchstabe h sowie Artikel 3 Absatz 2 Unterabsatz 1 Buchstabe e der Richtlinie 2003/71/EG, die mit Wirkung vom 21. Juli 2018 aufgehoben werden.

(2) Bezugnahmen auf die Richtlinie 2003/71/EG gelten als Bezugnahmen auf diese Verordnung und sind nach Maßgabe der Entsprechungstabelle in Anhang VI dieser Verordnung zu lesen.

(3) Prospekte, die gemäß des nationalen Rechts zur Umsetzung der Richtlinie 2003/71/EG vor dem 21. Juli 2019 gebilligt wurden, unterliegen bis zum Ablauf ihrer Gültigkeit oder während eines Zeitraums von 12 Monaten nach dem 21. Juli 2019, je nachdem, was zuerst eintritt, weiterhin diesem nationalen Recht.

**Art. 47 ESMA-Bericht über Prospekte.** (1) Die ESMA veröffentlicht auf der Grundlage der über den Mechanismus nach Artikel 21 Absatz 6 öffentlich zugänglich gemachten Dokumente jährlich einen Bericht mit Statistiken über die in der Union gebilligten und notifizierten Prospekte und einer Trendanalyse unter Berücksichtigung

a) der verschiedenen Arten von Emittenten, insbesondere der Personenkategorien in Artikel 15 Absatz 1 Buchstaben a bis d, und

---

[1] **Amtl. Anm.:** Beschluss 2001/528/EG der Kommission vom 6. Juni 2001 zur Einsetzung des Europäischen Wertpapierausschusses (ABl. L 191 vom 13.7.2001, S. 45).

b) der Arten von Emissionen, insbesondere des Gesamtgegenwerts der Angebote, der Arten der übertragbaren Wertpapiere, der Arten des Handelsplatzes und der Stückelungen.

(2) Der in Absatz 1 genannte Bericht enthält insbesondere Folgendes:

a) Eine Analyse des Umfangs, in dem die Offenlegungsregelungen gemäß den Artikeln 14 und 15 angewandt und das in Artikel 9 genannte einheitliche Registrierungsformular in der gesamten Union verwendet werden;

b) Statistiken über Basisprospekte und endgültige Bedingungen sowie über Prospekte, die aus mehreren Einzeldokumenten oder als ein einziges Dokument erstellt werden;

c) Statistiken über den durchschnittlichen und den Gesamtgegenwert der öffentlichen Angebote von Wertpapieren, die dieser Verordnung unterliegen, von nicht börsennotierten Unternehmen, Gesellschaften, deren Wertpapiere an MTF, einschließlich KMU-Wachstumsmärkte, gehandelt werden, und Gesellschaften, deren Wertpapiere zum Handel an geregelten Märkten zugelassen sind. Sofern möglich, enthalten diese Statistiken auch eine Aufschlüsselung nach Börsengängen und nachfolgenden Angeboten sowie nach Dividendenwerten und Nichtdividendenwerten;

d) Statistiken über die Verwendung der Notifizierungsverfahren nach den Artikeln 25 und 26, einschließlich einer Aufschlüsselung je Mitgliedstaat der Anzahl der notifizierten Billigungsbescheinigungen im Zusammenhang mit Prospekten, Registrierungsformularen und einheitlichen Registrierungsformularen.

**Art. 48 Überprüfung.** (1) Spätestens am 21. Juli 2022 legt die Kommission dem Europäischen Parlament und dem Rat einen Bericht über die Anwendung dieser Verordnung vor, gegebenenfalls zusammen mit einem Vorschlag für einen Rechtsakt.

(2) [1] In diesem Bericht wird unter anderem geprüft, ob die Zusammenfassung des Prospekts, die Offenlegungsregelungen gemäß den Artikeln 14 und 15 und das einheitliche Registrierungsformular gemäß Artikel 9 angesichts der verfolgten Ziele weiterhin angemessen sind. [2] Der Bericht muss insbesondere folgende Angaben enthalten:

a) die Zahl der EU-Wachstumsprospekte von Personen in jeder der vier Kategorien gemäß Artikel 15 Absatz 1 Buchstaben a bis d sowie eine Analyse der Entwicklung jeder einzelnen Zahl und der Tendenzen bei der Wahl von Handelsplätzen durch die zur Anwendung des EU-Wachstumsprospekts berechtigten Personen;

b) eine Analyse, ob der EU-Wachstumsprospekt für ein ausgewogenes Verhältnis zwischen Anlegerschutz und der Verringerung des Verwaltungsaufwands für die zu ihrer Anwendung berechtigten Personen sorgt.

(3) Auf der Grundlage der Analyse gemäß Absatz 2 muss in dem Bericht die Frage geprüft werden, ob etwaige Änderungen dieser Verordnung erforderlich sind, um kleineren Unternehmen bei gleichzeitiger Gewährleistung eines ausreichenden Maßes an Anlegerschutz die Kapitalaufnahme weiter zu erleichtern, und auch die Frage, ob die entsprechenden Schwellenwerte angepasst werden müssen.

(4) ¹Darüber hinaus wird in dem Bericht bewertet, ob die Emittenten, insbesondere KMU, LEI und ISIN zu vertretbaren Kosten und innerhalb eines angemessenen Zeitraums erhalten können. ²Bei der Erstellung des Berichts wird den Ergebnissen der vergleichenden Analyse nach Artikel 20 Absatz 13 Rechnung getragen.

**Art. 49 Inkrafttreten und Geltung.** (1) Diese Verordnung tritt am zwanzigsten Tag nach ihrer Veröffentlichung im *Amtsblatt der Europäischen Union* in Kraft[1].

(2) Unbeschadet des Artikels 44 Absatz 2 gilt diese Verordnung ab dem 21. Juli 2019, mit Ausnahme von Artikel 1 Absatz 3 und Artikel 3 Absatz 2, die ab dem 21. Juli 2018 gelten, und Artikel 1 Absatz 5 Unterabsatz 1 Buchstaben a, b und c sowie Artikel 1 Absatz 5 Unterabsatz 2, die ab dem 20. Juli 2017 gelten.

(3) Die Mitgliedstaaten treffen die erforderlichen Maßnahmen, um Artikel 11, Artikel 20 Absatz 9, Artikel 31, Artikel 32 und Artikel 38 bis 43 bis zum 21. Juli 2019 nachzukommen.

Diese Verordnung ist in allen ihren Teilen verbindlich und gilt unmittelbar in jedem Mitgliedstaat.

Geschehen zu Straßburg am 14. Juni 2017.

**Anhang I.**
**Prospekt**

**I. Zusammenfassung**

**II. Identität der Geschäftsführer, der Mitglieder des Vorstands, des Aufsichts- bzw. Verwaltungsrats, der Mitglieder der Unternehmensleitung, der Berater und der Abschlussprüfer**

Hier sind die Vertreter des Unternehmens und andere Personen zu nennen, die an dem Wertpapierangebot des Unternehmens bzw. der Zulassung dieser Wertpapiere zum Handel mitwirken. Dabei handelt es sich um die Personen, die für die Erstellung des Prospekts verantwortlich sind, sowie um diejenigen, die für die Prüfung des Jahresabschlusses zuständig sind.

**III. Angebotsstatistiken und voraussichtlicher Zeitplan**

Hier sind die grundlegenden Angaben zur Abwicklung des Angebots und zur Vorlage wichtiger Daten zu diesem Angebot zu machen.

A. Angebotsstatistiken

B. Methode und voraussichtlicher Zeitplan

**IV. Grundlegende Informationen**

Hier ist ein kurzer Überblick über die grundlegenden Informationen über die Finanzlage, die Kapitalausstattung und die Risikofaktoren des Unternehmens zu geben. Wird der in diesem Dokument enthaltene Jahresabschluss in neuer Form dargestellt, um wesentlichen Änderungen in der Gruppenstruktur des Unternehmens bzw. in den Rechnungslegungsstrategien Rechnung zu tragen, so müssen die ausgewählten Finanzdaten ebenfalls geändert werden.

A. Ausgewählte Finanzdaten

B. Kapitalausstattung und Verschuldung (lediglich für Dividendenwerte)

C. Gründe für das Angebot und Verwendung der Erlöse

D. Risikofaktoren

---

[1] Inkraftgetreten am 20.7.2017.

## V. Informationen über das Unternehmen

Hier sind Angaben zur Geschäftstätigkeit des Unternehmens, zu seinen Produkten oder Dienstleistungen und zu den Faktoren, die seine Geschäftstätigkeit beeinflussen, zu machen. Ferner sind hier Angaben zur Angemessenheit und Zweckmäßigkeit der Sachanlagen des Unternehmens sowie zu seinen Plänen für künftige Kapazitätssteigerungen oder -senkungen zu machen.

A. Geschichte und Entwicklung des Unternehmens
B. Überblick über die Geschäftstätigkeit
C. Organisationsstruktur
D. Sachanlagen

## VI. Betriebsergebnis, Finanzlage und Aussichten des Unternehmens

Hier soll die Unternehmensleitung erläutern, welche Faktoren die Finanzlage des Unternehmens und das Betriebsergebnis im Bilanzzeitraum beeinflusst haben; darüber hinaus soll die Unternehmensleitung die Faktoren und Entwicklungen bewerten, die voraussichtlich die Finanzlage des Unternehmens und das Betriebsergebnis in künftigen Geschäftsjahren wesentlich beeinflussen werden.

A. Betriebsergebnis
B. Liquidität und Kapitalausstattung
C. Forschung und Entwicklung, Patente und Lizenzen usw.
D. Tendenzen

## VII. Geschäftsführer, Aufsichts- bzw. Verwaltungsrat, Unternehmensleitung und Arbeitnehmer

Hier sind Angaben zu den Geschäftsführern, zum Aufsichts- bzw. Verwaltungsrat und zur Unternehmensleitung zu machen, anhand deren die Anleger die Erfahrungen und Qualifikationen dieser Personen und ihre Vergütung sowie ihr Verhältnis zum Unternehmen beurteilen können.

A. Geschäftsführer, Aufsichts- bzw. Verwaltungsrat und Unternehmensleitung
B. Vergütung
C. Arbeitsweise des Aufsichts- bzw. Verwaltungsrats
D. Arbeitnehmer
E. Aktienbesitz

## VIII. Hauptaktionäre und Geschäfte mit verbundenen Parteien

Hier sind Angaben zu den Hauptaktionären und sonstigen Personen, die das Unternehmen kontrollieren oder kontrollieren können, zu machen. Ferner sind Informationen über die Geschäfte des Unternehmens mit verbundenen Personen vorzulegen, aus denen auch hervorgehen muss, ob die Bedingungen dieser Geschäfte für das Unternehmen nicht nachteilig sind.

A. Hauptaktionäre
B. Geschäfte mit verbundenen Parteien
C. Interessen von Sachverständigen und Beratern

## IX. Finanzinformationen

Hier ist anzugeben, welche Jahresabschlüsse in das Dokument aufgenommen werden müssen; ferner muss die Rubrik den Bilanzzeitraum, das Alter des Jahresabschlusses und sonstige Informationen finanzieller Art enthalten. Die auf die Erstellung und Prüfung des Jahresabschlusses anzuwendenden Rechnungslegungs- und Abschlussprüfungsgrundsätze richten sich nach den internationalen Rechnungslegungs- und Abschlussprüfungsstandards.

A. Konsolidierter Abschluss und sonstige Finanzinformationen
B. Bedeutende Änderungen

## X. Einzelheiten zum Wertpapierangebot und zur Zulassung zum Handel

Hier sind Angaben zum Wertpapierangebot und zur Zulassung der Wertpapiere zum Handel sowie zum Plan für den Vertrieb der Wertpapiere und damit verbundenen Fragen zu machen.

A. Angebot und Zulassung zum Handel
B. Plan für den Vertrieb der Wertpapiere

C. Märkte

D. Wertpapierinhaber, die ihre Papiere veräußern

E. Verwässerung (lediglich für Dividendenwerte)

F. Emissionskosten

## XI. Zusätzliche Angaben

Hier sind die – größtenteils gesetzlich vorgeschriebenen – Angaben zu machen, die unter keine andere Rubrik des Prospekts fallen.

A. Aktienkapital

B. Gründungsurkunde und Satzung

C. Wichtige Verträge

D. Devisenkontrollen

E. Warnhinweis auf steuerliche Folgen

F. Dividenden und Zahlstellen

G. Sachverständigenerklärung

H. Einsehbare Dokumente

I. Informationen über Tochtergesellschaften

## Anhang II.
## Registrierungsformular

### I. Identität der Geschäftsführer, der Mitglieder des Vorstands, des Aufsichts- bzw. Verwaltungsrats, der Mitglieder der Unternehmensleitung, der Berater und der Abschlussprüfer

Hier sind die Vertreter des Unternehmens und andere Personen zu nennen, die an dem Wertpapierangebot des Unternehmens bzw. der Zulassung dieser Wertpapiere zum Handel mitwirken. Dabei handelt es sich um die Personen, die für die Erstellung des Prospekts verantwortlich sind, sowie um diejenigen, die für die Prüfung des Jahresabschlusses zuständig sind.

### II. Grundlegende Informationen zum Emittenten

Hier ist ein kurzer Überblick der grundlegenden Informationen über die Finanzlage, die Kapitalausstattung und die Risikofaktoren des Unternehmens zu geben. Wird der in diesem Dokument enthaltene Jahresabschluss in neuer Form dargestellt, um wesentlichen Änderungen in der Gruppenstruktur des Unternehmens bzw. in den Rechnungslegungsstrategien Rechnung zu tragen, so müssen die ausgewählten Finanzdaten ebenfalls geändert werden.

A. Ausgewählte Finanzdaten

B. Kapitalausstattung und Verschuldung (lediglich für Dividendenwerte)

C. Risikofaktoren im Zusammenhang mit dem Emittenten

### III. Informationen über das Unternehmen

Hier sind Angaben zur Geschäftstätigkeit des Unternehmens, zu seinen Produkten oder Dienstleistungen und zu den Faktoren, die seine Geschäftstätigkeit beeinflussen, zu machen. Ferner sind hier Angaben zur Angemessenheit und Zweckmäßigkeit der Sachanlagen des Unternehmens sowie zu seinen Plänen für künftige Kapazitätssteigerungen oder -senkungen zu machen.

A. Geschichte und Entwicklung des Unternehmens

B. Überblick über die Geschäftstätigkeit

C. Organisationsstruktur

D. Sachanlagen

### IV. Betriebsergebnis, Finanzlage und Aussichten des Unternehmens

Hier soll die Unternehmensleitung erläutern, welche Faktoren die Finanzlage des Unternehmens und das Betriebsergebnis im Bilanzzeitraum beeinflusst haben; darüber hinaus soll die Unternehmensleitung die Faktoren und Entwicklungen bewerten, die voraussichtlich die Finanzlage des Unternehmens und das Betriebsergebnis in künftigen Geschäftsjahren wesentlich beeinflussen werden.

A. Betriebsergebnis
B. Liquidität und Kapitalausstattung
C. Forschung und Entwicklung, Patente und Lizenzen usw.
D. Tendenzen

## V. Geschäftsführer, Aufsichts- bzw. Verwaltungsrat, Unternehmensleitung und Arbeitnehmer

Hier sind Angaben zu den Geschäftsführern, zum Aufsichts- bzw. Verwaltungsrat und zur Unternehmensleitung zu machen, anhand deren die Anleger die Erfahrungen und Qualifikationen dieser Personen und ihre Vergütung sowie ihr Verhältnis zum Unternehmen beurteilen können.

A. Geschäftsführer, Aufsichts- bzw. Verwaltungsrat und Unternehmensleitung
B. Vergütung
C. Arbeitsweise des Aufsichts- bzw. Verwaltungsrats
D. Arbeitnehmer
E. Aktienbesitz

## VI. Hauptaktionäre und Geschäfte mit verbundenen Parteien

Hier sind Angaben zu den Hauptaktionären und sonstigen Personen, die das Unternehmen kontrollieren oder kontrollieren können, zu machen. Ferner sind Informationen über die Geschäfte des Unternehmens mit verbundenen Personen vorzulegen, aus denen auch hervorgehen muss, ob die Bedingungen dieser Geschäfte für das Unternehmen nicht nachteilig sind.

A. Hauptaktionäre
B. Geschäfte mit verbundenen Parteien
C. Interessen von Sachverständigen und Beratern

## VII. Finanzinformationen

Hier ist anzugeben, welche Jahresabschlüsse in das Dokument aufgenommen werden müssen; ferner muss die Rubrik den Bilanzzeitraum, das Alter des Jahresabschlusses und sonstige Informationen finanzieller Art enthalten. Die auf die Erstellung und Prüfung des Jahresabschlusses anzuwendenden Rechnungslegungs- und Abschlussprüfungsgrundsätze richten sich nach den internationalen Rechnungslegungs- und Abschlussprüfungsstandards.

A. Konsolidierter Abschluss und sonstige Finanzinformationen
B. Bedeutende Änderungen

## VIII. Zusätzliche Angaben

Hier sind die – größtenteils gesetzlich vorgeschriebenen – Angaben zu machen, die unter keine andere Rubrik des Prospekts fallen.

A. Aktienkapital
B. Gründungsurkunde und Satzung
C. Wichtige Verträge
D. Sachverständigenerklärung
E. Einsehbare Dokumente
F. Informationen über Tochtergesellschaften

## Anhang III.
## Wertpapierbeschreibung

### I. Identität der Geschäftsführer, der Mitglieder des Vorstands, des Aufsichts- bzw. Verwaltungsrats, der Mitglieder der Unternehmensleitung, der Berater und der Abschlussprüfer

Hier sind die Vertreter des Unternehmens und andere Personen zu nennen, die an dem Wertpapierangebot des Unternehmens bzw. der Zulassung dieser Wertpapiere zum Handel mitwirken. Dabei handelt es sich um die Personen, die für die Erstellung des Prospekts verantwortlich sind, sowie um diejenigen, die für die Prüfung des Jahresabschlusses zuständig sind.

## II. Angebotsstatistiken und voraussichtlicher Zeitplan

Hier sind die grundlegenden Angaben zur Abwicklung des Angebots und zur Vorlage wichtiger Daten zu diesem Angebot zu machen.

A. Angebotsstatistiken

B. Methode und voraussichtlicher Zeitplan

## III. Grundlegende Informationen zum Emittenten

Hier ist ein kurzer Überblick der grundlegenden Informationen über die Finanzlage, die Kapitalausstattung und die Risikofaktoren des Unternehmens zu geben. Wird der in diesem Dokument enthaltene Jahresabschluss in neuer Form dargestellt, um wesentlichen Änderungen in der Gruppenstruktur des Unternehmens bzw. in den Rechnungslegungsstrategien Rechnung zu tragen, so müssen die ausgewählten Finanzdaten ebenfalls geändert werden.

A. Kapitalausstattung und Verschuldung (lediglich für Dividendenwerte)

B. Informationen über das Geschäftskapital (lediglich für Dividendenwerte)

C. Gründe für das Angebot und Verwendung der Erlöse

D. Risikofaktoren

## IV. Grundlegende Informationen zu den Wertpapieren

Hier sind die grundlegenden Angaben zu den Wertpapieren zu machen, die öffentlich angeboten und/oder zum Handel zugelassen werden sollen.

A. Beschreibung der Art und der Gattung der Wertpapiere, die öffentlich angeboten und/oder zum Handel zugelassen werden sollen

B. Währung der ausgegebenen Wertpapiere

C. Relativer Rang der Wertpapiere in der Kapitalstruktur des Emittenten im Fall der Insolvenz des Emittenten, gegebenenfalls einschließlich Angaben über die Nachrangigkeitsstufe der Wertpapiere und die potenziellen Auswirkungen auf die Anlagen im Fall der Abwicklung nach Maßgabe der Richtlinie 2014/59/EU

D. Die Dividendenausschüttungspolitik und Bestimmungen in Bezug auf Zinsaufwendungen oder eine Beschreibung des Basiswerts, einschließlich der bei der Verbindung von Basiswert und Zinssatz angewandten Methode, und Angabe, wo Informationen über die vergangene und künftige Wertentwicklung des Basiswerts und seine Volatilität eingeholt werden können

E. Beschreibung der mit den Wertpapieren verbundenen Rechte, einschließlich aller etwaigen Beschränkungen dieser Rechte, und der Verfahren zur Wahrnehmung dieser Rechte

## V. Interessen von Sachverständigen

Hier sind Angaben zu Geschäften zu machen, die das Unternehmen mit Sachverständigen oder Beratern getätigt hat, die auf Basis von Erfolgshonoraren beschäftigt werden.

## VI. Einzelheiten zum Wertpapierangebot und zur Zulassung zum Handel

Hier sind Angaben zum Wertpapierangebot und zur Zulassung der Wertpapiere zum Handel sowie zum Plan für den Vertrieb der Wertpapiere und damit verbundenen Fragen zu machen.

A. Angebot und Zulassung zum Handel

B. Plan für den Vertrieb der Wertpapiere

C. Märkte

D. Wertpapierinhaber, die ihre Papiere veräußern

E. Verwässerung (lediglich für Dividendenwerte)

F. Emissionskosten

## VII. Zusätzliche Angaben

Hier sind die – größtenteils gesetzlich vorgeschriebenen – Angaben zu machen, die unter keine andere Rubrik des Prospekts fallen.

A. Devisenkontrollen

B. Warnhinweis auf steuerliche Folgen

C. Dividenden und Zahlstellen

D. Sachverständigenerklärung
E. Einsehbare Dokumente

## Anhang IV.
## Registrierungsformular für den EU-Wachstumsprospekt

### I. Verantwortung für das Registrierungsformular

Hier sind der Emittent und seine Vertreter sowie andere Personen zu nennen, die an dem Wertpapierangebot des Unternehmens mitwirken; diese Personen sind für die Erstellung des Registrierungsformulars verantwortlich.

### II. Strategie, Leistungsfähigkeit und Unternehmensumfeld

Hier sind Angaben zur Unternehmensstrategie und zu den Unternehmenszielen in Bezug auf die Entwicklung und die künftige Leistungsfähigkeit sowie zur Geschäftstätigkeit des Unternehmens, zu seinen Produkten oder Dienstleistungen, zu seinen Investitionen und zu den Faktoren, die seine Geschäftstätigkeit beeinflussen, zu machen. Darüber hinaus müssen die für das Unternehmen spezifischen Risikofaktoren und relevante Trendinformationen enthalten sein.

### III. Unternehmensführung

Hier sind Angaben zu den Geschäftsführern, zum Aufsichts- bzw. Verwaltungsrat und zur Unternehmensleitung zu machen, anhand deren die Anleger die Erfahrungen und Qualifikationen dieser Personen und ihre Vergütung sowie ihr Verhältnis zum Unternehmen beurteilen können.

### IV. Jahresabschluss und wesentliche Leistungsindikatoren

Hier ist festzulegen, welche Jahresabschlüsse und wesentlichen Leistungsindikatoren über die letzten zwei Geschäftsjahre (für Dividendenwerte) oder über das letzte Geschäftsjahr (für Nichtdividendenwerte) oder den gegebenenfalls kürzeren Zeitraum der Geschäftstätigkeit des Emittenten das Formular enthalten muss.

### V. Betriebsergebnis und Finanzlage (nur für Dividendenwerte, die von Unternehmen mit einer Marktkapitalisierung von über 200 000 000 EUR ausgegeben werden)

Hier sind Angaben zur Finanzlage und zum Betriebsergebnis zu machen, wenn die gemäß den Artikeln 19 und 29 der Richtlinie 2013/34/EU vorgelegten und erstellten Berichte über die von den historischen Finanzinformationen abgedeckten Zeiträume im EU-Wachstumsprospekt nicht enthalten sind.

### VI. Unterrichtung der Anteilseigner

Hier sind Angaben zu Gerichts- und Schiedsverfahren, Interessenkonflikten und Geschäften mit verbundenen Parteien sowie über das Aktienkapital zu machen.

## Anhang V.
## Wertpapierbeschreibung für den EU-Wachstumsprospekt

### I. Verantwortung für die Wertpapierbeschreibung

Hier sind der Emittent und seine Vertreter sowie andere Personen zu nennen, die an dem Wertpapierangebot des Unternehmens bzw. der Zulassung dieser Wertpapiere zum Handel mitwirken; diese Personen sind für die Erstellung des Prospekts verantwortlich.

### II. Erklärung zu Kapitalausstattung und Verschuldung (nur für Dividendenwerte, die von Unternehmen mit einer Marktkapitalisierung von über 200 000 000 EUR ausgegeben werden) und Erklärung zum Geschäftskapital (nur für Dividendenwerte)

Hier sind Angaben zu Kapitalausstattung und Verschuldung sowie dazu, ob das Geschäftskapital für die aktuellen Verpflichtungen des Emittenten ausreicht bzw. wie der Emittent andernfalls das erforderliche zusätzliche Geschäftskapital zu beschaffen gedenkt, zu machen.

### III. Modalitäten und Bedingungen der Wertpapiere

Hier sind grundlegende Angaben zu den Modalitäten und Bedingungen der Wertpapiere und zu einer Beschreibung der mit den Wertpapieren verbundenen Rechte zu machen. Darüber hinaus müssen die für die Wertpapiere spezifischen Risikofaktoren enthalten sein.

EU-Prospekt-VO  Anh. VI  VO (EU) 2017/1129 6

## IV. Einzelheiten des Angebots und voraussichtlicher Zeitplan

Hier sind Angaben zum Angebot und gegebenenfalls zur Zulassung zum Handel an einem MTF zu machen, die unter anderem den endgültigen Emissionskurs und das endgültige Emissionsvolumen (entweder als Anzahl von Wertpapieren oder als aggregierter Nominalbetrag) des Angebots, die Gründe für das Angebot, den Plan für den Vertrieb der Wertpapiere, die Zweckbestimmung der Erlöse des Angebots und die Kosten der Emission, des Angebots und der Verwässerung (lediglich für Dividendenwerte) umfassen.

## V. Angaben zum Garantiegeber

Hier sind gegebenenfalls Angaben zum Garantiegeber der Wertpapiere zu machen, die unter anderem grundlegende Informationen über die Garantie, die für die Wertpapiere gestellt wird, und die für den Garantiegeber spezifischen Risikofaktoren und Finanzinformationen umfassen.

## Anhang VI.
### Entsprechungstabelle
### (gemäß Artikel 46)

| Richtlinie 2003/71/EG | Diese Verordnung |
|---|---|
| Artikel 1 Absatz 1 | Artikel 1 Absatz 1 |
| Artikel 1 Absatz 2 Buchstabe a | Artikel 1 Absatz 2 Buchstabe a |
| Artikel 1 Absatz 2 Buchstabe b | Artikel 1 Absatz 2 Buchstabe b |
| Artikel 1 Absatz 2 Buchstabe c | Artikel 1 Absatz 2 Buchstabe c |
| Artikel 1 Absatz 2 Buchstabe d | Artikel 1 Absatz 2 Buchstabe d |
| Artikel 1 Absatz 2 Buchstabe e | Artikel 1 Absatz 2 Buchstabe e |
| Artikel 1 Absatz 2 Buchstabe f | – |
| Artikel 1 Absatz 2 Buchstabe g | Artikel 1 Absatz 2 Buchstabe f |
| Artikel 1 Absatz 2 Buchstabe h | Artikel 1 Absatz 3 |
| Artikel 1 Absatz 2 Buchstabe i | – |
| Artikel 1 Absatz 2 Buchstabe j | Artikel 1 Absatz 4 Buchstabe j und Artikel 1 Absatz 5 Unterabsatz 1 Buchstabe i |
| Artikel 1 Absatz 3 | Artikel 4 |
| Artikel 1 Absatz 4 | – |
| Artikel 2 Absatz 1 Buchstabe a | Artikel 2 Buchstabe a |
| Artikel 2 Absatz 1 Buchstabe b | Artikel 2 Buchstabe b |
| Artikel 2 Absatz 1 Buchstabe c | Artikel 2 Buchstabe c |
| Artikel 2 Absatz 1 Buchstabe d | Artikel 2 Buchstabe d |
| Artikel 2 Absatz 1 Buchstabe e | Artikel 2 Buchstabe e |
| Artikel 2 Absatz 1 Buchstabe f | Artikel 2 Buchstabe f |
| Artikel 2 Absatz 1 Buchstabe g | Artikel 2 Buchstabe g |
| Artikel 2 Absatz 1 Buchstabe h | Artikel 2 Buchstabe h |
| Artikel 2 Absatz 1 Buchstabe i | Artikel 2 Buchstabe i |
| Artikel 2 Absatz 1 Buchstabe j | Artikel 2 Buchstabe j |
| Artikel 2 Absatz 1 Buchstabe k | – |
| Artikel 2 Absatz 1 Buchstabe l | – |
| Artikel 2 Absatz 1 Buchstabe m | Artikel 2 Buchstabe m |
| Artikel 2 Absatz 1 Buchstabe n | Artikel 2 Buchstabe n |
| Artikel 2 Absatz 1 Buchstabe o | Artikel 2 Buchstabe p |
| Artikel 2 Absatz 1 Buchstabe p | Artikel 2 Buchstabe q |
| Artikel 2 Absatz 1 Buchstabe q | Artikel 2 Buchstabe r |
| Artikel 2 Absatz 1 Buchstabe r | Artikel 2 Buchstabe s |
| Artikel 2 Absatz 1 Buchstabe s | – |
| Artikel 2 Absatz 1 Buchstabe t | – |
| Artikel 2 Absatz 4 | – |
| Artikel 3 Absatz 1 | Artikel 3 Absatz 1 |
| Artikel 3 Absatz 2 Buchstabe a | Artikel 1 Absatz 4 Buchstabe a |

| Richtlinie 2003/71/EG | Diese Verordnung |
|---|---|
| Artikel 3 Absatz 2 Buchstabe b | Artikel 1 Absatz 4 Buchstabe b |
| Artikel 3 Absatz 2 Buchstabe c | Artikel 1 Absatz 4 Buchstabe d |
| Artikel 3 Absatz 2 Buchstabe d | Artikel 1 Absatz 4 Buchstabe c |
| Artikel 3 Absatz 2 Buchstabe e | – |
| Artikel 3 Absatz 2 Unterabsätze 2 und 3 | Artikel 5 Absatz 1 |
| Artikel 3 Absatz 3 | Artikel 3 Absatz 3 |
| Artikel 3 Absatz 4 | – |
| Artikel 4 Absatz 1 Buchstabe a | Artikel 1 Absatz 4 Buchstabe e |
| Artikel 4 Absatz 1 Buchstabe b | Artikel 1 Absatz 4 Buchstabe f |
| Artikel 4 Absatz 1 Buchstabe c | Artikel 1 Absatz 4 Buchstabe g |
| Artikel 4 Absatz 1 Buchstabe d | Artikel 1 Absatz 4 Buchstabe h |
| Artikel 4 Absatz 1 Buchstabe e | Artikel 1 Absatz 4 Buchstabe i |
| Artikel 4 Absatz 1 Unterabsätze 2 bis 5 | – |
| Artikel 4 Absatz 2 Buchstabe a | Artikel 1 Absatz 5 Unterabsatz 1 Buchstabe a |
| Artikel 4 Absatz 2 Buchstabe b | Artikel 1 Absatz 5 Unterabsatz 1 Buchstabe d |
| Artikel 4 Absatz 2 Buchstabe c | Artikel 1 Absatz 5 Unterabsatz 1 Buchstabe e |
| Artikel 4 Absatz 2 Buchstabe d | Artikel 1 Absatz 5 Unterabsatz 1 Buchstabe f |
| Artikel 4 Absatz 2 Buchstabe e | Artikel 1 Absatz 5 Unterabsatz 1 Buchstabe g |
| Artikel 4 Absatz 2 Buchstabe f | Artikel 1 Absatz 5 Unterabsatz 1 Buchstabe h |
| Artikel 4 Absatz 2 Buchstabe g | Artikel 1 Absatz 5 Unterabsatz 1 Buchstaben b und c |
| Artikel 4 Absatz 2 Buchstabe h | Artikel 1 Absatz 5 Unterabsatz 1 Buchstabe j |
| Artikel 4 Absatz 3 | Artikel 1 Absatz 7 |
| Artikel 5 Absatz 1 | Artikel 6 Absätze 1 und 2, Artikel 14 Absatz 2 |
| Artikel 5 Absatz 2 | Artikel 7 |
| Artikel 5 Absatz 3 | Artikel 6 Absatz 3 |
| Artikel 5 Absatz 4 Unterabsatz 1 | Artikel 8 Absatz 1 |
| Artikel 5 Absatz 4 Unterabsatz 2 | Artikel 8 Absatz 10 |
| Artikel 5 Absatz 4 Unterabsatz 3 Satz 1 | Artikel 8 Absatz 5 und Artikel 25 Absatz 4 |
| Artikel 5 Absatz 4 Unterabsatz 3 Satz 2 | Artikel 8 Absatz 4 |
| Artikel 5 Absatz 5 | Artikel 13 Absatz 1 und Artikel 7 Absatz 13 |
| Artikel 6 Absatz 1 | Artikel 11 Absatz 1 |
| Artikel 6 Absatz 2 | Artikel 11 Absatz 2 |
| Artikel 7 Absatz 1 | Artikel 13 Absatz 1 Unterabsatz 1 |
| Artikel 7 Absatz 2 Buchstabe a | Artikel 13 Absatz 1 Unterabsatz 2 Buchstabe a |
| Artikel 7 Absatz 2 Buchstabe b | Artikel 13 Absatz 1 Unterabsatz 2 Buchstabe b |
| Artikel 7 Absatz 2 Buchstabe c | Artikel 13 Absatz 1 Unterabsatz 2 Buchstabe c |
| Artikel 7 Absatz 2 Buchstabe d | Artikel 13 Absatz 1 Unterabsatz 2 Buchstabe c |
| Artikel 7 Absatz 2 Buchstabe e | Artikel 15 Absatz 2 |
| Artikel 7 Absatz 2 Buchstabe f | Artikel 13 Absatz 1 Unterabsatz 2 Buchstabe d |
| Artikel 7 Absatz 2 Buchstabe g | Artikel 14 Absatz 3 |
| Artikel 7 Absatz 3 | Artikel 13 Absatz 3 |
| Artikel 7 Absatz 4 | – |
| Artikel 8 Absatz 1 Unterabsatz 1 Buchstabe a | Artikel 17 Absatz 1 Unterabsatz 1 Buchstabe b |
| Artikel 8 Absatz 1 Unterabsatz 1 Buchstabe b | Artikel 17 Absatz 1 Unterabsatz 1 Buchstabe a |
| Artikel 8 Absatz 1 Unterabsatz 2 | Artikel 17 Absatz 2 |
| Artikel 8 Absatz 2 | Artikel 18 Absatz 1 |
| Artikel 8 Absatz 3 | Artikel 18 Absatz 2 |
| Artikel 8 Absatz 3a | Artikel 18 Absatz 3 |
| Artikel 8 Absatz 4 | Artikel 18 Absatz 4 Unterabsatz 1 |
| Artikel 8 Absatz 5 Unterabsatz 1 | – |
| Artikel 8 Absatz 5 Unterabsatz 2 | – |

| Richtlinie 2003/71/EG | Diese Verordnung |
| --- | --- |
| Artikel 9 Absatz 1 | Artikel 12 Absatz 1 |
| Artikel 9 Absatz 2 | Artikel 12 Absatz 1 |
| Artikel 9 Absatz 3 | Artikel 12 Absatz 1 |
| Artikel 9 Absatz 4 | Artikel 12 Absatz 2 |
| Artikel 11 Absatz 1 | Artikel 19 Absatz 1 |
| Artikel 11 Absatz 2 | Artikel 19 Absatz 2 |
| Artikel 11 Absatz 3 | Artikel 19 Absatz 4 |
| Artikel 12 Absatz 1 | Artikel 10 Absatz 1 Unterabsatz 1 |
| Artikel 12 Absatz 2 | Artikel 10 Absatz 1 Unterabsatz 2 |
| Artikel 12 Absatz 3 | – |
| Artikel 13 Absatz 1 | Artikel 20 Absatz 1 |
| Artikel 13 Absatz 2 | Artikel 20 Absatz 2 |
| Artikel 13 Absatz 3 | Artikel 20 Absatz 3 |
| Artikel 13 Absatz 4 | Artikel 20 Absatz 4 |
| Artikel 13 Absatz 5 | Artikel 20 Absatz 8 |
| Artikel 13 Absatz 6 | Artikel 20 Absatz 9 |
| Artikel 13 Absatz 7 | – |
| Artikel 14 Absatz 1 | Artikel 21 Absatz 1 |
| Artikel 14 Absatz 2 | Artikel 21 Absatz 2 |
| Artikel 14 Absatz 3 | – |
| Artikel 14 Absatz 4 | Artikel 21 Absatz 5 |
| Artikel 14 Absatz 4a | Artikel 21 Absatz 6 |
| Artikel 14 Absatz 5 | Artikel 21 Absatz 9 |
| Artikel 14 Absatz 6 | Artikel 21 Absatz 10 |
| Artikel 14 Absatz 7 | Artikel 21 Absatz 11 |
| Artikel 14 Absatz 8 | Artikel 21 Absatz 12 |
| Artikel 15 Absatz 1 | Artikel 22 Absatz 1 |
| Artikel 15 Absatz 2 | Artikel 22 Absatz 2 |
| Artikel 15 Absatz 3 | Artikel 22 Absatz 3 |
| Artikel 15 Absatz 4 | Artikel 22 Absatz 4 |
| Artikel 15 Absatz 5 | Artikel 22 Absatz 5 |
| Artikel 15 Absatz 6 | Artikel 22 Absatz 6 |
| Artikel 15 Absatz 7 | Artikel 22 Absatz 9 |
| Artikel 16 Absatz 1 | Artikel 23 Absatz 1 |
| Artikel 16 Absatz 2 | Artikel 23 Absatz 2 |
| Artikel 16 Absatz 3 | Artikel 23 Absatz 7 |
| Artikel 17 Absatz 1 | Artikel 24 Absatz 1 |
| Artikel 17 Absatz 2 | Artikel 24 Absatz 2 |
| Artikel 18 Absatz 1 | Artikel 25 Absatz 1 |
| Artikel 18 Absatz 2 | Artikel 25 Absatz 2 |
| Artikel 18 Absatz 3 Unterabsatz 1 | Artikel 25 Absatz 3 |
| Artikel 18 Absatz 3 Unterabsatz 2 | Artikel 21 Absatz 5 |
| Artikel 18 Absatz 4 | Artikel 25 Absatz 8 |
| Artikel 19 Absatz 1 | Artikel 27 Absatz 1 |
| Artikel 19 Absatz 2 | Artikel 27 Absatz 2 |
| Artikel 19 Absatz 3 | Artikel 27 Absatz 3 |
| Artikel 19 Absatz 4 | Artikel 27 Absatz 5 |
| Artikel 20 Absatz 1 | Artikel 29 Absatz 1 |
| Artikel 20 Absatz 2 | Artikel 29 Absatz 2 |
| Artikel 20 Absatz 3 | Artikel 29 Absatz 3 |
| Artikel 21 Absatz 1 | Artikel 31 Absatz 1 |
| Artikel 21 Absatz 1a | Artikel 34 Absatz 1 |

| Richtlinie 2003/71/EG | Diese Verordnung |
|---|---|
| Artikel 21 Absatz 1b | Artikel 34 Absatz 2 |
| Artikel 21 Absatz 2 | Artikel 31 Absatz 2 |
| Artikel 21 Absatz 3 Buchstabe a | Artikel 32 Absatz 1 Buchstabe a |
| Artikel 21 Absatz 3 Buchstabe b | Artikel 32 Absatz 1 Buchstabe b |
| Artikel 21 Absatz 3 Buchstabe c | Artikel 32 Absatz 1 Buchstabe c |
| Artikel 21 Absatz 3 Buchstabe d | Artikel 32 Absatz 1 Buchstabe d |
| Artikel 21 Absatz 3 Buchstabe e | Artikel 32 Absatz 1 Buchstabe e |
| Artikel 21 Absatz 3 Buchstabe f | Artikel 32 Absatz 1 Buchstabe f |
| Artikel 21 Absatz 3 Buchstabe g | Artikel 32 Absatz 1 Buchstabe g |
| Artikel 21 Absatz 3 Buchstabe h | Artikel 32 Absatz 1 Buchstabe h |
| Artikel 21 Absatz 3 Buchstabe i | Artikel 32 Absatz 1 Buchstabe i |
| Artikel 21 Absatz 3 Unterabsatz 2 | Artikel 32 Absatz 1 Unterabsatz 2 |
| Artikel 21 Absatz 4 Buchstabe a | Artikel 32 Absatz 1 Buchstabe l |
| Artikel 21 Absatz 4 Buchstabe b | Artikel 32 Absatz 1 Buchstabe m |
| Artikel 21 Absatz 4 Buchstabe c | – |
| Artikel 21 Absatz 4 Buchstabe d | Artikel 32 Absatz 1 Buchstabe n |
| Artikel 21 Absatz 4 Unterabsatz 2 | Artikel 32 Absatz 1 Unterabsatz 4 |
| Artikel 21 Absatz 5 | Artikel 31 Absatz 3 und Artikel 32 Absatz 6 |
| Artikel 22 Absatz 1 | Artikel 35 Absatz 2 |
| Artikel 22 Absatz 2 Unterabsatz 1 | Artikel 33 Absatz 1 |
| Artikel 22 Absatz 2 Unterabsatz 2 | – |
| Artikel 22 Absatz 2 Unterabsatz 3 | Artikel 33 Absatz 5 |
| Artikel 22 Absatz 3 | – |
| Artikel 22 Absatz 4 | Artikel 33 Absätze 6 und 7 |
| Artikel 23 Absatz 1 | Artikel 37 Absatz 1 |
| Artikel 23 Absatz 2 | Artikel 37 Absatz 2 |
| Artikel 24 Absatz 1 | Artikel 45 Absatz 1 |
| Artikel 24 Absatz 2 | Artikel 45 Absatz 2 |
| Artikel 24 Absatz 2a | – |
| Artikel 24 Absatz 3 | – |
| Artikel 24a | Artikel 44 |
| Artikel 24b | Artikel 44 |
| Artikel 24c | Artikel 44 |
| Artikel 25 Absatz 1 | Artikel 38 Absatz 1 |
| Artikel 25 Absatz 2 | Artikel 42 |
| Artikel 26 | Artikel 40 |
| Artikel 27 | – |
| Artikel 28 | Artikel 46 |
| Artikel 29 | – |
| Artikel 30 | – |
| Artikel 31 | Artikel 48 |
| Artikel 31a | – |
| Artikel 32 | Artikel 49 |
| Artikel 33 | – |

# 6a. Delegierte Verordnung (EU) 2019/979 der Kommission vom 14. März 2019 zur Ergänzung der Verordnung (EU) 2017/1129 des Europäischen Parlaments und des Rates durch technische Regulierungsstandards für wesentliche Finanzinformationen in der Zusammenfassung des Prospekts, die Veröffentlichung und Klassifizierung von Prospekten, die Werbung für Wertpapiere, Nachträge zum Prospekt und das Notifizierungsportal und zur Aufhebung der Delegierten Verordnung (EU) Nr. 382/2014 der Kommission und der Delegierten Verordnung (EU) 2016/301 der Kommission

(Text von Bedeutung für den EWR)

(ABl. L 166 S. 1)

Celex-Nr. 3 2019 R 0979

geänd. durch Art. 1, 2 VO (EU) 2020/1272 v. 4.6.2020 (ABl. L 300 S. 1)

DIE EUROPÄISCHE KOMMISSION –

gestützt auf den Vertrag über die Arbeitsweise der Europäischen Union,

gestützt auf die Verordnung (EU) 2017/1129[1]) des Europäischen Parlaments und des Rates vom 14. Juni 2017 über den Prospekt, der beim öffentlichen Angebot von Wertpapieren oder bei deren Zulassung zum Handel an einem geregelten Markt zu veröffentlichen ist, und zur Aufhebung der Richtlinie 2003/71/EG[2]), insbesondere auf Artikel 7 Absatz 13, Artikel 21 Absätze 12 und 13, Artikel 22 Absatz 9, Artikel 23 Absatz 7 und Artikel 25 Absatz 7,

in Erwägung nachstehender Gründe:

(1) Die in der Zusammenfassung des Prospekts enthaltenen wesentlichen Finanzinformationen sollten dem Anleger durch Angabe der wichtigsten Finanzdaten einen kurzen Überblick über Vermögenswerte, Verbindlichkeiten und Rentabilität des Emittenten vermitteln und darüber hinaus alle weiteren wesentlichen Finanzinformationen umfassen, die der Anleger für eine erste Beurteilung der Finanz- und Ertragslage des Emittenten benötigt. Um sicherzustellen, dass diese Informationen knapp gehalten und relevant sind, muss deshalb eine begrenzte Anzahl von Offenlegungen bestimmt und ihr Layout spezifiziert werden; zudem sind die Finanzinformationen auf die verschiedenen Arten von Emittenten und Wertpapieren zu kalibrieren.

(2) Um eine Irreführung der Anleger zu vermeiden, sollten die Emittenten das Recht haben, spezifische zusätzliche Offenlegungen wie z.B. alternative Leistungsmessgrößen aufzunehmen, wenn die verlangten Offenlegungen ihrer Auffassung nach kein klares Bild ihrer Finanz- und Ertragslage vermitteln. Um jedoch sicherzustellen, dass das Hauptaugenmerk der Anleger auf den Zahlen der Jahresabschlüsse liegt, sollten alternative Leistungsmessgrößen im Prospekt nicht stärker hervorgehoben werden als die historischen Finanzinformationen.

(3) Um Befolgungskosten und Verwaltungsaufwand der Emittenten zu verringern, sollten die wesentlichen Finanzinformationen in der Zusammenfassung des Prospekts, einschließlich zusätzlicher Posten und alternativer Leistungsmessgrößen, die im Prospekt selbst offengelegten Informationen wiedergeben.

---
[1]) Nr. 6.
[2]) **Amtl. Anm.:** ABl. L 168 vom 30.6.2017, S. 12.

# 6a VO (EU) 2019/979

(4) Die wesentlichen Finanzinformationen in der Zusammenfassung des Prospekts sollten auf die wirtschaftliche Tätigkeit des Emittenten, seine Branche, die wichtigsten Einzelposten seiner Jahresabschlüsse und die Art der ausgegebenen oder angebotenen Wertpapiere abgestimmt sein. Spezifische Muster für jede Art von Emittent können jedoch nicht bereitgestellt werden.

(5) Um eine Irreführung der Anleger zu vermeiden und die Übereinstimmung mit den im Prospekt enthaltenen Informationen zu gewährleisten, sollten im Falle, dass die im Prospekt enthaltenen historischen Finanzinformationen aufgrund wesentlicher Fehler in den Abschlüssen oder aufgrund von Änderungen der Rechnungslegungsstandards angepasst werden, die wesentlichen Finanzinformationen in der Zusammenfassung des Prospekts diese neu formulierten historischen Finanzinformationen widerspiegeln.

(6) Hat ein Emittent eine komplexe finanztechnische Vorgeschichte, so sollte er seine Finanzinformationen gegebenenfalls durch Finanzinformationen zu einem oder mehreren anderen Unternehmen ergänzen und diese Angaben in einem eigenen Abschnitt der Zusammenfassung des Prospekts zur Verfügung stellen.

(7) Für die Anleger muss deutlich sein, welche Informationen Teil des Prospekts sind und an wen ein öffentliches Angebot von Wertpapieren gerichtet ist. Wenn der Prospekt Hyperlinks enthält, sollten die Anleger daher – außer im Falle mittels Verweis aufgenommener Informationen – darauf hingewiesen werden, dass die Informationen auf den betreffenden Websites nicht Teil des Prospekts sind und von der zuständigen Behörde weder geprüft noch gebilligt wurden. Außerdem sollte durch geeignete Maßnahmen verhindert werden, dass für die Veröffentlichung des Prospekts genutzte Websites Gebietsansässige von Mitgliedstaaten oder Drittländern ansprechen, in denen die Wertpapiere nicht dem Publikum angeboten werden, indem beispielsweise eine Erklärung über die Adressaten des Angebots auf die Website gestellt wird.

(8) Ein elektronisches, maschinenlesbares Format für die Übermittlung und Veröffentlichung von Daten macht die Nutzung und den Austausch dieser Daten effizienter. Daher sollte die Liste der Datenfelder, die der Europäischen Wertpapier- und Marktaufsichtsbehörde (ESMA) für die Klassifizierung von Prospekten zu melden sind, festgelegt und die Verwendung von XML-Formatvorlagen vorgeschrieben werden, um sicherzustellen, dass die Felder maschinenlesbar sind. Die Liste der Daten sollte ausreichend erschöpfend sein, damit die ESMA den in Artikel 47 der Verordnung (EU) 2017/1129[1)] erteilten Auftrag zur jährlichen Veröffentlichung eines Berichts mit Statistiken über die in der Union gebilligten und notifizierten Prospekte und einer Trendanalyse unter Berücksichtigung der verschiedenen Arten von Emittenten und der Arten von Emissionen erfüllen kann.

(9) Um eine Irreführung von Kleinanlegern beim Vertrieb von Wertpapieren, die für öffentliche Angebote oder die Zulassung zum Handel an einem geregelten Markt vorgeschlagen werden, zu vermeiden, sollte Werbung nicht den Anschein erwecken, die wichtigste Informationsquelle zu sein. Um Verwechslungen mit dem Prospekt zu vermeiden, sollte Werbung daher nicht unangemessen lang sein.

(10) Werbung für ein öffentliches Angebot von Wertpapieren oder deren Zulassung zum Handel an einem geregelten Markt kann unrichtig oder irreführend werden, wenn ein wichtiger neuer Umstand oder eine wesentliche Unrichtigkeit oder Ungenauigkeit in Bezug auf die im betreffenden Prospekt enthaltenen Angaben auftritt. Deshalb sollten Anforderungen festgelegt werden, die sicherstellen, dass Werbung unverzüglich geändert wird, wenn sie aufgrund eines solchen neuen Umstands oder einer wesentlichen Unrichtigkeit oder Ungenauigkeit unrichtig oder irreführend wird.

(11) Um Anlegern fundierte Anlageentscheidungen zu ermöglichen, sollten in der Werbung enthaltene Informationen kein unausgewogenes Bild vermitteln, indem sie beispielsweise negative Aspekte weniger deutlich herausstellen als die positiven Aspekte.

(12) Da alternative Leistungsmessgrößen eine Anlageentscheidung über die Maßen beeinflussen können, sollte untersagt werden, dass außerhalb des Prospekts verbreitete Informationen über ein öffentliches Angebot oder eine Zulassung zum Handel an einem geregelten Markt derartige alternative Leistungsmessgrößen enthalten, es sei denn, diese sind auch im Prospekt selbst enthalten.

(13) Die zuständigen Behörden in den Aufnahmemitgliedstaaten prüfen die Prospekte nicht. Um sicherzustellen, dass die Anleger in Aufnahmemitgliedstaaten angemessen geschützt sind, sollte die zuständige Behörde des Aufnahmemitgliedstaats deshalb bei einem Ersuchen um Amtshilfe

---

[1)] Nr. **6**.

bei der zuständigen Behörde des Herkunftsmitgliedstaats alle Informationen übermitteln, die für die Beurteilung der Frage nach der Übereinstimmung der Werbung mit dem Inhalt des Prospekts durch die zuständige Behörde des Herkunftsmitgliedstaats relevant sind. Diese Übermittlung sollte innerhalb eines angemessenen Zeitrahmens erfolgen, um sicherzustellen, dass die Anleger im Aufnahmemitgliedstaat nicht durch die Tatsache benachteiligt werden, dass die zuständigen Behörden des Aufnahmemitgliedstaats die Prospekte nicht überprüfen, und sie genügend Zeit haben, das betreffende öffentliche Angebot zu analysieren. Die zuständige Behörde im Aufnahmemitgliedstaat sollte alle Informationen erhalten, die sie benötigt, um die Einhaltung der Vorschriften für Werbetätigkeiten in ihrem Zuständigkeitsbereich kontrollieren zu können.

(14) Um eine einheitliche Anwendung der Verordnung (EU) 2017/1129[1)] zu gewährleisten und technischen Entwicklungen auf den Finanzmärkten Rechnung zu tragen, sollte festgelegt werden, unter welchen Umständen die Veröffentlichung eines Nachtrags zum Prospekt erforderlich ist. Es ist nicht möglich, alle Situationen zu beschreiben, die die Veröffentlichung eines Nachtrags zum Prospekt erforderlich machen, da dies vom Emittenten und von den betreffenden Wertpapieren abhängen kann. Deshalb ist es zweckmäßig, ein Minimum an Situationen festzulegen, in denen ein Nachtrag verlangt wird.

(15) Geprüfte Jahresabschlüsse spielen für die Anlageentscheidungen der Anleger eine entscheidende Rolle. Um sicherzustellen, dass die Anleger sich bei ihren Anlageentscheidungen auf die aktuellsten Finanzinformationen stützen, muss die Veröffentlichung eines Nachtrags verlangt werden, der neue geprüfte Jahresabschlüsse der Emittenten von Dividendenwerten und im Falle von Zertifikaten der Emittenten der zugrunde liegenden Aktien enthält, die nach der Billigung des Prospekts veröffentlicht wurden.

(16) Da Gewinnprognosen und -schätzungen die Anlageentscheidung beeinflussen können, muss ein Nachtrag veröffentlicht werden, der jede Änderung impliziter oder expliziter Zahlen von Gewinnprognosen oder -schätzungen bzw. die Rücknahme einer bereits im Prospekt enthaltenen Gewinnprognose oder -schätzung enthält. Aus dem gleichen Grund muss im Falle von Dividendenwerten und Zertifikaten auch dann ein Nachtrag zum Prospekt erstellt werden, wenn vor Ablauf der Angebotsfrist oder vor der Zulassung zum Handel eine neue Gewinnprognose oder -schätzung veröffentlicht wird.

(17) Angaben zu den Hauptaktionären oder etwaigen beherrschenden Unternehmen des Emittenten sind wesentliche Voraussetzung für eine fundierte Beurteilung des Emittenten. Besonders stark fällt eine Änderung der Kontrollverhältnisse beim Emittenten jedoch dann ins Gewicht, wenn das Angebot sich auf Dividendenwerte bezieht, die auf Änderungen beim Emittenten im Allgemeinen besonders preissensitiv reagieren. Deshalb sollte im Falle einer Änderung der Kontrollverhältnisse bei einem Emittenten von Dividendenwerten oder im Falle von Zertifikaten bei einem Emittenten der zugrunde liegenden Aktien ein entsprechender Nachtrag veröffentlicht werden.

(18) Potenzielle Anleger, die ein Angebot für Dividendenwerte prüfen, müssen die Bedingungen des betreffenden Angebots mit dem Preis bzw. den Umtauschkonditionen eines während der Angebotsfrist angekündigten öffentlichen Übernahmeangebots vergleichen können. Auch das Ergebnis eines öffentlichen Übernahmeangebots spielt eine wichtige Rolle für die Anlegerentscheidung, da die Anleger wissen müssen, ob das Angebot eine Änderung der Kontrollverhältnisse beim Emittenten bewirkt. Daher muss bei jedem neuen öffentlichen Übernahmeangebot ein Nachtrag veröffentlicht werden.

(19) Wenn die Erklärung zum Geschäftskapital nicht mehr zutreffend ist, können die Anleger keine Anlageentscheidungen in voller Kenntnis der finanziellen Lage des Emittenten treffen. Die Anleger sollten ihre Anlageentscheidungen unter Berücksichtigung der neuen Informationen über die Fähigkeit des Emittenten, sich zur Bedienung seiner Verbindlichkeiten Barmittel und andere liquide Mittel zu verschaffen, einer Neubewertung unterziehen können. Dazu ist ein Nachtrag erforderlich.

(20) Emittenten oder Anbieter können nach Billigung des Prospekts beschließen, die Wertpapiere in anderen als den im Prospekt genannten Mitgliedstaaten anzubieten oder in anderen als den im Prospekt genannten Mitgliedstaaten die Zulassung zum Handel von Wertpapieren an geregelten Märkten zu beantragen. Informationen über solche Angebote und Zulassungen sind für den Anleger wichtig, um bestimmte Aspekte der Wertpapiere des Emittenten zu bewerten, sodass in solchen Fällen ein Nachtrag verlangt werden sollte.

(21) Bedeutende finanzielle Verpflichtungen werden sich wahrscheinlich auf die finanzielle Lage und die Geschäftstätigkeit von Unternehmen auswirken. Deshalb sollten die Anleger in einem Nach-

---

[1)] Nr. 6.

trag zum Prospekt zusätzliche Informationen über die Folgen einer solchen Verpflichtung erhalten.

(22) Eine Erhöhung des aggregierten Nominalbetrags eines Angebotsprogramms lässt Rückschlüsse auf einen erhöhten Finanzierungsbedarf des Emittenten oder einen Anstieg der Nachfrage nach Wertpapieren des Emittenten zu. In einem solchen Fall sollte ein Nachtrag zum Prospekt veröffentlicht werden.

(23) Die jeweils zuständigen Behörden sollten den Prospekt und begleitende Daten zeitnah über das Notifizierungsportal zusammen mit einer Bestätigung, dass der Prospekt gemäß der Verordnung (EU) 2017/1129[1] erstellt wurde, erhalten. Die ESMA sollte sicherstellen, dass das Notifizierungsportal die Sicherheit und Integrität der zwischen den zuständigen Behörden ausgetauschten Informationen wahrt. Die Übermittlung dieser Daten bleibt Aufgabe der zuständigen Behörden. Um ein reibungsloses und zeitnahes Funktionieren des Notifizierungsportals zu ermöglichen, müssen die begleitenden Daten, die in das Notifizierungsportal hochzuladen sind, spezifiziert werden.

(24) Gemäß Artikel 10 der Verordnung (EU) Nr. 1095/2010[2] des Europäischen Parlaments und des Rates[3] hat die ESMA öffentliche Konsultationen zu diesem Entwurf durchgeführt, die damit verbundenen potenziellen Kosten- und Nutzeneffekte analysiert und die Stellungnahme der nach Artikel 37 der genannten Verordnung eingesetzten Interessengruppe Wertpapiere und Wertpapiermärkte eingeholt. Die ESMA hat diese Interessengruppe hingegen nicht zum Entwurf technischer Regulierungsstandards für die technischen Modalitäten für das Notifizierungsportal konsultiert, da diese Modalitäten nur die ESMA und nationale zuständige Behörden betreffen.

(25) Diese Verordnung beruht auf dem Entwurf technischer Regulierungsstandards, der der Kommission von der ESMA vorgelegt wurde.

(26) Da diese Verordnung die Delegierte Verordnung (EU) Nr. 382/2014 der Kommission[4] und die Delegierte Verordnung (EU) 2016/301 der Kommission[5] ersetzt, werden diese delegierten Verordnungen hinfällig und sollten daher aufgehoben werden.

(27) Da diese Verordnung Bestimmungen der Verordnung (EU) 2017/1129[1] ergänzt, sollte ihr Geltungsbeginn bis zum Geltungsbeginn der Verordnung (EU) 2017/1129[1] aufgeschoben werden –

HAT FOLGENDE VERORDNUNG ERLASSEN:

## Kapitel I. Wesentliche Finanzinformationen in der Prospektzusammenfassung

### Abschnitt 1. Inhalt der wesentlichen Finanzinformationen in der Prospektzusammenfassung

**Art. 1 Mindestinhalt der wesentlichen Finanzinformationen in der Zusammenfassung des Prospekts.** (1) Die wesentlichen Finanzinformationen in der Zusammenfassung des Prospekts setzen sich aus den in den Anhän-

---

[1] Nr. 6.
[2] Nr. 3.
[3] **Amtl. Anm.:** Verordnung (EU) Nr. 1095/2010 des Europäischen Parlaments und des Rates vom 24. November 2010 zur Errichtung einer Europäischen Aufsichtsbehörde (Europäische Wertpapier- und Marktaufsichtsbehörde), zur Änderung des Beschlusses Nr. 716/2009/EG und zur Aufhebung des Beschlusses 2009/77/EG der Kommission (ABl. L 331 vom 15.12.2010, S. 84).
[4] **Amtl. Anm.:** Delegierte Verordnung (EU) Nr. 382/2014 der Kommission vom 7. März 2014 zur Ergänzung der Richtlinie 2003/71/EG des Europäischen Parlaments und des Rates im Hinblick auf technische Regulierungsstandards für die Veröffentlichung eines Prospektnachtrags (ABl. L 111 vom 15.4.2014, S. 36).
[5] **Amtl. Anm.:** Delegierte Verordnung (EU) 2016/301 der Kommission vom 30. November 2015 zur Ergänzung der Richtlinie 2003/71/EG des Europäischen Parlaments und des Rates durch technische Regulierungsstandards für die Billigung und Veröffentlichung des Prospekts und die Verbreitung von Werbung und zur Änderung der Verordnung (EG) Nr. 809/2004 der Kommission (ABl. L 58 vom 4.3.2016, S. 13).

gen der Delegierten Verordnung (EU) 2019/980[1)] der Kommission[2)] angeführten Finanzinformationen zusammen.

(2) Sind Informationen, die in den einschlägigen Tabellen in den Anhängen I bis VI genannt werden, nicht in den Abschlüssen des Emittenten enthalten, so legt der Emittent stattdessen einen entsprechenden Posten aus seinen Abschlüssen offen.

(3) ¹Der Emittent kann zusätzliche Posten oder alternative Leistungsmessgrößen in die Zusammenfassung des Prospekts aufnehmen, wenn es sich dabei um wesentliche Finanzinformationen über den Emittenten oder über die zum Handel an einem geregelten Markt angebotenen oder zugelassenen Wertpapiere handelt. ²Für die Zwecke des ersten Satzes sind alternative Leistungsmessgrößen finanzielle Messgrößen für die historische und künftige Vermögens-, Finanz- und Ertragslage, die nicht den im geltenden Rechnungslegungsrahmen definierten finanziellen Messgrößen entsprechen.

(4) Emittenten, die keiner der in den Artikeln 2 bis 8 genannten Arten von Emittenten angehören, legen die in den Tabellen genannten wesentlichen Finanzinformationen vor, die ihrer Ansicht nach am ehesten der Art der ausgegebenen Wertpapiere entsprechen.

(5) Die wesentlichen Finanzinformationen sind für die Anzahl der Jahre vorzulegen, die nach der Delegierten Verordnung (EU) 2019/980 für die Art der Emission und die Art der ausgegebenen Wertpapiere erforderlich sind.

### Art. 2 Wesentliche Finanzinformationen für Nichtfinanzunternehmen, die Dividendenwerte emittieren.
Handelt es sich beim Emittenten um ein Nichtfinanzunternehmen, das Dividendenwerte emittiert, so enthält die Zusammenfassung des Prospekts die in den Tabellen in Anhang I genannten wesentlichen Finanzinformationen.

### Art. 3 Wesentliche Finanzinformationen für Nichtfinanzunternehmen, die Nichtdividendenwerte emittieren.
Handelt es sich beim Emittenten um ein Nichtfinanzunternehmen, das Nichtdividendenwerte emittiert, so enthält die Zusammenfassung des Prospekts die in den Tabellen in Anhang II genannten wesentlichen Finanzinformationen.

### Art. 4 Wesentliche Finanzinformationen für Kreditinstitute.
Handelt es sich beim Emittenten um ein Kreditinstitut, so enthält die Zusammenfassung des Prospekts die in den Tabellen in Anhang III genannten wesentlichen Finanzinformationen.

### Art. 5 Wesentliche Finanzinformationen für Versicherungsgesellschaften.
Handelt es sich beim Emittenten um eine Versicherungsgesellschaft, so enthält die Zusammenfassung des Prospekts die in den Tabellen in Anhang VI genannten wesentlichen Finanzinformationen.

---

[1)] Nr. 6b.
[2)] **Amtl. Anm.:** Delegierte Verordnung (EU) 2019/980 der Kommission vom 14. März 2019 zur Ergänzung der Verordnung (EU) 2017/1129 des Europäischen Parlaments und des Rates hinsichtlich der Aufmachung, des Inhalts, der Prüfung und der Billigung des Prospekts, der beim öffentlichen Angebot von Wertpapieren oder bei deren Zulassung zum Handel an einem geregelten Markt zu veröffentlichen ist, und zur Aufhebung der Verordnung (EG) Nr. 809/2004 der Kommission einfügen (siehe Seite 26 dieses Amtsblatts).

**Art. 6 Wesentliche Finanzinformationen für Zweckgesellschaften, die forderungsbesicherte Wertpapiere emittieren.** Handelt es sich beim Emittenten um eine Zweckgesellschaft, die forderungsbesicherte Wertpapiere emittiert, so enthält die Zusammenfassung des Prospekts die in den Tabellen in Anhang V genannten wesentlichen Finanzinformationen.

**Art. 7 Wesentliche Finanzinformationen für geschlossene Fonds.**
Handelt es sich beim Emittenten um einen geschlossenen Fonds, so enthält die Zusammenfassung des Prospekts die in den Tabellen in Anhang VI genannten wesentlichen Finanzinformationen.

**Art. 8 Wesentliche Finanzinformationen für Garantiegeber.** [1] Wird eine Garantie für die Wertpapiere gestellt, so sind die wesentlichen Finanzinformationen über den Garantiegeber unter Verwendung der Tabellen in den Anhängen I bis VI so darzustellen, als wäre der Garantiegeber der Emittent der gleichen Art von Wertpapieren, die Gegenstand der Garantie sind. [2] Wird die Garantie für forderungsbesicherte Wertpapiere gestellt, so sind die wesentlichen Finanzinformationen über den Garantiegeber so darzustellen, als wäre der Garantiegeber der Emittent der zugrunde liegenden Wertpapiere.

### Abschnitt 2. Aufmachung der wesentlichen Finanzinformationen in der Prospektzusammenfassung

**Art. 9 Aufmachung der wesentlichen Finanzinformationen in der Zusammenfassung des Prospekts.** (1) Die wesentlichen Finanzinformationen sind in Tabellenform gemäß den Tabellen in den Anhängen I bis VI darzustellen.

(2) Historische Finanzinformationen in der Zusammenfassung des Prospekts, die nicht dem Abschluss entnommen wurden, sind als solche zu kennzeichnen.

(3) *[1]* [1] Betreffen in die Zusammenfassung des Prospekts aufzunehmende Pro-forma-Informationen die in der entsprechenden Tabelle der Anhänge I bis VI genannten wesentlichen Finanzinformationen, so sind diese Pro-forma-Informationen entweder in zusätzlichen Spalten in den Tabellen in den Anhängen I bis VI oder in einer gesonderten Tabelle darzustellen. [2] Soweit dies zum Verständnis erforderlich ist, ist den Pro-forma-Informationen eine kurze Erläuterung der in den zusätzlichen Spalten oder der gesonderten Tabellen angegebenen Zahlen beizufügen.

*[2]* Werden im Falle einer bedeutenden Bruttoveränderung nur qualitative Informationen in den Prospekt aufgenommen, wird eine entsprechende Erklärung in die Zusammenfassung dieses Prospekts aufgenommen.

(4) Hat der Emittent eine komplexe finanztechnische Vorgeschichte im Sinne des Artikels 18 der Delegierten Verordnung (EU) 2019/980[1], so sind die wesentlichen Finanzinformationen in der Zusammenfassung des Prospekts im Einklang mit dem Prospekt und unter Verwendung der einschlägigen Tabellen in den Anhängen I bis VI darzustellen.

---

[1] Nr. 6b.

## Kapitel II. Veröffentlichung des Prospekts

**Art. 10 Veröffentlichung des Prospekts.** (1) ¹Enthält ein Prospekt – unabhängig davon, ob er aus einem einzigen Dokument oder aus mehreren Einzeldokumenten besteht – Hyperlinks zu Websites, so wird in den Prospekt eine Erklärung darüber aufgenommen, dass die Informationen auf den Websites nicht Teil des Prospekts sind und nicht von der zuständigen Behörde geprüft oder gebilligt wurden. ²Diese Anforderung gilt nicht für Hyperlinks zu Informationen, die mittels Verweis aufgenommen wurden.

(2) Wird ein Prospekt gemäß Artikel 21 Absatz 2 der Verordnung (EU) 2017/1129[1]) veröffentlicht, so werden auf den für die Veröffentlichung des Prospekts genutzten Websites Maßnahmen ergriffen, die verhindern, dass Personen mit Wohnsitz in anderen Mitgliedstaaten oder Drittländern als denjenigen, in denen die Wertpapiere öffentlich angeboten werden, angesprochen werden.

## Kapitel III. Maschinenlesbare Daten für die Klassifizierung von Prospekten

**Art. 11 Daten für die Klassifizierung von Prospekten.** Bei der Übermittlung einer elektronischen Kopie eines gebilligten Prospekts, einschließlich etwaiger Prospektnachträge sowie gegebenenfalls der endgültigen Bedingungen, an die ESMA übermittelt die zuständige Behörde der ESMA ebenfalls die für die Klassifizierung der Prospekte relevanten begleitenden Daten im Einklang mit den Tabellen in Anhang VII.

**Art. 12 Praktische Modalitäten zur Gewährleistung der Maschinenlesbarkeit der Daten.** Die zuständige Behörde übermittelt die in Artikel 11 genannten begleitenden Daten in einem einheitlichen XML-Format im Einklang mit der Aufmachung und den Standards in den Tabellen in Anhang VII.

## Kapitel IV. Werbung

**Art. 13 Kennzeichnung des Prospekts.** Unterliegt der Emittent, der Anbieter oder die die Zulassung zum Handel an einem geregelten Markt beantragende Person der Pflicht zur Erstellung eines Prospekts, ist der Prospekt in einer Werbung eindeutig zu kennzeichnen, und zwar durch:

a) die eindeutige Angabe der Website, auf der der Prospekt veröffentlicht wurde oder veröffentlicht werden wird, wenn die Werbung in schriftlicher Form und auf andere Weise als auf elektronischem Wege verbreitet wird;

b) einen Hyperlink zum Prospekt und zu den relevanten endgültigen Bedingungen eines Basisprospekts, wenn die Werbung in schriftlicher Form auf elektronischem Wege verbreitet wird oder – wenn der Prospekt noch nicht veröffentlicht wurde – durch Aufnahme eines Hyperlinks zur Website, auf der der Prospekt veröffentlicht wird;

c) die Aufnahme genauer Informationen über den Ort, an dem der Prospekt erhältlich ist, sowie genauer Informationen über das Angebot von Wert-

---

[1]) Nr. 6.

papieren oder die Zulassung zum Handel an einem geregelten Markt, auf das bzw. die er sich bezieht, wenn die Werbung in einer Form oder auf einem Wege verbreitet wird, die nicht in den Anwendungsbereich der Buchstaben a oder b fallen.

**Art. 14 Inhalt.** (1) Werbung, die an potenzielle Kleinanleger verbreitet wird, umfasst folgende Elemente:

a) das Wort „Werbung" auf deutlich sichtbare Weise. Wird Werbung in mündlicher Form verbreitet, ist der Zweck der Botschaft zu Beginn der Mitteilung eindeutig anzugeben;

b) wenn die Werbung einen Verweis auf einen von einer zuständigen Behörde gebilligten Prospekt enthält, eine Erklärung, dass die Billigung des Prospekts nicht als Befürwortung der angebotenen oder zum Handel an einem geregelten Markt zugelassenen Wertpapiere zu verstehen ist;

c) wenn die Werbung einen Verweis auf einen von einer zuständigen Behörde gebilligten Prospekt enthält, eine Empfehlung, dass potenzielle Anleger den Prospekt lesen, bevor sie eine Anlageentscheidung treffen, um die potenziellen Risiken und Chancen der Entscheidung, in die Wertpapiere zu investieren, vollends zu verstehen;

d) den Warnhinweis gemäß Artikel 8 Absatz 3 Buchstabe b der Verordnung (EU) Nr. 1286/2014[1] des Europäischen Parlaments und des Rates[2], wenn:

 i) sich die Werbung auf andere komplexe Wertpapiere als die in Artikel 25 Absatz 4 Buchstabe a Ziffern i, ii und vi der Richtlinie 2014/65/EU[3] des Europäischen Parlaments und des Rates[4] genannten Finanzinstrumenten bezieht, und

 ii) der Warnhinweis in der Zusammenfassung des Prospekts enthalten ist oder in diese aufgenommen wird.

(2) Werbung in schriftlicher Form, die an potenzielle Kleinanleger verbreitet wird, muss sich in ihrer Aufmachung und Länge hinreichend vom Prospekt unterscheiden, sodass keine Verwechslung mit dem Prospekt möglich ist.

**Art. 15 Verbreitung der Werbung.** (1) ¹Werbung, die an potenzielle Anleger verbreitet wird, ist entsprechend zu ändern, wenn

a) in der Folge gemäß Artikel 23 der Verordnung (EU) 2017/1129[5] ein Nachtrag zum Prospekt veröffentlicht wird;

b) der im Nachtrag zum Prospekt genannte wichtige neue Umstand bzw. die darin genannte wesentliche Unrichtigkeit oder wesentliche Ungenauigkeit dazu führt, dass die zuvor verbreitete Werbung wesentliche ungenaue oder irreführende Informationen enthält.

---

[1] Nr. **9**.
[2] **Amtl. Anm.:** Verordnung (EU) Nr. 1286/2014 des Europäischen Parlaments und des Rates vom 26. November 2014 über Basisinformationsblätter für verpackte Anlageprodukte für Kleinanleger und Versicherungsanlageprodukte (PRIIP) (ABl. L 352 vom 9.12.2014, S. 1).
[3] Nr. **1**.
[4] **Amtl. Anm.:** Richtlinie 2014/65/EU des Europäischen Parlaments und des Rates vom 15. Mai 2014 über Märkte für Finanzinstrumente sowie zur Änderung der Richtlinien 2002/92/EG und 2011/61/EU (ABl. L 173 vom 12.6.2014, S. 349).
[5] Nr. **6**.

² Unterabsatz 1 ist nicht anwendbar nach der endgültigen Schließung des öffentlichen Angebots oder nach dem Zeitpunkt, zu dem der Handel an einem geregelten Markt beginnt – je nachdem, welches der spätere Zeitpunkt ist.

(2) Gemäß Absatz 1 geänderte Werbung ist potenziellen Anlegern nach Veröffentlichung des Nachtrags zum Prospekt unverzüglich zur Verfügung zu stellen, und muss Folgendes enthalten:

a) einen eindeutigen Verweis auf die ungenaue oder irreführende Fassung der Werbung;

b) eine Erklärung, dass die Werbung geändert wurde, da sie wesentliche ungenaue oder irreführende Informationen enthielt;

c) eine klare Beschreibung der Unterschiede zwischen den beiden Fassungen der Werbung.

(3) Mit Ausnahme von mündlich verbreiteter Werbung wird gemäß Absatz 1 geänderte Werbung mindestens auf denselben Wegen verbreitet wie die vorherige Werbung.

**Art. 16 Informationen über Angebote von Wertpapieren.** (1) In mündlicher oder schriftlicher Form zu Werbe- oder anderen Zwecken offengelegte Informationen über ein öffentliches Angebot von Wertpapieren oder eine Zulassung zum Handel an einem geregelten Markt dürfen

a) den Informationen im Prospekt nicht widersprechen;

b) nicht auf Informationen verweisen, die im Widerspruch zu den im Prospekt enthaltenen Informationen stehen;

c) die im Prospekt enthaltenen Informationen nicht in wesentlich unausgewogener Weise darstellen, etwa durch stärkere Hervorhebung positiver Aspekte gegenüber negativen Aspekten dieser Informationen oder durch Auslassung oder selektive Darstellung bestimmter Informationen;

d) keine alternativen Leistungsmessgrößen enthalten, es sei denn, diese sind im Prospekt enthalten.

(2) Für die Zwecke von Absatz 1 umfassen die Informationen im Prospekt entweder die in einem bereits veröffentlichten Prospekt enthaltenen Informationen oder, falls der Prospekt später veröffentlicht wird, die in den Prospekt aufzunehmenden Informationen.

(3) Für die Zwecke von Absatz 1 Buchstabe d umfassen alternative Leistungsmessgrößen finanzielle Messgrößen für die historische und künftige Vermögens-, Finanz- und Ertragslage, die nicht den im geltenden Rechnungslegungsrahmen definierten finanziellen Messgrößen entsprechen.

**Art. 17 Verfahren für die Zusammenarbeit zwischen den zuständigen Behörden** (1) ¹ Ist die zuständige Behörde eines Mitgliedstaats, in dem eine Werbung verbreitet wird, der Ansicht, dass der Inhalt dieser Werbung nicht mit den im Prospekt enthaltenen Angaben übereinstimmt, kann sie die zuständige Behörde des Herkunftsmitgliedstaats um Amtshilfe ersuchen. ² Auf Verlangen teilt die zuständige Behörde des Mitgliedstaats, in dem die Werbung verbreitet wird, der zuständigen Behörde des Herkunftsmitgliedstaats Folgendes mit:

a) die Gründe für die Annahme, dass der Inhalt der Werbung nicht mit den Informationen im Prospekt übereinstimmt;

b) die entsprechende Werbung und erforderlichenfalls eine Übersetzung der Werbung in die Sprache des Prospekts oder in eine in der internationalen Finanzwelt gebräuchliche Sprache.

(2) Die zuständige Behörde des Herkunftsmitgliedstaats teilt der zuständigen Behörde des Mitgliedstaats, in dem die Werbung verbreitet wird, so bald wie möglich die Ergebnisse ihrer Beurteilung der Frage mit, ob die Werbung mit den Informationen im Prospekt übereinstimmt.

## Kapitel V. Nachträge zum Prospekt

**Art. 18 Veröffentlichung eines Nachtrags zum Prospekt.** (1) Ein Nachtrag zum Prospekt wird in folgenden Fällen veröffentlicht:

a) bei Veröffentlichung neuer geprüfter Jahresabschlüsse durch:
  i) einen Emittenten, wenn der Prospekt sich auf Aktien oder andere übertragbare, aktienähnliche Wertpapiere bezieht;
  ii) einen Emittenten der zugrunde liegenden Aktien oder anderer übertragbarer, aktienähnlicher Wertpapiere im Falle der in Artikel 19 Absatz 2 oder Artikel 20 Absatz 2 der Delegierten Verordnung (EU) 2019/980[1] genannten Wertpapiere; oder
  iii) einen Emittenten der Aktien, die den in den Artikeln 6 und 14 der Delegierten Verordnung (EU) 2019/980 genannten Zertifikaten zugrunde liegen;

b) bei Veröffentlichung einer Gewinnprognose oder -schätzung durch den Emittenten nach der Billigung des Prospekts, wenn nach der Delegierten Verordnung (EU) 2019/980 die Aufnahme einer Gewinnprognose oder -schätzung in den Prospekt erforderlich ist;

c) bei der Aufnahme einer Änderung oder einer Rücknahme einer Gewinnprognose oder -schätzung in den Prospekt;

d) bei Veränderungen der Kontrollverhältnisse bei:
  i) einem Emittenten, wenn der Prospekt sich auf Aktien oder andere übertragbare, aktienähnliche Wertpapiere bezieht;
  ii) einem Emittenten der zugrunde liegenden Aktien oder anderer übertragbarer, aktienähnlicher Wertpapiere, wenn sich der Prospekt auf in Artikel 19 Absatz 2 oder Artikel 20 Absatz 2 der Delegierten Verordnung (EU) 2019/980 genannte Wertpapiere bezieht; oder
  iii) einem Emittenten der Aktien, die den in den Artikeln 6 und 14 der Delegierten Verordnung (EU) 2019/980 genannten Zertifikaten zugrunde liegen;

e) bei einem neuen öffentlichen Übernahmeangebot von Dritten im Sinne von Artikel 2 Absatz 1 Buchstabe a der Richtlinie 2004/25/EG des Europäischen Parlaments und des Rates[2] oder bei Vorliegen des Ergebnisses eines öffentlichen Übernahmeangebots bezüglich:
  i) des Eigenkapitals des Emittenten, wenn der Prospekt sich auf Aktien oder andere übertragbare, aktienähnliche Wertpapiere bezieht;

---
[1] Nr. **6b**.
[2] **Amtl. Anm.:** Richtlinie 2004/25/EG des Europäischen Parlaments und des Rates vom 21. April 2004 betreffend Übernahmeangebote (ABl. L 142 vom 30.4.2004, S. 12).

ii) des Eigenkapitals des Emittenten der zugrunde liegenden Aktien oder anderer übertragbarer, aktienähnlicher Wertpapiere, wenn sich der Prospekt auf die in Artikel 19 Absatz 2 oder Artikel 20 Absatz 2 der Delegierten Verordnung (EU) 2019/980 genannten Wertpapiere bezieht; oder

iii) des Eigenkapitals des Emittenten der Zertifikaten zugrunde liegenden Aktien, wenn der Prospekt im Einklang mit den Artikeln 6 und 14 der Delegierten Verordnung (EU) 2019/980 erstellt wird;

f) bei Eintreten des Falls, dass das Geschäftskapital laut der in einen Prospekt aufgenommenen Erklärung zum Geschäftskapital im Hinblick auf die aktuellen Verpflichtungen des Emittenten eine ausreichende bzw. nicht ausreichende Höhe erreicht in Bezug auf:

i) Aktien oder andere übertragbare, aktienähnliche Wertpapiere;

ii) Wertpapiere gemäß Artikel 19 Absatz 2 der Delegierten Verordnung (EU) 2019/980;

iii) Zertifikate auf Aktien gemäß den Artikeln 6 und 14 der Delegierten Verordnung (EU) 2019/980.

g) bei Antrag eines Emittenten auf Zulassung zum Handel an mindestens einem zusätzlichen geregelten Markt in mindestens einem zusätzlichen Mitgliedstaat oder geplantem öffentlichen Angebot in mindestens einem zusätzlichen Mitgliedstaat, der nicht im Prospekt genannt wird;

h) im Falle eines Prospekts, der sich auf in Artikel 19 Absatz 2 oder Artikel 20 Absatz 2 der Delegierten Verordnung (EU) 2019/980 genannte Aktien oder die darin genannten übertragbaren, aktienähnlichen Wertpapieren bezieht, wenn eine bedeutende neue finanzielle Verpflichtung zu einer bedeutenden Bruttoveränderung gemäß Artikel 1 Buchstabe e der genannten delegierten Verordnung führen könnte;

i) bei Erhöhung des aggregierten Nominalbetrags des Angebotsprogramms.

## Kapitel VI. Technische Modalitäten für den Betrieb des Notifizierungsportals

**Art. 19 Hochladen von Unterlagen und begleitenden Daten.** Beim Hochladen der in Artikel 25 Absatz 6 der Verordnung (EU) 2017/1129[1] genannten Unterlagen in das Notifizierungsportal stellt die zuständige Behörde sicher, dass diese Unterlagen ein mit Suchfunktion ausgestattetes, jedoch nicht editierbares elektronisches Format aufweisen und die in den Tabellen in Anhang VII genannten begleitenden Daten in einem einheitlichen XML-Format übermittelt werden.

**Art. 20 Verarbeitung und Meldung von Unterlagen und begleitenden Daten.** (1) Die ESMA stellt sicher, dass das Notifizierungsportal automatisch alle hochgeladenen Unterlagen und begleitenden Daten verarbeitet und prüft und der die Daten übermittelnden zuständigen Behörde meldet, ob das Hochladen erfolgreich war und etwaige Fehler darin enthalten sind.

---

[1] Nr. 6.

(2) Die ESMA stellt sicher, dass das Notifizierungsportal den jeweils zuständigen Behörden Meldungen von hochgeladenen Unterlagen und begleitenden Daten übermittelt.

**Art. 21 Herunterladen von Unterlagen und begleitenden Daten.** Die ESMA stellt sicher, dass das Notifizierungsportal den jeweils zuständigen Behörden hochgeladene Unterlagen und begleitende Daten bereitstellt.

## Kapitel VII. Schlussbestimmungen

**Art. 22 Aufhebung.** *[1]* Die Delegierte Verordnung (EU) Nr. 382/2014 wird aufgehoben.

*[2]* Die Verordnung (EU) 2016/301 wird aufgehoben.

**Art. 22a Zusammenfassungen von Prospekten für Dividendenwerte emittierende Nichtfinanzunternehmen, die im Zeitraum vom 21. Juli 2019 bis zum 16. September 2020 gebilligt wurden.** Zusammenfassungen von Prospekten, die die in Anhang I Tabelle 3 zu liefernden Angaben enthalten und im Zeitraum vom 21. Juli 2019 bis zum 16. September 2020 gebilligt wurden, bleiben bis zum Ende der Geltungsdauer dieser Prospekte gültig.

**Art. 23 Inkrafttreten.** [1] Diese Verordnung tritt am zwanzigsten Tag nach ihrer Veröffentlichung[1] im *Amtsblatt der Europäischen Union* in Kraft. [2] Sie gilt ab dem 21. Juli 2019.

Diese Verordnung ist in allen ihren Teilen verbindlich und gilt unmittelbar in jedem Mitgliedstaat.

Brüssel, den 14. März 2019

### Anhang I.
### Nichtfinanzunternehmen (Dividendenwerte)

– Bei Eingaben, die durch ein Sternchen („*") gekennzeichnet sind, handelt es sich um obligatorische Angaben oder entsprechende Informationen, falls der Emittent nicht die internationalen Rechnungslegungsstandards (IFRS) anwendet. Der Emittent kann Informationen, die im Wesentlichen den in der Tabelle aufgeführten Informationen entsprechen, unter einem anderen Titel präsentieren, sofern er diesen alternativen Titel in seinem Abschluss verwendet.

– Bei Eingaben, die durch ein Doppelkreuz („#") gekennzeichnet sind, handelt es sich um obligatorische Angaben, wenn die entsprechenden Informationen an anderer Stelle im Prospekt erscheinen.

– Bei Eingaben, die durch eine Tilde („~") gekennzeichnet sind, sind bei Bezug auf geschlossene Fonds die zum Zeitpunkt der Ermittlung des Nettoinventarwerts (NAV) als erfolgswirksam zum beizulegenden Zeitwert bewerteten Investitionen anzugeben.

---

[1] Veröffentlicht am 21.6.2019.

# Anh. II  VO (EU) 2019/979  6a

**Tabelle 1. Gewinn- und Verlustrechnung – Nichtfinanzunternehmen (Dividendenwerte)**

| | Jahr | Jahr −1 | Jahr −2 | Zwischengewinn- und Verlustrechnung | Zwischengewinn- und #verlustrechnung im Vergleich zum gleichen Zeitraum des Vorjahres |
|---|---|---|---|---|---|
| *Einnahmen insgesamt | | | | | |
| *operativer Gewinn/Verlust oder andere vergleichbare Messgröße für die Ertragslage, die der Emittent in den Abschlüssen verwendet | | | | | |
| *Nettogewinn/#verlust (bei konsolidierten Jahresabschlüssen der den Anteilseignern des Mutterunternehmens zuzurechnende Nettogewinn/#verlust) | | | | | |
| #Einnahmenwachstum im Jahresvergleich | | | | | |
| #Betriebsgewinnspanne | | | | | |
| #Nettogewinnspanne | | | | | |
| #Ergebnis je Aktie | | | | | |

**Tabelle 2. Bilanz – Nichtfinanzunternehmen (Dividendenwerte)**

| | Jahr | Jahr −1 | Jahr −2 | Zwischenbilanz |
|---|---|---|---|---|
| *Vermögenswerte insgesamt | | | | |
| *Eigenkapital insgesamt | | | | |
| #Nettofinanzierungsschulden (langfristige Verbindlichkeiten plus kurzfristige Schulden abzüglich Barmittel) | | | | |

**Tabelle 3. Kapitalflussrechnung – Nichtfinanzunternehmen (Dividendenwerte)**

| | Jahr | Jahr −1 | Jahr −2 | Zwischenkapitalflussrechnung | Kapitalflussrechnung im Vergleich zum gleichen Zeitraum des Vorjahres |
|---|---|---|---|---|---|
| *relevante Netto-Cashflows aus der laufenden Geschäftstätigkeit und/oder Cashflows aus Investitionstätigkeiten und/oder Cashflows aus Finanzierungstätigkeiten | | | | | |

## Anhang II.
### Nichtfinanzunternehmen (Nichtdividendenwerte)

– Bei Eingaben, die durch ein Sternchen („*") gekennzeichnet sind, handelt es sich um obligatorische Angaben oder entsprechende Informationen, falls der Emittent nicht die internationalen Rechnungslegungsstandards (IFRS) anwendet. Der Emittent kann Informationen, die im Wesentlichen den in der Tabelle aufgeführten Informationen entsprechen, unter einem anderen Titel präsentieren, sofern er diesen alternativen Titel in seinem Abschluss verwendet.

– Bei Eingaben, die durch ein Doppelkreuz („#") gekennzeichnet sind, handelt es sich um obligatorische Angaben, wenn die entsprechenden Informationen an anderer Stelle im Prospekt erscheinen.

– Bei Eingaben, die durch eine Tilde („~") gekennzeichnet sind, sind bei Bezug auf geschlossene Fonds die zum Zeitpunkt der Ermittlung des Nettoinventarwerts (NAV) als erfolgswirksam zum beizulegenden Zeitwert bewerteten Investitionen anzugeben.

**Tabelle 1. Gewinn- und Verlustrechnung – Nichtdividendenwerte**

| | Jahr | Jahr –1 | Zwischengewinn- und #verlustrechnung | Zwischengewinn- und #verlustrechnung im Vergleich zum gleichen Zeitraum des Vorjahres |
|---|---|---|---|---|
| *operativer Gewinn/Verlust oder andere vergleichbare Messgröße für die Ertragslage, die der Emittent in den Abschlüssen verwendet | | | | |

**Tabelle 2. Bilanz – Nichtdividendenwerte**

| | Jahr | Jahr –1 | Zwischenbilanz |
|---|---|---|---|
| *Nettofinanzverbindlichkeiten (langfristige Verbindlichkeiten plus kurzfristige Schulden abzüglich Barmittel) | | | |
| #Liquiditätskoeffizient (Verhältnis Umlaufvermögen/ kurzfristige Verbindlichkeiten) | | | |
| #Verhältnis Fremdkapital/Eigenkapital (Summe der Verbindlichkeiten/Summe des Aktionärskapitals) | | | |
| #Zinsdeckungsquote (betriebliche Erträge/Zinsaufwand) | | | |

**Tabelle 3. Kapitalflussrechnung – Nichtdividendenwerte**

| | Jahr | Jahr –1 | Zwischenkapitalflussrechnung | Zwischenkapitalflussrechnung im Vergleich zum gleichen Zeitraum des Vorjahres |
|---|---|---|---|---|
| *Netto-Cashflows aus der laufenden Geschäftstätigkeit | | | | |
| *Netto-Cashflows aus Finanzierungstätigkeiten | | | | |
| *Netto-Cashflow aus Investitionstätigkeiten | | | | |

## Anhang III.
### Kreditinstitute (Dividendenwerte Und Nichtdividendenwerte)

– Bei Eingaben, die durch ein Sternchen („*") gekennzeichnet sind, handelt es sich um obligatorische Angaben oder entsprechende Informationen, falls der Emittent nicht die internationalen Rechnungslegungsstandards (IFRS) anwendet. Der Emittent kann Informationen, die im Wesentlichen den in der Tabelle aufgeführten Informationen entsprechen, unter einem anderen Titel präsentieren, sofern er diesen alternativen Titel in seinem Abschluss verwendet.

– Bei Eingaben, die durch ein Doppelkreuz („#") gekennzeichnet sind, handelt es sich um obligatorische Angaben, wenn die entsprechenden Informationen an anderer Stelle im Prospekt erscheinen.

– Bei Eingaben, die durch eine Tilde („~") gekennzeichnet sind, sind bei Bezug auf geschlossene Fonds die zum Zeitpunkt der Ermittlung des Nettoinventarwerts (NAV) als erfolgswirksam zum beizulegenden Zeitwert bewerteten Investitionen anzugeben.

Anh. III  VO (EU) 2019/979  6a

**Tabelle 1. Gewinn- und Verlustrechnung – Kreditinstitute**

| | Jahr | Jahr −1 | Jahr −2[1] | Zwischengewinn- und #verlustrechnung | Zwischengewinn- und #verlustrechnung im Vergleich zum gleichen Zeitraum des Vorjahres |
|---|---|---|---|---|---|
| *Nettozinserträge (oder Äquivalent) | | | | | |
| *Nettoertrag aus Gebühren und Provisionen | | | | | |
| *Nettowertminderung finanzieller Vermögenswerte | | | | | |
| *Nettohandelsergebnis | | | | | |
| *Messgröße für die Ertragslage, die der Emittent in den Abschlüssen verwendet, z.B. operativer Gewinn | | | | | |
| *Nettogewinn/-verlust (bei konsolidierten Jahresabschlüssen der den Anteilseignern des Mutterunternehmens zuzurechnende Nettogewinn/-verlust) | | | | | |
| #Ergebnis je Aktie (nur bei Aktienemittenten) | | | | | |

[1] Geben Sie bitte die wesentlichen Finanzinformationen für die Anzahl von Jahren an, für die die entsprechende Auskunftspflicht gemäß der Delegierten Verordnung (EU) Nr. 980/2019 gilt.

**Tabelle 2. Bilanz – Kreditinstitute**

| | Jahr | Jahr −1 | Jahr −2[1] | Zwischenbilanz | #Wert als Ergebnis des jüngsten aufsichtlichen Überprüfungs- und Bewertungsprozesses („SREP") |
|---|---|---|---|---|---|
| *Vermögenswerte insgesamt | | | | | |
| *vorrangige Forderungen | | | | | |
| *nachrangige Forderungen | | | | | |
| *Darlehen und Forderungen gegenüber Kunden (netto) | | | | | |
| *Einlagen von Kunden | | | | | |
| *Eigenkapital insgesamt | | | | | |
| #notleidende Kredite (basierend auf Nettobuchwert)/Kredite und Forderungen | | | | | |
| #harte Kernkapitalquote (CET1) oder je nach Emission andere relevante prudenzielle Kapitaladäquanzquote | | | | | |
| #Gesamtkapitalquote | | | | | |
| #nach dem geltenden Rechtsrahmen berechnete Verschuldungsquote | | | | | |

[1] Geben Sie bitte die wesentlichen Finanzinformationen für die Anzahl von Jahren an, für die die entsprechende Auskunftspflicht gemäß der Delegierten Verordnung (EU) Nr. 980/2019 gilt.

## Anhang IV.
### Versicherungsunternehmen (Dividendenwerte und Nichtdividendenwerte)

– Bei Eingaben, die durch ein Sternchen („*") gekennzeichnet sind, handelt es sich um obligatorische Angaben oder entsprechende Informationen, falls der Emittent nicht die internationalen Rechnungslegungsstandards (IFRS) anwendet. Der Emittent kann Informationen, die im Wesentlichen den in der Tabelle aufgeführten Informationen entsprechen, unter einem anderen Titel präsentieren, sofern er diesen alternativen Titel in seinem Abschluss verwendet.

– Bei Eingaben, die durch ein Doppelkreuz („#") gekennzeichnet sind, handelt es sich um obligatorische Angaben, wenn die entsprechenden Informationen an anderer Stelle im Prospekt erscheinen.

– Bei Eingaben, die durch eine Tilde („~") gekennzeichnet sind, sind bei Bezug auf geschlossene Fonds die zum Zeitpunkt der Ermittlung des Nettoinventarwerts (NAV) als erfolgswirksam zum beizulegenden Zeitwert bewerteten Investitionen anzugeben.

**Tabelle 1. Gewinn- und Verlustrechnung – Versicherungsunternehmen**

| | Jahr | Jahr −1 | Jahr −2[(1)] | Zwischengewinn- und #verlustrechnung | Zwischengewinn- und #verlustrechnung im Vergleich zum gleichen Zeitraum des Vorjahres |
|---|---|---|---|---|---|
| *Netto-Prämienaufkommen | | | | | |
| *Nettoleistungen und #ansprüche | | | | | |
| *Ergebnis vor Steuern | | | | | |
| *operativer Gewinn (aufgeschlüsselt nach Lebens- und Nichtlebensversicherung) | | | | | |
| *Nettogewinn/-verlust (bei konsolidierten Jahresabschlüssen den der Anteilseignern des Mutterunternehmens zuzurechnende Nettogewinn/-verlust) | | | | | |
| #Einnahmenwachstum im Jahresvergleich (Netto-Prämienaufkommen) | | | | | |
| #Ergebnis je Aktie (nur bei Aktienemittenten) | | | | | |

[(1)] Geben Sie bitte die wesentlichen Finanzinformationen für die Anzahl von Jahren an, für die die entsprechende Auskunftspflicht gemäß der Delegierten Verordnung (EU) Nr. 980/2019 gilt.

**Tabelle 2. Bilanz – Versicherungsunternehmen**

| | Jahr | Jahr −1 | Jahr −2[(1)] | Zwischenbilanz |
|---|---|---|---|---|
| *Investitionen einschließlich finanzieller Vermögenswerte im Zusammenhang mit fondsgebundenen Verträgen | | | | |
| *Vermögenswerte insgesamt | | | | |
| *Verbindlichkeiten aus Versicherungsverträgen | | | | |
| *finanzielle Verbindlichkeiten | | | | |
| *Gesamtverbindlichkeiten | | | | |
| *Eigenkapital insgesamt | | | | |
| #Solvabilitätsquote (Solvency-II-Koeffizient – SII-Koeffizient) oder je nach Emission andere relevante prudenzielle Kapitaladäquanzquote | | | | |
| #Schadenquote | | | | |

Anh. V, VI VO (EU) 2019/979 6a

|  | Jahr | Jahr −1 | Jahr −2[(1)] | Zwischenbilanz |
|---|---|---|---|---|
| #kombinierte Quote (Forderungen + Ausgaben/Prämien für den Zeitraum) | | | | |

[(1)] Geben Sie bitte die wesentlichen Finanzinformationen für die Anzahl von Jahren an, für die die entsprechende Auskunftspflicht gemäß der Delegierten Verordnung (EU) Nr. 980/2019 gilt.

## Anhang V.
## Zweckgesellschaften, die forderungsbesicherte Wertpapiere emittieren

– Bei Eingaben, die durch ein Sternchen („*") gekennzeichnet sind, handelt es sich um obligatorische Angaben oder entsprechende Informationen, falls der Emittent nicht die internationalen Rechnungslegungsstandards (IFRS) anwendet. Der Emittent kann Informationen, die im Wesentlichen den in der Tabelle aufgeführten Informationen entsprechen, unter einem anderen Titel präsentieren, sofern er diesen alternativen Titel in seinem Abschluss verwendet.

– Bei Eingaben, die durch ein Doppelkreuz („#") gekennzeichnet sind, handelt es sich um obligatorische Angaben, wenn die entsprechenden Informationen an anderer Stelle im Prospekt erscheinen.

– Bei Eingaben, die durch eine Tilde („~") gekennzeichnet sind, sind bei Bezug auf geschlossene Fonds die zum Zeitpunkt der Ermittlung des Nettoinventarwerts (NAV) als erfolgswirksam zum beizulegenden Zeitwert bewerteten Investitionen anzugeben.

**Tabelle 1. Gewinn- und Verlustrechnung von Zweckgesellschaften in Bezug auf forderungsbesicherte Wertpapiere**

|  | Jahr | Jahr −1 |
|---|---|---|
| *Nettogewinn/verlust | | |

**Tabelle 2. Bilanz von Zweckgesellschaften in Bezug auf forderungsbesicherte Wertpapiere**

|  | Jahr | Jahr −1 |
|---|---|---|
| *Summe der Vermögenswerte | | |
| *Gesamtverbindlichkeiten | | |
| *als erfolgswirksam zum beizulegenden Zeitwert bewertet designierte finanzielle Vermögenswerte | | |
| *finanzielle Vermögenswerte aus derivativen Finanzinstrumenten | | |
| *nichtfinanzielle Vermögenswerte, die für die Geschäftstätigkeit des Unternehmens von wesentlicher Bedeutung sind | | |
| *als erfolgswirksam zum beizulegenden Zeitwert bewertet designierte finanzielle Verbindlichkeiten | | |
| *finanzielle Verbindlichkeiten aus derivativen Finanzinstrumenten | | |

## Anhang VI.
## Geschlossene Fonds

– Bei Eingaben, die durch ein Sternchen („*") gekennzeichnet sind, handelt es sich um obligatorische Angaben oder entsprechende Informationen, falls der Emittent nicht die internationalen Rechnungslegungsstandards (IFRS) anwendet. Der Emittent kann Informationen, die im Wesentlichen den in der Tabelle aufgeführten Informationen entsprechen, unter einem anderen Titel präsentieren, sofern er diesen alternativen Titel in seinem Abschluss verwendet.

– Bei Eingaben, die durch ein Doppelkreuz („#") gekennzeichnet sind, handelt es sich um obligatorische Angaben, wenn die entsprechenden Informationen an anderer Stelle im Prospekt erscheinen.

– Bei Eingaben, die durch eine Tilde („~") gekennzeichnet sind, sind bei Bezug auf geschlossene Fonds die zum Zeitpunkt der Ermittlung des Nettoinventarwerts (NAV) als erfolgswirksam zum beizulegenden Zeitwert bewerteten Investitionen anzugeben.

## 6a VO (EU) 2019/979 Anh. VII

**Tabelle 1. Zusätzliche Informationen in Bezug auf geschlossene Fonds**

| Anteilsklasse | Gesamtnettoinventarwert | Anzahl der Anteile | ~NAV/Anteil oder Marktpreis/Anteil | #historische Wertentwicklung des Fonds |
|---|---|---|---|---|
| A | XXX | XX | X | |
| | Insgesamt | Insgesamt | | |

**Tabelle 2. Gewinn- und Verlustrechnung – geschlossene Fonds**

| | Jahr | Jahr −1 | Jahr −2 | Zwischengewinn- und #verlustrechnung | Zwischengewinn- und #verlustrechnung im Vergleich zum gleichen Zeitraum des Vorjahres |
|---|---|---|---|---|---|
| *Nettoerträge insgesamt/Nettoanlageerträge oder Gesamterträge vor Betriebskosten | | | | | |
| *Nettogewinn/#verlust | | | | | |
| *Erfolgsgebühr (aufgelaufen/ausgezahlt) | | | | | |
| *Verwaltungsgebühr (aufgelaufen/ausgezahlt) | | | | | |
| *sonstige wesentliche Vergütungen (aufgelaufen/ausgezahlt) für Dienstleister | | | | | |
| #Ergebnis je Aktie | | | | | |

**Tabelle 3. Bilanz – geschlossene Fonds**

| | Jahr | Jahr −1 | Jahr −2 | Zwischenbilanz |
|---|---|---|---|---|
| *Nettovermögen insgesamt | | | | |
| *Verschuldungsquote | | | | |

## Anhang VII.
## An die Esma zu übermittelnde Maschinenlesbare Daten

**Tabelle 1**

| Nummer | Feld | Zu meldender Inhalt | Formate und Standards für die Meldung |
|---|---|---|---|
| 1. | Nationale Kennung | Von der übermittelnden nationalen zuständigen Behörde vergebene eindeutige Kennung des hochgeladenen Datensatzes | {ALPHANUM-50} |
| 2. | Verbundene nationale Kennung | Von der übermittelnden nationalen zuständigen Behörde vergebene eindeutige Kennung des Datensatzes, auf den sich der hochgeladene Datensatz bezieht<br><br>Wird nicht gemeldet, wenn die verbundene nationale Kennung nicht anwendbar ist | {ALPHANUM-50} |
| 3. | Übermittelnder Mitgliedstaat | Ländercode des Mitgliedstaats, der den hochgeladenen Datensatz gebilligt hat oder bei dem der hochgeladene Datensatz eingereicht wurde | {COUNTRYCODE_2} |
| 4. | Empfangende Mitgliedstaaten | Ländercode des Mitgliedstaats/der Mitgliedstaaten, dem/denen der hochgelade- | {COUNTRYCODE_2} |

| Nummer | Feld | Zu meldender Inhalt | Formate und Standards für die Meldung |
|---|---|---|---|
| | | ne Datensatz zu melden oder zu übermitteln ist | |
| | | Bei Angabe mehrerer Mitgliedstaaten ist Feld 4 so oft auszufüllen wie erforderlich | |
| 5. | Art des Dokuments | Art der hochgeladenen Dokumente | Auswahl aus vordefinierten Feldern:<br>– „BPFT" – Basisprospekt mit endgültigen Bedingungen<br>– „BPWO" – Basisprospekt ohne endgültige Bedingungen<br>– „STDA" – eigenständiger Prospekt<br>– „REGN" – Registrierungsformular<br>– „URGN" – einheitliches Registrierungsformular<br>– „SECN" – Wertpapierbeschreibung<br>– „FTWS" – endgültige Bedingungen, einschließlich Zusammenfassung der einzelnen Emission im Anhang<br>– „SMRY" – Zusammenfassung<br>– „SUPP" – Nachtrag<br>– „SUMT" – Übersetzung der Zusammenfassung<br>– „COAP" – Bescheinigung über die Billigung<br>– „AMND" – Änderung<br><br>Bei Angabe mehrerer Dokumente ist Feld [5] so oft auszufüllen, wie für die Beschreibung jedes Dokuments des Datensatzes erforderlich |
| 6. | Struktur | Für den Prospekt gewähltes Format | Auswahl aus vordefinierten Feldern:<br>– „SNGL" – Prospekt aus einem einzigen Dokument<br>– „SPWS" – Prospekt aus separaten Dokumenten mit Zusammenfassung<br>– „SPWO" – Prospekt aus separaten Dokumenten ohne Zusammenfassung |
| 7. | Datum der Billigung oder Hinterlegung | Datum, an dem der hochgeladene Datensatz gebilligt oder hinterlegt wurde | {DATEFORMAT} |
| 8. | Sprache | EU-Amtssprache, in der der hochgeladene Datensatz abgefasst ist | {LANGUAGE} |
| 9. | Standardisierte Bezeichnung des Anbieters | Bei natürlichen Personen Name und Vorname des Anbieters<br><br>Bei Angabe mehrerer Anbieter ist Feld [9] so oft auszufüllen wie erforderlich | {ALPHANUM-280} |
| 10. | Standardisierte Bezeichnung des Garantiegebers | Bei natürlichen Personen Name und Vorname des Garantiegebers<br><br>Bei Angabe mehrerer Garantiegeber ist Feld [10] so oft auszufüllen wie erforderlich | {ALPHANUM-280} |
| 11. | LEI des Emittenten | Rechtsträgerkennung des Emittenten | {LEI} |

| Nummer | Feld | Zu meldender Inhalt | Formate und Standards für die Meldung |
|---|---|---|---|
| | | Bei Angabe mehrerer Emittenten ist Feld [11] so oft auszufüllen wie erforderlich | |
| 12. | LEI des Anbieters | Rechtsträgerkennung des Anbieters<br><br>Bei Angabe mehrerer Anbieter ist Feld [12] so oft auszufüllen wie erforderlich | {LEI} |
| 13. | LEI des Garantiegebers | Rechtsträgerkennung des Garantiegebers<br><br>Bei Angabe mehrerer Garantiegeber ist Feld [13] so oft auszufüllen wie erforderlich | {LEI} |
| 14. | Wohnsitz des Anbieters | Bei natürlichen Personen Wohnsitz des Anbieters<br><br>Bei Angabe mehrerer Anbieter ist Feld [14] so oft auszufüllen wie erforderlich | {COUNTRYCODE_2} |
| 15. | Wohnsitz des Garantiegebers | Bei natürlichen Personen Wohnsitz des Garantiegebers<br><br>Bei Angabe mehrerer Garantiegeber ist Feld [15] so oft auszufüllen wie erforderlich | {COUNTRYCODE_2} |
| 16. | FISN | Kurzbezeichnung des Finanzinstruments<br><br>Dieses Feld ist für jede ISIN auszufüllen | {FISN} |
| 17. | ISIN | Internationale Wertpapierkennnummer | {ISIN} |
| 18. | CFI | Klassifizierungscode für Wertpapiere<br><br>Dieses Feld ist für jede ISIN auszufüllen | {CFI_CODE} |
| 19. | Währung der Emission | Code der Währung, auf die der Nominal- oder Nennwert lautet<br><br>Dieses Feld ist für jede ISIN auszufüllen | {CURRENCYCODE_3} |
| 20. | Stückelung | Nominal- oder Nennwert pro Einheit in der Emissionswährung<br><br>Dieses Feld ist für jede ISIN auszufüllen<br><br>Feld für Wertpapiere mit fester Stückelung | {DECIMAL-18/5} |
| 21. | Kennung oder Name des Basiswerts | ISIN-Code des zugrunde liegenden Wertpapiers/Indexes oder Name des zugrunde liegenden Wertpapiers/Indexes, falls es keine ISIN gibt<br><br>Ein Wertpapierkorb ist entsprechend zu kennzeichnen<br><br>Feld für Wertpapiere mit festem Basiswert. Dieses Feld ist für jede ISIN solcher Wertpapiere auszufüllen. | Bei einem einzigen Basiswert:<br>– Wertpapier oder Index mit ISIN: {ISIN}<br>– Index ohne ISIN: {INDEX}<br>– Ansonsten: {ALPHANUM-50}<br><br>Bei mehreren Basiswerten (mindestens zwei): „BSKT" |

# Anh. VII VO (EU) 2019/979 6a

| Nummer | Feld | Zu meldender Inhalt | Formate und Standards für die Meldung |
|---|---|---|---|
| 22. | Fälligkeitstermin bzw. Verfalldatum | Fälligkeitstermin bzw. Verfalldatum des Wertpapiers<br>Dieses Feld ist für jede ISIN auszufüllen<br>Feld für Wertpapiere mit festem Fälligkeitstermin | {DATEFORMAT}<br>Bei Schuldverschreibungen ohne feste Fälligkeit (Perpetuals) ist in Feld 22 der Wert 9999–12–31 anzugeben |
| 23. | Angebotenes Volumen | Anzahl der angebotenen Wertpapiere<br>Dieses Feld ist nur für Dividendenwerte auszufüllen<br>Dieses Feld ist für jede anwendbare ISIN auszufüllen | {INTEGER-18}<br>Wert, Wertespanne oder Höchstwert |
| 24. | Angebotener Preis | Preis pro angebotenem Wertpapier als monetärer Wert. Die Währung des Preises ist die Emissionswährung<br>Dieses Feld ist nur für Dividendenwerte auszufüllen<br>Dieses Feld ist für jede anwendbare ISIN auszufüllen | {DECIMAL-18/5}<br>Wert, Wertespanne oder Höchstwert<br>„PNDG" falls der angebotene Preis nicht anwendbar, aber noch zu prüfen ist („pending")<br>„NOAP" falls der angebotene Preis nicht anwendbar ist |
| 25. | Angebotener Gegenwert | Angebotener Gesamtbetrag als monetärer Wert in der Emissionswährung<br>Dieses Feld ist für jede ISIN auszufüllen | {DECIMAL-18/5}<br>Wert, Wertespanne oder Höchstwert<br>„PNDG" falls der angebotene Gegenwert nicht anwendbar, aber noch zu prüfen ist<br>„NOAP" falls der angebotene Gegenwert nicht anwendbar ist |
| 26. | Art des Wertpapiers | Klassifizierung der Kategorien von Dividenden- und Nichtdividendenwerten<br>Dieses Feld ist für jede ISIN auszufüllen | Auswahl aus vordefinierten Feldern: Eigenkapital<br>– „SHRS": Aktien<br>– „UCEF": Anteile an geschlossenen Fonds<br>– „CVTS": Wandelanleihen<br>– „DPRS": Aktienzertifikate<br>– „OTHR": Sonstige Anteilsrechte<br><br>Fremdkapital<br>– „DWLD": Schuldpapiere mit einer Mindeststückelung von 100 000 EUR<br>– „DWHD": Schuldpapiere mit einer Stückelung von weniger als 100 000 EUR<br>– „DLRM": Schuldpapiere mit einer Stückelung von weniger als 100 000 EUR, die an einem geregelten Markt gehandelt werden, zu dem nur qualifizierte Anleger Zugang haben<br>„ABSE": ABS<br>„DERV": Derivative Wertpapiere |
| 27. | Art des Angebots/der Zulassung | Taxonomie gemäß Prospektverordnung und MiFID/MiFIR | Auswahl aus vordefinierten Feldern:<br>– „IOWA": Erstplatzierung ohne Zulassung zum Handel/Notierung<br>– „SOWA": Zweitplatzierung ohne Zulassung zum Handel/Notierung |

## 6a  VO (EU) 2019/979  Anh. VII

| Nummer | Feld | Zu meldender Inhalt | Formate und Standards für die Meldung |
|---|---|---|---|
|  |  |  | – „IRMT": Erstzulassung zum Handel an einem geregelten Markt<br>– „IPTM": Erstzulassung zum Handel an einem geregelten Markt nach vorherigem Handel an einem MTF<br>– „IMTF": Erstzulassung zum Handel an einem MTF mit öffentlichem Angebot<br>– „SIRM": Sekundäremission an einem geregelten Markt oder MTF |
| 28. | Merkmale des Handelsplatzes, an dem das Wertpapier erstmals zum Handel zugelassen ist | Taxonomie gemäß Prospektverordnung und MiFID/MiFIR | Auswahl aus vordefinierten Feldern:<br>– „RMKT": RM, zu dem alle Anleger Zugang haben<br>– „RMQI": RM oder Segment eines RM, zu dem nur qualifizierte Anleger Zugang haben<br>– „MSGM": MTF, das ein KMU-Wachstumsmarkt ist<br>– „MLTF": MTF, das kein KMU-Wachstumsmarkt ist |
| 29. | Offenlegungsregelung | Nummer des Anhangs, nach der Prospekt gemäß der Delegierten Verordnung (EU) [] der Kommission erstellt wird<br>Bei Angabe mehrerer Anhänge ist Feld 29 so oft auszufüllen wie erforderlich | {INTEGER-2} von 1 bis [29] |
| 30. | Kategorie des EU-Wachstumsprospekts | Grund für die Verwendung eines EU-Wachstumsprospekts | Auswahl aus vordefinierten Feldern:<br>– „S15A": KMU nach Artikel 15 Absatz 1 Buchstabe a der Prospektverordnung<br>– „I15B": anderer Emittent als KMU nach Artikel 15 Absatz 1 Buchstabe b der Prospektverordnung<br>– „I15C": anderer Emittent als KMU nach Artikel 15 Absatz 1 Buchstabe c der Prospektverordnung<br>– „O15D": Anbieter von Wertpapieren nach Artikel 15 Absatz 1 Buchstabe d der Prospektverordnung |

**Tabelle 2**

| Symbol | Datentyp | Definition |
|---|---|---|
| {ALPHANUM-n} | Bis zu n alphanumerische Zeichen | Freier Text |
| {CFI_CODE} | 6 Zeichen | CFI-Code gemäß ISO 10962 |
| {COUNTRYCODE_2} | 2 alphanumerische Zeichen | Aus 2 Buchstaben bestehender Ländercode gemäß dem Alpha-2-Ländercode nach ISO 3166-1 |
| {DATEFORMAT} | Daten im Format JJJJ-MM-TT<br>Daten sind in UTC zu melden | Datumsformat nach ISO 8601 |
| {LANGUAGE} | 2-stelliger Buchstabencode | ISO 639-1 |
| {LEI} | 20 alphanumerische Zeichen | Kennung für juristische Personen (Rechtsträgerkennung) gemäß ISO 17442 |

## Anh. VII  VO (EU) 2019/979  6a

| Symbol | Datentyp | Definition |
|---|---|---|
| {FISN} | 35 alphanumerische Zeichen mit folgender Struktur | FISN-Code gemäß ISO 18774 |
| {ISIN} | 12 alphanumerische Zeichen | ISIN-Code gemäß ISO 6166 |
| {CURRENCYCODE_3} | 3 alphanumerische Zeichen | Aus 3 Buchstaben bestehender Währungscode gemäß den Währungscodes nach ISO 4217 |
| {DECIMAL-n/m} | Dezimalzahl von bis zu n Stellen insgesamt, von denen bis zu m Stellen Bruchziffern sein können | Numerisches Feld<br>Dezimalzeichen ist ein Punkt (.)<br>Werte werden gerundet und nicht abgeschnitten |
| {INTEGER-n} | Ganze Zahl mit bis zu n Ziffern insgesamt | Numerisches Feld |
| {INDEX} | 4 Buchstaben | „EONA" – EONIA<br>„EONS" – EONIA SWAP<br>„EURI" – EURIBOR<br>„EUUS" – EURODOLLAR<br>„FUCH" – EuroSwiss<br>„GCFR" – GCF REPO<br>„ISDA" – ISDAFIX<br>„LIBI" – LIBID<br>„LIBO" – LIBOR<br>„MAAA" – Muni AAA<br>„PFAN" – Pfandbriefe<br>„TIBO" – TIBOR<br>„STBO" – STIBOR<br>„BBSW" – BBSW<br>„JIBA" – JIBAR<br>„BUBO" – BUBOR<br>„CDOR" – CDOR<br>„CIBO" – CIBOR<br>„MOSP" – MOSPRIM<br>„NIBO" – NIBOR<br>„PRBO" – PRIBOR<br>„TLBO" – TELBOR<br>„WIBO" – WIBOR<br>„TREA" – Treasury<br>„SWAP" – SWAP<br>„FUSW" – Future SWAP |

ly # 6b. Delegierte Verordnung (EU) 2019/980 der Kommission vom 14. März 2019 zur Ergänzung der Verordnung (EU) 2017/1129 des Europäischen Parlaments und des Rates hinsichtlich der Aufmachung, des Inhalts, der Prüfung und der Billigung des Prospekts, der beim öffentlichen Angebot von Wertpapieren oder bei deren Zulassung zum Handel an einem geregelten Markt zu veröffentlichen ist, und zur Aufhebung der Verordnung (EG) Nr. 809/2004 der Kommission

(Text von Bedeutung für den EWR)

(ABl. L 166 S. 26)

**Celex-Nr. 3 2019 R 0980**

geänd. durch Art. 1 und 2 VO (EU) 2020/1273 v. 4.6.2020 (ABl. L 300 S. 6)

DIE EUROPÄISCHE KOMMISSION –

gestützt auf den Vertrag über die Arbeitsweise der Europäischen Union,

gestützt auf die Verordnung (EU) 2017/1129[1] des Europäischen Parlaments und des Rates vom 14. Juni 2017 betreffend den Prospekt, der beim öffentlichen Angebot von Wertpapieren oder bei deren Zulassung zum Handel an einem geregelten Markt zu veröffentlichen ist, und zur Aufhebung der Richtlinie 2003/71/EG[2], insbesondere auf Artikel 9 Absatz 14, Artikel 13 Absätze 1 und 2, Artikel 14 Absatz 3, Artikel 15 Absatz 2 und Artikel 20 Absatz 11,

In Erwägung nachstehender Gründe:

(1) Die Verordnung (EU) 2017/1129[1] legt fest, welche Anforderungen bei der Erstellung von Prospekten zu erfüllen sind. Die Anforderungen an die Prüfung, Überarbeitung, Billigung und Hinterlegung des einheitlichen Registrierungsformulars und etwaiger Änderungen daran, die Anforderungen an die Aufmachung des Prospekts, des Basisprospekts und der endgültigen Bedingungen sowie die in einen Prospekt aufzunehmenden spezifischen Informationen, die Mindestangaben im einheitlichen Registrierungsformular, die verkürzten Informationen im vereinfachten Prospekt bei Sekundäremissionen, der verkürzte Inhalt, die standardisierte Aufmachung und die standardisierte Reihenfolge des EU-Wachstumsprospekts, der verkürzte Inhalt und die standardisierte Aufmachung der speziellen Zusammenfassung sowie die Prüfung und Billigung von Prospekten müssen allesamt näher ausgeführt werden.

(2) Inhalt und Aufmachung des Prospekts hängen von verschiedenen Faktoren ab wie der Art des Emittenten, der Art des Wertpapiers, der Art der Emission sowie der möglichen Beteiligung einer Drittpartei als Garantiegeber und der Frage, ob eine Zulassung zum Handel vorliegt. Aus diesem Grund sollten nicht für alle Arten von Prospekten dieselben Anforderungen festgelegt werden. Stattdessen sollten spezifische Informationspflichten festgelegt und abhängig von diesen Faktoren und von der Art des Prospekts miteinander kombiniert werden. Dies sollte einen Emittenten, Anbieter oder eine die Zulassung zum Handel an einem geregelten Markt beantragende Person jedoch nicht davon abhalten, im Prospekt die umfassendsten verfügbaren Angaben bereitzustellen.

(3) Um Rechtssicherheit zu gewährleisten und für die Anleger die Transparenz zu erhöhen, sollten die Emittenten in ihrem einheitlichen Registrierungsformular angeben, ob dieses von der zuständigen Behörde gebilligt oder ohne vorherige Billigung hinterlegt und veröffentlicht wurde.

---

[1] Nr. **6**.
[2] **Amtl. Anm.:** ABl. L 168 vom 30.6.2017, S. 12.

## VO (EU) 2019/980 6b

(4) Die gelockerten Informationspflichten bei Sekundäremissionen sollten die Besonderheiten von Dividenden- und Nichtdividendenwerten widerspiegeln.

(5) Organismen für gemeinsame Anlagen des geschlossenen Typs verfolgen spezielle Anlageziele und könnten speziellen Anlagebeschränkungen unterliegen. Aus diesem Grund sollten für die Registrierungsformulare dieser Organismen spezielle Informationspflichten gelten.

(6) Aufgrund der indirekten Verbindung zwischen dem Anleger und den Aktien, die Zertifikaten zugrunde liegen, ist es wichtig, dass der Anleger Informationen zum Emittenten der zugrunde liegenden Aktien erhält. Der Prospekt für Zertifikate, die Wertpapiere vertreten, sollte deshalb neben Angaben zum Zertifikat und dessen Emittenten auch Angaben zu den zugrunde liegenden Aktien und den Emittenten dieser zugrunde liegenden Aktien enthalten.

(7) Die in den Prospekten für Nichtdividendenwerte enthaltenen Angaben sollten dem Wissensstand und der Fachkenntnis jedes Anlegertyps angepasst sein. Prospekte für Nichtdividendenwerte, in die Kleinanleger investieren können, sollten daher umfassendere und andere Angaben enthalten müssen als Prospekte für Nichtdividendenwerte, die qualifizierten Anlegern vorbehalten sind.

(8) Von Drittstaaten und deren regionalen und lokalen Gebietskörperschaften begebene Nichtdividendenwerte unterliegen dann der Prospektpflicht, wenn diese Körperschaften ihre Titel in der Union öffentlich anbieten oder die Zulassung der Titel zum Handel an einem geregelten Markt beantragen möchten. Aufgrund des besonderen Charakters dieser öffentlichen Körperschaften sollten spezielle Informationspflichten festgelegt werden.

(9) Anleger sollten nachvollziehen können, in welcher Lage sich ein Emittent mit komplexer finanztechnischer Vorgeschichte befindet und welche Auswirkungen bei einer mit einer bedeutenden finanziellen Verpflichtung einhergehenden Transaktion zu erwarten sind. Aus diesem Grund sollten die betreffenden Emittenten dazu verpflichtet werden, in ihrem Prospekt diesbezügliche zusätzliche Angaben zu machen.

(10) Sind Wertpapiere in bereits zum Handel an einem geregelten Markt zugelassene Aktien umtausch- oder wandelbar, liegen den Anteilseignern und Anlegern in der Regel bereits Angaben zu den diesen Wertpapieren zugrunde liegenden Aktien vor. Es reicht deshalb aus, dem Prospekt eine Erklärung zur Art der zugrunde liegenden Aktien sowie Angaben dazu beizufügen, wo Informationen zu den zugrunde liegenden Aktien eingeholt werden können.

(11) Anleger könnten in Wertpapiere investieren wollen, die in Aktien wandel- oder umtauschbar sind, welche vom Emittenten dieser Wertpapiere oder von einem zur Unternehmensgruppe dieses Emittenten gehörenden Unternehmen begeben wurden und noch nicht zum Handel an einem geregelten Markt zugelassen sind. Diese Anleger sollten bezüglich der Fähigkeit des Emittenten der zugrunde liegenden Aktien zur Unternehmensfortführung und bezüglich seiner Verschuldung im Vergleich zur Kapitalausstattung über dieselben Informationen verfügen wie Anleger, die direkt in diese Aktien investiert haben. Der Prospekt sollte deshalb eine Erklärung zum Geschäftskapital und eine Erklärung zu Kapitalausstattung und Verschuldung des Emittenten der zugrunde liegenden Aktien enthalten.

(12) Derivative Wertpapiere sind für die Anleger mit besonderen Risiken verbunden, da beispielsweise die Verluste die getätigte Investition übersteigen können und der Basiswert nicht immer zum Handel an einem geregelten Markt zugelassen ist und somit möglicherweise keine Informationen über diesen Basiswert verfügbar sind. Auch weisen einige Nichtdividendenwerte wie strukturierte Anleihen bestimmte Merkmale eines derivativen Wertpapiers auf. Daher sollte die Wertpapierbeschreibung zusätzliche Angaben zum Basiswert eines derivativen Wertpapiers oder zur derivativen Komponente des Nichtdividendenwerts sowie gegebenenfalls einen Hinweis darauf enthalten, dass Verluste für die Anleger nicht ausgeschlossen werden können.

(13) Wird für Wertpapiere, die an einen zugrunde liegenden Vermögenswert geknüpft oder durch einen solchen besichert sind, ein Basisprospekt erstellt, so sollte dieser alle Angaben über die Art des zugrunde liegenden Vermögenswerts enthalten, sofern der zugrunde liegende Vermögenswert zum Zeitpunkt der Billigung des Basisprospekts bekannt ist. Aufgrund von Marktbedingungen kann jedoch auch beschlossen werden, einen anderen Vermögenswert der gleichen Kategorie als Basiswert auszuwählen. Daher sollten nur die endgültigen Bedingungen des Basisprospekts detaillierte Angaben zu diesem zugrunde liegenden Vermögenswert enthalten.

(14) Garantien sollten die ordnungsgemäße Leistung der mit dem Wertpapier verbundenen Zahlungen sicherstellen. Aufgrund der potenziellen Vielfalt an Garantien sollten in Bezug auf die Art und den Umfang dieser Garantien klare Informationspflichten festgelegt werden.

(15) Die Aufmachung des Prospekts, des Basisprospekts und der endgültigen Bedingungen sollte durch Festlegung der Reihenfolge, in der die verlangten Informationen geliefert werden, genau bestimmt werden. Emittenten, die sich dafür entschieden haben, in jedem Geschäftsjahr ein ein-

529

heitliches Registrierungsformular zu erstellen und zu veröffentlichen, sollte aufgrund des Mehrzweckcharakters dieses Formulars jedoch hinsichtlich der Reihenfolge der darin zu liefernden Angaben größere Flexibilität eingeräumt werden.

(16) Auch wenn der Basisprospekt alle zum Zeitpunkt seiner Erstellung verfügbaren Angaben enthalten sollte, sollte es möglich sein, für spezielle, erst zu einem späteren Zeitpunkt verfügbare Angaben, die in die endgültigen Bedingungen aufgenommen werden, Lücken zu lassen oder eine Liste mit diesen fehlenden Angaben einzufügen.

(17) Für den Prospekt wird nicht immer eine Zusammenfassung verlangt. Dies sollte jedoch nicht verhindern, dass ein Abschnitt mit einer Übersicht in den Prospekt eingefügt wird. Um unter den Anlegern keine Verwirrung zu stiften, sollte ein solcher Übersichtsabschnitt jedoch nicht als Zusammenfassung bezeichnet werden, es sei denn, er entspricht allen Anforderungen an eine solche.

(18) Der EU-Wachstumsprospekt soll insbesondere für KMU den Verwaltungsaufwand verringern. Daher sollte die Erstellung des EU-Wachstumsprospekts durch Festlegung einer fixen Reihenfolge, in der die Angaben zu präsentieren sind, vereinfacht werden. Um sicherzustellen, dass die Angaben kohärent und in einer den unterschiedlichen Geschäftsmodellen entsprechenden Art und Weise präsentiert werden, sollte die Reihenfolge der Informationsbestandteile innerhalb jedes Abschnitts des EU-Wachstumsprospekts jedoch flexibel gehandhabt werden können.

(19) Um diese Flexibilität zu ermöglichen und die Nutzung des EU-Wachstumsprospekts zu fördern, sollte dieser aus mehreren Einzeldokumenten bestehen können. Um das Risiko der Duplizierung von Angaben zu vermeiden, sollten detaillierte Informationspflichten zum einen für das spezielle Registrierungsformular und zum anderen für die spezielle Wertpapierbeschreibung festgelegt und an die betroffene Wertpapierart angepasst werden, wobei zwischen Dividendenwerten und Nichtdividendenwerten zu unterscheiden ist.

(20) Die spezielle Zusammenfassung des EU-Wachstumsprospekts sollte den Anlegern jene Basisinformationen liefern, die sie für die Entscheidung benötigen, welche Wertpapierangebote aus dem gesamten Prospekt sie eingehender prüfen wollen. Sie sollte daher die wesentlichen Merkmale des Emittenten und der angebotenen Wertpapiere sowie die damit verbundenen Risiken vermitteln und die allgemeinen Bedingungen des Angebots enthalten. Da die spezielle Zusammenfassung aber nur eine Einführung in den EU-Wachstumsprospekt ist und mit den anderen Teilen dieses Prospekts gelesen werden muss, sollte sie inhaltlich mit diesen anderen Teilen in Einklang stehen. Um zu gewährleisten, dass die spezielle Zusammenfassung längenmäßig dem verringerten Umfang des EU-Wachstumsprospekts angepasst ist, sollte sie in ihrer Länge begrenzt werden.

(21) Um zu gewährleisten, dass die zuständigen Behörden bei der Prüfung der Prospektentwürfe, insbesondere was die Vollständigkeit, die Verständlichkeit und die Kohärenz der darin enthaltenen Informationen angeht, nach unionsweit einheitlichen Standards verfahren, sollten Kriterien für die Prüfung des Prospekts festgelegt werden. Diese Kriterien sollten auf den gesamten Prospektentwurf auf sämtliche Einzelbestandteile, d.h. auch auf das einheitliche Registrierungsformular und alle Prospektänderungen und -nachträge, angewandt werden.

(22) Es sollte ein hohes Maß an Anlegerschutz sichergestellt werden. Um die Prüfung den speziellen Merkmalen eines Prospekts anzupassen, sollten die zuständigen Behörden, wenn sie den Prospektentwurf auf seine Vollständigkeit, Verständlichkeit und Kohärenz hin überprüfen, deshalb erforderlichenfalls zusätzliche Kriterien heranziehen dürfen.

(23) Einige Emittenten gehen sehr spezifischen Geschäften nach, weswegen ein umfassendes Verständnis der von diesen Emittenten ausgegebenen Wertpapiere eine profunde Kenntnis ihrer Tätigkeiten voraussetzt. Dies gilt beispielsweise für Immobiliengesellschaften, von denen verlangt werden könnte, einen Bewertungsbericht mit allen für die Zwecke der Bewertung relevanten Einzelheiten zu wesentlichen Immobilien vorzulegen. Die zuständigen Behörden sollten deshalb einen verhältnismäßigen Ansatz verfolgen und gegebenenfalls verlangen können, dass diese spezialisierten Emittenten spezifische, ihren Tätigkeiten angepasste und über die von nicht spezialisierten Emittenten verlangten Informationen hinausgehende Angaben in ihren Prospekt aufnehmen.

(24) Angesichts der rapiden Entwicklung der Wertpapiermärkte besteht die Möglichkeit, dass bestimmte, nicht unter die Anhänge dieser Verordnung fallende Arten von Wertpapieren öffentlich angeboten oder zum Handel zugelassen werden. Um den Anlegern in einem solchen Fall eine fundierte Anlageentscheidung zu ermöglichen, sollten die zuständigen Behörden in Abstimmung mit dem Emittenten, dem Anbieter oder der Person, die die Zulassung zum Handel an einem

geregelten Markt beantragt, entscheiden, welche Angaben in den Prospekt aufgenommen werden sollten.

(25) Für größere Effizienz bei der Erstellung des Prospekts und zur Vermeidung unnötigen Aufwands sollte es gestattet sein, in den Anhängen aufgeführte Angaben auszulassen, wenn diese auf den Emittenten oder auf die angebotenen oder zum Handel an einem geregelten Markt zugelassenen Wertpapiere nicht zutreffen.

(26) Die Prüfung und Billigung eines Prospekts ist ein fortlaufender Prozess. Um zu gewährleisten, dass dieser die Standards der Vollständigkeit, Verständlichkeit und Kohärenz erfüllt, können der Entscheidung der zuständigen Behörde zur Billigung eines Prospektentwurfs somit mehrere Analyserunden vorausgehen, die jeweils Verbesserungen seitens des Emittenten, des Anbieters oder der Person, die die Zulassung zum Handel an einem geregelten Markt beantragt, nach sich ziehen. Um Sicherheit bezüglich des Billigungsverfahrens zu gewährleisten, muss angegeben werden, welche Unterlagen den zuständigen Behörden auf den einzelnen Stufen des Billigungsverfahrens vorzulegen sind.

(27) Werden in einem Prospektentwurf bereits geprüfte oder überprüfte Angaben wiederholt, sollten die zuständigen Behörden aus Gründen der Effizienz eine vereinfachte Prüfung durchführen dürfen.

(28) Um den zuständigen Behörden die Suche nach speziellen Begriffen oder Stichworten in vorgelegten Dokumenten zu ermöglichen und so ein wirksames und zeitgerechtes Prüfverfahren der Prospekte zu gewährleisten, sollten Prospektentwürfe und Begleitinformationen in einem durchsuchbaren elektronischen Format und auf einem für die zuständige Behörde annehmbaren elektronischen Wege bereitgestellt werden.

(29) Emittenten, Anbieter oder Personen, die eine Zulassung zum Handel an einem geregelten Markt beantragen, sollten der zuständigen Behörde gegenüber darlegen können, wie sie Probleme, auf die sie von dieser Behörde aufmerksam gemacht wurden, angegangen sind. Mit Ausnahme des ersten Entwurfs sollte daher jeder bei der zuständigen Behörde eingereichte Entwurf sowohl eine markierte Fassung, die alle am zuvor vorgelegten Entwurf vorgenommenen Änderungen hervorhebt, als auch eine Fassung ohne solche Hervorhebung umfassen.

(30) Um Verzögerungen im Prüfverfahren so gering wie möglich zu halten, sollten die zuständigen Behörden unzutreffende oder nicht relevante Informationspflichten rasch erkennen können. Zu diesem Zweck sollten die zuständigen Behörden darüber informiert werden, welche Angaben nicht im Prospektentwurf aufgenommen wurden.

(31) Um Unternehmen mit Sitz in der EU die Prospekterstellung und damit auch die Kapitalaufnahme zu erleichtern und zugleich zu gewährleisten, dass bei der Prüfung und Billigung von Prospekten nach gemeinsamen Standards verfahren wird, sollten alle Anforderungen an die Aufmachung, den Inhalt, die Prüfung und die Billigung von Prospekten in einer einzigen Verordnung zusammengefasst werden.

(32) Da die vorliegende delegierte Verordnung die Verordnung (EG) Nr. 809/2004 der Kommission[1] ersetzt, ist Letztere hinfällig und sollte daher aufgehoben werden.

(33) Aus Gründen der Kohärenz sollte die Anwendung dieser Verordnung bis zur Anwendung der Verordnung (EU) 2017/1129[2] aufgeschoben werden –

HAT FOLGENDE VERORDNUNG ERLASSEN:

# Kapitel I. Begriffsbestimmungen

## Art. 1 Begriffsbestimmungen.
Für die Zwecke dieser Verordnung gelten folgende Begriffsbestimmungen:

---

[1] **Amtl. Anm.:** Verordnung (EG) Nr. 809/2004 der Kommission vom 29. April 2004 zur Umsetzung der Richtlinie 2003/71/EG des Europäischen Parlaments und des Rates betreffend die in Prospekten enthaltenen Informationen sowie das Format, die Aufnahme von Informationen mittels Verweis und die Veröffentlichung solcher Prospekte und die Verbreitung von Werbung (ABl. L 149 vom 30.4.2004, S. 1).
[2] Nr. **6**.

a) „Forderungsbesicherte Wertpapiere" („Asset backed securities/ABS") bezeichnet Nichtdividendenwerte, die
   i) einen Anspruch auf Vermögenswerte darstellen, einschließlich der Rechte, mit denen eine Bedienung dieser Vermögenswerte durch ihre Inhaber sowie der Eingang oder der pünktliche Eingang der in diesem Rahmen zahlbaren Beträge bei den Inhabern dieser Vermögenswerte sichergestellt werden soll;
   ii) durch Vermögenswerte unterlegt sind und die Bedingungen der Wertpapiere nach diesen Vermögenswerten berechnete Zahlungen vorsehen;
b) „gleichwertiger Drittlandsmarkt" bezeichnet einen Drittlandsmarkt, der gemäß den Anforderungen in Artikel 25 Absatz 4 Unterabsätze 3 und 4 der Richtlinie 2014/65/EU[1]) des Europäischen Parlaments und des Rates[2]) als einem geregelten Markt gleichwertig eingestuft wurde;
c) „Gewinnschätzung" bezeichnet eine Gewinnprognose für ein abgelaufenes Geschäftsjahr, für das die Ergebnisse noch nicht veröffentlicht wurden;
d) „Gewinnprognose" bezeichnet eine Erklärung, in der ausdrücklich oder implizit eine Zahl oder eine Mindest- bzw. Höchstzahl für die wahrscheinliche Höhe der Gewinne oder Verluste im laufenden Geschäftsjahr oder in zukünftigen Geschäftsjahren genannt wird, oder die Daten enthält, aufgrund derer die Berechnung einer solchen Zahl für künftige Gewinne oder Verluste möglich ist, selbst wenn keine bestimmte Zahl genannt wird und das Wort „Gewinn" nicht erscheint;
e) „bedeutende Bruttoveränderung" bezeichnet eine mehr als 25 %ige Schwankung bei einem oder mehreren Indikatoren für den Umfang der Geschäftstätigkeiten des Emittenten.

## Kapitel II. Inhalt des Prospekts

### Abschnitt 1. Mindestangaben in den Registrierungsformularen

**Art. 2 Registrierungsformular für Dividendenwerte.** (1) Das Registrierungsformular für Dividendenwerte muss die in Anhang 1 genannten Angaben enthalten, es sei denn, es wird gemäß Artikel 9, 14 oder 15 der Verordnung (EU) 2017/1129[3]) erstellt.

(2) Abweichend von Absatz 1 kann das Registrierungsformular für die im Folgenden aufgeführten Wertpapiere, sofern es sich dabei nicht um Aktien oder andere übertragbare, aktienähnliche Wertpapiere handelt, im Falle von Wertpapieren für Kleinanleger gemäß Artikel 7 oder im Falle von Wertpapieren für Großanleger gemäß Artikel 8 erstellt werden:
a) in Artikel 19 Absatz 1 und Artikel 20 Absatz 1 genannte Wertpapiere;
b) in Artikel 19 Absatz 2 genannte Wertpapiere, wenn diese in Aktien umtausch- oder wandelbar sind, die von einem zur Unternehmensgruppe dieses Emittenten gehörenden Unternehmen begeben wurden oder noch begeben werden und nicht zum Handel an einem geregelten Markt zugelassen sind;

---

[1]) Nr. 1.
[2]) **Amtl. Anm.:** Richtlinie 2014/65/EU des Europäischen Parlaments und des Rates vom 15. Mai 2014 über Märkte für Finanzinstrumente sowie zur Änderung der Richtlinien 2002/92/EG und 2011/61/EU (ABl. L 173 vom 12.6.2014, S. 349).
[3]) Nr. 6.

# Art. 3–8 VO (EU) 2019/980

c) in Artikel 20 Absatz 2 genannte Wertpapiere, wenn diese zur Zeichnung oder zum Erwerb von Aktien berechtigen, die aktuell oder künftig vom Emittenten oder von einem zur Unternehmensgruppe dieses Emittenten gehörenden Unternehmen begeben werden und nicht zum Handel an einem geregelten Markt zugelassen sind.

**Art. 3 Einheitliches Registrierungsformular.** Ein gemäß Artikel 9 der Verordnung (EU) 2017/1129[1)] erstelltes Registrierungsformular muss die in Anhang 2 der vorliegenden Verordnung genannten Angaben enthalten.

**Art. 4 Registrierungsformular für Sekundäremissionen von Dividendenwerten.** (1) Ein gemäß Artikel 14 der Verordnung (EU) 2017/1129[1)] erstelltes spezielles Registrierungsformular für Dividendenwerte muss die in Anhang 3 der vorliegenden Verordnung genannten Angaben enthalten.

(2) Abweichend von Absatz 1 kann das Registrierungsformular für die im Folgenden aufgeführten Wertpapiere, sofern es sich dabei nicht um Aktien oder andere übertragbare, aktienähnliche Wertpapiere handelt, gemäß Artikel 9 erstellt werden:

a) in Artikel 19 Absatz 1 und Artikel 20 Absatz 1 genannte Wertpapiere;

b) in Artikel 19 Absatz 2 genannte Wertpapiere, wenn diese in Aktien umtausch- oder wandelbar sind, die von einem zur Unternehmensgruppe dieses Emittenten gehörenden Unternehmen begeben wurden oder noch begeben werden und nicht zum Handel an einem geregelten Markt zugelassen sind;

c) in Artikel 20 Absatz 2 genannte Wertpapiere, wenn diese zur Zeichnung oder zum Erwerb von Aktien berechtigen, die aktuell oder künftig vom Emittenten oder von einem zur Unternehmensgruppe dieses Emittenten gehörenden Unternehmen begeben werden und nicht zum Handel an einem geregelten Markt zugelassen sind.

**Art. 5 Registrierungsformular für Anteilsscheine von Organismen für gemeinsame Anlagen des geschlossenen Typs.** Bei Anteilsscheinen, die von Organismen für gemeinsame Anlagen des geschlossenen Typs ausgegeben werden, muss das Registrierungsformular die in Anhang 4 genannten Angaben enthalten.

**Art. 6 Registrierungsformular für Zertifikate, die Aktien vertreten.**

Bei Zertifikaten, die Aktien vertreten, muss das Registrierungsformular die in Anhang 5 genannten Angaben enthalten.

**Art. 7 Registrierungsformular für Nichtdividendenwerte für Kleinanleger.** Bei anderen als den in Artikel 8 Absatz 2 genannten Nichtdividendenwerten muss das Registrierungsformular die in Anhang 6 genannten Angaben enthalten, es sei denn, es wird gemäß den Artikeln 9, 14 oder 15 der Verordnung (EU) 2017/1129[1)] erstellt oder enthält die in Anhang 1 der vorliegenden Verordnung genannten Angaben.

**Art. 8 Registrierungsformular für Nichtdividendenwerte für Großanleger.** (1) Bei den in Absatz 2 genannten Nichtdividendenwerten muss das

---

[1)] Nr. 6.

Registrierungsformular die in Anhang 7 genannten Angaben enthalten, es sei denn, es wird gemäß den Artikeln 9, 14 oder 15 der Verordnung (EU) 2017/1129[1)] erstellt oder enthält die in Anhang 1 oder 1 der vorliegenden Verordnung genannten Angaben.

(2) Die in Absatz 1 genannte Anforderung gilt für Nichtdividendenwerte, die eine der folgenden Voraussetzungen erfüllen:

a) sie sollen ausschließlich an einem geregelten Markt oder in einem bestimmten Segment eines solchen gehandelt werden, zu dem ausschließlich qualifizierte Anleger zu Zwecken des Handels mit diesen Wertpapieren Zugang erhalten;

b) sie haben eine Mindeststückelung von 100 000 EUR oder können – wenn es sich um nennwertlose Wertpapiere handelt – bei der Emission nur für mindestens 100 000 EUR pro Stück erworben werden.

**Art. 9 Registrierungsformular für Sekundäremissionen von Nichtdividendenwerten.** Ein gemäß Artikel 14 der Verordnung (EU) 2017/1129[1)] erstelltes spezielles Registrierungsformular für Nichtdividendenwerte muss die in Anhang 8 der vorliegenden Verordnung genannten Angaben enthalten, es sei denn, es enthält die in Anhang 3 der vorliegenden Verordnung genannten Angaben.

**Art. 10 Registrierungsformular für forderungsbesicherte Wertpapiere („Asset backed securities/ABS")** Abweichend von den Artikeln 7 und 8 muss ein Registrierungsformular für forderungsbesicherte Wertpapiere die in Anhang 9 genannten Angaben enthalten.

**Art. 11 Registrierungsformular für Nichtdividendenwerte, die von Drittländern und deren regionalen und lokalen Gebietskörperschaften begeben werden.** Abweichend von den Artikeln 7 und 8 muss ein Registrierungsformular für Nichtdividendenwerte, die von Drittländern oder deren regionalen oder lokalen Gebietskörperschaften begeben werden, die in Anhang 10 genannten Angaben enthalten.

### Abschnitt 2. Mindestangaben in der Wertpapierbeschreibung

**Art. 12 Wertpapierbeschreibung für Dividendenwerte oder Anteilsscheine, die von Organismen für gemeinsame Anlagen des geschlossenen Typs ausgegeben werden.** (1) Bei Dividendenwerten oder von Organismen für gemeinsame Anlagen des geschlossenen Typs ausgegebenen Anteilsscheinen muss die Wertpapierbeschreibung die in Anhang 11 genannten Angaben enthalten, es sei denn, sie wird gemäß den Artikeln 14 oder 15 der Verordnung (EU) 2017/1129[1)] erstellt.

(2) Abweichend von Absatz 1 muss die Wertpapierbeschreibung für die in Artikel 19 Absätze 1 und 2 und Artikel 20 Absätze 1 und 2 genannten Wertpapiere, sofern es sich dabei nicht um Aktien oder andere übertragbare, aktienähnliche Wertpapiere handelt, im Falle von Wertpapieren für Kleinanleger gemäß Artikel 15 oder im Falle von Wertpapieren für Großanleger gemäß Artikel 16 erstellt werden.

---

[1)] Nr. 6.

**Art. 13 Wertpapierbeschreibung für Sekundäremissionen von Dividendenwerten oder Anteilsscheinen, die von Organismen für gemeinsame Anlagen des geschlossenen Typs ausgegeben werden.** (1) Eine gemäß Artikel 14 der Verordnung (EU) 2017/1129[1]) erstellte spezielle Wertpapierbeschreibung für Dividendenwerte oder von Organismen für gemeinsame Anlagen des geschlossenen Typs ausgegebene Anteilsscheine muss die in Anhang 12 der vorliegenden Verordnung genannten Angaben enthalten.

(2) Abweichend von Absatz 1 muss die spezielle Wertpapierbeschreibung für die in Artikel 19 Absätze 1 und 2 und Artikel 20 Absätze 1 und 2 genannten Wertpapiere, sofern es sich dabei nicht um Aktien oder andere übertragbare, aktienähnliche Wertpapiere handelt, gemäß Artikel 17 erstellt werden.

**Art. 14 Wertpapierbeschreibung für Zertifikate, die Aktien vertreten.**

Bei Zertifikaten, die Aktien vertreten, muss die Wertpapierbeschreibung die in Anhang 13 genannten Angaben enthalten.

**Art. 15 Wertpapierbeschreibung für Nichtdividendenwerte für Kleinanleger.** Bei den nicht in Artikel 8 Absatz 2 genannten Nichtdividendenwerten muss die Wertpapierbeschreibung die in Anhang 14 der vorliegenden Verordnung genannten Angaben enthalten, es sei denn, es wird gemäß den Artikeln 14 oder 15 der Verordnung (EU) 2017/1129[1]) eine spezielle Wertpapierbeschreibung erstellt.

**Art. 16 Wertpapierbeschreibung für Nichtdividendenwerte für Großanleger.** Bei den in Artikel 8 Absatz 2 genannten Nichtdividendenwerten muss die Wertpapierbeschreibung die in Anhang 15 genannten Angaben enthalten, es sei denn, sie enthält die in Anhang 14 genannten Angaben oder es wird gemäß den Artikeln 14 oder 15 der Verordnung (EU) 2017/1129[1]) eine spezielle Wertpapierbeschreibung erstellt.

**Art. 17 Wertpapierbeschreibung für Sekundäremissionen von Nichtdividendenwerten.** Eine gemäß Artikel 14 der Verordnung (EU) 2017/1129[1]) erstellte spezielle Wertpapierbeschreibung für Nichtdividendenwerte muss die in Anhang 16 der vorliegenden Verordnung genannten Angaben enthalten.

### Abschnitt 3. Im Prospekt zu liefernde zusätzliche Angaben

**Art. 18 Komplexe finanztechnische Vorgeschichte und bedeutende finanzielle Verpflichtungen von Dividendenwertemittenten.** (1) Hat der Emittent eines Dividendenwertes eine komplexe finanztechnische Vorgeschichte oder ist er eine bedeutende finanzielle Verpflichtung eingegangen, müssen im Prospekt zu einem anderen Unternehmen als dem Emittenten die in Absatz 2 genannten zusätzlichen Angaben geliefert werden.

(2) [1] Zusätzliche Angaben zu einem anderen Unternehmen als dem Emittenten sind sämtliche in den Anhängen 1 und 20 genannte Angaben, die die Anleger für ein fundiertes Urteil im Sinne von Artikel 6 Absatz 1 und Artikel 14 Absatz 2 der Verordnung (EU) 2017/1129[1]) benötigen, so als wäre der Dividendenwert von diesem Unternehmen begeben worden.

---

[1]) Nr. 6.

*[2]* Diesen zusätzlichen Angaben muss eine Erläuterung vorausgehen, aus der klar hervorgeht, warum die Anleger die Angaben für ein fundiertes Urteil benötigen, und entnommen werden können, wie sich die komplexe finanztechnische Vorgeschichte oder die bedeutende finanzielle Verpflichtung auf den Emittenten oder die Geschäftstätigkeit des Emittenten auswirkt.

(3) Für die Zwecke des Absatzes 1 wird ein Emittent als Emittent mit komplexer finanztechnischer Vorgeschichte erachtet, wenn alle nachstehend genannten Bedingungen erfüllt sind:

a) zum Zeitpunkt der Prospekterstellung stellen die in den maßgeblichen Anhängen genannten Angaben das Unternehmen des Emittenten nicht zutreffend dar;

b) die unter Buchstabe a genannte unzutreffende Darstellung schränkt die Anleger in ihrer Fähigkeit ein, sich ein fundiertes Urteil im Sinne von Artikel 6 Absatz 1 und Artikel 14 Absatz 2 der Verordnung (EU) 2017/1129 zu bilden;

c) damit sich die Anleger ein fundiertes Urteil im Sinne von Artikel 6 Absatz 1 und Artikel 14 Absatz 2 der Verordnung (EU) 2017/1129 bilden können, sind zusätzliche Angaben zu einem anderen Unternehmen als dem Emittenten erforderlich.

(4) Für die Zwecke des Absatzes 1 ist eine bedeutende finanzielle Verpflichtung eine verbindliche Vereinbarung über eine Transaktion, die bei einem oder mehreren Indikatoren für den Umfang der Geschäftstätigkeiten des Emittenten voraussichtlich eine mehr als 25 %ige Schwankung bewirkt.

**Art. 19 Wertpapiere, die in Aktien wandel- oder umtauschbar sind.**
(1) Sind Wertpapiere in bereits zum Handel an einem geregelten Markt zugelassene Aktien umtausch- oder wandelbar, hat die Wertpapierbeschreibung als zusätzliche Information die in Anhang 17 Punkt 2.2.2 genannten Angaben zu enthalten.

(2) Sind Wertpapiere in Aktien wandel- oder umtauschbar, die vom Emittenten oder von einem zur Unternehmensgruppe dieses Emittenten gehörenden Unternehmen begeben wurden oder noch begeben werden und nicht zum Handel an einem geregelten Markt zugelassen sind, hat die Wertpapierbeschreibung auch die folgenden zusätzlichen Angaben zu enthalten:

a) die in Anhang 11 Punkte 3.1 und 3.2 genannten Angaben zum Emittenten oder zu dem zur Unternehmensgruppe des Emittenten gehörenden Unternehmen;

b) die in Anhang 18 genannten Angaben zur zugrunde liegenden Aktie.

(3) Sind Wertpapiere in Aktien wandel- oder umtauschbar, die von einem Drittemittenten begeben wurden oder noch begeben werden und nicht zum Handel an einem geregelten Markt zugelassen sind, hat die Wertpapierbeschreibung als zusätzliche Information die in Anhang 18 genannten Angaben zu enthalten.

**Art. 20 Wertpapiere, die zu an einen Basiswert gekoppelten Zahlungs- oder Lieferverpflichtungen führen.** (1) Bei Wertpapieren außer den in Artikel 19 genannten, die zur Zeichnung von oder zum Erwerb von Aktien berechtigen, die aktuell oder künftig vom Emittenten oder von einem zur Unternehmensgruppe dieses Emittenten gehörenden Unternehmen begeben werden und zum Handel an einem geregelten Markt zugelassen sind, hat die Wertpapierbeschreibung als zusätzliche Information die in Anhang 17 genannten Angaben zu enthalten:

(2) Bei Wertpapieren außer den in Artikel 19 genannten, die zur Zeichnung oder zum Erwerb von Aktien berechtigen, die aktuell oder künftig vom Emittenten oder von einem zur Unternehmensgruppe dieses Emittenten gehörenden Unternehmen begeben werden und nicht zum Handel an einem geregelten Markt zugelassen sind, hat die Wertpapierbeschreibung auch die folgenden zusätzlichen Angaben zu enthalten:

a) die in Anhang 17 genannten Angaben außer den unter Punkt 2.2.2 dieses Anhangs genannten Angaben;

b) die in Anhang 18 genannten Angaben zur zugrunde liegenden Aktie.

(3) Bei Wertpapieren außer den in Artikel 19 genannten, die an einen anderen Basiswert als die in den Absätzen 1 und 2 genannten Aktien gekoppelt sind, hat die Wertpapierbeschreibung als zusätzliche Information die in Anhang 17 genannten Angaben zu enthalten.

**Art. 21 Forderungsbesicherte Wertpapiere („Asset backed securities/ABS")** Bei forderungsbesicherten Wertpapieren hat die Wertpapierbeschreibung auch die in Anhang 19 genannten zusätzlichen Angaben zu enthalten.

**Art. 22 Garantien.** Bei Nichtdividendenwerten, die Garantien einschließen, hat die Wertpapierbeschreibung auch die in Anhang 21 genannten zusätzlichen Angaben zu enthalten.

**Art. 23 Zustimmung.** Stimmt der Emittent oder die für die Erstellung eines Prospekts verantwortliche Person der in Artikel 5 Absatz 1 der Verordnung (EU) 2017/1129[1]) genannten Verwendung zu, hat der Prospekt alle nachstehend genannten zusätzlichen Angaben zu enthalten:

a) wenn diese Zustimmung einem oder mehreren spezifischen Finanzintermediär(en) erteilt wird, die in Anhang 22 Punkte 1 und 2A genannten Angaben;

b) wenn diese Zustimmung allen Finanzintermediären erteilt wird, die in Anhang 22 Punkte 1 und 2B genannten Angaben;

## Kapitel III. Aufmachung des Prospekts

**Art. 24 Aufmachung eines Prospekts.** (1) [1] Wird ein Prospekt als ein einziges Dokument erstellt, muss er folgende Elemente umfassen:

a) ein Inhaltsverzeichnis;

b) einer Zusammenfassung, sofern in Artikel 7 der Verordnung (EU) 2017/1129[1]) verlangt;

c) den in Artikel 16 der Verordnung (EU) 2017/1129 genannten Risikofaktoren;

d) allen anderen in den Anhängen genannten, in diesem Prospekt zu liefernden Angaben.

---

[1]) Nr. 6.

² Der Emittent, der Anbieter oder die die Zulassung zum Handel an einem geregelten Markt beantragende Person kann entscheiden, in welcher Reihenfolge die in den Anhängen genannten Angaben im Prospekt aufgeführt werden.

(2) ¹ Wird ein Prospekt in Form mehrerer Einzeldokumente erstellt, müssen das Registrierungsformular und die Wertpapierbeschreibung folgende Elemente umfassen:

a) ein Inhaltsverzeichnis;
b) den in Artikel 16 der Verordnung (EU) 2017/1129 genannten Risikofaktoren;
c) allen anderen in den Anhängen genannten Angaben, die in diesem Registrierungsformular oder dieser Wertpapierbeschreibung zu liefern sind.

² Der Emittent, der Anbieter oder die die Zulassung zum Handel an einem geregelten Markt beantragende Person kann entscheiden, in welcher Reihenfolge die in den Anhängen genannten Angaben im Registrierungsformular und in der Wertpapierbeschreibung aufgeführt werden.

(3) Wenn das Registrierungsformular in Form eines einheitlichen Registrierungsformulars erstellt wird, kann der Emittent die in Absatz 2 Buchstabe b genannten Risikofaktoren zusammen mit den in Absatz 2 Buchstabe c genannten Angaben aufführen, sofern diese Risikofaktoren als eigenständiger Abschnitt erkennbar bleiben.

(4) Wird ein einheitliches Registrierungsformular für die Zwecke von Artikel 9 Absatz 12 der Verordnung (EU) 2017/1129 verwendet, sind die darin enthaltenen Angaben gemäß der Delegierten Verordnung (EU) 2019/815 der Kommission[1]) zu präsentieren.

(5) [1] Weicht die Reihenfolge der in Absatz 1 Buchstabe d und Absatz 2 Buchstabe c genannten Angaben von der Reihenfolge dieser Angaben in den Anhängen ab, können die zuständigen Behörden eine Liste mit Querverweisen anfordern, aus der hervorgeht, auf welche Punkte in den Anhängen sich diese Angaben beziehen.

[2] Aus der in Unterabsatz 1 genannten Liste mit Querverweisen geht ferner hervor, ob bestimmte, in den Anhängen genannte Punkte aufgrund der Art des Emittenten, der Wertpapiere, des Angebots oder der Zulassung zum Handel nicht in den Prospektentwurf aufgenommen wurden.

(6) Wird keine Liste mit Querverweisen gemäß Absatz 5 verlangt oder eine solche vom Emittenten, vom Anbieter oder von der die Zulassung zum Handel an einem geregelten Markt beantragenden Person nicht freiwillig vorgelegt, ist am Rand des Prospektentwurfs zu vermerken, welchen Angaben im Prospektentwurf die relevanten Informationsbestandteile in den Anhängen entsprechen.

**Art. 25 Aufmachung eines Basisprospekts.** (1) ¹ Wird ein Basisprospekt als ein einziges Dokument erstellt, muss er folgende Elemente umfassen:

a) ein Inhaltsverzeichnis;

---

[1]) **Amtl. Anm.:** Delegierte Verordnung (EU) 2019/815 der Kommission vom 17. Dezember 2018 zur Ergänzung der Richtlinie 2004/109/EG des Europäischen Parlaments und des Rates im Hinblick auf technische Regulierungsstandards für die Spezifikation eines einheitlichen elektronischen Berichtsformats (ABl. L 143 vom 29.5.2019, S. 1).

b) einer allgemeinen Beschreibung des Angebotsprogramms;
c) den in Artikel 16 der Verordnung (EU) 2017/1129[1)] genannten Risikofaktoren;
d) allen anderen in den Anhängen dieser Verordnung genannten Angaben, die in den Basisprospekt aufzunehmen sind.

[2] Der Emittent, der Anbieter oder die die Zulassung zum Handel an einem geregelten Markt beantragende Person kann entscheiden, in welcher Reihenfolge die in den Anhängen genannten Angaben im Basisprospekt aufgeführt werden.

(2) [1] Wird ein Basisprospekt in Form mehrerer Einzeldokumente erstellt, müssen das Registrierungsformular und die Wertpapierbeschreibung folgende Elemente umfassen:
a) ein Inhaltsverzeichnis;
b) einer allgemeinen Beschreibung des Angebotsprogramms in der Wertpapierbeschreibung;
c) den in Artikel 16 der Verordnung (EU) 2017/1129 genannten Risikofaktoren;
d) allen anderen in den Anhängen dieser Verordnung genannten Angaben, die in das Registrierungsformular und in die Wertpapierbeschreibung aufzunehmen sind.

[2] Der Emittent, der Anbieter oder die die Zulassung zum Handel an einem geregelten Markt beantragende Person kann entscheiden, in welcher Reihenfolge die in den Anhängen genannten Angaben im Registrierungsformular und in der Wertpapierbeschreibung aufgeführt werden.

(3) Ein Emittent, ein Anbieter oder eine Person, die die Zulassung zum Handel an einem geregelten Markt beantragt, kann zwei oder mehrere Basisprospekte in einem einzigen Dokument zusammenfassen.

(4) Wird das Registrierungsformular in Form eines einheitlichen Registrierungsformulars erstellt, kann der Emittent die in Absatz 2 Buchstabe c genannten Risikofaktoren zusammen mit den in Absatz 2 Buchstabe d genannten Angaben aufführen, sofern diese Risikofaktoren als eigenständiger Abschnitt erkennbar bleiben.

(5) Wird ein einheitliches Registrierungsformular für die Zwecke von Artikel 9 Absatz 12 der Verordnung (EU) 2017/1129 verwendet, sind die darin enthaltenen Angaben gemäß der Delegierten Verordnung (EU) 2019/815 der Kommission zu präsentieren.

(6) [1] Weicht die Reihenfolge der in Absatz 1 Buchstabe d und Absatz 2 Buchstabe d genannten Angaben von der Reihenfolge dieser Angaben in den Anhängen ab, können die zuständigen Behörden eine Liste mit Querverweisen anfordern, aus der hervorgeht, auf welche Punkte in den Anhängen sich diese Angaben beziehen.

[2] Aus der in Unterabsatz 1 genannten Liste mit Querverweisen geht ferner hervor, ob bestimmte, in den Anhängen genannte Punkte aufgrund der Art des Emittenten, der Wertpapiere, des Angebots oder der Zulassung zum Handel nicht in den Basisprospektentwurf aufgenommen wurden.

---

[1)] Nr. 6.

(7) Wird keine Liste mit Querverweisen gemäß Absatz 6 verlangt oder eine solche vom Emittenten, vom Anbieter oder von der die Zulassung zum Handel an einem geregelten Markt beantragenden Person nicht freiwillig vorgelegt, ist am Rand des Basisprospektentwurfs zu vermerken, welchen Angaben im Basisprospektentwurf die relevanten Informationsbestandteile in den Anhängen entsprechen.

**Art. 26 Im Basisprospekt und in den endgültigen Bedingungen zu liefernde Angaben.** (1) Der Basisprospekt muss die in den Anhängen 14 bis 19 und 27 unter „Kategorie A" eingestuften Angaben enthalten.

(2) ¹Der Basisprospekt muss die in den Anhängen 14 bis 19 und 27 unter „Kategorie B" eingestuften Angaben enthalten, mit Ausnahme derjenigen Einzelheiten, die zum Zeitpunkt der Billigung des Basisprospekts nicht vorliegen. ²Solche Einzelheiten sind dann in den endgültigen Bedingungen zu liefern.

(3) Die endgültigen Bedingungen müssen die in den Anhängen 14 bis 19 und 27 unter „Kategorie C" eingestuften Angaben enthalten, es sei denn, diese liegen zum Zeitpunkt der Billigung des Basisprospekts vor; sollte dies der Fall sein, können sie stattdessen in den Basisprospekt aufgenommen werden.

(4) ¹Neben den in den Absätzen 2 und 3 genannten Angaben dürfen die endgültigen Bedingungen nur die in Anhang 28 genannten Angaben enthalten. ²Aus dem in Artikel 8 Absatz 2 Buchstabe a der Verordnung (EU) 2017/1129[1]) genannten Formular für die endgültigen Bedingungen muss hervorgehen, welche der in Anhang 28 der vorliegenden Verordnung genannten Angaben in den endgültigen Bedingungen festzulegen sind.

(5) Die endgültigen Bedingungen dürfen den Angaben im Basisprospekt nicht widersprechen.

**Art. 27 Prospektzusammenfassung.** (1) Ein Überblicksabschnitt im Prospekt darf nur dann als „Zusammenfassung" bezeichnet werden, wenn er die in Artikel 7 der Verordnung (EU) 2017/1129[1]) festgelegten Anforderungen erfüllt.

(2) ¹Ist die Zusammenfassung eines Prospekts gemäß Artikel 23 der Verordnung (EU) 2017/1129 zu ergänzen, sind die neuen Angaben so in die Zusammenfassung einzufügen, dass die Änderungen für die Anleger leicht erkennbar sind. ²Zur Einfügung der neuen Angaben wird entweder eine neue Zusammenfassung erstellt oder die bestehende ergänzt.

## Kapitel IV. Der EU-Wachstumsprospekt

**Art. 28 Registrierungsformular beim EU-Wachstumsprospekt für Dividendenwerte.** (1) Ein gemäß Artikel 15 der Verordnung (EU) 2017/1129[1]) erstelltes spezielles Registrierungsformular für Dividendenwerte muss die in Anhang 24 der vorliegenden Verordnung genannten Angaben enthalten.

(2) Abweichend von Absatz 1 kann das spezielle Registrierungsformular für die folgenden Wertpapiere, sofern es sich dabei nicht um Aktien oder andere übertragbare, aktienähnliche Wertpapiere handelt, gemäß Artikel 29 erstellt werden:

---

[1]) Nr. 6.

a) in Artikel 19 Absatz 1 und Artikel 20 Absatz 1 genannte Wertpapiere;
b) in Artikel 19 Absatz 2 genannte Wertpapiere, wenn diese in Aktien umtausch- oder wandelbar sind, die von einem zur Unternehmensgruppe dieses Emittenten gehörenden Unternehmen begeben wurden oder noch begeben werden und nicht zum Handel an einem geregelten Markt zugelassen sind;
c) in Artikel 20 Absatz 2 genannte Wertpapiere, wenn diese zur Zeichnung oder zum Erwerb von Aktien berechtigen, die aktuell oder künftig vom Emittenten oder von einem zur Unternehmensgruppe dieses Emittenten gehörenden Unternehmen begeben werden und nicht zum Handel an einem geregelten Markt zugelassen sind.

**Art. 29 Registrierungsformular beim EU-Wachstumsprospekt für Nichtdividendenwerte.** Ein gemäß Artikel 15 der Verordnung (EU) 2017/1129[1)] erstelltes spezielles Registrierungsformular für Nichtdividendenwerte muss die in Anhang 25 der vorliegenden Verordnung genannten Angaben enthalten.

**Art. 30 Wertpapierbeschreibung beim EU-Wachstumsprospekt für Dividendenwerte.** (1) Eine gemäß Artikel 15 der Verordnung (EU) 2017/1129[1)] erstellte spezielle Wertpapierbeschreibung für Dividendenwerte muss die in Anhang 26 der vorliegenden Verordnung genannten Angaben enthalten.

(2) Abweichend von Absatz 1 muss die spezielle Wertpapierbeschreibung für die in Artikel 19 Absätze 1 und 2 und Artikel 20 Absätze 1 und 2 genannten Wertpapiere, sofern es sich dabei nicht um Aktien oder andere übertragbare, aktienähnliche Wertpapiere handelt, gemäß Artikel 31 erstellt werden.

**Art. 31 Wertpapierbeschreibung beim EU-Wachstumsprospekt für Nichtdividendenwerte.** Eine gemäß Artikel 15 der Verordnung (EU) 2017/1129[1)] erstellte spezielle Wertpapierbeschreibung für Nichtdividendenwerte muss die in Anhang 27 der vorliegenden Verordnung genannten Angaben enthalten.

**Art. 32 Aufmachung des EU-Wachstumsprospekts.** (1) Wird ein EU-Wachstumsprospekt als ein einziges Dokument erstellt, muss er folgende Elemente in der angegebenen Reihenfolge umfassen:
a) ein Inhaltsverzeichnis;
b) sofern zutreffend, alle gemäß Artikel 19 der Verordnung (EU) 2017/1129[1)] mittels Verweis aufgenommenen Angaben;
c) die spezielle Zusammenfassung;
d) wenn er in Form eines Basisprospekts erstellt wird, eine allgemeine Beschreibung des Angebotsprogramms;
e) je nach Art des Wertpapiers die in Anhang 24 Abschnitt 1 und Anhang 26 Abschnitt 1 oder die in Anhang 25 Abschnitt 1 und Anhang 27 Abschnitt 1 dieser Verordnung genannten Angaben;
f) je nach Art des Wertpapiers die in Anhang 24 Abschnitt 2 oder Anhang 25 Abschnitt 2 genannten Angaben;

---

[1)] Nr. 6.

g) bei Dividendenwerten die in Anhang 26 Punkt 2.1 genannten Angaben und, wenn Dividendenwerte von einem Emittenten mit einer Marktkapitalisierung über 200 000 000 EUR ausgegeben werden, die in Anhang 26 Punkt 2.2 genannten Angaben;

h) je nach Art des Wertpapiers die in Anhang 24 Abschnitt 3 und Anhang 26 Abschnitt 3 oder die in Anhang 25 Abschnitt 3 und Anhang 27 Abschnitt 2 genannten Angaben;

i) je nach Art des Wertpapiers die in Anhang 26 Abschnitt 4 oder Anhang 27 Abschnitt 3 genannten Angaben;

j) je nach Art des Wertpapiers die in Anhang 26 Abschnitt 5 oder Anhang 27 Abschnitt 4 genannten Angaben;

k) je nach Art des Wertpapiers die in Anhang 24 Abschnitt 4 oder Anhang 25 Abschnitt 4 genannten Angaben;

l) je nach Art des Wertpapiers die in Anhang 24 Abschnitt 5 oder Anhang 25 Abschnitt 5 genannten Angaben;

m) je nach Art des Wertpapiers die in Anhang 24 Abschnitt 6 oder Anhang 25 Abschnitt 6 genannten Angaben;

n) bei Nichtdividendenwerten, die Garantien einschließen, die in Anhang 27 Abschnitt 5 genannten Angaben;

o) je nach Art des Wertpapiers die in Anhang 24 Abschnitt 7 oder Anhang 25 Abschnitt 7 genannten Angaben.[1)]

p) wenn Angaben zu der zugrunde liegenden Aktie gemäß Artikel 19 Absatz 2 Buchstabe b, Artikel 19 Absatz 3 oder Artikel 20 Absatz 2 Buchstabe b erforderlich sind, je nach Art des Wertpapiers die in Anhang 26 Abschnitt 6 oder die in Anhang 27 Abschnitt 6 genannten Angaben;

q) stimmt der Emittent oder die für die Erstellung eines Prospekts verantwortliche Person der in Artikel 5 Absatz 1 der Verordnung (EU) 2017/1129 genannten Verwendung zu, je nach Art der Wertpapiere die in Anhang 26 Abschnitt 7 oder in Anhang 27 Abschnitt 7 genannten Angaben.

(2) Wird ein EU-Wachstumsprospekt in Form mehrerer Einzeldokumente erstellt, müssen das Registrierungsformular und die Wertpapierbeschreibung für den EU-Wachstumsprospekt folgende Elemente in der angegebenen Reihenfolge umfassen:

a) Registrierungsformular für den EU-Wachstumsprospekt:
   i) ein Inhaltsverzeichnis;
   ii) sofern zutreffend, alle gemäß Artikel 19 der Verordnung (EU) 2017/1129 mittels Verweis aufgenommenen Angaben;
   iii) alle anderen in den Anhängen 24 oder 25 genannten Angaben, die je nach Art des Wertpapiers in der gleichen Reihenfolge wie die in den Anhängen aufgeführten Abschnitte im Registrierungsformular für den EU-Wachstumsprospekt geliefert werden müssen.

b) Wertpapierbeschreibung für den EU-Wachstumsprospekt:
   i) ein Inhaltsverzeichnis;
   ii) sofern zutreffend, alle gemäß Artikel 19 der Verordnung (EU) 2017/1129 mittels Verweis aufgenommenen Angaben;

---

[1)] Zeichensetzung amtlich.

iii) im Falle eines Basisprospekts eine allgemeine Beschreibung des Programms;
iv) alle anderen in den Anhängen 26 oder 27 genannten Angaben, die je nach Art des Wertpapiers in der gleichen Reihenfolge wie die in den Anhängen aufgeführten Abschnitte in der Wertpapierbeschreibung für den EU-Wachstumsprospekt geliefert werden müssen.

(3) Ein entweder aus einem einzigen Dokument oder aus mehreren Einzeldokumenten bestehender EU-Wachstumsprospekt kann als Basisprospekt gestaltet sein.

(4) ¹Die in Artikel 15 Absatz 1 der Verordnung (EU) 2017/1129 genannten KMU, Emittenten und Anbieter halten die Reihenfolge der Abschnitte in den Anhängen ein. ²Innerhalb dieser Abschnitte können sie jedoch von der Reihenfolge der Informationsbestandteile abweichen.

### Art. 33 Spezielle Zusammenfassung für den EU-Wachstumsprospekt.

(1) Die spezielle Zusammenfassung für den EU-Wachstumsprospekt muss Basisinformationen enthalten, die es den Anlegern ermöglichen, sich ein Bild vom Emittenten, vom Garantiegeber und von den angebotenen Wertpapieren sowie von den damit verbundenen Risiken zu machen.

(2) Die Angaben in der speziellen Zusammenfassung müssen präzise, redlich, klar und nicht irreführend sein.

(3) spezielle Zusammenfassung muss mit den anderen Teilen des EU-Wachstumsprospekts übereinstimmen.

(4) ¹Die spezielle Zusammenfassung ist als kurze Unterlage abzufassen, die prägnant formuliert und ausgedruckt maximal sechs DIN-A4-Seiten lang ist. ²Die spezielle Zusammenfassung muss

a) in einer Weise präsentiert und gestaltet sein, die leicht verständlich ist, wobei eine lesbare Zeichengröße zu verwenden ist;
b) in einer klaren, nicht technischen und präzisen Sprache abgefasst sein, die den Anlegern das Verständnis erleichtert.

³Unterabsatz 1 gilt auch, wenn die Angaben tabellarisch präsentiert werden.

(5) Die spezielle Zusammenfassung muss die in Anhang 23 genannten Angaben enthalten.

(6) Die spezielle Zusammenfassung darf keine Querverweise auf andere Teile des EU-Wachstumsprospekts oder Angaben in Form eines Verweises enthalten.

(7) In der speziellen Zusammenfassung können zur Darstellung der in Anhang 23 Abschnitte 2, 3 und 4 genannten Angaben Unterüberschriften verwendet werden.

(8) Die Gesamtzahl der in Anhang 23 Punkte 2.3.1, 3.3(d) und 3.4.1 genannten und in die spezielle Zusammenfassung aufgenommenen Risikofaktoren darf nicht über 15 hinausgehen.

(9) Bei Wertpapieren, die auch der Verordnung (EU) Nr. 1286/2014[1]) des Europäischen Parlaments und des Rates[2]) unterliegen, kann die zuständige

---
[1]) Nr. 9.
[2]) **Amtl. Anm.:** Verordnung (EU) Nr. 1286/2014 des Europäischen Parlaments und des Rates vom 26. November 2014 über Basisinformationsblätter für verpackte Anlageprodukte für Kleinanleger und Versicherungsanlageprodukte (PRIIP) (ABl. L 352 vom 9.12.2014, S. 1).

Behörde des Herkunftsmitgliedstaates die in Artikel 15 Absatz 1 der Verordnung (EU) 2017/1129[1)] genannten KMU, Emittenten und Anbieter auffordern, die in Anhang 23 Abschnitt 3 der vorliegenden Verordnung genannten Angaben durch die in Artikel 8 Absatz 3 Buchstaben c bis i der Verordnung (EU) Nr. 1286/2014 genannten Angaben zu ersetzen.

(10) Wenn die zuständige Behörde des Herkunftsmitgliedstaates keine Ersetzung nach Absatz 9 fordert, können die in Artikel 15 Absatz 1 der Verordnung (EU) 2017/1129 genannten KMU, Emittenten und Anbieter die in Anhang 23 Abschnitt 3 der vorliegenden Verordnung genannten Angaben durch die in Artikel 8 Absatz 3 Buchstaben c bis i der Verordnung (EU) Nr. 1286/2014 genannten Angaben ersetzen.

(11) Werden die in den Absätzen 9 und 10 genannten Angaben ersetzt, sind diese als eigener Abschnitt in die spezielle Zusammenfassung einzufügen und muss klar erkennbar sein, dass dieser Abschnitt die in Artikel 8 Absatz 3 Buchstaben c bis i der Verordnung (EU) Nr. 1286/2014 genannten Angaben enthält.

(12) [1] Die in Absatz 4 genannte maximale Länge der speziellen Zusammenfassung erhöht sich um

a) eine zusätzliche DIN-A4-Seite, wenn die spezielle Zusammenfassung Angaben zu einer für die Wertpapiere gestellten Garantie enthält;

b) zwei zusätzliche DIN-A4-Seiten, wenn eine spezielle Zusammenfassung für mehrere Wertpapiere, die sich nur in sehr wenigen Einzelheiten, etwa in Bezug auf den Emissionspreis oder den Fälligkeitstermin unterscheiden, erstellt wird;

c) drei zusätzliche DIN-A4-Seiten, wenn Angaben gemäß den Absätzen 9 und 10 ersetzt werden.

[2] Für die Zwecke des Buchstaben c können für jedes Wertpapier drei zusätzliche DIN-A4-Seiten verwendet werden, wenn die spezielle Zusammenfassung für mehrere Wertpapiere, die sich nur in einigen sehr wenigen Details, etwa in Bezug auf den Emissionspreis oder den Fälligkeitstermin, unterscheiden, erstellt wird.

**Art. 34 Nachträge zur speziellen Zusammenfassung des EU-Wachstumsprospekts.** [1] Ist die spezielle Zusammenfassung eines EU-Wachstumsprospekts gemäß Artikel 23 der Verordnung (EU) 2017/1129[1)] zu ergänzen, sind die neuen Angaben so in die spezielle Zusammenfassung einzufügen, dass die Änderungen für die Anleger leicht erkennbar sind. [2] Zur Einfügung der neuen Angaben wird entweder eine neue spezielle Zusammenfassung erstellt oder die bestehende ergänzt.

## Kapitel V. Prüfung und Billigung des Prospekts und Überprüfung des einheitlichen Registrierungsformulars

**Art. 35 Umfang der Prüfung.** Für die Zwecke der Prospektprüfung und der Überprüfung des einheitlichen Registrierungsformulars sind Verweise auf den Prospekt als Verweise auf den Prospekt oder einen seiner Bestandteile zu verstehen, also auch ein einheitliches Registrierungsformular, unabhängig da-

---

[1)] Nr. 6.

von, ob es zur Billigung eingereicht oder ohne vorherige Billigung hinterlegt wurde, und etwaige Änderungen daran sowie Nachträge zum Prospekt.

**Art. 36 Kriterien für die Prüfung der Vollständigkeit der im Prospekt enthaltenen Angaben.** (1) Bei der Prüfung der Vollständigkeit der in einem Prospektentwurf enthaltenen Angaben berücksichtigen die zuständigen Behörden alle folgenden Punkte:

a) je nach Art des Emittenten, Art der Ausgabe, Art des Wertpapiers und Art des Angebots oder der Zulassung zum Handel, ob der Prospektentwurf gemäß der Verordnung (EU) 2017/1129[1]) und der vorliegenden Verordnung erstellt wurde;

b) ob der Emittent wie in Artikel 18 dargelegt eine komplexe finanztechnische Vorgeschichte hat oder eine bedeutende finanzielle Verpflichtung eingegangen ist.

(2) Für die Zwecke von Absatz 1 Buchstabe b können die zuständigen Behörden vom Emittenten die Aufnahme, Änderung oder Entfernung von Angaben aus einem Prospektentwurf verlangen, wobei sie Folgendes berücksichtigen:

a) die Art der Wertpapiere;

b) die bereits im Prospekt enthaltenen Angaben und das Vorhandensein und den Inhalt von bereits im Prospekt eines anderen Unternehmens als dem Emittenten enthaltenen Angaben sowie die anwendbaren Rechnungslegungs- und Prüfungsgrundsätze;

c) den wirtschaftlichen Charakter der Transaktionen, mit denen der Emittent sein Unternehmen oder einen Teil desselben erworben oder veräußert hat, sowie die spezielle Art des Unternehmens;

d) ob sich der Emittent mit vertretbarem Aufwand Informationen über dieses andere Unternehmen beschaffen kann.

**Art. 37 Kriterien für die Prüfung der Verständlichkeit der im Prospekt enthaltenen Angaben.** (1) ¹Bei der Prüfung der Verständlichkeit der in einem Prospektentwurf enthaltenen Angaben berücksichtigen die zuständigen Behörden alle folgenden Punkte:

a) ob der Prospektentwurf über ein klares und detailliertes Inhaltsverzeichnis verfügt;

b) ob der Prospektentwurf frei von unnötigen Wiederholungen ist;

c) ob zusammenhängende Angaben gruppiert sind;

d) ob im Prospektentwurf eine leicht lesbare Schriftgröße verwendet wird;

e) ob die Struktur des Prospektentwurfs den Anlegern das Verständnis des Inhalts ermöglicht;

f) ob im Prospektentwurf die Bestandteile mathematischer Formeln definiert sind und, sofern zutreffend, die Produktstruktur klar beschrieben wird;

g) ob der Prospektentwurf in einfacher Sprache gehalten ist;

h) ob die Art der Geschäftstätigkeit des Emittenten und seine Haupttätigkeiten im Prospektentwurf klar beschrieben werden;

---

[1]) Nr. 6.

i) ob im Prospektentwurf handels- oder branchenspezifische Begriffe erläutert werden.

²Allerdings dürfen die zuständigen Behörden die Buchstaben g, h und i außer Acht lassen, wenn ein Prospektentwurf ausschließlich für die Zwecke der Zulassung von Nichtdividendenwerten zum Handel an einem geregelten Markt verwendet wird, für die Artikel 7 der Verordnung (EU) 2017/1129[1]) keine Zusammenfassung vorschreibt.

(2) Für die Zwecke von Absatz 1 dürfen die zuständigen Behörden im Einzelfall verlangen, dass zusätzlich zu den in Artikel 7 der Verordnung (EU) 2017/1129 und Artikel 33 der vorliegenden Verordnung genannten Angaben bestimmte im Prospektentwurf enthaltene Angaben in die Zusammenfassung übernommen werden.

**Art. 38 Kriterien für die Prüfung der Kohärenz der im Prospekt enthaltenen Angaben.** Bei der Prüfung der Kohärenz der im Prospekt enthaltenen Angaben berücksichtigt die zuständige Behörde alle folgenden Punkte:

a) ob zwischen den im Prospektentwurf enthaltenen Informationsbestandteilen, einschließlich der mittels Verweis aufgenommenen Informationen, keine wesentlichen Abweichungen festzustellen sind;

b) ob etwaige an anderer Stelle im Prospektentwurf erwähnte wesentliche und spezifische Risiken in den Abschnitt über Risikofaktoren aufgenommen wurden;

c) ob die Angaben in der Zusammenfassung den Angaben an anderer Stelle im Prospektentwurf entsprechen;

d) ob alle etwaigen Zahlen zur Verwendung von Erlösen der Höhe der erzielten Erlöse entsprechen und ob die angegebene Verwendung der Erlöse der angegebenen Strategie des Emittenten entspricht;

e) ob die Beschreibung des Emittenten in den Angaben zur Geschäfts- und Finanzlage, die historischen Finanzinformationen, die Beschreibung der Aktivitäten des Emittenten und die Beschreibung der Risikofaktoren kohärent sind;

f) ob die Erklärung zum Geschäftskapital den Risikofaktoren, dem Vermerk des Abschlussprüfers, der Verwendung der Erlöse, der angegebenen Strategie des Emittenten und der Finanzierung dieser Strategie entspricht.

**Art. 39 Prüfung der im Prospekt bestimmter Kategorien von Emittenten enthaltenen Angaben.** Die zuständigen Behörden können unter Berücksichtigung der Tätigkeiten bestimmter, unter eine der Kategorien in Anhang 29 fallender Kategorien von Emittenten die Aufnahme zusätzlicher Angaben in den Prospekt verlangen.

**Art. 40 Zusätzliche Kriterien für die Prüfung der Vollständigkeit, Kohärenz und Verständlichkeit der im Prospekt enthaltenen Angaben.**

Sollte der Anlegerschutz dies erfordern, kann die zuständige Behörde zusätzlich zu den in den Artikeln 36, 37 und 38 genannten Kriterien weitere heranziehen, um die im Prospektentwurf enthaltenen Angaben auf ihre Vollständigkeit, Verständlichkeit und Kohärenz hin zu prüfen.

---

[1]) Nr. 6.

**Art. 41 Verhältnismäßiger Ansatz bei der Prüfung von Prospektentwürfen und der Überprüfung des einheitlichen Registrierungsformulars.** (1) Wenn sich der erste Entwurf eines einer zuständigen Behörde vorgelegten Prospekts im Wesentlichen mit einem bereits von dieser Behörde gebilligten Prospekt deckt und in diesem Prospektentwurf alle Änderungen gegenüber dem bereits gebilligten Prospekt hervorgehoben sind, muss die zuständige Behörde lediglich diese Änderungen sowie alle hiervon betroffenen Angaben prüfen und zu diesem Zweck die in den Artikeln 36, 37 und 38 genannten Kriterien heranziehen.

(2) Wenn ein bereits überprüftes, ohne vorherige Billigung hinterlegtes einheitliches Registrierungsformular oder eine Änderung an einem solchen geprüft wird, müssen die zuständigen Behörden die in den Artikeln 36, 37 und 38 genannten Kriterien nur auf die noch nicht überprüften Teile des einheitlichen Registrierungsformulars oder die noch nicht überprüfte Änderung anwenden.

(3) Enthält der erste Entwurf eines Prospekts Angaben mittels eines Verweises auf ein Dokument, das gemäß der Verordnung (EU) 2017/1129 [1]) oder gemäß den nationalen Bestimmungen zur Umsetzung der Richtlinie 2003/71/EG des Europäischen Parlaments und des Rates [2]) gebilligt wurde, müssen die zuständigen Behörden nur die in Artikel 38 der vorliegenden Verordnung genannten Kriterien zur Prüfung dieser Angaben anwenden.

(4) Bei der Anwendung der Absätze 1, 2 oder 3 fordern die zuständigen Behörden den Emittenten, den Anbieter oder die die Zulassung zum Handel an einem geregelten Markt beantragende Person auf, zu bestätigen, dass alle Angaben im endgültigen Prospektentwurf oder einheitlichen Registrierungsformular aktuell sind und alle in den Anhängen genannten und für diesen Prospekt oder dieses einheitliche Registrierungsformular maßgeblichen Informationen enthalten.

(5) Werden der zuständigen Behörde im Anschluss daran weitere Prospektentwürfe vorgelegt, muss sie bei der Prüfung dieser Folgeentwürfe die in den Artikeln 36, 37 und 38 genannten Kriterien nur auf die Änderungen im Vergleich zum Vorentwurf und alle von diesen Änderungen betroffenen Angaben anwenden.

**Art. 42 Einreichung eines Antrags auf Billigung eines Prospektentwurfs oder Hinterlegung eines einheitlichen Registrierungsformulars oder diesbezüglicher Änderungen.** (1) *[1]* Jeder Prospektentwurf ist der zuständigen Behörde auf elektronischem Wege in einem durchsuchbaren elektronischen Format zu übermitteln.

*[2]* Bei Einreichung des ersten Prospektentwurfs hat der Emittent, der Anbieter oder die die Zulassung zum Handel an einem geregelten Markt beantragende Person der zuständigen Behörde eine Kontaktstelle zu nennen, der die zuständige Behörde alle Benachrichtigungen auf elektronischem Wege schriftlich übermitteln kann.

---

[1]) Nr. 6.
[2]) **Amtl. Anm.:** Richtlinie 2003/71/EG des Europäischen Parlaments und des Rates vom 4. November 2003 betreffend den Prospekt, der beim öffentlichen Angebot von Wertpapieren oder bei deren Zulassung zum Handel zu veröffentlichen ist, und zur Änderung der Richtlinie 2001/34/EG (ABl. L 345 vom 31.12.2003, S. 64).

(2) Ebenfalls auf elektronischem Wege und in einem durchsuchbaren elektronischen Format ist der zuständigen Behörde Folgendes zu übermitteln:

a) die Liste der Querverweise, falls von der zuständigen Behörde gemäß Artikel 24 Absatz 5 angefordert oder auf eigene Initiative übermittelt;

b) wird keine Liste mit Querverweisen angefordert, ein Dokument, das alle in den Anhängen genannten Punkte nennt, die mit Blick auf die Art des Emittenten, der Wertpapiere, des Angebots oder der Zulassung zum Handel nicht in den Prospektentwurf aufgenommen wurden;

c) alle gemäß Artikel 19 der Verordnung (EU) 2017/1129[1]) mittels Verweis in den Prospekt aufgenommenen Angaben, sofern diese nicht schon von derselben zuständigen Behörde gebilligt oder bei dieser in einem durchsuchbaren elektronischen Format hinterlegt wurden;

d) alle begründeten Anträge an die zuständige Behörde auf Genehmigung der in Artikel 18 der Verordnung (EU) 2017/1129 genannten Nichtaufnahme bestimmter Angaben in den Prospekt;

e) alle Anträge an die zuständige Behörde auf eine in Artikel 25 Absatz 1 der Verordnung (EU) 2017/1129 genannte Notifizierung;

f) alle Anträge an die zuständige Behörde auf eine in Artikel 26 Absatz 2 der Verordnung (EU) 2017/1129 genannte Notifizierung;

g) ein in Artikel 26 Absatz 4 der Verordnung (EU) 2017/1129 vorgeschriebener Anhang, es sei denn, nach Artikel 7 Absatz 1 Unterabsatz 2 der genannten Verordnung ist keine Zusammenfassung erforderlich;

h) für den Fall, dass der Emittent den Entwurf eines einheitlichen Registrierungsformulars zur Billigung vorlegt oder ein einheitliches Registrierungsformular ohne vorherige Billigung hinterlegt und den Status eines Daueremittenten anstrebt, eine Bestätigung des Emittenten, dass seines Wissens alle nach den nationalen Bestimmungen zur Umsetzung der Richtlinie 2004/109/EG des Europäischen Parlaments und des Rates[2]), sofern anwendbar, und nach der Verordnung (EU) Nr. 596/2014[3]) der Europäischen Parlaments und des Rates[4]) zu liefernden Angaben während der letzten 18 Monate oder seit Beginn der Pflicht zur Lieferung dieser Angaben – je nachdem, welcher Zeitraum der Kürzere ist – gemäß diesen Rechtsakten hinterlegt und veröffentlicht wurden;

i) wird ein einheitliches Registrierungsformular ohne vorherige Billigung hinterlegt, eine Erklärung, inwieweit einer Aufforderung oder auf Lieferung zusätzlicher Angaben gemäß Artikel 9 Absatz 9 Unterabsatz 2 der Verordnung (EU) 2017/1129 im einheitlichen Registrierungsformular Rechnung getragen wurde;

---

[1]) Nr. 6.
[2]) **Amtl. Anm.:** Richtlinie 2004/109/EG des Europäischen Parlaments und des Rates vom 15. Dezember 2004 zur Harmonisierung der Transparenzanforderungen in Bezug auf Informationen über Emittenten, deren Wertpapiere zum Handel auf einem geregelten Markt zugelassen sind, und zur Änderung der Richtlinie 2001/34/EG (ABl. L 390 vom 31.12.2004, S. 38).
[3]) Nr. 11.
[4]) **Amtl. Anm.:** Verordnung (EU) Nr. 596/2014 des Europäischen Parlaments und des Rates vom 16. April 2014 über Marktmissbrauch (Marktmissbrauchsverordnung) und zur Aufhebung der Richtlinie 2003/6/EG des Europäischen Parlaments und des Rates und der Richtlinien 2003/124/EG, 2003/125/EG und 2004/72/EG der Kommission (ABl. L 173 vom 12.6.2014, S. 1).

j) alle anderen von der zuständigen Behörde für die Zwecke der Prüfung und der Billigung des Prospekts oder der Prüfung und Billigung des einheitlichen Registrierungsformulars geforderten Angaben.

(3) Ist ein ohne vorherige Billigung hinterlegtes einheitliches Registrierungsformular gemäß Artikel 24 Absatz 6 mit Randbemerkungen versehen, ist eine identische Fassung ohne Randbemerkungen beizufügen.

(4) ¹ Wird ein einheitliches Registrierungsformular ohne vorherige Billigung hinterlegt oder ein einheitliches Registrierungsformular geändert, sind die in Absatz 2 Buchstaben a, b, c, d, h und i genannten Angaben bei Hinterlegung des einheitlichen Registrierungsformulars bei der zuständigen Behörde vorzulegen, während die in Absatz 2 Buchstabe j genannten Angaben während des Überprüfungsprozesses vorzulegen sind. ² In allen anderen Fällen sind die in Absatz 2 genannten Angaben der zuständigen Behörde mit dem ersten Prospektentwurf oder während des Prüfverfahrens vorzulegen.

(5) *[1]* Teilt ein Daueremittent der zuständigen Behörde gemäß Artikel 20 Absatz 6 Unterabsatz 1 Satz 2 der Verordnung (EU) 2017/1129 mit, dass er einen Antrag auf Billigung eines Prospektentwurfs stellen will, muss diese Mitteilung schriftlich und auf elektronischem Wege erfolgen.

*[2]* Den in Unterabsatz 1 genannten Angaben muss zu entnehmen sein, welche Anhänge für diesen Prospektentwurf relevant sind.

## Art. 43 Änderungen an einem Prospektentwurf während des Billigungsverfahrens.
(1) ¹ In jeder nach dem ersten Prospektentwurf vorgelegten Fassung sind die Änderungen gegenüber dem Vorentwurf kenntlich zu machen und ist eine Fassung ohne solche Markierungen beizufügen. ² Wurden nur begrenzte Änderungen vorgenommen, akzeptieren die zuständigen Behörden auch markierte Auszüge des Vorentwurfs.

(2) Haben die zuständigen Behörden dem Emittenten, dem Anbieter oder der die Zulassung zum Handel an einem geregelten Markt beantragenden Person gemäß Artikel 45 Absatz 2 mitgeteilt, dass der Prospektentwurf die in Artikel 20 Absatz 4 der Verordnung (EU) 2017/1129[1)] genannten Standards der Vollständigkeit, der Verständlichkeit und der Kohärenz nicht erfüllt, ist dem nachfolgend vorgelegten Prospektentwurf eine Erläuterung beizufügen, aus der hervorgeht, wie die von den zuständigen Behörden aufgezeigten Probleme angegangen wurden.

(3) Sind die an einem Prospektentwurf vorgenommenen Änderungen selbsterklärend oder werden die von der zuständigen Behörde aufgezeigten Probleme dadurch eindeutig behoben, ist ein Hinweis auf die Stellen, an denen die Änderungen zur Behebung dieser Probleme vorgenommen wurden, für die Zwecke von Absatz 2 als ausreichend zu erachten.

## Art. 44 Antrag auf Billigung des endgültigen Prospektentwurfs.
(1) ¹ Der endgültige Prospektentwurf ist zusammen mit allen in Artikel 42 Absatz 2 genannten Angaben, die sich im Vergleich zur Vorfassung geändert haben, außer den unter den Buchstaben a und h genannten, zur Billigung vorzulegen. ² Der endgültige Prospektentwurf darf nicht mit Randbemerkungen versehen sein.

---

[1)] Nr. 6.

(2) Wurden keine Änderungen an den in Artikel 42 Absatz 2 genannten Angaben vorgenommen, hat der Emittent, der Anbieter oder die die Zulassung zum Handel an einem geregelten Markt beantragende Person dies auf elektronischem Wege schriftlich zu bestätigen.

**Art. 45 Bestätigung des Eingangs eines Antrags auf Billigung eines Prospektentwurfs oder der Hinterlegung eines einheitlichen Registrierungsformulars oder einer diesbezüglichen Änderung und Bearbeitung eines Antrags auf Billigung eines Prospektentwurfs.** (1) *[1]* Die zuständigen Behörden bestätigen den Eingang des ersten Antrags auf Billigung eines Prospektentwurfs, die Hinterlegung eines einheitlichen Registrierungsformulars gemäß Artikel 9 Absatz 2 Unterabsatz 2 der Verordnung (EU) 2017/1129[1]) oder die Änderung an diesem einheitlichen Registrierungsformular so schnell wie möglich, spätestens aber bis zum Geschäftsschluss des zweiten Arbeitstages nach Antragseingang oder Hinterlegung in schriftlicher Form auf elektronischem Wege.

*[2]* Bei Eingang des ersten Antrags auf Billigung eines Prospektentwurfs und Hinterlegung eines einheitlichen Registrierungsformulars oder einer Änderung daran teilt die zuständige Behörde dem Emittenten, dem Anbieter oder der die Zulassung zum Handel an einem geregelten Markt beantragenden Person Folgendes mit:

a) das Aktenzeichen des Antrags oder der Hinterlegung;

b) die Kontaktstelle bei der zuständigen Behörde, an die Anfragen zum Antrag oder zur Hinterlegung gerichtet werden können.

(2) *[1]* Wenn der Prospektentwurf nicht den Standards der Vollständigkeit, Verständlichkeit und Kohärenz entspricht und damit die für die Billigung erforderlichen Voraussetzungen nicht erfüllt oder Änderungen oder zusätzliche Angaben notwendig sind, teilen die zuständigen Behörden dies dem Emittenten, Anbieter oder der die Zulassung zum Handel an einem geregelten Markt beantragenden Person auf elektronischem Wege schriftlich mit.

*[2]* ¹Wenn das in Artikel 9 Absatz 2 Unterabsatz 2 der Verordnung (EU) 2017/1129 genannte einheitliche Registrierungsformular oder eine Änderung daran nicht den Standards der Vollständigkeit, Verständlichkeit und Kohärenz entspricht oder Änderungen oder zusätzliche Angaben notwendig sind, teilen die zuständigen Behörden dies dem Emittenten auf elektronischem Wege schriftlich mit. ²Ist dieser Mangel nach Artikel 9 Absatz 9 Unterabsatz 3 der Verordnung (EU) 2017/1129 unverzüglich zu beheben, teilt die zuständige Behörde dies dem Emittenten mit.

(3) Die zuständige Behörde teilt dem Emittenten, dem Anbieter oder der die Zulassung zum Handel an einem geregelten Markt beantragenden Person ihre Entscheidung bezüglich der Billigung des Prospektentwurfs so schnell wie möglich, spätestens aber bis zum Geschäftssschluss des Tages, an dem diese Entscheidung gefällt wird, auf elektronischem Wege schriftlich mit.

## Kapitel VI. Schlussbestimmungen

**Art. 46 Aufhebung.** Die Verordnung (EG) Nr. 809/2004 wird aufgehoben.

---

[1]) Nr. 6.

**Art. 46a Im Zeitraum 21. Juli 2019 bis 16. September 2020 gebilligte Prospekte.** Prospekte, die im Zeitraum 21. Juli 2019 bis 16. September 2020 gebilligt wurden, behalten ihre Gültigkeit bis zum Ende ihrer Geltungsdauer.

**Art. 47 Inkrafttreten und Anwendung.** [1] Diese Verordnung tritt am zwanzigsten Tag nach ihrer Veröffentlichung im *Amtsblatt der Europäischen Union in Kraft.* [2] Sie gilt ab dem 21. Juli 2019.

Diese Verordnung ist in allen ihren Teilen verbindlich und gilt unmittelbar in jedem Mitgliedstaat.

Brüssel, den 14. März 2019

### Anhang I.
### Registrierungsformular für Divendendenwerte

| | |
|---|---|
| ABSCHNITT 1 | VERANTWORTLICHE PERSONEN, ANGABEN VON SEITEN DRITTER, SACHVERSTÄNDIGENBERICHTE UND BILLIGUNG DURCH DIE ZUSTÄNDIGE BEHÖRDE |
| Punkt 1.1 | Nennung aller Personen, die für die Angaben im Registrierungsformular bzw. für bestimmte Teile der Angaben verantwortlich sind. Im letzteren Fall sind die entsprechenden Teile anzugeben. Handelt es sich um natürliche Personen, zu denen auch Mitglieder des Verwaltungs-, Leitungs- oder Aufsichtsorgans des Emittenten gehören, sind Name und Funktion dieser Person zu nennen. Bei juristischen Personen sind Name und eingetragener Sitz der Gesellschaft anzugeben. |
| Punkt 1.2 | Erklärung der für das Registrierungsformular verantwortlichen Personen, dass die Angaben im Registrierungsformular ihres Wissens nach richtig sind und dass das Registrierungsformular keine Auslassungen enthält, die die Aussage verzerren könnten.<br><br>Gegebenenfalls Erklärung der für bestimmte Abschnitte des Registrierungsformulars verantwortlichen Personen, dass die in den Teilen des Registrierungsformulars genannten Angaben, für die sie verantwortlich sind, ihres Wissens nach richtig sind und dass diese Teile des Registrierungsformulars keine Auslassungen beinhalten, die die Aussage verzerren könnten. |
| Punkt 1.3 | Wird in das Registrierungsformular eine Erklärung oder ein Bericht einer Person aufgenommen, die als Sachverständiger handelt, so sind folgende Angaben zu dieser Person zu machen:<br>a) Name,<br>b) Geschäftsadresse,<br>c) Qualifikationen,<br>d) das wesentliche Interesse am Emittenten, falls vorhanden.<br><br>Wurde die Erklärung oder der Bericht auf Ersuchen des Emittenten erstellt, ist anzugeben, dass diese Erklärung oder dieser Bericht mit Zustimmung der Person, die den Inhalt dieses Teils des Registrierungsformulars für die Zwecke des Prospekts gebilligt hat, aufgenommen wurde. |
| Punkt 1.4 | Wurden Angaben vonseiten Dritter übernommen, ist zu bestätigen, dass diese Angaben korrekt wiedergegeben wurden und nach Wissen des Emittenten und soweit für ihn aus den von diesem Dritten veröffentlichten Angaben ersichtlich, nicht durch Auslassungen unkorrekt oder irreführend gestaltet wurden. Darüber hinaus hat der Emittent die Quelle(n) der Angaben zu nennen. |
| Punkt 1.5 | Eine Erklärung, dass |

| | |
|---|---|
| | a) [das Registrierungsformular/der Prospekt] durch [Bezeichnung der zuständigen Behörde] als zuständiger Behörde gemäß Verordnung (EU) 2017/1129[1]) gebilligt wurde, <br> b) die [Bezeichnung der zuständigen Behörde] [dieses Registrierungsformular/ diesen Prospekt] nur bezüglich der Standards der Vollständigkeit, Verständlichkeit und Kohärenz gemäß der Verordnung (EU) 2017/1129[1]) billigt, <br> c) eine solche Billigung nicht als eine Befürwortung des Emittenten, der Gegenstand [dieses Registrierungsformulars/dieses Prospekts] ist, erachtet werden sollte. |
| ABSCHNITT 2 | ABSCHLUSSPRÜFER |
| Punkt 2.1 | Name und Anschrift der Abschlussprüfer des Emittenten, die für den von den historischen Finanzinformationen abgedeckten Zeitraum zuständig waren (einschließlich ihrer Mitgliedschaft in einer Berufsvereinigung). |
| Punkt 2.2 | Wurden Abschlussprüfer während des von den historischen Finanzinformationen abgedeckten Zeitraums abberufen, nicht wieder bestellt oder haben sie ihr Mandat selbst niedergelegt, so sind entsprechende Einzelheiten anzugeben, wenn sie von wesentlicher Bedeutung sind. |
| ABSCHNITT 3 | RISIKOFAKTOREN |
| Punkt 3.1 | Eine Beschreibung der wesentlichen Risiken, die dem Emittenten eigen sind, in einer begrenzten Anzahl an Kategorien in einer Rubrik mit der Überschrift „Risikofaktoren". <br> In jeder Kategorie werden die gemäß der Bewertung durch den Emittenten, Anbieter oder die die Zulassung zum Handel an einem geregelten Markt beantragenden Person wesentlichsten Risiken, unter Berücksichtigung der negativen Auswirkungen auf den Emittenten und der Wahrscheinlichkeit ihres Eintretens, zuerst angeführt. Die Risiken werden durch den Inhalt des Registrierungsformulars bestätigt. |
| ABSCHNITT 4 | ANGABEN ZUM EMITTENTEN |
| Punkt 4.1 | Gesetzliche und kommerzielle Bezeichnung des Emittenten. |
| Punkt 4.2 | Ort der Registrierung des Emittenten, seine Registrierungsnummer und Rechtsträgerkennung (LEI). |
| Punkt 4.3 | Datum der Gründung der Gesellschaft und Existenzdauer des Emittenten, soweit diese nicht unbefristet ist. |
| Punkt 4.4 | Sitz und Rechtsform des Emittenten, Rechtsordnung, unter der er tätig ist, Land der Gründung der Gesellschaft; Anschrift und Telefonnummer seines eingetragenen Sitzes (oder Hauptort der Geschäftstätigkeit, falls nicht mit dem eingetragenen Sitz identisch), etwaige Website des Emittenten mit einer Erklärung, dass die Angaben auf der Website nicht Teil des Prospekts sind, sofern diese Angaben nicht mittels Verweises in den Prospekt aufgenommen wurden. |
| ABSCHNITT 5 | ÜBERBLICK ÜBER DIE GESCHÄFTSTÄTIGKEIT |
| Punkt 5.1 | Haupttätigkeitsbereiche |
| Punkt 5.1.1 | Beschreibung der Wesensart der Geschäfte des Emittenten und seiner Haupttätigkeiten (sowie der damit im Zusammenhang stehenden Schlüsselfaktoren) unter Angabe der wichtigsten Arten der vertriebenen Produkte und/oder erbrachten Dienstleistungen, und zwar für jedes Geschäftsjahr innerhalb des Zeitraums, der von den historischen Finanzinformationen abgedeckt wird; |
| Punkt 5.1.2 | Angabe etwaiger wichtiger neuer Produkte und/oder Dienstleistungen, die eingeführt wurden, und – in dem Maße, wie die Entwicklung neuer Produkte oder Dienstleistungen offengelegt wurde – Angabe des Stands ihrer Entwicklung. |
| Punkt 5.2 | Wichtigste Märkte <br> Beschreibung der wichtigsten Märkte, auf denen der Emittent tätig ist, einschließlich einer Aufschlüsselung der Gesamtumsatzerträge nach Geschäftssegment und geografischem Markt für jedes Geschäftsjahr innerhalb des Zeitraums, der von den historischen Finanzinformationen abgedeckt wird. |

---

[1]) Nr. **6**.

| | |
|---|---|
| Punkt 5.3 | Wichtige Ereignisse in der Entwicklung der Geschäftstätigkeit des Emittenten. |
| Punkt 5.4 | Strategie und Ziele |
| | Beschreibung der Geschäftsstrategie und -ziele des Emittenten, sowohl in finanzieller als auch in einer etwaigen nichtfinanziellen Hinsicht. In dieser Beschreibung sind auch die zukünftigen Herausforderungen und die Aussichten des Emittenten zu berücksichtigen. |
| Punkt 5.5 | Kurze Angaben über die etwaige Abhängigkeit des Emittenten in Bezug auf Patente und Lizenzen, Industrie-, Handels- oder Finanzierungsverträge oder neue Herstellungsverfahren, wenn diese Faktoren von wesentlicher Bedeutung für die Geschäftstätigkeit oder die Rentabilität des Emittenten sind. |
| Punkt 5.6 | Grundlage für etwaige Angaben des Emittenten zu seiner Wettbewerbsposition. |
| Punkt 5.7 | Investitionen |
| Punkt 5.7.1 | Beschreibung (einschließlich des Betrages) der wesentlichen Investitionen des Emittenten für jedes Geschäftsjahr, und zwar für den Zeitraum, der von den historischen Finanzinformationen abgedeckt wird, bis zum Datum des Registrierungsformulars. |
| Punkt 5.7.2 | Beschreibung aller wesentlichen laufenden oder bereits fest beschlossenen Investitionen des Emittenten, einschließlich ihrer geografischen Verteilung (Inland und Ausland) und der Finanzierungsmethode (Eigen- oder Fremdfinanzierung). |
| Punkt 5.7.3 | Beizubringen sind Angaben über Gemeinschaftsunternehmen und Unternehmen, an denen der Emittent einen Teil des Eigenkapitals hält, dem bei der Bewertung seiner eigenen Vermögens-, Finanz- und Ertragslage voraussichtlich eine erhebliche Bedeutung zukommt. |
| Punkt 5.7.4 | Beschreibung etwaiger Umweltfragen, die die Verwendung der Sachanlagen durch den Emittenten beeinflussen könnten. |
| ABSCHNITT 6 | ORGANISATIONSSTRUKTUR |
| Punkt 6.1 | Ist der Emittent Teil einer Gruppe, kurze Beschreibung der Gruppe und der Stellung des Emittenten innerhalb dieser Gruppe. Dies kann in Form oder unter Beifügung eines Diagramms der Organisationsstruktur erfolgen, sofern dies zur Darstellung der Struktur hilfreich ist. |
| Punkt 6.2 | Auflistung der wichtigsten Tochtergesellschaften des Emittenten, einschließlich Name, Land der Gründung oder des Sitzes, Anteil an gehaltenen Beteiligungsrechten und – falls nicht identisch – Anteil der gehaltenen Stimmrechte. |
| ABSCHNITT 7 | ANGABEN ZUR GESCHÄFTS- UND FINANZLAGE |
| Punkt 7.1 | Finanzlage |
| Punkt 7.1.1 | Sofern nicht an anderer Stelle im Registrierungsformular vermerkt und sofern für das Verständnis der Geschäftstätigkeit des Emittenten insgesamt erforderlich, ein die tatsächlichen Verhältnisse wiedergebender Bericht über den Geschäftsverlauf und das Geschäftsergebnis sowie über die Stellung des Emittenten für jedes Jahr und jeden Zwischenzeitraum, für den historische Finanzinformationen verlangt werden, einschließlich der Ursachen wesentlicher Veränderungen. Der Bericht besteht aus einer ausgewogenen und umfassenden Analyse des Geschäftsverlaufs und des Geschäftsergebnisses sowie der Stellung des Emittenten und entspricht dem Umfang und der Komplexität der Geschäftstätigkeit. Soweit für das Verständnis des Geschäftsverlaufs, des Geschäftsergebnisses oder der Stellung des Emittenten nötig, umfasst die Analyse sowohl wesentliche finanzielle als auch, sofern angemessen, wesentliche nichtfinanzielle Leistungsindikatoren, die für das spezielle Unternehmen relevant sind. Die Analyse umfasst, sofern angemessen, Verweise auf im Jahresabschluss ausgewiesene Beträge und weitere Erläuterungen dazu. |
| Punkt 7.1.2 | Sofern nicht an anderer Stelle im Registrierungsformular vermerkt und sofern für das Verständnis der Geschäftstätigkeit des Emittenten insgesamt erforderlich, gibt der Bericht auch Aufschluss über:<br>a) die wahrscheinliche zukünftige Entwicklung des Emittenten;<br>b) Aktivitäten im Bereich Forschung und Entwicklung. |

|  |  |
|---|---|
|  | Den unter Punkt 7.1 genannten Anforderungen kann durch die Aufnahme des in den Artikeln 19 und 29 der Richtlinie 2013/34/EU des Europäischen Parlaments und des Rates[1]) genannten Lageberichts entsprochen werden. |
| Punkt 7.2 | Betriebsergebnis |
| Punkt 7.2.1 | Angaben zu wichtigen Faktoren, einschließlich ungewöhnlicher oder seltener Vorfälle oder neuer Entwicklungen, die die Geschäftserträge des Emittenten wesentlich beeinträchtigen, und über das Ausmaß, in dem die Erträge auf diese Weise beeinflusst wurden. |
| Punkt 7.2.2 | Falls die historischen Finanzinformationen wesentliche Veränderungen bei den Nettoumsätzen oder den Nettoerträgen ausweisen, sind die Gründe für diese Veränderungen in einer ausführlichen Erläuterung darzulegen. |
| ABSCHNITT 8 | EIGENKAPITALAUSSTATTUNG |
| Punkt 8.1 | Angaben über die Eigenkapitalausstattung des Emittenten (sowohl kurz- als auch langfristig). |
| Punkt 8.2 | Erläuterung der Quellen und der Beträge des Kapitalflusses des Emittenten und eine ausführliche Darstellung dieser Posten. |
| Punkt 8.3 | Angaben über den Fremdfinanzierungsbedarf und die Finanzierungsstruktur des Emittenten. |
| Punkt 8.4 | Angaben zu jeglichen Beschränkungen des Rückgriffs auf die Eigenkapitalausstattung, die die Geschäfte des Emittenten direkt oder indirekt wesentlich beeinträchtigt haben oder beeinträchtigen könnten. |
| Punkt 8.5 | Angaben über voraussichtliche Quellen für Finanzierungsmittel, die zur Erfüllung der in 5.7.2 genannten Verpflichtungen erforderlich sind. |
| ABSCHNITT 9 | REGELUNGSUMFELD |
| Punkt 9.1 | Beschreibung des Regelungsumfelds, in dem der Emittent tätig ist und das seine Geschäfte wesentlich beeinträchtigen könnte, sowie Angaben zu staatlichen, wirtschaftlichen, steuerlichen, monetären oder politischen Strategien oder Faktoren, die die Geschäfte des Emittenten direkt oder indirekt wesentlich beeinträchtigt haben oder beeinträchtigen könnten. |
| ABSCHNITT 10 | TRENDINFORMATIONEN |
| Punkt 10.1 | Eine Beschreibung<br>a) der wichtigsten aktuellen Trends bei Produktion, Umsatz und Vorräten sowie bei Kosten und Verkaufspreisen zwischen dem Ende des letzten Geschäftsjahres und dem Datum des Registrierungsformulars;<br>b) jeder wesentlichen Änderung der Finanz- und Ertragslage der Gruppe seit dem Ende des letzten Berichtszeitraums, für den bis zum Datum des Registrierungsformulars Finanzinformationen veröffentlicht wurden. Ansonsten ist eine negative Erklärung abzugeben. |
| Punkt 10.2 | Angabe aller bekannten Trends, Unsicherheiten, Anfragen, Verpflichtungen oder Vorfälle, die die Aussichten des Emittenten nach vernünftigem Ermessen zumindest im laufenden Geschäftsjahr wesentlich beeinflussen werden. |
| ABSCHNITT 11 | GEWINNPROGNOSEN ODER -SCHÄTZUNGEN |
| Punkt 11.1 | Hat ein Emittent eine (noch ausstehende und gültige) Gewinnprognose oder -schätzung veröffentlicht, ist diese Prognose oder Schätzung in das Registrierungsformular aufzunehmen. Wurde eine Gewinnprognose oder -schätzung veröffentlicht und ist diese noch ausstehend, jedoch nicht mehr gültig, ist eine entsprechende Erklärung abzugeben und ist darzulegen, warum eine solche Prognose oder Schätzung nicht mehr gültig ist. Eine solche ungültige Prognose oder Schätzung unterliegt nicht den unter den Punkten 11.2 und 11.3 genannten Anforderungen. |

---

[1]) **Amtl. Anm.:** Richtlinie 2013/34/EU des Europäischen Parlaments und des Rates vom 26. Juni 2013 über den Jahresabschluss, den konsolidierten Abschluss und damit verbundene Berichte von Unternehmen bestimmter Rechtsformen und zur Änderung der Richtlinie 2006/43/EG des Europäischen Parlaments und des Rates und zur Aufhebung der Richtlinien 78/660/EWG und 83/349/EWG des Rates (ABl. L 182 vom 29.6.2013, S. 19).

# Anh. I VO (EU) 2019/980 6b

| | |
|---|---|
| Punkt 11.2 | Nimmt ein Emittent eine neue Gewinnprognose oder -schätzung oder eine bereits einmal veröffentlichte Gewinnprognose oder -schätzung gemäß Punkt 11.1 auf, hat die Gewinnprognose oder -schätzung klar und unmissverständlich zu sein und sie hat eine Erläuterung der wichtigsten Annahmen, auf die der Emittent seine Prognose oder Schätzung gestützt hat, zu umfassen.<br>Die Prognose oder Schätzung entspricht den folgenden Grundsätzen:<br>a) Bei den Annahmen sollte klar zwischen jenen unterschieden werden, die Faktoren betreffen, die die Mitglieder des Verwaltungs-, Leitungs- oder Aufsichtsorgans beeinflussen können, und Annahmen in Bezug auf Faktoren, die klar außerhalb des Einflussbereiches der Mitglieder des Verwaltungs-, Leitungs- oder Aufsichtsorgans liegen.<br>b) Die Annahmen müssen plausibel, für die Anleger leicht verständlich, spezifisch sowie präzise sein und dürfen nicht der üblichen Exaktheit der Schätzungen entsprechen, die der Prognose zugrunde liegen.<br>c) Die im Rahmen einer Prognose getroffenen Annahmen lenken die Aufmerksamkeit des Anlegers auf jene Unsicherheitsfaktoren, die das Ergebnis der Prognose wesentlich verändern könnten. |
| Punkt 11.3 | Der Prospekt enthält eine Erklärung, dass die Gewinnprognose oder -schätzung folgende zwei Kriterien erfüllt:<br>a) Vergleichbarkeit mit den historischen Finanzinformationen,<br>b) Konsistenz mit den Rechnungslegungsmethoden des Emittenten. |
| ABSCHNITT 12 | VERWALTUNGS-, LEITUNGS- UND AUFSICHTSORGAN UND OBERES MANAGEMENT |
| Punkt 12.1 | Name und Geschäftsanschrift folgender Personen sowie Angabe ihrer Stellung beim Emittenten und der wichtigsten Tätigkeiten, die sie neben der Tätigkeit beim Emittenten ausüben, sofern diese für den Emittenten von Bedeutung sind:<br>a) Mitglieder des Verwaltungs-, Leitungs- oder Aufsichtsorgans;<br>b) persönlich haftende Gesellschafter bei einer Kommanditgesellschaft auf Aktien;<br>c) Gründer, wenn es sich um eine Gesellschaft handelt, die seit weniger als fünf Jahren besteht;<br>d) sämtliche Mitglieder des oberen Managements, die für die Feststellung relevant sind, ob der Emittent über die für die Führung der Geschäfte erforderliche Kompetenz und Erfahrung verfügt.<br><br>Art einer etwaigen verwandtschaftlichen Beziehung zwischen den unter den Buchstaben a bis d genannten Personen.<br><br>Für jedes Mitglied des Verwaltungs-, Leitungs- oder Aufsichtsorgans des Emittenten und für jede der in Unterabsatz 1 Buchstaben b und d genannten Personen detaillierte Angabe der einschlägigen Managementkompetenz und -erfahrung sowie folgende Angaben:<br>a) Namen sämtlicher Unternehmen und Gesellschaften, bei denen die besagte Person während der letzten fünf Jahre Mitglied des Verwaltungs-, Leitungs- oder Aufsichtsorgans bzw. Partner war, unter Angabe der Tatsache, ob die Mitgliedschaft in diesen Organen oder als Partner weiter fortbesteht. Es ist nicht erforderlich, sämtliche Tochtergesellschaften des Emittenten aufzulisten, bei denen die betreffende Person ebenfalls Mitglied des Verwaltungs-, Leitungs- oder Aufsichtsorgans ist;<br>b) detaillierte Angaben zu etwaigen Schuldsprüchen in Bezug auf betrügerische Straftaten während zumindest der letzten fünf Jahre;<br>c) detaillierte Angaben über etwaige Insolvenzen, Insolvenzverwaltungen, Liquidationen oder unter Zwangsverwaltung gestellte Unternehmen in Zusammenhang mit den in Unterabsatz 1 Buchstaben a und d genannten Personen, die in diesen Funktionen zumindest in den vergangenen fünf Jahren tätig waren;<br>d) detaillierte Angaben zu etwaigen öffentlichen Anschuldigungen und/oder Sanktionen in Bezug auf die genannten Personen vonseiten der gesetzlichen Behörden oder der Regulierungsbehörden (einschließlich bestimmter Berufsverbände) und eventuell Angabe des Umstands, ob diese Personen jemals von einem Gericht für die Mitgliedschaft im Verwaltungs-, Leitungs- oder Aufsichtsorgan eines Emittenten oder für die Tätigkeit im Management oder die |

| | |
|---|---|
| | Führung der Geschäfte eines Emittenten während zumindest der letzten fünf Jahre als untauglich angesehen wurden. |
| | Liegen keine der genannten Umstände vor, ist eine entsprechende Erklärung abzugeben. |
| Punkt 12.2 | Verwaltungs-, Leitungs- und Aufsichtsorgan und oberes Management – Interessenkonflikte |
| | Potenzielle Interessenkonflikte zwischen den Verpflichtungen der unter Punkt 12.1 genannten Personen gegenüber dem Emittenten und ihren privaten Interessen oder sonstigen Verpflichtungen müssen klar angegeben werden. Falls keine derartigen Konflikte bestehen, ist eine entsprechende Erklärung abzugeben. |
| | Ferner ist jegliche Vereinbarung oder Abmachung mit den Hauptaktionären, Kunden, Lieferanten oder sonstigen Personen zu nennen, aufgrund deren eine unter Punkt 12.1 genannte Person zum Mitglied eines Verwaltungs-, Leitungs- oder Aufsichtsorgans bzw. zum Mitglied des oberen Managements bestellt wurde. |
| | Zudem sind die Einzelheiten aller Veräußerungsbeschränkungen anzugeben, die die unter Punkt 12.1 genannten Personen für die von ihnen gehaltenen Wertpapiere des Emittenten für einen bestimmten Zeitraum vereinbart haben. |
| ABSCHNITT 13 | VERGÜTUNGEN UND SONSTIGE LEISTUNGEN |
| | Für das letzte abgeschlossene Geschäftsjahr sind für die in Punkt 12.1 Unterabsatz 1 unter Buchstaben a und d genannten Personen folgende Angaben zu machen: |
| Punkt 13.1 | Betrag der Vergütungen (einschließlich etwaiger erfolgsgebundener oder nachträglicher Vergütungen) und Sachleistungen, die diesen Personen vom Emittenten und seinen Tochterunternehmen für Dienstleistungen gezahlt oder gewährt wurden, die für den Emittenten oder seine Tochtergesellschaften von jeglicher Person in jeglicher Funktion erbracht wurden. |
| | Diese Angaben sind auf Einzelfallbasis beizubringen, es sei denn, eine individuelle Offenlegung ist im Herkunftsland des Emittenten nicht erforderlich und wird vom Emittenten nicht auf eine andere Art und Weise öffentlich vorgenommen. |
| Punkt 13.2 | Gesamthöhe der vom Emittenten oder seinen Tochtergesellschaften gebildeten Reserven oder Rückstellungen für Pensions- und Rentenzahlungen oder ähnliche Leistungen. |
| ABSCHNITT 14 | PRAKTIKEN DES LEITUNGSORGANS |
| | Für das letzte abgeschlossene Geschäftsjahr des Emittenten sind – sofern nichts anderes angegeben ist – in Bezug auf die unter Punkt 12.1 Unterabsatz 1 Buchstabe a genannten Personen folgende Angaben vorzulegen: |
| Punkt 14.1 | Ggf. Ende der laufenden Mandatsperiode und Zeitraum, während dessen die betreffende Person ihre Aufgabe wahrgenommen hat. |
| Punkt 14.2 | Angaben über die Dienstleistungsverträge, die zwischen den Mitgliedern des Verwaltungs-, Leitungs- oder Aufsichtsorgans und dem Emittenten bzw. seinen Tochtergesellschaften geschlossen wurden und die bei Beendigung des Dienstleistungsverhältnisses Vergünstigungen vorsehen. Falls keine derartigen Vergünstigungen vorgesehen sind, ist eine entsprechende Erklärung abzugeben. |
| Punkt 14.3 | Angaben zum Audit-Ausschuss und zum Vergütungsausschuss des Emittenten, einschließlich der Namen der Ausschussmitglieder und einer Zusammenfassung der Satzung des Ausschusses. |
| Punkt 14.4 | Erklärung, ob der Emittent der/den auf ihn anwendbaren Corporate-Governance-Regelung(en) genügt. Sollte der Emittent einer solchen Regelung nicht folgen, ist eine entsprechende Erklärung zusammen mit einer Erläuterung aufzunehmen, aus der hervorgeht, warum der Emittent dieser Regelung nicht Folge leistet. |
| Punkt 14.5 | Potenzielle wesentliche Auswirkungen auf die Unternehmensführung einschließlich zukünftiger Änderungen in der Zusammensetzung des Leitungsorgans und von Ausschüssen (sofern dies durch das Leitungsorgan und/oder in der Hauptversammlung schon beschlossen wurde). |
| ABSCHNITT 15 | BESCHÄFTIGTE |
| Punkt 15.1 | Entweder Angabe der Zahl der Beschäftigten zum Ende des Berichtzeitraums oder Angabe des Durchschnitts für jedes Geschäftsjahr in dem Zeitraum, auf den |

| | |
|---|---|
| | sich die historischen Finanzinformationen beziehen, bis zum Datum der Erstellung des Registrierungsformulars (und Angabe etwaiger wesentlicher Veränderungen bei diesen Zahlen). Sofern möglich und wesentlich, Aufschlüsselung der beschäftigten Personen nach Haupttätigkeitskategorie und Ort der Tätigkeit. Beschäftigt der Emittent eine erhebliche Zahl von Zeitarbeitskräften, ist die durchschnittliche Zahl dieser Zeitarbeitskräfte während des letzten Geschäftsjahrs anzugeben. |
| Punkt 15.2 | Aktienbesitz und Aktienoptionen<br>In Bezug auf die in Punkt 12.1 Unterabsatz 1 unter Buchstaben a und d genannten Personen sind so aktuelle Angaben wie möglich über ihren Aktienbesitz und etwaige Optionen auf Aktien des Emittenten beizubringen. |
| Punkt 15.3 | Beschreibung etwaiger Vereinbarungen über eine Beteiligung der Beschäftigten am Kapital des Emittenten. |
| ABSCHNITT 16 | HAUPTAKTIONÄRE |
| Punkt 16.1 | Soweit dem Emittenten bekannt, Angabe jeglicher Person, die nicht Mitglied des Verwaltungs-, Leitungs- oder Aufsichtsorgans ist und die direkt oder indirekt eine Beteiligung am Eigenkapital des Emittenten oder den entsprechenden Stimmrechten hält, die nach nationalem Recht zu melden ist, einschließlich der Höhe der Beteiligung dieser Person zum Datum des Registrierungsformulars. Falls eine solche Person nicht existiert, ist eine entsprechende Erklärung abzugeben. |
| Punkt 16.2 | Angabe, ob die Hauptaktionäre des Emittenten unterschiedliche Stimmrechte haben. Falls solche Stimmrechte nicht bestehen, ist eine entsprechende Erklärung abzugeben. |
| Punkt 16.3 | Soweit dem Emittenten bekannt, Angabe, ob an dem Emittenten unmittelbare oder mittelbare Beteiligungen oder Beherrschungsverhältnisse bestehen und wer diese Beteiligungen hält bzw. diese Beherrschung ausübt. Beschreibung der Art und Weise einer derartigen Beherrschung und der vorhandenen Maßnahmen zur Verhinderung des Missbrauchs einer solchen Beherrschung. |
| Punkt 16.4 | Sofern dem Emittenten bekannt, Beschreibung etwaiger Vereinbarungen, deren Ausübung zu einem späteren Zeitpunkt zu einer Änderung in der Beherrschung des Emittenten führen könnte. |
| ABSCHNITT 17 | GESCHÄFTE MIT VERBUNDENEN PARTEIEN |
| Punkt 17.1 | Anzugeben sind Einzelheiten zu Geschäften mit verbundenen Parteien (die in diesem Sinne diejenigen sind, die in den Standards dargelegt werden, die im Einklang mit der Verordnung (EG) Nr. 1606/2002 des Europäischen Parlaments und des Rates angenommen wurden[1]), die der Emittent während des Zeitraums abgeschlossen hat, der von den historischen Finanzinformationen abgedeckt wird, bis zum Datum der Erstellung des Registrierungsformulars. Dies hat in Übereinstimmung mit dem jeweiligen Standard zu erfolgen, der mit der Verordnung (EG) Nr. 1606/2002 eingeführt wurde (falls anwendbar).<br>Finden diese Standards auf den Emittenten keine Anwendung, sollten die folgenden Angaben offengelegt werden:<br>a) Art und Umfang der Geschäfte, die als einzelnes Geschäft oder insgesamt für den Emittenten von wesentlicher Bedeutung sind. Erfolgt der Abschluss derartiger Geschäfte mit verbundenen Parteien nicht auf marktkonforme Weise, ist zu erläutern, weshalb. Im Falle ausstehender Darlehen einschließlich Garantien jeglicher Art ist der ausstehende Betrag anzugeben;<br>b) Betrag oder Prozentsatz, zu dem die Geschäfte mit verbundenen Parteien Bestandteil des Umsatzes des Unternehmens sind. |
| ABSCHNITT 18 | FINANZINFORMATIONEN ÜBER DIE VERMÖGENS-, FINANZ- UND ERTRAGSLAGE DES EMITTENTEN |
| Punkt 18.1 | Historische Finanzinformationen |

---

[1] **Amtl. Anm.:** Verordnung (EG) Nr. 1606/2002 des Europäischen Parlaments und des Rates vom 19. Juli 2002 betreffend die Anwendung internationaler Rechnungslegungsstandards (ABl. L 243 vom 11.9.2002, S. 1).

| | |
|---|---|
| Punkt 18.1.1 | Aufzunehmen sind hier die geprüften historischen Finanzinformationen, die die letzten drei Geschäftsjahre abdecken (bzw. einen entsprechenden kürzeren Zeitraum, während dessen der Emittent tätig war), sowie ein Bestätigungsvermerk des Abschlussprüfers für jedes Geschäftsjahr. |
| Punkt 18.1.2 | Änderung des Bilanzstichtages<br>Hat der Emittent in der Zeit, für die historische Finanzinformationen beizubringen sind, seinen Bilanzstichtag geändert, so decken die geprüften historischen Finanzinformationen mindestens 36 Monate oder – sollte der Emittent seiner Geschäftstätigkeit noch keine 36 Monate nachgegangen sein – den gesamten Zeitraum seiner Geschäftstätigkeit ab. |
| Punkt 18.1.3 | Rechnungslegungsstandards<br>Die Finanzinformationen sind gemäß der internationalen Rechnungslegungsstandards, wie sie gemäß Verordnung (EG) Nr. 1606/2002 in der Union anzuwenden sind, zu erstellen.<br>Falls die Verordnung (EG) Nr. 1606/2002 nicht anwendbar ist, sind die Finanzinformationen entsprechend folgender Standards zu erstellen:<br>a) den nationalen Rechnungslegungsstandards eines Mitgliedstaats bei Emittenten aus dem EWR, wie nach Richtlinie 2013/34/EU gefordert;<br>b) den nationalen Rechnungslegungsstandards eines Drittlandes, die denen der Verordnung (EG) Nr. 1606/2002 gleichwertig sind, bei Emittenten aus Drittländern. Wenn solche Rechnungslegungsstandards eines Drittlandes jenen der Verordnung (EG) Nr. 1606/2002 nicht gleichwertig sind, sind die Abschlüsse in Übereinstimmung mit dieser Verordnung neu zu erstellen. |
| Punkt 18.1.4 | Änderung des Rechnungslegungsrahmens<br>Die letzten geprüften historischen Finanzinformationen, die Vergleichsinformationen für das vorangegangene Jahr enthalten, müssen in einer Form dargestellt und erstellt werden, die mit den Rechnungslegungsstandards konsistent ist, gemäß denen der folgende Jahresabschluss des Emittenten erscheint, wobei die Rechnungslegungsstandards und -strategien sowie die Rechtsvorschriften zu berücksichtigen sind, die auf derlei Jahresabschlüsse Anwendung finden.<br>Änderungen innerhalb des auf einen Emittenten anwendbaren Rechnungslegungsrahmens machen allein für die Zwecke des Prospekts keine Neuerstellung der geprüften Abschlüsse erforderlich. Beabsichtigt der Emittent jedoch die Anwendung neuer Rechnungslegungsstandards in seinem nächsten veröffentlichten Abschluss, muss zumindest ein vollständiger Abschluss (wie durch IAS 1 „Darstellung des Abschlusses" festgelegt und wie in Verordnung (EG) Nr. 1606/2002 angeführt) einschließlich Vergleichsinformationen in einer Form dargestellt werden, die mit konsistent ist, die im folgenden Jahresabschluss des Emittenten zur Anwendung gelangen wird, wobei die Rechnungslegungsstandards und -strategien sowie die Rechtsvorschriften zu berücksichtigen sind, die auf derlei Jahresabschlüsse Anwendung finden. |
| Punkt 18.1.5 | Wurden die geprüften Finanzinformationen gemäß nationaler Rechnungslegungsstandards erstellt, müssen diese zumindest Folgendes enthalten:<br>a) die Bilanz,<br>b) die Gewinn- und Verlustrechnung,<br>c) eine Übersicht, aus der entweder alle Veränderungen im Eigenkapital oder nur die Veränderungen im Eigenkapital hervorgehen, die sich nicht aus Eigenkapitaltransaktionen mit Eigenkapitalgebern oder Ausschüttungen an diese ergeben,<br>d) die Kapitalflussrechnung,<br>e) die Rechnungslegungsmethoden und erläuternde Anmerkungen. |
| Punkt 18.1.6 | Konsolidierte Abschlüsse<br>Erstellt der Emittent sowohl einen Einzelabschluss als auch einen konsolidierten Abschluss, so ist zumindest der konsolidierte Abschluss in das Registrierungsformular aufzunehmen. |
| Punkt 18.1.7 | Alter der Finanzinformationen<br>Der Bilanzstichtag des letzten Jahres geprüfter Finanzinformationen darf nicht länger zurückliegen als: |

| | |
|---|---|
| | a) 18 Monate ab dem Datum des Registrierungsformulars, wenn der Emittent geprüfte Zwischenabschlüsse in sein Registrierungsformular aufnimmt; oder<br>b) 16 Monate ab dem Datum des Registrierungsformulars, wenn der Emittent ungeprüfte Zwischenabschlüsse in sein Registrierungsformular aufnimmt. |
| Punkt 18.2 | Zwischenfinanzinformationen und sonstige Finanzinformationen |
| Punkt 18.2.1 | Hat der Emittent seit dem Datum des letzten geprüften Abschlusses vierteljährliche oder halbjährliche Finanzinformationen veröffentlicht, so sind diese in das Registrierungsformular aufzunehmen. Wurden diese vierteljährlichen oder halbjährlichen Finanzinformationen einer vollständigen Prüfung unterworfen, so sind die entsprechenden Vermerke ebenfalls aufzunehmen. Wurden die vierteljährlichen oder halbjährlichen Finanzinformationen keiner prüferischen Durchsicht oder Prüfung unterzogen, so ist dies anzugeben.<br>Wurde das Registrierungsformular mehr als neun Monate nach Ablauf des letzten geprüften Finanzjahres erstellt, muss es Zwischenfinanzinformationen enthalten, die u.U. keiner Prüfung unterzogen wurden (auf diesen Fall muss eindeutig hingewiesen werden) und die sich zumindest auf die ersten sechs Monate des Geschäftsjahres beziehen sollten.<br>Zwischenfinanzinformationen, erstellt entsprechend den Anforderungen der Verordnung (EG) Nr. 1606/2002.<br>Bei Emittenten, die nicht der Verordnung (EG) Nr. 1606/2002 unterliegen, müssen diese Zwischenfinanzinformationen einen Vergleich mit dem gleichen Zeitraum des letzten Geschäftsjahres beinhalten, es sei denn, diese Anforderung ist durch Vorlage der Bilanzdaten zum Jahresende entsprechend dem maßgebenden Regelwerk der Rechnungslegung erfüllt. |
| Punkt 18.3 | Prüfung der historischen jährlichen Finanzinformationen |
| Punkt 18.3.1 | Die historischen jährlichen Finanzinformationen müssen unabhängig geprüft worden sein. Der Bestätigungsvermerk des Abschlussprüfers wird in Übereinstimmung mit der Richtlinie 2006/43/EG des Europäischen Parlaments und des Rates [1]) und mit der Verordnung (EU) Nr. 537/2014 des Europäischen Parlaments und des Rates [2]) erstellt.<br>Sind die Richtlinie 2006/43/EG und die Verordnung (EU) Nr. 537/2014 nicht anwendbar, müssen die historischen jährlichen Finanzinformationen in Übereinstimmung mit den in dem jeweiligen Mitgliedstaat anwendbaren Prüfungsstandards oder gleichwertigen Grundsätzen geprüft worden sein, oder es muss für das Registrierungsformular vermerkt werden, ob sie in Übereinstimmung mit den in dem jeweiligen Mitgliedstaat anwendbaren Prüfungsstandards oder gleichwertigen Grundsätzen ein den tatsächlichen Verhältnissen entsprechendes Bild vermitteln. |
| Punkt 18.3.1a | Sofern Bestätigungsvermerke des Abschlussprüfers über die historischen Finanzinformationen von den Abschlussprüfern abgelehnt wurden beziehungsweise sofern sie Vorbehalte, Meinungsänderungen oder eine Hervorhebung eines Sachverhalts enthalten oder wenn sie eingeschränkt erteilt wurden, ist der Grund dafür anzugeben und sind diese Vorbehalte, Änderungen, die eingeschränkte Erteilung oder diese Hervorhebung eines Sachverhalts in vollem Umfang wiederzugeben. |
| Punkt 18.3.2 | Angabe sonstiger Informationen im Registrierungsformular, die von den Abschlussprüfern geprüft wurden. |

---

[1]) **Amtl. Anm.:** Richtlinie 2006/43/EG des Europäischen Parlaments und des Rates vom 17. Mai 2006 über Abschlussprüfungen von Jahresabschlüssen und konsolidierten Abschlüssen, zur Änderung der Richtlinien 78/660/EWG und 83/349/EWG des Rates und zur Aufhebung der Richtlinie 84/253/EWG des Rates (ABl. L 157 vom 9.6.2006, S. 87).
[2]) **Amtl. Anm.:** Verordnung (EU) Nr. 537/2014 des Europäischen Parlaments und des Rates vom 16. April 2014 über spezifische Anforderungen an die Abschlussprüfung bei Unternehmen von öffentlichem Interesse und zur Aufhebung des Beschlusses 2005/909/EG der Kommission (ABl. L 158 vom 27.5.2014, S. 77).

| | |
|---|---|
| Punkt 18.3.3 | Wurden die Finanzinformationen im Registrierungsformular nicht dem geprüften Jahresabschluss des Emittenten entnommen, so sind die Quelle dieser Informationen und die Tatsache anzugeben, dass die Informationen ungeprüft sind. |
| Punkt 18.4 | Pro-forma-Finanzinformationen |
| Punkt 18.4.1 | Im Falle einer bedeutenden Brutto-Veränderung ist zu beschreiben, wie die Transaktion ggf. die Aktiva und Passiva sowie die Erträge des Emittenten beeinflusst hätte, wenn sie zu Beginn des Berichtszeitraums oder zum Berichtszeitpunkt durchgeführt worden wäre. Dieser Anforderung wird normalerweise durch die Aufnahme von Pro-forma-Finanzinformationen Genüge getan. Diese Pro-forma-Finanzinformationen sind gemäß Anhang 20 zu erstellen und müssen die darin geforderten Angaben enthalten. Den Pro-forma-Finanzinformationen ist ein Vermerk beizufügen, der von unabhängigen Buchprüfern oder Abschlussprüfern erstellt wurde. |
| Punkt 18.5 | Dividendenpolitik |
| Punkt 18.5.1 | Beschreibung der Politik des Emittenten auf dem Gebiet der Dividendenausschüttungen und etwaiger diesbezüglicher Beschränkungen. Verfolgt der Emittent keine derartige Politik, ist eine negative Erklärung abzugeben. |
| Punkt 18.5.2 | Angabe des Betrags der Dividende pro Aktie für jedes Geschäftsjahr innerhalb des von den historischen Finanzinformationen abgedeckten Zeitraums. Wurde die Zahl der Aktien am Emittenten geändert, ist eine Bereinigung zu Vergleichszwecken vorzunehmen. |
| Punkt 18.6 | Gerichts- und Schiedsgerichtsverfahren |
| Punkt 18.6.1 | Angaben über etwaige staatliche Interventionen, Gerichts- oder Schiedsgerichtsverfahren (einschließlich derjenigen Verfahren, die nach Kenntnis des Emittenten noch anhängig sind oder eingeleitet werden könnten), die im Zeitraum der mindestens 12 letzten Monate stattfanden und die sich in jüngster Zeit erheblich auf die Finanzlage oder die Rentabilität des Emittenten und/oder der Gruppe ausgewirkt haben oder sich in Zukunft auswirken könnten. Ansonsten ist eine negative Erklärung abzugeben. |
| Punkt 18.7 | Wesentliche Veränderungen in der Finanzlage des Emittenten |
| Punkt 18.7.1 | Beschreibung jeder wesentlichen Veränderung in der Finanzlage der Gruppe, die seit dem Ende des Stichtags eingetreten ist, für den entweder geprüfte Abschlüsse oder Zwischenfinanzinformationen veröffentlicht wurden. Ansonsten ist eine negative Erklärung abzugeben. |
| ABSCHNITT 19 | WEITERE ANGABEN |
| Punkt 19.1 | Aktienkapital Angaben unter den Punkten 19.1.1 bis 19.1.7 in den historischen Finanzinformationen zum Stichtag der jüngsten Bilanz: |
| Punkt 19.1.1 | Höhe des ausgegebenen Kapitals und für jede Gattung des Aktienkapitals: a) der Gesamtbetrag des genehmigten Aktienkapitals des Emittenten; b) Zahl der ausgegebenen und voll eingezahlten Aktien und Zahl der ausgegebenen und nicht voll eingezahlten Aktien; c) Nennwert pro Aktie bzw. Meldung, dass die Aktien keinen Nennwert haben, und d) Abgleich zwischen der Zahl der ausstehenden Aktien zu Beginn und zum Ende des Geschäftsjahres. Wurde mehr als 10 % des Kapitals während des Zeitraums, auf den sich die historischen Finanzinformationen beziehen, mit anderen Aktiva als Barmitteln eingezahlt, so ist dies anzugeben. |
| Punkt 19.1.2 | Sollten Aktien vorhanden sein, die nicht Bestandteil des Eigenkapitals sind, so sind die Anzahl und die wesentlichen Merkmale dieser Aktien anzugeben. |
| Punkt 19.1.3 | Angabe der Anzahl, des Buchwertes sowie des Nennbetrags der Aktien, die Bestandteil des Eigenkapitals des Emittenten sind und die vom Emittenten selbst oder in seinem Namen oder von Tochtergesellschaften des Emittenten gehalten werden. |

| | |
|---|---|
| Punkt 19.1.4 | Angabe etwaiger wandelbarer Wertpapiere, umtauschbarer Wertpapiere oder etwaiger Wertpapieren mit Optionsscheinen, wobei die geltenden Bedingungen und Verfahren für die Wandlung, den Umtausch oder die Zeichnung darzulegen sind. |
| Punkt 19.1.5 | Angaben über eventuelle Akquisitionsrechte und deren Bedingungen und/oder über Verpflichtungen in Bezug auf genehmigtes, aber noch nicht ausgegebenes Kapital oder in Bezug auf eine Kapitalerhöhung. |
| Punkt 19.1.6 | Angaben, ob auf den Anteil eines Mitglieds der Gruppe ein Optionsrecht besteht oder ob bedingt oder bedingungslos vereinbart wurde, einen Anteil an ein Optionsrecht zu knüpfen, sowie Einzelheiten über solche Optionen, die auch jene Personen betreffen, die diese Optionsrechte erhalten haben. |
| Punkt 19.1.7 | Die Entwicklung des Aktienkapitals mit besonderer Hervorhebung der Angaben über etwaige Veränderungen, die während des von den historischen Finanzinformationen abgedeckten Zeitraums erfolgt sind. |
| Punkt 19.2 | Satzung und Statuten der Gesellschaft |
| Punkt 19.2.1 | Anzugeben sind das Register und ggf. die Nummer, unter der die Gesellschaft in das Register eingetragen ist, sowie eine kurze Beschreibung der Zielsetzungen des Emittenten und an welcher Stelle sie in der aktuellen Satzung und den aktuellen Statuten der Gesellschaft verankert sind. |
| Punkt 19.2.2 | Gibt es mehr als eine Gattung vorhandener Aktien, Beschreibung der Rechte, Vorrechte und Beschränkungen, die an jede Gattung gebunden sind. |
| Punkt 19.2.3 | Kurze Beschreibung etwaiger Bestimmungen der Satzung und der Statuten des Emittenten sowie der Gründungsurkunde oder sonstiger Satzungen, die u.U. eine Verzögerung, einen Aufschub oder sogar die Verhinderung eines Wechsels in der Kontrolle des Emittenten bewirken. |
| ABSCHNITT 20 | WESENTLICHE VERTRÄGE |
| Punkt 20.1 | Zusammenfassung jedes in den letzten beiden Jahren vor der Veröffentlichung des Registrierungsformulars abgeschlossenen wesentlichen Vertrags (bei denen es sich nicht um eine handelt, die im Rahmen der normalen Geschäftstätigkeit abgeschlossen wurden), bei dem der Emittent oder ein sonstiges Mitglied der Gruppe eine Vertragspartei ist. |
| | Zusammenfassung aller sonstigen zum Datum des Registrierungsformulars bestehenden Verträge (mit Ausnahme von Verträgen, die im Rahmen der normalen Geschäftstätigkeit abgeschlossen wurden), die von Mitgliedern der Gruppe abgeschlossen wurden und eine Bestimmung enthalten, der zufolge ein Mitglied der Gruppe eine Verpflichtung eingeht oder ein Recht erlangt, die bzw. das für die Gruppe von wesentlicher Bedeutung ist. |
| ABSCHNITT 21 | VERFÜGBARE DOKUMENTE |
| Punkt 21.1 | Abzugeben ist eine Erklärung, dass während der Gültigkeitsdauer des Registrierungsformulars ggf. die folgenden Dokumente eingesehen werden können:<br>a) die aktuelle Satzung und die aktuellen Statuten des Emittenten;<br>b) sämtliche Berichte, Schreiben und sonstigen Dokumente, Bewertungen und Erklärungen, die von einem Sachverständigen auf Ersuchen des Emittenten erstellt bzw. abgegeben wurden, sofern Teile davon in das Registrierungsformular eingeflossen sind oder in ihm darauf verwiesen wird. |
| | Die Website, auf der die Dokumente eingesehen werden können, ist anzugeben. |

## Anh. 2–29

*(hier nicht wiedergegeben)*

# 7. Gesetz über die Erstellung, Billigung und Veröffentlichung des Prospekts, der beim öffentlichen Angebot von Wertpapieren oder bei der Zulassung von Wertpapieren zum Handel an einem organisierten Markt zu veröffentlichen ist (Wertpapierprospektgesetz – WpPG) [1)2)]

Vom 22. Juni 2005
(BGBl. I S. 1698)

**FNA 4110-9**

zuletzt geänd. durch Art. 60 Zweites Datenschutz-Anpassungs- und Umsetzungsgesetz EU v. 20.11.2019 (BGBl. I S. 1626)

## Inhaltsübersicht

### Abschnitt 1. Anwendungsbereich und Begriffsbestimmungen

| | |
|---|---|
| § 1 | Anwendungsbereich |
| § 2 | Begriffsbestimmungen |

### Abschnitt 2. Ausnahmen von der Prospektpflicht und Regelungen zum Wertpapier-Informationsblatt

| | |
|---|---|
| § 3 | Ausnahmen von der Verpflichtung zur Veröffentlichung eines Prospekts |
| § 4 | Wertpapier-Informationsblatt; Verordnungsermächtigung |
| § 5 | Übermittlung des Wertpapier-Informationsblatts an die Bundesanstalt; Frist und Form der Veröffentlichung |
| § 6 | Einzelanlageschwellen für nicht qualifizierte Anleger |
| § 7 | Werbung für Angebote, für die ein Wertpapier-Informationsblatt zu veröffentlichen ist |

### Abschnitt 3. Prospekthaftung und Haftung bei Wertpapier-Informationsblättern

| | |
|---|---|
| § 8 | Prospektverantwortliche |
| § 9 | Haftung bei fehlerhaftem Börsenzulassungsprospekt |
| § 10 | Haftung bei sonstigem fehlerhaftem Prospekt |
| § 11 | Haftung bei fehlerhaftem Wertpapier-Informationsblatt |
| § 12 | Haftungsausschluss bei fehlerhaftem Prospekt |
| § 13 | Haftungsausschluss bei fehlerhaftem Wertpapier-Informationsblatt |
| § 14 | Haftung bei fehlendem Prospekt |
| § 15 | Haftung bei fehlendem Wertpapier-Informationsblatt |
| § 16 | Unwirksame Haftungsbeschränkung; sonstige Ansprüche |

### Abschnitt 4. Zuständige Behörde und Verfahren

| | |
|---|---|
| § 17 | Zuständige Behörde |
| § 18 | Befugnisse der Bundesanstalt |
| § 19 | Verschwiegenheitspflicht |
| § 20 | Sofortige Vollziehung |

### Abschnitt 5. Sonstige Vorschriften

| | |
|---|---|
| § 21 | Anerkannte Sprache |
| § 22 | Elektronische Einreichung, Aufbewahrung |
| § 23 | Gebühren und Auslagen |
| § 24 | Bußgeldvorschriften |
| § 25 | Maßnahmen bei Verstößen |

---

[1)] Verkündet als Art. 1 des Prospektrichtlinie-UmsetzungsG v. 22.6.2005 (BGBl. I S. 1698); Inkrafttreten gem. Art. 10 dieses G am 1.7.2005 mit Ausnahme des § 4 Abs. 3, des § 20 Abs. 3, des § 27 Abs. 5 und des § 28 Abs. 2, die bereits am 28.6.2005 in Kraft getreten sind.

[2)] Die Änderungen durch G v. 18.7.2016 (BGBl. I S. 1666) treten erst **mWv 1.10.2021** in Kraft und sind im Text noch nicht berücksichtigt.

§ 26 Datenschutz
§ 27 Übergangsbestimmungen zur Aufhebung des Verkaufsprospektgesetzes
§ 28 Übergangsbestimmungen zum Gesetz zur weiteren Ausführung der EU-Prospektverordnung und zur Änderung von Finanzmarktgesetzen

## Abschnitt 1. Anwendungsbereich und Begriffsbestimmungen

**§ 1 Anwendungsbereich.** Dieses Gesetz enthält ergänzende Regelungen zu den Vorschriften der Verordnung (EU) 2017/1129[1)] des Europäischen Parlaments und des Rates vom 14. Juni 2017 über den Prospekt, der beim öffentlichen Angebot von Wertpapieren oder bei deren Zulassung zum Handel an einem geregelten Markt zu veröffentlichen ist und zur Aufhebung der Richtlinie 2003/71/EG (ABl. L 168 vom 30.6.2017, S. 12) in Bezug auf

1. Ausnahmen von der Verpflichtung zur Veröffentlichung eines Prospekts;

2. das Wertpapier-Informationsblatt;

3. die Prospekthaftung und die Haftung bei Wertpapier-Informationsblättern;

4. die Zuständigkeiten und Befugnisse der Bundesanstalt für Finanzdienstleistungsaufsicht (Bundesanstalt) und

5. die Ahndung von Verstößen hinsichtlich
   a) der Vorschriften dieses Gesetzes;
   b) der Verordnung (EU) 2017/1129.

**§ 2 Begriffsbestimmungen.** Im Sinne dieses Gesetzes ist oder sind

1. Wertpapiere solche im Sinne des Artikels 2 Buchstabe a der Verordnung (EU) 2017/1129[1)];

2. öffentliches Angebot von Wertpapieren eine Mitteilung im Sinne des Artikels 2 Buchstabe d der Verordnung (EU) 2017/1129;

3. qualifizierte Anleger Personen oder Einrichtungen im Sinne des Artikels 2 Buchstabe e der Verordnung (EU) 2017/1129;

4. Kreditinstitut ein solches im Sinne des Artikels 2 Buchstabe g der Verordnung (EU) 2017/1129;

5. Emittent eine Rechtspersönlichkeit im Sinne des Artikels 2 Buchstabe h der Verordnung (EU) 2017/1129;

6. Anbieter eine Rechtspersönlichkeit oder natürliche Person im Sinne des Artikels 2 Buchstabe i der Verordnung (EU) 2017/1129;

7. Zulassungsantragsteller die Personen, die die Zulassung zum Handel an einem geregelten Markt beantragen;

8. geregelter Markt ein solcher im Sinne des Artikels 2 Buchstabe j der Verordnung (EU) 2017/1129;

9. Werbung eine Mitteilung im Sinne des Artikels 2 Buchstabe k der Verordnung (EU) 2017/1129;

10. Bundesanstalt die Bundesanstalt für Finanzdienstleistungsaufsicht.

---

[1)] Nr. **6**.

**Abschnitt 2. Ausnahmen von der Prospektpflicht und Regelungen zum Wertpapier-Informationsblatt**

**§ 3 Ausnahmen von der Verpflichtung zur Veröffentlichung eines Prospekts.** Die Verpflichtung zur Veröffentlichung eines Prospekts gemäß Artikel 3 Absatz 1 der Verordnung (EU) 2017/1129[1)] gilt nicht für ein Angebot von Wertpapieren,

1. die von Kreditinstituten oder von Emittenten, deren Aktien bereits zum Handel an einem geregelten Markt zugelassen sind, ausgegeben werden, wenn der Gesamtgegenwert für alle im Europäischen Wirtschaftsraum angebotenen Wertpapiere nicht mehr als 8 Millionen Euro, berechnet über einen Zeitraum von zwölf Monaten, beträgt, oder

2. deren Gesamtgegenwert im Europäischen Wirtschaftsraum nicht mehr als 8 Millionen Euro, berechnet über einen Zeitraum von zwölf Monaten, beträgt.

**§ 4 Wertpapier-Informationsblatt; Verordnungsermächtigung.**

(1) [1]Ein Anbieter, der die Ausnahme nach § 3 Nummer 2 in Anspruch nimmt, darf die Wertpapiere im Inland erst dann öffentlich anbieten, wenn er zuvor ein Wertpapier-Informationsblatt nach den Absätzen 3 bis 5 und 6 Satz 2 sowie Absatz 7 Satz 4 erstellt, der Bundesanstalt hinterlegt und veröffentlicht hat. [2]Dies gilt entsprechend für ein öffentliches Angebot im Inland von Wertpapieren mit einem Gesamtgegenwert im Europäischen Wirtschaftsraum von 100 000 Euro bis weniger als 1 Million Euro, für die gemäß Artikel 1 Absatz 3 Unterabsatz 1 der Verordnung (EU) 2017/1129[1)] kein Prospekt zu veröffentlichen ist. [3]Die Untergrenze von 100 000 Euro gemäß Satz 2 ist über einen Zeitraum von zwölf Monaten zu berechnen. [4]Die Verpflichtungen nach den Sätzen 1 und 2 gelten nicht, wenn für die Wertpapiere ein Basisinformationsblatt nach der Verordnung (EU) Nr. 1286/2014[2)] des Europäischen Parlaments und des Rates vom 26. November 2014 über Basisinformationsblätter für verpackte Anlageprodukte für Kleinanleger und Versicherungsanlageprodukte (PRIIP) (ABl. L 352 vom 9.12. 2014, S. 1; L 358 vom 13.12.2014, S. 50), die durch die Verordnung (EU) 2016/2340 (ABl. L 354 vom 23.12.2016, S. 35) geändert worden ist, veröffentlicht werden muss oder wesentliche Anlegerinformationen nach § 301 des Kapitalanlagegesetzbuches[3)] veröffentlicht werden müssen.

(2) [1]Das Wertpapier-Informationsblatt darf erst veröffentlicht werden, wenn die Bundesanstalt die Veröffentlichung gestattet. [2]Die Gestattung ist zu erteilen, wenn

1. das Wertpapier-Informationsblatt vollständig alle Angaben, Hinweise und Anlagen enthält, die nach den folgenden Absätzen, auch in Verbindung mit der nach Absatz 9 zu erlassenden Rechtsverordnung, erforderlich sind, und diese Angaben, Hinweise und Anlagen in der vorgeschriebenen Reihenfolge erfolgen und

2. das Feststellungsdatum des letzten Jahresabschlusses des Emittenten und im Falle eines Garantiegebers zusätzlich das Feststellungsdatum des letzten Jahres-

---
[1)] Nr. **6**.
[2)] Nr. **9**.
[3)] Nr. **15**.

abschlusses des Garantiegebers zum Zeitpunkt der Gestattung nicht länger als 18 Monate zurückliegt.

³Die Bundesanstalt hat dem Anbieter innerhalb von zehn Arbeitstagen nach Eingang des Wertpapier-Informationsblatts mitzuteilen, ob sie die Veröffentlichung gestattet. ⁴Gelangt die Bundesanstalt zu der Auffassung, dass das ihr zur Gestattung vorgelegte Wertpapier-Informationsblatt unvollständig ist oder die erforderlichen Angaben, Hinweise und Anlagen nicht in der vorgeschriebenen Reihenfolge erfolgen, beginnt die Frist nach Satz 3 erst ab dem Zeitpunkt zu laufen, zu welchem die erforderlichen Angaben, Hinweise und Anlagen vollständig und in der vorgeschriebenen Reihenfolge eingehen. ⁵Die Bundesanstalt soll den Anbieter innerhalb von fünf Arbeitstagen nach Eingang des Wertpapier-Informationsblatts unterrichten, wenn sie nach Satz 4 weitere Informationen für erforderlich hält. ⁶Dies gilt auch, wenn sie zu dem Ergebnis kommt, dass die erforderlichen Angaben, Hinweise und Anlagen nicht in der vorgeschriebenen Reihenfolge erfolgt sind.

(3) ¹Das Wertpapier-Informationsblatt darf nicht mehr als drei DIN-A4-Seiten umfassen. ²Es muss mindestens die wesentlichen Informationen über die Wertpapiere, den Anbieter, den Emittenten und etwaige Garantiegeber in übersichtlicher und leicht verständlicher Weise in der nachfolgenden Reihenfolge enthalten, so dass das Publikum

1. die Art, die genaue Bezeichnung und die internationale Wertpapier-Identifikationsnummer (ISIN) des Wertpapiers,

2. die Funktionsweise des Wertpapiers einschließlich der mit dem Wertpapier verbundenen Rechte,

3. Angaben zur Identität des Anbieters, des Emittenten einschließlich seiner Geschäftätigkeit und eines etwaigen Garantiegebers,

4. die mit dem Wertpapier, dem Emittenten und einem etwaigen Garantiegeber verbundenen Risiken,

5. den auf Grundlage des letzten aufgestellten Jahresabschlusses berechneten Verschuldungsgrad des Emittenten und eines etwaigen Garantiegebers,

6. die Aussichten für die Kapitalrückzahlung und Erträge unter verschiedenen Marktbedingungen,

7. die mit dem Wertpapier verbundenen Kosten und Provisionen,

8. die Angebotskonditionen einschließlich des Emissionsvolumens sowie

9. die geplante Verwendung des voraussichtlichen Nettoemissionserlöses

einschätzen und bestmöglich mit den Merkmalen anderer Wertpapiere vergleichen kann.

(4) Das Wertpapier-Informationsblatt muss den drucktechnisch hervorgehobenen Warnhinweis „Der Erwerb dieses Wertpapiers ist mit erheblichen Risiken verbunden und kann zum vollständigen Verlust des eingesetzten Vermögens führen." auf der ersten Seite, unmittelbar unterhalb der ersten Überschrift enthalten.

(5) Das Wertpapier-Informationsblatt muss im Anschluss an die Angaben nach Absatz 3 dieser Vorschrift zudem in folgender Reihenfolge enthalten:

1. einen Hinweis darauf, dass die inhaltliche Richtigkeit des Wertpapier-Informationsblatts nicht der Prüfung durch die Bundesanstalt unterliegt,

Wertpapierprospektgesetz § 4 WpPG 7

2. einen Hinweis darauf, dass für das Wertpapier kein von der Bundesanstalt gebilligter Wertpapierprospekt hinterlegt wurde und der Anleger weitergehende Informationen unmittelbar vom Anbieter oder Emittenten des Wertpapiers erhält,

3. einen Hinweis auf den letzten Jahresabschluss des Emittenten und im Falle eines Garantiegebers zusätzlich auf den letzten Jahresabschluss des Garantiegebers sowie darauf, wo und wie diese Jahresabschlüsse erhältlich sind,

4. einen Hinweis darauf, dass Ansprüche auf der Grundlage einer in dem Wertpapier-Informationsblatt enthaltenen Angabe nur dann bestehen können, wenn die Angabe irreführend oder unrichtig ist oder der Warnhinweis des Absatzes 4 nicht enthalten ist und wenn das Erwerbsgeschäft nach Veröffentlichung des Wertpapier-Informationsblatts und während der Dauer des öffentlichen Angebots, spätestens jedoch innerhalb von sechs Monaten nach dem ersten öffentlichen Angebot der Wertpapiere im Inland, abgeschlossen wurde.

(6) [1] Während der Dauer des öffentlichen Angebots ist der letzte Jahresabschluss des Emittenten den Anlegern auf Anforderung kostenlos in Textform zur Verfügung zu stellen. [2] Ist der Emittent nach den handelsrechtlichen Vorschriften nicht verpflichtet, einen Jahresabschluss offenzulegen, ist der Jahresabschluss dem Wertpapier-Informationsblatt als Anlage beizufügen und mit diesem gemäß Absatz 1 Satz 1 zu hinterlegen und zu veröffentlichen. [3] Im Falle eines Garantiegebers gelten die Sätze 1 und 2 entsprechend.

(7) [1] Der Anleger muss die in Absatz 3 dieser Vorschrift aufgezählten Informationen verstehen können, ohne hierfür zusätzliche Dokumente heranziehen zu müssen. [2] Die Angaben in dem Wertpapier-Informationsblatt sind kurz zu halten und in allgemein verständlicher Sprache abzufassen. [3] Sie müssen redlich und eindeutig und dürfen nicht irreführend sein. [4] Das Wertpapier-Informationsblatt darf sich jeweils nur auf ein bestimmtes Wertpapier beziehen und keine werbenden oder sonstigen Informationen enthalten, die nicht in Absatz 3 genannten Zweck dienen.

(8) [1] Tritt nach der Gestattung und vor dem endgültigen Schluss des öffentlichen Angebots ein wichtiger neuer Umstand ein oder wird eine wesentliche Unrichtigkeit in Bezug auf die im Wertpapier-Informationsblatt enthaltenen Angaben festgestellt, die die Beurteilung des Wertpapiers beeinflussen könnten, so sind die in dem Wertpapier-Informationsblatt enthaltenen Angaben während der Dauer des öffentlichen Angebots unverzüglich zu aktualisieren und ist der Bundesanstalt die aktualisierte Fassung des Wertpapier-Informationsblatts zum Zweck der Hinterlegung unverzüglich zu übermitteln. [2] Das Datum der letzten Aktualisierung sowie die Zahl der seit der erstmaligen Erstellung des Wertpapier-Informationsblatts vorgenommenen Aktualisierungen sind im Wertpapier-Informationsblatt zu nennen. [3] Das aktualisierte Wertpapier-Informationsblatt ist unverzüglich entsprechend Artikel 21 Absatz 2 und 3 Unterabsatz 1 der Verordnung (EU) 2017/1129 zu veröffentlichen. [4] § 5 Absatz 1 und 3 Satz 2 gilt entsprechend.

(9) [1] Das Bundesministerium der Finanzen kann durch Rechtsverordnung, die nicht der Zustimmung des Bundesrates bedarf, im Einvernehmen mit dem Bundesministerium der Justiz und für Verbraucherschutz nähere Bestimmungen zu Inhalt und Aufbau der Wertpapier-Informationsblätter erlassen. [2] Das Bundesministerium der Finanzen kann die Ermächtigung durch Rechtsverordnung auf die Bundesanstalt übertragen.

**§ 5 Übermittlung des Wertpapier-Informationsblatts an die Bundesanstalt; Frist und Form der Veröffentlichung.** (1) Das Wertpapier-Informationsblatt ist der Bundesanstalt in elektronischer Form und in elektronisch durchsuchbarem Format über ihr Melde- und Veröffentlichungssystem zu übermitteln.

(2) Hinsichtlich der Aufbewahrung des Wertpapier-Informationsblatts und der aktualisierten Fassungen gilt § 22 Absatz 3 entsprechend.

(3) ¹Das hinterlegte Wertpapier-Informationsblatt muss mindestens einen Werktag vor dem öffentlichen Angebot entsprechend Artikel 21 Absatz 2 und 3 Unterabsatz 1 der Verordnung (EU) 2017/1129[1]) veröffentlicht werden. ²Der Anbieter hat sicherzustellen, dass das Wertpapier-Informationsblatt ohne Zugangsbeschränkung für jedermann zugänglich ist; die Regelungen des Artikels 21 Absatz 4 der Verordnung (EU) 2017/1129 gelten entsprechend.

**§ 6 Einzelanlageschwellen für nicht qualifizierte Anleger.** ¹Unbeschadet der Vorgaben in den §§ 4 und 5 ist die Befreiung von der Pflicht zur Veröffentlichung eines Prospekts nach § 3 Nummer 2 auf ein Angebot von Wertpapieren nur anwendbar, wenn die angebotenen Wertpapiere ausschließlich im Wege der Anlageberatung oder Anlagevermittlung über ein Wertpapierdienstleistungsunternehmen vermittelt werden, das rechtlich verpflichtet ist, zu prüfen, ob der Gesamtbetrag der Wertpapiere, die von einem nicht qualifizierten Anleger erworben werden können, folgende Beträge nicht übersteigt:

1. 1 000 Euro,
2. 10 000 Euro, sofern der jeweilige nicht qualifizierte Anleger nach einer von ihm zu erteilenden Selbstauskunft über ein frei verfügbares Vermögen in Form von Bankguthaben und Finanzinstrumenten von mindestens 100 000 Euro verfügt, oder
3. den zweifachen Betrag des durchschnittlichen monatlichen Nettoeinkommens des jeweiligen nicht qualifizierten Anlegers nach einer von ihm zu erteilenden Selbstauskunft, höchstens jedoch 25 000 Euro.

²Die Einschränkungen nach Satz 1 gelten nicht für Wertpapiere, die den Aktionären im Rahmen einer Bezugsrechtsemission angeboten werden.

**§ 7 Werbung für Angebote, für die ein Wertpapier-Informationsblatt zu veröffentlichen ist.** (1) Der Anbieter hat bei Angeboten gemäß § 4 Absatz 1 Satz 1 und 2 dafür zu sorgen, dass in der Werbung für diese Angebote darauf hingewiesen wird, dass ein Wertpapier-Informationsblatt veröffentlicht wurde oder zur Veröffentlichung ansteht und wo das Wertpapier-Informationsblatt zu erhalten ist.

(2) Der Anbieter hat bei Angeboten nach Absatz 1 dafür zu sorgen, dass die Werbung für diese Angebote klar als solche erkennbar ist.

(3) Der Anbieter hat bei Angeboten nach Absatz 1 dafür zu sorgen, dass die in der Werbung für diese Angebote enthaltenen Informationen weder unrichtig noch irreführend sind und mit den Informationen übereinstimmen, die in einem bereits veröffentlichten Wertpapier-Informationsblatt enthalten sind oder in einem noch zu veröffentlichenden Wertpapier-Informationsblatt enthalten sein müssen.

---

[1]) Nr. 6.

Wertpapierprospektgesetz §§ 8, 9 WpPG 7

(4) Der Anbieter hat bei Angeboten nach Absatz 1 dafür zu sorgen, dass alle mündlich oder schriftlich verbreiteten Informationen über diese Angebote, auch wenn sie nicht zu Werbezwecken dienen, mit den im Wertpapier-Informationsblatt enthaltenen Informationen übereinstimmen.

(5) Falls bei Angeboten nach Absatz 1 wesentliche Informationen vom Anbieter oder vom Emittenten offengelegt und mündlich oder schriftlich an einen oder mehrere ausgewählte Anleger gerichtet werden, müssen diese vom Anbieter in das Wertpapier-Informationsblatt oder in eine Aktualisierung des Wertpapier-Informationsblatts gemäß § 4 Absatz 8 aufgenommen werden.

(6) Die Vorgaben in Kapitel IV der Delegierten Verordnung (EU) 2019/979[1]) der Kommission vom 14. März 2019 zur Ergänzung der Verordnung (EU) 2017/1129 des Europäischen Parlaments und des Rates durch technische Regulierungsstandards für wesentliche Finanzinformationen in der Zusammenfassung des Prospekts, die Veröffentlichung und Klassifizierung von Prospekten, die Werbung für Wertpapiere, Nachträge zum Prospekt und das Notifizierungsportal und zur Aufhebung der Delegierten Verordnung (EU) Nr. 382/2014 der Kommission und der Delegierten Verordnung (EU) 2016/301 der Kommission (ABl. L 166 vom 21.6.2019, S. 1) sind auch auf Werbung für Angebote anzuwenden, für die nach § 4 Absatz 1 Satz 1 und 2 ein Wertpapier-Informationsblatt zu veröffentlichen ist.

### Abschnitt 3. Prospekthaftung und Haftung bei Wertpapier-Informationsblättern

**§ 8 Prospektverantwortliche.** [1]Die Verantwortung für den Inhalt des Prospekts haben zumindest der Anbieter, der Emittent, der Zulassungsantragsteller oder der Garantiegeber ausdrücklich zu übernehmen. [2]Bei einem Prospekt für das öffentliche Angebot von Wertpapieren nach Artikel 3 Absatz 1 der Verordnung (EU) 2017/1129[2]) hat in jedem Fall der Anbieter die Verantwortung für den Inhalt des Prospekts zu übernehmen. [3]Sollen auf Grund des Prospekts Wertpapiere zum Handel an einem geregelten Markt zugelassen werden, hat neben dem Emittenten stets auch das Kreditinstitut, das Finanzdienstleistungsinstitut oder das nach § 53 Absatz 1 Satz 1 oder § 53b Absatz 1 Satz 1 des Kreditwesengesetzes tätige Unternehmen, mit dem der Emittent zusammen die Zulassung der Wertpapiere beantragt, die Verantwortung für den Prospekt zu übernehmen. [4]Wenn eine Garantie für die Wertpapiere gestellt wird, hat auch der Garantiegeber die Verantwortung für den Inhalt des Prospekts zu übernehmen.

**§ 9 Haftung bei fehlerhaftem Börsenzulassungsprospekt.** (1) [1]Der Erwerber von Wertpapieren, die auf Grund eines Prospekts zum Börsenhandel zugelassen sind, in dem für die Beurteilung der Wertpapiere wesentliche Angaben unrichtig oder unvollständig sind, kann

1. von denjenigen, die für den Prospekt die Verantwortung übernommen haben, und

2. von denjenigen, von denen der Erlass des Prospekts ausgeht,

als Gesamtschuldnern die Übernahme der Wertpapiere gegen Erstattung des Erwerbspreises, soweit dieser den ersten Ausgabepreis der Wertpapiere nicht über-

---
[1]) Nr. **6a**.
[2]) Nr. **6**.

schreitet, und der mit dem Erwerb verbundenen üblichen Kosten verlangen, sofern das Erwerbsgeschäft nach Veröffentlichung des Prospekts und innerhalb von sechs Monaten nach erstmaliger Einführung der Wertpapiere abgeschlossen wurde. [2] Ist kein Ausgabepreis festgelegt, gilt als Ausgabepreis der erste nach Einführung der Wertpapiere festgestellte oder gebildete Börsenpreis, im Falle gleichzeitiger Feststellung oder Bildung an mehreren inländischen Börsen der höchste erste Börsenpreis. [3] Auf den Erwerb von Wertpapieren desselben Emittenten, die von den in Satz 1 genannten Wertpapieren nicht nach Ausstattungsmerkmalen oder in sonstiger Weise unterschieden werden können, sind die Sätze 1 und 2 entsprechend anzuwenden.

(2) Ist der Erwerber nicht mehr Inhaber der Wertpapiere, so kann er die Zahlung des Unterschiedsbetrags zwischen dem Erwerbspreis, soweit dieser den ersten Ausgabepreis nicht überschreitet, und dem Veräußerungspreis der Wertpapiere sowie der mit dem Erwerb und der Veräußerung verbundenen üblichen Kosten verlangen. Absatz 1 Satz 2 und 3 ist anzuwenden.

(3) Sind Wertpapiere eines Emittenten mit Sitz im Ausland auch im Ausland zum Börsenhandel zugelassen, besteht ein Anspruch nach Absatz 1 oder 2 nur, sofern die Wertpapiere auf Grund eines im Inland abgeschlossenen Geschäfts oder einer ganz oder teilweise im Inland erbrachten Wertpapierdienstleistung erworben wurden.

(4) Einem Prospekt stehen Dokumente gleich, welche gemäß Artikel 1 Absatz 5 Buchstabe e, f, g, h oder j Ziffer v und vi der Verordnung (EU) 2017/1129[1)] zur Verfügung gestellt wurden.

**§ 10 Haftung bei sonstigem fehlerhaften Prospekt.** Sind in einem nach Artikel 3 Absatz 1 der Verordnung (EU) 2017/1129[1)] veröffentlichten Prospekt, der nicht Grundlage für die Zulassung von Wertpapieren zum Handel an einer inländischen Börse ist, für die Beurteilung der Wertpapiere wesentliche Angaben unrichtig oder unvollständig, ist § 9 entsprechend anzuwenden mit der Maßgabe, dass

1. bei der Anwendung des § 9 Absatz 1 Satz 1 für die Bemessung des Zeitraums von sechs Monaten anstelle der Einführung der Wertpapiere der Zeitpunkt des ersten öffentlichen Angebots im Inland maßgeblich ist und
2. § 9 Absatz 3 auf diejenigen Emittenten mit Sitz im Ausland anzuwenden ist, deren Wertpapiere auch im Ausland öffentlich angeboten werden.

**§ 11 Haftung bei fehlerhaftem Wertpapier-Informationsblatt.** (1) Sind in einem veröffentlichten Wertpapier-Informationsblatt nach § 4 Absatz 1 Satz 1 für die Beurteilung der Wertpapiere wesentliche Angaben unrichtig oder irreführend oder ist der Warnhinweis nach § 4 Absatz 4 nicht enthalten, kann der Erwerber dieser Wertpapiere von denjenigen, von denen der Erlass des Wertpapier-Informationsblatts ausgeht, und vom Anbieter als Gesamtschuldnern die Übernahme der Wertpapiere gegen Erstattung des Erwerbspreises, soweit dieser den ersten Ausgabepreis der Wertpapiere nicht überschreitet, und der mit dem Erwerb verbundenen üblichen Kosten verlangen, sofern das Erwerbsgeschäft nach Veröffentlichung des Wertpapier-Informationsblatts und während der Dauer des öffentlichen Angebots, spätestens jedoch innerhalb von sechs Monaten nach dem ersten öffentlichen Angebot der Wertpapiere im Inland abgeschlossen wurde.

---

[1)] Nr. 6.

(2) Ist der Erwerber nicht mehr Inhaber der Wertpapiere, so kann er die Zahlung des Unterschiedsbetrags zwischen dem Erwerbspreis, soweit dieser den ersten Ausgabepreis nicht überschreitet, und dem Veräußerungspreis der Wertpapiere sowie der mit dem Erwerb und der Veräußerung verbundenen üblichen Kosten verlangen.

(3) Werden Wertpapiere eines Emittenten mit Sitz im Ausland auch im Ausland öffentlich angeboten, besteht ein Anspruch nach Absatz 1 oder Absatz 2 nur, sofern die Wertpapiere auf Grund eines im Inland abgeschlossenen Geschäfts oder einer ganz oder teilweise im Inland erbrachten Wertpapierdienstleistung erworben wurden.

**§ 12 Haftungsausschluss bei fehlerhaftem Prospekt.** (1) Nach den §§ 9 oder 10 kann nicht in Anspruch genommen werden, wer nachweist, dass er die Unrichtigkeit oder Unvollständigkeit der Angaben des Prospekts nicht gekannt hat und dass die Unkenntnis nicht auf grober Fahrlässigkeit beruht.

(2) Ein Anspruch nach den §§ 9 oder 10 besteht nicht, sofern

1. die Wertpapiere nicht auf Grund des Prospekts erworben wurden,
2. der Sachverhalt, über den unrichtige oder unvollständige Angaben im Prospekt enthalten sind, nicht zu einer Minderung des Börsenpreises der Wertpapiere beigetragen hat,
3. der Erwerber die Unrichtigkeit oder Unvollständigkeit der Angaben des Prospekts bei dem Erwerb kannte,
4. vor dem Abschluss des Erwerbsgeschäfts im Rahmen des Jahresabschlusses oder Zwischenberichts des Emittenten, einer Veröffentlichung nach Artikel 17 der Verordnung (EU) Nr. 596/2014[1]) des Europäischen Parlaments und des Rates vom 16. April 2014 über Marktmissbrauch (Marktmissbrauchsverordnung) und zur Aufhebung der Richtlinie 2003/6/EG des Europäischen Parlaments und des Rates und der Richtlinien 2003/124/EG, 2003/125/EG und 2004/72/EG der Kommission (ABl. L 173 vom 12.6.2014, S. 1) in der jeweils geltenden Fassung oder einer vergleichbaren Bekanntmachung eine deutlich gestaltete Berichtigung der unrichtigen oder unvollständigen Angaben im Inland veröffentlicht wurde oder
5. er sich ausschließlich auf Grund von Angaben in der Zusammenfassung nach Artikel 7 der Verordnung (EU) 2017/1129[2]) oder in der speziellen Zusammenfassung eines EU-Wachstumsprospekts im Sinne des Artikels 15 Absatz 1 Unterabsatz 2 Satz 2 der Verordnung (EU) 2017/1129 samt etwaiger Übersetzungen ergibt, es sei denn, die Zusammenfassung ist irreführend, unrichtig oder widersprüchlich, wenn sie zusammen mit den anderen Teilen des Prospekts gelesen wird, oder sie enthält, wenn sie zusammen mit den anderen Teilen des Prospekts gelesen wird, nicht alle gemäß Artikel 7 Absatz 1 Unterabsatz 1 in Verbindung mit den Absätzen 5 bis 7 Buchstabe a bis d und Absatz 8 der Verordnung (EU) 2017/1129 erforderlichen Basisinformationen; im Falle der speziellen Zusammenfassung eines EU-Wachstumsprospekts richtet sich die Vollständigkeit der relevanten Informationen nach den Vorgaben in Artikel 33 der Delegierten Verordnung (EU) 2019/980[3]) der Kommission vom 14. März 2019 zur Ergänzung der Verordnung (EU) 2017/1129 des Europäischen Par-

---

[1]) Nr. **11**.
[2]) Nr. **6**.
[3]) Nr. **6b**.

laments und des Rates hinsichtlich der Aufmachung, des Inhalts, der Prüfung und der Billigung des Prospekts, der beim öffentlichen Angebot von Wertpapieren oder bei deren Zulassung zum Handel an einem geregelten Markt zu veröffentlichen ist, und zur Aufhebung der Verordnung (EG) Nr. 809/2004 der Kommission (ABl. L 166 vom 21.6.2019, S. 26).

**§ 13 Haftungsausschluss bei fehlerhaftem Wertpapier-Informationsblatt.** (1) Nach § 11 kann nicht in Anspruch genommen werden, wer nachweist, dass er die Unrichtigkeit der Angaben des Wertpapier-Informationsblatts oder die Irreführung durch diese Angaben nicht gekannt hat und dass die Unkenntnis nicht auf grober Fahrlässigkeit beruht.

(2) Ein Anspruch nach § 11 besteht nicht, sofern

1. die Wertpapiere nicht auf Grund des Wertpapier-Informationsblatts erworben wurden,

2. der Sachverhalt, über den unrichtige oder irreführende Angaben im Wertpapier-Informationsblatt enthalten sind, nicht zu einer Minderung des Börsenpreises der Wertpapiere beigetragen hat,

3. der Erwerber die Unrichtigkeit der Angaben des Wertpapier-Informationsblatts oder die Irreführung durch diese Angaben bei dem Erwerb kannte oder

4. vor dem Abschluss des Erwerbsgeschäfts im Rahmen des Jahresabschlusses oder Zwischenberichts des Emittenten, im Rahmen einer Veröffentlichung nach Artikel 17 der Verordnung (EU) Nr. 596/2014[1]) des Europäischen Parlaments und des Rates vom 16. April 2014 über Marktmissbrauch (Marktmissbrauchsverordnung) und zur Aufhebung der Richtlinie 2003/6/EG des Europäischen Parlaments und des Rates und der Richtlinien 2003/124/EG, 2003/125/EG und 2004/72/EG der Kommission (ABl. L 173 vom 12.6.2014, S. 1; L 287 vom 21.10.2016, S. 320; L 306 vom 15.11.2016, S. 43; L 348 vom 21.12.2016, S. 83), die zuletzt durch die Verordnung (EU) 2016/1033 (ABl. L 175 vom 30.6.2016, S. 1) geändert worden ist, in der jeweils geltenden Fassung oder einer vergleichbaren Bekanntmachung eine deutlich gestaltete Berichtigung der unrichtigen oder irreführenden Angaben im Inland veröffentlicht wurde.

**§ 14 Haftung bei fehlendem Prospekt.** (1) ¹Ist ein Prospekt entgegen Artikel 3 Absatz 1 der Verordnung (EU) 2017/1129[2]) nicht veröffentlicht worden, kann der Erwerber von Wertpapieren von dem Emittenten und dem Anbieter als Gesamtschuldnern die Übernahme der Wertpapiere gegen Erstattung des Erwerbspreises, soweit dieser den ersten Erwerbspreis nicht überschreitet, und der mit dem Erwerb verbundenen üblichen Kosten verlangen, sofern das Erwerbsgeschäft vor Veröffentlichung eines Prospekts und innerhalb von sechs Monaten nach dem ersten öffentlichen Angebot im Inland abgeschlossen wurde. ²Auf den Erwerb von Wertpapieren desselben Emittenten, die von den in Satz 1 genannten Wertpapieren nicht nach Ausstattungsmerkmalen oder in sonstiger Weise unterschieden werden können, ist Satz 1 entsprechend anzuwenden.

(2) ¹Ist der Erwerber nicht mehr Inhaber der Wertpapiere, so kann er die Zahlung des Unterschiedsbetrags zwischen dem Erwerbspreis und dem Veräuße-

---
[1]) Nr. 11.
[2]) Nr. 6.

rungspreis der Wertpapiere sowie der mit dem Erwerb und der Veräußerung verbundenen üblichen Kosten verlangen. ² Absatz 1 Satz 1 gilt entsprechend.

(3) Werden Wertpapiere eines Emittenten mit Sitz im Ausland auch im Ausland öffentlich angeboten, besteht ein Anspruch nach Absatz 1 oder Absatz 2 nur, sofern die Wertpapiere auf Grund eines im Inland abgeschlossenen Geschäfts oder einer ganz oder teilweise im Inland erbrachten Wertpapierdienstleistung erworben wurden.

(4) Der Anspruch nach den Absätzen 1 bis 3 besteht nicht, sofern der Erwerber die Pflicht, einen Prospekt zu veröffentlichen, beim Erwerb kannte.

**§ 15 Haftung bei fehlendem Wertpapier-Informationsblatt.** (1) Ist ein Wertpapier-Informationsblatt entgegen § 4 Absatz 1 Satz 1 oder Satz 2 nicht veröffentlicht worden, kann der Erwerber von Wertpapieren von dem Emittenten und dem Anbieter als Gesamtschuldnern die Übernahme der Wertpapiere gegen Erstattung des Erwerbspreises, soweit dieser den ersten Erwerbspreis nicht überschreitet, und der mit dem Erwerb verbundenen üblichen Kosten verlangen, sofern das Erwerbsgeschäft vor Veröffentlichung eines Wertpapier-Informationsblatts und während der Dauer des öffentlichen Angebots, spätestens jedoch innerhalb von sechs Monaten nach dem ersten öffentlichen Angebot der Wertpapiere im Inland abgeschlossen wurde.

(2) ¹ Ist der Erwerber nicht mehr Inhaber der Wertpapiere, so kann er die Zahlung des Unterschiedsbetrags zwischen dem Erwerbspreis, soweit dieser den ersten Erwerbspreis nicht überschreitet, und dem Veräußerungspreis der Wertpapiere sowie der mit dem Erwerb und der Veräußerung verbundenen üblichen Kosten verlangen. ² Absatz 1 gilt entsprechend.

(3) Werden Wertpapiere eines Emittenten mit Sitz im Ausland auch im Ausland öffentlich angeboten, besteht ein Anspruch nach Absatz 1 oder Absatz 2 nur, sofern die Wertpapiere auf Grund eines im Inland abgeschlossenen Geschäfts oder einer ganz oder teilweise im Inland erbrachten Wertpapierdienstleistung erworben wurden.

(4) Der Anspruch nach den Absätzen 1 bis 3 besteht nicht, sofern der Erwerber die Pflicht, ein Wertpapier-Informationsblatt zu veröffentlichen, beim Erwerb kannte.

**§ 16 Unwirksame Haftungsbeschränkung; sonstige Ansprüche.**

(1) Eine Vereinbarung, durch die Ansprüche nach den §§ 9, 10, 11, 14 oder 15 im Voraus ermäßigt oder erlassen werden, ist unwirksam.

(2) Weitergehende Ansprüche, die nach den Vorschriften des bürgerlichen Rechts auf Grund von Verträgen oder unerlaubten Handlungen erhoben werden können, bleiben unberührt.

## Abschnitt 4. Zuständige Behörde und Verfahren

**§ 17 Zuständige Behörde.** Die Bundesanstalt ist zuständige Behörde im Sinne des Artikels 31 Absatz 1 Satz 1 der Verordnung (EU) 2017/1129[1)] in der jeweils geltenden Fassung.

---

[1)] Nr. 6.

**§ 18 Befugnisse der Bundesanstalt.** (1) Ist bei der Bundesanstalt ein Prospekt zur Billigung eingereicht worden, kann sie vom Emittenten, Anbieter oder Zulassungsantragsteller die Aufnahme zusätzlicher Angaben in den Prospekt verlangen, wenn dies zum Schutz des Publikums geboten erscheint.

(2) Die Bundesanstalt kann von jedermann Auskünfte, die Vorlage von Informationen und Unterlagen und die Überlassung von Kopien verlangen, soweit dies zur Überwachung der Einhaltung der Bestimmungen

1. dieses Gesetzes oder
2. der Verordnung (EU) 2017/1129[1)]

erforderlich ist.

(3) [1] Die Bundesanstalt kann auf ihrer Internetseite öffentlich bekannt machen, dass ein Emittent, Anbieter oder Zulassungsantragsteller seinen Verpflichtungen nach diesem Gesetz oder der Verordnung (EU) 2017/1129 nicht oder nur unvollständig nachkommt oder diesbezüglich ein hinreichend begründeter Verdacht besteht. [2] Dies gilt insbesondere, wenn

1. entgegen Artikel 3, auch in Verbindung mit Artikel 5 der Verordnung (EU) 2017/1129, kein Prospekt veröffentlicht wurde,
2. entgegen Artikel 20 der Verordnung (EU) 2017/1129 in Verbindung mit den Vorgaben in Kapitel V der Delegierten Verordnung (EU) 2019/980[2)] ein Prospekt veröffentlicht wird,
3. der Prospekt nicht mehr nach Artikel 12 der Verordnung (EU) 2017/1129 gültig ist,
4. entgegen den in Artikel 18 der Delegierten Verordnung (EU) 2019/979[3)] bestimmten Fällen kein Nachtrag veröffentlicht wurde,
5. entgegen § 4 Absatz 1 kein Wertpapier-Informationsblatt veröffentlicht wurde,
6. entgegen § 4 Absatz 2 ein Wertpapier-Informationsblatt veröffentlicht wird oder
7. das Wertpapier-Informationsblatt nicht nach § 4 Absatz 8 aktualisiert wurde.

[3] In einem Auskunfts- und Vorlegungsersuchen nach Absatz 2 ist auf die Befugnis nach Satz 1 hinzuweisen. [4] Die Bekanntmachung darf nur diejenigen personenbezogenen Daten enthalten, die zur Identifizierung des Anbieters, Zulassungsantragstellers oder Emittenten erforderlich sind. [5] Bei nicht bestandskräftigen Maßnahmen ist folgender Hinweis hinzuzufügen: „Diese Maßnahme ist noch nicht bestandskräftig." [6] Wurde gegen die Maßnahme ein Rechtsmittel eingelegt, sind der Stand und der Ausgang des Rechtsmittelverfahrens bekannt zu machen. [7] Die Bekanntmachung ist spätestens nach fünf Jahren zu löschen. [8] Die Bundesanstalt sieht von einer Bekanntmachung ab, wenn die Bekanntmachung die Finanzmärkte der Bundesrepublik Deutschland oder eines oder mehrerer Staaten des Europäischen Wirtschaftsraums erheblich gefährden würde. [9] Sie kann von einer Bekanntmachung außerdem absehen, wenn eine Bekanntmachung nachteilige Auswirkungen auf die Durchführung strafrechtlicher, bußgeldrechtlicher oder disziplinarischer Ermittlungen haben kann.

(4) [1] Die Bundesanstalt hat ein öffentliches Angebot zu untersagen, wenn

---

[1)] Nr. 6.
[2)] Nr. 6b.
[3)] Nr. 6a.

Wertpapierprospektgesetz **§ 18 WpPG 7**

1. entgegen Artikel 3, auch in Verbindung mit Artikel 5 der Verordnung (EU) 2017/1129, kein Prospekt veröffentlicht wurde,
2. entgegen Artikel 20 der Verordnung (EU) 2017/1129 in Verbindung mit den Vorgaben in Kapitel V der Delegierten Verordnung (EU) 2019/980 ein Prospekt veröffentlicht wird,
3. der Prospekt nicht mehr nach Artikel 12 der Verordnung (EU) 2017/1129 gültig ist,
4. entgegen den in Artikel 18 der Delegierten Verordnung (EU) 2019/979 bestimmten Fällen kein Nachtrag veröffentlicht wurde,
5. entgegen § 4 Absatz 1 kein Wertpapier-Informationsblatt hinterlegt und veröffentlicht wurde oder
6. entgegen § 4 Absatz 2 ein Wertpapier-Informationsblatt veröffentlicht wird.

[2] Die Bundesanstalt kann ein öffentliches Angebot auch untersagen, wenn gegen andere als die in Satz 1 genannten Bestimmungen

1. der Verordnung (EU) 2017/1129 oder
2. dieses Gesetzes

verstoßen wurde. [3] Sie kann ein öffentliches Angebot ebenfalls untersagen, wenn ein hinreichend begründeter Verdacht besteht, dass gegen Bestimmungen

1. der Verordnung (EU) 2017/1129 oder
2. dieses Gesetzes

verstoßen würde. [4] Hat die Bundesanstalt einen hinreichend begründeten Verdacht, dass gegen

1. dieses Gesetz, insbesondere § 4 Absatz 1, 2 oder 8, oder
2. Bestimmungen der Verordnung (EU) 2017/1129, insbesondere die Artikel 3 bis 5, 12, 20, 23, 25 oder 27,

verstoßen wurde, kann sie anordnen, dass ein öffentliches Angebot für höchstens zehn aufeinander folgende Arbeitstage auszusetzen ist. [5] Die nach Satz 4 gesetzte Frist beginnt mit der Bekanntgabe der Entscheidung.

(5) [1] Die Bundesanstalt ist befugt zu kontrollieren, ob bei der Werbung für ein öffentliches Angebot von Wertpapieren oder eine Zulassung zum Handel an einem geregelten Markt die Regelungen in Artikel 22 Absatz 2 bis 5 und in Kapitel IV der Delegierten Verordnung (EU) 2019/979 sowie diejenigen in § 7 beachtet werden. [2] Besteht ein hinreichend begründeter Verdacht für einen Verstoß gegen die Bestimmungen

1. der Verordnung (EU) 2017/1129 oder
2. dieses Gesetzes,

so kann die Bundesanstalt die Werbung untersagen oder für jeweils höchstens zehn aufeinander folgende Arbeitstage aussetzen oder anordnen, dass sie zu unterlassen oder für jeweils höchstens zehn aufeinander folgende Arbeitstage auszusetzen ist. [3] Dies gilt insbesondere bei hinreichend begründetem Verdacht auf Verstöße gegen § 7 oder gegen Artikel 3, auch in Verbindung mit Artikel 5, oder Artikel 22 Absatz 2 bis 5 und Kapitel IV der Delegierten Verordnung (EU) 2019/979.

(6) Die Bundesanstalt kann der Geschäftsführung der Börse und der Zulassungsstelle Daten einschließlich personenbezogener Daten übermitteln, wenn Tatsachen den Verdacht begründen, dass gegen Bestimmungen dieses Gesetzes

oder der Verordnung (EU) 2017/1129 verstoßen worden ist und die Daten zur Erfüllung der in der Zuständigkeit der Geschäftsführung der Börse oder der Zulassungsstelle liegenden Aufgaben erforderlich sind.

(7) Verhängt die Bundesanstalt nach Artikel 42 der Verordnung (EU) Nr. 600/2014[1)] des Europäischen Parlaments und des Rates vom 15. Mai 2014 über Märkte für Finanzinstrumente und zur Änderung der Verordnung (EU) Nr. 648/2012 (ABl. L 173 vom 12.6.2014, S. 84) oder die Europäische Wertpapier- und Marktaufsichtsbehörde nach Artikel 40 der Verordnung (EU) Nr. 600/2014 ein Verbot oder eine Beschränkung, so kann die Bundesanstalt die Prüfung eines zur Billigung vorgelegten Prospekts oder zwecks Gestattung der Veröffentlichung vorgelegten Wertpapier-Informationsblatts aussetzen oder ein öffentliches Angebot von Wertpapieren aussetzen oder einschränken, solange dieses Verbot oder diese Beschränkungen gelten.

(8) Die Bundesanstalt kann die Billigung eines Prospekts oder die Gestattung eines Wertpapier-Informationsblatts, der oder das von einem bestimmten Emittenten, Anbieter oder Zulassungsantragsteller erstellt wurde, während höchstens fünf Jahren verweigern, wenn dieser Emittent, Anbieter oder Zulassungsantragsteller wiederholt und schwerwiegend gegen die Verordnung (EU) 2017/1129, insbesondere deren Artikel 3 bis 5, 12 oder 20, oder gegen dieses Gesetz, insbesondere gegen § 4, verstoßen hat.

(9) [1]Der zur Erteilung einer Auskunft Verpflichtete kann die Auskunft auf solche Fragen verweigern, deren Beantwortung ihn selbst oder einen der in § 383 Abs. 1 Nr. 1 bis 3 der Zivilprozessordnung bezeichneten Angehörigen der Gefahr strafgerichtlicher Verfolgung oder eines Verfahrens nach dem Gesetz über Ordnungswidrigkeiten aussetzen würde. [2]Der Verpflichtete ist über sein Recht zur Verweigerung der Auskunft zu belehren.

(10) [1]Die Bundesanstalt kann zur Gewährleistung des Anlegerschutzes oder des reibungslosen Funktionierens des Marktes anordnen, dass der Emittent alle wesentlichen Informationen, welche die Bewertung der öffentlich angebotenen oder zum Handel an einem geregelten Markt zugelassenen Wertpapiere beeinflussen können, bekannt macht. [2]Die Bundesanstalt kann die gebotene Bekanntmachung auch auf Kosten des Emittenten selbst vornehmen.

(11) [1]Bedienstete der Bundesanstalt dürfen Geschäftsräume durchsuchen, soweit dies zur Verfolgung von Verstößen gegen die Verordnung (EU) 2017/1129, insbesondere in Fällen eines öffentlichen Angebots ohne Veröffentlichung eines Prospekts nach Artikel 3 Absatz 1 der Verordnung (EU) 2017/1129, geboten ist und der begründete Verdacht besteht, dass in Zusammenhang mit dem Gegenstand der entsprechenden Überprüfung oder Ermittlung Dokumente und andere Daten vorhanden sind, die als Nachweis für den Verstoß dienen können. [2]Das Grundrecht des Artikels 13 des Grundgesetzes wird insoweit eingeschränkt. [3]Im Rahmen der Durchsuchung dürfen Bedienstete der Bundesanstalt Gegenstände sicherstellen, die als Beweismittel für die Ermittlung des Sachverhalts von Bedeutung sein können. [4]Befinden sich die Gegenstände im Gewahrsam einer Person und werden sie nicht freiwillig herausgegeben, können Bedienstete der Bundesanstalt sie beschlagnahmen. [5]Durchsuchungen und Beschlagnahmen sind, außer bei Gefahr im Verzug, durch den Richter anzuordnen. [6]Zuständig ist das Amtsgericht Frankfurt am Main. [7]Gegen die richterliche Entscheidung ist die Be-

---

[1)] Nr. 2.

Wertpapierprospektgesetz § 19 WpPG 7

schwerde zulässig. ⁸Die §§ 306 bis 310 und 311a der Strafprozessordnung gelten entsprechend. ⁹Bei Beschlagnahmen ohne gerichtliche Anordnung gilt § 98 Absatz 2 der Strafprozessordnung entsprechend. ¹⁰Zuständiges Gericht für die nachträglich eingeholte gerichtliche Entscheidung ist das Amtsgericht Frankfurt am Main. ¹¹Über die Durchsuchung ist eine Niederschrift zu fertigen. ¹²Sie muss insbesondere die verantwortliche Dienststelle, Grund, Zeit und Ort der Durchsuchung und ihr Ergebnis enthalten.

**§ 19 Verschwiegenheitspflicht.** (1) ¹Die bei der Bundesanstalt Beschäftigten und die nach § 4 Abs. 3 des Finanzdienstleistungsaufsichtsgesetzes beauftragten Personen dürfen die ihnen bei ihrer Tätigkeit bekannt gewordenen Tatsachen, deren Geheimhaltung im Interesse eines nach diesem Gesetz Verpflichteten oder eines Dritten liegt, insbesondere Geschäfts- und Betriebsgeheimnisse sowie personenbezogene Daten, nicht unbefugt offenbaren oder verwerten, auch wenn sie nicht mehr im Dienst sind oder ihre Tätigkeit beendet ist. ²Dies gilt auch für andere Personen, die durch dienstliche Berichterstattung Kenntnis von den in Satz 1 bezeichneten Tatsachen erhalten. ³Ein unbefugtes Offenbaren oder Verwerten im Sinne des Satzes 1 liegt insbesondere nicht vor, wenn Tatsachen weitergegeben werden an

1. Strafverfolgungsbehörden oder für Straf- und Bußgeldsachen zuständige Gerichte,
2. kraft Gesetzes oder im öffentlichen Auftrag mit der Überwachung von Börsen oder anderen Märkten, an denen Finanzinstrumente gehandelt werden, des Handels mit Finanzinstrumenten oder Devisen, von Kreditinstituten, Finanzdienstleistungsinstituten, Investmentgesellschaften, Finanzunternehmen oder Versicherungsunternehmen betraute Stellen sowie von diesen beauftragte Personen,
3. die Europäische Wertpapier- und Marktaufsichtsbehörde, die Europäische Aufsichtsbehörde für das Versicherungswesen und die betriebliche Altersversorgung, die Europäische Bankenaufsichtsbehörde, den Gemeinsamen Ausschuss der Europäischen Finanzaufsichtsbehörden, den Europäischen Ausschuss für Systemrisiken oder die Europäische Kommission,

soweit diese Stellen die Informationen zur Erfüllung ihrer Aufgaben benötigen. ⁴Für die bei den in Satz 3 Nummer 1 und 2 genannten Stellen beschäftigten Personen sowie von diesen Stellen beauftragten Personen gilt die Verschwiegenheitspflicht nach Satz 1 entsprechend. ⁵Befindet sich eine in Satz 3 Nummer 1 oder 2 genannte Stelle in einem anderen Staat, so dürfen die Tatsachen nur weitergegeben werden, wenn die bei dieser Stelle beschäftigten und die von dieser Stelle beauftragten Personen einer dem Satz 1 entsprechenden Verschwiegenheitspflicht unterliegen.

(2) ¹Die §§ 93, 97 und 105 Absatz 1, § 111 Absatz 5 in Verbindung mit § 105 Absatz 1 sowie § 116 Absatz 1 der Abgabenordnung gelten für die in Absatz 1 Satz 1 und 2 bezeichneten Personen nur, soweit die Finanzbehörden die Kenntnisse für die Durchführung eines Verfahrens wegen einer Steuerstraftat sowie eines damit zusammenhängenden Besteuerungsverfahrens benötigen. ²Die in Satz 1 genannten Vorschriften sind jedoch nicht anzuwenden, soweit Tatsachen betroffen sind,

577

1. die den in Absatz 1 Satz 1 oder Satz 2 bezeichneten Personen durch eine Stelle eines anderen Staates im Sinne von Absatz 1 Satz 3 Nummer 2 oder durch von dieser Stelle beauftragte Personen mitgeteilt worden sind oder

2. von denen bei der Bundesanstalt beschäftigte Personen dadurch Kenntnis erlangen, dass sie an der Aufsicht über direkt von der Europäischen Zentralbank beaufsichtigte Institute mitwirken, insbesondere in gemeinsamen Aufsichtsteams nach Artikel 2 Nummer 6 der Verordnung (EU) Nr. 468/2014 der Europäischen Zentralbank vom 16. April 2014 zur Einrichtung eines Rahmenwerks für die Zusammenarbeit zwischen der Europäischen Zentralbank und den nationalen zuständigen Behörden und den nationalen benannten Behörden innerhalb des einheitlichen Aufsichtsmechanismus (SSM-Rahmenverordnung) (EZB/2014/17) (ABl. L 141 vom 14.5.2014, S. 1), und die nach den Regeln der Europäischen Zentralbank geheim sind.

**§ 20 Sofortige Vollziehung.** Keine aufschiebende Wirkung haben

1. Widerspruch und Anfechtungsklage gegen Maßnahmen nach den §§ 18 und 25 sowie

2. Widerspruch und Anfechtungsklage gegen die Androhung oder Festsetzung von Zwangsmitteln.

### Abschnitt 5. Sonstige Vorschriften

**§ 21 Anerkannte Sprache.** (1) Anerkannte Sprache im Sinne des Artikels 27 der Verordnung (EU) 2017/1129[1)] ist die deutsche Sprache.

(2) [1]Die englische Sprache wird im Falle des Artikels 27 Absatz 1 und 3 der Verordnung (EU) 2017/1129 anerkannt, sofern der Prospekt auch eine Übersetzung der in Artikel 7 dieser Verordnung genannten Zusammenfassung, oder, im Falle eines EU-Wachstumsprospekts, der speziellen Zusammenfassung gemäß Artikel 15 Absatz 2 dieser Verordnung in die deutsche Sprache enthält. [2]Im Falle von Basisprospekten ist die Zusammenfassung für die einzelne Emission in die deutsche Sprache zu übersetzen. [3]Die englische Sprache wird ohne Übersetzung der Zusammenfassung anerkannt, wenn gemäß Artikel 7 Absatz 1 Unterabsatz 2 der Verordnung (EU) 2017/1129 eine Zusammenfassung nicht erforderlich ist.

**§ 22 Elektronische Einreichung, Aufbewahrung.** (1) [1]Der Prospekt einschließlich der Übersetzung der Zusammenfassung ist der Bundesanstalt ausschließlich elektronisch über das Melde- und Veröffentlichungssystem der Bundesanstalt zu übermitteln. [2]Dies gilt entsprechend für die Übermittlung von Nachträgen und für die Hinterlegung von einheitlichen Registrierungsformularen einschließlich deren Änderungen.

(2) Die endgültigen Bedingungen des Angebots sind ausschließlich elektronisch über das Melde- und Veröffentlichungssystem der Bundesanstalt zu hinterlegen.

(3) [1]Der gebilligte Prospekt wird von der Bundesanstalt zehn Jahre aufbewahrt. [2]Die Aufbewahrungsfrist beginnt mit dem Ablauf des 31. Dezembers des Kalenderjahres, in dem der Prospekt gebilligt wurde. [3]Dies gilt entsprechend für gebil-

---

[1)] Nr. 6.

ligte Nachträge und einheitliche Registrierungsformulare einschließlich deren Änderungen.

**§ 32[1] Auskunftspflicht von Wertpapierdienstleistungsunternehmen.** Vorbehaltlich der schriftlichen Einwilligung des jeweiligen Kunden haben Wertpapierdienstleistungsunternehmen im Sinne des § 2 Absatz 10 des Wertpapierhandelsgesetzes[2] Emittenten oder Anbietern auf Anfrage unverzüglich ihre Einstufung dieses Kunden nach § 67 des Wertpapierhandelsgesetzes mitzuteilen.

*[§ 23 bis 30.9.2021:]*
**§ 23 Gebühren und Auslagen.** (1) Für individuell zurechenbare öffentliche Leistungen nach diesem Gesetz, nach den auf diesem Gesetz beruhenden Rechtsvorschriften und nach Rechtsakten der Europäischen Union kann die Bundesanstalt Gebühren und Auslagen erheben.

(2) ¹Das Bundesministerium der Finanzen wird ermächtigt, durch Rechtsverordnung, die nicht der Zustimmung des Bundesrates bedarf, die gebührenpflichtigen Tatbestände und die Gebühren nach festen Sätzen oder als Rahmengebühren näher zu bestimmen. ²Die Gebührensätze und die Rahmengebühren sind so zu bemessen, dass zwischen der den Verwaltungsaufwand berücksichtigenden Höhe und der Bedeutung, dem wirtschaftlichen Wert oder dem sonstigen Nutzen der individuell zurechenbaren öffentlichen Leistung ein angemessenes Verhältnis besteht. ³Das Bundesministerium der Finanzen kann die Ermächtigung durch Rechtsverordnung auf die Bundesanstalt für Finanzdienstleistungsaufsicht übertragen.

*[§ 23 ab 1.10.2021:]*
**§ 23** *(aufgehoben)*

**§ 24 Bußgeldvorschriften.** (1) Ordnungswidrig handelt, wer vorsätzlich oder leichtfertig
1. entgegen § 4 Absatz 1 Satz 1 ein Wertpapier anbietet,
2. entgegen § 4 Absatz 2 Satz 1 ein Wertpapier-Informationsblatt veröffentlicht,
3. entgegen § 4 Absatz 8 Satz 1
   a) eine Angabe nicht, nicht richtig, nicht vollständig oder nicht rechtzeitig aktualisiert oder
   b) eine aktualisierte Fassung des Wertpapier-Informationsblatts nicht oder nicht rechtzeitig übermittelt,
4. entgegen § 4 Absatz 8 Satz 2 das dort genannte Datum nicht oder nicht richtig nennt,
5. entgegen § 4 Absatz 8 Satz 3 oder § 5 Absatz 3 Satz 1 ein Wertpapier-Informationsblatt nicht, nicht richtig, nicht vollständig, nicht in der vorgeschriebenen Weise oder nicht rechtzeitig veröffentlicht,
6. entgegen § 5 Absatz 3 Satz 2, auch in Verbindung mit § 4 Absatz 8 Satz 4, nicht sicherstellt, dass ein Wertpapier-Informationsblatt zugänglich ist,
7. entgegen § 7 Absatz 1 nicht dafür sorgt, dass ein dort genannter Hinweis erfolgt,

---
[1] § 32 wurde durch G v. 8.7.2019 (BGBl. I S 1002) weder aufgehoben noch umbenannt.
[2] Nr. **12**.

8. entgegen § 7 Absatz 2 nicht dafür sorgt, dass die Werbung klar als solche erkennbar ist,

9. entgegen § 7 Absatz 3 nicht dafür sorgt, dass eine Information weder unrichtig noch irreführend ist oder eine Übereinstimmung mit einer dort genannten Information vorliegt,

10. entgegen § 7 Absatz 4 nicht dafür sorgt, dass eine Information mit der im Wertpapier-Informationsblatt enthaltenen Information übereinstimmt, oder

11. entgegen § 7 Absatz 5 eine Information in das Wertpapier-Informationsblatt oder in eine Aktualisierung nicht, nicht richtig, nicht vollständig oder nicht rechtzeitig aufnimmt.

(2) Ordnungswidrig handelt, wer vorsätzlich oder fahrlässig einer vollziehbaren Anordnung nach

1. § 18 Absatz 2 Nummer 1, Absatz 4 Satz 1 Nummer 5 oder 6, Satz 2 Nummer 2, Satz 3 Nummer 2 oder Satz 4 Nummer 1, Absatz 5 Satz 2 Nummer 2 oder Absatz 10 Satz 1 oder

2. § 18 Absatz 2 Nummer 2, Absatz 4 Satz 1 Nummer 1 bis 3 oder 4, Satz 2 Nummer 1, Satz 3 Nummer 1 oder Satz 4 Nummer 2 oder Absatz 5 Satz 2 Nummer 1

zuwiderhandelt.

(3) Ordnungswidrig handelt, wer gegen die Verordnung (EU) 2017/1129[1]) des Europäischen Parlaments und des Rates vom 14. Juni 2017 über den Prospekt, der beim öffentlichen Angebot von Wertpapieren oder bei deren Zulassung zum Handel an einem geregelten Markt zu veröffentlichen ist und zur Aufhebung der Richtlinie 2003/71/EG (ABl. L 168 vom 30.6.2017, S. 12) verstößt, indem er vorsätzlich oder leichtfertig

1. entgegen Artikel 3 Absatz 1 ein Wertpapier öffentlich anbietet,

2. entgegen Artikel 5 Absatz 2 ein Wertpapier an nicht qualifizierte Anleger weiterveräußert,

3. entgegen Artikel 8 Absatz 5 Unterabsatz 1 die endgültigen Bedingungen nicht, nicht in der vorgeschriebenen Weise oder nicht rechtzeitig der Öffentlichkeit zur Verfügung stellt oder sie nicht oder nicht rechtzeitig bei der Bundesanstalt hinterlegt,

4. entgegen Artikel 9 Absatz 4 das einheitliche Registrierungsformular oder eine Änderung der Öffentlichkeit nicht oder nicht rechtzeitig zur Verfügung stellt,

5. entgegen Artikel 9 Absatz 9 Unterabsatz 2 Satz 2 oder Unterabsatz 3 eine Änderung des einheitlichen Registrierungsformulars bei der Bundesanstalt nicht oder nicht rechtzeitig hinterlegt,

6. einer vollziehbaren Anordnung nach Artikel 9 Absatz 9 Unterabsatz 4 Satz 1 zuwiderhandelt,

7. entgegen Artikel 9 Absatz 12 Unterabsatz 3 Buchstabe b das einheitliche Registrierungsformular nicht oder nicht rechtzeitig bei der Bundesanstalt hinterlegt oder es nicht oder nicht rechtzeitig dem Handelsregister nach § 8b des Handelsgesetzbuches zur Verfügung stellt,

---

[1]) Nr. 6.

Wertpapierprospektgesetz § 24 WpPG 7

8. entgegen Artikel 10 Absatz 1 Unterabsatz 2 bei der Bundesanstalt einen Nachtrag nicht, nicht richtig, nicht vollständig oder nicht rechtzeitig zur Billigung vorlegt,
9. entgegen Artikel 10 Absatz 2 das gebilligte Registrierungsformular der Öffentlichkeit nicht, nicht in der vorgeschriebenen Weise oder nicht rechtzeitig zur Verfügung stellt,
10. entgegen Artikel 19 Absatz 2 Satz 1 die Zugänglichkeit einer mittels Verweis in den Prospekt aufgenommenen Information nicht gewährleistet,
11. entgegen Artikel 19 Absatz 3 der Bundesanstalt eine dort genannte Information nicht, nicht richtig, nicht vollständig, nicht in der vorgeschriebenen Weise oder nicht rechtzeitig vorlegt,
12. entgegen Artikel 20 Absatz 1 einen Prospekt veröffentlicht,
13. entgegen Artikel 21 Absatz 1 oder 3 Unterabsatz 1 einen Prospekt nicht, nicht richtig, nicht vollständig, nicht in der vorgeschriebenen Weise oder nicht rechtzeitig der Öffentlichkeit zur Verfügung stellt,
14. entgegen Artikel 21 Absatz 3 Unterabsatz 2 ein dort genanntes Dokument, einen Nachtrag, eine endgültige Bedingung oder eine Kopie der Zusammenfassung nicht oder nicht rechtzeitig zur Verfügung stellt,
15. entgegen Artikel 21 Absatz 11 Satz 1 oder 2 eine kostenlose Version des Prospekts oder eine gedruckte Fassung nicht oder nicht rechtzeitig zur Verfügung stellt,
16. entgegen Artikel 22 Absatz 5 eine Mitteilung nicht oder nicht rechtzeitig macht oder eine Information nicht oder nicht rechtzeitig aufnimmt oder
17. entgegen Artikel 23 Absatz 1, auch in Verbindung mit Artikel 8 Absatz 10, einen Nachtrag nicht, nicht richtig, nicht vollständig, nicht in der vorgeschriebenen Weise oder nicht rechtzeitig veröffentlicht.

(4) Ordnungswidrig handelt, wer vorsätzlich oder leichtfertig
1. ohne Prospekt Wertpapiere später weiterveräußert oder als Finanzintermediär endgültig platziert, ohne dass die Voraussetzungen für eine prospektfreie Weiterveräußerung oder Platzierung nach Artikel 5 Absatz 1 Unterabsatz 1 Satz 2 oder Unterabsatz 2 der Verordnung (EU) 2017/1129 vorliegen,
2. einen Prospekt veröffentlicht, der die Informationen und Angaben nach Artikel 6 der Verordnung (EU) 2017/1129 nicht oder nicht in der vorgeschriebenen Weise enthält,
3. einen Prospekt veröffentlicht, dessen Zusammenfassung die Informationen und Warnhinweise nach Artikel 7 Absatz 1 bis 8, 10 und 11 der Verordnung (EU) 2017/1129 nicht oder nicht in der vorgeschriebenen Weise enthält,
4. endgültige Bedingungen, auch als Teil eines Basisprospekts oder Nachtrags, der Öffentlichkeit zur Verfügung stellt, die nicht oder nicht in der vorgeschriebenen Weise nach Artikel 8 Absatz 3 der Verordnung (EU) 2017/1129 festlegen, welche der in dem Basisprospekt enthaltenen Optionen in Bezug auf die Angaben, die nach der entsprechenden Wertpapierbeschreibung erforderlich sind, für die einzelne Emission gelten,
5. endgültige Bedingungen der Öffentlichkeit zur Verfügung stellt, die nicht den Anforderungen nach Artikel 8 Absatz 4 Unterabsatz 1 der Verordnung (EU) 2017/1129 an die Präsentationsform oder an die Darlegung entsprechen,
6. endgültige Bedingungen, auch als Teil eines Basisprospekts oder Nachtrags, der Öffentlichkeit zur Verfügung stellt, die nicht den Anforderungen des

# 7 WpPG § 24

Artikels 8 Absatz 4 Unterabsatz 2 der Verordnung (EU) 2017/1129 entsprechen, indem sie Angaben enthalten, die nicht die Wertpapierbeschreibung betreffen, oder als Nachtrag zum Basisprospekt dienen,

7. endgültige Bedingungen, auch als Teil eines Basisprospekts oder Nachtrags, der Öffentlichkeit zur Verfügung stellt, die eine eindeutige und deutlich sichtbare Erklärung nach Artikel 8 Absatz 5 Unterabsatz 2 der Verordnung (EU) 2017/1129 nicht oder nicht vollständig enthalten,

8. eine Zusammenfassung für die einzelne Emission veröffentlicht, die nicht nach Artikel 8 Absatz 9 Unterabsatz 1 erster Teilsatz der Verordnung (EU) 2017/1129 den Anforderungen des Artikels 8 der Verordnung (EU) 2017/1129 an endgültige Bedingungen entspricht,

9. endgültige Bedingungen, auch als Teil eines Basisprospekts oder Nachtrags, der Öffentlichkeit zur Verfügung stellt, denen nicht nach Artikel 8 Absatz 9 Unterabsatz 1 zweiter Teilsatz der Verordnung (EU) 2017/1129 die Zusammenfassung für die einzelne Emission angefügt ist,

10. endgültige Bedingungen, auch als Teil eines Basisprospekts oder Nachtrags, der Öffentlichkeit zur Verfügung stellt, denen eine Zusammenfassung für die einzelne Emission angefügt ist, die nicht den in Artikel 8 Absatz 9 Unterabsatz 2 der Verordnung (EU) 2017/1129 genannten Anforderungen entspricht,

11. endgültige Bedingungen, auch als Teil eines Basisprospekts oder Nachtrags, der Öffentlichkeit zur Verfügung stellt, die auf der ersten Seite nicht den in Artikel 8 Absatz 11 Satz 2 der Verordnung (EU) 2017/1129 genannten Warnhinweis enthalten,

12. ein einheitliches Registrierungsformular ohne vorherige Billigung durch die Bundesanstalt veröffentlicht, ohne dass die Voraussetzungen nach Artikel 9 Absatz 2 der Verordnung (EU) 2017/1129 für die Möglichkeit einer Hinterlegung ohne vorherige Billigung vorliegen,

13. einen Prospekt, auch unter Verwendung eines Registrierungsformulars oder eines einheitlichen Registrierungsformulars als Prospektbestandteil, veröffentlicht, der die nach Artikel 11 Absatz 1 der Verordnung (EU) 2017/1129 vorgeschriebenen Angaben und Erklärungen nicht oder nicht in der vorgeschriebenen Weise enthält,

14. einen vereinfachten Prospekt nach Artikel 14 der Verordnung (EU) 2017/1129 veröffentlicht, ohne zu den in Artikel 14 Absatz 1 der Verordnung (EU) 2017/1129 genannten Personen zu gehören, oder einen vereinfachten Prospekt veröffentlicht, der nicht aus den in Artikel 14 Absatz 1 der Verordnung (EU) 2017/1129 genannten Bestandteilen besteht oder die verkürzten Angaben nach Artikel 14 Absatz 2 der Verordnung (EU) 2017/1129 nicht oder nicht in der vorgeschriebenen Weise enthält,

15. einen EU-Wachstumsprospekt veröffentlicht, ohne zu den in Artikel 15 Absatz 1 der Verordnung (EU) 2017/1129 genannten Personen zu gehören, oder einen EU-Wachstumsprospekt veröffentlicht, der die in Artikel 15 Absatz 1 der Verordnung (EU) 2017/1129 genannten Bestandteile und Informationen nicht oder nicht in der vorgeschriebenen Weise enthält,

16. einen Prospekt veröffentlicht, der die Risikofaktoren nach Artikel 16 Absatz 1 bis 3 der Verordnung (EU) 2017/1129 nicht oder nicht in der vorgeschriebenen Weise darstellt,

17. einen Prospekt veröffentlicht, der die nach Artikel 17 Absatz 1 Buchstabe b der Verordnung (EU) 2017/1129 anzugebenden Informationen nicht enthält,

18. als Anbieter oder Zulassungsantragsteller den endgültigen Emissionspreis oder das endgültige Emissionsvolumen nicht spätestens am Tag der Veröffentlichung bei der Bundesanstalt nach Artikel 17 Absatz 2 erste Alternative der Verordnung (EU) 2017/1129 hinterlegt,

19. als Anbieter den endgültigen Emissionspreis oder das endgültige Emissionsvolumen nicht, nicht richtig, nicht in der nach Artikel 17 Absatz 2 zweite Alternative in Verbindung mit Artikel 21 Absatz 2 der Verordnung (EU) 2017/1129 vorgeschriebenen Weise oder nicht unverzüglich nach der Festlegung des endgültigen Emissionspreises und Emissionsvolumens der Öffentlichkeit zur Verfügung stellt,

20. nach der Verordnung (EU) 2017/1129 für einen Prospekt oder seine Bestandteile vorgeschriebene Informationen und Angaben nicht in den Prospekt aufnimmt, ohne dass die Voraussetzungen nach Artikel 18 der Verordnung (EU) 2017/1129 für eine Nichtaufnahme vorliegen,

21. eine Information mittels Verweis in den Prospekt aufnimmt, die einer der in Artikel 19 Absatz 1 der Verordnung (EU) 2017/1129 genannten Anforderungen nicht entspricht,

22. als Emittent, Anbieter oder Zulassungsantragsteller eine gesonderte Kopie der Zusammenfassung zur Verfügung stellt, die nicht nach Artikel 21 Absatz 3 Unterabsatz 3 der Verordnung (EU) 2017/1129 klar angibt, auf welchen Prospekt sie sich bezieht,

23. als Emittent, Anbieter oder Zulassungsantragsteller für den Zugang zu einem gebilligten Prospekt eine Zugangsbeschränkung nach Artikel 21 Absatz 4 der Verordnung (EU) 2017/1129 vorsieht,

24. als Emittent, Anbieter oder Zulassungsantragsteller einen gebilligten Prospekt nach seiner Veröffentlichung gemäß Artikel 21 Absatz 7 Unterabsatz 1 der Verordnung (EU) 2017/1129 nicht mindestens zehn Jahre lang auf den in Artikel 21 Absatz 2 der Verordnung (EU) 2017/1129 genannten Websites in elektronischer Form öffentlich zugänglich macht,

25. als Emittent, Anbieter oder Zulassungsantragsteller Hyperlinks für die mittels Verweis in den Prospekt aufgenommenen Informationen, Nachträge und/oder endgültigen Bedingungen für den Prospekt verwendet und diese nicht gemäß Artikel 21 Absatz 7 Unterabsatz 2 der Verordnung (EU) 2017/1129 funktionsfähig hält,

26. einen gebilligten Prospekt der Öffentlichkeit zur Verfügung stellt, der den Warnhinweis dazu, ab wann der Prospekt nicht mehr gültig ist, nach Artikel 21 Absatz 8 der Verordnung (EU) 2017/1129 nicht, nicht vollständig oder nicht in der vorgeschriebenen Weise enthält,

27. Einzeldokumente eines aus mehreren Einzeldokumenten bestehenden Prospekts im Sinne des Artikels 10 der Verordnung (EU) 2017/1129 veröffentlicht, die den Hinweis darauf, dass es sich bei jedem dieser Einzeldokumente lediglich um einen Teil des Prospekts handelt und wo die übrigen Einzeldokumente erhältlich sind, nach Artikel 21 Absatz 9 Satz 2 der Verordnung (EU) 2017/1129 nicht oder nicht vollständig enthalten,

28. einen Prospekt oder einen Nachtrag der Öffentlichkeit zur Verfügung stellt, dessen Wortlaut und Aufmachung nicht mit der von der zuständigen Behörde gebilligten Fassung des Prospekts oder Nachtrags nach Artikel 21 Absatz 10 der Verordnung (EU) 2017/1129 identisch ist,

29. sich in Werbung auf ein öffentliches Angebot von Wertpapieren oder auf eine Zulassung zum Handel an einem geregelten Markt bezieht, die den nach Artikel 22 Absatz 2 der Verordnung (EU) 2017/1129 vorzusehenden Hinweis nicht oder nicht vollständig enthält,

30. sich in Werbung auf ein öffentliches Angebot von Wertpapieren oder auf eine Zulassung zum Handel an einem geregelten Markt bezieht, ohne sie klar als Werbung erkennbar zu machen oder ohne dass die darin enthaltenen Informationen den Anforderungen nach Artikel 22 Absatz 3 der Verordnung (EU) 2017/1129 entsprechen,

31. nicht nach Artikel 22 Absatz 4 der Verordnung (EU) 2017/1129 sicherstellt, dass mündlich oder schriftlich verbreitete Informationen über das öffentliche Angebot von Wertpapieren oder die Zulassung zum Handel an einem geregelten Markt mit den im Prospekt enthaltenen Informationen übereinstimmen,

32. einen Nachtrag veröffentlicht, in dem die Frist für das Widerrufsrecht des Anlegers und die Erklärung nach Artikel 23 Absatz 2 der Verordnung (EU) 2017/1129, auch in Verbindung mit Artikel 8 Absatz 10 der Verordnung (EU) 2017/1129, nicht oder nicht in der vorgeschriebenen Weise angegeben ist,

33. als Finanzintermediär, über den die Wertpapiere erworben oder gezeichnet werden, oder als Emittent, über den die Wertpapiere unmittelbar erworben oder gezeichnet werden, die Anleger nicht oder nicht rechtzeitig nach Artikel 23 Absatz 3 der Verordnung (EU) 2017/1129 informiert,

34. als Emittent, Anbieter oder Zulassungsantragsteller einen Nachtrag zu einem Registrierungsformular oder zu einem einheitlichen Registrierungsformular, das gleichzeitig als Bestandteil mehrerer Prospekte verwendet wird, veröffentlicht, ohne nach Artikel 23 Absatz 5 der Verordnung (EU) 2017/1129, auch in Verbindung mit Artikel 8 Absatz 10 der Verordnung (EU) 2017/1129, im Nachtrag alle Prospekte zu nennen, auf die er sich bezieht,

35. Wertpapiere nur in seinem Herkunftsmitgliedstaat öffentlich anbietet oder nur dort die Zulassung zum Handel an einem geregelten Markt beantragt und zu diesem Zweck einen Prospekt veröffentlicht, der nicht in einer nach § 21 in Verbindung mit Artikel 27 der Verordnung (EU) 2017/1129 anerkannten Sprache erstellt wurde,

36. Wertpapiere in einem oder mehreren anderen Mitgliedstaaten als seinem Herkunftsmitgliedstaat öffentlich anbietet oder dort die Zulassung zum Handel an einem geregelten Markt beantragt und zu diesem Zweck einen Prospekt veröffentlicht, der nicht in einer nach § 21 in Verbindung mit Artikel 27 Absatz 2 Unterabsatz 1 der Verordnung (EU) 2017/1129 anerkannten oder in einer in internationalen Finanzkreisen gebräuchlichen Sprache erstellt wurde,

37. Wertpapiere in mehr als einem Mitgliedstaat einschließlich des Herkunftsmitgliedstaats öffentlich anbietet oder dort die Zulassung zum Handel an einem geregelten Markt beantragt und zu diesem Zweck einen Prospekt veröffentlicht, der nicht in einer nach § 21 in Verbindung mit Artikel 27 Absatz 3 Unterabsatz 1 der Verordnung (EU) 2017/1129 anerkannten Sprache oder in einer von den zuständigen Behörden der einzelnen Aufnahmemitgliedstaaten anerkannten Sprache oder in einer in internationalen Finanzkreisen gebräuchlichen Sprache erstellt wurde,

38. einen in englischer Sprache erstellten Prospekt veröffentlicht, der keine Übersetzung der in Artikel 7 der Verordnung (EU) 2017/1129 genannten Zusam-

menfassung oder im Falle eines EU-Wachstumsprospekts der speziellen Zusammenfassung gemäß Artikel 15 Absatz 2 der Verordnung (EU) 2017/1129 oder im Falle eines Basisprospekts der Zusammenfassung für die einzelne Emission in die deutsche Sprache enthält, oder

39. endgültige Bedingungen oder die Zusammenfassung für die einzelne Emission veröffentlicht, ohne dabei der für die endgültigen Bedingungen und die ihnen angefügte Zusammenfassung nach Artikel 27 Absatz 4 Unterabsatz 1 der Verordnung (EU) 2017/1129 geltenden Sprachregelung zu entsprechen.

(5) Die Ordnungswidrigkeit kann in den Fällen des Absatzes 1 Nummer 1 und 2 mit einer Geldbuße bis zu siebenhunderttausend Euro, in den Fällen des Absatzes 1 Nummer 3 Buchstabe a und Nummer 4 bis 6 und des Absatzes 2 Nummer 1 mit einer Geldbuße bis zu zweihunderttausend Euro und in den übrigen Fällen des Absatzes 1 mit einer Geldbuße bis zu hunderttausend Euro geahndet werden.

(6) [1] Die Ordnungswidrigkeit kann in den Fällen des Absatzes 2 Nummer 2, der Absätze 3 und 4 mit einer Geldbuße bis zu siebenhunderttausend Euro geahndet werden. [2] Gegenüber einer juristischen Person oder Personenvereinigung kann über Satz 1 hinaus eine höhere Geldbuße verhängt werden; diese darf den höheren der Beträge von fünf Millionen Euro und 3 Prozent des Gesamtumsatzes, den die juristische Person oder Personenvereinigung in der Behördenentscheidung vorangegangenen Geschäftsjahr erzielt hat, nicht überschreiten. [3] Über die in den Sätzen 1 und 2 genannten Beträge hinaus kann die Ordnungswidrigkeit mit einer Geldbuße bis zum Zweifachen des aus dem Verstoß gezogenen wirtschaftlichen Vorteils geahndet werden. [4] Der wirtschaftliche Vorteil umfasst erzielte Gewinne und vermiedene Verluste und kann geschätzt werden.

(7) Zur Ermittlung des Gesamtumsatzes im Sinne des Absatzes 6 Satz 2 gilt § 120 Absatz 23 Satz 1 des Wertpapierhandelsgesetzes[1]) entsprechend

(8) § 17 Absatz 2 des Gesetzes über Ordnungswidrigkeiten ist nicht anzuwenden bei Sanktionstatbeständen, die in Absatz 6 in Bezug genommen werden.

(9) Verwaltungsbehörde im Sinne des § 36 Absatz 1 Nummer 1 des Gesetzes über Ordnungswidrigkeiten ist die Bundesanstalt.

**§ 25 Maßnahmen bei Verstößen.** (1) Im Falle eines Verstoßes gegen die in § 24 Absatz 1, 3 oder 4 genannten Vorschriften kann die Bundesanstalt zur Verhinderung weiterer Verstöße

1. auf ihrer Internetseite gemäß den Vorgaben des Artikels 42 der Verordnung (EU) 2017/1129[2]) eine Bekanntgabe des Verstoßes unter Nennung der natürlichen oder juristischen Person oder der Personenvereinigung, die den Verstoß begangen hat, sowie der Art des Verstoßes veröffentlichen und

2. gegenüber der für den Verstoß verantwortlichen natürlichen oder juristischen Person oder Personenvereinigung anordnen, dass die den Verstoß begründenden Handlungen oder Verhaltensweisen dauerhaft einzustellen sind.

(2) Die Bekanntmachung nach Absatz 1 Nummer 1 darf nur diejenigen personenbezogenen Daten enthalten, die zur Identifizierung des Anbieters oder Emittenten erforderlich sind.

---
[1]) Nr. **12**.
[2]) Nr. **6**.

**§ 26 Datenschutz.** Die Bundesanstalt darf personenbezogene Daten nur zur Erfüllung ihrer aufsichtlichen Aufgaben und für Zwecke der Zusammenarbeit nach Maßgabe der Artikel 33 und 34 der Verordnung (EU) 2017/1129[1] verarbeiten.

**§ 27 Übergangsbestimmungen zur Aufhebung des Verkaufsprospektgesetzes.** ¹ Für Ansprüche wegen fehlerhafter Prospekte, die nicht Grundlage für die Zulassung von Wertpapieren zum Handel an einer inländischen Börse sind und die vor dem 1. Juni 2012 im Inland veröffentlicht worden sind, sind das Verkaufsprospektgesetz und die §§ 44 bis 47 des Börsengesetzes[2] jeweils in der bis zum 31. Mai 2012 geltenden Fassung weiterhin anzuwenden. ² Wurden Prospekte entgegen § 3 Absatz 1 Satz 1 in der bis zum 20. Juli 2019 geltenden Fassung nicht veröffentlicht, ist für daraus resultierende Ansprüche, die bis zum Ablauf des 31. Mai 2012 entstanden sind, das Verkaufsprospektgesetz in der bis zum 31. Mai 2012 geltenden Fassung weiterhin anzuwenden.

**§ 28 Übergangsbestimmungen zum Gesetz zur weiteren Ausführung der EU-Prospektverordnung und zur Änderung von Finanzmarktgesetzen.** (1) Prospekte, die vor dem 21. Juli 2019 gebilligt wurden, unterliegen bis zum Ablauf ihrer Gültigkeit weiterhin dem Wertpapierprospektgesetz in der bis zum 20. Juli 2019 geltenden Fassung.

(2) ¹ Wertpapier-Informationsblätter, deren Veröffentlichung vor dem 21. Juli 2019 gestattet wurde, unterliegen weiterhin dem Wertpapierprospektgesetz in der bis zum 20. Juli 2019 geltenden Fassung. ² Anträge auf Gestattung der Veröffentlichung von Wertpapier-Informationsblättern, die vor dem 21. Juli 2019 gestellt wurden und bis zum 20. Juli 2019 einschließlich nicht beschieden sind, gelten als Anträge auf Gestattung der Veröffentlichung nach § 4 in der nach dem 21. Juli 2019 geltenden Fassung.

---

[1] Nr. 6.
[2] Nr. 4.

# 7a. Verordnung über die Erhebung von Gebühren nach dem Wertpapierprospektgesetz (Wertpapierprospektgebührenverordnung – WpPGebV)[1)]

Vom 29. Juni 2005
(BGBl. I S. 1875)

**FNA 4110-9-1**

zuletzt geänd. durch Art. 2 G zur weiteren Ausführung der EU-ProspektVO und zur Änd. von Finanzmarktgesetzen v. 8.7.2019 (BGBl. I S. 1002)

Auf Grund des § 28 Abs. 2 Satz 1 und 2 des Wertpapierprospektgesetzes[2)] vom 22. Juni 2005 (BGBl. I S. 1698) in Verbindung mit dem 2. Abschnitt des Verwaltungskostengesetzes vom 23. Juni 1970 (BGBl. I S. 821) und § 1 Nr. 7 der Verordnung zur Übertragung von Befugnissen zum Erlass von Rechtsverordnungen auf die Bundesanstalt für Finanzdienstleistungsaufsicht, § 1 Nr. 7 eingefügt durch Artikel 7 Nr. 3 des Gesetzes vom 22. Juni 2005 (BGBl. I S. 1698), verordnet die Bundesanstalt für Finanzdienstleistungsaufsicht:

**§ 1 Anwendungsbereich.** ¹Die Bundesanstalt für Finanzdienstleistungsaufsicht erhebt für individuell zurechenbare öffentliche Leistungen nach dem Wertpapierprospektgesetz[2)] und nach Rechtsakten der Europäischen Union Gebühren nach dieser Verordnung; Auslagen werden nicht gesondert erhoben. ²Im Übrigen gilt das Bundesgebührengesetz.

**§ 2 Gebühren.** (1) Die gebührenpflichtigen individuell zurechenbaren öffentlichen Leistungen und die Gebührensätze bestimmen sich vorbehaltlich der Regelungen in § 3 nach dem anliegenden Gebührenverzeichnis.

(2) ¹Ein Prospekt im Sinne des Gebührenverzeichnisses ist ein Prospekt für ein Wertpapier. ²Bei einer drucktechnischen Zusammenfassung mehrerer Prospekte in einem Dokument fällt die Gebühr für jeden einzelnen Prospekt an. ³Die Sätze 1 und 2 gelten für Wertpapier-Informationsblätter sowie für Nachträge, Wertpapierbeschreibungen in Verbindung mit Zusammenfassungen, endgültige Bedingungen und das endgültige Emissionsvolumen entsprechend. ⁴Ein Registrierungsformular, einschließlich eines einheitlichen Registrierungsformulars im Sinne des Gebührenverzeichnisses, ist ein Registrierungsformular für einen Emittenten. ⁵Satz 2 gilt für den Fall der drucktechnischen Zusammenfassung mehrerer Registrierungsformulare in einem Dokument entsprechend.

**§ 3 Gebührenerhebung in besonderen Fällen.** (1) (aufgehoben)

(2) ¹Für die vollständige oder teilweise Zurückweisung eines Widerspruchs wird eine Gebühr bis zur Höhe von 50 Prozent der für den angefochtenen Verwaltungsakt festgesetzten Gebühr erhoben; dies gilt nicht, wenn der Widerspruch nur deshalb keinen Erfolg hat, weil die Verletzung einer Verfahrens- oder Formvorschrift nach § 45 des Verwaltungsverfahrensgesetzes unbeachtlich ist. ²War für den angefochtenen Verwaltungsakt eine Gebühr nicht vorgesehen oder wurde eine Gebühr nicht erhoben, wird eine Gebühr bis zu 1 500 Euro

---

[1)] **Aufgehoben mit Ablauf des 30.9.2021** durch Art. 4 Abs. 53 G v. 18.7.2016 (BGBl. I S. 1666).
[2)] Nr. 7.

erhoben. ³Bei einem erfolglosen Widerspruch, der sich ausschließlich gegen eine Gebührenentscheidung richtet, beträgt die Gebühr bis zu 10 Prozent des streitigen Betrags; Absatz 3 bleibt unberührt. ⁴Wird ein Widerspruch nach Beginn seiner sachlichen Bearbeitung jedoch vor deren Beendigung zurückgenommen, ist keine Gebühr zu erheben. ⁵Das Verfahren zur Entscheidung über einen Widerspruch, der sich ausschließlich gegen die festgesetzte Widerspruchsgebühr richtet, ist gebührenfrei. ⁶Die Gebühr beträgt in den Fällen der Sätze 1 bis 3 mindestens 50 Euro.

**§ 4 Inkrafttreten.** Diese Verordnung tritt am 1. Juli 2005 in Kraft.

**Anlage**
(zu § 2)

### Gebührenverzeichnis

| Nr. | Gebührentatbestand | Gebühr in Euro |
|---|---|---|
| 1. | Individuell zurechenbare öffentliche Leistungen auf der Grundlage des Wertpapierprospektgesetzes (WpG) | |
| 1.1 | Gestattung der Veröffentlichung eines Wertpapier-Informationsblatts und dessen Aufbewahrung (§ 4 Absatz 1 und 2 WpPG[1]) | 500 |
| 1.2 | Aufbewahrung eines aktualisierten Wertpapier-Informationsblatts (§ 4 Absatz 8 WpPG[1]) | 55 |
| 1.3 | Untersagung eines öffentlichen Angebots (§ 18 Absatz 4 Satz 1 und 2 WpPG[1]) | 4 000 |
| 1.4 | Anordnung, dass ein öffentliches Angebot nach § 18 Absatz 4 Satz 4 WpPG[1] für höchstens zehn Tage oder nach § 18 Absatz 7 zweiter Halbsatz zweite Variante WpPG[1] auszusetzen ist | 2 500 |
| 1.5 | Untersagung der Werbung (§ 18 Absatz 5 Satz 2 zweiter Halbsatz erste Variante WpPG[1]) | 2 000 |
| 1.6 | Anordnung, dass die Werbung für jeweils zehn aufeinanderfolgende Tage auszusetzen ist (§ 18 Absatz 5 Satz 2 zweiter Halbsatz zweite Variante WpPG[1]) | 1 250 |
| 1.7 | Anordnung, dass ein öffentliches Angebot zu beschränken ist (§ 18 Absatz 7 zweiter Halbsatz dritte Variante WpPG[1]) | 2 500 |
| 1.8 | Hinterlegung der endgültigen Bedingungen des Angebots oder des endgültigen Emissionspreises und des Emissionsvolumens (§ 6 Absatz 3 Satz 2, auch in Verbindung mit Satz 3 WpPG[1] in der bis zum 20. Juli 2019 geltenden Fassung, § 8 Absatz 1 Satz 9 WpPG[1] in der bis zum 20. Juli 2019 geltenden Fassung) | 1,55 |
| 1.9 | Billigung eines Nachtrags im Sinne des § 16 Absatz 1 WpPG[1] in der bis zum 20. Juli 2019 geltenden Fassung und dessen Hinterlegung (§ 16 Absatz 1 Satz 3 in Verbindung mit § 13 Absatz 1 WpPG[1] in der bis zum 20. Juli 2019 geltenden Fassung | 84 |
| 1.10 | Übermittlung einer Bescheinigung im Sinne des § 18 Absatz 1 WpPG[1] in der bis zum 20. Juli 2019 geltenden Fassung über die Billigung des Prospekts für jeden Mitgliedstaat, an dessen zuständige Behörde eine solche Bescheinigung übermittelt wird (§ 18 Absatz 1 Satz 1, auch in Verbindung mit Absatz 2 WpPG[1]) in der bis zum 20. Juli 2019 geltenden Fassung) | 8,55 |

---

[1] Nr. 7.

# Anl. WpPGebV 7a

| Nr. | Gebührentatbestand | Gebühr in Euro |
|---|---|---|
| 2. | Individuell zurechenbare öffentliche Leistungen auf der Grundlage der Verordnung (EU) 2017/1129[1] | |
| 2.1. | Billigung eines einheitlichen Registrierungsformulars im Sinne des Artikels 9 Absatz 1 der Verordnung (EU) 2017/1129[1] und dessen Aufbewahrung oder<br>Billigung eines Registrierungsformulars im Sinne des Artikels 6 Absatz 3 Unterabsatz 2 Satz 1 und 2 der Verordnung (EU) 2017/1129[1] und dessen Aufbewahrung<br>(Artikel 9 Absatz 2 Unterabsatz 1 der Verordnung (EU) 2017/1129[1],<br>Artikel 21 Absatz 5 Unterabsatz 1 der Verordnung (EU) 2017/1129[1]) | 3 250 |
| 2.2 | Billigung eines speziellen Registrierungsformulars für einen vereinfachten Prospekt auf der Grundlage der vereinfachten Offenlegungsregelung für Sekundäremissionen im Sinne des Artikels 6 Absatz 3 Unterabsatz 2 Satz 1 und 2 und des Artikels 14 Absatz 1 Unterabsatz 2 der Verordnung (EU) 2017/1129[1] und dessen Aufbewahrung<br>(Artikel 21 Absatz 5 Unterabsatz 1 der Verordnung (EU) 2017/1129[1]) | 2 437,50 |
| 2.3 | Billigung eines speziellen Registrierungsformulars für einen EU-Wachstumsprospekt im Sinne des Artikels 6 Absatz 3 Unterabsatz 2 Satz 1 und 2 und des Artikels 15 Absatz 1 Unterabsatz 2 der Verordnung (EU) 2017/1129[1] und dessen Aufbewahrung<br>(Artikel 21 Absatz 5 Unterabsatz 1 der Verordnung (EU) 2017/1129[1]) | 2 437,50 |
| 2.4 | Hinterlegung eines einheitlichen Registrierungsformulars im Sinne des Artikels 9 Absatz 1 der Verordnung (EU) 2017/1129[1] ohne vorherige Billigung und dessen Aufbewahrung<br>(Artikel 9 Absatz 2 Unterabsatz 2 der Verordnung (EU) 2017/1129[1]) | 65 |
| 2.5 | Hinterlegung einer Änderung zu einem einheitlichen Registrierungsformular im Sinne des Artikels 9 Absatz 1 der Verordnung (EU) 2017/1129[1] und deren Aufbewahrung<br>(Artikel 9 Absatz 7 der Verordnung (EU) 2017/1129[1]) | 65 |
| 2.6 | Aufbewahrung der endgültigen Bedingungen des Angebots und der Zusammenfassung für die einzelne Emission oder des endgültigen Emissionsvolumens<br>(Artikel 8 Absatz 5 der Verordnung (EU) 2017/1129[1],<br>Artikel 8 Absatz 8 und 9 der Verordnung (EU) 2017/1129[1],<br>Artikel 17 Absatz 2 der Verordnung (EU) 2017/1129[1]) | 1,55 |
| 2.7 | Billigung von Änderungen eines einheitlichen Registrierungsformulars im Sinne des Artikels 10 Absatz 3 Unterabsatz 2 oder 3 der Verordnung (EU) 2017/1129[1] oder Billigung von Änderungen eines einheitlichen Registrierungsformulars, die nach Artikel 26 Absatz 2 der Verordnung (EU) 2017/1129[1] deren Notifizierung vorausgeht<br>(Artikel 20 Absatz 1 der Verordnung (EU) 2017/1129[1]) | 84 |
| 2.8 | Billigung eines Prospekts oder eines Basisprospekts, der als einziges Dokument im Sinne des Artikels 6 Absatz 3 Unterabsatz 1 erste Alternative oder des Artikels 8 Absatz 6 Unterabsatz 1 erste Alternative der Verordnung (EU) 2017/1129[1] erstellt worden ist, und dessen Aufbewahrung | 6 500 |

---

[1] Nr. 6.

# 7a WpPGebV Anl. WertpapierprospektgebührenVO

| Nr. | Gebührentatbestand | Gebühr in Euro |
|---|---|---|
| | (Artikel 20 Absatz 1 und Artikel 21 Absatz 5 Unterabsatz 1 der Verordnung (EU) 2017/1129[2]) | |
| 2.9 | Billigung einer Wertpapierbeschreibung und Zusammenfassung im Sinne des Artikels 6 Absatz 3 Unterabsatz 2 Satz 1 und 3 der Verordnung (EU) 2017/1129[2] und deren Aufbewahrung (Artikel 20 Absatz 1 und Artikel 21 Absatz 5 Unterabsatz 1 der Verordnung (EU) 2017/1129[2]) | 3 250 |
| 2.10 | Billigung eines vereinfachten Prospekts oder eines Basisprospekts, der als einziges Dokument im Sinne des Artikels 14 Absatz 1 und des Artikels 6 Absatz 3 erste Alternative oder Artikel 8 Absatz 6 erste Alternative der Verordnung (EU) 2017/1129[2] erstellt worden ist, und dessen Aufbewahrung (Artikel 20 Absatz 1 und Artikel 21 Absatz 5 Unterabsatz 1 der Verordnung (EU) 2017/1129[2]) | 4 875 |
| 2.11 | Billigung einer Wertpapierbeschreibung und Zusammenfassung für einen vereinfachten Prospekt auf der Grundlage der vereinfachten Offenlegungsregelung für Sekundäremissionen im Sinne des Artikels 14 Absatz 1 und des Artikels 6 Absatz 3 Unterabsatz 2 Satz 1 und 3 der Verordnung (EU) 2017/1129[2] und dessen Aufbewahrung (Artikel 20 Absatz 1 und Artikel 21 Absatz 5 Unterabsatz 1 der Verordnung (EU) 2017/1129[2]) | 2 437,50 |
| 2.12 | Billigung eines EU-Wachstumsprospekts oder eines Basisprospekts, der als einziges Dokument im Sinne des Artikels 15 Absatz 1 und des Artikels 6 Absatz 3 erste Alternative oder des Artikels 8 Absatz 6 erste Alternative der Verordnung (EU) 2017/1129[2] erstellt worden ist, und dessen Aufbewahrung (Artikel 20 Absatz 1 und Artikel 21 Absatz 5 Unterabsatz 1 der Verordnung (EU) 2017/1129[2]) | 4 875 |
| 2.13 | Billigung einer speziellen Wertpapierbeschreibung und speziellen Zusammenfassung im Sinne des Artikels 15 Absatz 1 Unterabsatz 2 und des Artikels 6 Absatz 3 Unterabsatz 2 Satz 1 und 3 der Verordnung (EU) 2017/1129[2] und deren Aufbewahrung (Artikel 20 Absatz 1 und Artikel 21 Absatz 5 Unterabsatz 1 der Verordnung (EU) 2017/1129[2]) | 2 437,50 |
| 2.14 | Billigung eines Nachtrags im Sinne des Artikels 10 Absatz 1 Unterabsatz 2 der Verordnung (EU) 2017/1129[2] und dessen Aufbewahrung oder Billigung eines Nachtrags im Sinne des Artikels 23 Absatz 1 Unterabsatz 1 der Verordnung (EU) 2017/1129[2] (Artikel 23 Absatz 1 Unterabsatz 2 und Artikel 21 Absatz 5 Unterabsatz 1 der Verordnung (EU) 2017/1129[2]) | 84 |
| 2.15 | Billigung eines Prospekts, der von einem Emittenten nach den für ihn geltenden Rechtsvorschriften eines Staates, der nicht Staat des Europäischen Wirtschaftsraums ist, erstellt worden ist, für ein öffentliches Angebot oder die Zulassung zum Handel an einem geregelten Markt und dessen Aufbewahrung (Artikel 29 Absatz 1 und Artikel 28 Unterabsatz 2 i.V.m. Artikel 21 Absatz 5 Unterabsatz 1 der Verordnung (EU) 2017/1129[2]) | 9 750 |

[2] Nr. 6.

# 8. Gesetz über Vermögensanlagen (Vermögensanlagengesetz – VermAnlG)[1]

Vom 6. Dezember 2011
(BGBl. I S. 2481)

**FNA 4110-11**

zuletzt geänd. durch Art. 5 G zur weiteren Umsetzung der TransparenzRL-ÄnderungsRL im Hinblick auf ein einheitliches elektronisches Format für Jahresfinanzberichte v. 12.8.2020 (BGBl. I S. 1874)

### Inhaltsübersicht

#### Abschnitt 1. Allgemeine Bestimmungen

| | |
|---|---|
| § 1 | Anwendungsbereich und Begriffsbestimmungen |
| § 2 | Ausnahmen für einzelne Arten von Vermögensanlagen |
| § 2a | Befreiungen für Schwarmfinanzierungen |
| § 2b | Befreiungen für soziale Projekte |
| § 2c | Befreiungen für gemeinnützige Projekte und Religionsgemeinschaften |
| § 2d | Widerrufsrecht |
| § 3 | Aufsicht, Anordnungsbefugnis |
| § 4 | Verschwiegenheitspflicht |
| § 5 | Bekanntgabe und Zustellung |
| § 5a | Laufzeit von Vermögensanlagen |
| § 5b | Nicht zugelassene Vermögensanlagen |

#### Abschnitt 2. Verkaufsprospekt, Vermögensanlagen-Informationsblatt und Information der Anleger

##### Unterabschnitt 1. Pflichten des Anbieters

| | |
|---|---|
| § 6 | Pflicht zur Veröffentlichung eines Verkaufsprospekts |
| § 7 | Inhalt des Verkaufsprospekts; Verordnungsermächtigung |
| § 8 | Billigung des Verkaufsprospekts |
| § 8a | Gültigkeit des Verkaufsprospekts |
| § 9 | Frist und Form der Veröffentlichung |
| § 10 | Veröffentlichung eines unvollständigen Verkaufsprospekts |
| § 10a | Mitteilung der Beendigung des öffentlichen Angebots und der vollständigen Tilgung |
| § 11 | Veröffentlichung ergänzender Angaben |
| § 11a | Veröffentlichungspflichten nach Beendigung des öffentlichen Angebots; Verordnungsermächtigung |
| § 12 | Werbung für Vermögensanlagen |
| § 13 | Vermögensanlagen-Informationsblatt |
| § 13a | Frist und Form der Veröffentlichung eines Vermögensanlagen-Informationsblatts |
| § 14 | Hinterlegung des Verkaufsprospekts und des Vermögensanlagen-Informationsblatts |
| § 15 | Anlegerinformation |

##### Unterabschnitt 2. Befugnisse der Bundesanstalt

| | |
|---|---|
| § 15a | Zusätzliche Angaben |
| § 16 | Untersagung von Werbung |
| § 17 | Untersagung der Veröffentlichung |
| § 18 | Untersagung des öffentlichen Angebots |
| § 19 | Auskünfte des Anbieters |

##### Unterabschnitt 3. Haftung

| | |
|---|---|
| § 20 | Haftung bei fehlerhaftem Verkaufsprospekt |
| § 21 | Haftung bei fehlendem Verkaufsprospekt |

---

[1] Verkündet als Art. 1 G zur Novellierung des Finanzanlagenvermittler- und Vermögensanlagenrechts v. 6.12.2011 (BGBl. I S. 2481); Inkrafttreten gem. Art. 26 Abs. 3 dieses G am 1.6.2012. § 7 Abs. 3, § 13 Abs. 6 und § 27 Abs. 2 sind gem. Art. 26 Abs. 1 dieses G am 13.12.2011 in Kraft getreten.

| § 22 | Haftung bei unrichtigem oder fehlendem Vermögensanlagen-Informationsblatt |

**Abschnitt 3. Rechnungslegung und Prüfung**

| § 23 | Erstellung und Bekanntmachung von Jahresberichten |
| § 24 | Inhalt von Jahresabschlüssen und Lageberichten |
| § 25 | Prüfung und Bestätigung des Abschlussprüfers |
| § 26 | Verkürzung der handelsrechtlichen Offenlegungsfrist |

**Abschnitt 4. Sofortiger Vollzug und Bekanntmachung**

| § 26a | Sofortiger Vollzug |
| § 26b | Bekanntmachung von Maßnahmen |
| § 26c | Bekanntmachung von Bußgeldentscheidungen |

**Abschnitt 5. Gebühren, Straf-, Bußgeld- und Ordnungsgeldbestimmungen sowie Übergangsvorschriften**

*[bis 30.9.2021:]*
| § 27 | Gebühren und Auslagen |

*[ab 1.10.2021:]*
| § 27 | *(weggefallen)* |
| § 28 | Strafvorschriften |
| § 29 | Allgemeine Bußgeldvorschriften |
| § 30 | Bußgeldvorschriften zur Rechnungslegung |
| § 31 | Ordnungsgeldvorschriften |
| § 32 | Übergangsvorschriften |

## Abschnitt 1. Allgemeine Bestimmungen

**§ 1 Anwendungsbereich und Begriffsbestimmungen.** (1) Dieses Gesetz ist auf Vermögensanlagen anzuwenden, die im Inland öffentlich angeboten werden.

(2) Vermögensanlagen im Sinne dieses Gesetzes sind nicht in Wertpapieren im Sinne des Wertpapierprospektgesetzes verbriefte und nicht als Anteile an Investmentvermögen im Sinne des § 1 Absatz 1 des Kapitalanlagegesetzbuchs[1] ausgestaltete

1. Anteile, die eine Beteiligung am Ergebnis eines Unternehmens gewähren,

2. Anteile an einem Vermögen, das der Emittent oder ein Dritter in eigenem Namen für fremde Rechnung hält oder verwaltet (Treuhandvermögen),

3. partiarische Darlehen,

4. Nachrangdarlehen,

5. Genussrechte,

6. Namensschuldverschreibungen und

7. sonstige Anlagen, die eine Verzinsung und Rückzahlung oder einen vermögenswerten Barausgleich im Austausch für die zeitweise Überlassung von Geld gewähren oder in Aussicht stellen,

sofern die Annahme der Gelder nicht als Einlagengeschäft im Sinne des § 1 Absatz 1 Satz 2 Nummer 1 des Kreditwesengesetzes zu qualifizieren ist.

(3) Emittent im Sinne dieses Gesetzes ist die Person oder die Gesellschaft, deren Vermögensanlagen auf Grund eines öffentlichen Angebots im Inland ausgegeben sind.

---

[1] Nr. 15.

Vermögensanlagengesetz § 2 VermAnlG 8

**§ 2 Ausnahmen für einzelne Arten von Vermögensanlagen.** (1) Die §§ 5a bis 26 mit Ausnahme von § 18 Absatz 2 und 3 sowie § 19 Absatz 1 Nummer 3 und 4 dieses Gesetzes sind nicht anzuwenden auf

1. Anteile an einer Genossenschaft im Sinne des § 1 des Genossenschaftsgesetzes, wenn für den Vertrieb der Anteile keine erfolgsabhängige Vergütung gezahlt wird,

1a. Vermögensanlagen im Sinne von § 1 Absatz 2 Nummer 3, 4 und 7, deren Emittent eine Genossenschaft im Sinne des § 1 des Genossenschaftsgesetzes ist und die ausschließlich den Mitgliedern der Genossenschaft angeboten werden, wenn für den Vertrieb der Vermögensanlagen keine erfolgsabhängige Vergütung gezahlt wird,

2. Vermögensanlagen, die von Versicherungsunternehmen oder Pensionsfonds im Sinne der §§ 1 und 236 des Versicherungsaufsichtsgesetzes emittiert werden,

3. Angebote, bei denen

   a) von derselben Vermögensanlage im Sinne von § 1 Absatz 2 nicht mehr als 20 Anteile angeboten werden,

   b) der Verkaufspreis der im Zeitraum von zwölf Monaten angebotenen Anteile einer Vermögensanlage im Sinne von § 1 Absatz 2 insgesamt 100 000 Euro nicht übersteigt oder

   c) der Preis jedes angebotenen Anteils einer Vermögensanlage im Sinne von § 1 Absatz 2 mindestens 200 000 Euro je Anleger beträgt,

4. Angebote, die sich nur an Personen richten, die beruflich oder gewerblich für eigene oder fremde Rechnung Wertpapiere oder Vermögensanlagen erwerben oder veräußern,

5. Vermögensanlagen, die Teil eines Angebots sind, für das bereits im Inland ein gültiger Verkaufsprospekt veröffentlicht worden ist,

6. Vermögensanlagen, die einem begrenzten Personenkreis oder nur den Arbeitnehmern von ihrem Arbeitgeber oder von einem mit dessen Unternehmen verbundenen Unternehmen angeboten werden,

7. Vermögensanlagen, die ausgegeben werden

   a) von einem Mitgliedstaat der Europäischen Union, einem anderen Vertragsstaat des Abkommens über den Europäischen Wirtschaftsraum, einem Vollmitgliedstaat der Organisation für wirtschaftliche Zusammenarbeit und Entwicklung, sofern dieser nicht innerhalb der letzten fünf Jahre seine Auslandsschulden umgeschuldet oder vor vergleichbaren Zahlungsschwierigkeiten gestanden hat, oder einem Staat, der mit dem Internationalen Währungsfonds besondere Kreditabkommen im Zusammenhang mit dessen Allgemeinen Kreditvereinbarungen getroffen hat,

   b) von einer Gebietskörperschaft der in Buchstabe a genannten Staaten,

   c) von einer internationalen Organisation des öffentlichen Rechts, der mindestens ein Mitgliedstaat der Europäischen Union oder ein anderer Vertragsstaat des Abkommens über den Europäischen Wirtschaftsraum angehört,

   d) von einem Kreditinstitut im Sinne des § 1 Absatz 1 des Kreditwesengesetzes, von einem Finanzdienstleistungsinstitut, das Finanzdienstleistungen im Sinne des § 1 Absatz 1a Satz 2 Nummer 1 bis 4 des Kreditwesengesetzes erbringt, von der Kreditanstalt für Wiederaufbau oder von einem nach § 53b Absatz 1 Satz 1 oder Absatz 7 des Kreditwesengesetzes tätigen Unternehmen, das regelmäßig seinen Jahresabschluss offenlegt, sofern die Ausgabe außer im Falle der Ausgabe von Namensschuldverschreibungen dauerhaft oder wiederholt erfolgt; eine wiederholte Ausgabe liegt vor, wenn in den zwölf Kalendermonaten vor dem öffentlichen Angebot mindestens eine Emission innerhalb der Europäischen Union oder innerhalb eines anderen Vertragsstaates des Abkommens über den Europäischen Wirtschaftsraum ausgegeben worden ist, oder

e) von einer Gesellschaft oder juristischen Person mit Sitz in einem Mitgliedstaat der Europäischen Union oder in einem anderen Vertragsstaat des Abkommens über den Europäischen Wirtschaftsraum, die ihre Tätigkeit unter einem Staatsmonopol ausübt und die durch ein besonderes Gesetz oder auf Grund eines besonderen Gesetzes geschaffen worden ist oder geregelt wird oder für deren Vermögensanlagen ein Mitgliedstaat der Europäischen Union oder eines seiner Bundesländer oder ein anderer Vertragsstaat des Abkommens über den Europäischen Wirtschaftsraum oder eines seiner Bundesländer die unbedingte und unwiderrufliche Gewährleistung für ihre Verzinsung und Rückzahlung übernommen hat,

8. Vermögensanlagen, die bei einer Umwandlung von Unternehmen nach den Vorschriften des Umwandlungsgesetzes angeboten werden oder die als Gegenleistung im Rahmen eines Angebots nach dem Wertpapiererwerbs- und Übernahmegesetz[1]) angeboten werden, und

9. Vermögensanlagen, die vor dem 1. Juli 2005 erstmals veräußert worden sind und nach dem 1. Juli 2005 öffentlich auf einem Markt angeboten werden, der regelmäßig stattfindet, geregelte Funktions- und Zugangsbedingungen hat, für das Publikum unmittelbar oder mittelbar zugänglich ist und unter der Verantwortung seines Betreibers steht.

(2) ¹In den Angeboten nach Absatz 1 Nummer 1a und 3 ist darauf hinzuweisen, dass eine Prospektpflicht nicht besteht. ²Bei Angeboten nach Absatz 1 Nummer 1a hat der Vorstand der Genossenschaft dafür zu sorgen, dass den Mitgliedern der Genossenschaft vor Vertragsschluss die wesentlichen Informationen über die Vermögensanlage zur Verfügung gestellt werden.

**§ 2a Befreiungen für Schwarmfinanzierungen.** (1) Die §§ 5a, 6 bis 11a, 12 Absatz 1, § 14 Absatz 1 Satz 1 und Absatz 3 Satz 1, die §§ 15a, 17, 18 Absatz 1 Nummer 2 bis 6, § 19 Absatz 1 Nummer 2, die §§ 20, 21, 23 Absatz 2 Nummer 2 und 4, § 24 Absatz 5 bis 8 und § 25 sind nicht anzuwenden auf Vermögensanlagen im Sinne von § 1 Absatz 2 Nummer 3 bis 5 und 7, wenn der Verkaufspreis sämtlicher in einem Zeitraum von zwölf Monaten angebotenen Vermögensanlagen desselben Emittenten 6 Millionen Euro nicht übersteigt; nicht verkaufte oder vollständig getilgte Vermögensanlagen werden nicht angerechnet.

(2) ¹§ 23 Absatz 2 Nummer 1 ist im Fall des Absatzes 1 mit der Maßgabe anzuwenden, dass der Jahresabschluss nicht von einem Abschlussprüfer geprüft werden muss. ²§ 24 Absatz 1 bis 4 ist im Fall des Absatzes 1 mit der Maßgabe anzuwenden, dass nach diesem Gesetz kein Lagebericht erstellt werden muss.

---

[1]) Nr. 17.

(3) ¹Die Befreiung nach den Absätzen 1 und 2 ist nur auf Vermögensanlagen anwendbar, die ausschließlich im Wege der Anlageberatung oder Anlagevermittlung über eine Internet-Dienstleistungsplattform vermittelt werden, die durch Gesetz oder Verordnung verpflichtet ist, zu prüfen, ob der Gesamtbetrag der Vermögensanlagen desselben Emittenten, die von einem Anleger erworben werden können, folgende Beträge nicht übersteigt:

1. 1 000 Euro,
2. 10 000 Euro, sofern der jeweilige Anleger nach einer von ihm zu erteilenden Selbstauskunft über ein frei verfügbares Vermögen in Form von Bankguthaben und Finanzinstrumenten von mindestens 100 000 Euro verfügt, oder
3. den zweifachen Betrag des durchschnittlichen monatlichen Nettoeinkommens des jeweiligen Anlegers nach einer von ihm zu erteilenden Selbstauskunft, höchstens jedoch 25 000 Euro.

²Die in Satz 1 genannten Beträge gelten nicht für einen Anleger, der eine Kapitalgesellschaft ist oder eine GmbH & Co. KG, deren Kommanditisten gleichzeitig Gesellschafter der GmbH oder an der Entscheidungsfindung der GmbH beteiligt sind, sofern die GmbH & Co. KG kein Investmentvermögen und keine Verwaltungsgesellschaft nach dem Kapitalanlagegesetzbuch[1]) ist.

(4) Die Befreiung nach den Absätzen 1 und 2 kann nicht in Anspruch genommen werden, solange eine Vermögensanlage des Emittenten nach § 2 Absatz 1 Nummer 3 öffentlich angeboten wird oder eine auf diese Weise angebotene Vermögensanlage des Emittenten nicht vollständig getilgt ist.

(5) ¹Vermögensanlagen sind zum öffentlichen Angebot nicht zugelassen, wenn maßgebliche Interessenverflechtungen zwischen dem jeweiligen Emittenten und dem Unternehmen, das die Internet-Dienstleistungsplattform betreibt, bestehen. ²Eine maßgebliche Interessenverflechtung liegt insbesondere vor, wenn

1. ein Mitglied der Geschäftsführung des Emittenten oder seines Vorstands oder deren Angehöriger im Sinne des § 15 der Abgabenordnung auch Mitglied der Geschäftsführung oder des Vorstands des Unternehmens ist, das die Internet-Dienstleistungsplattform betreibt, oder
2. der Emittent mit dem Unternehmen, das die Internet-Dienstleistungsplattform betreibt, gemäß § 15 des Aktiengesetzes verbunden ist.

**§ 2b Befreiungen für soziale Projekte.** (1) ¹Auf Vermögensanlagen im Sinne von § 1 Absatz 2 Nummer 3 und 4 sind die §§ 5a, 6 bis 11a, 12 Absatz 1, § 14 Absatz 1 Satz 1 und Absatz 3 Satz 1, die §§ 15a, 17, 18 Absatz 1 Nummer 2 bis 6, § 19 Absatz 1 Nummer 2, die §§ 20, 21, 23 Absatz 2 Nummer 2 und 4, § 24 Absatz 5 bis 8 und § 25 nicht anzuwenden, wenn

1. für den Vertrieb der Vermögensanlagen keine erfolgsabhängige Vergütung gezahlt wird,
2. der Verkaufspreis sämtlicher angebotenen Vermögensanlagen desselben Emittenten 2,5 Millionen Euro nicht übersteigt und
3. der vereinbarte jährliche Sollzinssatz nicht über dem höheren der folgenden beiden Werte liegt:
   a) 1,5 Prozent,

---

[1]) Nr. 15.

b) der marktüblichen Emissionsrendite für Anlagen am Kapitalmarkt in Hypothekenpfandbriefen mit gleicher Laufzeit.

[2] § 2a Absatz 2 gilt entsprechend.

(2) [1] Die Befreiung nach Absatz 1 ist nur auf Vermögensanlagen anwendbar, die von Emittenten mit einer in der Satzung festgelegten sozialen Zielsetzung ausgegeben werden, die die folgenden Merkmale aufweisen:
1. höchstens 10 000 000 Euro Bilanzsumme und
2. höchstens 10 000 000 Euro Umsatzerlöse in den zwölf Monaten vor dem Abschlussstichtag.

[2] § 267a Absatz 1 Satz 2 und 3 des Handelsgesetzbuchs ist entsprechend anzuwenden.

**§ 2c Befreiungen für gemeinnützige Projekte und Religionsgemeinschaften.** (1) [1] Auf Vermögensanlagen im Sinne von § 1 Absatz 2 Nummer 3 und 4 sind die §§ 5a, 6 bis 11a, 12 Absatz 1, die §§ 13 bis 15a, 17, 18 Absatz 1 Nummer 2 bis 7, § 19 Absatz 1 Nummer 2, die §§ 20 bis 22, 23 Absatz 1 Nummer 2 und 4, § 24 Absatz 5 bis 8 und § 25 nicht anzuwenden, wenn

1. für den Vertrieb der Vermögensanlagen keine erfolgsabhängige Vergütung gezahlt wird,
2. der Verkaufspreis sämtlicher angebotenen Vermögensanlagen desselben Emittenten 2,5 Millionen Euro nicht übersteigt und
3. der vereinbarte jährliche Sollzinssatz nicht über dem höheren der folgenden beiden Werte liegt:
   a) 1,5 Prozent,
   b) der marktüblichen Emissionsrendite für Anlagen am Kapitalmarkt in Hypothekenpfandbriefen mit gleicher Laufzeit.

[2] § 2a Absatz 2 gilt entsprechend. [3] Darüber hinaus sind unter den in Satz 1 Nummer 1 und 3 genannten Voraussetzungen auch die §§ 23 bis 25 nicht anzuwenden, wenn der Verkaufspreis sämtlicher angebotenen Vermögensanlagen desselben Emittenten 250 000 Euro nicht übersteigt.

(2) Die Befreiung nach Absatz 1 ist nur auf Vermögensanlagen anwendbar, die ausgegeben werden von
1. Körperschaften, die nach § 52 Absatz 2 Satz 1 der Abgabenordnung als gemeinnützig anerkannt sind, oder
2. inländischen Kirchen oder Religionsgemeinschaften, die in der Rechtsform einer Körperschaft des öffentlichen Rechts verfasst sind und auf Grund des Artikels 140 des Grundgesetzes in Verbindung mit Artikel 137 Absatz 6 der Weimarer Reichsverfassung vom 11. August 1919 (RGBl. S. 1383) Steuern erheben oder am Steueraufkommen der steuererhebenden kirchlichen Körperschaften teilhaben.

**§ 2d Widerrufsrecht.** (1) [1] Der Anleger ist an seine Willenserklärung, die auf den Abschluss eines Vertrags über eine Vermögensanlage im Sinne der §§ 2a bis 2c gerichtet ist, nicht mehr gebunden, wenn er sie fristgerecht in Textform widerrufen hat. [2] Zur Fristwahrung genügt die rechtzeitige Absendung des Widerrufs.

(2) ¹Der Widerruf erfolgt durch Erklärung gegenüber dem Anbieter. ²Aus der Erklärung muss der Entschluss des Anlegers zum Widerruf des Vertrags eindeutig hervorgehen. ³Der Widerruf muss keine Begründung enthalten.

(3) ¹Die Widerrufsfrist beträgt 14 Tage. ²Sie beginnt mit Vertragsschluss, wenn der Vertrag über die Vermögensanlage einen deutlichen Hinweis auf das Widerrufsrecht enthält, einschließlich Name und Anschrift desjenigen, gegenüber dem der Widerruf zu erklären ist; sonst beginnt die Widerrufsfrist zu dem Zeitpunkt, zu dem der Anleger einen solchen Hinweis in Textform erhält. ³Ist der Beginn der Widerrufsfrist streitig, so trifft die Beweislast den Emittenten. ⁴Das Widerrufsrecht erlischt spätestens zwölf Monate nach dem Vertragsschluss.

(4) ¹Im Fall des Widerrufs sind die empfangenen Leistungen unverzüglich zurückzugewähren. ²Für den Zeitraum zwischen der Auszahlung und der Rückzahlung des Anlagebetrags hat der Emittent die vereinbarte Gegenleistung gegenüber dem Anleger zu erbringen.

(5) Von den Vorschriften dieses Paragraphen darf nicht zum Nachteil des Anlegers abgewichen werden.

## § 3 Aufsicht, Anordnungsbefugnis.
¹Die Bundesanstalt für Finanzdienstleistungsaufsicht (Bundesanstalt) übt die Aufsicht über das Angebot von Vermögensanlagen nach den Vorschriften dieses Gesetzes aus. ²Die Bundesanstalt ist befugt, im Rahmen der Aufsicht alle Anordnungen zu treffen, die erforderlich und geeignet sind, um das Angebot von Vermögensanlagen mit diesem Gesetz und den auf Grund dieses Gesetzes erlassenen Bestimmungen im Einklang zu erhalten.

## § 4 Verschwiegenheitspflicht.
(1) ¹Die bei der Bundesanstalt Beschäftigten und die nach § 4 Absatz 3 des Finanzdienstleistungsaufsichtsgesetzes beauftragten Personen dürfen die ihnen bei ihrer Tätigkeit bekannt gewordenen Tatsachen, deren Geheimhaltung im Interesse eines nach diesem Gesetz Verpflichteten oder eines Dritten liegt, insbesondere Geschäfts- und Betriebsgeheimnisse sowie personenbezogene Daten, nicht unbefugt offenbaren oder verwerten, auch wenn sie nicht mehr im Dienst sind oder ihre Tätigkeit beendet ist. ²Dies gilt auch für andere Personen, die durch dienstliche Berichterstattung Kenntnis von den in Satz 1 bezeichneten Tatsachen erhalten. ³Ein unbefugtes Offenbaren oder Verwerten im Sinne des Satzes 1 liegt insbesondere nicht vor, wenn Tatsachen weitergegeben werden an

1. Strafverfolgungsbehörden oder für Straf- und Bußgeldsachen zuständige Gerichte,
2. kraft Gesetzes oder im öffentlichen Auftrag mit der Überwachung von Börsen oder anderen Märkten, an denen Finanzinstrumente gehandelt werden, des Handels mit Finanzinstrumenten oder Devisen, von Kreditinstituten, Finanzdienstleistungsinstituten, Investmentgesellschaften, Finanzunternehmen, Finanzanlagenvermittlern oder Versicherungsunternehmen betraute Stellen sowie von diesen beauftragte Personen,

soweit diese Stellen die Informationen zur Erfüllung ihrer Aufgaben benötigen. ⁴Für die bei diesen Stellen beschäftigten Personen gilt die Verschwiegenheitspflicht nach Satz 1 entsprechend. ⁵An eine Stelle eines anderen Staates dürfen die Tatsachen nur weitergegeben werden, wenn diese Stelle und die von ihr beauftragten Personen einer dem Satz 1 entsprechenden Verschwiegenheitspflicht unterliegen.

(2) ¹Die §§ 93, 97 und 105 Absatz 1, § 111 Absatz 5 in Verbindung mit § 105 Absatz 1 sowie § 116 Absatz 1 der Abgabenordnung gelten für die in Absatz 1 Satz 1 und 2 bezeichneten Personen nur, soweit die Finanzbehörden die Kenntnisse für die Durchführung eines Verfahrens wegen einer Steuerstraftat sowie eines damit zusammenhängenden Besteuerungsverfahrens benötigen. ²Die in Satz 1 genannten Vorschriften sind jedoch nicht anzuwenden, soweit Tatsachen betroffen sind,

1. die den in Absatz 1 Satz 1 oder Satz 2 bezeichneten Personen durch eine Stelle eines anderen Staates im Sinne von Absatz 1 Satz 3 Nummer 2 oder durch von dieser Stelle beauftragte Personen mitgeteilt worden sind oder
2. von denen bei der Bundesanstalt beschäftigte Personen dadurch Kenntnis erlangen, dass sie an der Aufsicht über direkt von der Europäischen Zentralbank beaufsichtigte Institute mitwirken, insbesondere in gemeinsamen Aufsichtsteams nach Artikel 2 Nummer 6 der Verordnung (EU) Nr. 468/2014 der Europäischen Zentralbank vom 16. April 2014 zur Einrichtung eines Rahmenwerks für die Zusammenarbeit zwischen der Europäischen Zentralbank und den nationalen zuständigen Behörden und den nationalen benannten Behörden innerhalb des einheitlichen Aufsichtsmechanismus (SSM-Rahmenverordnung) (EZB/2014/17) (ABl. L 141 vom 14.5.2014, S. 1), und die nach den Regeln der Europäischen Zentralbank geheim sind.

**§ 5 Bekanntgabe und Zustellung.** (1) ¹Verfügungen, die gegenüber einer Person mit Wohnsitz im Ausland oder einem Unternehmen mit Sitz im Ausland ergehen, hat die Bundesanstalt derjenigen Person bekannt zu geben, die als Bevollmächtigte benannt wurde. ²Ist keine bevollmächtigte Person mit Sitz im Inland benannt, erfolgt die Bekanntgabe durch öffentliche Bekanntmachung im Bundesanzeiger.

(2) ¹Ist die Verfügung zuzustellen, erfolgt die Zustellung bei Personen mit Wohnsitz im Ausland oder Unternehmen mit Sitz im Ausland an diejenige Person, die als Bevollmächtigte benannt wurde. ²Ist keine bevollmächtigte Person mit Sitz im Inland benannt, erfolgt die Zustellung durch öffentliche Bekanntmachung im Bundesanzeiger.

(3) ¹Ein Emittent von Vermögensanlagen mit Sitz im Ausland hat der Bundesanstalt eine bevollmächtigte Person mit Sitz im Inland zu benennen, an die Bekanntgaben nach Absatz 1 und Zustellungen nach Absatz 2 erfolgen können. ²Die Benennung hat gleichzeitig mit der Einreichung des Verkaufsprospekts zur Billigung nach § 8 zu erfolgen.

**§ 5a Laufzeit von Vermögensanlagen.** ¹Vermögensanlagen müssen eine Laufzeit von mindestens 24 Monaten ab dem Zeitpunkt des erstmaligen Erwerbs und eine ordentliche Kündigungsfrist von mindestens sechs Monaten vorsehen. ²Bei Vermögensanlagen nach § 1 Absatz 2 Nummer 1 und 2 ist eine Kündigung nur zum Schluss eines Geschäftsjahres zulässig, sofern der Gesellschaftsvertrag oder die Anlagebedingungen nichts Abweichendes vorsehen.

**§ 5b Nicht zugelassene Vermögensanlagen.** Vermögensanlagen, die eine Nachschusspflicht vorsehen, sind zum öffentlichen Angebot oder Vertrieb im Inland nicht zugelassen.

## Abschnitt 2. Verkaufsprospekt, Vermögensanlagen-Informationsblatt und Information der Anleger

### Unterabschnitt 1. Pflichten des Anbieters

**§ 6 Pflicht zur Veröffentlichung eines Verkaufsprospekts.** Ein Anbieter, der im Inland Vermögensanlagen öffentlich anbietet, muss einen Verkaufsprospekt nach diesem Gesetz veröffentlichen, sofern nicht bereits nach anderen Vorschriften eine Prospektpflicht besteht oder ein gültiger Verkaufsprospekt nach den Vorschriften dieses Gesetzes bereits veröffentlicht worden ist.

**§ 7. Inhalt des Verkaufsprospekts; Verordnungsermächtigung.** (1) ¹Der Verkaufsprospekt muss alle tatsächlichen und rechtlichen Angaben enthalten, die notwendig sind, um dem Publikum eine zutreffende Beurteilung des Emittenten der Vermögensanlagen und der Vermögensanlagen selbst einschließlich der Anlegergruppe, auf die die Vermögensanlage abzielt, zu ermöglichen. ²Bestehen die Vermögensanlagen aus Anteilen an einem Treuhandvermögen und besteht dieses ganz oder teilweise aus einem Anteil an einer Gesellschaft, so muss der Verkaufsprospekt auch die entsprechenden Angaben zu dieser Gesellschaft enthalten.

(2) ¹Der Verkaufsprospekt hat mit einem Deckblatt zu beginnen, das einen deutlichen Hinweis darauf enthalten muss, dass die inhaltliche Richtigkeit der Angaben im Verkaufsprospekt nicht Gegenstand der Prüfung des Verkaufsprospekts durch die Bundesanstalt ist. ²Ferner ist an hervorgehobener Stelle im Verkaufsprospekt ein ausdrücklicher Hinweis darauf aufzunehmen, dass bei fehlerhaftem Verkaufsprospekt Haftungsansprüche nur dann bestehen können, wenn die Vermögensanlage während der Dauer des öffentlichen Angebots, spätestens jedoch innerhalb von zwei Jahren nach dem ersten öffentlichen Angebot der Vermögensanlagen im Inland, erworben wird. ³Im Verkaufsprospekt darf weder der Begriff „Fonds" noch ein Begriff, der diesen Begriff enthält, zur Bezeichnung des Emittenten oder der Vermögensanlage verwendet werden.

(3)[1] ¹Das Bundesministerium der Finanzen wird ermächtigt, durch Rechtsverordnung[2], die nicht der Zustimmung des Bundesrates bedarf, im Einvernehmen mit dem Bundesministerium der Justiz und für Verbraucherschutz die zum Schutz des Publikums erforderlichen Vorschriften über die Sprache, den Inhalt und den Aufbau des Verkaufsprospekts zu erlassen, insbesondere über

1. die erforderlichen Angaben zu den Personen oder Gesellschaften, die die Verantwortung für den Inhalt des Verkaufsprospekts insgesamt oder für bestimmte Angaben übernehmen,
2. die Beschreibung der angebotenen Vermögensanlagen und ihre Hauptmerkmale sowie die verfolgten Anlageziele der Vermögensanlage einschließlich der finanziellen Ziele und der Anlagepolitik,
2a. die erforderlichen Angaben zu der Anlegergruppe, auf die die Vermögensanlage abzielt, vor allem im Hinblick auf den Anlagehorizont des Anlegers und zu möglichen Verlusten, die sich aus der Anlage ergeben können,

---

[1] § 7 Abs. 3 ist gem. Art. 26 Abs. 1 G v. 6.12.2011 (BGBl. I S. 2481) am 13.12.2011 in Kraft getreten.
[2] Siehe die Vermögensanlagen-VerkaufsprospektVO (Nr. **8a**).

3. die erforderlichen Angaben über die Gesellschaft im Sinne des Absatzes 1 Satz 2,
4. die erforderlichen Angaben zu dem Emittenten der Vermögensanlagen, zu seinem Kapital und seiner Geschäftstätigkeit, seiner Vermögens-, Finanz- und Ertragslage, einschließlich des Jahresabschlusses und des Lageberichts sowie deren Offenlegung,
5. die erforderlichen Angaben zu den Geschäftsaussichten des Emittenten der Vermögensanlagen und über seine Geschäftsführungs- und Aufsichtsorgane und
6. die beizufügenden Unterlagen.

²In der Rechtsverordnung nach Satz 1 können auch Ausnahmen bestimmt werden, in denen von der Aufnahme einzelner Angaben in den Verkaufsprospekt abgesehen werden kann,
1. wenn beim Emittenten der Vermögensanlagen, bei den angebotenen Vermögensanlagen oder bei dem Kreis der mit dem Angebot angesprochenen Anleger besondere Umstände vorliegen und den Interessen des Publikums durch eine anderweitige Unterrichtung ausreichend Rechnung getragen ist oder
2. wenn diese Angaben von geringer Bedeutung sind oder durch ihre Aufnahme in den Verkaufsprospekt ein erheblicher Schaden beim Emittenten der Vermögensanlagen zu befürchten wäre.

**§ 8 Billigung des Verkaufsprospekts.** (1) ¹Ein Verkaufsprospekt darf vor seiner Billigung nicht veröffentlicht werden. ²Die Bundesanstalt entscheidet über die Billigung nach Abschluss einer Vollständigkeitsprüfung des Verkaufsprospekts einschließlich einer Prüfung der Kohärenz und Verständlichkeit seines Inhalts. ³Bei der Prüfung der Kohärenz prüft die Bundesanstalt insbesondere, ob für das laufende und das folgende Geschäftsjahr die Vermögens-, Finanz- und Ertragslage des Emittenten, die Geschäftsaussichten sowie ihre Auswirkungen auf die Fähigkeit des Emittenten, seinen Verpflichtungen gegenüber dem Anleger nachzukommen, im Verkaufsprospekt widerspruchsfrei dargestellt werden.

(2) Die Bundesanstalt teilt dem Anbieter innerhalb von 20 Werktagen nach Eingang des Verkaufsprospekts ihre Entscheidung mit.

(3) ¹Hat die Bundesanstalt Anhaltspunkte dafür, dass der Verkaufsprospekt unvollständig ist oder es ergänzender Informationen bedarf, gilt die in Absatz 2 genannte Frist erst ab dem Zeitpunkt, zu dem diese Informationen eingehen. ²Die Bundesanstalt soll den Anbieter über die nach ihrer Auffassung vorliegende Unvollständigkeit des Verkaufsprospekts oder über die Notwendigkeit ergänzender Informationen innerhalb von zehn Werktagen ab Eingang des Verkaufsprospekts informieren.

**§ 8a Gültigkeit des Verkaufsprospekts.** Ein Verkaufsprospekt ist nach seiner Billigung zwölf Monate lang für öffentliche Angebote gültig, sofern er um die nach § 11 erforderlichen Nachträge ergänzt wird.

**§ 9 Frist und Form der Veröffentlichung.** (1) Der Verkaufsprospekt muss mindestens einen Werktag vor dem öffentlichen Angebot nach Maßgabe des Absatzes 2 Satz 1 und 2 veröffentlicht werden.

(2) ¹Der Verkaufsprospekt ist in der Form zu veröffentlichen, dass er
1. auf der Internetseite des Anbieters und im Bundesanzeiger veröffentlicht wird oder
2. auf der Internetseite des Anbieters veröffentlicht und bei den im Verkaufsprospekt benannten Zahlstellen zur kostenlosen Ausgabe bereitgehalten wird; dies ist im Bundesanzeiger bekannt zu machen.

²Werden Vermögensanlagen über ein elektronisches Informationsverbreitungssystem angeboten, ist der Verkaufsprospekt auch in diesem zu veröffentlichen; in dem Angebot ist auf die Fundstelle im elektronischen Informationsverbreitungssystem hinzuweisen. ³Der Anbieter hat der Bundesanstalt Datum und Ort der Veröffentlichung unverzüglich schriftlich mitzuteilen.

**§ 10 Mitteilung der Beendigung des öffentlichen Angebots und der vollständigen Tilgung.** (1) ¹Der Anbieter hat der Bundesanstalt die Beendigung des öffentlichen Angebots sowie die vollständige Tilgung der Vermögensanlage unter Angabe des jeweiligen Datums, der konkreten Bezeichnung der Vermögensanlage und des Emittenten unverzüglich schriftlich oder elektronisch mitzuteilen. ²Die vollständige Tilgung der Vermögensanlage ist erfolgt, wenn die Hauptforderung sowie alle Nebenleistungen gezahlt sind.

(2) ¹Bis zum Eingang der betreffenden Mitteilung nach Absatz 1 Satz 1 bei der Bundesanstalt gilt das öffentliche Angebot über die Tilgung der Vermögensanlage als fortdauernd. ²Unterlässt der Anbieter die Mitteilung nach Absatz 1 Satz 1, gilt das öffentliche Angebot im Hinblick auf die Pflichten nach den §§ 11 und 11a mit dem Ablauf der Gültigkeit des Verkaufsprospekts als beendet.

**§ 11 Veröffentlichung ergänzender Angaben.** (1) ¹Jeder wichtige neue Umstand oder jede wesentliche Unrichtigkeit in Bezug auf die im Verkaufsprospekt enthaltenen Angaben, die die Beurteilung der Vermögensanlagen oder des Emittenten beeinflussen könnten und die nach der Billigung des Prospekts und während der Dauer des öffentlichen Angebots auftreten oder festgestellt werden, ist in einem Nachtrag zum Verkaufsprospekt gemäß Satz 5 zu veröffentlichen. ²Ein wichtiger neuer Umstand im Sinne von Satz 1 ist insbesondere
1. jeder neu offengelegte Jahresabschluss und Lagebericht des Emittenten,
2. jeder neu offengelegte Konzernabschluss des Emittenten sowie
3. jeder Umstand, der sich auf die Geschäftsaussichten des Emittenten mindestens für das laufende Geschäftsjahr erheblich auswirkt und geeignet ist, die Fähigkeiten des Emittenten zur Erfüllung seiner Verpflichtungen gegenüber dem Anleger erheblich zu beeinträchtigen.

³Der Anbieter hat den Nachtrag vor seiner Veröffentlichung bei der Bundesanstalt zur Billigung einzureichen. ⁴Die Bundesanstalt hat den Nachtrag nach Eingang binnen einer Frist von zehn Werktagen entsprechend § 8 Absatz 1 Satz 2 und Absatz 3 zu billigen. ⁵Die Veröffentlichung muss nach der Billigung unverzüglich in entsprechender Anwendung des § 9 Absatz 2 Satz 1 und 2 vorgenommen werden.

(2) ¹Anleger, die vor der Veröffentlichung des Nachtrags eine auf den Erwerb oder die Zeichnung der Vermögensanlagen gerichtete Willenserklärung abgegeben haben, können diese innerhalb einer Frist von zwei Werktagen nach

Veröffentlichung des Nachtrags widerrufen, sofern noch keine Erfüllung eingetreten ist. ²Der Widerruf muss keine Begründung enthalten und ist in Textform gegenüber der im Nachtrag als Empfänger des Widerrufs bezeichneten Person zu erklären; zur Fristwahrung genügt die rechtzeitige Absendung. ³Auf die Rechtsfolgen des Widerrufs ist § 357a des Bürgerlichen Gesetzbuchs entsprechend anzuwenden. ⁴Der Nachtrag muss an hervorgehobener Stelle eine Belehrung über das Widerrufsrecht enthalten.

(3) ¹Der Anbieter hat neben dem von der Bundesanstalt gebilligten Verkaufsprospekt eine um sämtliche Nachträge ergänzte Fassung des Verkaufsprospekts zu veröffentlichen. ²Dabei ist der nachtragspflichtige Umstand jeweils an der Stelle einzufügen, an der der Verkaufsprospekt geändert wird. ³Die jeweiligen Änderungen gegenüber dem von der Bundesanstalt gebilligten Verkaufsprospekt sind kenntlich zu machen. ⁴§ 9 Absatz 2 Satz 1 und 2 gilt entsprechend. ⁵Der von der Bundesanstalt gebilligte Verkaufsprospekt und die einzelnen Nachträge sind bis zur vollständigen Tilgung der Vermögensanlage nach § 9 Absatz 2 Satz 1 und 2 zugänglich zu machen.

## § 11a[1]) Veröffentlichungspflichten nach Beendigung des öffentlichen Angebots; Verordnungsermächtigung.

(1) ¹Der Emittent einer Vermögensanlage ist nach Beendigung des öffentlichen Angebots einer Vermögensanlage verpflichtet, jede Tatsache, die sich auf ihn oder die von ihm emittierte Vermögensanlage unmittelbar bezieht und nicht öffentlich bekannt ist, unverzüglich gemäß Absatz 3 Satz 1 zu veröffentlichen, wenn sie geeignet ist, die Fähigkeit des Emittenten zur Erfüllung seiner Verpflichtungen gegenüber dem Anleger erheblich zu beeinträchtigen. ²Die Verpflichtung entfällt mit der vollständigen Tilgung der Vermögensanlage.

(2) ¹Der Emittent hat die Tatsache vor der Zuleitung nach Absatz 3 der Bundesanstalt mitzuteilen. ²Die Bundesanstalt macht die Tatsache spätestens am dritten Werktag nach Eingang auf ihrer Internetseite bekannt.

(3) ¹Die betreffenden Tatsachen sind zur Veröffentlichung Medien zuzuleiten, einschließlich solcher, bei denen davon ausgegangen werden kann, dass sie die Information im Inland verbreiten und jederzeit zugänglich sind. ²Der Bundesanstalt ist die Veröffentlichung unter Angabe des Textes der Veröffentlichung, der Medien, an die die Information gesandt wurde, sowie des genauen Zeitpunkts der Versendung an die Medien mitzuteilen.

(4) ¹Das Bundesministerium der Finanzen kann durch Rechtsverordnung, die nicht der Zustimmung des Bundesrates bedarf, nähere Bestimmungen erlassen über den Mindestinhalt, die Art, die Sprache, den Umfang und die Form

1. der Veröffentlichung nach Absatz 3 Satz 1 und
2. der Mitteilung nach Absatz 2 Satz 1 und Absatz 3 Satz 2.

²Das Bundesministerium der Finanzen kann die Ermächtigung durch Rechtsverordnung auf die Bundesanstalt übertragen.

## § 12 Werbung für Vermögensanlagen.

(1) Der Anbieter hat dafür zu sorgen, dass in Werbung für öffentlich angebotene Vermögensanlagen, in der auf

---
[1]) Siehe hierzu ua:
Vermögensanlagen-Veröffentlichungs- und MitteilungspflichtenVO (Nr. **8c**).

die wesentlichen Merkmale der Vermögensanlage hingewiesen wird, ein Hinweis auf den Verkaufsprospekt und dessen Veröffentlichung aufgenommen wird.

(2) Der Anbieter hat dafür zu sorgen, dass in Werbung für öffentlich angebotene Vermögensanlagen der folgende deutlich hervorgehobene Warnhinweis aufgenommen wird: „Der Erwerb dieser Vermögensanlage ist mit erheblichen Risiken verbunden und kann zum vollständigen Verlust des eingesetzten Vermögens führen." Bei einer Werbung in elektronischen Medien, in der ausschließlich Schriftzeichen verwendet werden, kann der Hinweis in einem separaten Dokument erfolgen, wenn die Werbung
1. weniger als 210 Schriftzeichen umfasst und
2. einen deutlich hervorgehobenen Link auf dieses Dokument enthält, der mit „Warnhinweis" gekennzeichnet ist.

(3) Der Anbieter hat dafür zu sorgen, dass in Werbung für öffentlich angebotene Vermögensanlagen, die eine Angabe zu einer Rendite der Vermögensanlage enthält, die nicht lediglich eine vertragliche feste Verzinsung der Vermögensanlage wiedergibt, der folgende deutlich hervorgehobene Hinweis aufgenommen wird: „Der in Aussicht gestellte Ertrag ist nicht gewährleistet und kann auch niedriger ausfallen."

(4) Eine Werbung für öffentlich angebotene Vermögensanlagen darf keinen Hinweis auf die Befugnisse der Bundesanstalt nach diesem Gesetz enthalten.

(5) In einer Werbung für öffentlich angebotene Vermögensanlagen darf weder der Begriff „Fonds" noch ein Begriff, der diesen Begriff enthält, zur Bezeichnung des Emittenten oder der Vermögensanlage verwendet werden.

## § 13 Vermögensanlagen-Informationsblatt.
(1) Ein Anbieter, der im Inland Vermögensanlagen öffentlich anbietet, muss vor dem Beginn des öffentlichen Angebots neben dem Verkaufsprospekt oder im Fall der §§ 2a und 2b ein Vermögensanlagen-Informationsblatt erstellen und bei der Bundesanstalt hinterlegen, sofern für die Vermögensanlagen kein Basisinformationsblatt nach der Verordnung (EU) Nr. 1286/2014[1]) des Europäischen Parlaments und des Rates vom 26. November 2014 über Basisinformationsblätter für verpackte Anlageprodukte für Kleinanleger und Versicherungsanlageprodukte (PRIIP) (ABl. L 352 vom 9.12.2014, S. 1; L 358 vom 13.12.2014, S. 50), die durch die Verordnung (EU) 2016/2340 (ABl. L 354 vom 23.12.2016, S. 35) geändert worden ist, veröffentlicht werden muss.

(2) ¹Das Vermögensanlagen-Informationsblatt darf erst veröffentlicht werden, wenn die Bundesanstalt die Veröffentlichung gestattet. ²Die Gestattung ist zu erteilen, wenn das Vermögensanlagen-Informationsblatt vollständig alle Angaben und Hinweise enthält, die nach den folgenden Absätzen, auch in Verbindung mit der nach Absatz 8 zu erlassenden Rechtsverordnung, erforderlich sind, und diese Angaben und Hinweise in der vorgeschriebenen Reihenfolge erfolgen. ³Wird die Prospektausnahme nach § 2a oder § 2b in Anspruch genommen, hat die Bundesanstalt dem Anbieter innerhalb von zehn Werktagen nach Eingang des Vermögensanlagen-Informationsblatts mitzuteilen, ob sie die Veröffentlichung gestattet. ⁴Gelangt die Bundesanstalt zu der Auffassung, dass die ihr zur Gestattung übermittelten Unterlagen unvollständig sind oder die

---

¹⁾ Nr. 9.

erforderlichen Angaben und Hinweise nicht in der vorgeschriebenen Reihenfolge erfolgt sind, beginnt die Frist nach Satz 3 erst ab dem Zeitpunkt zu laufen, zu dem die fehlenden Unterlagen und die erforderlichen Angaben und Hinweise in der vorgeschriebenen Reihenfolge eingehen. [5] Die Bundesanstalt soll dem Anbieter im Fall des Satzes 3 innerhalb von fünf Werktagen nach Eingang des Vermögensanlagen-Informationsblatts mitteilen, wenn sie nach Satz 4 weitere Unterlagen für erforderlich hält. [6] Dies gilt auch, wenn sie zu dem Ergebnis kommt, dass die erforderlichen Angaben und Hinweise nicht in der vorgeschriebenen Reihenfolge erfolgen. [7] Wird das Vermögensanlagen-Informationsblatt neben einem Verkaufsprospekt hinterlegt, gelten die Fristen des § 8 Absatz 2 und 3 oder des § 11 Absatz 1 Satz 4.

(3) [1] Das Vermögensanlagen-Informationsblatt darf nicht mehr als drei DIN-A4-Seiten umfassen. [2] Es muss mindestens die wesentlichen Informationen über die Vermögensanlagen in übersichtlicher und leicht verständlicher Weise in der nachfolgenden Reihenfolge jeweils in einer Form enthalten, dass das Publikum

1. die Art und die genaue Bezeichnung der Vermögensanlage,
2. Angaben zur Identität des Anbieters, des Emittenten einschließlich seiner Geschäftstätigkeit und in dem Fall, dass die Prospektausnahme nach § 2a in Anspruch genommen wird, Angaben zur Identität der Internet-Dienstleistungsplattform,
3. die Anlagestrategie, Anlagepolitik und die Anlageobjekte,
4. die Laufzeit, die Kündigungsfrist der Vermögensanlage und die Konditionen der Zinszahlung und Rückzahlung,
5. die mit der Vermögensanlage verbundenen Risiken,
6. das Emissionsvolumen, die Art und Anzahl der Anteile,
7. den auf der Grundlage des letzten aufgestellten Jahresabschlusses berechneten Verschuldungsgrad des Emittenten,
8. die Aussichten für die vertragsgemäße Zinszahlung und Rückzahlung unter verschiedenen Marktbedingungen,
9. die mit der Vermögensanlage verbundenen Kosten und Provisionen, im Fall der Inanspruchnahme der Prospektausnahme nach § 2a einschließlich sämtlicher Entgelte und sonstigen Leistungen, die die Internet-Dienstleistungsplattform von dem Emittenten für die Vermittlung der Vermögensanlage erhält,
10. das Nichtvorliegen von maßgeblichen Interessenverflechtungen im Sinne von § 2a Absatz 5 zwischen dem Emittenten und dem Unternehmen, das die Internet-Dienstleistungsplattform betreibt, wenn die Prospektausnahme nach § 2a in Anspruch genommen wird,
11. die Anlegergruppe, auf die die Vermögensanlage abzielt,
12. Angaben zur schuldrechtlichen oder dinglichen Besicherung der Rückzahlungsansprüche von zur Immobilienfinanzierung veräußerten Vermögensanlagen sowie
13. den Verkaufspreis sämtlicher in einem Zeitraum von zwölf Monaten angebotenen, verkauften und vollständig getilgten Vermögensanlagen des Emittenten, sofern die Prospektausnahme nach § 2a in Anspruch genommen wird,

einschätzen und mit den Merkmalen anderer Finanzinstrumente bestmöglich vergleichen kann.

(4) ¹Das Vermögensanlagen-Informationsblatt muss folgenden drucktechnisch hervorgehobenen Warnhinweis auf der ersten Seite, unmittelbar unterhalb der ersten Überschrift enthalten: „Der Erwerb dieser Vermögensanlage ist mit erheblichen Risiken verbunden und kann zum vollständigen Verlust des eingesetzten Vermögens führen." ²Das Vermögensanlagen-Informationsblatt muss im Anschluss an die Angaben nach § 13 Absatz 3 zudem in folgender Reihenfolge enthalten:
1. einen Hinweis darauf, dass die inhaltliche Richtigkeit des Vermögensanlagen-Informationsblatts nicht der Prüfung durch die Bundesanstalt unterliegt,
2. einen Hinweis auf den Verkaufsprospekt und darauf, wo und wie dieser erhältlich ist und dass er kostenlos angefordert werden kann,
3. einen Hinweis auf den letzten offengelegten Jahresabschluss und darauf, wo und wie dieser erhältlich ist,
4. einen Hinweis darauf, dass der Anleger eine etwaige Anlageentscheidung bezüglich der betroffenen Vermögensanlagen auf die Prüfung des gesamten Verkaufsprospekts stützen sollte, und
5. einen Hinweis darauf, dass Ansprüche auf der Grundlage einer in dem Vermögensanlagen-Informationsblatt enthaltenen Angabe nur dann bestehen können, wenn die Angabe irreführend, unrichtig oder nicht mit den einschlägigen Teilen des Verkaufsprospekts vereinbar ist und wenn die Vermögensanlage während der Dauer des öffentlichen Angebots, spätestens jedoch innerhalb von zwei Jahren nach dem ersten öffentlichen Angebot der Vermögensanlagen im Inland, erworben wird.

(5) ¹Abweichend von Absatz 4 Nummer 2 und 4 muss das Vermögensanlagen-Informationsblatt in dem Fall, dass die Erstellung eines Verkaufsprospekts nach § 2a oder § 2b entbehrlich ist, folgenden Hinweis enthalten: „Für die Vermögensanlage wurde kein von der Bundesanstalt gebilligter Verkaufsprospekt hinterlegt. Weitergehende Informationen erhält der Anleger unmittelbar vom Anbieter oder Emittenten der Vermögensanlage." ²Abweichend von Absatz 4 Nummer 5 muss das Vermögensanlagen-Informationsblatt in den in Satz 1 genannten Fällen einen Hinweis darauf enthalten, dass Ansprüche auf der Grundlage einer in dem Vermögensanlagen-Informationsblatt enthaltenen Angabe nur dann bestehen können, wenn die Angabe irreführend oder unrichtig ist und wenn die Vermögensanlage während der Dauer des öffentlichen Angebots, spätestens jedoch innerhalb von zwei Jahren nach dem ersten öffentlichen Angebot der Vermögensanlagen im Inland, erworben wird.

(6) ¹Der Anleger muss die in Absatz 3 aufgezählten Informationen verstehen können, ohne hierfür zusätzliche Dokumente heranziehen zu müssen. ²Die Angaben in dem Vermögensanlagen-Informationsblatt sind kurz zu halten und in allgemein verständlicher Sprache abzufassen. ³Sie müssen redlich und eindeutig und dürfen nicht irreführend sein und müssen mit den einschlägigen Teilen des Verkaufsprospekts übereinstimmen. ⁴Das Vermögensanlagen-Informationsblatt darf sich jeweils nur auf eine bestimmte Vermögensanlage beziehen und keine werbenden oder sonstigen Informationen enthalten, die nicht dem genannten Zweck dienen. ⁵Im Vermögensanlagen-Informationsblatt ist die Verwendung des Begriffs „Fonds" oder eines Begriffs, der diesen Begriff enthält, zur Bezeichnung des Emittenten oder der Vermögensanlage unzulässig. ⁶Das Vermögensanlagen-Informationsblatt darf keinen Hinweis auf die Befugnisse der Bundesanstalt nach diesem Gesetz enthalten.

## 8 VermAnlG §§ 13a, 14
Vermögensanlagengesetz

(7) ¹Die in dem Vermögensanlagen-Informationsblatt enthaltenen Angaben sind nach der Gestattung der Veröffentlichung und während der Dauer des öffentlichen Angebots nach Maßgabe des Satzes 3 unverzüglich zu aktualisieren, wenn sie unrichtig oder unvereinbar mit den Angaben im Verkaufsprospekt sind oder wenn ergänzende Angaben in einem Nachtrag zum Verkaufsprospekt nach § 11 veröffentlicht werden. ²Die aktualisierte Fassung des Vermögensanlagen-Informationsblatts ist der Bundesanstalt unverzüglich zum Zweck der Hinterlegung zu übermitteln und gemäß § 13a zu veröffentlichen und bereitzuhalten. ³Das Datum der letzten Aktualisierung sowie die Zahl der seit der erstmaligen Erstellung des Vermögensanlagen-Informationsblatts vorgenommenen Aktualisierungen sind im Vermögensanlagen-Informationsblatt zu nennen. ⁴Ist die Erstellung eines Verkaufsprospektes nach § 2a oder § 2b entbehrlich, gelten die Sätze 1 bis 3 entsprechend für jeden wichtigen neuen Umstand oder jede wesentliche Unrichtigkeit in Bezug auf die im Vermögensanlagen-Informationsblatt enthaltenen Angaben, die die Beurteilung der Vermögensanlagen oder des Emittenten beeinflussen könnten und die nach der Gestattung der Veröffentlichung und während der Dauer des öffentlichen Angebots auftreten oder festgestellt werden; Absatz 2 findet in diesem Fall jedoch keine Anwendung.

(8)¹⁾ ¹Das Bundesministerium der Finanzen kann durch Rechtsverordnung, die nicht der Zustimmung des Bundesrates bedarf, im Einvernehmen mit dem Bundesministerium der Justiz und für Verbraucherschutz nähere Bestimmungen zu Inhalt und Aufbau der Informationsblätter erlassen. ²Das Bundesministerium der Finanzen kann diese Ermächtigung durch Rechtsverordnung auf die Bundesanstalt übertragen.

### § 13a Frist und Form der Veröffentlichung eines Vermögensanlagen-Informationsblatts.
(1) ¹Das hinterlegte Vermögensanlagen-Informationsblatt muss mindestens einen Werktag vor dem öffentlichen Angebot auf der Internetseite des Anbieters veröffentlicht und bei den im Verkaufsprospekt angegebenen Stellen zur kostenlosen Ausgabe bereitgehalten werden. ²Die aktuelle Fassung des Vermögensanlagen-Informationsblatts muss für die Dauer des öffentlichen Angebots nach Satz 1 zugänglich sein und bereitgehalten werden.

(2) Ist die Erstellung eines Verkaufsprospekts nach § 2a oder § 2b entbehrlich, muss das Vermögensanlagen-Informationsblatt entsprechend den Vorgaben des Absatzes 1 auf der Internetseite der Internet-Dienstleistungsplattform und des Anbieters ohne Zugriffsbeschränkungen für jedermann zugänglich sein.

### § 14 Hinterlegung des Verkaufsprospekts und des Vermögensanlagen-Informationsblatts.
(1) ¹Der Anbieter muss den für die Vermögensanlagen zu erstellenden Verkaufsprospekt vor dessen Veröffentlichung der Bundesanstalt als Hinterlegungsstelle übermitteln. ²Zeitgleich mit der Hinterlegung nach Satz 1 hat der Anbieter zudem das nach § 13 erstellte Vermögensanlagen-Informationsblatt bei der Bundesanstalt zu hinterlegen.

(2) ¹Die Bundesanstalt bestätigt dem Anbieter den Tag des Eingangs des Verkaufsprospekts und des Vermögensanlagen-Informationsblatts. ²Der hinter-

---
¹⁾ § 13 Abs. 6§ 13 Abs. 8 (früherer Abs. 6) ist gem. Art. 26 Abs. 1 G v. 6.12.2011 (BGBl. I S. 2481) am 13.12.2011 in Kraft getreten.

legte Verkaufsprospekt und das nach Absatz 1 hinterlegte Vermögensanlagen-Informationsblatt werden von der Bundesanstalt zehn Jahre aufbewahrt. ³Die Aufbewahrungsfrist beginnt mit dem Schluss des Kalenderjahres, in dem der Verkaufsprospekt und das Vermögensanlagen-Informationsblatt hinterlegt worden sind.

(3) ¹Der Anbieter hat der Bundesanstalt im Falle einer Veröffentlichung ergänzender Angaben nach § 11 den Nachtrag zum Verkaufsprospekt zum Zweck der Hinterlegung zu übermitteln. ²Im Falle einer Aktualisierung des Vermögensanlagen-Informationsblatts nach § 13 Absatz 7 hat der Anbieter der Bundesanstalt eine aktualisierte Fassung des Vermögensanlagen-Informationsblatts zum Zweck der Hinterlegung zu übermitteln.

**§ 15 Anlegerinformation.** (1) ¹Der Anbieter hat einem Anleger oder einem am Erwerb einer Vermögensanlage Interessierten auf dessen Verlangen während der Dauer des öffentlichen Angebots nach § 11 Satz 1 jederzeit den Verkaufsprospekt und eine aktuelle Fassung des nach § 13 erstellten Vermögensanlagen-Informationsblatts in Textform, auf Verlangen in Papierform zu übermitteln. ²Der Anbieter hat einem Anleger oder einem am Erwerb einer Vermögensanlage Interessierten auf dessen Verlangen jederzeit den letzten veröffentlichten Jahresabschluss und Lagebericht in Textform, auf Verlangen in Papierform, zu übermitteln. ³Auf Antrag einer Person, die in Bezug auf Vermögensanlagen Anlageberatung, Anlage- oder Abschlussvermittlung erbringt oder Vermögensanlagen verkauft, hat der Anbieter dieser Person das nach § 13 erstellte Vermögensanlagen-Informationsblatt in Textform zu übermitteln.

(2) ¹Im Falle des Eigenvertriebs hat der Anbieter rechtzeitig vor Vertragsschluss dem am Erwerb einer Vermögensanlage Interessierten nach § 13 erstellte Vermögensanlagen-Informationsblatt in der jeweils aktuellen Fassung und auf Verlangen den Verkaufsprospekt zur Verfügung zu stellen. ²Der am Erwerb einer Vermögensanlage Interessierte ist darauf hinzuweisen, wo im Geltungsbereich des Gesetzes und auf welche Weise er die Unterlagen nach Satz 1 erhalten kann. ³Erbringt der Anbieter im Falle des Eigenvertriebs keine Anlageberatung, hat er den am Erwerb einer Vermögensanlage Interessierten rechtzeitig vor Vertragsschluss in Textform darauf hinzuweisen, dass er nicht beurteilt, ob

1. die Vermögensanlage den Anlagezielen des Interessierten entspricht,
2. die hieraus erwachsenden Anlagerisiken für den Anleger dessen Anlagezielen entsprechend finanziell tragbar sind und
3. der Anleger mit seinen Kenntnissen und Erfahrungen die hieraus erwachsenden Anlagerisiken verstehen kann.

(3) ¹Die Kenntnisnahme des Warnhinweises nach § 13 Absatz 4 Satz 1 ist von jedem Anleger vor Vertragsschluss unter Nennung von Ort und Datum durch seine Unterschrift mit Vor- und Familienname auf dem nach § 13 erstellten Vermögensanlagen-Informationsblatt zu bestätigen. ²Der Anbieter und der Anleger erhalten je eine Ausfertigung des gezeichneten Vermögensanlagen-Informationsblatts.

(4) ¹Werden für die Vertragsverhandlungen und den Vertragsschluss über eine Vermögensanlage ausschließlich Fernkommunikationsmittel verwendet, hat der Anleger die Kenntnisnahme des Warnhinweises nach § 13 Absatz 4 Satz 1 in einer der Unterschriftsleistung nach Absatz 3 gleichwertigen Art und

Weise zu bestätigen. ²Eine Bestätigung ist dann gleichwertig, wenn sie vom Anleger durch eigenständige Texteingabe vorgenommen wird, die zweifelsfrei seine Identität erkennen lässt.[1]

(5) Das Bundesministerium der Finanzen wird ermächtigt, durch Rechtsverordnung, die nicht der Zustimmung des Bundesrates bedarf, im Einvernehmen mit dem Bundesministerium der Justiz und für Verbraucherschutz nähere Bestimmungen darüber zu erlassen, unter welchen Voraussetzungen eine Bestätigung im Sinne des Absatzes 4 einer Unterschriftsleistung nach Absatz 3 gleichwertig ist.

### Unterabschnitt 2. Befugnisse der Bundesanstalt

**§ 15a Zusätzliche Angaben.** Ist bei der Bundesanstalt ein Verkaufsprospekt zur Billigung eingereicht worden, kann sie vom Anbieter die Aufnahme zusätzlicher Angaben in den Prospekt verlangen, wenn dies zum Schutz des Publikums geboten erscheint.

**§ 16 Untersagung von Werbung.** (1) ¹Um Missständen bei der Werbung für Vermögensanlagen zu begegnen, kann die Bundesanstalt Emittenten und Anbietern bestimmte Arten der Werbung untersagen. ²Ein Missstand liegt insbesondere vor, wenn

1. eine Werbung nicht die nach § 12 Absatz 1 bis 3 vorgeschriebenen Hinweise enthält,

2. eine Werbung einen nach § 12 Absatz 4 unzulässigen Hinweis enthält,

3. eine Werbung eine nach § 12 Absatz 5 unzulässige Begriffsverwendung enthält,

4. mit der Sicherheit der Vermögensanlage geworben wird, obwohl die Rückzahlung der Vermögensanlage nicht oder nicht vollständig gesichert ist,

5. die Werbung mit Angaben insbesondere zu Kosten, Rendite und Ertrag sowie zur Abhängigkeit vom Verhalten Dritter erfolgt, durch die in irreführender Weise der Anschein eines besonders günstigen Angebots entsteht,

6. die Werbung mit Angaben erfolgt, die geeignet sind, über den Umfang der Prüfung nach § 8 Absatz 1 irrezuführen.

(2) Vor allgemeinen Maßnahmen nach Absatz 1 sind die Spitzenverbände der betroffenen Wirtschaftskreise und des Verbraucherschutzes zu hören.

**§ 17 Untersagung der Veröffentlichung.** (1) Die Bundesanstalt untersagt die Veröffentlichung des Verkaufsprospekts, wenn er nicht die Angaben enthält, die nach § 7 Absatz 1 und 2, auch in Verbindung mit der nach § 7 Absatz 3 zu erlassenden Rechtsverordnung, erforderlich sind, oder wenn diese Angaben nicht kohärent oder nicht verständlich sind.

(2) Die Bundesanstalt untersagt die Veröffentlichung des Verkaufsprospekts, wenn sie Anhaltspunkte dafür hat, dass der Anbieter entgegen § 14 Absatz 1 Satz 2 in Verbindung mit § 13 Absatz 1 kein Vermögensanlagen-Informationsblatt bei der Bundesanstalt hinterlegt hat.

---

[1] Siehe hierzu ua:
Vermögensanlagen-Informationsblatt-BestätigungsVO (Nr. **8d**).

Vermögensanlagengesetz §§ 18, 19 VermAnlG 8

(3) Die Bundesanstalt untersagt die Veröffentlichung des Vermögensanlagen-Informationsblatts, wenn es nicht die Angaben und Hinweise enthält, die nach § 13, auch in Verbindung mit der nach § 13 Absatz 8 zu erlassenden Rechtsverordnung, erforderlich sind, oder die Angaben und Hinweise nicht in der vorgeschriebenen Reihenfolge enthalten sind.

**§ 18 Untersagung des öffentlichen Angebots.** (1) Die Bundesanstalt untersagt das öffentliche Angebot von Vermögensanlagen, wenn sie Anhaltspunkte dafür hat, dass

1. die Vermögensanlagen entgegen § 5a Satz 1 eine kürzere Laufzeit als 24 Monate oder eine kürzere Kündigungsfrist als sechs Monate oder entgegen § 5b eine Nachschusspflicht vorsehen,

1a. die Vermögensanlagen entgegen § 2a Absatz 5 von einem Emittenten ausgegeben werden, der auf das Unternehmen, das die vermittelnde Internet-Dienstleistungsplattform betreibt, unmittelbar oder mittelbar maßgeblichen Einfluss ausüben kann,

2. der Anbieter entgegen § 6 keinen Verkaufsprospekt veröffentlicht hat oder dieser nach § 8a nicht mehr gültig ist,

3. der Verkaufsprospekt nicht die Angaben enthält, die nach § 7 Absatz 1 und 2, auch in Verbindung mit einer auf Grund des § 7 Absatz 3 erlassenen Rechtsverordnung, erforderlich sind oder die die Bundesanstalt nach § 15a zusätzlich verlangt hat,

4. der Verkaufsprospekt eine nach § 7 Absatz 2 Satz 3 unzulässige Begriffsverwendung enthält,

5. der Anbieter einen nach § 11 Absatz 1 erforderlichen Nachtrag nicht veröffentlicht hat,

6. der Anbieter entgegen § 8 einen Verkaufsprospekt oder entgegen § 11 Absatz 1 Satz 2 bis 4 einen Nachtrag vor der Billigung veröffentlicht oder

7. der Anbieter entgegen § 13 oder § 13a kein Vermögensanlagen-Informationsblatt hinterlegt und veröffentlicht hat.

(2) Der Bundesanstalt stehen die in § 15 des Wertpapierhandelsgesetzes[1] genannten Befugnisse unter den dort genannten Voraussetzungen auch im Hinblick auf Vermögensanlagen zu.

(3) Der Bundesanstalt stehen die in § 10 Absatz 1 Satz 2 und 3 des Wertpapierhandelsgesetzes genannten Befugnisse unter den dort genannten Voraussetzungen auch gegenüber Anbietern und Emittenten von Vermögensanlagen zu.

**§ 19 Auskünfte des Anbieters.** (1) ¹Die Bundesanstalt kann von einem Emittenten oder Anbieter Auskünfte, die Vorlage von Unterlagen und die Überlassung von Kopien verlangen, um

1. die Einhaltung der Pflichten und Verbote nach den §§ 2a, 2b, 5a, 5b, 6 und 8 Absatz 1, den §§ 8a bis 13 und 14 Absatz 1 und § 15 zu überwachen,

2. zu prüfen, ob der Verkaufsprospekt die Angaben enthält, die nach § 7 Absatz 1 und 2, auch in Verbindung mit einer auf Grund des § 7 Absatz 3

---

[1] Nr. 12.

erlassenen Rechtsverordnung, erforderlich sind, oder ob diese Angaben kohärent und verständlich sind,

3. zu prüfen, ob die Voraussetzungen für eine Maßnahme nach § 18 Absatz 2 vorliegen oder

4. zu prüfen, ob die Voraussetzungen für das Ergreifen von Maßnahmen nach § 18 Absatz 3 vorliegen.

²Die Befugnis nach Satz 1 besteht auch gegenüber einem mit dem Emittenten oder dem Anbieter verbundenen Unternehmen sowie im Fall des § 2a gegenüber der Internet-Dienstleistungsplattform. ³In dem Verlangen ist auf die Befugnis nach § 26b hinzuweisen.

(2) Die Bundesanstalt kann die Erteilung von Auskünften und die Vorlage von Unterlagen auch von demjenigen verlangen, bei dem Tatsachen die Annahme rechtfertigen, dass er Anbieter im Sinne dieses Gesetzes ist.

(3) ¹Der zur Erteilung einer Auskunft Verpflichtete kann die Auskunft auf solche Fragen verweigern, deren Beantwortung ihn selbst oder einen der in § 52 Absatz 1 der Strafprozessordnung bezeichneten Angehörigen der Gefahr strafrechtlicher Verfolgung oder eines Verfahrens nach dem Gesetz über Ordnungswidrigkeiten aussetzen würde. ²Der Verpflichtete ist über sein Recht zu belehren, die Auskunft zu verweigern.

### Unterabschnitt 3. Haftung

**§ 20 Haftung bei fehlerhaftem Verkaufsprospekt.** (1) ¹Sind für die Beurteilung der Vermögensanlagen wesentliche Angaben in einem Verkaufsprospekt unrichtig oder unvollständig, kann der Erwerber der Vermögensanlagen von denjenigen, die für den Verkaufsprospekt die Verantwortung übernommen haben, und denjenigen, von denen der Erlass des Verkaufsprospekts ausgeht, als Gesamtschuldnern die Übernahme der Vermögensanlagen gegen Erstattung des Erwerbspreises, soweit dieser den ersten Erwerbspreis der Vermögensanlagen nicht überschreitet, und der mit dem Erwerb verbundenen üblichen Kosten verlangen, sofern das Erwerbsgeschäft nach Veröffentlichung des Verkaufsprospekts und während der Dauer des öffentlichen Angebots nach § 11, spätestens jedoch innerhalb von zwei Jahren nach dem ersten öffentlichen Angebot der Vermögensanlagen im Inland, abgeschlossen wurde. ²Auf den Erwerb von Vermögensanlagen desselben Emittenten, die von den in Satz 1 genannten Vermögensanlagen nicht nach Ausstattungsmerkmalen oder in sonstiger Weise unterschieden werden können, ist Satz 1 entsprechend anzuwenden.

(2) ¹Ist der Erwerber nicht mehr Inhaber der Vermögensanlagen, so kann er die Zahlung des Unterschiedsbetrags zwischen dem Erwerbspreis, soweit dieser den ersten Erwerbspreis nicht überschreitet, und dem Veräußerungspreis der Vermögensanlagen sowie der mit dem Erwerb und der Veräußerung verbundenen üblichen Kosten verlangen. ²Absatz 1 Satz 2 ist anzuwenden.

(3) Nach Absatz 1 oder Absatz 2 kann nicht in Anspruch genommen werden, wer nachweist, dass er die Unrichtigkeit oder Unvollständigkeit der Angaben des Verkaufsprospekts nicht gekannt hat und dass die Unkenntnis nicht auf grober Fahrlässigkeit beruht.

(4) Der Anspruch nach Absatz 1 oder Absatz 2 besteht nicht, sofern

1. die Vermögensanlagen nicht auf Grund des Verkaufsprospekts erworben wurden,

2. der Sachverhalt, über den unrichtige oder unvollständige Angaben im Verkaufsprospekt enthalten sind, nicht zu einer Minderung des Erwerbspreises der Vermögensanlagen beigetragen hat oder
3. der Erwerber die Unrichtigkeit oder Unvollständigkeit der Angaben des Verkaufsprospekts beim Erwerb kannte.

(5) Werden Vermögensanlagen eines Emittenten mit Sitz im Ausland auch im Ausland öffentlich angeboten, besteht der Anspruch nach Absatz 1 oder Absatz 2 nur, sofern die Vermögensanlagen auf Grund eines im Inland abgeschlossenen Geschäfts oder einer ganz oder teilweise im Inland erbrachten Wertpapierdienstleistung erworben wurden.

(6) [1] Eine Vereinbarung, durch die der Anspruch nach Absatz 1 oder Absatz 2 im Voraus ermäßigt oder erlassen wird, ist unwirksam. [2] Weiter gehende Ansprüche, die nach den Vorschriften des bürgerlichen Rechts auf Grund von Verträgen oder unerlaubten Handlungen erhoben werden können, bleiben unberührt.

**§ 21 Haftung bei fehlendem Verkaufsprospekt.** (1) [1] Der Erwerber von Vermögensanlagen kann, wenn ein Verkaufsprospekt entgegen § 6 nicht veröffentlicht wurde, von dem Emittenten der Vermögensanlagen und dem Anbieter als Gesamtschuldnern die Übernahme der Vermögensanlagen gegen Erstattung des Erwerbspreises, soweit dieser den ersten Erwerbspreis nicht überschreitet, und der mit dem Erwerb verbundenen üblichen Kosten verlangen, sofern das Erwerbsgeschäft vor Veröffentlichung eines Verkaufsprospekts und innerhalb von zwei Jahren nach dem ersten öffentlichen Angebot der Vermögensanlagen im Inland abgeschlossen wurde. [2] Auf den Erwerb von Vermögensanlagen desselben Emittenten, die von den in Satz 1 genannten Vermögensanlagen nicht nach Ausstattungsmerkmalen oder in sonstiger Weise unterschieden werden können, ist Satz 1 entsprechend anzuwenden.

(2) [1] Ist der Erwerber nicht mehr Inhaber der Vermögensanlagen, kann er die Zahlung des Unterschiedsbetrags zwischen dem Erwerbspreis und dem Veräußerungspreis der Vermögensanlagen sowie der mit dem Erwerb und der Veräußerung verbundenen üblichen Kosten verlangen. [2] Absatz 1 Satz 1 gilt entsprechend.

(3) Werden Vermögensanlagen eines Emittenten von Vermögensanlagen mit Sitz im Ausland auch im Ausland öffentlich angeboten, besteht ein Anspruch nach Absatz 1 oder Absatz 2 nur, sofern die Vermögensanlagen auf Grund eines im Inland abgeschlossenen Geschäfts oder einer ganz oder teilweise im Inland erbrachten Wertpapierdienstleistung erworben wurden.

(4) Der Anspruch nach den Absätzen 1 bis 3 besteht nicht, sofern der Erwerber die Pflicht, einen Verkaufsprospekt zu veröffentlichen, beim Erwerb kannte.

(5) [1] Eine Vereinbarung, durch die ein Anspruch nach den Absätzen 1 bis 3 im Voraus ermäßigt oder erlassen wird, ist unwirksam. [2] Weiter gehende Ansprüche, die nach den Vorschriften des bürgerlichen Rechts auf Grund von Verträgen oder unerlaubten Handlungen erhoben werden können, bleiben unberührt.

**§ 22 Haftung bei unrichtigem oder fehlendem Vermögensanlagen-Informationsblatt.** (1) Wer Vermögensanlagen auf Grund von Angaben in einem Vermögensanlagen-Informationsblatt erworben hat, kann von dem Anbieter die Übernahme der Vermögensanlagen gegen Erstattung des Erwerbspreises, soweit dieser den ersten Erwerbspreis der Vermögensanlagen nicht überschreitet, und der mit dem Erwerb verbundenen üblichen Kosten verlangen, wenn

1. die in dem Vermögensanlagen-Informationsblatt enthaltenen Angaben irreführend, unrichtig oder nicht mit den einschlägigen Teilen des Verkaufsprospekts vereinbar sind und
2. das Erwerbsgeschäft nach Veröffentlichung des Verkaufsprospekts und während der Dauer des öffentlichen Angebots nach § 11, spätestens jedoch innerhalb von zwei Jahren nach dem ersten öffentlichen Angebot der Vermögensanlagen im Inland abgeschlossen wurde.

(1a) Sofern die Erstellung eines Verkaufsprospekts nach § 2a oder § 2b entbehrlich ist, besteht der Anspruch nach Absatz 1 unter der Voraussetzung, dass

1. die in dem Vermögensanlagen-Informationsblatt enthaltenen Angaben irreführend oder unrichtig sind und
2. das Erwerbsgeschäft während der Dauer des öffentlichen Angebots nach § 11, spätestens jedoch innerhalb von zwei Jahren nach dem ersten öffentlichen Angebot der Vermögensanlagen im Inland abgeschlossen wurde.

(2) Ist der Erwerber nicht mehr Inhaber der Vermögensanlagen, kann er die Zahlung des Unterschiedsbetrags zwischen dem Erwerbspreis, soweit dieser den ersten Erwerbspreis nicht überschreitet, und dem Veräußerungspreis der Vermögensanlagen sowie der mit dem Erwerb und der Veräußerung verbundenen üblichen Kosten verlangen.

(3) Nach Absatz 1 oder Absatz 2 kann nicht in Anspruch genommen werden, wer nachweist, dass er die Unrichtigkeit des Vermögensanlagen-Informationsblatts nicht gekannt hat und dass die Unkenntnis nicht auf grober Fahrlässigkeit beruht.

(4) Der Anspruch nach Absatz 1, Absatz 1a oder Absatz 2 besteht nicht, sofern

1. der Erwerber die Unrichtigkeit der Angaben des Vermögensanlagen-Informationsblatts beim Erwerb kannte oder
2. der Sachverhalt, über den unrichtige Angaben im Vermögensanlagen-Informationsblatt enthalten sind, nicht zu einer Minderung des Erwerbspreises der Vermögensanlagen beigetragen hat.

(4a) [1] Der Erwerber kann von dem Anbieter die Übernahme der Vermögensanlage gegen Erstattung des Erwerbspreises, soweit dieser den ersten Erwerbspreis der Vermögensanlage nicht überschreitet, und der mit dem Erwerb verbundenen üblichen Kosten verlangen, wenn

1. ihm das Vermögensanlagen-Informationsblatt entgegen § 15 nicht zur Verfügung gestellt wurde,
2. das Vermögensanlagen-Informationsblatt den Hinweis nach § 13 Absatz 4 Satz 1 nicht enthalten hat oder
3. er die Kenntnisnahme des Warnhinweises nach § 13 Absatz 4 Satz 1 nicht nach § 15 Absatz 3 oder Absatz 4, auch in Verbindung mit einer Rechtsverordnung nach § 15 Absatz 5, bestätigt hat.

[2] Absatz 2 gilt entsprechend.

(5) Werden Vermögensanlagen eines Emittenten mit Sitz im Ausland auch im Ausland öffentlich angeboten, besteht der Anspruch nach Absatz 1, Absatz 1a, Absatz 2 oder Absatz 4a nur, sofern die Vermögensanlagen auf Grund eines im Inland abgeschlossenen Geschäfts oder einer ganz oder teilweise im Inland erbrachten Wertpapierdienstleistung erworben wurden.

(6) ¹ Eine Vereinbarung, durch die der Anspruch nach Absatz 1, Absatz 1a, Absatz 2 oder Absatz 4a im Voraus ermäßigt oder erlassen wird, ist unwirksam. ² Weiter gehende Ansprüche, die nach den Vorschriften des bürgerlichen Rechts auf Grund von Verträgen oder unerlaubten Handlungen erhoben werden können, bleiben unberührt.

## Abschnitt 3. Rechnungslegung und Prüfung

**§ 23 Erstellung und Bekanntmachung von Jahresberichten.** (1) Ein Emittent von Vermögensanlagen, der nicht verpflichtet ist, nach den Vorschriften des Handelsgesetzbuchs einen Jahresabschluss offenzulegen, hat für den Schluss eines jeden Geschäftsjahres einen Jahresbericht zu erstellen und spätestens sechs Monate nach Ablauf des Geschäftsjahres beim Betreiber des Bundesanzeigers elektronisch einzureichen sowie den Anlegern auf Anforderung zur Verfügung zu stellen.

(2) Der Jahresbericht besteht mindestens aus

1. dem nach Maßgabe des § 24 aufgestellten und von einem Abschlussprüfer geprüften Jahresabschluss,
2. dem nach Maßgabe des § 24 aufgestellten und von einem Abschlussprüfer geprüften Lagebericht,
3. einer den Vorgaben des § 264 Absatz 2 Satz 3 beziehungsweise des § 289 Absatz 1 Satz 5 des Handelsgesetzbuchs entsprechenden Erklärung der gesetzlichen Vertreter des Emittenten der Vermögensanlagen sowie
4. den Bestätigungen des Abschlussprüfers nach § 25.

(3) ¹ Der Emittent der Vermögensanlagen hat den Jahresbericht unverzüglich nach der elektronischen Einreichung im Bundesanzeiger bekannt machen zu lassen. ² § 325 Absatz 1 Satz 2, Absatz 2 bis 2b, 5 und 6 sowie § 328 Absatz 1 Satz 1 bis 3, Absatz 1a bis 4 und § 329 Absatz 1, 2 und 4 des Handelsgesetzbuchs gelten entsprechend.

(4) Die Bekanntmachung ist über die Internetseite des Unternehmensregisters zugänglich zu machen; die Unterlagen sind in entsprechender Anwendung des § 8b Absatz 3 Satz 1 Nummer 1 des Handelsgesetzbuchs vom Betreiber des Bundesanzeigers zu übermitteln.

**§ 24 Inhalt von Jahresabschlüssen und Lageberichten.** (1) ¹ Alle Emittenten von Vermögensanlagen mit Sitz im Inland haben für den Jahresabschluss die Bestimmungen des Ersten Unterabschnitts des Zweiten Abschnitts des Dritten Buches des Handelsgesetzbuchs und für den Lagebericht die Bestimmungen des § 289 des Handelsgesetzbuchs einzuhalten sowie dem Jahresabschluss und dem Lagebericht Erklärungen nach § 264 Absatz 2 Satz 3 und § 289 Absatz 1 Satz 5 des Handelsgesetzbuchs beizufügen; Emittenten von Vermögensanlagen haben den Jahresabschluss um eine Kapitalflussrechnung zu erweitern; dies gilt nicht für Emittenten, die die Einstufung als klein im Sinne des § 267 des Handelsgesetzbuchs erfüllen. ² § 264 Absatz 1 Satz 4 Halbsatz 1,

## § 24

Absatz 3, 4 und § 264b des Handelsgesetzbuchs sind nicht anzuwenden. ³ Der Lagebericht hat zusätzlich die folgenden Angaben zu enthalten:

1. die Gesamtsumme der im abgelaufenen Geschäftsjahr gezahlten Vergütungen, aufgeteilt in feste und variable vom Emittenten von Vermögensanlagen gezahlte Vergütungen, die Zahl der Begünstigten und gegebenenfalls die vom Emittenten der Vermögensanlagen gezahlten besonderen Gewinnbeteiligungen sowie

2. die Gesamtsumme der im abgelaufenen Geschäftsjahr gezahlten Vergütungen, aufgeteilt nach Führungskräften und Mitarbeitern, deren berufliche Tätigkeit sich wesentlich auf das Risikoprofil des Emittenten von Vermögensanlagen auswirkt.

⁴ Für den letzten Jahresabschluss und Lagebericht des Emittenten von Vermögensanlagen vor dem öffentlichen Angebot von Vermögensanlagen sind die Sätze 1 bis 3 und § 23 entsprechend anzuwenden. ⁵ Wurde der Emittent weniger als 18 Monate vor der Einreichung eines Verkaufsprospekts zur Billigung nach § 8 gegründet und hat er noch keinen Jahresabschluss und keinen Lagebericht erstellt, sind in den Verkaufsprospekt aktuelle und zukünftige Finanzinformationen nach Maßgabe der nach § 7 Absatz 3 erlassenen Rechtsverordnung aufzunehmen.

(2) Handelt es sich bei dem Emittenten der Vermögensanlagen um eine Personenhandelsgesellschaft oder das Unternehmen eines Einzelkaufmanns, dürfen das sonstige Vermögen der Gesellschafter oder des Einzelkaufmanns (Privatvermögen) nicht in die Bilanz und die auf das Privatvermögen entfallenden Aufwendungen und Erträge nicht in die Gewinn- und Verlustrechnung aufgenommen werden.

(3) ¹ Emittenten von Vermögensanlagen mit Sitz in einem anderen Mitgliedstaat der Europäischen Union oder in einem anderen Vertragsstaat des Abkommens über den Europäischen Wirtschaftsraum haben für den Jahresabschluss die gleichwertigen, dort jeweils für Kapitalgesellschaften geltenden Rechnungslegungsvorschriften anzuwenden. ² Hat der Emittent nach den dortigen Vorschriften einen Lagebericht zu erstellen, sind auch insoweit die dort jeweils für Kapitalgesellschaften geltenden Vorschriften anzuwenden. ³ Der Lagebericht muss zusätzlich die in Absatz 1 Satz 3 genannten Angaben enthalten. ⁴ Sieht das dortige Recht keine Erstellung eines Lageberichts vor, können die Angaben nach Absatz 1 Satz 3 auch in den Jahresabschluss aufgenommen oder in einer gesonderten Erklärung beigefügt werden. ⁵ Absatz 1 Satz 4 und 5 ist entsprechend anzuwenden. ⁶ Ist der Jahresabschluss oder der Lagebericht, den ein Emittent gemäß den nach Satz 1 bis 4 anwendbaren Vorschriften zu erstellen hat, nicht in deutscher Sprache verfasst, ist eine Übersetzung in die deutsche Sprache beizufügen.

(4) ¹ Emittenten von Vermögensanlagen mit Sitz außerhalb der Mitgliedstaaten der Europäischen Union und der anderen Vertragsstaaten des Abkommens über den Europäischen Wirtschaftsraum haben einen Jahresabschluss und einen Lagebericht nach den in Deutschland geltenden, auf Kapitalgesellschaften anzuwendenden Rechnungslegungsvorschriften in deutscher Sprache zu erstellen. ² Die Absätze 1 und 2 sind entsprechend anzuwenden.

(5) ¹ Die Bundesanstalt kann eine Prüfung der Rechnungslegung von Emittenten von Vermögensanlagen anordnen, soweit konkrete Anhaltspunkte, insbesondere auf Grund von Eingaben Dritter, für einen Verstoß gegen Rech-

nungslegungsvorschriften vorliegen. ²Die Bundesanstalt kann Schwerpunkte für die einzelne Prüfung festlegen; der Umfang der einzelnen Prüfung soll in der jeweiligen Prüfungsanordnung festgelegt werden. ³Zur Durchführung der Prüfung bestellt die Bundesanstalt andere Einrichtungen und Personen; sie kann an der Prüfung teilnehmen. ⁴§ 107 Absatz 2 des Wertpapierhandelsgesetzes[1]) findet entsprechende Anwendung. ⁵Eine Prüfung findet auch dann nicht statt, wenn ein Verfahren nach § 342b Absatz 2 des Handelsgesetzbuchs oder nach § 107 des Wertpapierhandelsgesetzes anhängig ist, soweit der Gegenstand des Bilanzkontrollverfahrens reicht.

(6) ¹Der Emittent einer Vermögensanlage, die Mitglieder seiner Organe, seine Beschäftigten sowie seine Abschlussprüfer haben den Einrichtungen und Personen, derer sich die Bundesanstalt bei der Durchführung ihrer Aufgaben bedient, und der Bundesanstalt auf Verlangen Auskünfte zu erteilen und Unterlagen vorzulegen, soweit dies zur Prüfung erforderlich ist; die Auskunftspflicht der Abschlussprüfer beschränkt sich auf Tatsachen, die ihnen im Rahmen der Abschlussprüfung bekannt geworden sind. ²Satz 1 gilt auch hinsichtlich Konzernunternehmen sowie abhängigen oder herrschenden Unternehmen. ³Für das Recht zur Auskunftsverweigerung und die Belehrungspflicht gilt § 19 Absatz 3 entsprechend. ⁴Die zur Auskunft und Vorlage von Unterlagen Verpflichteten haben den Bediensteten der Bundesanstalt oder den von ihr beauftragten Personen, soweit dies zur Wahrnehmung ihrer Aufgaben erforderlich ist, während der üblichen Arbeitszeit das Betreten ihrer Grundstücke und Geschäftsräume zu gestatten. ⁵§ 6 Absatz 11 Satz 2 des Wertpapierhandelsgesetzes gilt entsprechend. ⁶Das Grundrecht der Unverletzlichkeit der Wohnung (Artikel 13 des Grundgesetzes) wird insoweit eingeschränkt.

(7) ¹Die Einrichtungen und Personen, derer sich die Bundesanstalt bei der Durchführung der Prüfung bedient, haben der Bundesanstalt unverzüglich nach Abschluss der Prüfung schriftlich oder elektronisch über das Ergebnis der Prüfung zu berichten. ²In den Bericht sind alle Tatsachen aufzunehmen, deren Kenntnis zur Beurteilung des zu prüfenden Vorgangs durch die Bundesanstalt erforderlich ist. ³Der Bericht ist zu unterzeichnen. ⁴Die von der Bundesanstalt zur Durchführung der Prüfung bestellten Einrichtungen und Personen haben Anspruch auf Ersatz angemessener barer Auslagen und auf Vergütung ihrer Tätigkeit. ⁵Die Bundesanstalt kann gegenüber dem Emittenten die Auslagen und die Vergütung des Prüfers festsetzen. ⁶§ 323 des Handelsgesetzbuchs gilt entsprechend.

(8) ¹Die Bundesanstalt hat Tatsachen, die den Verdacht einer Ordnungswidrigkeit oder einer Straftat im Zusammenhang mit der Rechnungslegung eines Emittenten von Vermögensanlagen begründen, den für die Verfolgung zuständigen Behörden anzuzeigen. ²Tatsachen, die auf das Vorliegen einer Berufspflichtverletzung durch den Abschlussprüfer schließen lassen, übermittelt die Bundesanstalt der Wirtschaftsprüferkammer.

**§ 25 Prüfung und Bestätigung des Abschlussprüfers** (1) ¹Der Jahresabschluss und der Lagebericht des inländischen Emittenten von Vermögensanlagen und die Emittenten von Vermögensanlagen mit Sitz außerhalb der Mitgliedstaaten der Europäischen Union und der anderen Vertragsstaaten des Abkommens über den Europäischen Wirtschaftsraum sind durch einen Ab-

---

[1]) Nr. 12.

schlussprüfer nach Maßgabe der Bestimmungen des Dritten Unterabschnitts des Zweiten Abschnitts des Dritten Buches des Handelsgesetzbuchs zu prüfen. ²Der Jahresabschluss und der Lagebericht müssen mit dem Bestätigungsvermerk oder einem Vermerk über die Versagung der Bestätigung versehen sein. ³Der Jahresabschluss und der Lagebericht von Emittenten von Vermögensanlagen mit Sitz in einem anderen Mitgliedstaat der Europäischen Union oder in einem anderen Vertragsstaat des Abkommens über den Europäischen Wirtschaftsraum sind durch einen Abschlussprüfer nach den gleichwertigen dort jeweils für Kapitalgesellschaften geltenden Prüfungsvorschriften zu prüfen.

(2) Der Abschlussprüfer hat bei seiner Prüfung auch festzustellen, ob der Emittent der Vermögensanlagen die Bestimmungen eines den Vermögensanlagen zugrunde liegenden Gesellschaftsvertrags oder eines Treuhandverhältnisses beachtet hat.

(3) ¹Bei Vermögensanlagen im Sinne des § 1 Absatz 2 Nummer 1 und 2 ist die Zuweisung von Gewinnen, Verlusten, Einnahmen und Entnahmen zu den einzelnen Kapitalkonten vom Abschlussprüfer zu prüfen und deren Ordnungsmäßigkeit zu bestätigen. ²Dies gilt auch für den Fall, dass die Vermögensanlage für den Anleger durch einen Treuhänder gehalten wird.

(4) Hat der Emittent der Vermögensanlagen seinen Sitz in einem anderen Mitgliedstaat der Europäischen Union oder einem anderen Vertragsstaat des Abkommens über den Europäischen Wirtschaftsraum, hat dieser dem Jahresbericht eine zusätzliche Bestätigung des Abschlussprüfers in deutscher Sprache beizufügen (§ 23 Absatz 2 Nummer 4), wonach

1. es sich bei den Unterlagen nach § 23 Absatz 2 Nummer 1 und 2 um einen für Kapitalgesellschaften geltenden, nach dem nationalen Recht des Sitzstaates aufgestellten und von einem Abschlussprüfer geprüften Jahresabschluss und Lagebericht handelt,
2. die Anforderungen des § 24 Absatz 3 Satz 3 in Verbindung mit Absatz 1 Satz 3 oder die Anforderungen des § 24 Absatz 3 Satz 4 erfüllt sind und
3. die Unterlagen gemäß § 23 Absatz 2 insgesamt vollständig sind.

**§ 26 Verkürzung der handelsrechtlichen Offenlegungsfrist.** (1) Ist der Emittent der Vermögensanlagen nach den Vorschriften des Handelsgesetzbuchs zur Offenlegung des Jahresabschlusses verpflichtet, tritt an die Stelle des Ablaufs des zwölften Monats des dem Abschlussstichtag nachfolgenden Geschäftsjahres im Sinne des § 325 Absatz 1a des Handelsgesetzbuchs der Ablauf des sechsten Monats.

(2) § 326 des Handelsgesetzbuchs über die größenabhängigen Erleichterungen für kleine Kapitalgesellschaften ist nicht anzuwenden.

### Abschnitt 4. Sofortiger Vollzug und Bekanntmachung

**§ 26a Sofortiger Vollzug.** Widerspruch und Anfechtungsklage gegen Maßnahmen der Bundesanstalt nach den §§ 15a bis 19 haben keine aufschiebende Wirkung.

**§ 26b Bekanntmachung von Maßnahmen.** (1) ¹Die Bundesanstalt macht sofort vollziehbare Maßnahmen, die sie nach den §§ 15a bis 19 getroffen hat, auf ihrer Internetseite öffentlich bekannt, soweit dies bei Abwägung der betroffenen Interessen zur Beseitigung oder Verhinderung von Missständen geboten ist. ²Bei nicht bestandskräftigen Maßnahmen ist folgender Hinweis hinzuzufügen: „Diese Maßnahme ist noch nicht bestandskräftig." ³Wurde gegen die Maßnahme ein Rechtsmittel eingelegt, sind der Stand und der Ausgang des Rechtsmittelverfahrens bekannt zu machen.

(2) Liegen der Bundesanstalt Anhaltspunkte dafür vor, dass

1. ein Anbieter Vermögensanlagen öffentlich anbietet, obwohl

   a) diese entgegen § 5b eine Nachschusspflicht vorsehen,

   b) entgegen § 6 kein Verkaufsprospekt veröffentlicht wurde oder

   c) der Verkaufsprospekt nach § 8a nicht mehr gültig ist oder

2. entgegen § 8 ein Verkaufsprospekt vor dessen Billigung veröffentlicht wurde,

so kann die Bundesanstalt diesen Umstand auf ihrer Internetseite öffentlich bekannt machen.

(3) ¹Die Bundesanstalt sieht von einer Bekanntmachung nach Absatz 1 oder Absatz 2 ab, wenn die Bekanntmachung die Finanzmärkte der Bundesrepublik Deutschland oder eines oder mehrerer Staaten des Europäischen Wirtschaftsraums erheblich gefährden würde. ²Die Bundesanstalt kann von einer Bekanntmachung außerdem absehen, wenn eine Bekanntmachung nachteilige Auswirkungen auf die Durchführung strafrechtlicher, ordnungswidrigkeitenrechtlicher oder disziplinarischer Ermittlungen haben kann.

(4) ¹Die Bekanntmachung nach den Absätzen 1 und 2 darf nur diejenigen personenbezogenen Daten enthalten, die zur Identifizierung des Anbieters oder Emittenten erforderlich sind. ²Die Bekanntmachung ist spätestens nach fünf Jahren zu löschen.

**§ 26c Bekanntmachung von Bußgeldentscheidungen.** (1) ¹Die Bundesanstalt macht Bußgeldentscheidungen nach § 29 unverzüglich nach Rechtskraft auf ihrer Internetseite bekannt, wenn dies unter Abwägung der betroffenen Interessen zur Beseitigung oder Verhinderung von Missständen geboten ist. ²Die Bundesanstalt sieht von einer Veröffentlichung insbesondere dann ab, wenn eine Bekanntmachung auf Grund der geringfügigen Bedeutung des der Bußgeldentscheidung zugrunde liegenden Verstoßes unverhältnismäßig wäre.

(2) ¹In der Bekanntmachung sind die Vorschrift, gegen die verstoßen wurde, und ermittelte und verantwortliche natürliche oder juristische Personen zu benennen. ²Die Bundesanstalt nimmt die Bekanntmachung auf anonymer Basis vor, wenn eine nicht anonymisierte Bekanntmachung das Persönlichkeitsrecht einer natürlichen Person verletzen würde oder aus sonstigen Gründen unverhältnismäßig wäre. ³Die Bundesanstalt nimmt die Bekanntmachung unverzüglich unter Benennung der natürlichen oder juristischen Personen erneut vor, wenn die Gründe für die Bekanntmachung auf anonymer Basis entfallen sind.

(3) Die Bundesanstalt schiebt die Bekanntmachung so lange auf, wie eine Bekanntmachung die Durchführung strafrechtlicher, ordnungswidrigkeitenrechtlicher oder disziplinarischer Ermittlungen oder die Stabilität der Finanzmärkte der Bundesrepublik Deutschland oder eines oder mehrerer Staaten des Europäischen Wirtschaftsraums gefährden würde.

(4) Die Bekanntmachung ist spätestens nach fünf Jahren zu löschen.

## Abschnitt 5. Gebühren, Straf-, Bußgeld- und Ordnungsgeldbestimmungen sowie Übergangsvorschriften

*[§ 27 bis 30.9.2021:]*

**§ 27 Gebühren und Auslagen.** (1) Für individuell zurechenbare öffentliche Leistungen nach diesem Gesetz und nach den auf Grundlage dieses Gesetzes erlassenen Rechtsverordnungen kann die Bundesanstalt Gebühren und Auslagen erheben.

(2)[1] [1] Das Bundesministerium der Finanzen wird ermächtigt, durch Rechtsverordnung[2], die nicht der Zustimmung des Bundesrates bedarf, die gebührenpflichtigen Tatbestände und die Gebührensätze näher zu bestimmen und dabei feste Sätze und Rahmensätze vorzusehen. [2] Das Bundesministerium der Finanzen kann die Ermächtigung durch Rechtsverordnung auf die Bundesanstalt für Finanzdienstleistungsaufsicht übertragen.

*[§ 27 ab 1.10.2021:]*
**§ 27** *(aufgehoben)*

**§ 28 Strafvorschriften.** Mit Freiheitsstrafe bis zu drei Jahren oder mit Geldstrafe wird bestraft, wer
1. entgegen § 24 Absatz 1 Satz 1 in Verbindung mit § 264 Absatz 2 Satz 3 des Handelsgesetzbuchs oder
2. entgegen § 24 Absatz 1 Satz 1 in Verbindung mit § 289 Absatz 1 Satz 5 des Handelsgesetzbuchs

eine Versicherung nicht richtig abgibt.

**§ 29 Allgemeine Bußgeldvorschriften.** (1) Ordnungswidrig handelt, wer vorsätzlich oder leichtfertig
1. entgegen § 2a Absatz 5 Satz 1 eine Vermögensanlage öffentlich anbietet,
1a. entgegen § 5b eine dort genannte Vermögensanlage anbietet,
1b. entgegen § 6 in Verbindung mit einer Rechtsverordnung nach § 7 Absatz 3 Satz 1 einen Verkaufsprospekt nicht, nicht richtig oder nicht vollständig veröffentlicht,
2. entgegen § 8 Absatz 1 Satz 1 einen Verkaufsprospekt veröffentlicht,
3. entgegen § 9 Absatz 1 oder § 11 Absatz 1 Satz 1 einen Verkaufsprospekt, einen neuen Umstand oder eine Unrichtigkeit nicht, nicht richtig, nicht vollständig, nicht in der vorgeschriebenen Weise oder nicht rechtzeitig veröffentlicht,
4. entgegen § 9 Absatz 2 Satz 3 oder § 10 Absatz 1 Satz 1 eine Mitteilung nicht, nicht richtig, nicht vollständig, nicht in der vorgeschriebenen Weise oder nicht rechtzeitig macht,
4a. entgegen § 11a Absatz 1 Satz 1 eine Tatsache nicht, nicht richtig, nicht vollständig, nicht in der vorgeschriebenen Weise oder nicht rechtzeitig veröffentlicht,

---

[1] § 27 Abs. 2 ist gem. Art. 26 Abs. 1 G v. 6.12.2011 (BGBl. I S. 2481) am 13.12.2011 in Kraft getreten.
[2] Siehe die Vermögensanlagen-VerkaufsprospektgebührenVO (Nr. **8b**).

Vermögensanlagengesetz §§ 30, 31 VermAnlG 8

5. entgegen § 12 Absatz 1, 2 oder Absatz 3 nicht dafür sorgt, dass ein Hinweis aufgenommen wird,
6. entgegen § 13 Absatz 1 in Verbindung mit einer Rechtsverordnung nach § 13 Absatz 8 Satz 1 ein Vermögensanlagen-Informationsblatt nicht, nicht richtig, nicht vollständig oder nicht rechtzeitig erstellt,
7. entgegen § 13 Absatz 5 Satz 1 eine dort gemachte Angabe nicht, nicht richtig, nicht vollständig oder nicht rechtzeitig aktualisiert oder entgegen § 13 Absatz 7 Satz 3 das Datum der Aktualisierung im Vermögensanlagen-Informationsblatt nicht nennt,
8. entgegen § 14 Absatz 1 Satz 1 oder § 14 Absatz 3 einen Verkaufsprospekt, einen Nachtrag oder eine aktualisierte Fassung des Vermögensanlagen-Informationsblatts nicht oder nicht rechtzeitig übermittelt,
9. entgegen § 14 Absatz 1 Satz 2 ein Vermögensanlagen-Informationsblatt nicht oder nicht rechtzeitig hinterlegt oder
10. einer vollziehbaren Anordnung nach § 17 Absatz 1 Satz 1 oder § 18 Absatz 1 oder Absatz 2 zuwiderhandelt

(2) Ordnungswidrig handelt, wer vorsätzlich oder fahrlässig

1. einer vollziehbaren Anordnung nach § 16 Absatz 1 zuwiderhandelt oder
2. entgegen § 19 Absatz 1 eine Auskunft nicht, nicht richtig, nicht vollständig oder nicht rechtzeitig erteilt oder eine Unterlage nicht, nicht richtig, nicht vollständig oder nicht rechtzeitig vorlegt.

(3) Die Ordnungswidrigkeit kann in den Fällen des Absatzes 1 Nummer 1a, 1b, 2, 6 und 10 mit einer Geldbuße bis zu fünfhunderttausend Euro, in den Fällen des Absatzes 1 Nummer 1, 3, 4a und 5 mit einer Geldbuße bis zu hunderttausend Euro und in den übrigen Fällen mit einer Geldbuße bis zu fünfzigtausend Euro geahndet werden.

(4) Verwaltungsbehörde im Sinne des § 36 Absatz 1 Nummer 1 des Gesetzes über Ordnungswidrigkeiten ist die Bundesanstalt.

**§ 30 Bußgeldvorschriften zur Rechnungslegung.** (1) Ordnungswidrig handelt, wer einer Vorschrift des § 24 Absatz 1 Satz 1 in Verbindung mit

1. § 264 Absatz 2 Satz 1 oder Satz 2, § 265 Absatz 2 bis 4 oder Absatz 6, § 266, § 268 Absatz 3 bis 6 oder Absatz 7, § 272, § 274, § 275, § 277, § 284 oder § 285 des Handelsgesetzbuchs über den Jahresabschluss oder
2. § 289 Absatz 1 Satz 1, 2 oder Satz 3 des Handelsgesetzbuchs über den Lagebericht

zuwiderhandelt.

(2) Die Ordnungswidrigkeit kann mit einer Geldbuße bis zu fünfzigtausend Euro geahndet werden.

(3) Verwaltungsbehörde im Sinne des § 36 Absatz 1 Nummer 1 des Gesetzes über Ordnungswidrigkeiten ist das Bundesamt für Justiz.

**§ 31 Ordnungsgeldvorschriften.** (1) [1]Die Ordnungsgeldvorschriften der §§ 335 bis 335b des Handelsgesetzbuchs sind auch auf die Verletzung von Pflichten des vertretungsberechtigten Organs des Emittenten von Vermögensanlagen sowie auch auf den Emittenten von Vermögensanlagen selbst entsprechend anzuwenden, und zwar auch dann, wenn es sich bei diesem nicht um eine Kapitalgesellschaft oder eine Gesellschaft im Sinne des § 264a des Handelsgesetzbuchs handelt; der Höchstbetrag des § 335 Absatz 1a des Handelsgesetzbuchs ist unabhängig davon anzuwenden, ob die Gesellschaft kapitalmarktorientiert im Sinne des § 264d des Handelsgesetzbuchs ist. ²An die Stelle der Pflichten nach § 335 Absatz 1 Satz 1 Nummer 1 und 2 des Handelsgesetzbuchs treten im Falle der Erstellung eines Jahresberichts die Pflichten nach § 23 Absatz 1 und 3 dieses Gesetzes. ³Offenlegung im Sinne des § 325 Absatz 1 des Handelsgesetzbuchs sind die Einreichung und Bekanntmachung des Jahresberichts gemäß § 23 Absatz 1 und 3 dieses Gesetzes.

(2) ¹Die Bundesanstalt übermittelt dem Betreiber des Bundesanzeigers einmal pro Halbjahr, soweit ihr diese Informationen bekannt sind,

1. Name und Anschrift der Emittenten von Vermögensanlagen sowie im Fall mehrerer Vermögensanlagen desselben Emittenten auch die konkrete Bezeichnung der jeweiligen Vermögensanlage,
2. Name und Anschrift des Bevollmächtigten nach § 5 Absatz 3 Satz 1,
3. das sich aus der Mitteilung nach § 9 Absatz 2 Satz 3 in Verbindung mit § 9 Absatz 1 ergebende Datum, zu dem das öffentliche Angebot der Vermögensanlage des jeweiligen Emittenten frühestens beginnen darf, sowie
4. das in der Mitteilung nach § 10 genannte Datum der vollständigen Tilgung der Vermögensanlage.

²Abweichend von Satz 1 übermittelt die Bundesanstalt bei Vermögensanlagen, für die eine Befreiung nach § 2a oder § 2b in Anspruch genommen werden kann, einmal pro Halbjahr Name und Anschrift der ihr jeweils bekannt werdenden Emittenten, Name und Anschrift des Bevollmächtigten nach § 5 Absatz 3 Satz 1 sowie die in Anspruch genommene Befreiungsvorschrift.

(3) Das Bundesamt für Justiz teilt der Bundesanstalt diejenigen Emittenten von Vermögensanlagen mit einem Sitz außerhalb des Geltungsbereichs dieses Gesetzes mit, die entgegen § 23 ihrer Pflicht zur Einreichung eines Jahresberichts nicht nachgekommen sind und gegen die aus diesem Grund unanfechtbare Ordnungsgelder nach den Absätzen 1 und 2 verhängt worden sind.

(4) Die Bundesanstalt kann die der Verhängung eines unanfechtbaren Ordnungsgeldes nach den Absätzen 1 und 2 gegen einen Emittenten von Vermögensanlagen im Sinne des Satzes 1 zugrunde liegenden Tatsachen im Bundesanzeiger öffentlich bekannt machen, soweit dies zur Beseitigung oder Verhinderung von Missständen geboten ist.

**§ 32 Übergangsvorschriften.** (1) Auf Verkaufsprospekte, die vor dem 1. Juni 2012 bei der Bundesanstalt zur Gestattung ihrer Veröffentlichung nach § 8i Absatz 2 Satz 1 des Verkaufsprospektgesetzes in der Fassung der Bekanntmachung vom 9. September 1998 (BGBl. I S. 2701), das zuletzt durch Artikel 8 des Gesetzes vom 16. Juli 2007 (BGBl. I S. 1330) geändert worden ist, eingereicht wurden, ist das Verkaufsprospektgesetz in der bis zum 31. Mai 2012 geltenden Fassung weiterhin anzuwenden.

(1a) ¹Auf Vermögensanlagen, die vor dem 10. Juli 2015 auf der Grundlage eines von der Bundesanstalt nach diesem Gesetz gebilligten Verkaufsprospekts öffentlich angeboten wurden und nach dem 10. Juli 2015 weiter öffentlich angeboten werden, ist vorbehaltlich der Absätze 11 und 13 das Vermögensanlagengesetz in der bis zum 9. Juli 2015 geltenden Fassung bis zum 10. Juli 2016 weiterhin anzuwenden. ²Abweichend von Satz 1 ist auf Vermögensanlagen, die vor dem 10. Juli 2015 auf der Grundlage eines von der Bundesanstalt nach diesem Gesetz gebilligten Verkaufsprospekts letztmalig öffentlich angeboten wurden, das Vermögensanlagengesetz in der bis zum 9. Juli 2015 geltenden Fassung weiterhin anzuwenden. ³ Für Vermögensanlagen im Sinne des Satzes 1 gilt § 10a Absatz 2 in der bis zum 15. Juli 2019 geltenden Fassung mit der Maßgabe, dass das öffentliche Angebot spätestens ab dem 10. Juli 2016 als beendet gilt, sofern nicht vor diesem Zeitpunkt ein Verkaufsprospekt nach Maßgabe dieses Gesetzes in seiner ab dem 10. Juli 2015 geltenden Fassung veröffentlicht wird.

(2) ¹ Für Ansprüche wegen fehlerhafter Verkaufsprospekte, die vor dem 1. Juni 2012 im Inland veröffentlicht worden sind, sind das Verkaufsprospektgesetz und die §§ 44 bis 47 des Börsengesetzes[1]) jeweils in der bis zum 31. Mai 2012 geltenden Fassung weiterhin anzuwenden. ² Wurden Verkaufsprospekte entgegen § 8f Absatz 1 Satz 1 des Verkaufsprospektgesetzes in der bis zum 31. Mai 2012 geltenden Fassung nicht veröffentlicht, ist für die daraus resultierenden Ansprüche, die bis zum 31. Mai 2012 entstanden sind, das Verkaufsprospektgesetz in der bis zum 31. Mai 2012 geltenden Fassung weiterhin anzuwenden.

(3) Die §§ 23 bis 26 gelten für sämtliche Emittenten von Vermögensanlagen, deren Vermögensanlagen nach dem 1. Juni 2012 im Inland öffentlich angeboten werden, und sind erstmals auf Jahresabschlüsse und Lageberichte für das nach dem 31. Dezember 2013 beginnende Geschäftsjahr anzuwenden.

(4) Veröffentlichungen und Bekanntmachungen nach § 9 Absatz 2 Satz 1 Nummer 1 und 2 sind bis zum 31. Dezember 2014 zusätzlich zu der Veröffentlichung oder Bekanntmachung im Bundesanzeiger auch in einem überregionalen Börsenpflichtblatt vorzunehmen.

(5) Auf Vermögensanlagen, die durch die Änderung des § 1 Absatz 2 und das Inkrafttreten des Kapitalanlagegesetzbuchs[2]) als Anteile an Investmentvermögen im Sinne des § 1 Absatz 1 des Kapitalanlagegesetzbuchs gelten und die die Voraussetzungen von § 353 Absatz 1 oder 2 des Kapitalanlagegesetzbuchs erfüllen, ist dieses Gesetz in der bis zum 21. Juli 2013 geltenden Fassung weiterhin anzuwenden.

(6) Auf Vermögensanlagen, die durch die Änderung des § 1 Absatz 2 und das Inkrafttreten des Kapitalanlagegesetzbuchs als Anteile an Investmentvermögen im Sinne des § 1 Absatz 1 des Kapitalanlagegesetzbuchs gelten und die die Voraussetzungen von § 353 Absatz 3 des Kapitalanlagegesetzbuchs erfüllen, ist dieses Gesetz in der bis zum 21. Juli 2013 geltenden Fassung mit Ausnahme von Abschnitt 3 weiterhin anzuwenden.

(7) ¹ Auf Vermögensanlagen, die durch die Änderung des § 1 Absatz 2 und das Inkrafttreten des Kapitalanlagegesetzbuchs als Anteile an Investmentvermögen im Sinne des § 1 Absatz 1 des Kapitalanlagegesetzbuchs gelten und die die Voraussetzungen von § 353 Absatz 4 oder 5 des Kapitalanlagegesetzbuchs erfüllen, ist dieses Gesetz in der bis zum 21. Juli 2013 geltenden Fassung bis zur Stellung des Erlaubnisantrags gemäß § 22 oder des Registrierungsantrags gemäß § 44 des Kapitalanlagegesetzbuchs bei der Bundesanstalt weiterhin anzuwenden. ² Ab Eingang des Erlaubnisantrags nach § 22 oder des Registrierungsantrags gemäß § 44 des Kapitalanlagegesetzbuchs ist für Vermögensanlagen im Sinne des Satzes 1 dieses Gesetz in der bis zum 21. Juli 2013 geltenden Fassung

---
[1]) Nr. 4.
[2]) Nr. 15.

# 8 VermAnlG § 32

neben den in § 353 Absatz 4 oder 5 des Kapitalanlagegesetzbuchs genannten Vorschriften weiterhin anzuwenden.

(8) ¹ Auf Vermögensanlagen, die vor dem 22. Juli 2013 von mindestens einem Anleger gezeichnet wurden und die durch die Änderung des § 1 Absatz 2 und das Inkrafttreten des Kapitalanlagegesetzbuchs als Anteile an Investmentvermögen im Sinne des § 1 Absatz 1 des Kapitalanlagegesetzbuchs gelten und die nicht die Voraussetzungen von § 353 Absatz 1, 2, 3, 4 oder 5 des Kapitalanlagegesetzbuchs erfüllen, ist dieses Gesetz in der bis zum 21. Juli 2013 geltenden Fassung bis zum Ende des Vertriebsrechts für den gemäß § 353 Absatz 6 in Verbindung mit den § 351 Absatz 3 und 4 und § 345 Absatz 6 und 7 oder den § 351 Absatz 6 und § 345 Absatz 8 des Kapitalanlagegesetzbuchs genannten Zeitraum weiterhin mit der Maßgabe anzuwenden, dass eine Billigung des Verkaufsprospekts nach § 8 nach dem 21. Juli 2013 nicht mehr erfolgen kann. ² Zeichnung im Sinne dieser Übergangsvorschrift ist der unbedingte und unbefristete Abschluss des schuldrechtlichen Verpflichtungsgeschäfts, das darauf gerichtet ist, Gesellschafter an einer Publikumsgesellschaft zu werden.

(9) ¹ Anträge, die auf eine Billigung des Verkaufsprospekts von Vermögensanlagen, die durch die Änderung des § 1 Absatz 2 und das Inkrafttreten des Kapitalanlagegesetzbuchs als Anteile an Investmentvermögen im Sinne des § 1 Absatz 1 des Kapitalanlagegesetzbuchs gelten, durch die Bundesanstalt gerichtet und am 21. Juli 2013 noch nicht beschieden waren, erlöschen gebührenfrei mit Ablauf des 21. Juli 2013. ² Die Bundesanstalt weist den Antragsteller auf diesen Umstand und auf die Geltung des Kapitalanlagegesetzbuchs hin. ³ Die vor dem 22. Juli 2013 erteilte Billigung des Verkaufsprospekts von Vermögensanlagen im Sinne von Satz 1 erlischt am 22. Juli 2013, wenn die Vermögensanlage vor dem 22. Juli 2013 noch nicht von mindestens einem Anleger gezeichnet ist. ⁴ Absatz 8 Satz 3 gilt entsprechend.

(10) ¹ Auf Vermögensanlagen im Sinne von § 1 Absatz 2 Nummer 3, 4 und 7 in der ab dem 10. Juli 2015 geltenden Fassung, die erstmals nach dem 9. Juli 2015 öffentlich angeboten werden, ist dieses Gesetz ab dem 1. Juli 2015 anzuwenden. ² Auf Vermögensanlagen im Sinne von § 1 Absatz 2 Nummer 3, 4 und 7 in der ab dem 10. Juli 2015 geltenden Fassung, die vor dem 10. Juli 2015 öffentlich angeboten wurden, ist dieses Gesetz ab dem 1. Januar 2016 anzuwenden. ³ In öffentlichen Angeboten von Vermögensanlagen nach Satz 2 ist bis zum 1. Januar 2016 auf den Umstand des Satzes 2 hinzuweisen. ⁴ Im Hinblick auf die Pflichten nach den §§ 11 und 11a gilt das öffentliche Angebot für Vermögensanlagen im Sinne des Satzes 2 ab dem 1. Januar 2016 als beendet, sofern nicht vor diesem Zeitpunkt ein Verkaufsprospekt nach Maßgabe dieses Gesetzes in seiner ab dem 10. Juli 2015 geltenden Fassung veröffentlicht wird.

(11) § 31 Absatz 1 Satz 1 in der Fassung des Kleinanlegerschutzgesetzes vom 3. Juli 2015 (BGBl. I S. 1114) ist erstmals auf Jahres- und Konzernabschlüsse für Geschäftsjahre anzuwenden, die nach dem 31. Dezember 2014 beginnen.

(12) Auf Vermögensanlagen im Sinne von § 1 Absatz 2 in der ab dem 10. Juli 2015 geltenden Fassung, die vor dem 1. Juli 2005 letztmals öffentlich angeboten wurden, ist dieses Gesetz nicht anzuwenden.

(13) ¹ Die §§ 23, 26, 30 und 31 in der Fassung des Bilanzrichtlinie-Umsetzungsgesetzes vom 17. Juli 2015 (BGBl. I S. 1245) sind erstmals auf Jahresabschlüsse und Lageberichte für nach dem 31. Dezember 2015 beginnende

Geschäftsjahre anzuwenden. ²Auf Jahresabschlüsse und Lageberichte für vor dem 1. Januar 2015 beginnende Geschäftsjahre bleiben die §§ 23, 26, 30 und 31 in der bis zum 9. Juli 2015 geltenden Fassung anwendbar. ³Auf Jahresabschlüsse und Lageberichte für nach dem 31. Dezember 2014 und vor dem 1. Januar 2016 beginnende Geschäftsjahre bleiben die §§ 23, 26 und 30 in der bis zum 9. Juli 2015 geltenden Fassung und § 31 in der bis zum 22. Juli 2015 geltenden Fassung anwendbar.

(14) ¹§ 23 in der Fassung des CSR-Richtlinie-Umsetzungsgesetzes vom 11. April 2017 (BGBl. I S. 802) sind erstmals auf Jahres- und Konzernabschlüsse, Lage- und Konzernlageberichte für das nach dem 31. Dezember 2016 beginnende Geschäftsjahr anzuwenden. ²§ 23 in der bis zum 18. April 2017 geltenden Fassung ist unbeschadet des Absatzes 13 letztmals anzuwenden auf Lage- und Konzernlageberichte für das vor dem 1. Januar 2017 beginnende Geschäftsjahr.

(15) Unvollständige Verkaufsprospekte, die vor dem 16. Juli 2019 gebilligt wurden, unterliegen bis zum Ablauf ihrer Gültigkeit weiterhin dem Vermögensanlagengesetz in der bis zum 15. Juli 2019 geltenden Fassung.

(16) ¹Die §§ 23 und 24 in der ab dem 19. August 2020 geltenden Fassung sind erstmals auf Jahresberichte, Jahresabschlüsse, Lageberichte sowie Erklärungen nach § 264 Absatz 2 Satz 3 und § 289 Absatz 1 Satz 5 des Handelsgesetzbuchs für das nach dem 31. Dezember 2019 beginnende Geschäftsjahr anzuwenden. ²Die in Satz 1 bezeichneten Vorschriften in der bis einschließlich 18. August 2020 geltenden Fassung sind letztmals anzuwenden auf Jahresberichte, Jahresabschlüsse, Lageberichte sowie Erklärungen nach § 264 Absatz 2 Satz 3 und § 289 Absatz 1 Satz 5 des Handelsgesetzbuchs für das vor dem 1. Januar 2020 beginnende Geschäftsjahr.

## 8a. Verordnung über Vermögensanlagen-Verkaufsprospekte (Vermögensanlagen-Verkaufsprospektverordnung – VermVerkProspV)

Vom 16. Dezember 2004
BGBl. I S. 3464

**FNA 4110-3-4**

zuletzt geänd. durch Art. 24 Abs. 8 Zweites FinanzmarktnovellierungsG v. 23.6.2017 (BGBl. I S. 1693)

Auf Grund des § 8g Abs. 2 und 3 des Verkaufsprospektgesetzes, der durch Artikel 2 Nr. 1 des Gesetzes vom 28. Oktober 2004 (BGBl. I S. 2630) eingefügt worden ist, verordnet die Bundesregierung:

### Nichtamtliche Inhaltsübersicht

| | |
|---|---|
| § 1 | Anwendungsbereich |
| § 2 | Allgemeine Grundsätze |
| § 3 | Angaben über Personen oder Gesellschaften, die für den Inhalt des Verkaufsprospekts die Verantwortung übernehmen |
| § 4 | Angaben über die Vermögensanlagen |
| § 5 | Angaben über den Emittenten |
| § 6 | Angaben über das Kapital des Emittenten |
| § 7 | Angaben über Gründungsgesellschafter des Emittenten und über die Gesellschafter des Emittenten zum Zeitpunkt der Aufstellung des Verkaufsprospekts |
| § 8 | Angaben über die Geschäftstätigkeit des Emittenten |
| § 9 | Angaben über die Anlageziele und Anlagepolitik der Vermögensanlagen |
| § 10 | Angaben über die Vermögens-, Finanz- und Ertragslage des Emittenten |
| § 11 | Angaben über die Prüfung des Jahresabschlusses des Emittenten |
| § 12 | Angaben über Mitglieder der Geschäftsführung oder des Vorstands, Aufsichtsgremien und Beiräte des Emittenten, den Treuhänder und sonstige Personen |
| § 13 | Angaben über den jüngsten Geschäftsgang und die Geschäftsaussichten des Emittenten |
| § 13a | Angaben über Auswirkungen auf die Fähigkeit zur Zins- und Rückzahlung |
| § 14 | Gewährleistete Vermögensanlagen |
| § 15 | Verringerte Prospektanforderungen |
| § 15a | Übergangsvorschrift zur Rechnungslegung und Prüfung des im Verkaufsprospekt enthaltenen Jahresabschlusses und Lageberichts |
| § 16 | Inkrafttreten |

**§ 1 Anwendungsbereich.** Diese Verordnung ist auf den Verkaufsprospekt für Vermögensanlagen im Sinne des § 1 Absatz 2 des Vermögensanlagengesetzes[1]) anzuwenden.

**§ 2 Allgemeine Grundsätze.** (1) [1]Der Verkaufsprospekt muss über die tatsächlichen und rechtlichen Verhältnisse, die für die Beurteilung der angebotenen Vermögensanlagen notwendig sind, Auskunft geben und richtig und vollständig sein. [2]Er muss mindestens die nach dieser Verordnung vorgeschriebenen Angaben enthalten. [3]Er ist in deutscher Sprache und in einer Form abzufassen, die sein Verständnis und seine Auswertung erleichtert. [4]Die Bundesanstalt für Finanzdienstleistungsaufsicht (Bundesanstalt) kann gestatten, dass der Verkaufsprospekt von Emittenten mit Sitz im Ausland ganz oder zum Teil

---

[1]) Nr. **8**.

in einer anderen in internationalen Finanzkreisen gebräuchlichen Sprache abgefasst wird. ⁵In diesem Fall ist dem Prospekt eine deutsche Zusammenfassung voranzustellen, die Teil des Prospekts ist und die wesentlichen tatsächlichen und rechtlichen Angaben zu dem Emittenten, der Vermögensanlage und dem Anlageobjekt enthält.

(2) ¹Das Deckblatt darf neben dem deutlichen Hinweis gemäß § 7 Absatz 2 Satz 1 des Vermögensanlagengesetzes[1)] keine weiteren Informationen enthalten, die diesen Hinweis abschwächen. ²Der Verkaufsprospekt muss ein Inhaltsverzeichnis haben. ³Ferner ist an hervorgehobener Stelle im Verkaufsprospekt ein ausdrücklicher Hinweis darauf aufzunehmen, dass bei fehlerhaftem Verkaufsprospekt Haftungsansprüche nur dann bestehen können, wenn die Vermögensanlage während der Dauer des öffentlichen Angebots, spätestens jedoch innerhalb von zwei Jahren nach dem ersten öffentlichen Angebot der Vermögensanlagen im Inland, erworben wird. ⁴Die wesentlichen tatsächlichen und rechtlichen Risiken im Zusammenhang mit der Vermögensanlage sind in einem gesonderten Abschnitt darzustellen, der nur diese Angaben enthält. ⁵Es ist insbesondere auf Liquiditätsrisiken, auf Risiken, die mit einem Einsatz von Fremdkapital einhergehen, sowie auf Risiken einer möglichen Fremdfinanzierung des Anteils durch den Anleger einzugehen. ⁶Weiterhin ist auf das Risiko einzugehen, dass die Vertrags- oder Anlagebedingungen so geändert werden oder sich die Tätigkeit des Emittenten so verändert, dass er ein Investmentvermögen im Sinne des Kapitalanlagegesetzbuchs[2)] darstellt, sodass die Bundesanstalt Maßnahmen nach § 15 des Kapitalanlagegesetzbuchs ergreifen und insbesondere die Rückabwicklung der Geschäfte des Emittenten der Vermögensanlage anordnen kann. ⁷Das den Anleger treffende maximale Risiko ist an hervorgehobener Stelle im Verkaufsprospekt in vollem Umfang zu beschreiben. ⁸Nach dieser Verordnung geforderte und darüber hinausgehende in den Prospekt aufgenommene Angaben, die eine Prognose beinhalten, sind deutlich als Prognosen kenntlich zu machen.

(3) ¹Der Verkaufsprospekt soll die nach dieser Verordnung erforderlichen Mindestangaben in der Reihenfolge ihrer Nennung in der Verordnung enthalten. ²Stimmt die Reihenfolge der Angaben in dem Prospekt nicht mit der dieser Verordnung überein, kann die Hinterlegungsstelle vor Gestattung der Veröffentlichung des Verkaufsprospekts von dem Anbieter eine Aufstellung verlangen, aus der hervorgeht, an welcher Stelle des Prospekts sich die verlangten Mindestangaben befinden.

(4) Der Verkaufsprospekt ist mit dem Datum seiner Aufstellung zu versehen und vom Anbieter zu unterzeichnen.

## § 3 Angaben über Personen oder Gesellschaften, die für den Inhalt des Verkaufsprospekts die Verantwortung übernehmen.

Der Verkaufsprospekt muss Namen, Geschäftsanschrift und Funktionen, bei juristischen Personen oder Gesellschaften die Firma und den Sitz der Personen oder Gesellschaften angeben, die für seinen Inhalt insgesamt oder für bestimmte Angaben die Verantwortung übernehmen; er muss eine Erklärung dieser Personen oder Gesellschaften enthalten, dass ihres Wissens die Angaben richtig und keine wesentlichen Umstände ausgelassen sind.

---
[1)] Nr. **8**.
[2)] Nr. **15**.

**§ 4 Angaben über die Vermögensanlagen.** ¹Der Verkaufsprospekt muss über die Vermögensanlagen angeben:

1. Art, Anzahl und Gesamtbetrag der angebotenen Vermögensanlagen. Steht die Anzahl oder der Gesamtbetrag bei Hinterlegung des Verkaufsprospekts noch nicht fest, ist ein hervorgehobener Hinweis aufzunehmen, der eine Mindestanzahl und einen Mindestbetrag angibt;
1a. die Hauptmerkmale der Anteile der Anleger sowie abweichende Rechte der Gesellschafter des Emittenten zum Zeitpunkt der Prospektaufstellung; sofern ehemaligen Gesellschaftern Ansprüche aus ihrer Beteiligung beim Emittenten zustehen, sind diese zu beschreiben;
2. die wesentlichen Grundlagen der steuerlichen Konzeption der Vermögensanlage. Übernimmt der Emittent oder eine andere Person die Zahlung von Steuern für den Anleger, ist dies anzugeben;
3. wie die Vermögensanlagen übertragen werden können und in welcher Weise ihre freie Handelbarkeit eingeschränkt ist;
4. die Zahlstellen oder andere Stellen, die bestimmungsgemäß Zahlungen an den Anleger ausführen und an denen der Verkaufsprospekt, das Vermögensanlagen-Informationsblatt, der letzte veröffentlichte Jahresabschluss und der Lagebericht zur kostenlosen Ausgabe bereitgehalten werden;
5. die Einzelheiten der Zahlung des Zeichnungs- oder Erwerbspreises, insbesondere die Kontoverbindung;
6. die Stellen, die Zeichnungen oder auf den Erwerb von Anteilen oder Beteiligungen gerichtete Willenserklärungen des Publikums entgegennehmen;
7. eine für die Zeichnung oder den Erwerb der Vermögensanlagen vorgesehene Frist und die Möglichkeiten, diese vorzeitig zu schließen oder Zeichnungen, Anteile oder Beteiligungen zu kürzen;
8. die einzelnen Teilbeträge, falls das Angebot gleichzeitig in verschiedenen Staaten mit bestimmten Teilbeträgen erfolgt. Sind die Teilbeträge zum Zeitpunkt der Veröffentlichung des Prospekts noch nicht bekannt, ist anzugeben, in welchen Staaten das Angebot erfolgt;
9. den Erwerbspreis für die Vermögensanlagen oder, sofern er noch nicht bekannt ist, die Einzelheiten und den Zeitplan für seine Festsetzung;
10. an einer hervorgehobenen Stelle im Verkaufsprospekt die für den Anleger entstehenden weiteren Kosten, insbesondere solche Kosten, die mit dem Erwerb, der Verwaltung und der Veräußerung der Vermögensanlage verbunden sind;
11. an einer hervorgehobenen Stelle im Verkaufsprospekt, unter welchen Umständen der Erwerber der Vermögensanlagen verpflichtet ist, weitere Leistungen zu erbringen, insbesondere unter welchen Umständen er haftet, und dass keine Pflicht zur Zahlung von Nachschüssen besteht;
12. an einer hervorgehobenen Stelle im Verkaufsprospekt, in welcher Gesamthöhe Provisionen geleistet werden, insbesondere Vermittlungsprovisionen oder vergleichbare Vergütungen; dabei ist die Provision als absoluter Betrag anzugeben sowie als Prozentangabe in Bezug auf den Gesamtbetrag der angebotenen Vermögensanlagen;
13. an einer hervorgehobenen Stelle im Verkaufsprospekt die wesentlichen Grundlagen und Bedingungen der Verzinsung und Rückzahlung;

14. die Laufzeit sowie die Kündigungsfrist nach Maßgabe des § 5a des Vermögensanlagengesetzes[1]) und

15. die Anlegergruppe, auf die die Vermögensanlage abzielt, vor allem im Hinblick auf den Anlagehorizont des Anlegers und seine Fähigkeit, Verluste, die sich aus der Vermögensanlage ergeben können, zu tragen.

²Unbeschadet der Angaben zu den rechtlichen Verhältnissen sind bei Beteiligungen am Ergebnis eines Unternehmens im Sinne des § 1 Absatz 2 Nummer 1 des Vermögensanlagengesetzes der Gesellschaftsvertrag, die Satzung, der Beteiligungsvertrag oder der sonstige für das Anlageverhältnis maßgebliche Vertrag beizufügen; bei Treuhandvermögen im Sinne des § 1 Absatz 2 Nummer 2 des Vermögensanlagengesetzes ist der Treuhandvertrag als Teil des Prospekts beizufügen. ³Ebenso ist der Vertrag über die Mittelverwendungskontrolle beizufügen.

**§ 5 Angaben über den Emittenten.** Der Verkaufsprospekt muss über den Emittenten angeben:

1. die Firma, den Sitz und die Geschäftsanschrift;
2. das Datum der Gründung und, wenn er für eine bestimmte Zeit gegründet ist, die Gesamtdauer seines Bestehens;
3. die für den Emittenten maßgebliche Rechtsordnung und die Rechtsform; soweit der Emittent eine Kommanditgesellschaft oder eine Kommanditgesellschaft auf Aktien ist, sind zusätzlich Angaben über die Struktur des persönlich haftenden Gesellschafters, insbesondere zur Firma, zur Haftung, zum gezeichneten Kapital, zu den Gesellschaftern sowie zu den Mitgliedern der Geschäftsführung, aufzunehmen;
4. den in der Satzung oder im Gesellschaftsvertrag bestimmten Gegenstand des Unternehmens;
5. das für den Emittenten zuständige Registergericht und die Nummer, unter der er in das Register eingetragen ist;
6. eine kurze Beschreibung des Konzerns und der Einordnung des Emittenten in ihn, falls der Emittent ein Konzernunternehmen ist.

**§ 6 Angaben über das Kapital des Emittenten.** ¹Der Verkaufsprospekt muss über das Kapital des Emittenten angeben:

1. die Höhe des gezeichneten Kapitals oder der Kapitalanteile und die Art der Anteile, in die das Kapital zerlegt ist; dabei sind die Höhe der ausstehenden Einlagen auf das Kapital und die Hauptmerkmale der Anteile anzugeben;
2. eine Übersicht der bisher ausgegebenen Wertpapiere oder Vermögensanlagen im Sinne des § 1 Absatz 2 des Vermögensanlagengesetzes[1]), einschließlich des Datums ihrer ersten Kündigungsmöglichkeit oder ihrer Fälligkeit.

²Ist der Emittent eine Aktiengesellschaft oder Kommanditgesellschaft auf Aktien, muss der Verkaufsprospekt über das Kapital des Emittenten zusätzlich den Nennbetrag der umlaufenden Wertpapiere, die den Gläubigern ein Umtausch- oder Bezugsrecht auf Aktien einräumen, angeben. ³Daneben muss er die Bedingungen und das Verfahren für den Umtausch oder den Bezug nennen.

---

[1]) Nr. 8.

**§ 7 Angaben über Gründungsgesellschafter des Emittenten und über die Gesellschafter des Emittenten zum Zeitpunkt der Aufstellung des Verkaufsprospekts.** (1) ¹Der Verkaufsprospekt muss über die Gründungsgesellschafter und die Gesellschafter zum Zeitpunkt der Prospektaufstellung des Emittenten angeben:

1. Namen und Geschäftsanschrift, bei juristischen Personen Firma und Sitz;
2. Art und Gesamtbetrag der von den Gründungsgesellschaftern und den Gesellschaftern zum Zeitpunkt der Prospektaufstellung insgesamt gezeichneten und der eingezahlten Einlagen;
3. Gewinnbeteiligungen, Entnahmerechte und den Jahresbetrag der sonstigen Gesamtbezüge, insbesondere der Gehälter, Gewinnbeteiligungen, Aufwandsentschädigungen, Versicherungsentgelte, Provisionen und Nebenleistungen jeder Art, die den Gründungsgesellschaftern und den Gesellschaftern zum Zeitpunkt der Prospektaufstellung insgesamt zustehen;
4. die Eintragungen, die in Bezug auf Verurteilungen wegen einer Straftat nach
   a) den §§ 263 bis 283d des Strafgesetzbuchs,
   b) § 54 des Kreditwesengesetzes,
   c) § 119 des Wertpapierhandelsgesetzes[1]) oder
   d) § 369 der Abgabenordnung
   in einem Führungszeugnis enthalten sind; das Führungszeugnis darf zum Zeitpunkt der Prospektaufstellung nicht älter als sechs Monate sein;
5. jede ausländische Verurteilung wegen einer Straftat, die mit den in Nummer 4 genannten Straftaten vergleichbar ist, unter Angabe der Art und Höhe der Strafe, wenn zum Zeitpunkt der Prospektaufstellung der Gründungsgesellschafter oder der Gesellschafter zum Zeitpunkt der Prospektaufstellung nicht Deutscher war; dies gilt jedoch nur, wenn der Zeitraum zwischen dem Eintritt der Rechtskraft der Verurteilung und der Prospektaufstellung weniger als fünf Jahre beträgt;
6. Angaben darüber, ob
   a) über das Vermögen eines Gründungsgesellschafters oder eines Gesellschafters zum Zeitpunkt der Prospektaufstellung innerhalb der letzten fünf Jahre ein Insolvenzverfahren eröffnet oder mangels Masse abgewiesen wurde sowie
   b) ein Gründungsgesellschafter oder ein Gesellschafter zum Zeitpunkt der Prospektaufstellung innerhalb der letzten fünf Jahre in der Geschäftsführung einer Gesellschaft tätig war, über deren Vermögen ein Insolvenzverfahren eröffnet oder mangels Masse abgewiesen wurde;
7. Angaben über frühere Aufhebungen einer Erlaubnis zum Betreiben von Bankgeschäften oder zur Erbringung von Finanzdienstleistungen durch die Bundesanstalt.

²Die Angaben nach Satz 1 in Bezug auf die Gründungsgesellschafter können entfallen, wenn der Emittent mehr als zehn Jahre vor Aufstellung des Verkaufsprospekts gegründet wurde.

(2) Der Verkaufsprospekt muss auch Angaben enthalten über den Umfang der unmittelbaren oder mittelbaren Beteiligungen der Gründungsgesellschafter und der Gesellschafter zum Zeitpunkt der Prospektaufstellung an

---

[1]) Nr. **12**.

Verkaufsprospektverordnung §§ 8, 9 VermVerkProspV 8a

1. Unternehmen, die mit dem Vertrieb der emittierten Vermögensanlagen beauftragt sind;
2. Unternehmen, die dem Emittenten Fremdkapital zur Verfügung stellen;
3. Unternehmen, die im Zusammenhang mit der Anschaffung oder Herstellung des Anlageobjekts Lieferungen oder Leistungen erbringen, sowie
4. Unternehmen, die mit dem Emittenten oder Anbieter nach § 271 des Handelsgesetzbuchs in einem Beteiligungsverhältnis stehen oder verbunden sind.

(3) Darüber hinaus ist anzugeben, in welcher Art und Weise die Gründungsgesellschafter und die Gesellschafter zum Zeitpunkt der Prospektaufstellung für die in Absatz 2 Nummer 1 bis 4 genannten Unternehmen tätig sind.

(4) Der Verkaufsprospekt muss auch Angaben darüber enthalten, in welcher Art und Weise die Gründungsgesellschafter und die Gesellschafter zum Zeitpunkt der Prospektaufstellung

1. mit dem Vertrieb der emittierten Vermögensanlagen beauftragt sind,
2. dem Emittenten Fremdkapital zur Verfügung stellen oder vermitteln;
3. Lieferungen oder Leistungen im Zusammenhang mit der Anschaffung oder Herstellung des Anlageobjekts erbringen.

**§ 8 Angaben über die Geschäftstätigkeit des Emittenten.** (1) ¹Der Verkaufsprospekt muss über die Geschäftstätigkeit des Emittenten folgende Angaben enthalten:

1. die wichtigsten Tätigkeitsbereiche;
2. Angaben über die Abhängigkeit des Emittenten von Patenten, Lizenzen, Verträgen oder neuen Herstellungsverfahren, wenn sie von wesentlicher Bedeutung für die Geschäftstätigkeit oder Ertragslage des Emittenten sind;
3. Gerichts-, Schieds- und Verwaltungsverfahren, die einen Einfluss auf die wirtschaftliche Lage des Emittenten und die Vermögensanlage haben können;
4. Angaben über die laufenden Investitionen.

(2) ²Ist die Tätigkeit des Emittenten durch außergewöhnliche Ereignisse beeinflusst worden, so ist darauf hinzuweisen.

**§ 9 Angaben über die Anlageziele und Anlagepolitik der Vermögensanlagen.** (1) ¹Der Verkaufsprospekt muss über die Anlagestrategie und Anlagepolitik der Vermögensanlagen angeben,

1. für welche konkreten Projekte die Nettoeinnahmen aus dem Angebot genutzt werden sollen,
2. welchen Realisierungsgrad diese Projekte bereits erreicht haben,
3. ob die Nettoeinnahmen hierfür allein ausreichen und
4. für welche sonstigen Zwecke die Nettoeinnahmen genutzt werden.

²Weiterhin sind die Möglichkeiten einer Änderung der Anlagestrategie oder Anlagepolitik sowie die dazu notwendigen Verfahren darzustellen und der Einsatz von Derivaten und Termingeschäften zu beschreiben.

(2) Der Verkaufsprospekt muss zusätzlich über die Anlageziele und Anlagepolitik angeben:

1. eine Beschreibung des Anlageobjekts. Anlageobjekt sind die Gegenstände, zu deren voller oder teilweiser Finanzierung die von den Erwerbern der Vermögensanlagen aufzubringenden Mittel bestimmt sind. Bei einem Treuhandvermögen, das ganz oder teilweise aus einem Anteil besteht, der eine Beteiligung am Ergebnis eines Unternehmens gewährt, treten an die Stelle dieses Anteils die Vermögensgegenstände des Unternehmens. Besteht das Anlageobjekt ganz oder teilweise aus einem Anteil oder einer Beteiligung an einer Gesellschaft oder stellt das Anlageobjekt ganz oder teilweise eine Ausleihung an oder eine Forderung gegen eine Gesellschaft dar, so gelten auch diejenigen Gegenstände als Anlageobjekt, die diese Gesellschaft erwirbt;
2. ob den nach den §§ 3, 7 oder 12 zu nennenden Personen das Eigentum am Anlageobjekt oder wesentlichen Teilen desselben zustand oder zusteht oder diesen Personen aus anderen Gründen eine dingliche Berechtigung am Anlageobjekt zusteht;
3. nicht nur unerhebliche dingliche Belastungen des Anlageobjekts;
4. rechtliche oder tatsächliche Beschränkungen der Verwendungsmöglichkeiten des Anlageobjekts, insbesondere im Hinblick auf das Anlageziel;
5. ob behördliche Genehmigungen erforderlich sind und inwieweit diese vorliegen;
6. welche Verträge der Emittent über die Anschaffung oder Herstellung des Anlageobjekts oder wesentlicher Teile davon geschlossen hat;
7. den Namen der Person oder Gesellschaft, die ein Bewertungsgutachten für das Anlageobjekt erstellt hat, das Datum des Bewertungsgutachtens und dessen Ergebnis;
8. in welchem Umfang Lieferungen und Leistungen durch Personen erbracht werden, die nach den §§ 3, 7 oder 12 zu nennen sind;
9. die voraussichtlichen Gesamtkosten des Anlageobjekts in einer Aufgliederung, die insbesondere Anschaffungs- und Herstellungskosten sowie sonstige Kosten ausweist und die geplante Finanzierung in einer Gliederung, die Eigen- und Fremdmittel, untergliedert nach Zwischenfinanzierungs- und Endfinanzierungsmitteln, gesondert ausweist. Zu den Eigen- und Fremdmitteln sind die Konditionen und Fälligkeiten anzugeben und in welchem Umfang und von wem diese bereits verbindlich zugesagt sind. Darüber hinaus ist die angestrebte Fremdkapitalquote anzugeben und wie sich die Hebeleffekte auswirken.

**§ 10 Angaben über die Vermögens-, Finanz- und Ertragslage des Emittenten.** (1) ¹Der Verkaufsprospekt muss über die Vermögens-, Finanz- und Ertragslage des Emittenten enthalten:
1. den letzten nach den §§ 24 und 25 des Vermögensanlagengesetzes[1)] aufgestellten und geprüften Jahresabschluss und Lagebericht und,
2. eine Zwischenübersicht, deren Stichtag höchstens zwei Monate vor der Aufstellung des Verkaufsprospekts liegen darf.

²Der Stichtag des in Satz 1 Nummer 1 genannten Abschlusses darf höchstens 18 Monate vor der Aufstellung des Verkaufsprospekts liegen.

---

[1)] Nr. 8.

(2) ¹Ist der Emittent nur zur Aufstellung eines Konzernabschlusses verpflichtet, so ist dieser in den Verkaufsprospekt aufzunehmen; ist er auch zur Aufstellung eines Jahresabschlusses verpflichtet, so sind beide Arten von Abschlüssen aufzunehmen. ²Ein Konzernabschluss kann auch im Wege eines Verweises in den Verkaufsprospekt aufgenommen werden, wenn der Konzernabschluss auf Grund anderweitiger gesetzlicher Bestimmungen veröffentlicht worden ist. ³Der Verweis muss angeben, wo der Konzernabschluss veröffentlicht ist. ⁴In diesem Fall muss der bei der Bundesanstalt hinterlegte Prospekt auch ein gedrucktes Exemplar des Konzernabschlusses enthalten.

(3) Jede wesentliche Änderung der Angaben nach Absatz 1 Nr. 1 oder der Zwischenübersicht, die nach dem Stichtag eingetreten ist, muss im Verkaufsprospekt erläutert werden.

(4) Der Verkaufsprospekt muss die voraussichtliche Vermögens-, Finanz- und Ertragslage mindestens für das laufende und das folgende Geschäftsjahr darstellen.

### § 11 Angaben über die Prüfung des Jahresabschlusses des Emittenten.

¹Der Verkaufsprospekt muss den Namen, die Anschrift und die Berufsbezeichnung des Abschlussprüfers, der den Jahresabschluss des Emittenten nach Maßgabe der gesetzlichen Vorschriften geprüft hat, enthalten. ²Ferner ist der Bestätigungsvermerk einschließlich zusätzlicher Bemerkungen aufzunehmen; wurde die Bestätigung des Jahresabschlusses eingeschränkt oder versagt, so müssen der volle Wortlaut der Einschränkungen oder der Versagung und deren Begründung wiedergegeben werden.

### § 12 Angaben über Mitglieder der Geschäftsführung oder des Vorstands, Aufsichtsgremien und Beiräte des Emittenten, den Treuhänder und sonstige Personen.

(1) Der Verkaufsprospekt muss über die Mitglieder der Geschäftsführung oder des Vorstands, Aufsichtsgremien und Beiräte des Emittenten angeben:

1. den Namen und die Geschäftsanschrift der Mitglieder und ihre Funktion beim Emittenten;
2. Gewinnbeteiligungen, Entnahmerechte sowie den Jahresbetrag der sonstigen Gesamtbezüge, insbesondere der Gehälter, Aufwandsentschädigungen, Versicherungsentgelte, Provisionen und Nebenleistungen jeder Art, die den Mitgliedern insgesamt zustehen, getrennt nach Geschäftsführung oder Vorstand, Aufsichtsgremien und Beiräten;
3. die Eintragungen, die in Bezug auf Verurteilungen wegen einer Straftat nach
   a) den §§ 263 bis 283d des Strafgesetzbuchs,
   b) § 54 des Kreditwesengesetzes,
   c) § 119 des Wertpapierhandelsgesetzes[1)] oder
   d) § 369 der Abgabenordnung
   in einem Führungszeugnis enthalten sind; das Führungszeugnis darf zum Zeitpunkt der Prospektaufstellung nicht älter als sechs Monate sein;
4. jede ausländische Verurteilung wegen einer Straftat, die mit den in Nummer 3 genannten Straftaten vergleichbar ist, unter Angabe der Art und Höhe der Strafe, wenn zum Zeitpunkt der Prospektaufstellung das Mitglied der

---

[1)] Nr. 12.

Geschäftsführung oder des Vorstands, eines Aufsichtsgremiums oder eines Beirats nicht Deutscher war; dies gilt jedoch nur, wenn der Zeitraum zwischen dem Eintritt der Rechtskraft der Verurteilung und der Prospektaufstellung weniger als fünf Jahre beträgt;

5. Angaben darüber, ob
   a) über das Vermögen eines Mitglieds der Geschäftsführung oder des Vorstands, eines Aufsichtsgremiums oder eines Beirats innerhalb der letzten fünf Jahre ein Insolvenzverfahren eröffnet oder mangels Masse abgewiesen wurde sowie
   b) ein Mitglied der Geschäftsführung oder des Vorstands, eines Aufsichtsgremiums oder eines Beirats innerhalb der letzten fünf Jahre in der Geschäftsführung einer Gesellschaft tätig war, über deren Vermögen ein Insolvenzverfahren eröffnet oder mangels Masse abgewiesen wurde;
6. Angaben über frühere Aufhebungen einer Erlaubnis zum Betreiben von Bankgeschäften oder zur Erbringung von Finanzdienstleistungen durch die Bundesanstalt.

(2) Der Verkaufsprospekt muss angeben, in welcher Art und Weise die Mitglieder der Geschäftsführung oder des Vorstands, der Aufsichtsgremien und der Beiräte des Emittenten auch tätig sind für

1. Unternehmen, die mit dem Vertrieb der angebotenen Vermögensanlagen betraut sind;
2. Unternehmen, die dem Emittenten Fremdkapital geben;
3. Unternehmen, die Lieferungen oder Leistungen im Zusammenhang mit der Anschaffung oder Herstellung des Anlageobjekts erbringen;
4. Unternehmen, die mit dem Emittenten oder Anbieter nach § 271 des Handelsgesetzbuchs in einem Beteiligungsverhältnis stehen oder verbunden sind.

(3) Darüber hinaus ist anzugeben, inwieweit die Mitglieder der Geschäftsführung oder des Vorstands, der Aufsichtsgremien und der Beiräte des Emittenten auch an den in Absatz 2 Nummer 1 bis 4 genannten Unternehmen in wesentlichem Umfang unmittelbar oder mittelbar beteiligt sind.

(4) Der Verkaufsprospekt muss auch Angaben darüber enthalten, in welcher Art und Weise die Mitglieder der Geschäftsführung oder des Vorstands, der Aufsichtsgremien und Beiräte des Emittenten zum Zeitpunkt der Prospektaufstellung

1. mit dem Vertrieb der emittierten Vermögensanlagen beauftragt sind;
2. dem Emittenten Fremdkapital zur Verfügung stellen oder vermitteln sowie
3. im Zusammenhang mit der Anschaffung oder Herstellung des Anlageobjekts Lieferungen oder Leistungen erbringen.

(5) Der Verkaufsprospekt muss über den Treuhänder angeben:

1. Name und Anschrift, bei juristischen Personen Firma und Sitz;
2. Aufgaben und Rechtsgrundlage der Tätigkeit;
3. seine wesentlichen Rechte und Pflichten;
4. den Gesamtbetrag der für die Wahrnehmung der Aufgaben vereinbarten Vergütung;
5. Umstände oder Beziehungen, die Interessenkonflikte begründen können.

(6) Der Verkaufsprospekt muss die Angaben nach den Absätzen 1 bis 4 auch für die Anbieter, die Prospektverantwortlichen, die Treuhänder und solche Personen enthalten, die nicht in den Kreis der nach dieser Verordnung angabepflichtigen Personen fallen, die jedoch die Herausgabe oder den Inhalt des Verkaufsprospekts oder die Abgabe oder den Inhalt des Angebots der Vermögensanlage wesentlich beeinflusst haben.

**§ 13 Angaben über den jüngsten Geschäftsgang und die Geschäftsaussichten des Emittenten.** Der Verkaufsprospekt muss allgemeine Ausführungen über die Geschäftsentwicklung des Emittenten nach dem Schluss des Geschäftsjahres, auf das sich der letzte offen gelegte Jahresabschluss bezieht, sowie Angaben über die Geschäftsaussichten des Emittenten mindestens für das laufende Geschäftsjahr enthalten.

**§ 13a Angaben über Auswirkungen auf die Fähigkeit zur Zins- und Rückzahlung.** Der Verkaufsprospekt muss an hervorgehobener Stelle eine ausführliche Darstellung der Auswirkungen der Vermögens-, Finanz- und Ertragslage sowie der Geschäftsaussichten auf die Fähigkeit des Emittenten, seinen Verpflichtungen zur Zinszahlung und Rückzahlung für die Vermögensanlage nachzukommen, enthalten.

**§ 14 Gewährleistete Vermögensanlagen.** Für das Angebot von Vermögensanlagen, für deren Verzinsung oder Rückzahlung eine juristische Person oder Gesellschaft die Gewährleistung übernommen hat, sind die Angaben nach den §§ 5 bis 13 auch über die Person oder Gesellschaft, welche die Gewährleistung übernommen hat, aufzunehmen.

**§ 15 Verringerte Prospektanforderungen.** (1) [1]Für den Fall, dass der Emittent vor weniger als 18 Monaten gegründet worden ist und noch keinen Jahresabschluss und Lagebericht nach § 24 des Vermögensanlagengesetzes[1)] erstellt hat, muss der Verkaufsprospekt abweichend von den Anforderungen nach den §§ 10, 11 und 13 folgende Angaben enthalten:

1. die Eröffnungsbilanz;
2. eine Zwischenübersicht, deren Stichtag höchstens zwei Monate vor der Aufstellung des Verkaufsprospekts liegen darf;
3. die voraussichtliche Vermögens-, Finanz- und Ertragslage mindestens für das laufende und die folgenden drei Geschäftsjahre;
4. Planzahlen des Emittenten, insbesondere zu Investitionen, Produktion, Umsatz und Ergebnis, mindestens für das laufende und die folgenden drei Geschäftsjahre.

[2]Zu den Angaben nach den Nummern 3 und 4 sind die zugrunde liegenden wesentlichen Annahmen und Wirkungszusammenhänge in geeigneter Form zu erläutern.

(2) Von der Aufnahme einzelner Angaben in den Verkaufsprospekt kann abgesehen werden, wenn

1. diese Angaben nur von geringer Bedeutung und nicht geeignet sind, die Beurteilung der Vermögens-, Finanz- und Ertragslage und der Entwicklungsaussichten des Emittenten zu beeinflussen, oder

---

[1)] Nr. 8.

2. die Verbreitung dieser Angaben dem Emittenten erheblichen Schaden zufügt, sofern die Nichtveröffentlichung das Publikum nicht über die für die Beurteilung der Vermögensanlagen wesentlichen Tatsachen und Umstände täuscht.

## § 15a Übergangsvorschrift zur Rechnungslegung und Prüfung des im Verkaufsprospekt enthaltenen Jahresabschlusses und Lageberichts.

Für Geschäftsjahre, die vor dem 1. Januar 2014 beginnen, ist § 10 in der bis zum 31. Mai 2012 geltenden Fassung in Verbindung mit § 8h des Verkaufsprospektgesetzes in der bis zum 31. Mai 2012 geltenden Fassung anzuwenden.

## § 16 Inkrafttreten. Diese Verordnung tritt am 1. Juli 2005 in Kraft.

# 8b. Verordnung über die Gebühren für Amtshandlungen betreffend Verkaufsprospekte für Vermögensanlagen nach dem Vermögensanlagengesetz (Vermögensanlagen-Verkaufsprospektgebührenverordnung – VermVerkProspGebV)[1]

Vom 29. Juni 2005
(BGBl. I S. 1873)
**FNA 4110-3-5**

zuletzt geänd. durch Art. 8 Abs. 6 G zur weiteren Ausführung der EU-ProspektVO und zur Änd. von Finanzmarktgesetzen v. 8.7.2019 (BGBl. I S. 1002)

Auf Grund des § 16 Satz 2 des Verkaufsprospektgesetzes in der Fassung der Bekanntmachung vom 9. September 1998 (BGBl. I S. 2701), der durch Artikel 2 Nr. 12 des Gesetzes vom 22. Juni 2005 (BGBl. I S. 1698) neu gefasst worden ist, in Verbindung mit dem 2. Abschnitt des Verwaltungskostengesetzes vom 23. Juni 1970 (BGBl. I S. 821) und § 1 Nr. 6 der Verordnung zur Übertragung von Befugnissen zum Erlass von Rechtsverordnungen auf die Bundesanstalt für Finanzdienstleistungsaufsicht, § 1 Nr. 6 eingefügt durch Artikel 7 Nr. 2 des Gesetzes vom 22. Juni 2005 (BGBl. I S. 1698), verordnet die Bundesanstalt für Finanzdienstleistungsaufsicht:

**§ 1 Anwendungsbereich.** ¹Die Bundesanstalt für Finanzdienstleistungsaufsicht erhebt für individuell zurechenbare öffentliche Leistungen nach dem Vermögensanlagengesetz[2] und nach den auf dem Vermögensanlagengesetz beruhenden Rechtsvorschriften, die Verkaufsprospekte für Vermögensanlagen betreffen, Gebühren nach dieser Verordnung; Auslagen werden nicht gesondert erhoben. ² Im Übrigen gilt das Bundesgebührengesetz.

**§ 2 Gebühren.** Die gebührenpflichtigen individuell zurechenbaren öffentlichen Leistungen und die Gebührensätze bestimmen sich vorbehaltlich der Regelungen in § 3 nach dem anliegenden Gebührenverzeichnis.

**§ 3 Gebührenerhebung in besonderen Fällen.** (1) Für die Ablehnung eines Antrags auf Erbringung einer gebührenpflichtigen individuell zurechenbaren öffentlichen Leistung aus anderen Gründen als wegen Unzuständigkeit oder bei der Rücknahme eines Antrags nach Beginn der sachlichen Bearbeitung, jedoch vor deren Beendigung, ermäßigt sich die nach dem Gebührenverzeichnis zu dieser Verordnung zu erhebende Gebühr um ein Viertel; sie kann bis auf ein Viertel der vorgesehenen Gebühr ermäßigt oder es kann von ihrer Erhebung abgesehen werden, wenn dies der Billigkeit entspricht.

(2) ¹ Für die vollständige oder teilweise Zurückweisung eines Widerspruchs wird eine Gebühr bis zur Höhe von 50 Prozent der für den angefochtenen Verwaltungsakt festgesetzten Gebühr erhoben; dies gilt nicht, wenn der Widerspruch nur deshalb keinen Erfolg hat, weil die Verletzung einer Verfahrens- oder Formvorschrift nach § 45 des Verwaltungsverfahrensgesetzes unbeachtlich

---

[1] **Aufgehoben mit Ablauf des 30.9.2021** durch Art. 4 Abs. 49 G v. 18.7.2016 (BGBl. I S. 1666).
[2] Nr. 8.

ist. ²War für den angefochtenen Verwaltungsakt eine Gebühr nicht vorgesehen oder wurde eine Gebühr nicht erhoben, wird eine Gebühr bis zu 1 500 Euro erhoben. ³Bei einem erfolglosen Widerspruch, der sich ausschließlich gegen eine Gebührenentscheidung richtet, beträgt die Gebühr bis zu 10 Prozent des streitigen Betrags. ⁴Wird ein Widerspruch nach Beginn einer sachlichen Bearbeitung, jedoch vor deren Beendigung zurückgenommen, ist keine Gebühr zu erheben. ⁵Das Verfahren zur Entscheidung über einen Widerspruch, der sich ausschließlich gegen die festgesetzte Widerspruchsgebühr richtet, ist gebührenfrei. ⁶Die Gebühr beträgt in den Fällen der Sätze 1 bis 3 mindestens 50 Euro.

**§ 3a Übergangsvorschrift.** Auf individuell zurechenbaren öffentlichen Leistungen betreffend Verkaufsprospekte, die vor dem 1. Juni 2012 bei der Bundesanstalt für Finanzdienstleistungsaufsicht zur Gestattung ihrer Veröffentlichung nach § 8i Absatz 2 Satz 1 des Verkaufsprospektgesetzes in der bis zum 31. Mai 2012 geltenden Fassung eingereicht wurden, ist diese Verordnung in ihrer bis zum 31. Mai 2012 geltenden Fassung weiter anzuwenden.

**§ 4 Inkrafttreten.** Diese Verordnung tritt am 1. Juli 2005 in Kraft.

**Anlage**
(zu § 2)

### Gebührenverzeichnis

| Nr. | Gebührentatbestand | Gebühr in Euro |
|---|---|---|
| 1. | Billigung und Aufbewahrung eines vollständigen Verkaufsprospekts (§ 8 Absatz 1 Satz 2 und Absatz 3 in Verbindung mit § 14 Absatz 2 Satz 2 VermAnlG[1]) | 1 500 bis 15 000 |
| 2. | Billigung und Aufbewahrung des Nachtrags gemäß § 11 VermAnlG[1] (§ 11 Absatz 1 Satz 3 in Verbindung mit § 14 Absatz 2 Satz 2 VermAnlG[1]) | 1 185 |
| 3. | Aufbewahrung des Vermögensanlagen-Informationsblatts (§ 14 Absatz 1 Satz 2 in Verbindung mit Absatz 2 Satz 2 VermAnlG[1]) | 38 |
| 4. | Untersagung der Veröffentlichung eines Verkaufsprospekts bei Nichthinterlegung des Vermögensanlagen-Informationsblatts (§ 17 Absatz 2 in Verbindung mit § 14 Absatz 1 Satz 2 VermAnlG[1]) | 150 |
| 5. | Untersagung des öffentlichen Angebots von Vermögensanlagen (§ 18 Absatz 1 VermAnlG[1]) | 4 000 |
| 6. | Gestattung der Erstellung eines Verkaufsprospekts in einer in internationalen Finanzkreisen gebräuchlichen Sprache (§ 2 Absatz 1 Satz 4 VermVerkProspV[2]) | 100 |
| 7. | Untersagung von Werbung bei Vorliegen von Missständen (§ 16 Absatz 1 in Verbindung mit § 12 VermAnlG[1]) | 2 000 |

---

[1] Nr. **8**.
[2] Nr. **8a**.

# 8c. Verordnung zur Durchführung des § 11a des Vermögensanlagengesetzes (Vermögensanlagen-Veröffentlichungs- und Mitteilungspflichtenverordnung – VermVerMiV)

Vom 20. August 2015
(BGBl. I S. 1435)
FNA 4110-11-1

Auf Grund des § 11a Absatz 4 Satz 1 des Vermögensanlagengesetzes[1], der durch Artikel 2 Nummer 13 des Gesetzes vom 3. Juli 2015 (BGBl. I S. 1114) eingefügt worden ist, verordnet das Bundesministerium der Finanzen:

**§ 1 Anwendungsbereich.** Diese Verordnung regelt den Mindestinhalt, die Art, die Sprache, den Umfang und die Form

1. der Veröffentlichungen nach § 11a Absatz 3 Satz 1 des Gesetzes[1] sowie
2. der Mitteilungen nach § 11a Absatz 2 Satz 1 und Absatz 3 Satz 2 des Gesetzes.

**§ 2 Inhalt der Veröffentlichung.** In der Veröffentlichung nach § 11a Absatz 3 Satz 1 des Gesetzes[1] sind anzugeben:

1. in der Kopfzeile
   a) eine deutlich hervorgehobene Überschrift „Veröffentlichung nach § 11a Absatz 1 VermAnlG",
   b) ein als Betreff erkennbares Schlagwort, das den wesentlichen Inhalt der Veröffentlichung zusammenfasst,
2. zum Emittenten
   a) sein Name und
   b) seine Anschrift,
3. zur Vermögensanlage
   a) die Bezeichnung und
   b) das Veröffentlichungsdatum des Verkaufsprospekts,
4. die zu veröffentlichende Tatsache gemäß § 11a Absatz 1 des Gesetzes,
5. das Datum des Eintritts der Tatsache,
6. eine kurze Erklärung, inwieweit sich die Tatsache auf den Emittenten oder die von ihm emittierte Vermögensanlage unmittelbar bezieht, soweit sich dies nicht schon aus den Angaben zu Nummer 4 ergibt,
7. eine Erklärung, aus welchen Gründen die Tatsache geeignet ist, die Fähigkeit des Emittenten zur Erfüllung seiner Verpflichtungen gegenüber dem Anleger erheblich zu beeinträchtigen, soweit sich dies nicht schon aus den Angaben zu Nummer 4 ergibt, sowie
8. einen Hinweis, dass die inhaltliche Richtigkeit der veröffentlichten Tatsache nicht der Prüfung durch die Bundesanstalt unterliegt.

---

[1] Nr. 8.

## 8c VermVerMiV §§ 3, 4

[1] Die Veröffentlichung soll kurz gefasst sein und darf ausschließlich die nach Satz 1 erforderlichen Angaben enthalten. [2] Die Veröffentlichung hat in deutscher Sprache zu erfolgen.

**§ 3 Art der Veröffentlichung von Tatsachen.** (1) [1] Bei der Veröffentlichung nach § 11a Absatz 3 Satz 1 des Gesetzes[1)] ist zu gewährleisten, dass

1. die nach § 2 erforderlichen Informationen nur Medien zugeleitet werden, bei denen davon auszugehen ist, dass sie die zugeleiteten Informationen möglichst schnell und zeitgleich im Inland verbreiten, sodass die Informationen unverzüglich und jederzeit zugänglich sind,
2. die nach § 2 erforderlichen Informationen an die Medien in einer Weise übersandt werden, die
    a) die sichere Identifizierung des Absenders der Informationen zulässt,
    b) einen hinreichenden Schutz gegen unbefugte Zugriffe oder unbefugte Veränderung der Daten sicherstellt sowie die Vertraulichkeit und Sicherheit der Übersendung durch die Art des genutzten Übertragungswegs oder durch eine Verschlüsselung der Daten nach dem Stand der Technik sicherstellt,
    c) eine unverzügliche Behebung von Übertragungsfehlern oder -unterbrechungen gewährleistet, und
3. bei der Übersendung der nach § 2 erforderlichen Informationen an die Medien Folgendes erkennbar ist:
    a) der Name des Veröffentlichungspflichtigen einschließlich seiner Anschrift,
    b) ein als Betreff erkennbares Schlagwort, das den wesentlichen Inhalt der Veröffentlichung zusammenfasst,
    c) der Tag und die Uhrzeit der Übersendung und
    d) das Ziel, die Tatsache als eine vorgeschriebene Tatsache im Inland zu verbreiten.

[2] Der Veröffentlichungspflichtige ist für technische Systemfehler im Verantwortungsbereich der Medien, an die die nach § 2 erforderlichen Informationen versandt wurden, nicht verantwortlich.

(2) Beauftragt der Veröffentlichungspflichtige einen Dritten mit der Veranlassung der Veröffentlichung, bleibt er für die Erfüllung seiner Veröffentlichungspflicht verantwortlich; der Dritte muss die Anforderungen des Absatzes 1 sowie des § 11a Absatz 3 Satz 1 des Gesetzes erfüllen.

(3) [1] Verfügt der Veröffentlichungspflichtige über eine Internetseite, muss er sicherstellen, dass die nach § 2 erforderlichen Informationen für die Dauer von mindestens sechs Monaten auf dieser Internetseite verfügbar sind. [2] Die Internetseite hat auf der Hauptseite einen deutlich erkennbaren Hinweis mit Verlinkung auf eine Unterseite mit Informationen für Anleger zu enthalten, auf der die Veröffentlichung leicht aufzufinden sein muss.

**§ 4 Form und Inhalt der Mitteilung der Tatsache und der Veröffentlichung an die Bundesanstalt.** (1) Mitteilungen an die Bundesanstalt nach § 11a Absatz 2 Satz 1 und Absatz 3 Satz 2 des Gesetzes[1)] können durch den Emittenten oder einen von ihm bevollmächtigten Dritten erfolgen.

---

[1)] Nr. 8.

(2) ¹Die Mitteilung und im Falle einer Bevollmächtigung ein Nachweis über die Vollmacht sind schriftlich mittels Telefax an die Bundesanstalt zu übersenden. ²Die Bundesanstalt richtet hierfür eine gesonderte Telefaxnummer ein. ³Auf Verlangen der Bundesanstalt ist die eigenhändig unterschriebene Mitteilung auf dem Postweg nachzureichen.

(3) ¹Die Bundesanstalt kann die Möglichkeit eröffnen, die Mitteilungen im Wege der Datenfernübertragung zu übersenden, sofern dem jeweiligen Stand der Technik entsprechende Maßnahmen zur Sicherstellung von Datenschutz und Datensicherheit getroffen werden, die insbesondere die Vertraulichkeit und Unversehrtheit der Daten gewährleisten, und sofern im Fall der Nutzung allgemein zugänglicher Netze dem jeweiligen Stand der Technik entsprechende Verschlüsselungsverfahren angewendet werden. ²Absatz 2 Satz 3 gilt entsprechend.

(4) In der Mitteilung nach § 11a Absatz 2 Satz 1 des Gesetzes sind anzugeben:
1. der vorgesehene Zeitpunkt der Veröffentlichung,
2. ein Ansprechpartner des veröffentlichungspflichtigen Emittenten mit Rufnummer.

(5) ¹Der Mitteilung ist der Wortlaut der vorgesehenen Veröffentlichung in einer gesonderten Anlage beizufügen. ²Die Anlage ist im Format DIN A4 zu erstellen und soll einen Umfang von einer Seite nicht überschreiten. ³In die Anlage ist zusätzlich zum Hinweis nach § 2 Satz 1 Nummer 8 folgender hervorgehobener Hinweis aufzunehmen: „Die Bundesanstalt geht davon aus, dass die Vermögensanlage, für die diese Tatsache bekanntgemacht wird, den Voraussetzungen des § 1 des Gesetzes entspricht, und hat diese Voraussetzungen nicht erneut geprüft."

(6) Die Mitteilung nach § 11a Absatz 3 Satz 2 des Gesetzes hat unverzüglich nach ihrer Veröffentlichung unter Angabe des Textes der Veröffentlichung, der Medien, an die die Informationen gesandt wurden, sowie des genauen Zeitpunkts der Versendung an die Medien zu erfolgen.

**§ 5 Bekanntmachung der Tatsache durch die Bundesanstalt.** (1) Die Mitteilung nach § 11a Absatz 2 Satz 1 des Gesetzes[1] gilt bei der Bundesanstalt als ordnungsgemäß eingegangen, wenn
1. die vorgesehene Veröffentlichung die nach § 2 Satz 1 Nummer 1 bis 8 erforderlichen Angaben enthält,
2. im Falle einer Bevollmächtigung ein Nachweis der Vollmacht nach § 4 Absatz 2 übersandt wird und
3. die Mitteilung die nach § 4 Absatz 4 und 5 erforderlichen Angaben enthält.

(2) Ist die Mitteilung nicht ordnungsgemäß eingegangen, teilt die Bundesanstalt dem Emittenten oder dem Bevollmächtigten diesen Umstand spätestens am dritten Werktag nach Eingang mit.

**§ 6 Inkrafttreten.** Diese Verordnung tritt am Tag nach der Verkündung[2] in Kraft.

---
[1] Nr. **8**.
[2] Verkündet am 26.8.2015.

## 8d. Verordnung zur Durchführung des § 15 Absatz 4 des Vermögensanlagengesetzes (Vermögensanlagen-Informationsblatt-Bestätigungsverordnung – VIBBestV)

Vom 20. August 2015
(BGBl. I S. 1437)

**FNA 4110-11-2**

zuletzt geänd. durch Art. 5 Abs. 23 G zur Einführung einer Karte für Unionsbürger und Angehörige des Europäischen Wirtschaftsraums mit Funktion zum elektronischen Identitätsnachweis sowie zur Änd. des PersonalausweisG und weiterer Vorschriften[1]) v. 21.6.2019 (BGBl. I S. 846)

Auf Grund des § 15 Absatz 5 des Vermögensanlagengesetzes[2]), der durch Artikel 2 Nummer 16 Buchstabe b des Gesetzes vom 3. Juli 2015 (BGBl. I S. 1114) eingefügt worden ist, verordnet das Bundesministerium der Finanzen im Einvernehmen mit dem Bundesministerium der Justiz und für Verbraucherschutz:

**§ 1 Anwendungsbereich.** (1) Durch diese Verordnung werden die Anforderungen näher bestimmt, die an eine Bestätigung durch Nutzung von Fernkommunikationsmittel nach § 15 Absatz 4 des Gesetzes[2]) zu stellen sind, um die eigenhändige Unterzeichnung durch den Anleger nach § 15 Absatz 3 des Gesetzes in gleichwertiger Art und Weise zu ersetzen.

(2) Fernkommunikationsmittel im Sinne des § 15 Absatz 4 des Gesetzes sind Kommunikationsmittel, die zur Anbahnung oder zum Abschluss eines Vertrags über eine Vermögensanlage zwischen einem Anleger und einem Anbieter oder Emittenten eingesetzt werden können, ohne dass die Vertragsparteien gleichzeitig körperlich anwesend sind, wie Telefonanrufe, Telekopien, E-Mails, über den Mobilfunkdienst versendete Nachrichten (SMS), Telemedien sowie Internetseiten.

**§ 2 Gleichwertigkeit der Bestätigung.** (1) Eine Bestätigung im Sinne von § 15 Absatz 4 Satz 1 des Gesetzes[2]) ist der eigenhändigen Unterschrift nach § 15 Absatz 3 des Gesetzes gleichwertig, wenn

1. ein elektronisches Dokument, welches das Vermögensanlagen-Informationsblatt enthält,

   a) bei Anlegern, die natürliche Personen sind, um deren Vor- und Familiennamen und bei Anlegern, die juristische Personen oder andere rechtsfähige Personenvereinigungen sind, um deren Firma oder deren Namen sowie um den Vor- und Familiennamen der natürlichen Person, die für diese handelt, unter Nennung von Ort und Datum ergänzt wird und

   b) das elektronische Dokument vom Anleger oder, wenn der Anleger eine juristische Person oder eine andere rechtsfähige Personenvereinigung ist, von deren Vertreter mit seiner qualifizierten elektronischen Signatur ver-

---

[1]) Die Änd. des Inkrafttretens dieses G durch Art. 154a G v. 20.11.2019 (BGBl. I S. 1626) ist unbeachtlich, da das G bei Erlass des ÄndG bereits in Kraft getreten war.
[2]) Nr. 8.

## § 3 VIBBestV 8d

sehen oder von dem De-Mail-Konto des Anlegers nach § 5 Absatz 5 des De-Mail-Gesetzes versandt wird, oder

2. das Vermögensanlagen-Informationsblatt auf einer Internetseite des Emittenten oder Anbieters der Vermögensanlage durch die eigenständige Eingabe folgender Angaben in einer Formularmaske unter Nennung von Ort und Datum ergänzt wird:

a) bei Anlegern, die natürliche Personen sind:

aa) des Vor- und Familiennamens,

bb) des Geburtsorts,

cc) des Geburtsdatums,

dd) der Nummer des Personalausweises oder des Reisepasses unter Angabe der ausstellenden Behörde,

ee) der Anschrift sowie

ff) der E-Mail-Adresse oder der Telefonnummer,

b) bei Anlegern, die juristische Personen oder andere rechtsfähige Personenvereinigungen sind:

aa) der Firma oder des Namens,

bb) des Datums der Gründung,

cc) sofern vorhanden, der Registernummer unter Angabe der zuständigen registerführenden Stelle,

dd) des Sitzes oder der Geschäftsanschrift,

ee) der E-Mail-Adresse oder der Telefonnummer sowie

ff) hinsichtlich der natürlichen Person, die für die juristische Person oder andere rechtsfähige Personenvereinigung handelt, die in Buchstabe a Doppelbuchstabe aa bis dd genannten Angaben.

(2) ¹Bei Zweifeln über die Richtigkeit der Angaben zur Identität des Anlegers oder der für den Anleger handelnden Person bei Bestätigungen nach Absatz 1 Nummer 2 hat sich der Emittent oder der Anbieter oder die Internet-Dienstleistungsplattform, die die Vermögensanlage im Wege der Anlageberatung oder Anlagevermittlung vermittelt, einen geeigneten Nachweis über die Angaben über den Anleger oder die für den Anleger handelnde Person zum Geburtsort, zum Geburtsdatum und zur Nummer des Personalausweises oder des Reisepasses einschließlich der ausstellenden Behörde zukommen zu lassen. ²Ein geeigneter Nachweis liegt vor, wenn der Anleger oder die für den Anleger handelnde Person den Angaben in der Formularmaske nach Absatz 1 Nummer 2 einen Identitätsnachweis nach § 18 des Personalausweisgesetzes, nach § 12 des eID-Karte-Gesetzes oder nach § 78 Absatz 5 des Aufenthaltsgesetzes oder eine Ablichtung des Personalausweises oder Reisepasses beifügt.

**§ 3 Inkrafttreten.** Diese Verordnung tritt am Tag nach der Verkündung[1] in Kraft.

---

[1] Verkündet am 26.8.2015.

# 9. Verordnung (EU) Nr. 1286/2014 des Europäischen Parlaments und des Rates vom 26. November 2014 über Basisinformationsblätter für verpackte Anlageprodukte für Kleinanleger und Versicherungsanlageprodukte (PRIIP)

(Text von Bedeutung für den EWR)

Vom 26. November 2014
(ABl. L 352 S. 1, ber. L 358 S. 50)

**Celex-Nr. 3 2014 R 1286**

zuletzt geänd. durch Art. 17 VO (EU) 2019/1156 v. 20.6.2019 (ABl. L 188 S. 55)

Nichtamtliche Inhaltsübersicht

**Kapitel I. Gegenstand, Anwendungsbereich und Begriffsbestimmungen**
Artikel 1 [Format und Inhalt des Basisinformationsblatts]
Artikel 2 [Geltungsbereich]
Artikel 3 [Weiterer Geltungsbereich]
Artikel 4 [Ausdrucksbezeichnungen]

**Kapitel II. Basisinformationsblatt**
Abschnitt I. Abfassung des Basisinformationsblatts
Artikel 5 [Abfassung und Veröffentlichung]

Abschnitt II. Form und Inhalt des Basisinformationsblatts
Artikel 6 [Inhalt]
Artikel 7 [Amtssprache]
Artikel 8 [Titel und Reihenfolge der Angaben]
Artikel 9 [Inhalt der Werbematerialien]
Artikel 10 [Überprüfung der enthaltenen Informationen]
Artikel 11 [Zivilrechtliche Haftung]
Artikel 12 [Versicherungsvertrag]

Abschnitt III. Bereitstellung des Basisinformationsblatts
Artikel 13 [Bereitstellung]
Artikel 14 [Art der Bereitstellung]

**Kapitel III. Marktüberwachung und Produktinterventionsbefugnisse**
Artikel 15 [Überwachungsbehörden]
Artikel 16 [Maßnahmen]
Artikel 17 [Verbote und Beschränkungen]
Artikel 18 [Verhältnismäßigkeit der Maßnahme]

**Kapitel IV. Beschwerden, Rechtsbehelfe, Zusammenarbeit und Aufsicht**
Artikel 19 [Beschwerden und Rechtsbehelfe]
Artikel 20 [Zusammenarbeit und Aufsicht]
Artikel 21 [Verarbeitung personenbezogener Daten]

**Kapitel V. Verwaltungsrechtliche Sanktionen und andere Maßnahmen**
Artikel 22 [Verwaltungsrechtliche Sanktionen]
Artikel 23 [Ausübung der Sanktionsbefugnisse]
Artikel 24 [Befugnisse]
Artikel 25 [Anwendung]
Artikel 26 [Rechtsmittel]
Artikel 27 [Öffentliche Bekanntgabe]
Artikel 28 [Schaffung wirksamer Mechanismen]
Artikel 29 [Bekanntmachung]

## Kapitel VI. Schlussbestimmungen

Artikel 30 [Befugnisübertragung]
Artikel 31 [Erlass technischer Regulierungsstandards]
Artikel 32 [Übergangsrichtlinie]
Artikel 33 [Überprüfung durch die Kommission]
Artikel 34 [Inkrafttreten]

DAS EUROPÄISCHE PARLAMENT UND DER RAT DER EUROPÄISCHEN UNION –

gestützt auf den Vertrag über die Arbeitsweise der Europäischen Union, insbesondere auf Artikel 114,

auf Vorschlag der Europäischen Kommission,

nach Zuleitung des Entwurfs des Gesetzgebungsakts an die nationalen Parlamente,

nach Stellungnahme der Europäischen Zentralbank[1],

nach Stellungnahme des Europäischen Wirtschafts- und Sozialausschusses[2],

gemäß dem ordentlichen Gesetzgebungsverfahren,

in Erwägung nachstehender Gründe:

(1) Kleinanlegern wird zunehmend eine breite Palette von verpackten Anlageprodukten für Kleinanleger und Versicherungsanlageprodukten (packaged retail and insurance-based investment products, im Folgenden „PRIIP") angeboten, wenn sie erwägen, eine Anlage zu tätigen. Einige dieser Produkte bieten spezielle Anlagelösungen, die auf die Bedürfnisse von Kleinanlegern zugeschnitten sind, häufig mit einem Versicherungsschutz verbunden sind oder komplex und schwer zu verstehen sein können. Die bestehenden Offenlegungen über diese PRIIP gegenüber Kleinanlegern sind nicht aufeinander abgestimmt und sind Kleinanlegern oft keine Hilfe beim Vergleich der verschiedenen Produkte oder beim Verständnis ihrer jeweiligen Merkmale. Daher haben Kleinanleger häufig Anlagen getätigt, die mit Risiken und Kosten verbunden waren, deren Tragweite sie nicht verstanden haben, und haben zuweilen unvorhergesehene Verluste hinnehmen müssen.

(2) Eine Verbesserung der Transparenz der PRIIP, die Kleinanlegern angeboten werden, ist eine wichtige Maßnahme des Anlegerschutzes und Voraussetzung für die Wiederherstellung des Vertrauens von Kleinanlegern in den Finanzmarkt, insbesondere nach der Finanzkrise. Erste Schritte in diese Richtung wurden bereits auf Unionsebene mit der Entwicklung der Regelung zu den wesentlichen Informationen für den Anleger durch die Richtlinie 2009/65/EG des Europäischen Parlaments und des Rates[3] ergriffen.

(3) Das Bestehen unterschiedlicher Vorschriften über PRIIP, je nach dem Wirtschaftszweig, der die PRIIP anbietet, und Unterschiede der nationalen Regulierung in diesem Bereich führen zu ungleichen Wettbewerbsbedingungen für die verschiedenen Produkte und Vertriebskanäle und schaffen zusätzliche Hindernisse, die einem Binnenmarkt für Finanzdienstleistungen und -produkte entgegenstehen. Die Mitgliedstaaten haben bereits abweichende und nicht aufeinander abgestimmte Schritte eingeleitet, um die Unzulänglichkeiten beim Anlegerschutz zu beheben, und es ist wahrscheinlich, dass diese Entwicklung sich fortsetzt. Uneinheitliche Konzepte bei Offenlegungen im Bezug auf PRIIP hemmen die Entwicklung einheitlicher Wettbewerbsbedingungen für die unterschiedlichen PRIIP-Hersteller und für diejenigen, die zu diesen Produkte beraten oder sie verkaufen, und verzerren somit den Wettbewerb und führen zu unterschiedlichen Niveaus beim Anlegerschutz innerhalb der Union. Solche Unterschiede stellen ein Hemmnis für die Errichtung und das reibungslose Funktionieren des Binnenmarkts dar.

(4) Um Diskrepanzen zu vermeiden, ist es notwendig, auf Unionsebene einheitliche Transparenzregeln aufzustellen, die für alle Teilnehmer des PRIIP-Marktes gelten, und dadurch den Anlegerschutz zu verstärken. Eine Verordnung ist erforderlich, damit ein gemeinsamer Standard für Basisinformationsblätter aufgestellt wird, sodass deren Format und Inhalt vereinheitlicht werden können. Die unmittelbar anwendbaren Vorschriften einer Verordnung sollten sicherstellen, dass all diejenigen, die über PRIIP beraten oder diese verkaufen, einheitlichen Anforderungen in Bezug auf die Bereitstellung des Basisinformationsblatts an Kleinanleger unterliegen. Diese Ver-

---

[1] **Amtl. Anm.:** ABl. C 70 vom 9.3.2013, S. 2.
[2] **Amtl. Anm.:** ABl. C 11 vom 15.1.2013, S. 59.
[3] **Amtl. Anm.:** Richtlinie 2009/65/EG des Europäischen Parlaments und des Rates vom 13. Juli 2009 zur Koordinierung der Rechts- und Verwaltungsvorschriften betreffend bestimmte Organismen für gemeinsame Anlagen in Wertpapieren (OGAW) (ABl. L 302 vom 17.11.2009, S. 32).

ordnung berührt nicht die Aufsicht über Werbeunterlagen. Außerdem berührt sie keine Produktinterventionsmaßnahmen, die nicht mit Versicherungsanlageprodukten in Zusammenhang stehen.

(5) Während die Verbesserung von Offenlegungen im Bezug auf PRIIP zur Rückgewinnung des Vertrauens von Kleinanlegern in die Finanzmärkte von wesentlicher Bedeutung ist, sind wirksame geregelte Verkaufsprozesse für diese Produkte gleichsam wichtig. Die vorliegende Verordnung ergänzt die in der Richtlinie 2014/65/EU[1)] des Europäischen Parlaments und des Rates[2)] enthaltenen Maßnahmen im Bereich des Vertriebs. Sie ergänzt außerdem die in der Richtlinie 2002/92/EG des Europäischen Parlaments und des Rates[3)] enthaltenen Maßnahmen im Bereich des Vertriebs von Versicherungsprodukten.

(6) Diese Verordnung sollte für alle von der Finanzdienstleistungsbranche aufgelegten Produkte gelten, die Kleinanlegern Investitionsmöglichkeiten bieten, unabhängig von ihrer Form oder Konzeption, bei denen der dem Kleinanleger zurückzuzahlende Betrag aufgrund der Abhängigkeit von Referenzwerten oder der Entwicklung eines oder mehrerer Vermögenswerte, die nicht direkt vom Kleinanleger erworben werden, Schwankungen unterliegt. Für die Zwecke dieser Verordnung sollten diese Produkte als „PRIIP" bezeichnet werden, und zu ihnen sollten unter anderem Anlageprodukte wie Investmentfonds, Lebensversicherungspolicen mit einem Anlageelement und strukturierte Produkte und strukturierte Einlagen gehören. Von Zweckgesellschaften ausgegebene Finanzinstrumente, die der Begriffsbestimmung von PRIIP entsprechen, sollten auch in den Anwendungsbereich dieser Verordnung fallen. Bei sämtlichen dieser Produkte werden Anlagen nicht direkt durch den Erwerb oder das Halten von Vermögenswerten selbst getätigt. Stattdessen treten diese Produkte zwischen den Kleinanleger und die Märkte, indem Vermögenswerte verpackt oder ummantelt werden, sodass die Risiken, die Produktmerkmale oder die Kostenstrukturen nicht die gleichen sind wie bei direktem Halten. Durch diese Verpackung ist es Kleinanlegern möglich, Anlagestrategien zu verfolgen, die andernfalls für sie nicht zugänglich oder undurchführbar wären; aber zudem können hier zusätzliche Informationen nötig sein, insbesondere um Vergleiche zwischen verschiedenen Arten der Verpackung von Anlagen zu ermöglichen.

(7) Um sicherzustellen, dass diese Verordnung lediglich für solche PRIIP gilt, sollten daher Versicherungsprodukte, die keine Investitionsmöglichkeiten bieten, und Einlagen, die ausschließlich dem Zinsrisiko unterliegen, von ihrem Anwendungsbereich ausgenommen sein. Im Fall von Lebensversicherungsprodukten bezeichnet der Begriff „Kapital" das Kapital, das auf Wunsch des Kleinanlegers angelegt wird. Darüber hinaus sollten Einlagen oder Zertifikate, die klassische Einlagen repräsentieren, mit Ausnahme strukturierter Einlagen im Sinne des Artikels 4 Absatz 1 Nummer 43 der Richtlinie 2014/65/EU[1)] vom Anwendungsbereich dieser Verordnung ausgenommen werden. Vermögenswerte, die direkt gehalten werden, wie Aktien oder Staatsanleihen, sind keine PRIIP und sollten daher vom Anwendungsbereich dieser Verordnung ausgenommen werden. Für institutionelle Anleger konzipierte Investmentfonds sind ebenfalls vom Anwendungsbereich dieser Verordnung ausgenommen, da sie nicht für den Verkauf an Kleinanleger bestimmt sind. Individuelle und betriebliche Altersvorsorgeprodukte, deren nach nationalem Recht anerkannter Zweck in erster Linie darin besteht, dem Anleger im Ruhestand ein Einkommen zu gewähren, sollten angesichts ihrer Besonderheiten und Zielsetzungen vom Anwendungsbereich dieser Verordnung ausgenommen werden, während andere individuelle Versicherungen oder Sparprodukte, die Investitionsmöglichkeiten bieten, unter den Anwendungsbereich dieser Verordnung fallen sollten.

(8) Diese Verordnung berührt nicht das Recht der Mitgliedstaaten, die Bereitstellung von wesentlichen Informationen über Produkte, die nicht in den Anwendungsbereich dieser Verordnung fallen, zu regeln. Im Einklang mit ihrem Verbraucherschutzauftrag nach Artikel 9 der Verordnung (EU) Nr. 1093/2010 des Europäischen Parlaments und des Rates[4)], Verordnung (EU) Nr. 1094/

---

[1)] Nr. 1.
[2)] **Amtl. Anm.:** Richtlinie 2014/65/EU des Europäischen Parlaments und des Rates vom 15. Mai 2014 über Märkte für Finanzinstrumente und zur Änderung der Richtlinien 2002/92/EG und 2011/61/EU (ABl. L 173 vom 12.6.2014, S. 349).
[3)] **Amtl. Anm.:** Richtlinie 2002/92/EG des Europäischen Parlaments und des Rates vom 9. Dezember 2002 über Versicherungsvermittlung (ABl. L 9 vom 15.1.2003, S. 3).
[4)] **Amtl. Anm.:** Verordnung (EU) Nr. 1093/2010 des Europäischen Parlaments und des Rates vom 24. November 2010 zur Errichtung einer Europäischen Aufsichtsbehörde (Europäische Bankenaufsichtsbehörde), zur Änderung des Beschlusses Nr. 716/2009/EG und zur Aufhebung des Beschlusses 2009/78/EG der Kommission (ABl. L 331 vom 15.12.2010, S. 12).

2010 des Europäischen Parlaments und des Rates[1]) und der Verordnung (EU) Nr. 1095/2010[2]) des Europäischen Parlaments und des Rates[3]), sollten die Europäische Aufsichtsbehörde (Europäische Bankenaufsichtsbehörde, im Folgenden „EBA"), die Europäische Aufsichtsbehörde (Europäische Aufsichtsbehörde für das Versicherungswesen und die betriebliche Altersversorgung, im Folgenden „EIOPA") und die Europäische Aufsichtsbehörde (Europäische Wertpapier- und Marktaufsichtsbehörde, im Folgenden „ESMA"), die mit diesen Verordnungen eingerichtet wurden (im Folgenden „Europäische Aufsichtsbehörden") die Produkte, die nicht in den Anwendungsbereich dieser Verordnung fallen, überwachen und gegebenenfalls Leitlinien herausgeben, um etwaigen festgestellten Problemen zu begegnen. Diese Leitlinien sollten bei der Überprüfung der vorliegenden Verordnung, die vier Jahre nach ihrem Inkrafttreten im Hinblick auf die mögliche Ausdehnung des Anwendungsbereichs und die Streichung bestimmter Ausschlüsse vorzunehmen ist, berücksichtigt werden.

(9) Um den Zusammenhang zwischen den von dieser Verordnung begründeten Verpflichtungen und den Verpflichtungen aus anderen Gesetzgebungsakten, nach denen den Anlegern Informationen bereitzustellen sind, unter anderem aus der Richtlinie 2003/71/EG des Europäischen Parlaments und des Rates[4]) und aus der Richtlinie 2009/138/EG des Europäischen Parlaments und des Rates[5]), klarzustellen, ist festzulegen, dass diese Gesetzgebungsakte zusätzlich zu dieser Verordnung weiterhin Anwendung finden.

(10) Zur Gewährleistung einer ordnungsgemäßen und wirksamen Überwachung der Einhaltung der Anforderungen dieser Verordnung sollten die Mitgliedstaaten die für diese Überwachung zuständigen Behörden benennen. In vielen Fällen sind die zuständigen Behörden bereits für die Überwachung anderer Verpflichtungen benannt, denen PRIIP-Anbieter, -Verkäufer oder -Berater aufgrund anderer Vorschriften des nationalen Rechts und des Unionsrechts unterworfen sind.

(11) Den zuständigen Behörden sollten auf Anforderung – auch vorab – alle nötigen Informationen zur Verfügung gestellt werden, um ihnen die Prüfung der Inhalte des Basisinformationsblatts sowie der Übereinstimmung mit dieser Verordnung zu ermöglichen und um den Schutz der Kunden und Anleger auf den Finanzmärkten sicherzustellen.

(12) PRIIP-Hersteller – beispielsweise Fondsmanager, Versicherungsunternehmen, Kreditinstitute oder Wertpapierfirmen – sollten das Basisinformationsblatt für von ihnen aufgelegte Anlageprodukte abfassen, da sie das betreffende Produkt am besten kennen. Sie sollten auch für die Richtigkeit des Basisinformationsblatts verantwortlich sein. Das Basisinformationsblatt sollte von dem PRIIP-Hersteller abgefasst werden, bevor das Produkt an Kleinanleger vertrieben werden darf. Wird ein Produkt hingegen nicht an Kleinanleger verkauft, so besteht keine Verpflichtung, ein Basisinformationsblatt abzufassen; und wenn es dem PRIIP-Hersteller aus praktischen Gründen unmöglich ist, das Basisinformationsblatt abzufassen, sollte es möglich sein, dies an andere zu delegieren. Die Verpflichtungen nach dieser Verordnung, die in den Bestimmungen über das Abfassen und die Überarbeitung des Basisinformationsblatts enthalten sind, sollten nur für die PRIIP-Hersteller gelten; sie sollten gelten, solange das PRIIP an Sekundärmärkten gehandelt wird. Mit Blick auf eine weitreichende Verbreitung und Verfügbarkeit der Basisinformationsblätter sollte diese Verordnung vorschreiben, dass der PRIIP-Hersteller Basisinformationsblätter auf seiner Website veröffentlicht.

---

[1]) **Amtl. Anm.:** Verordnung (EU) Nr. 1094/2010 des Europäischen Parlaments und des Rates vom 24. November 2010 zur Errichtung einer Europäischen Aufsichtsbehörde (Europäische Aufsichtsbehörde für das Versicherungswesen und die betriebliche Altersversorgung), zur Änderung des Beschlusses Nr. 716/2009/EG und zur Aufhebung des Beschlusses 2009/79/EG der Kommission (ABl. L 331 vom 15.12.2010, S. 48).
[2]) Nr. 3.
[3]) **Amtl. Anm.:** Verordnung (EU) Nr. 1095/2010 des Europäischen Parlaments und des Rates vom 24. November 2010 zur Errichtung einer Europäischen Aufsichtsbehörde (Europäische Wertpapier- und Marktaufsichtsbehörde), zur Änderung des Beschlusses Nr. 716/2009/EG und zur Aufhebung des Beschlusses 2009/77/EG der Kommission (ABl. L 331 vom 15.12.2010, S. 84).
[4]) **Amtl. Anm.:** Richtlinie 2003/71/EG des Europäischen Parlaments und des Rates vom 4. November 2003 betreffend den Prospekt, der beim öffentlichen Angebot von Wertpapieren oder bei deren Zulassung zum Handel zu veröffentlichen ist, und zur Änderung der Richtlinie 2001/34/EG (ABl. L 345 vom 31.12.2003, S. 64).
[5]) **Amtl. Anm.:** Richtlinie 2009/138/EG des Europäischen Parlaments und des Rates vom 25. November 2009 betreffend die Aufnahme und Ausübung der Versicherungs- und der Rückversicherungstätigkeit (Solvabilität II) (ABl. L 335 vom 17.12.2009, S. 1).

(13) Um dem Bedarf von Kleinanlegern gerecht zu werden, muss sichergestellt werden, dass die Informationen über PRIIP richtig, redlich und klar sind und diese Kleinanleger nicht in die Irre führen. Daher sollten in dieser Verordnung gemeinsame Standards für die Abfassung des Basisinformationsblatts niedergelegt werden, die sicherstellen, dass es für Kleinanleger verständlich ist. Da es vielen Kleinanlegern schwerfällt, die Fachterminologie des Finanzbereichs zu verstehen, sollte besonders auf das in dem Informationsblatt verwendete Vokabular und den Schreibstil geachtet werden. Auch sollte geregelt werden, in welcher Sprache das Basisinformationsblatt abzufassen ist. Außerdem sollten Kleinanleger in der Lage sein, das Basisinformationsblatt zu verstehen, ohne andere nicht die Vermarktung betreffende Informationen zur Hilfe ziehen zu müssen.

(14) Wenn die Europäischen Aufsichtsbehörden die technischen Standards für den Inhalt des Basisinformationsblatts so ausarbeiten, dass die Anlagestrategien und deren Ziele im Einklang mit dieser Verordnung präzise zum Ausdruck gebracht werden, sollten sie sicherstellen, dass der PRIIP-Hersteller eine klare und verständliche Sprache verwendet, die den Kleinanlegern zugänglich sein sollte, und dass bei der Beschreibung der Art und Weise, wie die Anlageziele erreicht werden, einschließlich der Beschreibung der verwendeten Finanzinstrumente, Fachjargon und Fachterminologie der Finanzbranche, der bzw. die den Kleinanlegern nicht unmittelbar verständlich ist, vermieden werden.

(15) Kleinanleger sollten die für sie notwendigen Informationen erhalten, um *eine fundierte Anlageentscheidungen*[1] treffen und unterschiedliche PRIIP vergleichen zu können; sind diese Informationen jedoch nicht kurz und prägnant, so besteht die Gefahr, dass sie von den Kleinanlegern nicht genutzt werden. Das Basisinformationsblatt sollte daher nur wesentliche Informationen enthalten, insbesondere in Bezug auf die Art und die Merkmale des Produkts, auch hinsichtlich der Frage, ob ein Kapitalverlust möglich ist, und in Bezug auf die Kosten und das Risikoprofil des Produkts, sowie einschlägige Informationen zur Wertentwicklung und sonstige spezifische Informationen, die für das Verständnis der Merkmale einzelner Produktarten notwendig sein können.

(16) Auf nationaler Ebene werden bereits Rechner für Anlageprodukte entwickelt. Damit diese Rechner jedoch für die Verbraucher ihren vollen Nutzen entfalten können, sollten sie die Kosten und Gebühren, die von den verschiedenen PRIIP-Herstellern berechnet werden, sowie alle weiteren Kosten und Gebühren, die von Vermittlern oder anderen Stellen der Anlagekette berechnet werden und die nicht bereits von den PRIIP-Herstellern einbezogen wurden, erfassen. Die Kommission sollte darüber Bericht erstatten, ob diese Instrumente in jedem Mitgliedstaat online verfügbar sind und ob sie zuverlässige und präzise Berechnungen der Gesamtkosten und -gebühren für alle Produkte, die in den Anwendungsbereich dieser Verordnung fallen, liefern.

(17) Das Basisinformationsblatt sollte in einem Standardformat abgefasst sein, das Kleinanlegern den Vergleich unterschiedlicher PRIIP ermöglicht, da mit Blick auf das Verhalten und die Kompetenzen von Verbrauchern Format, Darstellung und Inhalt der Informationen sorgfältig abgestimmt sein müssen, damit die Informationen so umfassend wie möglich verstanden und genutzt werden. In jedem Informationsblatt sollte für die Punkte und die Überschriften dieser Punkte dieselbe Reihenfolge eingehalten werden. Darüber hinaus sollten die Einzelheiten der Informationen, die das Basisinformationsblatt für die verschiedenen PRIIP enthalten muss, und die Darstellung dieser Informationen durch delegierte Rechtsakte weiter harmonisiert werden, die den vorhandenen und laufenden Untersuchungen des Verbraucherverhaltens, einschließlich der Ergebnisse von Tests, bei denen die Wirksamkeit verschiedener Arten der Darstellung von Informationen bei Verbrauchern geprüft wird, Rechnung tragen. Zudem lassen einige PRIIP dem Kleinanleger die Wahl zwischen mehreren zugrunde liegenden Anlagen, wie z.B. internen Fonds, die von Versicherungsunternehmen gehalten werden. Bei der Gestaltung des Formats sind solche Produkte zu berücksichtigen.

(18) Da einige der Anlageprodukte, die in den Anwendungsbereich dieser Verordnung fallen, nicht einfach sind und für Kleinanleger möglicherweise schwer zu verstehen sind, sollte das Basisinformationsblatt gegebenenfalls einen entsprechenden Warnhinweis für den Kleinanleger enthalten. Ein Produkt sollte insbesondere dann als nicht einfach und als schwer zu verstehen gelten, wenn es in zugrunde liegende Vermögensgegenstände investiert, in die Kleinanleger normalerweise nicht anlegen, wenn zur Berechnung der endgültigen Anlagerendite mehrere unterschiedliche Verfahren verwendet werden, wodurch sich die Gefahr von Missverständnissen beim Kleinanleger erhöht, oder wenn die Anlagerendite die Verhaltensmuster der Kleinanleger ausnutzt,

---

[1] Wortlaut amtlich.

indem sie beispielsweise eine verlockende Festverzinsung bietet, auf die eine viel höhere bedingte variable Verzinsung folgt, oder eine iterative Formel.

(19) Zunehmend verfolgen Kleinanleger neben dem Anlageziel der finanziellen Erträge auch zusätzliche Zwecke, etwa soziale oder umweltpolitische Ziele. Allerdings sind Informationen über vom PRIIP-Hersteller angestrebte Ergebnisse in den Bereichen Umwelt oder Soziales möglicherweise schwer zu vergleichen, oder sie fehlen ganz. Daher könnten in Finanzanlagen antizipierte nachhaltige ökologische und soziale Entwicklungen sowie die Anwendung der Verordnung (EU) Nr. 346/2013 des Europäischen Parlaments und des Rates[1] es ermöglichen, dass diese Aspekte in angemessenerer Weise in das Unionsrecht integriert und durch dieses weiter gefördert werden. Es gibt jedoch weder festgelegte Kriterien noch ein förmliches Verfahren zur objektiven Nachprüfung derartiger sozialer oder ökologischer Kriterien, wie sie bereits im Nahrungsmittelsektor bestehen. Daher ist es wünschenswert, dass die Kommission bei ihrer Überprüfung der vorliegenden Verordnung die Entwicklungen in Bezug auf soziale und ökologische Anlageprodukte und das Ergebnis der Überprüfung der Verordnung (EU) Nr. 346/2013 gründlich betrachtet.

(20) Das Basisinformationsblatt sollte von den Werbematerialien klar zu unterscheiden und getrennt sein.

(21) Damit sichergestellt wird, dass Angaben im Basisinformationsblatt verlässlich sind, sollten PRIIP-Hersteller verpflichtet sein, es auf dem neuesten Stand zu halten. Deshalb sollte die Kommission in technischen Regulierungsstandards detaillierte Regeln über die Bedingungen und die Häufigkeit der Überprüfung der Informationen sowie die Überarbeitung des Basisinformationsblatts festlegen.

(22) Basisinformationsblätter sind der Ausgangspunkt für Anlageentscheidungen von Kleinanlegern. Aus diesem Grund tragen PRIIP-Hersteller eine erhebliche Verantwortung gegenüber Kleinanlegern und müssen dafür Sorge tragen, dass die Basisinformationsblätter nicht irreführend oder fehlerhaft sind oder mit den einschlägigen Teilen der PRIIP-Vertragsunterlagen nicht übereinstimmen. Deshalb ist es wichtig, zu gewährleisten, dass Kleinanlegern ein wirksamer Rechtsbehelf zur Verfügung steht. Außerdem sollte sichergestellt werden, dass alle Kleinanleger in der Union das gleiche Recht haben, für Schäden infolge einer Nichteinhaltung dieser Verordnung Ersatzansprüche geltend zu machen. Deshalb sollten die Vorschriften über die zivilrechtliche Haftung der PRIIP-Hersteller harmonisiert werden. Kleinanleger sollten den PRIIP-Hersteller für einen Verstoß gegen diese Verordnung haftbar machen können, wenn ihnen durch die Verwendung eines Basisinformationsblatts, das mit den der Verantwortung der PRIIP-Hersteller unterliegenden Vorvertrags- oder Vertragsunterlagen nicht übereinstimmte oder irreführend oder fehlerhaft war, ein Schaden entstanden ist.

(23) Aspekte, die die Haftpflicht eines PRIIP-Herstellers betreffen, die von dieser Verordnung nicht erfasst werden, sollten durch das anwendbare nationale Recht geregelt werden. Welches Gericht für die Entscheidung über eine Haftungsklage eines Kleinanlegers zuständig ist, sollte anhand der einschlägigen Regeln über die internationale Zuständigkeit bestimmt werden.

(24) Mit dieser Verordnung selbst wird weder ein Pass eingeführt, der den grenzüberschreitenden Verkauf oder die grenzüberschreitende Vermarktung von PRIIP an Kleinanleger erlaubt, noch werden mit ihr gegebenenfalls bestehende Pass-Regelungen für den grenzüberschreitenden Verkauf oder zur grenzüberschreitenden Vermarktung geändert. Mit dieser Verordnung wird die im Rahmen solcher bestehender Regelungen geltende Aufteilung der Zuständigkeiten zwischen den betreffenden zuständigen Behörden nicht geändert. Die von den Mitgliedstaaten für die Zwecke dieser Verordnung benannten zuständigen Behörden sollten deshalb mit den Behörden kompatibel sein und müssen dazu, die für die Vermarktung von PRIIP – im Rahmen eines gegebenenfalls bestehenden Passes – zuständig sind. Die zuständige Behörde des Mitgliedstaats, in dem das betreffende PRIIP vermarktet wird, sollte für die Überwachung der Vermarktung dieses PRIIP zuständig sein. Die zuständige Behörde des Mitgliedstaats, in dem das Produkt vermarktet wird, sollte stets das Recht haben, die Vermarktung eines PRIIP in ihrem Hoheitsgebiet auszusetzen, wenn diese Verordnung nicht eingehalten wird.

(25) Die Befugnisse der EIOPA und der jeweils zuständigen Behörden sollten ergänzt werden durch einen expliziten Mechanismus zum Verbot oder zur Beschränkung von Vermarktung, Vertrieb und Verkauf von Versicherungsanlageprodukten, bei denen ernsthafte Bedenken hinsichtlich des Anlegerschutzes, des ordnungsgemäßen Funktionierens und der Integrität der Finanzmärkte oder

---

[1] **Amtl. Anm.**: Verordnung (EU) Nr. 346/2013 des Europäischen Parlaments und des Rates vom 17. April 2013 über Europäische Fonds für soziales Unternehmertum (ABl. L 115 vom 25.4.2013, S. 18).

der Stabilität von Teilen des Finanzsystems oder des Finanzsystems als Ganzes bestehen; gleichzeitig sollte die EIOPA mit angemessenen Koordinierungs- und Notfallbefugnissen ausgestattet werden. Diese Befugnisse sollten auch den der ESMA und der EBA im Rahmen der Verordnung (EU) Nr. 600/2014[1)] des Europäischen Parlaments und des Rates[2)] eingeräumten Befugnissen Rechnung tragen, um sicherzustellen, dass solche Interventionsmechanismen bei allen Anlageprodukten ungeachtet ihrer Rechtsform angewandt werden können. Die Ausübung solcher Befugnisse durch die zuständige Behörde sowie – in Ausnahmefällen – durch die EIOPA sollte an das Erfordernis der Erfüllung spezifischer Voraussetzungen geknüpft sein. Wenn diese Voraussetzungen erfüllt sind, sollte die zuständige Behörde oder – in Ausnahmefällen – die EIOPA in der Lage sein, ein Verbot oder eine Beschränkung vorsorglich auszusprechen, bevor ein Versicherungsanlageprodukt vermarktet, vertrieben oder an Anleger verkauft wird. Diese Befugnisse sind nicht mit einer Verpflichtung verbunden, eine Produktzulassung durch die zuständige Behörde oder die EIOPA einzuführen oder anzuwenden, und befreien den Hersteller eines Versicherungsanlageprodukts nicht von seiner Verantwortung, alle einschlägigen Anforderungen dieser Verordnung zu erfüllen. Darüber hinaus sollten diese Befugnisse ausschließlich im öffentlichen Interesse ausgeübt werden und keine zivilrechtliche Haftung seitens der zuständigen Behörden nach sich ziehen.

(26) Damit der Kleinanleger in der Lage ist, eine fundierte Anlageentscheidung zu treffen, sollte von Personen, die über PRIIP beraten oder sie verkaufen, verlangt werden, das Basisinformationsblatt rechtzeitig vor Abschluss jeder Transaktion bereitzustellen. Diese Anforderung sollte unabhängig davon gelten, ob oder wie die Transaktion erfolgt. Erfolgt jedoch die Transaktion mittels Fernkommunikation, so kann das Basisinformationsblatt unmittelbar nach Abschluss der Transaktion bereitgestellt werden, sofern es nicht vor dem Abschluss bereitgestellt werden kann und sofern der Kleinanleger dem zustimmt. Als Personen, die über PRIIP beraten oder sie verkaufen, gelten sowohl Vermittler als auch die PRIIP-Hersteller selbst, wenn die PRIIP-Hersteller über das PRIIP direkt beraten oder es direkt an Kleinanleger verkaufen. Diese Verordnung gilt unbeschadet der Richtlinie 2000/31/EG des Europäischen Parlaments und des Rates[3)] und der Richtlinie 2002/65/EG des Europäischen Parlaments und des Rates[4)].

(27) Um der Person, die über das PRIIP berät oder es verkauft, eine gewisse Wahlmöglichkeit hinsichtlich des Mediums einzuräumen, über das das Basisinformationsblatt Kleinanlegern zur Verfügung gestellt wird, sollten einheitliche Regeln festgelegt werden, die auch die Nutzung elektronischer Kommunikationsmittel unter Berücksichtigung der Umstände der Transaktion ermöglichen sollten. Der Kleinanleger sollte jedoch die Möglichkeit haben, es auf Papier zu erhalten. Im Interesse des Verbraucherzugangs zu Informationen sollte das Basisinformationsblatt stets kostenlos zur Verfügung gestellt werden.

(28) Um das Vertrauen von Kleinanlegern in PRIIP und in die Finanzmärkte insgesamt zu gewinnen, sollten Anforderungen an angemessene interne Verfahren aufgestellt werden, durch die gewährleistet wird, dass Kleinanleger bei Beschwerden eine sachdienliche Antwort des PRIIP-Herstellers erhalten.

(29) Da das Basisinformationsblatt für PRIIP von Rechtsträgern oder natürlichen Personen abgefasst werden sollte, die in den Banken-, Versicherungs-, Wertpapier- und Fondsbranche der Finanzmärkte tätig sind, ist es von herausragender Bedeutung, dass zwischen den verschiedenen Behörden, die PRIIP-Hersteller und Personen, die über PRIIP beraten oder sie verkaufen, beaufsichtigen, eine reibungslose Zusammenarbeit besteht, damit sie bei der Anwendung dieser Verordnung ein gemeinsames Konzept verfolgen.

---

[1)] Nr. 2.
[2)] **Amtl. Anm.:** Verordnung (EU) Nr. 600/2014 des Europäischen Parlaments und des Rates vom 15. Mai 2014 über Märkte für Finanzinstrumente und zur Änderung der Verordnung (EU) Nr. 648/2012 (ABl. L 173 vom 12.6.2014, S. 84).
[3)] **Amtl. Anm.:** Richtlinie 2000/31/EG des Europäischen Parlaments und des Rates vom 8. Juni 2000 über bestimmte rechtliche Aspekte der Dienste der Informationsgesellschaft, insbesondere des elektronischen Geschäftsverkehrs, im Binnenmarkt („Richtlinie über den elektronischen Geschäftsverkehr") (ABl. L 178 vom 17.7.2000, S. 1).
[4)] **Amtl. Anm.:** Richtlinie 2002/65/EG des Europäischen Parlaments und des Rates vom 23. September 2002 über den Fernabsatz von Finanzdienstleistungen an Verbraucher und zur Änderung der Richtlinie 90/619/EWG des Rates und der Richtlinien 97/7/EG und 98/27/EG (ABl. L 271 vom 9.10.2002, S. 16).

(30) Im Einklang mit der Mitteilung der Kommission vom 8. Dezember 2010 „Stärkung der Sanktionsregelungen im Finanzdienstleistungssektor" und um zu gewährleisten, dass die Anforderungen dieser Verordnung erfüllt werden, ist es wichtig, dass die Mitgliedstaaten Schritte unternehmen, damit bei Verstößen gegen diese Verordnung angemessene verwaltungsrechtliche Sanktionen und Maßnahmen verhängt werden. Um sicherzustellen, dass Sanktionen eine abschreckende Wirkung haben, und um den Anlegerschutz zu stärken, indem Anleger vor PRIIP gewarnt werden, die unter Verstoß gegen diese Verordnung vermarktet werden, sollten Sanktionen und Maßnahmen in der Regel, außer unter bestimmten genau festgelegten Umständen, veröffentlicht werden.

(31) Obwohl es den Mitgliedstaaten freisteht, für dieselben Verstöße sowohl verwaltungsrechtliche als auch strafrechtliche Sanktionen vorzusehen, sollten sie nicht verpflichtet sein, Vorschriften für verwaltungsrechtliche Sanktionen für Verstöße gegen diese Verordnung festzulegen, die dem nationalen Strafrecht unterliegen. Im Einklang mit dem nationalen Recht sind die Mitgliedstaaten nicht verpflichtet, sowohl verwaltungsrechtliche als auch strafrechtliche Sanktionen für denselben Verstoß zu verhängen, sollten dies aber tun können, wenn es das nationale Recht erlaubt. Die Aufrechterhaltung strafrechtlicher anstelle von verwaltungsrechtlichen Sanktionen für Verstöße gegen diese Verordnung sollte jedoch nicht die Möglichkeit der zuständigen Behörden einschränken oder in anderer Weise beeinträchtigen, sich für die Zwecke dieser Verordnung rechtzeitig mit den zuständigen Behörden in anderen Mitgliedstaaten ins Benehmen zu setzen, um mit ihnen zusammenzuarbeiten, Zugang zu ihren Informationen zu erhalten und mit ihnen Informationen auszutauschen, und zwar auch dann, wenn die zuständigen Justizbehörden bereits mit der strafrechtlichen Verfolgung der betreffenden Verstöße befasst wurden.

(32) Um die Ziele dieser Verordnung zu erreichen, sollte der Kommission die Befugnis übertragen werden, gemäß Artikel 290 des Vertrags über die Arbeitsweise der Europäischen Union Rechtsakte hinsichtlich der Festlegung der Einzelheiten der Verfahren zu erlassen, mit denen festgestellt wird, ob ein PRIIP bestimmte ökologische oder soziale Ziele anstrebt, sowie hinsichtlich der Bestimmungen über die Ausübung der Interventionsbefugnis der EIOPA und der zuständigen Behörden. Es ist von besonderer Bedeutung, dass die Kommission im Zuge ihrer Vorbereitungsarbeit angemessene Konsultationen durchführt. Bei der Vorbereitung und Ausarbeitung delegierter Rechtsakte sollte die Kommission gewährleisten, dass die einschlägigen Dokumente dem Europäischen Parlament und dem Rat gleichzeitig, rechtzeitig und auf angemessene Weise übermittelt werden.

(33) Die Kommission sollte von den Europäischen Aufsichtsbehörden im Wege des Gemeinsamen Ausschusses erarbeitete Entwürfe technischer Regulierungsstandards in Bezug auf die Darstellung und den Inhalt der Basisinformationsblätter, das Standardformat der Basisinformationsblätter, die Methodik für die Darstellung von Risiko und Rendite und zur Berechnung der Kosten, die Bedingungen und die Mindesthäufigkeit der Überprüfung der Informationen in den Basisinformationsblättern sowie die Bedingungen für die Bereitstellung des Basisinformationsblatts für Kleinanleger im Einklang mit den Artikeln 10 bis 14 der Verordnung (EU) Nr. 1093/2010, der Verordnung (EU) Nr. 1094/2010 bzw. der Verordnung (EU) Nr. 1095/2010[1]) erlassen. Die Kommission sollte die technischen Tätigkeiten der Europäischen Aufsichtsbehörden durch die Durchführung von Verbrauchertests zur Darstellung des von den Europäischen Aufsichtsbehörden vorgeschlagenen Basisinformationsblatts ergänzen.

(34) Die Richtlinie 95/46/EG des Europäischen Parlaments und des Rates[2]) regelt die Verarbeitung personenbezogener Daten, die im Zusammenhang mit dieser Verordnung in den Mitgliedstaaten unter der Aufsicht der zuständigen Behörden erfolgt. Die Verordnung (EG) Nr. 45/2001 des Europäischen Parlaments und des Rates[3]) regelt die Verarbeitung personenbezogener Daten, die gemäß der vorliegenden Verordnung unter der Aufsicht des Europäischen Datenschutzbeauftragten von den Europäischen Aufsichtsbehörden vorgenommen wird. Jede Verarbeitung personenbezogener Daten im Rahmen der vorliegenden Verordnung, wie der Austausch oder die Übermittlung personenbezogener Daten durch die zuständigen Behörden, sollte im Einklang mit der Richtlinie 95/46/EG und der Austausch oder die Übermittlung von Informationen durch die

---

[1]) Nr. 3.
[2]) **Amtl. Anm.**: Richtlinie 95/46/EG des Europäischen Parlaments und des Rates vom 24. Oktober 1995 zum Schutz natürlicher Personen bei der Verarbeitung personenbezogener Daten und zum freien Datenverkehr (ABl. L 281 vom 23.11.1995, S. 31).
[3]) **Amtl. Anm.**: Verordnung (EG) Nr. 45/2001 des Europäischen Parlaments und des Rates vom 18. Dezember 2000 zum Schutz natürlicher Personen bei der Verarbeitung personenbezogener Daten durch die Organe und Einrichtungen der Gemeinschaft und zum freien Datenverkehr (ABl. L 8 vom 12.1.2001, S. 1).

Europäischen Aufsichtsbehörden sollte im Einklang mit der Verordnung (EG) Nr. 45/2001 erfolgen.

(35) Obwohl Organismen für gemeinsame Anlagen in Wertpapieren (im Folgenden „OGAW") Anlageprodukte im Sinne dieser Verordnung sind, wäre es aufgrund der unlängst erfolgten Festlegung der Anforderungen an die wesentlichen Informationen für den Anleger im Rahmen der Richtlinie 2009/65/EG angemessen, solchen OGAW einen Übergangszeitraum von fünf Jahren nach Inkrafttreten dieser Verordnung einzuräumen, in denen sie ihr nicht unterlägen. Nach Ablauf des Übergangszeitraums und falls dieser nicht verlängert wird, sollten OGAW dieser Verordnung unterliegen. Dieser Übergangszeitraum sollte auch für Verwaltungsgesellschaften und Investmentgesellschaften sowie Personen gelten, die über Anteile von PRIIP, die keine OGAW-Fonds sind, beraten oder diese verkaufen, wenn ein Mitgliedstaat Vorschriften über das Format und den Inhalt des Dokuments mit wesentlichen Informationen für den Anleger gemäß den Artikeln 78 bis 81 der Richtlinie 2009/65/EG auf diese Fonds anwendet.

(36) Eine Überprüfung dieser Verordnung sollte vier Jahre nach ihrem Inkrafttreten durchgeführt werden, um Marktentwicklungen, wie der Entstehung neuer Arten von PRIIP, sowie den Entwicklungen in anderen Bereichen des Unionsrechts und den Erfahrungen der Mitgliedstaaten Rechnung zu tragen. Bei dieser Überprüfung sollten auch die Durchführbarkeit, die Kosten und die möglichen Vorteile der Einführung eines Gütezeichens für soziale und ökologische Anlagen bewertet werden. Darüber hinaus sollte bei der Überprüfung beurteilt werden, ob die eingeführten Maßnahmen das Verständnis des durchschnittlichen Kleinanlegers in Bezug auf PRIIP und die Vergleichbarkeit der PRIIP verbessert haben. Auch sollte dabei geprüft werden, ob der Übergangszeitraum für OGAW oder bestimmte Nicht-OGAW verlängert werden sollte oder ob andere Optionen für die Behandlung solcher Fonds infrage kommen könnten. Darüber hinaus sollte dabei beurteilt werden, ob in Anbetracht der Notwendigkeit eines für den Verbraucherschutz und den Vergleich von Finanzprodukten an der Ausnahme von Produkten vom Anwendungsbereich dieser Verordnung festgehalten werden sollte. Als Teil der Überprüfung sollte die Kommission auch eine Marktstudie durchführen, um festzustellen, ob Online-Recheninstrumente auf dem Markt verfügbar sind, die es dem Kleinanleger gestatten, die Gesamtkosten und -gebühren der PRIIP zu berechnen, und ob diese Instrumente kostenlos zur Verfügung gestellt werden. Auf der Grundlage dieser Überprüfung sollte die Kommission dem Europäischen Parlament und dem Rat einen Bericht sowie gegebenenfalls Vorschläge für Rechtsakte unterbreiten.

(37) In Anbetracht der laufenden Arbeit der EIOPA bezüglich der Anforderungen an die Offenlegung von Produktinformationen für individuelle Altersvorsorgeprodukte und unter Berücksichtigung der Besonderheiten dieser Produkte sollte die Kommission innerhalb von vier Jahren nach Inkrafttreten dieser Verordnung bewerten, ob Altersvorsorgeprodukte, die nach nationalem Recht als Produkte anerkannt sind, deren Zweck in erster Linie darin besteht, dem Anleger im Ruhestand ein Einkommen zu gewähren, und dem Anleger einen Anspruch auf bestimmte Leistungen einräumen, weiterhin vom Anwendungsbereich dieser Verordnung ausgenommen sein sollten. Bei dieser Bewertung sollte die Kommission prüfen, ob diese Verordnung der beste gesetzgeberische Mechanismus zur Sicherstellung der Offenlegung in Bezug auf Altersvorsorgeprodukte ist oder ob andere Offenlegungsmechanismen besser geeignet wären.

(38) Um den PRIIP-Herstellern und den Personen, die über PRIIP beraten oder sie verkaufen, genügend Zeit einzuräumen, um sich auf die praktische Anwendung der Anforderungen dieser Verordnung einzustellen, sollte sie erst zwei Jahre nach dem Datum ihres Inkrafttretens gelten.

(39) Diese Verordnung steht im Einklang mit den Grundrechten und Grundsätzen, die insbesondere in der Charta der Grundrechte der Europäischen Union verankert sind.

(40) Da die Ziele dieser Verordnung, nämlich die Erhöhung des Schutzes von Kleinanlegern und die Stärkung ihres Vertrauens in PRIIP, auch bei grenzüberschreitendem Verkauf, von den unabhängig voneinander tätigen Mitgliedstaaten nicht ausreichend verwirklicht werden können und nur ein Tätigwerden auf Unionsebene die festgestellten Schwächen beheben kann und wegen der Wirkung der Maßnahmen auf Unionsebene besser zu verwirklichen ist, kann die Union im Einklang mit dem in Artikel 5 des Vertrags über die Europäische Union verankerten Subsidiaritätsprinzip tätig werden. Entsprechend dem in demselben Artikel genannten Grundsatz der Verhältnismäßigkeit geht diese Verordnung nicht über das zur Verwirklichung dieser Ziele erforderliche Maß hinaus.

(41) Der Europäische Datenschutzbeauftragte wurde gemäß Artikel 28 Absatz 2 der Verordnung (EG) Nr. 45/2001 angehört und hat eine Stellungnahme abgegeben[1] –

---

[1] **Amtl. Anm.:** ABl. C 100 vom 6.4.2013, S. 12.

HABEN FOLGENDE VERORDNUNG ERLASSEN:

## Kapitel I. Gegenstand, Anwendungsbereich und Begriffsbestimmungen

**Art. 1 [Format und Inhalt des Basisinformationsblatts]** Diese Verordnung legt einheitliche Vorschriften für das Format und den Inhalt des Basisinformationsblatts, das von Herstellern von verpackten Anlageprodukten für Kleinanleger und Versicherungsanlageprodukten (packaged retail and insurance-based investment products – im Folgenden „PRIIP") abzufassen ist, sowie für die Bereitstellung des Basisinformationsblatts an Kleinanleger fest, um Kleinanlegern zu ermöglichen, die grundlegenden Merkmale und Risiken von PRIIP zu verstehen und zu vergleichen.

**Art. 2 [Geltungsbereich]** (1) Diese Verordnung gilt für PRIIP-Hersteller und Personen, die über PRIIP beraten oder sie verkaufen.

(2) Diese Verordnung gilt nicht für folgende Produkte:

a) Nichtlebensversicherungsprodukte gemäß Anhang I der Richtlinie 2009/138/EG;

b) Lebensversicherungsverträge, deren vertragliche Leistungen nur im Todesfall oder bei Arbeitsunfähigkeit infolge von Körperverletzung, Krankheit oder Gebrechen zahlbar sind;

c) Einlagen, die keine strukturierten Einlagen im Sinne des Artikels 4 Absatz 1 Nummer 43 der Richtlinie 2014/65/EU[1]) sind;

d) in Artikel 1 Absatz 2 Buchstaben b bis g, i und j der Richtlinie 2003/71/EG genannte Wertpapiere;

e) Altersvorsorgeprodukte, die nach nationalem Recht als Produkte anerkannt sind, deren Zweck in erster Linie darin besteht, dem Anleger im Ruhestand ein Einkommen zu gewähren, und die dem Anleger einen Anspruch auf bestimmte Leistungen einräumen;

f) amtlich anerkannte betriebliche Altersversorgungssysteme, die in den Anwendungsbereich der Richtlinie 2003/41/EG des Europäischen Parlaments und des Rates[2]) oder der Richtlinie 2009/138/EG fallen;

g) individuelle Altersvorsorgeprodukte, für die nach nationalem Recht ein finanzieller Beitrag des Arbeitgebers erforderlich ist und die bzw. deren Anbieter weder der Arbeitgeber noch der Beschäftigte selbst wählen kann.

**Art. 3 [Weiterer Geltungsbereich]** (1) Fallen PRIIP-Hersteller im Sinne dieser Verordnung auch unter die Richtlinie 2003/71/EG, so gelten sowohl diese Verordnung als auch die Richtlinie 2003/71/EG.

(2) Fallen PRIIP-Hersteller im Sinne dieser Verordnung auch unter die Richtlinie 2009/138/EG, so gelten sowohl diese Verordnung als auch die Richtlinie 2009/138/EG.

---

[1]) Nr. **1**.
[2]) **Amtl. Anm.:** Richtlinie 2003/41/EG des Europäischen Parlaments und des Rates vom 3. Juni 2003 über die Tätigkeiten und die Beaufsichtigung von Einrichtungen der betrieblichen Altersversorgung (ABl. L 235 vom 23.9.2003, S. 10).

**Art. 4 [Ausdrucksbezeichnungen]** Für die Zwecke dieser Verordnung bezeichnet der Ausdruck

1. „verpacktes Anlageprodukt für Kleinanleger" oder „PRIIP" eine Anlage, einschließlich von Zweckgesellschaften im Sinne des Artikels 13 Nummer 26 der Richtlinie 2009/138/EG oder Verbriefungszweckgesellschaften im Sinne des Artikels 4 Absatz 1 Buchstabe an der Richtlinie 2011/61/EU des Europäischen Parlaments und des Rates[1] ausgegebener Instrumente, bei der unabhängig von der Rechtsform der Anlage der dem Kleinanleger rückzuzahlende Betrag Schwankungen aufgrund der Abhängigkeit von Referenzwerten oder von der Entwicklung eines oder mehrerer Vermögenswerte, die nicht direkt vom Kleinanleger erworben werden, unterliegt;

2. „Versicherungsanlageprodukt" ein Versicherungsprodukt, das einen Fälligkeitswert oder einen Rückkaufwert bietet, der vollständig oder teilweise direkt oder indirekt Marktschwankungen ausgesetzt ist;

3. „verpacktes Anlageprodukt für Kleinanleger und Versicherungsanlageprodukt" oder „PRIIP" jedes Produkt, das unter eine oder beide der folgenden Begriffsbestimmungen fällt:

    a) ein PRIIP;

    b) ein Versicherungsanlageprodukt;

4. „Hersteller von verpackten Anlageprodukten für Kleinanleger und Versicherungsanlageprodukten" oder „PRIIP-Hersteller"

    a) ein Rechtsträger oder eine natürliche Person, der bzw. die PRIIP auflegt;

    b) ein Rechtsträger oder eine natürliche Person, der bzw. die Änderungen an einem bestehenden PRIIP, einschließlich Änderungen seines Risiko- und Renditeprofils oder der Kosten im Zusammenhang mit einer Anlage in das PRIIP, vornimmt;

5. „PRIIP-Verkäufer" eine Person, die einem Kleinanleger einen PRIIP-Vertrag anbietet oder diesen mit ihm abschließt;

6. „Kleinanleger"

    a) einen Kleinanleger im Sinne von Artikel 4 Absatz 1 Nummer 11 der Richtlinie 2014/65/EU[2];

    b) einen Kunden im Sinne der Richtlinie 2002/92/EG, wenn dieser nicht als professioneller Kunde im Sinne des Artikels 4 Absatz 1 Nummer 10 der Richtlinie 2014/65/EU angesehen werden kann;

7. „dauerhafter Datenträger" einen dauerhaften Datenträger im Sinne des Artikels 2 Absatz 1 Buchstabe m der Richtlinie 2009/65/EG;

8. „zuständige Behörden" die nationalen Behörden, die von einem Mitgliedstaat zur Überwachung der Anforderungen dieser Verordnung an PRIIP-Hersteller und Personen, die über PRIIP beraten oder sie verkaufen, benannt werden.

---

[1] **Amtl. Anm.:** Richtlinie 2011/61/EU des Europäischen Parlaments und des Rates vom 8. Juni 2011 über die Verwalter alternativer Investmentfonds und zur Änderung der Richtlinien 2003/41/EG und 2009/65/EG und der Verordnungen (EG) Nr. 1060/2009 und (EU) Nr. 1095/2010 (ABl. L 174 vom 1.7.2011, S. 1).

[2] Nr. 1.

## Kapitel II. Basisinformationsblatt
### Abschnitt I. Abfassung des Basisinformationsblatts

**Art. 5 [Abfassung und Veröffentlichung]** (1) Bevor Kleinanlegern ein PRIIP angeboten wird, fasst der PRIIP-Hersteller ein Basisinformationsblatt für dieses Produkt im Einklang mit den Anforderungen dieser Verordnung ab und veröffentlicht es auf seiner Website.

(2) Jeder Mitgliedstaat kann für die in diesem Mitgliedstaat vermarkteten PRIIP die Vorabmitteilung des Basisinformationsblatts durch den PRIIP-Hersteller oder die Person, die ein PRIIP verkauft, an die zuständige Behörde vorschreiben.

### Abschnitt II. Form und Inhalt des Basisinformationsblatts

**Art. 6 [Inhalt]** (1) ¹Die im Basisinformationsblatt enthaltenen Informationen sind vorvertragliche Informationen. ²Das Basisinformationsblatt muss präzise, redlich und klar sein und darf nicht irreführend sein. ³Es enthält die wesentlichen Informationen und stimmt mit etwaigen verbindlichen Vertragsunterlagen, mit den einschlägigen Teilen der Angebotsunterlagen und mit den Geschäftsbedingungen des PRIIP überein.

(2) ¹Das Basisinformationsblatt ist eine eigenständige Unterlage, die von Werbematerialien deutlich zu unterscheiden ist. ²Es darf keine Querverweise auf Marketingmaterial enthalten. ³Es kann Querverweise auf andere Unterlagen, gegebenenfalls einschließlich eines Prospekts, enthalten, und zwar nur, wenn sich der Querverweis auf Informationen bezieht, die nach dieser Verordnung in das Basisinformationsblatt aufgenommen werden müssen.

(3) Abweichend von Absatz 2 dieses Artikels enthält das Basisinformationsblatt in dem Fall, in dem ein PRIIP dem Kleinanleger eine solche Palette von Anlageoptionen bietet, dass die Bereitstellung der Informationen in Bezug auf die zugrunde liegenden Anlagemöglichkeiten nach Artikel 8 Absatz 3 in einer einzigen, prägnanten und eigenständigen Unterlage nicht möglich ist, zumindest eine allgemeine Beschreibung der zugrunde liegenden Anlagemöglichkeiten sowie die Angabe, wo und wie detailliertere Dokumentationen zu vorvertraglichen Informationen in Bezug auf die Anlageprodukte, die die zugrunde liegenden Anlagemöglichkeiten absichern, zu finden ist.

(4) ¹Das Basisinformationsblatt wird als kurze Unterlage abgefasst, die prägnant formuliert ist und ausgedruckt höchstens drei Seiten Papier im A4-Format umfasst, um für Vergleichbarkeit zu sorgen. ²Das Basisinformationsblatt

a) ist in einer Weise präsentiert und aufgemacht, die leicht verständlich ist, wobei Buchstaben in gut leserlicher Größe verwendet werden;
b) legt den Schwerpunkt auf die wesentlichen Informationen, die Kleinanleger benötigen;
c) ist unmissverständlich und sprachlich sowie stilistisch so formuliert, dass das Verständnis der Informationen erleichtert wird, insbesondere durch eine klare, präzise und verständliche Sprache.

(5) Wenn in dem Basisinformationsblatt Farben verwendet werden, dürfen sie die Verständlichkeit der Informationen nicht beeinträchtigen, falls das Blatt in Schwarz und Weiß ausgedruckt oder fotokopiert wird.

VO (EU) 1286/2014  Art. 7, 8  PRIIP-VO

(6) Wird die Unternehmensmarke oder das Logo des PRIIP-Herstellers oder der Gruppe, zu der er gehört, verwendet, darf sie bzw. es den Kleinanleger weder von den in dem Informationsblatt enthaltenen Informationen ablenken noch den Text verschleiern.

**Art. 7 [Amtssprache]** (1) *[1]* Das Basisinformationsblatt wird in den Amtssprachen oder in einer der Amtssprachen, die in dem Teil des Mitgliedstaats verwendet wird, in dem das PRIIP vertrieben wird, oder in einer weiteren von den zuständigen Behörden dieses Mitgliedstaats akzeptierten Sprache abgefasst; falls es in einer anderen Sprache abgefasst wurde, wird es in eine dieser Sprachen übersetzt.

*[2]* Die Übersetzung gibt den Inhalt des ursprünglichen Basisinformationsblatts zuverlässig und genau wieder.

(2) Wird der Vertrieb eines PRIIP in einem Mitgliedstaat durch Werbeunterlagen, die in einer oder mehreren Amtssprachen dieses Mitgliedstaats verfasst sind, gefördert, so muss das Basisinformationsblatt mindestens in der (den) entsprechenden Amtssprache(n) verfasst sein.

**Art. 8 [Titel und Reihenfolge der Angaben]** (1) *[1]* Der Titel „Basisinformationsblatt" steht oben auf der ersten Seite des Basisinformationsblatts.

*[2]* Die Reihenfolge der Angaben im Basisinformationsblatt richtet sich nach den Absätzen 2 und 3.

(2) Unmittelbar unter dem Titel des Basisinformationsblatts folgt eine Erläuterung mit folgendem Wortlaut:

"Dieses Informationsblatt stellt Ihnen wesentliche Informationen über dieses Anlageprodukt zur Verfügung. Es handelt sich nicht um Werbematerial. Diese Informationen sind gesetzlich vorgeschrieben, um Ihnen dabei zu helfen, die Art, das Risiko, die Kosten sowie die möglichen Gewinne und Verluste dieses Produkts zu verstehen, und Ihnen dabei zu helfen, es mit anderen Produkten zu vergleichen."

(3) Das Basisinformationsblatt enthält folgende Angaben:

a) am Anfang des Informationsblatts den Namen des PRIIP, die Identität und Kontaktdaten des PRIIP-Herstellers, Angaben über die zuständige Behörde des PRIIP-Herstellers und das Datum des Informationsblatts;

b) gegebenenfalls einen Warnhinweis mit folgendem Wortlaut: „Sie sind im Begriff, ein Produkt zu erwerben, das nicht einfach ist und schwer zu verstehen sein kann.";

c) in einem Abschnitt mit der Überschrift „Um welche Art von Produkt handelt es sich?" die Art und die wichtigsten Merkmale des PRIIP, darunter:

i) die Art des PRIIP;

ii) seine Ziele und die zu deren Erreichung eingesetzten Mittel, insbesondere, ob die Ziele durch direkte oder indirekte Abhängigkeit von zugrunde liegenden Vermögensgegenständen erreicht werden, einschließlich einer Beschreibung der zugrunde liegenden Instrumente oder Referenzwerte, so auch der Angabe, in welche Märkte das PRIIP investiert, und einschließlich gegebenenfalls bestimmter ökologischer oder sozialer Ziele, die das Produkt anstrebt, sowie die Methode zur Ermittlung der Rendite;

iii) eine Beschreibung des Kleinanlegertyps, an den das PRIIP vermarktet werden soll, insbesondere was die Fähigkeit, Anlageverluste zu verkraften, und den Anlagehorizont betrifft;
iv) Einzelheiten zu den Versicherungsleistungen, die das PRIIP gegebenenfalls bietet, einschließlich der Umstände, unter denen diese fällig würden;
v) die Laufzeit des PRIIP, falls bekannt;
d) in einem Abschnitt mit der Überschrift „Welche Risiken bestehen und was könnte ich im Gegenzug dafür bekommen?" eine kurze Beschreibung des Risiko-/Renditeprofils, die Folgendes umfasst:
  i) einen Gesamtrisikoindikator, ergänzt durch eine erläuternde Beschreibung dieses Indikators und seiner Hauptbeschränkungen sowie eine erläuternde Beschreibung der Risiken, die für das PRIIP wesentlich sind und die von dem Gesamtrisikoindikator nicht angemessen erfasst werden;
  ii) den möglichen höchsten Verlust an angelegtem Kapital, einschließlich Information darüber,
    – ob der Kleinanleger das gesamte angelegte Kapital verlieren kann,
    – ob der Kleinanleger das Risiko trägt, für zusätzliche finanzielle Zusagen oder Verpflichtungen, einschließlich Eventualverbindlichkeiten, über das in dem PRIIP angelegte Kapital hinaus aufkommen zu müssen, und
    – gegebenenfalls ob das PRIIP einen Kapitalschutz enthält, der vor Marktrisiken schützt, sowie Einzelheiten über dessen Deckungsbereich und Einschränkungen, insbesondere in Bezug darauf, zu welchem Zeitpunkt dies zur Anwendung kommt;
  iii) geeignete Performanceszenarien und die ihnen zugrunde liegenden Annahmen;
  iv) gegebenenfalls Informationen über die Bedingungen für Renditen für Kleinanleger oder über eingebaute Leistungshöchstgrenzen;
  v) eine Erklärung darüber, dass die Steuergesetzgebung des Mitgliedstaats des Kleinanlegers Auswirkungen auf die tatsächliche Auszahlung haben kann;
e) in einem Abschnitt mit der Überschrift „Was geschieht, wenn der [Name des PRIIP-Herstellers] nicht in der Lage ist, die Auszahlung vorzunehmen?" eine kurze Erläuterung dazu, ob der Verlust durch ein Entschädigungs- oder Sicherungssystem für den Anleger gedeckt ist und, falls ja, durch welches System, welches der Name des Sicherungsgebers ist sowie welche Risiken durch das System gedeckt sind und welche nicht;
f) in einem Abschnitt mit der Überschrift „Welche Kosten entstehen?" die mit einer Anlage in das PRIIP verbundenen Kosten, einschließlich der dem Kleinanleger entstehenden direkten und indirekten Kosten, einschließlich einmaliger und wiederkehrender Kosten, dargestellt in Form von Gesamtindikatoren dieser Kosten und, um Vergleichbarkeit zu gewährleisten, die aggregierten Gesamtkosten in absoluten und Prozentzahlen, um die kombinierten Auswirkungen der Gesamtkosten auf die Anlage aufzuzeigen.

Das Basisinformationsblatt enthält einen eindeutigen Hinweis darauf, dass Berater, Vertriebsstellen oder jede andere Person, die zu dem PRIIP berät oder es verkauft, detaillierte Informationen zu etwaigen Vertriebskosten vorlegen muss, die nicht bereits in den oben beschriebenen Kosten enthalten sind, sodass der Kleinanleger in der Lage ist, die kumulative Wirkung, die diese aggregierten Kosten auf die Anlagerendite haben, zu verstehen;

g) in einem Abschnitt mit der Überschrift „Wie lange sollte ich die Anlage halten, und kann ich vorzeitig Geld entnehmen?"

i) gegebenenfalls ob es eine Bedenkzeit oder eine Widerrufsfrist für das PRIIP gibt;

ii) einen Hinweis auf die empfohlene und gegebenenfalls vorgeschriebene Mindesthaltedauer;

iii) die Möglichkeit der vorzeitigen Auflösung der Anlage (Desinvestition) sowie der Bedingungen hierfür einschließlich aller anwendbaren Gebühren und Vertragsstrafen unter Berücksichtigung des Risiko- und Renditeprofils des PRIIP und der Marktentwicklung, auf die es abzielt;

iv) Angaben zu den möglichen Folgen, einschließlich Kosten, der Einlösung des PRIIP vor Ende der Laufzeit oder der empfohlenen Haltedauer, wie etwa den Verlust des Kapitalschutzes oder zusätzliche abhängige Gebühren;

h) in einem Abschnitt mit der Überschrift „Wie kann ich mich beschweren?" Informationen darüber, wie und bei wem der Kleinanleger eine Beschwerde über das Produkt oder über das Verhalten des PRIIP-Herstellers oder einer Person, die über das Produkt berät oder es verkauft, einlegen kann;

i) in einem Abschnitt mit der Überschrift „Sonstige zweckdienliche Angaben" einen kurzen Hinweis auf etwaige zusätzliche Informationsunterlagen, die dem Kleinanleger vor und/oder nach Vertragsabschluss vorlegt werden, mit Ausnahme von Werbematerialien.

(4) Der Kommission wird die Befugnis übertragen, gemäß Artikel 30 delegierte Rechtsakte zu erlassen, in denen die Einzelheiten der Verfahren festgelegt werden, mit denen festgestellt wird, ob ein PRIIP bestimmte ökologische oder soziale Ziele anstrebt.

(5) [1] [1] Um die einheitliche Anwendung dieses Artikels zu gewährleisten, arbeiten die Europäischen Aufsichtsbehörden im Wege des Gemeinsamen Ausschusses der Europäischen Aufsichtsbehörden (im Folgenden „Gemeinsamer Ausschuss") Entwürfe technischer Regulierungsstandards aus, in denen Folgendes festgelegt wird:

a) die Einzelheiten der Darstellung und des Inhalts der in Absatz 3 genannten Informationen,

b) die Methodik für die Darstellung von Risiko und Rendite gemäß Absatz 3 Buchstabe d Ziffern i und iii, und

c) die Methodik zur Berechnung der Kosten, einschließlich der Festlegung der Gesamtindikatoren, gemäß Absatz 3 Buchstabe f.

[2] Bei der Ausarbeitung der Entwürfe technischer Regulierungsstandards tragen die Europäischen Aufsichtsbehörden den verschiedenen Arten von PRIIP, den Unterschieden zwischen ihnen und den Kompetenzen von Kleinanlegern sowie den Merkmalen von PRIIP Rechnung, um es dem *Kleinanleger ermöglichen*[1], zwischen verschiedenen zugrunde liegenden Anlagen oder sonstigen Optionen, die das Produkt bietet, zu wählen, wobei auch zu beachten ist, ob diese Wahl zu unterschiedlichen Zeitpunkten vorgenommen oder später geändert werden kann.

---

[1] Richtig wohl: „Kleinanleger zu ermöglichen".

*[2]* Die Europäischen Aufsichtsbehörden legen der Kommission diese Entwürfe technischer Regulierungsstandards bis zum 31. März 2016 vor.

*[3]* Der Kommission wird die Befugnis übertragen, die technischen Regulierungsstandards nach Unterabsatz 1 gemäß den Artikeln 10 bis 14 der Verordnung (EU) Nr. 1093/2010, der Verordnung (EU) Nr. 1094/2010 und der Verordnung (EU) Nr. 1095/2010[1)] zu erlassen.

**Art. 9 [Inhalt der Werbematerialien]** [1] In Werbematerialien, die spezifische Informationen über ein PRIIP enthalten, dürfen keine Aussagen getroffen werden, die im Widerspruch zu den Informationen des Basisinformationsblatts stehen oder die Bedeutung des Basisinformationsblatts herabstufen. [2] In den Werbematerialien ist darauf hinzuweisen, dass es ein Basisinformationsblatt gibt und wie und wo es erhältlich ist, einschließlich der Angabe der Website des PRIIP-Herstellers.

**Art. 10 [Überprüfung der enthaltenen Informationen]** (1) [1] Der PRIIP-Hersteller überprüft regelmäßig die in dem Basisinformationsblatt enthaltenen Informationen und überarbeitet das Informationsblatt, wenn sich bei der Überprüfung herausstellt, dass Änderungen erforderlich sind. [2] Die überarbeitete Version wird unverzüglich zur Verfügung gestellt.

(2) *[1]* [1] Um die einheitliche Anwendung dieses Artikels zu gewährleisten, arbeiten die Europäischen Aufsichtsbehörden im Wege des Gemeinsamen Ausschusses Entwürfe technischer Regulierungsstandards aus, in denen Folgendes festgelegt wird:

a) die Bedingungen der Überprüfung der in dem Basisinformationsblatt enthaltenen Informationen;

b) die Bedingungen, unter denen das Basisinformationsblatt überarbeitet werden muss;

c) die besonderen Bedingungen, unter denen die in dem Basisinformationsblatt enthaltenen Informationen überprüft werden müssen oder das Basisinformationsblatt überarbeitet werden muss, wenn ein PRIIP Kleinanlegern nicht kontinuierlich angeboten wird;

d) die Fälle, in denen Kleinanleger über ein überarbeitetes Basisinformationsblatt für ein von ihnen erworbenes PRIIP unterrichtet werden müssen, sowie die Mittel, mit denen die Kleinanleger zu unterrichten sind.

[2] Die Europäischen Aufsichtsbehörden legen der Kommission diese Entwürfe technischer Regulierungsstandards bis zum 31. Dezember 2015 vor.

*[2]* Der Kommission wird die Befugnis übertragen, die technischen Regulierungsstandards nach Unterabsatz 1 gemäß den Artikeln 10 bis 14 der Verordnung (EU) Nr. 1093/2010, der Verordnung (EU) Nr. 1094/2010 und der Verordnung (EU) Nr. 1095/2010[1)] zu erlassen.

**Art. 11 [Zivilrechtliche Haftung]** (1) Für einen PRIIP-Hersteller entsteht aufgrund des Basisinformationsblatts und dessen Übersetzung alleine noch keine zivilrechtliche Haftung, es sei denn, das Basisinformationsblatt oder die Übersetzung ist irreführend, ungenau oder stimmt nicht mit den einschlägigen

---

[1)] Nr. 3.

Teilen der rechtlich verbindlichen vorvertraglichen und Vertragsunterlagen oder mit den Anforderungen nach Artikel 8 überein.

(2) Weist ein Kleinanleger nach, dass ihm unter den Umständen nach Absatz 1 aufgrund seines Vertrauens auf ein Basisinformationsblatt bei der Tätigung einer Anlage in das PRIIP, für das dieses Basisinformationsblatt erstellt wurde, ein Verlust entstanden ist, so kann er für diesen Verlust gemäß nationalem Recht Schadensersatz von dem PRIIP-Hersteller verlangen.

(3) Begriffe wie „Verlust" oder „Schadensersatz", auf die in Absatz 2 Bezug genommen wird, ohne dass diese definiert werden, werden im Einklang mit dem geltenden nationalen Recht gemäß den einschlägigen Bestimmungen des internationalen Privatrechts ausgelegt und angewandt.

(4) Dieser Artikel verbietet keine weiteren zivilrechtlichen Haftungsansprüche im Einklang mit dem nationalen Recht.

(5) Die Verpflichtungen gemäß diesem Artikel dürfen nicht durch Vertragsklauseln eingeschränkt oder aufgehoben werden.

**Art. 12 [Versicherungsvertrag]** Wenn das Basisinformationsblatt einen Versicherungsvertrag betrifft, gelten die Verpflichtungen des Versicherungsunternehmens nach dieser Verordnung nur gegenüber dem Versicherungsnehmer des Versicherungsvertrags und nicht gegenüber dem Begünstigten des Versicherungsvertrags.

### Abschnitt III. Bereitstellung des Basisinformationsblatts

**Art. 13 [Bereitstellung]** (1) Eine Person, die über ein PRIIP berät oder es verkauft, stellt den betreffenden Kleinanlegern das Basisinformationsblatt rechtzeitig zur Verfügung, bevor diese Kleinanleger durch einen Vertrag oder ein Angebot im Zusammenhang mit diesem PRIIP gebunden sind.

(2) Eine Person, die über ein PRIIP berät oder es verkauft, kann die Bedingungen von Absatz 1 erfüllen, indem sie das Basisinformationsblatt einer Person vorlegt, die über eine schriftliche Vollmacht verfügt, im Namen des Kleinanlegers Anlageentscheidungen bezüglich gemäß dieser Vollmacht abgeschlossener Transaktionen zu treffen.

(3) Abweichend von Absatz 1 und vorbehaltlich des Artikels 3 Absatz 1 und Absatz 3 Buchstabe a sowie des Artikels 6 der Richtlinie 2002/65/EG kann eine Person, die ein PRIIP verkauft, dem Kleinanleger das Basisinformationsblatt unverzüglich nach Abschluss der Transaktion bereitstellen, sofern alle nachstehenden Bedingungen erfüllt sind:

a) Der Kleinanleger entscheidet sich von sich aus, Verbindung zu der Person, die ein PRIIP verkauft, aufzunehmen und die Transaktion mit Hilfe eines Fernkommunikationsmittels zu tätigen,

b) die Bereitstellung des Basisinformationsblatts gemäß Absatz 1 dieses Artikels ist nicht möglich,

c) die Person, die über das PRIIP berät oder es verkauft, hat den Kleinanleger über den Umstand, dass das Basisinformationsblatt nicht bereitgestellt werden kann, in Kenntnis gesetzt und hat klar zum Ausdruck gebracht, dass der Kleinanleger die Transaktion verschieben kann, um das Basisinformationsblatt vor dem Abschluss der Transaktion zu erhalten und zu lesen,

d) der Kleinanleger stimmt dem zu, das Basisinformationsblatt unverzüglich nach dem Abschluss der Transaktion zu erhalten, anstatt die Transaktion zu verschieben, um das Dokument vor dem Abschluss zu erhalten.

(4) Werden im Namen eines Kleinanlegers aufeinander folgende Transaktionen im Zusammenhang mit demselben PRIIP gemäß den Anweisungen, die der Kleinanleger an die Person, die das PRIIP verkauft, vor der ersten Transaktion gegeben hat, durchgeführt, so gilt die Verpflichtung nach Absatz 1, ein Basisinformationsblatt zur Verfügung zu stellen, nur für die erste Transaktion sowie für die erste Transaktion nach einer Überarbeitung des Basisinformationsblatts gemäß Artikel 10.

(5) *[1]* Um die einheitliche Anwendung dieses Artikels zu gewährleisten, arbeiten die Europäischen Aufsichtsbehörden Entwürfe technischer Regulierungsstandards aus, in denen die Bedingungen für die Erfüllung der Verpflichtung zur Bereitstellung des Basisinformationsblatts gemäß Absatz 1 festgelegt werden.

*[2]* Die Europäischen Aufsichtsbehörden legen der Kommission diese Entwürfe technischer Regulierungsstandards bis zum 31. Dezember 2015 vor.

*[3]* Der Kommission wird die Befugnis übertragen, die technischen Regulierungsstandards nach Unterabsatz 1 gemäß den Artikeln 10 bis 14 der Verordnung (EU) Nr. 1093/2010, der Verordnung (EU) Nr. 1094/2010 und der Verordnung (EU) Nr. 1095/2010[1)] zu erlassen.

**Art. 14 [Art der Bereitstellung]** (1) Die Person, die über ein PRIIP berät oder es verkauft, stellt Kleinanlegern das Basisinformationsblatt kostenlos zur Verfügung.

(2) Die Person, die über ein PRIIP berät oder es verkauft, stellt dem Kleinanleger das Basisinformationsblatt über eines der folgenden Medien zur Verfügung:

a) auf Papier – dies sollte die Standardoption sein, wenn das PRIIP persönlich angeboten wird, es sei denn, der Kleinanleger verlangt eine andere Form der Übermittlung;

b) auf einem anderen dauerhaften Datenträger als Papier, sofern die in Absatz 4 festgelegten Bedingungen erfüllt sind, oder

c) über eine Website, sofern die in Absatz 5 festgelegten Bedingungen erfüllt sind.

(3) [1] Wird das Basisinformationsblatt auf einem anderen dauerhaften Datenträger als Papier oder über eine Website zur Verfügung gestellt, wird den Kleinanlegern auf Nachfrage kostenlos ein Papierexemplar ausgehändigt. [2] Die Kleinanleger werden über ihr Recht informiert, die kostenlose Aushändigung eines Papierexemplars zu verlangen.

(4) Das Basisinformationsblatt kann auf einem anderen dauerhaften Datenträger als Papier zur Verfügung gestellt werden, wenn die folgenden Bedingungen erfüllt sind:

a) Die Verwendung des dauerhaften Datenträgers ist den Rahmenbedingungen, unter denen das Geschäft zwischen der Person, die über das PRIIP berät oder dieses verkauft, und dem Kleinanleger getätigt wird, angemessen und

---

[1)] Nr. 3.

b) der Kleinanleger konnte nachweislich wählen, ob er die Informationen auf Papier oder auf dem dauerhaften Datenträger erhalten wollte, und hat sich nachweislich für diesen anderen Datenträger entschieden.

(5) ¹Das Basisinformationsblatt kann über eine Website, die der Definition eines dauerhaften Datenträgers nicht entspricht, zur Verfügung gestellt werden, wenn alle nachstehenden Bedingungen erfüllt sind:

a) Die Bereitstellung des Basisinformationsblatts über eine Website ist den Rahmenbedingungen, unter denen das Geschäft zwischen der Person, die über das PRIIP berät oder dieses verkauft, und dem Kleinanleger getätigt wird, angemessen;

b) der Kleinanleger konnte nachweislich wählen, ob er die Informationen auf Papier oder über eine Website erhalten wollte, und hat sich nachweislich für Letzteres entschieden;

c) dem Kleinanleger sind die Adresse der Website und die Stelle, an der das Basisinformationsblatt auf dieser Website einzusehen ist, auf elektronischem Wege oder schriftlich mitgeteilt worden;

d) das Basisinformationsblatt kann über die Website laufend abgefragt, heruntergeladen und auf einem dauerhaften Datenträger gespeichert werden, und zwar so lange, wie es für den Kleinanleger einsehbar sein muss.

²Wenn das Basisinformationsblatt gemäß Artikel 10 überarbeitet wurde, werden dem Kleinanleger auf Nachfrage auch vorherige Fassungen zur Verfügung gestellt.

(6) ¹Für die Zwecke der Absätze 4 und 5 wird die Bereitstellung von Informationen auf einem anderen dauerhaften Datenträger als Papier oder über eine Website angesichts der Rahmenbedingungen, unter denen das Geschäft zwischen der Person, die über PRIIP berät oder sie verkauft, und dem Kleinanleger getätigt wird, als angemessen betrachtet, wenn der Kleinanleger nachweislich über einen regelmäßigen Zugang zum Internet verfügt. ²Dies gilt als nachgewiesen, wenn der Kleinanleger für dieses Geschäft eine E-Mail-Adresse angegeben hat.

## Kapitel III. Marktüberwachung und Produktinterventionsbefugnisse

**Art. 15 [Überwachungsbehörden]** (1) Gemäß Artikel 9 Absatz 2 der Verordnung (EU) Nr. 1094/2010 überwacht die EIOPA den Markt für Versicherungsanlageprodukte, die in der Union vermarktet, vertrieben oder verkauft werden.

(2) Die zuständigen Behörden überwachen den Markt für Versicherungsanlageprodukte, die in ihrem Mitgliedstaat oder von ihrem Mitgliedstaat aus vermarktet, vertrieben oder verkauft werden.

**Art. 16 [Maßnahmen]** (1) ¹Gemäß Artikel 9 Absatz 5 der Verordnung (EU) Nr. 1094/2010 kann die EIOPA, wenn die Bedingungen nach den Absätzen 2 und 3 dieses Artikels erfüllt sind, in der Union vorübergehend Folgendes verbieten oder beschränken:

a) die Vermarktung, den Vertrieb oder den Verkauf von bestimmten Versicherungsanlageprodukten oder Versicherungsanlageprodukten mit bestimmten Merkmalen oder

b) eine Art der Finanztätigkeit oder -praxis eines Versicherungsunternehmens oder Rückversicherungsunternehmens.

² Ein Verbot oder eine Beschränkung kann in Fällen oder vorbehaltlich von Ausnahmen zur Anwendung kommen, die von der EIOPA festgelegt werden.

(2) ¹ Die EIOPA fasst einen Beschluss gemäß Absatz 1 nur, wenn alle der folgenden Bedingungen erfüllt sind:

a) Mit der vorgeschlagenen Maßnahme wird erheblichen Bedenken hinsichtlich des Anlegerschutzes oder einer Gefahr für das ordnungsgemäße Funktionieren und die Integrität der Finanzmärkte oder für die Stabilität des Finanzsystems in der Union als Ganzes oder von Teilen dieses Finanzsystems begegnet;

b) die Regulierungsanforderungen nach dem Unionsrecht, die auf das jeweilige Versicherungsanlageprodukt oder die entsprechende Tätigkeit anwendbar sind, werden der Gefahr nicht gerecht;

c) eine oder mehrere zuständige Behörden haben keine Maßnahmen ergriffen, um der Bedrohung zu begegnen, oder die ergriffenen Maßnahmen werden der Gefahr nicht ausreichend gerecht.

² Wenn die Voraussetzungen nach Unterabsatz 1 erfüllt sind, kann die EIOPA das Verbot oder die Beschränkung nach Absatz 1 vorsorglich aussprechen, bevor ein Versicherungsanlageprodukt vermarktet oder an Anleger verkauft wird.

(3) ¹ Bei der Ergreifung von Maßnahmen im Sinne dieses Artikels sorgt die EIOPA dafür, dass die Maßnahme

a) keine negative Auswirkung auf die Effizienz der Finanzmärkte oder die Anleger hat, die in keinem Verhältnis zu den Vorteilen der Maßnahme steht, und

b) kein Risiko einer Aufsichtsarbitrage schafft.

² Haben eine oder mehrere zuständige Behörden eine Maßnahme nach Artikel 17 ergriffen, so kann die EIOPA die in Absatz 1 dieses Artikels genannten Maßnahmen ergreifen, ohne die in Artikel 18 vorgesehene Stellungnahme abzugeben.

(4) Bevor die EIOPA beschließt, Maßnahmen im Sinne dieses Artikels zu ergreifen, unterrichtet sie die zuständigen Behörden über ihr vorgeschlagenes Vorgehen.

(5) ¹ Die EIOPA veröffentlicht auf ihrer Website jeden Beschluss, im Sinne dieses Artikels Maßnahmen zu ergreifen. ² In der Mitteilung werden die Einzelheiten des Verbots oder der Beschränkung dargelegt und ein Zeitpunkt nach der Veröffentlichung der Mitteilung angegeben, ab dem die Maßnahmen wirksam werden. ³ Ein Verbot oder eine Beschränkung gelten erst dann, wenn die Maßnahmen wirksam geworden sind.

(6) ¹ Die EIOPA überprüft ein Verbot oder eine Beschränkung gemäß Absatz 1 in geeigneten Zeitabständen, mindestens aber alle drei Monate. ² Wird das Verbot oder die Beschränkung nach Ablauf dieser dreimonatigen Frist nicht

verlängert, so tritt dieses Verbot oder diese Beschränkung automatisch außer Kraft.

(7) Eine gemäß diesem Artikel beschlossene Maßnahme der EIOPA erhält Vorrang vor allen etwaigen früheren Maßnahmen einer zuständigen Behörde.

(8) *[1]* Die Kommission erlässt delegierte Rechtsakte gemäß Artikel 30, in denen die Kriterien und Faktoren festgelegt werden, die von der EIOPA bei der Bestimmung der Tatsache zu berücksichtigen sind, wann erhebliche Bedenken hinsichtlich des Anlegerschutzes gegeben sind oder eine Gefahr für das ordnungsgemäße Funktionieren und die Integrität der Finanzmärkte oder für die Stabilität des Finanzsystems in der Union als Ganzes oder von Teilen dieses Finanzsystems im Sinne von Absatz 2 Unterabsatz 1 Buchstabe a droht.

*[2]* Diese Kriterien und Faktoren schließen unter anderem Folgendes ein:

a) den Grad der Komplexität eines Versicherungsanlageprodukts und den Bezug zu der Art von Anlegern, an die es vermarktet und verkauft wird,

b) das Volumen oder den Nominalwert der Versicherungsanlageprodukte,

c) den Innovationsgrad des Versicherungsanlageprodukts, einer entsprechenden Tätigkeit oder Praxis und

d) den Leverage-Effekt eines Produkts oder einer Praxis.

**Art. 17 [Verbote und Beschränkungen]** (1) Eine zuständige Behörde kann in oder aus ihrem Mitgliedstaat Folgendes verbieten oder beschränken:

a) die Vermarktung, den Vertrieb oder den Verkauf von Versicherungsanlageprodukten oder Versicherungsanlageprodukten mit bestimmten Merkmalen oder

b) eine Form der Finanztätigkeit oder -praxis eines Versicherungsunternehmens oder Rückversicherungsunternehmens.

(2) ¹Eine zuständige Behörde kann die in Absatz 1 genannte Maßnahme ergreifen, wenn sie sich ordnungsgemäß vergewissert hat, dass

a) ein Versicherungsanlageprodukt oder eine entsprechende Tätigkeit oder Praxis erhebliche Bedenken für den Anlegerschutz aufwirft oder eine Gefahr für das ordnungsgemäße Funktionieren und die Integrität der Finanzmärkte oder in mindestens einem Mitgliedstaat die Stabilität des Finanzsystems als Ganzes oder von Teilen dieses Finanzsystems darstellt;

b) bestehende regulatorische Anforderungen nach Unionsrecht, die auf das Versicherungsanlageprodukt, die entsprechende Tätigkeit oder Praxis anwendbar sind, den unter Buchstabe a genannten Risiken nicht hinreichend begegnen und das Problem durch eine stärkere Aufsicht oder Durchsetzung der vorhandenen Anforderungen nicht besser gelöst würde;

c) die Maßnahme verhältnismäßig ist, wenn man die Wesensart der ermittelten Risiken, das Kenntnisniveau der betreffenden Anleger oder Marktteilnehmer und die wahrscheinliche Wirkung der Maßnahme auf Anleger und Marktteilnehmer berücksichtigt, die das Versicherungsanlageprodukt eventuell halten oder es bzw. die entsprechende Tätigkeit oder Praxis nutzen oder davon profitieren;

d) die zuständige Behörde die zuständigen Behörden anderer Mitgliedstaaten, die von der Maßnahme erheblich betroffen sein können, angemessen angehört hat und

e) sich die Maßnahme nicht diskriminierend auf Dienstleistungen oder Tätigkeiten auswirkt, die von einem anderen Mitgliedstaat aus erbracht werden.

²Wenn die Voraussetzungen nach Unterabsatz 1 erfüllt sind, kann die die zuständige Behörde das Verbot oder die Beschränkung nach Absatz 1 vorsorglich aussprechen, bevor ein Versicherungsanlageprodukt vermarktet oder an Anleger verkauft wird. ³Ein Verbot oder eine Beschränkung kann in Fällen oder vorbehaltlich von Ausnahmen gelten, die von der zuständigen Behörde festgelegt werden.

(3) Die zuständige Behörde spricht keine Verbote oder Beschränkungen im Sinne dieses Artikels aus, es sei denn, sie hat spätestens einen Monat, bevor die Maßnahme wirksam werden soll, allen anderen beteiligten zuständigen Behörden und der EIOPA schriftlich oder auf einem anderen, von den Behörden vereinbarten Weg folgende Einzelheiten übermittelt:

a) das Versicherungsanlageprodukt oder die entsprechende Tätigkeit oder Praxis, auf das bzw. die sich die vorgeschlagene Maßnahme bezieht;

b) den genauen Charakter des vorgeschlagenen Verbots oder der vorgeschlagenen Beschränkung sowie den geplanten Zeitpunkt des Inkrafttretens und

c) die Nachweise, auf die sie ihren Beschluss gestützt hat und die als Grundlage für die Feststellung dienen, dass die Bedingungen von Absatz 2 erfüllt sind.

(4) ¹In Ausnahmefällen, in denen die zuständige Behörde dringende Maßnahmen nach diesem Artikel für erforderlich hält, um Schaden, der aufgrund der Versicherungsanlageprodukte, der entsprechenden Tätigkeit oder Praxis nach Absatz 1 entstehen könnte, abzuwenden, kann die zuständige Behörde frühestens 24 Stunden, nachdem sie alle anderen zuständigen Behörden und die EIOPA von dem geplanten Inkrafttreten der Maßnahme benachrichtigt hat, vorläufig tätig werden, sofern alle in diesem Artikel festgelegten Kriterien erfüllt sind und außerdem eindeutig nachgewiesen ist, dass auf die konkreten Bedenken oder die konkrete Gefahr bei einer einmonatigen Notifikationsfrist nicht angemessen reagiert werden kann. ²Die zuständige Behörde darf nicht für mehr als drei Monate vorläufig tätig werden.

(5) ¹Die zuständige Behörde gibt auf ihrer Website jeden Beschluss zur Verhängung eines Verbots oder einer Beschränkung nach Absatz 1 bekannt. ²Diese Mitteilung erläutert die Einzelheiten des Verbots oder der Beschränkung und nennt einen Zeitpunkt nach der Veröffentlichung der Mitteilung, an dem die Maßnahmen wirksam werden, sowie die Nachweise, aufgrund deren die Erfüllung aller Bedingungen nach Absatz 2 belegt ist. ³Das Verbot oder die Beschränkung gelten nur für Maßnahmen, die nach der Veröffentlichung der Mitteilung ergriffen wurden.

(6) Die zuständige Behörde widerruft ein Verbot oder eine Beschränkung, wenn die Bedingungen nach Absatz 2 nicht mehr gelten.

(7) *[1]* Die Kommission erlässt delegierte Rechtsakte gemäß Artikel 30, in denen die Kriterien und Faktoren festgelegt werden, die von den zuständigen Behörden bei der Bestimmung der Tatsache zu berücksichtigen sind, wann erhebliche Bedenken hinsichtlich des Anlegerschutzes gegeben sind oder die ordnungsgemäße Funktionsweise und die Integrität der Finanzmärkte oder in mindestens einem Mitgliedstaat die Stabilität des Finanzsystems im Sinne von Absatz 2 Unterabsatz 1 Buchstabe a gefährdet ist.

*[2]* Diese Kriterien und Faktoren schließen unter anderem Folgendes ein:

a) den Grad der Komplexität eines Versicherungsanlageprodukts und den Bezug zu der Art von Kunden, an die es vermarktet und verkauft wird,
b) den Innovationsgrad eines Versicherungsanlageprodukts, einer entsprechenden Tätigkeit oder Praxis,
c) den Leverage-Effekt eines Produkts oder einer Praxis,
d) in Bezug auf das ordnungsgemäße Funktionieren und die Integrität der Finanzmärkte das Volumen oder den Nominalwert eines Versicherungsanlageprodukts.

**Art. 18 [Verhältnismäßigkeit der Maßnahme]** (1) ¹Bei Maßnahmen der zuständigen Behörden gemäß Artikel 17 spielt die EIOPA die Rolle des Vermittlers und Koordinators. ²Insbesondere stellt die EIOPA sicher, dass eine von einer zuständigen Behörde ergriffene Maßnahme gerechtfertigt und verhältnismäßig ist und dass die zuständigen Behörden gegebenenfalls einen kohärenten Ansatz wählen.

(2) ¹Nach Erhalt der Mitteilung nach Artikel 17 in Bezug auf eine im Sinne dieses Artikels ergreifende Maßnahme gibt die EIOPA eine Stellungnahme ab, in der sie klärt, ob das Verbot oder die Beschränkung gerechtfertigt und verhältnismäßig ist. ²Hält die EIOPA Maßnahmen anderer zuständiger Behörden für notwendig, um die Risiken zu bewältigen, gibt sie dies in ihrer Stellungnahme an. ³Die Stellungnahme wird auf der Website der EIOPA veröffentlicht.

(3) Werden von einer zuständigen Behörde Maßnahmen vorgeschlagen oder ergriffen, die der von der EIOPA nach Absatz 2 abgegebenen Stellungnahme zuwiderlaufen, oder wird das Ergreifen von Maßnahmen entgegen einer solchen Stellungnahme von einer zuständigen Behörde abgelehnt, so veröffentlicht die betreffende zuständige Behörde auf ihrer Website umgehend eine Mitteilung, in der sie die Gründe für ihr Vorgehen vollständig darlegt.

## Kapitel IV. Beschwerden, Rechtsbehelfe, Zusammenarbeit und Aufsicht

**Art. 19 [Beschwerden und Rechtsbehelfe]** Der PRIIP-Hersteller und die Person, die über PRIIP berät oder sie verkauft, sehen geeignete Verfahren und Vorkehrungen vor, durch die gewährleistet wird, dass
a) Kleinanleger auf wirksame Weise Beschwerde gegen einen PRIIP-Hersteller einreichen können;
b) Kleinanleger, die in Bezug auf das Basisinformationsblatt eine Beschwerde eingereicht haben, zeitig und in angemessener Form eine sachdienliche Antwort erhalten und
c) Kleinanlegern wirksame Rechtsbehelfsverfahren auch im Fall von grenzüberschreitenden Streitigkeiten zur Verfügung stehen, insbesondere für den Fall, dass der PRIIP-Hersteller in einem anderen Mitgliedstaat oder in einem Drittland ansässig ist.

**Art. 20 [Zusammenarbeit und Aufsicht]** (1) Für die Zwecke der Anwendung dieser Verordnung arbeiten die zuständigen Behörden untereinander zusammen und übermitteln einander unverzüglich die für die Wahrnehmung ihrer Aufgaben gemäß dieser Verordnung und die Ausübung ihrer Befugnisse relevanten Informationen.

(2) Die zuständigen Behörden werden im Einklang mit dem nationalen Recht mit allen für die Wahrnehmung ihrer Aufgaben gemäß dieser Verordnung erforderlichen Aufsichts- und Ermittlungsbefugnissen ausgestattet.

**Art. 21 [Verarbeitung personenbezogener Daten]** (1) Die Mitgliedstaaten wenden die Richtlinie 95/46/EG auf die Verarbeitung personenbezogener Daten in dem jeweiligen Mitgliedstaat nach Maßgabe dieser Verordnung an.

(2) Für die Verarbeitung personenbezogener Daten durch die Europäischen Aufsichtsbehörden gilt die Verordnung (EG) Nr. 45/2001.

### Kapitel V. Verwaltungsrechtliche Sanktionen und andere Maßnahmen

**Art. 22 [Verwaltungsrechtliche Sanktionen]** (1) *[1]* ¹Unbeschadet der Aufsichtsbefugnisse der zuständigen Behörden und des Rechts der Mitgliedstaaten, strafrechtliche Sanktionen vorzusehen und zu verhängen, legen die Mitgliedstaaten Vorschriften für angemessene verwaltungsrechtliche Sanktionen und Maßnahmen fest, die bei Verstößen gegen diese Verordnung verhängt werden, und ergreifen die erforderlichen Maßnahmen, um deren Durchsetzung zu gewährleisten. ²Diese Sanktionen und Maßnahmen müssen wirksam, verhältnismäßig und abschreckend sein.

*[2]* Die Mitgliedstaaten können beschließen, keine verwaltungsrechtlichen Sanktionen gemäß Unterabsatz 1 für Verstöße vorzusehen, die nach dem nationalen Recht strafrechtlichen Sanktionen unterliegen.

*[3]* ¹Bis zum 31. Dezember 2016 notifizieren die Mitgliedstaaten der Kommission und dem Gemeinsamen Ausschuss die in Unterabsatz 1 genannten Vorschriften. ²Sie teilen der Kommission und dem Gemeinsamen Ausschuss unverzüglich jegliche Änderungen dieser Vorschriften mit.

(2) Bei der Ausübung ihrer Befugnisse nach Artikel 24 arbeiten die zuständigen Behörden eng zusammen, um sicherzustellen, dass die verwaltungsrechtlichen Sanktionen und Maßnahmen zu den mit dieser Verordnung angestrebten Ergebnissen führen, und koordinieren ihre Maßnahmen, um bei grenzüberschreitenden Fällen Doppelarbeit und Überschneidungen bei der Anwendung von verwaltungsrechtlichen Sanktionen und Maßnahmen zu vermeiden.

**Art. 23 [Ausübung der Sanktionsbefugnisse]** Die zuständigen Behörden üben ihre Sanktionsbefugnisse gemäß dieser Verordnung und den nationalen Rechtsvorschriften wie folgt aus:

a) unmittelbar,

b) in Zusammenarbeit mit anderen Behörden,

c) unter eigener Zuständigkeit, durch Übertragung von Aufgaben an solche Behörden,

d) durch Antragstellung bei den zuständigen Justizbehörden.

**Art. 24 [Befugnisse]** (1) Dieser Artikel gilt für Verstöße gegen Artikel 5 Absatz 1, die Artikel 6 und 7, Artikel 8 Absätze 1 bis 3, Artikel 9, Artikel 10 Absatz 1, Artikel 13 Absätze 1, 3 und 4 sowie die Artikel 14 und 19.

(2) ¹Die zuständigen Behörden sind befugt, zumindest die folgenden verwaltungsrechtlichen Sanktionen und Maßnahmen nach Maßgabe des nationalen Rechts zu verhängen:
a) Verfügung des Verbots, ein PRIIP zu vermarkten;
b) Verfügung der Aussetzung der Vermarktung eines PRIIP;
c) eine öffentliche Warnung mit Angaben zu der für den Verstoß verantwortlichen Person und der Art des Verstoßes;
d) Verfügung des Verbots, ein Basisinformationsblatt bereitzustellen, das nicht den Anforderungen der Artikel 6, 7, 8 oder 10 genügt, und der Verpflichtung, eine neue Fassung des Basisinformationsblatts zu veröffentlichen;
e) Geldbußen in mindestens folgender Höhe:
 i) im Falle eines Rechtsträgers:
   – bis zu 5 000 000 EUR oder in Mitgliedstaaten, deren Währung nicht der Euro ist, der entsprechende Wert in Landeswährung am 30. Dezember 2014, oder bis zu 3 % des jährlichen Gesamtumsatzes dieses Rechtsträgers gemäß dem letzten verfügbaren vom Leitungsorgan gebilligten Abschluss; oder
   – bis zur zweifachen Höhe der infolge des Verstoßes erzielten Gewinne oder verhinderten Verluste, sofern diese sich beziffern lassen;
 ii) im Falle einer natürlichen Person:
   – bis zu 700 000 EUR oder in Mitgliedstaaten, deren Währung nicht der Euro ist, der entsprechende Wert in Landeswährung am 30. Dezember 2014, oder
   – bis zur zweifachen Höhe der infolge des Verstoßes erzielten Gewinne oder verhinderten Verluste, sofern diese sich beziffern lassen.

²Wenn es sich bei dem in Unterabsatz 1 Buchstabe e Ziffer i genannten Rechtsträger um ein Mutterunternehmen oder das Tochterunternehmen eines Mutterunternehmens handelt, das einen konsolidierten Abschluss nach der Richtlinie 2013/34/EU des Europäischen Parlaments und des Rates[1)] aufzustellen hat, so ist der relevante Gesamtumsatz der jährliche Gesamtumsatz oder die entsprechende Einkunftsart gemäß dem relevanten Unionsrecht im Bereich Rechnungslegung, der bzw. die im letzten verfügbaren konsolidierten Abschluss ausgewiesen ist, der vom Leitungsorgan des Mutterunternehmens an der Spitze gebilligt wurde.

(3) Mitgliedstaaten können zusätzliche Sanktionen oder Maßnahmen sowie höhere Geldbußen, als in dieser Verordnung festgelegt, vorsehen.

(4) Falls die zuständigen Behörden eine oder mehrere verwaltungsrechtliche Sanktionen oder Maßnahmen gemäß Absatz 2 verhängt haben, sind die zuständigen Behörden befugt, den betroffenen Kleinanleger direkt über die verwaltungsrechtlichen Sanktionen oder Maßnahmen zu informieren und ihm mitzuteilen, wo Beschwerden einzureichen oder Schadensersatzansprüche anzumelden sind, oder von dem PRIIP-Hersteller oder der Person, die über die

---

[1)] **Amtl. Anm.**: Richtlinie 2013/34/EU des Europäischen Parlaments und des Rates vom 26. Juni 2013 über den Jahresabschluss, den konsolidierten Abschluss und damit verbundene Berichte von Unternehmen bestimmter Rechtsformen und zur Änderung der Richtlinie 2006/43/EG des Europäischen Parlaments und des Rates und zur Aufhebung der Richtlinien 78/660/EWG und 83/349/EWG des Rates (ABl. L 182 vom 29.6.2013, S. 19).

PRIIP berät oder sie verkauft, zu verlangen, eine entsprechende Mitteilung und Information an den betroffenen Kleinanleger zu richten.

**Art. 25 [Anwendung]** Bei der Anwendung der in Artikel 24 Absatz 2 genannten verwaltungsrechtlichen Sanktionen und Maßnahmen berücksichtigen die zuständigen Behörden alle relevanten Umstände, darunter, soweit angemessen,

a) die Schwere und Dauer des Verstoßes;
b) das Maß an Verantwortung der für den Verstoß verantwortlichen Person;
c) die Auswirkungen des Verstoßes auf die Interessen der Kleinanleger;
d) die Kooperationsbereitschaft der für den Verstoß verantwortlichen Person;
e) frühere Verstöße der für den Verstoß verantwortlichen Person;
f) von der für den Verstoß verantwortlichen Person nach dem Verstoß zur Verhinderung erneuter Verstöße gefasste Maßnahmen.

**Art. 26 [Rechtsmittel]** Gegen Entscheidungen über die Verhängung von Sanktionen und das Ergreifen von Maßnahmen nach dieser Verordnung können Rechtsmittel eingelegt werden.

**Art. 27 [Öffentliche Bekanntgabe]** (1) Hat die zuständige Behörde verwaltungsrechtliche Sanktionen oder Maßnahmen öffentlich bekannt gegeben, so meldet sie diese verwaltungsrechtlichen Sanktionen oder Maßnahmen gleichzeitig der zuständigen Europäischen Aufsichtsbehörde.

(2) Die zuständige Behörde übermittelt der zuständigen Europäischen Aufsichtsbehörde einmal pro Jahr eine Zusammenfassung von Informationen über alle gemäß Artikel 22 und Artikel 24 Absatz 2 verhängten verwaltungsrechtlichen Sanktionen oder Maßnahmen.

(3) Die Europäischen Aufsichtsbehörden veröffentlichen die in diesem Artikel genannten Informationen in ihrem jeweiligen Jahresbericht.

**Art. 28 [Schaffung wirksamer Mechanismen]** (1) Die zuständigen Behörden schaffen wirksame Mechanismen, um die Meldung von tatsächlichen oder potenziellen Verstößen gegen diese Verordnung bei ihnen zu ermöglichen.

(2) Die Mechanismen nach Absatz 1 umfassen zumindest Folgendes:

a) spezielle Verfahren für den Empfang der Meldung von tatsächlichen oder möglichen Verstößen und deren Weiterverfolgung;
b) einen angemessenen Schutz für Mitarbeiter, die Verstöße innerhalb ihres Arbeitgebers melden, zumindest vor Vergeltungsmaßnahmen, Diskriminierung und anderen Arten von unfairer Behandlung;
c) den Schutz der Identität sowohl der Person, die die Verstöße anzeigt, als auch der natürlichen Person, die mutmaßlich für einen Verstoß verantwortlich ist, in allen Verfahrensstufen, es sei denn, die Offenlegung der Identität ist nach nationalem Recht vor dem Hintergrund weiterer Ermittlungen oder anschließender Gerichtsverfahren vorgeschrieben.

(3) Die Mitgliedstaaten können vorsehen, dass die zuständigen Behörden nach nationalem Recht zusätzliche Mechanismen schaffen.

(4) Die Mitgliedstaaten können von Arbeitgebern, die Tätigkeiten ausüben, welche im Hinblick auf Finanzdienstleistungen reguliert sind, verlangen, dass

sie geeignete Verfahren einrichten, damit ihre Mitarbeiter tatsächliche oder mögliche Verstöße intern über einen spezifischen, unabhängigen und autonomen Kanal melden können.

**Art. 29 [Bekanntmachung]** (1) *[1]* Unanfechtbare Entscheidungen, mit denen eine verwaltungsrechtliche Sanktion oder Maßnahme für die in Artikel 24 Absatz 1 genannten Verstöße verhängt wird, werden von den zuständigen Behörden unverzüglich nach Unterrichtung der Person, gegen die die Sanktion oder Maßnahme verhängt wurde, über diese Entscheidung auf ihrer offiziellen Website bekannt gemacht.

*[2]* ¹Die Bekanntmachung enthält zumindest Angaben:

a) zu Art und Charakter des Verstoßes,

b) zu den verantwortlichen Personen.

²Diese Verpflichtung gilt nicht für Entscheidungen, mit denen Maßnahmen mit Ermittlungscharakter verfügt werden.

*[3]* Ist die zuständige Behörde nach einer einzelfallbezogenen Bewertung zu der Ansicht gelangt, dass die Bekanntmachung der Identität der Rechtsträger oder der Identität oder der personenbezogenen Daten der natürlichen Personen unverhältnismäßig wäre, oder würde eine solche Bekanntmachung die Stabilität der Finanzmärkte oder laufende Ermittlungen gefährden, so verfahren die zuständigen Behörden wie folgt:

a) sie machen die Entscheidung, mit der eine Sanktion oder eine Maßnahme verhängt wird, erst dann bekannt, wenn die Gründe für ihre Nichtbekanntmachung weggefallen sind, oder

b) sie machen die Entscheidung, mit der eine Sanktion oder eine Maßnahme verhängt wird, im Einklang mit dem nationalen Recht auf anonymer Basis bekannt, wenn diese anonyme Bekanntmachung einen wirksamen Schutz der betreffenden personenbezogenen Daten gewährleistet, oder

c) sie sehen davon ab, die Entscheidung, mit der die Sanktion bzw. Maßnahme verhängt wird, bekannt zu machen, wenn die Möglichkeiten nach den Buchstaben a und b ihrer Ansicht nach nicht ausreichen, um zu gewährleisten, dass

i) die Stabilität der Finanzmärkte nicht gefährdet wird,

ii) bei Maßnahmen, die als geringfügig angesehen werden, bei einer Bekanntmachung solcher Entscheidungen die Verhältnismäßigkeit gewahrt ist.

(2) *[1]* Die zuständigen Behörden teilen den Europäischen Aufsichtsbehörden alle verwaltungsrechtlichen Sanktionen mit, die zwar verhängt, im Einklang mit Absatz 1 Unterabsatz 3 Buchstabe c jedoch nicht bekannt gemacht wurden, sowie alle Rechtsmittel im Zusammenhang mit diesen Sanktionen und die Ergebnisse der Rechtsmittelverfahren.

*[2]* Wird entschieden, eine Sanktion oder eine Maßnahme in anonymisierter Form bekannt zu machen, so kann die Bekanntmachung der einschlägigen Angaben um einen angemessenen Zeitraum aufgeschoben werden, wenn vorherzusehen ist, dass die Gründe für eine anonymisierte Bekanntmachung im Laufe dieses Zeitraums wegfallen werden.

(3) ¹Sofern das nationale Recht die Veröffentlichung einer Entscheidung, eine Sanktion oder eine Maßnahme zu verhängen, vorschreibt und gegen diese

Entscheidung bei den einschlägigen Justiz- oder sonstigen Behörden Rechtsmittel eingelegt werden, so machen die zuständigen Behörden diesen Sachverhalt und alle weiteren Informationen über das Ergebnis des Rechtsmittelverfahrens unverzüglich auf ihrer offiziellen Website bekannt. ²Ferner wird jede Entscheidung, mit der eine frühere bekannt gemachte Entscheidung über die Verhängung einer Sanktion oder einer Maßnahme für ungültig erklärt wird, ebenfalls bekannt gemacht.

(4) ¹Die zuständigen Behörden stellen sicher, dass jede Bekanntmachung nach diesem Artikel vom Zeitpunkt ihrer Veröffentlichung an mindestens fünf Jahre lang auf ihrer offiziellen Website zugänglich bleibt. ²Enthält die Bekanntmachung personenbezogene Daten, so bleiben diese nur so lange auf der offiziellen Website der zuständigen Behörde einsehbar, wie dies nach den geltenden Datenschutzbestimmungen erforderlich ist.

## Kapitel VI. Schlussbestimmungen

**Art. 30 [Befugnisübertragung]** (1) Die Befugnis zum Erlass delegierter Rechtsakte wird der Kommission unter den in diesem Artikel festgelegten Bedingungen übertragen.

(2) ¹Die Befugnis zum Erlass delegierter Rechtsakte gemäß Artikel 8 Absatz 4, Artikel 16 Absatz 8 und Artikel 17 Absatz 7 wird der Kommission für einen Zeitraum von drei Jahren ab dem 30. Dezember 2014 übertragen. ²Die Kommission erstellt spätestens neun Monate vor Ablauf des Zeitraums von drei Jahren einen Bericht über die Befugnisübertragung. ³Die Befugnisübertragung verlängert sich stillschweigend um Zeiträume gleicher Länge, es sei denn, das Europäische Parlament oder der Rat widersprechen einer solchen Verlängerung spätestens drei Monate vor Ablauf des jeweiligen Zeitraums.

(3) ¹Die Befugnisübertragung gemäß Artikel 8 Absatz 4, Artikel 16 Absatz 8 und Artikel 17 Absatz 7 kann vom Europäischen Parlament oder vom Rat jederzeit widerrufen werden. ²Der Beschluss über den Widerruf beendet die Übertragung der in diesem Beschluss angegebenen Befugnis. ³Er wird am Tag nach seiner Veröffentlichung im Amtsblatt der Europäischen Union oder zu einem im Beschluss über den Widerruf angegebenen späteren Zeitpunkt wirksam. ⁴Die Gültigkeit von delegierten Rechtsakten, die bereits in Kraft sind, wird von dem Beschluss über den Widerruf nicht berührt.

(4) Sobald die Kommission einen delegierten Rechtsakt erlässt, übermittelt sie ihn gleichzeitig dem Europäischen Parlament und dem Rat.

(5) ¹Ein delegierter Rechtsakt, der gemäß Artikel 8 Absatz 4, Artikel 16 Absatz 8 oder Artikel 17 Absatz 7 erlassen wurde, tritt nur in Kraft, wenn weder das Europäische Parlament noch der Rat innerhalb einer Frist von drei Monaten nach Übermittlung dieses Rechtsakts an das Europäische Parlament und den Rat Einwände erhoben haben oder wenn vor Ablauf dieser Frist das Europäische Parlament und der Rat beide der Kommission mitgeteilt haben, dass sie keine Einwände erheben werden. ²Auf Initiative des Europäischen Parlaments oder des Rates wird die Frist um drei Monate verlängert.

**Art. 31 [Erlass technischer Regulierungsstandards]** ¹Erlässt die Kommission gemäß Artikel 8 Absatz 5, Artikel 10 Absatz 2 oder Artikel 13 Absatz 5 technische Regulierungsstandards, die mit den von den Europäischen Aufsichtsbehörden übermittelten Entwürfen von technischen Regulierungsstan-

VO (EU) 1286/2014　　　　　　　　Art. 32, 33　PRIIP-VO　9

dards identisch sind, so beträgt der Zeitraum, innerhalb dessen das Europäische Parlament und der Rat Einwände gegen diese technischen Regulierungsstandards erheben können, abweichend von Artikel 13 Absatz 1 Unterabsatz 2 der Verordnungen (EU) Nr. 1093/2010, (EU) Nr. 1094/2010 und (EU) Nr. 1095/2010[1]) zur Berücksichtigung der Komplexität und des Umfangs der abgedeckten Themen zwei Monate ab Datum der Übermittlung. ²Auf Initiative des Europäischen Parlaments oder des Rates kann dieser Zeitraum um einen Monat verlängert werden.

**Art. 32 [Übergangsrichtlinie]** (1) Die in Artikel 2 Absatz 1 Buchstabe b der Richtlinie 2009/65/EG definierten Verwaltungsgesellschaften und die in Artikel 27 jener Richtlinie genannten Investmentgesellschaften sowie Personen, die über die in Artikel 1 Absatz 2 jener Richtlinie genannten OGAW-Anteile beraten oder diese verkaufen, sind bis zum 31. Dezember 2021 von den Verpflichtungen gemäß dieser Verordnung ausgenommen.

(2) Wenn ein Mitgliedstaat Vorschriften bezüglich des Formats und des Inhalts des Basisinformationsblatts gemäß den Artikeln 78 bis 81 der Richtlinie 2009/65/EG auf Fonds anwendet, die keine OGAW-Fonds sind und die Kleinanlegern angeboten werden, so gilt die Ausnahme nach Absatz 1 dieses Artikels für Verwaltungsgesellschaften, Investmentgesellschaften und Personen, die Kleinanleger über Anteile dieser Fonds beraten oder diese an Kleinanleger verkaufen.

**Art. 33 [Überprüfung durch die Kommission]** (1) *[1]* ¹Die Kommission überprüft diese Verordnung spätestens bis zum 31. Dezember 2019. ²Die Überprüfung wird – auf der Grundlage der von den Europäischen Aufsichtsbehörden erhaltenen Informationen – einen allgemeinen Überblick über das Funktionieren des Warnhinweises beinhalten, wobei sämtliche von den zuständigen Behörden diesbezüglich ausgearbeitete Leitlinien berücksichtigt werden. ³Die Überprüfung wird ferner einen Überblick über die praktische Anwendung der Bestimmungen dieser Verordnung unter Berücksichtigung der Entwicklungen auf dem Markt für Kleinanlegerprodukte und die Durchführbarkeit, die Kosten und die möglichen Vorteile der Einführung eines Gütezeichens für soziale und ökologische Anlagen beinhalten. ⁴Im Rahmen ihrer Überprüfung führt die Kommission Verbrauchertests und eine Prüfung der nichtgesetzgeberischen Möglichkeiten sowie der Ergebnisse der Überprüfung der Verordnung (EU) Nr. 346/2013 hinsichtlich deren Artikel 27 Absatz 1 Buchstaben c, e und g durch.

*[2]* ¹In Bezug auf OGAW im Sinne des Artikels 1 Absatz 2 der Richtlinie 2009/65/EG wird bei der Überprüfung geprüft, ob die Übergangsregelungen des Artikels 32 verlängert werden sollten oder ob nach Feststellung eventuell erforderlicher Anpassungen die Vorschriften über die wesentlichen Informationen für den Anleger in der Richtlinie 2009/65/EG durch das Basisinformationsblatt dieser Verordnung ersetzt oder als gleichwertig betrachtet werden könnten. ²Bei der Überprüfung wird auch eine mögliche Ausweitung des Anwendungsbereichs dieser Verordnung auf sonstige Finanzprodukte in Betracht gezogen, und beurteilt, ob die Ausnahme von Produkten aus dem Anwendungsbereich dieser Verordnung im Hinblick auf solide Normen für

---

[1]) Nr. 3.

den Verbraucherschutz und den Vergleich von Finanzprodukten beibehalten werden sollte. ³Bei der Überprüfung wird zudem beurteilt, ob gemeinsame Vorschriften dahingehend, dass alle Mitgliedstaaten bei Verstößen gegen diese Verordnung verwaltungsrechtliche Sanktionen vorsehen müssen, eingeführt werden sollten.

(2) *[1]* Die Kommission beurteilt bis zum 31. Dezember 2019 auf der Grundlage der Arbeit der EIOPA zum Thema Anforderungen an die Offenlegung von Produktinformationen, ob sie einen neuen Rechtsakt zur Gewährleistung angemessener Anforderungen an die Offenlegung von Produktinformationen vorschlägt oder ob sie Altersvorsorgeprodukte nach Artikel 2 Absatz 2 Buchstabe e in den Anwendungsbereich dieser Verordnung aufnimmt.

*[2]* Bei dieser Beurteilung trägt die Kommission dafür Sorge, dass mit diesen Maßnahmen das Niveau der Offenlegungsstandards in Mitgliedstaaten, die bereits Offenlegungsvorschriften für derartige Altersvorsorgeprodukte haben, nicht verringert wird.

(3) Die Kommission unterbreitet dem Europäischen Parlament und dem Rat nach Anhörung des Gemeinsamen Ausschusses einen Bericht bezüglich der Absätze 1 und 2 sowie gegebenenfalls einen Gesetzgebungsvorschlag.

(4) *[1]* ¹Die Kommission führt bis zum 31. Dezember 2019 eine Marktstudie durch, um festzustellen, ob Online-Recheninstrumente verfügbar sind, die es dem Kleinanleger gestatten, die Gesamtkosten und -gebühren der PRIIP zu berechnen, und ob sie kostenlos zur Verfügung gestellt werden. ²Die Kommission erstattet darüber Bericht, ob diese Instrumente zuverlässige und präzise Berechnungen für alle Produkte, die in den Anwendungsbereich dieser Verordnung fallen, liefern.

*[2]* Falls das Fazit dieser Studie lautet, dass solche Instrumente nicht vorhanden sind oder dass die vorhandenen Instrumente es den Kleinanlegern nicht gestatten, die Gesamtkosten und -gebühren der PRIIP zu berechnen, bewertet die Kommission die Durchführbarkeit der Ausarbeitung durch die Europäischen Aufsichtsbehörden – im Wege des Gemeinsamen Ausschusses – von Entwürfen technischer Regulierungsstandards aus, in denen die für solche Instrumente auf Unionsebene geltenden Spezifikationen festgelegt werden.

**Art. 34 [Inkrafttreten]** *[1]* Diese Verordnung tritt am zwanzigsten Tag nach ihrer Veröffentlichung[1] im *Amtsblatt der Europäischen Union* in Kraft.

*[2]* Sie gilt ab dem 1. Januar 2018.

---

[1] Veröffentlicht am 9. 12. 2014.

# 10. Gesetz über Schuldverschreibungen aus Gesamtemissionen (Schuldverschreibungsgesetz – SchVG)[1)]

Vom 31. Juli 2009
(BGBl. I S. 2512)

FNA 4134-4

zuletzt geänd. durch Art. 18 Sanierungs- und InsolvenzrechtsfortentwicklungsG v. 22.12.2020 (BGBl. I S. 3256)

**Inhaltsübersicht**

**Abschnitt 1. Allgemeine Vorschriften**

| | |
|---|---|
| § 1 | Anwendungsbereich |
| § 2 | Anleihebedingungen |
| § 3 | Transparenz des Leistungsversprechens |
| § 4 | Kollektive Bindung |

**Abschnitt 2. Beschlüsse der Gläubiger**

| | |
|---|---|
| § 5 | Mehrheitsbeschlüsse der Gläubiger |
| § 6 | Stimmrecht |
| § 7 | Gemeinsamer Vertreter der Gläubiger |
| § 8 | Bestellung des gemeinsamen Vertreters in den Anleihebedingungen |
| § 9 | Einberufung der Gläubigerversammlung |
| § 10 | Frist, Anmeldung, Nachweis |
| § 11 | Ort der Gläubigerversammlung |
| § 12 | Inhalt der Einberufung, Bekanntmachung |
| § 13 | Tagesordnung |
| § 14 | Vertretung |
| § 15 | Vorsitz, Beschlussfähigkeit |
| § 16 | Auskunftspflicht, Abstimmung, Niederschrift |
| § 17 | Bekanntmachung von Beschlüssen |
| § 18 | Abstimmung ohne Versammlung |
| § 19 | *Insolvenzverfahren und Restrukturierungssachen* |
| § 20 | Anfechtung von Beschlüssen |
| § 21 | Vollziehung von Beschlüssen |
| § 22 | Geltung für Mitverpflichtete |

**Abschnitt 3. Bußgeldvorschriften; Übergangsbestimmungen**

| | |
|---|---|
| § 23 | Bußgeldvorschriften |
| § 24 | Übergangsbestimmungen |

## Abschnitt 1. Allgemeine Vorschriften

**§ 1 Anwendungsbereich.** (1) Dieses Gesetz gilt für nach deutschem Recht begebene inhaltsgleiche Schuldverschreibungen aus Gesamtemissionen (Schuldverschreibungen).

(2) ¹Dieses Gesetz gilt nicht für die gedeckten Schuldverschreibungen im Sinne des Pfandbriefgesetzes sowie nicht für Schuldverschreibungen, deren Schuldner der Bund, ein Sondervermögen des Bundes, ein Land oder eine Gemeinde ist oder für die der Bund, ein Sondervermögen des Bundes, ein Land oder eine Gemeinde haftet. ²Für nach deutschem Recht begebene

---

[1)] Verkündet als Art. 1 des G v. 31.7.2009 (BGBl. I S. 2512); Inkrafttreten gem. Art. 8 dieses G am 5.8.2009.

Schuldverschreibungen, deren Schuldner ein anderer Mitgliedstaat des Euro-Währungsgebiets ist, gelten die besonderen Vorschriften der §§ 4a bis 4i und 4k des Bundesschuldenwesengesetzes entsprechend.

**§ 2 Anleihebedingungen.** ¹Die Bedingungen zur Beschreibung der Leistung sowie der Rechte und Pflichten des Schuldners und der Gläubiger (Anleihebedingungen) müssen sich vorbehaltlich von Satz 2 aus der Urkunde ergeben. ²Ist die Urkunde nicht zum Umlauf bestimmt, kann in ihr auch auf außerhalb der Urkunde niedergelegte Anleihebedingungen Bezug genommen werden. ³Änderungen des Inhalts der Urkunde oder der Anleihebedingungen nach Abschnitt 2 dieses Gesetzes werden erst wirksam, wenn sie in der Urkunde oder in den Anleihebedingungen vollzogen worden sind.

**§ 3 Transparenz des Leistungsversprechens.** Nach den Anleihebedingungen muss die vom Schuldner versprochene Leistung durch einen Anleger, der hinsichtlich der jeweiligen Art von Schuldverschreibungen sachkundig ist, ermittelt werden können.

**§ 4 Kollektive Bindung.** ¹Bestimmungen in Anleihebedingungen können während der Laufzeit der Anleihe durch Rechtsgeschäft nur durch gleichlautenden Vertrag mit sämtlichen Gläubigern oder nach Abschnitt 2 dieses Gesetzes geändert werden (kollektive Bindung). ²Der Schuldner muss die Gläubiger insoweit gleich behandeln.

### Abschnitt 2. Beschlüsse der Gläubiger

**§ 5 Mehrheitsbeschlüsse der Gläubiger.** (1) ¹Die Anleihebedingungen können vorsehen, dass die Gläubiger derselben Anleihe nach Maßgabe dieses Abschnitts durch Mehrheitsbeschluss Änderungen der Anleihebedingungen zustimmen und zur Wahrnehmung ihrer Rechte einen gemeinsamen Vertreter für alle Gläubiger bestellen können. ²Die Anleihebedingungen können dabei von den §§ 5 bis 21 zu Lasten der Gläubiger nur abweichen, soweit es in diesem Gesetz ausdrücklich vorgesehen ist. ³Eine Verpflichtung zur Leistung kann für die Gläubiger durch Mehrheitsbeschluss nicht begründet werden.

(2) ¹Die Mehrheitsbeschlüsse der Gläubiger sind für alle Gläubiger derselben Anleihe gleichermaßen verbindlich. ²Ein Mehrheitsbeschluss der Gläubiger, der nicht gleiche Bedingungen für alle Gläubiger vorsieht, ist unwirksam, es sei denn, die benachteiligten Gläubiger stimmen ihrer Benachteiligung ausdrücklich zu.

(3) ¹Die Gläubiger können durch Mehrheitsbeschluss insbesondere folgenden Maßnahmen zustimmen:
1. der Veränderung der Fälligkeit, der Verringerung oder dem Ausschluss der Zinsen;
2. der Veränderung der Fälligkeit der Hauptforderung;
3. der Verringerung der Hauptforderung;
4. dem Nachrang der Forderungen aus den Schuldverschreibungen im Insolvenzverfahren des Schuldners;
5. der Umwandlung oder dem Umtausch der Schuldverschreibungen in Gesellschaftsanteile, andere Wertpapiere oder andere Leistungsversprechen;
6. dem Austausch und der Freigabe von Sicherheiten;

7. der Änderung der Währung der Schuldverschreibungen;
8. dem Verzicht auf das Kündigungsrecht der Gläubiger oder dessen Beschränkung;
9. der Schuldnerersetzung;
10. der Änderung oder Aufhebung von Nebenbestimmungen der Schuldverschreibungen.

²Die Anleihebedingungen können die Möglichkeit von Gläubigerbeschlüssen auf einzeln benannte Maßnahmen beschränken oder einzeln benannte Maßnahmen von dieser Möglichkeit ausnehmen.

(4) ¹Die Gläubiger entscheiden mit der einfachen Mehrheit der an der Abstimmung teilnehmenden Stimmrechte. ²Beschlüsse, durch welche der wesentliche Inhalt der Anleihebedingungen geändert wird, insbesondere in den Fällen des Absatzes 3 Nummer 1 bis 9, bedürfen zu ihrer Wirksamkeit einer Mehrheit von mindestens 75 Prozent der teilnehmenden Stimmrechte (qualifizierte Mehrheit). ³Die Anleihebedingungen können für einzelne oder alle Maßnahmen eine höhere Mehrheit vorschreiben.

(5) ¹Ist in Anleihebedingungen bestimmt, dass die Kündigung von ausstehenden Schuldverschreibungen nur von mehreren Gläubigern und einheitlich erklärt werden kann, darf der für die Kündigung erforderliche Mindestanteil der ausstehenden Schuldverschreibungen nicht mehr als 25 Prozent betragen. ²Die Wirkung einer solchen Kündigung entfällt, wenn die Gläubiger dies binnen drei Monaten mit Mehrheit beschließen. ³Für den Beschluss über die Unwirksamkeit der Kündigung genügt die einfache Mehrheit der Stimmrechte, es müssen aber in jedem Fall mehr Gläubiger zustimmen als gekündigt haben.

(6) ¹Die Gläubiger beschließen entweder in einer Gläubigerversammlung oder im Wege einer Abstimmung ohne Versammlung. ²Die Anleihebedingungen können ausschließlich eine der beiden Möglichkeiten vorsehen.

**§ 6 Stimmrecht.** (1) ¹An Abstimmungen der Gläubiger nimmt jeder Gläubiger nach Maßgabe des Nennwerts oder des rechnerischen Anteils seiner Berechtigung an den ausstehenden Schuldverschreibungen teil. ²Das Stimmrecht ruht, solange die Anteile dem Schuldner oder einem mit ihm verbundenen Unternehmen (§ 271 Absatz 2 des Handelsgesetzbuchs) zustehen oder für Rechnung des Schuldners oder eines mit ihm verbundenen Unternehmens gehalten werden. ³Der Schuldner darf Schuldverschreibungen, deren Stimmrechte ruhen, einem anderen nicht zu dem Zweck überlassen, die Stimmrechte an seiner Stelle auszuüben; dies gilt auch für ein mit dem Schuldner verbundenes Unternehmen. ⁴Niemand darf das Stimmrecht zu dem in Satz 3 erster Halbsatz bezeichneten Zweck ausüben.

(2) Niemand darf dafür, dass eine stimmberechtigte Person bei einer Gläubigerversammlung nicht oder in einem bestimmten Sinne stimme, Vorteile als Gegenleistung anbieten, versprechen oder gewähren.

(3) Wer stimmberechtigt ist, darf dafür, dass er bei einer Gläubigerversammlung oder einer Abstimmung nicht oder in einem bestimmten Sinne stimme, keinen Vorteil und keine Gegenleistung fordern, sich versprechen lassen oder annehmen.

**§ 7 Gemeinsamer Vertreter der Gläubiger.** (1) ¹Zum gemeinsamen Vertreter für alle Gläubiger kann jede geschäftsfähige Person oder eine sachkundige juristische Person bestellt werden. ²Eine Person, welche

1. Mitglied des Vorstands, des Aufsichtsrats, des Verwaltungsrats oder eines ähnlichen Organs, Angestellter oder sonstiger Mitarbeiter des Schuldners oder eines mit diesem verbundenen Unternehmens ist,
2. am Stamm- oder Grundkapital des Schuldners oder eines mit diesem verbundenen Unternehmens mit mindestens 20 Prozent beteiligt ist,
3. Finanzgläubiger des Schuldners oder eines mit diesem verbundenen Unternehmens mit einer Forderung in Höhe von mindestens 20 Prozent der ausstehenden Anleihe oder Organmitglied, Angestellter oder sonstiger Mitarbeiter dieses Finanzgläubigers ist oder
4. auf Grund einer besonderen persönlichen Beziehung zu den in den Nummern 1 bis 3 aufgeführten Personen unter deren bestimmendem Einfluss steht,

muss den Gläubigern vor ihrer Bestellung zum gemeinsamen Vertreter die maßgeblichen Umstände offenlegen. ³Der gemeinsame Vertreter hat die Gläubiger unverzüglich in geeigneter Form darüber zu unterrichten, wenn in seiner Person solche Umstände nach der Bestellung eintreten.

(2) ¹Der gemeinsame Vertreter hat die Aufgaben und Befugnisse, welche ihm durch Gesetz oder von den Gläubigern durch Mehrheitsbeschluss eingeräumt wurden. ²Er hat die Weisungen der Gläubiger zu befolgen. ³Soweit er zur Geltendmachung von Rechten der Gläubiger ermächtigt ist, sind die einzelnen Gläubiger zur selbständigen Geltendmachung dieser Rechte nicht befugt, es sei denn, der Mehrheitsbeschluss sieht dies ausdrücklich vor. ⁴Über seine Tätigkeit hat der gemeinsame Vertreter den Gläubigern zu berichten.

(3) ¹Der gemeinsame Vertreter haftet den Gläubigern als Gesamtgläubigern für die ordnungsgemäße Erfüllung seiner Aufgaben; bei seiner Tätigkeit hat er die Sorgfalt eines ordentlichen und gewissenhaften Geschäftsleiters anzuwenden. ²Die Haftung des gemeinsamen Vertreters kann durch Beschluss der Gläubiger beschränkt werden. ³Über die Geltendmachung von Ersatzansprüchen der Gläubiger gegen den gemeinsamen Vertreter entscheiden die Gläubiger.

(4) Der gemeinsame Vertreter kann von den Gläubigern jederzeit ohne Angabe von Gründen abberufen werden.

(5) Der gemeinsame Vertreter der Gläubiger kann vom Schuldner verlangen, alle Auskünfte zu erteilen, die zur Erfüllung der ihm übertragenen Aufgaben erforderlich sind.

(6) Die durch die Bestellung eines gemeinsamen Vertreters der Gläubiger entstehenden Kosten und Aufwendungen, einschließlich einer angemessenen Vergütung des gemeinsamen Vertreters, trägt der Schuldner.

**§ 8 Bestellung des gemeinsamen Vertreters in den Anleihebedingungen.** (1) ¹Ein gemeinsamer Vertreter der Gläubiger kann bereits in den Anleihebedingungen bestellt werden. ²Mitglieder des Vorstands, des Aufsichtsrats, des Verwaltungsrats oder eines ähnlichen Organs, Angestellte oder sonstige Mitarbeiter des Schuldners oder eines mit ihm verbundenen Unternehmens dürfen nicht bereits in den Anleihebedingungen als gemeinsamer Vertreter der Gläubiger bestellt werden. ³Ihre Bestellung ist nichtig. ⁴Dies gilt auch, wenn die in Satz 1 genannten Umstände nachträglich eintreten. ⁵ Aus den in § 7 Absatz 1 Satz 2 Nummer 2 bis 4 genannten Personengruppen kann ein gemeinsamer Vertreter der Gläubiger bestellt werden, sofern in den Emissionsbedingungen die maßgeblichen Umstände offengelegt werden. ⁶ Wenn solche Umstände nachträglich eintreten, gilt § 7 Absatz 1 Satz 3 entsprechend.

(2) ¹ Mit der Bestellung ist der Umfang der Befugnisse des gemeinsamen Vertreters zu bestimmen. ² Zu einem Verzicht auf Rechte der Gläubiger, insbesondere zu den in § 5 Absatz 3 Satz 1 Nummer 1 bis 9 genannten Entscheidungen, kann der Vertreter nur auf Grund eines Beschlusses der Gläubigerversammlung ermächtigt werden. ³ In diesen Fällen kann die Ermächtigung nur im Einzelfall erteilt werden.

(3) In den Anleihebedingungen kann die Haftung des gemeinsamen Vertreters auf das Zehnfache seiner jährlichen Vergütung begrenzt werden, es sei denn, dem gemeinsamen Vertreter fällt Vorsatz oder grobe Fahrlässigkeit zur Last.

(4) Für den in den Anleihebedingungen bestellten gemeinsamen Vertreter gilt § 7 Absatz 2 bis 6 entsprechend.

**§ 9 Einberufung der Gläubigerversammlung.** (1) ¹ Die Gläubigerversammlung wird vom Schuldner oder von dem gemeinsamen Vertreter der Gläubiger einberufen. ² Sie ist einzuberufen, wenn Gläubiger, deren Schuldverschreibungen zusammen 5 Prozent der ausstehenden Schuldverschreibungen erreichen, dies schriftlich mit der Begründung verlangen, sie wollten einen gemeinsamen Vertreter bestellen oder abberufen, sie wollten nach § 5 Absatz 5 Satz 2 über das Entfallen der Wirkung der Kündigung beschließen oder sie hätten ein sonstiges besonderes Interesse an der Einberufung. ³ Die Anleihebedingungen können vorsehen, dass die Gläubiger auch aus anderen Gründen die Einberufung verlangen können.

(2) ¹ Gläubiger, deren berechtigtem Verlangen nicht entsprochen worden ist, können bei Gericht beantragen, sie zu ermächtigen, die Gläubigerversammlung einzuberufen. ² Das Gericht kann zugleich den Vorsitzenden der Versammlung bestimmen. ³ Auf die Ermächtigung muss in der Bekanntmachung der Einberufung hingewiesen werden.

(3) ¹ Zuständig ist das Gericht, in dessen Bezirk der Schuldner seinen Sitz hat oder mangels eines Sitzes im Inland das Amtsgericht Frankfurt am Main. ² Gegen die Entscheidung des Gerichts ist die Beschwerde statthaft.

(4) Der Schuldner trägt die Kosten der Gläubigerversammlung und, wenn das Gericht dem Antrag nach Absatz 2 stattgegeben hat, auch die Kosten dieses Verfahrens.

**§ 10 Frist, Anmeldung, Nachweis.** (1) Die Gläubigerversammlung ist mindestens 14 Tage vor dem Tag der Versammlung einzuberufen.

(2) ¹ Sehen die Anleihebedingungen vor, dass die Teilnahme an der Gläubigerversammlung oder die Ausübung der Stimmrechte davon abhängig ist, dass sich die Gläubiger vor der Versammlung anmelden, so tritt für die Berechnung der Einberufungsfrist an die Stelle des Tages der Versammlung der Tag, bis zu dessen Ablauf sich die Gläubiger vor der Versammlung anmelden müssen. ² Die Anmeldung muss unter der in der Bekanntmachung der Einberufung mitgeteilten Adresse spätestens am dritten Tag vor der Gläubigerversammlung zugehen.

(3) ¹Die Anleihebedingungen können vorsehen, wie die Berechtigung zur Teilnahme an der Gläubigerversammlung nachzuweisen ist. ²Sofern die Anleihebedingungen nichts anderes bestimmen, reicht bei Schuldverschreibungen, die in einer Sammelurkunde verbrieft sind, ein in Textform erstellter besonderer Nachweis des depotführenden Instituts aus.

**§ 11 Ort der Gläubigerversammlung.** ¹Die Gläubigerversammlung soll bei einem Schuldner mit Sitz im Inland am Sitz des Schuldners stattfinden. ²Sind die Schuldverschreibungen an einer Wertpapierbörse im Sinne des § 1 Absatz 3e des Kreditwesengesetzes zum Handel zugelassen, deren Sitz innerhalb der Mitgliedstaaten der Europäischen Union oder der anderen Vertragsstaaten des Abkommens über den Europäischen Wirtschaftsraum ist, so kann die Gläubigerversammlung auch am Sitz dieser Wertpapierbörse stattfinden. ³ § 48 Absatz 2 des Wertpapierhandelsgesetzes[1)] bleibt unberührt.

**§ 12 Inhalt der Einberufung, Bekanntmachung.** (1) In der Einberufung müssen die Firma, der Sitz des Schuldners, die Zeit und der Ort der Gläubigerversammlung sowie die Bedingungen angeben werden, von denen die Teilnahme an der Gläubigerversammlung und die Ausübung des Stimmrechts abhängen.

(2) ¹Die Einberufung ist unverzüglich im Bundesanzeiger öffentlich bekannt zu machen. ²Die Anleihebedingungen können zusätzliche Formen der öffentlichen Bekanntmachung vorsehen. ³Die Kosten der Bekanntmachung hat der Schuldner zu tragen.

(3) Der Schuldner hat die Einberufung und die genauen Bedingungen, von denen die Teilnahme an der Gläubigerversammlung und die Ausübung des Stimmrechts abhängen, vom Tag der Einberufung an bis zum Tag der Gläubigerversammlung im Internet unter seiner Adresse oder, wenn eine solche nicht vorhanden ist, unter der in den Anleihebedingungen festgelegten Internetseite den Gläubigern zugänglich zu machen.

**§ 13 Tagesordnung.** (1) Zu jedem Gegenstand, über den die Gläubigerversammlung beschließen soll, hat der Einberufende in der Tagesordnung einen Vorschlag zur Beschlussfassung zu machen.

(2) ¹Die Tagesordnung der Gläubigerversammlung ist mit der Einberufung bekannt zu machen. ² § 12 Absatz 2 und 3 gilt entsprechend. ³Über Gegenstände der Tagesordnung, die nicht in der vorgeschriebenen Weise bekannt gemacht sind, dürfen Beschlüsse nicht gefasst werden.

(3) ¹Gläubiger, deren Schuldverschreibungen zusammen 5 Prozent der ausstehenden Schuldverschreibungen erreichen, können verlangen, dass neue Gegenstände zur Beschlussfassung bekannt gemacht werden; § 9 Absatz 2 bis 4 gilt entsprechend. ²Diese neuen Gegenstände müssen spätestens am dritten Tag vor der Gläubigerversammlung bekannt gemacht sein.

(4) Gegenanträge, die ein Gläubiger vor der Versammlung angekündigt hat, muss der Schuldner unverzüglich bis zum Tag der Gläubigerversammlung im Internet unter seiner Adresse oder, wenn eine solche nicht vorhanden ist, unter der in den Anleihebedingungen festgelegten Internetseite den Gläubigern zugänglich machen.

---

[1)] Nr. 12.

**§ 14 Vertretung.** (1) ¹Jeder Gläubiger kann sich in der Gläubigerversammlung durch einen Bevollmächtigten vertreten lassen. ²Hierauf ist in der Einberufung der Gläubigerversammlung hinzuweisen. ³In der Einberufung ist auch anzugeben, welche Voraussetzungen erfüllt sein müssen, um eine wirksame Vertretung zu gewährleisten.

(2) ¹Die Vollmacht und Weisungen des Vollmachtgebers an den Vertreter bedürfen der Textform. ²Wird ein vom Schuldner benannter Stimmrechtsvertreter bevollmächtigt, so ist die Vollmachtserklärung vom Schuldner drei Jahre nachprüfbar festzuhalten.

**§ 15 Vorsitz, Beschlussfähigkeit.** (1) Der Einberufende führt den Vorsitz in der Gläubigerversammlung, sofern nicht das Gericht einen anderen Vorsitzenden bestimmt hat.

(2) ¹In der Gläubigerversammlung ist durch den Vorsitzenden ein Verzeichnis der erschienenen oder durch Bevollmächtigte vertretenen Gläubiger aufzustellen. ²Im Verzeichnis sind die Gläubiger unter Angabe ihres Namens, Sitzes oder Wohnorts sowie der Zahl der von jedem vertretenen Stimmrechte aufzuführen. ³Das Verzeichnis ist vom Vorsitzenden der Versammlung zu unterschreiben und allen Gläubigern unverzüglich zugänglich zu machen.

(3) ¹Die Gläubigerversammlung ist beschlussfähig, wenn die Anwesenden wertmäßig mindestens die Hälfte der ausstehenden Schuldverschreibungen vertreten. ²Wird in der Gläubigerversammlung die mangelnde Beschlussfähigkeit festgestellt, kann der Vorsitzende eine zweite Versammlung zum Zweck der erneuten Beschlussfassung einberufen. ³Die zweite Versammlung ist beschlussfähig; für Beschlüsse, zu deren Wirksamkeit eine qualifizierte Mehrheit erforderlich ist, müssen die Anwesenden mindestens 25 Prozent der ausstehenden Schuldverschreibungen vertreten. ⁴Schuldverschreibungen, deren Stimmrechte ruhen, zählen nicht zu den ausstehenden Schuldverschreibungen. ⁵Die Anleihebedingungen können jeweils höhere Anforderungen an die Beschlussfähigkeit stellen.

**§ 16 Auskunftspflicht, Abstimmung, Niederschrift.** (1) Der Schuldner hat jedem Gläubiger auf Verlangen in der Gläubigerversammlung Auskunft zu erteilen, soweit sie zur sachgemäßen Beurteilung eines Gegenstands der Tagesordnung oder eines Vorschlags zur Beschlussfassung erforderlich ist.

(2) Auf die Abgabe und die Auszählung der Stimmen sind die Vorschriften des Aktiengesetzes über die Abstimmung der Aktionäre in der Hauptversammlung entsprechend anzuwenden, soweit nicht in den Anleihebedingungen etwas anderes vorgesehen ist.

(3) ¹Jeder Beschluss der Gläubigerversammlung bedarf zu seiner Gültigkeit der Beurkundung durch eine über die Verhandlung aufgenommene Niederschrift. ²Findet die Gläubigerversammlung im Inland statt, so ist die Niederschrift durch einen Notar aufzunehmen; bei einer Gläubigerversammlung im Ausland muss eine Niederschrift gewährleistet sein, die der Niederschrift durch einen Notar gleichwertig ist. ³§ 130 Absatz 2 bis 4 des Aktiengesetzes gilt entsprechend. ⁴Jeder Gläubiger, der in der Gläubigerversammlung erschienen oder durch Bevollmächtigte vertreten war, kann binnen eines Jahres nach dem Tag der Versammlung von dem Schuldner eine Abschrift der Niederschrift und der Anlagen verlangen.

**§ 17 Bekanntmachung von Beschlüssen.** (1) ¹Der Schuldner hat die Beschlüsse der Gläubiger auf seine Kosten in geeigneter Form öffentlich bekannt zu machen. ²Hat der Schuldner seinen Sitz im Inland, so sind die Beschlüsse unverzüglich im Bundesanzeiger zu veröffentlichen; die nach § 50 Absatz 1 des Wertpapierhandelsgesetzes[1)] vorgeschriebene Veröffentlichung ist jedoch ausreichend. ³Die Anleihebedingungen können zusätzliche Formen der öffentlichen Bekanntmachung vorsehen.

(2) Außerdem hat der Schuldner die Beschlüsse der Gläubiger sowie, wenn ein Gläubigerbeschluss die Anleihebedingungen ändert, den Wortlaut der ursprünglichen Anleihebedingungen vom Tag nach der Gläubigerversammlung an für die Dauer von mindestens einem Monat im Internet unter seiner Adresse oder, wenn eine solche nicht vorhanden ist, unter der in den Anleihebedingungen festgelegten Internetseite der Öffentlichkeit zugänglich zu machen.

**§ 18 Abstimmung ohne Versammlung.** (1) Auf die Abstimmung ohne Versammlung sind die Vorschriften über die Einberufung und Durchführung der Gläubigerversammlung entsprechend anzuwenden, soweit in den folgenden Absätzen nichts anderes bestimmt ist.

(2) ¹Die Abstimmung wird vom Abstimmungsleiter geleitet. ²Abstimmungsleiter ist ein vom Schuldner beauftragter Notar oder der gemeinsame Vertreter der Gläubiger, wenn er zu der Abstimmung aufgefordert hat, oder eine vom Gericht bestimmte Person. ³§ 9 Absatz 2 Satz 2 ist entsprechend anwendbar.

(3) ¹In der Aufforderung zur Stimmabgabe ist der Zeitraum anzugeben, innerhalb dessen die Stimmen abgegeben werden können. ²Er beträgt mindestens 72 Stunden. ³Während des Abstimmungszeitraums können die Gläubiger ihre Stimme gegenüber dem Abstimmungsleiter in Textform abgeben. ⁴In den Anleihebedingungen können auch andere Formen der Stimmabgabe vorgesehen werden. ⁵In der Aufforderung muss im Einzelnen angegeben werden, welche Voraussetzungen erfüllt sein müssen, damit die Stimmen gezählt werden.

(4) ¹Der Abstimmungsleiter stellt die Berechtigung zur Stimmabgabe anhand der eingereichten Nachweise fest und erstellt ein Verzeichnis der stimmberechtigten Gläubiger. ²Wird die Beschlussfähigkeit nicht festgestellt, kann der Abstimmungsleiter eine Gläubigerversammlung einberufen; die Versammlung gilt als zweite Versammlung im Sinne des § 15 Absatz 3 Satz 3. ³Über jeden in der Abstimmung gefassten Beschluss ist eine Niederschrift aufzunehmen; § 16 Absatz 3 Satz 2 und 3 gilt entsprechend. ⁴Jeder Gläubiger, der an der Abstimmung teilgenommen hat, kann binnen eines Jahres nach Ablauf des Abstimmungszeitraums von dem Schuldner eine Abschrift der Niederschrift nebst Anlagen verlangen.

(5) ¹Jeder Gläubiger, der an der Abstimmung teilgenommen hat, kann gegen das Ergebnis schriftlich Widerspruch erheben binnen zwei Wochen nach Bekanntmachung der Beschlüsse. ²Über den Widerspruch entscheidet der Abstimmungsleiter. ³Hilft er dem Widerspruch ab, hat er das Ergebnis unverzüglich bekannt zu machen; § 17 gilt entsprechend. ⁴Hilft der Abstimmungsleiter dem Widerspruch nicht ab, hat er dies dem widersprechenden Gläubiger unverzüglich schriftlich mitzuteilen.

---

[1)] Nr. 12.

(6) Der Schuldner hat die Kosten einer Abstimmung ohne Versammlung zu tragen und, wenn das Gericht einem Antrag nach § 9 Absatz 2 stattgegeben hat, auch die Kosten des Verfahrens.

**§ 19 Insolvenzverfahren und Restrukturierungssachen.** (1) ¹Ist über das Vermögen des Schuldners im Inland das Insolvenzverfahren eröffnet worden, so unterliegen die Beschlüsse der Gläubiger den Bestimmungen der Insolvenzordnung, soweit in den folgenden Absätzen nichts anderes bestimmt ist. ²§ 340 der Insolvenzordnung bleibt unberührt.

(2) ¹Die Gläubiger können durch Mehrheitsbeschluss zur Wahrnehmung ihrer Rechte im Insolvenzverfahren einen gemeinsamen Vertreter für alle Gläubiger bestellen. ²Das Insolvenzgericht hat zu diesem Zweck eine Gläubigerversammlung nach den Vorschriften dieses Gesetzes einzuberufen, wenn ein gemeinsamer Vertreter für alle Gläubiger noch nicht bestellt worden ist.

(3) Ein gemeinsamer Vertreter für alle Gläubiger ist allein berechtigt und verpflichtet, die Rechte der Gläubiger im Insolvenzverfahren geltend zu machen; dabei braucht er die Schuldurkunde nicht vorzulegen.

(4) In einem Insolvenzplan sind den Gläubigern gleiche Rechte anzubieten.

(5) Das Insolvenzgericht hat zu veranlassen, dass die Bekanntmachungen nach den Bestimmungen dieses Gesetzes zusätzlich im Internet unter der durch § 9 der Insolvenzordnung vorgeschriebenen Adresse veröffentlicht werden.

(6) Bezieht ein Schuldner Forderungen aus Schuldverschreibungen in ein Instrument des Stabilisierungs- und Restrukturierungsrahmens nach dem Unternehmensstabilisierungs- und -restrukturierungsgesetz ein, gelten die vorstehenden Absätze entsprechend.

**§ 20 Anfechtung von Beschlüssen.** (1) ¹Ein Beschluss der Gläubiger kann wegen Verletzung des Gesetzes oder der Anleihebedingungen durch Klage angefochten werden. ²Wegen unrichtiger, unvollständiger oder verweigerter Erteilung von Informationen kann ein Beschluss der Gläubiger nur angefochten werden, wenn ein objektiv urteilender Gläubiger die Erteilung der Information als wesentliche Voraussetzung für sein Abstimmungsverhalten angesehen hätte. ³Die Anfechtung kann nicht auf die durch eine technische Störung verursachte Verletzung von Rechten, die nach § 18 auf elektronischem Wege wahrgenommen worden sind, gestützt werden, es sei denn, dem Schuldner ist grobe Fahrlässigkeit oder Vorsatz vorzuwerfen.

(2) Zur Anfechtung ist befugt

1. jeder Gläubiger, der an der Abstimmung teilgenommen und gegen den Beschluss fristgerecht Widerspruch erklärt hat, sofern er die Schuldverschreibung vor der Bekanntmachung der Einberufung der Gläubigerversammlung oder vor der Aufforderung zur Stimmabgabe in einer Abstimmung ohne Versammlung erworben hatte;

2. jeder Gläubiger, der an der Abstimmung nicht teilgenommen hat, wenn er zur Abstimmung zu Unrecht nicht zugelassen worden ist oder wenn die Versammlung nicht ordnungsgemäß einberufen oder zur Stimmabgabe nicht ordnungsgemäß aufgefordert worden ist oder wenn ein Gegenstand der Beschlussfassung nicht ordnungsgemäß bekannt gemacht worden ist.

(3) ¹Die Klage ist binnen eines Monats nach der Bekanntmachung des Beschlusses zu erheben. ²Sie ist gegen den Schuldner zu richten. ³Zuständig

für die Klage ist bei einem Schuldner mit Sitz im Inland ausschließlich das Landgericht, in dessen Bezirk der Schuldner seinen Sitz hat, oder mangels eines Sitzes im Inland das Landgericht Frankfurt am Main; § 246 Absatz 3 Satz 2 bis 6 des Aktiengesetzes gilt entsprechend. ⁴Vor einer rechtskräftigen Entscheidung des Gerichts darf der angefochtene Beschluss nicht vollzogen werden, es sei denn, ein Senat des dem nach Satz 3 zuständigen Gericht im zuständigen Rechtszug übergeordneten Oberlandesgerichts stellt auf Antrag des Schuldners nach Maßgabe des § 246a des Aktiengesetzes fest, dass die Erhebung der Klage dem Vollzug des angefochtenen Beschlusses nicht entgegensteht; § 246a Absatz 1 Satz 1 und 2, Absatz 2 und 3 Satz 1 bis 4 und 6, Absatz 4 des Aktiengesetzes gilt entsprechend.

**§ 21 Vollziehung von Beschlüssen.** (1) ¹Beschlüsse der Gläubigerversammlung, durch welche der Inhalt der Anleihebedingungen abgeändert oder ergänzt wird, sind in der Weise zu vollziehen, dass die maßgebliche Sammelurkunde ergänzt oder geändert wird. ²Im Fall der Verwahrung der Sammelkurkunde durch eine Wertpapiersammelbank hat der Versammlungs- oder Abstimmungsleiter dazu den in der Niederschrift dokumentierten Beschlussinhalt an die Wertpapiersammelbank zu übermitteln mit dem Ersuchen, die eingereichten Dokumente den vorhandenen Dokumenten in geeigneter Form beizufügen. ³Er hat gegenüber der Wertpapiersammelbank zu versichern, dass der Beschluss vollzogen werden darf.

(2) Der gemeinsame Vertreter darf von der ihm durch Beschluss erteilten Vollmacht oder Ermächtigung keinen Gebrauch machen, solange der zugrunde liegende Beschluss noch nicht vollzogen werden darf.

**§ 22 Geltung für Mitverpflichtete.** ¹Die Anleihebedingungen können vorsehen, dass die §§ 5 bis 21 für Rechtsgeschäfte entsprechend gelten, durch welche andere Personen als der Schuldner für die Verpflichtungen des Schuldners aus der Anleihe Sicherheiten gewährt haben (Mitverpflichtete). ²In diesem Fall müssen die Anleihebedingungen Mehrheitsbeschlüsse der Gläubiger unter Benennung der Rechtsgeschäfte und der Mitverpflichteten ausdrücklich vorsehen.

### Abschnitt 3. Bußgeldvorschriften; Übergangsbestimmungen

**§ 23 Bußgeldvorschriften.** (1) Ordnungswidrig handelt, wer

1. entgegen § 6 Absatz 1 Satz 3 erster Halbsatz Schuldverschreibungen überlässt,
2. entgegen § 6 Absatz 1 Satz 4 das Stimmrecht ausübt,
3. entgegen § 6 Absatz 2 einen Vorteil anbietet, verspricht oder gewährt oder
4. entgegen § 6 Absatz 3 einen Vorteil oder eine Gegenleistung fordert, sich versprechen lässt oder annimmt.

(2) Ordnungswidrig handelt, wer vorsätzlich oder leichtfertig entgegen § 7 Absatz 1 Satz 2 einen maßgeblichen Umstand nicht, nicht richtig, nicht vollständig oder nicht rechtzeitig offenlegt.

(3) Die Ordnungswidrigkeit kann mit einer Geldbuße bis zu hunderttausend Euro geahndet werden.

**§ 24 Übergangsbestimmungen.** (1) ¹Dieses Gesetz ist nicht anzuwenden auf Schuldverschreibungen, die vor dem 5. August 2009 ausgegeben wurden. ²Auf diese Schuldverschreibungen ist das Gesetz betreffend die gemeinsamen Rechte der Besitzer von Schuldverschreibungen in der im Bundesgesetzblatt Teil III, Gliederungsnummer 4134-1, veröffentlichten bereinigten Fassung, das zuletzt durch Artikel 53 des Gesetzes vom 5. Oktober 1994 (BGBl. I S. 2911) geändert worden ist, weiter anzuwenden, soweit sich aus Absatz 2 nichts anderes ergibt.

(2) ¹Gläubiger von Schuldverschreibungen, die vor dem 5. August 2009 ausgegeben wurden, können mit Zustimmung des Schuldners eine Änderung der Anleihebedingungen oder den Austausch der Schuldverschreibungen gegen neue Schuldverschreibungen mit geänderten Anleihebedingungen beschließen, um von den in diesem Gesetz gewährten Wahlmöglichkeiten Gebrauch machen zu können. ²Für die Beschlussfassung gelten die Vorschriften dieses Gesetzes entsprechend; der Beschluss bedarf der qualifizierten Mehrheit.

# 11. Verordnung (EU) Nr. 596/2014 des Europäischen Parlaments und des Rates vom 16. April 2014 über Marktmissbrauch (Marktmissbrauchsverordnung) und zur Aufhebung der Richtlinie 2003/6/EG des Europäischen Parlaments und des Rates und der Richtlinien 2003/124/EG, 2003/125/EG und 2004/72/EG der Kommission

(Text von Bedeutung für den EWR)

Vom 16. April 2014

(ABl. L 173 S. 1, ber. 2016 L 287 S. 320 und 2016 L 348 S. 83)

Celex Nr. 3 2014 R 0596

zuletzt geänd. durch Art. 1 VO (EU) 2019/2115 v. 27.11.2019 (ABl. L 320 S. 1)

DAS EUROPÄISCHE PARLAMENT UND DER RAT DER EUROPÄISCHEN UNION –

gestützt auf den Vertrag über die Arbeitsweise der Europäischen Union, insbesondere auf Artikel 114,

auf Vorschlag der Europäischen Kommission,

nach Zuleitung des Entwurfs des Gesetzgebungsakts an die nationalen Parlamente,

nach Stellungnahme der Europäischen Zentralbank[1],

nach Stellungnahme des Europäischen Wirtschafts- und Sozialausschusses[2],

gemäß dem ordentlichen Gesetzgebungsverfahren[3],

in Erwägung nachstehender Gründe:

(1) Ein echter Binnenmarkt für Finanzdienstleistungen ist für das Wirtschaftswachstum und die Schaffung von Arbeitsplätzen in der Union von entscheidender Bedeutung.

(2) Ein integrierter, effizienter und transparenter Finanzmarkt setzt Marktintegrität voraus. Das reibungslose Funktionieren der Wertpapiermärkte und das Vertrauen der Öffentlichkeit in die Märkte sind Voraussetzungen für Wirtschaftswachstum und Wohlstand. Marktmissbrauch verletzt die Integrität der Finanzmärkte und untergräbt das Vertrauen der Öffentlichkeit in Wertpapiere und Derivate.

(3) Die Richtlinie 2003/6/EG des Europäischen Parlaments und des Rates[4] hat den Rechtsrahmen der Union zum Schutz der Marktintegrität vervollständigt und aktualisiert. Angesichts der rechtlichen, kommerziellen und technologischen Entwicklungen seit dem Inkrafttreten jener Richtlinie, die zu erheblichen Änderungen in der Finanzwelt geführt haben, sollte diese Richtlinie nun ersetzt werden. Ein neues Rechtsinstrument ist auch erforderlich, um für einheitliche Regeln, die Klarheit zentraler Begriffe und ein einheitliches Regelwerk im Einklang mit den Schlussfolgerungen des Berichts vom 25. Februar 2009 der Hochrangigen Gruppe für Fragen der Finanzaufsicht in der EU unter dem Vorsitz von Jacques de Larosière (im Folgenden „De-Larosière-Gruppe") zu sorgen.

(4) Es muss ein einheitlicherer und stärkerer Rahmen geschaffen werden, um die Marktintegrität zu wahren, potenzieller Aufsichtsarbitrage vorzubeugen, Rechenschaftspflicht bei Manipulationsversuchen vorzusehen und den Marktteilnehmern mehr Rechtssicherheit und unkompliziertere Vorschriften zu bieten. Diese Verordnung zielt darauf ab, einen entscheidenden Beitrag zum

---

[1] **Amtl. Anm.:** ABl. C 161 vom 7.6.2012, S. 3.
[2] **Amtl. Anm.:** ABl. C 181 vom 21.6.2012, S. 64.
[3] **Amtl. Anm.:** Standpunkt des Europäischen Parlaments vom 10. September 2013 (noch nicht im Amtsblatt veröffentlicht) und Beschluss des Rates vom 14. April 2014.
[4] **Amtl. Anm.:** Richtlinie 2003/6/EG des Europäischen Parlaments und des Rates vom 28. Januar 2003 über Insider-Geschäfte und Marktmanipulation (Marktmissbrauch) (ABl. L 96 vom 12.4.2003, S. 16).

reibungslosen Funktionieren des Binnenmarkts zu leisten und er sollte sich daher auf Artikel 114 des Vertrags über die Arbeitsweise der Europäischen Union (AEUV) gemäß der Auslegung in der ständigen Rechtsprechung des Gerichtshofs der Europäischen Union stützen.

(5) Um die noch bestehenden Handelshemmnisse und die aus den Unterschieden zwischen dem jeweiligen nationalen Recht resultierenden erheblichen Wettbewerbsverzerrungen zu beseitigen und dem Entstehen weiterer Handelshemmnisse und erheblicher Wettbewerbsverzerrungen vorzubeugen, muss eine Verordnung erlassen werden, durch die eine einheitlichere Auslegung des Regelwerks der Union zum Marktmissbrauch erreicht wird und in der in allen Mitgliedstaaten geltende Regeln klarer definiert sind. Indem den Vorschriften in Bezug auf Marktmissbrauch die Form einer Verordnung gegeben wird, ist deren unmittelbare Anwendbarkeit sichergestellt. Dadurch werden infolge der Umsetzung einer Richtlinie voneinander abweichende nationale Vorschriften verhindert, so dass einheitliche Bedingungen gewährleistet sind. Diese Verordnung wird zur Folge haben, dass in der gesamten Union alle natürlichen und juristischen Personen die gleichen Regeln zu befolgen haben. Eine Verordnung dürfte auch die rechtliche Komplexität und insbesondere für grenzüberschreitend tätige Gesellschaften die Compliance-Kosten reduzieren sowie zur Beseitigung von Wettbewerbsverzerrungen beitragen.

(6) Die Union und die Mitgliedstaaten werden in der Mitteilung der Kommission vom 25. Juni 2008 über einen „Small Business Act" für Europa dazu aufgerufen, Regeln mit Blick auf die Verringerung des Verwaltungsaufwands, eine Anpassung der Rechtsvorschriften an die Erfordernisse der auf Märkten für kleine und mittlere Unternehmen (KMU) tätigen Emittenten und die Erleichterung des Kapitalzugangs dieser Emittenten zu gestalten. Einige Bestimmungen der Richtlinie 2003/6/EG sind für die Emittenten, insbesondere jene, deren Finanzinstrumente zum Handel an KMU-Wachstumsmärkten zugelassen sind, mit einem Verwaltungsaufwand verbunden, der reduziert werden sollte.

(7) Marktmissbrauch ist ein Oberbegriff für unrechtmäßige Handlungen an den Finanzmärkten und sollte für die Zwecke dieser Verordnung Insidergeschäfte oder die unrechtmäßige Offenlegung von Insiderinformationen und Marktmanipulation umfassen. Solche Handlungen verhindern vollständige und ordnungsgemäße Markttransparenz, die eine Voraussetzung dafür ist, dass alle Wirtschaftsakteure an integrierten Finanzmärkten teilnehmen können.

(8) Der Geltungsbereich der Richtlinie 2003/6/EG konzentrierte sich auf Finanzinstrumente, die zum Handel auf einem geregelten Markt zugelassen sind oder für die ein Antrag auf Zulassung zum Handel auf einem solchen Markt gestellt wurde. In den letzten Jahren werden Finanzinstrumente jedoch zunehmend auf multilateralen Handelssystemen gehandelt. Daneben gibt es weitere Finanzinstrumente, die ausschließlich auf anderen Arten von organisierten Handelssystemen oder nur außerbörslich gehandelt werden. Deshalb sollte der Anwendungsbereich dieser Verordnung alle auf einem geregelten Markt, einem multilateralen oder organisierten Handelssystem gehandelten Finanzinstrumente ebenso einschließen wie jede andere Handlung oder Maßnahme, unabhängig davon, ob sie auf einem Handelsplatz durchgeführt wird, die sich auf ein solches Finanzinstrument auswirken kann. Im Fall bestimmter Arten von multilateralen Handelssystemen, die – wie geregelte Märkte – dazu dienen, Unternehmen bei der Beschaffung von Eigenkapital zu unterstützen, gilt das Verbot des Marktmissbrauchs gleichermaßen, wenn ein Antrag auf Zulassung zum Handel auf einem solchen Markt gestellt wurde. Aus diesem Grund sollte sich der Anwendungsbereich dieser Verordnung auf Finanzinstrumente erstrecken, für die ein Antrag auf Zulassung zum Handel auf einem multilateralen Handelssystem gestellt worden ist. Dies dürfte den Anlegerschutz verbessern, die Integrität der Märkte wahren und gewährleisten, dass die Manipulation der Märkte für solche Instrumente klar verboten ist.

(9) Um für Transparenz zu sorgen, sollten die Betreiber eines geregelten Marktes, eines multilateralen oder eines organisierten Handelssystems ihrer zuständigen Behörde unverzüglich ausführliche Angaben zu den Finanzinstrumenten übermitteln, die sie zum Handel zugelassen haben, für die ein Antrag auf Zulassung zum Handel gestellt wurde oder die auf ihrem Handelsplatz gehandelt wurden. Bei Erlöschen der Zulassung eines Finanzinstruments sollte eine weitere Mitteilung ergehen. Solche Verpflichtungen sollten auch für Finanzinstrumente gelten, für die ein Antrag auf Zulassung zum Handel auf ihrem Handelsplatz gestellt wurde, sowie für Finanzinstrumente, die vor Inkrafttreten dieser Verordnung zum Handel zugelassen wurden. Diese Meldungen sollten von den zuständigen Behörden der Europäischen Wertpapier- und Marktaufsichtsbehörde (ESMA) übermittelt werden, und die ESMA sollte eine Liste aller übermittelten Finanzinstrumente veröffentlichen. Diese Verordnung gilt für entsprechende Finanzinstrumente unabhängig davon, ob sie in der von der ESMA veröffentlichten Liste aufgeführt sind.

(10) Es ist möglich, dass mit bestimmten Finanzinstrumenten, die nicht auf einem Handelsplatz gehandelt werden, Marktmissbrauch betrieben wird. Dazu gehören Finanzinstrumente, deren

Kurs oder Wert von Finanzinstrumenten, die auf einem Handelsplatz gehandelt werden, abhängen oder sich auf diese auswirken oder deren Handel Auswirkungen auf den Kurs oder Wert anderer Finanzinstrumente hat, die auf einem Handelsplatz gehandelt werden. Zu den Beispielen, bei denen solche Instrumente zum Marktmissbrauch verwendet werden können, gehören Informationen in Bezug auf eine Aktie oder Schuldverschreibung, mit denen ein Derivat dieser Aktie oder Schuldverschreibung gekauft werden kann, oder ein Index, dessen Wert von dieser Aktie oder Schuldverschreibung abhängt. Wenn ein Finanzinstrument als Referenzkurs genutzt wird, kann mit einem außerbörslich gehandelten Derivat von manipulierten Kursen profitiert werden oder der Kurs eines Finanzinstruments, das auf einem Handelsplatz gehandelt wird, manipuliert werden. Ein weiteres Beispiel ist die geplante Ausgabe eines neuen Pakets von Wertpapieren, die an sich nicht in den Anwendungsbereich dieser Verordnung fallen, wobei jedoch der Handel mit diesen Wertpapieren den Kurs oder Wert bestehender notierter Wertpapiere beeinflussen könnte, die in den Anwendungsbereich dieser Verordnung fallen. Diese Verordnung deckt außerdem die Situation ab, dass der Kurs oder Wert eines auf einem Handelsplatz gehandelten Instruments von einem außerbörslich gehandelten Instrument abhängt. Derselbe Grundsatz sollte für Waren-Spot-Kontrakte gelten, deren Kurs auf dem eines Derivats beruht, und für den Kauf von Waren-Spot-Kontrakten mit einem Bezug zu Finanzinstrumenten.

(11) Der Handel mit eigenen Aktien im Rahmen von Rückkaufprogrammen und Maßnahmen zur Stabilisierung des Kurses von Finanzinstrumenten, für die die Ausnahmen nach dieser Verordnung nicht gelten, sollten nicht bereits als solcher als Marktmissbrauch gewertet werden.

(12) Der Handel mit Wertpapieren oder verbundenen Instrumenten zur Kursstabilisierung von Wertpapieren oder der Handel mit eigenen Aktien im Rahmen von Rückkaufprogrammen können aus wirtschaftlichen Gründen gerechtfertigt sein und sollten daher unter bestimmten Umständen vom Verbot des Marktmissbrauchs befreit sein, sofern die Maßnahmen hinreichend transparent durchgeführt werden, das heißt, dass relevante Informationen zu der Kursstabilisierungsmaßnahme oder zu dem Rückkaufprogramm offengelegt werden.

(13) Die Mitgliedstaaten, die Mitglieder des Europäischen Systems der Zentralbanken, Ministerien und andere Einrichtungen und Zweckgesellschaften eines oder mehrerer Mitgliedstaaten und die Union und bestimmte andere öffentliche Stellen bzw. in ihrem Auftrag handelnde Personen sollten in ihrer Geld- und Wechselkurspolitik und ihrer Politik zur Staatsschuldenverwaltung nicht eingeschränkt werden, sofern sie dabei im öffentlichen Interesse und ausschließlich in Ausübung dieser Politik handeln. Ebensowenig sollten die Union, Zweckgesellschaften eines oder mehrerer Mitgliedstaaten, die Europäische Investitionsbank, die Europäische Finanzstabilisierungsfazilität, der Europäische Stabilitätsmechanismus oder von mindestens zwei Mitgliedstaaten gegründete internationale Finanzinstitute darin eingeschränkt werden, Geschäfte abzuwickeln, Aufträge zu erteilen oder Handlungen vorzunehmen, die dazu dienen, finanzielle Mittel zu mobilisieren und die Mitglieder finanziell zu unterstützen. Eine solche Ausnahme aus dem Geltungsbereich dieser Verordnung kann im Einklang mit dieser Verordnung auf bestimmte öffentliche Stellen, die für die Staatsschuldenverwaltung zuständig oder daran beteiligt sind, und auf die Zentralbanken von Drittstaaten ausgeweitet werden. Gleichzeitig sollten sich die Ausnahmen für die Geld- und Wechselkurspolitik und die Staatsschuldenverwaltung jedoch nicht auf Fälle erstrecken, in denen diese Stellen an Geschäften, Aufträgen oder Handlungen beteiligt sind, die nicht der Umsetzung dieser politischen Strategien dienen, oder wenn Personen, die für eine dieser Stellen tätig sind, für eigene Rechnung Geschäfte tätigen, Aufträge erteilen oder Handlungen vornehmen.

(14) Verständige Investoren stützen ihre Anlageentscheidungen auf Informationen, die ihnen vorab zur Verfügung stehen (Ex-ante-Informationen). Die Prüfung der Frage, ob ein verständiger Investor einen bestimmten Sachverhalt oder ein bestimmtes Ereignis im Rahmen seiner Investitionsentscheidung wohl berücksichtigen würde, sollte folglich anhand der Ex-ante-Informationen erfolgen. Eine solche Prüfung sollte auch die voraussichtlichen Auswirkungen der Informationen in Betracht ziehen, insbesondere unter Berücksichtigung der Gesamttätigkeit des Emittenten, der Verlässlichkeit der Informationsquelle und sonstiger Marktvariablen, die das Finanzinstrument, die damit verbundenen Waren-Spot-Kontrakte oder die auf Emissionszertifikaten beruhenden Auktionsobjekte unter den gegebenen Umständen beeinflussen dürften.

(15) Im Nachhinein vorliegende Informationen (Ex-post-Informationen) können zur Überprüfung der Annahme verwendet werden, dass die Ex-ante-Informationen kurserheblich waren, sollten

allerdings nicht dazu verwendet werden, Maßnahmen gegen Personen zu ergreifen, die vernünftige Schlussfolgerungen aus den ihnen vorliegenden Ex-ante-Informationen gezogen hat[1]).

(16) Betreffen Insiderinformationen einen Vorgang, der aus mehreren Schritten besteht, können alle Schritte des Vorgangs wie auch der gesamte Vorgang als Insiderinformationen gelten. Ein Zwischenschritt in einem zeitlich gestreckten Vorgang kann für sich genommen mehrere Umstände oder ein Ereignis darstellen, die gegeben sind bzw. das eingetreten ist oder bezüglich deren/dessen auf der Grundlage einer Gesamtbewertung der zum relevanten Zeitpunkt vorhandenen Faktoren eine realistische Wahrscheinlichkeit besteht, dass sie/es entsteht/eintritt. Dieses Konzept sollte jedoch nicht so verstanden werden, dass demgemäß der Umfang der Auswirkungen dieser Reihe von Umständen oder des Ereignisses auf den Kurs der betreffenden Finanzinstrumente berücksichtigt werden muss. *Ein Zwischenschritt sollte als Insiderinformation angesehen werden darstellen,*[2]) wenn er für sich genommen den in dieser Verordnung festgelegten Kriterien für Insiderinformationen entspricht.

(17) Informationen in Zusammenhang mit einem Ereignis oder mehreren Umständen, das bzw. die ein Zwischenschritt in einem zeitlich gestreckten Vorgang ist, können sich beispielsweise auf den Stand von Vertragsverhandlungen, vorläufig in Vertragsverhandlungen vereinbarte Bedingungen, die Möglichkeit der Platzierung von Finanzinstrumenten, die Umstände, unter denen Finanzinstrumente vermarktet werden, vorläufige Bedingungen für die Platzierung von Finanzinstrumenten oder die Prüfung der Aufnahme eines Finanzinstruments in einen wichtigen Index oder die Streichung eines Finanzinstruments aus einem solchen Index beziehen.

(18) Die Rechtssicherheit für die Marktteilnehmer sollte durch eine genauere Bestimmung von zwei wesentlichen Merkmalen von Insiderinformationen erhöht werden, nämlich die präzise Natur dieser Informationen und die Frage, ob diese Informationen möglicherweise den Kurs der Finanzinstrumente, der damit verbundenen Waren-Spot-Kontrakte oder der auf den Emissionszertifikaten beruhenden Auktionsobjekte erheblich beeinflusst. Für Derivate, die Energiegroßhandelsprodukte sind, sollten insbesondere Informationen, die gemäß der Verordnung (EU) Nr. 1227/2011 des Europäischen Parlaments und des Rates[3]) offengelegt werden müssen, als Insiderinformationen betrachtet werden.

(19) Diese Verordnung hat nicht zum Ziel, allgemeine Diskussionen zwischen Anteilseignern und der Unternehmensführung über die Geschäfts- und Marktentwicklungen, die einen Emittenten betreffen, zu verbieten. Solche Beziehungen sind von grundlegender Bedeutung für das effiziente Funktionieren der Märkte und sollten durch diese Verordnung nicht verboten werden.

(20) Die Spotmärkte und die zugehörigen Derivatemärkte sind in hohem Maße vernetzt und global, und Marktmissbrauch kann sowohl markt- als auch grenzüberschreitend erfolgen, was zu erheblichen Systemrisiken führen kann. Dies trifft auf Insidergeschäfte ebenso wie auf Marktmanipulation zu. Insbesondere können Insiderinformationen von einem Spotmarkt einer Person nützlich sein, die an einem Finanzmarkt handelt. Die Bestimmung des Begriffs „Insiderinformationen" in Bezug auf ein Warenderivat sollte besagen, dass es sich dabei um Informationen handelt, die sowohl der allgemeinen Bestimmung des Begriffs „Insiderinformationen" in Bezug auf die Finanzmärkte entsprechen und die im Einklang mit Rechts- und Verwaltungsvorschriften der Union oder der Mitgliedstaaten, Handelsregeln, Verträgen oder Regeln auf dem betreffenden Warenderivat- oder Spotmarkt offengelegt werden müssen. Wichtige Beispiele für solche Regeln sind beispielsweise die Verordnung (EU) Nr. 1227/2011 für den Energiemarkt und die Datenbank der Gemeinsamen Initiative: Daten aus dem Mineralölsektor (Joint Organisations Database Initiative – JODI) für Erdöl. Solche Informationen können als Grundlage für Entscheidungen von Marktteilnehmern dienen, Verträge über Warenderivate oder die damit verbundenen Waren-Spot-Kontrakte abzuschließen, und stellen daher Insiderinformationen dar, die offengelegt werden müssen, wenn davon auszugehen ist, dass sie einen erheblichen Einfluss auf die Kurse solcher Derivate oder damit verbundener Waren-Spot-Kontrakte haben. Außerdem können sich Manipulationsstrategien auch über Spot- und Derivatemärkte hinaus erstrecken. Der Handel mit Finanzinstrumenten, darunter Warenderivate, kann zur Manipulation damit verbundener Waren-Spot-Kontrakte genutzt werden, und Waren-Spot-Kontrakte können zur Manipulation damit verbundener Finanzinstrumente genutzt werden. Das Verbot der Markt-

---

[1]) Richtig wohl: „haben".
[2]) Richtig wohl: „Ein Zwischenschritt sollte als Insiderinformation angesehen werden,".
[3]) **Amtl. Anm.:** Verordnung (EU) Nr. 1227/2011 des Europäischen Parlaments und des Rates vom 25. Oktober 2011 über die Integrität und Transparenz des Energiegroßhandelsmarkts (ABl. L 326 vom 8.12.2011, S. 1).

manipulation sollte diese Wechselbeziehungen erfassen. Die Erweiterung des Anwendungsbereichs dieser Verordnung auf Handlungen, die nichts mit Finanzinstrumenten zu tun haben, beispielsweise Waren-Spot-Kontrakte, die lediglich den Spotmarkt berühren, ist jedoch nicht zweckmäßig oder praktikabel. Im speziellen Fall der Energiegroßhandelsprodukte sollten die zuständigen Behörden die Besonderheiten der Begriffsbestimmungen der Verordnung (EU) Nr. 1227/2011 berücksichtigen, wenn sie die Definitionen der Begriffe Insiderinformation, Insidergeschäfte und Marktmanipulation dieser Verordnung auf Finanzinstrumente anwenden, die sich auf Energiegroßhandelsprodukte beziehen.

(21) Gemäß der Richtlinie 2003/87/EG des Europäischen Parlaments und des Rates[1] sind die Kommission, die Mitgliedstaaten sowie andere offiziell beauftragte Stellen für die technische Ausgabe von Emissionszertifikaten, deren freie Zuweisung an berechtigte Wirtschaftszweige und neue Marktteilnehmer und allgemeiner gefasst für den Ausbau und die Umsetzung des klimaschutzpolitischen Rahmens der Union zuständig, der die Bereitstellung von Emissionszertifikaten für die Compliance-Käufer im Emissionshandelssystem (EU-ETS) der Union zugrunde liegt. Bei der Ausübung dieser Zuständigkeiten können diese öffentlichen Gremien Zugang zu nicht öffentlichen kurserheblichen Informationen erhalten und müssen gemäß der Richtlinie 2003/ EG gegebenenfalls bestimmte Marktoperationen in Bezug auf Emissionszertifikate durchführen. Infolge der Einstufung von Emissionszertifikaten als Finanzinstrumente im Rahmen der Überarbeitung der Richtlinie 2004/39/EG des Europäischen Parlaments und des Rates[2] werden diese Instrumente künftig auch in den Geltungsbereich dieser Verordnung fallen. Damit die Kommission, die Mitgliedstaaten und andere offiziell benannte Stellen auch künftig die Klimapolitik der Union ausarbeiten und durchführen können, sollte die Tätigkeit dieser öffentlichen Stellen, soweit sie im öffentlichen Interesse und ausdrücklich zur Durchsetzung dieser Politik und im Zusammenhang mit Emissionszertifikaten erfolgt, von der Anwendung dieser Verordnung ausgenommen sein. Eine solche Ausnahme sollte keine negative Auswirkung auf die allgemeine Markttransparenz haben, da diese öffentlichen Stellen gesetzlichen Verpflichtungen unterliegen, wonach sie so zu arbeiten haben, dass eine ordnungsgemäße, gerechte und nichtdiskriminierende Offenlegung und der Zugang zu allen neuen kurserheblichen Entscheidungen, Entwicklungen und Daten gewährleistet wird. Ferner bestehen im Rahmen der Richtlinie 2003/ 87/EG und der aufgrund dieser Richtlinie getroffenen Umsetzungsmaßnahmen Regelungen, mit denen für eine gerechte und nichtdiskriminierende Offenlegung bestimmter kurserheblicher Informationen von Behörden gesorgt wird. Allerdings sollte die Ausnahme für öffentliche Stellen, die an der Umsetzung der Klimaschutzpolitik der Union beteiligt sind, nicht gelten, wenn diese öffentlichen Stellen an Handlungen oder Geschäften beteiligt sind, die nicht der Umsetzung der Klimaschutzpolitik der Union dienen, oder wenn Personen, die für eine dieser Stellen tätig sind, für eigene Rechnung handeln oder Geschäfte tätigen.

(22) Gemäß Artikel 43 AEUV und zur Durchführung gemäß dem AEUV geschlossener internationaler Übereinkünfte sind die Kommission, die Mitgliedstaaten und andere offiziell benannte Stellen unter anderem für die Durchführung der Gemeinsamen Agrarpolitik und der Gemeinsamen Fischereipolitik zuständig. Im Rahmen der Wahrnehmung dieser Pflichten führen die genannten öffentlichen Stellen Tätigkeiten aus und ergreifen Maßnahmen zur Verwaltung der Agrarmärkte und der Fischerei, einschließlich öffentlicher Interventionen, der Erhebung von Zusatzzöllen oder der Aussetzung von Einfuhrzöllen. Im Lichte des Anwendungsbereichs dieser Verordnung, die einige Bestimmungen enthält, die auch für Waren-Spot-Kontrakte gelten, die tatsächlich oder wahrscheinlich Auswirkungen auf Finanzinstrumente haben, sowie für Finanzinstrumente, deren Wert vom Wert von Waren-Spot-Kontrakten abhängt und die tatsächlich oder wahrscheinlich Auswirkungen auf Waren-Spot-Kontrakte haben, muss sichergestellt werden, dass die Tätigkeit der Kommission, der Mitgliedstaaten und anderer offiziell benannter Stellen zur Umsetzung der Gemeinsamen Agrarpolitik und der Gemeinsamen Fischereipolitik nicht eingeschränkt wird. Damit die Kommission, die Mitgliedstaaten und andere offiziell benannte Stellen auch künftig die Gemeinsame Agrarpolitik und die Gemeinsame Fischereipolitik der Union konzipieren und umsetzen können, sollten die im öffentlichen Interesse und ausschließlich in

---

[1] **Amtl. Anm.:** Richtlinie 2003/87/EG des Europäischen Parlaments und des Rates vom 13. Oktober 2003 über ein System für den Handel mit Treibhausgasemissionszertifikaten in der Gemeinschaft und zur Änderung der Richtlinie 96/61/EG des Rates (ABl. L 275 vom 25.10.2003, S. 32).

[2] **Amtl. Anm.:** Richtlinie 2004/39/EG des Europäischen Parlaments und des Rates vom 21. April 2004 über Märkte für Finanzinstrumente, zur Änderung der Richtlinien 85/611/EWG und 93/6/ EWG des Rates und der Richtlinie 2000/12/EG des Europäischen Parlaments und des Rates und zur Aufhebung der Richtlinie 93/22/EWG des Rates (ABl. L 145 vom 30.4.2004).

Ausübung dieser politischen Strategien ausgeübten Aktivitäten von der Anwendung dieser Verordnung ausgenommen werden. Eine solche Ausnahme sollte keine negative Auswirkung auf die allgemeine Markttransparenz haben, da diese öffentlichen Stellen gesetzlichen Verpflichtungen unterliegen, wonach sie so zu arbeiten haben, dass eine ordnungsgemäße, gerechte und nichtdiskriminierende Offenlegung und der Zugang zu allen neuen kurserheblichen Entscheidungen, Entwicklungen und Daten gewährleistet wird. Allerdings sollte die Ausnahme für öffentliche Stellen, die an der Umsetzung der Gemeinsamen Agrarpolitik und der Gemeinsamen Fischereipolitik der Union beteiligt sind, nicht gelten, wenn diese öffentlichen Stellen an Handlungen oder Geschäften beteiligt sind, die nicht der Umsetzung dieser gemeinsamen politischen Strategien der Union dienen, oder wenn Personen, die für eine dieser Stellen tätig sind, für eigene Rechnung handeln oder Geschäfte tätigen.

(23) Das wesentliche Merkmal von Insidergeschäften ist ein ungerechtfertigter Vorteil, der mittels Insiderinformationen zum Nachteil Dritter erzielt wird, die diese Informationen nicht kennen, und infolgedessen in der Untergrabung der Integrität der Finanzmärkte und des Vertrauens der Investoren. Folglich sollte das Verbot von Insidergeschäften gelten, wenn eine Person im Besitz von Insiderinformationen dadurch einen ungerechtfertigten Vorteil aus dem mit Hilfe dieser Informationen erzielten Nutzen zieht, dass sie aufgrund dieser Informationen Markttransaktionen durchführt, indem er für eigene Rechnung oder für Rechnung Dritter, sei es unmittelbar oder mittelbar, Finanzinstrumente, auf die sich diese Informationen beziehen, erwirbt oder veräußert bzw. zu erwerben oder zu veräußern versucht oder einen Auftrag zum Kauf bzw. Verkauf storniert oder ändert bzw. zu stornieren oder zu ändern versucht. Die Nutzung von Insiderinformationen kann auch im Handel mit Emissionszertifikaten und deren Derivaten und im Bieten auf den Versteigerungen von Emissionszertifikaten oder anderen darauf beruhenden Auktionsobjekten gemäß der Verordnung (EU) Nr. 1031/2010 der Kommission[1]) bestehen.

(24) Wenn eine juristische oder natürliche Personen im Besitz von Insiderinformationen für eigene Rechnung oder für Rechnung Dritter, sei es unmittelbar oder mittelbar, Finanzinstrumente, auf die sich diese Informationen beziehen, erwirbt oder veräußert bzw. zu erwerben oder zu veräußern versucht, sollte unterstellt werden, dass diese Person diese Informationen genutzt hat. Diese Annahme lässt die Verteidigungsrechte unberührt. Ob die Personen gegen das Verbot von Insidergeschäften verstoßen hat oder versucht hat, Insidergeschäfte durchzuführen, sollte im Hinblick auf den Zweck dieser Verordnung untersucht werden, der darin besteht, die Integrität des Finanzmarkts zu schützen und das Vertrauen der Investoren zu stärken, das wiederum auf der Gewissheit beruht, dass die Investoren gleichbehandelt und vor der missbräuchlichen Verwendung von Insiderinformationen geschützt werden.

(25) Aufträge, die ausgelöst wurden, bevor eine Person Insiderinformationen besaß, sollten nicht als Insidergeschäfte betrachtet werden. Wenn jedoch eine Person in den Besitz von Insiderinformationen gelangt ist, sollte angenommen werden, dass alle nachfolgenden Änderungen, die im Zusammenhang mit diesen Informationen stehen, an den vor dem Erlangen des Besitzes an diesen Information ausgelösten Aufträgen, einschließlich der Stornierung oder Änderung eines Auftrags oder des Versuchs, einen Auftrag zu stornieren oder zu ändern, Insidergeschäfte sind. Diese Vermutung kann jedoch widerlegt werden, wenn die Person den Nachweis erbringt, dass sie die Insiderinformationen bei der Abwicklung des Geschäfts nicht genutzt hat.

(26) Die Nutzung von Insiderinformationen kann in dem Erwerb oder der Veräußerung eines Finanzinstruments oder eines auf Emissionszertifikaten beruhenden Auktionsobjekts oder in der Stornierung oder Änderung eines Auftrags oder dem Versuch, ein Finanzinstrument zu erwerben oder zu veräußern bzw. einen Auftrag zu stornieren oder zu ändern, bestehen, ausgeführt von einer Person, die weiß oder wissen müsste, dass die Informationen Insiderinformationen sind. Hier sollten die zuständigen Behörden von dem ausgehen, was eine normale, vernünftige Person unter den gegebenen Umständen wusste oder hätte wissen müssen.

(27) Diese Verordnung sollte entsprechend den von den Mitgliedstaaten ergriffenen Maßnahmen ausgelegt werden, die dem Schutz der Interessen der Inhaber übertragbarer Wertpapiere dienen, die Stimmrechte in einer Gesellschaft verleihen (oder solche Rechte durch Ausübung von Rechten oder Umwandlung verleihen können), wenn die Gesellschaft Gegenstand eines öffent-

---

[1]) **Amtl. Anm.:** Verordnung (EU) Nr. 1031/2010 der Kommission vom 12. November 2010 über den zeitlichen und administrativen Ablauf sowie sonstige Aspekte der Versteigerung von Treibhausgasemissionszertifikaten gemäß der Richtlinie 2003/87/EG des Europäischen Parlaments und des Rates über ein System für den Handel mit Treibhausgasemissionszertifikaten in der Gemeinschaft (ABl. L 302 vom 18.11.2010, S. 1).

lichen Übernahmeangebots oder eines anderen Vorschlags für einen Kontrollwechsel ist. Die Auslegung dieser Verordnung sollte im Einklang mit den Gesetzen, Rechts- und Verwaltungsvorschriften erfolgen, die in Bezug auf Übernahmeangebote, Zusammenschlüsse und andere Transaktionen erlassen wurden, die die Eigentumsverhältnisse oder die Kontrolle von Unternehmen betreffen und die durch die von den Mitgliedstaaten gemäß Artikel 4 der Richtlinie 2004/25/EG des Europäischen Parlaments und des Rates[1] benannten Aufsichtsbehörden reguliert werden.

(28) Analysen und Bewertungen, die aufgrund öffentlich verfügbarer Angaben erstellt wurden, sollten nicht als Insiderinformationen angesehen werden und die bloße Tatsache, dass Geschäfte auf der Grundlage von Analysen und Bewertungen getätigt werden, sollte daher nicht als Nutzung von Insiderinformationen gelten. Wird jedoch beispielsweise die Veröffentlichung oder Verbreitung der Informationen vom Markt routinemäßig erwartet und trägt diese Veröffentlichung und Verbreitung zur Preisbildung bei oder enthält sie Ansichten eines anerkannten Marktkommentators oder einer Institution, die die Preise verbundener Finanzinstrumente beeinflussen können so können diese Informationen Insiderinformationen darstellen. Um festzustellen, ob sie auf der Grundlage von Insiderinformationen handeln würden, müssten die Marktteilnehmer deshalb berücksichtigen, in welchem Umfang die Informationen nichtöffentlich sind und welche Auswirkungen auf Finanzinstrumente möglich wären, wenn sie vor der Veröffentlichung oder Verbreitung handeln würden.

(29) Damit legitime Formen von Finanzaktivitäten nicht ungewollt verboten werden, insbesondere solche, in denen kein Marktmissbrauch vorliegt, ist es erforderlich, bestimmte legitime Handlungen anzuerkennen. Dazu kann beispielsweise gehören, die Rolle der Market-Maker anzuerkennen, wenn sie in ihrer legitimen Eigenschaft als Bereitsteller von Marktliquidität tätig sind.

(30) Beschränken sich Market-Maker oder Personen, die als Gegenparteien fungieren dürfen, auf die Ausübung ihrer legitimen Geschäftstätigkeit in Form des Erwerbs oder der Veräußerung von Finanzinstrumenten oder beschränken sich zur Ausführung von Aufträgen für Rechnung Dritter, die über Insiderinformationen verfügen, befugte Personen auf die pflichtgemäße Ausführung der Stornierung oder Änderung eines Auftrags, so sollte dies nicht als Nutzung von Insiderinformationen gelten. Der in dieser Verordnung vorgesehene Schutz für Market-Maker, für Stellen, die befugt sind, als Gegenpartei aufzutreten, und für Personen, die befugt sind, im Namen Dritter, die über Insiderinformationen verfügen, Aufträge auszuführen, erstreckt sich nicht auf Tätigkeiten, die gemäß dieser Verordnung eindeutig verboten sind, so unter anderem die gemeinhin als „Frontrunning" bekannte Praxis (Eigengeschäfte in Kenntnis von Kundenaufträgen). Haben juristische Personen alle geeigneten Maßnahmen ergriffen, um Marktmissbrauch zu verhindern, begehen jedoch dessen ungeachtet von ihnen beschäftigte natürliche Personen im Namen der juristischen Person Marktmissbrauch, so sollte dies nicht als ein Marktmissbrauch durch die juristische Person gelten. Ein weiteres Beispiel für eine Situation, in der nicht von einer Nutzung von Insiderinformationen ausgegangen werden sollte, sind Geschäfte, die zur Erfüllung einer fällig gewordenen vorgelagerten Verpflichtung durchgeführt werden. Der Zugang zu Insiderinformationen über ein anderes Unternehmen und die Nutzung dieser Informationen bei einem öffentlichen Übernahmeangebot mit dem Ziel, die Kontrolle über dieses Unternehmen zu gewinnen oder einen Zusammenschluss mit ihm vorzuschlagen, sollten als solche nicht als Insidergeschäft gelten.

(31) Da dem Erwerb oder der Veräußerung von Finanzinstrumenten erforderlicherweise eine entsprechende Entscheidung der Person vorausgehen muss, die erwirbt bzw. veräußert, sollte die bloße Tatsache dieses Erwerbs oder dieser Veräußerung als solche nicht als Nutzung von Insiderinformationen gelten. Handlungen auf der Grundlage eigener Pläne und Handelsstrategien des Marktteilnehmers sollten nicht als Nutzung von Insiderinformationen gelten. Keine der betreffenden juristischen oder natürlichen Personen sollte aufgrund ihrer beruflichen Funktion geschützt werden, sondern nur dann, wenn sie in geeigneter und angemessener Weise handeln und sowohl die von ihnen zu erwartenden beruflichen Standards als auch die durch diese Verordnung festgelegten Normen, insbesondere zu Marktintegrität und Anlegerschutz, einhalten. Dessen ungeachtet könnte von einer Rechtsverletzung ausgegangen werden, wenn die zuständige Behörde feststellt, dass sich hinter den betreffenden Geschäften, Handelsaufträgen oder Handlungen ein rechtswidriger Grund verbirgt, oder dass die Person Insiderinformation verwendet hat.

---

[1] **Amtl. Anm.**: Richtlinie 2004/25/EG des Europäischen Parlaments und des Rates vom 21. April 2004 betreffend Übernahmeangebote (ABl. L 142 vom 30.4.2004, S. 12).

(32) Marktsondierungen sind Interaktionen zwischen einem Verkäufer von Finanzinstrumenten und einem oder mehreren potenziellen Anlegern, die vor der Ankündigung eines Geschäfts erfolgen, um das Interesse potenzieller Anleger an einem möglichen Geschäft, seiner preislichen Gestaltung, seinem Umfang und seiner Struktur abzuschätzen. Marktsondierungen können eine Erst- oder Zweitplatzierung relevanter Wertpapiere umfassen und unterscheiden sich vom üblichen Handel. Sie sind ein ausgesprochen wertvolles Instrument zur Beurteilung der Meinung potenzieller Anleger, zur Intensivierung des Dialogs mit den Anteilseignern, zur Sicherstellung des reibungslosen Ablaufs der Geschäfte und zur Abstimmung der Ansichten von Emittenten, vorhandenen Anteilseignern und potenziellen neuen Anlegern. Marktsondierungen können insbesondere dann nützlich sein, wenn das Vertrauen in die Märkte geschwächt ist, wenn relevante Marktreferenzwerte fehlen oder wenn die Märkte Schwankungen unterworfen sind. Die Fähigkeit, Marktsondierungen durchzuführen, ist wichtig für das ordnungsgemäße Funktionieren der Finanzmärkte, und Marktsondierungen sollten als solche nicht als Marktmissbrauch gelten.

(33) Beispiele für Marktsondierungen sind unter anderem Situationen, in denen ein Unternehmen auf der Verkäuferseite Gespräche mit einem Emittenten über ein mögliches Geschäft führt und beschließt, das Interesse potenzieller Anleger abzuschätzen, um die Bedingungen festzulegen, unter denen das Geschäft zustande kommt; wenn ein Emittent beabsichtigt, die Begebung eines Schuldtitels oder eine zusätzliche Kapitalerhöhung anzukündigen, und sich das Unternehmen auf der Verkäuferseite an wichtige Investoren wendet und ihnen die vollständigen Geschäftsbedingungen mitteilt, um eine finanzielle Zusage für die Beteiligung an dem Geschäft zu erhalten; oder wenn die Verkäuferseite anstrebt, eine große Menge von Wertpapieren im Auftrag eines Anlegers zu veräußern und das potenzielle Interesse anderer möglicher Anleger an diesen Wertpapieren abschätzen will.

(34) Die Durchführung von Marktsondierungen kann es erforderlich machen, potenziellen Anlegern gegenüber Insiderinformationen offenzulegen. Grundsätzlich ist die Möglichkeit, finanziell vom Handel auf der Grundlage von Insiderinformationen, die im Rahmen einer Marktsondierung weitergegeben wurden, zu profitieren, nur dann gegeben, wenn ein Markt für das Finanzinstrument, das Gegenstand der Marktsondierung ist, oder für ein verbundenes Finanzinstrument vorhanden ist. Aufgrund der Wahl des Zeitpunkts für solche Gespräche ist es möglich, dass dem potenziellen Anleger im Verlauf der Marktsondierung Insiderinformationen offengelegt werden, nachdem ein Finanzinstrument zum Handel auf einem geregelten Markt zugelassen oder auf einem multilateralen oder organisierten Handelssystem gehandelt wurde. Vor einer Marktsondierung sollte der offenlegende Marktteilnehmer beurteilen, ob es im Rahmen der Marktsondierung zur Offenlegung von Insiderinformationen kommen wird.

(35) Die Offenlegung von Insiderinformationen durch eine Person sollte als rechtmäßig betrachtet werden, wenn sie im Zuge der normalen Ausübung ihrer Arbeit oder ihres Berufes oder der normalen Erfüllung ihrer Aufgaben handelt. Wenn eine Marktsondierung die Offenlegung von Insiderinformationen einschließt, werden die Handlungen des offenlegenden Marktteilnehmers dann als im Zuge der normalen Ausübung seiner Arbeit, seines Berufs oder seiner Aufgaben getätigt angesehen, wenn er zum Zeitpunkt der Offenlegung die Person, der gegenüber die Offenlegung erfolgt, davon informiert und ihre Zustimmung dazu einholt, dass ihr Insiderinformationen übergeben werden, dass sie durch die Bestimmungen dieser Verordnung beim Handel und beim Handeln auf der Grundlage dieser Informationen Beschränkungen auferlegt werden, dass angemessene Schritte unternommen werden müssen, um die fortbestehende Vertraulichkeit der Informationen zu wahren, und dass sie den offenlegenden Marktteilnehmer von der Identität sämtlicher natürlichen und juristischen Personen in Kenntnis setzen muss, denen gegenüber die Informationen im Verlauf der Erarbeitung einer Antwort auf die Marktsondierung offengelegt werden. Der offenlegende Marktteilnehmer sollte außerdem die Pflichten hinsichtlich der Führung und Vorhaltung von Aufzeichnungen über offengelegte Informationen erfüllen, die in technischen Regulierungsstandards ausführlich festzulegen sind. Von Marktteilnehmern, die bei der Durchführung einer Marktsondierung diese Verordnung nicht einhalten, sollte nicht angenommen werden, dass sie Insiderinformationen unrechtmäßig *offenlegt*[1]) haben, sie können jedoch nicht in den Genuss der Ausnahme kommen, die denjenigen gewährt wird, die diese Bestimmungen eingehalten haben. Ob sie gegen das Verbot einer unrechtmäßigen Offenlegung von Insiderinformationen verstoßen haben, sollte unter Berücksichtigung sämtlicher *einschlägigen*[2]) Bestimmungen dieser Verordnung untersucht werden, und alle offenlegenden Marktteilnehmer sollten verpflichtet sein, vor der Durchführung einer Marktsondierung ihre Beurteilung schrift-

---

[1]) Richtig wohl: „offengelegt".
[2]) Richtig wohl: „einschlägiger".

lich niederzulegen, ob diese Marktsondierung die Offenlegung von Insiderinformationen einschließt.

(36) Im Gegenzug sollten potenzielle Anleger, die Gegenstand einer Marktsondierung sind, prüfen, ob die ihnen gegenüber offengelegten Informationen Insiderinformationen sind, wodurch sie daran gehindert würden, auf der Grundlage dieser Informationen Geschäfte zu tätigen oder diese Informationen weiter offenzulegen. Potenzielle Anleger unterliegen weiterhin den Vorschriften über Insidergeschäfte und die unrechtmäßige Offenlegung von Insiderinformationen gemäß dieser Verordnung. Zur Unterstützung potenzieller Anleger bei ihren Erwägungen und im Hinblick auf die Schritte, die sie unternehmen sollten, um nicht gegen diese Verordnung zu verstoßen, sollte die ESMA Leitlinien herausgeben.

(37) Die Verordnung (EU) Nr. 1031/2010 sieht für die Versteigerung von Emissionszertifikaten zwei parallele Regelungen in Bezug auf Marktmissbrauch vor. Da Emissionszertifikate als Finanzinstrumente eingestuft werden, sollte diese Verordnung allerdings ein einheitliches, für den gesamten Primär- und Sekundärmarkt für Emissionszertifikate gültiges Regelwerk in Bezug auf Marktmissbrauch darstellen. Die Verordnung sollte auch für Handlungen oder Geschäfte, darunter Gebote, bezüglich der Versteigerung von Emissionszertifikaten und anderen darauf beruhenden Auktionsobjekten auf einem als Auktionsplattform zugelassenen geregelten Markt gemäß der Verordnung (EU) Nr. 1031/2010 gelten, selbst, wenn die versteigerten Produkte keine Finanzinstrumente sind.

(38) In dieser Verordnung sollten Maßnahmen in Bezug auf Marktmissbrauch vorgesehen werden, die an neue Formen des Handels oder möglicherweise missbräuchliche neue Strategien angepasst werden können. Um dem Umstand Rechnung zu tragen, dass der Handel mit Finanzinstrumenten zunehmend automatisiert ist, ist es wünschenswert, dass in der Bestimmung des Begriffs Marktmanipulation Beispiele bestimmter missbräuchlicher Strategien angeführt werden, die im Zuge aller zur Verfügung stehenden Handelsmethoden – einschließlich des algorithmischen Handels und des Hochfrequenzhandels – angewandt werden können. Die dabei angeführten Beispiele sollen weder eine erschöpfende Aufzählung sein noch den Eindruck erwecken, dass dieselben Strategien, wenn sie mit anderen Mitteln verfolgt würden, nicht auch missbräuchlich wären.

(39) Dem Verbot des Marktmissbrauchs sollten auch die Personen unterliegen, die zusammenwirkend Marktmissbrauch begehen. Beispiele hierfür können unter anderem Makler sein, die eine Handelsstrategie entwickeln und empfehlen, die darauf ausgerichtet ist, Marktmissbrauch zu begehen; Personen, die eine Person, die über Insiderinformationen verfügt, dazu auffordern, diese Informationen unzulässig offenzulegen; oder Personen, die in Zusammenarbeit mit einem Börsenmakler Software zur Begünstigung von Marktmissbrauch entwickeln.

(40) Damit sowohl die juristische Person als auch jede natürliche Person, die an der Beschlussfassung der juristischen Person beteiligt ist, haftbar gemacht werden kann, ist es erforderlich, die unterschiedlichen nationalen rechtlichen Mechanismen in den Mitgliedstaaten anzuerkennen. Diese Mechanismen beziehen sich unmittelbar auf die Methoden der Haftbarmachung im nationalen Recht.

(41) Zur Ergänzung des Verbots der Marktmanipulation sollte diese Verordnung ein Verbot der versuchten Marktmanipulation enthalten. Da beide Aktivitäten gemäß dieser Verordnung verboten sind, sollte ein Versuch der Marktmanipulation von Handlungen unterschieden werden, bei denen davon auszugehen ist, dass sie zu Marktmanipulation führen. Ein solcher Versuch kann sich unter anderem auf Situationen erstrecken, in denen die Aktivität begonnen, aber nicht vollendet wird, beispielsweise aufgrund technischen Versagens oder eines Handelsauftrags, der nicht ausgeführt wird. Das Verbot der versuchten Marktmanipulation ist erforderlich, um die zuständigen Behörden in die Lage zu versetzen, entsprechende Versuche mit Sanktionen zu belegen.

(42) Unbeschadet des Zwecks dieser Verordnung und ihrer unmittelbar anwendbaren Bestimmungen könnte eine Person, die Geschäfte abschließt oder Kauf- bzw. Verkaufsaufträge ausführt, die so betrachtet werden können, dass sie den Tatbestand einer Marktmanipulation erfüllen, geltend machen, dass sie legitime Gründe hatte, diese Geschäfte abzuschließen oder Aufträge auszuführen, und dass diese nicht gegen die zulässige Praxis auf dem betreffenden Markt verstoßen. Eine zulässige Marktpraxis kann nur von der zuständigen Stelle festgelegt werden, die für die Beaufsichtigung des betreffenden Marktes in Bezug auf Marktmissbrauch zuständig ist. Eine Praxis, die auf einem bestimmten Markt akzeptiert wird, kann auf anderen Märkten als nicht zulässig betrachtet werden, nachdem sie von den für diese anderen Märkte zuständigen Behörden offiziell zugelassen worden ist. Dessen ungeachtet könnte von einer Rechtsverletzung ausgegangen werden, wenn die zuständige Behörde feststellt, dass sich hinter den betreffenden Geschäften oder Handelsaufträgen ein rechtswidriger Grund verbirgt.

(43) Daneben sollte in dieser Verordnung klargestellt werden, dass die Marktmanipulation oder der Versuch der Marktmanipulation hinsichtlich eines Finanzinstruments auch in der Form erfolgen kann, dass damit verbundene Finanzinstrumente wie Derivate verwendet werden, die an einem anderen Handelsplatz oder außerbörslich gehandelt werden.

(44) Der Preis vieler Finanzinstrumente wird durch Bezugnahme auf Referenzwerte festgesetzt. Eine tatsächliche oder versuchte Manipulation von *Referenzwerte*[1]), einschließlich der Angebotssätze im Interbankengeschäft, kann das Marktvertrauen erheblich beeinträchtigen und zu beträchtlichen Verlusten für die Anleger wie auch zu realwirtschaftlichen Verzerrungen führen. Daher sind spezielle Vorschriften für Referenzwerte erforderlich, um die Integrität der Märkte zu wahren und sicherzustellen, dass die zuständigen Behörden ein klares Verbot der Manipulation von Referenzwerten durchsetzen können. Diese Vorschriften sollten für alle veröffentlichten Referenzwerte und auch für unentgeltlich oder gegen Entgelt über das Internet abrufbare Referenzwerte gelten, beispielsweise Referenzwerte für Kreditausfall-Swaps und Indizes von Indizes. Das allgemeine Verbot der Marktmanipulation sollte ergänzt werden durch ein Verbot der Manipulation des Referenzwerts selbst sowie der Übermittlung falscher oder irreführender Angaben, der Bereitstellung falscher oder irreführender Ausgangsdaten oder jeglicher sonstiger Handlungen, durch die die Berechnung eines Referenzwerts manipuliert wird, wobei die Bestimmung des Begriffs Berechnung weit gefasst ist, so dass sie sich auch auf die Entgegennahme und Bewertung sämtlicher Daten erstreckt, die in Zusammenhang mit der Berechnung des betreffenden Referenzwerts stehen und insbesondere getrimmte Daten einschließen, und auf vollständige algorithmische oder urteilsgestützte Referenzwert-Methoden oder auf Teile davon. Diese Vorschriften ergänzen die Vorschriften der Verordnung (EU) Nr. 1227/2011, die die vorsätzliche Übermittlung falscher Informationen an Unternehmen untersagt, die Preisbewertungen oder Marktberichte enthalten, mit der Folge, dass Marktteilnehmer, die aufgrund dieser Bewertungen und Berichte tätig werden, irregeführt werden.

(45) Um einheitliche Marktbedingungen für die in den Anwendungsbereich dieser Verordnung fallenden Handelsplätze und Handelssysteme zu gewährleisten, sollte jede Person, die geregelte Märkte, multilaterale und organisierte Handelssysteme betreibt, dazu verpflichtet werden, wirksame Maßnahmen, Systeme und Verfahren zur Vorbeugung gegen Marktmanipulations- und Marktmissbrauchspraktiken und zu deren Aufdeckung zu unterhalten und aufrechtzuerhalten.

(46) Manipulation oder versuchte Manipulation von Finanzinstrumenten kann auch im Erteilen von Aufträgen bestehen, die möglicherweise nicht ausgeführt werden. Ferner kann ein Finanzinstrument durch außerhalb des Handelsplatzes erfolgende Handlungen manipuliert werden. Personen, die beruflich Geschäfte vermitteln oder ausführen, sollten dazu verpflichtet sein, wirksame Maßnahmen, Systeme und Verfahren zur Aufdeckung und Meldung verdächtiger Geschäfte zu unterhalten und aufrechtzuerhalten. Sie sollten außerdem außerhalb eines Handelsplatzes erfolgende verdächtige Aufträge und verdächtige Geschäfte melden.

(47) Manipulation oder versuchte Manipulation von Finanzinstrumenten kann auch in der Verbreitung falscher oder irreführender Informationen bestehen. Die Verbreitung falscher oder irreführender Informationen kann innerhalb relativ kurzer Zeit erhebliche Auswirkungen auf die Kurse von Finanzinstrumenten haben. Sie kann im Erfinden offensichtlich falscher Informationen, aber auch in der absichtlichen Unterschlagung wesentlicher Sachverhalte sowie in der wissentlichen Angabe unrichtiger Informationen bestehen. Diese Form der Marktmanipulation schadet den Anlegern in besonderer Weise, weil sie dazu veranlasst, ihre Anlageentscheidungen auf unrichtige oder verzerrte Informationen zu stützen. Sie schadet auch den Emittenten, da sie das Vertrauen in die sie betreffenden Informationen untergräbt. Ein Mangel an Marktvertrauen kann wiederum die Fähigkeit eines Emittenten beeinträchtigen, zur Finanzierung seiner Operationen neue Finanzinstrumente zu begeben oder sich bei anderen Marktteilnehmern Kredite zu beschaffen. Auf dem Markt verbreiten sich Informationen sehr schnell. Deshalb kann der Schaden für Anleger und Emittenten für einen relativ langen Zeitraum anhalten, bis die Informationen sich als falsch oder irreführend erweisen und vom Emittenten oder den Urhebern ihrer Verbreitung berichtigt werden können. Deshalb muss die Verbreitung von falschen oder irreführenden Informationen sowie Gerüchten und falschen oder irreführenden Nachrichten als Verstoß gegen diese Verordnung eingestuft werden. Es ist daher zweckmäßig, es den Akteuren der Finanzmärkte zu untersagen, Informationen, die im Widerspruch zu ihrer eigenen Meinung oder besserem Wissen stehen, deren Unrichtigkeit oder irreführender Charakter ihnen bekannt ist oder bekannt sein sollte, zum Schaden von Anlegern und Emittenten frei zu äußern.

---

[1]) Richtig wohl: „Referenzwerten".

# EU-MarktmissbrauchsVO **MAR 11**

(48) Da Websites, Blogs und soziale Medien immer stärker genutzt werden, ist es wichtig klarzustellen, dass die Verbreitung falscher oder irreführender Informationen über das Internet, einschließlich über Websites sozialer Medien oder anonyme Blogs, im Sinne dieser Verordnung als gleichwertig mit der Verbreitung über traditionellere Kommunikationskanäle betrachtet werden sollte.

(49) Die öffentliche Bekanntgabe von Insiderinformationen durch Emittenten ist von wesentlicher Bedeutung, um Insidergeschäften und der Irreführung von Anlegern vorzubeugen. Die Emittenten sollten daher verpflichtet werden, der Öffentlichkeit Insiderinformationen unverzüglich bekanntzugeben. Diese Verpflichtung kann jedoch unter besonderen Umständen den berechtigten Interessen des Emittenten abträglich sein. Unter solchen Umständen sollte eine aufgeschobene Offenlegung erlaubt sein, vorausgesetzt, eine Irreführung der Öffentlichkeit durch den Aufschub ist unwahrscheinlich und der Emittent kann die Geheimhaltung der Informationen gewährleisten. Der Emittent ist nur verpflichtet, Insiderinformationen offenzulegen, wenn er die Zulassung des Finanzinstruments zum Handel beantragt oder genehmigt hat.

(50) Für die Zwecke der Anwendung der Anforderungen betreffend der Offenlegung von Insiderinformationen und des Aufschubs dieser Offenlegung dieser Verordnung können sich die berechtigten Interessen insbesondere auf folgende nicht erschöpfende Fallbeispiele beziehen: a) laufende Verhandlungen oder damit verbundene Umstände, wenn das Ergebnis oder der normale Ablauf dieser Verhandlungen von der Veröffentlichung wahrscheinlich beeinträchtigt werden würden; insbesondere wenn die finanzielle Überlebensfähigkeit des Emittenten stark und unmittelbar gefährdet ist – auch wenn er noch nicht unter das geltende Insolvenzrecht fällt – kann die Bekanntgabe von Informationen für einen befristeten Zeitraum verzögert werden, sollte eine derartige Bekanntgabe die Interessen der vorhandenen und potenziellen Aktionäre erheblich gefährden, indem der Abschluss spezifischer Verhandlungen vereitelt werden würde, die eigentlich zur Gewährleistung einer langfristigen finanziellen Erholung des Emittenten gedacht sind; b) vom Geschäftsführungsorgan eines Emittenten getroffene Entscheidungen oder abgeschlossene Verträge, die der Zustimmung durch ein anderes Organ des Emittenten bedürfen, um wirksam zu werden, sofern die Struktur eines solchen Emittenten die Trennung zwischen diesen Organen vorsieht und eine Bekanntgabe der Informationen vor der Zustimmung zusammen mit der gleichzeitigen Ankündigung, dass die Zustimmung noch aussteht, die korrekte Bewertung der Informationen durch das Publikum gefährden würde.

(51) Daneben muss die Anforderung der Offenlegung von Insiderinformationen sich an die Teilnehmer am Markt für Emissionszertifikate richten. Um dem Markt eine nutzlose Berichterstattung zu ersparen und die Kosteneffizienz der vorgesehenen Maßnahme zu wahren, erscheint es erforderlich, die rechtlichen Auswirkungen dieser Anforderung nur auf diejenigen Betreiber im Rahmen des EU-EHS zu beschränken, von denen aufgrund ihrer Größe und Tätigkeit zu erwarten ist, dass sie den Preis von Emissionszertifikaten, darauf beruhenden Auktionsobjekten oder damit verbundenen derivativen Finanzinstrumenten und das Bieten in den Versteigerungen gemäß der Verordnung (EU) Nr. 1031/2010 erheblich beeinflussen können. Die Kommission sollte Maßnahmen in Form eines delegierten Rechtsakts erlassen, durch die ein Mindestschwellenwert für die Anwendung dieser Ausnahme festgelegt wird. Die offenzulegende Information sollte die physischen Aktivitäten der weitergebenden Partei und nicht deren eigene Pläne oder Strategien für den Handel von Emissionszertifikaten, darauf beruhenden Auktionsobjekten oder damit verbundenen derivativen Finanzinstrumenten betreffen. Soweit die Teilnehmer am Markt für Emissionszertifikate, insbesondere gemäß der Verordnung (EU) Nr. 1227/2011, bereits gleichwertige Anforderungen zur Offenlegung von Insiderinformationen erfüllen, sollte die Pflicht zur Offenlegung von Insiderinformationen in Bezug auf Emissionszertifikate nicht dazu führen, dass mehrfach obligatorische Meldungen mit im Wesentlichen gleichem Inhalt abgesetzt werden müssen. Da im Fall von Teilnehmern am Markt für Emissionszertifikate mit aggregierten Emissionen oder einer thermischen Nennleistung in Höhe oder unterhalb des festgelegten Schwellenwerts die Informationen über die physischen Aktivitäten dieser Teilnehmer als nicht maßgeblich für die Offenlegung betrachtet werden, sollte von diesen Informationen auch angenommen werden, dass sie keine erheblichen Auswirkungen auf die Preise der Emissionszertifikate und der darauf beruhenden Auktionsobjekte oder auf die damit verbundenen derivativen Finanzinstrumente haben. Für solche Teilnehmer am Markt für Emissionszertifikate sollte dessen ungeachtet in Bezug auf sämtliche anderen Insiderinformationen, zu denen sie Zugang haben, das Verbot von Insidergeschäften gelten.

(52) Um das öffentliche Interesse zu schützen, die Stabilität des Finanzsystems zu wahren und um beispielsweise zu verhindern, dass sich Liquiditätskrisen von Finanzinstituten aufgrund eines plötzlichen Abzugs von Mitteln zu Solvenzkrisen entwickeln, kann es unter besonderen Umständen angemessen sein, Kreditinstituten und Finanzinstituten einen Aufschub der Offenlegung

695

systemrelevanter Insiderinformationen zu gestatten. Dies kann insbesondere für Informationen im Zusammenhang mit zeitweiligen Liquiditätsproblemen gelten, bei denen Zentralbankkredite, einschließlich Krisen-Liquiditätshilfe seitens einer Zentralbank, erforderlich sind und die Offenlegung der Informationen systemische Auswirkungen hätte. Die Gewährung des Aufschubs sollte daran geknüpft sein, dass der Emittent das Einverständnis der betreffenden zuständigen Behörde einholt und dass das weitere öffentliche und wirtschaftliche Interesse am Aufschub der Offenlegung gegenüber dem Interesse des Marktes am Erhalt der Informationen, die Gegenstand des Aufschubs sind, überwiegt.

(53) In Bezug auf Finanzinstitute, insbesondere solche, die Zentralbankkredite einschließlich Krisen-Liquiditätshilfe erhalten, sollte von der zuständigen Behörde, gegebenenfalls nach Anhörung der nationalen Zentralbank, der nationalen makroprudenziellen Behörde oder einer anderen relevanten nationalen Behörde geprüft werden, ob die Informationen systemrelevant sind und ob ein Aufschub der Offenlegung im öffentlichen Interesse liegt.

(54) Die Nutzung und die versuchte Nutzung von Insiderinformationen für den Handel für eigene oder für fremde Rechnung sollten eindeutig verboten werden. Die Nutzung von Insiderinformationen kann auch im Handel mit Emissionszertifikaten und deren Derivaten und im Bieten auf den Versteigerungen von Emissionszertifikaten oder anderen darauf beruhenden Auktionsobjekten gemäß der Verordnung (EU) Nr. 1031/2010 durch Personen bestehen, die die wissen oder wissen müssten, dass ihre Informationen Insiderinformationen sind. Informationen über die eigenen Handelspläne und -strategien des Marktteilnehmers sollten nicht als Insiderinformationen betrachtet werden, obwohl Informationen über die Handelspläne und -strategien Dritter Insiderinformationen sein können.

(55) Die Verpflichtung zur Offenlegung von Insiderinformationen kann für kleine und mittlere Unternehmen im Sinne der Richtlinie 2014/65/EU[1]) des Europäischen Parlaments und des Rates[2]), deren Finanzinstrumente zum Handel an KMU-Wachstumsmärkten zugelassen sind, aufgrund der Kosten für die Sichtung der ihnen vorliegenden Informationen und die Rechtsberatung zur Erforderlichkeit und zum Zeitpunkt einer Offenlegung eine Belastung darstellen. Dennoch ist eine unverzügliche Offenlegung von Insiderinformationen wesentlich, um das Vertrauen der Anleger in diese Emittenten zu gewährleisten. Deshalb sollte die ESMA in der Lage sein, Leitlinien herauszugeben, die es den Emittenten erleichtern, ihrer Pflicht zur Offenlegung von Insiderinformationen ohne Beeinträchtigung des Anlegerschutzes nachzukommen.

(56) Insiderlisten sind für die Regulierungsbehörden bei der Untersuchung möglicher Marktmissbrauchs ein wichtiges Instrument, aber die zwischen den Mitgliedstaaten bestehenden Unterschiede in Bezug auf die darin aufzuführenden Daten verursachen den Emittenten unnötigen Verwaltungsaufwand. Zur Senkung dieser Kosten sollten daher die für Insiderlisten erforderlichen Datenfelder einheitlich sein. Personen auf Insiderlisten sollten über diesen Umstand und die damit verbundenen Auswirkungen gemäß dieser Verordnung und der Richtlinie 2014/57/EU des Europäischen Parlaments und des Rates[3]) informiert werden. Die Pflicht zum Führen und regelmäßigen Aktualisieren von Insiderlisten verursacht insbesondere den Emittenten auf KMU-Wachstumsmärkten Verwaltungsaufwand. Da die zuständigen Behörden eine wirksame Beaufsichtigung in Bezug auf Marktmissbrauch ausüben können, ohne jederzeit über diese Listen für diese Emittenten zu verfügen, sollten sie zur Verringerung der durch diese Verordnung verursachten Verwaltungskosten von dieser Verpflichtung ausgenommen werden. Die betreffenden Emittenten sollten den zuständigen Behörden jedoch auf deren Ersuchen hin eine Insiderliste zur Verfügung stellen.

(57) Emittenten von Finanzinstrumenten oder in deren Auftrag oder auf deren Rechnung handelnde Personen müssen Listen der mit einem Arbeitsvertrag oder anderweitig für sie arbeitenden Personen erstellen, die Zugang zu Insiderinformationen mit direktem oder indirektem Bezug zum Emittenten haben, da eine solche Maßnahme ein wirksames Mittel zum Schutz der Integrität des Marktes ist. Anhand solcher Verzeichnisse können Emittenten oder die genannten Personen den Fluss von Insiderinformationen überwachen, und die Listen können somit dazu

---

[1]) Nr. 1.
[2]) **Amtl. Anm.:** Richtlinie 2014/65/EU des Europäischen Parlaments und des Rates vom 15. Mai 2014 über Märkte für Finanzinstrumente sowie zur Änderung der Richtlinien 2002/92/EU und 2011/67/EG (siehe Seite 349 dieses Amtsblatts [Anm. d. Red.: ABl. L 173 vom 12.6.2014]).
[3]) **Amtl. Anm.:** Richtlinie 2014/57/EU des Europäischen Parlaments und des Rates vom 16. April 2014 über strafrechtliche Sanktionen bei Marktmissbrauch (Marktmissbrauchsrichtlinie) (siehe Seite 179 dieses Amtsblatts [Anm. d. Red.: ABl. L 173 vom 12.6.2014]).

beitragen, dass den Geheimhaltungspflichten Genüge getan wird. Außerdem können diese Listen auch ein.nützliches Instrument für die zuständigen Behörden sein, um Personen zu identifizieren, die Zugang zu Insiderinformationen haben, und um das Datum zu ermitteln, zu dem sie diesen Zugang erhalten haben. Der Zugang zu Insiderinformationen, die sich unmittelbar oder mittelbar auf den Emittenten beziehen, seitens Personen, die in einer solchen Liste aufgeführt sind, lässt die in dieser Verordnung festgelegten Verbote unberührt.

(58) Eine größere Transparenz der Eigengeschäfte von Personen, die auf Emittentenebene Führungsaufgaben wahrnehmen, und gegebenenfalls der in enger Beziehung zu ihnen stehenden Personen stellt eine Maßnahme zur Verhütung von Marktmissbrauch und insbesondere von Insidergeschäften dar. Die Bekanntgabe dieser Geschäfte zumindest auf individueller Basis kann auch eine höchst wertvolle Informationsquelle für Anleger darstellen. Es muss klargestellt werden, dass die Pflicht zur Bekanntgabe dieser Eigengeschäfte von Führungskräften auch das Verpfänden und Verleihen von Finanzinstrumenten einschließt, da das Verpfänden von Anteilen im Fall einer plötzlichen und unvorhergesehenen Veräußerung erhebliche und potenziell destabilisierende Auswirkungen auf das Unternehmen haben kann. Ohne Offenlegung würde auf dem Markt nicht bekannt werden, dass die Wahrscheinlichkeit zum Beispiel einer wesentlichen künftigen Änderung beim Anteilsbesitz, einer Zunahme des Angebots von Anteilen auf dem Markt oder des Verlusts von Stimmrechten in dem betreffenden Unternehmen gestiegen ist. Aus diesem Grund ist eine Bekanntgabe gemäß dieser Verordnung dann vorgeschrieben, wenn die Verpfändung der Wertpapiere im Rahmen eines umfangreicheren Geschäfts erfolgt, in dessen Rahmen die Führungskraft die Wertpapiere als Sicherheit verpfändet, um von einem Dritten einen Kredit zu erhalten. Außerdem ist vollständige und ordnungsgemäße Markttransparenz eine Voraussetzung für das Vertrauen der Marktteilnehmer und insbesondere der Anteilseigner eines Unternehmens. Es ist darüber hinaus erforderlich, klarzustellen, dass die Verpflichtung zur Bekanntgabe der Geschäfte der betreffenden Führungskräfte die Bekanntgabe der Geschäfte von anderen Personen, die ein Ermessen für die Führungskraft ausüben, einschließt. Um ein angemessenes Gleichgewicht zwischen dem Grad der Transparenz und der Anzahl der Mitteilungen an die zuständigen Behörden und die Öffentlichkeit zu gewährleisten, sollten mit dieser Verordnung Schwellenwerte eingeführt werden, unterhalb welcher Geschäfte nicht mitteilungspflichtig sind.

(59) Die Meldung von Geschäften für eigene Rechnung, die von Personen, die Führungsaufgaben wahrnehmen, durchgeführt werden oder die von einer Person ausgeführt werden, die in enger Beziehung zu diesen steht, liefert nicht nur wertvolle Informationen für andere Marktteilnehmer, sondern bietet den zuständigen Behörden eine zusätzliche Möglichkeit zur Überwachung der Märkte. Die Verpflichtung zur Bekanntgabe von Geschäften lässt die in dieser Verordnung festgelegten Verbote unberührt.

(60) Die Bekanntgabe von Geschäften sollte gemäß den Bestimmungen über die Übermittlung personenbezogener Daten erfolgen, die in der Richtlinie 95/46/EG des Europäischen Parlaments und des Rates[1] niedergelegt sind.

(61) Personen, die Führungsaufgaben wahrnehmen, sollte es nicht gestattet sein, vor der Ankündigung eines Zwischenberichts oder eines Jahresabschlussberichts, zu deren Veröffentlichung der betreffende Emittent gemäß den Vorschriften des Handelsplatzes, auf dem die Anteile des Emittenten zum Handel zugelassen sind, oder gemäß nationalen Rechtsvorschriften verpflichtet ist, Handel zu treiben, es sei denn, es bestehen besondere und eingegrenzte Umstände, die die Erteilung einer Erlaubnis zum Handel durch die Emittenten an eine Person, die Führungsaufgaben wahrnimmt, rechtfertigen würden. Eine solche Erlaubnis eines Emittenten lässt jedoch die in dieser Verordnung festgelegten Verbote unberührt.

(62) Eine wirkungsvolle Aufsicht wird durch eine Reihe wirksamer Instrumente und Befugnisse sowie von Ressourcen für die zuständigen Behörden der Mitgliedstaaten sichergestellt. Diese Verordnung sieht daher insbesondere vor ein Mindestmaß an Aufsichts- und Untersuchungsbefugnissen vor, die den zuständigen Behörden der Mitgliedstaaten gemäß nationalem Recht übertragen werden sollten. Wenn es die nationalen Rechtsvorschriften erfordern, sollten diese Befugnisse durch Antrag bei den zuständigen Justizbehörden ausgeübt werden. Die zuständigen Behörden sollten bei der Ausübung ihrer Befugnisse gemäß dieser Richtlinie objektiv und unparteiisch vorgehen und bei ihrer Beschlussfassung unabhängig bleiben.

---

[1] **Amtl. Anm.:** Richtlinie 95/46/EG des Europäischen Parlaments und des Rates vom 24. Oktober 1995 zum Schutz natürlicher Personen bei der Verarbeitung personenbezogener Daten und zum freien Datenverkehr (ABl. L 281 vom 23.11.1995, S. 31).

(63) Auch die Marktteilnehmer und alle Wirtschaftsakteure sollten einen Beitrag zur Marktintegrität leisten. In dieser Hinsicht sollte die Benennung einer einzigen zuständigen Behörde für Marktmissbrauch eine Zusammenarbeit mit Marktteilnehmern oder die Delegation von Aufgaben unter der Verantwortlichkeit der zuständigen Behörde an die Marktteilnehmer zu dem Zweck, die wirksame Überwachung der Einhaltung der Bestimmungen dieser Verordnung zu gewährleisten, nicht ausschließen. Wenn Personen, die Anlageempfehlungen oder andere Informationen, durch die eine Strategie für Investitionen in ein oder mehrere Finanzinstrumente empfohlen oder vorgeschlagen wird, erstellen oder weitergeben, auch für eigene Rechnung mit solchen Instrumenten handeln, sollten die zuständigen Behörden von solchen Personen unter anderem sämtliche Informationen verlangen oder anfordern können, die erforderlich sind, um festzustellen, ob die von der betreffenden Person erstellten oder weitergegebenen Informationen im Einklang mit dieser Verordnung stehen.

(64) Zur Aufdeckung von Insidergeschäften und Marktmanipulation ist es erforderlich, dass die zuständigen Behörden die Möglichkeit haben, im Einklang mit den nationalen Rechtsvorschriften die Räumlichkeiten natürlicher und juristischer Personen zu betreten und Dokumente zu beschlagnahmen. Der Zugang zu solchen Räumen ist erforderlich, wenn der begründete Verdacht besteht, dass Dokumente und andere Daten vorhanden sind, die in Zusammenhang mit dem Gegenstand einer Untersuchung stehen und Beweismittel für Insidergeschäfte oder Marktmissbrauch sein können. Darüber hinaus ist der Zugang zu solchen Räumlichkeiten erforderlich, wenn die Person, an die ein Auskunftsersuchen gerichtet wurde, diesem nicht oder nur teilweise nachkommt oder wenn berechtigte Gründe für die Annahme bestehen, dass im Fall eines Auskunftsersuchens diesem nicht nachgekommen würde oder die Dokumente oder Informationen, die Gegenstand des Auskunftsersuchens sind, entfernt, manipuliert oder zerstört würden. Ist gemäß dem jeweiligen nationalen Recht eine vorherige Genehmigung der zuständigen Justizbehörde des betreffenden Mitgliedstaats erforderlich, sollte das Betreten von Räumlichkeiten nach Einholung dieser vorherigen Genehmigung stattfinden.

(65) Bereits vorhandene Aufzeichnungen von Telefongesprächen und Datenverkehrsaufzeichnungen von Wertpapierfirmen, Kreditinstituten und anderen Finanzinstituten, die Geschäfte ausführen und diese Ausführung dokumentieren, sowie bereits vorhandene Telefon- und Datenverkehrsaufzeichnungen von Telekommunikationsgesellschaften stellen entscheidende und manchmal die einzigen Belege für die Aufdeckung und den Nachweis des Bestehens von Insiderhandel und Marktmanipulation dar. Mit Telefon- und Datenverkehrsaufzeichnungen kann die Identität einer für die Verbreitung falscher oder irreführender Informationen verantwortlichen Person ermittelt oder festgestellt werden, dass Personen zu einer bestimmten Zeit Kontakt hatten und dass eine Beziehung zwischen zwei oder mehr Personen besteht. Die zuständigen Behörden sollten daher befugt sein, bestehende Aufzeichnungen von Telefongesprächen, elektronischer Kommunikation und Datenverkehrsaufzeichnungen anzufordern, die sich gemäß der Richtlinie 2014/65/EU[1)] im Besitz einer Wertpapierfirma, eines Kreditinstituts oder eines Finanzinstituts befinden. Der Zugang zu Telefon- und Datenverkehrsaufzeichnungen ist erforderlich, um Beweise und Ermittlungsansätze in Bezug auf Insidergeschäfte und Marktmanipulation und mithin zur Aufdeckung von Marktmissbrauch und zum Verhängen von Sanktionen dagegen zu erlangen. Zur Schaffung einheitlicher Bedingungen in der Union in Bezug auf den Zugang zu Telefon- und bestehenden Datenverkehrsaufzeichnungen im Besitz einer Telekommunikationsgesellschaft oder zu bestehenden Aufzeichnungen von Telefongesprächen und Datenverkehr im Besitz einer Wertpapierfirma, eines Kreditinstituts oder eines Finanzinstituts sollten die zuständigen Behörden im Einklang mit den nationalen Rechtsvorschriften befugt sein, bestehende Telefon- und Datenverkehrsaufzeichnungen, die sich, soweit die nationalen Rechtsvorschriften dies gestatten, im Besitz einer Telekommunikationsgesellschaft befinden, und bestehende Aufzeichnungen von Telefongesprächen und Datenverkehr im Besitz einer Wertpapierfirma anzufordern, wenn es sich um Fälle handelt, in denen der begründete Verdacht besteht, dass diese Aufzeichnungen mit Bezug zum Gegenstand der Überprüfung oder Untersuchung für den Nachweis von Insidergeschäften oder Marktmanipulation unter Verstoß gegen diese Verordnung relevant sein können. Der Zugang zu Telefon- und Datenverkehrsaufzeichnungen im Besitz von Telekommunikationsgesellschaften umfasst nicht den Zugang zu Inhalten von Telefongesprächen.

(66) Obgleich in dieser Verordnung ein Mindestmaß an Befugnissen festgelegt wird, die die zuständigen Behörden haben sollten müssen diese Befugnisse im Rahmen eines Gesamtsystems nationaler Rechtsvorschriften ausgeübt werden, in denen die Einhaltung der Grundrechte unter Einschluss des Rechts auf Schutz der Privatsphäre garantiert wird. Für den Zweck der Ausübung dieser

---

[1)] Nr. 1.

# EU-MarktmissbrauchsVO

**MAR 11**

Befugnisse, durch die es zu gravierenden Eingriffen in Bezug auf das Recht auf Achtung des Privat- und Familienlebens, der Wohnung sowie der Kommunikation kommen kann, sollten in den Mitgliedstaaten angemessene und wirksame Schutzvorkehrungen gegen jegliche Form des Missbrauchs bestehen, beispielsweise, falls erforderlich, das Erfordernis zur Einholung einer vorherigen Genehmigung der Justizbehörden eines betroffenen Mitgliedstaats. Die Mitgliedstaaten sollten die Möglichkeit vorsehen, dass die zuständigen Behörden derartige Eingriffsbefugnisse in dem Umfang ausüben, in dem dies für die ordnungsgemäße Untersuchung schwerwiegender Fälle erforderlich ist, sofern keine gleichwertigen Mittel zur Verfügung stehen, mit denen wirksam dasselbe Ergebnis erzielt werden kann.

(67) Da Marktmissbrauch länder- und marktübergreifend erfolgen kann, sollten, falls nicht außergewöhnliche Umstände vorliegen, die zuständigen Behörden insbesondere bei Ermittlungen zur Zusammenarbeit und zum Informationsaustausch mit anderen zuständigen Behörden und Regulierungsbehörden sowie mit der ESMA verpflichtet sein. Falls eine zuständige Behörde zu der Überzeugung gelangt, dass Marktmissbrauch in einem anderen Mitgliedstaat erfolgt oder erfolgt ist oder in einem anderen Mitgliedstaat gehandelte Finanzinstrumente berührt, so sollte sie dies der zuständigen Behörde und der ESMA mitteilen. In Fällen von Marktmissbrauch mit grenzüberschreitenden Auswirkungen sollte die ESMA auf Ersuchen einer der betroffenen zuständigen Behörden in der Lage sein, die Ermittlungen zu koordinieren.

(68) Es ist erforderlich, dass die zuständigen Behörden über die erforderlichen Instrumente für eine wirksame marktübergreifende Aufsicht über die Orderbücher verfügen. Gemäß der Richtlinie 2014/65/EU [1] können die zuständigen Behörden, zur Unterstützung der grenzüberschreitenden Überwachung und Aufdeckung von Marktmanipulationen Daten anderer zuständiger Behörden mit Bezug zu den Orderbüchern anfordern und entgegennehmen.

(69) Zur Gewährleistung des Informationsaustausches und der Zusammenarbeit mit Drittstaaten im Hinblick auf die wirksame Durchsetzung dieser Verordnung sollten die zuständigen Behörden Kooperationsvereinbarungen mit den entsprechenden Behörden in Drittstaaten abschließen. Jegliche Übermittlung personenbezogener Daten auf der Grundlage dieser Vereinbarungen sollte im Einklang mit der Richtlinie 95/46/EG und der Verordnung (EG) Nr. 45/2001 des Europäischen Parlaments und des Rates [2] erfolgen.

(70) Ein solider Rahmen für Aufsicht und Unternehmensführung im Finanzsektor sollte sich auf eine wirkungsvolle Aufsichts-, Untersuchungs- und Sanktionsordnung stützen können. Dazu sollten die Aufsichtsbehörden mit ausreichenden Handlungsbefugnissen ausgestattet sein und auf gleichwertige, starke und abschreckende Sanktionsregelungen für alle Finanzvergehen zurückgreifen können, und die Sanktionen sollten wirksam durchgesetzt werden. Nach Ansicht der De-Larosière-Gruppe ist jedoch gegenwärtig keiner dieser Voraussetzungen in der Praxis gegeben. Im Rahmen der Mitteilung der Kommission vom 8. Dezember 2010 über die Stärkung der Sanktionsregelungen im Finanzdienstleistungssektor wurde eine Überprüfung der bestehenden Sanktionsbefugnisse und deren praktischer Anwendung zur Förderung der Konvergenz von Sanktionen über das gesamte Spektrum der Aufsichtstätigkeiten hinweg vorgenommen.

(71) Deshalb sollte eine Reihe von verwaltungsrechtlichen Sanktionen und anderen verwaltungsrechtlichen Maßnahmen vorgesehen werden, um einen gemeinsamen Ansatz in den Mitgliedstaaten sicherzustellen und ihre abschreckende Wirkung zu verstärken. Die zuständige Behörde sollte über die Möglichkeit verfügen, ein Verbot der Wahrnehmung von Führungsaufgaben innerhalb von Wertpapierfirmen zu verhängen. Bei der Verhängung von Sanktionen in besonderen Fällen sollte je nach Sachlage Faktoren wie dem Einzug etwaiger festgestellter finanzieller Vorteile, der Schwere und Dauer des Verstoßes, erschwerenden oder mildernden Umständen und der Notwendigkeit einer abschreckenden Wirkung von Geldbußen Rechnung getragen und je nach Sachlage eine Ermäßigung für Zusammenarbeit mit der zuständigen Behörde vorgesehen werden. So kann insbesondere die tatsächliche Höhe von Geldbußen, die in einem bestimmten Fall verhängt werden müssen, die in dieser Verordnung festgesetzte Obergrenze oder die für sehr schwere Verstöße durch nationale Rechtsvorschriften festgesetzte höher liegende Obergrenze erreichen, während bei geringfügigen Verstößen oder im Fall einer Verständigung Geldbußen verhängt werden können, die weit unterhalb der Obergrenze liegen. Diese Verordnung schränkt

---

[1] Nr. 1.
[2] **Amtl. Anm.**: Verordnung (EG) Nr. 45/2001 des Europäischen Parlaments und des Rates vom 18. Dezember 2000 zum Schutz natürlicher Personen bei der Verarbeitung personenbezogener Daten durch die Organe und Einrichtungen der Gemeinschaft und zum freien Datenverkehr (ABl. L 8 vom 12.1.2001, S. 1).

nicht die Fähigkeit der Mitgliedstaaten ein, strengere verwaltungsrechtliche Sanktionen oder andere verwaltungsrechtliche Maßnahmen festzusetzen.

(72) Obwohl es den Mitgliedstaaten vollkommen freisteht, für ein und dieselben Verstöße Vorschriften für verwaltungsrechtliche und strafrechtliche Sanktionen festzulegen, sollten die Mitgliedstaaten nicht verpflichtet sein, für die Verstöße gegen diese Verordnung, die bereits mit Wirkung vom 3. Juli 2016 Gegenstand ihres Strafrechts sind, Vorschriften für verwaltungsrechtliche Sanktionen festzulegen. In Übereinstimmung mit dem nationalen Recht sind die Mitgliedstaaten nicht verpflichtet, für ein und dasselbe Vergehen sowohl verwaltungsrechtliche als auch strafrechtliche Sanktionen zu verhängen, dies steht ihnen jedoch frei, wenn dies nach ihrem jeweiligen nationalen Recht zulässig ist. Die Aufrechterhaltung strafrechtlicher Sanktionen anstelle von verwaltungsrechtlichen Sanktionen für Verstöße gegen diese Verordnung oder gegen die Richtlinie 2014/57/EU sollte jedoch nicht die Möglichkeiten der zuständigen Behörden einschränken oder in anderer Weise beeinträchtigen, sich für die Zwecke dieser Verordnung rechtzeitig mit den zuständigen Behörden in anderen Mitgliedstaaten zusammenzuarbeiten und Zugang zu ihren Informationen zu erhalten und mit ihnen Informationen auszutauschen, und zwar auch dann, wenn die zuständigen Justizbehörden bereits mit der strafrechtlichen Verfolgung der betreffenden Verstöße befasst wurden.

(73) Damit die Entscheidungen der zuständigen Behörden auf die allgemeine Öffentlichkeit abschreckend wirken, sollten sie im Normalfall veröffentlicht werden. Die Bekanntmachung von Entscheidungen ist auch ein wichtiges Instrument für die zuständigen Behörden zur Unterrichtung der Marktteilnehmer darüber, welches Verhalten als Verstoß gegen diese Verordnung betrachtet wird, sowie zur Förderung eines einwandfreien Verhaltens der Marktteilnehmern. Würde eine solche Bekanntmachung den beteiligten Personen einen unverhältnismäßig großen Schaden zufügen oder die Stabilität der Finanzmärkte oder eine laufende Untersuchung gefährden, sollte die zuständige Behörde die verwaltungsrechtlichen Sanktionen und anderen verwaltungsrechtlichen Maßnahmen auf anonymer Basis in einer Weise veröffentlichen, die im Einklang mit dem nationalen Recht steht, oder aber die Bekanntmachung aufschieben. In Fällen, in denen die anonymisierte oder aufgeschobene Bekanntmachung von verwaltungsrechtlichen Sanktionen und anderen verwaltungsrechtlichen Maßnahmen als unzureichend erachtet wird, sicherzustellen, dass die Stabilität der Finanzmärkte nicht gefährdet wird, sollten sich die zuständigen Behörden dafür entscheiden können, diese verwaltungsrechtlichen Sanktionen und anderen verwaltungsrechtlichen Maßnahmen nicht zu veröffentlichen. Die zuständigen Behörden sollten ebenfalls nicht verpflichtet sein, Maßnahmen zu veröffentlichen, die als geringfügig erachtet werden und bei denen eine Veröffentlichung unverhältnismäßig wäre.

(74) Informanten können den zuständigen Behörden neue Informationen zur Kenntnis bringen, die diese bei der Aufdeckung von Insidergeschäften und Marktmanipulation und der Verhängung von Sanktionen unterstützen. Bei Furcht vor Vergeltung oder beim Fehlen von Anreizen können Hinweise von Informanten jedoch unterbleiben. Die Meldung von Verstößen gegen diese Richtlinie ist erforderlich, damit die zuständigen Behörden Marktmissbrauch aufdecken und Sanktionen verhängen können. Maßnahmen in Bezug auf Mitteilungen von Informanten sind erforderlich, um die Aufdeckung von Marktmissbrauch zu erleichtern und den Schutz und die Einhaltung der Rechte des Informanten und der Person, gegen die sich die Vorwürfe richten, sicherzustellen. Deshalb sollte diese Verordnung sicherstellen, dass angemessene Vorkehrungen bestehen, um Informanten zur Unterrichtung der zuständigen Behörden über mögliche Verstöße gegen diese Verordnung zu befähigen und sie vor Vergeltungsmaßnahmen zu schützen. Die Mitgliedstaaten sollten finanzielle Anreize für Personen schaffen können, die relevante Informationen über potenzielle Verstöße gegen diese Verordnung liefern. Diese finanziellen Anreize sollten Informanten jedoch nur zugutekommen, wenn sie neue Informationen mitteilen, zu deren Meldung sie nicht ohnehin rechtsverpflichtet sind, und wenn diese Informationen zur Verhängung von Sanktionen wegen eines Verstoßes gegen diese Verordnung führen. Daneben sollten die Mitgliedstaaten sicherstellen, dass ihre Regelungen in Bezug auf Mitteilungen von Informanten Mechanismen und Verfahren umfassen, die den Personen, gegen die sich die Vorwürfe richten, angemessenen Schutz bieten, insbesondere im Hinblick auf das Recht auf Schutz ihrer personenbezogenen Daten, das Recht auf Verteidigung und auf Anhörung vor dem Erlass sie betreffender Entscheidungen sowie gerichtliche Rechtsbehelfe gegen sie betreffende Entscheidungen.

(75) Da die Mitgliedstaaten Rechtsvorschriften zur Umsetzung der Richtlinie 2003/6/EG verabschiedet haben und da delegierte Rechtsakte, technische Regulierungsstandards und technische Durchführungsstandards in dieser Verordnung vorgesehen sind, die verabschiedet werden sollten, bevor der zur Einführung anstehende Rahmen sinnvoll angewandt werden kann, muss die

Anwendung der materiellrechtlichen Bestimmungen dieser Verordnung für einen ausreichenden Zeitraum aufgeschoben werden.

(76) Um einen reibungslosen Übergang zur Anwendung dieser Verordnung zu erleichtern, kann die Marktpraxis, die vor dem Inkrafttreten dieser Verordnung bestand und von den zuständigen Behörden im Einklang mit der Richtlinie 2004/72/EG der Kommission[1] für die Zwecke von Artikel 1 Absatz 2 Buchstabe a der Richtlinie 2003/6/EG anerkannt wurde, weiter angewandt werden, bis die zuständige Behörde einen Beschluss gemäß dieser Verordnung über ihre Weiterführung gefasst hat, sofern die Marktpraxis der ESMA innerhalb eines vorgeschriebenen Zeitraums notifiziert wird.

(77) Diese Verordnung steht im Einklang mit den Grundrechten und Grundsätzen, die mit der Charta der Grundrechte der Europäischen Union (im Folgenden „Charta") anerkannt wurden. Diese Verordnung sollte daher im Einklang mit diesen Rechten und Grundsätzen ausgelegt und angewandt werden. Insbesondere, wenn sich diese Verordnung auf Vorschriften, durch die die Pressefreiheit und die freie Meinungsäußerung in anderen Medien geregelt werden, und auf die Vorschriften oder Regeln bezieht, die für den Journalistenberuf gelten, sollten diese Freiheiten so berücksichtigt werden, wie sie in der Union und in den Mitgliedstaaten garantiert sind und wie sie in Artikel 11 der Charta und in anderen einschlägigen Bestimmungen anerkannt werden.

(78) Um die Transparenz zu verbessern und besser über die Funktionsweise der Sanktionsregelungen zu informieren, sollten die zuständigen Behörden der ESMA jährlich anonymisierte und aggregierte Daten zur Verfügung stellen. Diese Daten sollten die Zahl von eröffneten Ermittlungen, die Zahl der anhängigen Fälle und die Zahl der im betreffenden Zeitraum abgeschlossenen Fälle enthalten.

(79) Die Verarbeitung personenbezogener Daten durch die ESMA im Rahmen dieser Verordnung und unter der Aufsicht der zuständigen Behörden der Mitgliedstaaten, insbesondere der von den Mitgliedstaaten benannten unabhängigen öffentlichen Stellen, unterliegt den Bestimmungen der Richtlinie 95/46/EG und der Verordnung (EG) Nr. 45/2001. Jeder Austausch und jede Übermittlung von Informationen durch die zuständigen Behörden sollte gemäß den Vorschriften für die Übermittlung personenbezogener Daten erfolgen, die in der Richtlinie 95/46/EG festgelegt sind. Jeder Austausch und jede Übermittlung von Informationen durch die ESMA sollte gemäß den Vorschriften für die Übermittlung personenbezogener Daten erfolgen, die in der Verordnung (EG) Nr. 45/2001 festgelegt sind.

(80) Diese Verordnung und die gemäß dieser Verordnung erlassenen delegierten Rechtsakte, Durchführungsrechtsakte, technische Regulierungsstandards, technische Durchführungsstandards und Leitlinien berühren nicht die Anwendung der Wettbewerbsvorschriften der Union.

(81) Um die in dieser Verordnung enthaltenen Anforderungen genauer festzulegen, sollte der Kommission die Befugnis übertragen werden, gemäß Artikel 290 AEUV Rechtsakte hinsichtlich der Ausnahme bestimmter öffentlicher Stellen, Zentralbanken von Drittstaaten und bestimmter benannter öffentlicher Stellen von Drittstaaten, die ein Verknüpfungsabkommen mit der Union im Sinne von Artikel 25 der Richtlinie 2003/87/EG geschlossen haben, aus dem Geltungsbereich der Verordnung sowie in Bezug auf die Indikatoren für manipulatives Handeln gemäß Anhang I dieser Verordnung, die Schwellenwerte für die Feststellung des Geltens der Offenlegungspflicht für Teilnehmer am Markt für Emissionszertifikate; die Umstände, unter denen der Handel während eines geschlossenen Zeitraums gestattet ist; und die Arten bestimmter meldepflichtiger Geschäfte, die von Personen vorgenommen werden, die Führungsaufgaben wahrnehmen, oder eng mit ihnen verbundener Personen. Insbesondere muss die Kommission bei ihren Vorarbeiten angemessene Konsultationen auch auf der Ebene von Sachverständigen durchführen. Die Kommission sollte bei der Ausarbeitung delegierter Rechtsakte eine angemessene, zeitnahe und gleichzeitige Übermittlung einschlägiger Dokumente an das Europäische Parlament und den Rat gewährleisten.

(82) Um einheitliche Bedingungen für die Durchführung dieser Verordnung in Bezug auf die Verfahren für die Meldung von Verstößen gegen diese Verordnung sicherzustellen, sollten der Kommission Durchführungsbefugnisse übertragen werden, um die Verfahren festzulegen, einschließlich der Regelungen für das Ergreifen von Folgemaßnahmen zu den Meldungen, von

---

[1] Amtl. Anm.: Richtlinie 2004/72/EG der Kommission vom 29. April 2004 zur Durchführung der Richtlinie 2003/6/EG des Europäischen Parlaments und des Rates – Zulässige Marktpraktiken, Definition von Insider-Informationen in Bezug auf Warenderivate, Erstellung von Insider-Verzeichnissen, Meldung von Eigengeschäften und Meldung verdächtiger Transaktionen (ABl. L 162 vom 30.4.2004, S. 70).

Maßnahmen zum Schutz von Personen, die im Rahmen eines Arbeitsvertrags tätig sind, und von Maßnahmen zum Schutz personenbezogener Daten. Diese Befugnisse sollten im Einklang mit der Verordnung (EU) Nr. 182/2011 des Europäischen Parlaments und des Rates[1] ausgeübt werden.

(83) Durch technische Standards für Finanzdienstleistungen sollten in der gesamten Union einheitliche Bedingungen in den von dieser Verordnung erfassten Bereichen gewährleistet werden. Es wäre sinnvoll und zweckmäßig, die ESMA als ein über hochgradig spezialisierte Fachkenntnis verfügendes Gremium zu beauftragen, Entwürfe technischer Regulierungsstandards und Entwürfe technischer Durchführungsstandards, die nicht mit politischen Entscheidungen verbunden sind, auszuarbeiten und der Kommission vorzulegen.

(84) Die Kommission sollte die von der ESMA in Bezug auf die Festlegung des Inhalts der Meldungen, die von den Betreibern von geregelten Märkten, multilateralen und organisierten Handelssystemen über die Finanzinstrumente, die zum Handel zugelassen sind, gehandelt werden oder für die eine Zulassung zum Handel auf ihrem Handelsplatz beantragt wurde, abzugeben sind, die Festlegung der Art und Weise und der Bedingungen der Zusammenstellung, Veröffentlichung und Pflege der Liste dieser Instrumente durch die ESMA, die Festlegung der Bedingungen, die Rückkaufprogramme und Stabilisierungsmaßnahmen erfüllen müssen, einschließlich der Handelsbedingungen, Beschränkungen der Dauer und des Volumens, Bekanntgabe- und Meldepflichten sowie Kursbedingungen, in Bezug auf Systeme von Verfahren und Vorkehrungen für Handelsplätze zur Verhütung und Aufdeckung von Marktmissbrauch sowie Systeme und Vorlagen, die von Personen zur Aufdeckung und Meldung verdächtiger Aufträge und Geschäfte zu verwenden sind, in Bezug die Festlegung geeigneter Regelungen, Verfahren und Aufzeichnungsanforderungen für die Durchführung von Marktsondierungen und in Bezug auf die technischen Modalitäten für Personengruppen zur objektiven Darstellung von Informationen mit Empfehlungen von Anlagestrategien und zur Offenlegung bestimmter Interessen oder Interessenkonflikte mittels delegierter *Rechtakte*[2] gemäß Artikel 290 AEUV und im Einklang mit den Artikeln 10 bis 14 der Verordnung (EU) Nr. 1093/2010 des Europäischen Parlaments und des Rates[3] ausgearbeiteten Entwürfe technischer Regulierungsstandards erlassen. Insbesondere muss die Kommission bei ihren Vorarbeiten angemessene Konsultationen auch auf der Ebene von Sachverständigen durchführen.

(85) Der Kommission sollte die Befugnis übertragen werden, technische Durchführungsstandards mittels Durchführungsrechtsakten gemäß Artikel 291 AEUV und nach Artikel 15 der Verordnung (EU) Nr. 1093/2010 zu erlassen. Die ESMA sollte beauftragt werden, Entwürfe technischer Durchführungsstandards für die öffentliche Bekanntgabe von Insiderinformationen, die Formate von Insiderlisten und die Formen und Verfahren der Zusammenarbeit und des Informationsaustauschs zwischen den zuständigen Behörden und mit der ESMA auszuarbeiten und der Kommission vorzulegen.

(86) Da das Ziel dieser Verordnung, nämlich die Verhütung von Marktmissbrauch in Form von Insidergeschäften, unrechtmäßiger Offenlegung von Insiderinformationen und Marktmanipulation, von den Mitgliedstaaten nicht ausreichend erreicht werden kann, sondern vielmehr wegen ihres Umfangs und ihrer Wirkung auf Unionsebene besser zu verwirklichen ist, kann die Union im Einklang mit dem in Artikel 5 des Vertrags über die Europäische Union verankerten Subsidiaritätsprinzip tätig werden. Entsprechend dem in demselben Artikel genannten Grundsatz der Verhältnismäßigkeit geht diese Verordnung nicht über das für die Verwirklichung dieses Ziels erforderliche Maß hinaus.

(87) Da die Bestimmungen der Richtlinie 2003/6/EG nicht mehr relevant oder ausreichend sind, sollte diese mit Wirkung vom 3. Juli 2016 aufgehoben werden. Die Anforderungen und Verbote

---

[1] **Amtl. Anm.:** Verordnung (EU) Nr. 182/2011 des Europäischen Parlaments und des Rates vom 16. Februar 2011 zur Festlegung der allgemeinen Regeln und Grundsätze, nach denen die Mitgliedstaaten die Wahrnehmung der Durchführungsbefugnisse durch die Kommission kontrollieren (ABl. L 55 vom 28.2.2011, S. 13).
[2] Richtig wohl: „Rechtsakte".
[3] **Amtl. Anm.:** Verordnung (EU) Nr. 1093/2010 des Europäischen Parlaments und des Rates vom 24. November 2010 zur Errichtung einer Europäischen Aufsichtsbehörde (Europäische Bankenaufsichtsbehörde), zur Änderung des Beschlusses Nr. 716/2009/EG und zur Aufhebung des Beschlusses 2009/78/EG der Kommission (ABl. L 331 vom 15.12.2010, S. 12).

dieser Verordnung sind direkt verbunden mit jenen der Richtlinie 2014/65/EU[1]) und sollten daher ab dem Datum des Inkrafttretens jener Richtlinie in Kraft treten.

(88) Zur ordnungsgemäßen Anwendung dieser Verordnung ist es erforderlich, dass die Mitgliedstaaten bis zum 3. Juli 2016 alle erforderlichen Maßnahmen ergreifen, um sicherzustellen, dass ihr nationales Recht mit den Bestimmungen dieser Verordnung betreffend die zuständigen Behörden und deren Befugnisse, die Regelungen zu verwaltungsrechtlichen Sanktionen und anderen verwaltungsrechtlichen Maßnahmen, die Meldung von Verstößen und die Veröffentlichung von Entscheidungen übereinstimmt.

(89) Der Europäische Datenschutzbeauftragte hat seine Stellungnahme am 10. Februar 2012 vorgelegt[2]) –

HABEN FOLGENDE VERORDNUNG ERLASSEN:

## Kapitel 1. Allgemeine Bestimmungen

**Art. 1 Gegenstand.** Mit dieser Verordnung wird ein gemeinsamer Rechtsrahmen für Insidergeschäfte, die unrechtmäßige Offenlegung von Insiderinformationen und Marktmanipulation (Marktmissbrauch) sowie für Maßnahmen zur Verhinderung von Marktmissbrauch geschaffen, um die Integrität der Finanzmärkte in der Union sicherzustellen und den Anlegerschutz und das Vertrauen der Anleger in diese Märkte zu stärken.

**Art. 2 Anwendungsbereich.** (1) *[1]* Diese Verordnung gilt für

a) Finanzinstrumente, die zum Handel auf einem geregelten Markt zugelassen sind oder für die ein Antrag auf Zulassung zum Handel auf einem geregelten Markt gestellt wurde;

b) Finanzinstrumente, die in einem multilateralen Handelssystem gehandelt werden, zum Handel in einem multilateralen Handelssystem zugelassen sind oder für die ein Antrag auf Zulassung zum Handel in einem multilateralen Handelssystem gestellt wurde;

c) Finanzinstrumente, die in einem organisierten Handelssystem gehandelt werden;

d) Finanzinstrumente, die nicht unter die Buchstaben a, b oder c fallen, deren Kurs oder Wert jedoch von dem Kurs oder Wert eines unter diesen Buchstaben genannten Finanzinstruments abhängt oder sich darauf auswirkt; sie umfassen Kreditausfall-Swaps oder Differenzkontrakte, sind jedoch nicht darauf beschränkt.

*[2]* ¹Diese Verordnung gilt außerdem für Handlungen und Geschäfte, darunter Gebote, bezüglich Versteigerungen von Treibhausgasemissionszertifikaten und anderen darauf beruhenden Auktionsobjekten auf einer als geregelten Markt zugelassenen Versteigerungsplattform gemäß der Verordnung (EU) Nr. 1031/2010, selbst wenn die versteigerten Produkte keine Finanzinstrumente sind. ²Sämtliche Vorschriften und Verbote dieser Verordnung in Bezug auf Handelsaufträge gelten unbeschadet etwaiger besonderer Bestimmungen zu den im Rahmen einer Versteigerung abgegebenen Geboten für diese Gebote.

(2) Die Artikel 12 und 15 gelten auch für

a) Waren-Spot-Kontrakte, die keine Energiegroßhandelsprodukte sind, bei denen die Transaktion, der Auftrag oder die Handlung eine Auswirkung auf

---

[1]) Nr. **1**.
[2]) **Amtl. Anm.:** ABl. C 177 vom 20.6.2012, S. 1.

den Kurs oder den Wert eines Finanzinstruments gemäß Absatz 1 hat, oder eine solche Auswirkung wahrscheinlich oder beabsichtigt ist;
b) Arten von Finanzinstrumenten, darunter Derivatekontrakte und derivative Finanzinstrumente für die Übertragung von Kreditrisiken, bei denen das Geschäft, der Auftrag, das Gebot oder das Verhalten eine Auswirkung auf den Kurs oder Wert eines Waren-Spot-Kontrakts hat oder voraussichtlich haben wird, dessen Kurs oder Wert vom Kurs oder Wert dieser Finanzinstrumente abhängen, und
c) Handlungen in Bezug auf Referenzwerte.

(3) Diese Verordnung gilt für alle Geschäfte, Aufträge und Handlungen, die eines der in den Absätzen 1 und 2 genannten Finanzinstrumente betreffen, unabhängig davon, ob ein solches Geschäft, ein solcher Auftrag oder eine solche Handlung auf einem Handelsplatz getätigt wurden.

(4) Die Verbote und Anforderungen dieser Verordnung gelten für Handlungen und Unterlassungen in der Union und in Drittländern in Bezug auf die in den Absätzen 1 und 2 genannten Instrumente.

**Art. 3 Begriffsbestimmungen.** (1) Für die Zwecke dieser Verordnung gelten folgende Begriffsbestimmungen:

1. „Finanzinstrument" bezeichnet ein Finanzinstrument im Sinne von Artikel 4 Absatz 1 Nummer 15 der Richtlinie 2014/65/EU[1)];
2. „Wertpapierfirma" bezeichnet eine Wertpapierfirma im Sinne von Artikel 4 Absatz 1 Nummer 1 der Richtlinie 2014/65/EU;
3. „Kreditinstitut" bezeichnet ein Kreditinstitut oder im Sinne des Artikels 4 Absatz 1 Nummer 1 der Verordnung (EU) Nr. 575/2013 des Europäischen Parlaments und des Rates[2)];
4. „Finanzinstitut" bezeichnet ein Finanzinstitut im Sinne von Artikel 4 Absatz 1 Nummer 26 der Verordnung (EU) Nr. 575/2013;
5. „Marktbetreiber" bezeichnet einen Marktbetreiber im Sinne von Artikel 4 Absatz 1 Nummer 18 der Richtlinie 2014/65/EU;
6. „geregelter Markt" bezeichnet einen geregelten Markt im Sinne von Artikel 4 Absatz 1 Nummer 21 der Richtlinie 2014/65/EU;
7. „multilaterales Handelssystem" bezeichnet ein multilaterales System in der Union im Sinne von Artikel 4 Absatz 1 Nummer 22 der Richtlinie 2014/65/EU;
8. „organisiertes Handelssystem" bezeichnet ein System oder eine Fazilität in der Union im Sinne von Artikel 4 Absatz 1 Nummer 23 der Richtlinie 2014/65/EU;
9. „zulässige Marktpraxis" bezeichnet eine bestimmte Marktpraxis, die von einer zuständigen Behörde gemäß Artikel 13 anerkannt wurde;
10. „Handelsplatz" bezeichnet einen Handelsplatz im Sinne von Artikel 4 Absatz 1 Nummer 24 der Richtlinie 2014/65/EU;
11. „KMU-Wachstumsmarkt" bezeichnet einen KMU-Wachstumsmarkt im Sinne von Artikel 4 Absatz 1 Nummer 12 der Richtlinie 2014/65/EU;

---

[1)] Nr. 1.
[2)] **Amtl. Anm.:** Verordnung (EU) Nr. 575/2013 des Europäischen Parlaments und des Rates vom 26. Juni 2013 über Aufsichtsanforderungen an Kreditinstitute und Wertpapierfirmen und zur Änderung der Verordnung (EU) Nr. 648/2012 (ABl. L 176 vom 27.6.2013, S. 1).

12. „zuständige Behörde" bezeichnet eine gemäß Artikel 22 benannte zuständige Behörde, sofern nicht in dieser Verordnung etwas anderes bestimmt ist;
13. „Person" bezeichnet eine natürliche oder juristische Person;
14. „Ware" bezeichnet eine Ware im Sinne von Artikel 2 Nummer 1 der Verordnung (EG) Nr. 1287/2006 der Kommission[1];
15. „Waren-Spot-Kontrakt" bezeichnet einen Kontrakt über die Lieferung einer an einem Spotmarkt gehandelten Ware, die bei Abwicklung des Geschäfts unverzüglich geliefert wird, sowie einen Kontrakt über die Lieferung einer Ware, die kein Finanzinstrument ist, einschließlich physisch abzuwickelnde Terminkontrakte;
16. „Spotmarkt" bezeichnet einen Warenmarkt, an dem Waren gegen bar verkauft und bei Abwicklung des Geschäfts unverzüglich geliefert werden, und andere Märkte, die keine Finanzmärkte sind, beispielsweise Warenterminmärkte;
17. „Rückkaufprogramm" bezeichnet den Handel mit eigenen Aktien gemäß den Artikeln 21 bis 27 der Richtlinie 2012/30/EU des Europäischen Parlaments und des Rates[2];
18. „algorithmischer Handel" bezeichnet den algorithmischen Handel mit im Sinne von Artikel 4 Absatz 1 Nummer 39 der Richtlinie 2014/65/EU;
19. „Emissionszertifikat" bezeichnet ein Emissionszertifikat im Sinne von Anhang I Abschnitt C Nummer 11 der Richtlinie 2014/65/EU;
20. „Teilnehmer am Markt für Emissionszertifikate" bezeichnet eine Person, die Geschäfte einschließlich der Erteilung von Handelsaufträgen, mit Emissionszertifikaten und anderen darauf beruhenden Auktionsobjekten oder Derivaten betreibt, und die nicht unter die Ausnahme von Artikel 17 Absatz 2 Unterabsatz 2 fällt;
21. „Emittent" bezeichnet eine juristische Person des privaten oder öffentlichen Rechts, die Finanzinstrumente emittiert oder deren Emission vorschlägt, wobei der Emittent im Fall von Hinterlegungsscheinen, die Finanzinstrumente repräsentieren, der Emittent des repräsentierten Finanzinstruments ist;
22. „Energiegroßhandelsprodukt" bezeichnet ein Energiegroßhandelsprodukt im Sinne von Artikel 2 Nummer 4 der Verordnung (EU) Nr. 1227/2011;
23. „nationale Regulierungsbehörde" bezeichnet eine nationale Regulierungsbehörde im Sinne von Artikel 2 Nummer 10 der Verordnung (EU) Nr. 1227/2011;

---

[1] **Amtl. Anm.:** Verordnung (EG) Nr. 1287/2006 der Kommission vom 10. August 2006 zur Durchführung der Richtlinie 2004/39/EG des Europäischen Parlaments und des Rates betreffend die Aufzeichnungspflichten für Wertpapierfirmen, die Meldung von Geschäften, die Markttransparenz, die Zulassung von Finanzinstrumenten zum Handel und bestimmte Begriffe im Sinne dieser Richtlinie (ABl. L 241 vom 2.9.2006, S. 1).
[2] **Amtl. Anm.:** Richtlinie 2012/30/EU des Europäischen Parlaments und des Rates vom 25. Oktober 2012 zur Koordinierung der Schutzbestimmungen, die in den Mitgliedstaaten den Gesellschaften im Sinne des Artikels 54 Absatz 2 des Vertrags über die Arbeitsweise der Europäischen Union im Interesse der Gesellschafter sowie Dritter für die Gründung der Aktiengesellschaft sowie für die Erhaltung und Änderung ihres Kapitals vorgeschrieben sind, um diese Bestimmungen gleichwertig zu gestalten (ABl. L 315 vom 14.11.2012, S. 74).

24. „Warenderivate" bezeichnet Warenderivate im Sinne von Artikel 2 Absatz 1 Nummer 30 der Verordnung (EU) Nr. 600/2014[1]) des Europäischen Parlaments und des Rates[2]);

25. eine „Person, die Führungsaufgaben wahrnimmt", bezeichnet eine Person innerhalb eines Emittenten, eines Teilnehmers am Markt für Emissionszertifikate oder eines anderen in Artikel 19 Absatz 10 genannten Unternehmens,

a) die einem Verwaltungs-, Leitungs- oder Aufsichtsorgan dieses Unternehmens angehört oder

b) die als höhere Führungskraft zwar keinem der unter Buchstabe a genannten Organe angehört, aber regelmäßig Zugang zu Insiderinformationen mit direktem oder indirektem Bezug zu diesem Unternehmen hat und befugt ist, unternehmerische Entscheidungen über zukünftige Entwicklungen und Geschäftsperspektiven dieses Unternehmens zu treffen;

26. „eng verbundene Person" bezeichnet

a) den Ehepartner oder einen Partner dieser Person, der nach nationalem Recht einem Ehepartner gleichgestellt ist;

b) ein unterhaltsberechtigtes Kind entsprechend dem nationalen Recht;

c) einen Verwandten, der zum Zeitpunkt der Tätigung des betreffenden Geschäfts seit mindestens einem Jahr demselben Haushalt angehört oder

d) eine juristische Person, Treuhand oder Personengesellschaft, deren Führungsaufgaben durch eine Person, die Führungsaufgaben wahrnimmt, oder durch eine in den Buchstaben a, b oder c genannte Person wahrgenommen werden, oder die direkt oder indirekt von einer solchen Person kontrolliert wird, oder die zugunsten einer solchen Person gegründet wurde oder deren wirtschaftliche Interessen weitgehend denen einer solchen Person entsprechen;

27. „Datenverkehrsaufzeichnungen" bezeichnet die Aufzeichnungen von Verkehrsdaten im Sinne von Artikel 2 Buchstabe b Unterabsatz 2 der Richtlinie 2002/58/EG des Europäischen Parlaments und des Rates[3]);

28. „Person, die beruflich Geschäfte vermittelt oder ausführt" bezeichnet eine Person, die beruflich mit der Entgegennahme und Übermittlung von Aufträgen oder der Ausführung von Geschäften mit Finanzinstrumenten befasst ist;

29. „Referenzwert" bezeichnet einen Kurs, Index oder Wert, der der Öffentlichkeit zugänglich gemacht oder veröffentlicht wird und periodisch oder regelmäßig durch die Anwendung einer Formel auf den Wert eines oder mehrerer Basiswerte oder -preise, einschließlich geschätzter Preise, tatsächlicher oder geschätzter Zinssätze oder sonstiger Werte, oder auf Erhebungsdaten ermittelt bzw. auf der Grundlage dieser Werte bestimmt wird und auf

---

[1]) Nr. 2.
[2]) **Amtl. Anm.:** Verordnung (EU) Nr. 600/2014 des Europäischen Parlaments und des Rates vom 15. Mai 2014 über Märkte für Finanzinstrumente und zur Änderung der Verordnung (EU) Nr. 648/2012 (siehe Seite 84 dieses Amtsblatts [Anm. d. Red.: ABl. L 173 vom 12.6.2014]).
[3]) **Amtl. Anm.:** Richtlinie 2002/58/EG des Europäischen Parlaments und des Rates vom 12. Juli 2002 über die Verarbeitung personenbezogener Daten und den Schutz der Privatsphäre in der elektronischen Kommunikation (Datenschutzrichtlinie für elektronische Kommunikation) (ABl. L 201 vom 31.7.2002, S. 37).

den bei der Festsetzung des für ein Finanzinstrument zu entrichtenden Betrags oder des Wertes eines Finanzinstruments Bezug genommen wird;

30. „Market-Maker" bezeichnet einen Market-Maker im Sinne von Artikel 4 Absatz 1 Nummer 7 der Richtlinie 2014/65/EU;

31. „Beteiligungsaufbau" bezeichnet den Erwerb von Anteilen an einem Unternehmen, durch den keine rechtliche oder regulatorische Verpflichtung entsteht, in Bezug auf das Unternehmen ein öffentliches Übernahmeangebot abzugeben;

32. „offenlegender Marktteilnehmer" bezeichnet eine natürliche oder juristische Person, die zu einer der Kategorien gemäß Artikel 11 Absatz 1 Buchstaben a bis d sowie Artikel 11 Absatz 2 gehört und im Zuge einer Marktsondierung Informationen offenlegt;

33. „Hochfrequenzhandel" bezeichnet die Methode des algorithmischen Hochfrequenzhandels im Sinne des Artikels 4 Absatz 1 Nummer 40 der Richtlinie 2014/65/EU;

34. „Empfehlung oder Vorschlag einer Anlagestrategie" bezeichnet

i) eine von einem unabhängigen Analysten, einer Wertpapierfirma, einem Kreditinstitut oder einer sonstigen Person, deren Haupttätigkeit in der Erstellung von Anlageempfehlungen besteht, oder einer bei den genannten Einrichtungen im Rahmen eines Arbeitsvertrags oder anderweitig tätigen natürlichen Person erstellte Information, die direkt oder indirekt einen bestimmten Anlagevorschlag zu einem Finanzinstrument oder einem Emittenten darstellt;

ii) eine von anderen als den in Ziffer i genannten Personen erstellte Information, die direkt eine bestimmte Anlageentscheidung zu einem Finanzinstrument vorschlägt;

35. „Anlageempfehlungen" bezeichnet Informationen mit expliziten oder impliziten Empfehlungen oder Vorschlägen zu Anlagestrategien in Bezug auf ein oder mehrere Finanzinstrumente oder Emittenten, die für Verbreitungskanäle oder die Öffentlichkeit vorgesehen sind, einschließlich einer Beurteilung des aktuellen oder künftigen Wertes oder Kurses solcher Instrumente.

(2) Für die Anwendung des Artikels 5 gelten folgende Begriffsbestimmungen

a) „Wertpapiere" bezeichnet:

i) Aktien und andere Wertpapiere, die Aktien entsprechen;

ii) Schuldverschreibungen und sonstige verbriefte Schuldtitel oder

iii) verbriefte Schuldtitel, die in Aktien oder andere Wertpapiere, die Aktien entsprechen, umgewandelt bzw. gegen diese eingetauscht werden können.

b) „verbundene Instrumente" bezeichnet die nachstehend genannten Finanzinstrumente selbst wenn sie nicht zum Handel auf einem Handelsplatz zugelassen sind, gehandelt werden oder für sie kein Antrag auf Zulassung zum Handel auf einem solchen Handelsplatz gestellt wurde:

i) Verträge über bzw. Rechte auf Zeichnung, Kauf oder Verkauf von Wertpapieren,

ii) Finanzderivate auf Wertpapiere,

iii) bei wandel- oder austauschbaren Schuldtiteln die Wertpapiere, in die diese wandel- oder austauschbaren Titel umgewandelt bzw. gegen die sie eingetauscht werden können,

iv) Instrumente, die vom Emittenten oder Garantiegeber der Wertpapiere ausgegeben werden bzw. besichert sind und deren Marktkurs den Kurs der Wertpapiere erheblich beeinflussen könnte oder umgekehrt,

v) in Fällen, in denen die Wertpapiere Aktien entsprechen, die von diesen vertretenen Aktien bzw. die von diesen vertretenen anderen Wertpapiere, die Aktien entsprechen;

c) „signifikantes Zeichnungsangebot" bezeichnet eine Erst- oder Zweitplatzierung von Wertpapieren, die sich sowohl hinsichtlich des Werts der angebotenen Wertpapiere als auch hinsichtlich der Verkaufsmethoden vom üblichen Handel unterscheidet;

d) „Kursstabilisierung" ist jeder Kauf bzw. jedes Angebot zum Kauf von Wertpapieren oder eine Transaktion mit vergleichbaren verbundenen Instrumenten, die ein Kreditinstitut oder eine Wertpapierfirma im Rahmen eines signifikanten Zeichnungsangebots für diese Wertpapiere mit dem alleinigen Ziel tätigen, den Marktkurs dieser Wertpapiere für einen im Voraus bestimmten Zeitraum zu stützen, wenn auf diese Wertpapiere Verkaufsdruck besteht.

**Art. 4 Meldungen und Liste der Finanzinstrumente.** (1) *[1]* Die Betreiber von geregelten Märkten sowie Wertpapierfirmen und Betreiber eines multilateralen oder organisierten Handelssystems melden der zuständigen Behörde des Handelsplatzes unverzüglich jedes Finanzinstrument, für das ein Antrag auf Zulassung zum Handel auf ihrem Handelsplatz gestellt wird, zum Handel zugelassen wird oder erstmalig gehandelt worden ist.

*[2]* Sie informieren auch die zuständige Behörde des Handelsplatzes, wenn ein Finanzinstrument nicht mehr gehandelt wird oder seine Zulassung zum Handel erlischt, außer wenn das Datum, von dem an das betreffende Finanzinstrument nicht mehr gehandelt wird oder mit dem seine Zulassung zum Handel erlischt, bekannt ist und in der Meldung gemäß Unterabsatz 1 genannt wurde.

*[3]* Die in diesem Absatz genannten Meldungen enthalten gegebenenfalls die Bezeichnungen und Kennung der betreffenden Finanzinstrumente sowie Datum und Uhrzeit des Antrags auf Zulassung zum Handel, Datum und Uhrzeit der Zulassung zum Handel sowie Datum und Uhrzeit des ersten Handelsabschlusses.

*[4]* Die Marktbetreiber und die Wertpapierfirmen übermitteln der zuständigen Behörde des Handelsplatzes außerdem die in Unterabsatz 3 festgelegten Informationen zu den Finanzinstrumenten, für die ein Antrag auf Zulassung zum Handel auf ihrem Handelsplatz gestellt wurde bzw. die vor dem 2. Juli 2014 auf ihrem Handelsplatz zum Handel zugelassen waren und die an diesem Tag immer noch zum Handel zugelassen waren oder gehandelt haben.

(2) [1] Die zuständigen Behörden des Handelsplatzes leiten die Meldungen, die sie gemäß Absatz 1 erhalten, unverzüglich an die ESMA weiter. [2] Die ESMA veröffentlicht diese Meldungen sofort nach Erhalt in Form einer Liste auf ihrer Website. [3] Die ESMA aktualisiert diese Liste unverzüglich bei Eingang einer

Meldung von einer zuständigen Behörde des Handelsplatzes. ⁴Durch die Liste wird der Anwendungsbereich dieser Verordnung nicht eingeschränkt.

(3) Die Liste enthält folgende Informationen:

a) die Bezeichnungen und Kennung der Finanzinstrumente, für die die Zulassung zum Handel auf geregelten Märkten, multilateralen und organisierten Handelssystemen beantragt wurde, die dort zum Handel zugelassen wurden oder dort erstmalig gehandelt wurden;

b) Datum und Uhrzeit der Beantragung der Zulassung zum Handel, der Erteilung der Zulassung oder des erstmaligen Handels;

c) ausführliche Informationen zu den Handelsplätzen, auf denen die Zulassung zum Handel für die Finanzinstrumente beantragt wurde, auf denen sie zum Handel zugelassen wurden oder auf denen sie erstmalig gehandelt wurden, und

d) Datum und Uhrzeit, zu dem/der der Handel mit dem Finanzinstrument eingestellt wird bzw. zu dem/der seine Zulassung zum Handel erlischt.

(4) *[1]* Zur Sicherstellung der durchgehenden Harmonisierung dieses Artikels arbeitet die ESMA Entwürfe technischer Regulierungsstandards aus, um Folgendes festzulegen:

a) den Inhalt der Meldungen gemäß Absatz 1 und

b) die Art und Weise und die Bedingungen der Zusammenstellung, Veröffentlichung und Pflege der in Absatz 3 genannten Liste.

*[2]* Die ESMA übermittelt der Kommission diese Entwürfe technischer Regulierungsstandards bis zum 3. Juli 2015.

*[3]* Der Kommission wird die Befugnis übertragen, die in Unterabsatz 1 dieses Absatzes genannten technischen Regulierungsstandards nach Artikel 10 bis 14 der Verordnung (EU) Nr. 1095/2010 [1]) des Europäischen Parlaments und des Rates[2]) zu erlassen.

(5) *[1]* Zur Sicherstellung der durchgehenden Harmonisierung dieses Artikels arbeitet die ESMA Entwürfe technischer Durchführungsstandards aus, um den Zeitplan, das Format und Muster für die Übermittlung der Meldungen gemäß den Absätzen 1 und 2 festzulegen.

*[2]* Die ESMA übermittelt der Kommission diese Entwürfe technischer Regulierungsstandards bis zum 3. Juli 2015.

*[3]* Der Kommission wird die Befugnis übertragen, die in Unterabsatz 1 genannten technischen Durchführungsstandards nach Artikel 15 der Verordnung (EU) Nr. 1095/2010 zu erlassen.

**Art. 5 Ausnahmen für Rückkaufprogramme und Stabilisierungsmaßnahmen.** (1) Die in den Artikeln 14 und 15 dieser Verordnung festgeschriebenen Verbote gelten nicht für den Handel mit eigenen Aktien im Rahmen von Rückkaufprogrammen, wenn

---

[1]) Nr. 3.
[2]) **Amtl. Anm.:** Verordnung (EU) Nr. 1095/2010 des Europäischen Parlaments und des Rates vom 24. November 2010 zur Errichtung einer Europäischen Aufsichtsbehörde (Europäische Wertpapier- und Marktaufsichtsbehörde), zur Änderung des Beschlusses Nr. 716/2009/EG und zur Aufhebung des Beschlusses 2009/77/EG der Kommission (ABl. L 331 vom 15.12.2010, S. 84).

a) die Einzelheiten des Programms vor dem Beginn des Handels vollständig offengelegt werden,

b) Abschlüsse der zuständigen Behörde des Handelsplatzes gemäß Absatz 3 als Teil des Rückkaufprogramms gemeldet und anschließend öffentlich bekanntgegeben werden,

c) in Bezug auf Kurs und Volumen angemessene Grenzen eingehalten werden und

d) er im Einklang mit den in Absatz 2 genannten Zielen und den in dem vorliegenden Artikel festgelegten Bedingungen und den in Absatz 6 genannten technischen Regulierungsstandards durchgeführt wird.

(2) Um in den Genuss der in Absatz 1 vorgesehenen Ausnahme zu gelangen, muss ein Rückkaufprogramm als seinen einzigen Zweck haben:

a) das Kapital eines Emittenten zu reduzieren,

b) die aus einem Schuldtitel entstehenden Verpflichtungen zu erfüllen, die in Beteiligungskapital umgewandelt werden können, oder

c) die aus einem Belegschaftsaktienprogramm oder anderen Formen der Zuteilung von Aktien an Mitarbeiter oder Angehörige der Verwaltungs-, Leitungs- oder Aufsichtsorgane des Emittenten oder einem verbundenen Unternehmen entstehenden Verpflichtungen zu erfüllen.

(3) Um in den Genuss der in Absatz 1 vorgesehenen Ausnahme zu gelangen, muss der Emittent der für den Handelsplatz, auf dem seine Aktien zum Handel zugelassen wurden bzw. gehandelt werden, zuständigen Behörde des Handelsplatzes jedes mit Rückkaufprogrammen *zusammenhängender*[1] Geschäft, einschließlich der in Artikel 25 Absätze 1 und 2 und Artikel 26 Absätze 1, 2 und 3 der Verordnung (EU) Nr. 600/2014[2] genannten Informationen, melden.

(4) Die in den Artikeln 14 und 15 dieser Verordnung festgeschriebenen Verbote gelten nicht für den Handel mit Wertpapieren oder verbundenen Instrumenten zur Stabilisierung des Kurses von Wertpapieren, wenn

a) die Dauer der Stabilisierungsmaßnahme begrenzt ist,

b) relevante Informationen zur Stabilisierung offengelegt und der zuständigen Behörde des Handelsplatzes gemäß Absatz 5 gemeldet werden,

c) in Bezug auf den Kurs angemessene Grenzen eingehalten werden und

d) ein solcher Handel den Bedingungen für die Stabilisierung gemäß den technischen Regulierungsstandards gemäß Absatz 6 entspricht.

(5) Unbeschadet des Artikels 23 Absatz 1 teilen Emittenten, Bieter oder Unternehmen, die die Stabilisierungsmaßnahme durchführen, unabhängig davon, ob sie im Namen Ersterer handeln oder nicht, der zuständigen Behörde des Handelsplatzes spätestens am Ende des siebten Handelstags nach dem Tag der Ausführung dieser Maßnahmen die Einzelheiten sämtlicher Stabilisierungsmaßnahmen mit.

(6) *[1]* Zur durchgängigen Harmonisierung dieses Artikels arbeitet die ESMA Entwürfe technischer Regulierungsstandards aus, in denen die bei den Rückkaufprogrammen und Stabilisierungsmaßnahmen nach Absatz 1 und 4 einzuhaltenden Bedingungen präzisiert werden, darunter Handelsbedingungen,

---

[1] Richtig wohl: „zusammenhängende".
[2] Nr. 2.

Beschränkungen der Dauer und des Volumens, Bekanntgabe- und Meldepflichten sowie Kursbedingungen.

*[2]* Die ESMA legt der Kommission diese Entwürfe technischer Regulierungsstandards bis zum 3. Juli 2015 vor.

*[3]* Der Kommission wird die Befugnis übertragen, die in Unterabsatz 1 genannten technischen Regulierungsstandards nach Artikel 10 bis 14 der Verordnung (EU) Nr. 1095/2010[1)] zu erlassen.

**Art. 6 Ausnahme für Maßnahmen im Rahmen der Geldpolitik, der Staatsschuldenverwaltung und der Klimapolitik.** (1) Diese Verordnung gilt nicht für Geschäfte, Aufträge oder Handlungen, die aus geld- oder wechselkurspolitischen Gründen oder im Rahmen der Staatsschuldenverwaltung von

a) einem Mitgliedstaat,

b) den Mitgliedern des Europäischen Systems der Zentralbanken,

c) einem Ministerium, einer anderen Einrichtung oder Zweckgesellschaft eines oder mehrerer Mitgliedstaaten oder einer in deren Auftrag handelnden Person sowie −

d) im Fall eines Mitgliedstaats mit der Form eines Bundesstaats − von einem Mitglied des Bundes getätigt werden.

(2) *[1]* Diese Verordnung gilt nicht für solche Geschäfte, Aufträge oder Handlungen, die von der Kommission, einer anderen offiziell benannten Stelle oder einer anderen Person, die in deren Auftrag handelt, im Rahmen der Staatsschuldenverwaltung getätigt werden.

*[2]* Diese Verordnung gilt nicht für Geschäfte, Aufträge oder Handlungen, die getätigt werden

a) von der Union,

b) einer Zweckgesellschaft eines oder mehrerer Mitgliedstaaten,

c) der Europäischen Investitionsbank,

d) der Europäischen Finanzstabilisierungsfazilität,

e) dem Europäischen Stabilitätsmechanismus,

f) einem internationalen Finanzinstitut, das zwei oder mehrere Mitgliedstaaten zu dem Zweck errichtet haben, Mittel zu mobilisieren und diejenigen seiner Mitglieder, die von schwerwiegenden Finanzierungsproblemen betroffen oder bedroht sind, finanziell zu unterstützen.

(3) Diese Verordnung gilt nicht für Tätigkeiten eines Mitgliedstaats, der Kommission oder einer anderen offiziell benannten Stelle oder einer in deren Auftrag handelnden Person, die Emissionszertifikate betreffen und im Rahmen der Klimapolitik der Union im Einklang mit der Richtlinie 2003/87/EG unternommen werden.

(4) Diese Verordnung gilt nicht für Tätigkeiten eines Mitgliedstaats, der Kommission oder einer anderen offiziell benannten Stelle oder einer in deren Auftrag handelnden Person, die zur Umsetzung der Gemeinsamen Agrarpolitik der Union oder der Gemeinsamen Fischereipolitik der Union im Einklang mit angenommenen Rechtsakten oder gemäß dem AEUV geschlossenen internationalen Übereinkünften ausgeführt werden.

---

[1)] Nr. 3.

(5) *[1]* Der Kommission wird die Befugnis übertragen, delegierte Rechtsakte gemäß Artikel 35 zu erlassen, um die in Ausnahme nach Absatz 1 auf bestimmte öffentliche Stellen und die Zentralbanken von Drittstaaten auszuweiten.

*[2]* Dazu erstellt die Kommission bis zum 3. Januar 2016 einen Bericht, in dem beurteilt wird, wie öffentliche Einrichtungen, die für die Staatsschuldenverwaltung zuständig oder daran beteiligt sind, und die Zentralbanken von Drittstaaten international behandelt werden, und legt ihn dem Europäischen Parlament und dem Rat vor.

*[3]* [1] Der Bericht enthält eine vergleichende Untersuchung der Behandlung dieser Stellen und Zentralbanken im Rechtsrahmen von Drittstaaten sowie die Risikomanagementstandards, die für die von diesen Stellen und den Zentralbanken in diesen Rechtsordnungen getätigten Geschäfte gelten. [2] Wenn das Fazit dieses Berichts – vor allem angesichts der vergleichenden Untersuchung – lautet, dass es erforderlich ist, die Zentralbanken dieser Drittstaaten im Hinblick auf ihre währungspolitischen Verpflichtungen von den in dieser Verordnung festgelegten Verpflichtungen und Verboten auszunehmen, weitet die Kommission die Ausnahme nach Absatz 1 auch auf die Zentralbanken dieser Drittstaaten aus.

(6) Der Kommission wird auch die Befugnis übertragen, gemäß Artikel 35 delegierte Rechtsakte zu erlassen, um die Ausnahmen gemäß Absatz 3 auf bestimmte benannte öffentliche Stellen von Drittstaaten auszuweiten, die ein Abkommen mit der Union im Sinne von Artikel 25 der Richtlinie 2003/87/EG geschlossen haben.

(7) Dieser Artikel gilt nicht für Personen, die im Rahmen eines Arbeitsvertrags oder anderweitig für die in diesem Artikel genannten Unternehmen tätig sind, wenn diese Personen unmittelbar oder mittelbar, für eigene Rechnung Geschäfte, Aufträge oder Handlungen tätigen.

## Kapitel 2. Insiderinformationen, Insidergeschäfte, unrechtmäßige Offenlegung von Insiderinformationen und Marktmanipulation

**Art. 7 Insiderinformationen.** (1) Für die Zwecke dieser Verordnung umfasst der Begriff „Insiderinformationen" folgende Arten von Informationen:

a) nicht öffentlich bekannte präzise Informationen, die direkt oder indirekt einen oder mehrere Emittenten oder ein oder mehrere Finanzinstrumente betreffen und die, wenn sie öffentlich bekannt würden, geeignet wären, den Kurs dieser Finanzinstrumente oder den Kurs damit verbundener derivativer Finanzinstrumente erheblich zu beeinflussen;

b) in Bezug auf Warenderivate nicht öffentlich bekannte präzise Informationen, die direkt oder indirekt ein oder mehrere Derivate dieser Art oder direkt damit verbundene Waren-Spot-Kontrakte betreffen und die, wenn sie öffentlich bekannt würden, geeignet wären, den Kurs dieser Derivate oder damit verbundener Waren-Spot-Kontrakte erheblich zu beeinflussen, und bei denen es sich um solche Informationen handelt, die nach Rechts- und Verwaltungsvorschriften der Union oder der Mitgliedstaaten, Handelsregeln, Verträgen, Praktiken oder Regeln auf dem betreffenden Warenderivate- oder Spotmarkt offengelegt werden müssen bzw. deren Offenlegung nach vernünftigem Ermessen erwartet werden kann;

c) in Bezug auf Emissionszertifikate oder darauf beruhende Auktionsobjekte nicht öffentlich bekannte präzise Informationen, die direkt oder indirekt ein oder mehrere Finanzinstrumente dieser Art betreffen und die, wenn sie öffentlich bekannt würden, geeignet wären, den Kurs dieser Finanzinstrumente oder damit verbundener derivativer Finanzinstrumente erheblich zu beeinflussen;

d) für Personen, die mit der Ausführung von Aufträgen in Bezug auf Finanzinstrumente beauftragt sind, bezeichnet der Begriff auch Informationen, die von einem Kunden mitgeteilt wurden und sich auf die noch nicht ausgeführten Aufträge des Kunden in Bezug auf Finanzinstrumente beziehen, die präzise sind, direkt oder indirekt einen oder mehrere Emittenten oder ein oder mehrere Finanzinstrumente betreffen und die, wenn sie öffentlich bekannt würden, geeignet wären, den Kurs dieser Finanzinstrumente, damit verbundener Waren-Spot-Kontrakte oder zugehöriger derivativer Finanzinstrumente erheblich zu beeinflussen.

(2) [1] Für die Zwecke des Absatzes 1 sind Informationen dann als präzise anzusehen, wenn damit eine Reihe von Umständen gemeint ist, die bereits gegeben sind oder bei denen man vernünftigerweise erwarten kann, dass sie in Zukunft gegeben sein werden, oder ein Ereignis, das bereits eingetreten ist oder von den vernünftigerweise erwarten kann, dass es in Zukunft eintreten wird, und diese Informationen darüber hinaus spezifisch genug sind, um einen Schluss auf die mögliche Auswirkung dieser Reihe von Umständen oder dieses Ereignisses auf die Kurse der Finanzinstrumente oder des damit verbundenen derivativen Finanzinstruments, der damit verbundenen Waren-Spot-Kontrakte oder der auf den Emissionszertifikaten beruhenden Auktionsobjekte zuzulassen. [2] So können im Fall eines zeitlich gestreckten Vorgangs, der einen bestimmten Umstand oder ein bestimmtes Ereignis herbeiführen soll oder hervorbringt, dieser betreffende zukünftige Umstand bzw. das betreffende zukünftige Ereignis und auch die Zwischenschritte in diesem Vorgang, die mit der Herbeiführung oder Hervorbringung dieses zukünftigen Umstandes oder Ereignisses verbunden sind, in dieser Hinsicht als präzise Information betrachtet werden.

(3) Ein Zwischenschritt in einem gestreckten Vorgang wird als eine Insiderinformation betrachtet, falls er für sich genommen die Kriterien für Insiderinformationen gemäß diesem Artikel erfüllt.

(4) [1] Für die Zwecke des Absatzes 1 sind unter „Informationen, die, wenn sie öffentlich bekannt würden, geeignet wären, den Kurs von Finanzinstrumenten, derivativen Finanzinstrumenten, damit verbundenen Waren-Spot-Kontrakten oder auf Emissionszertifikaten beruhenden Auktionsobjekten spürbar zu beeinflussen" Informationen zu verstehen, die ein verständiger Anleger wahrscheinlich als Teil der Grundlage seiner Anlageentscheidungen nutzen würde.

[2] Im Fall von Teilnehmern am Markt für Emissionszertifikate mit aggregierten Emissionen oder einer thermischen Nennleistung in Höhe oder unterhalb des gemäß Artikel 17 Absatz 2 Unterabsatz 2 festgelegten Schwellenwerts wird von den Informationen über die physischen Aktivitäten dieser Teilnehmer angenommen, dass sie keine erheblichen Auswirkungen auf die Preise der Emissionszertifikate und der auf diesen beruhenden Auktionsobjekte oder auf damit verbundene Finanzinstrumente haben.

(5) ¹Die ESMA gibt Leitlinien für die Erstellung einer nicht erschöpfenden indikativen Liste von Informationen gemäß Absatz 1 Buchstabe b heraus, deren Offenlegung nach vernünftigem Ermessen erwartet werden kann oder die nach Rechts- und Verwaltungsvorschriften des Unionsrechts oder des nationalen Rechts, Handelsregeln, Verträgen, Praktiken oder Regeln auf den in Absatz 1 Buchstabe b genannten betreffenden Warenderivate- oder Spotmärkten offengelegt werden müssen. ²Die ESMA trägt den Besonderheiten dieser Märkte gebührend Rechnung.

**Art. 8 Insidergeschäfte.** (1) ¹Für die Zwecke dieser Verordnung liegt ein Insidergeschäft vor, wenn eine Person über Insiderinformationen verfügt und unter Nutzung derselben für eigene oder fremde Rechnung direkt oder indirekt Finanzinstrumente, auf die sich die Informationen beziehen, erwirbt oder veräußert. ²Die Nutzung von Insiderinformationen in Form der Stornierung oder Änderung eines Auftrags in Bezug auf ein Finanzinstrument, auf das sich die Informationen beziehen, gilt auch als Insidergeschäft, wenn der Auftrag vor Erlangen der Insiderinformationen erteilt wurde. ³In Bezug auf Versteigerungen von Emissionszertifikaten oder anderen darauf beruhenden Auktionsobjekten, die gemäß der Verordnung (EU) Nr. 1031/2010 gehalten werden, schließt die Nutzung von Insiderinformationen auch die Übermittlung, Änderung oder Zurücknahme eines Gebots durch eine Person für eigene Rechnung oder für Rechnung eines Dritten ein.

(2) Für die Zwecke dieser Verordnung liegt eine Empfehlung zum Tätigen von Insidergeschäften oder die Verleitung Dritter hierzu vor, wenn eine Person über Insiderinformationen verfügt und

a) auf der Grundlage dieser Informationen Dritten empfiehlt, Finanzinstrumente, auf die sich die Informationen beziehen, zu erwerben oder zu veräußern, oder sie dazu verleitet, einen solchen Erwerb oder eine solche Veräußerung vorzunehmen, oder

b) auf der Grundlage dieser Informationen Dritten empfiehlt, einen Auftrag, der ein Finanzinstrument betrifft, auf das sich die Informationen beziehen, zu stornieren oder zu ändern, oder sie dazu verleitet, eine solche Stornierung oder Änderung vorzunehmen.

(3) Die Nutzung von Empfehlungen oder Verleitungen gemäß Absatz 2 erfüllt den Tatbestand des Insidergeschäfts im Sinne dieses Artikels, wenn die Person, die die Empfehlung nutzt oder der Verleitung folgt, weiß oder wissen sollte, dass diese auf Insiderinformationen beruht.

(4) *[1]* Dieser Artikel gilt für jede Person, die über Insiderinformationen verfügt, weil sie

a) dem Verwaltungs-, Leitungs- oder Aufsichtsorgan des Emittenten oder des Teilnehmers am Markt für Emissionszertifikate angehört;

b) am Kapital des Emittenten oder des Teilnehmers am Markt für Emissionszertifikate beteiligt ist;

c) aufgrund der Ausübung einer Arbeit oder eines Berufs oder der Erfüllung von Aufgaben Zugang zu den betreffenden Informationen hat oder

d) an kriminellen Handlungen beteiligt ist.

*[2]* Dieser Artikel gilt auch für jede Person, die Insiderinformationen unter anderen Umständen als nach Unterabsatz 1 besitzt und weiß oder wissen müsste, dass es sich dabei um Insiderinformationen handelt.

(5) Handelt es sich bei der in diesem Artikel genannten Person um eine juristische Person, so gilt dieser Artikel nach Maßgabe des nationalen Rechts auch für die natürlichen Personen, die an dem Beschluss, den Erwerb, die Veräußerung, die Stornierung oder Änderung eines Auftrags für Rechnung der betreffenden juristischen Person zu tätigen, beteiligt sind oder diesen beeinflussen.

**Art. 9 Legitime Handlungen.** (1) Für die Zwecke der Artikel 8 und 14 wird aufgrund der bloßen Tatsache, dass eine juristische Person im Besitz von Insiderinformationen ist oder war, nicht angenommen, dass sie diese Informationen genutzt und daher auf der Grundlage eines Erwerbs oder einer Veräußerung Insidergeschäfte getätigt hat, wenn diese juristische Person

a) zuvor angemessene und wirksame interne Regelungen und Verfahren eingeführt, umgesetzt und aufrechterhalten hat, durch die wirksam sichergestellt wird, dass weder die natürliche Person, die in ihrem Auftrag den Beschluss gefasst hat, Finanzinstrumente zu erwerben oder zu veräußern, auf die sich die Informationen beziehen, noch irgendeine andere natürliche Person, die diesen Beschluss in irgendeiner Weise beeinflusst haben könnte, im Besitz der Insiderinformationen gewesen ist, und

b) die natürliche Person, die im Auftrag der juristischen Person Finanzinstrumente, auf die sich die Informationen beziehen, erworben oder veräußert hat, nicht aufgefordert, ihr keine Empfehlungen gegeben, sie nicht angestiftet oder anderweitig beeinflusst hat.

(2) Für die Zwecke der Artikel 8 und 14 wird aufgrund der bloßen Tatsache, dass eine Person im Besitz von Insiderinformationen ist, nicht angenommen, dass sie diese Informationen genutzt und daher auf der Grundlage eines Erwerbs oder einer Veräußerung Insidergeschäfte getätigt hat, wenn diese Person

a) ein Market-Maker für die Finanzinstrumente ist, auf die sich diese Informationen beziehen, oder eine Person, die als Gegenpartei für die Finanzinstrumente zugelassen ist, auf die sich diese Informationen beziehen, und wenn der Erwerb oder die Veräußerung von Finanzinstrumenten, auf die sich diese Informationen beziehen, rechtmäßig im Zuge der normalen Ausübung ihrer Funktion als Market-Maker oder Gegenpartei für das betreffende Finanzinstrument erfolgt, oder

b) wenn diese Person zur Ausführung von Aufträgen für Dritte zugelassen ist und der Erwerb oder die Veräußerung von Finanzinstrumenten, auf die sich der Auftrag bezieht, dazu dient, einen solchen Auftrag rechtmäßig im Zuge der normalen Ausübung der Beschäftigung des Berufs oder der Aufgaben dieser Person auszuführen.

(3) Für die Zwecke der Artikel 8 und 14 wird aufgrund der bloßen Tatsache, dass eine Person im Besitz von Insiderinformationen ist, nicht angenommen, dass sie diese Informationen genutzt und daher auf der Grundlage eines Erwerbs oder einer Veräußerung Insidergeschäfte getätigt hat, wenn diese Person ein Geschäft zum Erwerb oder zur Veräußerung von Finanzinstrumenten tätigt, das, in gutem Glauben und nicht zur Umgehung des Verbots von

Insidergeschäften, durchgeführt wird, um einer fällig gewordenen Verpflichtung nachzukommen, und wenn

a) die betreffende Verpflichtung auf der Erteilung eines Auftrags oder dem Abschluss einer Vereinbarung aus der Zeit vor dem Erhalt der Insiderinformationen beruht oder

b) das Geschäft der Erfüllung einer rechtlichen Verpflichtung oder Regulierungsauflage dient, die vor dem Erhalt der Insiderinformationen entstanden ist.

(4) *[1]* Für die Zwecke des Artikels 8 und 14 wird aufgrund der bloßen Tatsache, dass eine Person Insiderinformationen besitzt, nicht angenommen, dass sie diese Informationen genutzt und daher Insidergeschäfte getätigt hat, wenn sie diese Insiderinformation im Zuge der Übernahme eines Unternehmens oder eines Unternehmenszusammenschlusses auf der Grundlage eines öffentlichen Angebots erworben hat und diese Insiderinformationen ausschließlich nutzt, um den Unternehmenszusammenschluss oder die Übernahme auf der Grundlage eines öffentlichen Angebots weiterzuführen, unter der Voraussetzung, dass zum Zeitpunkt der Genehmigung des Unternehmenszusammenschlusses oder der Annahme des Angebotes durch die Anteilseigner des betreffenden Unternehmens sämtliche Insiderinformationen öffentlich gemacht worden sind oder auf andere Weise ihren Charakter als Insiderinformationen verloren haben.

*[2]* Dieser Absatz gilt nicht für den Beteiligungsaufbau.

(5) Für die Zwecke der Artikel 8 und 14 stellt die bloße Tatsache, dass eine Person ihr Wissen darüber, dass sie beschlossen hat, Finanzinstrumente zu erwerben oder zu veräußern, beim Erwerb oder der Veräußerung dieser Finanzinstrumente nutzt, an sich noch keine Nutzung von Insiderinformationen dar.

(6) Unbeschadet der Absätze 1 bis 5 des vorliegenden Artikels kann es als Verstoß gegen das Verbot von Insidergeschäften gemäß Artikel 14 betrachtet werden, wenn die zuständige Behörde feststellt, dass sich hinter den betreffenden Handelsaufträgen, Geschäften oder Handlungen ein rechtswidriger Grund verbirgt.

### Art. 10 Unrechtmäßige Offenlegung von Insiderinformationen.

(1) *[1]* Für die Zwecke dieser Verordnung liegt eine unrechtmäßige Offenlegung von Insiderinformationen vor, wenn eine Person, die über Insiderinformationen verfügt und diese Informationen gegenüber einer anderen Person offenlegt, es sei denn, die Offenlegung geschieht im Zuge der normalen Ausübung einer Beschäftigung oder eines Berufs oder der normalen Erfüllung von Aufgaben.

*[2]* Dieser Absatz gilt für alle natürlichen oder juristischen Personen in den Situationen oder unter den Umständen gemäß Artikel 8 Absatz 4.

(2) Für die Zwecke dieser Verordnung gilt die Weitergabe von Empfehlungen oder das Verleiten anderer, nachdem man selbst verleitet wurde, gemäß Artikel 8 Absatz 2 als unrechtmäßige Offenlegung von Insiderinformationen gemäß diesem Artikel, wenn die Person, die die Empfehlung weitergibt oder andere verleitet, nachdem sie selbst verleitet wurde, weiß oder wissen sollte, dass die Empfehlung bzw. Verleitung auf Insiderinformationen beruht.

**Art. 11 Marktsondierungen.** (1) Eine Marktsondierung besteht in der Übermittlung von Informationen vor der Ankündigung eines Geschäfts an einen oder mehrere potenzielle Anleger, um das Interesse von potenziellen Anlegern an einem möglichen Geschäft und dessen Bedingungen wie seinem Umfang und seiner preislichen Gestaltung abzuschätzen durch

a) den Emittenten;

b) einen Zweitanbieter eines Finanzinstruments, der das betreffende Finanzinstrument in einer Menge oder mit einem Wert anbietet, aufgrund derer bzw. dessen sich das Geschäft vom üblichen Handel unterscheidet, wobei es außerdem auf einer Verkaufsmethode beruht, die auf der Vorabbewertung des potenziellen Interesses möglicher Anleger beruht;

c) einen Teilnehmer am Markt für Emissionszertifikate oder

d) einen Dritten, der im Auftrag oder für Rechnung einer der unter Buchstabe a, b oder c genannten Personen agiert.

(1a) [1] Richtet sich ein Wertpapierangebot ausschließlich an qualifizierte Anleger im Sinne von Artikel 2 Buchstabe e der Verordnung (EU) 2017/1129 [1)] des Europäischen Parlaments und des Rates[2)], so ist es nicht als Marktsondierung zu betrachten, wenn ein Emittent, dessen Finanzinstrumente zum Handel an einem Handelsplatz zugelassen sind, oder eine Person, die im Auftrag oder für Rechnung dieses Emittenten handelt, diesen qualifizierten Anlegern zwecks Aushandlung der vertraglichen Bedingungen ihrer Beteiligung an einer Anleiheemission Informationen übermittelt. [2] Diese Übermittlung von Informationen gilt als im Zuge der normalen Ausübung der Beschäftigung oder des Berufs oder der normalen Erfüllung der Aufgaben einer Person gemäß Artikel 10 Absatz 1 der vorliegenden Verordnung vorgenommen und ist deshalb nicht als unrechtmäßige Offenlegung von Insiderinformationen zu betrachten. [3] Dieser Emittent, oder alle in seinem Auftrag oder für seine Rechnung handelnden Personen, stellen sicher, dass die qualifizierten Anleger, die diese Informationen erhalten, die aus den Rechts- und Verwaltungsvorschriften erwachsenden Pflichten kennen und diese schriftlich anerkennen und die Sanktionen kennen, die für Insidergeschäfte und die unrechtmäßige Offenlegung von Insiderinformationen gelten.

(2) Unbeschadet des Artikels 23 Absatz 3 stellt auch die Offenlegung von Insiderinformationen durch eine Person, die beabsichtigt, ein Übernahmeangebot für die Anteile eines Unternehmens oder für einen Unternehmenszusammenschluss an Dritte zu richten, die Anspruch auf die Anteile des Unternehmens haben, *einem*[3)] Marktsondierung dar, wenn

a) die Informationen erforderlich sind, um den Dritten, die Anspruch auf die Unternehmensanteile haben, zu ermöglichen, sich über ihre Bereitschaft, ihre Unternehmensanteile anzubieten, eine Meinung zu bilden, und

b) die Bereitschaft der Dritten, die Anspruch auf die Unternehmensanteile haben, ihre Unternehmensanteile anzubieten, nach vernünftigem Ermessen

---

[1)] Nr. **6**.

[2)] **Amtl. Anm.:** Verordnung (EU) 2017/1129 des Europäischen Parlaments und des Rates vom 14. Juni 2017 über den Prospekt, der beim öffentlichen Angebot von Wertpapieren oder bei deren Zulassung zum Handel an einem geregelten Markt zu veröffentlichen ist und zur Aufhebung der Richtlinie 2003/71/EG (ABl. L 168 vom 30.6.2017, S. 12).

[3)] Richtig wohl: „eine".

für den Beschluss, das Angebot für die Übernahme oder den Unternehmenszusammenschluss abzugeben, erforderlich ist.

(3) ¹Ein offenlegender Marktteilnehmer berücksichtigt vor der Durchführung einer Marktsondierung insbesondere, ob die Marktsondierung die Offenlegung von Insiderinformationen umfasst. ²Der offenlegende Marktteilnehmer führt schriftliche Aufzeichnungen über seine Schlussfolgerung und über ihre Gründe. ³Er legt diese schriftlichen Aufzeichnungen der zuständigen Behörde auf deren Ersuchen hin vor. ⁴*Dieser*[1]) Verpflichtung gilt für jede Offenlegung von Informationen im Verlauf der Marktsondierung. ⁵Der offenlegende Marktteilnehmer aktualisiert die schriftlichen Aufzeichnungen gemäß diesem Absatz entsprechend.

(4) Für die Zwecke des Artikels 10 Absatz 1 wird eine Offenlegung von Insiderinformationen, die im Verlauf einer Marktsondierung vorgenommen wurde, so betrachtet, dass sie im Zuge der normalen Ausübung der Beschäftigung oder des Berufs oder der normalen Erfüllung der Aufgaben einer Person vorgenommen wurde, wenn der offenlegende Marktteilnehmer die Verpflichtungen gemäß den Absätzen 3 und 5 dieses Artikels erfüllt.

(5) *[1]* Für die Zwecke des Absatzes 4 muss der offenlegende Marktteilnehmer vor der Offenlegung:

a) die Zustimmung der Person einholen, die die Marktsondierung erhält, dass sie Insiderinformationen erhält;

b) die Person, die die Marktsondierung erhält, davon in Kenntnis setzen, dass ihr die Nutzung und der Versuch der Nutzung dieser Informationen in Form des Erwerbs oder der Veräußerung von Finanzinstrumenten, auf die sich diese Informationen beziehen, ob direkt oder indirekt, für eigene Rechnung oder für die Rechnung Dritter, untersagt sind;

c) die Person, die die Marktsondierung erhält, davon in Kenntnis setzen, dass ihr die Nutzung und der Versuch der Nutzung in Form der Stornierung oder Änderung eines bereits erteilten Auftrags in Bezug auf ein Finanzinstrument, auf das sich diese Informationen beziehen, untersagt sind, und

d) die Person, die die Marktsondierung erhält, davon in Kenntnis setzten, dass sie sich mit der Zustimmung, die Informationen zu erhalten, auch verpflichtet ist, die Vertraulichkeit der Informationen zu wahren.

*[2]* ¹Der offenlegende Marktteilnehmer muss Aufzeichnungen über sämtliche Informationen erstellen und führen, die der Person, die die Marktsondierung erhält, übermittelt wurden, einschließlich der Informationen, die gemäß Unterabsatz 1 Buchstabe a bis d übermittelt wurden, sowie über die Identität der potenziellen Anleger, gegenüber denen die Informationen offengelegt wurden, einschließlich unter anderem der juristischen und natürlichen Personen, die im Auftrag der potenziellen Anleger handeln, und des Datums und der Uhrzeit einer jeden Offenlegung. ²Der offenlegende Marktteilnehmer muss der zuständigen Behörde diese Aufzeichnungen auf deren Ersuchen zur Verfügung stellen.

(6) *[1]* Wenn im Zuge einer Marktsondierung Informationen offengelegt wurden und nach Einschätzung des offenlegenden Marktteilnehmers ihre Ei-

---

[1]) Richtig wohl: „Diese".

genschaft als Insiderinformationen verlieren, setzt dieser den Empfänger unverzüglich davon in Kenntnis.

*[2]* Der offenlegende Marktteilnehmer führt Aufzeichnungen über die Informationen, die er im Einklang mit diesem Absatz übermittelt hat, und stellt diese Aufzeichnungen der zuständigen Behörde auf deren Ersuchen zur Verfügung.

(7) Unbeschadet der Bestimmungen dieses Artikels nimmt die Person, die die Marktsondierung erhält, selbst die Einschätzung vor, ob sie im Besitz von Insiderinformationen ist und wenn sie nicht mehr im Besitz von Insiderinformationen ist.

(8) Die Aufzeichnungen gemäß diesem Artikel werden von dem offenlegenden Marktteilnehmer mindestens fünf Jahre lang aufbewahrt.

(9) *[1]* Um die durchgehende Harmonisierung dieses Artikels sicherzustellen, arbeitet die ESMA Entwürfe technischer Regulierungsstandards aus, um angemessene Regelungen, Verfahren und Aufzeichnungsanforderungen festzulegen, mittels derer Personen die Anforderungen der Absätze 4, 5, 6 und 8 einhalten können.

*[2]* Die ESMA legt der Kommission diese Entwürfe technischer Regulierungsstandards bis zum 3. Juli 2015 vor.

*[3]* Der Kommission wird die Befugnis übertragen, die in Unterabsatz 1 genannten technischen Regulierungsstandards nach Artikel 10 bis 14 der Verordnung (EU) Nr. 1095/2010[1]) zu erlassen.

(10) *[1]* Um die durchgehende Harmonisierung dieses Artikels sicherzustellen, arbeitet die ESMA Entwürfe technischer Durchführungsstandards aus, in denen festgelegt wird, welche Systeme und Mitteilungsmuster zur Einhaltung der Vorschriften der Absätze 4, 5, 6 und 8 zu nutzen sind, insbesondere das genaue Format der Aufzeichnungen nach den Absätzen 4 bis 8 und die technischen Mittel für eine angemessene Übermittlung der Informationen gemäß Absatz 6 an die Person, die die Marktsondierung erhält.

*[2]* Die ESMA legt der Kommission diese Entwürfe technischer Durchführungsstandards bis zum 3. Juli 2015 vor.

*[3]* Der Kommission wird die Befugnis übertragen, die in Unterabsatz 1 genannten technischen Durchführungsstandards nach Artikel 15 der Verordnung (EU) Nr. 1095/2010 zu erlassen.

(11) Die ESMA gibt für die Personen, die die Marktsondierung erhalten, gemäß Artikel 16 der Verordnung (EU) Nr. 1095/2010 Leitlinien zu Folgendem heraus:

a) den Faktoren, die diese Personen berücksichtigen müssen, wenn ihnen gegenüber als Bestandteil der Marktsondierung Informationen offengelegt werden, damit sie beurteilen können, ob diese Informationen Insiderinformationen sind;

b) den Schritten, die diese Personen unternehmen müssen, wenn ihnen gegenüber Insiderinformationen offengelegt wurden, um die Artikel 8 und 10 dieser Verordnung einzuhalten, und

c) den Aufzeichnungen, die diese Personen führen sollten, um nachzuweisen, dass sie die Artikel 8 und 10 dieser Verordnung eingehalten haben.

---

[1]) Nr. 3.

**Art. 12 Marktmanipulation.** (1) Für die Zwecke dieser Verordnung umfasst der Begriff „Marktmanipulation" folgende Handlungen:
a) Abschluss eines Geschäfts, Erteilung eines Handelsauftrags sowie jede andere Handlung, die
 i) der bzw. die falsche oder irreführende Signale hinsichtlich des Angebots, der Nachfrage oder des Preises eines Finanzinstruments, eines damit verbundenen Waren-Spot- Kontrakts oder eines auf Emissionszertifikaten beruhenden Auktionsobjekts gibt oder bei der dies wahrscheinlich ist, oder
 ii) durch das bzw. die ein anormales oder künstliches Kursniveau eines oder mehrerer Finanzinstrumente, eines damit verbundenen Waren-Spot-Kontrakts oder eines auf Emissionszertifikaten beruhenden Auktionsobjekts erzielt wird oder bei dem/der dies wahrscheinlich ist;
 es sei denn, die Person, die ein Geschäft abschließt, einen Handelsauftrag erteilt oder eine andere Handlung vornimmt, weist nach, dass das Geschäft, der Auftrag oder die Handlung legitime Gründe hat und im Einklang mit der zulässigen Marktpraxis gemäß Artikel 13 steht.
b) Abschluss eines Geschäfts, Erteilung eines Handelsauftrags und jegliche sonstige Tätigkeit oder Handlung, die unter Vorspiegelung falscher Tatsachen oder unter Verwendung sonstiger Kunstgriffe oder Formen der Täuschung den Kurs eines oder mehrerer Finanzinstrumente, eines damit verbundenen Waren-Spot-Kontrakts oder eines auf Emissionszertifikaten beruhenden Auktionsobjekts beeinflusst oder hierzu geeignet ist;
c) Verbreitung von Informationen über die Medien einschließlich des Internets oder auf anderem Wege, die falsche oder irreführende Signale hinsichtlich des Angebots oder des Kurses eines Finanzinstruments, eines damit verbundenen Waren-Spot-Kontrakts oder eines auf Emissionszertifikaten beruhenden Auktionsobjekts oder der Nachfrage danach geben oder bei denen dies wahrscheinlich ist oder ein anormales oder künstliches Kursniveau eines oder mehrerer Finanzinstrumente, eines damit verbundenen Waren-Spot-Kontrakts oder eines auf Emissionszertifikaten beruhenden Auktionsobjekts herbeiführen oder bei denen dies wahrscheinlich ist, einschließlich der Verbreitung von Gerüchten, wenn die Person, die diese Informationen verbreitet hat, wusste oder hätte wissen müssen, dass sie falsch oder irreführend waren;
d) Übermittlung falscher oder irreführender Angaben oder Bereitstellung falscher oder irreführender Ausgangsdaten bezüglich eines Referenzwerts, wenn die Person, die die Informationen übermittelt oder die Ausgangsdaten bereitgestellt hat, wusste oder hätte wissen müssen, dass sie falsch oder irreführend waren, oder sonstige Handlungen, durch die die Berechnung eines Referenzwerts manipuliert wird.

(2) Als Marktmanipulation gelten unter anderem die folgenden Handlungen:
a) Sicherung einer marktbeherrschenden Stellung in Bezug auf das Angebot eines Finanzinstruments, damit verbundener Waren-Spot-Kontrakte oder eines auf Emissionszertifikaten beruhenden Auktionsobjekts oder der Nachfrage danach durch eine Person oder mehrere in Absprache handelnde Personen mit der tatsächlichen oder wahrscheinlichen Folge einer unmittelbaren oder mittelbaren Festsetzung des Kaufs- oder Verkaufspreises oder anderen unlauteren Handelsbedingungen führt oder hierzu geeignet ist;

b) Kauf oder Verkauf von Finanzinstrumenten bei Handelsbeginn oder bei Handelsschluss an einem Handelsplatz mit der tatsächlichen oder wahrscheinlichen Folge, dass Anleger, die aufgrund der angezeigten Kurse, einschließlich der Eröffnungs- und Schlusskurse, tätig werden, irregeführt werden;

c) die Erteilung von Kauf- oder Verkaufsaufträgen an einen Handelsplatz, einschließlich deren Stornierung oder Änderung, mittels aller zur Verfügung stehenden Handelsmethoden, auch in elektronischer Form, beispielsweise durch algorithmische und Hochfrequenzhandelsstrategien, die eine der in Absatz 1 Buchstabe a oder b genannten Auswirkungen hat, indem sie

　i) das Funktionieren des Handelssystems des Handelsplatzes tatsächlich oder wahrscheinlich stört oder verzögert,

　ii) Dritten die Ermittlung echter Kauf- oder Verkaufsaufträge im Handelssystem des Handelsplatzes tatsächlich oder wahrscheinlich erschwert, auch durch das Einstellen von Kauf- oder Verkaufsaufträgen, die zur Überfrachtung oder Beeinträchtigung des Orderbuchs führen, oder

　iii) tatsächlich oder wahrscheinlich ein falsches oder irreführendes Signal hinsichtlich des Angebots eines Finanzinstruments oder der Nachfrage danach oder seines Preises setzt, insbesondere durch das Einstellen von Kauf- oder Verkaufsaufträgen zur Auslösung oder Verstärkung eines Trends;

d) Ausnutzung eines gelegentlichen oder regelmäßigen Zugangs zu den traditionellen oder elektronischen Medien durch Abgabe einer Stellungnahme zu einem Finanzinstrument, einem damit verbundenen Waren-Spot-Kontrakt oder einem auf Emissionszertifikaten beruhenden Auktionsobjekt (oder indirekt zu dessen Emittenten), wobei zuvor Positionen bei diesem Finanzinstrument, einem damit verbundenen Waren-Spot-Kontrakt oder einem auf Emissionszertifikaten beruhenden Auktionsobjekt eingegangen wurden und anschließend Nutzen aus den Auswirkungen der Stellungnahme auf den Kurs dieses Finanzinstruments, eines damit verbundenen Waren-Spot-Kontrakts oder eines auf Emissionszertifikaten beruhenden Auktionsobjekts gezogen wird, ohne dass der Öffentlichkeit gleichzeitig dieser Interessenkonflikt ordnungsgemäß und wirksam mitgeteilt wird;

e) Kauf oder Verkauf von Emissionszertifikaten oder deren Derivaten auf dem Sekundärmarkt vor der Versteigerung gemäß der Verordnung (EU) Nr. 1031/2010 mit der Folge, dass der Auktionsclearingpreis für die Auktionsobjekte auf anormaler oder künstlicher Höhe festgesetzt wird oder dass Bieter, die auf den Versteigerungen bieten, irregeführt werden.

(3) Für die Anwendung von Absatz 1 Buchstaben a und b und unbeschadet der in Absatz 2 aufgeführten Formen von Handlungen enthält Anhang I eine nicht erschöpfende Aufzählung von Indikatoren in Bezug auf die Vorspiegelung falscher Tatsachen oder sonstige Kunstgriffe oder Formen der Täuschung und eine nicht erschöpfende Aufzählung von Indikatoren in Bezug auf falsche oder irreführende Signale und die Sicherung des[1] Herbeiführung bestimmter Kurse.

(4) Handelt es sich bei der in diesem Artikel genannten Person um eine juristische Person, so gilt dieser Artikel nach Maßgabe des nationalen Rechts

---

[1] Richtig wohl: „der".

auch für die natürlichen Personen, die an dem Beschluss, Tätigkeiten für Rechnung der betreffenden juristischen Person auszuführen, beteiligt sind.

(5) Der Kommission wird die Befugnis übertragen, gemäß Artikel 35 zur Präzisierung der in Anhang I festgelegten Indikatoren delegierte Rechtsakte zu erlassen, um deren Elemente zu klären und den technischen Entwicklungen auf den Finanzmärkten Rechnung zu tragen.

**Art. 13 Zulässige Marktpraxis.** (1) Das Verbot gemäß Artikel 15 gilt nicht für die in Artikel 12 Absatz 1 Buchstabe a genannten Handlungen, wenn die Person, die ein Geschäft abschließt, einen Handelsauftrag erteilt oder eine andere Handlung vornimmt, nachweist, dass das Geschäft, der Auftrag oder die Handlung legitime Gründe hat und im Einklang mit der zulässigen Marktpraxis gemäß diesem Artikel steht.

(2) *[1]* Eine zuständige Behörden kann eine zulässige Marktpraxis festlegen, wobei folgende Kriterien berücksichtigt werden:

a) ob die Marktpraxis einen erheblichen Grad an Markttransparenz gewährt;

b) ob durch die Marktpraxis das Funktionieren der Marktkräfte und das richtige Zusammenspiel von Angebot und Nachfrage in hohem Grade gewährleistet werden;

c) ob die Marktpraxis sich positiv auf Marktliquidität und -effizienz auswirkt;

d) ob die Marktpraxis dem Handelsmechanismus des betreffenden Marktes Rechnung trägt und es den Marktteilnehmern erlaubt, angemessen und rechtzeitig auf die durch die Marktpraxis entstehende neue Marktsituation zu reagieren;

e) ob die Marktpraxis keine Risiken für die Integrität direkt oder indirekt verbundener, geregelter oder nicht geregelter Märkte für das betreffende Finanzinstrument innerhalb der Union schafft;

f) das Ergebnis der Ermittlungen der zuständigen Behörden bzw. anderer Behörden zu der entsprechenden Marktpraxis, insbesondere ob eine Verletzung der Marktmissbrauchsbestimmungen oder der geltenden Verhaltensregeln festgestellt wurde, unabhängig davon, ob auf dem betreffenden Markt oder auf anderen direkt oder indirekt verbundenen Märkten in der Union, und

g) die Strukturmerkmale des betreffenden Marktes, u.a., ob es sich um einen geregelten Markt handelt, welche Finanzinstrumente gehandelt werden, welche Marktteilnehmer vertreten sind und welcher Anteil am Handel auf dem betreffenden Markt auf Privatanleger entfällt.

*[2]* Eine Marktpraxis, die von einer zuständigen Behörde auf einem bestimmten Markt als zulässige Marktpraxis festgelegt wurde, wird nicht als zulässig auf anderen Märkten betrachtet, wenn sie nicht von den für diese anderen Märkte zuständigen Behörden gemäß diesem Artikel anerkannt worden ist.

(3) [1] Vor der Festlegung einer zulässigen Markpraxis gemäß Absatz 2 informiert die zuständige Behörden die ESMA und die anderen zuständigen Behörden über ihre Absicht, eine zulässige Marktpraxis festzulegen, und legt Einzelheiten der Bewertung vor, die im Einklang mit den Kriterien in Absatz 2 vorgenommen wurde. [2] Diese Information erfolgt mindestens drei Monate vor der beabsichtigten Einführung der zulässigen Marktpraxis.

(4) [1] Innerhalb von zwei Monaten nach Erhalt der Information gibt die ESMA gegenüber der mitteilenden zuständigen Behörde eine Stellungnahme ab, in der sie bewertet, ob die zulässige Marktpraxis mit Absatz 2 und den gemäß Absatz 7 angenommenen technischen Regulierungsstandards vereinbar ist. [2] Die ESMA prüft ebenfalls, ob das Vertrauen in den Finanzmarkt der Union durch die Festlegung der zulässigen Marktpraxis gefährdet würde. [3] Die Stellungnahme wird auf der Website der ESMA veröffentlicht.

(5) Legt eine zuständige Behörde eine Marktpraxis fest, die einer gemäß Absatz 4 durch die ESMA abgegebenen Stellungnahme zuwiderläuft, veröffentlicht sie auf ihrer Website innerhalb von 24 Stunden nach der Festlegung der zulässigen Marktpraxis eine Bekanntmachung, in der sie die Gründe für ihr Vorgehen vollständig darlegt und auch darauf eingeht, warum die zulässige Marktpraxis keine Gefahr für das Vertrauen in den Markt darstellt.

(6) [1] Ist eine zuständige Behörde der Ansicht, dass eine andere zuständige Behörde eine zulässige Marktpraxis festgelegt hat, die die in Absatz 2 verankerten Kriterien nicht erfüllt, unterstützt die ESMA die betreffenden Behörden im Einklang mit ihren Befugnissen gemäß Artikel 19 der Verordnung (EU) Nr. 1095/2010[1]) dabei, zu einer Einigung zu gelangen.

[2] Erzielen die betreffenden zuständigen Behörden keine Einigung, so kann die ESMA gemäß Artikel 19 Absatz 3 der Verordnung (EU) Nr. 1095/2010 einen Beschluss fassen.

(7) [1] Um eine durchgängige Harmonisierung dieses Artikels sicherzustellen, arbeitet die ESMA Entwürfe technischer Regulierungsstandards aus, in denen die Kriterien, das Verfahren und die Anforderungen für die Festlegung einer zulässigen Marktpraxis gemäß den Absätzen 2, 3 und 4 sowie die Anforderungen an ihre Beibehaltung, Beendigung oder Änderung der Bedingungen für ihre Zulässigkeit festgelegt werden.

[2] Die ESMA legt der Kommission bis zum 3. Juli 2015 diese Entwürfe technischer Regulierungsstandards vor.

[3] Der Kommission wird die Befugnis übertragen, die in Unterabsatz 1 genannten technischen Regulierungsstandards nach Artikel 10 bis 14 der Verordnung (EU) Nr. 1095/2010 zu erlassen.

(8) Die zuständigen Behörden überprüfen regelmäßig und mindestens alle zwei Jahre die von ihnen festgelegte zulässige Marktpraxis und berücksichtigen dabei insbesondere wesentliche Änderungen im Umfeld des betreffenden Marktes, d.h. beispielsweise geänderte Handelsregeln oder Änderungen an den Infrastrukturen des Marktes, um zu entscheiden, ob diese Praxis beibehalten wird, beendet wird oder ob die Bedingungen für ihre Zulässigkeit geändert werden soll.

(9) Die ESMA veröffentlicht auf ihrer Website eine Liste der zulässigen Marktpraktiken und gibt an, in welchen Mitgliedstaaten sie anwendbar sind.

(10) Die ESMA überwacht die Anwendung der zulässigen Marktpraxis und legt der Kommission jährlich einen Bericht über deren Anwendung auf den betreffenden Märkten vor.

(11) [1] Die zuständigen Behörden übermitteln der ESMA die zulässigen Marktpraktiken, die sie vor dem 2. Juli 2014 festgelegt haben, innerhalb von

---

[1]) Nr. 3.

drei Monaten nach dem Inkrafttreten der in Absatz 7 genannten technischen Regulierungsstandards.

*[2]* Die in Unterabsatz 1 dieses Absatzes genannte zulässige Marktpraxis gilt in dem betreffenden Mitgliedstaat weiter, bis die zuständige Behörde auf der Grundlage der Stellungnahme der ESMA gemäß Absatz 4 einen Beschluss hinsichtlich ihrer Weiterführung gefasst hat.

(12) *[1]* Unbeschadet der gemäß den Absätzen 1 bis 11 des vorliegenden Artikels festgelegten zulässigen Marktpraxis darf ein Emittent von Finanzinstrumenten, die zum Handel an einem KMU-Wachstumsmarkt zugelassen sind, für seine Aktien einen Liquiditätsvertrag schließen, wenn alle folgenden Voraussetzungen erfüllt sind:

a) Die Bedingungen des Liquiditätsvertrags entsprechen den in Absatz 2 des vorliegenden Artikels und den in der Delegierten Verordnung (EU) 2016/908 der Kommission [1]) festgelegten Kriterien;

b) der Liquiditätsvertrag wird gemäß dem in Absatz 13 des vorliegenden Artikels genannten Unionsmuster erstellt;

c) der Liquiditätsgeber wurde von der zuständigen Behörde gemäß der Richtlinie 2014/65/EU[2]) ordnungsgemäß zugelassen und ist beim Marktbetreiber oder der Wertpapierfirma, die den KMU-Wachstumsmarkt betreibt, als Marktteilnehmer registriert;

d) der Marktbetreiber oder die Wertpapierfirma, die den KMU-Wachstumsmarkt betreibt, bestätigt dem Emittenten gegenüber schriftlich, eine Kopie des Liquiditätsvertrags erhalten zu haben und den Bedingungen dieses Vertrags zuzustimmen.

*[2]* [1] Der in Unterabsatz 1 des vorliegenden Absatzes genannte Emittent muss jederzeit nachweisen können, dass die Bedingungen, unter denen der Vertrag abgeschlossen wurde, jederzeit erfüllt sind. [2] Dieser Emittent und der Marktbetreiber oder und die Wertpapierfirma, die den KMU-Wachstumsmarkt betreibt, legen den jeweils zuständigen Behörden auf Verlangen eine Kopie des Liquiditätsvertrags vor.

(13) *[1]* Die ESMA arbeitet Entwürfe technischer Regulierungsstandards aus, in denen das für den Abschluss eines Liquiditätsvertrags gemäß Absatz 12 zu verwendende Vertragsmuster festgelegt wird, damit die Erfüllung der in Absatz 2 genannten Kriterien auch in Bezug auf Markttransparenz und Wirkung der Liquiditätszufuhr gewährleistet ist.

*[2]* Die ESMA übermittelt der Kommission diese Entwürfe technischer Regulierungsstandards bis zum 1. September 2020.

*[3]* Der Kommission wird die Befugnis übertragen, die in Unterabsatz 1 des vorliegenden Absatzes genannten technischen Regulierungsstandards gemäß den Artikeln 10 bis 14 der Verordnung (EU) Nr. 1095/2010 zu erlassen.

---

[1]) **Amtl. Anm.:** Delegierte Verordnung (EU) 2016/908 der Kommission vom 26. Februar 2016 zur Ergänzung der Verordnung (EU) Nr. 596/2014 des Europäischen Parlaments und des Rates durch technische Regulierungsstandards für die Kriterien, das Verfahren und die Anforderungen für die Festlegung einer zulässigen Marktpraxis und die Anforderungen an ihre Beibehaltung, Beendigung oder Änderung der Bedingungen für ihre Zulässigkeit (ABl. L 153 vom 10.6.2016, S. 3).
[2]) Nr. 1.

**Art. 14 Verbot von Insidergeschäften und unrechtmäßiger Offenlegung von Insiderinformationen.** Folgende Handlungen sind verboten:
a) das Tätigen von Insidergeschäften und der Versuch hierzu,
b) Dritten zu empfehlen, Insidergeschäfte zu tätigen, oder Dritte dazu zu verleiten, Insidergeschäfte zu tätigen, oder
c) die unrechtmäßige Offenlegung von Insiderinformationen.

**Art. 15 Verbot der Marktmanipulation.** Marktmanipulation und der Versuch hierzu sind verboten.

**Art. 16 Vorbeugung und Aufdeckung von Marktmissbrauch.**

(1) [1] Marktbetreiber und Wertpapierfirmen, die einen Handelsplatz betreiben, haben gemäß Artikel 31 und 54 der Richtlinie 2014/65/EU[1]) wirksame Regelungen, Systeme und Verfahren zur Vorbeugung und Aufdeckung von Insidergeschäften, Marktmanipulation, versuchten Insidergeschäften und versuchter Marktmanipulation zu schaffen und aufrechtzuerhalten

[2] Eine in Unterabsatz 1 genannte Personen meldet Aufträge und Geschäfte, einschließlich deren Stornierung oder Änderung, die Insidergeschäfte, Marktmanipulationen oder versuchte Insidergeschäfte oder versuchte Marktmanipulationen sein könnten, unverzüglich der zuständigen Behörde des Handelsplatzes.

(2) [1] Wer beruflich Geschäfte vermittelt oder ausführt, muss wirksame Regelungen, Systeme und Verfahren zur Aufdeckung und Meldung von verdächtigen Aufträgen und Geschäften schaffen und aufrechterhalten. [2] Wann immer die betreffende Person den begründeten Verdacht hat, dass ein Auftrag oder ein Geschäft in Bezug auf ein Finanzinstrument − wobei es unerheblich ist, ob dieser bzw. dieses auf einem Handelsplatz oder anderweitig erteilt oder ausgeführt wurde − Insiderhandel oder Marktmanipulation oder den Versuch hierzu darstellt, so unterrichtet sie unverzüglich die zuständige Behörde nach Absatz 3.

(3) [1] Unbeschadet des Artikels 22 gelten für die Meldungen von Personen, die beruflich Geschäfte vermitteln oder ausführen, die Vorschriften des Mitgliedstaats, in dem sie registriert sind oder in dem sie ihre Hauptniederlassung haben oder, bei Zweigniederlassungen, die Vorschriften des Mitgliedstaats ihrer Zweigniederlassung. [2] Die Meldung erfolgt bei der zuständigen Behörde dieses Mitgliedstaats.

(4) Die zuständigen Behörden nach Absatz 3, denen verdächtige Aufträge und Geschäfte gemeldet werden, teilen dies unverzüglich den für die betreffenden Handelsplätze zuständigen Behörden mit.

(5) [1] Um eine durchgehende Harmonisierung dieses Artikels zu gewährleisten, arbeitet die ESMA Entwürfe technischer Regulierungsstandards aus, um Folgendes festzulegen:
a) angemessene Regelungen, Systeme und Verfahren für die Einhaltung der Vorschriften in den Absätzen 1 und 2 durch Personen und
b) die von Personen zur Einhaltung der Vorschriften in den Absätzen 1 und 2 zu nutzenden Mitteilungsmuster.

---

[1]) Nr. 1.

*[2]* Die ESMA legt der Kommission diese Entwürfe technischer Regulierungsstandards bis zum 3. Juli 2016 vor.

*[3]* Der Kommission wird die Befugnis übertragen, die in Unterabsatz 1 genannten technischen Regulierungsstandards nach Artikel 10 bis 14 der Verordnung (EU) Nr. 1095/2010[1]) zu erlassen.

## Kapitel 3. Offenlegungsvorschriften

**Art. 17 Veröffentlichung von Insiderinformationen.** (1) *[1]* Ein Emittent gibt der Öffentlichkeit Insiderinformationen, die unmittelbar diesen Emittenten betreffen, unverzüglich bekannt.

*[2]* ¹Der Emittent stellt sicher, dass die Insiderinformationen in einer Art und Weise veröffentlicht werden, die der Öffentlichkeit einen schnellen Zugang und eine vollständige, korrekte und rechtzeitige Bewertung ermöglicht, und dass sie gegebenenfalls in dem amtlich bestellten System gemäß Artikel 21 der Richtlinie 2004/109/EG des Europäischen Parlaments und des Rates[2]) veröffentlicht werden. ²Der Emittent darf die Veröffentlichung von Insiderinformationen nicht mit der Vermarktung seiner Tätigkeiten verbinden. ³Der Emittent veröffentlicht alle Insiderinformationen, die er der Öffentlichkeit mitteilen muss, auf seiner Website und zeigt sie dort während eines Zeitraums von mindestens fünf Jahren an.

*[3]* Dieser Artikel gilt für Emittenten, die für ihre Finanzinstrumente eine Zulassung zum Handel an einem geregelten Markt in einem Mitgliedstaat beantragt oder genehmigt haben, bzw. im Falle von Instrumenten, die nur auf einem multilateralen oder organisierten Handelssystem gehandelt werden, für Emittenten, die für ihre Finanzinstrumente eine Zulassung zum Handel auf einem multilateralen oder organisierten Handelssystem in einem Mitgliedstaat erhalten haben oder die für ihre Finanzinstrumente eine Zulassung zum Handel auf einem multilateralen Handelssystem in einem Mitgliedstaat beantragt haben.

(2) *[1]* ¹Jeder Teilnehmer am Markt für Emissionszertifikate gibt Insiderinformationen in Bezug auf ihm gehörende Emissionszertifikate für seine Geschäftstätigkeit, darunter Luftverkehr gemäß Anhang I der Richtlinie 2003/87/EG und Anlagen im Sinne von Artikel 3 Buchstabe e jener Richtlinie, die der betreffende Marktteilnehmer, dessen Mutterunternehmen oder ein verbundenes Unternehmen besitzt oder kontrolliert und für dessen betriebliche Angelegenheiten der Marktteilnehmer, dessen Mutterunternehmen oder ein verbundenes Unternehmen vollständig oder teilweise verantwortlich ist, öffentlich, wirksam und rechtzeitig bekannt. ²In Bezug auf Anlagen umfasst diese Offenlegung die für deren Kapazität und Nutzung erheblichen Informationen, darunter die geplante oder ungeplante Nichtverfügbarkeit dieser Anlagen.

*[2]* Unterabsatz 1 gilt nicht für Teilnehmer am Markt für Emissionszertifikate, wenn die Emissionen der Anlagen oder Luftverkehrstätigkeiten in ihrem Besitz, unter ihrer Kontrolle oder ihrer Verantwortlichkeit im Vorjahr eine bestimmte

---

[1]) Nr. 3.
[2]) **Amtl. Anm.:** Richtlinie 2004/109/EG des Europäischen Parlaments und des Rates vom 15. Dezember 2004 zur Harmonisierung der Transparenzanforderungen in Bezug auf Informationen über Emittenten, deren Wertpapiere zum Handel auf einem geregelten Markt zugelassen sind, und zur Änderung der Richtlinie 2001/34/EG (ABl. L 390 vom 31.12.2004, S. 38).

Kohlendioxidäquivalent-Mindestschwelle nicht überschritten haben und, sofern dort eine Verbrennung erfolgt, deren thermische Nennleistung eine bestimmte Mindestschwelle nicht überschreitet.

*[3]* Der Kommission wird die Befugnis übertragen, gemäß Artikel 35 zur Anwendung der im Unterabsatz 2 dieses Absatzes vorgesehenen Ausnahme delegierte Rechtsakte zur Festlegung einer Kohlendioxidäquivalent-Mindestschwelle und einer Mindestschwelle für die thermische Nennleistung zu erlassen.

(3) Der Kommission wird die Befugnis übertragen, delegierte Rechtsakte gemäß Artikel 35 zur Festlegung der zuständigen Behörde für die Mitteilungen gemäß den Absätzen 4 und 5 des vorliegenden Artikels zu erlassen.

(4) *[1]* Ein Emittent oder ein Teilnehmer am Markt für Emissionszertifikate, kann auf eigene Verantwortung die Offenlegung von Insiderinformationen für die Öffentlichkeit aufschieben, sofern sämtliche nachfolgenden Bedingungen erfüllt sind:

a) die unverzügliche Offenlegung wäre geeignet, die berechtigten Interessen des Emittenten oder Teilnehmers am Markt für Emissionszertifikate zu beeinträchtigen,

b) die Aufschiebung der Offenlegung wäre nicht geeignet, die Öffentlichkeit irrezuführen,

c) der Emittent oder Teilnehmer am Markt für Emissionszertifikate kann die Geheimhaltung dieser Informationen sicherstellen.

*[2]* Im Falle eines zeitlich gestreckten Vorgangs, der aus mehreren Schritten besteht und einen bestimmten Umstand oder ein bestimmtes Ereignis herbeiführen soll oder hervorbringt, kann ein Emittent oder Teilnehmer am Markt für Emissionszertifikate auf eigene Verantwortung die Offenlegung von Insiderinformationen zu diesem Vorgang vorbehaltlich des Unterabsatzes 1 Buchstaben a, b und c aufschieben.

*[3]* [1] Hat ein Emittent oder ein Teilnehmer am Markt für Emissionszertifikate die Offenlegung von Insiderinformationen nach diesem Absatz aufgeschoben, so informiert er die gemäß Absatz 3 festgelegte zuständige Behörde unmittelbar nach der Offenlegung der Informationen über den Aufschub der Offenlegung und erläutert schriftlich, inwieweit die in diesem Absatz festgelegten Bedingungen erfüllt waren. [2] Alternativ können Mitgliedstaaten festlegen, dass die Aufzeichnung einer solchen Erläuterung nur auf Ersuchen der gemäß Absatz 3 festgelegten zuständigen Behörde übermittelt werden muss.

*[4]* [1] Abweichend von Unterabsatz 3 des vorliegenden Absatzes legt ein Emittent, dessen Finanzinstrumente lediglich zum Handel an einem KMU-Wachstumsmarkt zugelassen sind, der gemäß Absatz 3 festgelegten zuständigen Behörde nur auf Verlangen eine schriftliche Erläuterung vor. [2] Solange der Emittent in der Lage ist, den beschlossenen Aufschub zu begründen, darf nicht von ihm verlangt werden, dass er über diese Gründe Aufzeichnungen führt.

(5) Zur Wahrung der Stabilität des Finanzsystems kann ein Emittent, bei dem es sich um ein Kreditinstitut oder ein Finanzinstitut handelt, auf eigene Verantwortung die Offenlegung von Insiderinformationen, einschließlich Informationen im Zusammenhang mit einem zeitweiligen Liquiditätsproblem und insbesondere in Bezug auf den Bedarf an zeitweiliger Liquiditätshilfe

seitens einer Zentralbank oder eines letztinstanzlichen Kreditgebers, aufschieben, sofern sämtliche nachfolgenden Bedingungen erfüllt sind:

a) die Offenlegung der Insiderinformationen birgt das Risiko, dass die finanzielle Stabilität des Emittenten und des Finanzsystems untergraben wird;

b) der Aufschub der Veröffentlichung liegt im öffentlichen Interesse;

c) die Geheimhaltung der betreffenden Informationen kann gewährleistet werden, und

d) die gemäß Absatz 3 festgelegte zuständige Behörde hat dem Aufschub auf der Grundlage zugestimmt, dass die Bedingungen gemäß Buchstaben a, b,[1] und c erfüllt sind.

(6) *[1]* ¹Für die Zwecke des Absatzes 5 Buchstaben a bis d setzt der Emittent die gemäß Absatz 3 festgelegte zuständige Behörde von seiner Absicht in Kenntnis, die Offenlegung der Insiderinformationen aufzuschieben, und legt Nachweise vor, dass die Voraussetzungen gemäß Absatz 5 Buchstaben a, b, und c vorliegen. ²Die gemäß Absatz 3 festgelegte zuständige Behörde hört gegebenenfalls die nationale Zentralbank oder, falls eingerichtet, die makroprudenzielle Behörde oder andernfalls die folgenden Stellen an:

a) falls es sich bei dem Emittenten um ein Kreditinstitut oder eine Wertpapierfirma handelt, die gemäß Artikel 133 Absatz 1 der Richtlinie 2013/36/EU des Europäischen Parlaments und des Rates[2] benannte Behörde;

b) in anderen als den in Buchstabe a genannten Fällen jede andere für die Aufsicht über den Emittenten zuständige nationale Behörde.

*[2]* ¹Die gemäß Absatz 3 festgelegte zuständige Behörde stellt sicher, dass der Aufschub für die Offenlegung von Insiderinformationen nur für den im öffentlichen Interesse erforderlichen Zeitraum gewährt wird. ²Die gemäß Absatz 3 festgelegte zuständige Behörde bewertet mindestens wöchentlich, ob die Voraussetzungen gemäß Absatz 5 Buchstaben a, b und c noch vorliegen.

*[3]* Wenn die gemäß Absatz 3 festgelegte zuständige Behörde dem Aufschub der Veröffentlichung von Insiderinformationen nicht zustimmt, muss der Emittent die Insiderinformationen unverzüglich offenlegen.

*[4]* Dieser Absatz gilt für Fälle, in denen der Emittent nicht beschließt, die Offenlegung von Insiderinformationen gemäß Absatz 4 aufzuschieben.

*[5]* Verweise in diesem Absatz auf die gemäß Absatz 3 festgelegte zuständige Behörde in diesem Absatz lassen die Befugnis der zuständigen Behörde, ihre Aufgaben gemäß Artikel 23 Absatz 1 wahrzunehmen, unberührt.

(7) *[1]* Wenn die Offenlegung von Insiderinformationen gemäß Absatz 4 oder 5 aufgeschoben wurde und die Vertraulichkeit der dieser Insiderinformationen nicht mehr gewährleistet ist, muss der Emittent die Öffentlichkeit so schnell wie möglich über diese Informationen informieren.

*[2]* Dieser Absatz schließt Sachverhalte ein, bei denen ein Gerücht auf eine Insiderinformation Bezug nimmt, die gemäß Absatz 4 oder 5 nicht offengelegt

---

[1] Zeichensetzung amtlich.
[2] **Amtl. Anm.**: Richtlinie 2013/36/EU des Europäischen Parlaments und des Rates vom 26. Juni 2013 über den Zugang zur Tätigkeit von Kreditinstituten und die Beaufsichtigung von Kreditinstituten und Wertpapierfirmen, zur Änderung der Richtlinie 2002/87/EG und zur Aufhebung der Richtlinien 2006/48/EG und 2006/49/EG (ABl. L 176 vom 27.6.2013, S. 338).

wurden, wenn dieses Gerücht ausreichend präzise ist, dass zu vermuten ist, dass die Vertraulichkeit dieser Information nicht mehr gewährleistet ist.

(8) ¹Legt ein Emittent oder ein Teilnehmer am Markt für Emissionszertifikate oder eine in ihrem Auftrag oder für ihre Rechnung handelnde Person im Zuge der normalen Ausübung ihrer Arbeit oder ihres Berufs oder der normalen Erfüllung ihrer Aufgaben gemäß Artikel 10 Absatz 1 Insiderinformationen gegenüber einem Dritten offen, so veröffentlicht er diese Informationen vollständig und wirksam, und zwar zeitgleich bei absichtlicher Offenlegung und unverzüglich im Fall einer nicht absichtlichen Offenlegung. ²Dieser Absatz gilt nicht, wenn die die Informationen erhaltende Person zur Verschwiegenheit verpflichtet ist, unabhängig davon, ob sich diese Verpflichtung aus Rechts- oder Verwaltungsvorschriften, einer Satzung oder einem Vertrag ergibt.

(9) Insiderinformationen in Bezug auf Emittenten, deren Finanzinstrumente zum Handel an einem KMU-Wachstumsmarkt zugelassen sind, können auf der Website des Handelsplatzes anstatt der Website des Emittenten angezeigt werden, falls der Handelsplatz sich für die Bereitstellung dieser Möglichkeit für Emittenten auf jenem Markt entscheidet.

(10) *[1]* Um einheitliche Bedingungen für die Anwendung dieses Artikels sicherzustellen, arbeitet die ESMA Entwürfe technischer Durchführungsstandards zur Festlegung

a) der technischen Mittel für die angemessene Bekanntgabe von Insiderinformationen gemäß den Absätzen 1, 2, 8 und 9 und

b) der technischen Mittel für den Aufschub der Bekanntgabe von Insiderinformationen gemäß den Absätzen 4 und 5 aus.

*[2]* Die ESMA legt der Kommission diese Entwürfe technischer Durchführungsstandards bis zum 3. Juli 2016 vor.

*[3]* Der Kommission wird die Befugnis übertragen, die in Unterabsatz 1 genannten technischen Durchführungsstandards nach Artikel 15 der Verordnung (EU) Nr. 1095/2010¹⁾ zu erlassen.

(11) Die ESMA gibt Leitlinien für die Erstellung einer nicht abschließenden indikativen Liste der in Absatz 4 Buchstabe a genannten berechtigten Interessen des Emittenten und von Fällen heraus, in denen die Aufschiebung der Offenlegung von Insiderinformationen gemäß Absatz 4 Buchstabe b geeignet ist, die Öffentlichkeit irrezuführen.

## Art. 18 Insiderlisten.

(1) Emittenten und alle in ihrem Auftrag oder für ihre Rechnung handelnden Personen müssen jeweils,

a) eine Liste aller Personen aufstellen, die Zugang zu Insiderinformationen haben, wenn diese Personen für sie auf Grundlage eines Arbeitsvertrags oder anderweitig Aufgaben wahrnehmen, durch die diese Zugang zu Insiderinformationen haben, wie Berater, Buchhalter oder Ratingagenturen (im Folgenden „Insiderliste"),

b) die Insiderliste gemäß Absatz 4 sofort aktualisieren und

c) der zuständigen Behörde die Insiderliste auf deren Ersuchen unverzüglich zur Verfügung stellen.

---

¹⁾ Nr. 3.

(2) *[1]* Emittenten und alle in ihrem Auftrag oder für ihre Rechnung handelnden Personen treffen alle erforderlichen Vorkehrungen, um dafür zu sorgen, dass alle auf der Insiderliste erfassten Personen die aus den Rechts- und Verwaltungsvorschriften erwachsenden Pflichten schriftlich anerkennen und sich der Sanktionen bewusst sind, die bei Insidergeschäften sowie unrechtmäßiger Offenlegung von Insiderinformationen Anwendung finden.

*[2]* ¹ Wird eine andere Person vom Emittenten ersucht, die Insiderliste des Emittenten zu erstellen und zu aktualisieren, so ist der Emittent auch weiterhin voll verantwortlich dafür, dass die Verpflichtungen des vorliegenden Artikels eingehalten werden. ² Der Emittent behält das Recht, die von der anderen Person erstellte Insiderliste einzusehen.

(3) Die Insiderliste umfasst mindestens

a) die Identität aller Personen, die Zugang zu Insiderinformationen haben,

b) den Grund der Aufnahme in die Insiderliste,

c) das Datum, an dem diese Person Zugang zu Insiderinformationen erlangt hat sowie die entsprechende Uhrzeit und

d) das Datum der Erstellung der Insiderliste.

(4) *[1]* Emittenten und jede in ihrem Namen bzw. für ihre Rechnung handelnde Person aktualisieren jeweils ihre Insiderlisten unter Nennung des Datums der Aktualisierung unverzüglich, wenn

a) sich der Grund für die Erfassung bereits erfasster Personen auf der Insiderliste ändert,

b) eine neue Person Zugang zu Insiderinformationen erlangt hat und daher in die Insiderliste aufgenommen werden muss und

c) eine Person keinen Zugang zu Insiderinformationen mehr hat.

*[2]* Bei jeder Aktualisierung sind Datum und Uhrzeit der Änderung anzugeben, durch die die Aktualisierung erforderlich wurde.

(5) Emittenten und jede in ihrem Namen bzw. für ihre Rechnung handelnde Person bewahren jeweils ihre Insiderliste für einen Zeitraum von mindestens fünf Jahren nach der Erstellung oder Aktualisierung auf.

(6) *[1]* Emittenten, deren Finanzinstrumente zum Handel an einem KMU-Wachstumsmarkt zugelassen sind, dürfen ihre Insiderlisten auf Personen beschränken, die aufgrund der Art ihrer Funktion oder Position beim Emittenten stets auf Insiderinformationen zugreifen können.

*[2]* ¹ Abweichend von Unterabsatz 1 des vorliegenden Absatzes kann ein Mitgliedstaat Emittenten, deren Finanzinstrumente zum Handel an einem KMU-Wachstumsmarkt zugelassen sind, bei Vorliegen spezifischer Bedenken hinsichtlich der Integrität des nationalen Marktes vorschreiben, in ihre Insiderlisten alle in Absatz 1 Buchstabe a genannten Personen aufzunehmen. ² Diese Listen beinhalten Informationen entsprechend dem von der ESMA gemäß Unterabsatz 4 des vorliegenden Absatzes festgelegten Muster.

*[3]* Die in den Unterabsätzen 1 und 2 des vorliegenden Absatzes genannten Insiderlisten sind der zuständigen Behörde auf Verlangen so bald wie möglich vorzulegen.

*[4]* ¹ Die ESMA arbeitet Entwürfe technischer Durchführungsstandards aus, in denen das genaue Format der in Unterabsatz 2 des vorliegenden Absatzes genannten Insiderlisten festgelegt wird. ² Das Format der Insiderlisten ist im

Vergleich zu dem Format der in Absatz 9 genannten Insiderlisten verhältnismäßig und mit einem verringerten Verwaltungsaufwand verbunden.

*[5]* Die ESMA legt der Kommission die entsprechenden Entwürfe technischer Durchführungsstandards bis zum 1. September 2020 vor.

*[6]* Der Kommission wird die Befugnis übertragen, die in Unterabsatz 4 des vorliegenden Absatzes genannten technischen Durchführungsstandards gemäß Artikel 15 der Verordnung (EU) Nr. 1095/2010[1]) zu erlassen.

(7) Dieser Artikel gilt für Emittenten, die für ihre Finanzinstrumente eine Zulassung zum Handel an einem geregelten Markt in einem Mitgliedstaat beantragt oder genehmigt haben, bzw. im Falle eines Instruments, das nur auf einem multilateralen oder organisierten Handelssystem gehandelt wird, eine Zulassung zum Handel auf einem multilateralen oder organisierten Handelssystem in einem Mitgliedstaat erhalten haben oder für ihre Finanzinstrumente eine Zulassung zum Handel auf einem multilateralen Handelssystem in einem Mitgliedstaat beantragt haben.

(8) Die Absätze 1 bis 5 gelten auch für

a) Teilnehmer am Markt für Emissionszertifikate, betreffend Insiderinformationen in Bezug auf Emissionszertifikate im Rahmen von physischen Aktivitäten dieses Teilnehmers am Markt für Emissionszertifikate;

b) alle Versteigerungsplattformen, Versteigerer und die Auktionsaufsicht bezüglich Versteigerungen von Emissionszertifikaten und anderen darauf beruhenden Auktionsobjekten, die gemäß der Verordnung (EU) Nr. 1031/2010 abgehalten werden.

(9) *[1]* Um einheitliche Bedingungen für die Anwendung dieses Artikels sicherzustellen, arbeitet die ESMA Entwürfe technischer Durchführungsstandards zur Festlegung des genauen Formats der Insiderlisten und des Formats für deren Aktualisierungen gemäß diesem Artikel aus.

*[2]* Die ESMA legt der Kommission diese Entwürfe technischer Durchführungsstandards bis zum 3. Juli 2016 vor.

*[3]* Der Kommission wird die Befugnis übertragen, die in Unterabsatz 1 genannten technischen Durchführungsstandards nach Artikel 15 der Verordnung (EU) Nr. 1095/2010 zu erlassen.

**Art. 19 Eigengeschäfte von Führungskräften.** (1) *[1]* Personen, die Führungsaufgaben wahrnehmen, sowie in enger Beziehung zu ihnen stehende Personen melden dem Emittenten oder dem Teilnehmer am Markt für Emissionszertifikate und der in Absatz 2 Unterabsatz 2 genannten zuständigen Behörde

a) in Bezug auf Emittenten jedes Eigengeschäft mit Anteilen oder Schuldtiteln dieses Emittenten oder damit verbundenen Derivaten oder anderen damit verbundenen Finanzinstrumenten;

b) in Bezug auf Teilnehmer am Markt für Emissionszertifikate jedes Eigengeschäft mit Emissionszertifikaten, darauf beruhenden Auktionsobjekten oder deren damit verbundenen Derivaten.

*[2]* Diese Meldungen sind unverzüglich und spätestens drei Geschäftstage nach dem Datum des Geschäft vorzunehmen.

---

[1]) Nr. 3.

*[3]* Unterabsatz 1 gilt ab dem Zeitpunkt, an dem der sich aus den Geschäften ergebende Gesamtbetrag den in Absatz 8 beziehungsweise 9 genannten Schwellenwert innerhalb eines Kalenderjahrs erreicht hat.

(1a) *[1]* Die in Absatz 1 genannte Meldepflicht gilt nicht für Geschäfte mit Finanzinstrumenten in Verbindung mit in jenem Absatz genannten Anteilen oder Schuldtiteln des Emittenten, wenn zum Zeitpunkt des Geschäfts eine der folgenden *Voraussetzung*[1] vorliegt:

a) Das Finanzinstrument ist ein Anteil oder eine Aktie an einem Organismus für gemeinsame Anlagen, bei dem die Risikoposition gegenüber den Anteilen oder Schuldtiteln des Emittenten 20 % der von dem Organismus für gemeinsame Anlagen gehaltenen Vermögenswerte nicht übersteigt.

b) Das Finanzinstrument stellt eine Risikoposition gegenüber einem Portfolio von Vermögenswerten dar, bei dem die Risikoposition gegenüber den Anteilen oder Schuldtiteln des Emittenten 20 % der Vermögenswerte des Portfolios nicht übersteigt;[2]

c) Das Finanzinstrument ist ein Anteil oder eine Aktie an einem Organismus für gemeinsame Anlagen oder stellt eine Risikoposition gegenüber einem Portfolio von Vermögenswerten dar, und die Person, die Führungsaufgaben wahrnimmt, oder eine zu ihr in enger Beziehung stehende Person kennt und konnte die Anlagezusammensetzung oder die Risikoposition eines solchen Organismus für gemeinsame Anlagen bzw. eines solchen Portfolios von Vermögenswerten gegenüber den Anteilen oder Schuldtiteln des Emittenten nicht kennen, und darüber hinaus besteht für diese Person kein Grund zu der Annahme, dass die Anteile oder Schuldtitel des Emittenten die in Buchstabe a oder Buchstabe b genannten Schwellenwerte überschreiten.

*[2]* Sind Informationen über die Anlagezusammensetzung des Organismus für gemeinsame Anlagen oder die Risikoposition gegenüber dem Portfolio von Vermögenswerten verfügbar, unternimmt die Person, die Führungsaufgaben wahrnimmt, oder eine zu ihr in enger Beziehung stehende Person alle zumutbaren Anstrengungen, um diese Informationen zu erhalten.

(2) *[1]* Zum Zweck von Absatz 1 und unbeschadet des Rechts der Mitgliedstaaten, über die in diesem Artikel genannten hinausgehende Meldepflichten festzulegen, müssen alle Eigengeschäfte von in Absatz 1 genannten Personen zuständigen Behörden von diesen Personen gemeldet werden.

*[2]* ¹Für diese Meldungen gelten für die in Absatz 1 genannten Personen die Vorschriften des Mitgliedstaats, in dem der Emittent oder Teilnehmer am Markt für Emissionszertifikate registriert ist. ²Die Meldungen sind innerhalb von drei Arbeitstagen nach dem Datum des Geschäfts bei der zuständigen Behörde dieses Mitgliedstaats vorzunehmen. ³Ist der Emittent nicht in einem Mitgliedstaat registriert, erfolgt diese Meldung bei der zuständigen Behörde des Herkunftsmitgliedstaats im Einklang mit Artikel 2 Absatz 1 Buchstabe i der Richtlinie 2004/109/EG, oder, wenn eine solche Behörde nicht besteht, der zuständigen Behörde des Handelsplatzes.

(3) *[1]* Der Emittent oder Teilnehmer am Markt für Emissionszertifikate veröffentlicht nach Erhalt einer in Absatz 1 genannten Mitteilung die darin enthaltenen Informationen binnen zwei Geschäftstagen.

---

[1] Richtig wohl: „Voraussetzungen".
[2] Zeichensetzung amtlich.

*[2]* Der Emittent oder Teilnehmer am Markt für Emissionszertifikate greift auf Medien zurück, bei denen vernünftigerweise davon ausgegangen werden kann, dass sie die Informationen tatsächlich an die Öffentlichkeit in der gesamten Union weiterleiten, und gegebenenfalls ist das in Artikel 21 der Richtlinie 2004/109/EG amtlich bestellte System zu nutzen.

*[3]* Das nationale Recht kann abweichend davon auch bestimmen, dass eine zuständige Behörde die Informationen selbst veröffentlichen kann.

(4) Dieser Artikel gilt für Emittenten die

a) für ihre Finanzinstrumente eine Zulassung zum Handel an einem geregelten Markt beantragt oder genehmigt haben, bzw.

b) im Falle von Instrumenten, die nur auf einem multilateralen oder organisierten Handelssystem gehandelt werden, für Emittenten, die eine Zulassung zum Handel auf einem multilateralen oder organisierten Handelssystem erhalten haben oder die für ihre Finanzinstrumente eine Zulassung zum Handel auf einem multilateralen Handelssystem beantragt haben.

(5) *[1]* ¹Die Emittenten und Teilnehmer am Markt für Emissionszertifikate setzen die Personen, die Führungsaufgaben wahrnehmen, von ihren Verpflichtungen im Rahmen dieses Artikels schriftlich in Kenntnis. ²Die Emittenten und Teilnehmer am Markt für Emissionszertifikate erstellen eine Liste der Personen, die Führungsaufgaben wahrnehmen, sowie der Personen, die zu diesen in enger Beziehung stehen.

*[2]* Personen, die Führungsaufgaben wahrnehmen, setzen die zu ihnen in enger Beziehung stehenden Personen schriftlich von deren Verpflichtungen im Rahmen dieses Artikels in Kenntnis und bewahren eine Kopie dieses Dokuments auf.

(6) Die Meldung von Geschäften nach Absatz 1 muss folgende Angaben enthalten:

a) Name der Person;

b) Grund der Meldung;

c) Bezeichnung des betreffenden Emittenten oder Teilnehmers am Markt für Emissionszertifikate;

d) Beschreibung und Kennung des Finanzinstruments;

e) Art des Geschäfts bzw. der Geschäfte (d.h. Erwerb oder Veräußerung), einschließlich der Angabe, ob ein Zusammenhang mit der Teilnahme an Belegschaftsaktienprogrammen oder mit den konkreten Beispielen gemäß Absatz 7 besteht;

f) Datum und Ort des Geschäfts bzw. der Geschäfte und

g) Kurs und Volumen des Geschäfts bzw. der Geschäfte. Bei einer Verpfändung, deren Konditionen eine Wertänderung bedingen, sollten dieser Umstand und der Wert zum Zeitpunkt der Verpfändung offengelegt werden.

(7) *[1]* Zu den für die Zwecke von Absatz 1 zu meldenden Geschäften gehören auch:

a) das Verpfänden oder Verleihen von Finanzinstrumenten durch oder im Auftrag einer der in Absatz 1 genannten Person, die Führungsaufgaben wahrnimmt, oder einer mit dieser enge verbundenen Person;

b) von Personen, die beruflich Geschäfte vermitteln oder ausführen, oder einer anderen Person im Auftrag einer der in Absatz 1 genannten Personen, die

Führungsaufgaben wahrnehmen oder mit zu solchen Personen enger verbunden ist, unternommene Geschäfte, auch wenn dabei ein Ermessen ausgeübt wird;

c) Geschäfte im Sinne der Richtlinie 2009/138/EG des Europäischen Parlaments und des Rates[1], die im Rahmen einer Lebensversicherung getätigt werden, wenn

i) der Versicherungsnehmer eine in Absatz 1 genannte Person ist, die Führungsaufgaben wahrnimmt, oder eine Person, die mit einer solchen Person eng verbunden ist,

ii) der Versicherungsnehmer das Investitionsrisiko trägt und

iii) der Versicherungsnehmer über die Befugnis oder das Ermessen verfügt, Investitionsentscheidungen in Bezug auf spezifische Instrumente im Rahmen dieser Lebensversicherung zu treffen oder Geschäfte in Bezug auf spezifische Instrumente für diese Lebensversicherung auszuführen.

*[2]* Für die Zwecke von Buchstabe a muss eine Verpfändung von Wertpapieren oder eine ähnliche Sicherung von Finanzinstrumenten im Zusammenhang mit der Hinterlegung der Finanzinstrumente in ein Depotkonto nicht gemeldet werden, sofern und solange eine derartige Verpfändung oder andere Sicherung nicht dazu dient, eine spezifische Kreditfazilität zu sichern.

*[3]* Für die Zwecke von Buchstabe b brauchen Geschäfte, die in Anteilen oder Schuldtiteln eines Emittenten bzw. Derivaten oder anderen damit verbundenen Finanzinstrumenten von Führungskräften eines Organismus für gemeinsame Anlagen ausgeführt wurden, bei denen die Person, die Führungsaufgaben wahrnimmt, oder eine zu ihr in enger Beziehung stehende Person investiert hat, nicht gemeldet zu werden, wenn die Führungskraft des Organismus für gemeinsame Anlagen bei ihren Transaktionen über vollen Ermessensspielraum verfügt, was ausschließt, dass die Führungskraft von Anlegern in diesem Organismus für gemeinsame Anlagen irgendwelche direkten oder indirekten Anweisungen oder Empfehlungen bezüglich der Zusammensetzung des Portfolios erhält.

*[4]* Sofern der Versicherungsnehmer eines Versicherungsvertrags gemäß diesem Absatz verpflichtet ist, Geschäfte zu melden, obliegt dem Versicherungsunternehmen keine Verpflichtung, eine Meldung vorzunehmen.

(8) [1]Absatz 1 gilt für Geschäfte, die getätigt werden, nachdem innerhalb eines Kalenderjahrs ein Gesamtvolumen von 5 000 EUR erreicht worden ist. [2]Der Schwellenwert von 5 000 EUR errechnet sich aus der Addition aller in Absatz 1 genannten Geschäfte ohne Netting.

(9) [1]Eine zuständige Behörde kann beschließen, den in Absatz 8 genannten Schwellenwert auf 20 000 EUR anzuheben, und sie setzt die ESMA von ihrer Entscheidung, einen höheren Schwellenwert anzunehmen, und der Begründung für ihre Entscheidung unter besonderer Bezugnahme auf die Marktbedingungen in Kenntnis, bevor sie diesen Schwellenwert anwendet. [2]Die ESMA veröffentlicht auf ihrer Website die Liste der Schwellenwerte, die gemäß diesem Artikel anwendbar sind, sowie die von den zuständigen Behörden vorgelegten Begründungen für diese Schwellenwerte.

---

[1] **Amtl. Anm.**: Richtlinie 2009/138/EG des Europäischen Parlaments und des Rates vom 25. November 2009 betreffend die Aufnahme und Ausübung der Versicherungs- und der Rückversicherungstätigkeit (Solvabilität II) (ABl. L 335 vom 17.12.2009, S. 1).

(10) ¹Dieser Artikel gilt auch für Geschäfte von Personen, die bei Versteigerungsplattformen, Versteigerern und der Auktionsaufsicht, die an Auktionen gemäß der Verordnung (EU) Nr. 1031/2010 beteiligt sind, Führungsaufgaben wahrnehmen, sowie für Personen, die zu solchen Personen in enger Beziehung stehen, soweit ihre Geschäfte Emissionszertifikate, deren Derivative und darauf beruhende Auktionsprodukte umfassen. ²Diese Personen teilen ihre Geschäfte je nach Einschlägigkeit den Versteigerungsplattformen, den Versteigerern und der Auktionsaufsicht mit, sowie der zuständigen Behörde, bei welcher die Versteigerungsplattform, der Versteigerer und die Auktionsaufsicht gegebenenfalls registriert sind. ³Die entsprechend übermittelte Information wird von der Versteigerungsplattform, dem Versteigerer, der Auktionsaufsicht oder der zuständigen Behörde gemäß Absatz 3 veröffentlicht.

(11) Unbeschadet der Artikel 14 und 15 darf eine Person, die bei einem Emittenten Führungsaufgaben wahrnimmt, weder direkt noch indirekt Eigengeschäfte oder Geschäfte für Dritte im Zusammenhang mit den Anteilen oder Schuldtiteln des Emittenten oder mit Derivaten oder anderen mit diesen in Zusammenhang stehenden Finanzinstrumenten während eines geschlossenen Zeitraums von 30 Kalendertagen vor Ankündigung eines Zwischenberichts oder eines Jahresabschlussberichts tätigen, zu deren Veröffentlichung der Emittent verpflichtet ist:

a) gemäß den Vorschriften des Handelsplatzes, auf dem die Anteile des Emittenten zum Handel zugelassen sind, oder

b) gemäß nationalem Recht.

(12) Unbeschadet der Artikel 14 und 15 darf ein Emittent einer Person, die Führungsaufgaben bei ihr wahrnimmt, erlauben Eigengeschäfte oder Geschäfte für Dritte während eines geschlossenen Zeitraums gemäß Absatz 11 vorzunehmen, vorausgesetzt, dass diese Geschäfte entweder

a) im Einzelfall aufgrund außergewöhnlicher Umstände, wie beispielsweise schwerwiegende finanzielle Schwierigkeiten, die den unverzüglichen Verkauf von Anteilen erforderlich machen, oder

b) durch die Merkmale des betreffenden Geschäfts für Handel bedingt sind, die im Rahmen von Belegschaftsaktien oder einem Arbeitnehmersparplan, von Pflichtaktien oder von Bezugsberechtigungen auf Aktien oder Geschäfte getätigt werden, wenn sich die nutzbringende Beteiligung an dem einschlägigen Wertpapier nicht ändert.

(13) Die Kommission wird ermächtigt, delegierte Rechtsakte nach Artikel 35 zu erlassen, in denen festgelegt wird, unter welchen Umständen der Handel während eines geschlossenen Zeitraums durch den Emittenten gemäß Absatz 12 erlaubt werden kann, einschließlich der Umstände, die als außergewöhnlich zu betrachten wären, und der Arten von Geschäften, die eine Erlaubnis zum Handel rechtfertigen würden.

(14) Der Kommission wird die Befugnis übertragen, gemäß Artikel 35 in Bezug auf die Festlegung der Arten von Geschäften, welche die in Absatz 1 genannte Anforderung auslösen, delegierte Rechtsakte zu erlassen.

(15) *[1]* Damit Absatz 1 einheitlich angewendet wird, arbeitet die ESMA Entwürfe technischer Durchführungsstandards in Bezug auf das Format und ein Muster aus, in dem die in Absatz 1 genannten Informationen gemeldet und veröffentlicht werden müssen.

*[2]* Die ESMA legt der Kommission bis zum 3. Juli 2015 diese Entwürfe technischer Durchführungsstandards vor.

*[3]* Der Kommission wird die Befugnis übertragen, die in Unterabsatz 1 genannten technischen Durchführungsstandards nach Artikel 15 der Verordnung (EU) Nr. 1095/2010[1]) zu erlassen.

**Art. 20 Anlageempfehlungen und Statistik.** (1) Personen, die Anlageempfehlungen oder andere Informationen, durch die eine Anlagestrategie empfohlen oder vorgeschlagen wird, erstellen oder verbreiten, tragen in angemessener Weise dafür Sorge, dass die Informationen objektiv dargestellt und ihre Interessen oder Interessenkonflikte hinsichtlich der Finanzinstrumente, auf die diese Informationen sich beziehen, offengelegt werden.

(2) Öffentliche Stellen, die Statistiken oder Prognosen verbreiten, welche die Finanzmärkte erheblich beeinflussen könnten, haben dies auf objektive und transparente Weise zu tun.

(3) *[1]* Um eine durchgehende Harmonisierung dieses Artikels sicherzustellen, arbeitet die ESMA Entwürfe technischer Durchführungsstandards aus, um die technischen Modalitäten für die in Absatz 1 genannten Personengruppen, für die objektive Darstellung von Anlageempfehlungen oder anderen Informationen mit Empfehlungen oder Vorschlägen zu Anlagestrategien sowie für die Offenlegung bestimmter Interessen oder Anzeichen für Interessenkonflikte festzulegen.

*[2]* Die ESMA legt der Kommission bis zum 3. Juli 2015 diese Entwürfe technischer Regulierungsstandards vor.

*[3]* Der Kommission wird die Befugnis übertragen, die in Unterabsatz 1 genannten technischen Regulierungsstandards nach Artikel 10 bis 14 der Verordnung (EU) Nr. 1095/2010[1]) zu erlassen.

*[4]* [1]Die in den in Absatz 3 genannten technischen Regulierungsstandards niedergelegten technischen Modalitäten finden keine Anwendung auf Journalisten, die einer gleichwertigen angemessenen Regelung – einschließlich einer gleichwertigen angemessenen Selbstregulierung – in den Mitgliedstaaten unterliegen, sofern mit einer solchen Regelung eine ähnliche Wirkung erzielt wird wie mit den technischen Modalitäten. [2]Die Mitgliedstaaten teilen den Wortlaut dieser gleichwertigen angemessenen Regelung der Kommission mit.

**Art. 21 Weitergabe oder Verbreitung von Informationen in den Medien.** Werden für journalistische Zwecke oder andere Ausdrucksformen in den Medien Informationen offengelegt oder verbreitet oder Empfehlungen gegeben oder verbreitet, sind bei der Beurteilung dieser Offenlegung und Verbreitung von Informationen für den Zweck von Artikel 10, Artikel 12 Absatz 1 Buchstabe c und Artikel 20 die Regeln der Pressefreiheit und der Freiheit der Meinungsäußerung in anderen Medien sowie der journalistischen Berufs- und Standesregeln zu berücksichtigen, es sei denn,

a) den betreffenden Personen oder mit diesen Personen in enger Beziehung stehenden Personen erwächst unmittelbar oder mittelbar ein Vorteil oder Gewinn aus der Offenlegung oder Verbreitung der betreffenden Information, oder

---

[1]) Nr. 3.

b) die Weitergabe oder Verbreitung erfolgt in der Absicht, den Markt in Bezug auf das Angebot von Finanzinstrumenten, die Nachfrage danach oder ihren Kurs irrezuführen.

## Kapitel 4. ESMA und zuständige Behörden

**Art. 22 Zuständige Behörden.** ¹Unbeschadet der Zuständigkeiten der Justizbehörden benennen die Mitgliedstaaten eine einzige Behörde, die für die Zwecke dieser Verordnung zuständig ist. ²Die Mitgliedstaaten setzen die Kommission, die ESMA und die anderen zuständigen Behörden der anderen Mitgliedstaaten entsprechend in Kenntnis. ³Die zuständige Behörde gewährleistet die Anwendung der Bestimmungen dieser Verordnung in ihrem Hoheitsgebiet, auf alle in ihrem Hoheitsgebiet ausgeführten Handlungen und auf im Ausland ausgeführte Handlungen in Bezug auf Instrumente, die zum Handel an einem geregelten Markt zugelassen sind, für die eine Zulassung zum Handel auf einem solchen Markt beantragt wurde, die auf einer Versteigerungsplattform versteigert wurden oder die auf einem in ihrem Hoheitsgebiet betriebenen multilateralen oder organisierten Handelssystem gehandelt werden oder für die eine Zulassung zum Handel auf einem multilateralen Handelssystem in ihrem Hoheitsgebiet beantragt wurde.

**Art. 23 Befugnisse der zuständigen Behörden.** (1) Die zuständigen Behörde nehmen ihre Aufgaben und Befugnisse wahlweise folgendermaßen wahr:

a) unmittelbar,

b) in Zusammenarbeit mit anderen Behörden oder den Marktteilnehmern,

c) indem sie als verantwortliche Behörde Aufgaben auf andere Behörden oder Marktteilnehmer übertragen,

d) durch Antrag bei den zuständigen Justizbehörden.

(2) *[1]* Zur Wahrnehmung ihrer Aufgaben gemäß dieser Verordnung müssen die zuständigen Behörden nach nationalem Recht zumindest über die folgenden Aufsichts- und Ermittlungsbefugnisse verfügen:

a) Zugang zu jedweden Unterlagen und Daten in jeder Form zu haben und Kopien von ihnen zu erhalten oder anzufertigen;

b) von jeder Person, auch von solchen, die nacheinander an der Übermittlung von Aufträgen oder an der Ausführung der betreffenden Tätigkeiten beteiligt sind, sowie von deren Auftraggebern Auskünfte zu verlangen oder zu fordern und erforderlichenfalls zum Erhalt von Informationen eine Person vorzuladen und zu befragen;

c) in Bezug auf Warenderivate Informationen in genormten Formaten von Teilnehmern der entsprechenden Spotmärkte anzufordern, Meldungen über Geschäfte zu erhalten und direkt auf die Systeme der Händler zuzugreifen;

d) an anderen Orten als den privaten Wohnräumen natürlicher Personen Prüfungen und Ermittlungen vor Ort durchzuführen;

e) vorbehaltlich des Unterabsatzes 2 die Räumlichkeiten natürlicher und juristischer Personen zu betreten und Dokumente um Daten in jeder Form zu beschlagnahmen, wenn der begründete Verdacht besteht, dass Dokumente oder Daten, die sich auf den Gegenstand der Überprüfung oder Ermittlung beziehen, für den Nachweis von Insidergeschäften oder Marktmanipulation unter Verstoß gegen diese Verordnung relevant sein können;

f) eine Sache zwecks strafrechtlicher Verfolgung weiterzuverweisen;

g) bestehende Aufzeichnungen von Telefongesprächen oder elektronischen Mitteilungen oder Datenverkehrsaufzeichnungen im Besitz von Wertpapierfirmen, Kreditinstituten oder Finanzinstituten anzufordern;

h) bestehende Datenverkehrsaufzeichnungen im Besitz einer Telekommunikationsgesellschaft anzufordern, wenn der begründete Verdacht eines Verstoßes besteht und wenn diese Aufzeichnungen für die Untersuchung eines Verstoßes gegen Artikel 14 Buchstaben a oder b oder Artikel 15 relevant sein können, soweit dies nach nationalem Recht zulässig ist;

i) das Einfrieren oder die Beschlagnahme von Vermögenswerten oder beides zu beantragen;

j) den Handel mit den betreffenden Finanzinstrumenten auszusetzen;

k) die vorübergehende Einstellung von Handlungen zu verlangen, die gemäß der Auffassung der zuständigen Behörde gegen *dieser*[1)] Verordnung verstoßen;

l) ein vorübergehendes Verbot der Ausübung der Berufstätigkeit zu verhängen und

m) alle erforderlichen Maßnahmen zu ergreifen, damit die Öffentlichkeit ordnungsgemäß informiert wird, unter anderem durch die Richtigstellung falscher oder irreführender offengelegter Informationen, einschließlich der Verpflichtung von Emittenten oder anderen Personen, die falsche oder irreführende Informationen verbreitet haben, eine Berichtigung zu veröffentlichen.

*[2]* Falls gemäß dem nationalen Recht eine vorherige Genehmigung der zuständigen Justizbehörde des betreffenden Mitgliedstaats erforderlich ist, um Räumlichkeiten von den in Unterabsatz 1 Buchstabe e genannten natürlichen oder juristischen Personen zu betreten, wird von der in Unterabsatz 1 Buchstabe e genannten Befugnis erst nach Einholung dieser vorherigen Genehmigung Gebrauch gemacht.

(3) *[1]* Die Mitgliedstaaten stellen durch geeignete Maßnahmen sicher, dass die zuständigen Behörden alle zur Wahrnehmung ihrer Aufgaben erforderlichen Aufsichts- und Ermittlungsbefugnisse haben.

*[2]* Diese Verordnung lässt Gesetze sowie Rechts- und Verwaltungsvorschriften, die in Bezug auf Übernahmeangebote, Zusammenschlüsse und andere Transaktionen erlassen werden, die die Eigentumsverhältnisse oder die Kontrolle von Unternehmen betreffen und die durch die von den Mitgliedstaaten gemäß Artikel 4 der Richtlinie 2004/25/EG des Europäischen Parlaments und des Rates benannten Aufsichtsbehörden reguliert werden und zusätzlich zu den Anforderungen dieser Verordnung weitere Anforderungen auferlegen, unberührt.

(4) Wenn eine Person der zuständigen Behörde im Einklang mit dieser Verordnung Informationen meldet, gilt das nicht als Verstoß gegen eine etwaige vertraglich oder durch Rechts- oder Verwaltungsvorschriften geregelte Einschränkung der Offenlegung von Informationen und hat keine diesbezügliche Haftung der Person, die die Meldung erstattet hat, zur Folge.

---

[1)] Richtig wohl: „diese".

**Art. 24 Zusammenarbeit mit der ESMA.** (1) Die zuständigen Behörden arbeiten gemäß der Verordnung (EU) Nr. 1095/2010[1)] für die Zwecke dieser Verordnung mit der ESMA zusammen.

(2) Die zuständigen Behörden stellen der ESMA gemäß Artikel 35 der Verordnung (EU) Nr. 1095/2010 unverzüglich alle für die Erfüllung ihrer Aufgaben erforderlichen Informationen zur Verfügung.

(3) *[1]* Um einheitliche Bedingungen für die Anwendung dieses Artikels sicherzustellen, arbeitet die ESMA Entwürfe technischer Durchführungsstandards zur Festlegung der Verfahren und Formen des Informationsaustauschs gemäß Absatz 2 aus.

*[2]* Die ESMA legt der Kommission bis zum 3. Juli 2016 diese Entwürfe technischer Durchführungsstandards vor.

*[3]* Der Kommission wird die Befugnis übertragen, die in Unterabsatz 1 genannten technischen Durchführungsstandards nach Artikel 15 der Verordnung (EU) Nr. 1095/2010 zu erlassen.

**Art. 25 Verpflichtung zur Zusammenarbeit.** (1) *[1]* ¹Die zuständigen Behörden arbeiten in dem für die Zwecke dieser Verordnung erforderlichen Umfang untereinander und mit der ESMA zusammen, sofern nicht eine der in Absatz 2 genannten Ausnahmen anwendbar ist. ²Die zuständigen Behörden leisten den zuständigen Behörden anderer Mitgliedstaaten und der ESMA Amtshilfe. ³Insbesondere tauschen sie unverzüglich Informationen aus und kooperieren bei Ermittlungen sowie Überwachungs- und Durchsetzungsmaßnahmen.

*[2]* Die Pflicht zur Zusammenarbeit und Amtshilfe nach Maßgabe von Unterabsatz 1 gilt auch gegenüber der Kommission im Hinblick auf den Austausch von Informationen über Waren, bei denen es sich um landwirtschaftliche Produkte nach Anhang I AEUV handelt.

*[3]* Die zuständigen Behörden und die ESMA arbeiten im Einklang mit der Verordnung (EU) Nr. 1095/2010[1)] und insbesondere deren Artikel 35 zusammen.

*[4]* Haben die Mitgliedstaaten beschlossen, im Einklang mit Artikel 30 Absatz 1 Unterabsatz 2 strafrechtliche Sanktionen für die dort genannten Verstöße gegen die Bestimmungen dieser Verordnung niederzulegen, so sorgen sie dafür, dass angemessene Vorkehrungen bestehen, damit die zuständigen Behörden über die erforderlichen Befugnisse verfügen, um mit den zuständigen Justizbehörden ihres Zuständigkeitsbereichs Kontakt aufnehmen zu können, um bestimmte Informationen in Bezug auf strafrechtliche Ermittlungen oder Verfahren zu erhalten, die aufgrund möglicher Verstöße gegen diese Verordnung eingeleitet wurden, und stellen anderen zuständigen Behörden und der ESMA dasselbe bereit, um ihrer Verpflichtung nachzukommen, für die Zwecke dieser Verordnung miteinander sowie mit der ESMA zu kooperieren.

(2) Eine zuständige Behörde kann es nur unter den folgenden außergewöhnlichen Umständen ablehnen, der Anforderung von Informationen oder der Anfrage in Bezug auf die Zusammenarbeit bei einer Ermittlung zu entsprechen,

---

[1)] Nr. 3.

a) wenn die Weitergabe der relevanten Informationen die Sicherheit des ersuchten Mitgliedstaats beeinträchtigen könnte, insbesondere die Bekämpfung von Terrorismus und anderen schwerwiegenden Straftaten;
b) wenn ein Stattgeben dazu geeignet wäre, ihre eigene Untersuchung, ihre eigenen Durchsetzungsmaßnahmen oder gegebenenfalls eine strafrechtliche Ermittlung zu beeinträchtigen;
c) wenn aufgrund derselben Tat und gegen dieselben Personen bereits ein Verfahren vor einem Gericht des ersuchten Mitgliedstaats anhängig ist oder
d) wenn gegen diese Personen aufgrund derselben Tat bereits ein rechtskräftiges Urteil in dem ersuchten Mitgliedstaat ergangen ist.

(3) [1] Die zuständigen Behörden und die ESMA arbeiten mit der durch die Verordnung (EG) Nr. 713/2009 des Europäischen Parlaments und des Rates[1]) gegründeten Agentur für die Zusammenarbeit der Energieregulierungsbehörden (ACER) und den nationalen Regulierungsbehörden der Mitgliedstaaten zusammen, damit der Durchsetzung der einschlägigen Vorschriften ein koordiniertes Konzept zugrunde liegt, soweit Geschäfte, Handelsaufträge oder andere Maßnahmen oder Handlungen sich auf ein oder mehrere unter diese Verordnung fallende Finanzinstrumente sowie auf ein oder mehrere unter Artikel 3, 4 und 5 der Verordnung (EU) Nr. 1227/2011 fallende Energiegroßhandelsprodukte beziehen. [2] Die zuständigen Behörden berücksichtigen die Besonderheiten der Begriffsbestimmungen in Artikel 2 der Verordnung (EU) Nr. 1227/2011 und die Bestimmungen der Artikel 3, 4 und 5 der Verordnung (EU) Nr. 1227/2011, wenn sie Artikel 7, 8 und 12 dieser Verordnung auf Finanzinstrumente anwenden, die sich auf Energiegroßhandelsprodukte beziehen.

(4) Die zuständigen Behörden übermitteln auf Ersuchen unverzüglich alle Informationen, die zu dem in Absatz 1 genannten Zweck erforderlich sind.

(5) [1] Ist eine zuständige Behörde überzeugt, dass im Hoheitsgebiet eines anderen Mitgliedstaats gegen diese Verordnung verstoßende Handlungen erfolgen oder erfolgt sind oder dass Finanzinstrumente, die auf einem Handelsplatz in einem anderen Mitgliedstaat gehandelt werden, von derartigen Handlungen betroffen sind, so teilt sie dies der zuständigen Behörde des anderen Mitgliedstaats und der ESMA bzw. im Falle von Energiegroßhandelsprodukten der ACER so konkret wie möglich mit. [2] Die zuständigen Behörden der verschiedenen beteiligten Mitgliedstaaten hören einander und die ESMA bzw. im Falle von Energiegroßhandelsprodukten die ACER in Bezug auf angemessene zu treffende Maßnahmen an und unterrichten einander über wesentliche zwischenzeitlich eingetretene Entwicklungen. [3] Sie koordinieren ihre Maßnahmen, um etwaige Doppelarbeit und Überschneidungen bei der Anwendung von verwaltungsrechtlichen Sanktionen und anderen verwaltungsrechtlichen Maßnahmen auf grenzüberschreitende Fälle gemäß Artikel 30 und 31 zu vermeiden und leisten einander bei der Durchsetzung ihrer Entscheidungen Amtshilfe.

(6) [1] Die zuständige Behörde eines Mitgliedstaats kann im Hinblick auf Prüfungen oder Ermittlungen vor Ort die Amtshilfe der zuständigen Behörde eines anderen Mitgliedstaats beantragen.

---

[1]) **Amtl. Anm.:** Verordnung (EG) Nr. 713/2009 des Europäischen Parlaments und des Rates vom 13. Juli 2009 zur Gründung einer Agentur für die Zusammenarbeit der Energieregulierungsbehörden (ABl. L 211 vom 14.8.2009, S. 1).

*[2]* ¹Eine beantragende zuständige Behörde kann die ESMA von jedem Antrag nach Unterabsatz 1 in Kenntnis setzen. ²Im Falle grenzüberschreitender Ermittlungen oder Überprüfungen koordiniert die ESMA auf Ersuchen einer der zuständigen Behörden die Ermittlung oder Überprüfung.

*[3]* Erhält eine zuständige Behörde einen Antrag einer zuständigen Behörde eines anderen Mitgliedstaats auf Durchführung von Überprüfungen vor Ort oder Ermittlungen, hat sie folgende Möglichkeiten:

a) Sie führt die Überprüfung oder Ermittlung vor Ort selbst durch;

b) sie gestattet der antragstellenden zuständigen Behörde, sich an der Überprüfung oder Ermittlung vor Ort zu beteiligen;

c) sie gestattet der antragstellenden zuständigen Behörde, die Überprüfung oder Ermittlung vor Ort selbst durchzuführen;

d) sie beauftragt Rechnungsprüfer oder Sachverständige mit der Durchführung der Überprüfung oder Ermittlung vor Ort;

e) sie teilt sich bestimmte mit der Wahrnehmung der Aufsichtstätigkeiten zusammenhängende Aufgaben mit den anderen zuständigen Behörden.

*[4]* Die zuständigen Behörden können auch mit den zuständigen Behörden anderer Mitgliedstaaten bei der Einziehung von finanziellen Sanktionen zusammenarbeiten.

(7) *[1]* Unbeschadet des Artikels 258 AEUV kann eine zuständige Behörde, deren Informations- oder Amtshilfeersuchen gemäß Absatz 1, 3, 4 und 5 nicht innerhalb einer angemessenen Frist Folge geleistet wird oder deren Informations- oder Amtshilfeersuchen abgelehnt wurde, die ESMA mit dieser Ablehnung oder Nichtfolgeleistung innerhalb einer angemessenen Frist befassen.

*[2]* In diesen Fällen kann die ESMA – unbeschadet der Möglichkeit ihres Tätigwerdens gemäß Artikel 17 der Verordnung (EU) Nr. 1095/2010 – gemäß Artikel 19 der Verordnung (EU) Nr. 1095/2010 tätig werden.

(8) *[1]* ¹Die zuständigen Behörden arbeiten bei dem begründeten Verdacht, dass Handlungen, die unter Verstoß gegen diese Verordnung Insidergeschäfte, unrechtmäßige Offenlegung von Informationen oder Marktmanipulation darstellen, erfolgen oder erfolgt sind, mit den für die entsprechenden Spotmärkte jeweils zuständigen Regulierungsbehörden ihres Landes und mit Drittstaaten zusammen und tauschen Informationen mit diesen aus. ²Diese Zusammenarbeit muss einen konsolidierten Überblick über die Finanz- und Spotmärkte sowie die Aufdeckung marktübergreifenden und grenzüberschreitenden Marktmissbrauchs und die Verhängung entsprechender Sanktionen gewährleisten.

*[2]* In Bezug auf Emissionszertifikate sind die Zusammenarbeit und der Informationsaustausch gemäß Unterabsatz 1 auch mit folgenden Stellen zu gewährleisten:

a) der Auktionsaufsicht in Bezug auf Versteigerungen von Treibhausgasemissionszertifikaten und anderen darauf beruhenden Auktionsobjekten gemäß der Verordnung (EU) Nr. 1031/2010 und

b) zuständigen Behörden, Registerführern, einschließlich des Zentralverwalters, und anderen mit der Überwachung der Einhaltung gemäß der Richtlinie 2003/87/EG beauftragten öffentlichen Stellen.

*[3]* ¹Die ESMA unterstützt und koordiniert die Zusammenarbeit und den Informationsaustausch zwischen den zuständigen Behörden und den zuständigen Behörden und Regulierungsbehörden in anderen Mitgliedstaaten und Drittländern. ²Die zuständigen Behörden treffen nach Möglichkeit gemäß Artikel 26 Kooperationsvereinbarungen mit den für die betreffenden Spotmärkte zuständigen Regulierungsbehörden von Drittländern.

(9) *[1]* Um einheitliche Bedingungen für die Anwendung dieses Artikels sicherzustellen, arbeitet die ESMA Entwürfe technischer Durchführungsstandards zur Festlegung der Verfahren und Formen des Informationsaustauschs und der Amtshilfe gemäß diesem Artikel aus.

*[2]* Die ESMA legt der Kommission bis zum 3. Juli 2016 diese Entwürfe technischer Durchführungsstandards vor.

*[3]* Der Kommission wird die Befugnis übertragen, die in Unterabsatz 1 genannten technischen Durchführungsstandards nach Artikel 15 der Verordnung (EU) Nr. 1095/2010 zu erlassen.

**Art. 26 Zusammenarbeit mit Drittstaaten.** (1) *[1]* ¹Die zuständigen Behörden der Mitgliedstaaten treffen erforderlichenfalls mit den Aufsichtsbehörden von Drittstaaten Kooperationsvereinbarungen über den Informationsaustausch mit Aufsichtsbehörden in Drittländern und die Durchsetzung von Verpflichtungen, die sich aus dieser Verordnung in Drittstaaten ergeben. ²Diese Kooperationsvereinbarungen stellen zumindest einen wirksamen Informationsaustausch sicher, der den zuständigen Behörden die Wahrnehmung ihrer Aufgaben im Rahmen dieser Verordnung ermöglicht.

*[2]* Schlägt eine zuständige Behörde den Abschluss einer derartigen Vereinbarung vor, setzt sie die ESMA und die anderen zuständigen Behörden in Kenntnis.

(2) *[1]* Die ESMA unterstützt und koordiniert nach Möglichkeit die Ausarbeitung von Kooperationsvereinbarungen zwischen den zuständigen Behörden und den jeweils zuständigen Aufsichtsbehörden von Drittstaaten.

*[2]* Um einheitliche Bedingungen für die Anwendung dieses Artikels sicherzustellen, arbeitet die ESMA Entwürfe technischer Regulierungsstandards mit einem Muster für Kooperationsvereinbarungen aus, das die zuständigen Behörden der Mitgliedstaaten nach Möglichkeit verwenden.

*[3]* Die ESMA legt der Kommission bis zum 3. Juli 2015 diese Entwürfe technischer Regulierungsstandards vor.

*[4]* Der Kommission wird die Befugnis übertragen, die in Unterabsatz 2 genannten technischen Regulierungsstandards nach Artikel 10 bis 14 der Verordnung (EU) Nr. 1095/2010[1]) zu erlassen.

*[5]* Die ESMA erleichtert und koordiniert nach Möglichkeit auch den Informationsaustausch zwischen den zuständigen Behörden bei Informationen von Aufsichtsbehörden aus Drittländern, die für das Ergreifen von Maßnahmen nach Artikel 30 und 31 von Belang sein können.

(3) *[1]* Die zuständigen Behörden treffen Kooperationsvereinbarungen über den Informationsaustausch mit den Aufsichtsbehörden von Drittländern nur, wenn die Garantien zum Schutz des Berufsgeheimnisses in Bezug auf die offengelegten Informationen jenen nach Artikel 27 mindestens gleichwertig

---

[1]) Nr. 3.

sind. ²Ein derartiger Informationsaustausch muss der Wahrnehmung der Aufgaben dieser zuständigen Behörden dienen.

**Art. 27 Berufsgeheimnis.** (1) Vertrauliche Informationen, die gemäß dieser Verordnung empfangen, ausgetauscht oder übermittelt werden, unterliegen den Vorschriften der Absätze 2 und 3 zum Berufsgeheimnis.

(2) Alle im Rahmen dieser Verordnung zwischen zuständigen Behörden ausgetauschten Informationen, die Geschäfts- oder Betriebsbedingungen und andere wirtschaftliche oder persönliche Angelegenheiten betreffen, gelten als vertraulich und unterliegen den Anforderungen des Berufsgeheimnisses, es sei denn, ihre Weitergabe wird von den zuständigen Behörden zum Zeitpunkt der Übermittlung für zulässig erklärt oder ist für Gerichtsverfahren erforderlich.

(3) ¹Alle Personen, die eine Tätigkeit bei der zuständigen Behörde oder bei einer Behörde oder einem Marktteilnehmer, an die bzw. den die zuständige Behörde ihre Befugnisse delegiert hat, ausüben oder ausgeübt haben, einschließlich der unter Anweisung der zuständigen Behörde tätigen Prüfer und Sachverständigen, sind zur Wahrung des Berufsgeheimnisses verpflichtet. ²Die unter das Berufsgeheimnis fallenden Informationen dürfen keiner anderen Person oder Behörde bekannt gegeben werden, es sei denn, dies geschieht aufgrund einer Rechtsvorschrift der Union oder eines Mitgliedstaats.

**Art. 28 Datenschutz.** *[1]* ¹In Bezug auf die Verarbeitung personenbezogener Daten im Rahmen dieser Verordnung führen die zuständigen Behörden ihre Aufgaben im Sinne dieser Verordnung im Einklang mit den nationalen Rechts- und Verwaltungsvorschriften zur Umsetzung der Richtlinie 95/46/EG aus. ²In Bezug auf die Verarbeitung personenbezogener Daten durch die ESMA im Rahmen dieser Verordnung beachtet die ESMA die Bestimmungen der Verordnung (EG) Nr. 45/2001.

*[2]* Personenbezogene Daten werden nicht länger als fünf Jahre gespeichert.

**Art. 29 Übermittlung personenbezogener Daten in Drittstaaten.**

(1) ¹Die zuständige Behörde eines Mitgliedstaats darf personenbezogene Daten nur in Einzelfall in Drittstaaten übermitteln, wobei die Anforderungen der Richtlinie 95/46/EG erfüllt sein müssen. ²Die zuständige Behörde muss sicherstellen, dass die Übermittlung für die Zwecke dieser Verordnung erforderlich ist und der Drittstaat die Daten nicht in einen weiteren Drittstaat übermittelt, außer wenn dies ausdrücklich schriftlich genehmigt wurde und die von der zuständigen Behörde des Mitgliedstaats festgelegten Bedingungen erfüllt sind.

(2) Die zuständige Behörde eines Mitgliedstaats legt die von einer zuständigen Aufsichtsbehörde eines anderen Mitgliedstaats übermittelten personenbezogenen Daten nur dann einer zuständigen Behörde eines Drittstaats offen, wenn sie die ausdrückliche Zustimmung der zuständigen Behörde erhalten hat, von der die Daten stammen, und die Daten gegebenenfalls nur zu den Zwecken offengelegt werden, für die die zuständige Behörde ihre Zustimmung erteilt hat.

(3) Sieht eine Kooperationsvereinbarung den Austausch personenbezogener Daten vor, so sind die nationalen Rechts- und Verwaltungsvorschriften zur Umsetzung der Richtlinie 95/46/EG einzuhalten.

## Kapitel 5. Verwaltungsrechtliche Maßnahmen und Sanktionen

**Art. 30 Verwaltungsrechtliche Sanktionen und andere verwaltungsrechtliche Maßnahmen.** (1) *[1]* Unbeschadet strafrechtlicher Sanktionen und unbeschadet der Aufsichtsbefugnisse der zuständigen Behörden nach Artikel 23 übertragen die Mitgliedstaaten im Einklang mit nationalem Recht den zuständigen Behörden die Befugnis, angemessene verwaltungsrechtliche Sanktionen und andere verwaltungsrechtliche Maßnahmen in Bezug auf mindestens die folgenden Verstöße zu ergreifen:

a) Verstöße gegen Artikel 14 und 15, Artikel 16 Absätze 1 und 2, Artikel 17 Absätze 1, 2, 4, 5 und 8, Artikel 18 Absätze 1 bis 6, Artikel 19 Absätze 1, 2, 3, 5, 6, 7 und 11 und Artikel 20 Absatz 1 und

b) Verweigerung der Zusammenarbeit mit einer Ermittlung oder einer Prüfung oder einer in Artikel 23 Absatz 2 genannten Anfrage.

*[2]* [1] Die Mitgliedstaaten können beschließen, keine Regelungen für die in Unterabsatz 1 genannten verwaltungsrechtlichen Sanktionen festzulegen, sofern die in Unterabsatz 1 Buchstaben a oder b genannten Verstöße bis zum 3. Juli 2016 gemäß dem nationalen Recht bereits strafrechtlichen Sanktionen unterliegen. [2] Beschließen sie dies, so melden die Mitgliedstaaten der Kommission und der ESMA die entsprechenden Bestimmungen ihres Strafrechts in ihren Einzelheiten.

*[3]* [1] Die Mitgliedstaaten unterrichten die Kommission und die ESMA detailliert über die in den Unterabsätzen 1 und 2 genannten Vorschriften bis zum 3. Juli 2016. [2] Sie melden der Kommission und der ESMA unverzüglich spätere Änderungen dieser Vorschriften.

(2) *[1]* Die Mitgliedstaaten stellen sicher, dass die zuständigen Behörden im Einklang mit dem nationalen Recht über die Befugnis verfügen, im Falle von Verstößen gemäß Absatz 1 Unterabsatz 1 Buchstabe a mindestens die folgenden verwaltungsrechtlichen Sanktionen zu verhängen und die folgenden verwaltungsrechtlichen Maßnahmen zu ergreifen:

a) eine Anordnung, wonach die für den Verstoß verantwortliche Person die Verhaltensweise einzustellen und von einer Wiederholung abzusehen hat;

b) den Einzug der infolge des Verstoßes erzielten Gewinne oder der vermiedenen Verluste, sofern diese sich beziffern lassen;

c) eine öffentliche Warnung betreffend die für den Verstoß verantwortliche Person und die Art des Verstoßes;

d) den Entzug oder die Aussetzung der Zulassung einer Wertpapierfirma;

e) ein vorübergehendes Verbot für Personen, die in einer Wertpapierfirma Führungsaufgaben wahrnehmen, oder für jedwede andere für den Verstoß verantwortliche natürliche Person, in Wertpapierfirmen Führungsaufgaben wahrzunehmen;

f) bei wiederholten Verstößen gegen Artikel 14 oder 15 ein dauerhaftes Verbot für Personen, die in einer Wertpapierfirma Führungsaufgaben wahrnehmen, oder jede andere verantwortliche natürliche Person, in Wertpapierfirmen Führungsaufgaben wahrzunehmen;

g) ein vorübergehendes Verbot für Personen, die in einer Wertpapierfirma Führungsaufgaben wahrnehmen, oder eine andere verantwortliche natürliche Person, Eigengeschäfte zu tätigen;

h) maximale verwaltungsrechtliche finanzielle Sanktionen, die mindestens bis zur dreifachen Höhe der durch die Verstöße erzielten Gewinne oder vermiedenen Verluste gehen können, sofern diese sich beziffern lassen;

i) im Falle einer natürlichen Person maximale verwaltungsrechtliche finanzielle Sanktionen von mindestens
   i) bei Verstößen gegen Artikel 14 und 15 5 000 000 EUR bzw. in den Mitgliedstaaten, deren Währung nicht der Euro ist, Sanktionen in entsprechender Höhe in der Landeswährung am 2. Juli 2014;
   ii) bei Verstößen gegen Artikel 16 und 17 1 000 000 EUR bzw. in den Mitgliedstaaten, deren Währung nicht der Euro ist, Sanktionen in entsprechender Höhe in der Landeswährung am 2. Juli 2014 und
   iii) bei Verstößen gegen Artikel 18, 19 und 20 500 000 EUR bzw. in den Mitgliedstaaten, deren Währung nicht der Euro ist, Sanktionen in entsprechender Höhe in der Landeswährung am 2. Juli 2014 und

j) im Falle einer juristischen Person maximale verwaltungsrechtliche finanzielle Sanktionen von mindestens
   i) bei Verstößen gegen Artikel 14 und 15 15 000 000 EUR oder 15 % des jährlichen Gesamtumsatzes der juristischen Person entsprechend dem letzten verfügbaren durch das Leitungsorgan genehmigten Abschluss bzw. in den Mitgliedstaaten, deren Währung nicht der Euro ist, in entsprechender Höhe in der Landeswährung am 2. Juli 2014;
   ii) bei Verstößen gegen die Artikel 16 und 17 2 500 000 EUR oder 2 % des jährlichen Gesamtumsatzes des Unternehmens entsprechend dem letzten verfügbaren durch das Leitungsorgan genehmigten Abschluss bzw. in den Mitgliedstaaten, deren Währung nicht der Euro ist, in entsprechender Höhe in der Landeswährung am 2. Juli 2014 und
   iii) bei Verstößen gegen Artikel 18, 19 und 20 1 000 000 EUR bzw. in den Mitgliedstaaten, deren Währung nicht der Euro ist, in entsprechender Höhe in der Landeswährung am 2. Juli 2014.

*[2]* Verweise auf die zuständige Behörde in diesem Absatz lassen die Befugnis der zuständigen Behörde, ihre Aufgaben gemäß Artikel 23 Absatz 1 wahrzunehmen, unberührt.

*[3]* Falls es sich bei der juristischen Person um eine Muttergesellschaft oder eine Tochtergesellschaft handelt, die einen konsolidierten Abschluss gemäß der Richtlinie 2013/34/EU des Europäischen Parlaments und des Rates[1] aufzustellen hat, bezeichnet „jährlicher Gesamtumsatz" für die Zwecke des Unterabsatz 1 Buchstabe j Ziffern i und ii den jährlichen Gesamtumsatz oder die entsprechende Einkunftsart gemäß den einschlägigen Rechnungslegungsrichtlinien – Richtlinie 86/635/EWG des Rates[2] in Bezug auf Banken, Richtlinie

---

[1] **Amtl. Anm.:** Richtlinie 2013/34/EU des Europäischen Parlaments und des Rates vom 26. Juni 2013 über den Jahresabschluss, den konsolidierten Abschluss und damit verbundene Berichte von Unternehmen bestimmter Rechtsformen und zur Änderung der Richtlinie 2006/43/EG des Europäischen Parlaments und des Rates und zur Aufhebung der Richtlinien 78/660/EWG und 83/349/EWG des Rates (ABl. L 182 vom 29.6.2013, S. 19).

[2] **Amtl. Anm.:** Richtlinie 86/635/EWG des Rates vom 8. Dezember 1986 über den Jahresabschluss und den konsolidierten Abschluss von Banken und anderen Finanzinstituten (ABl. L 372 vom 31.12.1986, S. 1).

91/674/EWG des Rates[1)] in Bezug auf Versicherungsunternehmen –, der bzw. die im letzten verfügbaren durch das Leitungsorgan genehmigten konsolidierten Abschluss der Muttergesellschaft an der Spitze ausgewiesen ist.

(3) Die Mitgliedstaaten können den zuständigen Behörden neben den in Absatz 2 aufgeführten Befugnissen weitere Befugnisse übertragen und höhere Sanktionen als die in jenem Absatz genannten verhängen.

**Art. 31 Wahrnehmung der Aufsichtsbefugnisse und Verhängung von Sanktionen.** (1) Die Mitgliedstaaten stellen sicher, dass die zuständigen Behörden bei der Bestimmung der Art und der Höhe der verwaltungsrechtlichen Sanktionen alle relevanten Umstände berücksichtigen, darunter gegebenenfalls

a) die Schwere und Dauer des Verstoßes;

b) der Grad an Verantwortung der für den Verstoß verantwortlichen Person;

c) die Finanzkraft der für den Verstoß verantwortlichen Person, wie sie sich zum Beispiel aus dem Gesamtumsatz einer juristischen Person oder den Jahreseinkünften einer natürlichen Person ablesen lässt;

d) die Höhe der von der für den Verstoß verantwortlichen Person erzielten Gewinne oder vermiedenen Verluste, sofern diese sich beziffern lassen;

e) das Ausmaß der Zusammenarbeit der für den Verstoß verantwortlichen Person mit der zuständigen Behörde, unbeschadet des Erfordernisses, die erzielten Gewinne oder vermiedenen Verluste dieser Person einzuziehen;

f) frühere Verstöße der für den Verstoß verantwortlichen Person und

g) die Maßnahmen, die von der für den Verstoß verantwortlichen Person ergriffen wurden, um zu verhindern, dass sich der Verstoß wiederholt.

(2) [1]Bei der Ausübung ihrer Befugnisse zur Verhängung von verwaltungsrechtlichen Sanktionen oder anderen verwaltungsrechtlichen Maßnahmen nach Artikel 30 arbeiten die zuständigen Behörden eng zusammen, um sicherzustellen, dass die Ausführung ihrer Aufsichts- und Ermittlungsbefugnisse sowie die verwaltungsrechtlichen Sanktionen, die sie verhängen und die anderen verwaltungsrechtlichen Maßnahmen, die sie treffen, wirksam und angemessen im Rahmen dieser Verordnung sind. [2]Sie koordinieren ihre Maßnahmen im Einklang mit Artikel 25, um etwaige Doppelarbeit und Überschneidungen bei der Ausübung ihrer Aufsichts- und Ermittlungsbefugnissen sowie bei der Verhängung von verwaltungsrechtlichen Sanktionen auf grenzüberschreitende Fälle zu vermeiden.

**Art. 32 Meldung von Verstößen.** (1) Die Mitgliedstaaten sorgen dafür, dass die zuständigen Behörden wirksame Mechanismen schaffen, um die Meldung tatsächlicher oder möglicher Verstöße gegen diese Verordnung zu ermöglichen.

(2) Die in Absatz 1 genannten Mechanismen umfassen mindestens Folgendes:

a) spezielle Verfahren für die Entgegennahme der Meldungen über Verstöße und deren Nachverfolgung, einschließlich der Einrichtung sicherer Kommunikationskanäle für derartige Meldungen;

---

[1)] **Amtl. Anm.:** Richtlinie 91/674/EWG des Rates vom 19. Dezember 1991 über den Jahresabschluss und den konsolidierten Abschluss von Versicherungsunternehmen (ABl. L 374 vom 31.12.1991, S. 7).

b) einen angemessenen Schutz von Personen, die im Rahmen ihrer Erwerbstätigkeit auf der Grundlage eines Arbeitsvertrags beschäftigt sind, die Verstöße melden oder denen Verstöße zur Last gelegt werden, vor Vergeltungsmaßnahmen, Diskriminierung oder anderen Arten ungerechter Behandlung und

c) den Schutz personenbezogener Daten sowohl der Person, die den Verstoß meldet, als auch der natürlichen Person, die den Verstoß mutmaßlich begangen hat, einschließlich Schutz in Bezug auf die Wahrung der Vertraulichkeit ihrer Identität während aller Phasen des Verfahrens, und zwar unbeschadet der Tatsache, ob die Offenlegung von Informationen nach dem nationalen Recht im Rahmen der Ermittlungen oder des darauf folgenden Gerichtsverfahrens erforderlich sind.

(3) Die Mitgliedstaaten verpflichten Arbeitgeber, die in Bereichen tätig sind, die durch Finanzdienstleistungsregulierung geregelt werden, angemessene interne Verfahren einzurichten, über die ihre Mitarbeiter Verstöße gegen diese Verordnung melden können.

(4) Im Einklang mit nationalem Recht können die Mitgliedstaaten finanzielle Anreize für Personen, die relevante Informationen über mögliche Verstöße gegen diese Verordnung bereitstellen, unter der Voraussetzung gewähren, dass diese Personen nicht bereits zuvor anderen gesetzlichen oder vertraglichen Verpflichtungen zur Meldung solcher Informationen unterliegen, sowie unter der Voraussetzung, dass die Informationen neu sind und dass sie zur Verhängung einer verwaltungsrechtlichen oder einer strafrechtlichen Sanktion oder einer anderen verwaltungsrechtlichen Maßnahme für einen Verstoß gegen diese Verordnung führen.

(5) [1] Die Kommission erlässt Durchführungsrechtsakte zur Festlegung der in Absatz 1 genannten Verfahren, einschließlich zur Meldung und Nachverfolgung von Meldungen und der Maßnahmen zum Schutz von Personen, die auf der Grundlage eines Arbeitsvertrags tätig sind, sowie Maßnahmen zum Schutz personenbezogener Daten. [2] Diese Durchführungsrechtsakte werden gemäß dem in Artikel 36 Absatz 2 genannten Prüfverfahren erlassen.

**Art. 33 Informationsaustausch mit der ESMA.** (1) [1] Die zuständigen Behörden stellen der ESMA jährlich aggregierte Informationen zu allen gemäß den Artikeln 30, 31 und 32 von den zuständigen Behörden verhängten verwaltungsrechtlichen Sanktionen, und anderen verwaltungsrechtlichen Maßnahmen bereit. [2] Die ESMA veröffentlicht diese Informationen in einem Jahresbericht. [3] Die zuständigen Behörden stellen der ESMA jährlich darüber hinaus anonymisierte, aggregierte Daten über alle Verwaltungsermittlungen, die im Rahmen jener Artikel erfolgen, bereit.

(2) [1] Haben die Mitgliedstaaten beschlossen, im Einklang mit Artikel 30 Absatz 1 Unterabsatz 2 strafrechtliche Sanktionen für die dort genannten Verstöße festzulegen, so stellen ihre zuständigen Behörden jährlich der ESMA anonymisierte, aggregierte Daten zu allen von den Justizbehörden geführten strafrechtlichen Ermittlungen und gemäß den Artikeln 30, 31 und 32 verhängten strafrechtlichen Sanktionen bereit. [2] Die ESMA veröffentlicht die Daten zu den verhängten strafrechtlichen Sanktionen in einem Jahresbericht.

(3) Hat die zuständige Behörde verwaltungsrechtliche Sanktionen, strafrechtliche Sanktionen oder andere verwaltungsrechtliche Maßnahmen öffentlich bekanntgegeben, meldet sie diese zugleich der ESMA.

(4) Wenn eine veröffentlichte verwaltungsrechtliche Sanktion, strafrechtliche Sanktion oder andere verwaltungsrechtliche Maßnahme eine Wertpapierfirma betrifft, die gemäß der Richtlinie 2014/65/EU[1]) zugelassen ist, vermerkt die ESMA die veröffentlichte Sanktion oder Maßnahme im Register der Wertpapierfirmen, das gemäß Artikel 5 Absatz 3 der genannten Richtlinie erstellt worden ist.

(5) *[1]* Um einheitliche Bedingungen für die Anwendung dieses Artikels sicherzustellen, arbeitet die ESMA Entwürfe technischer Durchführungsstandards zur Festlegung der Verfahren und Formen des Informationsaustauschs gemäß diesem Artikel aus.

*[2]* Die ESMA legt diese Entwürfe technischer Durchführungsstandards der Kommission bis zum 3. Juli 2016 vor.

*[3]* Der Kommission wird die Befugnis übertragen, die in Unterabsatz 1 genannten technischen Durchführungsstandards nach Artikel 15 der Verordnung (EU) Nr. 1095/2010[2]) zu erlassen.

**Art. 34 Veröffentlichung von Entscheidungen.** (1) *[1]* ¹Vorbehaltlich des Unterabsatzes 3 veröffentlichen die zuständigen Behörden jede Entscheidung über die Verhängung einer verwaltungsrechtlichen Sanktion oder verwaltungsrechtlichen Maßnahme in Bezug auf einen Verstoß gegen diese Verordnung auf ihrer offiziellen Website unverzüglich nachdem die von der Entscheidung betroffene Person darüber informiert wurde. ²Dabei werden mindestens Art und Charakter des Verstoßes und die Identität der verantwortlichen Personen bekanntgemacht.

*[2]* Unterabsatz 1 gilt nicht für Entscheidungen, mit denen Maßnahmen mit Ermittlungscharakter verhängt werden.

*[3]* Ist jedoch eine zuständige Behörde der Ansicht, dass die Bekanntmachung der Identität einer von der Entscheidung betroffenen juristischen *Personen*[3]) oder der personenbezogenen Daten einer natürlichen *Personen*[3])1 einer einzelfallbezogenen Bewertung der Verhältnismäßigkeit dieser Daten zufolge unverhältnismäßig wäre, oder würde die Bekanntmachung laufende Ermittlungen oder die Stabilität der Finanzmärkte gefährden, so handeln die zuständigen Behörden wie folgt:

a) Sie schieben die Veröffentlichung der Entscheidung auf, bis die Gründe für das Aufschieben weggefallen sind;

b) sie veröffentlichen die Entscheidung im Einklang mit dem nationalen Recht in anonymer Fassung, wenn diese anonyme Fassung einen wirksamen Schutz der betreffenden personenbezogenen Daten gewährleistet;

c) sie machen die Entscheidung nicht bekannt, wenn die zuständige Behörde der Auffassung ist, dass eine Veröffentlichung gemäß den Buchstaben a und b nicht ausreichend ist, um sicherzustellen, dass
   i) die Stabilität der Finanzmärkte nicht gefährdet würde, oder

---

[1]) Nr. 1.
[2]) Nr. 3.
[3]) Richtig wohl: „Person".

ii) die Verhältnismäßigkeit der Bekanntmachung derartiger Entscheidungen in Bezug auf unerhebliche Maßnahmen gewahrt bliebe.

*[4]* Trifft eine zuständige Behörde die Entscheidung, die Entscheidung in anonymer Fassung gemäß Unterabsatz 3 Buchstabe b zu veröffentlichen, so kann sie die Veröffentlichung der einschlägigen Daten um einen angemessenen Zeitraum aufschieben, wenn vorhersehbar ist, dass die Gründe für die anonyme Veröffentlichung innerhalb dieses Zeitraums entfallen werden.

(2) [1] Werden gegen die Entscheidung bei den nationalen Justiz-, Verwaltungs- oder sonstigen Behörden Rechtsbehelfe eingelegt, so machen die zuständigen Behörden auch diesen Sachverhalt und alle weiteren Informationen über das Ergebnis des Rechtsbehelfsverfahrens unverzüglich auf ihrer Website bekannt. [2] Ferner wird jede Entscheidung, mit der eine mit Rechtsbehelfen angegriffene Entscheidung aufgehoben wird, ebenfalls bekanntgemacht.

(3) [1] Die zuständigen Behörden stellen sicher, dass jede veröffentlichte Entscheidung im Einklang mit diesem Artikel vom Zeitpunkt ihrer Veröffentlichung an während eines Zeitraums von mindestens fünf Jahren auf ihrer Website zugänglich bleibt. [2] Enthält die Bekanntmachung personenbezogene Daten, so bleiben diese so lange auf der Website der zuständigen Behörde einsehbar, wie dies nach den geltenden Datenschutzbestimmungen erforderlich ist.

## Kapitel 6. Delegierte Rechtsakte und Durchführungsrechtsakte

**Art. 35 Ausübung der Befugnisübertragung.** (1) Die Befugnis zum Erlass delegierter Rechtsakte wird der Kommission unter den Bedingungen dieses Artikels übertragen.

(2) [1] Die Befugnis zum Erlass delegierter Rechtsakte gemäß Artikel 6 Absätze 5 und 6, Artikel 12 Absatz 5, Artikel 17 Absatz 2 Unterabsatz 3, Artikel 17 Absatz 3, Artikel 19 Absätze 13 und 14 und Artikel 38 wird der Kommission für einen Zeitraum von fünf Jahren ab dem 31. Dezember 2019 übertragen. [2] Die Kommission erstellt spätestens neun Monate vor Ablauf des Zeitraums von fünf Jahren einen Bericht über die Befugnisübertragung. [3] Die Befugnisübertragung verlängert sich stillschweigend um Zeiträume gleicher Länge, es sei denn, das Europäische Parlament oder der Rat widersprechen einer solchen Verlängerung spätestens drei Monate vor Ablauf des jeweiligen Zeitraums.

(3) [1] Die Befugnisübertragung gemäß Artikel 6 Absätze 5 und 6, Artikel 12 Absatz 5, Artikel 17 Absatz 2 Unterabsatz 3, Artikel 17 Absatz 3 und Artikel 19 Absätze 13 und 14 und Artikel 38 kann vom Europäischen Parlament oder vom Rat jederzeit widerrufen werden. [2] Der Beschluss über den Widerruf beendet die Übertragung der darin genannten Befugnisse. [3] Er wird am Tag nach seiner Veröffentlichung im *Amtsblatt der Europäischen Union* oder zu einem in dem Beschluss angegebenen späteren Zeitpunkt wirksam. [4] Die Gültigkeit von delegierten Rechtsakten, die bereits in Kraft sind, wird davon nicht berührt.

(4) Sobald die Kommission einen delegierten Rechtsakt erlässt, übermittelt sie diesen gleichzeitig dem Europäischen Parlament und dem Rat.

(5) [1] Ein delegierter Rechtsakt, der gemäß Artikel 6 Absätze 5 oder 6, Artikel 12 Absatz 5, Artikel 17 Absatz 2 Unterabsatz 3, Artikel 17 Absatz 3, Artikel 19 Absätze 13 oder 14 oder Artikel 38 erlassen wurde, tritt nur in Kraft, wenn das Europäische Parlament und der Rat binnen drei Monaten nach seiner

Übermittlung keine Einwände gegen ihn erheben oder wenn sowohl das Europäische Parlament als auch der Rat der Kommission vor Ablauf dieser Frist mitgeteilt haben, dass sie keine Einwände erheben werden. ²Dieser Zeitraum wird auf Initiative des Europäischen Parlaments oder des Rates um drei Monate verlängert.

**Art. 36 Ausschussverfahren.** (1) ¹Die Kommission wird von dem gemäß dem Beschluss 2001/528/EG der Kommission[1] eingesetzten Europäischen Wertpapierausschuss unterstützt. ²Dieser Ausschuss ist ein Ausschuss im Sinne der Verordnung (EU) Nr. 182/2011.

(2) Wird auf diesen Absatz Bezug genommen, so gilt Artikel 5 der Verordnung (EU) Nr. 182/2011.

### Kapitel 7. Schlussbestimmungen

**Art. 37 Aufhebung der Richtlinie 2003/6/EG und ihrer Durchführungsmaßnahmen.** ¹Die Richtlinie 2003/6/EG und die Richtlinien 2004/72/EG, 2003/125/EG[2] und 2003/124/EG[3] der Kommission sowie die Verordnung (EG) Nr. 2273/2003[4] der Kommission werden mit Wirkung vom 3. Juli 2016 aufgehoben. ²Bezugnahmen auf die Richtlinie 2003/6/EG gelten als Bezugnahmen auf diese Verordnung und sind nach Maßgabe der Entsprechungstabelle in Anhang II dieser Verordnung zu lesen.

**Art. 38 Bericht.** *[1]* Die Kommission erstattet dem Europäischen Parlament und dem Rat bis zum 3. Juli 2019 Bericht über die Anwendung dieser Verordnung und gegebenenfalls über die Erforderlichkeit einer Überarbeitung, einschließlich in Bezug

a) auf die Angemessenheit, gemeinsame Bestimmungen darüber einzuführen, dass alle Mitgliedstaaten verwaltungsrechtliche Sanktionen für Insidergeschäfte und Marktmanipulation festlegen müssen,

b) darauf, ob die Bestimmung des Begriffs Insiderinformationen dahingehend ausreichend ist, dass sie alle Informationen abdeckt, die für die zuständigen Behörden relevant sind, um wirksam gegen Marktmissbrauch vorzugehen,

c) auf die Angemessenheit der Bedingungen, unter denen das Handelsverbot gemäß Artikel 19 Absatz 11 verhängt wird, hinsichtlich der Frage, ob das Verbot auch auf andere Umstände anwendbar sein sollte,

---

[1] **Amtl. Anm.:** Beschluss 2001/528/EG der Kommission vom 6. Juni 2001 zur Einsetzung des Europäischen Wertpapierausschusses (ABl. L 191 vom 13.7.2001, S. 45).
[2] **Amtl. Anm.:** Richtlinie 2003/125/EG der Kommission vom 22. Dezember 2003 zur Durchführung der Richtlinie 2003/6/EG des Europäischen Parlaments und des Rates in Bezug auf die sachgerechte Darbietung von Anlageempfehlungen und die Offenlegung von Interessenkonflikten (ABl. L 339 vom 24.12.2003, S. 73).
[3] **Amtl. Anm.:** Richtlinie 2003/124/EG der Kommission vom 22. Dezember 2003 zur Durchführung der Richtlinie 2003/6/EG des Europäischen Parlaments und des Rates betreffend die Begriffsbestimmung und die Veröffentlichung von Insider-Informationen und die Begriffsbestimmung der Marktmanipulation (ABl. L 339 vom 24.12.2003, S. 70).
[4] **Amtl. Anm.:** Verordnung (EG) Nr. 2273/2003 der Kommission vom 22. Dezember 2003 zur Durchführung der Richtlinie 2003/6/EG des Europäischen Parlaments und des Rates – Ausnahmeregelungen für Rückkaufprogramme und Kursstabilisierungsmaßnahmen (ABl. L 336 vom 23.12.2003, S. 33).

d) auf die Bewertung der Möglichkeit der Schaffung eines EU-Rahmens für die marktübergreifende Aufsicht über die Orderbücher in Bezug auf Marktmissbrauch, einschließlich Empfehlungen für einen solchen Rahmen, und
e) auf den Umfangs der Anwendung der Referenzwert-Bestimmungen.

*[2]* ¹ Im Hinblick auf Buchstabe a führt die ESMA eine Bestandsaufnahme der Anwendung verwaltungsrechtlicher Sanktionen durch sowie bei Mitgliedstaaten, die beschlossen haben, im Einklang mit Artikel 30 Absatz 1 strafrechtliche Sanktionen für in diesem Artikel niedergelegte Verstöße gegen diese Verordnung festzulegen, eine Bestandsaufnahme der Anwendung dieser strafrechtlichen Sanktionen in den Mitgliedstaaten. ² Diese Bestandsaufnahme umfasst auch Daten, die gemäß Artikel 33 Absätze 1 und 2 bereitgestellt werden.

*[3]* Bis zum 3. Juli 2019 legt die Kommission nach Anhörung der ESMA dem Europäischen Parlament und dem Rat einen Bericht über das in Artikel 19 Absatz 1a Buchstaben a und b festgelegte Niveau der Schwellenwerte betreffend die von Führungskräften durchgeführten Geschäfte vor, bei denen die Anteile oder Schuldtitel des Emittenten Teil eines Organismus für gemeinsame Anlagen sind oder eine Risikoposition gegenüber einem Portfolio von Vermögenswerten darstellen, um zu bewerten, ob dieses Niveau angemessen ist oder angepasst werden sollte.

*[4]* Die Kommission wird ermächtigt, die Anpassung der Schwellenwerte nach Artikel 19 Absatz 1a Buchstaben a und b mittels eines delegierten Rechtsakts gemäß Artikel 35 vorzunehmen, wenn die Kommission in diesem Bericht zu dem Schluss kommt, dass diese Schwellenwerte angepasst werden sollten.

**Art. 39 Inkrafttreten und Geltung.** (1) Diese Verordnung tritt am zwanzigsten Tag nach ihrer Veröffentlichung[1] im *Amtsblatt der Europäischen Union* in Kraft.

(2) Sie gilt ab dem 3. Juli 2016 mit Ausnahme von

a) Artikel 4 Absätze 2 und 3, der ab dem 3. Januar 2018 gilt, und

b) Artikel 4 Absätze 4 und 5, Artikel 5 Absatz 6, Artikel 6 Absätze 5 und 6, Artikel 7 Absatz 5, Artikel 11 Absätze 9, 10 und 11, Artikel 12 Absatz 5, Artikel 13 Absatz 7 und 11, Artikel 16 Absatz 5, Artikel 17 Absatz 2 Unterabsatz 3, Artikel 17 Absätze 3, 10 und 11, Artikel 18 Absatz 9, Artikel 19 Absätze 13, 14 und 15, Artikel 20 Absatz 3, Artikel 24 Absatz 3, Artikel 25 Absatz 9, Artikel 26 Absatz 2 Unterabsätze 2, 3 und 4, Artikel 32 Absatz 5 und Artikel 33 Absatz 5, die ab dem 2. Juli 2014 gelten.

(3) Die Mitgliedstaaten setzen Artikel 22, Artikel 23 und Artikel 30, Artikel 31 Absatz 1, Artikel 32 und Artikel 34 bis zum 3. Juli 2016 in nationales Recht um.

(4) *[1]* Verweisungen in dieser Verordnung auf die Richtlinie 2014/65/EU[2] und die Verordnung (EU) Nr. 600/2014[3] gelten vor dem 3. Januar 2018 als Verweisungen auf die Richtlinie 2004/39/EG und sind nach Maßgabe der Entsprechungstabelle in Anhang IV der Richtlinie 2014/65/EU zu lesen, sofern diese Entsprechungstabelle Vorschriften enthält, die auf die Richtlinie 2004/39/EG verweisen.

---

[1] Veröffentlicht am 12.6.2014.
[2] Nr. 1.
[3] Nr. 2.

*[2]* Sofern in den Vorschriften dieser Verordnung organisierte Handelssysteme, KMU-Wachstumsmärkte, Emissionszertifikate oder darauf beruhende Auktionsprodukte genannt werden, gelten diese Vorschriften bis zum 3. Januar 2018 nicht für organisierte Handelssysteme, KMU-Wachstumsmärkte, Emissionszertifikate oder darauf beruhende Auktionsprodukte.

Diese Verordnung ist in allen ihren Teilen verbindlich und gilt unmittelbar in jedem Mitgliedstaat.

## Anh. I, II

*(hier nicht wiedergegeben)*

# 12. Gesetz über den Wertpapierhandel (Wertpapierhandelsgesetz – WpHG)

In der Fassung der Bekanntmachung vom 9. September 1998[1]
(BGBl. I S. 2708)

**FNA 4110-4**

zuletzt geänd. durch Art. 8 Abs. 1 RisikoreduzierungsG v. 9.12.2020 (BGBl. I S. 2773)

## Inhaltsübersicht

### Abschnitt 1. Anwendungsbereich, Begriffsbestimmungen

§ 1 Anwendungsbereich
§ 2 Begriffsbestimmungen
§ 3 Ausnahmen; Verordnungsermächtigung
§ 4 Wahl des Herkunftsstaates; Verordnungsermächtigung
§ 5 Veröffentlichung des Herkunftsstaates; Verordnungsermächtigung

### Abschnitt 2. Bundesanstalt für Finanzdienstleistungsaufsicht

§ 6 Aufgaben und allgemeine Befugnisse der Bundesanstalt
§ 7 Herausgabe von Kommunikationsdaten
§ 8 Übermittlung und Herausgabe marktbezogener Daten; Verordnungsermächtigung
§ 9 Verringerung und Einschränkung von Positionen oder offenen Forderungen
§ 10 Besondere Befugnisse nach der Verordnung (EU) Nr. 1286/2014 und der Verordnung (EU) 2016/1011
§ 11 Anzeige straftatbegründender Tatsachen
§ 12 Adressaten einer Maßnahme wegen möglichen Verstoßes gegen Artikel 14 oder 15 der Verordnung (EU) Nr. 596/2014
§ 13 Sofortiger Vollzug
§ 14 Befugnisse zur Sicherung des Finanzsystems
§ 15 Produktintervention
§ 16 Wertpapierrat
§ 17 Zusammenarbeit mit anderen Behörden im Inland
§ 18 Zusammenarbeit mit zuständigen Stellen im Ausland; Verordnungsermächtigung
§ 19 Zusammenarbeit mit der Europäischen Wertpapier- und Marktaufsichtsbehörde
§ 20 Zusammenarbeit mit der Europäischen Kommission im Rahmen des Energiewirtschaftsgesetzes
§ 21 Verschwiegenheitspflicht
§ 22 Meldepflichten
§ 23 Anzeige von Verdachtsfällen
§ 24 Verpflichtung des Insolvenzverwalters

### Abschnitt 3. Marktmissbrauchsüberwachung

§ 25 Anwendung der Verordnung (EU) Nr. 596/2014 auf Waren und ausländische Zahlungsmittel
§ 26 Übermittlung von Insiderinformationen und von Eigengeschäften; Verordnungsermächtigung
§ 27 Aufzeichnungspflichten
§ 28 Überwachung der Geschäfte der bei der Bundesanstalt Beschäftigten

### Abschnitt 4. Ratingagenturen

§ 29 Zuständigkeit im Sinne der Verordnung (EG) Nr. 1060/2009

### Abschnitt 5. OTC-Derivate und Transaktionsregister

§ 30 Überwachung des Clearings von OTC-Derivaten und Aufsicht über Transaktionsregister
§ 31 Verordnungsermächtigung betreffend Unterrichtung und Nachweise nach den Artikeln 4a und 10 der Verordnung (EU) Nr. 648/2012

---

[1] Neubekanntmachung des WpHG v. 26.7.1994 (BGBl. I S. 1794) in der ab 1.8.1998 geltenden Fassung.

## 12 WpHG

§ 32 Prüfung der Einhaltung bestimmter Pflichten der Verordnung (EU) Nr. 648/2012 und der Verordnung (EU) Nr. 600/2014

**Abschnitt 6. Mitteilung, Veröffentlichung und Übermittlung von Veränderungen des Stimmrechtsanteils an das Unternehmensregister**

§ 33 Mitteilungspflichten des Meldepflichtigen; Verordnungsermächtigung
§ 34 Zurechnung von Stimmrechten
§ 35 Tochterunternehmenseigenschaft; Verordnungsermächtigung
§ 36 Nichtberücksichtigung von Stimmrechten
§ 37 Mitteilung durch Mutterunternehmen; Verordnungsermächtigung
§ 38 Mitteilungspflichten beim Halten von Instrumenten; Verordnungsermächtigung
§ 39 Mitteilungspflichten bei Zusammenrechnung; Verordnungsermächtigung
§ 40 Veröffentlichungspflichten des Emittenten und Übermittlung an das Unternehmensregister
§ 41 Veröffentlichung der Gesamtzahl der Stimmrechte und Übermittlung an das Unternehmensregister
§ 42 Nachweis mitgeteilter Beteiligungen
§ 43 Mitteilungspflichten für Inhaber wesentlicher Beteiligungen
§ 44 Rechtsverlust
§ 45 Richtlinien der Bundesanstalt
§ 46 Befreiungen; Verordnungsermächtigung
§ 47 Handelstage

**Abschnitt 7. Notwendige Informationen für die Wahrnehmung von Rechten aus Wertpapieren**

§ 48 Pflichten der Emittenten gegenüber Wertpapierinhabern
§ 49 Veröffentlichung von Mitteilungen und Übermittlung im Wege der Datenfernübertragung
§ 50 Veröffentlichung zusätzlicher Angaben und Übermittlung an das Unternehmensregister; Verordnungsermächtigung
§ 51 Befreiung
§ 52 Ausschluss der Anfechtung

**Abschnitt 8. Leerverkäufe und Geschäfte in Derivaten**

§ 53 Überwachung von Leerverkäufen; Verordnungsermächtigung

**Abschnitt 9. Positionslimits und Positionsmanagementkontrollen bei Warenderivaten und Positionsmeldungen**

§ 54 Positionslimits und Positionsmanagementkontrollen
§ 55 Positionslimits bei europaweit gehandelten Derivaten
§ 56 Anwendung von Positionslimits
§ 57 Positionsmeldungen; Verordnungsermächtigung

**Abschnitt 10. Organisationspflichten von Datenbereitstellungsdiensten**

§ 58 Organisationspflichten für genehmigte Veröffentlichungssysteme
§ 59 Organisationspflichten für Bereitsteller konsolidierter Datenticker
§ 60 Organisationspflichten für genehmigte Meldemechanismen
§ 61 Überwachung der Organisationspflichten
§ 62 Prüfung der Organisationspflichten; Verordnungsermächtigung

**Abschnitt 11. Verhaltenspflichten, Organisationspflichten, Transparenzpflichten**

§ 63 Allgemeine Verhaltensregeln; Verordnungsermächtigung
§ 64 Besondere Verhaltensregeln bei der Erbringung von Anlageberatung und Finanzportfolioverwaltung; Verordnungsermächtigung
§ 65 Selbstauskunft bei der Vermittlung des Vertragsschlusses über eine Vermögensanlage im Sinne des § 2a des Vermögensanlagengesetzes
§ 65a Selbstauskunft bei der Vermittlung des Vertragsschlusses über Wertpapiere im Sinne des § 6 des Wertpapierprospektgesetzes
§ 65b Veräußerungen nachrangiger berücksichtigungsfähiger Verbindlichkeiten und relevanter Kapitalinstrumente an Privatkunden
§ 66 Ausnahmen für Immobiliar-Verbraucherdarlehensverträge
§ 67 Kunden; Verordnungsermächtigung
§ 68 Geschäfte mit geeigneten Gegenparteien; Verordnungsermächtigung
§ 69 Bearbeitung von Kundenaufträgen; Verordnungsermächtigung
§ 70 Zuwendungen und Gebühren; Verordnungsermächtigung

| § 71 | Erbringung von Wertpapierdienstleistungen und Wertpapiernebendienstleistungen über ein anderes Wertpapierdienstleistungsunternehmen |
|---|---|
| § 72 | Betrieb eines multilateralen Handelssystems oder eines organisierten Handelssystems |
| § 73 | Aussetzung des Handels und Ausschluss von Finanzinstrumenten |
| § 74 | Besondere Anforderungen an multilaterale Handelssysteme |
| § 75 | Besondere Anforderungen an organisierte Handelssysteme |
| § 76 | KMU-Wachstumsmärkte; Verordnungsermächtigung |
| § 77 | Direkter elektronischer Zugang |
| § 78 | Handeln als General-Clearing-Mitglied |
| § 79 | Mitteilungspflicht von systematischen Internalisierern |
| § 80 | Organisationspflichten; Verordnungsermächtigung |
| § 81 | Geschäftsleiter |
| § 82 | Bestmögliche Ausführung von Kundenaufträgen |
| § 83 | Aufzeichnungs- und Aufbewahrungspflicht |
| § 84 | Vermögensverwahrung und Finanzsicherheiten; Verordnungsermächtigung |
| § 85 | Anlagestrategieempfehlungen und Anlageempfehlungen; Verordnungsermächtigung |
| § 86 | Anzeigepflicht |
| § 87 | Einsatz von Mitarbeitern in der Anlageberatung, als Vertriebsbeauftragte, in der Finanzportfolioverwaltung oder als Compliance-Beauftragte; Verordnungsermächtigung |
| § 88 | Überwachung der Meldepflichten und Verhaltensregeln |
| § 89 | Prüfung der Meldepflichten und Verhaltensregeln; Verordnungsermächtigung |
| § 90 | Unternehmen, organisierte Märkte und multilaterale Handelssysteme mit Sitz in einem anderen Mitgliedstaat der Europäischen Union oder in einem anderen Vertragsstaat des Abkommens über den Europäischen Wirtschaftsraum |
| § 91 | Unternehmen mit Sitz in einem Drittstaat |
| § 92 | Werbung der Wertpapierdienstleistungsunternehmen |
| § 93 | Register Unabhängiger Honorar-Anlageberater; Verordnungsermächtigung |
| § 94 | Bezeichnungen zur Unabhängigen Honorar-Anlageberatung |
| § 95 | Ausnahmen |
| § 96 | Strukturierte Einlagen |

**Abschnitt 12. Haftung für falsche und unterlassene Kapitalmarktinformationen**

| § 97 | Schadenersatz wegen unterlassener unverzüglicher Veröffentlichung von Insiderinformationen |
|---|---|
| § 98 | Schadenersatz wegen Veröffentlichung unwahrer Insiderinformationen |

**Abschnitt 13. Finanztermingeschäfte**

| § 99 | Ausschluss des Einwands nach § 762 des Bürgerlichen Gesetzbuchs |
|---|---|
| § 100 | Verbotene Finanztermingeschäfte |

**Abschnitt 14. Schiedsvereinbarungen**

| § 101 | Schiedsvereinbarungen |
|---|---|

**Abschnitt 15. Märkte für Finanzinstrumente mit Sitz außerhalb der Europäischen Union**

| § 102 | Erlaubnis; Verordnungsermächtigung |
|---|---|
| § 103 | Versagung der Erlaubnis |
| § 104 | Aufhebung der Erlaubnis |
| § 105 | Untersagung |

**Abschnitt 16. Überwachung von Unternehmensabschlüssen, Veröffentlichung von Finanzberichten**

Unterabschnitt 1. Überwachung von Unternehmensabschlüssen

| § 106 | Prüfung von Unternehmensabschlüssen und -berichten |
|---|---|
| § 107 | Anordnung einer Prüfung der Rechnungslegung und Ermittlungsbefugnisse der Bundesanstalt |
| § 108 | Befugnisse der Bundesanstalt im Falle der Anerkennung einer Prüfstelle |
| § 109 | Ergebnis der Prüfung von Bundesanstalt oder Prüfstelle |
| § 110 | Mitteilungen an andere Stellen |
| § 111 | Internationale Zusammenarbeit |
| § 112 | Widerspruchsverfahren |
| § 113 | Beschwerde |

Unterabschnitt 2. Veröffentlichung und Übermittlung von Finanzberichten an das Unternehmensregister
§ 114 Jahresfinanzbericht; Verordnungsermächtigung
§ 115 Halbjahresfinanzbericht; Verordnungsermächtigung
§ 116 Zahlungsbericht; Verordnungsermächtigung
§ 117 Konzernabschluss
§ 118 Ausnahmen; Verordnungsermächtigung

### Abschnitt 17. Straf- und Bußgeldvorschriften
§ 119 Strafvorschriften
§ 120 Bußgeldvorschriften; Verordnungsermächtigung
§ 121 Zuständige Verwaltungsbehörde
§ 122 Beteiligung der Bundesanstalt und Mitteilungen in Strafsachen
§ 123 Bekanntmachung von Maßnahmen
§ 124 Bekanntmachung von Maßnahmen und Sanktionen wegen Verstößen gegen Transparenzpflichten
§ 125 Bekanntmachung von Maßnahmen und Sanktionen wegen Verstößen gegen die Verordnung (EU) Nr. 596/2014, die Verordnung (EU) 2015/2365 und die Verordnung (EU) 2016/1011
§ 126 Bekanntmachung von Maßnahmen und Sanktionen wegen Verstößen gegen Vorschriften der Abschnitte 9 bis 11 und gegen die Verordnung (EU) Nr. 600/2014

### Abschnitt 18. Übergangsbestimmungen
§ 127 Erstmalige Mitteilungs- und Veröffentlichungspflichten
§ 128 Übergangsregelung für die Mitteilungs- und Veröffentlichungspflichten zur Wahl des Herkunftsstaats
§ 129 *(aufgehoben)*
§ 130 Übergangsregelung für die Mitteilungs- und Veröffentlichungspflichten für Inhaber von Netto-Leerverkaufspositionen nach § 30i in der Fassung dieses Gesetzes vom 6. Dezember 2011 (BGBl. I S. 2481)
§ 131 Übergangsregelung für die Verjährung von Ersatzansprüchen nach § 37a der bis zum 4. August 2009 gültigen Fassung dieses Gesetzes
§ 132 Anwendungsbestimmung für das Transparenzrichtlinie-Umsetzungsgesetz
§ 133 Anwendungsbestimmung für § 34 der bis zum 2. Januar 2018 gültigen Fassung dieses Gesetzes
§ 134 Anwendungsbestimmung für das Gesetz zur Umsetzung der Transparenzrichtlinie-Änderungsrichtlinie
§ 135 Übergangsvorschriften zur Verordnung (EU) Nr. 596/2014
§ 136 Übergangsregelung zum CSR-Richtlinie-Umsetzungsgesetz
§ 137 Übergangsvorschrift für Verstöße gegen die §§ 38 und 39 in der bis zum Ablauf des 1. Juli 2016 geltenden Fassung dieses Gesetzes
§ 138 Übergangsvorschrift für Richtlinie 2014/65/EU über Märkte für Finanzinstrumente
§ 139 Übergangsvorschriften zum Gesetz zur weiteren Ausführung der EU-Prospektverordnung und zur Änderung von Finanzmarktgesetzen
§ 140 *Übergangsvorschrift zum Gesetz zur weiteren Umsetzung der Transparenzrichtlinie-Änderungsrichtlinie im Hinblick auf ein einheitliches elektronisches Format für Jahresfinanzberichte*

## Abschnitt 1. Anwendungsbereich, Begriffsbestimmungen

**§ 1 Anwendungsbereich** (1) Dieses Gesetz enthält Regelungen in Bezug auf
1. die Erbringung von Wertpapierdienstleistungen und Wertpapiernebendienstleistungen,
2. die Erbringung von Datenbereitstellungsdiensten und die Organisation von Datenbereitstellungsdienstleistern,
3. das marktmissbräuchliche Verhalten im börslichen und außerbörslichen Handel mit Finanzinstrumenten,
4. die Vermarktung, den Vertrieb und den Verkauf von Finanzinstrumenten und strukturierten Einlagen,
5. die Konzeption von Finanzinstrumenten zum Vertrieb,

Wertpapierhandelsgesetz §1 WpHG 12

6. die Überwachung von Unternehmensabschlüssen und die Veröffentlichung von Finanzberichten, die den Vorschriften dieses Gesetzes unterliegen,
7. die Veränderungen der Stimmrechtsanteile von Aktionären an börsennotierten Gesellschaften sowie
8. die Zuständigkeiten und Befugnisse der Bundesanstalt für Finanzdienstleistungsaufsicht (Bundesanstalt) und die Ahndung von Verstößen hinsichtlich
   a) der Vorschriften dieses Gesetzes,
   b) der Verordnung (EG) Nr. 1060/2009 des Europäischen Parlaments und des Rates vom 16. September 2009 über Ratingagenturen (ABl. L 302 vom 17.11.2009, S. 1; L 350 vom 29.12.2009, S. 59; L 145 vom 31.5. 2011, S. 57; L 267 vom 6.9.2014, S. 30), die zuletzt durch die Richtlinie 2014/51/EU (ABl. L 153 vom 22.5.2014, S. 1; L 108 vom 28.4.2015, S. 8) geändert worden ist, in der jeweils geltenden Fassung,
   c) der Verordnung (EU) Nr. 236/2012 des Europäischen Parlaments und des Rates vom 14. März 2012 über Leerverkäufe und bestimmte Aspekte von Credit Default Swaps (ABl. L 86 vom 24.3.2012, S. 1), die zuletzt durch die Verordnung (EU) Nr. 909/2014 (ABl. L 257 vom 28.8.2014, S. 1) geändert worden ist, in der jeweils geltenden Fassung,
   d) der Verordnung (EU) Nr. 648/2012 des Europäischen Parlaments und des Rates vom 4. Juli 2012 über OTC-Derivate, zentrale Gegenparteien und Transaktionsregister (ABl. L 201 vom 27.7.2012, S. 1; L 321 vom 30.11. 2013, S. 6), die zuletzt durch die Verordnung (EU) 2019/834 (ABl. L 141 vom 28.5.2019, S. 42) geändert worden ist, in der jeweils geltenden Fassung,
   e) der Verordnung (EU) Nr. 596/2014[1]) des Europäischen Parlaments und des Rates vom 16. April 2014 über Marktmissbrauch (Marktmissbrauchsverordnung) und zur Aufhebung der Richtlinie 2003/6/EG des Europäischen Parlaments und des Rates und der Richtlinien 2003/124/EG, 2003/125/EG und 2004/72/EG der Kommission (ABl. L 173 vom 12.6. 2014, S. 1; L 287 vom 21.10.2016, S. 320; L 306 vom 15.11.2016, S. 43; L 348 vom 21.12.2016, S. 83), die zuletzt durch die Verordnung (EU) 2016/1033 (ABl. L 175 vom 30.6.2016, S. 1) geändert worden ist, in der jeweils geltenden Fassung,
   f) der Verordnung (EU) Nr. 600/2012[2])4 des Europäischen Parlaments und des Rats vom 15. Mai 2014 über Märkte für Finanzinstrumente und zur Änderung der Verordnung (EU) Nr. 648/2012 (ABl. L 173 vom 12.6. 2014, S. 84; L 6 vom 10.1.2015, S. 6; L 270 vom 15.10.2015, S. 4) in der jeweils geltenden Fassung,
   g) der Verordnung (EU) Nr. 909/2014 des Europäischen Parlaments und des Rates vom 23. Juli 2014 zur Verbesserung der Wertpapierlieferungen und -abrechnungen in der Europäischen Union und über Zentralverwahrer sowie zur Änderung der Richtlinien 98/26/EG und 2014/65/EU und der Verordnung (EU) Nr. 236/2012 (ABl. L 257 vom 28.8.2014, S. 1; L 349 vom 21.12.2016, S. 5), die zuletzt durch die Verordnung (EU) 2016/1033 (ABl. L 175 vom 30.6.2016, S. 1) geändert worden ist, in der jeweils geltenden Fassung,

---
[1]) Nr. 11.
[2]) Nr. 2.

h) der Verordnung (EU) Nr. 1286/2014[1)] des Europäischen Parlaments und des Rates vom 26. November 2014 über Basisinformationsblätter für verpackte Anlageprodukte für Kleinanleger und Versicherungsanlageprodukte (PRIIP) (ABl. L 352 vom 9.12.2014, S. 1; L 358 vom 13.12.2014, S. 50), in der jeweils geltenden Fassung,

i) der Verordnung (EU) 2015/2365 des Europäischen Parlaments und des Rates vom 25. November 2015 über die Transparenz von Wertpapierfinanzierungsgeschäften und der Weiterverwendung sowie zur Änderung der Verordnung (EU) Nr. 648/2012 (ABl. L 337 vom 23.12.2015, S. 1), in der jeweils geltenden Fassung,

j) der Verordnung (EU) 2016/1011 des Europäischen Parlaments und des Rates vom 8. Juni 2016 über Indizes, die bei Finanzinstrumenten und Finanzkontrakten als Referenzwert oder zur Messung der Wertentwicklung eines Investmentfonds verwendet werden, und zur Änderung der Richtlinien 2008/48/EG und 2014/17/EU sowie der Verordnung (EU) Nr. 596/2014 (ABl. L 171 vom 29.6.2016, S. 1), in der jeweils geltenden Fassung.

(2) ¹Soweit nicht abweichend geregelt, sind die Vorschriften des Abschnitts 11 sowie die §§ 54 bis 57 auch anzuwenden auf Handlungen und Unterlassungen, die im Ausland vorgenommen werden, sofern sie

1. einen Emittenten mit Sitz im Inland,

2. Finanzinstrumente, die an einem inländischen organisierten Markt, einem inländischen multilateralen Handelssystem oder einem inländischen organisierten Handelssystem gehandelt werden oder

3. Wertpapierdienstleistungen oder Wertpapiernebendienstleistungen, die im Inland angeboten werden,

betreffen. ²Die §§ 54 bis 57 gelten auch für im Ausland außerhalb eines Handelsplatzes gehandelte Warenderivate, die wirtschaftlich gleichwertig mit Warenderivaten sind, die an Handelsplätzen im Inland gehandelt werden.

(3) ¹Bei Anwendung der Vorschriften der Abschnitte 6, 7 und 16 unberücksichtigt bleiben Anteile und Aktien an offenen Investmentvermögen im Sinne des § 1 Absatz 4 des Kapitalanlagegesetzbuchs[2)]. ²Für Abschnitt 6 gilt dies nur, soweit es sich nicht um Spezial-AIF im Sinne des § 1 Absatz 6 des Kapitalanlagegesetzbuchs handelt.

**§ 2 Begriffsbestimmungen.** (1) Wertpapiere im Sinne dieses Gesetzes sind, auch wenn keine Urkunden über sie ausgestellt sind, alle Gattungen von übertragbaren Wertpapieren mit Ausnahme von Zahlungsinstrumenten, die ihrer Art nach auf den Finanzmärkten handelbar sind, insbesondere

1. Aktien,

2. andere Anteile an in- oder ausländischen juristischen Personen, Personengesellschaften und sonstigen Unternehmen, soweit sie Aktien vergleichbar sind, sowie Hinterlegungsscheine, die Aktien vertreten,

3. Schuldtitel,

---

[1)] Nr. 9.
[2)] Nr. 15.

a) insbesondere Genussscheine und Inhaberschuldverschreibungen und Orderschuldverschreibungen sowie Hinterlegungsscheine, die Schuldtitel vertreten,

b) sonstige Wertpapiere, die zum Erwerb oder zur Veräußerung von Wertpapieren nach den Nummern 1 und 2 berechtigen oder zu einer Barzahlung führen, die in Abhängigkeit von Wertpapieren, von Währungen, Zinssätzen oder anderen Erträgen, von Waren, Indices oder Messgrößen bestimmt wird; nähere Bestimmungen enthält die Delegierte Verordnung (EU) 2017/565 [1] der Kommission vom 25. April 2016 zur Ergänzung der Richtlinie 2014/65/EU [2] des Europäischen Parlaments und des Rates in Bezug auf die organisatorischen Anforderungen an Wertpapierfirmen und die Bedingungen für die Ausübung ihrer Tätigkeit sowie in Bezug auf die Definition bestimmter Begriffe für die Zwecke der genannten Richtlinie (ABl. L 87 vom 31.3.2017, S. 1), in der jeweils geltenden Fassung.

(2) Geldmarktinstrumente im Sinne dieses Gesetzes sind Instrumente, die üblicherweise auf dem Geldmarkt gehandelt werden, insbesondere Schatzanweisungen, Einlagenzertifikate, Commercial Papers und sonstige vergleichbare Instrumente, sofern im Einklang mit Artikel 11 der Delegierten Verordnung (EU) 2017/565

1. ihr Wert jederzeit bestimmt werden kann,
2. es sich nicht um Derivate handelt und
3. ihre Fälligkeit bei Emission höchstens 397 Tage beträgt,

es sei denn, es handelt sich um Zahlungsinstrumente.

(3) Derivative Geschäfte im Sinne dieses Gesetzes sind

1. als Kauf, Tausch oder anderweitig ausgestaltete Festgeschäfte oder Optionsgeschäfte, die zeitlich verzögert zu erfüllen sind und deren Wert sich unmittelbar oder mittelbar vom Preis oder Maß eines Basiswertes ableitet (Termingeschäfte) mit Bezug auf die folgenden Basiswerte:

   a) Wertpapiere oder Geldmarktinstrumente,

   b) Devisen, soweit das Geschäft nicht die in Artikel 10 der Delegierten Verordnung (EU) 2017/565 genannten Voraussetzungen erfüllt, oder Rechnungseinheiten,

   c) Zinssätze oder andere Erträge,

   d) Indices der Basiswerte der Buchstaben a, b, c oder f, andere Finanzindizes oder Finanzmessgrößen,

   e) derivative Geschäfte oder

   f) Berechtigungen nach § 3 Nummer 3 des Treibhausgas-Emissionshandelsgesetzes, Emissionsreduktionseinheiten nach § 2 Nummer 20 des Projekt-Mechanismen-Gesetzes und zertifizierte Emissionsreduktionen nach § 2 Nummer 21 des Projekt-Mechanismen-Gesetzes, soweit diese jeweils im Emissionshandelsregister gehalten werden dürfen (Emissionszertifikate);

2. Termingeschäfte mit Bezug auf Waren, Frachtsätze, Klima- oder andere physikalische Variablen, Inflationsraten oder andere volkswirtschaftliche Variablen oder sonstige Vermögenswerte, Indices oder Messwerte als Basiswerte, sofern sie

---

[1] Nr. **13**.
[2] Nr. **1**.

a) durch Barausgleich zu erfüllen sind oder einer Vertragspartei das Recht geben, einen Barausgleich zu verlangen, ohne dass dieses Recht durch Ausfall oder ein anderes Beendigungsereignis begründet ist,

b) auf einem organisierten Markt oder in einem multilateralen oder organisierten Handelssystem geschlossen werden und nicht über ein organisiertes Handelssystem gehandelte Energiegroßhandelsprodukte im Sinne von Absatz 20 sind, die effektiv geliefert werden müssen, oder

c) die Merkmale anderer Derivatekontrakte im Sinne des Artikels 7 der Delegierten Verordnung (EU) 2017/565 aufweisen und nichtkommerziellen Zwecken dienen,

und sofern sie keine Kassageschäfte im Sinne des Artikels 7 der Delegierten Verordnung (EU) 2017/565 sind;

3. finanzielle Differenzgeschäfte;

4. als Kauf, Tausch oder anderweitig ausgestaltete Festgeschäfte oder Optionsgeschäfte, die zeitlich verzögert zu erfüllen sind und dem Transfer von Kreditrisiken dienen (Kreditderivate);

5. Termingeschäfte mit Bezug auf die in Artikel 8 der Delegierten Verordnung (EU) 2017/565 genannten Basiswerte, sofern sie die Bedingungen der Nummer 2 erfüllen.

(4) Finanzinstrumente im Sinne dieses Gesetzes sind

1. Wertpapiere im Sinne des Absatzes 1,

2. Anteile an Investmentvermögen im Sinne des § 1 Absatz 1 des Kapitalanlagegesetzbuchs[1)],

3. Geldmarktinstrumente im Sinne des Absatzes 2,

4. derivative Geschäfte im Sinne des Absatzes 3,

5. Emissionszertifikate,

6. Rechte auf Zeichnung von Wertpapieren und

7. Vermögensanlagen im Sinne des § 1 Absatz 2 des Vermögensanlagengesetzes[2)] mit Ausnahme von Anteilen an einer Genossenschaft im Sinne des § 1 des Genossenschaftsgesetzes sowie Namensschuldverschreibungen, die mit einer vereinbarten festen Laufzeit, einem unveränderlich vereinbarten festen positiven Zinssatz ausgestattet sind, bei denen das investierte Kapital ohne Anrechnung von Zinsen ungemindert zum Zeitpunkt der Fälligkeit zum vollen Nennwert zurückgezahlt wird, und die von einem CRR-Kreditinstitut im Sinne des § 1 Absatz 3d Satz 1 des Kreditwesengesetzes, dem eine Erlaubnis nach § 32 Absatz 1 des Kreditwesengesetzes erteilt worden ist, oder von einem in Artikel 2 Absatz 5 Nummer 5 der Richtlinie 2013/36/EU namentlich genannten Kreditinstitut, das über eine Erlaubnis verfügt, Bankgeschäfte im Sinne von § 1 Absatz 1 Satz 2 Nummer 1 und 2 des Kreditwesengesetzes zu betreiben, ausgegeben werden, wenn das darauf eingezahlte Kapital im Falle des Insolvenzverfahrens über das Vermögen des Instituts oder der Liquidation des Instituts nicht erst nach Befriedigung aller nicht nachrangigen Gläubiger zurückgezahlt wird.

---

[1)] Nr. 15.
[2)] Nr. 8.

Wertpapierhandelsgesetz **§ 2 WpHG 12**

(5) Waren im Sinne dieses Gesetzes sind fungible Wirtschaftsgüter, die geliefert werden können; dazu zählen auch Metalle, Erze und Legierungen, landwirtschaftliche Produkte und Energien wie Strom.

(6) Waren-Spot-Kontrakt im Sinne dieses Gesetzes ist ein Vertrag im Sinne des Artikels 3 Absatz 1 Nummer 15 der Verordnung (EU) Nr. 596/2014[1)].

(7) Referenzwert im Sinne dieses Gesetzes ist ein Kurs, Index oder Wert im Sinne des Artikels 3 Absatz 1 Nummer 29 der Verordnung (EU) Nr. 596/2014.

(8) [1] Wertpapierdienstleistungen im Sinne dieses Gesetzes sind

1. die Anschaffung oder Veräußerung von Finanzinstrumenten im eigenen Namen für fremde Rechnung (Finanzkommissionsgeschäft),
2. das
   a) kontinuierliche Anbieten des An- und Verkaufs von Finanzinstrumenten an den Finanzmärkten zu selbst gestellten Preisen für eigene Rechnung unter Einsatz des eigenen Kapitals (Market-Making),
   b) häufige organisierte und systematische Betreiben von Handel für eigene Rechnung in erheblichem Umfang außerhalb eines organisierten Marktes oder eines multilateralen oder organisierten Handelssystems, wenn Kundenaufträge außerhalb eines geregelten Marktes oder eines multilateralen oder organisierten Handelssystems ausgeführt werden, ohne dass ein multilaterales Handelssystem betrieben wird (systematische Internalisierung),
   c) Anschaffen oder Veräußern von Finanzinstrumenten für eigene Rechnung als Dienstleistung für andere (Eigenhandel) oder
   d) Kaufen oder Verkaufen von Finanzinstrumenten für eigene Rechnung als unmittelbarer oder mittelbarer Teilnehmer eines inländischen organisierten Marktes oder eines multilateralen oder organisierten Handelssystems mittels einer hochfrequenten algorithmischen Handelstechnik im Sinne von Absatz 44, auch ohne Dienstleistung für andere (Hochfrequenzhandel),
3. die Anschaffung oder Veräußerung von Finanzinstrumenten in fremdem Namen für fremde Rechnung (Abschlussvermittlung),
4. die Vermittlung von Geschäften über die Anschaffung und die Veräußerung von Finanzinstrumenten (Anlagevermittlung),
5. die Übernahme von Finanzinstrumenten für eigenes Risiko zur Platzierung oder die Übernahme gleichwertiger Garantien (Emissionsgeschäft),
6. die Platzierung von Finanzinstrumenten ohne feste Übernahmeverpflichtung (Platzierungsgeschäft),
7. die Verwaltung einzelner oder mehrerer in Finanzinstrumenten angelegter Vermögen für andere mit Entscheidungsspielraum (Finanzportfolioverwaltung),
8. der Betrieb eines multilateralen Systems, das die Interessen einer Vielzahl von Personen am Kauf und Verkauf von Finanzinstrumenten innerhalb des Systems und nach nichtdiskretionären Bestimmungen in einer Weise zusammenbringt, die zu einem Vertrag über den Kauf dieser Finanzinstrumente führt (Betrieb eines multilateralen Handelssystems),

---

[1)] Nr. 11.

**12 WpHG § 2** Wertpapierhandelsgesetz

9. der Betrieb eines multilateralen Systems, bei dem es sich nicht um einen organisierten Markt oder ein multilaterales Handelssystem handelt und das die Interessen einer Vielzahl Dritter am Kauf und Verkauf von Schuldverschreibungen, strukturierten Finanzprodukten, Emissionszertifikaten oder Derivaten innerhalb des Systems auf eine Weise zusammenführt, die zu einem Vertrag über den Kauf dieser Finanzinstrumente führt (Betrieb eines organisierten Handelssystems),

10. die Abgabe von persönlichen Empfehlungen im Sinne des Artikels 9 der Delegierten Verordnung (EU) 2017/565 an Kunden oder deren Vertreter, die sich auf Geschäfte mit bestimmten Finanzinstrumenten beziehen, sofern die Empfehlung auf eine Prüfung der persönlichen Umstände des Anlegers gestützt oder als für ihn geeignet dargestellt wird und nicht ausschließlich über Informationsverbreitungskanäle oder für die Öffentlichkeit bekannt gegeben wird (Anlageberatung).

²Das Finanzkommissionsgeschäft, der Eigenhandel und die Abschlussvermittlung umfassen den Abschluss von Vereinbarungen über den Verkauf von Finanzinstrumenten, die von einem Wertpapierdienstleistungsunternehmen oder einem Kreditinstitut ausgegeben werden, im Zeitpunkt ihrer Emission. ³Ob ein häufiger systematischer Handel vorliegt, bemisst sich nach der Zahl der Geschäfte außerhalb eines Handelsplatzes (OTC-Handel) mit einem Finanzinstrument zur Ausführung von Kundenaufträgen, die von dem Wertpapierdienstleistungsunternehmen für eigene Rechnung durchgeführt werden. ⁴Ob ein Handel in erheblichem Umfang vorliegt, bemisst sich entweder nach dem Anteil des OTC-Handels an dem Gesamthandelsvolumen des Wertpapierdienstleistungsunternehmens in einem bestimmten Finanzinstrument oder nach dem Verhältnis des OTC-Handels des Wertpapierdienstleistungsunternehmens zum Gesamthandelsvolumen in einem bestimmten Finanzinstrument in der Europäischen Union; nähere Bestimmungen enthalten die Artikel 12 bis 17 der Delegierten Verordnung (EU) 2017/565. ⁵Die Voraussetzungen der systematischen Internalisierung sind erst dann erfüllt, wenn sowohl die Obergrenze für den häufigen systematischen Handel als auch die Obergrenze für den Handel in erheblichem Umfang überschritten werden oder wenn ein Unternehmen sich freiwillig den für die systematische Internalisierung geltenden Regelungen unterworfen und eine Erlaubnis zum Betreiben der systematischen Internalisierung bei der Bundesanstalt beantragt hat. ⁶Als Wertpapierdienstleistung gilt auch die Anschaffung und Veräußerung von Finanzinstrumenten für eigene Rechnung, die keine Dienstleistung für andere im Sinne des Satzes 1 Nr. 2 darstellt (Eigengeschäft). ⁷Der Finanzportfolioverwaltung gleichgestellt ist hinsichtlich der §§ 63 bis 83 und 85 bis 92 dieses Gesetzes sowie des Artikels 20 Absatz 1 der Verordnung (EU) Nr. 596/2014, des Artikels 26 der Verordnung (EU) Nr. 600/2014[1)] und der Artikel 72 bis 76 der Delegierten Verordnung (EU) 2017/565 die erlaubnispflichtige Anlageverwaltung nach § 1 Absatz 1a Satz 2 Nummer 11 des Kreditwesengesetzes.

(9) Wertpapiernebendienstleistungen im Sinne dieses Gesetzes sind

1. die Verwahrung und die Verwaltung von Finanzinstrumenten für andere, einschließlich Depotverwahrung und verbundener Dienstleistungen wie Cash-Management oder die Verwaltung von Sicherheiten mit Ausnahme der

---

[1)] Nr. 2.

Bereitstellung und Führung von Wertpapierkonten auf oberster Ebene (zentrale Kontenführung) gemäß Abschnitt A Nummer 2 des Anhangs zur Verordnung (EU) Nr. 909/2014 (Depotgeschäft),

2. die Gewährung von Krediten oder Darlehen an andere für die Durchführung von Wertpapierdienstleistungen, sofern das Unternehmen, das den Kredit oder das Darlehen gewährt, an diesen Geschäften beteiligt ist,
3. die Beratung von Unternehmen über die Kapitalstruktur, die industrielle Strategie sowie die Beratung und das Angebot von Dienstleistungen bei Unternehmenskäufen und Unternehmenszusammenschlüssen,
4. Devisengeschäfte, die in Zusammenhang mit Wertpapierdienstleistungen stehen,
5. das Erstellen oder Verbreiten von Empfehlungen oder Vorschlägen von Anlagestrategien im Sinne des Artikels 3 Absatz 1 Nummer 34 der Verordnung (EU) Nr. 596/2014 (Anlagestrategieempfehlung) oder von Anlageempfehlungen im Sinne des Artikels 3 Absatz 1 Nummer 35 der Verordnung (EU) Nr. 596/2014 (Anlageempfehlung),
6. Dienstleistungen, die im Zusammenhang mit dem Emissionsgeschäft stehen,
7. Dienstleistungen, die sich auf einen Basiswert im Sinne des Absatzes 2 Nr. 2 oder Nr. 5 beziehen und im Zusammenhang mit Wertpapierdienstleistungen oder Wertpapiernebendienstleistungen stehen.

(10) Wertpapierdienstleistungsunternehmen im Sinne dieses Gesetzes sind Kreditinstitute, Finanzdienstleistungsinstitute und nach § 53 Abs. 1 Satz 1 des Kreditwesengesetzes tätige Unternehmen, die Wertpapierdienstleistungen allein oder zusammen mit Wertpapiernebendienstleistungen gewerbsmäßig oder in einem Umfang erbringen, der einen in kaufmännischer Weise eingerichteten Geschäftsbetrieb erfordert.

(11) Organisierter Markt im Sinne dieses Gesetzes ist ein im Inland, in einem anderen Mitgliedstaat der Europäischen Union oder einem anderen Vertragsstaat des Abkommens über den Europäischen Wirtschaftsraum betriebenes oder verwaltetes, durch staatliche Stellen genehmigtes, geregeltes und überwachtes multilaterales System, das die Interessen einer Vielzahl von Personen am Kauf und Verkauf von dort zum Handel zugelassenen Finanzinstrumenten innerhalb des Systems und nach nichtdiskretionären Bestimmungen in einer Weise zusammenbringt oder das Zusammenbringen fördert, die zu einem Vertrag über den Kauf dieser Finanzinstrumente führt.

(12) Drittstaat im Sinne dieses Gesetzes ist ein Staat, der weder Mitgliedstaat der Europäischen Union (Mitgliedstaat) noch Vertragsstaat des Abkommens über den Europäischen Wirtschaftsraum ist.

(13) Emittenten, für die die Bundesrepublik Deutschland der Herkunftsstaat ist, sind

1. Emittenten von Schuldtiteln mit einer Stückelung von weniger als 1 000 Euro oder dem am Ausgabetag entsprechenden Gegenwert in einer anderen Währung oder von Aktien,
    a) die ihren Sitz im Inland haben und deren Wertpapiere zum Handel an einem organisierten Markt im Inland oder in einem anderen Mitgliedstaat der Europäischen Union oder einem anderen Vertragsstaat des Abkommens über den Europäischen Wirtschaftsraum zugelassen sind oder

**12 WpHG § 2**   Wertpapierhandelsgesetz

b) die ihren Sitz in einem Drittstaat haben, deren Wertpapiere zum Handel an einem organisierten Markt im Inland zugelassen sind und die die Bundesrepublik Deutschland als Herkunftsstaat nach § 4 Absatz 1 gewählt haben,

2. Emittenten, die andere als die in Nummer 1 genannten Finanzinstrumente begeben und

a) die ihren Sitz im Inland haben und deren Finanzinstrumente zum Handel an einem organisierten Markt im Inland oder in anderen Mitgliedstaaten der Europäischen Union oder in anderen Vertragsstaaten des Abkommens über den Europäischen Wirtschaftsraum zugelassen sind oder

b) die ihren Sitz nicht im Inland haben und deren Finanzinstrumente zum Handel an einem organisierten Markt im Inland zugelassen sind

und die die Bundesrepublik Deutschland nach Maßgabe des § 4 Absatz 2 als Herkunftsstaat gewählt haben,

3. Emittenten, die nach Nummer 1 Buchstabe b oder Nummer 2 die Bundesrepublik Deutschland als Herkunftsstaat wählen können und deren Finanzinstrumente zum Handel an einem organisierten Markt im Inland zugelassen sind, solange sie nicht wirksam einen Herkunftsmitgliedstaat gewählt haben nach § 4 in Verbindung mit § 5 oder nach entsprechenden Vorschriften anderer Mitgliedstaaten der Europäischen Union oder anderer Vertragsstaaten des Abkommens über den Europäischen Wirtschaftsraum.

(14) Inlandsemittenten sind

1. Emittenten, für die die Bundesrepublik Deutschland der Herkunftsstaat ist, mit Ausnahme solcher Emittenten, deren Wertpapiere nicht im Inland, sondern lediglich in einem anderen Mitgliedstaat der Europäischen Union oder einem anderen Vertragsstaat des Abkommens über den Europäischen Wirtschaftsraum zugelassen sind, soweit sie in diesem anderen Staat Veröffentlichungs- und Mitteilungspflichten nach Maßgabe der Richtlinie 2004/109/EG des Europäischen Parlaments und des Rates vom 15. Dezember 2004 zur Harmonisierung der Transparenzanforderungen in Bezug auf Informationen über Emittenten, deren Wertpapiere zum Handel auf einem geregelten Markt zugelassen sind, und zur Änderung der Richtlinie 2001/34/EG (ABl. EU Nr. L 390 S. 38) unterliegen, und

2. Emittenten, für die nicht die Bundesrepublik Deutschland, sondern ein anderer Mitgliedstaat der Europäischen Union oder ein anderer Vertragsstaat des Abkommens über den Europäischen Wirtschaftsraum der Herkunftsstaat ist, deren Wertpapiere aber nur im Inland zum Handel an einem organisierten Markt zugelassen sind.

(15) MTF-Emittenten im Sinne dieses Gesetzes sind Emittenten von Finanzinstrumenten,

1. die ihren Sitz im Inland haben und die für ihre Finanzinstrumente eine Zulassung zum Handel an einem multilateralen Handelssystem im Inland oder in einem anderen Mitgliedstaat der Europäischen Union (Mitgliedstaat) oder einem anderen Vertragsstaat des Abkommens über den Europäischen Wirtschaftsraum beantragt oder genehmigt haben, wenn diese Finanzinstrumente nur auf multilateralen Handelssystemen gehandelt werden, mit Ausnahme solcher Emittenten, deren Finanzinstrumente nicht im Inland, sondern lediglich in einem anderen Mitgliedstaat oder einem anderen Vertrags-

staat des Abkommens über den Europäischen Wirtschaftsraum zugelassen sind, oder

2. die ihren Sitz nicht im Inland haben und die für ihre Finanzinstrumente eine Zulassung zum Handel auf einem multilateralen Handelssystem im Inland beantragt oder genehmigt haben, wenn diese Finanzinstrumente nur an multilateralen Handelssystemen im Inland gehandelt werden.

(16) OTF-Emittenten im Sinne dieses Gesetzes sind Emittenten von Finanzinstrumenten,

1. die ihren Sitz im Inland haben und die für ihre Finanzinstrumente eine Zulassung zum Handel an einem organisierten Handelssystem im Inland oder in einem anderen Mitgliedstaat oder einem anderen Vertragsstaat des Abkommens über den Europäischen Wirtschaftsraum beantragt oder genehmigt haben, wenn diese Finanzinstrumente nur auf organisierten Handelssystemen gehandelt werden, mit Ausnahme solcher Emittenten, deren Finanzinstrumente nicht im Inland, sondern lediglich in einem anderen Mitgliedstaat oder einem anderen Vertragsstaat des Abkommens über den Europäischen Wirtschaftsraum zugelassen sind, soweit sie in diesem Staat den Anforderungen des Artikels 21 der Richtlinie 2004/109/EG unterliegen, oder

2. die ihren Sitz nicht im Inland haben und die für ihre Finanzinstrumente nur eine Zulassung zum Handel an einem organisierten Handelssystem im Inland beantragt oder genehmigt haben.

(17) Herkunftsmitgliedstaat im Sinne dieses Gesetzes ist

1. im Falle eines Wertpapierdienstleistungsunternehmens,

a) sofern es sich um eine natürliche Person handelt, der Mitgliedstaat, in dem sich die Hauptverwaltung des Wertpapierdienstleistungsunternehmens befindet;

b) sofern es sich um eine juristische Person handelt, der Mitgliedstaat, in dem sich ihr Sitz befindet;

c) sofern es sich um eine juristische Person handelt, für die nach dem nationalen Recht, das für das Wertpapierdienstleistungsunternehmen maßgeblich ist, kein Sitz bestimmt ist, der Mitgliedstaat, in dem sich die Hauptverwaltung befindet;

2. im Falle eines organisierten Marktes der Mitgliedstaat, in dem dieser registriert oder zugelassen ist, oder, sofern für ihn nach dem Recht dieses Mitgliedstaats kein Sitz bestimmt ist, der Mitgliedstaat, in dem sich die Hauptverwaltung befindet;

3. im Falle eines Datenbereitstellungsdienstes,

a) sofern es sich um eine natürliche Person handelt, der Mitgliedstaat, in dem sich die Hauptverwaltung des Datenbereitstellungsdienstes befindet;

b) sofern es sich um eine juristische Person handelt, der Mitgliedstaat, in dem sich der Sitz des Datenbereitstellungsdienstes befindet;

c) sofern es sich um eine juristische Person handelt, für die nach dem nationalen Recht, das für den Datenbereitstellungsdienst maßgeblich ist, kein Sitz bestimmt ist, der Mitgliedstaat, in dem sich die Hauptverwaltung befindet.

(18) Aufnahmemitgliedstaat im Sinne dieses Gesetzes ist

1. für ein Wertpapierdienstleistungsunternehmen der Mitgliedstaat, in dem es eine Zweigniederlassung unterhält oder Wertpapierdienstleistungen im Wege des grenzüberschreitenden Dienstleistungsverkehrs erbringt;
2. für einen organisierten Markt der Mitgliedstaat, in dem er geeignete Vorkehrungen bietet, um in diesem Mitgliedstaat niedergelassenen Marktteilnehmern den Zugang zum Handel über sein System zu erleichtern.

(19) [1] Eine strukturierte Einlage ist eine Einlage im Sinne des § 2 Absatz 3 Satz 1 und 2 des Einlagensicherungsgesetzes, die bei Fälligkeit in voller Höhe zurückzuzahlen ist, wobei sich die Zahlung von Zinsen oder einer Prämie, das Zinsrisiko oder das Prämienrisiko aus einer Formel ergibt, die insbesondere abhängig ist von

1. einem Index oder einer Indexkombination,
2. einem Finanzinstrument oder einer Kombination von Finanzinstrumenten,
3. einer Ware oder einer Kombination von Waren oder anderen körperlichen oder nicht körperlichen nicht übertragbaren Vermögenswerten oder
4. einem Wechselkurs oder einer Kombination von Wechselkursen.

[2] Keine strukturierten Einlagen stellen variabel verzinsliche Einlagen dar, deren Ertrag unmittelbar an einen Zinsindex, insbesondere den Euribor oder den Libor, gebunden ist.

(20) Energiegroßhandelsprodukt im Sinne dieses Gesetzes ist ein Energiegroßhandelsprodukt im Sinne des Artikels 2 Nummer 4 der Verordnung (EU) Nr. 1227/2011 des Europäischen Parlaments und des Rates vom 25. Oktober 2011 über die Integrität und Transparenz des Energiegroßhandelsmarkts (ABl. L 326 vom 8.12.2011, S. 1), sowie der Artikel 5 und 6 der Delegierten Verordnung (EU) 2017/565.

(21) Multilaterales System im Sinne dieses Gesetzes ist ein System oder ein Mechanismus, der die Interessen einer Vielzahl Dritter am Kauf und Verkauf von Finanzinstrumenten innerhalb des Systems zusammenführt.

(22) Handelsplatz im Sinne dieses Gesetzes ist ein organisierter Markt, ein multilaterales Handelssystem oder ein organisiertes Handelssystem.

(23) [1] Liquider Markt im Sinne dieses Gesetzes ist ein Markt für ein Finanzinstrument oder für eine Kategorie von Finanzinstrumenten,

1. auf dem kontinuierlich kauf- oder verkaufsbereite vertragswillige Käufer oder Verkäufer verfügbar sind und
2. der unter Berücksichtigung der speziellen Marktstrukturen des betreffenden Finanzinstruments oder der betreffenden Kategorie von Finanzinstrumenten nach den folgenden Kriterien bewertet wird:
    a) Durchschnittsfrequenz und -volumen der Geschäfte bei einer bestimmten Bandbreite von Marktbedingungen unter Berücksichtigung der Art und des Lebenszyklus von Produkten innerhalb der Kategorie von Finanzinstrumenten;
    b) Zahl und Art der Marktteilnehmer, einschließlich des Verhältnisses der Marktteilnehmer zu den gehandelten Finanzinstrumenten in Bezug auf ein bestimmtes Finanzinstrument;
    c) durchschnittlicher Spread, sofern verfügbar.

[2] Nähere Bestimmungen enthalten die Artikel 1 bis 4 der Delegierten Verordnung (EU) 2017/567 der Kommission vom 18. Mai 2016 zur Ergänzung der

Verordnung (EU) Nr. 600/2014 des Europäischen Parlaments und des Rates im Hinblick auf Begriffsbestimmungen, Transparenz, Portfoliokomprimierung und Aufsichtsmaßnahmen zur Produktintervention und zu den Positionen (ABl. L 87 vom 31.3.2017, S. 90), in der jeweils geltenden Fassung.

(24) ¹ Zweigniederlassung im Sinne dieses Gesetzes ist eine Betriebsstelle, die
1. nicht die Hauptverwaltung ist,
2. einen rechtlich unselbstständigen Teil eines Wertpapierdienstleistungsunternehmens bildet und
3. Wertpapierdienstleistungen, gegebenenfalls auch Wertpapiernebendienstleistungen, erbringt, für die dem Wertpapierdienstleistungsunternehmen eine Zulassung erteilt wurde.

² Alle Betriebsstellen eines Wertpapierdienstleistungsunternehmens mit Hauptverwaltung in einem anderen Mitgliedstaat, die sich in demselben Mitgliedstaat befinden, gelten als eine einzige Zweigniederlassung.

(25) Mutterunternehmen im Sinne dieses Gesetzes ist, sofern nicht die Abschnitte 6 und 16 besondere Regelungen enthalten, ein Mutterunternehmen im Sinne des Artikels 2 Nummer 9 und des Artikels 22 der Richtlinie 2013/34/EU des Europäischen Parlaments und des Rates vom 26. Juni 2013 über den Jahresabschluss, den konsolidierten Abschluss und damit verbundene Berichte von Unternehmen bestimmter Rechtsformen und zur Änderung der Richtlinie 2006/43/EG des Europäischen Parlaments und des Rates und zur Aufhebung der Richtlinien 78/660/EWG und 83/349/EWG des Rates (ABl. L 182 vom 29.6.2013, S. 19), die zuletzt durch die Richtlinie 2014/102/EU (ABl. L 334 vom 21.11.2014, S. 86) geändert worden ist.

(26) Tochterunternehmen im Sinne dieses Gesetzes ist, sofern nicht die Abschnitte 6 und 16 besondere Regelungen enthalten, ein Tochterunternehmen im Sinne des Artikels 2 Nummer 10 und des Artikels 22 der Richtlinie 2013/34/EU, einschließlich aller Tochterunternehmen eines Tochterunternehmens den an der Spitze stehenden Mutterunternehmens.

(27) Gruppe im Sinne dieses Gesetzes ist eine Gruppe im Sinne des Artikels 2 Nummer 11 der Richtlinie 2013/34/EU.

(28) Eine enge Verbindung im Sinne dieses Gesetzes liegt vor, wenn zwei oder mehr natürliche oder juristische Personen wie folgt miteinander verbunden sind:
1. durch eine Beteiligung in Form des direkten Haltens oder des Haltens im Wege der Kontrolle von mindestens 20 Prozent der Stimmrechte oder der Anteile an einem Unternehmen,
2. durch Kontrolle in Form eines Verhältnisses zwischen Mutter- und Tochterunternehmen, wie in allen Fällen des Artikels 22 Absatz 1 und 2 der Richtlinie 2013/34/EU oder einem vergleichbaren Verhältnis zwischen einer natürlichen oder juristischen Person und einem Unternehmen; Tochterunternehmen von Tochterunternehmen gelten ebenfalls als Tochterunternehmen des Mutterunternehmens, das an der Spitze dieser Unternehmen steht oder
3. durch ein dauerhaftes Kontrollverhältnis beider oder aller Personen, das zu derselben dritten Person besteht.

(29) Zusammenführung sich deckender Kundenaufträge (Matched Principal Trading) im Sinne dieses Gesetzes ist ein Geschäft, bei dem

## 12 WpHG § 2

1. zwischen Käufer und Verkäufer ein Vermittler zwischengeschaltet ist, der während der gesamten Ausführung des Geschäfts zu keiner Zeit einem Marktrisiko ausgesetzt ist,
2. Kauf- und Verkaufsgeschäfte gleichzeitig ausgeführt werden und
3. das zu Preisen abgeschlossen wird, durch die der Vermittler abgesehen von einer vorab offengelegten Provision, Gebühr oder sonstigen Vergütung weder Gewinn noch Verlust macht.

(30) [1] Direkter elektronischer Zugang im Sinne dieses Gesetzes ist eine Vereinbarung, in deren Rahmen ein Mitglied, ein Teilnehmer oder ein Kunde eines Handelsplatzes einer anderen Person die Nutzung seines Handelscodes gestattet, damit diese Person Aufträge in Bezug auf Finanzinstrumente elektronisch direkt an den Handelsplatz übermitteln kann, mit Ausnahme der in Artikel 20 der Delegierten Verordnung (EU) 2017/565 genannten Fälle. [2] Der direkte elektronische Zugang umfasst auch Vereinbarungen, die die Nutzung der Infrastruktur oder eines anderweitigen Verbindungssystems des Mitglieds, des Teilnehmers oder des Kunden durch diese Person zur Übermittlung von Aufträgen beinhalten (direkter Marktzugang), sowie diejenigen Vereinbarungen, bei denen eine solche Infrastruktur nicht durch diese Person genutzt wird (geförderter Zugang).

(31) Hinterlegungsscheine im Sinne dieses Gesetzes sind Wertpapiere, die auf dem Kapitalmarkt handelbar sind und die ein Eigentumsrecht an Wertpapieren von Emittenten mit Sitz im Ausland verbriefen, zum Handel auf einem organisierten Markt zugelassen sind und unabhängig von den Wertpapieren des jeweiligen Emittenten mit Sitz im Ausland gehandelt werden können.

(32) Börsengehandeltes Investmentvermögen im Sinne dieses Gesetzes ist ein Investmentvermögen im Sinne des Kapitalanlagegesetzbuchs, bei dem mindestens eine Anteilsklasse oder Aktiengattung ganztägig an mindestens einem Handelsplatz und mit mindestens einem Market Maker, der tätig wird, um sicherzustellen, dass der Preis seiner Anteile oder Aktien an diesem Handelsplatz nicht wesentlich von ihrem Nettoinventarwert und, sofern einschlägig, von ihrem indikativen Nettoinventarwert abweicht, gehandelt wird.

(33) Zertifikat im Sinne dieses Gesetzes ist ein Wertpapier, das auf dem Kapitalmarkt handelbar ist und das im Falle der durch den Emittenten vorgenommenen Rückzahlung einer Anlage bei dem Emittenten Vorrang vor Aktien hat, aber nicht besicherten Anleiheinstrumenten und anderen vergleichbaren Instrumenten nachgeordnet ist.

(34) Strukturiertes Finanzprodukt im Sinne dieses Gesetzes ist ein Wertpapier, das zur Verbriefung und Übertragung des mit einer ausgewählten Palette an finanziellen Vermögenswerten einhergehenden Kreditrisikos geschaffen wurde und das den Wertpapierinhaber zum Empfang regelmäßiger Zahlungen berechtigt, die vom Geldfluss der Basisvermögenswerte abhängen.

(35) Derivate im Sinne dieses Gesetzes sind derivative Geschäfte im Sinne des Absatzes 3 sowie Wertpapiere im Sinne des Absatzes 1 Nummer 3 Buchstabe b.

(36) Warenderivate im Sinne dieses Gesetzes sind Finanzinstrumente im Sinne des Artikels 2 Absatz 1 Nummer 30 der Verordnung (EU) Nr. 600/2014.

(37) Genehmigtes Veröffentlichungssystem im Sinne dieses Gesetzes ist ein Unternehmen, das im Namen von Wertpapierdienstleistungsunternehmen Handelsveröffentlichungen im Sinne der Artikel 20 und 21 der Verordnung (EU) Nr. 600/2014 vornimmt.

(38) Bereitsteller konsolidierter Datenticker im Sinne dieses Gesetzes ist ein Unternehmen, das zur Einholung von Handelsveröffentlichungen nach den Artikeln 6, 7, 10, 12, 13, 20 und 21 der Verordnung (EU) Nr. 600/2014 auf geregelten Märkten, multilateralen und organisierten Handelssystemen und bei genehmigten Veröffentlichungssystemen berechtigt ist und diese Handelsveröffentlichungen in einem kontinuierlichen elektronischen Echtzeitdatenstrom konsolidiert, über den Preis- und Handelsvolumendaten für jedes einzelne Finanzinstrument abrufbar sind.

(39) Genehmigter Meldemechanismus im Sinne dieses Gesetzes ist ein Unternehmen, das dazu berechtigt ist, im Namen des Wertpapierdienstleistungsunternehmens Einzelheiten zu Geschäften an die zuständigen Behörden oder die Europäische Wertpapier- und Marktaufsichtsbehörde zu melden.

(40) Datenbereitstellungsdienst im Sinne dieses Gesetzes ist

1. ein genehmigtes Veröffentlichungssystem,
2. ein Bereitsteller konsolidierter Datenticker oder
3. ein genehmigter Meldemechanismus.

(41) Drittlandunternehmen im Sinne dieses Gesetzes ist ein Unternehmen, das ein Wertpapierdienstleistungsunternehmen wäre, wenn es seinen Sitz im Europäischen Wirtschaftsraum hätte.

(42) Öffentliche Emittenten im Sinne dieses Gesetzes sind folgende Emittenten von Schuldtiteln:

1. die Europäische Union,
2. ein Mitgliedstaat einschließlich eines Ministeriums, einer Behörde oder einer Zweckgesellschaft dieses Mitgliedstaats,
3. im Falle eines bundesstaatlich organisierten Mitgliedstaats einer seiner Gliedstaaten,
4. eine für mehrere Mitgliedstaaten tätige Zweckgesellschaft,
5. ein von mehreren Mitgliedstaaten gegründetes internationales Finanzinstitut, das dem Zweck dient, Finanzmittel zu mobilisieren und seinen Mitgliedern Finanzhilfen zu gewähren, sofern diese von schwerwiegenden Finanzierungsproblemen betroffen oder bedroht sind,
6. die Europäische Investitionsbank.

(43) [1] Ein dauerhafter Datenträger ist jedes Medium, das

1. es dem Kunden gestattet, an ihn persönlich gerichtete Informationen derart zu speichern, dass er sie in der Folge für eine Dauer, die für die Zwecke der Informationen angemessen ist, einsehen kann, und
2. die unveränderte Wiedergabe der gespeicherten Informationen ermöglicht.

[2] Nähere Bestimmungen enthält Artikel 3 der Delegierten Verordnung (EU) 2017/565.

(44) Hochfrequente algorithmische Handelstechnik im Sinne dieses Gesetzes ist ein algorithmischer Handel im Sinne des § 80 Absatz 2 Satz 1, der gekennzeichnet ist durch

**12 WpHG § 3** Wertpapierhandelsgesetz

1. eine Infrastruktur zur Minimierung von Netzwerklatenzen und anderen Verzögerungen bei der Orderübertragung (Latenzen), die mindestens eine der folgenden Vorrichtungen für die Eingabe algorithmischer Aufträge aufweist: Kollokation, Proximity Hosting oder einen direkten elektronischen Hochgeschwindigkeitszugang,
2. die Fähigkeit des Systems, einen Auftrag ohne menschliche Intervention im Sinne des Artikels 18 der Delegierten Verordnung (EU) 2017/565 einzuleiten, zu erzeugen, weiterzuleiten oder auszuführen und
3. ein hohes untertägiges Mitteilungsaufkommen im Sinne des Artikels 19 der Delegierten Verordnung (EU) 2017/565 in Form von Aufträgen, Kursangaben oder Stornierungen.

(45) Zentrale Gegenpartei im Sinne dieses Gesetzes ist ein Unternehmen im Sinne des Artikels 2 Nummer 1 der Verordnung (EU) Nr. 648/2012 in der jeweils geltenden Fassung.

(46) [1] Kleine und mittlere Unternehmen im Sinne dieses Gesetzes sind Unternehmen, deren durchschnittliche Marktkapitalisierung auf der Grundlage der Notierungen zum Jahresende in den letzten drei Kalenderjahren weniger als 200 Millionen Euro betrug. [2] Nähere Bestimmungen enthalten die Artikel 77 bis 79 der Delegierten Verordnung (EU) 2017/565.

(47) Öffentlicher Schuldtitel im Sinne dieses Gesetzes ist ein Schuldtitel, der von einem öffentlichen Emittenten begeben wird.

(48) PRIP im Sinne dieses Gesetzes ist ein Produkt im Sinne des Artikels 4 Nummer 1 der Verordnung (EU) Nr. 1286/2014[1]).

(49) PRIIP im Sinne dieses Gesetzes ist ein Produkt im Sinne des Artikels 4 Nummer 3 der Verordnung (EU) Nr. 1286/2014.

**§ 3 Ausnahmen; Verordnungsermächtigung.** (1) [1] Als Wertpapierdienstleistungsunternehmen gelten nicht

1. Unternehmen, die Wertpapierdienstleistungen im Sinne des § 2 Absatz 8 Satz 1 ausschließlich für ihr Mutterunternehmen oder ihre Tochter- oder Schwesterunternehmen im Sinne des Artikels 4 Absatz 1 Nummer 15 und 16 der Verordnung (EU) Nr. 575/2013 des Europäischen Parlaments und des Rates vom 26. Juni 2013 über Aufsichtsanforderungen an Kreditinstitute und Wertpapierfirmen und zur Änderung der Verordnung (EU) Nr. 646/2012 (ABl. L 176 vom 27.6.2013, S. 1) und des § 1 Absatz 7 des Kreditwesengesetzes erbringen,
2. Unternehmen, deren Wertpapierdienstleistung für andere ausschließlich in der Verwaltung eines Systems von Arbeitnehmerbeteiligungen an den eigenen oder an mit ihnen verbundenen Unternehmen besteht,
3. Unternehmen, die ausschließlich Wertpapierdienstleistungen sowohl nach Nummer 1 als auch nach Nummer 2 erbringen,
4. private und öffentlich-rechtliche Versicherungsunternehmen, soweit sie die Tätigkeiten ausüben, die in der Richtlinie 2009/138/EG des Europäischen Parlaments und des Rates vom 25. November 2009 betreffend die Aufnahme und Ausübung der Versicherungs- und der Rückversicherungstätigkeit (Solvabilität II) (ABl. L 335 vom 17.12.2009, S. 1; L 219 vom 25.7.

---

[1]) Nr. 9.

2014, S. 66; L 108 vom 28.4.2015, S. 8), die zuletzt durch die Richtlinie 2014/51/EU (ABl. L 153 vom 22.5.2014, S. 1; L 108 vom 28.4.2015, S. 8) geändert worden ist, genannt sind,

5. die öffentliche Schuldenverwaltung des Bundes oder eines Landes, eines ihrer Sondervermögen, eines anderen Mitgliedstaates der Europäischen Union oder eines anderen Vertragsstaates des Abkommens über den Europäischen Wirtschaftsraum, die Deutsche Bundesbank und andere Mitglieder des Europäischen Systems der Zentralbanken sowie die Zentralbanken der anderen Vertragsstaaten und internationale Finanzinstitute, die von zwei oder mehreren Staaten gemeinsam errichtet werden, um zugunsten dieser Staaten Finanzierungsmittel zu beschaffen und Finanzhilfen zu geben, wenn Mitgliedstaaten von schwerwiegenden Finanzierungsproblemen betroffen oder bedroht sind,

6. Angehörige freier Berufe, die Wertpapierdienstleistungen nur gelegentlich im Sinne des Artikels 4 der Delegierten Verordnung (EU) 2017/565[1]) und im Rahmen eines Mandatsverhältnisses als Freiberufler erbringen und einer Berufskammer in der Form der Körperschaft des öffentlichen Rechts angehören, deren Berufsrecht die Erbringung von Wertpapierdienstleistungen nicht ausschließt,

7. Unternehmen, die als Wertpapierdienstleistung für andere ausschließlich die Anlageberatung und die Anlagevermittlung zwischen Kunden und

a) Instituten im Sinne des Kreditwesengesetzes,

b) Instituten oder Finanzunternehmen mit Sitz in einem anderen Staat des Europäischen Wirtschaftsraums, die die Voraussetzungen nach § 53b Abs. 1 Satz 1 oder Abs. 7 des Kreditwesengesetzes erfüllen,

c) Unternehmen, die aufgrund einer Rechtsverordnung nach § 53c des Kreditwesengesetzes gleichgestellt oder freigestellt sind,

d) Kapitalverwaltungsgesellschaften, extern verwalteten Investmentgesellschaften, EU-Verwaltungsgesellschaften oder ausländischen AIF-Verwaltungsgesellschaften oder

e) Anbietern oder Emittenten von Vermögensanlagen im Sinne des § 1 Absatz 2 des Vermögensanlagengesetzes[2])

betreiben, sofern sich diese Wertpapierdienstleistungen auf Anteile oder Aktien von inländischen Investmentvermögen, die von einer Kapitalverwaltungsgesellschaft ausgegeben werden, die eine Erlaubnis nach § 7 oder § 97 Absatz 1 des Investmentgesetzes in der bis zum 21. Juli 2013 geltenden Fassung hat, die für den in § 345 Absatz 2 Satz 1, Absatz 3 Satz 2, in Verbindung mit Absatz 2 Satz 1, oder Absatz 4 Satz 1 des Kapitalanlagegesetzbuchs[3]) vorgesehenen Zeitraum noch fortbesteht, oder die eine Erlaubnis nach den §§ 20, 21 oder den §§ 20, 22 des Kapitalanlagegesetzbuchs hat, oder die von einer EU-Verwaltungsgesellschaft ausgegeben werden, die eine Erlaubnis nach Artikel 6 der Richtlinie 2009/65/EG des Europäischen Parlaments und des Rates vom 13. Juli 2009 zur Koordinierung der Rechts- und Verwaltungsvorschriften betreffend bestimmte Organismen für gemeinsame Anlagen in Wertpapieren (OGAW) (ABl. L 302 vom 17.11.2009,

---

[1]) Nr. **13**.
[2]) Nr. **8**.
[3]) Nr. **15**.

S. 32, L 269 vom 13.10.2010, S. 27), die zuletzt durch die Richtlinie 2014/91/EU (ABl. L 257 vom 28.8.2014, S. 186) geändert worden ist, oder nach Artikel 6 der Richtlinie 2011/61/EU des Europäischen Parlaments und des Rates vom 8. Juni 2011 über die Verwalter alternativer Investmentfonds und zur Änderung der Richtlinien 2003/41/EG und 2009/65/EG und der Verordnungen (EG) Nr. 1060/2009 und (EU) Nr. 1095/2010 (ABl. L 174 vom 1.7.2011, S. 1, L 115 vom 27.4.2012, S. 35), die zuletzt durch die Richtlinie 2014/65/EU[1)] (ABl. L 173 vom 12.6.2014, S. 349, L 74 vom 18.3.2015, S. 38) geändert worden ist, hat, oder auf Anteile oder Aktien an EU-Investmentvermögen oder ausländischen AIF, die nach dem Kapitalanlagegesetzbuch vertrieben werden dürfen, mit Ausnahme solcher AIF, die nach § 330a des Kapitalanlagegesetzbuchs vertrieben werden dürfen, oder auf Vermögensanlagen im Sinne des § 1 Absatz 2 des Vermögensanlagengesetzes, die erstmals öffentlich angeboten werden, beschränken und die Unternehmen nicht befugt sind, sich bei der Erbringung dieser Finanzdienstleistungen Eigentum oder Besitz an Geldern oder Anteilen von Kunden zu verschaffen, es sei denn, das Unternehmen beantragt und erhält eine entsprechende Erlaubnis nach § 32 Abs. 1 des Kreditwesengesetzes; Anteile oder Aktien an Hedgefonds im Sinne des § 283 des Kapitalanlagegesetzbuchs gelten nicht als Anteile an Investmentvermögen im Sinne dieser Vorschrift,

8. Unternehmen, die bezüglich Warenderivaten, Emissionszertifikaten oder Derivaten auf Emissionszertifikate Eigengeschäft oder Market-Making betreiben oder ausschließlich Wertpapierdienstleistungen im Sinne des § 2 Absatz 8 Nummer 1 und 3 bis 10 gegenüber den Kunden und Zulieferern ihrer Haupttätigkeit erbringen, sofern

a) diese Tätigkeiten in jedem dieser Fälle auf sowohl individueller als auch aggregierter Basis auf der Ebene der Unternehmensgruppe eine Nebentätigkeit im Sinne der Delegierten Verordnung (EU) 2017/592 der Kommission vom 1. Dezember 2016 zur Ergänzung der Richtlinie 2014/65/EU des Europäischen Parlaments und des Rates durch technische Regulierungsstandards zur Festlegung der Kriterien, nach denen eine Tätigkeit als Nebentätigkeit zur Haupttätigkeit gilt (ABl. L 87 vom 31.3.2017, S. 492), in der jeweils geltenden Fassung, darstellen,

b) die Haupttätigkeit des Unternehmens weder in der Erbringung von Wertpapierdienstleistungen im Sinne des § 2 Absatz 8 Satz 1 Nummer 1, 2 Buchstabe b bis d, Nummer 3 bis 10 oder Satz 2, noch in der Tätigkeit als Market Maker in Bezug auf Warenderivate noch in der Erbringung von Bankgeschäften im Sinne des § 1 Absatz 1 Satz 2 des Kreditwesengesetzes besteht,

c) das Unternehmen keine hochfrequente algorithmische Handelstechnik anwendet und

d) das Unternehmen der Bundesanstalt gemäß § 2 Absatz 1 Satz 3 und 4 oder Absatz 6 Satz 3 und 4 des Kreditwesengesetzes angezeigt hat, dass es von der Ausnahme nach dieser Nummer Gebrauch macht,

9. Unternehmen, die Wertpapierdienstleistungen ausschließlich in Bezug auf Warenderivate, Emissionszertifikate oder Derivate auf Emissionszertifikate

---

[1)] Nr. 1.

mit dem alleinigen Ziel der Absicherung der Geschäftsrisiken ihrer Kunden erbringen, sofern diese Kunden
a) ausschließlich lokale Elektrizitätsunternehmen im Sinne des Artikels 2 Nummer 35 der Richtlinie 2009/72/EG des Europäischen Parlaments und des Rates vom 13. Juli 2009 über gemeinsame Vorschriften für den Elektrizitätsbinnenmarkt und zur Aufhebung der Richtlinie 2003/54/EG (ABl. L 211 vom 14.8.2009, S. 55) oder Erdgasunternehmen im Sinne des Artikels 2 Nummer 1 der Richtlinie 2009/73/EG des Europäischen Parlaments und des Rates vom 13. Juli 2009 über gemeinsame Vorschriften für den Erdgasbinnenmarkt und zur Aufhebung der Richtlinie 2003/55/EG (ABl. L 211 vom 14.8.2009, S. 94) sind,
b) zusammen 100 Prozent des Kapitals oder der Stimmrechte der betreffenden Unternehmen halten und dieses gemeinsam kontrollieren und
c) nach Nummer 8 ausgenommen wären, wenn sie die betreffenden Wertpapierdienstleistungen selbst erbrächten,
10. Unternehmen, die Wertpapierdienstleistungen ausschließlich in Bezug auf Emissionszertifikate oder Derivate auf Emissionszertifikate mit dem alleinigen Ziel der Absicherung der Geschäftsrisiken ihrer Kunden erbringen, sofern diese Kunden
a) ausschließlich Anlagenbetreiber im Sinne des § 3 Nummer 2 des Treibhausgas-Emissionshandelsgesetzes sind,
b) zusammen 100 Prozent des Kapitals oder der Stimmrechte der betreffenden Unternehmen halten und dieses gemeinsam kontrollieren und
c) nach Nummer 8 ausgenommen wären, wenn sie die betreffenden Wertpapierdienstleistungen selbst erbrächten,
11. Unternehmen, die ausschließlich Eigengeschäft mit anderen Finanzinstrumenten als Warenderivaten, Emissionszertifikaten oder Derivaten auf Emissionszertifikate betreiben, die keine anderen Wertpapierdienstleistungen erbringen, einschließlich keiner anderen Anlagetätigkeiten, in anderen Finanzinstrumenten als Warenderivaten, Emissionszertifikaten oder Derivaten auf Emissionszertifikate, es sei denn,
a) es handelt sich bei diesen Unternehmen um Market Maker,
b) die Unternehmen sind entweder Mitglied oder Teilnehmer eines organisierten Marktes oder multilateralen Handelssystems oder haben einen direkten elektronischen Zugang zu einem Handelsplatz, mit Ausnahme von nichtfinanziellen Stellen, die an einem Handelsplatz Geschäfte tätigen, die in objektiv messbarer Weise die direkt mit der Geschäftstätigkeit oder dem Liquiditäts- und Finanzmanagement verbundenen Risiken dieser nichtfinanziellen Stellen oder ihrer Gruppen verringern,
c) die Unternehmen wenden eine hochfrequente algorithmische Handelstechnik an oder
d) die Unternehmen betreiben Eigengeschäft bei der Ausführung von Kundenaufträgen,
12. Unternehmen, die als Wertpapierdienstleistung ausschließlich die Anlageberatung im Rahmen einer anderen beruflichen Tätigkeit erbringen, ohne sich die Anlageberatung gesondert vergüten zu lassen,
13. Börsenträger oder Betreiber organisierter Märkte, die neben dem Betrieb eines multilateralen oder organisierten Handelssystems keine anderen Wertpapierdienstleistungen im Sinne des § 2 Absatz 8 Satz 1 erbringen,

14. Unternehmen, die das Platzierungsgeschäft ausschließlich für Anbieter oder für Emittenten von Vermögensanlagen im Sinne des § 1 Absatz 2 des Vermögensanlagengesetzes erbringen,
15. Betreiber im Sinne des § 3 Nummer 4 des Treibhausgas-Emissionshandelsgesetzes, wenn sie beim Handel mit Emissionszertifikaten
    a) ausschließlich Eigengeschäft betreiben,
    b) keine Anlagevermittlung und keine Abschlussvermittlung betreiben,
    c) keine hochfrequente algorithmische Handelstechnik anwenden und
    d) keine anderen Wertpapierdienstleistungen erbringen,
16. Übertragungsnetzbetreiber im Sinne des Artikels 2 Nummer 4 der Richtlinie 2009/72/EG oder des Artikels 2 Nummer 4 der Richtlinie 2009/73/EG, wenn sie ihre Aufgaben gemäß diesen Richtlinien, gemäß der Verordnung (EG) Nr. 714/2009 des Europäischen Parlaments und des Rates vom 13. Juli 2009 über die Netzzugangsbedingungen für den grenzüberschreitenden Stromhandel und zur Aufhebung der Verordnung (EG) Nr. 1228/2003 (ABl. L 211 vom 14.8.2009, S. 15), die zuletzt durch die Verordnung (EU) Nr. 543/2013 (ABl. L 163 vom 15.6.2013, S. 1) geändert worden ist, gemäß der Verordnung (EG) Nr. 715/2009 des Europäischen Parlaments und des Rates vom 13. Juli 2009 über die Bedingungen für den Zugang zu den Erdgasfernleitungsnetzen und zur Aufhebung der Verordnung (EG) Nr. 1775/2005 (ABl. L 211 vom 14.8.2009, S. 36; L 229 vom 1.9.2009, S. 29; L 309 vom 24.11.2009, S. 87), die zuletzt durch den Beschluss (EU) 2015/715 (ABl. L 114 vom 5.5.2015, S. 9) geändert worden ist, sowie gemäß den nach diesen Verordnungen erlassenen Netzcodes oder Leitlinien wahrnehmen, Personen, die in ihrem Namen als Dienstleister handeln, um die Aufgaben eines Übertragungsnetzbetreibers gemäß diesen Gesetzgebungsakten sowie gemäß den nach diesen Verordnungen erlassenen Netzcodes oder Leitlinien wahrzunehmen, sowie Betreiber oder Verwalter eines Energieausgleichssystems, eines Rohrleitungsnetzes oder eines Systems zum Ausgleich von Energieangebot und -verbrauch bei der Wahrnehmung solcher Aufgaben, sofern sie die Wertpapierdienstleistung in Bezug auf Warenderivate, die mit dieser Tätigkeit in Zusammenhang stehen, erbringen und sofern sie weder einen Sekundärmarkt noch eine Plattform für den Sekundärhandel mit finanziellen Übertragungsrechten betreiben,
17. Zentralverwahrer im Sinne des Artikels 2 Absatz 1 Nummer 1 der Verordnung (EU) Nr. 909/2014, soweit sie die in den Abschnitten A und B des Anhangs dieser Verordnung genannten Dienstleistungen erbringen und
18. Kapitalverwaltungsgesellschaften, EU-Verwaltungsgesellschaften und extern verwaltete Investmentgesellschaften, sofern sie nur die kollektive Vermögensverwaltung oder neben der kollektiven Vermögensverwaltung ausschließlich die in § 20 Absatz 2 und 3 des Kapitalanlagegesetzbuchs aufgeführten Dienstleistungen oder Nebendienstleistungen erbringen.

²Unternehmen, die die Voraussetzungen des Satzes 1 Nummer 8 bis 10 erfüllen, haben dies der Bundesanstalt jährlich anzuzeigen.

(2) ¹Ein Unternehmen, das als vertraglich gebundener Vermittler im Sinne des § 2 Absatz 10 Satz 1 des Kreditwesengesetzes als Wertpapierdienstleistung nur die Anlagevermittlung, das Platzieren von Finanzinstrumenten ohne feste Übernahmeverpflichtung oder Anlageberatung erbringt, gilt nicht als Wertpapierdienstleistungsunternehmen. ²Seine Tätigkeit wird dem Institut oder

Unternehmen zugerechnet, für dessen Rechnung und unter dessen Haftung es seine Tätigkeit erbringt.

(3) ¹Für Unternehmen, die Mitglieder oder Teilnehmer von organisierten Märkten oder multilateralen Handelssystemen sind und die von der Ausnahme nach Absatz 1 Nummer 4, 8 oder 15 Gebrauch machen, gelten die §§ 77, 78 und 80 Absatz 2 und 3 entsprechend. ²Für Unternehmen, die von einer Ausnahme nach Absatz 1 Nummer 9 oder 10 Gebrauch machen, gelten die §§ 63 bis 83 und 85 bis 92 sowie Artikel 26 der Verordnung (EU) Nr. 600/2014[1]) entsprechend.

(4) ¹Das Bundesministerium der Finanzen kann durch Rechtsverordnung nähere Bestimmungen über Zeitpunkt, Inhalt und Form der Einreichung der Anzeige nach Absatz 1 Satz 2 sowie die Führung eines öffentlichen Registers über die anzeigenden Unternehmen erlassen. ²Das Bundesministerium der Finanzen kann die Ermächtigung durch Rechtsverordnung auf die Bundesanstalt übertragen.

**§ 4 Wahl des Herkunftsstaates; Verordnungsermächtigung.** (1) ¹Ein Emittent im Sinne des § 2 Absatz 13 Nummer 1 Buchstabe b kann die Bundesrepublik Deutschland als Herkunftsstaat wählen, wenn

1. er nicht bereits einen anderen Staat als Herkunftsstaat gewählt hat oder
2. er zwar zuvor einen anderen Staat als Herkunftsstaat gewählt hatte, aber seine Wertpapiere in diesem Staat an keinem organisierten Markt mehr zum Handel zugelassen sind.

²Die Wahl gilt so lange, bis

1. die Wertpapiere des Emittenten an keinem inländischen organisierten Markt mehr zugelassen sind, sondern stattdessen in einem anderen Mitgliedstaat der Europäischen Union oder in einem anderen Vertragsstaat des Abkommens über den Europäischen Wirtschaftsraum zum Handel an einem organisierten Markt zugelassen sind und der Emittent einen neuen Herkunftsstaat wählt, oder
2. die Wertpapiere des Emittenten an keinem organisierten Markt in einem Mitgliedstaat der Europäischen Union oder in einem anderen Vertragsstaat des Abkommens über den Europäischen Wirtschaftsraum mehr zum Handel zugelassen sind.

(2) ¹Ein Emittent im Sinne des § 2 Absatz 13 Nummer 2 kann die Bundesrepublik Deutschland als Herkunftsstaat wählen, wenn

1. er nicht innerhalb der letzten drei Jahre einen anderen Staat als Herkunftsstaat gewählt hat oder
2. er zwar bereits einen anderen Staat als Herkunftsstaat gewählt hatte, aber seine Finanzinstrumente in diesem Staat an keinem organisierten Markt mehr zum Handel zugelassen sind.

²Die Wahl gilt so lange, bis

1. der Emittent Wertpapiere im Sinne des § 2 Absatz 13 Nummer 1, die zum Handel an einem organisierten Markt in einem Mitgliedstaat der Europäi-

---

[1]) Nr. 2.

schen Union oder in einem anderen Vertragsstaat des Abkommens über den Europäischen Wirtschaftsraum zugelassen sind, begibt,

2. die Finanzinstrumente des Emittenten an keinem organisierten Markt in einem Mitgliedstaat der Europäischen Union oder in einem anderen Vertragsstaat des Abkommens über den Europäischen Wirtschaftsraum mehr zum Handel zugelassen sind oder

3. der Emittent nach Satz 3 einen neuen Herkunftsstaat wählt.

³ Ein Emittent im Sinne des § 2 Absatz 13 Nummer 2, der die Bundesrepublik Deutschland als Herkunftsstaat gewählt hat, kann einen neuen Herkunftsstaat wählen, wenn

1. die Finanzinstrumente des Emittenten an keinem inländischen organisierten Markt mehr zugelassen sind, aber stattdessen in einem anderen Mitgliedstaat der Europäischen Union oder in einem anderen Vertragsstaat des Abkommens über den Europäischen Wirtschaftsraum zum Handel an einem organisierten Markt zugelassen sind, oder

2. die Finanzinstrumente des Emittenten zum Handel an einem organisierten Markt in einem anderen Mitgliedstaat der Europäischen Union oder in einem anderen Vertragsstaat des Abkommens über den Europäischen Wirtschaftsraum zugelassen sind und seit der Wahl der Bundesrepublik Deutschland als Herkunftsstaat mindestens drei Jahre vergangen sind.

(3) Die Wahl des Herkunftsstaates wird mit der Veröffentlichung nach § 5 wirksam.

(4) Das Bundesministerium der Finanzen kann durch Rechtsverordnung, die nicht der Zustimmung des Bundesrates bedarf, nähere Bestimmungen zur Wahl des Herkunftsstaates erlassen.

## § 5 Veröffentlichung des Herkunftsstaates; Verordnungsermächtigung.

(1) ¹ Ein Emittent, dessen Herkunftsstaat nach § 2 Absatz 11 Nummer 1 Buchstabe a die Bundesrepublik Deutschland ist oder der nach § 4 Absatz 1 oder Absatz 2 die Bundesrepublik Deutschland als Herkunftsstaat wählt, hat dies unverzüglich zu veröffentlichen. ² Außerdem muss er die Information, dass die Bundesrepublik Deutschland sein Herkunftsstaat ist,

1. unverzüglich dem Unternehmensregister gemäß § 8b des Handelsgesetzbuchs zur Speicherung übermitteln und

2. unverzüglich den folgenden Behörden mitteilen:

   a) der Bundesanstalt für Finanzdienstleistungsaufsicht (Bundesanstalt),

   b) wenn er seinen Sitz in einem anderen Mitgliedstaat der Europäischen Union oder einem anderen Vertragsstaat des Abkommens über den Europäischen Wirtschaftsraum hat, auch der dort zuständigen Behörde im Sinne des Artikels 24 der Richtlinie 2004/109/EG des Europäischen Parlaments und des Rates vom 15. Dezember 2004 zur Harmonisierung der Transparenzanforderungen in Bezug auf Informationen über Emittenten, deren Wertpapiere zum Handel auf einem geregelten Markt zugelassen sind, und zur Änderung der Richtlinie 2001/34/EG (ABl. L 390 vom 31.12.2004, S. 38), die durch die Richtlinie 2013/50/EU (ABl. L 294 vom 6.11.2013, S. 13) geändert worden ist, und,

   c) wenn seine Finanzinstrumente zum Handel an einem organisierten Markt in einem anderen Mitgliedstaat der Europäischen Union oder einem

Wertpapierhandelsgesetz § 6 WpHG 12

anderen Vertragsstaat des Abkommens über den Europäischen Wirtschaftsraum zugelassen sind, auch der dort zuständigen Behörde im Sinne des Artikels 24 der Richtlinie 2004/109/EG.

(2) Das Bundesministerium der Finanzen kann durch Rechtsverordnung, die nicht der Zustimmung des Bundesrates bedarf, nähere Bestimmungen zur Veröffentlichung des Herkunftsstaates erlassen.

**Abschnitt 2. Bundesanstalt für Finanzdienstleistungsaufsicht[1)]**

**§ 6 Aufgaben und allgemeine Befugnisse der Bundesanstalt.** (1) ¹Die Bundesanstalt übt die Aufsicht nach den Vorschriften dieses Gesetzes aus. ²Sie hat im Rahmen der ihr zugewiesenen Aufgaben Missständen entgegenzuwirken, welche die ordnungsgemäße Durchführung des Handels mit Finanzinstrumenten oder von Wertpapierdienstleistungen, Wertpapiernebendienstleistungen oder Datenbereitstellungsdienstleistungen beeinträchtigen oder erhebliche Nachteile für den Finanzmarkt bewirken können. ³Sie kann Anordnungen treffen, die geeignet und erforderlich sind, diese Missstände zu beseitigen oder zu verhindern.

(2) ¹Die Bundesanstalt überwacht im Rahmen der ihr jeweils zugewiesenen Zuständigkeit die Einhaltung der Verbote und Gebote dieses Gesetzes, der auf Grund dieses Gesetzes erlassenen Rechtsverordnungen, der in § 1 Absatz 1 Nummer 8 aufgeführten europäischen Verordnungen einschließlich der auf Grund dieser Verordnungen erlassenen delegierten Rechtsakte und Durchführungsrechtsakte der Europäischen Kommission. ²Sie kann Anordnungen treffen, die zu ihrer Durchsetzung geeignet und erforderlich sind. ³Sie kann insbesondere auf ihrer Internetseite öffentlich Warnungen aussprechen, soweit dies für die Erfüllung ihrer Aufgaben erforderlich ist. ⁴Sie kann den Handel mit einzelnen oder mehreren Finanzinstrumenten vorübergehend untersagen oder die Aussetzung des Handels in einzelnen oder mehreren Finanzinstrumenten an Märkten, zu denen Finanzinstrumente gehandelt werden, anordnen, soweit dies zur Durchsetzung der Verbote und Gebote dieses Gesetzes, der Verordnung (EU) Nr. 596/2014[2)] oder der Verordnung (EU) Nr. 600/2014[3)] oder zur Beseitigung oder Verhinderung von Missständen nach Absatz 1 geboten ist.

(2a) ¹Hat die Bundesanstalt einen hinreichend begründeten Verdacht, dass gegen Bestimmungen der Verordnung (EU) 2017/1129[4)] des Europäischen Parlaments und des Rates vom 14. Juni 2017 über den Prospekt, der beim öffentlichen Angebot von Wertpapieren oder bei deren Zulassung zum Handel an einem geregelten Markt zu veröffentlichen ist und zur Aufhebung der Richtlinie 2003/71/EG (ABl. L 168 vom 30.6.2017, S. 12), insbesondere Artikel 3, auch in Verbindung mit Artikel 5, sowie die Artikel 12, 20, 23, 25 oder 27 verstoßen wurde, kann sie

1. die Zulassung zum Handel an einem geregelten Markt oder
2. den Handel
 a) an einem geregelten Markt,

---

[1)] Siehe auch die VO zur Übertragung von Befugnissen zum Erlass von Rechtsverordnungen auf die BAFin v. 13.12.2002 (BGBl. 2003 I S. 3), zuletzt geänd. durch VO v. 24.4.2020 (BGBl. I S. 867).
[2)] Nr. **11.**
[3)] Nr. **2.**
[4)] Nr. **6.**

b) an einem multilateralen Handelssystem oder

c) an einem organisierten Handelssystem

für jeweils höchstens zehn aufeinander folgende Arbeitstage aussetzen oder gegenüber den Betreibern der betreffenden geregelten Märkte oder Handelssysteme die Aussetzung des Handels für einen entsprechenden Zeitraum anordnen. ²Wurde gegen die in Satz 1 genannten Bestimmungen verstoßen, so kann die Bundesanstalt den Handel an dem betreffenden geregelten Markt, multilateralen Handelssystem oder organisierten Handelssystem untersagen. ³Wurde gegen die in Satz 1 genannten Bestimmungen verstoßen oder besteht ein hinreichend begründeter Verdacht, dass dagegen verstoßen würde, so kann die Bundesanstalt eine Zulassung zum Handel an einem geregelten Markt untersagen. ⁴Die Bundesanstalt kann ferner den Handel der Wertpapiere aussetzen oder von dem Betreiber des betreffenden multilateralen Handelssystems oder organisierten Handelssystems die Aussetzung des Handels verlangen, wenn der Handel angesichts der Lage des Emittenten den Anlegerinteressen abträglich wäre.

(2b) Verhängt die Bundesanstalt nach Artikel 42 der Verordnung (EU) Nr. 600/2014 oder die Europäische Wertpapier- und Marktaufsichtsbehörde nach Artikel 40 der Verordnung (EU) Nr. 600/2014 ein Verbot oder eine Beschränkung, so kann die Bundesanstalt zudem anordnen, dass die Zulassung zum Handel an einem geregelten Markt ausgesetzt oder eingeschränkt wird, solange dieses Verbot oder diese Beschränkungen gelten.

(2c) In Ausübung der in Absatz 2 Satz 4 und den Absätzen 2a und 2b genannten Befugnisse kann sie Anordnungen auch gegenüber einem öffentlich-rechtlichen Rechtsträger oder gegenüber einer Börse erlassen.

(2d) Die Bundesanstalt kann den Vertrieb oder Verkauf von Finanzinstrumenten oder strukturierten Einlagen aussetzen, wenn ein Wertpapierdienstleistungsunternehmen kein wirksames Produktfreigabeverfahren nach § 80 Absatz 9 entwickelt hat oder anwendet oder in anderer Weise gegen § 80 Absatz 1 Satz 2 Nummer 2 oder Absatz 9 bis 11 verstoßen hat.

(3) ¹Die Bundesanstalt kann, um zu überwachen, ob die Verbote oder Gebote dieses Gesetzes oder der Verordnung (EU) Nr. 596/2014, der Verordnung (EU) Nr. 600/2014, der Verordnung (EU) Nr. 1286/2014[1], der Verordnung (EU) 2015/2365, der Verordnung (EU) 2016/1011 eingehalten werden, oder um zu prüfen, ob die Voraussetzungen für eine Maßnahme nach § 15 oder nach Artikel 42 der Verordnung (EU) Nr. 600/2014 vorliegen, von jedermann Auskünfte, die Vorlage von Unterlagen oder sonstigen Daten und die Überlassung von Kopien verlangen sowie Personen laden und vernehmen. ²Sie kann insbesondere folgende Angaben verlangen:

1. über Veränderungen im Bestand in Finanzinstrumenten,

2. über die Identität weiterer Personen, insbesondere der Auftraggeber und der aus Geschäften berechtigten oder verpflichteten Personen,

3. über Volumen und Zweck einer mittels eines Warenderivats eingegangenen Position oder offenen Forderung sowie

4. über alle Vermögenswerte oder Verbindlichkeiten am Basismarkt.

---

[1] Nr. 9.

Wertpapierhandelsgesetz **§ 6 WpHG 12**

³ Gesetzliche Auskunfts- oder Aussageverweigerungsrechte sowie gesetzliche Verschwiegenheitspflichten bleiben unberührt. ⁴ Im Hinblick auf die Verbote und Gebote der Verordnung (EU) 2016/1011 gelten die Sätze 1 und 3 bezüglich der Erteilung von Auskünften, der Vorladung und der Vernehmung jedoch nur gegenüber solchen Personen, die an der Bereitstellung eines Referenzwertes im Sinne der Verordnung (EU) 2016/1011 beteiligt sind oder die dazu beitragen.

(4) ¹ Von einem Wertpapierdienstleistungsunternehmen, das algorithmischen Handel im Sinne des § 80 Absatz 2 Satz 1 betreibt, kann die Bundesanstalt insbesondere jederzeit Informationen über seinen algorithmischen Handel und die für diesen Handel eingesetzten Systeme anfordern, soweit dies auf Grund von Anhaltspunkten für die Überwachung der Einhaltung eines Verbots oder Gebots dieses Gesetzes erforderlich ist. ² Die Bundesanstalt kann insbesondere eine Beschreibung der algorithmischen Handelsstrategien, von Einzelheiten der Handelsparameter oder Handelsobergrenzen, denen das System unterliegt, von den wichtigsten Verfahren zur Überprüfung der Risiken und Einhaltung der Vorgaben des § 80 sowie von Einzelheiten über seine Systemprüfung verlangen.

(5) ¹ Die Bundesanstalt ist unbeschadet des § 3 Absatz 5, 11 und 12 sowie des § 15 Absatz 7 des Börsengesetzes[1] zuständige Behörde im Sinne des Artikels 22 der Verordnung (EU) Nr. 596/2014 und im Sinne des Artikels 2 Absatz 1 Nummer 18 der Verordnung (EU) Nr. 600/2014. ² Die Bundesanstalt ist zuständige Behörde für die Zwecke des Artikels 25 Absatz 4 Buchstabe a Unterabsatz 3 der Richtlinie 2014/65/EU[2] des Europäischen Parlaments und des Rates vom 15. Mai 2014 über Märkte für Finanzinstrumente sowie zur Änderung der Richtlinien 2002/92/EG und 2011/61/EU (ABl. L 173 vom 12.6.2014, S. 349; L 74 vom 18.3.2015, S. 38; L 188 vom 13.7.2016, S. 28; L 273 vom 8.10.2016, S. 35; L 64 vom 10.3.2017, S. 116; L 278 vom 27.10.2017, S. 56), die zuletzt durch die Richtlinie (EU) 2016/1034 (ABl. L 175 vom 30.6.2016, S. 8) geändert worden ist, in der jeweils geltenden Fassung.

(6) ¹ Im Falle eines Verstoßes gegen
1. Vorschriften des Abschnitts 3 dieses Gesetzes sowie die zur Durchführung dieser Vorschriften erlassenen Rechtsverordnungen,
2. Vorschriften der Verordnung (EU) Nr. 596/2014, insbesondere gegen deren Artikel 4 und 14 bis 21, sowie die auf Grundlage dieser Artikel erlassenen delegierten Rechtsakte und Durchführungsrechtsakte der Europäischen Kommission,
3. Vorschriften der Abschnitte 9 bis 11 dieses Gesetzes sowie die zur Durchführung dieser Vorschriften erlassenen Rechtsverordnungen,
4. Vorschriften der Verordnung (EU) Nr. 600/2014, insbesondere die in den Titeln II bis VI enthaltenen Artikel sowie die auf Grundlage dieser Artikel erlassenen delegierten Rechtsakte und Durchführungsrechtsakte der Europäischen Kommission,
5. die Artikel 4 und 15 der Verordnung (EU) 2015/2365 sowie die auf Grundlage des Artikels 4 erlassenen delegierten Rechtsakte und Durchführungsrechtsakte der Europäischen Kommission,

---
[1] Nr. 4.
[2] Nr. 1.

6. Vorschriften der Verordnung (EU) 2016/1011 sowie die auf deren Grundlage erlassenen delegierten Rechtsakte und Durchführungsrechtsakte der Europäischen Kommission oder

7. eine Anordnung der Bundesanstalt, die sich auf eine der in den Nummern 1 bis 6 genannte Vorschrift bezieht,

kann die Bundesanstalt zur Verhinderung weiterer Verstöße für einen Zeitraum von bis zu zwei Jahren die Einstellung der den Verstoß begründenden Handlungen oder Verhaltensweisen verlangen. ²Bei Verstößen gegen die in Satz 1 Nummer 3 und 4 genannten Vorschriften sowie gegen Anordnungen der Bundesanstalt, die sich hierauf beziehen, kann sie verlangen, dass die den Verstoß begründenden Handlungen oder Verhaltensweisen dauerhaft eingestellt werden sowie deren Wiederholung verhindern.

(7) Die Bundesanstalt kann es einer natürlichen Person, die verantwortlich ist für einen Verstoß gegen die Artikel 14, 15, 16 Absatz 1 und 2, Artikel 17 Absatz 1, 2, 4, 5 und 8, Artikel 18 Absatz 1 bis 6, Artikel 19 Absatz 1 bis 3, 5 bis 7 und 11 sowie Artikel 20 Absatz 1 der Verordnung (EU) Nr. 596/2014 oder gegen eine Anordnung der Bundesanstalt, die sich auf diese Vorschriften bezieht, für einen Zeitraum von bis zu zwei Jahren untersagen, Geschäfte für eigene Rechnung in den in Artikel 2 Absatz 1 der Verordnung (EU) Nr. 596/2014 genannten Finanzinstrumenten und Produkten zu tätigen.

(8) ¹Die Bundesanstalt kann einer Person, die bei einem von der Bundesanstalt beaufsichtigten Unternehmen tätig ist, für einen Zeitraum von bis zu zwei Jahren die Ausübung der Berufstätigkeit untersagen, wenn diese Person vorsätzlich gegen eine der in Absatz 6 Satz 1 Nummer 1 bis 4 und 6 genannten Vorschriften oder gegen eine Anordnung der Bundesanstalt, die sich auf diese Vorschriften bezieht, verstoßen hat und dieses Verhalten trotz Verwarnung durch die Bundesanstalt fortsetzt. ²Bei einem Verstoß gegen eine der in Absatz 6 Satz 1 Nummer 5 genannten Vorschriften oder eine sich auf diese Vorschriften beziehende Anordnung der Bundesanstalt kann die Bundesanstalt einer Person für einen Zeitraum von bis zu zwei Jahren die Wahrnehmung von Führungsaufgaben untersagen, wenn diese den Verstoß vorsätzlich begangen hat und das Verhalten trotz Verwarnung durch die Bundesanstalt fortsetzt.

(9) ¹Bei einem Verstoß gegen eine der in Absatz 6 Satz 1 Nummer 1 bis 5 genannten Vorschriften oder eine vollziehbare Anordnung der Bundesanstalt, die sich auf diese Vorschriften bezieht, kann die Bundesanstalt auf ihrer Internetseite eine Warnung unter Nennung der natürlichen oder juristischen Person oder der Personenvereinigung, die den Verstoß begangen hat, sowie der Art des Verstoßes veröffentlichen. ² § 125 Absatz 3 und 5 gilt entsprechend.

(10) Die Bundesanstalt kann es einem Wertpapierdienstleistungsunternehmen, das gegen eine der in Absatz 6 Satz 1 Nummer 3 und 4 genannten Vorschriften oder gegen eine vollziehbare Anordnung der Bundesanstalt, die sich auf diese Vorschriften bezieht, verstoßen hat, für einen Zeitraum von bis zu drei Monaten untersagen, am Handel eines Handelsplatzes teilzunehmen.

(11) ¹Während der üblichen Arbeitszeit ist Bediensteten der Bundesanstalt und den von ihr beauftragten Personen, soweit dies zur Wahrnehmung ihrer Aufgaben erforderlich ist, das Betreten der Grundstücke und Geschäftsräume der nach Absatz 3 auskunftspflichtigen Personen zu gestatten. ²Das Betreten außerhalb dieser Zeit oder wenn die Geschäftsräume sich in einer Wohnung befinden, ist ohne Einverständnis nur zulässig und insoweit zu dulden, wie dies

zur Verhütung von dringenden Gefahren für die öffentliche Sicherheit und Ordnung erforderlich ist und Anhaltspunkte vorliegen, dass die auskunftspflichtige Person gegen ein Verbot oder Gebot dieses Gesetzes verstoßen hat. [3] Das Grundrecht des Artikels 13 des Grundgesetzes wird insoweit eingeschränkt.

(12) [1] Bedienstete der Bundesanstalt dürfen Geschäfts- und Wohnräume durchsuchen, soweit dies zur Verfolgung von Verstößen gegen die Artikel 14 und 15 der Verordnung (EU) Nr. 596/2014 geboten ist. [2] Das Grundrecht des Artikels 13 des Grundgesetzes wird insoweit eingeschränkt. [3] Im Rahmen der Durchsuchung dürfen Bedienstete der Bundesanstalt Gegenstände sicherstellen, die als Beweismittel für die Ermittlung des Sachverhalts von Bedeutung sein können. [4] Befinden sich die Gegenstände im Gewahrsam einer Person und werden sie nicht freiwillig herausgegeben, können Bedienstete der Bundesanstalt die Gegenstände beschlagnahmen. [5] Durchsuchungen und Beschlagnahmen sind, außer bei Gefahr im Verzug, durch den Richter anzuordnen. [6] Zuständig ist das Amtsgericht Frankfurt am Main. [7] Gegen die richterliche Entscheidung ist die Beschwerde zulässig. [8] Die §§ 306 bis 310 und 311a der Strafprozessordnung gelten entsprechend. [9] Bei Beschlagnahmen ohne gerichtliche Anordnung gilt § 98 Absatz 2 der Strafprozessordnung entsprechend. [10] Zuständiges Gericht für die nachträglich eingeholte gerichtliche Entscheidung ist das Amtsgericht Frankfurt am Main. [11] Über die Durchsuchung ist eine Niederschrift zu fertigen. [12] Sie muss die verantwortliche Dienststelle, Grund, Zeit und Ort der Durchsuchung und ihr Ergebnis enthalten. [13] Die Sätze 1 bis 11 gelten für die Räumlichkeiten juristischer Personen entsprechend, soweit dies zur Verfolgung von Verstößen gegen die Verordnung (EU) 2016/1011 geboten ist.

(13) [1] Die Bundesanstalt kann die Beschlagnahme von Vermögenswerten beantragen, soweit dies zur Durchsetzung der Verbote und Gebote der in Absatz 6 Satz 1 Nummer 3, 4 und 6 genannten Vorschriften und der Verordnung (EU) Nr. 596/2014 geboten ist. [2] Maßnahmen nach Satz 1 sind durch den Richter anzuordnen. [3] Zuständig ist das Amtsgericht Frankfurt am Main. [4] Gegen eine richterliche Entscheidung ist die Beschwerde zulässig; die §§ 306 bis 310 und 311a der Strafprozessordnung gelten entsprechend.

(14) Die Bundesanstalt kann eine nach den Vorschriften dieses Gesetzes oder nach der Verordnung (EU) Nr. 596/2014 gebotene Veröffentlichung oder Mitteilung auf Kosten des Pflichtigen vornehmen, wenn die Veröffentlichungs- oder Mitteilungspflicht nicht, nicht richtig, nicht vollständig oder nicht in der vorgeschriebenen Weise erfüllt wird.

(15) [1] Der zur Erteilung einer Auskunft Verpflichtete kann die Auskunft auf solche Fragen verweigern, deren Beantwortung ihn selbst oder einen der in § 383 Absatz 1 Nummer 1 bis 3 der Zivilprozessordnung bezeichneten Angehörigen der Gefahr strafgerichtlicher Verfolgung oder eines Verfahrens nach dem Gesetz über Ordnungswidrigkeiten aussetzen würde. [2] Der Verpflichtete ist über sein Recht zur Verweigerung der Auskunft oder Aussage zu belehren und darauf hinzuweisen, dass es ihm nach dem Gesetz freisteht, jederzeit, auch schon vor seiner Vernehmung, einen von ihm zu wählenden Verteidiger zu befragen.

(16) Die Bundesanstalt darf ihr mitgeteilte personenbezogene Daten nur zur Erfüllung ihrer aufsichtlichen Aufgaben und für Zwecke der internationalen Zusammenarbeit nach Maßgabe des § 18 speichern, verändern und nutzen.

(17) Bei der Durchführung ihrer Aufgaben kann sich die Bundesanstalt anderer sachverständiger Personen und Einrichtungen bedienen.

**§ 7 Herausgabe von Kommunikationsdaten.** (1) ¹Die Bundesanstalt kann von einem Telekommunikationsbetreiber die Herausgabe von in dessen Besitz befindlichen bereits existierenden Verkehrsdaten im Sinne des § 96 Absatz 1 des Telekommunikationsgesetzes verlangen, wenn bestimmte Tatsachen den Verdacht begründen, dass jemand gegen Artikel 14 oder 15 der Verordnung (EU) Nr. 596/2014¹⁾ oder eine der in § 6 Absatz 6 Satz 1 Nummer 3 und 4 genannten Vorschriften verstoßen hat, soweit dies zur Erforschung des Sachverhalts erforderlich ist. ²§ 100a Absatz 3 und 4, § 100e Absatz 1, 3 und 5 Satz 1 der Strafprozessordnung gelten entsprechend mit der Maßgabe, dass die Bundesanstalt antragsberechtigt ist. ³Zuständig ist das Amtsgericht Frankfurt am Main. ⁴Gegen die richterliche Entscheidung ist die Beschwerde zulässig; die §§ 306 bis 310 und 311a der Strafprozessordnung gelten entsprechend. ⁵Das Briefgeheimnis sowie das Post- und Fernmeldegeheimnis nach Artikel 10 des Grundgesetzes werden insoweit eingeschränkt.

(2) ¹Die Bundesanstalt kann von Wertpapierdienstleistungsunternehmen, Datenbereitstellungsdiensten, Kreditinstituten im Sinne des Artikels 4 Absatz 1 Nummer 1 der Verordnung (EU) Nr. 575/2013, beaufsichtigten Unternehmen im Sinne des Artikels 3 Absatz 1 Nummer 17 der Verordnung (EU) 2016/1011 und Finanzinstituten im Sinne des Artikels 4 Absatz 1 Nummer 26 der Verordnung (EU) Nr. 575/2013 die Herausgabe von bereits existierenden

1. Aufzeichnungen von Telefongesprächen,
2. elektronischen Mitteilungen oder
3. Verkehrsdaten im Sinne des § 96 Absatz 1 des Telekommunikationsgesetzes,

die sich im Besitz dieser Unternehmen befinden, verlangen, soweit dies auf Grund von Anhaltspunkten für die Überwachung der Einhaltung eines Verbots nach den Artikeln 14 und 15 der Verordnung (EU) Nr. 596/2014 oder einer in § 6 Absatz 6 Satz 1 Nummer 3 und 4 genannten Vorschriften oder eines Verbots oder Gebots nach der Verordnung (EU) 2016/1011 erforderlich ist. ²Das Briefgeheimnis sowie das Post- und Fernmeldegeheimnis nach Artikel 10 des Grundgesetzes werden insoweit eingeschränkt.

**§ 8 Übermittlung und Herausgabe marktbezogener Daten; Verordnungsermächtigung.** (1) ¹Von Börsen und Betreibern von Märkten, an denen Finanzinstrumente gehandelt werden, kann die Bundesanstalt insbesondere verlangen, dass die Daten, die zur Erfüllung der Aufgaben der Bundesanstalt nach § 54, nach Artikel 4 der Verordnung (EU) Nr. 596/2014¹⁾, nach Artikel 27 der Verordnung (EU) Nr. 600/2014²⁾ und den auf Grundlage dieser Artikel sowie den auf Grundlage von Artikel 57 der Richtlinie 2014/65/EU³⁾ erlassenen delegierten Rechtsakten und Durchführungsrechtsakten erforderlich sind, in standardisierter und elektronischer Form übermittelt werden. ²Die Bundesanstalt kann, insbesondere auf Grund der Meldungen, die sie nach Artikel 4 der Verordnung (EU) Nr. 596/2014 erhält, auf ihrer Internetseite Informationen dazu veröffentlichen, welcher Emittent beantragt oder geneh-

---

¹⁾ Nr. 11.
²⁾ Nr. 2.
³⁾ Nr. 1.

migt hat, dass seine Finanzinstrumente auf einem Handelsplatz gehandelt oder zum Handel zugelassen werden und welche Finanzinstrumente dies betrifft.

(2) ¹Von Marktteilnehmern, die an Spotmärkten im Sinne des Artikels 3 Absatz 1 Nummer 16 der Verordnung (EU) Nr. 596/2014 tätig sind, kann die Bundesanstalt insbesondere Auskünfte und die Meldung von Geschäften in Warenderivaten verlangen, soweit dies auf Grund von Anhaltspunkten für die Überwachung der Einhaltung eines Verbots nach den Artikeln 14 und 15 der Verordnung (EU) Nr. 596/2014 in Bezug auf Warenderivate erforderlich ist. ²Der Bundesanstalt ist unter den Voraussetzungen des Satzes 1 ferner der direkte Zugriff auf die Handelssysteme von Händlern zu gewähren. ³Die Bundesanstalt kann verlangen, dass die Informationen nach Satz 1 in standardisierter Form übermittelt werden. ⁴§ 6 Absatz 15 gilt entsprechend.

(3) ¹Das Bundesministerium der Finanzen kann durch Rechtsverordnung, die nicht der Zustimmung des Bundesrates bedarf, nähere Bestimmungen über Inhalt, Art, Umfang und Form der nach Absatz 1 Satz 1 und Absatz 2 zu übermittelnden Mitteilungen und über die zulässigen Datenträger und Übertragungswege sowie zu Form, Inhalt, Umfang und Darstellung der Veröffentlichung nach Absatz 1 Satz 2 erlassen. ²Das Bundesministerium der Finanzen kann die Ermächtigung durch Rechtsverordnung auf die Bundesanstalt übertragen.

**§ 9 Verringerung und Einschränkung von Positionen oder offenen Forderungen.** (1) Die Bundesanstalt kann von jedermann verlangen, die Größe der Positionen oder offenen Forderungen in Finanzinstrumenten zu verringern, soweit dies zur Durchsetzung der Verbote und Gebote der in § 6 Absatz 6 Satz 1 Nummer 3 und 4 genannten Vorschriften geboten ist.

(2) Die Bundesanstalt kann für jedermann die Möglichkeit einschränken, eine Position in Warenderivaten einzugehen, soweit dies zur Durchsetzung der Verbote und Gebote der in § 6 Absatz 6 Satz 1 Nummer 3 und 4 genannten Vorschriften erforderlich ist.

**§ 10 Besondere Befugnisse nach der Verordnung (EU) Nr. 1286/2014[1]) und der Verordnung (EU) 2016/1011.** (1) ¹Die Bundesanstalt überwacht die Einhaltung der Verbote und Gebote der Verordnung (EU) Nr. 1286/2014 sowie der auf deren Grundlage erlassenen delegierten Rechtsakte und Durchführungsrechtsakte der Europäischen Kommission. ²Gegenüber einem Wertpapierdienstleistungsunternehmen, das über ein PRIIP berät, es verkauft oder Hersteller von PRIIP ist, kann sie Anordnungen treffen, die zur Durchsetzung der in Satz 1 genannten Verbote und Gebote geeignet und erforderlich sind. ³Insbesondere kann sie

1. die Vermarktung, den Vertrieb oder den Verkauf des PRIIP vorübergehend oder dauerhaft untersagen, wenn ein Verstoß gegen Artikel 5 Absatz 1, die Artikel 6, 7 und 8 Absatz 1 bis 3, die Artikel 9, 10 Absatz 1, Artikel 13 Absatz 1, 3 und 4 oder die Artikel 14 oder 19 der Verordnung (EU) Nr. 1286/2014 vorliegt,

2. die Bereitstellung eines Basisinformationsblattes untersagen, das nicht den Anforderungen der Artikel 6 bis 8 oder 10 der Verordnung (EU) Nr. 1286/2014 genügt,

---

[1]) Nr. 9.

3. den Hersteller eines PRIIP verpflichten, eine neue Fassung des Basisinformationsblattes zu veröffentlichen, sofern die veröffentlichte Fassung nicht den Anforderungen der Artikel 6 bis 8 oder 10 der Verordnung (EU) Nr. 1286/2014 genügt, und

4. bei einem Verstoß gegen eine der in Nummer 1 genannten Vorschriften auf ihrer Internetseite eine Warnung unter Nennung des verantwortlichen Wertpapierdienstleistungsunternehmens sowie der Art des Verstoßes veröffentlichen; § 125 Absatz 3 und 5 gilt entsprechend.

⁴Die in Satz 2 genannten Befugnisse stehen der Bundesanstalt vorbehaltlich von § 34d Absatz 8 Nummer 5, § 34e Absatz 2 und § 34g Absatz 1 Satz 2 Nummer 5 der Gewerbeordnung, jeweils in Verbindung mit einer hierzu erlassenen Rechtsverordnung, § 5 Absatz 6a des Kapitalanlagegesetzbuchs[1]), § 308a des Versicherungsaufsichtsgesetzes und § 47 des Kreditwesengesetzes auch gegenüber sonstigen Personen oder Personenvereinigungen zu, die über ein PRIIP beraten, es verkaufen oder Hersteller von PRIIP sind.

(2) ¹Außer für Versicherungsunternehmen unter Landesaufsicht ist die Bundesanstalt zuständige Behörde im Sinne des Artikels 40 Absatz 1 der Verordnung (EU) 2016/1011. ²Sie überwacht die Einhaltung der Verbote und Gebote der Verordnung (EU) 2016/1011 sowie der delegierten Rechtsakte und Durchführungsrechtsakte der Europäischen Kommission, die auf der Grundlage dieser Verordnung erlassen worden sind, und kann Anordnungen treffen, die zu ihrer Durchsetzung geeignet und erforderlich sind. ³Insbesondere kann sie

1. Maßnahmen zur korrekten Information der Öffentlichkeit über die Bereitstellung eines Referenzwertes treffen und Richtigstellungen verlangen,

2. von Kontributoren, die an Spotmärkten tätig sind und dabei Daten zur Erstellung eines Rohstoff-Referenzwertes bereitstellen, Auskünfte und die Meldung von Geschäften verlangen, soweit dies erforderlich ist, um die Einhaltung der Gebote und Verbote der Verordnung (EU) 2016/1011 in Bezug auf diese Rohstoff-Referenzwerte zu überwachen; hierbei gelten § 8 Absatz 2 Satz 2 und 3 und die Vorschriften einer nach § 8 Absatz 3 erlassenen Rechtsverordnung entsprechend,

3. bei einem Verstoß gegen die Artikel 4 bis 16, 21, 23 bis 29 und 34 der Verordnung (EU) 2016/1011 oder gegen eine vollziehbare Anordnung der Bundesanstalt, die im Zusammenhang mit einer Untersuchung betreffend die Einhaltung der Pflichten nach dieser Verordnung gemäß Nummer 1 oder 2, § 6 Absatz 3 Satz 4, Absatz 6 Satz 1, Absatz 8, 11 bis 13, § 7 Absatz 2 ergangen ist

   a) von einem beaufsichtigten Unternehmen im Sinne des Artikels 3 Absatz 1 Nummer 17 dieser Verordnung eine dauerhafte Einstellung der den Verstoß begründenden Handlungen oder Verhaltensweisen verlangen,

   b) bezüglich eines beaufsichtigten Unternehmens im Sinne des Artikels 3 Absatz 1 Nummer 17 dieser Verordnung eine Warnung gemäß § 6 Absatz 9 unter Nennung der natürlichen oder juristischen Person oder Personenvereinigung, die den Verstoß begangen hat, veröffentlichen,

   c) die Zulassung oder Registrierung eines Administrators entziehen oder aussetzen,

---

[1]) Nr. 15.

d) einer Person für einen Zeitraum von bis zu zwei Jahren die Wahrnehmung von Führungsaufgaben bei einem Administrator oder beaufsichtigten Kontributor untersagen, wenn die Person den Verstoß vorsätzlich oder grob fahrlässig begangen hat und dieses Verhalten trotz Verwarnung durch die Bundesanstalt fortsetzt.

**§ 11 Anzeige straftatbegründender Tatsachen.** ¹Die Bundesanstalt hat Tatsachen, die den Verdacht einer Straftat nach § 119 begründen, der zuständigen Staatsanwaltschaft unverzüglich anzuzeigen. ²Sie kann die personenbezogenen Daten der betroffenen Personen, gegen die sich der Verdacht richtet oder die als Zeugen in Betracht kommen, der Staatsanwaltschaft übermitteln, soweit dies für Zwecke der Strafverfolgung erforderlich ist. ³Die Staatsanwaltschaft entscheidet über die Vornahme der erforderlichen Ermittlungsmaßnahmen, insbesondere über Durchsuchungen, nach den Vorschriften der Strafprozessordnung. ⁴Die Befugnisse der Bundesanstalt nach § 6 Absatz 2 bis 13 sowie den §§ 7 bis 9 und 10 Absatz 2 bleiben hiervon unberührt, soweit dies für die Vornahme von Verwaltungsmaßnahmen oder zur Erfüllung von Ersuchen ausländischer Stellen nach § 18 Absatz 2, 4 Satz 1 oder Absatz 10 erforderlich ist und soweit eine Gefährdung des Untersuchungszwecks von Ermittlungen der Strafverfolgungsbehörden oder der für Strafsachen zuständigen Gerichte nicht zu besorgen ist.

**§ 12 Adressaten einer Maßnahme wegen möglichen Verstoßes gegen Artikel 14 oder 15 der Verordnung (EU) Nr. 596/2014[1]).** Die Adressaten von Maßnahmen nach § 6 Absatz 2 bis 4, 6 bis 8 und 10 bis 13 sowie den §§ 7 bis 9, die von der Bundesanstalt wegen eines möglichen Verstoßes gegen ein Verbot nach Artikel 14 oder 15 der Verordnung (EU) Nr. 596/2014 ergriffen werden, dürfen andere Personen als Mitarbeiter staatlicher Stellen und solche, die auf Grund ihres Berufs einer gesetzlichen Verschwiegenheitspflicht unterliegen, von diesen Maßnahmen oder von einem daraufhin eingeleiteten Ermittlungsverfahren nicht in Kenntnis setzen.

**§ 13 Sofortiger Vollzug.** Widerspruch und Anfechtungsklage gegen Maßnahmen nach § 6 Absatz 1 bis 14 und den §§ 7 bis 10 und 54 Absatz 1 haben keine aufschiebende Wirkung.

**§ 14 Befugnisse zur Sicherung des Finanzsystems.** (1) ¹Die Bundesanstalt kann im Benehmen mit der Deutschen Bundesbank Anordnungen treffen, die geeignet und erforderlich sind, Missstände, die Nachteile für die Stabilität der Finanzmärkte bewirken oder das Vertrauen in die Funktionsfähigkeit der Finanzmärkte erschüttern können, zu beseitigen oder zu verhindern. ²Insbesondere kann die Bundesanstalt vorübergehend
1. den Handel mit einzelnen oder mehreren Finanzinstrumenten untersagen, insbesondere ein Verbot des Erwerbs von Rechten aus Währungsderivaten im Sinne des § 2 Absatz 2 Nummer 1 Buchstabe b, d oder e anordnen, deren Wert sich unmittelbar oder mittelbar vom Devisenpreis des Euro ableitet, soweit zu erwarten ist, dass der Marktwert dieser Rechte bei einem Kursrückgang des Euro steigt, und wenn der Erwerb der Rechte nicht der Absicherung eigener bestehender oder erwarteter Währungsrisiken dient,

---

[1]) Nr. 11.

wobei das Verbot auch auf den rechtsgeschäftlichen Eintritt in solche Geschäfte erstreckt werden kann,

2. die Aussetzung des Handels mit einzelnen oder mehreren Finanzinstrumenten an Märkten, an denen Finanzinstrumente gehandelt werden, anordnen oder

3. anordnen, dass Märkte, an denen Finanzinstrumente gehandelt werden, mit Ausnahme von Börsen im Sinne des § 2 des Börsengesetzes[1], schließen oder geschlossen bleiben oder die Tätigkeit der systematischen Internalisierung eingestellt wird.

³Die Bundesanstalt kann Anordnungen nach Satz 2 Nummer 1 und 2 auch gegenüber einem öffentlich-rechtlichen Rechtsträger oder gegenüber einer Börse erlassen.

(2) ¹Die Bundesanstalt kann anordnen, dass Personen, die Geschäfte in Finanzinstrumenten tätigen, ihre Positionen in diesen Finanzinstrumenten veröffentlichen und gleichzeitig der Bundesanstalt mitteilen müssen. ²Die Bundesanstalt kann Mitteilungen nach Satz 1 auf ihrer Internetseite öffentlich bekannt machen.

(3) § 6 Absatz 3, 11, 14 und 16 ist entsprechend anzuwenden.

(4) ¹Maßnahmen nach den Absätzen 1 bis 3 sind auf höchstens zwölf Monate zu befristen. ²Eine Verlängerung über diesen Zeitraum hinaus um bis zu zwölf weitere Monate ist zulässig. ³In diesem Falle legt das Bundesministerium der Finanzen dem Deutschen Bundestag innerhalb eines Monates nach erfolgter Verlängerung einen Bericht vor. ⁴Widerspruch und Anfechtungsklage gegen Maßnahmen nach den Absätzen 1 bis 3 haben keine aufschiebende Wirkung.

**§ 15 Produktintervention.** (1) ¹Der Bundesanstalt stehen die Befugnisse nach Artikel 42 der Verordnung (EU) Nr. 600/2014[2] unter den dort genannten Voraussetzungen, mit Ausnahme der Voraussetzungen nach Artikel 42 Absatz 3 und 4 der Verordnung (EU) Nr. 600/2014, entsprechend für Vermögensanlagen im Sinne des § 1 Absatz 2 des Vermögensanlagengesetzes[3] zu. ²Die Bundesanstalt kann Maßnahmen nach Satz 1 und Artikel 42 der Verordnung (EU) Nr. 600/2014 gegenüber jedermann treffen, soweit die Verordnung nicht unmittelbar anwendbar ist.

(2) Widerspruch und Anfechtungsklage gegen Maßnahmen nach Absatz 1 und Artikel 42 der Verordnung (EU) Nr. 600/2014 haben keine aufschiebende Wirkung.

**§ 16 Wertpapierrat.** (1) ¹Bei der Bundesanstalt wird ein Wertpapierrat gebildet. ²Er besteht aus Vertretern der Länder. ³Die Mitgliedschaft ist nicht personengebunden. ⁴Jedes Land entsendet einen Vertreter. ⁵An den Sitzungen können Vertreter der Bundesministerien der Finanzen, der Justiz und für Verbraucherschutz und für Wirtschaft und Energie sowie der Deutschen Bundesbank teilnehmen. ⁶Der Wertpapierrat kann Sachverständige insbesondere aus dem Bereich der Börsen, der Marktteilnehmer, der Wirtschaft und der Wissenschaft anhören. ⁷Der Wertpapierrat gibt sich eine Geschäftsordnung.

---

[1] Nr. 4.
[2] Nr. 2.
[3] Nr. 8.

Wertpapierhandelsgesetz **§ 17 WpHG 12**

(2) ¹Der Wertpapierrat wirkt bei der Aufsicht mit. ²Er berät die Bundesanstalt, insbesondere
1. bei dem Erlass von Rechtsverordnungen und der Aufstellung von Richtlinien für die Aufsichtstätigkeit der Bundesanstalt,
2. hinsichtlich der Auswirkungen von Aufsichtsfragen auf die Börsen- und Marktstrukturen sowie den Wettbewerb im Handel mit Finanzinstrumenten,
3. bei der Abgrenzung von Zuständigkeiten zwischen der Bundesanstalt und den Börsenaufsichtsbehörden sowie bei Fragen der Zusammenarbeit.

³Der Wertpapierrat kann bei der Bundesanstalt Vorschläge zur allgemeinen Weiterentwicklung der Aufsichtspraxis einbringen. ⁴Die Bundesanstalt berichtet dem Wertpapierrat mindestens einmal jährlich über die Aufsichtstätigkeit, die Weiterentwicklung der Aufsichtspraxis sowie über die internationale Zusammenarbeit.

(3) ¹Der Wertpapierrat wird mindestens einmal jährlich vom Präsidenten der Bundesanstalt einberufen. ²Er ist ferner auf Verlangen von einem Drittel seiner Mitglieder einzuberufen. ³Jedes Mitglied hat das Recht, Beratungsvorschläge einzubringen.

**§ 17 Zusammenarbeit mit anderen Behörden im Inland.** (1) ¹Die Börsenaufsichtsbehörden werden im Wege der Organleihe für die Bundesanstalt bei der Durchführung von eilbedürftigen Maßnahmen im Rahmen der Überwachung der Verbote von Insidergeschäften nach Artikel 14 der Verordnung (EU) Nr. 596/2014[1]) und des Verbots der Marktmanipulation nach Artikel 15 der Verordnung (EU) Nr. 596/2014 an den ihrer Aufsicht unterliegenden Börsen tätig. ²Das Nähere regelt ein Verwaltungsabkommen zwischen dem Bund und den börsenaufsichtsführenden Ländern.

(2) Die Bundesanstalt, die Deutsche Bundesbank im Rahmen ihrer Tätigkeit nach Maßgabe des Kreditwesengesetzes, das Bundeskartellamt, die Börsenaufsichtsbehörden, die Handelsüberwachungsstellen, die zuständigen Behörden für die Durchführung der Verordnung (EU) Nr. 1308/2013 des Europäischen Parlaments und des Rates vom 17. Dezember 2013 über eine gemeinsame Marktorganisation für landwirtschaftliche Erzeugnisse und zur Aufhebung der Verordnungen (EWG) Nr. 922/72, (EWG) Nr. 234/79, (EG) Nr. 1037/2001 und (EG) Nr. 1234/2007 (ABl. L 347 vom 20.12.2013, S. 671; L 189 vom 27.6.2014, S. 261; L 130 vom 19.5.2016, S. 18; L 34 vom 9.2.2017, S. 41), die zuletzt durch die Delegierte Verordnung (EU) 2016/1226 (ABl. L 202 vom 28.7.2016, S. 5) geändert worden ist, im Rahmen ihrer Tätigkeiten nach Maßgabe des Energiewirtschaftsgesetzes die Bundesnetzagentur und die Landeskartellbehörden sowie die für die Aufsicht über Versicherungsvermittler und die Unternehmen im Sinne des § 3 Absatz 1 Nummer 7 zuständigen Stellen haben einander Beobachtungen und Feststellungen einschließlich personenbezogener Daten mitzuteilen, die für die Erfüllung ihrer Aufgaben erforderlich sind.

(3) Die Bundesanstalt arbeitet mit den Börsenaufsichtsbehörden, den Handelsüberwachungsstellen sowie mit den nach § 19 Absatz 1 des Treibhausgas-Emissionshandelsgesetzes zuständigen Behörden zusammen, um sicherzustellen,

---

[1]) Nr. 11.

dass sie sich einen Gesamtüberblick über die Emissionszertifikatemärkte verschaffen kann.

(4) ¹Die Bundesanstalt darf zur Erfüllung ihrer Aufgaben die nach § 2 Abs. 10, §§ 2c, 24 Abs. 1 Nr. 1, 2, 5, 7 und 10 und Abs. 3, § 25b Absatz 1 bis 3, § 32 Abs. 1 Satz 1 und 2 Nr. 2 und 6 Buchstabe a und b des Kreditwesengesetzes bei der Deutschen Bundesbank gespeicherten Daten im automatisierten Verfahren abrufen. ²Die Deutsche Bundesbank hat für Zwecke der Datenschutzkontrolle den Zeitpunkt, die Angaben, welche die Feststellung der aufgerufenen Datensätze ermöglichen, sowie die für den Abruf verantwortliche Person zu protokollieren. ³Die protokollierten Daten dürfen nur für Zwecke der Datenschutzkontrolle, der Datensicherung oder zur Sicherstellung eines ordnungsmäßigen Betriebs der Datenverarbeitungsanlage verarbeitet werden. ⁴Die Protokolldaten sind am Ende des auf die Speicherung folgenden Kalenderjahres zu löschen.

**§ 18 Zusammenarbeit mit zuständigen Stellen im Ausland; Verordnungsermächtigung.** (1) ¹Der Bundesanstalt obliegt die Zusammenarbeit mit den für die Überwachung von Verhaltens- und Organisationspflichten von Unternehmen, die Wertpapierdienstleistungen erbringen, von Finanzinstrumenten und von Märkten, an denen Finanzinstrumente oder Waren gehandelt werden, zuständigen Stellen der Europäischen Union, der anderen Mitgliedstaaten der Europäischen Union und der anderen Vertragsstaaten des Abkommens über den Europäischen Wirtschaftsraum. ²Die Bundesanstalt kann im Rahmen ihrer Zusammenarbeit zum Zwecke der Überwachung der Einhaltung der Verbote und Gebote dieses Gesetzes und der Verordnung (EU) Nr. 600/2014[1)] sowie der Verbote und Gebote der in Satz 1 genannten Staaten, die denen dieses Gesetzes, des Börsengesetzes[2)] oder der genannten Verordnungen entsprechen, von allen ihr nach diesem Gesetz und der Verordnung (EU) Nr. 600/2014 zustehenden Befugnissen Gebrauch machen, soweit dies geeignet und erforderlich ist, um den Ersuchen der in Satz 1 genannten Stellen nachzukommen. ³Sie kann auf ein Ersuchen der in Satz 1 genannten Stellen die Untersagung oder Aussetzung des Handels nach § 6 Absatz 2 Satz 4 an einem inländischen Markt nur anordnen, sofern die Interessen der Anleger oder der ordnungsgemäße Handel an dem betreffenden Markt nicht erheblich gefährdet werden. ⁴Die Vorschriften des Börsengesetzes über die Zusammenarbeit der Handelsüberwachungsstellen mit entsprechenden Stellen oder Börsengeschäftsführungen anderer Staaten bleiben hiervon unberührt.

(2) ¹Auf Ersuchen der in Absatz 1 Satz 1 genannten zuständigen Stellen führt die Bundesanstalt nach Maßgabe der auf Grundlage von Artikel 80 Absatz 4 und Artikel 81 Absatz 4 der Richtlinie 2014/65/EU[3)] erlassenen Durchführungsverordnung Untersuchungen durch und übermittelt unverzüglich alle Informationen, soweit dies für die Überwachung von organisierten Märkten oder anderen Märkten für Finanzinstrumente, von Kreditinstituten, Finanzdienstleistungsinstituten, Kapitalverwaltungsgesellschaften, extern verwaltete Investmentgesellschaften, EU-Verwaltungsgesellschaften, ausländische AIF-Verwaltungsgesellschaften, Finanzunternehmen oder Versicherungsunternehmen oder damit zusammenhängender Verwaltungs- oder Gerichtsverfahren erfor-

---

[1)] Nr. 2.
[2)] Nr. 4.
[3)] Nr. 1.

derlich ist. ²Bei der Übermittlung von Informationen hat die Bundesanstalt den Empfänger darauf hinzuweisen, dass er unbeschadet seiner Verpflichtungen im Rahmen von Strafverfahren die übermittelten Informationen einschließlich personenbezogener Daten nur zur Erfüllung von Überwachungsaufgaben nach Satz 1 und für damit zusammenhängende Verwaltungs- und Gerichtsverfahren verarbeiten darf.

(3) Die Bundesanstalt trifft angemessene Vorkehrungen für eine wirksame Zusammenarbeit insbesondere gegenüber solchen Mitgliedstaaten, in denen die Geschäfte eines inländischen Handelsplatzes eine wesentliche Bedeutung für das Funktionieren der Finanzmärkte und den Anlegerschutz nach Maßgabe des Artikels 90 der Delegierten Verordnung (EU) 2017/565 haben oder deren Handelsplätze eine solche Bedeutung im Inland haben.

(4) ¹Die Bundesanstalt kann Bediensteten der zuständigen Stellen anderer Staaten auf Ersuchen die Teilnahme an den von der Bundesanstalt durchgeführten Untersuchungen gestatten. ²Nach vorheriger Unterrichtung der Bundesanstalt sind die zuständigen Stellen im Sinne des Absatzes 1 Satz 1 befugt, selbst oder durch ihre Beauftragten die Informationen, die für eine Überwachung der Einhaltung der Meldepflichten nach Artikel 26 der Verordnung (EU) Nr. 600/2014, der Verhaltens-, Organisations- und Transparenzpflichten nach §§ 63 bis 83 oder entsprechender ausländischer Vorschriften durch eine Zweigniederlassung im Sinne des § 53b Absatz 1 Satz 1 des Kreditwesengesetzes erforderlich sind, bei dieser Zweigniederlassung zu prüfen. ³Bedienstete der Europäischen Wertpapier- und Marktaufsichtsbehörde können an Untersuchungen nach Satz 1 teilnehmen.

(5) Die Bundesanstalt kann in Bezug auf die Erleichterung der Einziehung von Geldbußen mit den in Absatz 1 Satz 1 genannten Stellen zusammenarbeiten.

(6) ¹Die Bundesanstalt kann eine Untersuchung, die Übermittlung von Informationen oder die Teilnahme von Bediensteten zuständiger ausländischer Stellen im Sinne von Absatz 1 Satz 1 verweigern, wenn auf Grund desselben Sachverhalts gegen die betreffenden Personen bereits ein gerichtliches Verfahren eingeleitet worden oder eine unanfechtbare Entscheidung ergangen ist. ²Kommt die Bundesanstalt einem Ersuchen nicht nach oder macht sie von ihrem Recht nach Satz 1 Gebrauch, so teilt sie ihre Entscheidung einschließlich ihrer Gründe der ersuchenden Stelle und der Europäischen Wertpapier- und Marktaufsichtsbehörde unverzüglich mit und übermittelt diesen genaue Informationen über das gerichtliche Verfahren oder die unanfechtbare Entscheidung.

(7) ¹Die Bundesanstalt ersucht die in Absatz 1 genannten zuständigen Stellen nach Maßgabe der auf Grundlage von Artikel 80 Absatz 4 und Artikel 81 Absatz 4 der Richtlinie 2014/65/EU erlassenen Durchführungsverordnung um die Durchführung von Untersuchungen und die Übermittlung von Informationen, die für die Erfüllung ihrer Aufgaben nach den Vorschriften dieses Gesetzes geeignet und erforderlich sind. ²Sie kann die zuständigen Stellen ersuchen, Bediensteten der Bundesanstalt die Teilnahme an den Untersuchungen zu gestatten. ³Mit Einverständnis der zuständigen Stellen kann die Bundesanstalt Untersuchungen im Ausland durchführen und hierfür Wirtschaftsprüfer oder Sachverständige beauftragen; bei Untersuchung eine Zweigniederlassung eines inländischen Wertpapierdienstleistungsunternehmens in einem Aufnahmemitgliedstaat durch die Bundesanstalt genügt eine vorherige Unterrichtung

der zuständigen Stelle im Ausland. ⁴ Trifft die Bundesanstalt Anordnungen gegenüber Unternehmen mit Sitz im Ausland, die Mitglieder inländischer organisierter Märkte sind, unterrichtet sie die für die Überwachung dieser Unternehmen zuständigen Stellen. ⁵ Werden der Bundesanstalt von einer Stelle eines anderen Staates Informationen mitgeteilt, so darf sie diese unbeschadet ihrer Verpflichtungen in strafrechtlichen Angelegenheiten, die den Verdacht einer Straftat nach den Strafvorschriften dieses Gesetzes zum Gegenstand haben, nur zur Erfüllung von Überwachungsaufgaben nach Absatz 2 Satz 1 und für damit zusammenhängende Verwaltungs- und Gerichtsverfahren verarbeiten. ⁶ Die Bundesanstalt darf diese Informationen unter Beachtung der Zweckbestimmung der übermittelnden Stelle den in § 17 Absatz 2 genannten Stellen mitteilen, sofern dies für die Erfüllung ihrer Aufgaben erforderlich ist. ⁷ Eine anderweitige Verarbeitung der Informationen ist nur mit Zustimmung der übermittelnden Stelle zulässig. ⁸ Außer bei Informationen im Zusammenhang mit Insiderhandel oder Marktmanipulation kann in begründeten Ausnahmefällen auf diese Zustimmung verzichtet werden, sofern dieses der übermittelnden Stelle unverzüglich unter Angabe der Gründe mitgeteilt wird. ⁹ Wird einem Ersuchen der Bundesanstalt nach den Sätzen 1 bis 3 nicht innerhalb angemessener Frist Folge geleistet oder wird es ohne hinreichende Gründe abgelehnt, kann die Bundesanstalt die Europäische Wertpapier- und Marktaufsichtsbehörde nach Maßgabe des Artikels 19 der Verordnung (EU) Nr. 1095/2010[1)] des Europäischen Parlaments und des Rates vom 24. November 2010 zur Errichtung einer Europäischen Aufsichtsbehörde (Europäische Wertpapier- und Marktaufsichtsbehörde), zur Änderung des Beschlusses Nr. 716/2009/EG und zur Aufhebung des Beschlusses 2009/77/EG der Kommission (ABl. L 331 vom 15.12.2010, S. 84) um Hilfe ersuchen.

(8) ¹ Hat die Bundesanstalt hinreichende Anhaltspunkte für einen Verstoß gegen Verbote oder Gebote nach den Vorschriften dieses Gesetzes oder nach entsprechenden ausländischen Vorschriften der in Absatz 1 Satz 1 genannten Staaten, teilt sie diese Anhaltspunkte der Europäischen Wertpapier- und Marktaufsichtsbehörde und den nach Absatz 1 Satz 1 zuständigen Stellen des Staates mit, auf dessen Gebiet die vorschriftswidrige Handlung stattfindet oder stattgefunden hat oder auf dessen Gebiet die betroffenen Finanzinstrumente an einem organisierten Markt gehandelt werden oder der nach dem Recht der Europäischen Union für die Verfolgung des Verstoßes zuständig ist. ² Sind die daraufhin getroffenen Maßnahmen der zuständigen ausländischen Stellen unzureichend oder wird weiterhin gegen die Vorschriften dieses Gesetzes oder gegen die entsprechenden ausländischen Vorschriften verstoßen, ergreift die Bundesanstalt nach vorheriger Unterrichtung der zuständigen Stellen alle für den Schutz der Anleger erforderlichen Maßnahmen und unterrichtet davon die Europäische Kommission und die Europäische Wertpapier- und Marktaufsichtsbehörde. ³ Erhält die Bundesanstalt eine entsprechende Mitteilung von zuständigen ausländischen Stellen, unterrichtet sie diese sowie die Europäische Wertpapier- und Marktaufsichtsbehörde über Ergebnisse daraufhin eingeleiteter Untersuchungen. ⁴ Die Bundesanstalt unterrichtet ferner

1. die zuständigen Stellen nach Satz 1 und die Europäische Wertpapier- und Marktaufsichtsbehörde über Anordnungen zur Aussetzung, Untersagung

---

[1)] Nr. 3.

oder Einstellung des Handels nach § 6 Absatz 2 Satz 4 dieses Gesetzes sowie § 3 Absatz 5 Satz 3 Nummer 1 und § 25 Absatz 1 des Börsengesetzes,
2. die zuständigen Stellen nach Satz 1 innerhalb eines Monats nach Erhalt einer Mitteilung nach § 19 Absatz 10 des Börsengesetzes von der Absicht der Geschäftsführung einer Börse, Handelsteilnehmern aus den betreffenden Staaten einen unmittelbaren Zugang zu ihrem Handelssystem zu gewähren,
3. die zuständigen Stellen nach Satz 1 und die Europäische Wertpapier- und Marktaufsichtsbehörde über Anordnungen nach § 9 Absatz 1 zur Verringerung von Positionsgrößen oder offenen Forderungen sowie
4. die zuständigen Stellen nach Satz 1 und die Europäische Wertpapier- und Marktaufsichtsbehörde über Anordnungen nach § 9 Absatz 2 zur Beschränkung von Positionen in Warenderivaten.

⁵Die Unterrichtung nach Satz 4 Nummer 3 und 4 muss mindestens 24 Stunden vor Bekanntgabe der Anordnung erfolgen; wenn dies im Ausnahmefall nicht möglich ist, muss die Unterrichtung spätestens vor der Bekanntgabe erfolgen. ⁶Die Unterrichtung nach Satz 4 Nummer 3 und 4 umfasst Angaben über Auskunfts- und Vorlageersuchen gemäß § 6 Absatz 3 Satz 2 Nummer 1 einschließlich ihrer Begründung und den Adressaten sowie über den Umfang von Anordnungen gemäß § 9 Absatz 2 einschließlich ihres Adressatenkreises, der betroffenen Finanzinstrumente, Positionsschranken und Ausnahmen, die nach § 56 Absatz 3 gewährt wurden. ⁷Betrifft eine in Satz 4 Nummer 3 und 4 genannte Maßnahme Energiegroßhandelsprodukte, so unterrichtet die Bundesanstalt auch die durch die Verordnung (EG) Nr. 713/2009 gegründete Agentur für die Zusammenarbeit der Energieregulierungsbehörden.

(9) Die Regelungen über die internationale Rechtshilfe in Strafsachen bleiben unberührt.

(10) ¹Die Bundesanstalt kann mit den zuständigen Stellen anderer als der in Absatz 1 genannten Staaten entsprechend den Absätzen 1 bis 9 zusammenarbeiten und Vereinbarungen über den Informationsaustausch abschließen. ²Absatz 7 Satz 5 und 6 findet mit der Maßgabe Anwendung, dass Informationen, die von diesen Stellen übermittelt werden, nur unter Beachtung einer Zweckbestimmung der übermittelnden Stelle verarbeitet und nur mit ausdrücklicher Zustimmung der übermittelnden Stelle der Deutschen Bundesbank oder dem Bundeskartellamt mitgeteilt werden dürfen, sofern dies für die Erfüllung ihrer Aufgaben erforderlich ist. ³Absatz 7 Satz 8 findet keine Anwendung. ⁴Die Übermittlung personenbezogener Daten muss im Einklang mit Kapitel V der Verordnung (EU) 2016/679 des Europäischen Parlaments und des Rates vom 27. April 2016 zum Schutz natürlicher Personen bei der Verarbeitung personenbezogener Daten, zum freien Datenverkehr und zur Aufhebung der Richtlinie 95/46/EG (Datenschutz-Grundverordnung) (ABl. L 119 vom 4.5.2016, S. 1; L 314 vom 22.11.2016, S. 72; L 127 vom 23.5.2018, S. 2) in der jeweils geltenden Fassung und mit den sonstigen allgemeinen datenschutzrechtlichen Vorschriften stehen. ⁵Die Bundesanstalt unterrichtet die Europäische Wertpapier- und Marktaufsichtsbehörde über den Abschluss von Vereinbarungen nach Satz 1.

(11) Für Zwecke der Zusammenarbeit im Zusammenhang mit der Verordnung (EU) Nr. 596/2014[1] stehen der Bundesanstalt die Befugnisse nach

---

[1] Nr. 11.

diesem Gesetz zu, um den einschlägigen Ersuchen der zuständigen Behörden nach der Verordnung (EU) Nr. 596/2014 sowie der für die Überwachung entsprechender ausländischer Bestimmungen zuständigen Behörden anderer Vertragsstaaten des Abkommens über den Europäischen Wirtschaftsraum oder von Drittstaaten nachzukommen.

(12) ¹Das Bundesministerium der Finanzen kann durch Rechtsverordnung, die nicht der Zustimmung des Bundesrates bedarf, zu den in den Absätzen 2, 3 und 7 genannten Zwecken nähere Bestimmungen über die Übermittlung von Informationen an ausländische Stellen, die Durchführung von Untersuchungen auf Ersuchen ausländischer Stellen sowie Ersuchen der Bundesanstalt an ausländische Stellen erlassen. ²Das Bundesministerium der Finanzen kann die Ermächtigung durch Rechtsverordnung auf die Bundesanstalt für Finanzdienstleistungsaufsicht übertragen.

## § 19 Zusammenarbeit mit der Europäischen Wertpapier- und Marktaufsichtsbehörde.
(1) Die Bundesanstalt stellt der Europäischen Wertpapier- und Marktaufsichtsbehörde gemäß den Artikeln 35 und 36 der Verordnung (EU) Nr. 1095/2010[1)] auf Verlangen unverzüglich alle für die Erfüllung ihrer Aufgaben erforderlichen Informationen zur Verfügung.

(2) Die Bundesanstalt übermittelt der Europäischen Wertpapier- und Marktaufsichtsbehörde jährlich eine Zusammenfassung von Informationen zu allen im Zusammenhang mit der Überwachung nach den Abschnitten 9 bis 11 ergriffenen Verwaltungsmaßnahmen und verhängten Sanktionen.

(3) Die Bundesanstalt unterrichtet die Europäische Wertpapier- und Marktaufsichtsbehörde über das Erlöschen einer Erlaubnis nach § 4 Absatz 4 des Börsengesetzes[2)] und die Aufhebung einer Erlaubnis nach § 4 Absatz 5 des Börsengesetzes oder nach den Vorschriften der Verwaltungsverfahrensgesetze der Länder.

## § 20 Zusammenarbeit mit der Europäischen Kommission im Rahmen des Energiewirtschaftsgesetzes.
Die Bundesanstalt übermittelt der Europäischen Kommission auf Verlangen diejenigen Angaben zu Geschäften in Finanzinstrumenten einschließlich personenbezogener Daten, die ihr nach Artikel 26 der Verordnung (EU) Nr. 600/2014[3)] mitgeteilt worden sind, soweit die Europäische Kommission deren Überlassung gemäß § 5a Absatz 1 des Energiewirtschaftsgesetzes auch unmittelbar von den mitteilungspflichtigen Unternehmen verlangen könnte und die Europäische Kommission diese Informationen zur Erfüllung ihrer im Energiewirtschaftsgesetz näher beschriebenen Aufgaben benötigt.

## § 21 Verschwiegenheitspflicht.
(1) ¹Die bei der Bundesanstalt Beschäftigten und die nach § 4 Abs. 3 des Finanzdienstleistungsaufsichtsgesetzes beauftragten Personen dürfen die ihnen bei ihrer Tätigkeit bekannt gewordenen Tatsachen, deren Geheimhaltung im Interesse eines nach diesem Gesetz Verpflichteten oder eines Dritten liegt, insbesondere Geschäfts- und Betriebsgeheimnisse sowie personenbezogene Daten, nicht unbefugt offenbaren oder verwenden, auch wenn sie nicht mehr im Dienst sind oder ihre Tätigkeit

---

[1)] Nr. 3.
[2)] Nr. 4.
[3)] Nr. 2.

beendet ist. ²Dies gilt auch für andere Personen, die durch dienstliche Berichterstattung Kenntnis von den in Satz 1 bezeichneten Tatsachen erhalten. ³Ein unbefugtes Offenbaren oder Verwenden im Sinne des Satzes 1 liegt insbesondere nicht vor, wenn Tatsachen weitergegeben werden an

1. Strafverfolgungsbehörden oder für Straf- und Bußgeldsachen zuständige Gerichte,
2. kraft Gesetzes oder im öffentlichen Auftrag mit der Überwachung von Börsen oder anderen Märkten, an denen Finanzinstrumente gehandelt werden, des Handels mit Finanzinstrumenten oder Devisen, von Kreditinstituten, Finanzdienstleistungsinstituten, Kapitalverwaltungsgesellschaften, extern verwaltete Investmentgesellschaften, EU-Verwaltungsgesellschaften oder ausländische AIF-Verwaltungsgesellschaften, Finanzunternehmen, Versicherungsunternehmen, Versicherungsvermittlern, Unternehmen im Sinne von § 3 Absatz 1 Nummer 7 oder Mitarbeitern im Sinne des § 87 Absatz 1 bis 5 betraute Stellen sowie von diesen beauftragte Personen,
3. Zentralbanken in ihrer Eigenschaft als Währungsbehörden sowie an andere staatliche Behörden, die mit der Überwachung der Zahlungssysteme betraut sind,
4. mit der Liquidation oder dem Insolvenzverfahren über das Vermögen eines Wertpapierdienstleistungsunternehmens, eines organisierten Marktes oder des Betreibers eines organisierten Marktes befasste Stellen,
5. die Europäische Zentralbank, das Europäische System der Zentralbanken, die Europäische Wertpapier- und Marktaufsichtsbehörde, die Europäische Aufsichtsbehörde für das Versicherungswesen und die betriebliche Altersversorgung, die Europäische Bankenaufsichtsbehörde, den Gemeinsamen Ausschuss der Europäischen Finanzaufsichtsbehörden, den Europäischen Ausschuss für Systemrisiken oder die Europäische Kommission,

soweit diese Stellen die Informationen zur Erfüllung ihrer Aufgaben benötigen. ⁴Für die bei den in Satz 3 Nummer 1 bis 4 genannten Stellen beschäftigten Personen sowie von diesen Stellen beauftragten Personen gilt die Verschwiegenheitspflicht nach Satz 1 entsprechend. ⁵Befindet sich eine in Satz 3 Nummer 1 bis 4 genannte Stelle in einem anderen Staat, so dürfen die Tatsachen nur weitergegeben werden, wenn die bei dieser Stelle beschäftigten und von dieser Stelle beauftragten Personen einer dem Satz 1 entsprechenden Verschwiegenheitspflicht unterliegen.

(2) ¹Die §§ 93, 97 und 105 Absatz 1, § 111 Absatz 5 in Verbindung mit § 105 Absatz 1 sowie § 116 Absatz 1 der Abgabenordnung gelten für die in Absatz 1 Satz 1 und 2 bezeichneten Personen nur, soweit die Finanzbehörden die Kenntnisse für die Durchführung eines Verfahrens wegen einer Steuerstraftat sowie eines damit zusammenhängenden Besteuerungsverfahrens benötigen. ²Die in Satz 1 genannten Vorschriften sind jedoch nicht anzuwenden, soweit Tatsachen betroffen sind,

1. die den in Absatz 1 Satz 1 oder Satz 2 bezeichneten Personen durch eine Stelle eines anderen Staates im Sinne von Absatz 1 Satz 3 Nummer 2 oder durch von dieser Stelle beauftragte Personen mitgeteilt worden sind oder
2. von denen bei der Bundesanstalt beschäftigte Personen dadurch Kenntnis erlangen, dass sie an der Aufsicht über direkt von der Europäischen Zentralbank beaufsichtigte Institute mitwirken, insbesondere in gemeinsamen Aufsichtsteams nach Artikel 2 Nummer 6 der Verordnung (EU) Nr. 468/2014

der Europäischen Zentralbank vom 16. April 2014 zur Einrichtung eines Rahmenwerks für die Zusammenarbeit zwischen der Europäischen Zentralbank und den nationalen zuständigen Behörden und den nationalen benannten Behörden innerhalb des einheitlichen Aufsichtsmechanismus (SSM-Rahmenverordnung) (EZB/2014/17) (ABl. L 141 vom 14.5.2014 S. 1), und die nach den Regeln der Europäischen Zentralbank geheim sind.

**§ 22 Meldepflichten.** (1) ¹Die Bundesanstalt ist zuständige Behörde im Sinne der Artikel 26 und 27 der Verordnung (EU) Nr. 600/2014[1)]. ²Dies gilt insbesondere auch für die Mitteilung von Referenzdaten, die von Handelsplätzen nach Artikel 27 Absatz 1 der Verordnung (EU) Nr. 600/2014 zu übermitteln sind. ³Sie ist zuständig für die Übermittlung von Mitteilungen nach Artikel 26 Absatz 1 der Verordnung (EU) Nr. 600/2014 an die zuständige Behörde eines anderen Mitgliedstaates oder eines anderen Vertragsstaates des Abkommens über den Europäischen Wirtschaftsraum, wenn sich in diesem Staat der unter Liquiditätsaspekten relevanteste Markt für das gemeldete Finanzinstrument im Sinne des Artikels 26 Absatz 1 der Verordnung (EU) Nr. 600/2014 befindet.

(2) ¹Ein inländischer Handelsplatz, der im Namen eines Wertpapierdienstleistungsunternehmens Meldungen nach Artikel 26 Absatz 1 der Verordnung (EU) Nr. 600/2014 vornimmt, muss Sicherheitsmechanismen einrichten, die die Sicherheit und Authentifizierung der Informationsübermittlungswege gewährleisten sowie eine Verfälschung der Daten und einen unberechtigten Zugriff und ein Bekanntwerden von Informationen verhindern und so jederzeit die Vertraulichkeit der Daten wahren. ²Der Handelsplatz muss ausreichende Mittel vorhalten und Notfallsysteme einrichten, um seine diesbezüglichen Dienste jederzeit anbieten und aufrechterhalten zu können.

(3) ¹Die Verpflichtung nach Artikel 26 Absatz 1 bis 3 sowie 6 und 7 der Verordnung (EU) Nr. 600/2014 in Verbindung mit der Delegierten Verordnung (EU) 2017/590 der Kommission vom 28. Juli 2016 zur Ergänzung der Verordnung (EU) Nr. 600/2014 des Europäischen Parlaments und des Rates durch technische Regulierungsstandards für die Meldung von Geschäften an die zuständigen Behörden (ABl. L 87 vom 31.3.2017, S. 449), in der jeweils geltenden Fassung, gilt entsprechend für inländische zentrale Gegenparteien im Sinne des § 1 Absatz 31 des Kreditwesengesetzes hinsichtlich der Informationen, über die sie auf Grund der von ihnen abgeschlossenen Geschäfte verfügen. ²Diese Informationen umfassen Inhalte, die gemäß Anhang 1 Tabelle 2 Meldefelder Nummer 1 bis 4, 6, 7, 16, 28 bis 31, 33 bis 36 und 38 bis 56 der Delegierten Verordnung (EU) 2017/590 anzugeben sind. ³Die übrigen Meldefelder sind so zu befüllen, dass sie den technischen Validierungsregeln, die von der Europäischen Wertpapier- und Marktaufsichtsbehörde vorgegeben sind, entsprechen.

**§ 23 Anzeige von Verdachtsfällen.** (1) ¹Wertpapierdienstleistungsunternehmen, andere Kreditinstitute, Kapitalverwaltungsgesellschaften und Betreiber von außerbörslichen Märkten, an denen Finanzinstrumente gehandelt werden, haben bei der Feststellung von Tatsachen, die den Verdacht begründen, dass mit einem Geschäft über Finanzinstrumente, für die die Bundesanstalt die zuständi-

---

[1)] Nr. 2.

ge Behörde im Sinne des Artikels 2 Absatz 1 Buchstabe j der Verordnung (EU) Nr. 236/2012 ist, gegen die Artikel 12, 13 oder 14 der Verordnung (EU) Nr. 236/2012 verstoßen wird, diese unverzüglich der Bundesanstalt mitzuteilen. ²Sie dürfen andere Personen als staatliche Stellen und solche, die auf Grund ihres Berufs einer gesetzlichen Verschwiegenheitspflicht unterliegen, von der Anzeige oder von einer daraufhin eingeleiteten Untersuchung nicht in Kenntnis setzen.

(2) ¹Der Inhalt einer Anzeige nach Absatz 1 darf von der Bundesanstalt nur zur Erfüllung ihrer Aufgaben verwendet werden. ²Die Bundesanstalt darf die Identität einer anzeigenden Person nach Absatz 1 anderen als staatlichen Stellen nicht zugänglich machen. ³Das Recht der Bundesanstalt nach § 123 bleibt unberührt.

(3) Wer eine Anzeige nach Absatz 1 erstattet, darf wegen dieser Anzeige nicht verantwortlich gemacht werden, es sei denn, die Anzeige ist vorsätzlich oder grob fahrlässig unwahr erstattet worden.

(4) ¹Das Bundesministerium der Finanzen kann durch Rechtsverordnung, die nicht der Zustimmung des Bundesrates bedarf, nähere Bestimmungen erlassen über

1. die Form und den Inhalt einer Anzeige nach Absatz 1 und
2. die Art und Weise der Übermittlung einer Mitteilung nach Artikel 16 Absatz 1 und 2 der Verordnung (EU) Nr. 596/2014[1]).

²Das Bundesministerium der Finanzen kann die Ermächtigung durch Rechtsverordnung auf die Bundesanstalt übertragen.

## § 24 Verpflichtung des Insolvenzverwalters.
(1) Wird über das Vermögen eines nach diesem Gesetz zu einer Handlung Verpflichteten ein Insolvenzverfahren eröffnet, hat der Insolvenzverwalter den Schuldner bei der Erfüllung der Pflichten nach diesem Gesetz zu unterstützen, insbesondere indem er aus der Insolvenzmasse die hierfür erforderlichen Mittel bereitstellt.

(2) Wird vor Eröffnung des Insolvenzverfahrens ein vorläufiger Insolvenzverwalter bestellt, hat dieser den Schuldner bei der Erfüllung seiner Pflichten zu unterstützen, insbesondere indem er der Verwendung der Mittel durch den Verpflichteten zustimmt oder, wenn dem Verpflichteten ein allgemeines Verfügungsverbot auferlegt wurde, indem er die Mittel aus dem von ihm verwalteten Vermögen zur Verfügung stellt.

### Abschnitt 3. Marktmissbrauchsüberwachung

## § 25 Anwendung der Verordnung (EU) Nr. 596/2014[1]) auf Waren und ausländische Zahlungsmittel.
Artikel 15 in Verbindung mit Artikel 12 Absatz 1 bis 4 der Verordnung (EU) Nr. 596/2014 gilt entsprechend für
1. Waren im Sinne des § 2 Absatz 5 und
2. ausländische Zahlungsmittel im Sinne des § 51 des Börsengesetzes[2]),

die an einer inländischen Börse oder einem vergleichbaren Markt in einem anderen Mitgliedstaat der Europäischen Union oder in einem anderen Ver-

---
[1]) Nr. 11.
[2]) Nr. 4.

tragsstaat des Abkommens über den Europäischen Wirtschaftsraum gehandelt werden.

**§ 26 Übermittlung von Insiderinformationen und von Eigengeschäften; Verordnungsermächtigung.** (1) Ein Inlandsemittent, ein MTF-Emittent oder ein OTF-Emittent, der gemäß Artikel 17 Absatz 1, 7 oder 8 der Verordnung (EU) Nr. 596/2014[1] verpflichtet ist, Insiderinformationen zu veröffentlichen, hat diese vor ihrer Veröffentlichung der Bundesanstalt und den Geschäftsführungen der Handelsplätze, an denen seine Finanzinstrumente zum Handel zugelassen oder in den Handel einbezogen sind, mitzuteilen sowie unverzüglich nach ihrer Veröffentlichung dem Unternehmensregister im Sinne des § 8b des Handelsgesetzbuchs zur Speicherung zu übermitteln.

(2) Ein Inlandsemittent, ein MTF-Emittent oder ein OTF-Emittent, der gemäß Artikel 19 Absatz 3 der Verordnung (EU) Nr. 596/2014 verpflichtet ist, Informationen zu Eigengeschäften von Führungskräften zu veröffentlichen, hat diese Informationen unverzüglich, jedoch nicht vor ihrer Veröffentlichung, dem Unternehmensregister im Sinne des § 8b des Handelsgesetzbuchs zur Speicherung zu übermitteln sowie die Veröffentlichung der Bundesanstalt mitzuteilen.

(3) [1] Verstößt der Emittent gegen die Verpflichtungen nach Absatz 1 oder nach Artikel 17 Absatz 1, 7 oder 8 der Verordnung (EU) Nr. 596/2014, so ist er einem anderen nur unter den Voraussetzungen der §§ 97 und 98 zum Ersatz des daraus entstehenden Schadens verpflichtet. [2] Schadensersatzansprüche, die auf anderen Rechtsgrundlagen beruhen, bleiben unberührt.

(4) [1] Das Bundesministerium der Finanzen kann durch Rechtsverordnung, die nicht der Zustimmung des Bundesrates bedarf, nähere Bestimmungen erlassen über

1. den Mindestinhalt, die Art, die Sprache, den Umfang und die Form einer Mitteilung nach Absatz 1 oder Absatz 2,
2. den Mindestinhalt, die Art, die Sprache, den Umfang und die Form einer Veröffentlichung nach Artikel 17 Absatz 1, 2 und 6 bis 9 der Verordnung (EU) Nr. 596/2014,
3. die Bedingungen, die ein Emittent oder Teilnehmer am Markt für Emissionszertifikate nach Artikel 17 Absatz 4 Unterabsatz 1 der Verordnung (EU) Nr. 596/2014 erfüllen muss, um die Offenlegung von Insiderinformationen aufzuschieben,
4. die Art und Weise der Übermittlung sowie den Mindestinhalt einer Mitteilung nach Artikel 17 Absatz 4 Unterabsatz 3 Satz 1 und Absatz 6 Unterabsatz 1 Satz 1 der Verordnung (EU) Nr. 596/2014,
5. die Art und Weise der Übermittlung einer Insiderliste nach Artikel 18 Absatz 1 Buchstabe c der Verordnung (EU) Nr. 596/2014,
6. die Art und Weise der Übermittlung sowie der Sprache einer Meldung nach Artikel 19 Absatz 1 der Verordnung (EU) Nr. 596/2014 und
7. den Inhalt, die Art, den Umfang und die Form einer zusätzlichen Veröffentlichung der Informationen nach Artikel 19 Absatz 3 der Verordnung (EU) Nr. 596/2014 durch die Bundesanstalt gemäß Artikel 19 Absatz 3 Unterabsatz 3 der Verordnung (EU) Nr. 596/2014.

---

[1] Nr. 11.

² Das Bundesministerium der Finanzen kann die Ermächtigung durch Rechtsverordnung auf die Bundesanstalt übertragen.

**§ 27 Aufzeichnungspflichten.** ¹ Wertpapierdienstleistungsunternehmen sowie Unternehmen mit Sitz im Inland, die an einer inländischen Börse zur Teilnahme am Handel zugelassen sind, haben vor Durchführung von Aufträgen, die Finanzinstrumente im Sinne des Artikels 2 Absatz 1 Unterabsatz 1 der Verordnung (EU) Nr. 596/2014[1]) oder Handlungen oder Geschäfte im Sinne des Artikels 2 Absatz 1 Unterabsatz 2 Satz 1 der Verordnung (EU) Nr. 596/2014 zum Gegenstand haben, bei natürlichen Personen den Namen, das Geburtsdatum und die Anschrift, bei Unternehmen die Firma und die Anschrift der Auftraggeber und der berechtigten oder verpflichteten Personen oder Unternehmen festzustellen und diese Angaben aufzuzeichnen. ² Die Aufzeichnungen nach Satz 1 sind mindestens sechs Jahre aufzubewahren. ³ Für die Aufbewahrung gilt § 257 Abs. 3 und 5 des Handelsgesetzbuchs entsprechend.

**§ 28 Überwachung der Geschäfte der bei der Bundesanstalt Beschäftigten.** (1) Die Bundesanstalt muss über angemessene interne Kontrollverfahren verfügen, die geeignet sind, Verstößen der bei der Bundesanstalt Beschäftigten gegen die Verbote nach Artikel 14 der Verordnung (EU) Nr. 596/2014[1]) entgegenzuwirken.

(2) ¹ Der Dienstvorgesetzte oder die von ihm beauftragte Person kann von den bei der Bundesanstalt Beschäftigten die Erteilung von Auskünften und die Vorlage von Unterlagen über Geschäfte in Finanzinstrumenten im Sinne des Artikels 2 Absatz 1 Unterabsatz 1 der Verordnung (EU) Nr. 596/2014 und Handlungen und Geschäfte im Sinne des Artikels 2 Absatz 1 Unterabsatz 2 Satz 1 der Verordnung (EU) Nr. 596/2014 verlangen, die sie für eigene oder fremde Rechnung oder für einen anderen abgeschlossen haben. ² § 6 Absatz 15 ist anzuwenden. ³ Beschäftigte, die bei ihren Dienstgeschäften bestimmungsgemäß Kenntnis von Insiderinformationen haben oder haben können, sind verpflichtet, Geschäfte in Finanzinstrumenten im Sinne des Artikels 2 Absatz 1 Unterabsatz 1 der Verordnung (EU) Nr. 596/2014 und Handlungen und Geschäfte im Sinne des Artikels 2 Absatz 1 Unterabsatz 2 Satz 1 der Verordnung (EU) Nr. 596/2014, die sie für eigene oder fremde Rechnung oder für einen anderen abgeschlossen haben, unverzüglich dem Dienstvorgesetzten oder der von ihm beauftragten Person schriftlich oder elektronisch anzuzeigen. ⁴ Der Dienstvorgesetzte oder die von ihm beauftragte Person bestimmt die in Satz 3 genannten Beschäftigten.

### Abschnitt 4. Ratingagenturen

**§ 29 Zuständigkeit im Sinne der Verordnung (EG) Nr. 1060/2009.**

(1) Die Bundesanstalt ist zuständige Behörde im Sinne des Artikels 22 der Verordnung (EG) Nr. 1060/2009 des Europäischen Parlaments und des Rates vom 16. September 2009 über Ratingagenturen (ABl. L 302 vom 17.11.2009, S. 1), die zuletzt durch die Verordnung (EU) Nr. 462/2013 (ABl. L 146 vom 31.5.2013, S. 1) geändert worden ist, in der jeweils geltenden Fassung.

---

[1]) Nr. 11.

(2) Für Wertpapierdienstleistungsunternehmen ist die Bundesanstalt nach diesem Gesetz sektoral zuständige Behörde im Sinne des Artikels 25a der Verordnung (EG) Nr. 1060/2009 in der jeweils geltenden Fassung, soweit diese Unternehmen bei der Erbringung von Wertpapierdienstleistungen oder Wertpapiernebendienstleistungen Ratings verwenden.

(3) Soweit in der Verordnung (EG) Nr. 1060/2009 in der jeweils geltenden Fassung oder den auf ihrer Grundlage erlassenen Rechtsakten nichts Abweichendes geregelt ist, sind die §§ 2, 3, 6 bis 13, 17 Absatz 2, § 18 mit Ausnahme von Absatz 7 Satz 5 bis 8, § 21 mit Ausnahme von Absatz 1 Satz 3 bis 5 für die Ausübung der Aufsicht durch die Bundesanstalt nach den Absätzen 1, 2 und 5 entsprechend anzuwenden.

(4) Widerspruch und Anfechtungsklage gegen Maßnahmen der Bundesanstalt nach den Absätzen 1 und 2, auch aufgrund oder in Verbindung mit der Verordnung (EG) Nr. 1060/2009 in der jeweils geltenden Fassung oder den auf ihrer Grundlage erlassenen Rechtsakten, haben keine aufschiebende Wirkung.

(5) ¹Zulassungsantragsteller im Sinne von § 2 Nummer 7 und Anbieter im Sinne von § 2 Nummer 6 des Wertpapierprospektgesetzes[1], die einen Antrag auf Billigung eines Prospekts im Sinne der Verordnung (EU) 2017/1129[2] für ein öffentliches Angebot oder die Zulassung zum Handel von strukturierten Finanzinstrumenten im Sinne der Artikel 8b oder Artikel 8c der Verordnung (EG) Nr. 1060/2009 in der jeweils geltenden Fassung oder einer Emission im Sinne des Artikels 8d der Verordnung (EG) Nr. 1060/2009 in der jeweils geltenden Fassung bei der Bundesanstalt stellen und zugleich Emittent dieses strukturierten Finanzinstruments oder dieser Emission sind, haben der Bundesanstalt mit der Stellung des Billigungsantrags eine Erklärung beizufügen, dass sie die auf sie anwendbaren Pflichten aus den Artikeln 8b, 8c oder Artikel 8d der Verordnung (EG) Nr. 1060/2009 in der jeweils geltenden Fassung erfüllen.
²Die Wirksamkeit des Billigungsantrags bleibt von der ordnungsgemäßen Abgabe dieser Erklärung unberührt.

## Abschnitt 5. OTC-Derivate und Transaktionsregister

**§ 30 Überwachung des Clearings von OTC-Derivaten und Aufsicht über Transaktionsregister.** (1) ¹Die Bundesanstalt ist unbeschadet des § 6 des Kreditwesengesetzes nach diesem Gesetz zuständig für die Einhaltung der Vorschriften nach den Artikeln 4, 4a, 5 und 7 bis 13 der Verordnung (EU) Nr. 648/2012 des Europäischen Parlaments und des Rates vom 4. Juli 2012 über OTC-Derivate, zentrale Gegenparteien und Transaktionsregister (ABl. L 201 vom 27.7.2012, S. 1), soweit sich nicht aus § 3 Absatz 5 oder § 5 Absatz 6 des Börsengesetzes[3] etwas anderes ergibt. ²Die Bundesanstalt ist zuständige Behörde im Sinne des Artikels 62 Absatz 4, des Artikels 63 Absatz 3 bis 7, des Artikels 68 Absatz 3 und des Artikels 74 Absatz 1 bis 3 der Verordnung (EU) Nr. 648/2012. ³Soweit in der Verordnung (EU) Nr. 648/2012 nichts Abweichendes geregelt ist, gelten die Vorschriften der Abschnitte 1 und 2 dieses Gesetzes, mit Ausnahme der §§ 22 und 23, entsprechend.

---

[1] Nr. 7.
[2] Nr. 6.
[3] Nr. 4.

(2) Eine inländische finanzielle Gegenpartei im Sinne des Artikels 2 Nummer 8 der Verordnung (EU) Nr. 648/2012 hat, wenn sie eine Garantie im Sinne der Artikel 1 und 2 Absatz 1 der Delegierten Verordnung (EU) Nr. 285/2014 der Kommission vom 13. Februar 2014 zur Ergänzung der Verordnung (EU) Nr. 648/2012 des Europäischen Parlaments und des Rates im Hinblick auf technische Regulierungsstandards in Bezug auf unmittelbare, wesentliche und vorhersehbare Auswirkungen von Kontrakten innerhalb der Union und die Verhinderung der Umgehung von Vorschriften und Pflichten (ABl. L 85 vom 21.3.2014, S. 1) in der jeweils geltenden Fassung gewährt oder erweitert, durch geeignete Maßnahmen, insbesondere durch Vertragsgestaltung und Kontrollen, sicherzustellen, dass die an garantierten OTC-Derivatekontrakten beteiligten, in einem Drittstaat ansässigen Einrichtungen nicht gegen auf diese garantierten OTC-Derivatekontrakte anwendbare Bestimmungen der Verordnung (EU) Nr. 648/2012 verstoßen.

(3) Inländische Clearingmitglieder im Sinne des Artikels 2 Nummer 14 der Verordnung (EU) Nr. 648/2012 sowie Handelsplätze im Sinne des Artikels 2 Nummer 4 der Verordnung (EU) Nr. 648/2012 dürfen Clearingdienste einer in einem Drittstaat ansässigen zentralen Gegenpartei im Sinne des Artikels 25 Absatz 1 der Verordnung (EU) Nr. 648/2012 nur nutzen, wenn diese von der Europäischen Wertpapier- und Marktaufsichtsbehörde anerkannt wurde.

(4) Die Bundesanstalt übt die ihr nach Absatz 1 in Verbindung mit der Verordnung (EU) Nr. 648/2012 übertragenen Befugnisse aus, soweit dies für die Wahrnehmung ihrer Aufgaben und die Überwachung der Einhaltung der in der Verordnung (EU) Nr. 648/2012 geregelten Pflichten erforderlich ist.

(5) [1] Sofern die Bundesanstalt als zuständige Behörde nach Absatz 1 tätig wird oder Befugnisse nach Absatz 1 ausübt, sind die vorzulegenden Unterlagen in deutscher Sprache und auf Verlangen der Bundesanstalt zusätzlich in englischer Sprache zu erstellen und vorzulegen. [2] Die Bundesanstalt kann gestatten, dass die Unterlagen ausschließlich in englischer Sprache erstellt und vorgelegt werden.

(6) [1] Die Bundesanstalt kann von Unternehmen Auskünfte, die Vorlage von Unterlagen und die Überlassung von Kopien verlangen, soweit dies für die Überwachung der Einhaltung der Vorschriften nach Absatz 1 erforderlich ist. [2] Gesetzliche Auskunfts- oder Aussageverweigerungsrechte sowie gesetzliche Verschwiegenheitspflichten bleiben unberührt.

(7) Widerspruch und Anfechtungsklage gegen Maßnahmen der Bundesanstalt nach den Absätzen 4 und 6, auch in Verbindung mit der Verordnung (EU) Nr. 648/2012, haben keine aufschiebende Wirkung.

## § 31 Verordnungsermächtigung zu den Mitteilungspflichten nach der Verordnung (EU) Nr. 648/2012.

[1] Das Bundesministerium der Finanzen kann durch Rechtsverordnung, die nicht der Zustimmung des Bundesrates bedarf, nähere Bestimmungen erlassen über den Inhalt, die Art, die Sprache, den Umfang und die Form der Unterrichtung nach Artikel 4a Absatz 1 Unterabsatz 2 Buchstabe a oder nach Artikel 10 Absatz 1 Unterabsatz 2 Buchstabe a sowie der Nachweise nach Artikel 4a Absatz 2 Unterabsatz 1 oder nach Artikel 10 Absatz 2 Unterabsatz 1 der Verordnung (EU) Nr. 648/2012. [2] Das Bundesministerium der Finanzen kann die Ermächtigung durch Rechtsverordnung auf die Bundesanstalt übertragen.

**§ 32 Prüfung der Einhaltung bestimmter Pflichten der Verordnung (EU) Nr. 648/2012 und der Verordnung (EU) Nr. 600/2014[1].** (1) ¹Kapitalgesellschaften, die weder kleine Kapitalgesellschaften im Sinne des § 267 Absatz 1 des Handelsgesetzbuchs noch finanzielle Gegenparteien im Sinne des Artikels 2 Nummer 8 der Verordnung (EU) Nr. 648/2012 sind und die im abgelaufenen Geschäftsjahr entweder

1. OTC-Derivate im Sinne des Artikels 2 Nummer 7 der Verordnung (EU) Nr. 648/2012 mit einem Gesamtnominalvolumen von mehr als 100 Millionen Euro oder

2. mehr als 100 OTC-Derivatekontrakte im Sinne des Artikels 2 Nummer 7 der Verordnung (EU) Nr. 648/2012

eingegangen sind, haben durch einen geeigneten Prüfer innerhalb von neun Monaten nach Ablauf des Geschäftsjahres prüfen und bescheinigen zu lassen, dass sie über geeignete Systeme verfügen, die die Einhaltung der Anforderungen nach Artikel 4 Absatz 1, 2 und 3 Unterabsatz 2, Artikel 9 Absatz 1 bis 3, Artikel 10 Absatz 1 bis 3 sowie Artikel 11 Absatz 1, 2 und 3 Satz 2 und Absatz 5 bis 11 Unterabsatz 1 der Verordnung (EU) Nr. 648/2012, nach Artikel 28 Absatz 1 bis 3 der Verordnung (EU) Nr. 600/2014 sowie nach einer auf Grund des § 31 dieses Gesetzes erlassenen Rechtsverordnung sicherstellen. ²Für die Zwecke der Berechnung der Schwelle nach Satz 1 Nummer 1 und 2 sind solche Geschäfte nicht zu berücksichtigen, die als gruppeninterne Geschäfte der Ausnahme des Artikels 4 Absatz 2 der Verordnung (EU) Nr. 648/2012 unterliegen oder von den Anforderungen des Artikels 11 Absatz 3 der Verordnung (EU) Nr. 648/2012 befreit sind. ³Die Pflichten nach Satz 1 gelten nicht für solche Unternehmen, die den Prüfungspflichten nach § 35 des Versicherungsaufsichtsgesetzes oder den Prüfungspflichten nach § 29 des Kreditwesengesetzes unterliegen.

(2) ¹Geeignete Prüfer im Sinne des Absatzes 1 Satz 1 sind Wirtschaftsprüfer, vereidigte Buchprüfer sowie Wirtschaftsprüfungs- und Buchprüfungsgesellschaften, die hinsichtlich des Prüfungsgegenstandes über ausreichende Kenntnisse verfügen. ²Die Kapitalgesellschaft hat den Prüfer spätestens 15 Monate nach Beginn des Geschäftsjahres, auf das sich die Prüfung erstreckt, zu bestellen.

(3) ¹Der Prüfer hat die Bescheinigung zu unterzeichnen und innerhalb von neun Monaten nach Ablauf des Geschäftsjahres, auf das sich die Prüfung erstreckt, den gesetzlichen Vertretern und dem Aufsichtsrat vorzulegen, falls die Kapitalgesellschaft über einen solchen verfügt. ²Vor der Zuleitung der Bescheinigung an den Aufsichtsrat ist der Geschäftsleitung Gelegenheit zur Stellungnahme zu geben. ³In der Bescheinigung hat der Prüfer über die Ergebnisse der Prüfung schriftlich zu berichten. ⁴Werden dem Prüfer bei der Prüfung schwerwiegende Verstöße gegen die Anforderungen des Absatzes 1 bekannt, hat er die Bundesanstalt unverzüglich zu unterrichten. ⁵§ 323 des Handelsgesetzbuchs gilt entsprechend.

(4) ¹Enthält die Bescheinigung des Prüfers die Feststellung von Mängeln, hat die Kapitalgesellschaft die Bescheinigung unverzüglich der Bundesanstalt zu übermitteln. ²Stellt ein Prüfer fest, dass die Geschäftsleitung eine entsprechende Übermittlung an die Bundesanstalt in einem Geschäftsjahr, das vor dem Prü-

---

[1] Nr. 2.

Wertpapierhandelsgesetz § 33 WpHG 12

fungszeitraum liegt, unterlassen hat, hat er dies der Bundesanstalt unverzüglich mitzuteilen. ³Tatsachen, die auf das Vorliegen einer Berufspflichtverletzung durch den Prüfer schließen lassen, übermittelt die Bundesanstalt der Wirtschaftsprüferkammer. ⁴§ 110 Absatz 1 Satz 2 gilt entsprechend.

(5) ¹Die Pflichten nach Absatz 1 in Verbindung mit den Absätzen 2 bis 4 gelten auch für offene Handelsgesellschaften und Kommanditgesellschaften im Sinne des § 264a Absatz 1 des Handelsgesetzbuchs. ²§ 264a Absatz 2 des Handelsgesetzbuchs gilt entsprechend.

(6) ¹Das Bundesministerium der Finanzen kann durch Rechtsverordnung, die nicht der Zustimmung des Bundesrates bedarf, im Einvernehmen mit dem Bundesministerium der Justiz und für Verbraucherschutz nähere Bestimmungen über Art, Umfang und Zeitpunkt der Prüfung nach Absatz 1 sowie über Art und Umfang der Bescheinigungen nach Absatz 3 erlassen, soweit dies zur Erfüllung der Aufgaben der Bundesanstalt erforderlich ist, insbesondere um auf die Einhaltung der in Absatz 1 Satz 1 genannten Pflichten und Anforderungen hinzuwirken und um einheitliche Unterlagen zu erhalten. ²Das Bundesministerium der Finanzen kann die Ermächtigung durch Rechtsverordnung im Einvernehmen mit dem Bundesministerium der Justiz und für Verbraucherschutz auf die Bundesanstalt übertragen.

## Abschnitt 6. Mitteilung, Veröffentlichung und Übermittlung von Veränderungen des Stimmrechtsanteils an das Unternehmensregister

**§ 33 Mitteilungspflichten des Meldepflichtigen; Verordnungsermächtigung.** (1) ¹Wer durch Erwerb, Veräußerung oder auf sonstige Weise 3 Prozent, 5 Prozent, 10 Prozent, 15 Prozent, 20 Prozent, 25 Prozent, 30 Prozent, 50 Prozent oder 75 Prozent der Stimmrechte aus ihm gehörenden Aktien an einem Emittenten, für den die Bundesrepublik Deutschland der Herkunftsstaat ist, erreicht, überschreitet oder unterschreitet (Meldepflichtiger), hat dies unverzüglich dem Emittenten und gleichzeitig der Bundesanstalt, spätestens innerhalb von vier Handelstagen unter Beachtung von § 34 Absatz 1 und 2 mitzuteilen. ²Bei Hinterlegungsscheinen, die Aktien vertreten, trifft die Mitteilungspflicht ausschließlich den Inhaber der Hinterlegungsscheine. ³Die Frist des Satzes 1 beginnt mit dem Zeitpunkt, zu dem der Meldepflichtige Kenntnis davon hat oder nach den Umständen haben mußte, daß sein Stimmrechtsanteil die genannten Schwellen erreicht, überschreitet oder unterschreitet. ⁴Hinsichtlich des Fristbeginns wird unwiderleglich vermutet, dass der Meldepflichtige spätestens zwei Handelstage nach dem Erreichen, Überschreiten oder Unterschreiten der genannten Schwellen Kenntnis hat. ⁵Kommt es infolge von Ereignissen, die die Gesamtzahl der Stimmrechte verändern, zu einer Schwellenberührung, so beginnt die Frist abweichend von Satz 3, sobald der Meldepflichtige von der Schwellenberührung Kenntnis erlangt, spätestens jedoch mit der Veröffentlichung des Emittenten nach § 41 Absatz 1.

(2) ¹Wem im Zeitpunkt der erstmaligen Zulassung der Aktien zum Handel an einem organisierten Markt 3 Prozent oder mehr der Stimmrechte an einem Emittenten zustehen, für den die Bundesrepublik Deutschland der Herkunftsstaat ist, hat diesem Emittenten sowie der Bundesanstalt eine Mitteilung entsprechend Absatz 1 Satz 1 zu machen. ²Absatz 1 Satz 2 gilt entsprechend.

801

(3) Als Gehören im Sinne dieses Abschnitts gilt bereits das Bestehen eines auf die Übertragung von Aktien gerichteten unbedingten und ohne zeitliche Verzögerung zu erfüllenden Anspruchs oder einer entsprechenden Verpflichtung.

(4) Inlandsemittenten und Emittenten, für die die Bundesrepublik Deutschland der Herkunftsstaat ist, sind im Sinne dieses Abschnitts nur solche, deren Aktien zum Handel an einem organisierten Markt zugelassen sind.

(5) [1] Das Bundesministerium der Finanzen kann durch Rechtsverordnung, die nicht der Zustimmung des Bundesrates bedarf, nähere Bestimmungen erlassen über den Inhalt, die Art, die Sprache, den Umfang und die Form der Mitteilung nach Absatz 1 Satz 1 und Absatz 2. [2] Das Bundesministerium der Finanzen kann die Ermächtigung durch Rechtsverordnung auf die Bundesanstalt übertragen, soweit die Art und die Form der Mitteilung nach Absatz 1 oder Absatz 2, insbesondere die Nutzung eines elektronischen Verfahrens, betroffen sind.

## § 34 Zurechnung von Stimmrechten.

(1) [1] Für die Mitteilungspflichten nach § 33 Absatz 1 und 2 stehen den Stimmrechten des Meldepflichtigen Stimmrechte aus Aktien des Emittenten, für den die Bundesrepublik Deutschland der Herkunftsstaat ist, gleich,

1. die einem Tochterunternehmen des Meldepflichtigen gehören,
2. die einem Dritten gehören und von ihm für Rechnung des Meldepflichtigen gehalten werden,
3. die der Meldepflichtige einem Dritten als Sicherheit übertragen hat, es sei denn, der Dritte ist zur Ausübung der Stimmrechte aus diesen Aktien befugt und bekundet die Absicht, die Stimmrechte unabhängig von den Weisungen des Meldepflichtigen auszuüben,
4. an denen zugunsten des Meldepflichtigen ein Nießbrauch bestellt ist,
5. die der Meldepflichtige durch eine Willenserklärung erwerben kann,
6. die dem Meldepflichtigen anvertraut sind oder aus denen er die Stimmrechte als Bevollmächtigter ausüben kann, sofern er die Stimmrechte aus diesen Aktien nach eigenem Ermessen ausüben kann, wenn keine besonderen Weisungen des Aktionärs vorliegen,
7. aus denen der Meldepflichtige die Stimmrechte ausüben kann auf Grund einer Vereinbarung, die eine zeitweilige Übertragung der Stimmrechte ohne die damit verbundenen Aktien gegen Gegenleistung vorsieht,
8. die bei dem Meldepflichtigen als Sicherheit verwahrt werden, sofern der Meldepflichtige die Stimmrechte hält und die Absicht bekundet, diese Stimmrechte auszuüben.

[2] Für die Zurechnung nach Satz 1 Nummer 2 bis 8 stehen dem Meldepflichtigen Tochterunternehmen des Meldepflichtigen gleich. [3] Stimmrechte des Tochterunternehmens werden dem Meldepflichtigen in voller Höhe zugerechnet.

(2) [1] Dem Meldepflichtigen werden auch Stimmrechte eines Dritten aus Aktien des Emittenten, für den die Bundesrepublik Deutschland der Herkunftsstaat ist, in voller Höhe zugerechnet, mit dem der Meldepflichtige oder sein Tochterunternehmen sein Verhalten in Bezug auf diesen Emittenten auf Grund einer Vereinbarung oder in sonstiger Weise abstimmt; ausgenommen sind Vereinbarungen in Einzelfällen. [2] Ein abgestimmtes Verhalten setzt voraus,

dass der Meldepflichtige oder sein Tochterunternehmen und der Dritte sich über die Ausübung von Stimmrechten verständigen oder mit dem Ziel einer dauerhaften und erheblichen Änderung der unternehmerischen Ausrichtung des Emittenten in sonstiger Weise zusammenwirken. ³Für die Berechnung des Stimmrechtsanteils des Dritten gilt Absatz 1 entsprechend.

(3) ¹Wird eine Vollmacht im Falle des Absatzes 1 Satz 1 Nummer 6 nur zur Ausübung der Stimmrechte für eine Hauptversammlung erteilt, ist es für die Erfüllung der Mitteilungspflicht nach § 33 Absatz 1 und 2 in Verbindung mit Absatz 1 Satz 1 Nummer 6 ausreichend, wenn die Mitteilung lediglich bei Erteilung der Vollmacht abgegeben wird. ²Die Mitteilung muss die Angabe enthalten, wann die Hauptversammlung stattfindet und wie hoch nach Erlöschen der Vollmacht oder des Ausübungsermessens der Stimmrechtsanteil sein wird, der dem Bevollmächtigten zugerechnet wird.

**§ 35 Tochterunternehmenseigenschaft; Verordnungsermächtigung.**

(1) Vorbehaltlich der Absätze 2 bis 4 sind Tochterunternehmen im Sinne dieses Abschnitts Unternehmen,

1. die als Tochterunternehmen im Sinne des § 290 des Handelsgesetzbuchs gelten oder
2. auf die ein beherrschender Einfluss ausgeübt werden kann,

ohne dass es auf die Rechtsform oder den Sitz ankommt.

(2) Nicht als Tochterunternehmen im Sinne dieses Abschnitts gilt ein Wertpapierdienstleistungsunternehmen hinsichtlich der Beteiligungen, die von ihm im Rahmen einer Wertpapierdienstleistung nach § 2 Absatz 3 Satz 1 Nummer 7 verwaltet werden, wenn

1. das Wertpapierdienstleistungsunternehmen die Stimmrechte, die mit den betreffenden Aktien verbunden sind, unabhängig vom Mutterunternehmen ausübt,
2. das Wertpapierdienstleistungsunternehmen
   a) die Stimmrechte nur auf Grund von in schriftlicher Form oder über elektronische Hilfsmittel erteilten Weisungen ausüben darf oder
   b) durch geeignete Vorkehrungen sicherstellt, dass die Finanzportfolioverwaltung unabhängig von anderen Dienstleistungen und unter Bedingungen erfolgt, die gleichwertig sind denen der Richtlinie 2009/65/EG des Europäischen Parlaments und des Rates vom 13. Juli 2009 zur Koordinierung der Rechts- und Verwaltungsvorschriften betreffend bestimmte Organismen für gemeinsame Anlagen in Wertpapieren (OGAW) (ABl. L 302 vom 17.11.2009, S. 32) in der jeweils geltenden Fassung,
3. das Mutterunternehmen der Bundesanstalt den Namen des Wertpapierdienstleistungsunternehmens und die für dessen Überwachung zuständige Behörde oder das Fehlen einer solchen Behörde mitteilt und
4. das Mutterunternehmen gegenüber der Bundesanstalt erklärt, dass die Voraussetzungen der Nummer 1 erfüllt sind.

(3) Nicht als Tochterunternehmen im Sinne dieses Abschnitts gelten Kapitalverwaltungsgesellschaften im Sinne des § 17 Absatz 1 des Kapitalanlagegesetzbuchs¹⁾ und EU-Verwaltungsgesellschaften im Sinne des § 1 Absatz 17 des

---

¹⁾ Nr. **15**.

Kapitalanlagegesetzbuchs hinsichtlich der Beteiligungen, die zu den von ihnen verwalteten Investmentvermögen gehören, wenn

1. die Verwaltungsgesellschaft die Stimmrechte, die mit den betreffenden Aktien verbunden sind, unabhängig vom Mutterunternehmen ausübt,
2. die Verwaltungsgesellschaft die zu dem Investmentvermögen gehörenden Beteiligungen im Sinne der §§ 33 und 34 nach Maßgabe der Richtlinie 2009/65/EG verwaltet,
3. das Mutterunternehmen der Bundesanstalt den Namen der Verwaltungsgesellschaft und die für deren Überwachung zuständige Behörde oder das Fehlen einer solchen Behörde mitteilt und
4. das Mutterunternehmen gegenüber der Bundesanstalt erklärt, dass die Voraussetzungen der Nummer 1 erfüllt sind.

(4) Ein Unternehmen mit Sitz in einem Drittstaat, das nach § 32 Absatz 1 Satz 1 in Verbindung mit § 1 Absatz 1a Satz 2 Nummer 3 des Kreditwesengesetzes einer Zulassung für die Finanzportfolioverwaltung oder einer Erlaubnis nach § 20 oder § 113 des Kapitalanlagegesetzbuchs bedürfte, wenn es seinen Sitz oder seine Hauptverwaltung im Inland hätte, gilt nicht als Tochterunternehmen im Sinne dieses Abschnitts, wenn

1. das Unternehmen bezüglich seiner Unabhängigkeit Anforderungen genügt, die denen nach Absatz 2 oder Absatz 3, auch in Verbindung mit einer Rechtsverordnung nach Absatz 6, jeweils gleichwertig sind,
2. das Mutterunternehmen der Bundesanstalt den Namen dieses Unternehmens und die für dessen Überwachung zuständige Behörde oder das Fehlen einer solchen Behörde mitteilt und
3. das Mutterunternehmen gegenüber der Bundesanstalt erklärt, dass die Voraussetzungen der Nummer 1 erfüllt sind.

(5) Abweichend von den Absätzen 2 bis 4 gelten Wertpapierdienstleistungsunternehmen und Verwaltungsgesellschaften jedoch dann als Tochterunternehmen im Sinne dieses Abschnitts, wenn

1. das Mutterunternehmen oder ein anderes Tochterunternehmen des Mutterunternehmens seinerseits Anteile an der von dem Unternehmen verwalteten Beteiligung hält und
2. das Unternehmen die Stimmrechte, die mit diesen Beteiligungen verbunden sind, nicht nach freiem Ermessen, sondern nur auf Grund unmittelbarer oder mittelbarer Weisungen ausüben kann, die ihm vom Mutterunternehmen oder von einem anderen Tochterunternehmen des Mutterunternehmens erteilt werden.

(6) Das Bundesministerium der Finanzen wird ermächtigt, durch Rechtsverordnung, die nicht der Zustimmung des Bundesrates bedarf, nähere Bestimmungen zu erlassen über die Umstände, unter denen in den Fällen der Absätze 2 bis 5 eine Unabhängigkeit vom Mutterunternehmen gegeben ist.

**§ 36** Nichtberücksichtigung von Stimmrechten. (1) Stimmrechte aus Aktien eines Emittenten, für den die Bundesrepublik Deutschland der Herkunftsstaat ist, bleiben bei der Berechnung des Stimmrechtsanteils unberücksichtigt, wenn ihr Inhaber

Wertpapierhandelsgesetz **§ 36 WpHG 12**

1. ein Kreditinstitut oder ein Wertpapierdienstleistungsunternehmen mit Sitz in einem Mitgliedstaat der Europäischen Union oder in einem anderen Vertragsstaat des Abkommens über den Europäischen Wirtschaftsraum ist,
2. die betreffenden Aktien im Handelsbuch hält und dieser Anteil nicht mehr als 5 Prozent der Stimmrechte beträgt und
3. sicherstellt, dass die Stimmrechte aus den betreffenden Aktien nicht ausgeübt und nicht anderweitig genutzt werden, um auf die Geschäftsführung des Emittenten Einfluss zu nehmen.

(2) Unberücksichtigt bei der Berechnung des Stimmrechtsanteils bleiben Stimmrechte aus Aktien, die gemäß der Verordnung (EG) Nr. 2273/2003 zu Stabilisierungszwecken erworben wurden, wenn der Aktieninhaber sicherstellt, dass die Stimmrechte aus den betreffenden Aktien nicht ausgeübt und nicht anderweitig genutzt werden, um auf die Geschäftsführung des Emittenten Einfluss zu nehmen.

(3) Stimmrechte aus Aktien eines Emittenten, für den die Bundesrepublik Deutschland der Herkunftsstaat ist, bleiben bei der Berechnung des Stimmrechtsanteils unberücksichtigt, sofern

1. die betreffenden Aktien ausschließlich für den Zweck der Abrechnung und Abwicklung von Geschäften für höchstens drei Handelstage gehalten werden, selbst wenn die Aktien auch außerhalb eines organisierten Marktes gehandelt werden, oder
2. eine mit der Verwahrung von Aktien betraute Stelle die Stimmrechte aus den verwahrten Aktien nur aufgrund von Weisungen, die schriftlich oder über elektronische Hilfsmittel erteilt wurden, ausüben darf.

(4) ¹Stimmrechte aus Aktien, die die Mitglieder des Europäischen Systems der Zentralbanken bei der Wahrnehmung ihrer Aufgaben als Währungsbehörden zur Verfügung gestellt bekommen oder die sie bereitstellen, bleiben bei der Berechnung des Stimmrechtsanteils am Emittenten, für den die Bundesrepublik Deutschland der Herkunftsstaat ist, unberücksichtigt, soweit es sich bei den Transaktionen um kurzfristige Geschäfte handelt und die Stimmrechte aus den betreffenden Aktien nicht ausgeübt werden. ²Satz 1 gilt insbesondere für Stimmrechte aus Aktien, die einem oder von einem Mitglied im Sinne des Satzes 1 zur Sicherheit übertragen werden, und für Stimmrechte aus Aktien, die dem Mitglied als Pfand oder im Rahmen eines Pensionsgeschäfts oder einer ähnlichen Vereinbarung gegen Liquidität für geldpolitische Zwecke oder innerhalb eines Zahlungssystems zur Verfügung gestellt oder von diesem bereitgestellt werden.

(5) ¹Für die Meldeschwellen von 3 Prozent und 5 Prozent bleiben Stimmrechte aus solchen Aktien eines Emittenten, für die die Bundesrepublik Deutschland der Herkunftsstaat ist, unberücksichtigt, die von einer Person erworben oder veräußert werden, die an einem Markt dauerhaft anbietet, Finanzinstrumente im Wege des Eigenhandels zu selbst gestellten Preisen zu kaufen oder zu verkaufen, wenn

1. diese Person dabei in ihrer Eigenschaft als Market Maker handelt,
2. sie eine Zulassung nach der Richtlinie 2004/39/EG hat,
3. sie nicht in die Geschäftsführung des Emittenten eingreift und keinen Einfluss auf ihn dahingehend ausübt, die betreffenden Aktien zu kaufen oder den Preis der Aktien zu stützen und

4. sie der Bundesanstalt unverzüglich, spätestens innerhalb von vier Handelstagen mitteilt, dass sie hinsichtlich der betreffenden Aktien als Market Maker tätig ist; für den Beginn der Frist gilt § 33 Absatz 1 Satz 3 und 4 entsprechend.

²Die Person kann die Mitteilung auch schon zu dem Zeitpunkt abgeben, an dem sie beabsichtigt, hinsichtlich der betreffenden Aktien als Market Maker tätig zu werden.

(6) Stimmrechte aus Aktien, die nach den Absätzen 1 bis 5 bei der Berechnung des Stimmrechtsanteils unberücksichtigt bleiben, können mit Ausnahme von Absatz 3 Nummer 2 nicht ausgeübt werden.

(7) Das Bundesministerium der Finanzen kann durch Rechtsverordnung[1], die nicht der Zustimmung des Bundesrates bedarf,

1. eine geringere Höchstdauer für das Halten der Aktien nach Absatz 3 Nummer 1 festlegen,

2. nähere Bestimmungen erlassen über die Nichtberücksichtigung der Stimmrechte eines Market Maker nach Absatz 5 und

3. nähere Bestimmungen erlassen über elektronische Hilfsmittel, mit denen Weisungen nach Absatz 3 Nummer 2 erteilt werden können.

(8) Die Berechnung der Stimmrechte, die nach den Absätzen 1 und 5 nicht zu berücksichtigen sind, bestimmt sich nach den in Artikel 9 Absatz 6b und Artikel 13 Absatz 4 der Richtlinie 2004/109/EG des Europäischen Parlaments und des Rates vom 15. Dezember 2004 zur Harmonisierung der Transparenzanforderungen in Bezug auf Informationen über Emittenten, deren Wertpapiere zum Handel auf einem geregelten Markt zugelassen sind, und zur Änderung der Richtlinie 2001/34/EG (ABl. L 390 vom 31.12.2004, S. 38) benannten technischen Regulierungsstandards.

**§ 37 Mitteilung durch Mutterunternehmen; Verordnungsermächtigung.** (1) Ein Meldepflichtiger ist von den Meldepflichten nach § 33 Absatz 1 und 2, § 38 Absatz 1 und § 39 Absatz 1 befreit, wenn die Mitteilung von seinem Mutterunternehmen erfolgt oder, falls das Mutterunternehmen selbst ein Tochterunternehmen ist, durch dessen Mutterunternehmen erfolgt.

(2) Das Bundesministerium der Finanzen kann durch Rechtsverordnung, die nicht der Zustimmung des Bundesrates bedarf, nähere Bestimmungen erlassen über den Inhalt, die Art, die Sprache, den Umfang und die Form der Mitteilung nach Absatz 1.

**§ 38 Mitteilungspflichten beim Halten von Instrumenten; Verordnungsermächtigung.** (1) ¹Die Mitteilungspflicht nach § 33 Absatz 1 und 2 gilt bei Erreichen, Überschreiten oder Unterschreiten der in § 33 Absatz 1 Satz 1 genannten Schwellen mit Ausnahme der Schwelle von 3 Prozent entsprechend für unmittelbare oder mittelbare Inhaber von Instrumenten, die

1. dem Inhaber entweder

a) bei Fälligkeit ein unbedingtes Recht auf Erwerb mit Stimmrechten verbundener und bereits ausgegebener Aktien eines Emittenten, für den die Bundesrepublik Deutschland der Herkunftsstaat ist, oder

---

[1] Siehe die Transparenzrichtlinie-DurchführungsVO (Nr. **12e**).

b) ein Ermessen in Bezug auf sein Recht auf Erwerb dieser Aktien verleihen, oder
2. sich auf Aktien im Sinne der Nummer 1 beziehen und eine vergleichbare wirtschaftliche Wirkung haben wie die in Nummer 1 genannten Instrumente, unabhängig davon, ob sie einen Anspruch auf physische Lieferung einräumen oder nicht.

²Die §§ 36 und 37 gelten entsprechend.

(2) Instrumente im Sinne des Absatzes 1 können insbesondere sein:
1. übertragbare Wertpapiere,
2. Optionen,
3. Terminkontrakte,
4. Swaps,
5. Zinsausgleichsvereinbarungen und
6. Differenzgeschäfte.

(3) ¹Die Anzahl der für die Mitteilungspflicht nach Absatz 1 maßgeblichen Stimmrechte ist anhand der vollen nominalen Anzahl der dem Instrument zugrunde liegenden Aktien zu berechnen. ²Sieht das Instrument ausschließlich einen Barausgleich vor, ist die Anzahl der Stimmrechte abweichend von Satz 1 auf einer Delta-angepassten Basis zu berechnen, wobei die nominale Anzahl der zugrunde liegenden Aktien mit dem Delta des Instruments zu multiplizieren ist. ³Die Einzelheiten der Berechnung bestimmen sich nach den in Artikel 13 Absatz 1a der Richtlinie 2004/109/EG des Europäischen Parlaments und des Rates vom 15. Dezember 2004 zur Harmonisierung der Transparenzanforderungen in Bezug auf Informationen über Emittenten, deren Wertpapiere zum Handel auf einem geregelten Markt zugelassen sind, und zur Änderung der Richtlinie 2001/34/EG (ABl. L 390 vom 31.12.2004, S. 38) benannten technischen Regulierungsstandards. ⁴Bei Instrumenten, die sich auf einen Aktienkorb oder einen Index beziehen, bestimmt sich die Berechnung ebenfalls nach den technischen Regulierungsstandards gemäß Satz 2.

(4) ¹Beziehen sich verschiedene der in Absatz 1 genannten Instrumente auf Aktien desselben Emittenten, sind die Stimmrechte aus diesen Aktien zusammenzurechnen. ²Erwerbspositionen dürfen nicht mit Veräußerungspositionen verrechnet werden.

(5) ¹Das Bundesministerium der Finanzen kann durch Rechtsverordnung, die nicht der Zustimmung des Bundesrates bedarf, nähere Bestimmungen erlassen über den Inhalt, die Art, die Sprache, den Umfang und die Form der Mitteilung nach Absatz 1. ²Das Bundesministerium der Finanzen kann die Ermächtigung durch Rechtsverordnung auf die Bundesanstalt übertragen, soweit die Art und die Form der Mitteilung nach Absatz 1, insbesondere die Nutzung eines elektronischen Verfahrens, betroffen sind.

**§ 39 Mitteilungspflichten bei Zusammenrechnung; Verordnungsermächtigung.** (1) Die Mitteilungspflicht nach § 33 Absatz 1 und 2 gilt entsprechend für Inhaber von Stimmrechten im Sinne des § 33 und Instrumenten im Sinne des § 38, wenn die Summe der nach § 33 Absatz 1 Satz 1 oder Absatz 2 und § 38 Absatz 1 Satz 1 zu berücksichtigenden Stimmrechte an demselben Emittenten die in § 33 Absatz 1 Satz 1 genannten Schwellen mit

Ausnahme der Schwelle von 3 Prozent erreicht, überschreitet oder unterschreitet.

(2) ¹Das Bundesministerium der Finanzen kann durch Rechtsverordnung, die nicht der Zustimmung des Bundesrates bedarf, nähere Bestimmungen erlassen über den Inhalt, die Art, die Sprache, den Umfang und die Form der Mitteilung nach Absatz 1. ²Das Bundesministerium der Finanzen kann die Ermächtigung durch Rechtsverordnung auf die Bundesanstalt übertragen, soweit die Art und die Form der Mitteilung nach Absatz 1, insbesondere die Nutzung eines elektronischen Verfahrens, betroffen sind.

**§ 40 Veröffentlichungspflichten des Emittenten und Übermittlung an das Unternehmensregister.** (1) ¹Ein Inlandsemittent hat Informationen nach § 33 Absatz 1 Satz 1, Absatz 2 und § 38 Absatz 1 Satz 1 sowie § 39 Absatz 1 Satz 1 oder nach entsprechenden Vorschriften anderer Mitgliedstaaten der Europäischen Union oder anderer Vertragsstaaten des Abkommens über den Europäischen Wirtschaftsraum unverzüglich, spätestens drei Handelstage nach Zugang der Mitteilung zu veröffentlichen; er übermittelt sie außerdem unverzüglich, jedoch nicht vor ihrer Veröffentlichung dem Unternehmensregister im Sinne des § 8b des Handelsgesetzbuchs zur Speicherung. ²Erreicht, überschreitet oder unterschreitet ein Inlandsemittent in Bezug auf eigene Aktien entweder selbst, über ein Tochterunternehmen oder über eine in eigenem Namen, aber für Rechnung dieses Emittenten handelnde Person die Schwellen von 5 Prozent oder 10 Prozent durch Erwerb, Veräußerung oder auf sonstige Weise, gilt Satz 1 entsprechend mit der Maßgabe, dass abweichend von Satz 1 eine Erklärung zu veröffentlichen ist, deren Inhalt sich nach § 33 Absatz 1 Satz 1, auch in Verbindung mit einer Rechtsverordnung nach § 33 Absatz 5 bestimmt, und die Veröffentlichung spätestens vier Handelstage nach Erreichen, Überschreiten oder Unterschreiten der genannten Schwellen zu erfolgen hat; wenn für den Emittenten die Bundesrepublik Deutschland der Herkunftsstaat ist, ist außerdem die Schwelle von 3 Prozent maßgeblich.

(2) Der Inlandsemittent hat gleichzeitig mit der Veröffentlichung nach Absatz 1 Satz 1 und 2 diese der Bundesanstalt mitzuteilen.

(3) Das Bundesministerium der Finanzen kann durch Rechtsverordnung, die nicht der Zustimmung des Bundesrates bedarf, nähere Bestimmungen erlassen über

1. den Inhalt, die Art, die Sprache, den Umfang und die Form sowie die elektronische Verarbeitung der Angaben der Veröffentlichung nach Absatz 1 Satz 1 einschließlich enthaltener personenbezogener Daten und
2. den Inhalt, die Art, die Sprache, den Umfang, die Form sowie die elektronische Verarbeitung der Angaben der Mitteilung nach Absatz 2 einschließlich enthaltener personenbezogener Daten.

**§ 41 Veröffentlichung der Gesamtzahl der Stimmrechte und Übermittlung an das Unternehmensregister.** (1) ¹Ist es bei einem Inlandsemittenten zu einer Zu- oder Abnahme von Stimmrechten gekommen, so ist er verpflichtet, die Gesamtzahl der Stimmrechte und das Datum der Wirksamkeit der Zu- oder Abnahme in der in § 40 Absatz 1 Satz 1, auch in Verbindung mit einer Rechtsverordnung nach Absatz 3 Nummer 1, vorgesehenen Weise unverzüglich, spätestens innerhalb von zwei Handelstagen zu veröffentlichen. ²Er hat die Veröffentlichung gleichzeitig der Bundesanstalt entsprechend § 40 Absatz 2, auch in Verbindung mit einer Rechtsverordnung nach Absatz 3 Nummer 2, mitzuteilen. ³Er übermittelt die Informationen außerdem unverzüglich, jedoch nicht vor ihrer Veröffentlichung, dem Unternehmensregister nach § 8b des Handelsgesetzbuchs zur Speicherung.

(2) ¹Bei der Ausgabe von Bezugsaktien ist die Gesamtzahl der Stimmrechte abweichend von Absatz 1 Satz 1 nur im Zusammenhang mit einer ohnehin erforderlichen Veröffentlichung nach Absatz 1, spätestens jedoch am Ende des Kalendermonats, in dem es zu einer Zu- oder Abnahme von Stimmrechten gekommen ist, zu veröffentlichen. ²Der Veröffentlichung des Datums der Wirksamkeit der Zu- oder Abnahme bedarf es nicht.

**§ 42 Nachweis mitgeteilter Beteiligungen.** Wer eine Mitteilung nach § 33 Absatz 1 oder 2, § 38 Absatz 1 oder § 39 Absatz 1 abgegeben hat, muß auf Verlangen der Bundesanstalt oder des Emittenten, für den die Bundesrepublik Deutschland der Herkunftsstaat ist, das Bestehen der mitgeteilten Beteiligung nachweisen.

**§ 43 Mitteilungspflichten für Inhaber wesentlicher Beteiligungen.**

(1) ¹Ein Meldepflichtiger im Sinne der §§ 33 und 34, der die Schwelle von 10 Prozent der Stimmrechte aus Aktien oder eine höhere Schwelle erreicht oder überschreitet, muss dem Emittenten, für den die Bundesrepublik Deutschland Herkunftsstaat ist, die mit dem Erwerb der Stimmrechte verfolgten Ziele und die Herkunft der für den Erwerb verwendeten Mittel innerhalb von 20 Handelstagen nach Erreichen oder Überschreiten dieser Schwellen mitteilen. ²Eine Änderung der Ziele im Sinne des Satzes 1 ist innerhalb von 20 Handelstagen mitzuteilen. ³Hinsichtlich der mit dem Erwerb der Stimmrechte verfolgten Ziele hat der Meldepflichtige anzugeben, ob

1. die Investition der Umsetzung strategischer Ziele oder der Erzielung von Handelsgewinnen dient,
2. er innerhalb der nächsten zwölf Monate weitere Stimmrechte durch Erwerb oder auf sonstige Weise zu erlangen beabsichtigt,
3. er eine Einflussnahme auf die Besetzung von Verwaltungs-, Leitungs- und Aufsichtsorganen des Emittenten anstrebt und
4. er eine wesentliche Änderung der Kapitalstruktur der Gesellschaft, insbesondere im Hinblick auf das Verhältnis von Eigen- und Fremdfinanzierung und die Dividendenpolitik anstrebt.

⁴Hinsichtlich der Herkunft der verwendeten Mittel hat der Meldepflichtige anzugeben, ob es sich um Eigen- oder Fremdmittel handelt, die der Meldepflichtige zur Finanzierung des Erwerbs der Stimmrechte aufgenommen hat. ⁵Eine Mitteilungspflicht nach Satz 1 besteht nicht, wenn der Schwellenwert auf Grund eines Angebots im Sinne des § 2 Absatz 1 des Wertpapiererwerbs- und Übernahmegesetzes[1]) erreicht oder überschritten wurde. ⁶Die Mitteilungspflicht besteht ferner nicht für Kapitalverwaltungsgesellschaften sowie ausländische Verwaltungsgesellschaften und Investmentgesellschaften im Sinne der Richtlinie 2009/65/EG, die einem Artikel 56 Absatz 1 Satz 1 der Richtlinie 2009/65/EG entsprechenden Verbot unterliegen, sofern eine Anlagegrenze von 10 Prozent oder weniger festgelegt worden ist; eine Mitteilungspflicht

---

[1]) Nr. 17.

besteht auch dann nicht, wenn eine Artikel 57 Absatz 1 Satz 1 und Absatz 2 der Richtlinie 2009/65/EG entsprechende zulässige Ausnahme bei der Überschreitung von Anlagegrenzen vorliegt.

(2) Der Emittent hat die erhaltene Information oder die Tatsache, dass die Mitteilungspflicht nach Absatz 1 nicht erfüllt wurde, entsprechend § 40 Absatz 1 Satz 1 in Verbindung mit der Rechtsverordnung nach § 40 Absatz 3 Nummer 1 zu veröffentlichen; er übermittelt diese Informationen außerdem unverzüglich, jedoch nicht vor ihrer Veröffentlichung dem Unternehmensregister nach § 8b des Handelsgesetzbuchs zur Speicherung.

(3) [1] Die Satzung eines Emittenten mit Sitz im Inland kann vorsehen, dass Absatz 1 keine Anwendung findet. [2] Absatz 1 findet auch keine Anwendung auf Emittenten mit Sitz im Ausland, deren Satzung oder sonstige Bestimmungen eine Nichtanwendung vorsehen.

(4) Das Bundesministerium der Finanzen kann durch Rechtsverordnung, die nicht der Zustimmung des Bundesrates bedarf, nähere Bestimmungen über den Inhalt, die Art, die Sprache, den Umfang und die Form der Mitteilungen nach Absatz 1 erlassen.

**§ 44 Rechtsverlust.** (1) [1] Rechte aus Aktien, die einem Meldepflichtigen gehören oder aus denen ihm Stimmrechte gemäß § 34 zugerechnet werden, bestehen nicht für die Zeit, für welche die Mitteilungspflichten nach § 33 Absatz 1 oder 2 nicht erfüllt werden. [2] Dies gilt nicht für Ansprüche nach § 58 Abs. 4 des Aktiengesetzes und § 271 des Aktiengesetzes, wenn die Mitteilung nicht vorsätzlich unterlassen wurde und nachgeholt worden ist. [3] Sofern die Höhe des Stimmrechtsanteils betroffen ist, verlängert sich die Frist nach Satz 1 bei vorsätzlicher oder grob fahrlässiger Verletzung der Mitteilungspflichten um sechs Monate. [4] Satz 3 gilt nicht, wenn die Abweichung bei der Höhe der in der vorangegangenen unrichtigen Mitteilung angegebenen Stimmrechte weniger als 10 Prozent des tatsächlichen Stimmrechtsanteils beträgt und keine Mitteilung über das Erreichen, Überschreiten oder Unterschreiten einer der in § 33 genannten Schwellen unterlassen wird.

(2) Kommt der Meldepflichtige seinen Mitteilungspflichten nach § 38 Absatz 1 oder § 39 Absatz 1 nicht nach, so ist Absatz 1 auf Aktien desselben Emittenten anzuwenden, die dem Meldepflichtigen gehören.

**§ 45 Richtlinien der Bundesanstalt.** [1] Die Bundesanstalt kann Richtlinien aufstellen, nach denen sie für den Regelfall beurteilt, ob die Voraussetzungen für einen mitteilungspflichtigen Vorgang oder eine Befreiung von den Mitteilungspflichten nach § 33 Absatz 1 gegeben sind. [2] Die Richtlinien sind im Bundesanzeiger zu veröffentlichen.

**§ 46 Befreiungen; Verordnungsermächtigung.** (1) [1] Die Bundesanstalt kann Inlandsemittenten mit Sitz in einem Drittstaat von den Pflichten nach § 40 Absatz 1 und § 41 freistellen, soweit diese Emittenten gleichwertigen Regeln eines Drittstaates unterliegen oder sich solchen Regeln unterwerfen. [2] Die Bundesanstalt unterrichtet die Europäische Wertpapier- und Marktaufsichtsbehörde über die erteilte Freistellung. [3] Satz 1 gilt nicht für Pflichten dieser Emittenten nach § 40 Absatz 1 und § 41 auf Grund von Mitteilungen nach § 39.

Wertpapierhandelsgesetz **§§ 47, 48 WpHG 12**

(2) ¹Emittenten, denen die Bundesanstalt eine Befreiung nach Absatz 1 erteilt hat, müssen Informationen über Umstände, die denen des § 33 Absatz 1 Satz 1 und Absatz 2, § 38 Absatz 1 Satz 1, § 40 Absatz 1 Satz 1 und 2 sowie § 41 entsprechen und die nach den gleichwertigen Regeln eines Drittstaates der Öffentlichkeit zur Verfügung zu stellen sind, in der in § 40 Absatz 1 Satz 1, auch in Verbindung mit einer Rechtsverordnung nach Absatz 3, geregelten Weise veröffentlichen und gleichzeitig der Bundesanstalt mitteilen. ²Die Informationen sind außerdem unverzüglich, jedoch nicht vor ihrer Veröffentlichung dem Unternehmensregister im Sinne des § 8b des Handelsgesetzbuchs zur Speicherung zu übermitteln.

(3) Das Bundesministerium der Finanzen wird ermächtigt, durch Rechtsverordnung[1], die nicht der Zustimmung des Bundesrates bedarf, nähere Bestimmungen über die Gleichwertigkeit von Regeln eines Drittstaates und die Freistellung von Emittenten nach Absatz 1 zu erlassen.

**§ 47 Handelstage.** (1) Für die Berechnung der Mitteilungs- und Veröffentlichungsfristen nach diesem Abschnitt gelten als Handelstage alle Kalendertage, die nicht Sonnabende, Sonntage oder zumindest in einem Land landeseinheitliche gesetzlich anerkannte Feiertage sind.

(2) Die Bundesanstalt stellt im Internet unter ihrer Adresse einen Kalender der Handelstage zur Verfügung.

## Abschnitt 7. Notwendige Informationen für die Wahrnehmung von Rechten aus Wertpapieren

**§ 48 Pflichten der Emittenten gegenüber Wertpapierinhabern.**

(1) Emittenten, für die die Bundesrepublik Deutschland der Herkunftsstaat ist, müssen sicherstellen, dass

1. alle Inhaber der zugelassenen Wertpapiere unter gleichen Voraussetzungen gleich behandelt werden;
2. alle Einrichtungen und Informationen, die die Inhaber der zugelassenen Wertpapiere zur Ausübung ihrer Rechte benötigen, im Inland öffentlich zur Verfügung stehen;
3. Daten zu Inhabern zugelassener Wertpapiere vor einer Kenntnisnahme durch Unbefugte geschützt sind;
4. für die gesamte Dauer der Zulassung der Wertpapiere mindestens ein Finanzinstitut als Zahlstelle im Inland bestimmt ist, bei der alle erforderlichen Maßnahmen hinsichtlich der Wertpapiere, im Falle der Vorlegung der Wertpapiere bei dieser Stelle kostenfrei, bewirkt werden können;
5. im Falle zugelassener Aktien jeder stimmberechtigten Person zusammen mit der Einladung zur Hauptversammlung oder nach deren Anberaumung auf Verlangen in Textform ein Formular für die Erteilung einer Vollmacht für die Hauptversammlung übermittelt wird;
6. im Falle zugelassener Schuldtitel im Sinne des § 2 Absatz 1 Nummer 3 mit Ausnahme von Wertpapieren, die zugleich unter § 2 Absatz 1 Nummer 2 fallen oder die ein zumindest bedingtes Recht auf den Erwerb von Wertpapieren nach § 2 Absatz 1 Nummer 1 oder Nummer 2 begründen, jeder

---

[1] Siehe die Transparenzrichtlinie-DurchführungsVO (Nr. **12e**).

stimmberechtigten Person zusammen mit der Einladung zur Gläubigerversammlung oder nach deren Anberaumung auf Verlangen rechtzeitig in Textform ein Formular für die Erteilung einer Vollmacht für die Gläubigerversammlung übermittelt wird.

(2) [1] Ein Emittent von zugelassenen Schuldtiteln im Sinne des Absatzes 1 Nummer 6, für den die Bundesrepublik Deutschland der Herkunftsstaat ist, kann die Gläubigerversammlung in jedem Mitgliedstaat der Europäischen Union oder in jedem anderen Vertragsstaat des Abkommens über den Europäischen Wirtschaftsraum abhalten. [2] Das setzt voraus, dass in dem Staat alle für die Ausübung der Rechte erforderlichen Einrichtungen und Informationen für die Schuldtitelinhaber verfügbar sind und zur Gläubigerversammlung ausschließlich Inhaber von folgenden Schuldtiteln eingeladen werden:

1. Schuldtiteln mit einer Mindeststückelung von 100 000 Euro oder dem am Ausgabetag entsprechenden Gegenwert in einer anderen Währung oder

2. noch ausstehenden Schuldtiteln mit einer Mindeststückelung von 50 000 Euro oder dem am Ausgabetag entsprechenden Gegenwert in einer anderen Währung, wenn die Schuldtitel bereits vor dem 31. Dezember 2010 zum Handel an einem organisierten Markt im Inland oder in einem anderen Mitgliedstaat der Europäischen Union oder einem anderen Vertragsstaat des Abkommens über den Europäischen Wirtschaftsraum zugelassen worden sind.

(3) Für die Bestimmungen nach Absatz 1 Nr. 1 bis 5 sowie nach § 49 Absatz 3 Nummer 1 stehen die Inhaber Aktien vertretender Hinterlegungsscheine den Inhabern der vertretenen Aktien gleich.

## § 49 Veröffentlichung von Mitteilungen und Übermittlung im Wege der Datenfernübertragung.

(1) [1] Der Emittent von zugelassenen Aktien, für den die Bundesrepublik Deutschland der Herkunftsstaat ist, muss

1. die Einberufung der Hauptversammlung einschließlich der Tagesordnung, die Gesamtzahl der Aktien und Stimmrechte im Zeitpunkt der Einberufung der Hauptversammlung und die Rechte der Aktionäre bezüglich der Teilnahme an der Hauptversammlung sowie

2. Mitteilungen über die Ausschüttung und Auszahlung von Dividenden, die Ankündigung der Ausgabe neuer Aktien und die Vereinbarung oder Ausübung von Umtausch-, Bezugs-, Einziehungs- und Zeichnungsrechten sowie die Beschlussfassung über diese Rechte

unverzüglich im Bundesanzeiger veröffentlichen. [2] Soweit eine entsprechende Veröffentlichung im Bundesanzeiger auch durch sonstige Vorschriften vorgeschrieben wird, ist eine einmalige Veröffentlichung ausreichend.

(2) [1] Der Emittent zugelassener Schuldtitel im Sinne von § 48 Absatz 1 Nummer 6, für den die Bundesrepublik Deutschland der Herkunftsstaat ist, muss

1. den Ort, den Zeitpunkt und die Tagesordnung der Gläubigerversammlung und Mitteilungen über das Recht der Schuldtitelinhaber zur Teilnahme daran sowie

2. Mitteilungen über die Ausübung von Umtausch-, Zeichnungs- und Kündigungsrechten sowie über die Zinszahlungen, die Rückzahlungen, die Aus-

losungen und die bisher gekündigten oder ausgelosten, noch nicht eingelösten Stücke

unverzüglich im Bundesanzeiger veröffentlichen. ²Absatz 1 Satz 2 gilt entsprechend.

(3) ¹Unbeschadet der Veröffentlichungspflichten nach den Absätzen 1 und 2 dürfen Emittenten, für die die Bundesrepublik Deutschland der Herkunftsstaat ist, Informationen an die Inhaber zugelassener Wertpapiere im Wege der Datenfernübertragung übermitteln, wenn die dadurch entstehenden Kosten nicht unter Verletzung des Gleichbehandlungsgrundsatzes nach § 48 Absatz 1 Nummer 1 den Wertpapierinhabern auferlegt werden und

1. im Falle zugelassener Aktien

   a) die Hauptversammlung zugestimmt hat,
   b) die Wahl der Art der Datenfernübertragung nicht vom Sitz oder Wohnsitz der Aktionäre oder der Personen, denen Stimmrechte in den Fällen des § 34 zugerechnet werden, abhängt,
   c) Vorkehrungen zur sicheren Identifizierung und Adressierung der Aktionäre oder derjenigen, die Stimmrechte ausüben oder Weisungen zu deren Ausübung erteilen dürfen, getroffen worden sind und
   d) die Aktionäre oder in Fällen des § 34 Absatz 1 Satz 1 Nummer 1, 3, 4 und Absatz 2 die zur Ausübung von Stimmrechten Berechtigten in die Übermittlung im Wege der Datenfernübertragung ausdrücklich eingewilligt haben oder einer Bitte in Textform um Zustimmung nicht innerhalb eines angemessenen Zeitraums widersprochen und die dadurch als erteilt geltende Zustimmung nicht zu einem späteren Zeitpunkt widerrufen haben,

2. im Falle zugelassener Schuldtitel im Sinne von § 48 Absatz 1 Nummer 6

   a) eine Gläubigerversammlung zugestimmt hat,
   b) die Wahl der Art der Datenfernübertragung nicht vom Sitz oder Wohnsitz der Schuldtitelinhaber oder deren Bevollmächtigten abhängt,
   c) Vorkehrungen zur sicheren Identifizierung und Adressierung der Schuldtitelinhaber getroffen worden sind,
   d) die Schuldtitelinhaber in die Übermittlung im Wege der Datenfernübertragung ausdrücklich eingewilligt haben oder einer Bitte in Textform um Zustimmung nicht innerhalb eines angemessenen Zeitraums widersprochen und die dadurch als erteilt geltende Zustimmung nicht zu einem späteren Zeitpunkt widerrufen haben.

²Ist eine Datenfernübertragung unter diesen Voraussetzungen nicht möglich, erfolgt die Übermittlung ohne Rücksicht auf anderweitige Satzungsregelungen des Emittenten auf schriftlichem Wege.

**§ 50 Veröffentlichung zusätzlicher Angaben und Übermittlung an das Unternehmensregister; Verordnungsermächtigung.** (1) ¹Ein Inlandsemittent muss

1. jede Änderung der mit den zugelassenen Wertpapieren verbundenen Rechte sowie

   a) im Falle zugelassener Aktien der Rechte, die mit derivativen vom Emittenten selbst begebenen Wertpapieren verbunden sind, sofern sie ein Umtausch- oder Erwerbsrecht auf die zugelassenen Aktien des Emittenten verschaffen,

b) im Falle anderer Wertpapiere als Aktien Änderungen der Ausstattung dieser Wertpapiere, insbesondere von Zinssätzen, oder der damit verbundenen Bedingungen, soweit die mit den Wertpapieren verbundenen Rechte hiervon indirekt betroffen sind, und

2. Informationen, die er in einem Drittstaat veröffentlicht und die für die Öffentlichkeit in der Europäischen Union und dem Europäischen Wirtschaftsraum Bedeutung haben können,

unverzüglich veröffentlichen und gleichzeitig der Bundesanstalt diese Veröffentlichung mitteilen. ²Er übermittelt diese Informationen außerdem unverzüglich, jedoch nicht vor ihrer Veröffentlichung dem Unternehmensregister im Sinne des § 8b des Handelsgesetzbuchs zur Speicherung.

(2) Das Bundesministerium der Finanzen wird ermächtigt, durch Rechtsverordnung, die nicht der Zustimmung des Bundesrates bedarf, nähere Bestimmungen zu erlassen über den Mindestinhalt, die Art, die Sprache, den Umfang und die Form der Veröffentlichung und der Mitteilung nach Absatz 1 Satz 1.

**§ 51 Befreiung.** (1) ¹Die Bundesanstalt kann Inlandsemittenten mit Sitz in einem Drittstaat von den Pflichten nach den §§ 48, 49 und 50 Absatz 1 Satz 1 Nummer 1 und 2 freistellen, soweit diese Emittenten gleichwertigen Regeln eines Drittstaates unterliegen oder sich solchen Regeln unterwerfen. ²Die Bundesanstalt unterrichtet die Europäische Wertpapier- und Marktaufsichtsbehörde über die erteilte Freistellung.

(2) Emittenten, denen die Bundesanstalt eine Befreiung nach Absatz 1 erteilt hat, müssen Informationen über Umstände im Sinne des § 50 Absatz 1 Satz 1 Nummer 1 und 2, die nach den gleichwertigen Regeln eines Drittstaates der Öffentlichkeit zur Verfügung zu stellen sind, nach Maßgabe des § 50 Absatz 1 in Verbindung mit einer Rechtsverordnung nach § 50 Absatz 2 veröffentlichen und die Veröffentlichung gleichzeitig der Bundesanstalt mitteilen; sie müssen die Informationen außerdem unverzüglich, jedoch nicht vor der Veröffentlichung dem Unternehmensregister im Sinne des § 8b des Handelsgesetzbuchs zur Speicherung übermitteln.

(3) Das Bundesministerium der Finanzen wird ermächtigt, durch Rechtsverordnung[1], die nicht der Zustimmung des Bundesrates bedarf, nähere Bestimmungen über die Gleichwertigkeit von Regeln eines Drittstaates und die Freistellung von Emittenten nach Absatz 1 zu erlassen.

**§ 52 Ausschluss der Anfechtung.** Die Anfechtung eines Hauptversammlungsbeschlusses kann nicht auf eine Verletzung der Vorschriften dieses Abschnitts gestützt werden.

### Abschnitt 8. Leerverkäufe und Geschäfte in Derivaten

**§ 53 Überwachung von Leerverkäufen; Verordnungsermächtigung.**
(1) ¹Die Bundesanstalt ist zuständige Behörde im Sinne der Verordnung (EU) Nr. 236/2012. ²§ 15 Absatz 7 des Börsengesetzes[2] bleibt unberührt. ³Soweit in der Verordnung (EU) Nr. 236/2012 nichts Abweichendes geregelt ist, gelten die Vorschriften der Abschnitte 1 und 2 dieses Gesetzes, mit Aus-

---
[1] Siehe die Transparenzrichtlinie-DurchführungsVO (Nr. **12e**).
[2] Nr. 4.

nahme des § 18 Absatz 7 Satz 5 bis 8, des § 21 Absatz 1 Satz 3 und des § 22, entsprechend.

(2) ¹Die Bundesanstalt übt die ihr nach Absatz 1 Satz 1 in Verbindung mit der Verordnung (EU) Nr. 236/2012 übertragenen Befugnisse aus, soweit dies für die Wahrnehmung ihrer Aufgaben und die Überwachung der Einhaltung der in der Verordnung (EU) Nr. 236/2012 geregelten Pflichten erforderlich ist. ²Für die Zwecke des Artikels 9 Absatz 4 Satz 2 der Verordnung (EU) Nr. 236/2012 beaufsichtigt die Bundesanstalt die entsprechenden Internetseiten des Bundesanzeigers.

(3) Widerspruch und Anfechtungsklage gegen Maßnahmen der Bundesanstalt nach Absatz 2, auch in Verbindung mit der Verordnung (EU) Nr. 236/2012, haben keine aufschiebende Wirkung.

(4) ¹Das Bundesministerium der Finanzen kann durch Rechtsverordnung, die nicht der Zustimmung des Bundesrates bedarf, nähere Bestimmungen über

1. Art, Umfang und Form von Mitteilungen und Veröffentlichungen von Netto-Leerverkaufspositionen nach den Artikeln 5 bis 8 der Verordnung (EU) Nr. 236/2012,
2. die Beaufsichtigung der Internetseiten des Bundesanzeigers für die Zwecke des Artikels 9 Absatz 4 Satz 2 der Verordnung (EU) Nr. 236/2012 sowie
3. Art, Umfang und Form der Mitteilungen, Übermittlungen und Benachrichtigungen gemäß Artikel 17 Absatz 5, 6 und 8 bis 10 der Verordnung (EU) Nr. 236/2012

erlassen. ²Das Bundesministerium der Finanzen kann die Ermächtigung des Satzes 1 durch Rechtsverordnung ohne Zustimmung des Bundesrates auf die Bundesanstalt übertragen.

## Abschnitt 9. Positionslimits und Positionsmanagementkontrollen bei Warenderivaten und Positionsmeldungen

**§ 54 Positionslimits und Positionsmanagementkontrollen.** (1) Die Bundesanstalt legt vorbehaltlich des § 55 für jedes Warenderivat, das an einem inländischen Handelsplatz gehandelt wird, einen quantitativen Schwellenwert für die maximale Größe einer Position in diesem Derivat, die eine Person halten darf (Positionslimit), fest.

(2) ¹Das Positionslimit ist so festzulegen, dass es

1. Marktmissbrauch im Sinne des Artikels 1 der Verordnung (EU) Nr. 596/2014[1]) verhindert und
2. zu geordneten Preisbildungs- und Abwicklungsbedingungen beiträgt.

²Insbesondere trägt das Positionslimit zu Preisbildungs- und Abwicklungsbedingungen im Sinne des Satzes 1 Nummer 2 bei, wenn es

1. marktverzerrende Positionen verhindert und
2. eine Konvergenz zwischen dem Preis des Derivats im Monat der Lieferung und dem Preis für die zugrunde liegende Ware an den entsprechenden Spotmärkten sicherstellt, ohne dass die Preisbildung am Markt für die zugrunde liegende Ware davon berührt wird.

---

[1]) Nr. 11.

## 12 WpHG § 54

(3) ¹Die Bundesanstalt kann in Ausnahmefällen Positionslimits festlegen, die strenger sind als die nach den Absätzen 1 und 2 berechneten, wenn dies unter Berücksichtigung der Liquidität in dem betreffenden Derivat und im Interesse einer geordneten Funktionsweise des betreffenden Marktes geboten und verhältnismäßig ist. ²Eine Festlegung nach Satz 1 ist auf der Internetseite der Bundesanstalt zu veröffentlichen und auf höchstens sechs Monate ab dem Zeitpunkt der Veröffentlichung befristet. ³Liegen die Gründe nach Satz 1 auch nach Ablauf dieser Frist weiter vor, kann die Festlegung jeweils für einen Zeitraum von höchstens sechs Monaten verlängert werden. ⁴Absatz 4 gilt entsprechend.

(4) ¹Vor Festlegung eines Positionslimits nach Absatz 1 teilt die Bundesanstalt der Europäischen Wertpapier- und Marktaufsichtsbehörde das beabsichtigte Positionslimit mit. ²Verlangt diese binnen zwei Monaten nach Erhalt der Mitteilung nach Satz 1 eine Änderung an dem Positionslimit und kommt die Bundesanstalt diesem Verlangen nicht nach, teilt sie ihre Entscheidung einschließlich ihrer Gründe der Europäischen Wertpapier- und Marktaufsichtsbehörde mit und veröffentlicht ihre begründete Entscheidung auf ihrer Internetseite. ³Die Bundesanstalt übermittelt die Einzelheiten der von ihr festgelegten Positionslimits an die Europäische Wertpapier- und Marktaufsichtsbehörde.

(5) ¹Ändert sich die lieferbare Menge eines Derivats oder die Anzahl oder das Volumen offener Kontraktpositionen in einem Derivat in erheblichem Umfang oder treten sonstige erhebliche Änderungen auf dem Markt auf, legt die Bundesanstalt die Positionslimits nach Maßgabe der Absätze 1 bis 4 neu fest. ²Die Betreiber von Handelsplätzen unterrichten die Bundesanstalt über nach Satz 1 erhebliche Änderungen an ihrem Handelsplatz.

(6) ¹Der Betreiber eines multilateralen oder organisierten Handelssystems, an dem Warenderivate gehandelt werden, muss Verfahren zur Überwachung der Einhaltung der nach den Absätzen 1 bis 5 und § 55 festgelegten Positionslimits (Positionsmanagementkontrollen) einrichten. ²Diese müssen transparent und diskriminierungsfrei ausgestaltet werden, festlegen, wie sie anzuwenden sind und der Art und Zusammensetzung der Marktteilnehmer sowie deren Nutzung der zum Handel zugelassenen Kontrakte Rechnung tragen. ³Im Rahmen von Kontrollen nach den Sätzen 1 und 2 hat der Betreiber eines Handelsplatzes insbesondere sicherzustellen, dass er das Recht hat,

1. die offenen Kontraktpositionen jeder Person zu überwachen,

2. von jeder Person Zugang zu Informationen, einschließlich aller einschlägigen Unterlagen, über Größe und Zweck einer von ihr eingegangenen Position oder offenen Forderung, über wirtschaftliche oder tatsächliche Eigentümer, etwaige Absprachen sowie über alle zugehörigen Vermögenswerte oder Verbindlichkeiten am Basismarkt zu erhalten,

3. von jeder Person die zeitweilige oder dauerhafte Auflösung oder Reduzierung einer von ihr eingegangenen Position zu verlangen und, falls der Betreffende dem nicht nachkommt, einseitig geeignete Maßnahmen zu ergreifen, um die Auflösung oder Reduzierung sicherzustellen, und

4. von jeder Person zu verlangen, zeitweilig Liquidität zu einem vereinbarten Preis und in vereinbartem Umfang eigens zu dem Zweck in den Markt zurückfließen zu lassen, die Auswirkungen einer großen oder marktbeherrschenden Position abzumildern.

⁴Der Betreiber unterrichtet die Bundesanstalt über Einzelheiten der Positionsmanagementkontrollen nach den Sätzen 1 bis 3. ⁵Die Bundesanstalt übermittelt diese Informationen an die Europäische Wertpapier- und Marktaufsichtsbehörde.

**§ 55 Positionslimits bei europaweit gehandelten Derivaten.** (1) ¹Wird dasselbe Warenderivat auch an einem Handelsplatz in einem anderen Mitgliedstaat oder einem anderen Vertragsstaat des Abkommens über den Europäischen Wirtschaftsraum in erheblichem Volumen gehandelt, legt die Bundesanstalt ein Positionslimit nach § 54 Absatz 1 nur dann fest, wenn sie für dieses Derivat zentrale zuständige Behörde ist. ²Die Bundesanstalt ist für ein Derivat zentrale zuständige Behörde, wenn das größte Volumen dieses Derivats an einem inländischen Handelsplatz gehandelt wird. ³Nähere Bestimmungen dazu, wann es sich um dasselbe Warenderivat im Sinne des Satzes 1 handelt und wie Volumina im Sinne der Sätze 1 und 2 berechnet werden, ergeben sich aus Artikel 5 der Delegierten Verordnung (EU) 2017/591 der Kommission vom 1. Dezember 2016 zur Ergänzung der Richtlinie 2014/65/EU[1]) des Europäischen Parlaments und des Rates durch technische Regulierungsstandards für die Anwendung von Positionslimits für Warenderivate (ABl. L 87 vom 31.3. 2017, S. 479), in der jeweils geltenden Fassung.

(2) ¹Ist die Bundesanstalt im Falle des Absatzes 1 Satz 1 zentrale zuständige Behörde für das betreffende Derivat, teilt sie ein beabsichtigtes Positionslimit für dieses Derivat vor seiner Festlegung an den zuständigen Behörden der anderen Handelsplätze, an denen große Volumina dieses Derivats gehandelt werden, mit. ²Verlangt eine dieser Behörden binnen zwei Monaten nach Erhalt der Mitteilung nach Satz 1 eine Änderung an dem Positionslimit und kommt die Bundesanstalt diesem Verlangen nicht nach, teilt sie ihre Entscheidung einschließlich ihrer Gründe der Europäischen Wertpapier- und Marktaufsichtsbehörde mit.

(3) ¹Ist die Bundesanstalt im Falle des Absatzes 1 Satz 1 nicht zentrale zuständige Behörde für das betreffende Derivat, ist das von der zentralen zuständigen Behörde für dieses Derivat festgelegte Positionslimit auch im Inland maßgeblich. ²Die Bundesanstalt teilt in diesem Fall der zentralen zuständigen Behörde für dieses Derivat binnen zwei Monaten nach Erhalt der Mitteilung über ein von dieser Behörde beabsichtigtes Positionslimit mit, ob sie mit dem beabsichtigten Positionslimit einverstanden ist. ³Kommt die zentrale zuständige Behörde einem Verlangen der Bundesanstalt zur Änderung des Positionslimits nicht nach, teilt die Bundesanstalt ihr Verlangen einschließlich ihrer Gründe der Europäischen Wertpapier- und Marktaufsichtsbehörde mit.

**§ 56 Anwendung von Positionslimits.** (1) ¹Bei der Anwendung der nach den §§ 54 und 55 festgelegten Positionslimits werden alle Positionen berücksichtigt, die von einer natürlichen oder juristischen Person oder einer Personenvereinigung selbst oder aggregiert auf Gruppenebene gehalten werden. ²Nähere Bestimmungen zur Berechnung der Position ergeben sich aus den Artikeln 3, 4 und 9 bis 20 der Delegierten Verordnung (EU) 2017/591.

(2) ¹Die nach den §§ 54 und 55 festgelegten Positionslimits gelten auch für OTC-Kontrakte, die wirtschaftlich gleichwertig mit Warenderivaten im Sinne

---

[1]) Nr. 1.

des Absatzes 1 sind. ²Nähere Bestimmungen zur wirtschaftlichen Gleichwertigkeit ergeben sich aus Artikel 6 der Delegierten Verordnung (EU) 2017/591.

(3) ¹Die nach den §§ 54 und 55 festgelegten Positionslimits gelten nicht für Positionen, für die die Bundesanstalt oder die zuständige Behörde eines anderen Mitgliedstaats auf Antrag festgestellt hat, dass sie von einer oder für eine nichtfinanzielle Partei gehalten werden und die die Risiken, die mit deren Geschäftstätigkeit verbunden sind, objektiv messbar verringern. ²Nähere Bestimmungen zu risikoverringernden Positionen und dem Verfahren nach Satz 1 ergeben sich aus den Artikeln 7 und 8 der Delegierten Verordnung (EU) 2017/591.

**§ 57 Positionsmeldungen; Verordnungsermächtigung.** (1) ¹Mitglieder und Teilnehmer von Handelsplätzen sind verpflichtet, dem jeweiligen Betreiber des Handelsplatzes einmal täglich die Einzelheiten ihrer eigenen Positionen in Warenderivaten, die an diesem Handelsplatz gehandelt werden, wie auch die Positionen ihrer Kunden und der Kunden dieser Kunden bis zum Endkunden zu melden. ²Kunden und deren Kunden bis zum Endkunden haben den zur Meldung verpflichteten Teilnehmern an Handelsplätzen die für die Meldung notwendigen Informationen zur Verfügung zu stellen.

(2) ¹Der Betreiber eines Handelsplatzes, an dem Warenderivate, Emissionszertifikate oder Derivate davon gehandelt werden, muss wöchentlich eine Aufstellung der aggregierten Positionen in den verschiedenen an dem Handelsplatz gehandelten Warenderivaten oder Emissionszertifikaten oder Derivaten davon, die von Personenkategorien nach Satz 4 in diesen Finanzinstrumenten gehalten werden, veröffentlichen und der Bundesanstalt sowie der Europäischen Wertpapier- und Marktaufsichtsbehörde übermitteln. ²Die Aufstellung muss enthalten:

1. die Zahl der Kauf- und Verkaufspositionen, aufgeteilt nach den in den Sätzen 4 und 5 genannten Kategorien,
2. diesbezügliche Änderungen seit dem letzten Bericht,
3. den prozentualen Anteil der gesamten offenen Kontraktpositionen in jeder Kategorie sowie
4. die Anzahl der Positionsinhaber in jeder Kategorie.

³Bei den Angaben nach Satz 2 sind jeweils Positionen getrennt darzustellen, die objektiv messbar die unmittelbar mit einer Geschäftstätigkeit in Zusammenhang stehenden Risiken verringern, und andere Positionen. ⁴Für die Zwecke des Satzes 1 hat der Betreiber des Handelsplatzes die Inhaber einer Position entsprechend ihrer Haupttätigkeit, für die sie zugelassen sind, einer der folgenden Kategorien zuzuordnen:

1. Wertpapierdienstleistungsunternehmen und Kreditinstitute,
2. Investmentvermögen im Sinne des § 1 Absatz 1 des Kapitalanlagegesetzbuchs[1]),
3. sonstige Finanzinstitute, einschließlich Versicherungsunternehmen oder Rückversicherungsunternehmen im Sinne der Richtlinie 2009/138/EG und Einrichtungen der betrieblichen Altersversorgung im Sinne der Richtlinie 2003/41/EG,
4. sonstige kommerzielle Unternehmen.

---

[1]) Nr. 15.

Wertpapierhandelsgesetz § 57 WpHG 12

⁵Im Falle eines Emissionszertifikats oder eines Derivats davon ist ergänzend zu Satz 4 eine weitere Kategorie für Betreiber mit der Verpflichtung zur Einhaltung der Anforderungen der Richtlinie 2003/87/EG bei Emissionszertifikaten oder Derivaten davon zu bilden. ⁶Die Pflicht nach Satz 1 gilt nur für Warenderivate, Emissionszertifikate und Derivate davon, bei denen die in Artikel 83 der Delegierten Verordnung (EU) 2017/565[1]) festgelegten Mindestschwellen überschritten werden.

(3) Betreiber eines Handelsplatzes, an dem Warenderivate, Emissionszertifikate oder Derivate davon gehandelt werden, müssen der Bundesanstalt darüber hinaus einmal täglich eine vollständige Aufstellung der Positionen aller Mitglieder oder Teilnehmer an diesem Handelsplatz sowie deren Kunden in Warenderivaten, Emissionszertifikaten oder Derivaten davon übermitteln.

(4) ¹Wertpapierdienstleistungsunternehmen, die außerhalb eines Handelsplatzes mit Warenderivaten, Emissionszertifikaten oder Derivaten davon handeln, die auch an einem Handelsplatz gehandelt werden, sind verpflichtet, der in Satz 2 genannten Behörde mindestens einmal täglich eine vollständige Aufstellung ihrer Positionen in diesen Finanzinstrumenten und in wirtschaftlich gleichwertigen OTC-Kontrakten sowie der entsprechenden Positionen ihrer Kunden und der Kunden dieser Kunden bis zum Endkunden gemäß Artikel 26 der Verordnung (EU) Nr. 600/2014[2]) oder Artikel 8 der Verordnung (EU) Nr. 1227/2011 zu übermitteln. ²Die Aufstellung nach Satz 1 ist zu übermitteln

1. bei Warenderivaten, Emissionszertifikaten oder Derivaten davon, die in erheblichem Volumen nur an inländischen Handelsplätzen gehandelt werden, an die Bundesanstalt,
2. bei Warenderivaten, Emissionszertifikaten oder Derivaten davon, die in erheblichem Volumen nur vollständig oder teilweise an einem Handelsplatz in einem anderen Mitgliedstaat oder einem Vertragsstaat des Abkommens über den Europäischen Wirtschaftsraum gehandelt werden, an die zuständige Behörde der entsprechenden Handelsplätze und
3. bei Warenderivaten, Emissionszertifikaten oder Derivaten davon, die in erheblichem Volumen an Handelsplätzen in mehr als einem Mitgliedstaat oder Vertragsstaat des Abkommens über den Europäischen Wirtschaftsraum gehandelt werden, der entsprechenden zentralen zuständigen Behörde im Sinne des § 55.

³Kunden und deren Kunden bis zum Endkunden haben den zur Übermittlung verpflichteten Wertpapierdienstleistungsunternehmen die für die Übermittlung notwendigen Informationen zur Verfügung zu stellen.

(5) Die Bundesanstalt kann in kritischen Marktsituationen verlangen, dass die Mitteilungen nach den Absätzen 1, 3 und 4 mehrfach innerhalb eines Tages erfolgen müssen.

(6) ¹Das Bundesministerium der Finanzen kann durch Rechtsverordnung, die nicht der Zustimmung des Bundesrates bedarf,

1. nähere Bestimmungen über Inhalt, Art, Umfang, Form und Häufigkeit der Mitteilungen nach den Absätzen 1 und 3 bis 5 und über die zulässigen Datenträger und Übertragungswege erlassen sowie

---

[1]) Nr. 13.
[2]) Nr. 2.

819

2. vorschreiben, dass in den in den Absätzen 1, 3 und 4 genannten Fällen über die dort genannten Angaben hinaus zusätzliche Angaben zu übermitteln sind, wenn die zusätzlichen Angaben auf Grund der besonderen Eigenschaften des Finanzinstruments, das Gegenstand der Mitteilung ist, oder der besonderen Bedingungen an dem Handelsplatz, an dem das Geschäft ausgeführt wurde, zur Überwachung der Positionslimits nach § 54 durch die Bundesanstalt erforderlich sind.

²Das Bundesministerium der Finanzen kann die Ermächtigung durch Rechtsverordnung auf die Bundesanstalt übertragen.

## Abschnitt 10. Organisationspflichten von Datenbereitstellungsdiensten

**§ 58 Organisationspflichten für genehmigte Veröffentlichungssysteme.** (1) ¹Ein genehmigtes Veröffentlichungssystem muss angemessene Grundsätze aufstellen und Vorkehrungen treffen, um mindestens die nachfolgenden Informationen über Geschäfte in Finanzinstrumenten zu angemessenen kaufmännischen Bedingungen und, soweit technisch möglich, auf Echtzeitbasis veröffentlichen zu können:

1. Kennung des Finanzinstruments;
2. Kurs, zu dem das Geschäft abgeschlossen wurde;
3. Volumen des Geschäfts;
4. Zeitpunkt des Geschäfts;
5. Zeitpunkt, zu dem das Geschäft gemeldet wurde;
6. Kurszusatz des Geschäfts;
7. Code für den Handelsplatz, an dem das Geschäft ausgeführt wurde, oder, wenn das Geschäft über einen systematischen Internalisierer ausgeführt wurde, den Code „SI" oder andernfalls den Code „OTC";
8. sofern anwendbar, einen Hinweis, dass das Geschäft besonderen Bedingungen unterlag.

²Die Informationen nach Satz 1 sind spätestens 15 Minuten nach der Veröffentlichung kostenlos zur Verfügung zu stellen.

(2) ¹Ein genehmigtes Veröffentlichungssystem muss die Informationen effizient und konsistent in einer Weise verbreiten, die einen raschen diskriminierungsfreien Zugang zu den betreffenden Informationen sicherstellt. ²Die Informationen sind in einem Format zu veröffentlichen, das die Konsolidierung der Daten mit vergleichbaren Daten aus anderen Quellen erleichtert.

(3) ¹Ein genehmigtes Veröffentlichungssystem muss organisatorische Vorkehrungen treffen, um Interessenkonflikte mit seinen Kunden zu vermeiden. ²Insbesondere muss es, wenn es zugleich auch Börsenbetreiber oder Wertpapierdienstleistungsunternehmen ist, alle erhobenen Informationen in nichtdiskriminierender Weise behandeln und auf Dauer geeignete Vorkehrungen treffen, um diese unterschiedlichen Unternehmensfunktionen voneinander zu trennen.

(4) ¹Ein genehmigtes Veröffentlichungssystem muss Mechanismen einrichten, die die Sicherheit der Informationsübermittlungswege gewährleisten, das Risiko der unbefugten Datenveränderung und des unberechtigten Zugriffs minimieren und ein Bekanntwerden noch nicht veröffentlichter Informationen

Wertpapierhandelsgesetz **§ 59 WpHG 12**

verhindern. ²Es muss über ausreichende Mittel und Notfallsysteme verfügen, um seine Dienste jederzeit anbieten und aufrechterhalten zu können.

(5) Ein genehmigtes Veröffentlichungssystem muss über wirksame Mechanismen verfügen, um die zu veröffentlichenden Informationen auf Vollständigkeit prüfen zu können, Lücken und offensichtliche Fehler zu erkennen und es zu ermöglichen, bei fehlerhaften Auskünften eine Neuübermittlung anfordern zu können.

(6) Ein genehmigtes Veröffentlichungssystem muss über ein Hinweisgeberverfahren in entsprechender Anwendung von § 25a Absatz 1 Satz 6 Nummer 3 des Kreditwesengesetzes verfügen.

(7) Näheres zu den Organisationspflichten nach den Absätzen 1 bis 6 regelt die Delegierte Verordnung (EU) 2017/571 der Kommission vom 2. Juni 2016 zur Ergänzung der Richtlinie 2014/65/EU[1)] des Europäischen Parlaments und des Rates durch technische Regulierungsstandards für die Zulassung, die organisatorischen Anforderungen und die Veröffentlichung von Geschäften für Datenbereitstellungsdienste (ABl. L 87 vom 31.3.2017, S. 126), in der jeweils geltenden Fassung.

**§ 59 Organisationspflichten für Bereitsteller konsolidierter Datenticker.** (1) ¹Ein Bereitsteller konsolidierter Datenticker ist dazu verpflichtet, die bereitgestellten Daten von allen Handelsplätzen und genehmigten Veröffentlichungssystemen zu konsolidieren. ²Er muss angemessene Grundsätze aufstellen und Vorkehrungen treffen, um mindestens die folgenden Informationen über Geschäfte in Finanzinstrumenten zu erheben, zu einem kontinuierlichen elektronischen Datenstrom zu konsolidieren und diesen der Öffentlichkeit zu angemessenen kaufmännischen Bedingungen und, soweit technisch möglich, auf Echtzeitbasis zur Verfügung zu stellen:

1. Kennung des Finanzinstruments;
2. Kurs, zu dem das Geschäft abgeschlossen wurde;
3. Volumen des Geschäfts;
4. Zeitpunkt des Geschäfts;
5. Zeitpunkt, zu dem das Geschäft gemeldet wurde;
6. Kurszusatz des Geschäfts;
7. den Code für den Handelsplatz, an dem das Geschäft ausgeführt wurde, oder, wenn das Geschäft über einen systematischen Internalisierer ausgeführt wurde, den Code „SI" oder andernfalls den Code „OTC";
8. sofern anwendbar, einen Hinweis, dass die Anlageentscheidung und Ausführung des Geschäfts durch das Wertpapierdienstleistungsunternehmen auf einem Computeralgorithmus beruhte;
9. sofern anwendbar, einen Hinweis, dass das Geschäft besonderen Bedingungen unterlag;
10. falls für die Pflicht zur Veröffentlichung der Informationen gemäß Artikel 3 Absatz 1 der Verordnung (EU) Nr. 600/2014[2)] eine Ausnahme gemäß Artikel 4 Absatz 1 Buchstabe a oder b der Verordnung (EU) Nr. 600/2014 gewährt wurde, eine Kennzeichnung dieser Ausnahme.

---

[1)] Nr. **1**.
[2)] Nr. **2**.

³ Die Informationen nach Satz 2 sind binnen 15 Minuten nach der Veröffentlichung kostenlos zur Verfügung zu stellen.

(2) ¹ Ein Bereitsteller konsolidierter Datenticker muss die Informationen nach Absatz 1 effizient und konsistent in einer Weise verbreiten, die einen raschen diskriminierungsfreien Zugang zu den betreffenden Informationen sicherstellt. ² Die Informationen sind in einem Format zu veröffentlichen, das für die Marktteilnehmer leicht zugänglich und nutzbar ist.

(3) ¹ Ein Bereitsteller konsolidierter Datenticker muss organisatorische Vorkehrungen treffen, um Interessenkonflikte mit seinen Kunden zu vermeiden. ² Insbesondere muss er, wenn er zugleich auch ein Börsenbetreiber oder ein genehmigtes Veröffentlichungssystem ist, alle erhobenen Informationen in nichtdiskriminierender Weise behandeln und auf Dauer geeignete Vorkehrungen treffen, um die unterschiedlichen Unternehmensfunktionen voneinander zu trennen.

(4) ¹ Ein Bereitsteller konsolidierter Datenticker muss Mechanismen einrichten, die die Sicherheit der Informationsübermittlungswege gewährleisten und das Risiko der unbefugten Datenveränderung und des unberechtigten Zugriffs minimieren. ² Es muss über ausreichende Mittel und über Notfallsysteme verfügen, um seine Dienste jederzeit anbieten und aufrechterhalten zu können.

(5) Ein Bereitsteller muss über ein Hinweisgeberverfahren in entsprechender Anwendung des § 25a Absatz 1 Satz 6 Nummer 3 des Kreditwesengesetzes verfügen.

(6) Näheres zu den Organisationspflichten nach den Absätzen 1 bis 5 regelt die Delegierte Verordnung (EU) 2017/571.

### § 60 Organisationspflichten für genehmigte Meldemechanismen.

(1) ¹ Ein genehmigter Meldemechanismus muss angemessene Grundsätze aufstellen und Vorkehrungen treffen, um die nach Artikel 26 der Verordnung (EU) Nr. 600/2014[1]) zu meldenden Informationen für die meldepflichtigen Wertpapierdienstleistungsunternehmen so schnell wie möglich, spätestens jedoch bei Geschäftsschluss des auf den Vertragsabschluss des Geschäfts über das Finanzinstrument folgenden Arbeitstages, zu melden. ² Näheres zur Meldung dieser Informationen regelt Artikel 26 der Verordnung (EU) Nr. 600/2014.

(2) ¹ Ein genehmigter Meldemechanismus muss organisatorische Vorkehrungen treffen, um Interessenkonflikte mit seinen Kunden zu vermeiden. ² Insbesondere muss er, wenn er zugleich auch Börsenbetreiber oder ein Wertpapierdienstleistungsunternehmen ist, alle erhobenen Informationen in nichtdiskriminierender Weise behandeln und auf Dauer geeignete Vorkehrungen treffen, um die unterschiedlichen Unternehmensfunktionen voneinander zu trennen.

(3) ¹ Ein genehmigter Meldemechanismus muss wirksame Mechanismen einrichten, die die Sicherheit der Informationsübermittlungswege gewährleisten, um das Risiko der unbefugten Datenveränderung und des unberechtigten Zugriffs zu minimieren und ein Bekanntwerden noch nicht veröffentlichter Informationen zu verhindern. ² Er muss über ausreichende Mittel und Notfallsysteme verfügen, um seine Dienste jederzeit anbieten und aufrechterhalten zu können.

---

[1]) Nr. 2.

(4) Ein genehmigter Meldemechanismus muss Vorkehrungen treffen, um
1. die Meldungen von Geschäften auf Vollständigkeit prüfen zu können, durch das Wertpapierdienstleistungsunternehmen verschuldete Lücken und offensichtliche Fehler zu erkennen und diesem in diesen Fällen genaue Angaben hierzu zu übermitteln und eine Neuübermittlung anzufordern und
2. selbst verschuldete Fehler oder Lücken zu erkennen, diese zu berichtigen und der Bundesanstalt korrigierte und vollständige Meldungen der Geschäfte zu übermitteln.

(5) Ein genehmigter Meldemechanismus muss über ein Hinweisgeberverfahren in entsprechender Anwendung des § 25a Absatz 1 Satz 6 Nummer 3 des Kreditwesengesetzes verfügen.

(6) Das Nähere zu den Organisationspflichten nach den Absätzen 1 bis 5 regelt die Delegierte Verordnung (EU) 2017/571.

**§ 61 Überwachung der Organisationspflichten.** [1] Die Bundesanstalt kann zur Überwachung der in diesem Abschnitt geregelten Pflichten bei den Datenbereitstellungsdiensten auch ohne besonderen Anlass Prüfungen vornehmen. [2] § 88 Absatz 3 gilt entsprechend. [3] Hinsichtlich des Umfangs der Prüfungen gilt § 88 Absatz 2 entsprechend. [4] Widerspruch und Anfechtungsklage gegen Maßnahmen nach Satz 1 haben keine aufschiebende Wirkung.

**§ 62 Prüfung der Organisationspflichten; Verordnungsermächtigung.**

(1) [1] Unbeschadet des § 61 ist die Einhaltung der in diesem Abschnitt geregelten Pflichten sowie der sich aus der Delegierten Verordnung (EU) 2017/565[1]), der Delegierten Verordnung (EU) 2017/571 und der gemäß Artikel 61 Absatz 5 der Richtlinie 2014/65/EU[2]) erlassenen Durchführungsverordnung, in der jeweils geltenden Fassung, ergebenden Pflichten einmal jährlich durch einen geeigneten Prüfer zu prüfen. [2] § 89 Absatz 1 Satz 4 und 6, Absatz 2 Satz 1 und 2, Absatz 3 und 4 gilt entsprechend.

(2) [1] Das Bundesministerium der Finanzen kann durch Rechtsverordnung, die nicht der Zustimmung des Bundesrates bedarf, nähere Bestimmungen über Art, Umfang und Zeitpunkt der Prüfung nach Absatz 1 sowie den Inhalt der Prüfungsberichte erlassen. [2] Das Bundesministerium der Finanzen kann die Ermächtigung durch Rechtsverordnung auf die Bundesanstalt übertragen.

## Abschnitt 11. Verhaltenspflichten, Organisationspflichten, Transparenzpflichten

**§ 63 Allgemeine Verhaltensregeln; Verordnungsermächtigung.**

(1) Ein Wertpapierdienstleistungsunternehmen ist verpflichtet, Wertpapierdienstleistungen und Wertpapiernebendienstleistungen ehrlich, redlich und professionell im bestmöglichen Interesse seiner Kunden zu erbringen.

(2) [1] Ein Wertpapierdienstleistungsunternehmen hat einem Kunden, bevor es Geschäfte für ihn durchführt, die allgemeine Art und Herkunft von Interessenkonflikten und die zur Begrenzung der Risiken der Beeinträchtigung der Kundeninteressen unternommenen Schritte eindeutig darzulegen, soweit die

---
[1]) Nr. 13.
[2]) Nr. 1.

organisatorischen Vorkehrungen nach § 80 Absatz 1 Satz 2 Nummer 2 nicht ausreichen, um nach vernünftigem Ermessen zu gewährleisten, dass das Risiko der Beeinträchtigung von Kundeninteressen vermieden wird. ²Die Darlegung nach Satz 1 muss

1. mittels eines dauerhaften Datenträgers erfolgen und
2. unter Berücksichtigung der Einstufung des Kunden im Sinne des § 67 so detailliert sein, dass der Kunde in die Lage versetzt wird, seine Entscheidung über die Wertpapierdienstleistung oder Wertpapiernebendienstleistung, in deren Zusammenhang der Interessenkonflikt auftritt, in Kenntnis der Sachlage zu treffen.

(3) ¹Ein Wertpapierdienstleistungsunternehmen muss sicherstellen, dass es die Leistung seiner Mitarbeiter nicht in einer Weise vergütet oder bewertet, die mit seiner Pflicht, im bestmöglichen Interesse der Kunden zu handeln, kollidiert. ²Insbesondere darf es bei seinen Mitarbeitern weder durch Vergütungsvereinbarungen noch durch Verkaufsziele oder in sonstiger Weise Anreize dafür setzen, einem Privatkunden ein bestimmtes Finanzinstrument zu empfehlen, obwohl das Wertpapierdienstleistungsunternehmen dem Privatkunden ein anderes Finanzinstrument anbieten könnte, das den Bedürfnissen des Privatkunden besser entspricht.

(4) ¹Ein Wertpapierdienstleistungsunternehmen, das Finanzinstrumente zum Verkauf an Kunden konzipiert, muss sicherstellen, dass diese Finanzinstrumente so ausgestaltet sind, dass

1. sie den Bedürfnissen eines bestimmten Zielmarktes im Sinne des § 80 Absatz 9 entsprechen und
2. die Strategie für den Vertrieb der Finanzinstrumente mit diesem Zielmarkt vereinbar ist.

²Das Wertpapierdienstleistungsunternehmen muss zumutbare Schritte unternehmen, um zu gewährleisten, dass das Finanzinstrument an den bestimmten Zielmarkt vertrieben wird.

(5) ¹Ein Wertpapierdienstleistungsunternehmen muss die von ihm angebotenen oder empfohlenen Finanzinstrumente verstehen. ²Es muss deren Vereinbarkeit mit den Bedürfnissen der Kunden, denen gegenüber es Wertpapierdienstleistungen erbringt, beurteilen, auch unter Berücksichtigung des in § 80 Absatz 9 genannten Zielmarktes, und sicherstellen, dass es Finanzinstrumente nur anbietet oder empfiehlt, wenn dies im Interesse der Kunden liegt.

(6) ¹Alle Informationen, die Wertpapierdienstleistungsunternehmen Kunden zugänglich machen, einschließlich Marketingmitteilungen, müssen redlich und eindeutig sein und dürfen nicht irreführend sein. ²Marketingmitteilungen müssen eindeutig als solche erkennbar sein. ³§ 302 des Kapitalanlagegesetzbuchs[1], Artikel 22 der Verordnung (EU) 2017/1129[2] und § 7 des Wertpapierprospektgesetzes[3] bleiben unberührt.

(7) ¹Wertpapierdienstleistungsunternehmen sind verpflichtet, ihren Kunden rechtzeitig und in verständlicher Form angemessene Informationen über das Wertpapierdienstleistungsunternehmen und seine Dienstleistungen, über die

---
[1] Nr. 15.
[2] Nr. 6.
[3] Nr. 7.

Finanzinstrumente und die vorgeschlagenen Anlagestrategien, über Ausführungsplätze und alle Kosten und Nebenkosten zur Verfügung zu stellen, die erforderlich sind, damit die Kunden nach vernünftigem Ermessen die Art und die Risiken der ihnen angebotenen oder von ihnen nachgefragten Arten von Finanzinstrumenten oder Wertpapierdienstleistungen verstehen und auf dieser Grundlage ihre Anlageentscheidung treffen können. ²Die Informationen können auch in standardisierter Form zur Verfügung gestellt werden. ³Die Informationen nach Satz 1 müssen folgende Angaben enthalten:

1. hinsichtlich der Arten von Finanzinstrumenten und der vorgeschlagenen Anlagestrategie unter Berücksichtigung des Zielmarktes im Sinne des Absatzes 3 oder 4:

   a) geeignete Leitlinien zur Anlage in solche Arten von Finanzinstrumenten oder zu den einzelnen Anlagestrategien,

   b) geeignete Warnhinweise zu den Risiken, die mit dieser Art von Finanzinstrumenten oder den einzelnen Anlagestrategien verbunden sind, und

   c) ob die Art des Finanzinstruments für Privatkunden oder professionelle Kunden bestimmt ist;

2. hinsichtlich aller Kosten und Nebenkosten:

   a) Informationen in Bezug auf Kosten und Nebenkosten sowohl der Wertpapierdienstleistungen als auch der Wertpapiernebendienstleistungen, einschließlich eventueller Beratungskosten,

   b) Kosten der Finanzinstrumente, die dem Kunden empfohlen oder an ihn vermarktet werden sowie

   c) Zahlungsmöglichkeiten des Kunden einschließlich etwaiger Zahlungen durch Dritte.

⁴Informationen zu Kosten und Nebenkosten, einschließlich solchen Kosten und Nebenkosten im Zusammenhang mit der Wertpapierdienstleistung und dem Finanzinstrument, die nicht durch ein zugrunde liegendes Marktrisiko verursacht werden, muss das Wertpapierdienstleistungsunternehmen in zusammengefasster Weise darstellen, damit der Kunde sowohl die Gesamtkosten als auch die kumulative Wirkung der Kosten auf die Rendite der Anlage verstehen kann. ⁵Auf Verlangen des Kunden muss das Wertpapierdienstleistungsunternehmen eine Aufstellung, die nach den einzelnen Posten aufgegliedert ist, zur Verfügung stellen. ⁶Solche Informationen sollen dem Kunden unter den in Artikel 50 Absatz 9 der Delegierten Verordnung (EU) 2017/565[1)] genannten Voraussetzungen regelmäßig, mindestens jedoch jährlich während der Laufzeit der Anlage zur Verfügung gestellt werden. ⁷Die §§ 293 bis 297, 303 bis 307 des Kapitalanlagegesetzbuchs bleiben unberührt. ⁸Bei zertifizierten Altersvorsorge- und Basisrentenverträgen im Sinne des Altersvorsorgeverträge-Zertifizierungsgesetzes gilt die Informationspflicht nach diesem Absatz durch Bereitstellung des individuellen Produktinformationsblattes nach § 7 des Altersvorsorgeverträge-Zertifizierungsgesetzes als erfüllt. ⁹Dem Kunden sind auf Nachfrage die nach diesem Absatz erforderlichen Informationen über Kosten und Nebenkosten zur Verfügung zu stellen. ¹⁰Der Kunde ist bei Bereitstellung des individuellen Produktinformationsblattes nach § 7 des Altersvorsorgeverträge-Zertifizierungsgesetzes ausdrücklich auf dieses Recht hinzuweisen. ¹¹Wird einem Kunden ein standardisiertes Informationsblatt nach § 64 Absatz 2 Satz 3 zur

---

[1)] Nr. 13.

Verfügung gestellt, sind dem Kunden die Informationen hinsichtlich aller Kosten und Nebenkosten nach den Sätzen 4 und 5 unverlangt unter Verwendung einer formalisierten Kostenaufstellung zur Verfügung zu stellen.

(8) Die Absätze 6 und 7 gelten nicht für Wertpapierdienstleistungen, die als Teil eines Finanzprodukts angeboten werden, das in Bezug auf die Informationspflichten bereits anderen Bestimmungen des Europäischen Gemeinschaftsrechts, die Kreditinstitute und Verbraucherkredite betreffen, unterliegt.

(9) [1] Bietet ein Wertpapierdienstleistungsunternehmen Wertpapierdienstleistungen verbunden mit anderen Dienstleistungen oder anderen Produkten als Gesamtpaket oder in der Form an, dass die Erbringung der Wertpapierdienstleistungen, der anderen Dienstleistungen oder der Geschäfte über die anderen Produkte Bedingung für die Durchführung der jeweils anderen Bestandteile oder des Abschlusses der anderen Vereinbarungen ist, muss es den Kunden darüber informieren, ob die einzelnen Bestandteile auch getrennt voneinander bezogen werden können und dem Kunden für jeden Bestandteil getrennt Kosten und Gebühren nachweisen. [2] Besteht die Wahrscheinlichkeit, dass die mit dem Gesamtpaket oder der Gesamtvereinbarung verknüpften Risiken von den mit den einzelnen Bestandteilen verknüpften Risiken abweichen, hat es Privatkunden in angemessener Weise über die einzelnen Bestandteile, die mit ihnen verknüpften Risiken und die Art und Weise, wie ihre Wechselwirkung das Risiko beeinflusst, zu informieren.

(10) [1] Vor der Erbringung anderer Wertpapierdienstleistungen als der Anlageberatung oder der Finanzportfolioverwaltung hat ein Wertpapierdienstleistungsunternehmen von den Kunden Informationen einzuholen über Kenntnisse und Erfahrungen der Kunden in Bezug auf Geschäfte mit bestimmten Arten von Finanzinstrumenten oder Wertpapierdienstleistungen, soweit diese Informationen erforderlich sind, um die Angemessenheit der Finanzinstrumente oder Wertpapierdienstleistungen für die Kunden beurteilen zu können. [2] Sind verbundene Dienstleistungen oder Produkte im Sinne des Absatzes 9 Gegenstand des Kundenauftrages, muss das Wertpapierdienstleistungsunternehmen beurteilen, ob das gesamte verbundene Geschäft für den Kunden angemessen ist. [3] Gelangt ein Wertpapierdienstleistungsunternehmen auf Grund der nach Satz 1 erhaltenen Informationen zu der Auffassung, dass das vom Kunden gewünschte Finanzinstrument oder die Wertpapierdienstleistung für den Kunden nicht angemessen ist, hat es den Kunden darauf hinzuweisen. [4] Erlangt das Wertpapierdienstleistungsunternehmen nicht die erforderlichen Informationen, hat es den Kunden darüber zu informieren, dass eine Beurteilung der Angemessenheit im Sinne des Satzes 1 nicht möglich ist. [5] Näheres zur Angemessenheit und zu den Pflichten, die im Zusammenhang mit der Beurteilung der Angemessenheit geltenden Pflichten regeln die Artikel 55 und 56 der Delegierten Verordnung (EU) 2017/565. [6] Der Hinweis nach Satz 3 und die Information nach Satz 4 können in standardisierter Form erfolgen.

(11) Die Pflichten nach Absatz 10 gelten nicht, soweit das Wertpapierdienstleistungsunternehmen

1. auf Veranlassung des Kunden Finanzkommissionsgeschäft, Eigenhandel, Abschlussvermittlung oder Anlagevermittlung erbringt in Bezug auf

   a) Aktien, die zum Handel an einem organisierten Markt, an einem diesem gleichwertigen Markt eines Drittlandes oder an einem multilateralen Handelssystem zugelassen sind, mit Ausnahme von Aktien an AIF im Sinne von § 1 Absatz 3 des Kapitalanlagegesetzbuchs, und von Aktien, in die ein Derivat eingebettet ist,

b) Schuldverschreibungen und andere verbriefte Schuldtitel, die zum Handel an einem organisierten Markt, einem diesem gleichwertigen Markt eines Drittlandes oder einem multilateralen Handelssystem zugelassen sind, mit Ausnahme solcher, in die ein Derivat eingebettet ist und solcher, die eine Struktur aufweisen, die es dem Kunden erschwert, die mit ihnen einhergehenden Risiken zu verstehen,

c) Geldmarktinstrumente, mit Ausnahme solcher, in die ein Derivat eingebettet ist, und solcher, die eine Struktur aufweisen, die es dem Kunden erschwert, die mit ihnen einhergehenden Risiken zu verstehen,

d) Anteile oder Aktien an OGAW im Sinne von § 1 Absatz 2 des Kapitalanlagegesetzbuchs, mit Ausnahme der in Artikel 36 Absatz 1 Unterabsatz 2 der Verordnung (EU) Nr. 583/2010 genannten strukturierten OGAW,

e) strukturierte Einlagen, mit Ausnahme solcher, die eine Struktur aufweisen, die es dem Kunden erschwert, das Ertragsrisiko oder die Kosten des Verkaufs des Produkts vor Fälligkeit zu verstehen oder

f) andere nicht komplexe Finanzinstrumente für Zwecke dieses Absatzes, die die in Artikel 57 der Delegierten Verordnung (EU) 2017/565 genannten Kriterien erfüllen,

2. diese Wertpapierdienstleistung nicht gemeinsam mit der Gewährung eines Darlehens als Wertpapiernebendienstleistung im Sinne des § 2 Absatz 7 Nummer 2 erbringt, außer sie besteht in der Ausnutzung einer Kreditobergrenze eines bereits bestehenden Darlehens oder eines bereits bestehenden Darlehens, das in der Weise gewährt wurde, dass der Darlehensgeber in einem Vertragsverhältnis über ein laufendes Konto dem Darlehensnehmer das Recht einräumt, sein Konto in bestimmter Höhe zu überziehen (Überziehungsmöglichkeit) oder darin, dass der Darlehensgeber im Rahmen eines Vertrages über ein laufendes Konto, ohne eingeräumte Überziehungsmöglichkeit die Überziehung des Kontos durch den Darlehensnehmer duldet und hierfür vereinbarungsgemäß ein Entgelt verlangt, und

3. den Kunden ausdrücklich darüber informiert, dass keine Angemessenheitsprüfung im Sinne des Absatzes 10 vorgenommen wird, wobei diese Information in standardisierter Form erfolgen kann.

(12) ¹Wertpapierdienstleistungsunternehmen müssen ihren Kunden in geeigneter Weise auf einem dauerhaften Datenträger über die erbrachten Wertpapierdienstleistungen berichten; insbesondere müssen sie nach Ausführung eines Geschäftes mitteilen, wo sie den Auftrag ausgeführt haben. ²Die Pflicht nach Satz 1 beinhaltet einerseits nach den in den Artikeln 59 bis 63 der Delegierten Verordnung (EU) 2017/565 näher bestimmten Fällen regelmäßige Berichte an den Kunden, wobei die Art und Komplexität der jeweiligen Finanzinstrumente sowie die Art der erbrachten Wertpapierdienstleistungen zu berücksichtigen ist, und andererseits, sofern relevant, Informationen zu den angefallenen Kosten. ³Bei zertifizierten Altersvorsorge- und Basisrentenverträgen im Sinne des Altersvorsorgeverträge-Zertifizierungsgesetzes gilt die Informationspflicht gemäß Satz 1 bei Beachtung der jährlichen Informationspflicht nach § 7a des Altersvorsorgeverträge-Zertifizierungsgesetzes als erfüllt. ⁴Dem Kunden sind auf Nachfrage die nach diesem Absatz erforderlichen Informationen über Kosten und Nebenkosten zur Verfügung zu stellen. ⁵Der Kunde ist

bei Bereitstellung der jährlichen Information nach § 7a des Altersvorsorgeverträge-Zertifizierungsgesetzes ausdrücklich auf dieses Recht hinzuweisen.

(13) Nähere Bestimmungen zu den Absätzen 1 bis 3, 6, 7, 10 und 12 ergeben sich aus der Delegierten Verordnung (EU) 2017/565, insbesondere zu
1. der Verpflichtung nach Absatz 1 aus den Artikeln 58, 64, 65 und 67 bis 69,
2. Art, Umfang und Form der Offenlegung nach Absatz 2 aus den Artikeln 34 und 41 bis 43,
3. der Vergütung oder Bewertung nach Absatz 3 aus Artikel 27,
4. den Voraussetzungen, unter denen Informationen im Sinne von Absatz 6 Satz 1 als redlich, eindeutig und nicht irreführend angesehen werden aus den Artikeln 36 und 44,
5. Art, Inhalt, Gestaltung und Zeitpunkt der nach Absatz 7 notwendigen Informationen für die Kunden aus den Artikeln 38, 39, 41, 45 bis 53, 61 und 65,
6. Art, Umfang und Kriterien der nach Absatz 10 von den Kunden einzuholenden Informationen aus den Artikeln 54 bis 56,
7. Art, Inhalt und Zeitpunkt der Berichtspflichten nach Absatz 12 aus den Artikeln 59 bis 63.

(14) [1] Das Bundesministerium der Finanzen kann im Einvernehmen mit dem Bundesministerium der Justiz und für Verbraucherschutz durch Rechtsverordnung, die nicht der Zustimmung des Bundesrates bedarf, nähere Bestimmungen zu Inhalt und Aufbau der formalisierten Kostenaufstellung nach Absatz 7 Satz 11 erlassen. [2] Das Bundesministerium der Finanzen kann die Ermächtigung durch Rechtsverordnung auf die Bundesanstalt übertragen.

## § 64 Besondere Verhaltensregeln bei der Erbringung von Anlageberatung und Finanzportfolioverwaltung; Verordnungsermächtigung.

(1) [1] Erbringt ein Wertpapierdienstleistungsunternehmen Anlageberatung, muss es den Kunden zusätzlich zu den Informationen nach § 63 Absatz 7 rechtzeitig vor der Beratung und in verständlicher Form darüber informieren
1. ob die Anlageberatung unabhängig erbracht wird (Unabhängige Honorar-Anlageberatung) oder nicht;
2. ob sich die Anlageberatung auf eine umfangreiche oder eine eher beschränkte Analyse verschiedener Arten von Finanzinstrumenten stützt, insbesondere, ob die Palette an Finanzinstrumenten auf Finanzinstrumente beschränkt ist, die von Anbietern oder Emittenten stammen, die in einer engen Verbindung zum Wertpapierdienstleistungsunternehmen stehen oder zu denen in sonstiger Weise rechtliche oder wirtschaftliche Verbindungen bestehen, die so eng sind, dass das Risiko besteht, dass die Unabhängigkeit der Anlageberatung beeinträchtigt wird, und
3. ob das Wertpapierdienstleistungsunternehmen dem Kunden regelmäßig eine Beurteilung der Geeignetheit der empfohlenen Finanzinstrumente zur Verfügung stellt.

[2] § 63 Absatz 7 Satz 2 und bei Vorliegen der dort genannten Voraussetzungen die Ausnahme nach § 63 Absatz 8 gelten entsprechend.

(2) [1] Im Falle einer Anlageberatung hat das Wertpapierdienstleistungsunternehmen einem Privatkunden rechtzeitig vor dem Abschluss eines Geschäfts

über Finanzinstrumente, für die kein Basisinformationsblatt nach der Verordnung (EU) Nr. 1286/2014[1]) erstellt werden muss,

1. über jedes Finanzinstrument, auf das sich eine Kaufempfehlung bezieht, ein kurzes und leicht verständliches Informationsblatt,
2. in den Fällen des Satzes 3 ein in Nummer 1 genanntes Informationsblatt oder wahlweise ein standardisiertes Informationsblatt oder
3. in den Fällen des Satzes 4 ein dort genanntes Dokument anstelle des in Nummer 1 genannten Informationsblatts

zur Verfügung zu stellen. ²Die Angaben in den Informationsblättern nach Satz 1 dürfen weder unrichtig noch irreführend sein und müssen mit den Angaben des Prospekts vereinbar sein. ³Für Aktien, die zum Zeitpunkt der Anlageberatung an einem organisierten Markt gehandelt werden, kann anstelle des Informationsblattes nach Satz 1 Nummer 1 ein standardisiertes Informationsblatt verwendet werden. ⁴An die Stelle des Informationsblattes treten

1. bei Anteilen oder Aktien an OGAW oder an offenen Publikums-AIF die wesentlichen Anlegerinformationen nach den §§ 164 und 166 des Kapitalanlagegesetzbuchs[2]),
2. bei Anteilen oder Aktien an geschlossenen Publikums-AIF die wesentlichen Anlegerinformationen nach den §§ 268 und 270 des Kapitalanlagegesetzbuchs,
3. bei Anteilen oder Aktien an Spezial-AIF die wesentlichen Anlegerinformationen nach § 166 oder § 270 des Kapitalanlagegesetzbuchs, sofern die AIF-Kapitalverwaltungsgesellschaft solche gemäß § 307 Absatz 5 des Kapitalanlagegesetzbuchs erstellt hat,
4. bei EU-AIF und ausländischen AIF die wesentlichen Anlegerinformationen nach § 318 Absatz 5 des Kapitalanlagegesetzbuchs,
5. bei EU-OGAW die wesentlichen Anlegerinformationen, die nach § 298 Absatz 1 Satz 2 des Kapitalanlagegesetzbuchs in deutscher Sprache veröffentlicht worden sind,
6. bei inländischen Investmentvermögen im Sinne des Investmentgesetzes in der bis zum 21. Juli 2013 geltenden Fassung, die für den in § 345 Absatz 6 Satz 1 des Kapitalanlagegesetzbuchs genannten Zeitraum noch weiter vertrieben werden dürfen, die wesentlichen Anlegerinformationen, die nach § 42 Absatz 2 des Investmentgesetzes in der bis zum 21. Juli 2013 geltenden Fassung erstellt worden sind,
7. bei ausländischen Investmentvermögen im Sinne des Investmentgesetzes in der bis zum 21. Juli 2013 geltenden Fassung, die für den in § 345 Absatz 8 Satz 2 oder § 355 Absatz 2 Satz 10 des Kapitalanlagegesetzbuchs genannten Zeitraum noch weiter vertrieben werden dürfen, die wesentlichen Anlegerinformationen, die nach § 137 Absatz 2 des Investmentgesetzes in der bis zum 21. Juli 2013 geltenden Fassung erstellt worden sind,
8. bei Vermögensanlagen im Sinne des § 1 Absatz 2 des Vermögensanlagengesetzes[3]) das Vermögensanlagen-Informationsblatt nach § 13 des Vermögensanlagengesetzes, soweit der Anbieter der Vermögensanlagen zur Erstellung eines solchen Vermögensanlagen-Informationsblatts verpflichtet ist,

---

[1]) Nr. 9.
[2]) Nr. 15.
[3]) Nr. 8.

9. bei zertifizierten Altersvorsorge- und Basisrentenverträgen im Sinne des Altersvorsorgeverträge-Zertifizierungsgesetzes das individuelle Produktinformationsblatt nach § 7 Absatz 1 des Altersvorsorgeverträge-Zertifizierungsgesetzes sowie zusätzlich die wesentlichen Anlegerinformationen nach Nummer 1, 3 oder Nummer 4, sofern es sich um Anteile an den in Nummer 1, 3 oder Nummer 4 genannten Organismen für gemeinsame Anlagen handelt und

10. bei Wertpapieren im Sinne des § 2 Nummer 1 des Wertpapierprospektgesetzes[1] das Wertpapier-Informationsblatt nach § 4 des Wertpapierprospektgesetzes, soweit der Anbieter der Wertpapiere zur Erstellung eines solchen Wertpapier-Informationsblatts verpflichtet ist.

(3) [1] Das Wertpapierdienstleistungsunternehmen muss von einem Kunden alle Informationen

1. über Kenntnisse und Erfahrungen des Kunden in Bezug auf Geschäfte mit bestimmten Arten von Finanzinstrumenten oder Wertpapierdienstleistungen,

2. über die finanziellen Verhältnisse des Kunden, einschließlich seiner Fähigkeit, Verluste zu tragen, und

3. über seine Anlageziele, einschließlich seiner Risikotoleranz,

einholen, die erforderlich sind, um dem Kunden ein Finanzinstrument oder eine Wertpapierdienstleistung empfehlen zu können, das oder die für ihn geeignet ist und insbesondere seiner Risikotoleranz und seiner Fähigkeit, Verluste zu tragen, entspricht. [2] Ein Wertpapierdienstleistungsunternehmen darf seinen Kunden nur Finanzinstrumente und Wertpapierdienstleistungen empfehlen oder Geschäfte im Rahmen der Finanzportfolioverwaltung tätigen, die nach den eingeholten Informationen für den Kunden geeignet sind. [3] Näheres zur Geeignetheit und den im Zusammenhang mit der Beurteilung der Geeignetheit geltenden Pflichten regeln die Artikel 54 und 55 der Delegierten Verordnung (EU) 2017/565[2]. [4] Näheres zur Geeignetheit von Verbriefungen und den im Zusammenhang mit der Beurteilung der Geeignetheit geltenden Pflichten regelt Artikel 3 der Verordnung (EU) 2017/2402 des Europäischen Parlaments und des Rates vom 12. Dezember 2017 zur Festlegung eines allgemeinen Rahmens für Verbriefungen und zur Schaffung eines spezifischen Rahmens für einfache, transparente und standardisierte Verbriefung und zur Änderung der Richtlinien 2009/65/EG, 2009/138/EG, 2011/61/EU und der Verordnungen (EG) Nr. 1060/2009 und (EU) Nr. 648/2012 (ABl. L 347 vom 28.12.2017, S. 35). [5] Erbringt ein Wertpapierdienstleistungsunternehmen eine Anlageberatung, bei der verbundene Produkte oder Dienstleistungen im Sinne des § 63 Absatz 9 empfohlen werden, gilt Satz 2 für das gesamte verbundene Geschäft entsprechend.

(4) [1] Ein Wertpapierdienstleistungsunternehmen, das Anlageberatung erbringt, muss dem Privatkunden auf einem dauerhaften Datenträger vor Vertragsschluss eine Erklärung über die Geeignetheit der Empfehlung (Geeignetheitserklärung) zur Verfügung stellen. [2] Die Geeignetheitserklärung muss die erbrachte Beratung nennen sowie erläutern, wie sie auf die Präferenzen, Anlageziele und die sonstigen Merkmale des Kunden abgestimmt wurde. [3] Näheres regelt Artikel 54 Absatz 12 der Delegierten Verordnung (EU) 2017/565.

---
[1] Nr. 7.
[2] Nr. 13.

⁴ Wird die Vereinbarung über den Kauf oder Verkauf eines Finanzinstruments mittels eines Fernkommunikationsmittels geschlossen, das die vorherige Übermittlung der Geeignetheitserklärung nicht erlaubt, darf das Wertpapierdienstleistungsunternehmen die Geeignetheitserklärung ausnahmsweise unmittelbar nach dem Vertragsschluss zur Verfügung stellen, wenn der Kunde zugestimmt hat, dass ihm die Geeignetheitserklärung unverzüglich nach Vertragsschluss zur Verfügung gestellt wird und das Wertpapierdienstleistungsunternehmen dem Kunden angeboten hat, die Ausführung des Geschäfts zu verschieben, damit der Kunde die Möglichkeit hat, die Geeignetheitserklärung zuvor zu erhalten.

(5) ¹ Ein Wertpapierdienstleistungsunternehmen, das Unabhängige Honorar-Anlageberatung erbringt,

1. muss bei der Beratung eine ausreichende Palette von auf dem Markt angebotenen Finanzinstrumenten berücksichtigen, die

 a) hinsichtlich ihrer Art und des Emittenten oder Anbieters hinreichend gestreut sind und

 b) nicht beschränkt sind auf Finanzinstrumente, die das Wertpapierdienstleistungsunternehmen selbst emittiert oder anbietet oder deren Anbieter oder Emittenten in einer engen Verbindung zum Wertpapierdienstleistungsunternehmen stehen oder in sonstiger Weise so enge rechtliche oder wirtschaftliche Verbindung zu diesem unterhalten, dass die Unabhängigkeit der Beratung dadurch gefährdet werden könnte;

2. darf sich die Unabhängige Honorar-Anlageberatung allein durch den Kunden vergüten lassen.

² Es dürfen nach Satz 1 Nummer 2 im Zusammenhang mit der Unabhängigen Honorar-Anlageberatung keinerlei nichtmonetäre Zuwendungen von einem Dritten, der nicht Kunde dieser Dienstleistung ist oder von dem Kunden dazu beauftragt worden ist, angenommen werden. ³ Monetäre Zuwendungen dürfen nur dann angenommen werden, wenn das empfohlene Finanzinstrument oder ein in gleicher Weise geeignetes Finanzinstrument ohne Zuwendung nicht erhältlich ist. ⁴ In diesem Fall sind die monetären Zuwendungen so schnell wie nach vernünftigem Ermessen möglich, nach Erhalt und in vollem Umfang an den Kunden auszukehren. ⁵ Vorschriften über die Entrichtung von Steuern und Abgaben bleiben davon unberührt. ⁶ Das Wertpapierdienstleistungsunternehmen muss Kunden über die ausgekehrten monetären Zuwendungen unterrichten. ⁷ Im Übrigen gelten die allgemeinen Anforderungen für die Anlageberatung.

(6) ¹ Bei der Empfehlung von Geschäftsabschlüssen in Finanzinstrumenten, die auf einer Unabhängigen Honorar-Anlageberatung beruhen, deren Anbieter oder Emittent das Wertpapierdienstleistungsunternehmen selbst ist oder zu deren Anbieter oder Emittenten eine enge Verbindung oder sonstige wirtschaftliche Verflechtung besteht, muss das Wertpapierdienstleistungsunternehmen den Kunden rechtzeitig vor der Empfehlung und in verständlicher Form informieren über

1. die Tatsache, dass es selbst Anbieter oder Emittent der Finanzinstrumente ist,

2. das Bestehen einer engen Verbindung oder einer sonstigen wirtschaftlichen Verflechtung zum Anbieter oder Emittenten sowie

3. das Bestehen eines eigenen Gewinninteresses oder des Interesses eines mit ihm verbundenen oder wirtschaftlich verflochtenen Emittenten oder Anbieters an dem Geschäftsabschluss.

²Ein Wertpapierdienstleistungsunternehmen darf einen auf seiner Unabhängigen Honorar-Anlageberatung beruhenden Geschäftsabschluss nicht als Geschäft mit dem Kunden zu einem festen oder bestimmbaren Preis für eigene Rechnung (Festpreisgeschäft) ausführen. ³Ausgenommen sind Festpreisgeschäfte in Finanzinstrumenten, deren Anbieter oder Emittent das Wertpapierdienstleistungsunternehmen selbst ist.

(7) ¹Ein Wertpapierdienstleistungsunternehmen, das Finanzportfolioverwaltung erbringt, darf im Zusammenhang mit der Finanzportfolioverwaltung keine Zuwendungen von Dritten oder für Dritte handelnder Personen annehmen und behalten. ²Abweichend von Satz 1 dürfen nichtmonetäre Vorteile nur angenommen werden, wenn es sich um geringfügige nichtmonetäre Vorteile handelt,

1. die geeignet sind, die Qualität der für den Kunden erbrachten Wertpapierdienstleistung und Wertpapiernebendienstleistungen zu verbessern und

2. die hinsichtlich ihres Umfangs, wobei die Gesamthöhe der von einem einzelnen Unternehmen oder einer einzelnen Unternehmensgruppe gewährten Vorteile zu berücksichtigen ist, und ihrer Art vertretbar und verhältnismäßig sind und daher nicht vermuten lassen, dass sie die Pflicht des Wertpapierdienstleistungsunternehmens, im bestmöglichen Interesse ihrer Kunden zu handeln, beeinträchtigen,

wenn diese Zuwendungen dem Kunden unmissverständlich offengelegt werden, bevor die betreffende Wertpapierdienstleistung oder Wertpapiernebendienstleistung für die Kunden erbracht wird. ³Die Offenlegung kann in Form einer generischen Beschreibung erfolgen. ⁴Monetäre Zuwendungen, die im Zusammenhang mit der Finanzportfolioverwaltung angenommen werden, sind so schnell wie nach vernünftigem Ermessen möglich nach Erhalt und in vollem Umfang an den Kunden auszukehren. ⁵Vorschriften über die Entrichtung von Steuern und Abgaben bleiben davon unberührt. ⁶Das Wertpapierdienstleistungsunternehmen muss den Kunden über die ausgekehrten monetären Zuwendungen unterrichten.

(8) Erbringt ein Wertpapierdienstleistungsunternehmen Finanzportfolioverwaltung oder hat es den Kunden nach Absatz 1 Satz 1 Nummer 3 darüber informiert, dass es die Geeignetheit der empfohlenen Finanzinstrumente regelmäßig beurteilt, so müssen die regelmäßigen Berichte gegenüber Privatkunden nach § 63 Absatz 12 insbesondere eine Erklärung darüber enthalten, wie die Anlage den Präferenzen, den Anlagezielen und den sonstigen Merkmalen des Kunden entspricht.

(9) Nähere Bestimmungen zu den Absätzen 1, 3, 5 und 8 ergeben sich aus der Delegierten Verordnung (EU) 2017/565, insbesondere zu

1. Art, Inhalt, Gestaltung und Zeitpunkt der nach den Absätzen 1 und 5, auch in Verbindung mit § 63 Absatz 7, notwendigen Informationen für die Kunden aus den Artikeln 52 und 53,

2. der Geeignetheit nach Absatz 3, den im Zusammenhang mit der Beurteilung der Geeignetheit geltenden Pflichten sowie zu Art, Umfang und Kriterien

der nach Absatz 3 von den Kunden einzuholenden Informationen aus den Artikeln 54 und 55,

3. der Erklärung nach Absatz 4 aus Artikel 54 Absatz 12,
4. der Anlageberatung nach Absatz 5 aus Artikel 53,
5. Art, Inhalt und Zeitpunkt der Berichtspflichten nach Absatz 8, auch in Verbindung mit § 63 Absatz 12, aus den Artikeln 60 und 62.

(10) ¹Das Bundesministerium der Finanzen kann durch Rechtsverordnung, die nicht der Zustimmung des Bundesrates bedarf, nähere Bestimmungen erlassen

1. im Einvernehmen mit dem Bundesministerium der Justiz und für Verbraucherschutz zu Inhalt und Aufbau sowie zu Art und Weise der Zurverfügungstellung der Informationsblätter im Sinne des Absatzes 2 Satz 1 und zu Inhalt und Aufbau sowie Art und Weise der Zurverfügungstellung des standardisierten Informationsblattes im Sinne des Absatzes 2 Satz 3,
2. zu Art, inhaltlicher Gestaltung, Zeitpunkt und Datenträger der nach Absatz 6 notwendigen Informationen für die Kunden,
3. zu Kriterien dazu, wann geringfügige nichtmonetäre Vorteile im Sinne des Absatzes 7 vorliegen.

²Das Bundesministerium der Finanzen kann die Ermächtigung durch Rechtsverordnung auf die Bundesanstalt übertragen.

**§ 65 Selbstauskunft bei der Vermittlung des Vertragsschlusses über eine Vermögensanlage im Sinne des § 2a des Vermögensanlagengesetzes[1]**. (1) ¹Ein Wertpapierdienstleistungsunternehmen hat vor der Vermittlung des Vertragsschlusses über eine Vermögensanlage im Sinne des § 2a des Vermögensanlagengesetzes von dem Kunden insoweit eine Selbstauskunft über dessen Vermögen oder dessen Einkommen einzuholen, wie dies erforderlich ist, um prüfen zu können, ob der Gesamtbetrag der Vermögensanlagen desselben Emittenten, die von dem Kunden erworben werden, folgende Beträge nicht übersteigt:

1. 10 000 Euro, sofern der jeweilige Anleger nach seiner Selbstauskunft über ein frei verfügbares Vermögen in Form von Bankguthaben und Finanzinstrumenten von mindestens 100 000 Euro verfügt, oder
2. den zweifachen Betrag des durchschnittlichen monatlichen Nettoeinkommens des jeweiligen Anlegers, höchstens jedoch 25 000 Euro.

²Satz 1 gilt nicht, wenn der Gesamtbetrag der Vermögensanlagen desselben Emittenten, die von dem Kunden erworben werden, 1 000 Euro nicht überschreitet. ³Ein Wertpapierdienstleistungsunternehmen darf einen Vertragsschluss über eine Vermögensanlage im Sinne des § 2a des Vermögensanlagengesetzes nur vermitteln, wenn es geprüft hat, dass der Gesamtbetrag der Vermögensanlagen desselben Emittenten, die von dem Kunden erworben werden, 1 000 Euro oder die in Satz 1 Nummer 1 und 2 genannten Beträge nicht übersteigt. ⁴Die Sätze 1 und 3 gelten nicht, wenn der Anleger eine Kapitalgesellschaft ist oder eine GmbH & Co. KG, deren Kommanditisten gleichzeitig Gesellschafter der GmbH oder an der Entscheidungsfindung der GmbH betei-

---

[1] Nr. 8.

ligt sind, sofern die GmbH & Co. KG kein Investmentvermögen und keine Verwaltungsgesellschaft nach dem Kapitalanlagegesetzbuch[1)] ist.

(2) Soweit die in Absatz 1 genannten Informationen auf Angaben des Kunden beruhen, hat das Wertpapierdienstleistungsunternehmen die Fehlerhaftigkeit oder Unvollständigkeit der Angaben seines Kunden nicht zu vertreten, es sei denn, die Unvollständigkeit oder Unrichtigkeit der Kundenangaben ist ihm bekannt oder infolge grober Fahrlässigkeit unbekannt.

**§ 65a Selbstauskunft bei der Vermittlung des Vertragsschlusses über Wertpapiere im Sinne des § 6 des Wertpapierprospektgesetzes.**

(1) [1] Ein Wertpapierdienstleistungsunternehmen hat vor der Vermittlung des Vertragsschlusses über Wertpapiere im Sinne des § 6 des Wertpapierprospektgesetzes[2)] von dem nicht qualifizierten Anleger eine Selbstauskunft über dessen Vermögen oder dessen Einkommen in dem Umfang einzuholen, wie dies erforderlich ist, um prüfen zu können, ob der Gesamtbetrag der Wertpapiere, die von dem nicht qualifizierten Anleger erworben werden, folgende Beträge nicht übersteigt:

1. 10 000 Euro, sofern der jeweilige nicht qualifizierte Anleger nach seiner Selbstauskunft über ein frei verfügbares Vermögen in Form von Bankguthaben und Finanzinstrumenten von mindestens 100 000 Euro verfügt, oder
2. den zweifachen Betrag des durchschnittlichen monatlichen Nettoeinkommens des jeweiligen nicht qualifizierten Anlegers, höchstens jedoch 25 000 Euro.

[2] Satz 1 gilt nicht, wenn der Gesamtbetrag der Wertpapiere, die von dem nicht qualifizierten Anleger erworben werden, 1 000 Euro nicht überschreitet. [3] Ein Wertpapierdienstleistungsunternehmen darf einen Vertragsschluss über Wertpapiere im Sinne des § 6 des Wertpapierprospektgesetzes nur vermitteln, wenn es geprüft hat, dass der Gesamtbetrag der Wertpapiere, die von dem nicht qualifizierten Anleger erworben werden, 1 000 Euro oder die in Satz 1 genannten Beträge nicht übersteigt.

(2) Soweit die in Absatz 1 genannten Informationen auf Angaben des nicht qualifizierten Anlegers beruhen, hat das Wertpapierdienstleistungsunternehmen die Fehlerhaftigkeit oder Unvollständigkeit der Angaben seines nicht qualifizierten Anlegers nicht zu vertreten, es sei denn, die Unvollständigkeit oder Unrichtigkeit der Angaben des nicht qualifizierten Anlegers ist ihm bekannt oder infolge grober Fahrlässigkeit unbekannt.

**§ 65b Veräußerung nachrangiger berücksichtigungsfähiger Verbindlichkeiten und relevanter Kapitalinstrumente an Privatkunden.** [1] Unbeschadet der Vorschriften dieses Abschnitts dürfen nachrangige berücksichtigungsfähige Verbindlichkeiten nach § 2 Absatz 3 Nummer 40a des Sanierungs- und Abwicklungsgesetzes sowie relevante Kapitalinstrumente nach § 2 Absatz 2 des Sanierungs- und Abwicklungsgesetzes an Privatkunden nach § 67 Absatz 3 nur mit einer Mindeststückelung von 50 000 Euro veräußert werden. [2] Für relevante Kapitalinstrumente nach § 2 Absatz 2 des Sanierungs- und Abwicklungsgesetzes von kleinen und nicht komplexen Instituten im Sinne des Artikels 4 Absatz 1 Nummer 145 der Verordnung (EU) Nr. 575/2013 gilt Satz 1 mit

---

[1)] Nr. 15.
[2)] Nr. 7.

der Maßgabe, dass diese an Privatkunden nach § 67 Absatz 3 nur mit einer Mindeststückelung von 25 000 Euro veräußert werden dürfen. ³Die Sätze 1 und 2 gelten nicht für Verbindlichkeiten und relevante Kapitalinstrumente im Sinne dieser Vorschrift, die vor dem 28. Dezember 2020 begeben wurden.

**§ 66 Ausnahmen für Immobiliar-Verbraucherdarlehensverträge.**
§ 63 Absatz 10 und 12 sowie § 64 Absatz 3, 4 und 8 gelten nicht für Immobiliar-Verbraucherdarlehensverträge, die an die Vorbedingung geknüpft sind, dass dem Verbraucher eine Wertpapierdienstleistung in Bezug auf gedeckte Schuldverschreibungen, die zur Besicherung der Finanzierung des Kredits begeben worden sind und denen dieselben Konditionen wie dem Immobiliar-Verbraucherdarlehensvertrag zugrunde liegen, erbracht wird, und wenn damit das Darlehen ausgezahlt, refinanziert oder abgelöst werden kann.

**§ 67 Kunden; Verordnungsermächtigung.** (1) Kunden im Sinne dieses Gesetzes sind alle natürlichen oder juristischen Personen, für die Wertpapierdienstleistungsunternehmen Wertpapierdienstleistungen oder Wertpapiernebendienstleistungen erbringen oder anbahnen.

(2) ¹Professionelle Kunden im Sinne dieses Gesetzes sind Kunden, die über ausreichende Erfahrungen, Kenntnisse und Sachverstand verfügen, um ihre Anlageentscheidungen zu treffen und die damit verbundenen Risiken angemessen beurteilen zu können. ²Professionelle Kunden im Sinne des Satzes 1 sind

1. Unternehmen, die als
    a) Wertpapierdienstleistungsunternehmen,
    b) sonstige zugelassene oder beaufsichtigte Finanzinstitute,
    c) Versicherungsunternehmen,
    d) Organismen für gemeinsame Anlagen und ihre Verwaltungsgesellschaften,
    e) Pensionsfonds und ihre Verwaltungsgesellschaften,
    f) Börsenhändler und Warenderivatehändler,
    g) sonstige institutionelle Anleger, deren Haupttätigkeit nicht von den Buchstaben a bis f erfasst wird,
    im Inland oder Ausland zulassungs- oder aufsichtspflichtig sind, um auf den Finanzmärkten tätig werden zu können;
2. nicht im Sinne der Nummer 1 zulassungs- oder aufsichtspflichtige Unternehmen, die mindestens zwei der drei nachfolgenden Merkmale überschreiten:
    a) 20 000 000 Euro Bilanzsumme,
    b) 40 000 000 Euro Umsatzerlöse,
    c) 2 000 000 Euro Eigenmittel.
3. nationale und regionale Regierungen sowie Stellen der öffentlichen Schuldenverwaltung auf nationaler oder regionaler Ebene;
4. Zentralbanken, internationale und überstaatliche Einrichtungen wie die Weltbank, der Internationale Währungsfonds, die Europäische Zentralbank, die Europäische Investmentbank und andere vergleichbare internationale Organisationen;
5. andere nicht im Sinne der Nummer 1 zulassungs- oder aufsichtspflichtige institutionelle Anleger, deren Haupttätigkeit in der Investition in Finanz-

instrumente besteht, und Einrichtungen, die die Verbriefung von Vermögenswerten und andere Finanzierungsgeschäfte betreiben.

³ Sie werden in Bezug auf alle Finanzinstrumente, Wertpapierdienstleistungen und Wertpapiernebendienstleistungen als professionelle Kunden angesehen.

(3) Privatkunden im Sinne dieses Gesetzes sind Kunden, die keine professionellen Kunden sind.

(4) ¹ Geeignete Gegenparteien sind Unternehmen im Sinne des Absatzes 2 Satz 2 Nummer 1 Buchstabe a bis e sowie Einrichtungen nach Absatz 2 Nummer 3 und 4. ² Den geeigneten Gegenparteien stehen gleich

1. Unternehmen im Sinne des Absatzes 2 Nummer 2 mit Sitz im In- oder Ausland,
2. Unternehmen mit Sitz in einem anderen Mitgliedstaat der Europäischen Union oder einem anderen Vertragsstaat des Abkommens über den Europäischen Wirtschaftsraum, die nach dem Recht des Herkunftsmitgliedstaates als geeignete Gegenparteien im Sinne des Artikels 30 Absatz 3 Satz 1 der Richtlinie 2014/65/EU[1)] anzusehen sind,

wenn diese zugestimmt haben, für alle oder einzelne Geschäfte als geeignete Gegenpartei behandelt zu werden.

(5) ¹ Ein professioneller Kunde kann mit dem Wertpapierdienstleistungsunternehmen eine Einstufung als Privatkunde vereinbaren. ² Die Vereinbarung über die Änderung der Einstufung bedarf der Schriftform. ³ Soll die Änderung nicht alle Wertpapierdienstleistungen, Wertpapiernebendienstleistungen und Finanzinstrumente betreffen, ist dies ausdrücklich festzulegen. ⁴ Ein Wertpapierdienstleistungsunternehmen muss professionelle Kunden im Sinne des Absatzes 2 Satz 2 Nummer 2 und des Absatzes 6 am Anfang einer Geschäftsbeziehung darauf hinweisen, dass sie als professionelle Kunden eingestuft sind und die Möglichkeit einer Änderung der Einstufung nach Satz 1 besteht. ⁵ Hat ein Wertpapierdienstleistungsunternehmen Kunden vor dem 1. November 2007 auf der Grundlage eines Bewertungsverfahrens, das auf den Sachverstand, die Erfahrungen und Kenntnisse der Kunden abstellt, im Sinne des Absatzes 2 Satz 1 eingestuft, hat die Einstufung nach dem 1. November 2007 Bestand. ⁶ Diese Kunden sind über die Voraussetzungen der Einstufung nach den Absätzen 2 und 5 und die Möglichkeit der Änderung der Einstufung nach Absatz 5 Satz 4 zu informieren.

(6) ¹ Ein Privatkunde kann auf Antrag oder durch Festlegung des Wertpapierdienstleistungsunternehmens als professioneller Kunde eingestuft werden. ² Der Änderung der Einstufung hat eine Bewertung durch das Wertpapierdienstleistungsunternehmen vorauszugehen, ob der Kunde aufgrund seiner Erfahrungen, Kenntnisse und seines Sachverstandes in der Lage ist, generell oder für eine bestimmte Art von Geschäften eine Anlageentscheidung zu treffen und die damit verbundenen Risiken angemessen zu beurteilen. ³ Eine Änderung der Einstufung kommt nur in Betracht, wenn der Privatkunde mindestens zwei der drei folgenden Kriterien erfüllt:

1. der Kunde hat an dem Markt, an dem die Finanzinstrumente gehandelt werden, für die er als professioneller Kunde eingestuft werden soll, während

---

[1)] Nr. 1.

des letzten Jahres durchschnittlich zehn Geschäfte von erheblichem Umfang im Quartal getätigt;
2. der Kunde verfügt über Bankguthaben und Finanzinstrumente im Wert von mehr als 500 000 Euro;
3. der Kunde hat mindestens für ein Jahr einen Beruf am Kapitalmarkt ausgeübt, der Kenntnisse über die in Betracht kommenden Geschäfte, Wertpapierdienstleistungen und Wertpapiernebendienstleistungen voraussetzt.

⁴Das Wertpapierdienstleistungsunternehmen muss den Privatkunden schriftlich darauf hinweisen, dass mit der Änderung der Einstufung die Schutzvorschriften dieses Gesetzes für Privatkunden nicht mehr gelten. ⁵Der Kunde muss schriftlich bestätigen, dass er diesen Hinweis zur Kenntnis genommen hat. ⁶Informiert ein professioneller Kunde im Sinne des Satzes 1 oder des Absatzes 2 Satz 2 Nr. 2 das Wertpapierdienstleistungsunternehmen nicht über alle Änderungen, die seine Einstufung als professioneller Kunde beeinflussen können, begründet eine darauf beruhende fehlerhafte Einstufung keinen Pflichtverstoß des Wertpapierdienstleistungsunternehmens.

(7) ¹Das Bundesministerium der Finanzen kann durch Rechtsverordnung, die nicht der Zustimmung des Bundesrates bedarf, nähere Bestimmungen erlassen zu den Vorgaben an eine Einstufung gemäß Absatz 2 Satz 2 Nummer 2 und zu den Kriterien, dem Verfahren und den organisatorischen Vorkehrungen bei einer Änderung oder Beibehaltung der Einstufung nach den Absätzen 5 und 6. ²Das Bundesministerium der Finanzen kann die Ermächtigung durch Rechtsverordnung auf die Bundesanstalt übertragen.

**§ 68 Geschäfte mit geeigneten Gegenparteien; Verordnungsermächtigung.** (1) ¹Wertpapierdienstleistungsunternehmen, die das Finanzkommissionsgeschäft, die Anlage- und Abschlussvermittlung und den Eigenhandel sowie damit in direktem Zusammenhang stehende Wertpapiernebendienstleistungen gegenüber geeigneten Gegenparteien erbringen, sind nicht an die Vorgaben von § 63 Absatz 1, 3 bis 7, 9, 10, § 64 Absatz 3, 5 und 7, § 69 Absatz 1, der §§ 70, 82, 83 Absatz 2 und § 87 Absatz 1 und 2 gebunden. ²Satz 1 ist nicht anwendbar, sofern die geeignete Gegenpartei mit dem Wertpapierdienstleistungsunternehmen für alle oder für einzelne Geschäfte vereinbart hat, als professioneller Kunde oder als Privatkunde behandelt zu werden. ³Wertpapierdienstleistungsunternehmen müssen in ihrer Beziehung mit geeigneten Gegenparteien auf eine Art und Weise kommunizieren, die redlich, eindeutig und nicht irreführend ist und müssen dabei der Form der geeigneten Gegenpartei und deren Geschäftstätigkeit Rechnung tragen.

(2) Nähere Bestimmungen zu Absatz 1, insbesondere zu der Form und dem Inhalt einer Vereinbarung nach Absatz 1 Satz 2 und zur Art und Weise der Zustimmung nach § 67 Absatz 4 Satz 2 ergeben sich aus Artikel 71 der Delegierten Verordnung (EU) 2017/565[1].

**§ 69 Bearbeitung von Kundenaufträgen; Verordnungsermächtigung.**

(1) Ein Wertpapierdienstleistungsunternehmen muss geeignete Vorkehrungen treffen, um

---

[1] Nr. 13.

1. Kundenaufträge unverzüglich und redlich im Verhältnis zu anderen Kundenaufträgen und den Handelsinteressen des Wertpapierdienstleistungsunternehmens auszuführen oder an Dritte weiterzuleiten und
2. vergleichbare Kundenaufträge der Reihenfolge ihres Eingangs nach auszuführen oder an Dritte zum Zwecke der Ausführung weiterzuleiten.

(2) [1] Können limitierte Kundenaufträge in Bezug auf Aktien, die zum Handel an einem organisierten Markt zugelassen sind oder die an einem Handelsplatz gehandelt werden, aufgrund der Marktbedingungen nicht unverzüglich ausgeführt werden, muss das Wertpapierdienstleistungsunternehmen diese Aufträge unverzüglich so bekannt machen, dass sie anderen Marktteilnehmern leicht zugänglich sind, soweit der Kunde keine andere Weisung erteilt. [2] Die Verpflichtung nach Satz 1 gilt als erfüllt, wenn die Aufträge an einen Handelsplatz weitergeleitet worden sind oder werden, der den Vorgaben des Artikels 70 Absatz 1 der Delegierten Verordnung (EU) 2017/565[1]) entspricht. [3] Die Bundesanstalt kann die Pflicht nach Satz 1 in Bezug auf solche Aufträge, die den marktüblichen Geschäftsumfang erheblich überschreiten, aufheben.

(3) Nähere Bestimmungen zu den Verpflichtungen nach den Absätzen 1 und 2 ergeben sich aus den Artikeln 67 bis 70 der Delegierten Verordnung (EU) 2017/565.

(4) [1] Das Bundesministerium der Finanzen kann durch Rechtsverordnung, die nicht der Zustimmung des Bundesrates bedarf, nähere Bestimmungen zu den Voraussetzungen erlassen, unter denen die Bundesanstalt nach Absatz 2 Satz 3 die Pflicht nach Absatz 2 Satz 1 aufheben kann. [2] Das Bundesministerium der Finanzen kann die Ermächtigung durch Rechtsverordnung auf die Bundesanstalt übertragen.

### § 70 Zuwendungen und Gebühren; Verordnungsermächtigung.

(1) [1] Ein Wertpapierdienstleistungsunternehmen darf im Zusammenhang mit der Erbringung von Wertpapierdienstleistungen oder Wertpapiernebendienstleistungen keine Zuwendungen von Dritten annehmen oder an Dritte gewähren, die nicht Kunden dieser Dienstleistung sind oder nicht im Auftrag des Kunden tätig werden, es sei denn,
1. die Zuwendung ist darauf ausgelegt, die Qualität der für den Kunden erbrachten Dienstleistung zu verbessern und steht der ordnungsgemäßen Erbringung der Dienstleistung im bestmöglichen Interesse des Kunden im Sinne des § 63 Absatz 1 nicht entgegen und
2. Existenz, Art und Umfang der Zuwendung oder, soweit sich der Umfang noch nicht bestimmen lässt, die Art und Weise seiner Berechnung, wird dem Kunden vor der Erbringung der Wertpapierdienstleistung oder Wertpapiernebendienstleistung in umfassender, zutreffender und verständlicher Weise unmissverständlich offen gelegt.

[2] Wertpapierdienstleistungsunternehmen müssen nachweisen können, dass jegliche von ihnen erhaltenen oder gewährten Zuwendungen dazu bestimmt sind, die Qualität der jeweiligen Dienstleistung für den Kunden zu verbessern. [3] Konnte ein Wertpapierdienstleistungsunternehmen den Umfang der Zuwendung noch nicht bestimmen und hat es dem Kunden statt dessen die Art und Weise der Berechnung offengelegt, so muss es den Kunden nachträglich auch

---
[1]) Nr. 13.

über den genauen Betrag der Zuwendung, die es erhalten oder gewährt hat, unterrichten. ⁴Solange das Wertpapierdienstleistungsunternehmen im Zusammenhang mit den für die betreffenden Kunden erbrachten Wertpapierdienstleistungen fortlaufend Zuwendungen erhält, muss es seine Kunden mindestens einmal jährlich individuell über die tatsächliche Höhe der angenommenen oder gewährten Zuwendungen unterrichten.

(2) ¹Zuwendungen im Sinne dieser Vorschrift sind Provisionen, Gebühren oder sonstige Geldleistungen sowie alle nichtmonetären Vorteile. ²Die Bereitstellung von Analysen durch Dritte an das Wertpapierdienstleistungsunternehmen stellt keine Zuwendung dar, wenn sie die Gegenleistung ist für

1. eine direkte Zahlung des Wertpapierdienstleistungsunternehmens aus seinen eigenen Mitteln oder
2. Zahlungen von einem durch das Wertpapierdienstleistungsunternehmen kontrollierten separaten Analysekonto, wenn
   a) auf diesem vom Kunden entrichtete spezielle Analysegebühren verbucht werden,
   b) das Wertpapierdienstleistungsunternehmen ein Analysebudget als Bestandteil der Einrichtung eines Analysekontos festlegt und dieses einer regelmäßigen Bewertung unterzieht,
   c) das Wertpapierdienstleistungsunternehmen für das Analysekonto haftbar ist und
   d) das Wertpapierdienstleistungsunternehmen die Analysen regelmäßig anhand belastbarer Qualitätskriterien und dahingehend bewertet, ob sie zu besseren Anlageentscheidungen beitragen können.

³Hat ein Wertpapierdienstleistungsunternehmen ein Analysekonto eingerichtet, muss es den jeweiligen Kunden vor der Erbringung einer Wertpapierdienstleistung Informationen über die für Analysen veranschlagten Mittel und die Höhe der geschätzten Gebühren sowie jährlich Informationen über die Gesamtkosten, die auf jeden Kunden für die Analysen Dritter entfallen, übermitteln. ⁴Für die Bewertung nach Satz 2 Nummer 2 Buchstabe d müssen Wertpapierdienstleistungsunternehmen über alle erforderlichen Bestandteile schriftliche Grundsätze aufstellen und diese ihren Kunden übermitteln.

(3) Führt ein Wertpapierdienstleistungsunternehmen ein Analysekonto, ist es verpflichtet, auf Verlangen des Kunden oder der Bundesanstalt eine Zusammenstellung vorzulegen, die Folgendes beinhaltet:

1. die von einem Analysekonto im Sinne des Absatzes 2 Satz 2 Nummer 2 vergüteten Anbieter,
2. den an die Anbieter von Analysen in einem bestimmten Zeitraum gezahlten Gesamtbetrag,
3. die von dem Wertpapierdienstleistungsunternehmen erhaltenen Vorteile und Dienstleistungen und
4. eine Gegenüberstellung des von dem Analysekonto gezahlten Gesamtbetrages mit dem von dem Unternehmen für diesen Zeitraum veranschlagten Analysebudget,

wobei jede Rückerstattung oder jeder Übertrag, falls Mittel auf dem Konto verbleiben, auszuweisen ist.

(4) ¹Die Offenlegung nach Absatz 1 Satz 1 Nummer 2 und Satz 4 kann im Falle geringfügiger nichtmonetärer Vorteile in Form einer generischen Be-

schreibung erfolgen. ²Andere nichtmonetäre Vorteile, die das Wertpapierdienstleistungsunternehmen im Zusammenhang mit der für einen Kunden erbrachten Wertpapierdienstleistung oder Wertpapiernebendienstleistung annimmt oder gewährt, sind der Höhe nach anzugeben und separat offenzulegen. ³Nähere Einzelheiten zu den Anforderungen nach diesem Absatz sowie nach Absatz 1 Satz 1 Nummer 2 und Satz 3 und 4 ergeben sich aus Artikel 50 der Delegierten Verordnung (EU) 2017/565[1]; darüber hinaus haben Wertpapierdienstleistungsunternehmen den Vorgaben des § 63 Absatz 7 Satz 3 Nummer 2 Rechnung zu tragen.

(5) Ist ein Wertpapierdienstleistungsunternehmen dazu verpflichtet, Zuwendungen, die es im Zusammenhang mit der Erbringung von Wertpapierdienstleistungen oder Wertpapiernebendienstleistungen erhält, an den Kunden auszukehren, muss es ihn über die diesbezüglichen Verfahren informieren.

(6) ¹Ein Wertpapierdienstleistungsunternehmen muss für jede Wertpapierdienstleistung, durch die Aufträge von Kunden ausgeführt werden, separate Gebühren ausweisen, die nur den Kosten für die Ausführung des Geschäfts entsprechen. ²Die Gewährung jedes anderen Vorteils oder die Erbringung jeder anderen Dienstleistung durch dasselbe Wertpapierdienstleistungsunternehmen für ein anderes Wertpapierdienstleistungsunternehmen, das seinen Sitz in der Europäischen Union hat, wird mit einer separat erkennbaren Gebühr ausgewiesen. ³Die Gewährung eines anderen Vorteils oder die Erbringung einer anderen Dienstleistung nach Satz 2 und die dafür verlangten Gebühren dürfen nicht beeinflusst sein oder abhängig gemacht werden von der Höhe der Zahlungen für Wertpapierdienstleistungen, durch die Aufträge von Kunden ausgeführt werden.

(7) Gebühren und Entgelte, die die Erbringung von Wertpapierdienstleistungen erst ermöglichen oder dafür notwendig sind, und die ihrer Art nach nicht geeignet sind, die Erfüllung der Pflicht nach § 63 Absatz 1 zu gefährden, sind von dem Verbot nach Absatz 1 ausgenommen.

(8) Nähere Bestimmungen betreffend die Annahme von Zuwendungen nach Absatz 1 ergeben sich aus Artikel 40 der Delegierten Verordnung (EU) 2017/565.

(9) ¹Das Bundesministerium der Finanzen kann durch Rechtsverordnung, die nicht der Zustimmung des Bundesrates bedarf, nähere Bestimmungen erlassen zu

1. Kriterien für die Art und Bestimmung einer Verbesserung der Qualität im Sinne des Absatzes 1 Satz 1 Nummer 1,
2. Art und Inhalt des Nachweises nach Absatz 1 Satz 2,
3. Art, Inhalt und Verfahren zur Erhebung einer Analysegebühr sowie der Festlegung, Verwaltung und Verwendung des Analysebudgets nach Absatz 2 Satz 2 Nummer 2 Buchstabe a und b,
4. Art, Inhalt und Verfahren betreffend die Verwaltung und Verwendung des von Wertpapierdienstleistungsunternehmen geführten Analysekontos nach Absatz 2 Nummer 2,
5. Art und Inhalt der schriftlichen Grundsätze nach Absatz 2 Satz 4.

---

[1] Nr. 13.

² Das Bundesministerium der Finanzen kann die Ermächtigung durch Rechtsverordnung auf die Bundesanstalt übertragen.

**§ 71 Erbringung von Wertpapierdienstleistungen und Wertpapiernebendienstleistungen über ein anderes Wertpapierdienstleistungsunternehmen.** Erhält ein Wertpapierdienstleistungsunternehmen über ein anderes Wertpapierdienstleistungsunternehmen einen Auftrag, Wertpapierdienstleistungen oder Wertpapiernebendienstleistungen für einen Kunden zu erbringen, ist das entgegennehmende Unternehmen mit folgenden Maßgaben verantwortlich für die Durchführung der Wertpapierdienstleistung oder Wertpapiernebendienstleistung im Einklang mit den Bestimmungen dieses Abschnitts:

1. das entgegennehmende Wertpapierdienstleistungsunternehmen ist nicht verpflichtet, Kundenangaben und Kundenanweisungen, die ihm von dem anderen Wertpapierdienstleistungsunternehmen übermittelt werden, auf ihre Vollständigkeit und Richtigkeit zu überprüfen,
2. das entgegennehmende Wertpapierdienstleistungsunternehmen darf sich darauf verlassen, dass Empfehlungen in Bezug auf die Wertpapierdienstleistung oder Wertpapiernebendienstleistung dem Kunden von dem anderen Wertpapierdienstleistungsunternehmen im Einklang mit den gesetzlichen Vorschriften gegeben wurden.

**§ 72 Betrieb eines multilateralen Handelssystems oder eines organisierten Handelssystems.** (1) ¹ Der Betreiber eines multilateralen oder organisierten Handelssystems ist dazu verpflichtet,

1. nichtdiskriminierende Regelungen für den Zugang zu dem multilateralen oder organisierten Handelssystem festzulegen, die kein Ermessen des Betreibers vorsehen;
2. Regelungen für die Einbeziehung von Finanzinstrumenten in den Handel, für die ordnungsgemäße Durchführung des Handels und der Preisermittlung, für die Verwendung von einbezogenen Referenzpreisen und für die vertragsgemäße Abwicklung der abgeschlossenen Geschäfte festzulegen;
3. über angemessene Verfahren zur Überwachung der Einhaltung der Regelungen nach Nummer 2 und der Verordnung (EU) Nr. 596/2014[1]) zu verfügen;
4. alle Informationen zu veröffentlichen, die unter Berücksichtigung der Art der Nutzer und der gehandelten Finanzinstrumente für die Nutzung des multilateralen oder organisierten Handelssystems erforderlich und zweckdienlich sind;
5. separate Entgelte zu verlangen für die übermäßige Nutzung des multilateralen oder organisierten Handelssystems, insbesondere durch unverhältnismäßig viele Auftragseingaben, -änderungen und -löschungen; die Höhe dieser Entgelte ist so zu bemessen, dass einer übermäßigen Nutzung und den damit verbundenen negativen Auswirkungen auf die Systemstabilität oder die Marktintegrität wirksam begegnet wird;
6. geeignete Vorkehrungen zu treffen, um auch bei erheblichen Preisschwankungen eine ordnungsgemäße Preisermittlung sicherzustellen; geeignete

---
[1]) Nr. 11.

Vorkehrungen sind insbesondere kurzfristige Änderungen des Marktmodells, kurzzeitige Volatilitätsunterbrechungen unter Berücksichtigung statischer oder dynamischer Preiskorridore und Limitsysteme der mit der Preisfeststellung betrauten Handelsteilnehmer, wobei es dem Betreiber in Ausnahmefällen möglich sein muss, jedes Geschäft aufzuheben, zu ändern oder zu berichtigen; die Parameter für solche Volatilitätsunterbrechungen müssen der Liquidität der einzelnen Kategorien und Teilkategorien der betreffenden Finanzinstrumente, der Art des Marktmodells und der Art der Nutzer Rechnung tragen und ermöglichen, dass wesentliche Störungen eines ordnungsgemäßen Handels unterbunden werden; der Betreiber hat der Bundesanstalt diese Parameter mitzuteilen;

7. sicherzustellen, dass ein angemessenes Verhältnis zwischen Auftragseingaben, -änderungen und -löschungen und den tatsächlich ausgeführten Geschäften (Order-Transaktions-Verhältnis) besteht, um Risiken für den ordnungsgemäßen Handel im multilateralen oder organisierten Handelssystem zu vermeiden; das Order-Transaktions-Verhältnis ist dabei jeweils für ein Finanzinstrument und anhand des zahlenmäßigen Volumens der Aufträge und Geschäfte innerhalb eines Tages zu bestimmen; ein Order-Transaktions-Verhältnis ist insbesondere angemessen, wenn es auf Grund der Liquidität des betroffenen Finanzinstruments, der konkreten Marktlage oder der Funktion des Handelsteilnehmers wirtschaftlich nachvollziehbar ist;

8. eine angemessene Größe der kleinstmöglichen Preisänderung bei den gehandelten Aktien, Aktienzertifikaten, Exchange Traded Funds, Zertifikaten und anderen vergleichbaren Finanzinstrumenten sowie allen anderen Finanzinstrumenten, die von dem auf der Grundlage von Artikel 49 Absatz 4 der Richtlinie 2014/65/EU[1]) erlassenen delegierten Rechtsakt der Europäischen Kommission erfasst werden, festzulegen, um negative Auswirkungen auf die Marktintegrität und -liquidität zu verringern; dabei ist insbesondere zu berücksichtigen, dass diese den Preisfindungsmechanismus und das Ziel eines angemessenen Order-Transaktions-Verhältnisses nicht beeinträchtigt; wegen der einzelnen Anforderungen an die Festlegung der Mindestpreisänderungsgröße wird auf die Delegierte Verordnung (EU) 2017/588 der Kommission vom 14. Juli 2016 zur Ergänzung der Richtlinie 2014/65/EU des Europäischen Parlaments und des Rates durch technische Regulierungsstandards für das Tick-Größen-System für Aktien, Aktienzertifikate und börsengehandelte Fonds (ABl. L 87 vom 31.3.2017, S. 411), in der jeweils geltenden Fassung, verwiesen;

9. angemessene Risikokontrollen und Schwellen für den Handel über den direkten elektronischen Zugang festzulegen, insbesondere Regelungen festzulegen über

   a) die Kennzeichnung von Aufträgen, die über einen direkten elektronischen Zugang erteilt werden, und

   b) die Möglichkeit einer jederzeitigen Sperrung oder Beendigung eines direkten elektronischen Zugangs bei Verstößen des Inhabers des direkten Zugangs gegen geltende Rechtsvorschriften;

10. Regelungen festzulegen für die Kennzeichnung aller Aufträge, die durch den algorithmischen Handel im Sinne des § 80 Absatz 2 Satz 1 erzeugt

---

[1]) Nr. 1.

werden, durch die Handelsteilnehmer und für die Offenlegung der hierfür jeweils verwendeten Handelsalgorithmen sowie der Personen, die diese Aufträge initiiert haben;

11. eine zuverlässige Verwaltung der technischen Abläufe des Handelssystems sicherzustellen, insbesondere

   a) wirksame Notfallmaßnahmen bei einem Systemausfall oder bei Störungen in seinen Handelssystemen vorzusehen, um die Kontinuität des Geschäftsbetriebs gewährleisten zu können,

   b) sicherzustellen, dass die Handelssysteme belastbar sind und über ausreichende Kapazitäten für Spitzenvolumina an Aufträgen und Mitteilungen verfügen und

   c) sicherzustellen, dass die Systeme in der Lage sind, auch unter extremen Stressbedingungen auf den Märkten einen ordnungsgemäßen Handel zu gewährleisten, und dass sie für diese Zwecke vollständig geprüft sind;

12. Vorkehrungen zu treffen, mit denen sich mögliche nachteilige Auswirkungen von Interessenkonflikten zwischen dem multilateralen oder organisierten Handelssystem und seinem Eigentümer oder Betreiber einerseits und dem einwandfreien Funktionieren des multilateralen oder organisierten Handelssystems andererseits auf dessen Betrieb oder auf seine Handelsteilnehmer klar erkennen und regeln lassen;

13. sicherzustellen, dass das multilaterale oder organisierte Handelssystem über mindestens drei aktive Mitglieder oder Nutzer verfügt, denen es jeweils möglich ist, mit allen übrigen Mitgliedern und Nutzern zum Zwecke der Preisbildung zu interagieren.

²§ 5 Absatz 4a, die §§ 22a, 26c und 26d des Börsengesetzes[1]) gelten entsprechend.

(2) ¹Die Gebührenstrukturen, einschließlich der Ausführungsgebühren, Nebengebühren und möglicher Rabatte, müssen transparent und diskriminierungsfrei ausgestaltet sein. ²Die Gebühren dürfen keine Anreize schaffen, Aufträge so zu platzieren, zu ändern oder zu stornieren oder Geschäfte so zu tätigen, dass dies zu marktstörenden Handelsbedingungen oder Marktmissbrauch beiträgt. ³Insbesondere dürfen Rabatte in Bezug auf einzelne Aktien oder Aktienportfolios nur als Gegenleistung für die Übernahme von Market-Making-Pflichten gewährt werden.

(3) ¹Der Betreiber eines multilateralen oder organisierten Handelssystems hat den Bundesanstalt eine ausführliche Beschreibung der Funktionsweise des Handelssystems vorzulegen. ²Diese hat auch etwaige Verbindungen des Handelssystems zu Börsen, anderen multilateralen oder organisierten Handelssystemen oder systematischen Internalisierern, deren Träger oder Betreiber im Eigentum des Betreibers des Handelssystems stehen, sowie eine Liste der Mitglieder, Teilnehmer und Nutzer des Handelssystems zu umfassen. ³Die Bundesanstalt stellt diese Informationen auf Verlangen der Europäischen Wertpapier- und Marktaufsichtsbehörde zur Verfügung. ⁴Sie hat der Europäischen Wertpapier- und Marktaufsichtsbehörde jede Erteilung einer Erlaubnis zum Betrieb eines multilateralen oder organisierten Handelssystems mitzuteilen.

---

[1]) Nr. 4.

(4) Emittenten, deren Finanzinstrumente ohne ihre Zustimmung in den Handel in einem multilateralen oder organisierten Handelssystem einbezogen worden sind, können nicht dazu verpflichtet werden, Informationen in Bezug auf diese Finanzinstrumente für dieses multilaterale oder organisierte Handelssystem zu veröffentlichen.

(5) Der Betreiber eines multilateralen oder organisierten Handelssystems kann von einem Emittenten die Übermittlung von Referenzdaten in Bezug auf dessen Finanzinstrumente verlangen, soweit dies zur Erfüllung der Anforderungen aus Artikel 4 der Verordnung (EU) Nr. 596/2014 erforderlich ist.

(6) [1]Der Betreiber eines multilateralen oder organisierten Handelssystems hat der Bundesanstalt schwerwiegende Verstöße gegen die Handelsregeln, Störungen der Marktintegrität und Anhaltspunkte für einen Verstoß gegen die Vorschriften der Verordnung (EU) Nr. 596/2014 unverzüglich mitzuteilen und diese bei ihren Untersuchungen umfassend zu unterstützen. [2]Die Bundesanstalt hat die Informationen nach Satz 1 der Europäischen Wertpapier- und Marktaufsichtsbehörde und den zuständigen Behörden der anderen Mitgliedstaaten und der Vertragsstaaten des Abkommens über den Europäischen Wirtschaftsraum zu übermitteln. [3]Im Falle von Anhaltspunkten für Verstöße gegen die Vorschriften der Verordnung (EU) Nr. 596/2014 übermittelt die Bundesanstalt Informationen erst dann, wenn sie von einem Verstoß überzeugt ist.

(7) Darüber hinaus hat der Betreiber eines multilateralen oder organisierten Handelssystems der Bundesanstalt unverzüglich mitzuteilen, wenn bei einem an seinem Handelssystem gehandelten Finanzinstrument ein signifikanter Kursverfall im Sinne des Artikels 23 der Verordnung (EU) Nr. 236/2012 eintritt.

(8) [1]Der Betreiber eines multilateralen oder organisierten Handelssystems hat die Bundesanstalt über den Eingang von Anträgen auf Zugang nach den Artikeln 7 und 8 der Verordnung (EU) Nr. 648/2012 unverzüglich schriftlich zu unterrichten. [2]Die Bundesanstalt kann

1. unter den in Artikel 7 Absatz 4 der Verordnung (EU) Nr. 648/2012 genannten Voraussetzungen dem Betreiber eines multilateralen oder organisierten Handelssystems den Zugang zu einer zentralen Gegenpartei im Sinne der genannten Verordnung untersagen sowie

2. unter den in Artikel 8 Absatz 4 der Verordnung (EU) Nr. 648/2012 genannten Voraussetzungen dem Betreiber eines multilateralen oder organisierten Handelssystems untersagen, einer zentralen Gegenpartei im Sinne der genannten Verordnung Zugang zu gewähren.

## § 73 Aussetzung des Handels und Ausschluss von Finanzinstrumenten.

(1) [1]Der Betreiber eines multilateralen oder organisierten Handelssystems kann den Handel mit einem Finanzinstrument aussetzen oder dieses Instrument vom Handel ausschließen, wenn dies zur Sicherung eines ordnungsgemäßen Handels oder zum Schutz des Publikums geboten erscheint, insbesondere, wenn

1. das Finanzinstrument den Regeln des Handelssystems nicht mehr entspricht,

2. der Verdacht eines Marktmissbrauchs im Sinne des Artikels 1 der Verordnung (EU) Nr. 596/2014[1)] oder einer Nichtveröffentlichung von Insiderinforma-

---
[1)] Nr. 11.

Wertpapierhandelsgesetz § 74 WpHG 12

tionen entgegen Artikel 17 der Verordnung (EU) Nr. 596/2014 in Bezug auf das Finanzinstrument besteht oder

3. ein Übernahmeangebot in Bezug auf den Emittenten des Finanzinstruments veröffentlicht wurde.

²Im Falle einer Maßnahme nach Satz 1 setzt der Betreiber auch den Handel mit Derivaten, die mit diesem Finanzinstrument verbunden sind oder sich auf dieses beziehen, aus oder stellt den Handel mit diesen Finanzinstrumenten ein, wenn dies zur Verwirklichung der Ziele der Maßnahme nach Satz 1 erforderlich ist. ³Eine Maßnahme nach Satz 1 oder Satz 2 unterbleibt, wenn sie die Interessen der betroffenen Anleger oder das ordnungsgemäße Funktionieren des Marktes erheblich beeinträchtigen könnte. ⁴Der Betreiber veröffentlicht Entscheidungen nach den Sätzen 1 und 2 und teilt sie unverzüglich der Bundesanstalt mit.

(2) ¹Wird ein Finanzinstrument, das in den in Absatz 1 Satz 1 Nummer 2 oder Nummer 3 genannten Fällen Gegenstand einer Maßnahme nach Absatz 1 Satz 1 oder Satz 2 ist, oder ein Derivat, das mit einem solchen Finanzinstrument verbunden ist oder sich auf dieses bezieht, auch an einem anderen inländischen multilateralen oder organisierten Handelssystem oder durch einen systematischen Internalisierer gehandelt, so ordnet die Bundesanstalt ebenfalls Maßnahmen nach Absatz 1 Satz 1 oder Satz 2 an. ²Absatz 1 Satz 3 gilt entsprechend.

(3) ¹Die Bundesanstalt veröffentlicht Maßnahmen nach den Absätzen 1 und 2 unverzüglich und übermittelt diese der Europäischen Wertpapier- und Marktaufsichtsbehörde sowie den zuständigen Behörden der anderen Mitgliedstaaten der Europäischen Union und der Vertragsstaaten des Abkommens über den Europäischen Wirtschaftsraum. ²Erhält die Bundesanstalt ihrerseits eine solche Mitteilung von einer zuständigen Behörde eines anderen Mitgliedstaats der Europäischen Union oder eines Vertragsstaats des Abkommens über den Europäischen Wirtschaftsraum, teilt sie dies den Geschäftsführungen der Börsen, an denen die betreffenden Finanzinstrumente gehandelt werden, und der jeweiligen Börsenaufsichtsbehörde mit. ³Sie ordnet gegenüber den Betreibern inländischer multilateraler und organisierter Handelssysteme sowie gegenüber systematischen Internalisierern, die die betreffenden Finanzinstrumente handeln, ebenfalls Maßnahmen nach Absatz 1 Satz 1 oder Satz 2 an. ⁴Absatz 1 Satz 3 gilt entsprechend. ⁵Die Bundesanstalt informiert die Europäische Wertpapier- und Marktaufsichtsbehörde und die zuständigen Behörden der anderen Mitgliedstaaten der Europäischen Union und der Vertragsstaaten des Abkommens über den Europäischen Wirtschaftsraum über Maßnahmen, die sie nach Satz 3 angeordnet hat, einschließlich einer Erläuterung, falls keine Handelsaussetzung oder Handelseinstellung erfolgt ist. ⁶Die Sätze 1 bis 5 gelten entsprechend für die Aufhebung einer Handelsaussetzung.

## § 74 Besondere Anforderungen an multilaterale Handelssysteme.

(1) Die Regeln für den Zugang zu einem multilateralen Handelssystem müssen mindestens den Anforderungen nach § 19 Absatz 2 und 4 Satz 1 und 2 des Börsengesetzes[1)] entsprechen.

(2) Die Regeln für den Handel und die Preisermittlung dürfen dem Betreiber eines multilateralen Handelssystems keinen Ermessensspielraum einräumen;

---

[1)] Nr. 4.

dabei müssen die Preise im multilateralen Handelssystem entsprechend den Regelungen des § 24 Absatz 2 des Börsengesetzes zustande kommen.

(3) Der Betreiber eines multilateralen Handelssystems hat Vorkehrungen zu treffen, um

1. die Risiken, denen das System ausgesetzt ist, angemessen steuern zu können, insbesondere alle für den Betrieb des Handelssystems wesentlichen Risiken ermitteln und wirksam begrenzen zu können, und
2. einen reibungslosen und rechtzeitigen Abschluss der innerhalb seiner Systeme ausgeführten Geschäfte zu erleichtern.

(4) Der Betreiber eines multilateralen Handelssystems muss fortlaufend über ausreichende Finanzmittel verfügen, um ein ordnungsgemäßes Funktionieren des Systems sicherzustellen, wobei der Art und dem Umfang der an dem Handelssystem abgeschlossenen Geschäfte sowie der Art und der Höhe der Risiken, denen es ausgesetzt ist, Rechnung zu tragen ist.

(5) Dem Betreiber eines multilateralen Handelssystems ist es nicht gestattet, an einem multilateralen Handelssystem Kundenaufträge unter Einsatz seines eigenen Kapitals auszuführen oder auf die Zusammenführung sich deckender Kundenaufträge im Sinne von § 2 Absatz 29 zurückzugreifen.

## § 75 Besondere Anforderungen an organisierte Handelssysteme.

(1) Der Betreiber eines organisierten Handelssystems hat geeignete Vorkehrungen zu treffen, durch die die Ausführung von Kundenaufträgen in dem organisierten Handelssystem unter Einsatz des eigenen Kapitals des Betreibers oder eines Mitglieds derselben Unternehmensgruppe verhindert wird.

(2) [1] Der Betreiber eines organisierten Handelssystems darf auf die Zusammenführung sich deckender Kundenaufträge im Sinne von § 2 Absatz 29 für Schuldverschreibungen, strukturierte Finanzprodukte, Emissionszertifikate und bestimmte Derivate zurückgreifen, wenn der Kunde dem zugestimmt hat. [2] Er darf auf die Zusammenführung sich deckender Kundenaufträge über Derivate nicht zurückgreifen, wenn diese der Verpflichtung zum Clearing nach Artikel 4 der Verordnung (EU) Nr. 648/2012 unterliegen.

(3) Der Handel für eigene Rechnung ist einem Betreiber eines organisierten Handelssystems nur gestattet, soweit es sich nicht um die Zusammenführung sich deckender Kundenaufträge im Sinne von § 2 Absatz 29 handelt und nur in Bezug auf öffentliche Schuldtitel, für die kein liquider Markt besteht.

(4) [1] Ein organisiertes Handelssystem darf nicht innerhalb derselben rechtlichen Einheit mit einer systematischen Internalisierung betrieben werden. [2] Ein organisiertes Handelssystem darf keine Verbindung zu einem systematischen Internalisierer oder einem anderen organisierten Handelssystem in einer Weise herstellen, die eine Interaktion von Aufträgen in dem organisierten Handelssystem mit den Aufträgen oder Angeboten des systematischen Internalisierers oder in dem organisierten Handelssystem ermöglicht.

(5) [1] Der Betreiber eines organisierten Handelssystems kann ein anderes Wertpapierdienstleistungsunternehmen beauftragen, unabhängig von dem Betreiber an dem organisierten Handelssystem Market-Making zu betreiben. [2] Ein unabhängiges Betreiben liegt nur dann vor, wenn keine enge Verbindung des Wertpapierdienstleistungsunternehmens zu dem Betreiber des organisierten Handelssystems besteht.

(6) ¹Der Betreiber eines organisierten Handelssystems hat die Entscheidung über die Ausführung eines Auftrags in dem organisierten Handelssystem nach Ermessen zu treffen, wenn er darüber entscheidet,
1. einen Auftrag zu platzieren oder zurückzunehmen oder
2. einen bestimmten Kundenauftrag nicht mit anderen zu einem bestimmten Zeitpunkt im System vorhandenen Aufträgen zusammenzuführen.

²Im Falle des Satzes 1 Nummer 2 darf eine Zusammenführung nur dann unterbleiben, wenn dies mit etwaigen Anweisungen des Kunden sowie der Verpflichtung zur bestmöglichen Ausführung von Kundenaufträgen im Sinne von § 82 vereinbar ist. ³Bei einem System, bei dem gegenläufige Kundenaufträge eingehen, kann der Betreiber entscheiden, ob, wann und in welchem Umfang er zwei oder mehr Aufträge innerhalb des Systems zusammenführt. ⁴Im Einklang mit den Absätzen 1, 2, 4 und 5 und unbeschadet des Absatzes 3 kann der Betreiber bei einem System, über das Geschäfte mit Nichteigenkapitalinstrumenten in die Wege geleitet werden, die Verhandlungen zwischen den Kunden erleichtern, um so zwei oder mehr möglicherweise kompatible Handelsinteressen in einem Geschäft zusammenzuführen. ⁵Diese Verpflichtung gilt unbeschadet der §§ 72 und 82 dieses Gesetzes.

(7) ¹Die Bundesanstalt kann von dem Betreiber eines organisierten Handelssystems jederzeit, insbesondere bei Antrag auf Zulassung des Betriebs, eine ausführliche Erklärung darüber verlangen, warum das organisierte Handelssystem keinem regulierten Markt, multilateralen Handelssystem oder systematischen Internalisierer entspricht und nicht in dieser Form betrieben werden kann. ²Die Erklärung hat eine ausführliche Beschreibung zu enthalten, wie der Ermessensspielraum genutzt wird, insbesondere, wann ein Auftrag im organisierten Handelssystem zurückgezogen werden kann und wann und wie zwei oder mehr sich deckende Kundenaufträge innerhalb des organisierten Handelssystems zusammengeführt werden. ³Außerdem hat der Betreiber eines organisierten Handelssystems der Bundesanstalt Informationen zur Verfügung zu stellen, mit denen der Rückgriff auf die Zusammenführung sich deckender Kundenaufträge erklärt wird.

(8) Die Bundesanstalt überwacht den Handel durch Zusammenführung sich deckender Aufträge durch den Betreiber des organisierten Handelssystems, damit sichergestellt ist, dass dieser die hierfür geltenden Anforderungen einhält und dass der von ihm betriebene Handel durch Zusammenführung sich deckender Aufträge nicht zu Interessenkonflikten zwischen dem Betreiber und seinen Kunden führt.

(9) § 63 Absatz 1, 3 bis 7 und 9, § 64 Absatz 1 sowie die §§ 69, 70 und 82 gelten entsprechend für Geschäfte, die über ein organisiertes Handelssystem abgeschlossen wurden.

**§ 76 KMU-Wachstumsmärkte; Verordnungsermächtigung.** (1) ¹Der Betreiber eines multilateralen Handelssystems kann dieses bei der Bundesanstalt als Wachstumsmarkt für kleine und mittlere Unternehmen (KMU-Wachstumsmarkt) registrieren lassen, sofern folgende Anforderungen erfüllt sind:
1. bei mindestens 50 Prozent der Emittenten, deren Finanzinstrumente zum Handel auf dem multilateralen Handelssystem zugelassen sind, handelt es sich um kleine und mittlere Unternehmen;

## 12 WpHG § 76

2. der Betreiber hat geeignete Kriterien für die Zulassung der Finanzinstrumente zum Handel an dem Markt festgelegt;
3. der Betreiber macht die Zulassung von Finanzinstrumenten zum Handel an dem Markt davon abhängig, dass bei der Zulassung ausreichende Informationen veröffentlicht werden, um dem Publikum eine zutreffende Beurteilung des Emittenten und der Finanzinstrumente zu ermöglichen; bei diesen Informationen handelt es sich entweder um ein Zulassungsdokument oder einen Prospekt, falls auf Basis der Verordnung (EU) 2017/1129[1]) festgelegte Anforderungen im Hinblick auf ein öffentliches Angebot im Zusammenhang mit der ursprünglichen Zulassung des Finanzinstruments zum Handel auf dem multilateralen Handelssystem Anwendung finden;
4. der Betreiber stellt sicher, dass eine geeignete regelmäßige Finanzberichterstattung durch den Emittenten am Markt stattfindet, dessen Finanzinstrumente zum Handel an dem multilateralen Handelssystem zugelassen sind, insbesondere durch geprüfte Jahresberichte;
5. die in Artikel 3 Absatz 1 Nummer 21 der Verordnung (EU) Nr. 596/2014[2]) definierten Emittenten und die in Artikel 3 Absatz 1 Nummer 25 der Verordnung (EU) Nr. 596/2014 definierten Personen, die bei einem Emittenten Führungsaufgaben wahrnehmen, sowie die in Artikel 3 Absatz 1 Nummer 26 der Verordnung (EU) Nr. 596/2014 definierten Personen, die in enger Beziehung zu diesen stehen, erfüllen die jeweiligen Anforderungen, die für sie gemäß der Verordnung (EU) Nr. 596/2014 gelten;
6. der Betreiber erfasst Informationen, die von einem Emittenten auf Grund einer rechtlichen Verpflichtung veröffentlicht wurden, und stellt diese öffentlich zur Verfügung und
7. der Betreiber richtet wirksame Systeme und Kontrollen ein, die geeignet sind, einen Marktmissbrauch an dem betreffenden Markt gemäß der Verordnung (EU) Nr. 596/2014 zu erkennen und zu verhindern.

²Die Möglichkeit des Betreibers, zusätzliche Anforderungen festzulegen, bleibt unberührt.

(2) ¹Die Bundesanstalt hebt die Registrierung eines KMU-Wachstumsmarktes auf, wenn dessen Betreiber dies beantragt oder wenn die Voraussetzungen für eine Registrierung nach Absatz 1 nicht mehr vorliegen. ²Die Bundesanstalt unterrichtet die Europäische Wertpapier- und Marktaufsichtsbehörde unverzüglich über die Registrierung eines KMU-Wachstumsmarktes und über deren Aufhebung.

(3) ¹Ein Finanzinstrument, das zum Handel an einem KMU-Wachstumsmarkt zugelassen ist, kann nur dann in einem anderen KMU-Wachstumsmarkt gehandelt werden, wenn der Emittent des Finanzinstruments hierüber unterrichtet wurde und dem nicht widersprochen hat. ²In einem solchen Fall entstehen dem Emittenten im Hinblick auf diesen anderen KMU-Wachstumsmarkt keine Verpflichtungen in Bezug auf die Unternehmensführung und -kontrolle oder erstmalige, laufende oder punktuelle Veröffentlichungspflichten.

---

[1]) Nr. **6**.
[2]) Nr. **11**.

(4) ¹Das Bundesministerium der Finanzen kann durch Rechtsverordnung, die nicht der Zustimmung des Bundesrates bedarf, nähere Bestimmungen treffen

1. zur Art der Kriterien nach Absatz 1 Nummer 2,
2. zu Inhalt, Art, Umfang und Form der bei Zulassung zu veröffentlichenden Informationen nach Absatz 1 Nummer 3 und
3. zu Inhalt, Art, Umfang und Form der Berichterstattung nach Absatz 1 Nummer 4.

²Das Bundesministerium der Finanzen kann die Ermächtigung durch Rechtsverordnung auf die Bundesanstalt übertragen.

**§ 77 Direkter elektronischer Zugang.** (1) Ein Wertpapierdienstleistungsunternehmen, das einen direkten elektronischen Zugang zu einem Handelsplatz anbietet, muss

1. die Eignung der Kunden, die diesen Dienst nutzen, vor Gewährung des Zugangs beurteilen und regelmäßig überprüfen,
2. die im Zusammenhang mit diesem Dienst bestehenden Rechte und Pflichten des Kunden und des Wertpapierdienstleistungsunternehmens in einem schriftlichen Vertrag festlegen, wobei die Verantwortlichkeit des Wertpapierdienstleistungsunternehmens nach diesem Gesetz nicht auf den Kunden übertragen werden darf,
3. angemessene Handels- und Kreditschwellen für den Handel dieser Kunden festlegen,
4. den Handel dieser Kunden überwachen, um
   a) sicherzustellen, dass die Kunden die nach Nummer 3 festgelegten Schwellen nicht überschreiten,
   b) sicherzustellen, dass der Handel den Anforderungen der Verordnung (EU) Nr. 596/2014¹⁾, dieses Gesetzes sowie der Vorschriften des Handelsplatzes entspricht,
   c) marktstörende Handelsbedingungen oder auf Marktmissbrauch hindeutende Verhaltensweisen, die an die zuständige Behörde zu melden sind, erkennen zu können und
   d) sicherzustellen, dass durch den Handel keine Risiken für das Wertpapierdienstleistungsunternehmen selbst entstehen.

(2) ¹Ein Wertpapierdienstleistungsunternehmen, das einen direkten elektronischen Zugang zu einem Handelsplatz anbietet, teilt dies der Bundesanstalt und den zuständigen Behörden des Handelsplatzes, an dem sie den direkten elektronischen Zugang anbietet, mit. ²Die Bundesanstalt kann dem Wertpapierdienstleistungsunternehmen vorschreiben, regelmäßig oder jederzeit auf Anforderung eine Beschreibung der in Absatz 1 genannten Systeme und Kontrollen sowie Nachweise für ihre Anwendung vorzulegen. ³Auf Ersuchen einer zuständigen Behörde des Handelsplatzes, zu dem ein Wertpapierdienstleistungsunternehmen direkten elektronischen Zugang bietet, leitet die Bundesanstalt diese Informationen unverzüglich an diese Behörde weiter.

(3) Das Wertpapierdienstleistungsunternehmen sorgt dafür, dass Aufzeichnungen zu den in diesem Paragrafen genannten Angelegenheiten mindestens

---

¹⁾ Nr. 11.

für fünf Jahre aufbewahrt werden, und stellt sicher, dass diese ausreichend sind, um der Bundesanstalt zu ermöglichen, die Einhaltung der Anforderungen dieses Gesetzes zu überprüfen.

**§ 78 Handeln als General-Clearing-Mitglied.** [1] Ein Wertpapierdienstleistungsunternehmen, das als General-Clearing-Mitglied für andere Personen handelt, muss über wirksame Systeme und Kontrollen verfügen, um sicherzustellen, dass die Clearing-Dienste nur für solche Personen erbracht werden, die dafür geeignet sind und die von dem Wertpapierdienstleistungsunternehmen vorher festgelegte eindeutige Kriterien erfüllen. [2] Es muss diesen Personen geeignete Anforderungen auferlegen, die dafür sorgen, dass die Risiken für das Wertpapierdienstleistungsunternehmen und den Markt verringert werden. [3] Es muss ein schriftlicher Vertrag zwischen dem Wertpapierdienstleistungsunternehmen und der jeweiligen Person bestehen, der die im Zusammenhang mit diesem Dienst bestehenden Rechte und Pflichten regelt.

**§ 79 Mitteilungspflicht von systematischen Internalisierern.** [1] Wertpapierdienstleistungsunternehmen, die als systematischer Internalisierer tätig sind, haben dies der Bundesanstalt unverzüglich mitzuteilen. [2] Die Bundesanstalt übermittelt diese Information an die Europäische Wertpapier- und Marktaufsichtsbehörde.

**§ 80 Organisationspflichten; Verordnungsermächtigung.** (1) [1] Ein Wertpapierdienstleistungsunternehmen muss die organisatorischen Pflichten nach § 25a Absatz 1 und § 25e des Kreditwesengesetzes einhalten. [2] Darüber hinaus muss es

1. angemessene Vorkehrungen treffen, um die Kontinuität und Regelmäßigkeit der Wertpapierdienstleistungen und Wertpapiernebendienstleistungen zu gewährleisten;
2. auf Dauer wirksame Vorkehrungen für angemessene Maßnahmen treffen, um Interessenkonflikte bei der Erbringung von Wertpapierdienstleistungen und Wertpapiernebendienstleistungen oder einer Kombination davon zwischen einerseits ihm selbst einschließlich seiner Geschäftsleitung, seiner Mitarbeiter, seiner vertraglich gebundenen Vermittler und der mit ihm direkt oder indirekt durch Kontrolle im Sinne des Artikels 4 Absatz 1 Nummer 37 der Verordnung (EU) Nr. 575/2013 verbundenen Personen und Unternehmen und andererseits seinen Kunden oder zwischen seinen Kunden untereinander zu erkennen und zu vermeiden oder zu regeln; dies umfasst auch solche Interessenkonflikte, die durch die Annahme von Zuwendungen Dritter sowie durch die eigene Vergütungsstruktur oder sonstige Anreizstrukturen des Wertpapierdienstleistungsunternehmens verursacht werden;
3. im Rahmen der Vorkehrungen nach Nummer 2 Grundsätze oder Ziele, die den Umsatz, das Volumen oder den Ertrag der im Rahmen der Anlageberatung empfohlenen Geschäfte unmittelbar oder mittelbar betreffen (Vertriebsvorgaben), derart ausgestalten, umsetzen und überwachen, dass Kundeninteressen nicht beeinträchtigt werden;
4. über solide Sicherheitsmechanismen verfügen, die die Sicherheit und Authentifizierung der Informationsübermittlungswege gewährleisten, das Risiko der Datenverfälschung und des unberechtigten Zugriffs minimieren und verhindern, dass Informationen bekannt werden, so dass die Vertraulichkeit der Daten jederzeit gewährleistet ist.

³ Nähere Bestimmungen zur Organisation der Wertpapierdienstleistungsunternehmen enthalten die Artikel 21 bis 26 der Delegierten Verordnung (EU) 2017/565[1]).

(2) ¹ Ein Wertpapierdienstleistungsunternehmen muss zusätzlich die in diesem Absatz genannten Bestimmungen einhalten, wenn es in der Weise Handel mit Finanzinstrumenten betreibt, dass ein Computeralgorithmus die einzelnen Auftragsparameter automatisch bestimmt, ohne dass es sich um ein System handelt, das nur zur Weiterleitung von Aufträgen zu einem oder mehreren Handelsplätzen, zur Bearbeitung von Aufträgen ohne die Bestimmung von Auftragsparametern, zur Bestätigung von Aufträgen oder zur Nachhandelsbearbeitung ausgeführter Aufträge verwendet wird (algorithmischer Handel). ² Auftragsparameter im Sinne des Satzes 1 sind insbesondere Entscheidungen, ob der Auftrag eingeleitet werden soll, über Zeitpunkt, Preis oder Quantität des Auftrags oder wie der Auftrag nach seiner Einreichung mit eingeschränkter oder überhaupt keiner menschlichen Beteiligung bearbeitet wird. ³ Ein Wertpapierdienstleistungsunternehmen, das algorithmischen Handel betreibt, muss über Systeme und Risikokontrollen verfügen, die sicherstellen, dass

1. seine Handelssysteme belastbar sind, über ausreichende Kapazitäten verfügen und angemessenen Handelsschwellen und Handelsobergrenzen unterliegen;
2. die Übermittlung von fehlerhaften Aufträgen oder eine Funktionsweise des Systems vermieden wird, durch die Störungen auf dem Markt verursacht oder ein Beitrag zu diesen geleistet werden könnten;
3. seine Handelssysteme nicht für einen Zweck verwendet werden können, der gegen die europäischen und nationalen Vorschriften gegen Marktmissbrauch oder die Vorschriften des Handelsplatzes verstößt, mit dem es verbunden ist.

⁴ Ein Wertpapierdienstleistungsunternehmen, das algorithmischen Handel betreibt, muss ferner über wirksame Notfallvorkehrungen verfügen, um mit unvorgesehenen Störungen in seinen Handelssystemen umzugehen, und sicherstellen, dass seine Systeme vollständig geprüft sind und ordnungsgemäß überwacht werden. ⁵ Das Wertpapierdienstleistungsunternehmen zeigt der Bundesanstalt und den zuständigen Behörden des Handelsplatzes, dessen Mitglied oder Teilnehmer es ist, an, dass es algorithmischen Handel betreibt.

(3) ¹ Ein Wertpapierdienstleistungsunternehmen, das algorithmischen Handel im Sinne des Artikels 18 der Delegierten Verordnung (EU) 2017/565 betreibt, hat ausreichende Aufzeichnungen zu den in Absatz 2 genannten Angelegenheiten für mindestens fünf Jahre aufzubewahren. ² Nutzt das Wertpapierdienstleistungsunternehmen eine hochfrequente algorithmische Handelstechnik, müssen diese Aufzeichnungen insbesondere alle von ihm platzierten Aufträge einschließlich Auftragsstornierungen, ausgeführte Aufträge und Kursnotierungen an Handelsplätzen umfassen und chronologisch geordnet aufbewahrt werden. ³ Auf Verlangen der Bundesanstalt sind diese Aufzeichnungen herauszugeben.

(4) Betreibt ein Wertpapierdienstleistungsunternehmen algorithmischen Handel im Sinne des Absatzes 2 unter Verfolgung einer Market-Making-Strategie, hat es unter Berücksichtigung der Liquidität, des Umfangs und der Art des konkreten Marktes und der konkreten Merkmale des gehandelten Instruments

---

[1]) Nr. 13.

1. dieses Market-Making während eines festgelegten Teils der Handelszeiten des Handelsplatzes kontinuierlich zu betreiben, abgesehen von außergewöhnlichen Umständen, so dass der Handelsplatz regelmäßig und verlässlich mit Liquidität versorgt wird,
2. einen schriftlichen Vertrag mit dem Handelsplatz zu schließen, in dem zumindest die Verpflichtungen nach Nummer 1 festgelegt werden, sofern es nicht den Vorschriften des § 26c des Börsengesetzes[1] unterliegt, und
3. über wirksame Systeme und Kontrollen zu verfügen, durch die gewährleistet wird, dass es jederzeit diesen Verpflichtungen nachkommt.

(5) Ein Wertpapierdienstleistungsunternehmen, das algorithmischen Handel betreibt, verfolgt eine Market-Making-Strategie im Sinne des Absatzes 4, wenn es Mitglied oder Teilnehmer eines oder mehrerer Handelsplätze ist und seine Strategie beim Handel auf eigene Rechnung beinhaltet, dass es in Bezug auf ein oder mehrere Finanzinstrumente an einem einzelnen Handelsplatz oder an verschiedenen Handelsplätzen feste, zeitgleiche Geld- und Briefkurse vergleichbarer Höhe zu wettbewerbsfähigen Preisen stellt.

(6) [1] Ein Wertpapierdienstleistungsunternehmen muss bei einer Auslagerung von Aktivitäten und Prozessen sowie von Finanzdienstleistungen die Anforderungen nach § 25b des Kreditwesengesetzes einhalten. [2] Die Auslagerung darf nicht die Rechtsverhältnisse des Unternehmens zu seinen Kunden und seine Pflichten, die nach diesem Abschnitt gegenüber den Kunden bestehen, verändern. [3] Die Auslagerung darf die Voraussetzungen, unter denen dem Wertpapierdienstleistungsunternehmen eine Erlaubnis nach § 32 des Kreditwesengesetzes erteilt worden ist, nicht verändern. [4] Nähere Bestimmungen zu den Anforderungen an die Auslagerung ergeben sich aus den Artikeln 30 bis 32 der Delegierten Verordnung (EU) 2017/565.

(7) [1] Ein Wertpapierdienstleistungsunternehmen darf die Anlageberatung nur dann als Unabhängige Honorar-Anlageberatung erbringen, wenn es ausschließlich Unabhängige Honorar-Anlageberatung erbringt oder wenn es die Unabhängige Honorar-Anlageberatung organisatorisch, funktional und personell von der übrigen Anlageberatung trennt. [2] Wertpapierdienstleistungsunternehmen müssen Vertriebsvorgaben im Sinne des Absatzes 1 Nummer 3 für die Unabhängige Honorar-Anlageberatung so ausgestalten, dass in keinem Falle Interessenkonflikte mit Kundeninteressen entstehen können. [3] Ein Wertpapierdienstleistungsunternehmen, das Unabhängige Honorar-Anlageberatung erbringt, muss auf seiner Internetseite angeben, ob die Unabhängige Honorar-Anlageberatung in der Hauptniederlassung und in welchen inländischen Zweigniederlassungen angeboten wird.

(8) Ein Wertpapierdienstleistungsunternehmen, das Finanzportfolioverwaltung oder Unabhängige Honorar-Anlageberatung erbringt, muss durch entsprechende Grundsätze sicherstellen, dass alle monetären Zuwendungen, die im Zusammenhang mit der Finanzportfolioverwaltung oder Unabhängigen Honorar-Anlageberatung von Dritten oder von für Dritte handelnden Personen angenommen werden, dem jeweiligen Kunden zugewiesen und an diesen weitergegeben werden.

(9) [1] Ein Wertpapierdienstleistungsunternehmen, das Finanzinstrumente zum Verkauf konzipiert, hat ein Verfahren für die Freigabe jedes einzelnen Finanz-

---

[1] Nr. 4.

instruments und jeder wesentlichen Anpassung bestehender Finanzinstrumente zu unterhalten, zu betreiben und zu überprüfen, bevor das Finanzinstrument an Kunden vermarktet oder vertrieben wird (Produktfreigabeverfahren). ²Das Verfahren muss sicherstellen, dass für jedes Finanzinstrument für Endkunden innerhalb der jeweiligen Kundengattung ein bestimmter Zielmarkt festgelegt wird. ³Dabei sind alle einschlägigen Risiken für den Zielmarkt zu bewerten. ⁴Darüber hinaus ist sicherzustellen, dass die beabsichtigte Vertriebsstrategie dem nach Satz 2 bestimmten Zielmarkt entspricht.

(10) ¹Ein Wertpapierdienstleistungsunternehmen hat von ihm angebotene oder vermarktete Finanzinstrumente regelmäßig zu überprüfen und dabei alle Ereignisse zu berücksichtigen, die wesentlichen Einfluss auf das potentielle Risiko für den bestimmten Zielmarkt haben könnten. ²Zumindest ist regelmäßig zu beurteilen, ob das Finanzinstrument den Bedürfnissen des nach Absatz 9 Satz 2 bestimmten Zielmarkts weiterhin entspricht und ob die beabsichtigte Vertriebsstrategie zur Erreichung dieses Zielmarkts weiterhin geeignet ist.

(11) ¹Ein Wertpapierdienstleistungsunternehmen, das Finanzinstrumente konzipiert, hat allen Vertriebsunternehmen sämtliche erforderlichen und sachdienlichen Informationen zu dem Finanzinstrument und dem Produktfreigabeverfahren nach Absatz 9 Satz 1, einschließlich des nach Absatz 9 Satz 2 bestimmten Zielmarkts, zur Verfügung zu stellen. ²Vertreibt ein Wertpapierdienstleistungsunternehmen Finanzinstrumente oder empfiehlt es diese, ohne sie zu konzipieren, muss es über angemessene Vorkehrungen verfügen, um sich die in Satz 1 genannten Informationen vom konzipierenden Wertpapierdienstleistungsunternehmen oder vom Emittenten zu verschaffen und die Merkmale sowie den Zielmarkt des Finanzinstruments zu verstehen.

(12) ¹Ein Wertpapierdienstleistungsunternehmen, das Finanzinstrumente anzubieten oder zu empfehlen beabsichtigt und das von einem anderen Wertpapierdienstleistungsunternehmen konzipierte Finanzinstrumente vertreibt, hat geeignete Verfahren aufrechtzuerhalten und Maßnahmen zu treffen, um sicherzustellen, dass die Anforderungen nach diesem Gesetz eingehalten werden. ²Dies umfasst auch solche Anforderungen, die für die Offenlegung, für die Bewertung der Eignung und der Angemessenheit, für Anreize und für den ordnungsgemäßen Umgang mit Interessenkonflikten gelten. ³Das Wertpapierdienstleistungsunternehmen ist zu besonderer Sorgfalt verpflichtet, wenn es als Vertriebsunternehmen ein neues Finanzprodukt anzubieten oder zu empfehlen beabsichtigt oder wenn sich die Dienstleistungen ändern, die es als Vertriebsunternehmen anzubieten oder zu empfehlen beabsichtigt.

(13) ¹Das Wertpapierdienstleistungsunternehmen hat seine Produktfreigabevorkehrungen regelmäßig zu überprüfen, um sicherzustellen, dass diese belastbar und zweckmäßig sind und zur Umsetzung erforderlicher Änderungen geeignete Maßnahmen zu treffen. ²Es hat sicherzustellen, dass seine gemäß Artikel 22 Absatz 2 der Delegierten Verordnung (EU) 2017/565 eingerichtete Compliance-Funktion die Entwicklung und regelmäßige Überprüfung der Produktfreigabevorkehrungen überwacht und etwaige Risiken, dass Anforderungen an den Produktüberwachungsprozess nicht erfüllt werden, frühzeitig erkennt.

(14) ¹Das Bundesministerium der Finanzen kann durch Rechtsverordnung, die nicht der Zustimmung des Bundesrates bedarf, nähere Bestimmungen zur Anwendung der Delegierten Verordnung (EU) 2017/565 sowie zur Umset-

zung der Delegierten Richtlinie (EU) 2017/593 der Kommission vom 7. April 2016 zur Ergänzung der Richtlinie 2014/65/EU[1]) des Europäischen Parlaments und des Rates im Hinblick auf den Schutz der Finanzinstrumente und Gelder von Kunden, Produktüberwachungspflichten und Vorschriften für die Entrichtung beziehungsweise Gewährung oder Entgegennahme von Gebühren, Provisionen oder anderen monetären oder nicht-monetären Vorteilen (ABl. L 87 vom 31.3.2017, S. 500), in der jeweils geltenden Fassung, und den organisatorischen Anforderungen nach Absatz 1 Satz 2 und Absatz 7, den Anforderungen an das Produktfreigabeverfahren und den Produktvertrieb nach Absatz 9 und das Überprüfungsverfahren nach Absatz 10 sowie den nach Absatz 11 zur Verfügung zu stellenden Informationen und damit zusammenhängenden Pflichten der Wertpapierdienstleistungsunternehmen erlassen. ²Das Bundesministerium der Finanzen kann die Ermächtigung durch Rechtsverordnung auf die Bundesanstalt übertragen.

**§ 81 Geschäftsleiter.** (1) ¹Die Geschäftsleiter eines Wertpapierdienstleistungsunternehmens haben im Rahmen der Pflichten aus § 25c Absatz 3 des Kreditwesengesetzes ihre Aufgaben in einer Art und Weise wahrzunehmen, die die Integrität des Marktes wahrt und durch die die Interessen der Kunden gefördert werden. ²Insbesondere müssen die Geschäftsleiter Folgendes festlegen, umsetzen und überwachen:

1. unter Berücksichtigung von Art, Umfang und Komplexität der Geschäftstätigkeit des Wertpapierdienstleistungsunternehmens sowie aller von dem Wertpapierdienstleistungsunternehmen einzuhaltenden Anforderungen

   a) die Organisation zur Erbringung von Wertpapierdienstleistungen und Wertpapiernebendienstleistungen, einschließlich der hierfür erforderlichen Mittel, und organisatorischen Regelungen sowie

   b) ob das Personal über die erforderlichen Fähigkeiten, Kenntnisse und Erfahrungen verfügt,

2. die Geschäftspolitik hinsichtlich

   a) der angebotenen oder erbrachten Wertpapierdienstleistungen und Wertpapiernebendienstleistungen und

   b) der angebotenen oder vertriebenen Produkte,

   die in Einklang stehen muss mit der Risikotoleranz des Wertpapierdienstleistungsunternehmens und etwaigen Besonderheiten und Bedürfnissen seiner Kunden, wobei erforderlichenfalls geeignete Stresstests durchzuführen sind, sowie

3. die Vergütungsregelungen für Personen, die an der Erbringung von Wertpapierdienstleistungen oder Wertpapiernebendienstleistungen für Kunden beteiligt sind, und die ausgerichtet sein müssen auf

   a) eine verantwortungsvolle Unternehmensführung,

   b) die faire Behandlung der Kunden und

   c) die Vermeidung von Interessenkonflikten im Verhältnis zu den Kunden.

(2) ¹Die Geschäftsleiter eines Wertpapierdienstleistungsunternehmens müssen regelmäßig Folgendes überwachen und überprüfen:

---

[1]) Nr. 1.

1. die Eignung und die Umsetzung der strategischen Ziele des Wertpapierdienstleistungsunternehmens bei der Erbringung von Wertpapierdienstleistungen und Wertpapiernebendienstleistungen,
2. die Wirksamkeit der Unternehmensführungsregelungen des Wertpapierdienstleistungsunternehmens und
3. die Angemessenheit der Unternehmensstrategie hinsichtlich der Erbringung von Wertpapierdienstleistungen und Wertpapiernebendienstleistungen an die Kunden.

²Bestehen Mängel, müssen die Geschäftsleiter unverzüglich die erforderlichen Schritte unternehmen, um diese zu beseitigen.

(3) Das Wertpapierdienstleistungsunternehmen hat sicherzustellen, dass die Geschäftsleiter einen angemessenen Zugang zu den Informationen und Dokumenten haben, die für die Beaufsichtigung und Überwachung erforderlich sind.

(4) ¹Die Geschäftsleiter haben den Produktfreigabeprozess wirksam zu überwachen. ²Sie haben sicherzustellen, dass die Compliance-Berichte an die Geschäftsleiter systematisch Informationen über die von dem Wertpapierdienstleistungsunternehmen konzipierten und empfohlenen Finanzinstrumente enthalten, insbesondere über die jeweilige Vertriebsstrategie. ³Auf Verlangen sind die Compliance-Berichte der Bundesanstalt zur Verfügung zu stellen.

(5) ¹Das Wertpapierdienstleistungsunternehmen hat einen Beauftragten zu ernennen, der die Verantwortung dafür trägt, dass das Wertpapierdienstleistungsunternehmen seine Verpflichtungen in Bezug auf den Schutz von Finanzinstrumenten und Geldern von Kunden einhält. ²Der Beauftragte kann daneben auch weitere Aufgaben wahrnehmen.

### § 82 Bestmögliche Ausführung von Kundenaufträgen.
(1) Ein Wertpapierdienstleistungsunternehmen, das Aufträge seiner Kunden für den Kauf oder Verkauf von Finanzinstrumenten im Sinne des § 2 Absatz 8 Satz 1 Nummer 1 bis 3 ausführt, muss
1. alle hinreichenden Vorkehrungen treffen, insbesondere Grundsätze zur Auftragsausführung festlegen und regelmäßig, insbesondere unter Berücksichtigung der nach den Absätzen 9 bis 12 und § 26e des Börsengesetzes¹⁾ veröffentlichten Informationen, überprüfen, um das bestmögliche Ergebnis für seine Kunden zu erreichen und
2. sicherstellen, dass die Ausführung jedes einzelnen Kundenauftrags nach Maßgabe dieser Grundsätze vorgenommen wird.

(2) Das Wertpapierdienstleistungsunternehmen muss bei der Aufstellung der Ausführungsgrundsätze alle relevanten Kriterien zur Erzielung des bestmöglichen Ergebnisses, insbesondere die Preise der Finanzinstrumente, die mit der Auftragsausführung verbundenen Kosten, die Geschwindigkeit, die Wahrscheinlichkeit der Ausführung und die Abwicklung des Auftrags sowie den Umfang und die Art des Auftrags berücksichtigen und die Kriterien unter Berücksichtigung der Merkmale des Kunden, des Kundenauftrags, des Finanzinstrumentes und des Ausführungsplatzes gewichten.

---

¹⁾ Nr. 4.

(3) ¹ Führt das Wertpapierdienstleistungsunternehmen Aufträge von Privatkunden aus, müssen die Ausführungsgrundsätze Vorkehrungen dafür enthalten, dass sich das bestmögliche Ergebnis am Gesamtentgelt orientiert. ²Das Gesamtentgelt ergibt sich aus dem Preis für das Finanzinstrument und sämtlichen mit der Auftragsausführung verbundenen Kosten. ³Kann ein Auftrag über ein Finanzinstrument nach Maßgabe der Ausführungsgrundsätze des Wertpapierdienstleistungsunternehmens an mehreren konkurrierenden Plätzen ausgeführt werden, zählen zu den Kosten auch die eigenen Provisionen oder Gebühren, die das Wertpapierdienstleistungsunternehmen dem Kunden für eine Wertpapierdienstleistung in Rechnung stellt. ⁴Zu den bei der Berechnung des Gesamtentgelts zu berücksichtigenden Kosten zählen Gebühren und Entgelte des Ausführungsplatzes, an dem das Geschäft ausgeführt wird, Kosten für Clearing und Abwicklung und alle sonstigen Entgelte, die an Dritte gezahlt werden, die an der Auftragsausführung beteiligt sind.

(4) Führt das Wertpapierdienstleistungsunternehmen einen Auftrag gemäß einer ausdrücklichen Kundenweisung aus, gilt die Pflicht zur Erzielung des bestmöglichen Ergebnisses entsprechend dem Umfang der Weisung als erfüllt.

(5) ¹Die Grundsätze zur Auftragsausführung müssen

1. Angaben zu den verschiedenen Ausführungsplätzen in Bezug auf jede Gattung von Finanzinstrumenten und die ausschlaggebenden Faktoren für die Auswahl eines Ausführungsplatzes,

2. mindestens die Ausführungsplätze, an denen das Wertpapierdienstleistungsunternehmen gleichbleibend die bestmöglichen Ergebnisse bei der Ausführung von Kundenaufträgen erzielen kann,

enthalten. ²Lassen die Ausführungsgrundsätze im Sinne des Absatzes 1 Nummer 1 auch eine Auftragsausführung außerhalb von Handelsplätzen im Sinne von § 2 Absatz 22 zu, muss das Wertpapierdienstleistungsunternehmen seine Kunden auf diesen Umstand gesondert hinweisen und deren ausdrückliche Einwilligung generell oder in Bezug auf jedes Geschäft einholen, bevor die Kundenaufträge an diesen Ausführungsplätzen ausgeführt werden.

(6) ¹Das Wertpapierdienstleistungsunternehmen muss

1. seine Kunden vor der erstmaligen Erbringung von Wertpapierdienstleistungen über seine Ausführungsgrundsätze informieren und ihre Zustimmung zu diesen Grundsätzen einholen, und

2. seinen Kunden wesentliche Änderungen der Vorkehrungen nach Absatz 1 Nummer 1 unverzüglich mitteilen.

²Die Informationen über die Ausführungsgrundsätze müssen klar, ausführlich und auf eine für den Kunden verständliche Weise erläutern, wie das Wertpapierdienstleistungsunternehmen die Kundenaufträge ausführt.

(7) Das Wertpapierdienstleistungsunternehmen muss in der Lage sein, einem Kunden auf Anfrage darzulegen, dass sein Auftrag entsprechend den Ausführungsgrundsätzen ausgeführt wurde.

(8) Ein Wertpapierdienstleistungsunternehmen darf sowohl für die Ausführung von Kundenaufträgen an einem bestimmten Handelsplatz oder Ausführungsplatz als auch für die Weiterleitung von Kundenaufträgen an einen bestimmten Handelsplatz oder Ausführungsplatz weder eine Vergütung noch einen Rabatt oder einen nichtmonetären Vorteil annehmen, wenn dies einen Verstoß gegen die Anforderungen nach § 63 Absatz 1 bis 7 und 9, § 64 Absatz 1

und 5, den §§ 70, 80 Absatz 1 Satz 2 Nummer 2, Absatz 9 bis 11 oder die Absätze 1 bis 4 darstellen würde.

(9) Das Wertpapierdienstleistungsunternehmen muss einmal jährlich für jede Gattung von Finanzinstrumenten die fünf Ausführungsplätze, die ausgehend vom Handelsvolumen am wichtigsten sind, auf denen es Kundenaufträge im Vorjahr ausgeführt hat, und Informationen über die erreichte Ausführungsqualität zusammenfassen und nach den Vorgaben der Delegierten Verordnung (EU) 2017/576 der Kommission vom 8. Juni 2016 zur Ergänzung der Richtlinie 2014/65/EU[1]) des Europäischen Parlaments und des Rates durch technische Regulierungsstandards für die jährliche Veröffentlichung von Informationen durch Wertpapierfirmen zur Identität von Handelsplätzen und zur Qualität der Ausführung (ABl. L 87 vom 31.3.2017, S. 166), in der jeweils geltenden Fassung, veröffentlichen.

(10) Vorbehaltlich des § 26e des Börsengesetzes müssen Handelsplätze und systematische Internalisierer für jedes Finanzinstrument, das der Handelspflicht nach Artikel 23 oder Artikel 28 der Verordnung (EU) Nr 600/2014[2]) unterliegt, mindestens einmal jährlich gebührenfrei Informationen über die Ausführungsqualität von Aufträgen veröffentlichen.

(11) Vorbehaltlich des § 26e des Börsengesetzes müssen Ausführungsplätze für jedes Finanzinstrument, das nicht von Absatz 10 erfasst wird, mindestens einmal jährlich gebührenfrei Informationen über die Ausführungsqualität von Aufträgen veröffentlichen.

(12) ¹Die Veröffentlichungen nach den Absätzen 10 und 11 müssen ausführliche Angaben zum Preis, zu den mit einer Auftragsausführung verbundenen Kosten, der Geschwindigkeit und der Wahrscheinlichkeit der Ausführung sowie der Abwicklung eines Auftrags in den einzelnen Finanzinstrumenten enthalten. ²Das Nähere regelt die Delegierte Verordnung (EU) 2017/575 der Kommission vom 8. Juni 2016 zur Ergänzung der Richtlinie 2014/65/EU des Europäischen Parlaments und des Rates über Märkte für Finanzinstrumente durch technische Regulierungsstandards bezüglich der Daten, die Ausführungsplätze zur Qualität der Ausführung von Geschäften veröffentlichen müssen (ABl. L 87 vom 31.3.2017, S. 152), in der jeweils geltenden Fassung.

(13) Nähere Bestimmungen ergeben sich aus der Delegierten Verordnung (EU) 2017/565[3]), insbesondere zu

1. der Aufstellung der Ausführungsgrundsätze nach den Absätzen 1 bis 5 aus Artikel 64,

2. der Überprüfung der Vorkehrungen nach Absatz 1 aus Artikel 66,

3. Art, Umfang und Datenträger der Informationen über die Ausführungsgrundsätze nach Absatz 6 aus Artikel 66 und

4. den Pflichten von Wertpapierdienstleistungsunternehmen, die Aufträge ihrer Kunden an Dritte zur Ausführung weiterleiten oder die Finanzportfolioverwaltung betreiben, ohne die Aufträge oder Entscheidungen selbst auszuführen, im bestmöglichen Interesse ihrer Kunden zu handeln, aus Artikel 65.

---

[1]) Nr. 1.
[2]) Nr. 2.
[3]) Nr. 13.

**§ 83 Aufzeichnungs- und Aufbewahrungspflicht.** (1) Ein Wertpapierdienstleistungsunternehmen muss, unbeschadet der Aufzeichnungspflichten nach den Artikeln 74 und 75 der Delegierten Verordnung (EU) 2017/565[1]), über die von ihm erbrachten Wertpapierdienstleistungen und Wertpapiernebendienstleistungen sowie die von ihm getätigten Geschäfte Aufzeichnungen erstellen, die es der Bundesanstalt ermöglichen, die Einhaltung der in diesem Abschnitt, in der Verordnung (EU) Nr. 600/2014[2]) und der Verordnung (EU) Nr. 596/2014[3]) geregelten Pflichten zu prüfen und durchzusetzen.

(2) [1] Das Wertpapierdienstleistungsunternehmen hat Aufzeichnungen zu erstellen über Vereinbarungen mit Kunden, die die Rechte und Pflichten der Vertragsparteien sowie die sonstigen Bedingungen festlegen, zu denen das Wertpapierdienstleistungsunternehmen Wertpapierdienstleistungen oder Wertpapiernebendienstleistungen für den Kunden erbringt. [2] In anderen Dokumenten oder Rechtstexten normierte oder vereinbarte Rechte und Pflichten können durch Verweis in die Vereinbarungen einbezogen werden. [3] Nähere Bestimmungen zur Aufzeichnungspflicht nach Satz 1 ergeben sich aus Artikel 58 der Delegierten Verordnung (EU) 2017/565.

(3) [1] Hinsichtlich der beim Handel für eigene Rechnung getätigten Geschäfte und der Erbringung von Dienstleistungen, die sich auf die Annahme, Übermittlung und Ausführung von Kundenaufträgen beziehen, hat das Wertpapierdienstleistungsunternehmen für Zwecke der Beweissicherung die Inhalte der Telefongespräche und der elektronischen Kommunikation aufzuzeichnen. [2] Die Aufzeichnung hat insbesondere diejenigen Teile der Telefongespräche und der elektronischen Kommunikation zu beinhalten, in welchen die Risiken, die Ertragschancen oder die Ausgestaltung von Finanzinstrumenten oder Wertpapierdienstleistungen erörtert werden. [3] Hierzu darf das Wertpapierdienstleistungsunternehmen personenbezogene Daten verarbeiten. [4] Dies gilt auch, wenn das Telefongespräch oder die elektronische Kommunikation nicht zum Abschluss eines solchen Geschäftes oder zur Erbringung einer solchen Dienstleistung führt.

(4) [1] Das Wertpapierdienstleistungsunternehmen hat alle angemessenen Maßnahmen zu ergreifen, um einschlägige Telefongespräche und elektronische Kommunikation aufzuzeichnen, die über Geräte erstellt oder von Geräten gesendet oder empfangen werden, die das Wertpapierdienstleistungsunternehmen seinen Mitarbeitern oder beauftragten Personen zur Verfügung stellt oder deren Nutzung das Wertpapierdienstleistungsunternehmen billigt oder gestattet. [2] Telefongespräche und elektronische Kommunikation, die nach Absatz 3 Satz 1 aufzuzeichnen sind, dürfen über private Geräte oder private elektronische Kommunikation der Mitarbeiter nur geführt werden, wenn das Wertpapierdienstleistungsunternehmen diese mit Zustimmung der Mitarbeiter aufzeichnen oder nach Abschluss des Gesprächs auf einen eigenen Datenspeicher kopieren kann.

(5) [1] Das Wertpapierdienstleistungsunternehmen hat Neu- und Altkunden sowie seine Mitarbeiter und beauftragten Personen vorab in geeigneter Weise über die Aufzeichnung von Telefongesprächen nach Absatz 3 Satz 1 zu informieren. [2] Hat ein Wertpapierdienstleistungsunternehmen seine Kunden nicht

---
[1]) Nr. 13.
[2]) Nr. 2.
[3]) Nr. 11.

Wertpapierhandelsgesetz **§ 83 WpHG 12**

vorab über die Aufzeichnung der Telefongespräche oder der elektronischen Kommunikation informiert oder hat der Kunde einer Aufzeichnung widersprochen, darf das Wertpapierdienstleistungsunternehmen für den Kunden keine telefonisch oder mittels elektronischer Kommunikation veranlassten Wertpapierdienstleistungen erbringen, wenn sich diese auf die Annahme, Übermittlung und Ausführung von Kundenaufträgen beziehen. [3] Näheres regelt Artikel 76 der Delegierten Verordnung (EU) 2017/565.

(6) [1] Erteilt der Kunde dem Wertpapierdienstleistungsunternehmen seinen Auftrag im Rahmen eines persönlichen Gesprächs, hat das Wertpapierdienstleistungsunternehmen die Erteilung des Auftrags mittels eines dauerhaften Datenträgers zu dokumentieren. [2] Zu diesem Zweck dürfen auch schriftliche Protokolle oder Vermerke über den Inhalt des persönlichen Gesprächs angefertigt werden. [3] Erteilt der Kunde seinen Auftrag auf andere Art und Weise, müssen solche Mitteilungen auf einem dauerhaften Datenträger erfolgen. [4] Näheres regelt Artikel 76 Absatz 9 der Delegierten Verordnung (EU) 2017/565.

(7) Der Kunde kann von dem Wertpapierdienstleistungsunternehmen bis zur Löschung oder Vernichtung nach Absatz 8 jederzeit verlangen, dass ihm die Aufzeichnungen nach Absatz 3 Satz 1 und der Dokumentation nach Absatz 6 Satz 1 oder eine Kopie zur Verfügung gestellt werden.

(8) [1] Die Aufzeichnungen nach den Absätzen 3 und 6 sind für fünf Jahre aufzubewahren, soweit sie für die dort genannten Zwecke erforderlich sind. [2] Sie sind nach Ablauf der in Satz 1 genannten Frist zu löschen oder zu vernichten. [3] Die Löschung oder Vernichtung ist zu dokumentieren. [4] Erhält die Bundesanstalt vor Ablauf der in Satz 1 genannten Frist Kenntnis von Umständen, die eine über die in Satz 1 genannte Höchstfrist hinausgehende Speicherung der Aufzeichnung insbesondere zur Beweissicherung erfordern, kann die Bundesanstalt die in Satz 1 genannte Höchstfrist zur Speicherung der Aufzeichnung um zwei Jahre verlängern.

(9) [1] Die nach den Absätzen 3 und 6 erstellten Aufzeichnungen sind gegen nachträgliche Verfälschung und unbefugte Verwendung zu sichern und dürfen nicht für andere Zwecke genutzt werden, insbesondere nicht zur Überwachung der Mitarbeiter durch das Wertpapierdienstleistungsunternehmen. [2] Sie dürfen nur unter bestimmten Voraussetzungen, insbesondere zur Erfüllung eines Kundenauftrags, der Anforderung durch die Bundesanstalt oder eine andere Aufsichts- oder eine Strafverfolgungsbehörde und nur durch einen oder mehrere vom Wertpapierdienstleistungsunternehmen gesondert zu benennende Mitarbeiter ausgewertet werden.

(10) [1] Das Bundesministerium der Finanzen kann durch Rechtsverordnung[1]), die nicht der Zustimmung des Bundesrates bedarf, nähere Bestimmungen zu den Aufzeichnungspflichten und zu der Geeignetheit von Datenträgern nach den Absätzen 1 bis 7 erlassen. [2] Das Bundesministerium der Finanzen kann die Ermächtigung durch Rechtsverordnung auf die Bundesanstalt übertragen.

(11) Die Bundesanstalt veröffentlicht auf ihrer Internetseite ein Verzeichnis der Mindestaufzeichnungen, die die Wertpapierdienstleistungsunternehmen nach diesem Gesetz in Verbindung mit einer Rechtsverordnung nach Absatz 10 vorzunehmen haben.

---

[1]) Siehe die Wertpapierdienstleistungs-Verhaltens- und OrganisationsVO (Nr. **12d**).

(12) Absatz 2 gilt nicht für Immobiliar-Verbraucherdarlehensverträge nach § 491 Absatz 3 des Bürgerlichen Gesetzbuchs, die an die Vorbedingung geknüpft sind, dass dem Verbraucher eine Wertpapierdienstleistung in Bezug auf gedeckte Schuldverschreibungen, die zur Besicherung der Finanzierung des Kredits begeben worden sind und denen dieselben Konditionen wie dem Immobiliar-Verbraucherdarlehensvertrag zugrunde liegen, erbracht wird, und wenn damit das Darlehen ausgezahlt, refinanziert oder abgelöst werden kann.

**§ 84 Vermögensverwahrung und Finanzsicherheiten; Verordnungsermächtigung.** (1) Ein Wertpapierdienstleistungsunternehmen, das nicht über eine Erlaubnis für das Einlagengeschäft nach § 1 Absatz 1 Satz 2 Nummer 1 des Kreditwesengesetzes verfügt und das Gelder von Kunden hält, hat geeignete Vorkehrungen zu treffen, um die Rechte der Kunden zu schützen und zu verhindern, dass die Gelder des Kunden ohne dessen ausdrückliche Zustimmung für eigene Rechnung oder für Rechnung einer anderen Person verwendet werden.

(2) [1] Ein Wertpapierdienstleistungsunternehmen, das über keine Erlaubnis für das Einlagengeschäft im Sinne des § 1 Abs. 1 Satz 2 Nr. 1 des Kreditwesengesetzes verfügt, hat Kundengelder, die es im Zusammenhang mit einer Wertpapierdienstleistung oder einer Wertpapiernebendienstleistung entgegennimmt, unverzüglich getrennt von den Geldern des Unternehmens und von anderen Kundengeldern auf Treuhandkonten bei solchen Kreditinstituten, Unternehmen im Sinne des § 53b Abs. 1 Satz 1 des Kreditwesengesetzes oder vergleichbaren Instituten mit Sitz in einem Drittstaat, welche zum Betreiben des Einlagengeschäftes befugt sind, einer Zentralbank oder einem qualifizierten Geldmarktfonds zu verwahren, bis die Gelder zum vereinbarten Zweck verwendet werden. [2] Der Kunde kann im Wege individueller Vertragsabrede hinsichtlich der Trennung der Kundengelder voneinander anderweitige Weisung erteilen, wenn er über den mit der Trennung der Kundengelder verfolgten Schutzzweck informiert wurde. [3] Zur Verwahrung bei einem qualifizierten Geldmarktfonds hat das Wertpapierdienstleistungsunternehmen die vorherige Zustimmung des Kunden einzuholen. [4] Die Zustimmung ist nur dann wirksam, wenn das Wertpapierdienstleistungsunternehmen den Kunden vor Erteilung der Zustimmung darüber unterrichtet hat, dass die bei dem qualifizierten Geldmarktfonds verwahrten Gelder nicht entsprechend den Schutzstandards dieses Gesetzes und nicht entsprechend der Verordnung zur Konkretisierung der Verhaltensregeln und Organisationsanforderungen für Wertpapierdienstleistungsunternehmen[1]) gehalten werden. [5] Das Wertpapierdienstleistungsunternehmen hat dem verwahrenden Institut vor der Verwahrung offen zu legen, dass die Gelder treuhänderisch eingelegt werden. [6] Es hat den Kunden unverzüglich darüber zu unterrichten, bei welchem Institut und auf welchem Konto die Kundengelder verwahrt werden und ob das Institut, bei dem die Kundengelder verwahrt werden, einer Einrichtung zur Sicherung der Ansprüche von Einlegern und Anlegern angehört und in welchem Umfang die Kundengelder durch diese Einrichtung gesichert sind.

(3) [1] Werden die Kundengelder bei einem Kreditinstitut, einem vergleichbaren Institut mit Sitz in einem Drittstaat oder einem Geldmarktfonds, die zur Unternehmensgruppe des Wertpapierdienstleistungsunternehmens gehören,

---
[1]) Nr. **12d**.

gehalten, dürfen die bei einem solchen Unternehmen oder einer Gemeinschaft von solchen Unternehmen verwahrten Gelder 20 Prozent aller Kundengelder des Wertpapierdienstleistungsunternehmens nicht übersteigen. ²Die Bundesanstalt kann dem Wertpapierdienstleistungsunternehmen auf Antrag erlauben, die Obergrenze nach Satz 1 zu überschreiten, wenn es nachweist, dass die gemäß Satz 1 geltende Anforderung angesichts der Art, des Umfangs und der Komplexität seiner Tätigkeit sowie angesichts der Sicherheit, die die Verwahrstellen nach Satz 1 bieten sowie angesichts des geringen Saldos an Kundengeldern, das das Wertpapierdienstleistungsunternehmen hält, unverhältnismäßig ist. ³Das Wertpapierdienstleistungsunternehmen überprüft die nach Satz 2 durchgeführte Bewertung jährlich und leitet der Bundesanstalt seine Ausgangsbewertung sowie die überprüften Bewertungen zur Prüfung zu.

(4) ¹Ein Wertpapierdienstleistungsunternehmen, das Finanzinstrumente von Kunden hält, hat geeignete Vorkehrungen zu treffen, um die Eigentumsrechte der Kunden an diesen Finanzinstrumenten zu schützen. ²Dies gilt insbesondere für den Fall der Insolvenz des Wertpapierdienstleistungsunternehmens. ³Das Wertpapierdienstleistungsunternehmen hat durch geeignete Vorkehrungen zu verhindern, dass die Finanzinstrumente eines Kunden ohne dessen ausdrückliche Zustimmung für eigene Rechnung oder für Rechnung einer anderen Person verwendet werden.

(5) ¹Ein Wertpapierdienstleistungsunternehmen ohne eine Erlaubnis zum Betreiben des Depotgeschäftes im Sinne des § 1 Absatz 1 Satz 2 Nummer 5 des Kreditwesengesetzes hat Wertpapiere, die es im Zusammenhang mit einer Wertpapierdienstleistung oder einer Wertpapiernebendienstleistung entgegennimmt, unverzüglich einem Kreditinstitut, das im Inland zum Betreiben des Depotgeschäftes befugt ist, oder einem Institut mit Sitz im Ausland, das zum Betreiben des Depotgeschäftes befugt ist und bei welchem dem Kunden eine Rechtsstellung eingeräumt wird, die derjenigen nach dem Depotgesetz¹⁾ gleichwertig ist, zur Verwahrung weiterzuleiten. ²Absatz 2 Satz 6 gilt entsprechend.

(6) ¹Das Wertpapierdienstleistungsunternehmen darf die Finanzinstrumente eines Kunden nur unter genau festgelegten Bedingungen für eigene Rechnung oder für Rechnung einer anderen Person verwenden und hat geeignete Vorkehrungen zu treffen, um die unbefugte Verwendung der Finanzinstrumente des Kunden für eigene Rechnung oder für Rechnung einer anderen Person zu verhindern. ²Der Kunde muss den Bedingungen im Voraus ausdrücklich zugestimmt haben und seine Zustimmung muss durch seine Unterschrift oder eine gleichwertige schriftliche Bestätigung eindeutig dokumentiert sein. ³Werden die Finanzinstrumente auf Sammeldepots bei einem Dritten verwahrt, sind für eine Verwendung nach Satz 1 zusätzlich die ausdrückliche Zustimmung aller anderen Kunden des Sammeldepots oder Systeme und Kontrolleinrichtungen erforderlich, mit denen die Beschränkung der Verwendung auf Finanzinstrumente gewährleistet ist, für die eine Zustimmung nach Satz 2 vorliegt. ⁴In den Fällen des Satzes 3 muss das Wertpapierdienstleistungsunternehmen über Kunden, auf deren Weisung hin eine Nutzung der Finanzinstrumente erfolgt, und über die Zahl der von jedem einzelnen Kunden mit dessen Zustimmung verwendeten Finanzinstrumente Aufzeichnungen führen, die die eindeutige

---
¹⁾ Nr. 16.

und zutreffende Zuordnung der im Rahmen der Verwendung eingetretenen Verluste ermöglichen.

(7) Ein Wertpapierdienstleistungsunternehmen darf sich von Privatkunden zur Besicherung oder Deckung von Verpflichtungen der Kunden, auch soweit diese noch nicht bestehen, keine Finanzsicherheiten in Form von Vollrechtsübertragungen im Sinne des Artikels 2 Absatz 1 Buchstabe b der Richtlinie 2002/47/EG des Europäischen Parlaments und des Rates vom 6. Juni 2002 über Finanzsicherheiten (ABl. L 168 vom 27.6.2002, S. 43), die zuletzt durch die Richtlinie 2014/59/EU (ABl. L 173 vom 12.6.2014, S. 190) geändert worden ist, in der jeweils geltenden Fassung, gewähren lassen.

(8) [1] Soweit eine Vollrechtsübertragung zulässig ist, hat das Wertpapierdienstleistungsunternehmen die Angemessenheit der Verwendung eines Finanzinstruments als Finanzsicherheit ordnungsgemäß vor dem Hintergrund der Vertragsbeziehung des Kunden mit dem Wertpapierdienstleistungsunternehmen und den Vermögensgegenständen des Kunden zu prüfen und diese Prüfung zu dokumentieren. [2] Professionelle Kunden und geeignete Gegenparteien sind auf die Risiken und die Folgen der Stellung einer Finanzsicherheit in Form der Vollrechtsübertragung hinzuweisen.

(9) [1] Ein Wertpapierdienstleistungsunternehmen hat im Rahmen von Wertpapierleihgeschäften mit Dritten, die Finanzinstrumente von Kunden zum Gegenstand haben, durch entsprechende Vereinbarungen sicherzustellen, dass der Entleiher der Kundenfinanzinstrumente angemessene Sicherheiten stellt. [2] Das Wertpapierdienstleistungsunternehmen hat die Angemessenheit der gestellten Sicherheiten durch geeignete Vorkehrungen sicherzustellen sowie fortlaufend zu überwachen und das Gleichgewicht zwischen dem Wert der Sicherheit und dem Wert des Finanzinstruments des Kunden aufrechtzuerhalten.

(10) [1] Das Bundesministerium der Finanzen kann durch Rechtsverordnung, die nicht der Zustimmung des Bundesrates bedarf, zum Schutz der einem Wertpapierdienstleistungsunternehmen anvertrauten Gelder oder Wertpapiere der Kunden nähere Bestimmungen über den Umfang der Verpflichtungen nach den Absätzen 1 bis 9 sowie zu den Anforderungen an qualifizierte Geldmarktfonds im Sinne des Absatzes 2 erlassen. [2] Das Bundesministerium der Finanzen kann die Ermächtigung durch Rechtsverordnung auf die Bundesanstalt übertragen.

**§ 85 Anlagestrategieempfehlungen und Anlageempfehlungen; Verordnungsermächtigung.** (1) [1] Unternehmen, die Anlagestrategieempfehlungen im Sinne des Artikels 3 Absatz 1 Nummer 34 der Verordnung (EU) Nr. 596/2014[1)] oder Anlageempfehlungen im Sinne des Artikels 3 Absatz 1 Nummer 35 der Verordnung (EU) Nr. 596/2014 erstellen oder verbreiten, müssen so organisiert sein, dass Interessenkonflikte im Sinne des Artikels 20 Absatz 1 der Verordnung (EU) Nr. 596/2014 möglichst gering sind. [2] Sie müssen insbesondere über angemessene Kontrollverfahren verfügen, die geeignet sind, Verstößen gegen die Verpflichtungen nach Artikel 20 Absatz 1 der Verordnung (EU) Nr. 596/2014 entgegenzuwirken.

(2) Die Befugnisse der Bundesanstalt nach § 88 gelten hinsichtlich der Einhaltung der in Absatz 1 genannten Pflichten und der Pflichten, die sich aus Artikel 20 Absatz 1 der Verordnung (EU) Nr. 596/2014 in Verbindung mit

---

[1)] Nr. 11.

einem auf der Grundlage von Artikel 20 Absatz 3 der Verordnung (EU) Nr. 596/2014 erlassenen delegierten Rechtsakt ergeben, entsprechend.

(3) ¹Das Bundesministerium der Finanzen kann durch Rechtsverordnung, die nicht der Zustimmung des Bundesrates bedarf, nähere Bestimmungen über die angemessene Organisation nach Absatz 1 Satz 1 erlassen. ²Das Bundesministerium der Finanzen kann die Ermächtigung durch Rechtsverordnung auf die Bundesanstalt übertragen.

**§ 86 Anzeigepflicht.** (1) ¹Andere Personen als Wertpapierdienstleistungsunternehmen, Kapitalverwaltungsgesellschaften, EU-Verwaltungsgesellschaften oder Investmentgesellschaften, die in Ausübung ihres Berufes oder im Rahmen ihrer Geschäftstätigkeit für die Erstellung von Anlagestrategieempfehlungen im Sinne des Artikels 3 Absatz 1 Nummer 34 der Verordnung (EU) Nr. 596/2014[1)] oder von Anlageempfehlungen im Sinne des Artikels 3 Absatz 1 Nummer 35 der Verordnung (EU) Nr. 596/2014 oder deren Weitergabe verantwortlich sind, haben dies der Bundesanstalt vor Erstellung oder Weitergabe der Empfehlungen anzuzeigen. ²Die Anzeige muss folgende Angaben enthalten:
1. bei einer natürlichen Person Name, Geburtsort, Geburtsdatum, Wohn- und Geschäftsanschrift sowie telefonische und elektronische Kontaktdaten,
2. bei einer juristischen Person oder einer Personenvereinigung Firma, Name oder Bezeichnung, Rechtsform, Registernummer wenn vorhanden, Anschrift des Sitzes oder der Hauptniederlassung, Namen der Mitglieder des Vertretungsorgans oder der gesetzlichen Vertreter und telefonische und elektronische Kontaktdaten; ist ein Mitglied des Vertretungsorgans oder der gesetzliche Vertreter eine juristische Person, so sind deren Firma, Name oder Bezeichnung, Rechtsform, Registernummer wenn vorhanden und Anschrift des Sitzes oder der Hauptniederlassung ebenfalls anzugeben.

³Die Angaben nach Satz 2 sind glaubhaft zu machen. ⁴Beabsichtigt der Anzeigepflichtige die Verbreitung der Empfehlungen, muss die Anzeige auch eine detaillierte Beschreibung der beabsichtigen Verbreitungswege enthalten. ⁵Der Anzeigepflichtige hat weiterhin anzuzeigen, inwiefern bei mit ihm verbundenen Unternehmen Tatsachen vorliegen, die Interessenkonflikte begründen können. ⁶Veränderungen der angezeigten Daten und Sachverhalte sowie die Einstellung der in Satz 1 genannten Tätigkeiten sind der Bundesanstalt innerhalb von vier Wochen anzuzeigen.

(2) Die Bundesanstalt veröffentlicht auf ihrer Internetseite den Namen, die Firma oder die Bezeichnung der nach Absatz 1 Satz 2 Nummer 2 ordnungsgemäß angezeigten Personen und Personenvereinigungen sowie den Ort und das Land der Wohn- und Geschäftsanschrift oder des Sitzes oder der Hauptniederlassung.

**§ 87 Einsatz von Mitarbeitern in der Anlageberatung, als Vertriebsbeauftragte, in der Finanzportfolioverwaltung oder als Compliance-Beauftragte; Verordnungsermächtigung.** (1) ¹Ein Wertpapierdienstleistungsunternehmen darf einen Mitarbeiter nur dann mit der Anlageberatung betrauen, wenn dieser sachkundig ist und über die für die Tätigkeit erforderliche Zuverlässigkeit verfügt. ²Das Wertpapierdienstleistungsunternehmen muss der Bundesanstalt

---
[1)] Nr. 11.

1. den Mitarbeiter und,
2. sofern das Wertpapierdienstleistungsunternehmen über Vertriebsbeauftragte im Sinne des Absatzes 4 verfügt, den auf Grund der Organisation des Wertpapierdienstleistungsunternehmens für den Mitarbeiter unmittelbar zuständigen Vertriebsbeauftragten

anzeigen, bevor der Mitarbeiter die Tätigkeit nach Satz 1 aufnimmt. ³Ändern sich die von dem Wertpapierdienstleistungsunternehmen nach Satz 2 angezeigten Verhältnisse, sind die neuen Verhältnisse unverzüglich der Bundesanstalt anzuzeigen. ⁴Ferner sind der Bundesanstalt, wenn auf Grund der Tätigkeit des Mitarbeiters eine oder mehrere Beschwerden im Sinne des Artikels 26 der Delegierten Verordnung (EU) 2017/565[1)] durch Privatkunden gegenüber dem Wertpapierdienstleistungsunternehmen erhoben werden,

1. jede Beschwerde,
2. der Name des Mitarbeiters, auf Grund dessen Tätigkeit die Beschwerde erhoben wird, sowie,
3. sofern das Wertpapierdienstleistungsunternehmen mehrere Zweigstellen, Zweigniederlassungen oder sonstige Organisationseinheiten hat, die Zweigstelle, Zweigniederlassung oder Organisationseinheit, welcher der Mitarbeiter zugeordnet ist oder für welche er überwiegend oder in der Regel die nach Satz 1 anzuzeigende Tätigkeit ausübt,

anzuzeigen.

(2) Ein Wertpapierdienstleistungsunternehmen darf einen Mitarbeiter nur dann damit betrauen, Kunden über Finanzinstrumente, strukturierte Einlagen, Wertpapierdienstleistungen oder Wertpapiernebendienstleistungen zu informieren (Vertriebsmitarbeiter), wenn dieser sachkundig ist und über die für die Tätigkeit erforderliche Zuverlässigkeit verfügt.

(3) Ein Wertpapierdienstleistungsunternehmen darf einen Mitarbeiter nur dann mit der Finanzportfolioverwaltung betrauen, wenn dieser sachkundig ist und über die für die Tätigkeit erforderliche Zuverlässigkeit verfügt.

(4) ¹Ein Wertpapierdienstleistungsunternehmen darf einen Mitarbeiter mit der Ausgestaltung, Umsetzung oder Überwachung von Vertriebsvorgaben im Sinne des § 80 Absatz 1 Satz 2 Nummer 3 nur dann betrauen (Vertriebsbeauftragter), wenn dieser sachkundig ist und über die für die Tätigkeit erforderliche Zuverlässigkeit verfügt. ²Das Wertpapierdienstleistungsunternehmen muss der Bundesanstalt den Mitarbeiter anzeigen, bevor dieser die Tätigkeit nach Satz 1 aufnimmt. ³Ändern sich die von dem Wertpapierdienstleistungsunternehmen nach Satz 2 angezeigten Verhältnisse, sind die neuen Verhältnisse unverzüglich der Bundesanstalt anzuzeigen.

(5) ¹Ein Wertpapierdienstleistungsunternehmen darf einen Mitarbeiter nur dann mit der Verantwortlichkeit für die Compliance-Funktion im Sinne des Artikels 22 Absatz 2 der Delegierten Verordnung (EU) 2017/565 und für die Berichte an die Geschäftsleitung nach Artikel 25 Absatz 2 der Delegierten Verordnung (EU) 2017/565 betrauen (Compliance-Beauftragter), wenn dieser sachkundig ist und über die für die Tätigkeit erforderliche Zuverlässigkeit verfügt. ²Das Wertpapierdienstleistungsunternehmen muss der Bundesanstalt den Mitarbeiter anzeigen, bevor der Mitarbeiter die Tätigkeit nach Satz 1 auf-

---

[1)] Nr. 13.

nimmt. ³Ändern sich die von dem Wertpapierdienstleistungsunternehmen nach Satz 2 angezeigten Verhältnisse, sind die neuen Verhältnisse unverzüglich der Bundesanstalt anzuzeigen.

(6) ¹Liegen Tatsachen vor, aus denen sich ergibt, dass ein Mitarbeiter

1. nicht oder nicht mehr die Anforderungen nach Absatz 1 Satz 1, Absatz 2, 3, 4 Satz 1, jeweils auch in Verbindung mit § 96, oder Absatz 5 Satz 1 erfüllt, kann die Bundesanstalt unbeschadet ihrer Befugnisse nach § 6 dem Wertpapierdienstleistungsunternehmen untersagen, den Mitarbeiter in der angezeigten Tätigkeit einzusetzen, solange dieser die gesetzlichen Anforderungen nicht erfüllt, oder

2. gegen Bestimmungen dieses Abschnittes verstoßen hat, deren Einhaltung bei der Durchführung seiner Tätigkeit zu beachten sind, kann die Bundesanstalt unbeschadet ihrer Befugnisse nach § 6
   a) das Wertpapierdienstleistungsunternehmen und den Mitarbeiter verwarnen oder
   b) dem Wertpapierdienstleistungsunternehmen für eine Dauer von bis zu zwei Jahren untersagen, den Mitarbeiter in der angezeigten Tätigkeit einzusetzen.

²Die Bundesanstalt kann unanfechtbar gewordene Anordnungen im Sinne des Satzes 1 auf ihrer Internetseite öffentlich bekannt machen, es sei denn, diese Veröffentlichung wäre geeignet, den berechtigten Interessen des Unternehmens zu schaden. ³Die öffentliche Bekanntmachung nach Satz 2 hat ohne Nennung des Namens des betroffenen Mitarbeiters zu erfolgen. ⁴Widerspruch und Anfechtungsklage gegen Maßnahmen nach Satz 1 haben keine aufschiebende Wirkung.

(7) Die Bundesanstalt führt über die nach den Absätzen 1, 4 und 5 anzuzeigenden Mitarbeiter sowie die ihnen zugeordneten Beschwerdeanzeigen nach Absatz 1 und die ihre Tätigkeit betreffenden Anordnungen nach Absatz 6 eine interne Datenbank.

(8) Die Absätze 1 bis 7 sind nicht anzuwenden auf diejenigen Mitarbeiter eines Wertpapierdienstleistungsunternehmens, die ausschließlich in einer Zweigniederlassung im Sinne des § 24a des Kreditwesengesetzes oder in mehreren solcher Zweigniederlassungen tätig sind.

(9) ¹Das Bundesministerium der Finanzen kann durch Rechtsverordnung[1]), die nicht der Zustimmung des Bundesrates bedarf, die näheren Anforderungen an

1. den Inhalt, die Art, die Sprache, den Umfang und die Form der Anzeigen nach den Absätzen 1, 4 oder 5,
2. die Sachkunde und die Zuverlässigkeit nach Absatz 1 Satz 1, den Absätzen 2, 3, 4 Satz 1, jeweils auch in Verbindung mit § 96, sowie Absatz 5 Satz 1 sowie
3. den Inhalt der Datenbank nach Absatz 7 und die Dauer der Speicherung der Einträge

einschließlich des jeweiligen Verfahrens regeln. ²In der Rechtsverordnung nach Satz 1 kann insbesondere bestimmt werden, dass dem jeweiligen Wertpapierdienstleistungsunternehmen ein schreibender Zugriff auf die für das Unternehmen einzurichtenden Einträge in die Datenbank nach Absatz 7 einge-

---

[1]) Siehe die WpHG-MitarbeiteranzeigeVO (Nr. **12g**).

räumt und ihm die Verantwortlichkeit für die Richtigkeit und Aktualität dieser Einträge übertragen wird. ³Das Bundesministerium der Finanzen kann die Ermächtigung durch Rechtsverordnung ohne Zustimmung des Bundesrates auf die Bundesanstalt übertragen.

(10) Die Absätze 1 bis 3 gelten nicht für Immobiliar-Verbraucherdarlehensverträge, die an die Vorbedingung geknüpft sind, dass dem Verbraucher eine Wertpapierdienstleistung in Bezug auf gedeckte Schuldverschreibungen, die zur Besicherung der Finanzierung des Kredits begeben worden sind und denen dieselben Konditionen wie dem Immobiliar-Verbraucherdarlehensvertrag zugrunde liegen, erbracht wird, und wenn damit das Darlehen ausgezahlt, refinanziert oder abgelöst werden kann.

**§ 88 Überwachung der Meldepflichten und Verhaltensregeln.** (1) Die Bundesanstalt kann zur Überwachung der Einhaltung

1. der Meldepflichten nach Artikel 26 der Verordnung (EU) Nr. 600/2014[1], auch in Verbindung mit gemäß den diesen Artikeln erlassenen technischen Regulierungsstandards,
2. der Verpflichtung zu Positionsmeldungen nach § 57 Absatz 1 bis 4,
3. der Anzeigepflichten nach § 23,
4. der in diesem Abschnitt geregelten Pflichten, auch in Verbindung mit technischen Regulierungsstandards, die gemäß Artikel 17 Absatz 7, Artikel 27 Absatz 10 und Artikel 32 Absatz 2 der Richtlinie 2014/65/EU[2] erlassen wurden, sowie
5. der Pflichten aus
    a) den Artikeln 4, 16 und 20 der Verordnung (EU) Nr. 596/2014[3], auch in Verbindung mit gemäß diesen Artikeln erlassenen technischen Regulierungsstandards,
    b) den Artikeln 3 bis 15, 17, 18, 20 bis 23, 25, 27 und 31 der Verordnung (EU) Nr. 600/2014, auch in Verbindung mit gemäß diesen Artikeln erlassenen technischen Regulierungsstandards,
    c) der Delegierten Verordnung (EU) 2017/565[4],
    d) der Delegierten Verordnung (EU) 2017/567,
    e) § 29 Absatz 2 in Verbindung mit Artikel 4 Absatz 1 Unterabsatz 1 sowie Artikel 5a Absatz 1 der Verordnung (EG) Nr. 1060/2009

in der jeweils geltenden Fassung, auch ohne besonderen Anlass Prüfungen vornehmen bei den Wertpapierdienstleistungsunternehmen, den mit diesen verbundenen Unternehmen, den Zweigniederlassungen im Sinne des § 53b des Kreditwesengesetzes, den Unternehmen, mit denen eine Auslagerungsvereinbarung im Sinne des § 25b des Kreditwesengesetzes besteht oder bestand, und sonstigen zur Durchführung eingeschalteten dritten Personen oder Unternehmen.

(2) Die Bundesanstalt kann zur Überwachung der Einhaltung der in diesem Abschnitt geregelten Pflichten Auskünfte und die Vorlage von Unterlagen auch von Unternehmen mit Sitz in einem Drittstaat verlangen, die Wertpapier-

---
[1] Nr. 2.
[2] Nr. 1.
[3] Nr. 11.
[4] Nr. 13.

dienstleistungen gegenüber Kunden erbringen, die ihren gewöhnlichen Aufenthalt oder ihre Geschäftsleitung im Inland haben, sofern nicht die Wertpapierdienstleistung einschließlich der damit im Zusammenhang stehenden Wertpapiernebendienstleistungen ausschließlich in einem Drittstaat erbracht wird.

(3) Widerspruch und Anfechtungsklage gegen Maßnahmen nach den Absätzen 1 und 2 haben keine aufschiebende Wirkung.

(4) ¹Die Bundesanstalt kann Richtlinien aufstellen, nach denen sie nach Maßgabe der Richtlinie 2014/65/EU und der Delegierten Richtlinie (EU) 2017/593 für den Regelfall beurteilt, ob die Anforderungen dieses Abschnitts erfüllt sind. ²Die Deutsche Bundesbank sowie die Spitzenverbände der betroffenen Wirtschaftskreise sind vor dem Erlass der Richtlinien anzuhören. ³Die Richtlinien sind im Bundesanzeiger zu veröffentlichen.

## § 89 Prüfung der Meldepflichten und Verhaltensregeln; Verordnungsermächtigung. (1) ¹Unbeschadet des § 88 ist einmal jährlich durch einen geeigneten Prüfer zu prüfen, ob die folgenden Pflichten eingehalten werden:

1. die Meldepflichten nach Artikel 26 der Verordnung (EU) Nr. 600/2014[1]), auch in Verbindung mit den gemäß diesen Artikeln erlassenen technischen Regulierungsstandards,
2. die Verpflichtung zu Positionsmeldungen nach § 57 Absatz 1 bis 4,
3. die Anzeigepflichten nach § 23,
4. die in diesem Abschnitt geregelten Pflichten, auch in Verbindung mit technischen Regulierungsstandards, die gemäß Artikel 17 Absatz 7, Artikel 27 Absatz 10 und Artikel 32 Absatz 2 der Richtlinie 2014/65/EU[2]) erlassen wurden, sowie
5. die Pflichten aus
   a) den Artikeln 4, 16 und 20 der Verordnung (EU) Nr. 596/2014[3]), auch in Verbindung mit den gemäß diesen Artikeln erlassenen technischen Regulierungsstandards,
   b) den Artikeln 3 Absatz 15, 17, 18, 20 bis 23, 25, 27 und 31 der Verordnung (EU) Nr. 600/2014, auch in Verbindung mit den gemäß diesen Artikeln erlassenen technischen Regulierungsstandards,
   c) der Delegierten Verordnung (EU) 2017/565[4]),
   d) der Delegierten Verordnung (EU) 2017/567,
   e) § 29 Absatz 2 in Verbindung mit Artikel 4 Absatz 1 Unterabsatz 1 sowie Artikel 5a Absatz 1 der Verordnung (EG) Nr. 1060/2009

in der jeweils geltenden Fassung. ²Bei Kreditinstituten, die das Depotgeschäft im Sinne von § 1 Absatz 1 Satz 2 Nummer 5 des Kreditwesengesetzes betreiben, und bei Finanzdienstleistungsinstituten, die das eingeschränkte Verwahrgeschäft im Sinne des § 1 Absatz 1a Satz 2 Nummer 12 des Kreditwesengesetzes erbringen, hat der Prüfer auch diese Geschäfte besonders zu prüfen; diese Prüfung hat sich auch auf die Einhaltung des § 67a Absatz 3 und des § 67b, jeweils auch in Verbindung mit § 125 Absatz 1, 2 und 5 des Aktiengesetzes über

---
[1]) Nr. 2.
[2]) Nr. 1.
[3]) Nr. 11.
[4]) Nr. 13.

Mitteilungspflichten und des § 135 des Aktiengesetzes über die Ausübung des Stimmrechts zu erstrecken. ³Die Bundesanstalt kann auf Antrag von der jährlichen Prüfung, mit Ausnahme der Prüfung der Einhaltung der Anforderungen nach § 84, auch in Verbindung mit einer Rechtsverordnung nach § 84 Abs. 5, ganz oder teilweise absehen, soweit dies aus besonderen Gründen, insbesondere wegen der Art und des Umfangs der betriebenen Geschäfte angezeigt ist. ⁴Das Wertpapierdienstleistungsunternehmen hat den Prüfer jeweils spätestens zum Ablauf des Geschäftsjahres zu bestellen, auf das sich die Prüfung erstreckt. ⁵Bei Kreditinstituten, die einem genossenschaftlichen Prüfungsverband angehören oder durch die Prüfungsstelle eines Sparkassen- und Giroverbandes geprüft werden, wird die Prüfung durch den zuständigen Prüfungsverband oder die zuständige Prüfungsstelle, soweit hinsichtlich letzterer das Landesrecht dies vorsieht, vorgenommen. ⁶Geeignete Prüfer sind darüber hinaus Wirtschaftsprüfer, vereidigte Buchprüfer sowie Wirtschaftsprüfungs- und Buchprüfungsgesellschaften, die hinsichtlich des Prüfungsgegenstandes über ausreichende Kenntnisse verfügen.

(2) ¹Der Prüfer oder die Prüfungsverbände oder Prüfungsstellen, soweit Prüfungen nach Absatz 1 Satz 5 von genossenschaftlichen Prüfungsverbänden oder Prüfungsstellen von Sparkassen- und Giroverbänden durchgeführt werden, haben über die Prüfung nach Absatz 1 einen Prüfungsbericht zu erstellen und auf Anforderung der Bundesanstalt oder der Deutschen Bundesbank der Bundesanstalt und der Deutschen Bundesbank einzureichen. ²Die wesentlichen Prüfungsergebnisse sind in einem Fragebogen zusammenzufassen, der dem Prüfungsbericht beizufügen ist. ³Der Fragebogen ist auch dann bei der Bundesanstalt und der zuständigen Hauptverwaltung der Deutschen Bundesbank einzureichen, wenn ein Prüfungsbericht nach Satz 1 nicht angefordert wird. ⁴Der Prüfer hat den Fragebogen unverzüglich nach Beendigung der Prüfung einzureichen.

(3) ¹Das Wertpapierdienstleistungsunternehmen hat vor Erteilung des Prüfungsauftrags der Bundesanstalt den Prüfer anzuzeigen. ²Die Bundesanstalt kann innerhalb eines Monats nach Zugang der Anzeige die Bestellung eines anderen Prüfers verlangen, wenn dies zur Erreichung des Prüfungszweckes geboten ist; Widerspruch und Anfechtungsklage hiergegen haben keine aufschiebende Wirkung. ³Die Sätze 1 und 2 gelten nicht für Kreditinstitute, die einem genossenschaftlichen Prüfungsverband angehören oder durch die Prüfungsstelle eines Sparkassen- und Giroverbandes geprüft werden.

(4) ¹Die Bundesanstalt kann gegenüber dem Wertpapierdienstleistungsunternehmen Bestimmungen über den Inhalt der Prüfung treffen, die vom Prüfer zu berücksichtigen sind. ²Sie kann insbesondere Schwerpunkte für die Prüfungen festlegen. ³Bei schwerwiegenden Verstößen gegen die Pflichten, deren Einhaltung nach Absatz 1 Satz 1 zu prüfen ist, hat der Prüfer die Bundesanstalt unverzüglich zu unterrichten. ⁴Die Bundesanstalt kann an den Prüfungen teilnehmen. ⁵Hierfür ist der Bundesanstalt der Beginn der Prüfung rechtzeitig mitzuteilen.

(5) ¹Die Bundesanstalt kann die Prüfung nach Absatz 1 auch ohne besonderen Anlass anstelle des Prüfers selbst oder durch Beauftragte durchführen. ²Das Wertpapierdienstleistungsunternehmen ist hierüber rechtzeitig zu informieren.

(6) ¹Das Bundesministerium der Finanzen kann durch Rechtsverordnung, die nicht der Zustimmung des Bundesrates bedarf, nähere Bestimmungen über Aufbau, Inhalt und Art und Weise der Einreichung der Prüfungsberichte nach

Absatz 2 sowie nähere Bestimmungen über Art, Umfang und Zeitpunkt der Prüfung nach den Absätzen 1 und 2 erlassen, soweit dies zur Erfüllung der Aufgaben der Bundesanstalt erforderlich ist, insbesondere, um Missständen im Handel mit Finanzinstrumenten entgegenzuwirken, um auf die Einhaltung der der Prüfung nach Absatz 1 Satz 1 unterliegenden Pflichten hinzuwirken und um zu diesem Zweck einheitliche Unterlagen zu erhalten. ²Das Bundesministerium der Finanzen kann die Ermächtigung durch Rechtsverordnung auf die Bundesanstalt übertragen.

**§ 90 Unternehmen, organisierte Märkte und multilaterale Handelssysteme mit Sitz in einem anderen Mitgliedstaat der Europäischen Union oder in einem anderen Vertragsstaat des Abkommens über den Europäischen Wirtschaftsraum.** (1) ¹Die in diesem Abschnitt und den Artikeln 14 bis 26 der Verordnung (EU) Nr. 600/2014[1)] geregelten Rechte und Pflichten sind mit Ausnahme von § 63 Absatz 2, den §§ 72 bis 78, 80 Absatz 1 bis 6 und 9 bis 13, den §§ 81, 84 bis § 87 Absatz 1 Satz 2 bis 4 und Absatz 3 bis 8 entsprechend anzuwenden auf Zweigniederlassungen und vertraglich gebundene Vermittler mit Sitz oder gewöhnlichem Aufenthalt im Inland im Sinne des § 53b des Kreditwesengesetzes, die Wertpapierdienstleistungen erbringen. ²Ein Unternehmen mit Sitz in einem anderen Mitgliedstaat der Europäischen Union oder in einem anderen Vertragsstaat des Abkommens über den Europäischen Wirtschaftsraum, das Wertpapierdienstleistungen allein oder zusammen mit Wertpapiernebendienstleistungen erbringt und das beabsichtigt, im Inland eine Zweigniederlassung im Sinne des § 53b des Kreditwesengesetzes zu errichten, ist von der Bundesanstalt innerhalb der in § 53b Absatz 2 Satz 1 des Kreditwesengesetzes bestimmten Frist auf die Meldepflichten nach § 22 und die nach Satz 1 für die Zweigniederlassung geltenden Rechte und Pflichten hinzuweisen.

(2) ¹Die Bundesanstalt kann von der Zweigniederlassung Änderungen der getroffenen Vorkehrungen zur Einhaltung der für sie geltenden Pflichten verlangen, soweit die Änderungen notwendig und verhältnismäßig sind, um der Bundesanstalt die Prüfung der Einhaltung der Pflichten zu ermöglichen. ²Stellt die Bundesanstalt fest, dass das Unternehmen die nach Absatz 1 Satz 1 für seine Zweigniederlassung geltenden Pflichten nicht beachtet, fordert es das Unternehmen auf, seine Verpflichtungen innerhalb einer von der Bundesanstalt zu bestimmenden Frist zu erfüllen. ³Kommt das Unternehmen der Aufforderung nicht nach, trifft die Bundesanstalt alle geeigneten Maßnahmen, um die Erfüllung der Verpflichtungen sicherzustellen und unterrichtet die zuständigen Behörden des Herkunftsmitgliedstaates über die Art der getroffenen Maßnahmen. ⁴Falls das betroffene Unternehmen den Mangel nicht behebt, kann die Bundesanstalt nach Unterrichtung der zuständigen Behörde des Herkunftsmitgliedstaates alle Maßnahmen ergreifen, um weitere Verstöße zu verhindern oder zu ahnden. ⁵Soweit erforderlich, kann die Bundesanstalt dem betroffenen Unternehmen die Durchführung neuer Geschäfte im Inland untersagen. ⁶Die Bundesanstalt unterrichtet die Europäische Kommission und die Europäische Wertpapier- und Marktaufsichtsbehörde unverzüglich von Maßnahmen nach den Sätzen 4 und 5.

---

[1)] Nr. 2.

(3) ¹ Stellt die Bundesanstalt fest, dass ein Unternehmen im Sinne des Absatzes 1 Satz 2, das im Inland eine Zweigniederlassung errichtet hat, gegen andere als die in Absatz 1 Satz 1 genannten Bestimmungen dieses Gesetzes oder entsprechende ausländische Vorschriften verstößt, so teilt sie dies der zuständigen Stelle des Herkunftsmitgliedstaates nach Maßgabe des § 18 Absatz 8 Satz 1 mit. ² Sind die daraufhin getroffenen Maßnahmen der zuständigen Behörde des Herkunftsmitgliedstaates unzureichend oder verstößt das Unternehmen aus anderen Gründen weiter gegen die sonstigen Bestimmungen dieses Abschnitts und sind dadurch Anlegerinteressen oder die ordnungsgemäße Funktion des Marktes gefährdet, ergreift die Bundesanstalt nach vorheriger Unterrichtung der zuständigen Behörde des Herkunftsmitgliedstaates alle erforderlichen Maßnahmen, um den Anlegerschutz und die ordnungsgemäße Funktion der Märkte zu gewährleisten. ³ Absatz 2 Satz 4 bis 6 gilt entsprechend.

(4) Absatz 3 gilt entsprechend für ein Unternehmen mit Sitz in einem anderen Mitgliedstaat der Europäischen Union oder in einem anderen Vertragsstaat des Abkommens über den Europäischen Wirtschaftsraum, das Wertpapierdienstleistungen oder Wertpapiernebendienstleistungen im Wege des grenzüberschreitenden Dienstleistungsverkehrs gegenüber Kunden erbringt, die ihren gewöhnlichen Aufenthalt oder ihre Geschäftsleitung im Inland haben, wenn das Unternehmen gegen Bestimmungen dieses Abschnitts oder entsprechende ausländische Vorschriften verstößt.

(5) Absatz 3 gilt für Betreiber organisierter Märkte, multilateraler Handelssysteme und organisierter Handelssysteme entsprechend mit der Maßgabe, dass für Maßnahmen der Bundesanstalt gegenüber einem solchen Betreiber Verstöße gegen Bestimmungen dieses Abschnitts, des Börsengesetzes[1] oder gegen entsprechende ausländische Vorschriften vorliegen müssen und dass zu den Maßnahmen nach Absatz 3 Satz 2 insbesondere auch gehören kann, dem Betreiber des organisierten Marktes, des multilateralen Handelssystems oder des organisierten Handelssystems zu untersagen, sein System Mitgliedern im Inland zugänglich zu machen.

(6) Die Bundesanstalt unterrichtet die betroffenen Unternehmen oder Märkte von den jeweils nach den Absätzen 2 bis 5 getroffenen Maßnahmen unter Nennung der Gründe.

(7) Die Bundesanstalt kann in den Fällen des Absatzes 2 Satz 2, des Absatzes 3 Satz 1 und des Absatzes 5 die Europäische Wertpapier- und Marktaufsichtsbehörde nach Maßgabe des Artikels 19 der Verordnung (EU) Nr. 1095/2010[2] um Hilfe ersuchen.

**§ 91 Unternehmen mit Sitz in einem Drittstaat.** ¹ Vorbehaltlich der Regelungen in Titel VIII der Verordnung (EU) Nr. 600/2014[3] kann die Bundesanstalt im Einzelfall bestimmen, dass auf ein Unternehmen mit Sitz in einem Drittstaat, das im Inland im Wege des grenzüberschreitenden Dienstleistungsverkehrs gewerbsmäßig oder in einem Umfang, der einen in kaufmännischer Weise eingerichteten Geschäftsbetrieb erfordert, Wertpapierdienstleistungen erbringen will, § 63 Absatz 2, die §§ 72 bis 78, 80 Absatz 1 bis 6 sowie 9 bis 13, die §§ 81, 84 bis 87 Absatz 1 Satz 2 bis 4 und Absatz 3 bis 8 dieses

---
[1] Nr. 4.
[2] Nr. 3.
[3] Nr. 2.

Gesetzes nicht anzuwenden sind, solange das Unternehmen im Hinblick auf seine im Inland betriebenen Wertpapierdienstleistungen wegen seiner Aufsicht durch die zuständige Herkunftsstaatsbehörde insoweit nicht zusätzlich der Aufsicht durch die Bundesanstalt bedarf. ²Die Befreiung kann mit Auflagen verbunden werden, insbesondere mit der Auflage, dass das Unternehmen eine Überwachung und Prüfung der Einhaltung der Vorschriften ermöglicht, die den §§ 6 bis 15, 88 und 89 gleichwertig ist.

**§ 92 Werbung der Wertpapierdienstleistungsunternehmen.** (1) ¹Um Mißständen bei der Werbung für Wertpapierdienstleistungen und Wertpapiernebendienstleistungen zu begegnen, kann die Bundesanstalt den Wertpapierdienstleistungsunternehmen bestimmte Arten der Werbung untersagen. ²Ein Missstand liegt insbesondere vor, wenn das Wertpapierdienstleistungsunternehmen

1. nicht oder nicht ausreichend auf die mit der von ihm erbrachten Wertpapierdienstleistung verbundenen Risiken hinweist,
2. mit der Sicherheit einer Anlage wirbt, obwohl die Rückzahlung der Anlage nicht oder nicht vollständig gesichert ist,
3. die Werbung mit Angaben insbesondere zu Kosten und Ertrag sowie zur Abhängigkeit vom Verhalten Dritter versieht, durch die in irreführender Weise der Anschein eines besonders günstigen Angebots entsteht,
4. die Werbung mit irreführenden Angaben über die Befugnisse der Bundesanstalt nach diesem Gesetz oder über die Befugnisse der für die Aufsicht zuständigen Stellen in anderen Mitgliedstaaten des Europäischen Wirtschaftsraums oder Drittstaaten versieht.

(2) Vor allgemeinen Maßnahmen nach Absatz 1 sind die Spitzenverbände der betroffenen Wirtschaftskreise und des Verbraucherschutzes anzuhören.

**§ 93 Register Unabhängiger Honorar-Anlageberater; Verordnungsermächtigung.** (1) Die Bundesanstalt führt auf ihrer Internetseite ein öffentliches Register Unabhängiger Honorar-Anlageberater über alle Wertpapierdienstleistungsunternehmen, die die Unabhängige Anlageberatung erbringen wollen.

(2) ¹Die Bundesanstalt hat ein Wertpapierdienstleistungsunternehmen auf Antrag in das Register Unabhängiger Honorar-Anlageberater einzutragen, wenn es

1. eine Erlaubnis nach § 32 des Kreditwesengesetzes besitzt oder Zweigniederlassung eines Unternehmens nach § 53b Absatz 1 Satz 1 und 2 oder Absatz 7 des Kreditwesengesetzes ist,
2. die Anlageberatung im Sinne des § 2 Absatz 8 Satz 1 Nummer 10 erbringen darf und
3. der Bundesanstalt durch Bescheinigung eines geeigneten Prüfers nachweist, dass es in der Lage ist, die Anforderungen nach § 80 Absatz 7 zu erfüllen.

²Die Prüfung nach Absatz 2 Nummer 3 wird bei Kreditinstituten, die einem genossenschaftlichen Prüfungsverband angehören oder durch die Prüfungsstelle eines Sparkassen- und Giroverbandes geprüft werden, durch den zuständigen Prüfungsverband oder die zuständige Prüfungsstelle, soweit hinsichtlich Letzterer das Landesrecht dies vorsieht, vorgenommen. ³Geeignete Prüfer sind darüber hinaus Wirtschaftsprüfer, vereidigte Buchprüfer sowie Wirtschaftsprüfungs-

und Buchprüfungsgesellschaften, die hinsichtlich des Prüfungsgegenstandes über ausreichende Kenntnisse verfügen.

(3) Die Bundesanstalt hat die Eintragung im Register Unabhängiger Honorar-Anlageberater zu löschen, wenn

1. das Wertpapierdienstleistungsunternehmen gegenüber der Bundesanstalt auf die Eintragung verzichtet oder
2. die Erlaubnis eines Wertpapierdienstleistungsunternehmens nach § 32 des Kreditwesengesetzes insgesamt oder die Erlaubnis zum Erbringen der Anlageberatung erlischt oder aufgehoben wird.

(4) Ein Wertpapierdienstleistungsunternehmen, das die Unabhängige Honorar-Anlageberatung nicht mehr erbringen will, muss dies der Bundesanstalt anzeigen.

(5) Das Bundesministerium der Finanzen wird ermächtigt, durch Rechtsverordnung, die nicht der Zustimmung des Bundesrates bedarf, nähere Bestimmungen zu erlassen

1. zum Inhalt des Registers Unabhängiger Honorar-Anlageberater,
2. zu den Mitwirkungspflichten der Institute bei der Führung des Registers Unabhängiger Honorar-Anlageberater und
3. zum Nachweis nach Absatz 2 Satz 1 Nummer 3.

(6) Das Bundesministerium der Finanzen kann die Ermächtigung durch Rechtsverordnung auf die Bundesanstalt übertragen.

**§ 94 Bezeichnungen zur Unabhängigen Honorar-Anlageberatung.**
(1) Die Bezeichnungen „Unabhängiger Honorar-Anlageberater", „Unabhängige Honorar-Anlageberaterin", „Unabhängige Honorar-Anlageberatung" oder „Unabhängiger Honoraranlageberater", „Unabhängige Honoraranlageberaterin", „Unabhängige Honoraranlageberatung" auch in abweichender Schreibweise oder eine Bezeichnung, in der diese Wörter enthalten sind, dürfen, soweit durch Gesetz nichts anderes bestimmt ist, in der Firma, als Zusatz zur Firma, zur Bezeichnung des Geschäftszwecks oder zu Werbezwecken nur Wertpapierdienstleistungsunternehmen führen, die im Register Unabhängiger Anlageberater nach § 93 eingetragen sind.

(2) ¹Absatz 1 gilt nicht für Unternehmen, die die dort genannten Bezeichnungen in einem Zusammenhang führen, der den Anschein ausschließt, dass sie Wertpapierdienstleistungen erbringen. ²Wertpapierdienstleistungsunternehmen mit Sitz im Ausland dürfen bei ihrer Tätigkeit im Inland die in Absatz 1 genannten Bezeichnungen in der Firma, als Zusatz zur Firma, zur Bezeichnung des Geschäftszwecks oder zu Werbezwecken führen, wenn sie zur Führung dieser Bezeichnung in ihrem Sitzstaat berechtigt sind und sie die Bezeichnung um einen auf ihren Sitzstaat hinweisenden Zusatz ergänzen.

(3) ¹Die Bundesanstalt entscheidet in Zweifelsfällen, ob ein Wertpapierdienstleistungsunternehmen zur Führung der in Absatz 1 genannten Bezeichnungen befugt ist. ²Sie hat ihre Entscheidungen dem Registergericht mitzuteilen.

(4) Die Vorschrift des § 43 des Kreditwesengesetzes ist entsprechend anzuwenden mit der Maßgabe, dass an die Stelle der Erlaubnis nach § 32 des Kreditwesengesetzes die Eintragung in das Register Unabhängiger Honorar-Anlageberater nach § 93 tritt.

Wertpapierhandelsgesetz §§ 95–98 WpHG 12

**§ 95 Ausnahmen.** ¹ § 63 Absatz 1 und 3 bis 7 und 9, § 56 Absatz 1 sowie der §§ 69, 70 und 82 gelten nicht für Geschäfte, die an organisierten Märkten oder in multilateralen Handelssystemen zwischen Wertpapierdienstleistungsunternehmen oder zwischen diesen und sonstigen Mitgliedern oder Teilnehmern dieser Märkte oder Systeme geschlossen werden. ² Wird ein Geschäft im Sinne des Satzes 1 in Ausführung eines Kundenauftrags abgeschlossen, muss das Wertpapierdienstleistungsunternehmen jedoch den Verpflichtungen des § 63 Absatz 1 und 3 bis 7 und 9, § 56 Absatz 1 sowie der §§ 69, 70 und 82 gegenüber dem Kunden nachkommen.

**§ 96 Strukturierte Einlagen.** Die §§ 63 und 64, mit Ausnahme von § 64 Absatz 2, § 67 Absatz 4, die §§ 68 bis 71, 80 Absatz 1 Satz 2 Nummer 2 und 3 und Absatz 7 bis 13, § 81 Absatz 1 bis 4, § 83 Absatz 1 und 2, § 87 Absatz 1 Satz 1, Absatz 2, 3, 4 Satz 1 und Absatz 6 sind auf Wertpapierdienstleistungsunternehmen und Kreditinstitute entsprechend anzuwenden, wenn sie strukturierte Einlagen verkaufen oder über diese beraten.

### Abschnitt 12. Haftung für falsche und unterlassene Kapitalmarktinformationen

**§ 97 Schadenersatz wegen unterlassener unverzüglicher Veröffentlichung von Insiderinformationen.** (1) Unterlässt es ein Emittent, der für seine Finanzinstrumente die Zulassung zum Handel an einem inländischen Handelsplatz genehmigt oder an einem inländischen regulierten Markt oder multilateralen Handelssystem beantragt hat, unverzüglich eine Insiderinformation, die ihn unmittelbar betrifft, nach Artikel 17 der Verordnung (EU) Nr. 596/2014[1]) zu veröffentlichen, ist er einem Dritten zum Ersatz des durch die Unterlassung entstandenen Schadens verpflichtet, wenn der Dritte

1. die Finanzinstrumente nach der Unterlassung erwirbt und er bei Bekanntwerden der Insiderinformation noch Inhaber der Finanzinstrumente ist oder
2. die Finanzinstrumente vor dem Entstehen der Insiderinformation erwirbt und nach der Unterlassung veräußert.

(2) Nach Absatz 1 kann nicht in Anspruch genommen werden, wer nachweist, dass die Unterlassung nicht auf Vorsatz oder grober Fahrlässigkeit beruht.

(3) Der Anspruch nach Absatz 1 besteht nicht, wenn der Dritte die Insiderinformation im Falle des Absatzes 1 Nr. 1 bei dem Erwerb oder im Falle des Absatzes 1 Nr. 2 bei der Veräußerung kannte.

(4) Weitergehende Ansprüche, die nach Vorschriften des bürgerlichen Rechts auf Grund von Verträgen oder vorsätzlichen unerlaubten Handlungen erhoben werden können, bleiben unberührt.

(5) Eine Vereinbarung, durch die Ansprüche des Emittenten gegen Vorstandsmitglieder wegen der Inanspruchnahme des Emittenten nach Absatz 1 im Voraus ermäßigt oder erlassen werden, ist unwirksam.

**§ 98 Schadenersatz wegen Veröffentlichung unwahrer Insiderinformationen.** (1) Veröffentlicht ein Emittent, der für seine Finanzinstrumente die Zulassung zum Handel an einem inländischen Handelsplatz genehmigt oder an

---

[1]) Nr. 11.

einem inländischen regulierten Markt oder multilateralen Handelssystem beantragt hat, in einer Mitteilung nach Artikel 17 der Verordnung (EU) Nr. 596/2014[1]) eine unwahre Insiderinformation, die ihn unmittelbar betrifft, ist er einem Dritten zum Ersatz des Schadens verpflichtet, der dadurch entsteht, dass der Dritte auf die Richtigkeit der Insiderinformation vertraut, wenn der Dritte

1. die Finanzinstrumente nach der Veröffentlichung erwirbt und er bei dem Bekanntwerden der Unrichtigkeit der Insiderinformation noch Inhaber der Finanzinstrumente ist oder
2. die Finanzinstrumente vor der Veröffentlichung erwirbt und vor dem Bekanntwerden der Unrichtigkeit der Insiderinformation veräußert.

(2) Nach Absatz 1 kann nicht in Anspruch genommen werden, wer nachweist, dass er die Unrichtigkeit der Insiderinformation nicht gekannt hat und die Unkenntnis nicht auf grober Fahrlässigkeit beruht.

(3) Der Anspruch nach Absatz 1 besteht nicht, wenn der Dritte die Unrichtigkeit der Insiderinformation im Falle des Absatzes 1 Nr. 1 bei dem Erwerb oder im Falle des Absatzes 1 Nr. 2 bei der Veräußerung kannte.

(4) Weitergehende Ansprüche, die nach Vorschriften des bürgerlichen Rechts auf Grund von Verträgen oder vorsätzlichen unerlaubten Handlungen erhoben werden können, bleiben unberührt.

(5) Eine Vereinbarung, durch die Ansprüche des Emittenten gegen Vorstandsmitglieder wegen der Inanspruchnahme des Emittenten nach Absatz 1 im Voraus ermäßigt oder erlassen werden, ist unwirksam.

## Abschnitt 13. Finanztermingeschäfte

**§ 99 Ausschluss des Einwands nach § 762 des Bürgerlichen Gesetzbuchs.** [1] Gegen Ansprüche aus Finanztermingeschäften, bei denen mindestens ein Vertragsteil ein Unternehmen ist, das gewerbsmäßig oder in einem Umfang, der einen in kaufmännischer Weise eingerichteten Geschäftsbetrieb erfordert, Finanztermingeschäfte abschließt oder deren Abschluss vermittelt oder die Anschaffung, Veräußerung oder Vermittlung von Finanztermingeschäften betreibt, kann der Einwand des §762 des Bürgerlichen Gesetzbuchs nicht erhoben werden. [2] Finanztermingeschäfte im Sinne des Satzes 1 und der §§ 100 und 101 sind die derivativen Geschäfte im Sinne des § 2 Absatz 3 und Optionsscheine.

**§ 100 Verbotene Finanztermingeschäfte.** (1) Unbeschadet der Befugnisse der Bundesanstalt nach § 15 kann das Bundesministerium der Finanzen durch Rechtsverordnung Finanztermingeschäfte verbieten oder beschränken, soweit dies zum Schutz der Anleger erforderlich ist.

(2) [1] Ein Finanztermingeschäft, das einer Rechtsverordnung nach Absatz 1 widerspricht (verbotenes Finanztermingeschäft), ist nichtig. [2] Satz 1 gilt entsprechend für

1. die Bestellung einer Sicherheit für ein verbotenes Finanztermingeschäft,
2. eine Vereinbarung, durch die der eine Teil zum Zwecke der Erfüllung einer Schuld aus einem verbotenen Finanztermingeschäft dem anderen Teil gegenüber eine Verbindlichkeit eingeht, insbesondere für ein Schuldanerkenntnis,

---

[1]) Nr. 11.

Wertpapierhandelsgesetz §§ 101, 102 WpHG 12

3. die Erteilung und Übernahme von Aufträgen zum Zwecke des Abschlusses von verbotenen Finanztermingeschäften,
4. Vereinigungen zum Zwecke des Abschlusses von verbotenen Finanztermingeschäften.

### Abschnitt 14. Schiedsvereinbarungen

**§ 101 Schiedsvereinbarungen.** Schiedsvereinbarungen über künftige Rechtsstreitigkeiten aus Wertpapierdienstleistungen, Wertpapiernebendienstleistungen oder Finanztermingeschäften sind nur verbindlich, wenn beide Vertragsteile Kaufleute oder juristische Personen des öffentlichen Rechts sind.

### Abschnitt 15. Märkte für Finanzinstrumente mit Sitz außerhalb der Europäischen Union

**§ 102 Erlaubnis; Verordnungsermächtigung.** (1) ¹Vorbehaltlich der Regelungen in Titel VIII der Verordnung (EU) Nr. 600/2014[1]) sowie von Beschlüssen der Europäischen Kommission gemäß Artikel 25 Absatz 4 Unterabsatz 3 der Richtlinie 2014/65/EU[2]) und Artikel 28 Absatz 4 Unterabsatz 1 der Verordnung (EU) Nr. 600/2014 bedürfen Märkte für Finanzinstrumente mit Sitz im Ausland, die keine Handelsplätze im Sinne dieses Gesetzes sind, oder ihre Betreiber der schriftlichen Erlaubnis der Bundesanstalt, wenn sie Handelsteilnehmern mit Sitz im Inland über ein elektronisches Handelssystem einen unmittelbaren Marktzugang gewähren und sie diesbezüglich nicht einer Erlaubnispflicht nach dem Kreditwesengesetz unterliegen. ²Der Erlaubnisantrag muss enthalten:

1. Name und Anschrift der Geschäftsleitung des Marktes oder des Betreibers,
2. Angaben, die für die Beurteilung der Zuverlässigkeit der Geschäftsleitung erforderlich sind,
3. einen Geschäftsplan, aus dem die Art des geplanten Marktzugangs für die Handelsteilnehmer, der organisatorische Aufbau und die internen Kontrollverfahren des Marktes hervorgehen,
4. Name und Anschrift eines Zustellungsbevollmächtigten im Inland,
5. die Angabe der für die Überwachung des Marktes und seiner Handelsteilnehmer zuständigen Stellen des Herkunftsstaates und deren Überwachungs- und Eingriffskompetenzen,
6. die Angabe der Art der Finanzinstrumente, die von den Handelsteilnehmern über den unmittelbaren Marktzugang gehandelt werden sollen, sowie
7. Namen und Anschrift der Handelsteilnehmer mit Sitz im Inland, denen der unmittelbare Marktzugang gewährt werden soll.

³Das Nähere über die nach Satz 2 erforderlichen Angaben und vorzulegenden Unterlagen bestimmt das Bundesministerium der Finanzen durch Rechtsverordnung[3]), die nicht der Zustimmung des Bundesrates bedarf. ⁴Das Bundesministerium der Finanzen kann die Ermächtigung durch Rechtsverordnung auf die Bundesanstalt für Finanzdienstleistungsaufsicht übertragen.

---
[1]) Nr. 2.
[2]) Nr. 1.
[3]) Siehe die MarktzugangsangabenVO (Nr. **12c**).

(2) ¹Die Bundesanstalt kann die Erlaubnis unter Auflagen erteilen, die sich im Rahmen des mit diesem Gesetz verfolgten Zweckes halten müssen. ²Vor Erteilung der Erlaubnis gibt die Bundesanstalt den Börsenaufsichtsbehörden der Länder Gelegenheit, innerhalb von vier Wochen zum Antrag Stellung zu nehmen.

(3) Die Bundesanstalt hat die Erlaubnis im Bundesanzeiger bekannt zu machen.

(4) ¹Wird der Austritt des Vereinigten Königreichs Großbritannien und Nordirland aus der Europäischen Union wirksam, ohne dass bis zu diesem Zeitpunkt ein Austrittsabkommen im Sinne von Artikel 50 Absatz 2 Satz 2 des Vertrages über die Europäische Union in Kraft getreten ist, so kann die Bundesanstalt zur Vermeidung von Nachteilen für die Funktionsfähigkeit oder die Stabilität der Finanzmärkte anordnen, dass Märkte für Finanzinstrumente mit Sitz im Vereinigten Königreich Großbritannien und Nordirland, die zum Zeitpunkt des Austritts des Vereinigten Königreichs Großbritannien und Nordirland aus der Europäischen Union als Handelsplätze im Register der Europäischen Wertpapier- und Marktaufsichtsbehörde verzeichnet sind, für einen Übergangszeitraum nach dem Austritt als Handelsplätze im Sinne dieses Gesetzes gelten. ²Der im Zeitpunkt des Austritts beginnende Übergangszeitraum darf eine Dauer von 21 Monaten nicht überschreiten. ³Die Anordnung kann auch durch Allgemeinverfügung ohne vorherige Anhörung getroffen und öffentlich bekannt gegeben werden.

**§ 103 Versagung der Erlaubnis.** Die Erlaubnis ist zu versagen, wenn

1. Tatsachen vorliegen, aus denen sich ergibt, dass die Geschäftsleitung nicht zuverlässig ist,
2. Handelsteilnehmern mit Sitz im Inland der unmittelbare Marktzugang gewährt werden soll, die nicht die Voraussetzungen des § 19 Abs. 2 des Börsengesetzes[1)] erfüllen,
3. die Überwachung des Marktes oder der Anlegerschutz im Herkunftsstaat nicht dem deutschen Recht gleichwertig ist oder
4. der Informationsaustausch mit den für die Überwachung des Marktes zuständigen Stellen des Herkunftsstaates nicht gewährleistet erscheint.

**§ 104 Aufhebung der Erlaubnis.** (1) Die Bundesanstalt kann·die Erlaubnis außer nach den Vorschriften des Verwaltungsverfahrensgesetzes aufheben, wenn

1. ihr Tatsachen bekannt werden, welche die Versagung der Erlaubnis nach § 103 rechtfertigen würden, oder
2. der Markt oder sein Betreiber nachhaltig gegen Bestimmungen dieses Gesetzes, der auf Grund dieses Gesetzes erlassenen Rechtsverordnungen, der in § 1 Absatz 1 Nummer 8 aufgeführten europäischen Verordnungen einschließlich der hierzu erlassenen delegierten Rechtsakte und Durchführungsrechtsakte sowie auf Grund dieser Rechtsvorschriften erlassenen Anordnungen verstoßen hat.

(2) Die Bundesanstalt hat die Aufhebung der Erlaubnis im Bundesanzeiger bekannt zu machen.

---

[1)] Nr. 4.

**§ 105 Untersagung.** Die Bundesanstalt kann Handelsteilnehmern mit Sitz im Inland, die Wertpapierdienstleistungen im Inland erbringen, untersagen, Aufträge für Kunden über ein elektronisches Handelssystem eines ausländischen Marktes auszuführen, wenn diese Märkte oder ihre Betreiber Handelsteilnehmern im Inland einen unmittelbaren Marktzugang über dieses elektronische Handelssystem ohne Erlaubnis gewähren.

## Abschnitt 16. Überwachung von Unternehmensabschlüssen, Veröffentlichung von Finanzberichten

### Unterabschnitt 1. Überwachung von Unternehmensabschlüssen

**§ 106 Prüfung von Unternehmensabschlüssen und -berichten.** Die Bundesanstalt hat die Aufgabe, nach den Vorschriften dieses Abschnitts und vorbehaltlich § 342b Absatz 2 Satz 3 Nummer 1 und 3 des Handelsgesetzbuchs zu prüfen, ob folgende Abschlüsse und Berichte, jeweils einschließlich der zugrunde liegenden Buchführung, von Unternehmen, für die als Emittenten von zugelassenen Wertpapieren die Bundesrepublik Deutschland der Herkunftsstaat ist, den gesetzlichen Vorschriften einschließlich der Grundsätze ordnungsmäßiger Buchführung oder den sonstigen durch Gesetz zugelassenen Rechnungslegungsstandards entsprechen:

1. festgestellte Jahresabschlüsse und zugehörige Lageberichte, offengelegte Jahresabschlüsse und zugehörige Lageberichte, offengelegte Einzelabschlüsse nach § 325 Absatz 2a des Handelsgesetzbuchs und zugehörige Lageberichte, gebilligte Konzernabschlüsse und zugehörige Konzernlageberichte oder offengelegte Konzernabschlüsse und zugehörige Konzernlageberichte,
2. veröffentlichte verkürzte Abschlüsse und zugehörige Zwischenlageberichte sowie
3. veröffentlichte Zahlungs- oder Konzernzahlungsberichte.

**§ 107 Anordnung einer Prüfung der Rechnungslegung und Ermittlungsbefugnisse der Bundesanstalt.** (1) ¹Die Bundesanstalt ordnet eine Prüfung der Rechnungslegung an, soweit konkrete Anhaltspunkte für einen Verstoß gegen Rechnungslegungsvorschriften vorliegen; die Anordnung unterbleibt, wenn ein öffentliches Interesse an der Klärung offensichtlich nicht besteht. ²Die Bundesanstalt kann eine Prüfung der Rechnungslegung auch ohne besonderen Anlass anordnen (stichprobenartige Prüfung). ³Der Umfang der einzelnen Prüfung soll in der Prüfungsanordnung festgelegt werden. ⁴Geprüft werden nur folgende Abschlüsse und Berichte:

1. der zuletzt festgestellte Jahresabschluss und der zugehörige Lagebericht,
2. der zuletzt offengelegte Jahresabschluss und der zugehörige Lagebericht,
3. der zuletzt offengelegte Einzelabschluss nach § 325 Absatz 2a des Handelsgesetzbuchs und der zugehörige Lagebericht,
4. der zuletzt gebilligte Konzernabschluss und der zugehörige Konzernlagebericht,
5. der zuletzt offengelegte Konzernabschluss und der zugehörige Konzernlagebericht,
6. der zuletzt veröffentlichte verkürzte Abschluss und der zugehörige Zwischenlagebericht sowie

7. der zuletzt veröffentlichte Zahlungsbericht oder Konzernzahlungsbericht.

⁵ Unbeschadet dessen darf die Bundesanstalt im Fall des § 108 Absatz 1 Satz 2 den Abschluss prüfen, der Gegenstand der Prüfung durch die Prüfstelle im Sinne des § 342b Absatz 1 des Handelsgesetzbuchs (Prüfstelle) gewesen ist. ⁶ Ordnet die Bundesanstalt eine Prüfung der Rechnungslegung an, nachdem sie von der Prüfstelle einen Bericht gemäß § 108 Absatz 1 Satz 2 Nummer 1 erhalten hat, so kann sie ihre Anordnung und den Grund nach § 108 Absatz 1 Satz 2 Nummer 1 im Bundesanzeiger bekannt machen. ⁷ Auf die Prüfung des verkürzten Abschlusses und des zugehörigen Zwischenlageberichts sowie des Zahlungsberichts und Konzernzahlungsberichts ist Satz 2 nicht anzuwenden. ⁸ Die Prüfung kann trotz Wegfalls der Zulassung der Wertpapiere zum Handel im organisierten Markt fortgesetzt werden, insbesondere dann, wenn Gegenstand der Prüfung ein Fehler ist, an dessen Bekanntmachung ein öffentliches Interesse besteht.

(2) ¹ Prüfungsgegenstand nach Absatz 1 können auch die Abschlüsse und Berichte sein, die dasjenige Geschäftsjahr zum Gegenstand haben, das demjenigen Geschäftsjahr vorausgeht, auf das Absatz 1 Satz 4 Bezug nimmt. ² Eine stichprobenartige Prüfung ist hierbei nicht zulässig.

(3) ¹ Eine Prüfung des Jahresabschlusses und des zugehörigen Lageberichts durch die Bundesanstalt findet nicht statt, solange eine Klage auf Nichtigkeit gemäß § 256 Abs. 7 des Aktiengesetzes anhängig ist. ² Wenn nach § 142 Abs. 1 oder Abs. 2 oder § 258 Abs. 1 des Aktiengesetzes ein Sonderprüfer bestellt worden ist, findet eine Prüfung ebenfalls nicht statt, soweit der Gegenstand der Sonderprüfung, der Prüfungsbericht oder eine gerichtliche Entscheidung über die abschließenden Feststellungen der Sonderprüfer nach § 260 des Aktiengesetzes reichen.

(4) Bei der Durchführung der Prüfung kann sich die Bundesanstalt der Prüfstelle sowie anderer Einrichtungen und Personen bedienen.

(5) ¹ Das Unternehmen im Sinne des § 106, die Mitglieder seiner Organe, seine Beschäftigten sowie seine Abschlussprüfer haben der Bundesanstalt und den Personen, derer sich die Bundesanstalt bei der Durchführung ihrer Aufgaben bedient, auf Verlangen Auskünfte zu erteilen und Unterlagen vorzulegen, soweit dies zur Prüfung erforderlich ist; die Auskunftspflicht des Abschlussprüfer beschränkt sich auf Tatsachen, die ihnen im Rahmen der Abschlussprüfung bekannt geworden sind. ² Satz 1 gilt auch für die nach den Vorschriften des Handelsgesetzbuchs in den Konzernabschluss einzubeziehenden Tochterunternehmen. ³ Für das Recht zur Auskunftsverweigerung und die Belehrungspflicht gilt § 6 Absatz 15 entsprechend.

(6) ¹ Die zur Auskunft und Vorlage von Unterlagen nach Absatz 5 Verpflichteten haben den Bediensteten der Bundesanstalt oder den von ihr beauftragten Personen, soweit dies zur Wahrnehmung ihrer Aufgaben erforderlich ist, während der üblichen Arbeitszeit das Betreten ihrer Grundstücke und Geschäftsräume zu gestatten. ² § 6 Absatz 11 Satz 2 gilt entsprechend. ³ Das Grundrecht der Unverletzlichkeit der Wohnung (Artikel 13 des Grundgesetzes) wird insoweit eingeschränkt.

**§ 108 Befugnisse der Bundesanstalt im Falle der Anerkennung einer Prüfstelle.** (1) ¹ Ist nach § 342b Abs. 1 des Handelsgesetzbuchs eine Prüfstelle anerkannt, so finden stichprobenartige Prüfungen nur auf Veranlassung der

Prüfstelle statt. ²Im Übrigen stehen der Bundesanstalt die Befugnisse nach § 107 erst zu, wenn

1. ihr die Prüfstelle berichtet, dass ein Unternehmen seine Mitwirkung bei einer Prüfung verweigert oder mit dem Ergebnis der Prüfung nicht einverstanden ist, oder
2. erhebliche Zweifel an der Richtigkeit des Prüfungsergebnisses der Prüfstelle oder an der ordnungsgemäßen Durchführung der Prüfung durch die Prüfstelle bestehen.

³Auf Verlangen der Bundesanstalt hat die Prüfstelle das Ergebnis und die Durchführung der Prüfung zu erläutern und einen Prüfbericht vorzulegen. ⁴Unbeschadet von Satz 2 kann die Bundesanstalt die Prüfung jederzeit an sich ziehen, wenn sie auch eine Prüfung nach § 44 Abs. 1 Satz 2 des Kreditwesengesetzes, § 14 Satz 2 des Kapitalanlagegesetzbuchs[1)] oder § 306 Absatz 1 Nummer 1 des Versicherungsaufsichtsgesetzes durchführt oder durchgeführt hat und die Prüfungen denselben Gegenstand betreffen.

(2) Die Bundesanstalt kann von der Prüfstelle unter den Voraussetzungen des § 107 Absatz 1 Satz 1 die Einleitung einer Prüfung verlangen.

(3) Die Bundesanstalt setzt die Prüfstelle von Mitteilungen nach § 142 Abs. 7, § 256 Abs. 7 Satz 2 und § 261a des Aktiengesetzes in Kenntnis, wenn die Prüfstelle die Prüfung eines von der Mitteilung betroffenen Unternehmens beabsichtigt oder eingeleitet hat.

### § 109 Ergebnis der Prüfung von Bundesanstalt oder Prüfstelle.

(1) Ergibt die Prüfung durch die Bundesanstalt, dass die Rechnungslegung fehlerhaft ist, so stellt die Bundesanstalt den Fehler fest.

(2) ¹Die Bundesanstalt ordnet an, dass das Unternehmen den von der Bundesanstalt oder den von der Prüfstelle im Einvernehmen mit dem Unternehmen festgestellten Fehler samt den wesentlichen Teilen der Begründung der Feststellung bekannt zu machen hat. ²Die Bundesanstalt sieht von einer Anordnung nach Satz 1 ab, wenn kein öffentliches Interesse an der Veröffentlichung besteht. ³Auf Antrag des Unternehmens kann die Bundesanstalt von einer Anordnung nach Satz 1 absehen, wenn die Veröffentlichung geeignet ist, den berechtigten Interessen des Unternehmens zu schaden. ⁴Die Bekanntmachung hat unverzüglich im Bundesanzeiger sowie entweder in einem überregionalen Börsenpflichtblatt oder über ein elektronisch betriebenes Informationsverbreitungssystem, das bei Kreditinstituten, nach § 53 Abs. 1 Satz 1 des Kreditwesengesetzes tätigen Unternehmen, anderen Unternehmen, die ihren Sitz im Inland haben und die an einer inländischen Börse zur Teilnahme am Handel zugelassen sind, und Versicherungsunternehmen weit verbreitet ist, zu erfolgen.

(3) Ergibt die Prüfung durch die Bundesanstalt keine Beanstandungen, so teilt die Bundesanstalt dies dem Unternehmen mit.

### § 110 Mitteilungen an andere Stellen.

(1) ¹Die Bundesanstalt hat Tatsachen, die den Verdacht einer Straftat im Zusammenhang mit der Rechnungslegung eines Unternehmens begründen, der für die Verfolgung zuständigen Behörde anzuzeigen. ²Sie darf diesen Behörden personenbezogene Daten der

---
[1)] Nr. 15.

betroffenen Personen, gegen die sich der Verdacht richtet oder die als Zeugen in Betracht kommen, übermitteln.

(2) ¹Tatsachen, die auf das Vorliegen einer Berufspflichtverletzung durch den Abschlussprüfer schließen lassen, übermittelt die Bundesanstalt der Abschlussprüferaufsichtsstelle beim Bundesamt für Wirtschaft und Ausfuhrkontrolle. ²Tatsachen, die auf das Vorliegen eines Verstoßes des Unternehmens gegen börsenrechtliche Vorschriften schließen lassen, übermittelt sie der zuständigen Börsenaufsichtsbehörde. ³Absatz 1 Satz 2 gilt entsprechend.

**§ 111 Internationale Zusammenarbeit.** (1) ¹Der Bundesanstalt obliegt die Zusammenarbeit mit den Stellen im Ausland, die zuständig sind für die Untersuchung möglicher Verstöße gegen Rechnungslegungsvorschriften durch Unternehmen, deren Wertpapiere zum Handel an einem organisierten Markt zugelassen sind. ²Sie kann diesen Stellen zur Erfüllung dieser Aufgabe Informationen nach Maßgabe des § 18 Absatz 2 Satz 1 und 2, auch in Verbindung mit Absatz 10 übermitteln. ³§ 107 Absatz 5 und 6 findet mit der Maßgabe entsprechende Anwendung, dass die dort geregelten Befugnisse sich auf alle Unternehmen, die von der Zusammenarbeit nach Satz 1 umfasst sind, sowie auf alle Unternehmen, die in den Konzernabschluss eines solchen Unternehmens einbezogen sind, erstrecken.

(2) ¹Die Bundesanstalt kann mit den zuständigen Stellen von Mitgliedstaaten der Europäischen Union oder von Vertragsstaaten des Abkommens über den Europäischen Wirtschaftsraum zusammenarbeiten, um eine einheitliche Durchsetzung internationaler Rechnungslegungsvorschriften grenzüberschreitend gewährleisten zu können. ²Dazu kann sie diesen Stellen auch den Wortlaut von Entscheidungen zur Verfügung stellen, die sie oder die Prüfstelle in Einzelfällen getroffen haben. ³Der Wortlaut der Entscheidungen darf nur in anonymisierter Form zur Verfügung gestellt werden.

(3) Die internationale Zusammenarbeit durch die Bundesanstalt nach den Absätzen 1 und 2 erfolgt im Benehmen mit der Prüfstelle.

**§ 112 Widerspruchsverfahren.** (1) ¹Vor Einlegung der Beschwerde sind Rechtmäßigkeit und Zweckmäßigkeit der Verfügungen, welche die Bundesanstalt nach den Vorschriften dieses Abschnitts erlässt, in einem Widerspruchsverfahren nachzuprüfen. ²Einer solchen Nachprüfung bedarf es nicht, wenn der Abhilfebescheid oder der Widerspruchsbescheid erstmalig eine Beschwer enthält. ³Für das Widerspruchsverfahren gelten die §§ 68 bis 73 und 80 Abs. 1 der Verwaltungsgerichtsordnung entsprechend, soweit in diesem Abschnitt nichts Abweichendes geregelt ist.

(2) Der Widerspruch gegen Maßnahmen der Bundesanstalt nach § 107 Absatz 1 Satz 1, 2 und 6 sowie Absatz 5 und 6, § 108 Absatz 1 Satz 3 und 4, Absatz 2 und § 109 Absatz 1 und 2 Satz 1 hat keine aufschiebende Wirkung.

**§ 113 Beschwerde.** (1) ¹Gegen Verfügungen der Bundesanstalt nach diesem Abschnitt ist die Beschwerde statthaft. ²Die Beschwerde hat keine aufschiebende Wirkung.

(2) Die §§ 43 und 48 Abs. 2 bis 4, § 50 Abs. 3 bis 5 sowie die §§ 51 bis 58 des Wertpapiererwerbs- und Übernahmegesetzes[1)] gelten entsprechend.

---

[1)] Nr. 17.

## Unterabschnitt 2. Veröffentlichung und Übermittlung von Finanzberichten an das Unternehmensregister

**§ 114 Jahresfinanzbericht; Verordnungsermächtigung.** (1) ¹Ein Unternehmen, das als Inlandsemittent Wertpapiere begibt, hat für den Schluss eines jeden Geschäftsjahrs einen Jahresfinanzbericht nach Maßgabe der Delegierten Verordnung (EU) 2019/815 der Kommission vom 17. Dezember 2018 zur Ergänzung der Richtlinie 2004/109/EG des Europäischen Parlaments und des Rates im Hinblick auf technische Regulierungsstandards für die Spezifikation eines einheitlichen elektronischen Berichtsformats (ABl. L 143 vom 29.5.2019, S. 1; L 145 vom 4.6.2019, S. 85) in der jeweils geltenden Fassung zu erstellen und spätestens vier Monate nach Ablauf eines jeden Geschäftsjahrs der Öffentlichkeit zur Verfügung zu stellen, wenn es nicht nach den handelsrechtlichen Vorschriften zur Offenlegung der in Absatz 2 Nummer 1 bis 3 genannten Rechnungslegungsunterlagen verpflichtet ist. ²Außerdem muss jedes Unternehmen, das als Inlandsemittent Wertpapiere begibt, spätestens vier Monate nach Ablauf eines jeden Geschäftsjahres und vor dem Zeitpunkt, zu dem die in Absatz 2 genannten Rechnungslegungsunterlagen erstmals der Öffentlichkeit zur Verfügung stehen, eine Bekanntmachung darüber veröffentlichen, ab welchem Zeitpunkt und unter welcher Internetadresse die in Absatz 2 genannten Rechnungslegungsunterlagen zusätzlich zu ihrer Verfügbarkeit im Unternehmensregister öffentlich zugänglich sind. ³Das Unternehmen teilt die Bekanntmachung gleichzeitig mit ihrer Veröffentlichung der Bundesanstalt mit und übermittelt sie unverzüglich, jedoch nicht vor ihrer Veröffentlichung dem Unternehmensregister im Sinne des § 8b des Handelsgesetzbuchs zur Speicherung. ⁴Ein Unternehmen, das als Inlandsemittent Wertpapiere begibt und der Verpflichtung nach Satz 1 unterliegt, hat außerdem unverzüglich, jedoch nicht vor Veröffentlichung der Bekanntmachung nach Satz 2, den Jahresfinanzbericht an das Unternehmensregister zur Speicherung zu übermitteln.

(2) Der Jahresfinanzbericht hat mindestens zu enthalten
1. den Jahresabschluss, der
   a) im Falle eines Unternehmens, das seinen Sitz in einem Mitgliedstaat der Europäischen Union oder einem Vertragsstaat des Abkommens über den Europäischen Wirtschaftsraum hat, gemäß dem nationalen Recht des Sitzstaats des Unternehmens aufgestellt und geprüft wurde oder
   b) im Falle eines Unternehmens, das seinen Sitz in einem Drittstaat hat, nach den Vorgaben des Handelsgesetzbuchs aufgestellt und geprüft wurde und mit dem Bestätigungsvermerk oder dem Vermerk über dessen Versagung versehen ist,
2. den Lagebericht, der
   a) im Falle eines Unternehmens, das seinen Sitz in einem Mitgliedstaat der Europäischen Union oder einem Vertragsstaat des Abkommens über den Europäischen Wirtschaftsraum hat, gemäß dem nationalen Recht des Sitzstaats des Unternehmens aufgestellt und geprüft wurde oder
   b) im Falle eines Unternehmens, das seinen Sitz in einem Drittstaat hat, nach den Vorgaben des Handelsgesetzbuchs aufgestellt und geprüft wurde,
3. eine den Vorgaben von § 264 Absatz 2 Satz 3, § 289 Absatz 1 Satz 5 des Handelsgesetzbuchs entsprechende Erklärung und
4. eine Bescheinigung der Wirtschaftsprüferkammer gemäß § 134 Absatz 2a der Wirtschaftsprüferordnung über die Eintragung des Abschlussprüfers oder

eine Bestätigung der Wirtschaftsprüferkammer gemäß § 134 Absatz 4 Satz 8 der Wirtschaftsprüferordnung über die Befreiung von der Eintragungspflicht.

(3) Das Bundesministerium der Finanzen kann im Einvernehmen mit dem Bundesministerium der Justiz und für Verbraucherschutz durch Rechtsverordnung, die nicht der Zustimmung des Bundesrates bedarf, nähere Bestimmungen erlassen über

1. den Mindestinhalt, die Art, die Sprache, den Umfang und die Form der Veröffentlichung nach Absatz 1 Satz 2,
2. den Mindestinhalt, die Art, die Sprache, den Umfang und die Form der Mitteilung nach Absatz 1 Satz 3,
3. die Sprache, in der die Informationen nach Absatz 2 abzufassen sind, sowie den Zeitraum, für den diese Informationen im Unternehmensregister allgemein zugänglich bleiben müssen und den Zeitpunkt, zu dem diese Informationen zu löschen sind.

**§ 115 Halbjahresfinanzbericht; Verordnungsermächtigung.** (1) [1]Ein Unternehmen, das als Inlandsemittent Aktien oder Schuldtitel im Sinne des § 2 Absatz 1 begibt, hat für die ersten sechs Monate eines jeden Geschäftsjahrs einen Halbjahresfinanzbericht zu erstellen und diesen unverzüglich, spätestens drei Monate nach Ablauf des Berichtszeitraums der Öffentlichkeit zur Verfügung zu stellen, es sei denn, es handelt sich bei den zugelassenen Wertpapieren um Schuldtitel, die unter § 2 Absatz 1 Nummer 2 fallen oder die ein zumindest bedingtes Recht auf den Erwerb von Wertpapieren nach § 2 Absatz 1 Nummer 1 oder Nummer 2 begründen. [2]Außerdem muss das Unternehmen spätestens drei Monate nach Ablauf des Berichtszeitraums und vor dem Zeitpunkt, zu dem der Halbjahresfinanzbericht erstmals der Öffentlichkeit zur Verfügung steht, eine Bekanntmachung darüber veröffentlichen, ab welchem Zeitpunkt und unter welcher Internetadresse der Bericht zusätzlich zu seiner Verfügbarkeit im Unternehmensregister öffentlich zugänglich ist. [3]Das Unternehmen teilt die Bekanntmachung gleichzeitig mit ihrer Veröffentlichung der Bundesanstalt mit und übermittelt sie unverzüglich, jedoch nicht vor ihrer Veröffentlichung dem Unternehmensregister im Sinne des § 8b des Handelsgesetzbuchs zur Speicherung. [4]Es hat außerdem unverzüglich, jedoch nicht vor Veröffentlichung der Bekanntmachung nach Satz 2 den Halbjahresfinanzbericht an das Unternehmensregister zur Speicherung zu übermitteln.

(2) Der Halbjahresfinanzbericht hat mindestens
1. einen verkürzten Abschluss,
2. einen Zwischenlagebericht und
3. eine den Vorgaben des § 264 Abs. 2 Satz 3, § 289 Abs. 1 Satz 5 des Handelsgesetzbuchs entsprechende Erklärung

zu enthalten.

(3) [1]Der verkürzte Abschluss hat mindestens eine verkürzte Bilanz, eine verkürzte Gewinn- und Verlustrechnung und einen Anhang zu enthalten. [2]Auf den verkürzten Abschluss sind die für den Jahresabschluss geltenden Rechnungslegungsgrundsätze anzuwenden. [3]Tritt bei der Offenlegung an die Stelle des Jahresabschlusses ein Einzelabschluss im Sinne des § 325 Abs. 2a des Handelsgesetzbuchs, sind auf den verkürzten Abschluss die in § 315e Absatz 1

des Handelsgesetzbuchs bezeichneten internationalen Rechnungslegungsstandards und Vorschriften anzuwenden.

(4) ¹Im Zwischenlagebericht sind mindestens die wichtigen Ereignisse des Berichtszeitraums im Unternehmen des Emittenten und ihre Auswirkungen auf den verkürzten Abschluss anzugeben sowie die wesentlichen Chancen und Risiken für die dem Berichtszeitraum folgenden sechs Monate des Geschäftsjahrs zu beschreiben. ²Ferner sind bei einem Unternehmen, das als Inlandsemittent Aktien begibt, die wesentlichen Geschäfte des Emittenten mit nahe stehenden Personen anzugeben; die Angaben können stattdessen im Anhang des Halbjahresfinanzberichts gemacht werden.

(5) ¹Der verkürzte Abschluss und der Zwischenlagebericht kann einer prüferischen Durchsicht durch einen Abschlussprüfer unterzogen werden. ²Die Vorschriften über die Bestellung des Abschlussprüfers sind auf die prüferische Durchsicht entsprechend anzuwenden. ³Die prüferische Durchsicht ist so anzulegen, dass bei gewissenhafter Berufsausübung ausgeschlossen werden kann, dass der verkürzte Abschluss und der Zwischenlagebericht in wesentlichen Belangen den anzuwendenden Rechnungslegungsgrundsätzen widersprechen. ⁴Der Abschlussprüfer hat das Ergebnis der prüferischen Durchsicht in einer Bescheinigung zum Halbjahresfinanzbericht zusammenzufassen, die mit dem Halbjahresfinanzbericht zu veröffentlichen ist. ⁵Sind der verkürzte Abschluss und der Zwischenlagebericht entsprechend § 317 des Handelsgesetzbuchs geprüft worden, ist der Bestätigungsvermerk oder der Vermerk über seine Versagung vollständig wiederzugeben und mit dem Halbjahresfinanzbericht zu veröffentlichen. ⁶Sind der verkürzte Abschluss und der Zwischenlagebericht weder einer prüferischen Durchsicht unterzogen noch entsprechend § 317 des Handelsgesetzbuchs geprüft worden, ist dies im Halbjahresfinanzbericht anzugeben. ⁷§ 320 und § 323 des Handelsgesetzbuchs gelten entsprechend.

(6) Das Bundesministerium der Finanzen kann im Einvernehmen mit dem Bundesministerium der Justiz und für Verbraucherschutz durch Rechtsverordnung¹⁾, die nicht der Zustimmung des Bundesrates bedarf, nähere Bestimmungen erlassen über

1. den Inhalt und die prüferische Durchsicht des Halbjahresfinanzberichts,
2. den Mindestinhalt, die Art, die Sprache, den Umfang und die Form der Veröffentlichung nach Absatz 1 Satz 2,
3. den Mindestinhalt, die Art, die Sprache, den Umfang und die Form der Mitteilung nach Absatz 1 Satz 3 und
4. die Sprache, in der der Halbjahresfinanzbericht abzufassen ist, sowie den Zeitraum, für der der Halbjahresfinanzbericht im Unternehmensregister allgemein zugänglich bleiben muss, und den Zeitpunkt, zu dem er zu löschen ist.

(7) Erstellt und veröffentlicht ein Unternehmen zusätzliche unterjährige Finanzinformationen, die den Vorgaben des Absatzes 2 Nummer 1 und 2 und der Absätze 3 und 4 entsprechen, gilt für die Prüfung oder prüferische Durchsicht dieser Finanzinformationen durch einen Abschlussprüfer Absatz 5 entsprechend.

---

¹⁾ Siehe die Transparenzrichtlinie-DurchführungsVO (Nr. **12e**).

**§ 116 Zahlungsbericht; Verordnungsermächtigung.** (1) ¹Ein Unternehmen, das als Inlandsemittent Wertpapiere begibt, hat unter entsprechender Anwendung der §§ 341r bis 341v des Handelsgesetzbuchs einen Zahlungsbericht beziehungsweise Konzernzahlungsbericht zu erstellen und diesen spätestens sechs Monate nach Ablauf des Berichtszeitraums der Öffentlichkeit zur Verfügung zu stellen, wenn

1. das Unternehmen oder eines seiner Tochterunternehmen im Sinne des § 341r Nummer 1 des Handelsgesetzbuchs in der mineralgewinnenden Industrie tätig ist oder Holzeinschlag in Primärwäldern im Sinne des § 341r Nummer 2 des Handelsgesetzbuchs betreibt und
2. auf das Unternehmen § 341q des Handelsgesetzbuchs nicht anzuwenden ist.

²Im Falle eines Unternehmens im Sinne des Satzes 1 mit Sitz in einem anderen Mitgliedstaat der Europäischen Union oder in einem anderen Vertragsstaat des Abkommens über den Europäischen Wirtschaftsraum treten anstelle der entsprechenden Anwendung der §§ 341s bis 341v des Handelsgesetzbuchs die in Umsetzung von Kapitel 10 der Richtlinie 2013/34/EU des Europäischen Parlaments und des Rates vom 26. Juni 2013 über den Jahresabschluss, den konsolidierten Abschluss und damit verbundene Berichte von Unternehmen bestimmter Rechtsformen und zur Änderung der Richtlinie 2006/43/EG des Europäischen Parlaments und des Rates und zur Aufhebung der Richtlinien 78/660/EWG und 83/349/EWG des Rates (ABl. L 182 vom 29.6.2013, S. 19) erlassenen nationalen Rechtsvorschriften des Sitzstaats.

(2) ¹Außerdem muss jedes Unternehmen im Sinne des Absatzes 1 Satz 1 Nummer 1 spätestens sechs Monate nach Ablauf des Berichtszeitraums und vor dem Zeitpunkt, zu dem der Zahlungsbericht oder Konzernzahlungsbericht erstmals der Öffentlichkeit zur Verfügung steht, eine Bekanntmachung darüber veröffentlichen, ab welchem Zeitpunkt und unter welcher Internetadresse der Zahlungsbericht oder Konzernzahlungsbericht zusätzlich zu seiner Verfügbarkeit im Unternehmensregister öffentlich zugänglich ist. ²Das Unternehmen teilt die Bekanntmachung gleichzeitig mit ihrer Veröffentlichung der Bundesanstalt mit und übermittelt sie unverzüglich, jedoch nicht vor ihrer Veröffentlichung dem Unternehmensregister im Sinne des § 8b des Handelsgesetzbuchs zur Speicherung. ³Ein Unternehmen im Sinne von Satz 1 hat außerdem unverzüglich, jedoch nicht vor Veröffentlichung der Bekanntmachung nach Satz 2 den Zahlungsbericht oder Konzernzahlungsbericht an das Unternehmensregister zur Speicherung zu übermitteln, es sei denn, die Übermittlung erfolgt nach § 8b Absatz 2 Nummer 4 in Verbindung mit Absatz 3 Satz 1 Nummer 1 des Handelsgesetzbuchs.

(3) ¹Die Bundesanstalt kann ein Unternehmen zur Erklärung auffordern, ob es im Sinne des § 341r des Handelsgesetzbuchs in der mineralgewinnenden Industrie tätig ist oder Holzeinschlag in Primärwäldern betreibt, und eine angemessene Frist setzen. ²Die Aufforderung ist zu begründen. ³Gibt das Unternehmen innerhalb der Frist keine Erklärung ab, so wird vermutet, dass das Unternehmen in den Anwendungsbereich des Absatzes 1 Satz 1 Nummer 1 fällt. ⁴Die Sätze 1 und 2 sind entsprechend anzuwenden, wenn die Bundesanstalt Anlass zur Annahme hat, dass ein Tochterunternehmen des Unternehmens in der mineralgewinnenden Industrie tätig ist oder Holzeinschlag in Primärwäldern betreibt.

(4) Das Bundesministerium der Finanzen kann im Einvernehmen mit dem Bundesministerium der Justiz und für Verbraucherschutz durch Rechtsverordnung, die nicht der Zustimmung des Bundesrates bedarf, nähere Bestimmungen erlassen über

1. den Mindestinhalt, die Art, die Sprache, den Umfang und die Form der Veröffentlichung nach Absatz 2 Satz 1,
2. den Mindestinhalt, die Art, die Sprache, den Umfang und die Form der Bekanntmachung nach Absatz 2 Satz 2,
3. die Sprache, in der der Zahlungsbericht oder Konzernzahlungsbericht abzufassen ist, sowie den Zeitraum, für den der Zahlungsbericht oder Konzernzahlungsbericht im Unternehmensregister allgemein zugänglich bleiben muss, und den Zeitpunkt, zu dem er zu löschen ist.

**§ 117 Konzernabschluss.** Ist ein Mutterunternehmen verpflichtet, einen Konzernabschluss und einen Konzernlagebericht aufzustellen, gelten die §§ 114 und 115 mit der folgenden Maßgabe:

1. Der Jahresfinanzbericht hat auch den geprüften, im Einklang mit der Verordnung (EG) Nr. 1606/2002 des Europäischen Parlaments und des Rates vom 19. Juli 2002 betreffend die Anwendung internationaler Rechnungslegungsstandards (ABl. EG Nr. L 243 S. 1) aufgestellten Konzernabschluss, den Konzernlagebericht, eine den Vorgaben des § 297 Absatz 2 Satz 4, § 315 Absatz 1 Satz 5 des Handelsgesetzbuchs entsprechende Erklärung und eine Bescheinigung der Wirtschaftsprüferkammer gemäß § 134 Abs. 2a der Wirtschaftsprüferordnung über die Eintragung des Abschlussprüfers oder eine Bestätigung der Wirtschaftsprüferkammer gemäß § 134 Abs. 4 Satz 8 der Wirtschaftsprüferordnung über die Befreiung von der Eintragungspflicht zu enthalten.
2. Das Mutterunternehmen hat den Halbjahresfinanzbericht für das Mutterunternehmen und die Gesamtheit der einzubeziehenden Tochterunternehmen zu erstellen und zu veröffentlichen. § 115 Absatz 3 gilt entsprechend, wenn das Mutterunternehmen verpflichtet ist, den Konzernabschluss nach den in § 315e Absatz 1 des Handelsgesetzbuchs bezeichneten internationalen Rechnungslegungsstandards und Vorschriften aufzustellen.

**§ 118 Ausnahmen; Verordnungsermächtigung.** (1) [1]Die §§ 114, 115 und 117 sind nicht anzuwenden auf Unternehmen, die ausschließlich

1. zum Handel an einem organisierten Markt zugelassene Schuldtitel mit einer Mindeststückelung von 100 000 Euro oder dem am Ausgabetag entsprechenden Gegenwert einer anderen Währung begeben oder
2. noch ausstehende bereits vor dem 31. Dezember 2010 zum Handel an einem organisierten Markt im Inland oder in einem anderen Mitgliedstaat der Europäischen Union oder einem anderen Vertragsstaat des Abkommens über den Europäischen Wirtschaftsraum zugelassene Schuldtitel mit einer Mindeststückelung von 50 000 Euro oder dem am Ausgabetag entsprechenden Gegenwert einer anderen Währung begeben haben.

[2]Die Ausnahmen nach Satz 1 sind auf Emittenten von Wertpapieren im Sinne des § 2 Absatz 1 Nummer 2 nicht anzuwenden.

(2) § 115 findet keine Anwendung auf Kreditinstitute, die als Inlandsemittenten Wertpapiere begeben, wenn ihre Aktien nicht an einem organisierten Markt zugelassen sind und sie dauernd oder wiederholt ausschließlichSchuldtitel begeben haben, deren Gesamtnennbetrag 100 Millionen Euro nicht erreicht und für die kein Prospekt nach der Verordnung (EU) 2017/1129[1]) veröffentlicht wurde.

(3) § 115 findet ebenfalls keine Anwendung auf Unternehmen, die als Inlandsemittenten Wertpapiere begeben, wenn sie zum 31. Dezember 2003 bereits existiert haben und ausschließlich zum Handel an einem organisierten Markt zugelassene Schuldtitel begeben, die vom Bund, von einem Land oder von einer seiner Gebietskörperschaften unbedingt und unwiderruflich garantiert werden.

(4) [1]Die Bundesanstalt kann ein Unternehmen mit Sitz in einem Drittstaat, das als Inlandsemittent Wertpapiere begibt, von den Anforderungen der §§ 114, 115 und 117, auch in Verbindung mit einer Rechtsverordnung nach § 114 Absatz 3 oder § 115 Absatz 6, ausnehmen, soweit diese Emittenten gleichwertigen Regeln eines Drittstaates unterliegen oder sich solchen Regeln unterwerfen. [2]Die Bundesanstalt unterrichtet die Europäische Wertpapier- und Marktaufsichtsbehörde über die erteilte Freistellung. [3]Die nach den Vorschriften des Drittstaates zu erstellenden Informationen sind jedoch in der in § 114 Absatz 1 Satz 1 und 2 und § 115 Absatz 1 Satz 1 und 2, jeweils auch in Verbindung mit einer Rechtsverordnung nach § 114 Absatz 3 oder § 115 Absatz 6, geregelten Weise der Öffentlichkeit zur Verfügung zu stellen, zu veröffentlichen und gleichzeitig der Bundesanstalt mitzuteilen. [4]Die Informationen sind außerdem unverzüglich, jedoch nicht vor ihrer Veröffentlichung dem Unternehmensregister im Sinne des § 8b des Handelsgesetzbuchs zur Speicherung zu übermitteln. [5]Das Bundesministerium der Finanzen kann durch Rechtsverordnung[2]), die nicht der Zustimmung des Bundesrates bedarf, nähere Bestimmungen über die Gleichwertigkeit von Regeln eines Drittstaates und die Freistellung von Unternehmen nach Satz 1 erlassen.

## Abschnitt 17. Straf- und Bußgeldvorschriften

**§ 119 Strafvorschriften.** (1) Mit Freiheitsstrafe bis zu fünf Jahren oder mit Geldstrafe wird bestraft, wer eine in § 120 Absatz 2 Nummer 3 oder Absatz 15 Nummer 2 bezeichnete vorsätzliche Handlung begeht und dadurch einwirkt auf

1. den inländischen Börsen- oder Marktpreis eines Finanzinstruments, eines damit verbundenen Waren-Spot-Kontrakts, einer Ware im Sinne des § 2 Absatz 5 oder eines ausländischen Zahlungsmittels im Sinne des § 51 des Börsengesetzes[3]),
2. den Preis eines Finanzinstruments oder eines damit verbundenen Waren-Spot-Kontrakts an einem organisierten Markt, einem multilateralen oder organisierten Handelssystem in einem anderen Mitgliedstaat oder in einem anderen Vertragsstaat des Abkommens über den Europäischen Wirtschaftsraum,

---

[1]) Nr. **6**.
[2]) Siehe die Transparenzrichtlinie-DurchführungsVO (Nr. **12e**).
[3]) Nr. **4**.

3. den Preis einer Ware im Sinne des § 2 Absatz 5 oder eines ausländischen Zahlungsmittels im Sinne des § 51 des Börsengesetzes an einem mit einer inländischen Börse vergleichbaren Markt in einem anderen Mitgliedstaat oder in einem anderen Vertragsstaat des Abkommens über den Europäischen Wirtschaftsraum oder
4. die Berechnung eines Referenzwertes im Inland oder in einem anderen Mitgliedstaat oder in einem anderen Vertragsstaat des Abkommens über den Europäischen Wirtschaftsraum.

(2) Ebenso wird bestraft, wer gegen die Verordnung (EU) Nr. 1031/2010 der Kommission vom 12. November 2010 über den zeitlichen und administrativen Ablauf sowie sonstige Aspekte der Versteigerung von Treibhausgasemissionszertifikaten gemäß der Richtlinie 2003/87/EG des Europäischen Parlaments und des Rates über ein System für den Handel mit Treibhausgasemissionszertifikaten in der Gemeinschaft (ABl. L 302 vom 18.11.2010, S. 1), die zuletzt durch die Verordnung (EU) Nr. 176/2014 (ABl. L 56 vom 26.2.2014, S. 11) geändert worden ist, verstößt, indem er

1. entgegen Artikel 38 Absatz 1 Unterabsatz 1, auch in Verbindung mit Absatz 2 oder Artikel 40, ein Gebot einstellt, ändert oder zurückzieht oder
2. als Person nach Artikel 38 Absatz 1 Unterabsatz 2, auch in Verbindung mit Absatz 2,
   a) entgegen Artikel 39 Buchstabe a eine Insiderinformation weitergibt oder
   b) entgegen Artikel 39 Buchstabe b die Einstellung, Änderung oder Zurückziehung eines Gebotes empfiehlt oder eine andere Person hierzu verleitet.

(3) Ebenso wird bestraft, wer gegen die Verordnung (EU) Nr. 596/2014[1]) des Europäischen Parlaments und des Rates vom 16. April 2014 über Marktmissbrauch (Marktmissbrauchsverordnung) und zur Aufhebung der Richtlinie 2003/6/EG des Europäischen Parlaments und des Rates und der Richtlinien 2003/124/EG, 2003/125/EG und 2004/72/EG der Kommission (ABl. L 173 vom 12.6.2014, S. 1; L 287 vom 21.10.2016, S. 320; L 306 vom 15.11.2016, S. 43; L 348 vom 21.12.2016, S. 83), die zuletzt durch die Verordnung (EU) 2016/1033 (ABl. L 175 vom 30.6.2016, S. 1) geändert worden ist, verstößt, indem er

1. entgegen Artikel 14 Buchstabe a ein Insidergeschäft tätigt,
2. entgegen Artikel 14 Buchstabe b einem Dritten empfiehlt, ein Insidergeschäft zu tätigen, oder einen Dritten dazu verleitet oder
3. entgegen Artikel 14 Buchstabe c eine Insiderinformation offenlegt.

(4) Der Versuch ist strafbar.

(5) Mit Freiheitsstrafe von einem Jahr bis zu zehn Jahren wird bestraft, wer in den Fällen des Absatzes 1

1. gewerbsmäßig oder als Mitglied einer Bande, die sich zur fortgesetzten Begehung solcher Taten verbunden hat, handelt oder
2. in Ausübung seiner Tätigkeit für eine inländische Finanzaufsichtsbehörde, ein Wertpapierdienstleistungsunternehmen, eine Börse oder einen Betreiber eines Handelsplatzes handelt.

---

[1]) Nr. 11.

(6) In minder schweren Fällen des Absatzes 5 Nummer 2 ist die Strafe Freiheitsstrafe von sechs Monaten bis zu fünf Jahren.

(7) Handelt der Täter in den Fällen des Absatzes 2 Nummer 1 leichtfertig, so ist die Strafe Freiheitsstrafe bis zu einem Jahr oder Geldstrafe.

**§ 120 Bußgeldvorschriften; Verordnungsermächtigung.** (1) Ordnungswidrig handelt, wer

1. einer vollziehbaren Anordnung nach § 8 Absatz 2 Satz 1 oder Satz 2 zuwiderhandelt,
2. eine Information entgegen § 26 Absatz 1 oder Absatz 2 nicht oder nicht rechtzeitig übermittelt,
3. eine Mitteilung entgegen § 26 Absatz 1 nicht, nicht richtig, nicht vollständig oder nicht rechtzeitig macht,
4. eine Mitteilung entgegen § 26 Absatz 2 nicht oder nicht rechtzeitig macht oder
5. entgegen § 30 Absatz 3 Clearing-Dienste nutzt.

(2) Ordnungswidrig handelt, wer vorsätzlich oder leichtfertig

1. eine Information entgegen § 5 Absatz 1 Satz 2 nicht oder nicht rechtzeitig übermittelt,
2. entgegen
   a) § 5 Absatz 1 Satz 2,
   b) § 22 Absatz 3,
   c) § 23 Absatz 1 Satz 1, auch in Verbindung mit einer Rechtsverordnung nach Absatz 4 Satz 1,
   d) § 33 Absatz 1 Satz 1 oder 2 oder Absatz 2, jeweils auch in Verbindung mit einer Rechtsverordnung nach § 33 Absatz 5,
   e) § 38 Absatz 1 Satz 1, auch in Verbindung mit einer Rechtsverordnung nach § 38 Absatz 5, oder § 39 Absatz 1, auch in Verbindung mit einer Rechtsverordnung nach § 39 Absatz 2,
   f) § 40 Absatz 2, auch in Verbindung mit einer Rechtsverordnung nach § 40 Absatz 3 Nummer 2,
   g) § 41 Absatz 1 Satz 2, auch in Verbindung mit § 41 Absatz 2,
   h) § 46 Absatz 2 Satz 1,
   i) § 50 Absatz 1 Satz 1, auch in Verbindung mit einer Rechtsverordnung nach § 50 Absatz 2,
   j) § 51 Absatz 2,
   k) § 114 Absatz 1 Satz 3, auch in Verbindung mit § 117, jeweils auch in Verbindung mit einer Rechtsverordnung nach § 114 Absatz 3 Nummer 2,
   l) § 115 Absatz 1 Satz 3, auch in Verbindung mit § 117, jeweils auch in Verbindung mit einer Rechtsverordnung nach § 115 Absatz 6 Nummer 3,
   m) § 116 Absatz 2 Satz 2, auch in Verbindung mit einer Rechtsverordnung nach § 116 Absatz 4 Nummer 2 oder
   n) § 118 Absatz 4 Satz 3
   eine Mitteilung nicht, nicht richtig, nicht vollständig, nicht in der vorgeschriebenen Weise oder nicht rechtzeitig macht,

2a. entgegen § 12 oder § 23 Absatz 1 Satz 2 eine Person über eine Anzeige, eine eingeleitete Untersuchung oder eine Maßnahme in Kenntnis setzt,
2b. einer vollziehbaren Anordnung nach § 15 Absatz 1 zuwiderhandelt,
3. entgegen § 25 in Verbindung mit Artikel 15 der Verordnung (EU) Nr. 596/2014[1]) eine Marktmanipulation begeht,
4. a) § 40 Absatz 1 Satz 1, auch in Verbindung mit einer Rechtsverordnung nach § 40 Absatz 3 Nummer 1, oder entgegen § 41 Absatz 1 Satz 1, auch in Verbindung mit § 41 Absatz 2, oder § 46 Absatz 2 Satz 1,
   b) § 40 Absatz 1 Satz 2, in Verbindung mit § 40 Absatz 1 Satz 1, auch in Verbindung mit einer Rechtsverordnung nach § 40 Absatz 3,
   c) § 49 Absatz 1 oder 2,
   d) § 50 Absatz 1 Satz 1 in Verbindung mit einer Rechtsverordnung nach § 50 Absatz 2 oder entgegen § 51 Absatz 2,
   e) § 114 Absatz 1 Satz 2 in Verbindung mit einer Rechtsverordnung nach § 114 Absatz 3 Nummer 1, jeweils auch in Verbindung mit § 117, oder entgegen § 118 Absatz 4 Satz 3,
   f) § 115 Absatz 1 Satz 2 in Verbindung mit einer Rechtsverordnung nach § 115 Absatz 6 Nummer 2, jeweils auch in Verbindung mit § 117, oder
   g) § 116 Absatz 2 Satz 1 in Verbindung mit einer Rechtsverordnung nach § 116 Absatz 4 Nummer 1
   eine Veröffentlichung nicht, nicht richtig, nicht vollständig, nicht in der vorgeschriebenen Weise oder nicht rechtzeitig vornimmt oder nicht oder nicht rechtzeitig nachholt,
5. entgegen § 27 Satz 1 eine Aufzeichnung nicht, nicht richtig, nicht vollständig oder nicht rechtzeitig erstellt,
6. entgegen § 29 Absatz 5 Satz 1 der Stellung eines Billigungsantrags nicht eine dort genannte Erklärung beifügt,
7. *(aufgehoben)*
8. entgegen § 32 Absatz 1 Satz 1 die dort genannten Tatsachen nicht oder nicht rechtzeitig prüfen und bescheinigen lässt,
9. entgegen § 32 Absatz 4 Satz 1 eine Bescheinigung nicht oder nicht rechtzeitig übermittelt,
10. entgegen § 40 Absatz 1 Satz 1, § 41 Absatz 1 Satz 3, § 46 Absatz 2 Satz 2, § 50 Absatz 1 Satz 2, § 51 Absatz 2, § 114 Absatz 1 Satz 3, § 115 Absatz 1 Satz 3, § 116 Absatz 2 Satz 2 oder § 118 Absatz 4 Satz 3 eine Information oder eine Bekanntmachung nicht oder nicht rechtzeitig übermittelt,
11. entgegen § 48 Absatz 1 Nummer 2, auch in Verbindung mit § 48 Absatz 3, nicht sicherstellt, dass Einrichtungen und Informationen im Inland öffentlich zur Verfügung stehen,
12. entgegen § 48 Absatz 1 Nummer 3, auch in Verbindung mit § 48 Absatz 3, nicht sicherstellt, dass Daten vor der Kenntnisnahme durch Unbefugte geschützt sind,
13. entgegen § 48 Absatz 1 Nummer 4, auch in Verbindung mit § 48 Absatz 3, nicht sicherstellt, dass eine dort genannte Stelle bestimmt ist,

---

[1]) Nr. 11.

14. entgegen § 86 Absatz 1 Satz 1, 5 oder 6 eine Anzeige nicht, nicht richtig, nicht vollständig oder nicht rechtzeitig erstattet,
15. entgegen § 114 Absatz 1 Satz 4, § 115 Absatz 1 Satz 4, jeweils auch in Verbindung mit § 117, einen Jahresfinanzbericht einschließlich der Erklärung gemäß § 114 Absatz 2 Nummer 3 und der Eintragungsbescheinigung oder Bestätigung gemäß § 114 Absatz 2 Nummer 4 oder einen Halbjahresfinanzbericht einschließlich der Erklärung gemäß § 115 Absatz 2 Nummer 3 oder entgegen § 116 Absatz 2 Satz 3 einen Zahlungs- oder Konzernzahlungsbericht nicht, nicht in der vorgeschriebenen Weise oder nicht rechtzeitig übermittelt oder
16. einer unmittelbar geltenden Vorschrift in delegierten Rechtsakten der Europäischen Union, die die Verordnung (EG) Nr. 1060/2009 des Europäischen Parlaments und des Rates vom 16. September 2009 über Ratingagenturen (ABl. L 302 vom 17.11.2009, S. 1, L 350 vom 29.12.2009, S. 59, L 145 vom 31.5.2011, S. 57, L 267 vom 6.9.2014, S. 30), die zuletzt durch die Richtlinie 2014/51/EU (ABl. L 153 vom 22.5.2014, S. 1) geändert worden ist, ergänzen, im Anwendungsbereich dieses Gesetzes zuwiderhandelt, soweit eine Rechtsverordnung nach Absatz 28 für einen bestimmten Tatbestand auf diese Bußgeldvorschrift verweist.

(3) Ordnungswidrig handelt, wer vorsätzlich oder leichtfertig entgegen Artikel 74 oder Artikel 75 der Delegierten Verordnung (EU) 2017/565[1]) der Kommission vom 25. April 2016 zur Ergänzung der Richtlinie 2014/65/EU[2]) des Europäischen Parlaments und des Rates in Bezug auf die organisatorischen Anforderungen an Wertpapierfirmen und die Bedingungen für die Ausübung ihrer Tätigkeit sowie in Bezug auf die Definition bestimmter Begriffe für die Zwecke der genannten Richtlinie (ABl. L 87 vom 31.3.2017, S. 1) eine Aufzeichnung nicht, nicht richtig, nicht vollständig oder nicht rechtzeitig erstellt.

(4) Ordnungswidrig handelt, wer als Person, die für ein Wertpapierdienstleistungsunternehmen handelt, gegen die Verordnung (EG) Nr. 1060/2009 verstößt, indem er vorsätzlich oder leichtfertig
1. entgegen Artikel 4 Absatz 1 Unterabsatz 1 ein Rating verwendet,
2. entgegen Artikel 5a Absatz 1 nicht dafür Sorge trägt, dass das Wertpapierdienstleistungsunternehmen eigene Kreditrisikobewertungen vornimmt,
3. entgegen Artikel 8c Absatz 1 einen Auftrag nicht richtig erteilt,
4. entgegen Artikel 8c Absatz 2 nicht dafür Sorge trägt, dass die beauftragten Ratingagenturen die dort genannten Voraussetzungen erfüllen oder
5. entgegen Artikel 8d Absatz 1 Satz 2 eine dort genannte Dokumentation nicht richtig vornimmt.

(5) Ordnungswidrig handelt, wer gegen die Verordnung (EU) Nr. 1031/2010 verstößt, indem er vorsätzlich oder leichtfertig
1. als Person nach Artikel 40
   a) entgegen Artikel 39 Buchstabe a eine Insiderinformation weitergibt oder
   b) entgegen Artikel 39 Buchstabe b die Einstellung, Änderung oder Zurückziehung eines Gebotes empfiehlt oder eine andere Person hierzu verleitet,

---

[1]) Nr. 13.
[2]) Nr. 1.

2. entgegen Artikel 42 Absatz 1 Satz 2 oder Satz 3 das Verzeichnis nicht, nicht richtig, nicht vollständig oder nicht rechtzeitig übermittelt,
3. entgegen Artikel 42 Absatz 2 eine Unterrichtung nicht, nicht richtig oder nicht innerhalb von fünf Werktagen vornimmt oder
4. entgegen Artikel 42 Absatz 5 die Behörde nicht, nicht richtig, nicht vollständig oder nicht rechtzeitig informiert.

(6) Ordnungswidrig handelt, wer gegen die Verordnung (EU) Nr. 236/2012 des Europäischen Parlaments und des Rates vom 14. März 2012 über Leerverkäufe und bestimmte Aspekte von Credit Default Swaps (ABl. L 86 vom 24.3.2012, S. 1), die durch die Verordnung (EU) Nr. 909/2014 (ABl. L 257 vom 28.8.2014, S. 1) geändert worden ist, verstößt, indem er vorsätzlich oder leichtfertig

1. entgegen Artikel 5 Absatz 1, Artikel 7 Absatz 1 oder Artikel 8 Absatz 1, jeweils auch in Verbindung mit Artikel 9 Absatz 1 Unterabsatz 1 oder Artikel 10, eine Meldung nicht, nicht richtig, nicht vollständig oder nicht rechtzeitig macht,
2. entgegen Artikel 6 Absatz 1, auch in Verbindung mit Artikel 9 Absatz 1 Unterabsatz 1 oder Artikel 10, eine Einzelheit nicht, nicht richtig, nicht vollständig oder nicht rechtzeitig offenlegt,
3. entgegen Artikel 12 Absatz 1 oder Artikel 13 Absatz 1 eine Aktie oder einen öffentlichen Schuldtitel leer verkauft,
4. entgegen Artikel 14 Absatz 1 eine Transaktion vornimmt oder
5. entgegen Artikel 15 Absatz 1 nicht sicherstellt, dass er über ein dort genanntes Verfahren verfügt.

(7) Ordnungswidrig handelt, wer gegen die Verordnung (EU) Nr. 648/2012 des Europäischen Parlaments und des Rates vom 4. Juli 2012 über OTC-Derivate, zentrale Gegenparteien und Transaktionsregister (ABl. L 201 vom 27.7.2012, S. 1; L 321 vom 30.11.2013, S. 6), die zuletzt durch die Verordnung (EU) 2019/834 (ABl. L 141 vom 28.5.2019, S. 42) geändert worden ist, verstößt, indem er vorsätzlich oder leichtfertig

1. entgegen Artikel 4 Absatz 1 und 3 einen OTC-Derivatekontrakt nicht oder nicht in der vorgeschriebenen Weise cleart,
1a. entgegen Artikel 4a Absatz 1 Unterabsatz 2 Buchstabe a eine Unterrichtung nicht oder nicht rechtzeitig vornimmt,
2. als Betreiber eines multilateralen Handelssystems im Sinne des § 72 Absatz 1 entgegen Artikel 8 Absatz 1 in Verbindung mit Absatz 4 Unterabsatz 1 Handelsdaten nicht, nicht richtig, nicht vollständig, nicht in der vorgeschriebenen Weise oder nicht rechtzeitig zur Verfügung stellt,
3. entgegen Artikel 9 Absatz 1 Satz 2 eine Meldung nicht, nicht richtig, nicht vollständig oder nicht rechtzeitig macht,
4. entgegen Artikel 9 Absatz 2 eine Aufzeichnung nicht oder nicht mindestens fünf Jahre aufbewahrt,
5. entgegen Artikel 10 Absatz 1 Unterabsatz 2 Buchstabe a eine Unterrichtung nicht oder nicht rechtzeitig vornimmt,
6. entgegen Artikel 11 Absatz 1 nicht gewährleistet, dass ein dort genanntes Verfahren oder eine dort genannte Vorkehrung besteht,

7. entgegen Artikel 11 Absatz 2 Satz 1 den Wert ausstehender Kontrakte nicht, nicht richtig oder nicht rechtzeitig ermittelt,
8. entgegen Artikel 11 Absatz 3 kein dort beschriebenes Risikomanagement betreibt,
9. entgegen Artikel 11 Absatz 4 nicht gewährleistet, dass zur Abdeckung der dort genannten Risiken eine geeignete und angemessene Eigenkapitalausstattung vorgehalten wird, oder
10. entgegen Artikel 11 Absatz 11 Satz 1 die Information über eine Befreiung von den Anforderungen des Artikels 11 Absatz 3 nicht oder nicht richtig veröffentlicht.

(8) Ordnungswidrig handelt, wer vorsätzlich oder leichtfertig

1. im Zusammenhang mit einer Untersuchung betreffend die Einhaltung der Pflichten nach den Abschnitten 9 bis 11 einer vollziehbaren Anordnung der Bundesanstalt nach den §§ 6 bis 9 zuwiderhandelt,
2. einer vollziehbaren Anordnung der Bundesanstalt nach § 9 Absatz 2 zuwiderhandelt, auch wenn im Ausland gehandelt wird,
3. als Betreiber eines inländischen Handelsplatzes, der im Namen eines Wertpapierdienstleistungsunternehmens Meldungen nach Artikel 26 Absatz 1 der Verordnung (EU) Nr. 600/2014[1]) des Europäischen Parlaments und des Rates vom 15. Mai 2014 über Märkte für Finanzinstrumente und zur Änderung der Verordnung (EU) Nr. 648/2012 (ABl. L 173 vom 12.6. 2014, S. 84; L 6 vom 10.1.2015, S. 6; L 270 vom 15.10.2015, S. 4), die zuletzt durch die Verordnung (EU) 2016/1033 (ABl. L 175 vom 30.6. 2016, S. 1) geändert worden ist, vornimmt,
   a) entgegen § 22 Absatz 2 Satz 1 dort genannte Sicherheitsmaßnahmen nicht einrichtet oder
   b) entgegen § 22 Absatz 2 Satz 2 dort genannte Mittel nicht vorhält oder dort genannte Notfallsysteme nicht einrichtet,
4. ein von der Bundesanstalt für ein Warenderivat gemäß § 54 Absatz 1, 3, 5 festgelegtes Positionslimit überschreitet,
5. ein von einer ausländischen zuständigen Behörde eines Mitgliedstaates für ein Warenderivat festgelegtes Positionslimit überschreitet,
6. entgegen § 54 Absatz 6 Satz 1 nicht über angemessene Kontrollverfahren zur Überwachung des Positionsmanagements verfügt,
7. entgegen § 54 Absatz 6 Satz 4 eine Unterrichtung nicht, nicht richtig oder nicht vollständig vornimmt,
8. entgegen § 57 Absatz 2, 3 und 4 eine Übermittlung nicht, nicht richtig oder nicht vollständig vornimmt,
9. entgegen § 57 Absatz 1 eine Meldung nicht, nicht richtig, nicht vollständig oder nicht rechtzeitig vornimmt,
10. entgegen § 58 Absatz 1 Satz 1 nicht über die dort genannten Grundsätze und Vorkehrungen verfügt,
11. entgegen § 58 Absatz 2 Satz 1 eine Information nicht, nicht richtig, nicht vollständig, nicht in der vorgeschriebenen Weise oder nicht rechtzeitig zur Verfügung stellt,

---

[1]) Nr. 2.

12. entgegen § 58 Absatz 2 Satz 2 nicht in der Lage ist, Informationen in der vorgeschriebenen Weise zu verbreiten,
13. entgegen § 58 Absatz 3 Satz 1 nicht die dort genannten Vorkehrungen trifft,
14. entgegen § 58 Absatz 3 Satz 2, § 59 Absatz 3 Satz 2 oder § 60 Absatz 2 Satz 2 Informationen in diskriminierender Weise behandelt oder keine geeigneten Vorkehrungen zur Trennung unterschiedlicher Unternehmensfunktionen trifft,
15. entgegen § 58 Absatz 4 Satz 1 oder § 60 Absatz 3 Satz 1 dort genannte Mechanismen nicht einrichtet,
16. entgegen § 58 Absatz 4 Satz 2 oder § 60 Absatz 3 Satz 2 nicht über dort genannte Mittel und Notfallsysteme verfügt,
17. entgegen § 58 Absatz 5 nicht über dort genannte Systeme verfügt,
18. entgegen § 59 Absatz 1 Satz 2 nicht über dort genannte Grundsätze oder Vorkehrungen verfügt,
19. entgegen § 59 Absatz 1 Satz 2 nicht die genannten Grundsätze und Vorkehrungen trifft,
20. entgegen § 59 Absatz 1 Satz 3 nicht in der Lage ist, Informationen in der vorgeschriebenen Weise zur Verfügung zu stellen,
21. entgegen § 59 Absatz 2 Informationen nicht in der vorgeschriebenen Weise verbreitet,
22. entgegen § 59 Absatz 3 Satz 1 dort genannte Vorkehrungen nicht trifft,
23. entgegen § 59 Absatz 4 Satz 1 dort genannte Mechanismen nicht einrichtet,
24. entgegen § 59 Absatz 4 Satz 2 nicht über die dort genannten Mittel und Notfallsysteme verfügt,
25. entgegen § 60 Absatz 1 Satz 1 nicht über die dort genannten Grundsätze und Vorkehrungen verfügt,
26. entgegen § 60 Absatz 2 Satz 1 oder Absatz 4 keine Vorkehrungen trifft,
27. entgegen § 63 Absatz 2 Satz 1 in Verbindung mit Satz 2, auch in Verbindung mit dem auf Grundlage von Artikel 23 Absatz 4 in Verbindung mit Artikel 89 der Richtlinie 2014/65/EU des Europäischen Parlaments und des Rates vom 15. Mai 2014 über Märkte für Finanzinstrumente sowie zur Änderung der Richtlinien 2002/92/EG und 2011/61/EU (ABl. L 173 vom 12.6.2014, S. 349; L 74 vom 18.3.2015, S. 38; L 188 vom 13.7.2016, S. 28; L 273 vom 8.10.2016, S. 35; L 64 vom 10.3.2017, S. 116), die zuletzt durch die Richtlinie (EU) 2016/1034 (ABl. L 175 vom 30.6.2016, S. 8) geändert worden ist, erlassenen delegierten Rechtsakt der Europäischen Kommission, eine Darlegung nicht, nicht richtig, nicht vollständig, nicht in der vorgeschriebenen Weise oder nicht rechtzeitig vornimmt,
28. als Wertpapierdienstleistungsunternehmen entgegen § 63 Absatz 3 Satz 1, auch in Verbindung mit dem auf Grundlage von Artikel 24 Absatz 13 in Verbindung mit Artikel 89 der Richtlinie 2014/65/EU erlassenen delegierten Rechtsakt der Europäischen Kommission, keine Sicherstellung trifft,
29. als Wertpapierdienstleistungsunternehmen entgegen § 63 Absatz 3 Satz 2, auch in Verbindung mit dem auf Grundlage von Artikel 24 Absatz 13 in

## 12 WpHG § 120 — Wertpapierhandelsgesetz

Verbindung mit Artikel 89 der Richtlinie 2014/65/EU erlassenen delegierten Rechtsakt der Europäischen Kommission, einen Anreiz setzt,

30. als Wertpapierdienstleistungsunternehmen ein Finanzinstrument vertreibt, das nicht gemäß den Anforderungen des § 63 Absatz 4, auch in Verbindung mit einer Rechtsverordnung nach § 80 Absatz 14 sowie dem auf Grundlage von Artikel 24 Absatz 13 in Verbindung mit Artikel 89 der Richtlinie 2014/65/EU erlassenen delegierten Rechtsakt der Europäischen Kommission, konzipiert wurde,

31. als Wertpapierdienstleistungsunternehmen entgegen § 63 Absatz 6 Satz 1, auch in Verbindung mit dem auf Grundlage von Artikel 24 Absatz 13 in Verbindung mit Artikel 89 der Richtlinie 2014/65/EU erlassenen delegierten Rechtsakt der Europäischen Kommission, Informationen zugänglich macht, die nicht redlich, nicht eindeutig oder irreführend sind,

32. als Wertpapierdienstleistungsunternehmen einer anderen Person eine Marketingmitteilung zugänglich macht, die entgegen § 63 Absatz 6 Satz 2 nicht eindeutig als solche erkennbar ist,

33. entgegen § 63 Absatz 7 Satz 1 in Verbindung mit den Sätzen 3 und 4, auch in Verbindung mit Satz 11, auch in Verbindung mit einer Rechtsverordnung nach Absatz 14 und auch in Verbindung mit dem auf Grundlage von Artikel 24 Absatz 13 in Verbindung mit Artikel 89 der Richtlinie 2014/65/EU erlassenen delegierten Rechtsakt der Europäischen Kommission, Informationen nicht, nicht richtig, nicht vollständig, nicht in der vorgeschriebenen Weise oder nicht rechtzeitig zur Verfügung stellt,

34. entgegen § 63 Absatz 7 Satz 5, auch in Verbindung mit dem auf Grundlage von Artikel 24 Absatz 13 in Verbindung mit Artikel 89 der Richtlinie 2014/65/EU erlassenen delegierten Rechtsakt der Europäischen Kommission, eine Aufstellung nicht, nicht richtig oder nicht vollständig zur Verfügung stellt,

35. entgegen § 64 Absatz 1, auch in Verbindung mit dem auf Grundlage von Artikel 24 Absatz 3 in Verbindung mit Artikel 89 der Richtlinie 2014/65/EU erlassenen delegierten Rechtsakt der Europäischen Kommission, einen Kunden nicht, nicht richtig, nicht vollständig, nicht in der vorgeschriebenen Weise oder nicht rechtzeitig informiert,

36. entgegen § 63 Absatz 9 Satz 1, auch in Verbindung mit dem auf Grundlage von Artikel 24 Absatz 3 in Verbindung mit Artikel 89 der Richtlinie 2014/65/EU erlassenen delegierten Rechtsakt der Europäischen Kommission, einen Kunden nicht oder nicht richtig informiert oder ihm nicht für jeden Bestandteil getrennt Kosten und Gebühren nachweist,

37. entgegen § 63 Absatz 9 Satz 2, auch in Verbindung mit dem auf Grundlage von Artikel 24 Absatz 3 in Verbindung mit Artikel 89 der Richtlinie 2014/65/EU erlassenen delegierten Rechtsakt der Europäischen Kommission, einen Privatkunden nicht oder nicht in angemessener Weise informiert,

38. entgegen § 64 Absatz 2 Satz 1 in Verbindung mit einer Rechtsverordnung nach § 64 Absatz 10 Satz 1 Nummer 1 ein dort genanntes Dokument nicht, nicht richtig, nicht vollständig oder nicht rechtzeitig zur Verfügung stellt,

39. entgegen § 64 Absatz 3 Satz 1, auch in Verbindung mit dem auf Grundlage von Artikel 25 Absatz 8 in Verbindung mit Artikel 89 der Richtlinie

2014/65/EU erlassenen delegierten Rechtsakt der Europäischen Kommission, die dort genannten Informationen nicht oder nicht vollständig einholt,

40. entgegen § 64 Absatz 3 Satz 2 bis 4 ein Finanzinstrument oder eine Wertpapierdienstleistung empfiehlt oder ein Geschäft tätigt,
41. entgegen § 64 Absatz 4 Satz 1 in Verbindung mit Satz 2, auch in Verbindung mit dem auf Grundlage von Artikel 25 Absatz 8 in Verbindung mit Artikel 89 der Richtlinie 2014/65/EU erlassen delegierten Rechtsakt der Europäischen Kommission, eine Geeignetheitserklärung nicht, nicht richtig, nicht vollständig, nicht in der vorgeschriebenen Weise oder nicht rechtzeitig zur Verfügung stellt,
42. als Wertpapierdienstleistungsunternehmen, das einem Kunden im Verlauf einer Anlageberatung mitgeteilt hat, dass eine Unabhängige Honorar-Anlageberatung erbracht wird, dem Kunden gegenüber eine Empfehlung eines Finanzinstruments ausspricht, der nicht eine im Sinne von § 64 Absatz 5 Nummer 1, auch in Verbindung mit Artikel 89 der Richtlinie 2014/65/EU erlassenen delegierten Rechtsakt der Europäischen Kommission, ausreichende Palette von Finanzinstrumenten zugrunde liegt,
43. entgegen § 64 Absatz 6 Satz 1, auch in Verbindung mit einer Rechtsverordnung nach § 64 Absatz 10 Nummer 2, eine Information nicht, nicht richtig oder nicht vollständig oder nicht rechtzeitig gibt,
44. entgegen § 64 Absatz 6 Satz 2 einen Vertragsschluss als Festpreisgeschäft ausführt,
45. entgegen § 64 Absatz 7, auch in Verbindung mit einer Rechtsverordnung nach § 64 Absatz 10 Nummer 3, eine Zuwendung annimmt oder behält,
45a. entgegen § 65 Absatz 1 Satz 3 oder § 65a Absatz 1 Satz 3 einen Vertragsschluss vermittelt,
46. entgegen § 63 Absatz 10 Satz 1, auch in Verbindung mit Satz 2, jeweils auch in Verbindung mit dem auf Grundlage von Artikel 25 Absatz 8 in Verbindung mit Artikel 89 der Richtlinie 2014/65/EU erlassen delegierten Rechtsakt der Europäischen Kommission, die dort genannten Informationen nicht oder nicht vollständig einholt,
47. entgegen § 63 Absatz 10 Satz 3 oder 4, auch in Verbindung mit dem auf Grundlage von Artikel 25 Absatz 8 in Verbindung mit Artikel 89 der Richtlinie 2014/65/EU erlassenen delegierten Rechtsakt der Europäischen Kommission, einen Hinweis oder eine Information nicht oder nicht rechtzeitig gibt,
48. entgegen § 63 Absatz 12 Satz 1 in Verbindung mit Satz 2, auch in Verbindung mit § 64 Absatz 8, jeweils auch in Verbindung mit dem auf Grundlage von Artikel 25 Absatz 8 in Verbindung mit Artikel 89 der Richtlinie 2014/65/EU erlassenen delegierten Rechtsakt der Europäischen Kommission, einem Kunden nicht regelmäßig berichtet oder nicht den Ausführungsort eines Auftrags mitteilt,
49. entgegen § 68 Absatz 1 Satz 2 mit einer geeigneten Gegenpartei nicht in der dort beschriebenen Weise kommuniziert,
50. entgegen § 69 Absatz 1 Nummer 1 oder Nummer 2, auch in Verbindung mit dem auf Grundlage von Artikel 28 Absatz 3 in Verbindung mit Artikel 89 der Richtlinie 2014/65/EU erlassenen delegierten Rechtsakt

der Europäischen Kommission, keine geeigneten Vorkehrungen in Bezug auf die Ausführung und Weiterleitung von Kundenaufträgen trifft,

51. entgegen § 69 Absatz 2 Satz 1, auch in Verbindung mit dem auf Grundlage von Artikel 28 Absatz 3 in Verbindung mit Artikel 89 der Richtlinie 2014/65/EU erlassenen delegierten Rechtsakt der Europäischen Kommission, einen Auftrag nicht, nicht in der vorgeschriebenen Weise oder nicht rechtzeitig bekannt macht,

52. entgegen § 70 Absatz 1 Satz 1, auch in Verbindung mit einer Rechtsverordnung nach § 70 Absatz 9 Nummer 1, eine Zuwendung annimmt oder gewährt,

53. entgegen § 70 Absatz 5, auch in Verbindung mit dem auf Grundlage von Artikel 24 Absatz 13 in Verbindung mit Artikel 89 der Richtlinie 2014/65/EU erlassenen delegierten Rechtsakt der Europäischen Kommission, einen Kunden nicht über Verfahren betreffend die Auskehrung von Zuwendungen an Kunden informiert,

54. entgegen § 72 Absatz 1 Nummer 1 die dort genannten Regelungen nicht oder nicht im vorgeschriebenen Umfang festlegt,

55. entgegen § 72 Absatz 1 Nummer 2 die dort genannten Regelungen nicht oder nicht im vorgeschriebenen Umfang festlegt,

56. entgegen § 72 Absatz 1 Nummer 3 nicht über angemessene Verfahren verfügt,

57. entgegen § 72 Absatz 1 Nummer 4 eine Veröffentlichung nicht, nicht richtig oder nicht vollständig vornimmt,

58. entgegen § 72 Absatz 1 Nummer 5 Entgelte nicht oder nicht im vorgeschriebenen Umfang verlangt,

59. entgegen § 72 Absatz 1 Nummer 6 die dort benannten Vorkehrungen nicht oder nicht im vorgeschriebenen Umfang trifft,

60. entgegen § 72 Absatz 1 Nummer 7 kein angemessenes Order-Transaktions-Verhältnis sicherstellt,

61. entgegen § 72 Absatz 1 Nummer 8 keine Festlegung über die angemessene Größe der kleinstmöglichen Preisänderung trifft,

62. entgegen § 72 Absatz 1 Nummer 9 die dort genannten Risikokontrollen, Schwellen und Regelungen nicht festlegt,

63. entgegen § 72 Absatz 1 Nummer 10 die dort genannten Regelungen nicht festlegt,

64. entgegen § 72 Absatz 1 Nummer 11 keine zuverlässige Verwaltung der technischen Abläufe des Handelssystems sicherstellt,

65. entgegen § 72 Absatz 1 Nummer 12 die dort genannten Vorkehrungen nicht trifft,

66. entgegen § 72 Absatz 1 Nummer 13 ein multilaterales oder organisiertes Handelssystem betreibt, ohne über mindestens drei Nutzer zu verfügen, die mit allen übrigen Nutzern zum Zwecke der Preisbildung in Verbindung treten können,

67. ein multilaterales oder organisiertes Handelssystem betreibt, ohne über die Systeme im Sinne von § 5 Absatz 4a des Börsengesetzes[1] in Verbindung mit § 72 Absatz 1 zu verfügen,

---

[1] Nr. 4.

68. als Betreiber eines multilateralen oder eines organisierten Handelssystems entgegen § 26c Absatz 2 Satz 1 des Börsengesetzes in Verbindung mit § 72 Absatz 1 nicht eine ausreichende Teilnehmerzahl sicherstellt,
69. als Betreiber eines multilateralen oder organisierten Handelssystems einen Vertrag im Sinne des § 26c Absatz 1 des Börsengesetzes in Verbindung mit § 72 Absatz 1 schließt, der nicht sämtliche in § 26c Absatz 3 des Börsengesetzes genannten Bestandteile enthält,
70. entgegen § 72 Absatz 2 Gebührenstrukturen nicht gemäß den dort genannten Anforderungen gestaltet,
71. entgegen § 72 Absatz 3 eine Beschreibung nicht, nicht richtig oder nicht vollständig vorlegt,
72. entgegen § 72 Absatz 6 Satz 1 eine Mitteilung an die Bundesanstalt über schwerwiegende Verstöße gegen Handelsregeln, über Störungen der Marktintegrität und über Anhaltspunkte für einen Verstoß gegen die Vorschriften der Verordnung (EU) Nr. 596/2014 nicht oder nicht rechtzeitig macht,
73. entgegen § 73 Absatz 1 Satz 2 den Handel mit einem Finanzinstrument nicht aussetzt oder einstellt,
74. entgegen § 73 Absatz 1 Satz 4 eine Entscheidung nicht oder nicht richtig veröffentlicht oder die Bundesanstalt über eine Veröffentlichung nicht oder nicht rechtzeitig informiert,
74a. einer vollziehbaren Anordnung nach § 73 Absatz 2 Satz 1 oder Absatz 3 Satz 3 zuwiderhandelt,
75. entgegen § 74 Absatz 1 und 2 als Betreiber eines multilateralen Systems nicht dort genannte Regeln vorhält,
76. entgegen § 74 Absatz 3 die dort genannten Vorkehrungen nicht oder nicht im vorgeschriebenen Umfang trifft,
77. entgegen § 74 Absatz 5 einen Kundenauftrag unter Einsatz des Eigenkapitals ausführt,
78. entgegen § 75 Absatz 1 die dort genannten Vorkehrungen nicht trifft,
79. entgegen § 75 Absatz 2 Satz 1 ohne Zustimmung des Kunden auf die Zusammenführung sich deckender Kundenaufträge zurückgreift,
80. entgegen § 75 Absatz 2 Satz 2 Kundenaufträge zusammenführt,
81. entgegen § 75 Absatz 2 Satz 3 bei der Ausführung eines Geschäfts nicht sicherstellt, dass
   a) er während der gesamten Ausführung eines Geschäfts zu keiner Zeit einem Marktrisiko ausgesetzt ist,
   b) beide Vorgänge gleichzeitig ausgeführt werden oder
   c) das Geschäft zu einem Preis abgeschlossen wird, bei dem er, abgesehen von einer vorab offengelegten Provision, Gebühr oder sonstigen Vergütung, weder Gewinn noch Verlust macht,
82. entgegen § 75 Absatz 3 als Betreiber eines organisierten Handelssystems bei dessen Betrieb ein Geschäft für eigene Rechnung abschließt, das nicht in der Zusammenführung von Kundenaufträgen besteht und das ein Finanzinstrument zum Gegenstand hat, bei dem es sich nicht um einen öffentlichen Schuldtitel handelt, für den es keinen liquiden Markt gibt,

83. entgegen § 75 Absatz 4 Satz 1 innerhalb derselben rechtlichen Einheit ein organisiertes Handelssystem und die systematische Internalisierung betreibt,
84. entgegen § 75 Absatz 4 Satz 2 ein organisiertes Handelssystem betreibt, das eine Verbindung zu einem systematischen Internalisierer in einer Weise herstellt, dass die Interaktion von Aufträgen in dem organisierten Handelssystem und Aufträgen oder Offerten in dem systematischen Internalisierer ermöglicht wird,
85. als Betreiber eines organisierten Handelssystems beim Umgang mit Aufträgen in anderen als den in § 75 Absatz 6 Satz 2 genannten Fällen ein Ermessen ausübt,
86. einem vollziehbaren Erklärungsverlangen nach § 75 Absatz 7 Satz 1 zuwiderhandelt,
87. entgegen § 75 Absatz 7 Satz 3 die dort genannten Informationen nicht, nicht richtig oder nicht vollständig zur Verfügung stellt,
88. entgegen § 77 Absatz 1 einen direkten elektronischen Zugang zu einem Handelsplatz anbietet, ohne über die dort genannten Systeme und Kontrollen zu verfügen,
89. entgegen § 77 Absatz 1 nicht sicherstellt, dass seine Kunden die dort genannten Anforderungen erfüllen oder die dort genannten Vorschriften einhalten,
90. entgegen § 77 Absatz 1 Nummer 4 Buchstabe c Geschäfte nicht überwacht, um Verstöße gegen die Regeln des Handelsplatzes, marktstörende Handelsbedingungen oder auf Marktmissbrauch hindeutende Verhaltensweisen zu erkennen,
91. als Wertpapierdienstleistungsunternehmen einem Kunden einen direkten elektronischen Zugang zu einem Handelsplatz anbietet, ohne zuvor einen schriftlichen Vertrag mit dem Kunden geschlossen zu haben, der den inhaltlichen Anforderungen des § 77 Absatz 1 Nummer 2 entspricht,
92. entgegen § 77 Absatz 2 Satz 1 eine Mitteilung nicht oder nicht richtig macht,
93. einer vollziehbaren Anordnung nach § 77 Absatz 2 Satz 2 zuwiderhandelt,
94. entgegen § 77 Absatz 3 nicht für die Aufbewahrung von Aufzeichnungen sorgt oder nicht sicherstellt, dass die Aufzeichnungen ausreichend sind,
95. als Wertpapierdienstleistungsunternehmen als allgemeines Clearing-Mitglied für andere Personen handelt, ohne über die in § 78 Satz 1 genannten Systeme und Kontrollen zu verfügen,
96. als Wertpapierdienstleistungsunternehmen als allgemeines Clearing-Mitglied für eine andere Person handelt, ohne zuvor mit dieser Person eine nach § 78 Satz 3 erforderliche schriftliche Vereinbarung hinsichtlich der wesentlichen Rechte und Pflichten geschlossen zu haben,
97. entgegen § 80 Absatz 1 Satz 2 Nummer 1, auch in Verbindung mit dem auf Grundlage von Artikel 23 Absatz 4 in Verbindung mit Artikel 89 der Richtlinie 2014/65/EU erlassenen delegierten Rechtsakt der Europäischen Kommission, keine Vorkehrungen trifft,
98. als Wertpapierdienstleistungsunternehmen algorithmischen Handel betreibt, ohne über die in § 80 Absatz 2 Satz 3 genannten Systeme und Risikokontrollen zu verfügen,

99. als Wertpapierdienstleistungsunternehmen algorithmischen Handel betreibt, ohne über die in § 80 Absatz 2 Satz 4 genannten Notfallvorkehrungen zu verfügen,
100. entgegen § 80 Absatz 2 Satz 5 eine Anzeige nicht macht,
101. einer vollziehbaren Anordnung nach § 80 Absatz 3 Satz 3 zuwiderhandelt,
102. entgegen § 80 Absatz 3 Satz 1 in Verbindung mit Satz 2 eine Aufzeichnung nicht, nicht richtig, nicht vollständig oder nicht in der vorgeschriebenen Weise macht oder nicht für die Dauer von fünf Jahren aufbewahrt,
103. entgegen § 80 Absatz 4 Nummer 1 das Market-Making nicht im dort vorgeschriebenen Umfang betreibt,
104. als Wertpapierdienstleistungsunternehmen algorithmischen Handel unter Verfolgung einer Market-Making-Strategie im Sinne des § 80 Absatz 5 betreibt, ohne zuvor einen schriftlichen Vertrag mit dem Handelsplatz geschlossen zu haben, der zumindest die Verpflichtungen im Sinne des § 80 Absatz 4 Nummer 1 beinhaltet,
105. als Wertpapierdienstleistungsunternehmen algorithmischen Handel unter Verfolgung einer Market-Making-Strategie im Sinne des § 80 Absatz 5 betreibt, ohne die in § 80 Absatz 4 Nummer 3 genannten Systeme und Kontrollen zu verfügen,
106. entgegen § 80 Absatz 9 Satz 1, auch in Verbindung mit einer Rechtsverordnung nach § 80 Absatz 14 Satz 1, ein Produktfreigabeverfahren nicht oder nicht in der vorgeschriebenen Weise unterhält oder betreibt oder nicht regelmäßig überprüft,
107. entgegen § 80 Absatz 10 Satz 1, auch in Verbindung mit einer Rechtsverordnung nach § 80 Absatz 14 Satz 1, die Festlegung eines Zielmarkts nicht regelmäßig überprüft,
108. entgegen § 80 Absatz 11 Satz 1, auch in Verbindung mit einer Rechtsverordnung nach § 80 Absatz 14 Satz 1, die dort genannten Informationen nicht, nicht richtig, nicht vollständig oder nicht in der vorgeschriebenen Weise zur Verfügung stellt,
109. entgegen § 80 Absatz 11 Satz 2, auch in Verbindung mit einer Rechtsverordnung nach § 80 Absatz 14 Satz 1, nicht über angemessene Vorkehrungen verfügt, um sich die in § 80 Absatz 11 Satz 1 genannten Informationen vom konzipierenden Wertpapierdienstleistungsunternehmen oder vom Emittenten zu verschaffen und die Merkmale und den Zielmarkt des Finanzinstruments zu verstehen,
110. entgegen § 81 Absatz 1 nicht die Organisation, Eignung des Personals, Mittel und Regelungen zur Erbringung von Wertpapierdienstleistungen und Wertpapiernebendienstleistungen, die Firmenpolitik und die Vergütungspolitik festlegt, umsetzt und überwacht,
111. entgegen § 81 Absatz 2 nicht die Eignung und die Umsetzung der strategischen Ziele des Wertpapierdienstleistungsunternehmens, die Wirksamkeit der Unternehmensführungsregelungen und die Angemessenheit der Firmenpolitik überwacht und überprüft oder nicht unverzüglich Schritte einleitet, um bestehende Mängel zu beseitigen,
112. entgegen § 81 Absatz 3 keinen angemessenen Zugang sicherstellt,
113. entgegen § 82 Absatz 1, auch in Verbindung mit dem auf Grundlage von Artikel 27 Absatz 9 in Verbindung mit Artikel 89 der Richtlinie 2014/65/EU erlassenen delegierten Rechtsakt der Europäischen Kommission, nicht

sicherstellt, dass ein Kundenauftrag nach den dort benannten Grundsätzen ausgeführt wird,

114. entgegen § 82 Absatz 1 Nummer 1, auch in Verbindung mit dem auf Grundlage von Artikel 27 Absatz 9 in Verbindung mit Artikel 89 der Richtlinie 2014/65/EU erlassenen delegierten Rechtsakt der Europäischen Kommission, keine regelmäßige Überprüfung vornimmt,

115. entgegen § 82 Absatz 5 Satz 2, auch in Verbindung mit dem auf Grundlage von Artikel 27 Absatz 9 in Verbindung mit Artikel 89 der Richtlinie 2014/65/EU erlassenen delegierten Rechtsakt der Europäischen Kommission, einen dort genannten Hinweis nicht oder nicht rechtzeitig gibt oder eine dort genannte Einwilligung nicht oder nicht rechtzeitig einholt,

116. entgegen § 82 Absatz 6 Nummer 1, auch in Verbindung mit dem auf Grundlage von Artikel 27 Absatz 9 in Verbindung mit Artikel 89 der Richtlinie 2014/65/EU erlassenen delegierten Rechtsakt der Europäischen Kommission, einen Kunden nicht, nicht richtig, nicht in der vorgeschriebenen Weise oder nicht rechtzeitig informiert,

117. entgegen § 82 Absatz 6 Nummer 1 eine dort genannte Zustimmung nicht oder nicht rechtzeitig einholt,

118. entgegen § 82 Absatz 6 Nummer 2, auch in Verbindung mit dem auf Grundlage von Artikel 27 Absatz 9 in Verbindung mit Artikel 89 der Richtlinie 2014/65/EU erlassenen delegierten Rechtsakt der Europäischen Kommission, eine dort genannte Mitteilung nicht, nicht richtig, nicht in der vorgeschriebenen Weise oder nicht rechtzeitig macht,

119. entgegen § 82 Absatz 8 eine Vergütung, einen Rabatt oder einen nicht monetären Vorteil annimmt,

120. entgegen § 82 Absatz 9, auch in Verbindung mit einem technischen Regulierungsstandard nach Artikel 27 Absatz 10 Buchstabe b der Richtlinie 2014/65/EU, eine dort genannte Veröffentlichung nicht mindestens einmal jährlich vornimmt,

121. als Betreiber eines Handelsplatzes oder als systematischer Internalisierer, vorbehaltlich der Regelung zu § 26e des Börsengesetzes, entgegen § 82 Absatz 10, auch in Verbindung mit einer delegierten Verordnung nach Artikel 27 Absatz 9 sowie einem technischen Regulierungsstandard nach Artikel 27 Absatz 10 Buchstabe a der Richtlinie 2014/65/EU, eine dort genannte Veröffentlichung nicht mindestens einmal jährlich vornimmt,

122. als Betreiber eines Ausführungsplatzes, vorbehaltlich der Regelung zu § 26e des Börsengesetzes, entgegen § 82 Absatz 11, auch in Verbindung mit einer delegierten Verordnung nach Artikel 27 Absatz 9 sowie einem technischen Regulierungsstandard nach Artikel 27 Absatz 10 Buchstabe a der Richtlinie 2014/65/EU, eine Veröffentlichung nicht mindestens einmal jährlich vornimmt,

123. entgegen § 83 Absatz 1 oder Absatz 2 Satz 1, auch in Verbindung mit einer Rechtsverordnung nach § 83 Absatz 10 Satz 1 und den Artikeln 58 sowie 72 bis 74 der Delegierten Verordnung (EU) 2017/565, eine dort genannte Aufzeichnung nicht, nicht richtig oder nicht vollständig erstellt,

124. entgegen § 83 Absatz 3 Satz 1, auch in Verbindung mit einer Rechtsverordnung nach § 83 Absatz 10 Satz 1 und Artikel 76 der Delegierten Verordnung (EU) 2017/565, ein Telefongespräch oder eine elektronische

Kommunikation nicht, nicht richtig, nicht vollständig oder nicht in der vorgeschriebenen Weise aufzeichnet,
125. entgegen § 83 Absatz 4 Satz 1, auch in Verbindung mit einer Rechtsverordnung nach § 83 Absatz 10 Satz 1, nicht alle angemessenen Maßnahmen ergreift, um einschlägige Telefongespräche und elektronische Kommunikation aufzuzeichnen,
126. entgegen § 83 Absatz 5, auch in Verbindung mit einer Rechtsverordnung nach § 83 Absatz 10 Satz 1 und Artikel 76 Absatz 8 der Delegierten Verordnung (EU) 2017/565, einen Kunden nicht oder nicht rechtzeitig vorab in geeigneter Weise über die Aufzeichnung von Telefongesprächen nach § 83 Absatz 3 Satz 1 informiert,
127. entgegen § 84 Absatz 1 Satz 1 oder Absatz 4 Satz 1 keine geeigneten Vorkehrungen trifft, um die Rechte der Kunden an ihnen gehörenden Finanzinstrumenten oder Geldern zu schützen und zu verhindern, dass diese ohne ausdrückliche Zustimmung für eigene Rechnung verwendet werden,
128. entgegen § 84 Absatz 2 Satz 3 die Zustimmung des Kunden zur Verwahrung seiner Vermögensgegenstände bei einem qualifizierten Geldmarktfonds nicht oder nicht rechtzeitig einholt,
129. entgegen § 84 Absatz 2 Satz 5 eine treuhänderische Einlage nicht offenlegt,
130. entgegen § 84 Absatz 2 Satz 6 den Kunden nicht, nicht richtig oder nicht rechtzeitig darüber unterrichtet, bei welchem Institut und auf welchem Konto seine Gelder verwahrt werden,
131. entgegen § 84 Absatz 5 Satz 1 ein Wertpapier nicht oder nicht rechtzeitig zur Verwahrung weiterleitet,
132. entgegen § 84 Absatz 7 mit einem Privatkunden eine Finanzsicherheit in Form einer Vollrechtsübertragung nach Artikel 2 Absatz 1 Buchstabe b der Richtlinie 2002/47/EG abschließt,
133. entgegen § 84 Absatz 6 Satz 1, auch in Verbindung mit § 84 Absatz 6 Satz 2, ein Wertpapier für eigene Rechnung oder für Rechnung eines anderen Kunden nutzt,
134. entgegen § 87 Absatz 1 Satz 1, Absatz 2, 3, 4 Satz 1 oder Absatz 5 Satz 1, jeweils auch in Verbindung mit einer Rechtsverordnung nach § 87 Absatz 9 Satz 1 Nummer 2, einen Mitarbeiter mit einer dort genannten Tätigkeit betraut,
135. entgegen
   a) § 87 Absatz 1 Satz 2 oder Satz 3, Absatz 4 Satz 2 oder Satz 3 oder Absatz 5 Satz 2 oder Satz 3, jeweils auch in Verbindung mit einer Rechtsverordnung nach § 87 Absatz 9 Satz 1 Nummer 1, oder
   b) § 87 Absatz 1 Satz 4 in Verbindung mit einer Rechtsverordnung nach § 87 Absatz 9 Satz 1 Nummer 1
   eine Anzeige nicht, nicht richtig, nicht vollständig oder nicht rechtzeitig erstattet,
136. einer vollziehbaren Anordnung nach § 87 Absatz 6 Satz 1 Nummer 1 oder Nummer 2 Buchstabe b zuwiderhandelt oder
137. entgegen § 94 Absatz 1 eine dort genannte Bezeichnung führt.

(9) Ordnungswidrig handelt, wer gegen die Verordnung (EU) Nr. 600/2014 des Europäischen Parlaments und des Rates vom 15. Mai 2014 über Märkte für Finanzinstrumente und zur Änderung der Verordnung (EU) Nr. 648/2012 (ABl. L 173 vom 12.6.2014, S. 84) verstößt, indem er vorsätzlich oder leichtfertig

1. als Wertpapierdienstleistungsunternehmen im Sinne dieses Gesetzes entgegen
   a) Artikel 3 Absatz 1,
   b) Artikel 6 Absatz 1,
   c) Artikel 8 Absatz 1 Satz 2,
   d) Artikel 8 Absatz 4 Satz 2,
   e) Artikel 10 Absatz 1,
   f) Artikel 11 Absatz 3 Unterabsatz 3 in Verbindung mit Artikel 10 Absatz 1,
   g) Artikel 31 Absatz 2
   eine Veröffentlichung nicht, nicht richtig, nicht vollständig, nicht in der vorgeschriebenen Weise oder nicht rechtzeitig vornimmt,
2. als Wertpapierdienstleistungsunternehmen im Sinne dieses Gesetzes entgegen
   a) Artikel 3 Absatz 3,
   b) Artikel 6 Absatz 2
   nicht in der dort beschriebenen Weise Zugang zu den betreffenden Systemen gewährt,
3. als Wertpapierdienstleistungsunternehmen im Sinne dieses Gesetzes entgegen
   a) Artikel 8 Absatz 3,
   b) Artikel 10 Absatz 2
   nicht in der dort beschriebenen Weise Zugang zu den betreffenden Einrichtungen gewährt,
4. als Wertpapierdienstleistungsunternehmen im Sinne dieses Gesetzes entgegen
   a) Artikel 7 Absatz 1 Unterabsatz 3 Satz 1 eine Genehmigung nicht rechtzeitig einholt oder auf geplante Regelungen für eine Veröffentlichung nicht, nicht richtig, nicht vollständig, nicht in der vorgeschriebenen Weise oder nicht rechtzeitig hinweist,
   b) Artikel 11 Absatz 1 Unterabsatz 3 Satz 1 auf geplante Regelungen für eine Veröffentlichung nicht, nicht richtig, nicht vollständig, nicht in der vorgeschriebenen Weise oder nicht rechtzeitig hinweist,
   c) Artikel 12 Absatz 1 eine Information nicht, nicht richtig, nicht vollständig, nicht in der vorgeschriebenen Weise oder nicht rechtzeitig offenlegt,
   d) Artikel 13 Absatz 1 Satz 1 in Verbindung mit Satz 2 eine Angabe oder Information nicht, nicht richtig, nicht in der vorgeschriebenen Weise oder nicht rechtzeitig offenlegt oder bereitstellt oder keinen diskriminierungsfreien Zugang zu den Informationen sicherstellt,
   e) Artikel 14 Absatz 1 Unterabsatz 1 in Verbindung mit Artikel 14 Absatz 3, 4, 5 und Artikel 15 Absatz 1 Unterabsatz 1 eine Kursofferte nicht, nicht

vollständig, nicht in der vorgeschriebenen Weise, nicht rechtzeitig oder nicht im vorgeschriebenen Umfang offenlegt,
f) Artikel 25 Absatz 2 Satz 1 die betreffenden Daten eines Auftrags nicht, nicht richtig, nicht vollständig oder nicht in der vorgeschriebenen Weise aufzeichnet oder die aufgezeichneten Daten nicht für mindestens fünf Jahre zur Verfügung der zuständigen Behörde hält,
g) Artikel 26 Absatz 5 eine Meldung nicht, nicht richtig, nicht vollständig, nicht in der vorgeschriebenen Weise oder nicht rechtzeitig vornimmt,
h) Artikel 31 Absatz 3 Satz 1 eine Aufzeichnung nicht, nicht richtig, nicht vollständig oder nicht in der vorgeschriebenen Weise führt,
i) Artikel 31 Absatz 3 Satz 2 der Europäischen Wertpapier- und Marktaufsichtsbehörde eine Aufzeichnung nicht, nicht vollständig oder nicht rechtzeitig zur Verfügung stellt,
j) Artikel 35 Absatz 1 Unterabsatz 1 Satz 1 das Clearen nicht oder nicht auf nichtdiskriminierender und transparenter Basis übernimmt,
k) Artikel 35 Absatz 2 Satz 1 einen Antrag nicht in der vorgeschriebenen Form übermittelt,
l) Artikel 35 Absatz 3 Satz 1 dem Handelsplatz nicht, nicht in der vorgeschriebenen Weise oder nicht rechtzeitig antwortet,
m) Artikel 35 Absatz 3 Satz 2 einen Antrag ablehnt,
n) Artikel 35 Absatz 3 Satz 3, auch in Verbindung mit Satz 4, eine Untersagung nicht ausführlich begründet oder eine Unterrichtung oder Mitteilung nicht oder nicht in der vorgeschriebenen Weise vornimmt,
o) Artikel 35 Absatz 3 Satz 5 einen Zugang nicht oder nicht rechtzeitig ermöglicht,
p) Artikel 36 Absatz 1 Unterabsatz 1 Satz 1 Handelsdaten nicht auf nichtdiskriminierender und transparenter Basis bereitstellt,
q) Artikel 36 Absatz 3 Satz 1 einer zentralen Gegenpartei nicht, nicht in der vorgeschriebenen Weise oder nicht rechtzeitig antwortet,
r) Artikel 36 Absatz 3 Satz 2 einen Zugang verweigert, ohne dass die dort genannten Voraussetzungen für eine Zugangsverweigerung vorliegen,
s) Artikel 36 Absatz 3 Satz 5 einen Zugang nicht oder nicht rechtzeitig ermöglicht,
5. als Wertpapierdienstleistungsunternehmen im Sinne dieses Gesetzes im Zuge des Betriebs eines multilateralen Handelssystems oder eines organisierten Handelssystems ein System zur Formalisierung ausgehandelter Geschäfte betreibt, das nicht oder nicht vollständig den in Artikel 4 Absatz 3 Unterabsatz 1 beschriebenen Anforderungen entspricht,
6. entgegen Artikel 14 Absatz 1 Unterabsatz 2 in Verbindung mit Artikel 14 Absatz 3, 4 und 5 eine Kursofferte nicht, nicht vollständig, nicht in der vorgeschriebenen Weise oder nicht im vorgeschriebenen Umfang macht,
7. entgegen Artikel 15 Absatz 4 Satz 2 einen Auftrag nicht in der vorgeschriebenen Weise ausführt,
8. als systematischer Internalisierer entgegen Artikel 17 Absatz 1 Satz 2 in Verbindung mit Artikel 17 Absatz 1 Satz 1 nicht über eindeutige Standards für den Zugang zu Kursofferten verfügt,
9. entgegen Artikel 18 Absatz 1 in Verbindung mit Artikel 18 Absatz 9 eine dort genannte Kursofferte nicht veröffentlicht,

10. entgegen Artikel 18 Absatz 2 Satz 1 in Verbindung mit Artikel 18 Absatz 9 keine Kursofferte macht,

11. entgegen Artikel 18 Absatz 5 Satz 1 eine Kursofferte nicht zugänglich macht,

12. entgegen Artikel 18 Absatz 6 Unterabsatz 1 nicht eine Verpflichtung zum Abschluss eines Geschäfts mit einem anderen Kunden eingeht,

13. als systematischer Internalisierer entgegen Artikel 18 Absatz 8 die dort vorgeschriebene Bekanntmachung nicht oder nicht in der dort vorgeschriebenen Weise vornimmt,

14. entgegen

 a) Artikel 20 Absatz 1 Satz 1 in Verbindung mit Artikel 20 Absatz 1 Satz 2 und Absatz 2,

 b) Artikel 21 Absatz 1 Satz 1 in Verbindung mit Artikel 21 Absatz 1 Satz 2, Absatz 2, 3 und Artikel 10

 eine dort vorgeschriebene Veröffentlichung nicht, nicht richtig, nicht vollständig, nicht rechtzeitig oder nicht in der vorgeschriebenen Weise vornimmt,

15. als Wertpapierdienstleistungsunternehmen, als genehmigtes Veröffentlichungssystem oder als Bereitsteller konsolidierter Datenträger entgegen Artikel 22 Absatz 2 erforderliche Daten nicht während eines ausreichenden Zeitraums speichert,

16. entgegen Artikel 23 Absatz 1 ein Handelsgeschäft außerhalb der dort genannten Handelssysteme tätigt,

17. entgegen Artikel 25 Absatz 1 Satz 1 die betreffenden Daten eines Auftrags oder eines Geschäfts nicht, nicht richtig, nicht vollständig oder nicht in der vorgeschriebenen Weise aufzeichnet oder aufgezeichnete Daten nicht für mindestens fünf Jahre zur Verfügung der zuständigen Behörde hält,

18. entgegen Artikel 26 Absatz 1 Unterabsatz 1, auch in Verbindung mit Artikel 26 Absatz 4 Satz 2, eine Meldung nicht, nicht richtig, nicht vollständig, nicht in der vorgeschriebenen Weise oder nicht rechtzeitig vornimmt,

19. entgegen Artikel 26 Absatz 4 Satz 1 einem übermittelten Auftrag nicht sämtliche Einzelheiten beifügt,

20. als genehmigter Meldemechanismus oder als Betreiber eines Handelsplatzes entgegen Artikel 26 Absatz 7 Unterabsatz 1 eine Meldung nicht, nicht richtig oder nicht vollständig übermittelt,

21. als Betreiber eines Handelsplatzes im Sinne des Artikels 4 Absatz 1 Nummer 24 entgegen Artikel 26 Absatz 5 eine Meldung nicht, nicht richtig, nicht vollständig, nicht in der vorgeschriebenen Weise oder nicht rechtzeitig vornimmt,

22. als Wertpapierdienstleistungsunternehmen, systematischer Internalisierer oder Betreiber eines Handelsplatzes entgegen Artikel 27 Absatz 1 Unterabsatz 1, 2 oder 3 Satz 2 identifizierende Referenzdaten in Bezug auf ein Finanzinstrument nicht, nicht richtig, nicht vollständig, nicht in der vorgeschriebenen Weise oder nicht rechtzeitig zur Verfügung stellt oder aktualisiert,

23. entgegen Artikel 28 Absatz 1, auch in Verbindung mit Artikel 28 Absatz 2 Unterabsatz 1, ein Geschäft an einem anderen als den dort bezeichneten Plätzen abschließt,
24. als zentrale Gegenpartei im Sinne des Artikels 2 Absatz 1 der Verordnung (EU) Nr. 648/2012 oder als Wertpapierdienstleistungsunternehmen im Sinne dieses Gesetzes entgegen Artikel 29 Absatz 2 Unterabsatz 1 nicht über die dort bezeichneten Systeme, Verfahren und Vorkehrungen verfügt,
25. entgegen Artikel 36 Absatz 2 einen Antrag nicht oder nicht in der vorgeschriebenen Weise übermittelt,
26. entgegen Artikel 37 Absatz 1 einen Zugang nicht, nicht in der vorgeschriebenen Weise oder nicht rechtzeitig gewährt,
27. als zentrale Gegenpartei im Sinne des Artikels 2 Absatz 1 der Verordnung (EU) Nr. 648/2012 oder als Wertpapierdienstleistungsunternehmen im Sinne dieses Gesetzes oder als mit einem der beiden Erstgenannten verbundenes Unternehmen entgegen Artikel 37 Absatz 3 eine dort genannte Vereinbarung trifft,
28. einem vollziehbaren Beschluss der Europäischen Wertpapier- und Marktaufsichtsbehörde nach Artikel 40 Absatz 1 zuwiderhandelt,
29. einem vollziehbaren Beschluss der Europäischen Bankenaufsichtsbehörde nach Artikel 41 Absatz 1 zuwiderhandelt oder
30. einer vollziehbaren Anordnung der Bundesanstalt nach Artikel 42 Absatz 1 zuwiderhandelt.

(10) Ordnungswidrig handelt, wer gegen die Verordnung (EU) 2015/2365 des Europäischen Parlaments und des Rates vom 25. November 2015 über die Transparenz von Wertpapierfinanzierungsgeschäften und der Weiterverwendung sowie zur Änderung der Verordnung (EU) Nr. 648/2012 (ABl. L 337 vom 23.12.2015, S. 1) verstößt, indem er vorsätzlich oder leichtfertig
1. entgegen Artikel 4 Absatz 1 eine Meldung nicht, nicht richtig, nicht vollständig, nicht in der vorgeschriebenen Weise oder nicht rechtzeitig vornimmt,
2. entgegen Artikel 4 Absatz 4 Aufzeichnungen nicht, nicht vollständig oder nicht mindestens für die vorgeschriebene Dauer aufbewahrt,
3. entgegen Artikel 15 Absatz 1 Finanzinstrumente weiterverwendet, ohne dass die dort genannten Voraussetzungen erfüllt sind oder
4. entgegen Artikel 15 Absatz 2 ein Recht auf Weiterverwendung ausübt, ohne dass die dort genannten Voraussetzungen erfüllt sind.

(11) Ordnungswidrig handelt, wer gegen die Verordnung (EU) 2016/1011 des Europäischen Parlaments und des Rates vom 8. Juni 2016 über Indizes, die bei Finanzinstrumenten und Finanzkontrakten als Referenzwert oder zur Messung der Wertentwicklung eines Investmentfonds verwendet werden, und zur Änderung der Richtlinien 2008/48/EG und 2014/17/EU sowie der Verordnung (EU) Nr. 596/2014 (ABl. L 171 vom 29.6.2016, S. 1) verstößt, indem er vorsätzlich oder leichtfertig
1. als Administrator entgegen Artikel 4 Absatz 1 Unterabsatz 1 über keine Regelungen für die Unternehmensführung verfügt oder nur über solche, die nicht den dort genannten Anforderungen entsprechen,

2. als Administrator entgegen Artikel 4 Absatz 1 Unterabsatz 2 keine angemessenen Schritte unternimmt, um Interessenkonflikte zu erkennen, zu vermeiden oder zu regeln,
3. als Administrator entgegen Artikel 4 Absatz 1 Unterabsatz 2 nicht dafür sorgt, dass Beurteilungs- oder Ermessensspielräume unabhängig und redlich ausgeübt werden,
4. als Administrator einen Referenzwert entgegen Artikel 4 Absatz 2 nicht organisatorisch getrennt von den übrigen Geschäftsbereichen bereitstellt,
5. als Administrator einer vollziehbaren Anordnung der Bundesanstalt nach Artikel 4 Absatz 3 oder Absatz 4 zuwiderhandelt,
6. als Administrator Interessenkonflikte entgegen Artikel 4 Absatz 5 nicht, nicht richtig, nicht vollständig oder nicht unverzüglich veröffentlicht oder offenlegt, nachdem er von deren Bestehen Kenntnis erlangt hat,
7. als Administrator entgegen Artikel 4 Absatz 6 die dort genannten Maßnahmen nicht festlegt, nicht anwendet oder nicht regelmäßig überprüft oder aktualisiert,
8. als Administrator entgegen Artikel 4 Absatz 7 nicht dafür sorgt, dass Mitarbeiter und die dort genannten anderen natürlichen Personen die in Artikel 4 Absatz 7 Buchstabe a bis e genannten Anforderungen erfüllen,
9. als Administrator entgegen Artikel 4 Absatz 8 keine spezifischen Verfahren der internen Kontrolle zur Sicherstellung der Integrität und Zuverlässigkeit der Mitarbeiter oder Personen, die den Referenzwert bestimmen, festlegt oder den Referenzwert vor seiner Verbreitung nicht durch die Geschäftsleitung abzeichnen lässt,
10. als Administrator entgegen Artikel 5 Absatz 1 keine ständige und wirksame Aufsichtsfunktion schafft und unterhält,
11. als Administrator entgegen Artikel 5 Absatz 2 keine soliden Verfahren zur Sicherung der Aufsichtsfunktion entwickelt und unterhält oder diese der Bundesanstalt nicht, nicht richtig, nicht vollständig oder nicht unverzüglich nach Fertigstellung der Entwicklung zur Verfügung stellt,
12. als Administrator die Aufsichtsfunktion entgegen Artikel 5 Absatz 3 nicht mit den dort genannten Zuständigkeiten ausstattet oder diese nicht an die Komplexität, Verwendung und Anfälligkeit des Referenzwerts anpasst,
13. als Administrator entgegen Artikel 5 Absatz 4 die Aufsichtsfunktion nicht einem gesonderten Ausschuss überträgt oder durch andere geeignete Regelungen zur Unternehmensführung die Integrität der Funktion sicherstellt und das Auftreten von Interessenkonflikten verhindert,
14. als Administrator entgegen Artikel 6 Absatz 1, 2 oder 3 keinen oder keinen den dort genannten Anforderungen genügenden Kontrollrahmen vorhält,
15. als Administrator entgegen Artikel 6 Absatz 4 die dort genannten Maßnahmen nicht, nicht vollständig oder nicht wirksam trifft,
16. als Administrator entgegen Artikel 6 Absatz 5 den Kontrollrahmen nicht oder nicht vollständig dokumentiert, überprüft oder aktualisiert oder der Bundesanstalt oder seinen Nutzern nicht, nicht richtig, nicht vollständig oder nicht rechtzeitig zur Verfügung stellt,
17. als Administrator entgegen Artikel 7 Absatz 1 nicht über einen den dort genannten Anforderungen genügenden Rahmen für die Rechenschaftslegung verfügt,

18. als Administrator entgegen Artikel 7 Absatz 2 keine interne Stelle benennt, die ausreichend befähigt ist, die Einhaltung der Referenzwert-Methodik und dieser Verordnung durch den Administrator zu überprüfen und darüber Bericht zu erstatten,
19. als Administrator entgegen Artikel 7 Absatz 3 keinen unabhängigen externen Prüfer benennt,
20. als Administrator entgegen Artikel 7 Absatz 4 die dort bestimmten Informationen nicht, nicht richtig, nicht vollständig oder nicht rechtzeitig zur Verfügung stellt oder veröffentlicht,
21. als Administrator entgegen Artikel 8 Absatz 1 eine dort genannte Aufzeichnung nicht oder nicht vollständig führt,
22. als Administrator entgegen Artikel 8 Absatz 2 Satz 1 eine dort genannte Aufzeichnung nicht, nicht vollständig oder nicht mindestens für die Dauer von fünf Jahren aufbewahrt,
23. als Administrator entgegen Artikel 8 Absatz 2 Satz 2 eine dort genannte Aufzeichnung nicht, nicht richtig, nicht vollständig oder nicht rechtzeitig zur Verfügung stellt oder nicht mindestens für die Dauer von drei Jahren aufbewahrt,
24. als Administrator entgegen Artikel 9 Absatz 1 keine geeigneten Beschwerdeverfahren unterhält und diese nicht unverzüglich nach ihrer Bereitstellung veröffentlicht,
25. als Administrator entgegen Artikel 10 Absatz 1 Aufgaben in einer Weise auslagert, die seine Kontrolle über die Bereitstellung des Referenzwertes oder die Möglichkeit der zuständigen Behörde zur Beaufsichtigung des Referenzwertes wesentlich beeinträchtigt,
26. als Administrator entgegen Artikel 10 Absatz 3 Aufgaben auslagert, ohne dafür zu sorgen, dass die in Artikel 10 Absatz 3 Buchstabe a bis h genannten Bedingungen erfüllt sind,
27. als Administrator entgegen Artikel 11 Absatz 1 einen Referenzwert bereitstellt, ohne dass die in Artikel 11 Absatz 1 Buchstabe a bis c und e genannten Anforderungen erfüllt sind,
28. als Administrator entgegen Artikel 11 Absatz 1 einen Referenzwert bereitstellt, ohne dass die in Artikel 11 Absatz 1 Buchstabe d genannten Anforderungen erfüllt sind,
29. als Administrator entgegen Artikel 11 Absatz 2 nicht für Kontrollen im dort genannten Umfang sorgt,
30. als Administrator entgegen Artikel 11 Absatz 3 nicht auch aus anderen Quellen Daten einholt oder die Einrichtung von Aufsichts- und Verifizierungsverfahren bei den Kontributoren nicht sicherstellt,
31. als Administrator entgegen Artikel 11 Absatz 4 nicht die nach seiner Ansicht erforderlichen Änderungen der Eingabedaten oder der Methoden zur Abbildung des Marktes oder der wirtschaftlichen Realität vornimmt oder die Bereitstellung des Referenzwertes nicht einstellt,
32. als Administrator bei der Bestimmung eines Referenzwertes entgegen Artikel 12 Absatz 1 eine Methodik anwendet, die die dort genannten Anforderungen nicht erfüllt,
33. als Administrator bei der Entwicklung einer Referenzwert-Methodik entgegen Artikel 12 Absatz 2 die dort genannten Anforderungen nicht erfüllt,

34. als Administrator entgegen Artikel 12 Absatz 3 nicht über eindeutige, veröffentlichte Regelungen verfügt, die festlegen, wann Menge oder Qualität der Eingabedaten nicht mehr den festgelegten Standards entspricht und keine zuverlässige Bestimmung des Referenzwertes mehr zulässt,
35. als Administrator entgegen Artikel 13 Absatz 1 Satz 2 oder Absatz 2 die dort genannten Informationen zur Entwicklung, Verwendung, Verwaltung und Änderung des Referenzwertes und der Referenzwert-Methodik nicht, nicht richtig, nicht vollständig oder nicht rechtzeitig veröffentlicht oder zur Verfügung stellt,
36. als Administrator entgegen Artikel 14 Absatz 1 keine angemessenen Systeme und wirksamen Kontrollen zur Sicherstellung der Integrität der Eingabedaten schafft,
37. als Administrator Eingabedaten und Kontributoren entgegen Artikel 14 Absatz 2 Unterabsatz 1 nicht oder nicht wirksam überwacht, damit er die zuständige Behörde benachrichtigen und ihr alle relevanten Informationen mitteilen kann,
38. als Administrator der Bundesanstalt entgegen Artikel 14 Absatz 2 Unterabsatz 1 die dort genannten Informationen nicht, nicht richtig, nicht vollständig oder nicht unverzüglich nach dem Auftreten eines Manipulationsverdachts mitteilt,
39. als Administrator entgegen Artikel 14 Absatz 3 nicht über Verfahren verfügt, um Verstöße seiner Führungskräfte, Mitarbeiter sowie aller anderen natürlichen Personen, von denen er Leistungen in Anspruch nehmen kann, gegen die Verordnung (EU) 2016/1011 intern zu melden,
40. als Administrator einen Verhaltenskodex für auf Eingabedaten von Kontributoren beruhende Referenzwerte entgegen Artikel 15 Absatz 1 Satz 1 in Verbindung mit Absatz 2 nicht oder nicht den dort genannten Anforderungen genügend ausarbeitet,
41. als Administrator die Einhaltung eines Verhaltenskodex entgegen Artikel 15 Absatz 1 Satz 2 nicht oder nicht ausreichend überprüft,
42. als Administrator einen Verhaltenskodex entgegen Artikel 15 Absatz 4 Satz 2 oder Absatz 5 Satz 3 in Verbindung mit Absatz 4 nicht rechtzeitig anpasst,
43. als Administrator die Bundesanstalt entgegen Artikel 15 Absatz 5 Satz 1 nicht, nicht richtig, nicht vollständig oder nicht rechtzeitig von dem Verhaltenskodex in Kenntnis setzt,
44. als beaufsichtigter Kontributor entgegen Artikel 16 Absatz 1 die dort genannten Anforderungen an die Unternehmensführung und Kontrolle nicht erfüllt,
45. als beaufsichtigter Kontributor entgegen Artikel 16 Absatz 2 oder Absatz 3 nicht über wirksame Systeme, Kontrollen und Strategien zur Wahrung der Integrität und Zuverlässigkeit aller Beiträge von Eingabedaten oder Expertenschätzungen nach Absatz 3 für den Administrator verfügt,
46. als beaufsichtigter Kontributor entgegen Artikel 16 Absatz 3 Satz 1 Aufzeichnungen nicht, nicht richtig, nicht vollständig oder nicht für die vorgeschriebene Dauer aufbewahrt,
47. als beaufsichtigter Kontributor entgegen Artikel 16 Absatz 4 bei der Prüfung und Beaufsichtigung der Bereitstellung eines Referenzwertes Informationen oder Aufzeichnungen nicht, nicht richtig oder nicht vollständig zur

Wertpapierhandelsgesetz § 120 WpHG 12

Verfügung stellt oder nicht uneingeschränkt mit dem Administrator und der Bundesanstalt zusammenarbeitet,
48. als Administrator die Bundesanstalt entgegen Artikel 21 Absatz 1 Unterabsatz 1 Buchstabe a nicht oder nicht rechtzeitig über die Absicht der Einstellung eines kritischen Referenzwertes benachrichtigt oder nicht oder nicht rechtzeitig eine in Buchstabe b genannte Einschätzung vorlegt,
49. als Administrator entgegen Artikel 21 Absatz 1 Unterabsatz 2 in dem dort genannten Zeitraum die Bereitstellung des Referenzwertes einstellt,
50. als Administrator einer vollziehbaren Anordnung der Bundesanstalt nach Artikel 21 Absatz 3 zuwiderhandelt,
51. als Administrator entgegen Artikel 23 Absatz 2 eine Einschätzung nicht, nicht richtig, nicht in der vorgeschriebenen Weise oder nicht rechtzeitig bei der Bundesanstalt einreicht,
52. als beaufsichtigter Kontributor dem Administrator eine Benachrichtigung entgegen Artikel 23 Absatz 3 Satz 1 nicht, nicht richtig, nicht in der vorgeschriebenen Weise oder nicht rechtzeitig mitteilt,
53. als Administrator die Bundesanstalt entgegen Artikel 23 Absatz 3 Satz 1 nicht oder nicht rechtzeitig unterrichtet,
54. als Administrator der Bundesanstalt entgegen Artikel 23 Absatz 3 Satz 3 eine dort bestimmte Einschätzung nicht oder nicht rechtzeitig unterbreitet,
55. als Kontributor einer vollziehbaren Anordnung der Bundesanstalt nach Artikel 23 Absatz 5, als beaufsichtigtes Unternehmen nach Artikel 23 Absatz 6 oder als beaufsichtigter Kontributor nach Artikel 23 Absatz 10 zuwiderhandelt,
56. als Kontributor eine Benachrichtigung entgegen Artikel 23 Absatz 11 nicht oder nicht rechtzeitig vornimmt,
57. als Administrator eine Benachrichtigung entgegen Artikel 24 Absatz 3 nicht oder nicht rechtzeitig vornimmt,
58. als Administrator der Bundesanstalt entgegen Artikel 25 Absatz 2 eine Entscheidung oder Informationen nicht, nicht richtig, nicht vollständig oder nicht rechtzeitig mitteilt,
59. als Administrator einer vollziehbaren Anordnung der Bundesanstalt nach Artikel 25 Absatz 3 Satz 1 zuwiderhandelt,
60. als Administrator eine Konformitätserklärung entgegen Artikel 25 Absatz 7 nicht, nicht richtig, nicht vollständig, nicht in der vorgeschriebenen Weise oder nicht rechtzeitig veröffentlicht oder diese nicht aktualisiert,
61. als Administrator entgegen Artikel 26 Absatz 2 Satz 1 die Bundesanstalt nicht, nicht richtig, nicht vollständig oder nicht rechtzeitig von der Überschreitung des in Artikel 24 Absatz 1 Buchstabe a genannten Schwellenwertes unterrichtet oder die in Satz 2 genannte Frist nicht einhält,
62. als Administrator eine Konformitätserklärung entgegen Artikel 26 Absatz 3
   a) nach der Entscheidung, eine oder mehrere in Artikel 26 Absatz 1 genannte Bestimmungen nicht anzuwenden, nicht, nicht richtig, nicht vollständig oder nicht unverzüglich veröffentlicht oder
   b) nach der Entscheidung, eine oder mehrere in Artikel 26 Absatz 1 genannte Bestimmungen nicht anzuwenden, der Bundesanstalt nicht, nicht vollständig oder nicht unverzüglich vorlegt oder diese nicht aktualisiert,

63. als Administrator einer vollziehbaren Anordnung der Bundesanstalt nach Artikel 26 Absatz 4 zuwiderhandelt,
64. als Administrator eine Referenzwert-Erklärung entgegen Artikel 27 Absatz 1 nicht, nicht richtig, nicht vollständig, nicht in der vorgeschriebenen Weise oder nicht rechtzeitig veröffentlicht,
65. als Administrator eine Referenzwert-Erklärung entgegen Artikel 27 Absatz 1 Unterabsatz 3 nicht oder nicht rechtzeitig überprüft und aktualisiert,
66. als Administrator entgegen Artikel 28 Absatz 1 dort genannte Maßnahmen nicht, nicht richtig, nicht vollständig, nicht in der vorgeschriebenen Weise oder nicht rechtzeitig veröffentlicht oder nicht oder nicht rechtzeitig aktualisiert,
67. als beaufsichtigtes Unternehmen entgegen Artikel 28 Absatz 2 einen den dort genannten Anforderungen genügenden Plan nicht, nicht richtig, nicht vollständig oder nicht in der vorgeschriebenen Weise aufstellt, nicht aktualisiert, ihn der Bundesanstalt nicht, nicht vollständig oder nicht rechtzeitig vorlegt oder sich daran nicht orientiert,
68. als beaufsichtigtes Unternehmen entgegen Artikel 29 Absatz 1 einen Referenzwert verwendet, der die dort genannten Anforderungen nicht erfüllt,
69. als Emittent, Anbieter oder Person, die die Zulassung eines Wertpapiers zum Handel an einem geregelten Markt beantragt, entgegen Artikel 29 Absatz 2 nicht sicherstellt, dass ein Prospekt Informationen enthält, aus denen hervorgeht, ob der Referenzwert von einem in das Register nach Artikel 36 eingetragenen Administrator bereitgestellt wird,
70. als Administrator entgegen Artikel 34 Absatz 1 tätig wird, ohne zuvor eine Zulassung oder Registrierung nach Absatz 6 erhalten zu haben,
71. als Administrator entgegen Artikel 34 Absatz 2 weiterhin tätig ist, obwohl die Zulassungsvoraussetzungen der Verordnung (EU) 2016/1011 nicht mehr erfüllt sind,
72. als Administrator der Bundesanstalt entgegen Artikel 34 Absatz 2 wesentliche Änderungen nicht, nicht richtig, nicht vollständig oder nicht unverzüglich nach ihrem Auftreten mitteilt,
73. einen Antrag entgegen Artikel 34 Absatz 3 nicht oder nicht rechtzeitig stellt,
74. entgegen Artikel 34 Absatz 4 unrichtige Angaben zu den zum Nachweis der Einhaltung der Anforderungen der Verordnung (EU) 2016/1011 erforderlichen Informationen macht oder
75. im Zusammenhang mit einer Untersuchung hinsichtlich der Einhaltung der Pflichten nach der Verordnung (EU) 2016/1011 einer vollziehbaren Anordnung der Bundesanstalt nach den §§ 6 bis 10 zuwiderhandelt.

(12) Ordnungswidrig handelt, wer vorsätzlich oder fahrlässig
1. einer vollziehbaren Anordnung nach
a) § 6 Absatz 2a oder 2b,
b) § 6 Absatz 3 Satz 1,
c) § 87 Absatz 6 Satz 1 Nummer 1 oder Nummer 2 Buchstabe b,
d) § 92 Absatz 1,
e) § 107 Absatz 5 Satz 1 oder § 109 Absatz 2 Satz 1
zuwiderhandelt,

2. entgegen § 6 Absatz 11 Satz 1 oder 2 oder § 107 Absatz 6 Satz 1 ein Betreten nicht gestattet oder nicht duldet,

3. entgegen § 89 Absatz 1 Satz 4 einen Prüfer nicht oder nicht rechtzeitig bestellt,

4. entgegen § 89 Absatz 3 Satz 1 eine Anzeige nicht, nicht richtig, nicht vollständig oder nicht rechtzeitig erstattet oder

5. entgegen § 114 Absatz 1 Satz 1, § 115 Absatz 1 Satz 1, jeweils auch in Verbindung mit § 117, einen Jahresfinanzbericht, einen Halbjahresfinanzbericht oder entgegen § 116 Absatz 1 in Verbindung mit § 341w des Handelsgesetzbuchs einen Zahlungs- oder Konzernzahlungsbericht nicht, nicht in der vorgeschriebenen Weise oder nicht rechtzeitig zur Verfügung stellt.

(13) Ordnungswidrig handelt, wer gegen die Verordnung (EU) Nr. 236/2012 des Europäischen Parlaments und des Rates vom 14. März 2012 über Leerverkäufe und bestimmte Aspekte von Credit Default Swaps (ABl. L 86 vom 24.3.2012, S. 1), die zuletzt durch die Verordnung (EU) Nr. 909/2014 des Europäischen Parlaments und des Rates vom 23. Juli 2014 zur Verbesserung der Wertpapierlieferungen und -abrechnungen in der Europäischen Union und über Zentralverwahrer sowie zur Änderung der Richtlinien 98/26/EG und 2014/65/EU und der Verordnung (EU) Nr. 236/2012 (ABl. L 257 vom 28.8. 2014, S. 1) geändert worden ist, verstößt, indem er vorsätzlich oder fahrlässig einer vollziehbaren Anordnung nach Artikel 18 Absatz 2 Satz 2 oder Satz 3, Artikel 19 Absatz 2, Artikel 20 Absatz 2 oder Artikel 21 Absatz 1 oder Artikel 23 Absatz 1 zuwiderhandelt.

(14) Ordnungswidrig handelt, wer eine in § 119 Absatz 3 Nummer 1 bis 3 bezeichnete Handlung leichtfertig begeht.

(15) Ordnungswidrig handelt, wer gegen die Verordnung (EU) Nr. 596/2014 verstößt, indem er vorsätzlich oder leichtfertig

1. als Handelsplatzbetreiber entgegen Artikel 4 identifizierende Referenzdaten in Bezug auf ein Finanzinstrument nicht, nicht richtig, nicht vollständig, nicht in der vorgeschriebenen Weise oder nicht rechtzeitig zur Verfügung stellt oder aktualisiert,

2. entgegen Artikel 15 eine Marktmanipulation begeht,

3. entgegen Artikel 16 Absatz 1 Unterabsatz 1 oder Absatz 2 Satz 1 wirksame Regelungen, Systeme und Verfahren nicht schafft oder nicht aufrechterhält,

4. entgegen Artikel 16 Absatz 1 Unterabsatz 2 eine Meldung nicht, nicht richtig, nicht vollständig, nicht in der vorgeschriebenen Weise oder nicht rechtzeitig vornimmt,

5. entgegen Artikel 16 Absatz 2 Satz 2 eine Unterrichtung nicht, nicht richtig, nicht vollständig, nicht in der vorgeschriebenen Weise oder nicht rechtzeitig vornimmt,

6. entgegen Artikel 17 Absatz 1 Unterabsatz 1 oder Artikel 17 Absatz 2 Unterabsatz 1 Satz 1 eine Insiderinformation nicht, nicht richtig, nicht vollständig, nicht in der vorgeschriebenen Weise oder nicht rechtzeitig bekannt gibt,

7. entgegen Artikel 17 Absatz 1 Unterabsatz 2 Satz 1 eine Veröffentlichung nicht sicherstellt,

## 12 WpHG § 120 Wertpapierhandelsgesetz

8. entgegen Artikel 17 Absatz 1 Unterabsatz 2 Satz 2 die Veröffentlichung einer Insiderinformation mit einer Vermarktung seiner Tätigkeiten verbindet,
9. entgegen Artikel 17 Absatz 1 Unterabsatz 2 Satz 3 eine Insiderinformation nicht, nicht richtig, nicht vollständig, nicht in der vorgeschriebenen Weise oder nicht rechtzeitig veröffentlicht oder nicht mindestens fünf Jahre lang auf der betreffenden Website anzeigt,
10. entgegen Artikel 17 Absatz 4 Unterabsatz 3 Satz 1 die zuständige Behörde nicht, nicht richtig, nicht vollständig, nicht in der vorgeschriebenen Weise oder nicht rechtzeitig über den Aufschub einer Offenlegung informiert oder den Aufschub einer Offenlegung nicht, nicht richtig, nicht vollständig, nicht in der vorgeschriebenen Weise oder nicht rechtzeitig erläutert,
11. entgegen Artikel 17 Absatz 8 Satz 1 eine Insiderinformation nicht, nicht richtig, nicht vollständig, nicht in der vorgeschriebenen Weise oder nicht rechtzeitig veröffentlicht,
12. entgegen Artikel 18 Absatz 1 Buchstabe a eine Liste nicht, nicht richtig, nicht vollständig, nicht in der vorgeschriebenen Weise oder nicht rechtzeitig aufstellt,
13. entgegen Artikel 18 Absatz 1 Buchstabe b in Verbindung mit Artikel 18 Absatz 4 eine Insiderliste nicht, nicht richtig, nicht vollständig, nicht in der vorgeschriebenen Weise oder nicht rechtzeitig aktualisiert,
14. entgegen Artikel 18 Absatz 1 Buchstabe c eine Insiderliste nicht, nicht richtig, nicht vollständig, nicht in der vorgeschriebenen Weise oder nicht rechtzeitig zur Verfügung stellt,
15. entgegen Artikel 18 Absatz 2 Unterabsatz 1 nicht die dort genannten Vorkehrungen trifft,
16. entgegen Artikel 18 Absatz 5 eine Insiderliste nach einer Erstellung oder Aktualisierung nicht oder nicht mindestens fünf Jahre aufbewahrt,
17. entgegen Artikel 19 Absatz 1 Unterabsatz 1, auch in Verbindung mit Artikel 19 Absatz 7 Unterabsatz 1, jeweils auch in Verbindung mit einem technischen Durchführungsstandard nach Artikel 19 Absatz 15, eine Meldung nicht, nicht richtig, nicht vollständig, nicht in der vorgeschriebenen Weise oder nicht rechtzeitig vornimmt,
18. entgegen Artikel 19 Absatz 3 Unterabsatz 1 in Verbindung mit Artikel 19 Absatz 4, auch in Verbindung mit einem technischen Durchführungsstandard nach Artikel 19 Absatz 15, die Veröffentlichung nicht, nicht richtig, nicht vollständig, nicht in der vorgeschriebenen Weise oder nicht rechtzeitig sicherstellt,
19. entgegen Artikel 19 Absatz 5 Unterabsatz 1 Satz 1 oder Unterabsatz 2 eine dort genannte Person nicht, nicht richtig, nicht vollständig oder nicht in der vorgeschriebenen Weise in Kenntnis setzt,
20. entgegen Artikel 19 Absatz 5 Unterabsatz 1 Satz 2 eine Liste nicht, nicht richtig oder nicht vollständig erstellt,
21. entgegen Artikel 19 Absatz 5 Unterabsatz 2 eine Kopie nicht oder nicht mindestens fünf Jahre aufbewahrt,
22. entgegen Artikel 19 Absatz 11 ein Eigengeschäft oder ein Geschäft für Dritte tätigt oder

23. entgegen Artikel 20 Absatz 1, auch in Verbindung mit einem technischen Regulierungsstandard nach Artikel 20 Absatz 3, nicht oder nicht in der vorgeschriebenen Weise dafür Sorge trägt, dass Informationen objektiv dargestellt oder Interessen oder Interessenkonflikte offengelegt werden.

(15a) Ordnungswidrig handelt, wer vorsätzlich oder leichtfertig entgegen Artikel 5 Absatz 5 der Delegierten Verordnung (EU) 2016/957 der Kommission vom 9. März 2016 zur Ergänzung der Verordnung (EU) Nr. 596/2014 des Europäischen Parlaments und des Rates im Hinblick auf technische Regulierungsstandards für die geeigneten Regelungen, Systeme und Verfahren sowie Mitteilungsmuster zur Vorbeugung, Aufdeckung und Meldung von Missbrauchspraktiken oder verdächtigen Aufträgen oder Geschäften (ABl. L 160 vom 17.6.2016, S. 1) eine Verdachtsmeldung nicht richtig ausfüllt.

(16) Ordnungswidrig handelt, wer gegen die Verordnung (EU) Nr. 1286/2014[1] des Europäischen Parlaments und des Rates vom 26. November 2014 über Basisinformationsblätter für verpackte Anlageprodukte für Kleinanleger und Versicherungsanlageprodukte (PRIIP) (ABl. L 352 vom 9.12.2014, S. 1; L 358 vom 13.12.2014, S. 50) verstößt, indem er vorsätzlich oder leichtfertig

1. entgegen

    a) Artikel 5 Absatz 1,

    b) Artikel 5 Absatz 1 in Verbindung mit Artikel 6,

    c) Artikel 5 Absatz 1 in Verbindung mit Artikel 7 Absatz 2,

    d) Artikel 5 Absatz 1 in Verbindung mit Artikel 8 Absatz 1 bis 3

    ein Basisinformationsblatt nicht, nicht richtig, nicht vollständig, nicht rechtzeitig oder nicht in der vorgeschriebenen Weise abfasst oder veröffentlicht,

2. entgegen Artikel 5 Absatz 1 in Verbindung mit Artikel 7 Absatz 1 ein Basisinformationsblatt nicht in der vorgeschriebenen Weise abfasst oder übersetzt,

3. entgegen Artikel 10 Absatz 1 Satz 1 ein Basisinformationsblatt nicht oder nicht rechtzeitig überprüft,

4. entgegen Artikel 10 Absatz 1 Satz 1 ein Basisinformationsblatt nicht oder nicht vollständig überarbeitet,

5. entgegen Artikel 10 Absatz 1 Satz 2 ein Basisinformationsblatt nicht oder nicht rechtzeitig zur Verfügung stellt,

6. entgegen Artikel 9 Satz 1 in Werbematerialien Aussagen trifft, die im Widerspruch zu den Informationen des Basisinformationsblattes stehen oder dessen Bedeutung herabstufen,

7. entgegen Artikel 9 Satz 2 die erforderlichen Hinweise in Werbematerialien nicht, nicht richtig oder nicht vollständig aufnimmt,

8. entgegen

    a) Artikel 13 Absatz 1, 3 und 4 oder

    b) Artikel 14

    ein Basisinformationsblatt nicht oder nicht rechtzeitig oder nicht in der vorgeschriebenen Weise zur Verfügung stellt,

---

[1] Nr. 9.

9. entgegen Artikel 19 Buchstabe a und b nicht oder nicht in der vorgeschriebenen Weise geeignete Verfahren und Vorkehrungen zur Einreichung und Beantwortung von Beschwerden vorsieht oder

10. entgegen Artikel 19 Buchstabe c nicht oder nicht in der vorgeschriebenen Weise geeignete Verfahren und Vorkehrungen vorsieht, durch die gewährleistet wird, dass Kleinanlegern wirksame Beschwerdeverfahren im Falle von grenzüberschreitenden Streitigkeiten zur Verfügung stehen.

(17) ¹Die Ordnungswidrigkeit kann in den Fällen des Absatzes 2 Nummer 2 Buchstabe d und e, Nummer 4 Buchstabe a, b und e bis g und des Absatzes 12 Nummer 5 mit einer Geldbuße bis zu zwei Millionen Euro geahndet werden. ²Gegenüber einer juristischen Person oder Personenvereinigung kann über Satz 1 hinaus eine höhere Geldbuße verhängt werden; die Geldbuße darf den höheren der folgenden Beträge nicht übersteigen:

1. zehn Millionen Euro oder
2. 5 Prozent des Gesamtumsatzes, den die juristische Person oder Personenvereinigung im der Behördenentscheidung vorangegangenen Geschäftsjahr erzielt hat.

³Über die in den Sätzen 1 und 2 genannten Beträge hinaus kann die Ordnungswidrigkeit mit einer Geldbuße bis zum Zweifachen des aus dem Verstoß gezogenen wirtschaftlichen Vorteils geahndet werden. ⁴Der wirtschaftliche Vorteil umfasst erzielte Gewinne und vermiedene Verluste und kann geschätzt werden.

(18) ¹Die Ordnungswidrigkeit kann in den Fällen der Absätze 14 und 15 Nummer 2 mit einer Geldbuße bis zu fünf Millionen Euro, in den Fällen des Absatzes 2 Nummer 3, des Absatzes 15 Nummer 3 bis 11 sowie des Absatzes 15a mit einer Geldbuße bis zu einer Million Euro und in den Fällen des Absatzes 15 Nummer 1 und 12 bis 23 mit einer Geldbuße bis zu fünfhunderttausend Euro geahndet werden. ²Gegenüber einer juristischen Person oder Personenvereinigung kann über Satz 1 hinaus eine höhere Geldbuße verhängt werden; diese darf

1. in den Fällen der Absätze 14 und 15 Nummer 2 den höheren der Beträge von fünfzehn Millionen Euro und 15 Prozent des Gesamtumsatzes, den die juristische Person oder Personenvereinigung im der Behördenentscheidung vorangegangenen Geschäftsjahr erzielt hat,
2. in den Fällen des Absatzes 15 Nummer 3 bis 11 und des Absatzes 15a den höheren der Beträge von zweieinhalb Millionen Euro und 2 Prozent des Gesamtumsatzes, den die juristische Person oder Personenvereinigung im der Behördenentscheidung vorangegangenen Geschäftsjahr erzielt hat und
3. in den Fällen des Absatzes 15 Nummer 1 und 12 bis 23 eine Million Euro

nicht überschreiten. ³Über die in den Sätzen 1 und 2 genannten Beträge hinaus kann die Ordnungswidrigkeit mit einer Geldbuße bis zum Dreifachen des aus dem Verstoß gezogenen wirtschaftlichen Vorteils geahndet werden. ⁴Der wirtschaftliche Vorteil umfasst erzielte Gewinne und vermiedene Verluste und kann geschätzt werden.

(19) ¹Die Ordnungswidrigkeit kann in den Fällen des Absatzes 16 mit einer Geldbuße von bis zu siebenhunderttausend Euro geahndet werden. ²Gegenüber einer juristischen Person oder einer Personenvereinigung kann über Satz 1 hinaus eine höhere Geldbuße verhängt werden; diese darf den höheren der

Wertpapierhandelsgesetz § 120 WpHG 12

Beträge von fünf Millionen Euro und 3 Prozent des Gesamtumsatzes, den die juristische Person oder Personenvereinigung im der Behördenentscheidung vorangegangenen Geschäftsjahr erzielt hat, nicht überschreiten. [3] Über die in den Sätzen 1 und 2 genannten Beträge hinaus kann die Ordnungswidrigkeit mit einer Geldbuße bis zum Zweifachen des aus dem Verstoß gezogenen wirtschaftlichen Vorteils geahndet werden. [4] Der wirtschaftliche Vorteil umfasst erzielte Gewinne und vermiedene Verluste und kann geschätzt werden.

(20) [1] Die Ordnungswidrigkeit kann in den Fällen der Absätze 8 und 9 mit einer Geldbuße bis zu fünf Millionen Euro geahndet werden. [2] Gegenüber einer juristischen Person oder Personenvereinigung kann über Satz 1 hinaus eine höhere Geldbuße in Höhe von bis zu 10 Prozent des Gesamtumsatzes, den die juristische Person oder Personenvereinigung im der Behördenentscheidung vorangegangenen Geschäftsjahr erzielt hat, verhängt werden. [3] Über die in den Sätzen 1 und 2 genannten Beträge hinaus kann die Ordnungswidrigkeit mit einer Geldbuße bis zum Zweifachen des aus dem Verstoß gezogenen wirtschaftlichen Vorteils geahndet werden. [4] Der wirtschaftliche Vorteil umfasst erzielte Gewinne und vermiedene Verluste und kann geschätzt werden.

(21) [1] Die Ordnungswidrigkeit kann in den Fällen des Absatzes 10 mit einer Geldbuße bis zu fünf Millionen Euro geahndet werden. [2] Gegenüber einer juristischen Person oder Personenvereinigung kann über Satz 1 hinaus eine höhere Geldbuße verhängt werden; diese darf

1. in den Fällen des Absatzes 10 Satz 1 Nummer 1 und 2 den höheren der Beträge von fünf Millionen Euro und 10 Prozent des Gesamtumsatzes, den die juristische Person oder Personenvereinigung im der Behördenentscheidung vorangegangenen Geschäftsjahr erzielt hat,
2. in den Fällen des Absatzes 10 Satz 1 Nummer 3 und 4 den höheren der Beträge von fünfzehn Millionen Euro und 10 Prozent des Gesamtumsatzes, den die juristische Person oder Personenvereinigung in der Behördenentscheidung vorangegangenen Geschäftsjahr erzielt hat,

nicht überschreiten. [3] Über die in den Sätzen 1 und 2 genannten Beträge hinaus kann die Ordnungswidrigkeit mit einer Geldbuße bis zum Dreifachen des aus dem Verstoß gezogenen wirtschaftlichen Vorteils geahndet werden. [4] Der wirtschaftliche Vorteil umfasst erzielte Gewinne und vermiedene Verluste und kann geschätzt werden.

(22) [1] Die Ordnungswidrigkeit kann in den Fällen des Absatzes 11 Satz 1 Nummer 1 bis 27, 29, 30 und 32 bis 74 mit einer Geldbuße bis zu fünfhunderttausend Euro und in den Fällen des Absatzes 11 Satz 1 Nummer 28, 31 und 75 mit einer Geldbuße bis zu einhunderttausend Euro geahndet werden. [2] Gegenüber einer juristischen Person oder Personenvereinigung kann über Satz 1 hinaus eine höhere Geldbuße verhängt werden; diese darf

1. in den Fällen des Absatzes 11 Satz 1 Nummer 27, 29, 30 und 32 bis 74 den höheren der Beträge von einer Million Euro und 10 Prozent des Gesamtumsatzes, den die juristische Person oder Personenvereinigung in der Behördenentscheidung vorangegangenen Geschäftsjahr erzielt hat,
2. in den Fällen des Absatzes 11 Satz 1 Nummer 28, 31 und 75 den höheren der Beträge von zweihundertfünfzigtausend Euro und 2 Prozent des Gesamtumsatzes, den die juristische Person oder Personenvereinigung in der Behördenentscheidung vorangegangenen Geschäftsjahr erzielt hat,

nicht überschreiten. ³ Über die in den Sätzen 1 und 2 genannten Beträge hinaus kann die Ordnungswidrigkeit mit einer Geldbuße bis zum Dreifachen des aus dem Verstoß gezogenen wirtschaftlichen Vorteils geahndet werden. ⁴ Der wirtschaftliche Vorteil umfasst erzielte Gewinne und vermiedene Verluste und kann geschätzt werden. ⁵ Die Sätze 1 bis 4 gelten für sonstige Vereinigungen entsprechend mit der Maßgabe, dass der maßgebliche Gesamtumsatz 10 Prozent des aggregierten Umsatzes der Anteilseigner beträgt, wenn es sich bei der sonstigen Vereinigung um ein Mutterunternehmen oder ein Tochterunternehmen handelt.

(22a) ¹ Die Ordnungswidrigkeit kann in den Fällen des Absatzes 12 Nummer 1 Buchstabe a mit einer Geldbuße bis zu siebenhunderttausend Euro geahndet werden. ² Gegenüber einer juristischen Person oder Personenvereinigung kann über Satz 1 hinaus eine höhere Geldbuße verhängt werden; diese darf den höheren der Beträge von fünf Millionen Euro und 3 Prozent des Gesamtumsatzes, den die juristische Person oder Personenvereinigung im der Behördenentscheidung vorangegangenen Geschäftsjahr erzielt hat, nicht überschreiten. ³ Über die in den Sätzen 1 und 2 genannten Beträge hinaus kann die Ordnungswidrigkeit mit einer Geldbuße bis zum Zweifachen des aus dem Verstoß gezogenen wirtschaftlichen Vorteils geahndet werden. ⁴ Der wirtschaftliche Vorteil umfasst erzielte Gewinne und vermiedene Verluste und kann geschätzt werden.

(23) ¹ Gesamtumsatz im Sinne des Absatzes 17 Satz 2 Nummer 2, des Absatzes 18 Satz 2 Nummer 1 und 2, des Absatzes 19 Satz 2, des Absatzes 20 Satz 2, des Absatzes 21 Satz 2, des Absatzes 22 Satz 2 und des Absatzes 22a Satz 2 ist

1. im Falle von Kreditinstituten, Zahlungsinstituten und Finanzdienstleistungsinstituten im Sinne des § 340 des Handelsgesetzbuchs der sich aus dem auf das Institut anwendbaren nationalen Recht im Einklang mit Artikel 27 Nummer 1, 3, 4, 6 und 7 oder Artikel 28 Nummer B1, B2, B3, B4 und B7 der Richtlinie 86/635/EWG des Rates vom 8. Dezember 1986 über den Jahresabschluss und den konsolidierten Abschluss von Banken und anderen Finanzinstituten (ABl. L 372 vom 31.12.1986, S. 1) ergebende Gesamtbetrag, abzüglich der Umsatzsteuer und sonstiger direkt auf diese Erträge erhobener Steuern,

2. im Falle von Versicherungsunternehmen der sich aus dem auf das Versicherungsunternehmen anwendbaren nationalen Recht im Einklang mit Artikel 63 der Richtlinie 91/674/EWG des Rates vom 19. Dezember 1991 über den Jahresabschluss und den konsolidierten Abschluss von Versicherungsunternehmen (ABl. L 374 vom 31.12.1991, S. 7) ergebende Gesamtbetrag, abzüglich der Umsatzsteuer und sonstiger direkt auf diese Erträge erhobener Steuern,

3. im Übrigen der Betrag der Nettoumsatzerlöse nach Maßgabe des auf das Unternehmen anwendbaren nationalen Rechts im Einklang mit Artikel 2 Nummer 5 der Richtlinie 2013/34/EU.

² Handelt es sich bei der juristischen Person oder Personenvereinigung um ein Mutterunternehmen oder um eine Tochtergesellschaft, so ist anstelle des Gesamtumsatzes der juristischen Person oder Personenvereinigung der jeweilige Gesamtbetrag in dem Konzernabschluss des Mutterunternehmens maßgeblich, der für den größten Kreis von Unternehmen aufgestellt wird. ³ Wird der Konzernabschluss für den größten Kreis von Unternehmen nicht nach den in

Satz 1 genannten Vorschriften aufgestellt, ist der Gesamtumsatz nach Maßgabe der den in Satz 1 Nummer 1 bis 3 vergleichbaren Posten des Konzernabschlusses zu ermitteln. ⁴ Ist ein Jahresabschluss oder Konzernabschluss für das maßgebliche Geschäftsjahr nicht verfügbar, ist der Jahres- oder Konzernabschluss für das unmittelbar vorausgehende Geschäftsjahr maßgeblich; ist auch dieser nicht verfügbar, kann der Gesamtumsatz geschätzt werden.

(24) Die Ordnungswidrigkeit kann in den Fällen des Absatzes 2 Nummer 2 Buchstabe f bis h, Nummer 2b und 4 Buchstabe c, Nummer 10 und 15 sowie des Absatzes 6 Nummer 3 bis 5 sowie des Absatzes 7 Nummer 5, 8 und 9 mit einer Geldbuße bis zu fünfhunderttausend Euro, in den Fällen des Absatzes 1 Nummer 2 und 3, des Absatzes 2 Nummer 1, 2 Buchstabe a, b und k bis n, Nummer 2a,[1]) und 16, des Absatzes 4 Nummer 5, des Absatzes 6 Nummer 1 und 2, des Absatzes 7 Nummer 1, 3 und 4 und des Absatzes 12 Nummer 1 Buchstabe b mit einer Geldbuße bis zu zweihunderttausend Euro, in den Fällen des Absatzes 1 Nummer 4, des Absatzes 2 Nummer 6 bis 8, 11 bis 13, des Absatzes 7 Nummer 2, 6 und 7 und des Absatzes 12 Nummer 1 Buchstabe c mit einer Geldbuße bis zu hunderttausend Euro, in den übrigen Fällen mit einer Geldbuße bis zu fünfzigtausend Euro geahndet werden.

(25) ¹ § 17 Absatz 2 des Gesetzes über Ordnungswidrigkeiten ist nicht anzuwenden bei Verstößen gegen Gebote und Verbote, die in den Absätzen 17 bis 22 in Bezug genommen werden. ² Dies gilt nicht für Ordnungswidrigkeiten nach Absatz 2 Nummer 4 Buchstabe a, Absatz 8 Nummer 43 und 44, 134 bis 137 und Absatz 15 Nummer 1. ³ § 30 des Gesetzes über Ordnungswidrigkeiten gilt auch für juristische Personen oder Personenvereinigungen, die über eine Zweigniederlassung oder im Wege des grenzüberschreitenden Dienstleistungsverkehrs im Inland tätig sind.

(26) Die Verfolgung der Ordnungswidrigkeiten nach den Absätzen 17 bis 22 verjährt in drei Jahren.

(27) ¹ Absatz 2 Nummer 5 und 14, Absatz 3 sowie Absatz 12 Nummer 1 Buchstabe c, Nummer 3 und 4, jeweils in Verbindung mit Absatz 24, gelten auch für die erlaubnispflichtige Anlageverwaltung im Sinne des § 2 Absatz 13 Satz 3. ² Absatz 8 Nummer 27 bis 37, 39 bis 53, 97 bis 100, 103 bis 112 und 123, jeweils in Verbindung mit Absatz 20, gilt auch für Wertpapierdienstleistungsunternehmen und Kreditinstitute, wenn sie im Sinne des § 96 strukturierte Einlagen verkaufen oder über diese beraten. ³ Absatz 8 Nummer 88 bis 96 und 98 bis 102, jeweils in Verbindung mit Absatz 20, gilt auch für Unternehmen im Sinne des § 3 Satz 1. ⁴ Absatz 8 Nummer 2, 27 bis 126 und 134 bis 136, jeweils in Verbindung mit Absatz 20, gilt auch für Unternehmen im Sinne des § 3 Absatz 3 Satz 1 und 2.

(28) Das Bundesministerium der Finanzen wird ermächtigt, soweit dies zur Durchsetzung der Rechtsakte der Europäischen Union erforderlich ist, durch Rechtsverordnung ohne Zustimmung des Bundesrates die Tatbestände zu bezeichnen, die als Ordnungswidrigkeit nach Absatz 2 Nummer 16 geahndet werden können.

**§ 121 Zuständige Verwaltungsbehörde.** Verwaltungsbehörde im Sinne des § 36 Abs. 1 Nr. 1 des Gesetzes über Ordnungswidrigkeiten ist die Bundesanstalt.

---

[1]) Zeichensetzung amtlich.

## § 122 Beteiligung der Bundesanstalt und Mitteilungen in Strafsachen.

(1) [1] Die Staatsanwaltschaft informiert die Bundesanstalt über die Einleitung eines Ermittlungsverfahrens, welches Straftaten nach § 119 betrifft. [2] Werden im Ermittlungsverfahren Sachverständige benötigt, können fachkundige Angehörige der Bundesanstalt herangezogen werden. [3] Der Bundesanstalt sind die Anklageschrift, der Antrag auf Erlass eines Strafbefehls und die Einstellung des Verfahrens mitzuteilen. [4] Erwägt die Staatsanwaltschaft, das Verfahren einzustellen, so hat sie die Bundesanstalt zuvor anzuhören.

(2) Das Gericht teilt der Bundesanstalt in einem Verfahren, welches Straftaten nach § 119 betrifft, den Termin der Hauptverhandlung und die Entscheidung, mit der das Verfahren abgeschlossen wird, mit.

(3) Der Bundesanstalt ist auf Antrag Akteneinsicht zu gewähren, sofern nicht schutzwürdige Interessen des Betroffenen entgegenstehen oder der Untersuchungserfolg der Ermittlungen gefährdet wird.

(4) [1] In Strafverfahren gegen Inhaber oder Geschäftsleiter von Wertpapierdienstleistungsunternehmen oder deren gesetzliche Vertreter oder persönlich haftende Gesellschafter wegen Straftaten zum Nachteil von Kunden bei oder im Zusammenhang mit dem Betrieb des Wertpapierdienstleistungsunternehmens, ferner in Strafverfahren, die Straftaten nach § 119 zum Gegenstand haben, sind im Falle der Erhebung der öffentlichen Klage der Bundesanstalt
1. die Anklageschrift oder eine an ihre Stelle tretende Antragsschrift,
2. der Antrag auf Erlass eines Strafbefehls und
3. die das Verfahren abschließende Entscheidung mit Begründung

zu übermitteln; ist gegen die Entscheidung ein Rechtsmittel eingelegt worden, ist die Entscheidung unter Hinweis auf das eingelegte Rechtsmittel zu übermitteln. [2] In Verfahren wegen fahrlässig begangener Straftaten werden die in den Nummern 1 und 2 bestimmten Übermittlungen nur vorgenommen, wenn aus der Sicht der übermittelnden Stelle unverzüglich Entscheidungen oder andere Maßnahmen der Bundesanstalt geboten sind.

(5) [1] Werden sonst in einem Strafverfahren Tatsachen bekannt, die auf Missstände in dem Geschäftsbetrieb eines Wertpapierdienstleistungsunternehmens hindeuten, soll das Gericht, die Strafverfolgungs- oder die Strafvollstreckungsbehörde diese Tatsachen ebenfalls mitteilen, soweit nicht für die übermittelnde Stelle erkennbar ist, dass schutzwürdige Interessen des Betroffenen überwiegen. [2] Dabei ist zu berücksichtigen, wie gesichert die zu übermittelnden Erkenntnisse sind.

## § 123 Bekanntmachung von Maßnahmen.

(1) [1] Die Bundesanstalt kann unanfechtbare Maßnahmen, die sie wegen Verstößen gegen Verbote oder Gebote dieses Gesetzes getroffen hat, auf ihrer Internetseite öffentlich bekannt machen, soweit dies zur Beseitigung oder Verhinderung von Missständen nach § 6 Absatz 1 Satz 2 geeignet und erforderlich ist, es sei denn, diese Veröffentlichung würde die Finanzmärkte erheblich gefährden oder zu einem unverhältnismäßigen Schaden bei den Beteiligten führen. [2] Anordnungen nach § 6 Absatz 2 Satz 4 hat die Bundesanstalt unverzüglich auf ihrer Internetseite zu veröffentlichen.

(2) Zeitgleich mit der Veröffentlichung nach Absatz 1 Satz 1 oder Satz 2 hat die Bundesanstalt die Europäische Wertpapier- und Marktaufsichtsbehörde über die Veröffentlichung zu unterrichten.

(3) Die Bundesanstalt hat unanfechtbare Maßnahmen, die sie wegen Verstößen gegen Artikel 4 Absatz 1 der Verordnung (EG) Nr. 1060/2009 getroffen hat, unverzüglich auf ihrer Internetseite öffentlich bekannt zu machen, es sei denn, diese Veröffentlichung würde die Finanzmärkte erheblich gefährden oder zu einem unverhältnismäßigen Schaden bei den Beteiligten führen.

(4) [1] Die Bundesanstalt hat jede unanfechtbar gewordene Bußgeldentscheidung nach § 120 Absatz 7 unverzüglich auf ihrer Internetseite öffentlich bekannt zu machen, es sei denn, diese Veröffentlichung würde die Finanzmärkte erheblich gefährden oder zu einem unverhältnismäßigen Schaden bei den Beteiligten führen. [2] Die Bekanntmachung darf keine personenbezogenen Daten enthalten.

(5) [1] Eine Bekanntmachung nach den Absätzen 1, 3 und 4 ist fünf Jahre nach ihrer Veröffentlichung zu löschen. [2] Abweichend von Satz 1 sind personenbezogene Daten zu löschen, sobald ihre Bekanntmachung nicht mehr erforderlich ist.

**§ 124 Bekanntmachung von Maßnahmen und Sanktionen wegen Verstößen gegen Transparenzpflichten.** (1) Die Bundesanstalt macht Entscheidungen über Maßnahmen und Sanktionen, die wegen Verstößen gegen Verbote oder Gebote nach den Abschnitten 6, 7 und 16 Unterabschnitt 2 dieses Gesetzes erlassen oder der Bundesanstalt gemäß § 335 Absatz 1d des Handelsgesetzbuchs mitgeteilt wurden, auf ihrer Internetseite unverzüglich bekannt.

(2) [1] In der Bekanntmachung benennt die Bundesanstalt die Vorschrift, gegen die verstoßen wurde, und die für den Verstoß verantwortliche natürliche oder juristische Person oder Personenvereinigung. [2] Bei nicht bestands- oder nicht rechtskräftigen Entscheidungen fügt sie einen Hinweis darauf, dass die Entscheidung noch nicht bestandskräftig oder nicht rechtskräftig ist, hinzu. [3] Die Bundesanstalt ergänzt die Bekanntmachung unverzüglich um einen Hinweis auf die Einlegung eines Rechtsbehelfes gegen die Maßnahme oder Sanktion sowie auf das Ergebnis des Rechtsbehelfsverfahrens.

(3) Die Bundesanstalt macht die Entscheidung ohne Nennung personenbezogener Daten bekannt oder schiebt die Bekanntmachung der Entscheidung auf, wenn

1. die Bekanntmachung der personenbezogenen Daten unverhältnismäßig wäre,
2. die Bekanntmachung die Stabilität des Finanzsystems ernsthaft gefährden würde,
3. die Bekanntmachung eine laufende Ermittlung ernsthaft gefährden würde oder
4. die Bekanntmachung den Beteiligten einen unverhältnismäßigen Schaden zufügen würde.

(4) [1] Eine Bekanntmachung nach Absatz 1 ist fünf Jahre nach ihrer Veröffentlichung zu löschen. [2] Abweichend von Satz 1 sind personenbezogene Daten zu löschen, sobald ihre Bekanntmachung nicht mehr erforderlich ist.

## § 125 Bekanntmachung von Maßnahmen und Sanktionen wegen Verstößen gegen die Verordnung (EU) Nr. 596/2014[1]), die Verordnung (EU) 2015/2365 und die Verordnung (EU) 2016/1011.

(1) ¹Die Bundesanstalt macht Entscheidungen über Maßnahmen und Sanktionen, die wegen Verstößen nach den Artikeln 14, 15, 16 Absatz 1 und 2, Artikel 17 Absatz 1, 2, 4, 5 und 8, Artikel 18 Absatz 1 bis 6, Artikel 19 Absatz 1, 2, 3, 5, 6, 7 und 11 und Artikel 20 Absatz 1 der Verordnung (EU) Nr. 596/2014 sowie den Artikeln 4 und 15 der Verordnung (EU) 2015/2365 erlassen wurden, unverzüglich nach Unterrichtung der natürlichen oder juristischen Person, gegen die die Maßnahme oder Sanktion verhängt wurde, auf ihrer Internetseite bekannt. ²Dies gilt nicht für Entscheidungen über Ermittlungsmaßnahmen.

(2) In der Bekanntmachung benennt die Bundesanstalt die Vorschrift, gegen die verstoßen wurde, und die für den Verstoß verantwortliche natürliche oder juristische Person oder Personenvereinigung.

(3) ¹Ist die Bekanntmachung der Identität einer von der Entscheidung betroffenen juristischen Person oder der personenbezogenen Daten einer natürlichen Person unverhältnismäßig oder würde die Bekanntmachung laufende Ermittlungen oder die Stabilität der Finanzmärkte gefährden, so
1. schiebt die Bundesanstalt die Bekanntmachung der Entscheidung auf, bis die Gründe für das Aufschieben weggefallen sind,
2. macht die Bundesanstalt die Entscheidung ohne Nennung der Identität oder der personenbezogenen Daten bekannt, wenn hierdurch ein wirksamer Schutz der Identität oder der betreffenden personenbezogenen Daten gewährleistet ist oder
3. macht die Bundesanstalt die Entscheidung nicht bekannt, wenn eine Bekanntmachung gemäß den Nummern 1 und 2 nicht ausreichend wäre, um sicherzustellen, dass
   a) die Stabilität der Finanzmärkte nicht gefährdet wird oder
   b) die Verhältnismäßigkeit der Bekanntmachung gewahrt bleibt.

²Im Falle des Satzes 1 Nummer 2 kann die Bundesanstalt die Bekanntmachung der Identität oder der personenbezogenen Daten nachholen, wenn die Gründe für die anonymisierte Bekanntmachung entfallen sind.

(4) ¹Bei nicht bestands- oder nicht rechtskräftigen Entscheidungen fügt die Bundesanstalt einen entsprechenden Hinweis hinzu. ²Wird gegen die bekanntzumachende Entscheidung ein Rechtsbehelf eingelegt, so ergänzt die Bundesanstalt die Bekanntmachung unverzüglich um einen Hinweis auf den Rechtsbehelf sowie um alle weiteren Informationen über das Ergebnis des Rechtsbehelfsverfahrens.

(5) ¹Eine Bekanntmachung nach Absatz 1 ist fünf Jahre nach ihrer Bekanntmachung zu löschen. ²Abweichend von Satz 1 sind personenbezogene Daten zu löschen, sobald ihre Bekanntmachung nicht mehr erforderlich ist.

(6) Bei Entscheidungen über Maßnahmen und Sanktionen, die erlassen wurden wegen eines Verstoßes gegen die Artikel 4 bis 16, 21, 23 bis 29 und 34 der Verordnung (EU) 2016/1011 oder wegen eines Verstoßes gegen eine vollziehbare Anordnung, die die Bundesanstalt im Zusammenhang mit einer Untersuchung betreffend die Pflichten nach dieser Verordnung gemäß § 6 Absatz 3

---

[1]) Nr. 11.

Satz 4 und Absatz 6, 8, 11 bis 13, § 7 Absatz 2, § 10 Absatz 2 Satz 2 Nummer 1 oder 2 erlassen hat, gelten die Absätze 1 bis 5 entsprechend mit der Maßgabe, dass die Aufhebung einer Entscheidung auch dann veröffentlicht wird, wenn sie nicht auf Grund eines Rechtsbehelfs erfolgt ist.

**§ 126 Bekanntmachung von Maßnahmen und Sanktionen wegen Verstößen gegen Vorschriften der Abschnitte 9 bis 11 und gegen die Verordnung (EU) Nr. 600/2014[1]).** (1) ¹Die Bundesanstalt macht Entscheidungen über Maßnahmen und Sanktionen, die erlassen wurden wegen Verstößen gegen

1. die Verbote oder Gebote der Abschnitte 9 bis 11 dieses Gesetzes,
2. die Rechtsverordnungen, die zur Durchführung dieser Vorschriften erlassen wurden, oder
3. die Verbote oder Gebote der in den Titeln II bis VI enthaltenen Artikel der Verordnung (EU) Nr. 600/2014

auf ihrer Internetseite unverzüglich nach Unterrichtung der natürlichen oder juristischen Person, gegen die die Maßnahme oder Sanktion verhängt wurde, bekannt. ²Dies gilt nicht für

1. Entscheidungen über Maßnahmen und Sanktionen, die wegen Verstößen gegen § 64 Absatz 6, die §§ 86, 87, 89 oder § 94 verhängt wurden,
2. Entscheidungen, mit denen Maßnahmen mit Ermittlungscharakter verhängt werden sowie
3. Entscheidungen, die gemäß § 50a des Börsengesetzes[2]) von den Börsenaufsichtsbehörden bekannt zu machen sind.

(2) Die Bundesanstalt hat in der Bekanntmachung die Vorschrift, gegen die verstoßen wurde, und die für den Verstoß verantwortliche natürliche oder juristische Person oder Personenvereinigung zu benennen.

(3) ¹Ist die Bekanntmachung der Identität der juristischen Person oder der personenbezogenen Daten der natürlichen Person unverhältnismäßig oder gefährdet die Bekanntmachung die Stabilität der Finanzmärkte oder laufende Ermittlungen, so kann die Bundesanstalt

1. die Entscheidung, mit der die Maßnahme oder Sanktion verhängt wird, erst dann bekannt machen, wenn die Gründe für einen Verzicht auf ihre Bekanntmachung nicht mehr bestehen, oder
2. die Entscheidung, mit der die Maßnahme oder Sanktion verhängt wird, ohne Nennung personenbezogener Daten bekannt machen, wenn eine anonymisierte Bekanntmachung einen wirksamen Schutz der betreffenden personenbezogenen Daten gewährleistet, oder
3. gänzlich von der Bekanntmachung der Entscheidung, mit der die Maßnahme oder Sanktion verhängt wird, absehen, wenn die in den Nummern 1 und 2 genannten Möglichkeiten nicht ausreichend gewährleisten, dass
   a) die Stabilität der Finanzmärkte nicht gefährdet wird,
   b) die Bekanntmachung von Entscheidungen über Maßnahmen oder Sanktionen, die als geringfügiger eingestuft werden, verhältnismäßig ist.

---

[1]) Nr. 2.
[2]) Nr. 4.

² Liegen die Voraussetzungen vor, unter denen eine Bekanntmachung nur auf anonymisierter Basis zulässig wäre, kann die Bundesanstalt die Bekanntmachung der einschlägigen Daten auch um einen angemessenen Zeitraum aufschieben, wenn vorhersehbar ist, dass die Gründe für die anonyme Bekanntmachung innerhalb dieses Zeitraums wegfallen werden.

(4) ¹ Wird gegen die Entscheidung, mit der die Maßnahme oder Sanktion verhängt wird, ein Rechtsbehelf eingelegt, so macht die Bundesanstalt auch diesen Sachverhalt und alle weiteren Informationen über das Ergebnis des Rechtsbehelfsverfahrens umgehend auf ihrer Internetseite bekannt. ² Ferner wird jede Entscheidung, mit der eine frühere Entscheidung über die Verhängung einer Sanktion oder Maßnahme aufgehoben oder geändert wird, ebenfalls bekannt gemacht.

(5) ¹ Eine Bekanntmachung nach Absatz 1 ist fünf Jahre nach ihrer Veröffentlichung zu löschen. ² Abweichend von Satz 1 sind personenbezogene Daten zu löschen, sobald ihre Bekanntmachung nicht mehr erforderlich ist.

(6) ¹ Die Bundesanstalt unterrichtet die Europäische Wertpapier- und Marktaufsichtsbehörde über alle Maßnahmen und Sanktionen, die nach Absatz 3 Satz 1 Nummer 3 nicht bekannt gemacht wurden, sowie alle Rechtsbehelfsmittel in Verbindung mit diesen Maßnahmen und Sanktionen und über die Ergebnisse der Rechtsmittelverfahren. ² Hat die Bundesanstalt eine Maßnahme oder Sanktion bekannt gemacht, so unterrichtet sie die Europäische Wertpapier- und Marktaufsichtsbehörde gleichzeitig darüber.

## Abschnitt 18. Übergangsbestimmungen

**§ 127 Erstmalige Mitteilungs- und Veröffentlichungspflichten.**

(1) Ein Unternehmen im Sinne des § 9 Absatz 1 Satz 1 in der Fassung dieses Gesetzes vom 26. Juli 1994 (BGBl. I S. 1749), das am 1. August 1997 besteht und nicht bereits vor diesem Zeitpunkt der Meldepflicht nach § 9 Absatz 1 in der Fassung dieses Gesetzes vom 26. Juli 1994 (BGBl. I S. 1749) unterlag, muss Mitteilungen nach § 9 Absatz 1 in der Fassung dieses Gesetzes vom 22. Oktober 1997 (BGBl. I S. 2518) erstmals am 1. Februar 1998 abgeben.

(2) ¹ Wem am 1. April 2002 unter Berücksichtigung des § 22 Absatz 1 und 2 in der Fassung dieses Gesetzes vom 20. Dezember 2001 (BGBl. I S. 3822) 5 Prozent oder mehr der Stimmrechte einer börsennotierten Gesellschaft zustehen, hat der Gesellschaft und der Bundesanstalt unverzüglich, spätestens innerhalb von sieben Kalendertagen, die Höhe seines Stimmrechtsanteils unter Angabe seiner Anschrift schriftlich mitzuteilen; in der Mitteilung sind die zuzurechnenden Stimmrechte für jeden Zurechnungstatbestand getrennt anzugeben. ² Eine Verpflichtung nach Satz 1 besteht nicht, sofern nach dem 1. Januar 2002 und vor dem 1. April 2002 bereits eine Mitteilung gemäß § 21 Absatz 1 oder 1a in der Fassung dieses Gesetzes vom 24. März 1998 (BGBl. I S. 529) abgegeben worden ist.

(3) Die Gesellschaft hat Mitteilungen nach Absatz 2 innerhalb von einem Monat nach Zugang nach Maßgabe des § 25 Absatz 1 Satz 1 in der Fassung dieses Gesetzes vom 24. März 1998 (BGBl. I S. 529) und Satz 2 in der Fassung dieses Gesetzes vom 22. Oktober 1997 (BGBl. I S. 2518) sowie Absatz 2 in der Fassung dieses Gesetzes vom 20. Dezember 2001 (BGBl. I S. 3822) zu ver-

öffentlichen und der Bundesanstalt unverzüglich einen Beleg über die Veröffentlichung zu übersenden.

(4) Auf die Pflichten nach den Absätzen 2 und 3 sind die §§ 23 und 24 in der Fassung dieses Gesetzes vom 24. März 1998 (BGBl. I S. 529), § 25 Absatz 3 Satz 2 und Absatz 4 in der Fassung dieses Gesetzes vom 26. Juli 1994 (BGBl. I S. 1749), § 27 in der Fassung dieses Gesetzes vom 24. März 1998 (BGBl. I S. 529) und § 28 in der Fassung dieses Gesetzes vom 20. Dezember 2001 (BGBl. I S. 3822) sowie die §§ 29 und 30 in der Fassung dieses Gesetzes vom 26. Juli 1994 (BGBl. I S. 1749) entsprechend anzuwenden.

(5) [1] Wer am 20. Januar 2007, auch unter Berücksichtigung des § 22 in der Fassung dieses Gesetzes vom 5. Januar 2007 (BGBl. I S. 10), einen mit Aktien verbundenen Stimmrechtsanteil hält, der die Schwelle von 15, 20 oder 30 Prozent erreicht, überschreitet oder unterschreitet, hat dem Emittenten, für den die Bundesrepublik Deutschland der Herkunftsstaat ist, spätestens am 20. März 2007 seinen Stimmrechtsanteil mitzuteilen. [2] Das gilt nicht, wenn er bereits vor dem 20. Januar 2007 eine Mitteilung mit gleichwertigen Informationen an diesen Emittenten gerichtet hat; der Inhalt der Mitteilung richtet sich nach § 21 Absatz 1 in der Fassung dieses Gesetzes vom 5. Januar 2007 (BGBl. I S. 10), auch in Verbindung mit einer Rechtsverordnung nach § 21 Absatz 2. [3] Wem am 20. Januar 2007 auf Grund einer Zurechnung nach § 22 Absatz 1 Satz 1 Nummer 6 in der Fassung dieses Gesetzes vom 5. Januar 2007 (BGBl. I S. 10) ein Stimmrechtsanteil an einem Emittenten, für den die Bundesrepublik Deutschland der Herkunftsstaat ist, von 5 Prozent oder mehr zusteht, muss diesen dem Emittenten spätestens am 20. März 2007 mitteilen. [4] Dies gilt nicht, wenn er bereits vor dem 20. Januar 2007 eine Mitteilung mit gleichwertigen Informationen an diesen Emittenten gerichtet hat und ihm die Stimmrechtsanteile nicht bereits nach § 22 Absatz 1 Satz 1 Nummer 6 in der Fassung dieses Gesetzes vom 20. Dezember 2001 (BGBl. I S. 3822) zugerechnet werden konnten; der Inhalt der Mitteilung richtet sich nach § 21 Absatz 1 in der Fassung dieses Gesetzes vom 5. Januar 2007 (BGBl. I S. 10), auch in Verbindung mit einer Rechtsverordnung nach § 21 Absatz 2. [5] Wer am 20. Januar 2007 Finanzinstrumente im Sinne des § 25 in der Fassung dieses Gesetzes vom 5. Januar 2007 (BGBl. I S. 10) hält, muss dem Emittenten, für den die Bundesrepublik Deutschland der Herkunftsstaat ist, spätestens am 20. März 2007 mitteilen, wie hoch sein Stimmrechtsanteil wäre, wenn er statt der Finanzinstrumente die Aktien hielte, die auf Grund der rechtlich bindenden Vereinbarung erworben werden können, es sei denn, sein Stimmrechtsanteil läge unter 5 Prozent. [6] Dies gilt nicht, wenn er bereits vor dem 20. Januar 2007 eine Mitteilung mit gleichwertigen Informationen an diesen Emittenten gerichtet hat; der Inhalt der Mitteilung richtet sich nach § 25 Absatz 1 in der Fassung dieses Gesetzes vom 5. Januar 2007 (BGBl. I S. 10), auch in Verbindung mit den §§ 17 und 18 der Wertpapierhandelsanzeige- und Insiderverzeichnisverordnung[1]) in der Fassung vom 5. Januar 2007 (BGBl. I S. 10). [7] Erhält ein Inlandsemittent eine Mitteilung nach Satz 1, 3 oder 5, so muss er diese bis spätestens zum 20. April 2007 nach § 26 Absatz 1 Satz 1 in der Fassung dieses Gesetzes vom 5. Januar 2007 (BGBl. I S. 10), auch in Verbindung mit einer Rechtsverordnung nach § 26 Absatz 3, veröffentlichen. [8] Er übermittelt die Information außerdem unverzüglich, jedoch nicht vor ihrer Veröffentlichung dem Unter-

---

[1]) Nr. **12a**.

**12 WpHG § 127**  Wertpapierhandelsgesetz

nehmensregister im Sinne des § 8b des Handelsgesetzbuchs zur Speicherung. ⁹Er hat gleichzeitig mit der Veröffentlichung nach Satz 7 diese der Bundesanstalt nach § 26 Absatz 2 in der Fassung dieses Gesetzes vom 5. Januar 2007 (BGBl. I S. 10), auch in Verbindung mit einer Rechtsverordnung nach § 26 Absatz 3 Nummer 2, mitzuteilen. ¹⁰Auf die Pflichten nach den Sätzen 1 bis 9 sind § 23 in der Fassung dieses Gesetzes vom 5. Januar 2007 (BGBl. I S. 10), § 24 in der Fassung dieses Gesetzes vom 24. März 1998 (BGBl. I S. 529), § 27 in der Fassung dieses Gesetzes vom 5. Januar 2007 (BGBl. I S. 10), § 28 in der Fassung dieses Gesetzes vom 20. Dezember 2001 (BGBl. I S. 3822), § 29 in der Fassung dieses Gesetzes vom 28. Oktober 2004 (BGBl. I S. 2630) und § 29a Absatz 3 in der Fassung dieses Gesetzes vom 5. Januar 2007 (BGBl. I S. 10) entsprechend anzuwenden. ¹¹Auf die Pflichten nach Satz 4 ist § 29a Absatz 1 und 2 in der Fassung dieses Gesetzes vom 5. Januar 2007 (BGBl. I S. 10) entsprechend anzuwenden.

(6) ¹Wer, auch unter Berücksichtigung des § 22 in der Fassung dieses Gesetzes vom 12. August 2008 (BGBl. I S. 1666), einen mit Aktien verbundenen Stimmrechtsanteil sowie Finanzinstrumente im Sinne des § 25 in der Fassung dieses Gesetzes vom 12. August 2008 (BGBl. I S. 1666) hält, muss das Erreichen oder Überschreiten der für § 25 in der Fassung dieses Gesetzes vom 12. August 2008 (BGBl. I S. 1666) geltenden Schwellen, die er am 1. März 2009 ausschließlich auf Grund der Änderung des § 25 in der Fassung dieses Gesetzes vom 12. August 2008 (BGBl. I S. 1666) mit Wirkung vom 1. März 2009 durch Zusammenrechnung nach § 25 Absatz 1 Satz 3 in der Fassung dieses Gesetzes vom 12. August 2008 (BGBl. I S. 1666) erreicht oder überschreitet, nicht mitteilen. ²Eine solche Mitteilung ist erst dann abzugeben, wenn erneut eine der für § 25 in der Fassung dieses Gesetzes vom 12. August 2008 (BGBl. I S. 1666) geltenden Schwellen erreicht, überschritten oder unterschritten wird. ³Mitteilungspflichten nach § 25 in der Fassung dieses Gesetzes vom 5. Januar 2007 (BGBl. I S. 10), die nicht, nicht richtig, nicht vollständig oder nicht in der vorgeschriebenen Weise erfüllt wurden, sind unter Berücksichtigung von § 25 Absatz 1 Satz 3 in der Fassung dieses Gesetzes vom 12. August 2008 (BGBl. I S. 1666) zu erfüllen.

(7) ¹Wer, auch unter Berücksichtigung des § 22 in der Fassung dieses Gesetzes vom 12. August 2008 (BGBl. I S. 1666), einen mit Aktien verbundenen Stimmrechtsanteil hält, muss das Erreichen oder Überschreiten der für § 21 in der Fassung dieses Gesetzes vom 21. Dezember 2007 (BGBl. I S. 3089) geltenden Schwellen, die er am 19. August 2008 ausschließlich durch Zurechnung von Stimmrechten auf Grund der Neufassung des § 22 Absatz 2 in der Fassung dieses Gesetzes vom 12. August 2008 (BGBl. I S. 1666) mit Wirkung vom 19. August 2008 erreicht oder überschreitet, nicht mitteilen. ²Eine solche Mitteilung ist erst dann abzugeben, wenn erneut eine der für § 21 in der Fassung dieses Gesetzes vom 21. Dezember 2007 (BGBl. I S. 3089) geltenden Schwellen erreicht, überschritten oder unterschritten wird. ³Die Sätze 1 und 2 gelten für die Mitteilungspflicht nach § 25 in der Fassung dieses Gesetzes vom 12. August 2008 (BGBl. I S. 1666) entsprechend mit der Maßgabe, dass die für § 25 in der Fassung dieses Gesetzes vom 12. August 2008 (BGBl. I S. 1666) geltenden Schwellen maßgebend sind.

(8) ¹Wer am 1. Februar 2012 Finanzinstrumente oder sonstige Instrumente im Sinne des § 25a Absatz 1 in der Fassung dieses Gesetzes vom 5. April 2011 (BGBl. I S. 538) hält, die es ihrem Inhaber auf Grund ihrer Ausgestaltung

ermöglichen, 5 Prozent oder mehr der mit Stimmrechten verbundenen und bereits ausgegebenen Aktien eines Emittenten, für den die Bundesrepublik Deutschland der Herkunftsstaat ist, zu erwerben, hat dem Emittenten und gleichzeitig der Bundesanstalt unverzüglich, spätestens jedoch innerhalb von 30 Handelstagen, die Höhe seines Stimmrechtsanteils nach § 25a Absatz 2 entsprechend § 25a Absatz 1, auch in Verbindung mit einer Rechtsverordnung nach § 25a Absatz 4, jeweils in der Fassung dieses Gesetzes vom 5. April 2011 (BGBl. I S. 538), mitzuteilen. ² § 24 in der Fassung dieses Gesetzes vom 24. März 1998 (BGBl. I S. 529) gilt entsprechend. ³ Eine Zusammenrechnung mit den Beteiligungen nach § 21 in der Fassung dieses Gesetzes vom 21. Dezember 2007 (BGBl. I S. 3089), § 22 in der Fassung dieses Gesetzes vom 12. August 2008 (BGBl. I S. 1666) und § 25 in der Fassung dieses Gesetzes vom 5. April 2011 (BGBl. I S. 538) findet statt.

(9) ¹ Der Inlandsemittent hat die Informationen nach Absatz 8 unverzüglich, spätestens jedoch drei Handelstage nach ihrem Zugang gemäß § 26 Absatz 1 Satz 1 Halbsatz 1 in der Fassung dieses Gesetzes vom 5. April 2011 (BGBl. I S. 538) zu veröffentlichen und dem Unternehmensregister im Sinne des § 8b des Handelsgesetzbuchs unverzüglich, jedoch nicht vor ihrer Veröffentlichung zur Speicherung zu übermitteln. ² Gleichzeitig mit der Veröffentlichung hat der Inlandsemittent diese der Bundesanstalt mitzuteilen.

(10) ¹ Wer, auch unter Berücksichtigung des § 22 in der Fassung dieses Gesetzes vom 20. November 2015 (BGBl. I S. 2029), am 26. November 2015 Stimmrechte im Sinne des § 21 in der Fassung dieses Gesetzes vom 20. November 2015 (BGBl. I S. 2029) hält und ausschließlich auf Grund der Änderung des § 21 mit Wirkung zum 26. November 2015 an einem Emittenten, für den die Bundesrepublik Deutschland der Herkunftsstaat ist, eine der für § 21 in der Fassung dieses Gesetzes vom 20. November 2015 (BGBl. I S. 2029) geltenden Schwellen erreicht, überschreitet oder unterschreitet, hat dies bis zum 15. Januar 2016 nach Maßgabe des § 21 in der Fassung dieses Gesetzes vom 20. November 2015 (BGBl. I S. 2029) mitzuteilen. ² Wer am 26. November 2015 Instrumente im Sinne des § 25 in der Fassung dieses Gesetzes vom 20. November 2015 (BGBl. I S. 2029) hält, die sich nach Maßgabe des § 25 Absatz 3 und 4 in der Fassung dieses Gesetzes vom 20. November 2015 (BGBl. I S. 2029) auf mindestens 5 Prozent der Stimmrechte an einem Emittenten, für den die Bundesrepublik Deutschland der Herkunftsstaat ist, beziehen, hat dies bis zum 15. Januar 2016 nach Maßgabe des § 25 in der Fassung dieses Gesetzes vom 20. November 2015 (BGBl. I S. 2029) mitzuteilen. ³ Wer eine der für § 25a in der Fassung dieses Gesetzes vom 20. November 2015 (BGBl. I S. 2029) geltenden Schwellen ausschließlich auf Grund der Änderung des § 25a mit Wirkung zum 26. November 2015 erreicht, überschreitet oder unterschreitet, hat dies bis zum 15. Januar 2016 nach Maßgabe des § 25a in der Fassung dieses Gesetzes vom 20. November 2015 (BGBl. I S. 2029) mitzuteilen. ⁴ Absatz 9 gilt entsprechend.

(11) ¹ Wer an einem Emittenten, für den die Bundesrepublik Deutschland der Herkunftsstaat ist, eine der für die §§ 21, 25 oder 25a, jeweils in der Fassung dieses Gesetzes vom 20. November 2015 (BGBl. I S. 2029), geltenden Schwellen ausschließlich auf Grund der Änderung des § 1 Absatz 3 mit Wirkung zum 2. Juli 2016 erreicht, überschreitet oder unterschreitet, hat dies bis zum 23. Juli 2016 nach Maßgabe der §§ 21, 25 und 25a, jeweils in der Fassung dieses

Gesetzes vom 20. November 2015 (BGBl. I S. 2029), mitzuteilen. ²Absatz 10 gilt entsprechend.

(12) Ordnungswidrig handelt, wer vorsätzlich oder leichtfertig
1. entgegen Absatz 5 Satz 7 eine Veröffentlichung nicht, nicht richtig, nicht vollständig, nicht in der vorgeschriebenen Weise oder nicht rechtzeitig vornimmt,
2. entgegen Absatz 5 Satz 8 eine Information nicht oder nicht rechtzeitig übermittelt,
3. entgegen Absatz 5 Satz 1, 3, 5 oder 9, Absatz 8 Satz 1 oder Absatz 10 Satz 1, 2 oder Satz 3 eine Mitteilung nicht, nicht richtig, nicht vollständig, nicht in der vorgeschriebenen Weise oder nicht rechtzeitig macht,
4. entgegen Absatz 9 Satz 1 eine Veröffentlichung nicht, nicht richtig, nicht vollständig, nicht in der vorgeschriebenen Weise oder nicht rechtzeitig vornimmt.

(13) Die Ordnungswidrigkeit kann in den Fällen des Absatzes 12 mit einer Geldbuße bis zu zweihunderttausend Euro geahndet werden.

**§ 128 Übergangsregelung für die Mitteilungs- und Veröffentlichungspflichten zur Wahl des Herkunftsstaats.** Auf einen Emittenten im Sinne des § 2 Absatz 11 Satz 1 Nummer 1 Buchstabe b oder Nummer 2, für den die Bundesrepublik Deutschland am 27. November 2015 Herkunftsstaat ist und der seine Wahl der Bundesanstalt mitgeteilt hat, ist § 5 nicht anzuwenden.

**§ 129** *(aufgehoben)*

**§ 130 Übergangsregelung für die Mitteilungs- und Veröffentlichungspflichten für Inhaber von Netto-Leerverkaufspositionen nach § 30i in der Fassung dieses Gesetzes vom 6. Dezember 2011 (BGBl. I S. 2481)**

(1) ¹Wer am 26. März 2012 Inhaber einer Netto-Leerverkaufsposition nach § 30i Absatz 1 Satz 1 in der Fassung dieses Gesetzes vom 6. Dezember 2011 (BGBl. I S. 2481) in Höhe von 0,2 Prozent oder mehr ist, hat diese zum Ablauf des nächsten Handelstages der Bundesanstalt nach § 30i Absatz 3 der vorgenannten Fassung dieses Gesetzes, auch in Verbindung mit einer Rechtsverordnung nach § 30i Absatz 5 der vorgenannten Fassung dieses Gesetzes, mitzuteilen. ²Der Inhaber einer Netto-Leerverkaufsposition nach § 30i Absatz 1 Satz 2 der vorgenannten Fassung dieses Gesetzes in Höhe von 0,5 Prozent oder mehr hat diese zusätzlich zu ihrer Mitteilung nach Satz 1 innerhalb der Frist des Satzes 1 nach § 30i Absatz 3 der vorgenannten Fassung dieses Gesetzes, auch in Verbindung mit einer Rechtsverordnung nach § 30i Absatz 5 der vorgenannten Fassung dieses Gesetzes, im Bundesanzeiger zu veröffentlichen; eine solche Verpflichtung besteht nicht, sofern vor dem 26. März 2012 bereits eine gleichartige Mitteilung abgegeben worden ist.

(2) Ordnungswidrig handelt, wer vorsätzlich oder leichtfertig
1. entgegen Absatz 1 Satz 1 eine Mitteilung nicht, nicht richtig, nicht vollständig, nicht in der vorgeschriebenen Weise oder nicht rechtzeitig macht oder
2. entgegen Absatz 1 Satz 2 erster Halbsatz eine Veröffentlichung nicht, nicht richtig, nicht vollständig, nicht in der vorgeschriebenen Weise oder nicht rechtzeitig vornimmt.

(3) Die Ordnungswidrigkeit kann in den Fällen des Absatzes 2 mit einer Geldbuße bis zu zweihunderttausend Euro geahndet werden.

**§ 131 Übergangsregelung für die Verjährung von Ersatzansprüchen nach § 37a der bis zum 4. August 2009 gültigen Fassung dieses Gesetzes.** § 37a in der bis zum 4. August 2009 geltenden Fassung ist auf Ansprüche anzuwenden, die in der Zeit vom 1. April 1998 bis zum Ablauf des 4. August 2009 entstanden sind.

**§ 132 Anwendungsbestimmung für das Transparenzrichtlinie-Umsetzungsgesetz.** (1) § 37n und § 37o Abs. 1 Satz 4 sowie die Bestimmungen des Abschnitts 11 Unterabschnitt 2 in der Fassung des Gesetzes vom 5. Januar 2007 (BGBl. I S. 10) finden erstmals auf Finanzberichte des Geschäftsjahrs Anwendung, das nach dem 31. Dezember 2006 beginnt.

(2) Auf Emittenten, von denen lediglich Schuldtitel zum Handel an einem organisierten Markt im Sinne des Artikels 4 Abs. 1 Nr. 14 der Richtlinie 2004/39/EG des Europäischen Parlaments und des Rates vom 21. April 2004 über Märkte für Finanzinstrumente (ABl. EU Nr. L 145 S. 1) in einem Mitgliedstaat der Europäischen Union oder in einem anderen Vertragsstaat des Abkommens über den Europäischen Wirtschaftsraum zugelassen sind, sowie auf Emittenten, deren Wertpapiere zum Handel in einem Drittstaat zugelassen sind und die zu diesem Zweck seit dem Geschäftsjahr, das vor dem 11. September 2002 begann, international anerkannte Rechnungslegungsstandards anwenden, finden § 37w Abs. 3 Satz 2 und § 37y Nr. 2 in der Fassung des Gesetzes vom 5. Januar 2007 (BGBl. I S. 10) mit der Maßgabe Anwendung, dass der Emittent für vor dem 31. Dezember 2007 beginnende Geschäftsjahre die Rechnungslegungsgrundsätze des jeweiligen Vorjahresabschlusses anwenden kann.

(3) § 30b Abs. 3 Nr. 1 Buchstabe a in der Fassung des Gesetzes vom 5. Januar 2007 (BGBl. I S. 10) findet erstmals auf Informationen Anwendung, die nach dem 31. Dezember 2007 übermittelt werden.

**§ 133 Anwendungsbestimmung für § 34 der bis zum 2. Januar 2018 gültigen Fassung dieses Gesetzes.** Auf Ansprüche auf Herausgabe einer Ausfertigung des Protokolls nach § 34 Absatz 2a der bis zum 2. Januar 2018 gültigen Fassung dieses Gesetzes, die bis zum Ablauf des 2. Januar 2018 entstanden sind, findet § 34 Absatz 2b in der bis zum 2. Januar 2018 gültigen Fassung dieses Gesetzes weiterhin Anwendung.

**§ 134 Anwendungsbestimmung für das Gesetz zur Umsetzung der Transparenzrichtlinie-Änderungsrichtlinie.** (1) Die §§ 37n, 37o und 37p in der Fassung des Gesetzes vom 20. November 2015 (BGBl. I S. 2029) sind ab dem 1. Januar 2016 anzuwenden.

(2) § 37x in der Fassung des Gesetzes vom 20. November 2015 (BGBl. I S. 2029) ist erstmals auf Zahlungsberichte und Konzernzahlungsberichte für ein nach dem 26. November 2015 beginnendes Geschäftsjahr anzuwenden.

**§ 135 Übergangsvorschriften zur Verordnung (EU) Nr. 596/2014[1]).**
¹ § 39 Absatz 3d Nummer 1 in der Fassung dieses Gesetzes vom 30. Juni 2016 (BGBl. I S. 1514) ist bis zu dem Tag, ab dem die Richtlinie 2014/65/

---

[1]) Nr. 11.

EU[1]) des Europäischen Parlaments und des Rates vom 15. Mai 2014 über Märkte für Finanzinstrumente sowie zur Änderung der Richtlinien 2002/92/EG und 2011/61/EU (ABl. L 173 vom 12.6.2014, S. 349, L 74 vom 18.3.2015, S. 38), die durch die Verordnung (EU) Nr. 909/2014 (ABl. L 257 vom 28.8.2014, S. 1) geändert worden ist, nach ihrem Artikel 93 angewendet wird, nicht anzuwenden. ²Bis zum Ablauf des 2. Januar 2018 ist für die Vorschriften dieses Gesetzes die Verordnung (EU) Nr. 596/2014 mit folgender Maßgabe anwendbar:

1. Handelsplatz im Sinne des Artikels 3 Absatz 1 Nummer 10 dieser Verordnung ist ein geregelter Markt im Sinne des Artikels 4 Absatz 1 Nummer 14 der Richtlinie 2004/39/EG sowie ein multilaterales Handelssystem im Sinne des Artikels 4 Absatz 1 Nummer 15 der Richtlinie 2004/39/EG;
2. algorithmischer Handel im Sinne des Artikels 3 Absatz 1 Nummer 18 dieser Verordnung ist der Handel mit Finanzinstrumenten in der Weise, dass ein Computeralgorithmus die einzelnen Auftragsparameter automatisch bestimmt, ohne dass es sich um ein System handelt, das nur zur Weiterleitung von Aufträgen zu einem oder mehreren Handelsplätzen oder zur Bestätigung von Aufträgen verwendet wird;
3. Hochfrequenzhandel im Sinne des Artikels 3 Absatz 1 Nummer 33 dieser Verordnung ist eine hochfrequente algorithmische Handelstechnik, die gekennzeichnet ist durch die Nutzung von Infrastrukturen, die darauf abzielen, Latenzzeiten zu minimieren, durch die Entscheidung des Systems über die Einleitung, das Erzeugen, das Weiterleiten oder die Ausführung eines Auftrags ohne menschliche Intervention für einzelne Geschäfte oder Aufträge und durch ein hohes untertägiges Mitteilungsaufkommen in Form von Aufträgen, Quotes oder Stornierungen.

## § 136 Übergangsregelung zum CSR-Richtlinie-Umsetzungsgesetz.

¹Die §§ 37w und 37y in der Fassung des CSR-Richtlinie-Umsetzungsgesetzes vom 11. April 2017 (BGBl. I S. 802) sind erstmals auf Lageberichte und Konzernlageberichte anzuwenden, die sich auf ein nach dem 31. Dezember 2016 beginnendes Geschäftsjahr beziehen. ²Auf Lage- und Konzernlageberichte, die sich auf vor dem 1. Januar 2017 beginnende Geschäftsjahre beziehen, bleiben die §§ 37w und 37y in der bis zum 18. April 2017 geltenden Fassung anwendbar.

## § 137 Übergangsvorschrift für Verstöße gegen die §§ 38 und 39 in der bis zum Ablauf des 1. Juli 2016 geltenden Fassung dieses Gesetzes.

(1) Straftaten nach § 119 in der bis zum Ablauf des 1. Juli 2016 geltenden Fassung werden abweichend von § 2 Absatz 3 des Strafgesetzbuches nach den zum Zeitpunkt der Tat geltenden Bestimmungen geahndet.

(2) Ordnungswidrigkeiten nach § 120 in der bis zum Ablauf des 1. Juli 2016 geltenden Fassung können abweichend von § 4 Absatz 3 des Gesetzes über Ordnungswidrigkeiten nach den zum Zeitpunkt der Tat geltenden Bestimmungen geahndet werden.

## § 138 Übergangsvorschrift zur Richtlinie 2014/65/EU[1]) über Märkte für Finanzinstrumente.
(1) C.6-Energiederivatkontrakte, die von einer

---

[1]) Nr. 1.

nichtfinanziellen Gegenpartei im Sinne von Artikel 10 Absatz 1 der Verordnung (EU) Nr. 648/2012 oder von nichtfinanziellen Gegenparteien, die nach dem 3. Januar 2018 erstmals als Wertpapierdienstleistungsunternehmen zugelassen worden sind, eingegangen werden, unterliegen bis zum 3. Januar 2021 weder der Clearing-Pflicht nach Artikel 4 der Verordnung (EU) Nr. 648/2012 noch den Risikominderungstechniken nach Artikel 11 Absatz 3 der vorgenannten Verordnung.

(2) C.6-Energiederivatkontrakte gelten bis zum 3. Januar 2021 nicht als OTC-Derivatkontrakte für die Zwecke des Clearing-Schwellenwerts nach Artikel 10 Absatz 1 der Verordnung (EU) Nr. 648/2012.

(3) C.6-Energiederivatkontrakte unterliegen allen übrigen Anforderungen der Verordnung (EU) Nr. 648/2012.

(4) C.6-Energiederivatkontrakt im Sinne dieser Vorschrift ist eine Option, ein Terminkontrakt (Future), ein Swap oder ein anderer in Anhang I Abschnitt C Nummer 6 der Richtlinie 2014/65/EU, in der jeweils geltenden Fassung, genannter Derivatkontrakt in Bezug auf Kohle oder Öl, der an einem organisierten Handelssystem gehandelt werden und effektiv geliefert werden muss.

(5) ¹Die Ausnahmen nach den Absätzen 1 und 2 sind bei der Bundesanstalt zu beantragen. ²Die Bundesanstalt teilt der Europäischen Wertpapier- und Marktaufsichtsbehörde mit, für welche C.6-Energiederivatkontrakte Ausnahmen nach den Absätzen 1 und 2 gewährt worden sind.

**§ 139 Übergangsvorschriften zum Gesetz zur weiteren Ausführung der EU-Prospektverordnung und zur Änderung von Finanzmarktgesetzen.** (1) § 76 Absatz 1 Satz 1 Nummer 3 in der bis zum 20. Juli 2019 geltenden Fassung findet weiterhin Anwendung für den Fall eines Prospekts, der nach dem Wertpapierprospektgesetz[1] in der bis zum 20. Juli 2019 geltenden Fassung gebilligt wurde, solange dieser Prospekt Gültigkeit hat.

(2) Hat ein Kreditinstitut vor dem 21. Juli 2019 Schuldtitel begeben, bei denen es nach dem Wertpapierprospektgesetz in der bis zum 20. Juli 2019 geltenden Fassung nicht zur Veröffentlichung eines Prospekts verpflichtet war, findet insoweit § 118 Absatz 2 in der bis zum 20. Juli 2019 geltenden Fassung weiterhin Anwendung.

**§ 140 Übergangsvorschrift zum Gesetz zur weiteren Umsetzung der Transparenzrichtlinie-Änderungsrichtlinie im Hinblick auf ein einheitliches elektronisches Format für Jahresfinanzberichte.** ¹Die §§ 106, 107, 114 und 120 in der ab dem 19. August 2020 geltenden Fassung sind erstmals auf Jahres-, Einzel- und Konzernabschlüsse sowie Jahresfinanzberichte mit Abschlüssen für das nach dem 31. Dezember 2019 beginnende Geschäftsjahr anzuwenden. ²Die in Satz 1 bezeichneten Vorschriften in der bis einschließlich 18. August 2020 geltenden Fassung sind letztmals anzuwenden auf Jahres-, Einzel- und Konzernabschlüsse sowie Jahresfinanzberichte mit Abschlüssen für das vor dem 1. Januar 2020 beginnende Geschäftsjahr.

---

[1] Nr. 7.

# 12a. Verordnung zur Konkretisierung von Anzeige-, Mitteilungs- und Veröffentlichungspflichten nach dem Wertpapierhandelsgesetz (Wertpapierhandelsanzeigeverordnung – WpAV)

Vom 13. Dezember 2004

(BGBl. I S. 3376)

FNA 4110-4-9

zuletzt geänd. durch Art. 1 Vierte ÄndVO v. 19.10.2018 (BGBl. I S. 1758)

### Nichtamtliche Inhaltsübersicht
#### Abschnitt 1. Anwendungsbereich
§ 1 Anwendungsbereich

#### Abschnitt 2. Anzeige von Verdachtsfällen
§ 2 Inhalt der Anzeige
§ 3 Art und Form der Anzeige

#### Abschnitt 3. Veröffentlichung von Informationen und Mitteilung über die Veröffentlichung
##### Unterabschnitt 1. Allgemeine Vorschriften
§ 3a Art der Veröffentlichung von Informationen
§ 3b Sprache der Veröffentlichung
§ 3c Mitteilung der Veröffentlichung

##### Unterabschnitt 2. Veröffentlichung von Insiderinformationen und Mitteilung über die Veröffentlichung
§ 4 Inhalt der Veröffentlichung
§ 5 *(aufgehoben)*
§ 5a *(aufgehoben)*
§ 6 Berechtigte Interessen für eine verzögerte Veröffentlichung
§ 7 Mitteilung nach Artikel 17 Absatz 4 Unterabsatz 3 der Verordnung (EU) Nr. 596/2014
§ 8 Inhalt der Mitteilung
§ 9 Art und Form der Mitteilungen

##### Unterabschnitt 3. Veröffentlichung von Eigengeschäften und Mitteilung über die Veröffentlichung
§ 10 Art der Veröffentlichung
§ 11 Mitteilung der Veröffentlichung

##### Unterabschnitt 4. *(aufgehoben)*

##### Unterabschnitt 5. Veröffentlichung und Mitteilung bei Veränderungen des Stimmrechtsanteils
§ 12 Inhalt der Mitteilung
§ 13 Berechnung des Stimmrechtsanteils für die Mitteilung nach § 38 Absatz 1 Satz 1 des Wertpapierhandelsgesetzes
§ 14 Sprache der Mitteilungen
§ 15 Inhalt und Format der Veröffentlichung
§ 16 Art und Sprache der Veröffentlichung
§ 17 Mitteilung der Veröffentlichung

##### Unterabschnitt 6. Veröffentlichung und Inhalt von Finanzberichten
§ 18 Art und Sprache der Veröffentlichung
§ 19 Mitteilung der Veröffentlichung
§ 20 Verfügbarkeit der Finanzberichte und Zahlungsberichte

##### Unterabschnitt 7. Wahl des Herkunftsstaates
§ 21 Art der Veröffentlichung

##### Unterabschnitt 8. Veröffentlichung zusätzlicher Angaben
§ 22 Art, Sprache und Mitteilung der Veröffentlichung

#### Abschnitt 4. Inkrafttreten
§ 23 Inkrafttreten

Auf Grund des § 10 Abs. 4 Satz 1, des § 15 Abs. 7 Satz 1, des § 15a Abs. 5 Satz 1 und des § 15b Abs. 2 Satz 1 des Wertpapierhandelsgesetzes[1] in der Fassung der Bekanntmachung vom 9. September 1998 (BGBl. I S. 2708), die durch Artikel 1 des Gesetzes vom 28. Oktober 2004 (BGBl. I S. 2630) eingefügt worden sind, verordnet das Bundesministerium der Finanzen:

## Abschnitt 1. Anwendungsbereich

**§ 1 Anwendungsbereich** Diese Verordnung ist anzuwenden auf:
1. die Wahl des Herkunftsstaates nach § 4 des Wertpapierhandelsgesetzes[1] und die Veröffentlichung des Herkunftsstaates nach § 5 des Wertpapierhandelsgesetzes,
2. die Anzeige von Verdachtsfällen nach § 23 des Wertpapierhandelsgesetzes,
3. die Übermittlung der Vorabmitteilung über die Veröffentlichung von Insiderinformationen nach § 26 Absatz 1 des Wertpapierhandelsgesetzes,
4. den Mindestinhalt, die Art, die Sprache, den Umfang und die Form einer Veröffentlichung nach Artikel 17 Absatz 1, 2 und 6 bis 9 der Verordnung (EU) Nr. 596/2014[2] des Europäischen Parlaments und des Rates vom 16. April 2014 über Marktmissbrauch (Marktmissbrauchsverordnung) und zur Aufhebung der Richtlinie 2003/6/EG des Europäischen Parlaments und des Rates und der Richtlinien 2003/124/EG, 2003/125/EG und 2004/72/EG der Kommission (ABl. L 173 vom 12.6.2014, S. 1; L 287 vom 21.10.2016, S. 320; L 306 vom 15.11.2016, S. 43; L 348 vom 21.12.2016, S. 83), die zuletzt durch die Verordnung (EU) 2016/1033 (ABl. L 175 vom 30.6.2016, S. 1) geändert worden ist,
5. die Bedingungen, die ein Emittent oder Teilnehmer am Markt für Emissionszertifikate nach Artikel 17 Absatz 4 Unterabsatz 1 der Verordnung (EU) Nr. 596/2014 erfüllen muss, um die Offenlegung von Insiderinformationen aufzuschieben,
6. die Art und Weise der Übermittlung sowie den Mindestinhalt einer Mitteilung nach Artikel 17 Absatz 4 Unterabsatz 3 Satz 1 und Absatz 6 Unterabsatz 1 Satz 1 der Verordnung (EU) Nr. 596/2014,
7. die Sprache einer Meldung nach Artikel 19 Absatz 1 der Verordnung (EU) Nr. 596/2014,
8. den Inhalt, die Art, den Umfang und die Form einer zusätzlichen Veröffentlichung der Informationen nach Artikel 19 Absatz 3 der Verordnung (EU) Nr. 596/2014 durch die Bundesanstalt gemäß Artikel 19 Absatz 3 Unterabsatz 3 der Verordnung (EU) Nr. 596/2014,
9. die Mitteilung über die Veröffentlichung von Eigengeschäften von Führungskräften nach § 26 Absatz 2 des Wertpapierhandelsgesetzes,
10. die Veröffentlichung und Mitteilung bei Veränderungen des Stimmrechtsanteils nach Abschnitt 6 des Wertpapierhandelsgesetzes, wobei die Vorschriften der Stimmrechtsmitteilungsverordnung zu Art und Form der Mitteilung unberührt bleiben,

---

[1] Nr. 12.
[2] Nr. 11.

11. die Veröffentlichung und Mitteilung zusätzlicher Angaben nach § 50 des Wertpapierhandelsgesetzes und

12. die Veröffentlichung und Speicherung von Finanzberichten nach Abschnitt 16 Unterabschnitt 2 des Wertpapierhandelsgesetzes.

### Abschnitt 2. Anzeige von Verdachtsfällen

**§ 2 Inhalt der Anzeige.** (1) Eine Anzeige nach § 23 Absatz 1 Satz 1 des Wertpapierhandelsgesetzes[1)] an die Bundesanstalt für Finanzdienstleistungsaufsicht (Bundesanstalt) hat zu enthalten, soweit die Daten verfügbar sind:

1. zur anzeigepflichtigen Person und zur Person, die die Anzeige für die anzeigepflichtige Person vornimmt,

   a) den Vor- und Familiennamen oder bei juristischen Personen den Namen und

   b) die Geschäftsanschrift,

2. eine Beschreibung des Geschäfts im Sinn des § 23 Absatz 1 des Wertpapierhandelsgesetzes mit Angaben zu

   a) Art des Geschäfts, bei einem Kundengeschäft insbesondere, ob es sich aus Kundensicht um einen Kauf oder Verkauf handelt,

   b) Ort, Datum und Uhrzeit der Auftragserteilung und der Geschäftsausführung,

   c) den Auftragsmerkmalen, insbesondere zur Gültigkeit des Auftrags oder zu Orderlimitierungen,

   d) dem Finanzinstrument einschließlich seiner internationalen Wertpapierkennnummer,

   e) Preis, Währung, Stückzahl und Geschäftsvolumen sowie

3. eine Angabe der Tatsachen, auf die sich die Annahme eines Verstoßes gegen ein Verbot oder Gebot nach den Artikeln 12, 13 oder 14 der Verordnung (EU) Nr. 236/2012 des Europäischen Parlaments und des Rates vom 14. März 2012 über Leerverkäufe und bestimmte Aspekte von Credit Default Swaps (ABl. L 86 vom 24.3.2012, S. 1), die durch die Verordnung (EU) Nr. 909/2014 (ABl. L 257 vom 28.8.2014, S. 1) geändert worden ist, stützt,

4. eine Darlegung, weshalb diese Tatsachen den Verdacht begründen, dass mit dem Geschäft gegen ein Verbot oder Gebot nach den Artikeln 12, 13 oder 14 der Verordnung (EU) Nr. 236/2012 verstoßen wird,

5. die zur Identifizierung der Person und zur Klärung ihrer Rolle bei dem Geschäft erforderlichen Angaben zum Auftraggeber und zu der aus dem Geschäft berechtigten oder verpflichteten Person sowie allen sonstigen am Geschäft beteiligten Personen, und zwar jeweils

   a) ihren Vor- und Familiennamen oder bei juristischen Personen ihren Namen,

   b) ihre Privat- und Geschäftsanschrift,

   c) den Tag ihrer Geburt,

   d) die Depotnummer des betroffenen Depots und die zugehörige Kundenidentifikationsnummer,

---

[1)] Nr. 12.

e) eine geschäftsbezogene Auftragsnummer,
f) die rechtliche und wirtschaftliche Beziehung zwischen Auftraggeber und der aus dem Geschäft berechtigten oder verpflichteten Person, sofern sie personenverschieden sind,
g) hinsichtlich der sonstigen am Geschäft beteiligten Personen die Art ihrer Beteiligung am Geschäft sowie
6. alle sonstigen Angaben, die für die Prüfung des Vorgangs von Belang sein können.

(2) ¹Stehen zum Zeitpunkt, an dem die Anzeige zu erstatten ist, noch nicht alle in Absatz 1 genannten Daten zur Verfügung, so sind zumindest die Tatsachen anzugeben, die den Verdacht begründen, es handele sich bei dem Geschäft um einen Verstoß gegen ein Verbot oder Gebot nach den Artikeln 12, 13 oder 14 der Verordnung (EU) Nr. 236/2012. ²Sobald die fehlenden Daten bekannt werden, sind sie unverzüglich nachzureichen.

**§ 3 Art und Form der Anzeige.** (1) ¹Die Anzeige ist schriftlich zu übersenden. ²Im Fall der Übersendung einer Anzeige mittels Telefax ist auf Verlangen der Bundesanstalt die eigenhändig unterschriebene Anzeige auf dem Postweg nachzureichen.

(2) Die Bundesanstalt kann die Möglichkeit eröffnen, die Anzeige nach Absatz 1 im Wege der Datenfernübertragung zu übersenden, sofern dem jeweiligen Stand der Technik entsprechende Maßnahmen zur Sicherstellung von Datenschutz und Datensicherheit getroffen werden, die insbesondere die Vertraulichkeit und Unversehrtheit der Daten gewährleisten, und sofern im Fall der Nutzung allgemein zugänglicher Netze dem jeweiligen Stand der Technik entsprechende Verschlüsselungsverfahren angewendet werden.

## Abschnitt 3. Veröffentlichung von Informationen und Mitteilung über die Veröffentlichung

### Unterabschnitt 1. Allgemeine Vorschriften

**§ 3a Art der Veröffentlichung von Informationen.** (1) ¹Die Informationen, auf die dieser Abschnitt Anwendung findet, sind zur Veröffentlichung Medien zuzuleiten, einschließlich solcher, bei denen davon ausgegangen werden kann, dass sie die Information in der gesamten Europäischen Union und in den übrigen Vertragsstaaten des Abkommens über den Europäischen Wirtschaftsraum verbreiten. ²Soweit nichts anderes bestimmt ist, richtet sich ihre Veröffentlichung im Übrigen nach den Absätzen 2 bis 4 und § 3b und ihre Mitteilung nach § 3c.

(2) ¹Bei der Veröffentlichung der Informationen durch Medien nach Absatz 1 ist zu gewährleisten, dass
1. die Information von Medien empfangen wird, zu denen auch solche gehören müssen, die die Information so rasch und so zeitgleich wie möglich in allen Mitgliedstaaten der Europäischen Union und in den übrigen Vertragsstaaten des Abkommens über den Europäischen Wirtschaftsraum aktiv verbreiten können,
2. der Text der Information an die Medien in einer Weise gesandt wird, dass
a) der Absender der Information sicher identifiziert werden kann,

b) ein hinreichender Schutz gegen unbefugte Zugriffe oder Veränderung der Daten besteht und die Vertraulichkeit und Sicherheit der Übersendung auch im Übrigen durch die Art des genutzten Übertragungswegs oder durch eine Verschlüsselung der Daten nach dem Stand der Technik sichergestellt ist,

c) Übertragungsfehler oder -unterbrechungen unverzüglich behoben werden können, und

3. bei der Übersendung der Information an die Medien

a) der Name des Veröffentlichungspflichtigen einschließlich seiner Anschrift,

b) ein als Betreff erkennbares Schlagwort, das den wesentlichen Inhalt der Veröffentlichung zusammenfasst,

c) der Tag und die Uhrzeit der Übersendung und

d) das Ziel, die Information als eine vorgeschriebene Information europaweit zu verbreiten,

erkennbar ist.

²Der Veröffentlichungspflichtige ist für technische Systemfehler im Verantwortungsbereich der Medien, an die die Information versandt wurde, nicht verantwortlich.

(3) Der Veröffentlichungspflichtige muss auf Anforderung sechs Jahre lang in der Lage sein, der Bundesanstalt

1. die Person, die die Information an die Medien gesandt hat,
2. die verwandten Sicherheitsmaßnahmen für die Übersendung an die Medien,
3. den Tag und die Uhrzeit der Übersendung an die Medien,
4. das Mittel der Übersendung an die Medien und
5. gegebenenfalls alle Daten zu einer Verzögerung der Veröffentlichung

mitzuteilen.

(4) Beauftragt der Veröffentlichungspflichtige einen Dritten mit der Veranlassung der Veröffentlichung, bleibt er für die Erfüllung seiner Veröffentlichungspflicht verantwortlich; der Dritte muss die Anforderungen der Absätze 1 bis 3 erfüllen.

(5) Die Absätze 1 bis 4 gelten entsprechend

1. für eine Veröffentlichung nach Artikel 17 Absatz 1, 2 und 6 bis 9 der Verordnung (EU) Nr. 596/2014[1]), soweit sie die Vorgaben der Durchführungsverordnung (EU) 2016/1055 der Kommission vom 29. Juni 2016 zur Festlegung technischer Durchführungsstandards hinsichtlich der technischen Mittel für die angemessene Bekanntgabe von Insiderinformationen und für den Aufschub der Bekanntgabe von Insiderinformationen gemäß Verordnung (EU) Nr. 596/2014 des Europäischen Parlaments und des Rates (ABl. L 173 vom 30.6.2016, S. 47) und der Delegierten Verordnung (EU) 2016/522 der Kommission vom 17. Dezember 2015 zur Ergänzung der Verordnung (EU) Nr. 596/2014 des Europäischen Parlaments und des Rates im Hinblick auf eine Ausnahme für bestimmte öffentliche Stellen und Zentralbanken von Drittstaaten, die Indikatoren für Marktmanipulation, die Schwellenwerte für die Offenlegung, die zuständige Behörde, der ein Aufschub zu melden ist, die Erlaubnis zum Handel während eines geschlossenen Zeitraums und die

---

[1]) Nr. 11.

Arten meldepflichtiger Eigengeschäfte von Führungskräften (ABl. L 88 vom 5.4.2016, S. 1) ergänzen, und

2. für eine Veröffentlichung nach Artikel 19 Absatz 3 der Verordnung (EU) Nr. 596/2014, soweit sie die Vorgaben der Durchführungsverordnung (EU) 2016/1055 ergänzen.

**§ 3b Sprache der Veröffentlichung.** (1) ¹Emittenten, deren Sitz im Ausland ist, oder Emittenten, für die die Bundesrepublik Deutschland der Herkunftsstaat nach § 2 Absatz 13 Nummer 2 Buchstabe a des Wertpapierhandelsgesetzes[1)] ist oder die bei der Bundesanstalt einen Prospekt in englischer Sprache für die Wertpapiere, auf die sich die Information bezieht, hinterlegt haben, können die Veröffentlichung ausschließlich in englischer Sprache vornehmen. ²Im Übrigen gelten die Absätze 2 bis 4.

(2) ¹Sind Wertpapiere eines Emittenten, für den die Bundesrepublik Deutschland nach § 2 Absatz 13 des Wertpapierhandelsgesetzes der Herkunftsstaat ist, lediglich zum Handel an einem organisierten Markt im Inland zugelassen, so ist die Information in deutscher Sprache zu veröffentlichen. ²Sind die Wertpapiere zum Handel an einem organisierten Markt im Inland und in einem oder mehreren anderen Mitgliedstaaten der Europäischen Union oder in einem oder mehreren anderen Vertragsstaaten des Abkommens über den Europäischen Wirtschaftsraum zugelassen, so ist die Information in deutscher oder englischer Sprache und nach Wahl des Emittenten in einer Sprache, die von den zuständigen Behörden der betreffenden Mitgliedstaaten der Europäischen Union oder der betreffenden Vertragsstaaten des Abkommens über den Europäischen Wirtschaftsraum akzeptiert wird, oder in englischer Sprache zu veröffentlichen.

(3) ¹Ein Inlandsemittent im Sinne des § 2 Absatz 14 Nummer 2 des Wertpapierhandelsgesetzes muss die Information in deutscher oder in englischer Sprache veröffentlichen. ²Ein Emittent, der seinen Sitz im Inland hat und dessen Wertpapiere nicht im Inland, sondern in mehr als einem anderen Mitgliedstaat der Europäischen Union oder Vertragsstaat des Abkommens über den Europäischen Wirtschaftsraum zum Handel an einem organisierten Markt zugelassen sind, hat die Information nach seiner Wahl in einer von den zuständigen Behörden der betreffenden Mitgliedstaaten der Europäischen Union oder der betreffenden Vertragsstaaten des Abkommens über den Europäischen Wirtschaftsraum akzeptierten Sprache oder in englischer Sprache zu veröffentlichen; er kann sie zusätzlich auch in deutscher Sprache veröffentlichen.

(4) Sind Wertpapiere eines Inlandsemittenten im Sinne des § 2 Absatz 14 des Wertpapierhandelsgesetzes mit einer Mindeststückelung von 100 000 Euro oder einem am Ausgabetag entsprechenden Gegenwert in einer anderen Währung zum Handel an einem organisierten Markt im Inland oder in einem oder mehreren Mitgliedstaaten der Europäischen Union oder in einem oder mehreren Vertragsstaaten des Abkommens über den Europäischen Wirtschaftsraum zugelassen, so hat er die Information abweichend von den Absätzen 2 und 3 in englischer Sprache oder in einer Sprache zu veröffentlichen, die von der Bundesanstalt und im Falle der Zulassung in anderen Mitgliedstaaten der Europäischen Union oder Vertragsstaaten des Abkommens über den Europäi-

---

[1)] Nr. 12.

schen Wirtschaftsraum von den zuständigen Behörden dieser Staaten akzeptiert wird.

(5) Absatz 4 gilt entsprechend für Inlandsemittenten im Sinne des § 2 Absatz 14 des Wertpapierhandelsgesetzes von Wertpapieren mit einer Mindeststückelung von 50 000 Euro oder einem am Ausgabetag entsprechenden Gegenwert in einer anderen Währung, die bereits vor dem 31. Dezember 2010 zum Handel an einem organisierten Markt in einem oder mehreren Mitgliedstaaten der Europäischen Union oder in einem anderen Vertragsstaat des Abkommens über den Europäischen Wirtschaftsraum zugelassen wurden, solange derartige Wertpapiere ausstehen.

(6) Die Absätze 1 bis 5 gelten entsprechend für Veröffentlichungen nach Artikel 17 Absatz 1, 2 und 6 bis 9 und für Meldungen nach Artikel 19 Absatz 1 der Verordnung (EU) Nr. 596/2014[1)] der MTF-Emittenten im Sinne des § 2 Absatz 15 des Wertpapierhandelsgesetzes, der OTF-Emittenten im Sinne des § 2 Absatz 16 des Wertpapierhandelsgesetzes und der Teilnehmer am Markt für Emissionszertifikate.

**§ 3c Mitteilung der Veröffentlichung.** [1] Soweit nichts anderes bestimmt ist, muss der Bundesanstalt die Veröffentlichung unter Angabe des Textes der Veröffentlichung, der Medien, an die die Information gesandt wurde, sowie des genauen Zeitpunkts der Versendung an die Medien mitgeteilt werden. [2] Satz 1 gilt nicht für Veröffentlichungen nach Artikel 17 der Verordnung (EU) Nr. 596/2014[1)].

### Unterabschnitt 2. Veröffentlichung von Insiderinformationen und Mitteilung über die Veröffentlichung

**§ 4 Inhalt der Veröffentlichung.** (1) [1] In der Veröffentlichung nach Artikel 17 Absatz 1 und 2 der Verordnung (EU) Nr. 596/2014[1)] sind anzugeben:

1. in der Kopfzeile
   a) eine deutlich hervorgehobene Überschrift „Veröffentlichung von Insiderinformationen nach Artikel 17 der Verordnung (EU) Nr. 596/2014",
   b) ein als Betreff erkennbares Schlagwort, das den wesentlichen Inhalt der Veröffentlichung zusammenfasst,
2. zum Emittenten oder Teilnehmer am Markt für Emissionszertifikate
   a) sein Name und
   b) seine Anschrift,
3. die internationalen Wertpapierkennnummern der vom Emittenten ausgegebenen Aktien, Options- und Wandelanleihen sowie Genussscheine mit Ausstattungsmerkmalen, die den Aktien vergleichbar sind, soweit sie zum Handel an einem inländischen organisierten Markt zugelassen sind oder für sie eine solche Zulassung beantragt wurde, sowie die Börse und das Handelssegment, für die die Zulassung besteht oder beantragt wurde; hat der Emittent weitere Finanzinstrumente ausgegeben, für die eine Zulassung besteht oder beantragt wurde, genügt die Angabe einer Internetadresse, unter der er die entsprechenden Angaben für diese Finanzinstrumente in einer stets aktuellen und vollständigen Datei bereitzustellen hat, wobei die Hauptseite einen deutlich

---

[1)] Nr. 11.

erkennbaren Hinweis auf eine Seite mit Informationen für Anleger zu enthalten hat, unter der die Datei leicht aufzufinden sein muss,
4. die zu veröffentlichende Information,
5. Datum des Eintritts der der Information zugrunde liegenden Umstände,
6. eine kurze Erklärung, inwieweit die Information den Emittenten oder Teilnehmer am Markt für Emissionszertifikate unmittelbar betrifft, soweit sich dies nicht schon aus den Angaben zu Nummer 4 ergibt, sowie
7. eine Erklärung, aus welchen Gründen die Information geeignet ist, im Fall ihres öffentlichen Bekanntwerdens den Kurs der Finanzinstrumente oder den Kurs damit verbundener derivativer Finanzinstrumente erheblich zu beeinflussen, soweit sich dies nicht schon aus den Angaben zu Nummer 4 ergibt.

²Die Veröffentlichung soll kurz gefasst sein. ³Ist nach Artikel 17 Absatz 8 der Verordnung (EU) Nr. 596/2014 eine Person, die im Auftrag oder auf Rechnung des Emittenten oder Teilnehmer am Markt für Emissionszertifikate handelt, veröffentlichungspflichtig, so hat sie den Emittenten oder Teilnehmer am Markt für Emissionszertifikate hierüber unverzüglich zu informieren und in der Veröffentlichung durch Nennung ihres Namens und ihrer Anschrift ihre Urheberschaft kenntlich zu machen.

(2) Hat wegen einer erheblichen Veränderung der bereits veröffentlichten Information erneut eine Veröffentlichung einer Insiderinformation nach Artikel 17 Absatz 1 Unterabsatz 2 oder Absatz 2 in Verbindung mit Absatz 1 Unterabsatz 2 der Verordnung (EU) Nr. 596/2014 zu erfolgen, so muss sie enthalten:
1. in der Kopfzeile
   a) eine deutlich hervorgehobene Überschrift „Aktualisierung einer Veröffentlichung von Insiderinformationen nach Artikel 17 der Verordnung (EU) Nr. 596/2014",
   b) ein Schlagwort im Sinn des Absatzes 1 Satz 1 Nr. 1 Buchstabe b,
2. nach den Angaben im Sinn des Absatzes 1 Satz 1 Nr. 2 und 3 die Medien, an die die Information gesandt wurde, sowie den Zeitpunkt dieser Versendung,
3. die zu veröffentlichende Information über die veränderten Umstände und
4. die Angaben im Sinn des Absatzes 1 Satz 1 Nr. 5 bis 7.

(3) Die Berichtigung einer Veröffentlichung von Insiderinformationen nach Artikel 17 Absatz 1 Unterabsatz 2 oder Absatz 2 in Verbindung mit Absatz 1 Unterabsatz 2 der Verordnung (EU) Nr. 596/2014 hat zu enthalten:
1. in der Kopfzeile
   a) eine deutlich hervorgehobene Überschrift „Berichtigung einer Veröffentlichung von Insiderinformationen nach Artikel 17 der Verordnung (EU) Nr. 596/2014",
   b) ein Schlagwort im Sinn des Absatzes 1 Satz 1 Nr. 1 Buchstabe b,
2. nach den Angaben im Sinn des Absatzes 1 Satz 1 Nr. 2 und 3 den Inhalt der Veröffentlichung der unwahren Information, die Medien, an die die Information gesandt wurde, sowie den Zeitpunkt dieser Versendung,
3. die wahre Information und
4. die Angaben im Sinn des Absatzes 1 Satz 1 Nr. 5 bis 7, bezogen auf die wahre Information.

**§§ 5, 5a** *(aufgehoben)*

**§ 6 Berechtigte Interessen für eine verzögerte Veröffentlichung.** [1]Berechtigte Interessen, die nach Artikel 17 Absatz 4 der Verordnung (EU) Nr. 596/2014[1]) von der Pflicht zur sofortigen Veröffentlichung nach Artikel 17 Absatz 1 und 2 der Verordnung (EU) Nr. 596/2014 befreien können, liegen vor, wenn die Interessen des Emittenten an der Geheimhaltung der Information die Interessen des Kapitalmarktes an einer vollständigen und zeitnahen Veröffentlichung überwiegen. [2]Dies kann insbesondere dann der Fall sein, wenn

1. das Ergebnis oder der Gang laufender Verhandlungen über Geschäftsinhalte, die geeignet wären, im Fall ihres öffentlichen Bekanntwerdens den Börsen- oder Marktpreis erheblich zu beeinflussen, von der Veröffentlichung wahrscheinlich beeinträchtigt würden und eine Veröffentlichung die Interessen der Anleger erheblich gefährden würde, oder
2. durch das Geschäftsführungsorgan des Emittenten abgeschlossene Verträge oder andere getroffene Entscheidungen zusammen mit der Ankündigung bekannt gegeben werden müssten, dass die für die Wirksamkeit der Maßnahme erforderliche Zustimmung eines anderen Organs des Emittenten noch aussteht, und dies die sachgerechte Bewertung der Information durch das Publikum gefährden würde, wenn der Emittent dafür gesorgt hat, dass die endgültige Entscheidung so schnell wie möglich getroffen wird.

**§ 7 Mitteilung nach Artikel 17 Absatz 4 Unterabsatz 3 der Verordnung (EU) Nr. 596/2014.** Die Mitteilung nach Artikel 17 Absatz 4 Unterabsatz 3 der Verordnung (EU) Nr. 596/2014[1]) hat in Ergänzung zu den Vorschriften der Durchführungsverordnung (EU) 2016/1055 folgende Angaben zu enthalten:

1. alle Zeitpunkte, an denen der Fortbestand der Gründe überprüft wurde, sowie
2. den Vor- und Familiennamen sowie die Geschäftsanschriften und Rufnummern aller Personen, die an der Entscheidung über die Befreiung beteiligt waren.

**§ 8 Inhalt der Mitteilung.** (1) In der Mitteilung nach § 26 Absatz 1 des Wertpapierhandelsgesetzes[2]) sind anzugeben:

1. der Wortlaut der vorgesehenen Veröffentlichung,
2. der vorgesehene Zeitpunkt der Veröffentlichung und
3. ein Ansprechpartner des Emittenten mit Rufnummer.

(2) [1]Im Fall der Berichtigung einer Veröffentlichung von Insiderinformationen nach Artikel 17 Absatz 1 Unterabsatz 2 der Verordnung (EU) Nr. 596/2014[1]) sind nur in der Mitteilung an die Bundesanstalt nach § 26 Absatz 1 des Wertpapierhandelsgesetzes zusätzlich die Gründe für die Veröffentlichung der zu berichtigenden Information darzulegen. [2]§ 6 Absatz 15 Satz 1 des Wertpapierhandelsgesetzes gilt entsprechend.

(3) [1]Im Fall der Offenlegung von Insiderinformationen nach Artikel 17 Absatz 8 der Verordnung (EU) Nr. 596/2014 hat der Emittent nur in der

---
[1]) Nr. 11.
[2]) Nr. 12.

Mitteilung an die Bundesanstalt nach § 26 Absatz 1 des Wertpapierhandelsgesetzes anzugeben:
1. den Vor- und Familiennamen der Person, der die Insiderinformation offengelegt worden ist,
2. ihre Geschäftsanschrift oder, falls eine solche nicht besteht, ihre Privatanschrift,
3. den Zeitpunkt der Informationspreisgabe sowie
4. im Fall einer nicht absichtlichen Offenlegung nach Artikel 17 Absatz 8 der Verordnung (EU) Nr. 596/2014 die Umstände der nicht absichtlichen Offenlegung.

² § 6 Absatz 15 Satz 1 des Wertpapierhandelsgesetzes gilt entsprechend.

(4) Die Angaben nach Absatz 3 können innerhalb von 14 Tagen nach der Veröffentlichung nachgereicht werden.

**§ 9 Art und Form der Mitteilungen.** (1) ¹Mitteilungen nach § 8 sind schriftlich mittels Telefax zu übersenden. ²Auf Verlangen der Bundesanstalt ist die eigenhändig unterschriebene Mitteilung auf dem Postweg nachzureichen. ³Gleiches können auch die Geschäftsführungen der Handelsplätze im Sinne des § 26 Absatz 1 des Wertpapierhandelsgesetzes[1)] verlangen, sofern sie nach diesen Vorschriften eine Mitteilung erhalten.

(2) Die Bundesanstalt kann die Möglichkeit eröffnen, die Mitteilungen nach § 8 im Wege der Datenfernübertragung zu übersenden, sofern dem jeweiligen Stand der Technik entsprechende Maßnahmen zur Sicherstellung von Datenschutz und Datensicherheit getroffen werden, die insbesondere die Vertraulichkeit und Unversehrtheit der Daten gewährleisten, und sofern im Fall der Nutzung allgemein zugänglicher Netze dem jeweiligen Stand der Technik entsprechende Verschlüsselungsverfahren angewendet werden.

**Unterabschnitt 3. Veröffentlichung von Eigengeschäften und Mitteilung über die Veröffentlichung**

**§ 10 Art der Veröffentlichung.** Bezüglich der Meldung und Veröffentlichung von Eigengeschäften wird auf das Formular im Anhang der Durchführungsverordnung (EU) 2016/523 der Kommission vom 10. März 2016 zur Festlegung technischer Durchführungsstandards im Hinblick auf das Format und die Vorlage für die Meldung und öffentliche Bekanntgabe der Eigengeschäfte von Führungskräften gemäß Verordnung (EU) Nr. 596/2014 des Europäischen Parlaments und des Rates (ABl. L 88 vom 5.4.2016, S. 19) verwiesen. Die Bundesanstalt kann zusätzlich zur Veröffentlichung nach Artikel 19 Absatz 3 der Verordnung (EU) Nr. 596/2014 die Information auf ihrer Internetseite veröffentlichen.

**§ 11 Mitteilung der Veröffentlichung.** Für die Mitteilung des Emittenten über die Veröffentlichung an die Bundesanstalt nach § 26 Absatz 2 des Wertpapierhandelsgesetzes[1)] gilt § 3c.

---

[1)] Nr. 12.

**Unterabschnitt 4.** *(aufgehoben)*

**Unterabschnitt 5. Veröffentlichung und Mitteilung bei Veränderungen des Stimmrechtsanteils**

**§ 12 Inhalt der Mitteilung.** (1) Für eine Mitteilung nach § 33 Absatz 1 und 2, § 38 Absatz 1 und § 39 Absatz 1 des Wertpapierhandelsgesetzes[1] ist das Formular der Anlage dieser Verordnung zu verwenden.

(2) Im Fall von § 37 Absatz 1 des Wertpapierhandelsgesetzes genügt zur Erfüllung der Mitteilungspflicht des Tochterunternehmens die Abgabe einer Mitteilung durch das Mutterunternehmen des meldepflichtigen Tochterunternehmens gemäß dem Formular der Anlage dieser Verordnung.

(3) Für die Zwecke der Berechnung des Stimmrechtsanteils ist die letzte Veröffentlichung nach § 41 des Wertpapierhandelsgesetzes zugrunde zu legen.

(4) Die Bundesanstalt kann die nach § 40 des Wertpapierhandelsgesetzes veröffentlichten Angaben verarbeiten, soweit dies erforderlich ist, um die Transparenz von wesentlichen Beteiligungen an Inlandsemittenten, deren Aktien an einem organisierten Markt zugelassen sind, zu fördern.

**§ 13 Berechnung des Stimmrechtsanteils für die Mitteilung nach § 38 Absatz 1 Satz 1 des Wertpapierhandelsgesetzes.** Nicht einzubeziehen in die Berechnung des Stimmrechtsanteils nach § 38 Absatz 3 des Wertpapierhandelsgesetzes[1] sind Instrumente im Sinne des § 38 Absatz 1 Satz 1 des Wertpapierhandelsgesetzes, die sich auf eigene Aktien eines Emittenten, für den die Bundesrepublik Deutschland der Herkunftsstaat ist, beziehen und es diesem Emittenten auf Grund ihrer Ausgestaltung ermöglichen, solche Aktien zu erwerben.

**§ 14 Sprache der Mitteilungen.** Mitteilungen nach § 33 Absatz 1 Satz 1 und Absatz 2, § 38 Absatz 1 Satz 1 sowie § 39 Absatz 1 Satz 1 des Wertpapierhandelsgesetzes[1] sind in deutscher oder englischer Sprache an den Emittenten und die Bundesanstalt zu übermitteln.

**§ 15 Inhalt und Format der Veröffentlichung.** Die Veröffentlichung nach § 40 Absatz 1 Satz 1 des Wertpapierhandelsgesetzes[1] muss die Angaben der Mitteilung an den Emittenten gemäß dem Formular der Anlage zu dieser Verordnung enthalten und in dem dort vorgegebenen Format erfolgen.

**§ 16 Art und Sprache der Veröffentlichung.** Die Art und Sprache der Veröffentlichung nach § 40 Absatz 1 Satz 1 des Wertpapierhandelsgesetzes[1] erfolgt nach Maßgabe der §§ 3a und 3b; jedoch kann abweichend hiervon der Emittent die Mitteilung in englischer Sprache veröffentlichen, wenn er die Mitteilung in englischer Sprache erhalten hat.

**§ 17 Mitteilung der Veröffentlichung.** Für die Mitteilung des Emittenten über die Veröffentlichung an die Bundesanstalt nach § 40 Absatz 2 des Wertpapierhandelsgesetzes[1] gilt § 3c.

---

[1] Nr. 12.

## Unterabschnitt 6. Veröffentlichung und Inhalt von Finanzberichten

**§ 18 Art und Sprache der Veröffentlichung.** ¹Für die Art und Sprache der Veröffentlichung der Bekanntmachung nach § 114 Absatz 1 Satz 2, § 115 Absatz 1 Satz 2 und § 116 Absatz 2 Satz 1 des Wertpapierhandelsgesetzes[1]) gelten die §§ 3a und 3b. ²Für die Informationen nach § 114 Absatz 2 und § 115 Absatz 2 des Wertpapierhandelsgesetzes sowie für die Zahlungs- oder Konzernzahlungsberichte gemäß § 116 des Wertpapierhandelsgesetzes gilt § 3b.

**§ 19 Mitteilung der Veröffentlichung.** Für die Mitteilung des Unternehmens über die Veröffentlichung der Bekanntmachung an die Bundesanstalt nach § 114 Absatz 1 Satz 3, § 115 Absatz 1 Satz 3 und § 116 Absatz 2 Satz 2 des Wertpapierhandelsgesetzes[1]) gilt § 3c.

**§ 20 Verfügbarkeit der Finanzberichte und Zahlungsberichte.** Die Informationen nach § 114 Absatz 2 und § 115 Absatz 2 des Wertpapierhandelsgesetzes[1]) sowie die Zahlungs- oder Konzernzahlungsberichte gemäß § 116 des Wertpapierhandelsgesetzes und die Zahlungsberichte gemäß § 341s des Handelsgesetzbuchs müssen im Unternehmensregister für mindestens zehn Jahre der Öffentlichkeit zugänglich sein.

## Unterabschnitt 7. Wahl des Herkunftsstaates

**§ 21 Art der Veröffentlichung.** Die Wahl der Bundesrepublik Deutschland als Herkunftsstaat nach den §§ 4 und 5 des Wertpapierhandelsgesetzes[1]) ist nach Maßgabe des § 3a zu veröffentlichen.

## Unterabschnitt 8. Veröffentlichung zusätzlicher Angaben

**§ 22 Art, Sprache und Mitteilung der Veröffentlichung.** ¹Die Veröffentlichung nach § 50 Absatz 1 Satz 1 des Wertpapierhandelsgesetzes[1]) erfolgt nach Maßgabe der §§ 3a und 3b; der Emittent kann die Information im Sinn des § 50 Absatz 1 Satz 1 Nummer 3 des Wertpapierhandelsgesetzes jedoch ausschließlich in englischer Sprache veröffentlichen. ²Die Mitteilung nach § 50 Absatz 1 Satz 1 des Wertpapierhandelsgesetzes erfolgt nach § 3c.

## Abschnitt 4. Inkrafttreten

**§ 23 Inkrafttreten.** Diese Verordnung tritt am Tag nach der Verkündung[2]) in Kraft.

### Anl.

*(hier nicht wiedergegeben)*

---

[1]) Nr. 12.
[2]) Verkündet am 17.12.2004.

# 12b. Verordnung über die Prüfung der Wertpapierdienstleistungsunternehmen nach § 89 des Wertpapierhandelsgesetzes (Wertpapierdienstleistungs-Prüfungsverordnung – WpDPV)

Vom 17. Januar 2018
(BGBl. I S. 140)
FNA 4110-4-22

geänd. durch Art. 6 G zur Umsetzung der zweiten AktionärsrechteRL v. 12.12.2019 (BGBl. I S. 2637)

### Nichtamtliche Inhaltsübersicht
#### Abschnitt 1. Allgemeine Vorschriften

| | |
|---|---|
| § 1 | Geltungsbereich |
| § 2 | Fehler, Mangel, sonstige Erkenntnisse |

#### Abschnitt 2. Prüfung

| | |
|---|---|
| § 3 | Prüfungszeitraum, Prüfungsdauer und Unterbrechung der Prüfung |
| § 4 | Stichtag der Prüfung und Berichtszeitraum |
| § 5 | Prüfungsbeginn |
| § 6 | Allgemeine Anforderungen an die Prüfung; Bildung von Schwerpunkten |
| § 7 | Zweigstellen, Zweigniederlassungen, Filialen und Auslagerungen |
| § 8 | Prüfungen nach § 88 Absatz 1 des Wertpapierhandelsgesetzes |
| § 9 | Aufzeichnungen und Unterlagen |

#### Abschnitt 3. Prüfungsbericht und Fragebogen

| | |
|---|---|
| § 10 | Umfang der Berichterstattung |
| § 11 | Verhaltenspflichten, Organisationspflichten und Aufzeichnungspflichten |
| § 12 | Depotgeschäft |
| § 13 | Bestimmungen über den Prüfungsinhalt; festgesetzte Prüfungsschwerpunkte |
| § 14 | Verweisungen auf frühere Prüfungsberichte |
| § 15 | Bei der letzten Prüfung festgestellte Mängel |
| § 16 | Schlussbemerkungen |
| § 17 | Prüfer; Unterschrift |
| § 18 | Fragebogen; Beschreibung der identifizierten Mängel und sonstigen Erkenntnisse |
| § 19 | Übersendung des Prüfungsberichts und des Fragebogens |
| § 20 | Berichtsentwurf |
| § 21 | Erläuterung des Prüfungsberichts |

#### Abschnitt 4. Schlussvorschriften

| | |
|---|---|
| § 22 | Inkrafttreten, Außerkrafttreten |

Anlage Fragebogen

Auf Grund des § 89 Absatz 6 Satz 1 des Wertpapierhandelsgesetzes[1], der durch Artikel 3 Nummer 90 Buchstabe e des Gesetzes vom 23. Juni 2017 (BGBl. I S. 1693) neu gefasst worden ist, in Verbindung mit § 1 Nummer 1 der Verordnung zur Übertragung von Befugnissen zum Erlass von Rechtsverordnungen auf die Bundesanstalt für Finanzdienstleistungsaufsicht, der zuletzt durch Artikel 21 Nummer 1 des Gesetzes vom 23. Juni 2017 (BGBl. I S. 1693) geändert worden ist, verordnet die Bundesanstalt für Finanzdienstleistungsaufsicht:

---

[1] Nr. 12.

## Abschnitt 1. Allgemeine Vorschriften

**§ 1 Geltungsbereich.** Diese Verordnung gilt für die Prüfung

1. der Einhaltung der in § 89 des Wertpapierhandelsgesetzes[1)] genannten Pflichten,
2. der Einhaltung der nach § 90 Absatz 1 Satz 1 des Wertpapierhandelsgesetzes entsprechend anwendbaren Pflichten durch Zweigniederlassungen im Sinne des § 53b des Kreditwesengesetzes, die Wertpapierdienstleistungen erbringen, und
3. des Depotgeschäfts und des eingeschränkten Verwahrgeschäfts nach § 89 Absatz 1 Satz 2 des Wertpapierhandelsgesetzes.

**§ 2 Fehler, Mangel, sonstige Erkenntnisse.** (1) Ein Fehler im Sinne dieser Verordnung ist jede einzelne Abweichung von den in § 89 Absatz 1 Satz 1 und 2 des Wertpapierhandelsgesetzes[1)] genannten Anforderungen.

(2) Ein Mangel im Sinne dieser Verordnung liegt vor, wenn in Bezug auf die folgenden Pflichten oder Handlungen ein Fehler aufgetreten ist:

1. die Pflichten zur Vorhaltung von Systemen und Verfahren nach Artikel 16 der Verordnung (EU) Nr. 596/2014[2)] des Europäischen Parlaments und des Rates vom 16. April 2014 über Marktmissbrauch (Marktmissbrauchsverordnung) und zur Aufhebung der Richtlinie 2003/6/EG des Europäischen Parlaments und des Rates und der Richtlinien 2003/124/EG, 2003/125/EG und 2004/72/EG der Kommission (ABl. L 173 vom 12.6.2014, S. 1; L 287 vom 21.10.2016, S. 320; L 306 vom 15.11.2016, S. 43; L 348 vom 21.12. 2016, S. 83), die zuletzt durch die Verordnung (EU) 2016/1033 (ABl. L 175 vom 30.6.2016, S. 1) geändert worden ist, in der jeweils geltenden Fassung,
2. die Pflichten nach § 63 Absatz 1 bis 6 und 10 Satz 3, § 64 Absatz 3 Satz 2, Absatz 5, 6 Satz 2, Absatz 7 und 8, den §§ 67, 70 Absatz 1 Satz 2, nach § 72 Absatz 1 bis 3, 6 bis 8, den §§ 74, 75 Absatz 1 bis 4 und 6, den §§ 77, 78, 80 Absatz 1 Satz 2 Nummer 1 bis 4, Absatz 2 bis 4, 6, 8 bis 13, nach § 81 sowie den §§ 84 und 87 Absatz 1 bis 5 des Wertpapierhandelsgesetzes,
3. die Untersagungen der Bundesanstalt für Finanzdienstleistungsaufsicht (Bundesanstalt) nach § 92 Absatz 1 des Wertpapierhandelsgesetzes,
4. die Pflichten nach den §§ 10 bis 12 der Wertpapierdienstleistungs-Verhaltens- und Organisationsverordnung[3)],
5. die Pflichten nach den Artikeln 21, 22, 26, 27, 30 bis 35, 37 bis 43, 45 und 52 bis 56 der Delegierten Verordnung (EU) 2017/565[4)] der Kommission vom 25. April 2016 zur Ergänzung der Richtlinie 2014/65/EU[5)] des Europäischen Parlaments und des Rates in Bezug auf die organisatorischen Anforderungen an Wertpapierfirmen und die Bedingungen für die Ausübung ihrer Tätigkeit sowie in Bezug auf die Definition bestimmter Begriffe für die Zwecke der genannten Richtlinie (ABl. L 87 vom 31.3.2017, S. 1) in der jeweils geltenden Fassung und

---

[1)] Nr. 12.
[2)] Nr. 11.
[3)] Nr. 12d.
[4)] Nr. 13.
[5)] Nr. 1.

6. die Pflichten nach Artikel 4 Absatz 1 Unterabsatz 1 und Artikel 5a Absatz 1 der Verordnung (EG) Nr. 1060/2009 des Europäischen Parlaments und des Rates vom 16. September 2009 über Ratingagenturen (ABl. L 302 vom 17.11.2009, S. 1; L 350 vom 29.12.2009, S. 59; L 145 vom 31.5.2011, S. 57; L 267 vom 6.9.2014, S. 30), die zuletzt durch die Richtlinie 2014/51/EU (ABl. L 153 vom 22.5.2014, S. 1; L 108 vom 28.4.2015, S. 8) geändert worden ist, in der jeweils geltenden Fassung.

(3) ¹In Bezug auf die übrigen in § 89 Absatz 1 Satz 1 und 2 des Wertpapierhandelsgesetzes genannten Pflichten liegt ein Mangel vor, wenn insgesamt 5 Prozent oder mehr der Geschäftsvorfälle in einer zu einem gesetzlichen Tatbestand vorgenommenen Stichprobe mindestens einen Fehler aufweisen. ²Sofern in Bezug auf die in Satz 1 genannten Pflichten eine Stichprobe nicht vorgenommen werden kann, liegt ein Mangel vor, wenn der Prüfer auf andere Weise zu einem gesetzlichen Tatbestand Fehler feststellt, die einem solchen Stichprobenergebnis nach seinem *pflichtgemäßen*[1]) Ermessen gleichwertig sind.

(4) Sonstige Erkenntnisse im Sinne dieser Verordnung liegen vor, wenn der Prüfer feststellt, dass die von der Europäischen Wertpapier- und Marktaufsichtsbehörde vorgenommene und veröffentlichte Auslegung unionsrechtlicher Anforderungen nicht oder nicht vollständig berücksichtigt worden ist.

## Abschnitt 2. Prüfung

**§ 3 Prüfungszeitraum, Prüfungsdauer und Unterbrechung der Prüfung.** (1) Der Prüfungszeitraum beginnt mit dem Tag der ersten und endet mit dem Tag der letzten Prüfungshandlung vor Ort.

(2) Die Prüfung ist innerhalb eines angemessenen Zeitraums durchzuführen.

(3) Eine Unterbrechung der Prüfung ist jede länger als zwei Wochen dauernde Abweichung von der Prüfungsplanung.

(4) ¹Unterbricht der Prüfer die Prüfung, so hat er der Bundesanstalt die Unterbrechung unverzüglich in Textform mitzuteilen. ²Dabei hat er die Gründe und die voraussichtliche Dauer der Unterbrechung darzulegen.

(5) ¹Die Unterbrechung ist im Prüfungsbericht zu dokumentieren. ²Dies gilt auch dann, wenn zwar einzelne Abweichungen von der Prüfungsplanung nicht länger als zwei Wochen gedauert haben, die Prüfung jedoch insgesamt für mehr als vier Wochen unterbrochen wurde.

**§ 4 Stichtag der Prüfung und Berichtszeitraum.** (1) Der Prüfer legt den Stichtag der Prüfung nach pflichtgemäßem Ermessen fest.

(2) Berichtszeitraum der ersten Prüfung ist der Zeitraum zwischen dem Beginn der Tätigkeit als Wertpapierdienstleistungsunternehmen und dem Stichtag der ersten Prüfung.

(3) Berichtszeitraum der ersten Prüfung nach einem Zeitraum, in dem die Bundesanstalt nach § 89 Absatz 1 Satz 3 des Wertpapierhandelsgesetzes[2]) von einer jährlichen Prüfung abgesehen hat, ist der Zeitraum zwischen dem Ende des Befreiungszeitraums und dem Stichtag der darauf folgenden Prüfung.

---
[1]) Richtig wohl: „pflichtgemäßem".
[2]) Nr. 12.

(4) Berichtszeitraum der sonstigen Prüfungen ist jeweils der Zeitraum zwischen dem Stichtag der letzten Prüfung und dem Stichtag der folgenden Prüfung.

**§ 5 Prüfungsbeginn.** (1) ¹Die Prüfung muss spätestens 15 Monate nach dem Beginn des für sie maßgeblichen Berichtszeitraums begonnen worden sein. ²Die Bundesanstalt kann im Einzelfall und aus wichtigem Grund eine andere Frist bestimmen.

(2) ¹Der Prüfer bestimmt den Zeitpunkt des Prüfungsbeginns. ²Der Prüfer teilt den Beginn der Prüfung gemäß § 89 Absatz 4 Satz 5 des Wertpapierhandelsgesetzes[1)] der Bundesanstalt mit, wenn nicht das zu prüfende Wertpapierdienstleistungsunternehmen diese Mitteilung bereits gemacht hat. ³Die Bundesanstalt kann innerhalb von vier Wochen nach Zugang der Mitteilung nach § 89 Absatz 4 Satz 5 des Wertpapierhandelsgesetzes einen anderen als den vom Prüfer bestimmten Zeitpunkt als Prüfungsbeginn bestimmen.

(3) Der Prüfer benachrichtigt die Bundesanstalt, falls das zu prüfende Wertpapierdienstleistungsunternehmen wiederholt eine Verlegung des Prüfungsbeginns verlangt.

(4) Der Prüfer unterrichtet die Bundesanstalt unverzüglich, wenn sich das Wertpapierdienstleistungsunternehmen weigert, die Prüfung vornehmen zu lassen, oder die Durchführung der Prüfung behindert.

(5) Mitteilungen an die Bundesanstalt haben in Textform an den Sitz der Bundesanstalt in Frankfurt am Main zu erfolgen.

**§ 6 Allgemeine Anforderungen an die Prüfung; Bildung von Schwerpunkten.** (1) ¹Die Prüfung umfasst die Einhaltung der in § 89 Absatz 1 Satz 1 und 2 des Wertpapierhandelsgesetzes[1)] genannten Anforderungen in allen Teilbereichen der Wertpapierdienstleistungen und Wertpapiernebendienstleistungen. ²Sie muss den gesamten Berichtszeitraum erfassen und in einem angemessenen Verhältnis zum Umfang der jeweiligen Geschäfte und Aufgaben stehen.

(2) ¹Die Einhaltung der in § 89 Absatz 1 Satz 1 und 2 des Wertpapierhandelsgesetzes genannten Anforderungen ist vom Prüfer nach pflichtgemäßem Ermessen zu prüfen. ²Bei den im Prüfungsbericht vorgenommenen Beurteilungen sind die aufsichtlichen Vorgaben zu den einzelnen Bereichen zu beachten. ³Die Beurteilungen sind nachvollziehbar zu begründen.

(3) Bei der Prüfung kann der Prüfer vorbehaltlich der von der Bundesanstalt getroffenen Bestimmungen über den Inhalt der Prüfung nach § 89 Absatz 4 Satz 1 und 2 des Wertpapierhandelsgesetzes nach pflichtgemäßem Ermessen bei der Prüfung Schwerpunkte bilden.

(4) ¹In den Teilbereichen, in denen der Prüfer keinen Schwerpunkt bildet, sind zumindest Systemprüfungen mit Funktionstests und nach pflichtgemäßen Ermessen Stichproben durchzuführen. ²Werden bei einer Systemprüfung Fehler festgestellt, ist die Prüfung auszudehnen, bis der Prüfer Klarheit darüber gewonnen hat, ob Mängel vorliegen. ³Bestehen Zweifel, ob Mängel vorliegen, ist die Bundesanstalt unverzüglich zu unterrichten.

(5) Die Möglichkeit der Schwerpunktbildung besteht auch hinsichtlich der Auswahl von Teilbereichen im Rahmen eines mehrjährigen Prüfungsplans.

---

[1)] Nr. 12.

### § 7 Zweigstellen, Zweigniederlassungen, Filialen und Auslagerungen.

(1) ¹Bei Wertpapierdienstleistungsunternehmen mit solchen Zweigstellen, Zweigniederlassungen oder Filialen, die wesentliche Teilbereiche von Wertpapierdienstleistungen oder Wertpapiernebendienstleistungen ausführen oder Analysen von Finanzinstrumenten ausführen, erstreckt sich die Prüfung auch auf diese Zweigstellen, Zweigniederlassungen und Filialen. ²Filialen sind alle Betriebsstätten, in denen Wertpapierdienstleistungen erbracht werden.

(2) Der Prüfer entscheidet nach pflichtgemäßem Ermessen, inwieweit eine Prüfung der Zweigstellen, Zweigniederlassungen und Filialen vor Ort erforderlich ist.

(3) Der Prüfer kann bei einzelnen Zweigniederlassungen, Zweigstellen und Filialen insbesondere dann von einer Prüfung absehen, wenn
1. die von ihnen ausgeführten Teilbereiche von Wertpapierdienstleistungen oder Wertpapiernebendienstleistungen unbedeutend sind und
2. das Wertpapierdienstleistungsunternehmen ihm nachweist, dass bei allen Zweigstellen, Zweigniederlassungen und Filialen regelmäßig wirksame interne Kontrollen stattfinden und sich hierbei keine wesentlichen Beanstandungen ergeben haben.

(4) Die Bundesanstalt kann auch ohne besonderen Anlass verlangen, dass Zweigstellen, Zweigniederlassungen und Filialen in die nächste Prüfung einbezogen werden.

(5) Über die Prüfung einer ausländischen Zweigstelle oder Zweigniederlassung ist die Bundesanstalt spätestens vier Wochen vor Prüfungsbeginn zu unterrichten.

(6) Die Absätze 1 bis 4 gelten entsprechend für in andere Unternehmen ausgelagerte Prozesse und Aktivitäten, die für die Durchführung von Wertpapierdienstleistungen und Wertpapiernebendienstleistungen wesentlich sind, insbesondere für Auslagerungen auf vertraglich gebundene Vermittler im Sinne des § 2 Absatz 10 des Kreditwesengesetzes und solche im Zusammenhang mit der Auslagerung der Compliance-Funktion nach Artikel 22 Absatz 2 der Delegierten Verordnung (EU) 2017/567 der Kommission vom 18. Mai 2016 zur Ergänzung der Verordnung (EU) Nr. 600/2014[1)] des Europäischen Parlaments und des Rates im Hinblick auf Begriffsbestimmungen, Transparenz, Portfoliokomprimierung und Aufsichtsmaßnahmen zur Produktintervention und zu den Positionen (ABl. L 87 vom 31.3.2017, S. 90) in der jeweils geltenden Fassung.

### § 8 Prüfungen nach § 88 Absatz 1 des Wertpapierhandelsgesetzes.

(1) Wurde im Berichtszeitraum eine Prüfung nach § 88 Absatz 1 des Wertpapierhandelsgesetzes[2)] durchgeführt, hat der Prüfer das Prüfungsergebnis dieser Prüfung nach pflichtgemäßem Ermessen bei seiner Prüfung zu berücksichtigen.

(2) Bei Sachverhalten, die Gegenstand der Prüfung nach § 88 Absatz 1 des Wertpapierhandelsgesetzes waren, kann sich seine Berichterstattung auf die Veränderungen beschränken, die nach dem Stichtag dieser Prüfung *eingetretenen*[3)] sind.

---

[1)] Nr. 2.
[2)] Nr. 12.
[3)] Richtig wohl: „eingetreten".

**§ 9 Aufzeichnungen und Unterlagen.** (1) ¹Der Prüfer ist verpflichtet, über die Prüfung Aufzeichnungen in Papierform oder auf Datenträgern anzufertigen und zur Berichterstattung notwendige Unterlagen an sich zu nehmen. ²Zu den aufzuzeichnenden Umständen gehören insbesondere
1. die Einzelheiten der Prüfungsplanung und die Prüfungsschwerpunkte,
2. die Kriterien für System-, Funktions- und Einzelfallprüfungen und
3. die Art und der konkrete Umfang von durchgeführten Stichproben und deren Ergebnis.

(2) ¹Geschäftsunterlagen des geprüften Wertpapierdienstleistungsunternehmens darf der Prüfer nur mit Zustimmung des Wertpapierdienstleistungsunternehmens an sich nehmen. ²Auf Anforderung sind ihm Kopien der für die Berichterstattung erforderlichen Unterlagen zur Verfügung zu stellen.

(3) Der Prüfer hat die Aufzeichnungen sechs Jahre ab der Einreichung des Fragebogens nach § 89 Absatz 2 Satz 2 des Wertpapierhandelsgesetzes[1)] aufzubewahren.

### Abschnitt 3. Prüfungsbericht und Fragebogen

**§ 10 Umfang der Berichterstattung.** (1) ¹Der Prüfungsbericht muss den Berichtszeitraum und den Prüfungszeitraum nennen. ²Er muss vollständig und so übersichtlich sein, dass aus ihm klar ersichtlich ist, inwieweit das Wertpapierdienstleistungsunternehmen den in § 89 Absatz 1 Satz 1 und 2 des Wertpapierhandelsgesetzes[1)] genannten Pflichten entsprochen hat. ³Der Umfang der Berichterstattung hat jeweils der Bedeutung der behandelten Vorgänge zu entsprechen.

(2) ¹Jeder festgestellte Mangel ist im Prüfungsbericht ausführlich darzustellen. ²Hierbei unterliegt der Umfang der Berichterstattung, vorbehaltlich der nachfolgenden Bestimmungen, dem pflichtgemäßen Ermessen des Prüfers.

(3) Vorgänge von besonderer Bedeutung im Zeitraum zwischen dem Stichtag einer Prüfung und dem Ende des Prüfungszeitraums sind im Prüfungsbericht darzustellen.

**§ 11 Verhaltenspflichten, Organisationspflichten und Aufzeichnungspflichten.** (1) ¹Im Prüfungsbericht sind im Einzelnen, sofern nach der Art der erbrachten Wertpapierdienstleistungen oder Wertpapiernebendienstleistungen zutreffend, darzustellen:
1. Art und Umfang der im Berichtszeitraum ausgeführten Wertpapierdienstleistungen und Wertpapiernebendienstleistungen, insbesondere Depotvolumina, Transaktionsvolumina, Kundenzahl, Anlageformen sowie Art der vertriebenen Finanzinstrumente; dabei können plausible Angaben des Wertpapierdienstleistungsunternehmens herangezogen werden, insbesondere die Angaben des letzten Jahres- oder Monatsabschlusses;
2. die Erfüllung der Pflicht zur Meldung von Geschäften nach Artikel 26 der Verordnung (EU) Nr. 600/2014[2)] des Europäischen Parlaments und des Rates vom 15. Mai 2014 über Märkte für Finanzinstrumente und zur Änderung der Verordnung (EU) Nr. 648/2012 (ABl. L 173 vom 12.6.2014,

---
[1)] Nr. 12.
[2)] Nr. 2.

S. 84; L 6 vom 10.1.2015, S. 6; L 270 vom 15.10.2015, S. 4), die durch die Verordnung (EU) 2016/1033 (ABl. L 175 vom 30.6.2016, S. 1) geändert worden ist, in der jeweils geltenden Fassung;
3. die Erfüllung der Pflicht zur Bereitstellung von Referenzdaten nach Artikel 4 der Verordnung (EU) Nr. 596/2014[1)] und nach Artikel 27 der Verordnung (EU) Nr. 600/2014;
4. die Erfüllung der Pflicht zur Schaffung und Aufrechterhaltung von Regelungen, Systemen und Verfahren zur Vorbeugung, Aufdeckung und Meldung von Insidergeschäften und Marktmanipulation nach Artikel 16 Absatz 1 bis 3 der Verordnung (EU) Nr. 596/2014 und die Beurteilung dieser Systeme und Verfahren durch den Prüfer;
5. die Erfüllung der Pflichten zum Führen von Aufzeichnungen über Aufträge und Geschäfte nach Artikel 25 der Verordnung (EU) Nr. 600/2014;
6. die Erfüllung der Veröffentlichungs- und Aufzeichnungspflichten nach Artikel 31 Absatz 2 und 3 der Verordnung (EU) Nr. 600/2014;
7. die Erfüllung der Pflichten nach § 57 Absatz 1 bis 4 des Wertpapierhandelsgesetzes[2)] zur Meldung von Positionen in Warenderivaten;
8. die Erfüllung der allgemeinen Verhaltenspflichten nach § 63 des Wertpapierhandelsgesetzes und der besonderen Verhaltenspflichten bei der Erbringung von Anlageberatung und Finanzportfolioverwaltung nach § 64 des Wertpapierhandelsgesetzes und die Einhaltung der §§ 11 und 12 der Wertpapierdienstleistungs-Verhaltens- und Organisationsverordnung[3)] und der Artikel 27, 44, 46 bis 50, 52 bis 56 und 58 bis 62 der Delegierten Verordnung (EU) 2017/565[4)];
9. die Erfüllung der Pflichten nach § 69 Absatz 2 des Wertpapierhandelsgesetzes zur Bearbeitung von Kundenaufträgen;
10. die Zulässigkeit der Entgegennahme oder Gewährung von Zuwendungen und die Erfüllung der Offenlegungspflichten nach § 70 des Wertpapierhandelsgesetzes;
11. die Erfüllung der Anforderungen nach § 72 und nach den §§ 74 und 75 des Wertpapierhandelsgesetzes und nach den Artikeln 3 bis 13 der Verordnung (EU) Nr. 600/2014 beim Betrieb eines multilateralen oder organisierten Handelssystems einschließlich der nach § 72 Absatz 1 Nummer 3, 6 und 11, § 74 Absatz 3 und § 75 Absatz 1 des Wertpapierhandelsgesetzes erforderlichen Vorkehrungen und Verfahren und die Beurteilung dieser Vorkehrungen und Verfahren durch den Prüfer;
12. die Erfüllung der Anforderungen nach § 77 des Wertpapierhandelsgesetzes beim Anbieten eines direkten elektronischen Zugangs einschließlich der nach § 77 Absatz 1 des Wertpapierhandelsgesetzes erforderlichen Vorkehrungen im Hinblick auf die Systeme und Kontrollen, über die Wertpapierdienstleistungsunternehmen verfügen müssen und die Beurteilung dieser Systeme und Kontrollen durch den Prüfer;
13. die Erfüllung der Mitteilungspflicht nach § 79 des Wertpapierhandelsgesetzes und die Erfüllung der Anforderungen nach den Artikeln 14, 15, 17

---

[1)] Nr. 11.
[2)] Nr. 12.
[3)] Nr. 12d.
[4)] Nr. 13.

und 18 der Verordnung (EU) Nr. 600/2014 durch systematische Internalisierer im Sinne des § 2 Absatz 8 Satz 1 Nummer 2 Buchstabe b in Verbindung mit § 2 Absatz 8 Satz 3 bis 5 des Wertpapierhandelsgesetzes;

14. die Erfüllung der Veröffentlichungspflichten nach den Artikeln 20 und 21 der Verordnung (EU) Nr. 600/2014;

15. die Einhaltung der Handelspflichten nach Artikel 23 der Verordnung (EU) Nr. 600/2014;

16. die nach den §§ 67, 69 Absatz 1 und § 80 des Wertpapierhandelsgesetzes sowie nach den Artikeln 21 und 22 der Delegierten Verordnung (EU) 2017/565 erforderlichen Vorkehrungen und Maßnahmen sowie die Organisation des Wertpapierdienstleistungsunternehmens, insbesondere im Hinblick auf die Kundeneinstufung und die Bearbeitung von Kundenaufträgen, und die Beurteilung dieser Vorkehrungen und Maßnahmen durch den Prüfer; gesondert darzustellen sind dazu insbesondere:

  a) der Aufbau und die Ablauforganisation des Wertpapierdienstleistungsunternehmens sowie Geschäftsbereiche mit besonderen Anforderungen an den Aufbau;

  b) die Erfüllung der Anforderungen nach Artikel 22 Absatz 2 und 3 der Delegierten Verordnung (EU) 2017/565; dabei ist insbesondere auf die Anzahl der Mitarbeiter, die der Compliance-Funktion zuzuordnen sind, einzugehen;

  c) die Erfüllung der Anforderungen nach § 80 Absatz 1 Satz 2 Nummer 3 des Wertpapierhandelsgesetzes;

  d) die Erfüllung der Anforderungen nach § 80 Absatz 2 bis 4 des Wertpapierhandelsgesetzes;

  e) die Erfüllung der Anforderungen an eine Auslagerung nach § 80 Absatz 6 des Wertpapierhandelsgesetzes und nach den Artikeln 30 bis 32 der Delegierten Verordnung (EU) 2017/565;

17. die Erfüllung zusätzlicher Anforderungen an das Interessenkonfliktmanagement beim Emissions- und Platzierungsgeschäft nach den Artikeln 38 bis 43 der Delegierten Verordnung (EU) 2017/565;

18. die Erfüllung der Anforderungen nach Artikel 26 der Delegierten Verordnung (EU) 2017/565;

19. die nach § 78 des Wertpapierhandelsgesetzes erforderlichen Systeme und Kontrollen für das Erbringen von Clearing Diensten als General-Clearing-Mitglied und die Beurteilung dieser Systeme und Kontrollen durch den Prüfer;

20. die Vorkehrungen zur bestmöglichen Ausführung von Kundenaufträgen nach § 82 des Wertpapierhandelsgesetzes sowie nach den Artikeln 64 bis 66 der Delegierten Verordnung (EU) 2017/565 und deren Beurteilung durch den Prüfer;

21. die Erfüllung der Anforderungen nach § 81 des Wertpapierhandelsgesetzes;

22. die Mittel und Verfahren zur Erfüllung der Verpflichtungen nach Artikel 29 der Delegierten Verordnung (EU) 2017/565 für Mitarbeiter und Mitarbeitergeschäfte und die Beurteilung dieser Mittel und Verfahren durch den Prüfer;

23. die Erfüllung der Aufzeichnungs- und Aufbewahrungspflichten nach § 83 Absatz 1 und 2 des Wertpapierhandelsgesetzes und nach den Artikeln 72 bis 75 der Delegierten Verordnung (EU) 2017/565;
24. die Erfüllung der Pflicht zur Aufzeichnung von Telefongesprächen und elektronischer Kommunikation sowie zur Erstellung eines schriftlichen Protokolls nach § 83 Absatz 3 bis 6 des Wertpapierhandelsgesetzes und des Artikels 76 der Delegierten Verordnung (EU) 2017/565;
25. die Erfüllung der Pflichten nach § 84 des Wertpapierhandelsgesetzes, nach § 10 der Wertpapierdienstleistungs-Verhaltens- und Organisationsverordnung und nach den Artikeln 49 und 63 der Delegierten Verordnung (EU) 2017/565, einschließlich der nach § 84 Absatz 1 und 9 des Wertpapierhandelsgesetzes erforderlichen Vorkehrungen und zu treffenden Maßnahmen, und die Beurteilung dieser Vorkehrungen und Maßnahmen durch den Prüfer;
26. die Einhaltung der Anforderungen des Artikels 37 der Delegierten Verordnung (EU) 2017/565 sowie die Beurteilung der in Artikel 37 Absatz 2 der Delegierten Verordnung (EU) 2017/565 genannten Vorkehrungen durch den Prüfer und die Einhaltung der Anforderungen des Artikels 20 Absatz 1 der Verordnung (EU) Nr. 596/2014 in Verbindung mit der Delegierten Verordnung (EU) 2016/958 der Kommission vom 9. März 2016 zur Ergänzung der Verordnung (EU) Nr. 596/2014 des Europäischen Parlaments und des Rates im Hinblick auf die technischen Regulierungsstandards für die technischen Modalitäten für die objektive Darstellung von Anlageempfehlungen oder anderen Informationen mit Empfehlungen oder Vorschlägen zu Anlagestrategien sowie für die Offenlegung bestimmter Interessen oder Anzeichen für Interessenkonflikte (ABl. L 160 vom 17.6.2016, S. 5) in der jeweils geltenden Fassung;
27. die Einhaltung der Anforderungen nach § 87 des Wertpapierhandelsgesetzes, insbesondere im Hinblick darauf, dass

a) die mit der Anlageberatung betrauten Mitarbeiter, die Vertriebsmitarbeiter, die mit der Finanzportfolioverwaltung betrauten Mitarbeiter, die Vertriebsbeauftragten und die Compliance-Beauftragten gemäß § 87 Absatz 1 Satz 1, Absatz 2, 3, 4 Satz 1 und Absatz 5 Satz 1 des Wertpapierhandelsgesetzes sachkundig sind und über die für die Tätigkeit erforderliche Zuverlässigkeit verfügen,

b) die mit der Anlageberatung betrauten Mitarbeiter, die Vertriebsbeauftragten und die Compliance-Beauftragten gegenüber der Bundesanstalt gemäß § 87 Absatz 1 Satz 2 und 3, Absatz 4 Satz 2 und 3 sowie Absatz 5 Satz 2 und 3 des Wertpapierhandelsgesetzes angezeigt werden und

c) Beschwerden nach § 87 Absatz 1 Satz 4 des Wertpapierhandelsgesetzes gegenüber der Bundesanstalt angezeigt werden;

28. die Erfüllung der sich aus Artikel 4 Absatz 1 Unterabsatz 1 sowie Artikel 5a Absatz 1 der Verordnung (EG) Nr. 1060/2009 ergebenden Pflichten, soweit die Wertpapierdienstleistungsunternehmen bei der Erbringung von Wertpapierdienstleistungen oder Wertpapiernebendienstleistungen Ratings verwenden;
29. der Prüfungsgegenstand und die Prüfungshandlungen in Bezug auf nach § 4 Absatz 3 in die Prüfung einbezogene Zweigstellen, Zweigniederlassungen

und Filialen sowie in Bezug auf in andere Unternehmen ausgelagerte Aktivitäten und Prozesse.

²Die Darstellung nach Nummer 28 zu Artikel 5a Absatz 1 der Verordnung (EU) Nr. 1060/2009 muss auch eine Bewertung der Angemessenheit der Kreditrisikobewertungsverfahren und eine Bewertung der Verwendung vertraglicher Bezugnahme auf Ratings enthalten, die Art, Umfang und Komplexität der Tätigkeit des Wertpapierdienstleistungsunternehmens berücksichtigt.

(2) Bei der Darstellung nach Absatz 1 ist auch, sofern dies nach der Art der erbrachten Wertpapierdienstleistungen oder Wertpapiernebendienstleistungen zutreffend ist, über die Erfüllung der jeweiligen Pflichten zu berichten, die sich ergeben aus der

1. Wertpapierdienstleistungs-Verhaltens- und Organisationsverordnung,
2. WpHG-Mitarbeiteranzeigeverordnung[1]),
3. Wertpapierhandelsanzeigeverordnung[2]),
4. Delegierten Verordnung (EU) 2016/909 der Kommission vom 1. März 2016 zur Ergänzung der Verordnung (EU) Nr. 596/2014 des Europäischen Parlaments und des Rates im Hinblick auf technische Regulierungsstandards für den Inhalt der Meldungen, die den zuständigen Behörden zu übermitteln sind, sowie für die Zusammenstellung, Veröffentlichung und Pflege der Liste der Meldungen (ABl. L 153 vom 10.6.2016, S. 13) in der jeweils geltenden Fassung,
5. Durchführungsverordnung (EU) 2016/378 der Kommission vom 11. März 2016 zur Festlegung technischer Durchführungsstandards in Bezug auf den Zeitplan, das Format und Muster für die Übermittlung der Meldungen an die zuständigen Behörden gemäß Verordnung (EU) Nr. 596/2014 des Europäischen Parlaments und des Rates (ABl. L 72 vom 17.3.2016, S. 1) in der jeweils geltenden Fassung,
6. Delegierten Verordnung (EU) 2016/957 der Kommission vom 9. März 2016 zur Ergänzung der Verordnung (EU) Nr. 596/2014 des Europäischen Parlaments und des Rates im Hinblick auf technische Regulierungsstandards für die geeigneten Regelungen, Systeme und Verfahren sowie Mitteilungsmuster zur Vorbeugung, Aufdeckung und Meldung von Missbrauchspraktiken oder verdächtigen Aufträgen oder Geschäften (ABl. L 160 vom 17.6.2016, S. 1) in der jeweils geltenden Fassung,
7. Delegierten Verordnung (EU) 2016/958,
8. Delegierten Verordnung (EU) 2017/567 der Kommission vom 18. Mai 2016 zur Ergänzung der Verordnung (EU) Nr. 600/2014 des Europäischen Parlaments und des Rates im Hinblick auf Begriffsbestimmungen, Transparenz, Portfoliokomprimierung und Aufsichtsmaßnahmen zur Produktintervention und zu den Positionen (ABl. L 87 vom 31.3.2017, S. 90; L 251 vom 29.9.2017, S. 30) in der jeweils geltenden Fassung,
9. Delegierten Verordnung (EU) 2017/569 der Kommission vom 24. Mai 2016 zur Ergänzung der Richtlinie 2014/65/EU[3]) des Europäischen Parlaments und des Rates durch technische Regulierungsstandards für die

---
[1]) Nr. **12g**.
[2]) Nr. **12a**.
[3]) Nr. **1**.

Aussetzung des Handels und den Ausschluss von Finanzinstrumenten vom Handel (ABl. L 87 vom 31.3.2017, S. 122) in der jeweils geltenden Fassung,

10. Delegierten Verordnung (EU) 2017/572 der Kommission vom 2. Juni 2016 zur Ergänzung der Verordnung (EU) Nr. 600/2014 des Europäischen Parlaments und des Rates im Hinblick auf technische Regulierungsstandards für die Festlegung der angebotenen Vor- und Nachhandelsdaten und des Disaggregationsniveaus der Daten (ABl. L 87 vom 31.3.2017, S. 142) in der jeweils geltenden Fassung,

11. Delegierten Verordnung (EU) 2017/575 der Kommission vom 8. Juni 2016 zur Ergänzung der Richtlinie 2014/65/EU des Europäischen Parlaments und des Rates über Märkte für Finanzinstrumente durch technische Regulierungsstandards bezüglich der Daten, die Ausführungsplätze zur Qualität der Ausführung von Geschäften veröffentlichen müssen (ABl. L 87 vom 31.3.2017, S. 152) in der jeweils geltenden Fassung,

12. Delegierten Verordnung (EU) 2017/576 der Kommission vom 8. Juni 2016 zur Ergänzung der Richtlinie 2014/65/EU des Europäischen Parlaments und des Rates durch technische Regulierungsstandards für die jährliche Veröffentlichung von Informationen durch Wertpapierfirmen zur Identität von Handelsplätzen und zur Qualität der Ausführung (ABl. L 87 vom 31.3.2017, S. 166) in der jeweils geltenden Fassung,

13. Delegierten Verordnung (EU) 2017/577 der Kommission vom 13. Juni 2016 zur Ergänzung der Verordnung (EU) Nr. 600/2014 des Europäischen Parlaments und des Rates über Märkte für Finanzinstrumente durch technische Regulierungsstandards für den Mechanismus zur Begrenzung des Volumens und die Bereitstellung von Informationen für Transparenz- und andere Berechnungen (ABl. L 87 vom 31.3.2017, S. 174) in der jeweils geltenden Fassung,

14. Delegierten Verordnung (EU) 2017/578 der Kommission vom 13. Juni 2016 zur Ergänzung der Richtlinie 2014/65/EU des Europäischen Parlaments und des Rates über Märkte für Finanzinstrumente durch technische Regulierungsstandards zur Angabe von Anforderungen an Market-Making-Vereinbarungen und -Systeme (ABl. L 87 vom 31.3.2017, S. 183) in der jeweils geltenden Fassung,

15. Delegierten Verordnung (EU) 2017/580 der Kommission vom 24. Juni 2016 zur Ergänzung der Verordnung (EU) Nr. 600/2014 des Europäischen Parlaments und des Rates durch technische Regulierungsstandards für die Aufzeichnung einschlägiger Daten über Aufträge für Finanzinstrumente (ABl. L 87 vom 31.3.2017, S. 193) in der jeweils geltenden Fassung,

16. Delegierten Verordnung (EU) 2017/583 der Kommission vom 14. Juli 2016 zur Ergänzung der Verordnung (EU) Nr. 600/2014 des Europäischen Parlaments und des Rates über Märkte für Finanzinstrumente durch technische Regulierungsstandards zu den Transparenzanforderungen für Handelsplätze und Wertpapierfirmen in Bezug auf Anleihen, strukturierte Finanzprodukte, Emissionszertifikate und Derivate (ABl. L 87 vom 31.3.2017, S. 229) in der jeweils geltenden Fassung,

17. Delegierten Verordnung (EU) 2017/584 der Kommission vom 14. Juli 2016 zur Ergänzung der Richtlinie 2014/65/EU des Europäischen Parlaments und des Rates durch technische Regulierungsstandards zur Festlegung der

organisatorischen Anforderungen an Handelsplätze (ABl. L 87 vom 31.3. 2017, S. 350) in der jeweils geltenden Fassung,
18. Delegierten Verordnung (EU) 2017/585 der Kommission vom 14. Juli 2016 zur Ergänzung der Verordnung (EU) Nr. 600/2014 des Europäischen Parlaments und des Rates im Hinblick auf technische Regulierungsstandards für die Datenstandards und -formate für die Referenzdaten für Finanzinstrumente und die technischen Maßnahmen in Bezug auf die von der ESMA und den zuständigen Behörden zu treffenden Vorkehrungen (ABl. L 87 vom 31.3.2017, S. 368) in der jeweils geltenden Fassung,
19. Delegierten Verordnung (EU) 2017/587 der Kommission vom 14. Juli 2016 zur Ergänzung der Verordnung (EU) Nr. 600/2014 des Europäischen Parlaments und des Rates über Märkte für Finanzinstrumente durch technische Regulierungsstandards mit Transparenzanforderungen für Handelsplätze und Wertpapierfirmen in Bezug auf Aktien, Aktienzertifikate, börsengehandelte Fonds, Zertifikate und andere vergleichbare Finanzinstrumente und mit Ausführungspflichten in Bezug auf bestimmte Aktiengeschäfte an einem Handelsplatz oder über einen systematischen Internalisierer (ABl. L 87 vom 31.3.2017, S. 387; L 228 vom 2.9.2017, S. 33) in der jeweils geltenden Fassung,
20. Delegierten Verordnung (EU) 2017/589 der Kommission vom 19. Juli 2016 zur Ergänzung der Richtlinie 2014/65/EU des Europäischen Parlaments und des Rates durch technische Regulierungsstandards zur Festlegung der organisatorischen Anforderungen an Wertpapierfirmen, die algorithmischen Handel betreiben (ABl. L 87 vom 31.3.2017, S. 417) in der jeweils geltenden Fassung,
21. Delegierten Verordnung (EU) 2017/590 der Kommission vom 28. Juli 2016 zur Ergänzung der Verordnung (EU) Nr. 600/2014 des Europäischen Parlaments und des Rates durch technische Regulierungsstandards für die Meldung von Geschäften an die zuständigen Behörden (ABl. L 87 vom 31.3.2017, S. 449) in der jeweils geltenden Fassung.

**§ 12 Depotgeschäft.** Bei der Prüfung des Depotgeschäfts nach § 89 Absatz 1 Satz 2 des Wertpapierhandelsgesetzes[1] hat der Prüfungsbericht zudem Angaben zu enthalten, ob Folgendes beachtet wird:
1. die Ordnungsmäßigkeit der Verwahrung und Verwaltung von Wertpapieren für andere, des Verwahrungsbuches, der Verfügungen über Kundenwertpapiere und Ermächtigungen, soweit sich dies nicht bereits aus den Angaben zu § 11 Absatz 1 Satz 1 Nummer 25 ergibt, und
2. die § 67a Absatz 3, § 67b, jeweils auch in Verbindung mit § 125 Absatz 1, 2 und 5 und § 135 des Aktiengesetzes.

**§ 13 Bestimmungen über den Prüfungsinhalt; festgesetzte Prüfungsschwerpunkte.** (1) Soweit die Bundesanstalt im Einzelfall Bestimmungen über den Prüfungsinhalt getroffen oder Prüfungsschwerpunkte festgesetzt hat, sind im Prüfungsbericht die insoweit vorgenommenen Prüfungshandlungen und Feststellungen im Einzelnen darzustellen.

---

[1] Nr. 12.

(2) ¹Im Prüfungsbericht ist darzulegen, in Bezug auf welche Teilbereiche der Prüfer nach eigenem Ermessen schwerpunktmäßige Prüfungen vorgenommen und inwieweit es sich um Systemprüfungen mit Funktionstests und Stichproben oder um Einzelfallprüfungen gehandelt hat. ²Die Art und Weise der Ermittlung von Stichproben, die Anzahl der Stichproben sowie deren Ergebnis sind anzugeben.

## § 14 Verweisungen auf frühere Prüfungsberichte.
(1) Verweisungen auf den Inhalt früherer Prüfungsberichte sind grundsätzlich nicht zulässig.

(2) Zur Vermeidung umfangreicher Wiederholungen sind Verweisungen ausnahmsweise dann zulässig, wenn der Prüfer

1. die entsprechenden Auszüge aus den früheren Prüfungsberichten oder aus dem Jahresabschlussbericht dem Prüfungsbericht als Anlage beifügt und
2. deutlich macht, aus welchen Gründen die in Bezug genommenen älteren Feststellungen oder Ausführungen für den gegenwärtigen Bericht noch Bedeutung haben.

## § 15 Bei der letzten Prüfung festgestellte Mängel.
¹Im Prüfungsbericht ist darzulegen, wie die bei der letzten Prüfung festgestellten Mängel beseitigt oder welche Maßnahmen zu ihrer Beseitigung eingeleitet worden sind. ²Waren die Mängel organisatorisch bedingt, ist darzulegen, welche organisatorischen Maßnahmen das Wertpapierdienstleistungsunternehmen getroffen hat, um derartige Mängel in der Zukunft zu vermeiden.

## § 16 Schlussbemerkungen.
¹In einer Schlussbemerkung ist zusammenfassend zu beurteilen, ob das Wertpapierdienstleistungsunternehmen die in § 89 Absatz 1 Satz 1 und 2 des Wertpapierhandelsgesetzes[1)] genannten Pflichten erfüllt hat. ²Festgestellte Mängel sind unter Verweisung auf die entsprechenden Fundstellen im Bericht aufzuzählen.

## § 17 Prüfer; Unterschrift.
¹Aus dem Prüfungsbericht muss ersichtlich sein, wer die Prüfung vor Ort geleitet hat. ²Der Prüfer hat den Prüfungsbericht unter Angabe von Ort und Datum zu unterzeichnen.

## § 18 Fragebogen; Beschreibung der identifizierten Mängel und sonstigen Erkenntnisse.
(1) Der nach § 89 Absatz 2 Satz 2 des Wertpapierhandelsgesetzes[1)] dem Prüfungsbericht beizufügende Fragebogen ist nach Maßgabe der Anlage zu dieser Verordnung zu erstellen und auszufüllen.

(2) Ihm ist eine kurze Beschreibung der festgestellten Mängel und der sonstigen Erkenntnisse zu der von der Europäischen Wertpapier- und Marktaufsichtsbehörde vorgenommenen und veröffentlichten Auslegung beizufügen.

(3) In der Beschreibung sind das als Mangel qualifizierte Verhalten und die gesetzlichen Vorschriften, gegen die ein Verstoß vorliegt, zu benennen.

## § 19 Übersendung des Prüfungsberichts und des Fragebogens.
(1) ¹Der Fragebogen und der Prüfungsbericht, soweit dieser nach § 89 Absatz 2 Satz 1 des Wertpapierhandelsgesetzes[1)] angefordert wurde, sind der Bundesanstalt unverzüglich an den Sitz in Frankfurt am Main in einfacher

---

[1)] Nr. 12.

Ausfertigung und in elektronischer Form sowie der zuständigen Hauptverwaltung der Deutschen Bundesbank in einfacher Ausfertigung zu übersenden. ²Die Bundesanstalt kann Vorgaben machen, in welchem Dateiformat und auf welchem Einreichungsweg die elektronische Form des Fragebogens und des Prüfungsberichts bei ihr einzureichen ist. ³Die Bundesanstalt und die Bundesbank können jeweils auf die Einreichung des Fragebogens in Schriftform bei sich verzichten.

(2) ¹Fragebögen gelten nicht als unverzüglich eingereicht im Sinne von § 89 Absatz 2 Satz 4 des Wertpapierhandelsgesetzes, wenn sie der Bundesanstalt und der zuständigen Hauptverwaltung der Deutschen Bundesbank nicht innerhalb von zwei Monaten nach dem Ende des Prüfungszeitraums zugehen. ²Die Bundesanstalt kann im Einzelfall und aus wichtigem Grund eine andere Frist bestimmen.

(3) ¹Wird der Prüfungsbericht nach § 89 Absatz 2 Satz 1 des Wertpapierhandelsgesetzes angefordert, ist er zwei Wochen nach der Anforderung durch die Bundesanstalt oder die zuständige Hauptverwaltung der Bundesbank einzureichen. ²Der Prüfungsbericht ist jedoch frühestens zwei Monate nach Ende des Prüfungszeitraums einzureichen.

**§ 20 Berichtsentwurf.** (1) Falls die Bundesanstalt an der Prüfung nach § 89 Absatz 4 Satz 4 des Wertpapierhandelsgesetzes[1] teilnimmt, hat der Prüfer der Bundesanstalt auf deren Verlangen den Berichtsentwurf vor der Fertigstellung zu übermitteln.

(2) Kündigt die Bundesanstalt ihre Teilnahme an einer Schlussbesprechung an, so hat der Prüfer der Bundesanstalt auf deren Verlangen den entsprechenden Berichtsentwurf rechtzeitig vor der Besprechung zu übersenden.

**§ 21 Erläuterung des Prüfungsberichts.** Der Prüfer hat der Bundesanstalt auf deren Verlangen den Prüfungsbericht zu erläutern.

## Abschnitt 4. Schlussvorschriften

**§ 22 Inkrafttreten, Außerkrafttreten.** ¹Diese Verordnung tritt am Tag nach der Verkündung[2] in Kraft. ²Gleichzeitig tritt die Wertpapierdienstleistungs-Prüfungsverordnung vom 16. Dezember 2004 (BGBl. I S. 3515), die zuletzt durch Artikel 27 Absatz 4 des Gesetzes vom 4. Juli 2013 (BGBl. I S. 1981) geändert worden ist, außer Kraft.

Bonn, den 17. Januar 2018

Der Präsident der Bundesanstalt für Finanzdienstleistungsaufsicht
Hufeld

**Anl.**
*(hier nicht wiedergegeben)*

---

[1] Nr. **12**.
[2] Verkündet am 23.1.2018.

## 12c. Verordnung über die erforderlichen Angaben und vorzulegenden Unterlagen bei einem Erlaubnisantrag nach § 102 des Wertpapierhandelsgesetzes (Marktzugangsangabenverordnung – MarktangV)

Vom 30. September 2004
(BGBl. I S. 2576)

**FNA 4110-4-8**

zuletzt geänd. durch Art. 24 Abs. 9 Zweites FinanzmarktnovellierungsG v. 23.6.2017 (BGBl. I S. 1693)

Auf Grund des § 37i Abs. 1 Satz 3 und 4 und des § 37m Satz 3 und 4 des Wertpapierhandelsgesetzes[1]) in der Fassung der Bekanntmachung vom 9. September 1998 (BGBl. I S. 2708), die durch Artikel 2 Nr. 24 des Gesetzes vom 21. Juni 2002 (BGBl. I S. 2010) eingefügt worden sind, in Verbindung mit § 1 Nr. 1 der Verordnung zur Übertragung von Befugnissen zum Erlass von Rechtsverordnungen auf die Bundesanstalt für Finanzdienstleistungsaufsicht vom 13. Dezember 2002 (BGBl. 2003 I S. 3), verordnet die Bundesanstalt für Finanzdienstleistungsaufsicht:

### Abschnitt 1. Anwendungsbereich

**§ 1 Anwendungsbereich.** Diese Verordnung ist anzuwenden auf Anträge auf Erteilung einer Erlaubnis nach § 102 des Wertpapierhandelsgesetzes[1]).

### Abschnitt 2. Erlaubnisantrag nach § 102 des Wertpapierhandelsgesetzes[1])

**§ 2 Name und Anschrift.** ¹Der Antrag muss Name oder Firma und jeweils die Anschrift des Marktes, des Betreibers und der jeweiligen Geschäftsleitung enthalten. ²Bei juristischen Personen sind zusätzlich Rechtsform, Sitz sowie gegebenenfalls eine Eintragung in einem öffentlichen Handels- oder Gewerberegister anzugeben.

**§ 3 Zuverlässigkeit der Geschäftsleitung.** ¹Die Geschäftsleiter haben zur Prüfung ihrer Zuverlässigkeit dem Antrag eine Erklärung, ob gegen sie ein Strafverfahren schwebt, ob ein Strafverfahren wegen eines Verbrechens oder Vergehens gegen sie anhängig gewesen ist oder ob sie oder ein von ihnen geleitetes Unternehmen als Schuldnerin in ein Insolvenzverfahren oder in ein Verfahren zur Abgabe einer eidesstattlichen Versicherung oder ein vergleichbares Verfahren verwickelt war oder ist, beizufügen. ²Weiterhin ist dem Antrag ein tabellarischer Lebenslauf der Geschäftsleiter beizufügen, der die Namen der Unternehmen, für die die Geschäftsleiter bisher tätig gewesen sind, und die Angabe der Art der jeweiligen Tätigkeit enthalten muss. ³Die Sätze 1 und 2 gelten auch für die Bestellung eines Vertreters, der im Falle der Verhinderung eines Geschäftsleiters dessen Funktion ausüben soll.

---

[1]) Nr. 12.

**§ 4 Geschäftsplan.** Dem Antrag ist ein Geschäftsplan beizufügen, der folgende Angaben enthalten muss:
1. den satzungsmäßigen Geschäftszweck des Marktes;
2. die Geschäftsbereiche und Handelssegmente des Marktes, zu denen ein unmittelbarer Zugang ermöglicht werden soll;
3. *(aufgehoben)*
4. *(aufgehoben)*
5. die Darstellung des organisatorischen Aufbaus des Marktes unter Beifügung einer graphischen Übersicht; diese soll den Zuständigkeitsbereich der Geschäftsbereiche und der Organe, insbesondere von Geschäftsleitung, Aufsichtsrat, Zulassungsstelle, Handelsüberwachungsstelle, Sanktionsausschuss oder damit vergleichbarer Organe erkennen lassen; daneben soll auch die Personalausstattung der einzelnen Geschäftsbereiche und Organe angegeben werden; weiterhin ist mitzuteilen, ob und welche für den Börsenbetrieb wesentlichen Funktionen und Tätigkeiten auf Dritte übertragen wurden;
6. *(aufgehoben)*
7. die Darstellung der internen Kontrollverfahren des Marktes; hierbei sind die getroffenen Regelungen und organisatorischen Maßnahmen zur Vermeidung und Steuerung von Interessenkonflikten bei den Handelsteilnehmern anzugeben; weiterhin sind die Verfahren zur internen Überwachung des Handels, insbesondere des Preisbildungsprozesses, darzustellen; es ist darzulegen, welche Sicherheitsvorkehrungen gegen eine unbefugte Handelsteilnahme getroffen werden und wie fehlerhafte Handelsabschlüsse erkannt und korrigiert werden.

**§ 5 Zustellungsbevollmächtigter.** [1] Der Antragsteller hat Namen und Anschrift eines Bevollmächtigten im Inland anzugeben, der rechtlich und tatsächlich in der Lage ist, Zustellungen der Bundesanstalt für Finanzdienstleistungsaufsicht (Bundesanstalt) mit Wirkung für den Antragsteller entgegenzunehmen.
[2] Die Bevollmächtigung ist durch die Beifügung einer Abschrift der entsprechenden Urkunde nachzuweisen.

**§ 6 Zuständige Überwachungsstellen und Befugnisse.** (1) [1] Der Antragsteller hat Bezeichnung und Anschrift der zuständigen Überwachungsstellen des Marktes anzugeben. [2] Weiterhin sind die Eingriffs- und Kontrollbefugnisse der zuständigen Überwachungsstellen gegenüber dem Markt, seinem Betreiber, den zugelassenen Handelsteilnehmern, den Abwicklungsberechtigten und sonstigen natürlichen und juristischen Personen darzulegen. [3] Hier sind insbesondere die Befugnisse der Überwachungsstellen bei der Überwachung von Meldepflichten, Insidergeschäften, Veröffentlichungs- und Mitteilungspflichten, Marktmanipulation, Veränderung von bedeutenden Stimmrechtsanteilen, Verhaltensregeln für Wertpapierdienstleistungsunternehmen und für Wertpapieranalysen sowie die Befugnisse zur Aussetzung des Börsenhandels und zum Ausschluss von Handelsteilnehmern oder der Verhängung anderer Sanktionen darzustellen.

(2) [1] Der Antragsteller hat anzugeben, ob gesetzliche oder vertragliche Grundlagen für die Zusammenarbeit der Überwachungsstellen mit der Bundesanstalt auf den in Absatz 1 genannten Gebieten bestehen. [2] Hierzu ist eine Bestätigung der Überwachungsstelle beizufügen, aus der Art und Umfang von

deren Zusammenarbeit mit der Bundesanstalt bei der Aufsicht über den Markt hervorgeht.

(3) Der Text der Rechtsnormen oder Vereinbarungen, auf denen die Befugnisse nach den Absätzen 1 und 2 beruhen, ist beizufügen.

**§ 7 Gehandelte Finanzinstrumente.** ¹Der Antragsteller hat anzugeben, welche Arten von Finanzinstrumenten über den unmittelbaren Marktzugang gehandelt werden sollen. ²Dabei ist eine Aufschlüsselung nach den in § 2 des Wertpapierhandelsgesetzes[1] benannten Arten vorzunehmen. ³Sonstige an dem Markt gehandelte Finanzinstrumente, die in § 2 des Wertpapierhandelsgesetzes nicht gesondert aufgeführt sind, sind mit ihrer Ausstattung und Funktionsweise zu beschreiben.

**§ 8 Handelsteilnehmer.** ¹Dem Antrag ist eine Liste mit Name oder Firma und jeweils der Anschrift der Handelsteilnehmer mit Sitz im Inland beizufügen, denen ein unmittelbarer Marktzugang gewährt werden soll. ²Bei juristischen Personen sind zusätzlich Rechtsform und Sitz anzugeben.

**§ 9 Zusätzliche Angaben und Unterlagen.** Die Bundesanstalt kann zusätzliche Angaben und Unterlagen verlangen, soweit diese im Rahmen des § 102 Absatz 1 Satz 2 des Wertpapierhandelsgesetzes[1] im Einzelfall für die Entscheidung über den Antrag erforderlich sind.

**§ 10 Form des Antrags.** ¹Angaben und vorzulegende Unterlagen nach diesem Abschnitt sind vorbehaltlich des Satzes 2 in deutscher Sprache abzufassen und in doppelter Ausfertigung zu übersenden. ²Angaben und Unterlagen nach den §§ 4 und 6 können in englischer Sprache gefasst sein. ³In diesem Fall ist vom Antragsteller jedoch auf Verlangen der Bundesanstalt eine deutsche Übersetzung zur Verfügung zu stellen.

### Abschnitt 3. *(aufgehoben)*

**§§ 11–13** *(aufgehoben)*

### Abschnitt 4. Übergangs- und Schlussbestimmungen

**§ 14 Übergangsbestimmung.** Diese Verordnung ist nicht auf Anträge und Anzeigen anzuwenden, die bei der Bundesanstalt vor dem 16. Oktober 2004 eingegangen sind.

**§ 15 Inkrafttreten.** Diese Verordnung tritt am Tage nach der Verkündung[2] in Kraft.

---

[1] Nr. **12**.
[2] Verkündet am 15.10.2004.

## 12d. Verordnung zur Konkretisierung der Verhaltensregeln und Organisationsanforderungen für Wertpapierdienstleistungsunternehmen (Wertpapierdienstleistungs-Verhaltens- und -Organisationsverordnung – WpDVerOV)

Vom 17. Oktober 2017
(BGBl. I S. 3566)
FNA 4110-4-21

zuletzt geänd. durch Art. 8 Abs. 7 G zur weiteren Ausführung der EU-ProspektVO und zur Änd. von Finanzmarktgesetzen v. 8.7.2019 (BGBl. I S. 1002)

**Nichtamtliche Inhaltsübersicht**

| | |
|---|---|
| § 1 | Anwendungsbereich |
| § 2 | Kunden |
| § 3 | Kundeninformationen über das Wertpapierdienstleistungsunternehmen und die Wertpapierdienstleistung im Rahmen der Unabhängigen Honorar-Anlageberatung |
| § 4 | Informationsblätter |
| § 5 | Aufhebung der Bekanntmachungspflicht nach § 69 Absatz 2 des Wertpapierhandelsgesetzes |
| § 6 | Zuwendungen |
| § 7 | Zuwendungen im Zusammenhang mit Analysen |
| § 8 | Anforderungen an die Unabhängige Honorar-Anlageberatung |
| § 9 | Aufzeichnungs- und Aufbewahrungspflichten |
| § 10 | Getrennte Vermögensverwahrung |
| § 11 | Produktfreigabeverfahren für Konzepteure von Finanzinstrumenten |
| § 12 | Produktfreigabeverfahren für Vertriebsunternehmen |
| § 13 | Strukturierte Einlagen |
| § 14 | Inkrafttreten, Außerkrafttreten |
| Anlage | Standardisiertes Informationsblatt für Aktien am organisierten Markt nach § 64 Absatz 2 Satz 3 des Wertpapierhandelsgesetzes |

Es verordnet

– das Bundesministerium der Finanzen im Einvernehmen mit dem Bundesministerium der Justiz und für Verbraucherschutz auf Grund des § 64 Absatz 10 Satz 1 Nummer 1 des Wertpapierhandelsgesetzes[1], der durch Artikel 3a Nummer 3 Buchstabe b des Gesetzes vom 23. Juni 2017 (BGBl. I S. 1693) neu gefasst worden ist,

– das Bundesministerium der Finanzen auf Grund

– des § 64 Absatz 10 Satz 1 Nummer 2 und 3 des Wertpapierhandelsgesetzes[1], der durch Artikel 3 Nummer 64 des Gesetzes vom 23. Juni 2017 (BGBl. I S. 1693) angefügt worden ist,

– des § 31a Absatz 7 Satz 1 des Wertpapierhandelsgesetzes[1], der durch Artikel 3 Nummer 66 Buchstabe g des Gesetzes vom 23. Juni 2017 (BGBl. I S. 1693) neu gefasst worden ist,

– des § 31c Absatz 4 Satz 1 des Wertpapierhandelsgesetzes[1], der durch Artikel 3 Nummer 68 Buchstabe e des Gesetzes vom 23. Juni 2017 (BGBl. I S. 1693) neu gefasst worden ist,

---

[1] Nr. 12.

– des § 31d Absatz 9 Satz 1 des Wertpapierhandelsgesetzes[1], der durch Artikel 3 Nummer 69 Buchstabe h des Gesetzes vom 23. Juni 2017 (BGBl. I S. 1693) angefügt worden ist,
– des § 33 Absatz 14 Satz 1 des Wertpapierhandelsgesetzes[1], der durch Artikel 3 Nummer 80 Buchstabe i des Gesetzes vom 23. Juni 2017 (BGBl. I S. 1693) neu gefasst worden ist,
– des § 34 Absatz 10 Satz 1 des Wertpapierhandelsgesetzes[1], der zuletzt durch Artikel 3 Nummer 84 Buchstabe h des Gesetzes vom 23. Juni 2017 (BGBl. I S. 1693) geändert worden ist, und
– des § 34a Absatz 10 Satz 1 des Wertpapierhandelsgesetzes[1], der zuletzt durch Artikel 3 Nummer 85 Buchstabe h des Gesetzes vom 23. Juni 2017 (BGBl. I S. 1693) geändert worden ist:

**§ 1 Anwendungsbereich.** (1) Die Vorschriften dieser Verordnung sind anzuwenden auf

1. die Kundeneigenschaft, soweit diese betrifft
   a) die Vorgaben an eine Einstufung als professioneller Kunde im Sinne des § 67 Absatz 2 Satz 2 Nummer 2 des Wertpapierhandelsgesetzes[1],
   b) die Kriterien, das Verfahren und die organisatorischen Vorkehrungen bei einer Einstufung eines professionellen Kunden als Privatkunde nach § 67 Absatz 5 des Wertpapierhandelsgesetzes und eines Privatkunden als professioneller Kunde nach § 67 Absatz 6 des Wertpapierhandelsgesetzes,
2. die allgemeinen Verhaltensregeln,
   a) soweit diese die Gestaltung der Information für die Kunden nach § 64 Absatz 6 des Wertpapierhandelsgesetzes nach Art, Inhalt und Zeitpunkt und die Anforderungen an den Datenträger betreffen,
   b) zu Inhalt und Aufbau der Informationsblätter im Sinne des § 64 Absatz 2 Satz 1 und zur Art und Weise ihrer Zurverfügungstellung,
3. die Bearbeitung von Kundenaufträgen hinsichtlich der Voraussetzungen, unter denen die Bundesanstalt für Finanzdienstleistungsaufsicht (Bundesanstalt) die Verpflichtung zur Bekanntmachung limitierter Kundenaufträge nach § 69 Absatz 2 Satz 1 des Wertpapierhandelsgesetzes, die den marktüblichen Geschäftsumfang im Sinne des § 69 Absatz 2 Satz 3 des Wertpapierhandelsgesetzes erheblich überschreiten, aufheben kann,
4. Zuwendungen hinsichtlich
   a) der Frage, ob es sich um geringfügige nichtmonetäre Vorteile im Sinne des § 64 Absatz 7 des Wertpapierhandelsgesetzes handelt,
   b) der Art und Bestimmung einer Qualitätsverbesserung im Sinne des § 70 Absatz 1 Satz 1 Nummer 1 des Wertpapierhandelsgesetzes,
   c) Art, Inhalt und Aufzeichnung eines Nachweises nach § 70 Absatz 1 Satz 2 des Wertpapierhandelsgesetzes,
   d) Art, Inhalt und Verfahren betreffend eine Analysegebühr oder ein Analysebudget nach § 70 Absatz 2 Satz 2 Nummer 2 Buchstabe a und b des Wertpapierhandelsgesetzes,

---

[1] Nr. 12.

e) Art, Inhalt und Verfahren betreffend das vom Wertpapierdienstleistungsunternehmen geführte Analysekonto nach § 70 Absatz 2 Nummer 2 des Wertpapierhandelsgesetzes sowie dessen Verwaltung,

f) Art, Inhalt und Umfang der schriftlichen Grundsätze nach § 70 Absatz 2 Satz 4 des Wertpapierhandelsgesetzes,

5. die Organisationspflichten der Wertpapierdienstleistungsunternehmen bezüglich der Vorkehrungen und Maßnahmen nach § 80 Absatz 1 Satz 2 Nummer 3 sowie Absatz 7 des Wertpapierhandelsgesetzes,

6. die Produktfreigabeverfahren der Wertpapierdienstleistungsunternehmen, die Finanzinstrumente konzipieren, und Vertriebsunternehmen in Bezug auf Finanzinstrumente gemäß § 80 Absatz 9 bis 11 des Wertpapierhandelsgesetzes und in Umsetzung der Vorgaben der Delegierten Richtlinie (EU) 2017/593 der Kommission vom 7. April 2016 zur Ergänzung der Richtlinie 2014/65/EU des Europäischen Parlaments und des Rates im Hinblick auf den Schutz der Finanzinstrumente und Gelder von Kunden, Produktüberwachungspflichten und Vorschriften für die Entrichtung beziehungsweise Gewährung oder Entgegennahme von Gebühren, Provisionen oder anderen monetären oder nichtmonetären Vorteilen (ABl. L 87 vom 31.3.2017, S. 500),

7. die Aufzeichnungspflichten der Wertpapierdienstleistungsunternehmen gemäß § 83 Absatz 1 und 2 des Wertpapierhandelsgesetzes,

8. die Pflichten zum Schutz des Kundenvermögens gemäß § 84 des Wertpapierhandelsgesetzes und die Anforderungen an qualifizierte Geldmarktfonds im Sinne des § 84 Absatz 2 Satz 1 des Wertpapierhandelsgesetzes, jeweils in Umsetzung der Vorgaben der Delegierten Richtlinie (EU) 2017/593.

(2) Die Verordnung gilt entsprechend für Zweigniederlassungen im Sinne des § 53b des Kreditwesengesetzes, Kapitalverwaltungsgesellschaften im Sinne des § 17 des Kapitalanlagegesetzbuches[1], ausländische AIF-Verwaltungsgesellschaften, deren Referenzmitgliedstaat die Bundesrepublik Deutschland nach § 56 des Kapitalanlagegesetzbuches ist, sowie Zweigniederlassungen und Tätigkeiten im Wege des grenzüberschreitenden Dienstleistungsverkehrs von Verwaltungsgesellschaften nach § 51 Absatz 1 Satz 1, § 54 Absatz 1 und § 66 Absatz 1 des Kapitalanlagesetzbuchs, soweit die Vorschriften des Wertpapierhandelsgesetzes auf diese Anwendung finden.

**§ 2 Kunden.** (1) Wertpapierdienstleistungsunternehmen müssen die notwendigen organisatorischen Vorkehrungen treffen, insbesondere Grundsätze aufstellen, Verfahren einrichten und Maßnahmen ergreifen, um Kunden nach § 67 des Wertpapierhandelsgesetzes[2] einzustufen und die Einstufung professioneller Kunden aus begründetem Anlass überprüfen zu können.

(2) ¹Die Einstufung eines Privatkunden als professioneller Kunde nach § 67 Absatz 6 Satz 1 erste Alternative des Wertpapierhandelsgesetzes darf nur erfolgen, wenn der Kunde

1. gegenüber dem Wertpapierdienstleistungsunternehmen zumindest in Textform beantragt hat, generell oder für eine bestimmte Art von Geschäften, Finanzinstrumenten oder Wertpapierdienstleistungen oder für ein bestimmtes

---

[1] Nr. 15.
[2] Nr. 12.

Geschäft oder für eine bestimmte Wertpapierdienstleistung als professioneller Kunde eingestuft zu werden,
2. vom Wertpapierdienstleistungsunternehmen auf einem dauerhaften Datenträger im Sinne des § 2 Absatz 43 des Wertpapierhandelsgesetzes eindeutig auf die rechtlichen Folgen der Änderung der Einstufung hingewiesen worden ist,
3. in einem gesonderten Dokument bestätigt hat, die nach Nummer 2 gegebenen Hinweise zur Kenntnis genommen zu haben.

² Beabsichtigt das Wertpapierdienstleistungsunternehmen, einen Kunden nach § 67 Absatz 6 Satz 1 zweite Alternative des Wertpapierhandelsgesetzes als professionellen Kunden einzustufen, gilt Satz 1 entsprechend mit der Maßgabe, dass der Kunde sein Einverständnis zumindest in Textform erklären muss.

(3) Bei Personengesellschaften und Kapitalgesellschaften, die die Kriterien des § 67 Absatz 2 Satz 2 Nummer 2 des Wertpapierhandelsgesetzes nicht erfüllen, ist es für die Änderung der Einstufung nach § 67 Absatz 6 Satz 3 des Wertpapierhandelsgesetzes ausreichend, wenn die in § 67 Absatz 6 Satz 3 Nummer 1 oder 3 des Wertpapierhandelsgesetzes genannten Kriterien durch eine von der Gesellschaft benannte Person erfüllt werden, die dazu befugt ist, die von der Änderung der Einstufung umfassten Geschäfte im Namen der Gesellschaft zu tätigen.

(4) ¹ Eine vor dem 1. November 2007 entsprechend dem Bewertungsverfahren nach Teil C der Richtlinie gemäß § 35 Absatz 6 des Gesetzes über den Wertpapierhandel zur Konkretisierung der §§ 31 und 32 des Wertpapierhandelsgesetzes für das Kommissionsgeschäft, den Eigenhandel für andere und das Vermittlungsgeschäft der Wertpapierdienstleistungsunternehmen vom 23. August 2001 (BAnz. S. 19 217) durchgeführte Kundeneinstufung entspricht den Anforderungen des § 67 Absatz 5 Satz 5 des Wertpapierhandelsgesetzes. ² Die Information nach § 67 Absatz 5 Satz 6 des Wertpapierhandelsgesetzes kann in standardisierter Form erfolgen.

**§ 3 Kundeninformationen über das Wertpapierdienstleistungsunternehmen und die Wertpapierdienstleistung im Rahmen der Unabhängigen Honorar-Anlageberatung.** (1) Die Information nach § 64 Absatz 6 Satz 1 des Wertpapierhandelsgesetzes[1] ist dem Kunden für jedes zu empfehlende Finanzinstrument unmittelbar vor der Empfehlung zur Verfügung zu stellen.

(2) ¹ Die Informationen nach § 64 Absatz 6 Satz 1 des Wertpapierhandelsgesetzes sind auf einem dauerhaften Datenträger im Sinne des § 2 Absatz 43 des Wertpapierhandelsgesetzes zur Verfügung zu stellen. ² Artikel 3 der Delegierten Verordnung (EU) 2017/565[2] der Kommission vom 25. April 2016 zur Ergänzung der Richtlinie 2014/65/EU des Europäischen Parlaments und des Rates in Bezug auf die organisatorischen Anforderungen an Wertpapierfirmen und die Bedingungen für die Ausübung ihrer Tätigkeit sowie in Bezug auf die Definition bestimmter Begriffe für die Zwecke der genannten Richtlinie (ABl. L 87 vom 31.3.2017, S. 1) gilt entsprechend.

**§ 4 Informationsblätter.** (1) ¹ Das nach § 64 Absatz 2 Satz 1 Nummer 1 des Wertpapierhandelsgesetzes[1] zur Verfügung zu stellende Informationsblatt darf

---
[1] Nr. 12.
[2] Nr. 13.

bei nicht komplexen Finanzinstrumenten im Sinne des Artikels 57 der Delegierten Verordnung (EU) 2017/565[1]) nicht mehr als zwei DIN-A4-Seiten, bei allen übrigen Finanzinstrumenten nicht mehr als drei DIN-A4-Seiten umfassen. ²Es muss die wesentlichen Informationen über das jeweilige Finanzinstrument in übersichtlicher und leicht verständlicher Weise so enthalten, dass der Kunde insbesondere

1. die Art des Finanzinstruments,
2. seine Funktionsweise,
3. die damit verbundenen Risiken,
4. die Aussichten für die Kapitalrückzahlung und Erträge unter verschiedenen Marktbedingungen und
5. die mit der Anlage verbundenen Kosten

einschätzen und bestmöglich mit den Merkmalen anderer Finanzinstrumente vergleichen kann. ³Das Informationsblatt darf sich jeweils nur auf ein Finanzinstrument beziehen und keine werbenden oder sonstigen, nicht dem vorgenannten Zweck dienenden Informationen enthalten.

(2) Das Informationsblatt kann auch als elektronisches Dokument zur Verfügung gestellt werden.

(3) ¹Für Aktien, die zum Zeitpunkt der Anlageberatung am organisierten Markt gehandelt werden, kann anstelle des Informationsblattes nach § 64 Absatz 2 Satz 1 Nummer 1 des Wertpapierhandelsgesetzes ein standardisiertes Informationsblatt nach § 64 Absatz 2 Satz 3 des Wertpapierhandelsgesetzes zur Verfügung gestellt werden. ²Das standardisierte Informationsblatt erhält die aus der Anlage zu dieser Verordnung ersichtliche Form.

**§ 5 Aufhebung der Bekanntmachungspflicht nach § 69 Absatz 2 des Wertpapierhandelsgesetzes.** Eine Aufhebung der Bekanntmachungspflicht nach § 69 Absatz 2 Satz 3 des Wertpapierhandelsgesetzes[2]) setzt voraus, dass die Mindestvolumina erreicht sind, die in Anhang II Tabelle 1 der Delegierten Verordnung (EU) 2017/587 der Kommission vom 14. Juli 2016 zur Ergänzung der Verordnung (EU) Nr. 600/2014 des Europäischen Parlaments und des Rates über Märkte für Finanzinstrumente durch technische Regulierungsstandards mit Transparenzanforderungen für Handelsplätze und Wertpapierfirmen in Bezug auf Aktien, Aktienzertifikate, börsengehandelte Fonds, Zertifikate und andere vergleichbare Finanzinstrumente und mit Ausführungspflichten in Bezug auf bestimmte Aktiengeschäfte an einem Handelsplatz oder über einen systematischen Internalisierer (ABl. L 87 vom 31.3.2017, S. 387) genannt sind.

**§ 6 Zuwendungen.** (1) Als geringfügige nichtmonetäre Vorteile im Sinne des § 64 Absatz 7 des Wertpapierhandelsgesetzes[2]) kommen, sofern sie die in § 64 Absatz 7 Satz 2 Nummer 1 und 2 des Wertpapierhandelsgesetzes genannten Voraussetzungen erfüllen, insbesondere in Betracht:

1. Informationen oder Dokumentationen zu einem Finanzinstrument oder einer Wertpapierdienstleistung, sofern sie allgemein angelegt oder individuell auf die Situation eines bestimmten Kunden abgestimmt sind;

---

[1]) Nr. **13**.
[2]) Nr. **12**.

2. von einem Dritten erstellte schriftliche Materialien, die von einem Emittenten oder potenziellen Emittenten aus dem Unternehmenssektor in Auftrag gegeben und vergütet werden, um eine Neuemission des betreffenden Emittenten zu bewerben, oder bei dem der Dritte vom Emittenten oder potentiellen Emittenten vertraglich dazu verpflichtet ist und dafür vergütet wird, derartiges Material fortlaufend zu erstellen, sofern

   a) die Beziehung zwischen dem Dritten und dem Emittenten in dem betreffenden Material unmissverständlich offengelegt wird und

   b) das Material gleichzeitig allen Wertpapierdienstleistungsunternehmen, die daran interessiert sind, oder dem Publikum zur Verfügung gestellt wird;

3. die Teilnahme an Konferenzen, Seminaren und anderen Bildungsveranstaltungen, die zu den Vorteilen und Merkmalen eines bestimmten Finanzinstruments oder einer bestimmten Wertpapierdienstleistung abgehalten werden;

4. Bewirtungen, deren Wert eine vertretbare Geringfügigkeitsschwelle nicht überschreitet.

(2) ¹Eine Zuwendung ist darauf ausgelegt, die Qualität der Dienstleistung für den Kunden im Sinne des § 70 Absatz 1 Satz 1 Nummer 1 des Wertpapierhandelsgesetzes zu verbessern, wenn

1. sie durch die Erbringung einer zusätzlichen oder höherwertigen Dienstleistung für den jeweiligen Kunden gerechtfertigt ist, die in angemessenem Verhältnis zum Umfang der erhaltenen Zuwendung steht, wie beispielsweise

   a) die Erbringung einer Anlageberatung, bei der es sich nicht um eine Unabhängige Honorar-Anlageberatung handelt, auf Basis einer breiten Palette geeigneter Finanzinstrumente und unter Zugang zu einer solchen, einschließlich einer angemessenen Zahl von Instrumenten, die von Anbietern oder Emittenten stammen, die in keiner engen Verbindung zum Wertpapierdienstleistungsunternehmen stehen,

   b) die Erbringung einer Anlageberatung, bei der es sich nicht um eine Unabhängige Honorar-Anlageberatung handelt, in Kombination mit

      aa) dem Angebot an den Kunden, mindestens einmal jährlich zu beurteilen, ob die Finanzinstrumente, in die der Kunde investiert hat, weiterhin für diesen geeignet sind, oder

      bb) einer anderen fortlaufenden Dienstleistung mit wahrscheinlichem Wert für den Kunden, beispielsweise einer Beratung über die optimale Strukturierung des Vermögens des Kunden,

   c) die zu einem wettbewerbsfähigen Preis erfolgende Gewährung von Zugang zu einer breiten Palette von Finanzinstrumenten, die geeignet sind, den Bedürfnissen des Kunden zu entsprechen, darunter eine angemessene Zahl von Instrumenten, die von Anbietern oder Emittenten stammen, die in keiner engen Verbindung zum Wertpapierdienstleistungsunternehmen stehen, in Kombination mit

      aa) der Bereitstellung von Hilfsmitteln, die einen Mehrwert aufweisen, wie etwa objektiven Informationsinstrumenten, die dem betreffenden Kunden bei Anlageentscheidungen helfen oder ihm die Möglichkeit geben, die Palette der Finanzinstrumente, in die er investiert hat, zu beobachten und anzupassen, oder

bb) der Übermittlung periodischer Berichte über die Wertentwicklung sowie die Kosten und Gebühren der Finanzinstrumente,
d) das Ermöglichen eines verbesserten Zugangs zu Beratungsdienstleistungen, etwa durch die Bereitstellung eines weitverzweigten Filialberaternetzwerkes, das für den Kunden die Vor-Ort-Verfügbarkeit qualifizierter Anlageberater auch in ländlichen Regionen sicherstellt,
2. sie nicht unmittelbar dem annehmenden oder gewährenden Wertpapierdienstleistungsunternehmen, dessen Gesellschaftern oder Beschäftigten zugutekommt, ohne zugleich einen konkreten Vorteil für den jeweiligen Kunden darzustellen, und
3. sie durch die Gewährung eines fortlaufenden Vorteils für den betreffenden Kunden in Relation zu einer laufenden Zuwendung gerechtfertigt ist.

²Eine Zuwendung verbessert die Qualität der Dienstleistung für den Kunden nicht, wenn die Dienstleistung dadurch in voreingenommener Weise oder nicht im besten Kundeninteresse erbracht wird. ³Wertpapierdienstleistungsunternehmen müssen die Vorgaben nach Satz 1 und 2 fortlaufend erfüllen, solange sie die Zuwendung erhalten oder gewähren.

(3) Zur Erfüllung der Voraussetzungen des § 70 Absatz 1 Satz 2 des Wertpapierhandelsgesetzes müssen Wertpapierdienstleistungsunternehmen
1. ein internes Verzeichnis aller Zuwendungen führen, die sie im Zusammenhang mit der Erbringung von Wertpapierdienstleistungen oder Wertpapiernebendienstleistungen von einem Dritten erhalten, und
2. aufzeichnen,
a) wie die erhaltenen oder gewährten Zuwendungen, oder Zuwendungen, deren Erhalt oder Gewährung beabsichtigt ist, die Qualität der Dienstleistungen für die betreffenden Kunden verbessern und
b) welche Schritte unternommen wurden, um die Erfüllung der Pflicht des Wertpapierdienstleistungsunternehmens, ehrlich, redlich und professionell im bestmöglichen Interesse der Kunden zu handeln, nicht zu beeinträchtigen.

## § 7 Zuwendungen im Zusammenhang mit Analysen.

(1) ¹Für die Zwecke des § 70 Absatz 2 Satz 2 Nummer 2 Buchstabe a des Wertpapierhandelsgesetzes[1]) darf eine spezielle Analysegebühr
1. ausschließlich auf einem Analysebudget basieren, das von dem Wertpapierdienstleistungsunternehmen festgelegt wird, um den Bedarf an Analysen Dritter hinsichtlich der für die Kunden erbrachten Wertpapierdienstleistungen zu ermitteln und
2. nicht an das Volumen oder den Wert der im Kundenauftrag ausgeführten Geschäfte gebunden sein.

²Wird die Analysegebühr zusammen mit dem Entgelt für ein Geschäft erhoben, muss jede operative Regelung für die Erhebung die Analysegebühr separat ermittelbar ausweisen; zudem muss die Regelung die Bedingungen nach § 70 Absatz 2 Satz 2 Nummer 2 und Satz 3 des Wertpapierhandelsgesetzes erfüllen. ³Der Gesamtbetrag der eingenommenen Analysegebühren darf das Analysebudget nicht übersteigen.

---

[1]) Nr. 12.

(2) ¹Das Wertpapierdienstleistungsunternehmen muss im Vertrag über die Finanzportfolioverwaltung oder in den Allgemeinen Geschäftsbedingungen mit den Kunden eine Vereinbarung über die Analysegebühr treffen, die auf dem Analysebudget basiert. ²Die Vereinbarung muss eine Regelung zu den zeitlichen Abständen enthalten, in denen die Analysegebühr während des Jahres von den Kundenmitteln einbehalten wird. ³Eine Erhöhung des Analysebudgets darf erst erfolgen, nachdem die Kunden unmissverständlich über die beabsichtigte Erhöhung unterrichtet wurden.

(3) Das Wertpapierdienstleistungsunternehmen hat ein Verfahren einzurichten, nach dem etwaige Überschüsse, die auf einem Analysekonto am Ende eines vorher festgelegten Zeitraums verbleiben, dem jeweiligen Kunden zurückerstattet oder mit dem Analysebudget und der kalkulierten Gebühr für den Folgezeitraum verrechnet werden.

(4) ¹Das Analysebudget im Sinne des § 70 Absatz 2 Satz 2 Nummer 2 Buchstabe b des Wertpapierhandelsgesetzes darf ausschließlich von dem Wertpapierdienstleistungsunternehmen verwaltet werden. ²Es ist auf der Grundlage einer angemessenen Bewertung des Bedarfs an Analysen Dritter festzusetzen. ³Die Zuweisung des Analysebudgets für den Erwerb von Analysen Dritter muss angemessenen Kontrollen und der Aufsicht durch die Geschäftsleitung unterworfen sein, damit das Analysebudget im besten Interesse der Kunden verwaltet und verwendet wird. ⁴Die Kontrollen nach Satz 2 müssen einen eindeutigen Prüfpfad umfassen zu

1. den an Analyseanbieter geleisteten Zahlungen und

2. der Art und Weise, wie die gezahlten Beträge im Hinblick auf die unter § 70 Absatz 2 Satz 2 Nummer 2 Buchstabe d des Wertpapierhandelsgesetzes genannten Qualitätskriterien festgelegt wurden.

(5) Wertpapierdienstleistungsunternehmen dürfen das Analysebudget und das Analysekonto nicht zur Finanzierung interner Analysen verwenden.

(6) Das *Wertdienstleistungsunternehmen*[1]) kann für die Zwecke des § 70 Absatz 2 Satz 2 Nummer 2 Buchstabe c des Wertpapierhandelsgesetzes die Verwaltung des Analysekontos einem Dritten übertragen, sofern die Vereinbarung darüber den Erwerb von Analysen Dritter und eine Zahlung an Analyseanbieter im Namen und gemäß der Weisung des Wertpapierdienstleistungsunternehmens ohne unangemessene Verzögerungen ermöglicht.

(7) Die schriftlichen Grundsätze nach § 70 Absatz 2 Satz 4 des Wertpapierhandelsgesetzes müssen auch Informationen enthalten zu:

1. dem Umfang der über das Analysekonto erworbenen Analysen, die den Portfolios der Kunden zugutekommen können, wobei, sofern zutreffend, den für die verschiedenen Arten von Portfolios geltenden Anlagestrategien Rechnung zu tragen ist, und

2. dem vom Wertpapierdienstleistungsunternehmen gewählten Verfahren zur gerechten Verteilung der Kosten für die über das Analysekonto erworbenen Analysen auf die verschiedenen Kundenportfolios.

---

[1]) Richtig wohl: „Wertpapierdienstleistungsunternehmen".

**§ 8 Anforderungen an die Unabhängige Honorar-Anlageberatung.** ¹Um die Unabhängige Honorar-Anlageberatung von der übrigen Anlageberatung nach § 80 Absatz 7 des Wertpapierhandelsgesetzes[1)] zu trennen, müssen Wertpapierdienstleistungsunternehmen entsprechend ihrer Größe und Organisation sowie der Art, des Umfangs und der Komplexität ihrer Geschäftstätigkeit sicherstellen, dass seitens der übrigen Anlageberatung kein Einfluss auf die Unabhängige Honorar-Anlageberatung ausgeübt werden kann. ²Dazu ist insbesondere sicherzustellen, dass die Vertriebsvorgaben für die Unabhängige Honorar-Anlageberatung unabhängig von den Vertriebsvorgaben für die übrige Anlageberatung ausgestaltet, umgesetzt und überwacht werden und die Anforderungen gemäß Artikel 53 Absatz 3 Satz 2 der Verordnung (EU) 2017/565[2)] erfüllt werden.

**§ 9 Aufzeichnungs- und Aufbewahrungspflichten.** (1) Vertriebsvorgaben im Sinne des § 80 Absatz 1 Satz 2 Nummer 3 des Wertpapierhandelsgesetzes[1)], die zur Umsetzung oder Überwachung der Vertriebsvorgaben getroffenen Maßnahmen, die Erfüllung der Vertriebsvorgaben und die Kriterien zur Überprüfung der Vereinbarkeit der Vertriebsvorgaben mit den Kundeninteressen sowie die Ergebnisse dieser Überprüfung sind aufzuzeichnen.

(2) ¹Die Aufzeichnungen gemäß § 83 des Wertpapierhandelsgesetzes sind in der Weise auf einem dauerhaften Datenträger vorzuhalten, dass die Bundesanstalt innerhalb der Aufbewahrungsfrist jederzeit leicht darauf zugreifen und jede wesentliche Phase der Bearbeitung sämtlicher Geschäfte rekonstruieren kann. ²Das Wertpapierdienstleistungsunternehmen muss sicherstellen, dass jede nachträgliche Änderung einer Aufzeichnung und der Zustand vor der Änderung deutlich erkennbar und die Aufzeichnungen vor sachlich nicht gebotenen Änderungen geschützt sind.

(3) Hinsichtlich der Informationen nach § 63 Absatz 2 und der Informationsblätter nach § 64 Absatz 1 des Wertpapierhandelsgesetzes bedarf es neben der Aufbewahrung eines Exemplars der jeweiligen standardisierten Information oder des jeweiligen Informationsblatts keiner weiteren Aufzeichnungen, soweit aus der Aufzeichnung hervorgeht, an welchen Kundenkreis sich die Information oder das Informationsblatt richtet.

(4) ¹Soweit nicht bereits in § 77 Absatz 3, § 80 Absatz 3 oder § 83 Absatz 8 des Wertpapierhandelsgesetzes geregelt, sind die Aufzeichnungen eines Wertpapierdienstleistungsunternehmens, die es auf Grund dieser Verordnung, auf Grund des 11. Abschnitts des Wertpapierhandelsgesetzes, auf Grund anderer nach dem Wertpapierhandelsgesetz erlassener Rechtsverordnungen sowie auf Grund der Artikel 26 und 72 bis 76 der Delegierten Verordnung (EU) 2017/565[2)], in der jeweils geltenden Fassung, erstellt, ab dem Zeitpunkt ihrer Erstellung fünf Jahre lang aufzubewahren. ³Die Bundesanstalt kann die Aufbewahrungsfrist um zwei Jahre verlängern, wenn sie vor Ablauf der in Satz 1 genannten Frist Kenntnis von Umständen erhält, die eine Verlängerung der Aufbewahrungsfrist erforderlich machen.

**§ 10 Getrennte Vermögensverwahrung.** (1) ¹Wertpapierdienstleistungsunternehmen müssen bei der Auswahl, Beauftragung und regelmäßigen Über-

---
[1)] Nr. **12**.
[2)] Nr. **13**.

wachung von Dritten, bei denen sie nach § 84 Absatz 2 des Wertpapierhandelsgesetzes[1] Kundengelder halten oder bei denen sie Kundenfinanzinstrumente verwahren, mit der erforderlichen Sorgfalt und Gewissenhaftigkeit vorgehen und im Rahmen ihrer Sorgfaltspflicht die Notwendigkeit der Aufteilung der Kundengelder auf verschiedene Dritte prüfen. ²Soweit es sich bei dem Dritten nicht um eine Zentralbank handelt, müssen Wertpapierdienstleistungsunternehmen in den Fällen des Satzes 1 der fachlichen Eignung und der Zuverlässigkeit sowie den relevanten Vorschriften und Marktpraktiken des Dritten im Zusammenhang mit dem Halten von Kundengeldern und der Verwahrung von Kundenfinanzinstrumenten Rechnung tragen.

(2) ¹Ein Wertpapierdienstleistungsunternehmen darf in den Fällen des Absatzes 1 Kundenfinanzinstrumente bei einem Dritten in einem Drittland hinterlegen, wenn die Verwahrung von Finanzinstrumenten für Rechnung einer anderen Person in dem Drittland besonderen Vorschriften und einer besonderen Aufsicht unterliegt und der Dritte von diesen Vorschriften und dieser Aufsicht erfasst ist. ²Sofern in einem Drittland die Verwahrung von Finanzinstrumenten für Rechnung einer anderen Person nicht geregelt ist, darf das Wertpapierdienstleistungsunternehmen Kundenfinanzinstrumente bei einem Dritten in diesem Drittland nur hinterlegen, wenn die Verwahrung wegen der Art der betreffenden Finanzinstrumente oder der mit diesen verbundenen Wertpapierdienstleistungen nur bei diesem erfolgen kann oder ein professioneller Kunde das Wertpapierdienstleistungsunternehmen in Textform angewiesen hat, die Finanzinstrumente bei einem Dritten in diesem Drittstaat zu verwahren.

(3) Die Anforderungen nach Absatz 2 gelten auch dann, wenn der Dritte seine Aufgaben in Bezug auf das Halten und Verwahren von Finanzinstrumenten auf einen anderen Dritten übertragen hat.

(4) ¹Um die Rechte von Kunden an ihren Kundengeldern nach § 84 Absatz 2 des Wertpapierhandelsgesetzes und an ihren Finanzinstrumenten zu schützen, sind Wertpapierdienstleistungsunternehmen verpflichtet,

1. durch Aufzeichnungen und eine korrekte Buchführung jederzeit eine Zuordnung der von ihnen gehaltenen Gelder und Finanzinstrumente zu den einzelnen Kunden und deren Abgrenzbarkeit von eigenen Vermögenswerten zu gewährleisten,
2. ihre Aufzeichnungen und Bücher regelmäßig mit denen aller Dritten, bei denen sie Kundengelder nach § 84 Absatz 2 des Wertpapierhandelsgesetzes halten oder Kundenfinanzinstrumente verwahren, abzugleichen,
3. Maßnahmen zu treffen, die gewährleisten, dass Kundengelder, die von einem Wertpapierdienstleistungsunternehmen, das nicht über eine Erlaubnis nach § 1 Absatz 1 Satz 2 Nummer 1 des Kreditwesengesetzes verfügt, bei einer Zentralbank, einem Kreditinstitut, einem in einem Drittstaat zugelassenen vergleichbaren Kreditinstitut oder einem qualifizierten Geldmarktfonds gehalten werden, auf einem oder mehreren separaten Konten geführt werden, die von allen anderen Konten, auf denen Gelder des Wertpapierdienstleistungsunternehmens gebucht werden, getrennt sind,
4. Maßnahmen zu treffen, die gewährleisten, dass alle bei einem Dritten verwahrten Finanzinstrumente der Kunden durch unterschiedliche Bezeich-

---

[1] Nr. 12.

nung der in der Buchführung des Dritten geführten Konten oder durch Maßnahmen, die ein vergleichbares Schutzniveau gewährleisten, von den Finanzinstrumenten des Wertpapierdienstleistungsunternehmens und den Finanzinstrumenten des Dritten unterschieden werden können, und

5. organisatorische Vorkehrungen zu treffen, um das Risiko eines Verlustes oder Teilverlustes von Kundengeldern oder Finanzinstrumenten der Kunden oder damit verbundenen Rechten durch Pflichtverletzungen so gering wie möglich zu halten.

[2] Vertraut ein Wertpapierdienstleistungsunternehmen, das über eine Erlaubnis zum Betreiben des Depotgeschäfts nach § 1 Absatz 1 Satz 2 Nummer 5 des Kreditwesengesetzes verfügt, Kundenfinanzinstrumente einem Kreditinstitut mit Sitz im Inland, das über eine Erlaubnis zum Betreiben des Depotgeschäfts nach § 1 Absatz 1 Satz 2 Nummer 5 des Kreditwesengesetzes verfügt oder das nach Artikel 16 Absatz 1 der Verordnung (EU) Nr. 909/2014 des Europäischen Parlaments und des Rates vom 23. Juli 2014 zur Verbesserung der Wertpapierlieferungen und -abrechnungen in der Europäischen Union und über Zentralverwahrer sowie zur Änderung der Richtlinien 98/26/EG und 2014/65/EU und der Verordnung (EU) Nr. 236/2012 (ABl. L 257 vom 28.8.2014, S. 1) als Zentralverwahrer zugelassen ist, zur Verwahrung an, so gilt das Kreditinstitut nicht als Dritter im Sinne des Satzes 1 Nummer 4.

(5) Ist ein Wertpapierdienstleistungsunternehmen im Einzelfall auf Grund anwendbarer Vorschriften, insbesondere sachenrechtlicher und insolvenzrechtlicher Vorschriften, nicht in der Lage, die Anforderungen nach Absatz 4 einzuhalten, kann die Bundesanstalt von dem Wertpapierdienstleistungsunternehmen verlangen, geeignete Vorkehrungen zu treffen, um zu gewährleisten, dass die Vermögensgegenstände der Kunden geschützt sind.

(6) [1] Sicherungsrechte, Pfandrechte oder Aufrechnungsrechte für Forderungen zugunsten Dritter, die nicht aus der Geschäftsbeziehung mit dem Kunden erwachsen oder auf der Erbringung von Dienstleistungen des Dritten an den Kunden beruhen, dürfen von dem Wertpapierdienstleistungsunternehmen nicht bestellt oder vereinbart werden, es sei denn, sie sind dem anzuwendenden Recht eines Drittstaats vorgeschrieben, in dem die Gelder oder Finanzinstrumente der Kunden gehalten werden. [2] Ein Wertpapierdienstleistungsunternehmen hat seine Kunden unverzüglich zu unterrichten, wenn es zum Abschluss von Vereinbarungen verpflichtet ist, die Sicherungsrechte, Pfandrechte oder Aufrechnungsrechte nach Satz 1 begründen. [3] Die Kunden sind auf die mit den Vereinbarungen verbundenen Risiken hinzuweisen. [4] Vereinbart oder bestellt das Wertpapierdienstleistungsunternehmen Sicherungsrechte, Pfandrechte oder Aufrechnungsrechte in Bezug auf Finanzinstrumente oder Gelder von Kunden oder wird ihm mitgeteilt, dass solche Rechte kraft Gesetzes bestehen, hat das Wertpapierdienstleistungsunternehmen die jeweiligen Rechte in die Kundenverträge und in seinen Büchern aufzunehmen, um die Eigentumsverhältnisse in Bezug auf die Vermögensgegenstände der Kunden, insbesondere für den Fall einer Insolvenz, klarzustellen.

(7) Das Wertpapierdienstleistungsunternehmen hat im Rahmen seiner Verpflichtung nach § 84 Absatz 6 Satz 1 des Wertpapierhandelsgesetzes die unbefugte Verwendung von Kundenfinanzinstrumenten für eigene Rechnung oder für Rechnung einer anderen Person zu verhindern, beispielsweise

1. mit jedem Kunden eine Vereinbarung zu schließen über die von dem Wertpapierdienstleistungsunternehmen zu treffenden Maßnahmen für den Fall, dass die Bestände in dem Depot des Kunden am Erfüllungstag nicht ausreichen; zu diesen Maßnahmen zählen beispielsweise der Abschluss eines Wertpapierdarlehens im Namen des Kunden oder die Auflösung der jeweiligen Position,

2. sicherzustellen, dass es Wertpapiere am Erfüllungstag voraussichtlich jeweils liefern kann und dafür zu sorgen, dass Abhilfemaßnahmen für den Fall ergriffen werden, dass die Fähigkeit zur Lieferung der Wertpapiere nicht gegeben ist, und

3. die Lieferansprüche seiner Kunden in Bezug auf Wertpapiere zu überwachen und, sofern Wertpapiere am Erfüllungstag oder einem späteren Zeitpunkt nicht geliefert werden, diese unverzüglich bei der Gegenseite anzufordern.

(8) Im Rahmen der Prüfung der Angemessenheit der Verwendung von Finanzinstrumenten als Finanzsicherheiten in Form der Vollrechtsübertragung nach § 84 Absatz 8 Satz 1 des Wertpapierhandelsgesetzes hat das Wertpapierdienstleistungsunternehmen zu berücksichtigen,

1. ob zwischen der Verbindlichkeit des Kunden gegenüber dem Wertpapierdienstleistungsunternehmen und der Verwendung von Finanzinstrumenten oder Geldern von Kunden als Finanzsicherheit in der Form der Vollrechtsübertragung nur ein sehr schwacher Bezug besteht, insbesondere, ob die Wahrscheinlichkeit einer Inanspruchnahme des Kunden aus einer Verbindlichkeit gegenüber dem Wertpapierdienstleistungsunternehmen gering oder zu vernachlässigen ist,

2. ob die Summe der als Finanzsicherheit in Form der Vollrechtsübertragung verwendeten Finanzinstrumente oder Gelder von Kunden die Verbindlichkeiten des Kunden gegenüber dem Wertpapierdienstleistungsunternehmen weit übersteigen würde und

3. ob sämtliche Finanzinstrumente oder Gelder eines Kunden als Finanzsicherheit in Form der Vollrechtsübertragung verwendet werden, ohne dass berücksichtigt worden ist, welche Verbindlichkeiten des betreffenden Kunden gegenüber dem Wertpapierdienstleistungsunternehmen bestehen.

(9) [1] Qualifizierte Geldmarktfonds im Sinne des § 84 Absatz 2 Satz 1 des Wertpapierhandelsgesetzes sind Investmentvermögen,

1. die im Inland oder in einem anderen Mitgliedstaat der Europäischen Union oder einem anderen Vertragsstaat des Abkommens über den Europäischen Wirtschaftsraum nach Maßgabe der Richtlinie 2009/65/EG des Europäischen Parlaments und des Rates vom 13. Juli 2009 zur Koordinierung der Rechts- und Verwaltungsvorschriften betreffend bestimmte Organismen für gemeinsame Anlagen in Wertpapieren (OGAW) (ABl. L 302 vom 17.11. 2009, S. 32; L 269 vom 13.10.2010, S. 27), die zuletzt durch die Richtlinie 2014/91/EU (ABl. L 257 vom 28.8.2014, S. 186) geändert worden ist, oder einer Aufsicht über Vermögen zur gemeinschaftlichen Kapitalanlage unterstellt sind,

2. die zur Erreichung ihres primären Anlageziels, das eingezahlte Kapital oder das eingezahlte Kapital zuzüglich der Erträge zu erhalten, ausschließlich in Geldmarktinstrumente angelegt sind, wenn

a) sie über eine Restlaufzeit von nicht mehr als 397 Tagen verfügen oder ihre Rendite regelmäßig, mindestens jedoch alle 397 Tage, an die Bedingungen des Geldmarktes angepasst wird,

b) sie eine gewichtete durchschnittliche Restlaufzeit von 60 Tagen haben und

c) die Investition ausschließlich in erstklassige Geldmarktinstrumente erfolgt, wobei ergänzend die Anlage in Guthaben bei einem Kreditinstitut, einer Zweigniederlassung von Kreditinstituten im Sinne des § 53b Absatz 1 Satz 1 des Kreditwesengesetzes oder vergleichbaren Instituten mit Sitz in einem Drittstaat zulässig ist, und

3. deren Wertstellung spätestens an dem auf den Rücknahmeauftrag des Anlegers folgenden Bankarbeitstag erfolgt.

²Ein Geldmarktinstrument ist erstklassig im Sinne des Satzes 1 Nummer 2 Buchstabe c, wenn die Kapitalverwaltungsgesellschaft des Geldmarktfonds eine eigene dokumentierte Bewertung der Kreditliquidität des betreffenden Geldmarktinstruments durchgeführt hat, die es ihr ermöglicht, ein Geldmarktinstrument als erstklassig anzusehen. ³Sofern eine oder mehrere von der Europäischen Wertpapier- und Marktaufsichtsbehörde registrierte und beaufsichtigte Ratingagenturen ein Rating in Bezug auf das Geldmarktinstrument abgegeben haben, sollen die verfügbaren Kreditratings bei der internen Bewertung der Kapitalverwaltungsgesellschaft berücksichtigt werden.

(10) Ein Wertpapierdienstleistungsunternehmen hat der Bundesanstalt, einem bestellten Insolvenzverwalter und, sofern zutreffend, der zuständigen Abwicklungsbehörde auf Anfrage zur Verfügung zu stellen:

1. Aufzeichnungen von internen Konten und Aufzeichnungen, aus denen die Salden der für jeden einzelnen Kunden des Wertpapierdienstleistungsunternehmens gehaltenen Gelder und Finanzinstrumente hervorgehen,

2. sofern das Wertpapierdienstleistungsunternehmen Kundengelder bei einer Zentralbank, einem Kreditinstitut, einem vergleichbaren ausländischen Institut oder einem qualifizierten Geldmarktfonds hinterlegt, Angaben zu den Konten, auf denen die Kundengelder gehalten werden, sowie zu diesbezüglichen Vereinbarungen mit dem Wertpapierdienstleistungsunternehmen,

3. sofern das Wertpapierdienstleistungsunternehmen Finanzinstrumente von Kunden bei einem Dritten verwahrt, Angaben zu den bei dem Dritten eröffneten Konten und Depots sowie zu den diesbezüglichen Vereinbarungen mit dem Wertpapierdienstleistungsunternehmen,

4. Angaben zu Dritten, die ausgelagerte Aufgaben des Wertpapierdienstleistungsunternehmens ausführen, und Angaben zu den ausgelagerten Aufgaben,

5. Angaben zu den Mitarbeitern des Wertpapierdienstleistungsunternehmens, die für die Verwahrung von Finanzinstrumenten und Geldern von Kunden verantwortlich oder daran beteiligt sind, und zu den Mitarbeitern, die für die Einhaltung der Anforderungen, die zum Schutz der Vermögensgegenstände von Kunden gelten, verantwortlich sind, und

6. die Vereinbarungen, die zur Feststellung der Eigentumsverhältnisse an den Vermögensgegenständen von Kunden relevant sind.

**§ 11 Produktfreigabeverfahren für Konzepteure von Finanzinstrumenten.** (1) ¹Das Konzipieren von Finanzinstrumenten im Sinne des § 80 Absatz 9 des Wertpapierhandelsgesetzes[1] umfasst das Neuschaffen, Entwickeln, Begeben oder die Gestaltung von Finanzinstrumenten. ²Ein Wertpapierdienstleistungsunternehmen, das Finanzinstrumente konzipiert, (Konzepteur) hat die Anforderungen der Absätze 2 bis 15 und des § 81 Absatz 4 und 5 des Wertpapierhandelsgesetzes so zu erfüllen, wie es angesichts der Art des Finanzinstruments, der Wertpapierdienstleistung und des Zielmarkts für das Produkt angemessen und verhältnismäßig ist.

(2) ¹Das Konzipieren von Finanzinstrumenten hat den Anforderungen an einen geeigneten Umgang mit Interessenkonflikten, einschließlich der jeweils geltenden Anforderungen an die vereinnahmte Vergütung, zu entsprechen. ²Ein Konzepteur hat insbesondere sicherzustellen, dass die Gestaltung des Finanzinstruments, einschließlich seiner Merkmale, sich nicht nachteilig auf den Endkunden auswirkt. ³Hält der Konzepteur den entsprechenden Basiswert bereits für eigene Rechnung, darf er seine eigenen Risiken, einschließlich der Ausfallwahrscheinlichkeiten, in Bezug auf den Basiswert des Produkts nicht durch entsprechende Konzeption des Finanzinstruments mindern oder verlagern.

(3) ¹Ein Wertpapierdienstleistungsunternehmen hat mögliche Interessenkonflikte bei jeder Konzeption eines Finanzinstruments zu analysieren. ²Insbesondere hat es zu beurteilen, ob das Finanzinstrument dazu führt, dass Endkunden benachteiligt werden, wenn diese

1. eine Gegenposition zu der Position übernehmen, die zuvor von dem Wertpapierdienstleistungsunternehmen selbst gehalten wurde oder
2. eine Position übernehmen, die gegensätzlich zu der Position ist, welche das Wertpapierdienstleistungsunternehmen nach Verkauf des Produkts zu halten beabsichtigt.

(4) Das Wertpapierdienstleistungsunternehmen hat vor seiner Entscheidung, mit der Konzeption des Produkts zu beginnen oder mit ihr fortzufahren, zu beurteilen, ob das Finanzinstrument eine Gefahr für das geordnete Funktionieren oder die Stabilität der Finanzmärkte darstellen kann.

(5) Die an der Konzeption von Finanzinstrumenten beteiligten maßgeblichen Mitarbeiter und Beauftragten müssen über die erforderliche Sachkunde verfügen, um die Merkmale und Risiken der von ihnen konzipierten Finanzinstrumente zu verstehen.

(6) Wertpapierdienstleistungsunternehmen müssen ihre jeweiligen Verantwortlichkeiten in einer schriftlichen Vereinbarung festhalten, wenn sie mit anderen Wertpapierdienstleistungsunternehmen, einschließlich solchen aus Drittstaaten, und Unternehmen, die nicht gemäß der Richtlinie 2014/65/EU[2] des Europäischen Parlaments und des Rates vom 15. Mai 2014 über Märkte für Finanzinstrumente sowie zur Änderung der Richtlinien 2002/92/EG und 2011/61/EU (ABl. L 173 vom 12.6.2014, S. 349; L 74 vom 18.3.2015, S. 38; L 188 vom 13.7.2016, S. 28; L 273 vom 8.10.2016, S. 35; L 64 vom 10.3.2017, S. 116), die zuletzt durch die Richtlinie (EU) 2016/1034 (ABl. L 175 vom

---

[1] Nr. 12.
[2] Nr. 1.

30.6.2016, S. 8) geändert wurde, beaufsichtigt werden, zusammenarbeiten, um ein Produkt neu zu schaffen, zu entwickeln, zu begeben oder zu gestalten.

(7) ¹Der Zielmarkt ist für jedes Finanzinstrument gesondert zu bestimmen. ²Dabei ist der Kreis der Kunden zu bestimmen, mit deren Bedürfnissen, Merkmalen und Zielen das Finanzinstrument im Einklang stehen muss. ³Ebenso sind etwaige Kundengruppen zu bestimmen, mit deren Bedürfnissen, Merkmalen und Zielen das Finanzinstrument nicht vereinbar ist. ⁴Sind mehrere Wertpapierdienstleistungsunternehmen an der Konzeption eines Finanzinstruments beteiligt, braucht nur ein Zielmarkt des Konzepteurs bestimmt zu werden.

(8) Ein Wertpapierdienstleistungsunternehmen, das Finanzinstrumente konzipiert, welche von anderen Wertpapierdienstleistungsunternehmen vertrieben werden sollen, hat die Bedürfnisse und Merkmale der Kunden, mit denen das Produkt vereinbar sein muss, auf der Grundlage seiner theoretischen Kenntnisse von und seinen bisherigen Erfahrungen mit dem Finanzinstrument oder vergleichbaren Finanzinstrumenten, den Finanzmärkten und den Bedürfnissen, Merkmalen und Zielen potentieller Endkunden zu bestimmen.

(9) ¹Der Konzepteur muss eine Szenarioanalyse seiner Finanzinstrumente durchführen, die beurteilt, welche Risiken des Produkts im Hinblick auf ein schlechtes Ergebnis bestehen und unter welchen Umständen dieses Ergebnis eintreten kann. ²Namentlich hat das Wertpapierdienstleistungsunternehmen die Wirkungsweise des Finanzinstruments unter negativen Bedingungen zu beurteilen; insbesondere für den Fall, dass
1. sich die Marktbedingungen verschlechtern,
2. der Konzepteur oder ein an der Konzeption oder dem Funktionieren des Finanzinstruments beteiligter Dritter in finanzielle Schwierigkeiten gerät oder ein anderweitiges Gegenparteirisiko eintritt,
3. sich das Finanzinstrument als kommerziell nicht lebensfähig erweist oder
4. die Nachfrage nach dem Finanzinstrument erheblich höher als erwartet ausfällt, so dass die Mittel des Wertpapierdienstleistungsunternehmens oder der Markt des Basiswerts unter Druck geraten.

(10) Der Konzepteur hat festzustellen, ob ein Finanzinstrument den ermittelten Bedürfnissen, Merkmalen und Zielen seines Zielmarktes entspricht, insbesondere im Hinblick darauf, ob
1. das Risiko- und Ertragsprofil des Finanzinstruments mit dem Zielmarkt vereinbar ist und
2. die Gestaltung des Finanzinstruments durch Merkmale bestimmt wird, die für den Kunden vorteilhaft sind, und somit nicht auf einem Geschäftsmodell beruht, dessen Rentabilität auf einem nachteiligen Ergebnis für Kunden basiert.

(11) Wertpapierdienstleistungsunternehmen haben die für das Finanzinstrument vorgesehene Gebührenstruktur daraufhin zu prüfen, ob
1. die Kosten und Gebühren des Finanzinstruments mit den Bedürfnissen, Zielen und Merkmalen des Zielmarkts vereinbar sind,
2. die Gebühren die erwartete Rendite des Finanzinstruments nicht aufzehren, was insbesondere der Fall ist, wenn die Kosten oder Gebühren sämtliche Vorteile des Finanzinstruments, einschließlich steuerlicher Vorteile, aufwiegen, übersteigen oder aufheben oder

3. die Gebührenstruktur des Finanzinstruments für den Zielmarkt hinreichend transparent ist, so dass sie keine versteckten Gebühren enthält oder zu komplex ist, um verständlich zu sein.

(12) Die an die Vertriebsunternehmen weitergegebenen Informationen über ein Finanzinstrument haben Informationen zu den für das Finanzinstrument geeigneten Vertriebskanälen, zum Produktfreigabeverfahren und zur Zielmarktbeurteilung zu enthalten und in einer Form zu erfolgen, die es den Vertriebsunternehmen ermöglicht, das Finanzinstrument zu verstehen und zu empfehlen oder zu verkaufen.

(13) ¹Das Wertpapierdienstleistungsunternehmen hat im Rahmen der regelmäßigen Überprüfung des Finanzinstruments nach § 80 Absatz 10 des Wertpapierhandelsgesetzes zu prüfen, ob das Finanzinstrument weiterhin mit den Bedürfnissen, Merkmalen und Zielen des Zielmarkts vereinbar ist und auf dem vorher festgelegten Zielmarkt vertrieben wird oder ob es auch solche Kunden erreicht, mit deren Bedürfnissen, Merkmalen und Zielen das Finanzinstrument nicht vereinbar ist. ²Das Wertpapierdienstleistungsunternehmen hat im Rahmen der Prüfung nach Satz 1 alle Ereignisse zu berücksichtigen, die die potenziellen Risiken für den bestimmten Zielmarkt wesentlich beeinflussen können.

(14) ¹Das Wertpapierdienstleistungsunternehmen hat das Finanzinstrument in regelmäßigen Abständen zu überprüfen, um zu bewerten, ob sich das Finanzinstrument in der beabsichtigten Weise auswirkt. ²Das Wertpapierdienstleistungsunternehmen muss festlegen, wie regelmäßig es seine Finanzinstrumente überprüft. ³Es hat dabei die für das Finanzinstrument relevanten Merkmale zu berücksichtigen und muss insbesondere auch Merkmalen Rechnung tragen, die mit der Komplexität oder dem innovativen Charakter der verfolgten Anlagestrategien zusammenhängen. ⁴Hat das Wertpapierdienstleistungsunternehmen Kenntnis von einem Ereignis, welches das Risiko für Investoren wesentlich beeinflussen könnte, muss es das Finanzinstrument vor jeder weiteren Begebung oder Wiederauflage erneut überprüfen, um zu bewerten, ob sich das Finanzinstrument noch in der beabsichtigten Weise auswirkt.

(15) Das Wertpapierdienstleistungsunternehmen hat zudem wesentliche Ereignisse zu bestimmen, die die Risiko- und Ertragserwartungen des Finanzinstruments beeinflussen können, insbesondere
1. das Überschreiten einer Schwelle, die das Ertragsprofil des Finanzinstruments beeinflussen wird, oder
2. die Solvenz derjenigen Emittenten, deren Wertpapiere oder Garantien die Wertentwicklung des Finanzinstruments beeinflussen können.

(16) Bei Eintritt eines wesentlichen Ereignisses im Sinne des Absatzes 14 hat das Wertpapierdienstleistungsunternehmen geeignete Maßnahmen zu ergreifen, beispielsweise
1. alle relevanten Informationen über das Ereignis und seine Auswirkungen auf das Finanzinstrument an die Kunden oder, sofern zutreffend, Vertriebsunternehmen des Finanzinstruments weiterzugeben,
2. das Produktfreigabeverfahren zu verändern,
3. die weitere Begebung des Finanzinstruments einzustellen,
4. die Vertragsbedingungen des Finanzinstruments zur Vermeidung unfairer Vertragsklauseln zu ändern,

5. sofern das Finanzinstrument nicht wie geplant vertrieben wird, zu prüfen, ob die für das Finanzinstrument genutzten Vertriebskanäle angemessen sind,
6. Kontakt mit den Vertriebsunternehmen aufzunehmen, um eine Änderung des Vertriebsablaufs zu erörtern,
7. die Vertragsbeziehung zum Vertriebsunternehmen zu beenden oder
8. die Bundesanstalt unverzüglich darüber zu unterrichten.

**§ 12 Produktfreigabeverfahren für Vertriebsunternehmen.** (1) Ein Wertpapierdienstleistungsunternehmen hat bei der Auswahl derjenigen Finanzinstrumente, die von diesem oder anderen Wertpapierdienstleistungsunternehmen begeben werden, und der Dienstleistungen, die es Kunden anzubieten oder zu empfehlen beabsichtigt, die Anforderungen der Absätze 2 bis 12 sowie des § 80 Absatz 12 und 13 und des § 81 Absatz 4 des Wertpapierhandelsgesetzes[1]) so zu erfüllen, wie es angesichts der Art des Finanzinstruments, der Wertpapierdienstleistung und des Zielmarkts des Produkts angemessen und verhältnismäßig ist.

(2) ¹Ein Wertpapierdienstleistungsunternehmen, das ein Finanzinstrument anbietet oder empfiehlt, das von einem Unternehmen konzipiert wird, das nicht von der Richtlinie 2014/65/EU[2]) erfasst wird, hat sicherzustellen, dass § 80 Absatz 9 bis 11 des Wertpapierhandelsgesetzes und die Absätze 3, 4 und 6 bis 12 beachtet werden. ²Das Wertpapierdienstleistungsunternehmen hat geeignete Vorkehrungen zu treffen, die sicherstellen, dass es von dem Konzepteur des Finanzinstruments ausreichende Informationen über das Finanzinstrument zur Erfüllung der Anforderungen des § 80 Absatz 9 bis 11 des Wertpapierhandelsgesetzes und der Absätze 3, 4 und 6 bis 12 erhält.

(3) ¹Ein Wertpapierdienstleistungsunternehmen, das Finanzinstrumente vertreibt, die von einem anderen Unternehmen konzipiert worden sind, hat den Zielmarkt für jedes vertriebene Finanzinstrument im Hinblick auf seine Kunden zu bestimmen und hat dabei den Zielmarkt des Konzepteurs zu berücksichtigen. ²Hat der Konzepteur für ein Finanzinstrument keinen Zielmarkt bestimmt, so hat ein Wertpapierdienstleistungsunternehmen, das dieses Finanzinstrument zu vertreiben beabsichtigt, den Zielmarkt eigenständig zu bestimmen.

(4) ¹Ein Wertpapierdienstleistungsunternehmen, das Finanzinstrumente vertreibt, die von einem anderen Unternehmen konzipiert worden sind, muss über angemessene Produktfreigabevorkehrungen verfügen, um sicherzustellen, dass
1. die Produkte und Dienstleistungen, die das Wertpapierdienstleistungsunternehmen anzubieten oder zu empfehlen beabsichtigt, mit den Bedürfnissen, Merkmalen und Zielen des bestimmten Zielmarkts vereinbar sind und
2. die beabsichtigte Vertriebsstrategie dem bestimmten Zielmarkt entspricht.

²Das Wertpapierdienstleistungsunternehmen hat die Umstände und Bedürfnisse der von ihm ausgewählten Kunden angemessen zu ermitteln und zu bewerten, um sicherzustellen, dass die Kundeninteressen nicht auf Grund von wirtschaftlichem oder finanziellem Druck beeinträchtigt werden. ³Dabei hat das Wertpapierdienstleistungsunternehmen auch sämtliche Kundengruppen zu ermit-

---
[1]) Nr. 12.
[2]) Nr. 1.

teln, mit deren Bedürfnissen, Merkmalen und Zielen das Produkt oder die Dienstleistung nicht vereinbar ist.

(5) [1] Ein Wertpapierdienstleistungsunternehmen, das Finanzinstrumente vertreibt, die von einem anderen Unternehmen konzipiert worden sind, das der Richtlinie 2014/65/EU unterliegt, hat diejenigen Informationen über die Finanzinstrumente, die es zu empfehlen oder zu verkaufen beabsichtigt, bei dem Konzepteur des jeweiligen Finanzinstruments einzuholen, die sicherstellen, dass die Produkte entsprechend den Bedürfnissen, Merkmalen und Zielen des bestimmten Zielmarkts vertrieben werden. [2] Der Konzepteur hat dem Vertriebsunternehmen die in Satz 1 genannten Informationen auf Verlangen zur Verfügung zu stellen.

(6) [1] Das Wertpapierdienstleistungsunternehmen hat zudem alle zumutbaren Schritte einzuleiten, um von Konzepteuren, die der Richtlinie 2014/65/EU nicht unterfallen, alle Informationen zu erhalten, die nötig sind, um sicherzustellen, dass die Produkte entsprechend den Bedürfnissen, Merkmalen und Zielen des Zielmarkts vertrieben werden. [2] Dies gilt auch dann, wenn die erforderlichen Informationen nicht öffentlich verfügbar sind. [3] Das vertreibende Wertpapierdienstleistungsunternehmen hat in diesem Fall alle zumutbaren Schritte einzuleiten, um die erforderlichen Informationen von dem Konzepteur oder seinem Vertreter zu erhalten. [4] Öffentlich zugängliche Informationen sind hierfür ausreichend, wenn sie klar, zuverlässig und im Einklang mit den gesetzlichen Vorgaben und den regulatorischen Anforderungen erstellt worden sind, etwa wenn sie den Offenlegungsanforderungen entsprechen, die festgelegt sind in der

1. Verordnung (EU) 2017/1129[1]) des Europäischen Parlaments und des Rates vom 14. Juni 2017 über den Prospekt, der beim öffentlichen Angebot von Wertpapieren oder bei deren Zulassung zum Handel an einem geregelten Markt zu veröffentlichen ist und zur Aufhebung der Richtlinie 2003/71/EG (ABl. L 168 vom 30.6.2017, S. 12) und

2. Richtlinie 2004/109/EG des Europäischen Parlaments und des Rates vom 15. Dezember 2004 zur Harmonisierung der Transparenzanforderungen in Bezug auf Informationen über Emittenten, deren Wertpapiere zum Handel auf einem geregelten Markt zugelassen sind, und zur Änderung der Richtlinie 2001/34/EG (ABl. L 390 vom 31.12.2004, S. 38), die zuletzt durch die Richtlinie 2013/50/EU (ABl. L 294 vom 6.11.2013, S. 13) geändert worden ist.

[5] Die vorstehenden Pflichten gelten sowohl für Produkte, die auf dem Primärmarkt als auch für solche, die auf dem Sekundärmarkt vertrieben werden sollen und stehen unter dem Vorbehalt der Verhältnismäßigkeit. [6] Das Ausmaß der Pflichten hängt insbesondere von dem Grad der öffentlich verfügbaren Informationen und der Komplexität des betreffenden Produkts ab.

(7) Das Wertpapierdienstleistungsunternehmen hat die vom Konzepteur erhaltenen Informationen und seine eigenen Informationen in Bezug auf seinen Kundenstamm zu verwenden, um den Zielmarkt und die Vertriebsstrategie zu bestimmen.

---

[1]) Nr. 6.

(8) Vertreibt das Wertpapierdienstleistungsunternehmen die von ihm konzipierten Finanzinstrumente selbst, ist nur eine Zielmarktbestimmung erforderlich.

(9) ¹Das Wertpapierdienstleistungsunternehmen hat die von ihm angebotenen oder empfohlenen Finanzinstrumente und die von ihm erbrachten Dienstleistungen regelmäßig zu überprüfen und dabei alle Ereignisse zu berücksichtigen, die die potenziellen Risiken für den bestimmten Zielmarkt wesentlich beeinflussen könnten. ²Es hat zumindest zu bewerten, ob das Produkt oder die Dienstleistung den Bedürfnissen, Merkmalen und Zielen des bestimmten Zielmarkts weiterhin entspricht und ob die beabsichtigte Vertriebsstrategie nach wie vor geeignet ist. ³Das Wertpapierdienstleistungsunternehmen hat darüber hinaus den Zielmarkt erneut zu prüfen und bei Bedarf seine Produktfreigabevorkehrungen zu aktualisieren, wenn es davon Kenntnis erlangt, dass der Zielmarkt für ein bestimmtes Produkt oder eine bestimmte Dienstleistung fehlerhaft bestimmt worden ist oder das Produkt oder die Dienstleistung den Gegebenheiten des bestimmten Zielmarkts nicht mehr gerecht wird, insbesondere wenn das Produkt auf Grund von Marktveränderungen seine Liquidität verliert oder besonders starken Preisschwankungen ausgesetzt ist.

(10) § 11 Absatz 5 gilt entsprechend für Wertpapierdienstleistungsunternehmen, die von anderen Unternehmen konzipierte Finanzinstrumente vertreiben.

(11) Vertriebsunternehmen müssen den Konzepteuren auf deren Anfrage Informationen über den Vertrieb und, sofern angebracht, Informationen zu den in Absatz 9 genannten Überprüfungen durch die Vertriebsunternehmen übermitteln.

(12) ¹Sind mehrere Wertpapierdienstleistungsunternehmen in den Vertrieb eines Produkts oder einer Dienstleistung eingeschaltet, trägt das Wertpapierdienstleistungsunternehmen mit direkter Kundenbeziehung (Endvertreiber) die Letztverantwortung bei der Erfüllung der Produktfreigabepflichten gemäß § 80 Absatz 9 bis 11 des Wertpapierhandelsgesetzes und gemäß den Absätzen 1 bis 12. ²Die zwischengeschalteten Wertpapierdienstleistungsunternehmen sind jedoch verpflichtet,

1. sicherzustellen, dass relevante Produktinformationen von dem Konzepteur an den Endvertreiber innerhalb der Vertriebskette weitergegeben werden,
2. dem Konzepteur Informationen über die Produktverkäufe zur Verfügung zu stellen, soweit dieser die Informationen benötigt, um seine eigenen Produktfreigabepflichten zu erfüllen, und
3. die jeweiligen Produktfreigabepflichten der Konzepteure in Bezug auf die von den zwischengeschalteten Wertpapierdienstleistungsunternehmen erbrachten Dienstleistungen zu erfüllen.

**§ 13 Strukturierte Einlagen.** Die §§ 11 und 12 dieser Verordnung gelten entsprechend für den Verkauf von und die Beratung zu strukturierten Einlagen durch Wertpapierdienstleistungsunternehmen und Kreditinstitute, die strukturierte Einlagen ausgeben.

**§ 14 Inkrafttreten, Außerkrafttreten.** ¹Diese Verordnung tritt am 3. Januar 2018 in Kraft. ²Gleichzeitig tritt die Wertpapierdienstleistungs-Verhaltens- und Organisationsverordnung 2007 vom 20. Juli 2007 (BGBl. I S. 1432), die zuletzt durch Artikel 16 Absatz 4 des Gesetzes vom 30. Juni 2016 (BGBl. I S. 1514) geändert worden ist, außer Kraft.

**Anl.**

*(hier nicht wiedergegeben)*

## 12e. Verordnung zur Umsetzung der Richtlinie 2007/14/EG der Kommission vom 8. März 2007 mit Durchführungsbestimmungen zu bestimmten Vorschriften der Richtlinie 2004/109/EG zur Harmonisierung der Transparenzanforderungen in Bezug auf Informationen über Emittenten, deren Wertpapiere zum Handel an einem geregelten Markt zugelassen sind (Transparenzrichtlinie-Durchführungsverordnung – TranspRLDV)

Vom 13. März 2008
(BGBl. I S. 408)

**FNA 4110-4-14**

zuletzt geänd. durch Art. 24 Abs. 10 Zweites FinanzmarktnovellierungsG v. 23.6.2017 (BGBl. I S. 1693)

Das Bundesministerium der Finanzen verordnet

– auf Grund des § 22 Abs. 5, des § 23 Abs. 6 Nr. 2, des § 29a Abs. 4, des § 30f Abs. 3 und des § 37z Abs. 4 Satz 4 des Wertpapierhandelsgesetzes[1], von denen § 22 Abs. 5 durch Artikel 1 Nr. 11 Buchstabe e, § 23 Abs. 6 Nr. 2 durch Artikel 1 Nr. 12, § 29a Abs. 4 durch Artikel 1 Nr. 17, § 30f Abs. 3 durch Artikel 1 Nr. 19 und § 37z Abs. 4 Satz 4 durch Artikel 1 Nr. 24 des Gesetzes vom 5. Januar 2007 (BGBl. I S. 10) eingefügt worden ist,

– auf Grund des § 37w Abs. 6 Nr. 1 des Wertpapierhandelsgesetzes[1], der durch Artikel 1 Nr. 24 des Gesetzes vom 5. Januar 2007 (BGBl. I S. 10) eingefügt worden ist, im Einvernehmen mit dem Bundesministerium der Justiz,

– auf Grund des § 30 Abs. 4 des Wertpapiererwerbs- und Übernahmegesetzes[2], der durch Artikel 10 Nr. 2 Buchstabe b des Gesetzes vom 5. Januar 2007 (BGBl. I S. 10) eingefügt worden ist, sowie

– auf Grund des § 32 Abs. 5 Nr. 1 und 2 des Investmentgesetzes, der durch Artikel 7 Nr. 3 Buchstabe b des Gesetzes vom 5. Januar 2007 (BGBl. I S. 10) eingefügt worden ist:

**§ 1 Anwendungsbereich.** Diese Verordnung regelt

1. Umstände, unter denen im Sinne des § 35 Absatz 2 Satz 1 des Wertpapierhandelsgesetzes[1] eine Unabhängigkeit des Wertpapierdienstleistungsunternehmens vom Meldepflichtigen gegeben ist,

2. Pflichten des Market Makers im Zusammenhang mit einer Nichtberücksichtigung seiner Stimmrechte nach § 36 Absatz 5 des Wertpapierhandelsgesetzes,

---

[1] Nr. **12**.
[2] Nr. **17**.

3. den Inhalt des Halbjahresfinanzberichts, den ein Inlandsemittent nach § 115 Absatz 1 Satz 1 des Wertpapierhandelsgesetzes der Öffentlichkeit zur Verfügung zu stellen hat,
4. Umstände, unter denen im Sinne des § 30 Abs. 3 des Wertpapiererwerbs- und Übernahmegesetzes[1] eine Unabhängigkeit des Wertpapierdienstleistungsunternehmens vom Bieter gegeben ist,
5. Umstände, unter denen im Sinne des § 35 Absatz 3 Nummer 1 des Wertpapierhandelsgesetzes eine Unabhängigkeit der Kapitalverwaltungsgesellschaft oder der EU-Verwaltungsgesellschaft vom Mutterunternehmen gegeben ist, sowie
6. die Gleichwertigkeit der Regeln eines Drittstaates zu den Anforderungen des § 35 Absatz 4, des § 40 Absatz 1, der §§ 41, 48, 49 und 50 Absatz 1 Satz 1 Nummer 1 und 2 sowie der §§ 114 bis 117 des Wertpapierhandelsgesetzes.

**§ 2 Anforderungen an die Unabhängigkeit der Stimmrechtsausübung eines Wertpapierdienstleistungsunternehmens vom Meldepflichtigen.**
(1) Ein Wertpapierdienstleistungsunternehmen übt die Stimmrechte im Sinne des § 35 Absatz 2 Nummer 1 des Wertpapierhandelsgesetzes[2] unabhängig vom Meldepflichtigen aus, wenn
1. das Mutterunternehmen oder ein anderes Tochterunternehmen des Mutterunternehmens nicht durch unmittelbare oder mittelbare Weisungen oder in anderer Weise auf die Ausübung der Stimmrechte aus den Aktien, die von dem Wertpapierdienstleistungsunternehmen verwaltet werden, einwirken darf und
2. das Wertpapierdienstleistungsunternehmen die Stimmrechte aus den von ihm verwalteten Aktien frei und unabhängig von dem Mutterunternehmen und den anderen Tochterunternehmen des Mutterunternehmens ausübt.

(2) ¹Eine unmittelbare Weisung im Sinne des Absatzes 1 Nr. 1 ist jede auf einen bestimmten Fall bezogene Weisung zur Stimmrechtsausübung durch das Wertpapierdienstleistungsunternehmen. ²Eine mittelbare Weisung im Sinne des Absatzes 1 Nr. 1 ist jede allgemeine oder besondere Weisung, durch die der Entscheidungsspielraum des Wertpapierdienstleistungsunternehmens in Bezug auf die Stimmrechtsausübung eingeschränkt wird, um bestimmten Geschäftsinteressen des Mutterunternehmens oder eines anderen Tochterunternehmens des Mutterunternehmens Rechnung zu tragen.

(3) Für Verwaltungsgesellschaften und Mutterunternehmen im Sinne von § 22a Absatz 3 gelten die Absätze 1 und 2 entsprechend.

**§ 3 Mitteilungspflichten des Meldepflichtigen gegenüber der Bundesanstalt für Finanzdienstleistungsaufsicht.** (1) Das Mutterunternehmen hat die Angaben nach § 35 Absatz 2 Nummer 3 des Wertpapierhandelsgesetzes[2] fortlaufend zu aktualisieren.

(2) Eine Erklärung nach § 35 Absatz 2 Nummer 4 des Wertpapierhandelsgesetzes ist hinsichtlich der von dem Wertpapierdienstleistungsunternehmen gehaltenen Instrumente im Sinne des § 25 Absatz 1 Satz 1 des Wertpapierhandelsgesetzes nicht erforderlich.

---
[1] Nr. **17**.
[2] Nr. **12**.

(3) ¹Das Mutterunternehmen hat der Bundesanstalt für Finanzdienstleistungsaufsicht (Bundesanstalt) auf deren Verlangen nachzuweisen, dass
1. die Stimmrechte auf Grund seiner eigenen Organisationsstrukturen sowie derjenigen des Wertpapierdienstleistungsunternehmens von ihm unabhängig ausgeübt werden und
2. die Personen, die über die Stimmrechtsausübung entscheiden, unabhängig handeln.

²Satz 1 Nr. 1 setzt voraus, dass das Mutterunternehmen und das Wertpapierdienstleistungsunternehmen zumindest schriftliche Strategien und Verfahren festgelegt haben, die dazu bestimmt sind, den Informationsaustausch zwischen dem Mutterunternehmen und dem Wertpapierdienstleistungsunternehmen in Bezug auf die Stimmrechtsausübung zu verhindern. ³Ist das Mutterunternehmen seinerseits Kunde des Wertpapierdienstleistungsunternehmens oder hält er Anteile an einer von diesem verwalteten Beteiligung, hat er der Bundesanstalt auf deren Verlangen auch nachzuweisen, dass ein klares schriftliches Mandat besteht, das eine unabhängige Kundenbeziehung zwischen ihm und dem Wertpapierdienstleistungsunternehmen vorsieht.

(4) Für Verwaltungsgesellschaften und Mutterunternehmen im Sinne von § 22a Absatz 3 gelten die Absätze 1 bis 3 entsprechend.

**§ 4 Pflichten des Market Makers im Zusammenhang mit der Nichtberücksichtigung von Stimmrechten.** (1) Bietet der Market Maker für einen bestimmten Emittenten an einem Markt nicht mehr dauerhaft an, Aktien oder Instrumente im Sinne des § 38 Absatz 1 Satz 1 des Wertpapierhandelsgesetzes¹⁾ im Wege des Eigenhandels zu selbst gestellten Preisen zu kaufen oder zu verkaufen, ist er verpflichtet, der Bundesanstalt dies mitzuteilen.

(2) Der Market Maker hat der Bundesanstalt auf deren Verlangen nachzuweisen, welche Aktien oder sonstigen Instrumente er in seiner Eigenschaft als Market Maker hält; andernfalls kann die Bundesanstalt die Verwahrung von in der Eigenschaft als Market Maker gehaltenen Aktien oder sonstigen Instrumenten auf einem gesonderten Konto anordnen.

**§ 5 Gleichwertigkeit der Anforderungen an die Fristen für die Veröffentlichungspflichten des Emittenten.** ¹Die Regeln eines Drittstaates gelten als gleichwertig im Sinne des § 46 Absatz 1 des Wertpapierhandelsgesetzes¹⁾ zu den Anforderungen des § 40 Absatz 1 Satz 1 des Wertpapierhandelsgesetzes, wenn seine Rechtsvorschriften vorschreiben, dass die Frist, innerhalb derer der Emittent, der seinen Sitz in diesem Drittstaat hat, über Veränderungen der Stimmrechtsanteile zu informieren ist und innerhalb derer er diese Veränderungen zu veröffentlichen hat, höchstens sieben Handelstage beträgt. ²Für den Beginn der Frist des Satzes 1 gilt § 33 Absatz 1 Satz 3 des Wertpapierhandelsgesetzes entsprechend.

**§ 6 Gleichwertigkeit der Anforderungen an die Veröffentlichungspflichten des Emittenten in Bezug auf eigene Aktien.** Die Regeln eines Drittstaates gelten als gleichwertig im Sinne des § 46 Absatz 1 des Wertpapierhandelsgesetzes¹⁾ zu den Anforderungen des § 40 Absatz 1 Satz 1 des Wertpapierhandelsgesetzes, wenn seine Rechtsvorschriften in Bezug auf eigene

---

¹⁾ Nr. 12.

Aktien vorschreiben, dass, soweit ein Emittent, der seinen Sitz in diesem Drittstaat hat,

1. höchstens 5 Prozent seiner eigenen mit Stimmrechten verbundenen Aktien halten darf, er das Erreichen oder Überschreiten dieser Schwelle mitzuteilen hat,
2. höchstens 5 bis 10 Prozent seiner eigenen mit Stimmrechten verbundenen Aktien halten darf, er das Erreichen oder Überschreiten der Schwelle von 5 Prozent oder der jeweiligen Höchstschwelle des Drittstaates mitzuteilen hat, oder
3. mehr als 10 Prozent seiner eigenen mit Stimmrechten verbundenen Aktien halten darf, er das Erreichen oder Überschreiten der Schwellen von 5 und 10 Prozent mitzuteilen hat.

**§ 7 Gleichwertigkeit der Anforderungen an die Veröffentlichungspflichten des Emittenten in Bezug auf die Gesamtzahl der Stimmrechte.** Die Regeln eines Drittstaates gelten als gleichwertig im Sinne des § 46 Absatz 1 des Wertpapierhandelsgesetzes[1)] zu den Anforderungen des § 41 des Wertpapierhandelsgesetzes, wenn seine Rechtsvorschriften vorschreiben, dass ein Emittent, der seinen Sitz in diesem Drittstaat hat, die Gesamtzahl der Stimmrechte innerhalb von 30 Kalendertagen nach einer Zu- oder Abnahme der Gesamtzahl der Stimmrechte zu veröffentlichen hat.

**§ 8 Gleichwertigkeit der Anforderungen an die Ausnahmen von der Zurechnung von Stimmrechten im Sinne des § 34 Absatz 4 des Wertpapierhandelsgesetzes.** (1) Die Regeln eines Drittstaates gelten als gleichwertig im Sinne des § 35 Absatz 4 des Wertpapierhandelsgesetzes[1)] zu den jeweiligen Anforderungen des § 35 Absatz 2 und 3 des Wertpapierhandelsgesetzes, wenn seine Rechtsvorschriften vorschreiben, dass ein Unternehmen im Sinne des § 35 Absatz 2 oder Absatz 3 des Wertpapierhandelsgesetzes

1. die Stimmrechte aus von ihm verwalteten Vermögenswerten in jedem Fall frei und unabhängig vom Mutterunternehmen oder einem anderen Tochterunternehmen des Mutterunternehmens ausübt und
2. bei Interessenkonflikten die Interessen des Mutterunternehmens oder eines anderen Tochterunternehmens des Mutterunternehmens nicht beachten muss.

(2) [1] § 35 Absatz 4 des Wertpapierhandelsgesetzes gilt nur, wenn das Mutterunternehmen der Bundesanstalt gegenüber eine Mitteilung im Sinne des § 35 Absatz 2 Nummer 3 oder Absatz 3 Nummer 3 des Wertpapierhandelsgesetzes abgibt und erklärt, dass die Voraussetzungen des Absatzes 1 in Bezug auf alle betroffenen Unternehmen erfüllt sind. [2] § 3 Absatz 2 bis 4 gilt entsprechend.

**§ 9 Gleichwertigkeit der Anforderungen an Mitteilungspflichten des Emittenten.** Die Regeln eines Drittstaates gelten als gleichwertig im Sinne des § 51 Absatz 1 des Wertpapierhandelsgesetzes[1)] zu den Anforderungen des § 49 Absatz 1 Satz 1 Nummer 1 und Absatz 2 Nummer 1 des Wertpapierhandelsgesetzes, wenn seine Rechtsvorschriften in Bezug auf Versammlungen der Emittenten vorschreiben, dass ein Emittent, der seinen Sitz in diesem Drittstaat

---

[1)] Nr. 12.

hat, zumindest den Ort, den Zeitpunkt und die Tagesordnung der Versammlungen angeben muss.

**§ 10 Mindestinhalt des nicht konsolidierten verkürzten Abschlusses.** Sind auf den verkürzten Abschluss nicht die in § 315e Absatz 1 des Handelsgesetzbuchs bezeichneten internationalen Rechnungslegungsstandards anzuwenden, sind die folgenden Bestimmungen einzuhalten:

1. In der verkürzten Bilanz und in der verkürzten Gewinn- und Verlustrechnung sind die Überschriften und Zwischensummen auszuweisen, die in dem zuletzt veröffentlichten Jahresabschluss des Unternehmens enthalten sind. Zusätzliche Posten sind einzufügen, wenn ohne sie der verkürzte Abschluss ein irreführendes Bild der Vermögens-, Finanz- und Ertragslage des Unternehmens vermitteln würde. Als vergleichende Informationen hat der verkürzte Abschluss zusätzlich zu enthalten
   a) eine verkürzte Bilanz für den Schluss des vorhergehenden Geschäftsjahrs sowie
   b) im Rahmen der verkürzten Gewinn- und Verlustrechnung vergleichende Angaben über die ersten sechs Monate des vorhergehenden Geschäftsjahrs.
2. Die Angaben im Anhang haben die Vergleichbarkeit des verkürzten Abschlusses mit dem Jahresabschluss zu gewährleisten und die Beurteilung der wesentlichen Änderungen und Entwicklungen der einzelnen Posten in der verkürzten Bilanz und der verkürzten Gewinn- und Verlustrechnung in dem Berichtszeitraum zu ermöglichen.

**§ 11 Wesentliche Geschäfte mit nahe stehenden Unternehmen und Personen.** (1) Ein Unternehmen, das als Inlandsemittent Aktien begibt und gesetzlich zur Aufstellung eines Konzernabschlusses verpflichtet ist, hat im Zwischenlagebericht oder im Anhang des Halbjahresfinanzberichts anzugeben

1. Geschäfte mit nahe stehenden Unternehmen und Personen, die in den ersten sechs Monaten des laufenden Geschäftsjahrs abgeschlossen wurden und die die Finanzlage oder das Geschäftsergebnis des Unternehmens in diesem Zeitraum wesentlich beeinflusst haben, sowie
2. Änderungen der Geschäfte mit nahe stehenden Unternehmen und Personen, die für das vorhergehende Geschäftsjahr angegeben wurden und die Finanzlage oder das Geschäftsergebnis des Unternehmens in den ersten sechs Monaten des laufenden Geschäftsjahrs wesentlich beeinflusst haben könnten.

(2) ¹Ein Unternehmen, das als Inlandsemittent Aktien begibt und nicht gesetzlich zur Aufstellung eines Konzernabschlusses verpflichtet ist, hat zumindest wesentliche nicht zu marktüblichen Bedingungen zustande gekommene Geschäfte mit nahe stehenden Unternehmen und Personen anzugeben, einschließlich Angaben zur Art der Beziehung, zum Wert der Geschäfte sowie weiterer Angaben, die für die Beurteilung der Finanzlage notwendig sind; ausgenommen sind Geschäfte innerhalb des Konzerns zwischen mittel- oder unmittelbar in hundertprozentigem Anteilsbesitz stehenden konzernangehörigen Unternehmen (gruppeninterne Transaktionen). ²Angaben über Geschäfte können nach Geschäftsarten zusammengefasst werden, sofern die getrennte Angabe für die Beurteilung der Auswirkungen auf die Finanzlage nicht notwendig ist.

## § 12 Gleichwertigkeit der Anforderungen an die im Lagebericht enthaltenen Informationen.

Die Regeln eines Drittstaates gelten als gleichwertig zu den Anforderungen des § 114 Absatz 2 Nummer 2 des Wertpapierhandelsgesetzes[1], wenn seine Rechtsvorschriften vorschreiben, dass ein Emittent dem § 289 Absatz 1 Satz 1 bis 4, Absatz 3 und dem § 315 Absatz 1 Satz 1 bis 4 und Absatz 3 sowie dem § 285 Nummer 33 und dem § 314 Absatz 1 Nummer 25 des Handelsgesetzbuchs entsprechende Angaben macht.

## § 13 Gleichwertigkeit der Anforderungen an den Zwischenlagebericht.

Die Regeln eines Drittstaates gelten als gleichwertig zu den Anforderungen des § 115 Absatz 2 Nummer 2 und Absatz 4 des Wertpapierhandelsgesetzes[1], wenn seine Rechtsvorschriften vorschreiben, dass ein Emittent einen Zwischenlagebericht, der die folgenden Angaben enthält, erstellt:

1. eine Darstellung des Berichtszeitraums;
2. Angaben zur wahrscheinlichen künftigen Entwicklung des Unternehmens in den dem Berichtszeitraum folgenden sechs Monaten des Geschäftsjahrs;
3. bei Emittenten von Aktien Angaben zu wesentlichen Geschäften mit nahe stehenden Unternehmen und Personen, wenn sie nicht kontinuierlich veröffentlicht werden.

## § 14 Gleichwertigkeit der Anforderungen an die Verantwortlichkeit.

Die Regeln eines Drittstaates gelten als gleichwertig zu den Anforderungen des § 114 Absatz 2 Nummer 3 und § 115 Absatz 2 Nummer 3 des Wertpapierhandelsgesetzes[1], wenn seine Rechtsvorschriften vorschreiben, dass eine oder mehrere Personen, die für die Erstellung des Jahresfinanzberichts und des Halbjahresfinanzberichts zuständig sind, dafür verantwortlich sind, dass die Abschlüsse mit dem einschlägigen Rechnungslegungsrahmen oder den einschlägigen Rechnungslegungsgrundsätzen übereinstimmen und die Darstellung im Lagebericht ein den tatsächlichen Verhältnissen entsprechendes Bild vermittelt.

## § 15 *(aufgehoben)*

## § 16 Gleichwertigkeit der Anforderungen bei einem Konzernabschluss.

¹Die Regeln eines Drittstaates gelten als gleichwertig zu den Anforderungen des § 117 Nummer 1 des Wertpapierhandelsgesetzes[1], wenn seine Rechtsvorschriften unter Verzicht auf einen Jahresabschluss des Emittenten vorschreiben, dass ein Emittent mit Sitz in dem Drittstaat einen Konzernabschluss erstellt, der die folgenden Angaben enthält:

1. bei Emittenten von Aktien die Berechnung der Dividende und die Möglichkeit ihrer Auszahlung;
2. die Angabe der Anforderungen an Mindestkapital und Liquidität.

²Auf Verlangen hat ein Emittent der zuständigen Behörde zusätzliche geprüfte Angaben zu übermitteln, die Aufschluss über seinen Jahresabschluss geben und die Angaben gemäß Satz 1 erläutern. ³Diese zusätzlichen Angaben können auf der Grundlage der Rechnungslegungsgrundsätze des Drittstaates erfolgen.

---

[1] Nr. 12.

## § 17 Gleichwertigkeit der Anforderungen an den Jahresabschluss.

¹Die Regeln eines Drittstaates gelten als gleichwertig zu den Anforderungen des § 114 Absatz 2 Nummer 1 des Wertpapierhandelsgesetzes[1], wenn seine Rechtsvorschriften vorschreiben, dass ein Emittent mit Sitz in dem Drittstaat, der keinen Konzernabschluss zu erstellen hat, seinen geprüften Jahresabschluss nach den in § 10 genannten internationalen Rechnungslegungsstandards oder gleichwertigen Rechnungslegungsgrundsätzen des Drittstaates aufstellt. ²Andernfalls ist ein an die Anforderungen der in § 10 genannten internationalen Rechnungslegungsstandards oder gleichwertige Rechnungslegungsgrundsätze angepasster und geprüfter Abschluss vorzulegen.

## § 18 Anforderungen an die Unabhängigkeit der Stimmrechtsausübung eines Wertpapierdienstleistungsunternehmens vom Bieter.

(1) Ein Wertpapierdienstleistungsunternehmen übt die Stimmrechte im Sinne des § 30 Absatz 3 Satz 1 Nummer 1 des Wertpapiererwerbs- und Übernahmegesetzes[2] unabhängig vom Bieter aus, wenn

1. der Bieter oder ein anderes Tochterunternehmen des Bieters nicht durch unmittelbare oder mittelbare Weisungen oder in anderer Weise auf die Ausübung der Stimmrechte aus den Aktien, die von dem Wertpapierdienstleistungsunternehmen verwaltet werden, einwirken darf und
2. das Wertpapierdienstleistungsunternehmen die Stimmrechte aus den von ihm verwalteten Aktien frei und unabhängig von dem Bieter und den anderen Tochterunternehmen des Bieters ausübt.

(2) ¹Eine unmittelbare Weisung im Sinne des Absatzes 1 Nr. 1 ist jede auf einen bestimmten Fall bezogene Weisung zur Stimmrechtsausübung durch das Wertpapierdienstleistungsunternehmen. ²Eine mittelbare Weisung im Sinne des Absatzes 1 Nr. 1 ist jede allgemeine oder besondere Weisung, durch die der Entscheidungsspielraum des Wertpapierdienstleistungsunternehmens in Bezug auf die Stimmrechtsausübung eingeschränkt wird, um bestimmten Geschäftsinteressen des Bieters oder eines anderen Tochterunternehmens des Bieters Rechnung zu tragen.

## § 19 Mitteilungspflichten des Bieters gegenüber der Bundesanstalt für Finanzdienstleistungsaufsicht.

(1) Der Bieter hat die Angaben nach § 30 Abs. 3 Satz 1 Nr. 3 des Wertpapiererwerbs- und Übernahmegesetzes[2] fortlaufend zu aktualisieren.

(2) Eine Erklärung nach § 30 Abs. 3 Satz 1 Nr. 4 des Wertpapiererwerbs- und Übernahmegesetzes ist hinsichtlich der vom Wertpapierdienstleistungsunternehmen gehaltenen Instrumente im Sinne des § 38 Absatz 1 Satz 1 des Wertpapierhandelsgesetzes[1] nicht erforderlich.

(3) ¹Der Bieter hat der Bundesanstalt auf deren Verlangen nachzuweisen, dass

1. die Stimmrechte auf Grund seiner eigenen Organisationsstrukturen sowie derjenigen des Wertpapierdienstleistungsunternehmens von ihm unabhängig ausgeübt werden und

---

[1] Nr. 12.
[2] Nr. 17.

2. die Personen, die über die Stimmrechtsausübung entscheiden, unabhängig handeln.

²Satz 1 Nr. 1 setzt voraus, dass der Bieter und das Wertpapierdienstleistungsunternehmen zumindest schriftliche Strategien und Verfahren festgelegt haben, die dazu bestimmt sind, den Informationsaustausch zwischen dem Bieter und dem Wertpapierdienstleistungsunternehmen in Bezug auf die Stimmrechtsausübung zu verhindern. ³Ist der Bieter seinerseits Kunde des Wertpapierdienstleistungsunternehmens oder hält er Anteile an einer von diesem verwalteten Beteiligung, hat er der Bundesanstalt auf deren Verlangen auch nachzuweisen, dass ein klares schriftliches Mandat besteht, das eine unabhängige Kundenbeziehung zwischen ihm und dem Wertpapierdienstleistungsunternehmen vorsieht.

## §§ 20–22 *(aufgehoben)*

**§ 23 Übergangsbestimmung.** (1) ¹Die §§ 10 und 11 sind erstmals auf Halbjahresfinanzberichte für das nach dem 31. Dezember 2007 beginnende Geschäftsjahr anzuwenden. ²Vergleichende Angaben nach § 10 Nr. 1 Buchstabe b müssen erstmals in der verkürzten Gewinn- und Verlustrechnung eines Halbjahresfinanzberichts für das nach dem 31. Dezember 2008 beginnende Geschäftsjahr enthalten sein.

(2) § 1 Nummer 5 und 6, § 20 Absatz 1, § 21 Absatz 1 und 2 sowie § 22 Absatz 1 und 2 Satz 1 finden auf die Verwaltung inländischer OGAW, welche am 21. Juli 2013 aufgelegt waren, erst ab dem in § 355 Absatz 2 Satz 10 des Kapitalanlagegesetzbuchs[1] genannten Zeitpunkt und auf die Verwaltung inländischer AIF, welche am 21. Juli 2013 aufgelegt waren, erst ab dem in § 345 Absatz 1 Satz 11 genannten Zeitpunkt Anwendung; bis dahin gelten sie für die Verwaltung inländischer OGAW und inländischer AIF in der bis zum 21. Juli 2013 geltenden Fassung.

(3) ¹Die §§ 10 und 12 in der Fassung des CSR-Richtlinie-Umsetzungsgesetzes vom 11. April 2017 (BGBl. I S. 802) sind erstmals auf Jahres- und Konzernabschlüsse, Lage- und Konzernlageberichte für das nach dem 31. Dezember 2016 beginnende Geschäftsjahr anzuwenden. ²Die §§ 10 und 12 in der bis zum 18. April 2017 geltenden Fassung sind letztmals anzuwenden auf Lage- und Konzernlageberichte für das vor dem 1. Januar 2017 beginnende Geschäftsjahr.

**§ 24 Inkrafttreten.** Diese Verordnung tritt am Tag nach der Verkündung[2] in Kraft.

---

[1] Nr. **15**.
[2] Verkündet am 20.3.2008.

## 12f. Verordnung zur Konkretisierung von Art, Umfang und Form der Mitteilungen und Benachrichtigungen gemäß Artikel 17 Absatz 5, 6, 9 und 10 der Verordnung (EU) Nr. 236/2012 (Leerverkaufs-Anzeigeverordnung – LAnzV)

Vom 16. April 2014
(BGBl. I S. 386)

FNA 4110-4-20

Auf Grund des § 30h Absatz 4 Satz 1 Nummer 2 des Wertpapierhandelsgesetzes[1], der durch Artikel 1 Nummer 5 des Gesetzes vom 6. November 2012 (BGBl. I S. 2286) geändert worden ist, in Verbindung mit § 1 Nummer 1 der Verordnung zur Übertragung von Befugnissen zum Erlass von Rechtsverordnungen auf die Bundesanstalt für Finanzdienstleistungsaufsicht, der zuletzt durch Artikel 1 der Verordnung vom 12. September 2013 (BGBl. I S. 3606) geändert worden ist, verordnet die Bundesanstalt für Finanzdienstleistungsaufsicht:

**§ 1 Anwendungsbereich.** Diese Verordnung ist anzuwenden auf

1. die Mitteilungen nach Artikel 17 Absatz 5 der Verordnung (EU) Nr. 236/2012 des Europäischen Parlaments und des Rates vom 14. März 2012 über Leerverkäufe und bestimmte Aspekte von Credit Default Swaps (ABl. L 86 vom 24.3.2012, S. 1) (Absichtsanzeige für Market-Making-Tätigkeiten),
2. die Mitteilungen nach Artikel 17 Absatz 6 der Verordnung (EU) Nr. 236/2012 (Absichtsanzeige für Primärmarkttätigkeiten) und
3. die Benachrichtigungen nach Artikel 17 Absatz 9 und 10 der Verordnung (EU) Nr. 236/2012.

**§ 2 Absichtsanzeige für Market-Making-Tätigkeiten.** Die Absichtsanzeige für Market-Making-Tätigkeiten muss Folgendes enthalten:

1. den Vor- und Nachnamen oder die Firma, das Land, die Anschrift und falls vorhanden den Bank Identifier Code (BIC) des Anzeigenden,
2. den Vor- und Nachnamen, die Telefonnummer, die Faxnummer und die E-Mail-Adresse einer Kontaktperson,
3. den Status des Anzeigenden als
   a) Kreditinstitut,
   b) Wertpapierfirma,
   c) Rechtspersönlichkeit eines Drittlandes oder
   d) lokale Firma gemäß Artikel 2 Absatz 1 Buchstabe l der Richtlinie 2004/39/EG des Europäischen Parlaments und des Rates vom 21. April 2004 über Märkte für Finanzinstrumente, zur Änderung der Richtlinien 85/611/EWG und 93/6/EWG des Rates und der Richtlinie 2000/12/EG des Europäischen Parlaments und des Rates und zur Aufhebung der

---

[1] Nr. 12.

Richtlinie 93/22/EWG des Rates (ABl. L 145 vom 30.4.2004, S. 1), die zuletzt durch die Richtlinie 2010/78/EU des Europäischen Parlaments und des Rates vom 24. November 2010 zur Änderung der Richtlinien 98/26/EG, 2002/87/EG, 2003/6/EG, 2003/41/EG, 2003/71/EG, 2004/39/EG, 2004/109/EG, 2005/60/EG, 2006/48/EG, 2006/49/EG und 2009/65/EG im Hinblick auf die Befugnisse der Europäischen Aufsichtsbehörde (Europäische Bankenaufsichtsbehörde), der Europäischen Aufsichtsbehörde (Europäische Aufsichtsbehörde für das Versicherungswesen und die betriebliche Altersversorgung) und der Europäischen Aufsichtsbehörde (Europäische Wertpapier- und Marktaufsichtsbehörde) (ABl. L 331 vom 15.12.2010, S. 120) geändert worden ist,

4. die Angabe des Handelsplatzes, dessen Mitglied der Anzeigende ist,

5. eine detaillierte Beschreibung der ausgeübten oder beabsichtigten Market-Making-Tätigkeit gemäß Artikel 2 Absatz 1 Buchstabe k der Verordnung (EU) Nr. 236/2012,

6. sofern das Erbringen von Market-Making-Tätigkeiten vertraglich vereinbart ist, eine Beschreibung der vertraglich vereinbarten Hauptaufgaben und Haupttätigkeiten,

7. hinsichtlich der jeweiligen Finanzinstrumente, hinsichtlich derer die Market-Making-Tätigkeit ausgeübt wird oder werden soll:

a) bei Aktien ihre International Securities Identification Number (ISIN) und ihre Bezeichnung,

b) bei öffentlichen Schuldtiteln und Credit Default Swaps auf öffentliche Schuldtitel den Namen des Emittenten des Schuldtitels und

c) bei Finanzinstrumenten, die weder unter Buchstabe a noch unter Buchstabe b fallen:

aa) die Kategorie des Finanzinstruments nach Anhang I Abschnitt C der Richtlinie 2004/39/EG sowie

bb) die ISIN und die Bezeichnung der Aktie, auf die sich das Finanzinstrument bezieht, oder die Angabe des Emittenten des öffentlichen Schuldtitels, auf den sich das Finanzinstrument bezieht, sowie

8. das Datum der Absichtsanzeige.

**§ 3 Absichtsanzeige für Primärmarkttätigkeiten.** (1) Die Absichtsanzeige für Primärmarkttätigkeiten muss Folgendes enthalten:

1. den Vor- und Nachnamen oder die Firma, das Land, die Anschrift und falls vorhanden den BIC des Anzeigenden,

2. den Vor- und Nachnamen, die Telefonnummer, die Faxnummer und die E-Mail-Adresse einer Kontaktperson,

3. die Angabe der öffentlichen Emittenten, für die die Absicht zur Inanspruchnahme der Ausnahme angezeigt wird, sowie

4. das Datum der Absichtsanzeige.

(2) ¹Der Absichtsanzeige ist eine Kopie der Vereinbarung oder Anerkennung der Primärhändler-Tätigkeit des Anzeigenden beizufügen. ²Die Vereinbarung oder Anerkennung muss von dem jeweiligen öffentlichen Emittenten oder einer in seinem Namen handelnden Person unterzeichnet sein.

**§ 4 Formular.** ¹Die Absichtsanzeigen nach den §§ 2 und 3 haben unter Verwendung des jeweiligen auf der Internetseite der Bundesanstalt für Finanzdienstleistungsaufsicht (Bundesanstalt) zur Verfügung gestellten Formulars zu erfolgen. ²Bei Übersendung per Fax ist die in dem Formular angegebene Faxnummer zu verwenden.

**§ 5 Benachrichtigung über Änderungen.** ¹In der Benachrichtigung des Market Makers oder Primärhändlers über Änderungen nach Artikel 17 Absatz 9 oder 10 der Verordnung (EU) Nr. 236/2012 ist der neue Sachverhalt darzustellen. ²Hierbei gelten die jeweils einschlägigen Vorgaben der §§ 2 und 3 entsprechend.

**§ 6 Bestandsliste.** (1) ¹Die Absichtsanzeigen nach den §§ 2 und 3 sind zusätzlich unverzüglich in elektronischer Form an die auf der Internetseite der Bundesanstalt angegebene E-Mail-Adresse zu übermitteln. ²Diese Pflicht gilt entsprechend für die Benachrichtigung nach § 5, mit der mitgeteilt wird, dass die Ausnahme hinsichtlich einzelner Finanzinstrumente nicht länger in Anspruch genommen wird.

(2) ¹Der nach Absatz 1 übermittelten Absichtsanzeige oder Benachrichtigung ist eine Aufstellung im Comma-Separated-Values-Format (CSV-Format) beizufügen, in der entsprechend § 2 Nummer 7 sämtliche Finanzinstrumente sowie entsprechend § 3 Absatz 1 Nummer 3 sämtliche öffentliche Emittenten aufzulisten sind, bezüglich derer der Anzeigende die Ausnahme zukünftig in Anspruch nimmt (Bestandsliste). ²In der Bestandsliste ist für jedes Finanzinstrument das Datum der jeweiligen Absichtsanzeige nach § 2 Nummer 8 sowie für jeden öffentlichen Emittenten das Datum der jeweiligen Absichtsanzeige nach § 3 Absatz 1 Nummer 4 anzugeben.

(3) Die Änderungen zu einer vormals übermittelten Bestandsliste sind kenntlich zu machen.

**§ 7 Inkrafttreten, Außerkrafttreten.** ¹Diese Verordnung tritt am Tag nach der Verkündung[1)] in Kraft. ²Gleichzeitig tritt die Leerverkaufs-Anzeigeverordnung vom 7. April 2011 (BGBl. I S. 636) außer Kraft.

---

[1)] Verkündet am 25.4.2014.

**12g. Verordnung über den Einsatz von Mitarbeitern in der Anlageberatung, als Vertriebsmitarbeiter, in der Finanzportfolioverwaltung, als Vertriebsbeauftragte oder als Compliance-Beauftragte und über die Anzeigepflichten nach § 87 des Wertpapierhandelsgesetzes (WpHG-Mitarbeiteranzeigeverordnung – WpHGMaAnzV)**

Vom 21. Dezember 2011
(BGBl. I S. 3116)

**FNA 4110-4-16**
zuletzt geänd. durch Art. 1 ÄndVO v. 24.11.2017 (BGBl. I S. 3810)

Auf Grund des § 34d Absatz 6 Satz 1 und 2 des Wertpapierhandelsgesetzes[1], der durch Artikel 1 Nummer 9 des Gesetzes vom 5. April 2011 (BGBl. I S. 538) eingefügt worden ist, in Verbindung mit § 1 Nummer 1 der Verordnung zur Übertragung von Befugnissen zum Erlass von Rechtsverordnungen auf die Bundesanstalt für Finanzdienstleistungsaufsicht, der zuletzt durch die Verordnung vom 23. Mai 2011 (BGBl. I S. 938) geändert worden ist, verordnet die Bundesanstalt für Finanzdienstleistungsaufsicht:

### Inhaltsübersicht

**Abschnitt 1. Sachkunde**

| | |
|---|---|
| § 1 | Sachkunde des Mitarbeiters in der Anlageberatung |
| § 1a | Sachkunde des Vertriebsmitarbeiters |
| § 1b | Sachkunde des Mitarbeiters in der Finanzportfolioverwaltung |
| § 2 | Sachkunde des Vertriebsbeauftragten |
| § 3 | Sachkunde des Compliance-Beauftragten |
| § 4 | Berufsqualifikationen als Sachkundenachweis |
| § 5 | Anerkennung ausländischer Berufsbefähigungsnachweise im Rahmen der Niederlassungsfreiheit |
| § 6 | Zuverlässigkeit |

**Abschnitt 2. Anzeigen**

| | |
|---|---|
| § 7 | Einreichung der Anzeigen |
| § 8 | Inhalt der Anzeigen |

**Abschnitt 3. Datenbank**

| | |
|---|---|
| § 9 | Inhalt der Datenbank |
| § 10 | Verantwortlichkeit |
| § 11 | Dauer der Speicherung |

**Abschnitt 4. Schlussvorschriften**

| | |
|---|---|
| § 12 | Übergangsregelung |
| § 13 | Inkrafttreten |

## Abschnitt 1. Sachkunde

**§ 1 Sachkunde des Mitarbeiters in der Anlageberatung.** (1) ¹Mitarbeiter in der Anlageberatung im Sinne des § 87 Absatz 1 des Wertpapierhandels-

---

[1] Nr. 12.

gesetzes[1] müssen die für die Erbringung der Anlageberatung erforderliche Sachkunde haben. ²Sie ist kontinuierlich zu wahren und regelmäßig auf den neuesten Stand zu bringen. ³Das Wertpapierdienstleistungsunternehmen überprüft die Sachkunde jedes Mitarbeiters mindestens einmal jährlich unter Berücksichtigung von Veränderungen der gesetzlichen Anforderungen und seines Angebots an Wertpapierdienstleistungen, Wertpapiernebendienstleistungen und Finanzinstrumenten.

(2) Die Sachkunde umfasst insbesondere Kenntnisse in folgenden Sachgebieten und ihre praktische Anwendung:

1. Kundenberatung:
   a) Bedarfsermittlung,
   b) Lösungsmöglichkeiten,
   c) Produktdarstellung und -information und
   d) Serviceerwartungen des Kunden, Besuchsvorbereitung, Kundenkontakte, Kundengespräch, Kundenbetreuung;
2. rechtliche Grundlagen:
   a) Vertragsrecht,
   b) Vorschriften des Wertpapierhandelsgesetzes und des Kapitalanlagegesetzbuchs[2], die bei der Anlageberatung oder der Anbahnung einer Anlageberatung zu beachten sind, und
   c) Verwaltungsvorschriften, die von der Bundesanstalt für Finanzdienstleistungsaufsicht (Bundesanstalt) zur Konkretisierung von § 64 Absatz 3 und 4 des Wertpapierhandelsgesetzes erlassen worden sind;
3. fachliche Grundlagen:
   a) Funktionsweise des Finanzmarktes einschließlich der Auswirkungen des Finanzmarktes auf den Wert und die Preisbildung von Finanzinstrumenten sowie des Einflusses von wirtschaftlichen Kennzahlen oder von regionalen, nationalen oder globalen Ereignissen auf die Märkte und auf den Wert von Finanzinstrumenten,
   b) Merkmale, Risiken und Funktionsweise der Finanzinstrumente einschließlich allgemeiner steuerlicher Auswirkungen für Kunden im Zusammenhang mit den Geschäften, der Bewertung von für die Finanzinstrumente relevanten Daten sowie der spezifischen Marktstrukturen, Handelsplätze oder der Existenz von Sekundärmärkten,
   c) Wertentwicklung von Finanzinstrumenten einschließlich der Unterschiede zwischen vergangenen und zukünftigen Wertentwicklungsszenarien und die Grenzen vorausschauender Prognosen,
   d) Grundzüge der Bewertungsgrundsätze für Finanzinstrumente,
   e) Kosten und Gebühren, die für den Kunden im Zusammenhang mit den Finanzinstrumenten insgesamt anfallen und die in Bezug auf die Anlageberatung und andere damit zusammenhängende Dienstleistungen entstehen,
   f) Grundzüge des Portfoliomanagements einschließlich der Auswirkungen der Diversifikation bezogen auf individuelle Anlagealternativen und
   g) Aspekte des Marktmissbrauchs und der Bekämpfung der Geldwäsche.

---

[1] Nr. **12**.
[2] Nr. **15**.

(3) Die Sachkunde umfasst darüber hinaus die Kenntnis der internen Anweisungen des Wertpapierdienstleistungsunternehmens, die der Einhaltung der in Absatz 2 Nummer 2 Buchstabe b und c genannten Vorschriften dienen.

(4) Die nach Absatz 2 Nummer 3 erforderlichen Kenntnisse müssen sich auf die Arten von Finanzinstrumenten beziehen, die das Wertpapierdienstleistungsunternehmen anbietet oder die Gegenstand der Anlageberatung durch den Mitarbeiter sein können.

(5) [1] Die nach Absatz 2 erforderliche praktische Anwendung bedeutet, dass der Mitarbeiter durch seine vorherige Tätigkeit erfolgreich nachgewiesen hat, dass er in der Lage ist, die Anlageberatung zu erbringen. [2] Der Mitarbeiter muss diese vorherige Tätigkeit mindestens über einen Zeitraum von sechs Monaten, gerechnet auf der Basis von Vollzeitäquivalenten, ausgeübt haben. [3] Die vorherige Tätigkeit kann auch in einer Tätigkeit in der Anlageberatung unter der Aufsicht eines anderen Mitarbeiters bestehen, wenn Intensität und Reichweite der Aufsicht im angemessenen Verhältnis zu den Kenntnissen und praktischen Anwendungen des beaufsichtigten Mitarbeiters stehen und der beaufsichtigende Mitarbeiter

1. mit der Anlageberatung betraut ist,
2. die dafür und für eine Aufsicht notwendige Sachkunde hat,
3. die notwendigen Mittel für eine Aufsicht zur Verfügung hat und
4. die Anlageberatung gegenüber dem Kunden verantwortlich erbringt.

[4] Die Tätigkeit unter Aufsicht nach Satz 3 darf nicht länger als über einen Zeitraum von vier Jahren ausgeübt werden.

(6) Die nach den Absätzen 1 bis 5 erforderliche Sachkunde muss durch Abschluss- oder Arbeitszeugnisse, gegebenenfalls in Verbindung mit Stellenbeschreibungen, durch Schulungs- oder Weiterbildungsnachweise oder in anderer geeigneter Weise nachgewiesen sein.

(7) Die Absätze 1 bis 6 gelten für die Sachkunde von Mitarbeitern von Wertpapierdienstleistungsunternehmen entsprechend, wenn diese Mitarbeiter strukturierte Einlagen an Kunden verkaufen oder Kunden über solche beraten.

## § 1a Sachkunde des Vertriebsmitarbeiters.

(1) [1] Vertriebsmitarbeiter im Sinne des § 87 Absatz 2 des Wertpapierhandelsgesetzes[1]) müssen die für ihre Tätigkeit erforderliche Sachkunde haben. [2] Sie ist kontinuierlich zu wahren und regelmäßig auf den neuesten Stand zu bringen. [3] Das Wertpapierdienstleistungsunternehmen überprüft die Sachkunde jedes Mitarbeiters mindestens einmal jährlich unter Berücksichtigung von Veränderungen der gesetzlichen Anforderungen und seines Angebots an Wertpapierdienstleistungen, Wertpapiernebendienstleistungen, Finanzinstrumenten und strukturierten Einlagen.

(2) Die Sachkunde umfasst insbesondere Kenntnisse in folgenden Sachgebieten und ihre praktische Anwendung:

1. rechtliche Grundlagen:

 a) Vorschriften des Wertpapierhandelsgesetzes über Merkmale und Umfang von Wertpapierdienstleistungen und Wertpapiernebendienstleistungen und

---

[1]) Nr. 12.

b) Vorschriften des Wertpapierhandelsgesetzes und des Kapitalanlagegesetzbuchs[1], die bei der Erteilung von Informationen über Finanzinstrumente, strukturierte Einlagen sowie der Erbringung von Wertpapierdienstleistungen und Wertpapiernebendienstleistungen an Kunden von Wertpapierdienstleistungsunternehmen zu beachten sind;
2. fachliche Grundlagen:
   a) Kenntnisse und ihre praktische Anwendung nach § 1 Absatz 2 Nummer 3 Buchstabe a bis d und g, jeweils auch in Bezug auf strukturierte Einlagen, und
   b) Kenntnisse über die Summe der Kosten und Gebühren, die für den Kunden im Zusammenhang mit den Geschäften anfallen und die im Zusammenhang mit der Erbringung von Wertpapierdienstleistungen und Wertpapiernebendienstleistungen entstehen.

(3) Die Sachkunde umfasst darüber hinaus die Kenntnis der internen Anweisungen des Wertpapierdienstleistungsunternehmens, die der Einhaltung der in Absatz 2 Nummer 1 genannten Vorschriften dienen.

(4) Die nach Absatz 2 Nummer 2 erforderlichen Kenntnisse müssen sich auf die Arten von Finanzinstrumenten, strukturierten Einlagen, Wertpapierdienstleistungen und Wertpapiernebendienstleistungen beziehen, die Gegenstand der Erteilung von Informationen durch den Mitarbeiter sein können.

(5) ¹Die nach Absatz 2 erforderliche praktische Anwendung bedeutet, dass der Mitarbeiter durch seine vorherige Tätigkeit erfolgreich nachgewiesen hat, dass er in der Lage ist, Informationen über Finanzinstrumente, strukturierte Einlagen, Wertpapierdienstleistungen und Wertpapiernebendienstleistungen zu erteilen. ²Der Mitarbeiter muss diese vorherige Tätigkeit mindestens über einen Zeitraum von sechs Monaten, gerechnet auf der Basis von Vollzeitäquivalenten, ausgeübt haben. ³Die vorherige Tätigkeit kann auch in einer Tätigkeit der Erteilung von Informationen über Finanzinstrumente, strukturierte Einlagen, Wertpapierdienstleistungen und Wertpapiernebendienstleistungen unter der Aufsicht eines anderen Mitarbeiters bestehen, wenn Intensität und Reichweite der Aufsicht im angemessenen Verhältnis zu den Kenntnissen und praktischen Anwendungen des beaufsichtigten Mitarbeiters stehen und der beaufsichtigende Mitarbeiter
1. mit der Erteilung von Informationen über Finanzinstrumente, strukturierte Einlagen, Wertpapierdienstleistungen und Wertpapiernebendienstleistungen betraut ist,
2. die dafür und für eine Aufsicht notwendige Sachkunde hat,
3. die notwendigen Mittel für eine Aufsicht zur Verfügung hat und
4. die Erteilung von Informationen über Finanzinstrumente, strukturierte Einlagen, Wertpapierdienstleistungen und Wertpapiernebendienstleistungen gegenüber dem Kunden verantwortlich erbringt.

⁴Die Tätigkeit unter Aufsicht nach Satz 3 darf nicht länger als über einen Zeitraum von vier Jahren ausgeübt werden.

(6) Die nach den Absätzen 1 bis 5 erforderliche Sachkunde muss durch Abschluss- oder Arbeitszeugnisse, gegebenenfalls in Verbindung mit Stellen-

---

[1] Nr. 15.

beschreibungen, durch Schulungs- oder Weiterbildungsnachweise oder in anderer geeigneter Weise nachgewiesen sein.

## § 1b Sachkunde des Mitarbeiters in der Finanzportfolioverwaltung.

(1) ¹Mitarbeiter in der Finanzportfolioverwaltung im Sinne des § 87 Absatz 3 des Wertpapierhandelsgesetzes[1] müssen die für ihre Tätigkeit erforderliche Sachkunde haben. ²Sie ist kontinuierlich zu wahren und regelmäßig auf den neuesten Stand zu bringen. ³Das Wertpapierdienstleistungsunternehmen überprüft die Sachkunde jedes Mitarbeiters mindestens einmal jährlich unter Berücksichtigung von Veränderungen der gesetzlichen Anforderungen und seines Angebots an Wertpapierdienstleistungen, Wertpapiernebendienstleistungen, Finanzinstrumenten und strukturierten Einlagen.

(2) Die Sachkunde umfasst insbesondere Kenntnisse und ihre praktische Anwendung nach § 1 Absatz 2 Nummer 2 Buchstabe a und, soweit es § 64 Absatz 3 des Wertpapierhandelsgesetzes betrifft, Buchstabe c sowie Nummer 3, jeweils auch in Bezug auf strukturierte Einlagen, mit der Maßgabe, dass auf diejenigen Finanzinstrumente, strukturierten Einlagen und Geschäfte abzustellen ist, die Gegenstand der Finanzportfolioverwaltung des Mitarbeiters sein können.

(3) Die Sachkunde umfasst darüber hinaus insbesondere Kenntnisse in den folgenden Sachgebieten und ihre praktische Anwendung:
1. rechtliche Grundlagen: Vorschriften des Wertpapierhandelsgesetzes und des Kapitalanlagegesetzbuchs[2], die bei der Finanzportfolioverwaltung oder der Anbahnung einer Finanzportfolioverwaltung zu beachten sind;
2. fachliche Grundlagen:
   a) Portfoliomanagement und
   b) Portfolioanalyse.

(4) Die Sachkunde umfasst darüber hinaus die Kenntnis der internen Anweisungen des Wertpapierdienstleistungsunternehmens, die der Einhaltung der in Absatz 3 Nummer 1 genannten Vorschriften sowie der Verwaltungsvorschriften dienen, die von der Bundesanstalt zur Konkretisierung von § 64 Absatz 3 des Wertpapierhandelsgesetzes erlassen worden sind.

(5) ¹Die nach den Absätzen 2 und 3 erforderliche praktische Anwendung bedeutet, dass der Mitarbeiter durch seine vorherige Tätigkeit erfolgreich nachgewiesen hat, dass er in der Lage ist, die Finanzportfolioverwaltung zu erbringen. ²Der Mitarbeiter muss diese vorherige Tätigkeit mindestens über einen Zeitraum von sechs Monaten, gerechnet auf der Basis von Vollzeitäquivalenten, ausgeübt haben. ³Die vorherige Tätigkeit kann auch in einer Tätigkeit in der Finanzportfolioverwaltung unter der Aufsicht eines anderen Mitarbeiters bestehen, wenn Intensität und Reichweite der Aufsicht im angemessenen Verhältnis zu den Kenntnissen und praktischen Anwendungen des beaufsichtigten Mitarbeiters stehen und der beaufsichtigende Mitarbeiter
1. mit der Finanzportfolioverwaltung betraut ist,
2. die dafür und für eine Aufsicht notwendige Sachkunde hat,
3. die notwendigen Mittel für eine Aufsicht zur Verfügung hat und

---
[1] Nr. 12.
[2] Nr. 15.

4. die Finanzportfolioverwaltung gegenüber dem Kunden verantwortlich erbringt.

⁴Die Tätigkeit unter Aufsicht nach Satz 3 darf nicht länger als über einen Zeitraum von vier Jahren ausgeübt werden.

(6) Die nach den Absätzen 1 bis 5 erforderliche Sachkunde muss durch Abschluss- oder Arbeitszeugnisse, gegebenenfalls in Verbindung mit Stellenbeschreibungen, durch Schulungs- oder Weiterbildungsnachweise oder in anderer geeigneter Weise nachgewiesen sein.

**§ 2 Sachkunde des Vertriebsbeauftragten.** (1) ¹Vertriebsbeauftragte im Sinne des § 87 Absatz 4 des Wertpapierhandelsgesetzes[1]) müssen die für ihre Tätigkeit erforderliche Sachkunde haben. ²Sie ist kontinuierlich zu wahren und regelmäßig auf den neuesten Stand zu bringen. ³Das Wertpapierdienstleistungsunternehmen überprüft die Sachkunde jedes Mitarbeiters mindestens einmal jährlich unter Berücksichtigung von Veränderungen der gesetzlichen Anforderungen und seines Angebots an Wertpapierdienstleistungen, Wertpapiernebendienstleistungen, Finanzinstrumenten und strukturierten Einlagen.

(2) Für die Anforderungen an die Sachkunde gilt § 1 Absatz 2, 3 und 5, jeweils auch in Bezug auf strukturierte Einlagen, entsprechend mit der Maßgabe, dass auf diejenigen Wertpapierdienstleistungen, Wertpapiernebendienstleistungen, Finanzinstrumente, strukturierten Einlagen und Geschäfte abzustellen ist, für die der Mitarbeiter Vertriebsvorgaben ausgestaltet, umsetzt oder überwacht.

(3) Die Sachkunde umfasst darüber hinaus insbesondere die Kenntnis der gesetzlichen Anforderungen an Vertriebsvorgaben sowie deren Ausgestaltung, Umsetzung und Überwachung.

(4) Die nach den Absätzen 1 bis 3 erforderliche Sachkunde muss durch Abschluss- oder Arbeitszeugnisse, gegebenenfalls in Verbindung mit Stellenbeschreibungen, durch Schulungs- oder Weiterbildungsnachweise oder in anderer geeigneter Weise nachgewiesen sein.

**§ 3 Sachkunde des Compliance-Beauftragten.** (1) ¹Der Compliance-Beauftragte im Sinne des § 87 Absatz 5 des Wertpapierhandelsgesetzes[1]) muss die für seine Tätigkeit erforderliche Sachkunde haben. ²Die Sachkunde umfasst insbesondere Kenntnisse in folgenden Sachgebieten und ihre praktische Anwendung:

1. rechtliche Kenntnisse:
   a) Kenntnisse der Rechtsvorschriften, die vom Wertpapierdienstleistungsunternehmen bei der Erbringung von Wertpapierdienstleistungen und Wertpapiernebendienstleistungen einzuhalten sind,
   b) Kenntnisse der Verwaltungsvorschriften, die von der Bundesanstalt zur Konkretisierung des Wertpapierhandelsgesetzes erlassen worden sind,
   c) Kenntnisse der Anforderungen an Ausgestaltung angemessener Prozesse von Wertpapierdienstleistungsunternehmen zur Verhinderung und zur Aufdeckung von Verstößen gegen aufsichtsrechtliche Bestimmungen,
   d) Kenntnisse der Aufgaben und Verantwortlichkeiten und Befugnisse der Compliance-Funktion und des Compliance-Beauftragten,

---

[1]) Nr. 12.

e) soweit Mitarbeiter des Wertpapierdienstleistungsunternehmens aufgrund ihrer Tätigkeit Kenntnis von Insiderinformationen im Sinne des Artikels 7 der Verordnung (EU) Nr. 596/2014[1]) des Europäischen Parlaments und des Rates vom 16. April 2014 über Marktmissbrauch (Marktmissbrauchsverordnung) und zur Aufhebung der Richtlinie 2003/6/EG des Europäischen Parlaments und des Rates und der Richtlinien 2003/124/EG, 2003/125/EG und 2004/72/EG der Kommission (ABl. L 173 vom 12.6.2014, S. 1) in der jeweils geltenden Fassung erlangen können, Kenntnisse der Handelsüberwachung und der Vorschriften des Abschnitts 3 des Wertpapierhandelsgesetzes und

f) soweit von dem Wertpapierdienstleistungsunternehmen Wertpapierdienstleistungen mit Auslandsbezug erbracht werden, Kenntnisse der hierbei zu beachtenden besonderen rechtlichen Anforderungen;

2. fachliche Kenntnisse:

a) Kenntnisse der Grundzüge der Organisation und Zuständigkeiten der Bundesanstalt,

b) Kenntnisse sämtlicher Arten von Wertpapierdienstleistungen und Wertpapiernebendienstleistungen, die durch das Wertpapierdienstleistungsunternehmen erbracht werden, sowie der von ihnen ausgehenden Risiken,

c) Kenntnisse der Funktionsweisen und Risiken der Arten von Finanzinstrumenten, in denen das Wertpapierdienstleistungsunternehmen Wertpapierdienstleistungen oder Wertpapiernebendienstleistungen erbringt,

d) Erkennen möglicher Interessenkonflikte und ihrer Ursachen und

e) Kenntnisse verschiedener Ausgestaltungsmöglichkeiten von Vertriebsvorgaben sowie der Aufbau- und Ablauforganisation des Wertpapierdienstleistungsunternehmens und von Wertpapierdienstleistungsunternehmen im Allgemeinen.

(2) Die nach Absatz 1 erforderliche Sachkunde muss durch Abschluss- oder Arbeitszeugnisse, gegebenenfalls in Verbindung mit Stellenbeschreibungen, durch Schulungs- oder Weiterbildungsnachweise oder in anderer geeigneter Weise nachgewiesen sein.

**§ 4 Berufsqualifikationen als Sachkundenachweis.** Die erforderliche Sachkunde gilt insbesondere durch die folgenden Berufsqualifikationen und deren Vorläufer- oder Nachfolgeberufe als nachgewiesen:

1. Sachkunde im Sinne des § 1 Absatz 2, auch in Verbindung mit § 1 Absatz 7, des § 1a Absatz 2, § 1b Absatz 2 und § 2 Absatz 2:
Abschlusszeugnis eines wirtschaftswissenschaftlichen Studiengangs der Fachrichtung Banken, Finanzdienstleistungen oder Kapitalmarkt (Hochschul- oder Fachhochschulabschluss oder gleichwertiger Abschluss), wenn darüber hinaus eine fachspezifische Berufspraxis nachgewiesen werden kann, die gewährleistet, dass der Mitarbeiter den an die Sachkunde zu stellenden Anforderungen genügt;

2. für die Sachkunde im Sinne des § 1 Absatz 2, auch in Verbindung mit § 1 Absatz 7, § 1b Absatz 2 und § 2 Absatz 2 über Nummer 1 hinaus:

---

[1]) Nr. 11.

a) Abschlusszeugnis als Bank- oder Sparkassenbetriebswirt oder -wirtin einer Bank- oder Sparkassenakademie oder

b) Abschlusszeugnis als Sparkassenfachwirt oder -wirtin (Sparkassenakademie) oder Bankfachwirt oder -wirtin (Sparkassenakademie),

c) Abschlusszeugnis als Geprüfter Bankfachwirt oder Geprüfte Bankfachwirtin, Fachwirt oder -wirtin für Finanzberatung (IHK), Investment-Fachwirt oder -wirtin (IHK), Fachberater oder -beraterin für Finanzdienstleistungen (IHK) oder als Geprüfter Fachwirt oder Geprüfte Fachwirtin für Versicherungen und Finanzen sowie

d) Abschlusszeugnis als Bank- oder Sparkassenkaufmann oder -frau, Investmentfondskaufmann oder -frau oder als Kaufmann oder -frau für Versicherungen und Finanzen Fachrichtung Finanzdienstleistungen,

soweit bei diesen Ausbildungen die in § 1 Absatz 2, auch in Verbindung mit § 1 Absatz 7, genannten Kenntnisse vermittelt werden;

3. über Nummer 1 hinaus für die Sachkunde im Sinne des § 1a Absatz 2 die Abschlusszeugnisse nach Nummer 2 Buchstabe a bis d, soweit bei diesen Ausbildungen die in § 1a Absatz 2 genannten Kenntnisse vermittelt werden;

4. Sachkunde im Sinne des § 3 Absatz 1 Satz 2:

a) Abschlusszeugnis eines Studiums der Rechtswissenschaft, wenn darüber hinaus eine fachspezifische Berufspraxis nachgewiesen werden kann, die gewährleistet, dass der Mitarbeiter den an die Sachkunde zu stellenden Anforderungen genügt,

b) Abschlusszeugnis gemäß Nummer 1, wenn darüber hinaus eine fachspezifische Berufspraxis nachgewiesen werden kann, die gewährleistet, dass der Mitarbeiter den an die Sachkunde zu stellenden Anforderungen genügt, oder

c) Abschlusszeugnis gemäß Nummer 2 Buchstabe a.

## § 5 Anerkennung ausländischer Berufsbefähigungsnachweise im Rahmen der Niederlassungsfreiheit.

(1) Als Nachweis der erforderlichen Sachkunde nach den § 1 Absatz 2, auch in Verbindung mit § 1 Absatz 7, § 1a Absatz 2, § 1b Absatz 2, § 2 Absatz 2 oder § 3 Absatz 1 Satz 2 werden auch Befähigungs- und Ausbildungsnachweise anerkannt, die

1. von einer zuständigen Stelle eines anderen Mitgliedstaats der Europäischen Union oder eines anderen Vertragsstaats des Abkommens über den Europäischen Wirtschaftsraum ausgestellt oder anerkannt worden sind und

2. in dem Staat, in dem sie ausgestellt wurden, erforderlich sind, um als Mitarbeiter einer Wertpapierfirma im Sinne des Artikels 4 Absatz 1 Nummer 1 der Richtlinie 2014/65/EU[1)] des Europäischen Parlaments und des Rates vom 15. Mai 2014 über Märkte für Finanzinstrumente sowie zur Änderung der Richtlinien 2002/92/EG und 2011/61/EU (ABl. L 173 vom 12.6.2014, S. 349; L 74 vom 18.3.2015, S. 38; L 188 vom 13.7.2016, S. 28; L 273 vom 8.10.2016, S. 35; L 64 vom 10.3.2017, S. 116), die zuletzt durch die Richtlinie (EU) 2016/1034 (ABl. L 175 vom 30.6.2016, S. 8) geändert worden ist, mit einer vergleichbaren Tätigkeit betraut zu werden.

---

[1)] Nr. 1.

(2) Ist die Ausübung der Tätigkeit in dem anderen Mitglied- oder Vertragsstaat nicht durch Rechts- oder Verwaltungsvorschrift an eine bestimmte Berufsqualifikation gebunden, kann die Sachkunde durch jedes andere geeignete Dokument, insbesondere Abschluss- oder Arbeitszeugnisse, gegebenenfalls in Verbindung mit Stellenbeschreibungen, nachgewiesen werden.

**§ 6 Zuverlässigkeit.** Die erforderliche Zuverlässigkeit nach § 87 Absatz 1 Satz 1, Absatz 2, 3, 4 Satz 1, jeweils auch in Verbindung mit § 96, oder § 87 Absatz 5 Satz 1 des Wertpapierhandelsgesetzes[1)] hat in der Regel nicht, wer in den letzten fünf Jahren vor Beginn der Tätigkeit wegen eines Verbrechens oder wegen Diebstahls, Unterschlagung, Erpressung, Betruges, Untreue, Geldwäsche, Urkundenfälschung, Hehlerei, Wuchers, einer Insolvenzstraftat, einer Steuerhinterziehung oder aufgrund des § 119 des Wertpapierhandelsgesetzes oder des § 38 des Wertpapierhandelsgesetzes in der bis zum 2. Januar 2018 geltenden Fassung rechtskräftig verurteilt worden ist.

### Abschnitt 2. Anzeigen

**§ 7 Einreichung der Anzeigen.** [1]Die Anzeigen nach § 87 Absatz 1 Satz 2 bis 4, Absatz 4 Satz 2 und 3 sowie Absatz 5 Satz 2 und 3 des Wertpapierhandelsgesetzes[1)] sind im Wege der elektronischen Übermittlung unter Verwendung des von der Bundesanstalt bereitgestellten elektronischen Anzeigeverfahrens einzureichen. [2]Bei der elektronischen Übermittlung sind dem jeweiligen Stand der Technik entsprechende Verfahren einzusetzen, die die Authentizität, Vertraulichkeit und Integrität der Daten gewährleisten. [3]Im Falle der Nutzung allgemein zugänglicher Netze sind Verschlüsselungsverfahren anzuwenden. [4]Vor der erstmaligen Verwendung des elektronischen Anzeigeverfahrens ist eine Anmeldung bei der Bundesanstalt erforderlich. [5]Die Anmeldung hat über die Internetseite der Bundesanstalt zu erfolgen. [6]Die Bundesanstalt teilt unverzüglich nach Eingang der Anmeldung die zur Verwendung des elektronischen Anzeigeverfahrens erforderliche Zugangskennung zu. [7]Unmittelbar nach jeder erfolgreichen Übermittlung einer Anzeige erhält das Unternehmen eine Bestätigung über deren Eingang bei der Bundesanstalt.

**§ 8 Inhalt der Anzeigen.** (1) Die Erstanzeigen nach § 87 Absatz 1 Satz 2, Absatz 4 Satz 2 und Absatz 5 Satz 2 des Wertpapierhandelsgesetzes[1)] müssen enthalten:

1. die Bezeichnung der Vorschrift des § 87 des Wertpapierhandelsgesetzes, auf deren Grundlage die Anzeige erfolgt, und die Tätigkeiten im Sinne dieser Vorschrift, mit denen der Mitarbeiter betraut werden soll,
2. den Familiennamen, den Geburtsnamen, den Vornamen, den Tag und den Ort der Geburt des Mitarbeiters und
3. den Tag des Beginns der anzeigepflichtigen Tätigkeit für das Wertpapierdienstleistungsunternehmen.

(2) Eine Anzeige nach § 87 Absatz 1 des Wertpapierhandelsgesetzes muss, sofern das Wertpapierdienstleistungsunternehmen Vertriebsbeauftragte im Sinne des § 87 Absatz 4 des Wertpapierhandelsgesetzes hat, den aufgrund der

---

[1)] Nr. 12.

Organisationsstruktur des Wertpapierdienstleistungsunternehmens für den angezeigten Mitarbeiter zuständigen Vertriebsbeauftragten enthalten.

(3) ¹Jede Änderung der angezeigten Angaben ist als Änderungsanzeige nach § 87 Absatz 1 Satz 3, Absatz 4 Satz 3 oder Absatz 5 Satz 3 des Wertpapierhandelsgesetzes innerhalb eines Monats, nachdem die Änderung eingetreten ist, in dem in § 7 vorgegebenen Verfahren einzureichen. ²Wird der Mitarbeiter von dem Wertpapierdienstleistungsunternehmen nicht mehr mit der angezeigten Tätigkeit betraut, ist der Tag der Beendigung der angezeigten Tätigkeit anzuzeigen.

(4) ¹Die Anzeige einer Beschwerde nach § 87 Absatz 1 Satz 4 des Wertpapierhandelsgesetzes muss

1. das Datum, an dem die Beschwerde gegenüber dem Wertpapierdienstleistungsunternehmen erhoben worden ist,
2. den Namen des Mitarbeiters, aufgrund dessen Tätigkeit die Beschwerde erhoben worden ist, und die dem Wertpapierdienstleistungsunternehmen mitgeteilte eindeutige alphanumerische Kennnummer dieses Mitarbeiters nach § 9 Absatz 2 Nummer 1 sowie,
3. sofern das Wertpapierdienstleistungsunternehmen mehrere Zweigstellen, Zweigniederlassungen oder sonstige Organisationseinheiten hat, die Bezeichnung und Anschrift (Straße, Hausnummer, Postleitzahl, Ort, Sitzstaat) der Zweigstelle, Zweigniederlassung oder sonstigen Organisationseinheit, der der Mitarbeiter zugeordnet ist oder für welche er überwiegend oder in der Regel seine Tätigkeit ausübt,

enthalten. ²Die Anzeige ist spätestens innerhalb von sechs Wochen, nachdem die Beschwerde gegenüber dem Wertpapierdienstleistungsunternehmen erhoben worden ist, bei der Bundesanstalt einzureichen. ³Mehrere Beschwerden können in chronologischer Reihenfolge zu einer Anzeige zusammengefasst werden.

## Abschnitt 3. Datenbank

**§ 9 Inhalt der Datenbank.** (1) Die Angaben aus den Anzeigen nach § 8 werden automatisiert in der Datenbank nach § 87 Absatz 7 des Wertpapierhandelsgesetzes[1]) gespeichert.

(2) In der Datenbank werden außerdem folgende Angaben gespeichert:

1. eine eindeutige, von der Bundesanstalt vergebene alphanumerische Kennnummer für jeden angezeigten Mitarbeiter, die dem Wertpapierdienstleistungsunternehmen nach Erstattung der Erstanzeige mitgeteilt wird,
2. die Firma, die Rechtsform und der Sitz (Straße, Hausnummer, Postleitzahl, Ort, Sitzstaat) des anzeigenden Wertpapierdienstleistungsunternehmens,
3. der Zeitpunkt, zu dem die Anzeige über den Beginn der angezeigten Tätigkeit bei der Bundesanstalt eingegangen ist,
4. der Zeitpunkt, zu dem die Anzeige über die Beendigung der angezeigten Tätigkeit bei der Bundesanstalt eingegangen ist,
5. der Zeitpunkt, zu dem Angaben über den Beginn oder das Ende der angezeigten Tätigkeit abgeändert oder berichtigt worden sind,

---

[1]) Nr. 12.

6. der angezeigte Tag des Beginns oder der Beendigung der angezeigten Tätigkeit auch dann, wenn diese Daten nachträglich abgeändert oder berichtigt worden sind,

7. Anordnungen nach § 87 Absatz 6 des Wertpapierhandelsgesetzes, die gegenüber einem Mitarbeiter im Sinne des § 87 Absatz 1, 4 oder 5 des Wertpapierhandelsgesetzes oder auf Grund eines solchen Mitarbeiters gegen das Wertpapierdienstleistungsunternehmen ergangen sind, und,

8. sofern der Mitarbeiter in den letzten fünf Jahren bereits für das gleiche oder ein anderes Wertpapierdienstleistungsunternehmen tätig war,

   a) der Tag des Beginns und der Beendigung der seinerzeit angezeigten Tätigkeit auch dann, wenn diese Daten nachträglich abgeändert oder berichtigt worden sind,

   b) das Wertpapierdienstleistungsunternehmen, das die Tätigkeit seinerzeit angezeigt hat, und

   c) die nach § 8 Absatz 4 angezeigten Beschwerden, die diese frühere Tätigkeit betrafen.

**§ 10 Verantwortlichkeit.** [1] Das Wertpapierdienstleistungsunternehmen trägt die Verantwortung für die Vollständigkeit, die Richtigkeit und die Aktualität der von ihm angezeigten und automatisiert in die Datenbank eingestellten Angaben. [2] Erforderliche Berichtigungen sind unter Verwendung des elektronischen Anzeigeverfahrens vorzunehmen.

**§ 11 Dauer der Speicherung.** [1] Eintragungen nach § 8 Absatz 4 und § 9 Absatz 2 Nummer 7 sind fünf Jahre nach Ablauf des Jahres, in dem die Beschwerde gegenüber der Bundesanstalt angezeigt worden ist, oder fünf Jahre nach dem Tag, an dem die Anordnung erlassen worden ist, durch die Bundesanstalt aus der Datenbank zu löschen. [2] Alle übrigen Eintragungen sind fünf Jahre nach Ablauf des Jahres, in dem die Beendigung der Tätigkeit für das anzeigende Wertpapierdienstleistungsunternehmen angezeigt worden ist, durch die Bundesanstalt aus der Datenbank zu löschen.

## Abschnitt 4. Schlussvorschriften

**§ 12 Übergangsregelung.** [1] Für Personen, die am 3. Januar 2018 als Mitarbeiter in der Anlageberatung, als Vertriebsmitarbeiter, als Mitarbeiter in der Finanzportfolioverwaltung, als Vertriebsbeauftragter oder als Compliance-Beauftragter eines Wertpapierdienstleistungsunternehmens tätig sind, wird im Zeitraum vom 3. Januar 2018 bis längstens zum 3. Juli 2018 vermutet, dass sie jeweils die notwendige Sachkunde im Sinne der §§ 1, 1a, 1b, 2 und 3 haben. [2] Für Mitarbeiter in der Anlageberatung, für Vertriebsbeauftragte und für Compliance-Beauftragte gilt Satz 1 nur, wenn für sie vor dem 3. Januar 2018 Anzeigen nach § 8 Absatz 1 und 3 Satz 2 und § 10 Satz 2 eingereicht worden sind, wonach sie zumindest am 3. Januar 2018 mit der jeweils angezeigten Tätigkeit betraut sind.

**§ 13 Inkrafttreten.** Diese Verordnung tritt am 1. November 2012 in Kraft.

## 12h. Verordnung zur Konkretisierung der Mitteilungs- und Veröffentlichungspflichten für Netto-Leerverkaufspositionen (Netto-Leerverkaufspositionsverordnung – NLPosV)

Vom 17. Dezember 2012
(BGBl. I S. 2699)
**FNA 4110-4-18**
zuletzt geänd. durch Art. 24 Abs. 11 Zweites Finanzmarktnovellierungsgesetz v. 23.6.2017 (BGBl. I S. 1693)

Auf Grund des § 30h Absatz 4 Satz 1 Nummer 1 und Nummer 1a des Wertpapierhandelsgesetzes[1], der durch Artikel 1 des Gesetzes vom 6. November 2012 (BGBl. I S. 2286) eingefügt worden ist, und in Verbindung mit § 1 Nummer 1 der Verordnung zur Übertragung von Befugnissen zum Erlass von Rechtsverordnungen auf die Bundesanstalt für Finanzdienstleistungsaufsicht, die zuletzt durch Artikel 1 der Verordnung vom 20. November 2012 (BGBl. I S. 2343) geändert worden ist, verordnet die Bundesanstalt für Finanzdienstleistungsaufsicht:

### Abschnitt 1. Anwendungsbereich

**§ 1 Anwendungsbereich.** Diese Verordnung ist anzuwenden auf die Mitteilungen und Veröffentlichungen von Netto-Leerverkaufspositionen nach den Artikeln 5 bis 9 der Verordnung (EU) Nr. 236/2012 des Europäischen Parlaments und des Rates vom 14. März 2012 über Leerverkäufe und bestimmte Aspekte von Credit Default Swaps (ABl. L 86 vom 24.3.2012, S. 1) in der jeweils geltenden Fassung.

### Abschnitt 2. Form und Inhalt der Mitteilungen

**§ 2 Allgemeine Bestimmungen zur Mitteilungspflicht.** Der Inhaber einer Netto-Leerverkaufsposition, für die er nach Artikel 5 Absatz 1, Artikel 7 Absatz 1 und Artikel 8 der Verordnung (EU) Nr. 236/2012 mitteilungspflichtig ist (Positionsinhaber), hat seine Mitteilungen elektronisch nach Maßgabe der §§ 5 und 6 in Verbindung mit den §§ 3 und 4 an die Bundesanstalt für Finanzdienstleistungsaufsicht (Bundesanstalt) zu übermitteln.

**§ 3 Angaben zur Person des Positionsinhabers.** (1) [1]Der Positionsinhaber hat der Bundesanstalt spätestens bei Abgabe der ersten Mitteilung die nach Absatz 2 oder Absatz 3 erforderlichen Angaben zu seiner Person zu übermitteln. [2]Die Übermittlung hat nach Maßgabe des § 6 Absatz 1 Satz 2 Nummer 3 und 4 zu erfolgen.

(2) [1]Ist der Positionsinhaber eine natürliche Person, sind mitzuteilen:

1. der Vor- und Nachname entsprechend Anhang I Tabelle 1 Nummer 1 der Delegierten Verordnung (EU) Nr. 826/2012 der Kommission vom 29. Juni

---

[1] Nr. 12.

2012 zur Ergänzung der Verordnung (EU) Nr. 236/2012 des Europäischen Parlaments und des Rates im Hinblick auf technische Regulierungsstandards für die Melde- und Offenlegungspflichten in Bezug auf Netto-Leerverkaufspositionen, die Einzelheiten der in Bezug auf Netto-Leerverkaufspositionen an die Europäische Wertpapier- und Marktaufsichtsbehörde zu übermittelnden Informationen und die Methode zur Berechnung des Umsatzes zwecks Ermittlung der unter die Ausnahmeregelung fallenden Aktien (ABl. L 251 vom 18.9.2012, S. 1) in der jeweils geltenden Fassung,

2. die Anschrift des Hauptwohnsitzes nach Anhang I Tabelle 1 Nummer 3 der Delegierten Verordnung (EU) Nr. 826/2012,
3. der Geburtsname,
4. das Geburtsdatum,
5. der Geburtsort,
6. der Geburtsstaat und
7. die Kontaktdaten des Positionsinhabers nach Anhang I Tabelle 1 Nummer 4 der Delegierten Verordnung (EU) Nr. 826/2012.

²Zur Überprüfung der Identität des Positionsinhabers ist die Kopie eines gültigen amtlichen Ausweises beizufügen, der ein Lichtbild enthält und mit dem er seine Pass- und Ausweispflicht im Inland erfüllt; dazu zählen insbesondere ein inländischer oder nach ausländerrechtlichen Bestimmungen anerkannter oder zugelassener Pass, Personalausweis oder Pass- oder Ausweisersatz.

(3) ¹Ist der Positionsinhaber eine juristische Person, sind mitzuteilen:
1. der Firmenname oder die sonstige Bezeichnung des Rechtsträgers gemäß Anhang I Tabelle 1 Nummer 1 der Delegierten Verordnung (EU) Nr. 826/2012,
2. der Bank Identifier Code nach Anhang I Tabelle 1 Nummer 2 der Delegierten Verordnung (EU) Nr. 826/2012, falls vorhanden,
3. die Anschrift des Hauptsitzes nach Anhang I Tabelle 1 Nummer 3 der Delegierten Verordnung (EU) Nr. 826/2012,
4. der Sitzstaat,
5. die Kontaktdaten des Positionsinhabers nach Anhang I Tabelle 1 Nummer 4 der Delegierten Verordnung (EU) Nr. 826/2012 und
6. die achtstellige BaFin-Identifikationsnummer (BaFin-ID), sofern die Bundesanstalt diese Nummer bereits zugeteilt hat und kein Bank Identifier Code nach Nummer 2 angeben werden kann.

²Zur Überprüfung der Identität ist die Kopie eines Auszugs aus dem Handels- oder Genossenschaftsregister oder einem vergleichbaren amtlichen Register oder Verzeichnis beizufügen, soweit derartige Dokumente ausgestellt werden können.

(4) Jede Änderung der Angaben nach Absatz 2 Satz 1 Nummer 1, 2 und 7 sowie Absatz 3 Satz 1 Nummer 1 bis 3 ist der Bundesanstalt spätestens im Anschluss an die nächste Mitteilung schriftlich mitzuteilen.

**§ 4 Benennung einer Kontaktperson.** (1) ¹Der Positionsinhaber hat eine natürliche Person zu benennen, die für ihn die Mitteilungen abgibt und für Rückfragen zur Verfügung steht (Kontaktperson). ²Ist der Positionsinhaber eine natürliche Person, kann er selbst Kontaktperson sein. ³Der Positionsinhaber kann auch mehrere Kontaktpersonen benennen. ⁴Die Benennung muss spätestens bei Abgabe der ersten Mitteilung erfolgen.

(2) ¹Die Benennung der Kontaktperson muss durch eine vom Positionsinhaber unterschriebene Vollmachtsurkunde nachgewiesen werden. ²Die Vollmachtsurkunde ist per Telefax oder auf dem Postweg an die Bundesanstalt zu übersenden. ³Wird die Vollmacht widerrufen oder erlischt sie, hat der Positionsinhaber dies der Bundesanstalt unverzüglich schriftlich mitzuteilen.

(3) ¹Die Kontaktperson hat der Bundesanstalt spätestens bei Abgabe der ersten Mitteilung die folgenden Angaben zu ihrer Person zu übermitteln:

1. den Vor- und Nachnamen nach Anhang I Tabelle 1 Nummer 1 der Delegierten Verordnung (EU) Nr. 826/2012,
2. ihre Geschäftsanschrift nach Anhang I Tabelle 1 Nummer 6 der Delegierten Verordnung (EU) Nr. 826/2012,
3. das Geburtsdatum,
4. den Geburtsort,
5. den Geburtsstaat und
6. die Kontaktdaten nach Anhang I Tabelle 1 Nummer 7 der Delegierten Verordnung (EU) Nr. 826/2012.

²Die Übermittlung hat nach Maßgabe des § 6 Absatz 1 Satz 2 Nummer 1 und 3 zu erfolgen.

(4) Jede Änderung der Angaben nach Absatz 3 ist der Bundesanstalt mit der nächsten Mitteilung unverzüglich unter Nutzung des elektronischen Meldeverfahrens mitzuteilen.

## Abschnitt 3. Übermittlung der Mitteilungen

**§ 5 Art und Weise der Übermittlung.** (1) ¹Die nach Abschnitt 2 erforderlichen Angaben sind der Bundesanstalt über deren elektronische Meldeplattform zu übermitteln. ²Dabei ist eines der dort zur Verfügung gestellten Verfahren zu nutzen. ³Für die Übermittlung sind die Formulare der Anhänge II und III der Delegierten Verordnung (EU) Nr. 826/2012 zu verwenden.

(2) ¹Bei technischen Problemen hat die Mitteilung fristwahrend per Fax zu erfolgen. ²Die elektronische Mitteilung ist unverzüglich nachzuholen, sobald die Probleme behoben sind.

**§ 6 Zulassung zur Teilnahme am elektronischen Meldeverfahren.**

(1) ¹Spätestens bei Abgabe der ersten Mitteilung nach Artikel 5 Absatz 1, Artikel 7 Absatz 1 und Artikel 8 der Verordnung (EU) Nr. 236/2012 hat die Kontaktperson die Zulassung zur Teilnahme am elektronischen Meldeverfahren „Netto-Leerverkaufspositionen" (Meldeverfahren) zu beantragen. ²Für die Zulassung sind folgende Schritte erforderlich:

1. Registrierung über die Internetseite der Bundesanstalt für die Nutzung der Meldeplattform; dabei sind die Angaben nach § 4 Absatz 3 Satz 1 Nummer 1 und die E-Mail-Adresse nach § 4 Absatz 3 Satz 1 Nummer 6 in das Registrierungsformular einzutragen und elektronisch abzusenden;
2. Erhalt einer individuellen Kennung und eines individuellen Passworts; Kennung und Passwort sind für alle folgenden Mitteilungen zu verwenden und dürfen nicht weitergegeben werden;
3. Anmeldung zum Meldeverfahren über die elektronische Meldeplattform der Bundesanstalt; dabei sind die Angaben nach § 3 Absatz 2 Satz 1 oder Absatz 3

Satz 1 und, soweit erforderlich, nach § 4 Absatz 3 Satz 1 in das dortige Formular einzutragen und elektronisch abzusenden;

4. Ausdrucken und Unterzeichnen des Formulars und unverzügliches Absenden an die Bundesanstalt per Telefax oder auf dem Postweg; folgende Unterlagen sind mitzusenden:
   a) eine Kopie des amtlichen Ausweises (§ 3 Absatz 2 Satz 2),
   b) eine Kopie eines Auszugs aus dem Handels- oder Genossenschaftsregister oder aus einem vergleichbaren amtlichen Register oder Verzeichnis (§ 3 Absatz 3 Satz 2) und
   c) die Vollmachtsurkunde (§ 4 Absatz 2 Satz 2), sofern erforderlich.

(2) [1] Sobald die Anmeldung zur Teilnahme am Meldeverfahren elektronisch abgesendet worden ist, kann das Meldeverfahren vorläufig genutzt werden. [2] Nach Prüfung der Unterlagen teilt die Bundesanstalt dem Positionsinhaber und seiner Kontaktperson mit, ob sie zur weiteren Nutzung des Meldeverfahrens zugelassen wurden.

(3) Werden der Positionsinhaber und seine Kontaktperson zum Meldeverfahren zugelassen, übermittelt ihnen die Bundesanstalt die BaFin-ID, die sie für alle künftigen Meldungen zu verwenden haben.

(4) Erfolgt keine Zulassung, wird der Zugang gelöscht und die Kontaktperson sowie der Positionsinhaber erhalten eine entsprechende Mitteilung.

(5) Gibt eine meldende Person im Sinne des § 11 Absatz 1 die Mitteilung ab, werden die Informationen nach den Sätzen 2 und 3 dem Positionsinhaber und der Kontaktperson dieser meldenden Person übermittelt.

**§ 7 Dauer der Speicherung.** [1] Wird der Bundesanstalt eine Veränderung einer zuvor mitgeteilten Netto-Leerverkaufsposition übermittelt, hat sie die vorhergehende Mitteilung über den Ablauf des Jahres, in dem diese Veränderung übermittelt worden ist, hinaus fünf Jahre lang zu speichern. [2] Nach Ablauf dieser Zeit hat die Bundesanstalt diese Daten aus ihrer Datenbank zu löschen.

## Abschnitt 4. Veröffentlichung im Bundesanzeiger

**§ 8 Allgemeine Bestimmungen zur Veröffentlichungspflicht; Auftragsnummer der Veröffentlichung.** (1) Der Inhaber einer nach Artikel 6 Absatz 1 der Verordnung (EU) Nr. 236/2012 zu veröffentlichenden Netto-Leerverkaufsposition ist verpflichtet, die Veröffentlichung dieser Position im Bundesanzeiger nach Maßgabe dieses Abschnitts vorzunehmen.

(2) Für die Veröffentlichung hat der Inhaber nach Absatz 1 die ausgefüllten für Netto-Leerverkaufspositionen in Aktien geltenden Formulare der Anhänge II und III der Delegierten Verordnung (EU) Nr. 826/2012[1)] dem Betreiber des Bundesanzeigers nach Maßgabe des § 10 zu übermitteln.

(3) Für jede Veröffentlichung vergibt der Betreiber des Bundesanzeigers eine Auftragsnummer und übermittelt diese der Kontaktperson.

**§ 9 Identifikation des Positionsinhabers und seiner Kontaktperson beim Betreiber des Bundesanzeigers.** (1) [1] Der Positionsinhaber muss sich gegenüber dem Betreiber des Bundesanzeigers spätestens bis zur Vornahme der ersten

---

[1)] Nr. 12h.

Veröffentlichung identifizieren. ²§ 3 sowie § 4 Absatz 1, 2, 3 Satz 1 und Absatz 4 sind entsprechend anzuwenden. ³Bei der Identifizierung muss der Positionsinhaber eine Kontaktperson nennen; die Benennung mehrerer Kontaktpersonen ist nicht zulässig.

(2) ¹Die Identifikation nach Absatz 1 erfolgt über das vom Betreiber des Bundesanzeigers auf dessen elektronischer Serviceplattform zur Verfügung gestellte Verfahren. ²Der Positionsinhaber kann sich nur während der beim Betreiber des Bundesanzeigers üblichen Geschäftszeiten identifizieren.

(3) Beim Betreiber des Bundesanzeigers bereits bestehende Benutzerkonten mit den dazugehörigen Passwörtern und Benutzernamen können für die Identifikation nach Absatz 1 verwendet werden.

**§ 10 Übermittlung der Daten.** (1) ¹Für die Übermittlung der Daten stellt der Betreiber des Bundesanzeigers auf dessen elektronischer Serviceplattform ein Verfahren zur Verfügung, mit dem die Angaben nach § 9 Absatz 1 und 3 sowie die Daten nach Artikel 3 in Verbindung mit dem Anhang I Tabelle 2 der Delegierten Verordnung (EU) Nr. 826/2012 zu übermitteln sind. ²Felder, die wegen der Art oder Struktur der zu veröffentlichenden Position nicht benötigt werden, bleiben leer.

(2) ¹Die Daten können auch im XML-Format übermittelt werden. ²Der Betreiber des Bundesanzeigers gibt dafür ein Schema vor.

## Abschnitt 5. Mitteilung und Veröffentlichung durch Dritte

**§ 11 Mitteilung und Veröffentlichung durch Dritte.** (1) Der Positionsinhaber kann seine Mitteilungen und Veröffentlichungen auf eigene Kosten auch durch einen externen Dritten (meldende Person) vornehmen lassen, wenn die meldende Person geeignet im Sinne des § 12 ist.

(2) ¹Die meldende Person hat der Bundesanstalt und dem Betreiber des Bundesanzeigers die zu ihrer Identifikation notwendigen Daten zu übermitteln und ihrerseits eine natürliche Person als Kontaktperson zu benennen. ²Die §§ 3, 4 und 9 gelten entsprechend.

(3) Bei Änderung der Angaben nach § 3 Absatz 2 Satz 1 Nummer 1, 2 und 7 sowie nach Absatz 3 Satz 1 Nummer 1 bis 3 ist ausschließlich das elektronische Meldeverfahren zu nutzen.

(4) ¹Die meldende Person hat der Bundesanstalt oder dem Betreiber des Bundesanzeigers zudem die Angaben zum Positionsinhaber nach § 3 Absatz 2 oder 3 und ein von diesem ausgestelltes Bestätigungsschreiben entsprechend § 4 Absatz 2 Satz 1 zu übermitteln. ²Aus dem Bestätigungsschreiben muss hervorgehen, dass der Positionsinhaber ermächtigt ist, Mitteilungen abzugeben oder Veröffentlichungen zu veranlassen.

(5) Die Benennung mehrerer Kontaktpersonen durch die meldende Person ist nur für die Mitteilungen gegenüber der Bundesanstalt zulässig.

**§ 12 Eignung des Dritten.** (1) Geeignet ist eine meldende Person, wenn sie die Einhaltung der Mitteilungs- und Veröffentlichungspflichten für Netto-Leerverkaufspositionen nach der Verordnung (EU) Nr. 236/2012 und den diese ausgestaltenden Rechtsakten dauerhaft gewährleistet.

(2) ¹Die Bundesanstalt kann die mangelnde Eignung einer meldenden Person feststellen, die insbesondere bei wiederholt fehlerhaften oder verspäteten Mitteilungen oder Veröffentlichungen anzunehmen ist. ²In diesem Fall hat die Bundesanstalt die Zulassung der meldenden Person zur elektronischen Mitteilung zu widerrufen. ³Zuvor ist der meldenden Person unter angemessener Fristsetzung Gelegenheit zur Abhilfe einzuräumen.

(3) Der Betreiber des Bundesanzeigers ist über die Feststellung der mangelnden Eignung und den Widerruf der Zulassung unverzüglich zu informieren.

**§ 13 Pflichterfüllung bei Einschaltung eines Dritten.** Schaltet ein Positionsinhaber eine meldende Person ein, hat er seine Pflichten erst dann ordnungsgemäß erfüllt, wenn die meldende Person die Mitteilung gegenüber der Bundesanstalt abgegeben und, soweit erforderlich, auch die Veröffentlichung im Bundesanzeiger vollständig und richtig innerhalb der in Artikel 9 Absatz 2 Satz 3 der Verordnung (EU) Nr. 236/2012 vorgeschriebenen Frist vorgenommen hat.

## Abschnitt 6. Aufsichtsbefugnisse

**§ 14 Befugnisse der Bundesanstalt gegenüber dem Betreiber des Bundesanzeigers.** (1) Im Hinblick auf die Veröffentlichungen nach Artikel 6 Absatz 1 der Verordnung (EU) Nr. 236/2012 überwacht die Bundesanstalt gegenüber dem Betreiber des Bundesanzeigers die Einhaltung von Mindestqualitätsnormen in Bezug auf

1. Datensicherheit,
2. Herkunftsgewissheit der Daten,
3. Zeitaufzeichnung und
4. schnellen Zugang der Endnutzer zu den veröffentlichten Daten.

(2) ¹Soweit es für die Überwachung nach Absatz 1 sowie für die Überwachung nach § 53 Absatz 2 Satz 2 des Wertpapierhandelsgesetzes[1] erforderlich ist, kann die Bundesanstalt von dem Betreiber des Bundesanzeigers Auskünfte, die Vorlage von Unterlagen und die Überlassung von Kopien verlangen. ²Gesetzliche Auskunfts- oder Aussageverweigerungsrechte sowie gesetzliche Verschwiegenheitspflichten bleiben unberührt.

(3) Falls der Betreiber des Bundesanzeigers dem berechtigten Verlangen der Bundesanstalt nicht nachkommt, kann diese gegenüber dem Bundesministerium der Justiz und für Verbraucherschutz, das Kontroll- und Aufsichtsbehörde des Bundesanzeigers ist, darauf hinwirken, dass der Betreiber des Bundesanzeigers seine Pflichten erfüllt und die Missstände beseitigt werden.

## Abschnitt 7. Schlussvorschrift

**§ 15 Inkrafttreten, Außerkrafttreten.** ¹Diese Verordnung tritt am Tag nach der Verkündung[2] in Kraft. ²Zugleich tritt die Netto-Leerverkaufspositionsverordnung vom 8. März 2012 (BGBl. I S. 454) außer Kraft.

---

[1] Nr. 12.
[2] Verkündet am 21.12.2012.

# 12i. Verordnung über die Prüfung und Bescheinigung der Einhaltung bestimmter Pflichten durch prüfpflichtige nichtfinanzielle Gegenparteien auf Grund der Verordnungen (EU) Nr. 648/2012 und (EU) Nr. 600/2014 (Gegenpartei-Prüfbescheinigungsverordnung – GPrüfbV)

Vom 19. März 2014

(BGBl. I S. 266)

FNA 4110-4-19

zuletzt geänd. durch Art. 7 G zur Einführung von Sondervorschriften für die Sanierung und Abwicklung von zentralen Gegenparteien und zur Anpassung des WertpapierhandelsG an die Unterrichtungs- und Nachweispflichten nach den Art. 4a und 10 der VO (EU) Nr. 648/2012 v. 19.3.2020 (BGBl. I S. 529)

### Nichtamtliche Inhaltsübersicht

| | |
|---|---|
| § 1 | Anwendungsbereich |
| § 2 | Begriffsbestimmungen |
| § 3 | Gegenstand der Prüfung |
| § 4 | Prüfpflichtiger Zeitraum |
| § 5 | Umfang der Prüfung und Schwerpunktbildung durch den Prüfer |
| § 6 | Prüfungszeitraum |
| § 7 | Unterrichtungspflichten des Prüfers bei Behinderung der Prüfung |
| § 8 | Aufzeichnungen des Prüfers und ihre Aufbewahrungsdauer |
| § 9 | Inhalt der Bescheinigung |
| § 10 | Erstmalige Anwendung |
| § 11 | Inkrafttreten |

Auf Grund des § 20 Absatz 6 des Wertpapierhandelsgesetzes[1]), der durch Artikel 2 Nummer 2 des Gesetzes vom 13. Februar 2013 (BGBl. I S. 174) neu gefasst worden ist, in Verbindung mit § 1 Nummer 1 der Verordnung zur Übertragung von Befugnissen zum Erlass von Rechtsverordnungen auf die Bundesanstalt für Finanzdienstleistungsaufsicht, der zuletzt durch Artikel 1 der Verordnung vom 12. September 2013 (BGBl. I S. 3606) geändert worden ist, und in Verbindung mit § 1 Absatz 2 des Zuständigkeitsanpassungsgesetzes vom 16. August 2002 (BGBl. I S. 3165) und dem Organisationserlass vom 17. Dezember 2013 (BGBl. I S. 4310) verordnet die Bundesanstalt für Finanzdienstleistungsaufsicht im Einvernehmen mit dem Bundesministerium der Justiz und für Verbraucherschutz:

**§ 1 Anwendungsbereich.** (1) Diese Verordnung regelt

1. den Gegenstand und den Zeitpunkt der Prüfung von prüfpflichtigen nichtfinanziellen Gegenparteien nach § 32 Absatz 1 des Wertpapierhandelsgesetzes[1]) sowie
2. die Art und den Umfang der Bescheinigung nach § 32 Absatz 3 des Wertpapierhandelsgesetzes.

(2) Prüfpflichtige nichtfinanzielle Gegenparteien sind Kapitalgesellschaften und Gesellschaften im Sinne des § 264a Absatz 1 des Handelsgesetzbuchs, die jeweils

---

[1]) Nr. 12.

1. nicht klein im Sinne des § 267 Absatz 1 des Handelsgesetzbuchs sind,
2. nicht eine finanzielle Gegenpartei im Sinne des Artikels 2 Nummer 8 der Verordnung (EU) Nr. 648/2012 des Europäischen Parlaments und des Rates vom 4. Juli 2012 über OTC-Derivate, zentrale Gegenparteien und Transaktionsregister (ABl. L 201 vom 27.7.2012, S. 1), die zuletzt durch die Verordnung (EU) 2019/834 (ABl. L 141 vom 28.5.2019, S. 42) geändert worden ist, in der jeweils geltenden Fassung, sind und
3. die Schwellen nach § 32 Absatz 1 des Wertpapierhandelsgesetzes überschritten haben.

**§ 2 Begriffsbestimmungen.** (1) Ein Fehler im Sinne dieser Verordnung ist jede einzelne Abweichung von den gesetzlichen Anforderungen.

(2) Ein Mangel im Sinne dieser Verordnung liegt vor, wenn die Vorkehrungen oder Systeme der prüfpflichtigen nichtfinanziellen Gegenpartei nach pflichtgemäßer Einschätzung des Prüfers insgesamt nicht geeignet sind, die Einhaltung der sich aus § 3 dieser Verordnung ergebenden Anforderungen sicherzustellen.

**§ 3 Gegenstand der Prüfung.** (1) [1]Wenn die prüfpflichtige nichtfinanzielle Gegenpartei im prüfpflichtigen Zeitraum clearingpflichtig war oder geworden ist, hat der Prüfer zu prüfen, ob die prüfpflichtige nichtfinanzielle Gegenpartei Vorkehrungen getroffen hat oder über Systeme verfügt, die jeweils geeignet sind, die Einhaltung der Clearingpflicht nach Artikel 4 Absatz 1, 2 und 3 Unterabsatz 2 der Verordnung (EU) Nr. 648/2012 sicherzustellen. [2]Wenn Derivatekontrakte, die von der prüfpflichtigen nichtfinanziellen Gegenpartei im prüfpflichtigen Zeitraum abgeschlossen wurden, nach Artikel 4 Absatz 2 der Verordnung (EU) Nr. 648/2012 nicht der Clearingpflicht unterliegen, hat der Prüfer zu prüfen, ob die prüfpflichtige nichtfinanzielle Gegenpartei Vorkehrungen getroffen hat oder über Systeme verfügt, die jeweils geeignet sind, die Einhaltung der Anforderungen nach Artikel 4 Absatz 2 der Verordnung (EU) Nr. 648/2012 sicherzustellen.

(2) Der Prüfer hat zu prüfen, ob die prüfpflichtige nichtfinanzielle Gegenpartei Vorkehrungen getroffen hat oder über Systeme verfügt, die jeweils geeignet sind, die Einhaltung der Meldepflichten nach Artikel 9 Absatz 1 bis 3 der Verordnung (EU) Nr. 648/2012 in Verbindung mit
1. der Durchführungsverordnung (EU) Nr. 1247/2012 der Kommission vom 19. Dezember 2012 zur Festlegung technischer Durchführungsstandards im Hinblick auf das Format und die Häufigkeit von Transaktionsmeldungen an Transaktionsregister gemäß der Verordnung (EU) Nr. 648/2012 des Europäischen Parlaments und des Rates über OTC-Derivate, zentrale Gegenparteien und Transaktionsregister (ABl. L 352 vom 21.12.2012, S. 20) sowie
2. der Delegierten Verordnung (EU) Nr. 148/2013 der Kommission vom 19. Dezember 2012 zur Ergänzung der Verordnung (EU) Nr. 648/2012 des Europäischen Parlaments und des Rates über OTC-Derivate, zentrale Gegenparteien und Transaktionsregister bezüglich technischer Regulierungsstandards für die Mindestangaben der Meldungen an Transaktionsregister (ABl. L 52 vom 23.2.2013, S. 1)

sicherzustellen.

(3) Der Prüfer hat zu prüfen, ob die prüfpflichtige nichtfinanzielle Gegenpartei Vorkehrungen getroffen hat oder über Systeme verfügt, die jeweils geeignet sind,

1. die Einhaltung der Unterrichtungspflicht gegenüber der Europäischen Wertpapiermarktaufsichtsbehörde nach Artikel 10 Absatz 1 Unterabsatz 2 Buchstabe a der Verordnung (EU) Nr. 648/2012 sicherzustellen,
2. die Einhaltung der Unterrichtungspflicht gegenüber der Bundesanstalt für Finanzdienstleistungsaufsicht (Bundesanstalt) nach Artikel 10 Absatz 1 Unterabsatz 2 Buchstabe a der Verordnung (EU) Nr. 648/2012, auch in Verbindung mit einer auf Grund des § 31 Satz 1 des Wertpapierhandelsgesetzes[1]) erlassenen Rechtsverordnung, sicherzustellen,
3. die Einhaltung der Nachweispflicht gegenüber der Bundesanstalt nach Artikel 10 Absatz 2 Unterabsatz 1 der Verordnung (EU) Nr. 648/2012, auch in Verbindung mit einer auf Grund des § 31 Satz 1 des Wertpapierhandelsgesetzes erlassenen Rechtsverordnung, sicherzustellen,
4. die individuell zu berechnenden Positionen in OTC-Derivatekontrakten nach Artikel 10 der Verordnung (EU) Nr. 648/2012 in Verbindung mit Artikel 10 der Delegierten Verordnung (EU) Nr. 149/2013 der Kommission vom 19. Dezember 2012 zur Ergänzung der Verordnung (EU) Nr. 648/2012 des Europäischen Parlaments und des Rates im Hinblick auf technische Regulierungsstandards für indirekte Clearingvereinbarungen, die Clearingpflicht, das öffentliche Register, den Zugang zu einem Handelsplatz, nichtfinanzielle Gegenparteien und Risikominderungstechniken für nicht durch eine CCP geclearte OTC-Derivatekontrakte (ABl. L 52 vom 23.2.2013, S. 11) zu bestimmen.

(4) ¹Wenn die prüfpflichtige nichtfinanzielle Gegenpartei im prüfpflichtigen Zeitraum clearingpflichtig war oder geworden ist, hat der Prüfer zu prüfen, ob geeignete Risikomanagementverfahren nach Artikel 11 Absatz 3 Satz 2 der Verordnung (EU) Nr. 648/2012 in Verbindung mit dem auf Grund des Artikels 11 Absatz 15 Unterabsatz 1 Buchstabe a und Unterabsatz 3 der Verordnung (EU) Nr. 648/2012 erlassenen technischen Regulierungsstandard vorliegen. ²Wenn die Besicherung gruppeninterner Geschäfte nicht erforderlich ist, weil entweder der Ausnahmetatbestand nach Artikel 11 Absatz 5 der Verordnung (EU) Nr. 648/2012 vorliegt oder weil ein oder mehrere Befreiungstatbestände nach Artikel 11 Absatz 6 bis 10 der Verordnung (EU) Nr. 648/2012 in Verbindung mit dem nach Artikel 11 Absatz 15 Unterabsatz 1 Buchstabe c und d sowie Unterabsatz 3 der Verordnung (EU) Nr. 648/2012 erlassenen technischen Regulierungsstandard vorliegen, hat der Prüfer zu prüfen, ob die prüfpflichtige nichtfinanzielle Gegenpartei Vorkehrungen getroffen hat oder über Systeme verfügt, die jeweils geeignet sind, die Erfüllung der Voraussetzungen der Ausnahme- und Befreiungstatbestände sowie die daraus folgenden Veröffentlichungspflichten nach Artikel 11 Absatz 11 der Verordnung (EU) Nr. 648/2012 in Verbindung mit Artikel 20 der Delegierten Verordnung (EU) Nr. 149/2013 sicherzustellen.

(5) ¹Der Prüfer hat zu prüfen, ob die prüfpflichtige nichtfinanzielle Gegenpartei Vorkehrungen getroffen hat oder über Systeme verfügt, die jeweils geeignet sind, die Erfüllung der Voraussetzungen für Risikominderungstech-

---

[1]) Nr. 12.

niken für OTC-Derivatekontrakte, die nicht durch eine zentrale Gegenpartei gecleart sind, nach Artikel 11 Absatz 1 der Verordnung (EU) Nr. 648/2012 in Verbindung mit den Artikeln 12 bis 15 der Delegierten Verordnung (EU) Nr. 149/2013 sicherzustellen. ²Wenn die prüfpflichtige nichtfinanzielle Gegenpartei nach Artikel 11 Absatz 2 der Verordnung (EU) Nr. 648/2012 in Verbindung mit den Artikeln 16 und 17 der Delegierten Verordnung (EU) Nr. 149/2013 verpflichtet ist, ausstehende Kontrakte zu Marktpreisen oder Modellpreisen zu bewerten, hat der Prüfer zu prüfen, ob sie Vorkehrungen getroffen hat oder über Systeme verfügt, die jeweils zur Preisbewertung geeignet sind.

(6) Der Prüfer hat zu prüfen, ob die prüfpflichtige nichtfinanzielle Gegenpartei Vorkehrungen getroffen hat oder über Systeme verfügt, die jeweils geeignet sind, die Erfüllung der Voraussetzungen nach Artikel 28 Absatz 1 und 2 der Verordnung (EU) Nr. 600/2014[1]) des Europäischen Parlaments und des Rates vom 15. Mai 2014 über Märkte für Finanzinstrumente und zur Änderung der Verordnung (EU) Nr. 648/2012 (ABl. L 173 vom 12.6.2014, S. 84; L 6 vom 10.1.2015, S. 6; L 270 vom 15.10.2015, S. 4; L 278 vom 27.10.2017, S. 54), die durch die Verordnung (EU) 2016/1033 geändert worden ist, sicherzustellen.

**§ 4 Prüfpflichtiger Zeitraum.** Der prüfpflichtige Zeitraum, auf den sich die Prüfung erstreckt, ist vorbehaltlich des § 10 das am Stichtag des Jahresabschlusses endende Geschäftsjahr.

**§ 5 Umfang der Prüfung und Schwerpunktbildung durch den Prüfer.**

(1) Bei seinen Feststellungen ist der Prüfer an die Auslegung der Bundesanstalt gebunden, die diese in ihren Leitlinien, Richtlinien, Rundschreiben, Bekanntmachungen, Schreiben und ihren sonstigen verbindlichen Veröffentlichungen mitteilt.

(2) Die Prüfung muss den gesamten prüfpflichtigen Zeitraum erfassen.

(3) Der Prüfer hat den Grundsätzen der risikoorientierten Prüfung und der Wesentlichkeit Rechnung zu tragen.

(4) ¹Die Prüfung muss in einem angemessenen Verhältnis zum Umfang der jeweiligen Geschäfte und Aufgaben stehen. ²Der Prüfer kann nach pflichtgemäßem Ermessen bei der Prüfung Schwerpunkte bilden und sich bei der Prüfung der Vorkehrungen und Systeme auf Funktionstests und Stichproben beschränken, es sei denn, in Einzelfällen ist eine umfassende Prüfung erforderlich. ³Die Möglichkeit der Schwerpunktbildung besteht auch hinsichtlich der Auswahl von Teilbereichen im Rahmen eines mehrjährigen Prüfungsplans.

(5) Werden Fehler festgestellt, hat der Prüfer die Prüfung auszudehnen, bis er Klarheit darüber gewonnen hat, ob es sich um Mängel handelt.

**§ 6 Prüfungszeitraum.** (1) ¹Der Prüfer bestimmt den Zeitpunkt des Prüfungsbeginns. ²Der Prüfungszeitraum beginnt mit dem Tag der ersten und endet mit dem Tag der letzten Prüfungshandlung vor Ort.

(2) Der Prüfer hat die Prüfung innerhalb von neun Monaten nach Ende des prüfpflichtigen Zeitraums abzuschließen.

---

[1]) Nr. 2.

### § 7 Unterrichtungspflichten des Prüfers bei Behinderung der Prüfung.

Der Prüfer unterrichtet die Bundesanstalt unverzüglich, wenn sich die prüfpflichtige nichtfinanzielle Gegenpartei weigert, die Prüfung vornehmen zu lassen, oder wenn sie die Durchführung der Prüfung behindert.

### § 8 Aufzeichnungen des Prüfers und ihre Aufbewahrungsdauer.

(1) Der Prüfer ist berechtigt, über die Prüfung Aufzeichnungen in Papierform oder auf Datenträgern anzufertigen.

(2) ¹Geschäftsunterlagen der prüfpflichtigen nichtfinanziellen Gegenpartei darf der Prüfer nur an sich nehmen, wenn diese dem zustimmt. ²Wenn die prüfpflichtige nichtfinanzielle Gegenpartei dem nicht zustimmt, hat sie dem Prüfer auf Anforderung Kopien von Geschäftsunterlagen, die für die Erteilung der Bescheinigung erforderlich sind, zur Verfügung zu stellen.

(3) ¹Der Prüfer hat die Aufzeichnungen nach Absatz 1 sowie die Geschäftsunterlagen nach Absatz 2 sechs Jahre aufzubewahren. ²Die Aufbewahrungsfrist beginnt mit dem Ablauf des Kalenderjahres, in dem die Prüfung beendet worden ist.

### § 9 Inhalt der Bescheinigung.

(1) ¹Der Prüfer hat in seiner Bescheinigung auf die in § 3 genannten Prüfungsbereiche einzugehen und darzustellen, inwieweit die Vorkehrungen oder Systeme zur Einhaltung der gesetzlichen Vorgaben geeignet sind. ²Festgestellte Mängel sind ausführlich darzustellen. ³Darüber hinaus hat die Bescheinigung Folgendes zu enthalten:

1. die Angabe des prüfpflichtigen Zeitraums und des Prüfungszeitraums,
2. die Art und Weise, wie die Stichproben und deren Anzahl ermittelt wurden, sowie das Ergebnis der Stichproben.

(2) Vorgänge von besonderer Bedeutung, die im Zeitraum zwischen dem Ende des prüfpflichtigen Zeitraums und dem Ende des Prüfungszeitraums eingetreten und dem Prüfer im Rahmen der Prüfung bekannt geworden sind, hat der Prüfer in der Bescheinigung darzustellen.

(3) Wurde die Prüfung unterbrochen, hat der Prüfer in der Bescheinigung auf die Unterbrechung hinzuweisen und die Gründe und die Dauer der Unterbrechung darzulegen.

(4) Der Prüfer hat die Bescheinigung unter Angabe von Ort und Datum eigenhändig zu unterschreiben.

(5) Auf Verlangen der Bundesanstalt hat der Prüfer die Bescheinigung zu erläutern.

### § 10 Erstmalige Anwendung.

(1) Abweichend von § 4 beginnt der erstmalig prüfpflichtige Zeitraum am 1. April 2014.

(2) Die Prüfung nach § 3 Absatz 1 ist erstmals ab dem Zeitpunkt im prüfpflichtigen Zeitraum durchzuführen, zu dem auch die Clearingpflicht nach Artikel 4 der Verordnung (EU) Nr. 648/2012 für die Derivatekontrakte, die von der prüfpflichtigen nichtfinanziellen Gegenpartei abgeschlossen wurden, aufgrund eines nach Artikel 5 Absatz 2 der Verordnung (EU) Nr. 648/2012 erlassenen technischen Regulierungsstandards in Kraft tritt.

(3) ¹Die Prüfung nach § 3 Absatz 4 Satz 1 hinsichtlich der Derivatekontrakte, die von der prüfpflichtigen nichtfinanziellen Gegenpartei abgeschlossen wurden, ist erstmals ab dem Zeitpunkt im prüfpflichtigen Zeitraum durch-

zuführen, zu dem der nach Artikel 11 Absatz 15 Unterabsatz 1 Buchstabe a in Verbindung mit Unterabsatz 3 der Verordnung (EU) Nr. 648/2012 erlassene technische Regulierungsstandard im Amtsblatt der Europäischen Union verkündet worden ist und die darin enthaltenen Pflichten in Kraft treten. ²Die Prüfung nach § 3 Absatz 4 Satz 2 hinsichtlich der Derivatekontrakte, die von der prüfpflichtigen nichtfinanziellen Gegenpartei abgeschlossen wurden, ist erstmals ab dem Zeitpunkt im prüfpflichtigen Zeitraum durchzuführen, zu dem der nach Artikel 11 Absatz 15 Unterabsatz 1 Buchstabe c und d in Verbindung mit Unterabsatz 3 der Verordnung (EU) Nr. 648/2012 erlassene technische Regulierungsstandard im Amtsblatt der Europäischen Union verkündet worden ist und die darin enthaltenen Pflichten in Kraft treten.

(4) Für die Prüfung der Pflichten gemäß § 3 Absatz 6 beginnt der erstmalig prüfpflichtige Zeitraum am 3. Januar 2018.

**§ 11 Inkrafttreten.** Diese Verordnung tritt am Tag nach der Verkündung[1] in Kraft.

---

[1] Verkündet am 31.3.2014.

## 13. Delegierte Verordnung (EU) 2017/565 der Kommission vom 25. April 2016 zur Ergänzung der Richtlinie 2014/65/EU des Europäischen Parlaments und des Rates in Bezug auf die organisatorischen Anforderungen an Wertpapierfirmen und die Bedingungen für die Ausübung ihrer Tätigkeit sowie in Bezug auf die Definition bestimmter Begriffe für die Zwecke der genannten Richtlinie

(Text von Bedeutung für den EWR)

(ABl. 2017 L 87 S. 1, ber. L 246 S. 12, ber. 2018 L 82 S. 18)

**Celex-Nr. 3 2017 R 0565**

zuletzt geand. durch Art. 1 VO (EU) 2019/1011 v. 13.12.2018 (ABl. 2019 L 165 S. 1)

DIE EUROPÄISCHE KOMMISSION –

gestützt auf den Vertrag über die Arbeitsweise der Europäischen Union,

gestützt auf die Richtlinie 2014/65/EU[1]) des Europäischen Parlaments und des Rates vom 15. Mai 2014 über Märkte für Finanzinstrumente sowie zur Änderung der Richtlinien 2002/92/EG und 2011/61/EU[2]), insbesondere auf Artikel 2 Absatz 3, Artikel 4 Absatz 1 Ziffer 2 Unterabsatz 2, Artikel 4 Absatz 2, Artikel 16 Absatz 12, Artikel 23 Absatz 4, Artikel 24 Absatz 13, Artikel 25 Absatz 8, Artikel 27 Absatz 9, Artikel 28 Absatz 3, Artikel 30 Absatz 5, Artikel 31 Absatz 4, Artikel 32 Absatz 4, Artikel 33 Absatz 8, Artikel 52 Absatz 4, Artikel 54 Absatz 4, Artikel 58 Absatz 6, Artikel 64 Absatz 7, Artikel 65 Absatz 7 und Artikel 79 Absatz 8,

in Erwägung nachstehender Gründe:

(1) Die Richtlinie 2014/65/EU[1]) legt den Rahmen für die Regulierung der Finanzmärkte in der Union in den folgenden Bereichen fest: Bedingungen für die Erbringung von Wertpapierdienstleistungen und gegebenenfalls Nebendienstleistungen und Anlagetätigkeiten durch Wertpapierfirmen; organisatorische Anforderungen an Wertpapierfirmen, die die genannten Dienstleistungen erbringen bzw. Tätigkeiten ausüben, sowie an geregelte Märkte und Datenbereitstellungsdienste; Meldepflichten in Bezug auf Geschäfte mit Finanzinstrumenten; Positionsbeschränkungen und Positionsmanagementkontrollen bei Warenderivaten; Transparenzanforderungen in Bezug auf Geschäfte mit Finanzinstrumenten.

(2) Die Richtlinie 2014/65/EU[1]) ermächtigt die Kommission, zahlreiche delegierte Rechtsakte zu erlassen. Es ist wichtig, dass alle detaillierten ergänzenden Regelungen bezüglich der Zulassung, des laufenden Betriebs sowie der Transparenz und Integrität des Marktes, bei denen es sich um untrennbar mit der Aufnahme und der Ausübung der Dienstleistungen und Tätigkeiten gemäß der Richtlinie 2014/65/EU[1]) verbundene Aspekte handelt, gleichzeitig mit der Richtlinie 2014/65/EU[1]) in Kraft treten, so dass die neuen Anforderungen effektiv funktionieren können. Um die Kohärenz sicherzustellen und eine umfassende Betrachtung sowie kompakten Zugang zu den Bestimmungen durch Personen, die diesen Pflichten unterliegen, sowie durch Anleger zu vereinfachen, ist es erstrebenswert, die delegierten Rechtsakte in Bezug auf die oben genannten Regelungen in diese Verordnung aufzunehmen.

(3) Zudem müssen die Kriterien zur Bestimmung, unter welchen Umständen Kontrakte in Bezug auf Energiegroßhandelsprodukte effektiv geliefert werden müssen, weiter spezifiziert werden, um den Anwendungsbereich gemäß Anhang I Abschnitt C Nummer 6 der Richtlinie 2014/65/ EU[1]) zu beschränken. Um sicherzustellen, dass der Anwendungsbereich dieser Ausnahmeregelung auf die Vermeidung von Lücken beschränkt ist, muss in diesen Kontrakten sowohl von dem Käufer als auch von dem Verkäufer verlangt werden, dass sie über verhältnismäßige Vereinbarun-

---

[1]) Nr. 1.
[2]) **Amtl. Anm.:** ABl. L 173 vom 12.6.2014, S. 349.

gen verfügen, um bei Ablauf des Kontrakts die Lieferung der zugrundeliegenden Waren vorzunehmen oder entgegenzunehmen. Zur Vermeidung von Lücken für den Fall von Ausgleichsvereinbarungen mit dem Übertragungsnetzbetreiber in den Bereichen Elektrizität und Gas, sollten diese Ausgleichsvereinbarungen nur als verhältnismäßige Vereinbarung betrachtet werden, wenn die Parteien der Vereinbarung verpflichtet sind, Elektrizität oder Gas effektiv zu liefern. Die Kontrakte sollten auch klare Verpflichtungen für die effektive Lieferung ohne Möglichkeit der Aufrechnung festlegen, wobei zu berücksichtigen ist, dass bestimmte Formen des operativen Nettings im Sinne der Verordnung (EU) Nr. 1227/2011 des Europäischen Parlaments und des Rates[1)] oder im Sinne des nationalen Rechts nicht als Aufrechnung zu betrachten sind. Bei Kontrakten, die effektiv erfüllt werden müssen, sollten verschiedene Liefermethoden gestattet werden, wobei jedoch alle Methoden eine Form des Übergangs eines Eigentumsrechts an der entsprechenden zugrundeliegenden Ware oder einer entsprechenden Menge davon umfassen sollten.

(4) Um klarzustellen, wann ein Kontrakt in Bezug auf ein Energiegroßhandelsprodukt effektiv erfüllt werden muss, wäre zu spezifizieren, wann bestimmte Umstände vorliegen, wie höhere Gewalt oder eine nicht zurechenbare Unfähigkeit zur Erfüllung der Bestimmungen, durch welche die Einstufung dieser Kontrakte als „müssen effektiv erfüllt werden" nicht geändert werden sollte. Es muss zudem klargestellt werden, was für die Zwecke von Anhang I Abschnitt C Nummer 6 der Richtlinie 2014/65/EU[2)] unter Öl- und Kohleenergiederivaten zu verstehen ist. In diesem Zusammenhang sollten Kontrakte in Bezug auf Ölschiefer nicht als Kohleenergiederivate verstanden werden.

(5) Ein Derivatkontrakt sollte lediglich dann als ein Finanzinstrument im Sinne von Anhang I Abschnitt C Nummer 7 der Richtlinie 2014/65/EU[2)] angesehen werden, wenn er sich auf eine Ware bezieht und eine Reihe von Kriterien zur Bestimmung der Tatsache erfüllt, ob ein Kontrakt als mit den Charakteristika anderer derivativer Finanzinstrumente ausgestattet anzusehen ist und nicht kommerziellen Zwecken dient. Dies sollte standardisierte und an Handelsplätzen gehandelte Kontrakte oder gleichwertige Kontrakte umfassen, bei denen alle Bestimmungen dieses Kontrakts den an Handelsplätzen gehandelten Kontrakten entsprechen. In diesem Fall sollten die Bestimmungen dieser Kontrakte auch so verstanden werden, dass sie Bestimmungen, beispielsweise bezüglich der Qualität der Ware oder des Erfüllungsortes, umfassen.

(6) Um Klarheit hinsichtlich der Definition von Kontrakten bezüglich der zugrundeliegenden Variablen gemäß Abschnitt C Nummer 10 der Richtlinie 2014/65/EU[2)] zu schaffen, sollten Kriterien in Bezug auf die Bestimmungen und zugrundeliegenden Variablen in diesen Kontrakten bereitgestellt werden. Die Aufnahme von versicherungsmathematischen Statistiken in die Liste der Basiswerte sollte nicht als Erweiterung des Anwendungsbereichs dieser Kontrakte auf Versicherungen und Rückversicherungen verstanden werden.

(7) Die Richtlinie 2014/65/EU[2)] schafft einen allgemeinen Rahmen für die Regulierung der Finanzmärkte in der Union und enthält in Anhang I Abschnitt C eine Liste der erfassten Finanzinstrumente. Anhang I Abschnitt C Nummer 4 der Richtlinie 2014/65/EU[2)] umfasst Finanzinstrumente in Bezug auf eine Währung, die aus diesem Grund in den Anwendungsbereich dieser Richtlinie fallen.

(8) Zur Gewährleistung einer einheitlichen Anwendung der Richtlinie 2014/65/EU[2)] ist es erforderlich, die Definition von anderen Derivatkontrakten in Bezug auf Währungen gemäß Anhang I Abschnitt C Ziffer 4 der Richtlinie 2014/65/EU[2)] dahingehend zu klären, dass Spotkontrakte in Bezug auf Währungen für die Zwecke von Anhang I Abschnitt C Nummer 4 der Richtlinie 2014/65/EU[2)] nicht als andere derivative Instrumente zu betrachten sind.

(9) Hinsichtlich des Abwicklungszeitraums für ein Kassageschäft wird für die meisten Hauptwährungen ein Zeitraum von 2 Tagen oder weniger allgemein anerkannt. Soweit dies jedoch nicht der Marktpraxis entspricht, müssen Vorkehrungen getroffen werden, welche die Abwicklung gemäß der üblichen Marktpraxis ermöglichen. In diesen Fällen ist der Einsatz von Papiergeld für die effektive Erfüllung nicht erforderlich, und die Abwicklung kann auf elektronischem Wege erfolgen.

(10) Für die Zahlung können auch Devisenkontrakte verwendet werden. Diese Kontrakte sollten nicht als Finanzinstrumente betrachtet werden, vorausgesetzt, dass sie nicht an einem Handels-

---

[1)] **Amtl. Anm.:** Verordnung (EU) Nr. 1227/2011 des Europäischen Parlaments und des Rates vom 25. Oktober 2011 über die Integrität und Transparenz des Energiegroßhandelsmarkts (ABl. L 326 vom 8.12.2011, S. 1).
[2)] Nr. 1.

platz gehandelt werden. Aus diesem Grund ist es angemessen, die Devisenkontrakte, die für die Zahlung von Finanzinstrumenten eingesetzt werden, als Kassageschäfte zu betrachten, wenn der Abwicklungszeitraum für diese Kontrakte mehr als 2 Handelstage und weniger als 5 Handelstage beträgt. Es ist zudem angemessen, die Devisenkontrakte, die abgeschlossen werden, um Sicherheit bezüglich der Höhe der Zahlungen für Waren, Dienstleistungen und Sachanlagen zu erhalten, als Zahlungsmittel zu betrachten. Dies wird dazu führen, dass von nichtfinanziellen Firmen, die für die Ausfuhr von Waren und Dienstleistungen Zahlungen in ausländischer Währung erhalten, und nichtfinanziellen Firmen, die für die Einfuhr bestimmter Waren und Dienstleistungen Zahlungen in ausländischer Währung tätigen, abgeschlossene Devisenkontrakte nicht mehr unter die Definition von Finanzinstrumenten fallen.

(11) Die Zahlungsverrechnung ist von wesentlicher Bedeutung für den effektiven und effizienten Betrieb von Devisenabwicklungssystemen, und für die Einstufung eines Devisenkontrakts als Kassageschäft sollte es daher nicht erforderlich sein, dass jedes Kassageschäft in einer Fremdwährung selbständig abgewickelt wird.

(12) Bei nicht lieferbaren Terminkontrakten handelt es sich um Kontrakte über die Differenz zwischen einem zuvor vereinbarten Wechselkurs und dem tatsächlichen Kassakurs zum Zeitpunkt der Fälligkeit, und sie sollten daher nicht als Kassageschäfte betrachtet werden, unabhängig von ihrem Abwicklungszeitraum.

(13) Ein Kontrakt über den Austausch einer Wahrung gegen eine andere Währung sollte als Kontrakt in Bezug auf einen direkten und bedingungslosen Austausch dieser Währungen verstanden werden. Für den Fall eines Kontrakts mit mehrfachem Austausch, sollte jeder Austausch separat betrachtet werden. Eine Option oder ein Währungsswap sollten jedoch nicht als Kontrakt über den Verkauf oder Austausch einer Währung betrachtet werden, und sie können daher weder ein Kassageschäft noch ein Zahlungsmittel darstellen, unabhängig von der Laufzeit des Swaps oder der Option und unabhängig davon, ob diese an einem Handelsplatz gehandelt werden oder nicht.

(14) Eine Beratung in Bezug auf Finanzinstrumente, die sich an die allgemeine Öffentlichkeit richtet, sollte nicht als persönliche Empfehlung im Sinne der Definition von „Anlageberatung" in der Richtlinie 2014/65/EU[1)] betrachtet werden. Angesichts der wachsenden Anzahl an Vermittlern, die durch Informationsverbreitungskanäle persönliche Empfehlungen abgeben, sollte klargestellt werden, dass eine Empfehlung, die – auch ausschließlich – über Informationsverbreitungskanäle, wie das Internet, abgegeben wird, eine persönliche Empfehlung darstellen könnte. Aus diesem Grund kann unter Umständen, in denen beispielsweise per E-Mail-Korrespondenz persönliche Empfehlungen an eine bestimmte Person und nicht lediglich an die allgemeine Öffentlichkeit abgegeben werden, eine Anlageberatung gegeben sein.

(15) Eine allgemeine Beratung in Bezug auf eine Art von Finanzinstrumenten wird nicht als Anlageberatung im Sinne der Richtlinie 2014/65/EU[1)] betrachtet. Wenn eine Wertpapierfirma jedoch einem Kunden eine allgemeine Beratung in Bezug auf eine Art von Finanzinstrumenten zukommen lässt und dieses Finanzinstrument als für den Kunden geeignet darstellt oder auf eine Betrachtung der Umstände dieses Kunden stützt, und diese Beratung für den Kunden tatsächlich nicht geeignet ist oder nicht auf einer Betrachtung seiner Umstände beruht, verstößt die Firma wahrscheinlich gegen Artikel 24 Absatz 1 oder 3 der Richtlinie 2014/65/EU[1)]. Insbesondere verstößt eine Firma, die einem Kunden eine solche Beratung zukommen lässt, wahrscheinlich gegen die Anforderung gemäß Artikel 24 Absatz 1, wonach die Firma ehrlich, redlich und professionell im besten Interesse ihrer Kunden handeln muss. Zugleich – oder alternativ – dürfte eine derartige Beratung gegen Artikel 24 Absatz 3 verstoßen, wonach Informationen, die eine Wertpapierfirma an einen Kunden richtet, redlich, eindeutig und nicht irreführend sein sollten.

(16) Schritte, mit denen eine Wertpapierfirma die Erbringung einer Wertpapierdienstleistung oder die Ausführung einer Anlagetätigkeit vorbereitet, sollten als integraler Bestandteil der betreffenden Dienstleistung oder Tätigkeit angesehen werden. Dazu zählen beispielsweise die allgemeine Beratung von Kunden oder potenziellen Kunden vor oder im Zuge einer Anlageberatung oder einer anderen Wertpapierdienstleistung oder Anlagetätigkeit.

(17) Eine allgemeine Empfehlung in Bezug auf ein Geschäft mit einem Finanzinstrument oder einer Art von Finanzinstrumenten stellt eine Nebendienstleistung im Sinne von Anhang I Abschnitt B Nummer 5 der Richtlinie 2014/65/EU[1)] dar, so dass die Richtlinie 2014/65/EU[1)] und die durch sie gewährten Schutzrechte folglich für diese Empfehlung gelten.

---

[1)] Nr. 1.

# 13 VO (EU) 2017/565

(18) Um die objektive und effektive Anwendung der Definition von systematischen Internalisierern in der Union gemäß Artikel 4 Absatz 1 Ziffer 20 der Richtlinie 2014/65/EU[1] sicherzustellen, sollten weitere Spezifikationen bezüglich der geltenden vorgegebenen Obergrenzen bereitgestellt werden, um klarzustellen, wann ein häufiger systematischer außerbörslicher (OTC) Handel sowie ein außerbörslicher Handel von erheblichem Umfang gegeben ist. Vorgegebene Obergrenzen sollten auf einem angemessenen Niveau festgesetzt werden, um sicherzustellen, dass der außerbörsliche Handel in einem solchen Umfang, der wesentliche Auswirkungen auf die Preisgestaltung hatte, innerhalb des Anwendungsbereichs liegt, während gleichzeitig ein außerbörslicher Handel ausgeschlossen wird, der so gering ist, dass es unverhältnismäßig wäre, die Einhaltung der Pflicht zur Erfüllung der für systematische Internalisierer geltenden Anforderungen zu verlangen.

(19) Gemäß der Richtlinie 2014/65/EU[1] sollte es einem systematischen Internalisierer nicht gestattet werden, in funktional gleicher Weise wie ein Handelsplatz Kauf- und Verkaufsinteressen Dritter zusammenzuführen. Ein systematischer Internalisierer sollte nicht aus einem internen System zur Zusammenführung bestehen, das Kundenaufträge auf multilateraler Basis ausführt; diese Tätigkeit erfordert die Zulassung als multilaterales Handelssystem (MTF). In diesem Zusammenhang handelt es sich bei einem internen System zur Zusammenführung um ein System zur Zusammenführung von Kundenaufträgen, mit dem Ergebnis, dass die Wertpapierfirma regelmäßig und nicht nur gelegentlich die Zusammenführung sich deckender Kundengeschäfte vornimmt.

(20) Aus Gründen der Klarheit und Rechtssicherheit sowie zur Sicherstellung der einheitlichen Anwendung, sind ergänzende Bestimmungen hinsichtlich der Definitionen in Bezug auf algorithmischen Handel, hochfrequente algorithmische Handelstechnik und direkten elektronischen Zugang zweckmäßig. Im automatisierten Handel werden verschiedene technische Vorkehrungen eingesetzt. Es muss klargestellt werden, wie diese Vorkehrungen in Bezug auf die Definitionen für algorithmischen Handel und direkten elektronischen Zugang einzustufen sind. Die Handelsprozesse, die auf direktem elektronischem Zugang beruhen, und die Prozesse, die algorithmischen Handel oder dessen Teilbereich der hochfrequenten algorithmischen Handelstechnik umfassen, schließen sich nicht gegenseitig aus. Der Handel einer Person, die direkten elektronischen Zugang hat, kann daher auch unter den algorithmischen Handel fallen, einschließlich der hochfrequenten algorithmischen Handelstechnik.

(21) Der algorithmische Handel gemäß Artikel 4 Absatz 1 Ziffer 39 der Richtlinie 2014/65/EU[1] sollte Vorkehrungen umfassen, bei denen das System in jeder Phase der Handelsprozesse, einschließlich der Phase der Initiierung, Generierung, dem Routen oder der Ausführung von Aufträgen, Entscheidungen trifft, die über die bloße Festlegung des Handelsplatzes oder der Handelsplätze, an den oder die der Auftrag übermittelt werden sollte, hinausgehen. Aus diesem Grund sollte klargestellt werden, dass sich der algorithmische Handel, der den Handel ohne oder mit eingeschränkter menschlicher Beteiligung umfasst, nicht lediglich auf die automatische Generierung von Aufträgen beziehen sollte, sondern auch auf die Optimierung von Prozessen zur Auftragsausführung mit Hilfe automatischer Mittel.

(22) Der algorithmische Handel sollte Smart Order Router (SOR) umfassen, wenn diese Geräte Algorithmen für die Optimierung von Prozessen zur Auftragsausführung verwenden, welche Parameter des Auftrags festlegen, bei denen es sich nicht um den Handelsplatz oder die Handelsplätze handelt, an den oder die der Auftrag übermittelt werden sollte. Der algorithmische Handel sollte keine Automated Order Router (AOR) umfassen, wenn diese Geräte lediglich den Handelsplatz oder die Handelsplätze festlegen, an den oder die der Auftrag übermittelt werden sollte, ohne dass Änderungen an einem anderen Parameter des Auftrags vorgenommen werden. Dies gilt auch, wenn Algorithmen verwendet werden.

(23) Die hochfrequente algorithmische Handelstechnik gemäß Artikel 4 Absatz 1 Ziffer 40 der Richtlinie 2014/65/EU[1], die eine Unterkategorie des algorithmischen Handels darstellt, sollte durch die Festlegung von Kriterien weiter spezifiziert werden, um ein hohes untertägiges Mitteilungsaufkommen in Form von Aufträgen, Quotes, Änderungen oder Stornierungen zu definieren. Die Anwendung von absoluten quantitativen Grenzwerten auf der Grundlage des Mitteilungsaufkommens bietet Rechtssicherheit, indem es den Firmen und den zuständigen Behörden gestattet wird, die individuelle Handelstätigkeit von Firmen zu bewerten. Das Niveau und der Anwendungsbereich dieser Grenzwerte sollte so weit gefasst sein, dass der Handel

---
[1] Nr. 1.

umfasst ist, der als hochfrequente algorithmische Handelstechnik betrachtet wird, einschließlich des Handels in Bezug auf einzelne Instrumente und mehrere Instrumente.

(24) Da in liquiden Instrumenten vorwiegend die hochfrequente algorithmische Handelstechnik angewandt wird, sollten nur Instrumente, für die ein liquider Markt besteht, in die Berechnung des hohen untertägigen Mitteilungsaufkommens einbezogen werden. Angesichts der Tatsache, dass die hochfrequente algorithmische Handelstechnik eine Unterkategorie des algorithmischen Handels darstellt, sollten zudem Mitteilungen für die Zwecke des Handels, welche die Kriterien gemäß Artikel 17 Absatz 4 der Richtlinie 2014/65/EU[1)] erfüllen, in die Berechnung des untertägigen Mitteilungsaufkommens einbezogen werden. Um im Hinblick auf die Merkmale des algorithmischen Hochfrequenzhandels gemäß Erwägungsgrund 61 der Richtlinie 2014/65/EU[1)] und insbesondere die Tatsache, dass dieser Handel in der Regel von Händlern betrieben wird, die ihr eigenes Kapital für traditionellere Handelsstrategien wie Market-Making oder Arbitrage unter Nutzung ausgefeilter Technologie einsetzen, keine anderen Handelstätigkeiten als den algorithmischen Hochfrequenzhandel zu erfassen, sollten bei der Festlegung, was als hohes untertägiges Mitteilungsaufkommen zu betrachten ist, nur Mitteilungen für die Zwecke des Handels für eigene Rechnung, nicht jedoch Mitteilungen für die Zwecke der Entgegennahme und Übermittlung von Aufträgen oder der Ausführung von Aufträgen im Namen von Kunden einbezogen werden. Mitteilungen mittels anderer Techniken als der des Handels für eigene Rechnung sollten bei der Festlegung eines hohen untertägigen Mitteilungsaufkommens jedoch einbezogen werden, wenn bei Gesamtbetrachtung und unter Berücksichtigung sämtlicher Umstände die Struktur der betreffenden Technik so gestaltet ist, dass die Ausführung für eigene Rechnung vermieden wird, indem etwa Aufträge zwischen Unternehmen derselben Gruppe übermittelt werden. Um bei der Festlegung eines hohen untertägigen Mitteilungsaufkommens der Identität der letztlich hinter den Vorgängen stehenden Kunden Rechnung zu tragen, sollten Mitteilungen, die durch Kunden von Anbietern eines direkten elektronischen Zugangs generiert wurden, bei der Festlegung eines hohen untertägigen Mitteilungsaufkommens im Hinblick auf solche Anbieter nicht berücksichtigt werden.

(25) Die Definition des direkten elektronischen Zugangs sollte weiter spezifiziert werden. Die Definition des direkten elektronischen Zugangs sollte keine anderen Tätigkeiten umfassen, welche über die Bereitstellung des direkten Marktzugangs und geförderten Zugangs hinausgehen. Aus diesem Grund sollten Vorkehrungen, bei denen Kundenaufträge mit Hilfe elektronischer Mittel durch Mitglieder oder Teilnehmer eines Handelsplatzes, wie Online-Vermittlung, vermittelt werden, von Vorkehrungen, bei denen die Kunden direkten elektronischen Zugang zu einem Handelsplatz haben, unterschieden werden.

(26) Für den Fall der Auftragsvermittlung haben die Personen, die Aufträge übermitteln, keine ausreichende Kontrolle über die Parameter der Marktzugangsregelung und sollten daher nicht in den Anwendungsbereich des direkten elektronischen Zugangs fallen. Aus diesem Grund sollten Vorkehrungen, bei denen es den Kunden ermöglichen, Aufträge in elektronischer Form an eine Wertpapierfirma zu übermitteln, wie Online-Vermittlung, nicht als direkter elektronischer Zugang betrachtet werden, vorausgesetzt, dass die Kunden nicht die Möglichkeit haben, den Bruchteil einer Sekunde der Auftragserfassung sowie die Dauer von Aufträgen innerhalb dieses Zeitrahmens zu bestimmen.

(27) Vorkehrungen, bei denen der Kunde eines Mitglieds oder Teilnehmers eines Handelsplatzes, einschließlich dem Kunden eines direkten Kunden von organisierten Handelssystemen (OTF), seine Aufträge durch Vorkehrungen zur Optimierung von Prozessen zur Auftragsausführung übermittelt, welche Parameter des Auftrags bestimmen, bei denen es sich nicht um den Handelsplatz oder die Handelsplätze handelt, an den oder die der Auftrag durch SOR, die in die Infrastruktur des Anbieters und nicht in die Infrastruktur des Kunden eingebettet sind, übermittelt wird, sollten vom Anwendungsbereich des direkten elektronischen Zugangs ausgenommen werden, da der Kunde des Anbieters keine Kontrolle über den Zeitpunkt der Übermittlung des Auftrags und dessen Dauer hat. Die Charakterisierung des direkten elektronischen Zugangs beim Einsatz von Smart Order Routern sollte aus diesem Grund davon abhängig gemacht werden, ob der Smart Order Router in die Systeme der Kunden und nicht in das System des Anbieters eingebettet ist.

(28) Die Durchführungsbestimmungen zu den in der Rahmenregelung festgelegten organisatorischen Anforderungen an Wertpapierfirmen, die auf gewerblicher Basis Wertpapier- und gegebenenfalls Nebendienstleistungen erbringen und Anlagetätigkeiten ausüben, sowie an geregelte

---

[1)] Nr. 1.

Märkte und Datenbereitstellungsdienste sollten mit den Zielen der Richtlinie 2014/65/EU[1]) vereinbar sein. Sie sollten so angelegt sein, dass sie bei Wertpapierfirmen und Betreibern von geregelten Märkten, MTF oder OTF ein hohes Maß an Integrität, Kompetenz und Solidität gewährleisten und dass sie einheitlich angewandt werden können.

(29) Für Wertpapierfirmen, die die genannten Leistungen erbringen bzw. Tätigkeiten ausüben, sollten konkrete organisatorische Anforderungen und Verfahren festgelegt werden. Insbesondere für Aspekte wie die Einhaltung der rechtlichen Vorgaben („Compliance"), das Risikomanagement, die Abwicklung von Beschwerden, persönliche Geschäfte, die Auslagerung und die Ermittlung, Steuerung und Offenlegung von Interessenkonflikten sollten strikte Verfahren festgelegt werden.

(30) Die organisatorischen Anforderungen und Zulassungsvoraussetzungen für Wertpapierfirmen sollten in Form eines Vorschriftenkatalogs festgelegt werden, der die einheitliche Anwendung der einschlägigen Bestimmungen der Richtlinie 2014/65/EU[1]) gewährleistet. Nur so kann sichergestellt werden, dass Wertpapierfirmen zu gleichen Bedingungen gleichberechtigten Zugang zu allen Märkten in der Union haben und dass die mit den Zulassungsverfahren verbundenen Hindernisse für grenzüberschreitende Wertpapierdienstleistungen beseitigt werden.

(31) Die Durchführungsbestimmungen zu den in der Rahmenregelung festgelegten Bedingungen für die Erbringung von Wertpapier- und Nebendienstleistungen und die Ausübung von Anlagetätigkeiten sollten den mit dieser Regelung verfolgten Zielen gerecht werden. Sie sollten deshalb darauf ausgerichtet sein, ein hohes Maß an Anlegerschutz zu gewährleisten, und für das Verhältnis zwischen einer Wertpapierfirma und ihren Kunden klare Standards und Anforderungen festlegen, die einheitlich angewandt werden können. Insbesondere bei der Bereitstellung von Informationen für den Anleger oder der Einholung von Informationen beim Anleger sollte in Bezug auf den Anlegerschutz jedoch berücksichtigt werden, ob es sich bei dem Kunden oder potenziellen Kunden um einen Kleinanleger oder einen professionellen Anleger handelt.

(32) Um eine einheitliche Anwendung der verschiedenen einschlägigen Bestimmungen der Richtlinie 2014/65/EU[1]) zu gewährleisten, müssen für Wertpapierfirmen harmonisierte organisatorische Anforderungen und harmonisierte Bedingungen für die Ausübung ihrer Tätigkeit festgelegt werden.

(33) Wertpapierfirmen weisen in Bezug auf Größe, Struktur und Art ihrer Tätigkeit erhebliche Unterschiede auf. Ein Regulierungsrahmen sollte dieser Vielfalt Rechnung tragen, gleichzeitig aber bestimmte, für alle Firmen angemessene grundsätzliche Anforderungen enthalten. Beaufsichtigte Unternehmen sollten ihre übergeordneten Pflichten erfüllen und zu diesem Zweck Maßnahmen treffen, die der Art und den Umständen ihrer jeweiligen Tätigkeit am besten gerecht werden.

(34) Zur Sicherstellung der harmonisierten und strikten Umsetzung der gemäß der Richtlinie 2014/65/EU[1]) gewährten Ausnahme, ist es angebracht, gemeinsame Kriterien für die Bewertung festzulegen, ob eine Person eine Wertpapierdienstleistung im Rahmen einer beruflichen Tätigkeit gelegentlich erbringt. Die Ausnahme sollte nur gelten, wenn ein innerer Zusammenhang zwischen der Wertpapierdienstleistung und dem Schwerpunkt der beruflichen Tätigkeiten besteht und sie dieser untergeordnet ist.

(35) Durch einzelstaatliche Rechtsvorschriften geschaffene Systeme für die Registrierung oder Überwachung von Mitarbeitern von Wertpapierfirmen durch die zuständigen Behörden oder Firmen sollten von den organisatorischen Anforderungen der Richtlinie 2014/65/EU[1]) unberührt bleiben.

(36) Soweit Wertpapierfirmen verpflichtet werden, angemessene Grundsätze für ihr Risikomanagement festzulegen und kontinuierlich umzusetzen, sollten die mit der Tätigkeit, den Verfahren und Systemen dieser Wertpapierfirma verbundenen Risiken auch die Risiken umfassen, die mit der Auslagerung von kritischen oder wesentlichen Funktionen verbunden sind. Dazu sollten die Risiken zählen, die sich aus der Beziehung der Wertpapierfirma mit dem betreffenden Dienstleistungserbringer ergeben, sowie die potenziellen Risiken, die entstehen, wenn die ausgelagerten Funktionen mehrerer Wertpapierfirmen oder anderer beaufsichtigter Unternehmen in Hand einiger weniger Dienstleistungserbringer konzentriert sind.

(37) Liegen Risikomanagement und Compliance-Funktion in der Hand einer einzigen Person, so gefährdet dies nicht zwangsläufig die Unabhängigkeit der einzelnen Funktionen. So könnten Bedingungen, wonach die mit der Compliance-Funktion betrauten Mitarbeiter nicht gleich-

---

[1]) Nr. 1.

zeitig auch die von ihnen überwachten Aufgaben wahrnehmen sollten und wonach das Verfahren zur Bestimmung der Vergütung dieser Mitarbeiter nicht die Gefahr einer Beeinträchtigung ihrer Objektivität bergen sollte, bei kleinen Wertpapierfirmen unverhältnismäßig sein. Bei größeren Firmen wäre dies nur unter außergewöhnlichen Umständen als unverhältnismäßig anzusehen.

(38) Im Interesse des Anlegerschutzes sowie zur Verbesserung der Erfüllung der Pflichten der Wertpapierfirmen, sollte es den Kunden oder potenziellen Kunden ermöglicht werden, ihre Unzufriedenheit mit den Wertpapierdienstleistungen einer Wertpapierfirma zum Ausdruck zu bringen. Beschwerden von Kunden oder potenziellen Kunden sollten effektiv und unabhängig von einer Beschwerdemanagementfunktion bearbeitet werden. Gemäß dem Grundsatz der Verhältnismäßigkeit kann diese Funktion von der Compliance-Funktion ausgeübt werden.

(39) Wertpapierfirmen sind verpflichtet, Informationen bezüglich der Kunden und der an die Kunden erbrachten Dienstleistungen zu erheben und aufzubewahren. Soweit diese Anforderungen die Sammlung und Verarbeitung personenbezogener Daten betreffen, sollte die Wahrung des Rechts auf den Schutz personenbezogener Daten im Einklang mit der Richtlinie 95/46/EG des Europäischen Parlaments und des Rates[1] und der Richtlinie 2002/58/EG des Europäischen Parlaments und des Rates[2], deren Bestimmungen für die Verarbeitung personenbezogener Daten in Anwendung dieser Verordnung gelten, gewährleistet sein. Die in Anwendung dieser Verordnung erfolgende Verarbeitung personenbezogener Daten durch die Europäische Wertpapier- und Marktaufsichtsbehörde (ESMA) unterliegt der Verordnung (EG) Nr. 45/2001 des Europäischen Parlaments und des Rates[3].

(40) Es sollte eine Definition des Begriffs der Vergütung eingeführt werden, um eine effiziente und kohärente Anwendung der Anforderungen in Bezug auf Interessenkonflikte und Wohlverhalten auf dem Gebiet der Vergütung sicherzustellen, wobei alle Formen finanzieller und nichtfinanzieller Leistungen und Zahlungen zu berücksichtigen sind, die Firmen direkt oder indirekt im Rahmen der Erbringung von Wertpapierdienstleistungen oder Nebendienstleistungen für ihre Kunden an Personen erbringen bzw. tätigen wie z.b. Bargeld, Aktien, Aktienbezugsrechte, Annullierung von Darlehen an die betreffenden Personen bei Entlassung, Beiträge zur Altersvorsorge, Vergütung durch Dritte beispielsweise durch Gewinnbeteiligung, Lohnerhöhungen oder Beförderungen, Krankenversicherung, Ermäßigungen oder Freibeträge, großzügige Dienstreisekostenabrechnungen oder Seminare an exotischen Bestimmungen.

(41) Um sicherzustellen, dass die Interessen der Kunden nicht beeinträchtigt werden, sollten Wertpapierfirmen Vergütungsgrundsätze für alle Personen erarbeiten und umsetzen, die Einfluss auf die erbrachte Dienstleistung oder das unternehmerische Verhalten der Firma haben könnten, einschließlich Kundendienstmitarbeiter, Vertriebsmitarbeiter oder sonstige Mitarbeiter, die indirekt an der Erbringung der Wertpapier- oder Nebendienstleistungen beteiligt sind. Die Vergütungsregelungen sollten zudem für Personen, die das Vertriebspersonal überwachen, wie Abteilungsleiter, denen möglicherweise Anreize geboten werden, um Druck auf die Vertriebsmitarbeiter auszuüben, oder für Finanzanalysten, deren Unterlagen möglicherweise von den Vertriebsmitarbeitern verwendet werden, um Kunden zu einer Anlageentscheidung zu veranlassen, oder für Personen, die an der Abwicklung von Beschwerden beteiligt sind oder in den Bereichen Produktdesign und -entwicklung tätig sind, gelten. Zu den relevanten Personen gehören auch vertraglich gebundene Vermittler. Bei der Festlegung der Vergütung von vertraglich gebundenen Vermittlern sollten die Firmen den Sonderstatus der vertraglich gebundenen Vermittler sowie die jeweiligen nationalen Besonderheiten berücksichtigen. In diesen Fällen sollten in den Vergütungsgrundsätzen und -praktiken der Firmen jedoch noch angemessene Kriterien festgelegt werden, die für die Bewertung der Leistung der jeweiligen Personen anzuwenden sind, einschließlich qualitativer Kriterien, durch welche die jeweiligen Personen angehalten werden, im besten Interesse des Kunden zu handeln.

---

[1] **Amtl. Anm.**: Richtlinie 95/46/EG des Europäischen Parlaments und des Rates vom 24. Oktober 1995 zum Schutz natürlicher Personen bei der Verarbeitung personenbezogener Daten und zum freien Datenverkehr (ABl. L 281 vom 23.11.1995, S. 31).

[2] **Amtl. Anm.**: Richtlinie 2002/58/EG des Europäischen Parlaments und des Rates vom 12. Juli 2002 über die Verarbeitung personenbezogener Daten und den Schutz der Privatsphäre in der elektronischen Kommunikation (ABl. L 201 vom 31.7.2002, S. 37).

[3] **Amtl. Anm.**: Verordnung (EG) Nr. 45/2001 des Europäischen Parlaments und des Rates vom 18. Dezember 2000 zum Schutz natürlicher Personen bei der Verarbeitung personenbezogener Daten durch die Organe und Einrichtungen der Gemeinschaft und zum freien Datenverkehr (ABl. L 8 vom 12.1.2001, S. 1).

# 13 VO (EU) 2017/565

(42) Werden im Namen einer Person gemäß vorhergehender Weisungen dieser Person aufeinander folgend persönliche Geschäfte ausgeführt, so sollten die Pflichten für persönliche Geschäfte nicht für jedes einzelne dieser Geschäfte gesondert gelten, wenn diese Weisungen unverändert fortbestehen. Ebenso wenig sollten diese Pflichten bei Ablauf oder Widerruf solcher Weisungen gelten, sofern die Finanzinstrumente, die zuvor gemäß diesen Weisungen angekauft wurden, nicht gleichzeitig mit deren Ablauf oder Widerruf veräußert werden. Werden diese Weisungen allerdings geändert oder neue erteilt, so sollten diese Pflichten bei einem persönlichen Geschäft oder bei Beginn aufeinander folgender persönlicher Geschäfte, die im Namen derselben Person ausgeführt werden, gelten.

(43) Die zuständigen Behörden sollten die für die Erbringung von Wertpapierdienstleistungen oder für die Ausübung von Anlagetätigkeiten erforderliche Zulassung nicht an ein allgemeines Verbot der Auslagerung einer oder mehrerer kritischer oder wesentlicher Funktionen knüpfen. Wertpapierfirmen sollten die genannten Funktionen auslagern dürfen, wenn die von den Firmen zu diesem Zweck getroffenen Vorkehrungen bestimmte Bedingungen erfüllen.

(44) Die Auslagerung von Wertpapierdienstleistungen und Anlagetätigkeiten oder von kritischen und wesentlichen Aufgaben kann im Sinne von Artikel 21 Absatz 2 der Richtlinie 2014/65/EU[1)] eine wichtige Änderung der Voraussetzungen für die Zulassung einer Wertpapierfirma darstellen. Soll die Auslagerung erfolgen, nachdem die Wertpapierfirma gemäß Titel II Kapitel I der Richtlinie 2014/65/EU[1)] ihre Zulassung erhalten hat, sollten die zu diesem Zweck getroffenen Vereinbarungen der zuständigen Behörde nach Maßgabe des Artikels 21 Absatz 2 der Richtlinie mitgeteilt werden.

(45) Als potenzielle Interessenkonflikte behandelt werden sollten Fälle, in denen ein Konflikt zwischen den Interessen der Wertpapierfirma oder bestimmter mit der Wertpapierfirma oder der Gruppe der Wertpapierfirma verbundener Personen einerseits und ihrer Verpflichtung gegenüber einem Kunden andererseits besteht oder ein Konflikt zwischen den divergierenden Interessen zweier oder mehrerer ihrer Kunden, denen gegenüber die Firma eine Verpflichtung hat, existiert, oder in denen ein Konflikt zwischen den divergierenden Interessen zweier oder mehrerer ihrer Kunden, denen gegenüber die Firma eine Verpflichtung hat, existiert. Dabei reicht es nicht aus, dass der Firma ein Vorteil entstehen kann; vielmehr muss gleichzeitig ein potenzieller Nachteil für den Kunden entstehen, oder es muss sich dem Kunden, dem gegenüber die Firma eine Verpflichtung hat, die Möglichkeit bieten, einen Gewinn zu erzielen oder Verlust zu vermeiden, ohne dass dabei einem anderen Kunden ein potenzieller Verlust in gleicher Höhe entsteht.

(46) Interessenkonflikte sollten nur für die Erbringung von Wertpapier- oder Nebendienstleistungen durch Wertpapierfirmen geregelt werden. Ob es sich bei dem Kunden, für den die Dienstleistung erbracht wird, um einen Kleinanleger, einen professionellen Anleger oder eine geeignete Gegenpartei handelt, ist in diesem Zusammenhang unerheblich.

(47) Wenn eine Wertpapierfirma ihrer Pflicht nachkommt, gemäß der Richtlinie 2014/65/EU[1)] Grundsätze für den Umgang mit Interessenkonflikten festzulegen, die Aufschluss darüber geben, unter welchen Umständen ein Interessenkonflikt vorliegt oder entstehen könnte, sollte sie ihr Augenmerk insbesondere auf die Finanzanalyse und Anlageberatung, den Eigenhandel, die Portfolioverwaltung und die Unternehmensfinanzierung, einschließlich der Übernahme der Emission oder des Verkaufs bei einer Wertpapieremission und der Beratung bei Fusionen und Unternehmenskäufen, richten. Dieses besondere Augenmerk ist insbesondere dann angebracht, wenn die Wertpapierfirma oder eine Person, die direkt oder indirekt durch Kontrolle mit der Firma verbunden ist, mit zwei oder mehr der genannten Tätigkeiten betraut ist.

(48) Die Wertpapierfirmen sollten sich bemühen, die in den einzelnen Geschäftsbereichen und im Rahmen der Tätigkeiten der Gruppe auftretenden Interessenkonflikte im Rahmen umfassender Grundsätze für den Umgang mit Interessenkonflikten zu ermitteln und zu vermeiden oder zu regeln. Während gemäß Artikel 23 Absatz 2 der Richtlinie 2014/65/EU[1)] die Offenlegung von bestimmten Interessenkonflikten verlangt wird, sollte diese Maßnahme das letzte Mittel darstellen, das nur eingesetzt wird, wenn die von der Wertpapierfirma gemäß Artikel 23 Absatz 1 getroffenen organisatorischen und administrativen Vorkehrungen zur Vermeidung oder Regelung dieser Interessenkonflikte nicht ausreichend sind, um mit hinreichender Gewissheit sicherzustellen, dass die Risiken für eine Verletzung der Interessen des Kunden abgewendet werden. Eine übermäßige Offenlegung ohne angemessene Überlegungen darüber, wie Interessenkonflikte am besten verhindert oder geregelt werden können, sollte nicht gestattet werden. Legt eine

---

[1)] Nr. 1.

Wertpapierfirma Interessenkonflikte offen, so sollte sie dadurch nicht von der Pflicht befreit werden, die in Artikel 16 Absatz 3 der Richtlinie 2014/65/EU[1)] vorgeschriebenen wirksamen organisatorischen und administrativen Vorkehrungen aufrechtzuerhalten und anzuwenden.

(49) Die Wertpapierfirmen sollten jederzeit die Vorschriften für Anreize gemäß Artikel 24 der Richtlinie 2014/65/EU[1)] erfüllen, auch wenn Dienstleistungen bezüglich der Platzierung erbracht werden. Insbesondere sollten die Gebühren, die Wertpapierfirmen erhoben haben, welche die an ihre Anlagekunden ausgegebenen Finanzinstrumente platzieren, diesen Bestimmungen entsprechen, und Laddering und Spinning sollten als missbräuchliche Praktiken betrachtet werden.

(50) Finanzanalysen sollten eine Unterkategorie der in der Verordnung (EU) Nr. 596/2014[2)] des Europäischen Parlaments und des Rates[3)] (Marktmissbrauch) empfohlenen Informationen sein.

(51) Die Maßnahmen und Vorkehrungen, die eine Wertpapierfirma zur Bewältigung der Interessenkonflikte trifft, die aus der Erstellung und Weitergabe als Finanzanalysen präsentierter Unterlagen resultieren könnten, sollten ausreichen, um die Objektivität und Unabhängigkeit von Finanzanalysten und der von ihnen erstellten Finanzanalysen zu gewährleisten. Diese Maßnahmen und Vorkehrungen sollten sicherstellen, dass Finanzanalysten über ein ausreichendes Maß an Unabhängigkeit von den Interessen der Personen verfügen, bei denen nach vernünftigem Ermessen davon ausgegangen werden kann, dass ihre Aufgaben oder Geschäftsinteressen mit den Interessen der Personen kollidieren, an die die Finanzanalysen weitergegeben werden.

(52) Der Kreis der Personen, bei denen nach vernünftigem Ermessen davon ausgegangen werden kann, dass ihre Aufgaben oder Geschäftsinteressen mit den Interessen der Personen kollidieren, an die die Finanzanalysen weitergegeben werden, sollte die Mitarbeiter aus der Abteilung für Unternehmensfinanzierung sowie die Personen umfassen, die am Verkauf und Handel im Namen von Kunden oder im Namen der Firma beteiligt sind.

(53) Die außergewöhnlichen Umstände, unter denen Finanzanalysten und andere mit der Wertpapierfirma verbundene und an der Erstellung von Finanzanalysen beteiligte Personen mit vorheriger schriftlicher Zustimmung persönliche Geschäfte mit Instrumenten tätigen können, auf die sich die Analyse bezieht, sollten auch persönliche finanzielle Härtefälle umfassen, in denen ein Finanzanalyst oder eine andere Person eine Position schließen muss.

(54) Gebühren, Provisionen, monetäre und nichtmonetäre Vorteile sollten von der Firma, die die Finanzanalysen erstellt, von Dritten nur dann akzeptiert werden, wenn sie gemäß den Anforderungen von Artikel 24 Absatz 9 der Richtlinie 2014/65/EU[1)] und Artikel 13 der Delegierten Richtlinie (EU) 2017/593 der Kommission[4)] entrichtet, gewährt bzw. entgegengenommen werden.

(55) Nicht als Weitergabe von Finanzanalysen an Kunden oder die Öffentlichkeit gelten sollte die ausschließliche Weitergabe an Personen aus der Gruppe, der die Wertpapierfirma angehört. Als aktuelle Empfehlungen sollten die in Finanzanalysen enthaltenen Empfehlungen betrachtet werden, die weder zurückgezogen wurden noch abgelaufen sind. Eine wesentliche Änderung von Finanzanalysen, die von einem Dritten erstellt wurden, sollte den gleichen Anforderungen wie die Erstellung der Finanzanalyse unterliegen.

(56) Finanzanalysten sollten sich nicht an anderen Tätigkeiten als der Erstellung von Finanzanalysen beteiligen, wenn die Beteiligung an diesen Tätigkeiten ihre Objektivität gefährdet. Dazu gehören die Beteiligung an Investment-Banking, wie Unternehmensfinanzierungen und Übernahme von Emissionen, Ausschreibungen zur Akquirierung eines neuen Geschäfts oder Präsentationen für Neuemissionen von Finanzinstrumenten oder eine anderweitige Beteiligung am Marketing für den Emittenten.

---

[1)] Nr. 1.
[2)] Nr. 11.
[3)] **Amtl. Anm.:** Verordnung (EU) Nr. 596/2014 des Europäischen Parlaments und des Rates vom 16. April 2014 über Marktmissbrauch (Marktmissbrauchsverordnung) und zur Aufhebung der Richtlinie 2003/6/EG des Europäischen Parlaments und des Rates und der Richtlinien 2003/124/EG, 2003/125/EG und 2004/72/EG der Kommission (ABl. L 173 vom 12.6.2014, S. 1).
[4)] **Amtl. Anm.:** Delegierte Richtlinie (EU) 2017/593 der Kommission vom 7. April 2016 zur Ergänzung der Richtlinie 2014/65/EU des Europäischen Parlaments und des Rates im Hinblick auf den Schutz der Finanzinstrumente und Gelder von Kunden, Produktüberwachungspflichten und Vorschriften für die Entrichtung beziehungsweise Gewährung oder Entgegennahme von Gebühren, Provisionen oder anderen monetären oder nicht-monetären Vorteilen (siehe Seite 500 dieses Amtsblatts).

# VO (EU) 2017/565

(57) Angesichts der Besonderheiten der Übernahme von Emissionen und der Dienstleistungen bezüglich der Platzierungen sowie der potenziellen Interessenkonflikte, die sich in Verbindung mit diesen Dienstleistungen ergeben können, sollte diese Verordnung mehr detaillierte und spezifische Anforderungen enthalten. Durch diese Anforderungen sollte insbesondere sichergestellt werden, dass das Verfahren für die Übernahme von Emissionen und die Platzierung so geregelt werden, dass die Interessen der verschiedenen Akteure gewahrt werden. Die Wertpapierfirmen sollten sicherstellen, dass die Qualität der für die emittierenden Kunden erbrachten Dienstleistungen nicht unsachgemäß durch ihre eigenen Interessen oder die Interessen ihrer anderen Kunden beeinflusst wird. Diese Vereinbarungen sollten, zusammen mit den sonstigen relevanten Informationen über den Angebotsprozess, gegenüber dem Kunden erläutert werden, bevor die Wertpapierfirma das Angebot abgibt.

(58) Wertpapierfirmen, die an der Übernahme von Emissionen oder der Platzierung beteiligt sind, sollten angemessene Vorkehrungen getroffen haben, um sicherzustellen, dass der Preisbildungsprozess, einschließlich Bookbuilding, keine negativen Auswirkungen auf die Interessen des Emittenten hat.

(59) Für den Platzierungsprozess ist eine Beurteilung durch eine Wertpapierfirma in Bezug auf die Allokation einer Emission erforderlich, und er beruht auf den besonderen Tatsachen und Umständen der Vereinbarungen, die zu Bedenken bezüglich Interessenkonflikten führen. Die Wertpapierfirma sollte wirksame organisatorische Anforderungen eingeführt haben, um sicherzustellen, dass die Allokationen, die im Rahmen des Platzierungsprozesses vorgenommen wurden, nicht dazu führen, dass die Interessen der Firma über die Interessen des emittierenden Kunden oder die Interessen eines Anlagekunden gegenüber einem anderen Anlagekunden gestellt werden. Insbesondere sollten die Wertpapierfirmen den Prozess für die Ausarbeitung von Allokationsempfehlungen in Allokationsgrundsätzen klar festlegen.

(60) Die Anforderungen dieser Verordnung einschließlich der Bestimmungen über persönliche Geschäfte, den Umgang mit Kenntnissen aus der Finanzanalyse und die Erstellung oder Weitergabe von Finanzanalysen sollten unbeschadet der Anforderungen der Richtlinie 2014/65/EU[1] und der Verordnung (EU) Nr. 596/2014[2] und der dazugehörigen Durchführungsmaßnahmen gelten.

(61) Diese Verordnung enthält Anforderungen für an Kunden oder potenzielle Kunden gerichtete Informationen, einschließlich Marketingmitteilungen, um sicherzustellen, dass diese Informationen in Übereinstimmung mit Artikel 24 Absatz 3 der Richtlinie 2014/65/EU[1] redlich, eindeutig und nicht irreführend sind.

(62) Diese Verordnung verlangt in keiner Weise, dass die zuständigen Behörden den Inhalt und die Form von Marketingmitteilungen genehmigen müssen. Sie steht dem aber auch nicht entgegen, wenn sich eine solche Vorabgenehmigung nur auf die Einhaltung der Pflicht gemäß der Richtlinie 2014/65/EU[1] bezieht, dass Informationen an Kunden oder potenzielle Kunden, einschließlich Marketingmitteilungen, redlich, eindeutig und nicht irreführend sein müssen.

(63) Es sollten Informationsanforderungen festgelegt werden, die den Status eines Kunden als Kleinanleger, professioneller Kunde oder geeignete Gegenpartei berücksichtigen. Ein Ziel der Richtlinie 2014/65/EU[1] besteht darin, für eine angemessene Balance zwischen Anlegerschutz und Offenlegungspflichten der Wertpapierfirmen zu sorgen. Es ist daher angebracht, für professionelle Kunden weniger strenge besondere Informationsanforderungen festzulegen als für Kleinanleger.

(64) Wertpapierfirmen sollten Kunden oder potenziellen Kunden die notwendigen Informationen über die Art der Finanzinstrumente und die mit der Anlage in diese Instrumente verbundenen Risiken zur Verfügung stellen, so dass ihre Kunden ordnungsgemäß informiert sind. Die Ausführlichkeit dieser bereitzustellenden Informationen kann je nachdem, ob es sich bei dem Kunden um einen Kleinanleger oder einen professionellen Kunden handelt, und entsprechend der Art und dem Risikoprofil der Finanzinstrumente, die angeboten werden, variieren, es sollten jedoch immer die wesentlichen Elemente enthalten sein. Die Mitgliedstaaten können den genauen Wortlaut bzw. den Inhalt der nach dieser Verordnung erforderlichen Beschreibung der

---

[1] Nr. 1.
[2] Nr. 11.

Risiken unter Berücksichtigung der Informationsanforderungen gemäß der Verordnung (EU) Nr. 1286/2014[1)] des Europäischen Parlaments und des Rates[2)] festlegen.

(65) Die Bedingungen, die Informationen von Wertpapierfirmen für Kunden und potenzielle Kunden erfüllen müssen, um redlich, eindeutig und nicht irreführend zu sein, sollten auf Mitteilungen für Kleinanleger oder professionelle Kunden in einer Weise angewandt werden, die unter Berücksichtigung beispielsweise des Kommunikationsmittels und der Information, die den Kunden oder potenziellen Kunden vermittelt werden soll, angemessen und verhältnismäßig ist. Es wäre insbesondere nicht angebracht, derartige Bedingungen auf Marketingmitteilungen anzuwenden, die nur eine oder mehrere der folgenden Angaben enthalten: Name der Firma, Logo oder ein anderes mit der Firma zusammenhängendes Bild, Kontaktadresse, Angaben zur Art der von der Firma erbrachten Wertpapierdienstleistungen.

(66) Zur Verbesserung der Kohärenz der Informationen für die Anleger, sollten die Wertpapierfirmen sicherstellen, dass die jedem Kunden zur Verfügung gestellten Informationen für alle Informationsformen und Marketingmaterialien, die diesem Kunden zur Verfügung gestellt werden, einheitlich in der gleichen Sprache dargestellt werden. Dies sollte jedoch nicht bedeuten, dass die Firmen verpflichtet sind, gemäß der Richtlinie 2003/71/EG des Europäischen Parlaments und des Rates[3)] oder der Richtlinie 2009/65/EG des Europäischen Parlaments und des Rates[4)] erstellte Prospekte, die den Kunden angeboten werden, übersetzen zu lassen.

(67) Für eine sachgerechte und ausgewogene Darstellung der Vorteile und Risiken sollten die Wertpapierfirmen immer eindeutig und deutlich auf relevante Risiken, einschließlich der Nachteile und Schwächen, hinweisen, wenn sie mögliche Vorteile einer Dienstleistung oder eines Finanzinstruments angeben.

(68) Eine Information sollte als irreführend angesehen werden, wenn sie den Adressaten oder eine Person, die sie wahrscheinlich erhält, irreführen kann, unabhängig davon, ob die Person, die die Information übermittelt, sie für irreführend hält oder die Irreführung beabsichtigt.

(69) Muss eine Wertpapierfirma einem Kunden vor der Erbringung einer Dienstleistung Informationen übermitteln, sollten Geschäfte mit ein und derselben Art von Finanzinstrument nicht jeweils als neue oder andere Dienstleistung angesehen werden.

(70) Detaillierte Informationen darüber, ob eine Anlageberatung unabhängig erbracht wird, über eine umfangreiche oder eingeschränkte Analyse der verschiedenen Arten von Instrumenten und über den angewandten Auswahlprozess sollten den Kunden helfen, den Umfang der erbrachten Beratung zu bewerten. Den Kunden sollten ausreichend detaillierte Informationen zur Anzahl der von den Firmen analysierten Finanzinstrumente zur Verfügung gestellt werden. Die Anzahl und die Vielfalt der zu berücksichtigenden Finanzinstrumente, bei denen es sich nicht um die von der Wertpapierfirma oder von den der Firma nahestehenden Einrichtungen bereitgestellten Finanzinstrumente handelt, sollten in Bezug auf den Umfang der erteilten Beratung sowie die Kundenpräferenzen und -bedürfnisse verhältnismäßig sein. Unabhängig vom Umfang der angebotenen Dienstleistungen, sollten jedoch alle Bewertungen auf einer angemessenen Anzahl an Finanzinstrumenten basieren, die auf dem Markt verfügbar sind, beruhen, damit die alternativen Angebote des Marktes angemessen berücksichtigt werden können.

(71) Der Umfang der durch die Wertpapierfirmen unabhängig erbrachten Beratung kann von umfassend und allgemein bis zu fachspezifisch und konkret reichen. Um sicherzustellen, dass die Beratung einen fairen und angemessenen Vergleich zwischen den verschiedenen Finanzinstrumenten ermöglicht, sollten Anlageberater, die sich auf bestimmte Kategorien von Finanzinstrumenten spezialisieren und sich auf Kriterien konzentrieren, die nicht auf der Struktur des Instruments an sich beruhen, wie „grüne" oder „ethisch vertretbare" Anlagen, bestimmte Bedingungen erfüllen, wenn sie von sich selbst behaupten, unabhängige Berater zu sein.

---

[1)] Nr. **9**.
[2)] **Amtl. Anm.**: Verordnung (EU) Nr. 1286/2014 des Europäischen Parlaments und des Rates vom 26. November 2014 über Basisinformationsblätter für verpackte Anlageprodukte für Kleinanleger und Versicherungsanlageprodukte (PRIIP) (ABl. L 352 vom 9.12.2014, S. 1).
[3)] **Amtl. Anm.**: Richtlinie 2003/71/EG des Europäischen Parlaments und des Rates vom 4. November 2003 betreffend den Prospekt, der beim öffentlichen Angebot von Wertpapieren oder bei deren Zulassung zum Handel zu veröffentlichen ist, und zur Änderung der Richtlinie 2001/34/EG (ABl. L 345 vom 31.12.2003, S. 64).
[4)] **Amtl. Anm.**: Richtlinie 2009/65/EG des Europäischen Parlaments und des Rates vom 13. Juli 2009 zur Koordinierung der Rechts- und Verwaltungsvorschriften betreffend bestimmte Organismen für gemeinsame Anlagen in Wertpapieren (OGAW) (ABl. L 302 vom 17.11.2009, S. 32).

(72) Wenn es ein und demselben Berater ermöglicht wird, sowohl eine unabhängige als auch eine nicht unabhängige Beratung zu erbringen, könnte dies für den Kunden verwirrend sein. Um sicherzustellen, dass die Kunden die Art und die Grundlage der erbrachten Anlageberatung verstehen, sollten bestimmte organisatorische Anforderungen festgelegt werden.

(73) Übermittelt eine Wertpapierfirma einem Kunden ein Exemplar eines Prospekts, der gemäß der Richtlinie 2003/71/EG erstellt und veröffentlicht worden ist, sollte dies nicht als Übermittlung einer Information durch die Wertpapierfirma an einen Kunden im Sinne der Bedingungen für die Ausübung der Tätigkeit gemäß der Richtlinie 2014/65/EU[1)] in Bezug auf Qualität und Inhalt derartiger Informationen gelten, wenn die Wertpapierfirma gemäß der genannten Richtlinie nicht für die in dem Prospekt enthaltenen Informationen verantwortlich ist.

(74) Durch die Richtlinie 2014/65/EU[1)] werden die Pflichten der Wertpapierfirmen zur Offenlegung von Informationen über alle Kosten und Gebühren verschärft und auf Beziehungen mit professionellen Kunden und geeigneten Gegenparteien ausgeweitet. Um sicherzustellen, dass alle Kundenkategorien von dieser stärkeren Transparenz bezüglich der Kosten und Gebühren profitieren, sollte es den Wertpapierfirmen ermöglicht werden, unter bestimmten Umständen bei der Erbringung von Wertpapierdienstleistungen für professionelle Kunden oder geeignete Gegenparteien eine Beschränkung der detaillierten Anforderungen gemäß der genannten Verordnung mit diesen Kunden zu vereinbaren. Dies führt jedoch niemals zu einem Ausschluss der Pflichten der Wertpapierfirmen gemäß Artikel 24 Absatz 4 der Richtlinie 2014/65/EU[1)]. In dieser Hinsicht sollten Wertpapierfirmen die professionellen Kunden über alle Kosten und Gebühren gemäß dieser Verordnung informieren, wenn die Dienstleistungen der Anlageberatung oder der Portfolioverwaltung erbracht werden oder wenn, unabhängig von den erbrachten Wertpapierdienstleistungen, Finanzinstrumente betroffen sind, die in ein Derivat eingebettet sind. Wertpapierfirmen sollten zudem die geeigneten Gegenparteien über alle Kosten und Gebühren gemäß dieser Verordnung informieren, wenn, unabhängig von der erbrachten Wertpapierdienstleistung, ein Derivat in das betreffende Finanzinstrument eingebettet ist und das Finanzinstrument an ihre Kunden vertrieben werden soll. In anderen Fällen, in denen Wertpapierdienstleistungen an professionelle Kunden oder geeignete Gegenparteien erbracht werden, können die Wertpapierfirmen auf Verlangen des betreffenden Kunden jedoch beispielsweise vereinbaren, dass die Abbildung bezüglich der kumulativen Auswirkungen der Ertragskosten oder eine Angabe der betreffenden Währung und die geltenden Wechselkurse sowie die Kosten, soweit ein Teil der Gesamtkosten und -gebühren in einer Fremdwährung angegeben ist, nicht mitgeteilt werden.

(75) Unter Berücksichtigung der übergeordneten Pflicht, in Übereinstimmung mit den besten Interessen der Kunden zu handeln, sowie unter Berücksichtigung der Wichtigkeit, die Kunden ex ante über alle entstehenden Kosten und Gebühren zu informieren, sollte die Bezugnahme auf empfohlene oder vertriebene Finanzinstrumente insbesondere Wertpapierfirmen, die Anlageberatungs- oder Portfolioverwaltungsdienstleistungen erbringen, sowie Firmen, die allgemeine Empfehlungen in Bezug auf Finanzinstrumente erbringen oder bei der Erbringung von Wertpapier- und Nebendienstleistungen für Kunden bestimmte Finanzinstrumente fördern, umfassen. Dies wäre beispielsweise bei Wertpapierfirmen der Fall, die Vertriebs- oder Platzierungsvereinbarungen mit einem Produkthersteller oder einem Emittenten abgeschlossen haben.

(76) Gemäß der übergeordneten Pflicht, in Übereinstimmung mit den besten Interessen der Kunden zu handeln sowie unter Berücksichtigung der Pflichten, die sich aus speziellen Rechtsvorschriften der Union zur Regelung bestimmter Finanzinstrumente (insbesondere Organismen für gemeinsame Anlagen in Wertpapieren und Standardprodukte für Privatanleger sowie Versicherungsanlageprodukte (PRIIP)) ergeben, sollten die Wertpapierfirmen alle Kosten und Gebühren, einschließlich der Kosten des Finanzinstruments, offenlegen und zusammenfassen, soweit die Wertpapierfirmen gemäß den Rechtsvorschriften der Union verpflichtet sind, die Kunden über die Kosten eines Finanzinstruments zu informieren.

(77) Wertpapierfirmen, die ein Finanzinstrument weder vertrieben noch empfohlen haben oder die nach dem Unionsrecht nicht dazu verpflichtet sind, ihre Kunden über die Kosten eines Finanzinstruments zu informieren, sind möglicherweise nicht in der Lage, alle mit diesem Finanzinstrument verbundenen Kosten zu berücksichtigen. Selbst in diesen Fällen sollten Wertpapierfirmen Kunden vorab über alle Kosten und Gebühren im Zusammenhang mit der Wertpapierdienstleistung und den Preis für den Erwerb des entsprechenden Finanzinstruments informieren. Darüber hinaus sollten Wertpapierfirmen jeglichen weiteren Pflichten zur Bereitstellung an-

---

[1)] Nr. 1.

gemessener Informationen über die Risiken des betreffenden Finanzinstruments gemäß Artikel 24 Absatz 4 Buchstabe b der Richtlinie 2014/65/EU[1]) nachkommen oder den Kunden ex post angemessene Berichte über die gemäß Artikel 25 Absatz 6 der Richtlinie 2014/65/EU[1]) erbrachten Dienstleistungen zur Verfügung stellen, die auch Kostenelemente berücksichtigen.

(78) Um sicherzustellen, dass die Kunden sich sämtlicher anfallender Kosten und Gebühren bewusst sind und diese Informationen bewertet werden und mit anderen Finanzinstrumenten und Wertpapierdienstleistungen verglichen werden können, sollten die Wertpapierfirmen ihren Kunden rechtzeitig vor der Erbringung von Dienstleistungen klare und verständliche Informationen über alle Kosten und Gebühren bereitstellen. Ex-ante-Informationen über die Kosten in Bezug auf das Finanzinstrument oder die Nebendienstleistung können auf der Grundlage eines angenommenen Anlagebetrags zur Verfügung gestellt werden. Die offengelegten Kosten und Gebühren sollten jedoch die Kosten widerspiegeln, welche dem Kunden auf der Grundlage dieses angenommenen Anlagebetrags tatsächlich entstehen würden. Wenn eine Wertpapierfirma beispielsweise eine Reihe an laufenden Dienstleistungen anbietet und für jede dieser Dienstleistungen unterschiedliche Gebühren anfallen, sollte die Firma die Kosten offenlegen, die mit der Dienstleistung verbunden sind, welche der Kunde unterzeichnet hat. Für Ex-post-Offenlegungen gilt, dass die Informationen in Bezug auf die Kosten und Gebühren den tatsächlichen Anlagebetrag des Kunden zum Zeitpunkt der Offenlegung widerspiegeln sollten.

(79) Um sicherzustellen, dass die Anleger gemäß Artikel 24 Absatz 4 der Richtlinie 2014/65/EU[1]) Informationen über alle Kosten und Gebühren erhalten, sollte für das zugrundeliegende Marktrisiko gelten, dass es sich ausschließlich auf Bewegungen des Werts des Anlagekapitals bezieht, die direkt auf Bewegungen des Werts der Basisvermögenswerte zurückzuführen sind. Transaktionskosten und laufende Gebühren für Finanzinstrumente sollten daher ebenfalls in die Zusammenfassung der Kosten und Gebühren aufgenommen werden, und sie sollten unter Anwendung angemessener Annahmen geschätzt werden. Zudem ist eine Erklärung beizufügen, dass diese Schätzungen auf Annahmen beruhen und von den tatsächlich entstehenden Kosten und Gebühren abweichen können. Wenn man das Ziel der vollständigen Offenlegung verfolgt, sollten Praktiken, die ein „Netting" der Kosten vorsehen, nicht von der Pflicht zur Bereitstellung von Informationen über die Kosten und Gebühren ausgenommen werden. Die Offenlegung der Kosten und Gebühren wird durch den Grundsatz unterstützt, dass alle Differenzen zwischen dem Preis einer Position für die Firma und dem entsprechenden Preis für den Kunden offengelegt werden sollten, einschließlich Zuschlägen und Abschlägen.

(80) Während Wertpapierfirmen gemäß Artikel 24 Absatz 4 der Richtlinie 2014/65/EU[1]) alle Kosten und Gebühren zusammenrechnen und die Kunden über die Gesamtkosten sowohl in Form eines Geldbetrags als auch in Form eines Prozentsatzes informieren sollten, sollte es den Wertpapierfirmen zudem ermöglicht werden, den Kunden oder potenziellen Kunden separate Zahlen zur Verfügung zu stellen, die die aggregierten anfänglichen Kosten und Gebühren, die aggregierten laufenden Kosten und Gebühren sowie die aggregierten Verkaufskosten enthalten.

(81) Wertpapierfirmen, die Finanzinstrumente vertreiben, in Bezug auf welche die Informationen über die Kosten und Gebühren nicht ausreichend sind, sollten ihre Kunden zudem über diese Kosten sowie über alle sonstigen Kosten und Nebenkosten für die Erbringung von Wertpapierdienstleistungen in Bezug auf die Finanzinstrumente informieren, um die Rechte der Kunden auf vollständige Offenlegung der Kosten und Gebühren zu schützen. Dies würde für Wertpapierfirmen gelten, die beispielsweise Anteile von Organismen für gemeinsame Anlagen in Wertpapieren vertreiben, für die die OGAW-Verwaltungsgesellschaft keine Transaktionskosten bereitgestellt hat. In diesen Fällen sollten sich die Wertpapierfirmen mit den OGAW-Verwaltungsgesellschaften in Verbindung setzen, um die relevanten Informationen zu erhalten.

(82) Um die Transparenz für die Kunden bezüglich der Nebenkosten ihrer Anlagen und die Wertentwicklung ihrer Anlagen gegenüber den relevanten Kosten und Gebühren im Verlauf der Zeit zu verbessern, sollte zudem eine regelmäßige Ex-post-Offenlegung vorgenommen werden, wenn die Wertpapierfirmen während des Jahres eine laufende Beziehung mit dem Kunden haben oder hatten. Eine Ex-post-Offenlegung bezüglich aller relevanten Kosten und Gebühren sollte individuell vorgenommen werden. Die regelmäßige Ex-post-Offenlegung kann auf der Grundlage bestehender Meldepflichten vorgenommen werden, die beispielsweise die Pflichten von Firmen in Bezug auf die Ausführung von Aufträgen, bei denen es sich nicht um Portfolioverwaltung handelt, die Portfolioverwaltung oder das Halten von Finanzinstrumenten oder Geldern der Kunden betreffen.

---

[1]) Nr. 1.

(83) Zu den Informationen, die eine Wertpapierfirma den Kunden über Kosten und Nebenkosten übermitteln muss, gehören auch Angaben darüber, was der Vertrag über die Erbringung von Wertpapierdienstleistungen und jeder andere Vertrag im Zusammenhang mit einem angebotenen Finanzinstrument in Bezug auf Zahlungsmodalitäten und Vertragserfüllung vorsieht. Zahlungsmodalitäten sind im Allgemeinen dann relevant, wenn ein Kontrakt über ein Finanzinstrument durch Barabrechnung beendet wird. Erfüllungsvereinbarungen werden im Allgemeinen dann relevant sein, wenn bei Beendigung des Kontrakts ein Finanzinstrument die Lieferung von Anteilen, Schuldverschreibungen, Optionsscheinen, ungemünztem Gold oder anderen Instrumenten oder Waren erfordert.

(84) Es müssen verschiedene Anforderungen für die Bewertung der Geeignetheit gemäß Artikel 25 Absatz 2 der Richtlinie 2014/65/EU[1)] und die Bewertung der Angemessenheit gemäß Artikel 25 Absatz 3 der Richtlinie eingeführt werden. Der Umfang dieser Prüfungen variiert entsprechend den Wertpapierdienstleistungen, auf welche sie sich beziehen, und die Prüfungen weisen unterschiedliche Funktionen und Merkmale auf.

(85) Die Wertpapierfirmen sollten Informationen darüber, ob der Kleinanleger in Bezug auf die empfohlenen Dienstleistungen oder Instrumente wahrscheinlich eine regelmäßige Prüfung der Verträge beantragen muss, in die Geeignetheitserklärung aufnehmen und die Aufmerksamkeit der Kunden darauf richten. Dies umfasst Situationen, in denen ein Kunde wahrscheinlich eine Beratung einholen muss, um ein Anlageportfolio wieder mit der empfohlenen ursprünglichen Allokation in Einklang zu bringen, wenn es wahrscheinlich ist, dass das Portfolio von der Ziel-Portfoliostruktur abweicht.

(86) Um Marktentwicklungen zu berücksichtigen und das gleiche Niveau an Anlegerschutz sicherzustellen, sollte klargestellt werden, dass Wertpapierfirmen für die Durchführung von Geeignetheitsbeurteilungen zuständig bleiben, wenn eine Anlageberatung oder Portfolioverwaltungsdienstleistungen ganz oder teilweise durch ein automatisiertes oder teilautomatisiertes System erbracht werden.

(87) Gemäß den Anforderungen für die Geeignetheitsbeurteilung nach Artikel 25 Absatz 2 der Richtlinie 2014/65/EU[1)] sollte zudem klargestellt werden, dass Wertpapierfirmen nicht nur in Bezug auf die Empfehlungen zum Kauf eines Finanzinstruments eine Geeignetheitsbeurteilung vornehmen sollten, sondern für alle Handelsentscheidungen, einschließlich der Frage, ob eine Anlage erworben, gehalten oder verkauft werden soll oder nicht.

(88) Für die Zwecke gemäß Artikel 25 Absatz 2 der Richtlinie 2014/65/EU[1)] kann ein Geschäft aufgrund der Risiken der damit verbundenen Finanzinstrumente, der Art des Geschäfts, der Merkmale des Auftrags oder der Häufigkeit von Geschäften für den Kunden oder potenziellen Kunden ungeeignet sein. Eine Reihe von Geschäften, die – einzeln betrachtet – jeweils geeignet sind, kann ungeeignet sein, wenn die Empfehlung oder die Handelsentscheidungen in einer Häufigkeit erfolgen, die nicht im bestmöglichen Interesse des Kunden liegt. Im Falle der Portfolioverwaltung kann ein Geschäft auch dann ungeeignet sein, wenn es ein ungeeignetes Portfolio zur Folge hätte.

(89) Spricht ein Portfolioverwalter gegenüber einem Kunden eine Empfehlung, einen Wunsch oder einen Rat dahin gehend aus, dass der Kunde eine Weisung an den Portfolioverwalter erteilen oder ändern möge, die den Ermessensspielraum des Portfolioverwalters definiert, so sollte dies als Empfehlung gemäß Artikel 25 Absatz 2 der Richtlinie 2014/65/EU[1)] gelten.

(90) Um Rechtssicherheit zu schaffen und Kunden ein besseres Verständnis der Art der erbrachten Dienstleistungen zu ermöglichen, sollten Wertpapierfirmen, die Wertpapierdienstleistungen oder Nebendienstleistungen für Kunden erbringen, mit diesen Kunden eine schriftliche Rahmenvereinbarung abschließen, in der die wesentlichen Rechte und Pflichten der Wertpapierfirma und des Kunden niedergelegt sind.

(91) Diese Verordnung sollte nicht verlangen, dass die zuständigen Behörden den Inhalt der Rahmenvereinbarung zwischen einer Wertpapierfirma und ihren Kunden genehmigen müssen. Sie steht dem aber auch nicht entgegen, wenn sich eine solche Genehmigung nur auf die Einhaltung der Vorschrift der Richtlinie 2014/65/EU[1)] bezieht, dass die Wertpapierfirma ehrlich, redlich und professionell im besten Interesse ihrer Kunden handeln muss und dass die Rechte und Pflichten der Wertpapierfirma und ihrer Kunden sowie die übrigen Bedingungen, auf deren Grundlage die Wertpapierfirma Dienstleistungen für ihre Kunden erbringt, dokumentiert werden müssen.

---

[1)] Nr. 1.

(92) Die Aufzeichnungen, die eine Wertpapierfirma führen muss, sollten der Art der Geschäftstätigkeit und dem Spektrum der von ihr erbrachten Wertpapierdienstleistungen und Anlagetätigkeiten angepasst sein, sofern die Aufzeichnungspflichten gemäß der Richtlinie 2014/65/EU[1], der Verordnung (EU) Nr. 600/2014[2] des Europäischen Parlaments und des Rates[3], der Verordnung (EU) Nr. 596/2014[4], der Richtlinie 2014/57/EU des Europäischen Parlaments und des Rates[5] und der vorliegenden Verordnung eingehalten werden und die zuständigen Behörden in der Lage sind, ihre Aufsichtsaufgaben wahrzunehmen und Durchsetzungsmaßnahmen durchzuführen, um Anlegerschutz und Marktintegrität zu gewährleisten.

(93) Angesichts der Bedeutung der Berichte und regelmäßigen Mitteilungen für alle Kunden sowie der Erweiterung des Anwendungsbereichs von Artikel 25 Absatz 6 der Richtlinie 2014/65/EU[1] auf die Beziehung mit geeigneten Gegenparteien, sollten die Meldepflichten gemäß dieser Verordnung für alle Kundenkategorien gelten. Unter Berücksichtigung der Art der Interaktion mit geeigneten Gegenparteien sollte es den Wertpapierfirmen gestattet werden, Verträge abzuschließen, in denen der genaue Inhalt und der Zeitpunkt der Meldung festgelegt werden, die von dem für Kleinanleger und professionelle Kunden geltenden Inhalt und Zeitpunkt abweichen.

(94) Erbringt eine Wertpapierfirma Portfolioverwaltungsdienstleistungen und muss Kunden oder potenziellen Kunden Informationen über die Art von Finanzinstrumenten, die in das Kundenportfolio aufgenommen werden können, und die Art von Geschäften, die mit diesen Instrumenten ausgeführt werden können, übermitteln, sollten diese Informationen gesonderte Angaben dazu enthalten, ob die Wertpapierfirma berechtigt ist, in nicht für den Handel an einem geregelten Markt zugelassene Finanzinstrumente, in Derivate oder in illiquide oder hochvolatile Instrumente zu investieren, oder ob sie Leerverkäufe, Käufe mit geliehenen Geldern, Wertpapierfinanzierungsgeschäfte oder sonstige Geschäfte tätigen darf, die Einschusspflichten, die Einlage von Sicherheiten oder Wechselkursrisiken umfassen.

(95) Die Kunden sollten über die Wertentwicklung ihres Portfolios und Wertminderungen ihrer Erstinvestitionen informiert werden. Für den Fall der Portfolioverwaltung sollte dieser Trigger bei einer Wertminderung von 10 %, und anschließend bei Vielfachen von 10 %, des Gesamtwerts des Portfolios gesetzt werden, und er sollte nicht für einzelne Anlagen gelten.

(96) Für die Zwecke der Berichtspflichten in Bezug auf die Portfolioverwaltung sollte ein Geschäft mit einer Eventualverbindlichkeit alle tatsächlichen oder potenziellen Verbindlichkeiten des Kunden umfassen, die über den Kaufpreis des Instruments hinausgehen.

(97) Für die Zwecke der Bestimmungen über Berichte an Kunden sollte eine Bezugnahme auf die Art des Auftrags als Bezugnahme auf den Status des Auftrags als Limitauftrag, Auftrag zum Marktpreis oder eine bestimmte andere Art von Auftrag verstanden werden.

(98) Für die Zwecke der Bestimmungen über Berichte an Kunden sollte eine Bezugnahme auf das Wesen des Auftrags als Bezugnahme auf Aufträge zur Zeichnung von Wertpapieren, zur Ausübung einer Option oder vergleichbare Kundenaufträge verstanden werden.

(99) Bei der Festlegung ihrer Grundsätze der Auftragsausführung gemäß Artikel 27 Absatz 4 der Richtlinie 2014/65/EU[1] sollte eine Wertpapierfirma die relative Bedeutung der in Artikel 27 Absatz 1 der genannten Richtlinie angeführten Aspekte bestimmen oder zumindest festlegen, wie sie bei der Bestimmung der relativen Bedeutung dieser Aspekte verfährt, um das bestmögliche Ergebnis für ihre Kunden zu erzielen. Um diesen Grundsätzen gerecht zu werden, sollte eine Wertpapierfirma die Ausführungsplätze so auswählen, dass sie bei der Ausführung von Kundenaufträgen gleich bleibend das bestmögliche Ergebnis erzielen kann. Von der rechtlichen Verpflichtung zur bestmöglichen Ausführung zu erfüllen, werden Wertpapierfirmen gemäß den einschlägigen Kriterien für professionelle Kunden bei Wertpapierfinanzierungsgeschäften in der Regel andere Handelsplätze nutzen als bei anderen Geschäften. Dies ist darauf zurückzuführen, dass Wertpapierfinanzierungsgeschäfte als Finanzierungsquelle dienen, wobei der Kreditnehmer

---

[1] Nr. 1.
[2] Nr. 2.
[3] **Amtl. Anm.:** Verordnung (EU) Nr. 600/2014 des Europäischen Parlaments und des Rates vom 15. Mai 2014 über Märkte für Finanzinstrumente und zur Änderung der Verordnung (EU) Nr. 648/2012 (ABl. L 173 vom 12.6.2014, S. 84).
[4] Nr. 11.
[5] **Amtl. Anm.:** Richtlinie 2014/57/EU des Europäischen Parlaments und des Rates vom 16. April 2014 über strafrechtliche Sanktionen bei Marktmanipulation (Marktmissbrauchsrichtlinie) (ABl. L 173 vom 12.6.2014, S. 179).

sich dazu verpflichtet, zu einem künftigen Zeitpunkt gleichwertige Wertpapiere zu liefern, und die Einzelheiten der Wertpapierfinanzierungsgeschäfte typischerweise vor der Ausführung bilateral zwischen den Gegenparteien geregelt werden. Daher ist die Auswahl der Handelsplätze bei Wertpapierfinanzierungsgeschäften stärker begrenzt als bei anderen Geschäften, da sie von den jeweiligen im Voraus zwischen den Gegenparteien vereinbarten Bedingungen und von der Nachfrage nach den betreffenden Finanzinstrumenten an diesen Handelsplätzen abhängen. Folglich sollten die Wertpapierfirmen in ihren Grundsätzen für die Auftragsausführung den besonderen Eigenschaften von Wertpapierfinanzierungsgeschäften Rechnung tragen und die für solche Geschäfte genutzten Handelsplätze getrennt aufführen. Eine Wertpapierfirma sollte bei der Anwendung ihrer Grundsätze der Auftragsausführung bestrebt sein, bei jedem von ihr ausgeführten Kundenauftrag im Einklang mit diesen Grundsätzen das bestmögliche Ergebnis für die Kunden zu erzielen.

(100) Um sicherzustellen, dass Wertpapierfirmen, die Aufträge von Kunden an andere Ausführungseinrichtungen weiterleiten oder diese damit beauftragen, im Sinne von Artikel 24 Absatz 1 der Richtlinie 2014/65/EU[1] und Artikel 24 Absatz 4 der Richtlinie 2014/65/EU[1] im besten Interesse ihrer Kunden handeln und diesen angemessene Information über die Wertpapierfirma und ihre Dienstleistungen zur Verfügung stellen, sollten Wertpapierfirmen ihren Kunden für jede Klasse von Finanzinstrumenten angemessene Informationen über die wichtigsten fünf Einrichtungen zur Verfügung stellen, an die sie Kundenaufträge weiterleiten oder die sie damit beauftragen, und die Kunden gemäß Artikel 27 Absatz 6 der Richtlinie 2014/65/EU[1] und der dazugehörigen Durchführungsmaßnahmen über die Ausführungsqualität informieren. Wertpapierfirmen, die Aufträge an andere Ausführungseinrichtungen weiterleiten oder diese damit beauftragen, dürfen nur dann eine einzige Ausführungseinrichtung auswählen, wenn sie nachweisen können, dass sie damit kontinuierlich das bestmögliche Ergebnis für ihre Kunden erzielen können, und wenn sie vernünftigerweise davon ausgehen können, dass die ausgewählte Einrichtung sie in die Lage versetzt, für die Kunden Ergebnisse zu erzielen, die mindestens genauso gut sind wie die Ergebnisse, die sie vernünftigerweise bei alternativen Ausführungseinrichtungen erwarten können. Diese vernünftige Erwartung sollte durch einschlägige Daten, die gemäß Artikel 27 der Richtlinie 2014/65/EU[1] veröffentlicht wurden, oder durch interne Analysen der Wertpapierfirmen gestützt werden.

(101) Damit eine Wertpapierfirma bei der Ausführung eines Kleinanlegerauftrags das bestmögliche Ergebnis für den Kunden erzielt, wenn dieser keine ausdrücklichen Weisungen erteilt hat, sollte die Wertpapierfirma alle Faktoren berücksichtigen, die es ihr ermöglichen, in Bezug auf das Gesamtentgelt, d.h. den Preis für das Finanzinstrument und die mit der Auftragsausführung verbundenen Kosten, das bestmögliche Ergebnis zu erzielen. Schnelligkeit, Wahrscheinlichkeit der Ausführung und Abwicklung, Umfang und Art des Auftrags, Marktwirkungen sowie etwaigen sonstigen impliziten Transaktionskosten darf nur insoweit Vorrang gegenüber den unmittelbaren Preis- und Kostenerwägungen eingeräumt werden, als sie dazu beitragen, für den Kleinanleger in Bezug auf das Gesamtentgelt das bestmögliche Ergebnis zu erzielen.

(102) Führt eine Wertpapierfirma einen Auftrag nach ausdrücklichen Weisungen des Kunden aus, sollte dies so verstanden werden, dass sie ihrer Pflicht zur bestmöglichen Ausführung nur in Bezug auf den Teil oder Aspekt des Auftrags nachgekommen ist, auf den sich die Weisungen des Kunden beziehen. Hat der Kunde ausdrückliche Weisungen erteilt, die einen Teil oder einen Aspekt des Auftrags betreffen, so sollte dies nicht so verstanden werden, dass die Wertpapierfirma in Bezug auf andere, nicht von diesen Weisungen betroffene Teile oder Aspekte des Kundenauftrags von ihrer Pflicht zur bestmöglichen Ausführung entbunden ist. Eine Wertpapierfirma sollte einen Kunden nicht explizit oder implizit dazu veranlassen, sie zu einer bestimmten Art der Auftragsausführung anzuweisen, wenn sie nach vernünftigem Ermessen wissen sollte, dass eine derartige Weisung sie wahrscheinlich daran hindert, das bestmögliche Ergebnis für den Kunden zu erzielen. Dies sollte eine Wertpapierfirma jedoch nicht daran hindern, einen Kunden zwischen zwei oder mehreren angegebenen Ausführungsplätzen wählen zu lassen, wenn diese mit den Grundsätzen der Auftragsausführung der Wertpapierfirma vereinbar sind.

(103) Handelt eine Wertpapierfirma mit Kunden für eigene Rechnung, so sollte dies als Ausführung von Kundenaufträgen angesehen werden und daher den Anforderungen der Richtlinie 2014/65/EU[1] und dieser Verordnung, insbesondere den Verpflichtungen in Bezug auf die bestmögliche Ausführung, unterliegen. Teilt eine Wertpapierfirma einem Kunden jedoch einen Kurs mit, mit dem sie ihren Verpflichtungen gemäß Artikel 27 Absatz 1 der Richtlinie 2014/65/EU[1] nachkäme, wenn der Auftrag zeitgleich mit der Mitteilung zu diesem Kurs ausgeführt

---

[1] Nr. 1.

würde, dann sollte die Wertpapierfirma diesen Verpflichtungen ebenfalls nachkommen, wenn sie den Auftrag zum mitgeteilten Kurs nach dessen Annahme durch den Kunden ausführt, sofern der Kurs unter Berücksichtigung veränderter Marktbedingungen und der zwischen Angebot und Annahme des Kurses verstrichenen Zeit nicht eindeutig überholt ist.

(104) Die Verpflichtung zur Erzielung des bestmöglichen Ergebnisses bei der Ausführung von Kundenaufträgen gilt für alle Arten von Finanzinstrumenten. In Anbetracht der unterschiedlichen Strukturen von Märkten und Finanzinstrumenten kann die Feststellung und Anwendung einheitlicher Standards und Verfahren für die bestmögliche Ausführung, die bei allen Gattungen von Instrumenten gültig und wirksam wären, allerdings schwierig sein. Die Verpflichtungen im Hinblick auf die bestmögliche Ausführung sollten daher in einer Weise angewandt werden, die den unterschiedlichen Rahmenbedingungen bei der Ausführung von Aufträgen im Zusammenhang mit den einzelnen Arten von Finanzinstrumenten Rechnung trägt. So sind beispielsweise Geschäfte mit OTC-Finanzinstrumenten im Rahmen einer individuellen, auf die Verhältnisse des Kunden und der Wertpapierfirma zugeschnittenen vertraglichen Beziehung unter dem Gesichtspunkt der bestmöglichen Ausführung möglicherweise nicht mit Geschäften vergleichbar, die sich auf Anteile beziehen, die an zentralen Ausführungsplätzen gehandelt werden. Da die Pflichten zur bestmöglichen Ausführung für alle Finanzinstrumente gelten, unabhängig davon, ob sie an Handelsplätzen oder außerbörslich gehandelt werden, sollten die Wertpapierfirmen die relevanten Marktdaten erfassen, um zu prüfen, ob der angebotene OTC-Preis für einen Kunden angemessen ist und die Pflicht zur bestmöglichen Ausführung erfüllt.

(105) Die Bestimmungen dieser Verordnung über die Grundsätze der Auftragsausführung sollten unbeschadet der in Artikel 27 Absatz 7 der Richtlinie 2014/65/EU[1)] niedergelegten allgemeinen Pflicht einer Wertpapierfirma gelten, die Effizienz ihrer Vorkehrungen zur Auftragsausführung und ihrer Grundsätze der Auftragsausführung zu überwachen und die in Letzteren genannten Ausführungsplätze regelmäßig zu prüfen.

(106) Diese Verordnung sollte weder die Wertpapierfirma, die Dienstleistungen in Form der Annahme und Weiterleitung von Aufträgen oder der Portfolioverwaltung erbringt, noch die Wertpapierfirma, an die die erstgenannte Firma ihre Aufträge zur Ausführung weiterleitet, zur bestmöglichen Ausführung ein und desselben Auftrags verpflichten.

(107) Die Verpflichtung zur bestmöglichen Ausführung gemäß der Richtlinie 2014/65/EU[1)] verlangt von den Wertpapierfirmen, dass sie alle ausreichenden Maßnahmen ergreifen, um das bestmögliche Ergebnis für ihre Kunden zu erzielen. Ein wichtiger Aspekt der bestmöglichen Ausführung ist die Qualität der Ausführung, wozu u.a. die Schnelligkeit und Wahrscheinlichkeit der Ausführung (wie die Auftragserfüllungsquote) sowie die Möglichkeit zur Erzielung und das Ausmaß von Preisverbesserungen gehören. Verfügbarkeit, Vergleichbarkeit und Konsolidierung von Daten der einzelnen Ausführungsplätze zur Qualität der Ausführung sind für Wertpapierfirmen und Anleger von größter Bedeutung, um diejenigen Ausführungsplätze auswählen zu können, die die höchste Qualität der Ausführung für ihre Kunden erzielen. Um das bestmögliche Ausführungsergebnis für einen Kunden zu erzielen, sollten die Wertpapierfirmen die einschlägigen Daten vergleichen und analysieren, einschließlich der Daten, die gemäß Artikel 27 Absatz 3 der Richtlinie 2014/65/EU[1)] und den entsprechenden Durchführungsmaßnahmen veröffentlicht wurden.

(108) Wertpapierfirmen, die Aufträge ausführen, sollten einen einzigen Handelsplatz nur dann auswählen dürfen, wenn sie nachweisen können, dass sie für ihre Kunden damit kontinuierlich die bestmögliche Ausführung erreichen können. Wertpapierfirmen sollten nur einen einzigen Ausführungsplatz auswählen, wenn sie vernünftigerweise erwarten können, dass sie mit dem ausgewählten Ausführungsplatz Ergebnisse für die Kunden erzielen können, die mindestens so gut sind wie die Ergebnisse, die sie bei alternativen Ausführungsplätzen vernünftigerweise erwarten können. Diese vernünftige Erwartung muss durch einschlägige Daten, die gemäß Artikel 27 der Richtlinie 2014/65/EU[1)] veröffentlicht wurden, oder durch andere von den Wertpapierfirmen durchgeführte interne Analysen gestützt werden.

(109) Die Umverteilung von Geschäften sollte als nachteilig für einen Kunden angesehen werden, wenn – infolge der Umverteilung – der Wertpapierfirma oder einem bestimmten Kunden in ungerechtfertigter Weise Vorrang eingeräumt wird.

(110) Unbeschadet der Richtlinie 2014/596/EU sollten für die Zwecke der Bestimmungen der vorliegenden Richtlinie über die Bearbeitung von Kundenaufträgen Kundenaufträge nicht als ansonsten vergleichbar angesehen werden, wenn sie über unterschiedliche Kommunikations-

---

[1)] Nr. 1.

mittel eingehen und nicht der Reihe nach bearbeitet werden könnten. Jede Verwendung von Informationen über einen laufenden Kundenauftrag durch eine Wertpapierfirma, um für eigene Rechnung Geschäfte mit den Finanzinstrumenten, auf die sich der Kundenauftrag bezieht, oder mit damit verbundenen Finanzinstrumenten zu tätigen, sollte als Missbrauch dieser Informationen betrachtet werden. Beschränken sich allerdings Marktmacher oder Einrichtungen, die als Gegenparteien fungieren dürfen, auf die Ausübung ihrer legitimen Geschäftstätigkeit in Form des Kaufs und Verkaufs von Finanzinstrumenten oder beschränken sich zur Ausführung von Aufträgen für Rechnung Dritter befugte Personen auf die pflichtgemäße Ausführung eines Auftrags, so sollte allein aufgrund dieses Umstands kein Missbrauch von Informationen unterstellt werden.

(111) Bei der Beurteilung, ob ein Markt die unter Artikel 33 Absatz 3 Buchstabe a der Richtlinie 2014/65/EU[1] festgelegte Anforderung erfüllt, dass es sich bei mindestens 50 % der für den Handel auf diesem Markt zugelassenen Emittenten um kleine und mittlere Unternehmen (KMU) handeln muss, sollten die zuständigen Behörden in Bezug auf die Märkte ohne Betriebshistorie, neu gegründete KMU, deren Finanzinstrumente für einen Zeitraum von weniger als drei Jahren für den Handel zugelassen wurden, und Emittenten von ausschließlich Nichteigenkapitalfinanzinstrumenten einen flexiblen Ansatz verfolgen.

(112) Angesichts der Diversität der Betriebsmodelle von bestehenden MTF mit einem Schwerpunkt auf KMU innerhalb der Union und um den Erfolg der neuen Kategorie des KMU-Wachstumsmarktes sicherzustellen, ist es zweckmäßig, den KMU-Wachstumsmärkten bei der Beurteilung, ob Emittenten für die Zulassung zu ihrem Handelsplatz geeignet sind, einen angemessenen Grad an Flexibilität zu gewähren. Für einen KMU-Wachstumsmarkt sollten auf jeden Fall keine Regelungen gelten, die die Emittenten stärker belasten als die auf geregelten Märkten für Emittenten geltenden Vorschriften.

(113) In Bezug auf den Inhalt des Zulassungsdokuments, das ein Emittent bei der erstmaligen Zulassung seiner Wertpapiere zum Handel auf einem KMU-Wachstumsmarkt, für die die Anforderung bezüglich der Veröffentlichung eines Prospekts gemäß der Richtlinie 2003/71/EG nicht gilt, erstellen muss, sollte den zuständigen Behörden ein Ermessensspielraum bei der Beurteilung zustehen, ob durch die von dem Betreiber des KMU-Wachstumsmarktes festgelegten Regeln die ordnungsgemäße Information der Anleger erreicht wird. Während der Emittent vollständig für die Informationen in dem Zulassungsdokument verantwortlich sein sollte, sollte der Betreiber eines KMU-Wachstumsmarktes festlegen, wie das Zulassungsdokument angemessen geprüft wird. Dies sollte nicht notwendigerweise eine formelle Genehmigung durch die zuständige Behörde oder den Betreiber erfordern.

(114) Die Veröffentlichung der Jahres- und Halbjahresfinanzberichte durch die Emittenten stellt einen angemessenen Mindeststandard für die Transparenz dar, der den vorherrschenden bewährten Verfahren auf bestehenden Märkten mit Schwerpunkt auf KMU entspricht. In Bezug auf den Inhalt von Finanzberichten sollte der Betreiber eines KMU-Wachstumsmarktes die Möglichkeit haben, die Anwendung der International Financial Reporting Standards oder der gemäß den lokalen Gesetzen und Verordnungen zugelassenen Rechnungslegungsstandards oder beider durch die Emittenten, deren Finanzinstrumente auf seinem Handelsplatz gehandelt werden, vorzuschreiben. Fristen für die Veröffentlichung von Finanzberichten sollten weniger belastend sein als die gemäß der Richtlinie 2004/109/EG des Europäischen Parlaments und des Rates[2] vorgeschriebenen Fristen, da weniger strenge Zeitrahmen für die Bedürfnisse und Gegebenheiten von KMU besser geeignet zu sein scheinen.

(115) Da die Vorschriften über die Verbreitung von Informationen über Emittenten an geregelten Märkten gemäß der Richtlinie 2004/109/EG eine zu große Belastung für Emittenten an KMU-Wachstumsmärkten darstellen würden, ist es zweckmäßig, dass die Website des Betreibers eines KMU-Wachstumsmarktes zum Verbindungspunkt für Anleger wird, die Informationen über Emittenten wünschen, die an diesem Handelsplatz gehandelt werden. Eine Veröffentlichung auf der Website des Betreibers eines KMU-Wachstumsmarktes kann zudem dadurch erfolgen, dass ein direkter Link zu der Website des Emittenten bereitgestellt wird, falls die Informationen dort

---

[1] Nr. 1.
[2] **Amtl. Anm.:** Richtlinie 2004/109/EG des Europäischen Parlaments und des Rates vom 15. Dezember 2004 zur Harmonisierung der Transparenzanforderungen in Bezug auf Informationen über Emittenten, deren Wertpapiere zum Handel auf einem geregelten Markt zugelassen sind, und zur Änderung der Richtlinie 2001/34/EG (ABl. L 390 vom 31.12.2004, S. 38).

veröffentlicht werden und wenn der Link direkt zu dem relevanten Teil der Website des Emittenten führt, wo die Anleger die vorgeschriebenen Informationen leicht finden können.

(116) Es muss genauer festgelegt werden, unter welchen Umständen eine Aussetzung des Handels mit oder der Ausschluss eines Finanzinstruments vom Handel wahrscheinlich einen erheblichen Schaden für die Interessen des Anlegers oder das ordnungsgemäße Funktionieren des Marktes verursacht. In diesem Bereich ist eine Konvergenz erforderlich, um sicherzustellen, dass die Marktteilnehmer in einem Mitgliedstaat, in dem der Handel mit Finanzinstrumenten ausgesetzt wurde oder in dem Finanzinstrumente vom Handel ausgeschlossen wurden, keine Nachteile gegenüber Marktteilnehmern in einem anderen Mitgliedstaat, in dem der Handel weiter läuft, erleiden.

(117) Zur Gewährleistung des erforderlichen Maßes an Konvergenz ist es angezeigt, eine Liste von Umständen zu erstellen, die den Interessen der Anleger und der geordneten Funktionsweise des Marktes erheblichen Schaden zufügen, um zuständigen nationalen Behörden, Marktbetreibern, die einen geregelten Markt betreiben, Wertpapierfirmen oder Marktbetreibern von MTF oder OTF eine Grundlage für die Entscheidung zu bieten, keine Aussetzung des Handels oder den Ausschluss eines Finanzinstruments vom Handel zu beantragen oder einer entsprechenden Meldung nicht zu folgen. Diese Liste ist nicht erschöpfend, vielmehr bietet sie den nationalen zuständigen Behörden einen Rahmen für ihre Entscheidung und gewährt ihnen den notwendigen Grad an Flexibilität bei der Beurteilung der Einzelfälle.

(118) Gemäß Artikel 31 Absatz 2 bzw. Artikel 54 Absatz 2 der Richtlinie 2014/65/EU[1] wird von Wertpapierfirmen und Marktbetreibern, die ein MTF oder ein OTF betreiben, sowie von Marktbetreibern von geregelten Märkten verlangt, dass sie ihre nationalen zuständigen Behörden unter bestimmten Umständen unverzüglich informieren. Durch diese Anforderung soll sichergestellt werden, dass die nationalen zuständigen Behörden ihre Regulierungsaufgaben erfüllen können und rechtzeitig über relevante Ereignisse informiert werden, die negative Auswirkungen auf das Funktionieren und die Integrität der Märkte haben könnten. Mit den von den Betreibern von Handelsplätzen erhaltenen Informationen sollten die nationalen zuständigen Behörden in der Lage sein, die Risiken für die Märkte und ihre Teilnehmer zu ermitteln und zu bewerten sowie wirksam zu reagieren und gegebenenfalls Maßnahmen zu ergreifen.

(119) Es sollte eine nicht erschöpfende Liste von bedeutenden Umständen erstellt werden, unter denen ein wesentlicher Verstoß gegen die Vorschriften eines Handelsplatzes, marktstörende Handelsbedingungen oder Systemstörungen in Bezug auf ein Finanzinstrument angenommen werden können und die für die Betreiber von Handelsplätzen daher die Pflicht begründen, gemäß Artikel 31 Absatz 2 und Artikel 54 Absatz 2 der Richtlinie 2014/65/EU[1] unverzüglich ihre zuständigen Behörden zu informieren. Zu diesem Zweck sollte eine Bezugnahme auf die „Vorschriften eines Handelsplatzes" in weitem Sinne verstanden werden und alle Vorschriften, Regelungen, Anordnungen sowie die allgemeinen Bestimmungen und Bedingungen von vertraglichen Vereinbarungen zwischen dem Handelsplatz und seinen Teilnehmern umfassen, welche die Bedingungen für den Handel und die Zulassung zu dem Handelsplatz enthalten.

(120) In Bezug auf eine Verhaltensweise, die möglicherweise als missbräuchliches Verhalten im Sinne der Verordnung (EU) Nr. 596/2014[2] hindeutet, sollte zudem eine nicht erschöpfende Liste mit Anzeichen für Insider-Geschäfte und Marktmanipulation erstellt werden, die der Betreiber eines Handelsplatzes berücksichtigen sollte, wenn er Geschäfte oder Handelsaufträge prüft, um festzustellen, ob die Pflicht gemäß Artikel 31 Absatz 2 und Artikel 54 Absatz 2 der Richtlinie 2014/65/EU[1], die jeweilige nationale zuständige Behörde zu informieren, gilt. Zu diesem Zweck sollte eine Bezugnahme auf den Begriff „Handelsauftrag" alle Arten von Aufträgen umfassen, einschließlich Erstaufträge, Änderungen, Aktualisierungen und Stornierung von Aufträgen, unabhängig davon, ob diese ausgeführt worden sind oder nicht und unabhängig von den Mitteln, die eingesetzt wurden, um Zugang zu dem Handelsplatz zu erhalten.

(121) Die Liste mit Anzeichen für Insider-Geschäfte und Marktmanipulation sollte weder erschöpfend noch ausschlaggebend für einen Marktmissbrauch oder einen versuchten Marktmissbrauch sein, da ein Anzeichen *per se* nicht notwendigerweise einen Marktmissbrauch oder einen versuchten Marktmissbrauch darstellen muss. Geschäfte oder Handelsaufträge, die einen oder mehrere Anzeichen erfüllen, dürfen aus berechtigten Gründen oder unter Einhaltung der Vorschriften des Handelsplatzes durchgeführt werden.

---

[1] Nr. 1.
[2] Nr. 11.

# 13 VO (EU) 2017/565

(122) Um Interessenträgern des Marktes unter Vermeidung von Marktmissbrauch und unter Wahrung der Vertraulichkeit der Identität der Inhaber von Positionen Transparenz zu bieten, sollte die Veröffentlichung von wöchentlichen Berichten über die aggregierten gehaltenen Positionen gemäß Artikel 58 Absatz 1 Buchstabe a der Richtlinie 2014/65/EU[1)] nur für Kontrakte gelten, die von einer bestimmten Anzahl von Personen in einem in dieser Verordnung festgelegten Mindestumfang gehandelt werden.

(123) Um sicherzustellen, dass Marktdaten innerhalb der Union einheitlich zu angemessenen kaufmännischen Bedingungen bereitgestellt werden, enthält diese Verordnung die Bedingungen, welche genehmigte Veröffentlichungssysteme und konsolidierte Datenticker erfüllen müssen. Durch diese Bedingungen soll sichergestellt werden, dass die Pflicht zur Bereitstellung von Marktdaten zu angemessenen kaufmännischen Bedingungen hinreichend klar ist, um die effektive und einheitliche Anwendung zu ermöglichen, während gleichzeitig die verschiedenen Betriebsmodelle und Kostenstrukturen von Datenlieferanten berücksichtigt werden.

(124) Damit Gebühren für Marktdaten auf einem vertretbaren Niveau festgesetzt werden, ist es zur Erfüllung der Pflicht zur Bereitstellung von Marktdaten zu angemessenen kaufmännischen Bedingungen notwendig, dass die Preise in einem angemessenen Verhältnis zu den Kosten für die Erstellung und Verbreitung dieser Daten stehen. Daher sollten Datenanbieter, unbeschadet der Anwendung wettbewerbsrechtlicher Bestimmungen, ihre Gebühren auf der Grundlage ihrer Kosten bestimmen, wobei ihnen ein auf der Grundlage von Faktoren wie der Betriebsgewinnspanne, der Kostenrendite, der Rendite auf das betriebsnotwendige Kapital und der Kapitalrendite angemessene Spanne zugestanden wird. Wenn Datenanbietern gemeinsame Kosten für die Bereitstellung von Daten und die Erbringung anderer Dienstleistungen entstehen, darf in die Kosten für die Bereitstellung von Daten auch ein angemessener Anteil der aus anderen relevanten Dienstleistungen entstehenden Kosten fließen. Da eine Spezifizierung der exakten Kosten sehr komplex ist, sollten stattdessen die Methoden für Kostenzuweisung und Kostenverteilung angegeben werden, wobei die Festlegung der Kosten den Anbietern der Marktdaten überlassen bleibt.

(125) Marktdaten sollten diskriminierungsfrei zur Verfügung gestellt werden, so dass allen Kunden, die gemäß veröffentlichten objektiven Kriterien der gleichen Kategorie angehören, der gleiche Preis und gleiche sonstige Bestimmungen und Bedingungen angeboten werden.

(126) Marktdaten sollten losgelöst von anderen Dienstleistungen angeboten werden, damit die Nutzer Marktdaten erhalten können, ohne dass sie andere Dienstleistungen erwerben müssen. Um zu vermeiden, dass Datennutzern beim Kauf von Daten bei verschiedenen Marktdatenvertreibern dieselben Marktdaten mehrmals berechnet werden, sollten Marktdaten pro Nutzer angeboten werden, es sei denn, dies stünde angesichts des Umfangs und des Anwendungsbereichs der von APA und CTP angebotenen Marktdaten in keinem Verhältnis zu den anfallenden Kosten.

(127) Um den Datennutzern und den zuständigen Behörden die effektive Beurteilung zu ermöglichen, ob die Marktdaten zu angemessenen kaufmännischen Bedingungen bereitgestellt werden, müssen alle wesentlichen Bedingungen für deren Bereitstellung gegenüber der Öffentlichkeit offengelegt werden. Datenanbieter sollten daher Informationen über ihre Gebühren und den Inhalt der Marktdaten sowie die zur Ermittlung ihrer Kosten verwendeten Kostenrechnungsmethoden offenlegen, ohne ihre tatsächlichen Kosten offenlegen zu müssen.

(128) Es ist angemessen, die Kriterien für die Bestimmung der Umstände festzulegen, unter denen das Betreiben eines geregelten Marktes, eines MTF oder eines OTF in einem Aufnahmemitgliedstaat von wesentlicher Bedeutung ist, um zu vermeiden, dass ein Handelsplatz verpflichtet wird, sich mit mehr als einer zuständigen Behörde ins Benehmen zu setzen oder mehr als einer zuständigen Behörde aufsichtsrechtlich unterliegt, wenn dies gemäß der Richtlinie 2014/65/EU[1)] nicht notwendig wäre. In Bezug auf MTF und OTF ist es angemessen, eine wesentliche Bedeutung nur MTF und OTF mit signifikantem Marktanteil zuzuerkennen, so dass eine etwaige Standortverlegung oder der Erwerb eines wirtschaftlich unbedeutenden MTF oder OTF nicht automatisch die Vorkehrungen für die Zusammenarbeit gemäß Artikel 79 Absatz 2 der Richtlinie 2014/65/EU[1)] auslöst.

(129) Diese Verordnung steht im Einklang mit den Grundrechten und Grundsätzen, die mit der Charta der Grundrechte der Europäischen Union (im Folgenden „Charta") anerkannt wurden. Dementsprechend sollte diese Verordnung in Übereinstimmung mit diesen Rechten und Grundsätzen ausgelegt und angewandt werden, insbesondere in Übereinstimmung mit dem Recht auf Schutz personenbezogener Daten, der unternehmerischen Freiheit, dem Recht auf

---

[1)] Nr. 1.

Verbraucherschutz sowie dem Recht auf einen wirksamen Rechtsbehelf und ein unparteiisches Gericht. Die Verarbeitung personenbezogener Daten nach dieser Verordnung sollte unter Einhaltung der Grundrechte, einschließlich dem Recht auf Achtung des Privat- und Familienlebens und dem Recht auf Schutz personenbezogener Daten gemäß den Artikeln 7 und 8 der Charta der Grundrechte der Europäischen Union, erfolgen und muss mit der Richtlinie 95/46/EG und der Verordnung (EG) Nr. 45/2001 im Einklang stehen.

(130) Die durch die Verordnung (EU) Nr. 1095/2010[1] des Europäischen Parlaments und des Rates[2] errichtete ESMA wurde in fachlichen Fragen konsultiert.

(131) Um zuständigen Behörden und Wertpapierfirmen die Möglichkeit zu geben, sich an die neuen Anforderungen dieser Verordnung anzupassen, damit diese wirksam und effektiv angewandt werden können, sollte der Geltungsbeginn dieser Verordnung auf das Datum des Inkrafttretens der Richtlinie 2014/65/EU[3] abgestimmt werden –

HAT FOLGENDE VERORDNUNG ERLASSEN:

## Kapitel 1. Geltungsbereich und Begriffsbestimmungen

**Art. 1 Gegenstand und Anwendungsbereich.** (1) Kapitel II und Kapitel III Abschnitte 1 bis 4, Artikel 59 Absatz 4, Artikel 60 und Abschnitte 6 und 8 sowie – soweit sie sich auf diese Bestimmungen beziehen – Kapitel I, Kapitel III Abschnitt 9 und Kapitel IV dieser Richtlinie finden gemäß Artikel 6 Absatz 4 der Richtlinie 2009/65/EG und Artikel 6 Absatz 6 der Richtlinie 2011/61/EU des Europäischen Parlaments und des Rates[4] Anwendung.

(2) Bezugnahmen auf Wertpapierfirmen umfassen Kreditinstitute und Bezugnahmen auf Finanzinstrumente umfassen strukturierte Einlagen in Bezug auf alle Anforderungen gemäß Artikel 1 Absatz 3 und Artikel 1 Absatz 4 der Richtlinie 2014/65/EU[5] und ihrer Durchführungsbestimmungen, wie in dieser Verordnung dargelegt.

**Art. 2 Begriffsbestimmungen.** Für die Zwecke dieser Verordnung bezeichnet der Ausdruck

1. „relevante Person" im Zusammenhang mit einer Wertpapierfirma eine der folgenden Personen:

   a) einen Direktor, einen Gesellschafter oder eine vergleichbare Person, ein Mitglied der Geschäftsleitung oder einen vertraglich gebundenen Vermittler der Wertpapierfirma;

   b) einen Direktor, einen Gesellschafter oder eine vergleichbare Person oder ein Mitglied der Geschäftsleitung eines vertraglich gebundenen Vermittlers der Wertpapierfirma;

   c) einen Angestellten der Wertpapierfirma oder eines vertraglich gebundenen Vermittlers sowie jede andere natürliche Person, deren Dienste der Wertpapierfirma oder einem vertraglich gebundenen Vermittler der Wertpapierfirma zur Verfügung gestellt und von dieser/diesem kontrol-

---

[1] Nr. 3.
[2] **Amtl. Anm.:** Verordnung (EU) Nr. 1095/2010 des Europäischen Parlaments und des Rates vom 24. November 2010 zur Errichtung einer Europäischen Aufsichtsbehörde (Europäische Wertpapier- und Marktaufsichtsbehörde), zur Änderung des Beschlusses Nr. 716/2009/EG und zur Aufhebung des Beschlusses 2009/77/EG der Kommission (ABl. L 331 vom 15.12.2010, S. 84).
[3] Nr. 1.
[4] **Amtl. Anm.:** Richtlinie 2011/61/EU des Europäischen Parlaments und des Rates vom 8. Juni 2011 über die Verwalter alternativer Investmentfonds und zur Änderung der Richtlinien 2003/41/EG und 2009/65/EG und der Verordnungen (EG) Nr. 1060/2009 und (EU) Nr. 1095/2010 (ABl. L 174 vom 1.7.2011, S. 1).

liert werden und die an den von der Wertpapierfirma erbrachten Wertpapierdienstleistungen und Anlagetätigkeiten beteiligt ist;
d) eine natürliche Person, die im Rahmen einer Auslagerungsvereinbarung unmittelbar an der Erbringung von Dienstleistungen für die Wertpapierfirma oder deren vertraglich gebundenen Vermittler beteiligt ist, welche der Wertpapierfirma die Erbringung von Wertpapierdienstleistungen und Anlagetätigkeiten ermöglichen;

2. „Finanzanalyst" eine relevante Person, die den wesentlichen Teil einer Finanzanalyse erstellt;

3. „Auslagerung" eine Vereinbarung gleich welcher Form zwischen einer Wertpapierfirma und einem Dienstleister, in deren Rahmen der Dienstleister ein Verfahren abwickelt, eine Dienstleistung erbringt oder eine Tätigkeit ausführt, das/die die Wertpapierfirma ansonsten selbst übernähme;

3a. „Person, zu der eine relevante Person eine familiäre Bindung hat" eine der folgenden Personen:
a) den Ehepartner der relevanten Person oder jeden anderen Partner dieser Person, der nach nationalem Recht einem Ehepartner gleichgestellt ist;
b) ein abhängiges Kind oder Stiefkind der relevanten Person;
c) jeden anderen Verwandten der relevanten Person, der zum Zeitpunkt der Tätigung des betreffenden persönlichen Geschäfts dem Haushalt dieser Person seit mindestens einem Jahr angehört;

4. „Wertpapierfinanzierungsgeschäft" ein Wertpapierfinanzierungsgeschäft im Sinne von Artikel 3 Ziffer 11 der Verordnung (EU) 2015/2365 des Europäischen Parlaments und des Rates[1)];

5. „Vergütung" jede Form von Zahlungen oder von finanziellen oder nichtfinanziellen Leistungen, welche die Firmen bei der Erbringung von Wertpapier- oder Nebendienstleistungen für Kunden direkt oder indirekt an relevante Personen leisten;

6. „Ware" Güter fungibler Art, die geliefert werden können, einschließlich Metalle sowie ihre Erze und Legierungen, landwirtschaftliche Produkte und Energie, wie Strom.

### Art. 3 Bedingungen für die Bereitstellung von Informationen.

(1) Schreibt diese Verordnung die Bereitstellung von Informationen auf einem dauerhaften Datenträger im Sinne von Artikel 4 Absatz 1 Ziffer 62 der Richtlinie 2014/65/EU[2)] vor, so dürfen Wertpapierfirmen einen anderen dauerhaften Datenträger als Papier nur dann verwenden, wenn
a) die Bereitstellung der betreffenden Informationen über dieses Medium den Rahmenbedingungen, unter denen das Geschäft zwischen der Wertpapierfirma und dem Kunden ausgeführt wird oder werden soll, angemessen ist, und
b) die Person, der die Informationen zur Verfügung zu stellen sind, die Wahl hat, diese auf Papier oder dem betreffenden anderen dauerhaften Datenträger zu erhalten, und sich ausdrücklich für Letzteres entscheidet.

---

[1)] **Amtl. Anm.**: Verordnung (EU) 2015/2365 des Europäischen Parlaments und des Rates vom 25. November 2015 über die Transparenz von Wertpapierfinanzierungsgeschäften und der Weiterverwendung sowie zur Änderung der Verordnung (EU) Nr. 648/2012 (ABl. L 337 vom 23.12.2015, S. 1)
[2)] Nr. 1.

(2) Stellt eine Wertpapierfirma einem Kunden gemäß den Artikeln 46, 47, 48, 49, 50 oder dem Artikel 66 Absatz 3 Informationen, die nicht an ihn persönlich gerichtet sind, über eine Website zur Verfügung, so sorgt die Wertpapierfirma dafür, dass folgende Bedingungen erfüllt sind:

a) Die Bereitstellung der betreffenden Informationen über dieses Medium ist den Rahmenbedingungen, unter denen das Geschäft zwischen der Wertpapierfirma und dem Kunden ausgeführt wird oder werden soll, angemessen;

b) der Kunde muss der Bereitstellung dieser Informationen in dieser Form ausdrücklich zustimmen;

c) die Adresse der Website und die Stelle, an der die Informationen auf dieser Website zu finden sind, müssen dem Kunden auf elektronischem Wege mitgeteilt werden;

d) die Informationen müssen sich auf dem neuesten Stand befinden;

e) die Informationen müssen über diese Website laufend abgefragt werden können und zwar so lange, wie sie für den Kunden nach vernünftigem Ermessen einsehbar sein müssen.

(3) ¹Für die Zwecke dieses Artikels wird die Bereitstellung von Informationen auf elektronischem Wege für die Rahmenbedingungen, unter denen das Geschäft zwischen der Wertpapierfirma und dem Kunden ausgeführt wird oder werden soll, als angemessen betrachtet, wenn der Kunde nachweislich über einen regelmäßigen Zugang zum Internet verfügt. ²Dies gilt als nachgewiesen, wenn der Kunde für die Ausführung dieses Geschäfts eine E-Mail-Adresse angegeben hat.

### Art. 4 Gelegentliche Erbringung von Wertpapierdienstleistungen
(Artikel 2 Absatz 1 der Richtlinie 2014/65/EU). Für den Zweck der Befreiung gemäß Artikel 2 Absatz 1 Buchstabe c der Richtlinie 2014/65/EU[1]) gilt eine Wertpapierdienstleistung im Rahmen einer beruflichen Tätigkeit als gelegentlich erbracht, wenn die folgenden Bedingungen erfüllt sind:

a) es besteht ein enger und sachlicher Zusammenhang zwischen der beruflichen Tätigkeit und der Erbringung der Wertpapierdienstleistung an den gleichen Kunden, so dass die Wertpapierdienstleistung als Zusatz zur hauptberuflichen Tätigkeit betrachtet werden kann;

b) die Erbringung der Wertpapierdienstleistung an die Kunden der hauptberuflichen Tätigkeit zielt nicht darauf ab, der Person, welche die berufliche Tätigkeit ausübt, eine systematische Einnahmequelle zu bieten; und

c) die Person, welche die berufliche Tätigkeit ausübt, vermarktet seine Fähigkeit zur Erbringung von Wertpapierdienstleistungen nicht und wirbt nicht anderweitig dafür, es sei denn in Bezug auf diese Wertpapierdienstleistungen wird gegenüber den Kunden offengelegt, dass diese zusätzlich zu der hauptberuflichen Tätigkeit erbracht werden.

### Art. 5 Energiegroßhandelsprodukte, die effektiv geliefert werden müssen
(Artikel 4 Absatz 1 Nummer 2 der Richtlinie 2014/65/EU). (1) *[1]* Für die Zwecke gemäß Anhang I Abschnitt C Nummer 6 der Richtlinie 2014/65/

---

[1]) Nr. 1.

EU[1]) muss ein Energiegroßhandelsprodukt effektiv geliefert werden, wenn die folgenden Bedingungen erfüllt sind:

a) es enthält Bestimmungen, die sicherstellen, dass die Vertragsparteien über verhältnismäßige Vereinbarungen verfügen, so dass sie die Lieferung der zugrundeliegenden Waren vornehmen oder entgegennehmen können; eine Ausgleichsvereinbarung mit dem Übertragungsnetzbetreiber in den Bereichen Elektrizität und Gas gilt als verhältnismäßige Vereinbarung, wenn die Parteien der Vereinbarung die effektive Lieferung von Elektrizität oder Gas sicherstellen müssen;

b) es werden unbedingte, unbeschränkte und durchsetzbare Pflichten der Vertragsparteien zur Lieferung und Entgegennahme der Lieferung der zugrundeliegenden Waren begründet;

c) keiner Partei ist es gestattet, die effektive Lieferung durch eine Barzahlung zu ersetzen;

d) die vertragsgemäßen Pflichten dürfen nicht gegen Pflichten aus anderen Verträgen zwischen den betroffenen Parteien aufgerechnet werden; dies gilt unbeschadet der Rechte der Vertragsparteien, ihre Barzahlungsverpflichtungen zu saldieren.

*[2] Für die Zwecke von Buchstabe d wird operatives Netting auf den Energie- und Gasmärkten nicht als Aufrechnung von Pflichten gemäß einem Vertrag gegen Pflichten aus einem anderen Vertrag betrachtet.*

(2) ¹Operatives Netting wird als Benennung von Mengen Elektrizität und Gas in einem Netz betrachtet, das aufgrund von Vorschriften oder auf Verlangen eines Übertragungsnetzbetreibers im Sinne von Artikel 2 Ziffer 4 der Richtlinie 2009/72/EG des Europäischen Parlaments und des Rates[2]) für eine Einrichtung, die auf nationaler Ebene eine ähnliche Funktion wie Übertragungsnetzbetreiber wahrnimmt, erfolgt. ²Eine Benennung von Mengen auf der Grundlage von operativem Netting liegt nicht im Ermessen der Vertragsparteien.

(3) Für die Zwecke gemäß Anhang I Abschnitt C Nummer 6 der Richtlinie 2014/65/EU umfasst höhere Gewalt alle außergewöhnlichen Ereignisse oder eine Reihe von Umständen, die außerhalb der Kontrolle der Vertragsparteien liegen, die die Vertragsparteien vernünftigerweise nicht vorhersehen oder bei Anwendung der gebotenen und angemessenen Sorgfalt nicht vermeiden konnten und die dazu führen, dass eine oder beide Vertragsparteien ihre vertraglichen Pflichten nicht erfüllen können.

(4) Für die Zwecke von Anhang I Abschnitt C Nummer 6 der Richtlinie 2014/65/EU schließt die nicht zurechenbare Unfähigkeit zur Leistungserbringung Ereignisse oder Umstände ein, die nicht als höhere Gewalt gemäß Absatz 3 betrachtet werden können und für deren Eintreten im Kontrakt objektiv und ausdrücklich festgelegt ist, dass eine oder beide in gutem Glauben handelnde Vertragsparteien ihre vertraglichen Verpflichtungen nicht erfüllen müssen.

(5) Das Vorliegen höherer Gewalt oder die nicht zurechenbare Unfähigkeit zur Leistungserbringung schließt nicht aus, dass ein Kontrakt als „effektiv

---

[1]) Nr. 1.
[2]) **Amtl. Anm.:** Richtlinie 2009/72/EG vom 13. Juli 2009 über gemeinsame Vorschriften für den Elektrizitätsbinnenmarkt und zur Aufhebung der Richtlinie 2003/54/EG (ABl. L 211 vom 14.8. 2009, S. 55).

geliefert" im Sinne von Anhang I Abschnitt C Nummer 6 der Richtlinie 2014/65/EU betrachtet wird.

(6) Durch das Vorliegen von Default-Klauseln, gemäß denen eine Partei für den Fall der Nicht- oder Schlechterfüllung des Vertrags einen Anspruch auf eine finanzielle Entschädigung hat, wird nicht verhindert, dass der Vertrag als „effektiv erfüllt" im Sinne von Anhang I Abschnitt C Nummer 6 der Richtlinie 2014/65/EU betrachtet wird.

(7) Die Lieferarten für Verträge, die als „effektiv erfüllt" im Sinne von Anhang I Abschnitt C Nummer 6 der Richtlinie 2014/65/EU betrachtet werden, umfassen mindestens:
a) die effektive Lieferung der entsprechenden Waren selbst;
b) die Übergabe eines Dokuments, durch das Eigentumsrechte an den entsprechenden Waren oder der entsprechenden Menge der betreffenden Waren begründet werden;
c) sonstige Arten, die Übertragung von Eigentumsrechten in Bezug auf die entsprechende Menge an Waren herbeizuführen, ohne dass diese effektiv geliefert werden, einschließlich der Mitteilung, Planung oder Benennung gegenüber dem Betreiber eines Energieversorgungsnetzes, so dass der Empfänger einen Anspruch auf die entsprechende Menge an Waren erhält.

### Art. 6 Energiederivatkontrakte in Bezug auf Öl und Kohle sowie Energiegroßhandelsprodukte

(Artikel 4 Absatz 1 Nummer 2 der Richtlinie 2014/65/EU). (1) Im Sinne von Anhang I Abschnitt C Nummer 6 der Richtlinie 2014/65/EU[1]) handelt es sich bei Energiederivatkontrakten in Bezug auf Öl um Kontrakte über Erdöl jeder Art und Erdgas in flüssiger oder gasförmiger Form als Basiswert, einschließlich Produkten, Komponenten und Derivaten von Öl und Ölkraftstoffen, u.a. Kraftstoffe mit Beimischungen von Biokraftstoffen.

(2) Im Sinne von Anhang I Abschnitt C Nummer 6 der Richtlinie 2014/65/EU handelt es sich bei Energiederivatkontrakten mit Kohle um Kontrakte über Kohle als Basiswert, die als schwarze oder dunkelbraune brennbare mineralische Substanzen bestehend aus karbonisiertem Pflanzenmaterial, das als Kraftstoff verwendet wird, definiert wird.

(3) Für die Zwecke von Anhang I Abschnitt C Nummer 6 der Richtlinie 2014/65/EU sind Derivatkontrakte mit den Merkmalen eines Energiegroßhandelsprodukts im Sinne von Artikel 2 Ziffer 4 der Verordnung (EU) Nr. 1227/2011 Derivate, die Strom oder Erdgas betreffen, im Sinne von Artikel 2 Ziffer 4 Buchstaben b und d der genannten Verordnung.

### Art. 7 Sonstige derivative Finanzinstrumente

(Artikel 4 Absatz 1 Nummer 2 der Richtlinie 2014/65/EU). (1) Im Sinne von Anhang I Abschnitt C Nummer 7 der Richtlinie 2014/65/EU[1]) weist ein Kontrakt, bei dem es sich nicht um ein Kassageschäft gemäß Absatz 2 handelt und der nicht kommerziellen Zwecken gemäß Absatz 4 dient, dann die Merkmale anderer derivativer Finanzinstrumente auf, wenn die folgenden Bedingungen erfüllt sind:
a) Er erfüllt eines der folgenden Kriterien:

---

[1]) Nr. 1.

i) Er wird auf einem Handelsplatz eines Drittlands gehandelt, der eine einem geregelten Markt oder einem MTF ähnliche Aufgabe wahrnimmt;
ii) er ist ausdrücklich für den Handel an einem geregelten Markt, über ein MTF, ein OTF oder an einem gleichwertigen Handelsplatz eines Drittlands bestimmt oder er unterliegt den Regeln eines solchen Marktes oder Systems;
iii) er ist einem Kontrakt, der an einem geregelten Markt, über ein MTF, ein OTF oder an einem gleichwertigen Handelsplatz eines Drittlands gehandelt wird, im Hinblick auf Preis, Handelseinheit, Liefertermin und andere vertragliche Bedingungen gleichwertig;

b) er ist so standardisiert, dass der Preis, die Handelseinheit, der Liefertermin und andere Bedingungen hauptsächlich durch Bezugnahme auf regelmäßig veröffentlichte Preise, Standardhandelseinheiten oder Standardliefertermine bestimmt werden.

(2) *[1]* Bei einem Kassageschäft im Sinne von Absatz 1 handelt es sich um ein Verkaufsgeschäft für eine Ware, einen Vermögenswert oder ein Recht, dessen Bedingungen zufolge die Lieferung zu dem jeweils längeren der nachfolgend genannten Zeiträume erfolgt:

a) 2 Handelstage;
b) die Frist, die in der Regel vom Markt für diese Ware, diesen Vermögenswert oder dieses Recht als Standardlieferfrist akzeptiert wird.

*[2]* Bei einem Kontrakt handelt es sich nicht um ein Kassageschäft, wenn unabhängig von seinen ausdrücklichen Bedingungen eine Absprache zwischen den Vertragsparteien besteht, gemäß der die Lieferung des Basiswerts verschoben und nicht innerhalb der in Absatz 2 genannten Frist vorgenommen wird.

(3) Im Sinne von Anhang I Abschnitt C Nummer 10 der Richtlinie 2004/39/EU des Europäischen Parlaments und des Rates[1] weist ein Derivatekontrakt in Bezug auf einen Basiswert im Sinne dieses Abschnitts oder im Sinne von Artikel 8 dieser Verordnung dann die Merkmale anderer derivativer Finanzinstrumente auf, wenn eine der folgenden Bedingungen erfüllt ist:

a) er wird bar ausgeglichen oder kann auf Wunsch einer oder mehrerer Parteien bar ausgeglichen werden, und zwar anders als im Falle eines Ausfalls oder einer sonstigen Beendigung des Kontrakts;
b) er wird an einem geregelten Markt, einem MTF, einem OTF oder einem Handelsplatz in einem Drittland gehandelt, der eine einem geregelten Markt, einem MTF oder einem OTF ähnliche Aufgabe wahrnimmt;
c) die in Absatz 1 genannten Bedingungen sind in Bezug auf diesen Kontrakt erfüllt.

(4) Im Sinne von Anhang I Abschnitt C Nummer 7 der Richtlinie 2014/65/EU dient ein Kontrakt kommerziellen Zwecken und weist nicht die Merkmale anderer derivativer Finanzinstrumente im Sinne von Abschnitt C Nummern 7 und 10 dieses Anhangs auf, wenn die folgenden Bedingungen erfüllt sind:

---

[1] **Amtl. Anm.:** Richtlinie 2004/39/EU des Europäischen Parlaments und des Rates vom 21. April 2004 über Märkte für Finanzinstrumente, zur Änderung der Richtlinien 85/611/EWG und 93/6/EWG des Rates und der Richtlinie 2000/12/EG des Europäischen Parlaments und des Rates und zur Aufhebung der Richtlinie 93/22/EWG des Rates (ABl. L 145 vom 30.4.2004, S. 1).

a) er wird mit oder von einem Betreiber oder Verwalter eines Energieübertragungsnetzes, eines Energieausgleichssystems oder eines Rohrleitungsnetzes abgeschlossen,

b) der Ausgleich von Energieangebot und -verbrauch zu einem bestimmten Zeitpunkt muss aufrechterhalten werden, einschließlich der Fälle, in denen die Reservekapazität, über die ein Vertrag mit dem Betreiber eines Elektrizitätsübertragungsnetzes gemäß Artikel 2 Absatz 4 der Richtlinie 2009/72/EG abgeschlossen wurde, mit der Zustimmung des relevanten Übertragungsnetzbetreibers von einem vorqualifizierten Anbieter von Ausgleichsdienstleistungen auf einen anderen vorqualifizierten Anbieter von Ausgleichsdienstleistungen übertragen wird.

### Art. 8 Derivate gemäß Anhang I Abschnitt C Nummer 10 der Richtlinie 2014/65/EU

(Artikel 1 Absatz 1 Nummer 2 der Richtlinie 2014/65/EU). Neben den Derivatkontrakten, auf die in Anhang I Abschnitt C Nummer 10 der Richtlinie 2014/65/EU[1]) ausdrücklich Bezug genommen wird, fällt ein Derivatkontrakt unter die Bestimmungen dieses Abschnitts, wenn die Kriterien gemäß diesem Abschnitt sowie gemäß Artikel 7 Absatz 3 dieser Verordnung erfüllt sind und er sich auf einen der folgenden Punkte bezieht:

a) Telekommunikations-Bandbreite;

b) Lagerkapazität für Waren;

c) Übertragungs- oder Transportkapazität in Bezug auf Waren, unabhängig davon, ob dies über Kabel, Rohrleitungen oder andere Mittel erfolgt, mit Ausnahme von Übertragungsrechten in Bezug auf die Kapazitäten zur zonenübergreifenden Elektrizitätsübertragung, wenn diese auf dem Primärmarkt mit oder von einem Übertragungsnetzbetreiber oder einer Person, die im eigenen Namen als Dienstleister handelt, und zur Zuweisung der Übertragungskapazitäten vereinbart werden;

d) eine Erlaubnis, ein Kredit, eine Zulassung, ein Recht oder ein ähnlicher Vermögenswert, der bzw. die direkt mit der Lieferung, der Verteilung oder dem Verbrauch von Energie aus erneuerbaren Energiequellen verbunden ist, es sei denn, der Kontrakt fällt bereits in den Anwendungsbereich von Anhang I Abschnitt C der Richtlinie 2014/65/EU;

e) eine geologische, ökologische oder sonstige physikalische Variable, es sei denn, der Kontrakt bezieht sich auf Einheiten, deren Übereinstimmung mit den Anforderungen der Richtlinie 2003/87/EG des Europäischen Parlaments und des Rates[2]) anerkannt ist;

f) ein sonstiger Vermögenswert oder ein sonstiges Recht fungibler Natur, bei dem es sich nicht um ein Recht auf Dienstleistung handelt, der bzw. das übertragbar ist;

g) ein Index oder ein Maßstab, der mit dem Preis, dem Wert oder dem Volumen von Geschäften mit einem Vermögenswert, einem Recht, einer Dienstleistung oder einer Verpflichtung in Verbindung steht;

---

[1]) Nr. 1.
[2]) **Amtl. Anm.:** Richtlinie 2003/87/EG des Europäischen Parlaments und des Rates vom 13. Oktober 2003 über ein System für den Handel mit Treibhausgasemissionszertifikaten in der Gemeinschaft und zur Änderung der Richtlinie 96/61/EG des Rates (ABl. L 275 vom 25.10.2003, S. 32).

h) ein Index oder ein Maßstab, der auf versicherungsmathematischen Statistiken beruht.

## Art. 9 Anlageberatung
(Artikel 4 Absatz 1 Nummer 4 der Richtlinie 2014/65/EU). *[1]* Für die Zwecke der Definition von „Anlageberatung" in Artikel 4 Absatz 1 Ziffer 4 der Richtlinie 2014/65/EU[1)] gilt als persönliche Empfehlung eine Empfehlung, die an eine Person in ihrer Eigenschaft als Anleger oder potenzieller Anleger oder in ihrer Eigenschaft als Beauftragter eines Anlegers oder potenziellen Anlegers gerichtet ist.

*[2]* Diese Empfehlung muss als für die betreffende Person geeignet dargestellt werden oder auf eine Prüfung der Verhältnisse der betreffenden Person gestützt sein, und sie muss darauf abzielen, dass eine der folgenden Handlungen getätigt wird:

a) Kauf, Verkauf, Zeichnung, Tausch, Rückkauf, Halten oder Übernahme eines bestimmten Finanzinstruments;

b) Ausübung bzw. Nichtausübung eines mit einem bestimmten Finanzinstrument einhergehenden Rechts betreffend Kauf, Verkauf, Zeichnung, Tausch oder Rückkauf eines Finanzinstruments.

*[3]* Eine Empfehlung wird nicht als persönliche Empfehlung betrachtet, wenn sie ausschließlich gegenüber der Öffentlichkeit abgegeben wird.

## Art. 10 Merkmale sonstiger Derivatkontrakte in Bezug auf Währungen.
(1) Für die Zwecke von Anhang I Abschnitt C Nummer 4 der Richtlinie 2014/65/EU[1)] stellen sonstige Derivatkontrakte in Bezug auf eine Währung kein Finanzinstrument dar, wenn es sich um einen der folgenden Kontrakte handelt:

a) ein Kassageschäft im Sinne von Absatz 2 dieses Artikels;

b) ein Zahlungsmittel, das:

  i) aus einem anderen Grund als Verzug oder einer sonstigen Beendigung des Kontrakts effektiv geleistet werden muss;

  ii) von mindestens einer Person, die keine finanzielle Gegenpartei im Sinne von Artikel 2 Ziffer 8 der Verordnung (EU) Nr. 648/2012 des Europäischen Parlaments und des Rates[2)] ist, eingegangen wird;

  iii) eingegangen wird, um Zahlungen für Waren, Dienstleistungen oder Direktinvestitionen zu vereinfachen; und

  iv) nicht auf einem Handelsplatz gehandelt wird.

(2) *[1]* Bei einem Kassageschäft im Sinne von Absatz 1 handelt es sich um einen Kontrakt über den Austausch einer Währung gegen eine andere Währung, dessen Bedingungen zufolge die Lieferung in dem jeweils längeren der nachfolgend genannten Zeiträume erfolgt:

a) 2 Handelstage für alle Hauptwährungspaare gemäß Absatz 3;

---

[1)] Nr. 1.
[2)] **Amtl. Anm.:** Verordnung (EU) Nr. 648/2012 des Europäischen Parlaments und des Rates vom 4. Juli 2012 über OTC-Derivate, zentrale Gegenparteien und Transaktionsregister (ABl. L 201 vom 27.7.2012, S. 1).

b) für alle Währungspaare, bei denen es sich bei mindestens einer Währung nicht um eine Hauptwährung handelt, 2 Handelstage oder der Zeitraum, der für dieses Währungspaar auf dem Markt allgemein als Standardlieferfrist anerkannt ist, je nachdem, welcher Zeitraum länger ist;
c) wenn der Kontrakt über den Austausch dieser Währungen für den Hauptzweck des Verkaufs oder Kaufs eines übertragbaren Wertpapiers oder eines Anteils an einem Organismus für gemeinsame Anlagen verwendet wird, der Zeitraum, der für die Abrechnung dieses übertragbaren Wertpapiers oder eines Anteils an einem Organismus für gemeinsame Anlagen auf dem Markt allgemein als Standardlieferfrist anerkannt ist, oder 5 Handelstage, je nachdem, welcher Zeitraum kürzer ist.

*[2]* Ein Kontrakt wird nicht als Kassageschäft betrachtet, wenn unabhängig von seinen ausdrücklichen Bedingungen eine Absprache zwischen den Vertragsparteien besteht, gemäß der die Lieferung der Währung verschoben und nicht innerhalb der in Unterabsatz 1 genannten Frist vorgenommen wird.

(3) Zu den Hauptwährungen im Sinne von Absatz 2 gehören nur der US-Dollar, der Euro, der Japanische Yen, das Pfund Sterling, der Australische Dollar, der Schweizer Franken, der Kanadische Dollar, der Hongkong-Dollar, die Schwedische Krone, der Neuseeländische Dollar, der Singapur-Dollar, die Norwegische Krone, der Mexikanische Peso, die Kroatische Kuna, der Bulgarische Lew, die Tschechische Krone, die Dänische Krone, der Ungarische Forint, der Polnische Zloty und der Rumänische Leu.

(4) Ein Handelstag im Sinne von Absatz 2 ist jeder Tag, an dem der normale Handel in dem Land der beiden Währungen, die gemäß dem Kontrakt über deren Austausch ausgetauscht werden, sowie in dem Land einer Drittwährung stattfindet, wenn die folgenden Bedingungen erfüllt sind:
a) für Liquiditätszwecke beinhaltet der Austausch dieser Währungen deren Umrechnung anhand der Drittwährung;
b) die Standardlieferfrist für den Austausch dieser Währungen bezieht sich auf das Land dieser Drittwährung.

## Art. 11 Geldmarktinstrumente
(Artikel 4 Absatz 1 Nummer 17 der Richtlinie 2014/65/EU). Zu den Geldmarktinstrumenten gemäß Artikel 4 Absatz 1 Ziffer 17 der Richtlinie 2014/65/EU[1]) gehören Schatzanweisungen, Einlagenzertifikate, Commercial Papers und sonstige Instrumente mit im Wesentlichen den gleichen Merkmalen, soweit sie die folgenden Eigenschaften aufweisen:
a) ihr Wert kann jederzeit bestimmt werden;
b) es handelt sich nicht um Derivate;
c) ihre Fälligkeit bei der Emission beträgt maximal 397 Tage.

## Art. 12 Systematische Internalisierer für Aktien, Aktienzertifikate, börsengehandelte Fonds, Zertifikate und andere vergleichbare Finanzinstrumente
(Artikel 4 Absatz 1 Nummer 20 der Richtlinie 2014/65/EU). In Bezug auf alle Aktien, Aktienzertifikate, börsengehandelte Fonds, Zertifikate und andere ver-

---
[1]) Nr. 1.

gleichbare Finanzinstrumente wird eine Wertpapierfirma als systematischer Internalisierer gemäß Artikel 4 Absatz 1 Ziffer 20 der Richtlinie 2014/65/EU[1) betrachtet, wenn sie gemäß den folgenden Kriterien internalisiert:

a) häufige und systematische Internalisierung hinsichtlich des Finanzinstruments, für das ein liquider Markt gemäß Artikel 2 Absatz 1 Ziffer 17 Buchstabe b der Verordnung (EU) Nr. 600/2014[2) besteht, soweit in den vergangenen 6 Monaten:
   i) die Zahl der OTC-Geschäfte, die von der Wertpapierfirma im Rahmen der Ausführung von Kundenaufträgen für eigene Rechnung abgeschlossen werden, 0,4 % der Gesamtanzahl an Geschäften mit dem entsprechenden Finanzinstrument, die in dem gleichen Zeitraum innerhalb der Union an einem beliebigen Handelsplatz oder OTC ausgeführt werden, entspricht oder überschreitet;
   ii) die OTC-Geschäfte, die von der Wertpapierfirma für eigene Rechnung abgeschlossen werden, wenn sie Kundenaufträge mit dem entsprechenden Finanzinstrument ausführt, im Durchschnitt täglich vorgenommen werden;

b) häufige und systematische Internalisierung hinsichtlich des Finanzinstruments, für das kein liquider Markt gemäß Artikel 2 Absatz 1 Ziffer 17 Buchstabe b der Verordnung (EU) Nr. 600/2014 besteht, soweit die OTC-Geschäfte, die die Wertpapierfirma im Rahmen der Ausführung von Kundenaufträgen für eigene Rechnung abgeschlossen hat, in den vergangenen 6 Monaten im Durchschnitt täglich vorgenommen wurden;

c) wesentliche Internalisierung hinsichtlich des Finanzinstruments, wenn der Umfang der OTC-Geschäfte, die die Wertpapierfirma im Rahmen der Ausführung von Kundenaufträgen für eigene Rechnung abgeschlossen hat, in den vergangenen 6 Monaten einem der beiden folgenden Prozentsätzen entsprach oder einen dieser Sätze überschritten hat:
   i) 15 % des Gesamtumsatzes, den die Wertpapierfirma mit diesem Finanzinstrument für eigene Rechnung oder im Namen der Kunden getätigt hat und der an einem Handelsplatz oder OTC getätigt wurde;
   ii) 0,4 % des Gesamtumsatzes, der mit diesem Finanzinstrument innerhalb der Union an einem Handelsplatz oder OTC getätigt wurde.

### Art. 13 Systematische Internalisierer für Schuldverschreibungen

(Artikel 4 Absatz 1 Nummer 20 der Richtlinie 2014/65/EU). Eine Wertpapierfirma gilt als systematischer Internalisierer gemäß Artikel 4 Absatz 1 Ziffer 20 der Richtlinie 2014/65/EU[1) in Bezug auf alle Schuldverschreibungen, die einer Kategorie von Schuldverschreibungen angehören, welche von dem gleichen Unternehmen oder einem Unternehmen innerhalb der gleichen Gruppe ausgegeben wurden, wenn sie in Bezug auf diese Schuldverschreibungen gemäß den folgenden Kriterien internalisiert:

a) häufige und systematische Internalisierung hinsichtlich einer Schuldverschreibung, für die ein liquider Markt gemäß Artikel 2 Absatz 1 Ziffer 17 Buchstabe a der Verordnung (EU) Nr. 600/2014[2) besteht, soweit in den vergangenen 6 Monaten:

---

[1) Nr. 1.
[2) Nr. 2.

i) die Zahl der OTC-Geschäfte, die die Wertpapierfirma im Rahmen der Ausführung von Kundenaufträgen für eigene Rechnung abgeschlossen hat, 2,5 % der Gesamtanzahl an Geschäften mit der entsprechenden Schuldverschreibung, die in dem gleichen Zeitraum innerhalb der Union an einem beliebigen Handelsplatz oder OTC ausgeführt werden, entspricht oder überschreitet;

ii) die OTC-Geschäfte, die von der Wertpapierfirma für eigene Rechnung abgeschlossen werden, wenn sie Kundenaufträge mit dem entsprechenden Finanzinstrument ausführt, im Durchschnitt einmal pro Woche vorgenommen wurden;

b) häufige und systematische Internalisierung hinsichtlich einer Schuldverschreibung, für die kein liquider Markt gemäß Artikel 2 Absatz 1 Ziffer 17 Buchstabe a der Verordnung (EU) Nr. 600/2014 besteht, soweit die OTC-Geschäfte, die die Wertpapierfirma im Rahmen der Ausführung von Kundenaufträgen für eigene Rechnung abgeschlossen hat, in den vergangenen 6 Monaten im Durchschnitt einmal pro Woche vorgenommen wurden;

c) wesentliche Internalisierung hinsichtlich einer Schuldverschreibung, wenn der Umfang der OTC-Geschäfte, die die Wertpapierfirma im Rahmen der Ausführung von Kundenaufträgen für eigene Rechnung abgeschlossen hat, in den vergangenen 6 Monaten einem der beiden folgenden Prozentsätze entsprach oder einen dieser Sätze überschritten hat:

i) 25 % des Gesamtumsatzes, den die Wertpapierfirma mit dieser Schuldverschreibung für eigene Rechnung oder im Namen der Kunden getätigt hat und der an einem Handelsplatz oder OTC getätigt wurde;

ii) 1 % des Gesamtumsatzes, der mit dieser Schuldverschreibung innerhalb der Union an einem Handelsplatz oder OTC getätigt wurde.

**Art. 14 Systematische Internalisierer für strukturierte Finanzprodukte** (Artikel 4 Absatz 1 Nummer 20 der Richtlinie 2014/65/EU). Eine Wertpapierfirma gilt als systematischer Internalisierer gemäß Artikel 4 Absatz 1 Ziffer 20 der Richtlinie 2014/65/EU[1)] in Bezug auf alle strukturierten Finanzprodukte, die einer Kategorie von strukturierten Finanzprodukten angehören, welche von dem gleichen Unternehmen oder einem Unternehmen innerhalb der gleichen Gruppe ausgegeben wurden, wenn sie in Bezug auf diese strukturierten Finanzprodukte gemäß den folgenden Kriterien internalisiert:

a) häufige und systematische Internalisierung hinsichtlich eines strukturierten Finanzprodukts, für das ein liquider Markt gemäß Artikel 2 Absatz 1 Ziffer 17 Buchstabe a der Verordnung (EU) Nr. 600/2014[2)] besteht, soweit in den vergangenen 6 Monaten:

i) die Zahl der OTC-Geschäfte, die die Wertpapierfirma im Rahmen der Ausführung von Kundenaufträgen für eigene Rechnung abgeschlossen hat, 4 % der Gesamtanzahl an Geschäften mit dem entsprechenden strukturierten Finanzprodukt, die in dem gleichen Zeitraum innerhalb der Union an einem beliebigen Handelsplatz oder OTC abgeschlossen werden, entspricht oder überschreitet;

---

[1)] Nr. 1.
[2)] Nr. 2.

ii) die OTC-Geschäfte, die von der Wertpapierfirma für eigene Rechnung abgeschlossen werden, wenn sie Kundenaufträge mit dem entsprechenden Finanzinstrument ausführt, im Durchschnitt einmal pro Woche vorgenommen wurden;
b) häufige und systematische Internalisierung hinsichtlich eines strukturierten Finanzprodukts, für das kein liquider Markt gemäß Artikel 2 Absatz 1 Ziffer 17 Buchstabe a der Verordnung (EU) Nr. 600/2014 besteht, soweit die OTC-Geschäfte, die die Wertpapierfirma im Rahmen der Ausführung von Kundenaufträgen für eigene Rechnung abgeschlossen hat, in den vergangenen 6 Monaten im Durchschnitt einmal pro Woche vorgenommen wurden;
c) wesentliche Internalisierung mit einem strukturierten Finanzprodukt, wenn der Umfang der OTC-Geschäfte, die die Wertpapierfirma im Rahmen der Ausführung von Kundenaufträgen für eigene Rechnung abgeschlossen hat, in den vergangenen 6 Monaten einem der beiden folgenden Prozentsätze entsprach oder einen dieser Sätze überschritten hat:
   i) 30 % des Gesamtumsatzes, den die Wertpapierfirma mit diesem strukturierten Finanzprodukt für eigene Rechnung oder im Namen der Kunden getätigt hat und der an einem Handelsplatz oder OTC getätigt wurde;
   ii) 2,25 % des Gesamtumsatzes, der mit diesem strukturierten Finanzprodukt innerhalb der Union an einem Handelsplatz oder OTC getätigt wurde.

## Art. 15 Systematische Internalisierer für Derivate
(Artikel 4 Absatz 1 Nummer 20 der Richtlinie 2014/65/EU). Eine Wertpapierfirma gilt als systematischer Internalisierer gemäß Artikel 4 Absatz 1 Ziffer 20 der Richtlinie 2014/65/EU[1] in Bezug auf alle Derivate, die einer Kategorie von Derivaten angehören, wenn sie in Bezug auf diese Derivate gemäß den folgenden Kriterien internalisiert:
a) häufige und systematische Internalisierung hinsichtlich eines Derivats, für das ein liquider Markt gemäß Artikel 2 Absatz 1 Ziffer 17 Buchstabe a der Verordnung (EU) Nr. 600/2014[2] besteht, soweit in den vergangenen 6 Monaten:
   i) die Zahl der OTC-Geschäfte, die die Wertpapierfirma im Rahmen der Ausführung von Kundenaufträgen für eigene Rechnung abgeschlossen hat, 2,5 % der Gesamtanzahl an Geschäften mit der entsprechenden Kategorie von Derivaten, die in dem gleichen Zeitraum innerhalb der Union an einem beliebigen Handelsplatz oder OTC ausgeführt werden, entspricht oder überschreitet;
   ii) die OTC-Geschäfte, die von der Wertpapierfirma für eigene Rechnung abgeschlossen werden, wenn sie Kundenaufträge mit dieser Kategorie von Derivaten ausführt, im Durchschnitt einmal pro Woche vorgenommen wurden;
b) häufige und systematische Internalisierung hinsichtlich eines Derivats, für das kein liquider Markt gemäß Artikel 2 Absatz 1 Ziffer 17 Buchstabe a der Verordnung (EU) Nr. 600/2014 besteht, soweit die OTC-Geschäfte, die die Wertpapierfirma im Rahmen der Ausführung von Kundenaufträgen in der entsprechenden Kategorie von Derivaten für eigene Rechnung abgeschlos-

---

[1] Nr. 1.
[2] Nr. 2.

sen hat, in den vergangenen 6 Monaten im Durchschnitt einmal pro Woche vorgenommen wurden;

c) wesentliche Internalisierung hinsichtlich eines Derivats, wenn der Umfang der OTC-Geschäfte, die die Wertpapierfirma im Rahmen der Ausführung von Kundenaufträgen für eigene Rechnung abgeschlossen hat, in den vergangenen 6 Monaten einem der beiden folgenden Prozentsätze entsprach oder einen dieser Sätze überschritten hat:

   i) 25 % des Gesamtumsatzes, den die Wertpapierfirma mit dieser Kategorie von Derivaten für eigene Rechnung oder im Namen der Kunden getätigt hat und der an einem Handelsplatz oder OTC getätigt wurde;

   ii) 1 % des Gesamtumsatzes, der mit dieser Kategorie von Derivaten innerhalb der Union an einem Handelsplatz oder OTC getätigt wurde.

### Art. 16 Systematische Internalisierer für Emissionszertifikate

(Artikel 4 Absatz 1 Nummer 20 der Richtlinie 2014/65/EU). Eine Wertpapierfirma gilt als systematischer Internalisierer gemäß Artikel 4 Absatz 1 Ziffer 20 der Richtlinie 2014/65/EU[1]) in Bezug auf alle Emissionszertifikate, wenn sie in Bezug auf ein solches Instrument gemäß den folgenden Kriterien internalisiert:

a) häufige und systematische Internalisierung hinsichtlich eines Emissionszertifikats, für das ein liquider Markt gemäß Artikel 2 Absatz 1 Ziffer 17 Buchstabe a der Verordnung (EU) Nr. 600/2014[2]) besteht, soweit in den vergangenen 6 Monaten:

   i) die Zahl der OTC-Geschäfte, die die Wertpapierfirma im Rahmen der Ausführung von Kundenaufträgen für eigene Rechnung abgeschlossen hat, 4 % der Gesamtanzahl an Geschäften mit der entsprechenden Art von Emissionszertifikaten, die in dem gleichen Zeitraum innerhalb der Union an einem beliebigen Handelsplatz oder OTC ausgeführt werden, entspricht oder überschreitet;

   ii) die OTC-Geschäfte, die von der Wertpapierfirma für eigene Rechnung abgeschlossen werden, wenn sie Kundenaufträge mit dieser Art von Emissionszertifikaten ausführt, im Durchschnitt einmal pro Woche vorgenommen wurden;

b) häufige und systematische Internalisierung hinsichtlich eines Emissionszertifikats, für das kein liquider Markt gemäß Artikel 2 Absatz 1 Ziffer 17 Buchstabe a der Verordnung (EU) Nr. 600/2014 besteht, soweit die OTC-Geschäfte, die die Wertpapierfirma im Rahmen der Ausführung von Kundenaufträgen mit der entsprechenden Art von Emissionszertifikaten für eigene Rechnung abgeschlossen hat, in den vergangenen 6 Monaten im Durchschnitt einmal pro Woche vorgenommen wurden;

c) wesentliche Internalisierung hinsichtlich eines Emissionszertifikats, wenn der Umfang der OTC-Geschäfte, die die Wertpapierfirma im Rahmen der Ausführung von Kundenaufträgen für eigene Rechnung abgeschlossen hat, in den vergangenen 6 Monaten einem der beiden folgenden Prozentsätze entsprach oder einen dieser Sätze überschritten hat:"

---

[1]) Nr. 1.
[2]) Nr. 2.

i) 30 % des Gesamtumsatzes, den die Wertpapierfirma mit dieser Art von Emissionszertifikaten für eigene Rechnung oder im Namen der Kunden getätigt hat und der an einem Handelsplatz oder OTC getätigt wurde;

ii) 2,25 % des Gesamtumsatzes, der mit dieser Art von Emissionszertifikaten innerhalb der Union an einem Handelsplatz oder OTC getätigt wurde.

### Art. 16a Beteiligung an Zusammenführungssystemen.

Nicht als Handel für eigene Rechnung zu betrachten ist es für die Zwecke des Artikels 4 Absatz 1 Nummer 20 der Richtlinie 2014/65/EU[1]), wenn eine Wertpapierfirma sich mit dem Ziel oder der Folge, dass sie außerhalb eines Handelsplatzes de facto risikolose Back-to-Back-Geschäfte mit einem Finanzinstrument tätigt, an Zusammenführungssystemen beteiligt, die sie mit nicht der eigenen Gruppe angehörenden Unternehmen eingerichtet hat.

### Art. 17 Maßgebliche Beurteilungszeiträume
(Artikel 4 Absatz 1 Nummer 20 der Richtlinie 2014/65/EU). *[1]* ¹Die Bedingungen gemäß den Artikeln 12 bis 16 werden vierteljährlich auf der Grundlage der Daten der vergangenen 6 Monate beurteilt. ²Der Beurteilungszeitraum beginnt am ersten Arbeitstag der Monate Januar, April, Juli und Oktober.

*[2]* Neu ausgegebene Instrumente werden bei der Beurteilung nur berücksichtigt, wenn historische Daten bei Aktien, Aktienzertifikaten, börsengehandelten Fonds, Zertifikaten und anderen vergleichbaren Finanzinstrumenten einen Zeitraum von mindestens drei Monaten und bei Schuldverschreibungen, strukturierten Finanzprodukten und Derivaten einen Zeitraum von sechs Wochen abdecken.

### Art. 18 Algorithmischer Handel
(Artikel 4 Absatz 1 Nummer 39 der Richtlinie 2014/65/EU). Zur weiteren Spezifizierung der Definition des algorithmischen Handels im Sinne von Artikel 4 Absatz 1 Ziffer 39 der Richtlinie 2014/65/EU[1]) gilt ein System als System mit eingeschränkter oder gar keiner menschlichen Beteiligung, wenn bei einem Auftrags- oder Quoteverfahren oder einem Verfahren zur Optimierung der Auftragsausführung ein automatisiertes System in einer Phase der Einleitung, des Erzeugens, des Weiterleitens oder der Ausführung von Aufträgen oder Quotes Entscheidungen nach vorgegebenen Parametern trifft.

### Art. 19 Hochfrequente algorithmische Handelstechnik
(Artikel 4 Absatz 1 Nummer 40 der Richtlinie 2014/65/EU). (1) Ein hohes untertägiges Mitteilungsaufkommen gemäß Artikel 4 Absatz 1 Ziffer 40 der Richtlinie 2014/65/EU[1]) besteht aus der Übermittlung von durchschnittlich

a) mindestens 2 Mitteilungen pro Sekunde in Bezug auf jedes einzelne Finanzinstrument, das an einem Handelsplatz gehandelt wird;

b) mindestens 4 Mitteilungen pro Sekunde in Bezug auf alle Finanzinstrumente, die an einem Handelsplatz gehandelt werden.

(2) ¹Für die Zwecke von Absatz 1 werden Mitteilungen bezüglich Finanzinstrumenten, für die ein liquider Markt im Sinne von Artikel 2 Absatz 1 Ziffer 17 der Verordnung (EU) Nr. 600/2014[2]) besteht, in die Berechnungen ein-

---

[1]) Nr. 1.
[2]) Nr. 2.

bezogen. ²Für Zwecke des Handels erfolgende Mitteilungen, die die Kriterien von Artikel 17 Absatz 4 der Richtlinie 2014/65/EU erfüllen, werden in die Berechnung einbezogen.

(3) ¹Für die Zwecke von Absatz 1 werden Mitteilungen für die Zwecke des Handels für eigene Rechnung in die Berechnung einbezogen. ²Über andere Handelstechniken als Techniken für den Handel für eigene Rechnung erfolgende Mitteilungen werden in die Berechnung einbezogen, wenn die Ausführungstechnik der Wertpapierfirma so strukturiert ist, dass die Ausführung für eigene Rechnung vermieden wird.

(4) Für die Zwecke von Absatz 1 werden bei der Festlegung eines hohen untertägigen Mitteilungsaufkommens in Bezug auf Anbieter eines direkten elektronischen Zugangs Mitteilungen, die von deren Kunden übermittelt werden, aus den Berechnungen ausgeschlossen.

(5) Für die Zwecke von Absatz 1 stellen die Handelsplätze den betreffenden Firmen auf Verlangen monatlich jeweils zwei Wochen nach Ende des Kalendermonats Schätzungen der durchschnittlichen Anzahl von Mitteilungen pro Sekunde zur Verfügung, wobei sämtliche Mitteilungen der vorangegangenen 12 Monate zu berücksichtigen sind.

## Art. 20 Direkter elektronischer Zugang

(Artikel 4 Absatz 1 Nummer 41 der Richtlinie 2014/65/EU). (1) Eine Person ist nicht in der Lage, Aufträge in Bezug auf ein Finanzinstrument gemäß Artikel 4 Absatz 1 Ziffer 41 der Richtlinie 2014/65/EU[1]) direkt auf elektronischem Wege an einen Handelsplatz zu übermitteln, wenn diese Person kein Ermessen bezüglich des genauen Bruchteils einer Sekunde der Auftragserfassung sowie der Dauer des Auftrags innerhalb dieses Zeitrahmens ausüben kann.

(2) Eine Person ist nicht zur Übermittlung eines solchen direkten elektronischen Auftrags in der Lage, wenn die Übermittlung durch Vorkehrungen zur Optimierung von Prozessen zur Auftragsausführung erfolgt, die andere Auftragsparameter festlegen als den Handelsplatz oder Handelsplätze, an die der Auftrag übermittelt werden soll, es sei denn, diese Vorkehrungen sind in die Systeme der Kunden und nicht in die Systeme der Mitglieder oder Teilnehmer eines geregelten Marktes, eines MTF oder eines Kunden eines OTF eingebettet.

## Kapitel II. Organisatorische Anforderungen

### Abschnitt 1. Organisation

## Art. 21 Allgemeine organisatorische Anforderungen

(Artikel 16 Absätze 2 bis 10 der Richtlinie 2014/65/EU). (1) *[1]* Wertpapierfirmen müssen die folgenden organisatorischen Anforderungen erfüllen:

a) Entscheidungsfindungsprozesse und eine Organisationsstruktur, bei der Berichtspflichten sowie zugewiesene Funktionen und Aufgaben klar dokumentiert sind, schaffen und auf Dauer umsetzen;

b) sicherstellen, dass alle relevanten Personen die Verfahren, die für eine ordnungsgemäße Erfüllung ihrer Aufgaben einzuhalten sind, kennen;

---

[1]) Nr. 1.

c) angemessene interne Kontrollmechanismen, die die Einhaltung von Beschlüssen und Verfahren auf allen Ebenen der Wertpapierfirma sicherstellen, schaffen und auf Dauer umsetzen;
d) Mitarbeiter beschäftigen, die über die Fähigkeiten, Kenntnisse und Erfahrungen verfügen, die zur Erfüllung der ihnen zugewiesenen Aufgaben erforderlich sind;
e) auf allen maßgeblichen Ebenen der Wertpapierfirma eine reibungslos funktionierende interne Berichterstattung und Weitergabe von Informationen einführen und auf Dauer sicherstellen;
f) angemessene und systematische Aufzeichnungen über ihre Geschäftstätigkeit und interne Organisation führen;
g) für den Fall, dass relevante Personen mehrere Funktionen bekleiden, dafür sorgen, dass dies diese Personen weder daran hindert noch daran hindern dürfte, die einzelnen Funktionen ordentlich, ehrlich und professionell zu erfüllen.

*[2]* Bei der Erfüllung der Anforderungen gemäß diesem Absatz, haben die Wertpapierfirmen die Art, den Umfang und die Komplexität ihrer Geschäfte sowie die Art und das Spektrum der im Zuge dieser Geschäfte erbrachten Wertpapierdienstleistungen und Anlagetätigkeiten zu berücksichtigen.

(2) Die Wertpapierfirmen richten Systeme und Verfahren ein, die die Sicherheit, die Integrität und die Vertraulichkeit der Informationen gewährleisten, wobei sie die Art der besagten Informationen berücksichtigen, und setzen diese auf Dauer um.

(3) Die Wertpapierfirmen sorgen für die Festlegung, Umsetzung und Aufrechterhaltung einer angemessenen Notfallplanung, die bei einer Störung ihrer Systeme und Verfahren gewährleisten soll, dass wesentliche Daten und Funktionen erhalten bleiben und Wertpapierdienstleistungen und Anlagetätigkeiten fortgeführt werden oder – sollte dies nicht möglich sein – diese Daten und Funktionen bald zurückgewonnen und die Wertpapierdienstleistungen und Anlagetätigkeiten bald wieder aufgenommen werden.

(4) Die Wertpapierfirmen sorgen für die Festlegung, Umsetzung und Aufrechterhaltung von Rechnungslegungsgrundsätzen und -verfahren, die es ihnen ermöglichen, der zuständigen Behörde auf Verlangen rechtzeitig Abschlüsse vorzulegen, die ein den tatsächlichen Verhältnissen entsprechendes Bild ihrer Vermögens- und Finanzlage vermitteln und mit allen geltenden Rechnungslegungsstandards und -vorschriften in Einklang stehen.

(5) Die Wertpapierfirmen überwachen und bewerten regelmäßig die Angemessenheit und Wirksamkeit ihrer nach den Absätzen 1 bis 4 geschaffenen Systeme, internen Kontrollmechanismen und Vorkehrungen und ergreifen die zur Behebung etwaiger Mängel erforderlichen Maßnahmen.

### Art. 22 Einhaltung der Vorschriften („Compliance")
(Artikel 16 Absatz 2 der Richtlinie 2014/65/EU) (1) *[1]* Die Wertpapierfirmen legen angemessene Strategien und Verfahren fest, die darauf ausgelegt sind, jedes Risiko einer etwaigen Missachtung der in der Richtlinie 2014/65/EU[1] festgelegten Pflichten durch die Wertpapierfirma sowie die damit verbundenen Risiken aufzudecken, und setzen diese auf Dauer um, und sie führen angemes-

---
[1] Nr. 1.

sene Maßnahmen und Verfahren ein, um dieses Risiko auf ein Mindestmaß zu beschränken und die zuständigen Behörden in die Lage zu versetzen, ihre Befugnisse im Rahmen dieser Richtlinie wirksam auszuüben.

*[2]* Die Wertpapierfirmen berücksichtigen die Art, den Umfang und die Komplexität ihrer Geschäfte sowie die Art und das Spektrum der im Zuge dieser Geschäfte erbrachten Wertpapierdienstleistungen und Anlagetätigkeiten.

(2) *[1]* Die Wertpapierfirmen richten eine permanente und wirksame, unabhängig arbeitende Compliance-Funktion ein, erhalten diese aufrecht und betrauen sie mit den folgenden Aufgaben:

a) ständige Überwachung und regelmäßige Bewertung der Angemessenheit und Wirksamkeit der gemäß Absatz 1 Unterabsatz 1 eingeführten Maßnahmen, Strategien und Verfahren sowie der Schritte, die zur Behebung etwaiger Defizite der Wertpapierfirma bei der Einhaltung ihrer Pflichten unternommen wurden;

b) Beratung und Unterstützung der für Wertpapierdienstleistungen und Anlagetätigkeiten zuständigen relevanten Personen im Hinblick auf die Einhaltung der Pflichten der Wertpapierfirma gemäß der Richtlinie 2014/65/EU;

c) mindestens einmal jährlich Berichterstattung an das Leitungsorgan über die Umsetzung und Wirksamkeit des gesamten Kontrollumfelds für Wertpapierdienstleistungen und Anlagetätigkeiten, über die ermittelten Risiken sowie über die Berichterstattung bezüglich der Abwicklung von Beschwerden und über die ergriffenen oder zu ergreifenden Abhilfemaßnahmen;

d) Überwachung der Prozessabläufe für die Abwicklung von Beschwerden und Berücksichtigung von Beschwerden als Quelle relevanter Informationen im Zusammenhang mit den allgemeinen Überwachungsaufgaben.

*[2]* ¹ Zur Erfüllung der Anforderungen unter Buchstabe a und b dieses Absatzes nimmt die Compliance-Funktion eine Beurteilung vor, auf deren Grundlage sie ein risikobasiertes Überwachungsprogramm erstellt, das alle Bereiche der Wertpapierdienstleistungen, Anlagetätigkeiten sowie der relevanten Nebendienstleistungen der Wertpapierfirma, einschließlich der relevanten Informationen, die in Bezug auf die Überwachung der Abwicklung von Beschwerden gesammelt wurden, berücksichtigt. ² Das Überwachungsprogramm legt Prioritäten fest, die anhand der Compliance-Risikobewertung bestimmt werden, so dass die umfassende Überwachung der Compliance-Risiken sichergestellt wird.

(3) Damit die in Absatz 2 genannte Compliance-Funktion ihre Aufgaben ordnungsgemäß und unabhängig wahrnehmen kann, stellen die Wertpapierfirmen sicher, dass die folgenden Bedingungen erfüllt sind:

a) die Compliance-Funktion verfügt über die notwendigen Befugnisse, Ressourcen und Fachkenntnisse und hat Zugang zu allen einschlägigen Informationen;

b) ein Compliance-Beauftragter, der für die Compliance-Funktion sowie für die Compliance-Berichterstattung gemäß der Richtlinie 2014/65/EU und gemäß Artikel 25 Absatz 2 dieser Verordnung verantwortlich ist, wird durch das Leitungsorgan ernannt und ausgetauscht;

c) die Compliance-Funktion informiert ad hoc und direkt das Leitungsorgan, wenn sie ein erhebliches Risiko feststellt, dass die Wertpapierfirma ihre Pflichten gemäß der Richtlinie 2014/65/EU nicht erfüllt;

d) relevante Personen, die in die Compliance-Funktion eingebunden sind, sind nicht an der Erbringung der von ihnen überwachten Dienstleistungen oder Tätigkeiten beteiligt;

e) das Verfahren, nach dem die Vergütung der in die Compliance-Funktion eingebundenen relevanten Personen bestimmt wird, beeinträchtigt weder deren Objektivität noch lässt sie eine solche Beeinträchtigung wahrscheinlich erscheinen.

(4) [1] Kann eine Wertpapierfirma nachweisen, dass die unter Absatz 3 Buchstabe d oder e genannten Anforderungen aufgrund der Art, des Umfangs und der Komplexität ihrer Geschäfte sowie der Art und des Spektrums ihrer Wertpapierdienstleistungen und Anlagetätigkeiten unverhältnismäßig sind und dass die Compliance-Funktion weiterhin einwandfrei ihre Aufgabe erfüllt, ist sie nicht zur Erfüllung der Anforderungen gemäß Absatz 3 Buchstabe d oder e verpflichtet. [2] In diesem Fall hat die Wertpapierfirma zu beurteilen, ob die Wirksamkeit der Compliance-Funktion beeinträchtigt ist. [3] Die Bewertung wird regelmäßig überprüft.

## Art. 23 Risikomanagement
(Artikel 16 Absatz 5 der Richtlinie 2014/65/EU). (1) Wertpapierfirmen haben die folgenden Maßnahmen in Bezug auf Risikomanagement zu ergreifen:

a) angemessene Strategien und Verfahren für ihr Risikomanagement festlegen und auf Dauer umsetzen, mit denen die mit den Geschäften, Abläufen und Systemen der Firma verbundenen Risiken erfasst werden und gegebenenfalls eine Risikotoleranzschwelle festlegen;

b) zur Steuerung der mit den Geschäften, Abläufen und Systemen der Firma verbundenen Risiken unter Zugrundelegung der Risikotoleranzschwelle wirksame Vorkehrungen treffen und wirksame Abläufe und Mechanismen festlegen;

c) Folgendes überwachen:
 i) Angemessenheit und Wirksamkeit der von der Wertpapierfirma für das Risikomanagement festgelegten Strategien und Verfahren;
 ii) Grad der Einhaltung der nach Buchstabe b festgelegten Vorkehrungen, Abläufe und Mechanismen durch die Wertpapierfirma und ihre relevanten Personen;
 iii) Angemessenheit und Wirksamkeit der Maßnahmen, mit denen etwaige Unzulänglichkeiten dieser Politiken, Verfahren, Vorkehrungen, Abläufe und Mechanismen, einschließlich ihrer Missachtung durch die relevanten Personen, behoben werden sollen.

(2) [1] Soweit dies angesichts der Art, des Umfangs und der Komplexität ihrer Geschäfte sowie der Art und des Spektrums der im Zuge dieser Geschäfte erbrachten Wertpapierdienstleistungen und Anlagetätigkeiten angemessen und verhältnismäßig ist, richten die Wertpapierfirmen eine unabhängige Risikomanagement-Funktion ein und erhalten diese aufrecht, die die folgenden Aufgaben wahrnimmt:

a) Umsetzung der in Absatz 1 genannten Grundsätze und Verfahren,

b) Berichterstattung an die Geschäftsleitung sowie deren Beratung gemäß Artikel 25 Absatz 2.

*[2]* Wenn eine Wertpapierfirma keine Risikomanagement-Funktion gemäß Unterabsatz 1 einrichtet und auf Dauer führt, muss sie auf Anfrage nachweisen können, dass die gemäß Absatz 1 festgelegten Strategien und Verfahren die dort beschriebenen Anforderungen erfüllen.

**Art. 24 Innenrevision**
(Artikel 16 Absatz 5 der Richtlinie 2014/65/EU). Soweit dies angesichts der Art, des Umfangs und der Komplexität ihrer Geschäfte sowie der Art und des Spektrums der im Zuge dieser Geschäfte erbrachten Wertpapierdienstleistungen und Anlagetätigkeiten angemessen und verhältnismäßig ist, haben Wertpapierfirmen eine von den übrigen Funktionen und Tätigkeiten der Wertpapierfirma getrennte und unabhängige Innenrevisionsfunktion einzurichten und aufrechtzuerhalten, welche die folgenden Aufgaben wahrnimmt:

a) Erstellung und dauerhafte Umsetzung eines Revisionsprogramms mit dem Ziel, die Angemessenheit und Wirksamkeit der Systeme, internen Kontrollmechanismen und Vorkehrungen der Wertpapierfirma zu prüfen und zu bewerten;

b) Abgabe von Empfehlungen auf der Grundlage der Ergebnisse der gemäß Buchstabe a ausgeführten Arbeiten sowie Überprüfung der Einhaltung dieser Empfehlungen;

c) Erstellung von Berichten zu Fragen der Innenrevision gemäß Artikel 25 Absatz 2.

**Art. 25 Zuständigkeiten der Geschäftsleitung**
(Artikel 16 Absatz 2 der Richtlinie 2014/65/EU). (1) *[1]* $^1$Bei der internen Aufgabenverteilung stellen die Wertpapierfirmen sicher, dass die Geschäftsleitung sowie gegebenenfalls das Aufsichtsorgan die Verantwortung dafür tragen, dass die Wertpapierfirma ihre in der Richtlinie 2014/65/EU[1]) festgelegten Pflichten erfüllt. $^2$Die Geschäftsleitung sowie gegebenenfalls das Aufsichtsorgan sind insbesondere verpflichtet, die Wirksamkeit der zur Einhaltung der Richtlinie 2014/65/EU festgelegten Grundsätze, Vorkehrungen und Verfahren zu bewerten und regelmäßig zu überprüfen und angemessene Maßnahmen zur Behebung etwaiger Mängel zu ergreifen.

*[2]* $^1$Im Rahmen der Verteilung wesentlicher Aufgaben unter den Geschäftsführern muss eindeutig festgelegt werden, wer für die Überwachung und Aufrechterhaltung der organisatorischen Anforderungen der Wertpapierfirma zuständig ist. $^2$Aufzeichnungen über die Verteilung wesentlicher Aufgaben sind auf dem aktuellen Stand zu halten.

(2) Die Wertpapierfirmen stellen sicher, dass ihre Geschäftsleitung häufig, mindestens aber einmal jährlich, schriftliche Berichte zu den in den Artikeln 22, 23 und 24 behandelten Themen erhält, in denen insbesondere angegeben wird, ob zur Behebung etwaiger Mängel geeignete Maßnahmen getroffen wurden.

(3) Die Wertpapierfirmen stellen sicher, dass das Aufsichtsorgan, soweit ein solches besteht, regelmäßig schriftliche Berichte zu den in den Artikeln 22, 23 und 24 behandelten Themen erhält.

---

[1]) Nr. 1.

(4) Für die Zwecke dieses Artikels handelt es sich bei dem „Aufsichtsorgan" um das Organ in einer Wertpapierfirma, das für die Beaufsichtigung der Geschäftsleitung zuständig ist.

## Art. 26 Bearbeitung von Beschwerden
(Artikel 16 Absatz 2 der Richtlinie 2014/65/EU).

(1) *[1]* ¹Die Wertpapierfirmen müssen wirksame und transparente Strategien und Verfahren für das Beschwerdemanagement festlegen und auf Dauer umsetzen, mit denen die Beschwerden von Kunden oder potenziellen Kunden unverzüglich abgewickelt werden. ²Die Wertpapierfirmen haben Aufzeichnungen über die eingegangenen Beschwerden zu führen und Maßnahmen zu deren Lösung zu ergreifen.

*[2]* ¹Die Grundsätze für das Beschwerdemanagement müssen eindeutige, genaue und aktuelle Informationen über das Verfahren zur Abwicklung von Beschwerden enthalten. ²Diese Grundsätze müssen von dem Leitungsorgan der Wertpapierfirma bestätigt werden.

(2) ¹Die Wertpapierfirmen müssen die detaillierten Angaben zu dem Verfahren, das bei der Abwicklung einer Beschwerde einzuhalten ist, veröffentlichen. ²Diese detaillierten Angaben müssen Informationen über die Grundsätze für das Beschwerdemanagement sowie die Kontaktangaben der Beschwerdemanagementfunktion umfassen. ³Die Informationen werden den Kunden oder potenziellen Kunden auf Verlangen oder mit der Bestätigung der Beschwerde zur Verfügung gestellt. ⁴Die Wertpapierfirmen müssen den Kunden und potenziellen Kunden die kostenlose Einreichung von Beschwerden ermöglichen.

(3) ¹Die Wertpapierfirmen richten eine Beschwerdemanagementfunktion ein, die für die Prüfung von Beschwerden zuständig ist. ²Diese Funktion kann von der Compliance-Funktion übernommen werden.

(4) Die Wertpapierfirmen haben bei der Abwicklung einer Beschwerde mit den Kunden oder potenziellen Kunden eindeutig und in einfach verständlicher Sprache zu kommunizieren, und sie müssen unverzüglich auf die Beschwerde reagieren.

(5) Die Wertpapierfirmen teilen den Kunden oder potenziellen Kunden ihren Standpunkt bezüglich der Beschwerde mit, und sie informieren die Kunden oder potenziellen Kunden über deren Möglichkeiten, einschließlich der Möglichkeit, die Beschwerde an eine Stelle zur alternativen Streitbeilegung weiterzuleiten, wie in Artikel 4 Buchstabe h der Richtlinie 2013/11/EU des Europäischen Parlaments und des Rates[1] über die alternative Beilegung verbraucherrechtlicher Streitigkeiten vorgesehen, oder der Möglichkeit des Kunden, eine zivilrechtliche Klage einzureichen.

(6) Die Wertpapierfirmen übermitteln den zuständigen Behörden und, sofern im nationalen Recht vorgesehen, einer Stelle zur alternativen Streitbeilegung Informationen über Beschwerden und deren Abwicklung.

(7) Die Compliance-Funktion der Wertpapierfirmen hat die Daten bezüglich der Beschwerden und deren Abwicklung zu prüfen, um sicherzustellen, dass alle Risiken und Probleme ermittelt und behoben werden.

---

[1] **Amtl. Anm.**: Richtlinie 2013/11/EU des Europäischen Parlaments und des Rates vom 21. Mai 2013 über die alternative Beilegung verbraucherrechtlicher Streitigkeiten und zur Änderung der Verordnung (EG) Nr. 2006/2004 und der Richtlinie 2009/22/EG (Richtlinie über alternative Streitbeilegung in Verbraucherangelegenheiten) (ABl. L 165 vom 18.6.2013, S. 63).

## Art. 27 Vergütungsgrundsätze und -praktiken
(Artikel 16, 23 und 24 der Richtlinie 2014/65/EU). (1) *[1]* Die Wertpapierfirmen haben im Rahmen von angemessenen internen Verfahren Vergütungsgrundsätze und -praktiken festzulegen und umzusetzen, die die Interessen aller Kunden der Wertpapierfirma berücksichtigen und durch die sichergestellt wird, dass die Kunden fair behandelt werden und dass ihre Interessen durch die von der Wertpapierfirma übernommenen Vergütungspraktiken kurz-, mittel- oder langfristig nicht beeinträchtigt werden.

*[2]* Durch die Vergütungsgrundsätze und -praktiken dürfen keine Interessenkonflikte oder Anreize geschaffen werden, welche die relevanten Personen möglicherweise dazu verleiten könnten, ihre eigenen Interessen oder die Interessen der Wertpapierfirma zum potenziellen Nachteil eines Kunden zu begünstigen.

(2) Die Wertpapierfirmen stellen sicher, dass ihre Vergütungsgrundsätze und -praktiken für alle relevanten Personen gelten, die – unabhängig von der Art der Kunden – direkten oder indirekten Einfluss auf die von der Wertpapierfirma erbrachten Wertpapier- und Nebendienstleistungen oder das unternehmerische Verhalten haben, soweit die Vergütung dieser Personen und ähnliche Anreize zu einem Interessenkonflikt führen könnten, welcher sie veranlasst, gegen die Interessen eines Kunden der Wertpapierfirma zu handeln.

(3) ¹Das Leitungsorgan der Wertpapierfirma hat die Vergütungsgrundsätze nach Beratung mit der Compliance-Funktion zu genehmigen. ²Die Geschäftsleitung der Wertpapierfirma ist für die tägliche Umsetzung der Vergütungsgrundsätze sowie für die Überwachung der Compliance-Risiken in Bezug auf die Grundsätze verantwortlich.

(4) *[1]* Die Vergütung und ähnliche Anreize dürfen nicht ausschließlich oder vorwiegend auf quantitativen wirtschaftlichen Kriterien beruhen und müssen angemessene qualitative Kriterien berücksichtigen, welche die Erfüllung der geltenden Verordnungen, die faire Behandlung der Kunden sowie die Qualität der für die Kunden erbrachten Dienstleistungen widerspiegeln.

*[2]* Es ist jederzeit ein Gleichgewicht zwischen festen und variablen Elementen der Vergütung aufrechtzuerhalten, so dass die Interessen der Wertpapierfirma oder ihrer relevanten Personen durch die Vergütungsstruktur nicht gegenüber den Interessen eines Kunden begünstigt werden.

## Art. 28 Umfang von persönlichen Geschäften
(Artikel 16 Absatz 2 der Richtlinie 2014/65/EU). Für die Zwecke der Artikel 29 und 37 bezeichnet „persönliches Geschäft" ein Geschäft mit einem Finanzinstrument, das von einer relevanten Person oder für eine relevante Person getätigt wird und bei dem mindestens eines der folgenden Kriterien erfüllt ist:

a) die relevante Person handelt außerhalb ihres Aufgabenbereichs, für den sie im Rahmen ihrer beruflichen Tätigkeit zuständig ist;
b) das Geschäft erfolgt für Rechnung einer der folgenden Personen:
   i) der relevanten Person,
   ii) einer Person, zu der sie eine familiäre Bindung oder enge Verbindungen hat,
   iii) einer Person, bei der die relevante Person ein direktes oder indirektes wesentliches Interesse am Ausgang des Geschäfts hat, wobei das Interesse

nicht in einer Gebühr oder Provision für die Abwicklung des Geschäfts besteht.

**Art. 29 Persönliche Geschäfte**
(Artikel 16 Absatz 2 der Richtlinie 2014/65/EU).

(1) Die Wertpapierfirmen treffen angemessene Vorkehrungen und halten diese auf Dauer ein, um relevante Personen, deren Tätigkeiten Anlass zu einem Interessenkonflikt geben könnten oder die aufgrund von Tätigkeiten, die sie im Namen der Firma ausüben, Zugang zu Insider-Informationen im Sinne von Artikel 7 Absatz 1 der Verordnung Nr. 596/2014 oder zu anderen vertraulichen Informationen über Kunden oder über Geschäfte, die mit oder für Kunden getätigt werden, haben, an den in den Absätzen 2, 3 und 4 genannten Tätigkeiten zu hindern.

(2) Die Wertpapierfirmen stellen sicher, dass die relevanten Personen keine persönlichen Geschäfte abschließen, die mindestens eines der folgenden Kriterien erfüllen:

a) Die Person darf das Geschäft nach der Verordnung (EU) Nr. 596/2014[1] nicht tätigen;

b) es geht mit dem Missbrauch oder der vorschriftswidrigen Weitergabe dieser vertraulichen Informationen einher;

c) es kollidiert mit einer Pflicht, die der Wertpapierfirma aus der Richtlinie 2014/65/EU[2] erwächst, oder könnte damit kollidieren.

(3) Die Wertpapierfirmen stellen sicher, dass relevante Personen außerhalb ihres regulären Beschäftigungsverhältnisses oder Dienstleistungsvertrags einer anderen Person kein Geschäft mit Finanzinstrumenten empfehlen, das – wenn es sich um ein persönliches Geschäft der relevanten Person handeln würde – unter Absatz 2 oder unter Artikel 37 Absatz 2 Buchstabe a oder b oder unter Artikel 67 Absatz 3 fiele.

(4) Unbeschadet des Artikels 10 Absatz 1 der Verordnung (EU) Nr. 596/2014 stellen Wertpapierfirmen sicher, dass relevante Personen außerhalb ihres regulären Beschäftigungsverhältnisses oder Dienstleistungsvertrags Informationen oder Meinungen nicht an eine andere Person weitergeben, wenn der relevanten Person klar ist oder nach vernünftigem Ermessen klar sein sollte, dass diese Weitergabe die andere Person dazu veranlassen wird oder wahrscheinlich dazu veranlassen wird,

a) ein Geschäft mit Finanzinstrumenten zu tätigen, das – wenn es sich um ein persönliches Geschäft der relevanten Person handeln würde – unter Absatz 2 oder 3 oder unter Artikel 37 Absatz 2 Buchstabe a oder b oder unter Artikel 67 Absatz 3 fiele;

b) einer anderen Person zu einem solchen Geschäft zu raten oder eine andere Person zu einem solchen Geschäft zu veranlassen.

(5) *[1]* Die in Absatz 1 vorgeschriebenen Vorkehrungen gewährleisten, dass:

a) jede unter Absatz 1, 2, 3 oder 4 fallende relevante Person die Beschränkungen bei persönlichen Geschäften und die Maßnahmen, die die Wertpapierfirma im Hinblick auf persönliche Geschäfte und Informationsweitergabe gemäß Absatz 1, 2, 3 oder 4 getroffen hat, kennt;

---

[1] Nr. 11.
[2] Nr. 1.

b) die Wertpapierfirma unverzüglich über jedes persönliche Geschäft einer solchen relevanten Person unterrichtet wird, und zwar entweder durch Meldung des Geschäfts oder durch andere Verfahren, die der Wertpapierfirma die Feststellung solcher Geschäfte ermöglichen.

c) ein bei der Wertpapierfirma gemeldetes oder von dieser festgestelltes persönliches Geschäft sowie jede Erlaubnis und jedes Verbot im Zusammenhang mit einem solchen Geschäft festgehalten wird.

*[2]* Bei Auslagerungsvereinbarungen muss die Wertpapierfirma sicherstellen, dass die Firma, an die die Tätigkeit ausgelagert wird, persönliche Geschäfte aller relevanten Personen festhält und der Wertpapierfirma diese Informationen auf Verlangen unverzüglich liefert.

(6) Von den Absätzen 1 bis 5 ausgenommen sind:

a) persönliche Geschäfte, die im Rahmen eines Vertrags über die Portfolioverwaltung mit Entscheidungsspielraum getätigt werden, sofern vor Abschluss des Geschäfts keine diesbezügliche Kommunikation zwischen dem Portfolioverwalter und der relevanten Person oder der Person, für deren Rechnung das Geschäft getätigt wird, stattfindet;

b) persönliche Geschäfte mit Organismen für gemeinsame Anlagen in Wertpapieren (OGAW) oder mit AIF, die nach den Rechtsvorschriften eines Mitgliedstaats, die für deren Anlagen ein gleich hohes Maß an Risikostreuung vorschreiben, der Aufsicht unterliegen, wenn die relevante Person oder jede andere Person, für deren Rechnung die Geschäfte getätigt werden, nicht an der Geschäftsleitung dieses Organismus beteiligt ist.

## Abschnitt 2. Auslagerung

### Art. 30 Umfang ausschlaggebender und wichtiger betrieblicher Aufgaben

(Artikel 16 Absatz 2 und Artikel 16 Absatz 5 Unterabsatz 1 der Richtlinie 2014/65/EU). (1) Für die Zwecke von Artikel 16 Absatz 5 Unterabsatz 1 der Richtlinie 2014/65/EU[1] wird eine betriebliche Aufgabe als ausschlaggebend oder wichtig betrachtet, wenn deren unzureichende oder unterlassene Wahrnehmung die kontinuierliche Einhaltung der Zulassungsbedingungen und -pflichten oder der anderen Verpflichtungen der Wertpapierfirma gemäß der Richtlinie 2014/65/EU, ihre finanzielle Leistungsfähigkeit oder die Solidität oder Kontinuität ihrer Wertpapierdienstleistungen und Anlagetätigkeiten wesentlich beeinträchtigen würde.

(2) Ohne den Status anderer Aufgaben zu berühren, werden für die Zwecke des Absatzes 1 folgende Aufgaben nicht als ausschlaggebend oder wichtig betrachtet:

a) für die Wertpapierfirma erbrachte Beratungs- und andere Dienstleistungen, die nicht Teil ihres Anlagegeschäfts sind, einschließlich der Beratung in Rechtsfragen, Mitarbeiterschulungen, der Fakturierung und der Bewachung von Gebäuden und Mitarbeitern;

b) der Erwerb standardisierter Dienstleistungen, einschließlich Marktinformationsdiensten und Preisdaten.

---

[1] Nr. 1.

**Art. 31 Auslagerung ausschlaggebender oder wichtiger betrieblicher Aufgaben**
(Artikel 16 Absatz 2 und Artikel 16 Absatz 5 Unterabsatz 1 der Richtlinie 2014/65/EU). (1) Wertpapierfirmen, die ausschlaggebende oder wichtige betriebliche Aufgaben auslagern, bleiben vollständig für die Erfüllung all ihrer Verpflichtungen gemäß der Richtlinie 2014/64/EU verantwortlich und müssen die folgenden Bedingungen erfüllen:

a) die Auslagerung ist nicht mit einer Delegation der Aufgaben der Geschäftsleitung verbunden;

b) das Verhältnis und die Pflichten der Wertpapierfirma gegenüber ihren Kunden gemäß der Richtlinie 2014/65/EU[1] bleiben unverändert;

c) die Voraussetzungen, die eine Wertpapierfirma erfüllen muss, um gemäß Artikel 5 der Richtlinie 2014/65/EG zugelassen zu werden und diese Zulassung auch zu behalten, sind nach wie vor erfüllt;

d) die anderen Voraussetzungen, unter denen der Wertpapierfirma die Zulassung erteilt wurde, sind nicht entfallen und haben sich nicht geändert.

(2) Wertpapierfirmen verfahren bei Abschluss, Durchführung oder Kündigung einer Vereinbarung über die Auslagerung von ausschlaggebenden oder wichtigen betrieblichen Funktionen an einen Dienstleister mit der gebotenen Professionalität und Sorgfalt und treffen alle erforderlichen Maßnahmen, um Folgendes zu gewährleisten:

a) Der Dienstleister verfügt über die Eignung, die Kapazität, ausreichende Ressourcen und geeignete Organisationsstrukturen für die Ausführung der ausgelagerten Aufgaben sowie alle gesetzlich vorgeschriebenen Zulassungen, um die ausgelagerten Aufgaben zuverlässig und professionell wahrzunehmen;

b) der Dienstleister führt die ausgelagerten Dienstleistungen effektiv und in Übereinstimmung mit den geltenden Rechts- und Verwaltungsvorschriften aus, und die Wertpapierfirma hat zu diesem Zweck Methoden und Verfahren zur Bewertung der Leistung des Dienstleisters sowie zur fortlaufenden Überprüfung der von dem Dienstleister erbrachten Dienstleistungen festgelegt;

c) der Dienstleister hat die Ausführung der ausgelagerten Aufgaben ordnungsgemäß zu überwachen und die mit der Auslagerung verbundenen Risiken angemessen zu steuern;

d) es werden angemessene Maßnahmen ergriffen, wenn Zweifel daran bestehen, dass der Dienstleister seine Aufgaben möglicherweise nicht effektiv und unter Einhaltung der geltenden Rechts- und Verwaltungsvorschriften ausführt;

e) die Wertpapierfirma hat die ausgelagerten Aufgaben oder Dienstleistungen wirksam zu überwachen und die mit der Auslagerung verbundenen Risiken zu steuern, und zu diesem Zweck verfügt sie weiterhin über die notwendigen Fachkenntnisse und Ressourcen, um die ausgelagerten Aufgaben wirksam zu überwachen und diese Risiken zu steuern;

f) der Dienstleister hat der Wertpapierfirma jede Entwicklung zur Kenntnis gebracht, die seine Fähigkeit, die ausgelagerten Aufgaben wirkungsvoll und unter Einhaltung der geltenden Rechts- und Verwaltungsvorschriften auszuführen, wesentlich beeinträchtigen könnte;

---

[1] Nr. 1.

g) die Wertpapierfirma ist in der Lage, die Auslagerungsvereinbarung gegebenenfalls mit sofortiger Wirkung zu kündigen, wenn dies im Interesse ihrer Kunden liegt, ohne dass dies die Kontinuität und Qualität der für ihre Kunden erbrachten Dienstleistungen beeinträchtigt;

h) der Dienstleister arbeitet in Bezug auf die ausgelagerten Funktionen mit den für die Wertpapierfirma zuständigen Behörden zusammen;

i) die Wertpapierfirma, ihre Abschlussprüfer und die jeweils zuständigen Behörden haben tatsächlich Zugang zu mit den ausgelagerten Funktionen zusammenhängenden Daten und zu den Geschäftsräumen des Dienstleisters, sofern dies für die Zwecke einer wirksamen Aufsicht gemäß diesem Artikel erforderlich ist, und die zuständigen Behörden können von diesen Zugangsrechten Gebrauch machen;

j) der Dienstleister hat alle vertraulichen Informationen, die die Wertpapierfirma und ihre Kunden betreffen, zu schützen;

k) die Wertpapierfirma und der Dienstleister haben einen Notfallplan festgelegt und diesen auf Dauer umgesetzt, der bei einem Systemausfall die Speicherung der Daten gewährleistet und regelmäßige Tests der Backup-Systeme vorsieht, sollte dies angesichts der ausgelagerten Aufgabe, Dienstleistung oder Tätigkeit erforderlich sein;

l) die Wertpapierfirma hat sichergestellt, dass die Kontinuität und Qualität der ausgelagerten Aufgaben oder Dienstleistungen auch für den Fall der Beendigung der Auslagerung aufrechterhalten werden, indem die Durchführung der ausgelagerten Aufgaben oder Dienstleistungen auf einen anderen Dritten übertragen wird oder indem die Wertpapierfirma diese ausgelagerten Aufgaben oder Dienstleistungen selbst ausführt.

(3) ¹Die entsprechenden Rechte und Pflichten der Wertpapierfirma und des Dienstleisters werden in einer schriftlichen Vereinbarung eindeutig zugewiesen. ²Die Wertpapierfirma behält insbesondere ihre Weisungs- und Kündigungsrechte, ihre Informationsrechte sowie ihre Rechte auf Einsichtnahme in und Zugang zu Büchern und Geschäftsräumen. ³In der Vereinbarung wird sichergestellt, dass eine Auslagerung durch den Dienstleister nur mit der schriftlichen Zustimmung der Wertpapierfirma erfolgen darf.

(4) Gehören die Wertpapierfirma und der Dienstleister ein und derselben Gruppe an, kann die Wertpapierfirma zur Erfüllung dieses Artikels und des Artikels 32 berücksichtigen, in welchem Umfang sie den Dienstleister kontrolliert oder sein Handeln beeinflussen kann.

(5) Die Wertpapierfirma stellt den zuständigen Behörden auf deren Verlangen alle Informationen zur Verfügung, die diese benötigen, um zu überwachen, ob bei der Ausübung der übertragenen Funktionen die Anforderungen der Richtlinie 2014/65/EU und ihrer Durchführungsmaßnahmen eingehalten werden.

### Art. 32 Dienstleister mit Sitz in einem Drittland
(Artikel 16 Absatz 2 und Artikel 16 Absatz 5 Unterabsatz 1 der Richtlinie 2014/65/EU). (1) Wertpapierfirmen, die Funktionen im Zusammenhang mit der Verwaltung von Kundenportfolios an einen Drittlandsdienstleister auslagern, stellen zusätzlich zu den Anforderungen des Artikels 31 sicher, dass folgende Bedingungen erfüllt sind:

a) der Dienstleister ist in seinem Herkunftsland für die Erbringung dieser Dienstleistung zugelassen oder registriert, und er wird von einer zuständigen Behörde in diesem Drittland wirksam beaufsichtigt;

b) zwischen der für die Wertpapierfirma zuständigen Behörde und der Aufsichtsbehörde des Dienstleisters besteht eine angemessene Kooperationsvereinbarung.

(2) Durch die in Absatz 1 Buchstabe b genannte Kooperationsvereinbarung wird sichergestellt, dass die für die Wertpapierfirma zuständigen Behörden mindestens in der Lage sind:

a) auf Verlangen, die für die Erfüllung ihrer Aufsichtspflichten gemäß der Richtlinie 2014/65/EU[1]) und der Verordnung (EU) Nr. 600/2014[2]) notwendigen Informationen einzuholen;

b) Zugang zu im Drittland vorhandenen Unterlagen zu erhalten, die für die Wahrnehmung ihrer Aufsichtspflichten relevant sind;

c) schnellstmöglich Informationen von der Aufsichtsbehörde in dem Drittland zu erhalten, um offensichtliche Verstöße gegen die Anforderungen der Richtlinie 2014/65/EU und ihrer Durchführungsmaßnahmen sowie der Verordnung (EU) Nr. 600/2014 zu untersuchen;

d) im Falle eines Verstoßes gegen die Anforderungen der Richtlinie 2014/65/ EU und ihrer Durchführungsmaßnahmen sowie einschlägiger nationaler Rechtsvorschriften im Einklang mit den für die Aufsichtsbehörde des Drittlands und die zuständigen Behörden in der EU geltenden nationalen und internationalen Gesetze die Durchsetzung in Zusammenarbeit anzugehen.

(3) *[1]* Die zuständigen Behörden veröffentlichen auf ihrer Website ein Verzeichnis der Aufsichtsbehörden in Drittländern, mit denen sie eine Kooperationsvereinbarung gemäß Absatz 1 Buchstabe b abgeschlossen haben.

*[2]* Die zuständigen Behörden aktualisieren Kooperationsvereinbarungen, die vor dem Datum des Inkrafttretens dieser Verordnung geschlossen wurden, innerhalb von sechs Monaten nach Inkrafttreten dieser Verordnung.

### Abschnitt 3. Interessenkonflikte

**Art. 33 Für einen Kunden potenziell nachteilige Interessenkonflikte**
(Artikel 16 Absatz 3 und Artikel 23 der Richtlinie 2014/65/EU). Die Wertpapierfirmen müssen zur Feststellung der Arten von Interessenkonflikten, die bei Erbringung von Wertpapier- und Nebendienstleistungen oder bei einer Kombination daraus auftreten und den Interessen eines Kunden abträglich sein können, zumindest der Frage Rechnung tragen, ob auf die Wertpapierfirma, eine relevante Person oder eine Person, die direkt oder indirekt durch Kontrolle mit der Firma verbunden ist, aufgrund der Tatsache, dass sie Wertpapier- oder Nebendienstleistungen erbringt oder Anlagetätigkeiten ausübt, eine der folgenden Situationen zutrifft:

a) Wahrscheinlich wird die Wertpapierfirma oder eine der genannten Personen zu Lasten des Kunden einen finanziellen Vorteil erzielen oder finanziellen Verlust vermeiden;

---
[1]) Nr. 1.
[2]) Nr. 2.

b) die Wertpapierfirma oder eine der genannten Personen hat am Ergebnis einer für den Kunden erbrachten Dienstleistung oder eines im Namen des Kunden getätigten Geschäfts ein Interesse, das nicht mit dem Interesse des Kunden an diesem Ergebnis übereinstimmt;

c) für die Wertpapierfirma oder eine der genannten Personen gibt es einen finanziellen oder sonstigen Anreiz, die Interessen eines anderen Kunden oder einer anderen Gruppe von Kunden über die Interessen des Kunden zu stellen;

d) die Wertpapierfirma oder eine der genannten Personen geht dem gleichen Geschäft nach wie der Kunde;

e) die Wertpapierfirma oder eine der genannten Personen erhält aktuell oder künftig von einer nicht mit dem Kunden identischen Person in Bezug auf eine für den Kunden erbrachte Dienstleistung einen Anreiz in Form von finanziellen oder nichtfinanziellen Vorteilen oder Dienstleistungen.

**Art. 34 Grundsätze für den Umgang mit Interessenkonflikten**
(Artikel 16 Absatz 3 und Artikel 23 der Richtlinie 2014/65/EU). (1) *[1]* Die Wertpapierfirmen müssen in schriftlicher Form wirksame, der Größe und Organisation der jeweiligen Firma sowie der Art, des Umfangs und der Komplexität ihrer Geschäfte angemessene Grundsätze für den Umgang mit Interessenkonflikten festlegen und auf Dauer umsetzen.

*[2]* Ist die Wertpapierfirma Teil einer Gruppe, müssen diese Grundsätze darüber hinaus allen Umständen Rechnung tragen, von denen die Wertpapierfirma weiß oder wissen müsste und die aufgrund der Struktur und der Geschäftätigkeiten anderer Gruppenmitglieder einen Interessenkonflikt nach sich ziehen könnten.

(2) In den gemäß Absatz 1 festgelegten Grundsätzen für den Umgang mit Interessenkonflikten

a) wird im Hinblick auf die Wertpapierdienstleistungen, Anlagetätigkeiten und Nebendienstleistungen, die von oder im Namen der Wertpapierfirma erbracht werden, festgelegt, unter welchen Umständen ein Interessenkonflikt, der den Interessen eines oder mehrerer Kunden erheblich schaden könnte, vorliegt oder entstehen könnte;

b) wird festgelegt, welche Verfahren einzuleiten und welche Maßnahmen zu treffen sind, um diese Konflikte zu verhindern oder zu bewältigen.

(3) *[1]* Die Verfahren und Maßnahmen, auf die in Absatz 2 Buchstabe b Bezug genommen wird, werden so gestaltet, dass relevante Personen, die mit Tätigkeiten befasst sind, bei denen ein Interessenkonflikt im Sinne von Absatz 2 Buchstabe a besteht, diese Tätigkeiten mit einem Grad an Unabhängigkeit ausführen, der der Größe und dem Betätigungsfeld der Wertpapierfirma und der Gruppe, der diese angehören, sowie der Höhe des Risikos, dass die Interessen von Kunden geschädigt werden, angemessen ist.

*[2]* Für die Zwecke von Absatz 2 Buchstabe b schließen die dort genannten zu befolgenden Verfahren und Maßnahmen – soweit dies für die Wertpapierfirma zur Gewährleistung des geforderten Grades an Unabhängigkeit notwendig ist – Folgendes ein.

a) wirksame Verfahren, die den Austausch von Informationen zwischen relevanten Personen, deren Tätigkeiten einen Interessenkonflikt nach sich ziehen

könnten, verhindern oder kontrollieren, wenn dieser Informationsaustausch den Interessen eines oder mehrerer Kunden abträglich sein könnte;
b) die gesonderte Überwachung relevanter Personen, deren Hauptaufgabe darin besteht, Tätigkeiten im Namen von Kunden auszuführen oder Dienstleistungen für Kunden zu erbringen, deren Interessen möglicherweise kollidieren oder die in anderer Weise unterschiedliche Interessen – einschließlich der der Wertpapierfirma – vertreten, die kollidieren könnten;
c) die Beseitigung jeder direkten Verbindung zwischen der Vergütung relevanter Personen, die sich hauptsächlich mit einer Tätigkeit beschäftigen, und der Vergütung oder den Einnahmen anderer relevanter Personen, die sich hauptsächlich mit einer anderen Tätigkeit beschäftigen, wenn bei diesen Tätigkeiten ein Interessenkonflikt entstehen könnte;
d) Maßnahmen, die jeden ungebührlichen Einfluss auf die Art und Weise, in der eine relevante Person Wertpapier- oder Nebendienstleistungen erbringt oder Anlagetätigkeiten ausführt, verhindern oder einschränken;
e) Maßnahmen, die die gleichzeitige oder unmittelbar nachfolgende Einbeziehung einer relevanten Person in verschiedene Wertpapier- oder Nebendienstleistungen bzw. Anlagetätigkeiten verhindern oder kontrollieren, wenn diese Einbeziehung ein ordnungsgemäßes Konfliktmanagement beeinträchtigen könnte.

(4) *[1]* Die Wertpapierfirmen stellen sicher, dass die Unterrichtung der Kunden gemäß Artikel 23 Absatz 2 der Richtlinie 2014/65/EU[1]) nur als Ultima Ratio angewandt wird, wenn die wirksamen organisatorischen und administrativen Vorkehrungen, die sie zur Verhinderung oder Bewältigung ihrer Interessenkonflikte gemäß Artikel 23 der Richtlinie 2014/65/EU getroffen haben, nicht ausreichen, um mit hinreichender Sicherheit zu gewährleisten, dass die Interessen des Kunden nicht geschädigt werden.

*[2]* [1] Bei dieser Unterrichtung wird deutlich angegeben, dass die wirksamen organisatorischen und administrativen Vorkehrungen, die die Wertpapierfirma zur Verhinderung oder Bewältigung dieses Konflikts getroffen hat, nicht ausreichen, um mit hinreichender Sicherheit zu gewährleisten, dass die Interessen des Kunden nicht geschädigt werden. [2] Die Unterrichtung beinhaltet eine genaue Beschreibung der Interessenkonflikte, die bei der Erbringung von Wertpapier- und/oder Nebendienstleistungen entstehen, unter Berücksichtigung der Art des Kunden, an den sich die Unterrichtung richtet. [3] Die Beschreibung erklärt die allgemeine Art und die Ursachen von Interessenkonflikten sowie die Risiken, die dem Kunden infolge der Interessenkonflikte und der zur Minderung dieser Risiken getroffenen Maßnahmen entstehen, ausreichend detailliert, um es dem Kunden zu ermöglichen, in Bezug auf die Wertpapier- oder Nebendienstleistung, in deren Zusammenhang die Interessenkonflikte entstehen, eine fundierte Entscheidung zu treffen.

(5) [1] Die Wertpapierfirmen beurteilen und prüfen die Grundsätze für den Umgang mit Interessenkonflikten, die gemäß Artikel 1 bis 4 festgelegt wurden, regelmäßig, mindestens aber einmal jährlich, und ergreifen sämtliche erforderlichen Maßnahmen zur Beseitigung etwaiger Mängel. [2] Übermäßige Abhängigkeit von der Offenlegung von Interessenkonflikten wird in den Grundsätzen der Firma für den Umgang mit Interessenkonflikten als Mangel angesehen.

---
[1]) Nr. 1.

**Art. 35 Aufzeichnung von Dienstleistungen oder Tätigkeiten, die einen nachteiligen Interessenkonflikt auslösen**
(Artikel 16 Absatz 6 der Richtlinie 2014/65/EU). *[1]* Die Wertpapierfirmen müssen die von oder im Namen der Wertpapierfirma erbrachten Arten von Wertpapier- oder Nebendienstleistungen bzw. Anlagetätigkeiten, bei denen ein den Interessen eines oder mehrerer Kunden in erheblichem Maße abträglicher Interessenkonflikt aufgetreten ist bzw. bei noch laufenden Dienstleistungen oder Tätigkeiten auftreten könnte, aufzeichnen und regelmäßig aktualisieren.

*[2]* Die Geschäftsleitung erhält regelmäßig, mindestens aber einmal jährlich, schriftliche Berichte über die in diesem Artikel erläuterten Situationen.

**Art. 36 Finanzanalysen und Marketingmitteilungen**
(Artikel 24 Absatz 3 der Richtlinie 2014/65/EU). (1) Für die Zwecke des Artikels 37 sind Finanzanalysen Analysen oder andere Informationen, in denen für ein oder mehrere Finanzinstrumente oder die Emittenten von Finanzinstrumenten explizit oder implizit eine Anlagestrategie empfohlen oder vorgeschlagen wird, einschließlich aller für Informationsverbreitungskanäle oder die Öffentlichkeit bestimmter Stellungnahmen zum aktuellen oder künftigen Wert oder Kurs dieser Instrumente, sofern folgende Bedingungen erfüllt sind:

a) Die Analysen oder Informationen werden als Finanzanalysen oder Ähnliches betitelt oder beschrieben oder aber als objektive oder unabhängige Erläuterung der in der Empfehlung enthaltenen Punkte dargestellt;
b) würde die betreffende Empfehlung von einer Wertpapierfirma an einen Kunden ausgegeben, würde sie keine Anlageberatung im Sinne der Richtlinie 2014/65/EU[1)] darstellen.

(2) *[1]* Eine unter Nummer 35 des Artikels 3 Absatz 1 der Verordnung (EU) Nr. 596/2014[2)] fallende Empfehlung, die die in Absatz 1 genannten Bedingungen nicht erfüllt, wird für die Zwecke der Richtlinie 2014/65/EU als Marketingmitteilung behandelt, und die Wertpapierfirmen, die eine solche Empfehlung erstellen oder verbreiten, haben dafür zu sorgen, dass sie eindeutig als solche gekennzeichnet wird.

*[2]* Darüber hinaus haben die Wertpapierfirmen sicherzustellen, dass jede derartige Empfehlung (d.h. auch jede mündliche Empfehlung) einen klaren und deutlichen Hinweis darauf enthält, dass sie nicht in Einklang mit Rechtsvorschriften zur Förderung der Unabhängigkeit von Finanzanalysen erstellt wurde und auch keinem Verbot des Handels im Anschluss an die Verbreitung von Finanzanalysen unterliegt.

**Art. 37 Zusätzliche organisatorische Anforderungen bezüglich Finanzanalysen oder Marketingmitteilungen**
(Artikel 16 Absatz 3 der Richtlinie 2014/65/EU). (1) *[1]* Wertpapierfirmen, die auf eigene Verantwortung oder auf Verantwortung eines Mitglieds ihrer Gruppe Finanzanalysen erstellen oder erstellen lassen, die im Anschluss daran unter den Kunden der Wertpapierfirma oder in der Öffentlichkeit verbreitet werden sollen oder aller Wahrscheinlichkeit nach verbreitet werden, stellen sicher, dass in Bezug auf die an der Erstellung dieser Analysen beteiligten Finanzanalysten sowie in Bezug auf andere relevante Personen, deren Aufgaben

---
[1)] Nr. 1.
[2)] Nr. 11.

## 13 VO (EU) 2017/565 Art. 37

oder Geschäftsinteressen mit den Interessen der Personen, an die die Finanzanalysen weitergegeben werden, kollidieren könnten, alle in Artikel 34 Absatz 3 genannten Maßnahmen getroffen werden.

*[2]* Die Verpflichtungen im ersten Unterabsatz gelten auch in Bezug auf Empfehlungen im Sinne von Artikel 36 Absatz 2.

(2) *[1]* Wertpapierfirmen, auf die sich Absatz 1 Unterabsatz 1 bezieht, treffen Vorkehrungen, die so angelegt sind, dass sie die Erfüllung der folgenden Bedingungen gewährleisten:

a) Finanzanalysten und andere relevante Personen, die den wahrscheinlichen Zeitplan oder Inhalt einer Finanzanalyse kennen, die weder für die Öffentlichkeit noch für Kunden zugänglich ist, und die auch aus den öffentlich verfügbaren Informationen nicht ohne Weiteres abgeleitet werden kann, tätigen keinerlei persönliche Geschäfte oder Geschäfte im Namen einer anderen Person, einschließlich der Wertpapierfirma, mit Finanzinstrumenten, auf die sich die Finanzanalyse bezieht, oder mit damit verbundenen Finanzinstrumenten, bevor die Empfänger der Finanzanalyse ausreichend Gelegenheit hatten, auf diese zu reagieren, es sei denn, sie handeln als Market-Maker in gutem Glauben und im normalen Verlauf des Market-Making oder in Ausführung eines unaufgeforderten Kundenauftrags;

b) in den von Buchstabe a nicht abgedeckten Fällen tätigen Finanzanalysten und alle anderen an der Erstellung von Finanzanalysen beteiligten relevanten Personen keinerlei aktuellen Empfehlungen zuwiderlaufende persönliche Geschäfte mit Finanzinstrumenten, auf die sich die Finanzanalyse bezieht, oder mit damit verbundenen Finanzinstrumenten, es sei denn es liegen außergewöhnliche Umständen vor und es wurde die vorherige Genehmigung eines Mitarbeiters der Rechtsabteilung oder der Compliance-Funktion der Wertpapierfirma eingeholt;

c) es ist eine physische Trennung zwischen den an der Erstellung von Finanzanalysen beteiligten Finanzanalysten und anderen relevanten Personen, deren Aufgaben oder Geschäftsinteressen mit den Interessen der Personen, an die die Finanzanalysen weitergegeben werden, kollidieren können, gegeben oder es werden, wenn dies angesichts der Größe und Organisation der Firma sowie der Art, des Umfangs und der Komplexität ihrer Tätigkeit nicht angebracht ist, geeignete alternative Informationsschranken entwickelt und umgesetzt;

d) Wertpapierfirmen, Finanzanalysten und andere an der Erstellung von Finanzanalysen beteiligte relevante Personen nehmen keine Anreize von Personen an, die ein wesentliches Interesse am Gegenstand der Finanzanalysen haben;

e) Wertpapierfirmen, Finanzanalysten und andere an der Erstellung von Finanzanalysen beteiligte relevante Personen versprechen Emittenten keine für sie günstige Analyse;

f) vor der Verbreitung von Finanzanalysen ist es Emittenten, relevanten Personen mit Ausnahme von Finanzanalysten und sonstigen Personen nicht gestattet, den Entwurf dieser Analyse auf die Korrektheit der darin dargestellten Sachverhalte oder einen anderen Zweck hin zu überprüfen, wenn der Entwurf eine Empfehlung oder einen Zielkurs enthält, es sei denn, es geht darum, die Einhaltung der rechtlichen Pflichten durch die Wertpapierfirma zu kontrollieren.

*[2]* Für die Zwecke dieses Absatzes ist ein „damit verbundenes Finanzinstrument" jedes Finanzinstrument, dessen Kurs stark durch Kursbewegungen bei einem anderen Finanzinstrument, das Gegenstand der Finanzanalyse ist, beeinflusst wird; diese Bedeutung schließt ein Derivat dieses anderen Finanzinstruments ein.

(3) Wertpapierfirmen, die die von einer anderen Person erstellten Finanzanalysen an die Öffentlichkeit oder ihre Kunden weitergeben, sind von den Anforderungen des Absatzes 1 ausgenommen, wenn folgende Kriterien erfüllt sind:

a) Die Person, die die Finanzanalyse erstellt, gehört nicht zu der Gruppe, der die Wertpapierfirma angehört;

b) die Wertpapierfirma ändert die in der Finanzanalyse enthaltenen Empfehlungen nicht wesentlich ab;

c) die Wertpapierfirma stellt die Finanzanalyse nicht als von ihr erstellt dar;

d) die Wertpapierfirma vergewissert sich, dass für den Ersteller der Finanzanalyse Bestimmungen gelten, die den Anforderungen dieser Verordnung für die Erstellung von Finanzanalysen gleichwertig sind, bzw. dass er Grundsätze im Sinne dieser Anforderungen festgelegt hat.

## Art. 38 Zusätzliche allgemeine Anforderungen bezüglich Emissionsübernahme oder Platzierung
(Artikel 16 Absatz 3 und Artikel 23 und 24 der Richtlinie 2014/65/EU).

(1) Wertpapierfirmen, die Finanzwirtschaftsberatung im Sinne von Anhang I Abschnitt B Nummer 3 oder Emissions- oder Platzierungsdienstleistungen im Zusammenhang mit Finanzinstrumenten bieten, treffen vor der Entscheidung, ein Angebot anzunehmen, Vorkehrungen zur Unterrichtung des Emittenten über:

a) die verschiedenen, bei der Wertpapierfirma verfügbaren Finanzierungsalternativen, mit Angabe der Geschäftskosten, die mit jeder Alternative verbunden sind;

b) den Zeitpunkt und das Verfahren bezüglich der Finanzwirtschaftsberatung über die Preisgestaltung des Angebots;

c) den Zeitpunkt und das Verfahren bezüglich der Finanzwirtschaftsberatung über die Platzierung des Angebots;

d) Einzelheiten über die Zielgruppe der Anleger, denen die Firma die Finanzinstrumente anbieten möchte;

e) die Berufsbezeichnungen und Abteilungen der relevanten Personen, die an der Erbringung der Finanzwirtschaftsberatung über den Preis und die Zuteilung von Finanzinstrumenten beteiligt sind; und

f) die Vorkehrungen der Wertpapierfirma zur Verhinderung oder Bewältigung von Interessenkonflikten, die entstehen können, wenn die Wertpapierfirma die relevanten Finanzinstrumente bei ihren Wertpapierkunden oder in ihrem Eigenhandelsbuch platziert.

(2) [1] Wertpapierfirmen müssen über ein zentralisiertes Verfahren verfügen, um jegliche Emissionsübernahme- und Platzierungstätigkeiten zu identifizieren und derlei Informationen aufzuzeichnen, einschließlich des Datums, an dem die Wertpapierfirma über potenzielle Emissionsübernahme- und Platzierungsaktivitäten informiert wurde. [2] Wertpapierfirmen müssen alle potenziellen Inte-

ressenkonflikte identifizieren, die durch andere Aktivitäten der Firma oder der Gruppe entstehen, und entsprechende Bewältigungsverfahren implementieren. ³ In Fällen, in denen eine Wertpapierfirma einen Interessenkonflikt durch die Umsetzung geeigneter Verfahren nicht bewältigen kann, darf sich die Wertpapierfirma an der Tätigkeit nicht beteiligen.

(3) Wertpapierfirmen, die ausführende und analytische Dienstleistungen erbringen und Emissionsübernahme- und Platzierungsaktivitäten durchführen, stellen sicher, dass sie über ausreichende Kontrollen zur Bewältigung von potenziellen Interessenkonflikten zwischen diesen Aktivitäten und zwischen ihren verschiedenen Kunden, die diese Dienstleistungen erhalten, verfügen.

**Art. 39 Zusätzliche Anforderungen bezüglich Preisgestaltung der Angebote im Hinblick auf Emission von Finanzinstrumenten**
(Artikel 16 Absatz 3 und Artikel 23 und 24 der Richtlinie 2014/65/EU).

(1) ¹ Wertpapierfirmen müssen über Systeme, Kontrollen und Verfahren zur Identifizierung und Verhinderung oder Bewältigung von Interessenkonflikten verfügen, die im Zusammenhang mit dem möglichen Ansetzen eines zu niedrigen oder zu hohen Preises einer Emission, oder durch Beteiligung der relevanten Parteien hierbei, entstehen. ² Insbesondere müssen Wertpapierfirmen als Mindestanforderung interne Vorkehrungen treffen und auf Dauer umsetzen, um Folgendes zu gewährleisten:

a) dass die Preisgestaltung des Angebots nicht die Interessen anderer Kunden oder die firmeneigenen Interessen in einer Weise fördert, die mit den Interessen des Emittenten im Widerspruch stehen könnte; und

b) das Verhindern oder die Bewältigung einer Situation, in der Personen, die für das Erbringen von Dienstleistungen für die Wertpapierkunden der Firma verantwortlich sind, an Entscheidungen bezüglich Finanzwirtschaftsberatung über die Preisgestaltung für den Emittenten unmittelbar beteiligt sind.

(2) ¹ Wertpapierfirmen müssen Kunden darüber informieren, wie die Empfehlung bezüglich des Angebotspreises und der damit verbundenen Zeitpunkte bestimmt wurde. ² Insbesondere muss die Wertpapierfirma den Emittenten über jegliche Absicherungs- und Stabilisierungsstrategien, die sie gedenkt in Bezug auf das Angebot durchzuführen, informieren und mit ihm besprechen, einschließlich inwiefern sich diese Strategien auf die Interessen des Emittenten auswirken könnten. ³ Ferner müssen Wertpapierfirmen während des Angebotsprozesses alle angemessenen Maßnahmen ergreifen, um den Emittenten über Entwicklungen bezüglich der Preisgestaltung der Emission auf dem Laufenden zu halten.

**Art. 40 Zusätzliche Anforderungen bezüglich Platzierung**
(Artikel 16 Absatz 3 und Artikel 23 und 24 der Richtlinie 2014/65/EU).

(1) Wertpapierfirmen, die Finanzinstrumente platzieren, müssen wirksame Vorkehrungen treffen und auf Dauer umsetzen, um zu verhindern, dass Platzierungsempfehlungen unsachgemäß von bestehenden oder künftigen Beziehungen beeinflusst werden.

(2) Wertpapierfirmen müssen wirksame interne Vorkehrungen treffen und auf Dauer umsetzen, um Interessenkonflikte zu verhindern oder zu bewältigen, die entstehen, wenn Personen, die für das Erbringen von Dienstleistungen für die Wertpapierkunden der Firma verantwortlich sind, an Entscheidungen be-

züglich Mittelzuweisungsempfehlungen für den Emittenten unmittelbar beteiligt sind.

(3) ¹Wertpapierfirmen nehmen von Dritten keine Zahlungen oder sonstigen Vorteile an, es sei denn, solche Zahlungen oder Vorteile stehen im Einklang mit den Anforderungen von Artikel 24 der Richtlinie 2014/65/EU[1]). ²Insbesondere folgende Methoden gelten als nicht konform mit diesen Anforderungen und sind daher als inakzeptabel zu betrachten:

a) eine Mittelzuweisung, die gemacht wurde, um einen Anreiz für die Zahlung von unverhältnismäßig hohen Gebühren für nicht im Zusammenhang stehende, von der Wertpapierfirma erbrachte Dienstleistungen („Laddering") zu schaffen, wie beispielsweise vom Wertpapierkunden bezahlte unverhältnismäßig hohe Gebühren oder Provisionen, oder eine unverhältnismäßig hohe Anzahl an Geschäften auf normaler Provisionsebene, die vom Wertpapierkunden als Ausgleich für den Erhalt einer Zuteilung der Emission zur Verfügung gestellt wird;

b) eine Mittelzuweisung, die einem leitenden Angestellten oder einem Vorstandsmitglied eines bestehenden oder potenziellen Emittenten als Gegenleistung für die künftige oder vergangene Vergabe von Finanzwirtschaftsgeschäften zugeteilt wurde („Spinning");

c) eine Mittelzuweisung, die ausdrücklich oder implizit vom Erhalt künftiger Aufträge oder vom Kauf anderweitiger Dienstleistungen der Wertpapierfirma durch einen Wertpapierkunden, oder jedes Unternehmen, in welchem der Anleger ein Vorstandsmitglied ist, abhängig ist.

(4) ¹Wertpapierfirmen müssen Grundsätze für den Umgang mit Mittelzuweisungen, die das Verfahren zur Entwicklung von Mittelzuweisungsempfehlungen darlegen, festlegen und auf Dauer umsetzen. ²Die Grundsätze für den Umgang mit Mittelzuweisungen müssen dem Emittenten vor seiner Zustimmung, jegliche Platzierungsdienstleistungen in Anspruch zu nehmen, zur Verfügung gestellt werden. ³Die Grundsätze müssen wichtige, zu diesem Zeitpunkt verfügbare Informationen über die vorgeschlagene Mittelzuweisungsmethodik für die Emission darlegen.

(5) ¹Wertpapierfirmen müssen den Emittenten an Diskussionen über das Platzierungsverfahren teilhaben lassen, damit die Firma in der Lage ist, die Interessen und Ziele des Kunden nachvollziehen und berücksichtigen zu können. ²Die Wertpapierfirma muss für ihre vorgeschlagene Mittelzuweisung je nach Art des Kunden für das Geschäft gemäß den Grundsätzen für den Umgang mit Mittelzuweisungen die Zustimmung des Emittenten einholen.

## Art. 41 Zusätzliche Anforderungen bezüglich Beratung, Vertrieb und Eigenplatzierung
(Artikel 16 Absatz 3 und Artikel 23 und 24 der Richtlinie 2014/65/EU).

(1) ¹Wertpapierfirmen müssen über Systeme, Kontrollen und Verfahren zur Identifizierung und Bewältigung von Interessenkonflikten verfügen, die bei der Erbringung von Wertpapierdienstleistungen für einen Wertpapierkunden zur Teilhabe bei einer neuen Emission entstehen, wenn die Wertpapierfirma Provisionen, Gebühren oder jegliche finanziellen oder nichtfinanziellen Vorteile in Bezug auf das Einrichten der Emission erhält. ²Jegliche Provisionen, Gebühren

---

[1]) Nr. 1.

oder finanzielle oder nichtfinanzielle Vorteile müssen den Anforderungen in Artikel 24 Absätze 7, 8 und 9 der Richtlinie 2014/65/EU[1] entsprechen und in den Grundsätzen der Wertpapierfirma für den Umgang mit Interessenkonflikten dokumentiert werden und sich in den Vorkehrungen der Firma in Bezug auf Anreize widerspiegeln.

(2) [1] Wertpapierfirmen, die sich mit der Platzierung von Finanzinstrumenten befassen, welche von ihnen selbst oder von Unternehmen derselben Gruppe an ihre eigenen Kunden begeben wurden, einschließlich ihrer bestehenden Einleger im Falle von Kreditinstituten, oder Wertpapierfonds, die von Unternehmen ihrer Gruppe verwaltet werden, müssen wirksame Vorkehrungen zur Identifizierung, Verhinderung oder Bewältigung von potenziellen Interessenkonflikten, die im Zusammenhang mit dieser Art von Tätigkeit entstehen, treffen und auf Dauer umsetzen. [2] Solche Vorkehrungen müssen Überlegungen beinhalten, die Tätigkeit zu unterlassen, wenn Interessenkonflikte nicht angemessen bewältigt werden können, um somit schädigende Auswirkungen auf die Kunden zu vermeiden.

(3) Falls eine Offenlegung von Interessenkonflikten erforderlich ist, müssen Wertpapierfirmen den Anforderungen in Artikel 34 Absatz 4 Folge leisten, einschließlich einer Erklärung zur Art und Ursache der mit dieser Art von Tätigkeit verbundenen Interessenkonflikte, und Einzelheiten über die spezifischen, mit solchen Praktiken verbundenen Risiken zur Verfügung stellen, damit Kunden eine fundierte Anlageentscheidung treffen können.

(4) Wertpapierfirmen, die ihren Kunden von ihnen selbst oder von anderen Unternehmen der Gruppe begebene Finanzinstrumente anbieten, die bei der Berechnung der Aufsichtsanforderungen gemäß der Verordnung (EU) Nr. 575/2013 des Europäischen Parlaments und des Rates[2], der Richtlinie 2013/36/EU des Europäischen Parlaments und des Rates[3] oder der Richtlinie 2014/59/EU des Europäischen Parlaments und des Rates[4] berücksichtigt werden, stellen diesen Kunden zusätzliche Informationen zur Erläuterung der Unterschiede zur Verfügung, die das Finanzinstrument im Hinblick auf Ertrag, Risiko, Liquidität und das Schutzniveau gemäß der Richtlinie 2014/49/EU des Europäischen Parlaments und des Rates[5] im Vergleich zu Bankeinlagen aufweist.

---

[1] Nr. 1.
[2] **Amtl. Anm.:** Verordnung (EU) Nr. 575/2013 des Europäischen Parlaments und des Rates vom 26. Juni 2013 über Aufsichtsanforderungen an Kreditinstitute und Wertpapierfirmen und zur Änderung der Verordnung (EU) Nr. 648/2012 (ABl. L 176 vom 27.6.2013, S. 1).
[3] **Amtl. Anm.:** Richtlinie 2013/36/EU des Europäischen Parlaments und des Rates vom 26. Juni 2013 über den Zugang zur Tätigkeit von Kreditinstituten und die Beaufsichtigung von Kreditinstituten und Wertpapierfirmen, zur Änderung der Richtlinie 2002/87/EG und zur Aufhebung der Richtlinien 2006/48/EG und 2006/49/EG (ABl. L 176 vom 27.6.2013, S. 338)
[4] **Amtl. Anm.:** Richtlinie 2014/59/EU des Europäischen Parlaments und des Rates vom 15. Mai 2014 zur Festlegung eines Rahmens für die Sanierung und Abwicklung von Kreditinstituten und Wertpapierfirmen und zur Änderung der Richtlinie 82/891/EWG des Rates, der Richtlinien 2001/24/EG, 2002/47/EG, 2004/25/EG, 2005/56/EG, 2007/36/EG, 2011/35/EU, 2012/30/EU und 2013/36/EU sowie der Verordnungen (EU) Nr. 1093/2010 und (EU) Nr. 648/2012 des Europäischen Parlaments und des Rates (ABl. L 173 vom 12.6.2014, S. 190).
[5] **Amtl. Anm.:** Richtlinie 2014/49/EU des Europäischen Parlaments und des Rates vom 16. April 2014 über Einlagensicherungssysteme (ABl. L 173 vom 12.6.2014, S. 149).

**Art. 42 Zusätzliche Anforderungen bezüglich Darlehen oder Kreditvergabe im Zusammenhang mit Emissionsübernahme und Platzierung**
(Artikel 16 Absatz 3 und Artikel 23 und 24 der Richtlinie 2014/65/EU).

(1) Falls ein vorheriges Darlehen oder ein Kredit für den Emittenten durch eine Wertpapierfirma, oder ein Unternehmen innerhalb derselben Gruppe, mit dem Erlös einer Emission zurückgezahlt werden soll, dann muss die Wertpapierfirma über Vorkehrungen zur Identifizierung und Verhinderung oder Bewältigung jeglicher Interessenkonflikte, die infolgedessen auftreten können, verfügen.

(2) Falls sich die getroffenen Vorkehrungen zur Verwaltung von Interessenkonflikten als unzureichend erweisen und nicht gewährleistet werden kann, dass der Emittent vor Schäden geschützt ist, müssen Wertpapierfirmen den Emittenten über die spezifischen Interessenkonflikte, die im Zusammenhang mit ihren Aktivitäten, oder derer von Gruppenunternehmen, in einer Funktion als Kreditanbieter unterrichten, wie auch über ihre Aktivitäten im Zusammenhang mit den Wertpapierangeboten.

(3) Die Grundsätze einer Wertpapierfirma für den Umgang mit Interessenkonflikten müssen den Austausch von Informationen mit Gruppenunternehmen, die als Kreditanbieter fungieren, erfordern, soweit dies nicht gegen Informationsbarrieren, die von der Firma zum Schutz der Interessen eines Kunden eingerichtet wurden, verstoßen würde.

**Art. 43 Aufzeichnungen bezüglich Emissionsübernahme oder Platzierung**
(Artikel 16 Absatz 3 und Artikel 23 und 24 der Richtlinie 2014/65/EU).

[1] Wertpapierfirmen zeichnen Inhalt und Zeitpunkt der von Kunden erhaltenen Anweisungen auf. [2] Für jede Tätigkeit müssen die getroffenen Entscheidungen bezüglich Mittelzuweisung aufgezeichnet werden, um für einen vollständigen Prüfungsweg zwischen den in Kundenkonten registrierten Bewegungen und den von der Wertpapierfirma erhaltenen Anweisungen zu sorgen. [3] Insbesondere ist die zuletzt erfolgte Mittelzuweisung für jeden Wertpapierkunden deutlich zu begründen und aufzuzeichnen. [4] Der vollständige Prüfungsweg der wesentlichen Schritte im Emissionsübernahme- und Platzierungsverfahren muss den zuständigen Behörden auf Anfrage zur Verfügung gestellt werden.

## Kapitel III. Bedingungen für die Ausübung der Tätigkeit von Wertpapierfirmen

### Abschnitt 1. Information von Kunden und potenziellen Kunden

**Art. 44 Anforderungen an faire, klare und nicht irreführende Informationen**
(Artikel 24 Absatz 3 der Richtlinie 2014/65/EU). (1) Wertpapierfirmen sorgen dafür, dass alle Informationen, einschließlich Marketingmitteilungen, die sie an Kleinanleger oder professionelle Kunden oder an potenzielle Kleinanleger oder professionelle Kunden richten oder in einer Weise verbreiten, dass diese Personen wahrscheinlich von ihnen Kenntnis erlangen, die in den Absätzen 2 bis 8 festgelegten Bedingungen erfüllen.

(2) Die Wertpapierfirma sorgt dafür, dass die in Absatz 1 genannten Informationen folgenden Voraussetzungen gerecht werden:

a) Die Informationen umfassen den Namen der Wertpapierfirma;
b) die Informationen sind zutreffend und weisen stets redlich und deutlich auf etwaige Risiken hin, wenn sie Bezugnahmen auf mögliche Vorteile einer Wertpapierdienstleistung oder eines Finanzinstruments enthalten;
c) die Informationen werden bei Hinweisen auf maßgebliche Risiken in einer Schriftgröße aufgeführt, die mindestens der auch für alle anderen angegebenen Informationen verwendeten, vorherrschenden Schriftgröße entspricht, während durch ihre graphische Gestaltung sichergestellt wird, dass diese Angaben leicht erkennbar sind;
d) die Informationen werden ausreichend und in einer Art und Weise dargestellt, dass sie für einen durchschnittlichen Angehörigen der Gruppe, an die sie gerichtet sind bzw. zu der sie wahrscheinlich gelangen, verständlich sein dürften;
e) durch die Informationen werden wichtige Punkte, Aussagen oder Warnungen nicht verschleiert, abgeschwächt oder unverständlich gemacht;
f) die Informationen werden im gesamten Informations- und Werbematerial, das den Kunden zur Verfügung gestellt wird, durchgängig in derselben Sprache geliefert, es sei denn, der Kunde hat sich bereit erklärt, Informationen in mehreren Sprachen zu akzeptieren;
g) die Informationen sind aktuell und für die Art des genutzten Kommunikationsmittels relevant.

(3) Werden im Rahmen der Informationen Wertpapierdienstleistungen, Nebendienstleistungen, Finanzinstrumente oder Personen, die Wertpapierdienstleistungen oder Nebendienstleistungen erbringen, verglichen, stellen die Wertpapierfirmen sicher, dass folgende Bedingungen erfüllt werden:
a) Der Vergleich ist aussagekräftig und wird in einer redlichen und ausgewogenen Weise dargestellt;
b) die für den Vergleich herangezogenen Informationsquellen werden angegeben;
c) die für den Vergleich herangezogenen wesentlichen Fakten und Hypothesen werden angegeben.

(4) Enthalten die Informationen einen Hinweis auf die frühere Wertentwicklung eines Finanzinstruments, eines Finanzindexes oder einer Wertpapierdienstleistung, stellen die Wertpapierfirmen sicher, dass folgende Bedingungen erfüllt werden:
a) Dieser Hinweis steht bei der Mitteilung nicht im Vordergrund;
b) die Informationen enthalten geeignete Angaben zur Wertentwicklung, die sich auf die vorausgehenden fünf Jahre beziehen, in denen das Finanzinstrument angeboten, der Finanzindex festgestellt oder die Wertpapierdienstleistung erbracht wurde; im Falle eines Zeitraums von weniger als fünf Jahren beziehen sich diese Angaben auf den gesamten Zeitraum, und bei einem längeren Zeitraum kann die Firma beschließen, über die fünf Jahre hinauszugehen, wobei diesen Angaben zur Wertentwicklung in jedem Falle vollständige Zwölfmonatszeiträume zugrunde liegen;
c) der Referenzzeitraum und die Informationsquelle sind eindeutig angegeben;
d) die Informationen enthalten eine deutliche Warnung dahingehend, dass sich die Zahlenangaben auf die Vergangenheit beziehen und dass die frühere Wertentwicklung kein verlässlicher Indikator für künftige Ergebnisse ist;

e) stützt sich die Angabe auf eine andere Währung als die des Mitgliedstaats, in dem der Kleinanleger bzw. potenzielle Kleinanleger ansässig ist, so wird diese Währung eindeutig angegeben und eine Warnung dahin gehend abgegeben, dass die Rendite infolge von Währungsschwankungen steigen oder fallen kann;

f) beruht die Angabe auf der Bruttowertentwicklung, so wird angegeben, wie sich Provisionen, Gebühren und andere Entgelte auswirken.

(5) Enthalten die Informationen die Simulation einer früheren Wertentwicklung oder verweisen sie auf eine solche Simulation, stellen die Wertpapierfirmen sicher, dass sich die Informationen auf ein Finanzinstrument oder einen Finanzindex beziehen und die folgenden Bedingungen erfüllt sind:

a) Die simulierte frühere Wertentwicklung beruht auf der tatsächlichen früheren Wertentwicklung mindestens eines Finanzinstruments oder Finanzindexes, die mit dem betreffenden Finanzinstrument vollkommen oder wesentlich übereinstimmen oder diesem zugrunde liegen;

b) in Bezug auf die unter Buchstabe a genannte tatsächliche frühere Wertentwicklung sind die in Absatz 4 Buchstaben a bis c, e und f genannten Bedingungen erfüllt;

c) die Informationen enthalten eine deutliche Warnung dahingehend, dass sich die Zahlenangaben auf eine simulierte frühere Wertentwicklung beziehen und dass die frühere Wertentwicklung kein verlässlicher Indikator für künftige Ergebnisse ist.

(6) Enthalten die Informationen Angaben zur künftigen Wertentwicklung, stellen die Wertpapierfirmen sicher, dass die folgenden Bedingungen erfüllt sind:

a) Die Angaben beruhen nicht auf einer simulierten früheren Wertentwicklung oder nehmen auf eine solche Simulation Bezug;

b) die Informationen beruhen auf angemessenen, durch objektive Daten gestützten Annahmen;

c) beruhen die Informationen auf der Bruttowertentwicklung, so ist angegeben, wie sich Provisionen, Gebühren und andere Entgelte auswirken;

d) die Informationen beruhen auf (sowohl positiven als auch negativen) Szenarien mit unterschiedlichen Marktbedingungen und spiegeln die Art und die Risiken der in die Analyse einbezogenen Arten von Instrumenten wider;

e) die Informationen enthalten eine deutliche Warnung dahin gehend, dass derartige Prognosen kein verlässlicher Indikator für die künftige Wertentwicklung sind.

(7) Beziehen sich die Informationen auf eine bestimmte steuerliche Behandlung, ist deutlich anzugeben, dass diese von den persönlichen Verhältnissen des jeweiligen Kunden abhängt und künftig Änderungen unterworfen sein kann.

(8) In den Informationen darf der Name einer zuständigen Behörde nicht in einer Weise genannt werden, die andeuten oder nahe legen würde, dass die Produkte oder Dienstleistungen der Wertpapierfirma von der betreffenden Behörde gebilligt oder genehmigt werden.

## Art. 45 Informationen über die Kundeneinstufung
(Artikel 24 Absatz 4 der Richtlinie 2014/65/EU). (1) Die Wertpapierfirmen unterrichten Neu- und Altkunden bei einer Neueinstufung gemäß der Richt-

linie 2014/65/EU[1]) über ihre Einstufung als Kleinanleger, professioneller Kunde oder geeignete Gegenpartei gemäß dieser Richtlinie.

(2) Die Wertpapierfirmen unterrichten ihre Kunden auf einem dauerhaften Datenträger über ein etwaiges Recht, eine andere Einstufung zu verlangen, und jegliche daraus erwachsende Einschränkung des Kundenschutzniveaus, die eine andere Einstufung mit sich bringen würde.

(3) Die Wertpapierfirmen können einen Kunden entweder von sich aus oder auf Antrag des betreffenden Kunden folgendermaßen behandeln:
a) als professionellen Kunden oder Kleinanleger, wenn der Kunde gemäß Artikel 30 Absatz 2 der Richtlinie 2014/65/EG als geeignete Gegenpartei eingestuft werden könnte;
b) als Kleinanleger, wenn der Kunde gemäß Anhang II Abschnitt I der Richtlinie 2014/65/EU als professioneller Kunde gilt.

### Art. 46 Allgemeine Anforderungen an Kundeninformationen
(Artikel 24 Absatz 4 der Richtlinie 2014/65/EU). (1) Die Wertpapierfirmen übermitteln einem Kunden bzw. einem potenziellen Kunden rechtzeitig, d.h., bevor er durch irgendeinen Vertrag über die Erbringung von Wertpapierdienstleistungen oder Nebendienstleistungen gebunden ist oder bevor die betreffenden Dienstleistungen erbracht werden, – je nachdem, welcher Zeitpunkt früher liegt – folgende Informationen:
a) die Bedingungen des betreffenden Vertrags;
b) die gemäß Artikel 47 über den betreffenden Vertrag oder die betreffende Wertpapierdienstleistung oder Nebendienstleistung zu übermittelnden Informationen.

(2) Die Wertpapierfirmen übermitteln die gemäß den Artikeln 47 bis 50 erforderlichen Informationen rechtzeitig vor der Erbringung von Wertpapierdienstleistungen oder Nebendienstleistungen an Kunden bzw. potenzielle Kunden.

(3) Die in den Absätzen 1 und 2 genannten Informationen werden auf einem dauerhaften Datenträger oder auf einer Website (die nicht als dauerhafter Datenträger betrachtet wird) zur Verfügung gestellt, sofern die in Artikel 3 Absatz 2 genannten Voraussetzungen erfüllt sind.

(4) [1] Die Wertpapierfirmen teilen einem Kunden alle wesentlichen Änderungen in Bezug auf die gemäß den Artikeln 47 bis 50 übermittelten Informationen, die für eine Dienstleistung, die die Wertpapierfirma für den betreffenden Kunden erbringt, relevant sind, rechtzeitig mit. [2] Diese Mitteilung ist auf einem dauerhaften Datenträger zu übermitteln, wenn die Informationen, auf die sie sich bezieht, ebenfalls auf einem dauerhaften Datenträger übermittelt wurden.

(5) Die Wertpapierfirmen stellen sicher, dass die in einer Marketingmitteilung enthaltenen Informationen mit den anderen Informationen in Einklang stehen, die sie den Kunden im Rahmen der Erbringung von Wertpapierdienstleistungen und Nebendienstleistungen übermittelt.

(6) [1] Marketingmitteilungen, die ein Angebot oder eine Einladung der nachfolgend genannten Art enthalten und die Art und Weise der Antwort vorgeben oder ein Antwortformular enthalten, enthalten auch die in den

---
[1]) Nr. 1.

Artikeln 47 bis 50 genannten Informationen, soweit diese für das betreffende Angebot oder die betreffende Einladung relevant sind:
a) Angebot, mit jeder Person, die die Mitteilung beantwortet, einen Vertrag über ein Finanzinstrument, eine Wertpapierdienstleistung oder eine Nebendienstleistung abzuschließen;
b) Einladung an jede Person, die die Mitteilung beantwortet, ein Angebot zum Abschluss eines Vertrags über ein Finanzinstrument, eine Wertpapierdienstleistung oder eine Nebendienstleistung abzugeben.

*[2]* Unterabsatz 1 gilt jedoch nicht, wenn der potenzielle Kunde zur Beantwortung eines Angebots oder einer Einladung in der Marketingmitteilung ein oder mehrere andere Dokumente heranziehen muss, die – einzeln oder zusammen – die betreffenden Informationen enthalten.

## Art. 47 Informationen über die Wertpapierfirma und ihre Dienstleistungen für Kunden und potenzielle Kunden
(Artikel 24 Absatz 4 der Richtlinie 2014/65/EU). (1) *[1]* Die Wertpapierfirmen übermittelt Kunden bzw. potenziellen Kunden – soweit relevant – folgende allgemeine Informationen.

a) Name und Anschrift der Wertpapierfirma sowie Angaben, die den Kunden eine effektive Kommunikation mit der Wertpapierfirma ermöglichen;
b) Sprachen, in denen der Kunde mit der Wertpapierfirma kommunizieren und Dokumente sowie andere Informationen von ihr erhalten kann;
c) Kommunikationsmittel, die zwischen der Wertpapierfirma und dem Kunden zu verwenden sind, und – soweit relevant – Kommunikationsmittel zur Übermittlung und zum Empfang von Aufträgen;
d) Hinweis darauf, dass die Wertpapierfirma zugelassen ist, einschließlich Angabe von Namen und Adresse der zuständigen Behörde, die die Zulassung erteilt hat;
e) gegebenenfalls Hinweis darauf, dass die Wertpapierfirma über einen vertraglich gebundenen Vermittler handelt, einschließlich Angabe des Mitgliedstaats, in dem dieser Vermittler registriert ist;
f) Art, Häufigkeit und Zeitpunkt der Berichte über die erbrachten Dienstleistungen, die die Wertpapierfirma dem Kunden gemäß Artikel 25 Absatz 6 der Richtlinie 2014/65/EU[1)] zu übermitteln hat;
g) sofern die Wertpapierfirma Finanzinstrumente oder Gelder ihrer Kunden hält, eine kurze Beschreibung der Maßnahmen, die die Wertpapierfirma zu deren Schutz trifft, einschließlich kurzer Angaben zu etwaigen Anlegerentschädigungs- oder Einlagensicherungssystemen, denen die Wertpapierfirma aufgrund ihrer Tätigkeit in einem Mitgliedstaat angeschlossen sein muss;
h) Beschreibung – gegebenenfalls als Zusammenfassung – der Grundsätze der Wertpapierfirma für den Umgang mit Interessenkonflikten gemäß Artikel 34;
i) auf Antrag des Kunden weitere Einzelheiten zu diesen Interessenkonflikten auf einem dauerhaften Datenträger oder – sofern die in Artikel 3 Absatz 2 aufgeführten Voraussetzungen erfüllt sind – auf einer Website (wenn diese kein dauerhafter Datenträger ist).

---
[1)] Nr. 1.

*[2]* Die unter den Buchstaben a bis i genannten Informationen werden rechtzeitig vor der Erbringung von Wertpapierdienstleistungen oder Nebendienstleistungen für Kunden oder potenzielle Kunden bereitgestellt.

(2) Die Wertpapierfirmen legen im Falle der Portfolioverwaltung auf der Grundlage der Anlageziele des Kunden und der Art der im Kundenportfolio enthaltenen Finanzinstrumente eine angemessene Bewertungs- und Vergleichsmethode, etwa eine aussagekräftige Vergleichsgröße, fest, damit der Kunde, für den die Dienstleistung erbracht wird, die Leistung der Wertpapierfirma bewerten kann.

(3) *[1]* Die Wertpapierfirmen übermitteln einem Kunden bzw. potenziellen Kunden, dem sie die Erbringung von Portfolioverwaltungsdienstleistungen vorschlagen, außer den nach Absatz 1 erforderlichen Informationen gegebenenfalls noch folgende Informationen:

a) Art und Weise sowie Häufigkeit der Bewertung der Finanzinstrumente im Kundenportfolio;

b) Einzelheiten zur etwaigen Zulässigkeit einer Delegation der Vermögensverwaltung mit Ermessensspielraum in Bezug auf alle oder einen Teil der Finanzinstrumente oder Gelder im Kundenportfolio;

c) Vergleichsgröße, anhand deren die Wertentwicklung des Kundenportfolios verglichen werden kann;

d) Art der Finanzinstrumente, die in das Kundenportfolio aufgenommen werden können, und Art der Geschäfte, die mit diesen Instrumenten ausgeführt werden können, einschließlich Angabe etwaiger Einschränkungen;

e) Managementziele, bei der Ausübung des Ermessens durch den Verwalter zu beachtendes Risikoniveau und etwaige spezifische Einschränkungen dieses Ermessens.

*[2]* Die unter den Buchstaben a bis i genannten Informationen werden rechtzeitig vor der Erbringung von Wertpapierdienstleistungen oder Nebendienstleistungen für Kunden oder potenzielle Kunden bereitgestellt.

### Art. 48 Informationen über Finanzinstrumente
(Artikel 24 Absatz 4 der Richtlinie 2014/65/EU). (1) [1]Die Wertpapierfirmen übermitteln Kunden bzw. potenziellen Kunden rechtzeitig vor der Erbringung von Wertpapierdienstleistungen oder Nebendienstleistungen gegenüber Kunden bzw. potenziellen Kunden eine allgemeine Beschreibung der Art und der Risiken der Finanzinstrumente, die insbesondere der Einstufung des Kunden als Kleinanleger, professioneller Kunde oder geeignete Gegenpartei Rechnung trägt. [2]Anhand dieser Beschreibung werden die Wesensmerkmale der betreffenden Art von Instrument, die Funktionsweise und Wertentwicklung des Finanzinstruments unter verschiedenen Marktbedingungen – was positive und negative Gegebenheiten einschließt – sowie die damit verbundenen spezifischen Risiken ausreichend detailliert erläutert, damit der Kunde seine Anlageentscheidungen auf fundierter Grundlage treffen kann.

(2) Die Beschreibung der in Absatz 1 genannten Risiken erstreckt sich – soweit für die betreffende Art von Instrument sowie den Status und den Kenntnisstand des Kunden relevant – auf folgende Punkte:

a) die mit Finanzinstrumenten der betreffenden Art einhergehenden Risiken, einschließlich einer Erläuterung der Hebelwirkung und ihrer Effekte und des Risikos des Verlusts der gesamten Kapitalanlage unter Berücksichtigung der Risiken im Zusammenhang mit einer Insolvenz des Emittenten und damit verbundener Ereignisse (z.B. „Bail-In");

b) die Volatilität des Preises der betreffenden Instrumente und etwaige Beschränkungen des für derlei Instrumente verfügbaren Marktes;

c) Informationen über Hindernisse oder Beschränkungen für die Desinvestition, beispielsweise im Falle illiquider Finanzinstrumente oder von Finanzinstrumenten mit einer festen Anlagedauer, was auch eine Veranschaulichung der möglichen Ausstiegsverfahren und -folgen mit einschließt, mögliche Einschränkungen sowie der ungefähre Zeitrahmen für den Verkauf des Finanzinstruments, bevor die anfänglichen Transaktionskosten dieser Art von Finanzinstrumenten wiedererlangt werden;

d) den Umstand, dass jeder Anleger aufgrund von Geschäften mit den betreffenden Instrumenten möglicherweise finanzielle und sonstige Verpflichtungen einschließlich Eventualverbindlichkeiten übernehmen muss, die zu den Kosten für den Erwerb der Instrumente hinzukommen;

e) etwaige Einschusspflichten oder ähnliche Verpflichtungen, die für Instrumente der betreffenden Art gelten.

(3) Übermittelt eine Wertpapierfirma einem Kleinanleger bzw. potenziellen Kleinanleger Informationen über ein Finanzinstrument, das zu diesem Zeitpunkt öffentlich angeboten wird und zu dem in Zusammenhang mit diesem Angebot ein Prospekt gemäß der Richtlinie 2003/71/EG veröffentlicht worden ist, teilt diese Wertpapierfirma dem Kunden bzw. dem potenziellen Kunden rechtzeitig vor der Erbringung von Wertpapierdienstleistungen oder Nebenleistungen gegenüber dem Kunden bzw. potenziellen Kunden mit, wo dieser Prospekt erhältlich ist.

(4) Setzt sich ein Finanzinstrument aus mindestens zwei unterschiedlichen Finanzinstrumenten oder -dienstleistungen zusammen, übermittelt die Wertpapierfirma eine angemessene Beschreibung der Rechtsnatur des Finanzinstruments, der Bestandteile des betreffenden Instruments und der Art und Weise, in der sich die Anlagerisiken durch die gegenseitige Beeinflussung dieser Bestandteile erhöhen.

(5) [1] Bei Finanzinstrumenten, die eine Garantie oder einen Kapitalschutz mit umfassen, lässt die Wertpapierfirma einem Kunden oder potenziellen Kunden Informationen über den Umfang und die Art dieser Garantie bzw. dieses Kapitalschutzes zukommen. [2] Wird die Garantie von einem Dritten übernommen, umfassen die Informationen über die Garantie ausreichende Details über den Garantiegeber und die Garantie, damit der Kunde bzw. potenzielle Kunde die Garantie angemessen bewerten kann.

## Art. 49 Informationen zum Schutz von Kundenfinanzinstrumenten und Kundengeldern

(Artikel 24 Absatz 4 der Richtlinie 2014/65/EU). (1) Wertpapierfirmen, die Kunden gehörende Finanzinstrumente oder Gelder halten, übermitteln den betreffenden Kunden bzw. potenziellen Kunden – soweit relevant – die in den Absätzen 2 bis 7 genannten Informationen.

(2) Die Wertpapierfirma informiert den Kunden bzw. potenziellen Kunden darüber, wo seine Finanzinstrumente oder Gelder im Namen der Wertpapierfirma von einem Dritten gehalten werden können, und informiert ihn über die Haftung der Wertpapierfirma nach dem anwendbaren nationalen Recht für

etwaige Handlungen oder Unterlassungen des Dritten und über die Folgen einer Zahlungsunfähigkeit des Dritten für den Kunden.

(3) Können Finanzinstrumente des Kunden bzw. potenziellen Kunden, soweit dies nach nationalem Recht zulässig ist, von einem Dritten auf einem Sammelkonto geführt werden, informiert die Wertpapierfirma den Kunden darüber und warnt ihn deutlich vor den damit verbundenen Risiken.

(4) Die Wertpapierfirma informiert den Kunden bzw. potenziellen Kunden entsprechend, wenn es nach nationalem Recht nicht möglich ist, Kundenfinanzinstrumente, die von einem Dritten gehalten werden, von den Eigenhandelsfinanzinstrumenten dieses Dritten oder der Wertpapierfirma getrennt zu halten, und warnt ihn deutlich vor den damit verbundenen Risiken.

(5) Die Wertpapierfirma informiert den Kunden bzw. potenziellen Kunden entsprechend, wenn Konten mit Finanzinstrumenten oder Geldern des betreffenden Kunden bzw. potenziellen Kunden unter die Rechtsvorschriften eines Drittlands fallen oder fallen werden, und weist ihn darauf hin, dass dies seine Rechte in Bezug auf die betreffenden Finanzinstrumente oder Gelder beeinflussen kann.

(6) [1] Die Wertpapierfirma informiert den Kunden über die Existenz und die Bedingungen eines etwaigen Sicherungs- oder Pfandrechts oder eines Rechts auf Verrechnung, das sie in Bezug auf die Instrumente oder Gelder des Kunden hat oder haben könnte. [2] Gegebenenfalls informiert sie den Kunden auch darüber, dass eine Verwahrstelle ein Sicherungsrecht oder ein Pfandrecht bzw. ein Recht auf Verrechnung in Bezug auf die betreffenden Instrumente oder Gelder haben könnte.

(7) Bevor eine Wertpapierfirma Wertpapierfinanzierungsgeschäfte im Zusammenhang mit Finanzinstrumenten eingeht, die sie im Namen eines Kunden hält, oder bevor sie die betreffenden Finanzinstrumente für eigene Rechnung oder die eines anderen Kunden verwendet, übermittelt die Wertpapierfirma dem Kunden rechtzeitig vor der Verwendung der betreffenden Instrumente auf einem dauerhaften Datenträger klare, vollständige und zutreffende Informationen über die Rechte und Pflichten der Wertpapierfirma in Bezug auf die Verwendung der betreffenden Finanzinstrumente und die Bedingungen für ihre Rückgabe sowie über die damit verbundenen Risiken.

### Art. 50 Informationen über Kosten und Nebenkosten
(Artikel 24 Absatz 4 der Richtlinie 2014/65/EU). (1) [1] Die Wertpapierfirmen erfüllen für die Zwecke der Bereitstellung von Informationen über sämtliche Kosten und verbundenen Gebühren im Sinne von Artikel 24 Absatz 4 der Richtlinie 2014/65/EU[1]) an die Kunden die Anforderungen der Absätze 2 bis 10.

[2] [1] Unbeschadet der Verpflichtungen gemäß Artikel 24 Absatz 4 der Richtlinie 2014/65/EU können Wertpapierfirmen, die Wertpapierdienstleistungen für professionelle Kunden erbringen, sich mit diesen Kunden auf eine beschränkte Anwendung der Anforderungen dieses Artikels einigen. [2] Den Wertpapierfirmen ist es nicht gestattet, sich auf solche Beschränkungen zu einigen, wenn Anlageberatungs- oder Portfolioverwaltungsdienstleistungen erbracht

---
[1]) Nr. 1.

werden oder – ungeachtet der erbrachten Wertpapierdienstleistungen – in die betreffenden Finanzinstrumente ein Derivat eingebettet ist.

*[3]* Unbeschadet der Verpflichtungen gemäß Artikel 24 Absatz 4 der Richtlinie 2014/65/EU können Wertpapierfirmen, die Dienstleistungen für geeignete Gegenparteien erbringen, sich auf eine beschränkte Anwendung der Anforderungen dieses Artikels einigen, es sei denn, in die betreffenden Finanzinstrumente ist – unabhängig von der erbrachten Wertpapierdienstleistung – ein Derivat eingebettet und die geeignete Gegenpartei beabsichtigt, ihren Kunden diese Finanzinstrumente anzubieten.

(2) *[1]* Die Wertpapierfirmen nehmen in die Ex-ante- und Ex-post-Offenlegung von Informationen über Kosten und Gebühren an die Kunden folgende Angaben auf:

a) alle Kosten und Nebenkosten, die seitens der Wertpapierfirma oder anderen Parteien – sofern der Kunden an diese anderen Parteien verwiesen wurde – für die Erbringung der Wertpapierdienstleistung(en) und/oder Nebenleistungen gegenüber dem Kunden berechnet werden; und

b) alle Kosten und Nebenkosten im Zusammenhang mit der Konzeption und Verwaltung der Finanzinstrumente.

*[2]* ¹Die unter den Buchstaben a und b genannten Kosten sind in Anhang II dieser Verordnung aufgeführt. ²Für die Zwecke von Buchstabe a werden Zahlungen Dritter, die Wertpapierfirmen im Zusammenhang mit einer Wertpapierdienstleistung für einen Kunden erhalten, getrennt aufgeführt und die aggregierten Kosten und Gebühren addiert und als Geldbetrag und als Prozentsatz angegeben.

(3) ¹Falls ein Teil der Kosten und Nebenkosten in einer Fremdwährung zu zahlen ist oder einen Betrag in einer Fremdwährung darstellt, geben die Wertpapierfirmen die betreffende Währung und den anzuwendenden Wechselkurs sowie die damit verbundenen Kosten an. ²Zudem informieren die Wertpapierfirmen über Bestimmungen über die Zahlung oder sonstige Gegenleistungen.

(4) Im Zusammenhang mit der Offenlegung von Produktkosten und -nebenkosten, die nicht mit unter die OGAW-KIID fallen, berechnen die Wertpapierfirmen diese Kosten und legen sie beispielsweise durch Kontaktaufnahme mit OGAW-Verwaltungsgesellschaften offen, um die betreffenden Informationen einzuholen.

(5) Die Verpflichtung zur rechtzeitigen Vornahme einer Ex-ante-Offenlegung von Informationen über die aggregierten Kosten und Nebenkosten in Bezug auf das Finanzinstrument und die erbrachte Wertpapier- bzw. Nebendienstleistung kommt Wertpapierfirmen in folgenden Fällen zu:

a) wenn die Wertpapierfirma Kunden Finanzinstrumente empfiehlt oder ihnen anbietet; oder

b) wenn die Wertpapierdienstleistungen erbringende Wertpapierfirma gemäß den einschlägigen EU-Vorschriften dazu verpflichtet ist, Kunden in Bezug auf die betreffenden Finanzinstrumente OGAW-KIID oder PRIIPs-KID zukommen zu lassen.

(6) Wertpapierfirmen, die dem Kunden kein Finanzinstrument empfehlen oder anbieten bzw. gemäß den einschlägigen EU-Vorschriften nicht verpflichtet sind, dem Kunden ein KID/KIID zukommen zu lassen, informieren ihre

Kunden über alle Kosten und Nebenkosten in Bezug auf die erbrachte Wertpapier- und/oder Nebendienstleistung.

(7) [1] Erbringt mehr als eine Wertpapierfirma Wertpapier- oder Nebendienstleistungen gegenüber dem Kunden, übermittelt jede Wertpapierfirma Informationen über die Kosten der von ihr erbrachten Wertpapier- bzw. Nebendienstleistungen. [2] Eine Wertpapierfirma, die ihren Kunden Dienstleistungen empfiehlt oder anbietet, die von einer anderen Firma erbracht werden, aggregiert die Kosten und Nebenkosten ihrer Dienstleistungen zusammen mit den Kosten und Nebenkosten der von der anderen Firma erbrachten Dienstleistungen. [3] Eine Wertpapierfirma berücksichtigt auch die Kosten und Nebenkosten im Zusammenhang mit der Erbringung anderer Wertpapier- oder Nebendienstleistungen durch andere Firmen, wenn sie den Kunden an diese anderen Firmen verwiesen hat.

(8) [1] Werden Kosten und Nebenkosten auf Ex-ante-Basis berechnet, ziehen die Wertpapierfirmen die tatsächlich entstandenen Kosten als einen Näherungswert für die erwarteten Kosten und Nebenkosten heran. [2] Sind die tatsächlichen Kosten nicht bekannt, nimmt die Wertpapierfirma nachvollziehbare Schätzungen dieser Kosten vor. [3] Die Wertpapierfirmen prüfen Ex-ante-Annahmen auf Grundlage der Ex-post-Erfahrungen und passen diese Annahmen bei Bedarf an.

(9) *[1]* [1] Die Wertpapierfirmen stellen jährliche Ex-post-Informationen über alle Kosten und Nebenkosten sowohl in Bezug auf das/die Finanzinstrument(e) als auch die Wertpapier- und Nebendienstleistung(en) zur Verfügung, sofern sie das/die Finanzinstrument(e) empfohlen oder angeboten haben bzw. sofern sie dem Kunden in Bezug auf das/die Finanzinstrument(e) das KID/KIID zur Verfügung gestellt und mit dem Kunden im Laufe des Jahres eine laufende Geschäftsbeziehung unterhalten oder unterhalten haben. [2] Diese Informationen beruhen auf angefallenen Kosten und werden individualisiert zur Verfügung gestellt.

*[2]* Wertpapierfirmen können den Kunden diese aggregierten Informationen über Kosten und Gebühren von Wertpapierdienstleistungen und Finanzinstrumenten im Rahmen einer bereits bestehenden regelmäßigen Berichterstattung übermitteln.

(10) [1] Die Wertpapierfirmen lassen ihren Kunden bei der Erbringung von Wertpapierdienstleistungen eine Veranschaulichung der kumulativen Wirkung auf die Renditekosten zukommen. [2] Eine solche Veranschaulichung wird sowohl auf Ex-ante- als auch Ex-post-Basis übermittelt. [3] Die Wertpapierfirmen stellen sicher, dass die Veranschaulichung folgenden Voraussetzungen gerecht wird:

a) Die Veranschaulichung zeigt die Wirkung der Gesamtkosten und -nebenkosten auf die Rendite der Anlage;

b) die Veranschaulichung zeigt voraussichtliche Kostenspitzen und -schwankungen; und

c) die Veranschaulichung geht mit einer eigenen Beschreibung einher.

## Art. 51 Gemäß der Richtlinie 2009/65/EG und der Verordnung (EU) Nr. 1286/2014 übermittelte Informationen

(Artikel 24 Absatz 4 der Richtlinie 2014/65/EU). Wertpapierfirmen, die Anteile an Organismen für gemeinsame Anlagen oder PRIIPs vertreiben, informieren ihre Kunden zudem über alle weiteren Kosten und Nebenkosten in Bezug auf das Produkt, die ggf. nicht mit unter das OGAW-KID oder PRIIPs-KID fallen, ebenso wie über die Kosten und Nebenkosten im Zusammenhang mit ihrer Erbringung von Wertpapierdienstleistungen in Bezug auf dieses Finanzinstrument.

### Abschnitt 2. Anlageberatung
### Art. 52 Informationen zum Thema Anlageberatung
(Artikel 24 Absatz 4 der Richtlinie 2014/65/EU). (1) *[1]* Die Wertpapierfirmen erläutern verständlich und präzise, ob und warum eine Anlageberatung als unabhängig oder nicht unabhängig einzustufen ist, ebenso wie über die Art und Eigenschaften der geltenden Beschränkungen, was bei der Vornahme einer unabhängigen Anlageberatung auch das Verbot einschließt, Anreize zu geben oder anzunehmen.

*[2]* ¹Wird die Anlageberatung demselben Kunden sowohl unabhängig als auch nicht unabhängig angeboten bzw. erbracht, erläutern die Wertpapierfirmen den Umfang beider Dienstleistungsformen, sodass Anleger die entsprechenden Unterschiede nachvollziehen können, und weisen sich nicht als unabhängigen Anlageberater für die gesamte Tätigkeit aus. ²In der Kommunikation mit dem Kunden heben Wertpapierfirmen ihre unabhängigen Anlageberatungsleistungen nicht übermäßig gegenüber nicht unabhängigen Wertpapierdienstleistungen hervor.

(2) Wertpapierfirmen, die ihre Anlageberatung unabhängig oder nicht unabhängig vornehmen, erläutern dem Kunden das empfehlenswerte Spektrum an Finanzinstrumenten, was auch das Verhältnis der Firma zu den Emittenten bzw. Anbietern der Instrumente mit einschließt.

(3) Die Wertpapierfirmen stellen eine Beschreibung der in Betracht kommenden Arten von Finanzinstrumenten, des Spektrums an Finanzinstrumenten sowie der nach der jeweiligen Art von Finanzinstrument gemäß dem Leistungsumfang analysierten Anbieter zur Verfügung und erläutern bei der Vornahme einer unabhängigen Beratung, wie die erbrachte Dienstleistung den Bedingungen für die unabhängige Vornahme der Anlageberatung gerecht wird und welche Faktoren beim Auswahlverfahren der Wertpapierfirma zur Empfehlung von Finanzinstrumenten Berücksichtigung finden, wie beispielsweise Risiken, Kosten und die Komplexität der Finanzinstrumente.

(4) Umfasst das Spektrum der Finanzinstrumente, die von der die unabhängige Anlageberatung vornehmenden Wertpapierfirma beurteilt werden, auch die eigenen Finanzinstrumente der Wertpapierfirma oder solche, die von Unternehmen ausgegeben oder angeboten werden, die enge Verbindungen oder eine andere enge Rechts- oder Wirtschaftsbeziehung mit der Wertpapierfirma unterhalten, sowie solche anderer Emittenten oder Anbieter, die keine solchen Verbindungen oder Beziehungen unterhalten, unterscheidet die Wertpapierfirma hinsichtlich der einzelnen Arten von Finanzinstrumenten beim Spektrum der von Unternehmen ausgegebenen bzw. angebotenen Finanzinstrumente zwischen solchen mit und solchen ohne Verbindungen zur Wertpapierfirma.

(5) Wertpapierfirmen, die regelmäßige Geeignetheitsbeurteilungen bezüglich der Empfehlungen gemäß Artikel 54 Absatz 12 abgeben, machen diesbezüglich folgende Angaben:

a) Häufigkeit und Umfang der regelmäßigen Geeignetheitsbeurteilung sowie ggf. die zu dieser Beurteilung führenden Voraussetzungen;
b) inwiefern die zuvor zusammengetragenen Informationen einer erneuten Beurteilung unterzogen werden; und
c) wie eine aktualisierte Empfehlung dem Kunden mitgeteilt wird.

## Art. 53 Unabhängige Anlageberatung
(Artikel 24 Absatz 4 und Artikel 24 Absatz 7 der Richtlinie 2014/65/EU).

(1) *[1]* ¹Wertpapierfirmen, die unabhängige Anlageberatung bieten, legen ein Auswahlverfahren fest und führen dies durch, um eine ausreichend breite Palette an auf dem Markt verfügbaren Finanzinstrumenten gemäß Artikel 24 Absatz 7 Buchstabe a der Richtlinie 2014/65/EU[1]) zu beurteilen und vergleichen. ²Das Auswahlverfahren umfasst folgende Elemente:

a) ob Anzahl und Vielseitigkeit der betrachteten Finanzinstrumente hinsichtlich des Umfangs der vom unabhängigen Anlageberater angebotenen Anlageberatungsleistungen verhältnismäßig sind;
b) ob Anzahl und Vielseitigkeit der betrachteten Finanzinstrumente für die auf dem Markt verfügbaren Finanzinstrumente hinreichend repräsentativ sind;
c) ob die Anzahl der von der Wertpapierfirma selbst oder von eng mit ihr verbundenen Unternehmen ausgegebenen Finanzinstrumente hinsichtlich der Gesamtanzahl der betrachteten Finanzinstrumente verhältnismäßig ist; und
d) ob bei den Kriterien für die Auswahl der verschiedenen Finanzinstrumente auch alle relevanten Aspekte, wie Risiken, Kosten und Komplexität, sowie die Eigenschaften der Kunden der Wertpapierfirma berücksichtigt werden, wobei sichergestellt wird, dass die Auswahl der ggf. empfohlenen Finanzinstrumente unvoreingenommen erfolgt.

*[2]* Ist ein solcher Vergleich aufgrund des Geschäftsmodells oder des spezifischen Umfangs der erbrachten Dienstleistung nicht möglich, darf sich die die Anlageberatung vornehmende Wertpapierfirma nicht als unabhängig präsentieren.

(2) Eine Wertpapierfirma, die eine unabhängige Anlageberatung vornimmt und sich auf bestimmte Kategorien oder ein konkretes Spektrum an Finanzinstrumenten konzentriert, muss folgende Voraussetzungen erfüllen:

a) Die Wertpapierfirma präsentiert sich so, dass sich nur Kunden angesprochen fühlen, die bevorzugt auf diese Kategorien oder dieses Spektrum an Finanzinstrumenten setzen;
b) die Wertpapierfirma verlangt von ihren Kunden, anzugeben, dass sie lediglich an einer Investition in die spezifische Kategorie oder das konkrete Spektrum an Finanzinstrumenten interessiert sind; und
c) vor der Erbringung der Dienstleistung stellt die Wertpapierfirma sicher, dass sich ihre Dienstleistung für den jeweiligen Neukunden eignet, da ihr Geschäftsmodell den Bedürfnissen und Zielen des Kunden gerecht wird und das Spektrum an Finanzinstrumenten für den Kunden zweckmäßig ist. Ist dies nicht der Fall, darf die Wertpapierfirma solche Dienstleistungen nicht gegenüber dem Kunden erbringen.

---

¹) Nr. 1.

(3) Eine Wertpapierfirma, die sowohl unabhängige als auch nicht unabhängige Anlageberatung erbringt, muss folgende Verpflichtungen erfüllen:
a) Die Wertpapierfirma hat ihre Kunden rechtzeitig vor der Erbringung ihrer Dienstleistungen auf einem dauerhaften Datenträger darüber informiert, ob die Beratung gemäß Artikel 24 Absatz 4 Buchstabe a der Richtlinie 2014/65/EU und den einschlägigen Durchführungsmaßnahmen unabhängig oder nicht unabhängig vorgenommen wird;
b) die Wertpapierfirma hat sich hinsichtlich der Dienstleistungen, für die sie eine unabhängige Anlageberatung vornimmt, als unabhängig präsentiert;
c) in der Wertpapierfirma gelten angemessene Organisationsanforderungen und Kontrollen, um sicherzustellen, dass sowohl die Formen der einzelnen Beratungsleistungen als auch die Berater deutlich voneinander getrennt werden, dass den Kunden hinsichtlich der Art der ihnen gegenüber erbrachten Beratung keine Verwechslungen unterlaufen können und dass sie eine auf sie zugeschnittene Art von Beratung erhalten. Die Wertpapierfirma darf es keiner natürlichen Person gestatten, sowohl unabhängige als auch nichtunabhängige Beratungsleistungen zu erbringen.

**Abschnitt 3. Beurteilung der Geeignetheit und Angemessenheit**

**Art. 54 Geeignetheitsbeurteilung und Geeignetheitserklärung**
(Artikel 25 Absatz 2 der Richtlinie 2014/65/EU). (1) *[1]* ¹Die Wertpapierfirmen dürfen hinsichtlich ihrer Zuständigkeiten bei der Beurteilung der Geeignetheit von Wertpapierdienstleistungen oder Finanzinstrumenten gemäß Artikel 25 Absatz 2 der Richtlinie 2014/65/EU[1]) weder für Unklarheiten noch Verwirrung sorgen. ²Bei der Durchführung der Geeignetheitsbeurteilung informiert die Wertpapierfirma Kunden und potenzielle Kunden in klarer und einfach verständlicher Weise darüber, dass die Geeignetheitsbeurteilung dazu dienen soll, es ihr zu ermöglichen, im besten Interesse des Kunden zu handeln.

*[2]* Werden Anlageberatungs- oder Portfolioverwaltungsdienstleistungen ganz oder teilweise über ein voll- oder halbautomatisches System erbracht, liegt die Verantwortung für die Durchführung der Geeignetheitsbeurteilung bei der die Dienstleistung erbringenden Wertpapierfirma und verringert sich nicht dadurch, dass ein elektronisches System zur Abgabe persönlicher Empfehlungen oder zum Treffen von Handelsentscheidungen eingesetzt wird.

(2) ¹Die Wertpapierfirmen legen den Umfang der von Kundenseite einzuholenden Informationen unter Berücksichtigung aller Merkmale der gegenüber diesen Kunden zu erbringenden Anlageberatungs- bzw. Portfolioverwaltungsdienstleistungen fest. ²Die Wertpapierfirmen holen bei ihren Kunden bzw. potenziellen Kunden die Informationen ein, die sie benötigen, um die wesentlichen Fakten in Bezug auf den Kunden zu erfassen und unter Berücksichtigung der Art und des Umfangs der betreffenden Dienstleistung nach vernünftigem Ermessen davon ausgehen zu können, dass das Geschäft, das dem Kunden empfohlen oder im Rahmen einer Portfolioverwaltungsdienstleistung getätigt werden soll, die folgenden Anforderungen erfüllt:
a) Es entspricht den Anlagezielen des betreffenden Kunden, auch hinsichtlich seiner Risikobereitschaft;

---

[1]) Nr. 1.

b) es ist so beschaffen, dass etwaige mit dem Geschäft einhergehende Anlagerisiken für den Kunden seinen Anlagezielen entsprechend finanziell tragbar sind;

c) es ist so beschaffen, dass der Kunde mit seinen Kenntnissen und Erfahrungen die mit dem Geschäft oder der Verwaltung seines Portfolios einhergehenden Risiken verstehen kann.

(3) *[1]* Erbringt eine Wertpapierfirma für einen professionellen Kunden eine Wertpapierdienstleistung, so ist sie berechtigt, davon auszugehen, dass der Kunde in Bezug auf die Produkte, Geschäfte und Dienstleistungen, für die er als professioneller Kunde eingestuft ist, über die erforderlichen Kenntnisse und Erfahrungen im Sinne von Absatz 2 Buchstabe c verfügt.

*[2]* Besteht die Wertpapierdienstleistung in einer Anlageberatung für einen durch Anhang II Abschnitt 1 der Richtlinie 2014/65/EU erfassten professionellen Kunden, ist die Wertpapierfirma für die Zwecke von Absatz 2 Buchstabe b berechtigt, davon auszugehen, dass etwaige mit dem Vorgang einhergehende Anlagerisiken für den Kunden seinen Anlagezielen entsprechend finanziell tragbar sind.

(4) Die Informationen über die finanziellen Verhältnisse des Kunden bzw. potenziellen Kunden umfassen – soweit relevant – Informationen über Herkunft und Höhe seines regelmäßigen Einkommens, seine Vermögenswerte einschließlich der liquiden Vermögenswerte, Anlagen und Immobilienbesitz sowie seine regelmäßigen finanziellen Verpflichtungen.

(5) Die Informationen über die Anlageziele des Kunden bzw. potenziellen Kunden umfassen – soweit relevant – Informationen über den Zeitraum, in dem der Kunde die Anlage zu halten gedenkt, seine Präferenzen hinsichtlich des einzugehenden Risikos, sein Risikoprofil und den Zweck der Anlage.

(6) *[1]* ¹Handelt es sich bei einem Kunden um eine juristische Person oder eine Gruppe aus mindestens zwei natürlichen Personen oder werden eine oder mehrere natürliche Personen von einer weiteren natürlichen Person vertreten, muss die Wertpapierfirma Grundsätze dahin gehend festlegen und umsetzen, wer der Geeignetheitsbeurteilung unterzogen werden sollte und wie diese Beurteilung in der Praxis durchgeführt wird, was auch mit einschließt, von wem die Informationen über Kenntnisse und Erfahrungen, die finanzielle Lage sowie Anlageziele zusammengetragen werden sollten. ²Diese Grundsätze werden von der Wertpapierfirma schriftlich festgehalten.

*[2]* ¹Wird eine natürliche Person von einer anderen natürlichen Person vertreten, oder ist eine juristische Person, die eine Behandlung als professioneller Kunde gemäß Anhang II Abschnitt 2 der Richtlinie 2014/65/EU verlangt hat, bei der Geeignetheitsbeurteilung zu berücksichtigen, bestimmen sich die finanzielle Lage und Anlageziele nach denen der juristischen Person oder – im Verhältnis zu dieser natürlichen Person – denen des dahinterstehenden Kunden und nicht nach denen des Vertreters. ²Die Kenntnisse und Erfahrungen bestimmen sich nach denen des Vertreters der natürlichen Person bzw. derjenigen Person, die zur Durchführung von Transaktionen im Auftrag des dahinterstehenden Kunden befugt ist.

(7) *[1]* ¹Die Wertpapierfirmen unternehmen angemessene Schritte, um sicherzustellen, dass die über ihre Kunden oder potenziellen Kunden gesammelten Informationen zuverlässig sind. ²Hierzu gehört u.a. Folgendes:

a) Sicherstellung, dass die Kunden sich der Bedeutung der Angabe wahrheitsgetreuer und aktueller Informationen bewusst sind;
b) Sicherstellung, dass alle bei Geeignetheitsbeurteilungsverfahren eingesetzten Hilfsmittel, wie z.B. solche zur Profilierung von Risikobewertungen oder zur Bewertung der Kenntnisse und Erfahrungen eines Kunden, zweckmäßig und für den Einsatz am Kunden ausgestaltet sind, wobei alle Beschränkungen eines solchen Hilfsmittels zu identifizieren und ihnen im Rahmen des Geeignetheitsbeurteilungsverfahrens aktiv entgegenzuwirken ist;
c) Sicherstellung, dass im Rahmen des Verfahrens gestellte Fragen für die Kunden verständlich sind, ein genaues Abbild der Ziele und Bedürfnisse des Kunden und die für die Durchführung der Geeignetheitsbeurteilung benötigten Informationen liefern; und
d) Ergreifung entsprechender Maßnahmen, um die Kohärenz der Kundeninformationen sicherzustellen, indem beispielsweise erörtert wird, ob die vom Kunden zur Verfügung gestellten Informationen offensichtliche Ungenauigkeiten aufweisen.

[2] Wertpapierfirmen, die eine laufende Geschäftsbeziehung mit dem Kunden unterhalten, indem sie beispielsweise laufende Beratungs- oder Portfolioverwaltungsdienstleistungen erbringen, müssen geeignete Strategien und Verfahren zur Pflege zweckdienlicher und aktueller Informationen über Kunden anwenden und demonstrieren können, sofern dies für die Erfüllung der Voraussetzungen laut Absatz 2 erforderlich ist.

(8) Erlangt eine Wertpapierfirma bei der Erbringung von Wertpapierdienstleistungen in Form der Anlageberatung oder Portfolioverwaltung die gemäß Artikel 25 Absatz 2 der Richtlinie 2014/65/EU erforderlichen Informationen nicht, empfiehlt sie dem Kunden bzw. potenziellen Kunden keine Wertpapierdienstleistungen oder Finanzinstrumente.

(9) Die Wertpapierfirmen müssen geeignete Strategien und Verfahren anwenden und demonstrieren können, um sicherzustellen, dass sie in der Lage sind, die Art und Merkmale, wie Kosten und Risiken, der von ihnen für ihre Kunden ausgewählten und beurteilten Wertpapierdienstleistungen und Finanzinstrumenten nachzuvollziehen und unter Berücksichtigung von Kosten und Komplexität zu beurteilen, ob äquivalente Wertpapierdienstleistungen bzw. Finanzinstrumente dem Profil ihres Kunden gerecht werden können.

(10) Bei der Erbringung der Wertpapierdienstleistung im Rahmen der Anlageberatung bzw. Portfolioverwaltung darf eine Wertpapierfirma keine Empfehlungen aussprechen oder Handelsentscheidungen treffen, wenn keine der Dienstleistungen bzw. Instrumente für den Kunden geeignet sind.

(11) Bei der Erbringung von Anlageberatungs- bzw. Portfolioverwaltungsdienstleistungen, bei denen Anlagen umgeschichtet werden, indem entweder ein Instrument verkauft und ein anderes gekauft oder ein Recht ausgeübt wird, um ein bestehendes Instrument zu ändern, holen die Wertpapierfirmen die erforderlichen Informationen über die bestehenden Investitionen des Kunden sowie die empfohlenen Neuinvestitionen ein und führen eine Kosten-Nutzen-Analyse der Umschichtung durch, sodass sie entsprechend demonstrieren können, dass die Vorteile der Umschichtung deren Kosten überwiegen.

(12) [1] Bei der Erbringung einer Anlageberatung lassen die Wertpapierfirmen dem Kleinanleger eine Erklärung mit einem Überblick über die erteilte Beratung und Angaben dahin gehend zukommen, inwiefern die abgegebene

Empfehlung für den betreffenden Kleinanleger geeignet ist, was auch Informationen darüber mit einschließt, inwieweit sie auf die Ziele und persönlichen Umstände des Kunden hinsichtlich der erforderlichen Anlagedauer, der Kenntnisse und Erfahrungen des Kunden sowie seiner Risikobereitschaft und Verlusttragfähigkeit abgestimmt wurde.

*[2]* Die Wertpapierfirmen müssen die Kunden darauf aufmerksam machen und in der Geeignetheitserklärung angeben, ob es die empfohlenen Dienstleistungen bzw. Finanzinstrumente wahrscheinlich erforderlich machen, dass der Kleinanleger deren Ausgestaltung regelmäßig überprüfen lässt.

*[3]* Erbringt eine Wertpapierfirma eine Dienstleistung, die mit regelmäßigen Geeignetheitsbeurteilungen und Berichten einhergeht, brauchen sich die Anschlussberichte nach der ersten Dienstleistungserbringung lediglich auf Veränderungen hinsichtlich der betreffenden Dienstleistungen bzw. Finanzinstrumente und/oder der Umstände des Kunden beziehen, während sämtliche Einzelheiten des ersten Berichts nicht noch einmal aufzuführen sind.

(13) ¹Wertpapierfirmen, die eine regelmäßige Geeignetheitsbeurteilung vornehmen, überprüfen die Geeignetheit der abgegebenen Empfehlungen mindestens einmal jährlich, um ihr Dienstleistungsangebot zu optimieren. ²Die Häufigkeit dieser Beurteilungen wird je nach Risikoprofil des Kunden und Art der empfohlenen Finanzinstrumente erhöht.

**Art. 55 Gemeinsame Bestimmungen für die Beurteilung der Geeignetheit bzw. Angemessenheit**
(Artikel 25 Absatz 2 und Artikel 25 Absatz 3 der Richtlinie 2014/65/EU).

(1) Die Wertpapierfirmen sorgen dafür, dass sich die Informationen über die Kenntnisse und Erfahrungen eines Kunden oder potenziellen Kunden in Anlagefragen auf die nachfolgend genannten Punkte erstrecken, soweit dies nach Art des Kunden, Art und Umfang der zu erbringenden Dienstleistung und Art des in Betracht gezogenen Produkts oder Geschäfts unter Berücksichtigung der damit jeweils verbundenen Komplexität und Risiken angemessen ist:

a) Art der Dienstleistungen, Geschäfte und Finanzinstrumente, mit denen der Kunde vertraut ist;

b) Art, Umfang und Häufigkeit der Geschäfte des Kunden mit Finanzinstrumenten und Zeitraum, in dem sie getätigt worden sind;

c) Bildungsstand und Beruf oder relevanter früherer Beruf des Kunden bzw. potenziellen Kunden.

(2) Eine Wertpapierfirma darf einen Kunden oder potenziellen Kunden nicht davon abhalten, die die Zwecke von Artikel 25 Absätze 2 und 3 der Richtlinie 2014/65/EU[1]) erforderlichen Informationen zu übermitteln.

(3) Eine Wertpapierfirma ist berechtigt, sich auf die von ihren Kunden oder potenziellen Kunden übermittelten Informationen zu verlassen, es sei denn, ihr ist bekannt oder müsste bekannt sein, dass die Informationen offensichtlich veraltet, unzutreffend oder unvollständig sind.

---

¹⁾ Nr. 1.

## Art. 56 Beurteilung der Angemessenheit und damit verbundene Aufbewahrungspflichten
(Artikel 25 Absatz 3 und Artikel 25 Absatz 5 der Richtlinie 2014/65/EU).

(1) *[1]* Wertpapierfirmen prüfen, ob ein Kunde über die erforderlichen Erfahrungen und Kenntnisse verfügt, um die Risiken im Zusammenhang mit dem angebotenen oder nachgefragten Produkt bzw. der angebotenen oder nachgefragten Wertpapierdienstleistung zu verstehen und beurteilen zu können, ob eine Wertpapierdienstleistung im Sinne von Artikel 25 Absatz 3 der Richtlinie 2014/65/EU[1)] für ihn geeignet ist.

*[2]* Eine Wertpapierfirma ist berechtigt, davon auszugehen, dass ein professioneller Kunde über die erforderlichen Kenntnisse und Erfahrungen verfügt, um die Risiken im Zusammenhang mit den betreffenden Wertpapierdienstleistungen oder Geschäften bzw. der Art von Geschäften oder Produkten, für die er als professioneller Kunde eingestuft ist, zu erfassen.

(2) Die Wertpapierfirmen führen Aufzeichnungen über die durchgeführten Angemessenheitsbeurteilungen, die Folgendes umfassen:

a) das Ergebnis der Angemessenheitsbeurteilung;

b) ggf. Hinweise für den Kunden, sofern die Wertpapierdienstleistung oder der Produktkauf als möglicherweise unangemessen für den Kunden beurteilt wurde, ob der Kunde den Wunsch geäußert hat, trotz des Hinweises mit der Transaktion fortzufahren, sowie ggf. ob die Wertpapierfirma dem Wunsch des Kunden auf Fortführung der Transaktion nachgekommen ist;

c) ggf. Hinweise für den Kunden, sofern der Kunde keine ausreichenden Angaben für die Durchführung der Angemessenheitsbeurteilung durch die Wertpapierfirma gemacht hat, ob der Kunde den Wunsch geäußert hat, trotz dieses Hinweises mit der Transaktion fortzufahren, sowie ggf. ob die Wertpapierfirma dem Wunsch des Kunden auf Fortführung der Transaktion nachgekommen ist.

## Art. 57 Dienstleistungen mit nichtkomplexen Instrumenten
(Artikel 25 Absatz 4 der Richtlinie 2014/65/EU). Ein Finanzinstrument, das in Artikel 25 Absatz 4 Buchstabe a der Richtlinie 2014/65/EU[1)] nicht explizit genannt ist, gilt im Sinne von Artikel 25 Absatz 4 Buchstabe a Punkt vi als nichtkomplex, wenn es folgende Kriterien erfüllt:

a) Es fällt nicht unter Artikel 4 Absatz 1 Nummer 44 Buchstabe c oder Anhang I Abschnitt C Nummern 4 bis 11 der Richtlinie 2014/65/EU;

b) es bestehen häufig Möglichkeiten zur Veräußerung, zum Rückkauf oder zur sonstigen Realisierung des betreffenden Instruments zu Preisen, die für die Marktbeteiligten öffentlich verfügbar sind und bei denen es sich entweder um Marktpreise oder um Preise handelt, die durch emittentenunabhängige Bewertungssysteme ermittelt oder bestätigt wurden;

c) es beinhaltet keine bestehende oder potenzielle Verpflichtung für den Kunden, die über die Anschaffungskosten des Instruments hinausgeht;

d) es umfasst keine Klausel, keine Bedingung oder keinen Auslöser, durch die bzw. den die Art oder das Risiko der Investition oder des Auszahlungsprofils entscheidend verändert werden könnte, wie beispielsweise Investitionen, die

---

[1)] Nr. 1.

ein Recht zur Umwandlung des Finanzinstruments in eine andere Investition umfasst;

e) es enthält keine expliziten oder impliziten Ausstiegsgebühren, die dazu führen, dass die Investition auch dann illiquide wird, wenn technisch häufig Möglichkeiten zur Veräußerung, zum Rückkauf oder zur sonstigen Realisierung des betreffenden Instruments bestehen;

f) es sind in angemessenem Umfang Informationen über die Merkmale des betreffenden Finanzinstruments öffentlich verfügbar, die so gut verständlich sein müssten, dass der durchschnittliche Kleinanleger in die Lage versetzt wird, hinsichtlich eines Geschäfts mit dem betreffenden Instrument eine informierte Entscheidung zu treffen.

**Art. 58 Vereinbarungen mit Kleinanlegern und professionellen Kunden**
(Artikel 24 Absatz 1 und Artikel 25 Absatz 5 der Richtlinie 2014/65/EU).

*[1]* ¹Wertpapierfirmen, die nach Beginn der Anwendung dieser Verordnung einem Kunden gegenüber eine Wertpapierdienstleistung bzw. die in Anhang I Abschnitt B Absatz 1 der Richtlinie 2014/65/EU[1]) genannte Nebenleistung erbringen, schließen mit diesem Kunden auf Papier oder einem anderen dauerhaften Datenträger eine schriftliche Rahmenvereinbarung ab, in der die wesentlichen Rechte und Pflichten der Wertpapierfirma und des Kunden niedergelegt sind. ²Wertpapierfirmen, die Anlageberatung bieten, kommen dieser Verpflichtung nur nach, wenn bezüglich der empfohlenen Finanzinstrumente oder Dienstleistungen regelmäßige Geeignetheitsbeurteilungen vorgenommen werden.

*[2]* In der schriftlichen Vereinbarung werden die wesentlichen Rechte und Pflichten der Parteien niedergelegt, sie enthält zudem Folgendes:

a) eine Beschreibung der Dienstleistungen sowie ggf. der Art und des Umfangs der vorzunehmenden Anlageberatung;

b) bei Portfolioverwaltungsdienstleistungen, die Arten von Finanzinstrumenten, die erworben und verkauft werden dürfen, sowie die Arten von Geschäften, die im Auftrag des Kunden ggf. durchgeführt werden dürfen, ebenso wie alle verbotenen Finanzinstrumente bzw. Geschäfte; und

c) eine Beschreibung der Hauptmerkmale aller in Anhang I Abschnitt B Absatz 1 der Richtlinie 2014/65/EU genannten und zu erbringenden Dienstleistungen, was ggf. auch die Rolle der Wertpapierfirma im Hinblick auf betriebliche Maßnahmen im Zusammenhang mit Kundeninstrumenten und die Bedingungen mit einschließt, unter denen Wertpapierfinanzierungsgeschäfte mit Kundenwertpapieren für den Kunden mit einer Rendite einhergehen.

### Abschnitt 4. Berichtspflichten gegenüber den Kunden

**Art. 59 Berichtspflichten bei der Ausführung von Aufträgen, die sich nicht auf die Portfolioverwaltung beziehen**
(Artikel 25 Absatz 6 der Richtlinie 2014/65/EU). (1) *[1]* Wertpapierfirmen, die im Auftrag eines Kunden einen Auftrag ausgeführt haben, der sich nicht auf

---

[1]) Nr. 1.

die Portfolioverwaltung bezieht, sind hinsichtlich dieses Auftrags zu Folgendem verpflichtet:

a) Sie übermitteln dem Kunden unverzüglich auf einem dauerhaften Datenträger die wesentlichen Informationen über die Ausführung des betreffenden Auftrags;

b) sie übermitteln dem Kunden schnellstmöglich, spätestens aber am ersten Geschäftstag nach der Ausführung des Auftrags oder – sofern sie die Bestätigung der Ausführung von einem Dritten erhalten – spätestens am ersten Geschäftstag nach Eingang der Bestätigung des Dritten, auf einem dauerhaften Datenträger eine Mitteilung zur Bestätigung der Auftragsausführung.

*[2]* Buchstabe b gilt nicht, wenn die Bestätigung die gleichen Informationen enthalten würde wie eine Bestätigung, die dem Kunden unverzüglich von einer anderen Person zuzusenden ist.

*[3]* Die Buchstaben a und b gelten nicht, wenn sich Aufträge, die im Namen von Kunden ausgeführt werden, auf Anleihen zur Finanzierung von Hypothekardarlehensverträgen mit diesen Kunden beziehen; in einem solchen Fall ist das Geschäft spätestens einen Monat nach Auftragsausführung zusammen mit den Gesamtbedingungen des Hypothekendarlehens zu melden.

(2) Über die Anforderungen gemäß Absatz 1 hinaus übermitteln die Wertpapierfirmen dem Kunden auf Wunsch Informationen über den Stand seines Auftrags.

(3) Bei regelmäßig ausgeführten Kundenaufträgen im Zusammenhang mit Anteilen an einem Organismus für gemeinsame Anlagen verfahren die Wertpapierfirmen entweder gemäß Absatz 1 Buchstabe b oder übermitteln dem Kunden mindestens alle sechs Monate die in Absatz 4 aufgeführten Informationen über die betreffenden Geschäfte.

(4) *[1]* Die in Absatz 1 Buchstabe b genannte Mitteilung enthält – soweit relevant und gegebenenfalls unter Beachtung der gemäß Artikel 26 der Verordnung (EU) Nr. 600/2014[1] verabschiedeten technischen Regulierungsstandards über Berichtspflichten – folgende Angaben:

a) Name der Firma, die die Mitteilung macht;
b) Name oder sonstige Bezeichnung des Kunden;
c) Handelstag;
d) Handelszeitpunkt;
e) Art des Auftrags;
f) Ausführungsplatz;
g) Angaben zum Instrument;
h) Kauf-/Verkauf-Indikator;
i) Wesen des Auftrags, falls es sich nicht um einen Kauf-/Verkaufsauftrag handelt;
j) Menge;
k) Stückpreis;
l) Gesamtentgelt;
m) Summe der in Rechnung gestellten Provisionen und Auslagen sowie auf Wunsch des Kunden eine Aufschlüsselung nach Einzelposten, was – soweit

---

[1] Nr. 2.

relevant – auch die Höhe aller vorgeschriebenen Auf- bzw. Abschläge mit einschließt, sofern das Geschäft von einer im eigenen Auftrag handelnden Wertpapierfirma durchgeführt wurde und diese Wertpapierfirma gegenüber dem Kunden eine Verpflichtung zur bestmöglichen Durchführung dieses Geschäfts hat;

n) erzielter Wechselkurs, sofern das Geschäft eine Währungsumrechnung umfasst;

o) Aufgaben des Kunden in Zusammenhang mit der Abwicklung des Geschäfts unter Angabe der Zahlungs- oder Einlieferungsfrist sowie der jeweiligen Konten, sofern diese Angaben und Aufgaben dem Kunden nicht bereits früher mitgeteilt worden sind;

p) sofern die Gegenpartei des Kunden die Wertpapierfirma selbst, eine Person der Gruppe, der die Wertpapierfirma angehört, oder ein anderer Kunde der Wertpapierfirma war, ein Verweis darauf, dass dies der Fall war, es sei denn, der Auftrag wurde über ein Handelssystem ausgeführt, das den anonymen Handel erleichtert.

*[2]* ¹ Für die Zwecke von Buchstabe k gilt, dass die Wertpapierfirma dem Kunden bei tranchenweiser Ausführung des Auftrags den Preis für die einzelnen Tranchen oder den Durchschnittspreis übermitteln kann. ² Gibt die Wertpapierfirma den Durchschnittspreis an, übermittelt sie dem Kunden auf Wunsch den Preis für die einzelnen Tranchen.

(5) Die Wertpapierfirma kann dem Kunden die in Absatz 4 genannten Informationen unter Verwendung von Standardcodes mitteilen, wenn sie eine Erläuterung der verwendeten Codes beifügt.

### Art. **60** Berichtspflichten bei der Portfolioverwaltung

(Artikel 25 Absatz 6 der Richtlinie 2014/65/EU). (1) Wertpapierfirmen, die Portfolioverwaltungsdienstleistungen für Kunden erbringen, übermitteln den betreffenden Kunden auf einem dauerhaften Datenträger periodisch eine Aufstellung der in ihrem Namen erbrachten Portfolioverwaltungsdienstleistungen, sofern derartige Aufstellungen nicht von anderen Personen übermittelt werden.

(2) Die laut Absatz 1 vorgeschriebene periodische Aufstellung muss eine redliche und ausgewogene Überprüfung der ergriffenen Maßnahmen sowie der Wertentwicklung des Portfolios während des Berichtszeitraums beinhalten und – soweit relevant – folgende Angaben umfassen:

a) Name der Wertpapierfirma;

b) Name oder sonstige Bezeichnung des Kontos des Kunden;

c) Zusammensetzung und Bewertung des Portfolios mit Einzelangaben zu jedem gehaltenen Finanzinstrument, seinem Marktwert oder – wenn dieser nicht verfügbar ist – dem beizulegenden Zeitwert, dem Kontostand zum Beginn und zum Ende des Berichtszeitraums sowie der Wertentwicklung des Portfolios während des Berichtszeitraums;

d) Gesamtbetrag der in dem Berichtszeitraum angefallenen Gebühren und Entgelte, mindestens aufgeschlüsselt in Gesamtverwaltungsgebühren und Gesamtkosten im Zusammenhang mit der Leistungserbringung, gegebenenfalls mit dem Hinweis, dass auf Wunsch eine detailliertere Aufschlüsselung erhältlich ist;

e) Vergleich der Wertentwicklung während des Berichtszeitraums und der Vergleichsgröße, falls eine solche zwischen Wertpapierfirma und Kunde vereinbart wurde;

f) Gesamtbetrag der Dividenden-, Zins- und sonstigen Zahlungen, die während des Berichtszeitraums im Zusammenhang mit dem Kundenportfolio eingegangen sind;

g) Informationen über sonstige Maßnahmen des Unternehmens, die Rechte in Bezug auf im Portfolio gehaltene Finanzinstrumente verleihen;

h) für jedes in dem Berichtszeitraum ausgeführte Geschäft – soweit relevant – die in Artikel 59 Absatz 4 Buchstaben c bis l genannten Informationen, es sei denn, der Kunde wünscht die Informationen über die ausgeführten Geschäfte jeweils einzeln, da dann Absatz 4 dieses Artikels anzuwenden ist.

(3) *[1]* Die in Absatz 1 genannte periodische Aufstellung wird außer in den nachfolgend aufgeführten Fällen alle drei Monate vorgelegt:

a) wenn die Wertpapierfirma ihren Kunden Zugang zu einem als dauerhafter Datenträger einstufbaren Online-System gewährt, über das der Kunde auf aktuelle Aufstellungen seines Portfolios zugreifen kann, der Kunde einfachen Zugang zu den gemäß Artikel 63 Absatz 2 erforderlichen Informationen hat und die Firma nachweisen kann, dass der Kunde mindestens einmal während des betreffenden Quartals eine Bewertung seines Portfolios aufgerufen hat;

b) in den Fällen, in denen Absatz 4 gilt, ist die periodische Aufstellung mindestens einmal alle zwölf Monate vorzulegen;

c) lässt der Vertrag zwischen einer Wertpapierfirma und einem Kunden über eine Portfolioverwaltungsdienstleistung ein gehebeltes Portfolio zu, ist die periodische Aufstellung mindestens einmal monatlich vorzulegen.

*[2]* Die Ausnahme gemäß Buchstabe b gilt nicht für Geschäfte mit Finanzinstrumenten, die unter Artikel 4 Absatz 1 Nummer 44 Buchstabe c oder Anhang I Abschnitt C Nummern 4 bis 11 der Richtlinie 2014/65/EU[1]) fallen.

(4) *[1]* In den Fällen, in denen der Kunde die Informationen über ausgeführte Geschäfte jeweils einzeln erhalten möchte, übermitteln die Wertpapierfirmen dem Kunden die wesentlichen Informationen über das betreffende Geschäft unverzüglich nach der Ausführung eines Geschäfts durch den Portfolioverwalter auf einem dauerhaften Datenträger.

*[2]* Die Wertpapierfirma übermittelt dem Kunden spätestens am ersten Geschäftstag nach Ausführung des Auftrags oder – sofern sie die Bestätigung der Ausführung von einem Dritten erhält – spätestens am ersten Geschäftstag nach Eingang der Bestätigung des Dritten eine Mitteilung zur Bestätigung der Auftragsausführung mit den in Artikel 59 Absatz 4 genannten Angaben.

*[3]* Unterabsatz 2 gilt nicht, wenn die Bestätigung die gleichen Informationen enthalten würde wie eine Bestätigung, die dem Kunden unverzüglich von einer anderen Person zuzusenden ist.

---

[1]) Nr. 1.

## Art. 61 Berichtspflichten im Hinblick auf geeignete Gegenparteien
(Artikel 24 Absatz 4 und Artikel 25 Absatz 6 der Richtlinie 2014/65/EU).

Die Anforderungen an Berichte für Kleinanleger und professionelle Kunden gemäß den Artikeln 49 und 59 sind nicht anwendbar, wenn Wertpapierfirmen Vereinbarungen mit geeigneten Gegenparteien geschlossen haben, in denen Inhalt und Zeitpunkt der Berichterstattung festgelegt sind.

## Art. 62 Zusätzliche Berichtspflichten bei der Portfolioverwaltung und bei Geschäften mit Eventualverbindlichkeiten
(Artikel 25 Absatz 6 der Richtlinie 2014/65/EU). (1) Wertpapierfirmen, die Portfolioverwaltungsdienstleistungen erbringen, teilen dem Kunden mit, wenn der Gesamtwert des zu Beginn des jeweiligen Berichtszeitraums beurteilenden Portfolios um 10 % fällt, sowie anschließend bei jedem Wertverlust in 10 %-Schritten, und zwar spätestens am Ende des Geschäftstags, an dem der Schwellenwert überschritten wird oder − falls der Schwellenwert an einem geschäftsfreien Tag überschritten wird − am Ende des folgenden Geschäftstags.

(2) ¹Wertpapierfirmen, die ein Kleinanlegerkonto führen, das Positionen in gehebelten Finanzinstrumenten oder Geschäfte mit Eventualverbindlichkeiten" umfasst, informieren den Kunden, wenn der Ausgangswert des betreffenden Finanzinstruments um 10 % fällt, sowie anschließend bei jedem Wertverlust in 10 %-Schritten. ²Die Berichterstattung laut diesem Absatz sollte für jedes Finanzinstrument einzeln erfolgen, sofern mit dem Kunden nichts anderes vereinbart wird, und findet spätestens am Ende des Geschäftstags statt, an dem der Schwellenwert überschritten wird oder − falls der Schwellenwert an einem geschäftsfreien Tag überschritten wird − zum Abschluss des folgenden Geschäftstags.

## Art. 63 Aufstellungen über Kundenfinanzinstrumente und Kundengelder
(Artikel 25 Absatz 6 der Richtlinie 2014/65/EU). (1) *[1]* ¹Wertpapierfirmen, die Kundenfinanzinstrumente oder Kundengelder halten, übermitteln jedem Kunden, für den sie Finanzinstrumente oder Gelder halten, mindestens einmal pro Quartal auf einem dauerhaften Datenträger eine Aufstellung der betreffenden Finanzinstrumente oder Gelder, es sei denn, eine solche Aufstellung ist bereits in einer anderen periodischen Aufstellung übermittelt worden. ²Auf Wunsch des Kunden übermitteln die Wertpapierfirmen diese Aufstellung zu handelsüblichen Kosten auch häufiger.

*[2]* Unterabsatz 1 gilt nicht für Kreditinstitute, die über eine Zulassung gemäß der Richtlinie 2000/12/EG des Europäischen Parlaments und des Rates[1]) in Bezug auf Einlagen im Sinne der genannten Richtlinie verfügen.

(2) *[1]* Die in Absatz 1 genannte Aufstellung der Kundenvermögenswerte enthält folgende Informationen:

a) Angaben zu allen Finanzinstrumenten und Geldern, die die Wertpapierfirma am Ende des von der Aufstellung erfassten Zeitraums für den betreffenden Kunden hält;

---

[1]) **Amtl. Anm.:** Richtlinie 2000/12/EG des Europäischen Parlaments und des Rates vom 20. März 2000 über die Aufnahme und Ausübung der Tätigkeit der Kreditinstitute (ABl. L 126 vom 26.5.2000, S. 1).

b) Angaben darüber, inwieweit Kundenfinanzinstrumente oder Kundengelder Gegenstand von Wertpapierfinanzierungsgeschäften gewesen sind;
c) Höhe und Grundlage etwaiger Erträge, die dem Kunden aus der Beteiligung an Wertpapierfinanzierungsgeschäften zugeflossen sind;
d) deutlicher Hinweis darauf, welche Vermögenswerte bzw. Gelder unter die Regelungen der Richtlinie 2014/65/EU[1)] und deren Durchführungsmaßnahmen fallen und welche nicht, wie beispielsweise diejenigen, die Gegenstand einer Sicherheitenvereinbarung mit Eigentumsübertragung sind;
e) deutlicher Hinweis darauf, für welche Vermögenswerte hinsichtlich ihrer Eigentumsverhältnisse bestimmte Besonderheiten gelten, beispielsweise aufgrund eines Sicherungsrechts;
f) Marktwert oder – sofern der Marktwert nicht verfügbar ist – Schätzwert der Finanzinstrumente, die Teil der Aufstellung sind, mit einem deutlichen Hinweis darauf, dass der fehlende Marktpreis vermutlich auf mangelnde Liquidität hindeutet. Die Beurteilung des Schätzwerts nimmt die Wertpapierfirma nach bestmöglichem Bemühen vor.

*[2]* Enthält das Portfolio eines Kunden Erlöse aus nicht abgerechneten Geschäften, kann für die unter Buchstabe a genannte Information entweder das Abschluss- oder das Abwicklungsdatum zugrunde gelegt werden, vorausgesetzt, dass für alle derartigen Informationen in der Aufstellung so verfahren wird.

*[3]* Die periodische Aufstellung des in Absatz 1 genannten Kundenvermögens ist nicht erforderlich, wenn die Wertpapierfirma ihren Kunden Zugang zu einem als dauerhafter Datenträger einstufbaren Online-System gewährt, über das der Kunde auf aktuelle Aufstellungen seiner Finanzinstrumente oder Gelder zugreifen und die Wertpapierfirma nachweisen kann, dass der Kunde während des betreffenden Quartals mindestens einmal auf diese Aufstellung zugegriffen hat.

(3) Wertpapierfirmen, die Finanzinstrumente oder Gelder halten und für einen Kunden Portfolioverwaltungsdienstleistungen erbringen, können die in Absatz 1 genannte Aufstellung der Kundenvermögenswerte in die periodische Aufstellung einbeziehen, die sie dem betreffenden Kunden gemäß Artikel 60 Absatz 1 übermitteln.

## Abschnitt 5. Bestmögliche Ausführung
## Art. 64 Kriterien für die bestmögliche Ausführung
(Artikel 27 Absatz 1 und Artikel 24 Absatz 1 der Richtlinie 2014/65/EU).

(1) *[1]* Wertpapierfirmen bestimmen bei der Ausführung von Kundenaufträgen die relative Bedeutung der in Artikel 27 Absatz 1 der Richtlinie 2014/65/EG[1)] genannten Faktoren anhand folgender Kriterien:
a) Merkmale des Kunden und dessen Einstufung als Kleinanleger oder als professioneller Kunde;
b) Merkmale des Kundenauftrags, einschließlich Aufträgen, die Wertpapierfinanzierungsgeschäfte umfassen;
c) Merkmale der Finanzinstrumente, die Gegenstand des betreffenden Auftrags sind;

---
[1)] Nr. 1.

d) Merkmale der Ausführungsplätze, an die der Auftrag weitergeleitet werden kann.

*[2]* Für die Zwecke dieses Artikels und der Artikel 65 und 66 umfasst der Begriff „Ausführungsplatz" geregelte Märkte, multilaterale Handelssysteme (MTF), organisierte Handelssysteme (OTF), systematische Internalisierer, Market-Maker oder sonstige Liquiditätsgeber oder Einrichtungen, die in einem Drittland eine vergleichbare Funktion ausüben.

(2) Eine Wertpapierfirma erfüllt ihre Verpflichtungen aus Artikel 27 Absatz 1 der Richtlinie 2014/65/EU, alle hinreichenden Maßnahmen zu treffen, um das bestmögliche Ergebnis für einen Kunden zu erreichen, wenn sie einen Auftrag oder einen bestimmten Teil desselben nach den ausdrücklichen Weisungen, die der Kunde in Bezug auf den Auftrag oder den bestimmten Teil desselben erteilt hat, ausführt.

(3) Die Wertpapierfirmen dürfen ihre Provisionen nicht in einer Weise strukturieren oder in Rechnung stellen, die eine sachlich nicht gerechtfertigte Ungleichbehandlung der Ausführungsplätze bewirkt.

(4) Bei der Ausführung von Aufträgen bzw. beim Fällen von Entscheidungen über den Handel mit OTC-Produkten, zu denen auch maßgeschneiderte Produkte gehören, überprüft die Wertpapierfirma die Redlichkeit des dem Kunden angebotenen Preises, indem sie Marktdaten heranzieht, die bei der Einschätzung des Preises für dieses Produkt verwendet wurden, und – sofern möglich – diesen mit ähnlichen oder vergleichbaren Produkten vergleicht.

## Art. 65 Pflicht der Wertpapierfirmen, bei der Portfolioverwaltung sowie der Annahme und Weiterleitung von Aufträgen im bestmöglichen Interesse des Kunden zu handeln
(Artikel 24 Absatz 1 und Artikel 24 Absatz 4 der Richtlinie 2014/65/EU).

(1) Die Wertpapierfirmen müssen ihrer in Artikel 24 Absatz 1 der Richtlinie 2014/65/EU[1)] festgelegten Pflicht nachkommen, im bestmöglichen Interesse ihrer Kunden zu handeln, wenn sie bei der Erbringung von Portfolioverwaltungsdienstleistungen andere Einrichtungen mit der Ausführung von Aufträgen beauftragen, denen Entscheidungen der Wertpapierfirma zugrunde liegen, im Namen ihres Kunden mit Finanzinstrumenten zu handeln.

(2) Die Wertpapierfirmen müssen ihrer in Artikel 24 Absatz 1 der Richtlinie 2014/65/EU festgelegten Pflicht nachkommen, im bestmöglichen Interesse ihrer Kunden zu handeln, wenn sie bei der Annahme und Weiterleitung von Aufträgen Kundenaufträge an andere Einrichtungen zur Ausführung weiterleiten.

(3) Um die Absätze 1 bzw. 2 einzuhalten, müssen die Wertpapierfirmen den Absätzen 4 bis 7 und Artikel 64 Absatz 4 nachkommen.

(4) *[1]* ¹Die Wertpapierfirmen treffen alle hinreichenden Maßnahmen, um für ihre Kunden das bestmögliche Ergebnis zu erzielen und tragen dabei den in Artikel 27 Absatz 1 der Richtlinie 2014/65/EU genannten Faktoren Rechnung. ²Die relative Bedeutung dieser Faktoren wird nach den in Artikel 64 Absatz 1 festgelegten Kriterien bzw. für Kleinanleger nach Maßgabe des Artikels 27 Absatz 1 der Richtlinie 2014/65/EU bestimmt.

---
[1)] Nr. 1.

*[2]* Eine Wertpapierfirma kommt ihren in Absatz 1 bzw. 2 festgelegten Pflichten nach und ist der im vorliegenden Absatz genannten Maßnahmen enthoben, wenn sie bei der Platzierung eines Auftrags bei einer anderen Einrichtung oder seiner Weiterleitung an diese Einrichtung zur Ausführung speziellen Weisungen des Kunden folgt.

(5) [1] Die Wertpapierfirmen legen Grundsätze fest, sodass sie die in Absatz 4 festgelegten Pflichten erfüllen können. [2] In diesen Grundsätzen werden für jede Klasse von Finanzinstrumenten die Einrichtungen genannt, bei denen die Wertpapierfirma Aufträge platziert oder an die sie Aufträge zur Ausführung weiterleitet. [3] Die von diesen Einrichtungen für die Auftragsausführung getroffenen Vorkehrungen versetzen die Wertpapierfirma in die Lage, bei der Platzierung oder Weiterleitung von Aufträgen an eine solche Einrichtung ihren in diesem Artikel festgelegten Pflichten nachzukommen.

(6) *[1]* [1] Die Wertpapierfirmen unterrichten ihre Kunden über die nach Absatz 5 sowie Artikel 66 Absätze 2 bis 9 festgelegten Grundsätze. [2] Die Wertpapierfirmen übermitteln den Kunden sachgerechte Informationen über die Wertpapierfirma und ihre Dienstleistungen sowie die für die Ausführung ausgewählten Einrichtungen. [3] Insbesondere in dem Falle, dass die Wertpapierfirma andere Firmen auswählen sollte, um im Zusammenhang mit der Ausführung von Kundenaufträgen Dienstleistungen zu erbringen, hat sie einmal jährlich für jede Klasse von Finanzinstrumenten die fünf Wertpapierfirmen, die ausgehend vom Handelsvolumen am wichtigsten sind, an die sie Kundenaufträge im Vorjahr zur Ausführung weitergeleitet oder platziert hat, und Informationen über die erreichte Ausführungsqualität zusammenzufassen und zu veröffentlichen. [4] Die Informationen müssen in Einklang mit den Informationen stehen, die gemäß den nach Artikel 27 Absatz 10 Buchstabe b der Richtlinie 2014/65/EU verabschiedeten technischen Normen veröffentlicht werden.

*[2]* Auf entsprechenden Wunsch des Kunden übermitteln die Wertpapierfirmen ihren Kunden bzw. potenziellen Kunden Informationen über Einrichtungen, an die die Aufträge zur Ausführung weitergeleitet bzw. bei denen sie platziert werden.

(7) *[1]* Die Wertpapierfirmen überwachen die Wirksamkeit der gemäß Absatz 5 festgelegten Grundsätze, insbesondere die Qualität der Ausführung durch die in diesen Grundsätzen genannten Einrichtungen, regelmäßig und beheben bei Bedarf etwaige Mängel.

*[2]* [1] Die Wertpapierfirmen überprüfen die Grundsätze und Bestimmungen mindestens einmal jährlich. [2] Eine solche Überprüfung findet auch immer dann statt, wenn eine wesentliche Veränderung eintritt, die die Fähigkeit der Wertpapierfirma beeinträchtigt, für ihre Kunden auch weiterhin das bestmögliche Ergebnis zu erzielen.

*[3]* Die Wertpapierfirmen beurteilen, ob es zu wesentlichen Änderungen gekommen ist, und ziehen die Vornahme von Änderungen hinsichtlich der Ausführungsplätze bzw. Einrichtungen in Betracht, auf die sie sich weitgehend stützen, um die übergeordnete Anforderung der bestmöglichen Ausführung zu erfüllen.

*[4]* Eine wesentliche Änderung ist ein wichtiges Ereignis mit potenziellen Auswirkungen auf Parameter der bestmöglichen Ausführung wie Kosten, Schnelligkeit, Wahrscheinlichkeit der Ausführung und Abwicklung, Umfang, Art oder jegliche anderen für die Ausführung des Auftrags relevanten Aspekte.

(8) ¹ Dieser Artikel findet keine Anwendung auf Wertpapierfirmen, die nicht nur Portfolioverwaltungsdienste erbringen und/oder Aufträge entgegennehmen und weiterleiten, sondern die entgegengenommenen Aufträge bzw. Entscheidungen, im Namen des Kunden mit dessen Portfolio zu handeln, auch ausführen. ² In solchen Fällen gilt Artikel 27 der Richtlinie 2014/65/EU.

**Art. 66 Grundsätze der Auftragsausführung**
(Artikel 27 Absätze 5 und 7 der Richtlinie 2014/65/EU). (1) *[1]* Die Wertpapierfirmen überprüfen mindestens einmal jährlich die gemäß Artikel 27 Absatz 4 der Richtlinie 2014/65/EU[1]) festgelegten Grundsätze der Auftragsausführung sowie ihre Vorkehrungen zur Auftragsausführung.

*[2]* ¹ Eine solche Überprüfung ist auch immer dann vorzunehmen, wenn eine wesentliche Veränderung im Sinne von Artikel 65 Absatz 7 eintritt, die die Fähigkeit der Wertpapierfirma beeinträchtigt, bei der Ausführung ihrer Kundenaufträge an den in ihren Grundsätzen der Auftragsausführung genannten Plätzen weiterhin gleich bleibend das bestmögliche Ergebnis zu erzielen. ² Eine Wertpapierfirma beurteilt, ob es zu wesentlichen Änderungen gekommen ist, und zieht die Vornahme von Änderungen hinsichtlich der relativen Bedeutung der Faktoren einer bestmöglichen Ausführung in Betracht, um die übergeordnete Anforderung der bestmöglichen Ausführung zu erfüllen.

(2) Die Informationen über die Ausführungspolitik werden an die jeweilige Klasse von Finanzinstrumenten und die Art der erbrachten Dienstleistung angepasst und enthalten die in den Absätzen 3 bis 9 genannten Angaben.

(3) *[1]* Die Wertpapierfirmen übermitteln den Kunden rechtzeitig vor Erbringung der betreffenden Dienstleistung folgende Angaben zu ihren Grundsätzen der Auftragsausführung:

a) eine Darlegung der relativen Bedeutung, die die Wertpapierfirma gemäß den in Artikel 59 Absatz 1 angeführten Kriterien den in Artikel 27 Absatz 1 der Richtlinie 2014/65/EU genannten Aspekten beimisst, oder eine Darlegung der Art und Weise, in der die Wertpapierfirma die relative Bedeutung dieser Aspekte bestimmt;

b) ein Verzeichnis der Ausführungsplätze, auf die sich die Wertpapierfirma zur Erfüllung ihrer Verpflichtung, alle angemessenen Maßnahmen zu treffen, um bei der Ausführung von Kundenaufträgen auf Dauer das bestmögliche Ergebnis zu erzielen, weitgehend verlässt, einschließlich der Angabe, welche Ausführungsplätze für jede Klasse von Finanzinstrumenten für Aufträge von Kleinanlegern, für Aufträge von professionellen Kunden sowie für Wertpapierfinanzierungsgeschäfte verwendet werden;

c) ein Verzeichnis aller Faktoren, die bei der Auswahl eines Ausführungsplatzes zur Anwendung kommen, einschließlich qualitativer Faktoren wie Clearingsystemen, Notfallsicherungen, geplanten Maßnahmen, oder anderen relevanten Überlegungen, sowie die entsprechende Bedeutung der einzelnen Faktoren. Die Angaben zu den Faktoren für die Auswahl des Ausführungsplatzes müssen mit den Kontrollen der Wertpapierfirma vereinbar sein, die diese im Rahmen der Prüfung der Angemessenheit ihrer Grundsätze und Bestimmungen durchführt, um gegenüber ihren Kunden nachzuweisen, dass die bestmögliche Ausführung auf Dauer erreicht wird;

---

[1]) Nr. 1.

d) wie die Ausführungsfaktoren wie Preis, Kosten, Schnelligkeit, Wahrscheinlichkeit der Ausführung und andere relevante Faktoren im Rahmen aller hinreichenden Schritte Berücksichtigung finden, die zur Erzielung des bestmöglichen Ergebnisses für den Kunden eingeleitet werden;

e) gegebenenfalls Angaben zur Ausführung von Aufträgen außerhalb eines Handelsplatzes, einschließlich Angaben zu Folgen wie dem Gegenparteirisiko aufgrund der Ausführung außerhalb eines Handelsplatzes, und auf Anfrage des Kunden zusätzliche Informationen über Folgen dieser Art der Ausführung;

f) eine klare und deutliche Warnung dahin gehend, dass ausdrückliche Weisungen eines Kunden sie davon abhalten können, die Maßnahmen zu treffen, die sie im Rahmen ihrer Grundsätze der Auftragsausführung festgelegt und umgesetzt haben, um bei der Ausführung der Aufträge hinsichtlich der von den betreffenden Weisungen erfassten Elemente das bestmögliche Ergebnis zu erzielen;

g) eine Zusammenfassung des Auswahlverfahrens für Ausführungsplätze, angewandte Ausführungsstrategien, die zur Analyse der erreichten Ausführungsqualität herangezogenen Verfahren und Methoden und wie die Wertpapierfirmen kontrollieren und überprüfen, dass für die Kunden die bestmöglichen Ergebnisse erzielt wurden.

*[2]* Die Informationen sind auf einem dauerhaften Datenträger zu übermitteln oder auf einer Website (wenn diese kein dauerhafter Datenträger ist) bereitzustellen, sofern die in Artikel 3 Absatz 2 genannten Voraussetzungen erfüllt sind.

(4) Setzten die Wertpapierfirmen je nach Ausführungsort verschiedene Gebühren an, erläutert die Wertpapierfirma diese Unterschiede in einem hinreichenden Detailgrad, sodass der Kunde die Vor- und Nachteile der Wahl nur eines einzigen Ausführungsorts nachvollziehen kann.

(5) Rufen Wertpapierfirmen ihre Kunden dazu auf, sich für einen Ausführungsort zu entscheiden, werden faire, klare und nicht irreführende Informationen übermittelt, um zu verhindern, dass sich der Kunde allein aufgrund der von der Wertpapierfirma angewandten Preispolitik gezielt für einen bestimmten Ausführungsort entscheidet.

(6) ¹Die Wertpapierfirmen dürfen lediglich Zahlungen Dritter annehmen, die Artikel 24 Absatz 9 der Richtlinie 2014/65/EU gerecht werden, und informieren ihre Kunden über die Anreize, die die Wertpapierfirma ggf. durch die Ausführungsorte erhält. ²Die Informationen betreffen die Gebühren, die die Wertpapierfirma allen am Geschäft beteiligten Gegenparteien berechnet, sowie Angaben dahin gehend – sofern die Gebühren je nach Kunde unterschiedlich ausfallen –, welche Höchstgebühren oder Gebührenspannen ggf. zu zahlen sind.

(7) Stellt eine Wertpapierfirma mehr als einem Geschäftsbeteiligten Gebühren in Rechnung, informiert sie ihre Kunden gemäß Artikel 24 Absatz 9 der Richtlinie 2014/65/EU und deren Durchführungsmaßnahmen über den Wert aller monetären bzw. nichtmonetären Vorteile, die die Wertpapierfirma erhält.

(8) Übermittelt ein Kunde einer Wertpapierfirma berechtigte und verhältnismäßige Auskunftsersuchen hinsichtlich ihrer Strategien oder Bestimmungen sowie deren Überprüfungsverfahren, lässt ihm die Wertpapierfirma innerhalb einer angemessenen Frist eine verständliche Antwort zukommen.

(9) ¹Führt eine Wertpapierfirma Aufträge für Kleinanleger aus, übermittelt sie diesen Kunden eine Zusammenfassung der betreffenden Grundsätze, deren Schwerpunkt auf den ihnen entstehenden Gesamtkosten liegt. ²Die Zusammenfassung enthält einen Link zu den neuesten gemäß Artikel 27 Absatz 3 der Richtlinie 2014/65/EU veröffentlichten Daten über die Qualität der Ausführung für jeden von der Wertpapierfirma in ihren Grundsätzen der Auftragsausführung genannten Ausführungsplatz.

## Abschnitt 6. Bearbeitung von Kundenaufträgen

### Art. 67 Allgemeine Grundsätze
(Artikel 28 Absatz 1 und Artikel 24 Absatz 1 der Richtlinie 2014/65/EU).

(1) Die Wertpapierfirmen erfüllen bei der Ausführung von Kundenaufträgen die folgenden Bedingungen:

a) sie stellen sicher, dass für Kunden ausgeführte Aufträge umgehend und korrekt registriert und zugewiesen werden;

b) sie führen ansonsten vergleichbare Kundenaufträge der Reihe nach und unverzüglich aus, es sei denn, die Art des Auftrags oder die vorherrschenden Marktbedingungen machen dies unmöglich oder im Interesse des Kunden ist anderweitig zu handeln;

c) sie informieren einen Kleinanleger unverzüglich über alle wesentlichen Schwierigkeiten, die für die korrekte Ausführung des Auftrags relevant sind, sobald sie von einer solchen Schwierigkeit Kenntnis erlangen.

(2) Ist eine Wertpapierfirma für die Überwachung oder Organisation der Abwicklung eines ausgeführten Auftrags verantwortlich, trifft sie alle angemessenen Maßnahmen, um sicherzustellen, dass alle Kundenfinanzinstrumente oder Kundengelder, die zur Abwicklung des ausgeführten Auftrags eingegangen sind, unverzüglich und korrekt auf dem Konto des jeweiligen Kunden verbucht werden.

(3) Eine Wertpapierfirma darf Informationen im Zusammenhang mit laufenden Kundenaufträgen nicht missbrauchen und trifft alle angemessenen Maßnahmen zur Verhinderung des Missbrauchs derartiger Informationen durch ihre relevanten Personen.

### Art. 68 Zusammenlegung und Zuweisung von Aufträgen
(Artikel 28 Absatz 1 und Artikel 24 Absatz 1 der Richtlinie 2014/65/EU).

(1) Die Wertpapierfirmen führen einen Kundenauftrag oder ein Geschäft für eigene Rechnung zusammen mit einem anderen Kundenauftrag nur aus, wenn die folgenden Bedingungen gegeben sind:

a) Es ist unwahrscheinlich, dass die Zusammenlegung der Aufträge und Geschäfte für den Kunden, dessen Auftrag mit anderen zusammengelegt wird, insgesamt nachteilig ist;

b) jedem Kunden, dessen Auftrag mit anderen zusammengelegt werden soll, wird mitgeteilt, dass eine derartige Zusammenlegung in Bezug auf einen bestimmten Auftrag nachteilig sein kann;

c) es werden Grundsätze der Auftragszuweisung festgelegt und wirksam umgesetzt, die die redliche Zuweisung zusammengelegter Aufträge und Geschäfte auch im Hinblick darauf regeln, wie das Volumen und der Preis von Aufträgen die Zuweisung und Teilausführung von Aufträgen bestimmen.

(2) Legt eine Wertpapierfirma einen Auftrag mit anderen Kundenaufträgen zusammen und führt sie den zusammengelegten Auftrag teilweise aus, weist sie die verbundenen Geschäfte gemäß ihren Grundsätzen der Auftragszuweisung zu.

**Art. 69 Zusammenlegung und Zuweisung von Geschäften für eigene Rechnung**
(Artikel 28 Absatz 1 und Artikel 24 Absatz 1 der Richtlinie 2014/65/EU).

(1) Wertpapierfirmen, die mit Kundenaufträgen zusammengelegte Geschäfte für eigene Rechnung tätigen, dürfen bei der Zuweisung der verbundenen Abschlüsse nicht in einer für einen Kunden nachteiligen Weise verfahren.

(2) *[1]* Wenn eine Wertpapierfirma einen Kundenauftrag mit einem Geschäft für eigene Rechnung zusammenlegt und den zusammengelegten Auftrag teilweise ausführt, räumt sie bei der Zuweisung der verbundenen Geschäfte dem Kunden gegenüber der Firma Vorrang ein.

*[2]* Kann die Wertpapierfirma schlüssig darlegen, dass sie den Auftrag ohne die Zusammenlegung nicht zu derart günstigen Bedingungen oder überhaupt nicht hätte ausführen können, kann sie das Geschäft für eigene Rechnung in Einklang mit ihren in Artikel 68 Absatz 1 Buchstabe c genannten Grundsätzen der Auftragszuweisung anteilsmäßig zuweisen.

(3) Die Wertpapierfirmen sehen im Rahmen ihrer Grundsätze der Auftragszuweisung gemäß Artikel 68 Absatz 1 Buchstabe c Verfahren vor, die verhindern sollen, dass die Neuzuweisung von Geschäften für eigene Rechnung, die zusammen mit Kundenaufträgen ausgeführt werden, für den Kunden nachteilig ist.

**Art. 70 Unverzügliche, redliche und rasche Ausführung von Kundenaufträgen und Veröffentlichung nicht ausgeführter Kunden-Limitaufträge für auf einem Handelsplatz gehandelte Aktien**
(Artikel 28 der Richtlinie 2014/65/EU). (1) Ein Kunden-Limitauftrag in Bezug auf Aktien, die zum Handel auf einem geregelten Markt zugelassen sind oder auf einem Handelsplatz gehandelt werden, der zu den vorherrschenden Marktbedingungen nach Artikel 28 Absatz 2 der Richtlinie 2014/65/EU[1] nicht unverzüglich ausgeführt wird, wird als öffentlich verfügbar erachtet, wenn die Wertpapierfirma den Auftrag zur Ausführung auf einem regulierten Markt oder über ein MTF erteilt hat oder der Auftrag von einem Datenbereitstellungsdienstleister mit Sitz in einem Mitgliedstaat veröffentlicht wurde und leicht ausführbar ist, sobald es die Marktbedingungen zulassen.

(2) Regulierten Märkten und MTF wird gemäß den Grundsätzen der Auftragsausführung der Wertpapierfirma Vorrang eingeräumt, um die Ausführung sicherzustellen, sobald es die Marktbedingungen zulassen.

### Abschnitt 7. Geeignete Gegenparteien
**Art. 71 Geeignete Gegenparteien**
(Artikel 30 der Richtlinie 2014/65/EU). (1) Ergänzend zu den in Artikel 30 Absatz 2 der Richtlinie 2014/65/EU[1] explizit genannten Kategorien können die Mitgliedstaaten im Einklang mit Artikel 30 Absatz 3 der genannten Richt-

---

[1] Nr. 1.

linie Unternehmen als geeignete Gegenpartei anerkennen, die unter eine Kundenkategorie fallen, die gemäß Anhang II Teil I Absätze 1, 2 und 3 der genannten Richtlinie als professionelle Kunden betrachtet werden.

(2) Beantragt eine geeignete Gegenpartei gemäß Artikel 30 Absatz 2 Unterabsatz 2 der Richtlinie 2014/65/EU als Kunde behandelt zu werden, dessen Geschäftstätigkeit mit einer Wertpapierfirma den Artikeln 24, 25, 27 und 28 dieser Richtlinie unterliegt, sollte dieser Antrag schriftlich erfolgen und eine Angabe dahin gehend enthalten, ob sich die Behandlung als Kleinanleger oder professioneller Kunde auf eine oder mehrere Wertpapierdienstleistung(en) bzw. ein oder mehrere Geschäft(e) bezieht oder auf eine oder mehrere Geschäfts- bzw. Produktart(en).

(3) Beantragt eine geeignete Gegenpartei, als Kunde behandelt zu werden, dessen Geschäftstätigkeit mit einer Wertpapierfirma den Artikeln 24, 25, 27 und 28 der Richtlinie 2014/65/EU unterliegt, ohne ausdrücklich eine Behandlung als Kleinanleger zu beantragen, behandelt die Wertpapierfirma die betreffende geeignete Gegenpartei als professionellen Kunden.

(4) Beantragt die betreffende geeignete Gegenpartei ausdrücklich, als Kleinanleger behandelt zu werden, behandelt die Wertpapierfirma die betreffende geeignete Gegenpartei als Kleinanleger, wobei sie die Bestimmungen über Anträge auf Behandlung als nicht professioneller Kunde in Anhang II Abschnitt I Unterabsätze 2, 3 und 4 der Richtlinie 2014/65/EU anwendet.

(5) Beantragt ein Kunde, als geeignete Gegenpartei gemäß Artikel 30 Absatz 3 der Richtlinie 2014/65/EU behandelt zu werden, findet folgendes Verfahren Anwendung:

a) Die Wertpapierfirma lässt dem Kunden einen deutlichen schriftlichen Hinweis auf die Folgen eines solchen Antrags für den Kunden, einschließlich des ggf. verlorengehenden Schutzniveaus, zukommen.

b) Der Kunde bestätigt schriftlich, dass er beantragt, entweder generell oder hinsichtlich einer oder mehrerer Wertpapierdienstleistung(en) bzw. eines Geschäfts oder einer Art von Geschäft bzw. Produkt als geeignete Gegenpartei behandelt zu werden, und dass er sich der Folgen des Schutzniveaus bewusst ist, das er infolge des Antrags ggf. verlieren könnte.

## Abschnitt 8. Aufzeichnungen

### Art. 72 Aufbewahrung von Aufzeichnungen

(Artikel 16 Absatz 6 der Richtlinie 2014/65/EU). (1) Die Aufzeichnungen sind auf einem Datenträger aufzubewahren, auf dem sie so gespeichert werden können, dass sie der zuständigen Behörde auch in Zukunft zugänglich gemacht werden können und dass die folgenden Bedingungen erfüllt sind:

a) Die zuständige Behörde kann ohne Weiteres auf die Aufzeichnungen zugreifen und jede maßgebliche Stufe der Bearbeitung jedes einzelnen Geschäfts rekonstruieren;

b) es ist möglich, jegliche Korrektur oder sonstige Änderung sowie den Inhalt der Aufzeichnungen vor der Korrektur oder sonstigen Änderungen leicht festzustellen;

c) die Aufzeichnungen können nicht anderweitig manipuliert oder verändert werden;

d) sie können informationstechnisch oder anderweitig wirksam genutzt werden, sofern sich die Daten aufgrund ihres Umfangs und ihrer Art nicht einfach analysieren lassen; und

e) die Bestimmungen der Wertpapierfirma werden ungeachtet der eingesetzten Technik den Anforderungen an die Führung von Aufzeichnungen gerecht.

(2) *[1]* Die Wertpapierfirmen müssen – je nachdem, welchen Tätigkeiten sie nachgehen – zumindest die in Anhang I zu dieser Verordnung aufgeführten Aufzeichnungen führen.

*[2]* Das in Anhang I zu dieser Verordnung aufgeführte Verzeichnis an Aufzeichnungen gilt unbeschadet weiterer sich aus anderen Rechtsvorschriften ergebender Aufbewahrungspflichten.

(3) *[1]* Wertpapierfirmen führen zudem schriftliche Aufzeichnungen über alle Strategien und Verfahren, über die sie gemäß der Richtlinie 2014/65/EU[1], der Verordnung (EU) Nr. 600/2014[2], der Richtlinie 2014/57/EU und der Verordnung (EU) Nr. 596/2014[3] und der dazugehörigen Durchführungsmaßnahmen verfügen müssen.

*[2]* Die zuständigen Behörden können Wertpapierfirmen dazu auffordern, neben dem in Anhang I zu dieser Verordnung aufgeführten Verzeichnis noch weitere Aufzeichnungen zu führen.

## Art. 73 Führung von Aufzeichnungen über Rechte und Pflichten der Wertpapierfirma und des Kunden
(Artikel 25 Absatz 5 der Richtlinie 2014/65/EU). Aufzeichnungen, in denen die Rechte und Pflichten der Wertpapierfirma und des Kunden im Rahmen eines Dienstleistungsvertrags oder die Bedingungen, unter denen die Wertpapierfirma Dienstleistungen für den Kunden erbringt, festgehalten sind, sind mindestens für die Dauer der Geschäftsbeziehung mit dem Kunden aufzubewahren.

## Art. 74 Führung von Aufzeichnungen über Kundenaufträge und Handelsentscheidungen
(Artikel 16 Absatz 6 der Richtlinie 2014/65/EU). *[1]* Eine Wertpapierfirma hat in Bezug auf jeden von einem Kunden erteilten Erstauftrag sowie in Bezug auf jede getroffene erste Handelsentscheidung unverzüglich zumindest die in Anhang IV Abschnitt 1 zu dieser Verordnung aufgeführten Einzelheiten festzuhalten und der zuständigen Behörde zur Verfügung zu halten, sofern diese für den betreffenden Auftrag bzw. die betreffende Handelsentscheidung gelten.

*[2]* Sind die in Anhang IV Abschnitt 1 zu dieser Verordnung aufgeführten Einzelheiten auch laut den Artikeln 25 und 26 der Verordnung (EU) Nr. 600/2014[2] vorgeschrieben, sollten diese Einzelheiten einheitlich und gemäß denselben Standards geführt werden, die auch laut den Artikeln 25 und 26 der Verordnung (EU) Nr. 600/2014 vorgeschrieben sind.

## Art. 75 Aufbewahrung von Aufzeichnungen über Geschäfte und Auftragsabwicklungen
(Artikel 16 Absatz 6 der Richtlinie 2014/65/EU). *[1]* Die Wertpapierfirmen

---

[1] Nr. 1.
[2] Nr. 2.
[3] Nr. 11.

müssen unverzüglich nach dem Erhalt eines Kundenauftrags oder dem Fällen einer Handelsentscheidung – sofern dies auf den betreffenden Auftrag bzw. die betreffende Handelsentscheidung zutrifft – zumindest die in Anhang IV Abschnitt 2 aufgeführten Einzelheiten festhalten und der zuständigen Behörde zur Verfügung halten.

*[2]* Sind die in Anhang IV Abschnitt 2 aufgeführten Einzelheiten auch laut den Artikeln 25 und 26 der Verordnung (EU) Nr. 600/2014[1] vorgeschrieben, so werden diese Einzelheiten einheitlich und gemäß denselben Standards geführt, die auch laut den Artikeln 25 und 26 der Verordnung (EU) Nr. 600/2014 vorgeschrieben sind.

### Art. 76 Aufzeichnung von Telefongesprächen bzw. elektronischer Kommunikation

(Artikel 16 Absatz 7 der Richtlinie 2014/65/EU). (1) [1] Die Wertpapierfirmen müssen in schriftlicher Form wirksame Grundsätze für Aufzeichnungen über Telefongespräche und elektronische Kommunikation festlegen, umsetzen und aufrechterhalten und dabei der Größe und Organisation der jeweiligen Firma sowie der Art, des Umfangs und der Komplexität ihrer Geschäfte angemessen Rechnung tragen. [2] Die Grundsätze umfassen folgende Inhalte:

a) Angaben zu den Telefongesprächen und der elektronischen Kommunikation, was auch relevante interne Telefongespräche und elektronische Kommunikation mit einschließt, für die die Aufzeichnungsanforderungen laut Artikel 16 Absatz 7 der Richtlinie 2014/65/EU[2] gelten; und

b) nähere Angaben zu den einzuhaltenden Verfahren und zu ergreifenden Maßnahmen, sodass sichergestellt wird, dass die Wertpapierfirma Artikel 16 Absatz 7 Unterabsätze 3 und 8 der Richtlinie 2014/65/EU erfüllt, sofern sich außergewöhnliche Umstände ergeben und die Firma nicht in der Lage ist, das Gespräch bzw. die Kommunikation auf von der Firma ausgegebenen, genehmigten bzw. zugelassenen Geräten aufzuzeichnen. Über diese Umstände werden Belege aufbewahrt, auf die die zuständigen Behörden zugreifen können.

(2) Die Wertpapierfirmen stellen sicher, dass das Leitungsorgan eine wirksame Aufsicht und Kontrolle der Strategien und Verfahren hinsichtlich der Aufzeichnungen der Wertpapierfirma über Telefongespräche und elektronische Kommunikation gewährleisten kann.

(3) [1] Die Wertpapierfirmen stellen sicher, dass die Bestimmungen über die Einhaltung der Aufzeichnungsanforderungen technologieneutral sind. [2] Die Wertpapierfirmen nehmen periodische Beurteilungen hinsichtlich der Wirksamkeit ihrer Strategien und Verfahren vor und übernehmen alle erforderlichen und zweckdienlichen alternativen oder zusätzlichen Maßnahmen und Verfahren. [3] Diese Übernahme alternativer bzw. zusätzlicher Maßnahmen erfolgt zumindest immer dann, wenn die Wertpapierfirma ein neues Kommunikationsmittel genehmigt oder zur Nutzung zulässt.

(4) Die Wertpapierfirmen führen und aktualisieren regelmäßig Aufzeichnung über alle Personen, die über Firmengeräte oder sich in Privatbesitz befindliche Geräte verfügen, die von der Wertpapierfirma zur Nutzung zugelassen wurden.

---

[1] Nr. 2.
[2] Nr. 1.

(5) Die Wertpapierfirmen sind für die Aus- und Weiterbildung ihrer Mitarbeiter in Bezug auf Verfahren verantwortlich, die unter die Vorschriften von Artikel 16 Absatz 7 der Richtlinie 2014/65/EU fallen.

(6) ¹Um die Einhaltung der Aufzeichnungs- und Aufbewahrungsanforderungen laut Artikel 16 Absatz 7 der Richtlinie 2014/65/EU zu überprüfen, kontrollieren die Wertpapierfirmen regelmäßig die diesen Anforderungen unterliegenden Geschäfts- und Auftragsaufzeichnungen, was auch entsprechende Gespräche mit einschließt. ²Diese Überprüfung erfolgt risikobasiert und verhältnismäßig.

(7) Die Wertpapierfirmen legen den betreffenden zuständigen Behörden die Strategien, die Verfahren sowie die Aufsicht des Leitungsorgans über die Aufzeichnungsvorschriften auf Anfrage schlüssig dar.

(8) *[1]* Bevor Wertpapierfirmen Wertpapierdienstleistungen und -tätigkeiten in Bezug auf die Annahme, Weiterleitung und Ausführung von Aufträgen für Neu- und Altkunden vornehmen, teilen Sie dem Kunden Folgendes mit:

a) dass die Gespräche und Kommunikationen aufgezeichnet werden; und

b) dass eine Kopie der Aufzeichnungen über diese Gespräche und Kommunikation mit dem Kunden auf Anfrage über einen Zeitraum von fünf Jahren und – sofern seitens der zuständigen Behörde gewünscht – über einen Zeitraum von sieben Jahren zur Verfügung stehen werden.

*[2]* Die in Unterabsatz 1 genannten Informationen werden in der- bzw. denselben Sprache(n) präsentiert, die auch bei der Erbringung von Wertpapierdienstleistungen gegenüber Kunden verwendet wird/werden.

(9) ¹Die Wertpapierfirmen zeichnen auf einem dauerhaften Datenträger alle relevanten Informationen in Bezug auf maßgebliche persönliche Kundengespräche auf. ²Die aufgezeichneten Informationen müssen mindestens Folgendes umfassen:

a) Datum und Uhrzeit der Besprechungen;

b) Ort der Besprechungen;

c) persönliche Angaben der Anwesenden;

d) Initiator der Besprechungen; und

e) wichtige Informationen über den Kundenauftrag, wie u.a. Preis, Umfang, Auftragsart und Zeitpunkt der vorzunehmenden Weiterleitung bzw. Ausführung.

(10) *[1]* Die Aufzeichnungen werden auf einem dauerhaften Datenträger gespeichert, sodass sie erneut abgespielt oder kopiert werden können, und müssen in einem Format aufbewahrt werden, durch das die Originalaufzeichnung weder verändert noch gelöscht werden kann.

*[2]* Die Aufzeichnungen werden auf einem Datenträger gespeichert, sodass sie für die Kunden auf Wunsch leicht zugänglich und verfügbar sind.

*[3]* Die Wertpapierfirmen stellen die Qualität, Genauigkeit und Vollständigkeit der Aufzeichnungen aller Telefongespräche sowie der gesamten elektronischen Kommunikation sicher.

(11) Der Aufbewahrungszeitraum für eine Aufzeichnung beginnt mit ihrem Erstellungszeitpunkt.

## Abschnitt 9. KMU-Wachstumsmärkte

### Art. 77 Qualifizierung als ein KMU
(Artikel 4 Absatz 1 Nummer 13 der Richtlinie 2014/65/EU). (1) Ein Emittent, dessen Aktien erst seit weniger als drei Jahren zum Handel zugelassen sind, gilt im Sinne von Artikel 33 Absatz 3 Buchstabe a der Richtlinie 2014/65/EU[1]) als ein KMU, wenn seine Marktkapitalisierung aufgrund einer der nachstehenden Punkte weniger als 200 Millionen EUR beträgt:

a) dem Aktienschlusskurs am ersten Handelstag, wenn seine Aktien erst seit weniger als einem Jahr zum Handel zugelassen sind;

b) dem letzten Aktienschlusskurs im ersten Handelsjahr, wenn seine Aktien seit mehr als einem Jahr, aber weniger als zwei Jahren zum Handel zugelassen sind;

c) dem Durchschnittswert der letzten Aktienschlusskurse in jedem der ersten beiden Handelsjahre, wenn seine Aktien seit mehr als zwei Jahren, aber weniger als drei Jahren zum Handel zugelassen sind.

(2) Emittenten, von denen keine Eigenkapitalinstrumente an einem Handelsplatz gehandelt werden, werden als KMU im Sinne von Artikel 4 Absatz 1 Ziffer 13 der Richtlinie 2014/65/EU betrachtet, wenn der Nennwert ihrer im vorangegangenen Kalenderjahr an allen Handelsplätzen in der Union getätigten Anleiheemissionen 50 Mio. EUR nicht übersteigt.

### Art. 78 Registrierung als ein KMU-Wachstumsmarkt
(Artikel 33 Absatz 3 der Richtlinie 2014/65/EU). (1) *[1]* ¹Bei der Festlegung, ob es sich bei mindestens 50 % der Emittenten, die zum Handel über ein MTF zugelassen sind, im Sinne einer Registrierung als ein KMU-Wachstumsmarkt gemäß Artikel 33 Absatz 3 Buchstabe a der Richtlinie 2014/65/EU[1]) um KMU handelt, berechnet die zuständige Behörde des Herkunftsmitgliedstaats des Betreibers eines MTF das Durchschnittsverhältnis der KMU gegenüber der Gesamtanzahl derjenigen Emittenten, deren Finanzinstrumente auf diesem Markt zum Handel zugelassen sind. ²Das Durchschnittsverhältnis berechnet sich zum 31. Dezember des vorausgehenden Kalenderjahres als Durchschnitt der zwölf Verhältnisse zum jeweiligen Monatsende dieses Kalenderjahres.

*[2]* Unbeschadet der anderen in Artikel 33 Absatz 3 Buchstaben b bis g der Richtlinie 2014/65/EU genannten Registrierungsvoraussetzungen registriert die zuständige Behörde einen Antragsteller, der über keine Vorgeschichte als Betreiber verfügt, als KMU-Wachstumsmarkt und überprüft nach dem Ablauf von drei Kalenderjahren, dass dies dem gemäß Unterabsatz 1 festgelegten Mindestanteil an KMU entspricht.

(2) *[1]* Hinsichtlich der in Artikel 33 Absatz 3 Buchstaben b, c, d und f der Richtlinie 2014/65/EU aufgeführten Kriterien darf die zuständige Behörde des Herkunftsmitgliedstaats des Betreibers eines MTF das MTF nur als einen KMU-Wachstumsmarkt registrieren, wenn sie davon überzeugt ist, dass das MTF

a) Regeln verabschiedet hat und anwendet, die objektive, transparente Kriterien für die ursprüngliche und laufende Zulassung von Emittenten zum Handel auf ihrem Handelsplatz vorsehen;

---
[1]) Nr. 1.

b) über ein Geschäftsmodell verfügt, das für die Wahrnehmung seiner Aufgaben geeignet ist und einen fairen, ordnungsgemäßen Handel in den zum Handel auf seinem Handelsplatz zugelassenen Finanzinstrumenten gewährleistet;

c) Regeln verabschiedet hat und anwendet, denen zufolge Emittenten, die eine Zulassung ihrer Finanzinstrumente zum Handel auf dem MTF beantragen, im Falle, dass die Richtlinie 2003/71/EG keine Anwendung findet, ein angemessenes Zulassungsdokument veröffentlichen, das unter der Verantwortung des Emittenten erstellt wurde und aus dem eindeutig hervorgeht, ob das Zulassungsdokument gebilligt oder geprüft wurde oder nicht und durch wen die Billigung oder Prüfung erfolgte;

d) Regeln verabschiedet hat und anwendet, denen zufolge das Zulassungsdokument nach Buchstabe c einen Mindestinhalt hat, der den Anlegern ausreichende Informationen bietet, um sich ein fundiertes Urteil über die Finanzlage und die Zukunftsaussichten des Emittenten und über mit seinen Wertpapieren verbundene Rechte machen zu können;

e) von Emittenten verlangt, im Zulassungsdokument nach Buchstabe c anzugeben, ob ihr Geschäftskapital ihrer Ansicht nach für die derzeitigen Anforderungen ausreichend ist oder, falls dies nicht der Fall ist, wie sie beabsichtigen, sich das zusätzlich erforderliche Geschäftskapital zu beschaffen;

f) Vorkehrungen dafür getroffen hat, dass das Zulassungsdokument nach Buchstabe c Gegenstand einer angemessenen Überprüfung im Hinblick auf seine Vollständigkeit, Kohärenz und Verständlichkeit ist;

g) von Emittenten, deren Wertpapiere an seinem Handelsplatz gehandelt werden, verlangt, innerhalb von sechs Monaten nach Ende jeden Geschäftsjahrs einen Jahresfinanzbericht und innerhalb von vier Monaten nach Ablauf der ersten sechs Monate jedes Geschäftsjahres einen Halbjahresfinanzbericht zu veröffentlichen;

h) die Verbreitung von gemäß der Richtlinie 2003/71/EG erstellten Prospekten, den in Buchstabe c genannten Zulassungsdokumenten, den in Buchstabe g genannten Finanzberichten sowie den in Artikel 7 Absatz 1 der Verordnung (EU) Nr. 594/2014 definierten Informationen, die von Emittenten öffentlich bekannt gegeben wurden, deren Wertpapiere auf seinem Handelsplatz gehandelt werden, in der Öffentlichkeit sicherstellt, indem es sie auf seiner Website einstellt oder einen direkten Link zur entsprechenden Seite der Website der Emittenten angibt, auf der diese Dokumente, Berichte und Informationen veröffentlicht werden;

i) sicherstellt, dass die in Buchstabe h genannten vorgeschriebenen Informationen sowie die direkten Links über einen Zeitraum von mindestens fünf Jahren auf seiner Website verfügbar bleiben;

j) von den Emittenten, die ihre Aktien erstmals zum Handel an seinem Handelsplatz zulassen lassen wollen, die Zuweisung eines Mindestanteils ihrer umlaufenden Aktien zum Handel über das MTF entsprechend einem vom Betreiber des MTF festzulegenden Schwellenwert, der entweder als absoluter Wert oder als Prozentsatz am gesamten ausgegebenen Aktienkapital ausgedrückt ist, verlangt.

[2] ¹Der Betreiber eines MTF kann Emittenten, von denen keine Eigenkapitalinstrumente über das MTF gehandelt werden, von der in Unterabsatz 1 Buchstabe g genannten Verpflichtung, Halbjahresfinanzberichte zu veröffentlichen, befreien. ²Übt der Betreiber eines MTF die Option gemäß Satz 1 dieses

Unterabsatzes aus, darf die zuständige Behörde für die Zwecke von Unterabsatz 1 Buchstabe g nicht verlangen, dass Emittenten, von denen keine Eigenkapitalinstrumente über das MTF gehandelt werden, Halbjahresfinanzberichte veröffentlichen.

### Art. 79 Aufhebung der Registrierung als KMU-Wachstumsmarkt
(Artikel 33 Absatz 3 der Richtlinie 2014/65/EU). (1) In Bezug auf den Anteil der KMU und unbeschadet der sonstigen Bedingungen nach Artikel 33 Absatz 3 Buchstaben b bis g der Richtlinie 2014/65/EU[1] und Artikel 78 Absatz 2 dieser Verordnung wird die Registrierung als KMU-Wachstumsmarkt von der zuständigen Behörde des Herkunftsmitgliedstaats nur aufgehoben, wenn der gemäß Artikel 78 Absatz 1 Unterabsatz 1 ermittelte Anteil der KMU während drei aufeinander folgenden Kalenderjahren unter 50 % fällt.

(2) In Bezug auf die in Artikel 33 Absatz 3 Buchstaben b bis g der Richtlinie 2014/65/EU und in Artikel 78 Absatz 2 dieser Verordnung genannten Bedingungen wird die Registrierung des Betreibers eines KMU-Wachstumsmarkts von der zuständigen Behörde seines Herkunftsmitgliedstaats nur aufgehoben, wenn diese Bedingungen nicht mehr erfüllt sind.

### Kapitel IV. Betriebliche Verpflichtungen für Handelsplätze

### Art. 80 Umstände, die erheblichen Schaden für die Interessen der Anleger und das ordnungsgemäße Funktionieren des Marktes darstellen
(Artikel 32 Absatz 1, Artikel 32 Absatz 2 und Artikel 52 Absätze 1 und 2 der Richtlinie 2014/65/EU). (1) Für die Zwecke von Artikel 32 Absatz 1, Artikel 32 Absatz 2 und Artikel 52 Absätze 1 und 2 der Richtlinie 2014/65/EU[1] wird mindestens unter folgenden Umständen davon ausgegangen, dass Anlegerinteressen oder das ordnungsgemäße Funktionieren des Marktes durch die Aussetzung des Handels oder den Ausschluss eines Finanzinstruments vom Handel erheblich geschädigt werden könnten:

a) wenn dies zu einem Systemrisiko führen würde, durch das die finanzielle Stabilität untergraben wird, falls es beispielsweise erforderlich ist, eine dominante Marktstellung abzuwickeln, oder Ausgleichsverpflichtungen in erheblichen Mengen nicht erfüllt würden;

b) wenn es erforderlich ist, den Handel auf diesem Markt fortzusetzen, um kritische Risikomanagement-Aufgaben nach dem Handel wahrzunehmen, falls es aufgrund des Ausfalls eines Clearingmitglieds laut den Verfahren bei Ausfällen einer zentralen Gegenpartei notwendig wird, die Abwicklung von Finanzinstrumenten vorzunehmen, und eine zentrale Gegenpartei infolge der Unmöglichkeit, Einschussanforderungen zu berechnen, unzumutbaren Risiken ausgesetzt wäre;

c) wenn die finanzielle Tragfähigkeit des Emittenten bedroht wäre, falls er beispielsweise an einem Firmengeschäft oder an einer Kapitalaufnahme beteiligt ist.

(2) Zur Feststellung, ob eine Aussetzung des Handels oder der Ausschluss vom Handel in einem bestimmten Fall Anlegerinteressen oder das ordnungs-

---

[1] Nr. 1.

gemäße Funktionieren des Marktes wahrscheinlich erheblich schädigen werden, prüft die zuständige nationale Behörde, ein Marktbetreiber, der einen geregelten Markt betreibt, eine Wertpapierfirma oder ein Marktbetreiber von MTF oder OTF alle relevanten Faktoren, darunter:

a) die Relevanz des Marktes in puncto Liquidität, wenn die Folgen der Maßnahmen voraussichtlich erheblicher ausfallen, falls diese Märkte in puncto Liquidität relevanter sind als andere Märkte;

b) die Art der geplanten Maßnahme, wenn Maßnahmen mit nachhaltigen oder langfristigen Auswirkungen auf das Vermögen der Anleger, mit einem Finanzinstrument auf Handelsplätzen zu handeln, wie beispielsweise Ausschlüsse, vermutlich größere Auswirkungen auf die Anleger haben als andere Maßnahmen;

c) die Folgewirkungen einer Aussetzung oder eines Ausschlusses ausreichend damit verbundener Derivate, Indizes oder Referenzwerte, für die das ausgeschlossene bzw. ausgesetzte Finanzinstrument als Basiswert oder Bestandteil herangezogen wird;

d) die Auswirkungen einer Aussetzung auf die Interessen der Endverbraucher des Marktes, bei denen es sich nicht um finanzielle Gegenparteien handelt, wie beispielsweise Unternehmen, die mit Finanzinstrumenten handeln, um Geschäftsrisiken abzusichern.

(3) Die in Absatz 2 genannten Faktoren sind auch zu berücksichtigen, wenn eine zuständige nationale Behörde, ein Marktbetreiber, der einen geregelten Markt betreibt, eine Wertpapierfirma oder ein Marktbetreiber von MTF oder OTF aufgrund von Umständen, die nicht in Absatz 1 genannt sind, beschließt, von einer Aussetzung oder dem Ausschluss eines Finanzinstruments vom Handel abzusehen.

### Art. 81 Umstände, unter denen in Bezug auf ein Finanzinstrument schwerwiegende Verstöße gegen die Regeln eines Handelsplatzes oder marktstörende Handelsbedingungen bzw. Systemunterbrechungen angenommen werden können
(Artikel 31 Absatz 2 und Artikel 54 Absatz 2 der Richtlinie 2014/65/EU).

(1) Bei der Beurteilung dahin gehend, ob die Pflicht zur unverzüglichen Inkenntnissetzung der eigenen zuständigen Behörden über schwerwiegende Verstöße gegen die Regeln ihres Handelsplatzes, marktstörende Handelsbedingungen oder Systemstörungen in Bezug auf ein Finanzinstrument Anwendung findet, müssen die Betreiber von Handelsplätzen die in Anhang III Abschnitt A dieser Verordnung aufgeführten Signale beachten.

(2) Informationen sind nur im Falle bedeutender Ereignisse erforderlich, durch die die Rolle und Aufgabe von Handelsplätzen als Teil der Finanzmarktinfrastruktur beeinträchtigt werden könnten.

### Art. 82 Umstände, unter denen eine Verhaltensweise angenommen werden kann, die auf eine laut der Verordnung (EU) Nr. 596/2014 verbotene Tätigkeit hindeutet
(Artikel 31 Absatz 2 und Artikel 54 Absatz 2 der Richtlinie 2014/65/EU).

(1) Bei der Beurteilung dahin gehend, ob die Pflicht zur unverzüglichen Inkenntnissetzung der eigenen zuständigen Behörden über eine Verhaltens-

weise, die auf eine laut der Verordnung (EU) Nr. 596/2014[1]) verbotene Tätigkeit hindeuten kann, Anwendung findet, müssen die Betreiber von Handelsplätzen die in Anhang III Abschnitt B dieser Verordnung aufgeführten Signale beachten.

(2) [1] Der Betreiber eines Handelsplatzes bzw. mehrerer Handelsplätze, auf dem/denen ein Finanzinstrument und/oder ein damit verbundenes Finanzinstrument gehandelt wird, müssen einen verhältnismäßigen Ansatz verfolgen und sich ein Urteil zu den ausgelösten Signalen bilden, was auch maßgebliche Signale mit einschließt, die in Anhang III Abschnitt B dieser Verordnung nicht spezifisch aufgeführt sind, bevor der die betreffende zuständige nationale Behörde informiert. [2] Hierbei ist Folgendes zu berücksichtigen:

a) Abweichungen vom üblichen Handelsmuster der Finanzinstrumente, die auf seinem Handelsplatz zum Handel zugelassenen sind oder dort gehandelt werden; und

b) die dem Betreiber verfügbaren bzw. zugänglichen Informationen, wobei es keine Rolle spielt, ob es sich um interne Informationen handelt, die Teil der Transaktionen des Handelsplatzes sind, oder um öffentlich verfügbare Informationen.

(3) Der Betreiber eines Handelsplatzes bzw. mehrerer Handelsplätze muss Front-Running-Verhaltensweisen Rechnung tragen, die darin bestehen, dass ein Marktmitglied oder -teilnehmer seinem Kunden zuvorkommt und auf eigene Rechnung handelt, wobei er die Auftragsbuchdaten heranzuziehen hat, die laut Artikel 25 der Verordnung (EU) Nr. 600/2014[2]) vom Handelsplatz aufgezeichnet werden müssen, insbesondere die Daten über die Art und Weise, in der das Marktmitglied oder der Marktteilnehmer seiner Handelstätigkeit nachgeht.

## Kapitel V. Positionsmeldungen bei Warenderivaten

### Art. 83 Positionsmeldungen

(Artikel 58 Absatz 1 der Richtlinie 2014/65/EU). (1) *[1]* Für die Zwecke der wöchentlichen Berichte gemäß Artikel 58 Absatz 1 Buchstabe a der Richtlinie 2014/65/EU[3]) gilt für einen Handelsplatz die Verpflichtung, diesen Bericht zu veröffentlichen, wenn beide der folgenden Schwellenwerte erreicht sind:

a) bei einem bestimmten Kontrakt gibt es auf einem bestimmten Handelsplatz 20 Inhaber offener Positionen; und

b) der absolute Betrag des Bruttovolumens der Long- und Shortpositionen aller offenen Kontraktpositionen, ausgedrückt in der Anzahl der Handelseinheiten des betreffenden Warenderivats, übersteigt das Vierfache der lieferbaren Menge desselben Warenderivats, ausgedrückt in der Anzahl der Handelseinheiten.

*[2]* Bei Warenderivaten ohne einen physisch lieferbaren Basiswert sowie bei Emissionszertifikaten und Derivaten derselben gilt Buchstabe b nicht.

---
[1]) Nr. 11.
[2]) Nr. 2.
[3]) Nr. 1.

(2) Der in Absatz 1 Buchstabe a angegebene Schwellenwert gilt aggregiert unter Zugrundelegung aller Personenkategorien, wobei die Anzahl der Positionsinhaber aus einer einzelnen Personenkategorie irrelevant ist.

(3) Bei Kontrakten mit weniger als fünf Positionsinhabern, die in einer bestimmten Personenkategorie aktiv sind, wird die Anzahl der Positionsinhaber aus dieser Kategorie nicht veröffentlicht.

(4) Bei Kontrakten, bei denen die in Absatz 1 Buchstaben a und b aufgeführten Voraussetzungen zum ersten Mal erfüllt sind, veröffentlichen die Handelsplätze den ersten wöchentlichen Bericht der Kontrakte, sobald dies praktisch machbar ist, in jedem Fall jedoch spätestens drei Wochen nach dem Zeitpunkt, an dem die Schwellenwerte zum ersten Mal erreicht werden.

(5) ¹Werden die in Absatz 1 Buchstaben a und b aufgeführten Voraussetzungen nicht mehr erfüllt, fahren die Handelsplätze mit der Veröffentlichung der wöchentlichen Berichte noch drei Monate lang fort. ²Die Pflicht zur Veröffentlichung des wöchentlichen Berichts besteht nicht mehr, wenn die in Absatz 1 Buchstaben a und b aufgeführten Voraussetzungen bis zum Ablauf dieses Zeitraums nicht mehr durchgängig erfüllt wurden.

## Kapitel VI. Datenlieferpflichten für Datenbereitstellungsdienstleister

**Art. 84** Verpflichtung, Marktdaten zu angemessenen kaufmännischen Bedingungen bereitzustellen
(Artikel 64 Absatz 1 und Artikel 65 Absatz 1 der Richtlinie 2014/65/EU).

(1) Genehmigte Veröffentlichungssysteme (APA) und Bereitsteller konsolidierter Datenträger (CTP) erfüllen für die Zwecke der öffentlichen Verfügbarmachung von Marktdaten mit den in den Artikeln 6, 20 und 21 der Verordnung (EU) Nr. 600/2014[1] genannten Angaben zu angemessenen kaufmännischen Bedingungen gemäß Artikel 64 Absatz 1 und Artikel 65 Absatz 1 der Richtlinie 2014/65/EU[2] die Verpflichtungen gemäß den Artikeln 85 bis 89.

(2) Artikel 85, Artikel 86 Absatz 2, Artikel 87, Artikel 88 Absatz 2 und Artikel 89 gelten nicht für APA oder CTP, die der Öffentlichkeit Marktdaten kostenlos bereitstellen.

**Art. 85** Kostenbasierte Bereitstellung von Marktdaten
(Artikel 64 Absatz 1 und Artikel 65 Absatz 1 der Richtlinie 2014/65/EU).

(1) Der Preis von Marktdaten richtet sich nach den Kosten, die bei der Erarbeitung und Verbreitung dieser Daten anfallen, und kann auch eine angemessene Preisspanne beinhalten.

(2) Die Kosten für die Erarbeitung und Verbreitung von Marktdaten können einen angemessenen Anteil an gemeinsamen Kosten für andere von APA und CTP erbrachter Dienstleistungen beinhalten.

**Art. 86** Verpflichtung, Marktdaten diskriminierungsfrei bereitzustel-

---
[1] Nr. 2.
[2] Nr. 1.

len
(Artikel 64 Absatz 1 und Artikel 65 Absatz 1 der Richtlinie 2014/65/EU).

(1) APA und CTP stellen allen Kunden, die laut den veröffentlichten objektiven Kriterien in dieselbe Kategorie fallen, Marktdaten zum selben Preis und unter denselben Bestimmungen und Bedingungen zur Verfügung.

(2) Unterschiede bei den den einzelnen Kundenkategorien berechneten Preisen müssen zu dem Wert verhältnismäßig sein, den die Marktdaten für diese Kunden darstellen, wobei Folgendes zu berücksichtigen ist:
a) Umfang und Größenordnung der Marktdaten, einschließlich der Anzahl der betreffenden Finanzinstrumente sowie des Handelsvolumens;
b) Zweck, für den der Kunde die Marktdaten verwendet, wobei auch zu berücksichtigen ist, ob sie für eigene Handelstätigkeiten des Kunden, zum Weiterverkauf oder zur Datenaggregation genutzt werden.

(3) Für die Zwecke von Absatz 1 müssen APA und CTP über skalierbare Kapazitäten verfügen, sodass die Kunden jederzeit diskriminierungsfrei und rechtzeitig Zugang zu Marktdaten erhalten können.

### Art. 87 Nutzerabhängige Gebühren
(Artikel 64 Absatz 1 und Artikel 65 Absatz 1 der Richtlinie 2014/65/EU).

(1) [1] APA und CTP berechnen für die Nutzung von Marktdaten eine bestimmte Gebühr auf der Grundlage der Nutzung durch einzelne Endnutzer („nutzerabhängig"). [2] APA und CTP müssen über Regelungen verfügen, um sicherzustellen, dass jede individuelle Nutzung der Marktdaten lediglich einmalig in Rechnung gestellt wird.

(2) Abweichend von Absatz 1 können APA und CTP auch beschließen, Marktdaten nicht nutzerabhängig bereitzustellen, wenn die Berechnung einer nutzerabhängigen Gebühr hinsichtlich der Kosten für die Bereitstellung der Marktdaten in Anbetracht des Umfangs und der Größenordnung der Marktdaten unverhältnismäßig wäre.

(3) APA bzw. CTP müssen Gründe angeben, warum sie es ablehnen, die Marktdaten nutzerabhängig bereitzustellen, und diese Gründe auf ihrer Website angeben.

### Art. 88 Entbündelung und Disaggregation von Marktdaten
(Artikel 64 Absatz 1 und Artikel 65 Absatz 1 der Richtlinie 2014/65/EU).

(1) APA und CTP stellen Marktdaten bereit, ohne diese an andere Dienstleistungen zu bündeln.

(2) Die Marktdatenpreise werden auf Grundlage der in Artikel 12 Absatz 1 der Verordnung (EU) Nr. 600/2014[1] vorgesehenen und in den Artikeln der Delegierten Verordnung (EU) 2017/572 der Kommission[2] weiter geregelten Marktdatendisaggregation berechnet.

---

[1] Nr. 2.
[2] **Amtl. Anm.:** Delegierte Verordnung (EU) 2017/572 vom 2. Juni 2016 zur Ergänzung der Verordnung (EU) Nr. 600/2014 des Europäischen Parlaments und des Rates im Hinblick auf technische Regulierungsstandards für die Festlegung der angebotenen Vor- und Nachhandelsdaten und des Disaggregationsniveaus der Daten (siehe Seite 142 dieses Amtsblatts).

**Art. 89 Transparenzpflicht**
(Artikel 64 Absatz 1 und Artikel 65 Absatz 1 der Richtlinie 2014/65/EU).

(1) APA und CTP müssen den Preis sowie andere Bestimmungen und Bedingungen für die Bereitstellung der Marktdaten der Öffentlichkeit so offenlegen und leicht zugänglich machen, dass sich einfach auf sie zugreifen lässt.

(2) Die Offenlegung umfasst Folgendes:
a) aktuelle Preislisten mit folgenden Angaben:
   i) Gebühren pro Anzeigenutzer;
   ii) anzeigeunabhängige Gebühren;
   iii) Rabattpolitik;
   iv) Gebühren im Zusammenhang mit Lizenzbedingungen;
   v) Gebühren für Vor- und Nachhandelsmarktdaten;
   vi) Gebühren für andere Teilgruppen von Informationen, einschließlich der gemäß den technischen Regulierungsstandards nach Artikel 12 Absatz 2 der Verordnung (EU) Nr. 600/2014[1] erforderlichen Informationen;
   vii) andere Vertragsbestimmungen und -bedingungen;
b) vorherige Offenlegung mit einer mindestens 90-tägigen Vorankündigung künftiger Preisänderungen;
c) Informationen über den Inhalt der Marktdaten, einschließlich folgender Angaben:
   i) Anzahl der betreffenden Finanzinstrumente;
   ii) Gesamtumsatz der betreffenden Finanzinstrumente;
   iii) Verhältnis zwischen Vor- und Nachhandelsmarktdaten;
   iv) Informationen zu allen Daten, die zusätzlich zu den Marktdaten bereitgestellt werden;
   v) Datum der letzten Anpassung der Lizenzgebühren für bereitgestellte Marktdaten;
d) durch die Bereitstellung der Marktdaten erzielten Einnahmen und Anteil dieser Einnahmen im Vergleich zu den Gesamteinnahmen des APA bzw. CTP;
e) Angaben darüber, wie der Preis zwischen der Erarbeitung und der Verbreitung der Marktdaten sowie anderer von APA und CTP erbrachter Dienstleistungen festgesetzt wurde, was auch die angewandten Kostenrechnungsmethoden sowie Informationen zu den konkreten Grundsätzen mit einschließt, nach denen direkte und variable gemeinsame Kosten aufgeteilt und feste gemeinsame Kosten umgelegt werden.

## Kapitel VII. Zuständige Behörden und Schlussbestimmungen

**Art. 90 Bestimmung der wesentlichen Bedeutung der Geschäfte eines Handelsplatzes in einem Aufnahmemitgliedstaat**
(Artikel 79 Absatz 2 der Richtlinie 2014/65/EU). (1) Die Geschäfte eines geregelten Marktes in einem Aufnahmemitgliedstaat werden als von wesentlicher Bedeutung für das Funktionieren der Wertpapiermärkte und den Anleger-

---

[1] Nr. 2.

schutz in diesem Aufnahmemitgliedstaat angesehen, wenn mindestens eines der nachfolgend genannten Kriterien erfüllt ist:

a) der Aufnahmemitgliedstaat war früher der Herkunftsmitgliedstaat des besagten geregelten Marktes;

b) der besagte geregelte Markt hat durch eine Fusion, eine Übernahme oder eine andere Form von Übertragung ganz oder teilweise das Geschäft eines regulierten Marktes erworben, welches zuvor von einem Marktbetreiber betrieben wurde, der seinen Sitz oder seine Hauptverwaltung in diesem Aufnahmemitgliedstaat hatte.

(2) Die Geschäfte eines MTF oder OTF in einem Aufnahmemitgliedstaat werden als von wesentlicher Bedeutung für das Funktionieren der Wertpapiermärkte und den Anlegerschutz in diesem Aufnahmemitgliedstaat angesehen, wenn mindestens eines der in Absatz 1 aufgeführten Kriterien im Hinblick auf dieses MTF bzw. OTF erfüllt ist sowie mindestens eines der nachfolgend genannten Kriterien erfüllt ist:

a) Bevor im Hinblick auf das MTF bzw. OTF eine der in Absatz 1 genannten Situationen eingetreten ist, hatte der Handelsplatz mit Blick auf den Gesamtumsatz in monetärer Hinsicht beim Handel auf Handelsplätzen sowie beim Handel systematischer Internalisierer in diesem Aufnahmemitgliedstaat bei mindestens einer Aktienklasse, die den Transparenzpflichten der Verordnung (EU) Nr. 600/2014[1] unterliegt, einen Marktanteil von mindestens 10 % des Handels;

b) das MTF bzw. OTF ist als ein KMU-Wachstumsmarkt registriert.

## Kapitel VIII. Schlussbestimmungen

**Art. 91 Inkrafttreten und Anwendung.** *[1]* Diese Verordnung tritt am zwanzigsten Tag nach ihrer Veröffentlichung[2] im *Amtsblatt der Europäischen Union* in Kraft.

*[2]* Sie gilt ab dem 3. Januar 2018.

Diese Verordnung ist in allen ihren Teilen verbindlich und gilt unmittelbar in jedem Mitgliedstaat.

---

[1] Nr. 2.
[2] Veröffentlicht am 31.3.2017.

## Anhang I.
## Aufzeichnungen

Liste der Aufzeichnungen, die abhängig von der Art ihrer Tätigkeiten von Wertpapierfirmen aufbewahrt werden müssen

| Art der Verpflichtung | Art der Aufzeichnung | Zusammenfassung des Inhalts | Rechtlicher Bezug |
|---|---|---|---|
| **Kundeneinschätzung** | | | |
| | Informationen für Kunden | Inhalt nach Maßgabe des Artikels 24 Absatz 4 der Richtlinie 2014/65/EU[1] und der Artikel 39 bis 45 dieser Verordnung | Artikel 24 Absatz 4 MIFID II<br>Artikel 39 bis 45 dieser Verordnung |
| | Kundenverträge | Aufzeichnungen nach Maßgabe von Artikel 25 Absatz 5 der Richtlinie 2014/65/EU | Artikel 25 Absatz 5 MIFID II<br>Artikel 53 dieser Verordnung |
| | Beurteilung der Geeignetheit und Angemessenheit | Inhalt nach Maßgabe des Artikels 25 Absatz 2 und 25 Absatz 3 der Richtlinie 2014/65/EU und des Artikels 50 dieser Verordnung | Artikel 25 Absatz 2 und 25 Absatz 3 der Richtlinie 2014/65/EU, Artikel 35, 36 und 37 dieser Verordnung |
| **Auftragsabwicklung** | | | |
| | Bearbeitung von Kundenaufträgen – zusammengelegte Geschäfte | Aufzeichnungen nach Maßgabe der Artikel 63 bis 66 dieser Verordnung | Artikel 24 Absatz 1 und Artikel 28 Absatz 1 der Richtlinie 2014/65/EU<br>Artikel 63 bis 66 dieser Verordnung |
| | Zusammenlegung und Zuweisung von Geschäften für eigene Rechnung | Aufzeichnungen nach Maßgabe des Artikels 65 dieser Verordnung | Artikel 28 Absatz 1 und Artikel 24 Absatz 1 der Richtlinie 2014/65/EU<br>Artikel 65 dieser Verordnung |
| **Kundenaufträge und -geschäfte** | | | |
| | Aufzeichnung von Kundenaufträgen oder Handelsentscheidung | Aufzeichnungen nach Maßgabe des Artikels 69 dieser Verordnung | Artikel 16 Absatz 6 der Richtlinie 2014/65/EU<br>Artikel 69 dieser Verordnung |
| | Aufzeichnung von Geschäften und Auftragsabwicklung | Aufzeichnungen nach Maßgabe des Artikels 70 dieser Verordnung | Artikel 16 Absatz 6 der Richtlinie 2014/65/EU, Artikel 70 dieser Verordnung |
| **Berichtspflichten gegenüber den Kunden** | | | |
| | Verpflichtungen hinsichtlich der den Kunden zur Verfügung gestellten Dienstleistungen | Inhalt nach Maßgabe der Artikel 53 bis 58 dieser Verordnung | Artikel 24 Absätze 1 und 6 und Artikel 25 Absätze 1 und 6 der Richtlinie 2014/65/EU<br>Artikel 53 bis 58 dieser Verordnung |
| **Schutz des Kundenvermögens** | | | |
| | Finanzinstrumente des Kunden, die von einer Wertpapierfirma gehalten werden | Aufzeichnungen nach Maßgabe des Artikels 16 Absatz 8 der Richtlinie 2014/65/EU und des Artikels 2 der Delegierten Richtlinie (EU) 2017/593 | Artikel 16 Absatz 8 der Richtlinie 2014/65/EU<br>Artikel 2 der Delegierten Richtlinie (EU) 2017/593 |
| | Gelder des Kunden, die von einer | Aufzeichnungen nach Maßgabe des Artikels 16 Absatz 9 der | Artikel 16 Absatz 9 der Richtlinie 2014/65/EU |

[1] Nr. 1.

| Art der Verpflichtung | Art der Aufzeichnung | Zusammenfassung des Inhalts | Rechtlicher Bezug |
|---|---|---|---|
| | Wertpapierfirma gehalten werden | Richtlinie 2014/65/EU und des Artikels 2 der Delegierten Richtlinie (EU) 2017/593 | Artikel 2 der Delegierten Richtlinie (EU) 2017/593 |
| | Verwendung der Finanzinstrumente von Kunden | Aufzeichnungen nach Maßgabe des Artikels 5 der Delegierten Richtlinie (EU) 2017/593 | Artikel 16 Absätze 8 bis 10 der Richtlinie 2014/65/EU<br>Artikel 5 der Delegierten Richtlinie (EU) 2017/593 |
| **Kommunikation mit Kunden** | | | |
| | Informationen über Kosten und Nebenkosten | Inhalte nach Maßgabe des Artikels 45 dieser Verordnung | Artikel 24 Absatz 4 Buchstabe c der Richtlinie 2014/65/EU, Artikel 45 dieser Verordnung |
| | Informationen über die Wertpapierfirma und ihre Dienstleistungen, Finanzinstrumente und Schutz des Kundenvermögens | Inhalt nach Maßgabe der Artikel dieser Verordnung | Artikel 24 Absatz 4 der Richtlinie 2014/65/EU<br>Artikel 45 und 46 dieser Verordnung |
| | Informationen für Kunden | Kommunikationsaufzeichnungen | Artikel 24 Absatz 3 der Richtlinie 2014/65/EU<br>Artikel 39 dieser Verordnung |
| | Marketingmitteilungen (außer in mündlicher Form) | Jegliche von der Wertpapierfirma ausgehende Marketingmitteilung (außer in mündlicher Form) nach Maßgabe der Artikel 36 und 37 dieser Verordnung | Artikel 24 Absatz 3 der Richtlinie 2014/65/EU<br>Artikel 36 und 37 dieser Verordnung |
| | Anlageberatung für Kleinanleger | i) Der Umstand, die Zeit und das Datum, an dem die Anlageberatung erbracht wurde und ii) das empfohlene Finanzinstrument iii) die dem Kunden zur Verfügung gestellte Geeignetheitserklärung | Artikel 25 Absatz 6 der Richtlinie 2014/65/EU<br>Artikel 54 dieser Verordnung |
| | Finanzanalysen | Jedes von der Wertpapierfirma ausgestellte Element von Finanzanalysen auf einem dauerhaften Datenträger | Artikel 24 Absatz 3 der Richtlinie 2014/65/EU<br>Artikel 36 und 37 dieser Verordnung |
| **Organisatorische Anforderungen** | | | |
| | Die Geschäfts- und interne Organisation der Firma | Aufzeichnungen nach Maßgabe des Artikels 21 Absatz 1 Buchstabe h dieser Verordnung | Artikel 16 Absätze 2 bis 10 der Richtlinie 2014/65/EU<br>Artikel 21 Absatz 1 Buchstabe h dieser Verordnung |
| | Compliance-Berichte | Jeder Compliance-Bericht an die Geschäftsleitung | Artikel 16 Absatz 2 der Richtlinie 2014/65/EU<br>Artikel 22 Absatz 2 Buchstabe b und Artikel 25 Absatz 2 dieser Verordnung |
| | Aufzeichnung über Interessenkonflikte | Aufzeichnungen nach Maßgabe des Artikels 35 dieser Verordnung | Artikel 16 Absatz 3 der Richtlinie 2014/65/EU<br>Artikel 35 dieser Verordnung |
| | Anreize | Übermittlung der Informationen an Kunden nach Maßgabe des Ar- | Artikel 24 Absatz 9 der Richtlinie 2014/65/EU |

| Art der Verpflichtung | Art der Aufzeichnung | Zusammenfassung des Inhalts | Rechtlicher Bezug |
|---|---|---|---|
| | | tikels 24 Absatz 9 der Richtlinie 2014/65/EU | Artikel 11 der Delegierten Richtlinie (EU) 2017/593 |
| | Berichte zum Risikomanagement | Jeder Bericht zum Risikomanagement an die Führungsebene | Artikel 16 Absatz 5 der Richtlinie 2014/65/EU |
| | | | Artikel 23 Absatz 1 Buchstabe b und Artikel 25 Absatz 2 dieser Verordnung |
| | Innenrevisionsberichte | Jeder Innenrevisionsbericht an die Führungsebene | Artikel 16 Absatz 5 der Richtlinie 2014/65/EU |
| | | | Artikel 24 und Artikel 25 Absatz 2 dieser Verordnung |
| | Aufzeichnungen zur Bearbeitung von Beschwerden | Jede Beschwerde und die ergriffenen Maßnahmen zur Bearbeitung der Beschwerde | Artikel 16 Absatz 2 der Richtlinie 2014/65/EU |
| | | | Artikel 26 dieser Verordnung |
| | Aufzeichnungen von persönlichen Geschäften | Aufzeichnungen nach Maßgabe des Artikels 29 Absatz 2 Buchstabe c der Delegierten Verordnung (EU) 2017/ZZZ | Artikel 16 Absatz 2 der Richtlinie 2014/65/EU |
| | | | Artikel 29 Absatz 2 Buchstabe c dieser Verordnung |

## Anhang II.
## Kosten und Gebühren

**Festgestellte Kosten, die einen Teil der den Kunden mitzuteilenden Kosten bilden sollen[1]**

*Tabelle 1* – Alle Kosten und Nebenkosten, die für die Wertpapierdienstleistung(en) und/oder Nebendienstleistungen, die für den Kunden erbracht wurden, in Rechnung gestellt wurden und einen Teil des mitzuteilenden Betrags bilden sollen

| Mitzuteilende Kostenpunkte | | Beispiele: |
|---|---|---|
| **Einmalige Kosten im Zusammenhang mit der Erbringung einer Wertpapierdienstleistung** | Alle Kosten und Gebühren, die der Wertpapierfirma am Anfang und am Ende der erbrachten Wertpapierdienstleistung gezahlt wurden. | Depotgebühr, Kündigungsgebühr und Umstellungskosten[2]. |
| **Fortlaufende Kosten im Zusammenhang mit der Erbringung einer Wertpapierdienstleistung** | Alle fortlaufenden Kosten und Gebühren, die der Wertpapierfirma hinsichtlich der für den Kunden erbrachten Dienstleistungen gezahlt werden. | Verwaltungsgebühren, Beratungshonorar, Depotgebühren. |

[1] **Amtl. Anm.:** Es sollte beachtet werden, dass bestimmte Kostenpunkte in beiden Tabellen erscheinen, aber nicht doppelt vorhanden sind, da sie sich jeweils auf die Kosten des Produkts und die Kosten der Dienstleistung beziehen. Beispiele dafür sind Verwaltungsgebühren (in Tabelle 1 bezieht sich dies auf Verwaltungsgebühren, die von einer Wertpapierfirma, die ihren Kunden Portfoliomanagement als Dienstleistung anbietet, berechnet wird, während es sich in Tabelle 2 auf Verwaltungsgebühren bezieht, die ein Vermögensverwalter seinen Anlegern berechnet) und Maklerprovisionen (in Tabelle 1 wird sich hierbei auf Provisionen bezogen, die einer Wertpapierfirma entstehen, wenn diese im Auftrag ihrer Kunden handelt, während sich Tabelle 2 auf Provisionen bezieht, die von Wertpapierfonds gezahlt werden, wenn im Auftrag des Fonds gehandelt wird).
[2] **Amtl. Anm.:** Die Umstellungskosten sind als Kosten (falls zutreffend) zu verstehen, die den Anlegern entstehen, wenn sie von einer Wertpapierfirma zu einer anderen Wertpapierfirma wechseln.

| Mitzuteilende Kostenpunkte | | Beispiele: |
|---|---|---|
| Alle Kosten im Zusammenhang mit Geschäften, die im Zuge der Erbringung einer Wertpapierdienstleistung eingeleitet wurden | Alle Kosten und Gebühren im Zusammenhang mit Geschäften, die von der Wertpapierfirma oder anderen Parteien ausgeführt wurden. | Maklerprovisionen[1], an den Vermögensverwalter gezahlte Bei- und Austrittsgebühren, Plattformgebühren, Aufschläge (im Transaktionspreis enthalten), Stempelsteuer, Transaktionssteuer und Wechselgebühren. |
| Alle Kosten im Zusammenhang mit Nebendienstleistungen | Alle Kosten und Gebühren im Zusammenhang mit Nebendienstleistungen, die in den oben genannten Kosten nicht enthalten sind. | Forschungskosten. Verwahrungsgebühren. |
| Nebenkosten | | Leistungsprämien |

*Tabelle 2* – Alle Kosten und Nebenkosten im Zusammenhang mit dem Finanzinstrument, welches einen Teil des mitzuteilenden Betrages bilden soll

| Mitzuteilende Kostenpunkte | | Beispiele: |
|---|---|---|
| Einmalige Kosten | Alle Kosten und Gebühren (im Preis des Finanzinstruments enthalten oder zusätzlich zu dessen Preis), die dem Produktlieferanten zu Anfang oder am Ende der Investition in das Finanzinstrument gezahlt werden. | Vorläufige Verwaltungsgebühren, Strukturierungsbeiträge[2], Vertriebsgebühr. |
| Fortlaufende Kosten | Alle fortlaufenden Kosten und Gebühren im Zusammenhang mit der Verwaltung des Finanzprodukts, die während der Investition in das Finanzinstrument vom Wert des Finanzinstruments abgezogen werden. | Verwaltungsgebühren, Dienstleistungskosten, Tauschgebühren, Kosten und Steuern für Wertpapierleihe, Finanzierungskosten. |
| Alle Kosten im Zusammenhang mit den Geschäften | Alle Kosten und Gebühren, die infolge von Erwerb und Veräußerung von Anlagen entstehen. | Maklerprovisionen, vom Fonds gezahlte Bei- und Austrittsgebühren, im Transaktionspreis enthaltene Aufschläge, Stempelsteuer, Transaktionssteuer und Wechselgebühren. |
| Nebenkosten | | Leistungsprämien |

---

[1] **Amtl. Anm.**: Maklerprovisionen sind als Kosten zu verstehen, die von Wertpapierfirmen für die Ausführung von Aufträgen in Rechnung gestellt werden.
[2] **Amtl. Anm.**: Strukturierungsbeiträge sind als Gebühren zu verstehen, die von Herstellern strukturierter Wertpapierprodukte für das Strukturieren der Produkte in Rechnung gestellt werden. Diese können ein breiteres Spektrum an Dienstleistungen des Herstellers abdecken.

## Anhang III.
### Verpflichtung von Betreibern von Handelsplätzen, ihre zuständigen nationalen Behörden unverzüglich zu informieren

**Abschnitt A. Signale, die auf erhebliche Verstöße gegen die Bestimmungen eines Handelsplatzes oder ordnungswidrige Handelsbedingungen oder Systemstörungen in Bezug auf ein Finanzinstrument hinweisen können**

**Erhebliche Verstöße gegen die Bestimmungen eines Handelsplatzes**

1. Marktteilnehmer verstoßen gegen die Bestimmungen des Handelsplatzes, die darauf abzielen die Integrität des Markts, das ordnungsgemäße Funktionieren des Markts oder die wesentlichen Interessen anderer Marktteilnehmer zu schützen; und

2. Ein Handelsplatz erachtet, dass ein Verstoß von ausreichender Schwere oder Wirkung ist, um die Erwägung von Disziplinarmaßnahmen zu rechtfertigen.

**Ordnungswidrige Handelsbedingungen**

3. Der Preisfindungsprozess wird über einen längeren Zeitraum störend beeinflusst;

4. Die Kapazitäten der Handelssysteme werden erreicht oder überschritten;

5. Wertpapierhändler/Liquiditätsgeber behaupten wiederholt, dass Fehlabschlüsse („Mistrades") vorliegen; oder

6. Zusammenbruch oder Ausfall wichtiger Mechanismen nach Artikel 48 der Richtlinie 2014/65/EU[1] und ihrer Durchführungsmaßnahmen, die darauf ausgelegt sind, den Handelsplatz gegen die Risiken algorithmischen Handels zu schützen.

**Systemstörungen**

7. Jede größere Störung oder Zusammenbruch des Systems für den Marktzugang, die/der zur Folge hat, dass Teilnehmer die Möglichkeit verlieren Aufträge zu erteilen, anzupassen oder zu stornieren;

8. Jede größere Störung oder Zusammenbruch des Systems für den Abgleich von Geschäften, die/der zur Folge hat, dass Teilnehmer die Gewissheit über den Stand von abgeschlossenen Geschäften und aktiven Aufträgen verlieren, wie auch die Nichtverfügbarkeit von für den Handel unverzichtbaren Informationen (z.B. Verbreitung von Indexwerten für den Handel von bestimmten Derivaten auf eben jenem Index);

9. Jede größere Störung oder Zusammenbruch des Systems für die Verbreitung von Vor- und Nachhandelstransparenz und anderen relevanten Daten, die von Handelsplätzen in Übereinstimmung mit ihren Verpflichtungen nach Richtlinie 2014/65/EU[1] und Verordnung (EU) Nr. 600/2014[2] veröffentlicht werden;

10. Jede größere Störung oder Zusammenbruch des Systems des Handelsplatzes zur Überwachung und Steuerung von Handelsgeschäften der Marktteilnehmer; und jede größere Störung oder Zusammenbruch des Systems im Bereich der anderen, miteinander verknüpften Dienstleister, insbesondere CCP und Zentralverwahrer, die/der Auswirkungen auf das Handelssystem zur Folge hat.

**Abschnitt B. Signale, die auf missbräuchliches Verhalten im Sinne der Verordnung (EU) Nr. 596/2014[3] hinweisen können**

**Signale für möglichen Insiderhandel oder Marktmanipulation**

1. Ungewöhnliche Konzentration von Geschäften und/oder Aufträgen auf den Handel eines bestimmten Finanzinstruments mit einem Mitglied/Teilnehmer oder zwischen bestimmten Mitgliedern/Teilnehmern

2. Ungewöhnliche Wiederholung eines Geschäfts innerhalb einer kleinen Gruppe von Mitgliedern/Teilnehmern über einen bestimmten Zeitraum.

---

[1] Nr. 1.
[2] Nr. 2.
[3] Nr. 11.

# 13 VO (EU) 2017/565 Anh. III

**Signale für möglichen Insiderhandel**

3. Ungewöhnlicher und erheblicher Handel oder Einreichung von Aufträgen zum Handel eines Finanzinstruments eines Unternehmens durch bestimmte Mitglieder/Teilnehmer vor der Bekanntmachung von wichtigen gesellschaftsrechtlichen Maßnahmen oder von preissensiblen Informationen in Bezug auf das Unternehmen; Handelsaufträge/Geschäfte, die plötzliche und ungewöhnliche Veränderungen für die Menge der Aufträge/Geschäfte und/oder Preise vor öffentlichen Bekanntmachungen bezüglich des betreffenden Finanzinstruments zur Folge haben.

4. Ob von einem Martkmitglied/-teilnehmer Handelsaufträge erteilt oder Geschäfte durchgeführt werden, bevor oder unmittelbar nachdem dieses Mitglied/dieser Teilnehmer oder Personen, von denen öffentlich bekannt ist, dass sie mit diesem Mitglied/diesem Teilnehmer in Verbindung stehen, Analysen oder Wertpapierempfehlungen, die der Öffentlichkeit zugänglich gemacht werden, erstellen oder verbreiten.

**Signale für mögliche Marktmanipulation**

Die Signale, die unten in den Punkten 18 bis 23 beschrieben werden, sind besonders wichtig in einem automatisierten Handelsumfeld.

5. Erteilte Handelsaufträge oder durchgeführte Geschäfte, die einen wesentlichen Teil der täglichen Menge an Geschäften mit dem jeweiligen Finanzinstrument auf dem betreffenden Handelsplatz ausmachen, insbesondere wenn diese Tätigkeiten zu einer erheblichen Veränderung des Preises der Finanzinstrumente führen.

6. Von einem Mitglied/Teilnehmer mit einem deutlichen Kauf- oder Verkaufsinteresse für ein Finanzinstrument erteilte Handelsaufträge oder durchgeführte Geschäfte, die zu erheblichen Veränderungen des Preises des Finanzinstruments auf dem Handelsplatz führen.

7. Erteilte Handelsaufträge oder durchgeführte Geschäfte, die innerhalb eines kurzen Zeitraums während des Handelstags gebündelt werden und zu einer Preisänderung führen, die anschließend umgekehrt wird.

8. Erteilte Handelsaufträge, die die Darstellung der besten Angebotspreise für ein zum Handel zugelassenes oder auf einem Handelsplatz gehandeltes Finanzinstrument ändern, oder allgemeiner die Darstellung die den Marktteilnehmern zu Verfügung stehenden Auftragsbuches, und die vor ihrer Durchführung entfernt werden.

9. Geschäfte oder Handelsaufträge eines Markts/Teilnehmers ohne anderen ersichtlichen Grund als den der Erhöhung/Verringerung des Preises oder des Werts eines Finanzinstruments, oder einer erheblichen Auswirkung auf den Bestand oder die Nachfrage eines Finanzinstruments, und zwar nahe des Referenzpunkts während eines Handelstages, z.B. bei Eröffnung oder Ende.

10. Kauf oder Verkauf eines Finanzinstruments zum Referenzzeitpunkt eines Handelstages (z.B. Eröffnung, Ende, Abwicklung) im Bemühen, den Referenzpreis (z.B. Eröffnungspreis, Schlusskurs, Abrechnungskurs) zu verringern oder in bestimmter Höhe zu halten („Marking the close").

11. Geschäfte oder Handelsaufträge, die den Effekt haben, oder mit hoher Wahrscheinlichkeit den Effekt haben, den gewichteten Durchschnittskurs des Tages, oder eines Zeitraums während des Handelstages, zu erhöhen/verringern.

12. Geschäfte oder Handelsaufträge, die den Effekt haben, oder mit hoher Wahrscheinlichkeit den Effekt haben, einen Marktpreis zu bestimmen wenn die Liquidität des Finanzinstruments oder der Umfang des Auftragsbuches nicht dafür ausreicht, einen Preis während des Handelstages festzulegen.

13. Durchführung eines Geschäfts, das die Geld- und Briefkurse verändert, wobei die Spanne ein Faktor zur Bestimmung des Preises eines anderen Geschäfts ist, egal ob dieses auf demselben Handelsplatz vollzogen wird oder nicht.

14. Aufträge, die einen erheblichen Teil des zentralen Auftragsbuches des Handelssystems ausmachen, wenige Minuten vor der Preisbestimmungsphase der Auktion zu erteilen und diese Aufträge dann wenige Sekunden vor Einfrieren des Auftragsbuches zur Berechnung des Auktionspreises zu stornieren, sodass der theoretische Eröffnungskurs möglicherweise höher oder niedriger erscheint als er sonst sein würde.

15. Sich auf ein Geschäft oder eine Reihe von Geschäften einlassen, welche(s) auf einer öffentlichen Anzeigeeinrichtung übertragen wird/werden, um den Eindruck von lebhaften Umsätzen oder Kursbewegungen bei einem Finanzinstrument zu vermitteln („Painting the tape").

16. Geschäfte, die infolge der gleichzeitigen oder fast gleichzeitigen Erteilung eines Kauf- und Verkaufshandelsauftrages mit nahezu gleichem Umfang und ähnlichem Preis von denselben oder

von unterschiedlichen, sich dafür absprechenden, Marktmitgliedern/-teilnehmern durchgeführt wurden („Improper matched orders").

17. Geschäfte oder Handelsaufträge, die den Effekt haben, oder mit hoher Wahrscheinlichkeit den Effekt haben, die Schutzeinrichtungen des Markts für den Handel zu umgehen (z.B. in Bezug auf Mengenbegrenzungen; Preisobergrenzen; Parameter für die Geld-Brief-Spanne; usw.).

18. Erteilung eines Handelsauftrags oder einer Reihe von Handelsaufträgen, Durchführung von Geschäften oder einer Reihe von Geschäften, die möglicherweise einen Trend starten oder verschärfen und andere Teilnehmer dazu ermutigen, den Trend zu beschleunigen oder zu erweitern, um eine Möglichkeit zu schaffen, eine Position zu einem günstigen Preis auszubuchen/zu öffnen („Momentum ignition").

19. Einreichen mehrerer oder großer Handelsaufträge, oftmals entfernt von einer Seite des Auftragsbuches, um auf der anderen Seite des Auftragsbuches einen Handel durchzuführen. Sobald der Handel stattgefunden hat, werden die manipulativen Aufträge entfernt („Layering and spoofing").

20. Erteilung von kleinen Handelsaufträgen, um die Menge an versteckten Aufträgen zu ermitteln und insbesondere um zu ermitteln, was sich in einem Dark Pool befindet („Ping order").

21. Erteilung einer großen Anzahl an Handelsaufträgen und/oder Stornierungen und/oder Aktualisierungen von Handelsaufträgen, um bei anderen Teilnehmern Unsicherheit hervorzurufen, damit sich deren Prozess verlangsamt und ihre eigene Strategie getarnt wird („Quote stuffing").

22. Buchen von Handelsaufträgen, um die Aufmerksamkeit anderer Marktmitglieder/-teilnehmer, die traditionelle Handelstechniken verwenden („langsame Händler"), zu erregen, die im Anschluss dann zu weniger großzügigen Bedingungen revidiert werden, in der Hoffnung entgegen dem eingehenden Strom an Handelsaufträgen von „langsamem Händlern" profitabel zu agieren („Smoking").

23. Durchführung von Handelsaufträgen oder einer Reihe von Handelsaufträgen, um Aufträge anderer Teilnehmer zu enthüllen und im Anschluss einen Handelsauftrag zu erteilen, um aus den erhaltenen Informationen einen Vorteil zu ziehen („Phishing").

24. Der Umfang dessen zeigt, dass, nach bestem Wissen des Betreibers eines Handelsplatzes, erteilte Handelsaufträge oder durchgeführte Geschäfte nachweislich Positionswechsel innerhalb eines kurzen Zeitraums aufweisen, und einen wesentlichen Teil der täglichen Menge an Geschäften beim entsprechenden Finanzinstrument auf dem jeweiligen Handelsplatz ausmachen, und mit erheblichen Veränderungen beim Preis des zum Handel zugelassenen oder auf dem Handelsplatz gehandelten Finanzinstruments in Verbindung gebracht werden können.

**Signale für produktübergreifende Marktmanipulation, einschließlich auf verschiedenen Handelsplätzen**

Die unten beschriebenen Signale sollten insbesondere vom Betreiber eines Handelsplatzes beachtet werden, wo sowohl Finanzinstrument als auch damit verbundene Finanzinstrumente für den Handel zugelassen oder gehandelt werden oder wo die oben genannten Instrumente auf mehreren Handelsplätzen gehandelt werden, die vom selben Betreiber betrieben werden.

25. Geschäfte oder Handelsaufträge, die den Effekt haben, oder mit hoher Wahrscheinlichkeit den Effekt haben, den Preis eines Finanzinstruments während der Tage vor der Emission, bei vorzeitiger Tilgung oder bei Ablauf eines zugehörigen Derivats oder einer Wandelanleihe zu erhöhen/zu verringern/zu halten;

26. Geschäfte oder Handelsaufträge, die den Effekt haben, oder mit hoher Wahrscheinlichkeit den Effekt haben, den Preis des zugrunde liegenden Finanzinstruments unter oder über dem Emissionskurs, oder einem anderen Element zur Bestimmung der Auszahlung (z.B. Barriere) eines zugehörigen Derivats zum Ablaufdatum, zu halten;

27. Geschäfte, die den Effekt haben, oder mit hoher Wahrscheinlichkeit den Effekt haben, den Preis des zugrunde liegenden Finanzinstruments zu ändern, sodass er den Emissionskurs, oder ein anderes Element zur Bestimmung der Auszahlung (z.B. Barriere) eines zugehörigen Derivats zum Ablaufdatum, übertrifft/nicht erreicht;

28. Geschäfte, die den Effekt haben, oder mit hoher Wahrscheinlichkeit den Effekt haben, den Abrechnungspreis eines Finanzinstruments zu ändern wenn dieser Preis als Referenz/Determinante verwendet wird, und zwar bei der Berechnung der Marganforderungen;

29. Von einem Mitglied/Teilnehmer mit einem deutlichen Kauf- oder Verkaufsinteresse für ein Finanzinstrument erteilte Handelsaufträge oder durchgeführte Geschäfte, die zu erheblichen Veränderungen des Preises des zugehörigen Derivats oder des zum Handel auf einem Handelsplatz zugelassenen Basiswerts führen;

30. Durchführung von Handel oder Erteilung von Handelsaufträgen auf einem Handelsplatz oder außerhalb eines Handelsplatzes (einschließlich Bekundungen von Interessen) mit der Absicht, den Preis eines zugehörigen Finanzinstruments auf einem anderen oder demselben Handelsplatz oder außerhalb des Handelsplatzes unrechtmäßig zu beeinflussen („Cross-product manipulation" (Handel mit einem Finanzinstrument, um den Preis eines zugehörigen Finanzinstruments auf einem anderen oder demselben Handelsplatz oder außerhalb des Handelsplatzes unrechtmäßig zu positionieren)).

31. Schaffen oder Verbessern von Arbitragemöglichkeiten zwischen einem Finanzinstrument und einem anderen zugehörigen Finanzinstrument durch Beeinflussung von Referenzpreisen eines der Finanzinstrumente kann mit verschiedenen Finanzinstrumenten durchgeführt werden (wie beispielsweise Rechte/Aktien, Geldmärkte/Derivatmärkte, Optionsscheine/Aktien, …). Im Zusammenhang mit Rechtsfragen könnte dies durch Beeinflussung des (theoretischen) Eröffnungs- oder (theoretischen) Schlusskurses der Rechte erreicht werden.

## Anhang IV

### Abschnitt 1. Führung von Aufzeichnungen über Kundenaufträge und Handelsentscheidungen

1. Name und Bezeichnung des Kunden
2. Name und Bezeichnung jeder zuständigen Person, die im Auftrag des Kunden handelt
3. Eine Bezeichnung zur Identifizierung des für die Anlageentscheidung zuständigen Händlers (Händler ID) innerhalb der Wertpapierfirma
4. Eine Bezeichnung zur Identifizierung des für die Anlageentscheidung zuständigen Algorithmus (Algo ID) innerhalb der Wertpapierfirma
5. Kauf-/Verkauf-Indikator
6. Identifikation des Instruments
7. Stückpreis und Preisnotierung
8. Preis
9. Preismultiplikator
10. Währung 1
11. Währung 2
12. Ausgangsmenge und Mengennotierung
13. Gültigkeitszeitraum
14. Art des Auftrags
15. Alle weiteren Details, Bedingungen und besonderen Anweisungen des Kunden
16. Das Datum und die genaue Uhrzeit des Auftragseingangs oder das Datum und die genaue Uhrzeit als die Handelsentscheidung getroffen wurde. Der genaue Zeitpunkt ist nach der in den Normen für Taktsynchronisation gemäß Artikel 50 Absatz 2 der Richtlinie 2014/65/EU[1)] vorgeschriebenen Methodik zu ermitteln.

### Abschnitt 2. Aufzeichnung von Geschäften und Auftragsabwicklung

1. Name und Bezeichnung des Kunden;
2. Name und Bezeichnung jeder zuständigen Person, die im Auftrag des Kunden handelt
3. eine Bezeichnung zur Identifizierung des für die Anlageentscheidung zuständigen Händlers (Händler ID) innerhalb der Wertpapierfirma;
4. eine Bezeichnung zur Identifizierung des für die Anlageentscheidung zuständigen Algorithmus (Algo ID) innerhalb der Wertpapierfirma;
5. Referenznummer des Geschäfts
6. eine Bezeichnung zur Identifizierung des Auftrags (Auftrags-ID)
7. der Identifikationscode des nach Auftragseingang vom Handelsplatz zugeteilten Auftrags;

---

[1)] Nr. 1.

8. eine eindeutige Kennzeichnung für jede Gruppe an angesammelten Kundenaufträgen (die im Anschluss als Blockauftrag auf einem bestimmten Handelsplatz platziert werden). Diese Kennzeichnung sollte mit „aggregated_X" bezeichnet werden, wobei X für die Anzahl an Kunden steht, deren Aufträge sich angesammelt haben.
9. der Segment-MIC des Handelsplatzes, bei welchem der Auftrag eingereicht wurde.
10. der Name und die sonstige Bezeichnung der Person, an die der Auftrag übermittelt wurde
11. Bezeichnung zur Identifizierung von Verkäufer & Käufer
12. die Handelskapazität
13. eine Bezeichnung zur Identifizierung des für die Durchführung zuständigen Händlers (Händler ID)
14. eine Bezeichnung zur Identifizierung des für die Durchführung zuständigen Algorithmus (Algo ID)
15. Kauf-/Verkauf-Indikator
16. Identifikation des Instruments
17. höchster Basiswert
18. Put-/Call-Kennung
19. Emissionskurs
20. Vorauszahlung
21. Lieferart
22. Optionstyp
23. Fälligkeitsdatum
24. Stückpreis und Preisnotierung;
25. Preis
26. Preismultiplikator
27. Währung 1
28. Währung 2
29. verbleibende Menge
30. geänderte Menge
31. durchgeführte Menge
32. das Datum und der genaue Zeitpunkt des Auftragseingangs oder der Handelsentscheidung. Der genaue Zeitpunkt ist nach der in den Normen für Taktsynchronisation gemäß Artikel 50 Absatz 2 der Richtlinie 2014/65/EU[1)] vorgeschriebenen Methodik zu ermitteln.
33. das Datum und der genaue Zeitpunkt jeder Nachricht, die dem Handelsplatz übermittelt wird und die er in Bezug auf jegliche Vorfälle, die den Auftrag beeinflussen, erhält. Der genaue Zeitpunkt ist nach der vorgeschriebenen Methodik gemäß der Delegierten Verordnung (EU) 2017/574 der Kommission[2)] zu ermitteln.
34. das Datum und der genaue Zeitpunkt jeder Nachricht, die einer anderen Wertpapierfirma übermittelt wird und die diese in Bezug auf jegliche Vorfälle, die den Auftrag beeinflussen, erhält. Der genaue Zeitpunkt ist nach der in den Normen für Taktsynchronisation gemäß Artikel 50 Absatz 2 der Richtlinie 2014/65/EU vorgeschriebenen Methodik zu ermitteln.
35. Jede Nachricht, die dem Handelsplatz übermittelt wird und die er in Bezug die auf von der Wertpapierfirma erteilten Aufträge erhält;
36. Alle weiteren Einzelheiten und Bedingungen, die einer anderen Wertpapierfirma übermittelt wurden und die diese in Bezug auf den Auftrag erhielt.
37. Jegliche Abläufe eines erteilten Auftrags, um die Chronologie eines jeden, diesen beeinflussenden Ereignisses nachzuvollziehen, einschließlich, aber nicht beschränkt auf Änderungen, Stornierungen und Durchführungen;

---

[1)] Nr. 1.
[2)] **Amtl. Anm.:** Delegierte Verordnung (EU) 2017/574 der Kommission vom 7. Juni 2016 zur Ergänzung der Richtlinie 2014/65/EU des Europäischen Parlaments und des Rates durch technische Regulierungsstandards für den Grad an Genauigkeit von im Geschäftsverkehr verwendeten Uhren (siehe Seite 148 dieses Amtsblatts).

38. Hinweissignal für Leerverkauf
39. Hinweissignal für SSR-Befreiung;
40. Hinweissignal für Verzichtserklärung

# 14. Gesetz über Musterverfahren in kapitalmarktrechtlichen Streitigkeiten (Kapitalanleger-Musterverfahrensgesetz – KapMuG)[1)]

Vom 19. Oktober 2012
(BGBl. I S. 2182)

**FNA 310-24**

zuletzt geänd. durch Art. 1 G zur Änd. des Kapitalanleger-MusterverfahrensG v. 16.10.2020 (BGBl. I S. 2186)

### Inhaltsübersicht

#### Abschnitt 1. Musterverfahrensantrag; Vorlageverfahren

§ 1 Anwendungsbereich
§ 2 Musterverfahrensantrag
§ 3 Zulässigkeit des Musterverfahrensantrags
§ 4 Klageregister; Verordnungsermächtigung
§ 5 Unterbrechung des Verfahrens
§ 6 Vorlage an das Oberlandesgericht; Verordnungsermächtigung
§ 7 Sperrwirkung des Vorlagebeschlusses
§ 8 Aussetzung

#### Abschnitt 2. Durchführung des Musterverfahrens

§ 9 Beteiligte des Musterverfahrens
§ 10 Bekanntmachung des Musterverfahrens; Anmeldung eines Anspruchs
§ 11 Allgemeine Verfahrensregeln; Verordnungsermächtigung
§ 12 Vorbereitung des Termins; Schriftsätze
§ 13 Wirkung von Rücknahmen; Verfahrensbeendigung
§ 14 Rechtsstellung der Beigeladenen
§ 15 Erweiterung des Musterverfahrens
§ 16 Musterentscheid
§ 17 Vergleichsvorschlag
§ 18 Genehmigung des Vergleichs
§ 19 Bekanntmachung des Vergleichs; Austritt
§ 20 Rechtsbeschwerde
§ 21 Musterrechtsbeschwerdeführer

#### Abschnitt 3. Wirkung des Musterentscheids und des Vergleichs; Kosten

§ 22 Wirkung des Musterentscheids
§ 23 Wirkung des Vergleichs
§ 24 Gegenstand der Kostenentscheidung im Ausgangsverfahren
§ 25 Verstoß gegen die Vorlagevoraussetzungen an das Oberlandesgericht
§ 26 Kostenentscheidung im Rechtsbeschwerdeverfahren
§ 27 Übergangsvorschrift
§ 28 Außerkrafttreten

## Abschnitt 1. Musterverfahrensantrag; Vorlageverfahren

**§ 1 Anwendungsbereich.** (1) Dieses Gesetz ist anwendbar in bürgerlichen Rechtsstreitigkeiten, in denen

1. ein Schadensersatzanspruch wegen falscher, irreführender oder unterlassener öffentlicher Kapitalmarktinformation,

---

[1)] Verkündet als Art. 1 G v. 19.10.2012 (BGBl. I S. 2182); Inkrafttreten gem. Art. 10 Abs. 1 dieses G am 1.11.2012, **Außerkrafttreten mit Ablauf des 31.12.2023**, vgl. § 28.

2. ein Schadensersatzanspruch wegen Verwendung einer falschen oder irreführenden öffentlichen Kapitalmarktinformation oder wegen Unterlassung der gebotenen Aufklärung darüber, dass eine öffentliche Kapitalmarktinformation falsch oder irreführend ist, oder

3. ein Erfüllungsanspruch aus Vertrag, der auf einem Angebot nach dem Wertpapiererwerbs- und Übernahmegesetz[1], einschließlich eines Anspruchs nach § 39 Absatz 3 Satz 3 und 4 des Börsengesetzes[2], beruht,

geltend gemacht wird.

(2) ¹ Öffentliche Kapitalmarktinformationen sind Informationen über Tatsachen, Umstände, Kennzahlen und sonstige Unternehmensdaten, die für eine Vielzahl von Kapitalanlegern bestimmt sind und einen Emittenten von Wertpapieren oder einen Anbieter von sonstigen Vermögensanlagen betreffen. ² Dies sind insbesondere Angaben in

1. Prospekten nach der Verordnung (EU) 2017/1129[3] des Europäischen Parlaments und des Rates vom 14. Juni 2017 über den Prospekt, der beim öffentlichen Angebot von Wertpapieren oder bei deren Zulassung zum Handel an einem geregelten Markt zu veröffentlichen ist und zur Aufhebung der Richtlinie 2003/71/EG (ABl. L 168 vom 30.6.2017, S. 12), Wertpapier-Informationsblättern nach dem Wertpapierprospektgesetz[4] und Informationsblättern nach dem Wertpapierhandelsgesetz[5],

2. Verkaufsprospekten, Vermögensanlagen-Informationsblättern und wesentlichen Anlegerinformationen nach dem Verkaufsprospektgesetz, dem Vermögensanlagengesetz[6], dem Investmentgesetz in der bis zum 21. Juli 2013 geltenden Fassung sowie dem Kapitalanlagegesetzbuch[7],

3. Mitteilungen über Insiderinformationen im Sinne des Artikels 17 der Verordnung (EU) Nr. 596/2014[8] des Europäischen Parlaments und des Rates vom 16. April 2014 über Marktmissbrauch (Marktmissbrauchsverordnung) und zur Aufhebung der Richtlinie 2003/6/EG des Europäischen Parlaments und des Rates und der Richtlinien 2003/124/EG, 2003/125/EG und 2004/72/EG der Kommission (ABl. L 173 vom 12.6.2014, S. 1) in der jeweils geltenden Fassung und des § 26 des Wertpapierhandelsgesetzes,

4. Darstellungen, Übersichten, Vorträgen und Auskünften in der Hauptversammlung über die Verhältnisse der Gesellschaft einschließlich ihrer Beziehungen zu verbundenen Unternehmen im Sinne des § 400 Absatz 1 Nummer 1 des Aktiengesetzes,

5. Jahresabschlüssen, Lageberichten, Konzernabschlüssen, Konzernlageberichten sowie Halbjahresfinanzberichten des Emittenten und in

6. Angebotsunterlagen im Sinne des § 11 Absatz 1 Satz 1 des Wertpapiererwerbs- und Übernahmegesetzes.

---

[1] Nr. 17.
[2] Nr. 4.
[3] Nr. 6.
[4] Nr. 7.
[5] Nr. 12.
[6] Nr. 8.
[7] Nr. 15.
[8] Nr. 11.

**§ 2 Musterverfahrensantrag.** (1) ¹Durch Musterverfahrensantrag kann im ersten Rechtszug die Feststellung des Vorliegens oder Nichtvorliegens anspruchsbegründender oder anspruchsausschließender Voraussetzungen oder die Klärung von Rechtsfragen (Feststellungsziele) begehrt werden. ²Der Musterverfahrensantrag kann vom Kläger und vom Beklagten gestellt werden.

(2) Der Musterverfahrensantrag ist bei dem Prozessgericht unter Angabe der Feststellungsziele und der öffentlichen Kapitalmarktinformationen zu stellen.

(3) ¹In dem Antrag sind die zur Begründung dienenden Tatsachen und Beweismittel anzugeben. ²Der Antragsteller muss darlegen, dass die Entscheidung über die Feststellungsziele im Musterverfahren (Musterentscheid) Bedeutung über den einzelnen Rechtsstreit hinaus für andere gleichgelagerte Rechtsstreitigkeiten zukommen kann.

(4) Dem Antragsgegner ist Gelegenheit zur Stellungnahme zu geben.

**§ 3 Zulässigkeit des Musterverfahrensantrags.** (1) Das Prozessgericht verwirft den Musterverfahrensantrag durch unanfechtbaren Beschluss als unzulässig, soweit

1. die Entscheidung des zugrunde liegenden Rechtsstreits nicht von den geltend gemachten Feststellungszielen abhängt,
2. die angegebenen Beweismittel zum Beweis der geltend gemachten Feststellungsziele ungeeignet sind,
3. nicht dargelegt ist, dass eine Bedeutung für andere Rechtsstreitigkeiten gegeben ist, oder
4. der Musterverfahrensantrag zum Zwecke der Prozessverschleppung gestellt ist.

(2) ¹Einen zulässigen Musterverfahrensantrag macht das Prozessgericht im Bundesanzeiger unter der Rubrik „Klageregister nach dem Kapitalanleger-Musterverfahrensgesetz" (Klageregister) durch unanfechtbaren Beschluss öffentlich bekannt. ²Die Bekanntmachung enthält nur die folgenden Angaben:

1. die vollständige Bezeichnung der Beklagten und ihrer gesetzlichen Vertreter,
2. die Bezeichnung des von dem Musterverfahrensantrag betroffenen Emittenten von Wertpapieren oder Anbieters von sonstigen Vermögensanlagen,
3. die Bezeichnung des Prozessgerichts,
4. das Aktenzeichen des Prozessgerichts,
5. die Feststellungsziele des Musterverfahrensantrags,
6. eine knappe Darstellung des vorgetragenen Lebenssachverhalts und
7. den Zeitpunkt des Eingangs des Musterverfahrensantrags beim Prozessgericht und den Zeitpunkt der Bekanntmachung im Klageregister.

(3) ¹Das Prozessgericht soll zulässige Musterverfahrensanträge binnen sechs Monaten nach Eingang des Antrags bekannt machen. ²Verzögerungen der Bekanntmachung sind durch unanfechtbaren Beschluss zu begründen.

(4) Das Prozessgericht kann davon absehen, Musterverfahrensanträge im Klageregister öffentlich bekannt zu machen, wenn die Voraussetzungen zur Einleitung eines Musterverfahrens nach § 6 Absatz 1 Satz 1 bereits vorliegen.

**§ 4 Klageregister; Verordnungsermächtigung.** (1) Musterverfahrensanträge, deren Feststellungsziele den gleichen zugrunde liegenden Lebenssachverhalt betreffen (gleichgerichtete Musterverfahrensanträge), werden im Klageregister in der Reihenfolge ihrer Bekanntmachung erfasst.

(2) Das Gericht, das die Bekanntmachung veranlasst, trägt die datenschutzrechtliche Verantwortung für die von ihm im Klageregister bekannt gemachten Daten, insbesondere für die Rechtmäßigkeit ihrer Erhebung, die Zulässigkeit ihrer Veröffentlichung und die Richtigkeit der Darstellung.

(3) Die Einsicht in das Klageregister steht jedem unentgeltlich zu.

(4) Die im Klageregister gespeicherten Daten sind nach rechtskräftigem Abschluss des Musterverfahrens oder im Fall des § 6 Absatz 5 nach Zurückweisung des Musterverfahrensantrags unverzüglich zu löschen.

(5) [1] Das Bundesministerium der Justiz und für Verbraucherschutz wird ermächtigt, durch Rechtsverordnung nähere Bestimmungen über Inhalt und Aufbau des Klageregisters, insbesondere über Eintragungen, Änderungen, Löschungen, Einsichtsrechte, Datensicherheit und Datenschutz zu treffen. [2] Dabei sind Löschungsfristen vorzusehen sowie Vorschriften, die sicherstellen, dass die Bekanntmachungen

1. unversehrt, vollständig und aktuell bleiben sowie
2. jederzeit ihrem Ursprung nach zugeordnet werden können.

**§ 5 Unterbrechung des Verfahrens.** Mit der Bekanntmachung des Musterverfahrensantrags im Klageregister wird das Verfahren unterbrochen.

**§ 6 Vorlage an das Oberlandesgericht; Verordnungsermächtigung.**

(1) [1] Durch Vorlagebeschluss ist eine Entscheidung des im Rechtszug übergeordneten Oberlandesgerichts über die Feststellungsziele gleichgerichteter Musterverfahrensanträge herbeizuführen, wenn innerhalb von sechs Monaten nach der ersten Bekanntmachung eines Musterverfahrensantrags mindestens neun weitere gleichgerichtete Musterverfahrensanträge bekannt gemacht wurden. [2] Der Vorlagebeschluss ist unanfechtbar und für das Oberlandesgericht bindend.

(2) Zuständig für den Vorlagebeschluss ist das Prozessgericht, bei dem der erste bekannt gemachte Musterverfahrensantrag gestellt wurde.

(3) Der Vorlagebeschluss enthält:
1. die Feststellungsziele und
2. eine knappe Darstellung des den Musterverfahrensanträgen zugrunde liegenden gleichen Lebenssachverhalts.

(4) Das Prozessgericht macht den Inhalt des Vorlagebeschlusses im Klageregister öffentlich bekannt.

(5) [1] Sind seit Bekanntmachung des jeweiligen Musterverfahrensantrags innerhalb von sechs Monaten nicht neun weitere gleichgerichtete Anträge bekannt gemacht worden, weist das Prozessgericht den Antrag durch Beschluss zurück und setzt das Verfahren fort. [2] Der Beschluss ist unanfechtbar.

(6) [1] Sind in einem Land mehrere Oberlandesgerichte errichtet, so kann die Zuständigkeit für das Musterverfahren von der Landesregierung durch Rechtsverordnung einem der Oberlandesgerichte oder dem Obersten Landesgericht zugewiesen werden. [2] Die Landesregierungen können die Ermächtigung durch Rechtsverordnung auf die Landesjustizverwaltungen übertragen. [3] Durch Staatsverträge zwischen Ländern kann die Zuständigkeit eines Oberlandes-

gerichts für einzelne Bezirke oder für das gesamte Gebiet mehrerer Länder begründet werden.

**§ 7 Sperrwirkung des Vorlagebeschlusses.** [1] Mit Erlass des Vorlagebeschlusses ist die Einleitung eines weiteren Musterverfahrens für die gemäß § 8 Absatz 1 auszusetzenden Verfahren unzulässig. [2] Ein gleichwohl ergangener Vorlagebeschluss ist nicht bindend.

**§ 8 Aussetzung.** (1) [1] Nach der Bekanntmachung des Vorlagebeschlusses im Klageregister setzt das Prozessgericht von Amts wegen alle bereits anhängigen oder bis zur rechtskräftigen Entscheidung über die Feststellungsziele im Musterverfahren noch anhängig werdenden Verfahren aus, wenn die Entscheidung des Rechtsstreits von den geltend gemachten Feststellungszielen abhängt. [2] Das gilt unabhängig davon, ob in dem Verfahren ein Musterverfahrensantrag gestellt wurde. [3] Die Parteien sind anzuhören, es sei denn, dass sie darauf verzichtet haben.

(2) Der Kläger kann die Klage innerhalb von einem Monat ab Zustellung des Aussetzungsbeschlusses ohne Einwilligung des Beklagten zurücknehmen, auch wenn bereits zur Hauptsache mündlich verhandelt wurde.

(3) Mit dem Aussetzungsbeschluss unterrichtet das Prozessgericht die Kläger darüber,

1. dass die anteiligen Kosten des Musterverfahrens zu den Kosten des Rechtsstreits gehören und
2. dass Nummer 1 nicht gilt, wenn die Klage innerhalb von einem Monat ab Zustellung des Aussetzungsbeschlusses im Ausgangsverfahren zurückgenommen wird (§ 24 Absatz 2).

(4) Das Prozessgericht hat das Oberlandesgericht, welches das Musterverfahren führt, unverzüglich über die Aussetzung zu unterrichten, wobei die Höhe des Anspruchs, soweit er von den Feststellungszielen des Musterverfahrens betroffen ist, anzugeben ist.

## Abschnitt 2. Durchführung des Musterverfahrens

**§ 9 Beteiligte des Musterverfahrens.** (1) Beteiligte des Musterverfahrens sind:

1. der Musterkläger,
2. die Musterbeklagten,
3. die Beigeladenen.

(2) [1] Das Oberlandesgericht bestimmt nach billigem Ermessen durch Beschluss den Musterkläger aus den Klägern, deren Verfahren nach § 8 Absatz 1 ausgesetzt wurden. [2] Zu berücksichtigen sind:

1. die Eignung des Klägers, das Musterverfahren unter Berücksichtigung der Interessen der Beigeladenen angemessen zu führen,
2. eine Einigung mehrerer Kläger auf einen Musterkläger und
3. die Höhe des Anspruchs, soweit er von den Feststellungszielen des Musterverfahrens betroffen ist.

[3] Der Beschluss ist unanfechtbar.

(3) Die Kläger, die nicht als Musterkläger ausgewählt werden, sind Beigeladene des Musterverfahrens.

(4) Das Oberlandesgericht kann den Musterkläger auf Antrag eines Beigeladenen abberufen und einen neuen Musterkläger nach Maßgabe des Absatzes 2 bestimmen, wenn der Musterkläger das Musterverfahren nicht angemessen führt.

(5) Musterbeklagte sind alle Beklagten der ausgesetzten Verfahren.

**§ 10 Bekanntmachung des Musterverfahrens; Anmeldung eines Anspruchs.** (1) Nach Auswahl des Musterklägers macht das Oberlandesgericht im Klageregister öffentlich bekannt:

1. die Bezeichnung des Musterklägers und seines gesetzlichen Vertreters (§ 9 Absatz 1 Nummer 1),
2. die Bezeichnung der Musterbeklagten und ihrer gesetzlichen Vertreter (§ 9 Absatz 1 Nummer 2) und
3. das Aktenzeichen des Oberlandesgerichts.

(2) ¹Innerhalb einer Frist von sechs Monaten ab der Bekanntmachung nach Absatz 1 kann ein Anspruch schriftlich gegenüber dem Oberlandesgericht zum Musterverfahren angemeldet werden. ²Die Anmeldung ist nicht zulässig, wenn wegen desselben Anspruchs bereits Klage erhoben wurde. ³Der Anmelder muss sich durch einen Rechtsanwalt vertreten lassen. ⁴Über Form und Frist der Anmeldung sowie über ihre Wirkung ist in der Bekanntmachung nach Absatz 1 zu belehren.

(3) Die Anmeldung eines Anspruchs muss enthalten:

1. die Bezeichnung des Anmelders und seiner gesetzlichen Vertreter,
2. das Aktenzeichen des Musterverfahrens und die Erklärung, einen Anspruch anmelden zu wollen,
3. die Bezeichnung der Musterbeklagten, gegen die sich der Anspruch richtet, und
4. die Bezeichnung von Grund und Höhe des Anspruchs, der angemeldet werden soll.

(4) Die Anmeldung ist den darin bezeichneten Musterbeklagten zuzustellen.

**§ 11 Allgemeine Verfahrensregeln; Verordnungsermächtigung.**

(1) ¹Auf das Musterverfahren sind die im ersten Rechtszug für das Verfahren vor den Landgerichten geltenden Vorschriften der Zivilprozessordnung entsprechend anzuwenden, soweit nichts Abweichendes bestimmt ist. ²§ 278 Absatz 2 bis 5 sowie die §§ 306, 348 bis 350 und 379 der Zivilprozessordnung sind nicht anzuwenden. ³In Beschlüssen müssen die Beigeladenen nicht bezeichnet werden.

(2) ¹Die Zustellung von Terminsladungen und Zwischenentscheidungen an Beigeladene kann durch öffentliche Bekanntmachung ersetzt werden. ²Die öffentliche Bekanntmachung wird durch Eintragung in das Klageregister bewirkt. ³Zwischen öffentlicher Bekanntmachung und Terminstag müssen mindestens vier Wochen liegen.

(3) ¹Die Bundesregierung und die Landesregierungen können für ihren Bereich durch Rechtsverordnung Folgendes bestimmen:

1. den Zeitpunkt, von dem an im Musterverfahren elektronische Akten geführt werden, sowie
2. die organisatorisch-technischen Rahmenbedingungen für die Bildung, Führung und Aufbewahrung der elektronischen Akten.

²Die Landesregierungen können die Ermächtigung durch Rechtsverordnung auf die Landesjustizverwaltungen übertragen.

(4) ¹Die Bundesregierung und die Landesregierungen können für ihren Bereich durch Rechtsverordnung bestimmen,
1. dass im Musterverfahren Schriftsätze als elektronische Dokumente bei Gericht einzureichen sind,
2. dass Empfangsbekenntnisse als elektronische Dokumente zurückzusenden sind und
3. dass die Beteiligten dafür Sorge zu tragen haben, dass ihnen elektronische Dokumente durch das Gericht zugestellt werden können, sowie
4. welche Form für die Bearbeitung der Dokumente geeignet ist.

²Die Landesregierungen können die Ermächtigung durch Rechtsverordnung auf die Landesjustizverwaltungen übertragen.

## § 12 Vorbereitung des Termins; Schriftsätze.

(1) Zur Vorbereitung des Termins kann der Vorsitzende oder ein von ihm bestimmtes Mitglied des Senats den Beigeladenen die Ergänzung des Schriftsatzes des Musterklägers aufgeben, insbesondere eine Frist zur Erklärung über bestimmte klärungsbedürftige Punkte setzen.

(2) ¹Die Schriftsätze der Beteiligten sowie die Zwischenentscheidungen des Oberlandesgerichts im Musterverfahren werden in einem elektronischen Informationssystem, das nur den Beteiligten zugänglich ist, bekannt gegeben. ²Die im elektronischen Informationssystem gespeicherten Daten sind nach rechtskräftigem Abschluss oder nach sonstiger Beendigung aller ausgesetzten Verfahren unverzüglich zu löschen. ³Die Landesjustizverwaltungen bestimmen das elektronische Informations- und Kommunikationssystem, über das die gespeicherten Daten abrufbar sind, und sind für die Abwicklung des elektronischen Abrufverfahrens zuständig. ⁴Die Länder können ein länderübergreifendes, zentrales elektronisches Informations- und Kommunikationssystem bestimmen.

## § 13 Wirkung von Rücknahmen; Verfahrensbeendigung.

(1) Nimmt der Musterkläger im Laufe des Musterverfahrens seine Klage im Ausgangsverfahren zurück oder wurde über das Vermögen des Musterklägers ein Insolvenzverfahren eröffnet, so bestimmt das Oberlandesgericht nach Maßgabe des § 9 Absatz 2 einen neuen Musterkläger.

(2) Das Gleiche gilt, wenn der Prozessbevollmächtigte des Musterklägers die Aussetzung des Musterverfahrens aus einem der folgenden Gründe beantragt:
1. der Musterkläger ist gestorben,
2. der Musterkläger ist nicht mehr prozessfähig,
3. der gesetzliche Vertreter des Musterklägers ist weggefallen,
4. eine Nachlassverwaltung ist angeordnet oder
5. die Nacherbfolge ist eingetreten.

(3) Die Klagerücknahme eines Beigeladenen hat auf den Fortgang des Musterverfahrens keinen Einfluss.

(4) Die Rücknahme eines Musterverfahrensantrags hat auf die Stellung als Musterkläger oder den Fortgang des Verfahrens keinen Einfluss.

(5) ¹Ein Musterentscheid ergeht nicht, wenn der Musterkläger, die Musterbeklagten und die Beigeladenen übereinstimmend erklären, dass sie das Musterverfahren beenden wollen. ²Das Oberlandesgericht stellt die Beendigung des Musterverfahrens durch Beschluss fest. ³Der Beschluss ist unanfechtbar und wird öffentlich bekannt gemacht. ⁴§ 11 Absatz 2 Satz 2 gilt entsprechend.

**§ 14 Rechtsstellung der Beigeladenen.** ¹Die Beigeladenen müssen das Musterverfahren in der Lage annehmen, in der es sich im Zeitpunkt der Aussetzung des von ihnen geführten Rechtsstreits befindet. ²Sie sind berechtigt, Angriffs- oder Verteidigungsmittel geltend zu machen und alle Prozesshandlungen wirksam vorzunehmen, soweit ihre Erklärungen und Handlungen mit Erklärungen und Handlungen des Musterklägers nicht in Widerspruch stehen.

**§ 15 Erweiterung des Musterverfahrens.** (1) ¹Nach Bekanntmachung des Vorlagebeschlusses gemäß § 6 Absatz 4 erweitert das Oberlandesgericht auf Antrag eines Beteiligten das Musterverfahren durch Beschluss um weitere Feststellungsziele, soweit

1. die Entscheidung des zugrunde liegenden Rechtsstreits von den weiteren Feststellungszielen abhängt,
2. die Feststellungsziele den gleichen Lebenssachverhalt betreffen, der dem Vorlagebeschluss zugrunde liegt, und
3. das Oberlandesgericht die Erweiterung für sachdienlich erachtet.

²Der Antrag ist beim Oberlandesgericht unter Angabe der Feststellungsziele und der öffentlichen Kapitalmarktinformationen zu stellen.

(2) Das Oberlandesgericht macht die Erweiterung des Musterverfahrens im Klageregister öffentlich bekannt.

**§ 16 Musterentscheid.** (1) ¹Das Oberlandesgericht erlässt auf Grund mündlicher Verhandlung den Musterentscheid durch Beschluss. ²Die Beigeladenen müssen nicht im Rubrum des Musterentscheids bezeichnet werden. ³Der Musterentscheid wird den Beteiligten und den Anmeldern zugestellt. ⁴Die Zustellung kann durch öffentliche Bekanntmachung ersetzt werden. ⁵§ 11 Absatz 2 Satz 2 gilt entsprechend.

(2) Über die im Musterverfahren angefallenen Kosten entscheidet das Prozessgericht.

**§ 17 Vergleichsvorschlag.** (1) ¹Der Musterkläger und die Musterbeklagten können einen gerichtlichen Vergleich dadurch schließen, dass sie dem Gericht einen schriftlichen Vergleichsvorschlag zur Beendigung des Musterverfahrens und der Ausgangsverfahren unterbreiten oder einen schriftlichen Vergleichsvorschlag des Gerichts durch Schriftsatz gegenüber dem Gericht annehmen. ²Den Beigeladenen ist Gelegenheit zur Stellungnahme zu geben. ³Der Vergleich bedarf der Genehmigung durch das Gericht gemäß § 18. ⁴Der genehmigte Vergleich wird wirksam, wenn weniger als 30 Prozent der Beigeladenen ihren Austritt aus dem Vergleich gemäß § 19 Absatz 2 erklären.

(2) Der Vergleichsvorschlag soll auch die folgenden Regelungen enthalten:
1. die Verteilung der vereinbarten Leistungen auf die Beteiligten,
2. den von den Beteiligten zu erbringenden Nachweis der Leistungsberechtigung,
3. die Fälligkeit der Leistungen sowie
4. die Verteilung der Kosten des Musterverfahrens auf die Beteiligten.

**§ 18 Genehmigung des Vergleichs.** (1) Das Gericht genehmigt den Vergleich durch unanfechtbaren Beschluss, wenn es ihn unter Berücksichtigung des bisherigen Sach- und Streitstandes des Musterverfahrens und des Ergebnisses der Anhörung der Beigeladenen als angemessene gütliche Beilegung der ausgesetzten Rechtsstreitigkeiten erachtet.

(2) Nach der Genehmigung kann der Vergleich nicht mehr widerrufen werden.

**§ 19 Bekanntmachung des Vergleichs; Austritt.** (1) Der genehmigte Vergleich wird den Beigeladenen zugestellt.

(2) [1] Die Beigeladenen können innerhalb einer Frist von einem Monat nach Zustellung des Vergleichs ihren Austritt aus dem Vergleich erklären. [2] Der Austritt muss schriftlich gegenüber dem Gericht erklärt werden; er kann vor der Geschäftsstelle zu Protokoll erklärt werden.

(3) Die Beigeladenen sind über ihr Recht zum Austritt aus dem Vergleich, über die einzuhaltende Form und Frist sowie über die Wirkung des Vergleichs zu belehren.

**§ 20 Rechtsbeschwerde.** (1) [1] Gegen den Musterentscheid findet die Rechtsbeschwerde statt. [2] Die Sache hat stets grundsätzliche Bedeutung im Sinne des § 574 Absatz 2 Nummer 1 der Zivilprozessordnung. [3] Die Rechtsbeschwerde kann nicht darauf gestützt werden, dass das Prozessgericht nach § 6 Absatz 1 und 2 zu Unrecht einen Musterentscheid eingeholt hat. [4] Beschwerdeberechtigt sind alle Beteiligten.

(2) [1] Das Rechtsbeschwerdegericht benachrichtigt die übrigen Beteiligten des Musterverfahrens und die Anmelder über den Eingang einer Rechtsbeschwerde, wenn diese an sich statthaft ist und in der gesetzlichen Form und Frist eingelegt wurde. [2] Die Benachrichtigung ist zuzustellen. [3] Die Zustellung kann durch öffentliche Bekanntmachung ersetzt werden; § 11 Absatz 2 Satz 2 gilt entsprechend.

(3) [1] Die übrigen Beteiligten können binnen einer Notfrist von einem Monat ab Zustellung der Benachrichtigung nach Absatz 2 dem Rechtsbeschwerdeverfahren beitreten. [2] Der Beitrittschriftsatz ist innerhalb eines Monats ab Zustellung der Benachrichtigung nach Absatz 2 zu begründen; § 551 Absatz 2 Satz 5 und 6 der Zivilprozessordnung gilt entsprechend.

(4) [1] Lehnt ein Beteiligter den Beitritt ab oder erklärt er sich nicht innerhalb der in Absatz 3 genannten Frist, so wird das Musterverfahren vor dem Rechtsbeschwerdegericht ohne Rücksicht auf ihn fortgesetzt. [2] Auf die Rechtsstellung der Beteiligten, die dem Rechtsbeschwerdeverfahren beigetreten sind, ist § 14 entsprechend anzuwenden.

(5) ¹Die Entscheidung über die Rechtsbeschwerde wird den Beteiligten und den Anmeldern zugestellt. ²Die Zustellung kann durch öffentliche Bekanntmachung ersetzt werden. ³ § 11 Absatz 2 Satz 2 gilt entsprechend.

**§ 21 Musterrechtsbeschwerdeführer.** (1) ¹Legt der Musterkläger Rechtsbeschwerde gegen den Musterentscheid ein, so führt er das Musterverfahren als Musterrechtsbeschwerdeführer in der Rechtsbeschwerdeinstanz fort. ²Das Rechtsbeschwerdegericht bestimmt nach billigem Ermessen durch Beschluss den Musterrechtsbeschwerdegegner aus den Musterbeklagten. ³ § 574 Absatz 4 Satz 1 der Zivilprozessordnung ist auf die übrigen Musterbeklagten entsprechend anzuwenden.

(2) Legt nicht der Musterkläger, sondern einer oder mehrere der Beigeladenen Rechtsbeschwerde gegen den Musterentscheid ein, wird derjenige Beigeladene, welcher als erster das Rechtsmittel eingelegt hat, vom Rechtsbeschwerdegericht zum Musterrechtsbeschwerdeführer bestimmt.

(3) ¹Legt einer oder mehrere der Musterbeklagten Rechtsbeschwerde gegen den Musterentscheid ein, wird derjenige Musterbeklagte, welcher als erster das Rechtsmittel eingelegt hat, vom Rechtsbeschwerdegericht zum Musterrechtsbeschwerdeführer bestimmt. ²Musterrechtsbeschwerdegegner ist der Musterkläger. ³ § 574 Absatz 4 Satz 1 der Zivilprozessordnung ist auf die Beigeladenen entsprechend anzuwenden.

(4) Nimmt der Musterrechtsbeschwerdeführer seine Rechtsbeschwerde zurück, bestimmt das Rechtsbeschwerdegericht entsprechend § 13 Absatz 1 einen neuen Musterrechtsbeschwerdeführer aus dem Kreis der Beteiligten, die dem Rechtsbeschwerdeverfahren auf der Seite des Musterrechtsbeschwerdeführers beigetreten sind, es sei denn, diese verzichten ebenfalls auf die Fortführung der Rechtsbeschwerde.

### Abschnitt 3. Wirkung des Musterentscheids und des Vergleichs; Kosten

**§ 22 Wirkung des Musterentscheids.** (1) ¹Der Musterentscheid bindet die Prozessgerichte in allen nach § 8 Absatz 1 ausgesetzten Verfahren. ²Unbeschadet des Absatzes 3 wirkt der Musterentscheid für und gegen alle Beteiligten des Musterverfahrens unabhängig davon, ob der Beteiligte alle im Musterverfahren festgestellten Tatsachen selbst ausdrücklich geltend gemacht hat. ³Dies gilt auch dann, wenn der Musterkläger oder der Beigeladene seine Klage im Ausgangsverfahren nach Ablauf der in § 24 Absatz 2 genannten Frist zurückgenommen hat.

(2) Der Beschluss ist der Rechtskraft insoweit fähig, als über die Feststellungsziele des Musterverfahrens entschieden ist.

(3) Nach rechtskräftigem Abschluss des Musterverfahrens werden die Beigeladenen in ihrem jeweiligen Rechtsstreit mit der Behauptung, dass der Musterkläger das Musterverfahren mangelhaft geführt habe, gegenüber den Musterbeklagten nur insoweit gehört,

1. als sie durch die Lage des Musterverfahrens zur Zeit der Aussetzung des von ihnen geführten Rechtsstreits oder durch Erklärungen und Handlungen des Musterklägers verhindert worden sind, Angriffs- oder Verteidigungsmittel geltend zu machen, oder

2. als Angriffs- oder Verteidigungsmittel, die ihnen unbekannt waren, vom Musterkläger absichtlich oder durch grobes Verschulden nicht geltend gemacht sind.

(4) Mit der Einreichung des rechtskräftigen Musterentscheids durch einen Beteiligten des Musterverfahrens wird das Ausgangsverfahren wieder aufgenommen.

(5) Der Musterentscheid wirkt auch für und gegen die Beteiligten, die dem Rechtsbeschwerdeverfahren nicht beigetreten sind.

**§ 23 Wirkung des Vergleichs.** (1) ¹Das Oberlandesgericht stellt durch unanfechtbaren Beschluss fest, ob der genehmigte Vergleich wirksam geworden ist. ²Der Beschluss wird öffentlich bekannt gemacht. ³§ 11 Absatz 2 Satz 2 gilt entsprechend. ⁴Mit der Bekanntmachung des Beschlusses, der die Wirksamkeit des Vergleichs feststellt, wirkt der Vergleich für und gegen alle Beteiligten, sofern diese nicht ihren Austritt erklärt haben.

(2) Der Vergleich beendet das Musterverfahren.

(3) ¹Sofern der Kläger nicht seinen Austritt erklärt hat, beendet das Prozessgericht die nach § 8 Absatz 1 ausgesetzten Verfahren durch Beschluss und entscheidet über die Kosten nach billigem Ermessen und unter Berücksichtigung der nach § 17 Absatz 2 Nummer 4 getroffenen Vereinbarung. ²Gegen den Beschluss findet die sofortige Beschwerde statt. ³Vor der Entscheidung über die Beschwerde ist der Gegner zu hören.

(4) ¹Macht der Kläger die Nichterfüllung des Vergleichs geltend, wird das Verfahren auf seinen Antrag wieder eröffnet. ²Wird die Klage nunmehr auf Erfüllung des Vergleichs gerichtet, ist die Klageänderung zulässig.

**§ 24 Gegenstand der Kostenentscheidung im Ausgangsverfahren.**

(1) Die dem Musterkläger und den Beigeladenen im erstinstanzlichen Musterverfahren entstehenden Kosten gelten als Teil der Kosten des ersten Rechtszugs des jeweiligen Ausgangsverfahrens.

(2) ¹Die den Musterbeklagten im erstinstanzlichen Musterverfahren entstehenden Kosten gelten anteilig als Kosten des ersten Rechtszugs des jeweiligen Ausgangsverfahrens, es sei denn, die Klage wird innerhalb von einem Monat ab Zustellung des Aussetzungsbeschlusses im Ausgangsverfahren zurückgenommen. ²Die Anteile werden nach dem Verhältnis bestimmt, in dem der von dem jeweiligen Kläger geltend gemachte Anspruch, soweit er von den Feststellungszielen des Musterverfahrens betroffen ist, zu der Gesamthöhe der gegen den Musterbeklagten in den nach § 8 Absatz 1 ausgesetzten Verfahren geltend gemachten Ansprüche steht, soweit diese von den Feststellungszielen des Musterverfahrens betroffen sind.

(3) Ein Anspruch ist für die Berechnung der Gesamthöhe nach Absatz 2 nicht zu berücksichtigen, wenn die Klage innerhalb von einem Monat ab Zustellung des Aussetzungsbeschlusses im Ausgangsverfahren zurückgenommen worden ist.

(4) § 96 der Zivilprozessordnung gilt entsprechend.

**§ 25 Verstoß gegen die Vorlagevoraussetzungen an das Oberlandesgericht.** Das Rechtsmittel gegen die verfahrensabschließende Entscheidung des Prozessgerichts im Ausgangsverfahren kann nicht darauf gestützt werden, dass das Oberlandesgericht für den Erlass eines Musterentscheids nicht zuständig gewesen ist oder die Voraussetzungen für den Erlass eines Vorlagebeschlusses nicht vorgelegen haben.

**§ 26 Kostenentscheidung im Rechtsbeschwerdeverfahren.** (1) Die Kosten einer ohne Erfolg eingelegten Rechtsbeschwerde haben nach dem Grad ihrer Beteiligung der Musterrechtsbeschwerdeführer und diejenigen Beteiligten zu tragen, welche dem Rechtsbeschwerdeverfahren auf seiner Seite beigetreten sind.

(2) [1] Entscheidet das Rechtsbeschwerdegericht in der Sache selbst, haben die Kosten einer von einem Musterbeklagten erfolgreich eingelegten Rechtsbeschwerde der Musterkläger und alle Beigeladenen nach dem Grad ihrer Beteiligung im erstinstanzlichen Musterverfahren zu tragen. [2] Wurde die Rechtsbeschwerde erfolgreich vom Musterkläger oder einem Beigeladenen eingelegt, haben die Kosten der Rechtsbeschwerde alle Musterbeklagten nach dem Grad ihrer Beteiligung im erstinstanzlichen Musterverfahren zu tragen.

(3) Bei teilweisem Obsiegen und Unterliegen gilt § 92 der Zivilprozessordnung entsprechend.

(4) [1] Hebt das Rechtsbeschwerdegericht den Musterentscheid des Oberlandesgerichts auf und verweist die Sache zur erneuten Entscheidung zurück, so entscheidet das Oberlandesgericht gleichzeitig mit dem Erlass des Musterentscheids nach billigem Ermessen darüber, wer die Kosten des Rechtsbeschwerdeverfahrens trägt. [2] Dabei ist der Ausgang des Musterverfahrens zugrunde zu legen. [3] § 99 Absatz 1 der Zivilprozessordnung gilt entsprechend.

(5) Werden dem Musterkläger und den Beigeladenen Kosten des Rechtsbeschwerdeverfahrens auferlegt, haben sie die von den Musterbeklagten entrichteten Gerichtsgebühren und die Gebühren eines Rechtsanwalts der Musterbeklagten jeweils nur nach dem Wert zu erstatten, der sich aus den von ihnen in ihren eigenen Ausgangsverfahren geltend gemachten Ansprüchen, soweit sie von den Feststellungszielen des Musterverfahrens betroffen sind, ergibt.

**§ 27 Übergangsvorschrift.** Auf Musterverfahren, in denen vor dem 1. November 2012 bereits mündlich verhandelt worden ist, ist das Kapitalanleger-Musterverfahrensgesetz in seiner bis zum 1. November 2012 geltenden Fassung weiterhin anzuwenden.

**§ 28 Außerkrafttreten.** Dieses Gesetz tritt mit Ablauf des 31. Dezember 2023 außer Kraft.

## 14a. Verordnung über das Klageregister nach dem Kapitalanleger-Musterverfahrensgesetz (Klageregisterverordnung – KlagRegV)

Vom 14. Dezember 2012
(BGBl. I S. 2694)

**FNA 310-24-1**

zuletzt geänd. durch Art. 8 Abs. 3 G zur weiteren Ausführung der EU-ProspektVO und zur Änd. von Finanzmarktgesetzen v. 8.7.2019 (BGBl. I S. 1002)

Auf Grund des § 4 Absatz 5 des Kapitalanleger-Musterverfahrensgesetzes[1]) vom 19. Oktober 2012 (BGBl. I S. 2182) verordnet das Bundesministerium der Justiz:

**§ 1 Inhalt und Aufbau des Klageregisters.** (1) ¹Bekanntmachungen nach dem Kapitalanleger-Musterverfahrensgesetz[1]) sind in den folgenden Rubriken vorzunehmen:

1. Musterverfahrensanträge nach § 3 Absatz 2 und § 4 Absatz 1 des Kapitalanleger-Musterverfahrensgesetzes,
2. Vorlagebeschlüsse nach § 6 Absatz 4 des Kapitalanleger-Musterverfahrensgesetzes,
3. Musterverfahren nach § 10 Absatz 1 des Kapitalanleger-Musterverfahrensgesetzes,
4. Terminsladungen und Zwischenentscheidungen nach § 11 Absatz 2 des Kapitalanleger-Musterverfahrensgesetzes,
5. Beschlüsse über die einvernehmliche Beendigung des Musterverfahrens nach § 13 Absatz 5 des Kapitalanleger-Musterverfahrensgesetzes,
6. Beschlüsse über die Erweiterung des Musterverfahrens nach § 15 Absatz 2 des Kapitalanleger-Musterverfahrensgesetzes,
7. Musterentscheide nach § 16 Absatz 1 des Kapitalanleger-Musterverfahrensgesetzes,
8. Mitteilungen über den Eingang einer Rechtsbeschwerde nach § 20 Absatz 2 des Kapitalanleger-Musterverfahrensgesetzes,
9. Entscheidungen über die Rechtsbeschwerde nach § 20 Absatz 5 des Kapitalanleger-Musterverfahrensgesetzes und
10. Beschlüsse über die Wirksamkeit eines Vergleichs nach § 23 Absatz 1 des Kapitalanleger-Musterverfahrensgesetzes.

²Jede Bekanntmachung muss das Datum ihrer Eintragung in das Klageregister enthalten.

(2) ¹Zur vollständigen Bezeichnung der beklagten Partei und ihrer gesetzlichen Vertreter nach § 3 Absatz 2 Satz 2 Nummer 1 des Kapitalanleger-Musterverfahrensgesetzes hat das Klageregister Angaben zu Name oder Firma und Anschrift sowie zum Namen der gesetzlichen Vertreter und zum Vertretungsverhältnis zu enthalten. ²Der von dem Musterverfahrensantrag betroffene Emittent von Wertpapieren oder Anbieter von sonstigen Vermögens-

---

[1]) Nr. 14.

anlagen nach § 3 Absatz 2 Satz 2 Nummer 2 des Kapitalanleger-Musterverfahrensgesetzes ist im Klageregister mit Namen oder Firma anzugeben.

(3) Die Feststellungsziele eines Musterverfahrensantrags nach § 3 Absatz 2 Satz 2 Nummer 5 des Kapitalanleger-Musterverfahrensgesetzes sind bei seiner Eintragung mindestens einer der folgenden Kategorien von Kapitalmarktinformationen zuzuordnen:

1. Angaben in Prospekten nach der Verordnung (EU) 2017/1129[1] des Europäischen Parlaments und des Rates vom 14. Juni 2017 über den Prospekt, der beim öffentlichen Angebot von Wertpapieren oder bei deren Zulassung zum Handel an einem geregelten Markt zu veröffentlichen ist und zur Aufhebung der Richtlinie 2003/71/EG (ABl. L 168 vom 30.6.2017, S. 12), Wertpapier-Informationsblättern nach dem Wertpapierprospektgesetz[2] und Informationsblättern nach dem Wertpapierhandelsgesetz[3],
2. Angaben in Verkaufsprospekten, Vermögensanlagen-Informationsblättern und wesentlichen Anlegerinformationen nach dem Verkaufsprospektgesetz, dem Vermögensanlagengesetz[4] sowie dem Investmentgesetz in der bis zum 21. Juli 2013 geltenden Fassung oder dem Kapitalanlagegesetzbuch[5],
3. Angaben in Mitteilungen über Insiderinformationen im Sinne des Artikels 17 der Verordnung (EU) Nr. 596/2014[6] des Europäischen Parlaments und des Rates vom 16. April 2014 über Marktmissbrauch (Marktmissbrauchsverordnung) und zur Aufhebung der Richtlinie 2003/6/EG des Europäischen Parlaments und des Rates und der Richtlinien 2003/124/EG, 2003/125/EG und 2004/72/EG der Kommission (ABl. L 173 vom 12.6.2014, S. 1) in der jeweils geltenden Fassung und des § 26 des Wertpapierhandelsgesetzes,
4. Angaben in Darstellungen, Übersichten, Vorträgen und Auskünften in der Hauptversammlung einer Aktiengesellschaft über die Verhältnisse der Gesellschaft einschließlich ihrer Beziehungen zu verbundenen Unternehmen im Sinne des § 400 Absatz 1 Nummer 1 des Aktiengesetzes,
5. Angaben in Jahresabschlüssen, Lageberichten, Konzernabschlüssen, Konzernlageberichten sowie Halbjahresfinanzberichten,
6. Angaben in Angebotsunterlagen nach dem Wertpapiererwerbs- und Übernahmegesetz[7],
7. sonstige Kapitalmarktinformationen.

(4) ¹Das Klageregister enthält eine Suchfunktion, die es den Gerichten ermöglicht, vor der Eintragung eines Musterverfahrensantrags nach § 3 Absatz 2 Satz 1 des Kapitalanleger-Musterverfahrensgesetzes nach bereits eingetragenen, gleichgerichteten Musterverfahrensanträgen (§ 4 Absatz 1 des Kapitalanleger-Musterverfahrensgesetzes) zu suchen. ²Das Gericht kann den von ihm einzutragenden Musterverfahrensantrag entweder einer Liste gleichgerichteter Musterverfahrensanträge hinzufügen oder als neuen Musterverfahrensantrag eintragen.

---
[1] Nr. 6.
[2] Nr. 7.
[3] Nr. 12.
[4] Nr. 8.
[5] Nr. 15.
[6] Nr. 11.
[7] Nr. 17.

(5) Das Klageregister enthält eine Suchfunktion, die die Suche nach den folgenden Angaben ermöglicht:
1. Bezeichnung des von dem Musterverfahrensantrag betroffenen Emittenten von Wertpapieren oder Anbieters von sonstigen Vermögensanlagen nach § 3 Absatz 2 Nummer 2 des Kapitalanleger-Musterverfahrensgesetzes,
2. vollständige Bezeichnung der beklagten Partei und ihrer gesetzlichen Vertreter nach § 3 Absatz 2 Nummer 1 des Kapitalanleger-Musterverfahrensgesetzes,
3. Bezeichnung des Prozessgerichts nach § 3 Absatz 2 Nummer 3 des Kapitalanleger-Musterverfahrensgesetzes und
4. Aktenzeichen des Prozessgerichts nach § 3 Absatz 2 Nummer 4 des Kapitalanleger-Musterverfahrensgesetzes.

**§ 2 Eintragungen.** (1) ¹Eintragungen in das Klageregister dürfen nur durch die Gerichte und nur in elektronischer Form veranlasst werden. ²Die Gerichte können mit Ausnahme von Bekanntmachungen nach § 10 Absatz 1 des Kapitalanleger-Musterverfahrensgesetzes[1] die Eintragungen durch die Übermittlung einer Datei an den Betreiber des Klageregisters vornehmen. ³Welche Dateiformate zur Übermittlung zugelassen sind, richtet sich nach den Allgemeinen Geschäftsbedingungen des Betreibers des Klageregisters. ⁴Musterverfahrensanträge können auch direkt durch das Gericht mittels eines Formulars eingetragen werden; Bekanntmachungen nach § 10 Absatz 1 des Kapitalanleger-Musterverfahrensgesetzes müssen mittels Formular vorgenommen werden. ⁵Die Bekanntmachung eines Musterverfahrensantrags soll ohne Berücksichtigung von Leerzeichen insgesamt höchstens 25 000 Zeichen umfassen.

(2) ¹Der Vorsitzende oder ein von ihm bestimmtes Mitglied des Gerichts dürfen Eintragungen vornehmen oder veranlassen. ²Die Befugnis nach Satz 1 ist bei jedem Verbindungsaufbau anhand einer Benutzerkennung und eines geheim zu haltenden Passworts automatisiert zu prüfen.

(3) Bei jeder Eintragung muss nachvollziehbar bleiben, von welcher Person sie vorgenommen wurde.

(4) ¹Die Eintragung ist kostenpflichtig. ²Die Höhe des Entgelts richtet sich nach den Allgemeinen Geschäftsbedingungen des Betreibers des Klageregisters.

**§ 3 Bekanntmachungen.** (1) Die Gerichte müssen jederzeit die nach dem Kapitalanleger-Musterverfahrensgesetz[1] erforderlichen öffentlichen Bekanntmachungen in das Klageregister eintragen können.

(2) Die Bekanntmachungen müssen unverzüglich im Klageregister erscheinen.

(3) Die Bekanntmachung eines Musterverfahrensantrags muss das Datum seines Eingangs bei Gericht enthalten.

**§ 4 Berichtigung, Löschung, Kennzeichnung und Überprüfung.**
(1) ¹Der Betreiber des Klageregisters hat durch organisatorische und technische Vorkehrungen sicherzustellen, dass im Klageregister gespeicherte Da-

---
[1] Nr. 14.

ten nur durch das Gericht berichtigt oder gelöscht werden können, das die Eintragung vorgenommen hat. ²Soweit Daten berichtigt wurden, muss erkennbar sein, dass ein Fall der Berichtigung vorliegt. ³Die Berichtigung von Daten führt nicht zu einer Veränderung der Eintragungsreihenfolge nach § 4 Absatz 1 des Kapitalanleger-Musterverfahrensgesetzes[1]).

(2) ¹Die im Klageregister veröffentlichten Daten sind unverzüglich nach dem rechtskräftigen Abschluss des Musterverfahrens durch das Gericht zu löschen, das die Daten eingetragen hat. ²Nach Zurückweisung des Musterfeststellungsantrags wegen Zeitablaufs nach § 6 Absatz 5 des Kapitalanleger-Musterverfahrensgesetzes sind die im Klageregister gespeicherten Daten unverzüglich von dem die Eintragung vornehmenden Gericht als zu löschende Daten zu kennzeichnen. ³Durch technische Vorkehrungen ist sicherzustellen, dass diese Daten auf Anforderung bis zu ihrer Löschung erkennbar bleiben. ⁴Sie sind spätestens sechs Monate nach dem ablehnenden Beschluss zu löschen.

(3) Unzulässigerweise veröffentlichte Daten sind nach Feststellung der Unzulässigkeit unverzüglich zu löschen.

(4) ¹Das Gericht, das die Eintragung vorgenommen hat, prüft spätestens nach jeweils drei Monaten, ob die von ihm vorgenommenen Eintragungen noch aktuell sind. ²Es nimmt die erforderlichen Berichtigungen und Löschungen unter Beachtung der Löschungsfristen nach Absatz 2 unverzüglich vor.

**§ 5 Einsichtnahme.** (1) Die Einsichtnahme in das Klageregister erfolgt ausschließlich auf elektronischem Weg; sie ist kostenfrei.

(2) Jedermann hat das Recht, jederzeit Einsicht in das Klageregister zu nehmen.

(3) Für die Gestaltung des Registers ist die Barrierefreie-Informationstechnik-Verordnung vom 12. September 2011 (BGBl. I S. 1843) in der jeweils geltenden Fassung entsprechend anzuwenden.

**§ 6 Datensicherheit.** (1) Der Betreiber des Klageregisters hat durch organisatorische und technische Vorkehrungen sicherzustellen, dass die von den Gerichten übermittelten Daten während ihrer Bekanntmachung im Klageregister unversehrt und vollständig bleiben.

(2) Der Betreiber des Klageregisters hat durch organisatorische und technische Vorkehrungen sicherzustellen, dass er von auftretenden Fehlfunktionen unverzüglich Kenntnis erlangt, und hat diese unverzüglich zu beheben.

**§ 7 Übergangsvorschrift.** (1) ¹Vor dem Inkrafttreten dieser Verordnung vorgenommene Eintragungen im Klageregister bleiben bestehen. ²Das Gericht, das eine Eintragung vorgenommen hatte, prüft, ob die Eintragung zu berichtigen ist, weil eine Vorschrift des Kapitalanleger-Musterverfahrensgesetzes[1]) oder dieser Verordnung eine andere Eintragung verlangt. ³Bereits vorgenommene Eintragungen sind nicht allein deshalb zu berichtigen, weil das Kapitalanleger-Musterverfahrensgesetz und diese Verordnung die bisherigen Vorschriften ersetzt haben.

---

[1]) Nr. 14.

(2) § 1 Absatz 3 Nummer 1 in der bis zum 20. Juli 2019 geltenden Fassung findet weiterhin Anwendung für einen Prospekt, der nach dem Wertpapierprospektgesetz in der bis zum 20. Juli 2019 geltenden Fassung gebilligt wurde, solange dieser Prospekt Gültigkeit hat.

**§ 8 Inkrafttreten, Außerkrafttreten.** ¹Diese Verordnung tritt am Tag nach der Verkündung[1)] in Kraft. ²Gleichzeitig tritt die Klageregisterverordnung vom 26. Oktober 2005 (BGBl. I S. 3092), die zuletzt durch Artikel 18 des Gesetzes vom 6. Dezember 2011 (BGBl. I S. 2481) geändert worden ist, außer Kraft.

---

[1)] Verkündet am 21.12.2012.

# 15. Kapitalanlagegesetzbuch (KAGB) [1][2]

Vom 4. Juli 2013

(BGBl. I S. 1981)

FNA 7612-3

zuletzt geänd. durch Art. 9 Abs. 9 RisikoreduzierungsG v. 9.12.2020 (BGBl. I S. 2773)

## Inhaltsübersicht

**Kapitel 1. Allgemeine Bestimmungen für Investmentvermögen und Verwaltungsgesellschaften**

Abschnitt 1. Allgemeine Vorschriften

- § 1 Begriffsbestimmungen
- § 2 Ausnahmebestimmungen
- § 3 Bezeichnungsschutz
- § 4 Namensgebung, Fondskategorien
- § 5 Zuständige Behörde; Aufsicht; Anordnungsbefugnis; Verordnungsermächtigung
- § 6 Besondere Aufgaben
- § 7 Sofortige Vollziehbarkeit
- § 7a Bekanntmachung von sofort vollziehbaren Maßnahmen
- § 8 Verschwiegenheitspflicht
- § 9 Zusammenarbeit mit anderen Stellen
- § 10 Allgemeine Vorschriften für die Zusammenarbeit bei der Aufsicht
- § 11 Besondere Vorschriften für die Zusammenarbeit bei grenzüberschreitender Verwaltung und grenzüberschreitendem Vertrieb von AIF
- § 12 Meldungen der Bundesanstalt an die Europäische Kommission, an die europäischen Aufsichtsbehörden und an den Betreiber des Bundesanzeigers
- § 13 Informationsaustausch mit der Deutschen Bundesbank
- § 14 Auskünfte und Prüfungen
- § 15 Einschreiten gegen unerlaubte Investmentgeschäfte
- § 16 Verfolgung unerlaubter Investmentgeschäfte

Abschnitt 2. Verwaltungsgesellschaften
Unterabschnitt 1. Erlaubnis

- § 17 Kapitalverwaltungsgesellschaften
- § 18 Externe Kapitalverwaltungsgesellschaften
- § 19 Inhaber bedeutender Beteiligungen; Verordnungsermächtigung
- § 20 Erlaubnis zum Geschäftsbetrieb
- § 21 Erlaubnisantrag für eine OGAW-Kapitalverwaltungsgesellschaft und Erlaubniserteilung
- § 22 Erlaubnisantrag für eine AIF-Kapitalverwaltungsgesellschaft und Erlaubniserteilung
- § 23 Versagung der Erlaubnis einer Kapitalverwaltungsgesellschaft

---

[1] **Amtl. Anm.**: Dieses Gesetz dient der Umsetzung der Richtlinie 2009/65/EG des Europäischen Parlaments und des Rates vom 13. Juli 2009 zur Koordinierung der Rechts- und Verwaltungsvorschriften betreffend bestimmte Organismen für gemeinsame Anlagen in Wertpapieren (OGAW) (ABl. L 302 vom 17.11.2009, S. 1), der Richtlinie 2011/61/EU des Europäischen Parlaments und des Rates vom 8. Juni 2011 über die Verwalter alternativer Investmentfonds und zur Änderung der Richtlinien 2003/41/EG und 2009/65/EG und der Verordnungen (EG) Nr. 1060/2009 und (EU) Nr. 1095/2010 (ABl. L 174 vom 1.7.2011, S. 1) sowie der Anpassung an die Verordnung (EU) Nr. 345/2013 des Europäischen Parlaments und des Rates vom 17. April 2013 über Europäische Risikokapitalfonds (ABl. L 115 vom 25.4.2013, S. 1) und die Verordnung (EU) Nr. 346/2013 des Europäischen Parlaments und des Rates vom 17. April 2013 über Europäische Fonds für soziales Unternehmertum (ABl. L 115 vom 25.4.2013, S. 18).
[2] Verkündet als Art. 1 G v. 4.7.2013 (BGBl. I S. 1981); Inkrafttreten gem. Art. 28 Abs. 2 dieses G am 22.7.2013.

# 15 KAGB

§ 24 Anhörung der zuständigen Stellen eines anderen Mitgliedstaates der Europäischen Union oder eines anderen Vertragsstaates des Abkommens über den Europäischen Wirtschaftsraum; Aussetzung oder Beschränkung der Erlaubnis bei Unternehmen mit Sitz in einem Drittstaat
§ 25 Kapitalanforderungen

Unterabschnitt 2. Allgemeine Verhaltens- und Organisationspflichten

§ 26 Allgemeine Verhaltensregeln; Verordnungsermächtigung
§ 27 Interessenkonflikte; Verordnungsermächtigung
§ 28 Allgemeine Organisationspflichten; Verordnungsermächtigung
§ 29 Risikomanagement; Verordnungsermächtigung
§ 30 Liquiditätsmanagement; Verordnungsermächtigung
§ 31 Primebroker
§ 32 Entschädigungseinrichtung
§ 33 Werbung
§ 34 Anzeigepflichten von Verwaltungsgesellschaften gegenüber der Bundesanstalt und der Bundesbank
§ 35 Meldepflichten von AIF-Verwaltungsgesellschaften
§ 36 Auslagerung
§ 37 Vergütungssysteme; Verordnungsermächtigung
§ 38 Jahresabschluss, Lagebericht, Prüfungsbericht und Abschlussprüfer der externen Kapitalverwaltungsgesellschaft; Verordnungsermächtigung

Unterabschnitt 3. Weitere Maßnahmen der Aufsichtsbehörde

§ 39 Erlöschen und Aufhebung der Erlaubnis; Tätigkeitsverbot
§ 40 Abberufung von Geschäftsleitern
§ 41 Maßnahmen bei unzureichenden Eigenmitteln
§ 42 Maßnahmen bei Gefahr
§ 43 Insolvenzantrag, Unterrichtung der Gläubiger im Insolvenzverfahren

Unterabschnitt 4. Pflichten für registrierungspflichtige AIF-Kapitalverwaltungsgesellschaften

§ 44 Registrierung und Berichtspflichten
§ 45 Erstellung und Bekanntmachung von Jahresberichten
§ 46 Inhalt von Jahresabschlüssen und Lageberichten
§ 47 Prüfung und Bestätigung des Abschlussprüfers; Verordnungsermächtigung
§ 48 Verkürzung der handelsrechtlichen Offenlegungsfrist
§ 48a Jahresbericht, Lagebericht und Prüfung von Spezial-AIF, die Darlehen nach § 285 Absatz 2 vergeben; Verordnungsermächtigung

Unterabschnitt 5. Grenzüberschreitender Dienstleistungsverkehr bei OGAW-Verwaltungsgesellschaften

§ 49 Zweigniederlassung und grenzüberschreitender Dienstleistungsverkehr durch OGAW-Kapitalverwaltungsgesellschaften; Verordnungsermächtigung
§ 50 Besonderheiten für die Verwaltung von EU-OGAW durch OGAW-Kapitalverwaltungsgesellschaften
§ 51 Inländische Zweigniederlassungen und grenzüberschreitender Dienstleistungsverkehr von EU-OGAW-Verwaltungsgesellschaften
§ 52 Besonderheiten für die Verwaltung inländischer OGAW durch EU-OGAW-Verwaltungsgesellschaften

Unterabschnitt 6. Grenzüberschreitender Dienstleistungsverkehr und Drittstaatenbezug bei AIF-Verwaltungsgesellschaften

§ 53 Verwaltung von EU-AIF durch AIF-Kapitalverwaltungsgesellschaften
§ 54 Zweigniederlassung und grenzüberschreitender Dienstleistungsverkehr von EU-AIF-Verwaltungsgesellschaften im Inland
§ 55 Bedingungen für AIF-Kapitalverwaltungsgesellschaften, welche ausländische AIF verwalten, die weder in den Mitgliedstaaten der Europäischen Union noch in den Vertragsstaaten des Abkommens über den Europäischen Wirtschaftsraum vertrieben werden
§ 56 Bestimmung der Bundesrepublik Deutschland als Referenzmitgliedstaat einer ausländischen AIF-Verwaltungsgesellschaft
§ 57 Zulässigkeit der Verwaltung von inländischen Spezial-AIF und EU-AIF sowie des Vertriebs von AIF gemäß den §§ 325, 326, 333 oder 334 durch ausländische AIF-Verwaltungsgesellschaften
§ 58 Erteilung der Erlaubnis für eine ausländische AIF-Verwaltungsgesellschaft

# Kapitalanlagegesetzbuch KAGB 15

- § 59 Befreiung einer ausländischen AIF-Verwaltungsgesellschaft von Bestimmungen der Richtlinie 2011/61/EU
- § 60 Unterrichtung der Europäischen Wertpapier- und Marktaufsichtsbehörde im Hinblick auf die Erlaubnis einer ausländischen AIF-Verwaltungsgesellschaft durch die Bundesanstalt
- § 61 Änderung des Referenzmitgliedstaates einer ausländischen AIF-Verwaltungsgesellschaft
- § 62 Rechtsstreitigkeiten
- § 63 Verweismöglichkeiten der Bundesanstalt an die Europäische Wertpapier- und Marktaufsichtsbehörde
- § 64 Vergleichende Analyse der Zulassung von und der Aufsicht über ausländische AIF-Verwaltungsgesellschaften
- § 65 Verwaltung von EU-AIF durch ausländische AIF-Verwaltungsgesellschaften, für die die Bundesrepublik Deutschland Referenzmitgliedstaat ist
- § 66 Inländische Zweigniederlassung und grenzüberschreitender Dienstleistungsverkehr von ausländischen AIF-Verwaltungsgesellschaften, deren Referenzmitgliedstaat nicht die Bundesrepublik Deutschland ist
- § 67 Jahresbericht für EU-AIF und ausländische AIF

### Abschnitt 3. Verwahrstelle
#### Unterabschnitt 1. Vorschriften für OGAW-Verwahrstellen

- § 68 Beauftragung und jährliche Prüfung; Verordnungsermächtigung
- § 69 Aufsicht
- § 70 Interessenkollision
- § 71 Ausgabe und Rücknahme von Anteilen oder Aktien eines inländischen OGAW
- § 72 Verwahrung
- § 73 Unterverwahrung
- § 74 Zahlung und Lieferung
- § 75 Zustimmungspflichtige Geschäfte
- § 76 Kontrollfunktion
- § 77 Haftung
- § 78 Geltendmachung von Ansprüchen der Anleger; Verordnungsermächtigung
- § 79 Vergütung, Aufwendungsersatz

#### Unterabschnitt 2. Vorschriften für AIF-Verwahrstellen

- § 80 Beauftragung
- § 81 Verwahrung
- § 82 Unterverwahrung
- § 83 Kontrollfunktion
- § 84 Zustimmungspflichtige Geschäfte
- § 85 Interessenkollision
- § 86 Informationspflichten gegenüber der Bundesanstalt
- § 87 Anwendbare Vorschriften für Publikums-AIF
- § 88 Haftung
- § 89 Geltendmachung von Ansprüchen der Anleger; Verordnungsermächtigung
- § 89a Vergütung, Aufwendungsersatz
- § 90 Anwendbare Vorschriften für ausländische AIF

### Abschnitt 4. Offene inländische Investmentvermögen
#### Unterabschnitt 1. Allgemeine Vorschriften für offene inländische Investmentvermögen

- § 91 Rechtsform

#### Unterabschnitt 2. Allgemeine Vorschriften für Sondervermögen

- § 92 Sondervermögen
- § 93 Verfügungsbefugnis, Treuhänderschaft, Sicherheitsvorschriften
- § 94 Stimmrechtsausübung
- § 95 Anteilscheine
- § 96 Anteilklassen und Teilsondervermögen; Verordnungsermächtigung
- § 97 Sammelverwahrung, Verlust von Anteilscheinen
- § 98 Rücknahme von Anteilen, Aussetzung
- § 99 Kündigung und Verlust des Verwaltungsrechts
- § 100 Abwicklung des Sondervermögens
- § 100a Grunderwerbsteuer bei Übergang eines Immobilien-Sondervermögens
- § 100b Übertragung auf eine andere Kapitalverwaltungsgesellschaft
- § 101 Jahresbericht

1139

## 15 KAGB  Kapitalanlagegesetzbuch

§ 102 Abschlussprüfung
§ 103 Halbjahresbericht
§ 104 Zwischenbericht
§ 105 Auflösungs- und Abwicklungsbericht
§ 106 Verordnungsermächtigung
§ 107 Veröffentlichung der Jahres-, Halbjahres-, Zwischen-, Auflösungs- und Abwicklungsberichte

Unterabschnitt 3. Allgemeine Vorschriften für Investmentaktiengesellschaften mit veränderlichem Kapital

§ 108 Rechtsform, anwendbare Vorschriften
§ 109 Aktien
§ 110 Satzung
§ 111 Anlagebedingungen
§ 112 Verwaltung und Anlage
§ 113 Erlaubnisantrag und Erlaubniserteilung bei der extern verwalteten OGAW-Investmentaktiengesellschaft
§ 114 Unterschreitung des Anfangskapitals oder der Eigenmittel
§ 115 Gesellschaftskapital
§ 116 Veränderliches Kapital, Rücknahme von Aktien
§ 117 Teilgesellschaftsvermögen; Verordnungsermächtigung
§ 118 Firma und zusätzliche Hinweise im Rechtsverkehr
§ 119 Vorstand, Aufsichtsrat
§ 120 Jahresabschluss und Lagebericht; Verordnungsermächtigung
§ 121 Prüfung des Jahresabschlusses und des Lageberichts; Verordnungsermächtigung
§ 122 Halbjahres- und Liquidationsbericht
§ 123 Offenlegung und Vorlage von Berichten

Unterabschnitt 4. Allgemeine Vorschriften für offene Investmentkommanditgesellschaften

§ 124 Rechtsform, anwendbare Vorschriften
§ 125 Gesellschaftsvertrag
§ 126 Anlagebedingungen
§ 127 Anleger
§ 128 Geschäftsführung
§ 129 Verwaltung und Anlage
§ 130 Unterschreitung des Anfangskapitals oder der Eigenmittel
§ 131 Gesellschaftsvermögen
§ 132 Teilgesellschaftsvermögen; Verordnungsermächtigung
§ 133 Veränderliches Kapital, Kündigung von Kommanditanteilen
§ 134 Firma und zusätzliche Hinweise im Rechtsverkehr
§ 135 Jahresbericht; Verordnungsermächtigung
§ 136 Abschlussprüfung; Verordnungsermächtigung
§ 137 Vorlage von Berichten
§ 138 Auflösung und Liquidation

Abschnitt 5. Geschlossene inländische Investmentvermögen

Unterabschnitt 1. Allgemeine Vorschriften für geschlossene inländische Investmentvermögen

§ 139 Rechtsform

Unterabschnitt 2. Allgemeine Vorschriften für Investmentaktiengesellschaften mit fixem Kapital

§ 140 Rechtsform, anwendbare Vorschriften
§ 141 Aktien
§ 142 Satzung
§ 143 Anlagebedingungen
§ 144 Verwaltung und Anlage
§ 145 Unterschreitung des Anfangskapitals oder der Eigenmittel
§ 146 Firma
§ 147 Vorstand, Aufsichtsrat
§ 148 Rechnungslegung

Unterabschnitt 3. Allgemeine Vorschriften für geschlossene Investmentkommanditgesellschaften

§ 149 Rechtsform, anwendbare Vorschriften
§ 150 Gesellschaftsvertrag
§ 151 Anlagebedingungen

# Kapitalanlagegesetzbuch KAGB 15

§ 152 Anleger
§ 153 Geschäftsführung, Beirat
§ 154 Verwaltung und Anlage
§ 155 Unterschreitung des Anfangskapitals oder der Eigenmittel
§ 156 Gesellschaftsvermögen
§ 157 Firma
§ 158 Jahresbericht
§ 159 Abschlussprüfung
§ 160 Offenlegung und Vorlage von Berichten
§ 161 Auflösung und Liquidation

### Kapitel 2. Publikumsinvestmentvermögen
Abschnitt 1. Allgemeine Vorschriften für offene Publikumsinvestmentvermögen
Unterabschnitt 1. Allgemeines

§ 162 Anlagebedingungen
§ 163 Genehmigung der Anlagebedingungen
§ 164 Erstellung von Verkaufsprospekt und wesentlichen Anlegerinformationen
§ 165 Mindestangaben im Verkaufsprospekt
§ 166 Inhalt, Form und Gestaltung der wesentlichen Anlegerinformationen; Verordnungsermächtigung
§ 167 Information mittels eines dauerhaften Datenträgers
§ 168 Bewertung; Verordnungsermächtigung
§ 169 Bewertungsverfahren
§ 170 Veröffentlichung des Ausgabe- und Rücknahmepreises und des Nettoinventarwertes

### Unterabschnitt 2. Master-Feeder-Strukturen

§ 171 Genehmigung des Feederfonds
§ 172 Besondere Anforderungen an Kapitalverwaltungsgesellschaften
§ 173 Verkaufsprospekt, Anlagebedingungen, Jahresbericht
§ 174 Anlagegrenzen, Anlagebeschränkungen, Aussetzung der Anteile
§ 175 Vereinbarungen bei Master-Feeder-Strukturen
§ 176 Pflichten der Kapitalverwaltungsgesellschaft und der Verwahrstelle
§ 177 Mitteilungspflichten der Bundesanstalt
§ 178 Abwicklung eines Masterfonds
§ 179 Verschmelzung oder Spaltung des Masterfonds
§ 180 Umwandlung in Feederfonds oder Änderung des Masterfonds

### Unterabschnitt 3. Verschmelzung von offenen Publikumsinvestmentvermögen

§ 181 Gegenstand der Verschmelzung; Verschmelzungsarten
§ 182 Genehmigung der Verschmelzung
§ 183 Verschmelzung eines EU-OGAW auf ein OGAW-Sondervermögen
§ 184 Verschmelzungsplan
§ 185 Prüfung der Verschmelzung; Verordnungsermächtigung
§ 186 Verschmelzungsinformationen
§ 187 Rechte der Anleger
§ 188 Kosten der Verschmelzung
§ 189 Wirksamwerden der Verschmelzung
§ 190 Rechtsfolgen der Verschmelzung
§ 191 Verschmelzung mit Investmentaktiengesellschaften mit veränderlichem Kapital

### Abschnitt 2. Investmentvermögen gemäß der OGAW-Richtlinie

§ 192 Zulässige Vermögensgegenstände
§ 193 Wertpapiere
§ 194 Geldmarktinstrumente
§ 195 Bankguthaben
§ 196 Investmentanteile
§ 197 Gesamtgrenze; Derivate; Verordnungsermächtigung
§ 198 Sonstige Anlageinstrumente
§ 199 Kreditaufnahme
§ 200 Wertpapier-Darlehen, Sicherheiten
§ 201 Wertpapier-Darlehensvertrag
§ 202 Organisierte Wertpapier-Darlehenssysteme
§ 203 Pensionsgeschäfte

# 15 KAGB   Kapitalanlagegesetzbuch

§ 204  Verweisung; Verordnungsermächtigung
§ 205  Leerverkäufe
§ 206  Emittentengrenzen
§ 207  Erwerb von Anteilen an Investmentvermögen
§ 208  Erweiterte Anlagegrenzen
§ 209  Wertpapierindex-OGAW
§ 210  Emittentenbezogene Anlagegrenzen
§ 211  Überschreiten von Anlagegrenzen
§ 212  Bewerter; Häufigkeit der Bewertung und Berechnung
§ 213  Umwandlung von inländischen OGAW

### Abschnitt 3. Offene inländische Publikums-AIF
#### Unterabschnitt 1. Allgemeine Vorschriften für offene inländische Publikums-AIF

§ 214  Risikomischung, Arten
§ 215  Begrenzung von Leverage durch die Bundesanstalt
§ 216  Bewerter
§ 217  Häufigkeit der Bewertung und Berechnung; Offenlegung

#### Unterabschnitt 2. Gemischte Investmentvermögen

§ 218  Gemischte Investmentvermögen
§ 219  Zulässige Vermögensgegenstände, Anlagegrenzen

#### Unterabschnitt 3. Sonstige Investmentvermögen

§ 220  Sonstige Investmentvermögen
§ 221  Zulässige Vermögensgegenstände, Anlagegrenzen, Kreditaufnahme
§ 222  Mikrofinanzinstitute
§ 223  Sonderregelungen für die Ausgabe und Rücknahme von Anteilen oder Aktien
§ 224  Angaben im Verkaufsprospekt und in den Anlagebedingungen

#### Unterabschnitt 4. Dach-Hedgefonds

§ 225  Dach-Hedgefonds
§ 226  Auskunftsrecht der Bundesanstalt
§ 227  Rücknahme
§ 228  Verkaufsprospekt
§ 229  Anlagebedingungen

#### Unterabschnitt 5. Immobilien-Sondervermögen

§ 230  Immobilien-Sondervermögen
§ 231  Zulässige Vermögensgegenstände; Anlagegrenzen
§ 232  Erbbaurechtsbestellung
§ 233  Vermögensgegenstände in Drittstaaten; Währungsrisiko
§ 234  Beteiligung an Immobilien-Gesellschaften
§ 235  Anforderungen an die Immobilien-Gesellschaften
§ 236  Erwerb der Beteiligung; Wertermittlung durch Abschlussprüfer
§ 237  Umfang der Beteiligung; Anlagegrenzen
§ 238  Beteiligungen von Immobilien-Gesellschaften an Immobilien-Gesellschaften
§ 239  Verbot und Einschränkung von Erwerb und Veräußerung
§ 240  Darlehensgewährung an Immobilien-Gesellschaften
§ 241  Zahlungen, Überwachung durch die Verwahrstelle
§ 242  Wirksamkeit eines Rechtsgeschäfts
§ 243  Risikomischung
§ 244  Anlaufzeit
§ 245  Treuhandverhältnis
§ 246  Verfügungsbeschränkung
§ 247  Vermögensaufstellung
§ 248  Sonderregeln für die Bewertung
§ 249  Sonderregeln für das Bewertungsverfahren
§ 250  Sonderregeln für den Bewerter
§ 251  Sonderregeln für die Häufigkeit der Bewertung
§ 252  Ertragsverwendung
§ 253  Liquiditätsvorschriften
§ 254  Kreditaufnahme
§ 255  Sonderregeln für die Ausgabe und Rücknahme von Anteilen
§ 256  Zusätzliche Angaben im Verkaufsprospekt und in den Anlagebedingungen

# Kapitalanlagegesetzbuch KAGB 15

§ 257 Aussetzung der Rücknahme
§ 258 Aussetzung nach Kündigung
§ 259 Beschlüsse der Anleger
§ 260 Veräußerung und Belastung von Vermögensgegenständen

### Abschnitt 4. Geschlossene inländische Publikums-AIF
§ 261 Zulässige Vermögensgegenstände, Anlagegrenzen
§ 262 Risikomischung
§ 263 Beschränkung von Leverage und Belastung
§ 264 Verfügungsbeschränkung
§ 265 Leerverkäufe
§ 266 Anlagebedingungen
§ 267 Genehmigung der Anlagebedingungen
§ 268 Erstellung von Verkaufsprospekt und wesentlichen Anlegerinformationen
§ 269 Mindestangaben im Verkaufsprospekt
§ 270 Inhalt, Form und Gestaltung der wesentlichen Anlegerinformationen
§ 271 Bewertung, Bewertungsverfahren, Bewerter
§ 272 Häufigkeit der Bewertung und Berechnung; Offenlegung

## Kapitel 3. Inländische Spezial-AIF
### Abschnitt 1. Allgemeine Vorschriften für inländische Spezial-AIF
§ 273 Anlagebedingungen
§ 274 Begrenzung von Leverage
§ 275 Belastung
§ 276 Leerverkäufe
§ 277 Übertragung von Anteilen oder Aktien

### Abschnitt 2. Vorschriften für offene inländische Spezial-AIF
#### Unterabschnitt 1. Allgemeine Vorschriften für offene inländische Spezial-AIF
§ 278 Bewertung, Bewertungsverfahren und Bewerter
§ 279 Häufigkeit der Bewertung, Offenlegung
§ 280 Master-Feeder-Strukturen
§ 281 Verschmelzung

#### Unterabschnitt 2. Besondere Vorschriften für allgemeine offene inländische Spezial-AIF
§ 282 Anlageobjekte, Anlagegrenzen

#### Unterabschnitt 3. Besondere Vorschriften für Hedgefonds
§ 283 Hedgefonds

#### Unterabschnitt 4. Besondere Vorschriften für offene inländische Spezial-AIF mit festen Anlagebedingungen
§ 284 Anlagebedingungen, Anlagegrenzen

### Abschnitt 3. Vorschriften für geschlossene inländische Spezial-AIF
#### Unterabschnitt 1. Allgemeine Vorschriften für geschlossene inländische Spezial-AIF
§ 285 Anlageobjekte
§ 286 Bewertung, Bewertungsverfahren und Bewerter; Häufigkeit der Bewertung

#### Unterabschnitt 2. Besondere Vorschriften für AIF, die die Kontrolle über nicht börsennotierte Unternehmen und Emittenten erlangen
§ 287 Geltungsbereich
§ 288 Erlangen von Kontrolle
§ 289 Mitteilungspflichten
§ 290 Offenlegungspflicht bei Erlangen der Kontrolle
§ 291 Besondere Vorschriften hinsichtlich des Jahresabschlusses und des Lageberichts
§ 292 Zerschlagen von Unternehmen

## Kapitel 4. Vorschriften für den Vertrieb und den Erwerb von Investmentvermögen
### Abschnitt 1. Vorschriften für den Vertrieb und den Erwerb von Investmentvermögen
#### Unterabschnitt 1. Allgemeine Vorschriften für den Vertrieb und den Erwerb von Investmentvermögen
§ 293 Allgemeine Vorschriften
§ 294 Auf den Vertrieb und den Erwerb von OGAW anwendbare Vorschriften
§ 295 Auf den Vertrieb und den Erwerb von AIF anwendbare Vorschriften
§ 296 Vereinbarungen mit Drittstaaten zur OGAW-Konformität

# 15 KAGB  Kapitalanlagegesetzbuch

Unterabschnitt 2. Vorschriften für den Vertrieb und den Erwerb von AIF in Bezug auf Privatanleger und für den Vertrieb und den Erwerb von OGAW

§ 297 Verkaufsunterlagen und Hinweispflichten
§ 298 Veröffentlichungspflichten und laufende Informationspflichten für EU-OGAW
§ 299 Veröffentlichungspflichten und laufende Informationspflichten für EU-AIF und ausländische AIF
§ 300 Zusätzliche Informationspflichten bei AIF
§ 301 Sonstige Veröffentlichungspflichten
§ 302 Werbung
§ 303 Maßgebliche Sprachfassung
§ 304 Kostenvorausbelastung
§ 305 Widerrufsrecht
§ 306 Prospekthaftung und Haftung für die wesentlichen Anlegerinformationen

Unterabschnitt 3. Vorschriften für den Vertrieb und den Erwerb von AIF in Bezug auf semiprofessionelle und professionelle Anleger

§ 307 Informationspflichten gegenüber semiprofessionellen und professionellen Anlegern und Haftung
§ 308 Sonstige Informationspflichten

Abschnitt 2. Vertriebsanzeige und Vertriebsuntersagung für OGAW
Unterabschnitt 1. Anzeigeverfahren beim Vertrieb von EU-OGAW im Inland

§ 309 Pflichten beim Vertrieb von EU-OGAW im Inland
§ 310 Anzeige zum Vertrieb von EU-OGAW im Inland
§ 311 Untersagung und Einstellung des Vertriebs von EU-OGAW

Unterabschnitt 2. Anzeigeverfahren für den Vertrieb von inländischen OGAW in anderen Mitgliedstaaten der Europäischen Union oder in Vertragsstaaten des Abkommens über den Europäischen Wirtschaftsraum

§ 312 Anzeigepflicht; Verordnungsermächtigung
§ 313 Veröffentlichungspflichten

Abschnitt 3. Anzeige, Einstellung und Untersagung des Vertriebs von AIF

§ 314 Untersagung des Vertriebs
§ 315 Einstellung des Vertriebs von AIF

Unterabschnitt 1. Anzeigeverfahren für den Vertrieb von Publikums-AIF, von EU-AIF oder von ausländischen AIF an Privatanleger

§ 316 Anzeigepflicht einer AIF-Kapitalverwaltungsgesellschaft beim beabsichtigten Vertrieb von inländischen Publikums-AIF im Inland
§ 317 Zulässigkeit des Vertriebs von EU-AIF oder von ausländischen AIF an Privatanleger
§ 318 Verkaufsprospekt und wesentliche Anlegerinformationen beim Vertrieb von EU-AIF oder von ausländischen AIF an Privatanleger
§ 319 Vertretung der Gesellschaft, Gerichtsstand beim Vertrieb von EU-AIF oder von ausländischen AIF an Privatanleger
§ 320 Anzeigepflicht beim beabsichtigten Vertrieb von EU-AIF oder von ausländischen AIF an Privatanleger im Inland

Unterabschnitt 2. Anzeigeverfahren für den Vertrieb von AIF an semiprofessionelle Anleger und professionelle Anleger im Inland

§ 321 Anzeigepflicht einer AIF-Kapitalverwaltungsgesellschaft beim beabsichtigten Vertrieb von EU-AIF oder von inländischen Spezial-AIF an semiprofessionelle und professionelle Anleger im Inland
§ 322 Anzeigepflicht einer AIF-Kapitalverwaltungsgesellschaft beim beabsichtigten Vertrieb von ausländischen AIF oder von inländischen Spezial-Feeder-AIF oder EU-Feeder-AIF, deren jeweiliger Master-AIF kein EU-AIF oder inländischer AIF ist, der von einer EU-AIF-Verwaltungsgesellschaft oder einer AIF-Kapitalverwaltungsgesellschaft verwaltet wird, an semiprofessionelle und professionelle Anleger im Inland
§ 323 Anzeigepflicht einer EU-AIF-Verwaltungsgesellschaft beim beabsichtigten Vertrieb von EU-AIF oder von inländischen Spezial-AIF an semiprofessionelle und professionelle Anleger im Inland
§ 324 Anzeigepflicht einer EU-AIF-Verwaltungsgesellschaft beim beabsichtigten Vertrieb von ausländischen AIF oder von inländischen Spezial-Feeder-AIF oder EU-Feeder-AIF, deren jeweiliger Master-AIF kein EU-AIF oder inländischer AIF ist, der von einer EU-AIF-

| | Verwaltungsgesellschaft oder einer AIF-Kapitalverwaltungsgesellschaft verwaltet wird, an semiprofessionelle und professionelle Anleger im Inland |
|---|---|
| § 325 | Anzeigepflicht einer ausländischen AIF-Verwaltungsgesellschaft, deren Referenzmitgliedstaat die Bundesrepublik Deutschland ist, beim beabsichtigten Vertrieb von EU-AIF oder von inländischen Spezial-AIF an semiprofessionelle und professionelle Anleger im Inland |
| § 326 | Anzeigepflicht einer ausländischen AIF-Verwaltungsgesellschaft, deren Referenzmitgliedstaat die Bundesrepublik Deutschland ist, beim beabsichtigten Vertrieb von ausländischen AIF an semiprofessionelle und professionelle Anleger im Inland |
| § 327 | Anzeigepflicht einer ausländischen AIF-Verwaltungsgesellschaft, deren Referenzmitgliedstaat nicht die Bundesrepublik Deutschland ist, beim beabsichtigten Vertrieb von EU-AIF oder von inländischen Spezial-AIF an semiprofessionelle und professionelle Anleger im Inland |
| § 328 | Anzeigepflicht einer ausländischen AIF-Verwaltungsgesellschaft, deren Referenzmitgliedstaat nicht die Bundesrepublik Deutschland ist, beim beabsichtigten Vertrieb von ausländischen AIF an semiprofessionelle und professionelle Anleger im Inland |
| § 329 | Anzeigepflicht einer EU-AIF-Verwaltungsgesellschaft oder einer AIF-Kapitalverwaltungsgesellschaft beim beabsichtigten Vertrieb von von ihr verwalteten inländischen Spezial-Feeder-AIF oder EU-Feeder-AIF, deren jeweiliger Master-AIF kein EU-AIF oder inländischer AIF ist, der von einer EU-AIF-Verwaltungsgesellschaft oder einer AIF-Kapitalverwaltungsgesellschaft verwaltet wird, oder ausländischen AIF an semiprofessionelle und professionelle Anleger im Inland |
| § 330 | Anzeigepflicht einer ausländischen AIF-Verwaltungsgesellschaft beim beabsichtigten Vertrieb von von ihr verwalteten ausländischen AIF oder EU-AIF an semiprofessionelle und professionelle Anleger im Inland |
| § 330a | Anzeigepflicht von EU-AIF-Verwaltungsgesellschaften, die die Bedingungen nach Artikel 3 Absatz 2 der Richtlinie 2011/61/EU erfüllen, beim beabsichtigten Vertrieb von AIF an professionelle und semiprofessionelle Anleger im Inland |

Unterabschnitt 3. Anzeigeverfahren für den Vertrieb von AIF an professionelle Anleger in anderen Mitgliedstaaten der Europäischen Union und in anderen Vertragsstaaten des Abkommens über den Europäischen Wirtschaftsraum

| § 331 | Anzeigepflicht einer AIF-Kapitalverwaltungsgesellschaft beim Vertrieb von EU-AIF oder inländischen AIF an professionelle Anleger in anderen Mitgliedstaaten der Europäischen Union oder in anderen Vertragsstaaten des Abkommens über den Europäischen Wirtschaftsraum; Verordnungsermächtigung |
|---|---|
| § 332 | Anzeigepflicht einer AIF-Kapitalverwaltungsgesellschaft beim Vertrieb von ausländischen AIF oder von inländischen Feeder-AIF oder EU-Feeder-AIF, deren jeweiliger Master-AIF kein EU-AIF oder inländischer AIF ist, der von einer EU-AIF-Verwaltungsgesellschaft oder einer AIF-Kapitalverwaltungsgesellschaft verwaltet wird, an professionelle Anleger in anderen Mitgliedstaaten der Europäischen Union oder in anderen Vertragsstaaten des Abkommens über den Europäischen Wirtschaftsraum |
| § 333 | Anzeigepflicht einer ausländischen AIF-Verwaltungsgesellschaft, deren Referenzmitgliedstaat die Bundesrepublik Deutschland ist, beim Vertrieb von EU-AIF oder von inländischen AIF an professionelle Anleger in anderen Mitgliedstaaten der Europäischen Union oder in anderen Vertragsstaaten des Abkommens über den Europäischen Wirtschaftsraum |
| § 334 | Anzeigepflicht einer ausländischen AIF-Verwaltungsgesellschaft, deren Referenzmitgliedstaat die Bundesrepublik Deutschland ist, beim Vertrieb von ausländischen AIF an professionelle Anleger in anderen Mitgliedstaaten der Europäischen Union oder in anderen Vertragsstaaten des Abkommens über den Europäischen Wirtschaftsraum |
| § 335 | Bescheinigung der Bundesanstalt |

Unterabschnitt 4. Verweis und Ersuchen für den Vertrieb von AIF an semiprofessionelle und professionelle Anleger

| § 336 | Verweise und Ersuchen nach Artikel 19 der Verordnung (EU) Nr. 1095/2010[1] |
|---|---|

### Kapitel 5. Europäische Risikokapitalfonds

| § 337 | Europäische Risikokapitalfonds |
|---|---|

### Kapitel 6. Europäische Fonds für soziales Unternehmertum

| § 338 | Europäische Fonds für soziales Unternehmertum |
|---|---|

---

[1] Nr. 3.

## Kapitel 7. Europäische langfristige Investmentfonds
§ 338a Europäische langfristige Investmentfonds
§ 338b Geldmarktfonds

## Kapitel 8. Straf-, Bußgeld- und Übergangsvorschriften

### Abschnitt 1. Straf- und Bußgeldvorschriften
§ 339 Strafvorschriften
§ 340 Bußgeldvorschriften
§ 341 Beteiligung der Bundesanstalt und Mitteilungen in Strafsachen
§ 341a Bekanntmachung von bestandskräftigen Maßnahmen und unanfechtbar gewordenen Bußgeldentscheidungen
§ 342 Beschwerdeverfahren

### Abschnitt 2. Übergangsvorschriften

#### Unterabschnitt 1. Allgemeine Übergangsvorschriften für AIF-Verwaltungsgesellschaften
§ 343 Übergangsvorschriften für inländische und EU-AIF-Verwaltungsgesellschaft
§ 344 Übergangsvorschriften für ausländische AIF-Verwaltungsgesellschaften und für andere Vertragsstaaten des Abkommens über den Europäischen Wirtschaftsraum
§ 344a Übergangsvorschrift zum Kleinanlegerschutzgesetz

#### Unterabschnitt 2. Besondere Übergangsvorschriften für offene AIF und für AIF-Verwaltungsgesellschaften, die offene AIF verwalten
§ 345 Übergangsvorschriften für offene AIF und AIF-Verwaltungsgesellschaften, die offene AIF verwalten, die bereits nach dem Investmentgesetz reguliert waren
§ 346 Besondere Übergangsvorschriften für Immobilien-Sondervermögen
§ 347 Besondere Übergangsvorschriften für Altersvorsorge-Sondervermögen
§ 348 Besondere Übergangsvorschriften für Gemischte Sondervermögen und Gemischte Investmentaktiengesellschaften
§ 349 Besondere Übergangsvorschriften für Sonstige Sondervermögen und Sonstige Investmentaktiengesellschaften
§ 350 Besondere Übergangsvorschriften für Hedgefonds und offene Spezial-AIF
§ 351 Übergangsvorschriften für offene AIF und für AIF-Verwaltungsgesellschaften, die offene AIF verwalten, die nicht bereits nach dem Investmentgesetz reguliert waren
§ 352 Übergangsvorschrift zu § 127 des Investmentgesetzes

#### Unterabschnitt 3. Besondere Übergangsvorschriften für AIF-Verwaltungsgesellschaften, die geschlossene AIF verwalten, und für geschlossene AIF
§ 352a Definition von geschlossenen AIF im Sinne von § 353
§ 353 Besondere Übergangsvorschriften für AIF-Verwaltungsgesellschaften, die geschlossene AIF verwalten, und für geschlossene AIF
§ 353a Übergangsvorschriften zu den §§ 261, 262 und 263
§ 353b Übergangsvorschriften zu § 285 Absatz 3
§ 354 Übergangsvorschrift zu § 342 Absatz 3

#### Unterabschnitt 4. Übergangsvorschriften für OGAW-Verwaltungsgesellschaften und OGAW
§ 355 Übergangsvorschriften für OGAW-Verwaltungsgesellschaften und OGAW

#### Unterabschnitt 5. Sonstige Übergangsvorschriften
§ 356 Übergangsvorschriften zum Bilanzrichtlinie-Umsetzungsgesetz
§ 357 Übergangsvorschrift zu § 100a
§ 358 Übergangsvorschriften zu § 95 Absatz 1 und § 97 Absatz 1
§ 359 Übergangsvorschrift zu § 26 Absatz 7 Satz 3, § 82 Absatz 6 Satz 2 und § 85 Absatz 5 Satz 4
§ 360 Übergangsvorschrift zum Gesetz zur weiteren Ausführung der EU-Prospektverordnung und zur Änderung von Finanzmarktgesetzen

# Kapitel 1. Allgemeine Bestimmungen für Investmentvermögen und Verwaltungsgesellschaften

## Abschnitt 1. Allgemeine Vorschriften

**§ 1 Begriffsbestimmungen.** (1) [1] Investmentvermögen ist jeder Organismus für gemeinsame Anlagen, der von einer Anzahl von Anlegern Kapital einsammelt, um es gemäß einer festgelegten Anlagestrategie zum Nutzen dieser

Anleger zu investieren und der kein operativ tätiges Unternehmen außerhalb des Finanzsektors ist. ²Eine Anzahl von Anlegern im Sinne des Satzes 1 ist gegeben, wenn die Anlagebedingungen, die Satzung oder der Gesellschaftsvertrag des Organismus für gemeinsame Anlagen die Anzahl möglicher Anleger nicht auf einen Anleger begrenzen.

(2) Organismen für gemeinsame Anlagen in Wertpapieren (OGAW) sind Investmentvermögen, die die Anforderungen der Richtlinie 2009/65/EG des Europäischen Parlamentes und des Rates vom 13. Juli 2009 zur Koordinierung der Rechts- und Verwaltungsvorschriften betreffend bestimmte Organismen für gemeinsame Anlagen in Wertpapieren (OGAW) (ABl. L 302 vom 17.11.2009, S. 1), die zuletzt durch die Richtlinie 2014/91/EU (ABl. L 257 vom 28.8.2014, S. 186) geändert worden ist, erfüllen.

(3) Alternative Investmentfonds (AIF) sind alle Investmentvermögen, die keine OGAW sind.

(4) Offene Investmentvermögen sind

1. OGAW und

2. AIF, die die Voraussetzungen von Artikel 1 Absatz 2 der Delegierten Verordnung (EU) Nr. 694/2014 der Kommission vom 17. Dezember 2013 zur Ergänzung der Richtlinie 2011/61/EU des Europäischen Parlaments und des Rates im Hinblick auf technische Regulierungsstandards zur Bestimmung der Arten von Verwaltern alternativer Investmentfonds (ABl. L 183 vom 24.6.2014, S. 18) erfüllen.

(5) Geschlossene AIF sind alle AIF, die keine offenen AIF sind.

(6) ¹Spezial-AIF sind AIF, deren Anteile auf Grund von schriftlichen Vereinbarungen mit der Verwaltungsgesellschaft oder auf Grund der konstituierenden Dokumente des AIF nur erworben werden dürfen von

1. professionellen Anlegern im Sinne des Absatzes 19 Nummer 32 und

2. semiprofessionellen Anlegern im Sinne des Absatzes 19 Nummer 33; ein Anleger, der kraft Gesetzes Anteile an einem Spezial-AIF erwirbt, gilt als semiprofessioneller Anleger im Sinne des Absatzes 19 Nummer 33.

²Alle übrigen Investmentvermögen sind Publikumsinvestmentvermögen.

(7) Inländische Investmentvermögen sind Investmentvermögen, die dem inländischen Recht unterliegen.

(8) EU-Investmentvermögen sind Investmentvermögen, die dem Recht eines anderen Mitgliedstaates der Europäischen Union oder eines anderen Vertragsstaates des Abkommens über den Europäischen Wirtschaftsraum unterliegen.

(9) Ausländische AIF sind AIF, die dem Recht eines Drittstaates unterliegen.

(10) Sondervermögen sind inländische offene Investmentvermögen in Vertragsform, die von einer Verwaltungsgesellschaft für Rechnung der Anleger nach Maßgabe dieses Gesetzes und den Anlagebedingungen, nach denen sich das Rechtsverhältnis der Verwaltungsgesellschaft zu den Anlegern bestimmt, verwaltet werden.

(11) Investmentgesellschaften sind Investmentvermögen in der Rechtsform einer Investmentaktiengesellschaft oder Investmentkommanditgesellschaft.

(12) Intern verwaltete Investmentgesellschaften sind Investmentgesellschaften, die keine externe Verwaltungsgesellschaft bestellt haben.

(13) Extern verwaltete Investmentgesellschaften sind Investmentgesellschaften, die eine externe Verwaltungsgesellschaft bestellt haben.

(14) ¹ Verwaltungsgesellschaften sind AIF-Verwaltungsgesellschaften und OGAW-Verwaltungsgesellschaften. ² AIF-Verwaltungsgesellschaften sind AIF-Kapitalverwaltungsgesellschaften, EU-AIF-Verwaltungsgesellschaften und ausländische AIF-Verwaltungsgesellschaften. ³ OGAW-Verwaltungsgesellschaften sind OGAW-Kapitalverwaltungsgesellschaften und EU-OGAW-Verwaltungsgesellschaften.

(15) OGAW-Kapitalverwaltungsgesellschaften sind Kapitalverwaltungsgesellschaften gemäß § 17, die mindestens einen OGAW verwalten oder zu verwalten beabsichtigen.

(16) AIF-Kapitalverwaltungsgesellschaften sind Kapitalverwaltungsgesellschaften gemäß § 17, die mindestens einen AIF verwalten oder zu verwalten beabsichtigen.

(17) EU-Verwaltungsgesellschaften sind Unternehmen mit Sitz in einem anderen Mitgliedstaat der Europäischen Union oder einem anderen Vertragsstaat des Abkommens über den Europäischen Wirtschaftsraum, die den Anforderungen

1. an eine Verwaltungsgesellschaft oder an eine intern verwaltete Investmentgesellschaft im Sinne der Richtlinie 2009/65/EG oder

2. an einen Verwalter alternativer Investmentfonds im Sinne der Richtlinie 2011/61/EU des Europäischen Parlaments und des Rates vom 8. Juni 2011 über die Verwalter alternativer Investmentfonds und zur Änderung der Richtlinien 2003/41/EG und 2009/65/EG und der Verordnungen (EG) Nr. 1060/2009 und (EU) Nr. 1095/2010 (ABl. L 174 vom 1.7.2011, S. 1)

entsprechen.

(18) Ausländische AIF-Verwaltungsgesellschaften sind Unternehmen mit Sitz in einem Drittstaat, die den Anforderungen an einen Verwalter alternativer Investmentfonds im Sinne der Richtlinie 2011/61/EU entsprechen.

(19) Die folgenden Begriffe werden für die Zwecke dieses Gesetzes wie folgt bestimmt:

1. ¹ Anfangskapital sind

   a) bei Aktiengesellschaften das eingezahlte Grundkapital ohne die Aktien, die mit einem nachzuzahlenden Vorzug bei der Verteilung des Gewinns ausgestattet sind (Vorzugsaktien), und die Rücklagen,

   b) bei Gesellschaften mit beschränkter Haftung das eingezahlte Stammkapital und die Rücklagen,

   c) bei Kommanditgesellschaften das eingezahlte Geschäftskapital und die Rücklagen nach Abzug der Entnahmen der persönlich haftenden Gesellschafter und der diesen gewährten Kredite.

   ² Als Rücklagen im Sinne der Buchstaben a bis c gelten die Posten im Sinne des Artikels 26 Absatz 1 Buchstabe b bis d in Verbindung mit Artikel 26 Absatz 2 bis 4 der Verordnung (EU) Nr. 575/2013 des Europäischen Parlaments und des Rates vom 26. Juni 2013 über Aufsichtsanforderungen an Kreditinstitute und Wertpapierfirmen und zur Änderung der Verordnung (EU) Nr. 646/2012 (ABl. L 176 vom 27.6.2013, S. 1).

2. Arbeitnehmervertreter sind Vertreter der Arbeitnehmer im Sinne von Artikel 2 Buchstabe e der Richtlinie 2002/14/EG des Europäischen Parlaments und des Rates vom 11. März 2002 zur Festlegung eines allgemeinen Rahmens für die Unterrichtung und Anhörung der Arbeitnehmer in der Europäischen Gemeinschaft (ABl. L 80 vom 23.3.2002, S. 29).

3. Aufnahmemitgliedstaat einer OGAW-Kapitalverwaltungsgesellschaft ist ein anderer Mitgliedstaat der Europäischen Union oder ein anderer Vertragsstaat des Abkommens über den Europäischen Wirtschaftsraum, in dem eine OGAW-Kapitalverwaltungsgesellschaft
   a) eine Zweigniederlassung unterhält oder im Wege des grenzüberschreitenden Dienstleistungsverkehrs tätig wird, oder
   b) die Absicht anzeigt, Anteile an einem inländischen OGAW-Investmentvermögen zu vertreiben.

4. Aufnahmemitgliedstaat einer AIF-Kapitalverwaltungsgesellschaft ist ein anderer Mitgliedstaat der Europäischen Union oder ein anderer Vertragsstaat des Abkommens über den Europäischen Wirtschaftsraum, in dem eine AIF-Kapitalverwaltungsgesellschaft
   a) einen EU-AIF verwaltet oder Dienstleistungen-[1] und Nebendienstleistungen nach Artikel 6 Absatz 4 der Richtlinie 2011/61/EU erbringt oder
   b) Anteile oder Aktien an einem AIF vertreibt.

5. Drittstaaten sind alle Staaten, die nicht Mitgliedstaat der Europäischen Union oder anderer Vertragsstaat des Abkommens über den Europäischen Wirtschaftsraum sind.

6. [1] Eine bedeutende Beteiligung besteht, wenn unmittelbar oder mittelbar oder im Zusammenwirken mit anderen Personen oder Unternehmen mindestens 10 Prozent des Kapitals oder der Stimmrechte einer Verwaltungsgesellschaft im Eigen- oder Fremdinteresse gehalten werden oder wenn auf die Geschäftsführung einer Verwaltungsgesellschaft ein maßgeblicher Einfluss ausgeübt werden kann. [2] Für die Berechnung des Anteils der Stimmrechte gelten § 34 Absatz 1 und 2, § 35 Absatz 1 und 2 in Verbindung mit der Rechtsverordnung nach Absatz 6 und § 36 des Wertpapierhandelsgesetzes[2] entsprechend. [3] Die mittelbar gehaltenen Beteiligungen sind den mittelbar beteiligten Personen und Unternehmen in vollem Umfang zuzurechnen.

7. Carried interest ist der Anteil an den Gewinnen des AIF, den eine AIF-Verwaltungsgesellschaft als Vergütung für die Verwaltung des AIF erhält; der carried interest umfasst nicht den Anteil der AIF-Verwaltungsgesellschaft an den Gewinnen des AIF, den die AIF-Verwaltungsgesellschaft als Gewinn für Anlagen der AIF-Verwaltungsgesellschaft in den AIF bezieht.

8. Dauerhafter Datenträger ist jedes Medium, das den Anlegern gestattet, Informationen für eine den Zwecken der Informationen angemessene Dauer zu speichern, einzusehen und unverändert wiederzugeben.

9. [1] Eigenmittel sind Eigenmittel gemäß Artikel 72 der Verordnung (EU) Nr. 575/2013. [2] Wenn Zweck einer Kapitalüberlassung die Überlassung solcher Eigenmittel ist, sind die §§ 313 und 314 des Bürgerlichen Gesetz-

---

[1] Bindestrich amtlich.
[2] Nr. 12.

buchs und § 297 Absatz 1, § 304 Absatz 4 und § 305 Absatz 5 Satz 4 des Aktiengesetzes nicht anzuwenden.

10. Eine enge Verbindung besteht, wenn eine Kapitalverwaltungsgesellschaft oder eine extern verwaltete Investmentgesellschaft und eine andere natürliche oder juristische Person verbunden sind
   a) durch das unmittelbare oder mittelbare Halten durch ein oder mehrere Tochterunternehmen oder Treuhänder von mindestens 20 Prozent des Kapitals oder der Stimmrechte oder
   b) als Mutter- und Tochterunternehmen, durch ein gleichartiges Verhältnis oder als Schwesterunternehmen.

11. Feederfonds sind Sondervermögen, Investmentaktiengesellschaften mit veränderlichem Kapital, Teilgesellschaftsvermögen einer Investmentaktiengesellschaft mit veränderlichem Kapital oder EU-OGAW, die mindestens 85 Prozent ihres Vermögens in einem Masterfonds anlegen.

12. Masterfonds sind OGAW oder Sonstige Investmentvermögen gemäß § 220, die Anteile an mindestens einen Feederfonds ausgegeben haben, selbst keine Feederfonds sind und keine Anteile eines Feederfonds halten.

13. Feeder-AIF bezeichnet einen AIF, der
   a) mindestens 85 Prozent seines Wertes in Anteilen eines Master-AIF anlegt, oder
   b) mindestens 85 Prozent seines Wertes in mehr als einem Master-AIF anlegt, die jeweils identische Anlagestrategien verfolgen, oder
   c) anderweitig ein Engagement von mindestens 85 Prozent seines Wertes in einem Master-AIF hat.

14. Master-AIF sind AIF, an dem ein Feeder-AIF Anteile hält.

15. Geschäftsleiter sind diejenigen natürlichen Personen, die nach Gesetz, Satzung oder Gesellschaftsvertrag zur Führung der Geschäfte und zur Vertretung einer Kapitalverwaltungsgesellschaft berufen sind sowie diejenigen natürlichen Personen, die die Geschäfte der Kapitalverwaltungsgesellschaft tatsächlich leiten.

16. Gesetzlicher Vertreter einer ausländischen AIF-Verwaltungsgesellschaft ist jede natürliche Person mit Wohnsitz in der Europäischen Union oder in einem anderen Vertragsstaat des Abkommens über den Europäischen Wirtschaftsraum oder jede juristische Person mit satzungsmäßigem Sitz oder satzungsmäßiger Zweigniederlassung in der Europäischen Union oder in einem anderen Vertragsstaat des Abkommens über den Europäischen Wirtschaftsraum, die von einer ausländischen AIF-Verwaltungsgesellschaft ausdrücklich dazu ernannt worden ist, im Namen dieser ausländischen AIF-Verwaltungsgesellschaft gegenüber Behörden, Kunden, Einrichtungen und Gegenparteien der ausländischen AIF-Verwaltungsgesellschaft in der Europäischen Union oder in einem anderen Vertragsstaat des Abkommens über den Europäischen Wirtschaftsraum hinsichtlich der Verpflichtungen der ausländischen AIF-Verwaltungsgesellschaft nach der Richtlinie 2011/61/EU zu handeln.

17. Herkunftsmitgliedstaat des OGAW ist der Mitgliedstaat der Europäischen Union oder der Vertragsstaat des Abkommens über den Europäischen Wirtschaftsraum, in dem der OGAW zugelassen wurde.

18. Herkunftsmitgliedstaat des AIF ist

a) der Mitgliedstaat der Europäischen Union oder der Vertragsstaat des Abkommens über den Europäischen Wirtschaftsraum, in dem der AIF zugelassen oder registriert ist, oder im Fall der mehrfachen Zulassung oder Registrierung der Mitgliedstaat oder der Vertragsstaat, in dem der AIF zum ersten Mal zugelassen oder registriert wurde, oder

b) für den Fall, dass der AIF in keinem Mitgliedstaat der Europäischen Union oder keinem Vertragsstaat des Abkommens über den Europäischen Wirtschaftsraum zugelassen oder registriert ist, der Mitgliedstaat der Europäischen Union oder der Vertragsstaat des Abkommens über den Europäischen Wirtschaftsraum, in dem der AIF seinen Sitz oder seine Hauptverwaltung hat.

19. Herkunftsmitgliedstaat der OGAW-Verwaltungsgesellschaft ist der Mitgliedsstaat der Europäischen Union oder der Vertragsstaat des Abkommens über den Europäischen Wirtschaftsraum, in dem die OGAW-Verwaltungsgesellschaft ihren Sitz hat.

20. Herkunftsmitgliedstaat der AIF-Verwaltungsgesellschaft ist,

a) im Fall einer EU-AIF-Verwaltungsgesellschaft oder einer AIF-Kapitalverwaltungsgesellschaft der Mitgliedstaat der Europäischen Union oder der Vertragsstaat des Abkommens über den Europäischen Wirtschaftsraum, in dem diese AIF-Verwaltungsgesellschaft ihren satzungsmäßigen Sitz hat,

b) im Fall einer ausländischen AIF-Verwaltungsgesellschaft der Referenzmitgliedstaat im Sinne von Artikel 37 der Richtlinie 2011/61/EU.

21. Immobilien sind Grundstücke, grundstücksgleiche Rechte und vergleichbare Rechte nach dem Recht anderer Staaten. Als grundstücksgleiche Rechte im Sinne von Satz 1 gelten auch Nießbrauchrechte im Sinne des § 231 Absatz 1 Satz 1 Nummer 6.

22. Immobilien-Gesellschaften sind Gesellschaften, die nach dem Gesellschaftsvertrag oder der Satzung nur Immobilien sowie die zur Bewirtschaftung der Immobilien erforderlichen Gegenstände erwerben dürfen.

23. Immobilien-Sondervermögen sind Sondervermögen, die nach den Anlagebedingungen das bei ihnen eingelegte Geld in Immobilien anlegen.

24. Kollektive Vermögensverwaltung umfasst die Portfolioverwaltung, das Risikomanagement, administrative Tätigkeiten, den Vertrieb von eigenen Investmentanteilen sowie bei AIF Tätigkeiten im Zusammenhang mit den Vermögensgegenständen des AIF.

25. [1] Leverage ist jede Methode, mit der die Verwaltungsgesellschaft den Investitionsgrad eines von ihr verwalteten Investmentvermögens durch Kreditaufnahme, Wertpapier-Darlehen, in Derivate eingebettete Hebelfinanzierungen oder auf andere Weise erhöht. [2] Kriterien

a) zur Festlegung der Methoden für Leverage von AIF, einschließlich jeglicher Finanz- oder Rechtsstrukturen, an denen Dritte beteiligt sind, die von dem betreffenden AIF kontrolliert werden, und

b) darüber, wie Leverage von AIF zu berechnen ist,

ergeben sich aus den Artikeln 6 bis 11 der Delegierten Verordnung (EU) Nr. 231/2013 der Kommission vom 19. Dezember 2012 zur Ergänzung der Richtlinie 2011/61/EU des Europäischen Parlaments und des Rates im Hinblick auf Ausnahmen, die Bedingungen für die Ausübung der

Tätigkeit, Verwahrstellen, Hebelfinanzierung, Transparenz und Beaufsichtigung (ABl. L 83 vom 22.3.2013, S. 1).
26. Mutterunternehmen sind Unternehmen, die Mutterunternehmen im Sinne des § 290 des Handelsgesetzbuchs sind.
27. Nicht börsennotiertes Unternehmen ist ein Unternehmen, das seinen satzungsmäßigen Sitz in der Europäischen Union oder in einem anderen Vertragsstaat des Abkommens über den Europäischen Wirtschaftsraum hat und dessen Anteile nicht zum Handel auf einem geregelten Markt im Sinne des Artikels 4 Absatz 1 Nummer 21 der Richtlinie 2014/65/EU[1] des Europäischen Parlaments und des Rates vom 15. Mai 2014 über Märkte für Finanzinstrumente sowie zur Änderung der Richtlinien 2002/92/EG und 2011/61/EU (ABl. L 173 vom 12.6.2014, S. 349; L 74 vom 18.3.2015, S. 38; L 188 vom 13.7.2016, S. 28; L 273 vom 8.10.2016, S. 35; L 64 vom 10.3.2017, S. 116), die zuletzt durch die Richtlinie (EU) 2016/1034 (ABl. L 175 vom 30.6.2016, S. 8) geändert worden ist, zugelassen sind.
28. ÖPP-Projektgesellschaften sind im Rahmen Öffentlich-Privater Partnerschaften tätige Gesellschaften, die nach dem Gesellschaftsvertrag oder der Satzung zu dem Zweck gegründet wurden, Anlagen oder Bauwerke zu errichten, zu sanieren, zu betreiben oder zu bewirtschaften, die der Erfüllung öffentlicher Aufgaben dienen.
29. Organisierter Markt ist ein Markt, der anerkannt und für das Publikum offen ist und dessen Funktionsweise ordnungsgemäß ist, sofern nicht ausdrücklich etwas anderes bestimmt ist.
30. Primebroker ist ein Kreditinstitut im Sinne des Artikels 4 Absatz 1 Nummer 1 der Verordnung (EU) Nr. 575/2013, eine Wertpapierfirma im Sinne des Artikels 4 Absatz 1 Nummer 1 der Richtlinie 2014/65/EU oder eine andere Einheit, die einer Regulierungsaufsicht und ständigen Überwachung unterliegt und professionellen Anlegern Dienstleistungen anbietet, in erster Linie, um als Gegenpartei Geschäfte mit Finanzinstrumenten im Sinne der Richtlinie 2011/61/EU zu finanzieren oder durchzuführen, und die möglicherweise auch andere Dienstleistungen wie Clearing und Abwicklung von Geschäften, Verwahrungsdienstleistungen, Wertpapier-Darlehen und individuell angepasste Technologien und Einrichtungen zur betrieblichen Unterstützung anbietet.
31. Privatanleger sind alle Anleger, die weder professionelle noch semiprofessionelle Anleger sind.
32. Professioneller Anleger ist jeder Anleger, der im Sinne von Anhang II der Richtlinie 2014/65/EU als professioneller Kunde angesehen wird oder auf Antrag als ein professioneller Kunde behandelt werden kann.
33. Semiprofessioneller Anleger ist
    a) jeder Anleger,
        aa) der sich verpflichtet, mindestens 200 000 Euro zu investieren,
        bb) der schriftlich in einem vom Vertrag über die Investitionsverpflichtung getrennten Dokument angibt, dass er sich der Risiken im Zusammenhang mit der beabsichtigten Verpflichtung oder Investition bewusst ist,

---

[1] Nr. 1.

cc) dessen Sachverstand, Erfahrungen und Kenntnisse die AIF-Verwaltungsgesellschaft oder die von ihr beauftragte Vertriebsgesellschaft bewertet, ohne von der Annahme auszugehen, dass der Anleger über die Marktkenntnisse und -erfahrungen der in Anhang II Abschnitt I der Richtlinie 2014/65/EU genannten Anleger verfügt,

dd) bei dem die AIF-Verwaltungsgesellschaft oder die von ihr beauftragte Vertriebsgesellschaft unter Berücksichtigung der Art der beabsichtigten Verpflichtung oder Investition hinreichend davon überzeugt ist, dass er in der Lage ist, seine Anlageentscheidungen selbst zu treffen und die damit einhergehenden Risiken versteht und dass eine solche Verpflichtung für den betreffenden Anleger angemessen ist, und

ee) dem die AIF-Verwaltungsgesellschaft oder die von ihr beauftragte Vertriebsgesellschaft schriftlich bestätigt, dass sie die unter Doppelbuchstabe cc genannte Bewertung vorgenommen hat und die unter Doppelbuchstabe dd genannten Voraussetzungen gegeben sind,

b) ein in § 37 Absatz 1 genannter Geschäftsleiter oder Mitarbeiter der AIF-Verwaltungsgesellschaft, sofern er in von der AIF-Verwaltungsgesellschaft verwaltete AIF investiert, oder ein Mitglied der Geschäftsführung oder des Vorstands einer extern verwalteten Investmentgesellschaft, sofern es in die extern verwaltete Investmentgesellschaft investiert,

c) jeder Anleger, der sich verpflichtet, mindestens 10 Millionen Euro in ein Investmentvermögen zu investieren,

d) jeder Anleger in der Rechtsform

aa) einer Anstalt des öffentlichen Rechts,

bb) einer Stiftung des öffentlichen Rechts oder

cc) einer Gesellschaft, an der der Bund oder ein Land mehrheitlich beteiligt ist,

wenn der Bund oder das Land zum Zeitpunkt der Investition der Anstalt, der Stiftung oder der Gesellschaft in den betreffenden Spezial-AIF investiert oder investiert ist.

34. Sitz eines

a) AIF ist der satzungsmäßige Sitz oder, falls der AIF keine eigene Rechtspersönlichkeit hat, der Staat, dessen Recht der AIF unterliegt;

b) gesetzlichen Vertreters, der eine juristische Person ist, ist der satzungsmäßige Sitz oder die Zweigniederlassung der juristischen Person;

c) gesetzlichen Vertreters, der eine natürliche Person ist, ist sein Wohnsitz.

34a. Swing Pricing ist eine Methode zur Berücksichtigung der durch den Überschuss an Rückgabe- oder Ausgabeverlangen von Anteilen oder Aktien verursachten Transaktionskosten bei der Berechnung des Nettoinventarwertes. Bei der Berechnung des Nettoinventarwertes werden die durch den Netto-Überschuss an Rückgabe- oder Ausgabeverlangen von Anteilen oder Aktien verursachten Transaktionskosten mit einbezogen (modifizierter Nettoinventarwert). Swing Pricing kann als dauerhafte Maßnahme vorgesehen werden, die bei jeder Ausgabe und Rücknahme von Anteilen oder Aktien zur Anwendung kommt (vollständiges Swing Pricing), oder als Maßnahme, die erst bei Überschreiten eines zuvor festgelegten Schwellenwertes des Netto-Überschusses greift (teilweises Swing Pricing).

35. Tochterunternehmen sind Unternehmen, die Tochterunternehmen im Sinne des § 290 des Handelsgesetzbuchs sind.

36. Verbriefungszweckgesellschaften im Sinne des § 2 Absatz 1 Nummer 7 sind Gesellschaften, deren einziger Zweck darin besteht, eine oder mehrere Verbriefungen im Sinne von Artikel 1 Absatz 2 der Verordnung (EG) Nr. 24/2009 der Europäischen Zentralbank vom 19. Dezember 2008 über die Statistik über die Aktiva und Passiva von finanziellen Mantelkapitalgesellschaften, die Verbriefungsgeschäfte betreiben (ABl. L 15 vom 20.1.2009, S. 1), und weitere zur Erfüllung dieses Zwecks geeignete Tätigkeiten durchzuführen.

37. Verschmelzungen im Sinne dieses Gesetzes sind Auflösungen ohne Abwicklung eines Sondervermögens, einer Investmentaktiengesellschaft mit veränderlichem Kapital oder einer offenen Investmentkommanditgesellschaft

   a) durch Übertragung sämtlicher Vermögensgegenstände und Verbindlichkeiten eines oder mehrerer übertragender offener Investmentvermögen auf ein anderes bestehendes übernehmendes Sondervermögen, auf einen anderen bestehenden übernehmenden EU-OGAW, auf eine andere bestehende übernehmende Investmentaktiengesellschaft mit veränderlichem Kapital oder auf eine andere bestehende übernehmende offene Investmentkommanditgesellschaft (Verschmelzung durch Aufnahme) oder

   b) durch Übertragung sämtlicher Vermögensgegenstände und Verbindlichkeiten zweier oder mehrerer übertragender offener Investmentvermögen auf ein neues, dadurch gegründetes übernehmendes Sondervermögen, auf einen neuen, dadurch gegründeten übernehmenden EU-OGAW, auf eine neue, dadurch gegründete übernehmende Investmentaktiengesellschaft mit veränderlichem Kapital oder auf eine neue, dadurch gegründete übernehmende offene Investmentkommanditgesellschaft (Verschmelzung durch Neugründung)

   jeweils gegen Gewährung von Anteilen oder Aktien des übernehmenden Investmentvermögens an die Anleger oder Aktionäre des übertragenden Investmentvermögens sowie gegebenenfalls einer Barzahlung in Höhe von nicht mehr als 10 Prozent des Wertes eines Anteils oder einer Aktie am übertragenden Investmentvermögen.

38. Zweigniederlassung ist in Bezug auf eine Verwaltungsgesellschaft eine Betriebsstelle, die einen rechtlich unselbstständigen Teil der Verwaltungsgesellschaft bildet und die die Dienstleistungen erbringt, für die der Verwaltungsgesellschaft eine Zulassung oder Genehmigung erteilt wurde; alle Betriebsstellen einer Verwaltungsgesellschaft mit satzungsmäßigem Sitz in einem anderen Mitgliedstaat der Europäischen Union, einem anderen Vertragsstaat des Abkommens über den Europäischen Wirtschaftsraum oder einem Drittstaat, die sich in ein und demselben Mitgliedstaat oder Vertragsstaat befinden, gelten als eine einzige Zweigniederlassung.

**§ 2 Ausnahmebestimmungen.** (1) Dieses Gesetz ist nicht anzuwenden auf

1. Holdinggesellschaften, die eine Beteiligung an einem oder mehreren anderen Unternehmen halten,

a) deren Unternehmensgegenstand darin besteht, durch ihre Tochterunternehmen oder verbundenen Unternehmen oder Beteiligungen jeweils eine Geschäftsstrategie zu verfolgen, den langfristigen Wert der Tochterunternehmen, der verbundenen Unternehmen oder der Beteiligungen zu fördern, und
b) die
   aa) entweder auf eigene Rechnung tätig sind und deren Anteile zum Handel auf einem organisierten Markt im Sinne des § 2 Absatz 11 des Wertpapierhandelsgesetzes[1)] in der Europäischen Union oder in einem anderen Vertragsstaat des Abkommens über den Europäischen Wirtschaftsraum zugelassen sind, oder
   bb) ausweislich ihres Jahresberichts oder anderer amtlicher Unterlagen nicht mit dem Hauptzweck gegründet wurden, ihren Anlegern durch Veräußerung ihrer Tochterunternehmen oder verbundenen Unternehmen eine Rendite zu verschaffen;
2. Einrichtungen der betrieblichen Altersversorgung, die unter die Richtlinie 2003/41/EG des Europäischen Parlaments und des Rates vom 3. Juni 2003 über die Tätigkeiten und die Beaufsichtigung von Einrichtungen der betrieblichen Altersversorgung (ABl. L 235 vom 23.9.2003, S. 10) fallen, gegebenenfalls einschließlich
   a) der in Artikel 2 Absatz 1 der Richtlinie 2003/41/EG aufgeführten zugelassenen Stellen, die für die Verwaltung solcher Einrichtungen verantwortlich und in ihrem Namen tätig sind, oder
   b) der nach Artikel 19 Absatz 1 der Richtlinie 2003/41/EG bestellten Vermögensverwalter, sofern sie nicht Investmentvermögen verwalten;
3. die Europäische Zentralbank, die Europäische Investitionsbank, der Europäische Investitionsfonds, die europäischen Entwicklungsfinanzierungsinstitute und bilaterale Entwicklungsbanken, die Weltbank, den Internationalen Währungsfonds und sonstige supranationale Einrichtungen und vergleichbare internationale Organisationen, soweit diese Einrichtungen oder Organisationen jeweils
   a) Investmentvermögen verwalten und
   b) diese Investmentvermögen im öffentlichen Interesse handeln;
4. nationale Zentralbanken;
5. staatliche Stellen und Gebietskörperschaften oder andere Einrichtungen, die Gelder zur Unterstützung von Sozialversicherungs- und Pensionssystemen verwalten;
6. Arbeitnehmerbeteiligungssysteme oder Arbeitnehmersparpläne;
7. Verbriefungszweckgesellschaften.

(2) Finanzdienstleistungsinstitute und Kreditinstitute, die über eine Erlaubnis nach dem Kreditwesengesetz verfügen, bedürfen für die Erbringung von Wertpapierdienstleistungen im Sinne von § 2 Absatz 3 des Wertpapierhandelsgesetzes für AIF keiner Erlaubnis nach diesem Gesetz.

(3) Dieses Gesetz ist nicht anzuwenden auf AIF-Kapitalverwaltungsgesellschaften, soweit sie einen oder mehrere AIF verwalten, deren Anleger
1. ausschließlich eine der folgenden Gesellschaften sind:

---

[1)] Nr. 12.

a) die AIF-Kapitalverwaltungsgesellschaft selbst,
b) eine Muttergesellschaft der AIF-Kapitalverwaltungsgesellschaft,
c) eine Tochtergesellschaft der AIF-Kapitalverwaltungsgesellschaft oder
d) eine andere Tochtergesellschaft einer Muttergesellschaft der AIF-Kapitalverwaltungsgesellschaft und
2. selbst keine AIF sind.

(4) [1] Auf eine AIF-Kapitalverwaltungsgesellschaft sind nur
1. die §§ 1 bis 17, 42,
2. § 20 Absatz 10 entsprechend,
3. § 44 Absatz 1, 4 bis 9 und
4. im Hinblick auf eine Vergabe von Gelddarlehen für Rechnung eines AIF § 20 Absatz 9 entsprechend, § 34 Absatz 6, § 282 Absatz 2 Satz 3 und § 285 Absatz 2 und 3 sowie im Hinblick auf eine Vergabe von Gelddarlehen nach § 285 Absatz 2 die § 26 Absatz 1, 2 und 7 Satz 1, § 27 Absatz 1, 2 und 5, § 29 Absatz 1, 2, 5 und 5a und § 30 Absatz 1 bis 4

anzuwenden, wenn sie die Voraussetzungen des Satzes 2 erfüllt. [2] Die Voraussetzungen sind:
1. die AIF-Kapitalverwaltungsgesellschaft verwaltet entweder direkt oder indirekt über eine Gesellschaft, mit der die AIF-Kapitalverwaltungsgesellschaft über eine gemeinsame Geschäftsführung, ein gemeinsames Kontrollverhältnis oder durch eine wesentliche unmittelbare oder mittelbare Beteiligung verbunden ist, ausschließlich Spezial-AIF,
2. die verwalteten Vermögensgegenstände der verwalteten Spezial-AIF
   a) überschreiten einschließlich der durch den Einsatz von Leverage erworbenen Vermögensgegenstände insgesamt nicht den Wert von 100 Millionen Euro oder
   b) überschreiten insgesamt nicht den Wert von 500 Millionen Euro, sofern für die Spezial- AIF kein Leverage eingesetzt wird und die Anleger für die Spezial-AIF keine Rücknahmerechte innerhalb von fünf Jahren nach Tätigung der ersten Anlage ausüben können, und
3. die AIF-Kapitalverwaltungsgesellschaft hat nicht beschlossen, sich diesem Gesetz in seiner Gesamtheit zu unterwerfen.

[3] Die Berechnung der in Satz 2 Nummer 2 Buchstabe a und b genannten Schwellenwerte und die Behandlung von AIF-Kapitalverwaltungsgesellschaften im Sinne des Satzes 1, deren verwaltete Vermögensgegenstände innerhalb eines Kalenderjahres gelegentlich den betreffenden Schwellenwert über- oder unterschreiten, bestimmen sich nach den Artikeln 2 bis 5 der Delegierten Verordnung (EU) Nr. 231/2013. [4] Ist die AIF-Kapitalverwaltungsgesellschaft zugleich nach Absatz 6 oder Absatz 7 registriert, darf sie abweichend von Satz 2 Nummer 1 außer Spezial-AIF auch die entsprechenden AIF verwalten.

(4a) [1] Auf eine interne AIF-Kapitalverwaltungsgesellschaft sind nur die §§ 1 bis 17, § 20 Absatz 9 entsprechend, die §§ 42, 44 Absatz 1, 4 bis 9 und § 261 Absatz 1 Nummer 8 anzuwenden, wenn
1. die Vermögensgegenstände des von ihr verwalteten inländischen geschlossenen Publikums-AIF einschließlich der durch den Einsatz von Leverage erworbenen Vermögensgegenstände insgesamt nicht den Wert von fünf Millionen Euro überschreiten,

2. die Anteile des von ihr verwalteten inländischen geschlossenen Publikums-AIF von nicht mehr als fünf natürlichen Personen gehalten werden und
3. die interne AIF-Kapitalverwaltungsgesellschaft nicht beschlossen hat, sich diesem Gesetz in seiner Gesamtheit zu unterwerfen.

²Für die Berechnung des in Satz 1 Nummer 1 genannten Schwellenwerts und die Behandlung von AIF-Kapitalverwaltungsgesellschaften im Sinne des Satzes 1, deren verwaltete Vermögensgegenstände innerhalb eines Kalenderjahres gelegentlich den betreffenden Schwellenwert über- oder unterschreiten, gelten die Artikel 2 bis 5 der Delegierten Verordnung (EU) Nr. 231/2013 entsprechend.

(5) ¹Auf eine AIF-Kapitalverwaltungsgesellschaft sind nur
1. die §§ 1 bis 17, 42,
2. § 20 Absatz 10 entsprechend,
3. die §§ 26 bis 28,
4. § 44 Absatz 1, 4 bis 9, die §§ 45 bis 48,
5. die §§ 80 bis 90,
6. § 169 entsprechend, die §§ 261 bis 270, 271 Absatz 1 und 4, § 272,
7. die §§ 293, 295 bis 297, 300 bis 306, 314 und 316 mit der Maßgabe, dass in dem Verkaufsprospekt und den wesentlichen Anlegerinformationen die Anleger drucktechnisch herausgestellt an hervorgehobener Stelle darauf hinzuweisen sind, dass die AIF-Kapitalverwaltungsgesellschaft nicht über eine Erlaubnis nach diesem Gesetz verfügt und daher bestimmte Anforderungen dieses Gesetzes nicht eingehalten werden müssen und
8. im Hinblick auf eine Vergabe von Gelddarlehen für Rechnung eines AIF § 20 Absatz 9 entsprechend, § 34 Absatz 6, § 261 Absatz 1 Nummer 8, § 285 Absatz 2 und 3 sowie im Hinblick auf eine Vergabe von Gelddarlehen nach § 285 Absatz 2 die § 29 Absatz 1, 2, 5 und 5a und § 30 Absatz 1 bis 4

anzuwenden, wenn sie die Voraussetzungen des Satzes 2 erfüllt. ²Die Voraussetzungen sind:
1. die AIF-Kapitalverwaltungsgesellschaft verwaltet entweder direkt oder indirekt über eine Gesellschaft, mit der die AIF-Kapitalverwaltungsgesellschaft über eine gemeinsame Geschäftsführung, ein gemeinsames Kontrollverhältnis oder durch eine wesentliche unmittelbare oder mittelbare Beteiligung verbunden ist, ausschließlich inländische geschlossene AIF, bei denen es sich nicht ausschließlich um Spezial-AIF handelt,
2. die verwalteten Vermögensgegenstände der verwalteten inländischen geschlossenen AIF einschließlich der durch den Einsatz von Leverage erworbenen Vermögensgegenstände überschreiten insgesamt nicht den Wert von 100 Millionen Euro, und
3. die AIF-Kapitalverwaltungsgesellschaft hat nicht beschlossen, sich diesem Gesetz in seiner Gesamtheit zu unterwerfen

³Die Berechnung des in Satz 2 Nummer 2 genannten Schwellenwertes und die Behandlung von AIF-Kapitalverwaltungsgesellschaften im Sinne des Satzes 2, deren verwaltete Vermögensgegenstände innerhalb eines Kalenderjahres gelegentlich den betreffenden Schwellenwert über- oder unterschreiten, bestimmen sich nach den Artikeln 2 bis 5 der Delegierten Verordnung (EU) Nr. 231/2013.

(6) ¹Auf eine AIF-Kapitalverwaltungsgesellschaft ist nur Kapitel 5 anzuwenden, wenn sie

1. gemäß Artikel 14 der Verordnung (EU) Nr. 345/2013 des Europäischen Parlaments und des Rates vom 17. April 2013 über Europäische Risikokapitalfonds (ABl. L 115 vom 25.4.2013, S. 1) registriert ist und

2. nicht Artikel 2 Absatz 2 der Verordnung (EU) Nr. 345/2013 unterfällt.

²Ist eine AIF-Kapitalverwaltungsgesellschaft im Sinne des Satzes 1 eine externe Kapitalverwaltungsgesellschaft und hat sie zugleich eine Erlaubnis als externe OGAW-Kapitalverwaltungsgesellschaft nach den §§ 20 und 21, kann sie abweichend von Satz 1 neben Portfolios qualifizierter Risikokapitalfonds auch OGAW verwalten; in diesem Fall sind auf die AIF-Kapitalverwaltungsgesellschaft neben Kapitel 5 auch die für die Verwaltung von OGAW geltenden Vorschriften dieses Gesetzes anzuwenden.

(7) ¹Auf eine AIF-Kapitalverwaltungsgesellschaft ist nur Kapitel 6 anzuwenden, wenn sie

1. gemäß Artikel 15 der Verordnung (EU) Nr. 346/2013 des Europäischen Parlaments und des Rates vom 17. April 2013 über Europäische Fonds für soziales Unternehmertum (ABl. L 115 vom 25.4.2013, S. 18) registriert ist und

2. nicht Artikel 2 Absatz 2 der Verordnung (EU) Nr. 346/2013 unterfällt.

²Ist eine AIF-Kapitalverwaltungsgesellschaft im Sinne des Satzes 1 eine externe Kapitalverwaltungsgesellschaft und hat sie zugleich eine Erlaubnis als externe OGAW-Kapitalverwaltungsgesellschaft nach den §§ 20 und 21, kann sie abweichend von Satz 1 neben Portfolios Europäischer Fonds für soziales Unternehmertum auch OGAW verwalten; in diesem Fall sind auf die AIF-Kapitalverwaltungsgesellschaft neben Kapitel 6 auch die für die Verwaltung von OGAW geltenden Vorschriften dieses Gesetzes anzuwenden.

**§ 3 Bezeichnungsschutz.** (1) ¹Die Bezeichnungen „Kapitalverwaltungsgesellschaft", „Investmentvermögen", „Investmentfonds" oder „Investmentgesellschaft" oder eine Bezeichnung, in der diese Begriffe enthalten sind, darf in der Firma, als Zusatz zur Firma, zur Bezeichnung des Geschäftszwecks oder zu Werbezwecken nur von Verwaltungsgesellschaften im Sinne dieses Gesetzes geführt werden. ²Die Bezeichnungen „Investmentfonds" und „Investmentvermögen" dürfen auch von Vertriebsgesellschaften geführt werden, die Anteile an Investmentvermögen vertreiben, die nach Maßgabe dieses Gesetzes vertrieben werden dürfen. ³Die Bezeichnungen „Investmentfonds", „Investmentvermögen" und „Investmentgesellschaft" dürfen auch von extern verwalteten Investmentgesellschaften geführt werden.

(2) Die Bezeichnung „Investmentaktiengesellschaft" darf nur von Investmentaktiengesellschaften im Sinne der §§ 108 bis 123 oder der §§ 140 bis 148 geführt werden.

(3) Die Bezeichnung „Investmentkommanditgesellschaft" darf nur von Investmentkommanditgesellschaften im Sinne der §§ 124 bis 138 oder der §§ 149 bis 161 geführt werden.

(4) ¹EU-Verwaltungsgesellschaften dürfen für die Ausübung ihrer Tätigkeit im Geltungsbereich dieses Gesetzes dieselben allgemeinen Bezeichnungen verwenden, die sie in ihrem Herkunftsmitgliedstaat führen. ²Die Bundesanstalt für

Finanzdienstleistungsaufsicht (Bundesanstalt) kann einen erläuternden Zusatz zu der Bezeichnung vorschreiben, wenn die Gefahr einer Verwechslung besteht.

(5) Die §§ 42 und 43 des Kreditwesengesetzes sind entsprechend anzuwenden.

**§ 4 Namensgebung; Fondskategorien.** (1) Die Bezeichnung des Sondervermögens, der Investmentaktiengesellschaft oder der Investmentkommanditgesellschaft darf nicht irreführen.

(2) Die Bundesanstalt kann über Richtlinien für den Regelfall festlegen, welcher Fondskategorie das Investmentvermögen nach den Anlagebedingungen, insbesondere nach den dort genannten Anlagegrenzen, der Satzung oder dem Gesellschaftsvertrag entspricht.

**§ 5 Zuständige Behörde; Aufsicht; Anordnungsbefugnis; Verordnungsermächtigung.** (1) Die Bundesanstalt übt die Aufsicht nach den Vorschriften dieses Gesetzes aus.

(2) Soweit die externe Kapitalverwaltungsgesellschaft Dienst- und Nebendienstleistungen im Sinne des § 20 Absatz 2 Nummer 1 bis 3 und Absatz 3 Nummer 2 bis 5 erbringt, gelten die §§ 63 bis 68, 70, 80, 82 Absatz 1 bis 9 und 13, die §§ 83 und 84 des Wertpapierhandelsgesetzes[1]) entsprechend.

(3) [1]Die Bundesanstalt entscheidet in Zweifelsfällen, ob ein inländisches Unternehmen den Vorschriften dieses Gesetzes unterliegt oder ob ein Investmentvermögen im Sinne des § 1 Absatz 1 vorliegt. [2]Ihre Entscheidung bindet die Verwaltungsbehörden.

(4) Die Bundesanstalt überwacht die Einhaltung der Bestimmungen des § 26 Absatz 2 bis 8, des § 27, des § 51 Absatz 8, des § 54 Absatz 4 Satz 1 in Verbindung mit § 28 Absatz 1 Satz 4 und des § 66 Absatz 4 Satz 1 in Verbindung mit § 28 Absatz 1 Satz 4 durch ausländische AIF-Verwaltungsgesellschaften, deren Referenzmitgliedstaat nicht die Bundesrepublik Deutschland ist, oder EU-Verwaltungsgesellschaften, wenn die ausländische AIF-Verwaltungsgesellschaft oder die EU-Verwaltungsgesellschaft Investmentvermögen im Inland über eine Zweigniederlassung verwaltet oder vertreibt.

(5) Die Bundesanstalt überwacht ferner
1. die Einhaltung der §§ 293 bis 311, 314 bis 321, 323 und 330a sowie der sonstigen beim Vertrieb zu beachtenden Vorschriften des deutschen Rechts,
2. vor dem Zeitpunkt, der in dem auf Grundlage des Artikels 66 Absatz 3 in Verbindung mit Artikel 67 Absatz 6 der Richtlinie 2011/61/EU erlassenen delegierten Rechtsakt genannt ist, die Einhaltung der §§ 329 und 330 und
3. nach dem Zeitpunkt nach Nummer 2 die Einhaltung der §§ 322 und 324 bis 328

durch die Verwaltungsgesellschaften und durch andere von der Bundesanstalt beaufsichtigte Unternehmen.

(5a) [1]Für Kapitalverwaltungsgesellschaften ist die Bundesanstalt sektoral zuständige Behörde im Sinne des Artikels 25a der Verordnung (EG) Nr. 1060/2009 des Europäischen Parlaments und des Rates vom 16. September 2009 über Ratingagenturen (ABl. L 302 vom 17.11.2009, S. 1), die zuletzt durch die

---

[1]) Nr. 12.

Verordnung (EU) Nr. 462/2013 (ABl. L 146 vom 31.5.2013, S. 1) geändert worden ist, in der jeweils geltenden Fassung. ² Soweit in der Verordnung (EG) Nr. 1060/2009 oder den auf ihrer Grundlage erlassenen Rechtsakten nichts Abweichendes geregelt ist, sind für die Ausübung ihrer diesbezüglichen Aufsicht die §§ 1 bis 16, mit Ausnahme von § 8 Satz 2 dieses Gesetzes in Verbindung mit § 9 Absatz 1 Satz 4 des Kreditwesengesetzes, entsprechend anzuwenden.

(6) ¹ Die Bundesanstalt überwacht die Einhaltung der Verbote und Gebote dieses Gesetzes und der auf Grund dieses Gesetzes erlassenen Bestimmungen und kann Anordnungen treffen, die zu ihrer Durchsetzung geeignet und erforderlich sind. ² Die Bundesanstalt ist ferner befugt, im Rahmen der Aufsicht alle Anordnungen zu treffen, die erforderlich und geeignet sind, um die Einhaltung der in den Anlagebedingungen, der Satzung oder dem Gesellschaftsvertrag vorgesehenen Regelungen sicherzustellen. ³ Soweit Anhaltspunkte dafür vorliegen, dass dies für die Überwachung eines Verbots oder Gebots dieses Gesetzes erforderlich ist, kann die Bundesanstalt dabei insbesondere

1. von jedermann Auskünfte einholen, die Vorlage von Unterlagen und die Überlassung von Kopien verlangen, Personen laden und vernehmen sowie
2. bereits existierende Aufzeichnungen von Telefongesprächen und Datenübermittlungen anfordern; das Grundrecht des Artikels 10 des Grundgesetzes wird insoweit eingeschränkt.

⁴ Sofern aus Aufzeichnungen von Telefongesprächen Daten aus dem Kernbereich privater Lebensgestaltung erlangt werden, dürfen diese nicht gespeichert, verwertet oder weitergegeben werden und sind unverzüglich zu löschen. ⁵ Die Wirtschaftsprüfer haben der Bundesanstalt auf Verlangen Auskünfte zu erteilen und Unterlagen vorzulegen, soweit dies zur Prüfung erforderlich ist; die Auskunftspflicht der Abschlussprüfer beschränkt sich auf Tatsachen, die ihnen im Rahmen der Prüfung bekannt geworden sind. ⁶ Für das Recht zur Auskunftsverweigerung und die Belehrungspflicht gilt § 6 Absatz 15 des Wertpapierhandelsgesetzes entsprechend. ⁷ Die Bundesanstalt hat im Rahmen der ihr zugewiesenen Aufgaben Missständen entgegenzuwirken, welche die ordnungsgemäße Verwaltung von Investmentvermögen, den Vertrieb von Investmentvermögen, die ordnungsgemäße Erbringung von Dienstleistungen oder Nebendienstleistungen nach § 20 Absatz 2 und 3 oder die Tätigkeit einer Verwahrstelle nach diesem Gesetz beeinträchtigen oder erhebliche Nachteile für den Finanzmarkt oder den Markt für ein Finanzinstrument bewirken können. ⁸ Die Bundesanstalt kann Anordnungen treffen, die geeignet und erforderlich sind, diese Missstände zu beseitigen oder zu verhindern.

(6a) ¹ Die Bundesanstalt ist die nach diesem Gesetz zuständige Behörde im Sinne der Verordnung (EU) Nr. 1286/2014[1)] des Europäischen Parlaments und des Rates vom 26. November 2014 über Basisinformationsblätter für verpackte Anlageprodukte für Kleinanleger und Versicherungsanlageprodukte (PRIIP) (ABl. L 352 vom 9.12.2014, S. 1, L 358 vom 13.12.2014, S. 50) für Verwaltungsgesellschaften, die PRIIP im Sinne des Artikels 4 Nummer 3 dieser Verordnung herstellen, verkaufen oder über diese beraten, sofern es sich bei diesen PRIIP zugleich um Investmentvermögen handelt. ² Die Bundesanstalt kann gegenüber jeder Verwaltungsgesellschaft, die über ein PRIIP im Sinne des

---

[1)] Nr. 9.

Artikels 4 Nummer 3 der Verordnung (EU) Nr. 1286/2014 berät oder es verkauft oder die Hersteller von PRIIP im Sinne des Artikels 4 Nummer 4 der Verordnung (EU) Nr. 1286/2014 ist, alle Maßnahmen treffen, die geeignet und erforderlich sind, um die Einhaltung der Anforderungen der Verordnung (EU) Nr. 1286/2014 und der auf Grundlage dieser Verordnung erlassenen delegierten Rechtsakte der Europäischen Kommission und technischen Regulierungsstandards zu überwachen. ³ Insbesondere kann sie

1. bei einem Verstoß gegen Artikel 5 Absatz 1, die Artikel 6, 7 und 8 Absatz 1 bis 3, die Artikel 9, 10 Absatz 1, Artikel 13 Absatz 1, 3 und 4, die Artikel 14 und 19 der Verordnung (EU) Nr. 1286/2014 die Vermarktung, den Vertrieb oder den Verkauf des PRIIP vorübergehend oder dauerhaft untersagen,

2. die Bereitstellung eines Basisinformationsblattes untersagen, das nicht den Anforderungen der Artikel 6 bis 8 oder 10 der Verordnung (EU) Nr. 1286/2014 genügt, und

3. den Hersteller von PRIIP verpflichten, eine neue Fassung des Basisinformationsblattes zu veröffentlichen, sofern die veröffentlichte Fassung nicht den Anforderungen der Artikel 6 bis 8 oder 10 der Verordnung (EU) Nr. 1286/2014 genügt, und

4. bei einem Verstoß gegen eine der in Nummer 1 genannten Vorschriften auf ihrer Internetseite eine Warnung unter Nennung der verantwortlichen Verwaltungsgesellschaft sowie der Art des Verstoßes veröffentlichen.

(7) Die Bundesanstalt kann insbesondere auch Auskünfte über die Geschäftsangelegenheiten und die Vorlage der Unterlagen von Personen und Unternehmen verlangen, bei denen Tatsachen die Annahme rechtfertigen, dass sie Investmentvermögen vertreiben, ohne dass die folgenden Anzeigen erstattet worden sind:

1. die nach § 310 Absatz 1, § 316 Absatz 1, § 320 Absatz 1, § 321 Absatz 1, § 323 Absatz 1 oder § 330a Absatz 2 erforderliche Anzeige sowie

2. vor dem Zeitpunkt, der in dem auf Grundlage des Artikels 66 Absatz 3 in Verbindung mit Artikel 67 Absatz 6 der Richtlinie 2011/61/EU erlassenen delegierten Rechtsakt genannt ist, die nach § 329 Absatz 2 oder § 330 Absatz 2 erforderliche Anzeige und

3. nach dem Zeitpunkt nach Nummer 2 die nach § 322 Absatz 2, § 324 Absatz 2, § 325 Absatz 1, § 326 Absatz 2, § 327 Absatz 1 oder § 328 Absatz 2 erforderliche Anzeige.

(8) ¹ Von einer EU-AIF-Verwaltungsgesellschaft oder einer ausländischen AIF-Verwaltungsgesellschaft, die im Inland AIF verwaltet oder vertreibt, kann die Bundesanstalt die Vorlage der Informationen verlangen, die erforderlich sind, um zu überprüfen, ob die maßgeblichen Bestimmungen, für deren Überwachung die Bundesanstalt verantwortlich ist, durch die EU-AIF-Verwaltungsgesellschaft oder die ausländische AIF-Verwaltungsgesellschaft eingehalten werden. ² Satz 1 gilt für EU-OGAW-Verwaltungsgesellschaften, die im Inland OGAW verwalten, entsprechend.

(8a) ¹ Die Bundesanstalt kann gegenüber Kapitalverwaltungsgesellschaften, die für Rechnung eines AIF Gelddarlehen gewähren, im Wege der Allgemeinverfügung Beschränkungen bei der Vergabe von Darlehen zum Bau oder zum Erwerb von im Inland belegenen Wohnimmobilien festlegen, wenn und soweit dies erforderlich ist, um einer Störung der Funktionsfähigkeit des inländischen

Finanzsystems oder einer Gefährdung der Finanzstabilität im Inland entgegenzuwirken. ²§ 48u Absatz 1 Satz 2 bis 5 und Absatz 2 bis 4 und 6 des Kreditwesengesetzes gilt entsprechend. ³Das Bundesministerium der Finanzen wird ermächtigt, durch Rechtsverordnung, die nicht der Zustimmung des Bundesrates bedarf, nähere Regelungen nach Maßgabe des entsprechend anzuwendenden § 48u Absatz 5 Nummer 1 bis 5 des Kreditwesengesetzes zu erlassen.

(9) ¹Die Bundesanstalt ist zuständige Behörde im Sinne der Verordnung (EU) 2015/2365 des Europäischen Parlaments und des Rates vom 25. November 2015 über die Transparenz von Wertpapierfinanzierungsgeschäften und der Weiterverwendung sowie zur Änderung der Verordnung (EU) Nr. 648/2012 (ABl. L 337 vom 23.12.2015, S. 1), soweit diese Verordnung Rechte und Pflichten enthält, die die Verwaltungsgesellschaften und Investmentvermögen im Sinne dieses Gesetzes betreffen. ²Die Bundesanstalt ist befugt, alle Maßnahmen zu treffen, die geeignet und erforderlich sind, um zu überwachen, ob die Verordnung (EU) 2015/2365 und die auf ihrer Grundlage erlassenen delegierten Rechtsakte und technischen Regulierungsstandards der Europäischen Kommission eingehalten werden. ³Insbesondere kann sie die in den Artikeln 22 und 28 der Verordnung (EU) 2015/2365 genannten Befugnisse und die Befugnisse, auf die dort verwiesen wird, ausüben.

(10) ¹Die Bundesanstalt ist zuständige Behörde im Sinne der Verordnung (EU) 2016/1011 des Europäischen Parlaments und des Rates vom 8. Juni 2016 über Indizes, die bei Finanzinstrumenten und Finanzkontrakten als Referenzwert oder zur Messung der Wertentwicklung eines Investmentfonds verwendet werden, und zur Änderung der Richtlinien 2008/48/EG und 2014/17/EU sowie der Verordnung (EU) Nr. 596/2014[1] (ABl. L 171 vom 29.6.2016, S. 1), soweit diese Verordnung Rechte und Pflichten enthält, die die Verwaltungsgesellschaften und Investmentvermögen im Sinne dieses Gesetzes betreffen. ²Die Bundesanstalt ist befugt, alle Maßnahmen zu treffen, die geeignet und erforderlich sind, um zu überwachen, ob die Verordnung (EU) 2016/1011 und die auf ihrer Grundlage erlassenen delegierten Rechtsakte und technischen Regulierungsstandards der Europäischen Kommission eingehalten werden. ³Insbesondere kann sie die in den Artikeln 41 und 42 der Verordnung (EU) 2016/1011 genannten Befugnisse ausüben.

(11) ¹Die Bundesanstalt ist befugt, alle Maßnahmen zu treffen, die geeignet und erforderlich sind, um zu überwachen, ob die Verordnung (EU) 2017/1131 des Europäischen Parlaments und des Rates vom 14. Juni 2017 über Geldmarktfonds (ABl. L 169 vom 30.6.2017, S. 8) und die auf ihrer Grundlage dieser Verordnung erlassenen delegierten Rechtsakte der Europäischen Kommission und technischen Durchführungs- und Regulierungsstandards eingehalten werden. ²Insbesondere kann sie die in den Artikeln 39 und 41 der Verordnung (EU) 2017/1131 genannten Befugnisse ausüben.

(12) ¹Die Bundesanstalt ist zuständige Behörde im Sinne von Artikel 29 Absatz 1 Buchstabe b und c sowie der Absätze 3 und 5 der Verordnung (EU) 2017/2402, soweit diese Verordnung Rechte und Pflichten enthält, die die Verwaltungsgesellschaften und Investmentvermögen im Sinne dieses Gesetzes betreffen. ²Die Bundesanstalt ist befugt, alle Maßnahmen zu treffen, die geeignet und erforderlich sind, um zu überwachen, ob die Verordnung (EU)

---

[1] Nr. 11.

2017/2402 und die auf ihrer Grundlage erlassenen delegierten Rechtsakte und technischen Durchführungs- und Regulierungsstandards der Europäischen Kommission eingehalten werden. ³ Insbesondere kann sie die in den Artikeln 30, 32 und 33 der Verordnung (EU) 2017/2402 genannten Befugnisse ausüben.

**§ 6 Besondere Aufgaben.** § 6a des Kreditwesengesetzes ist entsprechend anzuwenden, wenn Tatsachen vorliegen, die darauf schließen lassen, dass die Vermögensgegenstände, die der Kapitalverwaltungsgesellschaft oder dem Investmentvermögen anvertraut sind, oder eine Finanztransaktion der Finanzierung einer terroristischen Vereinigung nach § 129a auch in Verbindung mit § 129b des Strafgesetzbuchs dienen oder im Fall der Durchführung einer Finanztransaktion dienen würden.

**§ 7 Sofortige Vollziehbarkeit.** (1) Widerspruch und Anfechtungsklage gegen Maßnahmen der Bundesanstalt einschließlich der Androhung und Festsetzung von Zwangsmitteln auf Grundlage von § 5 Absatz 5a, der §§ 6, 14, 15, 16, 19 Absatz 2 und 3, §§ 39, 40, 41, 42, 44 Absatz 5, § 68 Absatz 7, § 113 Absatz 2 und 3, § 311 Absatz 1 und 3 Satz 1 Nummer 1, § 314 Absatz 1 und 2, § 329 Absatz 2 Satz 3 Nummer 2 Buchstabe c und § 330 Absatz 2 Satz 3 Nummer 2 Buchstabe c haben keine aufschiebende Wirkung.

(2) Ergreift die Bundesanstalt gemäß den §§ 5, 11 Absatz 4 oder 6, § 311 Absatz 1 und 3 Satz 1 Nummer 1, § 314, § 316 Absatz 3 Satz 2 auch in Verbindung mit § 320 Absatz 2 oder § 330 Absatz 4, oder gemäß § 321 Absatz 3 Satz 2 auch in Verbindung mit § 322 Absatz 4, § 325 Absatz 2, § 326 Absatz 3 oder § 329 Absatz 4 zum Schutz der Anleger Maßnahmen, einschließlich einer Untersagung des Vertriebs von Anteilen oder Aktien an AIF, die im Geltungsbereich dieses Gesetzes vertrieben werden, haben Widerspruch und Anfechtungsklage gegen diese Maßnahmen einschließlich der Androhung und Festsetzung von Zwangsmitteln ebenfalls keine aufschiebende Wirkung.

**§ 7a Bekanntmachung von sofort vollziehbaren Maßnahmen.**
(1) ¹ Die Bundesanstalt macht Maßnahmen, die nach § 7 sofort vollziehbar sind, auf ihrer Internetseite öffentlich bekannt, soweit dies bei Abwägung der betroffenen Interessen zur Beseitigung oder Verhinderung von Missständen geboten ist. ² Bei nicht bestandskräftigen Maßnahmen ist folgender Hinweis hinzuzufügen: „Diese Maßnahme ist noch nicht bestandskräftig." ³ Wurde gegen die Maßnahme ein Rechtsmittel eingelegt, sind der Stand und der Ausgang des Rechtsmittelverfahrens bekannt zu machen.

(2) Die Bundesanstalt sieht von einer Bekanntmachung ab, wenn die Bekanntmachung die Stabilität der Finanzmärkte oder laufende Ermittlungen gefährden würde.

(3) ¹ Die Bekanntmachung darf personenbezogene Daten nur in dem Umfang enthalten, der für den Zweck der Beseitigung oder Verhinderung von Missständen erforderlich ist. ² Die Bekanntmachung ist zu löschen, sobald sie nicht mehr erforderlich ist, spätestens aber nach fünf Jahren.

**§ 8 Verschwiegenheitspflicht.** ¹ Die bei der Bundesanstalt beschäftigten und von ihr beauftragten Personen sowie die im Dienst der Deutschen Bundesbank stehenden Personen dürfen die ihnen bei ihrer Tätigkeit nach diesem Gesetz bekannt gewordenen Tatsachen, deren Geheimhaltung im Interesse einer Verwaltungsgesellschaft im Sinne dieses Gesetzes, eines Investmentvermögens oder eines Dritten liegt, insbesondere Geschäfts- und Betriebsgeheimnisse, nicht unbefugt offenbaren oder verwerten, auch wenn ihre Tätigkeit beendet ist. ²§ 9 des Kreditwesengesetzes ist entsprechend anzuwenden.

**§ 9 Zusammenarbeit mit anderen Stellen.** (1) ¹Die Bundesanstalt arbeitet eng mit der Europäischen Wertpapier- und Marktaufsichtsbehörde, dem Europäischen Ausschuss für Systemrisiken und den zuständigen Stellen der Europäischen Union, der anderen Mitgliedstaaten der Europäischen Union und der anderen Vertragsstaaten des Abkommens über den Europäischen Wirtschaftsraum zusammen. ²Sie übermittelt ihnen unverzüglich Auskünfte und Informationen, wenn dies zur Wahrnehmung der in der Richtlinie 2009/65/EG oder der in der Richtlinie 2011/61/EU festgelegten Aufgaben und Befugnisse oder der durch nationale Rechtsvorschriften übertragenen Befugnisse erforderlich ist. ³Für die Übermittlung personenbezogener Daten an die zuständigen Stellen durch die Bundesanstalt gelten die allgemeinen datenschutzrechtlichen Vorschriften. ⁴Personenbezogene Daten, die automatisiert verarbeitet oder in nicht automatisierten Dateien gespeichert sind, sind zu löschen, wenn ihre Kenntnis für die Bundesanstalt zur Erfüllung der in ihrer Zuständigkeit liegenden Aufgaben nicht mehr erforderlich ist, spätestens jedoch nach fünf Jahren.

(2) ¹Mitteilungen der zuständigen Stellen eines anderen Mitgliedstaates der Europäischen Union, eines anderen Vertragsstaates des Abkommens über den Europäischen Wirtschaftsraum oder der Europäischen Wertpapier- und Marktaufsichtsbehörde dürfen nur für folgende Zwecke verwendet werden:

1. zur Erfüllung der der Bundesanstalt obliegenden Aufgaben,
2. für Anordnungen der Bundesanstalt sowie zur Verfolgung und Ahndung von Ordnungswidrigkeiten durch die Bundesanstalt,
3. im Rahmen eines Verwaltungsverfahrens über Rechtsbehelfe gegen eine Entscheidung der Bundesanstalt oder
4. im Rahmen von Verfahren vor Verwaltungsgerichten, Insolvenzgerichten, Staatsanwaltschaften oder vor Gerichten, die für Straf- und Bußgeldsachen zuständig sind.

²Die Bundesanstalt darf diese Informationen unter Beachtung der Zweckbestimmung der übermittelnden Stelle der Deutschen Bundesbank mitteilen, sofern dies für die Erfüllung der Aufgaben der Deutschen Bundesbank erforderlich ist. ³Eine anderweitige Verwendung der Informationen ist nur mit Zustimmung der übermittelnden Stelle zulässig.

(3) ¹Die Bundesanstalt übermittelt Informationen an die zuständigen Stellen der anderen Mitgliedstaaten der Europäischen Union oder der anderen Vertragsstaaten des Abkommens über den Europäischen Wirtschaftsraum, die Europäische Wertpapier- und Marktaufsichtsbehörde und den Europäischen Ausschuss für Systemrisiken, soweit dies erforderlich ist, um

1. die Geschäfte einzelner oder aller AIF-Kapitalverwaltungsgesellschaften, EU-AIF-Verwaltungsgesellschaften oder ausländischen AIF-Verwaltungsgesellschaften zu überwachen und
2. auf mögliche Auswirkungen dieser Geschäfte auf die Stabilität systemrelevanter Finanzinstitute und das ordnungsgemäße Funktionieren der Märkte, auf denen diese tätig sind, zu reagieren.

² Der Inhalt der nach Satz 1 auszutauschenden Informationen bestimmt sich nach Artikel 116 der Delegierten Verordnung (EU) Nr. 231/2013.

(4) ¹ Die Bundesanstalt übermittelt der Europäischen Wertpapier- und Marktaufsichtsbehörde und dem Europäischen Ausschuss für Systemrisiken zusammengefasste Informationen über die Geschäfte von AIF-Kapitalverwaltungsgesellschaften und ausländischen AIF-Verwaltungsgesellschaften, deren Referenzstaat nach § 56 die Bundesrepublik Deutschland ist. ² Die Übermittlung erfolgt nach Maßgabe des Artikels 35 der Verordnung (EU) Nr. 1095/2010[1)] des Europäischen Parlaments und des Rates vom 24. November 2010 zur Errichtung einer Europäischen Aufsichtsbehörde (Europäische Wertpapier- und Marktaufsichtsbehörde), zur Änderung des Beschlusses Nr. 716/2009/EG und zur Aufhebung des Beschlusses 2009/77/EG der Kommission (ABl. L 331 vom 15.12.2010, S. 84).

(5) ¹ Die Bundesanstalt übermittelt die Informationen, die sie gemäß den §§ 22 und 35 erhoben hat, den zuständigen Stellen anderer Mitgliedstaaten der Europäischen Union oder der anderen Vertragsstaaten des Abkommens über den Europäischen Wirtschaftsraum, der Europäischen Wertpapier- und Marktaufsichtsbehörde und dem Europäischen Ausschuss für Systemrisiken. ² Sie informiert die Stellen nach Satz 1 auch unverzüglich, wenn von einer AIF-Kapitalverwaltungsgesellschaft, einer ausländischen AIF-Verwaltungsgesellschaft, deren Referenzstaat die Bundesrepublik Deutschland ist, oder einem von diesen verwalteten AIF ein erhebliches Kontrahentenrisiko für ein Kreditinstitut im Sinne des Artikels 4 Absatz 1 Nummer 1 der Verordnung (EU) Nr. 575/2013 oder sonstige systemrelevante Institute in anderen Mitgliedstaaten der Europäischen Union oder anderen Vertragsstaaten des Abkommens über den Europäischen Wirtschaftsraum ausgeht.

(6) ¹ Die Bundesanstalt unterrichtet die zuständigen Stellen der anderen Mitgliedstaaten der Europäischen Union oder der anderen Vertragsstaaten des Abkommens über den Europäischen Wirtschaftsraum, in denen die OGAW-Kapitalverwaltungsgesellschaft Zweigniederlassungen errichtet hat oder im Wege des grenzüberschreitenden Dienstleistungsverkehrs tätig ist oder war, über eine Aufhebung der Erlaubnis. ² Maßnahmen, die in Bezug auf einen inländischen OGAW getroffen wurden, insbesondere eine Anordnung der Aussetzung einer Rücknahme von Anteilen oder Aktien, hat die Bundesanstalt unverzüglich den zuständigen Stellen der anderen Mitgliedstaaten der Europäischen Union oder der anderen Vertragsstaaten des Abkommens über den Europäischen Wirtschaftsraum, in denen jeweils Anteile oder Aktien an einem inländischen OGAW gemäß den Vorschriften der Richtlinie 2009/65/EG vertrieben werden, mitzuteilen. ³ Betrifft die Maßnahme einen inländischen OGAW, der von einer EU-OGAW-Verwaltungsgesellschaft verwaltet wird, hat die Bundesanstalt die Mitteilung nach Satz 2 auch gegenüber den zuständigen Stellen des Herkunftsstaates der EU-OGAW-Verwaltungsgesellschaft abzugeben.

(7) ¹ Die Bundesanstalt übermittelt den zuständigen Stellen der Aufnahmemitgliedstaaten einer AIF-Kapitalverwaltungsgesellschaft oder einer ausländischen AIF-Verwaltungsgesellschaft, deren Referenzmitgliedstaat nach § 56 die Bundesrepublik Deutschland ist, eine Abschrift der von ihr gemäß § 58 Absatz 7 Nummer 4, § 317 Absatz 2 Nummer 1 und § 322 Absatz 1 Nummer 1 geschlossenen Vereinbarungen über die Zusammenarbeit. ² Die Informationen,

---

[1)] Nr. 3.

die die Bundesanstalt auf Grundlage einer geschlossenen Vereinbarung über die Zusammenarbeit oder nach Maßgabe des § 11 Absatz 4 und 5 von zuständigen Stellen eines Drittstaates über die AIF-Kapitalverwaltungsgesellschaft oder die ausländische AIF-Verwaltungsgesellschaft erhalten hat, leitet sie an die zuständigen Stellen der Aufnahmemitgliedstaaten nach Satz 1 weiter. ³Ist die Bundesanstalt der Auffassung, dass der Inhalt der gemäß den Artikeln 35, 37 oder 40 der Richtlinie 2011/61/EU vom Herkunftsmitgliedstaat einer EU-AIF-Verwaltungsgesellschaft oder einer ausländischen AIF-Verwaltungsgesellschaft geschlossenen Vereinbarung über die Zusammenarbeit nicht mit dem übereinstimmt, was nach den auf Grundlage von Artikel 35 Absatz 14, Artikel 37 Absatz 17 und Artikel 40 Absatz 14 der Richtlinie 2011/61/EU von der Europäischen Kommission erlassenen technischen Regulierungsstandards erforderlich ist, kann die Bundesanstalt nach Maßgabe des Artikels 19 der Verordnung (EU) Nr. 1095/2010 die Europäische Wertpapier- und Marktaufsichtsbehörde um Hilfe ersuchen.

(8) ¹Die Bundesanstalt kann Vereinbarungen über die Weitergabe von Informationen mit den zuständigen Stellen in Drittstaaten schließen, soweit diese Stellen die Informationen zur Erfüllung ihrer Aufgaben benötigen. ²Für die Zwecke der Richtlinie 2011/61/EU kann die Bundesanstalt Daten und Datenauswertungen an zuständige Stellen in Drittstaaten übermitteln, soweit die Anforderungen des Kapitels V der Verordnung (EU) 2016/679 des Europäischen Parlaments und des Rates vom 27. April 2016 zum Schutz natürlicher Personen bei der Verarbeitung personenbezogener Daten, zum freien Datenverkehr und zur Aufhebung der Richtlinie 95/46/EG (Datenschutz-Grundverordnung) (ABl. L 119 vom 4.5.2016, S. 1; L 314 vom 22.11.2016, S. 72; L 127 vom 23.5.2018, S. 2) in der jeweils geltenden Fassung und die sonstigen allgemeinen datenschutzrechtlichen Vorschriften erfüllt sind. ³Der Drittstaat darf die Daten nicht ohne ausdrückliche schriftliche Zustimmung der Bundesanstalt an andere Drittstaaten weitergeben. ⁴Absatz 2 Satz 2 sowie § 9 Absatz 1 Satz 6 bis 8 des Kreditwesengesetzes gelten für die Zwecke der Sätze 1 und 2 entsprechend.

(9) Hat die Bundesanstalt hinreichende Anhaltspunkte für einen Verstoß gegen Bestimmungen der Richtlinie 2009/65/EG durch ein Unternehmen, das nicht ihrer Aufsicht unterliegt, teilt sie dies den zuständigen Stellen des Mitgliedstaates der Europäischen Union oder des Vertragsstaates des Abkommens über den Europäischen Wirtschaftsraum mit, auf dessen Gebiet die vorschriftswidrige Handlung stattfindet oder stattgefunden hat oder der nach dem Recht der Europäischen Union für die Verfolgung des Verstoßes zuständig ist.

(10) Hat die Bundesanstalt hinreichende Anhaltpunkte für einen Verstoß gegen Bestimmungen der Richtlinie 2011/61/EU durch eine AIF-Verwaltungsgesellschaft, die nicht ihrer Aufsicht unterliegt, teilt sie dies der Europäischen Wertpapier- und Marktaufsichtsbehörde und den zuständigen Stellen des Herkunftsmitgliedstaates und des Aufnahmemitgliedstaates der betreffenden AIF-Verwaltungsgesellschaft mit.

(11) ¹Die Bundesanstalt ergreift ihrerseits geeignete Maßnahmen, wenn sie eine Mitteilung nach Artikel 50 Absatz 5 Satz 1 der Richtlinie 2011/61/EU von einer anderen zuständigen Stelle erhalten hat, und unterrichtet diese Stelle über die Wirkung dieser Maßnahmen und so weit wie möglich über wesentliche zwischenzeitlich eingetretene Entwicklungen. ²Im Fall von Mitteilungen in Bezug auf eine AIF-Verwaltungsgesellschaft unterrichtet sie auch die Euro-

päische Wertpapier- und Marktaufsichtsbehörde. ³ Die Bundesanstalt teilt den zuständigen Stellen eines Aufnahmemitgliedstaates einer OGAW-Kapitalverwaltungsgesellschaft auch Maßnahmen mit, die sie ergreifen wird, um Verstöße der OGAW-Kapitalverwaltungsgesellschaft gegen Rechtsvorschriften des Aufnahmemitgliedstaates zu beenden, über die sie durch die zuständigen Stellen des Aufnahmemitgliedstaates unterrichtet worden ist.

(12) ¹ Das nähere Verfahren für den Informationsaustausch richtet sich nach den Artikeln 12 und 13 der Verordnung (EU) Nr. 584/2010 der Kommission vom 1. Juli 2010 zur Durchführung der Richtlinie 2009/65/EG des Europäischen Parlaments und des Rates im Hinblick auf Form und Inhalt des Standardmodells für das Anzeigeschreiben und die OGAW-Bescheinigung, die Nutzung elektronischer Kommunikationsmittel durch die zuständigen Behörden für die Anzeige und die Verfahren für Überprüfungen vor Ort und Ermittlungen sowie für den Informationsaustausch zwischen zuständigen Behörden (ABl. L 176 vom 10.7.2010, S. 16). ² Die Verfahren für die Koordinierung und den Informationsaustausch zwischen der zuständigen Behörde des Herkunftsmitgliedstaates und den zuständigen Behörden der Aufnahmemitgliedstaaten der AIF-Verwaltungsgesellschaft bestimmen sich nach den auf Grundlage von Artikel 50 Absatz 6 der Richtlinie 2011/61/EU von der Europäischen Kommission erlassenen technischen Durchführungsstandards. ³ Der Mindestinhalt der in der gemäß § 58 Absatz 7 Nummer 4, § 317 Absatz 2 Nummer 1 und § 322 Absatz 1 Nummer 1 geschlossenen Vereinbarungen über Zusammenarbeit bestimmt sich nach den auf Grundlage von Artikel 35 Absatz 14, Artikel 37 Absatz 17 und Artikel 40 Absatz 14 der Richtlinie 2011/61/EU von der Europäischen Kommission erlassenen technischen Regulierungsstandards.

(13) ¹ Hat die Bundesanstalt hinreichende Anhaltspunkte für einen Verstoß gegen die Artikel 6 bis 27 der Verordnung (EU) 2017/2402, so unterrichtet sie die gemäß dieser Verordnung zuständigen Stellen entsprechend. ² Handelt es sich dabei um eine unrichtige oder irreführende Meldung im Sinne des Artikels 27 Absatz 1 dieser Verordnung, unterrichtet die Bundesanstalt unverzüglich die zuständige Behörde der insoweit gemäß Artikel 27 Absatz 1 der Verordnung (EU) 2017/2402 benannten ersten Anlaufstelle. ³ Wird die Bundesanstalt als zuständige Stelle über einen möglichen Verstoß gegen die Artikel 6 bis 27 der Verordnung (EU) 2017/2402 informiert, handelt sie unter Beachtung des Verfahrens nach Artikel 36 Absatz 6 dieser Verordnung.

**§ 10 Allgemeine Vorschriften für die Zusammenarbeit bei der Aufsicht.** (1) ¹ Die Bundesanstalt kann bei der Ausübung der Aufgaben und Befugnisse, die ihr nach diesem Gesetz übertragen werden, die zuständigen Stellen der anderen Mitgliedstaaten der Europäischen Union oder der anderen Vertragsstaaten des Abkommens über den Europäischen Wirtschaftsraum ersuchen um

1. Informationsaustausch,

2. Zusammenarbeit bei Überwachungstätigkeiten,

3. eine Überprüfung vor Ort oder

4. eine Ermittlung im Hoheitsgebiet dieses anderen Staates.

² Erfolgt die Überprüfung vor Ort oder die Ermittlung durch die zuständigen ausländischen Stellen, kann die Bundesanstalt beantragen, dass ihre Bediensteten an den Untersuchungen teilnehmen. ³ Mit Einverständnis der zuständigen

ausländischen Stellen kann sie die Überprüfung vor Ort oder die Ermittlung selbst vornehmen oder mit der Überprüfung vor Ort oder der Ermittlung Wirtschaftsprüfer oder Sachverständige beauftragen; die zuständigen ausländischen Stellen, auf deren Hoheitsgebiet die Überprüfung vor Ort oder die Ermittlung erfolgen soll, können verlangen, dass ihre eigenen Bediensteten an den Untersuchungen teilnehmen. [4] Bei Untersuchungen einer Zweigniederlassung einer Kapitalverwaltungsgesellschaft in einem Aufnahmemitgliedstaat durch die Bundesanstalt genügt eine vorherige Unterrichtung der zuständigen Stellen dieses Staates.

(2) [1] Wird die Bundesanstalt von den zuständigen Stellen eines anderen Mitgliedstaates der Europäischen Union oder eines anderen Vertragsstaates des Abkommens über den Europäischen Wirtschaftsraum um eine Überprüfung vor Ort oder eine Ermittlung ersucht,

1. führt sie die Überprüfung vor Ort oder die Ermittlung selbst durch,
2. gestattet sie den ersuchenden Stellen, die Überprüfung vor Ort oder die Ermittlung durchzuführen, oder
3. gestattet sie Wirtschaftsprüfern oder Sachverständigen, die Überprüfung vor Ort oder die Ermittlung durchzuführen.

[2] Im Fall einer Überprüfung vor Ort oder einer Ermittlung nach Satz 1 Nummer 1 kann die ersuchende Stelle beantragen, dass ihre eigenen Bediensteten an den von der Bundesanstalt durchgeführten Untersuchungen teilnehmen. [3] Erfolgt die Überprüfung vor Ort oder die Ermittlung nach Satz 1 Nummer 2, kann die Bundesanstalt verlangen, dass ihre eigenen Bediensteten an den Untersuchungen teilnehmen.

(3) [1] Die Bundesanstalt kann den Informationsaustausch und ein Ersuchen um Überprüfung oder Ermittlung nach Absatz 2 Satz 1 oder um eine Teilnahme nach Absatz 2 Satz 2 nur verweigern, wenn

1. hierdurch die Souveränität, die Sicherheit oder die öffentliche Ordnung der Bundesrepublik Deutschland beeinträchtigt werden könnten,
2. auf Grund desselben Sachverhalts gegen die betreffenden Personen bereits ein gerichtliches Verfahren eingeleitet worden ist oder eine unanfechtbare Entscheidung ergangen ist oder
3. hierdurch bei Ersuchen im Zusammenhang mit OGAW wahrscheinlich ihre eigenen Ermittlungen oder Durchsetzungsmaßnahmen oder strafrechtliche Ermittlungen beeinträchtigt würden.

[2] Kommt die Bundesanstalt einem Ersuchen nicht nach oder macht sie von ihrem Verweigerungsrecht nach Satz 1 Gebrauch, teilt sie dies der ersuchenden Stelle unverzüglich mit und legt die Gründe dar; bei einer Verweigerung nach Satz 1 Nummer 2 sind genaue Informationen über das gerichtliche Verfahren oder die unanfechtbare Entscheidung zu übermitteln.

(4) Die Bundesanstalt kann nach Maßgabe des Artikels 19 der Verordnung (EU) Nr. 1095/2010[1)] die Europäische Wertpapier- und Marktaufsichtsbehörde um Hilfe ersuchen, wenn

1. ihrem Ersuchen nach Absatz 1 nicht innerhalb einer angemessenen Frist Folge geleistet wird,

---

[1)] Nr. 3.

2. ihr Ersuchen nach Absatz 1 ohne hinreichenden Grund abgelehnt wird oder
3. eine sonstige Uneinigkeit zwischen der Bundesanstalt und den zuständigen Stellen der anderen Mitgliedstaaten der Europäischen Union oder der anderen Vertragsstaaten des Abkommens über den Europäischen Wirtschaftsraum bezüglich einer Bewertung, Maßnahme oder Unterlassung in einem Bereich besteht, in dem die Richtlinie 2011/61/EU eine Zusammenarbeit oder Koordinierung vorschreibt.

(5) Das nähere Verfahren für die Überprüfungen vor Ort oder die Ermittlungen im Rahmen der Richtlinie 2009/65/EG richtet sich nach den Artikeln 6 bis 11 der Verordnung (EU) Nr. 584/2010 und im Rahmen der Richtlinie 2011/61/EU nach den auf Grundlage von Artikel 54 Absatz 4 der Richtlinie 2011/61/EU von der Europäischen Kommission erlassenen technischen Durchführungsstandards.

**§ 11 Besondere Vorschriften für die Zusammenarbeit bei grenzüberschreitender Verwaltung und grenzüberschreitendem Vertrieb von AIF.** (1) ¹Stellt die Bundesanstalt fest, dass eine EU-AIF-Verwaltungsgesellschaft oder eine ausländische AIF-Verwaltungsgesellschaft, die im Inland AIF verwaltet oder vertreibt, gegen eine der Bestimmungen verstößt, deren Einhaltung die Bundesanstalt zu überwachen hat, fordert sie die betreffende EU-AIF-Verwaltungsgesellschaft oder ausländische AIF-Verwaltungsgesellschaft auf, den Verstoß zu beenden. ²Die Bundesanstalt unterrichtet die zuständigen Stellen des Herkunftsmitgliedstaates der EU-AIF-Verwaltungsgesellschaft oder des Referenzmitgliedstaates der ausländischen AIF-Verwaltungsgesellschaft entsprechend.

(2) Weigert sich die EU-AIF-Verwaltungsgesellschaft oder die ausländische AIF-Verwaltungsgesellschaft, der Bundesanstalt die für die Erfüllung ihrer Aufgaben erforderlichen Informationen zukommen zu lassen oder unternimmt sie nicht die erforderlichen Schritte, um den Verstoß gemäß Absatz 1 zu beenden, setzt die Bundesanstalt die zuständigen Stellen des Herkunftsmitgliedstaates oder des Referenzmitgliedstaates hiervon in Kenntnis.

(3) ¹Erhält die Bundesanstalt die Mitteilung von einer zuständigen Stelle eines Aufnahmemitgliedstaates, dass eine AIF-Kapitalverwaltungsgesellschaft oder eine ausländische AIF-Verwaltungsgesellschaft, deren Referenzmitgliedstaat die Bundesrepublik Deutschland ist, die Herausgabe der zur Erfüllung der Aufgaben der zuständigen Stelle des Aufnahmemitgliedstaates erforderlichen Informationen verweigert,
1. trifft sie unverzüglich alle geeigneten Maßnahmen, um sicherzustellen, dass die betreffende AIF-Kapitalverwaltungsgesellschaft oder die ausländische AIF-Verwaltungsgesellschaft, deren Referenzmitgliedstaat die Bundesrepublik Deutschland ist, die von den zuständigen Stellen ihres Aufnahmemitgliedstaates gemäß Artikel 45 Absatz 3 der Richtlinie 2011/61/EU geforderten Informationen vorlegt oder den Verstoß gemäß Artikel 45 Absatz 4 der Richtlinie 2011/61/EU beendet,
2. ersucht sie die betreffenden zuständigen Stellen in Drittstaaten unverzüglich um Übermittlung der erforderlichen Informationen.

²Die Art der Maßnahmen gemäß Nummer 1 ist den zuständigen Stellen des Aufnahmemitgliedstaates der AIF-Kapitalverwaltungsgesellschaft oder der aus-

ländischen AIF-Verwaltungsgesellschaft, deren Referenzmitgliedstaat die Bundesrepublik Deutschland ist, mitzuteilen.

(4) ¹ Weigert sich die EU-AIF-Verwaltungsgesellschaft oder die ausländische AIF-Verwaltungsgesellschaft weiterhin, die von der Bundesanstalt gemäß § 5 Absatz 9 geforderten Informationen vorzulegen oder verstößt sie weiterhin gegen die in Absatz 1 genannten Bestimmungen,

1. obwohl eine Maßnahme gemäß Artikel 45 Absatz 5 Satz 2 der Richtlinie 2011/61/EU von den zuständigen Stellen ihres Herkunftsmitgliedstaates oder Referenzmitgliedstaates getroffen worden ist, oder
2. weil sich eine Maßnahme nach Nummer 1 als unzureichend erweist oder
3. weil eine Maßnahme nach Nummer 1 in dem fraglichen Mitgliedstaat der Europäischen Union oder Vertragsstaat des Abkommens über den Europäischen Wirtschaftsraum nicht verfügbar ist,

kann die Bundesanstalt nach Unterrichtung der zuständigen Stellen des Herkunftsmitgliedstaates der EU-AIF-Verwaltungsgesellschaft oder des Referenzmitgliedstaates der ausländischen AIF-Verwaltungsgesellschaft geeignete Maßnahmen, einschließlich der Maßnahmen nach den §§ 5, 40 bis 42, 339 und 340, ergreifen, um die Verstöße zu ahnden oder weitere Verstöße zu verhindern. ² Soweit erforderlich, kann sie dieser EU-AIF-Verwaltungsgesellschaft oder ausländischen AIF-Verwaltungsgesellschaft auch neue Geschäfte im Inland untersagen. ³ Verwaltet die EU-AIF-Verwaltungsgesellschaft oder die ausländische AIF-Verwaltungsgesellschaft AIF im Inland, kann die Bundesanstalt die Einstellung der Verwaltung verlangen.

(5) ¹ Hat die Bundesanstalt hinreichende Anhaltspunkte für einen Verstoß einer EU-AIF-Verwaltungsgesellschaft oder einer ausländischen AIF-Verwaltungsgesellschaft gegen die Verpflichtungen aus diesem Gesetz, teilt sie ihre Erkenntnisse der zuständigen Stelle des Herkunftsmitgliedstaates der EU-AIF-Verwaltungsgesellschaft oder des Referenzmitgliedstaates der ausländischen AIF-Verwaltungsgesellschaft mit. ² Wenn die Bundesanstalt eine Mitteilung nach Satz 1 von einer anderen zuständigen Stelle erhalten hat,

1. ergreift sie geeignete Maßnahmen und
2. fordert sie gegebenenfalls Informationen von zuständigen Stellen in Drittstaaten an.

(6) Verhält sich die EU-AIF-Verwaltungsgesellschaft oder eine ausländische AIF-Verwaltungsgesellschaft weiterhin in einer Art und Weise, die den Interessen der Anleger der betreffenden AIF, der Finanzstabilität oder der Integrität des Marktes in der Bundesrepublik Deutschland eindeutig abträglich ist,

1. obwohl von den zuständigen Stellen ihres Herkunftsmitgliedstaates oder Referenzmitgliedstaates eine Maßnahme gemäß Artikel 45 Absatz 7 der Richtlinie 2011/61/EU getroffen worden ist,
2. weil sich eine Maßnahme nach Nummer 1 als unzureichend erweist oder
3. weil der Herkunftsmitgliedstaat der AIF-Verwaltungsgesellschaft nicht rechtzeitig handelt,

kann die Bundesanstalt nach Unterrichtung der zuständigen Stellen des Herkunftsmitgliedstaates der EU-AIF-Verwaltungsgesellschaft oder des Referenzmitgliedsstaates der ausländischen AIF-Verwaltungsgesellschaft alle erforderlichen Maßnahmen ergreifen, um die Anleger des betreffenden AIF, die Finanzstabilität und die Integrität des Marktes in der Bundesrepublik Deutschland zu schützen; sie hat auch die Möglichkeit, der EU-AIF-Verwaltungsgesellschaft oder der ausländischen AIF-Verwaltungsgesellschaft den weiteren Vertrieb von Anteilen des betreffenden AIF im Inland zu untersagen.

(7) Das Verfahren nach den Absätzen 5 und 6 wird ferner angewendet, wenn die Bundesanstalt klare und belegbare Einwände gegen die Erlaubnis einer ausländischen AIF-Verwaltungsgesellschaft durch den Referenzmitgliedstaat hat.

(8) Besteht zwischen der Bundesanstalt und den betreffenden zuständigen Stellen keine Einigkeit in Bezug auf eine von der Bundesanstalt oder einer zuständigen Stelle nach den Absätzen 1 bis 7 getroffene Maßnahme, kann die Bundesanstalt nach Maßgabe des Artikels 19 der Verordnung (EU) Nr. 1095/2010[1] die Europäische Wertpapier- und Marktaufsichtsbehörde um Hilfe ersuchen.

(9) Auf Verlangen der Europäischen Wertpapier- und Marktaufsichtsbehörde gemäß Artikel 47 Absatz 4 der Richtlinie 2011/61/EU ergreift die Bundesanstalt nach Maßgabe des Absatzes 10 eine der folgenden Maßnahmen:

1. Untersagung des Vertriebs von Anteilen an AIF, die von ausländischen AIF-Verwaltungsgesellschaften verwaltet werden, oder von Anteilen an ausländischen AIF, die von AIF-Kapitalverwaltungsgesellschaften oder EU-AIF-Verwaltungsgesellschaften verwaltet werden, ohne dass

   a) eine Erlaubnis nach § 57 erteilt wurde oder

   b) die Anzeige nach § 320 Absatz 1, § 322 Absatz 2, § 324 Absatz 2, § 325 Absatz 1, § 326 Absatz 2, § 327 Absatz 1, § 328 Absatz 2, § 330 Absatz 2, § 332 Absatz 2, § 333 Absatz 1 oder § 334 Absatz 2 erstattet worden ist.

2. Beschränkungen für die Verwaltung eines AIF durch eine ausländische AIF-Verwaltungsgesellschaft, wenn

   a) übermäßige Risikokonzentrationen in einem Markt auf grenzüberschreitender Grundlage vorliegen oder

   b) ein erhebliches Kontrahentenrisiko für ein Kreditinstitut im Sinne des Artikels 4 Absatz 1 Nummer 1 der Verordnung (EU) Nr. 575/2013 oder sonstige systemrelevante Institute von der ausländischen AIF-Verwaltungsgesellschaft den oder dem AIF ausgeht.

(10) Die Maßnahmen nach Absatz 9 können nur ergriffen werden, sofern sie die folgenden Voraussetzungen erfüllen:

1. sie begegnen wirksam den Risiken für die ordnungsgemäße Funktionsweise und die Integrität des Finanzmarktes oder die Stabilität des gesamten oder eines Teils des Finanzsystems in der Europäischen Union oder in einem anderen Vertragsstaat des Abkommens über den Europäischen Wirtschaftsraum oder sie verbessern die Möglichkeit der Bundesanstalt zur Überwachung dieser Risiken wesentlich;

2. sie bergen nicht das Risiko der Aufsichtsarbitrage;

3. sie haben keine unverhältnismäßigen negativen Auswirkungen auf die Funktionsfähigkeit des Finanzmarktes, einschließlich der Verringerung der Liquidität der Märkte, oder führen nicht in unverhältnismäßiger Weise zur Unsicherheit für Marktteilnehmer.

---

[1] Nr. 3.

(11) ¹Die Bundesanstalt kann die Europäische Wertpapier- und Marktaufsichtsbehörde auffordern, ihren Beschluss zu überprüfen. ²Dabei kommt das in Artikel 44 Absatz 1 Unterabsatz 2 der Verordnung (EU) Nr. 1095/2010 vorgesehene Verfahren zur Anwendung.

**§ 12 Meldungen der Bundesanstalt an die Europäische Kommission, an die europäischen Aufsichtsbehörden und an den Betreiber des Bundesanzeigers.** (1) Die Bundesanstalt meldet der Europäischen Kommission auf deren Verlangen

1. jede nach § 19 angezeigte Absicht von einem Unternehmen mit Sitz in einem Drittstaat, eine bedeutende Beteiligung an einer OGAW-Kapitalverwaltungsgesellschaft zu erwerben,
2. jeden Antrag auf Erteilung einer Erlaubnis nach § 21 durch ein Tochterunternehmen eines Unternehmens mit Sitz in einem Drittstaat.

(2) Die Bundesanstalt meldet der Europäischen Kommission unverzüglich

1. die Zahl und die Art der Fälle, in denen eine Zweigniederlassung in einem anderen Mitgliedstaat der Europäischen Union oder einem anderen Vertragsstaat des Abkommens über den Europäischen Wirtschaftsraum nicht errichtet worden ist, weil die Bundesanstalt die Weiterleitung der Anzeige nach § 49 Absatz 2 Satz 3 abgelehnt hat,
2. die Zahl und die Art der Fälle, in denen Maßnahmen nach § 51 Absatz 5 Satz 3 und Absatz 6 Satz 1 ergriffen wurden,
3. allgemeine Schwierigkeiten, auf die OGAW-Kapitalverwaltungsgesellschaften bei der Errichtung von Zweigniederlassungen, der Gründung von Tochterunternehmen oder beim Betreiben von Dienstleistungen und Nebendienstleistungen nach § 20 Absatz 2 Nummer 1 bis 3 in einem Drittstaat gestoßen sind,
4. jede nach § 311 Absatz 3 Satz 1 Nummer 1 ergriffene Maßnahme,
5. allgemeine Schwierigkeiten, die die OGAW-Kapitalverwaltungsgesellschaften beim Vertrieb von Anteilen in einem Drittstaat haben.

(3) Die Bundesanstalt stellt der Europäischen Kommission jährlich folgende Informationen über AIF-Verwaltungsgesellschaften zur Verfügung, die AIF unter ihrer Aufsicht verwalten oder vertreiben:

1. Angaben zum Sitz der betreffenden AIF-Verwaltungsgesellschaft,
2. gegebenenfalls die Angabe der inländischen AIF oder der EU-AIF, die von den betreffenden AIF-Verwaltungsgesellschaften verwaltet oder vertrieben werden,
3. gegebenenfalls die Angabe der ausländischen AIF, die von AIF-Kapitalverwaltungsgesellschaften verwaltet, aber nicht in der Europäischen Union oder in einem anderen Vertragsstaat des Abkommens über den Europäischen Wirtschaftsraum vertrieben werden,
4. gegebenenfalls die Angabe der in der Europäischen Union oder in einem anderen Vertragsstaat des Abkommens über den Europäischen Wirtschaftsraum vertriebenen ausländischen AIF,
5. Angaben zu der anwendbaren nationalen oder unionsrechtlichen Regelung, in deren Rahmen die betreffenden AIF-Verwaltungsgesellschaften ihre Tätigkeiten ausüben,

6. sonstige Informationen, die wichtig sind, um zu verstehen, wie die Verwaltung und der Vertrieb von AIF durch AIF-Verwaltungsgesellschaften in der Europäischen Union oder in einem anderen Vertragsstaat des Abkommens über den Europäischen Wirtschaftsraum in der Praxis funktionieren, und

7. der Zeitpunkt, ab dem die Passregelung nach den §§ 57, 58, 65, 66, 322, 324 bis 328 und 331 bis 334 angewendet wurde.

(4) Die Bundesanstalt meldet der Europäischen Wertpapier- und Marktaufsichtsbehörde unverzüglich

1. die Angaben nach Absatz 2 Satz 1 Nummer 1, 2, 4 und 5,

2. die Befreiung einer ausländischen AIF-Verwaltungsgesellschaft, deren Referenzmitgliedstaat die Bundesrepublik Deutschland ist, nach § 59 Absatz 1, bestimmte Vorschriften der Richtlinie 2011/61/EU einzuhalten,

3. das Ergebnis des Erlaubnisverfahrens, Änderungen hinsichtlich der Erlaubnis und die Aufhebung der Erlaubnis einer ausländischen AIF Verwaltungsgesellschaft, deren Referenzmitgliedstaat die Bundesrepublik Deutschland ist, nach § 60 Absatz 1,

4. die Änderungen in Bezug auf die Beendigung des Vertriebs oder des zusätzlichen Vertriebs von AIF gemäß § 322 Absatz 1 Satz 1 durch AIF-Kapitalverwaltungsgesellschaften

a) im Inland nach § 322 Absatz 5 Satz 3 und

b) in anderen Mitgliedstaaten der Europäischen Union und anderen Vertragsstaaten des Abkommens über den Europäischen Wirtschaftsraum nach § 332 Absatz 3 Nummer 2,

5. die Änderungen in Bezug auf die Beendigung des Vertriebs oder des zusätzlichen Vertriebs von EU-AIF oder inländischen AIF durch AIF-Verwaltungsgesellschaften, deren Referenzmitgliedstaat die Bundesrepublik Deutschland ist,

a) im Inland nach § 325 Absatz 2 Nummer 3 und

b) in anderen Mitgliedstaaten der Europäischen Union und anderen Vertragsstaaten des Abkommens über den Europäischen Wirtschaftsraum nach § 333 Absatz 2 Nummer 3,

6. die Änderungen in Bezug auf die Beendigung des Vertriebs oder des zusätzlichen Vertriebs von ausländischen AIF durch AIF-Verwaltungsgesellschaften, deren Referenzmitgliedstaat die Bundesrepublik Deutschland ist,

a) im Inland nach § 326 Absatz 3 in Verbindung mit § 322 Absatz 5 und

b) in anderen Mitgliedstaaten der Europäischen Union und anderen Vertragsstaaten des Abkommens über den Europäischen Wirtschaftsraum nach § 334 Absatz 3 Nummer 3.

(5) Die Bundesanstalt meldet der Europäischen Wertpapier- und Marktaufsichtsbehörde vierteljährlich

1. die nach § 22 erteilten Erlaubnisse und nach § 39 aufgehobenen Erlaubnisse,

2. Informationen zu AIF-Verwaltungsgesellschaften, die der Aufsicht der Bundesanstalt unterliegende AIF entweder gemäß der unionsrechtlich vorgesehenen Passregelung oder den nationalen Regelungen verwalten oder vertreiben.

**(6)** ¹Ferner informiert die Bundesanstalt die Europäische Wertpapier- und Marktaufsichtsbehörde über

1. jede erteilte Erlaubnis nach § 21,
2. die Informationen nach § 35 Absatz 5, die zusätzlich von AIF-Kapitalverwaltungsgesellschaften und ausländischen AIF-Verwaltungsgesellschaften, deren Referenzmitgliedstaat die Bundesrepublik Deutschland ist, gefordert worden sind,
3. den Vorschlag zur Erteilung der Erlaubnis für eine ausländische AIF-Verwaltungsgesellschaft, deren Referenzmitgliedstaat die Bundesrepublik Deutschland ist, entgegen der Empfehlung der Europäischen Wertpapier- und Marktaufsichtsbehörde gemäß § 58 Absatz 5 und § 59 Absatz 3,
4. abgelehnte Erlaubnisanträge mit Angaben zu der ausländischen AIF-Verwaltungsgesellschaft unter Angabe der Gründe für die Ablehnung gemäß § 60 Absatz 2,
5. die Beurteilung zur Festlegung der ausländischen AIF-Verwaltungsgesellschaft, deren ursprünglicher Referenzmitgliedstaat die Bundesrepublik Deutschland ist, gemäß § 61 Absatz 1 einschließlich der Begründung der ausländischen AIF-Verwaltungsgesellschaft für ihre Beurteilung hinsichtlich des Referenzmitgliedstaates und Informationen über die neue Vertriebsstrategie der ausländischen AIF-Verwaltungsgesellschaft gemäß § 61 Absatz 2,
6. die Entscheidung nach Erhalt der Empfehlung der Europäischen Wertpapier- und Marktaufsichtsbehörde unter Angabe der Gründe gemäß § 61 Absatz 4,
7. die abschließende Entscheidung unter Angabe der Gründe, sofern diese in Widerspruch zu der Empfehlung der Europäischen Wertpapier- und Marktaufsichtsbehörde steht, gemäß § 61 Absatz 5 Nummer 1,
8. den möglichen Beginn des Vertriebs von AIF gemäß § 322 Absatz 1 Satz 1 durch AIF-Kapitalverwaltungsgesellschaften
   a) im Inland nach § 322 Absatz 4 und
   b) in anderen Mitgliedstaaten der Europäischen Union und Vertragsstaaten des Abkommens über den Europäischen Wirtschaftsraum nach § 332 Absatz 3 Nummer 1,
9. den möglichen Beginn des Vertriebs von EU-AIF oder inländischen AIF durch eine ausländische AIF-Verwaltungsgesellschaft, deren Referenzmitgliedstaat die Bundesrepublik Deutschland ist,
   a) im Inland nach § 325 Absatz 2 Nummer 3 und
   b) in anderen Mitgliedstaaten der Europäischen Union und Vertragsstaaten des Abkommens über den Europäischen Wirtschaftsraum nach § 333 Absatz 2 Nummer 2,
10. den möglichen Beginn des Vertriebs von ausländischen AIF durch eine ausländische AIF-Verwaltungsgesellschaft, deren Referenzmitgliedstaat die Bundesrepublik Deutschland ist,
    a) im Inland nach § 326 Absatz 3 in Verbindung mit § 322 Absatz 4 und
    b) in anderen Mitgliedstaaten der Europäischen Union und Vertragsstaaten des Abkommens über den Europäischen Wirtschaftsraum nach § 334 Absatz 3 Nummer 2,

11. die Möglichkeit des Beginns der Verwaltung von EU-AIF durch eine ausländische AIF-Verwaltungsgesellschaft, deren Referenzmitgliedstaat die Bundesrepublik Deutschland ist, in anderen Mitgliedstaaten der Europäischen Union und Vertragsstaaten des Abkommens über den Europäischen Wirtschaftsraum nach § 65 Absatz 4,

12. die Auffassung, dass eine ausländische AIF-Verwaltungsgesellschaft, deren Referenzmitgliedstaat die Bundesrepublik Deutschland ist, nicht den Pflichten der Richtlinie 2011/61/EU nachkommt, unter Angabe der Gründe,

13. hinreichende Anhaltspunkte für einen Verstoß einer AIF-Verwaltungsgesellschaft, die nicht der Aufsicht der Bundesanstalt unterliegt, gegen Bestimmungen der Richtlinie 2011/61/EU gemäß § 9 Absatz 10,

14. vorgenommene Maßnahmen und Sanktionen gegenüber AIF-Verwaltungsgesellschaften,

15. die Geschäfte von AIF-Kapitalverwaltungsgesellschaften und ausländischen AIF-Verwaltungsgesellschaften, deren Referenzmitgliedstaat die Bundesrepublik Deutschland ist, entsprechend § 9 Absatz 4 sowie Informationen, die gemäß den §§ 22 und 35 erhoben wurden, in zusammengefasster Form gemäß § 9 Absatz 5,

16. jede Änderung in Bezug auf die Arten von Publikums-AIF und die zusätzlich vorgesehenen Vorgaben für Publikums-AIF,

17. die Absicht, den Umfang des Leverage gemäß § 215 Absatz 2 Satz 1 auch in Verbindung mit § 274 zu beschränken und die eingeleiteten Schritte bezüglich sonstiger Beschränkungen der Verwaltung des AIF gemäß § 215 Absatz 2 Satz 2 und 3, auch in Verbindung mit § 274,

18. Maßnahmen entsprechend Nummer 17 entgegen der Empfehlung der Europäischen Wertpapier- und Marktaufsichtsbehörde unter Angabe der Gründe nach § 215 Absatz 4 Satz 2, auch in Verbindung mit § 274,

19. alle nach § 341a Absatz 1 Satz 1 Nummer 1 und 3, soweit sie auf die Richtlinie 2009/65/EG oder die Verordnung (EU) 2017/2402 zurückgehen, oder die in § 120 Absatz 21 des Wertpapierhandelsgesetzes[1]) in Bezug genommen werden und auf die Verordnung (EU) 2015/2365 zurückgehen sowie die in § 120 Absatz 22 des Wertpapierhandelsgesetzes in Bezug genommen werden und auf die Artikel 16, 23, 28 und 29 der Verordnung (EU) 2016/1011 zurückgehen, bekannt gemachten oder in Verbindung mit § 341a Absatz 3 nicht bekannt gemachten bestandskräftigen Maßnahmen und unanfechtbar gewordenen Bußgeldentscheidungen; die Bundesanstalt übermittelt der Europäischen Wertpapier- und Marktaufsichtsbehörde die verfahrensabschließenden letztinstanzlichen Entscheidungen zu Strafverfahren, die Straftaten nach § 339 Absatz 1 Nummer 1 bezüglich des Betreibens des Geschäfts einer OGAW-Kapitalverwaltungsgesellschaft zum Gegenstand haben, sowie die Begründung; die Bundesanstalt übermittelt der Europäischen Wertpapier- und Marktaufsichtsbehörde jährlich eine Zusammenfassung von Informationen über Maßnahmen und Bußgeldentscheidungen wegen Verstößen gegen Gebote und Verbote, die in § 340 Absatz 7 Nummer 1 in Bezug genommen werden und auf die Richtlinie 2009/65/EG zurückgehen,

---

[1]) Nr. 12.

20. jede Erlaubnis zur Wiederverbriefung gemäß Artikel 8 Absatz 2 der Verordnung (EU) 2017/2402,

21. alle verhängten verwaltungsrechtlichen Sanktionen sowie gegebenenfalls diesbezügliche Rechtsbehelfsverfahren und deren Ausgang, sofern sie auf die Verordnung (EU) 2017/2402 gestützt werden.

²Die Bundesanstalt hat die Informationen nach Satz 1 Nummer 15 und 17 zusätzlich dem Europäischen Ausschuss für Systemrisiken und die Informationen nach Satz 1 Nummer 16 zusätzlich der Europäischen Kommission zu übermitteln.

(7) Ferner übermittelt die Bundesanstalt der Europäischen Kommission und der Europäischen Wertpapier- und Marktaufsichtsbehörde

1. ein Verzeichnis der in § 206 Absatz 3 Satz 1 genannten Kategorien von Schuldverschreibungen und Emittenten,

2. bis zum 22. Juli 2014 die Arten von Publikums-AIF und die zusätzlich vorgesehenen Vorgaben für den Vertrieb von Publikums-AIF.

(7a) Die Bundesanstalt meldet der Europäischen Bankenaufsichtsbehörde, der Europäischen Wertpapier- und Marktaufsichtsbehörde und der Europäischen Aufsichtsbehörde für das Versicherungswesen und die betriebliche Altersversorgung unter Beachtung des Verfahrens nach Artikel 36 Absatz 6 der Verordnung (EU) 2017/2402, wenn sie als zuständige Behörde der gemäß Artikel 27 Absatz 1 dieser Verordnung benannten ersten Anlaufstelle von einem Verstoß gegen die Anforderungen des Artikels 27 Absatz 1 erfährt.

(8) ¹Die Bundesanstalt übermittelt dem Betreiber des Bundesanzeigers einmal jährlich Name und Anschrift folgender, ihr bekannt werdender Kapitalverwaltungsgesellschaften und Investmentgesellschaften:

1. externer Kapitalverwaltungsgesellschaften,
2. offener OGAW-Investmentaktiengesellschaften,
3. offener AIF-Investmentaktiengesellschaften,
4. geschlossener Publikumsinvestmentaktiengesellschaften,
5. geschlossener Publikumsinvestmentkommanditgesellschaften sowie
6. registrierter Kapitalverwaltungsgesellschaften nach § 2 Absatz 5 einschließlich der von ihr verwalteten geschlossenen inländischen Publikums-AIF.

²Ein Bekanntwerden im Sinne des Satzes 1 ist gegeben:

1. bei Kapitalverwaltungsgesellschaften mit Erteilung der Erlaubnis oder Bestätigung der Registrierung,
2. bei Publikumsinvestmentvermögen mit Genehmigung der Anlagebedingungen,
3. bei Spezialinvestmentvermögen mit der Vorlage der Anlagebedingungen bei der Bundesanstalt.

**§ 13 Informationsaustausch mit der Deutschen Bundesbank.** (1) Die Bundesanstalt und die Deutsche Bundesbank haben einander Beobachtungen und Feststellungen mitzuteilen, die für die Erfüllung ihrer jeweiligen Aufgaben erforderlich sind.

(2) Die Bundesanstalt hat der Deutschen Bundesbank insbesondere die Informationen und Unterlagen gemäß

1. § 19 Absatz 1 Satz 1 und 2 und Absatz 5 auch in Verbindung mit § 108 Absatz 3,
2. § 34 Absatz 3 Nummer 3, 4 und 6 bis 11 und Absatz 4, den §§ 35, 38 Absatz 1 Satz 2 und Absatz 4 Satz 2,
3. § 49 Absatz 1 und 4 Satz 1, § 53 Absatz 2 und, soweit es sich um eine Änderung der in § 53 Absatz 2 genannten Angaben handelt, § 53 Absatz 5,
4. § 68 Absatz 7 Satz 4,
5. § 98 Absatz 2 Satz 3 auch in Verbindung mit § 116 Absatz 2 Satz 6 und § 133 Absatz 1 Satz 5,
6. § 107 Absatz 3, § 123 Absatz 5 auch in Verbindung mit § 148 Absatz 1, § 160 Absatz 4,
7. § 114 Satz 1, § 130 Satz 1, § 145 Satz 1, § 155 Satz 1,
8. § 200 Absatz 4

zur Verfügung zu stellen.

(3) ¹Die Deutsche Bundesbank hat der Bundesanstalt insbesondere die Angaben zur Verfügung zu stellen, die sie auf Grund statistischer Erhebungen nach § 18 des Gesetzes über die Deutsche Bundesbank erlangt. ²Sie hat vor Anordnung einer solchen Erhebung die Bundesanstalt zu hören; § 18 Satz 5 des Gesetzes über die Deutsche Bundesbank gilt entsprechend.

(4) Die Bundesanstalt und die Deutsche Bundesbank regeln einvernehmlich die Einzelheiten der Weiterleitung der Beobachtungen, Feststellungen, Informationen, Unterlagen und Angaben im Sinne der Absätze 1 bis 3.

(5) ¹Der Informationsaustausch nach den Absätzen 1 bis 3 schließt die Übermittlung der personenbezogenen Daten ein, die zur Erfüllung der Aufgaben der empfangenden Stelle erforderlich sind. ²Zur Erfüllung ihrer Aufgabe dürfen die Bundesanstalt und die Deutsche Bundesbank vereinbaren, dass gegenseitig die bei der anderen Stelle jeweils gespeicherten Daten im automatisierten Verfahren abgerufen werden dürfen. ³Im Übrigen gilt § 7 Absatz 4 und 5 des Kreditwesengesetzes entsprechend.

**§ 14 Auskünfte und Prüfungen.** ¹Kapitalverwaltungsgesellschaften, extern verwaltete Investmentgesellschaften, Gesellschaften in den sonstigen nach diesem Gesetz zulässigen Rechtsformen für Investmentvermögen, die an ihnen jeweils bedeutend beteiligten Inhaber und Verwahrstellen haben der Bundesanstalt Auskünfte entsprechend § 44 Absatz 1 und 6 und § 44b des Kreditwesengesetzes zu erteilen. ²Der Bundesanstalt stehen die in § 44 Absatz 1 und § 44b des Kreditwesengesetzes genannten Prüfungsbefugnisse entsprechend zu.

**§ 15 Einschreiten gegen unerlaubte Investmentgeschäfte.** (1) Wird die kollektive Vermögensverwaltung ohne die erforderliche Registrierung nach § 44 oder ohne die erforderliche Erlaubnis nach §§ 20, 21 oder 22 oder nach Artikel 6 der Richtlinie 2009/65/EG oder der Richtlinie 2011/61/EU betrieben oder werden neben der kollektiven Vermögensverwaltung die in § 20 Absatz 2 oder 3 aufgeführten Dienstleistungen oder Nebendienstleistungen ohne die Erlaubnis nach §§ 20, 21 oder 22 oder nach Artikel 6 der Richtlinie 2009/65/EG erbracht (unerlaubtes Investmentgeschäft), kann die Bundesanstalt hiergegen einschreiten.

(2) ¹Im Fall des Absatzes 1 kann die Bundesanstalt

1. die sofortige Einstellung des Geschäftsbetriebs und die unverzügliche Abwicklung dieser Geschäfte gegenüber dem Unternehmen sowie gegenüber seinen Gesellschaftern und den Mitgliedern seiner Organe anordnen; bei juristischen Personen und Personenhandelsgesellschaften stehen ihr auch die in § 38 Absatz 1 und 2 des Kreditwesengesetzes genannten Rechte zu;
2. für die Abwicklung Weisungen erlassen und
3. eine geeignete Person als Abwickler bestellen.

[2] Die Bundesanstalt kann ihre Maßnahmen nach den Nummern 1 bis 3 bekannt machen; personenbezogene Daten dürfen nur veröffentlicht werden, soweit dies zur Gefahrenabwehr erforderlich ist.

(3) Die Befugnisse der Bundesanstalt nach den Absätzen 1 und 2 bestehen auch gegenüber einem Unternehmen, das in die Anbahnung, den Abschluss oder die Abwicklung dieser Geschäfte einbezogen ist, sowie gegenüber seinen Gesellschaftern und den Mitgliedern seiner Organe.

(4) Der Abwickler ist zum Antrag auf Eröffnung eines Insolvenzverfahrens über das Vermögen des Unternehmens berechtigt.

(5) [1] Der Abwickler erhält von der Bundesanstalt eine angemessene Vergütung sowie Ersatz seiner Aufwendungen. [2] Das betroffene Unternehmen hat der Bundesanstalt die gezahlten Beträge gesondert zu erstatten; auf Verlangen der Bundesanstalt hat es für die nach Satz 1 erforderlichen Beträge einen Vorschuss zu leisten. [3] Die Bundesanstalt kann das betroffene Unternehmen anweisen, den von der Bundesanstalt festgesetzten Betrag im Namen der Bundesanstalt unmittelbar an den Abwickler zu leisten, wenn dadurch keine Beeinflussung der Unabhängigkeit des Abwicklers zu besorgen ist.

**§ 16 Verfolgung unerlaubter Investmentgeschäfte.** (1) [1] Ein Unternehmen, bei dem feststeht oder Tatsachen die Annahme rechtfertigen, dass es unerlaubte Investmentgeschäfte betreibt oder dass es in die Anbahnung, den Abschluss oder die Abwicklung unerlaubter Investmentgeschäfte einbezogen ist oder war, sowie die Mitglieder der Organe, die Gesellschafter und die Beschäftigten eines solchen Unternehmens haben der Bundesanstalt auf Verlangen Auskünfte über alle Geschäftsangelegenheiten zu erteilen und sämtliche Unterlagen vorzulegen. [2] Ein Mitglied eines Organs, ein Gesellschafter oder ein Beschäftigter hat auf Verlangen auch nach seinem Ausscheiden aus dem Organ oder dem Unternehmen Auskunft zu erteilen und Unterlagen vorzulegen. [3] Die Bundesanstalt kann den in Satz 1 genannten Unternehmen und Personen Weisungen zur Sicherung von Kundengeldern, Daten und Vermögenswerten erteilen.

(2) [1] Soweit dies zur Feststellung der Art oder des Umfangs der Geschäfte oder Tätigkeiten erforderlich ist, kann die Bundesanstalt Prüfungen in Räumen des Unternehmens sowie in den Räumen der nach Absatz 1 auskunfts- und vorlegungspflichtigen Personen und Unternehmen vornehmen. [2] Die Bediensteten der Bundesanstalt dürfen hierzu
1. Räume nach Satz 1 innerhalb der üblichen Betriebs- und Geschäftszeiten betreten und besichtigen,
2. Räume nach Satz 1 auch außerhalb der üblichen Betriebs- und Geschäftszeiten betreten und besichtigen, um dringende Gefahren für die öffentliche Ordnung und Sicherheit zu verhüten und

3. Räume, die auch als Wohnung dienen, betreten und besichtigen, um dringende Gefahren für die öffentliche Ordnung und Sicherheit zu verhüten; das Grundrecht des Artikels 13 des Grundgesetzes wird insoweit eingeschränkt.

(3) ¹Die Bediensteten der Bundesanstalt dürfen die Räume des Unternehmens sowie die Räume der nach Absatz 1 auskunfts- und vorlegungspflichtigen Personen durchsuchen. ²Im Rahmen der Durchsuchung dürfen die Bediensteten auch die auskunfts- und vorlegungspflichtigen Personen zum Zwecke der Sicherstellung von Gegenständen im Sinne des Absatzes 4 durchsuchen. ³Das Grundrecht des Artikels 13 des Grundgesetzes wird insoweit eingeschränkt. ⁴Durchsuchungen von Geschäftsräumen und Personen sind, außer bei Gefahr im Verzug, durch den Richter anzuordnen. ⁵Durchsuchungen von Räumen, die als Wohnung dienen, sind durch den Richter anzuordnen. ⁶Zuständig ist das Amtsgericht, in dessen Bezirk sich die Räume befinden. ⁷Gegen die gerichtliche Entscheidung ist die Beschwerde zulässig; die §§ 306 bis 310 und 311a der Strafprozessordnung gelten entsprechend. ⁸Über die Durchsuchung ist eine Niederschrift zu fertigen. ⁹Sie muss die verantwortliche Dienststelle, Grund, Zeit und Ort der Durchsuchung und ihr Ergebnis und, falls keine gerichtliche Anordnung ergangen ist, auch Tatsachen, welche die Annahme einer Gefahr im Verzug begründet haben, enthalten.

(4) Die Bediensteten der Bundesanstalt können Gegenstände sicherstellen, die als Beweismittel für die Ermittlung des Sachverhaltes von Bedeutung sein können.

(5) ¹Die Betroffenen haben Maßnahmen nach den Absätzen 2 und 3 Satz 1 sowie Absatz 4 zu dulden. ²Der zur Erteilung einer Auskunft Verpflichtete kann die Auskunft auf solche Fragen verweigern, deren Beantwortung ihn selbst oder einen der in § 383 Absatz 1 Nummer 1 bis 3 der Zivilprozessordnung bezeichneten Angehörigen der Gefahr strafgerichtlicher Verfolgung oder eines Verfahrens nach dem Gesetz über Ordnungswidrigkeiten aussetzen würde.

(6) ¹Die Bundesanstalt darf einzelne Daten aus der Datei nach § 24c Absatz 1 Satz 1 des Kreditwesengesetzes abrufen, soweit dies erforderlich ist zur Erfüllung ihrer aufsichtlichen Aufgaben nach diesem Gesetz, insbesondere im Hinblick auf unerlaubt betriebene Investmentgeschäfte, und sofern besondere Eilbedürftigkeit im Einzelfall vorliegt. ² § 24c Absatz 4 des Kreditwesengesetzes ist entsprechend anzuwenden.

(7) Die Absätze 1 bis 6 gelten entsprechend für andere Unternehmen und Personen, sofern

1. Tatsachen die Annahme rechtfertigen, dass sie in die Anlage oder Verwaltung von Investmentvermögen einbezogen sind, die in einem anderen Staat entgegen einem dort bestehenden Verbot erbracht werden und
2. die zuständige Behörde des anderen Staates ein entsprechendes Ersuchen an die Bundesanstalt stellt.

(8) ¹Soweit und solange Tatsachen die Annahme rechtfertigen oder feststeht, dass ein Unternehmen unerlaubte Investmentgeschäfte betreibt, kann die Bundesanstalt die Öffentlichkeit unter Nennung des Namens oder der Firma des Unternehmens über diesen Verdacht oder diese Feststellung informieren. ²Satz 1 ist entsprechend anzuwenden, wenn ein Unternehmen die unerlaubten Investmentgeschäfte zwar nicht betreibt, aber in der Öffentlichkeit einen entsprechenden Anschein erweckt. ³Vor der Entscheidung über die Veröffent-

lichung der Information ist das Unternehmen anzuhören. ⁴Stellen sich die von der Bundesanstalt veröffentlichten Informationen als falsch oder die zugrundeliegenden Umstände als unrichtig wiedergegeben heraus, so informiert die Bundesanstalt die Öffentlichkeit hierüber in der gleichen Art und Weise, wie sie die betreffende Information zuvor bekannt gegeben hat.

**Abschnitt 2. Verwaltungsgesellschaften**

**Unterabschnitt 1. Erlaubnis**

**§ 17 Kapitalverwaltungsgesellschaften.** (1) ¹Kapitalverwaltungsgesellschaften sind Unternehmen mit satzungsmäßigem Sitz und Hauptverwaltung im Inland, deren Geschäftsbetrieb darauf gerichtet ist, inländische Investmentvermögen, EU-Investmentvermögen oder ausländische AIF zu verwalten. ²Verwaltung eines Investmentvermögens liegt vor, wenn mindestens die Portfolioverwaltung oder das Risikomanagement für ein oder mehrere Investmentvermögen erbracht wird.

(2) Die Kapitalverwaltungsgesellschaft ist entweder

1. eine externe Kapitalverwaltungsgesellschaft, die vom Investmentvermögen oder im Namen des Investmentvermögens bestellt ist und auf Grund dieser Bestellung für die Verwaltung des Investmentvermögens verantwortlich ist (externe Kapitalverwaltungsgesellschaft), oder

2. das Investmentvermögen selbst, wenn die Rechtsform des Investmentvermögens eine interne Verwaltung zulässt und der Vorstand oder die Geschäftsführung des Investmentvermögens entscheidet, keine externe Kapitalverwaltungsgesellschaft zu bestellen (interne Kapitalverwaltungsgesellschaft). In diesem Fall wird das Investmentvermögen als Kapitalverwaltungsgesellschaft zugelassen.

(3) Für jedes Investmentvermögen kann nur eine Kapitalverwaltungsgesellschaft zuständig sein, die für die Einhaltung der Anforderungen dieses Gesetzes verantwortlich ist.

**§ 18 Externe Kapitalverwaltungsgesellschaften.** (1) Externe Kapitalverwaltungsgesellschaften dürfen nur in der Rechtsform der Aktiengesellschaft, der Gesellschaft mit beschränkter Haftung oder der Kommanditgesellschaft, bei der persönlich haftender Gesellschafter ausschließlich eine Gesellschaft mit beschränkter Haftung ist, betrieben werden.

(2) ¹Ein Aufsichtsrat ist auch dann zu bilden, wenn die externe Kapitalverwaltungsgesellschaft in der Rechtsform einer Gesellschaft mit beschränkter Haftung betrieben wird. ²Die externe Kapitalverwaltungsgesellschaft in der Rechtsform der Kommanditgesellschaft, bei der persönlich haftender Gesellschafter ausschließlich eine Gesellschaft mit beschränkter Haftung ist, hat einen Beirat zu bilden. ³Die Zusammensetzung sowie Rechte und Pflichten des Aufsichtsrats nach Satz 1 bestimmen sich, vorbehaltlich des Absatzes 3 Satz 2, nach § 90 Absatz 3 bis 5 Satz 2, den §§ 95 bis 114, 116, 118 Absatz 3, § 125 Absatz 3 sowie den §§ 171 und 268 Absatz 2 des Aktiengesetzes. ⁴Die Zusammensetzung sowie Rechte und Pflichten des Beirats nach Satz 2 bestimmen sich, vorbehaltlich des Absatzes 3 Satz 2, nach § 90 Absatz 3 bis 5 Satz 2, den §§ 95, 100, 101, 103, 105, 107 bis 114, 116, 118 Absatz 3, § 125 Absatz 3 sowie den §§ 171 und 268 Absatz 2 des Aktiengesetzes.

(3) ¹ § 101 Absatz 1 Satz 1 Halbsatz 1 des Aktiengesetzes ist auf eine externe Kapitalverwaltungsgesellschaft in der Rechtsform der Aktiengesellschaft mit der Maßgabe anzuwenden, dass die Hauptversammlung mindestens ein Mitglied des Aufsichtsrats zu wählen hat, das von den Aktionären, den mit ihnen verbundenen Unternehmen und den Geschäftspartnern der externen Kapitalverwaltungsgesellschaft unabhängig ist. ² Wird die externe Kapitalverwaltungsgesellschaft in der Rechtsform einer Gesellschaft mit beschränkter Haftung oder als Kommanditgesellschaft, bei der persönlich haftender Gesellschafter ausschließlich eine Gesellschaft mit beschränkter Haftung ist, betrieben, so gilt Satz 1 entsprechend. ³ Für nähere Einzelheiten der Anforderungen an die Unabhängigkeit eines Mitglieds des Aufsichtsrats der externen OGAW-Kapitalverwaltungsgesellschaft von der Verwahrstelle im Sinne der Sätze 1 und 2 wird auf Artikel 21 Buchstabe d und Artikel 24 Absatz 1 Buchstabe b und Absatz 2 der Delegierten Verordnung (EU) 2016/438 der Kommission vom 17. Dezember 2015 zur Ergänzung der Richtlinie 2009/65/EG des Europäischen Parlaments und des Rates in Bezug auf die Pflichten der Verwahrstellen (ABl. L 78 vom 24.3.2016, S. 11) verwiesen. ⁴ Artikel 21 Buchstabe d und Artikel 24 Absatz 1 Buchstabe b und Absatz 2 der Delegierten Verordnung (EU) 2016/438 gelten entsprechend für externe AIF-Kapitalverwaltungsgesellschaften. ⁵ Die Sätze 1, 2 und 4 gelten nicht für externe Kapitalverwaltungsgesellschaften, die ausschließlich Spezial-AIF verwalten.

(4) ¹ Die Mitglieder des Aufsichtsrats oder eines Beirats sollen ihrer Persönlichkeit und ihrer Sachkunde nach die Wahrung der Interessen der Anleger gewährleisten. ² Die Bestellung und das Ausscheiden von Mitgliedern des Aufsichtsrats oder eines Beirats ist der Bundesanstalt unverzüglich anzuzeigen.

(5) Absatz 4 findet keine Anwendung, soweit die Aufsichtsratsmitglieder als Vertreter der Arbeitnehmer nach den Vorschriften der Mitbestimmungsgesetze gewählt werden.

(6) ¹ In den Fällen, in denen eine externe AIF-Kapitalverwaltungsgesellschaft nicht in der Lage ist, die Einhaltung der Anforderungen dieses Gesetzes sicherzustellen, für die der AIF oder eine andere in seinem Namen handelnde Stelle verantwortlich ist, unterrichtet die externe AIF-Kapitalverwaltungsgesellschaft unverzüglich die Bundesanstalt und, sofern anwendbar, die zuständigen Behörden des betreffenden EU-AIF. ² Die Bundesanstalt kann die externe AIF-Kapitalverwaltungsgesellschaft verpflichten, notwendige Abhilfemaßnahmen zu treffen.

(7) ¹ Falls die Anforderungen trotz der in Absatz 6 Satz 2 genannten Maßnahmen weiterhin nicht eingehalten werden, fordert die Bundesanstalt, dass die externe AIF-Kapitalverwaltungsgesellschaft ihre Bestellung als externe AIF-Kapitalverwaltungsgesellschaft für diesen AIF kündigt, sofern es sich um einen inländischen AIF oder einen EU-AIF handelt. ² In diesem Fall darf der AIF nicht mehr in den Mitgliedstaaten der Europäischen Union und den anderen Vertragsstaaten des Europäischen Wirtschaftsraums vertrieben werden. ³ Die Bundesanstalt setzt hiervon unverzüglich die zuständigen Behörden der Aufnahmemitgliedstaaten der externen AIF-Kapitalverwaltungsgesellschaft in Kenntnis.

## § 19 Inhaber bedeutender Beteiligungen; Verordnungsermächtigung.

(1) ¹ Wer beabsichtigt, allein oder im Zusammenwirken mit anderen Personen oder Unternehmen eine bedeutende Beteiligung an einer externen

**15 KAGB § 19**  Kapitalanlagegesetzbuch

OGAW-Kapitalverwaltungsgesellschaft zu erwerben (interessierter Erwerber), hat dies der Bundesanstalt unverzüglich schriftlich anzuzeigen. ² § 2c Absatz 1 Satz 2 bis 7 des Kreditwesengesetzes gilt entsprechend; § 2c Absatz 1 Satz 5 und 6 des Kreditwesengesetzes ist entsprechend anzuwenden mit der Maßgabe, dass die Anzeigen jeweils nur gegenüber der Bundesanstalt abzugeben sind.

(2) ¹ Die Bundesanstalt hat eine Anzeige nach Absatz 1 innerhalb von 60 Arbeitstagen ab dem Datum des Schreibens, mit dem sie den Eingang der vollständigen Anzeige schriftlich bestätigt hat, zu beurteilen (Beurteilungszeitraum); im Übrigen gilt § 2c Absatz 1a des Kreditwesengesetzes entsprechend. ² Die Bundesanstalt kann innerhalb des Beurteilungszeitraums den beabsichtigten Erwerb der bedeutenden Beteiligung oder deren Erhöhung untersagen, wenn Tatsachen die Annahme rechtfertigen, dass

1. die externe OGAW-Kapitalverwaltungsgesellschaft nicht in der Lage sein oder bleiben wird, den Aufsichtsanforderungen, insbesondere nach der Richtlinie 2009/65/EG, zu genügen, oder

2. die externe OGAW-Kapitalverwaltungsgesellschaft durch die Begründung oder Erhöhung der bedeutenden Beteiligung mit dem Inhaber der bedeutenden Beteiligung in einen Unternehmensverbund eingebunden würde, der durch die Struktur des Beteiligungsgeflechts oder mangelhafte wirtschaftliche Transparenz eine wirksame Aufsicht über die externe OGAW-Kapitalverwaltungsgesellschaft, einen wirksamen Informationsaustausch zwischen den zuständigen Stellen oder die Aufteilung der Zuständigkeiten zwischen diesen beeinträchtigt, oder

3. einer der in § 2c Absatz 1b Satz 1 Nummer 1 und 3 bis 6 des Kreditwesengesetzes genannten Fälle, die entsprechend gelten, vorliegt.

³ § 2c Absatz 1b Satz 2 bis 8 des Kreditwesengesetzes ist entsprechend anzuwenden.

(3) ¹ In den in § 2c Absatz 2 Satz 1 Nummer 1 bis 3 des Kreditwesengesetzes genannten Fällen kann die Bundesanstalt dem Inhaber der bedeutenden Beteiligung und den von ihm kontrollierten Unternehmen die Ausübung des Stimmrechts untersagen und anordnen, dass über die Anteile nur mit ihrer Zustimmung verfügt werden darf. ² Im Fall einer Verfügung nach Satz 1 hat das Gericht am Sitz der externen OGAW-Kapitalverwaltungsgesellschaft auf Antrag der Bundesanstalt, der externen OGAW-Kapitalverwaltungsgesellschaft oder eines an ihr Beteiligten einen Treuhänder zu bestellen, auf den es die Ausübung des Stimmrechts überträgt. ³ § 2c Absatz 2 Satz 3 bis 9 des Kreditwesengesetzes ist entsprechend anzuwenden.

(4) ¹ Bei der Beurteilung nach Absatz 2 arbeitet die Bundesanstalt mit den zuständigen Stellen der anderen Mitgliedstaaten der Europäischen Union und der anderen Vertragsstaaten des Abkommens über den Europäischen Wirtschaftsraum zusammen, wenn der Anzeigepflichtige eine der in § 8 Absatz 3 Satz 1 Nummer 1 bis 3 des Kreditwesengesetzes aufgeführten natürlichen oder juristischen Personen ist. ² § 8 Absatz 3 Satz 3 und 4 des Kreditwesengesetzes gilt entsprechend. ³ Die Bundesanstalt hat in ihrer Entscheidung alle Bemerkungen oder Vorbehalte der für den Anzeigepflichtigen zuständigen Stelle anzugeben.

(5) Wer beabsichtigt, eine bedeutende Beteiligung an einer externen OGAW-Kapitalverwaltungsgesellschaft aufzugeben oder den Betrag seiner bedeutenden Beteiligung unter die Schwellen von 20 Prozent, 30 Prozent oder

50 Prozent der Stimmrechte oder des Kapitals abzusenken oder die Beteiligung so zu verändern, dass die externe OGAW-Kapitalverwaltungsgesellschaft nicht mehr kontrolliertes Unternehmen ist, hat dies der Bundesanstalt unverzüglich schriftlich anzuzeigen.

(6)[1] ¹Das Bundesministerium der Finanzen wird ermächtigt, durch Rechtsverordnung, die nicht der Zustimmung des Bundesrates bedarf, nähere Bestimmungen zu erlassen über Art, Umfang, Zeitpunkt, Form und Übertragungsweg der nach den Absätzen 1 und 5 zu erstattenden Anzeigen sowie über die Unterlagen, die mit der Anzeige vorzulegen sind. ²Das Bundesministerium der Finanzen kann diese Ermächtigung durch Rechtsverordnung auf die Bundesanstalt übertragen.

## § 20 Erlaubnis zum Geschäftsbetrieb.

(1) ¹Der Geschäftsbetrieb einer Kapitalverwaltungsgesellschaft bedarf der schriftlichen Erlaubnis der Bundesanstalt. ²Die Bundesanstalt kann die Erlaubnis auf die Verwaltung bestimmter Arten von Investmentvermögen beschränken. ³Die Bundesanstalt kann die Erlaubnis mit Nebenbestimmungen verbinden.

(2) Externe OGAW-Kapitalverwaltungsgesellschaften dürfen neben der kollektiven Vermögensverwaltung von OGAW folgende Dienstleistungen und Nebendienstleistungen erbringen:

1. die Verwaltung einzelner in Finanzinstrumenten im Sinne des § 1 Absatz 11 des Kreditwesengesetzes angelegter Vermögen für andere mit Entscheidungsspielraum einschließlich der Portfolioverwaltung fremder Investmentvermögen (Finanzportfolioverwaltung),
2. soweit die Erlaubnis die Dienstleistung nach Nummer 1 umfasst, die Anlageberatung,
3. soweit die Erlaubnis die Dienstleistung nach Nummer 1 umfasst, die Verwahrung und Verwaltung von Anteilen an inländischen Investmentvermögen, EU-Investmentvermögen oder ausländischen AIF für andere,
4. den Vertrieb von Anteilen oder Aktien an fremden Investmentvermögen,
5. soweit der externen OGAW-Kapitalverwaltungsgesellschaft zusätzlich eine Erlaubnis als externe AIF-Kapitalverwaltungsgesellschaft erteilt wurde, die Verwaltung von AIF sowie Dienstleistungen und Nebendienstleistungen nach Absatz 3,
6. den Abschluss von Altersvorsorgeverträgen gemäß § 1 Absatz 1 des Altersvorsorgeverträge-Zertifizierungsgesetzes sowie von Verträgen zum Aufbau einer eigenen kapitalgedeckten Altersversorgung im Sinne des § 10 Absatz 1 Nummer 2 Buchstabe b des Einkommensteuergesetzes,
7. die Abgabe einer Zusage gegenüber dem Anleger, dass bei Rücknahme von Anteilen, bei Beendigung der Verwaltung von Vermögen im Sinne der Nummer 1 oder der Beendigung der Verwahrung und Verwaltung von Anteilen im Sinne der Nummer 3 mindestens ein bestimmter oder bestimmbarer Betrag an den Anleger gezahlt wird (Mindestzahlungszusage),
8. sonstige Tätigkeiten, die mit den in diesem Absatz genannten Dienstleistungen und Nebendienstleistungen unmittelbar verbunden sind.

---

[1] § 19 Abs. 6 ist gem. Art. 28 Abs. 1 G v. 4.7.2013 (BGBl. I S. 1981) am 11.7.2013 in Kraft getreten.

(3) Externe AIF-Kapitalverwaltungsgesellschaften dürfen neben der kollektiven Vermögensverwaltung von AIF folgende Dienstleistungen und Nebendienstleistungen erbringen:

1. die Verwaltung einzelner nicht in Finanzinstrumenten im Sinne des § 1 Absatz 11 des Kreditwesengesetzes angelegter Vermögen für andere mit Entscheidungsspielraum sowie die Anlageberatung (individuelle Vermögensverwaltung und Anlageberatung),

2. die Verwaltung einzelner in Finanzinstrumenten im Sinne des § 1 Absatz 11 des Kreditwesengesetzes angelegter Vermögen für andere mit Entscheidungsspielraum einschließlich der Portfolioverwaltung fremder Investmentvermögen (Finanzportfolioverwaltung),

3. soweit die Erlaubnis die Dienstleistung nach Nummer 2 umfasst, die Anlageberatung,

4. soweit die Erlaubnis die Dienstleistung nach Nummer 2 umfasst, die Verwahrung und Verwaltung von Anteilen an inländischen Investmentvermögen, EU-Investmentvermögen oder ausländischen AIF für andere,

5. soweit die Erlaubnis die Dienstleistung nach Nummer 2 umfasst, die Vermittlung von Geschäften über die Anschaffung und Veräußerung von Finanzinstrumenten (Anlagevermittlung),

6. den Vertrieb von Anteilen oder Aktien an fremden Investmentvermögen,

7. soweit der externen AIF-Kapitalverwaltungsgesellschaft zusätzlich eine Erlaubnis als externe OGAW-Kapitalverwaltungsgesellschaft erteilt wurde, die Verwaltung von OGAW sowie Dienstleistungen und Nebendienstleistungen nach Absatz 2,

8. den Abschluss von Altersvorsorgeverträgen gemäß § 1 Absatz 1 des Altersvorsorgeverträge-Zertifizierungsgesetzes sowie von Verträgen zum Aufbau einer eigenen kapitalgedeckten Altersversorgung im Sinne des § 10 Absatz 1 Nummer 2 Buchstabe b des Einkommensteuergesetzes,

9. sonstige Tätigkeiten, die mit den in diesem Absatz genannten Dienstleistungen und Nebendienstleistungen unmittelbar verbunden sind.

(4) Externe OGAW-Kapitalverwaltungsgesellschaften und externe AIF-Kapitalverwaltungsgesellschaften dürfen nicht ausschließlich die in Absatz 2 Nummer 1 bis 4 und in Absatz 3 Nummer 1 bis 6 genannten Dienstleistungen und Nebendienstleistungen erbringen, ohne auch die kollektive Vermögensverwaltung zu erbringen.

(5) [1] In der Satzung oder dem Gesellschaftsvertrag der externen OGAW-Kapitalverwaltungsgesellschaft muss bestimmt sein, dass außer den Geschäften, die zur Anlage ihres eigenen Vermögens erforderlich sind, nur die in Absatz 2 genannten Geschäfte und Tätigkeiten betrieben werden. [2] In der Satzung oder dem Gesellschaftsvertrag der externen AIF-Kapitalverwaltungsgesellschaft muss bestimmt sein, dass außer den Geschäften, die zur Anlage ihres eigenen Vermögens erforderlich sind, nur die in Absatz 3 genannten Geschäfte und Tätigkeiten betrieben werden.

(6) Externe Kapitalverwaltungsgesellschaften dürfen sich an Unternehmen beteiligen, wenn der Geschäftszweck des Unternehmens gesetzlich oder satzungsmäßig im Wesentlichen auf die Geschäfte ausgerichtet ist, welche die externe Kapitalverwaltungsgesellschaft selbst betreiben darf und eine Haftung

der externen Kapitalverwaltungsgesellschaft aus der Beteiligung durch die Rechtsform des Unternehmens beschränkt ist.

(7) Intern verwaltete OGAW-Kapitalverwaltungsgesellschaften dürfen keine andere Tätigkeit ausüben als die Verwaltung des eigenen OGAW; intern verwaltete AIF-Kapitalverwaltungsgesellschaften dürfen keine andere Tätigkeit ausüben als die Verwaltung des eigenen AIF.

(8) OGAW-Kapitalverwaltungsgesellschaften dürfen für Rechnung des OGAW weder Gelddarlehen gewähren noch Verpflichtungen aus einem Bürgschafts- oder einem Garantievertrag eingehen.

(9) [1] AIF-Kapitalverwaltungsgesellschaften dürfen im Rahmen der kollektiven Vermögensverwaltung ein Gelddarlehen nur gewähren, wenn dies auf Grund der Verordnung (EU) Nr. 345/2013, der Verordnung (EU) Nr. 346/2013, der Verordnung (EU) 2015/760 des Europäischen Parlaments und des Rates vom 29. April 2015 über europäische langfristige Investmentfonds (ABl. L 123 vom 19.5.2015, S. 98), § 3 Absatz 2 in Verbindung mit § 4 Absatz 7 des Gesetzes über Unternehmensbeteiligungsgesellschaften, §§ 240, 261 Absatz 1 Nummer 8, § 282 Absatz 2 Satz 3, § 284 Absatz 5 oder § 285 Absatz 2 oder Absatz 3 erlaubt ist. [2] Die Gewährung eines Gelddarlehens im Sinne des Satzes 1 liegt nicht vor bei einer der Darlehensgewährung nachfolgenden Änderung der Darlehensbedingungen.

(10) Externe Kapitalverwaltungsgesellschaften dürfen ihren Mutter-, Tochter- und Schwesterunternehmen Gelddarlehen für eigene Rechnung gewähren.

**§ 21 Erlaubnisantrag für eine OGAW-Kapitalverwaltungsgesellschaft und Erlaubniserteilung.** (1) Der Erlaubnisantrag für eine OGAW-Kapitalverwaltungsgesellschaft muss enthalten:

1. einen geeigneten Nachweis der zum Geschäftsbetrieb erforderlichen Mittel nach § 25,
2. die Angabe der Geschäftsleiter,
3. Angaben zur Beurteilung der Zuverlässigkeit der Geschäftsleiter,
4. Angaben zur Beurteilung der fachlichen Eignung der Geschäftsleiter,
5. die Namen der an der OGAW-Kapitalverwaltungsgesellschaft bedeutend beteiligten Inhaber sowie Angaben zur Beurteilung ihrer Zuverlässigkeit und zur Höhe ihrer jeweiligen Beteiligung,
6. die Angaben der Tatsachen, die auf eine enge Verbindung zwischen der OGAW-Kapitalverwaltungsgesellschaft und anderen natürlichen oder juristischen Personen hinweisen,
7. einen tragfähigen Geschäftsplan, aus dem die Art der geplanten Geschäfte sowie der organisatorische Aufbau und die geplanten internen Kontrollverfahren der OGAW-Kapitalverwaltungsgesellschaft hervorgehen und
8. die Satzung oder den Gesellschaftsvertrag, die den Anforderungen dieses Gesetzes entsprechen.

(2) Die Bundesanstalt hat über die Erteilung der Erlaubnis innerhalb von sechs Monaten nach Einreichung des vollständigen Antrags zu entscheiden.

(3) Sofern der OGAW-Kapitalverwaltungsgesellschaft auch die Erlaubnis zum Erbringen der Finanzportfolioverwaltung nach § 20 Absatz 2 Nummer 1

erteilt wird, ist ihr mit der Erteilung der Erlaubnis die Entschädigungseinrichtung mitzuteilen, der sie zugeordnet ist.

(4) Die Bundesanstalt hat die Erteilung der Erlaubnis im Bundesanzeiger bekannt zu machen.

(5) Beantragt eine OGAW-Kapitalverwaltungsgesellschaft zusätzlich die Erlaubnis zur Verwaltung von AIF nach § 22, muss sie diejenigen Angaben und Unterlagen, die sie bereits mit dem Erlaubnisantrag nach Absatz 1 eingereicht hat, nicht erneut einreichen, sofern diese Angaben und Unterlagen noch aktuell sind.

**§ 22 Erlaubnisantrag für eine AIF-Kapitalverwaltungsgesellschaft und Erlaubniserteilung.** (1) Der Erlaubnisantrag für eine AIF-Kapitalverwaltungsgesellschaft muss enthalten:

1. einen geeigneten Nachweis der zum Geschäftsbetrieb erforderlichen Mittel nach § 25,
2. die Angabe der Geschäftsleiter,
3. Angaben zur Beurteilung der Zuverlässigkeit der Geschäftsleiter,
4. Angaben zur Beurteilung der fachlichen Eignung der Geschäftsleiter,
5. die Namen der an der AIF-Kapitalverwaltungsgesellschaft bedeutend beteiligten Inhaber sowie Angaben zur Beurteilung ihrer Zuverlässigkeit und zur Höhe ihrer jeweiligen Beteiligung,
6. die Angaben der Tatsachen, die auf eine enge Verbindung zwischen der AIF-Kapitalverwaltungsgesellschaft und anderen natürlichen oder juristischen Personen hinweisen,
7. einen Geschäftsplan, der neben der Organisationsstruktur der AIF-Kapitalverwaltungsgesellschaft auch Angaben darüber enthält, wie die AIF-Kapitalverwaltungsgesellschaft ihren Pflichten nach diesem Gesetz nachkommen will,
8. Angaben über die Vergütungspolitik und Vergütungspraxis nach § 37,
9. Angaben über Auslagerungsvereinbarungen nach § 36,
10. Angaben zu den Anlagestrategien, einschließlich
    a) der Arten der Zielfonds, falls es sich bei dem AIF um einen Dachfonds handelt,
    b) der Grundsätze, die die AIF-Kapitalverwaltungsgesellschaft im Zusammenhang mit dem Einsatz von Leverage anwendet sowie
    c) der Risikoprofile und sonstiger Eigenschaften der AIF, die die AIF-Kapitalverwaltungsgesellschaft verwaltet oder zu verwalten beabsichtigt, einschließlich Angaben zu den Mitgliedstaaten der Europäischen Union, Vertragsstaaten des Abkommens über den Europäischen Wirtschaftsraum oder Drittstaaten, in denen sich der Sitz solcher AIF befindet oder voraussichtlich befinden wird,
11. wenn es sich bei dem AIF um einen Feederfonds oder einen Feeder-AIF handelt, Angaben zum Sitz des Masterfonds oder des Master-AIF,
12. die Anlagebedingungen, Satzungen oder Gesellschaftsverträge aller AIF, die die AIF-Kapitalverwaltungsgesellschaft zu verwalten beabsichtigt, sowie die Satzung oder den Gesellschaftsvertrag der AIF-Kapitalverwaltungsgesellschaft selbst, wenn sie als externe Kapitalverwaltungsgesellschaft die Verwaltung von Publikums-AIF beabsichtigt,

13. Angaben zu den Vereinbarungen zur Beauftragung der Verwahrstelle nach § 80 für jeden AIF, den die AIF-Kapitalverwaltungsgesellschaft zu verwalten beabsichtigt, und
14. alle in den §§ 165, 269 und 307 Absatz 1 genannten weiteren Informationen für jeden AIF, den die AIF-Kapitalverwaltungsgesellschaft verwaltet oder zu verwalten beabsichtigt.

(2) ¹Die Bundesanstalt hat über die Erteilung der Erlaubnis innerhalb von drei Monaten nach Einreichung des vollständigen Antrags zu entscheiden. ²Die Bundesanstalt kann diesen Zeitraum um bis zu drei Monate verlängern, wenn sie dies auf Grund der besonderen Umstände des Einzelfalls für notwendig erachtet. ³Sie hat den Antragsteller über die Verlängerung der Frist nach Satz 2 zu informieren.

(3) Für die Zwecke des Absatzes 2 gilt ein Antrag als vollständig, wenn die AIF-Kapitalverwaltungsgesellschaft mindestens die in Absatz 1 Nummer 1 bis 5, 7, 8, 10 und 11 genannten Angaben und Nachweise eingereicht hat.

(4) Die AIF-Kapitalverwaltungsgesellschaft kann mit der Verwaltung von AIF unter Verwendung der gemäß Absatz 1 Nummer 10 im Erlaubnisantrag beschriebenen Anlagestrategien beginnen, sobald die Erlaubnis erteilt ist, frühestens jedoch einen Monat nachdem sie etwaige fehlende in Absatz 1 Nummer 6, 9, 12, 13 und 14 genannte Angaben nachgereicht hat.

(5) § 21 Absatz 3 und 4 gilt entsprechend.

### § 23 Versagung der Erlaubnis einer Kapitalverwaltungsgesellschaft.

Einer Kapitalverwaltungsgesellschaft ist die Erlaubnis zu versagen, wenn
1. das Anfangskapital und die zusätzlichen Eigenmittel nach § 25 nicht zur Verfügung stehen;
2. die Kapitalverwaltungsgesellschaft nicht mindestens zwei Geschäftsleiter hat;
3. Tatsachen vorliegen, aus denen sich ergibt, dass die Geschäftsleiter der Kapitalverwaltungsgesellschaft nicht zuverlässig sind oder die zur Leitung erforderliche fachliche Eignung im Sinne von § 25c Absatz 1 des Kreditwesengesetzes nicht haben;
4. Tatsachen die Annahme rechtfertigen, dass der Inhaber einer bedeutenden Beteiligung nicht zuverlässig ist oder aus anderen Gründen nicht den im Interesse einer soliden und umsichtigen Führung der Kapitalverwaltungsgesellschaft zu stellenden Ansprüchen genügt;
5. enge Verbindungen zwischen der Kapitalverwaltungsgesellschaft und anderen natürlichen oder juristischen Personen bestehen, die die Bundesanstalt bei der ordnungsgemäßen Erfüllung ihrer Aufsichtsfunktionen behindern;
6. enge Verbindungen zwischen der Kapitalverwaltungsgesellschaft und anderen natürlichen oder juristischen Personen bestehen, die den Rechts- und Verwaltungsvorschriften eines Drittstaates unterstehen, deren Anwendung die Bundesanstalt bei der ordnungsgemäßen Erfüllung ihrer Aufsichtsfunktionen behindern;
7. die Hauptverwaltung oder der satzungsmäßige Sitz der Kapitalverwaltungsgesellschaft sich nicht im Inland befindet;
8. die Kapitalverwaltungsgesellschaft nicht bereit oder in der Lage ist, die erforderlichen organisatorischen Vorkehrungen zum ordnungsgemäßen Betreiben der Geschäfte, für die sie die Erlaubnis beantragt, zu schaffen, und

nicht in der Lage ist, die in diesem Gesetz festgelegten Anforderungen einzuhalten;

9. die Kapitalverwaltungsgesellschaft ausschließlich administrative Tätigkeiten, den Vertrieb von eigenen Investmentanteilen oder Tätigkeiten im Zusammenhang mit den Vermögensgegenständen des AIF erbringt, ohne auch die Portfolioverwaltung und das Risikomanagement zu erbringen;
10. die Kapitalverwaltungsgesellschaft die Portfolioverwaltung erbringt, ohne auch das Risikomanagement zu erbringen; dasselbe gilt im umgekehrten Fall;
11. andere als die in den Nummern 1 bis 10 aufgeführten Voraussetzungen für die Erlaubniserteilung nach diesem Gesetz nicht erfüllt sind.

**§ 24 Anhörung der zuständigen Stellen eines anderen Mitgliedstaates der Europäischen Union oder eines anderen Vertragsstaates des Abkommens über den Europäischen Wirtschaftsraum; Aussetzung oder Beschränkung der Erlaubnis bei Unternehmen mit Sitz in einem Drittstaat.** (1) Soll eine Erlaubnis einer OGAW-Kapitalverwaltungsgesellschaft oder einer AIF-Kapitalverwaltungsgesellschaft erteilt werden, die

1. Tochter- oder Schwesterunternehmen einer anderen EU-Verwaltungsgesellschaft oder einer ausländischen AIF-Verwaltungsgesellschaft, einer Wertpapierfirma im Sinne des Artikels 4 Absatz 1 Nummer 1 der Richtlinie 2014/65/EU[1)], eines Kreditinstituts im Sinne des Artikels 4 Absatz 1 Nummer 1 der Verordnung (EU) Nr. 575/2013 oder eines Versicherungsunternehmens ist, das in einem anderen Mitgliedstaat der Europäischen Union oder einem anderen Vertragsstaat des Abkommens über den Europäischen Wirtschaftsraum zugelassen ist, oder
2. durch dieselben natürlichen oder juristischen Personen kontrolliert wird, die eine in einem anderen Mitgliedstaat der Europäischen Union oder einem anderen Vertragsstaat des Abkommens über den Europäischen Wirtschaftsraum zugelassene EU-Verwaltungsgesellschaft oder eine ausländische AIF-Verwaltungsgesellschaft, eine Wertpapierfirma im Sinne des Artikels 4 Absatz 1 Nummer 1 der Richtlinie 2014/65/EU, ein Kreditinstitut im Sinne des Artikels 4 Absatz 1 Nummer 1 der Verordnung (EU) Nr. 575/2013 oder ein Versicherungsunternehmen kontrollieren,

hat die Bundesanstalt vor Erteilung der Erlaubnis die zuständigen Stellen des Herkunftsstaates anzuhören.

(2) [1] Auf die Beziehungen zwischen OGAW-Kapitalverwaltungsgesellschaften und Drittstaaten sind die Bestimmungen des Artikels 15 der Richtlinie 2004/39/EG entsprechend anzuwenden. [2] Für diesen Zweck sind die in Artikel 15 der Richtlinie 2004/39/EG genannten Ausdrücke „Wertpapierfirma" und „Wertpapierfirmen" als „OGAW-Kapitalverwaltungsgesellschaft" beziehungsweise „OGAW-Kapitalverwaltungsgesellschaften" zu verstehen; der in Artikel 15 der Richtlinie 2004/39/EG genannte Ausdruck „Erbringung von Wertpapierdienstleistungen" ist als „Erbringung von Dienstleistungen" zu verstehen.

**§ 25 Kapitalanforderungen.** (1) Eine Kapitalverwaltungsgesellschaft muss

---

[1)] Nr. 1.

Kapitalanlagegesetzbuch § 25 KAGB 15

1. mit einem Anfangskapital von
   a) mindestens 300 000 Euro ausgestattet sein, sofern es sich um eine interne Kapitalverwaltungsgesellschaft handelt,
   b) mindestens 125 000 Euro ausgestattet sein, sofern es sich um eine externe Kapitalverwaltungsgesellschaft handelt,
2. über zusätzliche Eigenmittel in Höhe von wenigstens 0,02 Prozent des Betrages, um den der Wert der verwalteten Investmentvermögen 250 Millionen Euro übersteigt, verfügen, wenn der Wert der von der AIF-Kapitalverwaltungsgesellschaft oder von der externen OGAW-Kapitalverwaltungsgesellschaft verwalteten Investmentvermögen 250 Millionen Euro überschreitet; die geforderte Gesamtsumme des Anfangskapitals und der zusätzlichen Eigenmittel darf jedoch 10 Millionen Euro nicht überschreiten.

(2) Eine AIF-Kapitalverwaltungsgesellschaft oder eine externe OGAW-Kapitalverwaltungsgesellschaft braucht die Anforderung, zusätzliche Eigenmittel nach Absatz 1 Satz 1 Nummer 2 in Höhe von bis zu 50 Prozent aufzubringen, nicht zu erfüllen, wenn sie über eine Garantie in derselben Höhe verfügt, die von einem der folgenden Institute oder Unternehmen gestellt wird:
1. Kreditinstitut im Sinne des Artikels 4 Absatz 1 Nummer 1 der Verordnung (EU) Nr. 575/2013 oder Versicherungsunternehmen, die ihren Sitz in einem Mitgliedstaat der Europäischen Union oder in einem anderen Vertragsstaat des Abkommens über den Europäischen Wirtschaftsraum haben, oder
2. Kreditinstitut oder Versicherungsunternehmen mit Sitz in einem Drittstaat, wenn diese Aufsichtsbestimmungen unterliegen, die nach Auffassung der Bundesanstalt denen des Unionsrechts gleichwertig sind.

(3) ¹Für die Zwecke des Absatzes 1 gelten die von der Kapitalverwaltungsgesellschaft verwalteten Investmentvermögen, einschließlich der Investmentvermögen, mit deren Verwaltung sie Dritte beauftragt hat, als Investmentvermögen der Kapitalverwaltungsgesellschaft; Investmentvermögen, die die externe Kapitalverwaltungsgesellschaft im Auftrag Dritter verwaltet, werden nicht berücksichtigt. ²Für die Zwecke der Absätze 1 und 4 gelten für eine externe AIF-Kapitalverwaltungsgesellschaft, die ebenfalls eine externe OGAW-Kapitalverwaltungsgesellschaft ist, ausschließlich die Vorschriften für die externe OGAW-Kapitalverwaltungsgesellschaft.

(4) ¹Unabhängig von der Eigenmittelanforderung in Absatz 1 muss die AIF-Kapitalverwaltungsgesellschaft zu jeder Zeit Eigenmittel in Höhe von mindestens dem in Artikel 9 Absatz 5 der Richtlinie 2011/61/EU geforderten Betrag und muss die externe OGAW-Kapitalverwaltungsgesellschaft zu jeder Zeit Eigenmittel in Höhe von mindestens dem in Artikel 7 Absatz 1 Buchstabe a Ziffer iii der Richtlinie 2009/65/EG geforderten Betrag aufweisen. ²Liegt für das erste abgelaufene Geschäftsjahr noch kein Jahresabschluss vor, sind die Aufwendungen auszuweisen, die im Geschäftsplan für das laufende Jahr für die entsprechenden Posten vorgesehen sind. ³Die Bundesanstalt kann
1. die Anforderungen nach den Sätzen 1 und 2 heraufsetzen, wenn dies durch eine Ausweitung der Geschäftstätigkeit der AIF-Kapitalverwaltungsgesellschaft oder der externen OGAW-Kapitalverwaltungsgesellschaft angezeigt ist oder
2. die bei der Berechnung der Relation nach den Sätzen 1 und 2 anzusetzenden Kosten für das laufende Geschäftsjahr auf Antrag der Kapitalverwaltungs-

gesellschaft herabsetzen, wenn dies durch eine gegenüber dem Vorjahr nachweislich erhebliche Reduzierung der Geschäftstätigkeit der AIF-Kapitalverwaltungsgesellschaft oder der externen OGAW-Kapitalverwaltungsgesellschaft im laufenden Geschäftsjahr angezeigt ist.

[4] AIF-Kapitalverwaltungsgesellschaften und externe OGAW-Kapitalverwaltungsgesellschaften haben der Bundesanstalt die Angaben und Nachweise zu übermitteln, die für die Überprüfung der Relation und der Erfüllung der Anforderungen nach den Sätzen 1 und 3 erforderlich sind.

(5) Werden Altersvorsorgeverträge nach § 20 Absatz 2 Nummer 6 oder § 20 Absatz 3 Nummer 8 abgeschlossen oder Mindestzahlungszusagen nach § 20 Absatz 2 Nummer 7 abgegeben, müssen externe Kapitalverwaltungsgesellschaften im Interesse der Erfüllung ihrer Verpflichtungen gegenüber Anlegern und Aktionären, insbesondere im Interesse der Sicherheit der ihnen anvertrauten Vermögenswerte, über angemessene Eigenmittel verfügen.

(6) [1] Um die potenziellen Berufshaftungsrisiken aus den Geschäftstätigkeiten, denen die AIF-Kapitalverwaltungsgesellschaften nach der Richtlinie 2011/61/EU nachgehen können, abzudecken, müssen AIF-Kapitalverwaltungsgesellschaften über

1. zusätzliche Eigenmittel, um potenzielle Haftungsrisiken aus beruflicher Fahrlässigkeit angemessen abzudecken, oder
2. eine bezüglich der abgedeckten Risiken geeignete Versicherung für die sich aus beruflicher Fahrlässigkeit ergebende Haftung

verfügen. [2] Im Fall von Satz 1 Nummer 2 ist der Versicherer im Versicherungsvertrag zu verpflichten, der Bundesanstalt den Beginn und die Beendigung oder Kündigung des Versicherungsvertrages sowie Umstände, die den vorgeschriebenen Versicherungsschutz beeinträchtigen, unverzüglich mitzuteilen.

(7) Eigenmittel, einschließlich der zusätzlichen Eigenmittel gemäß Absatz 6 Nummer 1, sind entweder in liquiden Mitteln zu halten oder in Vermögensgegenstände zu investieren, die kurzfristig unmittelbar in Bankguthaben umgewandelt werden können und keine spekulativen Positionen enthalten.

(8) Für AIF-Kapitalverwaltungsgesellschaften bestimmen sich die Kriterien zu den Risiken, die durch die zusätzlichen Eigenmittel oder die Berufshaftpflichtversicherung gedeckt werden müssen, die Voraussetzungen für die Bestimmung der Angemessenheit der zusätzlichen Eigenmittel oder der Deckung durch die Berufshaftpflichtversicherung und die Vorgehensweise bei der Bestimmung fortlaufender Anpassungen der Eigenmittel oder der Deckung nach den Artikeln 12 bis 15 der Delegierten Verordnung (EU) Nr. 231/2013.

## Unterabschnitt 2. Allgemeine Verhaltens- und Organisationspflichten

**§ 26 Allgemeine Verhaltensregeln; Verordnungsermächtigung.**

(1) Die Kapitalverwaltungsgesellschaft handelt bei der Wahrnehmung ihrer Aufgaben unabhängig von der Verwahrstelle und ausschließlich im Interesse der Anleger.

(2) Die Kapitalverwaltungsgesellschaft ist verpflichtet,
1. ihrer Tätigkeit ehrlich, mit der gebotenen Sachkenntnis, Sorgfalt und Gewissenhaftigkeit und redlich nachzugehen,

Kapitalanlagegesetzbuch **§ 26 KAGB 15**

2. im besten Interesse der von ihr verwalteten Investmentvermögen oder der Anleger dieser Investmentvermögen und der Integrität des Marktes zu handeln,
3. alle angemessenen Maßnahmen zur Vermeidung von Interessenkonflikten und, wo diese nicht vermieden werden können, zur Ermittlung, Beilegung, Beobachtung und gegebenenfalls Offenlegung dieser Interessenkonflikte zu treffen, um

   a) zu vermeiden, dass sich diese nachteilig auf die Interessen der Investmentvermögen und der Anleger auswirken und

   b) sicherzustellen, dass den von ihr verwalteten Investmentvermögen eine faire Behandlung zukommt,
4. über die für eine ordnungsgemäße Geschäftstätigkeit erforderlichen Mittel und Verfahren zu verfügen und diese wirksam einzusetzen,
5. alle auf die Ausübung ihrer Geschäftstätigkeit anwendbaren regulatorischen Anforderungen zu erfüllen, um das beste Interesse der von ihr verwalteten Investmentvermögen oder der Anleger dieser Investmentvermögen und die Integrität des Marktes zu fördern und
6. alle Anleger der Investmentvermögen fair zu behandeln.

(3) Die AIF-Kapitalverwaltungsgesellschaft darf keinem Anleger in einem AIF eine Vorzugsbehandlung gewähren, es sei denn, eine solche Vorzugsbehandlung ist in den Anlagebedingungen, in der Satzung oder dem Gesellschaftsvertrag des entsprechenden AIF vorgesehen.

(4) Eine Kapitalverwaltungsgesellschaft, deren Erlaubnis auch die in § 20 Absatz 2 Nummer 1 (Finanzportfolioverwaltung) oder die in § 20 Absatz 3 Nummer 1 (individuelle Vermögensverwaltung) oder Nummer 2 (Finanzportfolioverwaltung) genannte Dienstleistung umfasst, darf das Vermögen des Kunden weder ganz noch teilweise in Anteile der von ihr verwalteten Investmentvermögen anlegen, es sei denn, der Kunde hat zuvor eine allgemeine Zustimmung hierzu gegeben.

(5) Die Kapitalverwaltungsgesellschaft muss insbesondere über geeignete Verfahren verfügen, um bei Investmentvermögen unter Berücksichtigung des Wertes des Investmentvermögens und der Anlegerstruktur eine Beeinträchtigung von Anlegerinteressen durch unangemessene Kosten, Gebühren und Praktiken zu vermeiden.

(6) ¹Die Kapitalverwaltungsgesellschaft hat angemessene Grundsätze und Verfahren anzuwenden, um eine Beeinträchtigung der Marktstabilität und Marktintegrität zu verhindern. ²Missbräuchliche Marktpraktiken sind zu verhindern, insbesondere die kurzfristige, systematische Spekulation mit Investmentanteilen durch Ausnutzung von Kursdifferenzen an Börsen und anderen organisierten Märkten und damit verbundene Möglichkeiten, Arbitragegewinne zu erzielen.

(7) ¹Für AIF-Kapitalverwaltungsgesellschaften bestimmen sich die Kriterien, nach welchen die Bundesanstalt beurteilt, ob AIF-Kapitalverwaltungsgesellschaften ihren in den Absätzen 1 und 2 genannten Pflichten nachkommen, nach den Artikeln 16 bis 29 der Delegierten Verordnung (EU) Nr. 231/2013. ²Für nähere Einzelheiten der Anforderungen an OGAW-Kapitalverwaltungsgesellschaften zur Erfüllung ihrer Pflicht, im Sinne des Absatzes 1 bei der Wahrnehmung ihrer Aufgaben unabhängig von der Verwahrstelle zu handeln,

wird auf Artikel 21 Buchstabe a bis c, Artikel 22 Absatz 1 bis 4 und Artikel 23 der Delegierten Verordnung (EU) 2016/438 verwiesen. ³ Für AIF-Kapitalverwaltungsgesellschaften, die nicht ausschließlich Spezial-AIF verwalten, gelten Artikel 21 Buchstabe a bis c, Artikel 22 Absatz 1 bis 4 und Artikel 23 der Delegierten Verordnung (EU) 2016/438 entsprechend.

(8)[1] ¹ Das Bundesministerium der Finanzen wird ermächtigt, durch Rechtsverordnung, die nicht der Zustimmung des Bundesrates bedarf, für Kapitalverwaltungsgesellschaften in Bezug auf Publikums-AIF zusätzliche Bestimmungen zu den in den Artikeln 16 bis 29 der Delegierten Verordnung (EU) Nr. 231/2013 aufgeführten Kriterien nach Absatz 7 und in Bezug auf OGAW nähere Bestimmungen zu erlassen

1. zu Verhaltensregeln, die den Anforderungen nach den Absätzen 1 und 2 Nummer 1 und 2 entsprechen und

2. über die Mittel und Verfahren, die für eine ordnungsgemäße Geschäftstätigkeit solcher Kapitalverwaltungsgesellschaften erforderlich sind.

² Das Bundesministerium der Finanzen kann die Ermächtigung durch Rechtsverordnung auf die Bundesanstalt übertragen.

### § 27 Interessenkonflikte; Verordnungsermächtigung.

(1) Eine Kapitalverwaltungsgesellschaft hat alle angemessenen Maßnahmen zu treffen, um Interessenkonflikte zu ermitteln, die im Zusammenhang mit der Verwaltung von Investmentvermögen auftreten zwischen

1. der Kapitalverwaltungsgesellschaft sowie ihren Führungskräften, Mitarbeitern oder jeder anderen Person, die über ein Kontrollverhältnis direkt oder indirekt mit der Kapitalverwaltungsgesellschaft verbunden ist, und dem von ihr verwalteten Investmentvermögen oder den Anlegern dieses Investmentvermögens,

2. dem Investmentvermögen oder den Anlegern dieses Investmentvermögens und einem anderen Investmentvermögen oder den Anlegern jenes Investmentvermögens,

3. dem Investmentvermögen oder den Anlegern dieses Investmentvermögens und einem anderen Kunden der Kapitalverwaltungsgesellschaft,

4. zwei Kunden der Kapitalverwaltungsgesellschaft.

(2) Eine Kapitalverwaltungsgesellschaft muss wirksame organisatorische und administrative Vorkehrungen, die es ermöglichen, alle angemessenen Maßnahmen zur Ermittlung, Vorbeugung, Beilegung und Beobachtung von Interessenkonflikten zu ergreifen, treffen und beibehalten, um zu verhindern, dass Interessenkonflikte den Interessen der Investmentvermögen und ihrer Anleger schaden.

(3) ¹ Innerhalb ihrer eigenen Betriebsabläufe haben AIF-Kapitalverwaltungsgesellschaften Aufgaben und Verantwortungsbereiche, die als miteinander unvereinbar angesehen werden könnten oder potenziell systematische Interessenkonflikte hervorrufen könnten, zu trennen. ² AIF-Kapitalverwaltungsgesellschaften haben zu prüfen, ob die Bedingungen der Ausübung ihrer Tätigkeit

---

[1] § 26 Abs. 8 ist gem. Art. 28 Abs. 1 G v. 4.7.2013 (BGBl. I S. 1981) am 11.7.2013 in Kraft getreten.

wesentliche andere Interessenkonflikte nach sich ziehen könnten und legen diese den Anlegern der AIF gegenüber offen.

(4) Reichen die von der AIF-Kapitalverwaltungsgesellschaft zur Ermittlung, Vorbeugung, Beilegung und Beobachtung von Interessenkonflikten getroffenen organisatorischen Vorkehrungen nicht aus, um nach vernünftigem Ermessen zu gewährleisten, dass das Risiko einer Beeinträchtigung von Anlegerinteressen vermieden wird, so setzt die AIF-Kapitalverwaltungsgesellschaft die Anleger, bevor sie in ihrem Auftrag Geschäfte tätigt, unmissverständlich über die allgemeine Art und die Quellen der Interessenkonflikte in Kenntnis und entwickelt angemessene Strategien und Verfahren.

(5) Im Hinblick auf AIF-Kapitalverwaltungsgesellschaften bestimmen sich die Arten der in Absatz 1 genannten Interessenkonflikte und die angemessenen Maßnahmen, die hinsichtlich der Strukturen und der organisatorischen und administrativen Verfahren von einer AIF-Kapitalverwaltungsgesellschaft erwartet werden, um Interessenkonflikte zu ermitteln, ihnen vorzubeugen, sie zu steuern, zu beobachten und offenzulegen nach den Artikeln 30 bis 37 der Delegierten Verordnung (EU) Nr. 231/2013.

(6)[1] ¹Das Bundesministerium der Finanzen wird ermächtigt, durch Rechtsverordnung, die nicht der Zustimmung des Bundesrates bedarf, für Kapitalverwaltungsgesellschaften in Bezug auf Publikums-AIF zusätzliche Bestimmungen zu den in den Artikeln 30 bis 37 der Delegierten Verordnung (EU) Nr. 231/2013 aufgeführten Maßnahmen und Verfahren nach Absatz 5 und in Bezug auf OGAW jeweils nähere Bestimmungen zu erlassen
1. über die Maßnahmen, die eine solche Kapitalverwaltungsgesellschaft zu ergreifen hat, um
   a) Interessenkonflikte zu erkennen, ihnen vorzubeugen, mit ihnen umzugehen und sie offenzulegen sowie
   b) geeignete Kriterien zur Abgrenzung der Arten von Interessenkonflikten festzulegen, die den Interessen des Investmentvermögens schaden könnten und
2. über die Strukturen und organisatorischen Anforderungen, die zur Verringerung von Interessenkonflikten nach Absatz 1 erforderlich sind.

²Das Bundesministerium der Finanzen kann die Ermächtigung durch Rechtsverordnung auf die Bundesanstalt übertragen.

## § 28 Allgemeine Organisationspflichten; Verordnungsermächtigung.

(1) ¹Die Kapitalverwaltungsgesellschaft muss über eine ordnungsgemäße Geschäftsorganisation verfügen, die die Einhaltung der von der Kapitalverwaltungsgesellschaft zu beachtenden gesetzlichen Bestimmungen gewährleistet. ²Eine ordnungsgemäße Geschäftsorganisation umfasst insbesondere
1. ein angemessenes Risikomanagementsystem;
2. angemessene und geeignete personelle und technische Ressourcen;
3. geeignete Regelungen für die persönlichen Geschäfte der Mitarbeiter;
4. geeignete Regelungen für die Anlage des eigenen Vermögens der Kapitalverwaltungsgesellschaft;

---

[1] § 27 Abs. 6 ist gem. Art. 28 Abs. 1 G v. 4.7.2013 (BGBl. I S. 1981) am 11.7.2013 in Kraft getreten.

# 15 KAGB § 28 Kapitalanlagegesetzbuch

5. angemessene Kontroll- und Sicherheitsvorkehrungen für den Einsatz der elektronischen Datenverarbeitung; für die Verarbeitung personenbezogener Daten sind dies insbesondere technische und organisatorische Maßnahmen nach den Artikeln 24, 25 und 32 der Verordnung (EU) 2016/679;

6. eine vollständige Dokumentation der ausgeführten Geschäfte, die insbesondere gewährleistet, dass jedes das Investmentvermögen betreffende Geschäft nach Herkunft, Kontrahent sowie Art und Abschlusszeitpunkt und -ort rekonstruiert werden kann;

7. angemessene Kontrollverfahren, die insbesondere das Bestehen einer internen Revision voraussetzen und gewährleisten, dass das Vermögen der von der Kapitalverwaltungsgesellschaft verwalteten Investmentvermögen in Übereinstimmung mit den Anlagebedingungen, der Satzung oder dem Gesellschaftsvertrag des Investmentvermögens sowie den jeweils geltenden rechtlichen Bestimmungen angelegt wird;

8. eine ordnungsgemäße Verwaltung und Buchhaltung und

9. einen Prozess, der es den Mitarbeitern unter Wahrung der Vertraulichkeit ihrer Identität ermöglicht, potenzielle oder tatsächliche Verstöße gegen dieses Gesetz, gegen auf Grund dieses Gesetzes erlassene Rechtsverordnungen oder gegen unmittelbar geltende Vorschriften in Rechtsakten der Europäischen Union über Europäische Risikokapitalfonds, Europäische Fonds für soziales Unternehmertum, europäische langfristige Investmentfonds oder Geldmarktfonds, Marktmissbrauch oder über Basisinformationsblätter für verpackte Anlageprodukte für Kleinanleger und Versicherungsanlageprodukte sowie etwaige strafbare Handlungen innerhalb der Kapitalverwaltungsgesellschaft an geeignete Stellen zu melden.

[3] Die §§ 77, 78 und 80 Absatz 2 und 3 des Wertpapierhandelsgesetzes[1]) gelten entsprechend. [4] Die §§ 24c und 25h bis 25m des Kreditwesengesetzes sowie § 93 Absatz 7 und 8 in Verbindung mit § 93b der Abgabenordnung gelten entsprechend.

(2) [1] Eine ordnungsgemäße Geschäftsorganisation von OGAW-Kapitalverwaltungsgesellschaften umfasst zusätzlich zu den in Absatz 1 genannten Kriterien insbesondere

1. geeignete Verfahren und Vorkehrungen, die gewährleisten, dass die OGAW-Kapitalverwaltungsgesellschaft ordnungsgemäß mit Anlegerbeschwerden umgeht und dass Anleger und Aktionäre der von ihr verwalteten OGAW ihre Rechte uneingeschränkt wahrnehmen können; dies gilt insbesondere, falls die OGAW-Kapitalverwaltungsgesellschaft EU-OGAW verwaltet; Anleger und Aktionäre eines von ihr verwalteten EU-OGAW müssen die Möglichkeit erhalten, Beschwerde in der Amtssprache oder einer der Amtssprachen des Herkunftsstaates des EU-OGAW einzureichen und

2. geeignete Verfahren und Vorkehrungen, die gewährleisten, dass die OGAW-Kapitalverwaltungsgesellschaft ihren Informationspflichten gegenüber den Anlegern, Aktionären der von ihr verwalteten OGAW und Kunden, ihren Vertriebsgesellschaften sowie der Bundesanstalt oder den zuständigen Stellen des Herkunftsstaates des EU-OGAW nachkommt.

---

[1]) Nr. 12.

² Für AIF-Kapitalverwaltungsgesellschaften, die inländische Publikums-AIF verwalten, gilt Satz 1 Nummer 1 Halbsatz 1 und Satz 1 Nummer 2 entsprechend.

(3) Im Hinblick auf AIF-Kapitalverwaltungsgesellschaften bestimmen sich die in Absatz 1 Satz 2 Nummer 1 bis 8 genannten Verfahren und Regelungen nach den Artikeln 57 bis 66 der Delegierten Verordnung (EU) Nr. 231/2013.

(4)[1] ¹ Das Bundesministerium der Finanzen wird ermächtigt, durch Rechtsverordnung, die nicht der Zustimmung des Bundesrates bedarf, nähere Bestimmungen für Kapitalverwaltungsgesellschaften, die OGAW oder Publikums-AIF verwalten, zu den Verfahren und Vorkehrungen für eine ordnungsgemäße Geschäftsorganisation nach den Absätzen 1 und 2 zu erlassen. ² Das Bundesministerium der Finanzen kann die Ermächtigung durch Rechtsverordnung auf die Bundesanstalt übertragen.

## § 29 Risikomanagement; Verordnungsermächtigung.

(1) ¹ Die Kapitalverwaltungsgesellschaft hat eine dauerhafte Risikocontrollingfunktion einzurichten und aufrechtzuerhalten, die von den operativen Bereichen hierarchisch und funktionell unabhängig ist (Funktionstrennung). ² Die Bundesanstalt überwacht die Funktionstrennung nach dem Prinzip der Verhältnismäßigkeit. ³ Die Kapitalverwaltungsgesellschaften, bei denen auf Grund der Art, des Umfangs und der Komplexität ihrer Geschäfte und der von ihnen verwalteten Investmentvermögen die Einrichtung einer hierarchisch und funktionell unabhängigen Risikocontrollingfunktion unverhältnismäßig ist, müssen zumindest in der Lage sein nachzuweisen, dass besondere Schutzvorkehrungen gegen Interessenkonflikte ein unabhängiges Risikocontrolling ermöglichen und dass der Risikomanagementprozess den Anforderungen der Absätze 1 bis 6 genügt und durchgehend wirksam ist.

(2) ¹ Die Kapitalverwaltungsgesellschaft muss über angemessene Risikomanagementsysteme verfügen, die insbesondere gewährleisten, dass die für die jeweiligen Anlagestrategien wesentlichen Risiken der Investmentvermögen jederzeit erfasst, gemessen, gesteuert und überwacht werden können. ² Die Kapitalverwaltungsgesellschaft hat die Risikomanagementsysteme regelmäßig, mindestens jedoch einmal jährlich, zu überprüfen und erforderlichenfalls anzupassen.

(2a) ¹ Die Kapitalverwaltungsgesellschaft stützt sich bei der Bewertung der Kreditqualität der Vermögensgegenstände der Investmentvermögen nicht ausschließlich oder automatisch auf Ratings, die von einer Ratingagentur gemäß Artikel 3 Absatz 1 Buchstabe b der Verordnung (EG) Nr. 1060/2009 in der jeweils geltenden Fassung abgegeben wurden. ² Die Risikomanagementsysteme nach Absatz 2 haben dies sicherzustellen. ³ Die Bundesanstalt überwacht die Angemessenheit der Prozesse der Kapitalverwaltungsgesellschaften zur Beurteilung der Kreditqualität und die Nutzung von Referenzen auf Ratings im Sinne von Satz 1 im Rahmen der Anlagestrategie der Investmentvermögen; bei der Überwachung berücksichtigt die Bundesanstalt Art, Umfang und Komplexität der Investmentvermögen. ⁴ Soweit angemessen, wirkt die Bundesanstalt auf die Verminderung des Einflusses solcher Referenzen hin, um eine ausschließliche oder automatische Reaktion auf solche Ratings zu reduzieren.

---

[1] § 28 Abs. 4 ist gem. Art. 28 Abs. 1 G v. 4.7.2013 (BGBl. I S. 1981) am 11.7.2013 in Kraft getreten.

(3) Die Kapitalverwaltungsgesellschaft unterliegt zumindest den folgenden Verpflichtungen:
1. sie tätigt Anlagen für Rechnung des Investmentvermögens entsprechend der Anlagestrategie, den Zielen und dem Risikoprofil des Investmentvermögens auf Basis angemessener, dokumentierter und regelmäßig aktualisierter Sorgfaltsprüfungsprozesse;
2. sie gewährleistet, dass die mit den einzelnen Anlagepositionen des Investmentvermögens verbundenen Risiken sowie deren jeweilige Wirkung auf das Gesamtrisikoprofil des Investmentvermögens laufend ordnungsgemäß erfasst, gemessen, gesteuert und überwacht werden können; sie nutzt hierzu unter anderem angemessene Stresstests;
3. sie gewährleistet, dass die Risikoprofile der Investmentvermögen der Größe, der Zusammensetzung sowie den Anlagestrategien und Anlagezielen entsprechen, wie sie in den Anlagebedingungen, dem Verkaufsprospekt und den sonstigen Verkaufsunterlagen des Investmentvermögens festgelegt sind.

(4) Die Kapitalverwaltungsgesellschaft legt ein Höchstmaß an Leverage fest, den sie für jedes der von ihr verwalteten Investmentvermögen einsetzen kann, sowie den Umfang des Rechts der Wiederverwendung von Sicherheiten oder sonstigen Garantien, die im Rahmen der Vereinbarung über den Leverage gewährt werden könnten, wobei sie Folgendes berücksichtigt:
1. die Art des Investmentvermögens,
2. die Anlagestrategie des Investmentvermögens,
3. die Herkunft des Leverage des Investmentvermögens,
4. jede andere Verbindung oder relevante Beziehung zu anderen Finanzdienstleistungsinstituten, die potenziell ein Systemrisiko darstellen,
5. die Notwendigkeit, das Risiko gegenüber jedem einzelnen Kontrahenten zu begrenzen,
6. das Ausmaß, bis zu dem das Leverage abgesichert ist,
7. das Verhältnis von Aktiva und Passiva,
8. Umfang, Art und Ausmaß der Geschäftstätigkeiten der Kapitalverwaltungsgesellschaft auf den betreffenden Märkten.

(5) Für AIF-Kapitalverwaltungsgesellschaften bestimmen sich für die von ihnen verwalteten AIF die Kriterien für
1. die Risikomanagementsysteme,
2. die angemessenen zeitlichen Abstände zwischen den Überprüfungen des Risikomanagementsystems,
3. die Art und Weise, in der die funktionale und hierarchische Trennung zwischen der Risikocontrollingfunktion und den operativen Abteilungen, einschließlich der Portfolioverwaltung, zu erfolgen hat,
4. die besonderen Schutzvorkehrungen gegen Interessenkonflikte gemäß Absatz 1 Satz 3 und
5. die Anforderungen nach Absatz 3 nach den Artikeln 38 bis 45 der Delegierten Verordnung (EU) Nr. 231/2013.

(5a) [1] AIF-Kapitalverwaltungsgesellschaften, die für Rechnung des AIF Gelddarlehen gewähren oder in unverbriefte Darlehensforderungen investieren, haben darüber hinaus über eine diesen Geschäften und deren Umfang angemessene Aufbau- und Ablauforganisation zu verfügen, die insbesondere Prozesse für die Kreditbearbeitung, die Kreditbearbeitungskontrolle und die Behandlung von Problemkrediten sowie Verfahren zur Früherkennung von Risiken vorsieht. ²Satz 1 ist nicht anzuwenden, wenn die Darlehensvergabe zulässig ist nach § 3 Absatz 2 in Verbindung mit § 4 Absatz 7 des Gesetzes über Unternehmensbeteiligungsgesellschaften, §§ 240, 261 Absatz 1 Nummer 8, § 282 Absatz 2 Satz 3, § 284 Absatz 5 oder § 285 Absatz 3.

(5b) ¹Die Kriterien für die Anforderungen, die ein Originator, ein Sponsor oder ein ursprünglicher Kreditgeber erfüllen muss, damit eine Kapitalverwaltungsgesellschaft im Namen von durch sie verwaltete Investmentvermögen in Verbriefungen investieren darf, bestimmen sich nach der Verordnung (EU) 2017/2402. ²Für OGAW-Kapitalverwaltungsgesellschaften gilt Artikel 43 Absatz 5 und 6 der Verordnung (EU) 2017/2402 entsprechend. ³Sind Kapitalverwaltungsgesellschaften eine Verbriefung eingegangen, die die Anforderungen der Verordnung (EU) 2017/2402 nicht mehr erfüllt, so handeln sie im besten Interesse der Anleger in den einschlägigen Investmentvermögen und ergreifen gegebenenfalls Korrekturmaßnahmen

(6)[1] ¹Das Bundesministerium der Finanzen wird ermächtigt, durch Rechtsverordnung, die nicht der Zustimmung des Bundesrates bedarf, nähere Bestimmungen für Kapitalverwaltungsgesellschaften, die OGAW oder Publikums-AIF verwalten, zu den Risikomanagementsystemen und -verfahren zu erlassen. ²Das Bundesministerium der Finanzen kann die Ermächtigung durch Rechtsverordnung auf die Bundesanstalt übertragen.

**§ 30 Liquiditätsmanagement; Verordnungsermächtigung.** (1) ¹Die Kapitalverwaltungsgesellschaft muss über ein angemessenes Liquiditätsmanagementsystem für jedes von ihr verwaltete Investmentvermögen verfügen, es sei denn, es handelt sich um ein geschlossenes Investmentvermögen, für das kein Leverage eingesetzt wird. ²Die Kapitalverwaltungsgesellschaft hat Verfahren festzulegen, die es ihr ermöglichen, die Liquiditätsrisiken der Investmentvermögen zu überwachen und hat zu gewährleisten, dass sich das Liquiditätsprofil der Anlagen des Investmentvermögens mit den zugrunde liegenden Verbindlichkeiten des Investmentvermögens deckt.

(2) Die Kapitalverwaltungsgesellschaft hat regelmäßig Stresstests durchzuführen und dabei sowohl normale als auch außergewöhnliche Liquiditätsbedingungen zugrunde zu legen, die die Bewertung und Überwachung der Liquiditätsrisiken der Investmentvermögen ermöglichen.

(3) Die Kapitalverwaltungsgesellschaft hat zu gewährleisten, dass die Anlagestrategie, das Liquiditätsprofil und die Rücknahmegrundsätze eines jeden von ihr verwalteten Investmentvermögens übereinstimmen.

(4) Für AIF-Kapitalverwaltungsgesellschaften bestimmen sich für die von ihnen verwalteten AIF die Kriterien für die Liquiditätsmanagementsysteme und -verfahren und die Übereinstimmung von Anlagestrategie, Liquiditätsprofil und Rücknahmegrundsätzen nach Absatz 3 nach den Artikeln 46 bis 49 der Delegierten Verordnung (EU) Nr. 231/2013.

---

[1] § 29 Abs. 6 ist gem. Art. 28 Abs. 1 G v. 4.7.2013 (BGBl. I S. 1981) am 11.7.2013 in Kraft getreten.

(5)[1] [1] Das Bundesministerium der Finanzen wird ermächtigt, durch Rechtsverordnung, die nicht der Zustimmung des Bundesrates bedarf, für Kapitalverwaltungsgesellschaften in Bezug auf Publikums-AIF zusätzliche Bestimmungen zu den in den Artikeln 46 bis 49 der Delegierten Verordnung (EU) Nr. 231/2013 aufgeführten Kriterien nach Absatz 4 und in Bezug auf OGAW nähere Bestimmungen zu den Liquiditätsmanagementsystemen und -verfahren zu erlassen. [2] Das Bundesministerium der Finanzen kann die Ermächtigung durch Rechtsverordnung auf die Bundesanstalt übertragen.

**§ 31 Primebroker.** (1) [1] Nimmt die AIF-Kapitalverwaltungsgesellschaft für Rechnung des AIF die Dienstleistungen eines Primebrokers in Anspruch, müssen die Bedingungen in einem schriftlichen Vertrag vereinbart werden. [2] Insbesondere muss die Möglichkeit einer Übertragung und Wiederverwendung von Vermögensgegenständen des AIF in diesem Vertrag vereinbart werden und den Anlagebedingungen, der Satzung oder des Gesellschaftsvertrages des AIF entsprechen. [3] In dem Vertrag muss festgelegt werden, dass die Verwahrstelle über den Vertrag in Kenntnis gesetzt wird.

(2) Die AIF-Kapitalverwaltungsgesellschaft hat die Auswahl und Benennung der Primebroker, mit denen ein Vertrag geschlossen wird, mit der gebotenen Sachkenntnis, Sorgfalt und Gewissenhaftigkeit vorzunehmen.

**§ 32 Entschädigungseinrichtung.** Sofern die Kapitalverwaltungsgesellschaft die Erlaubnis zur Erbringung der Finanzportfolioverwaltung im Sinne des § 20 Absatz 2 Nummer 1 oder Absatz 3 Nummer 2 hat, hat sie die betroffenen Kunden, die nicht Institute im Sinne des Kreditwesengesetzes sind, über die Zugehörigkeit zu einer Einrichtung zur Sicherung der Ansprüche der Kunden (Entschädigungseinrichtung) in geeigneter Weise zu informieren; § 23a Absatz 1 Satz 2 und 12 sowie Absatz 2 des Kreditwesengesetzes findet entsprechend Anwendung.

**§ 33 Werbung.** Auf die Werbung von Kapitalverwaltungsgesellschaften und extern verwalteten Investmentgesellschaften findet § 23 des Kreditwesengesetzes entsprechend Anwendung.

**§ 34 Anzeigepflichten von Verwaltungsgesellschaften gegenüber der Bundesanstalt und der Bundesbank.** (1) Eine Kapitalverwaltungsgesellschaft hat der Bundesanstalt alle wesentlichen Änderungen der Voraussetzungen für die Erlaubnis, insbesondere wesentliche Änderungen der nach § 21 Absatz 1 und § 22 Absatz 1 vorgelegten Angaben, vor Umsetzung der Änderung mitzuteilen.

(2) [1] Beschließt die Bundesanstalt, Beschränkungen vorzuschreiben oder eine nach Absatz 1 mitgeteilte Änderung abzulehnen, so setzt sie eine Kapitalverwaltungsgesellschaft innerhalb eines Monats nach Erhalt der Mitteilung davon in Kenntnis. [2] Die Bundesanstalt kann diesen Zeitraum um bis zu einen Monat verlängern, wenn sie dies auf Grund der besonderen Umstände des Einzelfalls der Kapitalverwaltungsgesellschaft für notwendig erachtet. [3] Sie hat die Kapitalverwaltungsgesellschaft über die Verlängerung der Frist nach Satz 2 zu informieren.

---

[1] § 30 Abs. 5 ist gem. Art. 28 Abs. 1 G v. 4.7.2013 (BGBl. I S. 1981) am 11.7.2013 in Kraft getreten.

(3) Unbeschadet der Bestimmungen des Absatzes 1 hat eine Kapitalverwaltungsgesellschaft der Bundesanstalt unverzüglich anzuzeigen:
1. den Vollzug der Bestellung einer Person zum Geschäftsleiter;
2. das Ausscheiden eines Geschäftsleiters;
3. die Übernahme und die Aufgabe einer unmittelbaren oder mittelbaren Beteiligung an einem anderen Unternehmen; als Beteiligung gilt das unmittelbare oder mittelbare Halten von mindestens 25 Prozent der Anteile am Kapital oder Stimmrechte des anderen Unternehmens;
4. die Änderung der Rechtsform und der Firma;
5. bei externen OGAW-Kapitalverwaltungsgesellschaften und AIF-Kapitalverwaltungsgesellschaften, die Publikums-AIF verwalten, sowie bei extern verwalteten Investmentgesellschaften, die Publikums-AIF sind, jede Änderung ihrer Satzung oder ihres Gesellschaftsvertrages;
6. die Absenkung der Eigenmittel unter die in § 25 vorgesehenen Schwellen;
7. die Verlegung der Niederlassung oder des Sitzes, die Errichtung, Verlegung oder Schließung einer Zweigstelle in einem Drittstaat sowie die Aufnahme oder Beendigung der Erbringung grenzüberschreitender Dienstleistungen ohne Errichtung einer Zweigstelle;
8. die Einstellung des Geschäftsbetriebes;
9. die Absicht ihrer Geschäftsleiter, eine Entscheidung über die Auflösung der Kapitalverwaltungsgesellschaft herbeizuführen;
10. den Erwerb oder die Aufgabe einer bedeutenden Beteiligung an der eigenen Gesellschaft, das Erreichen, das Über- und Unterschreiten der Beteiligungsschwellen von 20 Prozent, 30 Prozent und 50 Prozent der Stimmrechte oder des Kapitals sowie die Tatsache, dass die Kapitalverwaltungsgesellschaft Tochterunternehmen eines anderen Unternehmens wird oder nicht mehr ist, soweit die Kapitalverwaltungsgesellschaft von der bevorstehenden Änderung dieser Beteiligungsverhältnisse Kenntnis erlangt;
11. die Absicht der Vereinigung mit einer anderen Kapitalverwaltungsgesellschaft.

(4) Die Kapitalverwaltungsgesellschaft hat der Bundesanstalt jährlich anzuzeigen:
1. den Namen und die Anschrift der an ihr bedeutend beteiligten Inhaber sowie die Höhe ihrer Beteiligung,
2. die Errichtung, Verlegung oder Schließung einer inländischen Zweigstelle und
3. die Begründung, Änderung oder die Beendigung einer engen Verbindung.

(5) ¹Die Geschäftsleiter der Kapitalverwaltungsgesellschaft haben der Bundesanstalt unverzüglich anzuzeigen:
1. die Aufnahme und die Beendigung einer Tätigkeit als Geschäftsleiter oder als Aufsichtsrats- oder Verwaltungsratsmitglied eines anderen Unternehmens und
2. die Übernahme und die Aufgabe einer unmittelbaren Beteiligung an einem Unternehmen sowie Veränderungen in der Höhe der Beteiligung.

²Als unmittelbare Beteiligung im Sinne des Satzes 1 Nummer 2 gilt das Halten von mindestens 25 Prozent der Anteile am Kapital des Unternehmens.

(6) Für AIF-Kapitalverwaltungsgesellschaften, die für Rechnung eines AIF Gelddarlehen gewähren oder unverbriefte Darlehensforderungen erwerben, gilt § 14 des Kreditwesengesetzes entsprechend.

## § 35 Meldepflichten von AIF-Verwaltungsgesellschaften.

(1) [1] Eine AIF-Kapitalverwaltungsgesellschaft unterrichtet die Bundesanstalt regelmäßig über die wichtigsten Märkte und Instrumente, auf beziehungsweise mit denen sie für Rechnung der von ihr verwalteten AIF handelt. [2] Sie legt Informationen zu den wichtigsten Instrumenten, mit denen sie handelt, zu den Märkten, in denen sie Mitglied ist oder am Handel aktiv teilnimmt, sowie zu den größten Risiken und Konzentrationen jedes von ihr verwalteten AIF vor.

(2) Die AIF-Kapitalverwaltungsgesellschaft legt der Bundesanstalt für jeden von ihr verwalteten inländischen AIF und EU-AIF sowie für jeden AIF, der von ihr in einem Mitgliedstaat der Europäischen Union oder einem anderen Vertragsstaat des Abkommens über den Europäischen Wirtschaftsraum vertrieben wird, die folgenden Informationen vor:

1. den prozentualen Anteil der Vermögensgegenstände des AIF, die schwer zu liquidieren sind und für die deshalb besondere Regelungen gelten;
2. jegliche neuen Vorkehrungen zum Liquiditätsmanagement des AIF;
3. das aktuelle Risikoprofil des AIF und Angaben zu den Risikomanagementsystemen, die von der AIF-Kapitalverwaltungsgesellschaft zur Steuerung des Marktrisikos, des Liquiditätsrisikos, des Kontrahentenrisikos sowie sonstiger Risiken, einschließlich des operationellen Risikos, eingesetzt werden;
4. Angaben zu den wichtigsten Kategorien von Vermögensgegenständen, in die der AIF investiert hat, und
5. die Ergebnisse der nach § 29 Absatz 3 Nummer 2 und § 30 Absatz 2 durchgeführten Stresstests.

(3) Eine AIF-Kapitalverwaltungsgesellschaft legt der Bundesanstalt auf Verlangen die folgenden Unterlagen vor:

1. einen Jahresbericht über jeden von der AIF-Kapitalverwaltungsgesellschaft verwalteten inländischen Spezial-AIF und EU-AIF sowie für jeden AIF, der von ihr in einem Mitgliedstaat der Europäischen Union oder Vertragsstaat des Abkommens über den Europäischen Wirtschaftsraum vertrieben wird, für jedes Geschäftsjahr gemäß § 67 Absatz 1 Satz 1, § 101 Absatz 1 Satz 1, § 120 Absatz 1, § 135 Absatz 1 Satz 1, § 148 Absatz 1 oder § 158,
2. zum Ende jedes Quartals eine detaillierte Aufstellung sämtlicher von der AIF-Kapitalverwaltungsgesellschaft verwalteten AIF.

(4) [1] Eine AIF-Kapitalverwaltungsgesellschaft, die mindestens einen AIF verwaltet, der in beträchtlichem Umfang Leverage einsetzt, stellt der Bundesanstalt für jeden von ihr verwalteten AIF Folgendes zur Verfügung:

1. den Gesamtumfang des eingesetzten Leverage sowie eine Aufschlüsselung nach Leverage, der durch Kreditaufnahme oder Wertpapier-Darlehen begründet wird, und Leverage, der durch den Einsatz von Derivaten oder auf andere Weise zustande kommt,
2. den Umfang, in dem Vermögensgegenstände des Investmentvermögens in Zusammenhang mit dem Einsatz von Leverage wieder verwendet wurden,

3. die Identität der fünf größten Finanzierungsgeber, von denen Kredite oder Wertpapier-Darlehen aufgenommen wurden, sowie den Umfang dieser jeweils aufgenommenen Kredite oder Wertpapier-Darlehen.

²Die Kriterien zur Bestimmung, wann davon auszugehen ist, dass für die Zwecke des Satzes 1 Leverage in beträchtlichem Umfang eingesetzt wird, bestimmt sich nach Artikel 111 der Delegierten Verordnung (EU) Nr. 231/2013. ³Die Bundesanstalt nutzt die Informationen nach Satz 1, um festzustellen, inwieweit die Nutzung von Leverage zur Entstehung von Systemrisiken im Finanzsystem, zur Entstehung des Risikos von Marktstörungen oder zur Entstehung von Risiken für das langfristige Wirtschaftswachstum beiträgt. ⁴Die Bundesanstalt leitet die Informationen gemäß § 9 weiter.

(5) ¹Die Bundesanstalt kann für AIF-Kapitalverwaltungsgesellschaften regelmäßig oder ad hoc zusätzliche Meldepflichten festlegen, sofern dies für die wirksame Überwachung von Systemrisiken erforderlich ist oder die Bundesanstalt durch die Europäische Wertpapier- und Marktaufsichtsbehörde ersucht wurde, solche zusätzlichen Meldepflichten aufzuerlegen. ²Die Bundesanstalt informiert die Europäische Wertpapier- und Marktaufsichtsbehörde über die zusätzlichen Meldepflichten nach Satz 1 Halbsatz 2 erste Alternative.

(6) Für eine ausländische AIF-Verwaltungsgesellschaft,

1. die, vor dem Zeitpunkt, der in dem auf Grundlage des Artikels 66 Absatz 3 in Verbindung mit Artikel 67 Absatz 6 der Richtlinie 2011/61/EG erlassenen delegierten Rechtsakt genannt ist, nach § 317 oder § 330 ausländische AIF im Geltungsbereich dieses Gesetzes vertreibt oder
2. deren Referenzmitgliedstaat die Bundesrepublik Deutschland gemäß § 56 ist,

gelten die Absätze 1 bis 5 gemäß § 58 Absatz 11, § 317 Absatz 1 Nummer 3 und § 330 Absatz 1 Satz 1 Nummer 1 Buchstabe a und Nummer 2 entsprechend mit der Maßgabe, dass die Angaben gemäß Absatz 4 auf die von ihr verwalteten inländischen Spezial-AIF, EU-AIF und die von ihr in einem Mitgliedstaat der Europäischen Union oder Vertragsstaat des Abkommens über den Europäischen Wirtschaftsraum vertriebenen AIF beschränkt sind.

(7) Eine EU-AIF-Verwaltungsgesellschaft und eine ausländische AIF-Verwaltungsgesellschaft legen der Bundesanstalt auf Verlangen einen Jahresbericht über jeden von ihr verwalteten inländischen Spezial-AIF für jedes Geschäftsjahr gemäß § 101 Absatz 1 Satz 1, § 120 Absatz 1, § 135 Absatz 1 Satz 1, § 148 Absatz 1 oder § 158 vor.

(8) Die Kriterien zur Konkretisierung der Meldepflichten nach dieser Vorschrift bestimmen sich nach Artikel 110 der Delegierten Verordnung (EU) Nr. 231/2013.

(9) AIF-Verwaltungsgesellschaften haben die Meldungen nach den Absätzen 1, 2 und 3 Nummer 2 und den Absätzen 4 bis 6 elektronisch über das Melde- und Veröffentlichungssystem der Bundesanstalt zu übermitteln.

(10) Die Bundesanstalt kann durch Allgemeinverfügung nähere Bestimmungen über Art, Umfang, Form und Turnus der einzureichenden Meldungen nach Absatz 9 und über die zulässigen Datenträger, Datenstrukturen und Übertragungswege festlegen.

**§ 36 Auslagerung.** (1) ¹Die Kapitalverwaltungsgesellschaft kann Aufgaben auf ein anderes Unternehmen (Auslagerungsunternehmen) unter den folgenden Bedingungen auslagern:

1. die Kapitalverwaltungsgesellschaft muss in der Lage sein, ihre gesamte Auslagerungsstruktur anhand von objektiven Gründen zu rechtfertigen;
2. das Auslagerungsunternehmen muss über ausreichende Ressourcen für die Ausführung der ihm übertragenen Aufgaben verfügen und die Personen, die die Geschäfte des Auslagerungsunternehmens tatsächlich leiten, müssen zuverlässig sein und über ausreichende Erfahrung verfügen;
3. sofern die Auslagerung bei einer OGAW-Kapitalverwaltungsgesellschaft die Portfolioverwaltung und bei einer AIF-Kapitalverwaltungsgesellschaft die Portfolioverwaltung oder das Risikomanagement betrifft, dürfen damit nur Auslagerungsunternehmen beauftragt werden, die für die Zwecke der Vermögensverwaltung oder Finanzportfolioverwaltung zugelassen oder registriert sind und einer Aufsicht unterliegen; § 2 Absatz 6 Satz 1 Nummer 5 des Kreditwesengesetzes findet insoweit keine Anwendung; kann diese Bedingung bei AIF-Kapitalverwaltungsgesellschaften nicht erfüllt werden, kann eine Auslagerung nach Genehmigung durch die Bundesanstalt erfolgen;
4. wird die Portfolioverwaltung oder das Risikomanagement auf ein Unternehmen mit Sitz in einem Drittstaat ausgelagert, muss die Zusammenarbeit zwischen der Bundesanstalt und der zuständigen Aufsichtsbehörde des Drittstaates sichergestellt sein;
5. die Auslagerung darf die Wirksamkeit der Beaufsichtigung der Kapitalverwaltungsgesellschaft nicht beeinträchtigen; insbesondere darf sie weder die Kapitalverwaltungsgesellschaft daran hindern, im Interesse ihrer Anleger zu handeln, noch darf sie verhindern, dass das Investmentvermögen im Interesse der Anleger verwaltet wird;
6. die Kapitalverwaltungsgesellschaft muss darlegen können, dass das Auslagerungsunternehmen

    a) unter Berücksichtigung der ihm übertragenen Aufgaben über die erforderliche Qualifikation verfügt,

    b) in der Lage ist, die übernommenen Aufgaben ordnungsgemäß wahrzunehmen und

    c) sorgfältig ausgewählt wurde;

7. die Kapitalverwaltungsgesellschaft muss in der Lage sein, die ausgelagerten Aufgaben jederzeit wirksam zu überwachen; sie hat sich insbesondere die erforderlichen Weisungsbefugnisse und die Kündigungsrechte vertraglich zu sichern und
8. die Kapitalverwaltungsgesellschaft überprüft fortwährend die vom Auslagerungsunternehmen erbrachten Dienstleistungen.

²Die Genehmigung der Auslagerung nach Satz 1 Nummer 3 durch die Bundesanstalt ist innerhalb einer Frist von vier Wochen nach Eingang des Genehmigungsantrags zu erteilen, wenn die Voraussetzungen für die Genehmigung erfüllt sind. ³Sind die Voraussetzungen für die Genehmigung nicht erfüllt, hat die Bundesanstalt dies dem Antragsteller innerhalb der Frist nach Satz 2 unter Angabe der Gründe mitzuteilen und fehlende oder geänderte Angaben oder Unterlagen anzufordern. ⁴Mit dem Eingang der angeforderten Angaben oder Unterlagen beginnt der Lauf der in Satz 2 genannten Frist erneut.

(2) Die Kapitalverwaltungsgesellschaft hat der Bundesanstalt eine Auslagerung anzuzeigen, bevor die Auslagerungsvereinbarung in Kraft tritt.

(3) Die Portfolioverwaltung oder das Risikomanagement darf nicht ausgelagert werden auf
1. die Verwahrstelle oder einen Unterverwahrer oder
2. ein anderes Unternehmen, dessen Interessen mit denen der Kapitalverwaltungsgesellschaft oder der Anleger des Investmentvermögens im Konflikt stehen könnten, außer wenn ein solches Unternehmen
   a) die Ausführung seiner Aufgaben bei der Portfolioverwaltung oder dem Risikomanagement funktional und hierarchisch von seinen anderen potenziell dazu im Interessenkonflikt stehenden Aufgaben trennt und
   b) die potenziellen Interessenkonflikte ordnungsgemäß ermittelt, steuert, beobachtet und den Anlegern des Investmentvermögens gegenüber offenlegt.

(4) Die Kapitalverwaltungsgesellschaft hat ein Verschulden des Auslagerungsunternehmens in gleichem Umfang zu vertreten wie eigenes Verschulden.

(5) Die Kapitalverwaltungsgesellschaft darf Aufgaben nicht in einem Umfang übertragen, der dazu führt, dass sie nicht länger als Verwaltungsgesellschaft angesehen werden kann und zu einer Briefkastenfirma wird.

(6) ¹Das Auslagerungsunternehmen darf die auf ihn ausgelagerten Aufgaben unter den folgenden Bedingungen weiter übertragen (Unterauslagerung):
1. die Kapitalverwaltungsgesellschaft hat der Unterauslagerung vorher zuzustimmen,
2. die Kapitalverwaltungsgesellschaft hat der Bundesanstalt die Unterauslagerung anzuzeigen, bevor die Unterauslagerungsvereinbarung in Kraft tritt,
3. die in Absatz 1 Nummer 2 bis 8 festgelegten Bedingungen werden auf das Verhältnis zwischen Auslagerungsunternehmen und Unterauslagerungsunternehmen entsprechend angewendet.

²Satz 1 gilt entsprechend bei jeder weiteren Unterauslagerung.

(7) Absatz 3 gilt entsprechend bei jeder Unterauslagerung der Portfolioverwaltung oder des Risikomanagements.

(8) Bei OGAW-Kapitalverwaltungsgesellschaften muss die Auslagerung mit den von der OGAW-Kapitalverwaltungsgesellschaft regelmäßig festgesetzten Vorgaben für die Verteilung der Anlagen in Einklang stehen.

(9) Die Kapitalverwaltungsgesellschaft hat im Verkaufsprospekt nach § 165 oder § 269 die Aufgaben aufzulisten, die sie ausgelagert hat.

(10) ¹Im Hinblick auf AIF-Kapitalverwaltungsgesellschaften bestimmen sich die Bedingungen zur Erfüllung der Anforderungen nach den Absätzen 1 bis 3 und 6 und 7 sowie die Umstände, unter denen angenommen wird, dass die AIF-Kapitalverwaltungsgesellschaft im Sinne von Absatz 5 ihre Funktionen in einem Umfang übertragen hat, der sie zu einer Briefkastenfirma werden lässt, so dass sie nicht länger als Verwalter des AIF angesehen werden kann, nach den Artikel 75 bis 82 der Delegierten Verordnung (EU) Nr. 231/2013. ²Für OGAW-Kapitalverwaltungsgesellschaften sind die Artikel 75 bis 82 der Delegierten Verordnung (EU) Nr. 231/2013 hinsichtlich der Bedingungen zur Erfüllung der Anforderungen nach den Absätzen 1 bis 3 und 6 und 7 sowie der Umstände, unter denen angenommen wird, dass die OGAW-Kapitalverwaltungsgesellschaft im Sinne von Absatz 5 ihre Funktionen in einem Umfang übertragen hat, der sie zu einer Briefkastenfirma werden lässt, so dass sie nicht

länger als Verwalter des OGAW angesehen werden kann, entsprechend anzuwenden.

**§ 37 Vergütungssysteme; Verordnungsermächtigung.** (1) [1]Kapitalverwaltungsgesellschaften legen jeweils für Geschäftsleiter, Mitarbeiter, deren Tätigkeiten einen wesentlichen Einfluss auf das Risikoprofil der Verwaltungsgesellschaft oder der verwalteten Investmentvermögen haben (Risikoträger), Mitarbeiter mit Kontrollfunktionen und alle Mitarbeiter, die eine Gesamtvergütung erhalten, auf Grund derer sie sich in derselben Einkommensstufe befinden wie Geschäftsleiter und Risikoträger, ein Vergütungssystem fest, das mit einem soliden und wirksamen Risikomanagementsystem vereinbar und diesem förderlich ist, keine Anreize setzt zur Eingehung von Risiken, die nicht mit dem Risikoprofil, den Anlagebedingungen, der Satzung oder dem Gesellschaftsvertrag der von ihnen verwalteten Investmentvermögen vereinbar sind, und das die Kapitalverwaltungsgesellschaft nicht daran hindert, pflichtgemäß im besten Interesse des Investmentvermögens zu handeln. [2]Die Kapitalverwaltungsgesellschaften wenden das Vergütungssystem an.

(2) Die Anforderungen an das Vergütungssystem bestimmen sich für AIF-Kapitalverwaltungsgesellschaften näher nach Anhang II der Richtlinie 2011/61/EU und für OGAW-Kapitalverwaltungsgesellschaften näher nach Artikel 14a Absatz 2 und Artikel 14b Absatz 1, 3 und 4 der Richtlinie 2009/65/EG.

(3)[1] [1]Das Bundesministerium der Finanzen wird ermächtigt, durch Rechtsverordnung, die nicht der Zustimmung des Bundesrates bedarf, zur Ausgestaltung und Ergänzung der Vorgaben nach Anhang II der Richtlinie 2011/61/EU sowie nach Artikel 14a Absatz 2 und Artikel 14b der Richtlinie 2009/65/EG nähere Bestimmungen zu erlassen über
1. die Ausgestaltung der Vergütungssysteme, einschließlich der Entscheidungsprozesse und Verantwortlichkeiten, der Zusammensetzung der Vergütung, der Ausgestaltung positiver und negativer Vergütungsparameter, der Leistungszeiträume sowie der Berücksichtigung der Anlagestrategie, der Ziele, der Werte und von langfristigen Interessen der Kapitalverwaltungsgesellschaften und der verwalteten Investmentvermögen,
2. die Überwachung der Angemessenheit und Transparenz der Vergütungssysteme durch die Kapitalverwaltungsgesellschaft und die Weiterentwicklung der Vergütungssysteme,
3. die Möglichkeit, die Auszahlung variabler Vergütungsbestandteile zu untersagen oder auf einen bestimmten Anteil des Jahresergebnisses zu beschränken,
4. die Offenlegung der Ausgestaltung der Vergütungssysteme und der Zusammensetzung der Vergütung sowie das Offenlegungsmedium und die Häufigkeit der Offenlegung.

[2]Die Regelungen haben sich insbesondere an Größe und Vergütungsstruktur der Kapitalverwaltungsgesellschaft und der von ihr verwalteten Investmentvermögen sowie ihrer internen Organisation und der Art, des Umfangs, der Komplexität, des Risikogehalts und der Internationalität ihrer Geschäfte zu orientieren. [3]Im Rahmen der Bestimmungen nach Satz 1 Nummer 4 müssen

---

[1] § 37 Abs. 3 ist gem. Art. 28 Abs. 1 G v. 4.7.2013 (BGBl. I S. 1981) am 11.7.2013 in Kraft getreten.

die auf Offenlegung der Vergütung bezogenen handelsrechtlichen Bestimmungen nach § 340a Absatz 1 und 2 in Verbindung mit § 340l Absatz 1 Satz 1 des Handelsgesetzbuchs unberührt bleiben. ⁴Das Bundesministerium der Finanzen kann die Ermächtigung durch Rechtsverordnung auf die Bundesanstalt übertragen.

**§ 38 Jahresabschluss, Lagebericht, Prüfungsbericht und Abschlussprüfer der externen Kapitalverwaltungsgesellschaft; Verordnungsermächtigung.** (1) ¹Für den Jahresabschluss, den Lagebericht und den Prüfungsbericht einer externen Kapitalverwaltungsgesellschaft gelten die §§ 340a bis 340o des Handelsgesetzbuchs entsprechend. ²§ 26 des Kreditwesengesetzes ist mit der Maßgabe entsprechend anzuwenden, dass die dort geregelten Pflichten gegenüber der Deutschen Bundesbank nicht gelten.

(2) Auf die Bestellung eines Abschlussprüfers ist § 28 des Kreditwesengesetzes mit der Maßgabe entsprechend anzuwenden, dass die dort geregelten Pflichten gegenüber der Deutschen Bundesbank nicht gelten.

(3) ¹Bei der Prüfung des Jahresabschlusses hat der Abschlussprüfer auch die wirtschaftlichen Verhältnisse der externen Kapitalverwaltungsgesellschaft zu prüfen. ²Er hat insbesondere festzustellen, ob die externe Kapitalverwaltungsgesellschaft die Anzeigepflichten nach den §§ 34, 35, 49 und 53 und die Anforderungen nach den §§ 25 bis 30, 36 und 37 sowie die Anforderungen nach Artikel 4 Absatz 1, 2 und 3 Unterabsatz, Artikel 4a und 9 Absatz 1 bis 4 sowie Artikel 11 Absatz 1 bis 10, 11 Unterabsatz 1 und Absatz 12 der Verordnung (EU) Nr. 648/2012 des Europäischen Parlaments und des Rates vom 4. Juli 2012 über OTC-Derivate, zentrale Gegenpartcien und Transaktionsregister (ABl. L 201 vom 27.7.2012, S. 1; L 321 vom 30.11.2013, S. 6), die zuletzt durch die Verordnung (EU) 2019/834 (ABl. L 141 vom 28.5.2019, S. 42) geändert worden ist, sowie die Anforderungen nach den Artikeln 4 und 15 der Verordnung (EU) 2015/2365 und nach Artikel 16 Absatz 1 bis 4, Artikel 23 Absatz 3 und 10 und Artikel 28 Absatz 2 der Verordnung (EU) 2016/1011, nach Artikel 28 Absatz 1 bis 3 der Verordnung (EU) Nr. 600/2014[1]) sowie nach den Artikeln 4 bis 6, 9 bis 21, 23 bis 34 und 36 der Verordnung (EU) 2017/1131 und nach den Artikeln 6 bis 9 und 18 bis 27 der Verordnung (EU) 2017/2402 erfüllt hat.

(4) ¹Der Abschlussprüfer hat zu prüfen, ob die externe Kapitalverwaltungsgesellschaft ihren Verpflichtungen nach dem Geldwäschegesetz nachgekommen ist. ²Soweit die externe Kapitalverwaltungsgesellschaft Nebendienstleistungen nach § 20 Absatz 2 oder 3 erbringt, hat der Abschlussprüfer diese Nebendienstleistungen besonders zu prüfen. ³Werden Nebendienstleistungen im Sinne des § 20 Absatz 2 Nummer 1 bis 3 oder Absatz 3 Nummer 2 bis 5 erbracht, umfasst die Prüfung auch die Einhaltung der in § 5 Absatz 2 genannten Vorschriften des Wertpapierhandelsgesetzes. ⁴Die Prüfung kann auch ein geeigneter Prüfer im Sinne des § 89 Absatz 1 Satz 6 des Wertpapierhandelsgesetzes[2]) vornehmen. ⁵§ 89 Absatz 4 und 5 des Wertpapierhandelsgesetzes gilt entsprechend. ⁶Die Bundesanstalt kann auf Antrag von der gesonderten Prüfung der in § 5 Absatz 2 genannten Vorschriften des Wertpapierhandelsgesetzes ganz oder teilweise absehen, soweit dies aus besonderen Gründen, insbesondere wegen der Art und

---

[1]) Nr. 2.
[2]) Nr. 12.

des Umfangs der betriebenen Geschäfte, angezeigt ist. [7] § 29 Absatz 3 des Kreditwesengesetzes ist mit der Maßgabe entsprechend anzuwenden, dass die dort geregelten Pflichten gegenüber der Deutschen Bundesbank nicht gelten.

(5)[1] [1] Das Bundesministerium der Finanzen wird ermächtigt, im Einvernehmen mit dem Bundesministerium der Justiz und für Verbraucherschutz durch Rechtsverordnung, die nicht der Zustimmung des Bundesrates bedarf, nähere Bestimmungen über den Zeitpunkt der Prüfung, weitere Inhalte, Umfang und Darstellungen des Prüfungsberichts sowie zur Art und Weise seiner Einreichung bei der Bundesanstalt zu erlassen, soweit dies zur Erfüllung der Aufgaben der Bundesanstalt erforderlich ist, insbesondere um einheitliche Unterlagen zur Beurteilung der Tätigkeit der externen Kapitalverwaltungsgesellschaft zu erhalten. [2] Das Bundesministerium der Finanzen kann die Ermächtigung durch Rechtsverordnung auf die Bundesanstalt übertragen.

### Unterabschnitt 3. Weitere Maßnahmen der Aufsichtsbehörde
### § 39 Erlöschen und Aufhebung der Erlaubnis.
(1) [1] Die Erlaubnis erlischt, wenn die Kapitalverwaltungsgesellschaft

1. von ihr nicht innerhalb eines Jahres seit ihrer Erteilung Gebrauch macht,
2. den Geschäftsbetrieb, auf den sich die Erlaubnis bezieht, seit mehr als sechs Monaten nicht mehr ausübt oder
3. ausdrücklich auf sie verzichtet.

[2] Bei Investmentaktiengesellschaften mit veränderlichem Kapital, bei Investmentaktiengesellschaften mit fixem Kapital, bei offenen Investmentkommanditgesellschaften oder bei geschlossenen Investmentkommanditgesellschaften muss der Verzicht im Sinne von Satz 1 Nummer 3 gegenüber der Bundesanstalt durch Vorlage eines Handelsregisterauszuges nachgewiesen werden, aus dem sich die entsprechende Änderung des Unternehmensgegenstandes wie auch die Änderung der Firma ergibt.

(2) Soweit die externe Kapitalverwaltungsgesellschaft auch über die Erlaubnis zur Finanzportfolioverwaltung nach § 20 Absatz 2 Nummer 1 oder Absatz 3 Nummer 2 verfügt, erlischt diese Erlaubnis, wenn die Kapitalverwaltungsgesellschaft nach § 11 des Anlegerentschädigungsgesetzes von der Entschädigungseinrichtung ausgeschlossen wird.

(3) Die Bundesanstalt kann die Erlaubnis außer nach den Vorschriften des Verwaltungsverfahrensgesetzes aufheben oder, soweit dies im Einzelfall ausreichend ist, aussetzen, wenn

1. die Kapitalverwaltungsgesellschaft die Erlaubnis auf Grund falscher Erklärungen oder auf sonstige rechtswidrige Weise erwirkt hat,
2. die Eigenmittel der Kapitalverwaltungsgesellschaft unter die in § 25 vorgesehenen Schwellen absinken und die Gesellschaft nicht innerhalb einer von der Bundesanstalt zu bestimmenden Frist diesen Mangel behoben hat,
3. der Bundesanstalt Tatsachen bekannt werden, die eine Versagung der Erlaubnis nach § 23 Nummer 2 bis 11 rechtfertigen würden,
4. die externe Kapitalverwaltungsgesellschaft auch über die Erlaubnis zur Finanzportfolioverwaltung nach § 20 Absatz 2 Nummer 1 oder Absatz 3

---

[1] § 38 Abs. 5 ist gem. Art. 28 Abs. 1 G v. 4.7.2013 (BGBl. I S. 1981) am 11.7.2013 in Kraft getreten.

Nummer 2 verfügt und die Verordnung (EU) Nr. 575/2013 nicht mehr erfüllt,

5. gegen die Kapitalverwaltungsgesellschaft auf Grund einer Ordnungswidrigkeit nach § 340 Absatz 1 Nummer 1, 4 oder 5 oder Absatz 2 Nummer 1 Buchstabe a, d, e oder f, Nummer 3 bis 7, 9, 10, 13, 35, 76, 77 oder 81 oder auf Grund einer wiederholten Ordnungswidrigkeit nach § 340 Absatz 1 Nummer 2 oder 3 oder Absatz 2 Nummer 24, 31, 32, 37, 38, 40, 41, 49, 50 bis 63, 65, 72, 73, 78 oder 79 oder auf Grund einer Ordnungswidrigkeit oder auf Grund einer wiederholten Ordnungswidrigkeit nach § 120 Absatz 10 des Wertpapierhandelsgesetzes[1)] eine Geldbuße festgesetzt werden kann,
6. die Kapitalverwaltungsgesellschaft nachhaltig gegen die Bestimmungen dieses Gesetzes verstößt,
7. die Kapitalverwaltungsgesellschaft schwerwiegend, wiederholt oder systematisch gegen die Bestimmungen des Geldwäschegesetzes verstoßen hat.

(4) § 38 des Kreditwesengesetzes ist entsprechend anzuwenden, wenn die Bundesanstalt die Erlaubnis der Kapitalverwaltungsgesellschaft aufhebt oder die Erlaubnis erlischt.

**§ 40 Abberufung von Geschäftsleitern; Tätigkeitsverbot.** (1) In den Fällen des § 39 Absatz 3 kann die Bundesanstalt statt der Aufhebung der Erlaubnis die Abberufung der verantwortlichen Geschäftsleiter verlangen und ihnen oder einer anderen verantwortlichen natürlichen Person, die in der Kapitalverwaltungsgesellschaft tätig ist, die Ausübung ihrer Tätigkeit untersagen.

(2) ¹Die Bundesanstalt kann die Organbefugnisse abberufener Geschäftsleiter so lange auf einen geeigneten Sonderbeauftragten übertragen, bis die Kapitalverwaltungsgesellschaft über neue Geschäftsleiter verfügt, die den in § 23 Nummer 3 genannten Anforderungen genügen. ²§ 45c Absatz 6 und 7 des Kreditwesengesetzes ist entsprechend anzuwenden.

**§ 41 Maßnahmen bei unzureichenden Eigenmitteln.** ¹Entsprechen bei einer Kapitalverwaltungsgesellschaft die Eigenmittel nicht den Anforderungen des § 25, kann die Bundesanstalt Anordnungen treffen, die geeignet und erforderlich sind, um Verstöße gegen § 25 zu unterbinden. ²Sie kann insbesondere Entnahmen durch Gesellschafter und die Ausschüttung von Gewinnen untersagen oder beschränken. ³Beschlüsse über die Gewinnausschüttung sind insoweit nichtig, als sie einer Anordnung nach Satz 1 widersprechen. ⁴§ 45 Absatz 5 Satz 1 des Kreditwesengesetzes ist entsprechend anzuwenden.

**§ 42 Maßnahmen bei Gefahr.** Die Bundesanstalt kann zur Abwendung einer Gefahr in folgenden Fällen geeignete und erforderliche Maßnahmen ergreifen:
1. bei einer Gefahr für die Erfüllung der Verpflichtungen einer Kapitalverwaltungsgesellschaft gegenüber ihren Gläubigern,
2. bei einer Gefahr für die Sicherheit der Vermögensgegenstände, die der Kapitalverwaltungsgesellschaft anvertraut sind, oder

---

[1)] Nr. 12.

3. beim begründeten Verdacht, dass eine wirksame Aufsicht über die Kapitalverwaltungsgesellschaft nach den Bestimmungen dieses Gesetzes nicht möglich ist.

### § 43 Insolvenzantrag, Unterrichtung der Gläubiger im Insolvenzverfahren.

(1) Auf den Fall der Zahlungsunfähigkeit, der Überschuldung oder der drohenden Zahlungsunfähigkeit einer Kapitalverwaltungsgesellschaft ist § 46b Absatz 1, 1a und 3 des Kreditwesengesetzes entsprechend anzuwenden.

(2) Die Gläubiger sind über die Eröffnung des Insolvenzverfahrens in entsprechender Anwendung des § 46f des Kreditwesengesetzes zu unterrichten.

### Unterabschnitt 4. Pflichten für registrierungspflichtige AIF-Kapitalverwaltungsgesellschaften

### § 44 Registrierung und Berichtspflichten.

(1) AIF-Kapitalverwaltungsgesellschaften, die die Bedingungen nach § 2 Absatz 4, 4a oder 5 erfüllen,

1. sind zur Registrierung bei der Bundesanstalt verpflichtet,
2. weisen sich und die von ihnen zum Zeitpunkt der Registrierung verwalteten AIF gegenüber der Bundesanstalt aus,
3. legen der Bundesanstalt zum Zeitpunkt ihrer Registrierung Informationen zu den Anlagestrategien der von ihnen verwalteten AIF vor,
4. unterrichten die Bundesanstalt regelmäßig über
    a) die wichtigsten Instrumente, mit denen sie handeln und
    b) die größten Risiken und die Konzentrationen der von ihnen verwalteten AIF,
   um der Bundesanstalt eine effektive Überwachung der Systemrisiken zu ermöglichen,
5. teilen der Bundesanstalt unverzüglich mit, wenn die in § 2 Absatz 4, 4a oder 5 genannten Voraussetzungen nicht mehr erfüllt sind,
6. müssen juristische Personen oder Personenhandelsgesellschaften sein und
7. dürfen nur AIF in der Rechtsform
    a) einer juristischen Person oder
    b) einer Personenhandelsgesellschaft, bei der persönlich haftender Gesellschafter ausschließlich eine Aktiengesellschaft, eine Gesellschaft mit beschränkter Haftung oder eine Kommanditgesellschaft ist, bei der persönlich haftender Gesellschafter ausschließlich eine Gesellschaft mit beschränkter Haftung ist, und
   bei der die Nachschusspflicht der Anleger ausgeschlossen ist, verwalten. Wird der AIF im Fall von § 2 Absatz 4 als offener AIF in der Rechtsform der Investmentaktiengesellschaft mit veränderlichem Kapital oder der offenen Investmentkommanditgesellschaft aufgelegt, gelten die §§ 108 bis 123 oder die §§ 124 bis 138. Wird der AIF im Fall von § 2 Absatz 4 als geschlossener AIF in der Rechtsform der Investmentaktiengesellschaft mit fixem Kapital oder als geschlossene Investmentkommanditgesellschaft aufgelegt, gelten die §§ 140 bis 148 oder die §§ 149 bis 161. Wird der AIF im Fall von § 2 Absatz 4a oder Absatz 5 in der Rechtsform der Investmentaktiengesellschaft mit fixem Kapital oder der geschlossenen Investmentkommanditgesellschaft aufgelegt, gelten die §§ 140 bis 148 oder die §§ 149 bis 161.

(2) *(aufgehoben)*

(3) AIF-Kapitalverwaltungsgesellschaften, die die Bedingungen nach § 2 Absatz 5 erfüllen, legen der Bundesanstalt mit dem Antrag auf Registrierung zusätzlich zu den in Absatz 1 genannten Angaben folgende Informationen vor:
1. die Angabe der Geschäftsleiter,
2. Angaben zur Beurteilung der Zuverlässigkeit der Geschäftsleiter,
3. Angaben zur Beurteilung der fachlichen Eignung der Geschäftsleiter.

(4) ¹Die Bundesanstalt bestätigt der AIF-Kapitalverwaltungsgesellschaft die Registrierung innerhalb einer Frist von zwei Wochen nach Eingang des vollständigen Registrierungsantrags, wenn die Voraussetzungen für die Registrierung erfüllt sind. ²Bei Registrierungsanträgen von AIF-Kapitalverwaltungsgesellschaften, die die Bedingungen nach § 2 Absatz 5 erfüllen, kann die Bundesanstalt diesen Zeitraum um bis zu zwei Wochen verlängern, wenn sie dies aufgrund der besonderen Umstände des Einzelfalls für notwendig erachtet. ³Die Registrierung gilt als bestätigt, wenn über den Registrierungsantrag nicht innerhalb der Frist nach Satz 1 entschieden worden ist und die Bundesanstalt die Frist nicht gemäß Satz 2 verlängert hat. ⁴Die Bundesanstalt versagt der AIF-Kapitalverwaltungsgesellschaft die Registrierung, wenn
1. die Bedingungen des § 2 Absatz 4, 4a oder 5 nicht erfüllt sind,
2. nicht alle zum Zeitpunkt der Registrierung erforderlichen Informationen gemäß Absatz 1, 3 und 7 vorgelegt wurden,
3. die AIF-Kapitalverwaltungsgesellschaft, die die Bedingungen nach § 2 Absatz 4, 4a oder 5 erfüllt, keine juristische Person oder Personenhandelsgesellschaft ist,
4. die AIF-Kapitalverwaltungsgesellschaft, die die Bedingungen nach § 2 Absatz 4, 4a oder 5 erfüllt, AIF in einer anderen als den in Absatz 1 Nummer 7 genannten Rechtsformen verwaltet,
5. die Hauptverwaltung oder der satzungsmäßige Sitz der AIF-Kapitalverwaltungsgesellschaft sich nicht im Inland befindet,
6. bei AIF-Kapitalverwaltungsgesellschaften, die die Bedingungen nach § 2 Absatz 5 erfüllen, Tatsachen vorliegen, aus denen sich ergibt, dass die Geschäftsleiter der AIF-Kapitalverwaltungsgesellschaft nicht zuverlässig sind oder die zur Leitung erforderliche fachliche Eignung nicht haben.

(5) ¹Die Bundesanstalt kann die Registrierung außer nach den Vorschriften des Verwaltungsverfahrensgesetzes aufheben, wenn
1. die AIF-Kapitalverwaltungsgesellschaft die Registrierung auf Grund falscher Erklärungen oder auf sonstige widrige Weise erwirkt hat,
2. der Bundesanstalt Tatsachen bekannt werden, die eine Versagung der Registrierung nach Absatz 4 rechtfertigen würden,
3. die AIF-Kapitalverwaltungsgesellschaft nachhaltig gegen die Bestimmungen dieser Vorschrift oder die weiteren gemäß § 2 Absatz 4, 4a oder 5 anzuwendenden Bestimmungen dieses Gesetzes verstößt,
4. die AIF-Kapitalverwaltungsgesellschaft schwerwiegend, wiederholt oder systematisch gegen die Bestimmungen des Geldwäschegesetzes verstoßen hat.

²Statt der Aufhebung der Registrierung kann die Bundesanstalt die Abberufung der verantwortlichen Geschäftsleiter verlangen und ihnen die Ausübung ihrer Tätigkeit untersagen. ³§ 40 Absatz 2 findet entsprechend Anwendung.

(5a) ¹Die Registrierung erlischt, wenn die AIF-Kapitalverwaltungsgesellschaft

1. von ihr nicht innerhalb eines Jahres seit ihrer Erteilung Gebrauch macht,
2. den Geschäftsbetrieb, auf den sich die Registrierung bezieht, seit mehr als sechs Monaten nicht mehr ausübt oder
3. ausdrücklich auf sie verzichtet.

² § 39 Absatz 1 Satz 2 findet entsprechend Anwendung.

(6) ¹Sind die in § 2 Absatz 4 oder 5 genannten Voraussetzungen nicht mehr erfüllt, hat die AIF-Kapitalverwaltungsgesellschaft die Erlaubnis nach den §§ 20 und 22 innerhalb von 30 Kalendertagen zu beantragen. ²Sind die in § 2 Absatz 4a genannten Voraussetzungen nicht mehr erfüllt, hat die AIF-Kapitalverwaltungsgesellschaft innerhalb von 30 Kalendertagen

1. eine Registrierung nach Absatz 1 Nummer 1 und den Absätzen 3 und 4 zu beantragen, wenn sie die Voraussetzungen nach § 2 Absatz 5 Satz 1 erfüllt, oder
2. die Erlaubnis nach den §§ 20 und 22 zu beantragen, wenn sie nicht die in Nummer 1 genannten Voraussetzungen erfüllt.

(7) Nähere Bestimmungen zu den Pflichten der AIF-Kapitalverwaltungsgesellschaften zur Registrierung und zur Vorlage von Informationen, um eine effektive Überwachung von Systemrisiken zu ermöglichen und zur Mitteilungspflicht gegenüber den zuständigen Behörden nach Absatz 1 ergeben sich aus den Artikeln 2 bis 5 der Delegierten Verordnung (EU) Nr. 231/2013.

(8) AIF-Kapitalverwaltungsgesellschaften haben die Meldungen nach Absatz 1 Nummer 4 elektronisch über das Melde- und Veröffentlichungssystem der Bundesanstalt zu übermitteln.

(9) Die Bundesanstalt kann durch Allgemeinverfügung nähere Bestimmungen über Art, Umfang, Form und Turnus der einzureichenden Meldungen nach Absatz 8 und über die zulässigen Datenträger, Datenstrukturen und Übertragungswege festlegen.

**§ 45 Erstellung und Bekanntmachung von Jahresberichten.** (1) Eine AIF-Kapitalverwaltungsgesellschaft, die die Voraussetzungen von § 2 Absatz 2 erfüllt, hat für jeden von ihr verwalteten geschlossenen inländischen Publikums-AIF, der nicht verpflichtet ist, nach den Vorschriften des Handelsgesetzbuchs einen Jahresabschluss offenzulegen, für den Schluss eines jeden Geschäftsjahres einen Jahresbericht zu erstellen und spätestens sechs Monate nach Ablauf des Geschäftsjahres beim Betreiber des Bundesanzeigers elektronisch einzureichen sowie den Anlegern auf Anforderung auch in Papierform zur Verfügung zu stellen.

(2) Der Jahresbericht im Sinne des Absatzes 1 besteht mindestens aus

1. dem nach Maßgabe des § 46 aufgestellten und von einem Abschlussprüfer geprüften Jahresabschluss,
2. dem nach Maßgabe des § 46 aufgestellten und von einem Abschlussprüfer geprüften Lagebericht,
3. einer den Vorgaben des § 264 Absatz 2 Satz 3 beziehungsweise des § 289 Absatz 1 Satz 5 des Handelsgesetzbuchs entsprechenden Erklärung der gesetzlichen Vertreter des geschlossenen inländischen Publikums-AIF sowie

4. den Bestätigungen des Abschlussprüfers nach § 47.

(3) ¹Der Jahresbericht im Sinne des Absatzes 1 ist unverzüglich nach der elektronischen Einreichung im Bundesanzeiger bekannt zu machen. ²§ 325 Absatz 1 Satz 2, Absatz 2 bis 2b, 5 und 6 sowie die §§ 328 und 329 Absatz 1, 2 und 4 des Handelsgesetzbuchs gelten entsprechend. ³Die Ordnungsgeldvorschriften der §§ 335 bis 335b des Handelsgesetzbuchs sind auf die Verletzung von Pflichten des vertretungsberechtigten Organs der AIF-Kapitalverwaltungsgesellschaft im Sinne des Absatzes 1 entsprechend anzuwenden. ⁴An die Stelle der Pflichten nach § 335 Absatz 1 Satz 1 Nummer 1 und 2 des Handelsgesetzbuchs treten im Falle der Erstellung eines Jahresberichts die Pflichten nach Absatz 1. ⁵Offenlegung im Sinne des § 325 Absatz 1 Satz isa des Handelsgesetzbuchs sind die Einreichung und Bekanntmachung des Jahresberichts gemäß den Absätzen 1 und 2.

(4) Die Bekanntmachung ist über die Internetseite des Unternehmensregisters zugänglich zu machen; die Unterlagen sind in entsprechender Anwendung des § 8b Absatz 3 Satz 1 Nummer 1 des Handelsgesetzbuchs vom Betreiber des Bundesanzeigers zu übermitteln.

**§ 46 Inhalt von Jahresabschlüssen und Lageberichten.** ¹Bei einem geschlossenen inländischen Publikums-AIF, der von einer AIF-Kapitalverwaltungsgesellschaft verwaltet wird, die die Voraussetzungen des § 2 Absatz 5 erfüllt, sind für den Jahresabschluss die Bestimmungen des Ersten Unterabschnitts des Zweiten Abschnitts des Dritten Buches des Handelsgesetzbuchs und für den Lagebericht die Bestimmungen des § 289 des Handelsgesetzbuchs einzuhalten, soweit sich aus dem entsprechend anwendbaren § 135 Absatz 3 bis 11 nichts anderes ergibt. ²§ 264 Absatz 1 Satz 4 Halbsatz 1, Absatz 3, 4 und § 264b des Handelsgesetzbuchs sind nicht anzuwenden.

**§ 47 Prüfung und Bestätigung des Abschlussprüfers; Verordnungsermächtigung.** (1) ¹Der Jahresabschluss und der Lagebericht eines geschlossenen inländischen Publikums-AIF im Sinne des § 46 sind durch einen Abschlussprüfer nach Maßgabe der Bestimmungen des Dritten Unterabschnitts des Zweiten Abschnitts des Dritten Buches des Handelsgesetzbuchs zu prüfen. ²Der Jahresabschluss und der Lagebericht müssen mit dem Bestätigungsvermerk oder einem Vermerk über die Versagung der Bestätigung versehen sein.

(2) Der Abschlussprüfer hat bei seiner Prüfung auch festzustellen, ob die AIF-Kapitalverwaltungsgesellschaft, die die Voraussetzungen von § 2 Absatz 5 erfüllt, die Bestimmungen über den AIF zugrunde liegenden Gesellschaftsvertrags, eines Treuhandverhältnisses oder einer Satzung sowie der Anlagebedingungen beachtet hat.

(3) ¹Die Zuweisung von Gewinnen, Verlusten, Einnahmen, Ausgaben, Einlagen und Entnahmen zu den einzelnen Kapitalkonten ist vom Abschlussprüfer zu prüfen und deren Ordnungsmäßigkeit zu bestätigen. ²Dies gilt auch für den Fall, dass der Anteil oder die Aktie am AIF für den Anleger durch einen Treuhänder gehalten wird.

(4) ¹Das Bundesministerium der Finanzen wird ermächtigt, im Einvernehmen mit dem Bundesministerium der Justiz und für Verbraucherschutz durch Rechtsverordnung, die nicht der Zustimmung des Bundesrates bedarf, nähere Bestimmungen über weitere Inhalte, Umfang und Darstellung des Prüfungsberichts des Abschlussprüfers sowie zur Art und Weise der Einreichung des

Prüfungsberichts bei der Bundesanstalt zu erlassen, soweit dies zur Erfüllung der Aufgaben der Bundesanstalt erforderlich ist. ²Das Bundesministerium der Finanzen kann die Ermächtigung durch Rechtsverordnung auf die Bundesanstalt übertragen.

**§ 48 Verkürzung der handelsrechtlichen Offenlegungsfrist.** (1) Ist der geschlossene inländische Publikums-AIF im Sinne des § 46 nach den Vorschriften des Handelsgesetzbuchs zur Offenlegung des Jahresabschlusses verpflichtet, tritt an die Stelle des Ablaufs des zwölften Monats des dem Abschlussstichtag nachfolgenden Geschäftsjahres im Sinne des § 325 Absatz 1a des Handelsgesetzbuchs der Ablauf des sechsten Monats.

(2) § 326 des Handelsgesetzbuchs über die größenabhängigen Erleichterungen für kleine Kapitalgesellschaften ist nicht anzuwenden.

**§ 48a Jahresbericht, Lagebericht und Prüfung von Spezial-AIF, die Darlehen nach § 285 Absatz 2 vergeben; Verordnungsermächtigung.**

(1) ¹Für die Erstellung, den Inhalt und die Prüfung und Bestätigung des Jahresberichts und des Lageberichts eines geschlossenen inländischen Spezial-AIF, für dessen Rechnung eine AIF-Kapitalverwaltungsgesellschaft, die die Voraussetzungen des § 2 Absatz 4 erfüllt, Gelddarlehen gemäß § 285 Absatz 2 vergibt, gelten § 45 Absatz 2 sowie die §§ 46, 47 und 48 Absatz 2 entsprechend. ²Der Abschlussprüfer hat bei seiner Prüfung auch festzustellen, ob die AIF-Kapitalverwaltungsgesellschaft die Bestimmungen dieses Gesetzes beachtet hat. ³Der Prüfungsbericht ist der Bundesanstalt auf Verlangen vom Abschlussprüfer einzureichen.

(2) ¹Das Bundesministerium der Finanzen wird ermächtigt, im Einvernehmen mit dem Bundesministerium der Justiz und für Verbraucherschutz durch Rechtsverordnung, die nicht der Zustimmung des Bundesrates bedarf, nähere Bestimmungen über weitere Inhalte, Umfang und Darstellung des Prüfungsberichts des Abschlussprüfers sowie zur Art und Weise der Einreichung des Prüfungsberichts bei der Bundesanstalt zu erlassen, soweit dies zur Erfüllung der Aufgaben der Bundesanstalt erforderlich ist, insbesondere um einheitliche Unterlagen zur Beurteilung der Tätigkeit von AIF-Kapitalverwaltungsgesellschaften, die Gelddarlehen gemäß § 285 Absatz 2 für Rechnung von inländischen geschlossenen Spezial-AIF vergeben, zu erhalten. ²Das Bundesministerium der Finanzen kann die Ermächtigung durch Rechtsverordnung auf die Bundesanstalt übertragen.

**Unterabschnitt 5. Grenzüberschreitender Dienstleistungsverkehr bei OGAW-Verwaltungsgesellschaften**

**§ 49 Zweigniederlassung und grenzüberschreitender Dienstleistungsverkehr durch OGAW-Kapitalverwaltungsgesellschaften; Verordnungsermächtigung.** (1) ¹Eine OGAW-Kapitalverwaltungsgesellschaft hat der Bundesanstalt die Absicht, eine Zweigniederlassung in einem anderen Mitgliedstaat der Europäischen Union oder in einem anderen Vertragsstaat des Abkommens über den Europäischen Wirtschaftsraum zu errichten, um die kollektive Vermögensverwaltung oder Tätigkeiten nach § 20 Absatz 2 Nummer 1, 2, 3 oder 4 auszuüben, unverzüglich anzuzeigen. ²Das Anzeigeschreiben muss neben der Erklärung der Absicht nach Satz 1 Folgendes enthalten:

1. die Bezeichnung des Staates, in dem die Zweigniederlassung errichtet werden soll,
2. einen Geschäftsplan,
   a) aus dem die geplanten Dienstleistungen und Nebendienstleistungen gemäß Artikel 6 Absatz 2 und 3 der Richtlinie 2009/65/EG und der organisatorische Aufbau der Zweigniederlassung hervorgehen,
   b) der eine Beschreibung des Risikomanagementverfahrens umfasst, das von der OGAW-Kapitalverwaltungsgesellschaft erarbeitet wurde und
   c) der eine Beschreibung der Verfahren und Vereinbarungen zur Einhaltung von Artikel 15 der Richtlinie 2009/65/EG enthält,
3. die Anschrift, unter der Unterlagen der OGAW-Kapitalverwaltungsgesellschaft im Aufnahmemitgliedstaat angefordert und Schriftstücke zugestellt werden können und
4. die Namen der Personen, die die Zweigniederlassung leiten werden.

(2) ¹Besteht in Anbetracht der geplanten Tätigkeiten kein Grund, die Angemessenheit der Organisationsstruktur und der Finanzlage der OGAW-Kapitalverwaltungsgesellschaft anzuzweifeln, übermittelt die Bundesanstalt die Angaben nach Absatz 1 Satz 2 innerhalb von zwei Monaten nach Eingang der vollständigen Unterlagen den zuständigen Stellen des Aufnahmemitgliedstaates der OGAW-Kapitalverwaltungsgesellschaft und teilt dies der anzeigenden OGAW-Kapitalverwaltungsgesellschaft unverzüglich mit. ²Sie unterrichtet die zuständigen Stellen des Aufnahmemitgliedstaates der OGAW-Kapitalverwaltungsgesellschaft gegebenenfalls über die Sicherungseinrichtung, der die OGAW-Kapitalverwaltungsgesellschaft angehört. ³Lehnt die Bundesanstalt es ab, die Anzeige nach Absatz 1 an die zuständigen Stellen des Aufnahmemitgliedstaates der OGAW-Kapitalverwaltungsgesellschaft weiterzuleiten, teilt sie dies der OGAW-Kapitalverwaltungsgesellschaft unverzüglich, spätestens jedoch innerhalb von zwei Monaten nach Eingang der vollständigen Anzeige nach Absatz 1 Satz 2 unter Angabe der Gründe mit.

(3) Die OGAW-Kapitalverwaltungsgesellschaft darf erst die Zweigniederlassung errichten und ihre Tätigkeit aufnehmen, wenn ihr eine Mitteilung der zuständigen Stelle des Aufnahmemitgliedstaates über die Meldepflichten und die anzuwendenden Bestimmungen zugegangen ist oder, sofern diese Stelle sich nicht äußert, wenn seit der Übermittlung der Angaben durch die Bundesanstalt an die zuständige Stelle des Aufnahmemitgliedstaates der OGAW-Kapitalverwaltungsgesellschaft nach Absatz 2 Satz 1 zwei Monate vergangen sind.

(4) ¹Ändern sich die Verhältnisse, die nach Absatz 1 Satz 2 Nummer 2 bis 4 angezeigt wurden, hat die OGAW-Kapitalverwaltungsgesellschaft der Bundesanstalt und den zuständigen Stellen des Aufnahmemitgliedstaates der OGAW-Kapitalverwaltungsgesellschaft die Änderungen mindestens einen Monat vor dem Wirksamwerden der Änderungen schriftlich anzuzeigen. ²Die Bundesanstalt entscheidet innerhalb eines Monats nach Eingang der Änderungsanzeige, ob hinsichtlich der Änderungen nach Satz 1 Gründe bestehen, die Angemessenheit der Organisationsstruktur und der Finanzlage der OGAW-Kapitalverwaltungsgesellschaft anzuzweifeln. ³Die Bundesanstalt teilt den zuständigen Stellen des Aufnahmemitgliedstaates der OGAW-Kapitalverwaltungsgesellschaft Änderungen ihrer Einschätzung an der Angemessenheit der Organisationsstruktur und der Finanzlage der OGAW-Kapitalverwaltungsgesellschaft sowie Änderungen der Sicherungseinrichtung unverzüglich mit.

(5) ¹Absatz 1 Satz 1 gilt entsprechend für die Absicht, im Wege des grenzüberschreitenden Dienstleistungsverkehrs in einem anderen Mitgliedstaat der Europäischen Union oder einem anderen Vertragsstaat des Abkommens über den Europäischen Wirtschaftsraum die kollektive Vermögensverwaltung oder Tätigkeiten nach § 20 Absatz 2 Nummer 1, 2, 3 oder 4 auszuüben. ²Die Anzeige muss neben der Erklärung der Absicht nach Satz 1 Folgendes enthalten:

1. die Bezeichnung des Staates, in dem die grenzüberschreitende Dienstleistung ausgeübt werden soll und

2. einen Geschäftsplan,

    a) aus dem die geplanten Dienstleistungen und Nebendienstleistungen gemäß Artikel 6 Absatz 2 und 3 der Richtlinie 2009/65/EG hervorgehen,

    b) der eine Beschreibung des Risikomanagementverfahrens umfasst, das von der OGAW-Kapitalverwaltungsgesellschaft erarbeitet wurde und

    c) der eine Beschreibung der Verfahren und Vereinbarungen zur Einhaltung von Artikel 15 der Richtlinie 2009/65/EG enthält.

(6) ¹Die Bundesanstalt übermittelt die Angaben nach Absatz 5 Satz 2 innerhalb eines Monats nach Eingang der vollständigen Unterlagen den zuständigen Stellen des Aufnahmemitgliedstaates der OGAW-Kapitalverwaltungsgesellschaft und teilt dies der anzeigenden OGAW-Kapitalverwaltungsgesellschaft unverzüglich mit. ²Die Bundesanstalt unterrichtet die zuständigen Stellen des Aufnahmemitgliedstaates der OGAW-Kapitalverwaltungsgesellschaft gegebenenfalls über die Sicherungseinrichtung, der die OGAW-Kapitalverwaltungsgesellschaft angehört. ³Unmittelbar nachdem die Bundesanstalt die zuständigen Stellen des Aufnahmemitgliedstaates der OGAW-Kapitalverwaltungsgesellschaft unterrichtet hat, kann die OGAW-Kapitalverwaltungsgesellschaft ihre Tätigkeit im Aufnahmemitgliedstaat aufnehmen. ⁴Ändern sich die Verhältnisse, die nach Absatz 5 Satz 2 Nummer 2 angezeigt wurden, hat die OGAW-Kapitalverwaltungsgesellschaft der Bundesanstalt und den zuständigen Stellen des Aufnahmemitgliedstaates der OGAW-Kapitalverwaltungsgesellschaft die Änderungen vor dem Wirksamwerden der Änderungen schriftlich anzuzeigen.

(7) OGAW-Kapitalverwaltungsgesellschaften, die beabsichtigen, gemäß Absatz 1 eine Zweigniederlassung zu errichten oder gemäß Absatz 5 im Wege des grenzüberschreitenden Dienstleistungsverkehrs Tätigkeiten nach § 20 Absatz 2 Nummer 1, 2, 3 oder 4 auszuüben, müssen mindestens einen OGAW verwalten.

(8)[1)] Das Bundesministerium der Finanzen wird ermächtigt, durch Rechtsverordnung, die nicht der Zustimmung des Bundesrates bedarf, zu bestimmen, dass die Absätze 1 bis 4 für die Errichtung einer Zweigniederlassung in einem Drittstaat entsprechend anzuwenden sind, soweit dies im Bereich des Niederlassungsrechts auf Grund von Abkommen der Europäischen Union mit Drittstaaten erforderlich ist.

**§ 50 Besonderheiten für die Verwaltung von EU-OGAW durch OGAW-Kapitalverwaltungsgesellschaften.** (1) ¹Beabsichtigt eine OGAW-Kapitalverwaltungsgesellschaft, über eine Zweigniederlassung oder im Wege

---

[1)] § 49 Abs. 8 ist gem. Art. 28 Abs. 1 G v. 4.7.2013 (BGBl. I S. 1981) am 11.7.2013 in Kraft getreten.

des grenzüberschreitenden Dienstleistungsverkehrs EU-OGAW zu verwalten, fügt die Bundesanstalt der Anzeige nach § 49 Absatz 1 Satz 2 oder § 49 Absatz 5 Satz 2 eine Bescheinigung darüber bei, dass die OGAW-Kapitalverwaltungsgesellschaft eine Erlaubnis zum Geschäftsbetrieb erhalten hat, die einer Zulassung gemäß der Richtlinie 2009/65/EG entspricht, sowie eine Beschreibung des Umfangs dieser Erlaubnis. ²In diesem Fall hat die OGAW-Kapitalverwaltungsgesellschaft den zuständigen Stellen des Aufnahmemitgliedstaates darüber hinaus folgende Unterlagen zu übermitteln:

1. den schriftlichen Vertrag mit der Verwahrstelle im Sinne des § 68 Absatz 1 Satz 2 und

2. Angaben über die Auslagerung von Aufgaben nach § 36 bezüglich der Aufgaben der Portfolioverwaltung und der administrativen Tätigkeiten im Sinne des Anhangs II der Richtlinie 2009/65/EG.

³Verwaltet die OGAW-Kapitalverwaltungsgesellschaft in diesem Aufnahmemitgliedstaat bereits EU-OGAW der gleichen Art, ist ein Hinweis auf die bereits übermittelten Unterlagen ausreichend, sofern sich keine Änderungen ergeben.

(2) ¹Die Bundesanstalt unterrichtet die zuständigen Stellen des Aufnahmemitgliedstaates der OGAW-Kapitalverwaltungsgesellschaft über jede Änderung des Umfangs der Erlaubnis der OGAW-Kapitalverwaltungsgesellschaft. ²Sie aktualisiert die Informationen, die in der Bescheinigung nach Absatz 1 Satz 1 enthalten sind. ³Alle nachfolgenden inhaltlichen Änderungen zu den Unterlagen nach Absatz 1 Satz 2 hat die OGAW-Kapitalverwaltungsgesellschaft den zuständigen Stellen des Aufnahmemitgliedstaates unmittelbar mitzuteilen.

(3) Fordert die zuständige Stelle des Aufnahmemitgliedstaates der OGAW-Kapitalverwaltungsgesellschaft von der Bundesanstalt auf Grundlage der Bescheinigung nach Absatz 1 Satz 1 Auskünfte darüber an, ob die Art des EU-OGAW, dessen Verwaltung beabsichtigt ist, von der Erlaubnis der OGAW-Kapitalverwaltungsgesellschaft erfasst ist oder fordert sie Erläuterungen zu den nach Absatz 1 Satz 2 übermittelten Unterlagen an, gibt die Bundesanstalt ihre Stellungnahme binnen zehn Arbeitstagen ab.

(4) ¹Auf die Tätigkeit einer OGAW-Kapitalverwaltungsgesellschaft, die EU-OGAW verwaltet, sind die §§ 1 bis 43 sowie die im Herkunftsmitgliedstaat des EU-OGAW anzuwendenden Vorschriften, die Artikel 19 Absatz 3 und 4 der Richtlinie 2009/65/EG umsetzen, entsprechend anzuwenden. ²Soweit diese Tätigkeit über eine Zweigniederlassung ausgeübt wird, sind § 26 Absatz 2 in Verbindung mit einer Rechtsverordnung nach § 26 Absatz 8 sowie § 27 Absatz 1 in Verbindung mit einer Rechtsverordnung nach § 27 Absatz 6 nicht anzuwenden.

**§ 51 Inländische Zweigniederlassungen und grenzüberschreitender Dienstleistungsverkehr von EU-OGAW-Verwaltungsgesellschaften.**

(1) ¹Eine EU-OGAW-Verwaltungsgesellschaft darf ohne Erlaubnis der Bundesanstalt über eine inländische Zweigniederlassung oder im Wege des grenzüberschreitenden Dienstleistungsverkehrs im Inland die kollektive Vermögensverwaltung von inländischen OGAW sowie Dienstleistungen und Nebendienstleistungen nach § 20 Absatz 2 Nummer 1, 2, 3 oder 4 erbringen, wenn die zuständigen Stellen des Herkunftsmitgliedstaates der EU-OGAW-Verwaltungsgesellschaft

# 15 KAGB § 51

1. durch ihre Erlaubnis die im Inland beabsichtigten Tätigkeiten abgedeckt haben und
2. der Bundesanstalt eine Anzeige über die Absicht der EU-OGAW-Verwaltungsgesellschaft übermittelt haben,
   a) eine inländische Zweigniederlassung im Sinne des Artikels 17 Absatz 3 Unterabsatz 1 der Richtlinie 2009/65/EG zu errichten oder
   b) Tätigkeiten im Wege des grenzüberschreitenden Dienstleistungsverkehrs im Sinne des Artikels 18 Absatz 2 Unterabsatz 1 der Richtlinie 2009/65/EG zu erbringen.

²Beabsichtigt eine EU-OGAW-Verwaltungsgesellschaft, die Anteile eines von ihr verwalteten EU-OGAW im Inland zu vertreiben, ohne eine inländische Zweigniederlassung zu errichten oder im Wege des grenzüberschreitenden Dienstleistungsverkehrs über diesen Vertrieb hinaus weitere Tätigkeiten zu erbringen, unterliegt dieser Vertrieb lediglich den §§ 293, 294, 297, 298, 301 bis 306 sowie 309 bis 311. ³§ 53 des Kreditwesengesetzes ist im Fall des Satzes 1 nicht anzuwenden.

(2) ¹Die Bundesanstalt hat eine EU-OGAW-Verwaltungsgesellschaft, die beabsichtigt, eine Zweigniederlassung im Inland zu errichten, innerhalb von zwei Monaten nach Eingang der Anzeige gemäß Absatz 1 Satz 1 auf Folgendes hinzuweisen:
1. die Meldungen an die Bundesanstalt, die für ihre geplanten Tätigkeiten vorgeschrieben sind und
2. die nach Absatz 4 Satz 1 anzuwendenden Bestimmungen.

²Nach Eingang der Mitteilung der Bundesanstalt, spätestens nach Ablauf der in Satz 1 genannten Frist, kann die Zweigniederlassung errichtet werden und ihre Tätigkeit aufnehmen. ³Ändern sich die Verhältnisse, die die EU-OGAW-Verwaltungsgesellschaft entsprechend Artikel 17 Absatz 2 Buchstabe b bis d der Richtlinie 2009/65/EG der zuständigen Stelle ihres Herkunftsmitgliedstaates angezeigt hat, hat die EU-OGAW-Verwaltungsgesellschaft dies der Bundesanstalt mindestens einen Monat vor dem Wirksamwerden der Änderungen schriftlich anzuzeigen. ⁴§ 35 Absatz 3 und 5 des Wertpapierhandelsgesetzes[1]) sowie die §§ 293, 294, 309 bis 311 bleiben unberührt.

(3) ¹Die Bundesanstalt hat eine EU-OGAW-Verwaltungsgesellschaft, die beabsichtigt, im Inland im Wege des grenzüberschreitenden Dienstleistungsverkehrs tätig zu werden, innerhalb eines Monats nach Eingang der Anzeige gemäß Absatz 1 Satz 1 auf Folgendes hinzuweisen:
1. die Meldungen an die Bundesanstalt, die für ihre geplanten Tätigkeiten vorgeschriebenen sind, und
2. die nach Absatz 4 Satz 3 anzuwendenden Bestimmungen.

²Die EU-OGAW-Verwaltungsgesellschaft kann ihre Tätigkeit unmittelbar nach Unterrichtung der Bundesanstalt durch die zuständigen Stellen des Herkunftsmitgliedstaates der EU-OGAW-Verwaltungsgesellschaft aufnehmen. ³Ändern sich die Verhältnisse, die die EU-OGAW-Verwaltungsgesellschaft entsprechend Artikel 18 Absatz 1 Buchstabe b der Richtlinie 2009/65/EG der zuständigen Stelle ihres Herkunftsmitgliedstaates angezeigt hat, hat die EU-OGAW-Ver-

---

[1]) Nr. 12.

waltungsgesellschaft dies der Bundesanstalt vor dem Wirksamwerden der Änderungen schriftlich anzuzeigen. [4] § 35 Absatz 3 und 5 des Wertpapierhandelsgesetzes sowie die §§ 293, 294 und die §§ 309 bis 311 bleiben unberührt.

(4) [1] Auf die Zweigniederlassungen im Sinne des Absatzes 1 Satz 1 sind § 3 Absatz 1, 4 und 5, die §§ 14, 26 Absatz 2, auch in Verbindung mit einer Rechtsverordnung nach § 26 Absatz 8, und § 27 Absatz 1, auch in Verbindung mit einer Rechtsverordnung nach § 27 Absatz 6, die §§ 33, 34 Absatz 3 Nummer 8 sowie die §§ 293, 294 Absatz 1, § 295 Absatz 1 bis 5 und 8, die §§ 297, 301 bis 306, 312 und 313 dieses Gesetzes anzuwenden. [2] Soweit diese Zweigniederlassungen Dienst- und Nebendienstleistungen im Sinne des § 20 Absatz 2 Nummer 1, 2, 3 oder 4 erbringen, sind darüber hinaus §§ 63 bis 68, 70, 82 Absatz 1 bis 9 und 13 und § 83 des Wertpapierhandelsgesetzes sowie § 18 des Gesetzes über die Deutsche Bundesbank mit der Maßgabe entsprechend anzuwenden, dass mehrere Niederlassungen derselben EU-OGAW-Verwaltungsgesellschaft als eine Zweigniederlassung gelten. [3] Soweit diese Zweigniederlassungen Dienst- und Nebendienstleistungen im Sinne des § 20 Absatz 2 Nummer 1, 2, 3 oder 4 erbringen, hat ein geeigneter Prüfer mindestens einmal jährlich zu prüfen, ob sie die in Satz 2 genannten Vorschriften des Wertpapierhandelsgesetzes einhalten; § 38 Absatz 4 Satz 4 bis 6 und Absatz 5 gilt entsprechend. [4] Auf die Tätigkeiten im Wege des grenzüberschreitenden Dienstleistungsverkehrs nach Absatz 1 Satz 1 sind die §§ 14, 293, 294 Absatz 1, § 295 Absatz 1 bis 5 und 8, die §§ 297, 301 bis 306, 312 und 313 dieses Gesetzes entsprechend anzuwenden.

(5) [1] Kommt eine EU-OGAW-Verwaltungsgesellschaft ihren Verpflichtungen nach Absatz 4 und § 52 Absatz 4 nicht nach, fordert die Bundesanstalt diese auf, den Mangel innerhalb einer bestimmten Frist zu beheben. [2] Kommt die EU-OGAW-Verwaltungsgesellschaft der Aufforderung nicht nach, unterrichtet die Bundesanstalt die zuständigen Stellen des Herkunftsmitgliedstaates der EU-OGAW-Verwaltungsgesellschaft. [3] Ergreift der Herkunftsmitgliedstaat keine Maßnahmen oder erweisen sich die Maßnahmen als unzureichend, kann die Bundesanstalt

1. nach der Unterrichtung der zuständigen Stellen des Herkunftsmitgliedstaates der EU-OGAW-Verwaltungsgesellschaft die erforderlichen Maßnahmen selbst ergreifen und falls erforderlich die Durchführung neuer Geschäfte im Inland untersagen sowie

2. die Europäische Wertpapier- und Marktaufsichtsbehörde unterrichten, wenn die zuständige Stelle des Herkunftsmitgliedstaates der EU-OGAW-Verwaltungsgesellschaft nach Ansicht der Bundesanstalt nicht in angemessener Weise tätig geworden ist.

(6) [1] In dringenden Fällen kann die Bundesanstalt vor Einleitung des in Absatz 5 vorgesehenen Verfahrens die erforderlichen Maßnahmen ergreifen. [2] Sie hat die Europäische Kommission und die zuständigen Stellen des Herkunftsmitgliedstaates der EU-OGAW-Verwaltungsgesellschaft hiervon unverzüglich zu unterrichten. [3] Die Bundesanstalt hat die Maßnahmen zu ändern oder aufzuheben, wenn die Europäische Kommission dies nach Anhörung der zuständigen Stellen des Herkunftsmitgliedstaates der EU-OGAW-Verwaltungsgesellschaft und der Bundesanstalt beschließt.

(7) [1] Die zuständigen Stellen des Herkunftsmitgliedstaates der EU-OGAW-Verwaltungsgesellschaft können nach vorheriger Unterrichtung der Bundes-

anstalt selbst oder durch ihre Beauftragten die Informationen, die für die aufsichtliche Überwachung der Zweigniederlassung erforderlich sind, bei der Zweigniederlassung prüfen. ²Auf Ersuchen der zuständigen Stellen des Herkunftsmitgliedstaates der EU-OGAW-Verwaltungsgesellschaft hat die Bundesanstalt

1. die Richtigkeit der Daten zu überprüfen, die von der EU-OGAW-Verwaltungsgesellschaft für die zuständigen Stellen des Herkunftsmitgliedstaates der EU-OGAW-Verwaltungsgesellschaft zu aufsichtlichen Zwecken übermittelt wurden, oder

2. zu gestatten, dass die ersuchende Stelle, ein Wirtschaftsprüfer oder ein Sachverständiger diese Daten überprüft.

³Die Bundesanstalt kann nach pflichtgemäßem Ermessen gegenüber Aufsichtsstellen in Drittstaaten entsprechend verfahren, wenn Gegenseitigkeit gewährleistet ist. ⁴§ 5 Absatz 2 des Verwaltungsverfahrensgesetzes über die Grenzen der Amtshilfe gilt entsprechend. ⁵Die EU-OGAW-Verwaltungsgesellschaften im Sinne des Absatzes 1 Satz 1 haben die Prüfung zu dulden.

(8) Die §§ 24c und 25h bis 25m des Kreditwesengesetzes sowie § 93 Absatz 7 und 8 in Verbindung mit § 93b der Abgabenordnung gelten für die Zweigniederlassungen im Sinne des Absatzes 1 Satz 1 entsprechend.

**§ 52 Besonderheiten für die Verwaltung inländischer OGAW durch EU-OGAW-Verwaltungsgesellschaften.** (1) ¹Die Verwaltung eines inländischen OGAW durch eine EU-OGAW-Verwaltungsgesellschaft über eine Zweigniederlassung oder im Wege des grenzüberschreitenden Dienstleistungsverkehrs setzt voraus, dass die zuständigen Stellen des Herkunftsmitgliedstaates der EU-OGAW-Verwaltungsgesellschaft der Anzeige nach § 51 Absatz 1 Satz 1 eine Bescheinigung darüber beigefügt haben, dass die EU-OGAW-Verwaltungsgesellschaft in ihrem Herkunftsmitgliedstaat eine Zulassung gemäß der Richtlinie 2009/65/EG erhalten hat, eine Beschreibung des Umfangs dieser Zulassung sowie Einzelheiten darüber, auf welche Arten von OGAW diese Zulassung beschränkt ist. ²Die EU-OGAW-Verwaltungsgesellschaft hat der Bundesanstalt darüber hinaus folgende Unterlagen zu übermitteln:

1. die schriftliche Vereinbarung mit der Verwahrstelle im Sinne des Artikels 22 Absatz 2 der Richtlinie 2009/65/EG und

2. Angaben über die Auslagerung von Aufgaben bezüglich der Portfolioverwaltung und der administrativen Tätigkeiten im Sinne des Anhangs II der Richtlinie 2009/65/EG.

³Verwaltet die EU-OGAW-Verwaltungsgesellschaft bereits inländische OGAW der gleichen Art, ist ein Hinweis auf die bereits übermittelten Unterlagen ausreichend, sofern sich keine Änderungen ergeben. ⁴Die §§ 162 und 163 bleiben unberührt. ⁵Satz 2 findet keine Anwendung, sofern die EU-OGAW-Verwaltungsgesellschaft im Inland lediglich EU-OGAW vertreiben will.

(2) Soweit es die Ausübung der Aufsicht über die EU-OGAW-Verwaltungsgesellschaft bei der Verwaltung eines inländischen OGAW erfordert, kann die Bundesanstalt von den zuständigen Stellen des Herkunftsmitgliedstaates der EU-OGAW-Verwaltungsgesellschaft Erläuterungen zu den Unterlagen nach Absatz 1 anfordern sowie auf Grundlage der Bescheinigung nach Absatz 1 Satz 1 Auskünfte darüber anfordern, ob die Art des inländischen OGAW, dessen Ver-

waltung beabsichtigt ist, von der Zulassung der EU-OGAW-Verwaltungsgesellschaft erfasst ist.

(3) Die EU-OGAW-Verwaltungsgesellschaft hat der Bundesanstalt alle nachfolgenden inhaltlichen Änderungen zu den Unterlagen nach Absatz 1 Satz 2 unmittelbar mitzuteilen.

(4) ¹Die Bundesanstalt kann die Verwaltung eines inländischen OGAW untersagen, wenn
1. die EU-OGAW-Verwaltungsgesellschaft den Anforderungen des Artikels 19 Absatz 3 und 4 der Richtlinie 2009/65/EG nicht entspricht,
2. die EU-OGAW-Verwaltungsgesellschaft von den zuständigen Stellen ihres Herkunftsmitgliedstaates keine Zulassung zur Verwaltung der Art von OGAW erhalten hat, deren Verwaltung im Inland beabsichtigt wird, oder
3. die EU-OGAW-Verwaltungsgesellschaft die Unterlagen nach Absatz 1 nicht eingereicht hat.

²Vor einer Untersagung hat die Bundesanstalt die zuständigen Stellen des Herkunftsmitgliedstaates der EU-OGAW-Verwaltungsgesellschaft anzuhören.

(5) Auf die Tätigkeit einer EU-OGAW-Verwaltungsgesellschaft, die inländische OGAW verwaltet, sind ungeachtet der Anforderungen nach § 51 Absatz 4 die §§ 68 bis 79, 91 bis 123, 162 bis 213, 293, 294 Absatz 1, die §§ 301 bis 306, 312 und 313 entsprechend anzuwenden.

**Unterabschnitt 6. Grenzüberschreitender Dienstleistungsverkehr und Drittstaatenbezug bei AIF-Verwaltungsgesellschaften**

**§ 53 Verwaltung von EU-AIF durch AIF-Kapitalverwaltungsgesellschaften.** (1) Beabsichtigt eine AIF-Kapitalverwaltungsgesellschaft, die über eine Erlaubnis nach den §§ 20, 22 verfügt, erstmals im Wege des grenzüberschreitenden Dienstleistungsverkehrs oder über eine Zweigniederlassung EU-AIF zu verwalten oder Dienst- und Nebendienstleistungen nach § 20 Absatz 3 Nummer 2 bis 5 zu erbringen, so übermittelt sie der Bundesanstalt folgende Angaben:
1. den Mitgliedstaat der Europäischen Union oder den Vertragsstaat des Abkommens über den Europäischen Wirtschaftsraum, in dem sie EU-AIF im Wege des grenzüberschreitenden Dienstleistungsverkehrs oder über eine Zweigniederlassung zu verwalten oder Dienst- und Nebendienstleistungen nach § 20 Absatz 3 Nummer 2 bis 5 zu erbringen beabsichtigt,
2. einen Geschäftsplan, aus dem insbesondere hervorgeht, welche EU-AIF sie zu verwalten oder welche Dienst- und Nebendienstleistungen sie zu erbringen beabsichtigt.

(2) Beabsichtigt die AIF-Kapitalverwaltungsgesellschaft, eine Zweigniederlassung in einem anderen Mitgliedstaat der Europäischen Union oder in einem anderen Vertragsstaat des Abkommens über den Europäischen Wirtschaftsraum zu errichten, so hat sie der Bundesanstalt zusätzlich zu den Angaben nach Absatz 1 folgende Informationen zu übermitteln:
1. den organisatorischen Aufbau der Zweigniederlassung,
2. die Anschrift, unter der im Herkunftsmitgliedstaat des EU-AIF Unterlagen angefordert werden können, sowie

3. die Namen und Kontaktangaben der Geschäftsführer der Zweigniederlassung.

(3) Besteht kein Grund zur Annahme, dass die Verwaltung des EU-AIF durch die AIF-Kapitalverwaltungsgesellschaft oder die Erbringung von Dienst- und Nebendienstleistungen nach § 20 Absatz 3 Nummer 2 bis 5 gegen dieses Gesetz verstößt oder verstoßen wird, übermittelt die Bundesanstalt binnen eines Monats nach dem Eingang der vollständigen Unterlagen nach Absatz 1 oder binnen zwei Monaten nach dem Eingang der vollständigen Unterlagen nach Absatz 2 diese zusammen mit einer Bescheinigung über die Erlaubnis der betreffenden AIF-Kapitalverwaltungsgesellschaft an die zuständigen Behörden des Aufnahmemitgliedstaates der AIF-Kapitalverwaltungsgesellschaft.

(4) [1] Die Bundesanstalt unterrichtet die AIF-Kapitalverwaltungsgesellschaft unverzüglich über die Übermittlung der Unterlagen. [2] Die AIF-Kapitalverwaltungsgesellschaft darf erst unmittelbar nach dem Eingang der Übermittlungsmeldung in dem jeweiligen Aufnahmemitgliedstaat mit der Verwaltung von EU-AIF oder der Erbringung von Dienst- und Nebendienstleistungen beginnen.

(5) [1] Eine Änderung der nach Absatz 1 oder Absatz 2 übermittelten Angaben hat die AIF-Kapitalverwaltungsgesellschaft der Bundesanstalt mindestens einen Monat vor der Durchführung der geplanten Änderungen schriftlich anzuzeigen. [2] Im Fall von ungeplanten Änderungen hat die AIF-Kapitalverwaltungsgesellschaft die Änderung der Bundesanstalt unmittelbar nach dem Eintritt der Änderung schriftlich anzuzeigen.

(6) Würde die geplante Änderung dazu führen, dass die AIF-Kapitalverwaltungsgesellschaft , die Verwaltung des EU-AIF oder die Erbringung der Dienst- und Nebendienstleistungen durch diese nunmehr gegen dieses Gesetz verstößt, untersagt die Bundesanstalt der AIF-Kapitalverwaltungsgesellschaft unverzüglich die Änderung.

(7) Wird eine geplante Änderung ungeachtet der Absätze 5 und 6 durchgeführt oder würde eine durch einen unvorhersehbaren Umstand ausgelöste Änderung dazu führen, dass die AIF-Kapitalverwaltungsgesellschaft , die Verwaltung des EU-AIF oder die Erbringung der Dienst- und Nebendienstleistungen durch diese nunmehr gegen dieses Gesetz verstößt, ergreift die Bundesanstalt alle erforderlichen Maßnahmen.

(8) Über Änderungen, die im Einklang mit diesem Gesetz stehen, unterrichtet die Bundesanstalt unverzüglich die zuständigen Stellen des Aufnahmemitgliedstaates der AIF-Kapitalverwaltungsgesellschaft.

**§ 54 Zweigniederlassung und grenzüberschreitender Dienstleistungsverkehr von EU-AIF-Verwaltungsgesellschaften im Inland.** (1) Die Verwaltung eines inländischen Spezial-AIF oder die Erbringung von Dienst- und Nebendienstleistungen nach Artikel 6 Absatz 4 der Richtlinie 2011/61/EU durch eine EU-AIF-Verwaltungsgesellschaft im Inland über eine Zweigniederlassung oder im Wege des grenzüberschreitenden Dienstleistungsverkehrs setzt voraus, dass die zuständigen Stellen des Herkunftsmitgliedstaates der EU-AIF-Verwaltungsgesellschaft der Bundesanstalt folgende Angaben und Unterlagen übermittelt haben:

1. eine Bescheinigung darüber, dass die EU-AIF-Verwaltungsgesellschaft eine Zulassung gemäß der Richtlinie 2011/61/EU erhalten hat, durch die die im Inland beabsichtigten Tätigkeiten abgedeckt sind,
2. die Anzeige der Absicht der EU-AIF-Verwaltungsgesellschaft, in der Bundesrepublik Deutschland über eine Zweigniederlassung oder im Wege des grenzüberschreitenden Dienstleistungsverkehrs inländische Spezial-AIF zu verwalten oder Dienst- und Nebendienstleistungen nach Artikel 6 Absatz 4 der Richtlinie 2011/61/EU zu erbringen sowie
3. einen Geschäftsplan, aus dem insbesondere hervorgeht, welche inländischen Spezial-AIF die EU-AIF-Verwaltungsgesellschaft zu verwalten und welche Dienst- und Nebendienstleistungen nach Artikel 6 Absatz 4 der Richtlinie 2011/61/EU sie zu erbringen beabsichtigt.

(2) Die Errichtung einer Zweigniederlassung durch eine EU-AIF-Verwaltungsgesellschaft setzt voraus, dass die zuständigen Stellen des Herkunftsmitgliedstaates der EU-AIF-Verwaltungsgesellschaft der Bundesanstalt zusätzlich zu den Angaben nach Absatz 1 folgende Informationen übermittelt haben:

1. den organisatorischen Aufbau der Zweigniederlassung,
2. die Anschrift, unter der im Inland Unterlagen angefordert werden können, sowie
3. die Namen und Kontaktangaben der Geschäftsführer der Zweigniederlassung.

(3) Die EU-AIF-Verwaltungsgesellschaft kann unmittelbar nach dem Erhalt der Übermittlungsmeldung durch ihren Herkunftsmitgliedstaat gemäß Artikel 33 Absatz 4 der Richtlinie 2011/61/EU mit der Verwaltung von inländischen Spezial-AIF oder der Erbringung von Dienst- und Nebendienstleistungen nach Artikel 6 Absatz 4 der Richtlinie 2011/61/EU im Inland beginnen.

(4) ¹Auf die Zweigniederlassungen im Sinne des Absatzes 1 sind § 3 Absatz 1, 4 und 5, die §§ 14, 26 Absatz 2, 3 und 7, § 27 Absatz 1 bis 4, § 28 Absatz 1 Satz 4, die §§ 31, 33, 34 Absatz 3 Nummer 8 sowie die §§ 293, 294 Absatz 1, § 295 Absatz 1 bis 5 und 8, die §§ 297, 302 bis 308 entsprechend anzuwenden. ²Soweit diese Zweigniederlassungen Dienst- und Nebendienstleistungen im Sinne des Artikel 6 Absatz 4 der Richtlinie 2011/61/EU erbringen, sind darüber hinaus §§ 63 bis 68, 70, 82 Absatz 1 bis 9 und 13 und § 83 des Wertpapierhandelsgesetzes[1]) sowie § 18 des Gesetzes über die Deutsche Bundesbank mit der Maßgabe entsprechend anzuwenden, dass mehrere Niederlassungen derselben EU-AIF-Verwaltungsgesellschaft als eine Zweigniederlassung gelten. ³Soweit diese Zweigniederlassungen Dienst- und Nebendienstleistungen im Sinne des Artikels 6 Absatz 4 der Richtlinie 2011/61/EU erbringen, hat ein geeigneter Prüfer mindestens einmal jährlich zu prüfen, ob sie die in Satz 2 genannten Vorschriften des Wertpapierhandelsgesetzes einhalten; § 38 Absatz 4 Satz 4 bis 6 und Absatz 5 gilt entsprechend. ⁴Auf die Tätigkeiten im Wege des grenzüberschreitenden Dienstleistungsverkehrs nach Absatz 1 Satz 1 sind die §§ 14, 294 Absatz 1, § 295 Absatz 1 bis 5 und 8, die §§ 297, 302 bis 308 entsprechend anzuwenden.

---

[1]) Nr. 12.

(5) Auf die Tätigkeit einer EU-AIF-Verwaltungsgesellschaft, die inländische Spezial-AIF verwaltet, sind ungeachtet der Anforderungen nach Absatz 4 die §§ 80 bis 161, 273 Satz 1 und §§ 274 bis 292 entsprechend anzuwenden.

**§ 55 Bedingungen für AIF-Kapitalverwaltungsgesellschaften, welche ausländische AIF verwalten, die weder in den Mitgliedstaaten der Europäischen Union noch in den Vertragsstaaten des Abkommens über den Europäischen Wirtschaftsraum vertrieben werden.** (1) Die Verwaltung von ausländischen AIF, die weder in den Mitgliedstaaten der Europäischen Union noch in den Vertragsstaaten des Abkommens über den Europäischen Wirtschaftsraum vertrieben werden, durch eine nach diesem Gesetz zugelassene AIF-Kapitalverwaltungsgesellschaft ist zulässig, wenn

1. die AIF-Kapitalverwaltungsgesellschaft alle in der Richtlinie 2011/61/EU für diese AIF festgelegten Anforderungen mit Ausnahme der Anforderungen der §§ 67 und 80 bis 90 erfüllt und

2. geeignete Vereinbarungen über die Zusammenarbeit zwischen der Bundesanstalt und den Aufsichtsbehörden des Drittstaates bestehen, in dem der ausländische AIF seinen Sitz hat, durch die ein effizienter Informationsaustausch gewährleistet wird, der es der Bundesanstalt ermöglicht, ihre Aufgaben nach diesem Gesetz wahrzunehmen.

(2) Nähere Bestimmungen zu den in Absatz 1 Nummer 2 genannten Vereinbarungen über die Zusammenarbeit richten sich nach den Artikeln 113 bis 115 der Delegierten Verordnung (EU) Nr. 231/2013 sowie nach den Leitlinien der Europäischen Wertpapier- und Marktaufsichtsbehörde.

**§ 56 Bestimmung der Bundesrepublik Deutschland als Referenzmitgliedstaat einer ausländischen AIF-Verwaltungsgesellschaft.** (1) Die Bundesrepublik Deutschland ist Referenzmitgliedstaat einer ausländischen AIF-Verwaltungsgesellschaft,

1. wenn sie gemäß den in Artikel 37 Absatz 4 der Richtlinie 2011/61/EU genannten Kriterien Referenzmitgliedstaat sein kann und kein anderer Mitgliedstaat der Europäischen Union oder Vertragsstaat des Abkommens über den Europäischen Wirtschaftsraum als Referenzmitgliedstaat in Betracht kommt oder

2. falls gemäß den in Artikel 37 Absatz 4 der Richtlinie 2011/61/EU genannten Kriterien sowohl die Bundesrepublik Deutschland als auch ein anderer Mitgliedstaat der Europäischen Union oder ein anderer Vertragsstaat des Abkommens über den Europäischen Wirtschaftsraum als Referenzmitgliedstaat in Betracht kommt, wenn die Bundesrepublik Deutschland gemäß dem Verfahren nach Absatz 2 oder durch Entscheidung der ausländischen AIF-Verwaltungsgesellschaft nach Absatz 4 als Referenzmitgliedstaat festgelegt worden ist.

(2) ¹In den Fällen, in denen gemäß Artikel 37 Absatz 4 der Richtlinie 2011/61/EU neben der Bundesrepublik Deutschland weitere Mitgliedstaaten der Europäischen Union oder weitere Vertragsstaaten des Abkommens über den Europäischen Wirtschaftsraum als Referenzmitgliedstaat in Betracht kommen, hat die ausländische AIF-Verwaltungsgesellschaft bei der Bundesanstalt zu beantragen, dass diese sich mit den zuständigen Stellen aller in Betracht kommenden Mitgliedstaaten der Europäischen Union oder Vertragsstaaten des Ab-

kommens über den Europäischen Wirtschaftsraum über die Festlegung des Referenzmitgliedstaates für die ausländische AIF-Verwaltungsgesellschaft einigt. ²Die Bundesanstalt und die anderen zuständigen Stellen legen innerhalb eines Monats nach Eingang eines Antrags nach Satz 1 gemeinsam den Referenzmitgliedstaat für die ausländische AIF-Verwaltungsgesellschaft fest.

(3) Wird die Bundesrepublik Deutschland nach Absatz 2 als Referenzmitgliedstaat festgelegt, setzt die Bundesanstalt die ausländische AIF-Verwaltungsgesellschaft unverzüglich von dieser Festlegung in Kenntnis.

(4) Wird die ausländische AIF-Verwaltungsgesellschaft nicht innerhalb von sieben Tagen nach Erlass der Entscheidung gemäß Absatz 2 Satz 2 ordnungsgemäß über die Entscheidung der zuständigen Stellen informiert oder haben die betreffenden zuständigen Stellen innerhalb der in Absatz 2 Satz 2 genannten Monatsfrist keine Entscheidung getroffen, kann die ausländische AIF-Verwaltungsgesellschaft selbst ihren Referenzmitgliedstaat gemäß den in Artikel 37 Absatz 4 der Richtlinie 2011/61/EU aufgeführten Kriterien festlegen.

(5) Die ausländische AIF Verwaltungsgesellschaft muss in der Lage sein, ihre Absicht zu belegen, in einem bestimmten Mitgliedstaat der Europäischen Union oder einem bestimmten Vertragsstaat des Abkommens über den Europäischen Wirtschaftsraum einen leistungsfähigen Vertrieb aufzubauen, indem sie gegenüber den zuständigen Stellen des von ihr angegebenen Mitgliedstaates der Europäischen Union oder Vertragsstaates des Abkommens über den Europäischen Wirtschaftsraum ihre Vertriebsstrategie offenlegt.

## § 57 Zulässigkeit der Verwaltung von inländischen Spezial-AIF und EU-AIF sowie des Vertriebs von AIF gemäß den §§ 325, 326, 333 oder 334 durch ausländische AIF-Verwaltungsgesellschaften.
(1) ¹Eine ausländische AIF-Verwaltungsgesellschaft, für die die Bundesrepublik Deutschland Referenzmitgliedstaat nach § 56 ist und die beabsichtigt, inländische Spezial-AIF oder EU-AIF zu verwalten oder von ihr verwaltete EU-AIF gemäß Artikel 39 oder 40 der Richtlinie 2011/61/EU in den Mitgliedstaaten der Europäischen Union oder Vertragsstaaten des Abkommens über den Europäischen Wirtschaftsraum zu vertreiben, bedarf der Erlaubnis der Bundesanstalt. ²Die Bundesanstalt hat gegenüber ausländischen AIF-Verwaltungsgesellschaften, für die die Bundesrepublik Deutschland Referenzmitgliedstaat nach § 56 ist, die Befugnisse, die ihr nach diesem Gesetz gegenüber AIF-Kapitalverwaltungsgesellschaften zustehen. ³Ausländische AIF-Verwaltungsgesellschaften, denen die Bundesanstalt eine Erlaubnis nach § 58 erteilt hat, unterliegen der Aufsicht der Bundesanstalt nach dem vorliegenden Gesetz.

(2) ¹Eine ausländische AIF-Verwaltungsgesellschaft, die beabsichtigt, eine Erlaubnis gemäß Absatz 1 einzuholen, ist verpflichtet, die gleichen Bestimmungen nach diesem Gesetz einzuhalten wie AIF-Kapitalverwaltungsgesellschaften, die Spezial-AIF verwalten, mit Ausnahme der §§ 53, 54, 321, 323 und 331. ²Soweit die Einhaltung einer der in Satz 1 genannten Bestimmungen dieses Gesetzes mit der Einhaltung der Rechtsvorschriften des Drittstaates unvereinbar ist, denen die ausländische AIF-Verwaltungsgesellschaft oder der in den Mitgliedstaaten der Europäischen Union oder Vertragsstaaten des Abkommens über den Europäischen Wirtschaftsraum vertriebene ausländische AIF unterliegt, besteht für die ausländische AIF-Verwaltungsgesellschaft keine Verpflichtung, sich an die Bestimmungen dieses Gesetzes zu halten, wenn sie belegen kann, dass

1. es nicht möglich ist, die Einhaltung der Bestimmungen dieses Gesetzes mit der Einhaltung einer verpflichtenden Rechtsvorschrift, der die ausländische AIF-Verwaltungsgesellschaft oder der in den Mitgliedstaaten der Europäischen Union oder den Vertragsstaaten des Abkommens über den Europäischen Wirtschaftsraum vertriebene ausländische AIF unterliegt, zu verbinden,
2. die Rechtsvorschriften des Drittstaates, denen die ausländische AIF-Verwaltungsgesellschaft oder der ausländische AIF unterliegt, eine gleichwertige Bestimmung mit dem gleichen Regelungszweck und dem gleichen Schutzniveau für die Anleger des betreffenden AIF enthalten und
3. die ausländische AIF-Verwaltungsgesellschaft oder der ausländische AIF die in Nummer 2 genannte gleichwertige Bestimmung erfüllt.

(3) ¹Eine ausländische AIF-Verwaltungsgesellschaft, die beabsichtigt, eine Erlaubnis gemäß Absatz 1 einzuholen, muss über einen gesetzlichen Vertreter mit Sitz in der Bundesrepublik Deutschland verfügen. ²Der gesetzliche Vertreter ist die Kontaktstelle für die ausländische AIF-Verwaltungsgesellschaft in den Mitgliedstaaten der Europäischen Union oder den Vertragsstaaten des Abkommens über den Europäischen Wirtschaftsraum. ³Sämtliche Korrespondenz zwischen den zuständigen Stellen und der ausländischen AIF-Verwaltungsgesellschaft und zwischen den EU-Anlegern des betreffenden AIF und der ausländischen AIF-Verwaltungsgesellschaft gemäß der Richtlinie 2011/61/EU erfolgt über diesen gesetzlichen Vertreter. ⁴Der gesetzliche Vertreter nimmt gemeinsam mit der ausländischen AIF-Verwaltungsgesellschaft die Compliance-Funktion in Bezug auf die von der ausländischen AIF-Verwaltungsgesellschaft gemäß der Richtlinie 2011/61/EU ausgeführten Verwaltungs- und Vertriebstätigkeiten wahr.

**§ 58 Erteilung der Erlaubnis für eine ausländische AIF-Verwaltungsgesellschaft.** (1) Beabsichtigt eine ausländische AIF-Verwaltungsgesellschaft, inländische Spezial-AIF oder EU-AIF zu verwalten oder von ihr verwaltete AIF gemäß Artikel 39 oder 40 der Richtlinie 2011/61/EU in den Mitgliedstaaten der Europäischen Union oder Vertragsstaaten des Abkommens über den Europäischen Wirtschaftsraum zu vertreiben und gibt sie die Bundesrepublik Deutschland als Referenzmitgliedstaat an, hat sie bei der Bundesanstalt einen Antrag auf Erteilung einer Erlaubnis zu stellen.

(2) ¹Nach Eingang eines Antrags auf Erteilung einer Erlaubnis gemäß Absatz 1 beurteilt die Bundesanstalt, ob die Entscheidung der ausländischen AIF-Verwaltungsgesellschaft hinsichtlich ihres Referenzmitgliedstaates die Kriterien gemäß § 56 einhält. ²Ist dies nicht der Fall, lehnt sie den Antrag der ausländischen AIF-Verwaltungsgesellschaft auf Erteilung einer Erlaubnis unter Angabe der Gründe für die Ablehnung ab. ³Sind die Kriterien gemäß § 56 eingehalten worden, führt die Bundesanstalt das Verfahren nach den Absätzen 3 bis 6 durch.

(3) ¹Ist die Bundesanstalt der Auffassung, dass die Entscheidung der ausländischen AIF-Verwaltungsgesellschaft hinsichtlich ihres Referenzmitgliedstaates die Kriterien gemäß Artikel 37 Absatz 4 der Richtlinie 2011/61/EU einhält, setzt sie die Europäische Wertpapier- und Marktaufsichtsbehörde von diesem Umstand in Kenntnis und ersucht sie, eine Empfehlung zu ihrer Beurteilung auszusprechen. ²In ihrer Mitteilung an die Europäische Wertpapier- und Marktaufsichtsbehörde legt die Bundesanstalt der Europäischen Wertpapier-

und Marktaufsichtsbehörde die Begründung der ausländischen AIF-Verwaltungsgesellschaft für deren Entscheidung hinsichtlich des Referenzmitgliedstaates und Informationen über die Vertriebsstrategie der ausländischen AIF-Verwaltungsgesellschaft vor.

(4) [1]Innerhalb eines Monats nach Eingang der Mitteilung gemäß Absatz 3 spricht die Europäische Wertpapier- und Marktaufsichtsbehörde eine an die Bundesanstalt gerichtete Empfehlung zu deren Beurteilung hinsichtlich des Referenzmitgliedstaates gemäß den in Artikel 37 Absatz 4 der Richtlinie 2011/61/EU genannten Kriterien aus. [2]Während die Europäische Wertpapier- und Marktaufsichtsbehörde gemäß Artikel 37 Absatz 5 Unterabsatz 3 der Richtlinie 2011/61/EU die Beurteilung der Bundesanstalt prüft, wird die Frist nach § 22 Absatz 2 Satz 1 oder 2 gehemmt.

(5) Schlägt die Bundesanstalt entgegen der Empfehlung der Europäischen Wertpapier- und Marktaufsichtsbehörde gemäß Absatz 4 vor, die Erlaubnis als Referenzmitgliedstaat zu erteilen, setzt sie die Europäische Wertpapier- und Marktaufsichtsbehörde davon unter Angabe ihrer Gründe in Kenntnis.

(6) [1]Wenn die Bundesanstalt entgegen der Empfehlung der Europäischen Wertpapier- und Marktaufsichtsbehörde gemäß Absatz 4 vorschlägt, die Erlaubnis als Referenzmitgliedstaat zu erteilen und die ausländische AIF-Verwaltungsgesellschaft beabsichtigt, Anteile von durch sie verwalteten AIF in anderen Mitgliedstaaten der Europäischen Union oder in anderen Vertragsstaaten des Abkommens über den Europäischen Wirtschaftsraum als der Bundesrepublik Deutschland zu vertreiben, setzt die Bundesanstalt davon auch die zuständigen Stellen der betreffenden Mitgliedstaaten der Europäischen Union und der betreffenden Vertragsstaaten des Abkommens über den Europäischen Wirtschaftsraum unter Angabe ihrer Gründe in Kenntnis. [2]Gegebenenfalls setzt die Bundesanstalt davon auch die zuständigen Stellen der Herkunftsmitgliedstaaten der von der ausländischen AIF-Verwaltungsgesellschaft verwalteten AIF unter Angabe ihrer Gründe in Kenntnis.

(7) Unbeschadet des Absatzes 9 erteilt die Bundesanstalt die Erlaubnis erst dann, wenn die folgenden zusätzlichen Bedingungen eingehalten sind:

1. die Bundesrepublik Deutschland wird als Referenzmitgliedstaat von der ausländischen AIF-Verwaltungsgesellschaft gemäß den Kriterien nach § 56 angegeben und durch die Offenlegung der Vertriebsstrategie bestätigt und das Verfahren gemäß den Absätzen 3 bis 6 wurde von der Bundesanstalt durchgeführt;
2. die ausländische AIF-Verwaltungsgesellschaft hat einen gesetzlichen Vertreter mit Sitz in der Bundesrepublik Deutschland ernannt;
3. der gesetzliche Vertreter ist, zusammen mit der ausländischen AIF-Verwaltungsgesellschaft, die Kontaktperson der ausländischen AIF-Verwaltungsgesellschaft für die Anleger der betreffenden AIF, für die Europäische Wertpapier- und Marktaufsichtsbehörde und für die zuständigen Stellen im Hinblick auf die Tätigkeiten, für die die ausländische AIF-Verwaltungsgesellschaft in den Mitgliedstaaten der Europäischen Union oder Vertragsstaaten des Abkommens über den Europäischen Wirtschaftsraum eine Erlaubnis hat und er ist zumindest hinreichend ausgestattet, um die Compliance-Funktion gemäß der Richtlinie 2011/61/EU wahrnehmen zu können;
4. es bestehen geeignete Vereinbarungen über die Zusammenarbeit zwischen der Bundesanstalt, den zuständigen Stellen des Herkunftsmitgliedstaates der

betreffenden EU-AIF und den Aufsichtsbehörden des Drittstaates, in dem die ausländische AIF-Verwaltungsgesellschaft ihren satzungsmäßigen Sitz hat, damit zumindest ein effizienter Informationsaustausch gewährleistet ist, der es den zuständigen Stellen ermöglicht, ihre Aufgaben gemäß der Richtlinie 2011/61/EU wahrzunehmen;

5. der Drittstaat, in dem die ausländische AIF-Verwaltungsgesellschaft ihren satzungsmäßigen Sitz hat, steht nicht auf der Liste der nicht kooperativen Länder und Gebiete, die von der Arbeitsgruppe „Finanzielle Maßnahmen gegen die Geldwäsche und die Terrorismusfinanzierung" aufgestellt wurde;

6. der Drittstaat, in dem die ausländische AIF-Verwaltungsgesellschaft ihren satzungsmäßigen Sitz hat, hat mit der Bundesrepublik Deutschland eine Vereinbarung unterzeichnet, die den Standards gemäß Artikel 26 des OECD-Musterabkommens zur Vermeidung der Doppelbesteuerung von Einkommen und Vermögen vollständig entspricht und einen wirksamen Informationsaustausch in Steuerangelegenheiten, gegebenenfalls einschließlich multilateraler Abkommen über die Besteuerung, gewährleistet;

7. die auf ausländische AIF-Verwaltungsgesellschaften anwendbaren Rechts- und Verwaltungsvorschriften eines Drittstaates oder die Beschränkungen der Aufsichts- und Ermittlungsbefugnisse der Aufsichtsbehörden dieses Drittstaates hindern die zuständigen Stellen nicht an der effektiven Wahrnehmung ihrer Aufsichtsfunktionen gemäß der Richtlinie 2011/61/EU.

(8) Die in Absatz 7 Nummer 4 genannten Vereinbarungen über Zusammenarbeit werden durch die Artikel 113 bis 115 der Delegierten Verordnung (EU) Nr. 231/2013 sowie durch die Leitlinien der Europäischen Wertpapier- und Marktaufsichtsbehörde konkretisiert.

(9) [1] Die Erlaubnis durch die Bundesanstalt wird im Einklang mit den für die Erlaubnis von AIF-Kapitalverwaltungsgesellschaften geltenden Vorschriften dieses Gesetzes erteilt. [2] Diese gelten vorbehaltlich folgender Kriterien entsprechend:

1. die Angaben gemäß § 22 Absatz 1 Nummer 1 bis 9 werden durch folgende Angaben und Unterlagen ergänzt:

   a) eine Begründung der ausländischen AIF-Verwaltungsgesellschaft für die von ihr vorgenommene Beurteilung bezüglich des Referenzmitgliedstaates gemäß den Kriterien nach Artikel 37 Absatz 4 der Richtlinie 2011/61/EU sowie Angaben zur Vertriebsstrategie;

   b) eine Liste der Bestimmungen der Richtlinie 2011/61/EU, deren Einhaltung der ausländischen AIF-Verwaltungsgesellschaft unmöglich ist, da ihre Einhaltung durch die ausländische AIF-Verwaltungsgesellschaft gemäß § 57 Absatz 2 Satz 2 nicht vereinbar ist mit der Einhaltung einer zwingenden Rechtsvorschrift des Drittstaates, der die ausländische AIF-Verwaltungsgesellschaft oder der in den Mitgliedstaaten der Europäischen Union oder Vertragsstaaten des Abkommens über den Europäischen Wirtschaftsraum vertriebene ausländische AIF unterliegt;

   c) schriftliche Belege auf der Grundlage der von der Europäischen Wertpapier- und Marktaufsichtsbehörde ausgearbeiteten technischen Regulierungsstandards gemäß Artikel 37 Absatz 23 Buchstabe b der Richtlinie 2011/61/EU, dass die betreffenden Rechtsvorschriften des Drittstaates Vorschriften enthalten, die den Vorschriften, die nicht eingehalten werden können, gleichwertig sind, denselben regulatorischen Zweck verfolgen

Kapitalanlagegesetzbuch §59 KAGB 15

und den Anlegern der betreffenden AIF dasselbe Maß an Schutz bieten und dass die ausländische AIF-Verwaltungsgesellschaft sich an diese gleichwertigen Vorschriften hält; diese schriftlichen Belege werden durch ein Rechtsgutachten zum Bestehen der betreffenden inkompatiblen zwingenden Vorschrift im Recht des Drittstaates untermauert, das auch eine Beschreibung des Regulierungszwecks und der Merkmale des Anlegerschutzes enthält, die mit der Vorschrift angestrebt werden, und

d) den Namen des gesetzlichen Vertreters der ausländischen AIF-Verwaltungsgesellschaft und den Ort, an dem er seinen Sitz hat;

2. die Angaben gemäß § 22 Absatz 1 Nummer 10 bis 14 können beschränkt werden auf die inländischen Spezial-AIF oder EU-AIF, die die ausländische AIF-Verwaltungsgesellschaft zu verwalten beabsichtigt, und auf die von der ausländischen AIF-Verwaltungsgesellschaft verwalteten AIF, die sie mit einem Pass in den Mitgliedstaaten der Europäischen Union oder Vertragsstaaten des Abkommens über den Europäischen Wirtschaftsraum zu vertreiben beabsichtigt;

3. § 23 Nummer 7 findet keine Anwendung;

4. ein Erlaubnisantrag gilt als vollständig, wenn zusätzlich zu den in § 22 Absatz 3 genannten Angaben und Verweisen die Angaben gemäß Nummer 1 vorgelegt wurden;

5. die Bundesanstalt beschränkt die Erlaubnis in Bezug auf die Verwaltung von inländischen AIF auf die Verwaltung von inländischen Spezial-AIF; in Bezug auf die Verwaltung von EU-AIF kann die Bundesanstalt die Erlaubnis auf die Verwaltung von bestimmten Arten von EU-AIF und auf Spezial-EU-AIF beschränken.

(10) Hinsichtlich des Erlöschens oder der Aufhebung der Erlaubnis einer ausländischen AIF-Verwaltungsgesellschaft gilt § 39 entsprechend.

(11) Ausländische AIF-Verwaltungsgesellschaften, denen die Bundesanstalt die Erlaubnis nach den Vorschriften dieses Gesetzes erteilt hat, haben die für AIF-Kapitalverwaltungsgesellschaften, die Spezial-AIF verwalten, geltenden Vorschriften entsprechend einzuhalten, soweit sich aus diesem Gesetz nichts anderes ergibt.

**§ 59 Befreiung einer ausländischen AIF-Verwaltungsgesellschaft von Bestimmungen der Richtlinie 2011/61/EU.** (1) [1] Ist die Bundesanstalt der Auffassung, dass die ausländische AIF-Verwaltungsgesellschaft gemäß § 57 Absatz 2 Satz 2 von der Einhaltung bestimmter Vorschriften der Richtlinie 2011/61/EU befreit werden kann, so setzt sie die Europäische Wertpapier- und Marktaufsichtsbehörde hiervon unverzüglich in Kenntnis. [2] Zur Begründung dieser Beurteilung zieht sie die von der ausländischen AIF-Verwaltungsgesellschaft gemäß § 58 Absatz 9 Nummer 1 Buchstabe b und c vorgelegten Angaben heran.

(2) [1] Innerhalb eines Monats nach Eingang der Mitteilung nach Absatz 1 spricht die Europäische Wertpapier- und Marktaufsichtsbehörde eine an die Bundesanstalt gerichtete Empfehlung hinsichtlich der Anwendung der Ausnahme von der Einhaltung der Richtlinie 2011/61/EU auf Grund der Unvereinbarkeit gemäß § 57 Absatz 2 Satz 2 aus. [2] Während der Überprüfung durch die Europäische Wertpapier- und Marktaufsichtsbehörde gemäß Artikel 37

Absatz 9 Unterabsatz 2 der Richtlinie 2011/61/EU wird die Frist nach § 22 Absatz 2 Satz 1 oder 2 gehemmt.

(3) Wenn die Bundesanstalt entgegen der Empfehlung der Europäischen Wertpapier- und Marktaufsichtsbehörde gemäß Absatz 2 vorschlägt, die Erlaubnis zu erteilen, setzt sie die Europäische Wertpapier- und Marktaufsichtsbehörde davon unter Angabe ihrer Gründe in Kenntnis.

(4) Wenn die Bundesanstalt entgegen der Empfehlung der Europäischen Wertpapier- und Marktaufsichtsbehörde gemäß Absatz 2 vorschlägt, die Erlaubnis zu erteilen und die ausländische AIF-Verwaltungsgesellschaft beabsichtigt, Anteile von durch sie verwalteten AIF in anderen Mitgliedstaaten der Europäischen Union oder Vertragsstaaten des Abkommens über den Europäischen Wirtschaftsraum als der Bundesrepublik Deutschland zu vertreiben, setzt die Bundesanstalt davon auch die zuständigen Stellen der betreffenden Mitgliedstaaten der Europäischen Union oder Vertragsstaaten des Abkommens über den Europäischen Wirtschaftsraum unter Angabe ihrer Gründe in Kenntnis.

## § 60 Unterrichtung der Europäischen Wertpapier- und Marktaufsichtsbehörde im Hinblick auf die Erlaubnis einer ausländischen AIF-Verwaltungsgesellschaft durch die Bundesanstalt.

(1) Die Bundesanstalt unterrichtet die Europäische Wertpapier- und Marktaufsichtsbehörde unverzüglich über das Ergebnis des Erlaubnisverfahrens, über Änderungen hinsichtlich der Erlaubnis der ausländischen AIF-Verwaltungsgesellschaft und über einen Entzug der Erlaubnis.

(2) ¹Die Bundesanstalt unterrichtet die Europäische Wertpapier- und Marktaufsichtsbehörde von den Erlaubnisanträgen, die sie abgelehnt hat und legt dabei Angaben zu den ausländischen AIF-Verwaltungsgesellschaften, die eine Erlaubnis beantragt haben sowie die Gründe für die Ablehnung vor. ²Wenn die Europäische Wertpapier- und Marktaufsichtsbehörde, die ein zentrales Verzeichnis dieser Angaben führt, Informationen aus diesem Verzeichnis der Bundesanstalt auf Anfrage zur Verfügung gestellt hat, behandelt die Bundesanstalt diese Informationen vertraulich.

## § 61 Änderung des Referenzmitgliedstaates einer ausländischen AIF-Verwaltungsgesellschaft.

(1) ¹Die weitere Geschäftsentwicklung einer ausländischen AIF-Verwaltungsgesellschaft in den Mitgliedstaaten der Europäischen Union und den Vertragsstaaten des Abkommens über den Europäischen Wirtschaftsraum hat keine Auswirkungen auf die Bestimmung des Referenzmitgliedstaates. ²Wenn eine durch die Bundesanstalt zugelassene ausländische AIF-Verwaltungsgesellschaft jedoch innerhalb von zwei Jahren nach ihrer Erstzulassung ihre Vertriebsstrategie ändert und wenn diese Änderung, falls die geänderte Vertriebsstrategie die ursprüngliche Vertriebsstrategie gewesen wäre, die Festlegung des Referenzmitgliedstaates beeinflusst hätte, hat die ausländische AIF-Verwaltungsgesellschaft die Bundesanstalt von dieser Änderung vor ihrer Durchführung in Kenntnis zu setzen und ihren neuen Referenzmitgliedstaat gemäß den Kriterien nach Artikel 37 Absatz 4 der Richtlinie 2011/61/EU und entsprechend der neuen Strategie anzugeben. ³Die ausländische AIF-Verwaltungsgesellschaft hat ihre Beurteilung zu begründen, indem sie ihre neue Vertriebsstrategie der Bundesanstalt gegenüber offenlegt. ⁴Zugleich hat die ausländische AIF-Verwaltungsgesellschaft Angaben zu ihrem gesetzlichen Vertreter, einschließlich zu dessen Name und dem Ort, an dem er seinen Sitz hat,

vorzulegen. ⁵Der gesetzliche Vertreter muss seinen Sitz in dem neuen Referenzmitgliedstaat haben.

(2) ¹Die Bundesanstalt beurteilt, ob die Festlegung durch die ausländische AIF-Verwaltungsgesellschaft gemäß Absatz 1 zutreffend ist und setzt die Europäische Wertpapier- und Marktaufsichtsbehörde von dieser Beurteilung in Kenntnis. ²In ihrer Meldung an die Europäische Wertpapier- und Marktaufsichtsbehörde legt die Bundesanstalt die Begründung der ausländischen AIF-Verwaltungsgesellschaft für ihre Beurteilung hinsichtlich des Referenzmitgliedstaates und Informationen über die neue Vertriebsstrategie der ausländischen AIF-Verwaltungsgesellschaft vor.

(3) Nachdem die Bundesanstalt die Empfehlung der Europäischen Wertpapier- und Marktaufsichtsbehörde im Hinblick auf ihre Beurteilung gemäß Absatz 2 erhalten hat, setzt sie die ausländische AIF-Verwaltungsgesellschaft, deren ursprünglichen gesetzlichen Vertreter und die Europäische Wertpapier- und Marktaufsichtsbehörde von ihrer Entscheidung in Kenntnis.

(4) ¹Ist die Bundesanstalt mit der von der ausländischen AIF-Verwaltungsgesellschaft vorgenommenen Beurteilung einverstanden, so setzt sie auch die zuständigen Stellen des neuen Referenzmitgliedstaates von der Änderung in Kenntnis. ²Die Bundesanstalt übermittelt den zuständigen Stellen des neuen Referenzmitgliedstaates unverzüglich eine Abschrift der Erlaubnis- und Aufsichtsunterlagen der ausländischen AIF-Verwaltungsgesellschaft. ³Ab dem Zeitpunkt des Zugangs der Zulassungs- und Aufsichtsunterlagen sind die zuständigen Stellen des neuen Referenzmitgliedstaates für Zulassung und Aufsicht der ausländischen AIF-Verwaltungsgesellschaft zuständig.

(5) Wenn die abschließende Entscheidung der Bundesanstalt im Widerspruch zu den Empfehlungen der Europäischen Wertpapier- und Marktaufsichtsbehörde gemäß Absatz 3 steht, gilt Folgendes:
1. die Bundesanstalt setzt die Europäische Wertpapier- und Marktaufsichtsbehörde davon unter Angabe ihrer Gründe in Kenntnis;
2. wenn die ausländische AIF-Verwaltungsgesellschaft Anteile von durch sie verwalteten AIF in anderen Mitgliedstaaten der Europäischen Union oder Vertragsstaaten des Abkommens über den Europäischen Wirtschaftsraum als der Bundesrepublik Deutschland vertreibt, setzt die Bundesanstalt davon auch die zuständigen Stellen dieser anderen Mitgliedstaaten der Europäischen Union oder Vertragsstaaten des Abkommens über den Europäischen Wirtschaftsraum unter Angabe ihrer Gründe in Kenntnis. Gegebenenfalls setzt die Bundesanstalt davon auch die zuständigen Stellen der Herkunftsmitgliedstaaten der von der ausländischen AIF-Verwaltungsgesellschaft verwalteten AIF unter Angabe ihrer Gründe in Kenntnis.

(6) ¹Erweist sich anhand des tatsächlichen Verlaufs der Geschäftsentwicklung der ausländischen AIF-Verwaltungsgesellschaft in den Mitgliedstaaten der Europäischen Union oder Vertragsstaaten des Abkommens über den Europäischen Wirtschaftsraum innerhalb von zwei Jahren nach Erteilung ihrer Erlaubnis, dass der von der ausländischen AIF-Verwaltungsgesellschaft zum Zeitpunkt ihrer Erlaubnis vorgelegten Vertriebsstrategie nicht gefolgt worden ist, die ausländische AIF-Verwaltungsgesellschaft diesbezüglich falsche Angaben gemacht hat oder die ausländische AIF-Verwaltungsgesellschaft sich bei der Änderung ihrer Vertriebsstrategie nicht an die Absätze 1 bis 5 gehalten hat, so fordert die Bundesanstalt die ausländische Verwaltungsgesellschaft auf, den Referenzmit-

gliedstaat gemäß ihrer tatsächlichen Vertriebsstrategie anzugeben. ²Das Verfahren nach den Absätzen 1 bis 5 ist entsprechend anzuwenden. ³Kommt die ausländische AIF-Verwaltungsgesellschaft der Aufforderung der Bundesanstalt nicht nach, so entzieht sie ihr die Erlaubnis.

(7) ¹Ändert die ausländische AIF-Verwaltungsgesellschaft ihre Vertriebsstrategie nach Ablauf der in Absatz 1 genannten Zeitspanne und will sie ihren Referenzmitgliedstaat entsprechend ihrer neuen Vertriebsstrategie ändern, so kann sie bei der Bundesanstalt einen Antrag auf Änderung ihres Referenzmitgliedstaates stellen. ²Das Verfahren nach den Absätzen 1 bis 5 gilt entsprechend.

(8) ¹Sofern die Bundesrepublik Deutschland gemäß den Absätzen 1 bis 7 als neuer Referenzmitgliedstaat festgelegt wird, gilt die Zulassung des bisherigen Referenzmitgliedstaates als Erlaubnis im Sinne des § 58. ²§ 39 ist entsprechend anzuwenden.

**§ 62 Rechtsstreitigkeiten.** (1) Sofern die Bundesrepublik Deutschland Referenzmitgliedstaat einer ausländischen AIF-Verwaltungsgesellschaft ist oder als solcher in Betracht kommt, werden alle zwischen der Bundesanstalt und der ausländischen AIF-Verwaltungsgesellschaft auftretenden Streitigkeiten nach deutschem Recht beigelegt und unterliegen deutscher Gerichtsbarkeit.

(2) Alle Streitigkeiten, die zwischen der ausländischen AIF-Verwaltungsgesellschaft oder dem AIF einerseits und Anlegern des jeweiligen AIF, die ihren Sitz in der Europäischen Union oder in einem Vertragsstaat des Abkommens über den Europäischen Wirtschaftsraum haben, andererseits auftreten, werden nach dem Recht des jeweiligen Mitgliedstaates der Europäischen Union oder des Vertragsstaates des Abkommens über den Europäischen Wirtschaftsraum beigelegt, in dem der Anleger seinen Sitz hat und unterliegen dessen Gerichtsbarkeit.

**§ 63 Verweismöglichkeiten der Bundesanstalt an die Europäische Wertpapier- und Marktaufsichtsbehörde.** Die Bundesanstalt kann die folgenden Angelegenheiten der Europäischen Wertpapier- und Marktaufsichtsbehörde zur Kenntnis bringen, die im Rahmen der ihr durch Artikel 19 der Verordnung (EU) Nr. 1095/2010[1)] übertragenen Befugnisse tätig werden kann:

1. wenn die Bundesanstalt nicht mit der Entscheidung einer ausländischen AIF-Verwaltungsgesellschaft hinsichtlich ihres Referenzmitgliedstaates einverstanden ist,
2. wenn die Bundesanstalt nicht mit der Bewertung der Anwendung von Artikel 37 Absatz 7 Unterabsatz 1 Buchstabe a bis e und g der Richtlinie 2011/61/EU durch die zuständigen Stellen des Referenzmitgliedstaates einer ausländischen AIF-Verwaltungsgesellschaft einverstanden ist,
3. wenn eine für einen EU-AIF zuständige Stelle die gemäß Artikel 37 Absatz 7 Unterabsatz 1 Buchstabe d der Richtlinie 2011/61/EU geforderten Vereinbarungen über Zusammenarbeit nicht innerhalb eines angemessenen Zeitraums abschließt,
4. wenn die Bundesanstalt nicht mit einer von den zuständigen Stellen des Referenzmitgliedstaates einer ausländischen AIF-Verwaltungsgesellschaft erteilten Zulassung einverstanden ist,

---

[1)] Nr. 3.

5. wenn die Bundesanstalt nicht mit der Bewertung der Anwendung von Artikel 37 Absatz 9 der Richtlinie 2011/61/EU durch die zuständigen Stellen des Referenzmitgliedstaates einer ausländischen AIF-Verwaltungsgesellschaft einverstanden ist,
6. wenn die Bundesanstalt nicht mit der Beurteilung hinsichtlich der Festlegung des Referenzmitgliedstaates nach Artikel 37 Absatz 11 oder Absatz 12 der Richtlinie 2011/61/EU einverstanden ist,
7. wenn eine zuständige Stelle einen Antrag auf Informationsaustausch gemäß den auf Grundlage von Artikel 37 Absatz 17 der Richtlinie 2011/61/EU von der Europäischen Kommission erlassenen technischen Regulierungsstandards ablehnt.

**§ 64 Vergleichende Analyse der Zulassung von und der Aufsicht über ausländische AIF-Verwaltungsgesellschaften.** (1) Sofern die Europäische Wertpapier- und Marktaufsichtsbehörde nach Artikel 38 Absatz 4 der Richtlinie 2011/61/EU Leitlinien und Empfehlungen herausgibt, um einheitliche, effiziente und wirksame Praktiken für die Aufsicht über ausländische AIF-Verwaltungsgesellschaften zu schaffen, unternimmt die Bundesanstalt alle erforderlichen Anstrengungen, um diesen Leitlinien und Empfehlungen nachzukommen.

(2) ¹Die Bundesanstalt bestätigt binnen zwei Monaten nach der Herausgabe einer Leitlinie oder Empfehlung, ob sie dieser Leitlinie oder Empfehlung nachkommt oder nachzukommen beabsichtigt. ²Wenn sie der Leitlinie oder Empfehlung nicht nachkommt oder nachzukommen beabsichtigt, teilt sie dies der Europäischen Wertpapier- und Marktaufsichtsbehörde unter Angabe der Gründe mit.

**§ 65 Verwaltung von EU-AIF durch ausländische AIF-Verwaltungsgesellschaften, für die die Bundesrepublik Deutschland Referenzmitgliedstaat ist.** (1) Die Verwaltung eines EU-AIF durch eine ausländische AIF-Verwaltungsgesellschaft, für die die Bundesrepublik Deutschland gemäß § 56 Referenzmitgliedstaat ist und die über eine Erlaubnis nach § 58 verfügt, im Wege des grenzüberschreitenden Dienstleistungsverkehrs oder über eine Zweigniederlassung setzt voraus, dass sie der Bundesanstalt folgende Angaben übermittelt hat:
1. den Mitgliedstaat der Europäischen Union oder den Vertragsstaat des Abkommens über den Europäischen Wirtschaftsraum, in dem sie EU-AIF im Wege des grenzüberschreitenden Dienstleistungsverkehrs oder über eine Zweigniederlassung zu verwalten beabsichtigt;
2. einen Geschäftsplan, aus dem insbesondere hervorgeht, welche Arten von EU-AIF sie zu verwalten beabsichtigt.

(2) Die Errichtung einer Zweigniederlassung durch eine ausländische AIF-Verwaltungsgesellschaft in einem anderen Mitgliedstaat der Europäischen Union oder einem anderen Vertragsstaat des Abkommens über den Europäischen Wirtschaftsraum setzt voraus, dass sie der Bundesanstalt zusätzlich zu den Angaben nach Absatz 1 folgende Informationen übermittelt hat:
1. den organisatorischen Aufbau der Zweigniederlassung,
2. die Anschrift, unter der im Herkunftsmitgliedstaat des EU-AIF Unterlagen angefordert werden können sowie

3. die Namen und Kontaktangaben der Geschäftsführer der Zweigniederlassung.

(3) Besteht kein Grund zur Annahme, dass die ausländische AIF-Verwaltungsgesellschaft oder die Verwaltung des EU-AIF durch diese gegen dieses Gesetz verstößt oder verstoßen wird, übermittelt die Bundesanstalt die vollständigen Unterlagen binnen eines Monats nach dem Eingang der vollständigen Unterlagen nach Absatz 1 oder gegebenenfalls binnen zwei Monaten nach dem Eingang der vollständigen Unterlagen nach Absatz 2 zusammen mit einer Bescheinigung über die Erlaubnis der betreffenden ausländischen AIF-Verwaltungsgesellschaft an die zuständigen Stellen des Aufnahmemitgliedstaates der ausländischen AIF-Verwaltungsgesellschaft.

(4) [1] Die Bundesanstalt unterrichtet die ausländische AIF-Verwaltungsgesellschaft unverzüglich über die Übermittlung der Unterlagen. [2] Die ausländische AIF-Verwaltungsgesellschaft darf erst nach Eingang der Übermittlungsmeldung mit der Verwaltung von EU-AIF im jeweiligen Aufnahmemitgliedstaat beginnen. [3] Die Bundesanstalt teilt zudem der Europäischen Wertpapier- und Marktaufsichtsbehörde mit, dass die ausländische AIF-Verwaltungsgesellschaft in den jeweiligen Aufnahmemitgliedstaaten mit der Verwaltung des EU-AIF beginnen kann.

(5) Eine Änderung der nach Absatz 1 oder gegebenenfalls nach Absatz 2 übermittelten Angaben hat die ausländische AIF-Verwaltungsgesellschaft der Bundesanstalt mindestens einen Monat vor der Durchführung der Änderung, oder, bei ungeplanten Änderungen, unverzüglich nach Eintreten der Änderung, schriftlich anzuzeigen.

(6) Sollte die geplante Änderung dazu führen, dass die ausländische AIF-Verwaltungsgesellschaft oder die Verwaltung des EU-AIF durch diese nunmehr gegen dieses Gesetz verstößt, untersagt die Bundesanstalt der ausländischen AIF-Verwaltungsgesellschaft unverzüglich die Änderung.

(7) Wird eine geplante Änderung ungeachtet der Absätze 5 und 6 durchgeführt oder führt eine durch einen ungeplanten Umstand ausgelöste Änderung dazu, dass die ausländische AIF-Verwaltungsgesellschaft oder die Verwaltung des EU-AIF durch diese nunmehr gegen dieses Gesetz verstößt, so ergreift die Bundesanstalt alle erforderlichen Maßnahmen.

(8) Über Änderungen, die im Einklang mit diesem Gesetz stehen, unterrichtet die Bundesanstalt unverzüglich die zuständigen Behörden des Aufnahmemitgliedstaates der ausländischen AIF-Verwaltungsgesellschaft von diesen Änderungen.

**§ 66 Inländische Zweigniederlassung und grenzüberschreitender Dienstleistungsverkehr von ausländischen AIF-Verwaltungsgesellschaften, deren Referenzmitgliedstaat nicht die Bundesrepublik Deutschland ist.** (1) Beabsichtigt eine ausländische AIF-Verwaltungsgesellschaft, deren Referenzmitgliedstaat nicht die Bundesrepublik Deutschland ist, erstmals im Wege des grenzüberschreitenden Dienstleistungsverkehrs oder über eine Zweigniederlassung inländische Spezial-AIF zu verwalten, so ist dies nur zulässig, wenn die zuständigen Stellen des Referenzmitgliedstaates der ausländischen AIF-Verwaltungsgesellschaft der Bundesanstalt folgende Angaben und Unterlagen übermittelt haben:

1. eine Bescheinigung darüber, dass die ausländische AIF-Verwaltungsgesellschaft eine Zulassung gemäß der Richtlinie 2011/61/EU erhalten hat, durch die die im Inland beabsichtigten Tätigkeiten abgedeckt sind,
2. die Anzeige der Absicht der ausländischen AIF-Verwaltungsgesellschaft, in der Bundesrepublik Deutschland im Wege des grenzüberschreitenden Dienstleistungsverkehrs oder über eine Zweigniederlassung inländische Spezial-AIF zu verwalten sowie
3. einen Geschäftsplan, aus dem insbesondere hervorgeht, welche inländischen Spezial-AIF die ausländische AIF-Verwaltungsgesellschaft zu verwalten beabsichtigt.

(2) Beabsichtigt die ausländische AIF-Verwaltungsgesellschaft die Errichtung einer Zweigniederlassung, so ist dies nur zulässig, wenn die zuständigen Stellen des Referenzmitgliedsstaates der Bundesanstalt zusätzlich zu den Angaben nach Absatz 1 folgende Informationen übermittelt haben:
1. den organisatorischen Aufbau der Zweigniederlassung,
2. die Anschrift, unter der im Inland Unterlagen angefordert werden können sowie
3. die Namen und Kontaktangaben der Geschäftsführer der Zweigniederlassung.

(3) Die ausländische AIF-Verwaltungsgesellschaft kann unmittelbar nach dem Erhalt der Übermittlungsmeldung durch ihren Referenzmitgliedstaat gemäß Artikel 41 Absatz 4 der Richtlinie 2011/61/EU mit der Verwaltung von inländischen Spezial-AIF im Inland beginnen.

(4) ¹Auf die Zweigniederlassungen im Sinne des Absatzes 1 sind § 3 Absatz 1, 4 und 5, die §§ 14, 26 Absatz 2, 3 und 7, § 27 Absatz 1 bis 4, § 28 Absatz 1 Satz 4, die §§ 33, 34 Absatz 3 Nummer 8 sowie die §§ 293, 295 Absatz 5, §§ 307 und 308 entsprechend anzuwenden. ²Auf die Tätigkeiten im Wege des grenzüberschreitenden Dienstleistungsverkehrs nach Absatz 1 Satz 1 sind die §§ 14, 293, 295 Absatz 5, §§ 307 und 308 entsprechend anzuwenden.

(5) Auf die Tätigkeit einer ausländischen AIF-Verwaltungsgesellschaft, deren Referenzmitgliedstaat nicht die Bundesrepublik Deutschland ist und die inländische Spezial-AIF verwaltet, sind ungeachtet der Anforderungen nach Absatz 4 die §§ 80 bis 161, 273 Satz 1 und §§ 274 bis 292 entsprechend anzuwenden.

**§ 67 Jahresbericht für EU-AIF und ausländische AIF.** (1) ¹Jede AIF-Kapitalverwaltungsgesellschaft ist verpflichtet, für jeden von ihr verwalteten EU-AIF und für jeden von ihr in der Europäischen Union oder in einem anderen Vertragsstaat des Abkommens über den Europäischen Wirtschaftsraum vertriebenen EU-AIF oder ausländischen AIF für jedes Geschäftsjahr spätestens sechs Monate nach Ende des Geschäftsjahres einen Jahresbericht gemäß Absatz 3 zu erstellen. ²Dieser Jahresbericht ist den Anlegern auf Anfrage vorzulegen.

(2) ¹Ist der EU-AIF oder ausländische AIF nach der Richtlinie 2004/109/EG des Europäischen Parlaments und des Rates vom 15. Dezember 2004 zur Harmonisierung der Transparenzanforderungen in Bezug auf Informationen über Emittenten, deren Wertpapiere zum Handel auf einem geregelten Markt zugelassen sind (ABl. L 390 vom 31.12.2004, S. 38) verpflichtet, Jahresfinanzberichte zu veröffentlichen, so sind Anlegern auf Anfrage lediglich die Angaben nach Absatz 3 Nummer 4 bis 6 zusätzlich vorzulegen. ²Die Vorlage kann

gesondert spätestens vier Monate nach Ende des Geschäftsjahres oder in Form einer Ergänzung bei der Veröffentlichung des Jahresfinanzberichts erfolgen.

(3) ¹Der Jahresbericht muss mindestens Folgendes enthalten:
1. eine Bilanz oder eine Vermögensübersicht;
2. eine Aufstellung der Erträge und Aufwendungen des Geschäftsjahres;
3. einen Bericht über die Tätigkeiten im abgelaufenen Geschäftsjahr;
4. jede während des abgelaufenen Geschäftsjahres eingetretene wesentliche Änderung hinsichtlich der nach § 307 Absatz 1 oder Absatz 2 Satz 1 zur Verfügung zu stellenden Informationen;
5. die Gesamtsumme der im abgelaufenen Geschäftsjahr gezahlten Vergütungen, gegliedert in feste und variable von der Kapitalverwaltungsgesellschaft an ihre Mitarbeiter gezahlte Vergütungen, die Zahl der Begünstigten und gegebenenfalls die vom AIF gezahlten Carried Interest;
6. die Gesamtsumme der im abgelaufenen Geschäftsjahr gezahlten Vergütungen, aufgegliedert nach Führungskräften und Mitarbeitern der Kapitalverwaltungsgesellschaft, deren Tätigkeit sich wesentlich auf das Risikoprofil des AIF auswirkt.

²Inhalt und Form des Jahresberichts bestimmen sich im Übrigen nach den Artikeln 103 bis 107 der Delegierten Verordnung (EU) Nr. 231/2013.

(4) ¹Die im Jahresbericht enthaltenen Zahlenangaben werden gemäß den Rechnungslegungsstandards des Herkunftsmitgliedstaates des AIF oder gemäß den Rechnungslegungsstandards des Drittstaates, in dem der ausländische AIF seinen Sitz hat, oder gemäß den in den Anlagebedingungen, der Satzung oder dem Gesellschaftsvertrag des AIF festgelegten Rechnungslegungsstandards erstellt. ²Dies gilt nicht im Fall des Absatzes 2.

(5) ¹Die im Jahresbericht enthaltenen Zahlenangaben werden von einer oder mehreren Personen geprüft, die gemäß der Richtlinie 2006/43/EG des Europäischen Parlaments und des Rates vom 17. Mai 2006 über Abschlussprüfungen von Jahresabschlüssen und konsolidierten Abschlüssen (ABl. L 157 vom 9.6.2006, S. 87) gesetzlich zur Abschlussprüfung zugelassen sind. ²Der Abschlussprüfer hat das Ergebnis der Prüfung in einem Bestätigungsvermerk zusammenzufassen. ³Der Bestätigungsvermerk des Abschlussprüfers einschließlich etwaiger Einschränkungen ist in jedem Jahresbericht vollständig wiederzugeben. ⁴Abweichend von den Sätzen 1 und 2 können AIF-Kapitalverwaltungsgesellschaften, die ausländische AIF verwalten, die Jahresberichte dieser AIF einer Prüfung entsprechend den internationalen Prüfungsstandards unterziehen, die in dem Staat verbindlich vorgeschrieben oder zugelassen sind, in dem der ausländische AIF seinen satzungsmäßigen Sitz hat.

### Abschnitt 3. Verwahrstelle

#### Unterabschnitt 1. Vorschriften für OGAW-Verwahrstellen

**§ 68 Beauftragung und jährliche Prüfung; Verordnungsermächtigung.** (1) ¹Die OGAW-Kapitalverwaltungsgesellschaft hat sicherzustellen, dass für jeden von ihr verwalteten OGAW eine Verwahrstelle im Sinne des Absatzes 2 beauftragt wird. ²Die Beauftragung der Verwahrstelle ist in einem schriftlichen Vertrag zu vereinbaren. ³Der Vertrag regelt unter anderem den Informationsaustausch, der für erforderlich erachtet wird, damit die Verwahrstelle nach den Vorschriften dieses Gesetzes und gemäß den anderen einschlägigen Rechts- und Verwaltungsvorschriften ihren Aufgaben für den OGAW, für den sie als Verwahrstelle beauftragt wurde, nachkommen kann.

(2) Die Verwahrstelle ist ein Kreditinstitut im Sinne des Artikels 4 Absatz 1 Nummer 1 der Verordnung (EU) Nr. 575/2013 mit satzungsmäßigem Sitz in der Europäischen Union oder in einem anderen Vertragsstaat des Abkommens über den Europäischen Wirtschaftsraum, das gemäß § 32 des Kreditwesengesetzes oder den im Herkunftsmitgliedstaat des EU-OGAW anzuwendenden Vorschriften, die die Richtlinie 2013/36/EU des Europäischen Parlaments und des Rates vom 26. Juni 2013 über den Zugang zur Tätigkeit von Kreditinstituten und die Beaufsichtigung von Kreditinstituten und Wertpapierfirmen, zur Änderung der Richtlinie 2002/87/EG und zur Aufhebung der Richtlinien 2006/48/EG und 2006/49/EG (ABl. L 176 vom 27.6.2013, S. 338) umsetzen, zugelassen ist.

(3) [1] Verwaltet die OGAW-Kapitalverwaltungsgesellschaft inländische OGAW, muss die Verwahrstelle ihren Sitz im Geltungsbereich dieses Gesetzes haben. [2] Bei der Verwahrstelle für einen inländischen OGAW muss es sich um ein CRR-Kreditinstitut im Sinne des § 1 Absatz 3d des Kreditwesengesetzes handeln, das über die Erlaubnis zum Betreiben des Depotgeschäfts nach § 1 Absatz 1 Satz 2 Nummer 5 des Kreditwesengesetzes verfügt. [3] Als Verwahrstelle für inländische OGAW kann auch eine Zweigniederlassung eines CRR-Kreditinstituts im Sinne des § 53b Absatz 1 Satz 1 des Kreditwesengesetzes im Geltungsbereich dieses Gesetzes beauftragt werden.

(4) [1] Mindestens ein Geschäftsleiter des Kreditinstituts, das als Verwahrstelle beauftragt werden soll, muss über die für die Verwahrstellenaufgaben erforderliche Erfahrung verfügen. [2] Das Kreditinstitut muss bereit und in der Lage sein, die für die Erfüllung der Verwahrstellenaufgaben erforderlichen organisatorischen Vorkehrungen zu schaffen. [3] Diese umfassen einen Prozess, der es den Mitarbeitern unter Wahrung der Vertraulichkeit ihrer Identität ermöglicht, potenzielle oder tatsächliche Verstöße gegen dieses Gesetz oder gegen auf Grund dieses Gesetzes erlassene Rechtsverordnungen sowie etwaige strafbare Handlungen innerhalb der Verwahrstelle an geeignete Stellen im Sinne des § 25a Absatz 1 Satz 6 Nummer 3 des Kreditwesengesetzes zu melden.

(5) [1] Die Verwahrstelle muss ein Anfangskapital von mindestens 5 Millionen Euro haben. [2] Hiervon unberührt bleiben etwaige Eigenmittelanforderungen nach dem Kreditwesengesetz.

(6) [1] Für nähere Einzelheiten zum Mindestinhalt des Vertrags nach Absatz 1 wird auf Artikel 2 der Delegierten Verordnung (EU) 2016/438 verwiesen. [2] Der Vertrag unterliegt dem Recht des Herkunftsmitgliedstaates des OGAW.

(7) [1] Die ordnungsgemäße Erfüllung der gesetzlichen oder vertraglichen Pflichten als Verwahrstelle durch das Kreditinstitut oder die Zweigniederlassung ist durch einen geeigneten Abschlussprüfer einmal jährlich zu prüfen. [2] Geeignete Prüfer sind Wirtschaftsprüfer, die hinsichtlich des Prüfungsgegenstandes über ausreichende Erfahrung verfügen. [3] Die Verwahrstelle hat den Prüfer spätestens zwei Monate nach Ablauf des Kalenderjahres zu bestellen, auf das sich die Prüfung erstreckt. [4] Die Verwahrstelle hat den Prüfer vor der Erteilung des Prüfungsauftrags der Bundesanstalt anzuzeigen. [5] Die Bundesanstalt kann innerhalb eines Monats nach Zugang der Anzeige die Bestellung eines anderen Prüfers verlangen, wenn dies zur Erreichung des Prüfungszwecks geboten ist.

⁶Der Prüfer hat den Prüfungsbericht unverzüglich nach Beendigung der Prüfung der Bundesanstalt einzureichen.

(7a) ¹Die Prüfung nach Absatz 7 ist insbesondere auf die ordnungsgemäße Erfüllung der in den §§ 70 bis 79 genannten Pflichten zu erstrecken. ²Die für diese Aufgaben vorgehaltene Organisation ist in Grundzügen zu beschreiben und auf ihre Angemessenheit zu beurteilen. ³Die beauftragenden Kapitalverwaltungsgesellschaften sowie die Anzahl der für diese verwahrten inländischen Investmentvermögen und das Netto-Fondsvermögen sind zu nennen. ⁴Über wesentliche Vorkommnisse, insbesondere bei der Ausgabe und Rücknahme von Anteilen eines Investmentvermögens, bei aufgetretenen Interessenkollisionen im Sinne des § 70, der Ausübung der Kontrollfunktionen nach § 76 und der Belastung des Investmentvermögens mit Vergütungen und Aufwendungsersatz nach § 79 ist zu berichten. ⁵Sofern Anleger gegenüber der Verwahrstelle oder durch die Verwahrstelle gegenüber einer Kapitalverwaltungsgesellschaft Ansprüche nach § 78 geltend gemacht haben, ist auch hierüber zu berichten.

(8)[1] ¹Das Bundesministerium der Finanzen wird ermächtigt, durch Rechtsverordnung, die nicht der Zustimmung des Bundesrates bedarf, nähere Bestimmungen über Art, Umfang und Zeitpunkt der Prüfung nach Absatz 7 Satz 1 zu erlassen, soweit dies zur Erfüllung der Aufgaben der Bundesanstalt erforderlich ist, insbesondere um einheitliche Unterlagen zur Beurteilung der Tätigkeit als Verwahrstelle zu erhalten. ²Das Bundesministerium der Finanzen kann die Ermächtigung durch Rechtsverordnung auf die Bundesanstalt übertragen.

**§ 69 Aufsicht.** (1) ¹Die Auswahl sowie jeder Wechsel der Verwahrstelle bedürfen der Genehmigung der Bundesanstalt. ²Die Bundesanstalt kann die Genehmigung mit Nebenbestimmungen verbinden. ³Erlässt die Bundesanstalt eine Übertragungsanordnung nach § 107 Absatz 1 des Sanierungs- und Abwicklungsgesetzes gegenüber einer Verwahrstelle mit der Folge, dass deren Verwahrstellenaufgabe auf einen übernehmenden Rechtsträger übergehen, gilt der durch die Anordnung herbeigeführte Verwahrstellenwechsel als genehmigt, sobald der Verwahrstelle die Anordnung gemäß § 114 Absatz 1 des Sanierungs- und Abwicklungsgesetzes bekannt gegeben wird. ⁴Die Bundesanstalt hat die OGAW-Verwaltungsgesellschaften, die die Verwahrstelle beauftragt haben, unverzüglich nach Bekanntgabe der Übertragungsanordnung über den Wechsel der Verwahrstelle zu unterrichten.

(2) ¹Die Bundesanstalt kann der OGAW-Kapitalverwaltungsgesellschaft jederzeit einen Wechsel der Verwahrstelle auferlegen. ²Dies gilt insbesondere dann, wenn die Verwahrstelle ihre gesetzlichen oder vertraglichen Pflichten nicht ordnungsgemäß erfüllt oder ihr Anfangskapital die nach § 68 Absatz 5 vorgeschriebene Mindesthöhe unterschreitet. ³Für nähere Einzelheiten zu den Meldepflichten der OGAW-Kapitalverwaltungsgesellschaft gegenüber der Bundesanstalt oder der EU-OGAW-Verwaltungsgesellschaft gegenüber der zuständigen Behörde in Bezug auf die Vorgaben des § 73 Absatz 1 Nummer 4 Buchstabe d sowie zu den Pflichten der OGAW-Kapitalverwaltungsgesellschaft oder der EU-OGAW-Verwaltungsgesellschaft zur Prüfung angemessener Maßnahmen zum Schutz der Vermögenswerte des inländischen OGAW wird auf Artikel 15 Absatz 9 der Delegierten Verordnung (EU) 2016/438 verwiesen.

---

[1] § 68 Abs. 8 ist gem. Art. 28 Abs. 1 G v. 4.7.2013 (BGBl. I S. 1981) am 11.7.2013 in Kraft getreten.

(3) ¹Die Verwahrstelle stellt der Bundesanstalt auf Anfrage alle Informationen zur Verfügung, welche die Verwahrstelle im Rahmen der Erfüllung ihrer Aufgaben erhalten hat und die die Bundesanstalt oder die zuständigen Behörden des Herkunftsmitgliedstaates des OGAW oder der OGAW-Verwaltungsgesellschaft benötigen können. ²Im Fall eines EU-OGAW oder einer EU-OGAW-Verwaltungsgesellschaft stellt die Bundesanstalt den zuständigen Behörden des Herkunftsmitgliedstaates des EU-OGAW oder der EU-OGAW-Verwaltungsgesellschaft die erhaltenen Informationen unverzüglich zur Verfügung.

(4) ¹Erlässt die Bundesanstalt gegenüber der Verwahrstelle Maßnahmen auf Grundlage des § 46 Absatz 1 Satz 2 Nummer 4 bis 6 des Kreditwesengesetzes oder wird ein Moratorium nach § 46g des Kreditwesengesetzes erlassen, hat die OGAW-Kapitalverwaltungsgesellschaft unverzüglich eine neue Verwahrstelle zu beauftragen; Absatz 1 bleibt unberührt. ²Bis zur Beauftragung der neuen Verwahrstelle kann die OGAW-Kapitalverwaltungsgesellschaft mit Genehmigung der Bundesanstalt bei einem anderen Kreditinstitut im Sinne des § 68 Absatz 3 ein Sperrkonto errichten, über das die OGAW-Kapitalverwaltungsgesellschaft Zahlungen für Rechnung des inländischen OGAW tätigen oder entgegennehmen kann.

**§ 70 Interessenkollision.** (1) Die Verwahrstelle handelt bei der Wahrnehmung ihrer Aufgaben ehrlich, redlich, professionell, unabhängig und ausschließlich im Interesse des inländischen OGAW und seiner Anleger.

(2) ¹Die Verwahrstelle darf keine Aufgaben in Bezug auf den inländischen OGAW oder die für Rechnung des inländischen OGAW tätige OGAW-Verwaltungsgesellschaft wahrnehmen, die Interessenkonflikte zwischen dem inländischen OGAW, den Anlegern des inländischen OGAW, der OGAW-Verwaltungsgesellschaft und ihr selbst schaffen könnten. ²Dies gilt nicht, wenn eine funktionale und hierarchische Trennung der Ausführung ihrer Aufgaben als Verwahrstelle von ihren potenziell dazu in Konflikt stehenden Aufgaben vorgenommen wurde und die potenziellen Interessenkonflikte ordnungsgemäß ermittelt, gesteuert, beobachtet und den Anlegern des inländischen OGAW gegenüber offengelegt werden. ³Die Verwahrstelle hat durch Vorschriften zu Organisation und Verfahren sicherzustellen, dass bei der Wahrnehmung ihrer Aufgaben Interessenkonflikte zwischen der Verwahrstelle und der OGAW-Verwaltungsgesellschaft vermieden werden. ⁴Die Einhaltung dieser Vorschriften ist von einer bis auf Ebene der Geschäftsführung unabhängigen Stelle zu überwachen.

(3) Zur Vermeidung von Interessenkonflikten zwischen der Verwahrstelle, der OGAW-Kapitalverwaltungsgesellschaft oder dem inländischen OGAW oder seinen Anlegern darf eine OGAW-Kapitalverwaltungsgesellschaft nicht die Aufgaben einer Verwahrstelle und eine Verwahrstelle nicht die Aufgaben einer OGAW-Kapitalverwaltungsgesellschaft wahrnehmen.

(4) Für nähere Einzelheiten zu den Anforderungen an Verwahrstellen zur Erfüllung ihrer Pflicht, im Sinne des Absatzes 1 bei der Wahrnehmung ihrer Aufgaben unabhängig von der OGAW Kapitalverwaltungsgesellschaft zu handeln, wird auf Artikel 21 Buchstabe a bis c und e, Artikel 22 Absatz 5, die Artikel 23 und 24 der Delegierten Verordnung (EU) 2016/438 verwiesen.

(5) ¹Die von der Verwahrstelle verwahrten Vermögensgegenstände dürfen nur wiederverwendet werden, sofern die Verwahrstelle sicherstellt, dass

1. die Wiederverwendung der Vermögensgegenstände für Rechnung des inländischen OGAW erfolgt,
2. die Verwahrstelle den Weisungen der im Namen des inländischen OGAW handelnden OGAW-Verwaltungsgesellschaft Folge leistet,
3. die Wiederverwendung dem inländischen OGAW zugutekommt sowie im Interesse der Anleger liegt und
4. die Transaktion durch liquide Sicherheiten hoher Qualität gedeckt ist,
   a) die der inländische OGAW gemäß einer Vereinbarung über eine Vollrechtsübertragung erhalten hat und
   b) deren Verkehrswert jederzeit mindestens so hoch ist wie der Verkehrswert der wiederverwendeten Vermögensgegenstände zuzüglich eines Zuschlags.

²Als Wiederverwendung gilt jede Transaktion verwahrter Vermögensgegenstände, einschließlich Übertragung, Verpfändung, Verkauf und Leihe; hinsichtlich der Weiterverwendung von als Sicherheit erhaltenen Finanzinstrumenten wird auf Artikel 15 der Verordnung (EU) 2015/2365 verwiesen.

**§ 71 Ausgabe und Rücknahme von Anteilen oder Aktien eines inländischen OGAW.** (1) ¹Die Verwahrstelle hat die Anteile oder Aktien eines inländischen OGAW auszugeben und zurückzunehmen. ²Anteile oder Aktien dürfen nur gegen volle Leistung des Ausgabepreises ausgegeben werden. ³Sacheinlagen sind vorbehaltlich von § 180 Absatz 4 sowie § 190 Absatz 1 und 2 unzulässig.

(2) ¹Der Preis für die Ausgabe von Anteilen oder Aktien (Ausgabepreis) muss dem Nettoinventarwert des Anteils oder der Aktie am inländischen OGAW zuzüglich eines in den Anlagebedingungen festzusetzenden Aufschlags gemäß § 165 Absatz 2 Nummer 8 entsprechen. ²Der Ausgabepreis ist an die Verwahrstelle zu entrichten und von dieser abzüglich des Aufschlags unverzüglich auf einem für den inländischen OGAW eingerichteten gesperrten Konto zu verbuchen. ³Bei Anwendung des Swing Pricing ist dem Ausgabepreis statt des Nettoinventarwertes der modifizierte Nettoinventarwert zugrunde zu legen.

(3) ¹Der Preis für die Rücknahme von Anteilen oder Aktien (Rücknahmepreis) muss dem Nettoinventarwert des Anteils oder der Aktie am inländischen OGAW abzüglich eines in den Anlagebedingungen festzusetzenden Abschlags gemäß § 165 Absatz 2 Nummer 8 entsprechen. ²Der Rücknahmepreis ist, abzüglich des Abschlags, von dem gesperrten Konto an den Anleger zu zahlen. ³Bei Anwendung des Swing Pricing ist dem Rücknahmepreis statt des Nettoinventarwertes der modifizierte Nettoinventarwert zugrunde zu legen.

(4) Der Ausgabeaufschlag nach Maßgabe von Absatz 2 Satz 1 und der Rücknahmeabschlag nach Maßgabe von Absatz 3 Satz 1 können an die OGAW-Verwaltungsgesellschaft ausgezahlt werden.

**§ 72 Verwahrung.** (1) Die Verwahrstelle hat die Vermögensgegenstände des inländischen OGAW oder der für Rechnung des inländischen OGAW handelnden OGAW-Verwaltungsgesellschaft wie folgt zu verwahren:
1. für Finanzinstrumente im Sinne des Anhangs I Abschnitt C der Richtlinie 2014/65/EU[1]) des Europäischen Parlaments und des Rates vom 15. Mai

---

[1]) Nr. 1.

2014 über Märkte für Finanzinstrumente sowie zur Änderung der Richtlinien 2002/92/EG und 2011/61/EU (ABl. L 173 vom 12.6.2014, S. 349), die in Verwahrung genommen werden können, gilt:
a) die Verwahrstelle verwahrt sämtliche Finanzinstrumente, die im Depot auf einem Konto für Finanzinstrumente verbucht werden können, und sämtliche Finanzinstrumente, die der Verwahrstelle physisch übergeben werden können;
b) die Verwahrstelle stellt sicher, dass alle Finanzinstrumente, die im Depot auf einem Konto für Finanzinstrumente verbucht werden können, nach den in Artikel 16 der Richtlinie 2006/73/EG der Kommission vom 10. August 2006 zur Durchführung der Richtlinie 2014/65/EU des Europäischen Parlaments und des Rates in Bezug auf die organisatorischen Anforderungen an Wertpapierfirmen und die Bedingungen für die Ausübung ihrer Tätigkeit sowie in Bezug auf die Definition bestimmter Begriffe für die Zwecke der genannten Richtlinie (ABl. L 241 vom 2.9.2006, S. 26) festgelegten Grundsätzen in den Büchern der Verwahrstelle auf gesonderten Konten, die im Namen des inländischen OGAW oder der für ihn tätigen OGAW-Verwaltungsgesellschaft eröffnet wurden, registriert werden, sodass die Finanzinstrumente jederzeit nach geltendem Recht eindeutig als zum inländischen OGAW gehörend identifiziert werden können;

2. für sonstige Vermögensgegenstände gilt:
a) die Verwahrstelle prüft das Eigentum des inländischen OGAW oder der für Rechnung des inländischen OGAW tätigen OGAW-Verwaltungsgesellschaft an solchen Vermögensgegenständen und führt Aufzeichnungen derjenigen Vermögensgegenstände, bei denen sie sich vergewissert hat, dass der inländische OGAW oder die für Rechnung des inländischen OGAW tätige OGAW-Verwaltungsgesellschaft an diesen Vermögensgegenständen das Eigentum hat;
b) die Beurteilung, ob der inländische OGAW oder die für Rechnung des inländischen OGAW tätige OGAW-Verwaltungsgesellschaft Eigentümer ist, beruht auf Informationen oder Unterlagen, die vom inländischen OGAW oder von der OGAW-Verwaltungsgesellschaft vorgelegt werden und, soweit verfügbar, auf externen Nachweisen;
c) die Verwahrstelle hält ihre Aufzeichnungen auf dem neuesten Stand;

3. die Verwahrstelle übermittelt der OGAW-Verwaltungsgesellschaft regelmäßig eine umfassende Aufstellung sämtlicher Vermögensgegenstände des inländischen OGAW.

(2) ¹Die zum inländischen OGAW gehörenden Guthaben nach § 195 sind auf Sperrkonten zu verwahren. ²Die Verwahrstelle ist berechtigt und verpflichtet, auf Anweisung der OGAW-Verwaltungsgesellschaft auf den Sperrkonten vorhandene Guthaben nach § 195

1. auf andere Sperrkonten bei Kreditinstituten mit Sitz in einem Mitgliedstaat der Europäischen Union oder einem anderen Vertragsstaat des Abkommens über den Europäischen Wirtschaftsraum oder

2. auf andere Sperrkonten bei Kreditinstituten mit Sitz in Drittstaaten, deren Aufsichtsbestimmungen nach Auffassung der Bundesanstalt denjenigen des Rechts der Europäischen Union gleichwertig sind,

zu übertragen.

(3) Für nähere Einzelheiten zu den Verwahrpflichten nach Absatz 1 wird auf die Artikel 12 bis 14 der Delegierten Verordnung (EU) 2016/438 verwiesen.

**§ 73 Unterverwahrung.** (1) Die Verwahrstelle kann die Verwahraufgaben nach § 72 unter den folgenden Bedingungen auf ein anderes Unternehmen (Unterverwahrer) auslagern:

1. die Aufgaben werden nicht in der Absicht übertragen, die Vorschriften dieses Gesetzes zu umgehen;
2. die Verwahrstelle kann darlegen, dass es einen objektiven Grund für die Unterverwahrung gibt;
3. die Verwahrstelle geht mit der gebotenen Sachkenntnis, Sorgfalt und Gewissenhaftigkeit vor
    a) bei der Auswahl und Bestellung eines Unterverwahrers, dem sie Teile ihrer Aufgaben übertragen möchte, und
    b) bei der laufenden Kontrolle und regelmäßigen Überprüfung von Unterverwahrern, denen sie Teile ihrer Aufgaben übertragen hat, und von Vorkehrungen des Unterverwahrers hinsichtlich der ihm übertragenen Aufgaben;
4. die Verwahrstelle stellt sicher, dass der Unterverwahrer jederzeit bei der Ausführung der ihm übertragenen Aufgaben die folgenden Bedingungen einhält:
    a) der Unterverwahrer verfügt über eine Organisationsstruktur und die Fachkenntnisse, die für die Art und die Komplexität der ihm anvertrauten Vermögensgegenstände des inländischen OGAW oder der für dessen Rechnung handelnden OGAW-Verwaltungsgesellschaft angemessen und geeignet sind,
    b) in Bezug auf die Verwahraufgaben nach § 72 Absatz 1 Nummer 1 unterliegt der Unterverwahrer einer wirksamen Regulierung der Aufsichtsanforderungen, einschließlich Mindesteigenkapitalanforderungen, und einer Aufsicht in der betreffenden Jurisdiktion sowie einer regelmäßigen externen Rechnungsprüfung durch die sichergestellt wird, dass sich die Finanzinstrumente in seinem Besitz befinden,
    c) der Unterverwahrer trennt die Vermögensgegenstände der Kunden der Verwahrstelle von seinen eigenen Vermögensgegenständen und von den Vermögensgegenständen der Verwahrstelle in einer solchen Weise, dass sie zu jeder Zeit eindeutig den Kunden einer bestimmten Verwahrstelle zugeordnet werden können,
    d) der Unterverwahrer unternimmt alle notwendigen Schritte, um zu gewährleisten, dass im Fall seiner Insolvenz die von ihm unterverwahrten Vermögensgegenstände des inländischen OGAW nicht an seine Gläubiger ausgeschüttet oder zu deren Gunsten verwendet werden können,
    e) der Unterverwahrer hält die Pflichten und Verbote nach § 68 Absatz 1 Satz 2 und 3 und nach den §§ 70 und 72 ein.

(2) Wenn nach den Rechtsvorschriften eines Drittstaates vorgeschrieben ist, dass bestimmte Finanzinstrumente von einer ortsansässigen Einrichtung verwahrt werden müssen und wenn es keine ortsansässigen Einrichtungen gibt, die die Anforderungen für eine Beauftragung nach Absatz 1 Nummer 4 Buch-

stabe b erfüllen, dass der Unterverwahrer in Bezug auf die Verwahraufgaben nach § 72 Absatz 1 Nummer 1 einer wirksamen Regulierung der Aufsichtsanforderungen, einschließlich Mindesteigenkapitalanforderungen, und einer Aufsicht in der betreffenden Jurisdiktion unterliegt, darf die Verwahrstelle ihre Verwahraufgaben an eine solche ortsansässige Einrichtung nur insoweit und so lange übertragen, als es von dem Recht des Drittstaates gefordert wird und es keine ortsansässigen Einrichtungen gibt, die die Anforderungen für eine Unterverwahrung erfüllen; der erste Halbsatz gilt vorbehaltlich der folgenden Bedingungen:

1. die OGAW-Verwaltungsgesellschaft hat die Anleger des jeweiligen inländischen OGAW vor Tätigung ihrer Anlage ordnungsgemäß unterrichtet

   a) darüber, dass eine solche Unterverwahrung auf Grund rechtlicher Vorgaben im Recht des Drittstaates erforderlich ist,

   b) über die Risiken, die mit einer solchen Übertragung verbunden sind, und

   c) über die Umstände, die die Übertragung rechtfertigen und

2. der inländische OGAW oder die für Rechnung des inländischen OGAW tätige OGAW-Verwaltungsgesellschaft muss die Verwahrstelle anweisen, die Verwahrung dieser Finanzinstrumente einer solchen ortsansässigen Einrichtung zu übertragen.

(3) ¹Der Unterverwahrer kann unter den Voraussetzungen nach den Absätzen 1 und 2 die Verwahraufgaben nach § 72 auf ein anderes Unternehmen unterauslagern. ²§ 77 Absatz 3 und 4 gilt entsprechend für die jeweils Beteiligten.

(4) Mit Ausnahme der Verwahraufgaben nach § 72 darf die Verwahrstelle ihre nach diesem Unterabschnitt festgelegten Aufgaben nicht auslagern.

(5) Die Erbringung von Dienstleistungen nach der Richtlinie 98/26/EG durch Wertpapierliefer- und Abrechnungssysteme, wie es für die Zwecke jener Richtlinie vorgesehen ist, oder die Erbringung ähnlicher Dienstleistungen durch Wertpapierliefer- und Abrechnungssysteme von Drittstaaten wird für Zwecke dieser Vorschrift nicht als Auslagerung von Verwahraufgaben angesehen.

(6) ¹Für nähere Einzelheiten zu den Pflichten einer Verwahrstelle nach Absatz 1 Nummer 3 sowie zu der Trennungspflicht nach Absatz 1 Nummer 4 Buchstabe c wird auf Artikel 15 Absatz 1 bis 8 und Artikel 16 der Delegierten Verordnung (EU) 2016/438 verwiesen. ²Für nähere Einzelheiten zu den notwendigen Schritten, die der Unterverwahrer sowie die ein Unternehmen, auf das der Unterverwahrer Verwahraufgaben nach Absatz 3 unterausgelagert hat, nach Absatz 1 Nummer 4 Buchstabe d unternehmen muss, wird auf Artikel 17 der Delegierten Verordnung (EU) 2016/438 verwiesen. ³Für nähere Einzelheiten zu den Pflichten der Verwahrstelle zur Sicherstellung, dass der Unterverwahrer die Bedingungen nach Absatz 1 Nummer 4 Buchstabe d einhält, wird auf Artikel 15 Absatz 1 bis 8, die Artikel 16 und 17 der Delegierten Verordnung (EU) 2016/438 verwiesen.

**§ 74 Zahlung und Lieferung.** (1) Die Verwahrstelle hat folgende Geldbeträge auf einem für den inländischen OGAW eingerichteten gesperrten Konto zu verbuchen:

1. den Kaufpreis aus dem Verkauf von Vermögensgegenständen des inländischen OGAW,

2. die anfallenden Erträge,

3. Entgelte für Wertpapier-Darlehen und

4. den Optionspreis, den ein Dritter für das ihm eingeräumte Optionsrecht zahlt, sowie

5. sonstige dem inländischen OGAW zustehende Geldbeträge.

(2) Aus den gesperrten Konten oder Depots führt die Verwahrstelle auf Weisung der OGAW-Verwaltungsgesellschaft oder eines Unternehmens, das die Aufgaben der OGAW-Verwaltungsgesellschaft nach Maßgabe von § 36 Absatz 1 Satz 1 Nummer 3 oder 4 wahrnimmt, folgende Tätigkeiten durch:

1. die Bezahlung des Kaufpreises beim Erwerb von Wertpapieren oder sonstigen Vermögensgegenständen, die Leistung und Rückgewähr von Sicherheiten für Derivate, Wertpapier-Darlehen und Pensionsgeschäfte, Zahlungen von Transaktionskosten und sonstigen Gebühren sowie die Begleichung sonstiger durch die Verwaltung des inländischen OGAW bedingter Verpflichtungen,

2. die Lieferung beim Verkauf von Vermögensgegenständen sowie die Lieferung bei der darlehensweisen Übertragung von Wertpapieren sowie etwaiger weiterer Lieferpflichten,

3. die Ausschüttung der Gewinnanteile an die Anleger.

(3) [1] Die gesperrten Konten sind auf den Namen des inländischen OGAW, auf den Namen der OGAW-Verwaltungsgesellschaft, die für Rechnung des inländischen OGAW tätig ist, oder auf den Namen der Verwahrstelle, die für Rechnung des inländischen OGAW tätig ist, zu eröffnen und gemäß den in Artikel 16 der Richtlinie 2006/73/EG festgelegten Grundsätzen zu führen. [2] Sofern Geldkonten auf den Namen der Verwahrstelle, die für Rechnung des inländischen OGAW handelt, eröffnet werden, sind keine Geldmittel der Verwahrstelle selbst auf solchen Konten zu verbuchen.

(4) Für nähere Einzelheiten zu den Anforderungen an die Überwachung der Zahlungsströme des OGAW wird auf Artikel 10 Absatz 1 der Delegierten Verordnung (EU) 2016/438 verwiesen.

**§ 75 Zustimmungspflichtige Geschäfte.** (1) Die OGAW-Kapitalverwaltungsgesellschaft darf die nachstehenden Geschäfte nur mit Zustimmung der Verwahrstelle durchführen:

1. die Aufnahme von Krediten nach Maßgabe des § 199, soweit es sich nicht um valutarische Überziehungen handelt,

2. die Anlage von Mitteln des inländischen OGAW in Bankguthaben bei anderen Kreditinstituten sowie Verfügungen über solche Bankguthaben.

(2) [1] Die Verwahrstelle hat den Geschäften nach Absatz 1 zuzustimmen, wenn diese den dort genannten Anforderungen entsprechen und mit den weiteren Vorschriften dieses Gesetzes und mit den Anlagebedingungen übereinstimmen. [2] Stimmt sie einer Verfügung zu, obwohl die Bedingungen von Satz 1 nicht erfüllt sind, berührt dies nicht die Wirksamkeit der Verfügung. [3] Eine Verfügung ohne Zustimmung der Verwahrstelle ist gegenüber den Anlegern unwirksam. [4] Die Vorschriften zugunsten derjenigen, welche Rechte von einem Nichtberechtigten herleiten, sind entsprechend anzuwenden.

**§ 76 Kontrollfunktion.** (1) Die Verwahrstelle hat sicherzustellen, dass

1. die Ausgabe und Rücknahme von Anteilen oder Aktien des inländischen OGAW und die Ermittlung des Wertes der Anteile oder Aktien des inländischen OGAW den Vorschriften dieses Gesetzes und den Anlagebedingungen oder der Satzung entsprechen,
2. bei den für gemeinschaftliche Rechnung der Anleger getätigten Geschäften mit Vermögenswerten des inländischen OGAW der Gegenwert innerhalb der üblichen Fristen an den inländischen OGAW oder für Rechnung des inländischen OGAW überwiesen wird,
3. die Erträge des inländischen OGAW gemäß den Vorschriften dieses Gesetzes und den Anlagebedingungen oder der Satzung verwendet werden und
4. die erforderlichen Sicherheiten für Wertpapier-Darlehen nach Maßgabe des § 200 Absatz 2 rechtswirksam bestellt und jederzeit vorhanden sind.

(2) Die Verwahrstelle hat die Weisungen der OGAW-Verwaltungsgesellschaft auszuführen, sofern diese nicht gegen gesetzliche Vorschriften, die Anlagebedingungen oder die Satzung verstoßen.

(3) Für nähere Einzelheiten zu den Pflichten der Verwahrstelle nach den Absätzen 1 und 2 wird auf die Artikel 3 bis 8 der Delegierten Verordnung (EU) 2016/438 verwiesen.

**§ 77 Haftung.** (1) [1] Die Verwahrstelle haftet gegenüber dem inländischen OGAW oder gegenüber den Anlegern des inländischen OGAW für das Abhandenkommen eines verwahrten Finanzinstrumentes durch die Verwahrstelle oder durch einen Unterverwahrer, dem die Verwahrung von Finanzinstrumenten nach § 72 Absatz 1 Nummer 1 übertragen wurde. [2] Im Fall eines solchen Abhandenkommens hat die Verwahrstelle dem inländischen OGAW oder der für Rechnung des inländischen OGAW handelnden OGAW-Verwaltungsgesellschaft unverzüglich ein Finanzinstrument gleicher Art zurückzugeben oder einen entsprechenden Betrag zu erstatten. [3] Die Verwahrstelle haftet nicht, wenn sie nachweisen kann, dass das Abhandenkommen auf äußere Ereignisse zurückzuführen ist, deren Konsequenzen trotz aller angemessenen Gegenmaßnahmen unabwendbar waren. [4] Weitergehende Ansprüche, die sich aus den Vorschriften des bürgerlichen Rechts auf Grund von Verträgen oder unerlaubten Handlungen ergeben, bleiben unberührt.

(2) Die Verwahrstelle haftet auch gegenüber dem inländischen OGAW oder den Anlegern des inländischen OGAW für sämtliche sonstigen Verluste, die diese dadurch erleiden, dass die Verwahrstelle fahrlässig oder vorsätzlich ihre Verpflichtungen nach diesem Gesetz nicht erfüllt.

(3) Die Haftung der Verwahrstelle bleibt von einer etwaigen Übertragung gemäß § 73 unberührt.

(4) Eine Vereinbarung, mit der die Haftung der Verwahrstelle nach den Absätzen 1, 2 oder 3 aufgehoben oder begrenzt werden soll, ist nichtig.

(5) [1] Für nähere Einzelheiten zu den Voraussetzungen, unter denen verwahrte Finanzinstrumente als abhandengekommen anzusehen sind, wird auf Artikel 18 der Delegierten Verordnung (EU) 2016/438 verwiesen. [2] Für nähere Einzelheiten zu Voraussetzungen, unter denen die Verwahrstelle nach Absatz 1 Satz 3 von einer Haftung befreit ist, wird auf Artikel 19 der Delegierten Verordnung (EU) 2016/438 verwiesen.

**§ 78 Geltendmachung von Ansprüchen der Anleger; Verordnungsermächtigung.** (1) ¹Die Verwahrstelle ist berechtigt und verpflichtet, im eigenen Namen

1. Ansprüche der Anleger wegen Verletzung der Vorschriften dieses Gesetzes oder der Anlagebedingungen gegen die OGAW-Kapitalverwaltungsgesellschaft geltend zu machen und
2. im Wege einer Klage nach § 771 der Zivilprozessordnung Widerspruch zu erheben, wenn in einen inländischen OGAW wegen eines Anspruchs vollstreckt wird, für den der inländische OGAW nicht haftet; die Anleger können nicht selbst Widerspruch gegen die Zwangsvollstreckung erheben.

²Satz 1 Nummer 1 schließt die Geltendmachung von Ansprüchen gegen die OGAW-Kapitalverwaltungsgesellschaft durch die Anleger nicht aus.

(2) ¹Die OGAW-Kapitalverwaltungsgesellschaft ist berechtigt und verpflichtet, im eigenen Namen Ansprüche der Anleger gegen die Verwahrstelle geltend zu machen. ²Satz 1 schließt die Geltendmachung von Ansprüchen gegen die Verwahrstelle durch die Anleger nicht aus.

(3)[1] ¹Die OGAW-Kapitalverwaltungsgesellschaft hat unter Beteiligung der Verwahrstelle für die Fälle einer fehlerhaften Berechnung von Anteilswerten und ohne Beteiligung der Verwahrstelle für die Fälle einer Verletzung von Anlagegrenzen oder Erwerbsvorgaben bei einem inländischen OGAW geeignete Entschädigungsverfahren für die betroffenen Anleger vorzusehen. ²Die Verfahren müssen insbesondere die Erstellung eines Entschädigungsplans umfassen sowie die Prüfung des Entschädigungsplans und der Entschädigungsmaßnahmen durch einen Wirtschaftsprüfer vorsehen. ³Das Bundesministerium der Finanzen wird ermächtigt, durch Rechtsverordnung, die nicht der Zustimmung des Bundesrates bedarf, nähere Bestimmungen zu den Entschädigungsverfahren und deren Durchführung zu erlassen, insbesondere zu

1. Einzelheiten des Verfahrens einschließlich der Beteiligung der depotführenden Stellen des Anlegers und einer Mindesthöhe der fehlerhaften Berechnung des Anteilswertes, ab der das Entschädigungsverfahren durchzuführen ist, sowie gegebenenfalls zu den Einzelheiten eines vereinfachten Entschädigungsverfahrens bei Unterschreitung einer bestimmten Gesamtschadenshöhe,
2. den gegenüber einem betroffenen Anleger oder inländischen OGAW vorzunehmenden Entschädigungsmaßnahmen sowie gegebenenfalls zu Bagatellgrenzen, bei denen solche Entschädigungsmaßnahmen einen unverhältnismäßigen Aufwand verursachen würden,
3. Meldepflichten gegenüber der Bundesanstalt und gegebenenfalls gegenüber den zuständigen Stellen des Herkunftsstaates der einen inländischen OGAW verwaltenden EU-OGAW-Verwaltungsgesellschaft,
4. Informationspflichten gegenüber den betroffenen Anlegern,
5. Inhalt und Aufbau des zu erstellenden Entschädigungsplans und Einzelheiten der Entschädigungsmaßnahmen sowie
6. Inhalt und Umfang der Prüfung des Entschädigungsplans und der Entschädigungsmaßnahmen durch einen Wirtschaftsprüfer.

---

[1] § 78 Abs. 3 Sätze 3 und 4 sind gem. Art. 28 Abs. 1 G v. 4.7.2013 (BGBl. I S. 1981) am 11.7.2013 in Kraft getreten.

⁴Das Bundesministerium der Finanzen kann diese Ermächtigung durch Rechtsverordnung auf die Bundesanstalt übertragen.

**§ 79 Vergütung, Aufwendungsersatz.** (1) Die Verwahrstelle darf der OGAW-Verwaltungsgesellschaft aus den zu einem inländischen OGAW gehörenden Konten nur die für die Verwaltung des inländischen OGAW zustehende Vergütung und den ihr zustehenden Ersatz von Aufwendungen auszahlen.

(2) Die Verwahrstelle darf die Vergütung, die ihr für die Verwahrung des inländischen OGAW und die Wahrnehmung der Aufgaben nach Maßgabe dieses Gesetzes zusteht, nur mit Zustimmung der OGAW-Verwaltungsgesellschaft entnehmen.

### Unterabschnitt 2. Vorschriften für AIF-Verwahrstellen

**§ 80 Beauftragung.** (1) ¹Die AIF-Kapitalverwaltungsgesellschaft hat sicherzustellen, dass für jeden von ihr verwalteten AIF eine Verwahrstelle im Sinne des Absatzes 2 oder, sofern die Voraussetzungen nach den Absätzen 3 und 4 erfüllt sind, eine Verwahrstelle im Sinne des Absatzes 3 beauftragt wird, § 55 bleibt unberührt. ²Die Beauftragung der Verwahrstelle ist in einem schriftlichen Vertrag zu vereinbaren. ³Der Vertrag regelt unter anderem den Informationsaustausch, der für erforderlich erachtet wird, damit die Verwahrstelle nach den Vorschriften dieses Gesetzes und gemäß den anderen einschlägigen Rechts- und Verwaltungsvorschriften ihren Aufgaben für den AIF, für den sie als Verwahrstelle beauftragt wurde, nachkommen kann.

(2) Die Verwahrstelle ist

1. ein Kreditinstitut im Sinne des Artikels 4 Absatz 1 Nummer 1 der Verordnung (EU) Nr. 575/2013 mit satzungsmäßigem Sitz in der Europäischen Union oder in einem anderen Vertragsstaat des Abkommens über den Europäischen Wirtschaftsraum, das gemäß § 32 des Kreditwesengesetzes oder den im Herkunftsmitgliedstaat des EU-AIF anzuwendenden Vorschriften, die die Richtlinie 2013/36/EU umsetzen, zugelassen ist;

2. eine Wertpapierfirma im Sinne des Artikels 4 Absatz 1 Nummer 2 der Verordnung (EU) Nr. 575/2013 mit satzungsmäßigem Sitz in der Europäischen Union oder in einem anderen Vertragsstaat des Abkommens über den Europäischen Wirtschaftsraum, für die die Eigenkapitalanforderungen gemäß Artikel 92 der Verordnung (EU) Nr. 575/2013, einschließlich der Kapitalanforderungen für operationelle Risiken, gelten, die gemäß den Vorschriften, die die Richtlinie 2014/65/EU[1]) umsetzen, zugelassen ist und die auch die Nebendienstleistungen wie Verwahrung und Verwaltung von Finanzinstrumenten für Rechnung von Kunden gemäß Anhang I Abschnitt B Nummer 1 der Richtlinie 2014/65/EU erbringt; solche Wertpapierfirmen müssen in jedem Fall über Eigenmittel verfügen, die den in Artikel 28 Absatz 2 der Richtlinie 2013/36/EU genannten Betrag des Anfangskapitals nicht unterschreiten oder

3. eine andere Kategorie von Einrichtungen, die einer Beaufsichtigung und ständigen Überwachung unterliegen und die am 21. Juli 2011 unter eine der von den Mitgliedstaaten der Europäischen Union oder den anderen Vertragsstaaten des Abkommens über den Europäischen Wirtschaftsraum gemäß

---
[1]) Nr. 1.

Artikel 23 Absatz 3 der Richtlinie 2009/65/EG festgelegten Kategorien von Einrichtungen fallen, aus denen eine Verwahrstelle gewählt werden kann.

(3) ¹Abweichend von Absatz 2 kann die Verwahrstelle für geschlossene AIF anstelle der in § 80 Absatz 2 Nummer 1 bis 3 genannten Einrichtungen auch ein Treuhänder sein, der die Aufgaben einer Verwahrstelle im Rahmen seiner beruflichen oder geschäftlichen Tätigkeit wahrnimmt, wenn

1. bei den geschlossenen AIF innerhalb von fünf Jahren nach Tätigung der ersten Anlagen keine Rücknahmerechte ausgeübt werden können,
2. die geschlossenen AIF im Einklang mit ihrer Hauptanlagestrategie in der Regel
   a) nicht in Vermögensgegenstände investieren, die nach § 81 Absatz 1 Nummer 1 verwahrt werden müssen, oder
   b) in Emittenten oder nicht börsennotierte Unternehmen investieren, um nach § 261 Absatz 7, den §§ 287, 288 möglicherweise die Kontrolle über solche Unternehmen zu erlangen.

²In Bezug auf die berufliche oder geschäftliche Tätigkeit muss der Treuhänder

1. einer gesetzlich anerkannten obligatorischen berufsmäßigen Registrierung oder
2. Rechts- und Verwaltungsvorschriften oder berufsständischen Regeln unterliegen,

die ausreichend finanzielle und berufliche Garantien bieten können, um es ihm zu ermöglichen, die relevanten Aufgaben einer Verwahrstelle wirksam auszuführen und die mit diesen Funktionen einhergehenden Verpflichtungen zu erfüllen. ³Die ausreichende finanzielle und berufliche Garantie ist laufend zu gewährleisten. ⁴Der Treuhänder hat Änderungen, die seine finanziellen und beruflichen Garantien betreffen, der Bundesanstalt unverzüglich anzuzeigen. ⁵Sofern der Treuhänder zum Zwecke der finanziellen Garantie eine Versicherung abschließt, ist das Versicherungsunternehmen im Versicherungsvertrag zu verpflichten, der Bundesanstalt den Beginn und die Beendigung oder Kündigung des Versicherungsvertrages sowie Umstände, die den vorgeschriebenen Versicherungsschutz beeinträchtigen, unverzüglich mitzuteilen.

(4) ¹Der Treuhänder im Sinne von Absatz 3 muss der Bundesanstalt vor Beauftragung benannt werden. ²Hat die Bundesanstalt gegen die Beauftragung Bedenken, kann sie verlangen, dass binnen angemessener Frist ein anderer Treuhänder benannt wird. ³Unterbleibt dies oder hat die Bundesanstalt auch gegen die Beauftragung des neu vorgeschlagenen Treuhänders Bedenken, so hat die AIF-Kapitalverwaltungsgesellschaft eine Verwahrstelle im Sinne von Absatz 2 zu beauftragen.

(5) Unbeschadet von Absatz 6 Satz 3 kann die Verwahrstelle für ausländische AIF auch ein Kreditinstitut oder ein Unternehmen sein, das den in Absatz 2 Satz 1 Nummer 1 und 2 genannten Unternehmen vergleichbar ist, sofern die Bedingungen des Absatzes 8 Satz 1 Nummer 2 eingehalten sind.

(6) ¹Verwaltet die AIF-Kapitalverwaltungsgesellschaft einen inländischen AIF, muss die Verwahrstelle ihren satzungsmäßigen Sitz oder ihre satzungsmäßige Zweigniederlassung im Geltungsbereich dieses Gesetzes haben. ²Verwaltet die AIF-Kapitalverwaltungsgesellschaft einen EU-AIF, muss die Verwahrstelle ihren satzungsmäßigen Sitz oder ihre satzungsmäßige Zweigniederlassung im Herkunftsmitgliedstaat des EU-AIF haben. ³Bei ausländischen AIF

kann die Verwahrstelle ihren satzungsmäßigen Sitz oder ihre satzungsmäßige Zweigniederlassung in dem Drittstaat haben, in dem der ausländische AIF seinen Sitz hat oder im Geltungsbereich dieses Gesetzes, wenn die AIF-Kapitalverwaltungsgesellschaft einen ausländischen AIF verwaltet oder in dem Referenzmitgliedstaat der ausländischen AIF-Verwaltungsgesellschaft, die den ausländischen AIF verwaltet; § 55 bleibt unberührt.

(7) ¹ Wird für den inländischen AIF eine Verwahrstelle im Sinne des Absatzes 2 Nummer 1 beauftragt, muss es sich um ein CRR-Kreditinstitut im Sinne des § 1 Absatz 3d des Kreditwesengesetzes handeln, das über die Erlaubnis zum Betreiben des Depotgeschäfts nach § 1 Absatz 1 Satz 2 Nummer 5 des Kreditwesengesetzes oder über das eingeschränkte Verwahrgeschäfts nach § 1 Absatz 1a Satz 2 Nummer 12 des Kreditwesengesetzes verfügt. ² Wird für den inländischen AIF eine Verwahrstelle im Sinne des Absatzes 2 Nummer 2 beauftragt, muss es sich um ein Finanzdienstleistungsinstitut handeln, das über die Erlaubnis zum eingeschränkten Verwahrgeschäft nach § 1 Absatz 1a Satz 2 Nummer 12 des Kreditwesengesetzes verfügt; wird das in § 83 Absatz 6 Satz 2 aufgeführte Geldkonto bei der Verwahrstelle eröffnet, muss es sich bei der Verwahrstelle um ein Kreditinstitut handeln, das über die Erlaubnis zum Betreiben des Einlagengeschäfts nach § 1 Absatz 1 Satz 2 Nummer 1 des Kreditwesengesetzes verfügt.

(8) ¹ Unbeschadet der Anforderungen der Absätze 2 bis 5 unterliegt die Beauftragung einer Verwahrstelle mit Sitz in einem Drittstaat den folgenden Bedingungen:

1. zwischen den zuständigen Behörden des Mitgliedstaates der Europäischen Union oder des anderen Vertragsstaates des Abkommens über den Europäischen Wirtschaftsraum, in dem die Anteile des ausländischen AIF gehandelt werden sollen, und, falls es sich um unterschiedliche Behörden handelt, den Behörden des Herkunftsmitgliedstaates der AIF Kapitalverwaltungsgesellschaft oder der EU-AIF-Verwaltungsgesellschaft bestehen Vereinbarungen über die Zusammenarbeit und den Informationsaustausch mit den zuständigen Behörden der Verwahrstelle,

2. die Verwahrstelle unterliegt einer wirksamen Regulierung der Aufsichtsanforderungen, einschließlich Mindesteigenkapitalanforderungen, und einer Aufsicht, die jeweils den Rechtsvorschriften der Europäischen Union entsprechen und die wirksam durchgesetzt werden,

3. der Drittstaat, in dem die Verwahrstelle ihren Sitz hat, steht nicht auf der Liste der nicht kooperativen Länder und Gebiete, die von der Arbeitsgruppe „Finanzielle Maßnahmen gegen die Geldwäsche und die Terrorismusfinanzierung" aufgestellt wurde,

4. die Mitgliedstaaten der Europäischen Union oder die anderen Vertragsstaaten des Abkommens über den Europäischen Wirtschaftsraum, in denen die Anteile des ausländischen AIF vertrieben werden sollen, und, soweit verschieden, der Herkunftsmitgliedstaat der AIF-Kapitalverwaltungsgesellschaft oder EU-AIF-Verwaltungsgesellschaft haben mit dem Drittstaat, in dem die Verwahrstelle ihren Sitz hat, eine Vereinbarung abgeschlossen, die den Standards des Artikels 26 des OECD-Musterabkommens zur Vermeidung der Doppelbesteuerung von Einkommen und Vermögen vollständig entspricht und einen wirksamen Informationsaustausch in Steuerangelegenheiten, einschließlich multilateraler Steuerabkommen, gewährleistet,

5. die Verwahrstelle haftet vertraglich gegenüber dem ausländischen AIF oder gegenüber den Anlegern des ausländischen AIF entsprechend § 88 Absatz 1 bis 4 und erklärt sich ausdrücklich zur Einhaltung von § 82 bereit.

²Ist eine zuständige Behörde eines anderen Mitgliedstaates der Europäischen Union oder eines anderen Vertragsstaates des Abkommens über den Europäischen Wirtschaftsraum nicht mit der Bewertung der Anwendung von Satz 1 Nummer 1, 3 oder 5 durch die zuständigen Behörden des Herkunftsmitgliedstaates der AIF-Kapitalverwaltungsgesellschaft oder EU-AIF-Verwaltungsgesellschaft einverstanden, kann die betreffende zuständige Behörde die Angelegenheit der Europäischen Wertpapier- und Marktaufsichtsbehörde zur Kenntnis bringen; diese kann nach den ihr durch Artikel 19 der Verordnung (EU) Nr. 1095/2010[1)] übertragenen Befugnisse tätig werden.

(9) ¹Mindestens ein Geschäftsleiter der Einrichtung, die als Verwahrstelle beauftragt werden soll, muss über die für die Verwahrstellenaufgaben erforderliche Erfahrung verfügen. ²Diese Einrichtung muss bereit und in der Lage sein, die für die Erfüllung der Verwahrstellenaufgaben erforderlichen organisatorischen Vorkehrungen zu schaffen. ³Wird eine natürliche Person als Treuhänder nach den Absätzen 3 und 4 mit der Verwahrstellenfunktion beauftragt, muss dieser über die für die Verwahrstellenaufgaben erforderliche Erfahrung verfügen sowie die für die Erfüllung der Verwahrstellenaufgaben notwendigen organisatorischen Vorkehrungen schaffen.

(10) Die in den in Absatz 1 genannten schriftlichen Vertrag aufzunehmenden Einzelheiten und die allgemeinen Kriterien zur Bewertung, ob die Anforderungen an die aufsichtliche Regulierung und an die Aufsicht in Drittstaaten nach Absatz 8 Satz 1 Nummer 2 den Rechtsvorschriften der Europäischen Union entsprechen und wirksam durchgesetzt werden, bestimmen sich nach den Artikeln 83 und 84 der Delegierten Verordnung (EU) Nr. 231/2013.

**§ 81 Verwahrung.** (1) Die Verwahrstelle hat die Vermögensgegenstände des inländischen AIF oder der für Rechnung des inländischen AIF handelnden AIF-Verwaltungsgesellschaft wie folgt zu verwahren:
1. für Finanzinstrumente im Sinne der Richtlinie 2011/61/EU, die in Verwahrung genommen werden können, gilt:
   a) die Verwahrstelle verwahrt sämtliche Finanzinstrumente, die im Depot auf einem Konto für Finanzinstrumente verbucht werden können, und sämtliche Finanzinstrumente, die der Verwahrstelle physisch übergeben werden können;
   b) zu diesem Zweck stellt die Verwahrstelle sicher, dass alle Finanzinstrumente, die im Depot auf einem Konto für Finanzinstrumente verbucht werden können, nach den in Artikel 16 der Richtlinie 2006/73/EG festgelegten Grundsätzen in den Büchern der Verwahrstelle auf gesonderten Konten, die im Namen des inländischen AIF oder der für ihn tätigen AIF-Verwaltungsgesellschaft eröffnet wurden, registriert werden, so dass die Finanzinstrumente jederzeit nach geltendem Recht eindeutig als zum inländischen AIF gehörend identifiziert werden können;
2. für sonstige Vermögensgegenstände gilt:

---
[1)] Nr. 3.

a) die Verwahrstelle prüft das Eigentum des inländischen AIF oder der für Rechnung des inländischen AIF tätigen AIF-Verwaltungsgesellschaft an solchen Vermögensgegenständen und führt Aufzeichnungen derjenigen Vermögensgegenstände, bei denen sie sich vergewissert hat, dass der inländische AIF oder die für Rechnung des inländischen AIF tätige AIF-Verwaltungsgesellschaft an diesen Vermögensgegenständen das Eigentum hat;
b) die Beurteilung, ob der inländische AIF oder die für Rechnung des inländischen AIF tätige AIF-Verwaltungsgesellschaft Eigentümer oder Eigentümerin ist, beruht auf Informationen oder Unterlagen, die vom inländischen AIF oder von der AIF-Verwaltungsgesellschaft vorgelegt werden und, soweit verfügbar, auf externen Nachweisen;
c) die Verwahrstelle hält ihre Aufzeichnungen auf dem neuesten Stand.

(2) Die Bedingungen für die Ausübung der Aufgaben einer Verwahrstelle nach Absatz 1, einschließlich

1. der Art der Finanzinstrumente, die nach Absatz 1 Nummer 1 von der Verwahrstelle verwahrt werden sollen,
2. der Bedingungen, unter denen die Verwahrstelle ihre Verwahraufgaben über bei einem Zentralverwahrer registrierte Finanzinstrumente ausüben kann, und
3. der Bedingungen, unter denen die Verwahrstelle in nominativer Form emittierte und beim Emittenten oder bei einer Registrierstelle registrierte Finanzinstrumente nach Absatz 1 Nummer 2 zu verwahren hat,

bestimmen sich nach den Artikeln 85 bis 97 der Delegierten Verordnung (EU) Nr. 231/2013.

**§ 82 Unterverwahrung.** (1) Die Verwahrstelle kann die Verwahraufgaben nach § 81 auf ein anderes Unternehmen (Unterverwahrer) unter den folgenden Bedingungen auslagern:

1. die Aufgaben werden nicht in der Absicht übertragen, die Vorschriften dieses Gesetzes zu umgehen;
2. die Verwahrstelle kann darlegen, dass es einen objektiven Grund für die Unterverwahrung gibt;
3. die Verwahrstelle geht mit der gebotenen Sachkenntnis, Sorgfalt und Gewissenhaftigkeit vor
   a) bei der Auswahl und Bestellung eines Unterverwahrers, dem sie Teile ihrer Aufgaben übertragen möchte, und
   b) bei der laufenden Kontrolle und regelmäßigen Überprüfung von Unterverwahrern, denen sie Teile ihrer Aufgaben übertragen hat, und von Vorkehrungen des Unterverwahrers hinsichtlich der ihm übertragenen Aufgaben;
4. die Verwahrstelle stellt sicher, dass der Unterverwahrer jederzeit bei der Ausführung der ihm übertragenen Aufgaben die folgenden Bedingungen einhält:
   a) der Unterverwahrer verfügt über eine Organisationsstruktur und die Fachkenntnisse, die für die Art und die Komplexität der ihm anvertrauten Vermögensgegenstände des inländischen AIF oder der für dessen Rechnung handelnden AIF-Verwaltungsgesellschaft angemessen und geeignet sind,

b) in Bezug auf die Verwahraufgaben nach § 81 Absatz 1 Nummer 1 unterliegt der Unterverwahrer einer wirksamen aufsichtlichen Regulierung, einschließlich Mindesteigenkapitalanforderungen, und einer Aufsicht in der betreffenden Jurisdiktion sowie einer regelmäßigen externen Rechnungsprüfung, durch die sichergestellt wird, dass sich die Finanzinstrumente in seinem Besitz befinden,

c) der Unterverwahrer trennt die Vermögensgegenstände der Kunden der Verwahrstelle von seinen eigenen Vermögensgegenständen und von den Vermögensgegenständen der Verwahrstelle in einer solchen Weise, dass sie zu jeder Zeit eindeutig den Kunden einer bestimmten Verwahrstelle zugeordnet werden können,

d) im Hinblick auf Spezial-AIF darf der Unterverwahrer die Vermögensgegenstände nicht ohne vorherige Zustimmung des inländischen Spezial-AIF oder der für Rechnung des inländischen Spezial-AIF tätigen AIF-Verwaltungsgesellschaft und vorherige Mitteilung an die Verwahrstelle verwenden; bei Publikums-AIF ist eine Wiederverwendung nur unter den Voraussetzungen des § 70 Absatz 5 zulässig; hinsichtlich der Weiterverwendung von als Sicherheit erhaltenen Finanzinstrumenten wird auf Artikel 15 der Verordnung (EU) 2015/2365 sowohl für Spezial-AIF als auch für Publikums-AIF verwiesen und

e) der Unterverwahrer hält die Pflichten und Verbote nach den §§ 81 und 85 Absatz 1, 2 und 5 ein.

(2) Wenn es nach den Rechtsvorschriften eines Drittstaates vorgeschrieben ist, dass bestimmte Finanzinstrumente von einer ortsansässigen Einrichtung verwahrt werden müssen und wenn es keine ortsansässigen Einrichtungen gibt, die die Anforderungen für eine Beauftragung nach Absatz 1 Nummer 4 Buchstabe b erfüllen, darf die Verwahrstelle ihre Verwahrstellenaufgaben an eine solche ortsansässige Einrichtung nur insoweit und so lange übertragen, als es von dem Recht des Drittstaates gefordert wird und es keine ortsansässigen Einrichtungen gibt, die die Anforderungen für eine Unterverwahrung erfüllen; der erste Halbsatz gilt vorbehaltlich der folgenden Bedingungen:

1. die AIF-Verwaltungsgesellschaft hat die Anleger des jeweiligen inländischen AIF vor Tätigung ihrer Anlage ordnungsgemäß unterrichtet

a) darüber, dass eine solche Unterverwahrung auf Grund rechtlicher Vorgaben im Recht des Drittstaates erforderlich ist, und

b) über die Umstände, die die Übertragung rechtfertigen, und

2. der inländische AIF oder die für Rechnung des inländischen AIF tätige AIF-Verwaltungsgesellschaft muss die Verwahrstelle anweisen, die Verwahrung dieser Finanzinstrumente einer solchen ortsansässigen Einrichtung zu übertragen.

(3) [1] Der Unterverwahrer kann unter den Voraussetzungen nach den Absätzen 1 und 2 die Verwahraufgaben nach § 81 auf ein anderes Unternehmen unterauslagern. [2] § 88 Absatz 3 und 4 gilt entsprechend für die jeweils Beteiligten.

(4) Mit Ausnahme der Verwahraufgaben nach § 81 darf die Verwahrstelle ihre nach diesem Unterabschnitt festgelegten Aufgaben nicht auslagern.

(5) Die Erbringung von Dienstleistungen nach der Richtlinie 98/26/EG durch Wertpapierliefer- und Abrechnungssysteme, wie es für die Zwecke jener

Richtlinie vorgesehen ist, oder die Erbringung ähnlicher Dienstleistungen durch Wertpapierliefer- und Abrechnungssysteme von Drittstaaten wird für Zwecke dieser Vorschrift nicht als Auslagerung von Verwahraufgaben angesehen.

(6) ¹Die Sorgfaltspflichten von Verwahrstellen nach Absatz 1 Nummer 3 sowie die Trennungspflicht nach Absatz 1 Nummer 4 Buchstabe c bestimmen sich nach den Artikeln 98 und 99 der Delegierten Verordnung (EU) Nr. 231/2013. ²Für Verwahrstellen, die Vermögenswerte von Publikums-AIF verwahren, gelten zudem § 73 Absatz 1 Nummer 4 Buchstabe d, Artikel 15 Absatz 1 bis 8 und die Artikel 16 und 17 der Delegierten Verordnung (EU) 2016/438 entsprechend.

**§ 83 Kontrollfunktion.** (1) Die Verwahrstelle hat sicherzustellen, dass

1. die Ausgabe und Rücknahme von Anteilen oder Aktien des inländischen AIF und die Ermittlung des Wertes der Anteile oder Aktien des inländischen AIF den Vorschriften dieses Gesetzes und den Anlagebedingungen, der Satzung oder dem Gesellschaftsvertrag des inländischen AIF entsprechen,
2. bei den für gemeinschaftliche Rechnung der Anleger getätigten Geschäften der Gegenwert innerhalb der üblichen Fristen an den inländischen AIF oder für Rechnung des inländischen AIF überwiesen wird,
3. die Erträge des inländischen AIF nach den Vorschriften dieses Gesetzes und nach den Anlagebedingungen, der Satzung oder dem Gesellschaftsvertrag des inländischen AIF verwendet werden.

(2) Verwahrt die Verwahrstelle Vermögenswerte von Publikums-AIF, hat sie zusätzlich zu den Kontrollpflichten nach Absatz 1 sicherzustellen, dass die erforderlichen Sicherheiten für Wertpapier-Darlehen nach Maßgabe des § 200 Absatz 2 rechtswirksam bestellt und jederzeit vorhanden sind.

(3) ¹Hält der Publikums-AIF Anteile oder Aktien an einer Gesellschaft im Sinne des § 1 Absatz 19 Nummer 22 oder des § 261 Absatz 1 Nummer 3, hat die Verwahrstelle die Vermögensaufstellung dieser Gesellschaft zum Bewertungszeitpunkt zu überprüfen. ²Bei einem offenen Publikums-AIF, der Beteiligungen an einer Immobilien-Gesellschaft hält, hat die Verwahrstelle zudem zu überwachen, dass der Erwerb einer Beteiligung unter Beachtung der §§ 234 bis 238 erfolgt.

(4) Um die Verfügungsbeschränkung nach § 84 Absatz 1 Nummer 3 sicherzustellen, hat die Verwahrstelle Folgendes zu überwachen:
1. bei inländischen Immobilien die Eintragung der Verfügungsbeschränkung in das Grundbuch,
2. bei EU- oder ausländischen Immobilien die Sicherstellung der Wirksamkeit der Verfügungsbeschränkung,
3. bei den sonstigen Vermögensgegenständen im Sinne des § 261 Absatz 2 Nummer 2 bis 8,
   a) sofern ein Register für den jeweiligen Vermögensgegenstand besteht, die Eintragung der Verfügungsbeschränkung in dieses Register oder,
   b) wenn kein Register besteht, die Sicherstellung der Wirksamkeit der Verfügungsbeschränkung.

(5) Die Verwahrstelle hat die Weisungen der AIF-Verwaltungsgesellschaft auszuführen, sofern diese nicht gegen gesetzliche Vorschriften oder die Anlagebedingungen verstoßen.

(6) [1] Die Verwahrstelle hat sicherzustellen, dass die Zahlungsströme der inländischen AIF ordnungsgemäß überwacht werden und sorgt insbesondere dafür, dass sämtliche Zahlungen von Anlegern oder im Namen von Anlegern bei der Zeichnung von Anteilen eines inländischen AIF geleistet wurden. [2] Die Verwahrstelle hat dafür zu sorgen, dass die gesamten Geldmittel des inländischen AIF auf einem Geldkonto verbucht wurden, das für Rechnung des inländischen AIF, im Namen der AIF-Verwaltungsgesellschaft, die für Rechnung des inländischen AIF tätig ist, oder im Namen der Verwahrstelle, die für Rechnung des inländischen AIF tätig ist, bei einer der folgenden Stellen eröffnet wurde:

1. einer Stelle nach Artikel 18 Absatz 1 Buchstabe a, b und c der Richtlinie 2006/73/EG oder
2. einer Stelle der gleichen Art in dem entsprechenden Markt, in dem Geldkonten verlangt werden, solange eine solche Stelle einer wirksamen Regulierung der Aufsichtsanforderungen und einer Aufsicht unterliegt, die jeweils den Rechtsvorschriften der Europäischen Union entsprechen, wirksam durchgesetzt werden und insbesondere mit den Grundsätzen nach Artikel 16 der Richtlinie 2006/73/EG übereinstimmen.

[3] Sofern Geldkonten im Namen der Verwahrstelle, die für Rechnung des inländischen AIF handelt, eröffnet werden, sind keine Geldmittel der in Satz 2 genannten Stelle und keine Geldmittel der Verwahrstelle selbst auf solchen Konten zu verbuchen.

(7) Die Bedingungen für die Ausübung der Aufgaben einer Verwahrstelle nach den Absätzen 1, 5 und 6 bestimmen sich nach den Artikeln 85 bis 97 der Delegierten Verordnung (EU) Nr. 231/2013.

**§ 84 Zustimmungspflichtige Geschäfte.** (1) Die AIF-Kapitalverwaltungsgesellschaft darf die nachstehenden Geschäfte im Hinblick auf Publikums-AIF nur mit Zustimmung der Verwahrstelle durchführen:

1. die Aufnahme von Krediten nach Maßgabe der §§ 199, 221 Absatz 6, der §§ 254 und 263 Absatz 1, soweit es sich nicht um valutarische Überziehungen handelt,
2. die Anlage von Mitteln des Publikums-AIF in Bankguthaben bei anderen Kreditinstituten sowie Verfügungen über solche Bankguthaben,
3. die Verfügung über zum Immobilien-Sondervermögen gehörende Immobilien und zum geschlossenen Publikums-AIF gehörende Vermögensgegenstände im Sinne des § 261 Absatz 1 Nummer 1,
4. die Belastung von in Nummer 3 genannten Vermögensgegenständen sowie die Abtretung von Forderungen aus Rechtsverhältnissen, die sich auf diese Vermögensgegenstände beziehen und
5. Verfügungen über Beteiligungen an Gesellschaften im Sinne des § 1 Absatz 19 Nummer 22 oder des § 261 Absatz 1 Nummer 3 oder, wenn es sich nicht um eine Minderheitsbeteiligung handelt, die Verfügung über zum Vermögen dieser Gesellschaften gehörende Vermögensgegenstände im Sinne des § 231 Absatz 1 oder des § 261 Absatz 1 Nummer 1 sowie Änderungen des Gesellschaftsvertrages oder der Satzung.

(2) ¹Die Verwahrstelle hat den Geschäften nach Absatz 1 zuzustimmen, wenn diese den dort genannten Anforderungen entsprechen und mit den weiteren Vorschriften dieses Gesetzes und mit den Anlagebedingungen übereinstimmen. ²Stimmt sie einer Verfügung zu, obwohl die Bedingungen von Satz 1 nicht erfüllt sind, berührt dies nicht die Wirksamkeit der Verfügung. ³Eine Verfügung ohne Zustimmung der Verwahrstelle ist gegenüber den Anlegern unwirksam. ⁴Die Vorschriften zugunsten derjenigen, welche Rechte von einem Nichtberechtigten herleiten, sind entsprechend anzuwenden.

**§ 85 Interessenkollision.** (1) Bei der Wahrnehmung ihrer Aufgaben handelt die Verwahrstelle ehrlich, redlich, professionell, unabhängig und im Interesse des inländischen AIF und seiner Anleger.

(2) ¹Die Verwahrstelle darf keine Aufgaben in Bezug auf den inländischen AIF oder die für Rechnung des inländischen AIF tätige AIF-Verwaltungsgesellschaft wahrnehmen, die Interessenkonflikte zwischen dem inländischen AIF, den Anlegern des inländischen AIF, der AIF-Verwaltungsgesellschaft und ihr selbst schaffen könnten. ²Dies gilt nicht, wenn eine funktionale und hierarchische Trennung der Ausführung ihrer Aufgaben als Verwahrstelle von ihren potenziell dazu in Konflikt stehenden Aufgaben vorgenommen wurde und die potenziellen Interessenkonflikte ordnungsgemäß ermittelt, gesteuert, beobachtet und den Anlegern des inländischen AIF gegenüber offengelegt werden. ³Die Verwahrstelle hat durch Vorschriften zu Organisation und Verfahren sicherzustellen, dass bei der Wahrnehmung ihrer Aufgaben Interessenkonflikte zwischen der Verwahrstelle und der AIF-Verwaltungsgesellschaft vermieden werden. ⁴Die Einhaltung dieser Vorschriften ist von einer bis einschließlich der Ebene der Geschäftsführung unabhängigen Stelle zu überwachen. ⁵Wird eine natürliche Person als Treuhänder nach § 80 Absatz 3 und 4 mit der Verwahrstellenfunktion beauftragt, gilt nur Satz 1.

(3) Im Hinblick auf Spezial-AIF darf die Verwahrstelle die in § 81 genannten Vermögensgegenstände nicht ohne vorherige Zustimmung des inländischen Spezial-AIF oder der für Rechnung des inländischen Spezial-AIF tätigen AIF-Verwaltungsgesellschaft wiederverwenden; bei Publikums-AIF ist eine Wiederverwendung nur unter den Voraussetzungen des § 70 Absatz 5 zulässig; hinsichtlich der Weiterverwendung von als Sicherheit erhaltenen Finanzinstrumenten wird auf Artikel 15 der Verordnung (EU) 2015/2365 sowohl für Spezial-AIF als auch für Publikums-AIF verwiesen.

(4) Zur Vermeidung von Interessenkonflikten zwischen der Verwahrstelle und der AIF-Kapitalverwaltungsgesellschaft oder dem inländischen AIF oder seinen Anlegern
1. darf eine AIF-Kapitalverwaltungsgesellschaft nicht die Aufgaben einer Verwahrstelle wahrnehmen,
2. darf ein Primebroker, der als Kontrahent bei Geschäften für Rechnung des inländischen AIF auftritt, nicht die Aufgaben einer Verwahrstelle für diesen inländischen AIF wahrnehmen; dies gilt nicht, wenn eine funktionale und hierarchische Trennung der Ausführung seiner Aufgaben als Verwahrstelle von seinen Aufgaben als Primebroker vorliegt und die potenziellen Interessenkonflikte ordnungsgemäß ermittelt, gesteuert, beobachtet und den Anlegern des inländischen AIF offengelegt werden. Unter Einhaltung der Bedingungen nach § 82 ist es zulässig, dass die Verwahrstelle einem solchen Primebroker ihre Verwahraufgaben überträgt.

(5) ¹ Geschäftsleiter, Prokuristen und die zum gesamten Geschäftsbetrieb ermächtigten Handlungsbevollmächtigten der Verwahrstelle dürfen nicht gleichzeitig Angestellte der AIF-Kapitalverwaltungsgesellschaft sein. ² Geschäftsleiter, Prokuristen und die zum gesamten Geschäftsbetrieb ermächtigten Handlungsbevollmächtigen der AIF-Kapitalverwaltungsgesellschaft dürfen nicht gleichzeitig Angestellte der Verwahrstelle sein. ³ Wird eine natürliche Person als Treuhänder nach § 80 Absatz 3 und 4 mit der Verwahrstellenfunktion beauftragt, darf dieser nicht gleichzeitig Mitglied des Vorstands oder des Aufsichtsrats, Gesellschafter oder Angestellter der AIF-Kapitalverwaltungsgesellschaft oder eines mit ihr verbundenen Unternehmens sein. ⁴ Für die Anforderungen an die Verwahrstelle, die Vermögenswerte von Publikums-AIF verwahrt, zur Erfüllung ihrer Pflicht, im Sinne des Absatzes 1 bei der Wahrnehmung ihrer Aufgaben unabhängig von der AIF-Kapitalverwaltungsgesellschaft zu handeln, gelten Artikel 21 Buchstabe a bis c und e, Artikel 22 Absatz 5, die Artikel 23 und 24 der Delegierten Verordnung (EU) 2016/438 entsprechend.

**§ 86 Informationspflichten gegenüber der Bundesanstalt.** ¹ Die Verwahrstelle stellt der Bundesanstalt auf Anfrage alle Informationen zur Verfügung, die sie im Rahmen der Erfüllung ihrer Aufgaben erhalten hat und die die zuständigen Behörden des AIF oder der AIF-Verwaltungsgesellschaft benötigen können. ² Ist die Bundesanstalt nicht die zuständige Behörde des AIF oder der AIF-Verwaltungsgesellschaft, stellt sie den zuständigen Behörden des AIF und der AIF-Verwaltungsgesellschaft die erhaltenen Informationen unverzüglich zur Verfügung.

**§ 87 Anwendbare Vorschriften für Publikums-AIF.** Für Verwahrstellen, die mit der Verwahrung von Publikums-AIF beauftragt sind, gelten zusätzlich zu den Vorschriften dieses Unterabschnitts die Regelungen des § 69 Absatz 1, 2 und 4 entsprechend.

**§ 88 Haftung.** (1) ¹ Die Verwahrstelle haftet gegenüber dem inländischen AIF oder gegenüber den Anlegern des inländischen AIF für das Abhandenkommen eines verwahrten Finanzinstrumentes durch die Verwahrstelle oder durch einen Unterverwahrer, dem die Verwahrung von Finanzinstrumenten nach § 81 Absatz 1 Nummer 1 übertragen wurde. ² Im Fall eines solchen Abhandenkommens hat die Verwahrstelle dem inländischen AIF oder der für Rechnung des inländischen AIF handelnden AIF-Verwaltungsgesellschaft unverzüglich ein Finanzinstrument gleicher Art zurückzugeben oder einen entsprechenden Betrag zu erstatten. ³ Die Verwahrstelle haftet nicht, wenn sie nachweisen kann, dass das Abhandenkommen auf äußere Ereignisse zurückzuführen ist, deren Konsequenzen trotz aller angemessenen Gegenmaßnahmen unabwendbar waren. ⁴ Weitergehende Ansprüche, die sich aus den Vorschriften des bürgerlichen Rechts auf Grund von Verträgen oder unerlaubten Handlungen ergeben, bleiben unberührt.

(2) Die Verwahrstelle haftet auch gegenüber dem inländischen AIF oder den Anlegern des inländischen AIF für sämtliche sonstigen Verluste, die diese dadurch erleiden, dass die Verwahrstelle ihre Verpflichtungen nach diesem Gesetz fahrlässig oder vorsätzlich nicht erfüllt.

(3) Die Haftung der Verwahrstelle bleibt von einer etwaigen Übertragung gemäß § 82 unberührt.

(4) Unbeschadet des Absatzes 3 kann sich die Verwahrstelle bei einem Abhandenkommen von Finanzinstrumenten eines inländischen Spezial-AIF, die von einem Unterverwahrer nach § 82 verwahrt wurden, von der Haftung befreien, wenn sie nachweisen kann, dass
1. alle Bedingungen für die Auslagerung ihrer Verwahraufgaben nach § 82 erfüllt sind,
2. es einen schriftlichen Vertrag zwischen der Verwahrstelle und dem Unterverwahrer gibt,
   a) in dem die Haftung der Verwahrstelle ausdrücklich auf diesen Unterverwahrer übertragen wird und
   b) der es dem inländischen Spezial-AIF oder der für Rechnung des inländischen Spezial-AIF handelnden AIF-Verwaltungsgesellschaft ermöglicht, seinen oder ihren Anspruch wegen des Abhandenkommens von Finanzinstrumenten gegenüber dem Unterverwahrer geltend zu machen oder der es der Verwahrstelle ermöglicht, solch einen Anspruch für sie geltend zu machen und
3. es einen schriftlichen Vertrag zwischen der Verwahrstelle und dem inländischen Spezial-AIF oder der für Rechnung des inländischen Spezial-AIF handelnden AIF-Verwaltungsgesellschaft gibt, in dem eine Haftungsbefreiung der Verwahrstelle ausdrücklich gestattet ist und ein objektiver Grund für die vertragliche Vereinbarung einer solchen Haftungsbefreiung angegeben wird.

(5) Wenn nach den Rechtsvorschriften eines Drittstaates vorgeschrieben ist, dass bestimmte Finanzinstrumente von einer ortsansässigen Einrichtung verwahrt werden müssen und es keine ortsansässigen Einrichtungen gibt, die die Anforderungen für eine Auslagerung nach § 82 Absatz 1 Nummer 4 Buchstabe b erfüllen, kann die Verwahrstelle sich bei der Verwahrung von Vermögenswerten von Spezial-AIF von der Haftung befreien, sofern die folgenden Bedingungen eingehalten sind:
1. die Anlagebedingungen, die Satzung oder der Gesellschaftsvertrag des betreffenden inländischen Spezial-AIF erlauben ausdrücklich eine Haftungsbefreiung unter den in diesem Absatz genannten Voraussetzungen,
2. die AIF-Verwaltungsgesellschaft hat die Anleger des entsprechenden inländischen Spezial-AIF vor Tätigung ihrer Anlage ordnungsgemäß über diese Haftungsbefreiung und die Umstände, die diese Haftungsbefreiung rechtfertigen, unterrichtet,
3. der inländische Spezial-AIF oder die für Rechnung des inländischen Spezial-AIF tätige AIF-Verwaltungsgesellschaft hat die Verwahrstelle angewiesen, die Verwahrung dieser Finanzinstrumente einer ortsansässigen Einrichtung zu übertragen,
4. es gibt einen schriftlichen Vertrag zwischen der Verwahrstelle und dem inländischen Spezial-AIF oder der für Rechnung des inländischen Spezial-AIF tätigen AIF-Verwaltungsgesellschaft, in dem solch eine Haftungsbefreiung ausdrücklich gestattet ist und
5. es gibt einen schriftlichen Vertrag zwischen der Verwahrstelle und dem Unterverwahrer,
   a) in dem die Haftung der Verwahrstelle ausdrücklich auf den Unterverwahrer übertragen wird und

b) der es dem inländischen Spezial-AIF oder der für Rechnung des inländischen Spezial-AIF tätigen AIF-Verwaltungsgesellschaft ermöglicht, seinen oder ihren Anspruch wegen des Abhandenkommens von Finanzinstrumenten gegenüber dem Unterverwahrer geltend zu machen oder der es der Verwahrstelle ermöglicht, solch einen Anspruch für sie geltend zu machen.

(6) Die Artikel 100 bis 102 der Delegierten Verordnung (EU) Nr. 231/2013 bestimmen näher

1. die Bedingungen und Umstände, unter denen verwahrte Finanzinstrumente als abhandengekommen anzusehen sind,
2. was unter äußeren Ereignissen, deren Konsequenzen trotz aller angemessenen Gegenmaßnahmen nach Absatz 1 unabwendbar gewesen wären, zu verstehen ist sowie
3. die Bedingungen und Umstände, unter denen ein objektiver Grund für die vertragliche Vereinbarung einer Haftungsbefreiung nach Absatz 4 vorliegt.

**§ 89 Geltendmachung von Ansprüchen der Anleger; Verordnungsermächtigung.** (1) [1]Die Verwahrstelle ist berechtigt und verpflichtet, im eigenen Namen

1. Ansprüche der Anleger wegen Verletzung der Vorschriften dieses Gesetzes oder der Anlagebedingungen gegen die AIF-Kapitalverwaltungsgesellschaft geltend zu machen,
2. im Fall von Verfügungen nach Maßgabe des § 84 Absatz 2 Satz 3 und 4 Ansprüche der Anleger gegen den Erwerber eines Gegenstandes des Publikums-AIF im eigenen Namen geltend zu machen und
3. im Wege einer Klage nach § 771 der Zivilprozessordnung Widerspruch zu erheben, wenn in einen inländischen AIF wegen eines Anspruchs vollstreckt wird, für den der inländische AIF nicht haftet; die Anleger können nicht selbst Widerspruch gegen die Zwangsvollstreckung erheben.

[2]Satz 1 Nummer 1 schließt die Geltendmachung von Ansprüchen gegen die AIF-Kapitalverwaltungsgesellschaft durch die Anleger nicht aus.

(2) [1]Die AIF-Kapitalverwaltungsgesellschaft ist berechtigt und verpflichtet, im eigenen Namen Ansprüche der Anleger gegen die Verwahrstelle geltend zu machen. [2]Satz 1 schließt die Geltendmachung von Ansprüchen gegen die Verwahrstelle durch die Anleger nicht aus.

(3)[1] [1]Die AIF-Kapitalverwaltungsgesellschaft hat für die Fälle einer fehlerhaften Berechnung von Anteilswerten oder einer Verletzung von Anlagegrenzen oder Erwerbsvorgaben bei einem inländischen AIF geeignete Entschädigungsverfahren für die betroffenen Anleger vorzusehen. [2]Die Verfahren müssen insbesondere die Erstellung eines Entschädigungsplans umfassen sowie die Prüfung des Entschädigungsplans und der Entschädigungsmaßnahmen durch einen Wirtschaftsprüfer vorsehen. [3]Das Bundesministerium der Finanzen wird ermächtigt, durch Rechtsverordnung, die nicht der Zustimmung des Bundesrates bedarf, nähere Bestimmungen zu den Entschädigungsverfahren und deren Durchführung zu erlassen, insbesondere zu

---

[1] § 89 Abs. 3 Sätze 3 und 4 sind gem. Art. 28 Abs. 1 G v. 4.7.2013 (BGBl. I S. 1981) am 11.7.2013 in Kraft getreten.

1. Einzelheiten des Verfahrens einschließlich, soweit erforderlich, der Beteiligung der depotführenden Stellen des Anlegers und einer Mindesthöhe der fehlerhaften Berechnung des Anteilswertes, ab der das Entschädigungsverfahren durchzuführen ist sowie gegebenenfalls zu den Einzelheiten eines vereinfachten Entschädigungsverfahrens bei Unterschreitung einer bestimmten Gesamtschadenshöhe,
2. den gegenüber einem betroffenen Anleger oder inländischen AIF vorzunehmenden Entschädigungsmaßnahmen sowie gegebenenfalls zu Bagatellgrenzen, bei denen solche Entschädigungsmaßnahmen einen unverhältnismäßigen Aufwand verursachen würden,
3. Meldepflichten gegenüber der Bundesanstalt und gegebenenfalls gegenüber den zuständigen Stellen des Herkunftsstaates der einen inländischen AIF verwaltenden EU-AIF-Verwaltungsgesellschaft,
4. Informationspflichten gegenüber den betroffenen Anlegern,
5. Inhalt und Aufbau des zu erstellenden Entschädigungsplans und zu den Einzelheiten der Entschädigungsmaßnahmen sowie
6. Inhalt und Umfang der Prüfung des Entschädigungsplans und der Entschädigungsmaßnahmen durch einen Wirtschaftsprüfer.

[4] Das Bundesministerium der Finanzen kann diese Ermächtigung durch Rechtsverordnung auf die Bundesanstalt übertragen.

**§ 89a Vergütung, Aufwendungsersatz.** (1) [1] Die Verwahrstelle darf der AIF-Verwaltungsgesellschaft aus den zu einem inländischen AIF gehörenden Konten nur die für die Verwaltung des inländischen AIF zustehende Vergütung und den ihr zustehenden Ersatz von Aufwendungen auszahlen. [2] Werden die Konten bei einer anderen Stelle nach § 83 Absatz 6 Satz 2 geführt, bedarf die Auszahlung der der AIF-Verwaltungsgesellschaft für die Verwaltung des inländischen AIF zustehenden Vergütung und des ihr zustehenden Ersatzes von Aufwendungen der Zustimmung der Verwahrstelle.

(2) [1] Die Verwahrstelle darf die Vergütung, die ihr für die Verwahrung des inländischen AIF und die Wahrnehmung der Aufgaben nach Maßgabe dieses Gesetzes zusteht, nur mit Zustimmung der AIF-Verwaltungsgesellschaft entnehmen. [2] Entsprechendes gilt, wenn die zu einem inländischen AIF gehörenden Konten bei einer anderen Stelle nach § 83 Absatz 6 Satz 2 geführt werden.

**§ 90 Anwendbare Vorschriften für ausländische AIF.** Verwaltet eine AIF-Kapitalverwaltungsgesellschaft einen ausländischen AIF und beauftragt sie eine Verwahrstelle mit Sitz in der Bundesrepublik Deutschland oder verwaltet eine ausländische AIF-Verwaltungsgesellschaft, deren Referenzmitgliedstaat die Bundesrepublik Deutschland nach § 56 ist, einen ausländischen AIF und beauftragt eine Verwahrstelle mit Sitz in der Bundesrepublik Deutschland, gelten die Vorschriften dieses Unterabschnitts entsprechend; § 55 bleibt unberührt.

### Abschnitt 4. Offene inländische Investmentvermögen
### Unterabschnitt 1. Allgemeine Vorschriften für offene inländische Investmentvermögen

**§ 91 Rechtsform.** (1) Offene inländische Investmentvermögen dürfen nur als Sondervermögen gemäß den Vorschriften des Unterabschnitts 2 oder als

Investmentaktiengesellschaft mit veränderlichem Kapital gemäß den Vorschriften des Unterabschnitts 3 aufgelegt werden.

(2) Abweichend von Absatz 1 dürfen offene inländische Investmentvermögen, die nicht inländische OGAW sind und deren Anteile nach dem Gesellschaftsvertrag ausschließlich von professionellen und semiprofessionellen Anlegern erworben werden dürfen, zusätzlich als offene Investmentkommanditgesellschaft gemäß den Vorschriften des Unterabschnitts 4 aufgelegt werden.

(3) Abweichend von den Absätzen 1 und 2 dürfen offene inländische Investmentvermögen, die nach den Anlagebedingungen das bei ihnen eingelegte Geld in Immobilien anlegen, nur als Sondervermögen aufgelegt werden.

### Unterabschnitt 2. Allgemeine Vorschriften für Sondervermögen

**§ 92 Sondervermögen.** (1) [1]Die zum Sondervermögen gehörenden Vermögensgegenstände können nach Maßgabe der Anlagebedingungen im Eigentum der Kapitalverwaltungsgesellschaft oder im Miteigentum der Anleger stehen. [2]Das Sondervermögen ist von dem eigenen Vermögen der Kapitalverwaltungsgesellschaft getrennt zu halten.

(2) Zum Sondervermögen gehört auch alles, was die Kapitalverwaltungsgesellschaft auf Grund eines zum Sondervermögen gehörenden Rechts oder durch ein Rechtsgeschäft erwirbt, das sich auf das Sondervermögen bezieht, oder was derjenige, dem das Sondervermögen zusteht, als Ersatz für ein zum Sondervermögen gehörendes Recht erwirbt.

(3) [1]Die Kapitalverwaltungsgesellschaft darf mehrere Sondervermögen bilden. [2]Diese haben sich durch ihre Bezeichnung zu unterscheiden und sind getrennt zu halten.

(4) Auf das Rechtsverhältnis zwischen den Anlegern und der Kapitalverwaltungsgesellschaft ist das Depotgesetz nicht anzuwenden.

(5) Vermögen, die von der Kapitalverwaltungsgesellschaft gemäß § 20 Absatz 2 Nummer 1 oder gemäß § 20 Absatz 3 Nummer 1 oder 2 verwaltet werden, bilden keine Sondervermögen.

**§ 93 Verfügungsbefugnis, Treuhänderschaft, Sicherheitsvorschriften.**

(1) Die Kapitalverwaltungsgesellschaft ist berechtigt, im eigenen Namen über die zu einem Sondervermögen gehörenden Gegenstände nach Maßgabe dieses Gesetzes und der Anlagebedingungen zu verfügen und alle Rechte aus ihnen auszuüben.

(2) [1]Das Sondervermögen haftet nicht für Verbindlichkeiten der Kapitalverwaltungsgesellschaft; dies gilt auch für Verbindlichkeiten der Kapitalverwaltungsgesellschaft aus Rechtsgeschäften, die sie für gemeinschaftliche Rechnung der Anleger tätigt. [2]Die Kapitalverwaltungsgesellschaft ist nicht berechtigt, im Namen der Anleger Verbindlichkeiten einzugehen. [3]Von den Vorschriften dieses Absatzes abweichende Vereinbarungen sind unwirksam.

(3) Die Kapitalverwaltungsgesellschaft kann sich wegen ihrer Ansprüche auf Vergütung und auf Ersatz von Aufwendungen aus den für gemeinschaftliche Rechnung der Anleger getätigten Geschäften nur aus dem Sondervermögen befriedigen; die Anleger haften ihr nicht persönlich.

(4) [1]Gegenstände, die zu einem Sondervermögen gehören, dürfen nicht verpfändet oder sonst belastet, zur Sicherung übereignet oder zur Sicherung abgetreten werden; eine unter Verstoß gegen diese Vorschrift vorgenommene

Verfügung ist gegenüber den Anlegern unwirksam. ²Satz 1 ist nicht anzuwenden, wenn für Rechnung eines Sondervermögens nach den §§ 199, 221 Absatz 6, §§ 254, 274, 283 Absatz 1 Satz 1 Nummer 1, § 284 Absatz 4 Kredite aufgenommen, einem Dritten Optionsrechte eingeräumt oder Wertpapier-Pensionsgeschäfte nach § 203 oder Finanzterminkontrakte, Devisenterminkontrakte, Swaps oder ähnliche Geschäfte nach Maßgabe des § 197 abgeschlossen werden oder wenn für Rechnung eines Sondervermögens nach § 283 Absatz 1 Satz 1 Nummer 2 Leerverkäufe getätigt oder einem Sondervermögen im Sinne des § 283 Absatz 1 Wertpapier-Darlehen gewährt werden; hinsichtlich der Weiterverwendung von als Sicherheit erhaltenen Finanzinstrumenten wird auf Artikel 15 der Verordnung (EU) 2015/2365 verwiesen.

(5) ¹Forderungen gegen die Kapitalverwaltungsgesellschaft und Forderungen, die zu einem Sondervermögen gehören, können nicht gegeneinander aufgerechnet werden. ²Dies gilt nicht für Rahmenverträge über Geschäfte nach § 197 Absatz 1 Satz 1, nach den §§ 200 und 203 oder mit Primebrokern, für die vereinbart ist, dass die auf Grund dieser Geschäfte oder des Rahmenvertrages für Rechnung des Sondervermögens begründeten Ansprüche und Forderungen selbsttätig oder durch Erklärung einer Partei aufgerechnet oder im Fall der Beendigung des Rahmenvertrages wegen Nichterfüllung oder Insolvenz durch eine einheitliche Ausgleichsforderung ersetzt werden.

(6) Werden nicht voll eingezahlte Aktien in ein Sondervermögen aufgenommen, so haftet die Kapitalverwaltungsgesellschaft für die Leistung der ausstehenden Einlagen nur mit dem eigenen Vermögen.

(7) Sind Anteile in den Verkehr gelangt, ohne dass der Anteilswert dem Sondervermögen zugeflossen ist, so hat die Kapitalverwaltungsgesellschaft aus ihrem eigenen Vermögen den fehlenden Betrag in das Sondervermögen einzulegen.

**§ 94 Stimmrechtsausübung.** ¹Die Kapitalverwaltungsgesellschaft bedarf zur Ausübung des Stimmrechts aus den zu einem Sondervermögen gehörenden Aktien keiner schriftlichen Vollmacht der Anleger. ²§ 129 Absatz 3 des Aktiengesetzes ist entsprechend anzuwenden. ³Die Kapitalverwaltungsgesellschaft soll das Stimmrecht aus Aktien von Gesellschaften, die ihren Sitz im Geltungsbereich dieses Gesetzes haben, im Regelfall selbst ausüben. ⁴Das Stimmrecht kann für den Einzelfall durch einen Bevollmächtigten ausgeübt werden; dabei sollen ihm Weisungen für die Ausübung erteilt werden. ⁵Ein unabhängiger Stimmrechtsvertreter kann auf Dauer und ohne Weisungen für die Stimmrechtsausübungen bevollmächtigt werden.

**§ 95[1]) Anteilscheine.** (1) ¹Die Anteile an Sondervermögen werden in Anteilscheinen verbrieft. ²Die Anteilscheine können auf den Inhaber oder auf Namen lauten. ³Lauten sie auf den Inhaber, sind sie in einer Sammelurkunde zu verbriefen und ist der Anspruch auf Einzelverbriefung auszuschließen; lauten sie auf den Namen, so gelten für sie die §§ 67 und 68 des Aktiengesetzes entsprechend. ⁴Die Anteilscheine können über einen oder mehrere Anteile desselben Sondervermögens ausgestellt werden. ⁵Die Anteilscheine sind von der Kapitalverwaltungsgesellschaft und von der Verwahrstelle zu unterzeichnen. ⁶Die Unterzeichnung kann durch mechanische Vervielfältigung geschehen.

---

[1]) Beachte zu § 95 Abs. 1 Übergangsvorschrift v. 30.11.1992 (Nds. GVBl. S. 311) in § 358.

(2) ¹ Stehen die zum Sondervermögen gehörenden Gegenstände den Anlegern gemeinschaftlich zu, so geht mit der Übertragung der in dem Anteilschein verbrieften Ansprüche auch der Anteil des Veräußerers an den zum Sondervermögen gehörenden Gegenständen auf den Erwerber über. ² Entsprechendes gilt für sonstige rechtsgeschäftliche Verfügungen sowie für Verfügungen, die im Wege der Zwangsvollstreckung oder Arrestvollziehung erfolgen. ³ Über den Anteil an den zum Sondervermögen gehörenden Gegenständen kann in keiner anderen Weise verfügt werden.

## § 96 Anteilklassen und Teilsondervermögen; Verordnungsermächtigung.

(1) ¹ Die Anteile an einem Sondervermögen können unter Berücksichtigung der Festlegungen in der Rechtsverordnung nach Absatz 4 nach verschiedenen Ausgestaltungsmerkmalen, insbesondere hinsichtlich der Ertragsverwendung, des Ausgabeaufschlags, des Rücknahmeabschlags, der Währung des Anteilswertes, der Verwaltungsvergütung, der Mindestanlagesumme oder einer Kombination dieser Merkmale unterteilt werden (Anteilklassen). ² Anteile einer Anteilklasse haben gleiche Ausgestaltungsmerkmale. ³ Die Kosten bei Einführung neuer Anteilklassen für bestehende Sondervermögen müssen zulasten der Anteilpreise der neuen Anteilklasse in Rechnung gestellt werden. ⁴ Der Wert des Anteils ist für jede Anteilklasse gesondert zu errechnen.

(2) ¹ Unter Berücksichtigung der Festlegung in der Rechtsverordnung nach Absatz 4 können mehrere Sondervermögen, die sich hinsichtlich der Anlagepolitik oder eines anderen Ausstattungsmerkmals unterscheiden (Teilsondervermögen), zusammengefasst werden (Umbrella-Konstruktion). ² Die Kosten für die Auflegung neuer Teilsondervermögen dürfen nur zulasten der Anteilpreise der neuen Teilsondervermögen in Rechnung gestellt werden. ³ Bei Publikumsteilsondervermögen sind die Anlagebedingungen und deren Änderungen durch die Bundesanstalt nach Maßgabe der §§ 162 und 163 zu genehmigen. ⁴ Bei Spezialteilsondervermögen sind die Anlagebedingungen und deren wesentliche Änderungen bei der Bundesanstalt gemäß § 273 vorzulegen.

(3) ¹ Die jeweiligen Teilsondervermögen einer Umbrella-Konstruktion sind von den übrigen Teilsondervermögen der Umbrella-Konstruktion vermögensrechtlich und haftungsrechtlich getrennt. ² Im Verhältnis der Anleger untereinander wird jedes Teilsondervermögen als eigenständiges Zweckvermögen behandelt. ³ Die Rechte von Anlegern und Gläubigern im Hinblick auf ein Teilsondervermögen, insbesondere dessen Auflegung, Verwaltung, Übertragung und Auflösung, beschränken sich auf die Vermögensgegenstände dieses Teilsondervermögens. ⁴ Für die auf das einzelne Teilsondervermögen entfallenden Verbindlichkeiten haftet nur das betreffende Teilsondervermögen. ⁵ Absatz 1 Satz 4 gilt entsprechend.

(4)[1] ¹ Das Bundesministerium der Finanzen wird ermächtigt, durch Rechtsverordnung, die nicht der Zustimmung des Bundesrates bedarf, nähere Bestimmungen zur buchhalterischen Darstellung, Rechnungslegung und Ermittlung des Wertes jeder Anteilklasse oder jedes Teilsondervermögens zu erlassen. ² Das Bundesministerium der Finanzen kann die Ermächtigung durch Rechtsverordnung auf die Bundesanstalt übertragen.

---

[1] § 96 Abs. 4 ist gem. Art. 28 Abs. 1 G v. 4.7.2013 (BGBl. I S. 1981) am 11.7.2013 in Kraft getreten.

**§ 97[1] Sammelverwahrung, Verlust von Anteilscheinen.** (1) ¹Namensanteilscheine sowie dem jeweiligen Namensanteilschein zugehörige, noch nicht fällige Gewinnanteilscheine dürfen in Sammelverwahrung im Sinne des Depotgesetzes nur genommen werden, wenn sie blanko indossiert sind. ²Inhaberanteilscheine sowie dem jeweiligen Inhaberanteilschein zugehörige, noch nicht fällige Gewinnanteilscheine sind einer der folgenden Stellen zur Sammelverwahrung anzuvertrauen:

1. einer Wertpapiersammelbank im Sinne des § 1 Absatz 3 Satz 1 des Depotgesetzes[2],
2. einem zugelassenen Zentralverwahrer oder einem anerkannten Drittland-Zentralverwahrer gemäß der Verordnung (EU) Nr. 909/2014 des Europäischen Parlaments und des Rates vom 23. Juli 2014 zur Verbesserung der Wertpapierlieferungen und -abrechnungen in der Europäischen Union und über Zentralverwahrer sowie zur Änderung der Richtlinien 98/26/EG und 2014/65/EU und der Verordnung (EU) Nr. 236/2012 (ABl. L 257 vom 28.8.2014, S. 1) oder
3. einem sonstigen ausländischen Verwahrer, der die Voraussetzungen des § 5 Absatz 4 Satz 1 des Depotgesetzes erfüllt.

(2) ¹Ist ein Anteilschein abhanden gekommen oder vernichtet, so kann die Urkunde, wenn nicht das Gegenteil darin bestimmt ist, im Aufgebotsverfahren für kraftlos erklärt werden. ²§ 799 Absatz 2 und § 800 des Bürgerlichen Gesetzbuchs gelten sinngemäß. ³Sind Gewinnanteilscheine auf den Inhaber ausgegeben, so erlischt mit der Kraftloserklärung des Anteilscheins auch der Anspruch aus den noch nicht fälligen Gewinnanteilscheinen.

(3) ¹Ist ein Anteilschein infolge einer Beschädigung oder einer Verunstaltung nicht mehr zum Umlauf geeignet, so kann der Berechtigte, wenn der wesentliche Inhalt und die Unterscheidungsmerkmale der Urkunde noch mit Sicherheit erkennbar sind, von der Gesellschaft die Erteilung einer neuen Urkunde gegen Aushändigung der alten verlangen. ²Die Kosten hat er zu tragen und vorzuschießen.

(4) ¹Neue Gewinnanteilscheine dürfen an den Inhaber des Erneuerungsscheins nicht ausgeben werden, wenn der Besitzer des Anteilscheins der Ausgabe widerspricht. ²In diesem Fall sind die Scheine dem Besitzer des Anteilscheins auszuhändigen, wenn er die Haupturkunde vorlegt.

**§ 98 Rücknahme von Anteilen, Aussetzung.** (1) ¹Jeder Anleger kann mindestens zweimal im Monat verlangen, dass ihm gegen Rückgabe des Anteils sein Anteil an dem Sondervermögen aus diesem ausgezahlt wird; die Einzelheiten sind in den Anlagebedingungen festzulegen. ²Für ein Spezialsondervermögen kann abweichend von Satz 1 vereinbart werden, dass die Rücknahme von Anteilen nur zu bestimmten Rücknahmeterminen erfolgt.

(1a) ¹In den Anlagebedingungen kann vorgesehen werden, dass die Rückgabe von Anteilen durch eine unwiderrufliche Rückgabeerklärung gegenüber der Kapitalverwaltungsgesellschaft unter Einhaltung einer in den Anlagebedingungen festgelegten Rückgabefrist erfolgen muss, die höchstens einen Monat betragen darf. ²Die Rückgabefrist von höchstens einem Monat nach Satz 1 gilt

---

[1] Beachte zu § 97 Abs. 1 Übergangsvorschrift v. 30.11.1992 (Nds. GVBl. S. 311) in § 358.
[2] Nr. **16**.

## 15 KAGB § 98 — Kapitalanlagegesetzbuch

nicht für Spezial-AIF. [3] Die Regelungen in § 223 Absatz 1 und 2, § 227 Absatz 1 und 2, § 255 Absatz 2 bis 4 sowie § 283 Absatz 3 bleiben unberührt. [4] Die Anteile, auf die sich die Rückgabeerklärung bezieht, sind bis zur tatsächlichen Rückgabe von der depotführenden Stelle zu sperren. [5] Bei nicht im Inland in einem Depot verwahrten Anteilen wird die Rückgabeerklärung erst wirksam und beginnt die Frist erst zu laufen, wenn die Verwahrstelle die zurückgegebenen Anteile in ein Sperrdepot übertragen hat. [6] Die Anlagebedingungen können abweichend von den Sätzen 4 und 5 eine andere Form für den Nachweis vorsehen, dass die Rückgabe in Einklang mit Satz 1 erfolgt.

(1b) [1] In den Anlagebedingungen kann vorgesehen werden, dass die Kapitalverwaltungsgesellschaft die Rücknahme der Anteile abweichend von Absatz 1 beschränken kann, wenn die Rückgabeverlangen der Anleger einen zuvor festgelegten Schwellenwert erreichen, ab dem die Rückgabeverlangen aufgrund der Liquiditätssituation der Vermögensgegenstände des Sondervermögens nicht mehr im Interesse der Gesamtheit der Anleger ausgeführt werden können. [2] Die Beschränkung der Rücknahme der Anteile darf höchstens 15 Arbeitstage dauern. [3] Die Kapitalverwaltungsgesellschaft hat die Bundesanstalt unverzüglich über die Beschränkung der Rücknahme der Anteile sowie deren Aufhebung zu informieren. [4] Die Kapitalverwaltungsgesellschaft hat die Beschränkung der Rücknahme der Anteile sowie deren Aufhebung zudem unverzüglich auf ihrer Internetseite zu veröffentlichen. [5] Satz 4 findet auf Spezial-AIF keine Anwendung. [6] § 223 Absatz 1 und 2, § 227 Absatz 1 und 2, § 255 Absatz 2 bis 4 sowie § 283 Absatz 3 bleiben unberührt.

(2) [1] In den Anlagebedingungen kann vorgesehen werden, dass die Kapitalverwaltungsgesellschaft die Rücknahme der Anteile aussetzen darf, wenn außergewöhnliche Umstände vorliegen, die eine Aussetzung unter Berücksichtigung der Interessen der Anleger erforderlich erscheinen lassen. [2] Solange die Rücknahme ausgesetzt ist, dürfen keine Anteile ausgegeben werden. [3] Die Kapitalverwaltungsgesellschaft hat der Bundesanstalt und den zuständigen Stellen der anderen Mitgliedstaaten der Europäischen Union oder der anderen Vertragsstaaten des Abkommens über den Europäischen Wirtschaftsraum, in denen sie Anteile des Sondervermögens vertreibt, die Entscheidung zur Aussetzung der Rücknahme unverzüglich anzuzeigen. [4] Die Kapitalverwaltungsgesellschaft hat die Aussetzung und die Wiederaufnahme der Rücknahme der Anteile im Bundesanzeiger und darüber hinaus in einer hinreichend verbreiteten Wirtschafts- oder Tageszeitung oder in den in dem Verkaufsprospekt bezeichneten elektronischen Informationsmedien bekannt zu machen. [5] Die Anleger sind über die Aussetzung und Wiederaufnahme der Rücknahme der Anteile unverzüglich nach der Bekanntmachung im Bundesanzeiger mittels eines dauerhaften Datenträgers zu unterrichten. [6] Satz 4 findet auf Spezial-AIF keine Anwendung.

(3) [1] Die Bundesanstalt kann anordnen, dass die Kapitalverwaltungsgesellschaft die Rücknahme der Anteile auszusetzen hat, wenn dies im Interesse der Anleger oder der Öffentlichkeit erforderlich ist; die Bundesanstalt soll die Aussetzung der Rücknahme anordnen, wenn die AIF-Kapitalverwaltungsgesellschaft bei einem Immobilien-Sondervermögen im Fall des Absatzes 2 Satz 1 die Aussetzung nicht vornimmt oder im Fall des § 257 der Verpflichtung zur Aussetzung nicht nachkommt. [2] Absatz 2 Satz 2 und 4 bis 6 ist entsprechend anzuwenden.

**§ 99 Kündigung und Verlust des Verwaltungsrechts.** (1) ¹Die Kapitalverwaltungsgesellschaft ist berechtigt, die Verwaltung eines Sondervermögens unter Einhaltung einer Kündigungsfrist von sechs Monaten durch Bekanntmachung im Bundesanzeiger und darüber hinaus im Jahresbericht oder Halbjahresbericht zu kündigen. ²Die Anlagebedingungen können eine längere Kündigungsfrist vorsehen. ³Die Anleger sind über eine nach Satz 1 bekannt gemachte Kündigung mittels eines dauerhaften Datenträgers unverzüglich zu unterrichten. ⁴Abweichend von Satz 1 kann für ein Spezialsondervermögen in den Anlagebedingungen auch eine kürzere Kündigungsfrist vereinbart werden; bei Spezialsondervermögen ist eine Bekanntmachung der Kündigung im Bundesanzeiger und im Jahresbericht nicht erforderlich.

(2) Die Kapitalverwaltungsgesellschaft kann ihre Auflösung nicht für einen früheren als den Zeitpunkt beschließen, in dem ihr Recht zur Verwaltung aller Sondervermögen erlischt.

(3) ¹Das Recht der Kapitalverwaltungsgesellschaft, die Sondervermögen zu verwalten, erlischt ferner mit der Eröffnung des Insolvenzverfahrens über das Vermögen der Kapitalverwaltungsgesellschaft oder mit der Rechtskraft des Gerichtsbeschlusses, durch den der Antrag auf die Eröffnung des Insolvenzverfahrens mangels Masse nach § 26 der Insolvenzordnung abgewiesen wird. ²Die Sondervermögen gehören nicht zur Insolvenzmasse der Kapitalverwaltungsgesellschaft.

(4) Wird die Kapitalverwaltungsgesellschaft aus einem in den Absätzen 2 und 3 nicht genannten Grund aufgelöst oder wird gegen sie ein allgemeines Verfügungsverbot erlassen, so hat die Verwahrstelle die Rechte, hinsichtlich eines bei ihr verwahrten Sondervermögens für die Anleger deren Vertragsverhältnis mit der Kapitalverwaltungsgesellschaft ohne Einhaltung einer Kündigungsfrist zu kündigen.

(5) Kein Anleger kann die Aufhebung der in Ansehung des Sondervermögens bestehenden Gemeinschaft der Anleger verlangen; ein solches Recht steht auch nicht einem Gläubiger, Pfandgläubiger, Pfändungsgläubiger oder dem Insolvenzverwalter über das Vermögen eines Anlegers zu.

**§ 100 Abwicklung des Sondervermögens.** (1) Erlischt das Recht der Kapitalverwaltungsgesellschaft, ein Sondervermögen zu verwalten, so geht,

1. wenn das Sondervermögen im Eigentum der Kapitalverwaltungsgesellschaft steht, das Sondervermögen auf die Verwahrstelle über,
2. wenn es im Miteigentum der Anleger steht, das Verwaltungs- und Verfügungsrecht über das Sondervermögen auf die Verwahrstelle über.

(2) Die Verwahrstelle hat das Sondervermögen abzuwickeln und an die Anleger zu verteilen.

(3) ¹Mit Genehmigung der Bundesanstalt kann die Verwahrstelle von der Abwicklung und Verteilung absehen und einer anderen Kapitalverwaltungsgesellschaft die Verwaltung des Sondervermögens nach Maßgabe der bisherigen Anlagebedingungen übertragen. ²Die Bundesanstalt kann die Genehmigung mit Nebenbestimmungen verbinden. ³§ 415 des Bürgerlichen Gesetzbuchs ist nicht anzuwenden. ⁴Abweichend von Satz 1 bedarf die Übertragung der Verwaltung eines Spezialsondervermögens auf eine andere AIF-Kapitalverwaltungsgesellschaft keiner Genehmigung der Bundesanstalt; die Übertragung ist

der Bundesanstalt anzuzeigen. ⁵Die Bundesanstalt hat der Kapitalverwaltungsgesellschaft das Datum des Eingangs der Anzeige zu bestätigen.

**§ 100a[1] Grunderwerbsteuer bei Übergang eines Immobilien-Sondervermögens.** ¹Erwerbsvorgänge im Sinne des § 1 des Grunderwerbsteuergesetzes, die sich aus dem Übergang eines Immobilien-Sondervermögens auf die Verwahrstelle gemäß § 100 Absatz 1 Nummer 1 ergeben, sind von der Grunderwerbsteuer befreit, wenn sie fristgerecht und vollständig im Sinne der §§ 18 bis 20 des Grunderwerbsteuergesetzes angezeigt werden. ²Für Erwerbsvorgänge im Sinne des Satzes 1 findet die Vorschrift des § 17 Absatz 3 des Grunderwerbsteuergesetzes entsprechende Anwendung. ³Satz 1 gilt nur, wenn der Übergang des Immobilien-Sondervermögens auf die Verwahrstelle gemäß § 100 Absatz 1 Nummer 1 erfolgt, weil das Recht der AIF-Kapitalverwaltungsgesellschaft, das Immobilien-Sondervermögen zu verwalten,

1. gemäß § 99 Absatz 1 aufgrund der Kündigung des Verwaltungsrechts während einer Aussetzung der Rücknahme gemäß § 257 oder
2. gemäß § 257 Absatz 4

erloschen ist, und das Immobilien-Sondervermögen gemäß § 100 Absatz 2 abgewickelt und an die Anleger verteilt wird. ⁴Die Befreiung von der Grunderwerbsteuer entfällt rückwirkend für die Grundstücke bzw. die Anteile an Immobilien-Gesellschaften oder Beteiligungen am Gesellschaftsvermögen von Immobilien-Gesellschaften, die von der Verwahrstelle nicht innerhalb von drei Jahren durch einen der Grunderwerbsteuer unterliegenden Erwerbsvorgang veräußert oder übertragen werden. ⁵Die Verwahrstelle hat innerhalb von zwei Wochen nach Ablauf der Frist nach Satz 4 den Verbleib aller inländischen erhaltenen Grundstücke sowie der Anteile an Immobilien-Gesellschaften oder Beteiligungen am Gesellschaftsvermögen von Immobilien-Gesellschaften dem zuständigen Finanzamt nachzuweisen. ⁶Wird die Nachweispflicht nach Satz 5 nicht erfüllt, entfällt die Befreiung rückwirkend.

**§ 100b Übertragung auf eine andere Kapitalverwaltungsgesellschaft.**
(1) ¹Anstelle der Kündigung des Verwaltungsrechts und Abwicklung des Sondervermögens durch die Verwahrstelle nach den §§ 99 und 100 kann die Kapitalverwaltungsgesellschaft mit Genehmigung der Bundesanstalt das Sondervermögen, wenn dieses im Eigentum der Kapitalverwaltungsgesellschaft steht, oder das Verwaltungs- und Verfügungsrecht über das Sondervermögen, wenn dieses im Miteigentum der Anleger steht, nach Maßgabe der bisherigen Anlagebedingungen auf eine andere Kapitalverwaltungsgesellschaft (aufnehmende Kapitalverwaltungsgesellschaft) übertragen. ²Die aufnehmende Kapitalverwaltungsgesellschaft muss über eine Erlaubnis zur Verwaltung solcher Arten von Investmentvermögen verfügen. ³§ 100 Absatz 3 Satz 2 bis 5 gilt entsprechend. ⁴Die Genehmigung nach Satz 1 ist innerhalb einer Frist von acht Wochen nach Eingang des Genehmigungsantrags zu erteilen, wenn die gesetzlichen Voraussetzungen für die Genehmigung vorliegen und der Antrag von der übertragenden Kapitalverwaltungsgesellschaft gestellt wurde. ⁵§ 163 Absatz 2 Satz 2 und 4 gilt entsprechend.

(2) ¹Die Kapitalverwaltungsgesellschaft hat die Übertragung im Bundesanzeiger und darüber hinaus im Jahresbericht oder Halbjahresbericht bekannt

---
[1] Beachte hierzu die Übergangsvorschrift in § 357.

zu machen. ²Die Bekanntmachung darf erst erfolgen, wenn die Bundesanstalt die Genehmigung nach Absatz 1 erteilt hat. ³ § 99 Absatz 1 Satz 3 und 4 zweiter Teilsatz gilt entsprechend.

(3) ¹Der Zeitpunkt, zu dem die Übertragung wirksam wird, bestimmt sich nach der vertraglichen Vereinbarung zwischen der Kapitalverwaltungsgesellschaft und der aufnehmenden Kapitalverwaltungsgesellschaft. ²Die Übertragung darf bei Publikumssondervermögen frühestens mit Ablauf von drei Monaten nach der Bekanntmachung im Bundesanzeiger nach Absatz 2 Satz 1 und bei Spezialsondervermögen frühestens mit der Anzeige der Übertragung bei der Bundesanstalt wirksam werden.

(4) Ein Wechsel der Verwahrstelle bedarf bei Publikumssondervermögen der Genehmigung der Bundesanstalt.

**§ 101 Jahresbericht.** (1) ¹Die Kapitalverwaltungsgesellschaft hat für jedes OGAW-Sondervermögen für den Schluss eines jeden Geschäftsjahres spätestens vier Monate nach Ende des Geschäftsjahres und für jedes AIF-Sondervermögen für den Schluss eines jeden Geschäftsjahres spätestens sechs Monate nach Ende des Geschäftsjahres einen Jahresbericht nach den Sätzen 2 und 3 zu erstellen. ²Der Jahresbericht muss einen Bericht über die Tätigkeit der Kapitalverwaltungsgesellschaft im abgelaufenen Geschäftsjahr und alle wesentlichen Angaben enthalten, die es den Anlegern ermöglichen, sich ein Urteil über diese Tätigkeit und die Ergebnisse des Sondervermögens zu bilden. ³Der Jahresbericht muss enthalten:

1. eine Vermögensaufstellung der zum Sondervermögen gehörenden Vermögensgegenstände sowie der Verbindlichkeiten aus Kreditaufnahmen, Pensionsgeschäften, Wertpapier-Darlehensgeschäften und der sonstigen Verbindlichkeiten. Die Vermögensgegenstände sind nach Art, Nennbetrag oder Zahl, Kurs und Kurswert aufzuführen. Der Wertpapierbestand ist zu untergliedern in Wertpapiere mit einer Zulassung zum Handel an einer Börse, an einem organisierten Markt zugelassene oder in diesen einbezogene Wertpapiere, Wertpapiere aus Neuemissionen, die an einer Börse zum Handel zugelassen oder an einem organisierten Markt zugelassen oder in diesen einbezogen werden sollen, sonstige Wertpapiere gemäß § 198 Absatz 1 Nummer 1 und 3 und verbriefte Geldmarktinstrumente sowie Schuldscheindarlehen, wobei eine weitere Gliederung nach geeigneten Kriterien unter Berücksichtigung der Anlagepolitik nach prozentualen Anteilen am Wert des Sondervermögens vorzunehmen ist. Für jeden Posten der Vermögensaufstellung ist sein Anteil am Wert des Sondervermögens anzugeben. Für jeden Posten der Wertpapiere, Geldmarktinstrumente und Investmentanteile sind auch die während des Berichtszeitraums getätigten Käufe und Verkäufe nach Nennbetrag oder Zahl aufzuführen. Der Wert des Sondervermögens ist anzugeben. Es ist anzugeben, inwieweit zum Sondervermögen gehörende Vermögensgegenstände Gegenstand von Rechten Dritter sind;
2. die während des Berichtszeitraums abgeschlossenen Geschäfte, die Finanzinstrumente zum Gegenstand haben, Pensionsgeschäfte und Wertpapier-Darlehen, soweit sie nicht mehr in der Vermögensaufstellung erscheinen. Die während des Berichtszeitraums von Spezialsondervermögen nach § 283 getätigten Leerverkäufe in Wertpapieren sind unter Nennung von Art, Nennbetrag oder Zahl, Zeitpunkt der Verkäufe und Nennung der erzielten Erlöse anzugeben;

3. die Anzahl der am Berichtsstichtag umlaufenden Anteile und der Wert eines Anteils gemäß § 168 Absatz 1;

4. eine nach Art der Erträge und Aufwendungen gegliederte Ertrags- und Aufwandsrechnung. Sie ist so zu gestalten, dass aus ihr die Erträge aus Anlagen, sonstige Erträge, Aufwendungen für die Verwaltung des Sondervermögens und für die Verwahrstelle, sonstige Aufwendungen und Gebühren und der Nettoertrag sowie Erhöhungen und Verminderungen des Sondervermögens durch Veräußerungsgeschäfte ersichtlich sind. Außerdem ist eine Übersicht über die Entwicklung des Sondervermögens während des Berichtszeitraums zu erstellen, die auch Angaben über ausgeschüttete und wieder angelegte Erträge, Mehr- oder Minderwerte bei den ausgewiesenen Vermögensgegenständen sowie Angaben über Mittelzuflüsse aus Anteilverkäufen und Mittelabflüsse durch Anteilrücknahmen enthalten muss;

5. die von der Kapitalverwaltungsgesellschaft beschlossene Verwendung der Erträge des Sondervermögens;

6. bei Publikumssondervermögen eine vergleichende Übersicht der letzten drei Geschäftsjahre, wobei zum Ende jedes Geschäftsjahres der Wert des Publikumssondervermögens und der Wert eines Anteils anzugeben sind;

7. die in Artikel 13 Absatz 2 in Verbindung mit Anhang Abschnitt A der Verordnung (EU) 2015/2365 genannten Informationen.

(2) Im Jahresbericht eines Publikumssondervermögens sind ferner anzugeben:

1. eine als Prozentsatz auszuweisende Gesamtkostenquote im Sinne des § 166 Absatz 5 Satz 1; sofern in den Anlagebedingungen eine erfolgsabhängige Verwaltungsvergütung oder eine zusätzliche Verwaltungsvergütung für den Erwerb, die Veräußerung oder die Verwaltung von Vermögensgegenständen nach § 231 Absatz 1 und § 234 vereinbart wurde, ist diese darüber hinaus gesondert als Prozentsatz des durchschnittlichen Nettoinventarwertes des Publikumssondervermögens anzugeben;

2. die an die Kapitalverwaltungsgesellschaft, die Verwahrstelle oder an Dritte geleisteten Vergütungen, falls in den Anlagebedingungen für die Vergütungen und Kosten eine Pauschalgebühr vereinbart wird; der Anleger ist darauf hinzuweisen, ob und welche Kosten dem Publikumssondervermögen gesondert in Rechnung gestellt werden;

3. eine Beschreibung, ob der Kapitalverwaltungsgesellschaft Rückvergütungen der aus dem Sondervermögen an die Verwahrstelle und an Dritte geleisteten Vergütungen und Aufwendungserstattungen zufließen und ob je nach Vertriebsweg ein wesentlicher Teil der aus dem Sondervermögen an die Kapitalverwaltungsgesellschaft geleisteten Vergütungen für Vergütungen an Vermittler von Anteilen des Sondervermögens auf den Bestand von vermittelten Anteilen verwendet werden;

4. der Betrag der Ausgabeaufschläge und Rücknahmeabschläge, die dem Sondervermögen im Berichtszeitraum für den Erwerb und die Rücknahme von Anteilen im Sinne der §§ 196 und 230 berechnet worden sind sowie die Vergütung, die dem Sondervermögen von der Kapitalverwaltungsgesellschaft selbst, einer anderen Kapitalverwaltungsgesellschaft oder einer Gesellschaft, mit der die Kapitalverwaltungsgesellschaft durch eine wesentliche unmittelbare oder mittelbare Beteiligung verbunden ist oder einer EU-Verwaltungs-

gesellschaft oder ausländischen AIF-Verwaltungsgesellschaft als Verwaltungsvergütung für die im Sondervermögen gehaltenen Anteile berechnet wurde,

5. die Angaben nach § 134c Absatz 4 des Aktiengesetzes oder ein Verweis auf die Internetseite, auf der diese Angaben veröffentlicht sind.

(3) ¹Der Jahresbericht eines AIF muss zusätzlich folgende Angaben enthalten:

1. die Gesamtsumme der im abgelaufenen Geschäftsjahr gezahlten Vergütungen, gegliedert in feste und variable von der Kapitalverwaltungsgesellschaft an ihre Mitarbeiter gezahlte Vergütungen, die Zahl der Begünstigten und gegebenenfalls der vom inländischen AIF gezahlten Carried Interest;
2. die Gesamtsumme der im abgelaufenen Geschäftsjahr gezahlten Vergütungen, aufgeteilt nach Führungskräften und Mitarbeitern der Kapitalverwaltungsgesellschaft, deren berufliche Tätigkeit sich wesentlich auf das Risikoprofil des inländischen AIF ausgewirkt hat;
3. bei Publikumssondervermögen jede während des abgelaufenen Geschäftsjahres eingetretene wesentliche Änderung der im Verkaufsprospekt aufgeführten Informationen und bei Spezialsondervermögen jede während des abgelaufenen Geschäftsjahres eingetretene wesentliche Änderung hinsichtlich der nach § 307 Absatz 1 oder Absatz 2 Satz 1 und § 308 Absatz 4 zur Verfügung zu stellenden Informationen.

²Die näheren Anforderungen zu Inhalt und Form des Jahresberichts bestimmen sich für AIF nach den Artikeln 103 bis 107 der Delegierten Verordnung (EU) Nr. 231/2013.

(4) Der Jahresbericht eines inländischen OGAW-Sondervermögens muss zusätzlich folgende Angaben enthalten:

1. die Gesamtsumme der im abgelaufenen Geschäftsjahr gezahlten Vergütungen, gegliedert in feste und variable von der Kapitalverwaltungsgesellschaft an ihre Mitarbeiter gezahlte Vergütungen und gegebenenfalls alle direkt von dem inländischen OGAW-Sondervermögen selbst gezahlte Beträge, einschließlich Anlageerfolgsprämien unter Angabe der Zahl der Begünstigten;
2. die Gesamtsumme der im abgelaufenen Geschäftsjahr gezahlten Vergütungen, aufgeteilt nach Geschäftsleitern, Mitarbeitern oder anderen Beschäftigten, deren Tätigkeiten einen wesentlichen Einfluss auf das Risikoprofil der Verwaltungsgesellschaft oder der verwalteten Investmentvermögen haben (Risikoträger), Mitarbeitern oder anderen Beschäftigten mit Kontrollfunktionen sowie Mitarbeitern oder anderen Beschäftigten, die eine Gesamtvergütung erhalten, auf Grund derer sie sich in derselben Einkommensstufe befinden wie Geschäftsleiter und Risikoträger;
3. eine Beschreibung darüber, wie die Vergütung und die sonstigen Zuwendungen berechnet wurden;
4. das Ergebnis der in Artikel 14b Absatz 1 Buchstabe c und d der Richtlinie 2009/65/EG genannten Überprüfungen, einschließlich aller festgestellten Unregelmäßigkeiten;
5. wesentliche Änderungen an der festgelegten Vergütungspolitik.

**§ 102 Abschlussprüfung.** ¹Der Jahresbericht des Sondervermögens ist durch einen Abschlussprüfer zu prüfen. ²Der Abschlussprüfer wird von den Gesellschaftern der Kapitalverwaltungsgesellschaft gewählt und von den gesetzlichen Vertretern, bei Zuständigkeit des Aufsichtsrats oder des Beirats von diesem, beauftragt; § 318 Absatz 1 Satz 2, 4 und 5 des Handelsgesetzbuchs bleibt unberührt. ³§ 318 Absatz 3 bis 8 sowie die §§ 319, 319b und 323 des Handelsgesetzbuchs gelten entsprechend. ⁴Das Ergebnis der Prüfung hat der Abschlussprüfer in einem besonderen Vermerk zusammenzufassen; der Vermerk ist in vollem Wortlaut im Jahresbericht wiederzugeben. ⁵Bei der Prüfung hat der Abschlussprüfer auch festzustellen, ob bei der Verwaltung des Sondervermögens die Vorschriften dieses Gesetzes sowie die Bestimmungen der Anlagebedingungen beachtet worden sind. ⁶Der Abschlussprüfer hat den Bericht über die Prüfung des Publikumssondervermögens unverzüglich nach Beendigung der Prüfung der Bundesanstalt einzureichen, der Bericht über die Prüfung des Spezialsondervermögens ist der Bundesanstalt auf Verlangen einzureichen.

**§ 103 Halbjahresbericht.** ¹Die Kapitalverwaltungsgesellschaft hat für die Publikumssondervermögen für die Mitte des Geschäftsjahres einen Halbjahresbericht zu erstellen, der die Angaben nach § 101 Absatz 1 Satz 3 Nummer 1 bis 3 sowie für OGAW die in Artikel 13 Absatz 2 in Verbindung mit Anhang Abschnitt A der Verordnung (EU) 2015/2365 genannten Informationen enthalten muss. ²Sind für das Halbjahr Zwischenausschüttungen erfolgt oder vorgesehen, sind außerdem die Angaben nach § 101 Absatz 1 Satz 3 Nummer 4 aufzunehmen.

**§ 104 Zwischenbericht.** (1) ¹Wird das Recht zur Verwaltung eines Sondervermögens während des Geschäftsjahres von der Kapitalverwaltungsgesellschaft auf eine andere Kapitalverwaltungsgesellschaft übertragen oder ein Sondervermögen während des Geschäftsjahres auf ein anderes Sondervermögen oder einen EU-OGAW verschmolzen, so hat die übertragende Gesellschaft auf den Übertragungsstichtag einen Zwischenbericht zu erstellen, der den Anforderungen an einen Jahresbericht gemäß § 101 entspricht. ²Der Zwischenbericht ist der übernehmenden Kapitalverwaltungsgesellschaft oder der Kapitalverwaltungsgesellschaft des übernehmenden Sondervermögens oder EU-OGAW unverzüglich auszuhändigen.

(2) ¹Zwischenberichte sind ebenfalls durch einen Abschlussprüfer zu prüfen. ²Auf die Prüfung nach Satz 1 ist § 102 entsprechend anzuwenden.

**§ 105 Auflösungs- und Abwicklungsbericht.** (1) Wird ein Sondervermögen aufgelöst, so hat die Kapitalverwaltungsgesellschaft auf den Tag, an dem ihr Verwaltungsrecht nach Maßgabe des § 99 erlischt, einen Auflösungsbericht zu erstellen, der den Anforderungen an einen Jahresbericht entspricht.

(2) Wird ein Sondervermögen abgewickelt, hat die Verwahrstelle jährlich sowie auf den Tag, an dem die Abwicklung beendet ist, einen Abwicklungsbericht zu erstellen, der den Anforderungen an einen Jahresbericht nach § 101 entspricht.

(3) ¹Auflösungs- und Abwicklungsberichte nach den Absätzen 1 und 2 sind ebenfalls durch einen Abschlussprüfer zu prüfen. ²Auf die Prüfung nach Satz 1 ist § 102 entsprechend anzuwenden.

**§ 106¹⁾ Verordnungsermächtigung.** ¹Das Bundesministerium der Finanzen wird ermächtigt, im Einvernehmen mit dem Bundesministerium der Justiz

---

¹⁾ § 106 ist gem. Art. 28 Abs. 1 G v. 4.7.2013 (BGBl. I S. 1981) am 11.7.2013 in Kraft getreten.

und für Verbraucherschutz durch Rechtsverordnung, die nicht der Zustimmung des Bundesrates bedarf, nähere Bestimmungen über weitere Inhalte, Umfang und Darstellung der Berichte nach den §§ 101, 103, 104 und 105 sowie über den Inhalt der Prüfungsberichte für Sondervermögen sowie zur Art und Weise der Einreichung der zuvor genannten Berichte bei der Bundesanstalt zu erlassen, soweit dies zur Erfüllung der Aufgaben der Bundesanstalt erforderlich ist, insbesondere um einheitliche Unterlagen zur Beurteilung der Tätigkeit der Kapitalverwaltungsgesellschaften bei der Verwaltung von Sondervermögen zu erhalten. ²Das Bundesministerium der Finanzen kann die Ermächtigung durch Rechtsverordnung auf die Bundesanstalt übertragen.

**§ 107** Veröffentlichung der Jahres-, Halbjahres-, Zwischen-, Auflösungs- und Abwicklungsberichte. (1) ¹Der Jahresbericht

1. eines OGAW-Sondervermögens ist spätestens vier Monate nach Ablauf des Geschäftsjahres,

2. eines AIF-Publikumssondervermögens spätestens sechs Monate nach Ablauf des Geschäftsjahres

im Bundesanzeiger bekannt zu machen. ²Der Halbjahresbericht eines Publikumssondervermögens ist spätestens zwei Monate nach dem Stichtag im Bundesanzeiger bekannt zu machen.

(2) Der Auflösungs- und der Abwicklungsbericht eines Publikumssondervermögens sind spätestens drei Monate nach dem Stichtag im Bundesanzeiger bekannt zu machen.

(3) ¹Für die Publikumssondervermögen sind der Bundesanstalt jeweils der nach den §§ 101, 103, 104 und 105 zu erstellende Jahresbericht, Halbjahresbericht, Zwischenbericht, Auflösungsbericht sowie Abwicklungsbericht unverzüglich nach erstmaliger Verwendung einzureichen. ²Auf Anfrage der Bundesanstalt sind ihr auch für die EU-OGAW, die von einer OGAW-Kapitalverwaltungsgesellschaft nach den §§ 51 und 52 verwaltet werden, die Berichte nach Satz 1 zur Verfügung zu stellen.

(4) Die Berichte nach den Absätzen 1 und 2 müssen dem Publikum an den Stellen zugänglich sein, die im Verkaufsprospekt und in den wesentlichen Anlegerinformationen angegeben sind.

(5) Einem Anleger des Sondervermögens wird der Jahresbericht auf Anfrage vorgelegt.

### Unterabschnitt 3. Allgemeine Vorschriften für Investmentaktiengesellschaften mit veränderlichem Kapital

**§ 108** Rechtsform, anwendbare Vorschriften. (1) Investmentaktiengesellschaften mit veränderlichem Kapital dürfen nur in der Rechtsform der Aktiengesellschaft betrieben werden.

(2) ¹Die Investmentaktiengesellschaften mit veränderlichem Kapital unterliegen den Vorschriften des Aktiengesetzes mit Ausnahme des § 23 Absatz 5, der §§ 150 bis 158, 161, 182 bis 240 und 278 bis 290 des Aktiengesetzes, soweit sich aus den Vorschriften dieses Unterabschnitts nichts anderes ergibt. ²§ 3 Absatz 2 des Aktiengesetzes und § 264d des Handelsgesetzbuchs sind auf Anlageaktien einer extern verwalteten Investmentaktiengesellschaft mit veränderlichem Kapital nicht anzuwenden.

(3) Auf OGAW-Investmentaktiengesellschaften ist § 19 dieses Gesetzes mit der Maßgabe anzuwenden, dass

1. der beabsichtigte Erwerb einer Beteiligung nach § 19 Absatz 1 nur anzuzeigen ist, wenn die Schwelle von 50 Prozent der Stimmrechte oder des Kapitals erreicht oder überschritten wird oder die Gesellschaft unter die Kontrolle des Erwerbers der Beteiligung gerät und
2. die beabsichtigte Aufgabe einer Beteiligung nach § 19 Absatz 5 nur anzuzeigen ist, wenn diese Beteiligung die Schwelle von 50 Prozent der Stimmrechte oder des Kapitals erreicht oder überschritten hat oder die Gesellschaft kontrolliertes Unternehmen ist.

(4) Auf die Investmentaktiengesellschaft mit veränderlichem Kapital sind § 93 Absatz 7 und § 96 entsprechend anwendbar.

(5) Auf die Tätigkeit der Investmentaktiengesellschaft mit veränderlichem Kapital ist das Wertpapiererwerbs- und Übernahmegesetz nicht anzuwenden.

**§ 109 Aktien.** (1) [1] Die Aktien einer Investmentaktiengesellschaft mit veränderlichem Kapital bestehen aus Unternehmensaktien und Anlageaktien; eine Investmentaktiengesellschaft, die als Spezialinvestmentaktiengesellschaft mit veränderlichem Kapital errichtet wurde, kann auf die Begebung von Anlageaktien verzichten. [2] Die Aktien der Investmentaktiengesellschaft mit veränderlichem Kapital lauten auf keinen Nennbetrag. [3] Sie müssen als Stückaktien begeben werden und am Vermögen der Investmentaktiengesellschaft mit veränderlichem Kapital (Gesellschaftskapital) in gleichem Umfang beteiligt sein, es sei denn, die Investmentaktiengesellschaft lässt in der Satzung auch eine Beteiligung nach Bruchteilen zu.

(2) [1] Die Personen, die die Investmentaktiengesellschaft mit veränderlichem Kapital unter Leistung der erforderlichen Einlagen gründen, müssen die Unternehmensaktien übernehmen. [2] Nach der Gründung können weitere Personen gegen Leistung von Einlagen und Übernahme von Unternehmensaktien beteiligt werden. [3] Die Unternehmensaktien müssen auf Namen lauten. [4] Die Unternehmensaktionäre sind zur Teilnahme an der Hauptversammlung der Investmentaktiengesellschaft mit veränderlichem Kapital berechtigt und haben ein Stimmrecht. [5] Eine Übertragung der Unternehmensaktien ist nur zulässig, wenn der Erwerber sämtliche Rechte und Pflichten aus diesen Aktien übernimmt. [6] Die Unternehmensaktionäre und jeder Wechsel in ihrer Person sind der Bundesanstalt anzuzeigen, es sei denn, die Investmentaktiengesellschaft ist eine Spezialinvestmentaktiengesellschaft mit veränderlichem Kapital.

(3) [1] Anlageaktien können erst nach Eintragung der Investmentaktiengesellschaft mit veränderlichem Kapital in das Handelsregister begeben werden. [2] Sie berechtigen nicht zur Teilnahme an der Hauptversammlung der Investmentaktiengesellschaft und gewähren kein Stimmrecht, es sei denn, die Satzung der Investmentaktiengesellschaft sieht dies ausdrücklich vor. [3] Auf Anlageaktien findet § 139 Absatz 2 des Aktiengesetzes keine Anwendung.

(4) Aktien dürfen nur gegen volle Leistung des Ausgabepreises ausgegeben werden.

(5) Bei Publikumsinvestmentaktiengesellschaften mit veränderlichem Kapital sind Sacheinlagen unzulässig.

**§ 110 Satzung.** (1) ¹Die Satzung der Investmentaktiengesellschaft mit veränderlichem Kapital muss die Bestimmung enthalten, dass der Betrag des Gesellschaftskapitals dem Wert des Gesellschaftsvermögens entspricht. ²Der Wert des Gesellschaftsvermögens entspricht der Summe der jeweiligen Verkehrswerte der zum Gesellschaftsvermögen gehörenden Vermögensgegenstände abzüglich der aufgenommenen Kredite und sonstigen Verbindlichkeiten.

(2) ¹Satzungsmäßig festgelegter Unternehmensgegenstand der Investmentaktiengesellschaft mit veränderlichem Kapital muss ausschließlich die Anlage und Verwaltung ihrer Mittel nach einer festen Anlagestrategie und dem Grundsatz der Risikomischung zur gemeinschaftlichen Kapitalanlage

1. bei OGAW-Investmentaktiengesellschaften mit veränderlichem Kapital nach Kapitel 2 Abschnitt 1 und 2,
2. bei AIF-Publikumsinvestmentaktiengesellschaften mit veränderlichem Kapital nach Kapitel 2 Abschnitt 1 und 3 und
3. bei Spezialinvestmentaktiengesellschaften mit veränderlichem Kapital gemäß Kapitel 3 Abschnitt 1 und 2

zum Nutzen ihrer Aktionäre sein. ²Die Satzung hat vorzusehen, dass die Aktionäre ein Recht zur Rückgabe ihrer Aktien nach den Vorgaben dieses Gesetzes haben.

(3) Die Satzung von Spezialinvestmentaktiengesellschaften mit veränderlichem Kapital muss zusätzlich festlegen, dass die Aktien ausschließlich von professionellen Anlegern und semiprofessionellen Anlegern erworben werden dürfen.

(4) ¹Die Änderungen der Satzung einer OGAW-Investmentaktiengesellschaft bedürfen der Genehmigung. ²§ 163 Absatz 2 Satz 1, 2 und 4 bis 8 gilt entsprechend.

**§ 111 Anlagebedingungen.** ¹Die Anlagebedingungen der Investmentaktiengesellschaft mit veränderlichem Kapital sind zusätzlich zur Satzung zu erstellen. ²Die Anlagebedingungen sind nicht Bestandteil der Satzung; eine notarielle Beurkundung ist nicht erforderlich. ³In allen Fällen, in denen die Satzung veröffentlicht, ausgehändigt oder in anderer Weise zur Verfügung gestellt werden muss, ist auf die jeweiligen Anlagebedingungen zu verweisen und sind diese ebenfalls zu veröffentlichen oder zur Verfügung zu stellen.

**§ 112 Verwaltung und Anlage.** (1) ¹Die Investmentaktiengesellschaft mit veränderlichem Kapital kann eine ihrem Unternehmensgegenstand entsprechende externe Kapitalverwaltungsgesellschaft bestellen. ²Dieser obliegt neben der Ausführung der allgemeinen Verwaltungstätigkeit insbesondere auch die Anlage und Verwaltung der Mittel der Investmentaktiengesellschaft mit veränderlichem Kapital. ³Die Bestellung einer externen Kapitalverwaltungsgesellschaft ist kein Fall des § 36 und auch nicht als Unternehmensvertrag im Sinne des Aktiengesetzes anzusehen. ⁴§ 99 ist entsprechend anzuwenden. ⁵§ 100 ist entsprechend anzuwenden mit der Maßgabe, dass das Verwaltungs- und Verfügungsrecht über das Gesellschaftsvermögen nur dann auf die Verwahrstelle zur Abwicklung übergeht, wenn

1. die Investmentaktiengesellschaft mit veränderlichem Kapital
   a) sich nicht in eine intern verwaltete Investmentaktiengesellschaft mit veränderlichem Kapital umwandelt oder

b) keine andere Kapitalverwaltungsgesellschaft bestellt und

2. dies

a) bei Publikumsinvestmentaktiengesellschaften mit veränderlichem Kapital jeweils von der Bundesanstalt genehmigt wird und

b) bei Spezialinvestmentaktiengesellschaften mit veränderlichem Kapital jeweils der Bundesanstalt angezeigt wird.

[6] Im Fall der Bestellung einer anderen Kapitalverwaltungsgesellschaft ist § 100b entsprechend anzuwenden.

(2) [1] Eine intern verwaltete Investmentaktiengesellschaft mit veränderlichem Kapital darf bewegliches und unbewegliches Vermögen erwerben, das für den Betrieb der Investmentaktiengesellschaft notwendig ist (Investmentbetriebsvermögen). [2] Den Erwerb darf sie nicht mit Kapital aus der Begebung von Anlageaktien bestreiten. [3] Als Publikumsinvestmentaktiengesellschaften mit veränderlichem Kapital darf sie maximal Kredite in Höhe von bis zu 10 Prozent ihres Gesellschaftsvermögens aufnehmen, soweit dies den Erwerb von unbeweglichem Vermögen ermöglichen soll, das für die Ausübung ihrer Tätigkeit notwendig ist; die Kreditaufnahme darf jedoch zusammen mit der Kreditaufnahme gemäß § 199 nicht mehr als 15 Prozent oder zusammen mit der Kreditaufnahme gemäß § 221 Absatz 6 nicht mehr als 25 Prozent des Gesellschaftsvermögens betragen.

**§ 113 Erlaubnisantrag und Erlaubniserteilung bei der extern verwalteten OGAW-Investmentaktiengesellschaft.** (1) [1] Eine extern verwaltete OGAW-Investmentaktiengesellschaft bedarf zum Geschäftsbetrieb der schriftlichen Erlaubnis durch die Bundesanstalt. [2] Die Erlaubnis darf der extern verwalteten OGAW-Investmentaktiengesellschaft nur erteilt werden, wenn

1. sie eine externe OGAW-Kapitalverwaltungsgesellschaft benannt hat,

2. die Geschäftsleiter der OGAW-Investmentaktiengesellschaft zuverlässig sind und die zur Leitung der OGAW-Investmentaktiengesellschaft erforderliche fachliche Eignung haben, auch in Bezug auf die Art des Unternehmensgegenstandes der OGAW-Investmentaktiengesellschaft, und

3. die Satzung der OGAW-Investmentaktiengesellschaft den Anforderungen dieses Gesetzes entspricht.

[3] Dem Antragsteller ist binnen zwei Monaten nach Einreichung eines vollständigen Antrags mitzuteilen, ob eine Erlaubnis erteilt wird. [4] Die Ablehnung des Antrags ist zu begründen.

(2) Die Bundesanstalt kann die Erlaubnis außer nach den Vorschriften des Verwaltungsverfahrensgesetzes insbesondere dann aufheben oder, soweit dies im Einzelfall ausreichend ist, aussetzen, wenn

1. die OGAW-Investmentaktiengesellschaft die Erlaubnis auf Grund falscher Erklärungen oder auf sonstige rechtswidrige Weise erhalten hat,

2. die Voraussetzungen nach Absatz 1 nicht mehr erfüllt sind,

3. gegen die OGAW-Investmentgesellschaft auf Grund einer Ordnungswidrigkeit nach § 340 Absatz 1 Nummer 1 oder Absatz 2 Nummer 1 Buchstabe a oder Nummer 3 oder auf Grund einer wiederholten Ordnungswidrigkeit nach § 340 Absatz 2 Nummer 24 Buchstabe c oder Nummer 32 eine Geldbuße festgesetzt werden kann oder

4. die OGAW-Investmentaktiengesellschaft nachhaltig gegen die Bestimmungen dieses Gesetzes verstößt. Die §§ 15, 16 und 39 Absatz 4 gelten entsprechend.

(3) In den Fällen des Absatzes 2 kann die Bundesanstalt statt der Aufhebung der Erlaubnis die Abberufung der verantwortlichen Geschäftsleiter verlangen und ihnen oder einer anderen verantwortlichen natürlichen Person, die in der OGAW-Investmentaktiengesellschaft tätig ist, die Ausübung ihrer Tätigkeit untersagen.

**§ 114 Unterschreitung des Anfangskapitals oder der Eigenmittel.** [1]Die intern verwaltete Investmentaktiengesellschaft mit veränderlichem Kapital hat der Bundesanstalt und den Aktionären unverzüglich anzuzeigen, wenn das Gesellschaftsvermögen den Wert des Anfangskapitals oder den Wert der zusätzlich erforderlichen Eigenmittel gemäß § 25 unterschreitet. [2]Mit der Anzeige gegenüber den Aktionären ist durch den Vorstand eine Hauptversammlung einzuberufen.

**§ 115 Gesellschaftskapital.** [1]Der Vorstand einer Investmentaktiengesellschaft mit veränderlichem Kapital ist ermächtigt, das Gesellschaftskapital wiederholt durch Ausgabe neuer Anlageaktien gegen Einlagen zu erhöhen. [2]Unternehmensaktionäre und Anlageaktionäre haben ein Bezugsrecht entsprechend § 186 des Aktiengesetzes; Anlageaktionäre haben jedoch nur dann ein Bezugsrecht, wenn ihnen nach Maßgabe des § 109 Absatz 3 Satz 2 ein Stimmrecht zusteht. [3]Mit der Ausgabe der Aktien ist das Gesellschaftskapital erhöht.

**§ 116 Veränderliches Kapital, Rücknahme von Aktien.** (1) Die Investmentaktiengesellschaft mit veränderlichem Kapital kann in den Grenzen eines in der Satzung festzulegenden Mindestkapitals und Höchstkapitals nach Maßgabe der folgenden Bestimmungen jederzeit ihre Aktien ausgeben und zurücknehmen.

(2) [1]Aktionäre können von der Investmentaktiengesellschaft mit veränderlichem Kapital verlangen, dass ihnen gegen Rückgabe von Aktien ihr Anteil am Gesellschaftskapital ausgezahlt wird; bei einer Publikumsinvestmentaktiengesellschaft besteht dieses Recht mindestens zweimal im Monat. [2]Die Verpflichtung zur Rücknahme besteht bei einer intern verwalteten Investmentaktiengesellschaft mit veränderlichem Kapital nur, wenn durch die Erfüllung des Rücknahmeanspruchs das Gesellschaftsvermögen den Betrag des Anfangskapitals und der zusätzlich erforderlichen Eigenmittel gemäß § 25 nicht unterschreitet. [3]Unternehmensaktionäre können die Rücknahme ihrer Aktien ferner nur verlangen, wenn alle Unternehmensaktionäre zustimmen und bezogen auf alle Einlagen der Unternehmensaktionäre der Betrag des Anfangskapitals und der zusätzlich erforderlichen Eigenmittel gemäß § 25 nicht unterschritten wird; bei einer extern verwalteten Investmentaktiengesellschaft mit veränderlichem Kapital darf bezogen auf alle Einlagen der Unternehmensaktionäre ein Betrag von 50 000 Euro nicht unterschritten werden. [4]Die Einzelheiten der Rücknahme regelt die Satzung. [5]Die Zahlung des Erwerbspreises bei der Rücknahme von Aktien gilt nicht als Rückgewähr von Einlagen. [6]Für die Beschränkung des Rechts der Aktionäre auf Rückgabe der Aktien in der Satzung gelten § 98 Absatz 1a, 1b, 2 und 3, die §§ 223, 227 oder 283 Absatz 3 entsprechend.

(3) Mit der Rücknahme der Aktien ist das Gesellschaftskapital herabgesetzt.

**§ 117 Teilgesellschaftsvermögen; Verordnungsermächtigung.**
(1) ¹Die Investmentaktiengesellschaft mit veränderlichem Kapital kann Teilgesellschaftsvermögen bilden. ²Die Bildung neuer Teilgesellschaftsvermögen durch den Vorstand bedarf der Zustimmung des Aufsichtsrats; die Zustimmung der Hauptversammlung ist nicht erforderlich.

(2) ¹Die Teilgesellschaftsvermögen sind haftungs- und vermögensrechtlich voneinander getrennt. ²Im Verhältnis der Aktionäre untereinander wird jedes Teilgesellschaftsvermögen als eigenständiges Gesellschaftsvermögen behandelt. ³Die Rechte von Aktionären und Gläubigern im Hinblick auf ein Teilgesellschaftsvermögen, insbesondere dessen Bildung, Verwaltung und Auflösung, beschränken sich auf die Vermögensgegenstände dieses Teilgesellschaftsvermögens. ⁴Für die auf das einzelne Teilgesellschaftsvermögen entfallenden Verbindlichkeiten haftet nur das betreffende Teilgesellschaftsvermögen. ⁵Die haftungs- und vermögensrechtliche Trennung gilt auch für den Fall der Insolvenz der Investmentaktiengesellschaft mit veränderlichem Kapital und die Abwicklung eines Teilgesellschaftsvermögens.

(3) § 109 Absatz 1 Satz 3 gilt bei der Investmentaktiengesellschaft mit Teilgesellschaftsvermögen mit der Maßgabe, dass die Aktien eines Teilgesellschaftsvermögens denselben Anteil an dem jeweiligen Teilgesellschaftsvermögen oder Bruchteile davon verkörpern.

(4) ¹Die Kosten für die Auflegung neuer Teilgesellschaftsvermögen dürfen nur zulasten der Anteilpreise der neuen Teilgesellschaftsvermögen in Rechnung gestellt werden. ²Der Wert des Anteils ist für jedes Teilgesellschaftsvermögen gesondert zu errechnen.

(5) ¹Für jedes Teilgesellschaftsvermögen sind Anlagebedingungen zu erstellen. ²Bei Publikumsteilgesellschaftsvermögen müssen diese Anlagebedingungen mindestens die Angaben nach § 162 enthalten. ³Die Anlagebedingungen sowie deren Änderungen sind gemäß § 163 von der Bundesanstalt zu genehmigen. ⁴Bei Spezialteilgesellschaftsvermögen sind die Anlagebedingungen sowie wesentliche Änderungen der Anlagebedingungen gemäß § 273 der Bundesanstalt vorzulegen.

(6) Für jedes Teilgesellschaftsvermögen ist eine Verwahrstelle zu benennen.

(7) ¹Eine Investmentaktiengesellschaft mit veränderlichem Kapital, die Teilgesellschaftsvermögen bildet, hat in ihre Satzung einen Hinweis aufzunehmen, dass für die Teilgesellschaftsvermögen besondere Anlagebedingungen gelten. ²In allen Fällen, in denen die Satzung veröffentlicht, ausgehändigt oder in anderer Weise zur Verfügung gestellt werden muss, sind die jeweiligen Anlagebedingungen ebenfalls zu veröffentlichen, auszuhändigen oder in anderer Weise zur Verfügung zu stellen.

(8) ¹Die Satzung der Investmentaktiengesellschaft mit veränderlichem Kapital, die Teilgesellschaftsvermögen bildet, kann vorsehen, dass der Vorstand mit Zustimmung des Aufsichtsrats oder der Verwahrstelle die Auflösung eines Teilgesellschaftsvermögens beschließen kann. ²Der Auflösungsbeschluss des Vorstands wird sechs Monate nach seiner Bekanntgabe im Bundesanzeiger wirksam. ³Der Auflösungsbeschluss ist in den nächsten Jahresbericht oder Halbjahresbericht aufzunehmen. ⁴Für die Abwicklung des Teilgesellschaftsvermögens gilt § 100 Absatz 1 und 2 entsprechend.

(9)[1] ¹Das Bundesministerium der Finanzen wird ermächtigt, durch Rechtsverordnung, die nicht der Zustimmung des Bundesrates bedarf, nähere Bestimmungen zur buchhalterischen Darstellung, Rechnungslegung und Ermittlung des Wertes jedes Teilgesellschaftsvermögens zu erlassen. ²Das Bundesministerium der Finanzen kann die Ermächtigung durch Rechtsverordnung auf die Bundesanstalt übertragen.

**§ 118 Firma und zusätzliche Hinweise im Rechtsverkehr.** (1) ¹Die Firma einer Investmentaktiengesellschaft mit veränderlichem Kapital muss abweichend von § 4 des Aktiengesetzes die Bezeichnung „Investmentaktiengesellschaft" oder eine allgemein verständliche Abkürzung dieser Bezeichnung enthalten; auf allen Geschäftsbriefen im Sinne des § 80 des Aktiengesetzes muss zudem ein Hinweis auf die Veränderlichkeit des Gesellschaftskapitals gegeben werden. ²Die Firma einer Investmentaktiengesellschaft mit Teilgesellschaftsvermögen muss darüber hinaus den Zusatz „mit Teilgesellschaftsvermögen" oder eine allgemein verständliche Abkürzung dieser Bezeichnungen enthalten.

(2) Wird die Investmentaktiengesellschaft mit Teilgesellschaftsvermögen im Rechtsverkehr lediglich für ein oder mehrere Teilgesellschaftsvermögen tätig, so ist sie verpflichtet, dies offenzulegen und auf die haftungsrechtliche Trennung der Teilgesellschaftsvermögen hinzuweisen.

**§ 119 Vorstand, Aufsichtsrat.** (1) ¹Der Vorstand einer Investmentaktiengesellschaft mit veränderlichem Kapital besteht aus mindestens zwei Personen. ²Er ist verpflichtet,

1. bei der Ausübung seiner Tätigkeit im ausschließlichen Interesse der Aktionäre und der Integrität des Marktes zu handeln,
2. seine Tätigkeit mit der gebotenen Sachkenntnis, Sorgfalt und Gewissenhaftigkeit im besten Interesse der von ihm verwalteten Vermögens und der Integrität des Marktes auszuüben und
3. sich um die Vermeidung von Interessenkonflikten zu bemühen und, wenn diese sich nicht vermeiden lassen, dafür zu sorgen, dass unvermeidbare Konflikte unter der gebotenen Wahrung der Interessen der Aktionäre gelöst werden.

³Der Vorstand hat bei der Wahrnehmung seiner Aufgaben unabhängig von der Verwahrstelle zu handeln.

(2) ¹Die Mitglieder des Vorstands der Investmentaktiengesellschaft mit veränderlichem Kapital müssen zuverlässig sein und die zur Leitung der Investmentaktiengesellschaft mit veränderlichem Kapital erforderliche fachliche Eignung haben, auch in Bezug auf die Art des Unternehmensgegenstandes der Investmentaktiengesellschaft mit veränderlichem Kapital. ²Die Bestellung und das Ausscheiden von Mitgliedern des Vorstands ist der Bundesanstalt unverzüglich anzuzeigen.

(3) ¹Die Persönlichkeit und die Sachkunde der Mitglieder des Aufsichtsrats müssen Gewähr dafür bieten, dass die Interessen der Aktionäre gewahrt werden. ²Für die Zusammensetzung des Aufsichtsrats gilt § 18 Absatz 3 entsprechend. ³Die Bestellung und das Ausscheiden von Mitgliedern des Aufsichtsrats

---

[1] § 117 Abs. 9 ist gem. Art. 28 Abs. 1 G v. 4.7.2013 (BGBl. I S. 1981) am 11.7.2013 in Kraft getreten.

ist der Bundesanstalt unverzüglich anzuzeigen. ⁴Auf Aufsichtsratsmitglieder, die als Vertreter der Arbeitnehmer nach den Vorschriften der Mitbestimmungsgesetze gewählt werden, sind die Sätze 1 und 3 nicht anzuwenden.

(4) ¹Mitglieder des Vorstands oder des Aufsichtsrats der Investmentaktiengesellschaft mit veränderlichem Kapital dürfen Vermögensgegenstände weder an die Investmentaktiengesellschaft veräußern noch von dieser erwerben. ²Erwerb und Veräußerung von Aktien der Investmentaktiengesellschaft durch die Mitglieder des Vorstands und des Aufsichtsrats sind davon nicht erfasst.

(5) Die Bundesanstalt kann die Abberufung des Vorstands oder von Mitgliedern des Vorstands verlangen und ihnen die Ausübung ihrer Tätigkeit untersagen, wenn

1. Tatsachen vorliegen, aus denen sich ergibt, dass der Vorstand oder Mitglieder des Vorstands nicht zuverlässig sind oder die zur Leitung erforderliche fachliche Eignung gemäß Absatz 2 nicht haben oder

2. der Vorstand oder Mitglieder des Vorstands nachhaltig gegen die Bestimmungen dieses Gesetzes oder des Geldwäschegesetzes verstoßen.

(6) Der Vorstand einer OGAW-Investmentaktiengesellschaft mit veränderlichem Kapital hat einen angemessenen Prozess einzurichten, der es den Mitarbeitern unter Wahrung der Vertraulichkeit ihrer Identität ermöglicht, potenzielle oder tatsächliche Verstöße gegen dieses Gesetz oder gegen auf Grund dieses Gesetzes erlassene Rechtsverordnungen sowie etwaige strafbare Handlungen innerhalb der Gesellschaft an eine geeignete Stelle zu melden.

**§ 120 Jahresabschluss und Lagebericht; Verordnungsermächtigung.**

(1) ¹Auf den Jahresabschluss und den Lagebericht einer Investmentaktiengesellschaft mit veränderlichem Kapital sind die Vorschriften des Dritten Buches des Handelsgesetzbuchs anzuwenden, soweit sich aus den folgenden Vorschriften nichts anderes ergibt. ²Die gesetzlichen Vertreter einer OGAW-Investmentaktiengesellschaft mit veränderlichem Kapital haben den Jahresabschluss und den Lagebericht spätestens vier Monate und die gesetzlichen Vertreter einer AIF-Publikumsinvestmentaktiengesellschaft mit veränderlichem Kapital und einer Spezialinvestmentaktiengesellschaft mit veränderlichem Kapital spätestens sechs Monate nach Ende des Geschäftsjahres aufzustellen.

(2) ¹Die Bilanz ist in Staffelform aufzustellen. ²Auf Gliederung, Ansatz und Bewertung von dem Sondervermögen vergleichbaren Vermögensgegenständen und Schulden (Investmentanlagevermögen) ist § 101 Absatz 1 Satz 3 Nummer 1 anzuwenden.

(3) Auf die Gliederung und den Ausweis der Aufwendungen und Erträge in der Gewinn- und Verlustrechnung ist § 101 Absatz 1 Satz 3 Nummer 4 anzuwenden.

(4) ¹Der Anhang ist um die Angaben nach § 101 Absatz 1, bei Spezialinvestmentaktiengesellschaften mit veränderlichem Kapital ohne die Angabe nach § 101 Absatz 1 Satz 3 Nummer 6, zu ergänzen, die nicht bereits nach den Absätzen 3, 6 und 7 zu machen sind. ²Bei Publikumsinvestmentaktiengesellschaften mit veränderlichem Kapital sind in den Anhang die Angaben nach § 101 Absatz 2 aufzunehmen.

(5) ¹Der Lagebericht ist um die Angaben nach § 101 Absatz 1 Satz 2 zu ergänzen. ²Die Tätigkeiten einer Kapitalverwaltungsgesellschaft, die diese als externe Kapitalverwaltungsgesellschaft ausübt, sind gesondert aufzuführen.

(6) ¹Zusätzlich zu den in den Absätzen 1 bis 5 genannten Angaben sind im Anhang des Jahresabschlusses einer AIF-Investmentaktiengesellschaft mit veränderlichem Kapital noch die Angaben nach § 101 Absatz 3 zu machen. ²§ 101 Absatz 3 Satz 2 ist anzuwenden. ³Zusätzlich zu den in den Absätzen 1 bis 5 genannten Angaben sind im Anhang des Jahresabschlusses einer OGAW-Investmentaktiengesellschaft mit veränderlichem Kapital noch die Angaben nach § 101 Absatz 4 zu machen mit der Maßgabe, dass an die Stelle des inländischen OGAW-Sondervermögens in § 101 Absatz 4 Nummer 1 die OGAW-Investmentaktiengesellschaft mit veränderlichem Kapital tritt.

(7) ¹Soweit die AIF-Investmentaktiengesellschaft mit veränderlichem Kapital nach § 114 des Wertpapierhandelsgesetzes[1] verpflichtet ist, einen Jahresfinanzbericht zu erstellen, sind den Anlegern auf Antrag lediglich die Angaben nach den Absätzen 3 bis 7 zusätzlich vorzulegen. ²Die Übermittlung dieser Angaben kann gesondert oder in Form einer Ergänzung zum Jahresfinanzbericht erfolgen. ³Im letzteren Fall ist der Jahresfinanzbericht spätestens vier Monate nach Ende des Geschäftsjahres zu veröffentlichen.

(8)[2] ¹Das Bundesministerium der Finanzen wird ermächtigt, im Einvernehmen mit dem Bundesministerium der Justiz und für Verbraucherschutz durch Rechtsverordnung, die nicht der Zustimmung des Bundesrates bedarf, nähere Bestimmungen über weitere Inhalte, Umfang und Darstellung des Jahresabschlusses und des Lageberichts sowie zur Art und Weise ihrer Einreichung bei der Bundesanstalt zu erlassen, soweit dies zur Erfüllung der Aufgaben der Bundesanstalt erforderlich ist, insbesondere, um einheitliche Unterlagen zur Beurteilung der Tätigkeit der Investmentaktiengesellschaft mit veränderlichem Kapital zu erhalten. ²Das Bundesministerium der Finanzen kann die Ermächtigung durch Rechtsverordnung auf die Bundesanstalt übertragen.

**§ 121 Prüfung des Jahresabschlusses und des Lageberichts; Verordnungsermächtigung.** (1) ¹Der Aufsichtsrat hat den Jahresabschluss und den Lagebericht der Investmentaktiengesellschaft mit veränderlichem Kapital zu prüfen und über das Ergebnis seiner Prüfung einen schriftlichen Bericht zu erstatten. ²Er hat seinen Bericht innerhalb eines Monats, nachdem ihm der Jahresabschluss und der Lagebericht zugegangen sind, dem Vorstand und dem Abschlussprüfer zuzuleiten. ³Billigt der Aufsichtsrat den Jahresabschluss und den Lagebericht, so ist dieser festgestellt.

(2) ¹Der Jahresabschluss und der Lagebericht der Investmentaktiengesellschaft mit veränderlichem Kapital sind durch den Abschlussprüfer zu prüfen. ²Das Ergebnis der Prüfung hat der Abschlussprüfer in einem besonderen Vermerk zusammenzufassen; der Vermerk ist in vollem Wortlaut im Jahresabschluss wiederzugeben. ³Bei einer Investmentaktiengesellschaft mit veränderlichem Kapital mit Teilgesellschaftsvermögen darf der besondere Vermerk nur erteilt werden, wenn für jedes einzelne Teilgesellschaftsvermögen der besondere Vermerk erteilt worden ist. ⁴Bei Investmentaktiengesellschaften mit veränderlichem Kapital wird der Abschlussprüfer auf Vorschlag des Aufsichtsrats von der Hauptversammlung gewählt und vom Aufsichtsrat beauftragt. ⁵§ 28 des Kreditwesengesetzes gilt entsprechend mit der Maßgabe, dass die Anzeige nur gegen-

---
[1] Nr. 12.
[2] § 120 Abs. 8 ist gem. Art. 28 Abs. 1 G v. 4.7.2013 (BGBl. I S. 1981) am 11.7.2013 in Kraft getreten.

**15 KAGB § 122**  Kapitalanlagegesetzbuch

über der Bundesanstalt zu erfolgen hat. [6] § 318 Absatz 3 bis 8 sowie die §§ 319, 319b und 323 des Handelsgesetzbuchs gelten entsprechend.

(3) [1] Die Prüfung durch den Abschlussprüfer hat sich bei Investmentaktiengesellschaften mit veränderlichem Kapital auch darauf zu erstrecken, ob bei der Verwaltung des Vermögens der Investmentaktiengesellschaft mit veränderlichem Kapital die Vorschriften dieses Gesetzes und die Anforderungen nach Artikel 4 Absatz 1, 2 und 3 Unterabsatz 2, Artikel 4a und 9 Absatz 1 bis 4 sowie Artikel 11 Absatz 1 bis 10, 11 Unterabsatz 1 und Absatz 12 der Verordnung (EU) Nr. 648/2012 sowie die Anforderungen nach den Artikeln 4 und 15 der Verordnung (EU) 2015/2365 und nach Artikel 16 Absatz 1 bis 4, Artikel 23 Absatz 3 und 10 und Artikel 28 Absatz 2 der Verordnung (EU) 2016/1011 sowie nach Artikel 28 Absatz 1 bis 3 der Verordnung (EU) Nr. 600/2014[1)] und nach den Artikeln 5 bis 9, 18 bis 27 und 43 Absatz 5 und 6 der Verordnung (EU) 2017/2402 sowie die Bestimmungen der Satzung und der Anlagebedingungen beachtet worden sind. [2] Bei der Prüfung hat er insbesondere festzustellen, ob die Investmentaktiengesellschaft mit veränderlichem Kapital die Anzeigepflicht nach § 34 Absatz 1, 3 Nummer 1 bis 3, 5, 7 bis 11, Absatz 4, 5 und § 35 sowie die Anforderungen nach den §§ 36 und 37 erfüllt hat und ihren Verpflichtungen nach dem Geldwäschegesetz nachgekommen ist. [3] Das Ergebnis dieser Prüfung hat der Abschlussprüfer im Prüfungsbericht gesondert wiederzugeben. [4] Der Abschlussprüfer hat den Bericht über die Prüfung der Publikumsinvestmentaktiengesellschaft mit veränderlichem Kapital unverzüglich nach Beendigung der Prüfung der Bundesanstalt einzureichen, der Bericht über die Prüfung der Spezialinvestmentaktiengesellschaft mit veränderlichem Kapital ist der Bundesanstalt auf Verlangen einzureichen.

(4)[2)] [1] Das Bundesministerium der Finanzen wird ermächtigt, im Einvernehmen mit dem Bundesministerium der Justiz und für Verbraucherschutz durch Rechtsverordnung, die nicht der Zustimmung des Bundesrates bedarf, nähere Bestimmungen über weitere Inhalte, Umfang und Darstellungen sowie zur Art und Weise der Einreichung bei der Bundesanstalt des Prüfungsberichts des Abschlussprüfers zu erlassen, soweit dies zur Erfüllung der Aufgaben der Bundesanstalt erforderlich ist, insbesondere, um einheitliche Unterlagen zur Beurteilung der Tätigkeit der Investmentaktiengesellschaften mit veränderlichem Kapital zu erhalten. [2] Das Bundesministerium der Finanzen kann die Ermächtigung durch Rechtsverordnung auf die Bundesanstalt übertragen.

**§ 122 Halbjahres- und Liquidationsbericht.** (1) [1] Soweit die Publikumsinvestmentaktiengesellschaft mit veränderlichem Kapital zur Aufstellung eines Halbjahresfinanzberichts nach § 115 des Wertpapierhandelsgesetzes[3)] verpflichtet ist, ist § 120 entsprechend anzuwenden. [2] Dabei gelten die Verweise in § 120 Absatz 3 bis 6 auf § 101 nur in dem für den Halbjahresbericht gemäß § 103 erforderlichen Umfang. [3] Soweit eine Prüfung oder prüferische Durchsicht durch den Abschlussprüfer erfolgt, gilt § 121 Absatz 2 und 3 entsprechend. [4] Anderenfalls hat die Halbjahresberichterstattung nach Maßgabe der §§ 103 und 107 zu erfolgen.

---
[1)] Nr. 2.
[2)] § 121 Abs. 4 ist gem. Art. 28 Abs. 1 G v. 4.7.2013 (BGBl. I S. 1981) am 11.7.2013 in Kraft getreten.
[3)] Nr. 12.

(2) Im Fall der Auflösung und Liquidation der Publikumsinvestmentaktiengesellschaft mit veränderlichem Kapital sind die §§ 120 und 121 entsprechend anzuwenden.

**§ 123 Offenlegung und Vorlage von Berichten.** (1) ¹Die Offenlegung des Jahresabschlusses und des Lageberichts hat unverzüglich nach seiner Vorlage an die Gesellschafter, jedoch bei

1. einer OGAW-Investmentaktiengesellschaft spätestens vier Monate nach Ablauf des Geschäftsjahres,
2. einer AIF-Publikumsinvestmentaktiengesellschaft mit veränderlichem Kapital spätestens sechs Monate nach Ablauf des Geschäftsjahres

nach Maßgabe der Vorschriften des Vierten Unterabschnitts des Zweiten Abschnitts des Dritten Buches des Handelsgesetzbuchs zu erfolgen. ²Die Ordnungsgeldvorschriften der §§ 335 bis 335b des Handelsgesetzbuchs sind auf die Verletzung von Pflichten des vertretungsberechtigten Organs der Investmentaktiengesellschaft mit veränderlichem Kapital entsprechend anzuwenden.

(2) ¹Die Offenlegung des Halbjahresberichts erfolgt nach Maßgabe des § 115 des Wertpapierhandelsgesetzes[1]). ²Der Halbjahresbericht ist unverzüglich im Bundesanzeiger zu veröffentlichen.

(3) Die Berichte nach den Absätzen 1 und 2 müssen dem Publikum an den Stellen zugänglich sein, die im Verkaufsprospekt und in den wesentlichen Anlegerinformationen angegebenen sind.

(4) Einem Anleger der Investmentaktiengesellschaft mit veränderlichem Kapital sind der Jahresabschluss und der Lagebericht auf Anfrage vorzulegen.

(5) Die Publikumsinvestmentaktiengesellschaft mit veränderlichem Kapital hat der Bundesanstalt den Jahresabschluss und den Lagebericht unverzüglich nach der Feststellung und den Halbjahresbericht unverzüglich nach der Erstellung einzureichen.

### Unterabschnitt 4. Allgemeine Vorschriften für offene Investmentkommanditgesellschaften

**§ 124 Rechtsform, anwendbare Vorschriften.** (1) ¹Offene Investmentkommanditgesellschaften dürfen nur in der Rechtsform der Kommanditgesellschaft betrieben werden. ²Die Bestimmungen des Handelsgesetzbuchs sind anzuwenden, soweit sich aus den Vorschriften dieses Unterabschnitts nichts anderes ergibt.

(2) Auf die offene Investmentkommanditgesellschaft sind § 93 Absatz 7 und § 96 Absatz 1 entsprechend anwendbar.

**§ 125 Gesellschaftsvertrag.** (1) Der Gesellschaftsvertrag einer offenen Investmentkommanditgesellschaft bedarf der Schriftform.

(2) ¹Gesellschaftsvertraglich festgelegter Unternehmensgegenstand der offenen Investmentkommanditgesellschaft muss ausschließlich die Anlage und Verwaltung ihrer Mittel nach einer festgelegten Anlagestrategie und dem Grundsatz der Risikomischung zur gemeinschaftlichen Kapitalanlage nach den §§ 273 bis 284 zum Nutzen ihrer Anleger sein. ²Der Gesellschaftsvertrag muss festlegen, dass die Kommanditisten das Recht zur Rückgabe ihrer Anteile im Wege

---
[1]) Nr. 12.

der Kündigung nach § 133 haben und dass die Anteile der Gesellschaft ausschließlich von professionellen Anlegern und semiprofessionellen Anlegern erworben werden dürfen.

(3) Der Gesellschaftsvertrag hat vorzusehen, dass

1. Ladungen zu Gesellschafterversammlungen unter vollständiger Angabe der Beschlussgegenstände in Textform erfolgen und
2. über die Ergebnisse der Gesellschafterversammlung ein schriftliches Protokoll anzufertigen ist, von dem die offene Investmentkommanditgesellschaft den Anlegern eine Kopie zu übersenden hat.

(4) Im Gesellschaftsvertrag darf nicht von § 131 Absatz 3 Nummer 2 und 4 des Handelsgesetzbuchs abgewichen werden.

**§ 126 Anlagebedingungen.** [1] Die Anlagebedingungen der offenen Investmentkommanditgesellschaft sind zusätzlich zum Gesellschaftsvertrag zu erstellen. [2] Die Anlagebedingungen sind nicht Bestandteil des Gesellschaftsvertrags. [3] In allen Fällen, in denen der Gesellschaftsvertrag veröffentlicht, ausgehändigt oder in anderer Weise zur Verfügung gestellt werden muss, ist auf die jeweiligen Anlagebedingungen zu verweisen und sind diese ebenfalls zu veröffentlichen oder zur Verfügung zu stellen.

**§ 127 Anleger.** (1) [1] Anteile an offenen Investmentkommanditgesellschaften und an Teilgesellschaftsvermögen von offenen Investmentkommanditgesellschaften dürfen ausschließlich von professionellen und semiprofessionellen Anlegern erworben werden. [2] Die Anleger dürfen sich an offenen Investmentkommanditgesellschaften nur unmittelbar als Kommanditisten beteiligen.

(2) [1] Eine Rückgewähr der Einlage oder eine Ausschüttung, die den Wert der Kommanditeinlage unter den Betrag der Einlage herabmindert, darf nur mit Zustimmung des betroffenen Kommanditisten erfolgen. [2] Vor der Zustimmung ist der Kommanditist darauf hinzuweisen, dass er den Gläubigern der Gesellschaft unmittelbar haftet, soweit die Einlage durch die Rückgewähr oder Ausschüttung zurückbezahlt wird.

(3) [1] Der Anspruch der offenen Investmentkommanditgesellschaft gegen einen Kommanditisten auf Leistung der Einlage erlischt, sobald er seine Kommanditeinlage erbracht hat. [2] Die Kommanditisten sind nicht verpflichtet, entstandene Verluste auszugleichen. [3] Eine Nachschusspflicht der Kommanditisten ist ausgeschlossen. [4] § 707 des Bürgerlichen Gesetzbuchs ist nicht abdingbar. [5] Entgegenstehende Vereinbarungen sind unwirksam.

(4) Der Eintritt eines Kommanditisten in eine bestehende offene Investmentkommanditgesellschaft wird erst mit der Eintragung des Eintritts des Kommanditisten im Handelsregister wirksam.

**§ 128 Geschäftsführung.** (1) [1] Die Geschäftsführung der offenen Investmentkommanditgesellschaft besteht aus mindestens zwei Personen. [2] Die Voraussetzung nach Satz 1 ist auch dann erfüllt, wenn Geschäftsführer der offenen Investmentkommanditgesellschaft eine juristische Person ist, deren Geschäftsführung ihrerseits von zwei Personen wahrgenommen wird. [3] Die Geschäftsführung ist verpflichtet,

1. bei der Ausübung ihrer Tätigkeit im ausschließlichen Interesse der Gesellschafter und der Integrität des Marktes zu handeln,

2. ihre Tätigkeit mit der gebotenen Sachkenntnis, Sorgfalt und Gewissenhaftigkeit im besten Interesse des von ihr verwalteten Vermögens und der Integrität des Marktes auszuüben und

3. sich um die Vermeidung von Interessenkonflikten zu bemühen und, wenn diese sich nicht vermeiden lassen, dafür zu sorgen, dass unvermeidbare Konflikte unter der gebotenen Wahrung der Interessen der Gesellschafter gelöst werden.

⁴Die Geschäftsführung hat bei der Wahrnehmung ihrer Aufgaben unabhängig von der Verwahrstelle zu handeln.

(2) ¹Die Mitglieder der Geschäftsführung der offenen Investmentkommanditgesellschaft müssen zuverlässig sein und die zur Leitung der offenen Investmentkommanditgesellschaft erforderliche fachliche Eignung haben, auch in Bezug auf die Art des Unternehmensgegenstandes der offenen Investmentkommanditgesellschaft. ²Die Bestellung und das Ausscheiden von Mitgliedern der Geschäftsführung sind der Bundesanstalt unverzüglich anzuzeigen.

(3) ¹Mitglieder der Geschäftsführung der offenen Investmentkommanditgesellschaft dürfen Vermögensgegenstände weder an die offene Investmentkommanditgesellschaft veräußern noch von dieser erwerben. ²Erwerb und Veräußerung von Kommanditanteilen durch die Mitglieder der Geschäftsführung sind davon nicht erfasst.

(4) Die Bundesanstalt kann die Abberufung der Geschäftsführung oder von Mitgliedern der Geschäftsführung verlangen und ihnen die Ausübung ihrer Tätigkeit untersagen, wenn

1. Tatsachen vorliegen, aus denen sich ergibt, dass die Geschäftsführung oder Mitglieder der Geschäftsführung nicht zuverlässig sind oder die zur Leitung erforderliche fachliche Eignung gemäß Absatz 3 nicht haben oder

2. die Geschäftsführung oder Mitglieder der Geschäftsführung nachhaltig gegen die Bestimmungen dieses Gesetzes oder des Geldwäschegesetzes verstoßen.

**§ 129 Verwaltung und Anlage.** (1) ¹Die offene Investmentkommanditgesellschaft kann eine ihrem Unternehmensgegenstand entsprechende externe Kapitalverwaltungsgesellschaft bestellen. ²Dieser obliegt insbesondere die Anlage und Verwaltung des Kommanditanlagevermögens. ³Die Bestellung der externen AIF-Kapitalverwaltungsgesellschaft ist kein Fall des § 36. ⁴Die externe AIF-Kapitalverwaltungsgesellschaft ist berechtigt, die Verwaltung der Mittel der offenen Investmentkommanditgesellschaft zu kündigen. ⁵§ 99 Absatz 1 bis 4 gilt entsprechend.

(2) ¹§ 100 ist entsprechend anzuwenden mit der Maßgabe, dass das Verwaltungs- und Verfügungsrecht über das Gesellschaftsvermögen nur dann auf die Verwahrstelle zur Abwicklung übergeht, wenn die offene Investmentkommanditgesellschaft sich nicht in eine intern verwaltete offene Investmentkommanditgesellschaft umwandelt oder keine andere externe AIF-Kapitalverwaltungsgesellschaft benennt und dies jeweils der Bundesanstalt angezeigt wurde. ²Im Fall der Bestellung einer anderen externen AIF-Kapitalverwaltungsgesellschaft ist § 100b Absatz 1 Satz 1 bis 3, Absatz 2 und 3 entsprechend anzuwenden. ³§ 147 des Handelsgesetzbuchs findet keine Anwendung.

## § 130 Unterschreitung des Anfangskapitals oder der Eigenmittel.

¹Eine intern verwaltete offene Investmentkommanditgesellschaft hat der Bundesanstalt und den Anlegern unverzüglich anzuzeigen, wenn das Gesellschaftsvermögen den Wert des Anfangskapitals oder den Wert der zusätzlich erforderlichen Eigenmittel gemäß § 25 unterschreitet. ²Mit der Anzeige gegenüber den Anlegern ist durch die Geschäftsführung eine Gesellschafterversammlung einzuberufen.

## § 131 Gesellschaftsvermögen.

(1) ¹Eine intern verwaltete offene Investmentkommanditgesellschaft darf bewegliches und unbewegliches Vermögen erwerben, das für den Betrieb der Investmentkommanditgesellschaft notwendig ist. ²Hierfür hat sie ein Betriebsvermögen zu bilden, das rechnerisch bei den Kapitalanteilen der geschäftsführenden Gesellschafter zu erfassen ist. ³Den Erwerb darf sie nicht mit Kapital aus der Begebung von Kommanditanteilen an Anleger bestreiten.

(2) ¹Die Einlagen der Anleger, die sich als Kommanditisten beteiligen, die im Zusammenhang mit der Anlagetätigkeit erhaltenen und verwalteten Vermögensgegenstände, für die Vermögensgegenstände erhaltene Sicherheiten sowie liquide Mittel werden rechnerisch dem Kommanditkapital zugeordnet. ²Sie bilden das Kommanditanlagevermögen.

## § 132 Teilgesellschaftsvermögen; Verordnungsermächtigung.

(1) ¹Der Gesellschaftsvertrag kann die Bildung von Teilgesellschaftsvermögen vorsehen. ²Die Teilgesellschaftsvermögen sind haftungs- und vermögensrechtlich voneinander getrennt. ³Im Verhältnis der Anleger untereinander wird jedes Teilgesellschaftsvermögen als eigenständiges Gesellschaftsvermögen behandelt. ⁴Die Rechte von Anlegern und Gläubigern im Hinblick auf ein Teilgesellschaftsvermögen, insbesondere auf dessen Bildung, Verwaltung und Auflösung, beschränken sich auf die Vermögensgegenstände dieses Teilgesellschaftsvermögens. ⁵Für die auf das einzelne Teilgesellschaftsvermögen entfallenden Verbindlichkeiten haftet nur das betreffende Teilgesellschaftsvermögen. ⁶Die haftungs- und vermögensrechtliche Trennung gilt auch für den Fall der Insolvenz der offenen Investmentkommanditgesellschaft und die Abwicklung eines Teilgesellschaftsvermögens.

(2) ¹Für jedes Teilgesellschaftsvermögen sind Anlagebedingungen zu erstellen. ²Die Anlagebedingungen eines Teilgesellschaftsvermögens und deren wesentliche Änderungen sind der Bundesanstalt nach Maßgabe von § 273 vorzulegen.

(3) ¹Die Kosten für die Auflegung neuer Teilgesellschaftsvermögen dürfen nur zulasten der Anteilspreise der neuen Teilgesellschaftsvermögen in Rechnung gestellt werden. ²Der Wert des Anteils ist für jedes Teilgesellschaftsvermögen gesondert zu errechnen.

(4) Für jedes Teilgesellschaftsvermögen ist eine Verwahrstelle zu benennen.

(5) ¹Die persönlich haftenden Gesellschafter haften für die Verbindlichkeiten sämtlicher Teilgesellschaftsvermögen. ²Die Kommanditisten haften gemäß den §§ 171 bis 176 des Handelsgesetzbuchs in Verbindung mit den Vorschriften dieses Unterabschnitts nur für Verbindlichkeiten des sie betreffenden Teilgesellschaftsvermögens.

(6) Der Gesellschaftsvertrag muss vorsehen, dass über Angelegenheiten, die die offene Investmentkommanditgesellschaft insgesamt betreffen, in einer Gesellschafterversammlung entschieden wird, zu der Anleger sämtlicher Teilgesellschaftsvermögen geladen werden.

(7) ¹Der Gesellschaftsvertrag kann vorsehen, dass die Geschäftsführung die Auflösung eines Teilgesellschaftsvermögens mit Zustimmung der Verwahrstelle beschließen kann. ²Der Auflösungsbeschluss wird sechs Monate nach Mitteilung des Beschlusses an die Anleger des betreffenden Teilgesellschaftsvermögens wirksam, es sei denn, die Anleger stimmen einer früheren Auflösung zu. ³Der Auflösungsbeschluss ist in den nächsten Jahresbericht aufzunehmen. ⁴Für die Abwicklung des Teilgesellschaftsvermögens gilt § 100 Absatz 1 und 2 entsprechend.

(8)[1] ¹Das Bundesministerium der Finanzen wird ermächtigt, durch Rechtsverordnung, die nicht der Zustimmung des Bundesrates bedarf, nähere Bestimmungen zur buchhalterischen Darstellung, Rechnungslegung und Ermittlung des Wertes jedes Teilgesellschaftsvermögens zu erlassen. ²Das Bundesministerium der Finanzen kann die Ermächtigung durch Rechtsverordnung auf die Bundesanstalt übertragen.

### § 133 Veränderliches Kapital, Kündigung von Kommanditanteilen.

(1) ¹Kommanditisten können ihre Kommanditbeteiligung in voller Höhe oder zu einem Teilbetrag kündigen. ²Kündigt ein Kommanditist, erhält er einen Abfindungsanspruch gegen die offene Investmentkommanditgesellschaft in Höhe seines gekündigten Anteils am Wert des Gesellschaftsvermögens, gegebenenfalls abzüglich der Aufwendungen, die der offenen Investmentkommanditgesellschaft entstanden sind. ³Das Recht zur Kündigung nach Satz 1 besteht bei der intern verwalteten offenen Investmentkommanditgesellschaft nur, wenn durch die Erfüllung des Abfindungsanspruchs das Gesellschaftsvermögen den Betrag des Anfangskapitals und der zusätzlich erforderlichen Eigenmittel gemäß § 25 nicht unterschreitet. ⁴Die Einzelheiten der Kündigung regelt der Gesellschaftsvertrag. ⁵Für die Beschränkung des Rechts der Anleger auf Kündigung nach Satz 1 im Gesellschaftsvertrag gelten § 98 Absatz 1a, 1b, 2 und 3 und § 283 Absatz 3 entsprechend.

(2) ¹Die Erfüllung des Abfindungsanspruchs gilt nicht als Rückzahlung der Einlage des Kommanditisten. ²Ab dem Zeitpunkt des Ausscheidens haftet der ausgeschiedene Kommanditist nicht für Verbindlichkeiten der offenen Investmentkommanditgesellschaft.

### § 134 Firma und zusätzliche Hinweise im Rechtsverkehr.

(1) Die Firma der offenen Investmentkommanditgesellschaft muss abweichend von § 19 Absatz 1 Nummer 3 des Handelsgesetzbuchs die Bezeichnung „offene Investmentkommanditgesellschaft" oder eine allgemein verständliche Abkürzung dieser Bezeichnung enthalten.

(2) ¹Die Firma einer offenen Investmentkommanditgesellschaft mit Teilgesellschaftsvermögen muss darüber hinaus den Zusatz „mit Teilgesellschaftsvermögen" oder eine allgemein verständliche Abkürzung dieser Bezeichnung enthalten. ²Wird die Investmentkommanditgesellschaft im Rechtsverkehr le-

---

[1] § 132 Abs. 8 ist gem. Art. 28 Abs. 1 G v. 4.7.2013 (BGBl. I S. 1981) am 11.7.2013 in Kraft getreten.

diglich für ein oder mehrere Teilgesellschaftsvermögen tätig, ist sie verpflichtet, dies offenzulegen und auf die haftungsrechtliche Trennung der Teilgesellschaftsvermögen hinzuweisen.

**§ 135 Jahresbericht; Verordnungsermächtigung.** (1) ¹Die Kapitalverwaltungsgesellschaft hat für die offene Investmentkommanditgesellschaft, auch wenn auf diese § 264a des Handelsgesetzbuchs nicht anzuwenden ist, für den Schluss eines jeden Geschäftsjahres spätestens sechs Monate nach Ende des Geschäftsjahres einen Jahresbericht nach Maßgabe der folgenden Absätze zu erstellen. ²Der Jahresbericht besteht mindestens aus

1. dem nach Maßgabe der folgenden Absätze aufgestellten und von einem Abschlussprüfer geprüften Jahresabschluss,
2. dem nach Maßgabe der folgenden Absätze aufgestellten und von einem Abschlussprüfer geprüften Lagebericht,
3. einer den Vorgaben von § 264 Absatz 2 Satz 3, § 289 Absatz 1 Satz 5 des Handelsgesetzbuchs entsprechenden Erklärung der gesetzlichen Vertreter der offenen Investmentkommanditgesellschaft sowie
4. den Bestätigungen des Abschlussprüfers nach § 136.

(2) ¹Auf den Jahresabschluss der offenen Investmentkommanditgesellschaft sind die Bestimmungen des Ersten Unterabschnitts des Zweiten Abschnitts des Dritten Buches des Handelsgesetzbuchs und für den Lagebericht die Bestimmungen des § 289 des Handelsgesetzbuchs anzuwenden, soweit sich aus den folgenden Vorschriften nichts anderes ergibt. ² § 264 Absatz 1 Satz 4, Absatz 3, 4 und § 264b des Handelsgesetzbuchs sind nicht anzuwenden.

(3) ¹Die Bilanz ist in Staffelform aufzustellen. ²Auf Gliederung, Ansatz und Bewertung der dem Sondervermögen vergleichbaren Vermögensgegenstände und Schulden ist § 101 Absatz 1 Satz 3 Nummer 1 anzuwenden.

(4) Auf die Gliederung und den Ausweis der Aufwendungen und Erträge in der Gewinn- und Verlustrechnung ist § 101 Absatz 1 Satz 3 Nummer 4 anzuwenden.

(5) Der Anhang ist um die Angaben nach § 101 Absatz 1, ohne die Angabe nach § 101 Absatz 1 Satz 3 Nummer 6, zu ergänzen, die nicht bereits nach den Absätzen 3, 4, 6 und 7 zu machen sind.

(6) ¹Der Lagebericht ist um die Angaben nach § 101 Absatz 1 Satz 2 zu ergänzen. ²Die Tätigkeiten einer Kapitalverwaltungsgesellschaft, die diese als externe Kapitalverwaltungsgesellschaft ausübt, sind gesondert aufzuführen.

(7) ¹Der Lagebericht hat zusätzlich die Angaben nach § 101 Absatz 3 zu enthalten. ² § 101 Absatz 3 Satz 2 ist anzuwenden.

(8) ¹Soweit die offene Investmentkommanditgesellschaft nach § 114 des Wertpapierhandelsgesetzes[1] verpflichtet ist, einen Jahresfinanzbericht zu erstellen, sind den Anlegern auf Antrag lediglich die ergänzenden Angaben nach den Absätzen 5 bis 7 zusätzlich vorzulegen. ²Die Übermittlung dieser Angaben kann gesondert spätestens vier Monate nach Ende des Geschäftsjahres oder in Form einer Ergänzung zum Jahresfinanzbericht erfolgen.

(9) Das sonstige Vermögen der Gesellschafter (Privatvermögen) darf nicht in die Bilanz und die auf das Privatvermögen entfallenden Aufwendungen und

---

[1] Nr. 12.

Erträge dürfen nicht in die Gewinn- und Verlustrechnung aufgenommen werden.

(10) Bei der intern verwalteten offenen Investmentkommanditgesellschaft im Sinne des Absatzes 1 Satz 1 hat in der Bilanz und in der Gewinn- und Verlustrechnung ein gesonderter Ausweis des Investmentbetriebsvermögens und des Investmentanlagevermögens sowie der diesen zuzuordnenden Aufwendungen und Erträge zu erfolgen.

(11)[1] ¹Das Bundesministerium der Finanzen wird ermächtigt, im Einvernehmen mit dem Bundesministerium der Justiz und für Verbraucherschutz durch Rechtsverordnung, die nicht der Zustimmung des Bundesrates bedarf, nähere Bestimmungen über weitere Inhalte, Umfang und Darstellung des Jahresabschlusses und des Lageberichts sowie zur Art und Weise ihrer Einreichung bei der Bundesanstalt zu erlassen, soweit dies zur Erfüllung der Aufgaben der Bundesanstalt erforderlich ist, insbesondere, um einheitliche Unterlagen zur Beurteilung der Tätigkeit der offenen Investmentkommanditgesellschaft zu erhalten. ²Das Bundesministerium der Finanzen kann die Ermächtigung durch Rechtsverordnung auf die Bundesanstalt übertragen.

**§ 136 Abschlussprüfung; Verordnungsermächtigung.** (1) ¹Der Jahresabschluss und der Lagebericht der offenen Investmentkommanditgesellschaft sind durch einen Abschlussprüfer nach Maßgabe der Bestimmungen des Dritten Unterabschnitts des Zweiten Abschnitts des Dritten Buches des Handelsgesetzbuchs zu prüfen. ²Das Ergebnis der Prüfung hat der Abschlussprüfer in einem besonderen Vermerk zusammenzufassen; der Vermerk ist in vollem Wortlaut im Jahresabschluss wiederzugeben.

(2) Die Zuweisung von Gewinnen, Verlusten, Einnahmen, Ausgaben, Einlagen und Entnahmen zu den einzelnen Kapitalkonten ist vom Abschlussprüfer zu prüfen und deren Ordnungsmäßigkeit zu bestätigen.

(3) ¹Der Abschlussprüfer hat bei seiner Prüfung auch festzustellen, ob die offene Investmentkommanditgesellschaft die Bestimmungen dieses Gesetzes und des zugrunde liegenden Gesellschaftsvertrags beachtet hat. ²Bei der Prüfung hat er insbesondere festzustellen, ob die offene Investmentkommanditgesellschaft die Anzeigepflichten nach § 34 Absatz 1, 3 Nummer 1 bis 3, 5, 7 bis 11, Absatz 4 und 5, § 35 und die Anforderungen nach den §§ 36 und 37 sowie die Anforderungen nach Artikel 4 Absatz 1, 2 und 3 Unterabsatz 2, Artikel 9 Absatz 1 bis 4 sowie Artikel 11 Absatz 1 bis 10, 11 Unterabsatz 1 und Absatz 12 der Verordnung (EU) Nr. 648/2012 sowie die Anforderungen nach den Artikeln 4 und 15 der Verordnung (EU) 2015/2365 und nach Artikel 16 Absatz 1 bis 4, Artikel 23 Absatz 3 und 10 und Artikel 28 Absatz 2 der Verordnung (EU) 2016/1011 sowie nach Artikel 28 Absatz 1 bis 3 der Verordnung (EU) Nr. 600/2014[2] und nach den Artikeln 5 bis 9, 18 bis 27 und 43 Absatz 5 und 6 der Verordnung (EU) 2017/2402 erfüllt hat und ihren Verpflichtungen nach dem Geldwäschegesetz nachgekommen ist. ³Das Ergebnis dieser Prüfung hat der Abschlussprüfer im Prüfungsbericht gesondert wieder zugeben. ⁴Der Bericht über die Prüfung der offenen Investmentkommanditgesellschaft ist der Bundesanstalt auf Verlangen vom Abschlussprüfer einzureichen.

---

[1] § 135 Abs. 11 ist gem. Art. 28 Abs. 1 G v. 4.7.2013 (BGBl. I S. 1981) am 11.7.2013 in Kraft getreten.
[2] Nr. 2.

(4)[1] ¹Das Bundesministerium der Finanzen wird ermächtigt, im Einvernehmen mit dem Bundesministerium der Justiz und für Verbraucherschutz durch Rechtsverordnung, die nicht der Zustimmung des Bundesrates bedarf, nähere Bestimmungen über weitere Inhalte, Umfang und Darstellungen des Prüfungsberichts des Abschlussprüfers sowie zur Art und Weise der Einreichung des Prüfungsberichts bei der Bundesanstalt zu erlassen, soweit dies zur Erfüllung der Aufgaben der Bundesanstalt erforderlich ist, insbesondere, um einheitliche Unterlagen zur Beurteilung der Tätigkeit der offenen Investmentkommanditgesellschaft zu erhalten. ²Das Bundesministerium der Finanzen kann die Ermächtigung durch Rechtsverordnung auf die Bundesanstalt übertragen.

**§ 137 Vorlage von Berichten.** Einem Anleger wird der Jahresbericht auf Anfrage vorgelegt.

**§ 138 Auflösung und Liquidation.** (1) ¹ § 133 Absatz 1 des Handelsgesetzbuchs gilt nicht. ²Ein Gesellschafter der offenen Investmentkommanditgesellschaft kann die Gesellschaft vor dem Ablauf der für ihre Dauer bestimmten Zeit oder bei einer für unbestimmte Zeit eingegangenen Gesellschaft außerordentlich kündigen und aus ihr ausscheiden, wenn ein wichtiger Grund vorliegt. ³ § 133 Absatz 2 und 3 des Handelsgesetzbuchs ist entsprechend anzuwenden.

(2) Die Kommanditisten haften nach Beendigung der Liquidation nicht für die Verbindlichkeiten der offenen Investmentkommanditgesellschaft.

### Abschnitt 5. Geschlossene inländische Investmentvermögen
### Unterabschnitt 1. Allgemeine Vorschriften für geschlossene inländische Investmentvermögen

**§ 139 Rechtsform.** Geschlossene inländische Investmentvermögen dürfen nur als Investmentaktiengesellschaft mit fixem Kapital gemäß den Vorschriften des Unterabschnitts 2 oder als geschlossene Investmentkommanditgesellschaft gemäß den Vorschriften des Unterabschnitts 3 aufgelegt werden.

### Unterabschnitt 2. Allgemeine Vorschriften für Investmentaktiengesellschaften mit fixem Kapital

**§ 140 Rechtsform, anwendbare Vorschriften.** (1) ¹Investmentaktiengesellschaften mit fixem Kapital dürfen nur in der Rechtsform der Aktiengesellschaft betrieben werden. ²Die Vorschriften des Aktiengesetzes sind anzuwenden, soweit sich aus den Vorschriften dieses Unterabschnitts nichts anderes ergibt.

(2) § 23 Absatz 5, die §§ 150 bis 158, 161 und 278 bis 290 des Aktiengesetzes sind nicht anzuwenden.

(3) ¹Auf Investmentaktiengesellschaften mit fixem Kapital sind § 93 Absatz 7, § 96 Absatz 1, § 117 Absatz 1, 2, 4 und 6 bis 9 sowie § 118 Absatz 1 Satz 2 und Absatz 2 entsprechend anwendbar. ²Für jedes Teilgesellschaftsvermögen sind Anlagebedingungen zu erstellen. ³Bei Publikumsteilgesellschaftsvermögen müssen diese Anlagebedingungen mindestens die Angaben nach § 266 Absatz 2 enthalten. ⁴Die Anlagebedingungen sowie deren Änderungen sind gemäß

---

[1] § 136 Abs. 4 ist gem. Art. 28 Abs. 1 G v. 4.7.2013 (BGBl. I S. 1981) am 11.7.2013 in Kraft getreten.

§ 267 von der Bundesanstalt zu genehmigen. ⁵ Bei Spezialteilgesellschaftsvermögen sind die Anlagebedingungen sowie wesentliche Änderungen der Anlagebedingungen gemäß § 273 der Bundesanstalt vorzulegen.

**§ 141 Aktien.** (1) Aktien dürfen nur gegen volle Leistung des Ausgabepreises ausgegeben werden.

(2) Bei Publikumsinvestmentaktiengesellschaften mit fixem Kapital sind Sacheinlagen unzulässig.

**§ 142 Satzung.** ¹ Satzungsmäßig festgelegter Unternehmensgegenstand der Investmentaktiengesellschaft mit fixem Kapital muss ausschließlich die Anlage und Verwaltung ihrer Mittel nach einer festgelegten Anlagestrategie zur gemeinschaftlichen Kapitalanlage

1. bei Publikumsinvestmentaktiengesellschaften mit fixem Kapital nach den §§ 261 bis 272 und

2. bei Spezialinvestmentaktiengesellschaften mit fixem Kapital nach den §§ 273 bis 277 und 285 bis 292

zum Nutzen der Aktionäre sein. ² Die Satzung von Spezialinvestmentaktiengesellschaften mit fixem Kapital muss zusätzlich festlegen, dass die Aktien der Gesellschaft ausschließlich von professionellen Anlegern und semiprofessionellen Anlegern erworben werden dürfen.

**§ 143 Anlagebedingungen.** ¹ Die Anlagebedingungen der Investmentaktiengesellschaft mit fixem Kapital sind zusätzlich zur Satzung zu erstellen. ² Die Anlagebedingungen sind nicht Bestandteil der Satzung; eine notarielle Beurkundung ist nicht erforderlich. ³ In allen Fällen, in denen die Satzung veröffentlicht, ausgehändigt oder in anderer Weise zur Verfügung gestellt werden muss, ist auf die jeweiligen Anlagebedingungen zu verweisen und sind diese ebenfalls zu veröffentlichen, auszuhändigen oder in anderer Weise zur Verfügung zu stellen.

**§ 144 Verwaltung und Anlage.** ¹ Die Investmentaktiengesellschaft mit fixem Kapital kann eine ihrem Unternehmensgegenstand entsprechende externe Kapitalverwaltungsgesellschaft bestellen. ² Dieser obliegt neben der Ausführung der allgemeinen Verwaltungstätigkeit insbesondere auch die Anlage und Verwaltung der Mittel der Investmentaktiengesellschaft mit fixem Kapital. ³ Die Bestellung einer externen AIF-Kapitalverwaltungsgesellschaft als Verwaltungsgesellschaft ist kein Fall des § 36 und auch nicht als Unternehmensvertrag im Sinne des Aktiengesetzes anzusehen. ⁴ § 99 ist mit den folgenden Maßgaben entsprechend anzuwenden:

1. eine Kündigung kann nur aus wichtigem Grund erfolgen;

2. die Kündigungsfrist muss im angemessenen Verhältnis zu dem Zeitraum stehen, der erforderlich ist, um die zum Investmentvermögen gehörenden Vermögensgegenstände zu liquidieren; bei Publikumsinvestmentaktiengesell schaften muss die Kündigungsfrist jedoch mindestens sechs Monate betragen.

⁵ § 100 ist entsprechend anzuwenden mit der Maßgabe, dass das Verwaltungs- und Verfügungsrecht über das Gesellschaftsvermögen nur dann auf die Verwahrstelle zur Abwicklung übergeht, wenn

1. die Investmentaktiengesellschaft mit fixem Kapital

a) sich nicht in eine intern verwaltete Investmentaktiengesellschaft mit fixem Kapital umwandelt oder
b) keine andere externe AIF-Kapitalverwaltungsgesellschaft bestellt und
2. dies
a) bei Publikumsinvestmentaktiengesellschaften mit fixem Kapital jeweils von der Bundesanstalt genehmigt wird und
b) bei Spezialinvestmentaktiengesellschaften mit fixem Kapital jeweils der Bundesanstalt angezeigt wird.

[6] Im Fall der Bestellung einer anderen externen AIF-Kapitalverwaltungsgesellschaft ist § 100b Absatz 1, 3 und 4 entsprechend anzuwenden mit der Maßgabe, dass die Übertragung bei Publikumsinvestmentaktiengesellschaften frühestens mit Erteilung der Genehmigung wirksam wird.

**§ 145 Unterschreitung des Anfangskapitals oder der Eigenmittel.**

[1] Die intern verwaltete Investmentaktiengesellschaft mit fixem Kapital hat der Bundesanstalt und den Aktionären unverzüglich anzuzeigen, wenn das Gesellschaftsvermögen den Wert des Anfangskapitals oder den Wert der zusätzlich erforderlichen Eigenmittel gemäß § 25 unterschreitet. [2] Mit der Anzeige gegenüber den Aktionären ist durch den Vorstand eine Hauptversammlung einzuberufen.

**§ 146 Firma.** Die Firma einer Investmentaktiengesellschaft mit fixem Kapital muss abweichend von § 4 des Aktiengesetzes die Bezeichnung „Investmentaktiengesellschaft" oder eine allgemein verständliche Abkürzung dieser Bezeichnung enthalten.

**§ 147 Vorstand, Aufsichtsrat.** (1) [1] Der Vorstand einer Investmentaktiengesellschaft mit fixem Kapital besteht aus mindestens zwei Personen. [2] Er ist verpflichtet,

1. bei der Ausübung seiner Tätigkeit im ausschließlichen Interesse der Aktionäre und der Integrität des Marktes zu handeln,
2. seine Tätigkeit mit der gebotenen Sachkenntnis, Sorgfalt und Gewissenhaftigkeit im besten Interesse des von ihm verwalteten Vermögens und der Integrität des Marktes auszuüben und
3. sich um die Vermeidung von Interessenkonflikten zu bemühen und, wenn diese sich nicht vermeiden lassen, dafür zu sorgen, dass unvermeidbare Konflikte unter der gebotenen Wahrung der Interessen der Aktionäre gelöst werden.

[3] Der Vorstand hat bei der Wahrnehmung seiner Aufgaben unabhängig von der Verwahrstelle zu handeln.

(2) [1] Die Mitglieder des Vorstands der Investmentaktiengesellschaft mit fixem Kapital müssen zuverlässig sein und die zur Leitung der Investmentaktiengesellschaft erforderliche fachliche Eignung haben, auch in Bezug auf die Art des Unternehmensgegenstandes der Investmentaktiengesellschaft mit fixem Kapital. [2] Die Bestellung und das Ausscheiden von Mitgliedern des Vorstands sind der Bundesanstalt unverzüglich anzuzeigen.

(3) [1] Die Persönlichkeit und die Sachkunde der Mitglieder des Aufsichtsrats müssen Gewähr dafür bieten, dass die Interessen der Aktionäre gewahrt werden. [2] Für die Zusammensetzung des Aufsichtsrats gilt § 18 Absatz 3 entspre-

chend. ³Die Bestellung und das Ausscheiden von Mitgliedern des Aufsichtsrats ist der Bundesanstalt unverzüglich anzuzeigen. ⁴Auf Aufsichtsratsmitglieder, die als Vertreter der Arbeitnehmer nach den Vorschriften der Mitbestimmungsgesetze gewählt werden, sind die Sätze 1 und 3 nicht anzuwenden.

(4) ¹Mitglieder des Vorstands oder des Aufsichtsrats der Investmentaktiengesellschaft mit fixem Kapital dürfen Vermögensgegenstände weder an die Investmentaktiengesellschaft veräußern noch von dieser erwerben. ²Erwerb und Veräußerung von Aktien der Investmentaktiengesellschaft mit fixem Kapital durch die Mitglieder des Vorstands und des Aufsichtsrats sind davon nicht erfasst.

(5) Die Bundesanstalt kann die Abberufung des Vorstands oder von Mitgliedern des Vorstands verlangen und ihnen die Ausübung ihrer Tätigkeit untersagen, wenn

1. Tatsachen vorliegen, aus denen sich ergibt, dass der Vorstand oder Mitglieder des Vorstands nicht zuverlässig sind oder die zur Leitung erforderliche fachliche Eignung gemäß Absatz 2 nicht haben oder
2. der Vorstand oder Mitglieder des Vorstands nachhaltig gegen die Bestimmungen dieses Gesetzes oder des Geldwäschegesetzes verstoßen.

**§ 148 Rechnungslegung.** (1) Auf den Jahresabschluss und den Lagebericht einer Investmentaktiengesellschaft mit fixem Kapital sind die §§ 120 bis 123 entsprechend anzuwenden.

(2) ¹Zusätzlich zu den Angaben nach Absatz 1 sind bei einer Publikumsinvestmentaktiengesellschaft mit fixem Kapital bei einer Beteiligung nach § 261 Absatz 1 Nummer 2 bis 6 im Anhang des Jahresabschlusses anzugeben:
1. die Firma, die Rechtsform und der Sitz der Gesellschaften im Sinne des § 261 Absatz 1 Nummer 2 bis 6,
2. das jeweilige Gesellschaftskapital dieser Gesellschaften,
3. die Höhe der Beteiligung und der Zeitpunkt ihres Erwerbs durch die AIF-Kapitalverwaltungsgesellschaft.

²Als Verkehrswert der Beteiligung ist der nach § 271 Absatz 3 Satz 3 ermittelte Wert anzusetzen.

### Unterabschnitt 3. Allgemeine Vorschriften für geschlossene Investmentkommanditgesellschaften

**§ 149 Rechtsform, anwendbare Vorschriften.** (1) ¹Geschlossene Investmentkommanditgesellschaften dürfen nur in der Rechtsform der Kommanditgesellschaft betrieben werden. ²Die Bestimmungen des Handelsgesetzbuchs sind anzuwenden, soweit sich aus den Vorschriften dieses Unterabschnitts nichts anderes ergibt.

(2) ¹Auf geschlossene Investmentkommanditgesellschaften sind § 93 Absatz 7, § 96 Absatz 1, § 132 Absatz 1 und 3 bis 8 sowie § 134 Absatz 2 entsprechend anzuwenden. ²Für jedes Teilgesellschaftsvermögen sind Anlagebedingungen zu erstellen. ³Bei Publikumsteilgesellschaftsvermögen müssen diese Anlagebedingungen mindestens die Angaben nach § 266 Absatz 2 enthalten. ⁴Die Anlagebedingungen sowie deren Änderungen sind gemäß § 267 von der Bundesanstalt zu genehmigen. ⁵Bei Spezialteilgesellschaftsvermögen sind die Anlagebedingungen sowie wesentliche Änderungen der Anlagebedingungen gemäß § 273

der Bundesanstalt vorzulegen. [6]§ 132 Absatz 7 Satz 4 ist mit der Maßgabe anzuwenden, dass für die Abwicklung des Teilgesellschaftsvermögens auch § 154 Absatz 2 Satz 1 Nummer 2 gilt.

**§ 150 Gesellschaftsvertrag.** (1) Der Gesellschaftsvertrag einer geschlossenen Investmentkommanditgesellschaft bedarf der Schriftform.

(2) [1] Gesellschaftsvertraglich festgelegter Unternehmensgegenstand der geschlossenen Investmentkommanditgesellschaft muss ausschließlich die Anlage und Verwaltung ihrer Mittel nach einer festgelegten Anlagestrategie zur gemeinschaftlichen Kapitalanlage

1. bei geschlossenen Publikumsinvestmentkommanditgesellschaften nach den §§ 261 bis 272 und
2. bei geschlossenen Spezialinvestmentkommanditgesellschaften nach den §§ 273 bis 277 und 285 bis 292

zum Nutzen der Anleger sein. [2]Der Gesellschaftsvertrag von geschlossenen Spezialinvestmentkommanditgesellschaften muss zusätzlich festlegen, dass die Anteile der Gesellschaft ausschließlich von professionellen Anlegern und semiprofessionellen Anlegern erworben werden dürfen.

(3) Der Gesellschaftsvertrag hat vorzusehen, dass

1. Ladungen zu Gesellschafterversammlungen unter vollständiger Angabe der Beschlussgegenstände in Textform erfolgen und
2. über die Ergebnisse der Gesellschafterversammlung ein schriftliches Protokoll anzufertigen ist, von dem die geschlossene Investmentkommanditgesellschaft den Anlegern eine Kopie zu übersenden hat.

(4) Im Gesellschaftsvertrag darf nicht von § 131 Absatz 3 Nummer 2 und 4 des Handelsgesetzbuchs abgewichen werden.

**§ 151 Anlagebedingungen.** [1]Die Anlagebedingungen der geschlossenen Investmentkommanditgesellschaft sind zusätzlich zum Gesellschaftsvertrag zu erstellen. [2]Die Anlagebedingungen sind nicht Bestandteil des Gesellschaftsvertrages. [3]In allen Fällen, in denen der Gesellschaftsvertrag veröffentlicht, ausgehändigt oder in anderer Weise zur Verfügung gestellt werden muss, ist auf die jeweiligen Anlagebedingungen zu verweisen und sind diese ebenfalls zu veröffentlichen, auszuhändigen oder in anderer Weise zur Verfügung zu stellen.

**§ 152 Anleger.** (1) [1]Anleger dürfen sich an der geschlossenen Investmentkommanditgesellschaft nur unmittelbar als Kommanditisten beteiligen. [2]Abweichend von Satz 1 dürfen sich Anleger an der geschlossenen Publikumsinvestmentkommanditgesellschaft auch mittelbar über einen Kommanditisten (Treuhandkommanditisten) beteiligen. [3]Bei mittelbarer Beteiligung über einen Treuhandkommanditisten hat der mittelbar beteiligte Anleger im Innenverhältnis der Gesellschaft und der Gesellschafter zueinander die gleiche Rechtsstellung wie ein Kommanditist. [4]Der mittelbar beteiligte Anleger oder der am Erwerb einer mittelbaren Beteiligung Interessierte gilt als Anleger oder am Erwerb eines Anteils Interessierter im Sinne dieses Gesetzes.

(2) [1]Eine Rückgewähr der Einlage oder eine Ausschüttung, die den Wert der Kommanditeinlage unter den Betrag der Einlage herabmindert, darf nur mit Zustimmung des betroffenen Kommanditisten erfolgen. [2]Vor der Zustimmung ist der Kommanditist darauf hinzuweisen, dass er den Gläubigern der

Gesellschaft unmittelbar haftet, soweit die Einlage durch die Rückgewähr oder Ausschüttung zurückbezahlt wird. ³ Bei mittelbarer Beteiligung über einen Treuhandkommanditisten bedarf die Rückgewähr der Einlage oder eine Ausschüttung, die den Wert der Kommanditeinlage unter den Betrag der Einlage herabmindert, zusätzlich der Zustimmung des betroffenen mittelbar beteiligten Anlegers; Satz 2 gilt entsprechend.

(3) ¹ Der Anspruch der geschlossenen Investmentkommanditgesellschaft gegen einen Kommanditisten auf Leistung der Einlage erlischt, sobald er seine Kommanditeinlage erbracht hat. ² Die Kommanditisten sind nicht verpflichtet, entstandene Verluste auszugleichen. ³ Eine Nachschusspflicht der Kommanditisten ist ausgeschlossen. ⁴ § 707 des Bürgerlichen Gesetzbuchs ist nicht abdingbar. ⁵ Entgegenstehende Vereinbarungen sind unwirksam.

(4) Der Eintritt eines Kommanditisten in eine bestehende geschlossene Investmentkommanditgesellschaft wird erst mit der Eintragung des Eintritts des Kommanditisten im Handelsregister wirksam.

(5) Bei geschlossenen Publikumsinvestmentkommanditgesellschaften können die Kommanditisten dem Geschäftsbeginn nicht zustimmen, bevor die Gesellschaft in das Handelsregister eingetragen ist.

(6) ¹ Scheidet ein Kommanditist während der Laufzeit der Investmentkommanditgesellschaft aus der Investmentkommanditgesellschaft aus, gilt die Erfüllung des Abfindungsanspruchs nicht als Rückzahlung der Einlage des Kommanditisten. ² Ab dem Zeitpunkt des Ausscheidens haftet der ausgeschiedene Kommanditist nicht für Verbindlichkeiten der Investmentkommanditgesellschaft.

(7) Bei geschlossenen Publikumsinvestmentkommanditgesellschaften sind Sacheinlagen unzulässig.

**§ 153 Geschäftsführung, Beirat.** (1) ¹ Die Geschäftsführung der geschlossenen Investmentkommanditgesellschaft besteht aus mindestens zwei Personen. ² Die Voraussetzung nach Satz 1 ist auch dann erfüllt, wenn Geschäftsführer der geschlossenen Investmentkommanditgesellschaft eine juristische Person ist, deren Geschäftsführung ihrerseits von zwei Personen wahrgenommen wird. ³ Die Geschäftsführung ist verpflichtet,

1. bei der Ausübung ihrer Tätigkeit im ausschließlichen Interesse der Gesellschafter und der Integrität des Marktes zu handeln,

2. ihre Tätigkeit mit der gebotenen Sachkenntnis, Sorgfalt und Gewissenhaftigkeit im besten Interesse des von ihr verwalteten Vermögens und der Integrität des Marktes auszuüben und

3. sich um die Vermeidung von Interessenkonflikten zu bemühen und, wenn diese sich nicht vermeiden lassen, dafür zu sorgen, dass unvermeidbare Konflikte unter der gebotenen Wahrung der Interessen der Gesellschafter gelöst werden.

⁴ Die Geschäftsführung hat bei der Wahrnehmung ihrer Aufgaben unabhängig von der Verwahrstelle zu handeln.

(2) ¹ Die Mitglieder der Geschäftsführung müssen zuverlässig sein und die zur Leitung der geschlossenen Investmentkommanditgesellschaft erforderliche fachliche Eignung haben, auch in Bezug auf die Art des Unternehmensgegenstandes der geschlossenen Investmentkommanditgesellschaft. ² Die Bestellung

und das Ausscheiden von Mitgliedern der Geschäftsführung sind der Bundesanstalt unverzüglich anzuzeigen.

(3) ¹Die intern verwaltete geschlossene Publikumsinvestmentkommanditgesellschaft hat einen Beirat zu bilden, der die Geschäftsführung bei der Umsetzung der Anlagebedingungen überwacht. ²§ 18 Absatz 2 Satz 4 und Absatz 3 Satz 2 und 4 gilt entsprechend. ³Die Persönlichkeit und die Sachkunde der Mitglieder des Beirats müssen Gewähr dafür bieten, dass die Interessen der Anleger gewahrt werden. ⁴Die Bestellung und das Ausscheiden von Mitgliedern des Beirats ist der Bundesanstalt unverzüglich anzuzeigen.

(4) ¹Mitglieder der Geschäftsführung oder des Beirats der geschlossenen Investmentkommanditgesellschaft dürfen Vermögensgegenstände weder an die Investmentkommanditgesellschaft veräußern noch von dieser erwerben. ²Erwerb und Veräußerung von Kommanditanteilen durch die Mitglieder der Geschäftsführung sind davon nicht erfasst.

(5) Die Bundesanstalt kann die Abberufung der Geschäftsführung oder von Mitgliedern der Geschäftsführung verlangen und ihnen die Ausübung ihrer Tätigkeit untersagen, wenn

1. Tatsachen vorliegen, aus denen sich ergibt, dass die Geschäftsführung oder Mitglieder der Geschäftsführung nicht zuverlässig sind oder die zur Leitung erforderliche fachliche Eignung gemäß Absatz 3 nicht haben oder
2. die Geschäftsführung oder Mitglieder der Geschäftsführung nachhaltig gegen die Bestimmungen dieses Gesetzes oder des Geldwäschegesetzes verstoßen.

**§ 154 Verwaltung und Anlage.** (1) ¹Die geschlossene Investmentkommanditgesellschaft kann eine ihrem Unternehmensgegenstand entsprechende externe AIF-Kapitalverwaltungsgesellschaft bestellen. ²Dieser obliegt insbesondere die Anlage und Verwaltung des Kommanditanlagevermögens. ³Die Bestellung der externen AIF-Kapitalverwaltungsgesellschaft ist kein Fall des § 36. ⁴Die AIF-Kapitalverwaltungsgesellschaft ist berechtigt, die Verwaltung der Mittel der geschlossenen Investmentkommanditgesellschaft zu kündigen. ⁵§ 99 Absatz 1 bis 4 ist mit den folgenden Maßgaben entsprechend anzuwenden:

1. eine Kündigung kann nur aus wichtigem Grund erfolgen;
2. die Kündigungsfrist muss im angemessenen Verhältnis zu dem Zeitraum stehen, der erforderlich ist, um zum Investmentvermögen gehörenden Vermögensgegenstände zu liquidieren; bei Publikumsinvestmentkommanditgesellschaften muss die Kündigungsfrist jedoch mindestens sechs Monate betragen.

(2) ¹§ 100 ist entsprechend anzuwenden mit den Maßgaben, dass

1. das Verwaltungs- und Verfügungsrecht über das Gesellschaftsvermögen nur dann auf die Verwahrstelle zur Abwicklung übergeht, wenn die geschlossene Investmentkommanditgesellschaft sich nicht in eine intern verwaltete geschlossene Investmentkommanditgesellschaft umwandelt oder keine andere externe AIF-Kapitalverwaltungsgesellschaft benennt und dies bei geschlossenen Publikumsinvestmentkommanditgesellschaften jeweils von der Bundesanstalt genehmigt wird und bei geschlossenen Spezialinvestmentkommanditgesellschaften jeweils der Bundesanstalt angezeigt wird;
2. die Gesellschafter die Bestellung eines anderen Liquidators als der Verwahrstelle beschließen können; § 147 des Handelsgesetzbuchs findet keine An-

wendung, wenn die Liquidation durch die Verwahrstelle als Liquidator erfolgt. ²Im Fall der Bestellung einer anderen externen AIF-Kapitalverwaltungsgesellschaft ist § 100b Absatz 1, 3 und 4 entsprechend anzuwenden mit der Maßgabe, dass die Übertragung bei Publikumsinvestmentkommanditgesellschaften frühestens mit Erteilung der Genehmigung der Bundesanstalt wirksam wird.

(3) Wird eine geschlossene Publikumsinvestmentkommanditgesellschaft aufgelöst, hat sie auf den Tag, an dem das Recht der AIF-Kapitalverwaltungsgesellschaft zur Verwaltung des Gesellschaftsvermögens erlischt, einen Auflösungsbericht zu erstellen, der den Anforderungen nach § 158 entspricht.

## § 155 Unterschreitung des Anfangskapitals oder der Eigenmittel.

¹Eine intern verwaltete geschlossene Investmentkommanditgesellschaft hat der Bundesanstalt und den Anlegern unverzüglich anzuzeigen, wenn das Gesellschaftsvermögen den Wert des Anfangskapitals oder den Wert der zusätzlich erforderlichen Eigenmittel gemäß § 25 unterschreitet. ²Mit der Anzeige gegenüber den Anlegern ist durch die Geschäftsführung eine Gesellschafterversammlung einzuberufen.

## § 156 Gesellschaftsvermögen.

(1) ¹Eine intern verwaltete geschlossene Investmentkommanditgesellschaft darf bewegliches und unbewegliches Vermögen erwerben, das für den Betrieb der Investmentkommanditgesellschaft notwendig ist. ²Hierfür hat sie ein Betriebsvermögen zu bilden, das rechnerisch bei den Kapitalanteilen der geschäftsführenden Gesellschafter zu erfassen ist. ³Den Erwerb darf sie nicht mit Kapital aus der Begebung von Kommanditanteilen an Anleger bestreiten.

(2) ¹Die Einlagen der Anleger, die im Zusammenhang mit der Anlagetätigkeit erhaltenen und verwalteten Vermögensgegenstände, für die Vermögensgegenstände erhaltene Sicherheiten sowie liquide Mittel werden rechnerisch dem Kommanditkapital zugeordnet. ²Sie bilden das Kommanditanlagevermögen.

## § 157 Firma.

Die Firma der geschlossenen Investmentkommanditgesellschaft muss abweichend von § 19 Absatz 1 Nummer 3 des Handelsgesetzbuchs die Bezeichnung „geschlossene Investmentkommanditgesellschaft" oder eine allgemein verständliche Abkürzung dieser Bezeichnung enthalten.

## § 158 Jahresbericht.

¹Auf den Jahresbericht einer geschlossenen Investmentkommanditgesellschaft ist § 135 anzuwenden. ²Zusätzlich zu Satz 1 sind bei geschlossenen Publikumsinvestmentkommanditgesellschaften die in § 101 Absatz 2 genannten Angaben und bei einer Beteiligung nach § 261 Absatz 1 Nummer 2 bis 6 die in § 148 Absatz 2 genannten Angaben im Anhang zu machen.

## § 159 Abschlussprüfung.

¹§ 136 ist auf die geschlossene Investmentkommanditgesellschaft anzuwenden. ²§ 136 Absatz 3 Satz 4 ist auf die geschlossene Publikumsinvestmentkommanditgesellschaft jedoch mit der Maßgabe anzuwenden, dass der Bericht über die Prüfung der geschlossenen Publikumsinvestmentkommanditgesellschaft unverzüglich nach Beendigung der Prüfung der Bundesanstalt einzureichen ist.

**§ 160 Offenlegung und Vorlage von Berichten.** (1) Die Offenlegung des Jahresberichts einer geschlossenen Publikumsinvestmentkommanditgesellschaft erfolgt, auch wenn auf diese § 264a des Handelsgesetzbuchs nicht anzuwenden ist, spätestens sechs Monate nach Ende des Geschäftsjahres nach Maßgabe des insoweit entsprechend anzuwendenden § 325 Absatz 1, Absatz 2 bis 2b, 5 und 6 des Handelsgesetzbuchs; die §§ 328, 329 Absatz 1, 2 und 4 und die §§ 335 bis 335b des Handelsgesetzbuchs sind entsprechend anzuwenden.

(2) Der Bericht einer geschlossenen Publikumsinvestmentkommanditgesellschaft nach Absatz 1 muss dem Publikum an den Stellen zugänglich sein, die im Verkaufsprospekt und in den wesentlichen Anlegerinformationen angegeben sind.

(3) Einem Anleger der geschlossenen Investmentkommanditgesellschaft wird der Jahresbericht auf Anfrage vorgelegt.

(4) Die geschlossene Publikumsinvestmentkommanditgesellschaft hat der Bundesanstalt den Jahresbericht unverzüglich nach der Erstellung einzureichen.

**§ 161 Auflösung und Liquidation.** (1) Das Recht zur ordentlichen Kündigung besteht bei der geschlossenen Investmentkommanditgesellschaft nicht.

(2) [1] § 133 Absatz 1 des Handelsgesetzbuchs gilt nicht. [2] Ein Gesellschafter der geschlossenen Investmentkommanditgesellschaft kann die Gesellschaft vor dem Ablauf der für ihre Dauer bestimmten Zeit außerordentlich kündigen und aus ihr ausscheiden, wenn ein wichtiger Grund vorliegt. [3] § 133 Absatz 2 und 3 des Handelsgesetzbuchs ist entsprechend anzuwenden.

(3) Wird eine geschlossene Publikumsinvestmentkommanditgesellschaft abgewickelt, hat der Liquidator jährlich sowie auf den Tag, an dem die Abwicklung beendet ist, einen Abwicklungsbericht zu erstellen, der den Anforderungen nach § 158 entspricht.

(4) Die Kommanditisten haften nach Beendigung der Liquidation nicht für die Verbindlichkeiten der geschlossenen Investmentkommanditgesellschaft.

## Kapitel 2. Publikumsinvestmentvermögen

### Abschnitt 1. Allgemeine Vorschriften für offene Publikumsinvestmentvermögen

#### Unterabschnitt 1. Allgemeines

**§ 162 Anlagebedingungen.** (1) Die Anlagebedingungen, nach denen sich

1. das vertragliche Rechtsverhältnis der Kapitalverwaltungsgesellschaft zu den Anlegern eines Publikumssondervermögens oder der EU-OGAW-Verwaltungsgesellschaft zu den Anlegern eines inländischen OGAW-Sondervermögens bestimmt oder

2. in Verbindung mit der Satzung der Publikumsinvestmentaktiengesellschaft mit veränderlichem Kapital das Rechtsverhältnis dieser Investmentaktiengesellschaft zu ihren Anlegern oder der EU-OGAW-Verwaltungsgesellschaft zu den Anlegern einer inländischen OGAW-Investmentaktiengesellschaft bestimmt,

sind vor Ausgabe der Anteile oder Aktien schriftlich festzuhalten.

(2) Die Anlagebedingungen müssen neben der Bezeichnung des Investmentvermögens sowie der Angabe des Namens und des Sitzes der Verwaltungsgesellschaft mindestens folgende Angaben enthalten:
1. nach welchen Grundsätzen die Auswahl der zu beschaffenden Vermögensgegenstände erfolgt, insbesondere, welche Vermögensgegenstände in welchem Umfang erworben werden dürfen, die Arten der Investmentvermögen, deren Anteile oder Aktien für das Investmentvermögen erworben werden dürfen sowie der Anteil des Investmentvermögens, der höchstens in Anteilen oder Aktien der jeweiligen Art gehalten werden darf; ob, in welchem Umfang und mit welchem Zweck Geschäfte mit Derivaten getätigt werden dürfen und welcher Anteil in Bankguthaben und Geldmarktinstrumenten gehalten wird; Techniken und Instrumente, von denen bei der Verwaltung des Investmentvermögens Gebrauch gemacht werden kann; Zulässigkeit von Kreditaufnahmen für Rechnung des Investmentvermögens;
2. wenn die Auswahl der für das Investmentvermögen zu erwerbenden Wertpapiere darauf gerichtet ist, einen Wertpapierindex im Sinne von § 209 nachzubilden, welcher Wertpapierindex nachgebildet werden soll und dass die in § 206 genannten Grenzen überschritten werden dürfen;
3. ob die zum Sondervermögen gehörenden Gegenstände im Eigentum der Verwaltungsgesellschaft oder im Miteigentum der Anleger stehen;
4. unter welchen Voraussetzungen, zu welchen Bedingungen und bei welchen Stellen die Anleger die Rücknahme, gegebenenfalls den Umtausch der Anteile oder Aktien von der Verwaltungsgesellschaft verlangen können; ob und unter welchen Voraussetzungen die Rücknahme und gegebenenfalls der Umtausch der Anteile oder Aktien beschränkt werden kann sowie die maximale Dauer einer solchen Beschränkung; Voraussetzungen, unter denen die Rücknahme und gegebenenfalls der Umtausch der Anteile oder Aktien ausgesetzt werden kann;
5. in welcher Weise und zu welchen Stichtagen der Jahresbericht und der Halbjahresbericht über die Entwicklung des Investmentvermögens und seine Zusammensetzung erstellt und dem Publikum zugänglich gemacht werden;
6. ob Erträge des Investmentvermögens auszuschütten oder wieder anzulegen sind und ob auf Erträge entfallende Teile des Ausgabepreises für ausgegebene Anteile oder Aktien zur Ausschüttung herangezogen werden können (Ertragsausgleichsverfahren); ob die Ausschüttung von Veräußerungsgewinnen vorgesehen ist;
7. wann und in welcher Weise das Investmentvermögen, sofern es nur für eine begrenzte Dauer gebildet wird, abgewickelt und an die Anleger verteilt wird;
8. ob das Investmentvermögen verschiedene Teilinvestmentvermögen umfasst, unter welchen Voraussetzungen Anteile oder Aktien an verschiedenen Teilinvestmentvermögen ausgegeben werden, nach welchen Grundsätzen die Teilinvestmentvermögen gebildet werden und welche Ausstattungsmerkmale ihnen gemäß § 96 Absatz 2 Satz 1 zugeordnet werden sowie das Verfahren gemäß § 96 Absatz 3 Satz 5 in Verbindung mit Absatz 4 oder § 117 Absatz 9 für die Errechnung des Wertes der Anteile oder Aktien der Teilinvestmentvermögen;

9. ob und unter welchen Voraussetzungen Anteile oder Aktien mit unterschiedlichen Ausgestaltungsmerkmalen ausgegeben werden und das Verfahren gemäß § 96 Absatz 1 Satz 4 in Verbindung mit Absatz 4 Satz 1 für die Errechnung des Wertes der Anteile oder Aktien jeder Anteil- oder Aktienklasse;
10. ob und unter welchen Voraussetzungen das Investmentvermögen in ein anderes Investmentvermögen aufgenommen werden darf und ob und unter welchen Voraussetzungen ein anderes Investmentvermögen aufgenommen werden darf;
11. nach welcher Methode, in welcher Höhe und auf Grund welcher Berechnung die Vergütungen und Aufwendungserstattungen aus dem Investmentvermögen an die Verwaltungsgesellschaft, die Verwahrstelle und Dritte zu leisten sind;
12. Höhe des Aufschlags bei der Ausgabe der Anteile oder Aktien oder der Abschlag bei der Rücknahme sowie sonstige vom Anleger zu entrichtende Kosten einschließlich deren Berechnung;
13. falls in den Anlagebedingungen für die Vergütungen und Kosten eine Pauschalgebühr vereinbart wird, die Angabe, aus welchen Vergütungen und Kosten sich die Pauschalgebühr zusammensetzt und den Hinweis, ob und welche Kosten dem Investmentvermögen gesondert in Rechnung gestellt werden;
14. dass im Jahresbericht und im Halbjahresbericht der Betrag der Ausgabeaufschläge und Rücknahmeabschläge offenzulegen ist, die dem Investmentvermögen im Berichtszeitraum für den Erwerb und die Rücknahme von Anteilen und Aktien im Sinne der §§ 196 und 230 berechnet worden sind, sowie die Vergütung offenzulegen ist, die dem Investmentvermögen von der Verwaltungsgesellschaft selbst, einer anderen Verwaltungsgesellschaft oder einer Gesellschaft, mit der die Verwaltungsgesellschaft durch eine wesentliche unmittelbare oder mittelbare Beteiligung verbunden ist, als Verwaltungsvergütung für die im Investmentvermögen gehaltenen Anteile oder Aktien berechnet wurde;
15. die Voraussetzungen für eine Übertragung der Verwaltung auf eine andere Kapitalverwaltungsgesellschaft und für einen Wechsel der Verwahrstelle;
16. falls in den Anlagebedingungen Swing Pricing vereinbart wird, die Art des Swing Pricing (vollständiges oder teilweises Swing Pricing) sowie unter welchen Voraussetzungen diese Methode angewandt wird.

**§ 163 Genehmigung der Anlagebedingungen.** (1) [1]Die Anlagebedingungen sowie deren Änderung bedürfen der Genehmigung der Bundesanstalt. [2]Die Genehmigung kann nur von folgenden Verwaltungsgesellschaften beantragt werden:
1. von Kapitalverwaltungsgesellschaften, die die betroffene Art von Investmentvermögen verwalten dürfen und
2. in Bezug auf inländische OGAW von EU-OGAW-Verwaltungsgesellschaften, die von den zuständigen Stellen ihres Herkunftsmitgliedstaates eine Zulassung zur Verwaltung von OGAW erhalten haben, deren Verwaltung im Inland beabsichtigt wird, die den Anforderungen des Artikels 19 Absatz 3 und 4 der Richtlinie 2009/65/EG entsprechen, das Anzeigeverfahren nach den §§ 51 und 52 erfolgreich durchlaufen und der Bundesanstalt darüber

hinaus die in § 52 Absatz 1 Satz 2 aufgeführten Unterlagen für das betroffene Investmentvermögen vorgelegt oder auf diese gemäß § 52 Absatz 1 Satz 3 verwiesen haben.

(2) ¹Die Genehmigung ist innerhalb einer Frist von vier Wochen nach Eingang des Genehmigungsantrags zu erteilen, wenn die Anlagebedingungen den gesetzlichen Anforderungen entsprechen und der Antrag von einer Verwaltungsgesellschaft im Sinne von Absatz 1 Satz 2 gestellt wurde. ²Sind die Voraussetzungen für die Genehmigung nicht erfüllt, hat die Bundesanstalt dies dem Antragsteller innerhalb der Frist nach Satz 1 unter Angabe der Gründe mitzuteilen und fehlende oder geänderte Angaben oder Unterlagen anzufordern. ³Ist die Antragstellerin eine EU-OGAW-Verwaltungsgesellschaft, hört die Bundesanstalt vor einer Mitteilung nach Satz 2 die zuständigen Stellen des Herkunftsstaates der EU-OGAW-Verwaltungsgesellschaft an. ⁴Mit dem Eingang der angeforderten Angaben oder Unterlagen beginnt der Lauf der in Satz 1 genannten Frist erneut. ⁵Die Genehmigung gilt als erteilt, wenn über den Genehmigungsantrag nicht innerhalb der Frist nach Satz 1 entschieden worden und eine Mitteilung nach Satz 2 nicht erfolgt ist. ⁶Auf Antrag der Verwaltungsgesellschaft hat die Bundesanstalt die Genehmigung nach Satz 5 schriftlich zu bestätigen. ⁷Die Bundesanstalt kann die Genehmigung mit Nebenbestimmungen versehen. ⁸Die Verwaltungsgesellschaft darf die Anlagebedingungen dem Verkaufsprospekt nur beifügen, wenn die Genehmigung nach Absatz 1 Satz 1 erteilt worden ist. ⁹Die von der Bundesanstalt genehmigten Anlagebedingungen sind dem Publikum in der jeweils geltenden Fassung auf der Internetseite der Kapitalverwaltungsgesellschaft oder der EU-OGAW-Verwaltungsgesellschaft zugänglich zu machen. ¹⁰Bei offenen Publikums-AIF dürfen die Anlagebedingungen erst veröffentlicht werden, wenn die Verwaltungsgesellschaft mit dem Vertrieb des Investmentvermögens gemäß § 316 beginnen darf.

(3) ¹Wenn die Änderungen der Anlagebedingungen mit den bisherigen Anlagegrundsätzen des Investmentvermögens nicht vereinbar sind, erteilt die Bundesanstalt die Genehmigung nur, wenn die Verwaltungsgesellschaft die Änderungen der Anlagebedingungen mindestens drei Monate vor dem Inkrafttreten nach Absatz 4 bekannt macht und den Anlegern anbietet,

1. entweder die Rücknahme ihrer Anteile oder Aktien ohne weitere Kosten zu verlangen oder

2. soweit möglich, den Umtausch ihrer Anteile oder Aktien ohne weitere Kosten zu verlangen in Anteile oder Aktien eines anderen Investmentvermögens, das mit den bisherigen Anlagegrundsätzen vereinbar ist und von derselben Verwaltungsgesellschaft oder von einem Unternehmen, das zu der Verwaltungsgesellschaft in einer Verbindung im Sinne des § 290 des Handelsgesetzbuchs steht, verwaltet wird.

²Dieses Recht nach Satz 1 Nummer 1 oder 2 besteht spätestens ab dem Zeitpunkt, in dem die Anleger über die geplante Änderung der Anlagebedingungen nach Absatz 4 unterrichtet werden. ³Sind die Änderungen genehmigt oder gelten diese als genehmigt, dürfen sie frühestens drei Monate nach der in Absatz 4 Satz 1 bestimmten Bekanntmachung in Kraft treten. ⁴Die Änderung der Anlagebedingungen von Immobilien-Sondervermögen ist nur zulässig, wenn diese entweder nach Änderung der Anlagebedingungen mit den bisherigen Anlagegrundsätzen vereinbar sind oder dem Anleger ein Umtauschrecht nach Satz 1 Nummer 2 angeboten wird.

(4) ¹Vorgesehene Änderungen der Anlagebedingungen, die von der Bundesanstalt genehmigt sind, sind im Bundesanzeiger und, sofern die Anteile oder Aktien des betreffenden Investmentvermögens im Geltungsbereich dieses Gesetzes vertrieben werden dürfen, darüber hinaus in einer hinreichend verbreiteten Wirtschafts- oder Tageszeitung oder in den in dem Verkaufsprospekt bezeichneten elektronischen Informationsmedien bekannt zu machen. ²Im Fall von Änderungen der Angaben nach § 162 Absatz 2 Nummer 11, Änderungen im Sinne des Absatzes 3 Satz 1 oder Änderungen in Bezug auf wesentliche Anlegerrechte sind den Anlegern zeitgleich mit der Bekanntmachung nach Satz 1 die wesentlichen Inhalte der vorgesehenen Änderungen der Anlagebedingungen und ihre Hintergründe sowie eine Information über ihre Rechte nach Absatz 3 in einer verständlichen Art und Weise mittels eines dauerhaften Datenträgers zu übermitteln. ³Dabei ist mitzuteilen, wo und auf welche Weise weitere Informationen über die Änderung der Anlagebedingungen erlangt werden können. ⁴Die Übermittlung gilt drei Tage nach der Aufgabe zur Post oder Absendung als erfolgt. ⁵Dies gilt nicht, wenn feststeht, dass der dauerhafte Datenträger den Empfänger nicht oder zu einem späteren Zeitpunkt erreicht hat. ⁶Die Änderungen dürfen frühestens am Tag nach der Bekanntmachung im Bundesanzeiger in Kraft treten, im Fall von Änderungen der Angaben nach § 162 Absatz 2 Nummer 11 jedoch nicht vor Ablauf von drei Monaten nach der entsprechenden Bekanntmachung. ⁷Mit Zustimmung der Bundesanstalt kann ein früherer Zeitpunkt bestimmt werden, soweit es sich um eine Änderung handelt, die den Anleger begünstigt.

**§ 164 Erstellung von Verkaufsprospekt und wesentlichen Anlegerinformationen.** (1) ¹Die Kapitalverwaltungsgesellschaft oder die EU-OGAW-Verwaltungsgesellschaft hat für die von ihr verwalteten offenen Publikumsinvestmentvermögen den Verkaufsprospekt und die wesentlichen Anlegerinformationen zu erstellen und dem Publikum die jeweils aktuelle Fassung auf der Internetseite der Kapitalverwaltungsgesellschaft oder der EU-OGAW-Verwaltungsgesellschaft zugänglich zu machen. ²Bei offenen AIF-Publikumsinvestmentvermögen dürfen Verkaufsprospekt und wesentliche Anlegerinformationen dem Publikum erst zugänglich gemacht werden, sobald die Verwaltungsgesellschaft mit dem Vertrieb des Investmentvermögens gemäß § 316 beginnen darf.

(2) Für die einzelnen Teilinvestmentvermögen eines Umbrella-Investmentvermögens kann ein gemeinsamer Verkaufsprospekt erstellt werden, in dem die folgenden Angaben in klarer und übersichtlicher Art und Weise darzustellen sind:

1. für alle Teilinvestmentvermögen gemeinsam die in § 165 genannten Angaben, die bei allen Teilinvestmentvermögen identisch sind und
2. für jedes Teilinvestmentvermögen gesondert alle Angaben, bei denen sich für einzelne Teilinvestmentvermögen Unterschiede auf Grund einer besonderen Anlagepolitik oder anderer Ausstattungsmerkmale ergeben.

(3) Die Angaben in den wesentlichen Anlegerinformationen sowie die Angaben von wesentlicher Bedeutung im Verkaufsprospekt sind auf dem neusten Stand zu halten.

(4) ¹Die OGAW-Kapitalverwaltungsgesellschaft oder die EU-OGAW-Verwaltungsgesellschaft hat der Bundesanstalt für die von ihr verwalteten inländischen OGAW den Verkaufsprospekt und die wesentlichen Anlegerinformatio-

nen unverzüglich nach erstmaliger Verwendung einzureichen. ²Auf Anfrage hat die OGAW-Kapitalverwaltungsgesellschaft der Bundesanstalt auch den Verkaufsprospekt für die von ihr nach den §§ 49 und 50 verwalteten EU-OGAW zur Verfügung zu stellen.

(5) Die OGAW-Kapitalverwaltungsgesellschaft oder die EU-OGAW-Verwaltungsgesellschaft hat der Bundesanstalt für die von ihr verwalteten inländischen OGAW alle Änderungen des Verkaufsprospekts und der wesentlichen Anlegerinformationen unverzüglich nach erstmaliger Verwendung einzureichen.

**§ 165 Mindestangaben im Verkaufsprospekt.** (1) ¹Der Verkaufsprospekt eines offenen Publikumsinvestmentvermögens muss mit einem Datum versehen sein und die Angaben enthalten, die erforderlich sind, damit sich die Anleger über die ihnen angebotene Anlage und insbesondere über die damit verbundenen Risiken ein begründetes Urteil bilden können. ²Der Verkaufsprospekt muss redlich und eindeutig und darf nicht irreführend sein.

(2) Der Verkaufsprospekt muss neben dem Namen des Investmentvermögens, auf das er sich bezieht, mindestens folgende Angaben enthalten:
1. Zeitpunkt der Auflegung des Investmentvermögens sowie Angabe der Laufzeit;
2. an hervorgehobener Stelle eine Beschreibung der Anlageziele des Investmentvermögens einschließlich der finanziellen Ziele und Beschreibung der Anlagepolitik und -strategie, einschließlich etwaiger Konkretisierungen und Beschränkungen bezüglich dieser Anlagepolitik und -strategie; eine Beschreibung der Art der Vermögensgegenstände, in die das Investmentvermögen investieren darf sowie die Angabe etwaiger Techniken und Instrumente, von denen bei der Verwaltung des Investmentvermögens Gebrauch gemacht werden kann und aller damit verbundenen Risiken, Interessenkonflikte und Auswirkungen auf die Wertentwicklung des Investmentvermögens; Beschreibung der wesentlichen Merkmale der für das Investmentvermögen erwerbbaren Anteile oder Aktien an Investmentvermögen einschließlich der maßgeblichen Anlagegrundsätze und -grenzen und des Sitzes der Zielinvestmentvermögen;
3. eindeutige und leicht verständliche Erläuterung des Risikoprofils des Investmentvermögens;
4. Hinweis, dass der am Erwerb eines Anteils oder einer Aktie Interessierte Informationen über die Anlagegrenzen des Risikomanagements, die Risikomanagementmethoden und die jüngsten Entwicklungen bei den Risiken und Renditen der wichtigsten Kategorien von Vermögensgegenständen des Investmentvermögens verlangen kann und Angabe der Stellen, wo der am Erwerb eines Anteils oder einer Aktie Interessierte diese Informationen in welcher Form erhalten kann;
5. Zulässigkeit von Kreditaufnahmen für Rechnung des Investmentvermögens;
6. Umstände, unter denen das Investmentvermögen Leverage einsetzen kann, Art und Herkunft des zulässigen Leverage und die damit verbundenen Risiken, sonstige Beschränkungen für den Einsatz von Leverage sowie den maximalen Umfang des Leverage, die die Verwaltungsgesellschaft für Rechnung des Investmentvermögens einsetzen dürfen; bei inländischen OGAW

kann die Angabe des maximalen Umfangs des Leverage durch die Angabe des maximalen Marktrisikopotenzials, gegebenenfalls ergänzt um die Angabe des erwarteten Leverage, ersetzt werden;
7. Handhabung von Sicherheiten, insbesondere Art und Umfang der geforderten Sicherheiten und die Wiederverwendung von Sicherheiten und Vermögensgegenständen, sowie die sich daraus ergebenden Risiken;
8. Angaben zu den Kosten einschließlich Ausgabeaufschlag und Rückgabeabschlag nach Maßgabe von Absatz 3;
9. gegebenenfalls bisherige Wertentwicklung des Investmentvermögens und gegebenenfalls der Anteil- oder Aktienklassen zusammen mit einem Warnhinweis, dass die bisherige Wertentwicklung kein Indikator für die zukünftige Wertentwicklung ist;
10. Profil des typischen Anlegers, für den das Investmentvermögen konzipiert ist;
11. Beschreibung der Verfahren, nach denen das Investmentvermögen seine Anlagestrategie oder seine Anlagepolitik oder beides ändern kann;
12. Voraussetzungen für die Auflösung und Übertragung des Investmentvermögens unter Angabe von Einzelheiten insbesondere bezüglich der Rechte der Anleger;
13. Beschreibung, in welcher Weise und zu welchem Zeitpunkt die gemäß § 300 erforderlichen Informationen offengelegt werden;
14. Beschreibung der Regeln für die Ermittlung und Verwendung der Erträge;
15. Kurzangaben über die für die Anleger bedeutsamen Steuervorschriften einschließlich der Angabe, ob ausgeschüttete Erträge des Investmentvermögens einem Quellensteuerabzug unterliegen;
16. Ende des Geschäftsjahres des Investmentvermögens; Häufigkeit der Ausschüttung von Erträgen;
17. Angabe der Stellen, bei denen die Jahresberichte und Halbjahresberichte über das Investmentvermögen erhältlich sind;
18. Name des Abschlussprüfers, der mit der Prüfung des Investmentvermögens einschließlich des Jahresberichtes beauftragt ist;
19. Regeln für die Vermögensbewertung, insbesondere eine Beschreibung des Verfahrens zur Bewertung des Investmentvermögens und der Kalkulationsmethoden für die Bewertung von Vermögenswerten, einschließlich der Verfahren für die Bewertung schwer zu bewertender Vermögenswerte nach den §§ 168 bis 170, 212, 216 und 217; bei offenen Publikums-AIF Nennung des externen Bewerters;
20. gegebenenfalls Angabe der Börsen oder Märkte, an denen Anteile oder Aktien notiert oder gehandelt werden; Angabe, dass der Anteilswert vom Börsenpreis abweichen kann;
21. Verfahren und Bedingungen für die Ausgabe und die Rücknahme sowie gegebenenfalls den Umtausch von Anteilen oder Aktien;
22. Beschreibung des Liquiditätsmanagements des Investmentvermögens, einschließlich der Rückgaberechte unter normalen und außergewöhnlichen Umständen, und der bestehenden Rücknahmevereinbarungen mit den Anlegern einschließlich der Voraussetzungen, unter denen die Rücknahme und gegebenenfalls auch der Umtausch von Anteilen oder Aktien beschränkt oder ausgesetzt werden kann; im Hinblick auf eine Beschränkung

der Rücknahme von Anteilen oder Aktien ist zudem der Verfahrensablauf sowie deren maximale Dauer darzustellen;

23. die getroffenen Maßnahmen, um die Zahlungen an die Anleger, die Rücknahme der Anteile oder Aktien sowie die Verbreitung der Berichte und sonstigen Informationen über das Investmentvermögen vorzunehmen; falls Anteile oder Aktien in einem anderen Mitgliedstaat der Europäischen Union oder in einem anderen Vertragsstaat des Abkommens über den Europäischen Wirtschaftsraum vertrieben werden, sind Angaben über die in diesem Staat getroffenen Maßnahmen zu machen und in den dort bekannt zu machenden Verkaufsprospekt aufzunehmen;

24. eine Beschreibung der wichtigsten rechtlichen Auswirkungen der für die Tätigung der Anlage eingegangenen Vertragsbeziehung, einschließlich Informationen über die zuständigen Gerichte, das anwendbare Recht und das Vorhandensein oder Nichtvorhandensein von Rechtsinstrumenten, die die Anerkennung und Vollstreckung von Urteilen in dem Gebiet vorsehen, in dem das Investmentvermögen seinen Sitz hat;

25. Art und Hauptmerkmale der Anteile oder Aktien, insbesondere Art der durch die Anteile oder Aktien verbrieften oder verbundenen Rechte oder Ansprüche; Angaben, ob die Anteile oder Aktien durch Globalurkunden verbrieft oder ob Anteilscheine oder Einzelurkunden ausgegeben werden; Angaben, ob die Anteile auf den Inhaber oder auf den Namen lauten und Angabe der Stückelung;

26. gegebenenfalls Angabe des Investmentvermögens und seiner einzelnen Teilinvestmentvermögen und unter welchen Voraussetzungen Anteile an verschiedenen Teilinvestmentvermögen ausgegeben werden, einschließlich einer Beschreibung der Anlageziele und der Anlagepolitik der Teilinvestmentvermögen;

27. eine Beschreibung der Art und Weise, wie die Verwaltungsgesellschaft eine faire Behandlung der Anleger gewährleistet sowie Angaben darüber, ob und unter welchen Voraussetzungen Anteile oder Aktien mit unterschiedlichen Rechten ausgegeben werden und eine Erläuterung, welche Ausgestaltungsmerkmale gemäß § 96 Absatz 1 und 2 oder § 108 Absatz 4 den Anteil- oder Aktienklassen zugeordnet werden; eine Beschreibung des Verfahrens gemäß § 96 Absatz 1 Satz 4 oder § 108 Absatz 4 für die Errechnung des Wertes der Anteile oder Aktien jeder Anteil- oder Aktienklasse, einschließlich der Angaben, wenn ein Anleger eine Vorzugsbehandlung oder einen Anspruch auf eine solche Behandlung erhält, eine Erläuterung dieser Behandlung, der Art der Anleger, die eine solche Vorzugsbehandlung erhalten, sowie gegebenenfalls der rechtlichen oder wirtschaftlichen Verbindungen zwischen diesen Anlegern und dem Investmentvermögen oder der Verwaltungsgesellschaft;

28. Firma, Rechtsform, Sitz und, wenn sich die Hauptverwaltung nicht am Sitz befindet, Ort der Hauptverwaltung der Verwaltungsgesellschaft; Zeitpunkt ihrer Gründung;

29. Namen der Mitglieder des Vorstands oder der Geschäftsführung und des Aufsichtsrats oder gegebenenfalls des Beirats, jeweils unter Angabe der außerhalb der Verwaltungsgesellschaft ausgeübten Hauptfunktionen, wenn diese für die Verwaltungsgesellschaft von Bedeutung sind;

30. Höhe des gezeichneten und eingezahlten Kapitals;

31. Angabe der weiteren Investmentvermögen, die von der Verwaltungsgesellschaft verwaltet werden;
32. Identität der Verwahrstelle und Beschreibung ihrer Pflichten sowie der Interessenkonflikte, die entstehen können;
33. Beschreibung sämtlicher von der Verwahrstelle ausgelagerter Verwahrungsaufgaben, Liste der Auslagerungen und Unterauslagerungen und Angabe sämtlicher Interessenkonflikte, die sich aus den Auslagerungen ergeben können;
34. Erklärung, dass den Anlegern auf Antrag Informationen auf dem neuesten Stand hinsichtlich der Nummern 32 und 33 übermittelt werden.[1)]
35. die Namen von Beratungsfirmen, Anlageberatern oder sonstigen Dienstleistern, wenn ihre Dienste auf Vertragsbasis in Anspruch genommen werden; Einzelheiten dieser Verträge, die für die Anleger von Interesse sind, insbesondere Erläuterung der Pflichten der Dienstleister und der Rechte der Anleger; andere Tätigkeiten der Beratungsfirma, des Anlageberaters oder des sonstigen Dienstleistungsanbieters von Bedeutung;
36. eine Beschreibung von der Verwaltungsgesellschaft übertragener Verwaltungsfunktionen sowie sämtlicher von der Verwahrstelle übertragener Verwahrungsfunktionen, Bezeichnung des Beauftragten sowie sämtlicher Interessenkonflikte, die sich aus der Aufgabenübertragung ergeben könnten;
37. eine Beschreibung, in welcher Weise die AIF-Verwaltungsgesellschaft den Anforderungen des § 25 Absatz 6 gerecht wird;
38. Umstände oder Beziehungen, die Interessenkonflikte begründen können;
39. bei Investmentvermögen mit mindestens einem Teilinvestmentvermögen, dessen Anteile oder Aktien im Geltungsbereich dieses Gesetzes an eine, mehrere oder alle Anlegergruppen im Sinne des § 1 Absatz 19 Nummer 31 bis 33 vertrieben werden dürfen, und mit weiteren Teilinvestmentvermögen desselben Investmentvermögens, die im Geltungsbereich dieses Gesetzes nicht oder nur an eine oder mehrere andere Anlegergruppen vertrieben werden dürfen, den drucktechnisch an hervorgehobener Stelle herausgestellten Hinweis, dass die Anteile oder Aktien der weiteren Teilinvestmentvermögen im Geltungsbereich dieses Gesetzes nicht vertrieben werden dürfen oder, sofern sie an einzelne Anlegergruppen vertrieben werden dürfen, an welche Anlegergruppe im Sinne des § 1 Absatz 19 Nummer 31 bis 33 sie nicht vertrieben werden dürfen; diese weiteren Teilinvestmentvermögen sind namentlich zu bezeichnen;
40. die in Artikel 14 der Verordnung (EU) 2015/2365 sowie für OGAW die in Artikel 29 Absatz 2 der Verordnung (EU) 2016/1011 genannten Informationen;
41. falls Swing Pricing vorgesehen ist, Angaben zu dessen Art (vollständiges oder teilweises Swing Pricing) und Funktionsweise sowie zur Berechnung des modifizierten Nettoinventarwertes.

(3) Der Verkaufsprospekt hat in Bezug auf die Kosten einschließlich Ausgabeaufschlag und Rücknahmeabschlag folgende Angaben zu enthalten:

---

[1)] Zeichensetzung amtlich.

1. Berechnung der Ausgabe- und Rücknahmepreise der Anteile oder Aktien unter Berücksichtigung der Methode und Häufigkeit der Berechnung dieser Preise und der mit der Ausgabe und der Rücknahme der Anteile oder Aktien verbundenen Kosten;
2. Angaben über Art, Ort und Häufigkeit der Veröffentlichung der Ausgabe- und Rücknahmepreise der Anteile oder Aktien;
3. etwaige sonstige Kosten oder Gebühren, aufgeschlüsselt nach denjenigen, die vom Anleger zu zahlen sind und denjenigen, die aus dem Investmentvermögen zu zahlen sind;
4. Verwendung des Aufschlags bei der Ausgabe der Anteile oder Aktien oder des Abschlags bei der Rücknahme der Anteile oder Aktien;
5. Angabe, dass eine Gesamtkostenquote in Form einer einzigen Zahl, die auf den Zahlen des vorangegangenen Geschäftsjahres basiert, zu berechnen ist und welche Kosten einbezogen werden;
6. Erläuterung, dass Transaktionskosten aus dem Investmentvermögen gezahlt werden und dass die Gesamtkostenquote keine Transaktionskosten enthält;
7 Angabe, aus welchen Vergütungen und Kosten sich die Pauschalgebühr zusammensetzt und Hinweis, ob und welche Kosten dem Investmentvermögen gesondert in Rechnung gestellt werden, falls in den Anlagebedingungen für die Vergütungen und Kosten eine Pauschalgebühr vereinbart wurde; die Nummern 5 und 6 bleiben unberührt;
8. Beschreibung, ob der Verwaltungsgesellschaft Rückvergütungen der aus dem Investmentvermögen an die Verwahrstelle und an Dritte geleisteten Vergütungen und Aufwendungserstattungen zufließen und ob je nach Vertriebsweg ein wesentlicher Teil der Vergütungen, die aus dem Investmentvermögen an die Verwaltungsgesellschaft geleistet werden, für Vergütungen an Vermittler von Anteilen oder Aktien des Investmentvermögens auf den Bestand von vermittelten Anteilen oder Aktien verwendet wird;
9. Angabe gemäß § 162 Absatz 2 Nummer 14; Art der möglichen Gebühren, Kosten, Steuern, Provisionen und sonstigen Aufwendungen unter Angabe der jeweiligen Höchstbeträge, die mittelbar oder unmittelbar von den Anlegern des Investmentvermögens zu tragen sind; Hinweis, dass dem Investmentvermögen neben der Vergütung zur Verwaltung des Investmentvermögens eine Verwaltungsvergütung für die im Investmentvermögen gehaltenen Anteile oder Aktien berechnet wird;
10. hinsichtlich der Vergütungspolitik der Verwaltungsgesellschaft:
    a) die Einzelheiten der aktuellen Vergütungspolitik, darunter eine Beschreibung darüber, wie die Vergütung und die sonstigen Zuwendungen berechnet werden, und die Identität der für die Zuteilung der Vergütung und sonstigen Zuwendungen zuständigen Personen, einschließlich der Zusammensetzung des Vergütungsausschusses, falls es einen solchen Ausschuss gibt, oder
    b) eine Zusammenfassung der Vergütungspolitik und eine Erklärung darüber, dass die Einzelheiten der aktuellen Vergütungspolitik auf einer Internetseite veröffentlicht sind, wie die Internetseite lautet und dass auf Anfrage kostenlos eine Papierversion der Internetseite zur Verfügung gestellt wird; die Erklärung umfasst auch, dass zu den auf der Internetseite einsehbaren Einzelheiten der aktuellen Vergütungspolitik eine Beschreibung der Berechnung der Vergütung und der sonstigen Zuwendungen

sowie die Identität der für die Zuteilung der Vergütung und sonstigen Zuwendungen zuständigen Personen, einschließlich der Zusammensetzung des Vergütungsausschusses, falls es einen solchen Ausschuss gibt, gehört.

(4) Sofern die Verwaltungsgesellschaft für Rechnung des Investmentvermögens Geschäfte mit Derivaten tätigen darf, muss der Verkaufsprospekt an hervorgehobener Stelle erläutern, ob diese Geschäfte zu Absicherungszwecken oder als Teil der Anlagestrategie getätigt werden dürfen und wie sich die Verwendung von Derivaten möglicherweise auf das Risikoprofil des Investmentvermögens auswirkt.

(5) Weist ein Investmentvermögen durch seine Zusammensetzung oder durch die für die Fondsverwaltung verwendeten Techniken eine erhöhte Volatilität auf, muss im Verkaufsprospekt an hervorgehobener Stelle darauf hingewiesen werden.

(6) ¹Im Verkaufsprospekt eines Investmentvermögens, das einen anerkannten Wertpapierindex nachbildet, muss an hervorgehobener Stelle darauf hingewiesen werden, dass der Grundsatz der Risikomischung für dieses Investmentvermögen nur eingeschränkt gilt. ²Zudem muss der Verkaufsprospekt die Angabe enthalten, welche Wertpapiere Bestandteile des Wertpapierindexes sind und wie hoch der Anteil der jeweiligen Wertpapiere am Wertpapierindex ist. ³Die Angaben über die Zusammensetzung des Wertpapierindexes können unterbleiben, wenn sie für den Schluss oder für die Mitte des jeweiligen Geschäftsjahres im letzten bekannt gemachten Jahres- oder Halbjahresbericht enthalten sind.

(7) Der Verkaufsprospekt von AIF hat zusätzlich mindestens folgende weitere Angaben zu enthalten:
1. Identität des Primebrokers, Beschreibung jeder wesentlichen Vereinbarung zwischen dem Investmentvermögen und seinen Primebrokern, Art und Weise der Beilegung diesbezüglicher Interessenkonflikte;
2. Angaben über jede eventuell bestehende Haftungsübertragung auf den Primebroker.

(8) Die Bundesanstalt kann verlangen, dass in den Verkaufsprospekt weitere Angaben aufgenommen werden, wenn sie Grund zu der Annahme hat, dass die Angaben für die Erwerber erforderlich sind.

(9) Etwaige Prognosen im Verkaufsprospekt sind deutlich als solche zu kennzeichnen.

**§ 166 Inhalt, Form und Gestaltung der wesentlichen Anlegerinformationen; Verordnungsermächtigung.** (1) Die wesentlichen Anlegerinformationen sollen den Anleger in die Lage versetzen, Art und Risiken des angebotenen Anlageproduktes zu verstehen und auf dieser Grundlage eine fundierte Anlageentscheidung zu treffen.

(2) Die wesentlichen Anlegerinformationen müssen folgende Angaben zu den wesentlichen Merkmalen des betreffenden Investmentvermögens enthalten:
1. Identität des Investmentvermögens und der für das Investmentvermögen zuständigen Behörde,
2. kurze Beschreibung der Anlageziele und der Anlagepolitik,
3. Risiko- und Ertragsprofil der Anlage,

Kapitalanlagegesetzbuch § 166 KAGB 15

4. Kosten und Gebühren,
5. bisherige Wertentwicklung und gegebenenfalls Performance-Szenarien,
6. eine Erklärung darüber, dass die Einzelheiten der aktuellen Vergütungspolitik auf einer Internetseite veröffentlicht sind, wie die Internetseite lautet und dass auf Anfrage kostenlos eine Papierversion der Internetseite zur Verfügung gestellt wird; die Erklärung umfasst auch, dass zu den auf der Internetseite einsehbaren Einzelheiten der aktuellen Vergütungspolitik eine Beschreibung der Berechnung der Vergütung und der sonstigen Zuwendungen sowie die Identität der für die Zuteilung der Vergütung und sonstigen Zuwendungen zuständigen Personen, einschließlich der Zusammensetzung des Vergütungsausschusses, falls es einen solchen Ausschuss gibt, gehört und
7. praktische Informationen und Querverweise.

(3) ¹Diese wesentlichen Merkmale muss der Anleger verstehen können, ohne dass hierfür zusätzliche Dokumente herangezogen werden müssen. ²Die wesentlichen Anlegerinformationen müssen redlich und eindeutig und dürfen nicht irreführend sein. ³Sie müssen mit den einschlägigen Teilen des Verkaufsprospekts übereinstimmen. ⁴Sie sind kurz zu halten und in allgemein verständlicher Sprache abzufassen. ⁵Sie sind in einem einheitlichen Format zu erstellen, um Vergleiche zu ermöglichen.

(4) ¹Für die inländischen OGAW bestimmen sich die näheren Inhalte, Form und Gestaltung der wesentlichen Anlegerinformationen nach der Verordnung (EU) Nr. 583/2010 der Kommission vom 1. Juli 2010 zur Durchführung der Richtlinie 2009/65/EG des Europäischen Parlaments und des Rates im Hinblick auf die wesentlichen Informationen für den Anleger und die Bedingungen, die einzuhalten sind, wenn die wesentlichen Informationen für den Anleger oder der Prospekt auf einem anderen dauerhaften Datenträger als Papier oder auf einer Website zur Verfügung gestellt werden (ABl. L 176 vom 10.7.2010, S. 1). ²Für offene AIF-Publikumsinvestmentvermögen ist die Verordnung (EU) Nr. 583/2010 hinsichtlich der näheren Inhalte, der Form und Gestaltung der wesentlichen Anlegerinformationen entsprechend anzuwenden, soweit sich aus den nachfolgenden Vorschriften nichts anderes ergibt.

(5)¹⁾ ¹Die Verwaltungsgesellschaft weist in den wesentlichen Anlegerinformationen eine Gesamtkostenquote aus. ²Die Gesamtkostenquote stellt eine einzige Zahl dar, die auf den Zahlen des vorangegangenen Geschäftsjahres basiert. ³Sie umfasst sämtliche vom Investmentvermögen im Jahresverlauf getragenen Kosten und Zahlungen im Verhältnis zum durchschnittlichen Nettoinventarwert des Investmentvermögens und wird in den wesentlichen Anlegerinformationen unter der Bezeichnung „laufende Kosten" im Sinne von Artikel 10 Absatz 2 Buchstabe b der Verordnung (EU) Nr. 583/2010 zusammengefasst; sie ist als Prozentsatz auszuweisen. ⁴Sofern in den Anlagebedingungen eine erfolgsabhängige Verwaltungsvergütung oder eine zusätzliche Verwaltungsvergütung für den Erwerb, die Veräußerung oder die Verwaltung von Vermögensgegenständen nach § 231 Absatz 1 und § 234 vereinbart wurde, ist diese darüber hinaus gesondert als Prozentsatz des durchschnittlichen Nettoinventarwertes des Investmentvermögens anzugeben. ⁵Das Bundesministerium der Finanzen wird ermächtigt, durch Rechtsverordnung, die nicht der Zustim-

---
¹⁾ § 166 Abs. 5 Sätze 5 und 6 sind gem. Art. 28 Abs. 1 G v. 4.7.2013 (BGBl. I S. 1981) am 11.7. 2013 in Kraft getreten.

mung des Bundesrates bedarf, nähere Bestimmungen zu Methoden und Grundlagen der Berechnung der Gesamtkostenquote zu erlassen. ⁶Das Bundesministerium der Finanzen kann die Ermächtigung durch Rechtsverordnung auf die Bundesanstalt übertragen.

(6) ¹Für die Immobilien-Sondervermögen nach § 230 sind Artikel 4 Absatz 8 und die Artikel 8 und 9 der Verordnung (EU) Nr. 583/2010 nicht anzuwenden. ²Die Darstellung des Risiko- und Ertragsprofils nach Absatz 2 Satz 1 Nummer 3 für Immobilien-Sondervermögen hat eine Bezeichnung der wesentlichen Risiken und Chancen zu enthalten, die mit einer Anlage in den Immobilien-Sondervermögen verbunden sind. ³Dabei ist auf die wesentlichen Risiken, die Einfluss auf das Risikoprofil des Sondervermögens haben, hinzuweisen; insbesondere sind die Risiken der Immobilieninvestitionen und der Beteiligung an den Immobilien-Gesellschaften zu bezeichnen. ⁴Daneben ist ein Hinweis auf die Beschreibung der wesentlichen Risiken im Verkaufsprospekt aufzunehmen. ⁵Die Darstellung muss den Anleger in die Lage versetzen, die Bedeutung und die Wirkung der verschiedenen Risikofaktoren zu verstehen. ⁶Die Beschreibung ist in Textform zu erstellen und darf keine grafischen Elemente aufweisen. ⁷Daneben sind folgende Angaben aufzunehmen:

1. ein genereller Hinweis, dass mit der Investition in das Sondervermögen neben den Chancen auf Wertsteigerungen auch Risiken verbunden sein können und

2. anstelle der Angaben nach Artikel 7 Absatz 1 Satz 2 Buchstabe b der Verordnung (EU) Nr. 583/2010 ein Hinweis auf die Einschränkung der Rückgabemöglichkeiten für den Anleger nach § 256 Absatz 1 Nummer 1 sowie ein Hinweis auf die Möglichkeit der Aussetzung der Rücknahme von Anteilen und deren Folgen nach § 257.

(7) ¹Für Dach-Hedgefonds gemäß den §§ 225 bis 229 sind Artikel 4 Absatz 8 und die Artikel 8 und 9 der Verordnung (EU) Nr. 583/2010 nicht anzuwenden. ²Die Darstellung des Risiko- und Ertragsprofils nach Absatz 2 Satz 1 Nummer 3 hat für Dach-Hedgefonds eine Bezeichnung der wesentlichen Risiken und Chancen, die mit einer Anlage in diesen Investmentvermögen verbunden sind, zu enthalten. ³Dabei ist auf die wesentlichen Risiken hinzuweisen, die Einfluss auf das Risikoprofil des Investmentvermögens haben; dabei sind auch die Risiken der Zielinvestmentvermögen einzubeziehen, wenn diese einen wesentlichen Einfluss auf das Risikoprofil des Investmentvermögens haben. ⁴Absatz 6 Satz 4 bis 6 gilt entsprechend. ⁵Daneben sind folgende Angaben aufzunehmen:

1. anstelle der Angaben nach Artikel 7 Absatz 1 Buchstabe b der Verordnung (EU) Nr. 583/2010 der Hinweis auf die Möglichkeit zur Einschränkung der Rücknahme nach § 227,

2. im Abschnitt „Risiko- und Ertragsprofil" zusätzlich der Warnhinweis nach § 228 Absatz 2,

3. zusätzlich zu den Angaben nach Artikel 28 der Verordnung (EU) Nr. 583/2010 auch Angaben zum Erwerb ausländischer nicht beaufsichtigter Zielinvestmentvermögen nach § 228 Absatz 1 Nummer 2,

4. zusätzlich zu den Angaben nach Artikel 29 der Verordnung (EU) Nr. 583/2010 auch Angaben zu Krediten und Leerverkäufen nach § 228 Absatz 1 Nummer 4.

(8) ¹Die Ermittlung und Erläuterung der Risiken im Rahmen des Risiko- und Ertragsprofils nach den Absätzen 6 und 7 müssen mit dem internen Verfahren zur Ermittlung, Messung und Überwachung von Risiken übereinstimmen, das die Verwaltungsgesellschaft im Sinne der Artikel 38 bis 40 der Richtlinie 2010/43/EU oder der Artikel 38 bis 56 der Verordnung (EU) Nr. 231/2013 angewendet hat. ²Verwaltet eine Verwaltungsgesellschaft mehr als ein Investmentvermögen, sind die hiermit verbundenen Risiken einheitlich zu ermitteln und widerspruchsfrei zu erläutern.

**§ 167 Information mittels eines dauerhaften Datenträgers.** (1) Ist für die Übermittlung von Informationen nach diesem Gesetz die Verwendung eines dauerhaften Datenträgers vorgesehen, ist die Verwendung eines anderen dauerhaften Datenträgers als Papier nur zulässig, wenn dies auf Grund der Rahmenbedingungen, unter denen das Geschäft ausgeführt wird, angemessen ist und der Anleger sich ausdrücklich für diese andere Form der Übermittlung von Informationen entschieden hat.

(2) ¹Eine elektronische Übermittlung von Informationen gilt im Hinblick auf die Rahmenbedingungen, unter denen das Geschäft zwischen der Kapitalverwaltungsgesellschaft und dem Anleger ausgeführt wird oder werden soll, als angemessen, wenn der Anleger nachweislich einen regelmäßigen Zugang zum Internet hat. ²Dies gilt als nachgewiesen, wenn der Anleger für die Ausführung dieser Geschäfte eine E-Mail-Adresse angegeben hat.

(3) ¹Soweit die Kapitalverwaltungsgesellschaft Anteile oder Aktien nicht selbst verwahrt oder die Übermittlung von Informationen nicht selbst vornehmen kann, hat sie den depotführenden Stellen der Anleger die Informationen in angemessener Weise für eine Übermittlung an die Anleger bereitzustellen. ²Die depotführenden Stellen haben den Anlegern die Informationen unverzüglich nach der Bereitstellung zu übermitteln. ³Die Kapitalverwaltungsgesellschaft hat der depotführenden Stelle die Aufwendungen zu erstatten, die diese für die Vervielfältigung von Mitteilungen und für die Verwendung des dauerhaften Datenträgers an die Anleger erbracht hat. ⁴Für die Höhe des Aufwendungsersatzanspruchs gilt § 67f Absatz 1 des Aktiengesetzes und eine auf Grund der Ermächtigung in § 67f Absatz 3 des Aktiengesetzes erlassene Verordnung. ⁵Bis zum Inkrafttreten einer solchen Verordnung, jedoch längstens bis einschließlich 3. September 2025, ist die Verordnung über den Ersatz von Aufwendungen der Kreditinstitute vom 17. Juni 2003 (BGBl. I S. 885), die durch Artikel 15 des Gesetzes vom 30. Juli 2009 (BGBl. I S. 2479) geändert worden ist, in der bis einschließlich 2. September 2020 geltenden Fassung weiter sinngemäß anwendbar.

**§ 168 Bewertung; Verordnungsermächtigung.** (1) ¹Der Nettoinventarwert je Anteil oder je Aktie ergibt sich aus der Teilung des Wertes des offenen Publikumsinvestmentvermögens durch die Zahl der in den Verkehr gelangten Anteile oder Aktien. ²Der Wert eines offenen Publikumsinvestmentvermögens ist auf Grund der jeweiligen Verkehrswerte der zu ihm gehörenden Vermögensgegenstände abzüglich der aufgenommenen Kredite und sonstigen Verbindlichkeiten zu ermitteln. ³Zur Bestimmung des Verkehrswertes des Vermögensgegenstandes ist das jeweilige gesetzliche oder marktübliche Verfahren zugrunde zu legen.

## 15 KAGB § 168 Kapitalanlagegesetzbuch

(1a) ¹ Falls die Kapitalverwaltungsgesellschaft von der Möglichkeit des Swing Pricing Gebrauch macht, ist zusätzlich zum Nettoinventarwert der modifizierte Nettoinventarwert je Anteil oder je Aktie zu berechnen. ² Die Vorgaben der §§ 170, 212, 216 Absatz 7, des § 217 Absatz 3 Satz 1 sowie des § 297 Absatz 2 Satz 1 gelten für den modifizierten Nettoinventarwert entsprechend mit der Maßgabe, dass jeweils anstelle des Nettoinventarwertes der modifizierte Nettoinventarwert zu veröffentlichen oder bekanntzugeben ist.

(2) Bei Vermögensgegenständen, die zum Handel an einer Börse zugelassen oder an einem anderen organisierten Markt zugelassen oder in diesen einbezogen sind, ist als Verkehrswert der Kurswert der Vermögensgegenstände anzusetzen, sofern dieser eine verlässliche Bewertung gewährleistet.

(3) Bei Vermögensgegenständen, für die die Voraussetzungen nach Absatz 2 nicht vorliegen oder für die kein handelbarer Kurs verfügbar ist, ist der Verkehrswert, der bei sorgfältiger Einschätzung nach geeigneten Bewertungsmodellen unter Berücksichtigung der aktuellen Marktgegebenheiten angemessen ist, zugrunde zu legen.

(4) Für die Bewertung von Schuldverschreibungen, die nicht zum Handel an einer Börse zugelassen oder nicht an einem anderen organisierten Markt zugelassen oder in diesen einbezogen sind, sowie für die Bewertung von Schuldscheindarlehen sind die für vergleichbare Schuldverschreibungen und Schuldscheindarlehen vereinbarten Preise und gegebenenfalls die Kurswerte von Anleihen vergleichbarer Emittenten und entsprechender Laufzeit und Verzinsung, erforderlichenfalls mit einem Abschlag zum Ausgleich der geringeren Veräußerbarkeit, zugrunde zu legen.

(5) Auf Derivate geleistete Einschüsse unter Einbeziehung der am Börsentag festgestellten Bewertungsgewinne und Bewertungsverluste sind dem Investmentvermögen zuzurechnen.

(6) ¹ Bei schwebenden Verpflichtungsgeschäften ist anstelle des von der Kapitalverwaltungsgesellschaft zu liefernden Vermögensgegenstandes die von ihr zu fordernde Gegenleistung unmittelbar nach Abschluss des Geschäfts zu berücksichtigen. ² Für die Rückerstattungsansprüche aus Wertpapier-Darlehen ist der jeweilige Kurswert der als Darlehen übertragenen Wertpapiere maßgebend.

(7) ¹ Die Kapitalverwaltungsgesellschaft hat alle angemessenen Maßnahmen zu ergreifen, um bei Erwerb und Veräußerung von Vermögensgegenständen das bestmögliche Ergebnis für das offene Publikumsinvestmentvermögen zu erzielen. ² Dabei hat sie den Kurs oder den Preis, die Kosten, die Geschwindigkeit und Wahrscheinlichkeit der Ausführung und Abrechnung, den Umfang und die Art des Auftrags sowie alle sonstigen, für die Auftragsausführung relevanten Aspekte zu berücksichtigen. ³ Die Gewichtung dieser Faktoren bestimmt sich nach folgenden Kriterien:

1. Ziele, Anlagepolitik und spezifische Risiken des offenen Publikumsinvestmentvermögens, wie sie im Verkaufsprospekt oder gegebenenfalls in den Anlagebedingungen dargelegt sind,
2. Merkmale des Auftrags,
3. Merkmale der Vermögensgegenstände und
4. Merkmale der Ausführungsplätze, an die der Auftrag weitergeleitet werden kann.

⁴Geschäftsabschlüsse für das offene Publikumsinvestmentvermögen zu nicht marktgerechten Bedingungen sind unzulässig, wenn sie für das offene Publikumsinvestmentvermögen nachteilig sind.

(8)[1] ¹Das Bundesministerium der Finanzen wird ermächtigt, durch Rechtsverordnung, die nicht der Zustimmung des Bundesrates bedarf, weitere Bestimmungen über die Bewertung der Vermögensgegenstände und die Anteil- oder Aktienwertermittlung sowie über die Berücksichtigung ungewisser Steuerverpflichtungen bei der Anteil- oder Aktienwertermittlung zu erlassen. ²Das Bundesministerium der Finanzen kann diese Ermächtigung durch Rechtsverordnung auf die Bundesanstalt übertragen.

**§ 169 Bewertungsverfahren.** (1) ¹Die Kapitalverwaltungsgesellschaft hat eine interne Bewertungsrichtlinie zu erstellen. ²Die Bewertungsrichtlinie legt geeignete und kohärente Verfahren für die ordnungsgemäße, transparente und unabhängige Bewertung der Vermögensgegenstände des Investmentvermögens fest. ³Die Bewertungsrichtlinie soll vorsehen, dass für jeden Vermögensgegenstand ein geeignetes, am jeweiligen Markt anerkanntes Wertermittlungsverfahren zugrunde zu legen ist und dass die Auswahl des Verfahrens zu begründen ist.

(2) Die Bewertung der Vermögensgegenstände hat unparteiisch und mit der gebotenen Sachkenntnis, Sorgfalt und Gewissenhaftigkeit zu erfolgen.

(3) ¹Die Kriterien für die Verfahren für die ordnungsgemäße Bewertung der Vermögensgegenstände und für die Berechnung des Nettoinventarwertes pro Anteil oder Aktie sowie deren konsistente Anwendung und die Überprüfung der Verfahren, Methoden und für Berechnungen bestimmen sich nach den Artikeln 67 bis 74 der Delegierten Verordnung (EU) Nr. 231/2013. ²Für das Bewertungsverfahren bei inländischen OGAW sind die Artikel 67 bis 74 der Delegierten Verordnung (EU) Nr. 231/2013 entsprechend anzuwenden.

**§ 170 Veröffentlichung des Ausgabe- und Rücknahmepreises und des Nettoinventarwertes.** ¹Gibt die Kapitalverwaltungsgesellschaft oder die Verwahrstelle den Ausgabepreis bekannt, so ist sie verpflichtet, auch den Rücknahmepreis bekannt zu geben; wird der Rücknahmepreis bekannt gegeben, so ist auch der Ausgabepreis bekannt zu geben. ²Ausgabe- und Rücknahmepreis sowie der Nettoinventarwert je Anteil oder Aktie sind bei jeder Möglichkeit zur Ausgabe oder Rücknahme von Anteilen oder Aktien, für OGAW mindestens jedoch zweimal im Monat, in einer hinreichend verbreiteten Wirtschafts- oder Tageszeitung oder im Verkaufsprospekt oder in den in den wesentlichen Anlegerinformationen bezeichneten elektronischen Informationsmedien zu veröffentlichen.

### Unterabschnitt 2. Master-Feeder-Strukturen

**§ 171 Genehmigung des Feederfonds.** (1) ¹Die Anlage eines Feederfonds in einem Masterfonds bedarf der vorherigen Genehmigung durch die Bundesanstalt. ²Die Anlage eines inländischen OGAW als Feederfonds in einem Masterfonds ist nur genehmigungsfähig, soweit es sich bei dem Masterfonds um einen OGAW handelt. ³Die Anlage eines Sonstigen Investmentvermögens als

---

[1] § 168 Abs. 8 ist gem. Art. 28 Abs. 1 G v. 4.7.2013 (BGBl. I S. 1981) am 11.7.2013 in Kraft getreten.

Feederfonds in einem Masterfonds ist nur genehmigungsfähig, soweit es sich auch bei dem Masterfonds um ein Sonstiges Investmentvermögen handelt.

(2) Spezial-AIF dürfen nicht Masterfonds oder Feederfonds einer Master-Feeder-Struktur sein, wenn Publikumsinvestmentvermögen Masterfonds oder Feederfonds derselben Master-Feeder-Struktur sind.

(3) [1] Die Kapitalverwaltungsgesellschaft, die den Feederfonds verwaltet, hat dem Genehmigungsantrag folgende Angaben und Unterlagen beizufügen:

1. die Anlagebedingungen oder die Satzung des Feederfonds und des Masterfonds,
2. den Verkaufsprospekt und die wesentlichen Anlegerinformationen des Feederfonds und des Masterfonds gemäß den §§ 164, 166 oder gemäß Artikel 78 der Richtlinie 2009/65/EG,
3. die Master-Feeder-Vereinbarung oder die entsprechenden internen Regelungen für Geschäftstätigkeiten gemäß § 175 Absatz 1 Satz 2 oder Artikel 60 Absatz 1 Unterabsatz 3 der Richtlinie 2009/65/EG,
4. die Verwahrstellenvereinbarung im Sinne des § 175 Absatz 2, wenn für den Masterfonds und den Feederfonds verschiedene Verwahrstellen beauftragt wurden,
5. die Abschlussprüfervereinbarung, wenn für den Masterfonds und den Feederfonds verschiedene Abschlussprüfer bestellt wurden und
6. gegebenenfalls die Informationen für die Anleger nach § 180 Absatz 1.

[2] Bei einem EU-OGAW, der Anteile an mindestens einen OGAW-Feederfonds ausgegeben hat, selbst kein Feederfonds ist und keine Anteile eines Feederfonds hält (EU-Master-OGAW) hat die Kapitalverwaltungsgesellschaft, die den Feederfonds verwaltet, außerdem eine Bestätigung der zuständigen Stelle des Herkunftsstaates des Masterfonds beizufügen, dass dieser ein EU-OGAW ist, selbst nicht Feederfonds ist und keine Anteile an einem anderen Feederfonds hält. [3] Die Unterlagen sind in einer in internationalen Finanzkreisen üblichen Sprache beizufügen. [4] Fremdsprachige Unterlagen sind mit einer deutschen Übersetzung vorzulegen.

(4) [1] Der beabsichtigte Wechsel der Anlage in einen anderen Masterfonds bedarf der vorherigen Genehmigung durch die Bundesanstalt gemäß Absatz 1. [2] Dem Antrag auf Genehmigung sind folgende Angaben und Unterlagen beizufügen:

1. der Antrag auf Genehmigung der Änderung der Anlagebedingungen unter Bezeichnung des Masterfonds,
2. die vorgenommenen Änderungen des Verkaufsprospekts und der wesentlichen Anlegerinformationen und
3. die Unterlagen gemäß Absatz 3.

(5) [1] Die Bundesanstalt hat die Genehmigung nach Absatz 1 oder Absatz 4 abweichend von § 163 Absatz 2 Satz 1 innerhalb einer Frist von 15 Arbeitstagen zu erteilen, wenn alle in Absatz 3 oder Absatz 4 genannten Unterlagen vollständig vorliegen und der Feederfonds, seine Verwahrstelle und sein Abschlussprüfer sowie der Masterfonds die Anforderungen nach diesem Abschnitt erfüllen. [2] Liegen die Voraussetzungen für die Genehmigung nicht vor, hat die Bundesanstalt dies dem Antragsteller innerhalb der Frist nach Satz 1 unter Angabe der Gründe mitzuteilen und fehlende oder geänderte Angaben oder

Unterlagen anzufordern. ³Mit dem Eingang der angeforderten Angaben oder Unterlagen beginnt der Lauf der in Satz 1 genannten Frist erneut. ⁴Die Genehmigung gilt als erteilt, wenn über den Genehmigungsantrag nicht innerhalb der Frist nach Satz 1 entschieden worden ist und eine Mitteilung nach Satz 2 nicht erfolgt ist. ⁵Auf Antrag der Kapitalverwaltungsgesellschaft hat die Bundesanstalt die Genehmigung nach Satz 4 schriftlich zu bestätigen.

(6) ¹Wird beabsichtigt, einen EU-OGAW, der mindestens 85 Prozent seines Vermögens in einem Masterfonds anlegt (EU-Feeder-OGAW), in einem inländischen OGAW als Masterfonds anzulegen, stellt die Bundesanstalt auf Antrag der EU-OGAW-Verwaltungsgesellschaft oder den Kapitalverwaltungsgesellschaft, die den Feederfonds verwaltet, eine Bescheinigung aus, mit der bestätigt wird, dass es sich bei diesem Masterfonds um einen inländischen OGAW handelt, der inländische OGAW selbst nicht ebenfalls Feederfonds ist und keine Anteile an einem Feederfonds hält. ²Die Bescheinigung dient zur Vorlage bei den zuständigen Stellen des Herkunftsstaates eines EU-Feeder-OGAW und als Nachweis, dass es sich bei dem Masterfonds um einen inländischen OGAW handelt, dieser selbst nicht ebenfalls Feederfonds ist und keine Anteile an einem Feederfonds hält. ³Zum Nachweis, dass keine Anteile an einem Feederfonds gehalten werden, hat die Verwahrstelle eine entsprechende Bestätigung auszustellen, die bei Antragstellung nicht älter als zwei Wochen sein darf.

### § 172 Besondere Anforderungen an Kapitalverwaltungsgesellschaften.
(1) ¹Verwaltet eine Kapitalverwaltungsgesellschaft Masterfonds und Feederfonds, muss sie so organisiert sein, dass das Risiko von Interessenkonflikten zwischen Feederfonds und Masterfonds oder zwischen Feederfonds und anderen Anlegern des Masterfonds möglichst gering ist. ²Die Kapitalverwaltungsgesellschaft muss insbesondere geeignete Regelungen zu den Kosten und Gebühren festlegen, die der Feederfonds zu tragen hat. ³Sie muss gegebenenfalls geeignete Regelungen festlegen zu Rückerstattungen des Masterfonds an den Feederfonds sowie zu den Anteil- oder Aktienklassen des Masterfonds, die von Feederfonds erworben werden können.

(2) Bei der Anwendung von angemessenen Grundsätzen und Verfahren gemäß § 26 Absatz 6 zur Verhinderung von Beeinträchtigungen der Marktstabilität und Marktintegrität sind insbesondere angemessene Maßnahmen zur Abstimmung der Zeitpläne für die Berechnung und Veröffentlichung des Wertes von Investmentvermögen, insbesondere von Masterfonds und Feederfonds, zu treffen.

### § 173 Verkaufsprospekt, Anlagebedingungen, Jahresbericht.
(1) Der Verkaufsprospekt eines Feederfonds hat über die Angaben nach § 165 hinaus mindestens folgende Angaben zu enthalten:
1. eine Erläuterung, dass es sich um den Feederfonds eines bestimmten Masterfonds handelt und er als solcher dauerhaft mindestens 85 Prozent seines Wertes in Anteile dieses Masterfonds anlegt,
2. die Angabe des Risikoprofils und die Angabe, ob die Wertentwicklung von Feederfonds und Masterfonds identisch ist oder in welchem Ausmaß und aus welchen Gründen sie sich unterscheiden sowie eine Beschreibung der gemäß § 174 Absatz 1 getätigten Anlagen,
3. eine kurze Beschreibung des Masterfonds, seiner Struktur, seines Anlageziels und seiner Anlagestrategie einschließlich des Risikoprofils und Angaben

dazu, wo und wie der aktuelle Verkaufsprospekt des Masterfonds erhältlich ist sowie Angaben über den Sitz des Masterfonds,
4. eine Zusammenfassung der Master-Feeder-Vereinbarung nach § 175 Absatz 1 Satz 2 oder der entsprechenden internen Regelungen für Geschäftstätigkeiten nach § 175 Absatz 1 Satz 3,
5. die Möglichkeiten für die Anleger, weitere Informationen über den Masterfonds und die Master-Feeder-Vereinbarung einzuholen,
6. eine Beschreibung sämtlicher Vergütungen und Kosten, die der Feederfonds auf Grund der Anlage in Anteilen des Masterfonds zu zahlen hat, sowie der gesamten Gebühren von Feederfonds und Masterfonds und
7. eine Beschreibung der steuerlichen Auswirkungen der Anlage in den Masterfonds für den Feederfonds.

(2) [1] Handelt es sich bei dem Feederfonds um einen OGAW, hat die den Feederfonds verwaltende Kapitalverwaltungsgesellschaft der Bundesanstalt vorbehaltlich der Einreichungspflicht nach § 171 Absatz 3 auch Änderungen des Verkaufsprospekts und der wesentlichen Anlegerinformationen des Masterfonds unverzüglich nach erstmaliger Verwendung einzureichen. [2] Handelt es sich bei dem Feederfonds um ein Sonstiges Investmentvermögen, sind der Bundesanstalt auch die Änderungen des Verkaufsprospekts und der wesentlichen Anlegerinformationen des Masterfonds gemäß § 316 Absatz 4 mitzuteilen.

(3) Die Anlagebedingungen des Feederfonds müssen die Bezeichnung des Masterfonds enthalten.

(4) [1] Der Jahresbericht eines Feederfonds muss zusätzlich zu den in § 101 Absatz 1 vorgesehenen Informationen eine Erklärung zu den zusammengefassten Gebühren von Feederfonds und Masterfonds enthalten. [2] Er muss ferner darüber informieren, wo der Jahresbericht des Masterfonds erhältlich ist. [3] Der Halbjahresbericht eines Feederfonds muss auch darüber informieren, wo der Halbjahresbericht des Masterfonds erhältlich ist.

(5) Kapitalverwaltungsgesellschaften, die einen Feederfonds verwalten, haben der Bundesanstalt auch für den Masterfonds den Jahres- und Halbjahresbericht unverzüglich nach erstmaliger Verwendung einzureichen.

(6) [1] Der Abschlussprüfer des Feederfonds hat in seinem Prüfungsbericht den Prüfungsvermerk und weitere Informationen nach Artikel 27 Absatz 1 Buchstabe a der Richtlinie 2010/44/EU der Kommission vom 1. Juli 2010 zur Durchführung der Richtlinie 2009/65/EG des Europäischen Parlaments und des Rates in Bezug auf Bestimmungen über Fondsverschmelzungen, Master-Feeder-Strukturen und das Anzeigeverfahren (ABl. L 176 vom 10.7.2010, S. 28, L 179 vom 14.7.2010, S. 16) des Abschlussprüfers des Masterfonds zu berücksichtigen. [2] Haben der Feederfonds und der Masterfonds unterschiedliche Geschäftsjahre, hat der Abschlussprüfer des Masterfonds einen Bericht über die Prüfung der von der Verwaltungsgesellschaft des Masterfonds zu erstellenden Informationen nach Artikel 12 Buchstabe b der Richtlinie 2010/44/EU für den Masterfonds zum Geschäftsjahresende des Feederfonds zu erstellen. [3] Der Abschlussprüfer des Feederfonds hat in seinem Prüfungsbericht insbesondere jegliche in den vom Abschlussprüfer des Masterfonds übermittelten Unterlagen festgestellten Unregelmäßigkeiten sowie deren Auswirkungen auf den Feederfonds zu nennen. [4] Weder der Abschlussprüfer des Masterfonds noch der Abschlussprüfer des Feederfonds verletzt durch Befolgung dieser Vorschrift vertragliche oder durch Rechts- oder Verwaltungsvorschrift vorgesehene Bestim-

mungen, die die Offenlegung von Informationen einschränken oder die den Datenschutz betreffen. ⁵Eine Haftung des Abschlussprüfers oder einer für ihn handelnden Person aus diesem Grund ist ausgeschlossen.

**§ 174 Anlagegrenzen, Anlagebeschränkungen, Aussetzung der Anteile.** (1) ¹Die Kapitalverwaltungsgesellschaft hat für einen Feederfonds ungeachtet der Anlagegrenzen nach § 207 Absatz 1, § 210 Absatz 3 und § 221 Absatz 3 mindestens 85 Prozent des Wertes des Feederfonds in Anteile eines Masterfonds anzulegen. ²Der Feederfonds darf erst dann über die Anlagegrenzen nach § 207 Absatz 1, § 210 Absatz 3 und § 221 Absatz 3 hinaus in Anteile eines Masterfonds anlegen, wenn die Genehmigung nach § 171 erteilt worden ist und die Master-Feeder-Vereinbarung nach § 175 Absatz 1 und, falls erforderlich, die Verwahrstellenvereinbarung nach § 175 Absatz 2 und die Abschlussprüfervereinbarung nach § 175 Absatz 3 wirksam geworden sind. ³Die Kapitalverwaltungsgesellschaft darf bis zu 15 Prozent des Wertes des Feederfonds anlegen in

1. Bankguthaben nach § 195, sofern diese täglich verfügbar sind, und
2. Derivate nach § 197 Absatz 1, sofern diese ausschließlich für Absicherungszwecke verwendet werden.

⁴§ 112 Absatz 2 Satz 1 und 2 bleibt unberührt.

(2) Die Kapitalverwaltungsgesellschaft darf für Rechnung eines Masterfonds keine Anteile an einem Feederfonds halten.

(3) Die Kapitalverwaltungsgesellschaft muss für die Zwecke der Einhaltung des § 197 Absatz 2 das Marktrisikopotenzial eines Feederfonds berechnen aus der Kombination seines Marktrisikopotenzials durch den Einsatz von Derivaten nach Absatz 1 Satz 3 Nummer 2 mit

1. dem tatsächlichen Marktrisikopotenzial des Masterfonds durch den Einsatz von Derivaten im Verhältnis zur Anlage des Feederfonds in dem Masterfonds oder
2. dem höchstmöglichen Marktrisikopotenzial des Masterfonds durch den Einsatz von Derivaten gemäß seiner Anlagebedingungen oder seiner Satzung im Verhältnis zur Anlage des Feederfonds in dem Masterfonds.

(4) Wird die Rücknahme der Anteile eines Masterfonds zeitweilig ausgesetzt, ist die den Feederfonds verwaltende Kapitalverwaltungsgesellschaft abweichend von § 98 Absatz 2 Satz 1 oder § 116 Absatz 2 Satz 6 dazu berechtigt, die Rücknahme der Anteile des Feederfonds während des gleichen Zeitraums auszusetzen.

**§ 175 Vereinbarungen bei Master-Feeder-Strukturen.** (1) ¹Die Kapitalverwaltungsgesellschaft des inländischen Masterfonds hat der Verwaltungsgesellschaft des Feederfonds alle Unterlagen und Informationen zur Verfügung zu stellen, die diese benötigt, um die Anforderungen an einen Feederfonds nach diesem Gesetz oder der zur Umsetzung der Richtlinie 2009/65/EG erlassenen Vorschriften des Herkunftsstaates des Feederfonds zu erfüllen. ²Beide Verwaltungsgesellschaften haben hierüber eine Vereinbarung gemäß den Artikeln 8 bis 14 der Richtlinie 2010/44/EU abzuschließen (Master-Feeder-Vereinbarung). ³Werden Masterfonds und Feederfonds von der gleichen Kapitalverwaltungsgesellschaft verwaltet, kann die Vereinbarung durch interne Regelungen für Geschäftstätigkeiten unter Berücksichtigung der in den Artikeln 15 bis 19 der Richtlinie 2010/44/EU genannten Inhalte ersetzt werden.

(2) Wenn für Masterfonds und Feederfonds unterschiedliche Verwahrstellen beauftragt wurden, haben diese eine Vereinbarung gemäß den Artikeln 24 bis 26 der Richtlinie 2010/44/EU über den Informationsaustausch abzuschließen, um sicherzustellen, dass beide ihre Pflichten erfüllen (Verwahrstellenvereinbarung).

(3) Wurden für Masterfonds und Feederfonds unterschiedliche Abschlussprüfer bestellt, haben diese eine Vereinbarung gemäß den Artikeln 27 und 28 der Richtlinie 2010/44/EU über den Informationsaustausch und die Pflichten nach § 173 Absatz 6 Satz 1 bis 3 abzuschließen, um sicherzustellen, dass beide Abschlussprüfer ihre Pflichten erfüllen (Abschlussprüfervereinbarung).

**§ 176 Pflichten der Kapitalverwaltungsgesellschaft und der Verwahrstelle.** (1) [1] Die Kapitalverwaltungsgesellschaft hat für einen von ihr verwalteten Feederfonds die Anlagen des Masterfonds wirksam zu überwachen. [2] Zur Erfüllung dieser Verpflichtung kann sie sich auf Informationen und Unterlagen der Verwaltungsgesellschaft des Masterfonds, seiner Verwahrstelle oder seines Abschlussprüfers stützen, es sei denn, es liegen Gründe vor, an der Richtigkeit dieser Informationen und Unterlagen zu zweifeln.

(2) [1] Die Kapitalverwaltungsgesellschaft, die einen Masterfonds verwaltet, darf weder für die Anlage des Feederfonds in den Anteilen des Masterfonds einen Ausgabeaufschlag noch für die Rücknahme einen Rücknahmeabschlag erheben. [2] Erhält die Kapitalverwaltungsgesellschaft, die einen Feederfonds verwaltet, oder eine in ihrem Namen handelnde Person im Zusammenhang mit einer Anlage in Anteilen des Masterfonds eine Vertriebsgebühr, eine Vertriebsprovision oder einen sonstigen geldwerten Vorteil, sind diese in das Vermögen des Feederfonds einzuzahlen.

(3) [1] Die Kapitalverwaltungsgesellschaft hat die Bundesanstalt unverzüglich über jeden Feederfonds zu unterrichten, der in Anteile des von ihr verwalteten Masterfonds anlegt. [2] Haben auch ausländische Feederfonds in Anteile des Masterfonds angelegt, hat die Bundesanstalt unverzüglich die zuständigen Stellen im Herkunftsstaat des Feederfonds über solche Anlagen zu unterrichten.

(4) Die Kapitalverwaltungsgesellschaft hat für einen von ihr verwalteten Masterfonds sicherzustellen, dass sämtliche Informationen, die infolge der Umsetzung der Richtlinie 2009/65/EG, nach anderen Rechtsvorschriften der Europäischen Union, nach den geltenden inländischen Vorschriften, den Anlagebedingungen oder der Satzung erforderlich sind, den folgenden Stellen rechtzeitig zur Verfügung gestellt werden:

1. der Verwaltungsgesellschaft des Feederfonds,
2. der Bundesanstalt und den zuständigen Stellen des Herkunftsstaates des Feederfonds,
3. der Verwahrstelle des Feederfonds und
4. dem Abschlussprüfer des Feederfonds.

(5) Eine Kapitalverwaltungsgesellschaft muss Anteile an einem Masterfonds, in den mindestens zwei Feederfonds angelegt sind, nicht dem Publikum anbieten.

(6) [1] Die Kapitalverwaltungsgesellschaft eines Feederfonds hat der Verwahrstelle des Feederfonds alle Informationen über den Masterfonds mitzuteilen, die für die Erfüllung der Pflichten der Verwahrstelle erforderlich sind. [2] Die Verwahrstelle eines inländischen Masterfonds hat die Bundesanstalt, die Verwal-

tungsgesellschaft des Feederfonds und die Verwahrstelle des Feederfonds unmittelbar über alle Unregelmäßigkeiten zu unterrichten, die sie in Bezug auf den Masterfonds feststellt und die eine negative Auswirkung auf den Feederfonds haben könnten. ³ Weder die Verwahrstelle des Masterfonds noch die Verwahrstelle des Feederfonds verletzt durch Befolgung dieser Vorschrift vertragliche oder durch Rechts- oder Verwaltungsvorschrift vorgesehene Bestimmungen, die die Offenlegung von Informationen einschränken oder die den Datenschutz betreffen. ⁴ Eine Haftung der Verwahrstelle oder einer für sie handelnden Person aus diesem Grund ist ausgeschlossen.

**§ 177 Mitteilungspflichten der Bundesanstalt.** (1) Sind die Anlagebedingungen sowohl des Masterfonds als auch des Feederfonds nach den Vorschriften dieses Gesetzes genehmigt worden, unterrichtet die Bundesanstalt die Kapitalverwaltungsgesellschaft, die den Feederfonds verwaltet, unverzüglich über

1. jede Entscheidung,
2. jede Maßnahme,
3. jede Feststellung von Zuwiderhandlungen gegen die Bestimmungen dieses Unterabschnitts sowie
4. alle nach § 38 Absatz 4 Satz 2 in Verbindung mit § 29 Absatz 3 des Kreditwesengesetzes mitgeteilten Tatsachen,

die den Masterfonds, seine Verwahrstelle oder seinen Abschlussprüfer betreffen.

(2) Sind nur die Anlagebedingungen des Masterfonds nach den Vorschriften dieses Gesetzes genehmigt worden, unterrichtet die Bundesanstalt die zuständigen Stellen des Herkunftsstaates des EU-Feeder-OGAW unverzüglich über

1. jede Entscheidung,
2. jede Maßnahme,
3. jede Feststellung von Zuwiderhandlungen gegen die Bestimmungen dieses Unterabschnitts sowie
4. alle nach 38 Absatz 4 Satz 2 in Verbindung mit § 29 Absatz 3 des Kreditwesengesetzes mitgeteilten Tatsachen,

die den Masterfonds, seine Verwahrstelle oder seinen Abschlussprüfer betreffen.

(3) Sind nur die Anlagebedingungen des Feederfonds nach den Vorschriften dieses Gesetzes genehmigt worden und erhält die Bundesanstalt Informationen entsprechend Absatz 2 von den zuständigen Stellen des Herkunftsstaates des EU-Master-OGAW, unterrichtet sie die Kapitalverwaltungsgesellschaft, die den Feederfonds verwaltet, unverzüglich darüber.

**§ 178 Abwicklung eines Masterfonds.** (1) Die Abwicklung eines inländischen Masterfonds darf frühestens drei Monate nach dem Zeitpunkt beginnen, zu dem alle Anleger des Masterfonds, bei einem inländischen Feederfonds die Bundesanstalt und bei einem EU-Feeder-OGAW die zuständige Stelle des Herkunftsstaates über die verbindliche Entscheidung der Abwicklung informiert worden sind.

(2) ¹ Bei der Abwicklung eines inländischen Masterfonds ist auch der inländische Feederfonds abzuwickeln, es sei denn, die Bundesanstalt genehmigt ein Weiterbestehen als Feederfonds durch Anlage in einem anderen Masterfonds oder eine Umwandlung des Feederfonds in ein inländisches Investmentvermögen, das kein Feederfonds ist. ² Für die Genehmigung nach Satz 1 hat die Kapitalverwaltungsgesellschaft folgende Angaben und Unterlagen spätestens

zwei Monate nach Kenntnis der verbindlichen Entscheidung über die Abwicklung des Masterfonds bei der Bundesanstalt einzureichen:
1. bei Anlage in einem anderen Masterfonds
   a) den Antrag auf Genehmigung des Weiterbestehens,
   b) den Antrag auf Genehmigung der Änderung der Anlagebedingungen mit der Bezeichnung des Masterfonds, in dessen Anteile mindestens 85 Prozent des Wertes des Investmentvermögens angelegt werden sollen,
   c) die vorgenommenen Änderungen des Verkaufsprospekts und der wesentlichen Anlegerinformationen und
   d) die Angaben und Unterlagen nach § 171 Absatz 3;
2. bei Umwandlung des inländischen Feederfonds in ein inländisches Investmentvermögen, das kein Feederfonds ist,
   a) den Antrag auf Genehmigung der Änderung der Anlagebedingungen,
   b) die vorgenommenen Änderungen des Verkaufsprospekts und der wesentlichen Anlegerinformationen.

[3] Wenn die Verwaltungsgesellschaft des Masterfonds die Kapitalverwaltungsgesellschaft des Feederfonds mehr als fünf Monate vor dem Beginn der Abwicklung des Masterfonds über ihre verbindliche Entscheidung zur Abwicklung informiert hat, hat die Kapitalverwaltungsgesellschaft des Feederfonds abweichend von der Frist nach Satz 2 den Genehmigungsantrag und die Angaben und Unterlagen nach Satz 2 spätestens drei Monate vor der Abwicklung des Masterfonds bei der Bundesanstalt einzureichen.

(3) [1] Die Bundesanstalt hat die Genehmigung innerhalb einer Frist von 15 Arbeitstagen zu erteilen, wenn alle in Absatz 2 genannten Angaben und Unterlagen vollständig vorliegen und die Anforderungen nach diesem Abschnitt erfüllen. [2] Liegen die Voraussetzungen für die Genehmigung nicht vor, hat die Bundesanstalt dies der Kapitalverwaltungsgesellschaft innerhalb der Frist nach Satz 1 unter Angabe der Gründe mitzuteilen und fehlende oder geänderte Angaben oder Unterlagen anzufordern. [3] Mit dem Eingang der angeforderten Angaben oder Unterlagen beginnt der Lauf der in Satz 1 genannten Frist erneut. [4] Die Genehmigung gilt als erteilt, wenn über den Genehmigungsantrag nicht innerhalb der Frist nach Satz 1 entschieden worden ist und eine Mitteilung nach Satz 2 nicht erfolgt ist. [5] Auf Antrag der Kapitalverwaltungsgesellschaft hat die Bundesanstalt die Genehmigung nach Satz 4 schriftlich zu bestätigen.

(4) Die Kapitalverwaltungsgesellschaft des Feederfonds hat die Verwaltungsgesellschaft des Masterfonds unverzüglich über die erteilte Genehmigung zu unterrichten und alle erforderlichen Maßnahmen zu ergreifen, um die Anforderungen nach § 180 zu erfüllen.

(5) [1] Die Kapitalverwaltungsgesellschaft des Feederfonds hat eine beabsichtigte Abwicklung des Feederfonds der Bundesanstalt spätestens zwei Monate nach Kenntnisnahme der geplanten Abwicklung des Masterfonds mitzuteilen; die Anleger des Feederfonds sind hiervon unverzüglich durch eine Bekanntmachung im Bundesanzeiger und mittels eines dauerhaften Datenträgers zu unterrichten. [2] Absatz 2 Satz 3 gilt entsprechend.

(6) [1] Sollen Abwicklungserlöse des Masterfonds an den Feederfonds ausgezahlt werden, bevor der Feederfonds in einen neuen Masterfonds gemäß Absatz 2 Satz 2 Nummer 1 anlegt oder seine Anlagegrundsätze gemäß Absatz 2

Satz 2 Nummer 2 ändert, versieht die Bundesanstalt ihre Genehmigung mit einer Nebenbestimmung, dass der Feederfonds die Abwicklungserlöse zu erhalten hat entweder

1. als Barzahlung oder
2. ganz oder neben einer Barzahlung zumindest teilweise in Form einer Übertragung von Vermögensgegenständen, wenn die Kapitalverwaltungsgesellschaft des Feederfonds damit einverstanden ist und die Master-Feeder-Vereinbarung oder die internen Regelungen für Geschäftstätigkeiten und die verbindliche Entscheidung zur Abwicklung des Masterfonds dies vorsehen.

²Bankguthaben, die der Feederfonds vor Genehmigung nach Absatz 2 als Abwicklungserlöse erhalten hat, dürfen vor einer Wiederanlage gemäß Absatz 2 Satz 2 Nummer 1 oder Nummer 2 lediglich für ein effizientes Liquiditätsmanagement angelegt werden. ³Die Kapitalverwaltungsgesellschaft darf erhaltene Vermögensgegenstände nach Satz 1 Nummer 2 jederzeit gegen Barzahlung veräußern.

**§ 179 Verschmelzung oder Spaltung des Masterfonds.** (1) ¹Eine Verschmelzung eines inländischen Masterfonds kann nur dann wirksam werden, wenn die Kapitalverwaltungsgesellschaft die Verschmelzungsinformationen nach § 177 mindestens 60 Tage vor dem geplanten Übertragungsstichtag allen Anlegern des Masterfonds auf einem dauerhaften Datenträger übermittelt. ²Im Fall eines inländischen Feederfonds sind die Verschmelzungsinformationen darüber hinaus auch der Bundesanstalt und im Fall eines ausländischen Feederfonds den zuständigen Stellen des Herkunftsstaates zu übermitteln.

(2) ¹Bei der Verschmelzung eines Masterfonds oder der Spaltung eines ausländischen Masterfonds ist der Feederfonds abzuwickeln, es sei denn, die Bundesanstalt genehmigt auf Antrag der Kapitalverwaltungsgesellschaft ein Weiterbestehen des Investmentvermögens. ²Eine solche Genehmigung ist nur zulässig, wenn der Feederfonds

1. Feederfonds desselben Masterfonds bleibt und der Masterfonds übernehmendes Investmentvermögen einer Verschmelzung ist oder ohne wesentliche Veränderungen aus einer Spaltung hervorgeht,
2. Feederfonds eines anderen aus der Verschmelzung oder Spaltung hervorgegangenen Masterfonds wird und
   a) der Masterfonds übertragendes Investmentvermögen einer Verschmelzung ist und der Feederfonds Anteile am übernehmenden Masterfonds erhält oder
   b) der Feederfonds nach einer Spaltung eines Masterfonds Anteile am Investmentvermögen erhält und dieses sich nicht wesentlich vom Masterfonds unterscheidet,
3. Feederfonds eines anderen nicht aus der Verschmelzung oder Spaltung hervorgegangen Masterfonds wird oder
4. der Feederfonds in ein inländisches Investmentvermögen umgewandelt wird, das kein Feederfonds ist.

(3) ¹Dem Antrag gemäß Absatz 2 sind folgende Angaben und Unterlagen spätestens einen Monat nach Kenntnis der Verschmelzung oder Spaltung des Masterfonds bei der Bundesanstalt einzureichen:

1. bei einem Antrag nach Absatz 2 Satz 2 Nummer 1

a) gegebenenfalls der Antrag auf Genehmigung der Änderung der Anlagebedingungen und
b) gegebenenfalls die vorgenommenen Änderungen des Verkaufsprospekts und der wesentlichen Anlegerinformationen;
2. bei einem Antrag nach Absatz 2 Satz 2 Nummer 2 oder Nummer 3
a) der Antrag auf Genehmigung der Änderung der Anlagebedingungen unter Bezeichnung des Masterfonds,
b) die vorgenommenen Änderungen des Verkaufsprospekts und der wesentlichen Anlegerinformationen und
c) die Angaben und Unterlagen nach § 171 Absatz 3;
3. bei einem Antrag nach Absatz 2 Satz 2 Nummer 4
a) der Antrag auf Genehmigung der Änderung der Anlagebedingungen und
b) die vorgenommenen Änderungen des Verkaufsprospekts und der wesentlichen Anlegerinformationen.

[2] Hat die Verwaltungsgesellschaft des Masterfonds der Kapitalverwaltungsgesellschaft des Feederfonds die Verschmelzungsinformationen nach § 177 mehr als vier Monate vor der geplanten Verschmelzung oder Spaltung übermittelt, hat die Kapitalverwaltungsgesellschaft des Feederfonds abweichend von der Frist nach Satz 1 den Genehmigungsantrag und die Angaben und Unterlagen nach Satz 1 spätestens drei Monate vor dem Wirksamwerden der Verschmelzung eines Masterfonds oder der Spaltung eines ausländischen Masterfonds bei der Bundesanstalt einzureichen.

(4) [1] Die Bundesanstalt hat die Genehmigung innerhalb einer Frist von 15 Arbeitstagen zu erteilen, wenn alle in Absatz 3 genannten Angaben und Unterlagen vollständig vorliegen und die Anforderungen nach diesem Abschnitt erfüllen. [2] Liegen die Voraussetzungen für die Genehmigung nicht vor, hat die Bundesanstalt dies der Kapitalverwaltungsgesellschaft innerhalb der Frist nach Satz 1 unter Angabe der Gründe mitzuteilen und fehlende oder geänderte Angaben oder Unterlagen anzufordern. [3] Mit dem Eingang der angeforderten Angaben oder Unterlagen beginnt der Lauf der in Satz 1 genannten Frist erneut. [4] Die Genehmigung gilt als erteilt, wenn über den Genehmigungsantrag nicht innerhalb der Frist nach Satz 1 entschieden worden ist und eine Mitteilung nach Satz 2 nicht erfolgt ist. [5] Auf Antrag der Kapitalverwaltungsgesellschaft hat die Bundesanstalt die Genehmigung nach Satz 4 schriftlich zu bestätigen.

(5) Die Kapitalverwaltungsgesellschaft des Feederfonds hat die Verwaltungsgesellschaft des Masterfonds unverzüglich über die erteilte Genehmigung zu unterrichten und die Maßnahmen nach § 180 zu ergreifen.

(6) [1] Die Kapitalverwaltungsgesellschaft des Feederfonds hat der Bundesanstalt eine beabsichtigte Abwicklung des Feederfonds spätestens einen Monat nach Kenntnis der geplanten Verschmelzung oder Spaltung des Masterfonds mitzuteilen; die Anleger des Feederfonds sind hiervon unverzüglich durch eine Bekanntmachung im Bundesanzeiger und mittels eines dauerhaften Datenträgers zu unterrichten. [2] Absatz 3 Satz 2 gilt entsprechend.

(7) [1] Die Kapitalverwaltungsgesellschaft des Masterfonds muss der Verwaltungsgesellschaft des Feederfonds vor dem Wirksamwerden einer Verschmelzung die Möglichkeit zur Rückgabe sämtlicher Anteile einräumen, es sei denn, die Bundesanstalt oder die zuständigen Stellen des Herkunftsmitgliedstaates des

Feederfonds haben ein Weiterbestehen des Feederfonds genehmigt. ²Die Kapitalverwaltungsgesellschaft des Feederfonds kann ihr Rückgaberecht entsprechend den Vorgaben des § 187 Absatz 1 auch ausüben, wenn die Bundesanstalt in den Fällen des Absatzes 2 Satz 2 Nummer 2, 3 und 4 ihre Genehmigung nicht spätestens einen Arbeitstag vor dem Wirksamwerden der Verschmelzung oder Spaltung erteilt hat. ³Die Kapitalverwaltungsgesellschaft des Feederfonds kann dieses Rückgaberecht ferner ausüben, um das Rückgaberecht der Anleger des Feederfonds nach § 180 Absatz 1 Satz 1 Nummer 4 zu wahren. ⁴Bevor die Kapitalverwaltungsgesellschaft des Feederfonds das Rückgaberecht ausübt, hat sie andere zur Verfügung stehende Möglichkeiten in Erwägung zu ziehen, durch die Transaktionskosten oder andere negative Auswirkungen auf die Anleger des Feederfonds vermieden oder verringert werden können.

(8) ¹Übt die Kapitalverwaltungsgesellschaft des Feederfonds ihr Rückgaberecht an Anteilen des Masterfonds aus, erhält sie den Rücknahmebetrag entweder

1. als Barzahlung oder

2. ganz oder neben einer Barzahlung zumindest teilweise in Form einer Übertragung von Vermögensgegenständen, wenn sie damit einverstanden ist und die Master-Feeder-Vereinbarung dies vorsieht.

²Die Kapitalverwaltungsgesellschaft des Feederfonds darf erhaltene Vermögensgegenstände, die sie nach Satz 1 Nummer 2 erhalten hat, jederzeit gegen Barzahlung veräußern. ³Sie darf Barzahlungen, die sie nach Satz 1 Nummer 1 erhalten hat, vor einer Wiederanlage gemäß Absatz 2 Satz 2 Nummer 2 oder Nummer 3 lediglich für ein effizientes Liquiditätsmanagement anlegen.

### § 180 Umwandlung in Feederfonds oder Änderung des Masterfonds.

(1) ¹Werden die Anlagebedingungen eines inländischen OGAW oder eines Sonstigen Investmentvermögens im Rahmen der Umwandlung in einen Feederfonds erstmals als Anlagebedingungen dieses Feederfonds genehmigt oder wird die Anlage eines Feederfonds in Anteile eines Masterfonds bei einem beabsichtigten Wechsel des Masterfonds gemäß § 171 Absatz 1 erneut genehmigt, hat die Kapitalverwaltungsgesellschaft den Anlegern folgende Informationen zur Verfügung zu stellen:

1. den Hinweis, dass die Bundesanstalt die Anlage des Feederfonds in Anteile des Masterfonds genehmigt hat,

2. die wesentlichen Anlegerinformationen nach den §§ 164 und 166 oder nach Artikel 78 der Richtlinie 2009/65/EG über Feederfonds und Masterfonds,

3. das Datum der ersten Anlage des Feederfonds in dem Masterfonds oder, wenn er bereits in dem Masterfonds angelegt hat, das Datum des Tages, an dem seine Anlagen die bisher für ihn geltenden Anlagegrenzen übersteigen werden und

4. den Hinweis, dass die Anleger das Recht haben, innerhalb von 30 Tagen die kostenlose Rücknahme ihrer Anteile zu verlangen, gegebenenfalls unter Anrechnung der Gebühren, die zur Abdeckung der Rücknahmekosten entstanden sind.

²Diese Informationen müssen spätestens 30 Tage vor dem in Satz 1 Nummer 3 genannten Datum auf einem dauerhaften Datenträger zur Verfügung gestellt

werden. ³Die in Satz 1 Nummer 4 genannte Frist beginnt mit dem Zugang der Informationen.

(2) ¹Wurde ein EU-OGAW in einen EU-Feeder-OGAW umgewandelt oder ändert ein EU-OGAW als Feederfonds seinen Masterfonds und wurde der EU-OGAW oder der EU-Feeder-OGAW bereits gemäß § 310 zum Vertrieb angezeigt, sind die in Artikel 64 Absatz 1 der Richtlinie 2009/65/EG genannten Informationen den Anlegern in deutscher Sprache auf einem dauerhaften Datenträger zur Verfügung zu stellen. ²Die EU-OGAW-Verwaltungsgesellschaft oder die Kapitalverwaltungsgesellschaft, die den EU-Feeder-OGAW verwaltet, ist für die Erstellung der Übersetzung verantwortlich. ³Die Übersetzung muss den Inhalt des Originals richtig und vollständig wiedergeben.

(3) Die Kapitalverwaltungsgesellschaft darf für Rechnung des Feederfonds vor Ablauf der in Absatz 1 Satz 2 genannten Frist nur Anteile des Masterfonds unter Berücksichtigung der bisher geltenden Anlagegrenzen erwerben.

(4) In den Fällen der Umwandlung in einen Feederfonds nach Absatz 1 ist die Übertragung aller Vermögensgegenstände des in den Feederfonds umgewandelten Investmentvermögens an den Masterfonds gegen Ausgabe von Anteilen am Masterfonds zulässig.

### Unterabschnitt 3. Verschmelzung von offenen Publikumsinvestmentvermögen

**§ 181 Gegenstand der Verschmelzung; Verschmelzungsarten.**

(1) ¹Spezial-AIF dürfen nicht auf Publikumsinvestmentvermögen verschmolzen werden, Publikumsinvestmentvermögen dürfen nicht auf Spezial-AIF verschmolzen werden. ²OGAW dürfen nur mit AIF verschmolzen werden, wenn das übernehmende oder neu gegründete Investmentvermögen weiterhin ein OGAW ist.

(2) Neben der Verschmelzung durch Aufnahme und der Verschmelzung durch Neugründung im Sinne von § 1 Absatz 19 Nummer 37 können Verschmelzungen eines EU-OGAW auf ein OGAW-Sondervermögen, eine OGAW-Investmentaktiengesellschaft oder ein Teilgesellschaftsvermögen einer OGAW-Investmentaktiengesellschaft gemäß den Vorgaben des Artikels 2 Absatz 1 Buchstabe p Ziffer iii der Richtlinie 2009/65/EG erfolgen.

**§ 182 Genehmigung der Verschmelzung.** (1) Die Verschmelzung von Sondervermögen auf ein anderes bestehendes oder ein neues, dadurch gegründetes übernehmendes Sondervermögen (inländische Verschmelzung) oder eines OGAW-Sondervermögens auf ein anderes bestehendes oder einen neuen, dadurch gegründeten übernehmenden EU-OGAW (grenzüberschreitende Verschmelzung) bedarf der Genehmigung der Bundesanstalt.

(2) ¹Bei einer Verschmelzung durch Aufnahme hat die Kapitalverwaltungsgesellschaft des übertragenden Sondervermögens dem Antrag auf Genehmigung folgende Angaben und Unterlagen beizufügen:
1. den Verschmelzungsplan nach § 184,
2. bei grenzüberschreitender Verschmelzung eine aktuelle Fassung des Verkaufsprospekts gemäß Artikel 69 Absatz 1 und 2 der Richtlinie 2009/65/EG und der wesentlichen Anlegerinformationen gemäß Artikel 78 der Richtlinie 2009/65/EG des übernehmenden EU-OGAW,

3. eine Erklärung der Verwahrstellen des übertragenden Sondervermögens und des übernehmenden Sondervermögens oder des EU-OGAW zu ihrer Prüfung nach § 185 Absatz 1 oder bei einer grenzüberschreitenden Verschmelzung gemäß Artikel 41 der Richtlinie 2009/65/EG und

4. die Verschmelzungsinformationen nach § 186 Absatz 1 oder bei einer grenzüberschreitenden Verschmelzung gemäß Artikel 43 der Richtlinie 2009/65/EG, die den Anlegern des übertragenden Sondervermögens und des übernehmenden Sondervermögens oder des EU-OGAW zu der geplanten Verschmelzung übermittelt werden sollen.

²Bei einer Verschmelzung durch Neugründung eines Sondervermögens ist dem Antrag auf Genehmigung zusätzlich zu den in Satz 1 genannten Angaben und Unterlagen ein Antrag auf Genehmigung der Anlagebedingungen des neu zu gründenden Sondervermögens nach den §§ 162 und 163 beizufügen. ³Bei einer Verschmelzung durch Neugründung eines EU-OGAW ist dem Antrag auf Genehmigung zusätzlich zu den in Satz 1 genannten Angaben und Unterlagen ein Nachweis darüber beizufügen, dass die Genehmigung der Anlagebedingungen des neu zu gründenden EU-OGAW bei der zuständigen Stelle des Herkunftsmitgliedstaates beantragt wurde. ⁴Die Angaben und Unterlagen nach Satz 1 Nummer 1 bis 4 sind in deutscher Sprache und bei einer grenzüberschreitenden Verschmelzung auch in der Amtssprache oder in einer der Amtssprachen der zuständigen Stellen des Herkunftsmitgliedstaates des übernehmenden EU-OGAW oder einer von diesen gebilligten Sprache einzureichen.

(3) ¹Fehlende Angaben und Unterlagen fordert die Bundesanstalt innerhalb von zehn Arbeitstagen nach Eingang des Genehmigungsantrags an. ²Liegt der vollständige Antrag vor, übermittelt die Bundesanstalt bei einer grenzüberschreitenden Verschmelzung den zuständigen Stellen des Herkunftsstaates des übernehmenden EU-OGAW unverzüglich Abschriften der Angaben und Unterlagen nach Absatz 2.

(4) ¹Die Bundesanstalt prüft, ob den Anlegern angemessene Verschmelzungsinformationen zur Verfügung gestellt werden; dabei berücksichtigt sie die potenziellen Auswirkungen der geplanten Verschmelzung auf die Anleger des übertragenden und des übernehmenden Sondervermögens. ²Sie kann von der Kapitalverwaltungsgesellschaft des übertragenden Sondervermögens schriftlich verlangen, dass die Verschmelzungsinformationen für die Anleger des übertragenden Sondervermögens klarer gestaltet werden. ³Soweit sie eine Nachbesserung der Verschmelzungsinformationen für die Anleger des übernehmenden Sondervermögens für erforderlich hält, kann sie innerhalb von 15 Arbeitstagen nach dem Erhalt des vollständigen Antrags gemäß Absatz 2 schriftlich eine Änderung verlangen.

(5) Die Bundesanstalt genehmigt die geplante Verschmelzung, wenn

1. die geplante Verschmelzung den Anforderungen der §§ 183 bis 186 entspricht,

2. bei einer grenzüberschreitenden Verschmelzung für den übernehmenden EU-OGAW der Vertrieb der Anteile sowohl gemäß § 310 im Inland als auch gemäß Artikel 93 der Richtlinie 2009/65/EG zumindest in denjenigen Mitgliedstaaten der Europäischen Union oder Vertragsstaaten des Abkommens über den Europäischen Wirtschaftsraum angezeigt wurde, in denen auch für

das übertragende OGAW-Sondervermögen der Vertrieb der Anteile gemäß Artikel 93 der Richtlinie 2009/65/EG angezeigt wurde,

3. die Bundesanstalt
   a) keine oder keine weitere Nachbesserung der Verschmelzungsinformationen nach Absatz 4 verlangt hat oder
   b) bei einer grenzüberschreitenden Verschmelzung keinen Hinweis der zuständigen Stellen des Herkunftsmitgliedstaates des übernehmenden EU-OGAW erhalten hat, dass die Verschmelzungsinformationen nicht zufriedenstellend im Sinne des Artikels 39 Absatz 3 Unterabsatz 4 Satz 1 der Richtlinie 2009/65/EG sind oder eine Mitteilung der zuständigen Stellen des Herkunftsmitgliedstaates im Sinne des Artikels 39 Absatz 3 Unterabsatz 4 Satz 2 der Richtlinie 2009/65/EG erhalten hat, dass die Nachbesserung der Verschmelzungsinformationen zufriedenstellend ist und
4. bei einer Verschmelzung durch Neugründung eines EU-OGAW ein Nachweis der Genehmigung der Anlagebedingungen des neu gegründeten EU-OGAW durch die zuständige Stelle des Herkunftsstaates von der EU-OGAW-Verwaltungsgesellschaft des neu gegründeten EU-OGAW der Bundesanstalt eingereicht wurde.

(6) ¹Die Bundesanstalt teilt der Kapitalverwaltungsgesellschaft innerhalb von 20 Arbeitstagen nach Vorlage der vollständigen Angaben nach Absatz 2 mit, ob die Verschmelzung genehmigt wird. ²Der Lauf dieser Frist ist gehemmt, solange die Bundesanstalt eine Nachbesserung der Verschmelzungsinformationen nach Absatz 4 verlangt oder ihr bei einer grenzüberschreitenden Verschmelzung eine Mitteilung der zuständigen Stellen des Herkunftsstaates des übernehmenden EU-OGAW vorliegt, dass die Verschmelzungsinformationen nicht zufriedenstellend sind. ³Ist die Frist bei einer grenzüberschreitenden Verschmelzung gehemmt, gilt Satz 1 mit der Maßgabe, dass die Bundesanstalt der Kapitalverwaltungsgesellschaft nach 20 Arbeitstagen mitteilt, dass die Genehmigung erst erteilt werden kann, wenn sie eine Mitteilung der zuständigen Stellen des Herkunftsmitgliedstaates darüber erhalten hat, dass die Nachbesserung der Verschmelzungsinformationen zufriedenstellend ist und dass damit die Hemmung der Frist beendet ist. ⁴Bei einer grenzüberschreitenden Verschmelzung unterrichtet die Bundesanstalt die zuständigen Stellen des Herkunftsstaates des übernehmenden EU-OGAW darüber, ob sie die Genehmigung erteilt hat.

(7) Bei einer Verschmelzung durch Neugründung eines Sondervermögens gilt § 163 Absatz 2 mit der Maßgabe, dass an die Stelle der Frist von vier Wochen eine Frist von 20 Arbeitstagen tritt; werden fehlende oder geänderte Angaben oder Unterlagen angefordert, beginnt der Lauf der in Absatz 6 Satz 1 genannten Frist mit dem Eingang der angeforderten Angaben oder Unterlagen erneut.

**§ 183 Verschmelzung eines EU-OGAW auf ein OGAW-Sondervermögen.** (1) ¹Werden der Bundesanstalt bei einer geplanten Verschmelzung eines EU-OGAW auf ein OGAW-Sondervermögen Abschriften der Angaben und Unterlagen nach Artikel 39 Absatz 2 der Richtlinie 2009/65/EG von den zuständigen Stellen des Herkunftsmitgliedstaates des übertragenden EU-OGAW übermittelt, prüft sie, ob den Anlegern angemessene Verschmelzungsinformationen zur Verfügung gestellt werden; dabei berücksichtigt sie die potenziellen Auswirkungen der geplanten Verschmelzung auf die Anleger des übernehmenden OGAW-Sondervermögens. ²Soweit die Bundesanstalt eine

Nachbesserung für erforderlich hält, kann sie innerhalb von 15 Arbeitstagen nach dem Erhalt der vollständigen Angaben und Unterlagen gemäß Artikel 39 Absatz 2 der Richtlinie 2009/65/EG von der OGAW-Kapitalverwaltungsgesellschaft des übernehmenden OGAW-Sondervermögens schriftlich eine Änderung der Verschmelzungsinformationen für die Anleger des übernehmenden OGAW-Sondervermögens verlangen.

(2) ¹Verlangt die Bundesanstalt die Nachbesserung der Verschmelzungsinformationen nach Absatz 1, setzt sie die zuständigen Stellen des Herkunftsmitgliedstaates des übertragenden EU-OGAW hierüber in Kenntnis. ²Sobald sie von der OGAW-Kapitalverwaltungsgesellschaft des übernehmenden OGAW-Sondervermögens eine zufriedenstellende Nachbesserung der Verschmelzungsinformationen erhalten hat, teilt sie dies den zuständigen Stellen des Herkunftsmitgliedstaates des übertragenden EU-OGAW mit, spätestens jedoch innerhalb von 20 Arbeitstagen.

**§ 184 Verschmelzungsplan.** ¹Die Vertretungsorgane der an der Verschmelzung beteiligten Rechtsträger haben für gemeinschaftliche Rechnung der Anleger des übertragenden Sondervermögens und der Anleger des übernehmenden Sondervermögens oder übernehmenden EU-OGAW einen gemeinsamen Verschmelzungsplan aufzustellen. ²Soweit unterschiedliche Rechtsträger an der Verschmelzung beteiligt sind, handelt es sich dabei um einen Vertrag, auf den § 311b Absatz 2 des Bürgerlichen Gesetzbuchs keine Anwendung findet. ³Der Verschmelzungsplan muss mindestens die folgenden Angaben enthalten:

1. die Art der Verschmelzung und die beteiligten Sondervermögen oder EU-OGAW,
2. den Hintergrund der geplanten Verschmelzung und die Beweggründe dafür,
3. die erwarteten Auswirkungen der geplanten Verschmelzung auf die Anleger des übertragenden Sondervermögens und des übernehmenden Sondervermögens oder EU-OGAW,
4. die beschlossenen Kriterien für die Bewertung der Vermögensgegenstände und Verbindlichkeiten im Zeitpunkt der Berechnung des Umtauschverhältnisses,
5. die Methode zur Berechnung des Umtauschverhältnisses,
6. den geplanten Übertragungsstichtag, zu dem die Verschmelzung wirksam wird,
7. die für die Übertragung von Vermögenswerten und den Umtausch von Anteilen geltenden Bestimmungen und
8. bei einer Verschmelzung durch Neugründung gemäß § 1 Absatz 19 Nummer 37 Buchstabe b die Anlagebedingungen oder die Satzung des neuen Sondervermögens oder EU-OGAW.

⁴Weitere Angaben sind zulässig, können aber nicht von der Bundesanstalt verlangt werden.

**§ 185 Prüfung der Verschmelzung; Verordnungsermächtigung.**
(1) Die Verwahrstellen des übertragenden Sondervermögens und des übernehmenden Sondervermögens oder EU-OGAW haben zu überprüfen, ob die Angaben nach § 184 Satz 3 Nummer 1, 6 und 7 mit den Anforderungen dieses Gesetzes und den Anlagebedingungen des jeweiligen Sondervermögens übereinstimmen.

(2) ¹Die Verschmelzung ist entweder durch eine Verwahrstelle, durch einen Wirtschaftsprüfer oder durch den Abschlussprüfer des übertragenden Sondervermögens oder des übernehmenden Sondervermögens oder EU-OGAW zu prüfen. ²Die Prüfung ist mit einer Erklärung darüber abzuschließen, ob bei der Verschmelzung

1. die Kriterien, die im Zeitpunkt der Berechnung des Umtauschverhältnisses für die Bewertung der Vermögensgegenstände und gegebenenfalls der Verbindlichkeiten beschlossen worden sind, beachtet wurden,

2. die Barzahlung, sofern eine Barzahlung erfolgt, je Anteil entsprechend den getroffenen Vereinbarungen berechnet wurde und

3. die Methode, die zur Berechnung des Umtauschverhältnisses beschlossen worden ist, beachtet wurde und das tatsächliche Umtauschverhältnis zu dem Zeitpunkt, auf den die Berechnung dieses Umtauschverhältnisses erfolgte, nach dieser Methode berechnet wurde.

³ § 318 Absatz 3 bis 8 sowie die §§ 319, 319b und 323 des Handelsgesetzbuchs gelten entsprechend.

(3)¹⁾ ¹Das Bundesministerium der Finanzen wird ermächtigt, im Einvernehmen mit dem Bundesministerium der Justiz und für Verbraucherschutz durch Rechtsverordnung, die nicht der Zustimmung des Bundesrates bedarf, nähere Bestimmungen über den Zeitpunkt der Prüfung, Inhalte der Prüfung sowie Umfang und Darstellungen des Prüfungsberichts zu erlassen, soweit dies zur Erfüllung der Aufgaben der Bundesanstalt erforderlich ist. ²Das Bundesministerium der Finanzen kann die Ermächtigung durch Rechtsverordnung auf die Bundesanstalt übertragen.

**§ 186 Verschmelzungsinformationen.** (1) ¹Den Anlegern des übertragenden Sondervermögens und des übernehmenden Sondervermögens oder EU-OGAW sind von der Kapitalverwaltungsgesellschaft geeignete und präzise Informationen über die geplante Verschmelzung zu übermitteln, damit sie sich ein verlässliches Urteil über die Auswirkungen des Vorhabens auf ihre Anlage bilden und ihre Rechte nach § 187 ausüben können (Verschmelzungsinformationen). ²Hierbei sind insbesondere die Vorgaben nach Artikel 3 der Richtlinie 2010/44/EU zu beachten.

(2) ¹Die Verschmelzungsinformationen sind den Anlegern des übertragenden Sondervermögens und des übernehmenden Sondervermögens oder EU-OGAW erst zu übermitteln, nachdem die Bundesanstalt oder, bei der Verschmelzung eines EU-OGAW auf ein OGAW-Sondervermögen, die zuständigen Stellen des Herkunftsstaates die geplante Verschmelzung genehmigt haben. ²Zwischen der Übermittlung der Verschmelzungsinformationen und dem Fristablauf für einen Antrag auf Rücknahme oder gegebenenfalls Umtausch ohne weitere Kosten gemäß § 187 Absatz 1 muss ein Zeitraum von mindestens 30 Tagen liegen.

(3) ¹Die Verschmelzungsinformationen müssen die folgenden Angaben enthalten:

1. Hintergrund der geplanten Verschmelzung und die Beweggründe dafür,

---

¹⁾ § 185 Abs. 3 ist gem. Art. 28 Abs. 1 G v. 4.7.2013 (BGBl. I S. 1981) am 11.7.2013 in Kraft getreten.

2. potenzielle Auswirkungen der geplanten Verschmelzung auf die Anleger nach Maßgabe des Artikels 4 Absatz 1 und 2 der Richtlinie 2010/44/EU, insbesondere hinsichtlich wesentlicher Unterschiede in Bezug auf Anlagepolitik und -strategie, Kosten, erwartetes Ergebnis, Jahres- und Halbjahresberichte, etwaige Beeinträchtigung der Wertentwicklung und gegebenenfalls eine eindeutige Warnung an die Anleger, dass sich hinsichtlich ihrer steuerlichen Behandlung im Zuge der Verschmelzung Änderungen ergeben können,

3. spezifische Rechte der Anleger in Bezug auf die geplante Verschmelzung nach Maßgabe des Artikels 4 Absatz 3 und 4 der Richtlinie 2010/44/EU, insbesondere das Recht auf zusätzliche Informationen, auf Erhalt einer Abschrift der Erklärung des Prüfers gemäß § 185 Absatz 2 auf Anfrage, auf kostenlose Rücknahme und gegebenenfalls Umtausch der Anteile gemäß § 187 Absatz 1 sowie die Frist für die Wahrnehmung dieses Rechts,

4. maßgebliche Verfahrensaspekte und den geplanten Übertragungsstichtag, zu dem die Verschmelzung wirksam wird, nach Maßgabe des Artikels 4 Absatz 5 bis 8 der Richtlinie 2010/44/EU und

5. eine aktuelle Fassung der wesentlichen Anlegerinformationen gemäß den §§ 164 und 166 oder gemäß Artikel 78 der Richtlinie 2009/65/EG des übernehmenden Sondervermögens oder EU-OGAW nach Maßgabe des Artikels 5 der Richtlinie 2010/44/EU.

[2] Werden zu Beginn der Verschmelzungsinformationen die wesentlichen Punkte der Verschmelzung zusammengefasst, ist darin auf den jeweiligen Abschnitt im Dokument zu verweisen, der die weiteren Informationen enthält. [3] Die Verschmelzungsinformationen sind den Anlegern auf einem dauerhaften Datenträger zu übermitteln und auf der Internetseite der Kapitalverwaltungsgesellschaft zugänglich zu machen. [4] Die Kapitalverwaltungsgesellschaft hat die Übermittlung der Verschmelzungsinformationen an die Anleger im Bundesanzeiger bekannt zu machen; dabei ist mitzuteilen, wo und auf welche Weise weitere Informationen zur Verschmelzung erlangt werden können. [5] Die Übermittlung der Verschmelzungsinformationen gilt drei Tage nach der Aufgabe zur Post oder Absendung als erfolgt. [6] Dies gilt nicht, wenn feststeht, dass der dauerhafte Datenträger den Empfänger nicht oder zu einem späteren Zeitpunkt erreicht hat.

(4) [1] Wurde die Absicht, EU-OGAW-Investmentanteile am übertragenden oder übernehmenden EU-OGAW im Geltungsbereich dieses Gesetzes zu vertreiben, gemäß § 310 angezeigt, müssen die Verschmelzungsinformationen der Bundesanstalt unverzüglich in deutscher Sprache eingereicht werden. [2] Die EU-OGAW-Verwaltungsgesellschaft oder die Kapitalverwaltungsgesellschaft, die diese Informationen zu übermitteln hat, ist für die Übersetzung verantwortlich. [3] Die Übersetzung hat den Inhalt des Originals richtig und vollständig wiederzugeben.

**§ 187 Rechte der Anleger.** (1) [1] Die Anleger des übertragenden Sondervermögens und des übernehmenden Sondervermögens oder EU-OGAW haben das Recht, von der Kapitalverwaltungsgesellschaft Folgendes zu verlangen:

1. die Rücknahme ihrer Anteile ohne weitere Kosten, mit Ausnahme der Kosten, die zur Deckung der Auflösungskosten einbehalten werden oder

2. soweit möglich, den Umtausch ihrer Anteile ohne weitere Kosten in Anteile eines anderen Sondervermögens oder EU-OGAW, das mit den bisherigen Anlagegrundsätzen vereinbar ist und von derselben Kapitalverwaltungsgesellschaft oder von einem Unternehmen, das zu der Kapitalverwaltungsgesellschaft in einer Verbindung im Sinne des § 290 Absatz 1 Satz 1 des Handelsgesetzbuchs steht, verwaltet wird oder

3. im Fall der Verschmelzung von Immobilien-Sondervermögen den Umtausch ihrer Anteile ohne weitere Kosten in Anteile eines anderen Immobilien-Sondervermögens, das mit den bisherigen Anlagegrundsätzen vereinbar ist.

²Dieses Recht auf Rücknahme oder Umtausch besteht ab dem Zeitpunkt, in dem die Anleger sowohl des übertragenden Sondervermögens als auch des übernehmenden Sondervermögens oder EU-OGAW nach § 186 Absatz 2 über die geplante Verschmelzung unterrichtet werden; es erlischt fünf Arbeitstage vor dem Zeitpunkt der Berechnung des Umtauschverhältnisses nach § 189 Absatz 1 Nummer 3 oder Artikel 47 Absatz 1 Unterabsatz 1 der Richtlinie 2009/65/EG. ³§ 255 Absatz 3 und 4 bleibt unberührt. ⁴Rückgabeerklärungen, die ein Anleger vor der Verschmelzung bezüglich der von ihm gehaltenen Anteile abgibt, gelten nach der Verschmelzung weiter und beziehen sich dann auf Anteile des Anlegers an dem übernehmenden Investmentvermögen mit entsprechendem Wert.

(2) Unbeschadet der Bestimmungen des Absatzes 1 kann die Bundesanstalt bei Verschmelzungen abweichend von § 98 Absatz 1 die zeitweilige Aussetzung der Rücknahme der Anteile verlangen oder gestatten, wenn eine solche Aussetzung aus Gründen des Anlegerschutzes gerechtfertigt ist.

(3) Die Kapitalverwaltungsgesellschaft hat den Anlegern des übertragenden Sondervermögens und des übernehmenden Sondervermögens oder EU-OGAW sowie der Bundesanstalt auf Anfrage kostenlos eine Abschrift der Erklärung des Prüfers gemäß § 185 Absatz 2 zur Verfügung zu stellen.

**§ 188 Kosten der Verschmelzung.** Eine Kapitalverwaltungsgesellschaft darf jegliche Kosten, die mit der Vorbereitung und Durchführung der Verschmelzung verbunden sind, weder dem übertragenden Sondervermögen noch dem übernehmenden Sondervermögen oder EU-OGAW noch ihren Anlegern in Rechnung stellen.

**§ 189 Wirksamwerden der Verschmelzung.** (1) Die Verschmelzung wird mit Ablauf des Geschäftsjahres des übertragenden Sondervermögens wirksam, wenn

1. die Verschmelzung im laufenden Geschäftsjahr genehmigt worden ist,
2. soweit erforderlich, die Hauptversammlungen der beteiligten Investmentvermögen zugestimmt haben,
3. die Werte des übernehmenden und des übertragenden Sondervermögens oder EU-OGAW zum Ende des Geschäftsjahres des übertragenden Sondervermögens (Übertragungsstichtag) berechnet worden sind und
4. das Umtauschverhältnis der Anteile sowie gegebenenfalls der Barzahlung in Höhe von nicht mehr als 10 Prozent des Nettoinventarwertes dieser Anteile zum Übertragungsstichtag festgelegt worden ist.

(2) ¹Es kann ein anderer Stichtag bestimmt werden, mit dessen Ablauf die Verschmelzung wirksam werden soll. ²Dieser Zeitpunkt darf erst nach einer

gegebenenfalls erforderlichen Zustimmung der stimmberechtigten Aktionäre der übernehmenden oder übertragenden Investmentaktiengesellschaft mit veränderlichem Kapital oder des übernehmenden oder übertragenden EU-OGAW liegen. ³Im Übrigen ist Absatz 1 mit der Maßgabe anzuwenden, dass die Werte des übernehmenden und des übertragenden Sondervermögens zu diesem Stichtag zu berechnen sind und das Umtauschverhältnis zu diesem Stichtag festzulegen ist.

(3) Die am Verschmelzungsvorgang beteiligten Kapitalverwaltungsgesellschaften und die Verwahrstellen haben die hierfür erforderlichen technischen Umbuchungen und rechtsgeschäftlichen Handlungen vorzunehmen und sich gegenseitig hierüber zu unterrichten.

(4) ¹Die Kapitalverwaltungsgesellschaft des übernehmenden Sondervermögens hat das Wirksamwerden der Verschmelzung im Bundesanzeiger und darüber hinaus in einer hinreichend verbreiteten Wirtschafts- oder Tageszeitung oder in den im Verkaufsprospekt bezeichneten elektronischen Informationsmedien bekannt zu machen. ²Bei einer grenzüberschreitenden Verschmelzung hat sie das Wirksamwerden der Verschmelzung nach den entsprechenden Rechtsvorschriften des Herkunftsstaates des übernehmenden EU-OGAW zu veröffentlichen. ³Die Bundesanstalt ist hierüber zu unterrichten; bei der Verschmelzung eines EU-OGAW auf ein OGAW-Sondervermögen sind auch die zuständigen Stellen im Herkunftsstaat des übertragenden EU-OGAW zu unterrichten.

(5) Eine Verschmelzung, die nach Absatz 1 oder Absatz 2 wirksam geworden ist, kann nicht mehr für nichtig erklärt werden.

**§ 190 Rechtsfolgen der Verschmelzung.** (1) Eine Verschmelzung durch Aufnahme hat folgende Auswirkungen:
1. alle Vermögensgegenstände und Verbindlichkeiten des übertragenden Sondervermögens gehen auf das übernehmende Sondervermögen oder den übernehmenden EU-OGAW über;
2. die Anleger des übertragenden Sondervermögens werden Anleger des übernehmenden Sondervermögens oder des übernehmenden EU-OGAW; sie haben, soweit dies im Verschmelzungsplan vorgesehen ist, Anspruch auf eine Barzahlung in Höhe von bis zu 10 Prozent des Wertes ihrer Anteile am übertragenden Sondervermögen, dies nicht gilt, soweit das übernehmende Sondervermögen oder der übernehmende EU-OGAW Anteilsinhaber des übertragenden Sondervermögens ist; Rechte Dritter an den Anteilen bestehen an den an ihre Stelle tretenden Anteilen weiter und
3. das übertragende Sondervermögen erlischt.

(2) Eine Verschmelzung durch Neugründung hat folgende Auswirkungen:
1. alle Vermögensgegenstände und Verbindlichkeiten der übertragenden Sondervermögen gehen auf das neu gegründete Sondervermögen oder den neu gegründeten EU-OGAW über;
2. die Anleger der übertragenden Sondervermögen werden Anleger des neu gegründeten Sondervermögens oder des neu gegründeten EU-OGAW; sie haben, soweit dies im Verschmelzungsplan vorgesehen ist, Anspruch auf eine Barzahlung in Höhe von bis zu 10 Prozent des Wertes ihrer Anteile an dem übertragenden Sondervermögen; Rechte Dritter an den Anteilen bestehen an den an ihre Stelle tretenden Anteilen weiter und

3. die übertragenden Sondervermögen erlöschen.

(3) Die neuen Anteile des übernehmenden oder neu gegründeten Sondervermögens gelten mit Beginn des Tages, der dem Übertragungsstichtag folgt, als bei den Anlegern des übertragenden Sondervermögens oder EU-OGAW ausgegeben.

**§ 191 Verschmelzung mit Investmentaktiengesellschaften mit veränderlichem Kapital.** (1) Die §§ 181 bis 190 sind entsprechend anzuwenden auf die Verschmelzung

1. eines Sondervermögens auf eine Investmentaktiengesellschaft mit veränderlichem Kapital oder auf ein Teilgesellschaftsvermögen einer Investmentaktiengesellschaft mit veränderlichem Kapital,

2. eines Teilgesellschaftsvermögens einer Investmentaktiengesellschaft mit veränderlichem Kapital auf ein anderes Teilgesellschaftsvermögen derselben Investmentaktiengesellschaft,

3. eines Teilgesellschaftsvermögens einer Investmentaktiengesellschaft mit veränderlichem Kapital auf eine andere Investmentaktiengesellschaft mit veränderlichem Kapital oder auf ein Teilgesellschaftsvermögen einer anderen Investmentaktiengesellschaft mit veränderlichem Kapital und

4. eines Teilgesellschaftsvermögens einer Investmentaktiengesellschaft mit veränderlichem Kapital auf ein Sondervermögen oder auf einen EU-OGAW.

(2) Die §§ 183 bis 190 sind entsprechend anzuwenden auf die Verschmelzung eines EU-OGAW auf eine OGAW-Investmentaktiengesellschaft oder auf ein Teilgesellschaftsvermögen einer OGAW-Investmentaktiengesellschaft.

(3) [1] Auf die Fälle der Verschmelzung einer Investmentaktiengesellschaft mit veränderlichem Kapital auf eine andere Investmentaktiengesellschaft mit veränderlichem Kapital, auf ein Teilgesellschaftsvermögen einer Investmentaktiengesellschaft mit veränderlichem Kapital, auf ein Sondervermögen oder auf einen EU-OGAW sind die Vorschriften des Umwandlungsgesetzes über die Verschmelzung anzuwenden, soweit sich aus der entsprechenden Anwendung der §§ 167, 182, 188 und 189 Absatz 2 bis 5 sowie des § 190 nichts anderes ergibt. [2] Im Übrigen gilt das auf den übertragenden EU-OGAW anwendbare nationale Recht im Einklang mit den Artikeln 40 bis 42, 45 und 46 der Richtlinie 2009/65/EG.

(4) Die Satzung einer Investmentaktiengesellschaft mit veränderlichem Kapital darf für die Zustimmung der Aktionäre zu einer Verschmelzung nicht mehr als 75 Prozent der tatsächlich abgegebenen Stimmen der bei der Hauptversammlung anwesenden oder vertretenen Aktionäre verlangen.

(5) Bei intern verwalteten Investmentaktiengesellschaften mit veränderlichem Kapital dürfen entsprechend den Vorgaben des § 188 die Kosten einer Verschmelzung nicht den Anlageaktionären zugerechnet werden.

### Abschnitt 2. Investmentvermögen gemäß der OGAW-Richtlinie

**§ 192 Zulässige Vermögensgegenstände.** [1] Die OGAW-Kapitalverwaltungsgesellschaft darf für einen inländischen OGAW nur die in den §§ 193 bis 198 genannten Vermögensgegenstände erwerben. [2] Edelmetalle und Zertifikate über Edelmetalle dürfen von der OGAW-Kapitalverwaltungsgesellschaft für einen inländischen OGAW nicht erworben werden.

**§ 193 Wertpapiere.** (1) ¹Die OGAW-Kapitalverwaltungsgesellschaft darf vorbehaltlich des § 198 für Rechnung eines inländischen OGAW nur Wertpapiere erwerben,

1. die an einer Börse in einem Mitgliedstaat der Europäischen Union oder in einem anderen Vertragsstaat des Abkommens über den Europäischen Wirtschaftsraum zum Handel zugelassen oder in einem dieser Staaten an einem anderen organisierten Markt zugelassen oder in diesen einbezogen sind,
2. die ausschließlich an einer Börse außerhalb der Mitgliedstaaten der Europäischen Union oder außerhalb der anderen Vertragsstaaten des Abkommens über den Europäischen Wirtschaftsraum zum Handel zugelassen oder in einem dieser Staaten an einem anderen organisierten Markt zugelassen oder in diesen einbezogen sind, sofern die Wahl dieser Börse oder dieses organisierten Marktes von der Bundesanstalt zugelassen ist,
3. deren Zulassung an einer Börse in einem Mitgliedstaat der Europäischen Union oder in einem anderen Vertragsstaat des Abkommens über den Europäischen Wirtschaftsraum zum Handel oder deren Zulassung an einem organisierten Markt oder deren Einbeziehung in diesen Markt in einem Mitgliedstaat der Europäischen Union oder in einem anderen Vertragsstaat des Abkommens über den Europäischen Wirtschaftsraum nach den Ausgabebedingungen zu beantragen ist, sofern die Zulassung oder Einbeziehung dieser Wertpapiere innerhalb eines Jahres nach ihrer Ausgabe erfolgt,
4. deren Zulassung an einer Börse zum Handel oder deren Zulassung an einem organisierten Markt oder die Einbeziehung in diesen Markt außerhalb der Mitgliedstaaten der Europäischen Union oder außerhalb der anderen Vertragsstaaten des Abkommens über den Europäischen Wirtschaftsraum nach den Ausgabebedingungen zu beantragen ist, sofern die Wahl dieser Börse oder dieses organisierten Marktes von der Bundesanstalt zugelassen ist und die Zulassung oder Einbeziehung dieser Wertpapiere innerhalb eines Jahres nach ihrer Ausgabe erfolgt,
5. in Form von Aktien, die dem inländischen OGAW bei einer Kapitalerhöhung aus Gesellschaftsmitteln zustehen,
6. die in Ausübung von Bezugsrechten, die zum inländischen OGAW gehören, erworben werden,
7. in Form von Anteilen an geschlossenen Fonds, die die in Artikel 2 Absatz 2 Buchstabe a und b der Richtlinie 2007/16/EG der Kommission vom 19. März 2007 zur Durchführung der Richtlinie 85/611/EWG des Rates zur Koordinierung der Rechts- und Verwaltungsvorschriften betreffend bestimmte Organismen für gemeinsame Anlagen in Wertpapieren (OGAW) im Hinblick auf die Erläuterung gewisser Definitionen (ABl. L 79, S. 11) genannten Kriterien erfüllen,
8. in Form von Finanzinstrumenten, die die in Artikel 2 Absatz 2 Buchstabe c der Richtlinie 2007/16/EG genannten Kriterien erfüllen.

²Der Erwerb von Wertpapieren nach Satz 1 Nummer 1 bis 4 darf nur erfolgen, wenn zusätzlich die Voraussetzungen des Artikels 2 Absatz 1 Unterabsatz 1 Buchstabe a bis c Ziffer i, Buchstabe d Ziffer i und Buchstabe e bis g der Richtlinie 2007/16/EG erfüllt sind.

(2) Wertpapiere nach Maßgabe des Absatzes 1 sind auch Bezugsrechte, sofern sich die Wertpapiere, aus denen die Bezugsrechte herrühren, im inländischen OGAW befinden können.

## § 194 Kapitalanlagegesetzbuch

**§ 194 Geldmarktinstrumente.** (1) Die OGAW-Kapitalverwaltungsgesellschaft darf vorbehaltlich des § 198 für Rechnung eines inländischen OGAW Instrumente, die üblicherweise auf dem Geldmarkt gehandelt werden, sowie verzinsliche Wertpapiere, die im Zeitpunkt ihres Erwerbs für den inländischen OGAW eine restliche Laufzeit von höchstens 397 Tagen haben, deren Verzinsung nach den Ausgabebedingungen während ihrer gesamten Laufzeit regelmäßig, mindestens aber einmal in 397 Tagen, marktgerecht angepasst wird oder deren Risikoprofil dem Risikoprofil solcher Wertpapiere entspricht (Geldmarktinstrumente), nur erwerben, wenn sie

1. an einer Börse in einem Mitgliedstaat der Europäischen Union oder in einem anderen Vertragsstaat des Abkommens über den Europäischen Wirtschaftsraum zum Handel zugelassen oder dort an einem anderen organisierten Markt zugelassen oder in diesen einbezogen sind,

2. ausschließlich an einer Börse außerhalb der Mitgliedstaaten der Europäischen Union oder außerhalb der anderen Vertragsstaaten des Abkommens über den Europäischen Wirtschaftsraum zum Handel zugelassen oder dort an einem anderen organisierten Markt zugelassen oder in diesen einbezogen sind, sofern die Wahl dieser Börse oder dieses organisierten Marktes von der Bundesanstalt zugelassen ist,

3. von der Europäischen Union, dem Bund, einem Sondervermögen des Bundes, einem Land, einem anderen Mitgliedstaat oder einer anderen zentralstaatlichen, regionalen oder lokalen Gebietskörperschaft oder der Zentralbank eines Mitgliedstaates der Europäischen Union, der Europäischen Zentralbank oder der Europäischen Investitionsbank, einem Drittstaat oder, sofern dieser ein Bundesstaat ist, einem Gliedstaat dieses Bundesstaates oder von einer internationalen öffentlich-rechtlichen Einrichtung, der mindestens ein Mitgliedstaat der Europäischen Union angehört, begeben oder garantiert werden,

4. von einem Unternehmen begeben werden, dessen Wertpapiere auf den unter den Nummern 1 und 2 bezeichneten Märkten gehandelt werden,

5. begeben oder garantiert werden

   a) von einem Kreditinstitut, das nach den im Recht der Europäischen Union festgelegten Kriterien einer Aufsicht unterstellt ist, oder

   b) einem Kreditinstitut, das Aufsichtsbestimmungen, die nach Auffassung der Bundesanstalt denjenigen des Rechts der Europäischen Union gleichwertig sind, unterliegt und diese einhält oder

6. von anderen Emittenten begeben werden und es sich bei dem jeweiligen Emittenten

   a) um ein Unternehmen mit einem Eigenkapital von mindestens 10 Millionen Euro handelt, das seinen Jahresabschluss nach den Vorschriften der Richtlinie 2013/34/EU des Europäischen Parlaments und des Rates vom 26. Juni 2013 über den Jahresabschluss, den konsolidierten Abschluss und damit verbundene Berichte von Unternehmen bestimmter Rechtsformen und zur Änderung der Richtlinie 2006/43/EG des Europäischen Parlaments und des Rates und zur Aufhebung der Richtlinien 78/660/EWG und 83/349/EWG des Rates (ABl. L 182 vom 29.6.2013, S. 19) erstellt und veröffentlicht,

b) um einen Rechtsträger handelt, der innerhalb einer Unternehmensgruppe, die eine oder mehrere börsennotierte Gesellschaften umfasst, für die Finanzierung dieser Gruppe zuständig ist oder

c) um einen Rechtsträger handelt, der die wertpapiermäßige Unterlegung von Verbindlichkeiten durch Nutzung einer von einer Bank eingeräumten Kreditlinie finanzieren soll; für die wertpapiermäßige Unterlegung und die von einer Bank eingeräumte Kreditlinie gilt Artikel 7 der Richtlinie 2007/16/EG.

(2) ¹Geldmarktinstrumente im Sinne des Absatzes 1 dürfen nur erworben werden, wenn sie die Voraussetzungen des Artikels 4 Absatz 1 und 2 der Richtlinie 2007/16/EG erfüllen. ²Für Geldmarktinstrumente im Sinne des Absatzes 1 Nummer 1 und 2 gilt Artikel 4 Absatz 3 der Richtlinie 2007/16/EG.

(3) ¹Geldmarktinstrumente im Sinne des Absatzes 1 Nummer 3 bis 6 dürfen nur erworben werden, wenn die Emission oder der Emittent dieser Instrumente Vorschriften über den Einlagen- und den Anlegerschutz unterliegt und zusätzlich die Kriterien des Artikels 5 Absatz 1 der Richtlinie 2007/16/EG erfüllt sind. ²Für den Erwerb von Geldmarktinstrumenten, die nach Absatz 1 Nummer 3 von einer regionalen oder lokalen Gebietskörperschaft eines Mitgliedstaates der Europäischen Union oder von einer internationalen öffentlich-rechtlichen Einrichtung im Sinne des Absatzes 1 Nummer 3 begeben werden, aber weder von diesem Mitgliedstaat oder, wenn dieser ein Bundesstaat ist, einem Gliedstaat dieses Bundesstaates garantiert werden und für den Erwerb von Geldmarktinstrumenten nach Absatz 1 Nummer 4 und 6 gilt Artikel 5 Absatz 2 der Richtlinie 2007/16/EG; für den Erwerb aller anderen Geldmarktinstrumente nach Absatz 1 Nummer 3 außer Geldmarktinstrumenten, die von der Europäischen Zentralbank oder der Zentralbank eines Mitgliedstaates der Europäischen Union begeben oder garantiert wurden, gilt Artikel 5 Absatz 4 dieser Richtlinie. ³Für den Erwerb von Geldmarktinstrumenten nach Absatz 1 Nummer 5 gelten Artikel 5 Absatz 3 und, wenn es sich um Geldmarktinstrumente handelt, die von einem Kreditinstitut, das Aufsichtsbestimmungen, die nach Auffassung der Bundesanstalt denjenigen des Rechts der Europäischen Union gleichwertig sind, unterliegt und diese einhält, begeben oder garantiert werden, Artikel 6 der Richtlinie 2007/16/EG.

## § 195 Bankguthaben.
¹Die OGAW-Kapitalverwaltungsgesellschaft darf für Rechnung eines inländischen OGAW nur Bankguthaben halten, die eine Laufzeit von höchstens zwölf Monaten haben. ²Die auf Sperrkonten zu führenden Guthaben können bei einem Kreditinstitut mit Sitz in einem Mitgliedstaat der Europäischen Union oder einem anderen Vertragsstaat des Abkommens über den Europäischen Wirtschaftsraum unterhalten werden; die Guthaben können auch bei einem Kreditinstitut mit Sitz in einem Drittstaat, dessen Aufsichtsbestimmungen nach Auffassung der Bundesanstalt denjenigen des Rechts der Europäischen Union gleichwertig sind, gehalten werden.

## § 196 Investmentanteile.
(1) ¹Die OGAW-Kapitalverwaltungsgesellschaft kann für Rechnung eines inländischen OGAW Anteile an OGAW erwerben. ²Anteile an anderen inländischen Sondervermögen und Investmentaktiengesellschaften mit veränderlichem Kapital sowie Anteile an offenen EU-AIF und ausländischen offenen AIF kann sie nur erwerben, wenn

1. diese nach Rechtsvorschriften zugelassen wurden, die sie einer wirksamen öffentlichen Aufsicht zum Schutz der Anleger unterstellen und ausreichende Gewähr für eine befriedigende Zusammenarbeit zwischen den Behörden besteht,
2. das Schutzniveau des Anlegers dem Schutzniveau eines Anlegers in einem inländischen OGAW gleichwertig ist und insbesondere die Vorschriften für die getrennte Verwahrung der Vermögensgegenstände, für die Kreditaufnahme und die Kreditgewährung sowie für Leerverkäufe von Wertpapieren und Geldmarktinstrumenten den Anforderungen der Richtlinie 85/611/EWG gleichwertig sind,
3. die Geschäftstätigkeit Gegenstand von Jahres- und Halbjahresberichten ist, die es erlauben, sich ein Urteil über das Vermögen und die Verbindlichkeiten, die Erträge und die Transaktionen im Berichtszeitraum zu bilden,
4. die Anteile dem Publikum ohne eine zahlenmäßige Begrenzung angeboten werden und die Anleger das Recht zur Rückgabe der Anteile haben.

³ Anteile an inländischen Sondervermögen, an Investmentaktiengesellschaften mit veränderlichem Kapital, an EU-OGAW, an offenen EU-AIF und an ausländischen offenen AIF dürfen nur erworben werden, wenn nach den Anlagebedingungen oder der Satzung der Kapitalverwaltungsgesellschaft, der Investmentaktiengesellschaft mit veränderlichem Kapital, des EU-Investmentvermögens, der EU-Verwaltungsgesellschaft, des ausländischen AIF oder der ausländischen AIF-Verwaltungsgesellschaft insgesamt höchstens 10 Prozent des Wertes ihres Vermögens in Anteilen an anderen inländischen Sondervermögen, Investmentaktiengesellschaften mit veränderlichem Kapital, offenen EU-Investmentvermögen oder ausländischen offenen AIF angelegt werden dürfen.

(2) Beim Erwerb von Anteilen im Sinne des Absatzes 1, die direkt oder indirekt von derselben OGAW-Kapitalverwaltungsgesellschaft oder von einer Gesellschaft verwaltet werden, mit der die OGAW-Kapitalverwaltungsgesellschaft durch eine wesentliche unmittelbare oder mittelbare Beteiligung verbunden ist, darf die OGAW-Kapitalverwaltungsgesellschaft oder die andere Gesellschaft für den Erwerb und die Rücknahme keine Ausgabeaufschläge und Rücknahmeabschläge berechnen.

**§ 197 Gesamtgrenze; Derivate; Verordnungsermächtigung.** (1) ¹ Der inländische OGAW darf nur in Derivate, die von Wertpapieren, Geldmarktinstrumenten, Investmentanteilen gemäß § 196, Finanzindizes im Sinne des Artikels 9 Absatz 1 der Richtlinie 2007/16/EG, Zinssätzen, Wechselkursen oder Währungen, in die der inländische OGAW nach seinen Anlagebedingungen investieren darf, abgeleitet sind, zu Investmentzwecken investieren. ² Satz 1 gilt entsprechend für Finanzinstrumente mit derivativer Komponente im Sinne des Artikels 10 Absatz 1 der Richtlinie 2007/16/EG.

(2) Die OGAW-Verwaltungsgesellschaft muss sicherstellen, dass sich das Marktrisikopotenzial eines inländischen OGAW durch den Einsatz von Derivaten und Finanzinstrumenten mit derivativer Komponente gemäß Absatz 1 höchstens verdoppelt.

(3)[1] [1]Das Bundesministerium der Finanzen wird ermächtigt, durch Rechtsverordnung, die nicht der Zustimmung des Bundesrates bedarf,
1. die Beschaffenheit von zulässigen Risikomesssystemen für Derivate einschließlich der Bemessungsmethode des Marktrisikopotenzials festzulegen,
2. vorzuschreiben, wie die Derivate auf die Grenzen gemäß den §§ 206 und 207 anzurechnen sind,
3. nähere Bestimmungen über Derivate zu erlassen, die nicht zum Handel an einer Börse zugelassen oder an einem anderen organisierten Markt zugelassen oder in diesen einbezogen sind,
4. Bestimmungen über die Berechnung und Begrenzung des Anrechnungsbetrages für das Kontrahentenrisiko nach § 206 Absatz 5 Satz 1 Nummer 3 festzulegen,
5. Aufzeichnungs- und Unterrichtungspflichten festzulegen,
6. weitere Voraussetzungen für den Abschluss von Geschäften, die Derivate zum Gegenstand haben, festzulegen, insbesondere für Derivate, deren Wertentwicklung zur Wertentwicklung des dazugehörigen Basiswertes entgegengesetzt verläuft.

[2]Das Bundesministerium der Finanzen kann die Ermächtigung durch Rechtsverordnung auf die Bundesanstalt übertragen.

**§ 198 Sonstige Anlageinstrumente.** Die OGAW-Kapitalverwaltungsgesellschaft darf nur bis zu 10 Prozent des Wertes des inländischen OGAW insgesamt anlegen in
1. Wertpapiere, die nicht zum Handel an einer Börse zugelassen oder an einem anderen organisierten Markt zugelassen oder in diesen einbezogen sind, im Übrigen jedoch die Kriterien des Artikels 2 Absatz 1 Buchstabe a bis c Ziffer ii, Buchstabe d Ziffer ii und Buchstabe e bis g der Richtlinie 2007/16/EG erfüllen,
2. Geldmarktinstrumente von Emittenten, die nicht den Anforderungen des § 194 genügen, sofern die Geldmarktinstrumente die Voraussetzungen des Artikels 4 Absatz 1 und 2 der Richtlinie 2007/16/EG erfüllen,
3. Aktien, welche die Anforderungen des § 193 Absatz 1 Nummer 3 und 4 erfüllen,
4. Forderungen aus Gelddarlehen, die nicht unter § 194 fallen, Teilbeträge eines von einem Dritten gewährten Gesamtdarlehens sind und über die ein Schuldschein ausgestellt ist (Schuldscheindarlehen), sofern diese Forderungen nach dem Erwerb für den inländischen OGAW mindestens zweimal abgetreten werden können und das Darlehen gewährt wurde
   a) dem Bund, einem Sondervermögen des Bundes, einem Land, der Europäischen Union oder einem Staat, der Mitglied der Organisation für wirtschaftliche Zusammenarbeit und Entwicklung ist,
   b) einer anderen inländischen Gebietskörperschaft oder einer Regionalregierung oder örtlichen Gebietskörperschaft eines anderen Mitgliedstaates der Europäischen Union oder eines anderen Vertragsstaates des Abkommens über den Europäischen Wirtschaftsraum, sofern die Forderung an die

---

[1] § 197 Abs. 3 ist gem. Art. 28 Abs. 1 G v. 4.7.2013 (BGBl. I S. 1981) am 11.7.2013 in Kraft getreten.

Regionalregierung oder an die Gebietskörperschaft gemäß Artikel 115 Absatz 2 der Verordnung (EU) Nr. 575/2013 in derselben Weise behandelt werden kann wie eine Forderung an den Zentralstaat, auf dessen Hoheitsgebiet die Regionalregierung oder die Gebietskörperschaft ansässig ist,

c) sonstigen Körperschaften oder Anstalten des öffentlichen Rechts mit Sitz im Inland oder in einem anderen Mitgliedstaat der Europäischen Union oder einem anderen Vertragsstaat des Abkommens über den Europäischen Wirtschaftsraum,

d) Unternehmen, die Wertpapiere ausgegeben haben, die an einem organisierten Markt im Sinne von § 2 Absatz 11 des Wertpapierhandelsgesetzes [1]) zum Handel zugelassen sind oder die an einem anderen organisierten Markt, der die wesentlichen Anforderungen an geregelte Märkte im Sinne der Richtlinie 2014/65/EU[2]) in der jeweils geltenden Fassung erfüllt, zum Handel zugelassen sind, oder

e) gegen Übernahme der Gewährleistung für die Verzinsung und Rückzahlung durch eine der in den Buchstaben a bis c bezeichneten Stellen.

**§ 199 Kreditaufnahme.** Die OGAW-Kapitalverwaltungsgesellschaft darf für gemeinschaftliche Rechnung der Anleger kurzfristige Kredite nur bis zur Höhe von 10 Prozent des Wertes des inländischen OGAW und nur aufnehmen, wenn die Bedingungen der Kreditaufnahme marktüblich sind und dies in den Anlagebedingungen vorgesehen ist.

**§ 200 Wertpapier-Darlehen, Sicherheiten.** (1) ¹Die OGAW-Kapitalverwaltungsgesellschaft darf für Rechnung des inländischen OGAW Wertpapiere an einen Dritten (Wertpapier-Darlehensnehmer) gegen ein marktgerechtes Entgelt nur mit der Maßgabe übertragen, dass der Wertpapier-Darlehensnehmer der OGAW-Kapitalverwaltungsgesellschaft für Rechnung des inländischen OGAW Wertpapiere von gleicher Art, Güte und Menge zurückzuerstatten hat (Wertpapier-Darlehen), wenn dies in den Anlagebedingungen vorgesehen ist. ²Wertpapier-Darlehen dürfen einem Wertpapier-Darlehensnehmer nur insoweit gewährt werden, als der Kurswert der zu übertragenden Wertpapiere zusammen mit dem Kurswert der für Rechnung des inländischen OGAW dem Wertpapier-Darlehensnehmer bereits als Wertpapier-Darlehen übertragenen Wertpapiere 10 Prozent des Wertes des inländischen OGAW nicht übersteigt; Wertpapier-Darlehen an konzernangehörige Unternehmen im Sinne des § 290 des Handelsgesetzbuchs gelten als Wertpapier-Darlehen an dasselbe Unternehmen. ³Die OGAW-Kapitalverwaltungsgesellschaft muss jederzeit zur Kündigung des Wertpapier-Darlehens berechtigt sein.

(2) ¹Die OGAW-Kapitalverwaltungsgesellschaft darf Wertpapiere nach Absatz 1 nur übertragen, wenn sie sich vor Übertragung oder Zug um Zug gegen Übertragung der Wertpapiere für Rechnung des inländischen OGAW ausreichende Sicherheiten durch Geldzahlung oder durch Verpfändung oder Abtretung von Guthaben oder durch Übereignung oder Verpfändung von Wertpapieren oder Geldmarktinstrumenten nach Maßgabe der Sätze 2 und 3 und des Absatzes 3 hat gewähren lassen. ²Die durch Verfügungen nach Satz 1 gewährten Guthaben müssen auf Euro oder auf die Währung lauten, in der die

---
[1]) Nr. 12.
[2]) Nr. 1.

Anteile oder Aktien des inländischen OGAW begeben wurden. ³Die Guthaben müssen

1. auf Sperrkonten bei der Verwahrstelle oder mit ihrer Zustimmung auf Sperrkonten bei anderen Kreditinstituten mit Sitz in einem Mitgliedstaat der Europäischen Union oder eines anderen Vertragsstaates des Abkommens über den Europäischen Wirtschaftsraum oder bei einem anderen Kreditinstitut mit Sitz in einem Drittstaat nach Maßgabe des § 195 Satz 2 Halbsatz 2 unterhalten werden oder
2. in der Währung des Guthabens angelegt werden
   a) in Schuldverschreibungen, die eine hohe Qualität aufweisen und die vom Bund, von einem Land, der Europäischen Union, einem Mitgliedstaat der Europäischen Union oder seinen Gebietskörperschaften, einem anderen Vertragsstaat des Abkommens über den Europäischen Wirtschaftsraum oder einem Drittstaat ausgegeben worden sind,
   b) in Geldmarktfonds mit kurzer Laufzeitstruktur entsprechend von der Bundesanstalt auf Grundlage von § 4 Absatz 2 erlassenen Richtlinien oder
   c) im Wege eines Pensionsgeschäftes mit einem Kreditinstitut, das die jederzeitige Rückforderung des aufgelaufenen Guthabens gewährleistet.

⁴Die Erträge aus der Anlage der Sicherheiten stehen dem inländischen OGAW zu. ⁵Zu verpfändende Wertpapiere müssen von einem geeigneten Kreditinstitut verwahrt werden. ⁶Als Sicherheit unzulässig sind Wertpapiere, die vom Wertpapier-Darlehensnehmer oder von einem zu demselben Konzern gehörenden Unternehmen ausgestellt sind.

(3) ¹Der Kurswert der als Wertpapier-Darlehen zu übertragenden Wertpapiere bildet zusammen mit den zugehörigen Erträgen den zu sichernden Wert (Sicherungswert). ²Der Umfang der Sicherheitsleistung ist insbesondere unter Berücksichtigung der wirtschaftlichen Verhältnisse des Wertpapier-Darlehensnehmers zu bestimmen. ³Die Sicherheitsleistung darf den Sicherungswert zuzüglich eines marktüblichen Aufschlags nicht unterschreiten. ⁴Die OGAW-Kapitalverwaltungsgesellschaft hat unverzüglich die Leistung weiterer Sicherheiten zu verlangen, wenn sich auf Grund der börsentäglichen Ermittlung des Sicherungswertes und der erhaltenen Sicherheitsleistung oder einer Veränderung der wirtschaftlichen Verhältnisse des Wertpapier-Darlehensnehmers ergibt, dass die Sicherheiten nicht mehr ausreichen.

(4) Die OGAW-Kapitalverwaltungsgesellschaft hat der Bundesanstalt unverzüglich die Unterschreitung des Wertes der Sicherheitsleistung unter den Sicherungswert unter Darlegung des Sachverhalts anzuzeigen.

**§ 201 Wertpapier-Darlehensvertrag.** In dem Darlehensvertrag zwischen der OGAW-Kapitalverwaltungsgesellschaft und dem Wertpapier-Darlehensnehmer sind neben den auf Grund des § 200 erforderlichen Regelungen insbesondere festzulegen:

1. die Verpflichtung des Wertpapier-Darlehensnehmers, die Erträge aus den als Wertpapier-Darlehen erhaltenen Wertpapieren bei Fälligkeit an die Verwahrstelle für Rechnung des inländischen OGAW zu zahlen;
2. die Verpflichtung des Wertpapier-Darlehensnehmers, als Wertpapier-Darlehen erhaltene Aktien der OGAW-Kapitalverwaltungsgesellschaft so rechtzeitig zurückzuerstatten, dass diese die verbrieften Rechte ausüben kann; dies gilt nicht für Ansprüche auf Anteile am Gewinn; die Verpflichtung zur

Rückerstattung ist entbehrlich, wenn die OGAW-Kapitalverwaltungsgesellschaft zur Ausübung der Stimmrechte aus den Aktien bevollmächtigt worden ist und die Stimmrechte ausüben kann und

3. die Rechte der OGAW-Kapitalverwaltungsgesellschaft bei nicht rechtzeitiger Erfüllung der Verpflichtungen des Wertpapier-Darlehensnehmers.

**§ 202 Organisierte Wertpapier-Darlehenssysteme.** ¹Die OGAW-Kapitalverwaltungsgesellschaft kann sich eines von einer Wertpapiersammelbank oder von einem anderen Unternehmen, dessen Unternehmensgegenstand die Abwicklung von grenzüberschreitenden Effektengeschäften für andere ist und das in den Anlagebedingungen genannt ist, organisierten Systems zur Vermittlung und Abwicklung von Wertpapier-Darlehen bedienen, das von den Anforderungen nach den §§ 200 und 201 abweicht, wenn durch die Bedingungen dieses Systems die Wahrung der Interessen der Anleger gewährleistet ist. ²Von dem jederzeitigen Kündigungsrecht nach § 200 Absatz 1 darf nicht abgewichen werden.

**§ 203 Pensionsgeschäfte.** ¹Die OGAW-Kapitalverwaltungsgesellschaft darf für Rechnung eines inländischen OGAW Pensionsgeschäfte im Sinne des § 340b Absatz 2 des Handelsgesetzbuchs mit Kreditinstituten oder Finanzdienstleistungsinstituten auf der Grundlage standardisierter Rahmenverträge nur abschließen, wenn dies in den Anlagebedingungen vorgesehen ist. ²Die Pensionsgeschäfte müssen Wertpapiere zum Gegenstand haben, die nach den Anlagebedingungen für das inländische OGAW erworben werden dürfen. ³Die Pensionsgeschäfte dürfen höchstens eine Laufzeit von zwölf Monaten haben. ⁴Die OGAW-Kapitalverwaltungsgesellschaft muss jedoch jederzeit zur Kündigung des Pensionsgeschäftes berechtigt sein. ⁵Die in Pension genommenen Wertpapiere sind auf die Anlagegrenzen des § 206 Absatz 1, 2 und 3 anzurechnen.

**§ 204 Verweisung; Verordnungsermächtigung.** (1) Für die weiteren in den §§ 192 bis 211 genannten Vermögensgegenstände gelten die §§ 200 bis 203 sinngemäß.

(2) Die in den §§ 200 und 203 genannten Geschäfte müssen die in Artikel 11 Absatz 1 der Richtlinie 2007/16/EG genannten Kriterien erfüllen.

(3)[1] ¹Das Bundesministerium der Finanzen wird ermächtigt, durch Rechtsverordnung, die nicht der Zustimmung des Bundesrates bedarf, weitere Kriterien für die in den §§ 200 und 203 genannten Geschäfte vorzuschreiben, insbesondere Bestimmungen über die Berechnung und Begrenzung des Marktrisikopotenzials und des Kontrahentenrisikos sowie über die Beschaffenheit und die Anlage der Sicherheiten oder der Gegenstände der Pensionsgeschäfte und deren Anrechnung auf die Anlagegrenzen. ²Das Bundesministerium der Finanzen kann die Ermächtigung durch Rechtsverordnung auf die Bundesanstalt übertragen.

**§ 205 Leerverkäufe.** ¹Die Kapitalverwaltungsgesellschaft darf für gemeinschaftliche Rechnung der Anleger keine Vermögensgegenstände nach Maßgabe der §§ 193, 194 und 196 verkaufen, wenn die jeweiligen Vermögensgegen-

---

[1] § 204 Abs. 3 ist gem. Art. 28 Abs. 1 G v. 4.7.2013 (BGBl. I S. 1981) am 11.7.2013 in Kraft getreten.

stände im Zeitpunkt des Geschäftsabschlusses nicht zum inländischen OGAW gehören; § 197 bleibt unberührt. ²Die Wirksamkeit des Rechtsgeschäfts wird durch einen Verstoß gegen Satz 1 nicht berührt.

**§ 206 Emittentengrenzen.** (1) Die OGAW-Kapitalverwaltungsgesellschaft darf in Wertpapiere und Geldmarktinstrumente desselben Emittenten nur bis zu 5 Prozent des Wertes des inländischen OGAW anlegen; in diesen Werten dürfen jedoch bis zu 10 Prozent des Wertes des inländischen OGAW angelegt werden, wenn dies in den Anlagebedingungen vorgesehen ist und der Gesamtwert der Wertpapiere und Geldmarktinstrumente dieser Emittenten 40 Prozent des Wertes des inländischen OGAW nicht übersteigt.

(2) Die OGAW-Kapitalverwaltungsgesellschaft darf in Schuldverschreibungen, Schuldscheindarlehen und Geldmarktinstrumente, die vom Bund, von einem Land, der Europäischen Union, einem Mitgliedstaat der Europäischen Union oder seinen Gebietskörperschaften, einem anderen Vertragsstaat des Abkommens über den Europäischen Wirtschaftsraum, einem Drittstaat oder von einer internationalen Organisation, der mindestens ein Mitgliedstaat der Europäischen Union angehört, ausgegeben oder garantiert worden sind, jeweils bis zu 35 Prozent des Wertes des inländischen OGAW nur anlegen, wenn dies in den Anlagebedingungen vorgesehen ist.

(3) ¹Die OGAW-Kapitalverwaltungsgesellschaft darf in Pfandbriefe und Kommunalschuldverschreibungen sowie Schuldverschreibungen, die von Kreditinstituten mit Sitz in einem Mitgliedstaat der Europäischen Union oder in einem anderen Vertragsstaat des Abkommens über den Europäischen Wirtschaftsraum ausgegeben worden sind, jeweils bis zu 25 Prozent des Wertes des inländischen OGAW nur anlegen, wenn

1. dies in den Anlagebedingungen vorgesehen ist,
2. die Kreditinstitute auf Grund gesetzlicher Vorschriften zum Schutz der Inhaber dieser Schuldverschreibungen einer besonderen öffentlichen Aufsicht unterliegen,
3. die mit der Ausgabe der Schuldverschreibungen aufgenommenen Mittel nach den gesetzlichen Vorschriften in Vermögenswerten angelegt werden, die
   a) während der gesamten Laufzeit der Schuldverschreibungen die sich aus ihnen ergebenden Verbindlichkeiten ausreichend decken und
   b) bei einem Ausfall des Emittenten vorrangig für die fällig werdenden Rückzahlungen und die Zahlung der Zinsen bestimmt sind.

²Legt die OGAW-Kapitalverwaltungsgesellschaft mehr als 5 Prozent des Wertes des inländischen OGAW in Schuldverschreibungen desselben Emittenten nach Satz 1 an, hat sie sicherzustellen, dass der Gesamtwert dieser Schuldverschreibungen 80 Prozent des Wertes des inländischen OGAW nicht übersteigt. ³Die Bundesanstalt übermittelt der Europäischen Wertpapier- und Marktaufsichtsbehörde und der Europäischen Kommission ein Verzeichnis der in Satz 1 genannten Kategorien von Schuldverschreibungen und Emittenten; diesem Verzeichnis ist ein Vermerk beizufügen, in dem die Art der Deckung erläutert wird.

(4) Die OGAW-Kapitalverwaltungsgesellschaft darf nur bis zu 20 Prozent des Wertes des inländischen OGAW in Bankguthaben nach Maßgabe des § 195 bei demselben Kreditinstitut anlegen.

(5) ¹Die OGAW-Kapitalverwaltungsgesellschaft hat sicherzustellen, dass eine Kombination aus

1. Wertpapieren oder Geldmarktinstrumenten, die von ein und derselben Einrichtung begeben werden,
2. Einlagen bei dieser Einrichtung und
3. Anrechnungsbeträgen für das Kontrahentenrisiko der mit dieser Einrichtung eingegangenen Geschäfte

20 Prozent des Wertes des jeweiligen inländischen OGAW nicht übersteigt. ²Satz 1 gilt für die in den Absätzen 2 und 3 genannten Emittenten und Garantiegeber mit der Maßgabe, dass die OGAW-Kapitalverwaltungsgesellschaft sicherzustellen hat, dass eine Kombination der in Satz 1 genannten Vermögensgegenstände und Anrechnungsbeträge 35 Prozent des Wertes des jeweiligen inländischen OGAW nicht übersteigt. ³Die jeweiligen Einzelobergrenzen bleiben in beiden Fällen unberührt.

(6) ¹Die in den Absätzen 2 und 3 genannten Schuldverschreibungen, Schuldscheindarlehen und Geldmarktinstrumente werden bei der Anwendung der in Absatz 1 genannten Grenze von 40 Prozent nicht berücksichtigt. ²Die in den Absätzen 1 bis 5 genannten Grenzen dürfen abweichend von der Regelung in Absatz 5 nicht kumuliert werden.

(7) Wertpapiere und Geldmarktinstrumente von Unternehmen, zwischen denen eine Verbindung im Sinne des § 290 Absatz 1 Satz 1 des Handelsgesetzbuchs besteht, gelten als Wertpapiere desselben Emittenten.

**§ 207 Erwerb von Anteilen an Investmentvermögen.** (1) Die OGAW-Kapitalverwaltungsgesellschaft darf in Anteile an einem einzigen Investmentvermögen nach Maßgabe des § 196 Absatz 1 nur bis zu 20 Prozent des Wertes des inländischen OGAW anlegen.

(2) Die OGAW-Kapitalverwaltungsgesellschaft darf in Anteile an Investmentvermögen nach Maßgabe des § 196 Absatz 1 Satz 2 insgesamt nur bis zu 30 Prozent des Wertes des inländischen OGAW anlegen.

**§ 208 Erweiterte Anlagegrenzen.** Die OGAW-Kapitalverwaltungsgesellschaft darf abweichend von § 206 Absatz 1 in Wertpapiere und Geldmarktinstrumente desselben Emittenten nach Maßgabe des § 206 Absatz 2 mehr als 35 Prozent des Wertes des inländischen OGAW anlegen, wenn

1. dies in den Anlagebedingungen des inländischen OGAW unter Angabe der betreffenden Emittenten vorgesehen ist und
2. die für Rechnung des inländischen OGAW gehaltenen Wertpapiere und Geldmarktinstrumente aus mindestens sechs verschiedenen Emissionen stammen, wobei nicht mehr als 30 Prozent des Wertes des inländischen OGAW in einer Emission gehalten werden dürfen.

**§ 209 Wertpapierindex-OGAW.** (1) ¹Abweichend zu der in § 206 bestimmten Grenze darf die OGAW-Kapitalverwaltungsgesellschaft bis zu 20 Prozent des Wertes des inländischen OGAW in Wertpapiere eines Emittenten anlegen, wenn nach den Anlagebedingungen die Auswahl der für den inländischen OGAW zu erwerbenden Wertpapiere darauf gerichtet ist, unter Wahrung einer angemessenen Risikomischung einen bestimmten, von der Bundesanstalt anerkannten Wertpapierindex nachzubilden (Wertpapierindex-OGAW). ²Der Wertpapierindex ist insbesondere anzuerkennen, wenn

1. seine Zusammensetzung hinreichend diversifiziert ist,
2. er eine adäquate Bezugsgrundlage für den Markt darstellt, auf den er sich bezieht,
3. er in angemessener Weise veröffentlicht wird.

³Ein Wertpapierindex stellt eine adäquate Bezugsgrundlage für den Markt dar, wenn er die Anforderungen des Artikels 12 Absatz 3 der Richtlinie 2007/16/EG erfüllt. ⁴Ein Wertpapierindex wird in angemessener Weise veröffentlicht, wenn die Kriterien des Artikels 12 Absatz 4 der Richtlinie 2007/16/EG erfüllt sind.

(2) ¹Die in § 206 Absatz 1 bestimmte Grenze darf für Wertpapiere eines Emittenten auf bis zu 35 Prozent des Wertes des inländischen OGAW angehoben werden, wenn die Anforderungen nach Maßgabe des Absatzes 1 erfüllt sind. ²Eine Anlage bis zu der Grenze nach Satz 1 ist nur bei einem einzigen Emittenten zulässig.

**§ 210 Emittentenbezogene Anlagegrenzen.** (1) ¹Schuldverschreibungen desselben Emittenten oder Geldmarktinstrumente desselben Emittenten darf die OGAW-Kapitalverwaltungsgesellschaft für Rechnung eines inländischen OGAW nur insoweit erwerben, als der Gesamtnennbetrag jeweils 10 Prozent des Gesamtnennbetrags der in Umlauf befindlichen Schuldverschreibungen und Geldmarktinstrumente desselben Emittenten nicht übersteigt. ²Dies gilt nicht für Wertpapiere oder Geldmarktinstrumente nach Maßgabe des § 206 Absatz 2. ³Die in Satz 1 bestimmte Grenze braucht beim Erwerb nicht eingehalten zu werden, wenn der Gesamtnennbetrag der in Umlauf befindlichen Schuldverschreibungen oder Geldmarktinstrumente desselben Emittenten von der OGAW-Kapitalverwaltungsgesellschaft nicht ermittelt werden kann. ⁴Aktien ohne Stimmrechte desselben Emittenten dürfen für einen inländischen OGAW nur insoweit erworben werden, als ihr Anteil an dem Kapital, das auf die ausgegebenen Aktien ohne Stimmrechte desselben Emittenten entfällt, 10 Prozent nicht übersteigt.

(2) ¹Die OGAW-Kapitalverwaltungsgesellschaft darf für alle von ihr verwalteten inländischen OGAW Aktien desselben Emittenten nur insoweit erwerben, als die Stimmrechte, die der OGAW-Kapitalverwaltungsgesellschaft aus Aktien desselben Emittenten zustehen, 10 Prozent der gesamten Stimmrechte aus Aktien desselben Emittenten nicht übersteigen. ²Hat ein anderer Mitgliedstaat der Europäischen Union oder ein anderer Vertragsstaat des Abkommens über den Europäischen Wirtschaftsraum eine niedrigere Grenze für den Erwerb von Aktien mit Stimmrechten desselben Emittenten festgelegt, so ist diese Grenze maßgebend, wenn eine OGAW-Kapitalverwaltungsgesellschaft für die von ihr verwalteten inländischen OGAW solche Aktien eines Emittenten mit Sitz in diesem Staat erwirbt.

(3) Die OGAW-Kapitalverwaltungsgesellschaft darf für Rechnung eines inländischen OGAW nicht mehr als 25 Prozent der ausgegebenen Anteile eines anderen offenen inländischen, EU- oder ausländischen Investmentvermögens, das nach dem Grundsatz der Risikomischung in Vermögensgegenstände im Sinne der §§ 192 bis 198 angelegt ist, erwerben.

**§ 211 Überschreiten von Anlagegrenzen.** (1) Die in den §§ 198, 206 und 210 bestimmten Grenzen dürfen überschritten werden, wenn es sich um den Erwerb von Aktien, die dem inländischen OGAW bei einer Kapitalerhöhung aus Gesellschaftsmitteln zustehen, oder um den Erwerb von neuen Aktien in Ausübung von Bezugsrechten aus Wertpapieren handelt, die zum inländischen OGAW gehören.

(2) Werden die in den §§ 206 bis 210 bestimmten Grenzen in den Fällen des Absatzes 1 oder unbeabsichtigt von der OGAW-Kapitalverwaltungsgesellschaft überschritten, so hat die OGAW-Kapitalverwaltungsgesellschaft bei ihren Verkäufen für Rechnung des inländischen OGAW als vorrangiges Ziel anzustreben, diese Grenzen wieder einzuhalten, soweit dies den Interessen der Anleger nicht zuwiderläuft.

(3) Die in den §§ 206 bis 209 bestimmten Grenzen dürfen in den ersten sechs Monaten seit Errichtung eines inländischen OGAW sowie nach vollzogener Verschmelzung durch den übernehmenden inländischen OGAW jeweils unter Beachtung des Grundsatzes der Risikostreuung überschritten werden.

**§ 212 Bewerter; Häufigkeit der Bewertung und Berechnung.** Der Wert eines inländischen OGAW und der Nettoinventarwert je Anteil oder Aktie sind bei jeder Möglichkeit zur Ausgabe und Rückgabe von Anteilen oder Aktien entweder von der Verwahrstelle unter Mitwirkung der OGAW-Kapitalverwaltungsgesellschaft oder von der OGAW-Kapitalverwaltungsgesellschaft selbst zu ermitteln.

**§ 213 Umwandlung von inländischen OGAW.** Inländische OGAW dürfen nicht in AIF umgewandelt werden.

### Abschnitt 3. Offene inländische Publikums-AIF

#### Unterabschnitt 1. Allgemeine Vorschriften für offene inländische Publikums-AIF

**§ 214 Risikomischung, Arten.** Offene Publikums-AIF müssen nach dem Grundsatz der Risikomischung angelegt sein und dürfen nur als Gemischte Investmentvermögen gemäß den §§ 218 und 219, als Sonstige Investmentvermögen gemäß den §§ 220 bis 224, als Dach-Hedgefonds gemäß den §§ 225 bis 229 oder als Immobilien-Sondervermögen gemäß den §§ 230 bis 260 aufgelegt werden.

**§ 215 Begrenzung von Leverage durch die Bundesanstalt.** (1) Die AIF-Kapitalverwaltungsgesellschaft hat der Bundesanstalt zu zeigen, dass die von der AIF-Kapitalverwaltungsgesellschaft angesetzte Begrenzung des Umfangs des eingesetzten Leverage angemessen ist und dass sie diese Begrenzung stets einhält.

(2) [1] Die Bundesanstalt bewertet die Risiken, die aus dem Einsatz von Leverage durch die AIF-Kapitalverwaltungsgesellschaft erwachsen könnten; sie beschränkt nach Information der Europäischen Wertpapier- und Marktaufsichtsbehörde, des Europäischen Ausschusses für Systemrisiken und der zuständigen Stellen des Herkunftsmitgliedstaates des AIF den Umfang des Leverage, den die AIF-Kapitalverwaltungsgesellschaft einsetzen darf, wenn sie dies zur Gewährleistung der Stabilität und Integrität des Finanzsystems als nötig erach-

tet. ²Alternativ ordnet die Bundesanstalt sonstige Beschränkungen in Bezug auf die Verwaltung des AIF an, so dass das Ausmaß begrenzt wird, in dem der Einsatz von Leverage zur Entstehung von Systemrisiken im Finanzsystem oder des Risikos von Marktstörungen beiträgt. ³Die Bundesanstalt informiert die Europäische Wertpapier- und Marktaufsichtsbehörde, den Europäischen Ausschuss für Systemrisiken und die zuständigen Stellen des Herkunftsmitgliedstaates des AIF ordnungsgemäß über die diesbezüglich eingeleiteten Maßnahmen.

(3) ¹Die Information gemäß Absatz 2 erfolgt spätestens zehn Arbeitstage vor dem geplanten Wirksamwerden oder der Erneuerung der eingeleiteten Maßnahme. ²Die Mitteilung enthält Einzelheiten der vorgeschlagenen Maßnahme, die Gründe für diesen Vorschlag und den Zeitpunkt, zu dem die Maßnahme wirksam werden soll. ³Unter besonderen Umständen kann die Bundesanstalt verfügen, dass die vorgeschlagene Maßnahme innerhalb des in Satz 1 genannten Zeitraums wirksam wird.

(4) ¹Die Bundesanstalt berucksichtigt bei ihrer Entscheidung über Maßnahmen die Empfehlung der Europäischen Wertpapier- und Marktaufsichtsbehörde, die diese nach der Information gemäß Absatz 2 Satz 3 oder auf Grundlage der Information nach Absatz 2 Satz 1 ausspricht. ²Sieht die Bundesanstalt eine Maßnahme vor, die dieser Empfehlung nicht entspricht, unterrichtet sie die Europäische Wertpapier- und Marktaufsichtsbehörde hiervon unter Angabe der Gründe.

(5) Für die Bedingungen, unter welchen die Maßnahmen nach Absatz 2 angewendet werden, gilt Artikel 112 der Delegierten Verordnung (EU) Nr. 231/2013 entsprechend.

**§ 216 Bewerter.** (1) ¹Die Bewertung der Vermögensgegenstände ist durchzuführen
1. entweder durch einen externen Bewerter, der eine natürliche oder juristische Person oder eine Personenhandelsgesellschaft ist, die unabhängig vom offenen Publikums-AIF, von der AIF-Kapitalverwaltungsgesellschaft und von anderen Personen mit engen Verbindungen zum Publikums-AIF oder zur AIF-Kapitalverwaltungsgesellschaft ist oder
2. von der AIF-Kapitalverwaltungsgesellschaft selbst, vorausgesetzt die Bewertungsaufgabe ist von der Portfolioverwaltung und der Vergütungspolitik funktional unabhängig und die Vergütungspolitik und andere Maßnahmen stellen sicher, dass Interessenkonflikte gemindert und ein unzulässiger Einfluss auf die Mitarbeiter verhindert werden.

²Die für einen Publikums-AIF bestellte Verwahrstelle kann nicht als externer Bewerter dieses Publikums-AIF bestellt werden, es sei denn, es liegt eine funktionale und hierarchische Trennung der Ausführung ihrer Verwahrfunktionen von ihren Aufgaben als externer Bewerter vor und die potenziellen Interessenkonflikte werden ordnungsgemäß ermittelt, gesteuert, beobachtet und den Anlegern des Publikums-AIF gegenüber offengelegt.

(2) Wird ein externer Bewerter für die Bewertung herangezogen, so weist die AIF-Kapitalverwaltungsgesellschaft nach, dass
1. der externe Bewerter einer gesetzlich anerkannten obligatorischen berufsmäßigen Registrierung oder Rechts- und Verwaltungsvorschriften oder berufsständischen Regeln unterliegt,

2. der externe Bewerter ausreichende berufliche Garantien vorweisen kann, um die Bewertungsfunktion wirksam ausüben zu können und
3. die Bestellung des externen Bewerters den Anforderungen des § 36 Absatz 1, 2 und 10 entspricht.

(3) Die Kriterien und der Inhalt der erforderlichen beruflichen Garantien des externen Bewerters nach Absatz 2 Nummer 2 bestimmen sich nach Artikel 73 der Delegierten Verordnung (EU) Nr. 231/2013.

(4) Ein bestellter externer Bewerter darf die Bewertungsfunktion nicht an einen Dritten delegieren.

(5) ¹Die AIF-Kapitalverwaltungsgesellschaft teilt die Bestellung eines externen Bewerters der Bundesanstalt mit. ²Liegen die Voraussetzungen von Absatz 2 nicht vor, kann die Bundesanstalt die Bestellung eines anderen externen Bewerters verlangen.

(6) Wird die Bewertung nicht von einem externen Bewerter vorgenommen, kann die Bundesanstalt verlangen, dass die Bewertungsverfahren sowie Bewertungen der AIF-Kapitalverwaltungsgesellschaft durch den Abschlussprüfer im Rahmen der Jahresabschlussprüfung des Publikums-AIF zu überprüfen sind.

(7) ¹Die AIF-Kapitalverwaltungsgesellschaft bleibt auch dann für die ordnungsgemäße Bewertung der Vermögensgegenstände des Publikums-AIF sowie für die Berechnung und Bekanntgabe des Nettoinventarwertes verantwortlich, wenn sie einen externen Bewerter bestellt hat. ²Ungeachtet des Satzes 1 und unabhängig von anders lautenden vertraglichen Regelungen, haftet der externe Bewerter gegenüber der AIF-Kapitalverwaltungsgesellschaft für jegliche Verluste der AIF-Kapitalverwaltungsgesellschaft, die sich auf fahrlässige oder vorsätzliche Nichterfüllung der Aufgaben durch den externen Bewerter zurückführen lassen.

**§ 217 Häufigkeit der Bewertung und Berechnung; Offenlegung.**
(1) Die Bewertung der Vermögensgegenstände und die Berechnung des Nettoinventarwertes je Anteil oder Aktie sind in einem zeitlichen Abstand durchzuführen, der den zum Investmentvermögen gehörenden Vermögensgegenständen und der Ausgabe- und Rücknahmehäufigkeit der Anteile oder Aktien angemessen ist, jedoch mindestens einmal im Jahr.

(2) Die Kriterien zur Bestimmung der Häufigkeit der Bewertung der Vermögensgegenstände und zur Berechnung des Nettoinventarwertes je Anteil oder Aktie bestimmen sich nach den Artikeln 67 bis 74 der Delegierten Verordnung (EU) Nr. 231/2013.

(3) ¹Die Offenlegung des Nettoinventarwertes je Anteil oder Aktie erfolgt gemäß § 170. ²Die Bewertung der Vermögensgegenstände ist entsprechend den diesbezüglichen Anlagebedingungen offenzulegen; sie hat nach jeder Bewertung zu erfolgen.

### Unterabschnitt 2. Gemischte Investmentvermögen

**§ 218 Gemischte Investmentvermögen.** ¹Gemischte Investmentvermögen sind offene inländische Publikums-AIF, die in Vermögensgegenstände nach Maßgabe des § 219 anlegen. ²Auf die Verwaltung von Gemischten Investmentvermögen sind die Vorschriften der §§ 192 bis 211 insoweit anzuwenden, als sich aus den nachfolgenden Vorschriften nichts anderes ergibt.

**§ 219 Zulässige Vermögensgegenstände, Anlagegrenzen.** (1) Die AIF-Kapitalverwaltungsgesellschaft darf für Rechnung eines Gemischten Investmentvermögens nur erwerben:

1. Vermögensgegenstände nach Maßgabe der §§ 193 bis 198,
2. Anteile oder Aktien an
   a) inländischen AIF nach Maßgabe der §§ 218, 219 sowie Anteile an vergleichbaren EU- oder ausländischen AIF,
   b) inländischen AIF nach Maßgabe der §§ 220 bis 224 sowie Anteile an vergleichbaren EU- oder ausländischen AIF.

(2) [1] Anteile oder Aktien nach Absatz 1 Nummer 2 Buchstabe a dürfen nur erworben werden, soweit der Publikums-AIF seine Mittel nach den Anlagebedingungen insgesamt zu höchstens 10 Prozent des Wertes seines Vermögens in Anteile an anderen Investmentvermögen anlegen darf. [2] Anteile oder Aktien nach Absatz 1 Nummer 2 Buchstabe b dürfen nur erworben werden, soweit der Publikums-AIF seine Mittel nach den Anlagebedingungen nicht in Anteile oder Aktien an anderen Investmentvermögen anlegen darf.

(3) Absatz 2 gilt nicht für Anteile oder Aktien an anderen inländischen, EU- oder ausländischen Publikums-AIF im Sinne des § 196 oder für Anteile oder Aktien an Spezial-AIF, die nach den Anlagebedingungen ausschließlich in die folgenden Vermögensgegenstände anlegen dürfen:

1. Bankguthaben,
2. Geldmarktinstrumente,
3. Wertpapiere, die zur Sicherung der in Artikel 18.1 des Protokolls über die Satzung des Europäischen Systems der Zentralbanken und der Europäischen Zentralbank vom 7. Februar 1992 (BGBl. 1992 II S. 1299) genannten Kreditgeschäfte von der Europäischen Zentralbank oder der Deutschen Bundesbank zugelassen sind oder deren Zulassung nach den Emissionsbedingungen beantragt wird, sofern die Zulassung innerhalb eines Jahres nach ihrer Ausgabe erfolgt.

(4) Ist es der AIF-Kapitalverwaltungsgesellschaft nach den Anlagebedingungen gestattet, für Rechnung des Gemischten Investmentvermögens Anteile oder Aktien nach Absatz 1 Nummer 2 Buchstabe b zu erwerben, gelten § 225 Absatz 3 und 4 Satz 2 und 3, § 228 Absatz 1 und § 229 Absatz 2 entsprechend.

(5) [1] Die AIF-Kapitalverwaltungsgesellschaft darf in Anteile oder Aktien nach Absatz 1 Nummer 2 Buchstabe b insgesamt nur bis zu 10 Prozent des Wertes des Investmentvermögens anlegen. [2] Nach Maßgabe des § 207 Absatz 1 darf die AIF-Kapitalverwaltungsgesellschaft in Anteile oder Aktien an einem einzigen Investmentvermögen nach § 196 Absatz 1 Satz 1 und 2 insgesamt nur in Höhe von bis zu 20 Prozent des Wertes des Investmentvermögens anlegen; § 207 Absatz 2 ist nicht anzuwenden.

(6) [1] Die AIF-Kapitalverwaltungsgesellschaft kann die in § 209 bestimmten Grenzen für ein Wertpapierindex-OGAW-Investmentvermögen überschreiten, wenn nach den Anlagebedingungen die Auswahl der für das Gemischte Investmentvermögen zu erwerbenden Wertpapiere darauf gerichtet ist, unter Wahrung einer angemessenen Risikomischung einen bestimmten, allgemein und von der Bundesanstalt anerkannten Wertpapierindex nachzubilden. [2] § 209 Absatz 1 Satz 2 gilt entsprechend.

### Unterabschnitt 3. Sonstige Investmentvermögen

**§ 220 Sonstige Investmentvermögen.** Auf die Verwaltung von Sonstigen Investmentvermögen nach Maßgabe der §§ 220 bis 224 sind die Vorschriften der §§ 192 bis 205 insoweit anzuwenden, als sich aus den nachfolgenden Vorschriften nichts anderes ergibt.

**§ 221 Zulässige Vermögensgegenstände, Anlagegrenzen, Kreditaufnahme.** (1) Die AIF-Kapitalverwaltungsgesellschaft darf für ein Sonstiges Investmentvermögen nur erwerben:

1. Vermögensgegenstände nach Maßgabe der §§ 193 bis 198, wobei sie nicht den Erwerbsbeschränkungen nach § 197 Absatz 1 unterworfen ist,
2. Anteile oder Aktien an inländischen Investmentvermögen nach Maßgabe der §§ 196, 218 und 220 sowie an entsprechenden EU-Investmentvermögen oder ausländischen AIF,
3. Edelmetalle,
4. unverbriefte Darlehensforderungen.

(2) [1] Ist es der AIF-Kapitalverwaltungsgesellschaft nach den Anlagebedingungen gestattet, für Rechnung des Sonstigen Investmentvermögens Anteile oder Aktien an anderen Sonstigen Investmentvermögen sowie an entsprechenden EU-AIF oder ausländischen AIF zu erwerben, gelten § 225 Absatz 3 und 4 Satz 2 und 3, § 228 Absatz 1 und § 229 Absatz 2 entsprechend. [2] Ist es der AIF-Kapitalverwaltungsgesellschaft nach den Anlagebedingungen gestattet, für Rechnung des Sonstigen Investmentvermögens Anteile oder Aktien an inländischen Investmentvermögen nach Maßgabe des § 218 sowie an entsprechenden EU-AIF oder ausländischen AIF zu erwerben, gilt § 219 Absatz 2 und 3 entsprechend.

(3) Die AIF-Kapitalverwaltungsgesellschaft darf in Anteile oder Aktien an anderen Sonstigen Investmentvermögen sowie an entsprechenden EU-AIF oder ausländischen AIF nur bis zu 30 Prozent des Wertes des Sonstigen Investmentvermögens anlegen.

(4) Die AIF-Kapitalverwaltungsgesellschaft darf in Vermögensgegenstände im Sinne des § 198 nur bis zu 20 Prozent des Wertes des Sonstigen Investmentvermögens anlegen.

(5) [1] Die AIF-Kapitalverwaltungsgesellschaft muss sicherstellen, dass der Anteil der für Rechnung des Sonstigen Investmentvermögens gehaltenen Edelmetalle, Derivate und unverbrieften Darlehensforderungen einschließlich solcher, die als sonstige Anlageinstrumente im Sinne des § 198 erwerbbar sind, 30 Prozent des Wertes des Sonstigen Investmentvermögens nicht übersteigt. [2] Derivate im Sinne des § 197 Absatz 1 werden auf diese Grenze nicht angerechnet.

(6) Die AIF-Kapitalverwaltungsgesellschaft darf für gemeinschaftliche Rechnung der Anleger kurzfristige Kredite nur bis zur Höhe von 20 Prozent des Wertes des Sonstigen Investmentvermögens und nur aufnehmen, wenn die Bedingungen der Kreditaufnahme marktüblich sind und dies in den Anlagebedingungen vorgesehen ist.

(7) [1] Abweichend von § 200 darf die AIF-Kapitalverwaltungsgesellschaft Wertpapiere auf bestimmte Zeit übertragen. [2] Ist für die Rückerstattung eines Wertpapier-Darlehens eine Zeit bestimmt, muss die Rückerstattung spätestens

30 Tage nach der Übertragung der Wertpapiere fällig sein. ³Der Kurswert der für eine bestimmte Zeit zu übertragenden Wertpapiere darf zusammen mit dem Kurswert der für Rechnung des Sonstigen Investmentvermögens bereits als Wertpapier-Darlehen für eine bestimmte Zeit übertragenen Wertpapiere 15 Prozent des Wertes des Sonstigen Investmentvermögens nicht übersteigen. ⁴Abweichend von § 203 müssen Pensionsgeschäfte nicht jederzeit kündbar sein.

**§ 222 Mikrofinanzinstitute.** (1) ¹Abweichend von § 221 Absatz 5 Satz 1 darf die AIF-Kapitalverwaltungsgesellschaft bis zu 95 Prozent des Wertes des Sonstigen Investmentvermögens in unverbriefte Darlehensforderungen von regulierten Mikrofinanzinstituten und in unverbriefte Darlehensforderungen gegen regulierte Mikrofinanzinstitute anlegen; ein Erwerb von unverbrieften Darlehensforderungen gegen regulierte Mikrofinanzinstitute ist jedoch nur zulässig, wenn der Erwerb der Refinanzierung des Mikrofinanzinstituts dient. ²Regulierte Mikrofinanzinstitute im Sinne des Satzes 1 sind Unternehmen,

1. die als Kredit- oder Finanzinstitut von der in ihrem Sitzstaat für die Beaufsichtigung von Kreditinstituten zuständigen Behörde zugelassen sind und nach international anerkannten Grundsätzen beaufsichtigt werden,
2. deren Haupttätigkeit die Vergabe von Gelddarlehen an Klein- und Kleinstunternehmer für deren unternehmerische Zwecke ist und
3. bei denen 60 Prozent der Darlehensvergaben an einen einzelnen Darlehensnehmer den Betrag von insgesamt 10 000 Euro nicht überschreitet.

³Abweichend von § 221 Absatz 5 Satz 1 darf die AIF-Kapitalverwaltungsgesellschaft auch bis zu 75 Prozent des Wertes des Sonstigen Investmentvermögens in unverbriefte Darlehensforderungen von unregulierten Mikrofinanzinstituten und in unverbriefte Darlehensforderungen gegen unregulierte Mikrofinanzinstitute anlegen, deren Geschäftstätigkeit jeweils die in Satz 2 Nummer 2 und 3 genannten Kriterien erfüllt und

1. die seit mindestens drei Jahren neben der allgemeinen fachlichen Eignung über ein ausreichendes Erfahrungswissen für die Tätigkeit im Mikrofinanzsektor verfügen,
2. die ein nachhaltiges Geschäftsmodell vorweisen können und
3. deren ordnungsgemäße Geschäftsorganisation sowie deren Risikomanagement von einem im Staat des Mikrofinanzinstituts niedergelassenen Wirtschaftsprüfer geprüft sowie von der AIF-Kapitalverwaltungsgesellschaft regelmäßig kontrolliert werden.

⁴Die AIF-Kapitalverwaltungsgesellschaft darf Vermögensgegenstände desselben Mikrofinanzinstituts jedoch nur in Höhe von bis zu 10 Prozent und von mehreren Mikrofinanzinstituten desselben Staates nur in Höhe von bis zu 15 Prozent des Wertes des Sonstigen Investmentvermögens erwerben.

(2) ¹Macht eine AIF-Kapitalverwaltungsgesellschaft von den Anlagemöglichkeiten nach Absatz 1 Gebrauch, darf sie für Rechnung des Sonstigen Investmentvermögens auch Wertpapiere erwerben, die von Mikrofinanzinstituten im Sinne des Absatzes 1 Satz 2 begeben werden, ohne dass die Erwerbsbeschränkungen nach § 193 Absatz 1 Satz 1 Nummer 2 und 4 gelten. ²Die AIF-Kapitalverwaltungsgesellschaft darf in Wertpapiere im Sinne des Satzes 1 nur bis zu 15 Prozent des Wertes des Sonstigen Investmentvermögens anlegen.

(3) In den Fällen des Absatzes 1 müssen die Personen, die für die Anlageentscheidungen bei dem Sonstigen Investmentvermögen verantwortlich sind, neben der allgemeinen fachlichen Eignung für die Durchführung von Investmentgeschäften ausreichendes Erfahrungswissen in Bezug auf die in Absatz 1 genannten Anlagemöglichkeiten haben.

**§ 223 Sonderregelungen für die Ausgabe und Rücknahme von Anteilen oder Aktien.** (1) ¹Die Anlagebedingungen von Sonstigen Investmentvermögen können abweichend von § 98 Absatz 1 oder § 116 Absatz 2 Satz 1 vorsehen, dass die Rücknahme von Anteilen oder Aktien höchstens einmal halbjährlich und mindestens einmal jährlich zu einem in den Anlagebedingungen bestimmten Termin erfolgt, wenn zum Zeitpunkt der Rückgabe der Anteile oder Aktien die Summe der Werte der zurückgegebenen Anteile oder Aktien einen in den Anlagebedingungen bestimmten Betrag überschreitet. ²In den Fällen des Satzes 1 müssen die Anlagebedingungen vorsehen, dass die Rückgabe eines Anteils oder von Aktien durch eine unwiderrufliche schriftliche Rückgabeerklärung gegenüber der AIF-Kapitalverwaltungsgesellschaft unter Einhaltung einer Rückgabefrist erfolgen muss, die mindestens einen Monat betragen muss und höchstens zwölf Monate betragen darf; § 227 Absatz 3 gilt entsprechend.

(2) ¹In den Fällen des § 222 Absatz 1 ist § 98 Absatz 1 oder § 116 Absatz 2 Satz 1 mit der Maßgabe anzuwenden, dass die Anlagebedingungen vorsehen müssen, dass die Rücknahme von Anteilen oder Aktien nur zu bestimmten Rücknahmeterminen erfolgt, jedoch höchstens einmal vierteljährlich und mindestens einmal jährlich. ²Die Rückgabe von Anteilen oder Aktien ist nur zulässig durch eine unwiderrufliche Rückgabeerklärung unter Einhaltung einer Rückgabefrist, die zwischen einem Monat und 24 Monaten betragen muss; § 227 Absatz 3 gilt entsprechend.

**§ 224 Angaben im Verkaufsprospekt und in den Anlagebedingungen.**
(1) Der Verkaufsprospekt muss bei Sonstigen Investmentvermögen zusätzlich zu den Angaben nach § 165 folgende Angaben enthalten:
1. ob und in welchem Umfang in Vermögensgegenstände im Sinne des § 198, in Edelmetalle, Derivate und unverbriefte Darlehensforderungen angelegt werden darf;
2. eine Beschreibung der wesentlichen Merkmale der für das Sonstige Investmentvermögen erwerbbaren unverbrieften Darlehensforderungen;
3. Angaben zu dem Umfang, in dem Kredite aufgenommen werden dürfen, verbunden mit einer Erläuterung der Risiken, die damit verbunden sein können;
4. im Fall des § 222 Absatz 1 und 2, ob und in welchem Umfang von den dort genannten Anlagemöglichkeiten Gebrauch gemacht wird und eine Erläuterung der damit verbundenen Risiken sowie eine Beschreibung der wesentlichen Merkmale der Mikrofinanzinstitute und nach welchen Grundsätzen sie ausgewählt werden;
5. im Fall des § 223 Absatz 1 einen ausdrücklichen, drucktechnisch hervorgehobenen Hinweis, dass der Anleger abweichend von § 98 Absatz 1 oder § 116 Absatz 2 Satz 1 von der AIF-Kapitalverwaltungsgesellschaft die Rücknahme von Anteilen oder Aktien und die Auszahlung des Anteil- oder Aktienwertes nur zu bestimmten Terminen verlangen kann, wenn zum Zeit-

punkt der Rückgabe der Anteile oder Aktien die Summe der Werte der zurückgegebenen Anteile oder Aktien den in den Anlagebedingungen bestimmten Betrag überschreitet;

6. im Fall des § 223 Absatz 2 einen ausdrücklichen, drucktechnisch hervorgehobenen Hinweis, dass der Anleger abweichend von § 98 Absatz 1 oder § 116 Absatz 2 Satz 1 von der AIF-Kapitalverwaltungsgesellschaft die Rücknahme von Anteilen oder Aktien und die Auszahlung des Anteil- oder Aktienwertes nur zu bestimmten Terminen verlangen kann;

7. alle Voraussetzungen und Bedingungen für die Rücknahme und Auszahlung von Anteilen oder Aktien aus dem Sonstigen Investmentvermögen Zug um Zug gegen Rückgabe der Anteile oder Aktien.

(2) Die Anlagebedingungen eines Sonstigen Investmentvermögens müssen zusätzlich zu den Angaben nach § 162 folgende Angaben enthalten:

1. die Arten der Edelmetalle, Derivate und Darlehensforderungen, die für das Sonstige Investmentvermögen erworben werden dürfen;

2. in welchem Umfang die zulässigen Vermögensgegenstände erworben werden dürfen;

3. den Anteil des Sonstigen Investmentvermögens, der mindestens in Bankguthaben, Geldmarktinstrumenten oder anderen liquiden Mitteln gehalten werden muss;

4. alle Voraussetzungen und Bedingungen für die Rücknahme und Auszahlung von Anteilen oder Aktien aus dem Sonstigen Investmentvermögen Zug um Zug gegen Rückgabe der Anteile oder Aktien.

### Unterabschnitt 4. Dach-Hedgefonds

**§ 225 Dach-Hedgefonds.** (1) ¹Dach-Hedgefonds sind AIF, die vorbehaltlich der Regelung in Absatz 2 in Anteile oder Aktien von Zielfonds anlegen. ²Zielfonds sind Hedgefonds nach Maßgabe des § 283 oder EU-AIF oder ausländische AIF, deren Anlagepolitik den Anforderungen des § 283 Absatz 1 vergleichbar ist. ³Leverage mit Ausnahme von Kreditaufnahmen nach Maßgabe des § 199 und Leerverkäufe dürfen für Dach-Hedgefonds nicht durchgeführt werden.

(2) ¹Die AIF-Kapitalverwaltungsgesellschaft darf für Rechnung eines Dach-Hedgefonds nur bis zu 49 Prozent des Wertes des Dach-Hedgefonds in

1. Bankguthaben,

2. Geldmarktinstrumente und

3. Anteile an Investmentvermögen im Sinne des § 196, die ausschließlich in Bankguthaben und Geldmarktinstrumente anlegen dürfen, sowie Anteile an entsprechenden EU-AIF oder ausländischen AIF

anlegen. ²Nur zur Währungskurssicherung von in Fremdwährung gehaltenen Vermögensgegenständen dürfen Devisenterminkontrakte verkauft sowie Verkaufsoptionsrechte auf Devisen oder auf Devisenterminkontrakte erworben werden, die auf dieselbe Fremdwährung lauten.

(3) Die AIF-Kapitalverwaltungsgesellschaft darf für Rechnung eines Dach-Hedgefonds ausländische Zielfonds nur erwerben, wenn deren Vermögensgegenstände von einer Verwahrstelle oder einem Primebroker, der die Voraussetzungen des § 85 Absatz 4 Nummer 2 erfüllt, verwahrt werden.

(4) ¹Die AIF-Kapitalverwaltungsgesellschaft darf nicht mehr als 20 Prozent des Wertes eines Dach-Hedgefonds in einem einzelnen Zielfonds anlegen. ²Sie darf nicht in mehr als zwei Zielfonds vom gleichen Emittenten oder Fondsmanager und nicht in Zielfonds anlegen, die ihre Mittel selbst in anderen Zielfonds anlegen. ³Die AIF-Kapitalverwaltungsgesellschaft darf nicht in ausländische Zielfonds aus Staaten anlegen, die bei der Bekämpfung der Geldwäsche nicht im Sinne internationaler Vereinbarungen kooperieren. ⁴Dach-Hedgefonds dürfen auch sämtliche ausgegebene Anteile oder Aktien eines Zielfonds erwerben.

(5) AIF-Kapitalverwaltungsgesellschaften, die Dach-Hedgefonds verwalten, müssen sicherstellen, dass ihnen sämtliche für die Anlageentscheidung notwendigen Informationen über die Zielfonds, in die sie anlegen wollen, vorliegen, mindestens jedoch

1. der letzte Jahres- und gegebenenfalls Halbjahresbericht,
2. die Anlagebedingungen und Verkaufsprospekte oder gleichwertige Dokumente,
3. Informationen zur Organisation, zum Management, zur Anlagepolitik, zum Risikomanagement und zur Verwahrstelle oder zu vergleichbaren Einrichtungen,
4. Angaben zu Anlagebeschränkungen, zur Liquidität, zum Umfang des Leverage und zur Durchführung von Leerverkäufen.

(6) ¹Die AIF-Kapitalverwaltungsgesellschaften haben die Zielfonds, in die sie anlegen, in Bezug auf die Einhaltung der Anlagestrategien und Risiken laufend zu überwachen und haben sich regelmäßig allgemein anerkannte Risikokennziffern vorlegen zu lassen. ²Die Methode, nach der die Risikokennziffer errechnet wird, muss der AIF-Kapitalverwaltungsgesellschaft von dem jeweiligen Zielfonds angegeben und erläutert werden. ³Die Verwahrstelle der Zielfonds hat eine Bestätigung des Wertes des Zielfonds vorzulegen.

**§ 226 Auskunftsrecht der Bundesanstalt.** AIF-Kapitalverwaltungsgesellschaften, die Dach-Hedgefonds verwalten, haben der Bundesanstalt auf Anforderung alle Unterlagen und Risikokennziffern, die ihnen nach Maßgabe des § 225 Absatz 5 und 6 vorliegen, vorzulegen.

**§ 227 Rücknahme.** (1) Bei Dach-Hedgefonds können die Anlagebedingungen abweichend von § 98 Absatz 1 oder § 116 Absatz 2 Satz 1 vorsehen, dass die Rücknahme von Anteilen oder Aktien nur zu bestimmten Rücknahmeterminen, jedoch mindestens einmal in jedem Kalendervierteljahr, erfolgt.

(2) ¹Anteil- oder Aktienrückgaben sind bei Dach-Hedgefonds bis zu 100 Kalendertage vor dem jeweiligen Rücknahmetermin, zu dem auch der Anteil- oder Aktienwert ermittelt wird, durch eine unwiderrufliche Rückgabeerklärung gegenüber der AIF-Kapitalverwaltungsgesellschaft zu erklären. ²Im Fall von im Inland in einem Depot verwahrten Anteilen oder Aktien hat die Erklärung durch die depotführende Stelle zu erfolgen.

(3) ¹Die Anteile oder Aktien, auf die sich die Rückgabeerklärung bezieht, sind bis zur tatsächlichen Rückgabe von der depotführenden Stelle zu sperren. ²Bei Anteilen oder Aktien, die nicht im Inland in einem Depot verwahrt werden, wird die Rückgabeerklärung erst wirksam und beginnt die Frist erst zu

laufen, wenn die Verwahrstelle die zurückzugebenden Anteile oder Aktien in ein Sperrdepot übertragen hat.

(4) Der Rücknahmepreis muss unverzüglich, spätestens aber 50 Kalendertage nach dem Rücknahmetermin gezahlt werden.

**§ 228 Verkaufsprospekt.** (1) Der Verkaufsprospekt muss bei Dach-Hedgefonds zusätzlich zu den Angaben nach § 165 folgende Angaben enthalten:
1. Angaben zu den Grundsätzen, nach denen die Zielfonds ausgewählt werden;
2. Angaben zu dem Umfang, in dem Anteile ausländischer nicht beaufsichtigter Zielfonds erworben werden dürfen, mit dem Hinweis, dass es sich bei diesen Zielfonds um AIF handelt, deren Anlagepolitik den Anforderungen für Hedgefonds vergleichbar ist, die aber möglicherweise keiner mit diesem Gesetz vergleichbaren staatlichen Aufsicht unterliegen;
3. Angaben zu den Anforderungen, die an die Geschäftsleitung der Zielfonds gestellt werden;
4. Angaben zu dem Umfang, in dem von den ausgewählten Zielfonds im Rahmen ihrer Anlagestrategien Kredite aufgenommen und Leerverkäufe durchgeführt werden dürfen, mit einem Hinweis zu den Risiken, die damit verbunden sein können;
5. Angaben zur Gebührenstruktur der Zielfonds mit einem Hinweis auf die Besonderheiten bei der Höhe der Gebühren sowie Angaben zu den Methoden, nach denen die Gesamtkosten berechnet werden, die der Anleger zu tragen hat;
6. Angaben zu den Einzelheiten und Bedingungen der Rücknahme und der Auszahlung von Anteilen oder Aktien, gegebenenfalls verbunden mit einem ausdrücklichen, drucktechnisch hervorgehobenen Hinweis, dass der Anleger abweichend von § 98 Absatz 1 oder § 116 Absatz 2 Satz 1 nicht mindestens zweimal im Monat von der AIF-Kapitalverwaltungsgesellschaft die Rücknahme von Anteilen oder Aktien und die Auszahlung des auf die Anteile oder Aktien entfallenden Vermögensanteils verlangen kann.

(2) Zusätzlich muss der Verkaufsprospekt eines Dach-Hedgefonds an auffälliger Stelle drucktechnisch hervorgehoben folgenden Warnhinweis enthalten: „Der Bundesminister der Finanzen warnt: Dieser Investmentfonds investiert in Hedgefonds, die keinen gesetzlichen Leverage- oder Risikobeschränkungen unterliegen."

**§ 229 Anlagebedingungen.** (1) Die Anlagebedingungen von AIF-Kapitalverwaltungsgesellschaften, die Dach-Hedgefonds verwalten, müssen die Angaben nach Maßgabe des § 162 enthalten.

(2) Ergänzend zu § 162 Absatz 2 Nummer 1 ist von den AIF-Kapitalverwaltungsgesellschaften anzugeben,
1. nach welchen Grundsätzen Zielfonds, in die sie anlegen, ausgewählt werden,
2. dass es sich bei diesen Zielfonds um Hedgefonds, EU-AIF oder ausländische AIF handelt, deren Anlagepolitik jeweils Anforderungen unterliegt, die denen nach § 283 vergleichbar sind,
3. welchen Anlagestrategien diese Zielfonds folgen und in welchem Umfang sie im Rahmen ihrer Anlagestrategien zur Generierung von Leverage Kredite aufnehmen, Wertpapier-Darlehen oder Derivate einsetzen und Leerverkäufe durchführen dürfen,

4. bis zu welcher Höhe Mittel in Bankguthaben, Geldmarktinstrumenten und in Anteilen oder Aktien an inländischen AIF, EU-AIF oder ausländischen AIF nach § 225 Absatz 2 Satz 1 angelegt werden dürfen und
5. ob die Vermögensgegenstände eines Zielfonds bei einer Verwahrstelle oder einem Primebroker verwahrt werden.

(3) Ergänzend zu § 162 Absatz 2 Nummer 4 haben AIF-Kapitalverwaltungsgesellschaften, die Dach-Hedgefonds verwalten, alle Voraussetzungen und Bedingungen der Rückgabe und Auszahlung von Anteilen aus dem Dach-Hedgefonds Zug um Zug gegen Rückgabe der Anteile anzugeben.

### Unterabschnitt 5. Immobilien-Sondervermögen

**§ 230 Immobilien-Sondervermögen.** (1) Für die Verwaltung von Immobilien-Sondervermögen gelten die Vorschriften der §§ 192 bis 211 sinngemäß, soweit sich aus den §§ 231 bis 260 nichts anderes ergibt.

(2) Das Immobilien-Sondervermögen darf nicht für eine begrenzte Dauer gebildet werden.

**§ 231 Zulässige Vermögensgegenstände; Anlagegrenzen.** (1) [1]Die AIF-Kapitalverwaltungsgesellschaft darf für ein Immobilien-Sondervermögen nur folgende Vermögensgegenstände erwerben:
1. Mietwohngrundstücke, Geschäftsgrundstücke und gemischt genutzte Grundstücke;
2. Grundstücke im Zustand der Bebauung, wenn
   a) die genehmigte Bauplanung die Nutzung als Mietwohngrundstücke, Geschäftsgrundstücke oder gemischt genutzte Grundstücke vorsieht,
   b) mit einem Abschluss der Bebauung in angemessener Zeit zu rechnen ist und
   c) die Aufwendungen für die Grundstücke insgesamt 20 Prozent des Wertes des Sondervermögens nicht überschreiten;
3. unbebaute Grundstücke, die für eine alsbaldige eigene Bebauung zur Nutzung als Mietwohngrundstücke, Geschäftsgrundstücke oder gemischt genutzte Grundstücke bestimmt und geeignet sind, wenn zur Zeit des Erwerbs ihr Wert zusammen mit dem Wert der unbebauten Grundstücke, die sich bereits in dem Sondervermögen befinden, 20 Prozent des Wertes des Sondervermögens nicht übersteigt;
4. Erbbaurechte unter den Voraussetzungen der Nummern 1 bis 3;
5. andere Grundstücke und andere Erbbaurechte sowie Rechte in Form des Wohnungseigentums, Teileigentums, Wohnungserbbaurechts und Teilerbbaurechts, wenn zur Zeit des Erwerbs ihr Wert zusammen mit dem Wert der Grundstücke und Rechte gleicher Art, die sich bereits in dem Sondervermögen befinden, 15 Prozent des Wertes des Sondervermögens nicht überschreitet;
6. Nießbrauchrechte an Mietwohngrundstücken, Geschäftsgrundstücken und gemischt genutzten Grundstücken, die der Erfüllung öffentlicher Aufgaben dienen, wenn zur Zeit der Bestellung die Aufwendungen für das Nießbrauchrecht zusammen mit dem Wert der Nießbrauchrechte, die sich bereits im Sondervermögen befinden, 10 Prozent des Wertes des Sondervermögens nicht übersteigen;

7. die in den §§ 234 und 253 genannten Vermögensgegenstände.

² Weitere Voraussetzung für den Erwerb der in den Nummern 5 und 6 genannten Vermögensgegenstände ist, dass deren Erwerb in den Anlagebedingungen vorgesehen sein muss und dass die Vermögensgegenstände einen dauernden Ertrag erwarten lassen müssen.

(2) ¹ Ein in Absatz 1 Nummer 1 bis 6 genannter Vermögensgegenstand darf nur erworben werden, wenn

1. der Vermögensgegenstand zuvor bei einem Wert des
   a) Vermögensgegenstands bis zu einschließlich 50 Millionen Euro von einem externen Bewerter, der die Anforderungen nach § 216 Absatz 1 Satz 1 Nummer 1 und Satz 2, Absatz 2 bis 5 erfüllt oder
   b) Vermögensgegenstands über 50 Millionen Euro von zwei externen, voneinander unabhängigen Bewertern, die die Anforderungen nach § 216 Absatz 1 Satz 1 Nummer 1 und Satz 2, Absatz 2 bis 5 erfüllen und die die Bewertung des Vermögensgegenstands unabhängig voneinander vornehmen,

bewertet wurde,

2. der externe Bewerter im Sinne von Nummer 1 Buchstabe a oder die externen Bewerter im Sinne von Nummer 1 Buchstabe b Objektbesichtigungen vorgenommen haben,

3. der externe Bewerter im Sinne von Nummer 1 Buchstabe a oder die externen Bewerter im Sinne von Nummer 1 Buchstabe b nicht zugleich die regelmäßige Bewertung gemäß den §§ 249 und 251 Absatz 1 durchführt oder durchführen und

4. die aus dem Sondervermögen zu erbringende Gegenleistung den ermittelten Wert nicht oder nur unwesentlich übersteigt.

² § 250 Absatz 2 gilt entsprechend. ³ Entsprechendes gilt für Vereinbarungen über die Bemessung des Erbbauzinses und über dessen etwaige spätere Änderung.

(3) Für ein Immobilien-Sondervermögen dürfen auch Gegenstände erworben werden, die zur Bewirtschaftung der Vermögensgegenstände des Immobilien-Sondervermögens erforderlich sind.

(4) Bei der Berechnung des Wertes des Sondervermögens gemäß Absatz 1 Satz 1 Nummer 2, 3, 5 und 6, § 232 Absatz 4 sowie bei der Angabe des Anteils des Sondervermögens gemäß § 233 Absatz 1 Nummer 3 werden die aufgenommenen Darlehen nicht abgezogen.

(5) Im Fall des § 234 sind die von der Immobilien-Gesellschaft gehaltenen Vermögensgegenstände bei dem Immobilien-Sondervermögen bei der Anwendung der in den Absätzen 1 und 2, §§ 232 und 233 genannten Anlagebeschränkungen und der Berechnung der dort genannten Grenzen entsprechend der Beteiligungshöhe zu berücksichtigen.

**§ 232 Erbbaurechtsbestellung.** (1) Die AIF-Kapitalverwaltungsgesellschaft darf ein Grundstück nur unter den in den Anlagebedingungen festgelegten Bedingungen mit einem Erbbaurecht belasten.

(2) Vor der Bestellung des Erbbaurechts ist die Angemessenheit des Erbbauzinses entsprechend § 231 Absatz 2 zu bestätigen.

(3) Innerhalb von zwei Monaten nach der Bestellung des Erbbaurechts ist der Wert des Grundstücks entsprechend § 231 Absatz 2 neu festzustellen.

(4) Ein Erbbaurecht darf nicht bestellt werden, wenn der Wert des Grundstücks, an dem das Erbbaurecht bestellt werden soll, zusammen mit dem Wert der Grundstücke, an denen bereits Erbbaurechte bestellt worden sind, 10 Prozent des Wertes des Immobilien-Sondervermögens übersteigt.

(5) Die Verlängerung eines Erbbaurechts gilt als Neubestellung.

### § 233 Vermögensgegenstände in Drittstaaten; Währungsrisiko.

(1) Vermögensgegenstände, die sich in Staaten befinden, die keine Vertragsstaaten des Abkommens über den Europäischen Wirtschaftsraum sind, dürfen für ein Immobilien-Sondervermögen nur dann erworben werden, wenn

1. die Anlagebedingungen dies vorsehen;
2. eine angemessene regionale Streuung der Vermögensgegenstände gewährleistet ist;
3. diese Staaten und der jeweilige Anteil des Sondervermögens, der in diesen Staaten höchstens angelegt werden darf, in den Anlagebedingungen angegeben sind;
4. in diesen Staaten die freie Übertragbarkeit der Vermögensgegenstände gewährleistet und der Kapitalverkehr nicht beschränkt ist;
5. die Wahrnehmung der Rechte und Pflichten der Verwahrstelle gewährleistet ist.

(2) Die AIF-Kapitalverwaltungsgesellschaft hat sicherzustellen, dass die für Rechnung eines Immobilien-Sondervermögens gehaltenen Vermögensgegenstände nur insoweit einem Währungsrisiko unterliegen, als der Wert der einem solchen Risiko unterliegenden Vermögensgegenstände 30 Prozent des Wertes des Sondervermögens nicht übersteigt.

### § 234 Beteiligung an Immobilien-Gesellschaften. [1] Die AIF-Kapitalverwaltungsgesellschaft darf für Rechnung des Immobilien-Sondervermögens Beteiligungen an Immobilien-Gesellschaften nur erwerben und halten, wenn

1. die Anlagebedingungen dies vorsehen,
2. die Beteiligung einen dauernden Ertrag erwarten lässt,
3. durch Vereinbarung zwischen AIF-Kapitalverwaltungsgesellschaft und Immobilien-Gesellschaft die Befugnisse der Verwahrstelle nach § 84 Absatz 1 Nummer 5 sichergestellt sind,
4. die AIF-Kapitalverwaltungsgesellschaft bei der Immobilien-Gesellschaft die Stimmen- und Kapitalmehrheit hat, die für eine Änderung der Satzung erforderlich ist,
5. durch die Rechtsform der Immobilien-Gesellschaft eine über die geleistete Einlage hinausgehende Nachschusspflicht ausgeschlossen ist und
6. die Immobilien-Gesellschaft, sofern sie an einer anderen Immobilien-Gesellschaft beteiligt ist, an dieser unmittelbar oder mittelbar mit 100 Prozent des Kapitals und der Stimmrechte beteiligt ist; eine mittelbare Beteiligung ist nur bei einer Immobilien-Gesellschaft mit Sitz im Ausland zulässig.

[2] Abweichend von Satz 1 Nummer 4 darf die AIF-Kapitalverwaltungsgesellschaft Beteiligungen an einer Immobilien-Gesellschaft auch dann erwerben und halten, wenn sie nicht die für eine Änderung der Satzung erforderliche

Stimmen- und Kapitalmehrheit hat (Minderheitsbeteiligung). ³In diesem Fall ist die Anlagegrenze nach § 237 Absatz 3 zu beachten.

**§ 235 Anforderungen an die Immobilien-Gesellschaften.** (1) Die AIF-Kapitalverwaltungsgesellschaft darf für Rechnung des Immobilien-Sondervermögens Beteiligungen nur an solchen Immobilien-Gesellschaften erwerben und halten,

1. deren Unternehmensgegenstand im Gesellschaftsvertrag oder in der Satzung auf Tätigkeiten beschränkt ist, die die AIF-Kapitalverwaltungsgesellschaft für das Immobilien-Sondervermögen ausüben darf, und
2. die nach dem Gesellschaftsvertrag oder der Satzung nur Vermögensgegenstände im Sinne des § 231 Absatz 1 Satz 1 Nummer 1 bis 5 und 7 sowie Absatz 3 oder Beteiligungen an anderen Immobilien-Gesellschaften erwerben durfen, die nach den Anlagebedingungen unmittelbar für das Immobilien-Sondervermögen erworben werden dürfen.

(2) ¹Die Satzung oder der Gesellschaftsvertrag der Immobilien-Gesellschaft muss sicherstellen, dass

1. die von der Immobilien-Gesellschaft neu zu erwerbenden Vermögensgegenstände vor ihrem Erwerb entsprechend § 231 Absatz 2 bewertet werden,
2. der externe Bewerter nicht zugleich die regelmäßige Bewertung gemäß den §§ 249 und 251 Absatz 1 durchführt und
3. die Immobilien-Gesellschaft eine Immobilie oder eine Beteiligung an einer anderen Immobilien-Gesellschaft nur erwerben darf, wenn der dem Umfang der Beteiligung entsprechende Wert der Immobilie oder der Beteiligung an der anderen Immobilien-Gesellschaft 15 Prozent des Wertes des Immobilien-Sondervermögens, für dessen Rechnung eine Beteiligung an der Immobilien-Gesellschaft gehalten wird, nicht übersteigt.

²§ 243 Absatz 2 und § 250 Absatz 2 gelten entsprechend.

(3) Entspricht der Gesellschaftsvertrag oder die Satzung der Immobilien-Gesellschaft nicht den Vorschriften der Absätze 1 und 2, so darf die AIF-Kapitalverwaltungsgesellschaft die Beteiligung an der Immobilien-Gesellschaft nur erwerben, wenn sichergestellt ist, dass der Gesellschaftsvertrag oder die Satzung unverzüglich nach dem Erwerb der Beteiligung entsprechend geändert wird.

(4) Die Gesellschafter einer Immobilien-Gesellschaft, an der die AIF-Kapitalverwaltungsgesellschaft für Rechnung des Immobilien-Sondervermögens beteiligt ist, müssen ihre Einlagen vollständig eingezahlt haben.

**§ 236 Erwerb der Beteiligung; Wertermittlung durch Abschlussprüfer.** (1) Bevor die AIF-Kapitalverwaltungsgesellschaft die Beteiligung an einer Immobilien-Gesellschaft erwirbt, ist der Wert der Immobilien-Gesellschaft von einem Abschlussprüfer im Sinne des § 319 Absatz 1 Satz 1 und 2 des Handelsgesetzbuchs zu ermitteln.

(2) ¹Bei der Wertermittlung ist von dem letzten mit dem Bestätigungsvermerk eines Abschlussprüfers versehenen Jahresabschluss der Immobilien-Gesellschaft auszugehen. ²Liegt der Jahresabschluss mehr als drei Monate vor dem Bewertungsstichtag, ist von den Vermögenswerten und Verbindlichkeiten der Immobilien-Gesellschaft auszugehen, die in einer vom Abschlussprüfer geprüften aktuellen Vermögensaufstellung nachgewiesen sind.

(3) Für die Bewertung gelten die §§ 248 und 250 Absatz 1 Nummer 2 und Absatz 2 mit der Maßgabe, dass die im Jahresabschluss oder in der Vermögensaufstellung der Immobilien-Gesellschaft ausgewiesenen Immobilien mit dem Wert anzusetzen sind, der

1. zuvor bei einem Wert der Immobilie von
   a) bis zu einschließlich 50 Millionen Euro von einem externen Bewerter, der die Anforderungen nach § 216 Absatz 1 Satz 1 Nummer 1 und Satz 2, Absatz 2 bis 5 erfüllt, oder
   b) mehr als 50 Millionen Euro von zwei externen, voneinander unabhängigen Bewertern, die die Anforderungen nach § 216 Absatz 1 Satz 1 Nummer 1 und Satz 2, Absatz 2 bis 5 erfüllen und die die Bewertung der Vermögensgegenstände unabhängig voneinander vornehmen,
   festgestellt wurde und wobei
2. der Bewerter im Sinne von Nummer 1 Buchstabe a oder die Bewerter im Sinne von Nummer 1 Buchstabe b
   a) Objektbesichtigungen vorgenommen hat oder haben,
   b) nicht zugleich die regelmäßige Bewertung gemäß den §§ 249 und 251 Absatz 1 durchführt oder durchführen und
   c) nicht zugleich Abschlussprüfer ist oder sind.

**§ 237 Umfang der Beteiligung; Anlagegrenzen.** (1) Der Wert aller Vermögensgegenstände, die zum Vermögen der Immobilien-Gesellschaften gehören, an denen die AIF-Kapitalverwaltungsgesellschaft für Rechnung des Immobilien-Sondervermögens beteiligt ist, darf 49 Prozent des Wertes des Immobilien-Sondervermögens nicht übersteigen.

(2) Der Wert von Vermögensgegenständen, die zum Vermögen einer Immobilien-Gesellschaft gehören, an der die AIF-Kapitalverwaltungsgesellschaft für Rechnung des Immobilien-Sondervermögens zu 100 Prozent des Kapitals und der Stimmrechte beteiligt ist, wird auf die Anlagegrenze nach Absatz 1 nicht angerechnet.

(3) Unbeschadet der Anlagegrenze nach Absatz 1 darf der Wert der Vermögensgegenstände, die zum Vermögen von Immobilien-Gesellschaften gehören, an denen die AIF-Kapitalverwaltungsgesellschaft für Rechnung des Immobilien-Sondervermögens nicht mit einer Kapitalmehrheit beteiligt ist, 30 Prozent des Wertes des Immobilien-Sondervermögens nicht überschreiten.

(4) Bei der Berechnung des Wertes des Sondervermögens nach den Absätzen 1 und 3 werden die aufgenommenen Darlehen nicht abgezogen.

(5) Nicht anzurechnen auf die Anlagegrenzen der Absätze 3 und 4 ist die von einer AIF-Kapitalverwaltungsgesellschaft für Rechnung eines einzelnen Immobilien-Sondervermögens gehaltene Kapitalbeteiligung von weniger als 50 Prozent des Wertes der Immobilien-Gesellschaft, wenn die Beteiligung der AIF-Kapitalverwaltungsgesellschaft infolge zusätzlicher Kapitalbeteiligungen die Anforderungen des § 234 Satz 1 Nummer 4 erfüllt.

(6) Beteiligungen an derselben Immobilien-Gesellschaft dürfen nicht sowohl für Rechnung eines oder mehrerer Publikums-AIF als auch für Rechnung eines oder mehrerer Spezial-AIF gehalten werden.

(7) Wenn nach Erwerb einer Minderheitsbeteiligung die Voraussetzungen für den Erwerb und das Halten der Beteiligung nicht mehr erfüllt sind, hat die

AIF-Kapitalverwaltungsgesellschaft die Veräußerung der Beteiligung unter Wahrung der Interessen der Anleger anzustreben.

**§ 238 Beteiligungen von Immobilien-Gesellschaften an Immobilien-Gesellschaften.** Für Beteiligungen von Immobilien-Gesellschaften an anderen Immobilien-Gesellschaften gelten § 231 Absatz 5, § 235 Absatz 2 bis 4 sowie die §§ 236, 237 Absatz 1 bis 6 entsprechend.

**§ 239 Verbot und Einschränkung von Erwerb und Veräußerung.**

(1) ¹Ein Vermögensgegenstand nach § 231 Absatz 1 oder nach § 234 darf für Rechnung eines Immobilien-Sondervermögens nicht erworben werden, wenn er bereits im Eigentum der AIF-Kapitalverwaltungsgesellschaft steht. ²Er darf ferner für Rechnung eines Immobilien-Sondervermögens nicht von einem Mutter-, Schwester- oder Tochterunternehmen der AIF-Kapitalverwaltungsgesellschaft oder von einer anderen Gesellschaft erworben werden, an der die AIF-Kapitalverwaltungsgesellschaft eine bedeutende Beteiligung hält.

(2) Eine AIF-Kapitalverwaltungsgesellschaft darf nur mit Zustimmung der Bundesanstalt einen für Rechnung eines Immobilien-Sondervermögens gehaltenen Vermögensgegenstand nach § 231 Absatz 1 oder nach § 234

1. für eigene Rechnung erwerben,
2. an ein Unternehmen im Sinne des Absatzes 1 Satz 2 veräußern oder
3. auf einen anderen AIF übertragen, der von ihr oder einem Unternehmen im Sinne des Absatzes 1 Satz 2 verwaltet wird.

**§ 240 Darlehensgewährung an Immobilien-Gesellschaften.** (1) Die AIF-Kapitalverwaltungsgesellschaft darf einer Immobilien-Gesellschaft für Rechnung des Immobilien-Sondervermögens ein Darlehen nur gewähren, wenn

1. sie an der Immobilien-Gesellschaft für Rechnung des Immobilien-Sondervermögens unmittelbar oder mittelbar beteiligt ist,
2. die Darlehensbedingungen marktgerecht sind,
3. das Darlehen ausreichend besichert ist und
4. bei einer Veräußerung der Beteiligung das Darlehen innerhalb von sechs Monaten nach der Veräußerung zurückzuzahlen ist.

(2) Die AIF-Kapitalverwaltungsgesellschaft hat sicherzustellen, dass

1. die Summe der Darlehen, die einer Immobilien-Gesellschaft für Rechnung des Immobilien-Sondervermögens insgesamt gewährt werden, 50 Prozent des Wertes der von der Immobilien-Gesellschaft gehaltenen Grundstücke nicht übersteigt und
2. die Summe der Darlehen, die den Immobilien-Gesellschaften insgesamt für Rechnung des Immobilien-Sondervermögens gewährt werden, 25 Prozent des Wertes des Immobilien-Sondervermögens nicht übersteigt; bei der Berechnung der Grenze sind die aufgenommenen Darlehen nicht abzuziehen.

(3) Einer Darlehensgewährung nach den Absätzen 1 und 2 steht gleich, wenn ein Dritter im Auftrag der AIF-Kapitalverwaltungsgesellschaft der Immobilien-Gesellschaft ein Darlehen im eigenen Namen für Rechnung des Immobilien-Sondervermögens gewährt.

**§ 241 Zahlungen, Überwachung durch die Verwahrstelle.** ¹Die AIF-Kapitalverwaltungsgesellschaft hat mit der Immobilien-Gesellschaft zu vereinbaren, dass die der AIF-Kapitalverwaltungsgesellschaft für Rechnung des Immobilien-Sondervermögens zustehenden Zahlungen, der Liquidationserlös und sonstige der AIF-Kapitalverwaltungsgesellschaft für Rechnung des Immobilien-Sondervermögens zustehende Beträge unverzüglich auf ein Konto nach § 83 Absatz 6 Satz 2 einzuzahlen sind. ²Satz 1 gilt entsprechend für Immobilien-Gesellschaften, die Beteiligungen an anderen Immobilien-Gesellschaften erwerben oder halten.

**§ 242 Wirksamkeit eines Rechtsgeschäfts.** Die Nichtbeachtung der vorstehenden Vorschriften berührt die Wirksamkeit des Rechtsgeschäfts nicht.

**§ 243 Risikomischung.** (1) ¹Der Wert einer Immobilie darf zur Zeit des Erwerbs 15 Prozent des Wertes des Sondervermögens nicht übersteigen. ²Der Gesamtwert aller Immobilien, deren einzelner Wert mehr als 10 Prozent des Wertes des Sondervermögens beträgt, darf 50 Prozent des Wertes des Sondervermögens nicht überschreiten. ³Bei der Berechnung der Werte werden aufgenommene Darlehen nicht abgezogen.

(2) Als Immobilie im Sinne des Absatzes 1 gilt auch eine aus mehreren Immobilien bestehende wirtschaftliche Einheit.

**§ 244 Anlaufzeit.** Die Anlagegrenzen in den §§ 231 bis 238 und 243 sowie § 253 Absatz 1 Satz 1 gelten für das Immobilien-Sondervermögen einer AIF-Kapitalverwaltungsgesellschaft erst, wenn seit dem Zeitpunkt der Bildung dieses Sondervermögens eine Frist von vier Jahren verstrichen ist.

**§ 245 Treuhandverhältnis.** Abweichend von § 92 Absatz 1 können Vermögensgegenstände, die zum Immobilien-Sondervermögen gehören, nur im Eigentum der AIF-Kapitalverwaltungsgesellschaft stehen.

**§ 246 Verfügungsbeschränkung.** (1) ¹Die AIF-Kapitalverwaltungsgesellschaft hat dafür zu sorgen, dass die Verfügungsbeschränkung nach § 84 Absatz 1 Nummer 3 in das Grundbuch eingetragen wird. ²Ist bei ausländischen Grundstücken die Eintragung der Verfügungsbeschränkung in ein Grundbuch oder ein vergleichbares Register nicht möglich, so ist die Wirksamkeit der Verfügungsbeschränkung in anderer geeigneter Form sicherzustellen.

(2) Die AIF-Kapitalverwaltungsgesellschaft kann gegenüber dem Grundbuchamt die Bestellung der Verwahrstelle durch eine Bescheinigung der Bundesanstalt nachweisen, aus der sich ergibt, dass die Bundesanstalt die Auswahl als Verwahrstelle genehmigt hat und von ihrem Recht, der AIF-Kapitalverwaltungsgesellschaft einen Wechsel der Verwahrstelle aufzuerlegen, keinen Gebrauch gemacht hat.

**§ 247 Vermögensaufstellung.** (1) ¹Die AIF-Kapitalverwaltungsgesellschaft hat in der Vermögensaufstellung nach § 101 Absatz 1 Satz 3 Nummer 1 den Bestand der zum Sondervermögen gehörenden Immobilien und sonstigen Vermögensgegenstände aufzuführen und dabei Folgendes anzugeben:

1. Größe, Art und Lage sowie Bau- und Erwerbsjahr eines Grundstücks,
2. Gebäudenutzfläche, Leerstandsquote, Nutzungsentgeltausfallquote, Fremdfinanzierungsquote,

3. Restlaufzeiten der Nutzungsverträge,
4. Verkehrswert oder im Fall des § 248 Absatz 2 Satz 1 den Kaufpreis,
5. Nebenkosten bei Anschaffung von Vermögensgegenständen im Sinne des § 231 Absatz 1 und des § 234,
6. wesentliche Ergebnisse der nach Maßgabe dieses Unterabschnitts erstellten Wertgutachten,
7. etwaige Bestands- oder Projektentwicklungsmaßnahmen und
8. sonstige wesentliche Merkmale der zum Sondervermögen gehörenden Immobilien und sonstigen Vermögensgegenstände.

²Die im Berichtszeitraum getätigten Käufe und Verkäufe von Immobilien und Beteiligungen an Immobilien-Gesellschaften sind in einer Anlage zur Vermögensaufstellung anzugeben.

(2) ¹Bei einer Beteiligung nach § 234 hat die AIF-Kapitalverwaltungsgesellschaft oder die Immobilien-Gesellschaft in der Vermögensaufstellung anzugeben:
1. Firma, Rechtsform und Sitz der Immobilien-Gesellschaft,
2. das Gesellschaftskapital,
3. die Höhe der Beteiligung und den Zeitpunkt ihres Erwerbs durch die AIF-Kapitalverwaltungsgesellschaft und
4. Anzahl der durch die AIF-Kapitalverwaltungsgesellschaft oder Dritte nach § 240 gewährten Darlehen sowie die jeweiligen Beträge.

²Als Verkehrswert der Beteiligung ist der nach § 248 Absatz 4 ermittelte Wert anzusetzen. ³Die Angaben nach Absatz 1 für die Immobilien und sonstigen Vermögensgegenstände der Immobilien-Gesellschaft sind nachrichtlich aufzuführen und besonders zu kennzeichnen.

**§ 248 Sonderregeln für die Bewertung.** (1) § 168 ist mit den Maßgaben der Absätze 2 bis 4 anzuwenden.

(2) ¹Für Vermögensgegenstände im Sinne des § 231 Absatz 1 sowie des § 234 ist im Zeitpunkt des Erwerbs und danach nicht länger als zwölf Monate der Kaufpreis dieser Vermögensgegenstände anzusetzen. ²Abweichend von Satz 1 ist der Wert erneut zu ermitteln und anzusetzen, wenn nach Auffassung der AIF-Kapitalverwaltungsgesellschaft der Ansatz des Kaufpreises auf Grund von Änderungen wesentlicher Bewertungsfaktoren nicht mehr sachgerecht ist; die AIF-Kapitalverwaltungsgesellschaft hat ihre Entscheidung und die Gründe dafür nachvollziehbar zu dokumentieren.

(3) ¹Die Anschaffungsnebenkosten eines Vermögensgegenstandes im Sinne des § 231 Absatz 1 sowie des § 234 sind gesondert anzusetzen und über die voraussichtliche Dauer seiner Zugehörigkeit zum Immobilien-Sondervermögen in gleichen Jahresbeträgen abzuschreiben, längstens jedoch über einen Zeitraum von zehn Jahren. ²Wird ein Vermögensgegenstand veräußert, sind die Anschaffungsnebenkosten in voller Höhe abzuschreiben. ³Die Abschreibungen sind nicht in der Ertrags- und Aufwandsrechnung zu berücksichtigen.

(4) ¹Der Wert der Beteiligung an einer Immobilien-Gesellschaft ist nach den für die Bewertung von Unternehmensbeteiligungen allgemein anerkannten Grundsätzen zu ermitteln. ²Die im Jahresabschluss oder in der Vermögensaufstellung der Immobilien-Gesellschaft ausgewiesenen Immobilien sind dabei mit dem Wert anzusetzen, der entsprechend § 249 Absatz 1 festgestellt wurde.

**§ 249 Sonderregeln für das Bewertungsverfahren.** (1) § 169 ist mit der Maßgabe anzuwenden, dass die Bewertungsrichtlinien für Immobilien-Sondervermögen zusätzlich vorzusehen haben, dass

1. die Vermögensgegenstände im Sinne des § 231 Absatz 1 Satz 1 Nummer 1 bis 6 von zwei externen, voneinander unabhängigen Bewertern, die die Anforderungen nach § 216 Absatz 1 Satz 1 Nummer 1 und Satz 2, Absatz 2 bis 5 erfüllen und die die Bewertung der Vermögensgegenstände unabhängig voneinander vornehmen, bewertet werden und
2. die externen Bewerter im Sinne der Nummer 1 Objektbesichtigungen vornehmen.

(2) Die AIF-Kapitalverwaltungsgesellschaft oder die Immobilien-Gesellschaft muss die Immobilien-Gesellschaft, an der sie beteiligt ist, vertraglich verpflichten,

1. bei der AIF-Kapitalverwaltungsgesellschaft und der Verwahrstelle monatlich Vermögensaufstellungen einzureichen und
2. die Vermögensaufstellungen einmal jährlich anhand des von einem Abschlussprüfer mit einem Bestätigungsvermerk versehenen Jahresabschlusses der Immobilien-Gesellschaft prüfen zu lassen.

(3) Der auf Grund der Vermögensaufstellungen ermittelte Wert der Beteiligung an einer Immobilien-Gesellschaft ist den Bewertungen zur laufenden Preisermittlung zugrunde zu legen.

**§ 250 Sonderregeln für den Bewerter.** (1) § 216 ist mit der Maßgabe anzuwenden, dass

1. die Bewertung der Vermögensgegenstände im Sinne des § 231 Absatz 1 Satz 1 Nummer 1 bis 6 nur durch zwei externe Bewerter erfolgen darf,
2. der Wert der Beteiligung an einer Immobilien-Gesellschaft durch einen Abschlussprüfer im Sinne des § 319 Absatz 1 Satz 1 und 2 des Handelsgesetzbuchs zu ermitteln ist.

(2) [1] Ein externer Bewerter darf für eine AIF-Kapitalverwaltungsgesellschaft für die Bewertung von Vermögensgegenständen im Sinne des § 231 Absatz 1 Satz 1 Nummer 1 bis 6 nur für einen Zeitraum von maximal drei Jahren tätig sein. [2] Die Einnahmen des externen Bewerters aus seiner Tätigkeit für die AIF-Kapitalverwaltungsgesellschaft dürfen 30 Prozent seiner Gesamteinnahmen, bezogen auf das Geschäftsjahr des externen Bewerters, nicht überschreiten. [3] Die Bundesanstalt kann verlangen, dass ihr entsprechende Nachweise vorgelegt werden. [4] Die AIF-Kapitalverwaltungsgesellschaft darf einen externen Bewerter erst nach Ablauf von zwei Jahren seit Ende des Zeitraums nach Satz 1 erneut als externen Bewerter bestellen.

**§ 251 Sonderregeln für die Häufigkeit der Bewertung.** (1) [1] § 217 ist mit der Maßgabe anzuwenden, dass der Wert der Vermögensgegenstände im Sinne des § 231 Absatz 1 und des § 234 innerhalb eines Zeitraums von drei Monaten zu ermitteln ist. [2] Sehen die Anlagebedingungen eines Immobilien-Sondervermögens gemäß § 255 Absatz 2 die Rücknahme von Anteilen seltener als alle drei Monate vor, ist der Wert der Vermögensgegenstände im Sinne des § 231 Absatz 1 und des § 234 innerhalb eines Zeitraums von drei Monaten vor jedem Rücknahmetermin zu ermitteln. [3] Abweichend von Satz 1 und 2 ist der

Wert stets erneut zu ermitteln und anzusetzen, wenn nach Auffassung der AIF-Kapitalverwaltungsgesellschaft der zuletzt ermittelte Wert auf Grund von Änderungen wesentlicher Bewertungsfaktoren nicht mehr sachgerecht ist; die AIF-Kapitalverwaltungsgesellschaft hat ihre Entscheidung und die Gründe dafür nachvollziehbar zu dokumentieren.

(2) Absatz 1 gilt entsprechend für die Bewertung der im Jahresabschluss oder in der Vermögensaufstellung der Immobilien-Gesellschaft ausgewiesenen Immobilien.

**§ 252 Ertragsverwendung.** (1) Die Anlagebedingungen müssen vorsehen, dass Erträge des Sondervermögens, die für künftige Instandsetzungen von Vermögensgegenständen des Sondervermögens erforderlich sind, nicht ausgeschüttet werden dürfen.

(2) Mindestens 50 Prozent der Erträge des Sondervermögens müssen ausgeschüttet werden, sofern sie nicht für künftige erforderliche Instandsetzungen einzubehalten sind; realisierte Gewinne aus Veräußerungsgeschäften sind keine Erträge im Sinne dieses Absatzes.

(3) Die Anlagebedingungen müssen angeben, ob und in welchem Umfang Erträge zum Ausgleich von Wertminderungen der Vermögensgegenstände des Sondervermögens und für künftige erforderliche Instandsetzungen nach Absatz 1 einbehalten werden.

**§ 253 Liquiditätsvorschriften.** (1) [1] Die AIF-Kapitalverwaltungsgesellschaft darf für Rechnung eines Immobilien-Sondervermögens einen Betrag, der insgesamt 49 Prozent des Wertes des Sondervermögens entspricht, nur halten in

1. Bankguthaben;
2. Geldmarktinstrumenten;
3. Investmentanteilen nach Maßgabe des § 196 oder Anteilen an Spezial-Sondervermögen nach Maßgabe des § 196 Absatz 1 Satz 2, die nach den Anlagebedingungen ausschließlich in Vermögensgegenstände nach den Nummern 1, 2 und 4 Buchstabe a anlegen dürfen; die §§ 207 und 210 Absatz 3 sind auf Spezial-Sondervermögen nicht anzuwenden;
4. Wertpapieren, die
   a) zur Sicherung der in Artikel 18.1 des Protokolls über die Satzung des Europäischen Systems der Zentralbanken und der Europäischen Zentralbank vom 7. Februar 1992 (BGBl. 1992 II S. 1299) genannten Kreditgeschäfte von der Europäischen Zentralbank oder der Deutschen Bundesbank zugelassen sind oder deren Zulassung nach den Emissionsbedingungen beantragt wird, sofern die Zulassung innerhalb eines Jahres nach ihrer Ausgabe erfolgt,
   b) entweder an einem organisierten Markt im Sinne von § 2 Absatz 11 des Wertpapierhandelsgesetzes[1] zum Handel zugelassen sind oder die festverzinsliche Wertpapiere sind, soweit ihr Wert einen Betrag von 5 Prozent des Wertes des Sondervermögens nicht übersteigt;
5. Aktien von REIT-Aktiengesellschaften oder vergleichbare Anteile ausländischer juristischer Personen, die an einem der in § 193 Absatz 1 Nummer 1 und 2 bezeichneten Märkte zugelassen oder in einen dieser Märkte einbezo-

---
[1] Nr. 12.

gen sind, soweit der Wert dieser Aktien oder Anteile einen Betrag von 5 Prozent des Wertes des Sondervermögens nicht überschreitet und die in Artikel 2 Absatz 1 der Richtlinie 2007/16/EG genannten Kriterien erfüllt sind, und
6. Derivaten zu Absicherungszwecken.

² Die AIF-Kapitalverwaltungsgesellschaft hat sicherzustellen, dass hiervon ein nach den überprüfbaren und dokumentierten Berechnungen des Liquiditätsmanagements ausreichender Betrag, der mindestens 5 Prozent des Wertes des Sondervermögens entspricht, für die Rücknahme von Anteilen verfügbar ist.

(2) Bei der Berechnung der Anlagegrenze nach Absatz 1 Satz 1 sind folgende gebundene Mittel des Immobilien-Sondervermögens abzuziehen:
1. die Mittel, die zur Sicherstellung einer ordnungsgemäßen laufenden Bewirtschaftung benötigt werden;
2. die Mittel, die für die nächste Ausschüttung vorgesehen sind;
3. die Mittel, die erforderlich werden zur Erfüllung von Verbindlichkeiten
   a) aus rechtswirksam geschlossenen Grundstückskaufverträgen,
   b) aus Darlehensverträgen,
   c) für die bevorstehenden Anlagen in bestimmten Immobilien,
   d) für bestimmte Baumaßnahmen sowie
   e) aus Bauverträgen,
sofern die Verbindlichkeiten in den folgenden zwei Jahren fällig werden.

(3) Die AIF-Kapitalverwaltungsgesellschaft darf für Rechnung eines Immobilien-Sondervermögens Wertpapier-Darlehen nur auf unbestimmte Zeit gewähren.

**§ 254 Kreditaufnahme.** (1) ¹ Die AIF-Kapitalverwaltungsgesellschaft darf unbeschadet des § 199 für gemeinschaftliche Rechnung der Anleger Kredite nur bis zur Höhe von 30 Prozent des Verkehrswertes der Immobilien, die zum Sondervermögen gehören, und nur dann aufnehmen und halten, wenn
1. dies in den Anlagebedingungen vorgesehen ist,
2. die Kreditaufnahme mit einer ordnungsgemäßen Wirtschaftsführung vereinbar ist,
3. die Bedingungen der Kreditaufnahme marktüblich sind und
4. die Grenze nach § 260 Absatz 3 Nummer 3 nicht überschritten wird.

² Eine Kreditaufnahme zur Finanzierung der Rücknahme von Anteilen ist nur nach Maßgabe des § 199 zulässig.

(2) Entsprechend der Beteiligungshöhe sind die von den Immobilien-Gesellschaft aufgenommenen Kredite bei dem Immobilien-Sondervermögen bei der Berechnung der in Absatz 1 genannten Grenzen zu berücksichtigen.

**§ 255 Sonderregeln für die Ausgabe und Rücknahme von Anteilen.**

(1) Die AIF-Kapitalverwaltungsgesellschaft hat die Ausgabe von Anteilen vorübergehend auszusetzen, wenn eine Verletzung der Anlagegrenzen nach den Liquiditätsvorschriften dieses Abschnitts oder der Anlagebedingungen droht.

(2) ¹ In Abweichung von § 98 Absatz 1 Satz 1 können die Anlagebedingungen von Immobilien-Sondervermögen vorsehen, dass die Rücknahme von

Anteilen nur zu bestimmten Rücknahmeterminen, jedoch mindestens alle zwölf Monate erfolgt. ²Neue Anteile dürfen in den Fällen des Satzes 1 nur zu den in den Anlagebedingungen festgelegten Rücknahmeterminen ausgegeben werden.

(3) ¹Die Rückgabe von Anteilen ist erst nach Ablauf einer Mindesthaltefrist von 24 Monaten möglich. ²Der Anleger hat nachzuweisen, dass er mindestens den in seiner Rückgabeerklärung aufgeführten Bestand an Anteilen während der gesamten 24 Monate, die dem verlangten Rücknahmetermin unmittelbar vorausgehen, durchgehend gehalten hat. ³Der Nachweis kann durch die depotführende Stelle in Textform als besonderer Nachweis der Anteilinhaberschaft erbracht oder auf andere in den Anlagebedingungen vorgesehene Weise geführt werden.

(4) ¹Anteilrückgaben sind unter Einhaltung einer Rückgabefrist von zwölf Monaten durch eine unwiderrufliche Rückgabeerklärung gegenüber der AIF-Kapitalverwaltungsgesellschaft zu erklären. ²§ 227 Absatz 3 gilt entsprechend; die Anlagebedingungen können eine andere Form für den Nachweis vorsehen, dass die Rückgabe in Einklang mit Satz 1 erfolgt.

(5) Swing Pricing ist bei Immobilien-Sondervermögen unzulässig.

**§ 256 Zusätzliche Angaben im Verkaufsprospekt und in den Anlagebedingungen.** (1) Der Verkaufsprospekt muss zusätzlich zu den Angaben nach § 165 folgende Angaben enthalten:
1. einen ausdrücklichen, drucktechnisch hervorgehobenen Hinweis, dass der Anleger abweichend von § 98 Absatz 1 Satz 1 von der AIF-Kapitalverwaltungsgesellschaft die Rücknahme von Anteilen und die Auszahlung des Anteilswertes nur zu den Rücknahmeterminen verlangen kann, die in den Anlagebedingungen bestimmt sind, sowie
2. alle Voraussetzungen und Bedingungen für die Rückgabe und Auszahlung von Anteilen aus dem Sondervermögen Zug um Zug gegen Rückgabe der Anteile.

(2) Die Angaben nach Absatz 1 Nummer 2 sind in die Anlagebedingungen aufzunehmen.

**§ 257 Aussetzung der Rücknahme.** (1) ¹Verlangt der Anleger, dass ihm gegen Rückgabe des Anteils sein Anteil am Immobilien-Sondervermögen ausgezahlt wird, so hat die AIF-Kapitalverwaltungsgesellschaft die Rücknahme der Anteile zu verweigern und auszusetzen, wenn die Bankguthaben und der Erlös der nach § 253 Absatz 1 angelegten Mittel zur Zahlung des Rücknahmepreises und zur Sicherstellung einer ordnungsgemäßen laufenden Bewirtschaftung nicht ausreichen oder nicht sogleich zur Verfügung stehen. ²Zur Beschaffung der für die Rücknahme der Anteile notwendigen Mittel hat die AIF-Kapitalverwaltungsgesellschaft Vermögensgegenstände des Sondervermögens zu angemessenen Bedingungen zu veräußern.

(2) ¹Reichen die liquiden Mittel gemäß § 253 Absatz 1 zwölf Monate nach der Aussetzung der Rücknahme gemäß Absatz 1 Satz 1 nicht aus, so hat die AIF-Kapitalverwaltungsgesellschaft die Rücknahme weiterhin zu verweigern und durch Veräußerung von Vermögensgegenständen des Sondervermögens weitere liquide Mittel zu beschaffen. ²Der Veräußerungserlös kann abweichend

von § 260 Absatz 1 Satz 1 den dort genannten Wert um bis zu 10 Prozent unterschreiten.

(3) ¹Reichen die liquiden Mittel gemäß § 253 Absatz 1 auch 24 Monate nach der Aussetzung der Rücknahme gemäß Absatz 1 Satz 1 nicht aus, hat die AIF-Kapitalverwaltungsgesellschaft die Rücknahme der Anteile weiterhin zu verweigern und durch Veräußerung von Vermögensgegenständen des Sondervermögens weitere liquide Mittel zu beschaffen. ²Der Veräußerungserlös kann abweichend von § 260 Absatz 1 Satz 1 den dort genannten Wert um bis zu 20 Prozent unterschreiten. ³36 Monate nach der Aussetzung der Rücknahme gemäß Absatz 1 Satz 1 kann jeder Anleger verlangen, dass ihm gegen Rückgabe des Anteils sein Anteil am Sondervermögen aus diesem ausgezahlt wird.

(4) ¹Reichen auch 36 Monate nach der Aussetzung der Rücknahme die Bankguthaben und die liquiden Mittel nicht aus, so erlischt das Recht der AIF-Kapitalverwaltungsgesellschaft, dieses Immobilien-Sondervermögen zu verwalten; dies gilt auch, wenn eine AIF-Kapitalverwaltungsgesellschaft zum dritten Mal binnen fünf Jahren die Rücknahme von Anteilen aussetzt. ²Ein erneuter Fristlauf nach den Absätzen 1 bis 3 kommt nicht in Betracht, wenn die AIF-Kapitalverwaltungsgesellschaft die Anteilrücknahme binnen drei Monaten erneut aussetzt oder wenn sie, falls die Anlagebedingungen nicht mehr als vier Rückgabetermine im Jahr vorsehen, die Anteilrücknahme nur zu einem Rücknahmetermin wieder aufgenommen hatte, aber zum darauf folgenden Rücknahmetermin die Anteilrücknahme erneut unter Berufung auf Absatz 1 Satz 1 verweigert.

**§ 258 Aussetzung nach Kündigung.** (1) Außergewöhnliche Umstände im Sinne des § 98 Absatz 2 Satz 1 liegen vor, wenn die AIF-Kapitalverwaltungsgesellschaft die Kündigung der Verwaltung des Immobilien-Sondervermögens erklärt hat.

(2) Eine AIF-Kapitalverwaltungsgesellschaft, die die Verwaltung eines Immobilien-Sondervermögens gekündigt hat, ist bis zum Erlöschen des Verwaltungsrechts berechtigt und verpflichtet, in Abstimmung mit der Verwahrstelle sämtliche Vermögensgegenstände dieses Sondervermögens zu angemessen Bedingungen oder mit Einwilligung der Anleger gemäß § 259 zu veräußern.

(3) Während einer Aussetzung der Rücknahme nach § 98 Absatz 2 oder nach Absatz 1 in Verbindung mit § 98 Absatz 2 sind § 239 sowie die in § 244 genannten Anlaufbegrenzungen nicht anzuwenden, soweit die Veräußerung von Vermögensgegenständen des Sondervermögens es erfordert, dass diese Vorschriften im Interesse der Anleger nicht angewendet werden.

(4) Aus den Erlösen aus Veräußerungen nach Absatz 2 ist den Anlegern in Abstimmung mit der Verwahrstelle ungeachtet des § 252 ein halbjährlicher Abschlag auszuzahlen, soweit

1. diese Erlöse nicht zur Sicherstellung einer ordnungsgemäßen laufenden Bewirtschaftung benötigt werden und
2. nicht Gewährleistungszusagen aus den Veräußerungsgeschäften oder zu erwartende Auseinandersetzungskosten den Einbehalt im Sondervermögen verlangen.

**§ 259 Beschlüsse der Anleger.** (1) ¹Die Anlagebedingungen eines Immobilien-Sondervermögens haben für den Fall der Aussetzung der Rücknahme von Anteilen gemäß § 257 vorzusehen, dass die Anleger durch Mehrheitsbeschluss in die Veräußerung bestimmter Vermögensgegenstände einwilligen können, auch wenn die Veräußerung nicht zu angemessenen Bedingungen im Sinne des § 257 Absatz 1 Satz 3 erfolgt. ² Ein Widerruf der Einwilligung kommt nicht in Betracht. ³ Die Einwilligung verpflichtet die AIF-Kapitalverwaltungsgesellschaft nicht zur Veräußerung.

(2) ¹ Ein Beschluss der Anleger ist nur wirksam, wenn mindestens 30 Prozent der Stimmrechte bei der Beschlussfassung vertreten waren. ² § 5 Absatz 4 Satz 1 und Absatz 6 Satz 1 sowie die §§ 6 bis 20 des Schuldverschreibungsgesetzes[1)] über Beschlüsse der Gläubiger gelten für Beschlüsse der Anleger, mit denen diese eine Einwilligung erteilen oder versagen, mit der Maßgabe entsprechend, dass

1. an die Stelle der ausstehenden Schuldverschreibungen die ausgegebenen Investmentanteile treten,
2. an die Stelle des Schuldners die AIF-Kapitalverwaltungsgesellschaft tritt und
3. an die Stelle der Gläubigerversammlung die Anlegerversammlung tritt.

³ Eine einberufene Anlegerversammlung bleibt von der Wiederaufnahme der Anteilrücknahme unberührt.

(3) Die Abstimmung soll ohne Versammlung durchgeführt werden, wenn nicht außergewöhnliche Umstände eine Versammlung zur Information der Anleger erforderlich machen.

### § 260 Veräußerung und Belastung von Vermögensgegenständen.

(1) ¹ Die Veräußerung von Vermögensgegenständen nach § 231 Absatz 1 und § 234, die zu einem Sondervermögen gehören, ist vorbehaltlich des § 257 nur zulässig, wenn

1. dies in den Anlagebedingungen vorgesehen ist und
2. die Gegenleistung den gemäß § 249 Absatz 1 ermittelten Wert nicht oder nicht wesentlich unterschreitet.

² Werden durch ein einheitliches Rechtsgeschäft zwei oder mehr der in Satz 1 genannten Vermögensgegenstände an denselben Erwerber veräußert, darf die insgesamt vereinbarte Gegenleistung die Summe der Werte, die für die veräußerten Vermögensgegenstände ermittelt wurden, um höchstens 5 Prozent unterschreiten, wenn dies den Interessen der Anleger nicht zuwiderläuft.

(2) Von der Bewertung gemäß § 249 Absatz 1 kann abgesehen werden, wenn

1. Teile des Immobilienvermögens auf behördliches Verlangen zu öffentlichen Zwecken veräußert werden,
2. Teile des Immobilienvermögens im Umlegungsverfahren getauscht oder, um ein Umlegungsverfahren abzuwenden, gegen andere Immobilien getauscht werden oder
3. zur Abrundung eigenen Grundbesitzes Immobilien hinzuerworben werden und die hierfür zu entrichtende Gegenleistung die Gegenleistung, die für eine gleich große Fläche einer eigenen Immobilie erbracht wurde, um höchstens 5 Prozent überschreitet.

---

[1)] Nr. 10.

(3) Die Belastung von Vermögensgegenständen nach § 231 Absatz 1, die zu einem Sondervermögen gehören, sowie die Abtretung und Belastung von Forderungen aus Rechtsverhältnissen, die sich auf Vermögensgegenstände nach § 231 Absatz 1 beziehen, sind vorbehaltlich des § 239 zulässig, wenn

1. dies in den Anlagebedingungen vorgesehen und mit einer ordnungsgemäßen Wirtschaftsführung vereinbar ist,
2. die Verwahrstelle den vorgenannten Maßnahmen zustimmt, weil sie die Bedingungen, unter denen die Maßnahmen erfolgen sollen, für marktüblich erachtet, und
3. die AIF-Kapitalverwaltungsgesellschaft sicherstellt, dass die Belastung insgesamt 30 Prozent des Verkehrswertes der im Sondervermögen befindlichen Immobilien nicht überschreitet.

(4) Verfügungen über Vermögensgegenstände, die zum Vermögen der Immobilien-Gesellschaften gehören, gelten für die Prüfung ihrer Zulässigkeit als Vermögensgegenstände im Sinne der Absätze 1 und 3.

(5) Die Wirksamkeit einer Verfügung wird durch einen Verstoß gegen die Vorschriften der Absätze 1 und 3 nicht berührt.

### Abschnitt 4. Geschlossene inländische Publikums-AIF

**§ 261 Zulässige Vermögensgegenstände, Anlagegrenzen.** (1) Die AIF-Kapitalverwaltungsgesellschaft darf für einen geschlossenen inländischen Publikums-AIF nur investieren in

1. Sachwerte,
2. Anteile oder Aktien an ÖPP-Projektgesellschaften,
3. Anteile oder Aktien an Gesellschaften, die nach dem Gesellschaftsvertrag oder der Satzung nur Vermögensgegenstände im Sinne der Nummer 1 sowie die zur Bewirtschaftung dieser Vermögensgegenstände erforderlichen Vermögensgegenstände oder Beteiligungen an solchen Gesellschaften erwerben dürfen,
4. Beteiligungen an Unternehmen, die nicht zum Handel an einer Börse zugelassen oder in einen organisierten Markt einbezogen sind,
5. Anteile oder Aktien an geschlossenen inländischen Publikums-AIF nach Maßgabe der §§ 261 bis 272 oder an europäischen oder ausländischen geschlossenen Publikums-AIF, deren Anlagepolitik vergleichbaren Anforderungen unterliegt,
6. Anteile oder Aktien an geschlossenen inländischen Spezial-AIF nach Maßgabe der §§ 285 bis 292 in Verbindung mit den §§ 273 bis 277, der §§ 337 und 338 oder an geschlossenen EU-Spezial-AIF oder ausländischen geschlossenen Spezial-AIF, deren Anlagepolitik vergleichbaren Anforderungen unterliegt,
7. Vermögensgegenstände nach den §§ 193 bis 195,
8. Gelddarlehen nach § 285 Absatz 3 Satz 1 und 3, der mit der Maßgabe entsprechend anwendbar ist, dass abweichend von § 285 Absatz 3 Satz 1 höchstens 30 Prozent des aggregierten eingebrachten Kapitals und des noch nicht eingeforderten zugesagten Kapitals des geschlossenen Publikums-AIF für diese Darlehen verwendet werden und im Fall des § 285 Absatz 3 Satz 1 Nummer 3 die dem jeweiligen Unternehmen gewährten Darlehen nicht die

Kapitalanlagegesetzbuch **§ 261 KAGB 15**

Anschaffungskosten der an dem Unternehmen gehaltenen Beteiligungen überschreiten.

(2) Sachwerte im Sinne von Absatz 1 Nummer 1 sind insbesondere
1. Immobilien, einschließlich Wald, Forst und Agrarland,
2. Schiffe, Schiffsaufbauten und Schiffsbestand- und -ersatzteile,
3. Luftfahrzeuge, Luftfahrzeugbestand- und -ersatzteile,
4. Anlagen zur Erzeugung, zum Transport und zur Speicherung von Strom, Gas oder Wärme aus erneuerbaren Energien,
5. Schienenfahrzeuge, Schienenfahrzeugbestand- und -ersatzteile,
6. Fahrzeuge, die im Rahmen der Elektromobilität genutzt werden,
7. Container,
8. für Vermögensgegenstände im Sinne der Nummern 2 bis 6 genutzte Infrastruktur.

(3) Geschäfte, die Derivate zum Gegenstand haben, dürfen nur zur Absicherung von im geschlossenen inländischen Publikums-AIF gehaltenen Vermögensgegenständen gegen einen Wertverlust getätigt werden.

(4) Die AIF-Kapitalverwaltungsgesellschaft hat sicherzustellen, dass die Vermögensgegenstände eines geschlossenen inländischen Publikums-AIF nur insoweit einem Währungsrisiko unterliegen, als der Wert der einem solchen Risiko unterliegenden Vermögensgegenstände 30 Prozent des aggregierten eingebrachten Kapitals und noch nicht eingeforderten zugesagten Kapitals dieses AIF, berechnet auf der Grundlage der Beträge, die nach Abzug sämtlicher direkt oder indirekt von den Anlegern getragener Gebühren, Kosten und Aufwendungen für Anlagen zur Verfügung stehen, nicht übersteigt.

(5) ¹ In einen Vermögensgegenstand im Sinne des Absatzes 1 Nummer 1 darf nur investiert werden, wenn
1. der Vermögensgegenstand zuvor bei einem Wert des
   a) Vermögensgegenstandes bis zu einschließlich 50 Millionen Euro von einem externen Bewerter, der die Anforderungen nach § 216 Absatz 1 Satz 1 Nummer 1 und Satz 2, Absatz 2 bis 5 erfüllt, oder
   b) Vermögensgegenstandes über 50 Millionen Euro von zwei externen, voneinander unabhängigen Bewertern, die die Anforderungen nach § 216 Absatz 1 Satz 1 Nummer 1 und Satz 2, Absatz 2 bis 5 erfüllen und die die Bewertung des Vermögensgegenstandes unabhängig voneinander vornehmen,

   bewertet wurde,
2. der externe Bewerter im Sinne von Nummer 1 Buchstabe a oder die externen Bewerter im Sinne von Nummer 1 Buchstabe b nicht zugleich die jährliche Bewertung der Vermögensgegenstände gemäß § 272 durchführt oder durchführen und
3. die aus dem geschlossenen inländischen Publikums-AIF zu erbringende Gegenleistung den ermittelten Wert nicht oder nur unwesentlich übersteigt.
² § 250 Absatz 2 und § 271 Absatz 2 gelten entsprechend.

(6) ¹ Vor der Investition in einen Vermögensgegenstand im Sinne des Absatzes 1 Nummer 2 bis 6 ist der Wert der ÖPP-Projektgesellschaft, der Gesellschaft im Sinne des Absatzes 1 Nummer 3, des Unternehmens im Sinne des

Absatzes 1 Nummer 4 oder des geschlossenen AIF im Sinne des Absatzes 1 Nummer 5 oder Nummer 6

1. durch
   a) einen externen Bewerter, der die Anforderungen nach § 216 Absatz 1 Satz 1 Nummer 1 und Satz 2, Absatz 2 bis 5 erfüllt, wenn der Wert des Vermögensgegenstandes 50 Millionen Euro nicht übersteigt, oder
   b) zwei externe, voneinander unabhängige Bewerter, die die Anforderungen nach § 216 Absatz 1 Satz 1 Nummer 1 und Satz 2, Absatz 2 bis 5 erfüllen und die die Bewertung des Vermögensgegenstandes unabhängig voneinander vornehmen,
   zu ermitteln, wobei
2. der externe Bewerter im Sinne von Nummer 1 Buchstabe a oder die externen Bewerter im Sinne von Nummer 1 Buchstabe b nicht zugleich die jährliche Bewertung der Vermögensgegenstände gemäß § 272 durchführt oder durchführen.

²§ 250 Absatz 2 gilt entsprechend. ³Bei der Bewertung ist von dem letzten mit Bestätigungsvermerk eines Abschlussprüfers versehenen Jahresabschluss der ÖPP-Projektgesellschaft, der Gesellschaft im Sinne des Absatzes 1 Nummer 3, des Unternehmens im Sinne des Absatzes 1 Nummer 4 oder des geschlossenen AIF im Sinne des Absatzes 1 Nummer 5 oder Nummer 6 oder, wenn der Jahresabschluss mehr als drei Monate vor dem Bewertungsstichtag liegt, von den Vermögenswerten und Verbindlichkeiten der ÖPP-Projektgesellschaft, der Gesellschaft im Sinne des Absatzes 1 Nummer 3, des Unternehmens im Sinne des Absatzes 1 Nummer 4 oder des geschlossenen AIF im Sinne des Absatzes 1 Nummer 5 oder Nummer 6 auszugehen, die in einer vom Abschlussprüfer geprüften aktuellen Vermögensaufstellung nachgewiesen sind.

(7) Investiert die AIF-Kapitalverwaltungsgesellschaft für einen geschlossenen inländischen Publikums-AIF in Vermögensgegenstände im Sinne von Absatz 1 Nummer 4, gelten die §§ 287 bis 292 entsprechend.

(8) Geschlossene Publikums-AIF dürfen nicht Feeder-AIF in einer Master-Feeder-Konstruktion sein.

**§ 262 Risikomischung.** (1) ¹Die AIF-Kapitalverwaltungsgesellschaft darf für einen geschlossenen inländischen Publikums-AIF nur nach dem Grundsatz der Risikomischung investieren. ²Der Grundsatz der Risikomischung im Sinne des Satzes 1 gilt als erfüllt, wenn

1. entweder in mindestens drei Sachwerte im Sinne des § 261 Absatz 2 investiert wird und die Anteile jedes einzelnen Sachwertes am aggregierten eingebrachten Kapital und noch nicht eingeforderten zugesagten Kapital des AIF, berechnet auf der Grundlage der Beträge, die nach Abzug sämtlicher direkt oder indirekt von den Anlegern getragener Gebühren, Kosten und Aufwendungen für Anlagen zur Verfügung stehen, im Wesentlichen gleichmäßig verteilt sind oder
2. bei wirtschaftlicher Betrachtungsweise eine Streuung des Ausfallrisikos gewährleistet ist.

³Der geschlossene inländische Publikums-AIF muss spätestens 18 Monate nach Beginn des Vertriebs risikogemischt investiert sein. ⁴Für den Zeitraum nach Satz 3, in dem der geschlossene Publikums-AIF noch nicht risikogemischt

investiert ist, sind die Anleger in dem Verkaufsprospekt und den wesentlichen Anlegerinformationen gemäß § 268 darauf hinzuweisen.

(2) ¹Abweichend von Absatz 1 darf die AIF-Kapitalverwaltungsgesellschaft für den geschlossenen inländischen Publikums-AIF ohne Einhaltung des Grundsatzes der Risikomischung investieren, wenn

1. sie für den geschlossenen inländischen Publikums-AIF nicht in Vermögensgegenstände im Sinne des § 261 Absatz 1 Nummer 4 investiert und
2. die Anteile oder Aktien dieses AIF nur von solchen Privatanlegern erworben werden,
   a) die sich verpflichten, mindestens 20 000 Euro zu investieren, und
   b) für die die in § 1 Absatz 19 Nummer 33 Buchstabe a Doppelbuchstabe bb bis ee genannten Voraussetzungen erfüllt sind.

²Ein nachfolgender Erwerb der Anteile oder Aktien dieses AIF kraft Gesetzes durch einen Privatanleger, der die Anforderungen nach Satz 1 Nummer 2 nicht erfüllt, ist unbeachtlich. ³Wenn für den geschlossenen inländischen Publikums-AIF ohne Einhaltung des Grundsatzes der Risikomischung investiert wird, müssen der Verkaufsprospekt und die wesentlichen Anlegerinformationen an hervorgehobener Stelle auf das Ausfallrisiko mangels Risikomischung hinweisen.

**§ 263 Beschränkung von Leverage und Belastung.** (1) ¹Für einen geschlossenen inländischen Publikums-AIF dürfen Kredite nur bis zur Höhe von 150 Prozent des aggregierten eingebrachten Kapitals und noch nicht eingeforderten zugesagten Kapitals des geschlossenen Publikums-AIF, berechnet auf der Grundlage der Beträge, die nach Abzug sämtlicher direkt oder indirekt von den Anlegern getragener Gebühren, Kosten und Aufwendungen für Anlagen zur Verfügung stehen und nur dann aufgenommen werden, wenn die Bedingungen der Kreditaufnahme marktüblich sind und dies in den Anlagebedingungen vorgesehen ist. ²Die von Gesellschaften im Sinne des § 261 Absatz 1 Nummer 3 aufgenommenen Kredite sind bei der Berechnung der in Satz 1 genannten Grenze entsprechend der Beteiligungshöhe des geschlossenen Publikums-AIF zu berücksichtigen.

(2) Für die Informationspflicht der AIF-Kapitalverwaltungsgesellschaft im Hinblick auf das eingesetzte Leverage sowie die Befugnis der Bundesanstalt zur Beschränkung des eingesetzten Leverage einschließlich der diesbezüglichen Mitteilungspflichten der Bundesanstalt gilt § 215 entsprechend.

(3) Die Belastung von Vermögensgegenständen, die zu einem geschlossenen inländischen Publikums-AIF gehören, sowie die Abtretung und Belastung von Forderungen aus Rechtsverhältnissen, die sich auf diese Vermögensgegenstände beziehen, sind zulässig, wenn

1. dies in den Anlagebedingungen vorgesehen und mit einer ordnungsgemäßen Wirtschaftsführung vereinbar ist und
2. die Verwahrstelle den vorgenannten Maßnahmen zustimmt, weil sie die Bedingungen, unter denen die Maßnahmen erfolgen sollen, für marktüblich erachtet.

(4) Die AIF-Kapitalverwaltungsgesellschaft muss sicherstellen, dass die Belastung nach Absatz 3 insgesamt 150 Prozent des aggregierten eingebrachten Kapitals und noch nicht eingeforderten zugesagten Kapitals des geschlossenen

Publikums-AIF, berechnet auf der Grundlage der Beträge, die nach Abzug sämtlicher direkt oder indirekt von den Anlegern getragener Gebühren, Kosten und Aufwendungen für Anlagen zur Verfügung stehen nicht überschreitet.

(5) ¹Die in den Absätzen 1 und 4 genannten Grenzen gelten nicht während der Dauer des erstmaligen Vertriebs eines geschlossenen inländischen Publikums-AIF, längstens jedoch für einen Zeitraum von 18 Monaten ab Beginn des Vertriebs, sofern dies in den Anlagebedingungen vorgesehen ist. ²In dem Verkaufsprospekt und den wesentlichen Anlegerinformationen gemäß § 268 sind die Anleger auf die fehlenden Begrenzungen hinzuweisen.

**§ 264 Verfügungsbeschränkung.** (1) ¹Die AIF-Kapitalverwaltungsgesellschaft hat dafür zu sorgen, dass die Verfügungsbeschränkung nach § 84 Absatz 1 Nummer 3 bei Immobilien in das Grundbuch und sonstigen Vermögensgegenständen, sofern ein Register für den jeweiligen Vermögensgegenstand besteht, in das entsprechende eingetragen wird. ²Besteht für die in § 84 Absatz 1 Nummer 3 genannten Vermögensgegenstände kein Register, in das eine Verfügungsbeschränkung eingetragen werden kann, so ist die Wirksamkeit der Verfügungsbeschränkung in anderer geeigneter Form sicherzustellen.

(2) Die Bestellung der Verwahrstelle kann gegenüber dem Grundbuchamt oder sonstigen Register, in die in § 84 Absatz 1 Nummer 3 genannte Vermögensgegenstände eingetragen werden, durch eine Bescheinigung der Bundesanstalt nachgewiesen werden, aus der sich ergibt, dass die Bundesanstalt die Auswahl der Einrichtung als Verwahrstelle genehmigt hat und von ihrem Recht nicht Gebrauch gemacht hat, der AIF-Kapitalverwaltungsgesellschaft einen Wechsel der Verwahrstelle aufzuerlegen.

**§ 265 Leerverkäufe.** ¹Die AIF-Kapitalverwaltungsgesellschaft darf für gemeinschaftliche Rechnung der Anleger keine Vermögensgegenstände nach Maßgabe der §§ 193 und 194 verkaufen, wenn die jeweiligen Vermögensgegenstände im Zeitpunkt des Geschäftsabschlusses nicht zum geschlossenen inländischen Publikums-AIF gehören. ²Die Wirksamkeit des Rechtsgeschäfts wird durch einen Verstoß gegen Satz 1 nicht berührt.

**§ 266 Anlagebedingungen.** (1) Die Anlagebedingungen, nach denen sich
1. in Verbindung mit der Satzung der Publikumsinvestmentaktiengesellschaft mit fixem Kapital das Rechtsverhältnis dieser Investmentaktiengesellschaft zu ihren Anlegern bestimmt oder
2. in Verbindung mit dem Gesellschaftsvertrag der geschlossenen Publikumsinvestmentkommanditgesellschaft das Rechtsverhältnis dieser Investmentkommanditgesellschaft zu ihren Anlegern bestimmt,

sind vor Ausgabe der Anteile oder Aktien schriftlich festzuhalten.

(2) ¹Die Anlagebedingungen müssen neben der Bezeichnung des geschlossenen Publikums-AIF, der Angabe des Namens und des Sitzes der AIF-Kapitalverwaltungsgesellschaft sowie den in § 162 Absatz 2 Nummer 5 bis 7 und 9 bis 14 genannten Angaben mindestens folgende Angaben und Vorgaben enthalten:
1. die Angaben in § 162 Absatz 2 Nummer 4, sofern den Anlegern Rückgaberechte eingeräumt werden, und
2. die Staaten und der jeweilige Anteil des geschlossenen Publikums-AIF, der in diesen Staaten höchstens angelegt werden darf, wenn eine AIF-Kapitalver-

waltungsgesellschaft für einen geschlossenen Publikums-AIF Vermögensgegenstände, die außerhalb eines Vertragsstaates des Abkommens über den Europäischen Wirtschaftsraum gelegen sind, erwirbt. ² § 162 Absatz 2 Nummer 1 ist mit der Maßgabe anzuwenden, dass anstelle der Angabe, welche Vermögensgegenstände in welchem Umfang erworben werden dürfen, die AIF-Kapitalverwaltungsgesellschaft in den Anlagebedingungen festlegen muss, welche Vermögensgegenstände in welchem Umfang für den geschlossenen Publikums-AIF erworben werden.

**§ 267 Genehmigung der Anlagebedingungen.** (1) ¹Die Anlagebedingungen sowie Änderungen der Anlagebedingungen bedürfen der Genehmigung der Bundesanstalt. ²Die Genehmigung kann nur von solchen AIF-Kapitalverwaltungsgesellschaften beantragt werden, die die betroffene Art von AIF verwalten dürfen.

(2) ¹Die Genehmigung ist innerhalb einer Frist von vier Wochen nach Eingang des Antrags zu erteilen, wenn die Anlagebedingungen den gesetzlichen Anforderungen entsprechen und der Antrag von einer AIF-Kapitalverwaltungsgesellschaft im Sinne von Absatz 1 Satz 2 gestellt wurde. ² § 163 Absatz 2 Satz 2 und 4 bis 10 gilt entsprechend.

(3) ¹Eine Änderung der Anlagebedingungen, die mit den bisherigen Anlagegrundsätzen des geschlossenen Publikums-AIF nicht vereinbar ist oder zu einer Änderung der Kosten oder der wesentlichen Anlegerrechte führt, ist nur mit Zustimmung einer qualifizierten Mehrheit von Anlegern, die mindestens zwei Drittel des Zeichnungskapitals auf sich vereinigen, möglich. ²Handelt es sich bei dem geschlossenen Publikums-AIF um eine geschlossene Investmentkommanditgesellschaft, bei der sich die Anleger mittelbar über einen Treuhandkommanditisten an dem geschlossenen Publikums-AIF beteiligen, so darf der Treuhandkommanditist sein Stimmrecht nur nach vorheriger Weisung durch den Anleger ausüben. ³Die Bundesanstalt kann die Änderung der Anlagebedingungen im Sinne des Satzes 1 nur unter der aufschiebenden Bedingung einer Zustimmung durch die Anleger gemäß Satz 1 genehmigen. ⁴ § 163 Absatz 2 Satz 5 gilt mit der Maßgabe, dass die Genehmigung nur unter der aufschiebenden Bedingung einer Zustimmung der Anleger gemäß Satz 1 als erteilt gilt. ⁵Zu diesem Zweck hat die AIF-Kapitalverwaltungsgesellschaft die betroffenen Anleger mittels eines dauerhaften Datenträgers über die geplanten und von der Bundesanstalt genehmigten Änderungen im Sinne des Satzes 1 und ihre Hintergründe zu informieren und ihnen einen Zeitraum von drei Monaten für die Entscheidungsfindung einzuräumen. ⁶Hat eine qualifizierte Mehrheit der Anleger gemäß Satz 1 der geplanten Änderung zugestimmt, informiert die AIF-Kapitalverwaltungsgesellschaft die Bundesanstalt über die bevorstehende Änderung der Anlagebedingungen und den Zeitpunkt ihres Inkrafttretens. ⁷Die Informationen nach Satz 6 stellt die AIF-Kapitalverwaltungsgesellschaft den Anlegern auf einem dauerhaften Datenträger zur Verfügung und veröffentlicht diese Informationen im Bundesanzeiger und, sofern die Anteile oder Aktien des betreffenden geschlossenen Publikums-AIF im Geltungsbereich dieses Gesetzes vertrieben werden dürfen, in den im Verkaufsprospekt bezeichneten elektronischen Informationsmedien. ⁸Die Änderung darf frühestens am Tag nach der Veröffentlichung im Bundesanzeiger in Kraft treten.

(4) ¹Sonstige Änderungen, die von der Bundesanstalt genehmigt wurden oder als genehmigt gelten, veröffentlicht die AIF-Kapitalverwaltungsgesellschaft

im Bundesanzeiger und, sofern die Anteile oder Aktien des betreffenden geschlossenen Publikums-AIF im Geltungsbereich dieses Gesetzes vertrieben werden dürfen, in den im Verkaufsprospekt bezeichneten elektronischen Informationsmedien. ²Die Änderungen dürfen frühestens am Tag nach der Veröffentlichung im Bundesanzeiger in Kraft treten.

(5) Für Informationen mittels eines dauerhaften Datenträgers gilt § 167 entsprechend.

**§ 268 Erstellung von Verkaufsprospekt und wesentlichen Anlegerinformationen.** (1) ¹Die AIF-Kapitalverwaltungsgesellschaft hat für die von ihr verwalteten geschlossenen Publikums-AIF den Verkaufsprospekt und die wesentlichen Anlegerinformationen zu erstellen. ²Sobald die AIF-Kapitalverwaltungsgesellschaft mit dem Vertrieb des geschlossenen Publikums-AIF gemäß § 316 beginnen darf, hat sie dem Publikum die aktuelle Fassung des Verkaufsprospekts und der wesentlichen Anlegerinformationen auf der Internetseite der AIF-Kapitalverwaltungsgesellschaft zugänglich zu machen. ³Die Pflicht zur Erstellung eines Verkaufsprospekts gilt nicht für solche geschlossenen AIF-Publikumsinvestmentaktiengesellschaften, die einen Prospekt nach der Verordnung (EU) 2017/1129[1)] des Europäischen Parlaments und des Rates vom 14. Juni 2017 über den Prospekt, der beim öffentlichen Angebot von Wertpapieren oder bei deren Zulassung zum Handel an einem geregelten Markt zu veröffentlichen ist und zur Aufhebung der Richtlinie 2003/71/EG (ABl. L 168 vom 30.6.2017, S. 12) erstellen müssen und in diesen Prospekt zusätzlich die Angaben gemäß § 269 als ergänzende Informationen aufnehmen.

(2) ¹Die wesentlichen Anlegerinformationen sowie die Angaben von wesentlicher Bedeutung im Verkaufsprospekt sind auf dem neusten Stand zu halten. ²Bei geschlossenen Publikums-AIF mit einer einmaligen Vertriebsphase gilt dies nur für die Dauer der Vertriebsphase.

**§ 269 Mindestangaben im Verkaufsprospekt.** (1) Für den Verkaufsprospekt von geschlossenen Publikums-AIF gilt § 165 Absatz 1, Absatz 2 Nummer 1 bis 25 und 27 bis 40, Absatz 3 bis 5, 7 bis 9 entsprechend mit der Maßgabe, dass an die Stelle des in § 165 Absatz 2 Nummer 19 genannten Verweises auf die §§ 168 bis 170, 212, 216 und 217 der Verweis auf die §§ 271 und 272 tritt und die Regelungen, soweit sie sich auf Teilinvestmentvermögen beziehen, nicht anzuwenden sind.

(2) Zusätzlich sind folgende Informationen in den Verkaufsprospekt aufzunehmen:
1. bei geschlossenen Publikums-AIF in Form der geschlossenen Investmentkommanditgesellschaft die Angabe, wie die Anteile übertragen werden können und in welcher Weise ihre freie Handelbarkeit eingeschränkt ist;
2. gegebenenfalls in Bezug auf den Treuhandkommanditisten:
   a) Name und Anschrift, bei juristischen Personen Firma und Sitz;
   b) Aufgaben und Rechtsgrundlage der Tätigkeit;
   c) seine wesentlichen Rechte und Pflichten;
   d) der Gesamtbetrag der für die Wahrnehmung der Aufgaben vereinbarten Vergütung;

---

[1)] Nr. 6.

3. bei geschlossenen Publikums-AIF, die in Vermögensgegenstände gemäß § 261 Absatz 1 Nummer 2 investieren,
   a) eine Beschreibung der wesentlichen Merkmale von ÖPP-Projektgesellschaften;
   b) die Arten von ÖPP-Projektgesellschaften, die für den geschlossenen Publikums-AIF erworben werden dürfen, und nach welchen Grundsätzen sie ausgewählt werden;
   c) ein Hinweis, dass in Beteiligungen an ÖPP-Projektgesellschaften, die nicht zum Handel an einer Börse zugelassen oder in einen anderen organisierten Markt einbezogen sind, angelegt werden darf.

(3) ¹Sofern bereits feststeht, in welche konkreten Anlageobjekte im Sinne von § 261 Absatz 1 Nummer 1 investiert werden soll, sind folgende Angaben zu den Anlageobjekten zusätzlich in den Verkaufsprospekt mit aufzunehmen:
1. Beschreibung des Anlageobjekts;
2. nicht nur unerhebliche dingliche Belastungen des Anlageobjekts;
3. rechtliche oder tatsächliche Beschränkungen der Verwendungsmöglichkeiten des Anlageobjekts, insbesondere im Hinblick auf das Anlageziel;
4. ob behördliche Genehmigungen erforderlich sind und inwieweit diese vorliegen;
5. welche Verträge die Kapitalverwaltungsgesellschaft über die Anschaffung oder Herstellung des Anlageobjekts oder wesentlicher Teile davon geschlossen hat;
6. den Namen der Person oder Gesellschaft, die ein Bewertungsgutachten für das Anlageobjekt erstellt hat, das Datum des Bewertungsgutachtens und dessen Ergebnis;
7. die voraussichtlichen Gesamtkosten des Anlageobjekts in einer Aufgliederung, die insbesondere Anschaffungs- und Herstellungskosten sowie sonstige Kosten ausweist und die geplante Finanzierung in einer Gliederung, die Eigen- und Fremdmittel gesondert ausweist, jeweils untergliedert nach Zwischenfinanzierungs- und Endfinanzierungsmitteln; zu den Eigen- und Fremdmitteln sind die Konditionen und Fälligkeiten anzugeben und in welchem Umfang und von wem diese bereits verbindlich zugesagt sind.

²Steht noch nicht fest, in welche konkreten Anlageobjekte investiert werden soll, ist dies im Verkaufsprospekt anzugeben.

**§ 270 Inhalt, Form und Gestaltung der wesentlichen Anlegerinformationen.** (1) Für die wesentlichen Anlegerinformationen für geschlossene Publikums-AIF gilt § 166 Absatz 1 bis 3 und 5 nach Maßgabe der folgenden Vorschriften entsprechend.

(2) ¹Für geschlossene Publikums-AIF sind die Artikel 3 bis 7, 10 bis 24, 26 bis 30 und 38 der Verordnung (EU) Nr. 583/2010 hinsichtlich der näheren Inhalte, der Form und Gestaltung der wesentlichen Anlegerinformationen entsprechend mit folgenden Maßgaben anzuwenden:
1. sofern bereits feststeht, in welche konkreten Anlageobjekte im Sinne von § 261 Absatz 1 Nummer 1 investiert werden soll, ist zusätzlich zu den in Artikel 7 Absatz 1 der Verordnung (EU) Nr. 583/2010 genannten Mindestangaben eine Beschreibung dieser Anlageobjekte erforderlich. Andernfalls ist

die Angabe aufzunehmen, dass noch nicht feststeht, in welche konkreten Anlageobjekte investiert werden soll;
2. in den Fällen, in denen eine Beschreibung von konkreten Anlageobjekten im Sinne von Nummer 1 oder eine Darstellung von Performance-Szenarien erfolgt, ist Artikel 6 der Verordnung (EU) Nr. 583/2010 mit der Maßgabe anzuwenden, dass die wesentlichen Anlegerinformationen ausgedruckt nicht länger als drei Seiten sein dürfen;
3. die in Artikel 10 Absatz 2 Buchstabe b und c der Verordnung (EU) Nr. 583/2010 genannten Kosten umfassen die mit der Anlage in den geschlossenen Publikums-AIF verbundenen Kosten und Provisionen;
4. sofern gemäß Artikel 15 Absatz 4 der Verordnung (EU) Nr. 583/2010 keine Daten über die frühere Wertentwicklung für ein vollständiges Kalenderjahr vorliegen, sind anstelle der bisherigen Wertentwicklung im Sinne von § 166 Absatz 2 Satz 1 Nummer 5 die Aussichten für die Kapitalrückzahlung und Erträge unter verschiedenen Marktbedingungen in Form einer Illustration darzustellen; die Illustration muss mindestens drei zweckmäßige Szenarien der potenziellen Wertentwicklung des geschlossenen Publikums-AIF enthalten;
5. Artikel 4 Absatz 8 und die Artikel 8 und 9 der Verordnung (EU) Nr. 583/2010 sind nicht anzuwenden; die Darstellung des Risiko- und Ertragsprofils nach § 166 Absatz 2 Satz 1 Nummer 3 hat dafür eine Bezeichnung der wesentlichen Risiken und Chancen, die mit einer Anlage verbunden sind, zu enthalten. Dabei ist auf die wesentlichen Risiken, die Einfluss auf das Risikoprofil des geschlossenen Publikums-AIF haben, hinzuweisen; insbesondere sind die Risiken der Investitionen in die Vermögensgegenstände, in die der geschlossene Publikums-AIF investiert, zu bezeichnen. Daneben ist ein Hinweis auf die Beschreibung der wesentlichen Risiken im Verkaufsprospekt aufzunehmen. Die Darstellung muss den Anleger in die Lage versetzen, die Bedeutung und die Wirkung der verschiedenen Risikofaktoren zu verstehen. Die Beschreibung ist in Textform zu erstellen und darf keine grafischen Elemente aufweisen. Daneben sind folgende Angaben aufzunehmen:
a) ein genereller Hinweis, dass mit der Investition in den geschlossenen Publikums-AIF neben den Chancen auf Wertsteigerungen auch Risiken verbunden sein können und
b) anstelle der Angaben nach Artikel 7 Absatz 1 Satz 2 Buchstabe b der Verordnung (EU) Nr. 583/2010 ein Hinweis auf die fehlende oder nur eingeschränkte Möglichkeit der Rückgabe von Anteilen.

[2] Soweit sich die in Satz 1 genannten Regelungen auf Teilinvestmentvermögen oder Master-Feeder-Konstruktionen beziehen, sind sie nicht anzuwenden.

(3) [1] Die Ermittlung und die Erläuterung der Risiken im Rahmen des Risiko- und Ertragsprofils nach Absatz 2 Nummer 5 müssen mit dem internen Verfahren zur Ermittlung, Messung und Überwachung von Risiken übereinstimmen, das die AIF-Kapitalverwaltungsgesellschaft im Sinne der Artikel 38 bis 56 der Verordnung (EU) Nr. 231/2013 angewendet hat. [2] Verwaltet eine AIF-Kapitalverwaltungsgesellschaft mehr als ein Investmentvermögen, sind die hiermit verbundenen Risiken einheitlich zu ermitteln und widerspruchsfrei zu erläutern.

(4) Sofern in den Anlagebedingungen eine zusätzliche Verwaltungsvergütung für den Erwerb, die Veräußerung oder die Verwaltung von Vermögensgegen-

ständen nach § 261 Absatz 1 Nummer 1 vereinbart wurde, ist diese Vergütung neben der Gesamtkostenquote nach § 166 Absatz 5 gesondert als Prozentsatz des durchschnittlichen Nettoinventarwertes des geschlossenen Publikums-AIF anzugeben.

**§ 271 Bewertung, Bewertungsverfahren, Bewerter.** (1) § 168 ist für die Bewertung mit folgenden Maßgaben anzuwenden:

1. Als Verkehrswert der Vermögensgegenstände im Sinne des § 261 Absatz 1 Nummer 1 ist für den Zeitraum von zwölf Monaten nach dem Erwerb der Kaufpreis des Vermögensgegenstandes anzusetzen. Ist die AIF-Kapitalverwaltungsgesellschaft der Auffassung, dass der Kaufpreis auf Grund von Änderungen wesentlicher Bewertungsfaktoren nicht mehr sachgerecht ist, so ist der Verkehrswert neu zu ermitteln; die Kapitalverwaltungsgesellschaft hat ihre Entscheidungen und die sie tragenden Gründe nachvollziehbar zu dokumentieren.

2. Bei Vermögensgegenständen im Sinne des § 261 Absatz 1 Nummer 1 sind die Anschaffungsnebenkosten gesondert anzusetzen und über die voraussichtliche Dauer der Zugehörigkeit des Vermögensgegenstandes, längstens jedoch über zehn Jahre in gleichen Jahresbeträgen abzuschreiben. Wird ein Vermögensgegenstand veräußert, sind die Anschaffungsnebenkosten in voller Höhe abzuschreiben. In einer Anlage zur Vermögensaufstellung sind die im Berichtszeitraum getätigten Käufe und Verkäufe von Vermögensgegenständen im Sinne des § 261 Absatz 1 Nummer 1 anzugeben.

(2) § 169 ist für das Bewertungsverfahren mit der Maßgabe anzuwenden, dass die Bewertungsrichtlinien für geschlossene Publikums-AIF, die in Vermögensgegenstände im Sinne des § 261 Absatz 1 Nummer 1 investieren, zusätzlich vorzusehen haben, dass der Bewerter an einer Objektbesichtigung teilnimmt.

(3) [1] Die AIF-Kapitalverwaltungsgesellschaft muss jede Gesellschaft im Sinne des § 261 Absatz 1 Nummer 2 bis 6, an der ein geschlossener Publikums-AIF eine Beteiligung hält, vertraglich verpflichten, Vermögensaufstellungen

1. auf den Zeitpunkt der Bewertung gemäß § 272 bei der AIF-Kapitalverwaltungsgesellschaft und der Verwahrstelle einzureichen und
2. einmal jährlich anhand der von einem Abschlussprüfer mit einem Bestätigungsvermerk versehenen Jahresabschlusses der Gesellschaft prüfen zu lassen.

[2] Die Anforderung des Satzes 1 gilt auch für eine Unterbeteiligung an einer Gesellschaft im Sinne des § 261 Absatz 1 Nummer 2 bis 6. [3] Der auf Grund der Vermögensaufstellungen ermittelte Wert der Beteiligung an einer Gesellschaft ist bei den Bewertungen zur laufenden Preisermittlung zugrunde zu legen.

(4) Für die Anforderungen an den Bewerter, die Pflichten der AIF-Kapitalverwaltungsgesellschaft bei der Bestellung eines Bewerters sowie die Rechte der Bundesanstalt im Hinblick auf den Bewerter gilt § 216 entsprechend.

**§ 272 Häufigkeit der Bewertung und Berechnung; Offenlegung.**

(1) [1] Die Bewertung der Vermögensgegenstände und die Berechnung des Nettoinventarwertes je Anteil oder Aktie müssen mindestens einmal jährlich erfolgen. [2] Die Bewertung und Berechnung sind darüber hinaus auch dann durchzuführen, wenn das Gesellschaftsvermögen des AIF erhöht oder herabgesetzt wird.

(2) Die Kriterien zur Berechnung des Nettoinventarwertes je Anteil oder Aktie und zur Bestimmung der Häufigkeit der Berechnung bestimmen sich nach den Artikeln 67 bis 73 der Delegierten Verordnung (EU) Nr. 231/2013.

(3) ¹Die Bewertungen der Vermögensgegenstände und Berechnungen des Nettoinventarwertes je Anteil oder Aktie sind entsprechend den diesbezüglichen Anlagebedingungen gegenüber den Anlegern offenzulegen. ²Eine Offenlegung hat nach jeder Bewertung der Vermögensgegenstände und Berechnung des Nettoinventarwertes je Anteil oder Aktie zu erfolgen.

### Kapitel 3. Inländische Spezial-AIF

#### Abschnitt 1. Allgemeine Vorschriften für inländische Spezial-AIF

**§ 273 Anlagebedingungen.** ¹Die Anlagebedingungen, nach denen sich

1. das vertragliche Rechtsverhältnis einer AIF-Kapitalverwaltungsgesellschaft oder einer EU-AIF-Verwaltungsgesellschaft zu den Anlegern eines Spezialsondervermögens bestimmt oder
2. in Verbindung mit der Satzung einer Spezialinvestmentaktiengesellschaft das Rechtsverhältnis dieser Investmentaktiengesellschaft zu ihren Anlegern bestimmt oder
3. in Verbindung mit dem Gesellschaftsvertrag einer Spezialinvestmentkommanditgesellschaft das Rechtsverhältnis dieser Investmentkommanditgesellschaft zu ihren Anlegern bestimmt,

sind vor Ausgabe der Anteile oder Aktien schriftlich festzuhalten. ²Die Anlagebedingungen von inländischen Spezial-AIF sowie die wesentlichen Änderungen der Anlagebedingungen sind der Bundesanstalt von der AIF-Kapitalverwaltungsgesellschaft vorzulegen.

**§ 274 Begrenzung von Leverage.** ¹Für die Informationspflicht der AIF-Kapitalverwaltungsgesellschaft im Hinblick auf das eingesetzte Leverage sowie die Befugnis der Bundesanstalt zur Beschränkung des eingesetzten Leverage einschließlich der Mitteilungspflichten der Bundesanstalt gilt § 215 entsprechend. ²Die Bedingungen, unter welchen die Maßnahmen nach Satz 1 in Verbindung mit § 215 Absatz 2 angewendet werden, bestimmen sich nach Artikel 112 der Delegierten Verordnung (EU) Nr. 231/2013.

**§ 275 Belastung.** (1) Die Belastung von Vermögensgegenständen, die zu einem Spezial-AIF gehören, sowie die Abtretung und Belastung von Forderungen aus Rechtsverhältnissen, die sich auf diese Vermögensgegenstände beziehen, sind zulässig, wenn

1. dies in den Anlagebedingungen vorgesehen und mit einer ordnungsgemäßen Wirtschaftsführung vereinbar ist und
2. die Verwahrstelle den vorgenannten Maßnahmen zustimmt, weil sie die Bedingungen, unter denen die Maßnahmen erfolgen sollen, für marktüblich erachtet.

(2) Die Bundesanstalt kann die Höhe der zulässigen Belastung der Vermögensgegenstände beschränken, wenn sie dies zum Schutz der Anleger oder zur Gewährleistung der Stabilität und Integrität des Finanzsystems als nötig erachtet.

**§ 276 Leerverkäufe.** (1) ¹Die AIF-Kapitalverwaltungsgesellschaft darf für gemeinschaftliche Rechnung der Anleger keine Vermögensgegenstände nach Maßgabe der §§ 193, 194 und 196 verkaufen, wenn die jeweiligen Vermögensgegenstände im Zeitpunkt des Geschäftsabschlusses nicht zum Spezial-AIF gehören; § 197 bleibt unberührt. ²Die Wirksamkeit des Rechtsgeschäfts wird durch einen Verstoß gegen Satz 1 nicht berührt.

(2) ¹Absatz 1 findet keine Anwendung auf AIF-Kapitalverwaltungsgesellschaften, die Hedgefonds verwalten. ²Die Bundesanstalt kann Leerverkäufe im Sinne des § 283 Absatz 1 Satz 1 Nummer 2 beschränken, wenn sie dies zum Schutz der Anleger oder zur Gewährleistung der Stabilität und Integrität des Finanzsystems als nötig erachtet.

**§ 277 Übertragung von Anteilen oder Aktien.** Die AIF-Kapitalverwaltungsgesellschaft hat schriftlich mit den Anlegern zu vereinbaren oder auf Grund der konstituierenden Dokumente des AIF sicherzustellen, dass die Anteile oder Aktien nur an professionelle und semiprofessionelle Anleger übertragen werden dürfen.

### Abschnitt 2. Vorschriften für offene inländische Spezial-AIF

### Unterabschnitt 1. Allgemeine Vorschriften für offene inländische Spezial-AIF

**§ 278 Bewertung, Bewertungsverfahren und Bewerter.** Für die Bewertung, das Bewertungsverfahren und den Bewerter gelten die §§ 168, 169 und 216 entsprechend.

**§ 279 Häufigkeit der Bewertung, Offenlegung.** (1) Die Bewertung der Vermögensgegenstände und die Berechnung des Nettoinventarwertes je Anteil oder Aktie sind in einem zeitlichen Abstand durchzuführen, der den zum Spezial-AIF gehörenden Vermögensgegenständen und der Ausgabe- und Rücknahmehäufigkeit der Anteile oder Aktien angemessen ist, jedoch mindestens einmal jährlich.

(2) Die Kriterien zur Bestimmung der Häufigkeit der Bewertung des Wertes des AIF und zur Berechnung des Nettoinventarwertes je Anteil oder Aktie bestimmen sich nach den Artikeln 67 bis 74 der Delegierten Verordnung (EU) Nr. 231/2013.

(3) Die Bewertungen der Vermögensgegenstände und Berechnungen des Nettoinventarwertes je Anteil oder Aktie sind entsprechend den diesbezüglichen Anlagebedingungen gegenüber den Anlegern offenzulegen.

(4) ¹Falls die Kapitalverwaltungsgesellschaft von der Möglichkeit des Swing Pricings Gebrauch macht, ist zusätzlich zum Nettoinventarwert der modifizierte Nettoinventarwert je Anteil oder je Aktie zu berechnen. ²Die Absätze 1 und 3 gelten für den modifizierten Nettoinventarwert entsprechend.

**§ 280 Master-Feeder-Strukturen.** Spezial-AIF dürfen nicht Masterfonds oder Feederfonds einer Master-Feeder-Struktur sein, wenn Publikumsinvestmentvermögen Masterfonds oder Feederfonds derselben Master-Feeder-Struktur sind.

**§ 281 Verschmelzung.** (1) ¹Spezialsondervermögen dürfen nicht auf Publikumssondervermögen verschmolzen werden, Publikumssondervermögen dürfen nicht auf Spezialsondervermögen verschmolzen werden. ²Die §§ 184, 185, 189 und 190 sind auf Spezialsondervermögen mit den folgenden Maßgaben entsprechend anzuwenden:

1. die Angaben nach § 184 Absatz 1 Satz 3 Nummer 1 bis 4 im Verschmelzungsplan sind nicht erforderlich;
2. mit Zustimmung der Anleger kann eine Prüfung durch die Verwahrstellen nach § 185 Absatz 1 unterbleiben, der gesamte Verschmelzungsvorgang ist jedoch vom Abschlussprüfer zu prüfen;
3. Bekanntmachungen, Veröffentlichungen oder Unterrichtungen nach § 189 Absatz 4 sind nicht erforderlich.

³Eine Genehmigung der Verschmelzung von Spezialsondervermögen gemäß § 182 durch die Bundesanstalt ist nicht erforderlich, die Anleger müssen der Verschmelzung nach Vorlage des Verschmelzungsplans jedoch zustimmen.

(2) Absatz 1 ist entsprechend anzuwenden auf die Verschmelzung

1. eines Spezialsondervermögens auf eine Spezialinvestmentaktiengesellschaft mit veränderlichem Kapital, auf eine offene Investmentkommanditgesellschaft, auf ein Teilgesellschaftsvermögen einer Spezialinvestmentaktiengesellschaft mit veränderlichem Kapital oder auf ein Teilgesellschaftsvermögen einer offenen Investmentkommanditgesellschaft,
2. eines Teilgesellschaftsvermögens einer Spezialinvestmentaktiengesellschaft mit veränderlichem Kapital auf ein anderes Teilgesellschaftsvermögen derselben Investmentaktiengesellschaft sowie eines Teilgesellschaftsvermögens einer offenen Investmentkommanditgesellschaft auf ein anderes Teilgesellschaftsvermögen derselben Investmentkommanditgesellschaft,
3. eines Teilgesellschaftsvermögens einer Spezialinvestmentaktiengesellschaft mit veränderlichem Kapital oder eines Teilgesellschaftsvermögens einer offenen Investmentkommanditgesellschaft auf ein Teilgesellschaftsvermögen einer anderen Spezialinvestmentaktiengesellschaft mit veränderlichem Kapital oder einer anderen offenen Investmentkommanditgesellschaft,
4. eines Teilgesellschaftsvermögens einer Spezialinvestmentaktiengesellschaft mit veränderlichem Kapital oder eines Teilgesellschaftsvermögens einer offenen Investmentkommanditgesellschaft auf ein Spezialsondervermögen.

(3) Auf die Fälle der Verschmelzung einer Spezialinvestmentaktiengesellschaft mit veränderlichem Kapital oder einer offenen Investmentkommanditgesellschaft auf eine andere Spezialinvestmentaktiengesellschaft mit veränderlichem Kapital, auf eine andere offene Investmentkommanditgesellschaft, auf ein Teilgesellschaftsvermögen einer Spezialinvestmentaktiengesellschaft mit veränderlichem Kapital, auf ein Teilgesellschaftsvermögen einer offenen Investmentkommanditgesellschaft oder auf ein Spezialsondervermögen sind die Vorschriften des Umwandlungsgesetzes zur Verschmelzung anzuwenden, soweit sich aus der entsprechenden Anwendung des § 182 in Verbindung mit Absatz 1 Satz 3, § 189 Absatz 2, 3 und 5 und § 190 nichts anderes ergibt.

**Unterabschnitt 2. Besondere Vorschriften für allgemeine offene inländische Spezial-AIF**

**§ 282 Anlageobjekte, Anlagegrenzen.** (1) Die AIF-Kapitalverwaltungsgesellschaft muss die Mittel des allgemeinen offenen inländischen Spezial-AIF nach dem Grundsatz der Risikomischung zur gemeinschaftlichen Kapitalanlage anlegen.

(2) ¹Die AIF-Kapitalverwaltungsgesellschaft darf für den Spezial-AIF nur in Vermögensgegenstände investieren, deren Verkehrswert ermittelt werden kann. ²Die Zusammensetzung der Vermögensgegenstände des Spezial-AIF muss im Einklang mit den für den Spezial-AIF geltenden Regelungen zur Rücknahme von Anteilen oder Aktien stehen. ³§ 285 Absatz 3 ist auf die Vergabe von Gelddarlehen für Rechnung eines allgemeinen offenen inländischen Spezial-AIF entsprechend anzuwenden.

(3) Erfüllt eine AIF-Kapitalverwaltungsgesellschaft, die einen oder mehrere allgemeine offene inländische Spezial-AIF verwaltet, die in § 287 genannten Voraussetzungen, sind die §§ 287 bis 292 anzuwenden.

### Unterabschnitt 3. Besondere Vorschriften für Hedgefonds

**§ 283 Hedgefonds.** (1) ¹Hedgefonds sind allgemeine offene inländische Spezial-AIF nach § 282, deren Anlagebedingungen zusätzlich mindestens eine der folgenden Bedingungen vorsehen:

1. den Einsatz von Leverage in beträchtlichem Umfang oder
2. den Verkauf von Vermögensgegenständen für gemeinschaftliche Rechnung der Anleger, die im Zeitpunkt des Geschäftsabschlusses nicht zum AIF gehören (Leerverkauf).

²Die Kriterien zur Bestimmung, wann Leverage in beträchtlichem Umfang eingesetzt wird, richten sich nach Artikel 111 der Delegierten Verordnung (EU) Nr. 231/2013.

(2) Die Anlagebedingungen von Hedgefonds müssen Angaben darüber enthalten, ob die Vermögensgegenstände bei einer Verwahrstelle oder bei einem Primebroker verwahrt werden.

(3) Für die Rücknahme von Anteilen oder Aktien gilt § 227 entsprechend mit der Maßgabe, dass abweichend von § 227 Absatz 2 Anteil- oder Aktienrückgaben bei Hedgefonds bis zu 40 Kalendertage vor dem jeweiligen Rücknahmetermin, zu dem auch der Anteil- oder Aktienpreis ermittelt wird, durch eine unwiderrufliche Rückgabeerklärung gegenüber der AIF-Kapitalverwaltungsgesellschaft zu erklären sind.

### Unterabschnitt 4. Besondere Vorschriften für offene inländische Spezial-AIF mit festen Anlagebedingungen

**§ 284 Anlagebedingungen, Anlagegrenzen.** (1) Für offene inländische Spezial-AIF mit festen Anlagebedingungen gelten § 282 Absatz 1 sowie die §§ 192 bis 211 und 218 bis 260, soweit sich aus den Absätzen 2 bis 4 nichts anderes ergibt.

(2) Die AIF-Kapitalverwaltungsgesellschaft kann bei offenen inländischen Spezial-AIF mit festen Anlagebedingungen von den §§ 192 bis 211, 218 bis 224 und 230 bis 260 abweichen, wenn

1. die Anleger zustimmen;
2. für den entsprechenden Spezial-AIF nur die folgenden Vermögensgegenstände erworben werden:
a) Wertpapiere,

b) Geldmarktinstrumente,
c) Derivate,
d) Bankguthaben,
e) Immobilien,
f) Beteiligungen an Immobilien-Gesellschaften,
g) Anteile oder Aktien an inländischen offenen Investmentvermögen sowie an entsprechenden offenen EU- oder ausländischen Investmentvermögen,
h) Beteiligungen an ÖPP-Projektgesellschaften, wenn der Verkehrswert dieser Beteiligungen ermittelt werden kann,
i) Edelmetalle, unverbriefte Darlehensforderungen und Unternehmensbeteiligungen, wenn der Verkehrswert dieser Beteiligungen ermittelt werden kann;

3. § 197 Absatz 2, § 276 Absatz 1, die §§ 240 und 260 Absatz 3 mit der Maßgabe, dass die Belastung nach § 260 Absatz 3 Satz 1 insgesamt 50 Prozent des Verkehrswertes der im Sondervermögen befindlichen Immobilien nicht überschreiten darf, unberührt bleiben und

4. die Anlagegrenze nach § 221 Absatz 4 hinsichtlich der in § 198 Satz 1 Nummer 1 genannten Vermögensgegenstände, sofern es sich um Aktien handelt, unberührt bleibt.

(3) ¹Die AIF-Kapitalverwaltungsgesellschaft darf für einen offenen inländischen Spezial-AIF mit festen Anlagebedingungen in Beteiligungen an Unternehmen, die nicht zum Handel an einer Börse zugelassen oder in einen organisierten Markt einbezogen sind, nur bis zu 20 Prozent des Wertes des offenen inländischen Spezial-AIF mit festen Anlagebedingungen anlegen. ² § 282 Absatz 3 gilt entsprechend.

(4) ¹Die AIF-Kapitalverwaltungsgesellschaft kann für Rechnung eines offenen inländischen Spezial-AIF mit festen Anlagebedingungen kurzfristige Kredite nur bis zur Höhe von 30 Prozent des Wertes des AIF aufnehmen. ² § 254 bleibt unberührt; soweit Kredite zulasten der im Sondervermögen befindlichen Immobilien aufgenommen werden, ist dieser jedoch mit der Maßgabe anzuwenden, dass für gemeinschaftliche Rechnung der Anleger Kredite bis zur Höhe von 50 Prozent des Verkehrswertes der im Sondervermögen befindlichen Immobilien aufgenommen werden dürfen.

(5) § 285 Absatz 3 ist auf die Vergabe von Gelddarlehen für Rechnung eines offenen inländischen Spezial-AIF mit festen Anlagebedingungen entsprechend anzuwenden; Absatz 2 Nummer 3 in Verbindung mit § 240 bleibt unberührt.

### Abschnitt 3. Vorschriften für geschlossene inländische Spezial-AIF
#### Unterabschnitt 1. Allgemeine Vorschriften für geschlossene inländische Spezial-AIF

**§ 285 Anlageobjekte.** (1) Die AIF-Kapitalverwaltungsgesellschaft darf für das Investmentvermögen nur in Vermögensgegenstände investieren, deren Verkehrswert ermittelt werden kann.

(2) Die AIF-Kapitalverwaltungsgesellschaft darf für Rechnung eines geschlossenen Spezial-AIF Gelddarlehen nur unter den folgenden Bedingungen gewähren:

1. für den geschlossenen Spezial-AIF werden Kredite nur bis zur Höhe von 30 Prozent des aggregierten eingebrachten Kapitals und noch nicht eingeforderten zugesagten Kapitals aufgenommen, berechnet auf der Grundlage der Beträge, die nach Abzug sämtlicher direkt oder indirekt von den Anlegern getragener Gebühren, Kosten und Aufwendungen für Anlagen zur Verfügung stehen;
2. das Gelddarlehen wird nicht an Verbraucher im Sinne des § 13 des Bürgerlichen Gesetzbuchs vergeben;
3. an einen Darlehensnehmer werden Gelddarlehen nur bis zur Höhe von insgesamt 20 Prozent des aggregierten eingebrachten Kapitals und noch nicht eingeforderten zugesagten Kapitals des geschlossenen Spezial-AIF vergeben, berechnet auf der Grundlage der Beträge, die nach Abzug sämtlicher direkt oder indirekt von den Anlegern getragener Gebühren, Kosten und Aufwendungen für Anlagen zur Verfügung stehen.

(3) ¹Abweichend von Absatz 2 darf die AIF-Kapitalverwaltungsgesellschaft für Rechnung eines geschlossenen Spezial-AIF Gelddarlehen an Unternehmen gewähren, an denen der geschlossene Spezial-AIF bereits beteiligt ist, wenn höchstens 50 Prozent des aggregierten eingebrachten Kapitals und noch nicht eingeforderten zugesagten Kapitals des geschlossenen Spezial-AIF für diese Darlehen verwendet werden, berechnet auf der Grundlage der Beträge, die nach Abzug sämtlicher direkt oder indirekt von den Anlegern getragener Gebühren, Kosten und Aufwendungen für Anlagen zur Verfügung stehen, und zudem eine der folgenden Bedingungen erfüllt ist:
1. bei dem jeweiligen Unternehmen handelt es sich um ein Tochterunternehmen des geschlossenen Spezial-AIF;
2. das Darlehen muss nur aus dem frei verfügbaren Jahres- oder Liquidationsüberschuss oder aus dem die sonstige Verbindlichkeiten des Unternehmens übersteigenden frei verfügbaren Vermögen und in einem Insolvenzverfahren über das Vermögen des Unternehmens nur nach der Befriedigung sämtlicher Unternehmensgläubiger erfüllt werden, oder
3. die dem jeweiligen Unternehmen gewährten Darlehen überschreiten nicht das Zweifache der Anschaffungskosten der an dem Unternehmen gehaltenen Beteiligungen.
²Erfüllt die AIF-Kapitalverwaltungsgesellschaft die Anforderungen des Absatzes 2 Nummer 1, können auch mehr als 50 Prozent des aggregierten eingebrachten Kapitals und noch nicht eingeforderten zugesagten Kapitals des geschlossenen Spezial-AIF für nach Satz 1 Nummer 2 nachrangige Darlehen verwendet werden. ³Erfolgt die Vergabe eines Gelddarlehens nach Satz 1 an ein Tochterunternehmen, muss die AIF-Kapitalverwaltungsgesellschaft sicherstellen, dass das Tochterunternehmen seinerseits Gelddarlehen nur an Unternehmen gewährt, an denen das Tochterunternehmen bereits beteiligt ist, und eine der entsprechend anzuwendenden Bedingungen des Satzes 1 Nummer 1 bis 3 erfüllt ist.

**§ 286 Bewertung, Bewertungsverfahren und Bewerter; Häufigkeit der Bewertung.** (1) Für die Bewertung, das Bewertungsverfahren und den Bewerter gelten die §§ 168, 169 und 216 entsprechend.

(2) Für die Häufigkeit der Bewertung gilt § 272 entsprechend.

**Unterabschnitt 2. Besondere Vorschriften für AIF, die die Kontrolle über nicht börsennotierte Unternehmen und Emittenten erlangen**

**§ 287 Geltungsbereich.** (1) Die §§ 287 bis 292 sind anzuwenden auf AIF-Kapitalverwaltungsgesellschaften,

1. die AIF verwalten, die entweder allein oder gemeinsam auf Grund einer Vereinbarung die Erlangung von Kontrolle gemäß § 288 Absatz 1 über ein nicht börsennotiertes Unternehmen zum Ziel haben;
2. die mit einer oder mehreren AIF-Kapitalverwaltungsgesellschaften auf Grund einer Vereinbarung zusammenarbeiten, gemäß der die von diesen AIF-Kapitalverwaltungsgesellschaften verwalteten AIF die Kontrolle gemäß § 288 Absatz 1 über ein nicht börsennotiertes Unternehmen erlangen.

(2) Die §§ 287 bis 292 sind nicht anzuwenden, wenn das nicht börsennotierte Unternehmen

1. ein kleineres oder mittleres Unternehmen im Sinne von Artikel 2 Absatz 1 des Anhangs der Empfehlung 2003/361/EG der Kommission vom 6. Mai 2003 betreffend die Definition der Kleinstunternehmen sowie der kleinen und mittleren Unternehmen ist oder
2. eine Zweckgesellschaft für den Erwerb, den Besitz oder die Verwaltung von Immobilien ist.

(3) Unbeschadet der Absätze 1 und 2 ist § 289 Absatz 1 auch auf AIF-Kapitalverwaltungsgesellschaften anzuwenden, die AIF verwalten, die eine Minderheitsbeteiligung an einem nicht börsennotierten Unternehmen erlangen.

(4) ¹ § 290 Absatz 1 bis 3 und § 292 sind auch auf AIF-Kapitalverwaltungsgesellschaften anzuwenden, die solche AIF verwalten, die Kontrolle in Bezug auf einen Emittenten im Sinne von Artikel 2 Absatz 1 Buchstabe d der Richtlinie 2004/109/EG erlangen,

1. der seinen satzungsmäßigen Sitz in der Europäischen Union oder in einem anderen Vertragsstaat des Abkommens über den Europäischen Wirtschaftsraum hat und
2. dessen Wertpapiere im Sinne von Artikel 4 Absatz 1 Nummer 21 der Richtlinie 2014/65/EU[1)] zum Handel auf einem organisierten Markt im Sinne von § 2 Absatz 11 des Wertpapierhandelsgesetzes[2)] zugelassen sind.

² Für die Zwecke dieser Paragraphen gelten die Absätze 1 und 2 entsprechend.

(5) Die §§ 287 bis 292 gelten vorbehaltlich der Bedingungen und Beschränkungen, die in Artikel 6 der Richtlinie 2002/14/EG festgelegt sind.

**§ 288 Erlangen von Kontrolle.** (1) Für die Zwecke der §§ 287 bis 292 bedeutet Kontrolle im Fall nicht börsennotierter Unternehmen die Erlangung von mehr als 50 Prozent der Stimmrechte dieser Unternehmen.

(2) ¹ Bei der Berechnung des Anteils an den Stimmrechten, die von den entsprechenden AIF gehalten werden, werden zusätzlich zu von dem betreffenden AIF direkt gehaltenen Stimmrechten auch die folgenden Stimmrechte berücksichtigt, wobei die Kontrolle gemäß Absatz 1 festgestellt wird:

---

[1)] Nr. **1**.
[2)] Nr. **12**.

1. von Unternehmen, die von dem AIF kontrolliert werden und
2. von natürlichen oder juristischen Personen, die in ihrem eigenen Namen, aber im Auftrag des AIF oder eines von dem AIF kontrollierten Unternehmens handeln.

²Der Anteil der Stimmrechte wird ausgehend von der Gesamtzahl der mit Stimmrechten versehenen Anteile berechnet, auch wenn die Ausübung dieser Stimmrechte ausgesetzt ist.

(3) Kontrolle in Bezug auf Emittenten wird für die Zwecke der §§ 290 und 292 gemäß Artikel 5 Absatz 3 der Richtlinie 2004/25/EG des Europäischen Parlaments und des Rates vom 21. April 2004 betreffend Übernahmeangebote (ABl. L 142 vom 30.4.2004, S. 12) definiert.

**§ 289 Mitteilungspflichten.** (1) Die AIF-Kapitalverwaltungsgesellschaft unterrichtet die Bundesanstalt, wenn der Anteil der Stimmrechte des nicht börsennotierten Unternehmens, der von dem AIF gehalten wird, durch Erwerb, Verkauf oder Halten von Anteilen an dem nicht börsennotierten Unternehmen die Schwellenwerte von 10 Prozent, 20 Prozent, 30 Prozent, 50 Prozent und 75 Prozent erreicht, überschreitet oder unterschreitet.

(2) Erlangt ein AIF allein oder gemeinsam mit anderen AIF die Kontrolle über ein nicht börsennotiertes Unternehmen gemäß § 287 Absatz 1 in Verbindung mit § 288 Absatz 1, informiert die AIF-Kapitalverwaltungsgesellschaft die folgenden Stellen über den Kontrollerwerb:
1. das nicht börsennotierte Unternehmen,
2. die Anteilseigner, soweit deren Identität und Adresse der AIF-Kapitalverwaltungsgesellschaft
   a) vorliegen,
   b) von dem nicht börsennotierten Unternehmen zur Verfügung gestellt werden können oder
   c) über ein Register, zu dem die AIF-Kapitalverwaltungsgesellschaft Zugang hat oder erhalten kann, zur Verfügung gestellt werden können und
3. die Bundesanstalt.

(3) Die Mitteilung nach Absatz 2 erhält die folgenden zusätzlichen Angaben:
1. die sich hinsichtlich der Stimmrechte ergebende Situation,
2. die Bedingungen, unter denen die Kontrolle erlangt wurde, einschließlich Nennung der einzelnen beteiligten Anteilseigner, der zur Stimmabgabe in ihrem Namen ermächtigten natürlichen oder juristischen Personen und gegebenenfalls der Beteiligungskette, über die die Stimmrechte tatsächlich gehalten werden,
3. das Datum, an dem die Kontrolle erlangt wurde.

(4) ¹In seiner Mitteilung nach Absatz 2 Nummer 1 ersucht die AIF-Kapitalverwaltungsgesellschaft den Vorstand des Unternehmens, entweder die Arbeitnehmervertreter oder, falls es keine solchen Vertreter gibt, die Arbeitnehmer selbst unverzüglich von der Erlangung der Kontrolle durch den AIF und von den Informationen gemäß Absatz 3 in Kenntnis zu setzen. ²Die AIF-Kapitalverwaltungsgesellschaft bemüht sich nach besten Kräften sicherzustellen, dass der Vorstand entweder die Arbeitnehmervertreter oder, falls es keine solchen Vertreter gibt, die Arbeitnehmer selbst ordnungsgemäß informiert.

(5) Die Mitteilungen gemäß den Absätzen 1, 2 und 3 werden so rasch wie möglich, aber nicht später als zehn Arbeitstage nach dem Tag, an dem der AIF die entsprechende Schwelle erreicht, über- oder unterschritten hat oder die Kontrolle über das nicht börsennotierte Unternehmen erlangt hat, gemacht.

**§ 290 Offenlegungspflicht bei Erlangen der Kontrolle.** (1) Erlangt ein AIF allein oder gemeinsam mit anderen AIF die Kontrolle über ein nicht börsennotiertes Unternehmen oder einen Emittenten gemäß § 287 Absatz 1 in Verbindung mit § 288 Absatz 1, legt die AIF-Kapitalverwaltungsgesellschaft den folgenden Stellen die in Absatz 2 genannten Informationen vor:

1. dem betreffenden Unternehmen,
2. den Anteilseignern, soweit deren Identität und Adresse der AIF-Kapitalverwaltungsgesellschaft
   a) vorliegen,
   b) von dem nicht börsennotierten Unternehmen zur Verfügung gestellt werden können oder
   c) über ein Register, zu dem die AIF-Kapitalverwaltungsgesellschaft Zugang hat oder erhalten kann, zur Verfügung gestellt werden können und
3. die Bundesanstalt.

(2) Die AIF-Kapitalverwaltungsgesellschaft legt die folgenden Informationen vor:

1. die Identität der AIF-Kapitalverwaltungsgesellschaft, die entweder allein oder im Rahmen einer Vereinbarung mit anderen AIF-Kapitalverwaltungsgesellschaften die AIF verwalten, die die Kontrolle erlangt haben,
2. die Grundsätze zur Vermeidung und Steuerung von Interessenkonflikten, insbesondere zwischen der AIF-Kapitalverwaltungsgesellschaft, dem AIF und dem Unternehmen, einschließlich Informationen zu den besonderen Sicherheitsmaßnahmen, die getroffen wurden, um sicherzustellen, dass Vereinbarungen zwischen der AIF-Kapitalverwaltungsgesellschaft oder dem AIF und dem Unternehmen wie zwischen voneinander unabhängigen Geschäftspartnern geschlossen werden und
3. die Grundsätze für die externe und interne Kommunikation in Bezug auf das Unternehmen, insbesondere gegenüber den Arbeitnehmern.

(3) [1] In ihrer Mitteilung nach Absatz 1 Nummer 1 ersucht die AIF-Kapitalverwaltungsgesellschaft den Vorstand des Unternehmens, entweder die Arbeitnehmervertreter oder, falls es keine solchen Vertreter gibt, die Arbeitnehmer selbst unverzüglich von den Informationen gemäß Absatz 2 in Kenntnis zu setzen. [2] Die AIF-Kapitalverwaltungsgesellschaft bemüht sich nach besten Kräften sicherzustellen, dass der Vorstand entweder die Arbeitnehmervertreter oder, falls es keine solchen Vertreter gibt, die Arbeitnehmer selbst ordnungsgemäß informiert.

(4) [1] Die AIF-Kapitalverwaltungsgesellschaft stellt sicher, dass den in Absatz 1 Nummer 1 und 2 genannten Unternehmen und Anteilseignern folgende Informationen offengelegt werden:

1. die Absichten des AIF hinsichtlich der zukünftigen Geschäftsentwicklung des nicht börsennotierten Unternehmens und
2. die voraussichtlichen Auswirkungen auf die Beschäftigung, einschließlich wesentlicher Änderungen der Arbeitsbedingungen.

² Ferner ersucht die AIF-Kapitalverwaltungsgesellschaft den Vorstand des nicht börsennotierten Unternehmens, die in diesem Absatz genannten Informationen entweder den Arbeitnehmervertretern oder, falls es keine solchen Vertreter gibt, den Arbeitnehmern des nicht börsennotierten Unternehmens selbst zur Verfügung zu stellen und bemüht sich nach besten Kräften, dies sicherzustellen.

(5) Sobald ein AIF die Kontrolle über ein nicht börsennotiertes Unternehmen gemäß § 287 Absatz 1 in Verbindung mit § 288 Absatz 1 erlangt, legt die AIF-Kapitalverwaltungsgesellschaft, die den betreffenden AIF verwaltet, der Bundesanstalt und den Anlegern des AIF Angaben zur Finanzierung des Erwerbs vor.

**§ 291 Besondere Vorschriften hinsichtlich des Jahresabschlusses und des Lageberichts.** (1) Erlangt ein AIF allein oder gemeinsam mit anderen AIF die Kontrolle über ein nicht börsennotiertes Unternehmen oder einen Emittenten gemäß § 287 Absatz 1 in Verbindung mit § 288 Absatz 1, ist die AIF-Kapitalverwaltungsgesellschaft dazu verpflichtet,

1. darum zu ersuchen und nach besten Kräften sicherzustellen, dass der Jahresabschluss und, sofern gesetzlich vorgeschrieben, der Lagebericht des nicht börsennotierten Unternehmens innerhalb der Frist, die in den einschlägigen nationalen Rechtsvorschriften für die Erstellung der genannten Unterlagen vorgesehen ist, gemäß Absatz 2 erstellt, um die Information nach Absatz 2 ergänzt und von den gesetzlichen Vertretern des Unternehmens den Arbeitnehmervertretern oder, falls es keine solchen Vertreter gibt, den Arbeitnehmern selbst zur Verfügung gestellt wird oder

2. für jeden betreffenden AIF in den gemäß § 148 vorgesehenen Anhang zum Jahresabschluss oder den gemäß § 158 vorgesehenen Jahresbericht zusätzlich die in Absatz 2 genannten Informationen über das betreffende nicht börsennotierte Unternehmen aufzunehmen.

(2) ¹Die zusätzlichen Informationen gemäß Absatz 1 Nummer 2 müssen zumindest einen Bericht über die Lage des nicht börsennotierten Unternehmens am Ende des von dem Jahresabschluss oder Jahresbericht abgedeckten Zeitraums enthalten, in dem der Geschäftsverlauf des Unternehmens so dargestellt wird, dass ein den tatsächlichen Verhältnissen entsprechendes Bild entsteht. ²Der Bericht soll außerdem folgende Informationen enthalten:

1. Ereignisse von besonderer Bedeutung, die nach Abschluss des Geschäftsjahres eingetreten sind,

2. die voraussichtliche Entwicklung des Unternehmens und

3. die in Artikel 22 Absatz 2 der Zweiten Richtlinie des Rates vom 13. Dezember 1976 zur Koordinierung der Schutzbestimmungen, die in den Mitgliedstaaten den Gesellschaften im Sinne des Artikels 58 Absatz 2 des Vertrages im Interesse der Gesellschafter sowie Dritter für die Gründung der Aktiengesellschaft sowie für die Erhaltung und Änderung ihres Kapitals vorgeschrieben sind, um diese Bestimmungen gleichwertig zu gestalten (77/91/EWG) (ABl. L 26 vom 31.1.1977, S. 1) bezeichneten Angaben über den Erwerb eigener Aktien.

(3) Die AIF-Kapitalverwaltungsgesellschaft hat
1. darum zu ersuchen und nach bestmöglichem Bemühen sicherzustellen, dass die gesetzlichen Vertreter des nicht börsennotierten Unternehmens die in

Absatz 1 Nummer 2 genannten Informationen über das betreffende Unternehmen entweder den Arbeitnehmervertretern des betreffenden Unternehmens oder, falls es keine solchen Vertreter gibt, den Arbeitnehmern selbst innerhalb der in § 148 in Verbindung mit § 120 Absatz 1 oder in § 158 in Verbindung mit § 135 Absatz 1 genannten Frist zur Verfügung stellt oder

2. den Anlegern des AIF die Informationen gemäß Absatz 1 Nummer 2, soweit bereits verfügbar, innerhalb der in § 148 in Verbindung mit § 120 Absatz 1 oder in § 158 in Verbindung mit § 135 Absatz 1 genannten Frist und in jedem Fall spätestens bis zu dem Stichtag, zu dem der Jahresabschluss und der Lagebericht des nicht börsennotierten Unternehmens gemäß den einschlägigen nationalen Rechtsvorschriften erstellt werden, zur Verfügung zu stellen.

**§ 292 Zerschlagen von Unternehmen.** (1) Erlangt ein AIF allein oder gemeinsam mit anderen AIF die Kontrolle über ein nicht börsennotiertes Unternehmen oder einen Emittenten gemäß § 288, ist die AIF-Kapitalverwaltungsgesellschaft innerhalb von 24 Monaten nach Erlangen der Kontrolle über das Unternehmen durch den AIF dazu verpflichtet,

1. Ausschüttungen, Kapitalherabsetzungen, die Rücknahme von Anteilen oder den Ankauf eigener Anteile durch das Unternehmen gemäß Absatz 2 weder zu gestatten noch zu ermöglichen, zu unterstützen oder anzuordnen,

2. sofern sie befugt ist, in den Versammlungen der Leitungsgremien des Unternehmens im Namen des AIF abzustimmen, nicht für Ausschüttungen, Kapitalherabsetzungen, die Rücknahme von Anteilen oder den Ankauf eigener Anteile durch das Unternehmen gemäß Absatz 2 zu stimmen und

3. sich in jedem Fall bestmöglich zu bemühen, Ausschüttungen, Kapitalherabsetzungen, die Rücknahme von Anteilen oder den Ankauf eigener Anteile durch das Unternehmen gemäß Absatz 2 zu verhindern.

(2) Die Pflichten gemäß Absatz 1 beziehen sich auf

1. Ausschüttungen an Anteilseigner, die vorgenommen werden, wenn das im Jahresabschluss des Unternehmens ausgewiesene Nettoaktivvermögen bei Abschluss des letzten Geschäftsjahres den Betrag des gezeichneten Kapitals zuzüglich der Rücklagen, deren Ausschüttung das Recht oder die Satzung nicht gestattet, unterschreitet oder infolge einer solchen Ausschüttung unterschreiten würde, wobei der Betrag des gezeichneten Kapitals um den Betrag des noch nicht eingeforderten Teils des gezeichneten Kapitals vermindert wird, falls Letzterer nicht auf der Aktivseite der Bilanz ausgewiesen ist;

2. Ausschüttungen an Anteilseigner, deren Betrag den Betrag des Ergebnisses des letzten abgeschlossenen Geschäftsjahres, zuzüglich des Gewinnvortrags und der Entnahmen aus hierfür verfügbaren Rücklagen, jedoch vermindert um die Verluste aus früheren Geschäftsjahren sowie um die Beträge, die nach Gesetz oder Satzung in Rücklagen eingestellt worden sind, überschreiten würde;

3. in dem Umfang, in dem der Ankauf eigener Anteile gestattet ist, Ankäufe durch das Unternehmen, einschließlich Anteilen, die bereits früher vom Unternehmen erworben und von ihm gehalten wurden, und Anteilen, die von einer Person erworben werden, die in ihrem eigenen Namen, aber im Auftrag des Unternehmens handelt, die zur Folge hätten, dass das Nettoaktivvermögen unter die Nummer 1 genannte Schwelle gesenkt würde.

(3) Für die Zwecke des Absatzes 2 gilt Folgendes:
1. der in Absatz 2 Nummer 1 und 2 verwendete Begriff „Ausschüttungen" bezieht sich insbesondere auf die Zahlung von Dividenden und Zinsen im Zusammenhang mit Anteilen,
2. die Bestimmungen für Kapitalherabsetzungen erstrecken sich nicht auf Herabsetzungen des gezeichneten Kapitals, deren Zweck im Ausgleich von erlittenen Verlusten oder in der Aufnahme von Geldern in eine nicht ausschüttbare Rücklage besteht, unter der Voraussetzung, dass die Höhe einer solchen Rücklage nach dieser Maßnahme 10 Prozent des herabgesetzten gezeichneten Kapitals nicht überschreitet, und
3. die Einschränkung gemäß Absatz 2 Nummer 3 richtet sich nach Artikel 20 Absatz 1 Buchstabe b bis h der Richtlinie 77/91/EWG.

## Kapitel 4 Vorschriften für den Vertrieb und den Erwerb von Investmentvermögen

### Abschnitt 1. Vorschriften für den Vertrieb und den Erwerb von Investmentvermögen

#### Unterabschnitt 1. Allgemeine Vorschriften für den Vertrieb und den Erwerb von Investmentvermögen

**§ 293 Allgemeine Vorschriften.** (1) ¹Vertrieb ist das direkte oder indirekte Anbieten oder Platzieren von Anteilen oder Aktien eines Investmentvermögens. ²Als Vertrieb gilt nicht, wenn
1. Investmentvermögen nur namentlich benannt werden,
2. nur die Nettoinventarwerte und die an einem organisierten Markt ermittelten Kurse oder die Ausgabe- und Rücknahmepreise von Anteilen oder Aktien eines Investmentvermögens genannt oder veröffentlicht werden,
3. Verkaufsunterlagen eines Investmentvermögens mit mindestens einem Teilinvestmentvermögen, dessen Anteile oder Aktien im Geltungsbereich dieses Gesetzes an eine, mehrere oder alle Anlegergruppen im Sinne des § 1 Absatz 19 Nummer 31 bis 33 vertrieben werden dürfen, verwendet werden und diese Verkaufsunterlagen auch Informationen über weitere Teilinvestmentvermögen enthalten, die im Geltungsbereich dieses Gesetzes nicht oder nur an eine oder mehrere andere Anlegergruppen vertrieben werden dürfen, sofern in den Verkaufsunterlagen jeweils drucktechnisch herausgestellt an hervorgehobener Stelle darauf hingewiesen wird, dass die Anteile oder Aktien der weiteren Teilinvestmentvermögen im Geltungsbereich dieses Gesetzes nicht vertrieben werden dürfen oder, sofern sie an einzelne Anlegergruppen vertrieben werden dürfen, an welche Anlegergruppe im Sinne des § 1 Absatz 19 Nummer 31 bis 33 sie nicht vertrieben werden dürfen,
4. die Besteuerungsgrundlagen nach § 5 des Investmentsteuergesetzes genannt oder bekannt gemacht werden,
5. Angaben zu einem Investmentvermögen auf Grund gesetzlich vorgeschriebener Veröffentlichungen oder Informationen erfolgen, insbesondere wenn
   a) in einen Prospekt für Wertpapiere Mindestangaben nach der Verordnung (EU) 2017/1129[1)] und den Vorgaben in den Kapiteln II bis IV der

---

[1)] Nr. 6.

Delegierten Verordnung (EU) 2019/980 der Kommission vom 14. März 2019 zur Ergänzung der Verordnung (EU) 2017/1129 des Europäischen Parlaments und des Rates hinsichtlich der Aufmachung, des Inhalts, der Prüfung und der Billigung des Prospekts, der beim öffentlichen Angebot von Wertpapieren oder bei deren Zulassung zum Handel an einem geregelten Markt zu veröffentlichen ist, und zur Aufhebung der Verordnung (EG) Nr. 809/2004 der Kommission (ABl. L 166 vom 21.6.2019, S. 26) oder Zusatzangaben gemäß § 268 oder § 307 aufgenommen werden,

b) in einen Prospekt für Vermögensanlagen Mindestangaben nach § 8g des Verkaufsprospektgesetzes oder Angaben nach § 7 des Vermögensanlagengesetzes[1]) aufgenommen werden oder

c) bei einer fondsgebundenen Lebensversicherung Informationen nach § 7 Absatz 1 Satz 1 des Versicherungsvertragsgesetzes in Verbindung mit § 2 Absatz 1 Nummer 7 der VVG-Versicherungsvertragsgesetz-Informationspflichtenverordnung zur Verfügung gestellt werden,

6. Verwaltungsgesellschaften nur ihre gesetzlichen Veröffentlichungspflichten im Bundesanzeiger oder ausschließlich ihre regelmäßigen Informationspflichten gegenüber dem bereits in das betreffende Investmentvermögen investierten Anleger nach diesem Gesetz oder nach dem Recht des Herkunftsstaates erfüllen,

7. ein EU-Master-OGAW ausschließlich Anteile an einen oder mehrere inländische OGAW-Feederfonds ausgibt

und darüber hinaus kein Vertrieb im Sinne des Satzes 1 stattfindet. ³Ein Vertrieb an semiprofessionelle und professionelle Anleger ist nur dann gegeben, wenn dieser auf Initiative der Verwaltungsgesellschaft oder in deren Auftrag erfolgt und sich an semiprofessionelle oder professionelle Anleger mit Wohnsitz oder Sitz im Inland oder einem anderen Mitgliedstaat der Europäischen Union oder Vertragsstaat des Abkommens über den Europäischen Wirtschaftsraum richtet. ⁴Die Bundesanstalt kann Richtlinien aufstellen, nach denen sie für den Regelfall beurteilt, wann ein Vertrieb im Sinne der Sätze 1 und 3 vorliegt.

(2) Enthalten die Vorschriften dieses Kapitels Regelungen für Investmentvermögen, gelten diese entsprechend auch für Teilinvestmentvermögen, es sei denn, aus den Vorschriften dieses Kapitels geht etwas anderes hervor.

**§ 294 Auf den Vertrieb und den Erwerb von OGAW anwendbare Vorschriften.** (1) ¹Auf den Vertrieb und den Erwerb von Anteilen oder Aktien an inländischen OGAW oder an zum Vertrieb berechtigten EU-OGAW im Geltungsbereich dieses Gesetzes sind die Vorschriften des Unterabschnitts 2 dieses Abschnitts, soweit sie auf Anteile oder Aktien an inländischen OGAW oder EU-OGAW Anwendung finden, anzuwenden. ²Zudem sind auf EU-OGAW die Vorschriften des Abschnitts 2 Unterabschnitt 1 und auf inländische OGAW die Vorschriften des Abschnitts 2 Unterabschnitt 2 anzuwenden. ³Der Vertrieb von EU-OGAW im Inland ist nur zulässig, wenn die Voraussetzungen des § 310 gegeben sind.

(2) Die Bundesanstalt veröffentlicht auf ihrer Internetseite gemäß Artikel 30 der Richtlinie 2010/44/EU die Anforderungen, die beim Vertrieb von An-

---

[1]) Nr. 8.

teilen oder Aktien an EU-OGAW im Geltungsbereich dieses Gesetzes zu beachten sind.

**§ 295 Auf den Vertrieb und den Erwerb von AIF anwendbare Vorschriften.** (1) ¹Der Vertrieb von Anteilen oder Aktien an inländischen Publikums-AIF an Privatanleger, semiprofessionelle und professionelle Anleger im Geltungsbereich dieses Gesetzes ist nur zulässig, wenn die Voraussetzungen des § 316 erfüllt sind. ²Der Vertrieb von Anteilen oder Aktien an EU-AIF und ausländischen AIF an Privatanleger im Geltungsbereich dieses Gesetzes ist nur zulässig, wenn die Voraussetzungen der §§ 317 bis 320 erfüllt sind. ³Die Verwaltungsgesellschaften, die AIF verwalten, die die Voraussetzungen für den Vertrieb an Privatanleger nicht erfüllen, müssen wirksame Vorkehrungen treffen, die verhindern, dass Anteile oder Aktien an den AIF an Privatanleger im Geltungsbereich dieses Gesetzes vertrieben werden; dies gilt auch, wenn unabhängige Unternehmen eingeschaltet werden, die für den AIF Wertpapierdienstleistungen erbringen.

(2) ¹Der Vertrieb von Anteilen oder Aktien an inländischen Spezial-AIF, EU-AIF und ausländischen AIF an professionelle Anleger ist im Inland nur zulässig

1. bis zu dem in dem auf Grundlage des Artikels 66 Absatz 3 in Verbindung mit Artikel 67 Absatz 6 der Richtlinie 2011/61/EU erlassenen delegierten Rechtsakt der Europäischen Kommission genannten Zeitpunkt nach den Voraussetzungen der §§ 321, 323, 329, 330 oder 330a;
2. ab dem Zeitpunkt, auf den in Nummer 1 verwiesen wird, nach den Voraussetzungen der §§ 321 bis 328 oder § 330a.

²Abweichend von Satz 1 darf eine AIF-Verwaltungsgesellschaft, die bis zu dem in Nummer 1 genannten Zeitpunkt inländische Spezial-Feeder-AIF, EU-Feeder-AIF, EU-AIF oder ausländische AIF gemäß § 329 oder § 330 vertreiben darf, diese AIF auch nach diesem Zeitpunkt an professionelle Anleger im Inland weiterhin vertreiben. ³Die Befugnis der Bundesanstalt, nach § 11 oder nach § 314 erforderliche Maßnahmen zu ergreifen, bleibt unberührt.

(3) ¹Der Vertrieb von Anteilen oder Aktien an inländischen Spezial-AIF, EU-AIF und ausländischen AIF an semiprofessionelle Anleger im Inland ist nur zulässig

1. bis zu dem in dem auf Grundlage des Artikels 66 Absatz 3 in Verbindung mit Artikel 67 Absatz 6 der Richtlinie 2011/61/EU erlassenen delegierten Rechtsakt der Europäischen Kommission genannten Zeitpunkt
   a) nach den für den Vertrieb an semiprofessionelle Anleger genannten Voraussetzungen der §§ 321, 323, 329, 330 oder 330a oder
   b) nach den Voraussetzungen der §§ 317 bis 320;
2. ab dem Zeitpunkt, auf den in Nummer 1 verwiesen wird,
   a) nach den für den Vertrieb an semiprofessionelle Anleger genannten Voraussetzungen der §§ 321 bis 328 oder 330a oder
   b) nach den Voraussetzungen der §§ 317 bis 320.

²Absatz 2 Satz 2 und 5 gilt entsprechend.

(4) Werden im Geltungsbereich dieses Gesetzes Anteile oder Aktien an inländischen Publikums-AIF, an zum Vertrieb an Privatanleger berechtigten EU-AIF oder an zum Vertrieb an Privatanleger berechtigten ausländischen AIF

an Privatanleger vertrieben oder von diesen erworben, so gelten die Vorschriften des Unterabschnitts 2 dieses Abschnitts, soweit sie sich auf den Vertrieb oder den Erwerb von inländischen Publikums-AIF, EU-AIF oder ausländischen AIF beziehen.

(5) Werden im Geltungsbereich dieses Gesetzes Anteile oder Aktien an

1. inländischen AIF,

2. von einer AIF-Kapitalverwaltungsgesellschaft oder ab dem Zeitpunkt, auf den in Absatz 2 Nummer 1 verwiesen wird, von einer ausländischen AIF-Verwaltungsgesellschaft, die eine Erlaubnis nach § 58 erhalten hat, verwalteten EU-AIF,

3. zum Vertrieb an professionelle Anleger berechtigten EU-AIF, die von einer EU-AIF-Verwaltungsgesellschaft oder ab dem Zeitpunkt, auf den in Absatz 2 Nummer 1 verwiesen wird, von einer ausländischen AIF-Verwaltungsgesellschaft, deren Referenzmitgliedstaat nicht die Bundesrepublik Deutschland ist, verwaltet werden, oder

4. zum Vertrieb an professionelle Anleger berechtigten ausländischen AIF an semiprofessionelle oder professionelle Anleger vertrieben oder durch diese erworben, gelten die Vorschriften des Unterabschnitts 3 dieses Abschnitts.

(6) [1] Beabsichtigt eine AIF-Kapitalverwaltungsgesellschaft, Anteile oder Aktien an von ihr verwalteten inländischen AIF, an EU-AIF oder, ab dem Zeitpunkt, auf den in Absatz 2 Nummer 1 verwiesen wird, an ausländischen AIF an professionelle Anleger in einem anderen Mitgliedstaat der Europäischen Union oder in einem anderen Vertragsstaat des Abkommens über den Europäischen Wirtschaftsraum zu vertreiben, gelten § 331 und ab dem Zeitpunkt, auf den in Absatz 2 Nummer 1 verwiesen wird, § 332. [2] Die AIF-Kapitalverwaltungsgesellschaft stellt den am Erwerb eines Anteils oder einer Aktie Interessierten in den anderen Mitgliedstaaten der Europäischen Union und Vertragsstaaten des Abkommens über den Europäischen Wirtschaftsraum für jeden von ihr verwalteten inländischen AIF oder EU-AIF und für jeden von ihr vertriebenen AIF vor Vertragsschluss

1. die in § 307 Absatz 1 genannten Informationen einschließlich aller wesentlichen Änderungen dieser Informationen unter Berücksichtigung von § 307 Absatz 4 in der in den Anlagebedingungen, der Satzung oder dem Gesellschaftsvertrag des AIF festgelegten Art und Weise zur Verfügung und

2. unterrichtet die am Erwerb eines Anteils oder einer Aktie Interessierten nach § 307 Absatz 2 Satz 1.

[3] Zudem informiert die AIF-Kapitalverwaltungsgesellschaft die Anleger nach § 308 Absatz 1 bis 4, auch in Verbindung mit § 300 Absatz 1 bis 3, und über Änderungen der Informationen nach § 307 Absatz 2 Satz 1.

(7) [1] Beabsichtigt eine ausländische AIF-Verwaltungsgesellschaft ab dem Zeitpunkt, auf den in Absatz 2 Nummer 1 verwiesen wird, Anteile oder Aktien an von ihr verwalteten inländischen AIF, an EU-AIF oder an ausländischen AIF an professionelle Anleger in einem anderen Mitgliedstaat der Europäischen Union oder in einem anderen Vertragsstaat des Abkommens über den Europäischen Wirtschaftsraum zu vertreiben, gelten die §§ 333 und 334. [2] Absatz 6 Satz 2 gilt entsprechend.

Kapitalanlagegesetzbuch § 296 KAGB 15

(8) ¹Die Vorschriften des Wertpapierprospektgesetzes[1] und der Verordnung (EU) 2017/1129[2] bleiben unberührt. ²An die Stelle des Verkaufsprospekts in diesem Kapitel treten die in einem Wertpapierprospekt enthaltenen Angaben nach § 269, wenn

1. der AIF gemäß § 268 Absatz 1 Satz 3 oder § 318 Absatz 3 Satz 2 auf Grund seiner Pflicht zur Erstellung eines Prospekts nach der Verordnung (EU) 2017/1129 und der Aufnahme aller gemäß § 269 erforderlichen Angaben in diesen Prospekt von der Pflicht zur Erstellung eines Verkaufsprospekts befreit ist und
2. aus den Vorschriften dieses Kapitels nichts anderes hervorgeht.

**§ 296 Vereinbarungen mit Drittstaaten zur OGAW-Konformität.**

(1) ¹Die Bundesanstalt kann mit den zuständigen Stellen von Drittstaaten vereinbaren, dass

1. die §§ 310 und 311 auf Anteile an ausländischen AIF, die in dem Drittstaat gemäß den Anforderungen der Richtlinie 2009/65/EG aufgelegt und verwaltet werden, entsprechend anzuwenden sind, sofern diese AIF im Geltungsbereich dieses Gesetzes vertrieben werden sollen, und
2. die §§ 312 und 313 entsprechend anzuwenden sind, wenn Anteile an inländischen OGAW auf dem Hoheitsgebiet des Drittstaates vertrieben werden sollen.

² § 310 gilt dabei mit der Maßgabe, dass zusätzlich zu der Bescheinigung nach § 310 Absatz 1 Satz 1 Nummer 2 auch eine Bescheinigung der zuständigen Stelle des Drittstaates zu übermitteln ist, dass der angezeigte AIF gemäß der Richtlinie 2011/61/EU verwaltet wird.

(2) Die Bundesanstalt darf die Vereinbarung nach Absatz 1 nur abschließen, wenn

1. die Anforderungen der Richtlinie 2009/65/EG in das Recht des Drittstaates entsprechend umgesetzt sind und öffentlich beaufsichtigt werden,
2. die Bundesanstalt und die zuständigen Stellen des Drittstaates eine Vereinbarung im Sinne des Artikels 42 Absatz 1 Buchstabe b in Verbindung mit Absatz 3 der Richtlinie 2011/61/EU abgeschlossen haben oder zeitgleich mit der Vereinbarung nach Absatz 1 abschließen werden,
3. der Drittstaat gemäß Artikel 42 Absatz 1 Buchstabe c der Richtlinie 2011/61/EU nicht auf der Liste der nicht kooperierenden Länder und Gebiete, die von der Arbeitsgruppe „Finanzielle Maßnahmen gegen die Geldwäsche und die Terrorismusfinanzierung" aufgestellt wurde, steht,
4. der gegenseitige Marktzugang unter vergleichbaren Voraussetzungen gewährt wird und
5. die Vereinbarung nach Absatz 1 auf solche ausländischen AIF des Drittstaates beschränkt wird, bei denen sowohl der AIF als auch der Verwalter ihren Sitz in diesem Drittstaat haben, und die gemäß der Richtlinie 2011/61/EU verwaltet werden.

(3) ¹Auf ausländische AIF, deren Anteile entsprechend Absatz 1 im Geltungsbereich dieses Gesetzes vertrieben werden, sind diejenigen Bestimmungen

---

[1] Nr. 7.
[2] Nr. 6.

dieses Gesetzes entsprechend anzuwenden, die eine EU-OGAW-Verwaltungsgesellschaft zu beachten hat, wenn sie Anteile an einem EU-OGAW im Geltungsbereich dieses Gesetzes vertreibt; insbesondere sind § 35 Absatz 3 bis 5 des Wertpapierhandelsgesetzes[1]), die §§ 297, 298 sowie 301 bis 306 und 309 entsprechend anzuwenden. ²Darüber hinaus gilt für den Vertrieb des ausländischen AIF Artikel 42 Absatz 1 Buchstabe a in Verbindung mit den Artikeln 22, 23 und 24 der Richtlinie 2011/61/EU.

(4) ¹Die Bundesanstalt veröffentlicht die Vereinbarung nach Absatz 1 unverzüglich nach Inkrafttreten auf ihrer Internetseite. ²Mit der Bekanntmachung sind die in Absatz 3 genannten Vorschriften anzuwenden. ³Die Vereinbarung nach Absatz 1 verliert ihre Geltungskraft ab dem Zeitpunkt, auf den in § 295 Absatz 2 Nummer 1 verwiesen wird.

**Unterabschnitt 2. Vorschriften für den Vertrieb und den Erwerb von AIF in Bezug auf Privatanleger und für den Vertrieb und den Erwerb von OGAW**

**§ 297 Verkaufsunterlagen und Hinweispflichten.** (1) ¹Dem am Erwerb eines Anteils oder einer Aktie an einem OGAW Interessierten sind rechtzeitig vor Vertragsschluss die wesentlichen Anlegerinformationen in der geltenden Fassung kostenlos zur Verfügung zu stellen. ²Darüber hinaus sind ihm sowie auch dem Anleger eines OGAW auf Verlangen der Verkaufsprospekt sowie der letzte veröffentlichte Jahres- und Halbjahresbericht kostenlos zur Verfügung zu stellen.

(2) ¹Der am Erwerb eines Anteils oder einer Aktie an einem AIF interessierte Privatanleger ist vor Vertragsschluss über den jüngsten Nettoinventarwert des Investmentvermögens oder den jüngsten Marktpreis der Anteile oder Aktien gemäß den §§ 168 und 271 Absatz 1 zu informieren. ²Ihm sind rechtzeitig vor Vertragsschluss die wesentlichen Anlegerinformationen, der Verkaufsprospekt und der letzte veröffentlichte Jahres- und Halbjahresbericht in der geltenden Fassung kostenlos zur Verfügung zu stellen.

(3) Die Anlagebedingungen und gegebenenfalls die Satzung oder der Gesellschaftsvertrag und der Treuhandvertrag mit dem Treuhandkommanditisten sind dem Verkaufsprospekt von OGAW und AIF beizufügen, es sei denn, dieser enthält einen Hinweis, wo diese im Geltungsbereich dieses Gesetzes kostenlos erhalten werden können.

(4) ¹Die in den Absätzen 1, 2 Satz 2 sowie in Absatz 3 genannten Unterlagen (Verkaufsunterlagen) sind dem am Erwerb eines Anteils oder einer Aktie Interessierten und dem Anleger auf einem dauerhaften Datenträger oder einer Internetseite gemäß Artikel 38 der Verordnung (EU) Nr. 583/2010 sowie auf Verlangen jederzeit kostenlos in Papierform zur Verfügung zu stellen. ²Der am Erwerb eines Anteils oder einer Aktie Interessierte ist darauf hinzuweisen, wo im Geltungsbereich des Gesetzes und auf welche Weise er die Verkaufsunterlagen kostenlos erhalten kann.

(5) ¹Dem am Erwerb eines Anteils oder einer Aktie an einem Feederfonds Interessierten und dem Anleger eines Feederfonds sind auch der Verkaufsprospekt sowie Jahres- und Halbjahresbericht des Masterfonds auf Verlangen kostenlos in Papierform zur Verfügung zu stellen. ²Zusätzlich ist den Anlegern des Feederfonds und des Masterfonds die gemäß § 175 Absatz 1 oder § 317 Absatz 3

---

[1]) Nr. 12.

Nummer 5 abgeschlossene Master-Feeder-Vereinbarung auf Verlangen kostenlos zur Verfügung zu stellen.

(6) [1]Dem am Erwerb eines Anteils oder einer Aktie interessierten Privatanleger sind vor dem Erwerb eines Anteils oder einer Aktie an einem Dach-Hedgefonds oder von EU-AIF oder ausländischen AIF, die hinsichtlich der Anlagepolitik Anforderungen unterliegen, die denen von Dach-Hedgefonds vergleichbar sind, sämtliche Verkaufsunterlagen auszuhändigen. [2]Der Erwerb bedarf der schriftlichen Form. [3]Der am Erwerb Interessierte muss vor dem Erwerb auf die Risiken des AIF nach Maßgabe des § 228 Absatz 2 ausdrücklich hingewiesen werden. [4]Ist streitig, ob der Verkäufer die Belehrung durchgeführt hat, trifft die Beweislast den Verkäufer.

(7) [1]Soweit sie Informationspflichten gegenüber dem am Erwerb eines Anteils oder einer Aktie Interessierten betreffen, finden die Absätze 1, 2, 5 Satz 1 und Absatz 6 keine Anwendung auf den Erwerb von Anteilen oder Aktien im Rahmen einer Finanzportfolioverwaltung im Sinne des § 1 Absatz 1a Nummer 3 des Kreditwesengesetzes oder des § 20 Absatz 2 Nummer 1 oder Absatz 3 Nummer 2. [2]Werden Anteilen oder Aktien im Rahmen eines Investment-Sparplans in regelmäßigem Abstand erworben, so sind die Absätze 1, 2, 5 Satz 1 und Absatz 6, soweit sie Informationspflichten gegenüber dem am Erwerb eines Anteils oder einer Aktie Interessierten betreffen, nur auf den erstmaligen Erwerb anzuwenden.

(8) Dem Erwerber eines Anteils oder einer Aktie an einem OGAW oder AIF ist eine Durchschrift des Antrags auf Vertragsabschluss auszuhändigen oder eine Kaufabrechnung zu übersenden, die jeweils einen Hinweis auf die Höhe des Ausgabeaufschlags und des Rücknahmeabschlags und eine Belehrung über das Recht des Käufers zum Widerruf nach § 305 enthalten müssen.

(9) Auf Verlangen des am Erwerb eines Anteils oder einer Aktie Interessierten muss die Kapitalverwaltungsgesellschaft, die EU-Verwaltungsgesellschaft oder die ausländische AIF-Verwaltungsgesellschaft zusätzlich über die Anlagegrenzen des Risikomanagements des Investmentvermögens, die Risikomanagementmethoden und die jüngsten Entwicklungen bei den Risiken und Renditen der wichtigsten Kategorien von Vermögensgegenständen des Investmentvermögens informieren.

**§ 298 Veröffentlichungspflichten und laufende Informationspflichten für EU-OGAW.** (1) [1]Für nach § 310 zum Vertrieb angezeigte Anteile oder Aktien an EU-OGAW hat die EU-OGAW-Verwaltungsgesellschaft oder die OGAW-Kapitalverwaltungsgesellschaft folgende Unterlagen und Angaben im Geltungsbereich dieses Gesetzes in deutscher Sprache oder in einer in internationalen Finanzkreisen üblichen Sprache zu veröffentlichen:

1. den Jahresbericht für den Schluss eines jeden Geschäftsjahres,
2. den Halbjahresbericht,
3. den Verkaufsprospekt,
4. die Anlagebedingungen oder die Satzung,
5. die Ausgabe- und Rücknahmepreise der Anteile oder Aktien sowie
6. sonstige Unterlagen und Angaben, die in dem Herkunftsmitgliedstaat des EU-OGAW zu veröffentlichen sind.

[2]Die wesentlichen Anlegerinformationen gemäß Artikel 78 der Richtlinie 2009/65/EG sind ohne Änderung gegenüber der im Herkunftsmitgliedstaat

verwendeten Fassung in deutscher Sprache zu veröffentlichen. ³Die in den Sätzen 1 und 2 beschriebenen Anforderungen gelten auch für jegliche Änderungen der genannten Informationen und Unterlagen. ⁴Für die Häufigkeit der Veröffentlichungen von Ausgabe- und Rücknahmepreis gelten die Vorschriften des Herkunftsmitgliedstaates des EU-OGAW entsprechend.

(2) Neben der Veröffentlichung in einem im Verkaufsprospekt zu benennenden Informationsmedium sind die Anleger entsprechend § 167 unverzüglich mittels eines dauerhaften Datenträgers zu unterrichten über

1. die Aussetzung der Rücknahme der Anteile oder Aktien eines Investmentvermögens;
2. die Kündigung der Verwaltung eines Investmentvermögens oder dessen Abwicklung;
3. Änderungen der Anlagebedingungen, die mit den bisherigen Anlagegrundsätzen nicht vereinbar sind, die wesentliche Anlegerrechte berühren oder die Vergütungen und Aufwendungserstattungen betreffen, die aus dem Investmentvermögen entnommen werden können, einschließlich der Hintergründe der Änderungen sowie der Rechte der Anleger in einer verständlichen Art und Weise; dabei ist mitzuteilen, wo und auf welche Weise weitere Informationen hierzu erlangt werden können;
4. die Verschmelzung von Investmentvermögen in Form von Verschmelzungsinformationen, die gemäß Artikel 43 der Richtlinie 2009/65/EG zu erstellen sind, und
5. die Umwandlung eines Investmentvermögens in einen Feederfonds oder die Änderung eines Masterfonds in Form von Informationen, die gemäß Artikel 64 der Richtlinie 2009/65/EG zu erstellen sind.

**§ 299 Veröffentlichungspflichten und laufende Informationspflichten für EU-AIF und ausländische AIF.** (1) ¹Die EU-AIF-Verwaltungsgesellschaft oder die ausländische AIF-Verwaltungsgesellschaft veröffentlicht für Anteile oder Aktien an EU-AIF oder ausländischen AIF

1. den Verkaufsprospekt und alle Änderungen desselben auf der Internetseite der AIF-Verwaltungsgesellschaft;
2. die Anlagebedingungen, die Satzung oder den Gesellschaftsvertrag und alle Änderungen derselben auf der Internetseite der AIF-Verwaltungsgesellschaft;
3. einen Jahresbericht für den Schluss eines jeden Geschäftsjahres im Bundesanzeiger spätestens sechs Monate nach Ablauf des Geschäftsjahres; der Bericht hat folgende Angaben zu enthalten:
    a) eine Vermögensaufstellung, die in einer dem § 101 Absatz 1 Satz 3 Nummer 1 und 2, ausgenommen Nummer 1 Satz 3 und 7 und § 247 Absatz 1, vergleichbaren Weise ausgestaltet ist und die im Berichtszeitraum getätigten Käufe und Verkäufe von Vermögensgegenständen im Sinne von § 261 Absatz 1 Nummer 1 benennt;
    b) eine nach der Art der Aufwendungen und Erträge gegliederte Aufwands- und Ertragsrechnung;
    c) einen Bericht über die Tätigkeiten der AIF-Verwaltungsgesellschaft im vergangenen Geschäftsjahr einschließlich einer Übersicht über die Entwicklung des Investmentvermögens in einer § 101 Absatz 1 Satz 3 Nummer 4 Satz 3 vergleichbaren Weise; die Übersicht ist mit dem ausdrück-

lichen Hinweis zu verbinden, dass die vergangenheitsbezogenen Werte keine Rückschlüsse für die Zukunft gewähren;
d) die Anzahl der am Berichtsstichtag umlaufenden Anteile oder Aktien und den Wert eines Anteils oder einer Aktie;
e) jede wesentliche Änderung der im Verkaufsprospekt aufgeführten Informationen während des Geschäftsjahres, auf das sich der Bericht bezieht;
f) die Gesamtsumme der im abgelaufenen Geschäftsjahr gezahlten Vergütungen, aufgegliedert nach festen und variablen von der Verwaltungsgesellschaft an ihre Mitarbeiter gezahlten Vergütungen, sowie die Zahl der Begünstigten und gegebenenfalls die vom EU-AIF oder ausländischen AIF gezahlten Carried Interest;
g) die Gesamtsumme der gezahlten Vergütungen, aufgegliedert nach Vergütungen für Führungskräfte und Mitarbeiter der Verwaltungsgesellschaft, deren Tätigkeit sich wesentlich auf das Risikoprofil des AIF auswirkt;
h) eine Wiedergabe des vollständigen Berichts des Rechnungsprüfers einschließlich etwaiger Vorbehalte;
i) eine Gesamtkostenquote entsprechend § 166 Absatz 5 oder § 270 Absatz 1 in Verbindung mit § 166 Absatz 5; gegebenenfalls zusätzlich eine Kostenquote für erfolgsabhängige Verwaltungsvergütungen und zusätzliche Verwaltungsvergütungen nach § 166 Absatz 5 Satz 4 oder § 270 Absatz 4;
4. einen Halbjahresbericht für die Mitte eines jeden Geschäftsjahres, falls es sich um einen offenen AIF handelt; der Bericht ist im Bundesanzeiger spätestens zwei Monate nach dem Stichtag zu veröffentlichen und muss die Angaben nach Nummer 3 Buchstabe a und d enthalten; außerdem sind die Angaben nach Nummer 3 Buchstabe b und c aufzunehmen, wenn für das Halbjahr Zwischenausschüttungen erfolgt oder vorgesehen sind;
5. die Ausgabe- und Rücknahmepreise und den Nettoinventarwert je Anteil oder Aktie bei jeder Ausgabe oder Rücknahme von Anteilen oder Aktien, jedoch mindestens einmal im Jahr, in einer im Verkaufsprospekt anzugebenden hinreichend verbreiteten Wirtschafts- oder Tageszeitung mit Erscheinungsort im Geltungsbereich dieses Gesetzes oder in den im Verkaufsprospekt bezeichneten elektronischen Informationsmedien; dabei ist der für den niedrigsten Anlagebetrag berechnete Ausgabepreis zu nennen; abweichend erfolgt die Veröffentlichung bei mit OGAW nach § 192 vergleichbaren Investmentvermögen mindestens zweimal im Monat.

²Inhalt und Form des Jahresberichtes bestimmen sich im Übrigen nach den Artikeln 103 bis 107 der Delegierten Verordnung (EU) Nr. 231/2013. ³Der Jahres- und Halbjahresbericht eines Feederfonds muss zudem die Anforderungen entsprechend § 173 Absatz 4 erfüllen. ⁴Die Berichte nach § 299 Absatz 1 Satz 1 Nummer 3 und 4 sind dem Anleger auf Verlangen zur Verfügung zu stellen. ⁵Ist der AIF nach der Richtlinie 2004/109/EG verpflichtet, Jahresfinanzberichte zu veröffentlichen, so sind dem Anleger die Angaben nach Satz 1 Nummer 3 auf Verlangen gesondert oder in Form einer Ergänzung zum Jahresfinanzbericht zur Verfügung zu stellen. ⁶In letzterem Fall ist der Jahresfinanzbericht spätestens vier Monate nach Ende des Geschäftsjahres zu veröffentlichen.

(2) Ausgabe- und Rücknahmepreise der Anteile oder Aktien an ausländischen AIF und EU-AIF dürfen in Bekanntgaben nur gemeinsam genannt werden; dabei ist der für den niedrigsten Anlagebetrag berechnete Ausgabepreis zu nennen.

(3) Für geschlossene EU-AIF und geschlossene ausländische AIF, die mit inländischen geschlossenen Publikums-AIF nach den §§ 261 bis 272 vergleichbar sind und die an einem organisierten Markt im Sinne des § 2 Absatz 11 des Wertpapierhandelsgesetzes[1] oder an einem organisierten Markt, der die wesentlichen Anforderungen an geregelte Märkte im Sinne der Richtlinie 2014/65/EU[2] erfüllt, zugelassen sind, müssen die gemäß Absatz 1 Satz 1 Nummer 3 zu veröffentlichenden Unterlagen eine Darstellung der Entwicklung des Kurses der Anteile oder Aktien des Investmentvermögens und des Nettoinventarwertes des Investmentvermögens im Berichtszeitraum enthalten.

(4) [1] Absatz 1 Satz 1 Nummer 5 und Absatz 2 gelten nicht für geschlossene EU-AIF und geschlossene ausländische AIF, die mit inländischen geschlossenen AIF nach den §§ 261 bis 272 vergleichbar sind. [2] Für AIF im Sinne von Satz 1, die nicht zu den in Absatz 3 genannten AIF gehören, muss den Anlegern der Nettoinventarwert je Anteil oder Aktie entsprechend den Vorschriften für inländische geschlossene Publikums-AIF nach § 272 offengelegt werden. [3] Für AIF im Sinne von Absatz 3 veröffentlichen die AIF-Verwaltungsgesellschaften täglich in einer hinreichend verbreiteten Wirtschafts- oder Tageszeitung mit Erscheinungsort im Geltungsbereich dieses Gesetzes

1. den Kurs der Anteile oder Aktien des AIF, der an dem organisierten Markt im Sinne des § 2 Absatz 11 des Wertpapierhandelsgesetzes oder an einem organisierten Markt, der die wesentlichen Anforderungen an geregelte Märkte im Sinne der Richtlinie 2014/65/EU erfüllt, ermittelt wurde, und

2. den Nettoinventarwert des AIF entsprechend den Vorschriften für inländische geschlossene Publikums-AIF nach § 272.

[4] In sonstigen Veröffentlichungen und Werbeschriften über den AIF im Sinne von Satz 3 dürfen der Kurs der Anteile oder Aktien und der Nettoinventarwert des Investmentvermögens nur gemeinsam genannt werden.

(5) Die Veröffentlichungs- und Unterrichtungspflichten gemäß § 298 Absatz 2 gelten für EU-AIF-Verwaltungsgesellschaften oder ausländische AIF-Verwaltungsgesellschaften entsprechend.

**§ 300 Zusätzliche Informationspflichten bei AIF.** (1) Für jeden von ihr verwalteten inländischen AIF, EU-AIF oder ausländischen AIF muss die AIF-Verwaltungsgesellschaft den Anlegern im Geltungsbereich dieses Gesetzes regelmäßig Folgendes offenlegen:

1. den prozentualen Anteil der Vermögensgegenstände des AIF, die schwer zu liquidieren sind und für die deshalb besondere Regelungen gelten,

2. jegliche neue Regelungen zum Liquiditätsmanagement des AIF und

3. das aktuelle Risikoprofil des AIF und die von der AIF-Verwaltungsgesellschaft zur Steuerung dieser Risiken eingesetzten Risikomanagementsysteme.

(2) Für jeden von ihr verwalteten, Leverage einsetzenden inländischen AIF, EU-AIF oder ausländischen AIF muss die AIF-Verwaltungsgesellschaft den Anlegern im Geltungsbereich dieses Gesetzes regelmäßig Folgendes offenlegen:

1. alle Änderungen des maximalen Umfangs, in dem die AIF-Verwaltungsgesellschaft für Rechnung des AIF Leverage einsetzen kann sowie etwaige

---

[1] Nr. 12.
[2] Nr. 1.

Rechte zur Wiederverwendung von Sicherheiten oder sonstige Garantien, die im Rahmen von Leverage-Geschäften gewährt wurden, und
2. die Gesamthöhe des Leverage des betreffenden AIF.

(3) Nähere Bestimmungen zu den Offenlegungspflichten gemäß den Absätzen 1 und 2 ergeben sich aus den Artikeln 108 und 109 der Delegierten Verordnung (EU) Nr. 231/2013.

(4) Die AIF-Verwaltungsgesellschaft informiert die Anleger zusätzlich unverzüglich mittels dauerhaften Datenträgers entsprechend § 167 und durch Veröffentlichung in einem weiteren im Verkaufsprospekt zu benennenden Informationsmedium über alle Änderungen, die sich in Bezug auf die Haftung der Verwahrstelle ergeben.

**§ 301 Sonstige Veröffentlichungspflichten.** Auf der Internetseite der Kapitalverwaltungsgesellschaft, der EU-Verwaltungsgesellschaft oder der ausländischen AIF-Verwaltungsgesellschaft ist jeweils eine geltende Fassung der wesentlichen Anlegerinformationen zu veröffentlichen.

**§ 302 Werbung.** (1) ¹ Werbung für AIF gegenüber Privatanlegern und Werbung für OGAW muss eindeutig als solche erkennbar sein. ² Sie muss redlich und eindeutig sein und darf nicht irreführend sein. ³ Insbesondere darf Werbung, die zum Erwerb von Anteilen oder Aktien eines inländischen Investmentvermögens, EU-Investmentvermögens oder ausländischen AIF auffordert und spezifische Informationen über diese Anteile oder Aktien enthält, keine Aussagen treffen, die im Widerspruch zu Informationen des Verkaufsprospekts und den in den §§ 166, 270, 318 Absatz 5 oder in Artikel 78 der Richtlinie 2009/65/EG genannten wesentlichen Anlegerinformationen stehen oder die Bedeutung dieser Informationen herabstufen.

(2) ¹ Bei Werbung in Textform ist darauf hinzuweisen, dass ein Verkaufsprospekt existiert und dass die in §§ 166, 270, 318 Absatz 5 oder in Artikel 78 der Richtlinie 2009/65/EG genannten wesentlichen Anlegerinformationen verfügbar sind. ² Dabei ist anzugeben, wo und in welcher Sprache diese Informationen oder Unterlagen erhältlich sind und welche Zugangsmöglichkeiten bestehen.

(3) Werbung in Textform für den Erwerb von Anteilen oder Aktien eines inländischen Investmentvermögens, nach dessen Anlagebedingungen oder Satzung die Anlage von mehr als 35 Prozent des Wertes des Investmentvermögens in Schuldverschreibungen eines der in § 206 Absatz 2 Satz 1 genannten Aussteller zulässig ist, muss diese Aussteller benennen.

(4) ¹ Werbung für den Erwerb von Anteilen oder Aktien eines Investmentvermögens, nach dessen Anlagebedingungen oder Satzung ein anerkannter Wertpapierindex nachgebildet wird oder hauptsächlich in Derivate nach Maßgabe des § 197 angelegt wird, muss auf die Anlagestrategie hinweisen. ² Weist ein Investmentvermögen auf Grund seiner Zusammensetzung oder der für die Fondsverwaltung verwendeten Techniken eine erhöhte Volatilität auf, so muss in der Werbung darauf hingewiesen werden. ³ Die Sätze 1 und 2 gelten nicht für die Werbung für ausländische AIF oder EU-AIF.

(5) Werbung in Textform für einen Feederfonds muss einen Hinweis enthalten, dass dieser dauerhaft mindestens 85 Prozent seines Vermögens in Anteile eines Masterfonds anlegt.

(6) Werbung für Dach-Hedgefonds oder für ausländische AIF oder EU-AIF, die hinsichtlich der Anlagepolitik Anforderungen unterliegen, die denen von Dach-Hedgefonds vergleichbar sind, muss ausdrücklich auf die besonderen Risiken des Investmentvermögens nach Maßgabe des § 228 Absatz 2 hinweisen.

(7) [1] Die Bundesanstalt kann Werbung untersagen, um Missständen bei der Werbung für AIF gegenüber Privatanlegern und für OGAW zu begegnen. [2] Dies gilt insbesondere für

1. Werbung mit Angaben, die in irreführender Weise den Anschein eines besonders günstigen Angebots hervorrufen können sowie
2. Werbung mit dem Hinweis auf die Befugnisse der Bundesanstalt nach diesem Gesetz oder auf die Befugnisse der für die Aufsicht zuständigen Stellen in anderen Mitgliedstaaten der Europäischen Union, Vertragsstaaten des Abkommens über den Europäischen Wirtschaftsraum oder Drittstaaten.

**§ 303 Maßgebliche Sprachfassung.** (1) [1] Sämtliche Veröffentlichungen und Werbeschriften, die sich auf Anteile oder Aktien an einem an Privatanleger vertriebenen AIF oder an einem inländischen OGAW beziehen, sind in deutscher Sprache abzufassen oder mit einer deutschen Übersetzung zu versehen. [2] Dabei ist der deutsche Wortlaut der in § 297 Absatz 1 bis 4 und 8 genannten Unterlagen und der in Satz 1 genannten Unterlagen und Veröffentlichungen maßgeblich.

(2) [1] Bei EU-OGAW ist der deutsche Wortlaut der wesentlichen Anlegerinformationen für die Prospekthaftung nach § 306 maßgeblich; für die übrigen in § 298 Absatz 1 genannten Unterlagen ist die im Geltungsbereich dieses Gesetzes veröffentlichte Sprachfassung zugrunde zu legen. [2] Erfolgt die Veröffentlichung auch in deutscher Sprache, so ist der deutsche Wortlaut maßgeblich.

(3) [1] Übersetzungen von wesentlichen Anlegerinformationen und Unterlagen gemäß § 298 Absatz 1 Satz 1 und gemäß § 299 Absatz 1 Satz 1 müssen unter der Verantwortung der ausländischen AIF-Verwaltungsgesellschaft oder der EU-Verwaltungsgesellschaft erstellt werden. [2] Sie müssen den Inhalt der ursprünglichen Informationen richtig und vollständig wiedergeben.

**§ 304 Kostenvorausbelastung.** Wurde die Abnahme von Anteilen oder Aktien für einen mehrjährigen Zeitraum vereinbart, so darf von jeder der für das erste Jahr vereinbarten Zahlungen höchstens ein Drittel für die Deckung von Kosten verwendet werden, die restlichen Kosten müssen auf alle späteren Zahlungen gleichmäßig verteilt werden.

**§ 305 Widerrufsrecht.** (1) [1] Ist der Käufer von Anteilen oder Aktien eines offenen Investmentvermögens durch mündliche Verhandlungen außerhalb der ständigen Geschäftsräume desjenigen, der die Anteile oder Aktien verkauft oder den Verkauf vermittelt, dazu bestimmt worden, eine auf den Kauf gerichtete Willenserklärung abzugeben, so ist er an diese Erklärung nur gebunden, wenn er sie nicht innerhalb einer Frist von zwei Wochen bei der Verwaltungsgesellschaft oder einem Repräsentanten im Sinne des § 319 in Textform widerruft; dies gilt auch dann, wenn derjenige, der die Anteile oder Aktien verkauft oder den Verkauf vermittelt, keine ständigen Geschäftsräume hat. [2] Bei

Fernabsatzgeschäften gilt § 312g Absatz 2 Nummer 8 des Bürgerlichen Gesetzbuchs entsprechend.

(2) ¹Zur Wahrung der Frist genügt die rechtzeitige Absendung der Widerrufserklärung. ²Die Widerrufsfrist beginnt erst zu laufen, wenn dem Käufer die Durchschrift des Antrags auf Vertragsabschluss ausgehändigt oder eine Kaufabrechnung übersandt worden ist und in der Durchschrift oder der Kaufabrechnung eine Belehrung über das Widerrufsrecht enthalten ist, die den Anforderungen des Artikels 246 Absatz 3 Satz 2 und 3 des Einführungsgesetzes zum Bürgerlichen Gesetzbuche genügt. ³Ist der Fristbeginn nach Satz 2 streitig, trifft die Beweislast den Verkäufer.

(3) Das Recht zum Widerruf besteht nicht, wenn der Verkäufer nachweist, dass

1. der Käufer kein Verbraucher im Sinne des § 13 des Bürgerlichen Gesetzbuchs ist oder

2. er den Käufer zu den Verhandlungen, die zum Verkauf der Anteile oder Aktien geführt haben, auf Grund vorhergehender Bestellung gemäß § 55 Absatz 1 der Gewerbeordnung aufgesucht hat.

(4) Ist der Widerruf erfolgt und hat der Käufer bereits Zahlungen geleistet, so ist die Kapitalverwaltungsgesellschaft, die EU-Verwaltungsgesellschaft oder die ausländische AIF-Verwaltungsgesellschaft verpflichtet, dem Käufer, gegebenenfalls Zug um Zug gegen Rückübertragung der erworbenen Anteile oder Aktien, die bezahlten Kosten und einen Betrag auszuzahlen, der dem Wert der bezahlten Anteile oder Aktien am Tag nach dem Eingang der Widerrufserklärung entspricht.

(5) Auf das Recht zum Widerruf kann nicht verzichtet werden.

(6) Die Vorschrift ist auf den Verkauf von Anteilen oder Aktien durch den Anleger entsprechend anwendbar.

(7) Das Widerrufsrecht in Bezug auf Anteile und Aktien eines geschlossenen Investmentvermögens richtet sich nach dem Bürgerlichen Gesetzbuch.

(8) ¹Anleger, die vor der Veröffentlichung eines Nachtrags zum Verkaufsprospekt eine auf den Erwerb eines Anteils oder einer Aktie eines geschlossenen Publikums-AIF gerichtete Willenserklärung abgegeben haben, können diese innerhalb einer Frist von zwei Werktagen nach Veröffentlichung des Nachtrags widerrufen, sofern noch keine Erfüllung eingetreten ist. ²Der Widerruf muss keine Begründung enthalten und ist in Textform gegenüber der im Nachtrag als Empfänger des Widerrufs bezeichneten Verwaltungsgesellschaft oder Person zu erklären; zur Fristwahrung reicht die rechtzeitige Absendung. ³Auf die Rechtsfolgen des Widerrufs ist § 357a des Bürgerlichen Gesetzbuches entsprechend anzuwenden.

**§ 306 Prospekthaftung und Haftung für die wesentlichen Anlegerinformationen.** (1) ¹Sind in dem Verkaufsprospekt Angaben, die für die Beurteilung der Anteile oder Aktien von wesentlicher Bedeutung sind, unrichtig oder unvollständig, so kann der Käufer von der Verwaltungsgesellschaft, von denjenigen, die neben der Verwaltungsgesellschaft für den Verkaufsprospekt die Verantwortung übernommen haben oder von denen der Erlass des Verkaufsprospektes ausgeht, und von demjenigen, der diese Anteile oder Aktien im eigenen Namen gewerbsmäßig verkauft hat, als Gesamtschuldner die Übernahme der Anteile oder Aktien gegen Erstattung des von ihm gezahlten

Betrages verlangen. ²Ist der Käufer in dem Zeitpunkt, in dem er von der Unrichtigkeit oder Unvollständigkeit des Verkaufsprospekts Kenntnis erlangt hat, nicht mehr Inhaber des Anteils oder der Aktie, so kann er die Zahlung des Betrages verlangen, um den der von ihm gezahlte Betrag den Rücknahmepreis des Anteils oder der Aktie oder andernfalls den Wert des Anteils oder der Aktie im Zeitpunkt der Veräußerung übersteigt.

(2) ¹Sind in den wesentlichen Anlegerinformationen enthaltene Angaben irreführend, unrichtig oder nicht mit den einschlägigen Stellen des Verkaufsprospekts vereinbar, so kann der Käufer von der Verwaltungsgesellschaft und von demjenigen, der diese Anteile oder Aktien im eigenen Namen gewerbsmäßig verkauft hat, als Gesamtschuldner die Übernahme der Anteile oder Aktien gegen Erstattung des von ihm gezahlten Betrages verlangen. ²Ist der Käufer in dem Zeitpunkt, in dem er von der Fehlerhaftigkeit der wesentlichen Anlegerinformationen Kenntnis erlangt hat, nicht mehr Inhaber des Anteils oder der Aktie, so kann er die Zahlung des Betrages verlangen, um den der von ihm gezahlte Betrag den Rücknahmepreis des Anteils oder der Aktie oder andernfalls den Wert des Anteils oder der Aktie im Zeitpunkt der Veräußerung übersteigt.

(3) ¹Eine Gesellschaft, eine Person oder diejenige Stelle, welche die Anteile oder Aktien im eigenen Namen gewerbsmäßig verkauft hat, kann nicht nach Absatz 1 oder 2 in Anspruch genommen werden, wenn sie nachweist, dass sie die Unrichtigkeit oder Unvollständigkeit des Verkaufsprospekts oder die Unrichtigkeit der wesentlichen Anlegerinformationen nicht gekannt hat und die Unkenntnis nicht auf grober Fahrlässigkeit beruht. ²Der Anspruch nach Absatz 1 oder nach Absatz 2 besteht nicht, wenn

1. der Käufer der Anteile oder Aktien die Unrichtigkeit oder Unvollständigkeit des Verkaufsprospekts oder die Unrichtigkeit der wesentlichen Anlegerinformationen beim Kauf gekannt hat oder
2. die Anteile oder Aktien nicht auf Grund des Verkaufsprospekts oder der wesentlichen Anlegerinformationen erworben wurden.

(4) ¹Zur Übernahme nach Absatz 1 oder 2 ist auch verpflichtet, wer gewerbsmäßig den Verkauf der Anteile oder Aktien vermittelt oder die Anteile oder Aktien im fremden Namen verkauft hat, wenn er die Unrichtigkeit oder Unvollständigkeit des Verkaufsprospekts oder die Unrichtigkeit der wesentlichen Anlegerinformationen gekannt hat. ²Dies gilt nicht, wenn auch der Käufer der Anteile oder Aktien die Unrichtigkeit oder Unvollständigkeit des Verkaufsprospekts oder die Unrichtigkeit der wesentlichen Anlegerinformationen beim Kauf gekannt hat oder die Anteile oder Aktien nicht auf Grund des Verkaufsprospekts oder der wesentlichen Anlegerinformationen erworben wurden.

(5) ¹Wurde ein Verkaufsprospekt entgegen § 164 Absatz 1, § 268 Absatz 1, § 298 Absatz 1 oder § 299 Absatz 1 nicht veröffentlicht, so kann der Erwerber eines Anteils oder einer Aktie an einem Investmentvermögen von dem Anbieter die Übernahme der Anteile oder Aktien gegen Erstattung des Erwerbspreises, soweit dieser den ersten Erwerbspreis nicht überschreitet, und der mit dem Erwerb verbundenen üblichen Kosten verlangen, sofern das Erwerbsgeschäft vor Veröffentlichung eines Verkaufsprospekts und innerhalb von zwei Jahren nach dem ersten Anbieten oder Platzieren von Anteilen oder Aktien dieses Investmentvermögens im Inland abgeschlossen wurde. ²Ist der Erwerber

nicht mehr Inhaber der Anteile oder Aktien des Investmentvermögens, kann er die Zahlung des Unterschiedsbetrags zwischen dem Erwerbspreis und dem Veräußerungspreis der Anteile oder Aktien sowie der mit dem Erwerb und der Veräußerung verbundenen üblichen Kosten verlangen. ³Die Ansprüche dieses Absatzes bestehen nicht, sofern der Erwerber die Pflicht, einen Verkaufsprospekt zu veröffentlichen, bei dem Erwerb kannte.

(6) ¹Eine Vereinbarung, durch die der Anspruch nach Absatz 1, 2, 4 oder 5 im Voraus ermäßigt oder erlassen wird, ist unwirksam. ²Weitergehende Ansprüche, die sich aus den Vorschriften des bürgerlichen Rechts auf Grund von Verträgen oder unerlaubten Handlungen ergeben können, bleiben unberührt.

**Unterabschnitt 3. Vorschriften für den Vertrieb und den Erwerb von AIF in Bezug auf semiprofessionelle und professionelle Anleger**

**§ 307 Informationspflichten gegenüber semiprofessionellen und professionellen Anlegern und Haftung.** (1) ¹Dem am Erwerb eines Anteils oder einer Aktie interessierten professionellen Anleger oder semiprofessionellen Anleger ist vor Vertragsschluss der letzte Jahresbericht nach den §§ 67, 101, 102, 106, 107, 120 bis 123, 135 bis 137, 148, 158 bis 161 oder Artikel 22 der Richtlinie 2011/61/EU zur Verfügung zu stellen. ²Zusätzlich sind ihm folgende Informationen einschließlich aller wesentlichen Änderungen in der in den Anlagebedingungen, der Satzung oder des Gesellschaftsvertrages des AIF festgelegten Art und Weise zur Verfügung zu stellen:

1. eine Beschreibung der Anlagestrategie und der Ziele des AIF;
2. eine Beschreibung der Art der Vermögenswerte, in die der AIF investieren darf und der Techniken, die er einsetzen darf und aller damit verbundenen Risiken;
3. eine Beschreibung etwaiger Anlagebeschränkungen;
4. Angaben über den Sitz eines eventuellen Master-AIF und über den Sitz der Zielinvestmentvermögen, wenn es sich bei dem AIF um ein Dach-Investmentvermögen handelt;
5. eine Beschreibung der Umstände, unter denen der AIF Leverage einsetzen kann, Art und Quellen des zulässigen Leverage und damit verbundener Risiken, Beschreibung sonstiger Beschränkungen für den Einsatz von Leverage sowie des maximalen Umfangs des Leverage, den die AIF-Verwaltungsgesellschaft für Rechnung des AIF einsetzen darf, und der Handhabung der Wiederverwendung von Sicherheiten und Vermögenswerten;
6. eine Beschreibung der Verfahren, nach denen der AIF seine Anlagestrategie oder seine Anlagepolitik oder beides ändern kann;
7. eine Beschreibung der wichtigsten rechtlichen Auswirkungen der für die Tätigung der Anlage eingegangenen Vertragsbeziehung, einschließlich Informationen über die zuständigen Gerichte, das anwendbare Recht und darüber, ob Rechtsinstrumente vorhanden sind, die die Anerkennung und Vollstreckung von Urteilen in dem Gebiet vorsehen, in dem der AIF seinen Sitz hat;
8. Identität der AIF-Verwaltungsgesellschaft, der Verwahrstelle des AIF, des Rechnungsprüfers oder sonstiger Dienstleistungsanbieter sowie eine Erläuterung ihrer Pflichten sowie der Rechte der Anleger;

9. eine Beschreibung, in welcher Weise die AIF-Verwaltungsgesellschaft den Anforderungen des § 25 Absatz 6 oder des Artikels 9 Absatz 7 der Richtlinie 2011/61/EU gerecht wird;
10. eine Beschreibung sämtlicher von der AIF-Verwaltungsgesellschaft übertragener Verwaltungsfunktionen gemäß Anhang I der Richtlinie 2011/61/EU sowie sämtlicher von der Verwahrstelle übertragener Verwahrfunktionen; die Bezeichnung des Beauftragten sowie eine Beschreibung sämtlicher Interessenkonflikte, die sich aus der Aufgabenübertragung ergeben könnten;
11. eine Beschreibung des Bewertungsverfahrens des AIF und der Kalkulationsmethoden für die Bewertung von Vermögenswerten, einschließlich der Verfahren für die Bewertung schwer zu bewertender Vermögenswerte gemäß den §§ 278, 279, 286 oder gemäß Artikel 19 der Richtlinie 2011/61/EU;
12. eine Beschreibung des Liquiditätsrisikomanagements des AIF, einschließlich der Rücknahmerechte unter normalen und außergewöhnlichen Umständen, und der bestehenden Rücknahmevereinbarungen mit den Anlegern;
13. eine Beschreibung sämtlicher Entgelte, Gebühren und sonstiger Kosten unter Angabe der jeweiligen Höchstbeträge, die von den Anlegern mittel- oder unmittelbar getragen werden;
14. eine Beschreibung, in welcher Weise die AIF-Verwaltungsgesellschaft eine faire Behandlung der Anleger gewährleistet, sowie, wann immer Anleger eine Vorzugsbehandlung oder einen Anspruch darauf erhalten, eine Erläuterung
    a) dieser Behandlung,
    b) der Art der Anleger, die eine solche Behandlung erhalten sowie
    c) gegebenenfalls der rechtlichen oder wirtschaftlichen Verbindungen zwischen diesen Anlegern und dem AIF oder der AIF-Verwaltungsgesellschaft;
15. eine Beschreibung der Verfahren und Bedingungen für die Ausgabe und den Verkauf von Anteilen oder Aktien;
16. die Angabe des jüngsten Nettoinventarwerts des AIF oder des jüngsten Marktpreises der Anteile oder Aktien des AIF nach den §§ 278 und 286 Absatz 1 oder nach Artikel 19 der Richtlinie 2011/61/EU;
17. Angaben zur bisherigen Wertentwicklung des AIF, sofern verfügbar;
18. die Identität des Primebrokers, eine Beschreibung aller wesentlichen Vereinbarungen zwischen der AIF-Verwaltungsgesellschaft und ihren Primebrokern einschließlich der Darlegung, in welcher Weise diesbezügliche Interessenkonflikte beigelegt werden sowie die Bestimmung, die im Vertrag mit der Verwahrstelle über die Möglichkeit einer Übertragung oder Wiederverwendung von Vermögenswerten des AIF enthalten ist und Angaben über jede eventuell bestehende Haftungsübertragung auf den Primebroker;
19. eine Beschreibung, wann und wie die Informationen offengelegt werden, die gemäß § 308 Absatz 4 Satz 2 in Verbindung mit § 300 Absatz 1 bis 3 oder Artikel 23 Absatz 4 und 5 der Richtlinie 2011/61/EU erforderlich sind;
20. die in Artikel 14 Absatz 1 und 2 der Verordnung (EU) 2015/2365 genannten Informationen;

21. falls Swing Pricing vorgesehen ist, Angaben zu dessen Art (vollständiges oder teilweises Swing Pricing) und Funktionsweise sowie zur Berechnung des modifizierten Nettoinventarwertes.

(2) ¹Der am Erwerb eines Anteils oder einer Aktie Interessierte ist auf eine bestehende Vereinbarung hinzuweisen, die die Verwahrstelle getroffen hat, um sich vertraglich von der Haftung gemäß § 88 Absatz 4 freizustellen. ²§ 297 Absatz 7 sowie § 305 gelten entsprechend.

(3) § 306 Absatz 1, 3, 4 und 6 gilt entsprechend mit der Maßgabe, dass es statt „Verkaufsprospekt" „Informationen nach § 307 Absatz 1 und 2" heißen muss und dass die Haftungsregelungen in Bezug auf die wesentlichen Anlegerinformationen nicht anzuwenden sind.

(4) Ist die AIF-Verwaltungsgesellschaft durch die Verordnung (EU) 2017/1129[1)] verpflichtet, einen Wertpapierprospekt zu veröffentlichen, so hat sie die in Absatz 1 genannten Angaben entweder gesondert oder als ergänzende Angaben im Wertpapierprospekt offenzulegen.

(5) Dem am Erwerb eines Anteils oder einer Aktie interessierten semiprofessionellen Anleger sind rechtzeitig vor Vertragsschluss entweder wesentliche Anlegerinformationen nach § 166 oder § 270 oder ein Basisinformationsblatt gemäß der Verordnung (EU) Nr. 1286/2014[2)] zur Verfügung zu stellen.

**§ 308 Sonstige Informationspflichten.** (1) Die EU-AIF-Verwaltungsgesellschaft und die ausländische AIF-Verwaltungsgesellschaft haben den semiprofessionellen und den professionellen Anlegern eines EU-AIF oder ausländischen AIF im Geltungsbereich dieses Gesetzes spätestens sechs Monate nach Ende eines jeden Geschäftsjahres auf Verlangen den geprüften und testierten Jahresbericht nach Artikel 22 der Richtlinie 2011/61/EU zur Verfügung zu stellen.

(2) ¹Der Jahresbericht muss folgende Angaben enthalten:
1. eine Vermögensaufstellung,
2. eine Aufwands- und Ertragsrechnung,
3. einen Bericht über die Tätigkeiten der AIF-Verwaltungsgesellschaft im vergangenen Geschäftsjahr und
4. die in § 299 Absatz 1 Satz 1 Nummer 3 Buchstabe e bis h genannten Angaben.

²§ 299 Absatz 1 Satz 2 gilt entsprechend.

(3) ¹Ist der AIF nach der Richtlinie 2004/109/EG verpflichtet, Jahresfinanzberichte zu veröffentlichen, so sind dem Anleger die Angaben nach Absatz 2 auf Verlangen gesondert oder in Form einer Ergänzung zum Jahresfinanzbericht zur Verfügung zu stellen. ²In letzterem Fall ist der Jahresfinanzbericht spätestens vier Monate nach Ende des Geschäftsjahres zu veröffentlichen.

(4) ¹Die AIF-Verwaltungsgesellschaft informiert die Anleger unverzüglich über alle Änderungen, die sich in Bezug auf die Haftung der Verwahrstelle ergeben. ²Zudem gilt § 300 Absatz 1 bis 3 entsprechend.

---

[1)] Nr. **6**.
[2)] Nr. **9**.

## Abschnitt 2. Vertriebsanzeige und Vertriebsuntersagung für OGAW

### Unterabschnitt 1. Anzeigeverfahren beim Vertrieb von EU-OGAW im Inland

**§ 309 Pflichten beim Vertrieb von EU-OGAW im Inland.** (1) ¹Die EU-OGAW-Verwaltungsgesellschaft oder die OGAW-Kapitalverwaltungsgesellschaft muss für den Vertrieb von Anteilen oder Aktien an EU-OGAW unter Einhaltung der deutschen Rechts- und Verwaltungsvorschriften sämtliche Vorkehrungen treffen, die sicherstellen, dass

1. Zahlungen an die Anteilinhaber oder Aktionäre im Geltungsbereich dieses Gesetzes geleistet werden und
2. Rückkauf und Rücknahme der Anteile oder Aktien im Geltungsbereich dieses Gesetzes erfolgen.

²Sie hat mindestens ein inländisches Kreditinstitut oder eine inländische Zweigniederlassung eines Kreditinstituts mit Sitz im Ausland zu benennen, über das oder die die Zahlungen für die Anleger geleitet werden und über das oder die die Rücknahme von Anteilen oder Aktien durch die EU-OGAW-Verwaltungsgesellschaft oder die OGAW-Kapitalverwaltungsgesellschaft abgewickelt werden kann, soweit die Anteile oder Aktien an EU-OGAW als gedruckte Einzelurkunden ausgegeben werden.

(2) Die EU-OGAW-Verwaltungsgesellschaft oder die OGAW-Kapitalverwaltungsgesellschaft, die Anteile oder Aktien an EU-OGAW im Geltungsbereich dieses Gesetzes vertreibt, hat sicherzustellen, dass die Anleger im Geltungsbereich dieses Gesetzes alle Informationen und Unterlagen sowie Änderungen dieser Informationen und Unterlagen erhalten, die sie gemäß Kapitel IX der Richtlinie 2009/65/EG den Anlegern im Herkunftsmitgliedstaat des EU-OGAW liefern muss.

(3) ¹Angaben über die nach den Absätzen 1 und 2 getroffenen Vorkehrungen und Maßnahmen sind in den Verkaufsprospekt aufzunehmen, der im Geltungsbereich dieses Gesetzes verbreitet ist. ²Bei EU-OGAW mit mindestens einem Teilinvestmentvermögen, dessen Anteile oder Aktien im Geltungsbereich dieses Gesetzes vertrieben werden dürfen, und mindestens einem weiteren Teilinvestmentvermögen, für das keine Anzeige nach § 310 erstattet wurde, ist drucktechnisch hervorgehoben an zentraler Stelle darauf hinzuweisen, dass für das weitere oder die weiteren Teilinvestmentvermögen keine Anzeige erstattet wurde und Anteile oder Aktien dieses oder dieser Teilinvestmentvermögen im Geltungsbereich dieses Gesetzes nicht vertrieben werden dürfen; dieses oder diese weiteren Teilinvestmentvermögen sind namentlich zu bezeichnen.

**§ 310 Anzeige zum Vertrieb von EU-OGAW im Inland.** (1) ¹Beabsichtigt eine EU-OGAW-Verwaltungsgesellschaft oder eine OGAW-Kapitalverwaltungsgesellschaft, Anteile oder Aktien im Geltungsbereich dieses Gesetzes an EU-OGAW zu vertreiben, so prüft die Bundesanstalt, ob die zuständigen Stellen des Herkunftsmitgliedstaates des EU-OGAW folgende Unterlagen an die Bundesanstalt übermittelt haben:

1. das Anzeigeschreiben gemäß Anhang I der Verordnung (EU) Nr. 584/2010,
2. die Bescheinigung gemäß Anhang II der Verordnung (EU) Nr. 584/2010 darüber, dass es sich um einen EU-OGAW handelt,

3. die Anlagebedingungen oder die Satzung des EU-OGAW, den Verkaufsprospekt sowie den letzten Jahresbericht und den anschließenden Halbjahresbericht gemäß Artikel 93 Absatz 2 Buchstabe a der Richtlinie 2009/65/EG und

4. die in Artikel 78 der Richtlinie 2009/65/EG genannten wesentlichen Anlegerinformationen.

²Der Vertrieb kann aufgenommen werden, wenn die EU-OGAW-Verwaltungsgesellschaft oder die OGAW-Kapitalverwaltungsgesellschaft von der zuständigen Stelle des Herkunftsmitgliedstaates des EU-OGAW über diese Übermittlung unterrichtet wurde. ³Die näheren Inhalte, die Form und die Gestaltung des Anzeigeverfahrens bestimmen sich nach den Artikeln 1 bis 5 der Verordnung (EU) Nr. 584/2010.

(2) ¹Die in Absatz 1 Satz 1 Nummer 3 genannten Unterlagen sind entweder in deutscher Sprache oder in einer in internationalen Finanzkreisen gebräuchlichen Sprache vorzulegen. ²Die in Absatz 1 Satz 1 Nummer 4 genannten wesentlichen Anlegerinformationen sind in deutscher Sprache vorzulegen. ³Verantwortlich für die Übersetzungen ist die EU-OGAW-Verwaltungsgesellschaft oder die OGAW-Kapitalverwaltungsgesellschaft; der Inhalt der ursprünglichen Informationen muss richtig und vollständig wiedergegeben werden. ⁴Das Anzeigeschreiben gemäß Absatz 1 Satz 1 Nummer 1 und die Bescheinigung gemäß Absatz 1 Satz 1 Nummer 2 sind in einer in internationalen Finanzkreisen gebräuchlichen Sprache vorzulegen, sofern die Bundesanstalt und die zuständige Stelle des Herkunftsmitgliedstaates nicht vereinbart haben, dass diese in einer Amtssprache beider Mitgliedstaaten übermittelt werden können.

(3) Die Bundesanstalt verlangt im Rahmen des Anzeigeverfahrens keine zusätzlichen Unterlagen, Zertifikate oder Informationen, die nicht in Artikel 93 der Richtlinie 2009/65/EG vorgesehen sind.

(4) ¹Die EU-OGAW-Verwaltungsgesellschaft oder die OGAW-Kapitalverwaltungsgesellschaft hat die Bundesanstalt über Änderungen der Anlagebedingungen oder der Satzung, des Verkaufsprospekts, des Jahresberichts, des Halbjahresberichts und der wesentlichen Anlegerinformationen gemäß Artikel 78 der Richtlinie 2009/65/EG jeweils unverzüglich zu unterrichten und unverzüglich darüber zu informieren, wo diese Unterlagen in elektronischer Form verfügbar sind. ²Die Bundesanstalt hat eine E-Mail-Adresse anzugeben, an die die Aktualisierungen und Änderungen sämtlicher in Satz 1 genannter Unterlagen übermittelt werden müssen. ³Die EU-OGAW-Verwaltungsgesellschaft oder die OGAW-Kapitalverwaltungsgesellschaft hat bei der Übersendung die Änderungen oder Aktualisierungen zu beschreiben oder eine geänderte Fassung des jeweiligen Dokuments als Anlage in einem gebräuchlichen elektronischen Format beizufügen.

(5) Werden Informationen über die Modalitäten der Vermarktung oder vertriebene Anteil- oder Aktienklassen, die im Anzeigeschreiben gemäß Artikel 93 Absatz 1 der Richtlinie 2009/65/EG mitgeteilt wurden, geändert, so teilt die EU-OGAW-Verwaltungsgesellschaft oder die OGAW-Kapitalverwaltungsgesellschaft diese Änderung der Bundesanstalt vor Umsetzung der Änderung in Textform mit.

## § 311 Untersagung und Einstellung des Vertriebs von EU-OGAW.

(1) Die Bundesanstalt ist befugt, alle erforderlichen und geeigneten Maßnahmen zum Schutz der Anleger zu ergreifen, einschließlich einer Untersagung des Vertriebs von Anteilen oder Aktien an EU-OGAW, wenn

1. die Art und Weise des Vertriebs gegen sonstige Vorschriften des deutschen Rechts verstoßen,
2. die Pflichten nach § 309 nicht oder nicht mehr erfüllt sind.

(2) Hat die Bundesanstalt hinreichende Anhaltspunkte für die Annahme, dass eine EU-OGAW-Verwaltungsgesellschaft oder OGAW-Kapitalverwaltungsgesellschaft, die Anteile oder Aktien an EU-OGAW im Geltungsbereich dieses Gesetzes vertreibt, gegen Vorschriften dieses Gesetzes verstößt und hat die Bundesanstalt keine Befugnisse nach Absatz 1, so teilt sie ihre Erkenntnisse den zuständigen Stellen des Herkunftsmitgliedstaates des EU-OGAW mit und fordert diese auf, geeignete Maßnahmen zu ergreifen.

(3) [1] Werden Verstöße gegen Vorschriften dieses Gesetzes durch die Maßnahmen der zuständigen Stellen des Herkunftsmitgliedstaates des EU-OGAW nicht beendet oder erweisen sich diese Maßnahmen als nicht geeignet oder als unzulänglich, so ist die Bundesanstalt befugt,

1. nach Unterrichtung der zuständigen Stellen des Herkunftsmitgliedstaates des EU-OGAW im Rahmen ihrer Aufsicht und Überwachung der Vorschriften des Abschnitts 1 Unterabschnitt 1 und des Abschnitts 2 Unterabschnitt 1 dieses Kapitels alle erforderlichen und geeigneten Maßnahmen zum Schutz der Anleger zu ergreifen, einschließlich einer Untersagung des weiteren Vertriebs von Anteilen oder Aktien an EU-OGAW,
2. die Europäische Wertpapier- und Marktaufsichtsbehörde nach Maßgabe des Artikels 19 der Verordnung (EU) Nr. 1095/2010[1)] um Hilfe zu ersuchen.

[2] Maßnahmen gemäß Satz 1 Nummer 1 und 2 sind auch zu ergreifen, wenn der Herkunftsmitgliedstaat des EU-OGAW nicht innerhalb einer angemessenen Frist Maßnahmen ergreift und die EU-OGAW-Verwaltungsgesellschaft oder die OGAW-Kapitalverwaltungsgesellschaft, die Anteile oder Aktien dieses EU-OGAW im Geltungsbereich dieses Gesetzes vertreibt, deshalb weiterhin auf eine Weise tätig ist, die den Interessen der Anleger im Geltungsbereich dieses Gesetzes eindeutig zuwiderläuft. [3] Die Europäische Kommission und die Europäische Wertpapier- und Marktaufsichtsbehörde sind unverzüglich über jede nach Satz 1 Nummer 1 ergriffene Maßnahme zu unterrichten.

(4) [1] Die Bundesanstalt teilt den zuständigen Stellen des Herkunftsmitgliedstaates des EU-OGAW die Untersagung des Vertriebs mit. [2] Sofern der Herkunftsmitgliedstaat dieses EU-OGAW ein anderer ist als der Herkunftsmitgliedstaat der verwaltenden EU-OGAW-Verwaltungsgesellschaft, teilt die Bundesanstalt die Untersagung auch den zuständigen Stellen des Herkunftsmitgliedstaates der EU-OGAW-Verwaltungsgesellschaft mit. [3] Sie macht die Untersagung im Bundesanzeiger bekannt, falls ein Vertrieb stattgefunden hat. [4] Entstehen der Bundesanstalt durch die Bekanntmachung nach Satz 2 Kosten, sind diese der Bundesanstalt von der EU-OGAW-Verwaltungsgesellschaft oder der OGAW-Kapitalverwaltungsgesellschaft zu erstatten.

---

[1)] Nr. 3.

(5) ¹ Teilt die zuständige Stelle des Herkunftsmitgliedstaates des EU-OGAW der Bundesanstalt die Einstellung des Vertriebs von Anteilen oder Aktien an EU-OGAW mit, so hat die EU-OGAW-Verwaltungsgesellschaft oder die OGAW-Kapitalverwaltungsgesellschaft dies unverzüglich im Bundesanzeiger zu veröffentlichen und die Veröffentlichung der Bundesanstalt nachzuweisen. ² Wenn die Veröffentlichungspflicht auch nach Fristsetzung durch die Bundesanstalt nicht erfüllt wird, kann die Bundesanstalt die Veröffentlichung auf Kosten der EU-OGAW-Verwaltungsgesellschaft oder der OGAW-Kapitalverwaltungsgesellschaft vornehmen. ³ Absatz 6 bleibt unberührt.

(6) ¹ Teilt die zuständige Stelle des Herkunftsmitgliedstaates des EU-OGAW der Bundesanstalt die Einstellung des Vertriebs von einzelnen Teilinvestmentvermögen des EU-OGAW mit, so hat die EU-OGAW-Verwaltungsgesellschaft oder die OGAW-Kapitalverwaltungsgesellschaft die Bundesanstalt über geänderte Angaben und Unterlagen entsprechend § 310 Absatz 4 Satz 1 zu unterrichten. ² Dabei ist § 293 Absatz 1 Satz 2 Nummer 3 zu berücksichtigen. ³ Die geänderten Unterlagen dürfen erst nach der Unterrichtung im Geltungsbereich dieses Gesetzes eingesetzt werden. ⁴ Die EU-OGAW-Verwaltungsgesellschaft oder die OGAW-Kapitalverwaltungsgesellschaft hat die Einstellung des Vertriebs unverzüglich im Bundesanzeiger zu veröffentlichen und dies der Bundesanstalt nachzuweisen. ⁵ Wenn die Veröffentlichungspflicht auch nach Fristsetzung nicht erfüllt wird, kann die Bundesanstalt die Veröffentlichung auf Kosten der EU-OGAW-Verwaltungsgesellschaft oder der OGAW-Kapitalverwaltungsgesellschaft vornehmen.

**Unterabschnitt 2. Anzeigeverfahren für den Vertrieb von inländischen OGAW in anderen Mitgliedstaaten der Europäischen Union oder in Vertragsstaaten des Abkommens über den Europäischen Wirtschaftsraum**

**§ 312 Anzeigepflicht; Verordnungsermächtigung.** (1) ¹ Beabsichtigt eine OGAW-Kapitalverwaltungsgesellschaft oder eine EU-OGAW-Verwaltungsgesellschaft, Anteile oder Aktien an einem von ihr verwalteten inländischen OGAW in einem anderen Mitgliedstaat der Europäischen Union oder in einem anderen Vertragsstaat des Abkommens über den Europäischen Wirtschaftsraum zu vertreiben, so hat sie dies der Bundesanstalt mit einem Anzeigeschreiben gemäß Anhang I der Verordnung (EU) Nr. 584/2010 anzuzeigen. ² Die Anzeige muss in einer in internationalen Finanzkreisen gebräuchlichen Sprache gefasst sein, wenn nicht vereinbart wurde, dass sie in einer der Amtssprachen der beiden Mitgliedstaaten gefasst wird. ³ Der Anzeige sind in jeweils geltender Fassung beizufügen:

1. die Anlagebedingungen und gegebenenfalls die Satzung, der Verkaufsprospekt sowie der letzte Jahresbericht und der anschließende Halbjahresbericht,
2. die wesentlichen Anlegerinformationen gemäß § 166.

(2) Die nach Absatz 1 Satz 2 Nummer 1 beizufügenden Unterlagen sind entweder zu übersetzen

1. in die Amtssprache des Aufnahmestaates,
2. in eine der Amtssprachen des Aufnahmestaates,
3. in eine von den zuständigen Stellen des Aufnahmestaates akzeptierte Sprache oder
4. in eine in internationalen Finanzkreisen gebräuchliche Sprache.

(3) ¹Die wesentlichen Anlegerinformationen sind in der Amtssprache oder in einer der Amtssprachen des Aufnahmestaates oder in einer von den zuständigen Stellen des Aufnahmestaates akzeptierten Sprache vorzulegen. ²Verantwortlich für die Übersetzung ist die OGAW-Kapitalverwaltungsgesellschaft oder die EU-OGAW-Verwaltungsgesellschaft; die Übersetzung muss den Inhalt der ursprünglichen Informationen richtig und vollständig wiedergeben.

(4) ¹Die Bundesanstalt prüft, ob die gemäß Absatz 1 übermittelten Unterlagen vollständig sind. ²Fehlende Angaben und Unterlagen fordert sie innerhalb von zehn Arbeitstagen als Ergänzungsanzeige an. ³Die Ergänzungsanzeige ist der Bundesanstalt innerhalb von sechs Monaten nach der Erstattung der Anzeige oder der letzten Ergänzungsanzeige einzureichen; anderenfalls ist eine Übermittlung der Anzeige nach Absatz 5 ausgeschlossen. ⁴Die Frist nach Satz 3 ist eine Ausschlussfrist. ⁵Eine erneute Anzeige ist jederzeit möglich.

(5) ¹Spätestens zehn Arbeitstage nach Eingang der vollständigen Anzeige bei der Bundesanstalt übermittelt sie den zuständigen Stellen des Aufnahmestaates diese Anzeige sowie eine Bescheinigung gemäß Anhang II der Verordnung (EU) Nr. 584/2010 darüber, dass es sich um einen inländischen OGAW handelt. ²Das Anzeigeschreiben und die Bescheinigung sind den zuständigen Stellen des Aufnahmestaates in einer in internationalen Finanzkreisen gebräuchlichen Sprache zu übermitteln, wenn nicht vereinbart wurde, dass sie in einer der Amtssprachen der beiden Mitgliedstaaten gefasst werden. ³Die Bundesanstalt benachrichtigt die OGAW-Kapitalverwaltungsgesellschaft oder die EU-OGAW-Verwaltungsgesellschaft unmittelbar über die Übermittlung. ⁴Die OGAW-Kapitalverwaltungsgesellschaft oder die EU-OGAW-Verwaltungsgesellschaft kann ihre Anteile oder Aktien ab dem Datum dieser Benachrichtigung im Aufnahmestaat auf den Markt bringen. ⁵Die näheren Inhalte, die Form und die Gestaltung des Anzeigeverfahrens bestimmen sich nach den Artikeln 1 bis 5 der Verordnung (EU) Nr. 584/2010.

(6) Unbeschadet der Anzeige nach Absatz 1 stellt die Bundesanstalt auf Antrag der OGAW-Kapitalverwaltungsgesellschaft oder der EU-OGAW-Verwaltungsgesellschaft eine Bescheinigung gemäß Anhang II der Verordnung (EU) Nr. 584/2010 aus, dass die Vorschriften der Richtlinie 2009/65/EG erfüllt sind.

(7) Die OGAW-Kapitalverwaltungsgesellschaft oder die EU-OGAW-Verwaltungsgesellschaft hat das Anzeigeschreiben nach Absatz 1 Satz 1 und die in Absatz 1 Satz 2 genannten Unterlagen über das Melde- und Veröffentlichungssystem der Bundesanstalt zu übermitteln.

(8)[1] ¹Das Bundesministerium der Finanzen kann durch Rechtsverordnung, die nicht der Zustimmung des Bundesrates bedarf, nähere Bestimmungen über Art, Umfang und Form der einzureichenden Unterlagen nach Absatz 6 und über die zulässigen Datenträger und Übertragungswege erlassen. ²Das Bundesministerium der Finanzen kann die Ermächtigung durch Rechtsverordnung auf die Bundesanstalt übertragen.

**§ 313 Veröffentlichungspflichten.** (1) ¹Die OGAW-Kapitalverwaltungsgesellschaft oder die EU-OGAW-Verwaltungsgesellschaft hat sämtliche in § 312 Absatz 1 und 2 genannten Unterlagen sowie deren Änderungen auf ihrer

---

[1] § 312 Abs. 8 ist gem. Art. 28 Abs. 1 G v. 4.7.2013 (BGBl. I S. 1981) am 11.7.2013 in Kraft getreten.

Internetseite oder einer Internetseite, die sie im Anzeigeschreiben gemäß Anhang I der Verordnung (EU) Nr. 584/2010 genannt hat, zu veröffentlichen. ²Sie hat den zuständigen Stellen des Aufnahmestaates Zugang zu dieser Internetseite zu gewähren.

(2) ¹Die OGAW-Kapitalverwaltungsgesellschaft oder die EU-OGAW-Verwaltungsgesellschaft hat die veröffentlichten Unterlagen und Übersetzungen auf dem neuesten Stand zu halten. ²Die OGAW-Kapitalverwaltungsgesellschaft oder die EU-OGAW-Verwaltungsgesellschaft hat die zuständigen Stellen des Aufnahmestaates auf elektronischem Wege über jede Änderung an den in § 312 genannten Unterlagen sowie darüber, wo diese Unterlagen im Internet verfügbar sind, zu unterrichten. ³Die OGAW-Kapitalverwaltungsgesellschaft oder die EU-OGAW-Verwaltungsgesellschaft hat hierbei entweder die Änderungen oder Aktualisierungen zu beschreiben oder eine geänderte Fassung des jeweiligen Dokuments als Anlage in einem gebräuchlichen elektronischen Format beizufügen.

(3) Sollten sich die im Anzeigeschreiben nach Absatz 1 Satz 1 mitgeteilten Vorkehrungen für die Vermarktung gemäß Anhang I Teil B der Verordnung (EU) Nr. 584/2010 oder für die vertriebenen Anteil- oder Aktienklassen ändern, so hat die OGAW-Kapitalverwaltungsgesellschaft oder die EU-OGAW-Verwaltungsgesellschaft dies den zuständigen Stellen des Aufnahmestaates vor Umsetzung der Änderung in Textform mitzuteilen.

**Abschnitt 3. Anzeige, Einstellung und Untersagung des Vertriebs von AIF**

**§ 314 Untersagung des Vertriebs.** (1) Soweit § 11 nicht anzuwenden ist, ist die Bundesanstalt in Bezug auf AIF befugt, alle zum Schutz der Anleger geeigneten und erforderlichen Maßnahmen zu ergreifen, einschließlich einer Untersagung des Vertriebs von Anteilen oder Aktien dieser Investmentvermögen, wenn

1. eine nach diesem Gesetz beim beabsichtigten Vertrieb von Anteilen oder Aktien an einem AIF erforderliche Anzeige nicht ordnungsgemäß erstattet oder der Vertrieb vor der entsprechenden Mitteilung der Bundesanstalt aufgenommen worden ist,
2. die nach § 295 Absatz 1 Satz 3 geforderten Vorkehrungen nicht geeignet sind, um einen Vertrieb an Privatanleger wirksam zu verhindern oder entsprechende Vorkehrungen nicht eingehalten werden,
3. eine Voraussetzung für die Zulässigkeit des Vertriebs nach diesem Gesetz nicht vorliegt oder entfallen ist oder gegenüber der Bundesanstalt nach § 320 Absatz 1 Satz 2 Nummer 7, § 329 Absatz 2 Satz 3 Nummer 2 oder 3, § 330 Absatz 2 Satz 3 Nummer 2 oder § 330a Absatz 2 Satz 2 Nummer 2 und 3 übernommenen Pflichten trotz Mahnung nicht eingehalten werden,
4. die AIF-Verwaltungsgesellschaft, ein von ihr bestellter Repräsentant oder eine mit dem Vertrieb befasste Person erheblich gegen § 302 Absatz 1 bis 6 oder Anordnungen nach § 302 Absatz 7 verstößt und die Verstöße trotz Verwarnung durch die Bundesanstalt nicht eingestellt werden,
5. die Informations- und Veröffentlichungspflichten nach § 307 Absatz 1 oder Absatz 2 Satz 1 oder nach § 308 oder § 297 Absatz 2 bis 6, 8 oder 9, den §§ 299 bis 301, 303 Absatz 1 oder 3 oder § 318 nicht ordnungsgemäß erfüllt werden,

6. gegen sonstige Vorschriften dieses Gesetzes verstoßen wird,
7. bei einem Vertrieb eines AIF an Privatanleger ein durch rechtskräftiges Urteil oder gerichtlichen Vergleich gegenüber der AIF-Verwaltungsgesellschaft oder der Vertriebsgesellschaft festgestellter Anspruch eines Anlegers nicht erfüllt worden ist,
8. bei dem Vertrieb an Privatanleger erheblich gegen die Anlagebedingungen, die Satzung oder den Gesellschaftsvertrag verstoßen worden ist,
9. die Art und Weise des Vertriebs gegen sonstige Vorschriften des deutschen Rechts verstoßen,
10. Kosten, die der Bundesanstalt im Rahmen der Pflicht zur Bekanntmachung des gesetzlichen Vertreters nach § 319 Absatz 3 entstanden sind, trotz Mahnung nicht erstattet werden oder eine Gebühr, die für die Prüfung von nach § 320 Absatz 1 Satz 2 Nummer 7, § 329 Absatz 2 Satz 3 Nummer 2 oder § 330 Absatz 2 Satz 3 Nummer 2 vorgeschriebenen Angaben und Unterlagen zu entrichten ist, trotz Mahnung nicht gezahlt wird.

(2) Die Bundesanstalt kann bei AIF mit Teilinvestmentvermögen auch den Vertrieb von Anteilen oder Aktien an Teilinvestmentvermögen, die im Geltungsbereich dieses Gesetzes nach den §§ 316, 320, 329 oder 330 an eine, mehrere oder alle Anlegergruppen im Sinne des § 1 Absatz 19 Nummer 31 bis 33 vertrieben werden dürfen, untersagen, wenn weitere Anteile oder Aktien von Teilinvestmentvermögen desselben AIF im Geltungsbereich dieses Gesetzes an eine, mehrere oder alle Anlegergruppen im Sinne des § 1 Absatz 19 Nummer 31 bis 33 vertrieben werden, die im Geltungsbereich dieses Gesetzes entweder nicht oder nicht an diese Anlegergruppe vertrieben werden dürfen.

(3) ¹Die Bundesanstalt macht eine Vertriebsuntersagung im Bundesanzeiger bekannt, falls ein Vertrieb bereits stattgefunden hat. ²Entstehen der Bundesanstalt durch die Bekanntmachung nach Satz 1 Kosten, sind ihr diese von der AIF-Verwaltungsgesellschaft zu erstatten.

(4) Hat die Bundesanstalt den weiteren Vertrieb eines AIF, der einer Anzeigepflicht nach den §§ 316, 320, 329 oder 330 unterliegt, nach Absatz 1 Nummer 2, 5 und 7 bis 10 oder Absatz 2 im Geltungsbereich dieses Gesetzes untersagt, darf die AIF-Verwaltungsgesellschaft die Absicht, die Anteile oder Aktien dieses AIF im Geltungsbereich dieses Gesetzes zu vertreiben, erst ein Jahr nach der Untersagung wieder anzeigen.

**§ 315 Einstellung des Vertriebs von AIF.** (1) ¹Stellt eine AIF-Verwaltungsgesellschaft den Vertrieb von Anteilen oder Aktien eines von ihr verwalteten und nach § 316 oder § 320 vertriebenen AIF im Geltungsbereich dieses Gesetzes gegenüber einer, mehreren oder allen Anlegergruppen im Sinne des § 1 Absatz 19 Nummer 31 bis 33 ein, so hat die AIF-Verwaltungsgesellschaft dies unverzüglich im Bundesanzeiger zu veröffentlichen und die Veröffentlichung der Bundesanstalt nachzuweisen. ²Die Bundesanstalt kann die Veröffentlichung auf Kosten der AIF-Verwaltungsgesellschaft vornehmen, wenn die Veröffentlichungspflicht auch nach Fristsetzung durch die Bundesanstalt nicht erfüllt wird. ³Absatz 2 bleibt unberührt.

(2) ¹Stellt eine AIF-Verwaltungsgesellschaft den Vertrieb von einzelnen Teilinvestmentvermögen eines AIF gegenüber einer, mehreren oder allen Anlegergruppen im Sinne des § 1 Absatz 19 Nummer 31 bis 33 im Geltungsbereich dieses Gesetzes ein, so hat sie § 293 Absatz 1 Satz 2 Nummer 3 bei Änderungen

der im Anzeigeverfahren eingereichten Angaben und Unterlagen zu berücksichtigen. ²Die AIF-Verwaltungsgesellschaft hat die Einstellung des Vertriebs von Anteilen oder Aktien an nach § 316 oder § 320 vertriebenen AIF unverzüglich im Bundesanzeiger zu veröffentlichen und dies der Bundesanstalt nachzuweisen. ³Die Bundesanstalt kann die Veröffentlichung auf Kosten der AIF-Verwaltungsgesellschaft vornehmen, wenn die Veröffentlichungspflicht auch nach Fristsetzung nicht erfüllt wird.

**Unterabschnitt 1. Anzeigeverfahren für den Vertrieb von Publikums-AIF, von EU-AIF oder von ausländischen AIF an Privatanleger im Inland**

**§ 316 Anzeigepflicht einer AIF-Kapitalverwaltungsgesellschaft beim beabsichtigten Vertrieb von inländischen Publikums-AIF im Inland.**

(1) ¹Beabsichtigt eine AIF-Kapitalverwaltungsgesellschaft, Anteile oder Aktien an einem von ihr verwalteten inländischen Publikums-AIF im Geltungsbereich dieses Gesetzes zu vertreiben, so hat sie dies der Bundesanstalt anzuzeigen. ²Das Anzeigeschreiben muss folgende Angaben und Unterlagen in jeweils geltender Fassung enthalten:

1. einen Geschäftsplan, der Angaben zu dem angezeigten Publikums-AIF enthält;
2. die Anlagebedingungen oder einen Verweis auf die zur Genehmigung eingereichten Anlagebedingungen und gegebenenfalls die Satzung oder den Gesellschaftsvertrag des angezeigten AIF;
3. die Angabe der Verwahrstelle oder einen Verweis auf die von der Bundesanstalt gemäß den §§ 87, 69 Absatz 1 genehmigte Verwahrstelle des angezeigten AIF;
4. den Verkaufsprospekt und die wesentlichen Anlegerinformationen des angezeigten AIF;
5. falls es sich bei dem angezeigten AIF um einen Feederfonds handelt, einen Verweis auf die von der Bundesanstalt genehmigten Anlagebedingungen des Masterfonds, einen Verweis auf die von der Bundesanstalt gemäß § 87 in Verbindung mit § 69 genehmigte Verwahrstelle des Masterfonds, den Verkaufsprospekt und die wesentlichen Anlegerinformationen des Masterfonds sowie die Angabe, ob der Masterfonds im Geltungsbereich dieses Gesetzes an Privatanleger vertrieben werden darf.

(2) ¹Die Bundesanstalt prüft, ob die gemäß Absatz 1 übermittelten Angaben und Unterlagen vollständig sind. ²Fehlende Angaben und Unterlagen fordert die Bundesanstalt innerhalb einer Frist von 20 Arbeitstagen nach dem Tag, an dem sämtliche der folgenden Voraussetzungen vorliegen, als Ergänzungsanzeige an:

1. Eingang der Anzeige,
2. Genehmigung der Anlagebedingungen und
3. Genehmigung der Verwahrstelle.

³Mit Eingang der Ergänzungsanzeige beginnt die in Satz 2 genannte Frist erneut. ⁴Die Ergänzungsanzeige ist der Bundesanstalt innerhalb von sechs Monaten nach der Erstattung der Anzeige oder der letzten Ergänzungsanzeige einzureichen; andernfalls ist eine Mitteilung nach Absatz 3 ausgeschlossen. ⁵Die Frist nach Satz 4 ist eine Ausschlussfrist. ⁶Eine erneute Anzeige ist jederzeit möglich.

(3) ¹Innerhalb von 20 Arbeitstagen nach Eingang der vollständigen Anzeigeunterlagen nach Absatz 1 sowie der Genehmigung der Anlagebedingungen und der Verwahrstelle teilt die Bundesanstalt der AIF-Kapitalverwaltungsgesellschaft mit, ob sie mit dem Vertrieb des im Anzeigeschreiben nach Absatz 1 genannten AIF im Geltungsbereich dieses Gesetzes beginnen kann. ²Die Bundesanstalt kann die Aufnahme des Vertriebs innerhalb der in Satz 1 genannten Frist untersagen, wenn die AIF-Kapitalverwaltungsgesellschaft oder die Verwaltung des angezeigten AIF durch die AIF-Kapitalverwaltungsgesellschaft gegen die Vorschriften dieses Gesetzes verstößt. ³Teilt sie der AIF-Kapitalverwaltungsgesellschaft entsprechende Beanstandungen der eingereichten Angaben und Unterlagen innerhalb der Frist von Satz 1 mit, wird die Frist unterbrochen und beginnt die in Satz 1 genannte Frist mit der Einreichung der geänderten Angaben und Unterlagen erneut. ⁴Die AIF-Kapitalverwaltungsgesellschaft kann ab dem Datum der entsprechenden Mitteilung nach Satz 1 mit dem Vertrieb des angezeigten AIF im Geltungsbereich dieses Gesetzes beginnen.

(4) ¹Bei einer Änderung der nach Absatz 1 übermittelten Angaben oder Unterlagen teilt die AIF-Kapitalverwaltungsgesellschaft der Bundesanstalt diese Änderung schriftlich mit und übermittelt der Bundesanstalt gegebenenfalls zeitgleich aktualisierte Angaben und Unterlagen. ²Geplante Änderungen sind mindestens 20 Arbeitstage vor Durchführung der Änderung mitzuteilen, ungeplante Änderungen unverzüglich nach deren Eintreten. ³Sollte die AIF-Kapitalverwaltungsgesellschaft oder die Verwaltung des betreffenden AIF durch die geplante Änderung gegen dieses Gesetz verstoßen, so teilt die Bundesanstalt der AIF-Kapitalverwaltungsgesellschaft unverzüglich mit, dass sie die Änderung nicht durchführen darf. ⁴Wird eine geplante Änderung ungeachtet der Sätze 1 bis 3 durchgeführt oder führt eine durch einen unvorhersehbaren Umstand ausgelöste Änderung dazu, dass die AIF-Kapitalverwaltungsgesellschaft oder die Verwaltung des betreffenden AIF durch diese Änderung nunmehr gegen dieses Gesetz verstößt, so ergreift die Bundesanstalt alle gebotenen Maßnahmen gemäß § 5 einschließlich der ausdrücklichen Untersagung des Vertriebs des betreffenden AIF.

(5) Betrifft die Änderung nach Absatz 4 einen wichtigen neuen Umstand oder eine wesentliche Unrichtigkeit in Bezug auf die im Verkaufsprospekt eines geschlossenen inländischen Publikums-AIF enthaltenen Angaben, die die Beurteilung des Investmentvermögens oder der AIF-Kapitalverwaltungsgesellschaft beeinflussen könnten, so ist diese Änderung auch als Nachtrag zum Verkaufsprospekt, der den Empfänger des Widerrufs bezeichnen sowie einen Hinweis, wo der Nachtrag zur kostenlosen Ausgabe bereitgehalten wird, und an hervorgehobener Stelle auch eine Belehrung über das Widerrufsrecht enthalten muss, unverzüglich im Bundesanzeiger und in einer hinreichend verbreiteten Wirtschafts- oder Tageszeitung oder in den im Verkaufsprospekt zu bezeichneten elektronischen Informationsmedien zu veröffentlichen.

### § 317 Zulässigkeit des Vertriebs von EU-AIF oder von ausländischen AIF an Privatanleger.

(1) ¹Der Vertrieb von EU-AIF und ausländischen AIF durch eine EU-AIF-Verwaltungsgesellschaft oder eine ausländische AIF-Verwaltungsgesellschaft an Privatanleger im Geltungsbereich dieses Gesetzes ist nur zulässig, wenn

1. der AIF und seine Verwaltungsgesellschaft im Staat ihres gemeinsamen Sitzes einer wirksamen öffentlichen Aufsicht zum Schutz der Anleger unterliegen;

2. die zuständigen Aufsichtsstellen des Sitzstaates zu einer nach den Erfahrungen der Bundesanstalt befriedigenden Zusammenarbeit mit der Bundesanstalt entsprechend den §§ 9 und 10 bereit sind;
3. die AIF-Verwaltungsgesellschaft und die Verwaltung des angezeigten AIF durch sie den Anforderungen der Richtlinie 2011/61/EU entsprechen;
4. die AIF-Verwaltungsgesellschaft der Bundesanstalt ein inländisches Kreditinstitut oder eine zuverlässige, fachlich geeignete Person mit Sitz oder Wohnsitz im Geltungsbereich dieses Gesetzes als Repräsentanten benennt, die hinreichend ausgestattet ist, um die Compliance-Funktion entsprechend § 57 Absatz 3 Satz 4 wahrnehmen zu können;
5. eine Verwahrstelle die Gegenstände des AIF in einer Weise sichert, die den Vorschriften der §§ 80 bis 90 vergleichbar ist;
6. ein oder mehrere inländische Kreditinstitute oder inländische Zweigniederlassungen von Kreditinstituten mit Sitz im Ausland als Zahlstellen benannt werden, über welche von den Anlegern geleistete oder für sie bestimmte Zahlungen geleitet werden können; werden Zahlungen und Überweisungen über eine Zahlstelle geleitet, so ist sicherzustellen, dass die Beträge unverzüglich an das in § 83 Absatz 6 genannte Geldkonto oder an die Anleger weitergeleitet werden;
7. die Anlagebedingungen, die Satzung oder der Gesellschaftsvertrag
   a) bei offenen AIF die Mindestinhalte nach § 162 und gegebenenfalls
      aa) bei mit Sonstigen Investmentvermögen vergleichbaren AIF die Angaben nach § 224 Absatz 2,
      bb) bei mit Dach-Hedgefonds vergleichbaren AIF die Angaben nach § 229,
      cc) bei mit Immobilien-Sondervermögen vergleichbaren AIF die Angaben nach § 256 Absatz 2
      aufweisen,
   b) bei geschlossenen AIF die Mindestinhalte nach § 266 aufweisen,
   c) Regelungen enthalten, die bei offenen AIF die Einhaltung der Vorschriften in den §§ 192 bis 213 oder den §§ 218, 219 oder den §§ 220, 221, 222 oder § 225 oder den §§ 230 bis 246, 252 bis 254, 258 bis 260 und bei geschlossenen AIF die Einhaltung der Vorschriften in den §§ 261 bis 265 sicherstellen,
   d) vorsehen, dass die zum AIF gehörenden Vermögensgegenstände nicht verpfändet oder sonst belastet, zur Sicherung übereignet oder zur Sicherung abgetreten werden dürfen, es sei denn, es werden für den AIF Kredite unter Berücksichtigung der Anforderungen nach den §§ 199, 221 Absatz 6, nach § 254 aufgenommen, einem Dritten Optionsrechte eingeräumt oder Wertpapierpensionsgeschäfte nach § 203 oder Finanzterminkontrakte, Devisenterminkontrakte, Swaps oder ähnliche Geschäfte nach Maßgabe des § 197 abgeschlossen,
   e) bei offenen AIF mit Ausnahme von offenen Immobilien-Investmentvermögen vorsehen, dass die Anleger täglich die Auszahlung des auf den Anteil oder die Aktie entfallenden Vermögensteils verlangen können, es sei denn, sie sehen bei mit Sonstigen Investmentvermögen vergleichbaren AIF Regelungen entsprechend § 223 Absatz 1, bei mit Sonstigen Investmentvermögen mit Anlagemöglichkeiten entsprechend § 222 Absatz 1 vergleichbaren AIF Regelungen entsprechend § 223 Absatz 2 oder bei mit

Dach-Hedgefonds vergleichbaren AIF Regelungen entsprechend § 227 vor,

f) bei mit Immobilien-Sondervermögen vergleichbaren Investmentvermögen eine Regelung entsprechend den §§ 255, 257 vorsehen,

g) bei geschlossenen AIF vorsehen, dass die Anleger zumindest am Ende der Laufzeit die Auszahlung des auf den Anteil oder die Aktie entfallenden Vermögensteils verlangen können,

h) Regelungen enthalten, die sicherstellen, dass die Bewertung des AIF bei offenen AIF in einer den §§ 168 bis 170, 216 und 217, bei mit Immobilien-Sondervermögen vergleichbaren AIF unter Berücksichtigung der Sonderregelung in den §§ 248 bis 251 und bei geschlossenen AIF in einer den §§ 271 und 272 entsprechenden Weise erfolgt,

i) vorsehen, dass eine Kostenvorausbelastung nach Maßgabe des § 304 eingeschränkt ist und dass im Jahresbericht und gegebenenfalls in den Halbjahresberichten die Angaben gemäß § 101 Absatz 2 Nummer 4 zu machen sind,

j) bei geschlossenen AIF zudem vorsehen, dass die Bildung von Teilinvestmentvermögen und Master-Feeder-Konstruktionen ausgeschlossen ist;

8. die in § 297 Absatz 2 bis 6, 8 und 9, in den §§ 299 bis 301, 303 Absatz 1 und 3 und in § 318 genannten Pflichten zur Unterrichtung der am Erwerb eines Anteils oder einer Aktie Interessierten oder des Anlegers ordnungsgemäß erfüllt werden.

(2) Sofern es sich bei dem angezeigten AIF um einen ausländischen AIF handelt, der von einer ausländischen AIF-Verwaltungsgesellschaft verwaltet wird, ist der Vertrieb nur zulässig, wenn zusätzlich folgende Anforderungen erfüllt sind:

1. Es bestehen geeignete Vereinbarungen über die Zusammenarbeit zwischen der Bundesanstalt und den für die Aufsicht zuständigen Stellen des Drittstaates, in dem der ausländische AIF und die ausländische AIF-Verwaltungsgesellschaft ihren Sitz haben; die Vereinbarungen müssen

a) der Überwachung von Systemrisiken dienen,

b) im Einklang mit den internationalen Standards und den Artikeln 113 bis 115 der Delegierten Verordnung (EU) Nr. 231/2013 stehen und

c) einen wirksamen Informationsaustausch gewährleisten, der es der Bundesanstalt ermöglicht, ihre in § 5 festgelegten Aufgaben zu erfüllen.

2. Der Herkunftsstaat des angezeigten AIF steht nicht auf der Liste der nicht kooperativen Länder und Gebiete, die von der Arbeitsgruppe „Finanzielle Maßnahmen gegen die Geldwäsche und die Terrorismusfinanzierung" aufgestellt wurde.

3. Der Herkunftsstaat des angezeigten AIF hat mit der Bundesrepublik Deutschland eine Vereinbarung unterzeichnet, die den Normen gemäß Artikel 26 des OECD-Musterabkommens zur Vermeidung der Doppelbesteuerung von Einkommen und Vermögen vollständig entspricht und einen wirksamen Informationsaustausch in Steuerangelegenheiten, gegebenenfalls einschließlich multilateraler Abkommen über die Besteuerung, gewährleistet.

(3) Ist der angezeigte AIF ein Feeder-AIF, müssen zusätzlich zu den Anforderungen nach Absatz 1 und gegebenenfalls nach Absatz 2 in Bezug auf den Feeder-AIF zumindest folgende Anforderungen erfüllt sein:
1. der Master-AIF und dessen Verwaltungsgesellschaft müssen denselben Herkunftsstaat haben wie der Feeder-AIF und dessen Verwaltungsgesellschaft,
2. die Anlagebedingungen, die Satzung oder der Gesellschaftsvertrag des Master-AIF müssen Regelungen enthalten, die die Einhaltung der Vorschriften der §§ 220, 221 und 222 sicherstellen,
3. der Master-AIF und dessen Verwaltungsgesellschaft müssen die Voraussetzungen der §§ 317 bis 319 erfüllen und das Anzeigeverfahren gemäß § 320 erfolgreich abgeschlossen haben,
4. die Anlagebedingungen oder die Satzung des Feeder-AIF müssen eine Bezeichnung des Master-AIF enthalten, in dessen Anteile oder Aktien mindestens 85 Prozent des Wertes des Feeder-AIF angelegt werden und gewährleisten, dass die Anleger in einer Art und Weise geschützt werden, die mit den Vorschriften dieses Gesetzes in Bezug auf Master-Feeder-Konstruktionen im Bereich der Publikumsinvestmentvermögen vergleichbar ist,
5. die in § 175 vorgesehenen Vereinbarungen wurden abgeschlossen.

**§ 318 Verkaufsprospekt und wesentliche Anlegerinformationen beim Vertrieb von EU-AIF oder von ausländischen AIF an Privatanleger.**

(1) [1] Der Verkaufsprospekt des EU-AIF oder des ausländischen AIF muss mit einem Datum versehen sein und alle Angaben enthalten, die zum Zeitpunkt der Antragstellung für die Beurteilung der Anteile oder Aktien des EU-AIF oder des ausländischen AIF von wesentlicher Bedeutung sind. [2] Er muss zumindest die in § 165 Absatz 2 bis 7 und 9 geforderten Angaben enthalten. [3] Der Verkaufsprospekt eines geschlossenen AIF muss keine Angaben entsprechend § 165 Absatz 3 Nummer 2 und Absatz 4 bis 7, dafür aber Angaben entsprechend § 269 Absatz 2 Nummer 2 und 3 und Absatz 3 sowie einen Hinweis enthalten, wie die Anteile oder Aktien übertragen werden können und gegebenenfalls Hinweise entsprechend § 262 Absatz 1 Satz 4, § 262 Absatz 2 Satz 3, § 263 Absatz 5 Satz 2 und gegebenenfalls einen Hinweis, in welcher Weise ihre freie Handelbarkeit eingeschränkt ist. [4] Der Verkaufsprospekt eines Feeder-AIF muss zusätzlich die Angaben nach § 173 Absatz 1 enthalten. [5] Darüber hinaus muss der Verkaufsprospekt eines EU-AIF oder ausländischen AIF insbesondere Angaben enthalten
1. über Name oder Firma, Rechtsform, Sitz und Höhe des gezeichneten und eingezahlten Kapitals (Grund- oder Stammkapital abzüglich der ausstehenden Einlagen zuzüglich der Rücklagen) des EU-AIF oder des ausländischen AIF, der AIF-Verwaltungsgesellschaft, des Unternehmens, das den Vertrieb der Anteile oder Aktien im Geltungsbereich dieses Gesetzes übernommen hat (Vertriebsgesellschaft), und der Verwahrstelle,
2. über Name oder Firma, Sitz und Anschrift des Repräsentanten und der Zahlstellen,
3. über die Voraussetzungen und Bedingungen, zu denen die Anleger die Auszahlung des auf den Anteil oder die Aktie entfallenden Vermögensteils verlangen können sowie über die für die Auszahlung zuständigen Stellen.

⁶ Der Verkaufsprospekt muss ferner ausdrückliche Hinweise darauf enthalten, dass der EU-AIF oder der ausländische AIF und seine Verwaltungsgesellschaft nicht einer staatlichen Aufsicht durch die Bundesanstalt unterstehen. ⁷ Die Bundesanstalt kann verlangen, dass in den Verkaufsprospekt weitere Angaben aufgenommen werden, wenn sie Grund zu der Annahme hat, dass die Angaben für den Erwerber erforderlich sind.

(2) ¹ Der Verkaufsprospekt von EU-AIF und ausländischen AIF, die hinsichtlich ihrer Anlagepolitik Anforderungen unterliegen, die denen von Dach-Hedgefonds nach § 225 Absatz 1 und 2 vergleichbar sind, muss darüber hinaus Angaben entsprechend den in § 228 genannten Angaben enthalten. ² Der Verkaufsprospekt von EU-AIF oder ausländischen AIF, die hinsichtlich ihrer Anlagepolitik Anforderungen unterliegen, die denen von Sonstigen Sondervermögen nach den §§ 220, 221, 222 vergleichbar sind, muss darüber hinaus Angaben entsprechend den in § 224 Absatz 1 genannten Angaben enthalten. ³ Der Verkaufsprospekt von EU-AIF oder ausländischen AIF, die hinsichtlich ihrer Anlagepolitik Anforderungen unterliegen, die denen von Immobilien-Sondervermögen nach § 230 vergleichbar sind, muss darüber hinaus Angaben entsprechend den Angaben nach § 256 Absatz 1 enthalten.

(3) ¹ Für EU-AIF-Verwaltungsgesellschaften oder ausländische AIF-Verwaltungsgesellschaften, die nach der Verordnung (EU) 2017/1129 ¹⁾ einen Prospekt zu veröffentlichen haben, bestimmen sich die in diesen Prospekt aufzunehmenden Mindestangaben nach der Verordnung (EU) 2017/1129 und den Vorgaben in den Kapiteln II bis IV der Delegierten Verordnung (EU) 2019/980 ²⁾. ² Enthält dieser Prospekt zusätzlich die in den Absätzen 1 und 2 geforderten Angaben, muss darüber hinaus kein Verkaufsprospekt erstellt werden. ³ Die Absätze 4 und 6 gelten entsprechend.

(4) Außerdem ist dem Verkaufsprospekt als Anlage beizufügen:

1. ein Jahresbericht nach § 299 Absatz 1 Satz 1 Nummer 3, dessen Stichtag nicht länger als 16 Monate zurückliegen darf, und

2. bei offenen AIF, wenn der Stichtag des Jahresberichts länger als acht Monate zurückliegt, auch ein Halbjahresbericht nach § 299 Absatz 1 Satz 1 Nummer 4.

(5) ¹ Für EU-AIF und ausländische AIF sind wesentliche Anlegerinformationen zu erstellen. ² Für offene EU-AIF und offene ausländische AIF gilt § 166 Absatz 1 bis 5 und für geschlossene EU-AIF und geschlossene ausländische AIF gilt § 270 entsprechend. ³ Für die wesentlichen Anlegerinformationen von EU-AIF und ausländischen AIF, die Immobilien-Sondervermögen entsprechen, sind die Anforderungen nach § 166 Absatz 6 und von EU-AIF und ausländischen AIF, die Dach-Hedgefonds nach § 225 entsprechen, sind die Anforderungen nach § 166 Absatz 7 zu beachten.

(6) ¹ Die wesentlichen Anlegerinformationen sowie Angaben von wesentlicher Bedeutung im Verkaufsprospekt sind auf dem neusten Stand zu halten. ² Bei geschlossenen AIF mit einer einmaligen Vertriebsphase gilt dies nur für die Dauer der Vertriebsphase.

---

¹⁾ Nr. **6**.
²⁾ Nr. **6b**.

**§ 319 Vertretung der Gesellschaft, Gerichtsstand beim Vertrieb von EU-AIF oder von ausländischen AIF an Privatanleger.** (1) ¹Der Repräsentant vertritt den EU-AIF oder ausländischen AIF gerichtlich und außergerichtlich. ²Er ist ermächtigt, für die AIF-Verwaltungsgesellschaft und die Vertriebsgesellschaft bestimmten Schriftstücke zu empfangen. ³Diese Befugnisse können nicht beschränkt werden.

(2) ¹Für Klagen gegen einen EU-AIF oder einen ausländischen AIF, eine AIF-Verwaltungsgesellschaft oder eine Vertriebsgesellschaft, die zum Vertrieb von Anteilen oder Aktien an EU-AIF oder ausländischen AIF an Privatanleger im Geltungsbereich dieses Gesetzes Bezug haben, ist das Gericht zuständig, in dessen Bezirk der Repräsentant seinen Wohnsitz oder Sitz hat. ²Dieser Gerichtsstand kann durch Vereinbarung nicht ausgeschlossen werden.

(3) ¹Der Name des Repräsentanten und die Beendigung seiner Stellung sind von der Bundesanstalt im Bundesanzeiger bekannt zu machen. ²Entstehen der Bundesanstalt durch die Bekanntmachung nach Satz 1 Kosten, so sind ihr diese Kosten zu erstatten.

**§ 320 Anzeigepflicht beim beabsichtigten Vertrieb von EU-AIF oder von ausländischen AIF an Privatanleger im Inland.** (1) ¹Beabsichtigt eine EU-AIF-Verwaltungsgesellschaft oder eine ausländische AIF-Verwaltungsgesellschaft, Anteile oder Aktien an einem von ihr verwalteten EU-AIF oder an einem ausländischen AIF im Geltungsbereich dieses Gesetzes an Privatanleger zu vertreiben, so hat sie dies der Bundesanstalt anzuzeigen. ²Das Anzeigeschreiben muss folgende Angaben und Unterlagen in jeweils geltender Fassung enthalten:

1. bei der Anzeige
   a) einer EU-AIF-Verwaltungsgesellschaft oder ab dem Zeitpunkt, auf den in § 295 Absatz 2 Nummer 1 verwiesen wird, einer ausländischen AIF-Verwaltungsgesellschaft eine Bescheinigung der zuständigen Stelle ihres Herkunftsmitgliedstaates oder ihres Referenzmitgliedstaates in einer in der internationalen Finanzwelt gebräuchlichen Sprache, dass die AIF-Verwaltungsgesellschaft und die Verwaltung des AIF durch diese der Richtlinie 2011/61/EU entsprechen und dass die AIF-Verwaltungsgesellschaft über eine Erlaubnis zur Verwaltung von AIF mit einer bestimmten Anlagestrategie verfügt,
   b) einer ausländischen AIF-Verwaltungsgesellschaft vor dem Zeitpunkt, auf den in § 295 Absatz 2 Nummer 1 verwiesen wird, Angaben und Unterlagen entsprechend § 22 Absatz 1 Nummer 1 bis 9 und 13;
2. alle wesentlichen Angaben zur AIF-Verwaltungsgesellschaft, zum AIF, zum Repräsentanten, zur Verwahrstelle und zur Zahlstelle sowie die Bestätigungen des Repräsentanten, der Verwahrstelle und der Zahlstelle über die Übernahme dieser Funktionen; Angaben zur Verwahrstelle sind nur insoweit erforderlich, als sie von der Bescheinigung nach Nummer 1 Buchstabe a nicht erfasst werden;
3. die Anlagebedingungen, die Satzung oder den Gesellschaftsvertrag des EU-AIF oder ausländischen AIF, seinen Geschäftsplan, der auch die wesentlichen Angaben zu seinen Organen enthält, sowie den Verkaufsprospekt und die wesentlichen Anlegerinformationen und alle weiteren für den Anleger verfügbaren Informationen über den angezeigten AIF sowie wesentliche

Angaben über die für den Vertrieb im Geltungsbereich dieses Gesetzes vorgesehenen Vertriebsgesellschaften;

4. den letzten Jahresbericht, der den Anforderungen des § 299 Absatz 1 Satz 1 Nummer 3 entsprechen muss, und, wenn der Stichtag des Jahresberichts länger als acht Monate zurückliegt und es sich nicht um einen geschlossenen AIF handelt, auch der anschließende Halbjahresbericht, der den Anforderungen des § 299 Absatz 1 Satz 1 Nummer 4 entsprechen muss; der Jahresbericht muss mit dem Bestätigungsvermerk eines Wirtschaftsprüfers versehen sein;

5. die festgestellte Jahresbilanz des letzten Geschäftsjahres nebst Gewinn- und Verlustrechnung (Jahresabschluss) der Verwaltungsgesellschaft, die mit dem Bestätigungsvermerk eines Wirtschaftsprüfers versehen sein muss;

6. Angaben zu den Vorkehrungen für den Vertrieb des angezeigten AIF;

7. die Erklärung der EU-AIF-Verwaltungsgesellschaft oder der ausländischen AIF-Verwaltungsgesellschaft, dass sie sich verpflichtet,

   a) der Bundesanstalt den Jahresabschluss der Verwaltungsgesellschaft und den nach § 299 Absatz 1 Satz 1 Nummer 3 zu veröffentlichenden Jahresbericht spätestens sechs Monate nach Ende jedes Geschäftsjahres sowie für offene AIF zusätzlich den nach § 299 Absatz 1 Satz 1 Nummer 4 zu veröffentlichenden Halbjahresbericht spätestens drei Monate nach Ende jedes Geschäftshalbjahres einzureichen; der Jahresabschluss und der Jahresbericht müssen mit dem Bestätigungsvermerk eines Wirtschaftsprüfers versehen sein;

   b) die Bundesanstalt über alle wesentlichen Änderungen von Umständen, die bei der Vertriebsanzeige angegeben worden sind oder die der Bescheinigung der zuständigen Stelle nach Nummer 1 Buchstabe a zugrunde liegen, gemäß Absatz 4 zu unterrichten und die Änderungsangaben nachzuweisen;

   c) der Bundesanstalt auf Verlangen über ihre Geschäftstätigkeit Auskunft zu erteilen und Unterlagen vorzulegen;

   d) auf Verlangen der Bundesanstalt den Einsatz von Leverage auf den von der Bundesanstalt geforderten Umfang zu beschränken oder einzustellen und

   e) falls es sich um eine ausländische AIF-Verwaltungsgesellschaft handelt, gegenüber der Bundesanstalt die Berichtspflichten nach § 35 zu erfüllen,

8. den Nachweis über die Zahlung der Gebühr für die Anzeige;

9. alle wesentlichen Angaben und Unterlagen, aus denen hervorgeht, dass der ausländische AIF und seine Verwaltungsgesellschaft in dem Staat, in dem sie ihren Sitz haben, einer wirksamen öffentlichen Aufsicht zum Schutz der Anleger unterliegen;

10. gegebenenfalls die nach § 175 erforderlichen Vereinbarungen für Master-Feeder-Strukturen.

[3] Fremdsprachige Unterlagen sind mit einer deutschen Übersetzung vorzulegen.

(2) § 316 Absatz 2 und 3 ist mit der Maßgabe entsprechend anzuwenden, dass es statt „AIF-Kapitalverwaltungsgesellschaft" „EU-AIF-Verwaltungsgesellschaft oder ausländische AIF-Verwaltungsgesellschaft" heißen muss und dass die in § 316 Absatz 3 Satz 1 genannte Frist bei der Anzeige

1. einer EU-AIF-Verwaltungsgesellschaft oder ab dem Zeitpunkt, auf den in § 295 Absatz 2 Nummer 1 verwiesen wird, einer ausländischen AIF-Verwaltungsgesellschaft drei Monate,

2. einer ausländischen AIF-Verwaltungsgesellschaft vor dem Zeitpunkt, auf den in § 295 Absatz 2 Nummer 1 verwiesen wird, sechs Monate

beträgt.

(3) [1] Hat die anzeigende ausländische AIF-Verwaltungsgesellschaft im Sinne von Absatz 1 Buchstabe b bereits einen AIF zum Vertrieb an Privatanleger im Geltungsbereich dieses Gesetzes nach Absatz 1 Satz 1 angezeigt, so prüft die Bundesanstalt bei der Anzeige eines weiteren AIF der gleichen Art nicht erneut das Vorliegen der Voraussetzungen nach § 317 Absatz 1 Satz 1 Nummer 1 und 3, wenn die anzeigende AIF-Verwaltungsgesellschaft im Anzeigeschreiben versichert, dass in Bezug auf die Anforderungen nach § 317 Absatz 1 Satz 1 Nummer 1 und 3 seit der letzten Anzeige keine Änderungen erfolgt sind. [2] In diesem Fall müssen die in § 22 Absatz 1 Nummer 1 bis 9 genannten Angaben nicht eingereicht werden und die in Absatz 2 Nummer 2 genannte Frist beträgt drei Monate.

(4) [1] § 316 Absatz 4 Satz 1 bis 3 ist mit der Maßgabe entsprechend anzuwenden, dass es statt „AIF-Kapitalverwaltungsgesellschaft" „EU-AIF-Verwaltungsgesellschaft oder ausländische AIF-Verwaltungsgesellschaft" heißen muss.
[2] Wird eine geplante Änderung ungeachtet von § 316 Absatz 4 Satz 1 bis 3 durchgeführt oder führt eine durch einen unvorhersehbaren Umstand ausgelöste Änderung dazu, dass die EU-AIF-Verwaltungsgesellschaft, ausländische AIF-Verwaltungsgesellschaft oder die Verwaltung des betreffenden AIF durch die EU-AIF-Verwaltungsgesellschaft oder die ausländische AIF-Verwaltungsgesellschaft gegen dieses Gesetz verstößt, so ergreift die Bundesanstalt alle gebotenen Maßnahmen einschließlich der ausdrücklichen Untersagung des Vertriebs des betreffenden AIF. [3] § 316 Absatz 5 gilt entsprechend.

### Unterabschnitt 2. Anzeigeverfahren für den Vertrieb von AIF an semiprofessionelle Anleger und professionelle Anleger im Inland

**§ 321 Anzeigepflicht einer AIF-Kapitalverwaltungsgesellschaft beim beabsichtigten Vertrieb von EU-AIF oder von inländischen Spezial-AIF an semiprofessionelle und professionelle Anleger im Inland.**

(1) [1] Beabsichtigt eine AIF-Kapitalverwaltungsgesellschaft, Anteile oder Aktien an einem von ihr verwalteten EU-AIF oder an einem von ihr verwalteten inländischen Spezial-AIF an semiprofessionelle oder professionelle Anleger im Geltungsbereich dieses Gesetzes zu vertreiben, so hat sie dies der Bundesanstalt anzuzeigen. [2] Das Anzeigeschreiben muss folgende Angaben und Unterlagen in jeweils geltender Fassung enthalten:

1. einen Geschäftsplan, der Angaben zum angezeigten AIF sowie zu seinem Sitz enthält;

2. die Anlagebedingungen, die Satzung oder den Gesellschaftsvertrag des angezeigten AIF;

3. den Namen der Verwahrstelle des angezeigten AIF;

4. eine Beschreibung des angezeigten AIF und alle für die Anleger verfügbaren Informationen über den angezeigten AIF;

**15 KAGB § 321** Kapitalanlagegesetzbuch

5. Angaben zum Sitz des Master-AIF und seiner Verwaltungsgesellschaft, falls es sich bei dem angezeigten AIF um einen Feeder-AIF handelt;
6. alle in § 307 Absatz 1 genannten weiteren Informationen für jeden angezeigten AIF;
7. Angaben zu den Vorkehrungen, die getroffen wurden, um zu verhindern, dass Anteile oder Aktien des angezeigten AIF an Privatanleger vertrieben werden, insbesondere wenn die AIF-Kapitalverwaltungsgesellschaft für die Erbringung von Wertpapierdienstleistungen für den angezeigten AIF auf unabhängige Unternehmen zurückgreift.

³Ist der EU-AIF oder der inländische Spezial-AIF, den die AIF-Kapitalverwaltungsgesellschaft an semiprofessionelle oder professionelle Anleger im Geltungsbereich dieses Gesetzes zu vertreiben beabsichtigt, ein Feeder-AIF, ist eine Anzeige nach Satz 1 nur zulässig, wenn der Master-AIF ebenfalls ein EU-AIF oder ein inländischer AIF ist, der von einer EU-AIF-Verwaltungsgesellschaft oder einer AIF-Kapitalverwaltungsgesellschaft verwaltet wird. ⁴Andernfalls richtet sich das Anzeigeverfahren ab dem Zeitpunkt, auf den in § 295 Absatz 2 Nummer 1 verwiesen wird, nach § 322 und vor diesem Zeitpunkt nach § 329.

(2) ¹Die Bundesanstalt prüft, ob die gemäß Absatz 1 übermittelten Angaben und Unterlagen vollständig sind. ²Fehlende Angaben und Unterlagen fordert sie innerhalb einer Frist von 20 Arbeitstagen als Ergänzungsanzeige an. ³Mit Eingang der Ergänzungsanzeige beginnt die in Satz 2 genannte Frist erneut. ⁴Die Ergänzungsanzeige ist der Bundesanstalt innerhalb von sechs Monaten nach der Erstattung der Anzeige oder der letzten Ergänzungsanzeige einzureichen; andernfalls ist eine Mitteilung nach Absatz 4 ausgeschlossen. ⁵Die Frist nach Satz 3 ist eine Ausschlussfrist. ⁶Eine erneute Anzeige ist jederzeit möglich.

(3) ¹Innerhalb von 20 Arbeitstagen nach Eingang der vollständigen Anzeigeunterlagen nach Absatz 1 teilt die Bundesanstalt der AIF-Kapitalverwaltungsgesellschaft mit, ob diese mit dem Vertrieb des im Anzeigeschreiben genannten AIF an semiprofessionelle und professionelle Anleger im Geltungsbereich dieses Gesetzes ab sofort beginnen kann. ²Die Bundesanstalt kann innerhalb dieser Frist die Aufnahme des Vertriebs untersagen, wenn die AIF-Kapitalverwaltungsgesellschaft oder die Verwaltung des angezeigten AIF durch die AIF-Kapitalverwaltungsgesellschaft gegen die Vorschriften dieses Gesetzes oder gegen die Vorschriften der Richtlinie 2011/61/EU verstößt. ³Teilt sie der AIF-Kapitalverwaltungsgesellschaft entsprechende Beanstandungen der eingereichten Angaben und Unterlagen innerhalb der Frist von Satz 1 mit, wird die in Satz 1 genannte Frist unterbrochen und beginnt mit der Einreichung der geänderten Angaben und Unterlagen erneut. ⁴Die AIF-Kapitalverwaltungsgesellschaft kann ab dem Datum der entsprechenden Mitteilung nach Satz 1 mit dem Vertrieb des angezeigten AIF an semiprofessionelle und professionelle Anleger im Geltungsbereich dieses Gesetzes beginnen. ⁵Handelt es sich um einen EU-AIF, so teilt die Bundesanstalt zudem den für den EU-AIF zuständigen Stellen mit, dass die AIF-Kapitalverwaltungsgesellschaft mit dem Vertrieb von Anteilen oder Aktien des EU-AIF an professionelle Anleger im Geltungsbereich dieses Gesetzes beginnen kann.

(4) ¹Die AIF-Kapitalverwaltungsgesellschaft teilt der Bundesanstalt wesentliche Änderungen der nach Absatz 1 oder 2 übermittelten Angaben schriftlich mit. ²Änderungen, die von der AIF-Kapitalverwaltungsgesellschaft geplant sind, sind mindestens einen Monat vor Durchführung der Änderung mitzutei-

len. ³Ungeplante Änderungen sind unverzüglich nach ihrem Eintreten mitzuteilen. ⁴Führt die geplante Änderung dazu, dass die AIF-Kapitalverwaltungsgesellschaft oder die Verwaltung des betreffenden AIF durch die AIF-Kapitalverwaltungsgesellschaft nunmehr gegen die Vorschriften dieses Gesetzes oder gegen die Vorschriften der Richtlinie 2011/61/EU verstößt, so teilt die Bundesanstalt der AIF-Kapitalverwaltungsgesellschaft unverzüglich mit, dass sie die Änderung nicht durchführen darf. ⁵Wird eine geplante Änderung ungeachtet der Sätze 1 bis 4 durchgeführt oder führt eine durch einen unvorhersehbaren Umstand ausgelöste Änderung dazu, dass die AIF-Kapitalverwaltungsgesellschaft oder die Verwaltung des betreffenden AIF durch die AIF-Kapitalverwaltungsgesellschaft nunmehr gegen die Vorschriften dieses Gesetzes oder der Richtlinie 2011/61/EU verstößt, so ergreift die Bundesanstalt alle gebotenen Maßnahmen gemäß § 5 einschließlich der ausdrücklichen Untersagung des Vertriebs des betreffenden AIF.

**§ 322 Anzeigepflicht einer AIF-Kapitalverwaltungsgesellschaft beim beabsichtigten Vertrieb von ausländischen AIF oder von inländischen Spezial-Feeder-AIF oder EU-Feeder-AIF, deren jeweiliger Master-AIF kein EU-AIF oder inländischer AIF ist, der von einer EU-AIF-Verwaltungsgesellschaft oder einer AIF-Kapitalverwaltungsgesellschaft verwaltet wird, an semiprofessionelle und professionelle Anleger im Inland.** (1) Der Vertrieb von Anteilen oder Aktien an ausländischen AIF und von Anteilen oder Aktien an EU-Feeder-AIF oder inländischen Spezial-Feeder-AIF, deren jeweiliger Master-AIF kein EU-AIF oder inländischer AIF ist, der von einer EU-AIF-Verwaltungsgesellschaft oder einer AIF-Kapitalverwaltungsgesellschaft verwaltet wird, an semiprofessionelle und professionelle Anleger im Geltungsbereich dieses Gesetzes durch eine AIF-Kapitalverwaltungsgesellschaft ist nur zulässig, wenn

1. geeignete Vereinbarungen über die Zusammenarbeit zwischen der Bundesanstalt und den Aufsichtsbehörden des Drittstaates bestehen, in dem der ausländische AIF seinen Sitz hat, damit unter Berücksichtigung von § 9 Absatz 8 zumindest ein effizienter Informationsaustausch gewährleistet ist, der es der Bundesanstalt ermöglicht, ihre Aufgaben gemäß der Richtlinie 2011/61/EU wahrzunehmen;

2. der Drittstaat, in dem der ausländische AIF seinen Sitz hat, nicht auf der Liste der nicht kooperativen Länder und Gebiete steht, die von der Arbeitsgruppe „Finanzielle Maßnahmen gegen die Geldwäsche und die Terrorismusfinanzierung" aufgestellt wurde;

3. der Drittstaat, in dem der ausländische AIF seinen Sitz hat, mit der Bundesrepublik Deutschland eine Vereinbarung unterzeichnet hat, die den Normen des Artikels 26 des OECD-Musterabkommens zur Vermeidung der Doppelbesteuerung von Einkommen und Vermögen vollständig entspricht und einen wirksamen Informationsaustausch in Steuerangelegenheiten, gegebenenfalls einschließlich multilateraler Abkommen über die Besteuerung, gewährleistet;

4. die AIF-Kapitalverwaltungsgesellschaft bei der Verwaltung eines ausländischen AIF abweichend von § 55 Absatz 1 Nummer 1 alle in der Richtlinie 2011/61/EU für diese AIF festgelegten Anforderungen erfüllt.

(2) ¹Beabsichtigt eine AIF-Kapitalverwaltungsgesellschaft, Anteile oder Aktien an einem von ihr verwalteten AIF im Sinne von Absatz 1 Satz 1 im

Geltungsbereich dieses Gesetzes an semiprofessionelle oder professionelle Anleger zu vertreiben, so hat sie dies der Bundesanstalt anzuzeigen. ²Für den Inhalt des Anzeigeschreibens einschließlich der erforderlichen Dokumentation und Angaben gilt § 321 Absatz 1 Satz 2 entsprechend.

(3) § 321 Absatz 2 gilt entsprechend.

(4) ¹§ 321 Absatz 3 Satz 1 bis 4 und 6 gilt entsprechend. ²Die Bundesanstalt teilt der Europäischen Wertpapier- und Marktaufsichtsbehörde mit, dass die AIF-Kapitalverwaltungsgesellschaft mit dem Vertrieb von Anteilen oder Aktien des angezeigten AIF im Geltungsbereich dieses Gesetzes an professionelle Anleger beginnen kann. ³Falls es sich um einen EU-Feeder-AIF handelt, teilt die Bundesanstalt zudem den für den EU-Feeder-AIF in seinem Herkunftsmitgliedstaat zuständigen Stellen mit, dass die AIF-Kapitalverwaltungsgesellschaft mit dem Vertrieb von Anteilen oder Aktien des EU-Feeder-AIF an professionelle Anleger im Geltungsbereich dieses Gesetzes beginnen kann.

(5) ¹Die AIF-Kapitalverwaltungsgesellschaft teilt der Bundesanstalt wesentliche Änderungen der nach Absatz 2 übermittelten Angaben schriftlich mit. ²§ 321 Absatz 4 Satz 2 bis 5 gilt entsprechend. ³Änderungen sind zulässig, wenn sie nicht dazu führen, dass die AIF-Kapitalverwaltungsgesellschaft oder die Verwaltung des angezeigten AIF durch die AIF-Kapitalverwaltungsgesellschaft gegen die Vorschriften dieses Gesetzes oder gegen die Vorschriften der Richtlinie 2011/61/EU verstößt. ⁴Bei zulässigen Änderungen unterrichtet die Bundesanstalt unverzüglich die Europäische Wertpapier- und Marktaufsichtsbehörde, soweit die Änderungen die Beendigung des Vertriebs von bestimmten AIF oder zusätzlich vertriebenen AIF betreffen.

**§ 323 Anzeigepflicht einer EU-AIF-Verwaltungsgesellschaft beim beabsichtigten Vertrieb von EU-AIF oder von inländischen Spezial-AIF an semiprofessionelle und professionelle Anleger im Inland.** (1) ¹Beabsichtigt eine EU-AIF-Verwaltungsgesellschaft im Geltungsbereich dieses Gesetzes Anteile oder Aktien an einem EU-AIF oder an inländischen Spezial-AIF an semiprofessionelle oder professionelle Anleger zu vertreiben, so prüft die Bundesanstalt, ob die zuständige Stelle des Herkunftsmitgliedstaates der EU-AIF-Verwaltungsgesellschaft Folgendes übermittelt hat:

1. eine von ihr ausgestellte Bescheinigung über die Erlaubnis der betreffenden EU-AIF-Verwaltungsgesellschaft zur Verwaltung von AIF mit einer bestimmten Anlagestrategie sowie

2. ein Anzeigeschreiben für jeden angezeigten AIF

jeweils in einer in der internationalen Finanzwelt gebräuchlichen Sprache. ²Für den Inhalt des Anzeigeschreibens einschließlich der erforderlichen Dokumentation und Angaben gilt § 321 Absatz 1 Satz 2 entsprechend mit der Maßgabe, dass es statt „AIF-Kapitalverwaltungsgesellschaft" „EU-AIF-Verwaltungsgesellschaft" heißen muss, die Vorkehrungen zum Vertrieb des angezeigten AIF angegeben sein müssen und die Bundesrepublik Deutschland als Staat genannt sein muss, in dem Anteile oder Aktien des angezeigten AIF an professionelle Anleger vertrieben werden sollen.

(2) ¹Der Vertrieb kann aufgenommen werden, wenn die EU-AIF-Verwaltungsgesellschaft von der zuständigen Stelle ihres Herkunftsmitgliedstaates über die Übermittlung nach Absatz 1 unterrichtet wurde. ²Ist der AIF im Sinne von Absatz 1 Satz 1 ein Feeder-AIF, so besteht ein Recht zum Vertrieb gemäß Satz 1

nur, wenn der Master-AIF ebenfalls ein EU-AIF oder ein inländischer AIF ist, der von einer EU-AIF-Verwaltungsgesellschaft oder einer AIF-Kapitalverwaltungsgesellschaft verwaltet wird. ³Die Bundesanstalt prüft, ob die Vorkehrungen nach § 321 Absatz 1 Satz 2 Nummer 7 geeignet sind, um einen Vertrieb an Privatanleger wirksam zu verhindern und ob die Vorkehrungen nach § 323 Absatz 1 Satz 2 gegen dieses Gesetz verstoßen.

(3) Wird die Bundesanstalt von den zuständigen Stellen im Herkunftsmitgliedstaat der EU-AIF-Verwaltungsgesellschaft über eine Änderung der Vorkehrungen nach § 321 Absatz 1 Satz 2 Nummer 7 und § 323 Absatz 1 Satz 2 unterrichtet, prüft die Bundesanstalt, ob die Vorkehrungen nach § 321 Absatz 1 Satz 2 Nummer 7 weiterhin geeignet sind, um einen Vertrieb an Privatanleger wirksam zu verhindern und ob die Vorkehrungen nach § 323 Absatz 1 Satz 2 weiterhin nicht gegen dieses Gesetz verstoßen.

**§ 324 Anzeigepflicht einer EU-AIF-Verwaltungsgesellschaft beim beabsichtigten Vertrieb von ausländischen AIF oder von inländischen Spezial-Feeder-AIF oder EU-Feeder-AIF, deren jeweiliger Master-AIF kein EU-AIF oder inländischer AIF ist, der von einer EU-AIF-Verwaltungsgesellschaft oder einer AIF-Kapitalverwaltungsgesellschaft verwaltet wird, an semiprofessionelle und professionelle Anleger im Inland.** (1) ¹Ein Vertrieb von Anteilen oder Aktien an ausländischen AIF und von Anteilen oder Aktien an inländischen Spezial-Feeder-AIF oder EU-Feeder-AIF, deren jeweiliger Master-AIF kein EU-AIF oder inländischer AIF ist, der von einer EU-AIF-Verwaltungsgesellschaft oder einer AIF-Kapitalverwaltungsgesellschaft verwaltet wird, an semiprofessionelle oder professionelle Anleger im Geltungsbereich dieses Gesetzes durch eine EU-AIF-Verwaltungsgesellschaft ist nur zulässig, wenn die in § 322 Absatz 1 genannten Voraussetzungen gegeben sind. ²Ist die Bundesanstalt nicht mit der Beurteilung der in § 322 Absatz 1 Nummer 1 und 2 genannten Voraussetzungen durch die zuständige Stelle des Herkunftsmitgliedstaates der EU-AIF-Verwaltungsgesellschaft einverstanden, kann die Bundesanstalt die Europäische Wertpapier- und Marktaufsichtsbehörde nach Maßgabe des Artikels 19 der Verordnung (EU) Nr. 1095/2010[1)] um Hilfe ersuchen.

(2) ¹Beabsichtigt eine EU-AIF-Verwaltungsgesellschaft im Geltungsbereich dieses Gesetzes die in Absatz 1 Satz 1 genannten AIF an semiprofessionelle oder professionelle Anleger zu vertreiben, so prüft die Bundesanstalt, ob die zuständige Stelle des Herkunftsmitgliedstaates der EU-AIF-Verwaltungsgesellschaft eine von ihr ausgestellte Bescheinigung über die Erlaubnis der betreffenden EU-AIF-Verwaltungsgesellschaft zur Verwaltung von AIF mit einer bestimmten Anlagestrategie sowie ein Anzeigeschreiben für jeden AIF in einer in der internationalen Finanzwelt gebräuchlichen Sprache übermittelt hat. ²§ 323 Absatz 1 Satz 2 gilt entsprechend.

(3) § 323 Absatz 2 Satz 1 und 3 sowie Absatz 3 ist entsprechend anzuwenden.

**§ 325 Anzeigepflicht einer ausländischen AIF-Verwaltungsgesellschaft, deren Referenzmitgliedstaat die Bundesrepublik Deutschland ist, beim beabsichtigten Vertrieb von EU-AIF oder von inländischen**

---

[1)] Nr. 3.

**Spezial-AIF an semiprofessionelle und professionelle Anleger im Inland.** (1) ¹Beabsichtigt eine ausländische AIF-Verwaltungsgesellschaft, deren Referenzmitgliedstaat gemäß § 56 die Bundesrepublik Deutschland ist und die von der Bundesanstalt eine Erlaubnis nach § 58 erhalten hat, Anteile oder Aktien an einem von ihr verwalteten EU-AIF oder inländischen Spezial-AIF an semiprofessionelle oder professionelle Anleger im Geltungsbereich dieses Gesetzes zu vertreiben, hat sie dies der Bundesanstalt anzuzeigen. ²§ 321 Absatz 1 Satz 2 gilt entsprechend mit der Maßgabe, dass es statt „AIF-Kapitalverwaltungsgesellschaft" „ausländische AIF-Verwaltungsgesellschaft" heißen muss.

(2) § 321 Absatz 2 bis 4 ist mit der Maßgabe entsprechend anzuwenden, dass

1. es statt „AIF-Kapitalverwaltungsgesellschaft" „ausländische AIF-Verwaltungsgesellschaft" heißen muss,
2. im Rahmen von § 321 Absatz 3 die Bundesanstalt zusätzlich der Europäischen Wertpapier- und Marktaufsichtsbehörde mitteilt, dass die ausländische AIF-Verwaltungsgesellschaft mit dem Vertrieb von Anteilen oder Aktien des angezeigten AIF an professionelle Anleger im Inland beginnen kann und
3. bei zulässigen Änderungen nach § 321 Absatz 4 die Bundesanstalt unverzüglich die Europäische Wertpapier- und Marktaufsichtsbehörde unterrichtet, soweit die Änderungen die Beendigung des Vertriebs von bestimmten AIF oder zusätzlich vertriebenen AIF betreffen.

**§ 326 Anzeigepflicht einer ausländischen AIF-Verwaltungsgesellschaft, deren Referenzmitgliedstaat die Bundesrepublik Deutschland ist, beim beabsichtigten Vertrieb von ausländischen AIF an semiprofessionelle und professionelle Anleger im Inland.** (1) Der Vertrieb von Anteilen oder Aktien an ausländischen AIF an semiprofessionelle oder professionelle Anleger im Geltungsbereich dieses Gesetzes durch eine ausländische AIF-Verwaltungsgesellschaft, deren Referenzmitgliedstaat gemäß Artikel 37 Absatz 4 der Richtlinie 2011/61/EU die Bundesrepublik Deutschland ist, ist nur zulässig, wenn die in § 322 Absatz 1 genannten Voraussetzungen gegeben sind.

(2) ¹Beabsichtigt eine ausländische AIF-Verwaltungsgesellschaft, deren Referenzmitgliedstaat gemäß § 56 die Bundesrepublik Deutschland ist und die von der Bundesanstalt die Erlaubnis nach § 58 erhalten hat, Anteile oder Aktien an einem von ihr verwalteten ausländischen AIF im Geltungsbereich dieses Gesetzes an semiprofessionelle oder professionelle Anleger zu vertreiben, hat sie dies der Bundesanstalt anzuzeigen. ²§ 321 Absatz 1 Satz 2 gilt entsprechend mit der Maßgabe, dass es statt „AIF-Kapitalverwaltungsgesellschaft" „ausländische AIF-Verwaltungsgesellschaft" heißen muss.

(3) § 322 Absatz 3, 4 Satz 1 und 2 und Absatz 5 gilt entsprechend mit der Maßgabe, dass es statt „AIF-Kapitalverwaltungsgesellschaft" „ausländische AIF-Verwaltungsgesellschaft" heißen muss.

**§ 327 Anzeigepflicht einer ausländischen AIF-Verwaltungsgesellschaft, deren Referenzmitgliedstaat nicht die Bundesrepublik Deutschland ist, beim beabsichtigten Vertrieb von EU-AIF oder von inländischen Spezial-AIF an semiprofessionelle und professionelle Anleger im Inland.** (1) ¹Beabsichtigt eine ausländische AIF-Verwaltungsgesellschaft, deren Referenzmitgliedstaat gemäß Artikel 37 Absatz 4 der Richtlinie 2011/61/EU ein anderer Mitgliedstaat der Europäischen Union oder ein anderer Vertragsstaat des Abkommens über den Europäischen Wirtschaftsraum als die Bundesrepublik Deutschland ist, im Geltungsbereich dieses Gesetzes Anteile oder Aktien an EU-AIF oder inländische Spezial-AIF an semiprofessionelle oder professionelle Anleger im Geltungsbereich dieses Gesetzes zu vertreiben, so prüft die Bundesanstalt, ob die zuständige Stelle des Referenzmitgliedstaates der ausländischen AIF-Verwaltungsgesellschaft Folgendes übermittelt hat:

1. eine von ihr ausgestellte Bescheinigung über die Erlaubnis der betreffenden ausländischen AIF-Verwaltungsgesellschaft zur Verwaltung von AIF mit einer bestimmten Anlagestrategie und
2. ein Anzeigeschreiben für jeden angezeigten AIF,

jeweils in einer in der internationalen Finanzwelt gebräuchlichen Sprache. ²Für den Inhalt des Anzeigeschreibens einschließlich der erforderlichen Dokumentation und Angaben gilt § 321 Absatz 1 Satz 2 entsprechend mit der Maßgabe, dass es statt „AIF-Kapitalverwaltungsgesellschaft" „ausländische AIF-Verwaltungsgesellschaft" heißen muss, die Vorkehrungen zum Vertrieb des angezeigten AIF angegeben sein müssen und die Bundesrepublik Deutschland als Staat genannt sein muss, in dem Anteile oder Aktien des angezeigten AIF an professionelle Anleger vertrieben werden sollen.

(2) ¹Der Vertrieb kann aufgenommen werden, wenn die ausländische AIF-Verwaltungsgesellschaft von der zuständigen Stelle ihres Referenzmitgliedstaates über die Übermittlung nach Absatz 1 unterrichtet wurde. ²§ 323 Absatz 2 Satz 3 und Absatz 3 ist entsprechend anzuwenden.

**§ 328 Anzeigepflicht einer ausländischen AIF-Verwaltungsgesellschaft, deren Referenzmitgliedstaat nicht die Bundesrepublik Deutschland ist, beim beabsichtigten Vertrieb von ausländischen AIF an semiprofessionelle und professionelle Anleger im Inland.** (1) ¹Ein Vertrieb von Anteilen oder Aktien an ausländischen AIF an semiprofessionelle oder professionelle Anleger im Geltungsbereich dieses Gesetzes durch eine ausländische AIF-Verwaltungsgesellschaft, deren Referenzmitgliedstaat gemäß Artikel 37 Absatz 4 der Richtlinie 2011/61/EU ein anderer Mitgliedstaat der Europäischen Union oder Vertragsstaat des Abkommens über den Europäischen Wirtschaftsraum ist, ist nur zulässig, wenn die in § 322 Absatz 1 genannten Voraussetzungen gegeben sind. ²Ist die Bundesanstalt nicht mit der Beurteilung der in § 322 Absatz 1 Nummer 1 und 2 genannten Voraussetzungen durch die zuständige Stelle des Referenzmitgliedstaates der ausländischen AIF-Verwaltungsgesellschaft einverstanden, kann die Bundesanstalt die Europäische Wertpapier- und Marktaufsichtsbehörde nach Maßgabe des Artikels 19 der Verordnung (EU) Nr. 1095/2010[1]) um Hilfe ersuchen.

(2) ¹Beabsichtigt eine ausländische AIF-Verwaltungsgesellschaft, im Geltungsbereich dieses Gesetzes Anteile oder Aktien an ausländischen AIF an semiprofessionelle oder professionelle Anleger zu vertreiben, prüft die Bundesanstalt, ob die zuständige Stelle des Referenzmitgliedstaates der ausländischen AIF-Verwaltungsgesellschaft Folgendes übermittelt hat:

---

[1]) Nr. 3.

1. eine von ihr ausgestellte Bescheinigung über die Erlaubnis der betreffenden ausländischen AIF-Verwaltungsgesellschaft zur Verwaltung von AIF mit einer bestimmten Anlagestrategie sowie
2. ein Anzeigeschreiben für jeden angezeigten AIF,

jeweils in einer in der internationalen Finanzwelt gebräuchlichen Sprache. ²§ 327 Absatz 1 Satz 2 gilt entsprechend.

(3) § 327 Absatz 2 ist entsprechend anzuwenden.

**§ 329 Anzeigepflicht einer EU-AIF-Verwaltungsgesellschaft oder einer AIF-Kapitalverwaltungsgesellschaft beim beabsichtigten Vertrieb von von ihr verwalteten inländischen Spezial-Feeder-AIF oder EU-Feeder-AIF, deren jeweiliger Master-AIF kein EU-AIF oder inländischer AIF ist, der von einer EU-AIF-Verwaltungsgesellschaft oder einer AIF-Kapitalverwaltungsgesellschaft verwaltet wird, oder ausländischen AIF an semiprofessionelle und professionelle Anleger im Inland.**

(1) ¹Der Vertrieb von Anteilen oder Aktien an von einer EU-AIF-Verwaltungsgesellschaft oder einer AIF-Kapitalverwaltungsgesellschaft verwalteten inländischen Spezial-Feeder-AIF oder EU-Feeder-AIF, deren jeweiliger Master-AIF kein EU-AIF oder inländischer AIF ist, der von einer EU-AIF-Verwaltungsgesellschaft oder einer AIF-Kapitalverwaltungsgesellschaft verwaltet wird, oder ausländischen AIF an semiprofessionelle oder professionelle Anleger im Geltungsbereich dieses Gesetzes ist zulässig, wenn

1. bei einem Vertrieb an professionelle Anleger
   a) die AIF-Kapitalverwaltungsgesellschaft und die Verwaltung des AIF durch die AIF-Kapitalverwaltungsgesellschaft die Anforderungen dieses Gesetzes mit Ausnahme der §§ 80 bis 90 und die EU-AIF-Verwaltungsgesellschaft und die Verwaltung des AIF durch diese die Anforderungen der von ihrem Herkunftsmitgliedstaat zur Umsetzung der Richtlinie 2011/61/EU erlassenen Vorschriften mit Ausnahme der in Artikel 21 der Richtlinie 2011/61/EU genannten Voraussetzungen erfüllt und
   b) die AIF-Kapitalverwaltungsgesellschaft oder die EU-AIF-Verwaltungsgesellschaft eine oder mehrere Stellen benannt hat, die sie nicht selbst ist und die die Aufgaben nach Artikel 21 Absatz 7, 8 und 9 der Richtlinie 2011/61/EU wahrnehmen, und sie diese Stelle oder Stellen der Bundesanstalt oder der in ihrem Herkunftsmitgliedstaat zuständigen Stelle angezeigt hat;
2. bei einem Vertrieb an semiprofessionelle Anleger die AIF-Kapitalverwaltungsgesellschaft oder die EU-AIF-Verwaltungsgesellschaft und die Verwaltung des AIF durch diese den Anforderungen dieses Gesetzes oder den von ihrem Herkunftsmitgliedstaat zur Umsetzung der Richtlinie 2011/61/EU erlassenen Vorschriften entsprechen;
3. bei einem Vertrieb an semiprofessionelle Anleger oder professionelle Anleger
   a) bei einem ausländischen AIF geeignete, der Überwachung der Systemrisiken dienende und im Einklang mit den internationalen Standards und den Artikeln 113 bis 115 der Delegierten Verordnung (EU) Nr. 231/2013 stehende Vereinbarungen über die Zusammenarbeit zwischen der Bundesanstalt oder den zuständigen Stellen im Herkunftsmitgliedstaat der EU-AIF-Verwaltungsgesellschaft und den zuständigen Stellen des Drittstaates, in dem der ausländische AIF seinen Sitz hat, bestehen, sodass ein effizien-

ter Informationsaustausch gewährleistet ist, der es der Bundesanstalt oder den zuständigen Stellen im Herkunftsmitgliedstaat der EU-AIF-Verwaltungsgesellschaft ermöglicht, ihre in der Richtlinie 2011/61/EU festgelegten Aufgaben zu erfüllen;
b) der Drittstaat, in dem der ausländische AIF seinen Sitz hat, nicht auf der Liste der nicht kooperativen Länder und Gebiete steht, die von der Arbeitsgruppe „Finanzielle Maßnahmen gegen die Geldwäsche und die Terrorismusfinanzierung" aufgestellt wurde;
c) die Vorkehrungen nach § 321 Absatz 1 Satz 2 Nummer 7 geeignet sind, einen Vertrieb an Privatanleger zu verhindern.

²Ist der angezeigte AIF ein Feeder-AIF, sind zusätzlich die Anforderungen des Absatzes 1 Satz 1 Nummer 1 oder 2 und 3 von dem Master-AIF und dessen Verwaltungsgesellschaft entsprechend einzuhalten.

(2) ¹Beabsichtigt eine EU-AIF-Verwaltungsgesellschaft oder eine AIF-Kapitalverwaltungsgesellschaft, Anteile oder Aktien an von ihr verwalteten AIF im Sinne von Absatz 1 Satz 1 im Geltungsbereich dieses Gesetzes an semiprofessionelle oder professionelle Anleger zu vertreiben, so hat sie dies der Bundesanstalt anzuzeigen. ² § 321 Absatz 1 Satz 2 gilt entsprechend. ³Darüber hinaus sind der Anzeige folgende Angaben und Dokumente beizufügen:
1. bei der Anzeige durch eine EU-AIF-Verwaltungsgesellschaft eine Bescheinigung der zuständigen Stelle ihres Herkunftsmitgliedstaates in einer in der internationalen Finanzwelt gebräuchlichen Sprache, dass die EU-AIF-Verwaltungsgesellschaft und die Verwaltung des AIF durch diese der Richtlinie 2011/61/EU entsprechen, dass die AIF-Verwaltungsgesellschaft über eine Erlaubnis zur Verwaltung von AIF mit einer bestimmten Anlagestrategie verfügt und gegebenenfalls, dass geeignete Vereinbarungen im Sinne von Absatz 1 Satz 1 Nummer 3 Buchstabe a über die Zusammenarbeit zwischen den zuständigen Stellen im Herkunftsmitgliedstaat der EU-AIF-Verwaltungsgesellschaft und den zuständigen Stellen des Drittstaates, in dem der ausländische AIF seinen Sitz hat, bestehen; ist nur ein Vertrieb an professionelle Anleger beabsichtigt, muss sich die Bescheinigung nicht auf die gesamten in Artikel 21 der Richtlinie 2011/61/EU genannten Anforderungen erstrecken, sondern nur auf die in Artikel 21 Absatz 7, 8 und 9 genannten Voraussetzungen;
2. eine Erklärung der EU-AIF-Verwaltungsgesellschaft darüber, dass sie sich verpflichtet,
a) der Bundesanstalt den Jahresbericht des AIF, der den Anforderungen des Artikels 22 und gegebenenfalls des Artikels 29 der Richtlinie 2011/61/EU entsprechen muss, spätestens sechs Monate nach Ende eines jeden Geschäftsjahres einzureichen; der Jahresbericht muss mit dem Bestätigungsvermerk eines Wirtschaftsprüfers versehen sein;
b) die Bundesanstalt über alle wesentlichen Änderungen von Umständen, die bei der Vertriebsanzeige angegeben worden sind oder die der Bescheinigung der zuständigen Stelle nach Nummer 1 zugrunde liegen, zu unterrichten und die Änderungsangaben nachzuweisen;
c) der Bundesanstalt auf Verlangen über ihre Geschäftstätigkeit Auskunft zu erteilen und Unterlagen vorzulegen;
3. eine Erklärung der AIF-Kapitalverwaltungsgesellschaft, dass sie sich entsprechend Nummer 2 Buchstabe b verpflichtet;

4. ein Nachweis über die Zahlung der Gebühr für die Anzeige.

(3) Ist der angezeigte AIF ein Feeder-AIF,

1. sind der Anzeige zusätzlich in Bezug auf den Master-AIF und seine Verwaltungsgesellschaft Angaben und Dokumente entsprechend
   a) Absatz 2 Satz 3 Nummer 1 oder, sofern es sich bei der Verwaltungsgesellschaft des Master-AIF um eine ausländische AIF-Verwaltungsgesellschaft handelt, Angaben und Dokumente entsprechend § 22 Absatz 1 Nummer 1 bis 9 und 13, und alle weiteren wesentlichen Angaben über die Verwahrstelle oder die Stellen nach Absatz 1 Satz 1 Nummer 1 Buchstabe b sowie
   b) § 321 Absatz 1 Satz 2
   beizufügen und
2. muss sich die Erklärung nach Absatz 2 Satz 3 Nummer 2 oder 3 auch auf den Master-AIF und seine Verwaltungsgesellschaft erstrecken.

(4) [1] Fremdsprachige Unterlagen sind in deutscher Übersetzung oder in englischer Sprache vorzulegen. [2] § 321 Absatz 2 und Absatz 3 Satz 1 bis 4 gilt entsprechend mit der Maßgabe, dass es statt „AIF-Kapitalverwaltungsgesellschaft" „AIF-Kapitalverwaltungsgesellschaft oder EU-AIF-Verwaltungsgesellschaft" heißen muss und dass die in § 321 Absatz 3 Satz 1 genannte Frist 30 Arbeitstage und für den Fall, dass der angezeigte AIF ein Feeder-AIF ist,

1. dessen Master-AIF nicht von einer ausländischen AIF-Verwaltungsgesellschaft verwaltet wird, zwei Monate,
2. dessen Master-AIF von einer ausländischen AIF-Verwaltungsgesellschaft verwaltet wird, fünf Monate

beträgt.

**§ 330 Anzeigepflicht einer ausländischen AIF-Verwaltungsgesellschaft beim beabsichtigten Vertrieb von von ihr verwalteten ausländischen AIF oder EU-AIF an semiprofessionelle und professionelle Anleger im Inland.** (1) [1] Der Vertrieb von Anteilen oder Aktien an von einer ausländischen AIF-Verwaltungsgesellschaft verwalteten ausländischen AIF oder EU-AIF an professionelle oder semiprofessionelle Anleger im Geltungsbereich dieses Gesetzes ist zulässig, wenn

1. bei einem Vertrieb an professionelle Anleger
   a) die ausländische AIF-Verwaltungsgesellschaft und die Verwaltung des AIF durch die ausländische AIF-Verwaltungsgesellschaft den Anforderungen des § 35 und gegebenenfalls der §§ 287 bis 292 entsprechen,
   b) die ausländische AIF-Verwaltungsgesellschaft eine oder mehrere Stellen benannt hat, die die Aufgaben nach Artikel 21 Absatz 7 bis 9 der Richtlinie 2011/61/EU wahrnehmen, die ausländische AIF-Verwaltungsgesellschaft diese Aufgaben nicht selbst wahrnimmt und sie diese Stelle oder Stellen der Bundesanstalt angezeigt hat und
   c) die in § 307 Absatz 1 und Absatz 2 Satz 1 sowie § 308 vorgesehenen Pflichten zur Unterrichtung der am Erwerb eines Anteils oder einer Aktie Interessierten oder des Anlegers ordnungsgemäß erfüllt werden;
2. bei einem Vertrieb an semiprofessionelle Anleger die ausländische AIF-Verwaltungsgesellschaft und die Verwaltung des AIF durch diese den in diesem Gesetz umgesetzten Anforderungen der Richtlinie 2011/61/EU entsprechen;

3. bei einem Vertrieb an semiprofessionelle Anleger oder professionelle Anleger
   a) geeignete Vereinbarungen über die Zusammenarbeit zwischen der Bundesanstalt und den zuständigen Stellen des Drittstaates, in dem die ausländische AIF-Verwaltungsgesellschaft ihren Sitz hat, und gegebenenfalls den zuständigen Stellen des Drittstaates, in dem der ausländische AIF seinen Sitz hat, und den zuständigen Stellen des Herkunftsmitgliedstaates des EU-AIF bestehen; die Vereinbarungen müssen
      aa) der Überwachung der Systemrisiken dienen,
      bb) im Einklang mit den internationalen Standards und den Artikeln 113 bis 115 der Delegierten Verordnung (EU) Nr. 231/2013 stehen und
      cc) einen effizienten Informationsaustausch gewährleisten, der es der Bundesanstalt ermöglicht, ihre in der Richtlinie 2011/61/EU festgelegten Aufgaben zu erfüllen;
   b) weder der Drittstaat, in dem die ausländische AIF-Verwaltungsgesellschaft ihren Sitz hat noch der Drittstaat, in dem der ausländische AIF seinen Sitz hat, auf der Liste der nicht kooperativen Länder und Gebiete steht, die von der Arbeitsgruppe „Finanzielle Maßnahmen gegen die Geldwäsche und die Terrorismusfinanzierung" aufgestellt wurde;
   c) die Vorkehrungen nach § 321 Absatz 1 Satz 2 Nummer 7 geeignet sind, einen Vertrieb an Privatanleger zu verhindern.

²Ist der angezeigte AIF ein Feeder-AIF, sind zusätzlich die Anforderungen des Absatzes 1 Satz 1 Nummer 1 oder 2 und 3 von dem Master-AIF und dessen Verwaltungsgesellschaft entsprechend einzuhalten.

(2) ¹Beabsichtigt eine ausländische AIF-Verwaltungsgesellschaft, Anteile oder Aktien an von ihr verwalteten ausländischen AIF oder EU-AIF im Geltungsbereich dieses Gesetzes an semiprofessionelle oder professionelle Anleger zu vertreiben, so hat sie dies der Bundesanstalt anzuzeigen. ²§ 321 Absatz 1 Satz 2 gilt entsprechend. ³Darüber hinaus sind der Anzeige folgende Dokumente und Angaben beizufügen:
1. alle wesentlichen Angaben über
   a) die Verwaltungsgesellschaft des angezeigten AIF und ihre Organe sowie
   b) die Verwahrstelle oder die Stellen nach Absatz 1 Satz 1 Nummer 1 Buchstabe b, einschließlich der Angaben entsprechend § 22 Absatz 1 Nummer 13;
2. eine Erklärung der ausländischen AIF-Verwaltungsgesellschaft darüber, dass sie sich verpflichtet,
   a) der Bundesanstalt den Jahresbericht des AIF, der den Anforderungen des Artikels 22 und gegebenenfalls des Artikels 29 der Richtlinie 2011/61/EU entsprechen muss, spätestens sechs Monate nach Ende jedes Geschäftsjahres einzureichen; der Jahresbericht muss mit dem Bestätigungsvermerk eines Wirtschaftsprüfers versehen sein;
   b) die Bundesanstalt über alle wesentlichen Änderungen von Umständen, die bei der Vertriebsanzeige angegeben worden sind, zu unterrichten und die Änderungsangaben nachzuweisen;
   c) der Bundesanstalt auf Verlangen über ihre Geschäftstätigkeit Auskunft zu erteilen und Unterlagen vorzulegen und gegenüber der Bundesanstalt die sich aus Absatz 1 Satz 1 Nummer 1 oder 2 ergebenden Melde- und Informationspflichten zu erfüllen;

3. bei einem Vertrieb an semiprofessionelle Anleger zusätzlich die Angaben und Unterlagen entsprechend § 22 Absatz 1 Nummer 1 bis 9 in Bezug auf die ausländische AIF-Verwaltungsgesellschaft;
4. der Nachweis über die Zahlung der Gebühr für die Anzeige.

(3) Ist der angezeigte AIF ein Feeder-AIF,

1. sind der Anzeige zusätzlich in Bezug auf den Master-AIF und seine Verwaltungsgesellschaft Angaben und Dokumente
    a) entsprechend Absatz 2 Satz 3 Nummer 1 sowie entsprechend § 321 Absatz 1 Satz 2 und
    b) bei einem Vertrieb an semiprofessionelle Anleger
        aa) entsprechend Absatz 2 Satz 3 Nummer 3 in Bezug auf die ausländische AIF-Verwaltungsgesellschaft, sofern der Master-AIF von einer ausländischen AIF-Verwaltungsgesellschaft verwaltet wird, oder
        bb) eine Bescheinigung der zuständigen Stelle ihres Herkunftsmitgliedstaates in einer in der internationalen Finanzwelt gebräuchlichen Sprache, dass die EU-AIF-Verwaltungsgesellschaft und die Verwaltung des Master-AIF durch diese der Richtlinie 2011/61/EU entsprechen, sofern der Master-AIF von einer EU-AIF-Verwaltungsgesellschaft verwaltet wird,
    beizufügen und
2. muss sich die Erklärung nach Absatz 2 Satz 3 Nummer 2 auch auf den Master-AIF und seine Verwaltungsgesellschaft erstrecken.

(4) ¹Fremdsprachige Unterlagen sind in deutscher Übersetzung oder in englischer Sprache vorzulegen. ²§ 316 Absatz 2 und 3 gilt entsprechend mit der Maßgabe, dass es statt „AIF-Kapitalverwaltungsgesellschaft" „ausländische AIF-Verwaltungsgesellschaft" heißen muss und dass die in § 316 Absatz 3 Satz 1 genannte Frist

1. bei einem Vertrieb an professionelle Anleger,
    a) für den Fall, dass der angezeigte AIF kein Feeder-AIF ist, zwei Monate,
    b) für den Fall, dass der angezeigte AIF ein Feeder-AIF ist,
        aa) dessen Master-AIF nicht von einer ausländischen AIF-Verwaltungsgesellschaft verwaltet wird, drei Monate,
        bb) dessen Master-AIF von einer ausländischen AIF-Verwaltungsgesellschaft verwaltet wird, vier Monate,
2. bei einem Vertrieb an semiprofessionelle Anleger
    a) für den Fall, dass der angezeigte AIF kein Feeder-AIF ist, vier Monate,
    b) für den Fall, dass der angezeigte AIF ein Feeder-AIF ist,
        aa) dessen Master-AIF nicht von einer ausländischen AIF-Verwaltungsgesellschaft verwaltet wird, fünf Monate,
        bb) dessen Master-AIF von einer ausländischen AIF-Verwaltungsgesellschaft verwaltet wird, acht Monate
beträgt.

(5) ¹Hat die anzeigende ausländische AIF-Verwaltungsgesellschaft bereits einen AIF zum Vertrieb an semiprofessionelle Anleger im Geltungsbereich dieses Gesetzes nach Absatz 2 Satz 1 angezeigt, so prüft die Bundesanstalt bei der Anzeige eines weiteren AIF der gleichen Art nicht erneut das Vorliegen der

Voraussetzungen nach Absatz 1 Satz 1 Nummer 2 mit Ausnahme der Artikel 22 und 23 der Richtlinie 2011/61/EU, wenn die anzeigende AIF-Verwaltungsgesellschaft im Anzeigeschreiben versichert, dass in Bezug auf die gemäß Absatz 2 Satz 3 Nummer 1 und 3 gemachten Angaben seit der letzten Anzeige keine Änderungen erfolgt sind. ²In diesem Fall sind die in Absatz 2 Satz 3 Nummer 1 und 3 genannten Angaben nicht erforderlich und die in Absatz 4 Nummer 2 genannten Fristen für den Vertrieb an semiprofessionelle Anleger verkürzen sich jeweils um zwei Monate.

**§ 330a Anzeigepflicht von EU-AIF-Verwaltungsgesellschaften, die die Bedingungen nach Artikel 3 Absatz 2 der Richtlinie 2011/61/EU erfüllen, beim beabsichtigten Vertrieb von AIF an professionelle und semiprofessionelle Anleger im Inland.** (1) Der Vertrieb von Anteilen oder Aktien an AIF, die von einer EU-AIF-Verwaltungsgesellschaft verwaltet werden, die die Bedingungen nach Artikel 3 Absatz 2 der Richtlinie 2011/61/EU erfüllt, an semiprofessionelle oder professionelle Anleger im Geltungsbereich dieses Gesetzes ist zulässig, wenn

1. die EU-AIF-Verwaltungsgesellschaft in ihrem Herkunftsmitgliedstaat gemäß den im Herkunftsmitgliedstaat anzuwendenden Vorschriften, die Artikel 3 der Richtlinie 2011/61/EU umsetzen, registriert ist und
2. der Herkunftsmitgliedstaat der EU-AIF-Verwaltungsgesellschaft einen Vertrieb von AIF, die von einer AIF-Kapitalverwaltungsgesellschaft verwaltet werden, die die Bedingungen nach § 2 Absatz 4 erfüllt und gemäß § 44 Absatz 1 Nummer 1 registriert ist, ebenfalls gestattet und den Vertrieb dieser AIF nicht an höhere Voraussetzungen knüpft als dieses Gesetz.

(2) ¹Beabsichtigt eine EU-AIF-Verwaltungsgesellschaft, die die Bedingungen nach Artikel 3 Absatz 2 der Richtlinie 2011/61/EU erfüllt, Anteile oder Aktien an von ihr verwalteten AIF im Geltungsbereich dieses Gesetzes an semiprofessionelle oder professionelle Anleger zu vertreiben, so hat sie dies der Bundesanstalt anzuzeigen. ²Der Anzeige sind folgende Angaben und Dokumente beizufügen:

1. eine Bescheinigung der zuständigen Stelle ihres Herkunftsmitgliedstaates in einer in der internationalen Finanzwelt gebräuchlichen Sprache, dass die EU-AIF-Verwaltungsgesellschaft in ihrem Herkunftsmitgliedstaat gemäß den im Herkunftsmitgliedstaat anzuwendenden Vorschriften, die Artikel 3 der Richtlinie 2011/61/EU umsetzen, registriert ist,
2. eine Erklärung der EU-AIF-Verwaltungsgesellschaft darüber, dass sie sich verpflichtet, die Bundesanstalt über alle wesentlichen Änderungen ihre Registrierung betreffend zu unterrichten und die Änderungsangaben nachzuweisen,
3. der Bundesanstalt auf Verlangen über ihre Geschäftstätigkeit Auskunft zu erteilen und Unterlagen vorzulegen,
4. ein Nachweis über die Zahlung der Gebühr für die Anzeige.

³Fremdsprachige Unterlagen sind in deutscher Übersetzung oder in englischer Sprache vorzulegen.

(3) ¹Der Vertrieb kann aufgenommen werden, wenn die Zulässigkeitsvoraussetzungen nach Absatz 1 gegeben sind und eine vollständige Anzeige nach Absatz 2 bei der Bundesanstalt eingegangen ist. ²Auf Antrag der EU-AIF-Verwaltungsgesellschaft hat die Bundesanstalt das Vorliegen der Zulässigkeits-

voraussetzungen nach Absatz 1 und den Eingang der vollständigen Anzeige nach Absatz 2 zu bestätigen.

(4) § 295 Absatz 5 findet keine Anwendung für den Vertrieb und den Erwerb von AIF, die von einer EU-AIF-Verwaltungsgesellschaft verwaltet werden, die die Bedingungen nach Artikel 3 Absatz 2 der Richtlinie 2011/61/EU erfüllt, und die im Inland gemäß § 330a vertrieben werden dürfen.

**Unterabschnitt 3. Anzeigeverfahren für den Vertrieb von AIF an professionelle Anleger in anderen Mitgliedstaaten der Europäischen Union und in anderen Vertragsstaaten des Abkommens über den Europäischen Wirtschaftsraum**

**§ 331 Anzeigepflicht einer AIF-Kapitalverwaltungsgesellschaft beim Vertrieb von EU-AIF oder inländischen AIF an professionelle Anleger in anderen Mitgliedstaaten der Europäischen Union oder in anderen Vertragsstaaten des Abkommens über den Europäischen Wirtschaftsraum; Verordnungsermächtigung.** (1) [1]Beabsichtigt eine AIF-Kapitalverwaltungsgesellschaft, Anteile oder Aktien an einem von ihr verwalteten EU-AIF oder an einem von ihr verwalteten inländischen AIF in anderen Mitgliedstaaten der Europäischen Union oder in anderen Vertragsstaaten des Abkommens über den Europäischen Wirtschaftsraum an professionelle Anleger zu vertreiben, so hat sie dies der Bundesanstalt in einer in internationalen Finanzkreisen gebräuchlichen Sprache anzuzeigen. [2]Das Anzeigeschreiben muss die in § 321 Absatz 1 Satz 2 geforderten Angaben und Unterlagen in jeweils geltender Fassung enthalten. [3]Zusätzlich müssen in dem Schreiben Angaben zu den Vorkehrungen für den Vertrieb des angezeigten AIF gemacht und der Mitgliedstaat der Europäischen Union oder der Vertragsstaat des Abkommens über den Europäischen Wirtschaftsraum, in dem Anteile oder Aktien des angezeigten AIF an professionelle Anleger vertrieben werden sollen, angegeben werden. [4]Ist der AIF im Sinne von Satz 1 ein Feeder-AIF, so ist eine Anzeige nach Satz 1 nur zulässig, wenn der Master-AIF ebenfalls ein EU-AIF oder ein inländischer AIF ist, der von einer EU-AIF-Verwaltungsgesellschaft oder einer AIF-Kapitalverwaltungsgesellschaft verwaltet wird. [5]Ist dies nicht der Fall, so richtet sich das Anzeigeverfahren ab dem Zeitpunkt, auf den in § 295 Absatz 2 Nummer 1 verwiesen wird, nach § 332.

(2)[1)] [1]Die AIF-Kapitalverwaltungsgesellschaft hat das Anzeigeschreiben nach Absatz 1 einschließlich der erforderlichen Angaben und Unterlagen über das Melde- und Veröffentlichungssystem der Bundesanstalt zu übermitteln. [2]Das Bundesministerium der Finanzen kann durch Rechtsverordnung, die nicht der Zustimmung des Bundesrates bedarf, nähere Bestimmungen über Art, Umfang und Form der einzureichenden Unterlagen nach Satz 1 und über die zulässigen Datenträger und Übertragungswege erlassen. [3]Das Bundesministerium der Finanzen kann die Ermächtigung durch Rechtsverordnung auf die Bundesanstalt übertragen.

(3) § 321 Absatz 2 ist entsprechend anzuwenden mit der Maßgabe, dass nach Ablauf der in § 321 Absatz 2 Satz 4 genannten Frist eine Übermittlung der Anzeige nach Absatz 4 ausgeschlossen ist.

---

[1)] § 331 Abs. 2 Sätze 2 und 3 sind gem. Art. 28 Abs. 1 G v. 4.7.2013 (BGBl. I S. 1981) am 11.7.2013 in Kraft getreten.

(4) ¹Liegen keine Anhaltspunkte dafür vor, dass die AIF-Kapitalverwaltungsgesellschaft oder die Verwaltung des angezeigten AIF durch die AIF-Kapitalverwaltungsgesellschaft den Vorschriften dieses Gesetzes oder der Richtlinie 2011/61/EU nicht entspricht oder künftig nicht entsprechen wird, übermittelt die Bundesanstalt spätestens 20 Arbeitstage nach dem Eingang der vollständigen Anzeigeunterlagen nach Absatz 1 die vollständigen Anzeigeunterlagen an die zuständigen Stellen der anderen Mitgliedstaaten der Europäischen Union oder der anderen Vertragsstaaten des Abkommens über den Europäischen Wirtschaftsraum, in denen der angezeigte AIF an professionelle Anleger vertrieben werden soll. ²Die Bundesanstalt fügt eine in einer in internationalen Finanzkreisen gebräuchlichen Sprache erstellte Bescheinigung über die Erlaubnis der AIF-Kapitalverwaltungsgesellschaft zur Verwaltung von AIF mit einer bestimmten Anlagestrategie bei. ³Die Vorkehrungen nach § 321 Absatz 1 Satz 2 Nummer 7 und § 331 Absatz 1 Satz 3 sind von der Bundesanstalt nicht zu überprüfen.

(5) ¹Die Bundesanstalt unterrichtet die AIF-Kapitalverwaltungsgesellschaft unverzüglich über den Versand der Anzeigeunterlagen. ²Die AIF-Kapitalverwaltungsgesellschaft kann ab dem Datum dieser Mitteilung mit dem Vertrieb des angezeigten AIF an professionelle Anleger in dem betreffenden Mitgliedstaat der Europäischen Union oder im Vertragsstaat des Abkommens über den Europäischen Wirtschaftsraum beginnen. ³Falls es sich bei dem angezeigten AIF um einen EU-AIF handelt, für den eine andere Stelle als die Stelle des Mitgliedstaates der Europäischen Union oder des Vertragsstaates des Abkommens über den Europäischen Wirtschaftsraum, in dem der angezeigte AIF an professionelle Anleger vertrieben werden soll, zuständig ist, teilt die Bundesanstalt zudem der für den EU-AIF zuständigen Stelle mit, dass die AIF-Kapitalverwaltungsgesellschaft mit dem Vertrieb von Anteilen oder Aktien des EU-AIF an professionelle Anleger im Aufnahmestaat der AIF-Kapitalverwaltungsgesellschaft beginnen kann.

(6) ¹Können die Anzeigeunterlagen nicht nach Absatz 4 Satz 1 an die zuständigen Stellen der anderen Mitgliedstaaten der Europäischen Union oder Vertragsstaaten des Abkommens über den Europäischen Wirtschaftsraum übermittelt werden, teilt die Bundesanstalt dies der AIF-Kapitalverwaltungsgesellschaft unter Angabe der Gründe innerhalb der Frist von Absatz 4 Satz 1 mit. ²Hierdurch wird die in Satz 1 genannte Frist unterbrochen und beginnt mit der Einreichung der geänderten Angaben und Unterlagen erneut.

(7) ¹§ 321 Absatz 4 ist entsprechend anzuwenden. ²Bei zulässigen Änderungen unterrichtet die Bundesanstalt unverzüglich die zuständigen Stellen des Aufnahmemitgliedstaates der AIF-Kapitalverwaltungsgesellschaft über diese Änderungen. ³Die Vorkehrungen nach § 321 Absatz 1 Satz 2 Nummer 7 und § 331 Absatz 1 Satz 3 sind von der Bundesanstalt nicht zu überprüfen.

**§ 332 Anzeigepflicht einer AIF-Kapitalverwaltungsgesellschaft beim Vertrieb von ausländischen AIF oder von inländischen Feeder-AIF oder EU-Feeder-AIF, deren jeweiliger Master-AIF kein EU-AIF oder inländischer AIF ist, der von einer EU-AIF-Verwaltungsgesellschaft oder einer AIF-Kapitalverwaltungsgesellschaft verwaltet wird, an professionelle Anleger in anderen Mitgliedstaaten der Europäischen Union oder in anderen Vertragsstaaten des Abkommens über den Europäischen Wirtschaftsraum.** (1) Der Vertrieb von Anteilen oder Aktien an ausländischen AIF und von Anteilen oder Aktien an inländischen Feeder-AIF oder EU-Feeder-AIF, deren jeweiliger Master-AIF kein EU-AIF oder inländischer AIF ist, der von einer EU-AIF-Verwaltungsgesellschaft oder einer AIF-Kapitalverwaltungsgesellschaft verwaltet wird, an professionelle Anleger in anderen Mitgliedstaaten der Europäischen Union oder in anderen Vertragsstaaten des Abkommens über den Europäischen Wirtschaftsraum durch eine AIF-Kapitalverwaltungsgesellschaft ist nur zulässig, wenn die in § 322 Absatz 1 genannten Voraussetzungen gegeben sind.

(2) ¹Beabsichtigt eine AIF-Kapitalverwaltungsgesellschaft, Anteile oder Aktien an einem von ihr verwalteten AIF im Sinne von Absatz 1 Satz 1 in einem anderen Mitgliedstaat der Europäischen Union oder in einem anderen Vertragsstaat des Abkommens über den Europäischen Wirtschaftsraum an professionelle Anleger zu vertreiben, so hat sie dies der Bundesanstalt in einer in internationalen Finanzkreisen gebräuchlichen Sprache anzuzeigen. ²Das Anzeigeschreiben muss die in § 322 Absatz 2 Satz 2 geforderten Angaben und Unterlagen in jeweils geltender Fassung enthalten.

(3) § 331 Absatz 2 bis 7 ist mit der Maßgabe entsprechend anzuwenden,
1. dass die Bundesanstalt im Rahmen von § 331 Absatz 5 zusätzlich der Europäischen Wertpapier- und Marktaufsichtsbehörde mitteilt, dass die AIF-Kapitalverwaltungsgesellschaft mit dem Vertrieb von Anteilen oder Aktien des angezeigten AIF an professionelle Anleger im Aufnahmemitgliedstaat der AIF-Kapitalverwaltungsgesellschaft beginnen kann,
2. dass die Bundesanstalt bei einer zulässigen Änderung nach § 331 Absatz 7 zusätzlich unverzüglich die Europäische Wertpapier- und Marktaufsichtsbehörde zu benachrichtigen hat, soweit die Änderungen die Beendigung des Vertriebs von bestimmten AIF oder zusätzlich vertriebenen AIF betreffen.

**§ 333 Anzeigepflicht einer ausländischen AIF-Verwaltungsgesellschaft, deren Referenzmitgliedstaat die Bundesrepublik Deutschland ist, beim Vertrieb von EU-AIF oder von inländischen AIF an professionelle Anleger in anderen Mitgliedstaaten der Europäischen Union oder in anderen Vertragsstaaten des Abkommens über den Europäischen Wirtschaftsraum.** (1) ¹Beabsichtigt eine ausländische AIF-Verwaltungsgesellschaft, deren Referenzmitgliedstaat gemäß § 56 die Bundesrepublik Deutschland ist und die von der Bundesanstalt eine Erlaubnis nach § 58 erhalten hat, Anteile oder Aktien an einem von ihr verwalteten EU-AIF oder inländischen AIF in anderen Mitgliedstaaten der Europäischen Union oder in anderen Vertragsstaaten des Abkommens über den Europäischen Wirtschaftsraum an professionelle Anleger zu vertreiben, so hat sie dies der Bundesanstalt in einer in internationalen Finanzkreisen gebräuchlichen Sprache anzuzeigen. ²Das Anzeigeschreiben muss die in § 331 Absatz 1 Satz 2 geforderten Angaben und Unterlagen in jeweils geltender Fassung enthalten, wobei es statt „AIF-Kapitalverwaltungsgesellschaft" „ausländische AIF-Verwaltungsgesellschaft" heißen muss.

(2) § 331 Absatz 2 bis 7 ist mit den Maßgaben entsprechend anzuwenden, dass
1. es statt „AIF-Kapitalverwaltungsgesellschaft" „ausländische AIF-Verwaltungsgesellschaft" heißen muss,

Kapitalanlagegesetzbuch § 334 KAGB 15

2. die Bundesanstalt im Rahmen von § 331 Absatz 5 zusätzlich der Europäischen Wertpapier- und Marktaufsichtsbehörde mitteilt, dass die ausländische AIF-Verwaltungsgesellschaft mit dem Vertrieb von Anteilen oder Aktien des angezeigten AIF an professionelle Anleger im Aufnahmemitgliedstaat der ausländischen AIF-Verwaltungsgesellschaft beginnen kann und
3. die Bundesanstalt bei einer zulässigen Änderung nach § 331 Absatz 7 zusätzlich unverzüglich die Europäische Wertpapier- und Marktaufsichtsbehörde zu benachrichtigen hat, soweit die Änderungen die Beendigung des Vertriebs von bestimmten AIF oder zusätzlich vertriebenen AIF betreffen.

**§ 334 Anzeigepflicht einer ausländischen AIF-Verwaltungsgesellschaft, deren Referenzmitgliedstaat die Bundesrepublik Deutschland ist, beim Vertrieb von ausländischen AIF an professionelle Anleger in anderen Mitgliedstaaten der Europäischen Union oder in anderen Vertragsstaaten des Abkommens über den Europäischen Wirtschaftsraum.**

(1) [1] Der Vertrieb von Anteilen oder Aktien an ausländischen AIF durch eine ausländische AIF-Verwaltungsgesellschaft an professionelle Anleger in anderen Mitgliedstaaten der Europäischen Union oder in anderen Vertragsstaaten des Abkommens über den Europäischen Wirtschaftsraum ist nur zulässig, wenn die in § 322 Absatz 1 genannten Anforderungen erfüllt sind. [2] Ist die zuständige Stelle des Aufnahmestaates der ausländischen AIF-Verwaltungsgesellschaft nicht mit der Beurteilung der in § 322 Absatz 1 Nummer 1 und 2 genannten Voraussetzungen durch die Bundesanstalt einverstanden, kann sie die Europäische Wertpapier- und Marktaufsichtsbehörde nach Maßgabe des Artikels 19 der Verordnung (EU) Nr. 1095/2010[1)] um Hilfe ersuchen.

(2) [1] Beabsichtigt eine ausländische AIF-Verwaltungsgesellschaft, deren Referenzmitgliedstaat gemäß § 56 die Bundesrepublik Deutschland ist und die von der Bundesanstalt eine Erlaubnis nach § 58 erhalten hat, Anteile oder Aktien an einem von ihr verwalteten AIF im Sinne von Absatz 1 Satz 1 in einem anderen Mitgliedstaat der Europäischen Union oder in einem anderen Vertragsstaat des Abkommens über den Europäischen Wirtschaftsraum an professionelle Anleger zu vertreiben, so hat sie dies der Bundesanstalt in einer in internationalen Finanzkreisen gebräuchlichen Sprache anzuzeigen. [2] Das Anzeigeschreiben muss die in § 331 Absatz 2 Satz 1 geforderten Angaben und Unterlagen in jeweils geltender Fassung enthalten, wobei es statt „AIF-Kapitalverwaltungsgesellschaft" „ausländische AIF-Verwaltungsgesellschaft" heißen muss.

(3) § 331 Absatz 2 bis 5 Satz 1 und 2, Absatz 6 und Absatz 7 ist mit der Maßgabe entsprechend anzuwenden, dass
1. es statt „AIF-Kapitalverwaltungsgesellschaft" „ausländische AIF-Verwaltungsgesellschaft" heißen muss,
2. im Rahmen von § 331 Absatz 5 die Bundesanstalt zusätzlich der Europäischen Wertpapier- und Marktaufsichtsbehörde mitteilt, dass die ausländische AIF-Verwaltungsgesellschaft mit dem Vertrieb von Anteilen oder Aktien des angezeigten AIF an professionelle Anleger im Aufnahmemitgliedstaat der ausländischen AIF-Verwaltungsgesellschaft beginnen kann und
3. die Bundesanstalt bei einer zulässigen Änderung nach § 331 Absatz 7 zusätzlich unverzüglich die Europäische Wertpapier- und Marktaufsichtsbehör-

---

[1)] Nr. 3.

de zu benachrichtigen hat, soweit die Änderungen die Beendigung des Vertriebs von bestimmten AIF oder zusätzlich vertriebenen AIF betreffen.

**§ 335 Bescheinigung der Bundesanstalt.** (1) Unbeschadet der Anzeigen nach den §§ 331 bis 334 stellt die Bundesanstalt auf Antrag der AIF-Kapitalverwaltungsgesellschaft eine Bescheinigung darüber aus, dass die Vorschriften der Richtlinie 2011/61/EU erfüllt sind.

(2) Die Bundesanstalt stellt auf Antrag der AIF-Kapitalverwaltungsgesellschaft, die gemäß § 44 registriert ist, eine Bescheinigung über die Registrierung aus.

### Unterabschnitt 4. Verweis und Ersuchen für den Vertrieb von AIF an semiprofessionelle und professionelle Anleger

**§ 336 Verweise und Ersuchen nach Artikel 19 der Verordnung (EU) Nr. 1095/2010[1].** (1) Die näheren Bestimmungen zu den in § 322 Absatz 1 Nummer 1, § 324 Absatz 1 Satz 1, § 326 Absatz 1, § 328 Absatz 1 Satz 1, § 330 Absatz 1 Satz 1 Nummer 3, § 332 Absatz 1 Satz 1 und § 334 Absatz 1 Satz 1 genannten Vereinbarungen über die Zusammenarbeit richten sich nach den Artikeln 113 bis 115 der Delegierten Verordnung (EU) Nr. 231/2013.

(2) Lehnt eine zuständige Stelle einen Antrag auf Informationsaustausch im Sinne der §§ 324, 328, 332 und 334 zwischen den zuständigen Stellen des Herkunftsmitgliedstaates oder des Referenzmitgliedstaates und den zuständigen Stellen der Aufnahmemitgliedstaaten der AIF-Kapitalverwaltungsgesellschaft, der EU-AIF-Verwaltungsgesellschaft oder der ausländischen AIF-Verwaltungsgesellschaft ab, so können die Bundesanstalt und die zuständigen Stellen des Herkunftsmitgliedstaates oder des Referenzmitgliedstaates und des Aufnahmemitgliedstaates der AIF-Verwaltungsgesellschaft die Europäische Wertpapier- und Marktaufsichtsbehörde nach Maßgabe des Artikels 19 der Verordnung (EU) Nr. 1095/2010 um Hilfe ersuchen.

(3) Schließt eine für einen EU-AIF zuständige Stelle die gemäß § 330 Absatz 1 Satz 1 Nummer 3 Buchstabe a geforderte Vereinbarung über Zusammenarbeit nicht innerhalb eines angemessenen Zeitraums ab, kann die Bundesanstalt die Europäische Wertpapier- und Marktaufsichtsbehörde nach Maßgabe des Artikels 19 der Verordnung (EU) Nr. 1095/2010 um Hilfe ersuchen.

### Kapitel 5. Europäische Risikokapitalfonds

**§ 337 Europäische Risikokapitalfonds.** (1) Für AIF-Kapitalverwaltungsgesellschaften, die die Voraussetzungen nach § 2 Absatz 6 erfüllen, gelten
1. die §§ 1, 2, 5 Absatz 1 und die §§ 6, 7, 13, 14, 44 Absatz 1 Nummer 1, 2, 5 bis 7 und Absatz 4 bis 7 entsprechend sowie
2. die Vorschriften der Verordnung (EU) Nr. 345/2013.

(2) AIF-Kapitalverwaltungsgesellschaften, die die Voraussetzungen des Artikels 2 Absatz 2 der Verordnung (EU) Nr. 345/2013 erfüllen und die Bezeichnung „EuVECA" weiter führen, haben neben den Vorschriften dieses Gesetzes die in Artikel 2 Absatz 2 Buchstabe b der Verordnung (EU) Nr. 345/2013 genannten Artikel der Verordnung (EU) Nr. 345/2013 zu erfüllen.

---
[1] Nr. 3.

## Kapitel 6. Europäische Fonds für soziales Unternehmertum

**§ 338 Europäische Fonds für soziales Unternehmertum.** (1) Für AIF-Kapitalverwaltungsgesellschaften, die die Voraussetzungen nach § 2 Absatz 7 erfüllen, gelten

1. die §§ 1, 2, 5 Absatz 1 und die §§ 6, 7, 13, 14, 44 Absatz 1 Nummer 1, 2, 5 bis 7 und Absatz 4 bis 7 entsprechend sowie
2. die Vorschriften der Verordnung (EU) Nr. 346/2013.

(2) AIF-Kapitalverwaltungsgesellschaften, die die Voraussetzungen des Artikels 2 Absatz 2 der Verordnung (EU) Nr. 345/2013 erfüllen und die Bezeichnung „EuSEF" weiter führen, haben neben den Vorschriften dieses Gesetzes die in Artikel 2 Absatz 2 Buchstabe b der Verordnung (EU) Nr. 346/2013 genannten Artikel der Verordnung (EU) Nr. 346/2013 zu erfüllen.

## Kapitel 7. Europäische langfristige Investmentfonds

**§ 338a Europäische langfristige Investmentfonds.** Für AIF-Kapitalverwaltungsgesellschaften, die europäische langfristige Investmentfonds im Sinne der Verordnung (EU) 2015/760 verwalten, gelten hinsichtlich der Verwaltung der europäischen langfristigen Investmentfonds die Vorschriften der Verordnung (EU) 2015/760.

**§ 338b Geldmarktfonds.** Für OGAW und AIF, die Geldmarktfonds im Sinne der Verordnung (EU) 2017/1131 des Europäischen Parlaments und des Rates vom 14. Juni 2017 über Geldmarktfonds (ABl. L 169 vom 30.6.2017, S. 8) sind, sowie Kapitalverwaltungsgesellschaften, die Geldmarktfonds im Sinne der Verordnung (EU) 2017/1131 verwalten, gelten neben den Vorschriften der Verordnung (EU) 2017/1131 die Vorschriften dieses Gesetzes, soweit die Verordnung (EU) 2017/1131 nichts anderes vorsieht.

## Kapitel 8. Straf-, Bußgeld- und Übergangsvorschriften

### Abschnitt 1. Straf- und Bußgeldvorschriften

**§ 339 Strafvorschriften.** (1) Mit Freiheitsstrafe bis zu fünf Jahren oder mit Geldstrafe wird bestraft, wer

1. ohne Erlaubnis nach § 20 Absatz 1 Satz 1 das Geschäft einer Kapitalverwaltungsgesellschaft betreibt oder
2. ohne Registrierung nach § 44 Absatz 1 Nummer 1 das Geschäft einer dort genannten AIF-Kapitalverwaltungsgesellschaft betreibt.

(2) Mit Freiheitsstrafe bis zu drei Jahren oder mit Geldstrafe wird bestraft, wer entgegen § 43 Absatz 1 in Verbindung mit § 46b Absatz 1 Satz 1 des Kreditwesengesetzes eine Anzeige nicht, nicht richtig, nicht vollständig oder nicht rechtzeitig erstattet.

(3) [1] Handelt der Täter in den Fällen des Absatzes 1 fahrlässig, so ist die Strafe Freiheitsstrafe bis zu drei Jahren oder Geldstrafe. [2] Handelt der Täter in den Fällen des Absatzes 2 fahrlässig, so ist die Strafe Freiheitsstrafe bis zu einem Jahr oder Geldstrafe.

## § 340 Bußgeldvorschriften.

(1) Ordnungswidrig handelt, wer

1. einer vollziehbaren Anordnung nach § 40 Absatz 1, § 113 Absatz 3, § 119 Absatz 5, § 128 Absatz 4, § 147 Absatz 5 oder § 153 Absatz 5 zuwiderhandelt,
2. entgegen § 20 Absatz 8 oder Absatz 9 ein Gelddarlehen gewährt oder eine in § 20 Absatz 8 genannte Verpflichtung eingeht,
3. entgegen § 112 Absatz 2 Satz 3, den § 199, 221 Absatz 6, § 263 Absatz 1, § 284 Absatz 4 Satz 1 einen Kredit aufnimmt,
4. einer vollziehbaren Anordnung nach § 215 Absatz 2 Satz 1 zweiter Halbsatz oder Satz 2, jeweils auch in Verbindung mit § 263 Absatz 2 oder § 274 Satz 1, zuwiderhandelt oder
5. einer vollziehbaren Anordnung nach § 276 Absatz 2 Satz 2 zuwiderhandelt.

(2) Ordnungswidrig handelt, wer vorsätzlich oder fahrlässig

1. einer vollziehbaren Anordnung nach
   a) § 5 Absatz 6 Satz 2 oder Satz 14,
   b) § 11 Absatz 4 Satz 1 oder Satz 2 oder Absatz 6,
   c) § 19 Absatz 2 Satz 2 oder Absatz 3 Satz 1, jeweils auch in Verbindung mit § 108 Absatz 3,
   d) § 41 Satz 1 oder Satz 2 oder § 42,
   e) § 311 Absatz 1 oder Absatz 3 Satz 1 Nummer 1 oder
   f) § 314 Absatz 1 oder Absatz 2
   zuwiderhandelt,
1a. einer vollziehbaren Anordnung nach § 5 Absatz 8a zuwiderhandelt,
2. entgegen § 14 Satz 1 in Verbindung mit § 44 Absatz 1 Satz 1 des Kreditwesengesetzes, auch in Verbindung mit § 44b Absatz 1 Satz 1 des Kreditwesengesetzes, eine Auskunft nicht, nicht richtig, nicht vollständig oder nicht rechtzeitig erteilt oder eine Unterlage nicht, nicht richtig, nicht vollständig oder nicht rechtzeitig vorlegt,
3. entgegen § 14 Satz 2 in Verbindung mit § 44 Absatz 1 Satz 4 oder § 44b Absatz 2 Satz 2 des Kreditwesengesetzes eine Maßnahme nicht duldet,
4. entgegen § 19 Absatz 1 Satz 1 und 2 oder Absatz 5 eine Anzeige nicht, nicht richtig, nicht vollständig oder nicht rechtzeitig erstattet,
5. entgegen § 26 Absatz 1 und 2, auch in Verbindung mit einer Rechtsverordnung nach Absatz 8, einer dort bezeichneten Verhaltensregel nicht nachkommt,
6. entgegen § 27 Absatz 1 und 2, auch in Verbindung mit einer Rechtsverordnung nach Absatz 6, eine dort bezeichnete Maßnahme zum Umgang mit Interessenkonflikten nicht trifft,
7. entgegen § 28 Absatz 1 Satz 1 und 2, auch in Verbindung mit einer Rechtsverordnung nach Absatz 4, eine dort bezeichnete Vorgabe für eine ordnungsgemäße Geschäftsorganisation nicht erfüllt,
8. entgegen § 28 Absatz 1 Satz 4, auch in Verbindung mit einer Rechtsverordnung nach Absatz 4, § 51 Absatz 8, § 54 Absatz 4 Satz 1 in Verbindung mit § 28 Absatz 1 Satz 4 oder § 66 Absatz 4 Satz 1 in Verbindung mit § 28 Absatz 1 Satz 4 jeweils in Verbindung mit § 24c Absatz 1 Satz 1 oder Satz 5 des Kreditwesengesetzes eine Datei nicht, nicht richtig oder nicht voll-

ständig führt oder nicht gewährleistet, dass die Bundesanstalt jederzeit Daten automatisiert abrufen kann,
9. entgegen § 29 Absatz 2 Satz 1, auch in Verbindung mit einer Rechtsverordnung nach Absatz 6, eine dort bezeichnete Vorgabe für ein angemessenes Risikomanagementsystem nicht erfüllt,
10. entgegen § 34 Absatz 3, 4 oder Absatz 5 Satz 1 eine Anzeige nicht, nicht richtig, nicht vollständig oder nicht rechtzeitig erstattet,
11. entgegen § 35 Absatz 1, 2, 4, 5 oder Absatz 6, jeweils auch in Verbindung mit der Delegierten Verordnung (EU) Nr. 231/2013, oder entgegen § 35 Absatz 9 eine Information nicht, nicht richtig, nicht vollständig oder nicht rechtzeitig übermittelt,
12. entgegen § 35 Absatz 3, auch in Verbindung mit Absatz 6, oder entgegen § 35 Absatz 7 eine dort genannte Unterlage oder einen Jahresbericht nicht, nicht richtig, nicht vollständig oder nicht rechtzeitig vorlegt,
13. entgegen § 36 Absatz 1 Satz 1, Absatz 2, 3, 5, 6, 7, 8 oder Absatz 10 eine Aufgabe auf ein anderes Unternehmen auslagert oder entgegen Absatz 9 eine ausgelagerte Aufgabe nicht im Verkaufsprospekt auflistet,
14. die Erlaubnis einer Kapitalverwaltungsgesellschaft gemäß § 39 Absatz 3 Nummer 1 auf Grund falscher Erklärungen oder auf sonstige rechtswidrige Weise erwirkt hat,
15. entgegen § 44 Absatz 1 Nummer 4, auch in Verbindung mit der Delegierten Verordnung (EU) Nr. 231/2013, oder entgegen § 44 Absatz 8 eine Information nicht, nicht richtig, nicht vollständig oder nicht rechtzeitig übermittelt,
16. entgegen
    a) § 49 Absatz 1 Satz 1, auch in Verbindung mit Absatz 5 oder einer Rechtsverordnung nach Absatz 8,
    b) § 49 Absatz 4 Satz 1, auch in Verbindung mit einer Rechtsverordnung nach Absatz 8, oder
    c) § 49 Absatz 6 Satz 4
    eine Anzeige nicht, nicht richtig, nicht vollständig, nicht in der vorgeschriebenen Weise oder nicht rechtzeitig macht,
17. entgegen § 53 Absatz 1, auch in Verbindung mit Absatz 2, eine dort genannte Angabe nicht, nicht richtig, nicht vollständig, nicht in der vorgeschriebenen Weise oder nicht rechtzeitig macht,
18. entgegen § 53 Absatz 4 Satz 2 mit der Verwaltung von EU-AIF beginnt,
19. entgegen § 53 Absatz 5 eine Anzeige nicht, nicht richtig, nicht vollständig, nicht in der vorgeschriebenen Weise oder nicht rechtzeitig erstattet,
20. entgegen § 65 Absatz 1 einen EU-AIF verwaltet,
21. entgegen § 65 Absatz 2 eine Zweigniederlassung errichtet,
22. entgegen § 65 Absatz 4 Satz 2 mit der Verwaltung von EU-AIF beginnt,
23. entgegen § 65 Absatz 5 eine Anzeige nicht, nicht richtig, nicht vollständig, nicht in der vorgeschriebenen Weise oder nicht rechtzeitig macht,
24. entgegen
    a) § 67 Absatz 1 Satz 1 einen Jahresbericht,
    b) § 101 Absatz 1 Satz 1, den §§ 103, 104 Absatz 1 Satz 1 oder § 105 Absatz 1 oder Absatz 2, jeweils auch in Verbindung mit einer Rechts-

verordnung nach § 106 Satz 1, einen Jahresbericht, einen Halbjahresbericht, einen Zwischenbericht, einen Auflösungsbericht oder einen Abwicklungsbericht,

c) § 120 Absatz 1 Satz 2, in Verbindung mit einer Rechtsverordnung nach Absatz 8, jeweils auch in Verbindung mit § 122 Absatz 1 Satz 1 oder Absatz 2 oder § 148 Absatz 1 oder Absatz 2 Satz 1, jeweils auch in Verbindung mit § 291 Absatz 1 Nummer 2, einen Jahresabschluss, einen Lagebericht, einen Halbjahresfinanzbericht, einen Auflösungsbericht oder einen Abwicklungsbericht oder

d) § 135 Absatz 1, auch in Verbindung mit einer Rechtsverordnung nach Absatz 11 Satz 1, jeweils auch in Verbindung mit § 158, auch in Verbindung mit § 291 Absatz 1 Nummer 2, einen Jahresbericht

nicht, nicht richtig, nicht vollständig, nicht in der vorgeschriebenen Weise oder nicht rechtzeitig erstellt oder nicht, nicht richtig, nicht vollständig, nicht in der vorgeschriebenen Weise oder nicht rechtzeitig aufstellt,

25. entgegen § 70 Absatz 5 oder § 85 Absatz 3 einen dort genannten Vermögensgegenstand wiederverwendet,

26. entgegen § 71 Absatz 1 Satz 2 einen Anteil oder eine Aktie ohne volle Leistung des Ausgabepreises ausgibt oder entgegen § 83 Absatz 6 Satz 1 nicht sicherstellt, dass sämtliche Zahlungen bei der Zeichnung von Anteilen geleistet wurden,

27. entgegen § 72 Absatz 1 Nummer 1 oder Nummer 2 oder § 81 Absatz 1 Nummer 1 oder Nummer 2 einen Vermögensgegenstand nicht entsprechend den dort genannten Anforderungen verwahrt,

28. entgegen § 72 Absatz 1 Nummer 3 nicht regelmäßig eine umfassende Aufstellung sämtlicher Vermögensgegenstände des inländischen OGAW übermittelt,

29. entgegen § 74 Absatz 1 einem inländischen OGAW zustehende Geldbeträge nicht in der dort genannten Weise verbucht, entgegen § 74 Absatz 3 oder § 83 Absatz 6 Satz 2 und 3 die Gelder des inländischen Investmentvermögens nicht auf einem Geldkonto verbucht, die eine dort genannte Anforderung nicht erfüllt, oder einen Zahlungsstrom entgegen § 83 Absatz 6 Satz 1 nicht ordnungsgemäß überwacht,

30. entgegen § 76 Absatz 1 oder § 83 Absatz 1 eine dort genannte Anforderung nicht sicherstellt oder entgegen § 76 Absatz 2 eine Weisung nicht ausführt,

31. entgegen § 107 Absatz 1 oder Absatz 2 einen Jahresbericht, einen Halbjahresbericht, einen Auflösungsbericht oder einen Abwicklungsbericht oder entgegen § 123 Absatz 1 oder Absatz 2 einen Jahresabschluss, einen Lagebericht oder einen Halbjahresbericht nicht, nicht richtig, nicht vollständig, nicht in der vorgeschriebenen Weise oder nicht rechtzeitig bekannt macht,

32. entgegen § 107 Absatz 3, § 123 Absatz 5, auch in Verbindung mit § 148 Absatz 1, oder entgegen § 160 Absatz 4 einen dort genannten Bericht nicht, nicht richtig, nicht vollständig oder nicht rechtzeitig bei der Bundesanstalt einreicht oder nicht, nicht richtig, nicht vollständig oder nicht rechtzeitig der Bundesanstalt zur Verfügung stellt,

33. ohne eine Erlaubnis nach § 113 Absatz 1 Satz 1 das Geschäft einer extern verwalteten OGAW-Investmentaktiengesellschaft betreibt,

34. die Erlaubnis einer extern verwalteten OGAW-Investmentaktiengesellschaft gemäß § 113 Absatz 2 Satz 1 Nummer 1 auf Grund falscher Erklärungen oder auf sonstige rechtswidrige Weise erwirkt hat,
35. entgegen § 114 Satz 1, § 130 Satz 1, § 145 Satz 1 oder entgegen § 155 Satz 1 eine Anzeige nicht, nicht richtig, nicht vollständig oder nicht rechtzeitig macht,
36. entgegen § 163 Absatz 2 Satz 8, auch in Verbindung mit § 267 Absatz 2 Satz 2, die Anlagebedingungen dem Verkaufsprospekt beifügt,
37. entgegen § 163 Absatz 2 Satz 9 die Anlagebedingungen dem Publikum nicht, nicht richtig oder nicht vollständig zugänglich macht,
38. entgegen § 164 Absatz 1 Satz 1 oder entgegen den §§ 165 und 166 einen dort genannten Verkaufsprospekt oder die wesentlichen Anlegerinformationen nicht, nicht richtig oder nicht vollständig erstellt oder dem Publikum nicht, nicht richtig oder nicht vollständig zugänglich macht,
39. entgegen § 164 Absatz 1 Satz 2 einen dort genannten Verkaufsprospekt oder die wesentlichen Anlegerinformationen dem Publikum zugänglich macht,
40. entgegen § 164 Absatz 4 Satz 1 einen dort genannten Verkaufsprospekt oder die wesentlichen Anlegerinformationen oder entgegen § 164 Absatz 5 eine Änderung eines dort genannten Verkaufsprospekts oder der wesentlichen Anlegerinformationen nicht, nicht richtig, nicht vollständig oder nicht rechtzeitig bei der Bundesanstalt einreicht oder entgegen § 164 Absatz 4 Satz 2 einen dort genannten Verkaufsprospekt nicht, nicht richtig, nicht vollständig oder nicht rechtzeitig der Bundesanstalt zur Verfügung stellt,
41. entgegen § 170 Satz 2 einen Ausgabe- oder Rücknahmepreis oder den Nettoinventarwert nicht, nicht richtig oder nicht rechtzeitig veröffentlicht,
42. entgegen § 174 Absatz 1 Satz 1 weniger als 85 Prozent des Wertes des Feederfonds in Anteile eines Masterfonds anlegt,
43. entgegen § 174 Absatz 1 Satz 2 in einen Masterfonds anlegt,
44. entgegen § 178 Absatz 1 eine Abwicklung beginnt,
45. entgegen § 178 Absatz 5 Satz 1 oder § 179 Absatz 6 Satz 1 eine Mitteilung nicht, nicht richtig, nicht vollständig oder nicht rechtzeitig macht oder einen Anleger nicht, nicht richtig, nicht vollständig, nicht in der vorgesehenen Weise oder nicht rechtzeitig unterrichtet,
46. entgegen § 180 Absatz 1 Satz 1 oder Satz 2 oder Absatz 2 Satz 1 eine dort genannte Information nicht, nicht richtig, nicht vollständig, nicht in der vorgeschriebenen Weise oder nicht rechtzeitig zur Verfügung stellt,
47. entgegen § 186 Absatz 2 Satz 1, auch in Verbindung mit § 191 Absatz 1 oder Absatz 2, eine Verschmelzungsinformation übermittelt,
48. entgegen § 186 Absatz 4 Satz 1, auch in Verbindung mit § 191 Absatz 1 oder Absatz 2, eine Verschmelzungsinformation der Bundesanstalt nicht, nicht richtig, nicht vollständig, nicht in der vorgeschriebenen Weise oder nicht rechtzeitig einreicht,
49. entgegen

a) den §§ 192, 193 Absatz 1, den §§ 194, 196 Absatz 1, § 210 Absatz 1 Satz 1 oder Satz 4, Absatz 2 oder Absatz 3, § 219 Absatz 1 oder Absatz 2, § 221 Absatz 1 oder § 225 Absatz 2 Satz 2 oder

b) § 231 Absatz 1, § 234 Satz 1, § 239 oder § 261 Absatz 1

einen Vermögensgegenstand erwirbt oder in einen dort genannten Vermögensgegenstand investiert,

50. entgegen den §§ 195, 234 Satz 1 oder § 253 Absatz 1 Satz 1 einen dort genannten Vermögensgegenstand oder Betrag hält,
51. entgegen § 196 Absatz 2 einen Ausgabeaufschlag oder einen Rücknahmeabschlag berechnet,
52. entgegen § 197 Absatz 1, auch in Verbindung mit einer Rechtsverordnung nach Absatz 3, oder § 261 Absatz 3 in ein Derivat investiert, ein dort genanntes Geschäft tätigt oder eine dort genannte Voraussetzung oder eine dort genannte Pflicht nicht erfüllt,
53. entgegen § 197 Absatz 2, auch in Verbindung mit einer Rechtsverordnung nach Absatz 3 Satz 1 Nummer 1, nicht sicherstellt, dass sich das Marktrisikopotenzial höchstens verdoppelt,
54. entgegen den §§ 198, 206 Absatz 1 oder Absatz 2, auch in Verbindung mit den §§ 208, 206 Absatz 3 Satz 1 oder Absatz 4, den §§ 207, 209, 219 Absatz 5, § 221 Absatz 3 oder Absatz 4, § 222 Absatz 2 Satz 2 oder § 225 Absatz 2 Satz 1 oder Absatz 4 Satz 1 mehr als einen dort genannten Prozentsatz des Wertes in einen dort genannten Vermögensgegenstand anlegt,
55. entgegen § 200 Absatz 1 Satz 1 oder Absatz 2 Satz 1, auch in Verbindung mit § 204 Absatz 1 oder Absatz 2 oder einer Rechtsverordnung nach Absatz 3, ein Wertpapier überträgt,
56. entgegen § 200 Absatz 1 Satz 2 erster Halbsatz, auch in Verbindung mit § 204 Absatz 1 oder Absatz 2 oder einer Rechtsverordnung nach Absatz 3, oder § 240 Absatz 1 ein Darlehen gewährt,
57. entgegen § 200 Absatz 4, auch in Verbindung mit § 204 Absatz 1 oder Absatz 2 oder einer Rechtsverordnung nach Absatz 3, eine Anzeige nicht, nicht richtig, nicht vollständig oder nicht rechtzeitig erstattet,
58. entgegen § 203 Satz 1 auch in Verbindung mit § 204 Absatz 1 oder Absatz 2 oder einer Rechtsverordnung nach Absatz 3, ein Pensionsgeschäft abschließt,
59. entgegen
    a) § 205 Satz 1, auch in Verbindung mit § 218 Satz 2, § 220 oder § 284 Absatz 1,
    b) § 225 Absatz 1 Satz 3,
    c) § 265 Satz 1 oder
    d) § 276 Absatz 1 Satz 1
    einen Leerverkauf durchführt,
60. entgegen § 206 Absatz 3 Satz 2 nicht sicherstellt, dass der Gesamtwert der Schuldverschreibungen 80 Prozent des Wertes des inländischen OGAW nicht übersteigt,
61. einer Vorschrift des § 206 Absatz 5 Satz 1, auch in Verbindung mit § 206 Absatz 5 Satz 2, oder § 221 Absatz 5 Satz 1 einer dort genannten Sicherstellungspflicht zuwiderhandelt,

62. entgegen § 210 Absatz 1 Satz 1 oder Satz 4, Absatz 2 oder Absatz 3 in einen dort genannten Vermögensgegenstand unter Überschreitung einer dort genannten Anlagegrenze anlegt,
63. entgegen § 211 Absatz 2 nicht als vorrangiges Ziel die Einhaltung der Anlagegrenzen anstrebt,
64. entgegen § 222 Absatz 1 Satz 4 einen dort genannten Vermögensgegenstand erwirbt,
65. entgegen § 225 Absatz 1 Satz 3 Leverage durchführt,
66. entgegen § 225 Absatz 2 Satz 2 einen Devisenterminkontrakt verkauft,
67. entgegen § 225 Absatz 4 Satz 2 oder Satz 3, jeweils auch in Verbindung mit § 221 Absatz 2, in einen dort genannten Zielfonds anlegt,
68. entgegen § 225 Absatz 5 nicht sicherstellt, dass eine dort genannte Information vorliegt,
69. entgegen § 233 Absatz 2 oder § 261 Absatz 4 nicht sicherstellt, dass ein Vermögensgegenstand nur in dem dort genannten Umfang einem Währungsrisiko unterliegt,
70. entgegen § 239 Absatz 2 Nummer 2 einen Vermögensgegenstand veräußert,
71. entgegen § 240 Absatz 2 nicht sicherstellt, dass die Summe der Darlehen einen dort genannten Prozentsatz nicht übersteigt,
72. entgegen § 264 Absatz 1 Satz 1 nicht dafür sorgt, dass die genannte Verfügungsbeschränkung in das Grundbuch oder ein dort genanntes Register eingetragen wird,
73. entgegen § 268 Absatz 1 Satz 1 einen dort genannten Verkaufsprospekt oder die wesentlichen Anlegerinformationen nicht, nicht richtig oder nicht vollständig erstellt oder entgegen § 268 Absatz 1 Satz 2 einen dort genannten Verkaufsprospekt oder die wesentlichen Anlegerinformationen dem Publikum nicht, nicht richtig oder nicht vollständig zugänglich macht,
74. entgegen § 282 Absatz 2 Satz 1 in einen dort genannten Vermögensgegenstand investiert,
75. entgegen § 285 in einen dort genannten Vermögensgegenstand investiert,
76. entgegen § 289 Absatz 1, 2 oder Absatz 5 eine Unterrichtung, eine Information oder eine Mitteilung nicht, nicht richtig, nicht vollständig oder nicht rechtzeitig vornimmt,
77. entgegen § 290 Absatz 1 oder Absatz 5 eine dort genannte Information oder eine Angabe nicht, nicht richtig, nicht vollständig oder nicht rechtzeitig vorlegt,
78. entgegen § 297 Absatz 1, auch in Verbindung mit Absatz 5 Satz 1, eine dort genannte Unterlage nicht oder nicht in Papierform kostenlos zur Verfügung stellt,
79. entgegen § 302 Absatz 1, 2, 3, 4, 5 oder Absatz 6 bei Werbung eine dort genannte Anforderung nicht erfüllt,
79a. entgegen § 307 Absatz 5 die wesentlichen Anlegerinformationen dem semiprofessionellen Anleger nicht rechtzeitig zur Verfügung stellt, falls er

## 15 KAGB § 340

kein Basisinformationsblatt gemäß der Verordnung (EU) Nr. 1286/2014[1]) zur Verfügung stellt,

80. entgegen § 309 Absatz 2 nicht sicherstellt, dass ein Anleger eine dort genannte Information oder eine dort genannte Unterlage oder eine Änderung erhält, oder

81. entgegen § 312 Absatz 1 eine Anzeige nicht, nicht richtig, nicht vollständig oder nicht rechtzeitig macht.

(3) Ordnungswidrig handelt, wer als Person, die für eine Kapitalverwaltungsgesellschaft handelt, gegen die Verordnung (EG) Nr. 1060/2009 des Europäischen Parlaments und des Rates vom 16. September 2009 über Ratingagenturen (ABl. L 302 vom 17.11.2009, S. 1), die zuletzt durch die Verordnung (EU) Nr. 462/2013 (ABl. L 146 vom 31.5.2013, S. 1) geändert worden ist, verstößt, indem er vorsätzlich oder leichtfertig

1. entgegen Artikel 4 Absatz 1 Unterabsatz 1 ein Rating verwendet,
2. entgegen Artikel 5a Absatz 1 nicht dafür Sorge trägt, dass die Kapitalverwaltungsgesellschaft eigene Kreditrisikobewertungen vornimmt,
3. entgegen Artikel 8c Absatz 1 einen Auftrag nicht richtig erteilt oder
4. entgegen Artikel 8c Absatz 2 nicht dafür Sorge trägt, dass die beauftragten Ratingagenturen die dort genannten Voraussetzungen erfüllen.

(4) Ordnungswidrig handelt, wer gegen die Verordnung (EU) Nr. 345/2013 des Europäischen Parlaments und des Rates vom 17. April 2013 über Europäische Risikokapitalfonds (ABl. L 115 vom 25.4.2013, S. 1) verstößt, indem er vorsätzlich oder fahrlässig

1. entgegen Artikel 5 Absatz 1 Satz 1 nicht dafür sorgt, dass beim Erwerb von anderen Vermögenswerten als qualifizierten Anlagen höchstens 30 Prozent des aggregierten eingebrachten Kapitals und noch nicht eingeforderten zugesagten Kapitals des qualifizierten Risikokapitalfonds für den Erwerb solcher Vermögenswerte eingesetzt werden,
2. entgegen Artikel 5 Absatz 2 auf der Ebene des qualifizierten Risikokapitalfonds eine dort genannte Methode anwendet,
3. entgegen Artikel 5 Absatz 3 auf der Ebene des qualifizierten Risikokapitalfonds Darlehen aufnimmt, Schuldtitel begibt oder Garantien stellt,
4. entgegen Artikel 6 Absatz 1 einen dort genannten Anteil vertreibt,
5. entgegen Artikel 12 Absatz 1 Unterabsatz 1 Satz 1 in Verbindung mit Satz 2, 3 oder Satz 4 oder entgegen Absatz 1 Unterabsatz 2 Satz 2 einen Jahresbericht der Bundesanstalt nicht, nicht richtig, nicht vollständig oder nicht rechtzeitig vorlegt,
6. entgegen Artikel 13 Absatz 1 eine Unterrichtung der Anleger oder entgegen Artikel 15 eine Unterrichtung der zuständigen Behörde nicht, nicht richtig, nicht vollständig, nicht in der vorgeschriebenen Weise oder nicht rechtzeitig vornimmt, oder
7. ohne Registrierung nach Artikel 14 Absatz 1 in Verbindung mit Artikel 14 Absatz 2 die Bezeichnung „EuVECA" verwendet.

(5) Ordnungswidrig handelt, wer gegen die Verordnung (EU) Nr. 346/2013 des Europäischen Parlaments und des Rates vom 17. April 2013 über Europäi-

---

[1]) Nr. 9.

sche Fonds für soziales Unternehmertum (ABl. L 115 vom 25.4.2013, S. 18) verstößt, indem er vorsätzlich oder fahrlässig

1. entgegen Artikel 5 Absatz 1 Satz 1 nicht dafür sorgt, dass beim Erwerb von anderen Vermögenswerten als qualifizierten Anlagen höchstens 30 Prozent des aggregierten eingebrachten Kapitals und noch nicht eingeforderten zugesagten Kapitals des qualifizierten Fonds für soziales Unternehmertum für den Erwerb solcher Vermögenswerte eingesetzt werden,
2. entgegen Artikel 5 Absatz 2 auf der Ebene des qualifizierten Fonds für soziales Unternehmertum eine dort genannte Methode anwendet,
3. entgegen Artikel 5 Absatz 3 auf der Ebene des qualifizierten Fonds für soziales Unternehmertum Darlehen aufnimmt, Schuldtitel begibt oder Garantien stellt,
4. entgegen Artikel 6 Absatz 1 einen dort genannten Anteil vertreibt,
5. entgegen Artikel 13 Absatz 1 Satz 1 in Verbindung mit Satz 2, 3 oder Satz 4 oder in Verbindung mit Absatz 2 oder entgegen Absatz 1 Satz 6 in Verbindung mit Absatz 2 einen Jahresbericht der Bundesanstalt nicht, nicht richtig, nicht vollständig, nicht in der vorgeschriebenen Weise oder nicht rechtzeitig vorlegt,
6. entgegen Artikel 14 Absatz 1 eine Unterrichtung der Anleger oder entgegen Artikel 16 eine Unterrichtung der zuständigen Behörde nicht, nicht richtig, nicht vollständig, nicht in der vorgeschriebenen Weise oder nicht rechtzeitig vornimmt, oder
7. ohne Registrierung nach Artikel 15 Absatz 1 in Verbindung mit Artikel 15 Absatz 2 die Bezeichnung „EuSEF" verwendet.

(6) Ordnungswidrig handelt, wer gegen die Verordnung (EU) 2015/760 verstößt, indem er vorsätzlich oder fahrlässig

1. entgegen Artikel 9 Absatz 1 in einen anderen Anlagevermögenswert investiert,
2. entgegen Artikel 9 Absatz 2 ein dort genanntes Geschäft tätigt,
3. entgegen Artikel 13 Absatz 1 in Verbindung mit Artikel 17 nicht mindestens 70 Prozent seines Kapitals im Sinne von Artikel 2 Nummer 7 in einen zulässigen Anlagevermögenswert investiert,
4. entgegen Artikel 13 Absatz 2 bis 6 unter Berücksichtigung von Artikel 14 gegen eine dort genannte Diversifizierungsanforderung verstößt,
5. entgegen Artikel 16 einen Barkredit aufnimmt,
6. entgegen Artikel 21 die Bundesanstalt nicht rechtzeitig unterrichtet,
7. entgegen Artikel 23 Absatz 1 bis 4, Artikel 24 Absatz 2 bis 5 und Artikel 25 Absatz 1 und 2 einen Prospekt nicht, nicht richtig, nicht vollständig oder nicht in der vorgeschriebenen Weise veröffentlicht,
8. entgegen Artikel 23 Absatz 5 einen Jahresbericht nicht richtig, nicht vollständig oder nicht in der vorgeschriebenen Weise veröffentlicht,
9. entgegen Artikel 23 Absatz 6 die dort genannten Informationen nicht, nicht richtig, nicht vollständig oder nicht in der vorgeschriebenen Weise bereitstellt,
10. entgegen Artikel 24 Absatz 1 einen Prospekt oder eine Änderung nicht, nicht richtig, nicht vollständig oder nicht rechtzeitig übermittelt,

11. entgegen den Artikeln 28 und 30 einen Anteil an einen Kleinanleger vertreibt,
12. entgegen Artikel 29 Absatz 5 einen Vermögenswert wiederverwendet,
13. ohne Zulassung gemäß den Artikeln 4 und 5 die Bezeichnung „ELTIF" oder „europäischer langfristiger Investmentfonds" verwendet.

(6a) Ordnungswidrig handelt, wer gegen die Verordnung (EU) Nr. 1286/2014 des Europäischen Parlaments und des Rates vom 26. November 2014 über Basisinformationsblätter für verpackte Anlageprodukte für Kleinanleger und Versicherungsanlageprodukte (PRIIP) (ABl. L 352 vom 9.12.2014, S. 1, L 358 vom 13.12.2014, S. 50) verstößt, indem er vorsätzlich oder leichtfertig

1. entgegen
   a) Artikel 5 Absatz 1,
   b) Artikel 5 Absatz 1 in Verbindung mit Artikel 6,
   c) Artikel 5 Absatz 1 in Verbindung mit Artikel 7 Absatz 2,
   d) Artikel 5 Absatz 1 in Verbindung mit Artikel 8 Absatz 1 bis 3
   
   ein Basisinformationsblatt nicht, nicht richtig, nicht vollständig, nicht rechtzeitig oder nicht in der vorgeschriebenen Weise abfasst oder veröffentlicht,
2. entgegen Artikel 5 Absatz 1 in Verbindung mit Artikel 7 Absatz 1 ein Basisinformationsblatt nicht in der vorgeschriebenen Weise abfasst oder übersetzt,
3. entgegen Artikel 10 Absatz 1 Satz 1 ein Basisinformationsblatt nicht oder nicht rechtzeitig überprüft,
4. entgegen Artikel 10 Absatz 1 Satz 1 ein Basisinformationsblatt nicht oder nicht vollständig überarbeitet,
5. entgegen Artikel 10 Absatz 1 Satz 2 ein Basisinformationsblatt nicht oder nicht rechtzeitig zur Verfügung stellt,
6. entgegen Artikel 9 Satz 1 in Werbematerialien Aussagen trifft, die im Widerspruch zu den Informationen des Basisinformationsblattes stehen oder dessen Bedeutung herabstufen,
7. entgegen Artikel 9 Satz 2 die erforderlichen Hinweise in Werbematerialien nicht, nicht richtig oder nicht vollständig aufnimmt,
8. entgegen Artikel 13 Absatz 1, 3 und 4 oder Artikel 14 ein Basisinformationsblatt nicht oder nicht rechtzeitig oder nicht in der vorgeschriebenen Weise zur Verfügung stellt,
9. entgegen Artikel 19 Buchstabe a und b nicht, nicht richtig oder nicht in der vorgeschriebenen Weise geeignete Verfahren und Vorkehrungen zur Einreichung und Beantwortung von Beschwerden vorsieht,
10. entgegen Artikel 19 Buchstabe c nicht, nicht richtig oder nicht in der vorgeschriebenen Weise geeignete Verfahren und Vorkehrungen vorsieht, durch die gewährleistet wird, dass Kleinanlegern wirksame Beschwerdeverfahren im Fall von grenzüberschreitenden Streitigkeiten zur Verfügung stehen.

(6b) Ordnungswidrig handelt, wer gegen die Verordnung (EU) 2017/1131 des Europäischen Parlaments und des Rates vom 14. Juni 2017 über Geldmarktfonds (ABl. L 169 vom 30.6.2017, S. 8) verstößt, indem er vorsätzlich oder fahrlässig

1. ohne Zulassung nach Artikel 6 Absatz 1 die Bezeichnung „Geldmarktfonds" verwendet,
2. entgegen Artikel 9 Absatz 1 oder 2 in einen Vermögenswert investiert oder ein dort genanntes Geschäft tätigt,
3. einer Vorschrift des Artikels 17 Absatz 1, 3, 4, 5 oder 6 Satz 1, des Artikels 18 Absatz 1, des Artikels 24 Absatz 1 oder des Artikels 25 Absatz 1 Satz 1 oder Absatz 3 über eine dort genannte Anforderung an die Zusammensetzung des Portfolios zuwiderhandelt,
4. einer Vorschrift des Artikels 19 Absatz 2 oder 4 über eine dort genannte Sicherstellungspflicht zuwiderhandelt,
5. einer Vorschrift der Artikel 21, 26 Satz 2, des Artikels 31 Absatz 4, des Artikels 32 Absatz 4, des Artikels 33 Absatz 2 Unterabsatz 3, des Artikels 34 Absatz 1, 2 Satz 2 oder des Artikels 36 Absatz 1, 2, 4 oder 5 über eine dort genannte Anforderung bezüglich der Transparenz oder Dokumentation zuwiderhandelt,
6. einer Vorschrift des Artikels 23 Absatz 1 Unterabsatz 1, Absatz 2, 3 oder 4, des Artikels 27 oder des Artikels 28 Absatz 3 oder 4 über eine dort genannte Anforderung bezüglich der Geschäftsführung oder Verwaltung zuwiderhandelt,
7. einer Vorschrift des Artikels 29 Absatz 1 bis 4 oder 5, des Artikels 30 Absatz 3 in Verbindung mit Absatz 1 oder 2, des Artikels 31 Absatz 3 in Verbindung mit Absatz 1 oder 2 oder des Artikels 32 Absatz 3 in Verbindung mit Absatz 1 oder 2 über eine dort genannte Anforderung bezüglich der Bewertung zuwiderhandelt oder
8. entgegen Artikel 35 Absatz 1 einen Geldmarktfonds extern unterstützt.

(6c) Ordnungswidrig handelt, wer vorsätzlich oder fahrlässig
1. eine Zulassung als Geldmarktfonds nach Artikel 4 Absatz 1 bis 3 der Verordnung (EU) 2017/1131 auf Grund einer nicht richtigen Erklärung oder Angabe erwirkt,
2. einen Vermögenswert eines LVNAV-Geldmarktfonds nach der Methode der fortgeführten Anschaffungskosten bewertet, wenn dieser Vermögenswert eine Restlaufzeit von mehr als 75 Tagen aufweist oder wenn der nach Artikel 29 Absatz 2, 3 und 4 der Verordnung (EU) 2017/1131 berechnete Preis dieses Vermögenswerts mehr als zehn Basispunkte von dem nach Artikel 29 Absatz 7 Unterabsatz 1 der Verordnung (EU) 2017/1131 berechneten Preis dieses Vermögenswertes abweicht, oder
3. als Geldmarktfondsverwalter ein Dokument für Vertriebszwecke verwendet, das die in Artikel 36 Absatz 3 der Verordnung (EU) 2017/1131 genannten Hinweise nicht, nicht richtig oder nicht vollständig enthält.

(6d) Ordnungswidrig handelt, wer im Anwendungsbereich dieses Gesetzes entgegen Artikel 6 Absatz 2 Satz 1 der Verordnung (EU) 2017/2402 des Europäischen Parlaments und des Rates vom 12. Dezember 2017 zur Festlegung eines allgemeinen Rahmens für Verbriefungen und zur Schaffung eines spezifischen Rahmens für einfache, transparente und standardisierte Verbriefung und zur Änderung der Richtlinien 2009/65/EG, 2009/138/EG, 2011/61/EU und der Verordnungen (EG) Nr. 1060/2009 und (EU) Nr. 648/2012 (ABl. L 347 vom 28.12.2017, S. 35) Vermögenswerte auswählt.

(6e) Ordnungswidrig handelt, wer im Anwendungsbereich dieses Gesetzes gegen die Verordnung (EU) 2017/2402 verstößt, indem er vorsätzlich oder fahrlässig

1. entgegen Artikel 6 Absatz 1 Satz 1 einen dort genannten Anteil nicht hält,
2. entgegen Artikel 7 Absatz 1 Unterabsatz 1 bis 4 oder 5 eine Information nicht, nicht richtig, nicht vollständig, nicht in der vorgeschriebenen Weise oder nicht rechtzeitig zur Verfügung stellt,
3. entgegen Artikel 9 Absatz 1 Satz 1 oder 2 ein anderes Kriterium oder Verfahren anwendet,
4. entgegen Artikel 18 Satz 1 eine dort genannte Bezeichnung verwendet oder
5. entgegen Artikel 27 Absatz 4 die Europäische Wertpapier- und Marktaufsichtsbehörde nicht, nicht richtig, nicht vollständig oder nicht rechtzeitig unterrichtet oder die Bundesanstalt nicht, nicht richtig, nicht vollständig oder nicht rechtzeitig benachrichtigt.

(6f) Ordnungswidrig handelt, wer im Anwendungsbereich dieses Gesetzes vorsätzlich oder fahrlässig

1. nicht sicherstellt, dass er über ein wirksames System nach Artikel 9 Absatz 1 Satz 3 der Verordnung (EU) 2017/2402 verfügt,
2. eine in Artikel 9 Absatz 3 der Verordnung (EU) 2017/2402 genannte Risikoposition verbrieft, ohne eine dort genannte Prüfung vorgenommen zu haben, oder
3. eine Meldung nach Artikel 27 Absatz 1 Unterabsatz 1, 2 oder 3 Satz 2 der Verordnung (EU) 2017/2402 mit irreführendem Inhalt macht.

(7) ¹Die Ordnungswidrigkeit kann wie folgt geahndet werden:

1. in den Fällen des Absatzes 1 Nummer 1, 4 und 5, des Absatzes 2 Nummer 1, 3 bis 7, 9, 10, 13, 14, 25 bis 30, 33 bis 35, 76, 77, 81, des Absatzes 6b Nummer 8, des Absatzes 6c Nummer 1 sowie der Absätze 6d bis 6f und bei einer wiederholten Vornahme einer in der in Absatz 1 Nummer 2 und 3 oder in Absatz 2 Nummer 24, 31, 32, 37, 38, 40, 41, 49 bis 63, 65, 72, 73, 78, 79 und 79a aufgeführten Handlungen mit einer Geldbuße bis zu fünf Millionen Euro; gegenüber einer juristischen Person oder einer Personenvereinigung kann über diesen Betrag hinaus eine Geldbuße in Höhe bis zu 10 Prozent des jährlichen Gesamtumsatzes verhängt werden;
2. in den Fällen des Absatzes 1 Nummer 2 und 3, des Absatzes 2 Nummer 1a, 2, 8, 11, 12, 15 bis 24, 31, 32, 37, 38, 40, 41, 43 bis 46, 49 bis 62, 63 bis 67, 70 bis 73, 78 und 79a, des Absatzes 4 Nummer 3, 4 und 7, des Absatzes 5 Nummer 3, 4 und 7, des Absatzes 6 Nummer 5, 11 und 13, des Absatzes 6b Nummer 1, 5 und 7 und des Absatzes 6c Nummer 2 und 3 mit einer Geldbuße bis zu einer Million Euro; gegenüber einer juristischen Person oder einer Personenvereinigung kann über diesen Betrag hinaus eine Geldbuße in Höhe bis zu 2 Prozent des jährlichen Gesamtumsatzes verhängt werden;
2a. in den Fällen des Absatzes 6a mit einer Geldbuße bis zu siebenhunderttausend Euro; gegenüber einer juristischen Person oder einer Personenvereinigung kann über diesen Betrag hinaus eine Geldbuße bis zum höheren der Beträge von fünf Millionen Euro oder 3 Prozent des jährlichen Gesamtumsatzes verhängt werden;

3. in den übrigen Fällen der Absätze 2 bis 6 und 6b mit einer Geldbuße bis zu zweihunderttausend Euro.

²Über die in Satz 1 genannten Beträge hinaus kann die Ordnungswidrigkeit mit einer Geldbuße bis zur Höhe des Zweifachen des aus dem Verstoß gezogenen wirtschaftlichen Vorteils geahndet werden. ³Der wirtschaftliche Vorteil umfasst auch vermiedene wirtschaftliche Nachteile und kann geschätzt werden.

(8) ¹Gesamtumsatz im Sinne von Absatz 7 ist

1. im Fall von Kreditinstituten, Zahlungsinstituten und Finanzdienstleistungsinstituten der sich aus dem auf das Institut anwendbaren nationalen Recht im Einklang mit Artikel 27 Nummer 1, 3, 4, 6 und 7 oder Artikel 28 Nummer B1, B2, B3, B4 und B7 der Richtlinie 86/635/EWG des Rates vom 8. Dezember 1986 über den Jahresabschluss und den konsolidierten Abschluss von Banken und anderen Finanzinstituten (ABl. L 372 vom 31.12. 1986, S. 1) ergebende Gesamtbetrag, abzüglich der Umsatzsteuer und sonstigen direkt auf diese Erträge erhobenen Steuern,

2. im Fall von Versicherungsunternehmen der sich aus dem auf das Versicherungsunternehmen anwendbaren nationalen Recht im Einklang mit Artikel 63 der Richtlinie 91/674/EWG des Rates vom 19. Dezember 1991 über den Jahresabschluss und den konsolidierten Abschluss von Versicherungsunternehmen (ABl. L 374 vom 31.12.1991, S. 7) ergebende Gesamtbetrag, abzüglich der Umsatzsteuer und sonstigen direkt auf diese Erträge erhobenen Steuern,

3. im Übrigen der Betrag der Nettoumsatzerlöse nach Maßgabe des auf das Unternehmen anwendbaren nationalen Rechts im Einklang mit Artikel 2 Nummer 5 der Richtlinie 2013/34/EU.

²Handelt es sich bei der juristischen Person oder Personenvereinigung um ein Mutterunternehmen oder um eine Tochtergesellschaft, so ist anstelle des Gesamtumsatzes der juristischen Person oder Personenvereinigung der jeweilige Gesamtbetrag in dem Konzernabschluss des Mutterunternehmens maßgeblich, der für den größten Kreis von Unternehmen aufgestellt wird. ³Wird der Konzernabschluss für den größten Kreis von Unternehmen nicht nach den in Satz 1 genannten Vorschriften aufgestellt, ist der Gesamtumsatz nach Maßgabe der den in Satz 1 vergleichbaren Posten des Konzernabschlusses zu ermitteln. ⁴Maßgeblich ist der Jahres- oder Konzernabschluss des der Behördenentscheidung unmittelbar vorausgehenden Geschäftsjahres. ⁵Ist dieser nicht verfügbar, ist der Jahres- oder Konzernabschluss für das unmittelbar vorausgehende Geschäftsjahr maßgeblich. ⁶Ist auch dieser nicht verfügbar, kann der Gesamtumsatz für das der Behördenentscheidung unmittelbar vorausgehende Geschäftsjahr geschätzt werden.

(9) ¹§ 17 Absatz 2 des Gesetzes über Ordnungswidrigkeiten ist nicht anzuwenden bei Verstößen gegen Gebote und Verbote im Zusammenhang mit OGAW, die in Absatz 7 Nummer 1 in Bezug genommen werden. ²§ 30 des Gesetzes über Ordnungswidrigkeiten gilt auch für juristische Personen oder Personenvereinigungen, die über eine Zweigniederlassung oder im Wege des grenzüberschreitenden Dienstleistungsverkehrs im Inland tätig sind. ³Die Verfolgung der Ordnungswidrigkeiten nach Absatz 1 bis 6 verjährt in drei Jahren.

(10) Verwaltungsbehörde im Sinne des § 36 Absatz 1 Nummer 1 des Gesetzes über Ordnungswidrigkeiten ist die Bundesanstalt.

## § 341 Beteiligung der Bundesanstalt und Mitteilungen in Strafsachen.

(1) ¹Das Gericht, die Strafverfolgungs- oder die Strafvollstreckungsbehörde hat in Strafverfahren gegen bedeutend beteiligte Inhaber, Geschäftsleiter oder Mitglieder der Verwaltungs- oder Aufsichtsorgane von Verwaltungsgesellschaften, extern verwalteten Investmentgesellschaften oder Verwahrstellen oder deren jeweilige gesetzliche Vertreter oder persönlich haftende Gesellschafter wegen Verletzung ihrer Berufspflichten oder anderer Straftaten bei oder im Zusammenhang mit der Ausübung eines Gewerbes oder dem Betrieb einer sonstigen wirtschaftlichen Unternehmung, ferner in Strafverfahren, die Straftaten nach § 339 zum Gegenstand haben, im Fall der Erhebung der öffentlichen Klage der Bundesanstalt

1. die Anklageschrift oder eine an ihre Stelle tretende Antragsschrift,
2. den Antrag auf Erlass eines Strafbefehls und
3. die das Verfahren abschließende Entscheidung mit Begründung

zu übermitteln; ist gegen die Entscheidung ein Rechtsmittel eingelegt worden, ist die Entscheidung unter Hinweis auf das eingelegte Rechtsmittel zu übermitteln. ²In Verfahren wegen fahrlässig begangener Straftaten werden die in den Nummern 1 und 2 bestimmten Übermittlungen nur vorgenommen, wenn aus der Sicht der übermittelnden Stelle unverzüglich Entscheidungen oder andere Maßnahmen der Bundesanstalt geboten sind.

(2) ¹In Strafverfahren, die Straftaten nach § 339 zum Gegenstand haben, hat die Staatsanwaltschaft die Bundesanstalt bereits über die Einleitung des Ermittlungsverfahrens zu unterrichten, soweit dadurch eine Gefährdung des Ermittlungszwecks nicht zu erwarten ist. ²Erwägt die Staatsanwaltschaft, das Verfahren einzustellen, so hat sie die Bundesanstalt zu hören.

(3) ¹Werden sonst in einem Strafverfahren Tatsachen bekannt, die auf Missstände in dem Geschäftsbetrieb einer Verwaltungsgesellschaft, extern verwalteten Investmentgesellschaft oder Verwahrstelle hindeuten, soll das Gericht, die Strafverfolgungs- oder die Strafvollstreckungsbehörde diese Tatsachen ebenfalls mitteilen, soweit nicht für die übermittelnde Stelle erkennbar ist, dass schutzwürdige Interessen des Betroffenen überwiegen. ²Dabei ist zu berücksichtigen, wie gesichert die zu übermittelnden Erkenntnisse sind.

(4) ¹Der Bundesanstalt ist auf Antrag Akteneinsicht zu gewähren, soweit nicht für die Akteneinsicht gewährende Stelle erkennbar ist, dass schutzwürdige Interessen des Betroffenen überwiegen. ²Absatz 3 Satz 2 gilt entsprechend.

## § 341a Bekanntmachung von bestandskräftigen Maßnahmen und unanfechtbar gewordenen Bußgeldentscheidungen.

(1) ¹Bestandskräftige Maßnahmen und unanfechtbar gewordene Bußgeldentscheidungen der Bundesanstalt nach diesem Gesetz

1. wegen Verstößen gegen Gebote und Verbote im Zusammenhang mit OGAW, die in § 340 Absatz 7 Nummer 1 in Bezug genommen werden, sowie wegen Verstößen gegen Gebote und Verbote nach den Artikeln 6, 7, 9 oder 27 Absatz 1 der Verordnung (EU) 2017/2402 muss die Bundesanstalt und

2. wegen Verstößen gegen Gebote und Verbote, die in § 340 Absatz 7 Nummer 2 oder Nummer 3 oder Absatz 3 oder im Zusammenhang mit AIF in § 340 Absatz 7 Nummer 1 in Bezug genommen werden, kann die Bundesanstalt und

3. wegen Verstößen gegen die Verordnung (EU) 2015/2365 und die Verordnung (EU) 2016/1011 im Zusammenhang mit OGAW und AIF muss die Bundesanstalt

nach Unterrichtung des Adressaten der Maßnahme oder Bußgeldentscheidung auf ihrer Internetseite bekanntmachen. ²In der Bekanntmachung sind Art und Charakter des Verstoßes und die für den Verstoß verantwortlichen natürlichen Personen und juristischen Personen oder Personenvereinigungen zu benennen. ³Betreffen die bestandskräftigen Maßnahmen oder unanfechtbar gewordenen Bußgeldentscheidungen nach Satz 1 Nummer 1 Verstöße gegen die Verordnung (EU) 2017/2402, so ist zusätzlich die verhängte Maßnahme oder Bußgeldentscheidung zu nennen.

(2) ¹Die Bekanntmachung nach Absatz 1 ist solange aufzuschieben, bis die Gründe für die Nichtbekanntmachung entfallen sind, wenn

1. die Bekanntmachung der Identität der juristischen Personen oder Personenvereinigung oder der personenbezogenen Daten natürlicher Personen unverhältnismäßig wäre,

2. die Bekanntmachung die Stabilität der Finanzmärkte gefährden würde oder

3. die Bekanntmachung laufende Ermittlungen gefährden würde.

²Anstelle einer Aufschiebung kann die Bekanntmachung auf anonymisierter Basis erfolgen, wenn hierdurch ein wirksamer Schutz der Informationen nach Satz 1 Nummer 1 gewährleistet ist. ³Erfolgt die Bekanntmachung gemäß Satz 2 auf anonymisierter Basis und ist vorhersehbar, dass die Gründe der anonymisierten Bekanntmachung innerhalb eines überschaubaren Zeitraums wegfallen werden, so kann die Bekanntmachung der Informationen nach Satz 1 Nummer 1 entsprechend aufgeschoben werden.

(3) ¹Eine Bekanntmachung darf nicht erfolgen, wenn die Maßnahmen nach Absatz 2 nicht ausreichend sind, um eine Gefährdung der Finanzmarktstabilität auszuschließen oder die Verhältnismäßigkeit der Bekanntmachung in Ansehung des Verstoßes sicherzustellen. ²Zudem darf eine Bekanntmachung nach Absatz 1 Satz 1 Nummer 2 nicht erfolgen, wenn sich diese nachteilig auf die Interessen der Anleger auswirken würde.

(4) ¹Die nach Absatz 1 Satz 1 Nummer 1 und Nummer 3 bekanntgemachten Maßnahmen und Bußgeldentscheidungen sollen fünf Jahre lang auf der Internetseite der Bundesanstalt veröffentlicht bleiben. ²Die Bekanntmachung nach Absatz 1 Satz 1 Nummer 2 ist zu löschen, wenn sie nicht mehr erforderlich ist, spätestens aber nach fünf Jahren.

(5) ¹Die Bundesanstalt macht Vertriebsuntersagungen nach § 5 Absatz 6, den §§ 11, 311 oder § 314 im Bundesanzeiger bekannt, falls ein Vertrieb bereits stattgefunden hat. ²Entstehen der Bundesanstalt durch die Bekanntmachung nach Satz 1 Kosten, sind ihr diese von der Verwaltungsgesellschaft zu erstatten.

**§ 342[1) Beschwerdeverfahren.** (1) Anleger und Kunden können jederzeit wegen behaupteter Verstöße gegen dieses Gesetz Beschwerde bei der Bundesanstalt einlegen.

---

[1) Siehe hierzu die Verfahrensordnung Ombudsstelle Geschlossene Fonds v. 18.6.2014 (BAnz AT 04.07.2014 B1).

(2) Beschwerden sind schriftlich, elektronisch oder zur Niederschrift bei der Bundesanstalt einzulegen und sollen den Sachverhalt sowie den Beschwerdegrund angeben.

(3) Soweit behauptete Verstöße nach Absatz 1 grenzüberschreitende Sachverhalte betreffen, arbeitet die Bundesanstalt mit den zuständigen Stellen der anderen Mitgliedstaaten der Europäischen Union oder der anderen Vertragsstaaten des Abkommens über den Europäischen Wirtschaftsraum zusammen; die §§ 8, 9 und 19 gelten entsprechend.

## Abschnitt 2. Übergangsvorschriften
### Unterabschnitt 1. Allgemeine Übergangsvorschriften für AIF-Verwaltungsgesellschaften

**§ 343 Übergangsvorschriften für inländische und EU-AIF-Verwaltungsgesellschaften.** (1) [1] AIF-Kapitalverwaltungsgesellschaften, die vor dem 22. Juli 2013 Tätigkeiten im Sinne des § 20 ausüben, haben alle erforderlichen Maßnahmen zu ergreifen, um den Rechtsvorschriften dieses Gesetzes nachzukommen. [2] Sie haben vor Ablauf des 21. Juli 2014 die Erlaubnis nach den §§ 20 und 22 oder, wenn sie die Voraussetzungen des § 2 Absatz 4, 4a oder Absatz 5 erfüllen, die Registrierung nach § 44 zu beantragen.

(2) [1] EU-AIF-Verwaltungsgesellschaften, die vor dem 22. Juli 2013 inländische Spezial-AIF im Sinne des § 54 verwalten, haben alle erforderlichen Maßnahmen zu ergreifen, um den entsprechenden Rechtsvorschriften dieses Gesetzes nachzukommen. [2] Die Angaben gemäß § 54 sind unmittelbar nach Erteilung der Erlaubnis im Herkunftsmitgliedstaat, spätestens bis zum 31. Dezember 2014 der Bundesanstalt zu übermitteln.

(3) [1] Eine AIF-Kapitalverwaltungsgesellschaft, die vor dem 22. Juli 2013 Tätigkeiten im Sinne des § 20 ausübt, darf bis zum 21. Januar 2015 bereits vor Erteilung der Erlaubnis nach den §§ 20 und 22 neue AIF nach den Vorschriften dieses Gesetzes, mit Ausnahme des Erfordernisses der Erlaubnis, verwalten und im Geltungsbereich dieses Gesetzes vertreiben, wenn sie bei Publikums-AIF zusammen mit dem Antrag auf Genehmigung der Anlagebedingungen nach § 163 oder § 267 und bei Spezial-AIF zusammen mit der Vertriebsanzeige nach § 321

1. im Zeitraum vom 22. Juli 2013 bis zum 21. Juli 2014 den Antrag auf Erlaubnis nach den §§ 20 und 22 einreicht, auf den bereits eingereichten, noch nicht beschiedenen Antrag auf Erlaubnis nach den §§ 20 und 22 verweist oder die verbindliche Erklärung gegenüber der Bundesanstalt abgibt, innerhalb der in Absatz 1 Satz 2 genannten Frist einen Antrag auf Erlaubnis nach den §§ 20 und 22 zu stellen,
2. im Zeitraum vom 22. Juli 2014 bis zum 21. Januar 2015 auf den eingereichten, noch nicht beschiedenen Antrag auf Erlaubnis nach den §§ 20 und 22 verweist.

[2] Auf die Genehmigung der Anlagebedingungen findet § 163 Absatz 2 Satz 5 keine Anwendung. [3] In dem Verkaufsprospekt und den wesentlichen Anlegerinformationen gemäß § 164 oder § 268 sind die Anleger drucktechnisch herausgestellt an hervorgehobener Stelle über die fehlende Erlaubnis der AIF-Kapitalverwaltungsgesellschaft und die Folgen einer unterlassenen Antragstellung oder Erlaubnisversagung hinzuweisen. [4] Bei Spezial-AIF muss dieser Hin-

weis im Rahmen der Informationen gemäß § 307 erfolgen. ⁵ Als neuer AIF im Sinne von Satz 1 gilt ein AIF, der nach dem 21. Juli 2013 aufgelegt wird.

(4) Ein AIF gilt mit dem Zeitpunkt als aufgelegt im Sinne dieses Abschnittes, in dem mindestens ein Anleger durch den unbedingten und unbefristeten Abschluss des auf die Ausgabe eines Anteils oder einer Aktie gerichteten schuldrechtlichen Verpflichtungsgeschäfts einen Anteil oder eine Aktie des AIF gezeichnet hat.

(5) ¹ AIF-Kapitalverwaltungsgesellschaften im Sinne des Absatzes 1, die weder die Voraussetzungen des § 2 Absatz 4, 4a oder Absatz 5 erfüllen noch binnen der in Absatz 1 Satz 2 vorgesehenen Frist einen Erlaubnisantrag stellen oder denen die Erlaubnis gemäß § 23 versagt wurde, können mit Zustimmung von Anlegern, die mehr als 50 Prozent der Anteile des AIF halten, die Abwicklung des inländischen AIF binnen drei Monaten nach Ablauf der in Absatz 1 Satz 2 genannten Frist oder nach Versagung der Erlaubnis dadurch abwenden, dass sie die Verwaltung auf eine AIF-Kapitalverwaltungsgesellschaft übertragen, die über eine Erlaubnis nach den §§ 20 und 22 verfügt und sich zur Übernahme der Verwaltung bereit erklärt. ² Die Bundesanstalt kann im öffentlichen Interesse bestimmen, dass die Verwaltung des AIF auf eine AIF-Kapitalverwaltungsgesellschaft, die über eine Erlaubnis nach den §§ 20 und 22 verfügt und sich zur Übernahme der Verwaltung bereit erklärt, übergeht. ³ Die Verwaltung von inländischen Spezial-AIF kann auch auf EU-AIF-Verwaltungsgesellschaften übertragen werden, für welche die erforderlichen Angaben gemäß § 54 übermittelt wurden.

(6) ¹ Für EU-AIF-Verwaltungsgesellschaften im Sinne des Absatzes 2, für die nicht binnen der in Absatz 2 Satz 2 vorgesehenen Frist die Angaben gemäß § 54 übermittelt wurden, gilt Absatz 5 entsprechend mit der Maßgabe, dass die Übertragung binnen drei Monaten nach Ablauf der in Absatz 2 Satz 2 genannten Frist erfolgen kann. ² Für EU-AIF-Verwaltungsgesellschaften, die vor dem 22. Juli 2013 inländische Publikums-AIF verwalten, und für ausländische AIF-Verwaltungsgesellschaften, die vor dem 22. Juli 2013 inländische AIF verwalten, gilt Absatz 5 entsprechend mit der Maßgabe, dass die Übertragung innerhalb von 15 Monaten nach dem 21. Juli 2013 erfolgen kann.

(7) § 34 Absatz 6 ist erst ab dem 1. Januar 2017 anzuwenden.

(8) ¹ Die Anlagebedingungen, die wesentlichen Anlegerinformationen und der Verkaufsprospekt für Publikums-AIF sind spätestens zum 18. März 2017 an die ab dem 18. März 2016 geltende Fassung dieses Gesetzes anzupassen. ² § 163 gilt mit der Maßgabe, dass die in § 163 Absatz 2 Satz 1 genannte Frist drei Monate beträgt. ³ § 163 Absatz 3 und 4 Satz 2 bis 5 ist nicht anzuwenden.

**§ 344 Übergangsvorschriften für ausländische AIF-Verwaltungsgesellschaften und für andere Vertragsstaaten des Abkommens über den Europäischen Wirtschaftsraum.** (1) Die §§ 56 bis 66 sind erst ab dem Zeitpunkt anzuwenden, auf den in § 295 Absatz 2 Nummer 1 verwiesen wird.

(2) Bezieht sich dieses Gesetz auf andere Vertragsstaaten des Abkommens über den Europäischen Wirtschaftsraum oder das Abkommen über den Europäischen Wirtschaftsraum, so gilt diese Bezugnahme jeweils erst ab dem Zeitpunkt, ab dem die für die entsprechende Vorschrift dieses Gesetzes maßgeblichen Rechtsakte der Europäischen Union gemäß Artikel 7 des Abkommens über den Europäischen Wirtschaftsraum für die Vertragsparteien verbindlich sind und in dem betreffenden anderen Vertragsstaat des Abkommens über den

Europäischen Wirtschaftsraum Teil des innerstaatlichen Rechts oder in innerstaatliches Recht umgesetzt sind.

(3) Unmittelbar geltende Rechtsakte der Europäischen Union gelten im Geltungsbereich dieses Gesetzes entsprechend auch für die Vertragsstaaten des Abkommens über den Europäischen Wirtschaftsraum, die keine Mitgliedstaaten der Europäischen Union sind, soweit diese Rechtsakte gemäß Artikel 7 des Abkommens über den Europäischen Wirtschaftsraum für die Vertragsparteien verbindlich sind und in dem betreffenden anderen Vertragsstaat des Abkommens über den Europäischen Wirtschaftsraum Teil des innerstaatlichen Rechts oder in innerstaatliches Recht umgesetzt sind.

**§ 344a Übergangsvorschrift zum Kleinanlegerschutzgesetz.** § 45 Absatz 3 Satz 3 und § 123 Absatz 1 Satz 2 in der Fassung des Kleinanlegerschutzgesetzes vom 3. Juli 2015 (BGBl. I S. 1114) sind erstmals auf Jahres- und Konzernabschlüsse für Geschäftsjahre anzuwenden, die nach dem 31. Dezember 2014 beginnen.

**Unterabschnitt 2. Besondere Übergangsvorschriften für offene AIF und für AIF-Verwaltungsgesellschaften, die offene AIF verwalten**

**§ 345 Übergangsvorschriften für offene AIF und AIF-Verwaltungsgesellschaften, die offene AIF verwalten, die bereits nach dem Investmentgesetz reguliert waren.** (1) ¹Eine AIF-Kapitalverwaltungsgesellschaft, die bei Inkrafttreten dieses Gesetzes

1. über eine Erlaubnis als Kapitalanlagegesellschaft nach § 7 Absatz 1 des Investmentgesetzes in der bis zum 21. Juli 2013 geltenden Fassung oder als Investmentaktiengesellschaft nach § 97 Absatz 1 des Investmentgesetzes in der bis zum 21. Juli 2013 geltenden Fassung verfügt und

2. inländische offene Publikums-AIF verwaltet, die vor dem 22. Juli 2013 im Sinne des § 343 Absatz 4 aufgelegt und deren Anlagebedingungen gemäß den §§ 43, 43a des Investmentgesetzes in der bis zum 21. Juli 2013 geltenden Fassung genehmigt wurden,

hat die Anlagebedingungen und gegebenenfalls die Satzung dieser inländischen offenen Publikums-AIF an die Vorschriften dieses Gesetzes anzupassen; die geänderten Anlagebedingungen müssen spätestens am 21. Juli 2014 in Kraft treten. ²Die für die Anpassung erforderlichen Änderungen der Anlagebedingungen müssen nur dann von der Bundesanstalt genehmigt werden, wenn es sich bei diesen Änderungen nicht um rein redaktionelle Änderungen auf Grund der Anpassungen an die Begrifflichkeiten nach diesem Gesetz handelt. ³Andere als die zur Anpassung der Anlagebedingungen an die Vorschriften dieses Gesetzes notwendigen Änderungen dürfen in den Anlagebedingungen nicht vorgenommen werden. ⁴Für die Genehmigung der Anlagebedingungen gilt nur § 163 Absatz 2 Satz 1 bis 4, 7 bis 10 und Absatz 4 Satz 1, 6 und 7 mit der Maßgabe, dass die in § 163 Absatz 2 Satz 1 genannte Frist zwei Monate ab Einreichung des Antrags auf Genehmigung der Anlagebedingungen beträgt. ⁵Auf rein redaktionelle Änderungen von Anlagebedingungen im Sinne des Satzes 2 ist § 163 nicht anzuwenden, jedoch gilt für die Bekanntmachung der Änderungen und deren Inkrafttreten § 163 Absatz 4 Satz 1 und 6 erster Halbsatz entsprechend; die redaktionell angepassten Anlagebedingungen sind bei der Bundesanstalt einzureichen. ⁶Der Antrag auf Genehmigung der Änderungen der Anlagebedingungen oder, falls ein solcher nach Satz 2 nicht erforderlich ist,

Kapitalanlagegesetzbuch **§ 345 KAGB 15**

die redaktionell angepassten Anlagebedingungen dürfen nicht nach dem Erlaubnisantrag gemäß § 22 bei der Bundesanstalt eingereicht werden. ⁷Wird der Antrag auf Genehmigung der Änderungen der Anlagebedingungen oder werden, falls ein solcher nach Satz 2 nicht erforderlich ist, die redaktionell angepassten Anlagebedingungen vor dem Erlaubnisantrag gemäß § 22 eingereicht, muss die AIF-Kapitalverwaltungsgesellschaft bei der Einreichung verbindlich gegenüber der Bundesanstalt erklären, spätestens bis zum 21. Juli 2014 einen Antrag auf Erlaubnis nach den §§ 20 und 22 zu stellen. ⁸Die Bundesanstalt ist unverzüglich über den Zeitpunkt des Inkrafttretens der Änderungen der Anlagebedingungen zu informieren. ⁹Bis zum Inkrafttreten der Änderungen der Anlagebedingungen der verwalteten inländischen offenen Publikums-AIF im Sinne des Satzes 1 Nummer 2, spätestens jedoch bis zum 21. Juli 2014, sind für diese AIF die für entsprechende Publikums-AIF geltenden Vorschriften des Investmentgesetzes in der bis zum 21. Juli 2013 geltenden Fassung weiter anzuwenden ¹⁰Die §§ 1 und 2 sowie die Vorschriften dieses Gesetzes betreffend die für Umstellung auf das neue Recht erforderlichen Anträge, Verwaltungsverfahren und Bescheide sowie die Übergangsvorschriften nach diesem Gesetz bleiben unberührt. ¹¹Ab Inkrafttreten der geänderten Anlagebedingungen, spätestens jedoch ab dem 22. Juli 2014, sind auf die inländischen offenen Publikums-AIF die Vorschriften dieses Gesetzes anzuwenden.

(2) ¹Bis zum Eingang des Erlaubnisantrags nach § 22 bei der Bundesanstalt, spätestens jedoch bis zum Ablauf des 21. Juli 2014, gelten für eine AIF-Kapitalverwaltungsgesellschaft im Sinne des Absatzes 1 Satz 1 die Vorschriften des Investmentgesetzes in der bis zum 21. Juli 2013 geltenden Fassung weiter. ²Absatz 1 Satz 10 gilt entsprechend. ³Soweit sich aus Absatz 1 Satz 9 nichts anderes ergibt, ist ab Eingang des Erlaubnisantrags nach § 22, spätestens jedoch ab dem 22. Juli 2014, dieses Gesetz vollständig auf die AIF-Kapitalverwaltungsgesellschaft im Sinne des Absatzes 1 Satz 1 anzuwenden mit der Maßgabe, dass im Hinblick auf die Verwaltung und den Vertrieb von Publikums-AIF im Sinne des Absatzes 1 Satz 1 Nummer 2 im Geltungsbereich dieses Gesetzes und so lange der Erlaubnisantrag, der bis zum 21. Juli 2014 einzureichen ist, noch nicht beschieden wurde, das Erfordernis der Erlaubnis durch den noch nicht beschiedenen vollständigen Erlaubnisantrag ersetzt wird. ⁴Haben die in Absatz 1 Satz 1 genannten AIF-Kapitalverwaltungsgesellschaften bis zum Ablauf des 21. Juli 2014 keinen Antrag auf Erlaubnis gemäß § 22 gestellt, ist § 343 Absatz 5 anzuwenden.

(3) ¹Eine AIF-Kapitalverwaltungsgesellschaft, die bei Inkrafttreten dieses Gesetzes

1. über eine Erlaubnis als Kapitalanlagegesellschaft nach § 7 Absatz 1 des Investmentgesetzes in der bis zum 21. Juli 2013 geltenden Fassung oder über eine Erlaubnis als Investmentaktiengesellschaft nach § 97 Absatz 1 des Investmentgesetzes in der bis zum 21. Juli 2013 geltenden Fassung verfügt und

2. inländische offene Spezial-AIF verwaltet, die vor dem 22. Juli 2013 im Sinne des § 343 Absatz 4 aufgelegt wurden,

hat die Anlagebedingungen und gegebenenfalls die Satzung dieser inländischen offenen Spezial-AIF spätestens bis zum 21. Juli 2014 an die Vorschriften dieses Gesetzes anzupassen und zusammen mit dem Erlaubnisantrag gemäß § 22 einzureichen. ²Absatz 1 Satz 8 und 9 und Absatz 2 gelten entsprechend.

(4) ¹ Erfüllt eine AIF-Kapitalverwaltungsgesellschaft im Sinne des Absatzes 3 Satz 1 die Voraussetzungen des § 2 Absatz 4, gelten für sie und die von ihr verwalteten inländischen offenen Spezial-AIF im Sinne des Absatzes 3 Satz 1 bis zum Eingang des Antrags auf Registrierung nach § 44 bei der Bundesanstalt, spätestens jedoch bis zum 21. Juli 2014, die Vorschriften des Investmentgesetzes in der bis zum 21. Juli 2013 geltenden Fassung weiter. ²Die Übergangsvorschriften, die Vorschriften zur Registrierung sowie die Befugnisse der Bundesanstalt nach diesem Gesetz bleiben unberührt. ³ Ab dem Eingang des Antrags auf Registrierung bei der Bundesanstalt, spätestens ab dem 22. Juli 2014, sind die für diese AIF-Kapitalverwaltungsgesellschaft geltenden Vorschriften dieses Gesetzes anzuwenden.

(5) Beantragt eine AIF-Kapitalverwaltungsgesellschaft im Sinne des Absatzes 1 Satz 1 oder des Absatzes 3 Satz 1 gemäß § 22 die Erlaubnis zur Verwaltung von AIF, muss sie diejenigen Angaben und Unterlagen, die sie bereits bei dem Erlaubnisantrag nach § 7 Absatz 1 oder § 97 Absatz 1 des Investmentgesetzes in der bis zum 21. Juli 2013 geltenden Fassung oder im Rahmen der Umstellung ihrer Investmentvermögen auf dieses Gesetz vorgelegt hat, nicht erneut vorlegen, sofern diese Angaben und Unterlagen weiterhin aktuell sind.

(6) ¹ Eine AIF-Kapitalverwaltungsgesellschaft im Sinne des Absatzes 1 Satz 1 darf von ihr verwaltete inländische offene Publikums-AIF im Sinne des Absatzes 1 Satz 1 Nummer 2 nach dem 21. Juli 2013 im Geltungsbereich dieses Gesetzes nach den Vorschriften des Investmentgesetzes in der bis zum 21. Juli 2013 geltenden Fassung weiter vertreiben. ²Das Vertriebsrecht nach Satz 1 endet,

1. wenn die Bundesanstalt den Vertrieb untersagt hat,
2. wenn die Bundesanstalt die Erlaubnis nach § 23 versagt hat,
3. mit dem Inkrafttreten der Änderungen der Anlagebedingungen gemäß Absatz 1,
4. spätestens jedoch mit Ablauf des 21. Juli 2014.

³ Ein Vertrieb der in Satz 1 genannten inländischen offenen Publikums-AIF nach dem 21. Juli 2014 oder, sofern die Änderungen der Anlagebedingungen nach Absatz 2 früher in Kraft treten, nach dem Inkrafttreten der Änderungen der Anlagebedingungen gemäß Absatz 2 ist nur zulässig, wenn die AIF-Kapitalverwaltungsgesellschaft bis zu dem früheren der beiden Zeitpunkte das Anzeigeverfahren nach § 316 erfolgreich durchlaufen hat. ⁴ § 316 Absatz 1 bis 3 ist für das Anzeigeverfahren im Sinne des Satzes 3 mit den Maßgaben anzuwenden, dass

1. die Frist nach § 316 Absatz 3 zwei Monate beträgt,
2. die Vertriebsanzeige zusammen mit dem Erlaubnisantrag gemäß § 22 eingereicht werden muss,
3. solange der bei der Bundesanstalt eingereichte Erlaubnisantrag gemäß § 22 noch nicht beschieden ist, das Erfordernis der Erlaubnis nach § 22 durch den bei der Bundesanstalt eingereichten, aber noch nicht beschiedenen vollständigen Erlaubnisantrag ersetzt wird.

⁵ Der Vertrieb nach den Vorschriften dieses Gesetzes darf erst nach der Mitteilung nach § 316 Absatz 3 und nach Inkrafttreten der Änderungen der Anlagebedingungen fortgesetzt werden. ⁶ In dem Zeitraum, in dem das Erfordernis der Erlaubnis nach § 22 durch den bei der Bundesanstalt eingereichten,

aber noch nicht beschiedenen Erlaubnisantrag ersetzt wird, sind in dem Verkaufsprospekt und den wesentlichen Anlegerinformationen die Anleger drucktechnisch herausgestellt an hervorgehobener Stelle über die fehlende Erlaubnis der AIF-Kapitalverwaltungsgesellschaft und die Folgen einer Erlaubnisversagung hinzuweisen. ⁷Das Vertriebsrecht erlischt, wenn die Erlaubnis gemäß § 23 versagt wird.

(7) Für eine AIF-Kapitalverwaltungsgesellschaft im Sinne des Absatzes 3 Satz 1 und den Vertrieb der von ihr verwalteten inländischen offenen Spezial-AIF im Sinne des Absatzes 3 Satz 1 Nummer 2 nach dem 21. Juli 2013 im Geltungsbereich dieses Gesetzes an professionelle oder semiprofessionelle Anleger gilt Absatz 6 entsprechend mit der Maßgabe, dass jeweils an die Stelle des § 316 der § 321 und an die Stelle von inländischen offenen Publikums-AIF inländische offene Spezial-AIF treten.

(8) ¹AIF-Verwaltungsgesellschaften, die bei Inkrafttreten dieses Gesetzes eine Anzeige nach § 139 Absatz 1 des Investmentgesetzes in der bis zum 21. Juli 2013 geltenden Fassung oder nach § 7 Absatz 1 des Auslandinvestmentgesetzes in der bis zum 31. Dezember 2003 geltenden Fassung erstattet haben und zum öffentlichen Vertrieb von Anteilen oder Aktien eines von ihr verwalteten AIF berechtigt sind und diese auch nach dem 21. Juli 2014 im Geltungsbereich dieses Gesetzes zu vertreiben beabsichtigen, müssen

1. in Bezug auf
  a) EU-AIF und
  b) ausländische AIF,
  die im Geltungsbereich dieses Gesetzes an Privatanleger vertrieben werden, eine Anzeige nach § 320 an die Bundesanstalt übermitteln,

2. in Bezug auf
  a) ausländische AIF und
  b) EU-Feeder-AIF, deren Master-AIF keine EU-AIF oder inländischen AIF sind, die von einer EU-AIF-Verwaltungsgesellschaft oder einer AIF-Kapitalverwaltungsgesellschaft verwaltet werden,
  und die im Geltungsbereich dieses Gesetzes von einer AIF-Kapitalverwaltungsgesellschaft oder einer EU-AIF-Verwaltungsgesellschaft an professionelle oder semiprofessionelle Anleger vertrieben werden, eine Anzeige nach § 329 an die Bundesanstalt übermitteln,

3. in Bezug auf
  a) EU-AIF und
  b) EU-Feeder-AIF, deren Master-AIF ein EU-AIF oder inländischer AIF ist, der von einer EU-AIF-Verwaltungsgesellschaft oder einer AIF-Kapitalverwaltungsgesellschaft verwaltet wird,
  und die im Geltungsbereich dieses Gesetzes von einer EU-AIF-Verwaltungsgesellschaft an professionelle oder semiprofessionelle Anleger vertrieben werden, über die zuständigen Stellen des Herkunftsmitgliedstaates der EU-AIF-Verwaltungsgesellschaft eine Anzeige nach § 323 übermitteln,

4. in Bezug auf
  a) ausländische AIF und
  b) EU-AIF,

**15 KAGB § 345**

die im Geltungsbereich dieses Gesetzes von einer ausländischen AIF-Verwaltungsgesellschaft an professionelle oder semiprofessionelle Anleger vertrieben werden, eine Anzeige nach § 330 an die Bundesanstalt übermitteln,

5. in Bezug auf AIF, die im Geltungsbereich dieses Gesetzes von einer EU-AIF-Verwaltungsgesellschaft, die die Bedingungen nach Artikel 3 Absatz 2 der Richtlinie 2011/61/EU erfüllt, an professionelle oder semiprofessionelle Anleger vertrieben werden, eine Anzeige nach § 330a an die Bundesanstalt übermitteln.

²Die AIF-Verwaltungsgesellschaft darf den AIF im Sinne von Satz 1 noch bis zum Abschluss des Anzeigeverfahrens im Geltungsbereich dieses Gesetzes nach den Vertriebsvorschriften des Investmentgesetzes in der bis zum 21. Juli 2013 geltenden Fassung vertreiben. ³Das Vertriebsrecht nach Satz 2 endet spätestens am 21. Juli 2014. ⁴Wird kein weiterer Vertrieb des AIF im Sinne von Satz 1 beabsichtigt, gilt § 315 entsprechend. ⁵Eine neue Vertriebsanzeige nach Satz 1 ist jederzeit möglich.

(9) ¹AIF-Verwaltungsgesellschaften, die in Bezug auf ihre EU-AIF oder ausländischen AIF nach dem 21. Juli 2014 Tätigkeiten ausüben oder ausüben lassen, die zwar nach dem Investmentgesetz in der bis zum 21. Juli 2013 geltenden Fassung nicht als öffentlicher Vertrieb galten, nach diesem Gesetz aber als Vertrieb anzusehen sind, haben, gegebenenfalls über die zuständigen Stellen des Herkunftsmitgliedstaates, eine Anzeige nach den §§ 320, 323, 329, 330 oder 330a zu übermitteln. ²Absatz 8 Satz 2, 3 und 5 gilt entsprechend.

(10) ¹AIF-Kapitalverwaltungsgesellschaften, die bei Inkrafttreten dieses Gesetzes in einem anderen Mitgliedstaat der Europäischen Union oder in einem anderen Vertragsstaat des Abkommens über den Europäischen Wirtschaftsraum zum Vertrieb eines ab dem 22. Juli 2013 der Anzeigepflicht nach § 331 unterfallenden AIF an professionelle Anleger berechtigt sind, dürfen diesen nach dem 21. Juli 2014 dort nicht mehr vertreiben, es sei denn, sie haben ein neues Vertriebsrecht nach § 331 Absatz 5 Satz 2 erhalten. ²Abweichende Fristen in dem Mitgliedstaat der Europäischen Union oder in dem anderen Vertragsstaat des Abkommens über den Europäischen Wirtschaftsraum, in dem der AIF bisher zum Vertrieb an professionelle Anleger zugelassen war, bleiben unberührt. ³Die Fristen nach § 331 Absatz 3 und 4 beginnen zu laufen, sobald die Bundesanstalt der AIF-Kapitalverwaltungsgesellschaft eine Erlaubnis gemäß § 22 erteilt hat und die Änderungen der Anlagebedingungen in Kraft getreten sind.

(11) Für Verwahrstellen von inländischen offenen Publikums-AIF ist keine erneute Genehmigung nach § 69 Absatz 1 Satz 1, auch in Verbindung mit § 87, erforderlich, wenn deren Auswahl bereits nach § 21 Absatz 1 des Investmentgesetzes in der bis zum 21. Juli 2013 geltenden Fassung genehmigt worden ist.

(12) ¹Der Antrag einer AIF-Kapitalverwaltungsgesellschaft, der auf eine Genehmigung der Anlagebedingungen eines AIF durch die Bundesanstalt nach dem Investmentgesetz gerichtet ist und der vor dem 21. Juli 2013 bei der Bundesanstalt eingegangen ist, jedoch bis zum Ablauf des 21. Juli 2013 noch nicht genehmigt war, gilt als am 22. Juli 2013 gestellter Antrag auf Genehmigung der Anlagebedingungen nach diesem Gesetz. ²Sofern nach diesem Gesetz erforderliche Angaben oder Dokumente fehlen, hat die Bundesanstalt diese nachzufordern.

**§ 346 Besondere Übergangsvorschriften für Immobilien-Sondervermögen.** (1) ¹Für Anleger, die am 21. Juli 2013 Anteile an Immobilien-Sondervermögen in einem Wertpapierdepot auf ihren Namen hinterlegt haben, gelten im Hinblick auf diese Anteile nicht die Mindesthaltefrist gemäß § 255 Absatz 3 und die Rückgabefrist für Anteilsrückgaben gemäß § 255 Absatz 4, soweit die Anteilsrückgaben 30 000 Euro pro Kalenderhalbjahr für einen Anleger nicht übersteigen. ²Anleger können verlangen, dass die Rücknahme von Anteilen gemäß Satz 1 weiterhin entsprechend den am 21. Juli 2013 geltenden Vertragsbedingungen erfolgt.

(2) ¹Für Anleger, die nach dem 21. Juli 2013 Anteile eines Immobilien-Sondervermögens erworben haben, gilt § 255 Absatz 3 und 4 ungeachtet dessen, ob die AIF-Kapitalverwaltungsgesellschaft die Anlagebedingungen des Immobilien-Sondervermögens bereits nach § 345 an die Vorschriften dieses Gesetzes angepasst hat. ²Der Verkaufsprospekt muss einen ausdrücklichen, drucktechnisch hervorgehobenen Hinweis darauf enthalten, dass § 255 Absatz 3 und 4 abweichend von den am 21. Juli 2013 geltenden Vertragsbedingen für Anteile, die nach dem 21. Juli 2013 erworben werden, gilt.

(3) Für Anteile gemäß Absatz 1 Satz 1 ist in den Anlagebedingungen des Immobilien-Sondervermögens festzulegen, dass die Rücknahme dieser Anteile weiterhin entsprechend der Regelung am 21. Juli 2013 geltenden Vertragsbedingungen erfolgt.

(4) Für Anteile gemäß Absatz 1 Satz 1 müssen die Angaben im Verkaufsprospekt nach § 256 Absatz 1 Nummer 1 einen ausdrücklichen, drucktechnisch hervorgehobenen Hinweis darauf enthalten, dass der Anleger die Rücknahme dieser Anteile und die Auszahlung des Anteilswertes entsprechend der Regelung der am 21. Juli 2013 geltenden Vertragsbedingungen verlangen kann.

(5) ¹Soweit Anleger Anteile vor Änderung der Vertragsbedingungen zum Zwecke der Anpassung an das Investmentgesetz in der ab dem 8. April 2011 geltenden Fassung erworben haben, gilt die Frist des § 255 Absatz 3 als eingehalten. ²Aussetzungen, nach denen die Kapitalverwaltungsgesellschaft am ersten Börsentag nach dem 1. Januar 2013 oder früher die Anteilrücknahme wieder aufnimmt, gelten für die Zwecke des § 257 Absatz 4 Satz 1 nicht als Aussetzungen. ³Auf die am 8. April 2011 bestehenden Immobilien-Sondervermögen, bei denen am 31. Dezember 2012 die Rücknahme von Anteilen gemäß § 37 Absatz 2 oder § 81 des Investmentgesetzes in der bis zum 21. Juli 2013 geltenden Fassung ausgesetzt ist, dürfen die §§ 37, 78, 80, 80c, 80d und 81 des Investmentgesetzes in der bis zum 7. April 2011 geltenden Fassung noch bis zu dem Tag, der sechs Monate nach der Wiederaufnahme der Rücknahme der Anteile liegt, und müssen die §§ 258, 259 erst ab dem Tag, der auf den Tag sechs Monate nach der Wiederaufnahme der Anteile folgt, angewendet werden.

(6) ¹Auf die am 8. April 2011 bestehenden Immobilien-Sondervermögen dürfen die §§ 80a, 91 Absatz 3 Nummer 3 und Absatz 4 Satz 4 des Investmentgesetzes in der bis zum 7. April 2011 geltenden Fassung noch bis zum 31. Dezember 2014 weiter angewendet werden. ²Auf die am 1. Juli 2011 bestehenden Immobilien-Sondervermögen dürfen § 82 Absatz 3 Satz 2 und § 91 Absatz 3 Nummer 3 des Investmentgesetzes in der vor dem 1. Juli 2011 geltenden Fassung noch bis zum 31. Dezember 2014 weiter angewendet werden.

(7) ¹Um die Voraussetzungen für eine Immobilienteilfreistellung gemäß § 20 Absatz 3 Satz 1 Nummer 2 des Investmentsteuergesetzes für das Immobilien-Sondervermögen zu erfüllen, dürfen Immobilien-Sondervermögen, die unter Einhaltung ihrer im Zeitpunkt der Antragstellung nach Satz 2 geltenden Anlagebedingungen mit 51 Prozent oder mehr des Wertes des Sondervermögens in ausländische Immobilien und Auslands-Immobiliengesellschaften investiert sind, ihre Anlagebedingungen mit Genehmigung der Bundesanstalt so ändern, dass sie mindestens 51 Prozent des Wertes des Sondervermögens in ausländische Immobilien und Auslands-Immobiliengesellschaften investieren müssen. ²Anträge nach Satz 1 müssen bis zum 1. Januar 2018 bei der Bundesanstalt eingegangen sein. ³§ 163 Absatz 3 Satz 4 und die dem § 163 Absatz 3 Satz 4 entsprechende Regelung in den Anlagebedingungen des Immobilien-Sondervermögens finden in diesem Fall keine Anwendung. ⁴Die Absätze 1 bis 5 und § 255 Absatz 2 bis 4 gelten bei Änderungen der Anlagebedingungen nach Satz 1 auch für die Rückgaberechte nach § 163 Absatz 3 Satz 1 Nummer 1 und Satz 2. ⁵Im Übrigen gilt § 163 mit der Maßgabe, dass Absatz 2 Satz 5 und 6 keine Anwendung findet, die in Absatz 2 Satz 1 genannte Frist drei Monate ab Eingang des Genehmigungsantrags beträgt und nicht beginnt, bevor der Bundesanstalt zusätzlich folgende Unterlagen vorliegen:

1. der letzte geprüfte Jahres- oder Halbjahresbericht, der eine Angabe zum Anteil der ausländischen Immobilien und der Auslands-Immobiliengesellschaften im Sinne von § 20 Absatz 3 Satz 2 des Investmentsteuergesetzes am Wert des Sondervermögens enthalten muss, und

2. eine schriftliche Versicherung der Geschäftsleiter, dass das Immobilien-Sondervermögen im Zeitpunkt der Antragstellung zu mindestens 51 Prozent des Wertes des Investmentvermögens in ausländische Immobilien und Auslands-Immobiliengesellschaften im Sinne von § 20 Absatz 3 Satz 2 des Investmentsteuergesetzes investiert ist, einschließlich einer dies belegenden Vermögensaufstellung.

(8) ¹Für die Genehmigung der Änderung der Anlagebedingungen, um die Voraussetzungen für eine Immobilienteilfreistellung gemäß § 20 Absatz 3 Nummer 1 des Investmentsteuergesetzes für das Immobilien-Sondervermögen zu erfüllen, gilt § 163 mit der Maßgabe, dass Absatz 2 Satz 5 und 6 keine Anwendung findet und die in Absatz 2 Satz 1 genannte Frist drei Monate ab Eingang des Genehmigungsantrags beträgt. ²Anträge nach Satz 1 müssen bis zum 1. Januar 2018 bei der Bundesanstalt eingegangen sein.

**§ 347 Besondere Übergangsvorschriften für Altersvorsorge-Sondervermögen.** (1) ¹Für Altersvorsorge-Sondervermögen im Sinne des § 87 des Investmentgesetzes in der bis zum 21. Juli 2013 geltenden Fassung, die vor dem 22. Juli 2013 im Sinne des § 343 Absatz 4 aufgelegt wurden, gelten nach Inkrafttreten der Änderungen der Anlagebedingungen zusätzlich zu den in § 345 Absatz 1 Satz 11 genannten Vorschriften § 87 Absatz 2 sowie die §§ 88 bis 90 und 143 Absatz 3 Nummer 6 Buchstabe b des Investmentgesetzes in der bis zum 21. Juli 2013 geltenden Fassung entsprechend. ²Die in § 345 Absatz 1 Satz 11 genannten Vorschriften dieses Gesetzes, die sich auf Publikums-AIF beziehen, gelten jedoch nur, soweit sich aus § 87 Absatz 2 sowie den §§ 88 bis 90 und 99 Absatz 3 des Investmentgesetzes in der bis zum 21. Juli 2013 geltenden Fassung nichts anderes ergibt.

(2) Nach dem 21. Juli 2013 dürfen Altersvorsorge-Sondervermögen im Sinne des § 87 des Investmentgesetzes in der bis zum 21. Juli 2013 geltenden Fassung nicht mehr aufgelegt im Sinne des § 343 Absatz 4 werden.

**§ 348 Besondere Übergangsvorschriften für Gemischte Sondervermögen und Gemischte Investmentaktiengesellschaften.** ¹ Gemischte Sondervermögen oder Gemischte Investmentaktiengesellschaften, die vor dem 22. Juli 2013 gemäß den §§ 83 bis 86 des Investmentgesetzes in der bis zum 21. Juli 2013 geltenden Fassung aufgelegt wurden und die zu diesem Zeitpunkt

1. Anteile an Immobilien-Sondervermögen nach den §§ 66 bis 82 des Investmentgesetzes in der bis zum 21. Juli 2013 geltenden Fassung,
2. Anteile an Sondervermögen mit zusätzlichen Risiken nach § 112 des Investmentgesetzes in der bis zum 21. Juli 2013 geltenden Fassung,
3. Aktien an Investmentaktiengesellschaften, deren Satzung eine dem § 112 des Investmentgesetzes in der bis zum 21. Juli 2013 geltenden Fassung vergleichbare Anlageform vorsieht oder
4. Anteile oder Aktien an mit Nummer 2 oder 3 vergleichbaren EU-AIF oder ausländischen AIF

unter Einhaltung der Anlagegrenzen, der zusätzlichen Angaben im Verkaufsprospekt und in den Vertragsbedingungen gemäß § 84 Absatz 2, 3 in Verbindung mit § 113 Absatz 3 und 4 Satz 2 und 3, in Verbindung mit § 117 Absatz 1 Satz 2, in Verbindung mit § 118 Satz 2 sowie § 85 des Investmentgesetzes in der bis zum 21. Juli 2013 geltenden Fassung erworben haben, dürfen diese gehaltenen Anteile oder Aktien abweichend von § 219 auch nach dem 21. Juli 2013 weiter halten. ² Auf die Verwaltung von Gemischten Investmentvermögen im Sinne des Satzes 1 Nummer 1 oder 4, deren Vertragsbedingungen es erlauben, die Mittel zu mehr als 50 Prozent des Wertes des Vermögens des Gemischten Investmentvermögens in Anteile an Immobilien-Sondervermögen in Form von Publikumsinvestmentvermögen sowie in Anteile an vergleichbaren EU-AIF oder ausländischen AIF anzulegen, ist § 255 Absatz 3 und 4 anzuwenden, solange die Anteile nach Satz 1 Nummer 1 oder Nummer 4 weiter gehalten werden. ³ Im Übrigen gelten für diese Gemischten Investmentvermögen im Sinne des Satzes 1 die Vorschriften dieses Gesetzes einschließlich der Übergangsvorschriften.

**§ 349 Besondere Übergangsvorschriften für Sonstige Sondervermögen und Sonstige Investmentaktiengesellschaften.** ¹ Sonstige Sondervermögen oder Sonstige Investmentaktiengesellschaften, die vor dem 22. Juli 2013 gemäß den §§ 90g bis 90k des Investmentgesetzes in der bis zum 21. Juli 2013 geltenden Fassung aufgelegt wurden und die zu diesem Zeitpunkt

1. Anteile an Immobilien-Sondervermögen nach § 66 des Investmentgesetzes in der bis zum 21. Juli 2013 geltenden Fassung,
2. Anteile an Sondervermögen mit zusätzlichen Risiken nach § 112 des Investmentgesetzes in der bis zum 21. Juli 2013 geltenden Fassung,
3. Aktien an Investmentaktiengesellschaften, deren Satzung eine dem § 112 des Investmentgesetzes in der bis zum 21. Juli 2013 geltenden Fassung vergleichbare Anlageform vorsieht,
4. Anteile oder Aktien an mit Nummer 1, 2 oder 3 vergleichbaren EU-AIF oder ausländischen AIF oder

# 15 KAGB § 350 Kapitalanlagegesetzbuch

5. Beteiligungen an Unternehmen, sofern der Verkehrswert der Beteiligungen ermittelt werden kann,

unter Einhaltung der Anlagegrenzen, der zusätzlichen Angaben im Verkaufsprospekt und in den Vertragsbedingungen gemäß § 90h Absatz 2 in Verbindung mit § 113 Absatz 3 und 4 Satz 2 und 3, § 90h Absatz 3 und 4, § 90j Absatz 2 Nummer 1, § 117 Absatz 1 Satz 2 sowie § 118 Satz 2 des Investmentgesetzes in der bis zum 21. Juli 2013 geltenden Fassung erworben haben, dürfen diese gehaltenen Anteile, Aktien oder Beteiligungen abweichend von § 221 auch nach dem 21. Juli 2013 weiter halten. ²Im Übrigen gelten für die Sonstigen Investmentvermögen im Sinne des Satzes 1 die Vorschriften dieses Gesetzes einschließlich der Übergangsvorschriften.

**§ 350 Besonderen Übergangsvorschriften für Hedgefonds und offene Spezial-AIF.** (1) ¹Für eine AIF-Kapitalverwaltungsgesellschaft, die bei Inkrafttreten dieses Gesetzes

1. über eine Erlaubnis als Kapitalanlagegesellschaft nach § 7 Absatz 1 des Investmentgesetzes in der bis zum 21. Juli 2013 geltenden Fassung oder über eine Erlaubnis als Investmentaktiengesellschaft nach § 97 Absatz 1 des Investmentgesetzes in der bis zum 21. Juli 2013 geltenden Fassung verfügt und

2. Sondervermögen oder Investmentaktiengesellschaften mit zusätzlichen Risiken im Sinne des § 112 des Investmentgesetzes in der bis zum 21. Juli 2013 geltenden Fassung verwaltet, die vor dem 22. Juli 2013 aufgelegt im Sinne des § 343 Absatz 4 wurden, an Privatanleger vertrieben werden durften und deren Anlagebedingungen gemäß den §§ 43, 43a des Investmentgesetzes in der bis zum 21. Juli 2013 geltenden Fassung genehmigt wurden,

gilt § 345 Absatz 1 und 2 entsprechend mit der Maßgabe, dass in § 345 Absatz 1 Satz 11 an die Stelle des Begriffs „Publikums-AIF" der Begriff „Spezial-AIF" tritt und ein Vertrieb an Privatanleger oder ein Erwerb der Anteile oder Aktien durch Privatanleger ab dem 22. Juli 2013 nicht mehr zulässig ist, soweit sich aus Satz 2 nichts anderes ergibt. ²Solange Anteile oder Aktien von Privatanlegern gehalten werden, gelten abweichend von § 345 Absatz 1 Satz 11 ab Inkrafttreten der Änderungen der Anlagebedingungen die §§ 112, 116 und 118 des Investmentgesetzes in der bis zum 21. Juli 2013 geltenden Fassung entsprechend, sofern sie Sondervermögen oder Investmentaktiengesellschaften mit zusätzlichen Risiken im Sinne des § 112 des Investmentgesetzes in der bis zum 21. Juli 2013 geltenden Fassung betreffen; ein Vertrieb an oder ein Erwerb durch Privatanleger ist ausgeschlossen. ³Solange Anteile oder Aktien von Privatanlegern gehalten werden, gelten ferner die §§ 162, 163 und 297, soweit sich diese Vorschriften auf Anleger beziehen, und die §§ 300, 301, 305 und 306 im Hinblick auf diejenigen Privatanleger, die noch Anteile oder Aktien halten.

(2) Werden Anteile oder Aktien von inländischen offenen Spezial-AIF im Sinne des § 345 Absatz 3 Satz 1 Nummer 2, die von einer AIF-Kapitalverwaltungsgesellschaft im Sinne von § 345 Absatz 3 Satz 1 Nummer 1 verwaltet werden, von Privatanlegern gehalten, die diese Anteile oder Aktien vor dem 22. Juli 2013 erworben haben, so dürfen diese Privatanleger diese vor dem 22. Juli 2013 erworbenen Anteile oder Aktien auch nach dem 22. Juli 2013 weiter halten, bis sie diese Anteile oder Aktien zurückgeben, ohne dass sich die Qualifikation des Investmentvermögens als inländischer Spezial-AIF nach § 1 Absatz 6 ändert.

**§ 351 Übergangsvorschriften für offene AIF und für AIF-Verwaltungsgesellschaften, die offene AIF verwalten, die nicht bereits nach dem Investmentgesetz reguliert waren.** (1) ¹ Eine AIF-Kapitalverwaltungsgesellschaft, die bei Inkrafttreten dieses Gesetzes

1. nicht über eine Erlaubnis als Kapitalanlagegesellschaft nach § 7 Absatz 1 des Investmentgesetzes in der bis zum 21. Juli 2013 geltenden Fassung oder eine Erlaubnis als Investmentaktiengesellschaft nach § 97 Absatz 1 des Investmentgesetzes in der bis zum 21. Juli 2013 geltenden Fassung verfügt und
2. inländische offene Publikums-AIF verwaltet, die vor dem 22. Juli 2013 aufgelegt im Sinne des § 343 Absatz 4 wurden,

hat die Anlagebedingungen, Satzungen oder Gesellschaftsverträge dieser inländischen offenen Publikums-AIF an die Vorschriften dieses Gesetzes anzupassen; die geänderten Anlagebedingungen müssen spätestens am 21. Juli 2014 in Kraft treten. ² Für die Genehmigung der Anlagebedingungen gilt nur § 163 Absatz 2 Satz 1 bis 4, 7 bis 10 und Absatz 4. ³ Der Antrag auf Genehmigung der Anlagebedingungen darf nicht nach dem Erlaubnisantrag gemäß § 22 bei der Bundesanstalt eingereicht werden. ⁴ Wird der Antrag auf Genehmigung der Änderungen der Anlagebedingungen vor dem Erlaubnisantrag gemäß § 22 eingereicht, muss die AIF-Kapitalverwaltungsgesellschaft bei der Einreichung verbindlich gegenüber der Bundesanstalt erklären, spätestens bis zum 21. Juli 2014 einen Antrag auf Erlaubnis nach den §§ 20 und 22 zu stellen. ⁵ Ab Inkrafttreten der Anlagebedingungen, spätestens jedoch ab dem 22. Juli 2014, finden auf diese inländischen offenen Publikums-AIF die für sie nach diesem Gesetz geltenden Vorschriften Anwendung. ⁶ Die §§ 1 und 2 sowie die Vorschriften dieses Gesetzes betreffend die für Umstellung auf das neue Recht erforderlichen Anträge, Verwaltungsverfahren und Bescheide sowie die Übergangsvorschriften nach diesem Gesetz bleiben bis zu dem in Satz 5 genannten Zeitpunkt unberührt.

(2) ¹ Soweit sich aus Absatz 1 Satz 5 nichts anderes ergibt, ist ab Eingang des Erlaubnisantrags nach § 22 bei der Bundesanstalt dieses Gesetz vollständig auf die AIF-Kapitalverwaltungsgesellschaft mit der Maßgabe anzuwenden, dass im Hinblick auf die Verwaltung und den Vertrieb von Publikums-AIF im Sinne des Satzes 1 Nummer 2 im Geltungsbereich dieses Gesetzes und solange der Erlaubnisantrag, der bis zum 21. Juli 2014 einzureichen ist, noch nicht beschieden wurde, das Erfordernis der Erlaubnis durch den noch nicht beschiedenen vollständigen Erlaubnisantrag ersetzt wird. ² Absatz 1 Satz 6 gilt entsprechend.

(3) ¹ Eine AIF-Kapitalverwaltungsgesellschaft im Sinne des Absatzes 1 Satz 1 Nummer 1 darf von ihr verwaltete inländische offene Publikums-AIF im Sinne des Absatzes 1 Satz 1 Nummer 2 nach dem 21. Juli 2013 weiter im Geltungsbereich dieses Gesetzes ohne die nach § 316 erforderliche Anzeige vertreiben. ² Für das Ende des Vertriebsrechts nach Satz 1 und die Voraussetzungen für einen Vertrieb nach dem Inkrafttreten der Änderungen der Anlagebedingungen, jedenfalls spätestens nach dem 21. Juli 2014, gilt § 345 Absatz 6 Satz 2 bis 7 entsprechend.

(4) Die Absätze 1 bis 3 gelten für inländische offene Spezial-AIF entsprechend mit der Maßgabe, dass an die Stelle des Antrags auf Genehmigung der Anlagebedingungen die Anlagebedingungen, an die Stelle des Verweises auf § 316 der Verweis auf § 321 und an die Stelle von Publikums-AIF Spezial-AIF treten.

**15 KAGB §§ 352–353** Kapitalanlagegesetzbuch

(5) [1] AIF-Verwaltungsgesellschaften, die

1. offene EU-AIF oder offene ausländische AIF verwalten, die keine ausländischen Investmentvermögen im Sinne des Investmentgesetzes in der bis zum 21. Juli 2013 geltenden Fassung sind und im Inland vor dem 22. Juli 2013 vertrieben werden durften und

2. ab dem 22. Juli 2013 Tätigkeiten ausüben oder ausüben lassen, die nach diesem Gesetz als Vertrieb eines Investmentvermögens anzusehen sind,

übermitteln, gegebenenfalls über die zuständigen Stellen des Herkunftsmitgliedstaates, eine Anzeige nach den §§ 320, 323, 329, 330 oder 330a. [2] § 345 Absatz 8 Satz 2, 3 und 5 gilt entsprechend mit der Maßgabe, dass an die Stelle der Wörter „nach den Vertriebsvorschriften des Investmentgesetzes in der bis zum 21. Juli 2013 geltenden Fassung" die Wörter „nach den Vertriebsvorschriften, die für diese Investmentvermögen vor dem 22. Juli 2013 anwendbar waren" treten.

**§ 352 Übergangsvorschrift zu § 127 des Investmentgesetzes.** [1] Auf Ansprüche nach § 127 des Investmentgesetzes in der Fassung vom 30. Juni 2011, die vor dem 1. Juli 2011 entstanden sind, ist § 127 Absatz 5 des Investmentgesetzes in der bis zum 30. Juni 2011 geltenden Fassung weiter anzuwenden. [2] Sind dem Käufer die wesentlichen Anlageinformationen oder der Verkaufsprospekt nach dem Investmentgesetz zur Verfügung gestellt worden, ist auf diese Dokumente § 127 des Investmentgesetzes in der bis zum 21. Juli 2013 geltenden Fassung weiter anzuwenden.

**Unterabschnitt 3. Besondere Übergangsvorschriften für AIF-Verwaltungsgesellschaften, die geschlossene AIF verwalten, und für geschlossene AIF**

**§ 352a Definition von geschlossenen AIF im Sinne von § 353.** Abweichend von § 1 Absatz 4 Nummer 2 und Absatz 5 sind geschlossene AIF im Sinne von § 353 auch solche AIF, die die Voraussetzungen von Artikel 1 Absatz 5 der Delegierten Verordnung (EU) Nr. 694/2014 erfüllen.

**§ 353 Besondere Übergangsvorschriften für AIF-Verwaltungsgesellschaften, die geschlossene AIF verwalten, und für geschlossene AIF.**

(1) Sofern AIF-Kapitalverwaltungsgesellschaften vor dem 22. Juli 2013 geschlossene AIF verwalten, die nach dem 21. Juli 2013 keine zusätzlichen Anlagen tätigen, können sie weiterhin solche AIF verwalten, ohne eine Erlaubnis oder Registrierung nach diesem Gesetz zu haben.

(2) Sofern EU-AIF-Verwaltungsgesellschaften oder ausländische AIF-Verwaltungsgesellschaften keine Erlaubnis oder Registrierung nach den zur Umsetzung der Richtlinie 2011/61/EU erlassenen Rechtsvorschriften der anderen Mitgliedstaaten der Europäischen Union oder der anderen Vertragsstaaten des Abkommens über den Europäischen Wirtschaftsraum benötigen und im Inland ausschließlich geschlossene inländische AIF verwalten, die nach dem 21. Juli 2013 keine zusätzlichen Anlagen tätigen, können sie diese weiterhin verwalten, ohne die Vorschriften dieses Gesetzes einhalten zu müssen.

(3) [1] Sofern AIF-Kapitalverwaltungsgesellschaften ausschließlich geschlossene AIF verwalten, deren Zeichnungsfrist für Anleger vor Inkrafttreten der Richtlinie 2011/61/EU ablief und die für einen Zeitraum aufgelegt wurden, der

spätestens am 21. Juli 2016 abläuft, können sie weiterhin solche AIF verwalten, ohne dass sie die Vorschriften dieses Gesetzes mit Ausnahme der §§ 67, 148 oder 158 und gegebenenfalls des § 261 Absatz 7 und der §§ 287 bis 292 einhalten oder eine Erlaubnis oder Registrierung gemäß diesem Gesetz benötigen. ²Satz 1 findet auf die Verwaltung von inländischen geschlossenen AIF, deren Zeichnungsfrist vor Inkrafttreten der Richtlinie 2011/61/EU ablief und die für einen Zeitraum aufgelegt wurden, der spätestens am 21. Juli 2016 abläuft, durch EU-AIF-Verwaltungsgesellschaften oder ausländische AIF-Verwaltungsgesellschaften entsprechend Anwendung.

(4) ¹Für AIF-Kapitalverwaltungsgesellschaften, die nicht die Voraussetzungen des § 2 Absatz 4, 4a oder Absatz 5 erfüllen und die geschlossene inländische AIF verwalten, deren Zeichnungsfrist vor dem 22. Juli 2013 abgelaufen ist und die nach dem 21. Juli 2013 Anlagen tätigen, gelten ab Eingang des Erlaubnisantrags gemäß § 22 bei der Bundesanstalt für die Verwaltung dieser geschlossenen inländischen AIF nur die §§ 1 bis 43, 53 bis 67, 80 bis 90, 158 Satz 1 in Verbindung mit § 135 Absatz 7 und 8, § 158 Satz 2, § 160 Absatz 4, § 261 Absatz 1 Nummer 8 und Absatz 7, § 263 Absatz 2, die §§ 271, 272, 274, 285 Absatz 2 und 3, §§ 286 bis 292, 300, 303, 308 und 339 bis 344, 352 bis 354 entsprechend; sofern allerdings der Gesellschaftsvertrag oder eine sonstige Vereinbarung, die das Rechtsverhältnis zwischen den Anlegern und einem solchen geschlossenen inländischen AIF regelt, bereits vor dem 18. März 2016 Regelungen im rechtlich zulässigen Rahmen zur Vergabe von Gelddarlehen an Unternehmen, an denen der AIF bereits beteiligt ist, für Rechnung des AIF enthält, können auch ab dem 18. März 2016 Gelddarlehen entsprechend diesen Regelungen vergeben werden und finden die darüber hinausgehenden Beschränkungen des § 285 Absatz 3, auch in Verbindung mit § 261 Absatz 1 Nummer 8, keine Anwendung. ²Treffen Vorschriften, die nach Satz 1 entsprechend anzuwenden sind, Regelungen für geschlossene AIF, sind geschlossene AIF nach Satz 1 auch geschlossene AIF im Sinne dieser Vorschriften. ³Abweichend von Satz 2 sind sie jedoch nur dann geschlossene AIF im Sinne der §§ 30, 272 und 286 Absatz 2, wenn sie die Voraussetzungen von Artikel 1 Absatz 3 der Delegierten Verordnung (EU) Nr. 694/2014 erfüllen. ⁴Erfüllen geschlossene AIF im Sinne von Satz 1 nicht zugleich die Voraussetzungen von Artikel 1 Absatz 3 der Delegierten Verordnung (EU) Nr. 694/2014, gilt für die Häufigkeit der Bewertung der Vermögensgegenstände und die Berechnung des Nettoinventarwertes je Anteil oder Aktie § 217 Absatz 1 und 2 entsprechend. ⁵Die Sätze 1 bis 4 sind auf die Verwaltung von inländischen geschlossenen Spezial-AIF, deren Zeichnungsfrist vor dem 22. Juli 2013 abgelaufen ist und die nach dem 21. Juli 2013 Anlagen tätigen, durch EU-AIF-Verwaltungsgesellschaften entsprechend anzuwenden.

(5) ¹Für AIF-Kapitalverwaltungsgesellschaften, die die Voraussetzungen des § 2 Absatz 5 erfüllen und die geschlossene inländische AIF verwalten, deren Zeichnungsfrist vor dem 22. Juli 2013 abgelaufen ist und die nach dem 21. Juli 2013 Anlagen tätigen, sind ab Eingang des Registrierungsantrags gemäß § 44 bei der Bundesanstalt für die Verwaltung dieser geschlossenen inländischen AIF abweichend von § 2 Absatz 5 Satz 1 nur die §§ 1 bis 17, 26 bis 28, 42, 44 bis 48, 80 bis 90, 261 Absatz 7, § 263 Absatz 2, die §§ 271, 272, 339 bis 343, 353 und 354 entsprechend anzuwenden; dabei richtet sich die Ausgestaltung der in den §§ 26 bis 28 geforderten Verhaltens- und Organisationspflichten nach dem Prinzip der Verhältnismäßigkeit, indem die Art, der Umfang und die

Komplexität der Geschäfte der AIF-Kapitalverwaltungsgesellschaft und der von der AIF-Kapitalverwaltungsgesellschaft verwalteten AIF berücksichtigt werden. ² Treffen Vorschriften, die nach Satz 1 entsprechend anzuwenden sind, Regelungen für geschlossene AIF, sind geschlossene AIF nach Satz 1 auch geschlossene AIF im Sinne dieser Vorschriften. ³ Abweichend von Satz 2 sind sie jedoch nur dann geschlossene AIF im Sinne von § 272, wenn sie die Voraussetzungen von Artikel 1 Absatz 3 der Delegierten Verordnung (EU) Nr. 694/2014 erfüllen. ⁴ Erfüllen geschlossene AIF im Sinne von Satz 1 nicht zugleich die Voraussetzungen von Artikel 1 Absatz 3 der Delegierten Verordnung (EU) Nr. 694/2014, gilt für die Häufigkeit der Bewertung der Vermögensgegenstände und die Berechnung des Nettoinventarwertes je Anteil oder Aktie § 217 Absatz 1 und 2 entsprechend.

(6) ¹ Für AIF-Kapitalverwaltungsgesellschaften, die geschlossene inländische AIF verwalten, die vor dem 22. Juli 2013 aufgelegt wurden, deren Zeichnungsfrist nicht vor dem 22. Juli 2013 abgelaufen ist und die nach dem 21. Juli 2013 Anlagen tätigen, gilt für die Verwaltung dieser geschlossenen AIF § 351 Absatz 1 bis 4 entsprechend. ² Für AIF-Verwaltungsgesellschaften, die geschlossene EU-AIF oder geschlossene ausländische AIF verwalten, die im Inland vor dem 22. Juli 2013 vertrieben werden durften und deren Zeichnungsfrist nicht vor dem 22. Juli 2013 abgelaufen ist, gilt § 351 Absatz 5 entsprechend. ³ Geschlossene AIF im Sinne von Satz 1 gelten auch in den übrigen Vorschriften dieses Gesetzes, die Regelungen für geschlossene AIF treffen, als geschlossene AIF. ⁴ Abweichend von Satz 3 sind sie jedoch nur geschlossene AIF im Sinne der §§ 30, 272 und 286 Absatz 2, wenn sie die Voraussetzungen von Artikel 1 Absatz 3 der Delegierten Verordnung (EU) Nr. 694/2014 erfüllen. ⁵ Erfüllen geschlossene AIF im Sinne von Satz 1 nicht zugleich die Voraussetzungen von Artikel 1 Absatz 3 der Delegierten Verordnung (EU) Nr. 694/2014, ist § 161 Absatz 1 nicht anzuwenden und gilt für die Häufigkeit der Bewertung der Vermögensgegenstände und die Berechnung des Nettoinventarwertes je Anteil oder Aktie § 217 Absatz 1 und 2 entsprechend.

(7) Soweit sich aus den Absätzen 1 bis 3 nichts anderes ergibt, ist für AIF-Kapitalverwaltungsgesellschaften, die geschlossene AIF verwalten, § 343 anzuwenden.

(8) *(aufgehoben)*

(9) ¹ Inländische geschlossene AIF gelten auch in den übrigen Vorschriften dieses Gesetzes als geschlossene AIF, wenn sie

1. nicht die Voraussetzungen von Artikel 1 Absatz 3 der Delegierten Verordnung (EU) Nr. 694/2014 erfüllen und

2. zwischen dem 22. Juli 2013 und dem 19. Juli 2014 nach den Vorschriften dieses Gesetzes im Sinne von § 343 Absatz 4 aufgelegt wurden.

² Abweichend von Satz 1 gelten sie als offene Investmentvermögen im Sinne von § 30, anstelle der §§ 272 und 286 Absatz 2 gilt für die Häufigkeit der Bewertung der Vermögensgegenstände und die Berechnung des Nettoinventarwertes je Anteil oder Aktie § 217 Absatz 1 und 2 entsprechend und § 161 Absatz 1 ist nicht anzuwenden.

(10) ¹ Die einem inländischen AIF, der

1. nicht die Voraussetzungen von Artikel 1 Absatz 3 der Delegierten Verordnung (EU) Nr. 694/2014 erfüllt und

2. die Voraussetzungen von § 1 Absatz 5 dieses Gesetzes in seiner bis zum 18. Juli 2014 geltenden Fassung erfüllt,

vor dem 19. Juli 2014 erteilte Genehmigung von Anlagebedingungen gemäß § 268 oder mitgeteilte Vertriebsfreigabe gemäß § 316 Absatz 3 oder § 321 Absatz 3 erlöschen am 19. Juli 2014, wenn der inländische AIF nicht vor dem 19. Juli 2014 im Sinne von § 343 Absatz 4 aufgelegt wurde. ²Entsprechendes gilt für die Registrierung einer AIF-Kapitalverwaltungsgesellschaft nach § 2 Absatz 4a in Verbindung mit § 44, die beabsichtigt, einen AIF im Sinne des Satzes 1 zu verwalten. ³Der Antrag einer AIF-Kapitalverwaltungsgesellschaft, der auf eine Genehmigung der Anlagebedingungen eines inländischen AIF im Sinne von Satz 1 durch die Bundesanstalt nach diesem Gesetz in der bis zum 18. Juli 2014 geltenden Fassung gerichtet ist und der vor dem 19. Juli 2014 bei der Bundesanstalt eingegangen ist, jedoch bis zum Ablauf des 18. Juli 2014 noch nicht genehmigt war, gilt als am 19. Juli 2014 gestellter Antrag auf Genehmigung der Anlagebedingungen nach diesem Gesetz in der ab 19. Juli 2014 geltenden Fassung. ⁴Sofern erforderliche Angaben oder Dokumente fehlen, hat die Bundesanstalt diese nachzufordern.

(11) ¹Inländische AIF, die

1. die Voraussetzungen von § 1 Absatz 5 dieses Gesetzes in seiner bis zum 18. Juli 2014 geltenden Fassung erfüllen,

2. nicht die Voraussetzungen von Artikel 1 Absatz 3 und 5 der Delegierten Verordnung (EU) Nr. 694/2014 erfüllen und

3. vor dem 19. Juli 2014 im Sinne von § 343 Absatz 4 aufgelegt wurden,

gelten auch in den übrigen Vorschriften dieses Gesetzes als geschlossene AIF, wenn ihre Anlagebedingungen und gegebenenfalls die Satzung oder der Gesellschaftsvertrag der AIF an die Voraussetzungen nach Artikel 1 Absatz 5 der Delegierten Verordnung (EU) Nr. 694/2014 angepasst werden und die Anpassungen spätestens am 19. Januar 2015 in Kraft treten. ²Abweichend von Satz 1 gelten sie als offene Investmentvermögen im Sinne von § 30, anstelle der §§ 272 und 286 Absatz 2 gilt für die Häufigkeit der Bewertung der Vermögensgegenstände und die Berechnung des Nettoinventarwertes je Anteil oder Aktie § 217 Absatz 1 und 2 entsprechend und § 161 Absatz 1 ist nicht anzuwenden. ³Die vor dem 19. Juli 2015 erteilte Genehmigung von Anlagebedingungen nach § 268 oder mitgeteilte Vertriebsfreigabe gemäß § 316 Absatz 3 oder § 321 Absatz 3 erlöschen am 19. Januar 2015, wenn die nach Satz 1 geänderten Anlagebedingungen und gegebenenfalls die Satzung oder der Gesellschaftsvertrag der AIF nicht bis zum 19. Januar 2015 in Kraft getreten sind. ⁴Entsprechendes gilt für die Registrierung einer AIF-Kapitalverwaltungsgesellschaft nach § 2 Absatz 4a in Verbindung mit § 44, die einen AIF im Sinne des Satzes 1 verwaltet. ⁵Bis zum 19. Januar 2015 sind die Anleger in dem Verkaufsprospekt und den wesentlichen Anlegerinformationen drucktechnisch herausgestellt an hervorgehobener Stelle auf die notwendige Anpassung der Rückgaberechte an die Anforderungen in Artikel 1 Absatz 5 der der[1)] Delegierten Verordnung (EU) Nr. 694/2014 und die Folgen einer unterbliebenen Anpassung hinzuweisen. ⁶Bei Spezial-AIF muss dieser Hinweis im Rahmen der Informationen gemäß § 307 erfolgen.

---

[1)] Doppeltes „der"amtlich.

(12) Für den Vertrieb von geschlossenen EU-AIF und ausländischen geschlossenen AIF, die

1. nicht die Voraussetzungen von Artikel 1 Absatz 3 der Delegierten Verordnung (EU) Nr. 694/2014 erfüllen und
2. zwischen dem 22. Juli 2013 und dem 19. Juli 2014 eine Vertriebsberechtigung nach den Vorschriften dieses Gesetzes erhalten haben,

an Privatanleger im Inland gelten die Vorschriften für den Vertrieb von geschlossenen AIF nach diesem Gesetz.

(13) ¹Für den Vertrieb von EU-AIF und ausländischen AIF, die

1. nicht die Voraussetzungen von Artikel 1 Absatz 3 und 5 der Delegierten Verordnung (EU) Nr. 694/2014 erfüllen,
2. die Voraussetzungen von § 1 Absatz 5 dieses Gesetzes in seiner bis zum 18. Juli 2014 geltenden Fassung erfüllen und
3. zwischen dem 22. Juli 2013 und dem 19. Juli 2014 eine Vertriebsberechtigung nach den Vorschriften dieses Gesetzes erhalten haben,

an Privatanleger im Inland gelten die Vorschriften für den Vertrieb von geschlossenen AIF nach diesem Gesetz, wenn die Anlagebedingungen und gegebenenfalls die Satzung oder der Gesellschaftsvertrag der AIF an die Voraussetzungen nach Artikel 1 Absatz 5 der Delegierten Verordnung (EU) Nr. 694/2014 angepasst werden und die in Kraft getretene Anpassung der Bundesanstalt bis spätestens 19. Januar 2015 angezeigt wird; andernfalls erlischt die Vertriebsberechtigung für diese AIF am 19. Januar 2015. ²Absatz 11 Satz 5 gilt entsprechend.

**§ 353a Übergangsvorschriften zu den §§ 261, 262 und 263.** ¹Auf geschlossene inländische Publikums-AIF, die vor dem 18. März 2016 aufgelegt wurden, sind § 261 Absatz 4, § 262 Absatz 1 Satz 1 Nummer 1 und § 263 Absatz 1 und 4 in der bis zum 17. März 2016 geltenden Fassung anzuwenden. ²Dies gilt nicht, wenn ein geschlossener inländischer Publikums-AIF, der vor dem 18. März 2016 aufgelegt wurde, die Anwendung der in Satz 1 genannten Vorschriften beschließt.

**§ 353b Übergangsvorschriften zu § 285 Absatz 3.** ¹§ 20 Absatz 9 Satz 1 und § 285 Absatz 3, auch in Verbindung mit § 2 Absatz 4, 4a und 5, § 261 Absatz 1 Nummer 8, § 282 Absatz 2 Satz 3 und § 284 Absatz 5, in der ab dem 18. März 2016 geltenden Fassung sind nicht anzuwenden auf Gelddarlehen, die vor dem 18. März 2016 für Rechnung von inländischen AIF an Unternehmen gewährt wurden, an denen der inländische AIF bereits beteiligt war. ²Für nach dem 18. März 2016 vergebene Gelddarlehen sind in die Berechnung der Begrenzung nach § 285 Absatz 3 Satz 1 auf höchstens 50 Prozent des aggregierten eingebrachten und noch nicht eingeforderten zugesagten Kapitals des inländischen AIF die vor dem 18. März 2016 vergebenen Darlehen einzubeziehen.

**§ 354 Übergangsvorschrift zu § 342 Absatz 3.** § 342 Absatz 3 gilt für Streitigkeiten im Zusammenhang mit geschlossenen Publikums-AIF erst ab dem 22. Juli 2014.

### Unterabschnitt 4. Übergangsvorschriften für OGAW-Verwaltungsgesellschaften und OGAW

**§ 355 Übergangsvorschriften für OGAW-Verwaltungsgesellschaften und OGAW.** (1) OGAW-Kapitalverwaltungsgesellschaften oder extern verwaltete OGAW-Investmentaktiengesellschaften, die bei Inkrafttreten dieses Gesetzes die in § 17 Absatz 1 und § 20 Absatz 2 aufgeführten Geschäfte betreiben und die eine Erlaubnis nach § 7 des Investmentgesetzes in der bis zum 21. Juli 2013 geltenden Fassung oder eine Erlaubnis als Investmentaktiengesellschaft nach § 97 Absatz 1 des Investmentgesetzes in der bis zum 21. Juli 2013 geltenden Fassung erhalten haben, bedürfen keiner erneuten Erlaubnis zum Geschäftsbetrieb; die Erlaubnis nach den §§ 20, 21 oder § 113 gilt insoweit als erteilt.

(2) [1] Die Anlagebedingungen für inländische OGAW, die vor dem 22. Juli 2013 aufgelegt im Sinne des § 343 Absatz 4 wurden, sind an die Vorschriften dieses Gesetzes anzupassen. [2] Andere als die zur Anpassung der Anlagebedingungen an die Vorschriften dieses Gesetzes notwendigen Änderungen dürfen in den Anlagebedingungen nicht vorgenommen werden. [3] Die Änderungen müssen nicht genehmigt werden, sofern diese Anlagebedingungen bereits nach § 43 Absatz 2 und § 43a des Investmentgesetzes in der bis zum 21. Juli 2013 geltenden Fassung genehmigt wurden und Anpassungen lediglich auf Grund von Anpassungen an die Begrifflichkeiten nach diesem Gesetz redaktioneller Natur sind. [4] Sofern eine Genehmigung der Anlagebedingungen nach Satz 3 nicht erforderlich ist, haben die OGAW-Kapitalverwaltungsgesellschaften und EU-OGAW-Verwaltungsgesellschaften die Anlagebedingungen redaktionell bis zum 31. Dezember 2014 an die Rechtsvorschriften dieses Gesetzes anzupassen. [5] § 163 Absatz 1 bis 3 und 4 Satz 2 bis 5, 6 Halbsatz 2 und 7 gilt für diese Änderungen nicht. [6] Müssen die Anlagebedingungen an die Anforderungen nach den §§ 200 bis 203 angepasst werden, bedürfen diese Änderungen der Genehmigung; die Anpassungen sind innerhalb von sechs Monaten ab dem 22. Juli 2013 vorzunehmen. [7] Für die Genehmigung der Anlagebedingungen gilt § 163 mit der Maßgabe, dass die in Absatz 2 Satz 1 genannte Frist drei Monate beträgt und dass Absatz 2 Satz 5, 6 und 9, Absatz 3, Absatz 4 Satz 2 bis 5 keine Anwendung finden. [8] Zudem haben die OGAW-Kapitalverwaltungsgesellschaften und EU-OGAW-Verwaltungsgesellschaften zeitgleich mit den Anlagebedingungen jeweils die wesentlichen Anlegerinformationen und den Verkaufsprospekt an die Vorschriften dieses Gesetzes anzupassen und diese Unterlagen jeweils gemeinsam unverzüglich nach erstmaliger Verwendung bei der Bundesanstalt einzureichen. [9] Bedürfen die Änderungen der Anlagebedingungen keiner Genehmigung durch die Bundesanstalt, haben die OGAW-Kapitalverwaltungsgesellschaften und die EU-OGAW-Verwaltungsgesellschaften zeitgleich die redaktionell angepassten Anlagebedingungen bei der Bundesanstalt einzureichen. [10] Bis zum Inkrafttreten der Änderungen der Anlagebedingungen der inländischen OGAW, die von einer OGAW-Verwaltungsgesellschaft im Sinne des Absatzes 1 verwaltet werden, gelten für diese inländischen OGAW die auf inländische OGAW anwendbaren Vorschriften des Investmentgesetzes in der bis zum 21. Juli 2013 geltenden Fassung weiter. [11] Ab Inkrafttreten der geänderten Anlagebedingungen finden auf diese inländischen OGAW die auf inländische OGAW nach diesem Gesetz anwendbaren Vorschriften Anwendung.

(3) Die Verwahrstelle von bereits aufgelegten inländischen OGAW bedarf keiner Genehmigung, sofern sie bereits nach § 21 Absatz 1 des Investmentgesetzes in der bis zum 21. Juli 2013 geltenden Fassung genehmigt wurde.

(4) ¹OGAW-Verwaltungsgesellschaften, die bei Inkrafttreten dieses Gesetzes über die zuständigen Stellen des Herkunftsstaates des EU-OGAW eine Anzeige nach § 132 Absatz 1 des Investmentgesetzes in der bis zum 21. Juli 2013 geltenden Fassung oder nach § 15c Absatz 1 des Auslandinvestment-Gesetzes in der bis zum 31. Dezember 2003 geltenden Fassung erstattet haben und zum öffentlichen Vertrieb berechtigt sind, müssen keine neue Anzeige nach § 310 übermitteln; ein bereits erlangtes Vertriebsrecht besteht fort. ²OGAW-Verwaltungsgesellschaften, die in Bezug auf ihre EU-OGAW nach dem 21. Juli 2013 Tätigkeiten ausüben oder ausüben lassen, die nach dem Investmentgesetz in der bis zum 21. Juli 2013 geltenden Fassung nicht als öffentlicher Vertrieb galten, nach diesem Gesetz aber als Vertrieb anzusehen sind, übermitteln bis zum 21. Juli 2014 über die zuständigen Stellen des Herkunftsmitgliedstaates des EU-OGAW eine Anzeige nach § 310.

(5) ¹Die Anlagebedingungen, die wesentlichen Anlegerinformationen und der Verkaufsprospekt für inländische OGAW sind zum 18. März 2016 an die ab dem 18. März 2016 geltende Fassung dieses Gesetzes anzupassen. ²Der Antrag auf Genehmigung der geänderten Anlagebedingungen darf neben redaktionellen nur solche Änderungen der Anlagebedingungen beinhalten, die für eine Anpassung an die Anforderungen der ab dem 18. März 2016 geltenden Fassung dieses Gesetzes erforderlich sind. ³§ 163 Absatz 3 und 4 Satz 2 bis 5 ist nicht anzuwenden.

### Unterabschnitt 5. Sonstige Übergangsvorschriften

**§ 356 Übergangsvorschriften zum Bilanzrichtlinie-Umsetzungsgesetz.** ¹Die §§ 45 und 48 in der Fassung des Bilanzrichtlinie-Umsetzungsgesetzes vom 17. Juli 2015 (BGBl. I S. 1245) sind erstmals auf Jahresberichte und Jahresabschlüsse für Geschäftsjahre anzuwenden, die nach dem 31. Dezember 2015 beginnen. ²Das Gleiche gilt für § 160 in der Fassung des Bilanzrichtlinie-Umsetzungsgesetzes hinsichtlich der Bezugnahme auf § 325 Absatz 1 des Handelsgesetzbuchs.

**§ 357 Übergangsvorschrift zu § 100a.** ¹§ 100a ist mit Wirkung vom 31. Dezember 2015 anzuwenden. ²§ 100a ist auch in den Fällen anzuwenden, in denen der Übergang des Immobilien-Sondervermögens auf die Verwahrstelle gemäß § 39 Absatz 1 des Investmentgesetzes erfolgt, weil das Recht der AIF-Kapitalverwaltungsgesellschaft, das Immobilien-Sondervermögen zu verwalten,

1. gemäß § 38 Absatz 1 des Investmentgesetzes aufgrund der Kündigung des Verwaltungsrechts während einer Aussetzung der Rücknahme gemäß § 81 des Investmentgesetzes oder

2. gemäß § 81 Absatz 4 des Investmentgesetzes in der Fassung vom 5. April 2011

erloschen ist und das Immobilien-Sondervermögen gemäß § 39 Absatz 2 des Investmentgesetzes abgewickelt und an die Anleger verteilt wird, sofern der Übergang des Immobilien-Sondervermögens auf die Verwahrstelle erst ab dem 31. Dezember 2015 erfolgt ist.

### § 358 Übergangsvorschriften zu § 95 Absatz 1 und § 97 Absatz 1.

(1) Für in Sammelverwahrung befindliche Inhaberanteilscheine und noch nicht fällige Gewinnanteilscheine kann eine Auslieferung einzelner Wertpapiere auf Grund der §§ 7 und 8 des Depotgesetzes[1]) nicht verlangt werden.

(2) [1] Inhaber von vor dem 1. Januar 2017 fällig gewordenen Gewinnanteilscheinen können die aus diesen resultierenden Zahlungsansprüche gegen Vorlage dieser Gewinnanteilscheine bei der Verwahrstelle des betreffenden Sondervermögens geltend machen. [2] Werden die Gewinnanteilscheine bei der Verwahrstelle eingelöst, darf sie den Auszahlungsbetrag nur an ein inländisches Kreditinstitut zur Weiterleitung auf ein für den Einreicher geführtes Konto leisten. [3] Sofern ein Kreditinstitut die Gewinnanteilscheine zur Einlösung annimmt, darf es den Auszahlungsbetrag nur über ein für den Einreicher bei ihm im Inland geführtes Konto leisten.

(3) [1] Inhaberanteilscheine, die sich mit Ablauf des 31. Dezember 2016 nicht in Sammelverwahrung bei einer der in § 97 Absatz 1 Satz 2 genannten Stellen befinden, werden mit Ablauf des 31. Dezember 2016 kraftlos. [2] Sind Gewinnanteilscheine auf den Inhaber ausgegeben, so erstreckt sich die Kraftlosigkeit auch auf die noch nicht fälligen Gewinnanteilscheine. [3] Die in den Inhaberanteilscheinen nach Satz 1 und den Gewinnanteilscheinen nach Satz 2 verbrieften Rechte sind zum 1. Januar 2017 stattdessen gemäß § 95 Absatz 1 zu verbriefen. [4] Die bisherigen Eigentümer der kraftlosen Anteilscheine werden ihren Anteilen entsprechend Miteigentümer an der Sammelurkunde. [5] Die Sammelurkunde ist gemäß § 97 Absatz 1 Satz 2 zu verwahren. [6] Die Miteigentumsanteile an dem Sammelbestand werden auf einem gesonderten Depot der Verwahrstelle gutgeschrieben.

(4) [1] Nur mit der Einreichung eines kraftlosen Inhaberanteilscheins bei der Verwahrstelle kann der Einreicher die Gutschrift eines entsprechenden Miteigentumsanteils an dem Sammelbestand auf ein von ihm zu benennendes und für ihn geführtes Depotkonto verlangen. [2] Die Kraftlosigkeit des Inhaberanteilscheins nach Absatz 3 steht einer Kraftloserklärung der Urkunde nach § 799 des Bürgerlichen Gesetzbuchs nicht entgegen. [3] Zahlungen darf die Verwahrstelle nur auf ein von ihr für den Einreicher geführtes Konto oder an ein anderes Kreditinstitut zur Weiterleitung auf ein für den Einreicher von diesem geführtes Konto leisten; diese Zahlungen sind von der Verwahrstelle nicht zu verzinsen.

### § 359 Übergangsvorschrift zu § 26 Absatz 7 Satz 3, § 82 Absatz 6 Satz 2 und § 85 Absatz 5 Satz 4.

§ 26 Absatz 7 Satz 3, § 82 Absatz 6 Satz 2 und § 85 Absatz 5 Satz 4 in der ab dem 25. Juni 2017 geltenden Fassung sind erst ab dem 25. Dezember 2017 anzuwenden.

### § 360 Übergangsvorschrift zum Gesetz zur weiteren Ausführung der EU-Prospektverordnung und zur Änderung von Finanzmarktgesetzen.

§ 268 Absatz 1 Satz 3, § 293 Absatz 1 Satz 2 Nummer 5, § 295 Absatz 8, § 307 Absatz 4 und § 318 Absatz 3 Satz 1 in der bis zum 20. Juli 2019 geltenden Fassung finden weiterhin Anwendung für den Fall eines Prospekts, der nach

---

[1]) Nr. 16.

dem Wertpapierprospektgesetz[1] in der bis zum 20. Juli 2019 geltenden Fassung gebilligt wurde, solange dieser Prospekt Gültigkeit hat.

---

[1] Nr. 7.

## 15a. Verordnung zur Konkretisierung der Verhaltensregeln und Organisationsregeln nach dem Kapitalanlagegesetzbuch (Kapitalanlage-Verhaltens- und -Organisationsverordnung – KAVerOV)[1)]

Vom 16. Juli 2013
(BGBl. I S. 2460)
FNA 7612-3-1

geänd. durch Art. 8 G zur Anpassung von Finanzmarktgesetzen an die VO (EU) 2017/2402 und an die durch die VO (EU) 2017/2401 geänderte VO (EU) Nr. 575/2013 v. 18.12.2018 (BGBl. I S. 2626)

Auf Grund des § 26 Absatz 8 Satz 1, auch in Verbindung mit § 51 Absatz 4 Satz 1, des § 27 Absatz 6 Satz 1, auch in Verbindung mit § 51 Absatz 4 Satz 1, des § 28 Absatz 4 Satz 1, des § 29 Absatz 6 Satz 1 und des § 30 Absatz 5 Satz 1 des Kapitalanlagegesetzbuches[2)] vom 4. Juli 2013 (BGBl. I S. 1981) in Verbindung mit § 1 Nummer 3a der Verordnung zur Übertragung von Befugnissen zum Erlass von Rechtsverordnungen auf die Bundesanstalt für Finanzdienstleistungsaufsicht, der zuletzt durch Artikel 1 der Verordnung vom 11. Juli 2013 (BGBl. I S. 2231) geändert worden ist, verordnet die Bundesanstalt für Finanzdienstleistungsaufsicht:

**Inhaltsübersicht**

§ 1 Anwendungsbereich
§ 2 Allgemeine Verhaltensregeln
§ 3 Interessenkonflikte
§ 4 Allgemeine Organisationspflichten
§ 5 Risikomanagement
§ 6 Liquiditätsmanagement
§ 7 Übergangsvorschrift
§ 8 Inkrafttreten, Außerkrafttreten

**§ 1 Anwendungsbereich.** (1) Diese Verordnung regelt die Einzelheiten der allgemeinen Verhaltens- und Organisationspflichten, des Umgangs mit Interessenkonflikten sowie des Risiko- und Liquiditätsmanagements von Kapitalverwaltungsgesellschaften bei der Verwaltung von OGAW und Publikums-AIF.

(2) Die §§ 2 und 3 sind auch auf inländische Zweigniederlassungen von EU-OGAW-Verwaltungsgesellschaften anzuwenden, soweit diese Zweigniederlassungen die kollektive Vermögensverwaltung von OGAW im Inland erbringen.

**§ 2 Allgemeine Verhaltensregeln.** (1) Die Kriterien, nach denen die Bundesanstalt für Finanzdienstleistungsaufsicht beurteilt, ob OGAW-Kapitalverwal-

---

[1)] **Amtl. Anm.:** Diese Verordnung dient der weiteren Umsetzung der Richtlinie 2010/43/EU der Kommission vom 1. Juli 2010 zur Durchführung der Richtlinie 2009/65/EG des Europäischen Parlaments und des Rates im Hinblick auf organisatorische Anforderungen, Interessenkonflikte, Wohlverhalten, Risikomanagement und den Inhalt der Vereinbarung zwischen Verwahrstelle und Verwaltungsgesellschaft (ABl. L 176 vom 10.7.2010, S. 42).
[2)] Nr. **15**.

tungsgesellschaften ihren in § 26 Absatz 1 und 2 des Kapitalanlagegesetzbuches[1] genannten Pflichten nachkommen, bestimmen sich entsprechend den Artikeln 16 bis 22, dem Artikel 23 Absatz 1 und den Artikeln 24 bis 29 der Delegierten Verordnung (EU) Nr. 231/2013 der Kommission vom 19. Dezember 2012 zur Ergänzung der Richtlinie 2011/61/EU des Europäischen Parlaments und des Rates im Hinblick auf Ausnahmen, die Bedingungen für die Ausübung der Tätigkeit, Verwahrstellen, Hebelfinanzierung, Transparenz und Beaufsichtigung (ABl. L 83 vom 22.3.2013, S. 1).

(2) ¹Die Kapitalverwaltungsgesellschaft hat eine faire Behandlung der Anleger von Publikums-AIF und OGAW sicherzustellen und darf die Interessen eines Anlegers oder einer bestimmten Gruppe von Anlegern nicht über die Interessen eines anderen Anlegers oder einer anderen Anlegergruppe stellen. ²Eine wesentliche Benachteiligung von Anlegern eines Publikums-AIF im Sinne des Artikels 23 Absatz 2 der Verordnung (EU) Nr. 231/2013 liegt insbesondere dann vor, wenn die Anleger in Bezug auf die Gewinn- oder Verlustbeteiligung am Investmentvermögen ungleich behandelt werden.

(3) ¹Die Kapitalverwaltungsgesellschaft hat sicherzustellen, dass den Anlegern von Publikums-AIF und OGAW die Informationen zur Ausführung von Zeichnungs- und Rücknahmeaufträgen entsprechend Artikel 26 Absatz 1 der Verordnung (EU) Nr. 231/2013 unverzüglich auf einem dauerhaften Datenträger zur Verfügung gestellt werden, und zwar spätestens am ersten Geschäftstag nach der Auftragsausführung oder, sofern die Kapitalverwaltungsgesellschaft die Bestätigung von einem Dritten erhält, spätestens am ersten Geschäftstag nach Eingang der Bestätigung durch den Dritten. ²Zusätzlich zu den wesentlichen Informationen nach Artikel 26 Absatz 3 der Verordnung (EU) Nr. 231/2013 sind dabei gegenüber Privatanlegern folgende Angaben zu machen:

1. die Zahlungsweise,
2. die Art des Auftrags (Zeichnung oder Rücknahme),
3. die Zahl der betroffenen Anteile,
4. der Stückwert, zu dem die Anteile gezeichnet oder zurückgenommen wurden,
5. das Wertstellungsdatum und
6. die Summe der in Rechnung gestellten Provisionen und Auslagen sowie auf Wunsch des Anlegers eine Aufschlüsselung nach Einzelposten.

³Wird für einen Anleger regelmäßig ein Auftrag durchgeführt, ist entweder nach Satz 1 zu verfahren oder sind dem Anleger die Informationen nach Satz 2 mindestens alle sechs Monate zu übermitteln. ⁴Für die zusätzlichen Angaben nach Satz 2 gilt die Ausnahme nach Artikel 26 Absatz 2 der Verordnung (EU) Nr. 231/2013 entsprechend.

(4) Die Kapitalverwaltungsgesellschaft hat den Anlegern von Publikums-AIF und OGAW angemessene Informationen über die entsprechend Artikel 27 Absatz 3 der Verordnung (EU) Nr. 231/2013 festgelegten schriftlichen Grundsätze für die Auftragsausführung und über wesentliche Änderungen dieser Grundsätze auf ihrer Internetseite zur Verfügung zu stellen.

**§ 3 Interessenkonflikte.** (1) Bei OGAW-Kapitalverwaltungsgesellschaften bestimmen sich

---

[1] Nr. 15.

1. die Arten der in § 27 Absatz 1 des Kapitalanlagegesetzbuches[1] genannten Interessenkonflikte und
2. die angemessenen Maßnahmen, die hinsichtlich der Strukturen sowie der organisatorischen und administrativen Verfahren von einer OGAW-Kapitalverwaltungsgesellschaft erwartet werden, um Interessenkonflikte zu ermitteln, ihnen vorzubeugen, sie zu steuern, zu beobachten und offenzulegen,

entsprechend den Artikeln 30 bis 37 der Verordnung (EU) Nr. 231/2013.

(2) [1] Unbeschadet der Pflichten nach Artikel 37 Absatz 3 der Verordnung (EU) Nr. 231/2013 hat die Kapitalverwaltungsgesellschaft von OGAW oder von Publikums-AIF eine Kurzbeschreibung der nach Artikel 37 Absatz 1 der Verordnung (EU) Nr. 231/2013 ausgearbeiteten Strategien auf ihrer Internetseite zu veröffentlichen. [2] Einzelheiten zu den aufgrund dieser Strategien getroffenen Maßnahmen hat sie den Anlegern auf Verlangen kostenfrei zur Verfügung zu stellen.

**§ 4 Allgemeine Organisationspflichten** (1) Bei OGAW-Kapitalverwaltungsgesellschaften bestimmen sich die in § 28 Absatz 1 des Kapitalanlagegesetzbuches[1] genannten Verfahren und Regelungen entsprechend den Artikeln 57 bis 66, mit Ausnahme des Artikels 60 Absatz 2 Buchstabe h, der Verordnung (EU) Nr. 231/2013.

(2) [1] Die Kapitalverwaltungsgesellschaft von OGAW oder Publikums-AIF
1. darf mit der Erfüllung von Aufgaben nur relevante Personen betrauen, die die hierfür notwendigen Fähigkeiten, Kenntnisse und Erfahrungen haben,
2. hat sicherzustellen, dass die Menge oder Vielfalt der von einer relevanten Person wahrgenommenen Aufgaben diese relevante Person in keiner Weise daran hindert, sämtliche Aufgaben gründlich, redlich und professionell zu erledigen, und
3. hat bei der Verfolgung der in den Nummern 1 und 2 genannten Zwecke der Art, dem Umfang und der Komplexität ihrer Geschäfte sowie der Art und dem Spektrum der im Zuge dieser Geschäfte erbrachten Dienstleistungen und Tätigkeiten Rechnung zu tragen.

[2] Bei OGAW-Kapitalverwaltungsgesellschaften bestimmen sich die relevanten Personen entsprechend dem Artikel 1 Absatz 2 der Verordnung (EU) Nr. 231/2013.

(3) [1] Die Kapitalverwaltungsgesellschaft von OGAW oder Publikums-AIF hat wirksame und transparente Verfahren für die angemessene und unverzügliche Bearbeitung von Anlegerbeschwerden einzurichten und anzuwenden. [2] Sie hat jede Beschwerde und die aufgrund der Beschwerde getroffenen Maßnahmen zu dokumentieren. [3] Die Beschwerde muss für die Anleger kostenfrei sein. [4] Die Kapitalverwaltungsgesellschaft hat den Anlegern Informationen über die Beschwerdeverfahren kostenfrei auf ihrer Internetseite zur Verfügung zu stellen.

(4) Die OGAW-Kapitalverwaltungsgesellschaft hat einer Person, die in Bezug auf Anteile an dem jeweiligen Investmentvermögen Anlageberatung, Anlage- oder Abschlussvermittlung erbringt, die wesentlichen Anlegerinformationen und den Verkaufsprospekt für dieses Investmentvermögen auf Anfrage zur Verfügung zu stellen.

---

[1] Nr. **15**.

**§ 5 Risikomanagement.** (1) Bei OGAW-Kapitalverwaltungsgesellschaften bestimmen sich die Kriterien für

1. die Risikomanagementsysteme,
2. die angemessenen zeitlichen Abstände zwischen den Überprüfungen des Risikomanagementsystems,
3. die Art und Weise, in der die funktionale und hierarchische Trennung zwischen der Risikocontrolling-Funktion einerseits und den operativen Abteilungen einschließlich der Portfolioverwaltung andererseits zu erfolgen hat,
4. die besonderen Schutzvorkehrungen gegen Interessenkonflikte gemäß § 29 Absatz 1 Satz 3 des Kapitalanlagegesetzbuches[1]) und
5. die Anforderungen nach § 29 Absatz 3 des Kapitalanlagegesetzbuches entsprechend den Artikeln 38 bis 45 der Verordnung (EU) Nr. 231/2013.

(2) [1]Die Kapitalverwaltungsgesellschaft von OGAW oder Publikums-AIF hat in Umsetzung ihrer nach Absatz 1 in Verbindung mit Artikel 40 der Verordnung (EU) Nr. 231/2013 festgelegten Risikomanagementgrundsätze vor dem Erwerb eines Vermögensgegenstandes für einen OGAW oder Publikums-AIF, soweit es der Art des Vermögensgegenstandes angemessen ist, Prognosen abzugeben und Analysen durchzuführen über die Auswirkungen des Erwerbs auf die Zusammensetzung des Investmentvermögens, auf dessen Liquidität und auf dessen Risiko- und Ertragsprofil. [2]Die Analysen dürfen sich quantitativ wie qualitativ nur auf verlässliche und aktuelle Daten stützen.

(3) Für die Zwecke dieser Verordnung werden die in Artikel 44 Absatz 2 der Verordnung (EU) Nr. 231/2013 genannten Begriffe folgendermaßen definiert:

1. Marktrisiko ist das Verlustrisiko für ein Investmentvermögen, das aus Schwankungen beim Marktwert von Positionen im Portfolio des Investmentvermögens resultiert, die zurückzuführen sind auf Veränderungen
   a) bei Marktvariablen wie Zinssätzen, Wechselkursen, Aktien- und Rohstoffpreisen oder
   b) bei der Bonität eines Emittenten;
2. Liquiditätsrisiko ist das Risiko, dass eine Position im Portfolio des Investmentvermögens nicht innerhalb hinreichend kurzer Zeit mit begrenzten Kosten veräußert, liquidiert oder geschlossen werden kann und dass dadurch die Erfüllung von Rückgabeverlangen der Anleger oder von sonstigen Zahlungsverpflichtungen beeinträchtigt wird;
3. Kontrahentenrisiko ist das Verlustrisiko für ein Investmentvermögen, das aus der Tatsache resultiert, dass die Gegenpartei eines Geschäfts bei der Abwicklung von Leistungsansprüchen ihren Verpflichtungen möglicherweise nicht nachkommen kann;
4. Operationelles Risiko ist das Verlustrisiko für ein Investmentvermögen, das aus unzureichenden internen Prozessen sowie aus menschlichen oder Systemversagen bei der Kapitalverwaltungsgesellschaft oder aus externen Ereignissen resultiert; darin eingeschlossen sind Rechts-, Dokumentations- und Reputationsrisiken sowie Risiken, die aus den für ein Investmentvermögen betriebenen Handels-, Abrechnungs- und Bewertungsverfahren resultieren.

---

[1]) Nr. **15**.

**§ 6 Liquiditätsmanagement.** Für OGAW-Kapitalverwaltungsgesellschaften bestimmen sich die Kriterien für

1. die Liquiditätsmanagementsysteme und -verfahren und
2. die Übereinstimmung von Anlagestrategie, Liquiditätsprofil und Rücknahmegrundsätzen nach § 30 Absatz 3 des Kapitalanlagegesetzbuches[1)]

entsprechend den Artikeln 46 bis 49 der Verordnung (EU) Nr. 231/2013.

**§ 7 Übergangsvorschrift.** Die Investment-Verhaltens- und Organisationsverordnung vom 28. Juni 2011 (BGBl. I S. 1288) in der bis zum 21. Juli 2013 geltenden Fassung ist auf die am 21. Juli 2013 bestehenden Kapitalverwaltungsgesellschaften, Sondervermögen und Investmentaktiengesellschaften weiterhin anzuwenden, solange für diese nach den Übergangsvorschriften der §§ 345 bis 350 des Kapitalanlagegesetzbuches[1)] weiterhin die Vorschriften des Investmentgesetzes anwendbar sind.

**§ 8 Inkrafttreten, Außerkrafttreten.** [1]Diese Verordnung tritt am 22. Juli 2013 in Kraft. [2]Gleichzeitig tritt die Investment-Verhaltens- und Organisationsverordnung vom 28. Juni 2011 (BGBl. I S. 1288) außer Kraft.

---

[1)] Nr. 15.

## 15b. Verordnung über Risikomanagement und Risikomessung beim Einsatz von Derivaten, Wertpapier-Darlehen und Pensionsgeschäften in Investmentvermögen nach dem Kapitalanlagegesetzbuch (Derivateverordnung – DerivateV)

Vom 16. Juli 2013
(BGBl. I S. 2463)

**FNA 7612-3-2**

zuletzt geänd. durch Art. 1 Zweite ÄndVO v. 14.8.2019 (BGBl. I S. 1355)

Auf Grund des § 197 Absatz 3 Satz 1 und des § 204 Absatz 3 Satz 1 des Kapitalanlagegesetzbuches[1] vom 4. Juli 2013 (BGBl. I S. 1981) sowie des § 106 Satz 1, des § 120 Absatz 8 Satz 1, des § 121 Absatz 4 Satz 1, des § 135 Absatz 11 Satz 1 und des § 136 Absatz 4 Satz 1 des Kapitalanlagegesetzbuches vom 4. Juli 2013 (BGBl. I S. 1981) im Einvernehmen mit dem Bundesministerium der Justiz, jeweils in Verbindung mit § 1 Nummer 3a der Verordnung zur Übertragung von Befugnissen zum Erlass von Rechtsverordnungen auf die Bundesanstalt für Finanzdienstleistungsaufsicht, der zuletzt durch Artikel 1 der Verordnung vom 11. Juli 2013 (BGBl. I S. 2231) geändert worden ist, verordnet die Bundesanstalt für Finanzdienstleistungsaufsicht:

### Abschnitt 1. Allgemeine Vorschriften

**§ 1 Anwendungsbereich.** (1) Diese Verordnung ist anzuwenden auf
1. den Einsatz von Derivaten in Investmentvermögen gemäß § 197 des Kapitalanlagegesetzbuches[1],
2. den Einsatz von Wertpapier-Darlehen und Pensionsgeschäften gemäß den §§ 200 bis 203 des Kapitalanlagegesetzbuches,
3. das Risikomanagement und die Berechnung des Marktrisikopotenzials dieser Derivate und Geschäfte sowie die Anrechnung dieser Derivate und Geschäfte auf die Anlagegrenzen.

(2) Diese Verordnung ist nur anzuwenden für offene inländische Publikumsinvestmentvermögen gemäß den §§ 162 bis 260 des Kapitalanlagegesetzbuches und für offene inländische Spezial-AIF mit festen Anlagebedingungen gemäß § 284 des Kapitalanlagegesetzbuches, es sei denn, die Anlagebedingungen dieser Investmentvermögen schließen eine Investition in Derivate, Wertpapier-Darlehen und Pensionsgeschäfte aus.

**§ 2 Einsatz von Derivaten, Wertpapier-Darlehen und Pensionsgeschäften.** (1) Der Einsatz von Derivaten, Wertpapier-Darlehen und Pensionsgeschäften darf
1. nicht zu einer Veränderung des Anlagecharakters führen, der
   a) nach dem Kapitalanlagegesetzbuch und den jeweiligen Anlagebedingungen zulässig ist sowie

---

[1] Nr. **15**.

b) bei Publikumsinvestmentvermögen im Verkaufsprospekt und in den wesentlichen Anlegerinformationen gemäß den §§ 165 und 166 des Kapitalanlagegesetzbuches[1] beschrieben ist und

2. nicht mit wesentlichen zusätzlichen Risiken im Vergleich zum ursprünglichen, in den Verkaufsunterlagen beschriebenen Risikoprofil verbunden sein.

(2) Die Kapitalverwaltungsgesellschaft darf für ein Investmentvermögen mit Ausnahme von Sonstigen Investmentvermögen nach § 220 des Kapitalanlagegesetzbuches und Spezial-AIF nach § 284 des Kapitalanlagegesetzbuches nur Derivate abschließen, wenn

1. die Basiswerte dieser Derivate nach Maßgabe des Kapitalanlagegesetzbuches und der jeweiligen Anlagebedingungen für das Investmentvermögen erworben werden dürfen oder

2. die Risiken, die diese Basiswerte repräsentieren, auch durch die nach dem Kapitalanlagegesetzbuch und den jeweiligen Anlagebedingungen zulässigen Vermögensgegenstände im Investmentvermögen hätten entstehen können.

(3) Besitzt ein Vertragspartner eines derivativen Geschäftes einen Ermessensspielraum bei der Zusammensetzung oder Verwaltung des Anlageportfolios des Investmentvermögens oder bei der Zusammensetzung oder Verwaltung der Basiswerte oder des Basiswertes des Derivates, so gilt das Geschäft als Auslagerungsvereinbarung in Bezug auf die Portfolioverwaltung und muss den Anforderungen des § 36 des Kapitalanlagegesetzbuches entsprechen.

**§ 3 Liefer- und Zahlungsverpflichtungen; Deckung.** (1) Die Kapitalverwaltungsgesellschaft muss sicherstellen, dass

1. sie allen für Rechnung eines Investmentvermögens eingegangenen, bedingten und unbedingten Liefer- und Zahlungsverpflichtungen aus Derivaten, Wertpapier-Darlehen und Pensionsgeschäften in vollem Umfang nachkommen kann und

2. eine ausreichende Deckung der derivativen Geschäfte vorhanden ist.

(2) Für die Zwecke des Absatzes 1 Nummer 2 ist die Deckung im Rahmen des Risikomanagementprozesses laufend zu überwachen.

**§ 4 Interessenkonflikte.** (1) ¹Die Kapitalverwaltungsgesellschaft hat insbesondere für Geschäfte, bei denen Interessenkonflikte nicht auszuschließen sind, zum Beispiel Geschäfte mit dem Mutter-, Schwester- oder Tochterunternehmen, durch ein angemessenes Kontrollverfahren sicherzustellen, dass diese Geschäfte zu marktgerechten Konditionen abgeschlossen werden. ²Das festgelegte Kontrollverfahren ist von der Kapitalverwaltungsgesellschaft zu dokumentieren.

(2) Der Prüfungsbericht gemäß den §§ 102, 121 Absatz 3 und § 136 Absatz 3 des Kapitalanlagegesetzbuches[1] hat Angaben darüber zu enthalten, ob das festgelegte Kontrollverfahren angemessen und zweckdienlich ist.

---

[1] Nr. 15.

## Abschnitt 2. Marktrisiko

**Unterabschnitt 1. Anwendungsvorschriften für den qualifizierten und den einfachen Ansatz**

**§ 5 Grundlagen und Abgrenzung.** (1) [1]Die Kapitalverwaltungsgesellschaft hat die Auslastung der nach § 197 Absatz 2 des Kapitalanlagegesetzbuches[1]) festgesetzten Marktrisikogrenze für den Einsatz von Derivaten (Grenzauslastung) mindestens auf täglicher Basis zu ermitteln. [2]Die Marktrisikogrenze muss laufend eingehalten werden. [3]Abhängig von der Anlagestrategie kann auch eine untertägige Berechnung der Auslastung notwendig sein.

(2) [1]Zur Ermittlung der Grenzauslastung kann das Marktrisiko des Investmentvermögens oder der Investitionsgrad durch Leverage herangezogen werden; hierbei ist entweder der qualifizierte Ansatz nach den §§ 7 bis 14 oder der einfache Ansatz nach den §§ 15 bis 22 anzuwenden. [2]Die Methode ist in eigener Verantwortung auf Basis der Analyse des Risikoprofils des Investmentvermögens einschließlich der eingesetzten Derivate zu wählen. [3]Die gewählte Methode muss der verfolgten Anlagestrategie sowie der Art und Komplexität der eingesetzten Derivate und deren Anteil im Investmentvermögen angemessen sein. [4]Die Anwendung des einfachen Ansatzes befreit die Kapitalverwaltungsgesellschaft nicht von der Verpflichtung zur Implementierung eines angemessenen Risikomanagementprozesses einschließlich Risikomessung und Begrenzung. [5]Bei Anwendung des qualifizierten Ansatzes ist zusätzlich regelmäßig der Leverage des Investmentvermögens zu überwachen und sind darüber hinaus, soweit angemessen, weitere Risikokennziffern unter Berücksichtigung des Risikoprofils und der Anlagestrategie des jeweiligen Investmentvermögens zu nutzen.

(3) Die Kapitalverwaltungsgesellschaft muss den qualifizierten Ansatz anwenden, wenn

1. durch den einfachen Ansatz nicht alle im Investmentvermögen enthaltenen Marktrisiken hinreichend genau erfasst und bemessen werden können,
2. die Anlagestrategie des Investmentvermögens über einen zu vernachlässigenden Anteil hinaus auf komplexen Strategien basiert oder
3. das Investmentvermögen über einen zu vernachlässigenden Anteil hinaus in komplexe Derivate investiert ist.

**§ 6 Aufzeichnungs- und Anzeigepflichten.** [1]Die Entscheidung der Kapitalverwaltungsgesellschaft für den einfachen Ansatz oder den qualifizierten Ansatz sowie für eine der Methoden des qualifizierten Ansatzes zur Ermittlung der Grenzauslastung nach § 7 Absatz 1 oder Absatz 2 und die der Entscheidung zugrunde liegenden Annahmen sind zu dokumentieren. [2]Der Abschlussprüfer hat das in den einzelnen Investmentvermögen zur Ermittlung der Grenzauslastung nach § 7 Absatz 2 des Kapitalanlagegesetzbuches[1]) angewendete Verfahren im Prüfungsbericht gemäß den §§ 102, 121 Absatz 3 und § 136 Absatz 3 des Kapitalanlagegesetzbuches aufzuführen. [3]Die Kapitalverwaltungsgesellschaft hat den Wechsel zwischen dem einfachen und dem qualifizierten Ansatz sowie den Wechsel der Methode zur Ermittlung der Grenzauslastung innerhalb des

---

[1]) Nr. 15.

qualifizierten Ansatzes nach § 7 Absatz 1 oder Absatz 2 für ein Investmentvermögen der Bundesanstalt für Finanzdienstleistungsaufsicht (Bundesanstalt) unverzüglich anzuzeigen.

### Unterabschnitt 2. Qualifizierter Ansatz

**§ 7 Risikobegrenzung.** (1) Der einem Investmentvermögen zuzuordnende potenzielle Risikobetrag für das Marktrisiko darf zu keinem Zeitpunkt das Zweifache des potenziellen Risikobetrags für das Marktrisiko des zugehörigen Vergleichsvermögens übersteigen.

(2) Alternativ darf der einem Investmentvermögen zuzuordnende potenzielle Risikobetrag für das Marktrisiko zu keinem Zeitpunkt 20 Prozent des Wertes des Investmentvermögens übersteigen.

**§ 8 Abgrenzung.** [1] Im Rahmen des qualifizierten Ansatzes kann die Kapitalverwaltungsgesellschaft den potenziellen Risikobetrag entweder relativ im Verhältnis zu dem zugehörigen Vergleichsvermögen nach § 7 Absatz 1 oder absolut nach § 7 Absatz 2 begrenzen. [2] Dabei wählt sie die Methode entsprechend § 5 Absatz 2 in eigener Verantwortung. [3] Die Methode muss bezüglich des Risikoprofils und der Anlagestrategie des Investmentvermögens angemessen sein. [4] Die Methode ist in der Regel kontinuierlich zu verwenden.

**§ 9 Zugehöriges Vergleichsvermögen.** (1) Das zugehörige Vergleichsvermögen ist regelmäßig ein derivatefreies Vermögen, das keinen Leverage aufweist und dessen Marktwert dem aktuellen Marktwert des Investmentvermögens entspricht.

(2) Die Zusammensetzung des Vergleichsvermögens muss
1. den Anlagebedingungen des Investmentvermögens und den Angaben des Verkaufsprospektes und den wesentlichen Anlegerinformationen zu den Anlagezielen und der Anlagepolitik des Investmentvermögens entsprechen sowie
2. die Anlagegrenzen des Kapitalanlagegesetzbuches[1]) einhalten; hiervon ausgenommen sind die Ausstellergrenzen nach den §§ 206 und 207 des Kapitalanlagegesetzbuches.

(3) [1] Wenn für das Investmentvermögen ein derivatefreier Vergleichsmaßstab definiert ist, so muss das zugehörige Vergleichsvermögen diesen Vergleichsmaßstab möglichst genau nachbilden. [2] In begründeten Einzelfällen darf von Absatz 2 abgewichen werden.

(4) Im Zweifelsfall sind für das Vergleichsvermögen diejenigen Vermögensgegenstände zu wählen, die den geringeren potenziellen Risikobetrag für das Marktrisiko ergeben.

(5) [1] Die Kapitalverwaltungsgesellschaft muss Richtlinien für die Zusammensetzung des Vergleichsvermögens und für die Änderungen dieser Zusammensetzung erstellen. [2] Die Festlegung der Zusammensetzung des Vergleichsvermögens ist innerhalb des Risikomanagementprozesses zu berücksichtigen. [3] Die Zusammensetzung und jede Änderung der Zusammensetzung des Vergleichsvermögens sind nachvollziehbar zu dokumentieren. [4] Sofern für das Vergleichsvermögen ein Index verwendet wird, müssen dessen Zusammensetzung und

---

[1]) Nr. 15.

Entwicklung transparent sein. ⁵Der Prüfungsbericht gemäß den §§ 102, 121 Absatz 3 und § 136 Absatz 3 des Kapitalanlagegesetzbuches hat Angaben darüber zu enthalten, ob das Vergleichsvermögen gemäß den Absätzen 1 bis 4 ordnungsgemäß ist.

(6) Nimmt die Kapitalverwaltungsgesellschaft eine wesentliche Änderung des Vergleichsmaßstabs im Sinne des Absatzes 3 vor, ist dies der Bundesanstalt unverzüglich und nachvollziehbar anzuzeigen; von der Anzeigepflicht ausgenommen sind Änderungen von Vergleichsmaßstäben für Spezial-AIF nach § 284 des Kapitalanlagegesetzbuches.

### § 10 Potenzieller Risikobetrag für das Marktrisiko.

(1) Der potenzielle Risikobetrag für das Marktrisiko ist mit Hilfe eines geeigneten eigenen Risikomodells im Sinne des § 1 Absatz 13 des Kreditwesengesetzes zu ermitteln.

(2) ¹Ein Risikomodell ist dann als geeignet anzusehen, wenn

1. es dem Risikoprofil und der Anlagestrategie des Investmentvermögens sowie der Komplexität der eingesetzten Derivate angemessen Rechnung trägt,

2. bei der Ermittlung der risikobeschreibenden Kennzahlen die quantitativen Größen nach § 11 zugrunde gelegt, mindestens die Risikofaktoren nach § 12 erfasst und die qualitativen Anforderungen nach § 13 eingehalten werden und

3. es eine befriedigende Prognosegüte aufweist.

²In begründeten Einzelfällen kann die Bundesanstalt ein Risikomodell auf Antrag auch bei Abweichungen von Absatz 2 als geeignet bestätigen.

(3) ¹Der Prüfungsbericht gemäß den §§ 102, 121 Absatz 3 und § 136 Absatz 3 des Kapitalanlagegesetzbuches[1] hat Angaben darüber zu enthalten, ob die Anforderungen nach Absatz 2 eingehalten sind. ²Das Recht der Bundesanstalt, die Einhaltung der Anforderungen nach Absatz 2 zu überprüfen oder eine Eignungsprüfung zu wiederholen, bleibt unberührt. ³Sind die Anforderungen nicht eingehalten, kann die Bundesanstalt geeignete Maßnahmen veranlassen.

### § 11 Quantitative Vorgaben.

(1) Bei der Ermittlung des potenziellen Risikobetrags für das Marktrisiko ist

1. anzunehmen, dass die zum Geschäftsschluss im Investmentvermögen befindlichen Finanzinstrumente oder Finanzinstrumentsgruppen weitere 20 Arbeitstage im Investmentvermögen gehalten werden,

2. ein einseitiges Prognoseintervall mit einem Wahrscheinlichkeitsniveau in Höhe von 99 Prozent zugrunde zu legen und

3. ein effektiver historischer Beobachtungszeitraum von mindestens einem Jahr zugrunde zu legen.

(2) ¹Abweichend von Satz 1 Nummer 1 ist die Annahme einer Haltedauer von weniger als 20 Arbeitstagen zulässig. ²Eine Abweichung von Satz 1 Nummer 2 ist bis zu einem Wahrscheinlichkeitsniveau von 95 Prozent zulässig. ³Bei einer Abweichung von Satz 1 Nummer 1 und 2 ist der Prozentsatz in § 7 Absatz 2 entsprechend anzupassen. ⁴Eine Abweichung von Satz 1 Nummer 3

---

[1] Nr. 15.

ist nur aufgrund außergewöhnlicher Marktbedingungen und nach vorheriger Zustimmung der Bundesanstalt im Sinne des § 10 Absatz 2 Satz 2 zulässig.

**§ 12 Zu erfassende Risikofaktoren.** (1) ¹Bei der Ermittlung des potenziellen Risikobetrags für das Marktrisiko sind alle nicht nur unerheblichen Marktrisikofaktoren in einer dem Umfang und der Struktur des Investmentvermögens angemessenen Weise zu berücksichtigen. ²Dabei sind sowohl das allgemeine als auch das besondere Marktrisiko zu berücksichtigen.

(2) Die den einbezogenen Optionsgeschäften eigentümlichen Risiken, die nicht in linearem Zusammenhang mit den Kurs-, Preis- oder Zinssatzschwankungen stehen, sind in angemessener Weise zu berücksichtigen.

(3) ¹Bei der Ermittlung des potenziellen Risikobetrags ist Folgendes gesondert in angemessener Weise zu berücksichtigen:
1. besondere Zinsänderungsrisiken für die nicht gleichförmige Entwicklung kurzfristiger und langfristiger Zinssätze (Zinsstrukturrisiken) und
2. die nicht gleichförmige Entwicklung der Zinssätze verschiedener, auf die gleiche Währung lautender zinsbezogener Finanzinstrumente mit vergleichbarer Restlaufzeit (Spreadrisiken).

²Bei der Ermittlung der Zinsstrukturrisiken sind eine dem Umfang des Investmentvermögens angemessene Anzahl und eine der Struktur des Investmentvermögens angemessene Verteilung von zeitmäßig bestimmten Zinsrisikozonen zu berücksichtigen. ³Die Anzahl der Zinsrisikozonen muss mindestens sechs betragen, sofern im jeweiligen Markt verfügbar.

(4) Bei der Ermittlung der Aktienkursrisiken sind Unterschiede in der Entwicklung der Kurse oder Preise von Produktgruppen und Produkten sowie Unterschiede in der Entwicklung von Kassa- und Terminpreisen in angemessener Weise zu berücksichtigen.

**§ 13 Qualitative Anforderungen; Risikocontrolling.** (1) Die Arbeits- und Ablauforganisation der Kapitalverwaltungsgesellschaft ist so zu gestalten, dass eine zeitnahe Ermittlung des potenziellen Risikobetrags für das Marktrisiko, insbesondere durch eine vollständige Erfassung aller Positionen des Investmentvermögens, gewährleistet ist; diese ist ausführlich zu dokumentieren.

(2) Die Risikocontrollingfunktion nach § 29 Absatz 1 des Kapitalanlagegesetzbuches[1] ist zuständig und verantwortlich für
1. die Erstellung, Überprüfung, Pflege und Weiterentwicklung der Risikomodelle,
2. die Überwachung des Prozesses zur Bestimmung und Zusammensetzung des Vergleichsvermögens nach § 9,
3. die Sicherstellung der Eignung des Risikomodells für das jeweilige Investmentvermögen,
4. die laufende Validierung des Risikomodells,
5. die Validierung und Implementierung eines dokumentierten und durch die Geschäftsleiter genehmigten Systems von Obergrenzen (Limite) von potenziellen Risikobeträgen für jedes Investmentvermögen in Übereinstimmung mit dessen Risikoprofil,

---

[1] Nr. 15.

6. die tägliche Ermittlung, Analyse und Kommentierung der potenziellen Risikobeträge und die Überwachung der Obergrenzen nach Nummer 5,
7. die regelmäßige Überwachung des Leverage des Investmentvermögens sowie
8. die regelmäßige Berichterstattung an die Geschäftsleiter bezüglich der aktuellen potenziellen Risikobeträge, der Prognosegüte nach § 14 und der Ergebnisse der Stresstests nach den §§ 28 bis 32.

(3) [1] Die mathematisch-statistischen Verfahren zur Ermittlung des potenziellen Risikobetrags für das Marktrisiko müssen eine hohe Präzision aufweisen. [2] Sie müssen mit den für die aktuelle Risikosteuerung angewendeten Verfahren übereinstimmen; zulässig sind nur Abweichungen von den in den §§ 11 und 12 Absatz 3 Satz 2 vorgeschriebenen quantitativen Vorgaben.

(4) [1] Die Kapitalverwaltungsgesellschaft muss über geeignete Verfahren zur Validierung des Risikomodells verfügen. [2] Die Angemessenheit muss in folgenden Fällen validiert und überprüft werden:
1. bei der Entwicklung des Risikomodells,
2. in regelmäßigen zeitlichen Abständen (laufende Validierung) und
3. bei jeder wesentlichen Änderung, die dazu führen könnte, dass das Risikomodell nicht mehr angemessen ist.

[3] Personen, die direkt in den Entwicklungsprozess des Risikomodells eingebunden sind, dürfen nicht in die Validierung bei der Entwicklung und bei wesentlichen Änderungen einbezogen sein. [4] Die laufende Validierung ist durch die Risikocontrollingfunktion entsprechend Absatz 2 Nummer 4 durchzuführen. [5] Validierung und Überprüfung der Angemessenheit sind angemessen zu dokumentieren und das Risikomodell ist bei Bedarf anzupassen.

(5) Die für die Zeitreihenanalysen verwendeten empirischen Daten der Entwicklung von Preisen, Kursen und Zinssätzen sowie deren Zusammenhänge sind regelmäßig, mindestens aber dreimonatlich zu aktualisieren; bei Bedarf sind sie unverzüglich zu aktualisieren.

(6) [1] Das Risikomodell einschließlich der zugehörigen Prozesse und der mathematisch-statistischen Verfahren ist zu dokumentieren. [2] Die Dokumentation beinhaltet zumindest die durch das Risikomodell erfassten Risiken, die mathematisch-statistischen Verfahren, Annahmen und Grundlagen, die Daten, die Angemessenheit der Risikobewertung, die Verfahren zur Validierung des Risikomodells, die Verfahren zur Ermittlung der Prognosegüte nach § 14, die Verfahren bezüglich der Stresstests nach den §§ 28 bis 34, den Gültigkeitsrahmen des Risikomodells sowie die operationelle Implementierung.

(7) Die Einhaltung der Anforderungen nach den Absätzen 1 bis 6 sowie des § 14 ist regelmäßig, mindestens aber einmal jährlich, von der Internen Revision zu überprüfen.

**§ 14 Prognosegüte.** [1] Die Prognosegüte eines Risikomodells ist mittels eines täglichen Vergleichs des anhand des Risikomodells auf der Basis einer Haltedauer von einem Arbeitstag ermittelten potenziellen Risikobetrags für das Marktrisiko mit der Wertveränderung der in die modellmäßige Berechnung einbezogenen einzelnen Finanzinstrumente oder Finanzinstrumentsgruppen nachweislich zu ermitteln (Backtesting). [2] Bei der Ermittlung der Prognosegüte sind die Finanzinstrumente oder Finanzinstrumentsgruppen, die sich zum Geschäftsschluss des Vortages im Investmentvermögen befunden haben, mit den jeweiligen Marktpreisen zum Geschäftsschluss neu zu bewerten. ³Die negative Differenz zum Bewertungsergebnis des Vortages ist festzustellen. ⁴Übersteigt der Absolutbetrag der nach Satz 2 ermittelten Wertveränderung den modellmäßig ermittelten potenziellen Risikobetrag für das Marktrisiko, so sind die Geschäftsleiter mindestens vierteljährlich und die Bundesanstalt vierteljährlich hierüber sowie über die Größe der Differenz, den Grund ihres Entstehens und gegebenenfalls eingeleitete Maßnahmen zur Verbesserung der Prognosegüte zu unterrichten. ⁵Die Anzeige hat auch die zugrunde gelegten Parameter nach § 11 Satz 1 Nummer 2 und 3 in Verbindung mit § 11 Satz 3 und 4 zu umfassen. ⁶Übersteigt die Zahl der Ausnahmen ein nicht angemessenes Niveau, kann die Bundesanstalt geeignete Maßnahmen veranlassen.

### Unterabschnitt 3. Einfacher Ansatz

**§ 15 Risikobegrenzung.** (1) Der Anrechnungsbetrag für das Marktrisiko nach § 16 Absatz 3 darf zu keinem Zeitpunkt den Wert des Investmentvermögens übersteigen.

(2) Enthält das Investmentvermögen unmittelbar oder mittelbar Vermögensgegenstände nach § 196 des Kapitalanlagegesetzbuches¹⁾, die Derivate enthalten, so ist in Absatz 1 der Wert des Investmentvermögens um den Wert dieser Vermögensgegenstände zu vermindern.

**§ 16 Anrechnungsbetrag für das Marktrisiko.** (1) ¹Der Anrechnungsbetrag für das Marktrisiko für Grundformen von Derivaten ist regelmäßig jeweils das Basiswertäquivalent. ²Dabei ist der Marktwert des Basiswertes zugrunde zu legen. ³Führt dies zu einer konservativeren Ermittlung, kann alternativ der Nominalwert oder der börsentäglich ermittelte Terminpreis bei Finanzterminkontrakten zugrunde gelegt werden.

(2) ¹Zur Bestimmung des Anrechnungsbetrags für das Marktrisiko hat die Kapitalverwaltungsgesellschaft die einzelnen Anrechnungsbeträge der jeweiligen Derivate und derivativer Komponenten sowie die einzelnen Anrechnungsbeträge für Wertpapier-Darlehen und Pensionsgeschäfte zu ermitteln. ²Des Weiteren hat sie mögliche Absicherungsgeschäfte nach § 19 zu identifizieren. ³Hierzu werden zunächst die Anrechnungsbeträge zwischen marktgegenläufigen Derivaten entsprechend den Vorgaben nach § 19 verrechnet. ⁴Der aus der Verrechnung resultierende Anrechnungsbetrag der einzelnen Derivate kann des Weiteren entsprechend § 19 mit den Marktwerten entsprechender nichtderivativer Vermögensgegenstände nach den §§ 193 bis 196, 198 und 231 des Kapitalanlagegesetzbuches¹⁾ verrechnet werden. ⁵Der aus der Verrechnung resultierende absolute Wert ist der Anrechnungsbetrag des jeweiligen Derivates.

(3) Der Anrechnungsbetrag für das Marktrisiko ist sodann zu ermitteln als Summe der absoluten Werte

1. der Anrechnungsbeträge der einzelnen Derivate und derivativen Komponenten nach den Absätzen 7 bis 9, die nicht in Verrechnungen nach § 19 einbezogen wurden,
2. der Anrechnungsbeträge, die aus Verrechnungen nach § 19 resultieren, und
3. der Anrechnungsbeträge aus der Wiederanlage von Sicherheiten nach § 21.

---

¹⁾ Nr. 15.

(4) Bei der Ermittlung des Anrechnungsbetrags ist die Basiswährung des Investmentvermögens unter Nutzung der aktuellen Wechselkurse zugrunde zu legen.

(5) Soweit ein Währungsderivat aus zwei Vertragsseiten besteht, die nicht in der Basiswährung des Investmentvermögens zu erfüllen sind, sind beide Vertragsseiten bei der Ermittlung des Anrechnungsbetrags mit einzubeziehen.

(6) ¹ Stellt ein Vermögensgegenstand eine Kombination von Derivaten oder eine Kombination von nach den §§ 193 bis 196 und 198 des Kapitalanlagegesetzbuches zulässigen Vermögensgegenständen mit Derivaten dar, ist sein Anrechnungsbetrag für das Marktrisiko die Summe der einzelnen Komponenten des Vermögensgegenstandes. ² Enthält ein Index, in den das Investmentvermögen investiert, Derivate oder weist der Index Leverage auf, so sind die Anrechnungsbeträge der entsprechenden Vermögensgegenstände in dem Index zu ermitteln und in die Berechnung nach Absatz 3 einzubeziehen.

(7) Der Anrechnungsbetrag für das Marktrisiko für Grundformen von Derivaten ist bei

1. Finanztermikontrakten die Anzahl der Kontrakte multipliziert mit dem Kontraktwert multipliziert mit dem Marktwert des Basiswertes, wobei der Marktwert des Basiswertes
   a) dem Marktwert der günstigsten lieferbaren Referenzanleihe entspricht, sofern der Basiswert eine Anleihe ist, oder
   b) dem aktuellen Stand des Basiswertes entspricht, sofern der Basiswert ein Finanzindex, Wechselkurs oder Zinssatz ist,
2. Optionen die Anzahl der Kontrakte multipliziert mit dem Kontraktwert multipliziert mit dem Marktwert des zugrunde liegenden Basiswertes multipliziert mit dem zugehörigen Delta nach § 18 Absatz 1, wobei der Marktwert des Basiswertes dem aktuellen Stand des Basiswertes entspricht, sofern der Basiswert ein Finanzindex, Wechselkurs oder Zinssatz ist,
3. Swaptions der Anrechnungsbetrag des Swaps multipliziert mit dem zugehörigen Delta,
4. Zinsswaps und Inflationsswaps
   a) der Marktwert des zugrunde liegenden Basiswertes oder
   b) der Nominalwert der festen Vertragsseite,
5. Währungsswaps, Zins-Währungsswaps und außerbörslichen Währungstermingeschäften der Nominalwert der Währungsseite oder -seiten,
6. Total Return Swaps der Marktwert des zugrundeliegenden Basiswertes; bei komplexen Total Return Swaps sind die Marktwerte beider Vertragsseiten zu addieren,
7. Credit Default Swaps, die sich auf einen einzelnen Basiswert beziehen (Single Name Credit Default Swaps),
   a) bezüglich des Verkäufers oder Sicherungsgebers der höhere Betrag des Marktwertes des zugrundeliegenden Basiswertes und des Nominalwertes des Credit Default Swaps und
   b) bezüglich des Käufers oder Sicherungsnehmers der Marktwert des zugrunde liegenden Basiswertes,
8. finanziellen Differenzgeschäften der Marktwert des zugrunde liegenden Basiswertes.

(8) Der Anrechnungsbetrag für das Marktrisiko für derivative Komponenten ist bei

1. Wandelanleihen die Anzahl der zugrunde liegenden Basiswerte multipliziert mit dem Marktwert der zugrunde liegenden Basiswerte multipliziert mit dem zugehörigen Delta,
2. Credit Linked Notes der Marktwert des zugrundeliegenden Basiswertes und
3. Optionsscheinen und Bezugsrechten die Anzahl multipliziert mit dem Kontraktwert multipliziert mit dem Marktwert des zugrunde liegenden Basiswertes multipliziert mit dem zugehörigen Delta.

(9) Der Anrechnungsbetrag für das Marktrisiko für komplexe Derivate ist bei

1. Finanzterminkontrakten, die sich auf die realisierte Varianz (realisierte Volatilität zum Quadrat eines Vermögensgegenstandes) beziehen (Varianz-Swaps), der Varianz-Nominalwert multipliziert mit der aktuellen Varianz zum Bestimmungszeitpunkt; ist eine Kappung der Volatilität vorgesehen, bestimmt sich der Anrechnungsbetrag als Varianz-Nominalwert multipliziert mit dem geringeren Betrag der aktuellen Varianz oder der Volatilitätskappungsgrenze zum Quadrat; die aktuelle Varianz bestimmt sich jeweils als Funktion der quadrierten realisierten und impliziten Volatilität; der Varianz-Nominalwert bestimmt sich als Nominalwert dividiert durch das Zweifache des vereinbarten Varianzpreises (Bezugspreis),
2. Finanzterminkontrakten, die sich auf die realisierte Volatilität eines Vermögensgegenstandes beziehen (Volatilitäts-Swaps), der Nominalwert multipliziert mit der aktuellen Volatilität zum Bestimmungszeitpunkt; ist eine Kappung der Volatilität vorgesehen, bestimmt sich der Anrechnungsbetrag als Nominalwert multipliziert mit dem geringeren Betrag der aktuellen Volatilität oder der Volatilitätskappungsgrenze; die aktuelle Volatilität bestimmt sich jeweils als Funktion der realisierten und impliziten Volatilität,
3. Schwellenoptionen die Anzahl der Kontrakte multipliziert mit dem Kontraktwert multipliziert mit dem Marktwert des zugrundeliegenden Basiswertes multipliziert mit dem maximalen Delta; das maximale Delta ist der höchste positive oder der niedrigste negative Wert, den das Delta unter Berücksichtigung aller potenziellen Marktszenarien erreichen kann.

**§ 17 Unberücksichtigte Derivate.** Bei der Ermittlung des Anrechnungsbetrags nach § 16 Absatz 3 dürfen unberücksichtigt bleiben:

1. Swaps, die die Entwicklung von Basiswerten, die in dem Investmentvermögen direkt gehalten werden, gegen die Entwicklung von anderen Basiswerten tauschen, sofern
   a) das Marktrisiko der getauschten Basiswerte aus dem Investmentvermögen vollständig eliminiert wird, so dass diese Vermögensgegenstände keinen Einfluss auf die Veränderung des Wertes des Investmentvermögens haben, und
   b) der Swap weder Optionsrechte einräumt noch Leverage oder sonstige zusätzliche Risiken enthält, die über die direkte Investition der relevanten Basiswerte hinausgehen, und
2. Derivate, die weder zusätzliches Marktrisikopotenzial noch Leverage generieren und denen entsprechende risikolose liquide Mittel zugeordnet werden können, so dass die Kombination aus Derivat und risikolosen liquiden

Mitteln der direkten Investition in den zugrunde liegenden Basiswert äquivalent ist.

**§ 18 Zugehöriges Delta.** (1) Das zugehörige Delta ist das Verhältnis der Veränderung des Wertes des Derivates zu einer als geringfügig angenommenen Veränderung des Wertes des Basiswertes.

(2) Die Kapitalverwaltungsgesellschaft ist verpflichtet, die zugehörigen Deltas auf geeignete und anerkannte Weise börsentäglich zu ermitteln, zu dokumentieren und der Verwahrstelle mitzuteilen.

**§ 19 Anerkennung von Absicherungsgeschäften.** (1) ¹Bei der Ermittlung des Anrechnungsbetrags für das Marktrisiko nach § 16 Absatz 3 können Absicherungsgeschäfte berücksichtigt werden. ²Dem Anrechnungsbetrag von marktgegenläufigen Derivaten wird hierzu ein negatives Vorzeichen zugeordnet. ³Die Anrechnungsbeträge von marktgegenläufigen Derivaten können mit den entsprechenden positiven Anrechnungsbeträgen von Derivaten sowie mit den Marktwerten von entsprechenden nichtderivativen Vermögensgegenständen nach den §§ 193 bis 196, 198 und 231 des Kapitalanlagegesetzbuches[1]) addiert und somit verrechnet werden. ⁴Der aus der Verrechnung resultierende Anrechnungsbetrag ist als absoluter Wert in die Summe nach § 16 Absatz 3 einzubeziehen. ⁵Verrechnungen dürfen nur unter der Voraussetzung erfolgen, dass

1. das derivative Geschäft einzig zum Zweck der Absicherung abgeschlossen worden ist,

2. durch die Verrechnung wesentliche Risiken nicht vernachlässigt werden,

3. der Anrechnungsbetrag der Derivate nach den Vorgaben des § 16 Absatz 1 Satz 1 ermittelt wird und

4. sich die Derivate beziehen auf

   a) den gleichen Basiswert oder einen Basiswert, der exakt dem abzusichernden nichtderivativen Vermögensgegenstand nach den §§ 193 bis 196 und 198 des Kapitalanlagegesetzbuches im Investmentvermögen entspricht, oder

   b) einen Basiswert, der nicht exakt dem abzusichernden nichtderivativen Vermögensgegenstand nach den §§ 193 bis 196, 198 und 231 des Kapitalanlagegesetzbuches im Investmentvermögen entspricht, sofern

      aa) das derivative Geschäft nicht auf einer Anlagestrategie beruht, die der Gewinnerzielung dient,

      bb) das Derivat zu einer nachweisbaren Reduktion des Risikos des Investmentvermögens führt,

      cc) das allgemeine und das besondere Marktrisiko des Derivates ausgeglichen werden,

      dd) die zu verrechnenden Derivate, Basiswerte oder Vermögensgegenstände der gleichen Art von Finanzinstrumenten angehören und

      ee) davon ausgegangen werden kann, dass die Absicherungsstrategie auch unter außergewöhnlichen Marktbedingungen effizient ist.

---

[1]) Nr. 15.

(2) ¹Für Investmentvermögen, die überwiegend in Derivate investiert sind, die sich auf Zinssätze beziehen (Zinsderivate), kann zum Zweck der Verrechnung von Anrechnungsbeträgen die Korrelation zwischen Laufzeitsegmenten der Zinsstrukturkurve nach der in § 20 beschriebenen Methode berücksichtigt werden. ²Die Methode nach § 20 darf nicht angewendet werden, wenn die Anwendung zu einer falschen Ermittlung des Risikoprofils des Investmentvermögens und zu überhöhtem Leverage führt und wenn wesentliche Risiken unberücksichtigt bleiben.

**§ 20 Absicherungen bei Zinsderivaten.** (1) Zur Verrechnung von Zinsderivaten nach § 19 Absatz 2 sind die Zinsderivate entsprechend den restlichen Zinsbindungsfristen der zugrunde liegenden Basiswerte den folgenden Laufzeitbändern zuzuordnen:

| Laufzeitband | Restliche Zinsbindungsfrist |
|---|---|
| 1 | bis zu 2 Jahren |
| 2 | über 2 bis zu 7 Jahren |
| 3 | über 7 bis zu 15 Jahren |
| 4 | über 15 Jahre |

(2) ¹Jedes Zinsderivat ist in das entsprechende Basiswertäquivalent umzurechnen. ²Das Basiswertäquivalent ergibt sich in diesem Fall entgegen den Vorgaben aus § 16 aus der Duration des Zinsderivats dividiert durch die Zielduration des Investmentvermögens multipliziert mit dem Marktwert des zugrunde liegenden Basiswertes. ³Die Zielduration des Investmentvermögens entspricht dem erwarteten Risikoniveau und der Duration des Investmentvermögens unter regulären Marktbedingungen und ergibt sich aus der Anlagestrategie.

(3) ¹Für jedes Laufzeitband sind die sich betragsmäßig entsprechenden Summen der Basiswertäquivalente mit gegenläufigen Zinsbindungsrichtungen (ausgeglichene Bandpositionen) sowie die verbleibenden Unterschiedsbeträge (offene Bandpositionen) zu ermitteln. ²Für jedes Laufzeitband sind die offenen Bandpositionen getrennt nach der Zinsbindungsrichtung zusammenzufassen.

(4) ¹Für zwei unmittelbar aneinander angrenzende Laufzeitbänder sind die sich betragsmäßig entsprechenden Summen der nach Absatz 3 Satz 2 zusammengefassten offenen Bandpositionen mit gegenläufigen Zinsbindungsrichtungen (ausgeglichene Position zweier angrenzender Bänder) sowie die verbleibenden Unterschiedsbeträge (offene Position zweier angrenzender Bänder) zu ermitteln. ²Für jedes Laufzeitband sind die offenen Positionen zweier angrenzender Bänder getrennt nach der Zinsbindungsrichtung zusammenzufassen.

(5) ¹Für zwei nicht unmittelbar aneinander angrenzende Laufzeitbänder sind die sich betragsmäßig entsprechenden Summen der nach Absatz 4 Satz 2 zusammengefassten offenen Positionen zweier angrenzender Bänder mit gegenläufigen Zinsbindungsrichtungen (ausgeglichene Position zweier nicht angrenzender Bänder) sowie die verbleibenden Unterschiedsbeträge (offene Position zweier nicht angrenzender Bänder) zu ermitteln. ²Satz 1 gilt nicht für Laufzeitband 1 in Verbindung mit Laufzeitband 4.

(6) Der Anrechnungsbetrag für das Marktrisiko ist sodann zu ermitteln als Summe der

1. mit 0 Prozent gewichteten Summe der ausgeglichenen Bandpositionen,

2. mit 40 Prozent gewichteten Summe der ausgeglichenen Positionen zweier angrenzender Bänder,
3. mit 75 Prozent gewichteten Summe der ausgeglichenen Positionen zweier nicht angrenzender Bänder und
4. mit 100 Prozent gewichteten verbleibenden offenen Positionen.

**§ 21 Wiederanlage von Sicherheiten.** (1) ¹Die Anlage von Sicherheiten im Rahmen von Derivaten, von Wertpapier-Darlehen nach den §§ 200 bis 202 des Kapitalanlagegesetzbuches[1]) und von Pensionsgeschäften nach § 203 des Kapitalanlagegesetzbuches muss bei der Ermittlung des Anrechnungsbetrags für das Marktrisiko nach § 16 Absatz 3 mit den zugehörigen Anrechnungsbeträgen einbezogen werden. ²Ausgenommen hiervon ist die Anlage in risikolose Mittel.

(2) Der zugehörige Anrechnungsbetrag entspricht bei Sicherheiten in Form von Bankguthaben dem Betrag der Sicherheiten oder bei Sicherheiten in Form von anderen Vermögensgegenständen dem Marktwert.

(3) Die Absätze 1 und 2 gelten für die Nutzung von Sicherheiten zu zusätzlichen Pensionsgeschäften entsprechend.

(4) In Pension genommene Wertpapiere oder empfangene Beträge nach § 203 des Kapitalanlagegesetzbuches gelten als Sicherheiten im Sinne der Absätze 1 bis 3.

**§ 22 Ermittlung des Anrechnungsbetrags für strukturierte Investmentvermögen.** Der Anrechnungsbetrag für das Marktrisiko für strukturierte Investmentvermögen kann alternativ für die einzelnen Auszahlungsprofile getrennt ermittelt werden, sofern

1. das Investmentvermögen passiv und entsprechend einer festgelegten Auszahlung nach Ablauf der Dauer des Investmentvermögens verwaltet wird und die Investitionen des Investmentvermögens der Sicherstellung der festgelegten Auszahlungen dienen,
2. die festgelegte Auszahlung in eine begrenzte Anzahl voneinander getrennter Szenarien unterteilt ist, die sich nach der Wertentwicklung der Basisinstrumente bestimmen und zu unterschiedlichen Auszahlungsprofilen führen,
3. während der Laufzeit des Investmentvermögens zu jedem Zeitpunkt nur ein Auszahlungsprofil relevant sein kann,
4. die gemäß § 5 Absatz 2 gewählte Methode angemessen ist und keine wesentlichen Risiken unberücksichtigt bleiben,
5. das Investmentvermögen eine begrenzte Dauer von höchstens neun Jahren hat,
6. nach einem anfänglichen Vertriebszeitraum keine weiteren Anteile des Investmentvermögens ausgegeben werden,
7. der maximale Verlust, der durch den Wechsel zwischen Auszahlungsprofilen entsteht, auf 100 Prozent des ersten Ausgabepreises begrenzt ist und
8. der Einfluss der Wertentwicklung eines Basisinstruments auf das Auszahlungsprofil bei einem Wechsel zwischen Szenarien die jeweiligen Anlage-

---
[1]) Nr. 15.

grenzen nach den §§ 206 und 207 des Kapitalanlagegesetzbuches[1)] bezogen auf den anfänglichen Wert des Investmentvermögens nicht übersteigt.

### Abschnitt 3. Kreditrisiko und Liquiditätsrisiko

### Unterabschnitt 1. Emittentenrisiko

**§ 23 Grundsatz.** (1) Bei der Berechnung der Auslastung der Anlagegrenzen nach den §§ 206 und 207 des Kapitalanlagegesetzbuches[1)] (Ausstellergrenzen) sind Derivate sowie derivative Komponenten, die von Wertpapieren, Geldmarktinstrumenten oder Investmentanteilen gemäß § 196 des Kapitalanlagegesetzbuches abgeleitet sind, einzubeziehen.

(2) Bei Pensionsgeschäften sind alle Vermögensgegenstände, die Gegenstand des Pensionsgeschäftes sind, in die Ausstellergrenzen einzubeziehen.

**§ 24 Anwendung des einfachen Ansatzes.** (1) [1]Für die Berechnung der Ausstellergrenzen nach § 23 Absatz 1 ist grundsätzlich der einfache Ansatz nach § 16 anzuwenden. [2]Dazu sind für die Derivate und derivativen Komponenten im Sinne des § 23 Absatz 1 die Anrechnungsbeträge für das Marktrisiko gemäß § 16 dem Aussteller des jeweiligen Basiswertes zuzurechnen. [3]Sind die Voraussetzungen des § 19 Absatz 1 Satz 5 Nummer 1 bis 3, 4 Buchstabe a erfüllt, können Derivate, deren Wertentwicklung entgegengesetzt zu der Wertentwicklung des Basiswertes verläuft, entsprechend verrechnet werden.

(2) [1]Die Kapitalverwaltungsgesellschaft darf bei offenen inländischen Spezial-AIF mit festen Anlagebedingungen unter den Voraussetzungen des § 284 Absatz 2 des Kapitalanlagegesetzbuches[1)] bei der Berechnung nach § 23 Absatz 1 unberücksichtigt lassen:
1. Credit Default Swaps, sofern sie ausschließlich und nachvollziehbar der Absicherung des Kreditrisikos von genau zuordenbaren Vermögensgegenständen des Investmentvermögens dienen, und
2. die Vermögensgegenstände, denen die Credit Default Swaps nach Nummer 1 direkt zugeordnet sind.

[2]Sichert ein Kreditderivat nur einen Teil des Kreditrisikos des zugeordneten Vermögensgegenstandes ab, so ist der verbleibende Teil in die Berechnung der Auslastung der Ausstellergrenzen einzubeziehen.

(3) [1]Die Ausstellergrenzen müssen nach Anrechnung und Verrechnung der Derivate eingehalten werden, so dass das tatsächliche Exposure des Investmentvermögens gemäß den Ausstellergrenzen diversifiziert ist. [2]Unabhängig von Verrechnungen müssen beim Einsatz von Total Return Swaps oder Derivaten mit ähnlichen Eigenschaften, die das tatsächliche Exposure des Investmentvermögens überwiegend beeinflussen, zusätzlich sowohl die direkt von dem Investmentvermögen gehaltenen Vermögensgegenstände (Grundinvestment) als auch die Basiswerte der Derivate den Ausstellergrenzen entsprechen.

### Unterabschnitt 2. Liquiditätsrisiko und Kontrahentenrisiko

**§ 25 Abschluss und Bewertung eines OTC-Derivates.** (1) Derivate, die nicht zum Handel an einer Börse zugelassen oder in einen anderen organisier-

---
[1)] Nr. 15.

ten Markt einbezogen sind (OTC-Derivate), darf die Kapitalverwaltungsgesellschaft nur mit geeigneten Kreditinstituten oder Finanzdienstleistungsinstituten auf der Grundlage standardisierter Rahmenverträge abschließen.

(2) [1] Die Kapitalverwaltungsgesellschaft hat eine transparente und faire Bewertung der OTC-Derivate auf täglicher Basis sicherzustellen. [2] Die Bewertung muss den Risiken der OTC-Derivate sowie der Art und Komplexität der OTC-Derivate Rechnung tragen und die Vorgaben der §§ 24 und 26 der Kapitalanlage-Rechnungslegungs- und Bewertungsverordnung[1]) erfüllen. [3] Sehen Verfahren für die Bewertung von OTC-Derivaten vor, dass Dritte bestimmte Aufgaben durchführen, müssen die Anforderungen des § 36 des Kapitalanlagegesetzbuches[2]) erfüllt werden. [4] Die Risikocontrollingfunktion nach § 29 Absatz 1 des Kapitalanlagegesetzbuches ist bei der Bewertung von OTC-Derivaten angemessen zu beteiligen. [5] Die OTC-Derivate müssen jederzeit zu einem angemessenen Zeitwert veräußert, liquidiert oder durch ein Gegengeschäft glattgestellt werden können.

### § 26 Kündbarkeit von Wertpapier-Darlehen und Pensionsgeschäften.

(1) [1] Die Kapitalverwaltungsgesellschaft muss berechtigt sein, jederzeit ein Wertpapier-Darlehen zu kündigen und zu beenden. [2] Alle im Rahmen des Wertpapier-Darlehens übertragenen Wertpapiere müssen jederzeit zurückübertragen werden können.

(2) Die Kapitalverwaltungsgesellschaft muss berechtigt sein, jederzeit

1. ein Pensionsgeschäft zu kündigen und zu beenden,
2. bei einem einfachen Pensionsgeschäft (Repo-Geschäft) die zugrunde liegenden Wertpapiere zurückzufordern und
3. bei einem umgekehrten Pensionsgeschäft (Reverse-Repo-Geschäft)
   a) den vollen Geldbetrag zurückzufordern oder
   b) den angelaufenen Geldbetrag in Höhe des Marktwertes des Reverse-Repo-Geschäftes zurückzufordern; anzusetzen ist der Marktwert des Reverse-Repo-Geschäftes bei der Bewertung des Nettoinventarwertes des Investmentvermögens.

(3) Pensionsgeschäfte mit einer Laufzeit von bis zu einer Woche gelten als Geschäfte, bei denen der volle Geldbetrag oder die zugrunde liegenden Wertpapiere jederzeit zurückgefordert werden können.

(4) [1] Eine AIF-Kapitalverwaltungsgesellschaft darf bei Sonstigen Investmentvermögen unter den Voraussetzungen des § 221 Absatz 7 des Kapitalanlagegesetzbuches[2]) von den Absätzen 1 und 2 abweichen. [2] Eine AIF-Kapitalverwaltungsgesellschaft kann bei Spezial-AIF mit festen Anlagebedingungen unter den Voraussetzungen des § 284 Absatz 2 des Kapitalanlagegesetzbuches von den Absätzen 1 und 2 abweichen.

(5) [1] Wertpapier-Darlehen und Pensionsgeschäfte sind im Rahmen des Liquiditätsrisikomanagementprozesses zu berücksichtigen. [2] Es ist sicherzustellen, dass den Rücknahmeverpflichtungen, die durch Wertpapier-Darlehen und Pensionsgeschäfte auftreten können, nachgekommen werden kann.

---

[1]) Nr. **15d**.
[2]) Nr. 15.

**§ 27 Anrechnungsbetrag für das Kontrahentenrisiko.** (1) ¹Derivate, Wertpapier-Darlehen und Pensionsgeschäfte dürfen nur insoweit abgeschlossen werden, als der Anrechnungsbetrag für das Kontrahentenrisiko des Vertragspartners 5 Prozent des Wertes des Investmentvermögens nicht überschreitet. ²Wenn der Vertragspartner ein Kreditinstitut mit Sitz in einem Mitgliedstaat der Europäischen Union oder einem anderen Vertragsstaat des Abkommens über den Europäischen Wirtschaftsraum ist oder seinen Sitz in einem Drittstaat hat und Aufsichtsbestimmungen unterliegt, die nach Ansicht der Bundesanstalt denjenigen des Gemeinschaftsrechtes gleichwertig sind, darf der Anrechnungsbetrag bis zu 10 Prozent des Wertes des Investmentvermögens betragen. ³Überschreitet der Anrechnungsbetrag für das Kontrahentenrisiko die Grenze nach Satz 1 oder Satz 2, darf die Kapitalverwaltungsgesellschaft weitere Geschäfte mit dem Vertragspartner nur tätigen, wenn der Anrechnungsbetrag dadurch nicht erhöht wird. ⁴Die Grenze gemäß § 200 Absatz 1 des Kapitalanlagegesetzbuches[1]) bleibt unberührt.

(2) ¹Die Kapitalverwaltungsgesellschaft kann bei Spezial-AIF mit festen Anlagebedingungen unter den Voraussetzungen des § 284 Absatz 2 des Kapitalanlagegesetzbuches von Absatz 1 abweichen. ²Der Grundsatz der Risikomischung nach § 282 Absatz 1 des Kapitalanlagegesetzbuches bleibt hiervon unberührt.

(3) ¹Derivate, bei denen eine zentrale Clearingstelle einer Börse oder eines anderen organisierten Marktes Vertragspartner ist, dürfen bei der Ermittlung des Anrechnungsbetrags nach Absatz 1 unberücksichtigt bleiben, wenn die Derivate einer täglichen Bewertung zu Marktkursen mit täglichem Marginausgleich unterliegen. ²Ansprüche an einen Zwischenhändler sind bei der Ermittlung des Anrechnungsbetrags nach Absatz 1 zu berücksichtigen, auch wenn das Derivat an einer Börse oder einem anderen organisierten Markt gehandelt wird.

(4) Der Anrechnungsbetrag für das Kontrahentenrisiko ist zu ermitteln aus der Summe der aktuellen, positiven Wiederbeschaffungswerte der Derivatpositionen, der Wertpapier-Darlehen und der Pensionsgeschäfte, die bezüglich eines Vertragspartners bestehen, zuzüglich des Wertes der von der Kapitalverwaltungsgesellschaft für Rechnung des Investmentvermögens gestellten Sicherheiten bezüglich eines Vertragspartners; diese Sicherheiten können bei rechtlich wirksamen zweiseitigen Aufrechnungsvereinbarungen saldiert werden.

(5) Bei rechtlich wirksamen zweiseitigen Aufrechnungsvereinbarungen und Schuldumwandlungsverträgen dürfen die positiven Wiederbeschaffungswerte und die negativen Wiederbeschaffungswerte der Derivatpositionen des Investmentvermögens bezüglich eines Vertragspartners saldiert werden.

(6) Bei der Berechnung des Anrechnungsbetrags für das Kontrahentenrisiko dürfen die Marktwerte der von dem Vertragspartner gestellten Sicherheiten unter Berücksichtigung hinreichender Sicherheitsmargenabschläge (Haircuts) abgezogen werden.

(7) ¹ Alle von einem Vertragspartner gestellten Sicherheiten
1. müssen aus Vermögensgegenständen bestehen, die für das Investmentvermögen nach Maßgabe des Kapitalanlagegesetzbuches erworben werden dürfen,

---

[1]) Nr. 15.

2. müssen hochliquide sein; Vermögensgegenstände, die keine Barmittel sind, gelten als hochliquide, wenn sie kurzfristig und nahe dem der Bewertung zugrunde gelegten Preis veräußert werden können und an einem liquiden Markt mit transparenten Preisfeststellungen gehandelt werden,
3. müssen einer zumindest börsentäglichen Bewertung unterliegen,
4. müssen von Emittenten mit einer hohen Kreditqualität ausgegeben werden und weitere Haircuts müssen vorgenommen werden, sofern nicht die höchste Bonität vorliegt und die Preise volatil sind,
5. dürfen nicht von einem Emittenten ausgegeben werden, der Vertragspartner selbst oder ein konzernangehöriges Unternehmen im Sinne des § 290 des Handelsgesetzbuchs ist,
6. müssen in Bezug auf Länder, Märkte und Emittenten angemessen risikodiversifiziert sein,
7. dürfen keinen wesentlichen operationellen Risiken oder Rechtsrisiken im Hinblick auf ihre Verwaltung und Verwahrung unterliegen,
8. müssen bei einer Verwahrstelle verwahrt werden, die der wirksamen öffentlichen Aufsicht unterliegt und vom Sicherungsgeber unabhängig ist oder vor einem Ausfall eines Beteiligten rechtlich geschützt sein, sofern sie nicht übertragen wurden,
9. müssen durch die Kapitalverwaltungsgesellschaft ohne Zustimmung des Sicherungsgebers überprüft werden können,
10. müssen für das Investmentvermögen unverzüglich verwertet werden können und
11. müssen rechtlichen Vorkehrungen für den Fall der Insolvenz des Sicherungsgebers unterliegen.

[2] Von einer angemessenen Diversifizierung gemäß Satz 1 Nummer 6 kann im Hinblick auf die Emittentenkonzentration ausgegangen werden, wenn der Wert der von einem Vertragspartner gestellten Sicherheit desselben Emittenten 20 Prozent des Wertes des Investmentvermögens nicht übersteigt. [3] Stellen mehrere Vertragspartner Sicherheiten, sind die Werte der Sicherheiten desselben Emittenten zu aggregieren; ihr Gesamtwert darf 20 Prozent des Wertes des Investmentvermögens nicht übersteigen. [4] Abweichend von den Sätzen 2 und 3 liegt eine angemessene Diversifizierung im Hinblick auf die Emittentenkonzentration auch dann vor, wenn es sich bei den zugunsten eines Investmentvermögens gestellten Sicherheiten ausschließlich um Wertpapiere oder Geldmarktinstrumente handelt, die begeben oder garantiert werden vom Bund, von einem Land, von einem anderen Mitgliedstaat der Europäischen Union oder dessen Gebietskörperschaften, von einem anderen Vertragsstaat des Abkommens über den Europäischen Wirtschaftsraum oder von den Gebietskörperschaften dieses Vertragsstaats, von einem Drittstaat oder von einer internationalen Organisation, der der Bund, ein anderer Mitgliedstaat der Europäischen Union oder ein anderer Vertragsstaat des Abkommens über den Europäischen Wirtschaftsraum angehört. [5] Die nach Satz 4 gestellten Sicherheiten müssen Wertpapiere oder Geldmarktinstrumente umfassen, die im Rahmen von mindestens sechs verschiedenen Emissionen begeben worden sind, wobei der Wert der im Rahmen derselben Emission begebenen Wertpapiere oder Geldmarktinstrumente 30 Prozent des Wertes des Investmentvermögens nicht überschreiten darf. [6] Die Kapitalverwaltungsgesellschaft kann bei Spezial-AIF

mit festen Anlagebedingungen unter den Voraussetzungen des § 284 Absatz 2 des Kapitalanlagegesetzbuches von den Sätzen 2 bis 5 abweichen.

(8) ¹Sicherheiten dürfen nicht wiederverwendet werden. ²Sicherheiten in Form von Bankguthaben dürfen nur in der Währung des Guthabens
1. unterhalten werden auf Sperrkonten
   a) bei der Verwahrstelle oder
   b) mit Zustimmung der Verwahrstelle bei anderen Kreditinstituten mit Sitz in einem Mitgliedstaat der Europäischen Union oder einem anderen Vertragsstaat des Abkommens über den Europäischen Wirtschaftsraum oder bei anderen Kreditinstituten mit Sitz in einem Drittstaat nach Maßgabe des § 195 Satz 2 zweiter Halbsatz des Kapitalanlagegesetzbuches oder
2. angelegt werden
   a) in Schuldverschreibungen, die eine hohe Qualität aufweisen und die vom Bund, von einem Land, der Europäischen Union, einem Mitgliedstaat der Europäischen Union oder seinen Gebietskörperschaften, einem anderen Vertragsstaat des Abkommens über den Europäischen Wirtschaftsraum oder einem Drittstaat ausgegeben worden sind,
   b) in Geldmarktfonds mit kurzer Laufzeitstruktur entsprechend den Richtlinien, die von der Bundesanstalt auf Grundlage von § 4 Absatz 2 des Kapitalanlagegesetzbuches erlassen worden sind, oder
   c) im Wege eines umgekehrten Pensionsgeschäftes mit einem Kreditinstitut, das die jederzeitige Rückforderung des aufgelaufenen Guthabens gewährleistet.

³Bei der Anlage der Sicherheiten in Form von Bankguthaben ist neben der Anrechnung auf die Anlagegrenzen gemäß den §§ 206 und 207 des Kapitalanlagegesetzbuches auch die Diversifizierung nach Absatz 7 Satz 2 zu beachten. ⁴Die Kapitalverwaltungsgesellschaft kann bei Spezial-AIF mit festen Anlagebedingungen unter den Voraussetzungen des § 284 Absatz 2 des Kapitalanlagegesetzbuches von den Anforderungen der Sätze 1 bis 3 abweichen. ⁵Sicherheiten in Form von anderen Vermögensgegenständen dürfen nicht veräußert, übertragen, verpfändet oder investiert werden.

(9) ¹Eine Kapitalverwaltungsgesellschaft muss über eine eindeutige Haircut-Strategie verfügen, die auf alle als Sicherheiten entgegengenommenen Arten von Vermögensgegenständen abgestimmt ist. ²Bei der Erarbeitung der Haircut-Strategie sind die Eigenschaften der Vermögensgegenstände wie das Ausfallrisiko des Emittenten, die Preisvolatilität und die Ergebnisse der gemäß § 32 durchgeführten Stresstests zu berücksichtigen. ³Die Haircut-Strategie ist zu dokumentieren. ⁴Sie dient der Rechtfertigung der Anwendung eines bestimmten Bewertungsabschlags auf einen Vermögensgegenstand.

(10) Risiken im Zusammenhang mit der Sicherheitenverwaltung, insbesondere operationelle und rechtliche Risiken, sind durch das Risikomanagement zu ermitteln, zu steuern und zu minimieren.

(11) Vermögensgegenstände, die das Investmentvermögen im Rahmen von Pensionsgeschäften erhält, gelten als Sicherheiten im Sinne dieser Vorschrift.

(12) Der Anrechnungsbetrag für das Kontrahentenrisiko ist bei der Berechnung der Auslastung der Anlagegrenzen nach § 206 Absatz 5 des Kapitalanlagegesetzbuches zu berücksichtigen.

(13) Konzernangehörige Unternehmen im Sinne des § 290 des Handelsgesetzbuchs gelten als ein Vertragspartner.

(14) Die Kapitalverwaltungsgesellschaft kann bei Nutzung eines organisierten Wertpapier-Darlehenssystems gemäß § 202 des Kapitalanlagegesetzbuches von Absatz 7 Satz 1 Nummer 5, 6 und 10 sowie Absatz 9 abweichen, wenn die Wahrung der Interessen der Anleger mittels einer entsprechenden Anwendung der Vorgaben durch System gewährleistet ist.

## Abschnitt 4. Stresstests

**§ 28 Allgemeine Vorschriften.** (1) ¹Die Kapitalverwaltungsgesellschaft hat für jedes Investmentvermögen Stresstests nach Maßgabe des § 30 durchzuführen. ²Ein Stresstest ist nur dann geeignet, wenn er die Anforderungen des § 29 erfüllt.

(2) ¹In einem Stresstest sind mögliche außergewöhnlich große Wertverluste des Investmentvermögens zu ermitteln, die aufgrund von ungewöhnlichen Änderungen der wertbestimmenden Parameter und ihrer Zusammenhänge entstehen können. ²Umgekehrt sind, soweit angemessen, die Änderungen der wertbestimmenden Parameter und ihrer Zusammenhänge zu ermitteln, die einen außergewöhnlich großen oder vermögensbedrohenden Wertverlust des Investmentvermögens zur Folge hätten.

(3) Ist eine genaue Bemessung der potenziellen Wertverluste des Investmentvermögens oder der Änderungen der wertbestimmenden Parameter und ihrer Zusammenhänge für einzelne Risikoarten nicht möglich, so darf die Kapitalverwaltungsgesellschaft an Stelle der Bemessung eine qualifizierte Schätzung setzen.

(4) ¹Die Stresstests müssen risikoadäquat in das Risikomanagement für das Investmentvermögen integriert sein. ²Die Ergebnisse der Stresstests müssen bei den Anlageentscheidungen für das Investmentvermögen angemessen berücksichtigt werden.

(5) Die Auslagerung der Durchführung von Stresstests bestimmt sich nach § 36 des Kapitalanlagegesetzbuches[1].

**§ 29 Qualitative Anforderungen.** (1) ¹Die Stresstests müssen sich auf alle Risiken erstrecken, die den Wert oder die Schwankungen des Wertes des Investmentvermögens nicht nur unwesentlich beeinflussen. ²Besonderes Gewicht muss auf denjenigen Risiken liegen, denen die im jeweiligen Investmentvermögen angewendete Methode nach den §§ 5 bis 22 nicht oder nur unvollständig Rechnung trägt.

(2) Die Stresstests müssen geeignet sein, mögliche Situationen zu analysieren, in denen der Wert des Investmentvermögens infolge des Einsatzes von Derivaten oder infolge einer Kreditaufnahme zu Lasten des Investmentvermögens mit negativem Vorzeichen behaftet ist.

(3) Die Stresstests müssen so gestaltet und durchgeführt werden, dass sie auch diejenigen Risiken angemessen berücksichtigen, die möglicherweise erst infolge einer Stresssituation Bedeutung erlangen, beispielsweise das Risiko ungewöhnlicher Korrelationsveränderungen oder illiquider Märkte.

---

[1] Nr. 15.

**§ 30 Häufigkeit, Anpassung.** (1) ¹Die Stresstests sind mindestens monatlich durchzuführen. ²Darüber hinaus sind Stresstests dann durchzuführen, wenn nicht ausgeschlossen werden kann, dass sich ihre Ergebnisse durch eine Änderung des Wertes oder der Zusammensetzung des Investmentvermögens oder durch eine Änderung in den Marktgegebenheiten wesentlich ändern.

(2) ¹Die Gestaltung der Stresstests ist fortlaufend an die Zusammensetzung des Investmentvermögens und an die für das Investmentvermögen relevanten Marktgegebenheiten anzupassen. ²Bei jeder Änderung der Gestaltung der Stresstests sind der bisherige und der geänderte Stresstest mindestens einmal parallel durchzuführen.

**§ 31 Dokumentation, Überprüfung.** (1) ¹Die Kapitalverwaltungsgesellschaft muss eine nachvollziehbare Richtlinie für die Gestaltung und die fortlaufende Anpassung der Stresstests erstellen. ²Auf Grundlage der Richtlinie ist für jedes Investmentvermögen ein Programm für die Durchführung von Stresstests zu entwickeln. ³Die Geeignetheit des Programms für das Investmentvermögen ist im Programm darzulegen. ⁴Die durchgeführten Stresstests und deren Ergebnisse sind für jedes Investmentvermögen nachvollziehbar zu dokumentieren. ⁵In der Dokumentation sind Abweichungen von dem Programm gemäß Satz 2 zu begründen.

(2) ¹Der Prüfungsbericht gemäß den §§ 102, 121 Absatz 3 und § 136 Absatz 3 des Kapitalanlagegesetzbuches[1)] hat Angaben darüber zu enthalten, ob die Stresstests gemäß § 29 ordnungsgemäß gestaltet und gemäß § 30 ordnungsgemäß durchgeführt wurden. ²Die Prüfungspflicht erstreckt sich auch auf § 28 Absatz 4 und 5.

**§ 32 Zusätzliche Stresstests im Rahmen der Sicherheitenverwaltung.**

(1) Die Kapitalverwaltungsgesellschaft hat für jedes Investmentvermögen, für das Sicherheiten in Höhe von mindestens 30 Prozent des Wertes des Investmentvermögens gestellt werden, geeignete Stresstests durchzuführen, die sowohl normale als auch außergewöhnliche Liquiditätsbedingungen berücksichtigen, um das mit den Sicherheiten verbundene Liquiditätsrisiko zu bewerten.

(2) ¹Die Strategie für diese Stresstests ist in der Richtlinie gemäß § 31 festzuschreiben. ²Die Strategie muss insbesondere enthalten:
1. ein Konzept für die Stresstest-Szenarioanalyse, einschließlich Kalibrierungs-, Zertifizierungs- und Sensitivitätsanalyse,
2. den empirischen Ansatz für die Folgenabschätzung, einschließlich Backtesting von Liquiditätsrisikoschätzungen,
3. Berichtshäufigkeit, Meldegrenzen und Verlusttoleranzschwellen und
4. Maßnahmen zur Eindämmung von Verlusten, einschließlich Haircut-Strategie und Gap-Risiko-Schutz.

### Abschnitt 5. Strukturierte Produkte mit derivativer Komponente

**§ 33 Erwerb strukturierter Produkte.** (1) Ein strukturiertes Produkt darf für ein Investmentvermögen nur erworben werden, wenn sichergestellt ist, dass nur solche Komponenten Einfluss auf das Risikoprofil und die Preisbildung des

---

[1)] Nr. 15.

Produktes haben, die auch direkt für das Investmentvermögen erworben werden dürfen.

(2) ¹Bei Anwendung des einfachen Ansatzes ist ein strukturiertes Produkt für die Ermittlung der Anrechnungsbeträge für das Marktrisiko gemäß § 16 und für die Einbeziehung bei der Berechnung der Auslastung der Ausstellergrenzen gemäß den §§ 23 und 24 in seine Komponenten zu zerlegen und als Kombination dieser Komponenten gemäß § 16 Absatz 6 auf die jeweiligen Anlagegrenzen anzurechnen. ²Die Zerlegung ist nachvollziehbar zu dokumentieren.

**§ 34 Organisation.** (1) ¹Die Kapitalverwaltungsgesellschaft hat die Investition in strukturierte Produkte in einer Richtlinie zu regeln, die eine detaillierte Beschreibung der Arbeitsabläufe, Verantwortungsbereiche und Kontrollen enthält. ²Die Richtlinie ist regelmäßig zu aktualisieren. ³In der Richtlinie muss mindestens Folgendes näher bestimmt sein:

1. eine formalisierte Ordnungsmäßigkeitsprüfung vor Erwerb des Produktes, in der die Struktur und das vollständige Risikoprofil des Produktes analysiert und beurteilt werden;
2. Maßnahmen für den Fall, dass das Produkt während seiner Laufzeit die nach Nummer 1 festgestellten Qualitätsmerkmale unterschreitet;
3. die Abbildung der speziellen Risikostruktur der Produkte im Risikomanagementsystem und im Risikomesssystem, insbesondere die Zerlegung strukturierter Produkte nach § 33 Absatz 2;
4. eine ordnungsgemäße Preisfeststellung, insbesondere bei illiquiden Produkten.

(2) ¹Für Produkte, mit denen die Kapitalverwaltungsgesellschaft bereits hinreichend Erfahrung hat, darf die Richtlinie ein vereinfachtes Verfahren vorsehen, soweit dies im Einzelfall angemessen ist. ²Die Kapitalverwaltungsgesellschaft hat die ordnungsgemäße Durchführung des in der Richtlinie festgelegten Verfahrens für jedes Investmentvermögen zu dokumentieren. ³Der Prüfungsbericht gemäß den §§ 102, 121 Absatz 3 und § 136 Absatz 3 des Kapitalanlagegesetzbuches[1)] hat Angaben darüber zu enthalten, ob die Kapitalverwaltungsgesellschaft das in der Richtlinie festgelegte Verfahren gemäß Absatz 1 ordnungsgemäß gestaltet und durchgeführt hat. ⁴Unzulänglichkeiten des Verfahrens sind im Prüfungsbericht aufzuzeigen.

## Abschnitt 6. Besondere Veröffentlichungs- und Meldebestimmungen

**§ 35 Angaben im Verkaufsprospekt eines Publikumsinvestmentvermögens.** (1) Der Verkaufsprospekt eines Publikumsinvestmentvermögens gemäß § 165 des Kapitalanlagegesetzbuches[1)] muss beim Einsatz von Total Return Swaps oder anderen Derivaten, die einen wesentlichen Einfluss auf die Anlagestrategie des Investmentvermögens haben, die folgenden Angaben enthalten:

1. Informationen zur zugrunde liegenden Strategie und zur Zusammensetzung des Anlageportfolios oder des Indexes nach Einsatz des Derivates,
2. Informationen zu den Vertragspartnern bei OTC-Derivaten,

---
[1)] Nr. 15.

3. eine Beschreibung des Kontrahentenrisikos und der Auswirkungen, die ein Ausfall des Vertragspartners auf die Erträge der Anleger hat,
4. den Umfang, in dem der Vertragspartner einen Ermessensspielraum bei der Zusammensetzung oder Verwaltung des Anlageportfolios des Investmentvermögens oder der Basiswerte der Derivate besitzt, sowie Angaben darüber, ob der Vertragspartner Geschäften im Zusammenhang mit dem Anlageportfolio des Investmentvermögens zustimmen muss,
5. den Vertragspartner, der die Portfolioverwaltung im Sinne des § 2 Absatz 3 übernimmt.

(2) Der Verkaufsprospekt eines Publikumsinvestmentvermögens gemäß § 165 des Kapitalanlagegesetzbuches muss die folgenden Angaben enthalten, wenn das Investmentvermögen unter Einsatz von Leverage einen Index nachbildet oder wenn der nachgebildete Index selbst Leverage aufweist:
1. eine Beschreibung der Leverage-Strategie und Informationen über die Art und Weise, wie diese Strategie umgesetzt wird, insbesondere darüber, inwiefern sich der Leverage aus dem Index oder aus dessen Abbildung ergibt,
2. eine Darstellung der Kosten des Leverage, sofern relevant,
3. eine Beschreibung des umgekehrten Leverage (Reverse-Leverage), sofern relevant,
4. Informationen darüber, ob und in welchem Ausmaß die Wertentwicklung des Investmentvermögens mittel- bis langfristig vom Vielfachen der Indexentwicklung abweichen kann.

(3) ¹Der Verkaufsprospekt eines Publikumsinvestmentvermögens gemäß § 165 des Kapitalanlagegesetzbuches muss beim Einsatz von Wertpapier-Darlehen und Pensionsgeschäften die folgenden Angaben enthalten:
1. Informationen zur Absicht, Wertpapier-Darlehen und Pensionsgeschäfte einzusetzen,
2. die ausführliche Beschreibung der Risiken, die mit dem Einsatz von Wertpapier-Darlehen und Pensionsgeschäften verbunden sind, einschließlich des Kontrahentenrisikos,
3. die ausführliche Beschreibung der möglichen Interessenkonflikte,
4. die Darstellung der möglichen Auswirkungen der Risiken und Interessenkonflikte nach den Nummern 2 und 3 auf die Entwicklung des Investmentvermögens,
5. eine Beschreibung des Vorgehens bezüglich der direkten und indirekten Kosten und Gebühren, die durch den Einsatz der Geschäfte entstehen und die Erträge des Investmentvermögens reduzieren,
6. das Unternehmen, das zur Durchführung der Wertpapier-Darlehen oder Pensionsgeschäfte eingebunden wird und an das Gebühren nach Nummer 5 gezahlt werden, oder die Angabe, dass die Kapitalverwaltungsgesellschaft selbst die Geschäfte tätigt,
7. die Angabe, ob und gegebenenfalls auf welche Weise das Unternehmen nach Nummer 6 mit der Kapitalverwaltungsgesellschaft oder der Verwahrstelle des Investmentvermögens verbunden ist.

²Die Angaben nach Satz 1 Nummer 6 und 7 können alternativ zusammen im Jahresbericht erfolgen.

(4) ¹Der Verkaufsprospekt eines Publikumsinvestmentvermögens gemäß § 165 des Kapitalanlagegesetzbuches muss eindeutige Informationen zur Sicherheitenstrategie enthalten. ²Hierzu zählen Angaben zu zulässigen Arten von Sicherheiten, zum erforderlichen Umfang der Besicherung und zur Haircut-Strategie sowie, im Fall von Barsicherheiten, zur Strategie für die Anlage der Sicherheiten einschließlich der damit verbundenen Risiken. ³Sofern die Sicherheitenstrategie eine erhöhte Emittentenkonzentration nach § 27 Absatz 7 Satz 4 vorsieht, muss der Verkaufsprospekt gesonderte Darlegungen hierzu enthalten und dabei die Emittenten oder Garanten derjenigen Sicherheiten benennen, deren Wert mehr als 20 Prozent des Wertes des Investmentvermögens ausmachen kann.

(5) Die zur Ermittlung der Grenzauslastung nach § 5 angewendete Methode ist im Verkaufsprospekt eines Publikumsinvestmentvermögens darzustellen.

(6) Sofern der qualifizierte Ansatz nach den §§ 7 bis 14 angewendet wird, muss der Verkaufsprospekt eines OGAW Angaben zu dem erwarteten Umfang des Leverage enthalten sowie auf die Möglichkeit eines höheren Leverage hinweisen.

(7) Sofern die Grenzauslastung nach § 7 Absatz 1 ermittelt wird, muss der Verkaufsprospekt eines Publikumsinvestmentvermögens Angaben zu dem Vergleichsvermögen nach § 9 enthalten.

(8) Sofern der Anrechnungsbetrag nach § 22 für strukturierte Investmentvermögen ermittelt wird, muss der Verkaufsprospekt eines Publikumsinvestmentvermögens
1. eine nachvollziehbare Beschreibung der Auszahlungsprofile, der Szenarien und Basisinstrumente enthalten sowie
2. einen Warnhinweis an hervorgehobener Stelle enthalten, dass Anteilsrückgaben vor Ablauf der Dauer des Investmentvermögens nicht zu der festgelegten Auszahlung führen und dass daraus möglicherweise signifikante Verluste resultieren.

**§ 36 Angaben in den wesentlichen Anlegerinformationen.** Die Informationen nach § 35 Absatz 2 sind in zusammengefasster Form auch in den wesentlichen Anlegerinformationen gemäß § 166 des Kapitalanlagegesetzbuches[1)] darzustellen.

**§ 37 Angaben im Jahresbericht.** (1) Der Jahresbericht eines Investmentvermögens muss beim Einsatz von Derivaten die folgenden Angaben enthalten:
1. das Exposure, das durch Derivate erzielt wird,
2. die Vertragspartner der derivativen Geschäfte,
3. die Art und Höhe der entgegengenommenen Sicherheiten.

(2) Der Jahresbericht eines Investmentvermögens muss beim Einsatz von Wertpapier-Darlehen und Pensionsgeschäften die folgenden Angaben enthalten:
1. das Exposure, das durch Wertpapier-Darlehen und Pensionsgeschäfte erzielt wird,
2. die Vertragspartner der Wertpapier-Darlehen und Pensionsgeschäfte,

---
¹⁾ Nr. 15.

3. die Art und Höhe der entgegengenommenen Sicherheiten,
4. die Erträge, die sich aus den Wertpapier-Darlehen und Pensionsgeschäften für den gesamten Berichtszeitraum ergeben, einschließlich der angefallenen direkten und indirekten Kosten und Gebühren.

(3) Die zur Ermittlung der Grenzauslastung nach § 5 angewendete Methode ist im Jahresbericht des Investmentvermögens darzustellen.

(4) [1] Sofern der qualifizierte Ansatz nach den §§ 7 bis 14 angewendet wird, sind die für das Investmentvermögen im Geschäftsjahr ermittelten potenziellen Risikobeträge für das Marktrisiko im Jahresbericht zu benennen. [2] Dabei sind mindestens der kleinste, der größte und der durchschnittliche potenzielle Risikobetrag anzugeben. [3] Die Darstellung muss auch Angabenzum Risikomodell nach § 10 und zu den Parametern nach § 11 enthalten. [4] Im Jahresbericht eines OGAW ist auch der im Geschäftsjahr genutzte Umfang des Leverage anzugeben.

(5) Sofern die Grenzauslastung nach § 7 Absatz 1 ermittelt wird, muss der Jahresbericht die Zusammensetzung des Vergleichsvermögens nach § 9 enthalten.

(6) [1] Weisen die zugunsten des Investmentvermögens gestellten Sicherheiten im Berichtszeitraum eine erhöhte Emittentenkonzentration nach § 27 Absatz 7 Satz 4 auf, so sind im Jahresbericht die Emittenten oder Garanten derjenigen Sicherheiten zu benennen, deren Wert mehr als 20 Prozent des Wertes des Investmentvermögens ausgemacht haben. [2] Dabei ist anzugeben, ob sämtliche Sicherheiten in Form von Wertpapieren gestellt wurden, die der Bund, ein anderer Mitgliedstaat der Europäischen Union oder ein anderer Vertragsstaat des Abkommens über den Europäischen Wirtschaftsraum begeben oder garantiert hat.

**§ 38 Berichte über Derivate.** (1) [1] Die Kapitalverwaltungsgesellschaft hat für jeden OGAW zum Ende des Kalenderjahres oder des Geschäftsjahres (Berichtsstichtag) und zusätzlich jederzeit auf Anforderung der Bundesanstalt einen Bericht über die verwendeten Derivate und strukturierten Produkte mit derivativer Komponente zu erstellen. [2] Für offene Publikums-AIF gemäß § 214 des Kapitalanlagegesetzbuches[1)] und für Spezial-AIF nach § 284 des Kapitalanlagegesetzbuches ist der Bericht nur auf Anforderung der Bundesanstalt zu erstellen. [3] Der Bericht ist der Bundesanstalt jeweils unverzüglich einzureichen.

(2) Der Bericht muss enthalten:
1. eine Aufstellung der in der Berichtsperiode eingesetzten Arten von Derivaten und strukturierten Produkten mit derivativer Komponente einschließlich der wesentlichen Risiken, die ihnen zugrunde liegen, die nach § 5 Absatz 2 gewählte Methode zur Bemessung dieser Risiken, den Zweck des Einsatzes der Arten von Derivaten und derivativen Komponenten in Bezug auf die Anlagestrategie sowie das Risikoprofil des Investmentvermögens,
2. die Angaben nach § 36,
3. eine Aufstellung der zum Berichtsstichtag im Investmentvermögen eingesetzten Derivate, ihre jeweiligen Anrechnungsbeträge für das Marktrisiko nach § 7 oder § 16, für das Emittentenrisiko nach § 23 sowie für das Kontrahentenrisiko nach § 27 einschließlich der Darstellung eventueller Ver-

---

[1)] Nr. 15.

rechnungen sowie die Darstellung der Auslastung der jeweiligen Grenzen und

4. gegebenenfalls weitere Informationen, die die Bundesanstalt bei der Anforderung festlegt.

(3) Die Bundesanstalt kann der Deutschen Bundesbank, der Europäischen Wertpapier- und Marktaufsichtsbehörde und dem Europäischen Ausschuss für Systemrisiken die nach den Absätzen 1 und 2 eingehenden Informationen zum Zweck der Überwachung von Systemrisiken übermitteln.

## Abschnitt 7. Schlussbestimmungen

**§ 39 Anwendbarkeit.** Die Vorschriften dieser Verordnung sind entsprechend anzuwenden

1. auf die Tätigkeit einer EU-OGAW-Verwaltungsgesellschaft, die inländische OGAW verwaltet, und
2. auf die Tätigkeit einer EU-AIF-Verwaltungsgesellschaft, die inländische offene Spezial-AIF mit festen Anlagebedingungen verwaltet.

**§ 40 Übergangsbestimmungen.** (1) Die Derivateverordnung vom 6. Februar 2004 (BGBl. I S. 153) in der bis zum 21. Juli 2013 geltenden Fassung ist auf die am 21. Juli 2013 bestehenden AIF-Kapitalverwaltungsgesellschaften und AIF weiterhin anzuwenden, solange für diese nach den Übergangsvorschriften der §§ 345 bis 350 des Kapitalanlagegesetzbuches[1] weiterhin die Vorschriften des Investmentgesetzes anwendbar sind.

(2) Auf die am 6. September 2019 bestehenden Investmentvermögen kann § 24 Absatz 2 in seiner bis zum 5. September 2019 geltenden Fassung noch bis zum 5. Juni 2020 angewendet werden.

**§ 41 Inkrafttreten, Außerkrafttreten.** [1] Diese Verordnung tritt am 22. Juli 2013 in Kraft. [2] Gleichzeitig tritt die Derivateverordnung vom 6. Februar 2004 (BGBl. I S. 153), die durch Artikel 1 der Verordnung vom 28. Juni 2011 (BGBl. I S. 1278) geändert worden ist, außer Kraft.

---

[1] Nr. **15**.

## 15c. Verordnung zum elektronischen Anzeigeverfahren für inländische Investmentvermögen und EU-Investmentvermögen nach dem Kapitalanlagegesetzbuch (EAKAV)

Vom 16. Juli 2013
(BGBl. I S. 2477)

FNA 7612-3-3

Auf Grund des § 312 Absatz 8 Satz 1 und des § 331 Absatz 2 Satz 2 des Kapitalanlagegesetzbuches[1)] vom 4. Juli 2013 (BGBl. I S. 1981) in Verbindung mit § 1 Nummer 3a der Verordnung zur Übertragung von Befugnissen zum Erlass von Rechtsverordnungen auf die Bundesanstalt für Finanzdienstleistungsaufsicht, die zuletzt durch Artikel 1 der Verordnung vom 11. Juli 2013 (BGBl. I S. 2231) geändert worden ist, verordnet die Bundesanstalt für Finanzdienstleistungsaufsicht:

**§ 1 Anwendungsbereich.** Diese Verordnung ist anzuwenden auf die Übermittlung des Anzeigeschreibens und der weiteren Unterlagen an die Bundesanstalt für Finanzdienstleistungsaufsicht (Bundesanstalt) nach

1. § 312 Absatz 1 und 4 des Kapitalanlagegesetzbuches[1)] durch OGAW-Kapitalverwaltungsgesellschaften und EU-OGAW-Verwaltungsgesellschaften, die Anteile oder Aktien an einem von ihnen verwalteten inländischen OGAW in einem anderen Mitgliedstaat der Europäischen Union oder in einem anderen Vertragsstaat des Abkommens über den Europäischen Wirtschaftsraum zu vertreiben beabsichtigen, oder durch eine von ihnen entsprechend bevollmächtigte Person,

2. § 331 Absatz 1 und 3 des Kapitalanlagegesetzbuches durch AIF-Kapitalverwaltungsgesellschaften, die Anteile oder Aktien an einem von ihnen verwalteten EU-AIF oder an einem von ihnen verwalteten inländischen AIF in anderen Mitgliedstaaten der Europäischen Union oder in Vertragsstaaten des Abkommens über den Europäischen Wirtschaftsraum an professionelle Anleger zu vertreiben beabsichtigen, oder durch eine von ihnen entsprechend bevollmächtigte Person.

**§ 2 Einzelanzeigen und Möglichkeit der Zusammenfassung von Anzeigen; Vollmacht.** (1) Die Anzeigen nach § 312 Absatz 1 und § 331 Absatz 1 des Kapitalanlagegesetzbuches[1)] sind für jedes Investmentvermögen einzeln vorzunehmen.

(2) Abweichend von Absatz 1 kann die Anzeige für mehrere Teilinvestmentvermögen einer Umbrella-Konstruktion durch ein einziges Anzeigeschreiben erfolgen.

(3) Wird die Anzeige durch eine bevollmächtigte Person vorgenommen, ist der Anzeige eine gültige Vollmacht beizufügen.

---

[1)] Nr. 15.

**§ 3 Übertragungsweg.** (1) Die Anzeige ist der Bundesanstalt über deren Melde- und Veröffentlichungsplattform Portal (MVP Portal)[1] zu übermitteln.

(2) [1] Die Zulassung zur Nutzung des MVP Portals richtet sich nach dem von der Bundesanstalt vorgesehenen Verfahren. [2] Die Einzelheiten sind dem Benutzerhandbuch zum MVP Portal zu entnehmen. [3] Dem unterschriebenen Zugangsantrag ist eine von der Geschäftsleitung der OGAW-Kapitalverwaltungsgesellschaft, EU-OGAW-Verwaltungsgesellschaft oder AIF-Kapitalverwaltungsgesellschaft unterschriebene Erklärung darüber beizufügen, dass die Person, die die Zulassung beantragt, für die Gesellschaft tätig und zur Übermittlung von Anzeigen nach dieser Verordnung befugt ist. [4] Änderungen der Angaben in dieser Bescheinigung sind der Bundesanstalt unverzüglich mitzuteilen. [5] Satz 3 ist nicht anzuwenden, wenn die Geschäftsleiter selbst die Zulassung beantragen. [6] Die Sätze 3 bis 5 gelten für bevollmächtigte Personen mit der Maßgabe, dass an die Stelle der Geschäftsleitung die bevollmächtigte Person tritt.

**§ 4 Übertragungsformate.** (1) Das Anzeigeschreiben und die weiteren Unterlagen sind ausschließlich in den Dateiformaten PDF, DOC oder DOCX zu übermitteln.

(2) [1] Die im Rahmen einer Anzeige zu übermittelnden Dateien sind vom Anzeigepflichtigen vor der Übermittlung zweifach als ZIP-Datei zu verpacken. [2] Weder das innere noch das äußere ZIP-Paket darf mit einem Passwort versehen werden.

(3) Die Übermittlung mehrerer Anzeigen in einer ZIP-Datei ist nicht zulässig.

**§ 5 Bezeichnung der zu übermittelnden Dateien.** (1) [1] Für die Anzeige nach § 312 Absatz 1 des Kapitalanlagegesetzbuches[2] sind die in der inneren ZIP-Datei verpackten Dateien wie folgt zu bezeichnen:
1. Anzeigeschreiben:
 BaFin-ID und Bezeichnung „Notification Letter",
2. Anlagebedingungen:
 BaFin-ID und Bezeichnung „Terms and Conditions for Investment",
3. Satzung:
 BaFin-ID und Bezeichnung „Articles of Association",
4. Verkaufsprospekt:
 BaFin-ID und Bezeichnung „Prospectus",
5. Jahresbericht:
 BaFin-ID und Bezeichnung „Annual Report",
6. Halbjahresbericht:
 BaFin-ID und Bezeichnung „Half-yearly Report",
7. wesentliche Anlegerinformationen:
 BaFin-ID und Bezeichnung „Key Investor Information",
8. zusätzliche Dokumente, die der Anzeige gemäß Teil B Nummer 3 des Anzeigeschreibens nach den Rechts- und Verwaltungsvorschriften des jeweiligen Aufnahmemitgliedstaates beizufügen sind:

---

[1] **Amtl. Anm.:** Amtlicher Hinweis: Im Internet abrufbar unter www.bafin.de in der Rubrik „Daten & Dokumente – MVP Portal/Meldeplattform – MVP Portal".
[2] Nr. **15**.

BaFin-ID und eine den Inhalt kennzeichnende Bezeichnung,

9. Anschreiben zur Ergänzungsanzeige nach § 6 Satz 3:
BaFin-ID und Bezeichnung „Ergänzungsanzeige".

²Die äußere und die darin enthaltene innere ZIP-Datei sind wie folgt zu bezeichnen:
„P312KAGB_" + BaFin-ID + „_beliebiger Dateiname.zip".

(2) ¹Für die Anzeige nach § 331 Absatz 1 des Kapitalanlagegesetzbuches sind die in der inneren ZIP-Datei verpackten Dateien wie folgt zu bezeichnen:

1. Anzeigeschreiben:
BaFin-ID und Bezeichnung „Notification Letter",

2. Anlagebedingungen einerseits oder andererseits Satzung oder Gesellschaftsvertrag:
BaFin-ID und Bezeichnung „Terms and Conditions for Investment" einerseits oder andererseits „Articles of Association",

3. Jahresbericht:
BaFin-ID und Bezeichnung „Annual Report",

4. Anschreiben zur Ergänzungsanzeige nach § 6 Satz 3:
BaFin-ID und Bezeichnung „Ergänzungsanzeige".

²Die äußere und die darin enthaltene innere ZIP-Datei sind wie folgt zu bezeichnen:
„P331KAGB_" + BaFin-ID + „_beliebiger Dateiname.zip".

(3) Eine gemäß § 2 Absatz 3 beizufügende Vollmacht ist wie folgt zu bezeichnen:
BaFin-ID und Bezeichnung „Vollmacht".

**§ 6 Ergänzungsanzeigen.** ¹Hat die Bundesanstalt fehlende Angaben oder Unterlagen nach § 312 Absatz 4 Satz 2 oder § 331 Absatz 3 Satz 1 des Kapitalanlagegesetzbuches[1]) angefordert, hat der Anzeigepflichtige eine Ergänzungsanzeige über das MVP Portal vorzunehmen. ²Die §§ 2 bis 5 sind entsprechend anzuwenden. ³Der Ergänzungsanzeige ist ein Anschreiben beizufügen, aus dem sich ergibt, auf welche Anzeige sich die eingereichten Unterlagen beziehen.

**§ 7 Inkrafttreten, Außerkrafttreten.** ¹Diese Verordnung tritt am 22. Juli 2013 in Kraft. ²Gleichzeitig tritt die Verordnung zum elektronischen Anzeigeverfahren für richtlinienkonforme inländische Investmentvermögen nach dem Investmentgesetz vom 28. Juni 2011 (BGBl. I S. 1302) außer Kraft.

---

[1]) Nr. 15.

# 15d. Verordnung über Inhalt, Umfang und Darstellung der Rechnungslegung von Sondervermögen, Investmentaktiengesellschaften und Investmentkommanditgesellschaften sowie über die Bewertung der zu dem Investmentvermögen gehörenden Vermögensgegenstände (Kapitalanlage-Rechnungslegungs- und -Bewertungsverordnung – KARBV)

Vom 16. Juli 2013

(BGBl. I S. 2483)

FNA 7612-3-5

Die Bundesanstalt für Finanzdienstleistungsaufsicht verordnet auf Grund

– des § 96 Absatz 4 Satz 1 und des § 168 Absatz 8 Satz 1 des Kapitalanlagegesetzbuches[1] vom 4. Juli 2013 (BGBl. I S. 1981) sowie

– des § 106 Satz 1, des § 120 Absatz 8 Satz 1, dieser auch in Verbindung mit § 148 Absatz 1, und des § 135 Absatz 11 Satz 1, dieser auch in Verbindung mit § 158 Satz 1 des Kapitalanlagegesetzbuches[1] vom 4. Juli 2013 (BGBl. I S. 1981) im Einvernehmen mit dem Bundesministerium der Justiz,

jeweils in Verbindung mit § 1 Nummer 3a der Verordnung zur Übertragung von Befugnissen zum Erlass von Rechtsverordnungen auf die Bundesanstalt für Finanzdienstleistungsaufsicht, der zuletzt durch Artikel 1 der Verordnung vom 11. Juli 2013 (BGBl. I S. 2231) geändert worden ist:

### Inhaltsübersicht

#### Abschnitt 1. Allgemeine Vorschriften

§ 1 Geltungsbereich
§ 2 Begriffsbestimmungen
§ 3 Inhalt und Umfang der Berichterstattung
§ 4 Einreichung bei der Bundesanstalt
§ 5 Investmentrechtliche Rechnungslegung

#### Abschnitt 2. Rechnungslegung

##### Unterabschnitt 1. Jahresberichte von Sondervermögen

§ 6 Verantwortung und Zweck
§ 7 Bestandteile des Jahresberichts
§ 8 Tätigkeitsbericht
§ 9 Vermögensübersicht
§ 10 Vermögensaufstellung
§ 11 Ertrags- und Aufwandsrechnung
§ 12 Verwendungsrechnung für das Sondervermögen
§ 13 Entwicklungsrechnung für das Sondervermögen
§ 14 Vergleichende Übersicht über die letzten drei Geschäftsjahre
§ 15 Anteilklassen
§ 16 Sonstige Angaben

---

[1] Nr. 15.

und -Bewertungsverordnung §§ 1, 2 KARBV 15d

Unterabschnitt 2. Sonstige Berichte von Sondervermögen
§ 17 Halbjahresbericht
§ 18 Zwischenbericht
§ 19 Auflösungs- und Abwicklungsbericht

Unterabschnitt 3. Investmentgesellschaft
§ 20 Anwendbarkeit auf Investmentgesellschaften
§ 21 Bilanz
§ 22 Gewinn- und Verlustrechnung
§ 23 Lagebericht
§ 24 Verwendungsrechnung und Entwicklungsrechnung bei der Investmentkommanditgesellschaft
§ 25 Anhang

**Abschnitt 3. Bewertung**
§ 26 Allgemeine Bewertungsgrundsätze
§ 27 Bewertung auf der Grundlage von handelbaren Kursen
§ 28 Bewertung auf der Grundlage geeigneter Bewertungsmodelle
§ 29 Besonderheiten bei Investmentanteilen, Bankguthaben und Verbindlichkeiten
§ 30 Besonderheiten bei Anlagen in Immobilien
§ 31 Bewertung von Beteiligungen an Immobilien-Gesellschaften
§ 32 Besonderheiten bei Vermögensgegenständen mit dem Charakter einer unternehmerischen Beteiligung
§ 33 Besonderheiten bei Anlagen in sonstigen Sachwerten
§ 34 Besonderheiten bei Anlagen von Spezial-AIF

**Abschnitt 4. Schlussvorschriften**
§ 35 Übergangsregelungen
§ 36 Inkrafttreten, Außerkrafttreten

# Abschnitt 1. Allgemeine Vorschriften

**§ 1 Geltungsbereich.** Diese Verordnung regelt über die Bestimmungen des Kapitalanlagegesetzbuches hinausgehende Einzelheiten

1. zu Inhalt, Umfang und Darstellung

    a) der Jahres-, Halbjahres-, Zwischen-, Auflösungs- und Abwicklungsberichte für Sondervermögen,

    b) der Jahresabschlüsse und Lageberichte, Halbjahres-, Zwischen-, Auflösungs- und Liquidationsberichte von Investmentaktiengesellschaften und

    c) der Jahresberichte, Zwischen-, Auflösungs- und Liquidationsberichte von Investmentkommanditgesellschaften sowie

2. zur Bewertung von Vermögensgegenständen.

**§ 2 Begriffsbestimmungen.** Im Sinne dieser Verordnung ist

1. Tracking Error die Volatilität der Differenz zwischen der Rendite des Investmentvermögens, das einen Index nachbildet und der Rendite des oder der nachgebildeten Indizes,

2. Annual Tracking Difference die Differenz zwischen der Jahresrendite des Investmentvermögens, das einen Index nachbildet und der Jahresrendite des oder der nachgebildeten Indizes,

3. ein Index nachbildendes Sondervermögen ein Publikumssondervermögen, dessen Anlagestrategie auf der Nachbildung der Entwicklung eines oder mehrerer Indizes beruht,

4. Verkehrswert der Betrag, zu dem der jeweilige Vermögensgegenstand in einem Geschäft zwischen sachverständigen, vertragswilligen und unabhängigen Geschäftspartnern ausgetauscht wird,

5. Verkehrswert einer Immobilie der Preis, der zum Zeitpunkt, auf den sich die Ermittlung bezieht, im gewöhnlichen Geschäftsverkehr nach den rechtlichen Gegebenheiten und tatsächlichen Eigenschaften, nach der sonstigen Beschaffenheit und der Lage der Immobilie ohne Rücksicht auf ungewöhnliche oder persönliche Verhältnisse zu erzielen wäre.

**§ 3 Inhalt und Umfang der Berichterstattung.** (1) [1] Die Berichterstattung durch die Kapitalverwaltungsgesellschaft, die Verwahrstelle oder den Liquidator muss vollständig, richtig und frei von Willkür sein und die Berichte müssen klar und übersichtlich gestaltet sein, so dass es den Anlegerinnen und Anlegern ermöglicht wird, sich im Hinblick auf die Anlageentscheidung sowie auf die laufende Beurteilung der Anlage ein umfassendes Bild der tatsächlichen Verhältnisse und Entwicklungen des Investmentvermögens zu verschaffen. [2] Ereignisse, Entscheidungen und Faktoren, die die weitere Entwicklung des Investmentvermögens wesentlich beeinflussen können, sind in die Berichterstattung mit einzubeziehen.

(2) [1] Der Umfang der Berichterstattung unterliegt dem pflichtgemäßen Ermessen der Kapitalverwaltungsgesellschaft, der Verwahrstelle oder des Liquidators und hat der Bedeutung der dargestellten Vorgänge zu entsprechen. [2] Satz 1 gilt vorbehaltlich der in dieser Verordnung niedergelegten Bestimmungen sowie für AIF auch vorbehaltlich der in der delegierten Verordnung (EU) Nr. 231/2013 der Kommission vom 19. Dezember 2012 zur Ergänzung der Richtlinie 2011/61/EU des Europäischen Parlaments und des Rates im Hinblick auf Ausnahmen, die Bedingungen für die Ausübung der Tätigkeit, Verwahrstellen, Hebelfinanzierung, Transparenz und Beaufsichtigung (ABl. L 83 vom 22.3.2013, S. 1) enthaltenen Bestimmungen.

(3) Verweisungen auf den Inhalt früherer Berichte sind nicht zulässig.

**§ 4 Einreichung bei der Bundesanstalt.** (1) [1] Die Berichte nach den §§ 101, 103 bis 105, 120, 122, 135, 148, 158 und 161 des Kapitalanlagegesetzbuches[1)] sind in dreifacher Ausfertigung bei der Bundesanstalt am Dienstsitz in Frankfurt am Main einzureichen. [2] Eines dieser Exemplare ist elektronisch zu übermitteln.

(2) [1] Mindestens eines der in Papierform eingereichten Exemplare ist von der Geschäftsleitung eigenhändig zu unterschreiben. [2] Die Unterschriften sind am Ende des jeweiligen Berichts zu platzieren. [3] Das Original ist außen auf dem Deckblatt entsprechend zu kennzeichnen.

(3) Bei Berichten, die Sondervermögen betreffen, ist es ausreichend, wenn die Unterschriften von Geschäftsleiterinnen und Geschäftsleitern in vertretungsberechtigter Zahl geleistet werden.

(4) Absatz 1 gilt für jeden von der AIF-Kapitalverwaltungsgesellschaft verwalteten inländischen Spezial-AIF nur, wenn die Bundesanstalt die Berichte anfordert.

---

[1)] Nr. 15.

**§ 5 Investmentrechtliche Rechnungslegung.** (1) ¹Auf die investmentrechtliche Rechnungslegung sind die formellen Grundsätze ordnungsmäßiger Buchführung anzuwenden, soweit sich aus dem Kapitalanlagegesetzbuch[1] und dieser Verordnung sowie hinsichtlich der AIF auch aus der Verordnung (EU) Nr. 231/2013 nichts anderes ergibt. ²Bei der investmentrechtlichen Rechnungslegung ist der Grundsatz der Stetigkeit zu beachten.

(2) Die Buchführung ist auf die Anforderungen hinsichtlich der Berichte nach dem Kapitalanlagegesetzbuch auszurichten und muss vollständig, richtig, zeitgerecht, geordnet und nachvollziehbar sein sowie eine Nachprüfbarkeit durch sachverständige Dritte ermöglichen.

## Abschnitt 2. Rechnungslegung

### Unterabschnitt 1. Jahresberichte von Sondervermögen

**§ 6 Verantwortung und Zweck.** (1) ¹Die Aufstellung des Jahresberichts gemäß § 101 des Kapitalanlagegesetzbuches[1] (Jahresbericht) einschließlich der der Vermögensaufstellung zugrundeliegenden Bewertungen liegt in der Verantwortung der Kapitalverwaltungsgesellschaft, die das Sondervermögen verwaltet. ²Die Aufstellung des Abwicklungsberichts liegt in der Verantwortung der Verwahrstelle.

(2) Der Jahresbericht dient

1. der Darstellung der Tätigkeit der Kapitalverwaltungsgesellschaft im Rahmen der Verwaltung des Sondervermögens sowie
2. der umfassenden Information über Inhalt und Umfang der Tätigkeit nach Nummer 1, über den Wert des Sondervermögens, die durchgeführten Geschäfte, die Ergebnisse im abgelaufenen Geschäftsjahr und die bisherige Entwicklung des Sondervermögens.

**§ 7 Bestandteile des Jahresberichts.** ¹Bestandteile des Jahresberichts sind:
1. der Tätigkeitsbericht (§ 8);
2. die Vermögensübersicht, gegliedert nach geeigneten Kriterien unter Berücksichtigung der Anlagepolitik (§ 9);
3. die Vermögensaufstellung unter Angabe der einzelnen Vermögensgegenstände, bei Wertpapieren unter Angabe der Wertpapierkennnummer oder der Internationalen Wertpapieridentifikationsnummer (ISIN) (§ 10);
4. die Ertrags- und Aufwandsrechnung (§ 11);
5. die Übersicht über die Verwendung der Erträge des Sondervermögens (Verwendungsrechnung, § 12);
6. die Übersicht über die Entwicklung des Sondervermögens (Entwicklungsrechnung, § 13);
7. die vergleichende Übersicht über die letzten drei Geschäftsjahre (§ 14);
8. die Aufstellung der während des Berichtszeitraums abgeschlossenen Geschäfte, die nicht mehr Gegenstand der Vermögensaufstellung sind; bei Wertpapieren muss, soweit möglich, die Wertpapierkennnummer oder die ISIN angegeben werden und bei Immobilien-Sondervermögen sowie Spezial-Sondervermögen mit Anlagen in Immobilien oder Immobilien-Gesell-

---

[1] Nr. 15.

schaften müssen die getätigten Käufe und Verkäufe von Immobilien und die Beteiligungen an Immobilien-Gesellschaften in einer Anlage nach § 247 Absatz 1 Satz 2 des Kapitalanlagegesetzbuches[1] angegeben werden;

9. der Anhang mit folgenden Angaben:
   a) den nach der Derivateverordnung erforderlichen Angaben;
   b) den Angaben nach § 16;
   c) bei einem AIF:
      aa) den nach § 101 Absatz 3 Satz 1 Nummer 1 und 2 des Kapitalanlagegesetzbuches aufzuführenden Angaben zu Vergütungen und den nach § 101 Absatz 3 Satz 1 Nummer 3 des Kapitalanlagegesetzbuches aufzuführenden Angaben zu den wesentlichen Veränderungen;
      bb) den zusätzlich nach § 300 Absatz 1 bis 3 des Kapitalanlagegesetzbuches aufzuführenden Angaben;
   d) allen weiteren zum Verständnis des Jahresberichts erforderlichen Angaben;
10. die Wiedergabe des besonderen Vermerks über das Ergebnis der Prüfung des Jahresberichts des Sondervermögens.

²Satz 1 Nummer 9 Buchstabe c Doppelbuchstabe bb gilt nicht für offene inländische Spezial-AIF, soweit die Anlagebedingungen eine Offenlegung dieser Informationen auf andere Weise vorsehen.

**§ 8 Tätigkeitsbericht.** (1) ¹Der Tätigkeitsbericht ist ein eigenständiger Teil des Jahresberichts. ²Der Tätigkeitsbericht muss aus sich heraus für den Anleger verständlich sein. ³Durch Verweise darf seine Verständlichkeit nicht gemindert werden.

(2) Im Tätigkeitsbericht für das Sondervermögen ist die Tätigkeit der Kapitalverwaltungsgesellschaft einschließlich der Unternehmen, die von ihr mit der Portfolioverwaltung betraut sind, in Bezug auf das verwaltete Sondervermögen in der Berichtsperiode darzustellen.

(3) ¹Die Darstellung muss alle wesentlichen Angaben enthalten, die für das Urteil der Anlegerinnen und Anleger über die Verwaltungstätigkeit und deren Ergebnisse von Bedeutung sind. ²Allgemeine Ausführungen, die den Blick auf das Wesentliche erschweren, sind zu unterlassen. ³Bei einem Publikumssondervermögen sind folgende Angaben stets aufzunehmen:

1. die Anlageziele des Sondervermögens sowie die Anlagepolitik zur Erreichung dieser Ziele im Berichtszeitraum;
2. die wesentlichen Risiken des Sondervermögens im Berichtszeitraum, insbesondere Adressenausfallrisiken, Zinsänderungs-, Währungs- und sonstige Marktpreisrisiken sowie operationelle Risiken und Liquiditätsrisiken;
3. die Struktur des Portfolios im Hinblick auf die Anlageziele zum Berichtszeitpunkt sowie wesentliche Veränderungen während des Berichtszeitraums;
4. sonstige für den Anleger wesentliche Ereignisse im Berichtszeitraum wie beispielsweise die Auslagerung des Portfoliomanagements.

---

[1] Nr. 15.

(4) Bei einem Publikums-AIF richtet sich der nähere Inhalt des Tätigkeitsberichts im Übrigen nach Artikel 105 der Verordnung (EU) Nr. 231/2013, bei einem Spezial-AIF richtet sich der nähere Inhalt des Tätigkeitsberichts ausschließlich nach Artikel 105 der Verordnung (EU) Nr. 231/2013.

**§ 9 Vermögensübersicht.** (1) ¹Der Vermögensaufstellung nach § 10 ist eine Vermögensübersicht voranzustellen, die eine zusammengefasste Gliederung der Vermögensaufstellung enthält. ²Die Vermögensübersicht ist nach geeigneten Kriterien unter Berücksichtigung der Anlagepolitik des Sondervermögens, beispielsweise nach wirtschaftlichen oder geographischen Kriterien, und nach prozentualen Anteilen am Wert des Sondervermögens zu gliedern.

(2) ¹Die Gliederung der Vermögensübersicht hat mindestens die folgenden Gliederungspunkte zu enthalten; Leerposten können jeweils entfallen:
I. Vermögensgegenstände
 1. Aktien
 2. Anleihen
 3. Derivate
 4. Forderungen
 5. Kurzfristig liquidierbare Anlagen
 6. Bankguthaben
 7. Sonstige Vermögensgegenstände
II. Verbindlichkeiten
III. Fondsvermögen.

²Bei Spezial-AIF sind den Posten nach Satz 1 die Posten „I. Sachwerte" und „II. Beteiligungen" voranzustellen; die folgenden Posten sind entsprechend umzunummerieren.

(3) Bei Immobilien-Sondervermögen und offenen inländischen Spezial-AIF mit Anlagen in Immobilien oder Immobilien-Gesellschaften hat die Gliederung der Vermögensübersicht mindestens die folgenden Gliederungspunkte zu enthalten; Leerposten können jeweils entfallen:
A. Vermögensgegenstände
 I. Immobilien
  1. Mietwohngrundstücke
   (davon in Fremdwährung)
  2. Geschäftsgrundstücke
   (davon in Fremdwährung)
  3. Gemischtgenutzte Grundstücke
   (davon in Fremdwährung)
  4. Grundstücke im Zustand der Bebauung
   (davon in Fremdwährung)
  5. Unbebaute Grundstücke
   (davon in Fremdwährung)
 II. Beteiligungen an Immobilien-Gesellschaften
  1. Mehrheitsbeteiligungen
   (davon in Fremdwährung)
  2. Minderheitsbeteiligungen
   (davon in Fremdwährung)

III. Liquiditätsanlagen
 1. Bankguthaben
    (davon in Fremdwährung)
 2. Wertpapiere
    (davon in Fremdwährung)
 3. Investmentanteile
    (davon in Fremdwährung)
IV. Sonstige Vermögensgegenstände
 1. Forderungen aus Grundstücksbewirtschaftung
    (davon in Fremdwährung)
 2. Forderungen an Immobilien-Gesellschaften
    (davon in Fremdwährung)
 3. Zinsansprüche
    (davon in Fremdwährung)
 4. Anschaffungsnebenkosten
    (davon in Fremdwährung)
    a) bei Immobilien
       (davon in Fremdwährung)
    b) bei Beteiligungen an Immobilien-Gesellschaften
       (davon in Fremdwährung)
 5. Andere
    (davon in Fremdwährung)
 Summe Vermögensgegenstände
B. Schulden
 I. Verbindlichkeiten aus
  1. Krediten
     (davon in Fremdwährung)
  2. Grundstückskäufen und Bauvorhaben
     (davon in Fremdwährung)
  3. Grundstücksbewirtschaftung
     (davon in Fremdwährung)
  4. anderen Gründen
     (davon in Fremdwährung)
 II. Rückstellungen
     (davon in Fremdwährung)
 Summe Schulden
C. Fondsvermögen.

**§ 10 Vermögensaufstellung.** (1) Die Vermögensaufstellung im Sinne des § 101 Absatz 1 Satz 3 Nummer 1 des Kapitalanlagegesetzbuches[1] ist nach Arten von Vermögensgegenständen und Märkten zu untergliedern.

(2) ¹Die Saldierung von Vermögensgegenständen mit Verbindlichkeiten ist nicht zulässig. ²Forderungen und Verbindlichkeiten aus dem Anteilsumsatz sind als sonstige Vermögensgegenstände oder als sonstige Verbindlichkeiten gesondert auszuweisen.

---
[1] Nr. 15.

und -Bewertungsverordnung § 11 KARBV 15d

(3) ¹Verliehene Wertpapiere sind in der Vermögensaufstellung des Sondervermögens auszuweisen. ²Dabei ist anzugeben, dass sie Gegenstand von Wertpapierleihgeschäften sind. ³Im Zusammenhang mit Wertpapierleihgeschäften eingeräumte Sicherheiten sind nicht in der Vermögensaufstellung des Sondervermögens auszuweisen.

(4) ¹Die Anschaffungsnebenkosten nach § 248 Absatz 3 Satz 1 des Kapitalanlagegesetzbuches sind objektbezogen aufzugliedern und als absoluter Betrag sowie als Prozentangabe in Bezug auf den Kaufpreis auszuweisen. ²Aus der Aufgliederung muss hervorgehen, welche Anschaffungsnebenkosten auf Gebühren und Steuern sowie welche auf sonstige Kosten entfallen sind. ³Zu den Gebühren und Steuern bei Grundstücken im Inland gehört neben den in § 448 Absatz 2 des Bürgerlichen Gesetzbuches genannten Kosten auch die Grunderwerbsteuer, die zur Erlangung der Unbedenklichkeitsbescheinigung zu zahlen ist. ⁴Für Grundstücke im Ausland gilt Entsprechendes unter Berücksichtigung der maßgeblichen Vorschriften der ausländischen Rechtsordnung. ⁵Alle anderen Anschaffungsnebenkosten gelten als sonstige Kosten, insbesondere die Maklerkosten, die Kosten im Vorfeld des Erwerbs sowie eine etwaige Verwaltungsvergütung, die von der Kapitalverwaltungsgesellschaft aus Anlass des Anschaffungsvorgangs vereinnahmt worden ist. ⁶Anzugeben ist weiterhin die Länge des voraussichtlichen Abschreibungszeitraums. ⁷Die im Geschäftsjahr abgeschriebenen Anschaffungsnebenkosten und die verbleibenden Anschaffungsnebenkosten sind gesondert auszuweisen.

(5) ¹Die für die Ermittlung des Nettoinventarwertes je Anteil maßgebenden Bewertungsregeln und -grundsätze nach § 168 des Kapitalanlagegesetzbuches sowie die entsprechenden Regelungen dieser Verordnung sind auch für die Vermögensaufstellung im Jahresbericht zu beachten. ²Für die Vermögensgegenstände und Verbindlichkeiten sind die Verhältnisse zum Stichtag des Jahresberichts maßgeblich. ³Erkenntnisse nach dem Stichtag des Jahresberichts sind nicht in der Vermögensaufstellung zu berücksichtigen, sondern in der nachfolgenden Ermittlung des Nettoinventarwertes je Anteil des neuen Geschäftsjahres.

(6) ¹Die Bewertung für die Vermögensaufstellung ist in vollem Umfang von der Kapitalverwaltungsgesellschaft zu dokumentieren. ²Die Verwahrstelle, oder bei Ernennung eines externen Bewerters dieser, ist dabei der Kapitalverwaltungsgesellschaft gegenüber verpflichtet, über Einzelheiten der Bewertung des Investmentvermögens Auskunft zu erteilen.

**§ 11 Ertrags- und Aufwandsrechnung.** (1) Die Ertrags- und Aufwandsrechnung ist wie folgt darzustellen; Leerposten können jeweils entfallen:

**I. Erträge**
1. Dividenden inländischer Aussteller
2. Dividenden ausländischer Aussteller (vor Quellensteuer)
3. Zinsen aus inländischen Wertpapieren
4. Zinsen aus ausländischen Wertpapieren (vor Quellensteuer)
5. Zinsen aus Liquiditätsanlagen im Inland
6. Zinsen aus Liquiditätsanlagen im Ausland (vor Quellensteuer)

7. Erträge aus Investmentanteilen
8. Erträge aus Wertpapier-Darlehen- und -Pensionsgeschäften
9. Abzug ausländischer Quellensteuer
10. Sonstige Erträge
**Summe der Erträge**
## II. Aufwendungen
1. Zinsen aus Kreditaufnahmen
2. Verwaltungsvergütung
3. Verwahrstellenvergütung
4. Prüfungs- und Veröffentlichungskosten
5. Sonstige Aufwendungen
**Summe der Aufwendungen**
## III. Ordentlicher Nettoertrag
## IV. Veräußerungsgeschäfte
1. Realisierte Gewinne
2. Realisierte Verluste
**Ergebnis aus Veräußerungsgeschäften**
## V. Realisiertes Ergebnis des Geschäftsjahres
1. Nettoveränderung der nicht realisierten Gewinne
2. Nettoveränderung der nicht realisierten Verluste
## VI. Nicht realisiertes Ergebnis des Geschäftsjahres
## VII. Ergebnis des Geschäftsjahres.

(2) ¹Bei Immobilien-Sondervermögen und offenen inländischen Spezial-AIF mit Anlagen in Immobilien oder Immobilien-Gesellschaften ist die Ertrags- und Aufwandsrechnung nach Absatz 1 wie folgt unter den jeweiligen Posten zu ergänzen (Gliederungsziffer I und II) oder zu ersetzen (Gliederungsziffer IV):

## I. Erträge
11. Erträge aus Immobilien
12. Erträge aus Immobilien-Gesellschaften
13. Eigengeldverzinsung (Bauzinsen)
**Summe der Erträge**
## II. Aufwendungen
1. Bewirtschaftungskosten
2. Erbbauzinsen, Leib- und Zeitrenten
3. Ausländische Steuern
## IV. Veräußerungsgeschäfte
1. Realisierte Gewinne
   a) aus Immobilien
   b) aus Beteiligungen an Immobilien-Gesellschaften
   c) aus Liquiditätsanlagen
   d) Sonstiges
2. Realisierte Verluste
   a) aus Immobilien

b) aus Beteiligungen an Immobilien-Gesellschaften
c) aus Liquiditätsanlagen
d) Sonstiges.

²Die Posten unter Satz 1 Gliederungsziffer II sind den entsprechenden Posten unter Absatz 1 Gliederungsziffer II voranzustellen, die folgenden Posten sind entsprechend umzunummerieren.

(3) ¹In Absatz 1 Gliederungsziffer IV sind sämtliche realisierten Gewinne und Verluste auszuweisen; dazu zählen insbesondere auch solche aus Derivaten und Währungsgeschäften. ²Die wesentlichen Quellen des Veräußerungsergebnisses sind im Tätigkeitsbericht zu erläutern.

(4) ¹Für den Fall, dass die Anlagebedingungen ein Ertragsausgleichsverfahren vorsehen, sind die im laufenden Geschäftsjahr bis zum Zeitpunkt des Anteilumsatzes erfassten ordentlichen Erträge und Aufwendungen einzubeziehen. ²Ebenfalls zu erfassen ist ein Gewinnvortrag zuzüglich eines bereits angefallenen Ertragsausgleiches. ³Wird ein Ertragsausgleich auch auf das Ergebnis aus Veräußerungsgeschäften (realisierte Gewinne und realisierte Verluste) angerechnet, so sind auch hier alle Posten mit einzubeziehen. ⁴Das Ertragsausgleichverfahren ist mindestens für jeden Bewertungstag, an dem Anteilumsätze stattgefunden haben, durchzuführen.

(5) ¹Bei der Ermittlung der Ergebnisse aus Verkäufen sind die Einstandskosten der veräußerten Vermögensgegenstände nach der Durchschnittsmethode anzusetzen. ²Bei Wertpapieren derselben Gattung sind die Gewinne und Verluste aus Verkäufen zu kompensieren.

(6) Die Ermittlung der realisierten Ergebnisse aus Verkäufen und Liquidationen von Immobilien und Immobilien-Gesellschaften erfolgt nach dem Grundsatz der Einzelzuordnung.

**§ 12 Verwendungsrechnung für das Sondervermögen.** (1) Die Berechnung der Verwendung der Erträge des Sondervermögens ist insgesamt und je Anteil wie folgt darzustellen; Leerposten können jeweils entfallen:

**I. Für die Ausschüttung verfügbar**
1. Vortrag aus dem Vorjahr
2. Realisiertes Ergebnis des Geschäftsjahres
3. Zuführung aus dem Sondervermögen

**II. Nicht für die Ausschüttung verwendet**
1. Der Wiederanlage zugeführt
2. Vortrag auf neue Rechnung

**III. Gesamtausschüttung**
1. Zwischenausschüttung
   a) Barausschüttung
   b) Einbehaltene Kapitalertragsteuer
   c) Einbehaltener Solidaritätszuschlag
2. Endausschüttung
   a) Barausschüttung
   b) Einbehaltene Kapitalertragsteuer
   c) Einbehaltener Solidaritätszuschlag.

(2) Für thesaurierende Sondervermögen ist die Verwendungsrechnung insgesamt und je Anteil wie folgt darzustellen:
I. **Für die Wiederanlage verfügbar**
  1. Realisiertes Ergebnis des Geschäftsjahres
  2. Zuführung aus dem Sondervermögen
  3. Zur Verfügung gestellter Steuerabzugsbetrag
II. **Wiederanlage.**

(3) Bei Immobilien-Sondervermögen und offenen inländischen Spezial-AIF mit Anlagen in Immobilien oder Immobilien-Gesellschaften, für die eine Verwendungsrechnung erstellt wird, ist den Posten gemäß Absatz 1 Gliederungsziffer II der Posten „II. Einbehalt gemäß § 252 des Kapitalanlagegesetzbuches[1])" voranzustellen; die folgenden Posten sind entsprechend umzunummerieren.

(4) Sofern für Zwecke der Gesamtausschüttung eine Zuführung aus dem Sondervermögen gemäß Absatz 1 Gliederungsziffer I Nummer 3 vorgenommen wird, ist dies in der Verwendungsrechnung ergänzend zu erläutern.

**§ 13 Entwicklungsrechnung für das Sondervermögen.** (1) Die Übersicht über die Entwicklung des Sondervermögens ist unter Berücksichtigung folgender Posten darzustellen; Leerposten können jeweils entfallen:
I. **Wert des Sondervermögens am Beginn des Geschäftsjahres**
  1. Ausschüttung für das Vorjahr/Steuerabschlag für das Vorjahr
  2. Zwischenausschüttungen
  3. Mittelzufluss (netto)
     a) Mittelzuflüsse aus Anteilschein-Verkäufen
     b) Mittelabflüsse aus Anteilschein-Rücknahmen
  4. Ertragsausgleich/Aufwandsausgleich
  5. Ergebnis des Geschäftsjahres
    davon nicht realisierte Gewinne
    davon nicht realisierte Verluste
II. **Wert des Sondervermögens am Ende des Geschäftsjahres.**

(2) Bei Immobilien-Sondervermögen und offenen inländischen Spezial-AIF mit Anlagen in Immobilien oder Immobilien-Gesellschaften ist in der Aufstellung nach Absatz 1 nach Gliederungsziffer I Nummer 4 der Posten „4a. Abschreibung Anschaffungsnebenkosten" einzufügen.

(3) Rücknahmeabschläge, die im Sondervermögen verbleiben, sind dem Posten unter Absatz 1 Gliederungsziffer I Nummer 3 Buchstabe b zuzuordnen und mindern diesen.

**§ 14 Vergleichende Übersicht über die letzten drei Geschäftsjahre.**
[1] Über den Inhalt nach § 101 Absatz 1 Satz 3 Nummer 6 des Kapitalanlagegesetzbuches[1]) hinaus ist bei Sondervermögen mit einer Wertentwicklung von weniger als drei Geschäftsjahren die Wertentwicklung für die Zeit seit der Auflegung anzugeben. [2] Bei mehreren Anteilklassen ist die Wertentwicklung mindestens für die Anteilklasse mit der höchsten Gesamtkostenquote darzustellen.

---
[1]) Nr. 15.

**§ 15 Anteilklassen.** (1) ¹Bei mehreren Anteilklassen ist zu erläutern, unter welchen Voraussetzungen Anteile mit unterschiedlichen Ausgestaltungsmerkmalen ausgegeben werden und welche Ausgestaltungsmerkmale den Anteilklassen im Einzelnen zugeordnet werden. ²Für jede Anteilklasse ist Folgendes zu ergänzen:
1. die Anzahl ihrer am Berichtsstichtag umlaufenden Anteile und
2. der am Berichtsstichtag gemäß Absatz 2 Satz 4 ermittelte Nettoinventarwert je Anteil.

³Bei mehreren Anteilklassen sind die Angaben nach den §§ 11, 12 und 13 je Anteilklasse anzugeben.

(2) ¹Bei erstmaliger Ausgabe von Anteilen einer Anteilklasse ist der Wert der Anteile auf der Grundlage des Wertes zu berechnen, der für das gesamte Sondervermögen nach § 168 Absatz 1 Satz 1 des Kapitalanlagegesetzbuches[1]) ermittelt wurde. ²Der Wert einer Anteilklasse ergibt sich aus dem Wert der Anteilklasse am vorangehenden Bewertungstag zuzüglich der auf die Anteilklasse bezogenen anteiligen Nettowertveränderung des Sondervermögens, die sich gegenüber dem vorangehenden Bewertungstag ergibt. ³Der Wert einer Anteilklasse ist gemäß den §§ 212, 217 oder des § 286 des Kapitalanlagegesetzbuches zu ermitteln. ⁴Wird nach den Vertragsbedingungen ein Ertragsausgleichsverfahren durchgeführt, ist der Ertragsausgleich für jede einzelne Anteilklasse zu berechnen.

**§ 16 Sonstige Angaben.** (1) Folgende zusätzliche Angaben sind erforderlich:
1. die Anzahl der umlaufenden Anteile zum Ende des Berichtsjahres und der Wert eines Anteils gemäß § 101 Absatz 1 Satz 3 Nummer 3 des Kapitalanlagegesetzbuches[1]);
2. die zur Bewertung von Vermögensgegenständen angewendeten Verfahren gemäß den §§ 26 bis 31 und 34;
3. die folgenden Angaben zur Transparenz sowie zur Gesamtkostenquote:
    a) Betrag einer erfolgsabhängigen oder einer zusätzlichen Verwaltungsvergütung gemäß § 101 Absatz 2 Nummer 1, zweiter Halbsatz des Kapitalanlagegesetzbuches;
    b) Pauschalgebühren gemäß § 101 Absatz 2 Nummer 2 des Kapitalanlagegesetzbuches;
    c) geleistete Vergütungen sowie erhaltene Rückvergütungen, jeweils gemäß § 101 Absatz 2 Nummer 3 des Kapitalanlagegesetzbuches;
    d) Kosten aus erworbenen Investmentanteilen gemäß § 101 Absatz 2 Nummer 4 des Kapitalanlagegesetzbuches;
    e) wesentliche sonstige Erträge und sonstige Aufwendungen, diese sind nachvollziehbar aufzuschlüsseln und zu erläutern;
    f) bei Publikumssondervermögen Angabe der Transaktionskosten.

(2) ¹Für ein Sondervermögen, das einen Index nachbildet, muss der Jahresbericht folgende Angaben enthalten:
1. die Höhe des Tracking Error zum Ende des Berichtszeitraums,

---

[1]) Nr. **15**.

2. eine Erläuterung der Abweichung zwischen dem erwarteten Tracking Error und dem tatsächlichen Tracking Error, sofern die Abweichung relevant ist,
3. die Höhe der Annual Tracking Difference zwischen der Entwicklung des Investmentvermögens und dem nachgebildeten Index mit Erläuterung.
²Die Angabe nach Satz 1 Nummer 1 muss auch im Halbjahresbericht (§ 17) enthalten sein.

### Unterabschnitt 2. Sonstige Berichte von Sondervermögen

**§ 17 Halbjahresbericht.** ¹Auf den Halbjahresbericht sind die Vorschriften über den Jahresbericht entsprechend anzuwenden. ²Der Halbjahresbericht kann ohne Tätigkeitsbericht, Entwicklungsrechnung, Verwendungsrechnung, besonderen Vermerk des Abschlussprüfers und vergleichende Übersicht der letzten drei Geschäftsjahre erstellt werden. ³Eine Ertrags- und Aufwandsrechnung sowie eine Entwicklungsrechnung sind nur aufzunehmen, wenn im jeweiligen Halbjahr eine Zwischenausschüttung erfolgt ist.

**§ 18 Zwischenbericht.** ¹Auf den Zwischenbericht sind die Vorschriften über den Jahresbericht entsprechend anzuwenden. ²Neben dem Zwischenbericht sind die Saldenlisten einschließlich Ergebnisvorträgen und Skontros, die Grundlage für die Erstellung des Zwischenberichts sind, für Wertpapiere und sonstige Vermögensgegenstände zu Einstiegspreisen zu erstellen. ³Diese Aufstellungen sind der aufnehmenden Kapitalverwaltungsgesellschaft zur Fortführung der Buchhaltung zu übermitteln.

**§ 19 Auflösungs- und Abwicklungsbericht.** (1) ¹Auf den Auflösungsbericht und den Abwicklungsbericht sind die Vorschriften für den Jahresbericht entsprechend anzuwenden. ²Darüber hinaus haben Auflösungs- und Abwicklungsberichte eine Übersicht der im Geschäftsjahr an die Anleger durchgeführten Auszahlungen zu enthalten.

(2) Ein Abwicklungsbericht ist nicht zu erstellen, wenn zum Abschlussstichtag des Auflösungsberichts alle Anteile zurückgegeben wurden.

### Unterabschnitt 3. Investmentgesellschaft

**§ 20 Anwendbarkeit auf Investmentgesellschaften.** (1) ¹Die für Sondervermögen geltenden Vorschriften dieses Abschnitts sind entsprechend für den Jahresabschluss und den Lagebericht sowie den Halbjahresbericht und den Liquidationsbericht einer Investmentgesellschaft anzuwenden, soweit sich aus diesem Unterabschnitt nichts anderes ergibt. ²Soweit sich aus den Vorschriften des Kapitalanlagegesetzbuches[1)], der Verordnung (EU) Nr. 231/2013 und dieser Verordnung nichts anderes ergibt, sind die Bestimmungen des Dritten Buches des Handelsgesetzbuches anzuwenden. ³In der Bilanz und in der Gewinn- und Verlustrechnung ist zu jedem Posten auch der entsprechende Betrag des vorhergehenden Geschäftsjahres anzugeben.

(2) ¹Wird die Verwaltung des Investmentvermögens einer extern verwalteten Investmentgesellschaft gekündigt, ist ein Zwischenbericht zu erstellen. ²Wird ein Teilgesellschaftsvermögen im Sinne des § 117 Absatz 8 oder des § 132 Absatz 7 des Kapitalanlagegesetzbuches aufgelöst, ist über dieses Teilgesell-

---
[1)] Nr. 15.

schaftsvermögen ein Auflösungsbericht zu erstellen. ³Absatz 1 gilt entsprechend.

(3) Sofern Teilgesellschaftsvermögen gebildet wurden, sind die Bilanz, die Gewinn- und Verlustrechnung sowie die Angaben des Lageberichts und des Anhangs zusammenhängend darzustellen.

**§ 21 Bilanz.** (1) ¹In der Bilanz der Investmentaktiengesellschaft (§ 120 Absatz 2 Satz 1 und § 148 Absatz 1 des Kapitalanlagegesetzbuches[1]) und der Investmentkommanditgesellschaft (§ 135 Absatz 3 Satz 1 und § 158 des Kapitalanlagegesetzbuches) sind die für den Betrieb der intern verwalteten Investmentgesellschaft notwendigen Vermögensgegenstände und Schulden (Investmentbetriebsvermögen) und die dem Sondervermögen vergleichbaren Vermögensgegenstände und Schulden (Investmentanlagevermögen) gesondert auszuweisen. ²Sofern bei der Investmentaktiengesellschaft mit veränderlichem Kapital oder bei der offenen Investmentkommanditgesellschaft Teilgesellschaftsvermögen gebildet wurden, ist die Bilanz darüber hinaus nach Teilgesellschaftsvermögen aufzugliedern.

(2) ¹Das Investmentbetriebsvermögen ist für Zwecke der Bilanzierung sowie der Aktienpreisermittlung ausschließlich nach den Grundsätzen des Dritten Buches des Handelsgesetzbuches anzusetzen und zu bewerten. ²Der ermittelte Wert gilt als Verkehrswert im Sinne des § 168 Absatz 1 des Kapitalanlagegesetzbuches.

(3) Auf die Bewertung des Investmentanlagevermögens sind die §§ 26 bis 31 und 34 anzuwenden.

(4) ¹Die Bilanz der Investmentaktiengesellschaft und der Investmentkommanditgesellschaft ist wie folgt zu gliedern:
I. Investmentbetriebsvermögen
   A. Aktiva
      Vermögenswerte
   B. Passiva
      Verbindlichkeiten
II. Investmentanlagevermögen
   A. Aktiva
      1. Sachanlagen
      2. Anschaffungsnebenkosten
      3. Beteiligungen
      4. Wertpapiere
      5. Barmittel und Barmitteläquivalente
         a) Täglich verfügbare Bankguthaben
         b) Kurzfristige liquide Anlagen
         c) Andere
      6. Forderungen
         a) Forderungen aus der Bewirtschaftung
         b) Forderungen an Beteiligungsgesellschaften
         c) Zins- und Dividendenansprüche

---

[1] Nr. **15**.

d) Eingeforderte ausstehende Pflichteinlagen
e) Andere Forderungen
7. Sonstige Vermögensgegenstände
8. Aktive Rechnungsabgrenzung
B. Passiva
1. Rückstellungen
2. Kredite
   a) von Kreditinstituten
   b) von Gesellschaftern
   c) Andere
3. Verbindlichkeiten aus Lieferungen und Leistungen
   a) aus dem Erwerb von Investitionsgütern
   b) aus anderen Lieferungen und Leistungen
   c) aus der Rücknahme von Anteilen
4. Sonstige Verbindlichkeiten
   a) gegenüber Gesellschaftern
   b) aus Wertpapierleihegeschäften
   c) aus Pensionsgeschäften
   d) Andere
5. Passive Rechnungsabgrenzung
6. Eigenkapital
   a) Kapitalanteile beziehungsweise gezeichnetes Kapital
   b) Kapitalrücklage
   c) Gewinnrücklage
      aa) Gesetzliche Rücklage
      bb) Rücklage für eigene Anteile
      cc) Satzungsmäßige Rücklagen
      dd) Andere Gewinnrücklagen
   d) Nicht realisierte Gewinne/Verluste aus der Neubewertung
   e) Gewinnvortrag/Verlustvortrag
   f) Realisiertes Ergebnis des Geschäftsjahres.

²Bei dem Eigenkapitalausweis der Investmentkommanditgesellschaft ist § 264c des Handelsgesetzbuches zu beachten.

(5) ¹Die Bilanz darf auch unter Berücksichtigung der vollständigen Verwendung des Jahresergebnisses aufgestellt werden. ²Dann tritt an die Stelle des realisierten Ergebnisses des Geschäftsjahres (Jahresüberschuss/Jahresfehlbetrag) und des Gewinn- oder Verlustvortrags der Posten Bilanzgewinn oder Bilanzverlust; ein vorhandener Gewinn- oder Verlustvortrag ist in den Posten Bilanzgewinn oder Bilanzverlust einzubeziehen und in der Verwendungsrechnung und Entwicklungsrechnung gesondert anzugeben.

**§ 22 Gewinn- und Verlustrechnung.** (1) ¹In der Gewinn- und Verlustrechnung der intern verwalteten Investmentaktiengesellschaft und der intern verwalteten Investmentkommanditgesellschaft sind die dem Investmentbetriebsvermögen und die dem Investmentanlagevermögen zuzuordnenden Aufwendungen und Erträge jeweils gesondert auszuweisen. ²Soweit die Investmentgesellschaft in Form einer Umbrella-Konstruktion besteht, hat die Investmentgesellschaft die Gewinn- und Verlustrechnung darüber hinaus nach Teilgesellschaftsvermögen aufzugliedern. ³Soweit die Satzung oder die Anlagebedingungen der Investmentaktiengesellschaft ein Ertragsausgleichsverfahren vorsehen, gilt § 11 Absatz 5 entsprechend.

(2) Für die Gewinn- und Verlustrechnung der Investmentaktiengesellschaft mit veränderlichem Kapital und der offenen Investmentkommanditgesellschaft gelten die Vorschriften für die Gliederung und den Ausweis von Aufwendungen und Erträgen eines Sondervermögens nach § 101 Absatz 1 Satz 3 Nummer 4 des Kapitalanlagegesetzbuches[1] in Verbindung mit § 11 dieser Verordnung entsprechend.

(3) Die Gewinn- und Verlustrechnung der Investmentaktiengesellschaft mit fixem Kapital und der geschlossenen Investmentkommanditgesellschaft ist für die Zwecke der Ertrags- und Aufwandsrechnung nach § 11 wie folgt darzustellen; Leerposten können jeweils entfallen:

I. Verwaltungstätigkeit
   a) Erträge
   b) Aufwendungen
II. Investmenttätigkeit
  1. Erträge
   a) Erträge aus Sachwerten
   b) Zinsen und ähnliche Erträge
   c) Sonstige betriebliche Erträge
   Summe der Erträge
  2. Aufwendungen
   a) Zinsen aus Kreditaufnahmen
   b) Bewirtschaftungskosten
   c) Verwaltungsvergütung
   d) Verwahrstellenvergütung
   e) Prüfungs- und Veröffentlichungskosten
   f) Sonstige Aufwendungen
   Summe der Aufwendungen
  3. Ordentlicher Nettoertrag
  4. Veräußerungsgeschäfte
   a) Realisierte Gewinne
   b) Realisierte Verluste
   Ergebnis aus Veräußerungsgeschäften
  5. Realisiertes Ergebnis des Geschäftsjahres
  6. Zeitwertänderung
   a) Erträge aus der Neubewertung
   b) Aufwendungen aus der Neubewertung
   c) Abschreibungen Anschaffungsnebenkosten
   Summe des nicht realisierten Ergebnisses des Geschäftsjahres
  7. Ergebnis des Geschäftsjahres.

---

[1] Nr. 15.

**§ 23 Lagebericht.** (1) Die Investmentaktiengesellschaft und die Investmentkommanditgesellschaft haben unabhängig von ihrer Größenklasse nach den §§ 267, 267a des Handelsgesetzbuches einen Lagebericht nach § 289 des Handelsgesetzbuches aufzustellen.

(2) ¹Der Lagebericht der Investmentaktiengesellschaft mit veränderlichem Kapital hat darüber hinaus folgende Angaben zu enthalten:
1. die Anzahl der Teilgesellschaftsvermögen sowie deren Fondskategorie;
2. die Zuordnung der Unternehmensaktien zum Investmentanlagevermögen und zum Betriebsvermögen, im Falle einer Umbrella-Konstruktion unter Nennung der jeweiligen Teilgesellschaftsvermögen;
3. die Angabe, ob die Anlageaktien zur Teilnahme an der Hauptversammlung berechtigen und Stimmrechte gewähren;
4. die Anzahl der umlaufenden Aktien, soweit Teilgesellschaftsvermögen gebildet wurden je Teilgesellschaftsvermögen;
5. falls eine Kapitalverwaltungsgesellschaft als Verwaltungsgesellschaft benannt wurde,
   a) Name und Rechtsform der Kapitalverwaltungsgesellschaft,
   b) wesentliche Merkmale des Verwaltungsvertrages wie Dauer, Kündigungsrechte, Umfang, Verwaltungstätigkeit, Haftungsregelungen, Auslagerungen einzelner Tätigkeiten, Angaben zur Umsetzung der Anlageverwaltung durch die Kapitalverwaltungsgesellschaft,
   c) Gebühren;
6. die Belastung mit Verwaltungskosten, gegebenenfalls gesondert je Teilgesellschaftsvermögen.

²Der Lagebericht der Investmentaktiengesellschaft mit fixem Kapital hat darüber hinaus die Angaben nach Satz 1 Nummer 4 bis 6 zu enthalten.

(3) ¹Der Lagebericht der offenen Investmentkommanditgesellschaft hat darüber hinaus die Angaben nach Absatz 2 Nummer 1, 4, 5 und 6 zu enthalten und der Lagebericht der geschlossenen Investmentkommanditgesellschaft hat darüber hinaus die Angaben nach Absatz 2 Nummer 4, 5 und 6 zu enthalten. ²Dabei gilt Nummer 4 mit der Maßgabe, dass die Anzahl der umlaufenden Anteile zu nennen ist.

(4) ¹Der im Lagebericht enthaltene Bericht über die Tätigkeit der Investmentgesellschaft im abgelaufenen Geschäftsjahr hat den Vorgaben des § 8 zu entsprechen. ²Bei Teilgesellschaftsvermögen hat die Berichterstattung für jedes Teilgesellschaftsvermögen gesondert zu erfolgen.

(5) ¹§ 289 Absatz 1 Satz 4 des Handelsgesetzbuches ist nur auf das Investmentbetriebsvermögen nach § 21 Absatz 1 Satz 1 anzuwenden. ²Bei Aussagen zur Wertentwicklung des Investmentanlagevermögens sind § 165 Absatz 2 Nummer 9 des Kapitalanlagegesetzbuches[1] und § 4 Absatz 4 bis 7 der Wertpapierdienstleistungs-Verhaltens- und -Organisationsverordnung[2] entsprechend anzuwenden.

**§ 24 Verwendungsrechnung und Entwicklungsrechnung bei der Investmentkommanditgesellschaft.** (1) Bei einer Investmentkommanditge-

---
[1] Nr. 15.
[2] Nr. 12d.

sellschaft ist die Verwendungsrechnung wie folgt darzustellen; Leerposten können jeweils entfallen:
1. Realisiertes Ergebnis des Geschäftsjahres
2. Gutschrift/Belastung auf Rücklagenkonten
3. Gutschrift/Belastung auf Kapitalkonten
4. Gutschrift/Belastung auf Verbindlichkeitenkonten
5. Bilanzgewinn/Bilanzverlust.

(2) Die Entwicklungsrechnung für das Vermögen der Kommanditisten und der Komplementäre ist jeweils getrennt wie folgt darzustellen; Leerposten können jeweils entfallen:
I. **Wert des Eigenkapitals am Beginn des Geschäftsjahres**
 1. Entnahmen für das Vorjahr
 2. Zwischenentnahmen
 3. Mittelzufluss (netto)
   a) Mittelzuflüsse aus Gesellschaftereintritten
   b) Mittelabflüsse wegen Gesellschafteraustritten
 4. Realisiertes Ergebnis des Geschäftsjahres nach Verwendungsrechnung
 5. Nicht realisiertes Ergebnis des Geschäftsjahres
II. **Wert des Eigenkapitals am Ende des Geschäftsjahres.**

**§ 25 Anhang.** (1) Investmentaktiengesellschaften mit veränderlichem Kapital, die über Teilgesellschaftsvermögen verfügen, und offene Investmentkommanditgesellschaften, die über Teilgesellschaftsvermögen verfügen, müssen im Anhang des Jahresabschlusses die Angaben nach den Absätzen 2 bis 5 sowie nach § 7 Satz 1 Nummer 9 für jedes Teilgesellschaftsvermögen gesondert machen.

(2) § 285 des Handelsgesetzbuches ist nur auf das Investmentbetriebsvermögen nach § 21 Absatz 1 Satz 1 anzuwenden.

(3) [1] In den Anhang des Jahresabschlusses der Investmentaktiengesellschaft mit veränderlichem Kapital und der offenen Investmentkommanditgesellschaft sind folgende Angaben ergänzend aufzunehmen, soweit Teilgesellschaftsvermögen gebildet wurden ausschließlich getrennt nach Teilgesellschaftsvermögen:
1. die Vermögensaufstellung nach § 10 Absatz 1;
2. die Aufstellung der während des Berichtszeitraums abgeschlossenen Geschäfte, die nicht mehr Gegenstand der Vermögensaufstellung sind, nach § 7 Satz 1 Nummer 8;
3. die Gewinnverwendungsrechnung der Investmentaktiengesellschaft mit veränderlichem Kapital oder der offenen Investmentkommanditgesellschaft entsprechend den Vorschriften über die Verwendungsrechnung für das Sondervermögen nach § 101 Absatz 1 Satz 3 Nummer 5 des Kapitalanlagegesetzbuches[1]) in Verbindung mit § 11;
4. die Übersicht über die Entwicklung der Investmentaktiengesellschaft mit veränderlichem Kapital oder der offenen Investmentkommanditgesellschaft nach § 13;

---
[1]) Nr. 15.

5. die vergleichende Übersicht der letzten drei Geschäftsjahre nach § 14.

² In den Anhang des Jahresabschlusses der Investmentaktiengesellschaft mit fixem Kapital und der geschlossenen Investmentkommanditgesellschaft sind nur die Angaben nach Satz 1 Nummer 5 aufzunehmen.

(4) Die Kapitalkonten der Kommanditisten sowie der Komplementäre der Investmentkommanditgesellschaft sind entsprechend der gesellschaftsvertraglichen Regelung darzustellen.

(5) ¹ In den Anhang eines Berichts einer Investmentaktiengesellschaft mit fixem Kapital und einer geschlossenen Investmentkommanditgesellschaft mit Anlagen in entsprechenden Vermögensgegenständen sind folgende Angaben ergänzend aufzunehmen:
1. bei einer Investition in Immobilien der Bestand der zum Investmentvermögen gehörenden Immobilien und sonstigen Vermögensgegenstände unter Angabe
   a) der Grundstücksgröße,
   b) von Art und Lage,
   c) von Bau und Erwerbsjahr,
   d) der Gebäudenutzfläche,
   e) der Leerstandsquote,
   f) der Nutzungsausfallentgeltquote,
   g) der Fremdfinanzierungsquote,
   h) der Restlaufzeiten der Nutzungsverträge,
   i) des Verkehrswertes oder im Falle des § 271 Absatz 1 Nummer 1 Satz 1 des Kapitalanlagegesetzbuches des Kaufpreises,
   j) der Nebenkosten bei Anschaffung von Vermögensgegenständen im Sinne des § 261 Absatz 1 Nummer 3 und Absatz 2 Nummer 1 des Kapitalanlagegesetzbuches,
   k) der wesentlichen Ergebnisse der nach Maßgabe dieses Abschnittes erstellten Wertgutachten,
   l) etwaiger Bestands- und Projektentwicklungsmaßnahmen;
2. bei einer Investition in Wald, Forst und Agrarland die Angabe
   a) der Grundstücksgröße,
   b) der Lage und Nutzung,
   c) der Art der Bepflanzung,
   d) des Durchschnittsalters des Baumbestandes,
   e) der Fremdfinanzierungsquote;
3. bei einer Investition in Schiffe die Angabe
   a) des Schiffstyps,
   b) der Schiffsgröße,
   c) der Tragfähigkeit,
   d) des Leergewichts,
   e) von Bau- und Erwerbsjahr,
   f) der Klassifikation und des Jahres der letzten Klassedockung,
   g) der technischen Spezifikationen,
   h) von Aussagen zu notwendigen Investitionen zur Einhaltung von bestehenden und künftigen Umweltstandards,

i) der Restlaufzeit des Chartervertrages,
j) der Nettocharterrate nach Befrachtungskommissionen,
k) der Restlaufzeit des Bereederungsvertrages und der Höhe der Bereederungsgebühr,
l) des Orts der Registrierung im Seeschiffsregister,
m) der Fremdfinanzierungsquote,
n) des Verkehrswertes oder im Falle des § 271 Absatz 1 Nummer 1 des Kapitalanlagegesetzbuches des Kaufpreises,
o) etwaiger wesentlicher Wartungsarbeiten;

4. bei einer Investition in Luftfahrzeuge die Angabe
a) des Flugzeugtyps,
b) von Bau- und Erwerbsjahr,
c) der Fremdfinanzierungsquote,
d) der Restlaufzeiten der Nutzungsverträge,
e) der Andienungsrechte,
f) des Verkehrswertes oder im Falle des § 271 Absatz 1 Nummer 1 des Kapitalanlagegesetzbuches des Kaufpreises,
g) etwaiger wesentlicher im Berichtsjahr durchgeführter Wartungsarbeiten;

5. bei einer Investition in Anlagen zur Erzeugung, zum Transport und zur Speicherung von Strom, Gas oder Wärme aus erneuerbaren Energien die Angabe
a) der Energieart,
b) der installierten Leistung und der eingespeisten Energie,
c) von Bau- und Erwerbsjahr,
d) des Jahres der Inbetriebnahme,
e) der Abnehmer der Energie,
f) von Art und Umfang der Nutzungsrechte an den Grundstücken, auf denen die Anlage errichtet wurde,
g) der Fremdfinanzierungsquote,
h) des Verkehrswertes oder im Falle des § 271 Absatz 1 Nummer 1 des Kapitalanlagegesetzbuches des Kaufpreises,
i) etwaiger wesentlicher Bestands- und Projektentwicklungsmaßnahmen;

6. bei einer Investition in Schienenfahrzeuge, Schienenfahrzeugbestand und -ersatzteile die Angabe
a) der Anzahl der Schienenfahrzeuge und Schienenersatzteile,
b) der Art,
c) von Bau- und Erwerbsjahr,
d) des Typs,
e) des Jahres der Inbetriebnahme,
f) der Leasingnehmer,
g) der Fremdfinanzierungsquote,
h) der Restlaufzeit des Leasingvertrages,
i) des Andienungsrechts;

7. bei einer Investition in Fahrzeuge, die im Rahmen der Elektromobilität genutzt werden, die Angabe

a) der Anzahl,
b) des Typs,
c) von Bau- und Erwerbsjahr,
d) des Herstellers,
e) des Jahres der Inbetriebnahme,
f) der Leasingnehmer,
g) der Nutzungsentgeltausfallquote,
h) der Fremdfinanzierungsquote,
i) der Restlaufzeit des Leasingvertrages;
8. bei einer Investition in Container die Angabe
a) der Anzahl,
b) des Typs,
c) von Bau- und Erwerbsjahr,
d) der Leasingnehmer,
e) der Nutzungsentgeltausfallquote,
f) der Fremdfinanzierungsquote,
g) der Restlaufzeit des Leasingvertrages;
9. bei einer Investition in Infrastruktur gemäß § 261 Absatz 2 Nummer 8 des Kapitalanlagegesetzbuches, die Angabe
a) der Anzahl,
b) von Art oder Typ,
c) von Bau- und Erwerbsjahr,
d) der Leasingnehmer oder Nutzer,
e) der Fremdfinanzierungsquote;
10. bei einer Investition in sonstige Sachwerte im Sinne des § 261 Absatz 1 Nummer 1 des Kapitalanlagegesetzbuches, die nicht in dem Katalog des § 261 Absatz 2 des Kapitalanlagegesetzbuches aufgeführt sind, die entsprechenden Angaben nach Satz 1 Nummer 9.

[2] Die Angaben nach Satz 1 sind für Sachwerte, die mittelbar nach § 261 Absatz 1 Nummer 3, 5 und 6 des Kapitalanlagegesetzbuches gehalten werden, nachrichtlich aufzuführen und besonders zu kennzeichnen.

## Abschnitt 3. Bewertung

**§ 26 Allgemeine Bewertungsgrundsätze.** (1) [1] Bewertet die Verwahrstelle einen OGAW unter Mitwirkung der Kapitalverwaltungsgesellschaft, hat die Kapitalverwaltungsgesellschaft die von der Verwahrstelle ermittelten Wertansätze für Vermögensgegenstände in geeigneter Weise auf Plausibilität zu prüfen und darauf hinzuwirken, dass Auffälligkeiten geklärt werden. [2] Sie hat nachvollziehbar zu dokumentieren, dass sie ihre Mitwirkungspflicht wahrnimmt. [3] Die Verwahrstelle ist dabei der Kapitalverwaltungsgesellschaft gegenüber verpflichtet, Auskunft über Einzelheiten der Bewertung des Investmentvermögens zu erteilen.

(2) [1] Innerhalb der Kapitalverwaltungsgesellschaft muss die Bewertung oder die Mitwirkung bei der Bewertung eines OGAW durch einen Bereich oder eine dort eingerichtete Organisationseinheit erfolgen, der oder die aufbauorganisatorisch von dem für die Portfolioverwaltung zuständigen Bereich oder einer

dort eingerichteten Organisationseinheit getrennt ist. ²Dies gilt auch für die Ebene der Geschäftsleitung.

(3) Die Bildung von Bewertungseinheiten zwischen Grund- und Sicherungsgeschäft ist bei Investmentvermögen nicht zulässig.

(4) Die Einhaltung der Anforderungen nach den Absätzen 1 bis 3 sowie nach den §§ 27 und 28 ist bei Investmentvermögen regelmäßig von der internen Revision zu überprüfen.

**§ 27 Bewertung auf der Grundlage von handelbaren Kursen.** (1) Für die Bewertung von Vermögensgegenständen, die zum Handel an einer Börse oder an einem anderen organisierten Markt zugelassen oder in den regulierten Markt oder Freiverkehr einer Börse einbezogen sind, ist der letzte verfügbare handelbare Kurs zugrunde zu legen, der eine verlässliche Bewertung im Sinne des Artikels 2 Absatz 1 Buchstabe c Ziffer i der Richtlinie 2007/16/EG der Kommission vom 19. März 2007 zur Durchführung der Richtlinie 85/611/EWG des Rates zur Koordinierung der Rechts- und Verwaltungsvorschriften betreffend bestimmte Organismen für gemeinsame Anlagen in Wertpapieren (OGAW) im Hinblick auf die Erläuterung gewisser Definitionen (ABl. L 79 vom 20.3.2007, S. 11) gewährleistet.

(2) ¹Die Verwahrstelle, der externe Bewerter oder die Kapitalverwaltungsgesellschaft muss die Kriterien dokumentieren, die sie oder er für die Einschätzung der Marktpreise von Börsen oder anderen organisierten Märkten als exakt, verlässlich und gängig nutzt. ²Indikative Kurse sind keine handelbaren Kurse.

(3) Vermögensgegenstände, für die die Kursstellung auf der Grundlage von Geld- und Briefkursen erfolgt, sind grundsätzlich entweder zum Mittelkurs oder zum Geldkurs zu bewerten.

**§ 28 Bewertung auf der Grundlage geeigneter Bewertungsmodelle.**

(1) Für Vermögensgegenstände, die weder zum Handel an einer Börse noch an einem anderen organisierten Markt zugelassen oder in den regulierten Markt oder Freiverkehr einer Börse einbezogen sind oder für die kein handelbarer Kurs verfügbar ist, sind gemäß § 168 Absatz 3 des Kapitalanlagegesetzbuches[1] die Verkehrswerte zugrunde zu legen, die sich bei sorgfältiger Einschätzung nach geeigneten Bewertungsmodellen unter Berücksichtigung der aktuellen Marktgegebenheiten ergeben.

(2) ¹Der Verkehrswert ist auf der Grundlage eines Bewertungsmodells zu ermitteln, das auf einer anerkannten und geeigneten Methodik beruht. ²Bei der Verwendung eines Bewertungsmodells nach Satz 1 sind die Anforderungen nach Artikel 71 der Verordnung (EU) Nr. 231/2013 zu beachten. ³Die eingesetzten Bewertungsverfahren sind ausführlich zu dokumentieren und in regelmäßigen Abständen auf ihre Angemessenheit zu überprüfen. ⁴Bei der Überprüfung sind aktuelle Marktinformationen zu berücksichtigen. ⁵Die Bewertung eines Over-the-Counter-Derivats (OTC-Derivat) ist gemäß Artikel 8 Absatz 4 Buchstabe b der Richtlinie 2007/16/EG zu überprüfen.

(3) ¹Der Verkehrswert kann auch von einem Emittenten, Kontrahenten oder sonstigen Dritten ermittelt und mitgeteilt werden. ²In diesem Fall ist der ermittelte Verkehrswert durch die Kapitalverwaltungsgesellschaft oder die Ver-

---

[1] Nr. 15.

wahrstelle oder den externen Bewerter auf Plausibilität zu prüfen; die Plausibilitätsprüfung ist zu dokumentieren. [3] Diese Prüfung kann durch einen Vergleich mit einer zweiten verlässlichen und aktuellen Preisquelle, einen Vergleich des Wertes mit einer eigenen modellgestützten Bewertung oder durch andere geeignete Verfahren erfolgen.

**§ 29 Besonderheiten bei Investmentanteilen, Bankguthaben und Verbindlichkeiten.** (1) [1] Anteile an Investmentvermögen sind mit ihrem letzten festgestellten Rücknahmepreis oder mit einem aktuellen Kurs nach § 27 Absatz 1 zu bewerten. [2] Stehen keine aktuellen Werte nach Satz 1 zur Verfügung, ist der Wert der Anteile gemäß § 28 zu ermitteln; auf die Ermittlung auf der Grundlage eines geeigneten Bewertungsmodells ist im Jahresbericht hinzuweisen.

(2) [1] Bankguthaben werden zu ihrem Nennwert zuzüglich zugeflossener Zinsen bewertet. [2] Festgelder sind zum Verkehrswert zu bewerten, sofern das Festgeld kündbar ist und die Rückzahlung bei der Kündigung nicht zum Nennwert zuzüglich Zinsen erfolgt.

(3) Verbindlichkeiten sind mit ihrem Rückzahlungsbetrag anzusetzen.

**§ 30 Besonderheiten bei Anlagen in Immobilien.** (1) [1] Zur Ermittlung des Verkehrswertes einer Immobilie ist in der Regel der Ertragswert der Immobilie anhand eines Verfahrens zu ermitteln, das am jeweiligen Immobilienmarkt anerkannt ist. [2] Zur Plausibilisierung können auch andere am jeweiligen Immobilienmarkt anerkannte Bewertungsverfahren herangezogen werden, wenn dies für eine sachgerechte Bewertung der Immobilie nach Auffassung des Bewerters erforderlich oder zweckmäßig erscheint. [3] In diesem Fall sind die Ergebnisse des anderen Bewertungsverfahrens und die Gründe für seine Anwendung in nachvollziehbarer Form dem Gutachten als Anlage beizufügen.

(2) Für die Ermittlung des Nettoinventarwertes je Anteil oder Aktie von Immobilien-Sondervermögen und offenen inländischen Spezial-AIF mit Anlagen in Immobilien oder Immobilien-Gesellschaften sowie von geschlossenen inländischen Publikums-AIF oder Spezial-AIF mit Anlagen in entsprechenden Vermögensgegenständen gelten folgende Besonderheiten:
1. Für die Bestimmung der Anschaffungsnebenkosten im Sinne des § 248 Absatz 3 Satz 1 und 2 und des § 271 Absatz 1 Nummer 2 Satz 1 und 2 des Kapitalanlagegesetzbuches[1]) gilt § 255 Absatz 1 des Handelsgesetzbuches unter Berücksichtigung der investmentrechtlichen Besonderheiten entsprechend. Zu den investmentrechtlichen Besonderheiten zählt insbesondere, dass bereits im Vorfeld entstehende Kosten angesetzt werden können, solange ein Erwerb des Vermögensgegenstandes aussichtsreich erscheint; außerplanmäßige Abschreibungen dürfen nicht vorgenommen werden. Die Abschreibungsdauer für Anschaffungsnebenkosten im Sinne des § 248 Absatz 3 Satz 1 und des § 271 Absatz 1 Nummer 2 Satz 1 des Kapitalanlagegesetzbuches[2]) muss durch die Kapitalverwaltungsgesellschaft während der Dauer der Abschreibung geändert werden, wenn die Haltedauer der Immobilie oder der Beteiligung kürzer als ursprünglich geplant eingeschätzt wird.

---

[1]) Nr. 15.
[2]) Nr. 15d.

2. Bei der Ermittlung des Nettoinventarwertes je Anteil oder Aktie einer im Ausland gelegenen Immobilie sind Rückstellungen, die für Zwecke der Steuern zu bilden sind, für die Steuern zu berücksichtigen, die der Staat, in dem die Immobilie liegt, bei einem Veräußerungsgewinn voraussichtlich erhebt. Bei im Ausland gelegenen Immobilien, die über Immobilien-Gesellschaften gehalten werden, sind Rückstellungen, die für Zwecke der Steuern zu bilden sind, zu berücksichtigen, wenn die drohenden Steuerlasten von der Immobilien-Gesellschaft zu tragen sind und nicht bereits bei der Ermittlung des Wertes der Beteiligung an der Immobilien-Gesellschaft berücksichtigt werden. Die Höhe der Rückstellungen entspricht der Steuerbelastung, die nach den steuerlichen Vorschriften des Staates, in dem die Immobilie liegt, bei einer Veräußerung der Immobilie am Bewertungstag zum Verkehrswert der Immobilie als Gewinnsteuer zu entrichten wäre. Unberücksichtigt bleiben Möglichkeiten, den zu zahlenden Betrag nach dem Steuerrecht des Staates, in dem die Immobilie liegt, auf Grund der Bildung von Reinvestitionsrücklagen zu mindern. Bestehen nach dem Steuerrecht des Staates, in dem die Immobilie liegt, Minderungsmöglichkeiten auf Grund vorliegender, steuerlich verrechenbarer Verluste, sind diese Verluste bis zur Höhe der Steuerbelastung auf den Veräußerungsgewinn zu berücksichtigen. Die Bildung und Auflösung der Rückstellung ist erfolgsneutral vorzunehmen. Wenn die Veräußerung der Anteile an einer Immobilien-Gesellschaft wesentlich wahrscheinlicher ist als die Veräußerung der Immobilie, ist bei der Bewertung von Beteiligungen ein Abschlag in Höhe des Betrages vorzunehmen, der bei einem Verkauf der Beteiligung infolge latenter Steuerlasten als Minderung des Kaufpreises für die Beteiligung erwartet wird.

3. Bei Grundstücken, die zum Zwecke der Bebauung erworben werden, sind § 248 Absatz 3 Satz 1 und 2 und § 271 Absatz 1 Nummer 2 Satz 1 und 2 des Kapitalanlagegesetzbuches nicht anzuwenden.

### § 31 Bewertung von Beteiligungen an Immobilien-Gesellschaften.

(1) [1]Die Bewertung einer Beteiligung vor ihrem Erwerb gemäß § 236 Absatz 1 des Kapitalanlagegesetzbuches[1)] dient dazu, die Angemessenheit der Gegenleistung in sinngemäßer Anwendung des § 231 Absatz 2 des Kapitalanlagegesetzbuches festzustellen. [2]Der externe Bewerter gemäß § 216 Absatz 2 des Kapitalanlagegesetzbuches hat die wesentlichen Grundlagen und Annahmen seiner Bewertung der Immobilien, insbesondere alle wertbeeinflussenden Faktoren, im Gutachten darzulegen. [3]Der Abschlussprüfer hat in seinem Gutachten die wertmäßigen Zusammenhänge und Unterschiede zwischen dem Nettovermögenswert laut Vermögensaufstellung und dem ermittelten Beteiligungswert darzulegen und zu erläutern.

(2) [1]Nach dem Erwerb der Beteiligung ist im Zusammenhang mit neu erworbenen Immobilien oder Beteiligungen der Immobilien-Gesellschaft § 248 Absatz 2 und 3 Satz 1 des Kapitalanlagegesetzbuches in der Regel entsprechend anzuwenden. [2]Absatz 3 ist auf Beteiligungen der Immobilien-Gesellschaft entsprechend anzuwenden.

(3) [1]Der Wert der Beteiligung an einer Immobilien-Gesellschaft gemäß § 248 Absatz 4 und § 250 Absatz 1 Nummer 2 des Kapitalanlagegesetzbuches ist gemäß § 249 Absatz 3 des Kapitalanlagegesetzbuches auf der Grundlage

---

[1)] Nr. 15.

einer Vermögensaufstellung zu ermitteln. ²Maßgeblich ist die aktuelle monatliche Vermögensaufstellung zum Zeitpunkt der Bewertung. ³Die Kapitalverwaltungsgesellschaft hat einheitliche Grundsätze für das Mengengerüst und die Bewertung des Vermögens und der Schulden aufzustellen. ⁴In den Grundsätzen ist zu berücksichtigen, dass die Rechnungslegung in den Sitzländern der Immobilien-Gesellschaften Besonderheiten, insbesondere Aktivposten ohne Vermögenscharakter und fehlende Passivposten mit Schuldcharakter, aufweisen kann. ⁵Die Beachtung der Grundsätze ist im Rahmen der jährlichen Prüfung der Vermögensaufstellung gemäß § 249 Absatz 2 Nummer 2 des Kapitalanlagegesetzbuches zu bestätigen. ⁶Die Jahresabschlussprüfung gemäß § 249 Absatz 2 Nummer 2 des Kapitalanlagegesetzbuches, die jährliche Prüfung der Vermögensaufstellung gemäß § 249 Absatz 2 des Kapitalanlagegesetzbuches und die Bewertung gemäß § 248 Absatz 4 und § 250 Absatz 1 Nummer 2 des Kapitalanlagegesetzbuches dürfen von demselben Abschlussprüfer durchgeführt werden, wenn für die Bestellung des Abschlussprüfers die jeweiligen Voraussetzungen erfüllt sind.

(4) ¹Bei der Bewertung gemäß § 248 Absatz 4 und § 250 Absatz 1 Nummer 2 des Kapitalanlagegesetzbuches hat der Abschlussprüfer einen marktnahen Wert zu ermitteln, wie es nach den allgemeinen Grundsätzen für die Bewertung von Unternehmensbeteiligungen vorgeschrieben ist. ²Ausgangspunkt für die Bewertung ist der Nettowert gemäß der Vermögensaufstellung. ³Der darin angesetzte Wert für die Immobilien ist durch den zuletzt vom externen Bewerter festgestellten Verkehrswert der Immobilien oder, wenn dieser noch nicht maßgeblich ist, durch den Kaufpreis zu ersetzen. ⁴Weitere Auswirkungen dieser Wertdifferenz zum Beispiel auf Rückstellungen oder latente Steueransprüche und Verpflichtungen sind zu berücksichtigen. ⁵Weitere Vermögensgegenstände und Schulden sind nach den Wertmaßstäben des § 168 Absatz 1 bis 7 des Kapitalanlagegesetzbuches zu beurteilen. ⁶Darüber hinaus können im Rahmen der Bewertung nach dem Ermessen der bewertenden Person besondere Wertkomponenten angesetzt werden, wie zum Beispiel ein Geschäftswert entsprechend dem Geschäftsmodell der Immobilien-Gesellschaft und deren tatsächlicher Geschäftstätigkeit. ⁷Das gilt auch für Wertkomponenten zum Beispiel auf Grund von erschwerten Vermarktungsmöglichkeiten der Beteiligung, abweichenden Gewinnverteilungsabreden oder Vereinbarungen über Auseinandersetzungsguthaben, falls die Gesellschaft aufgelöst wird. ⁸Wertkomponenten, die im Zusammenhang mit der Vermarktung der von der Gesellschaft gehaltenen Immobilien stehen, finden ausschließlich über die Werte, die vom externen Bewerter für die Immobilien festgestellt wurden, Eingang in den Beteiligungswert.

(5) ¹Keine gesonderte Bewertung gemäß § 248 Absatz 4 und § 250 Absatz 1 Nummer 2 des Kapitalanlagegesetzbuches muss für Immobilien-Gesellschaften erfolgen, an denen eine Beteiligung nicht direkt für Rechnung des Sondervermögens gehalten wird, sondern lediglich indirekt über eine andere Immobilien-Gesellschaft. ²Der Wert der in Satz 1 genannten Beteiligungen kann zusammen mit dem Wert der direkt gehaltenen Immobilien-Gesellschaft, die dem Sondervermögen die Beteiligung vermittelt, ermittelt werden.

(6) ¹Bei der Ermittlung des Anteilpreises hat die Kapitalverwaltungsgesellschaft den Wert der Beteiligung, den der Abschlussprüfer ermittelt hat, am ersten Preisermittlungstag, der auf die Bekanntgabe des Wertes durch den Abschlussprüfer an die Kapitalverwaltungsgesellschaft folgt, an Stelle des bisher

angesetzten Wertes zugrunde zu legen. ²Bis zur nächsten Bewertung gemäß § 248 Absatz 4 und § 250 Absatz 1 Nummer 2 des Kapitalanlagegesetzbuches ist der Wert der Beteiligung von der Kapitalverwaltungsgesellschaft im Rahmen des § 249 Absatz 2 des Kapitalanlagegesetzbuches auf der Grundlage der monatlichen Vermögensaufstellungen fortzuschreiben. ³Die Fortschreibung darf sich nur auf Wertkomponenten erstrecken, die keiner Bewertung mit wesentlichem Ermessensspielraum unterliegen. ⁴Fortschreibungen sind auch zum Zeitpunkt des Wertansatzes nach Satz 1 vorzunehmen, wenn Ereignisse zwischen Bewertungsstichtag und späterer Bekanntgabe des Wertes dazu Anlass geben.

(7) ¹Abweichend vom gesetzlich vorgesehenen Bewertungsintervall ist der Wert der Beteiligung erneut gemäß § 248 Absatz 4 und § 250 Absatz 1 Nummer 2 des Kapitalanlagegesetzbuches zu ermitteln und anzusetzen, wenn nach Auffassung der Kapitalverwaltungsgesellschaft der Ansatz des zuletzt ermittelten Wertes auf Grund von Änderungen wesentlicher Bewertungsfaktoren, die durch Fortschreibung des zuletzt ermittelten Wertes nicht angemessen berücksichtigt werden können, nicht mehr sachgerecht ist. ²Folgende Faktoren zählen grundsätzlich nicht zu den wesentlichen Bewertungsfaktoren und sind deshalb durch Fortschreibung zu berücksichtigen:
1. Neubewertung oder erstmalige Bewertung einer Immobilie durch den externen Bewerter;
2. Neuerwerb einer Immobilie oder einer Immobilien-Gesellschaft;
3. Verkauf der einzigen Immobilie, wenn der Verkaufspreis nicht wesentlich vom Verkehrswert der Immobilie abweicht;
4. Kapitalmaßnahmen;
5. Ausschüttungen;
6. Aufnahme oder Rückzahlung von Darlehen;
7. nachträgliche Korrekturen der Jahresabschlüsse auf allen Beteiligungsstufen;
8. Veränderung des Wertes durch laufende Erträge und Aufwendungen.

³Im Einzelfall kann jedoch auch bei den Bewertungsfaktoren nach Satz 2 eine Neubewertung notwendig sein, insbesondere wenn der Kauf oder Verkauf einer Immobilie wesentliche Veränderungen bei anderen Vermögens- und Schuldposten der Gesellschaft nach sich ziehen könnte.

(8) In den Vermögensaufstellungen nach § 101 Absatz 1 Satz 3 Nummer 1 des Kapitalanlagegesetzbuches ist der gemäß § 248 Absatz 4 und § 250 Absatz 1 Nummer 2 des Kapitalanlagegesetzbuches ermittelte und von der Kapitalverwaltungsgesellschaft bis zum Berichtsstichtag fortgeschriebene Wert der direkt für Rechnung des Investmentvermögens gehaltenen Beteiligungen an Immobilien-Gesellschaften anzusetzen.

**§ 32 Besonderheiten bei Vermögensgegenständen mit dem Charakter einer unternehmerischen Beteiligung.** (1) ¹Für die Zwecke des § 261 Absatz 6 Satz 1 und des § 271 des Kapitalanlagegesetzbuches[1)] sind Verkehrswerte für Unternehmensbeteiligungen gemäß § 261 Absatz 1 Nummer 4 des Kapitalanlagegesetzbuches (Vermögensgegenstände mit dem Charakter einer

---
[1)] Nr. 15.

unternehmerischen Beteiligung) nach anerkannten Grundsätzen für die Unternehmensbewertung zu ermitteln. ²Dabei ist Folgendes zu dokumentieren:
1. die Kriterien und die Methode für die Wertermittlung,
2. die für die Wertermittlung verwendeten Parameter,
3. die am Markt beobachteten Bezugsquellen für die Parameter und
4. die Berechnung des Wertes auf den Erwerbszeitpunkt.

(2) ¹Für Vermögensgegenstände mit dem Charakter einer unternehmerischen Beteiligung ist zum Zeitpunkt des Erwerbs als Verkehrswert der Kaufpreis einschließlich der Anschaffungsnebenkosten anzusetzen. ²Der Wert dieser Vermögensgegenstände ist spätestens nach Ablauf von zwölf Monaten nach dem Erwerb oder nach der letzten Bewertung erneut zu ermitteln und als Verkehrswert anzusetzen. ³Abweichend hiervon ist der Wert erneut zu ermitteln, wenn der Ansatz des zuletzt ermittelten Wertes auf Grund von Änderungen wesentlicher Bewertungsfaktoren nicht mehr sachgerecht ist. ⁴Die Kapitalverwaltungsgesellschaft hat ihre Entscheidung und die sie tragenden Gründe nachvollziehbar zu dokumentieren.

**§ 33 Besonderheiten bei Anlagen in sonstigen Sachwerten.** (1) Sonstige Sachwerte, für die gemäß dieser Verordnung keine Sonderregelung gilt, sind mit dem Verkehrswert anzusetzen, der unter Berücksichtigung der aktuellen Marktgegebenheiten erzielt werden könnte.

(2) ¹Der Verkehrswert eines Schiffes ist in der Regel durch ein Ertragswertverfahren zu ermitteln. ²Bei der Bewertung mit Hilfe eines Bewertungsmodells sind folgende Parameter zu berücksichtigen:
1. der Zeitchartervertrag;
2. die Chartereinnahmen, unter Berücksichtigung von damit in Zusammenhang stehenden Kosten wie Bereederungsgebühren und Befrachtungskommissionen;
3. die Betriebs- und Klassekosten unter Berücksichtigung gegebenenfalls erforderlicher Investitionen zur Erfüllung von Umweltstandards und unter Berücksichtigung gegebenenfalls erforderlicher Ertragsteuern;
4. der Schrottwert zum Ende der Nutzungsdauer;
5. der laufzeit-, risiko-, währungs- und steueräquivalente Diskontierungszinssatz.

³Wurde kein Zeitchartervertrag nach Satz 1 Nummer 1 abgeschlossen, ist die langfristige durchschnittliche Charterrate der letzten zehn Jahre zu verwenden.

(3) ¹Der Verkehrswert eines Flugzeuges ist durch ein Ertragswertverfahren zu ermitteln. ²Der Wert ist unter Berücksichtigung der individuellen technischen Merkmale sowie Zustand, Alter, Typ, Ausstattung und Wartungsintensität zu ermitteln. ³Bei der Bewertung mit Hilfe eines Bewertungsmodells sind insbesondere folgende Parameter zu berücksichtigen:
1. die Höhe der Leasingrate;
2. die Verwaltungs- und Gesellschaftskosten;
3. die Instandhaltungs- und Wartungskosten;
4. der Restwert des Leasingobjekts;
5. der laufzeit-, risiko-, währungs- und steueräquivalente Diskontierungszinssatz.

(4) ¹Der Verkehrswert eines Containers ist durch ein Ertragswertverfahren zu ermitteln. ²Der Wert ist unter Berücksichtigung des Standorts, Zustands und Alters des Containers sowie der Leasingeinnahmen und der damit in Zusammenhang stehenden Kosten zu ermitteln. ³Bei der Bewertung mit Hilfe eines Bewertungsmodells sind insbesondere folgende Parameter zu berücksichtigen:
1. die Containermiete/Leasingrate;
2. die Verwaltungs- und Gesellschaftskosten;
3. die Instandhaltungs- und Wartungskosten;
4. die Reparaturkosten;
5. der Containerpreis;
6. der laufzeit-, risiko-, währungs- und steueräquivalente Diskontierungszinssatz.

(5) ¹Der Verkehrswert einer Anlage zur Erzeugung, zum Transport und zur Speicherung von Strom, Gas oder Wärme aus erneuerbaren Energien ist durch ein Ertragswertverfahren zu ermitteln. ²Der Wert ist unter Berücksichtigung des Zustands und Alters der Anlage sowie der Höhe und Dauer der Einspeisevergütung zu ermitteln. ³Bei der Bewertung mit Hilfe eines Bewertungsmodells sind insbesondere folgende Parameter zu berücksichtigen:
1. die Einspeisevergütung;
2. die Verwaltungs- und Gesellschaftskosten;
3. die Instandhaltungs- und Wartungskosten;
4. die Stromertragsdaten/Leistungskennlinie;
5. der Restwert;
6. der laufzeit-, risiko-, währungs- und steueräquivalente Diskontierungszinssatz.

(6) ¹Der Verkehrswert von Schienenfahrzeugen, Schienenfahrzeugbestand- und -ersatzteilen ist durch ein Ertragswertverfahren zu ermitteln. ²Der Wert ist unter Berücksichtigung des Zustands und Alters sowie der Höhe und Dauer der Leasingrate zu ermitteln. ³Bei der Bewertung mit Hilfe eines Bewertungsmodells sind insbesondere folgende Parameter zu berücksichtigen:
1. die Leasingrate;
2. die Verwaltungs- und Gesellschaftskosten;
3. die Instandhaltungs- und Wartungskosten;
4. die Schrotterlöse;
5. der laufzeit-, risiko-, währungs- und steueräquivalente Diskontierungszinssatz.

(7) Der Verkehrswert von Vermögensgegenständen, bei denen auf Grund ihrer Ausgestaltung keine laufenden Erträge erzielt werden können, ist unter Verwendung eines Substanzwertverfahrens zu ermitteln.

**§ 34 Besonderheiten bei Anlagen von Spezial-AIF.** (1) § 32 gilt entsprechend für offene inländische Spezial-AIF mit festen Anlagebedingungen, die in Vermögensgegenständen gemäß § 284 Absatz 2 Nummer 2 Buchstabe e, f, h und i des Kapitalanlagegesetzbuches[1] anlegen, soweit eine Abweichung von den gesetzlichen Vorschriften nach § 284 Absatz 2 des Kapitalanlagegesetzbuches vereinbart wurde.

(2) § 32 gilt entsprechend für allgemeine offene inländische Spezial-AIF und für geschlossene inländische Spezial-AIF, die in entsprechenden Vermögensgegenständen im Sinne des Absatzes 1 anlegen.

(3) Die Absätze 1 und 2 gelten für die Bewertung von Vermögensgegenständen gemäß § 284 Absatz 2 Nummer 2 Buchstabe e des Kapitalanlagegesetzbuches mit der Maßgabe, dass diese Vermögensgegenstände stets nach den anerkannten Grundsätzen für die Immobilien-Bewertung zu bewerten sind.

## Abschnitt 4. Schlussvorschriften

**§ 35 Übergangsregelungen.** (1) ¹Die Vorschriften der Abschnitte 1 und 2 sind auf Investmentvermögen erstmals zu dem Abschlussstichtag anzuwenden, der auf das Inkrafttreten der nach den §§ 345, 351 oder des § 353 des Kapitalanlagegesetzbuches[1] anzupassenden Anlagebedingungen folgt. ²Im Falle des § 355 Absatz 2 Satz 3 des Kapitalanlagegesetzbuches sind die Vorschriften der Abschnitte 1 und 2 auf OGAW erstmals zu dem Abschlussstichtag anzuwenden, der auf die Anpassung der Anlagebedingungen folgt.

(2) ¹Auf Immobilien, die am 23. Dezember 2009 in einem Sondervermögen gehalten wurden, ist § 30 Absatz 2 Nummer 2 erstmals ab dem 23. Dezember 2014 anzuwenden. ²Die Kapitalverwaltungsgesellschaften sind verpflichtet, in der Zeit zwischen dem 23. Dezember 2009 und dem 23. Dezember 2014 linear Rückstellungen für Zwecke der Steuern im Sinne des § 30 Absatz 2 Nummer 2 in den Sondervermögen aufzubauen.

(3) Die Vorschriften dieser Verordnung sind auf vor dem 22. Juli 2013 bestehende geschlossene Investmentvermögen, auf die die Rechnungslegungsvorschriften des Kapitalanlagegesetzbuches anzuwenden sind, mit der Maßgabe anwendbar, dass Anschaffungsnebenkosten kumuliert auszuweisen sind.

(4) Die Investment-Rechnungslegungs- und Bewertungsverordnung vom 16. Dezember 2009 (BGBl. I S. 3871), die durch Artikel 3 der Verordnung vom 28. Juni 2011 (BGBl. I S. 1278) geändert worden ist, ist in der am 21. Juli 2013 geltenden Fassung auf die am 21. Juli 2013 bestehenden Kapitalanlagegesellschaften, Sondervermögen und Investmentaktiengesellschaften anzuwenden, soweit für diese nach den Übergangsvorschriften der §§ 345 bis 350 und 355 des Kapitalanlagegesetzbuches weiterhin die Vorschriften des Investmentgesetzes anwendbar sind.

**§ 36 Inkrafttreten, Außerkrafttreten.** ¹Diese Verordnung tritt am 22. Juli 2013 in Kraft. ²Gleichzeitig tritt die Investment-Rechnungslegungs- und Bewertungsverordnung vom 16. Dezember 2009 (BGBl. I S. 3871), die durch Artikel 3 der Verordnung vom 28. Juni 2011 (BGBl. I S. 1278) geändert worden ist, außer Kraft.

---

[1] Nr. 15.

# 15e. Verordnung über den Gegenstand der Prüfung und die Inhalte der Prüfungsberichte für externe Kapitalverwaltungsgesellschaften, Investmentaktiengesellschaften, Investmentkommanditgesellschaften und Sondervermögen (Kapitalanlage-Prüfungsberichte-Verordnung – KAPrüfbV)

Vom 24. Juli 2013

(BGBl. I S. 2777)

FNA 7612-3-6

zuletzt geänd. durch Art. 10 G zur Einführung von Sondervorschriften für die Sanierung und Abwicklung von zentralen Gegenparteien und zur Anpassung der WertpapierhandelsG an die Unterrichtungs- und Nachweispflichten nach den Art. 4a und 10 der VO (EU) Nr. 648/2012 v. 19.3.2020 (BGBl. I S. 529)

Auf Grund des § 38 Absatz 5 Satz 1, des § 106 Satz 1, des § 121 Absatz 4 Satz 1, dieser auch in Verbindung mit § 148 Absatz 1, und des § 136 Absatz 4 Satz 1, dieser auch in Verbindung mit § 159 Satz 1, des Kapitalanlagegesetzbuches[1] vom 4. Juli 2013 (BGBl. I S. 1981) in Verbindung mit § 1 Nummer 3a der Verordnung zur Übertragung von Befugnissen zum Erlass von Rechtsverordnungen auf die Bundesanstalt für Finanzdienstleistungsaufsicht, der zuletzt durch Artikel 1 der Verordnung vom 11. Juli 2013 (BGBl. I S. 2231) geändert worden ist, verordnet die Bundesanstalt für Finanzdienstleistungsaufsicht im Einvernehmen mit dem Bundesministerium der Justiz:

### Inhaltsübersicht

#### Kapitel 1. Allgemeine Vorschriften

§ 1 Anwendungsbereich
§ 2 Risikoorientierung und Wesentlichkeit
§ 3 Allgemeine Prüfungs- und Berichtsgrundsätze
§ 4 Anlagen und Unzulässigkeit von Verweisungen

#### Kapitel 2. Externe Kapitalverwaltungsgesellschaft

##### Abschnitt 1. Allgemeines

§ 5 Zusammenfassung der Prüfungsergebnisse
§ 6 Berichtszeitraum
§ 7 Prüfungs- und Berichtsgrundsätze für externe Kapitalverwaltungsgesellschaften
§ 8 Darstellung der rechtlichen, wirtschaftlichen und organisatorischen Grundlagen
§ 9 Ausländische Zweigstellen und Zweigniederlassungen

##### Abschnitt 2. Aufsichtsrechtliche Vorgaben

###### Unterabschnitt 1. Kapitalanforderungen, Anzeigewesen und Meldepflichten

§ 10 Eigenmittel
§ 11 Anzeigewesen und Meldepflichten

###### Unterabschnitt 2. Vorkehrungen zur Verhinderung von Geldwäsche und von Terrorismusfinanzierung

§ 12 Prüfungszeitraum und Berichtszeitraum
§ 13 Darstellung und Beurteilung der getroffenen Vorkehrungen zur Verhinderung von Geldwäsche und von Terrorismusfinanzierung

---

[1] Nr. 15.

Unterabschnitt 3. Vorkehrungen zur Einhaltung der Verordnung (EU) Nr. 648/2012
§ 14 Pflichten nach der Verordnung (EU) Nr. 648/2012

Abschnitt 3. Abschlussorientierte Berichterstattung
Unterabschnitt 1. Lage der externen Kapitalverwaltungsgesellschaft
§ 15 Geschäftliche Entwicklung im Berichtsjahr
§ 16 Beurteilung der Vermögens- und Finanzlage
§ 17 Beurteilung der Ertragslage
§ 18 Risikolage

Unterabschnitt 2. Erläuterungen zur Rechnungslegung
§ 19 Erläuterungen
§ 20 Datenübersicht

Abschnitt 4. Verwaltung von Sondervermögen und extern verwalteten Investmentgesellschaften
§ 21 Berichtszeitraum
§ 22 Allgemeine Verhaltensregeln und Organisationspflichten einschließlich Risikomanagement

Abschnitt 5. Dienstleistungen und Nebendienstleistungen
§ 23 Besondere Anforderungen an die Prüfung von Dienstleistungen und von Nebendienstleistungen
§ 24 Prüfungszeitraum und Berichtszeitraum

**Kapitel 3. Sondervermögen**
Abschnitt 1. Allgemeines; Jahres-, Zwischen-, Auflösungs- und Abwicklungsbericht für Sondervermögen
§ 25 Prüfungs- und Berichtsgrundsätze für Sondervermögen
§ 26 Angaben zum Sondervermögen
§ 27 Richtigkeit und Vollständigkeit des Jahres-, Zwischen-, Auflösungs- und Abwicklungsberichts

Abschnitt 2. Verwaltung der Sondervermögen
Unterabschnitt 1. Allgemeine Vorschriften
§ 28 Einhaltung von Gesetz und Anlagebedingungen
§ 29 Anlagevorschriften und Verletzungen von Anlagegrenzen
§ 30 Ordnungsgemäße Geschäftsorganisation
§ 31 Ermittlung der Anteilwerte
§ 32 Bewertungsverfahren
§ 33 Einsatz von Derivaten
§ 34 Fremdbezug von Dienstleistungen

Unterabschnitt 2. Spezielle Vorschriften für Immobilien-Sondervermögen
§ 35 Anwendbarkeit dieser Verordnung
§ 36 Erwerb und Veräußerung von Vermögensgegenständen
§ 37 Erwerb von Vermögensgegenständen im Ausland
§ 38 Berichterstattung über das Bewertungsverfahren
§ 39 Besondere Berichterstattung über Verkehrswerte
§ 40 Berichterstattung hinsichtlich weiterer Anlagevorschriften und der Verletzung von Anlagegrenzen
§ 41 Vergabeverfahren
§ 42 Weitere Berichtspflichten

**Kapitel 4. Investmentgesellschaft**
Abschnitt 1. Allgemeines
§ 43 Prüfungs- und Berichtsgrundsätze für Investmentaktiengesellschaften und Investmentkommanditgesellschaften
§ 44 Anwendbare Vorschriften

Abschnitt 2. Angaben zur Investmentgesellschaft
§ 45 Darstellung der rechtlichen, wirtschaftlichen und organisatorischen Grundlagen
§ 46 Besonderheiten bei der Investmentaktiengesellschaft mit fixem Kapital und der geschlossenen Investmentkommanditgesellschaft

**Kapitel 5. Schlussvorschriften**
§ 47 Übergangsvorschriften
§ 48 Inkrafttreten, Außerkrafttreten

Datenübersicht für externe Kapitalverwaltungsgesellschaften und intern verwaltete Investmentgesellschaften
Berechnung der Portfolioumschlagsrate

## Kapitel 1. Allgemeine Vorschriften

**§ 1 Anwendungsbereich.** Diese Verordnung regelt insbesondere
1. den Gegenstand der Prüfung von externen Kapitalverwaltungsgesellschaften, Investmentaktiengesellschaften, Investmentkommanditgesellschaften und Sondervermögen nach dem Kapitalanlagegesetzbuch[1]),
2. den Inhalt der Prüfungsberichte sowie
3. die Art und den Umfang der Berichterstattung.

**§ 2 Risikoorientierung und Wesentlichkeit.** ¹Bei der Prüfung ist den Grundsätzen der risikoorientierten Prüfung und der Wesentlichkeit Rechnung zu tragen. ²Bei der Prüfung von Kapitalverwaltungsgesellschaften sind insbesondere die Größe der Gesellschaft sowie der Geschäftsumfang, die Komplexität und der Risikogehalt der betriebenen Geschäfte zu berücksichtigen.

**§ 3 Allgemeine Prüfungs- und Berichtsgrundsätze.** (1) ¹Der Prüfungsbericht muss vollständig und übersichtlich gegliedert sein. ²Bei den Beurteilungen im Prüfungsbericht sind die aufsichtsrechtlichen Vorgaben zu beachten. ³Im Prüfungsbericht darzulegen sind für die Beurteilung der Tätigkeit der Kapitalverwaltungsgesellschaft bedeutsame Ereignisse, die nach dem Bilanzstichtag der Gesellschaft eingetreten und dem Abschlussprüfer bekannt geworden sind.

(2) ¹Wurde im Berichtszeitraum eine Prüfung gemäß § 14 des Kapitalanlagegesetzbuches[1]) in Verbindung mit § 44 Absatz 1 Satz 2 des Kreditwesengesetzes durchgeführt, so hat der Abschlussprüfer die Ergebnisse dieser Prüfung bei der Prüfung der aufsichtlichen Sachverhalte zu verwerten. ²Bei Sachverhalten, die Gegenstand der Prüfung gemäß § 14 des Kapitalanlagegesetzbuches in Verbindung mit § 44 Absatz 1 Satz 2 des Kreditwesengesetzes waren, kann sich die aufsichtsrechtliche Berichterstattung auf Veränderungen bis zum Bilanzstichtag der Gesellschaft beschränken.

(3) Soweit die Bundesanstalt für Finanzdienstleistungsaufsicht (Bundesanstalt) im Einzelfall gegenüber der Kapitalverwaltungsgesellschaft Bestimmungen über den Prüfungsinhalt getroffen oder Prüfungsschwerpunkte festgesetzt hat, sind im Prüfungsbericht die insoweit vorgenommenen Prüfungshandlungen im Überblick und die insoweit vorgenommenen Feststellungen im Einzelnen darzustellen.

(4) ¹Der Umfang der Berichterstattung unterliegt, soweit sich aus den nachfolgenden Regelungen nichts anderes ergibt, dem pflichtgemäßen Ermessen des Abschlussprüfers und hat der Bedeutung der dargestellten Vorgänge zu entsprechen. ²Über bedeutsame Veränderungen gegenüber dem letzten Berichtszeitraum ist stets zu berichten.

(5) ¹Die Prüfungsberichte sind der Bundesanstalt in dreifacher Ausfertigung an den Dienstsitz in Frankfurt am Main einzureichen. ²Mindestens ein Exem-

---
[1]) Nr. **15**.

plar ist vom Abschlussprüfer eigenhändig zu unterzeichnen und entsprechend zu kennzeichnen. ³Ein Exemplar ist in elektronischer Fassung einzureichen. ⁴Spezial-AIF müssen die Prüfungsberichte nach Satz 1 nur einreichen, wenn sie dazu von der Bundesanstalt aufgefordert werden.

**§ 4 Anlagen und Unzulässigkeit von Verweisungen.** (1) ¹Für eine bessere Lesbarkeit können Details zu den nach dieser Verordnung geforderten Angaben in Form von ergänzenden Anlagen zum Prüfungsbericht vorgelegt werden, wenn die Angaben im Prüfungsbericht selbst hinreichend dargestellt sind. ²Details können technische Einzelheiten zur Ermittlung der Angaben, Übersichten zur Spezifizierung von Angaben und ergänzende Hinweise zur Erläuterung der Angaben sein.

(2) Dem Prüfungsbericht als Anlage beizufügen ist eine Kopie des zugrunde liegenden Jahresabschlusses und Lageberichts oder eine Kopie des der Prüfung zugrunde liegenden Jahres-, Zwischen-, Auflösungs- oder Abwicklungsberichts.

(3) ¹Verweisungen auf den Inhalt früherer Prüfungsberichte sind grundsätzlich nicht zulässig. ²Zur Vermeidung umfangreicher Wiederholungen können solche Verweisungen ausnahmsweise erfolgen, wenn der Abschlussprüfer auf die entsprechenden Feststellungen unter Angabe der Fundstelle verweist. ³Verweisungen auf entsprechende Darstellungen in eigenständigen Teilen des früheren Prüfungsberichts dürfen ausnahmsweise erfolgen.

## Kapitel 2. Externe Kapitalverwaltungsgesellschaft

### Abschnitt 1. Allgemeines

**§ 5 Zusammenfassung der Prüfungsergebnisse.** (1) ¹In einer zusammenfassenden Schlussbemerkung zum Prüfungsbericht ist, soweit dies nicht bereits im Rahmen der dem Bericht vorangestellten Ausführungen nach § 321 Absatz 1 Satz 2 des Handelsgesetzbuchs erfolgt ist, auf alle wesentlichen Fragen einzugehen, so dass aus der Schlussbemerkung ein Überblick über die wirtschaftliche Lage der externen Kapitalverwaltungsgesellschaft und die Einhaltung der aufsichtsrechtlichen Vorgaben gewonnen werden kann. ²Hinsichtlich der wirtschaftlichen Lage ist insbesondere auf die geschäftliche Entwicklung sowie auf die Vermögens-, Finanz- und Ertragslage einzugehen.

(2) Der zusammenfassenden Schlussbemerkung muss auch zu entnehmen sein, ob

1. die Bilanzposten ordnungsgemäß bewertet wurden, insbesondere ob die vorgenommenen Wertberichtigungen und die gebildeten Rückstellungen angemessen sind,
2. die Rechnungsabgrenzungsposten richtig berechnet sind und
3. die Vorschriften des Geldwäschegesetzes sowie die Anzeige- und Meldevorschriften eingehalten wurden.

(3) Der Prüfungsbericht ist unter Angabe von Ort und Datum vom Abschlussprüfer eigenhändig zu unterzeichnen.

**§ 6 Berichtszeitraum.** ¹Der Zeitraum, auf den sich die Prüfung erstreckt (Berichtszeitraum), ist in der Regel das am Stichtag des Jahresabschlusses (Bilanzstichtag) endende Geschäftsjahr (Berichtsjahr). ²Bei vom Geschäftsjahr abweichenden Berichtszeiträumen muss der Prüfungsbericht mindestens das Geschäftsjahr umfassen, das am Bilanzstichtag endet. ³Wurde die Prüfung unterbrochen, ist in dem Bericht darauf hinzuweisen und sind die Dauer und die Gründe der Unterbrechung darzulegen.

**§ 7 Prüfungs- und Berichtsgrundsätze für externe Kapitalverwaltungsgesellschaften.** ¹Der Bericht über die Prüfung der externen Kapitalverwaltungsgesellschaft ist so zu verfassen, dass er den für die Prüfung eines Investmentvermögens zuständigen Abschlussprüfer in die Lage versetzt, den Bericht im Rahmen seiner Prüfung zu verwerten. ²Die für den Abschlussprüfer des Investmentvermögens relevanten Prüfungsergebnisse können in einem gesonderten Teil des Berichts zusammengefasst werden.

**§ 8 Darstellung der rechtlichen, wirtschaftlichen und organisatorischen Grundlagen.** (1) Im Prüfungsbericht ist zu berichten

1. über die Ausschöpfung und eine Überschreitung der Erlaubnis zum Betreiben des Geschäfts einer externen Kapitalverwaltungsgesellschaft und zur Erbringung von Dienst- und Nebendienstleistungen nach § 20 Absatz 2 und 3 des Kapitalanlagegesetzbuches[1)] im Berichtszeitraum und
2. über die Einhaltung der damit verbundenen Auflagen im Berichtszeitraum.

(2) Darzustellen sind die wesentlichen Änderungen der rechtlichen, wirtschaftlichen und organisatorischen Grundlagen der externen Kapitalverwaltungsgesellschaft im Berichtszeitraum, wobei insbesondere zu berichten ist über

1. Änderungen der Rechtsform und der Satzung oder des Gesellschaftsvertrages,
2. Änderungen der Kapitalverhältnisse und der Gesellschafterverhältnisse,
3. Änderungen in der personellen Zusammensetzung der Geschäftsleitung und Änderungen der Zuständigkeit der einzelnen Geschäftsleiter,
4. Änderungen der Struktur des Geschäftsbetriebs einer externen Kapitalverwaltungsgesellschaft, der Struktur der erbrachten Dienstleistungen und Nebendienstleistungen nach § 20 Absatz 2 und 3 des Kapitalanlagegesetzbuches,
5. die bevorstehende Aufnahme neuer Geschäftszweige,
6. Änderungen der rechtlichen und geschäftlichen Beziehungen zu verbundenen Unternehmen, über wirtschaftlich bedeutsame Verträge geschäftspolitischer Natur, die die zwischenbetriebliche Zusammenarbeit regeln, wobei insbesondere Angaben über Art und Umfang der vereinbarten Leistungen zu machen sind; die Berichterstattung kann entfallen, soweit für den Berichtszeitraum ein Abhängigkeitsbericht nach § 312 des Aktiengesetzes erstellt und der Bundesanstalt eingereicht wurde,
7. Änderungen im organisatorischen Aufbau der externen Kapitalverwaltungsgesellschaft und Änderungen der unter Risikoaspekten bedeutsamen Ablauforganisation; das aktuelle Organigramm ist dem Prüfungsbericht als Anlage beizufügen.

(3) Über wesentliche auf andere Unternehmen ausgelagerte Aufgaben ist im Prüfungsbericht gesondert zu berichten, soweit die Berichterstattung nicht nach § 22 Absatz 5 zu erfolgen hat.

---

[1)] Nr. **15**.

(4) Die Ordnungsmäßigkeit der Geschäftsorganisation, insbesondere die Geeignetheit der Regelungen bei persönlichen Geschäften der Mitarbeiter zur Verhinderung von Missbrauch sowie die Angemessenheit der Kontroll- und Sicherheitsvorkehrungen für den Einsatz der elektronischen Datenverarbeitung, ist zu beurteilen, soweit dies nicht die Verwaltung der Investmentvermögen betrifft.

(5) [1] Soweit der Abschlussprüfer nur verpflichtet ist, über Änderungen zu berichten, hat er darüber hinaus in angemessenen Abständen vollständig zu berichten. [2] Angemessene Abstände sind in der Regel drei bis fünf Jahre.

**§ 9 Ausländische Zweigstellen und Zweigniederlassungen.** [1] Der Abschlussprüfer hat im Prüfungsbericht über die ausländischen Zweigstellen und Zweigniederlassungen zu berichten und deren Einbindung in die Geschäftsorganisation der externen Kapitalverwaltungsgesellschaft zu beurteilen. [2] Dabei sind für diese Zweigniederlassungen und Zweigstellen deren Ergebniskomponenten, deren Einfluss auf das Risikoprofil sowie die Risikolage und die Risikovorsorge der Gesellschaft insgesamt sowie deren Einbindung in das Risikomanagement zu beurteilen.

### Abschnitt 2. Aufsichtsrechtliche Vorgaben

#### Unterabschnitt 1. Kapitalanforderungen, Anzeigewesen und Meldepflichten

**§ 10 Eigenmittel.** (1) [1] Im Prüfungsbericht darzustellen sind die Höhe und die Zusammensetzung der Eigenmittel der externen Kapitalverwaltungsgesellschaft nach dem Stand bei Geschäftsschluss am Bilanzstichtag und unter der Annahme der Feststellung des geprüften Abschlusses. [2] Es ist zu berichten, ob die Anforderungen des § 25 Absatz 1 Nummer 2 des Kapitalanlagegesetzbuches[1] im Berichtszeitraum eingehalten wurden.

(2) Im Prüfungsbericht ist zu beurteilen, ob die Eigenmittelrelation nach § 25 Absatz 4 des Kapitalanlagegesetzbuches im Berichtszeitraum und am Bilanzstichtag eingehalten wurde.

(3) [1] Im Fall des § 25 Absatz 5 des Kapitalanlagegesetzbuches ist zu beurteilen, ob die Vorkehrungen angemessen sind, die die externe Kapitalverwaltungsgesellschaft zur Ermittlung von Anrechnungsbeträgen für Risiken aus den in § 25 Absatz 5 des Kapitalanlagegesetzbuches genannten Geschäften getroffen hat. [2] Dabei ist insbesondere auf Änderungen gegenüber dem letzten Berichtszeitraum einzugehen. [3] Darzustellen ist das Verhältnis zwischen den Anrechnungsbeträgen nach Satz 1 und den anrechenbaren Eigenmitteln der externen Kapitalverwaltungsgesellschaft zum Bilanzstichtag sowie dessen Entwicklung im Berichtszeitraum. [4] Liegen mehrere unterschiedliche Geschäftsgestaltungen, die in § 25 Absatz 5 des Kapitalanlagegesetzbuches genannt werden, vor, so sind die Anrechnungsbeträge darüber hinaus angemessen nach Geschäftsgestaltungen zu untergliedern.

(4) Entscheidet sich die externe AIF-Kapitalverwaltungsgesellschaft dafür, potenzielle Berufshaftungsrisiken durch zusätzliche Eigenmittel im Sinne des § 25 Absatz 6 Nummer 1 des Kapitalanlagegesetzbuches abzudecken, so sind die Höhe und die Zusammensetzung der zusätzlichen Eigenmittel darzustellen.

---

[1] Nr. 15.

(5) Entscheidet sich die externe AIF-Kapitalverwaltungsgesellschaft dafür, potenzielle Berufshaftungsrisiken durch eine Berufshaftpflichtversicherung im Sinne des § 25 Absatz 6 Nummer 2 des Kapitalanlagegesetzbuches abzudecken, so ist zu beurteilen, ob die Anforderungen des Artikels 15 der Delegierten Verordnung (EU) Nr. 231/2013 der Kommission vom 19. Dezember 2012 zur Ergänzung der Richtlinie 2011/61/EU des Europäischen Parlaments und des Rates im Hinblick auf Ausnahmen, die Bedingungen für die Ausübung der Tätigkeit, Verwahrstellen, Hebelfinanzierung, Transparenz und Beaufsichtigung (ABl. L 83 vom 22.3.2013, S. 1) eingehalten wurden.

(6) Im Prüfungsbericht aufzuführen sind die Anzahl der Fälle von operationellem Versagen sowie die Summe der erlittenen Verluste und die Anzahl der eingetretenen Schäden, die in der Verlustdatenbank im Sinne des Artikels 13 Absatz 2 der Verordnung (EU) Nr. 231/2013 im Berichtszeitraum erfasst wurden.

**§ 11 Anzeigewesen und Meldepflichten.** [1] Im Prüfungsbericht ist die Organisation des Anzeigewesens der Kapitalverwaltungsgesellschaft zu beurteilen. [2] Es ist darauf einzugehen, ob die Anzeigen, insbesondere die nach § 34 des Kapitalanlagegesetzbuches[1]), sowie die Meldungen nach den §§ 12 und 35 des Kapitalanlagegesetzbuches vollständig und richtig sind. [3] Wurden wesentliche Verstöße gegen die Anzeigen- und Meldepflichten festgestellt, sind diese Verstöße anzugeben.

**Unterabschnitt 2. Vorkehrungen zur Verhinderung von Geldwäsche und von Terrorismusfinanzierung**

**§ 12 Prüfungszeitraum und Berichtszeitraum.** (1) [1] Die Prüfung gemäß § 38 Absatz 4 Satz 1 des Kapitalanlagegesetzbuches[1]) ist erstmals für das erste volle Geschäftsjahr nach dem Zeitpunkt der Aufnahme des erlaubnispflichtigen Geschäftsbetriebs nach § 20 des Kapitalanlagegesetzbuches vorzunehmen. [2] Danach findet die Prüfung in zweijährigem Turnus statt, es sei denn, die Risikolage der externen Kapitalverwaltungsgesellschaft erfordert einen kürzeren Prüfungsturnus. [3] Der Abschlussprüfer legt den Beginn der Prüfung und den Berichtszeitraum nach pflichtgemäßem Ermessen fest, soweit sich aus den nachfolgenden Regelungen nichts anderes ergibt.

(2) Der Berichtszeitraum der Prüfung ist jeweils der Zeitraum zwischen dem Stichtag der letzten Prüfung und dem Stichtag der folgenden Prüfung.

(3) Die Prüfung hat spätestens drei Monate nach dem Abschluss des für sie maßgeblichen Berichtszeitraums zu beginnen.

**§ 13 Darstellung und Beurteilung der getroffenen Vorkehrungen zur Verhinderung von Geldwäsche und von Terrorismusfinanzierung.**
(1) Der Abschlussprüfer hat im Prüfungsbericht zu beurteilen, ob die Gefährdungsanalyse, die die externe Kapitalverwaltungsgesellschaft erstellt hat, der Risikosituation der externen Kapitalverwaltungsgesellschaft entspricht.

(2) [1] Darüber hinaus hat der Abschlussprüfer darzustellen, welche organisatorischen Maßnahmen zur Verhinderung von Geldwäsche und von Terrorismusfinanzierung die externe Kapitalverwaltungsgesellschaft getroffen hat, und zu

---

[1]) Nr. 15.

beurteilen, ob diese Maßnahmen angemessen sind. ²Dabei ist insbesondere einzugehen

1. auf die von der externen Kapitalverwaltungsgesellschaft entwickelten und aktualisierten internen Grundsätze sowie auf die angemessenen geschäfts- und kundenbezogenen Sicherungssysteme und Kontrollen zur Verhinderung von Geldwäsche und von Terrorismusfinanzierung,
2. darauf, ob die Beschäftigten, die Transaktionen durchführen und Transaktionen anbahnen und begründen, angemessen über die Methoden der Geldwäsche und der Terrorismusfinanzierung sowie deren Verhinderung und die damit zusammenhängenden Pflichten unterrichtet werden.

³Bei der Prüfung hat der Abschlussprüfer die von der externen Kapitalverwaltungsgesellschaft erstellte Gefährdungsanalyse sowie die von der internen Revision im Berichtszeitraum durchgeführte Prüfung und deren Ergebnis zu berücksichtigen.

(3) ¹Der Abschlussprüfer hat darzustellen und zu beurteilen, inwieweit die externe Kapitalverwaltungsgesellschaft den kundenbezogenen Sorgfaltspflichten nachgekommen ist, insbesondere auch den verstärkten Sorgfaltspflichten in Fällen eines erhöhten Risikos. ²Sofern die externe Kapitalverwaltungsgesellschaft die Durchführung von internen Sicherungsmaßnahmen oder die Wahrnehmung von kundenbezogenen Sorgfaltspflichten vertraglich auf eine dritte Person oder ein anderes Unternehmen ausgelagert hat, ist hierüber zu berichten.

(4) Der Abschlussprüfer hat zu berichten, ob die Aufzeichnungs- und Aufbewahrungspflichten sowie die Pflicht, Verdachtsfälle intern zu erfassen und anzuzeigen, erfüllt wurden.

(5) ¹Bei einer externen Kapitalverwaltungsgesellschaft, die selbst nicht Tochterunternehmen eines Instituts oder eines nach dem Geldwäschegesetz verpflichteten Versicherungsunternehmens ist, aber Tochterunternehmen oder ausländische Zweigstellen oder Zweigniederlassungen besitzt, hat der Abschlussprüfer
1. darzustellen, welche Maßnahmen die externe Kapitalverwaltungsgesellschaft getroffen hat, um
   a) einheitliche interne Sicherungsmaßnahmen zu schaffen und
   b) die Sorgfaltspflichten sowie die Aufzeichnungs- und Aufbewahrungspflichten zur Verhinderung von Geldwäsche und von Terrorismusfinanzierung einzuhalten, und
2. zu beurteilen, ob diese Maßnahmen angemessen sind.

²Die Darstellung nach Satz 1 Nummer 1 hat zu erfolgen, soweit sie zulässig ist nach dem Recht des betroffenen Staates, in dem das Tochterunternehmen, die Zweigstelle oder die Zweigniederlassungen ansässig ist. ³Soweit die nach Satz 1 zu treffenden Maßnahmen in einem Drittstaat nicht zulässig sind, hat der Abschlussprüfer ferner darzustellen, welche anderweitigen Maßnahmen die externe Kapitalverwaltungsgesellschaft stattdessen ergriffen hat, und zu beurteilen, ob diese Maßnahmen angemessen sind, um einem erhöhten Risiko der Geldwäsche und Terrorismusfinanzierung wirksam zu begegnen. ⁴Absatz 2 Satz 3 und Absatz 3 Satz 2 gelten entsprechend.

(6) ¹Bei einer externen Kapitalverwaltungsgesellschaft ist darzustellen, inwieweit diese ihre Verpflichtungen nach § 18 Absatz 6 des Kapitalanlagegesetz-

Prüfungsberichte-VO § 14 KAPrüfbV 15e

buches[1]) in Verbindung mit § 24c Absatz 1 des Kreditwesengesetzes erfüllt hat. ²Insbesondere ist zu prüfen, ob die hierzu eingesetzten Verfahren eine zutreffende Erfassung der aufgenommenen Identifizierungsdaten mit richtiger Zuordnung zum Depot im Abrufsystem gewährleisten. ³Gegebenenfalls ist zu berichten, ob die Anordnungen der Bundesanstalt gemäß § 6a des Kreditwesengesetzes ordnungsgemäß erfüllt wurden.

**Unterabschnitt 3. Vorkehrungen zur Einhaltung der Verordnung (EU) Nr. 648/2012**

**§ 14 Pflichten nach der Verordnung (EU) Nr. 648/2012.** (1) ¹Der Abschlussprüfer hat die Verfahren zur Ermittlung aller OTC-Derivate-Kontrakte, die einer Clearingpflicht durch eine zentrale Gegenpartei unterliegen, und die Einhaltung der Clearingpflicht zu beurteilen. ²Sind gruppeninterne Transaktionen von der Clearingpflicht durch die Bundesanstalt befreit, so sind die organisatorischen Maßnahmen zur Einhaltung der damit verbundenen Voraussetzungen zu beurteilen.

(2) Der Abschlussprüfer hat die Erfüllung der Unterrichtungspflichten nach Artikel 4a Absatz 1 Unterabsatz 2 Buchstabe a und nach Artikel 9 Absatz 1 bis 3 der Verordnung (EU) Nr. 648/2012 des Europäischen Parlaments und des Rates vom 4. Juli 2012 über OTC-Derivate, zentrale Gegenparteien und Transaktionsregister (ABl. L 201 vom 27.7.2012, S. 1), die zuletzt durch die Verordnung (EU) 2019/834 (ABl. L 141 vom 28.5.2019, S. 42) geändert worden ist, auch in Verbindung mit einer aufgrund des § 31 Satz 1 des Wertpapierhandelsgesetzes[2]) erlassenen Rechtsverordnung, zu beurteilen.

(3) ¹Der Abschlussprüfer hat die Risikominderungstechniken für OTC-Derivate-Kontrakte, die nicht einer Clearingpflicht durch eine zentrale Gegenpartei unterliegen, nach Artikel 11 der Verordnung (EU) Nr. 648/2012 auch in Verbindung mit nach Artikel 11 Absatz 14 und 15 der Verordnung (EU) Nr. 648/2012 erlassenen delegierten Rechtsverordnungen darzustellen und zu beurteilen. ²Dazu hat der Abschlussprüfer

1. die Prozesse zur Identifizierung und Klärung bei Geschäften, die nicht von einer Gegenpartei bestätigt wurden, und die Prozesse zum Abgleich von Portfolios zu beurteilen und

2. darzustellen, ob und in welchem Umfang von der Möglichkeit der Portfoliokomprimierung Gebrauch gemacht wurde.

(4) ¹Soweit die Besicherung gruppeninterner Transaktionen nach Artikel 11 Absatz 5 der Verordnung (EU) Nr. 648/2012 als nicht notwendig erachtet wurde, ist zu beurteilen, ob die Voraussetzungen für die Ausnahme von dieser Besicherungspflicht vorliegen. ²Wurde eine gruppeninterne Transaktion von der Besicherungspflicht durch die Bundesanstalt befreit, so ist zu beurteilen, ob die organisatorischen Maßnahmen angemessen sind zur Gewährleistung, dass die Voraussetzungen für diese Befreiung vorliegen, einschließlich der Veröffentlichungspflicht nach Artikel 11 Absatz 11 der Verordnung (EU) Nr. 648/2012 auch in Verbindung mit Artikel 20 der Delegierten Verordnung (EU) Nr. 149/2013 der Kommission vom 19. Dezember 2012 zur Ergänzung der Verordnung (EU) Nr. 648/2012 des Europäischen Parlaments und des Rates im Hinblick

---
[1]) Nr. **15**.
[2]) Nr. **12**.

auf technische Regulierungsstandards für indirekte Clearingvereinbarungen, die Clearingpflicht, das öffentliche Register, den Zugang zu einem Handelsplatz, nichtfinanzielle Gegenparteien und Risikominderungstechniken für nicht durch eine CCP geclearte OTC-Derivatekontrakte (ABl. L 52 vom 23.2.2013, S. 11).

(5) Darüber hinaus hat der Abschlussprüfer die Besicherung bilateraler Kontrakte darzustellen und zu beurteilen.

### Abschnitt 3. Abschlussorientierte Berichterstattung
#### Unterabschnitt 1. Lage der externen Kapitalverwaltungsgesellschaft

**§ 15 Geschäftliche Entwicklung im Berichtsjahr.** [1] Im Prüfungsbericht ist die geschäftliche Entwicklung der externen Kapitalverwaltungsgesellschaft darzustellen und zu erläutern. [2] Dabei sind die die geschäftliche Entwicklung kennzeichnenden Zahlen des Berichtsjahres und die des Vorjahres gegenüberzustellen.

**§ 16 Beurteilung der Vermögens- und Finanzlage.** (1) [1] Im Prüfungsbericht ist die Entwicklung der Vermögens- und Finanzlage zu beurteilen. [2] Besonderheiten, die für die Beurteilung der Vermögens- und Finanzlage von Bedeutung sind, insbesondere Art und Umfang bilanzunwirksamer Ansprüche und Verpflichtungen, sind hervorzuheben.

(2) Die Berichterstattung hat sich auch zu erstrecken auf
1. Art und Umfang stiller Reserven und stiller Lasten,
2. bedeutende Verträge und schwebende Rechtsstreitigkeiten, soweit sich nachteilige Auswirkungen auf die Vermögenslage ergeben könnten, und auf die Bildung der notwendigen Rückstellungen,
3. alle abgegebenen Patronatserklärungen unter Darstellung des Inhalts und auf die Beurteilung ihrer Rechtsverbindlichkeit.

(3) Über die Anlage des eigenen Vermögens der externen Kapitalverwaltungsgesellschaft ist unter Berücksichtigung des § 28 Absatz 1 Satz 2 Nummer 4 des Kapitalanlagegesetzbuches[1]) zu berichten.

**§ 17 Beurteilung der Ertragslage.** (1) Im Prüfungsbericht ist die Entwicklung der Ertragslage zu beurteilen.

(2) [1] Auch über die Ertragslage der wesentlichen Geschäftssparten ist auf der Basis der Unterlagen der externen Kapitalverwaltungsgesellschaft zu berichten; dabei sind jeweils die wichtigsten Erfolgsquellen und Erfolgsfaktoren gesondert darzustellen. [2] Soweit keine Spartenkalkulation vorhanden ist, ist es ausreichend, auf entsprechende vorhandene interne Informationen der Geschäftsleitung zurückzugreifen.

**§ 18 Risikolage.** (1) [1] Im Prüfungsbericht ist die Risikolage der externen Kapitalverwaltungsgesellschaft zu beurteilen. [2] Dazu sind die von der externen Kapitalverwaltungsgesellschaft verwendeten Bewertungsverfahren darzustellen und ist zu beurteilen, ob die eingesetzten Systeme, Verfahren und Regelungen angemessen sind, um die finanzielle Lage der externen Kapitalverwaltungsgesellschaft zu bestimmen.

---
[1]) Nr. 15.

(2) Ferner ist auf Anzahl und Umfang von Kulanzzahlungen und Gerichtsverfahren im Zusammenhang mit der Verwaltung von Investmentvermögen sowie auf die Anzahl von Kundenbeschwerden einzugehen.

### Unterabschnitt 2. Erläuterungen zur Rechnungslegung

**§ 19 Erläuterungen.** Ob und inwieweit im Prüfungsbericht
1. die Bilanzposten einschließlich Eventualverbindlichkeiten und anderen Verbindlichkeiten,
2. die Angaben unter dem Bilanzstrich und
3. die Posten der Gewinn- und Verlustrechnung

zu erläutern und mit den Vorjahreszahlen zu vergleichen sind, unterliegt dem pflichtgemäßen Ermessen des Abschlussprüfers unter Berücksichtigung des Grundsatzes der Wesentlichkeit.

**§ 20 Datenübersicht.** [1] Dem Prüfungsbericht ist das auszufüllende Formblatt mit Angaben zum Berichtsjahr und zum Vorjahr gemäß Anlage 1 beizufügen. [2] Das Formblatt ist Bestandteil des Prüfungsberichts.

## Abschnitt 4. Verwaltung von Sondervermögen und extern verwalteten Investmentgesellschaften

**§ 21 Berichtszeitraum.** (1) [1] Die Berichterstattung nach diesem Abschnitt kann nach pflichtgemäßem Ermessen des Abschlussprüfers in Abstimmung mit der externen Kapitalverwaltungsgesellschaft zu einem früheren Zeitpunkt als dem nach § 12 Absatz 3 in einem gesonderten Berichtsteil erfolgen, jedoch nicht vor dem Ende der ersten Hälfte des Geschäftsjahres. [2] Dieser Berichtsteil ist der Bundesanstalt unverzüglich nach Fertigstellung einzureichen.

(2) Ergeben sich bis zum Ende des Berichtszeitraums wesentliche Änderungen bei den Ergebnissen eines Berichtsteils nach Absatz 1, ist über diese Änderung zu berichten.

**§ 22 Allgemeine Verhaltensregeln und Organisationspflichten einschließlich Risikomanagement.** (1) Der Abschlussprüfer hat im Prüfungsbericht darzustellen und zu beurteilen, inwieweit die allgemeinen Verhaltensregeln nach § 26 des Kapitalanlagegesetzbuches[1]) eingehalten wurden und welche Vorkehrungen die externe Kapitalverwaltungsgesellschaft zur Vermeidung von Interessenkonflikten nach § 27 des Kapitalanlagegesetzbuches getroffen hat.

(2) [1] Der Abschlussprüfer hat zu beurteilen, ob die Geschäftsorganisation gemäß § 28 des Kapitalanlagegesetzbuches ordnungsgemäß funktioniert. [2] Dabei ist insbesondere über die wesentlichen Geschäftsprozesse in den Funktionen Portfolioverwaltung, Investmentkontrolle, Fondsbuchhaltung und Ermittlung der Anteilwerte sowie über die dort eingesetzten Datenverarbeitungssysteme zu berichten.

(3) [1] Der Abschlussprüfer hat zu beurteilen, ob das Risikomanagement gemäß § 28 Absatz 1 Satz 2 Nummer 1 des Kapitalanlagegesetzbuches angemessen ist; dabei sind die Komplexität und der Umfang der für die verwalteten

---

[1]) Nr. **15**.

Investmentvermögen eingegangenen Risiken zu berücksichtigen. ²Bei seiner Beurteilung hat er insbesondere einzugehen auf
1. Adressenausfallrisiken,
2. Zinsänderungs-, Währungs- und sonstige Marktpreisrisiken,
3. operationelle Risiken und Liquiditätsrisiken sowie
4. die Anforderungen der Derivateverordnung.

(4) ¹Der Abschlussprüfer hat zu beurteilen, ob das Liquiditätsmanagementsystem angemessen ist. ²Dazu hat er die Verfahren zur Überwachung der Liquiditätsrisiken und das Liquiditätsprofil darzustellen und über die Durchführung und das Ergebnis der Stresstests zu berichten.

(5) ¹Der Abschlussprüfer hat zu beurteilen, ob die Voraussetzungen für eine Auslagerung von Teilbereichen der Geschäftsorganisation vorliegen. ²Über die Auslagerung der Portfolioverwaltung oder des Risikomanagements auf andere Unternehmen hat er im Prüfungsbericht gesondert unter Berücksichtigung des § 36 des Kapitalanlagegesetzbuches zu berichten.

(6) Der Abschussprüfer hat zu beurteilen, ob das Kontrollverfahren und die interne Revision der externen Kapitalverwaltungsgesellschaft angemessen sind.

### Abschnitt 5. Dienstleistungen und Nebendienstleistungen

**§ 23 Besondere Anforderungen an die Prüfung von Dienstleistungen und von Nebendienstleistungen.** (1) ¹Der Abschlussprüfer hat im Prüfungsbericht die Dienstleistungen und Nebendienstleistungen im Sinne des § 20 Absatz 2 und 3 des Kapitalanlagegesetzbuches[1] zu prüfen und festzustellen, ob die Vorschriften des Kapitalanlagegesetzbuches eingehalten wurden. ²Bei der Erbringung von Dienstleistungen und Nebendienstleistungen im Sinne des § 20 Absatz 2 Nummer 1 bis 3 und Absatz 3 Nummer 2 bis 5 des Kapitalanlagegesetzbuches hat er auch zu prüfen, ob die in § 5 Absatz 2 des Kapitalanlagegesetzbuches genannten Vorschriften des Wertpapierhandelsgesetzes eingehalten wurden. ³Die Prüfung muss den gesamten Berichtszeitraum erfassen und in einem angemessenen Verhältnis zum Umfang der jeweiligen Geschäfte und Aufgaben stehen.

(2) ¹Im Prüfungsbericht sind im Einzelnen, sofern nach der Art der erbrachten Dienstleistungen und Nebendienstleistungen im Sinne des § 20 Absatz 2 Nummer 1 bis 3 und Absatz 3 Nummer 2 bis 5 des Kapitalanlagegesetzbuches einschlägig, darzustellen:
1. Art und Umfang der im Berichtszeitraum ausgeführten Dienstleistungen und Nebendienstleistungen, insbesondere Depotvolumina, Transaktionsvolumina, Kundenzahl und Anlageformen;
2. die Einhaltung der allgemeinen Verhaltensregeln nach § 31 des Wertpapierhandelsgesetzes[2] und nach § 26 Absatz 4 des Kapitalanlagegesetzbuches;
3. die Zulässigkeit der Entgegennahme oder der Gewährung von Zuwendungen und die Einhaltung der Offenlegungspflichten nach § 31d des Wertpapierhandelsgesetzes;
4. die nach den §§ 31a und 33 des Wertpapierhandelsgesetzes erforderlichen Vorkehrungen und Maßnahmen sowie die Organisation der externen Kapi-

---
[1] Nr. 15.
[2] Nr. 12.

talverwaltungsgesellschaft, insbesondere im Hinblick auf die Kundeneinstufung, und die prüferische Beurteilung dieser Vorkehrungen und Maßnahmen sowie der Organisation; gesondert dazustellen sind der Aufbau und die Ablauforganisation der externen Kapitalverwaltungsgesellschaft sowie Geschäftsbereiche mit besonderen Anforderungen an den Aufbau;

5. die Anzahl und der Umfang von Kulanzzahlungen und Gerichtsverfahren im Zusammenhang mit Dienstleistungen und Nebendienstleistungen sowie die Anzahl und die Art und Weise der Behandlung von Kundenbeschwerden und die damit zusammenhängenden personellen und organisatorischen Konsequenzen;

6. die Vorkehrungen zur bestmöglichen Ausführung von Kundenaufträgen nach § 33a des Wertpapierhandelsgesetzes; die Vorkehrungen sind prüferisch zu beurteilen;

7. die Mittel und Verfahren zur Einhaltung der Verpflichtungen nach § 33b des Wertpapierhandelsgesetzes für Mitarbeiter und Mitarbeitergeschäfte und deren prüferische Beurteilung;

8. die Einhaltung der Aufzeichnungs- und Aufbewahrungspflichten nach § 34 des Wertpapierhandelsgesetzes und nach den Artikeln 7 und 8 der Verordnung (EG) Nr. 1287/2006 der Kommission vom 10. August 2006 zur Durchführung der Richtlinie 2004/39/EG des Europäischen Parlaments und des Rates betreffend die Aufzeichnungspflichten für Wertpapierfirmen, die Meldung von Geschäften, die Markttransparenz, die Zulassung von Finanzinstrumenten zum Handel und bestimmte Begriffe im Sinne dieser Richtlinie (ABl. L 241 vom 2.9.2006, S. 1);

9. die Erfüllung der Pflichten nach § 34a des Wertpapierhandelsgesetzes unter Angabe,

a) inwieweit bei den verwahrenden Instituten oder externen Kapitalverwaltungsgesellschaften geprüft wurde, ob die den Kunden ausgewiesenen Gelder oder Wertpapiere mit den Salden der Treuhandkonten oder Depots übereinstimmen,

b) ob bei den verwahrenden Instituten oder den externen Kapitalverwaltungsgesellschaften die Voraussetzungen des § 34a des Wertpapierhandelsgesetzes vorliegen.

²Bei der Darstellung im Prüfungsbericht ist auch, sofern nach der Art der erbrachten Dienstleistungen oder Nebendienstleistungen einschlägig, über die Erfüllung der jeweiligen Pflichten zu berichten, die sich aus der Wertpapierdienstleistungs-Verhaltens- und Organisationsverordnung und aus der Verordnung (EG) Nr. 1287/2006 in ihren jeweils geltenden Fassungen ergeben.

(3) ¹Soweit bei den Feststellungen nach Absatz 2 im Rahmen der letzten Prüfung keine Mängel festgestellt wurden und sich bei der laufenden Prüfung keine Änderungen der Prüfungsergebnisse ergeben haben, kann auf die Einzeldarstellung verzichtet werden. ²Ist in drei aufeinanderfolgenden Jahren keine Einzeldarstellung einzelner Bereiche erfolgt, kann die Bundesanstalt für die folgende Prüfung eine Einzeldarstellung dieser Bereiche verlangen, auch wenn keine Änderungen eingetreten sind.

(4) Bei der Prüfung der Nebendienstleistungen nach § 20 Absatz 2 Nummer 3 und Absatz 3 Nummer 4 des Kapitalanlagegesetzbuches hat der Prüfungsbericht zudem Folgendes zu enthalten:

1. Angaben, ob
   a) Investmentanteile für andere ordnungsgemäß verwahrt oder verwaltet wurden,
   b) das Verwahrungsbuch ordnungsgemäß geführt wurde,
   c) die Verfügungen über Kundenwertpapiere ordnungsgemäß durchgeführt wurden und
   d) Ermächtigungen ordnungsgemäß durchgeführt wurden, sowie
2. Angaben, ob bei verwahrten Aktien von Investmentaktiengesellschaften § 67a Absatz 3, § 67b, jeweils auch in Verbindung mit § 125 Absatz 1, 2 und 5 und § 135 des Aktiengesetzes eingehalten wurden.

(5) Im Prüfungsbericht sind, sofern nach der Art der erbrachten Nebendienstleistungen im Sinne des § 20 Absatz 2 Nummer 6 und 7 und Absatz 3 Nummer 8 des Kapitalanlagegesetzbuches einschlägig, die Art der angebotenen Altersvorsorgeverträge und die abgegebenen Mindestzahlungszusagen darzustellen.

**§ 24 Prüfungszeitraum und Berichtszeitraum.** (1) ¹Der Zeitraum der Prüfung nach diesem Abschnitt beginnt mit dem Tag der ersten und endet mit dem Tag der letzten Prüfungshandlung vor Ort. ²Die Prüfung ist innerhalb eines angemessenen Zeitraums abzuschließen. ³Der Abschlussprüfer legt den Stichtag der Prüfung nach pflichtgemäßem Ermessen fest.

(2) ¹Berichtszeitraum der ersten Prüfung ist der Zeitraum zwischen dem Beginn der Tätigkeit als externe Kapitalverwaltungsgesellschaft und dem Stichtag der ersten Prüfung. ²Berichtszeitraum der nachfolgenden Prüfungen ist der Zeitraum zwischen dem Stichtag der letzten Prüfung und dem Stichtag der darauffolgenden Prüfung.

(3) Vorgänge von besonderer Bedeutung im Zeitraum zwischen dem Stichtag einer Prüfung und dem Ende des Prüfungszeitraums sind im Prüfungsbericht darzustellen.

(4) ¹Die Prüfung hat spätestens drei Monate nach dem Abschluss des für sie maßgeblichen Berichtszeitraums zu beginnen. ²Der Abschlussprüfer hat den Bericht über die Prüfung unverzüglich nach Beendigung der Prüfung der Bundesanstalt einzureichen. ³Die Bundesanstalt kann im Einzelfall und aus wichtigem Grund eine andere Frist bestimmen.

## Kapitel 3. Sondervermögen

### Abschnitt 1. Allgemeines; Jahres-, Zwischen-, Auflösungs- und Abwicklungsbericht für Sondervermögen

**§ 25 Prüfungs- und Berichtsgrundsätze für Sondervermögen.**

(1) Der Abschlussprüfer des Sondervermögens hat den Jahres-, Zwischen-, Auflösungs- und Abwicklungsbericht zu prüfen und festzustellen, ob bei der Verwaltung des Sondervermögens die Vorschriften des Kapitalanlagegesetzbuches und die Bestimmungen der Anlagebedingungen beachtet wurden.

(2) ¹In einer zusammenfassenden Schlussbemerkung ist vom Abschlussprüfer zu allen wesentlichen Aspekten der Prüfung Stellung zu nehmen, so dass aus der Schlussbemerkung ein Überblick über die für die Rechnungslegung des Sondervermögens bedeutsamen Feststellungen und über die Einhaltung der

aufsichtsrechtlichen Vorgaben gewonnen werden kann. ²Der zusammenfassenden Schlussbemerkung muss auch zu entnehmen sein, ob die Vermögensgegenstände ordnungsgemäß bewertet wurden.

(3) Der Prüfungsbericht ist vom Abschlussprüfer unter Angabe von Ort und Datum eigenhändig zu unterzeichnen.

(4) ¹Bei Spezial-AIF ist ferner vom Abschlussprüfer festzustellen, ob die Anlagebedingungen den Vorschriften des Kapitalanlagegesetzbuches entsprechen. ²Weitere, insbesondere die Anlagepolitik und Anlagegrundsätze des Spezial-AIF betreffende, rechtswirksamen Vereinbarungen mit der externen Kapitalverwaltungsgesellschaft sind zu berücksichtigen.

(5) Der Abschlussprüfer des Sondervermögens hat die Ergebnisse der Prüfung der externen Kapitalverwaltungsgesellschaft insbesondere in Bezug auf die in den §§ 26 bis 28 des Kapitalanlagegesetzbuches[1]) genannten Verhaltensregeln und Organisationspflichten zu verwerten.

**§ 26 Angaben zum Sondervermögen.** (1) Dem Prüfungsbericht für das Sondervermögen sind insbesondere folgende Angaben voranzustellen:

1. Name des Sondervermögens,
2. WKN/ISIN (Wertpapierkennnummer/International Security Identification Number),
3. Geschäftsjahr,
4. Art des Sondervermögens,
5. Fondsprofil, insbesondere Anlageschwerpunkt nach den Anlagebedingungen, gegebenenfalls der Vergleichsmaßstab,
6. Ausgestaltungsmerkmale der Anteilklassen nach § 96 Absatz 1 des Kapitalanlagegesetzbuches[1]),
7. Name und Sitz der Verwahrstelle und gegebenenfalls des oder der Primebroker,
8. Name und Sitz der verwaltenden Kapitalverwaltungsgesellschaft,
9. Geschäftszeichen und Datum der Genehmigung der Allgemeinen und Besonderen Anlagebedingungen sowie Datum der Auflegung,
10. Änderungen der Anlagebedingungen während des Geschäftsjahres und Datum ihres Inkrafttretens,
11. Name und Sitz von Unternehmen, in die die Portfolioverwaltung ausgelagert wurde,
12. Zuständigkeit für die Ermittlung des Anteilwertes,
13. Gesamtkostenquote sowie weitere Angaben nach § 101 Absatz 2 Nummer 1 zweiter Halbsatz des Kapitalanlagegesetzbuches,
14. Portfolioumschlagsrate gemäß Anlage 2,
15. Daten mit besonderer Relevanz für das Sondervermögen, zum Beispiel bei Übernahme des Rechts zur Verwaltung, bei Übernahme aller Vermögensgegenstände, bei Wechsel der Verwahrstelle,
16. bei Einsatz von Derivaten Angabe, ob der einfache oder qualifizierte Ansatz angewendet wird.

---

[1]) Nr. 15.

(2) ¹Absatz 1 ist nicht auf Spezial-AIF anzuwenden. ²Absatz 1 Nummer 14 ist nicht auf Immobilien-Sondervermögen anzuwenden.

**§ 27 Richtigkeit und Vollständigkeit des Jahres-, Zwischen-, Auflösungs- und Abwicklungsberichts.** (1) ¹Der Abschlussprüfer hat zu prüfen, ob der Jahres-, Zwischen-, Auflösungs- und Abwicklungsbericht vollständig und richtig sind. ²Besonders zu berücksichtigen hat er dabei die Vermögensaufstellung, die Ertrags- und Aufwandsrechnung, die Entwicklungsrechnung, den Anhang und den Tätigkeitsbericht.

(2) Im Prüfungsbericht ist zur vertragsgemäßen Belastung des Sondervermögens Stellung zu nehmen.

(3) ¹Wird das Recht zur Verwaltung eines Sondervermögens während eines Geschäftsjahres von der externen Kapitalverwaltungsgesellschaft auf eine andere externe Kapitalverwaltungsgesellschaft gemäß § 104 des Kapitalanlagegesetzbuches[1]) übertragen, so unterliegen der Prüfung neben dem Zwischenbericht auch die Saldenlisten und Skontros, die der aufnehmenden Kapitalverwaltungsgesellschaft zur Fortführung der Buchhaltung übermittelt werden. ²In den besonderen Vermerk ist eine Aussage aufzunehmen, ob die Prüfung ordnungsgemäß durchgeführt wurde.

### Abschnitt 2. Verwaltung der Sondervermögen

#### Unterabschnitt 1. Allgemeine Vorschriften

**§ 28 Einhaltung von Gesetz und Anlagebedingungen.** (1) Der Abschlussprüfer hat im Prüfungsbericht über Verstöße gegen gesetzliche Bestimmungen und gegen Bestimmungen der Anlagebedingungen sowie über die Einhaltung der Nebenbestimmungen zur Genehmigung der Anlagebedingungen zu berichten.

(2) Die Berichterstattung umfasst bei Verstößen insbesondere:
1. die Beschreibung des Verstoßes nach Art und Auswirkungen für das Sondervermögen, für die Anteilinhaber und für die externe Kapitalverwaltungsgesellschaft,
2. die Darstellung der eingeleiteten Maßnahmen zur Vermeidung zukünftiger Verstöße und die Beurteilung der Wirksamkeit dieser Maßnahmen.

(3) ¹Bei geringfügigen Verstößen gegen gesetzliche und vertragliche Bestimmungen kann von der Darstellung abgesehen werden, es sei denn, es handelt sich um wiederholte Verstöße derselben Art. ²Über die in § 29 Absatz 3 genannten Verstöße ist in jedem Fall zu berichten.

(4) Besteht für den jeweiligen Verstoß eine Meldepflicht gegenüber der Bundesanstalt, so ist festzustellen, ob die entsprechende gesetzliche Regelung eingehalten oder verletzt wurde.

**§ 29 Anlagevorschriften und Verletzungen von Anlagegrenzen.**

(1) ¹Wesentliche Verstöße gegen gesetzliche und vertragliche Anlagegrundsätze und Anlagegrenzen sowie gegen Erwerbsverbote sind im Prüfungsbericht darzustellen und zu erläutern; dabei sind Art, Umfang, Dauer und Ursache des

---
[1]) Nr. 15.

Verstoßes anzugeben. ²Darzustellen und zu beurteilen ist, wie die Auswirkungen des Verstoßes korrigiert wurden.

(2) ¹Eine Verletzung der Anlagegrenzen ist für Berichtszwecke erst dann als wesentlich anzusehen, wenn die Über- oder Unterschreitung mehr als 0,5 Prozent des Fondsvermögens beträgt und nicht innerhalb von drei Börsentagen behoben wurde. ²Bei unbeabsichtigten Verletzungen der Anlagegrenzen besteht die Berichtspflicht nur, wenn die Über- oder Unterschreitung nicht innerhalb von zehn Börsentagen behoben wurde.

(3) Im Prüfungsbericht ist, soweit sich aus den Vorschriften des Kapitalanlagegesetzbuches[1]) zu der Art des Sondervermögens nichts anderes ergibt, insbesondere über die Erfüllung folgender gesetzlicher Pflichten und über Verstöße gegen folgende gesetzliche Regelungen zu berichten:
1. Verbot der Gewährung von Gelddarlehen und des Abschlusses von Bürgschafts- und Garantiegeschäften nach § 93 Absatz 4 des Kapitalanlagegesetzbuches,
2. Verbot der Verpfändung, Belastung, Sicherheitsabtretung und Sicherheitsübereignung von Vermögensgegenständen, die zum Sondervermögen gehören, nach § 93 Absatz 5 des Kapitalanlagegesetzbuches,
3. Aufrechnungsverbot nach § 93 Absatz 6 des Kapitalanlagegesetzbuches,
4. Einhaltung der Kreditaufnahmegrenzen des Kapitalanlagegesetzbuches,
5. Leerverkaufsverbot nach § 205 des Kapitalanlagegesetzbuches,
6. Vergabe von Wertpapier-Darlehen nach den §§ 200 bis 202 des Kapitalanlagegesetzbuches und
7. Pensionsgeschäfte nach § 203 des Kapitalanlagegesetzbuches.

**§ 30 Ordnungsgemäße Geschäftsorganisation.** (1) ¹Im Prüfungsbericht ist zu beurteilen, ob die von der externen Kapitalverwaltungsgesellschaft getroffenen organisatorischen Vorkehrungen für das zu prüfende Sondervermögen zum einen die Zulässigkeit der getroffenen Anlageentscheidungen nach dem Kapitalanlagegesetzbuch und nach den Anlagebedingungen und zum anderen die Einhaltung der Anlagegrenzen gewährleisten. ²Ebenso ist zu beurteilen, ob für das Sondervermögen geeignete Maßnahmen getroffen wurden, durch die sichergestellt wird, dass die mit den einzelnen Anlagepositionen verbundenen Risiken sowie die jeweilige Wirkung auf das Gesamtrisikoprofil des Sondervermögens in angemessener Weise und unter Verwendung von hinreichend fortgeschrittenen Risikomanagementtechniken fortlaufend erfasst, gemessen, bewertet und gesteuert werden.

(2) ¹Ergeben die Prüfungen der internen Revision der das Sondervermögen verwaltenden externen Kapitalverwaltungsgesellschaft im Berichtszeitraum Feststellungen, die das Sondervermögen direkt betreffen, so ist die entsprechende Berichterstattung der internen Revision im Prüfungsbericht des Sondervermögens wiederzugeben. ²Darzustellen sind auch die vorgeschlagenen und die veranlassten Maßnahmen sowie deren Ergebnisse. ³Zu prüfen und zu bewerten ist, ob die Maßnahmen angemessen sind.

(3) ¹Im Prüfungsbericht ist zusammenfassend zu beurteilen, ob die Fondsbuchhaltung und das rechnungslegungsbezogene interne Kontrollsystem ord-

---
[1]) Nr. 15.

nungsgemäß funktionieren. ²Weist die Fondsbuchhaltung des Sondervermögens in Organisation oder Handhabung Besonderheiten gegenüber anderen von der externen Kapitalverwaltungsgesellschaft verwalteten Sondervermögen auf, so sind diese Besonderheiten darzustellen und zu erläutern.

(4) Im Prüfungsbericht für einen Dach-Hedgefonds nach § 225 des Kapitalanlagegesetzbuches[1)] ist insbesondere darauf einzugehen, ob bei der Auswahl der Zielfonds die Sorgfaltspflichten erfüllt werden und inwieweit diese Sorgfaltspflichten laufend überwacht werden.

**§ 31 Ermittlung der Anteilwerte.** (1) ¹Es ist darzulegen, ob die von der externen Kapitalverwaltungsgesellschaft getroffenen organisatorischen Vorkehrungen zur Ermittlung der Anteilwerte für das zu prüfende Sondervermögen ordnungsgemäß und geeignet sind und ob § 168 des Kapitalanlagegesetzbuches[1)] eingehalten wurde. ²Dabei sind insbesondere die nach § 168 Absatz 3 des Kapitalanlagegesetzbuches verwendeten Bewertungsmodelle darzustellen und zu beurteilen. ³Sofern die Verwahrstelle die Anteilwerte ermittelt, beschränkt sich die Beurteilung auf die Mitwirkung der externen Kapitalverwaltungsgesellschaft.

(2) ¹Werden fehlerhafte Anteilwerte festgestellt, sind die Gründe hierfür darzustellen und zu erläutern. ²Die Berichterstattung kann entfallen, soweit der Fehler beim Anteilwert unwesentlich im Verhältnis zur Höhe des Anteilwertes ist.

(3) Der Abschlussprüfer hat über Maßnahmen, die von der externen Kapitalverwaltungsgesellschaft ergriffen wurden, um die Folgen fehlerhafter Berechnungen der Anteilwerte zu beseitigen, und über Ergebnisse dieser Maßnahmen zu berichten.

**§ 32 Bewertungsverfahren.** (1) Der Abschlussprüfer hat im Prüfungsbericht eines Sondervermögens zu bestätigen, dass die angewendeten Bewertungsverfahren unter Berücksichtigung des Anlageobjektes und der Anlagestrategie des Sondervermögens geeignet sind.

(2) ¹Wird die Bewertung durch die externe AIF-Kapitalverwaltungsgesellschaft selbst durchgeführt, hat der Abschlussprüfer zu bestätigen, dass die organisatorischen Anforderungen des § 216 Absatz 1 Satz 1 Nummer 2 des Kapitalanlagegesetzbuches[1)] eingehalten werden. ²Die Berichterstattung hat sich auch darauf zu erstrecken, ob die Mitarbeiter, die die Bewertung vornehmen, über die erforderliche Sachkenntnis verfügen.

(3) ¹Wird ein externer Bewerter bestellt, ist sein Name im Prüfungsbericht anzugeben, wenn er für das Sondervermögen im Berichtszeitraum bestellt war. ²Bei neu bestellten externen Bewertern ist zusätzlich anzugeben, ob sie der Bundesanstalt ordnungsgemäß angezeigt wurden.

(4) Es ist anzugeben, ob die Kapitalverwaltungsgesellschaft dem externen Bewerter die für die Bewertung erforderlichen Unterlagen zur Verfügung gestellt hat.

**§ 33 Einsatz von Derivaten.** Folgende Pflichten des Abschlussprüfers im Prüfungsbericht beim Einsatz von Derivaten in einem Sondervermögen bleiben unberührt:

---
[1)] Nr. 15.

1. nach § 4 Absatz 2 der Derivateverordnung[1]) (festgelegte Kontrollverfahren),
2. nach § 9 Absatz 5 Satz 5 der Derivateverordnung (Vergleichsvermögen),
3. nach § 10 Absatz 2 und 3 der Derivateverordnung (Risikomodelle),
4. nach § 31 Absatz 2 der Derivateverordnung (Stresstests) und
5. nach § 34 Absatz 1, Absatz 2 Satz 3 der Derivateverordnung (Richtliniengestaltung und -durchführung).

**§ 34 Fremdbezug von Dienstleistungen.** (1) ¹Nimmt die externe Kapitalverwaltungsgesellschaft für die Verwaltung des Sondervermögens nicht nur vorübergehend Anlageberatung in Anspruch, so ist diese Leistung vom Abschlussprüfer gegebenenfalls in einer Anlage zum Prüfungsbericht nach Art und Umfang darzustellen. ²Dabei anzugeben sind der Leistungserbringer, das Vertragsdatum sowie das Vollzugsdatum und der Vollzugszeitraum. ³Die Anlage hat auch Feststellungen darüber zu enthalten, wie eine Anlageempfehlung von Dritten durch die externe Kapitalverwaltungsgesellschaft selbst geprüft worden ist und wer die Anlageentscheidung ausgeübt hat.

(2) Sind festgestellte Mängel darauf zurückzuführen, dass die in Absatz 1 genannte Anlageberatung in Anspruch genommen wurde, so sind die Maßnahmen der externen Kapitalverwaltungsgesellschaft gegenüber dem Leistungserbringer und das Ergebnis dieser Maßnahme darzustellen.

### Unterabschnitt 2. Spezielle Vorschriften für Immobilien-Sondervermögen

**§ 35 Anwendbarkeit dieser Verordnung.** Auf Prüfungsberichte über Immobilien-Sondervermögen und offene Spezial-AIF mit Anlagen in entsprechenden Vermögensgegenständen sind die §§ 28 bis 34 anzuwenden, soweit sich aus den §§ 36 bis 42 nichts anderes ergibt.

**§ 36 Erwerb und Veräußerung von Vermögensgegenständen.** Werden im Berichtsjahr Vermögensgegenstände im Sinne des § 231 Absatz 1, des § 233 Absatz 1 und des § 234 des Kapitalanlagegesetzbuches[2]) für das Sondervermögen erworben oder für Rechnung des Sondervermögens veräußert, so sind im Prüfungsbericht
1. bei einem Erwerb für das Sondervermögen darzustellen, ob bei Publikums-AIF sichergestellt wurde, dass die Verfügungsbeschränkung nach § 84 Absatz 1 Nummer 3 in Verbindung mit § 246 Absatz 1 des Kapitalanlagegesetzbuches wirksam ist und ferner aufzuführen:
   a) der vor Erwerb nach § 231 Absatz 2 oder § 236 des Kapitalanlagegesetzbuches ermittelte Wert,
   b) die vertraglich vereinbarte und die tatsächlich aus dem Sondervermögen erbrachte Gegenleistung sowie
   c) die Anschaffungsnebenkosten;
2. bei einer Veräußerung für Rechnung des Sondervermögens aufzuführen:
   a) die in der Vermögensaufstellung der vergangenen zwei Jahre einschließlich des Berichtsjahres angesetzten Werte sowie
   b) die vertraglich vereinbarte und die tatsächlich dem Sondervermögen zugeflossene Gegenleistung.

---
[1]) Nr. **15b**.
[2]) Nr. **15**.

### § 37 Erwerb von Vermögensgegenständen im Ausland.
¹Im Prüfungsbericht ist darauf einzugehen, ob die externe Kapitalverwaltungsgesellschaft beim Erwerb von Vermögensgegenständen im Ausland sichergestellt hat, dass die erworbene Rechtsposition mit deutschem Recht vergleichbar ist. ²Ferner ist darzustellen, welche Kriterien die externe Kapitalverwaltungsgesellschaft für die Prüfung nach § 233 Absatz 1 Nummer 2 bis 5 des Kapitalanlagegesetzbuches[1)] verwendet hat.

### § 38 Berichterstattung über das Bewertungsverfahren.
(1) ¹Im Prüfungsbericht ist anzugeben, ob den Abschlussprüfern sämtliche im Berichtszeitraum erstellten Gutachten vorliegen. ²Es ist zu beurteilen, ob die erstellten Gutachten einem sachverständigen Dritten in angemessener Zeit ermöglichen, die Bewertung nachzuvollziehen.

(2) ¹Bei Immobilien-Sondervermögen ist anzugeben, ob der externe Bewerter die Verkehrswerte sämtlicher Immobilien im gesetzlich vorgesehenen Bewertungsintervall ermittelt hat. ²Falls wertverändernde Umstände, die von der externen Kapitalverwaltungsgesellschaft als wesentlich definiert wurden, eingetreten sind, ist anzugeben, ob eine neue Bewertung vorgenommen wurde. ³Des Weiteren ist anzugeben, ob für jedes Objekt das entsprechende Gutachten vorlag.

(3) Ferner ist bei Immobilien-Sondervermögen anzugeben, ob der Wert der Beteiligung an einer Immobilien-Gesellschaft im gesetzlich vorgesehenen Bewertungsintervall von einem Abschlussprüfer im Sinne des § 319 Absatz 1 Satz 1 und 2 des Handelsgesetzbuchs gemäß § 248 Absatz 4 und § 249 Absatz 3 des Kapitalanlagegesetzbuches[1)] ermittelt wurde.

### § 39 Besondere Berichterstattung über Verkehrswerte.
(1) Im Prüfungsbericht sind die Verkehrswerte oder Kaufpreise der Immobilien, die für das Sondervermögen direkt oder indirekt gehalten werden, einzeln für das Berichtsjahr und das Vorjahr anzugeben.

(2) ¹Anzugeben sind sämtliche Immobilien, deren Verkehrswert sich im Vergleich zum Vorjahr um mehr als 5 Prozent oder um mehr als 5 Millionen Euro verändert hat, sowie die wesentlichen Parameter, die zu dieser Wertveränderung geführt haben. ²Soweit es sich dabei um Veränderungen der nachhaltig erzielbaren Miete oder um Veränderungen des Liegenschaftszinssatzes handelt, ist anzugeben, ob die im Gutachten angegebenen Gründe nachvollziehbar sind.

### § 40 Berichterstattung hinsichtlich weiterer Anlagevorschriften und der Verletzung von Anlagegrenzen.
¹Ergänzend zur Berichterstattung nach § 29 Absatz 2, ansonsten gesondert ist insbesondere über die Erfüllung folgender gesetzlicher Pflichten und über Verstöße gegen folgende Regelungen zu berichten:

1. die Einhaltung des Zustimmungserfordernisses nach § 239 Absatz 2 des Kapitalanlagegesetzbuches[1)],
2. die Gewährung von Darlehen an Immobilien-Gesellschaften gemäß § 240 des Kapitalanlagegesetzbuches,

---

[1)] Nr. 15.

3. die Einhaltung der in § 260 Absatz 3, gegebenenfalls in Verbindung mit Absatz 4, des Kapitalanlagegesetzbuches genannten Grenze für die Belastung von Grundstückswerten und

4. die Einhaltung der in § 253 Absatz 1 und 2 des Kapitalanlagegesetzbuches enthaltenen Grenzen über die Höchst- und Mindestliquidität.

² Satz 1 Nummer 1 gilt nicht für offene Spezial-AIF mit einer Anlage in entsprechenden Vermögensgegenständen.

**§ 41 Vergabeverfahren.** Im Prüfungsbericht ist zu beurteilen, ob die getroffenen organisatorischen Vorkehrungen der externen Kapitalverwaltungsgesellschaft für die Vergabe von Leistungen an Dritte, die zu Lasten des Sondervermögens abgerechnet werden, geeignet sind und ob die Vergabe dieser Leistungen wirtschaftlich sinnvoll war.

**§ 42 Weitere Berichtspflichten.** (1) Im Prüfungsbericht ist zu berichten, ob die Erträge des Sondervermögens nach § 252 des Kapitalanlagegesetzbuches[1]) ordnungsgemäß verwendet wurden.

(2) Wird das Sondervermögen mit eigenen Aufwendungen der externen Kapitalverwaltungsgesellschaft nach den Anlagebedingungen belastet, so ist darzustellen, nach welchem Verfahren die Preise für die eigenen Aufwendungen ermittelt wurden.

## Kapitel 4. Investmentgesellschaft

### Abschnitt 1. Allgemeines

**§ 43 Prüfungs- und Berichtsgrundsätze für Investmentaktiengesellschaften und Investmentkommanditgesellschaften.** (1) Der Abschlussprüfer der Investmentaktiengesellschaft oder der Investmentkommanditgesellschaft hat den Jahresabschluss zu prüfen und festzustellen, ob bei der Verwaltung des Vermögens der Investmentaktiengesellschaft oder der Investmentkommanditgesellschaft die Vorschriften des Kapitalanlagegesetzbuches und die Bestimmungen der Satzung und der Anlagebedingungen eingehalten wurden.

(2) ¹ Bei mehreren Teilgesellschaftsvermögen ist die Berichterstattung getrennt nach jedem Vermögen vorzunehmen. ² Über das für den Betrieb der Investmentaktiengesellschaft oder der Investmentkommanditgesellschaft notwendige Vermögen ist im Prüfungsbericht gesondert zu berichten.

(3) Der Abschlussprüfer der extern verwalteten Investmentaktiengesellschaft oder der extern verwalteten Investmentkommanditgesellschaft hat die Ergebnisse der Prüfung der externen Kapitalverwaltungsgesellschaft zu verwerten.

**§ 44 Anwendbare Vorschriften.** (1) ¹ Auf die Prüfung der Investmentaktiengesellschaft und der Investmentkommanditgesellschaft sind die §§ 5, 6, 10 bis 13 Absatz 1 bis 5, die §§ 14, 25 Absatz 3 sowie die §§ 26 bis 33 entsprechend anzuwenden, soweit sich aus den Vorschriften dieses Kapitels nichts anderes ergibt. ² Auf die intern verwaltete Investmentgesellschaft sind darüber hinaus § 8 Absatz 4 sowie in Bezug auf die für den Betrieb der Investmentgesellschaft notwendigen Vermögensgegenstände und Schulden (Investment-

---

[1]) Nr. 15.

betriebsvermögen) die §§ 15 bis 20 entsprechend anzuwenden; in Bezug auf die dem Sondervermögen vergleichbaren Vermögensgegenstände und Schulden (Investmentanlagevermögen) sind die §§ 21, 22 und 33 entsprechend anzuwenden.

(2) Die in Absatz 1 genannten Vorschriften sind bei der Investmentaktiengesellschaft mit folgenden Maßgaben entsprechend anzuwenden:

1. an die Stelle des Wortes „externe Kapitalverwaltungsgesellschaft" tritt das Wort „Investmentaktiengesellschaft";
2. an die Stelle des Wortes „Anteil" tritt das Wort „Aktie";
3. an die Stelle des Wortes „Anteilinhaber" tritt das Wort „Aktionär";
4. an die Stelle des Wortes „Anlagebedingungen" treten die Wörter „Satzung und Anlagebedingungen";
5. an die Stelle des Wortes „Sondervermögen" tritt das Wort „Gesellschaftsvermögen" oder das Wort „Teilgesellschaftsvermögen";
6. die Wörter „der wesentlichen Geschäftssparten" bleiben außer Betracht.

(3) Die in Absatz 1 genannten Vorschriften sind bei der Investmentkommanditgesellschaft mit folgenden Maßgaben entsprechend anzuwenden:

1. an die Stelle des Wortes „externe Kapitalverwaltungsgesellschaft" tritt das Wort „Investmentkommanditgesellschaft";
2. an die Stelle des Wortes „Anteilinhaber" tritt das Wort „Anleger";
3. an die Stelle des Wortes „Anlagebedingungen" treten die Wörter „Gesellschaftsvertrag und Anlagebedingungen";
4. an die Stelle des Wortes „Sondervermögen" tritt das Wort „Gesellschaftsvermögen" oder das Wort „Teilgesellschaftsvermögen";
5. die Wörter „der wesentlichen Geschäftssparten" bleiben außer Betracht.

### Abschnitt 2. Angaben zur Investmentgesellschaft

**§ 45 Darstellung der rechtlichen, wirtschaftlichen und organisatorischen Grundlagen.** (1) Im Prüfungsbericht sind die wesentlichen Änderungen der rechtlichen, wirtschaftlichen und organisatorischen Grundlagen der Investmentaktiengesellschaft im Berichtszeitraum darzustellen, wobei insbesondere zu berichten ist über:

1. Änderungen der Satzung,
2. Änderungen in der Zusammensetzung der Unternehmensaktionäre und Änderungen ihrer Stimmverhältnisse zueinander,
3. Änderungen in der personellen Zusammensetzung der Geschäftsleitung und Änderungen der Zuständigkeit der einzelnen Geschäftsleiter,
4. Änderungen der rechtlichen und geschäftlichen Beziehungen zu verbundenen Unternehmen sowie Änderungen über bemerkenswerte Beziehungen zu anderen Unternehmen und über wirtschaftlich bedeutsame Verträge geschäftspolitischer Natur, die die zwischenbetriebliche Zusammenarbeit regeln, wobei insbesondere Angaben über Art und Umfang der vereinbarten Leistungen zu machen sind, insbesondere zur Kapitalverwaltungsgesellschaft, falls diese fremdverwaltet wird; die Berichterstattung kann entfallen, soweit für den Berichtszeitraum ein Abhängigkeitsbericht nach § 312 des Aktiengesetzes erstellt und der Bundesanstalt eingereicht wurde,

5. Änderungen im organisatorischen Aufbau der Investmentaktiengesellschaft sowie über Änderungen der unter Risikoaspekten bedeutsamen Ablauforganisation; das aktuelle Organigramm ist dem Prüfungsbericht als Anlage beizufügen,
6. Übertragungen aller Vermögensgegenstände nach § 100 Absatz 3 des Kapitalanlagegesetzbuches[1)] im Berichtszeitraum.

(2) Absatz 1 ist auf die Investmentkommanditgesellschaft mit der Maßgabe anzuwenden, dass insbesondere über Nummer 1 sowie 3 bis 6 zu berichten ist.

(3) [1] Ist der Abschlussprüfer verpflichtet, nur über Änderungen zu berichten, hat er darüber hinaus in angemessenen Abständen vollständig zu berichten. [2] Angemessene Abstände im Sinne des Satzes 1 sind drei bis fünf Jahre.

(4) Über wesentliche Aktivitäten und Prozesse, die auf andere Unternehmen ausgelagert sind, ist im Prüfungsbericht gesondert zu berichten, soweit die Berichterstattung nicht nach § 22 Absatz 5 zu erfolgen hat.

**§ 46 Besonderheiten bei der Investmentaktiengesellschaft mit fixem Kapital und der geschlossenen Investmentkommanditgesellschaft.**

(1) Werden im Berichtsjahr Vermögensgegenstände im Sinne des § 261 Absatz 2 des Kapitalanlagegesetzbuches[1)] für das Investmentvermögen erworben oder für Rechnung des Investmentvermögens veräußert, so sind im Prüfungsbericht
1. bei einem Erwerb von Investmentvermögen aufzuführen:
   a) der vor dem Erwerb nach § 261 Absatz 5 und 6 des Kapitalanlagegesetzbuches ermittelte Wert,
   b) die vertraglich vereinbarte und die tatsächlich aus dem Investmentvermögen erbrachte Gegenleistung und
   c) die Anschaffungsnebenkosten;
2. bei einer Veräußerung von Investmentvermögen aufzuführen:
   a) die bei der Veräußerung nach den §§ 271 und 272 des Kapitalanlagegesetzbuches ermittelten Werte der vergangenen zwei Jahre einschließlich des Berichtsjahres sowie
   b) die vertraglich vereinbarte und die tatsächlich dem Investmentvermögen zugeflossene Gegenleistung.

(2) Im Prüfungsbericht sind die Verkehrswerte oder Kaufpreise der Sachwerte, die für das Investmentvermögen direkt oder indirekt gehalten werden, einzeln für das Berichtsjahr und für das Vorjahr anzugeben.

(3) Anzugeben sind sämtliche Sachwerte, deren Verkehrswert sich im Vergleich zum Vorjahr um mehr als 5 Prozent oder um mehr als 5 Millionen Euro verändert hat, sowie die wesentlichen Parameter, die zu dieser Wertveränderung geführt haben.

## Kapitel 5. Schlussvorschriften

**§ 47 Übergangsvorschriften.** (1) Die Investment-Prüfungsberichtsverordnung vom 15. Dezember 2008 (BGBl. I S. 2467), die durch Artikel 2 der Verordnung vom 28. Juni 2011 (BGBl. I S. 1278) geändert worden ist, ist in der

---

[1)] Nr. 15.

am 21. Juli 2013 geltenden Fassung auf die am 21. Juli 2013 bestehenden Kapitalanlagegesellschaften, Sondervermögen und Investmentaktiengesellschaften anzuwenden, soweit für diese Kapitalanlagegesellschaften, Sondervermögen und Investmentaktiengesellschaften nach den Übergangsvorschriften der §§ 345 bis 350 und 355 des Kapitalanlagegesetzbuches[1] weiterhin die Vorschriften des Investmentgesetzes anzuwenden sind.

(2) ¹Die Vorschriften dieser Verordnung sind auf Kapitalverwaltungsgesellschaften erstmals zu dem Abschlussstichtag anzuwenden, der auf den Eingang des Erlaubnisantrages bei der Bundesanstalt folgt. ²Auf Investmentvermögen sind die Vorschriften dieser Verordnung erstmals zu dem Abschlussstichtag anzuwenden, der auf das Inkrafttreten der nach § 345 oder § 353 des Kapitalanlagegesetzbuches anzupassenden Anlagebedingungen folgt. ³Im Falle des § 355 Absatz 2 Satz 3 des Kapitalanlagegesetzbuches sind die Vorschriften dieser Verordnung auf OGAW erstmals zu dem Abschlussstichtag anzuwenden, der auf die Anpassung der Anlagebedingungen folgt.

(3) Die Anlage 1 Position (4) Nummer 1 in der Fassung des Bilanzrichtlinie-Umsetzungsgesetzes vom 17. Juli 2015 (BGBl. I S. 1245) ist erstmals auf die Prüfung für nach dem 31. Dezember 2015 beginnende Geschäftsjahre anzuwenden.

**§ 48 Inkrafttreten, Außerkrafttreten.** ¹Diese Verordnung tritt mit Wirkung vom 22. Juli 2013 in Kraft. ²Gleichzeitig tritt die Investment-Prüfungsberichtsverordnung vom 15. Dezember 2008 (BGBl. I S. 2467), die durch Artikel 2 der Verordnung vom 28. Juni 2011 (BGBl. I S. 1278) geändert worden ist, außer Kraft.

**Anlage 1**
(zu § 20)

**Datenübersicht für externe Kapitalverwaltungsgesellschaften und intern verwaltete Investmentgesellschaften**

Die angegebenen Beträge (kaufmännische Rundung) lauten auf Tsd. Euro (EUR); Prozentangaben sind mit einer Nachkommastelle anzugeben (kaufmännische Rundung).

| Position | Berichtsjahr (1) | Vorjahr (2) |
|---|---|---|
| (1) Daten zu den organisatorischen Grundlagen<br>1. Investmentaktiengesellschaft: ja (= 0) / nein (= 1)<br>2. Investmentkommanditgesellschaft: ja (= 0) / nein (= 1)<br>3. Wurden Altersvorsorgeverträge abgeschlossen oder Mindestzahlungszusagen abgegeben (§ 25 Absatz 5 KAGB[1]): ja (= 0) / nein (= 1)<br>4. Personalbestand gemäß § 267 Absatz 5 HGB | | |
| (2) Daten zur Vermögenslage<br>1. Eigenmittel gemäß § 25 KAGB[1]<br>2. Kursreserven bei Schuldverschreibungen und anderen festverzinslichen Wertpapieren<br>   a) Bruttobetrag der Kursreserven<br>   b) Nettobetrag der Kursreserven (unter Berücksichtigung von Sicherungsgeschäften)[2] | | |

---

[1] Nr. 15.
[2] Amtl. Anm.: Hier sind negative Ergebnisbeiträge aus den Sicherungsgeschäften mit den Kursreserven der gesicherten Aktiva zu verrechnen.

| Position | Berichtsjahr (1) | Vorjahr (2) |
|---|---|---|
| 3. Kursreserven bei Aktien und anderen nicht festverzinslichen Wertpapieren sowie bei Beteiligungen und Anteilen an verbundenen Unternehmen<br>a) Bruttobetrag der Kursreserven<br>b) Nettobetrag der Kursreserven (unter Berücksichtigung von Sicherungsgeschäften)[3]<br>4. Vermiedene Abschreibungen auf Schuldverschreibungen und auf andere festverzinsliche Wertpapiere durch Übernahme in das Anlagevermögen<br>5. Vermiedene Abschreibungen auf Aktien und auf andere nicht festverzinsliche Wertpapiere durch Übernahme in das Anlagevermögen | | |
| (3) Daten zur Ertragslage<br>1. Provisionsergebnis (Erträge und Aufwendungen)<br>a) Vergütung für die Verwaltung von Sondervermögen[1]<br>b) Vergütung für individuelle Vermögensverwaltung im Sinne des § 20 Absatz 2 Nummer 1 und Absatz 3 Nummer 2 KAGB[2]<br>c) Vereinnahmte Entgelte für Beratungsleistungen im Sinne des § 20 Absatz 2 Nummer 2 und Absatz 3 Nummer 3 KAGB[2] in Bezug auf die<br>   aa) Portfolioverwaltung von Sondervermögen<br>   bb) durch andere erbrachte individuelle Vermögensverwaltung<br>d) Provisionen für den Vertrieb von Investmentanteilen [3]<br>e) Rückvergütungen nach § 101 Absatz 2 Nummer 4 Alt. 1, ggf. in Verbindung mit § 120 Absatz 4 Satz 2, §§ 148 und 158 Satz 2 KAGB [2),3)]<br>f) Sonstige Provisionserträge[4]<br>g) Für Rechnung der Gesellschaft gezahlte Vergütung für die durch andere erbrachte individuelle Vermögensverwaltung im Sinne des § 20 Absatz 2 Nummer 1 und Absatz 3 Nummer 2 KAGB[2]<br>h) Für Rechnung der Gesellschaft gezahlte Entgelte für Beratungsleistungen in Bezug auf die<br>   aa) Portfolioverwaltung von Sondervermögen<br>   bb) individuelle Vermögensverwaltung im Sinne des § 20 Absatz 2 Nummer 1 und Absatz 3 Nummer 2 KAGB[2]<br>i) Für die Vermittlung von Investmentanteilen, die von der Gesellschaft ausgegeben wurden, für Rechnung der Gesellschaft gezahlte Provisionen[3]<br>j) Sonstige Provisionsaufwendungen<br>k) Provisionsergebnis (Saldo)<br>2. Zinsergebnis<br>a) Zinserträge[5] | | |

---

[3] **Amtl. Anm.**: Hier sind negative Ergebnisbeiträge aus den Sicherungsgeschäften mit den Kursreserven der gesicherten Aktiva zu verrechnen.

[1] **Amtl. Anm.**: Einschließlich einmalig erhobener Vergütungen wie Kauf-, Verkaufs- oder Bauvergütungen bei Immobilien-Sondervermögen.

[2] Nr. **15**.

[3] **Amtl. Anm.**: Einschließlich Ausgabeaufschläge.

[4] **Amtl. Anm.**: Einschließlich Erträgen aus Wertpapier-Darlehensgeschäften und Wertpapier-Pensionsgeschäften.

[5] **Amtl. Anm.**: Einschließlich laufender Erträge aus Beteiligungen, Erträgen aus Ergebnisabführungsverträgen.

| Position | Berichtsjahr (1) | Vorjahr (2) |
|---|---|---|
| b) Zinsaufwendungen<br>c) Zinsergebnis (Saldo)<br>3. Ergebnis aus dem sonstigen nichtzinsabhängigen Geschäft[6]<br>4. Bewertungsergebnis Wertpapiere nach strengem Niederstwertprinzip<br>5. Allgemeiner Verwaltungsaufwand<br>   a) Personalaufwand[7]<br>   b) Andere Verwaltungsaufwendungen[8]<br>6. Sonstige und außerordentliche Erträge und Aufwendungen<br>7. Steuern vom Einkommen und vom Ertrag<br>8. Erträge aus Verlustübernahmen und baren bilanzunwirksamen Ansprüchen<br>9. Aufgrund einer Gewinngemeinschaft, eines Gewinnabführungs- oder eines Teilgewinnabführungsvertrages abgeführte Gewinne<br>10. Gewinnvortrag aus dem Vorjahr<br>11. Verlustvortrag aus dem Vorjahr<br>12. Entnahmen aus Kapital- und Gewinnrücklagen<br>13. Einstellungen in Kapital- und Gewinnrücklagen<br>14. Entnahmen aus Genussrechtskapital<br>15. Wiederauffüllung des Genussrechtskapitals | | |
| (4) Ergänzende Angaben<br>1. Abweichungen im Sinne des § 284 Absatz 2 Nummer 2 HGB<br>   a) Von Bilanzierungsmethoden ja (= 0) / nein (= 1)<br>   b) Von Bewertungsmethoden ja (= 0) / nein (= 1)<br>2. Buchwert der in Pension gegebenen Vermögensgegenstände bei echten Pensionsgeschäften (§ 340b Absatz 4 Satz 4 HGB)<br>3. Betrag der nicht mit dem Niederstwert bewerteten börsenfähigen Wertpapiere bei den folgenden Posten (§ 35 Absatz 1 Nummer 2 RechKredV)<br>   a) Schuldverschreibungen und andere festverzinsliche Wertpapiere (Aktivposten Nummer 5)<br>   b) Aktien und andere nicht festverzinsliche Wertpapiere (Aktivposten Nummer 6)<br>4. Nachrangige Vermögensgegenstände<br>   a) Nachrangige Forderungen an Kreditinstitute<br>   b) Nachrangige Forderungen an Kunden<br>   c) Sonstige nachrangige Vermögensgegenstände | | |

---

[6] **Amtl. Anm.:** Hier sind alle anderen ordentlichen Ergebnisse aus dem nichtzinsabhängigen Geschäft einzuordnen, die nicht unter Nummer (3) 1 fallen.

[7] **Amtl. Anm.:** Einschließlich Aufwendungen für vertraglich vereinbarte feste Tätigkeitsvergütungen an die persönlich haftenden Gesellschafter. Aufwendungen für von fremden Arbeitgebern angemietete Arbeitskräfte sind den anderen Verwaltungsaufwendungen zuzurechnen.

[8] **Amtl. Anm.:** Hierunter fallen unter anderem Abschreibungen und Wertberichtigungen auf Sachanlagen und immaterielle Anlagewerte, ausgenommen außerordentliche Abschreibungen. Zu erfassen sind hier alle Steuern außer Steuern vom Einkommen und vom Ertrag.

Prüfungsberichte-VO  Anl. 2  KAPrüfbV 15e

**Anlage 2**
(zu § 26 Absatz 1 Nummer 14)

### Berechnung der Portfolioumschlagsrate

Die Portfolioumschlagsrate eines Sondervermögens, einer Investmentaktiengesellschaft mit veränderlichem Kapital oder einer offenen Investmentkommanditgesellschaft wird folgendermaßen ermittelt: Der niedrigere Betrag des Gegenwertes der Käufe und Verkäufe der Vermögensgegenstände des betreffenden Berichtszeitraums wird durch den durchschnittlichen Nettoinventarwert dividiert. Der durchschnittliche Nettoinventarwert ist das arithmetische Mittel der ermittelten Nettoinventarwerte der Vermögensgegenstände.

Die Portfolioumschlagsrate ist nach folgender Formel zu berechnen und in Prozent anzugeben:

**Portfolioumschlagsrate = Min(X,Y)/M**

Der kleinere Wert von X oder Y = Min (X,Y)

Wertpapierkäufe = X

Wertpapierverkäufe = Y

durchschnittlicher Nettoinventarwert = M

$$M = \frac{\sum_{d-1}^{N} V_d}{N}$$

$V_d$  Vermögen des Fonds am Tag $d$
$N$   Anzahl der Tage im jeweiligen Berichtszeitraum, an denen der Nettoinventarwert ermittelt wurde

# 16. Gesetz über die Verwahrung und Anschaffung von Wertpapieren (Depotgesetz – DepotG)

In der Fassung der Bekanntmachung vom 11. Januar 1995[1]

(BGBl.I S. 34)

FNA 4130-1

zuletzt geänd. durch Art. 12 Erstes FinanzmarktnovellierungsG v. 30.6.2016 (BGBl. I S. 1514 iVm Bek. v. 20.3.2017, BGBl. I S. 559)

### Nichtamtliche Inhaltsübersicht

§ 1 Allgemeine Vorschriften

#### 1. Abschnitt. Verwahrung

§ 2 Sonderverwahrung
§ 3 Drittverwahrung
§ 4 Beschränkte Geltendmachung von Pfand- und Zurückbehaltungsrechten
§ 5 Sammelverwahrung
§ 6 Miteigentum am Sammelbestand, Verwaltungsbefugnis des Verwahrers bei der Sammelverwahrung
§ 7 Auslieferungsansprüche des Hinterlegers bei der Sammelverwahrung
§ 8 Ansprüche der Miteigentümer und sonstiger dinglich Berechtigter bei der Sammelverwahrung
§ 9 Beschränkte Geltendmachung von Pfand- und Zurückbehaltungsrechten bei der Sammelverwahrung
§ 9a Sammelurkunde
§ 10 Tauschverwahrung
§ 11 Umfang der Ermächtigung zur Tauschverwahrung
§ 12 Ermächtigung zur Verpfändung
§ 13 Ermächtigung zur Verfügung über das Eigentum
§ 14 Verwahrungsbruch
§ 15 Unregelmäßige Verwahrung, Wertpapierdarlehen
§ 16 Befreiung von Formvorschriften
§ 17 Pfandverwahrung
§ 17a Verfügungen über Wertpapiere

#### 2. Abschnitt. Einkaufskommission

§ 18 Stückeverzeichnis
§ 19 Aussetzung der Übersendung des Stückeverzeichnisses
§ 20 Übersendung des Stückeverzeichnisses auf Verlangen
§ 21 Befugnis zur Aussetzung und Befugnis zur Übersendung auf Verlangen
§ 22 Stückeverzeichnis beim Auslandsgeschäft
§ 23 Befreiung von der Übersendung des Stückeverzeichnisses
§ 24 Erfüllung durch Übertragung von Miteigentum am Sammelbestand
§ 25 Rechte des Kommittenten bei Nichtübersendung des Stückeverzeichnisses
§ 26 Stückeverzeichnis beim Auftrag zum Umtausch und zur Geltendmachung eines Bezugsrechts
§ 27 Verlust des Provisionsanspruch
§ 28 Unabdingbarkeit der Verpflichtung des Kommissionärs
§ 29 Verwahrung durch den Kommissionär
§ 30 Beschränkte Geltendmachung von Pfand- und Zurückbehaltungsrechten bei dem Kommissionsgeschäft
§ 31 Eigenhändler, Selbsteintritt

---

[1] Neubekanntmachung des DepotG v. 4.2.1937 (RGBl. I S. 171) in der ab 1.8.1994 geltenden Fassung.

## 3. Abschnitt. Vorrang im Insolvenzverfahren

§ 32   Vorrangige Gläubiger
§ 33   Ausgleichsverfahren bei Verpfändung

## 4. Abschnitt. Strafbestimmungen

§ 34   Depotunterschlagung
§ 35   Unwahre Angaben über das Eigentum
§ 36   Strafantrag
§ 37   Strafbarkeit im Falle der Zahlungseinstellung oder des Insolvenzverfahrens
§§ 38 bis 40   (weggefallen)

## 5. Abschnitt. Schlußbestimmungen

§ 41   *(aufgehoben)*
§ 42   Anwendung auf Treuhänder, Erlaß weiterer Bestimmungen
§ 43   Übergangsregelung zum Ersten Finanzmarktnovellierungsgesetz

**§ 1 Allgemeine Vorschriften** (1) [1]Wertpapiere im Sinne dieses Gesetzes sind Aktien, Kuxe, Zwischenscheine, Zins-, Gewinnanteil- und Erneuerungsscheine, auf den Inhaber lautende oder durch Indossament übertragbare Schuldverschreibungen, ferner andere Wertpapiere, wenn diese vertretbar sind, mit Ausnahme von Banknoten und Papiergeld. [2]Wertpapiere im Sinne dieses Gesetzes sind auch Namensschuldverschreibungen, soweit sie auf den Namen einer Wertpapiersammelbank ausgestellt wurden.

(2) Verwahrer im Sinne dieses Gesetzes ist, wem im Betrieb seines Gewerbes Wertpapiere unverschlossen zur Verwahrung anvertraut werden.

(3) Wertpapiersammelbanken sind Kreditinstitute, die nach Artikel 16 Absatz 1 der Verordnung (EU) Nr. 909/2014 des Europäischen Parlaments und des Rates vom 23. Juli 2014 zur Verbesserung der Wertpapierlieferungen und -abrechnungen in der Europäischen Union und über Zentralverwahrer sowie zur Änderung der Richtlinien 98/26/EG und 2014/65/EU und der Verordnung (EU) Nr. 236/2012 (ABl. L 257 vom 28.8.2014, S. 1) als Zentralverwahrer zugelassen sind und die die in Abschnitt A Nummer 2 des Anhangs zu dieser Verordnung genannte Kerndienstleistung im Inland erbringen.

## 1. Abschnitt. Verwahrung

**§ 2 Sonderverwahrung.** [1]Der Verwahrer ist verpflichtet, die Wertpapiere unter äußerlich erkennbarer Bezeichnung jedes Hinterlegers gesondert von seinen eigenen Beständen und von denen Dritter aufzubewahren, wenn es sich um Wertpapiere handelt, die nicht zur Sammelverwahrung durch eine Wertpapiersammelbank zugelassen sind, oder wenn der Hinterleger die gesonderte Aufbewahrung verlangt. [2]Etwaige Rechte und Pflichten des Verwahrers, für den Hinterleger Verfügungen oder Verwaltungshandlungen vorzunehmen, werden dadurch nicht berührt.

**§ 3 Drittverwahrung.** (1) [1]Der Verwahrer ist berechtigt, die Wertpapiere unter seinem Namen einem anderen Verwahrer zur Verwahrung anzuvertrauen. [2]Zweigstellen eines Verwahrers gelten sowohl untereinander als auch in ihrem Verhältnis zur Hauptstelle als verschiedene Verwahrer im Sinne dieser Vorschrift.

(2) [1]Der Verwahrer, der Wertpapiere von einem anderen Verwahrer verwahren läßt (Zwischenverwahrer), haftet für ein Verschulden des Drittverwahrers wie für eigenes Verschulden. [2]Für die Beobachtung der erforderlichen Sorgfalt bei der Auswahl des Drittverwahrers bleibt er auch dann verantwort-

lich, wenn ihm die Haftung für ein Verschulden des Drittverwahrers durch Vertrag erlassen worden ist, es sei denn, daß die Papiere auf ausdrückliche Weisung des Hinterlegers bei einem bestimmten Drittverwahrer verwahrt werden.

**§ 4 Beschränkte Geltendmachung von Pfand- und Zurückbehaltungsrechten.** (1) ¹Vertraut der Verwahrer die Wertpapiere einem Dritten an, so gilt als dem Dritten bekannt, daß die Wertpapiere dem Verwahrer nicht gehören. ²Der Dritte kann an den Wertpapieren ein Pfandrecht oder ein Zurückbehaltungsrecht nur wegen solcher Forderungen geltend machen, die mit Bezug auf diese Wertpapiere entstanden sind oder für die diese Wertpapiere nach dem einzelnen über sie zwischen dem Verwahrer und dem Dritten vorgenommenen Geschäft haften sollen.

(2) Absatz 1 gilt nicht, wenn der Verwahrer dem Dritten für das einzelne Geschäft ausdrücklich und schriftlich mitteilt, daß er Eigentümer der Wertpapiere sei.

(3) ¹Vertraut ein Verwahrer, der nicht Bankgeschäfte betreibt, Wertpapiere einem Dritten an, so gilt Absatz 1 nicht. ²Ist er nicht Eigentümer der Wertpapiere, so hat er dies dem Dritten mitzuteilen; in diesem Falle gilt Absatz 1 Satz 2.

**§ 5 Sammelverwahrung.** (1) ¹Der Verwahrer darf vertretbare Wertpapiere, die zur Sammelverwahrung durch eine Wertpapiersammelbank zugelassen sind, dieser zur Sammelverwahrung anvertrauen, es sei denn, der Hinterleger hat nach § 2 Satz 1 die gesonderte Aufbewahrung der Wertpapiere verlangt. ²Anstelle der Sammelverwahrung durch eine Wertpapiersammelbank darf der Verwahrer die Wertpapiere ungetrennt von seinen Beständen derselben Art oder von solchen Dritter selbst aufbewahren oder einem Dritten zur Sammelverwahrung anvertrauen, wenn der Hinterleger ihn dazu ausdrücklich und schriftlich ermächtigt hat. ³Die Ermächtigung darf weder in Geschäftsbedingungen des Verwahrers enthalten sein noch auf andere Urkunden verweisen; sie muß für jedes Verwahrungsgeschäft besonders erteilt werden.

(2) Der Verwahrer kann, anstatt das eingelieferte Stück in Sammelverwahrung zu nehmen, dem Hinterleger einen entsprechenden Sammelbestandanteil übertragen.

(3) Auf die Sammelverwahrung bei einem Dritten ist § 3 anzuwenden.

(4) ¹Wertpapiersammelbanken dürfen einem ausländischen Verwahrer im Rahmen einer gegenseitigen Kontoverbindung, die zur Aufnahme eines grenzüberschreitenden Effektengiroverkehrs vereinbart wird, Wertpapiere zur Sammelverwahrung anvertrauen, sofern

1. der ausländische Verwahrer in seinem Sitzstaat die Aufgaben einer Wertpapiersammelbank wahrnimmt und einer öffentlichen Aufsicht oder einer anderen für den Anlegerschutz gleichwertigen Aufsicht unterliegt,
2. dem Hinterleger hinsichtlich des Sammelbestands dieses Verwahrers eine Rechtsstellung eingeräumt wird, die derjenigen nach diesem Gesetz gleichwertig ist,
3. dem Anspruch der Wertpapiersammelbank gegen den ausländischen Verwahrer auf Auslieferung der Wertpapiere keine Verbote des Sitzstaats dieses Verwahrers entgegenstehen und

4. die Wertpapiere vertretbar und zur Sammelverwahrung durch die Wertpapiersammelbank und den ausländischen Verwahrer im Rahmen ihrer gegenseitigen Kontoverbindung zugelassen sind.

[2] Die Haftung der Wertpapiersammelbanken nach § 3 Abs. 2 Satz 1 für ein Verschulden des ausländischen Verwahrers kann durch Vereinbarung nicht beschränkt werden.

**§ 6 Miteigentum am Sammelbestand, Verwaltungsbefugnis des Verwahrers bei der Sammelverwahrung.** (1) [1] Werden Wertpapiere in Sammelverwahrung genommen, so entsteht mit dem Zeitpunkt des Eingangs beim Sammelverwahrer für die bisherigen Eigentümer Miteigentum nach Bruchteilen an den zum Sammelbestand des Verwahrers gehörenden Wertpapieren derselben Art. [2] Für die Bestimmung des Bruchteils ist der Wertpapiernennbetrag maßgebend, bei Wertpapieren ohne Nennbetrag die Stückzahl.

(2) [1] Der Sammelverwahrer kann aus dem Sammelbestand einem jeden der Hinterleger die diesem gebührende Menge ausliefern oder die ihm selbst gebührende Menge entnehmen, ohne daß er hierzu der Zustimmung der übrigen Beteiligten bedarf. [2] In anderer Weise darf der Sammelverwahrer den Sammelbestand nicht verringern. [3] Diese Vorschriften sind im Falle der Drittverwahrung auf Zwischenverwahrer sinngemäß anzuwenden.

**§ 7 Auslieferungsansprüche des Hinterlegers bei der Sammelverwahrung.** (1) Der Hinterleger kann im Falle der Sammelverwahrung verlangen, daß ihm aus dem Sammelbestand Wertpapiere in Höhe des Nennbetrags, bei Wertpapieren ohne Nennbetrag in Höhe der Stückzahl der für ihn in Verwahrung genommenen Wertpapiere ausgeliefert werden; die von ihm eingelieferten Stücke kann er nicht zurückfordern.

(2) [1] Der Sammelverwahrer kann die Auslieferung insoweit verweigern, als sich infolge eines Verlustes am Sammelbestand die dem Hinterleger nach § 6 gebührende Menge verringert hat. [2] Er haftet dem Hinterleger für den Ausfall, es sei denn, daß der Verlust am Sammelbestand auf Umständen beruht, die er nicht zu vertreten hat.

**§ 8 Ansprüche der Miteigentümer und sonstiger dinglich Berechtigter bei der Sammelverwahrung.** Die für Ansprüche des Hinterlegers geltenden Vorschriften des § 6 Abs. 2 Satz 1 und des § 7 sind sinngemäß auf Ansprüche eines jeden Miteigentümers oder sonst dinglich Berechtigten anzuwenden.

**§ 9 Beschränkte Geltendmachung von Pfand- und Zurückbehaltungsrechten bei der Sammelverwahrung.** § 4 gilt sinngemäß auch für die Geltendmachung von Pfandrechten und Zurückbehaltungsrechten an Sammelbestandanteilen.

**§ 9a Sammelurkunde.** (1) [1] Der Verwahrer hat ein Wertpapier, das mehrere Rechte verbrieft, die jedes für sich in vertretbaren Wertpapieren einer und derselben Art verbrieft sein könnten (Sammelurkunde), einer Wertpapiersammelbank zur Verwahrung zu übergeben, es sei denn, der Hinterleger hat nach § 2 Satz 1 die gesonderte Aufbewahrung der Sammelurkunde verlangt. [2] Der Aussteller kann jederzeit und ohne Zustimmung der übrigen Beteiligten

1. eine von der Wertpapiersammelbank in Verwahrung genommene Sammelurkunde ganz oder teilweise durch einzelne in Sammelverwahrung zu nehmende Wertpapiere oder
2. einzelne Wertpapiere eines Sammelbestands einer Wertpapiersammelbank durch eine Sammelurkunde

ersetzen.

(2) Verwahrt eine Wertpapiersammelbank eine Sammelurkunde allein oder zusammen mit einzelnen Wertpapieren, die über Rechte der in der Sammelurkunde verbrieften Art ausgestellt sind, gelten die §§ 6 bis 9 sowie die sonstigen Vorschriften dieses Gesetzes über Sammelverwahrung und Sammelbestandanteile sinngemäß, soweit nicht in Absatz 3 etwas anderes bestimmt ist.

(3) ¹Wird auf Grund der §§ 7 und 8 die Auslieferung von einzelnen Wertpapieren verlangt, so hat der Aussteller die Sammelurkunde insoweit durch einzelne Wertpapiere zu ersetzen, als dies für die Auslieferung erforderlich ist; während des zur Herstellung der einzelnen Wertpapiere erforderlichen Zeitraums darf die Wertpapiersammelbank die Auslieferung verweigern. ²Ist der Aussteller nach dem zugrunde liegenden Rechtsverhältnis nicht verpflichtet, an die Inhaber der in der Sammelurkunde verbrieften Rechte einzelne Wertpapiere auszugeben, kann auch von der Wertpapiersammelbank die Auslieferung von einzelnen Wertpapieren nicht verlangt werden.

**§ 10 Tauschverwahrung.** (1) ¹Eine Erklärung, durch die der Hinterleger den Verwahrer ermächtigt, an Stelle ihm zur Verwahrung anvertrauter Wertpapiere Wertpapiere derselben Art zurückzugewähren, muß für das einzelne Verwahrungsgeschäft ausdrücklich und schriftlich abgegeben werden. ²Sie darf weder in Geschäftsbedingungen des Verwahrers enthalten sein noch auf andere Urkunden verweisen.

(2) Derselben Form bedarf eine Erklärung, durch die der Hinterleger den Verwahrer ermächtigt, hinterlegte Wertpapiere durch Wertpapiere derselben Art zu ersetzen.

(3) (gegenstandslos)

**§ 11 Umfang der Ermächtigung zur Tauschverwahrung.** ¹Eine Erklärung, durch die der Hinterleger den Verwahrer ermächtigt, an Stelle ihm zur Verwahrung anvertrauter Wertpapiere Wertpapiere derselben Art zurückzugewähren, umfaßt, wenn dies nicht in der Erklärung ausdrücklich ausgeschlossen ist, die Ermächtigung, die Wertpapiere schon vor der Rückgewähr durch Wertpapiere derselben Art zu ersetzen. ²Sie umfaßt nicht die Ermächtigung zu Maßnahmen anderer Art und bedeutet nicht, daß schon durch ihre Entgegennahme das Eigentum an den Wertpapieren auf den Verwahrer übergehen soll.

**§ 12 Ermächtigungen zur Verpfändung.** (1) ¹Der Verwahrer darf die Wertpapiere oder Sammelbestandanteile nur auf Grund einer Ermächtigung und nur im Zusammenhang mit einer Krediteinräumung für den Hinterleger und nur an einen Verwahrer verpfänden. ²Die Ermächtigung muß für das einzelne Verwahrungsgeschäft ausdrücklich und schriftlich erteilt werden; sie darf weder in Geschäftsbedingungen des Verwahrers enthalten sein noch auf andere Urkunden verweisen.

(2) ¹Der Verwahrer darf auf die Wertpapiere oder Sammelbestandanteile Rückkredit nur bis zur Gesamtsumme der Kredite nehmen, die er für die

Hinterleger eingeräumt hat. ²Die Wertpapiere oder Sammelbestandanteile dürfen nur mit Pfandrechten zur Sicherung dieses Rückkredits belastet werden. ³Der Wert der verpfändeten Wertpapiere oder Sammelbestandanteile soll die Höhe des für den Hinterleger eingeräumten Kredits mindestens erreichen, soll diese jedoch nicht unangemessen übersteigen.

(3) ¹Ermächtigt der Hinterleger den Verwahrer nur, die Wertpapiere oder Sammelbestandanteile bis zur Höhe des Kredits zu verpfänden, den der Verwahrer für diesen Hinterleger eingeräumt hat (beschränkte Verpfändung), so bedarf die Ermächtigung nicht der Form des Absatzes 1 Satz 2. ²Absatz 2 Satz 3 bleibt unberührt.

(4) ¹Ermächtigt der Hinterleger den Verwahrer, die Wertpapiere oder Sammelbestandanteile für alle Verbindlichkeiten des Verwahrers und ohne Rücksicht auf die Höhe des für den Hinterleger eingeräumten Kredits zu verpfänden (unbeschränkte Verpfändung), so muß in der Ermächtigung zum Ausdruck kommen, daß der Verwahrer das Pfandrecht unbeschränkt, also für alle seine Verbindlichkeiten und ohne Rücksicht auf die Höhe des für den Hinterleger eingeräumten Kredits bestellen kann. ²Dies gilt sinngemäß, wenn der Hinterleger den Verwahrer von der Innehaltung einzelner Beschränkungen des Absatzes 2 befreit.

(5) Der Verwahrer, der zur Verpfändung von Wertpapieren oder Sammelbestandanteilen ermächtigt ist, darf die Ermächtigung so, wie sie ihm gegeben ist, weitergeben.

**§ 12a Verpfändung als Sicherheit für Verbindlichkeiten aus Börsengeschäften.** (1) ¹Abweichend von § 12 darf der Verwahrer die Wertpapiere oder Sammelbestandanteile auf Grund einer ausdrücklichen und schriftlichen Ermächtigung als Sicherheit für seine Verbindlichkeiten aus Geschäften an einer Börse, die einer gesetzlichen Aufsicht untersteht, an diese Börse, deren Träger oder eine von ihr mit der Abwicklung der Geschäfte unter ihrer Aufsicht beauftragte rechtsfähige Stelle, deren Geschäftsbetrieb auf diese Tätigkeit beschränkt ist, verpfänden, sofern aus einem inhaltsgleichen Geschäft des Hinterlegers mit dem Verwahrer Verbindlichkeiten des Hinterlegers bestehen. ²Der Wert der verpfändeten Wertpapiere oder Sammelbestandanteile soll die Höhe der Verbindlichkeiten des Hinterlegers gegenüber dem Verwahrer aus diesem Geschäft nicht unangemessen übersteigen. ³Die Ermächtigung des Hinterlegers nach Satz 1 kann im voraus für eine unbestimmte Zahl derartiger Verpfändungen erteilt werden.

(2) ¹Der Verwahrer muß gegenüber dem Pfandgläubiger sicherstellen, daß die verpfändeten Wertpapiere oder Sammelbestandanteile für seine in Absatz 1 genannten Verbindlichkeiten nur insoweit in Anspruch genommen werden dürfen, als Verbindlichkeiten des Hinterlegers gegenüber dem Verwahrer nach Absatz 1 bestehen. ²Der Verwahrer haftet für ein Verschulden des Pfandgläubigers wie für eigenes Verschulden; diese Haftung kann durch Vereinbarung nicht beschränkt werden.

**§ 13 Ermächtigung zur Verfügung über das Eigentum.** (1) ¹Eine Erklärung, durch die der Verwahrer ermächtigt wird, sich die anvertrauten Wertpapiere anzueignen oder das Eigentum an ihnen auf einen Dritten zu übertragen, und alsdann nur verpflichtet sein soll, Wertpapiere derselben Art zurückzugewähren, muß für das einzelne Verwahrungsgeschäft ausdrücklich und schriftlich abgegeben werden. ²In der Erklärung muß zum Ausdruck kommen, daß mit der Ausübung der Ermächtigung das Eigentum auf den Verwahrer oder einen Dritten übergehen soll und mithin für den Hinterleger nur ein schuldrechtlicher Anspruch auf Lieferung nach Art und Zahl bestimmter Wertpapiere entsteht. ³Die Erklärung darf weder auf andere Urkunden verweisen noch mit anderen Erklärungen des Hinterlegers verbunden sein.

(2) Eignet sich der Verwahrer die Wertpapiere an oder überträgt er das Eigentum an ihnen auf einen Dritten, so sind von diesem Zeitpunkt an die Vorschriften dieses Abschnitts auf ein solches Verwahrungsgeschäft nicht mehr anzuwenden.

**§ 14 Verwahrungsbuch.** (1) ¹Der Verwahrer ist verpflichtet, ein Handelsbuch zu führen, in das jeder Hinterleger und Art, Nennbetrag oder Stückzahl, Nummern oder sonstige Bezeichnungsmerkmale der für ihn verwahrten Wertpapiere einzutragen sind. ²Wenn sich die Nummern oder sonstigen Bezeichnungsmerkmale aus Verzeichnissen ergeben, die neben dem Verwahrungsbuch geführt werden, genügt insoweit die Bezugnahme auf diese Verzeichnisse.

(2) Die Eintragung eines Wertpapiers kann unterbleiben, wenn seine Verwahrung beendet ist, bevor die Eintragung bei ordnungsmäßigem Geschäftsgang erfolgen konnte.

(3) Die Vorschriften über die Führung eines Verwahrungsbuchs gelten sinngemäß auch für die Sammelverwahrung.

(4) ¹Vertraut der Verwahrer die Wertpapiere einem Dritten an, so hat er den Ort der Niederlassung des Dritten im Verwahrungsbuch anzugeben. ²Ergibt sich der Name des Dritten nicht aus der sonstigen Buchführung, aus Verzeichnissen, die neben dem Verwahrungsbuch geführt werden, oder aus dem Schriftwechsel, so ist auch der Name des Dritten im Verwahrungsbuch anzugeben. ³Ist der Verwahrer zur Sammelverwahrung nach § 5 Abs. 1 Satz 2, zur Tauschverwahrung, zur Verpfändung oder zur Verfügung über das Eigentum ermächtigt, so hat er auch dies in dem Verwahrungsbuch ersichtlich zu machen.

(5) Teilt ein Verwahrer dem Drittverwahrer mit, daß er nicht Eigentümer der von ihm dem Drittverwahrer anvertrauten Wertpapiere ist (§ 4 Abs. 3), so hat der Drittverwahrer dies bei der Eintragung im Verwahrungsbuch kenntlich zu machen.

**§ 15 Unregelmäßige Verwahrung, Wertpapierdarlehen.** (1) Wird die Verwahrung von Wertpapieren in der Art vereinbart, daß das Eigentum sofort auf den Verwahrer oder einen Dritten übergeht und der Verwahrer nur verpflichtet ist, Wertpapiere derselben Art zurückzugewähren, so sind die Vorschriften dieses Abschnitts auf ein solches Verwahrungsgeschäft nicht anzuwenden.

(2) ¹Eine Vereinbarung der in Absatz 1 bezeichneten Art ist nur gültig, wenn die Erklärung des Hinterlegers für das einzelne Geschäft ausdrücklich und schriftlich abgegeben wird. ²In der Erklärung muß zum Ausdruck kommen, daß das Eigentum sofort auf den Verwahrer oder einen Dritten übergehen soll und daß mithin für den Hinterleger nur ein schuldrechtlicher Anspruch auf Lieferung nach Art und Zahl bestimmter Wertpapiere entsteht. ³Die Erklärung darf weder auf andere Urkunden verweisen noch mit anderen Erklärungen des Hinterlegers verbunden sein.

(3) Diese Vorschriften gelten sinngemäß, wenn Wertpapiere jemandem im Betrieb seines Gewerbes als Darlehen gewährt werden.

**§ 16 Befreiung von Formvorschriften.** Die Formvorschriften des § 4 Abs 2, des § 5 Abs. 1 Satz 2 und 3 und der §§ 10, 12, 13 und 15 Abs. 2 und 3 sind nicht anzuwenden, wenn der Verwahrer einer gesetzlichen Aufsicht untersteht und der Hinterleger ein Kaufmann ist, der

1. in das Handelsregister oder Genossenschaftsregister eingetragen ist oder
2. im Falle einer juristischen Person des öffentlichen Rechts nach der für sie maßgebenden gesetzlichen Regelung, nicht eingetragen zu werden braucht oder
3. nicht eingetragen wird, weil er seinen Sitz oder seine Hauptniederlassung im Ausland hat.

**§ 17 Pfandverwahrung.** Werden jemandem im Betrieb seines Gewerbes Wertpapiere unverschlossen als Pfand anvertraut, so hat der Pfandgläubiger die Pflichten und Befugnisse eines Verwahrers.

**§ 17a Verfügungen über Wertpapiere.** Verfügungen über Wertpapiere oder Sammelbestandanteile, die mit rechtsbegründender Wirkung in ein Register eingetragen oder auf einem Konto verbucht werden, unterliegen dem Recht des Staates, unter dessen Aufsicht das Register geführt wird, in dem unmittelbar zugunsten des Verfügungsempfängers die rechtsbegründende Eintragung vorgenommen wird, oder in dem sich die kontoführende Haupt- oder Zweigstelle des Verwahrers befindet, die dem Verfügungsempfänger die rechtsbegründende Gutschrift erteilt.

## 2. Abschnitt. Einkaufskommission

**§ 18 Stückeverzeichnis.** (1) [1] Führt ein Kommissionär (§§ 383, 406 des Handelsgesetzbuchs) einen Auftrag zum Einkauf von Wertpapieren aus, so hat er dem Kommittenten unverzüglich, spätestens binnen einer Woche ein Verzeichnis der gekauften Stücke zu übersenden. [2] In dem Stückeverzeichnis sind die Wertpapiere nach Gattung, Nennbetrag, Nummern oder sonstigen Bezeichnungsmerkmalen zu bezeichnen.

(2) Die Frist zur Übersendung des Stückeverzeichnisses beginnt, falls der Kommissionär bei der Anzeige über die Ausführung des Auftrags einen Dritten als Verkäufer namhaft gemacht hat, mit dem Erwerb der Stücke, andernfalls beginnt sie mit dem Ablauf des Zeitraums, innerhalb dessen der Kommissionär nach der Erstattung der Ausführungsanzeige die Stücke bei ordnungsmäßigem Geschäftsgang ohne schuldhafte Verzögerung beziehen oder das Stückeverzeichnis von einer zur Verwahrung der Stücke bestimmten dritten Stelle erhalten konnte.

(3) Mit der Absendung des Stückeverzeichnisses geht das Eigentum an den darin bezeichneten Wertpapieren, soweit der Kommissionär über sie zu verfügen berechtigt ist, auf den Kommittenten über, wenn es nicht nach den Bestimmungen des bürgerlichen Rechts schon früher auf ihn übergegangen ist.

**§ 19 Aussetzung der Übersendung des Stückeverzeichnisses.** (1) [1] Der Kommissionär darf die Übersendung des Stückeverzeichnisses aussetzen, wenn er wegen der Forderungen, die ihm aus der Ausführung des Auftrags zustehen, nicht befriedigt ist und auch nicht Stundung bewilligt hat. ²Als Stundung gilt nicht die Einstellung des Kaufpreises ins Kontokorrent.

(2) ¹Der Kommissionär kann von der Befugnis des Absatzes 1 nur Gebrauch machen, wenn er dem Kommittenten erklärt, daß er die Übersendung des Stückeverzeichnisses und damit die Übertragung des Eigentums an den Papieren bis zur Befriedigung wegen seiner Forderungen aus der Ausführung des Auftrags aussetzen werde. ²Die Erklärung muß, für das einzelne Geschäft gesondert, ausdrücklich und schriftlich abgegeben und binnen einer Woche nach Erstattung der Ausführungsanzeige abgesandt werden, sie darf nicht auf andere Urkunden verweisen.

(3) Macht der Kommissionär von der Befugnis des Absatzes 1 Gebrauch, so beginnt die Frist zur Übersendung des Stückeverzeichnisses frühestens mit dem Zeitpunkt, in dem der Kommissionär wegen seiner Forderungen aus der Ausführung des Auftrags befriedigt wird.

(4) ¹Stehen die Parteien miteinander im Kontokorrentverkehr (§ 355 des Handelsgesetzbuchs), so gilt der Kommissionär wegen der ihm aus der Ausführung des Auftrags zustehenden Forderungen als befriedigt, sobald die Summe der Habenposten die der Sollposten zum erstenmal erreicht oder übersteigt. ²Hierbei sind alle Posten zu berücksichtigen, die mit Wertstellung auf denselben Tag zu buchen waren. ³Führt der Kommissionär für den Kommittenten mehrere Konten, so ist das Konto, auf dem das Kommissionsgeschäft zu buchen war, allein maßgebend.

(5) Ist der Kommissionär teilweise befriedigt, so darf er die Übersendung des Stückeverzeichnisses nicht aussetzen, wenn die Aussetzung nach den Umständen, insbesondere wegen verhältnismäßiger Geringfügigkeit des rückständigen Teils, gegen Treu und Glauben verstoßen würde.

**§ 20 Übersendung des Stückeverzeichnisses auf Verlangen.** (1) Wenn der Kommissionär einem Kommittenten, mit dem er im Kontokorrentverkehr (§ 355 des Handelsgesetzbuchs) steht, für die Dauer der Geschäftsverbindung oder für begrenzte Zeit zusagt, daß er in bestimmtem Umfang oder ohne besondere Begrenzung für ihn Aufträge zur Anschaffung von Wertpapieren auch ohne alsbaldige Berichtigung des Kaufpreises ausführen werde, so kann er sich dabei vorbehalten, Stückeverzeichnisse erst auf Verlangen des Kommittenten zu übersenden.

(2) Der Kommissionär kann von dem Vorbehalt des Absatzes 1 nur Gebrauch machen, wenn er dem Kommittenten bei der Erstattung der Ausführungsanzeige schriftlich mitteilt, daß er die Übersendung des Stückeverzeichnisses und damit die Übertragung des Eigentums an den Papieren erst auf Verlangen des Kommittenten ausführen werde.

(3) ¹Erklärt der Kommittent, daß er die Übersendung des Stückeverzeichnisses verlange, so beginnt die Frist zur Übersendung des Stückeverzeichnisses frühestens mit dem Zeitpunkt, in dem die Erklärung dem Kommissionär zugeht. ²Die Aufforderung muß schriftlich erfolgen und die Wertpapiere, die in das Stückeverzeichnis aufgenommen werden sollen, genau bezeichnen.

**§ 21 Befugnis zur Aussetzung und Befugnis zur Übersendung auf Verlangen.** Will der Kommissionär die Übersendung des Stückeverzeichnisses sowohl deshalb aussetzen, weil er wegen seiner Forderungen nicht befriedigt ist

(§ 19), als auch deshalb, weil er sich die Aussetzung mit Rücksicht auf die Besonderheit des Kontokorrentverkehrs mit dem Kommittenten vorbehalten hat (§ 20), so hat er dem Kommittenten bei Erstattung der Ausführungsanzeige schriftlich mitzuteilen, daß er die Übersendung des Stückeverzeichnisses und damit die Übertragung des Eigentums an den Papieren erst auf Verlangen des Kommittenten, frühestens jedoch nach Befriedigung wegen seiner Forderungen aus der Ausführung des Auftrags ausführen werde.

**§ 22 Stückeverzeichnis beim Auslandsgeschäft.** (1) [1]Wenn die Wertpapiere vereinbarungsgemäß im Ausland angeschafft und aufbewahrt werden, braucht der Kommissionär das Stückeverzeichnis erst auf Verlangen des Kommittenten zu übersenden. [2]Der Kommittent kann die Übersendung jederzeit verlangen, es sei denn, daß ausländisches Recht der Übertragung des Eigentums an den Wertpapieren durch Absendung des Stückeverzeichnisses entgegensteht oder daß der Kommissionär nach § 19 Abs. 1 berechtigt ist, die Übersendung auszusetzen.

(2) [1]Erklärt der Kommittent, daß er die Übersendung des Stückeverzeichnisses verlange, so beginnt die Frist zur Übersendung des Stückeverzeichnisses frühestens mit dem Zeitpunkt, in dem die Erklärung dem Kommissionär zugeht. [2]Die Aufforderung muß schriftlich erfolgen und die Wertpapiere, die in das Stückeverzeichnis aufgenommen werden sollen, genau bezeichnen.

**§ 23 Befreiung von der Übersendung des Stückeverzeichnisses.** Die Übersendung des Stückeverzeichnisses kann unterbleiben, soweit innerhalb der dafür bestimmten Frist (§§ 18 bis 22) die Wertpapiere dem Kommittenten ausgeliefert sind oder ein Auftrag des Kommittenten zur Wiederveräußerung ausgeführt ist.

**§ 24 Erfüllung durch Übertragung von Miteigentum am Sammelbestand.** (1) Der Kommissionär kann sich von seiner Verpflichtung, dem Kommittenten Eigentum an bestimmten Stücken zu verschaffen, dadurch befreien, daß er ihm Miteigentum an den zum Sammelbestand einer Wertpapiersammelbank gehörenden Wertpapieren verschafft; durch Verschaffung von Miteigentum an den zum Sammelbestand eines anderen Verwahrers gehörenden Wertpapieren kann er sich nur befreien, wenn der Kommittent im einzelnen Falle ausdrücklich und schriftlich zustimmt.

(2) [1]Mit der Eintragung des Übertragungsvermerks im Verwahrungsbuch des Kommissionärs geht, soweit der Kommissionär verfügungsberechtigt ist, das Miteigentum auf den Kommittenten über, wenn es nicht nach den Bestimmungen des bürgerlichen Rechts schon früher auf ihn übergegangen ist. [2]Der Kommissionär hat dem Kommittenten die Verschaffung des Miteigentums unverzüglich mitzuteilen.

(3) Kreditinstitute und Kapitalverwaltungsgesellschaften brauchen die Verschaffung des Miteigentums an einem Wertpapiersammelbestand und die Ausführung der Geschäftsbesorgung abweichend von Absatz 2 Satz 2 sowie von den §§ 675 und 666 des Bürgerlichen Gesetzbuchs und von § 384 Abs. 2 des Handelsgesetzbuchs den Kunden erst innerhalb von dreizehn Monaten mitzuteilen, sofern das Miteigentum jeweils auf Grund einer vertraglich vereinbarten gleichbleibenden monatlichen, zweimonatlichen oder vierteljährlichen Zahlung erworben wird und diese Zahlungen jährlich das Dreifache des höchsten Betrags nicht übersteigen, bis zu dem nach dem Fünften Vermögensbil-

**§ 25 Rechte des Kommittenten bei Nichtübersendung des Stückeverzeichnisses.** (1) ¹Unterläßt der Kommissionär, ohne hierzu nach den §§ 19 bis 24 befugt zu sein, die Übersendung des Stückeverzeichnisses und holt er das Versäumte auf eine nach Ablauf der Frist zur Übersendung des Stückeverzeichnisses an ihn ergangene Aufforderung des Kommittenten nicht binnen drei Tagen nach, so ist der Kommittent berechtigt, das Geschäft als nicht für seine Rechnung abgeschlossen zurückzuweisen und Schadensersatz wegen Nichterfüllung zu beanspruchen. ²Dies gilt nicht, wenn die Unterlassung auf einem Umstand beruht, den der Kommissionär nicht zu vertreten hat.

(2) Die Aufforderung des Kommittenten verliert ihre Wirkung, wenn er dem Kommissionär nicht binnen drei Tagen nach dem Ablauf der Nachholungsfrist erklärt, daß er von dem in Absatz 1 bezeichneten Recht Gebrauch machen wolle.

**§ 26 Stückeverzeichnis beim Auftrag zum Umtausch und zur Geltendmachung eines Bezugsrechts.** ¹Der Kommissionär, der einen Auftrag zum Umtausch von Wertpapieren oder von Sammelbestandanteilen gegen Wertpapiere oder einen Auftrag zur Geltendmachung eines Bezugsrechts auf Wertpapiere ausführt, hat binnen zwei Wochen nach dem Empfang der neuen Stücke dem Kommittenten ein Verzeichnis der Stücke zu übersenden, soweit er ihm die Stücke nicht innerhalb dieser Frist aushändigt. ²In dem Stückeverzeichnis sind die Wertpapiere nach Gattung, Nennbetrag, Nummern oder sonstigen Bezeichnungsmerkmalen zu bezeichnen. ³Im übrigen finden die §§ 18 bis 24 Anwendung; § 25 ist insoweit anzuwenden, als der Kommittent nur Schadensersatz wegen Nichterfüllung verlangen kann.

**§ 27 Verlust des Provisionsanspruchs.** Der Kommissionär, der den in § 26 ihm auferlegten Pflichten nicht genügt, verliert das Recht, für die Ausführung des Auftrags Provision zu fordern (§ 396 Abs. 1 des Handelsgesetzbuchs).

**§ 28 Unabdingbarkeit der Verpflichtungen des Kommissionärs.** Die sich aus den §§ 18 bis 27 ergebenden Verpflichtungen des Kommissionärs können durch Rechtsgeschäft weder ausgeschlossen noch beschränkt werden, es sei denn, daß der Kommittent gewerbsmäßig Bankgeschäfte betreibt.

**§ 29 Verwahrung durch den Kommissionär.** Der Kommissionär hat bezüglich der in seinem Besitz befindlichen, in das Eigentum oder das Miteigentum des Kommittenten übergegangenen Wertpapiere die Pflichten und Befugnisse eines Verwahrers.

**§ 30 Beschränkte Geltendmachung von Pfand- und Zurückbehaltungsrechten bei dem Kommissionsgeschäft.** (1) Gibt der Kommissionär einen ihm erteilten Auftrag zur Anschaffung von Wertpapieren an einen Dritten weiter, so gilt als dem Dritten bekannt, daß die Anschaffung für fremde Rechnung geschieht.

(2) § 4 gilt sinngemäß.

**§ 31 Eigenhändler, Selbsteintritt.** Die §§ 18 bis 30 gelten sinngemäß, wenn jemand im Betrieb seines Gewerbes Wertpapiere als Eigenhändler verkauft oder umtauscht oder einen Auftrag zum Einkauf oder zum Umtausch von Wertpapieren im Wege des Selbsteintritts ausführt.

## 3. Abschnitt. Vorrang im Insolvenzverfahren

**§ 32 Vorrangige Gläubiger.** (1) Im Insolvenzverfahren über das Vermögen eines der in den §§ 1, 17, 18 bezeichneten Verwahrer, Pfandgläubiger oder Kommissionäre haben Vorrang nach den Absätzen 3 und 4:

1. Kommittenten, die bei Eröffnung des Insolvenzverfahrens das Eigentum oder Miteigentum an Wertpapieren noch nicht erlangt, aber ihre Verpflichtungen aus dem Geschäft über diese Wertpapiere dem Kommissionär gegenüber vollständig erfüllt haben; dies gilt auch dann, wenn im Zeitpunkt der Eröffnung des Insolvenzverfahrens der Kommissionär die Wertpapiere noch nicht angeschafft hat;
2. Hinterleger, Verpfänder und Kommittenten, deren Eigentum oder Miteigentum an Wertpapieren durch eine rechtswidrige Verfügung des Verwahrers, Pfandgläubigers oder Kommissionärs oder ihrer Leute verletzt worden ist, wenn sie bei Eröffnung des Insolvenzverfahrens ihre Verpflichtungen aus dem Geschäft über diese Wertpapiere dem Schuldner gegenüber vollständig erfüllt haben;
3. die Gläubiger der Nummern 1 und 2, wenn der nichterfüllte Teil ihrer dort bezeichneten Verpflichtungen bei Eröffnung des Insolvenzverfahrens zehn vom Hundert des Wertes ihres Wertpapierlieferungsanspruchs nicht überschreitet und wenn sie binnen einer Woche nach Aufforderung des Insolvenzverwalters diese Verpflichtungen vollständig erfüllt haben.

(2) Entsprechendes gilt im Insolvenzverfahren über das Vermögen eines Eigenhändlers, bei dem jemand Wertpapiere gekauft oder erworben hat, und im Insolvenzverfahren über das Vermögen eines Kommissionärs, der den Auftrag zum Einkauf oder zum Umtausch von Wertpapieren im Wege des Selbsteintritts ausgeführt hat (§ 31).

(3) [1] Die nach den Absätzen 1 und 2 vorrangigen Forderungen werden vor den Forderungen aller anderen Insolvenzgläubiger aus einer Sondermasse beglichen; diese wird gebildet aus den in der Masse vorhandenen Wertpapieren derselben Art und aus den Ansprüchen auf Lieferung solcher Wertpapiere. [2] Die vorrangigen Forderungen werden durch Lieferung der vorhandenen Wertpapiere beglichen, soweit diese nach dem Verhältnis der Forderungsbeträge an alle vorrangigen Gläubiger verteilt werden können. [3] Soweit eine solche Verteilung nicht möglich ist, wird der volle Erlös der nichtverteilten Wertpapiere unter die vorrangigen Gläubiger im Verhältnis ihrer Forderungsbeträge verteilt.

(4) [1] Die Gläubiger der Absätze 1 und 2 haben den beanspruchten Vorrang bei der Anmeldung der Forderung nach § 174 der Insolvenzordnung anzugeben. [2] Sie können aus dem sonstigen Vermögen des Schuldners nur unter entsprechender Anwendung der für die Absonderungsberechtigten geltenden Vorschriften der §§ 52, 190 und 192 der Insolvenzordnung Befriedigung erlangen. [3] Im übrigen bewendet es für sie bei den Vorschriften der Insolvenzordnung über Insolvenzgläubiger.

(5) [1] Das Insolvenzgericht hat, wenn es nach Lage des Falles erforderlich ist, den vorrangigen Gläubigern zur Wahrung der ihnen zustehenden Rechte einen Pfleger zu bestellen. [2] Für die Pflegschaft tritt an die Stelle des Betreuungs-

gerichts das Insolvenzgericht. ³ § 317 Absatz 2 bis 5 des Versicherungsaufsichtsgesetzes ist sinngemäß anzuwenden.

**§ 33 Ausgleichsverfahren bei Verpfändung.** (1) Im Insolvenzverfahren über das Vermögen eines Verwahrers, dessen Pfandgläubiger die ihm nach § 12 Abs. 2 verpfändeten Wertpapiere oder Sammelbestandanteile ganz oder zum Teil zu seiner Befriedigung verwertet hat, findet unter den Hinterlegern, die die dem Pfandgläubiger verpfändeten Wertpapiere oder Sammelbestandanteile dem Verwahrer anvertraut haben, ein Ausgleichsverfahren mit dem Ziel der gleichmäßigen Befriedigung statt.

(2) ¹Die am Ausgleichsverfahren beteiligten Hinterleger werden aus einer Sondermasse befriedigt. ²In diese Sondermasse sind aufzunehmen:
1. die Wertpapiere oder Sammelbestandanteile, die dem Pfandgläubiger nach § 12 Abs. 2 verpfändet waren, von diesem aber nicht zu seiner Befriedigung verwertet worden sind;
2. der Erlös aus den Wertpapieren oder Sammelbestandanteilen, die der Pfandgläubiger verwertet hat, soweit er ihm zu seiner Befriedigung nicht gebührt,
3. die Forderungen gegen einen am Ausgleichsverfahren beteiligten Hinterleger aus dem ihm eingeräumten Kredit sowie Leistungen zur Abwendung einer drohenden Pfandverwertung.

(3) ¹Die Sondermasse ist unter den am Ausgleichsverfahren beteiligten Hinterlegern nach dem Verhältnis des Wertes der von ihnen dem Verwahrer anvertrauten Wertpapiere oder Sammelbestandanteile zu verteilen. ²Maßgebend ist der Wert am Tag der Eröffnung des Insolvenzverfahrens, es sei denn, daß die Wertpapiere oder Sammelbestandanteile erst später verwertet worden sind. ³In diesem Falle ist der erzielte Erlös maßgebend. ⁴Ein nach Befriedigung aller am Ausgleichsverfahren beteiligter Hinterleger in der Sondermasse verbleibender Betrag ist an die Insolvenzmasse abzuführen.

(4) ¹Jeder am Ausgleichsverfahren Beteiligte ist berechtigt und verpflichtet, die von ihm dem Verwahrer anvertrauten und in der Sondermasse vorhandenen Wertpapiere oder Sammelbestandanteile zu dem Schätzungswert des Tages der Eröffnung des Insolvenzverfahrens zu übernehmen. ²Übersteigt dieser Wert den ihm aus der Sondermasse gebührenden Betrag, so hat er den Unterschied zur Sondermasse einzuzahlen. ³Die Wertpapiere oder Sammelbestandanteile haften als Pfand für diese Forderung.

(5) Jeder Hinterleger kann seine Forderungen, soweit er mit ihnen bei der Befriedigung aus der Sondermasse ausgefallen ist, zur Insolvenzmasse geltend machen.

(6) § 32 Abs. 4 und 5 ist sinngemäß anzuwenden.

## 4. Abschnitt Strafbestimmungen

**§ 34 Depotunterschlagung.** (1) Wer, abgesehen von den Fällen der §§ 246 und 266 des Strafgesetzbuchs, eigenen oder fremden Vorteils wegen
1. über ein Wertpapier der in § 1 Abs. 1 bezeichneten Art, das ihm als Verwahrer oder Pfandgläubiger anvertraut worden ist oder das er als Kommissionär für den Kommittenten im Besitz hat oder das er im Falle des § 31 für den Kunden im Besitz hat, rechtswidrig verfügt,

2. einen Sammelbestand solcher Wertpapiere oder den Anteil an einem solchen Bestand dem § 6 Abs. 2 zuwider verringert oder darüber rechtswidrig verfügt,

wird mit Freiheitsstrafe bis zu fünf Jahren oder mit Geldstrafe bestraft.

(2) (weggefallen)

**§ 35 Unwahre Angaben über das Eigentum.** Wer eigenen oder fremden Vorteils wegen eine Erklärung nach § 4 Abs. 2 wahrheitswidrig abgibt oder eine ihm nach § 4 Abs. 3 obliegende Mitteilung unterläßt, wird, wenn die Tat nicht nach anderen Vorschriften mit schwererer Strafe bedroht ist, mit Freiheitsstrafe bis zu einem Jahr oder mit Geldstrafe bestraft.

**§ 36 Strafantrag.** Ist in den Fällen der §§ 34 und 35 durch die Tat ein Angehöriger (§ 11 Abs. 1 Nr. 1 des Strafgesetzbuchs) verletzt, so wird sie nur auf Antrag verfolgt.

**§ 37 Strafbarkeit im Falle der Zahlungseinstellung oder des Insolvenzverfahrens.** Wer einer Vorschrift der §§ 2 und 14 oder einer sich aus den §§ 18 bis 24, 26 ergebenden Pflicht zuwiderhandelt, wird mit Freiheitsstrafe bis zu zwei Jahren oder mit Geldstrafe bestraft, wenn er seine Zahlungen eingestellt hat oder über sein Vermögen das Insolvenzverfahren eröffnet worden ist und wenn durch die Zuwiderhandlung ein Anspruch des Berechtigten auf Aussonderung der Wertpapiere vereitelt oder die Durchführung eines solchen Anspruchs erschwert wird.

**§§ 38–40** (weggefallen)

### 5. Abschnitt. Schlußbestimmungen

**§ 41** *(aufgehoben)*

**§ 42 Anwendung auf Treuhänder, Erlass weiterer Bestimmungen.**
Das Bundesministerium der Justiz und für Verbraucherschutz kann im Einvernehmen mit dem Bundesministerium der Finanzen und dem Bundesministerium für Wirtschaft und Energie durch Rechtsverordnung, die nicht der Zustimmung des Bundesrates bedarf, die Anwendung von Vorschriften dieses Gesetzes für Fälle vorschreiben, in denen Kaufleute als Treuhänder für Dritte Wertpapiere besitzen oder erwerben oder Beteiligungen oder Gläubigerrechte ausüben oder erwerben oder in öffentliche Schuldbücher oder sonstige Register eingetragen sind.

**§ 43 Übergangsregelung zum Ersten Finanzmarktnovellierungsgesetz.** Ein Kreditinstitut, das am Tag, den die Bundesregierung nach Artikel 17 Absatz 3 Satz 2 des Gesetzes vom 30. Juni 2016 (BGBl. I S. 1514) im Bundesgesetzblatt bekannt gibt, über eine Anerkennung als Wertpapiersammelbank von der nach Landesrecht zuständigen Stelle des Landes, in dessen Gebiet das Kreditinstitut seinen Sitz hat, verfügt, gilt bis zur Bestandskraft der Entscheidung über den Antrag auf Zulassung als Zentralverwahrer nach Artikel 17 Absatz 1 der Verordnung (EU) Nr. 909/2014 weiterhin als Wertpapiersammelbank im Sinne dieses Gesetzes.

# 17. Wertpapiererwerbs- und Übernahmegesetz (WpÜG)[1]

Vom 20. Dezember 2001
(BGBl. I S. 3822)
FNA 4110-7

zuletzt geänd. durch Art. 3 G zur Einführung von Sondervorschriften für die Sanierung und Abwicklung von zentralen Gegenparteien und zur Anpassung des WertpapierhandelsG an die Unterrichtungs- und Nachweispflichten nach den Art. 4a und 10 der VO (EU) Nr. 648/2012 v. 19.3.2020 (BGBl. I S. 529)

## Inhaltsübersicht

### Abschnitt 1. Allgemeine Vorschriften

§ 1 Anwendungsbereich
§ 2 Begriffsbestimmungen
§ 3 Allgemeine Grundsätze

### Abschnitt 2. Zuständigkeit der Bundesanstalt für Finanzdienstleistungsaufsicht

§ 4 Aufgaben und Befugnisse
§ 5 Beirat
§ 6 Widerspruchsausschuss
§ 7 Zusammenarbeit mit Aufsichtsbehörden im Inland
§ 8 Zusammenarbeit mit zuständigen Stellen im Ausland
§ 9 Verschwiegenheitspflicht

### Abschnitt 3. Angebote zum Erwerb von Wertpapieren

§ 10 Veröffentlichung der Entscheidung zur Abgabe eines Angebots
§ 11 Angebotsunterlage
§ 11a Europäischer Pass
§ 12 Haftung für die Angebotsunterlage
§ 13 Finanzierung des Angebots
§ 14 Übermittlung und Veröffentlichung der Angebotsunterlage
§ 15 Untersagung des Angebots
§ 16 Annahmefristen; Einberufung der Hauptversammlung
§ 17 Unzulässigkeit der öffentlichen Aufforderung zur Abgabe von Angeboten
§ 18 Bedingungen; Unzulässigkeit des Vorbehalts des Rücktritts und des Widerrufs
§ 19 Zuteilung bei einem Teilangebot
§ 20 Handelsbestand
§ 21 Änderung des Angebots
§ 22 Konkurrierende Angebote
§ 23 Veröffentlichungspflichten des Bieters nach Abgabe des Angebots
§ 24 Grenzüberschreitende Angebote
§ 25 Beschluss der Gesellschafterversammlung des Bieters
§ 26 Sperrfrist
§ 27 Stellungnahme des Vorstands und Aufsichtsrats der Zielgesellschaft
§ 28 Werbung

### Abschnitt 4. Übernahmeangebote

§ 29 Begriffsbestimmungen
§ 30 Zurechnung von Stimmrechten; Verordnungsermächtigung
§ 31 Gegenleistung
§ 32 Unzulässigkeit von Teilangeboten
§ 33 Handlungen des Vorstands der Zielgesellschaft
§ 33a Europäisches Verhinderungsverbot
§ 33b Europäische Durchbrechungsregel
§ 33c Vorbehalt der Gegenseitigkeit

---

[1] Verkündet als Art. 1 G zur Regelung von öffentlichen Angeboten zum Erwerb von Wertpapieren und von Unternehmensübernahmen v. 20.12.2001 (BGBl. I S. 3822); Inkrafttreten gem. Art. 12 dieses G am 1.1.2002.

| § 33d | Verbot der Gewährung ungerechtfertigter Leistungen |
| § 34 | Anwendung der Vorschriften des Abschnitts 3 |

### Abschnitt 5. Pflichtangebote

| § 35 | Verpflichtung zur Veröffentlichung und zur Abgabe eines Angebots |
| § 36 | Nichtberücksichtigung von Stimmrechten |
| § 37 | Befreiung von der Verpflichtung zur Veröffentlichung und zur Abgabe eines Angebots |
| § 38 | Anspruch auf Zinsen |
| § 39 | Anwendung der Vorschriften des Abschnitts 3 und 4 |

### Abschnitt 5a. Ausschluss, Andienungsrecht

| § 39a | Ausschluss der übrigen Aktionäre |
| § 39b | Ausschlussverfahren |
| § 39c | Andienungsrecht |

### Abschnitt 6. Verfahren

| § 40 | Ermittlungsbefugnisse der Bundesanstalt |
| § 41 | Widerspruchsverfahren |
| § 42 | Sofortige Vollziehbarkeit |
| § 43 | Bekanntgabe und Zustellung |
| § 44 | Veröffentlichungsrecht der Bundesanstalt |
| § 45 | Mitteilungen an die Bundesanstalt |
| § 46 | Zwangsmittel |

*[bis 30.9.2021:]*
| § 47 | Gebühren und Auslagen |

*[ab 1.10.2021:]*
| § 47 | *(weggefallen)* |

### Abschnitt 7. Rechtsmittel

| § 48 | Statthaftigkeit, Zuständigkeit |
| § 49 | Aufschiebende Wirkung |
| § 50 | Anordnung der sofortigen Vollziehung |
| § 51 | Frist und Form |
| § 52 | Beteiligte am Beschwerdeverfahren |
| § 53 | Anwaltszwang |
| § 54 | Mündliche Verhandlung |
| § 55 | Untersuchungsgrundsatz |
| § 56 | Beschwerdeentscheidung; Vorlagepflicht |
| § 57 | Akteneinsicht |
| § 58 | Geltung von Vorschriften des Gerichtsverfassungsgesetzes und der Zivilprozessordnung |

### Abschnitt 8. Sanktionen

| § 59 | Rechtsverlust |
| § 60 | Bußgeldvorschriften |
| § 61 | Zuständige Verwaltungsbehörde |
| § 62 | Zuständigkeit des Oberlandesgerichts im gerichtlichen Verfahren |
| § 63 | Rechtsbeschwerde zum Bundesgerichtshof |
| § 64 | Wiederaufnahme gegen Bußgeldbescheid |
| § 65 | Gerichtliche Entscheidung bei der Vollstreckung |

### Abschnitt 9. Gerichtliche Zuständigkeit; Übergangsregelungen

| § 66 | Gerichte für Wertpapiererwerbs- und Übernahmesachen |
| § 67 | Senat für Wertpapiererwerbs- und Übernahmesachen beim Oberlandesgericht |
| § 68 | Übergangsregelungen |

## Abschnitt 1. Allgemeine Vorschriften

**§ 1 Anwendungsbereich.** (1) Dieses Gesetz ist anzuwenden auf Angebote zum Erwerb von Wertpapieren, die von einer Zielgesellschaft ausgegeben wurden und zum Handel an einem organisierten Markt zugelassen sind.

(2) Auf Übernahme- und Pflichtangebote zum Erwerb von Aktien einer Zielgesellschaft im Sinne des § 2 Abs. 3 Nr. 1, deren stimmberechtigte Aktien

nicht im Inland, jedoch in einem anderen Staat des Europäischen Wirtschaftsraums zum Handel an einem organisierten Markt zugelassen sind, ist dieses Gesetz nur anzuwenden, soweit es die Kontrolle, die Verpflichtung zur Abgabe eines Angebots und hiervon abweichende Regelungen, die Unterrichtung der Arbeitnehmer der Zielgesellschaft oder des Bieters, Handlungen des Vorstands der Zielgesellschaft, durch die der Erfolg eines Angebots verhindert werden könnte, oder andere gesellschaftsrechtliche Fragen regelt.

(3) ¹ Auf Angebote zum Erwerb von Wertpapieren einer Zielgesellschaft im Sinne des § 2 Abs. 3 Nr. 2 ist dieses Gesetz vorbehaltlich § 11a nur unter folgenden Voraussetzungen anzuwenden:

1. es handelt sich um ein europäisches Angebot zum Erwerb stimmberechtigter Wertpapiere, und

2. a) die stimmberechtigten Wertpapiere sind nur im Inland zum Handel an einem organisierten Markt zugelassen, oder

   b) die stimmberechtigten Wertpapiere sind sowohl im Inland als auch in einem anderen Staat des Europäischen Wirtschaftsraums, jedoch nicht in dem Staat, in dem die Zielgesellschaft ihren Sitz hat, zum Handel an einem organisierten Markt zugelassen, und

   aa) die Zulassung erfolgte zuerst zum Handel an einem organisierten Markt im Inland, oder

   bb) die Zulassungen erfolgten gleichzeitig, und die Zielgesellschaft hat sich für die Bundesanstalt für Finanzdienstleistungsaufsicht (Bundesanstalt) als zuständige Aufsichtsbehörde entschieden.

² Liegen die in Satz 1 genannten Voraussetzungen vor, ist dieses Gesetz nur anzuwenden, soweit es Fragen der Gegenleistung, des Inhalts der Angebotsunterlage und des Angebotsverfahrens regelt.

(4) Das Bundesministerium der Finanzen wird ermächtigt, durch *Rechtverordnung*[1][2], die nicht der Zustimmung des Bundesrates bedarf, nähere Bestimmungen darüber, in welchem Umfang Vorschriften dieses Gesetzes in den Fällen des Absatzes 2 und des Absatzes 3 anwendbar sind, zu erlassen.

(5) ¹ Eine Zielgesellschaft im Sinne des § 2 Abs. 3 Nr. 2, deren stimmberechtigte Wertpapiere gleichzeitig im Inland und in einem anderen Staat des Europäischen Wirtschaftsraums, jedoch nicht in dem Staat, in dem sie ihren Sitz hat, zum Handel an einem organisierten Markt zugelassen worden sind, hat zu entscheiden, welche der betroffenen Aufsichtsstellen für die Beaufsichtigung eines europäischen Angebots zum Erwerb stimmberechtigter Wertpapiere zuständig sein soll. ² Sie hat ihre Entscheidung der Bundesanstalt mitzuteilen und zu veröffentlichen. ³ Das Bundesministerium der Finanzen wird ermächtigt, durch Rechtsverordnung[3], die nicht der Zustimmung des Bundesrates bedarf, nähere Bestimmungen über den Zeitpunkt sowie Inhalt und Form der Mitteilung und der Veröffentlichung nach Satz 2 zu erlassen. ⁴ Das Bundesministerium der Finanzen kann die Ermächtigung durch Rechtsverordnung auf die Bundesanstalt übertragen.

---

[1] Richtig wohl: „Rechtsverordnung".
[2] Siehe die WpÜG-AnwendbarkeitsVO (Nr. **17a**).
[3] Siehe die WpÜG-BeaufsichtigungsmitteilungsVO (Nr. **17b**).

**§ 2 Begriffsbestimmungen.** (1) Angebote sind freiwillige oder auf Grund einer Verpflichtung nach diesem Gesetz erfolgende öffentliche Kauf- oder Tauschangebote zum Erwerb von Wertpapieren einer Zielgesellschaft.

(1a) Europäische Angebote sind Angebote zum Erwerb von Wertpapieren einer Zielgesellschaft im Sinne des Absatzes 3 Nr. 2, die nach dem Recht des Staates des Europäischen Wirtschaftsraums, in dem die Zielgesellschaft ihren Sitz hat, als Angebote im Sinne des Artikels 2 Abs. 1 Buchstabe a der Richtlinie 2004/25/EG des Europäischen Parlaments und des Rates vom 21. April 2004 betreffend Übernahmeangebote (ABl. EU Nr. L 142 S. 12) gelten.

(2) Wertpapiere sind, auch wenn für sie keine Urkunden ausgestellt sind,

1. Aktien, mit diesen vergleichbare Wertpapiere und Zertifikate, die Aktien vertreten,
2. andere Wertpapiere, die den Erwerb von Aktien, mit diesen vergleichbaren Wertpapieren oder Zertifikaten, die Aktien vertreten, zum Gegenstand haben.

(3) Zielgesellschaften sind

1. Aktiengesellschaften oder Kommanditgesellschaften auf Aktien mit Sitz im Inland und
2. Gesellschaften mit Sitz in einem anderen Staat des Europäischen Wirtschaftsraums.

(4) Bieter sind natürliche oder juristische Personen oder Personengesellschaften, die allein oder gemeinsam mit anderen Personen ein Angebot abgeben, ein solches beabsichtigen oder zur Abgabe verpflichtet sind.

(5) [1] Gemeinsam handelnde Personen sind natürliche oder juristische Personen, die ihr Verhalten im Hinblick auf ihren Erwerb von Wertpapieren der Zielgesellschaft oder ihre Ausübung von Stimmrechten aus Aktien der Zielgesellschaft mit dem Bieter auf Grund einer Vereinbarung oder in sonstiger Weise abstimmen. [2] Mit der Zielgesellschaft gemeinsam handelnde Personen sind natürliche oder juristische Personen, die Handlungen zur Verhinderung eines Übernahme- oder Pflichtangebots mit der Zielgesellschaft auf Grund einer Vereinbarung oder in sonstiger Weise abstimmen. [3] Tochterunternehmen gelten mit der sie kontrollierenden Person und untereinander als gemeinsam handelnde Personen.

(6) Tochterunternehmen sind Unternehmen, die als Tochterunternehmen im Sinne des § 290 des Handelsgesetzbuchs gelten oder auf die ein beherrschender Einfluss ausgeübt werden kann, ohne dass es auf die Rechtsform oder den Sitz ankommt.

(7) Organisierter Markt sind der regulierte Markt an einer Börse im Inland und der geregelte Markt im Sinne des Artikels 4 Abs. 1 Nr. 14 der Richtlinie 2004/39/EG des Europäischen Parlaments und des Rates vom 21. April 2004 über Märkte für Finanzinstrumente, zur Änderung der Richtlinien 85/611/EWG und 93/6/EWG des Rates und der Richtlinie 2000/12/EG des Europäischen Parlaments und des Rates und zur Aufhebung der Richtlinie 93/22/EWG des Rates (ABl. EU Nr. L 145 S. 1) in einem anderen Staat des Europäischen Wirtschaftsraums.

(8) Der Europäische Wirtschaftsraum umfasst die Staaten der Europäischen Gemeinschaften sowie die Staaten des Abkommens über den Europäischen Wirtschaftsraum.

**§ 3 Allgemeine Grundsätze.** (1) Inhaber von Wertpapieren der Zielgesellschaft, die derselben Gattung angehören, sind gleich zu behandeln.

(2) Inhaber von Wertpapieren der Zielgesellschaft müssen über genügend Zeit und ausreichende Informationen verfügen, um in Kenntnis der Sachlage über das Angebot entscheiden zu können.

(3) Vorstand und Aufsichtsrat der Zielgesellschaft müssen im Interesse der Zielgesellschaft handeln.

(4) ¹Der Bieter und die Zielgesellschaft haben das Verfahren rasch durchzuführen. ²Die Zielgesellschaft darf nicht über einen angemessenen Zeitraum hinaus in ihrer Geschäftstätigkeit behindert werden.

(5) Beim Handel mit Wertpapieren der Zielgesellschaft, der Bietergesellschaft oder anderer durch das Angebot betroffener Gesellschaften dürfen keine Marktverzerrungen geschaffen werden.

### Abschnitt 2. Zuständigkeit der Bundesanstalt für Finanzdienstleistungsaufsicht[1)]

**§ 4 Aufgaben und Befugnisse.** (1) ¹Die Bundesanstalt übt die Aufsicht bei Angeboten nach den Vorschriften dieses Gesetzes aus. ²Sie hat im Rahmen der ihr zugewiesenen Aufgaben Missständen entgegenzuwirken, welche die ordnungsgemäße Durchführung des Verfahrens beeinträchtigen oder erhebliche Nachteile für den Wertpapiermarkt bewirken können. ³Die Bundesanstalt kann Anordnungen treffen, die geeignet und erforderlich sind, diese Missstände zu beseitigen oder zu verhindern.

(2) Die Bundesanstalt nimmt die ihr nach diesem Gesetz zugewiesenen Aufgaben und Befugnisse nur im öffentlichen Interesse wahr.

**§ 5 Beirat.** (1) ¹Bei der Bundesanstalt wird ein Beirat gebildet. ²Der Beirat besteht aus

1. vier Vertretern der Emittenten,
2. je zwei Vertretern der institutionellen und der privaten Anleger,
3. drei Vertretern der Wertpapierdienstleistungsunternehmen im Sinne des § 2 Absatz 10 des Wertpapierhandelsgesetzes[2)],
4. zwei Vertretern der Arbeitnehmer,
5. zwei Vertretern der Wissenschaft.

³Die Mitglieder des Beirates werden vom Bundesministerium der Finanzen für jeweils fünf Jahre bestellt; die Bestellung der in Satz 2 Nr. 1 bis 4 genannten Mitglieder erfolgt nach Anhörung der betroffenen Kreise. ⁴Die Mitglieder des Beirates müssen fachlich besonders geeignet sein; insbesondere müssen sie über Kenntnisse über die Funktionsweise der Kapitalmärkte sowie über Kenntnisse auf dem Gebiet des Gesellschaftsrechts, des Bilanzwesens oder des Arbeitsrechts verfügen. ⁵Die Mitglieder des Beirates verwalten ihr Amt als unentgeltliches Ehrenamt. ⁶Für ihre Teilnahme an Sitzungen erhalten sie Tagegelder und Vergütung der Reisekosten nach festen Sätzen, die das Bundesministerium der

---

[1)] Siehe auch die VO zur Übertragung von Befugnissen zum Erlass von Rechtsverordnungen auf die BAFin v. 13.12.2002 (BGBl. 2003 I S. 3), zuletzt geänd. durch VO v. 24.4.2020 (BGBl. I S. 867).
[2)] Nr. 12.

Finanzen bestimmt. ⁷ An den Sitzungen können Vertreter der Bundesministerien der Finanzen, der Justiz und für Verbraucherschutz sowie für Wirtschaft und Energie teilnehmen.

(2) ¹ Das Bundesministerium der Finanzen kann durch Rechtsverordnung[1]), die nicht der Zustimmung des Bundesrates bedarf, nähere Bestimmungen über die Zusammensetzung des Beirates, die Einzelheiten der Bestellung seiner Mitglieder, die vorzeitige Beendigung der Mitgliedschaft, das Verfahren und die Kosten erlassen. ² Das Bundesministerium der Finanzen kann die Ermächtigung durch Rechtsverordnung auf die Bundesanstalt übertragen.

(3) ¹ Der Beirat wirkt bei der Aufsicht mit. ² Er berät die Bundesanstalt, insbesondere bei dem Erlass von Rechtsverordnungen für die Aufsichtstätigkeit der Bundesanstalt. ³ Er unterbreitet mit Zustimmung von zwei Dritteln seiner Mitglieder Vorschläge für die ehrenamtlichen Beisitzer des Widerspruchsausschusses und deren Vertreter.

(4) ¹ Der Präsident der Bundesanstalt lädt zu den Sitzungen des Beirates ein. ² Die Sitzungen werden vom Präsidenten der Bundesanstalt oder einem von ihm beauftragten Exekutivdirektor oder Beamten geleitet.

(5) Der Beirat gibt sich eine Geschäftsordnung.

**§ 6 Widerspruchsausschuss.** (1) ¹ Bei der Bundesanstalt wird ein Widerspruchsausschuss gebildet. ² Dieser entscheidet über Widersprüche gegen Verfügungen der Bundesanstalt nach § 4 Abs. 1 Satz 3, § 10 Abs. 1 Satz 3, Abs. 2 Satz 3, § 15 Abs. 1 und 2, § 20 Abs. 1, §§ 24, 28 Abs. 1, §§ 36 und 37.

(2) ¹ Der Widerspruchsausschuss besteht aus
1. dem Präsidenten der Bundesanstalt oder einem von ihm beauftragten Exekutivdirektor oder Beamten, der die Befähigung zum Richteramt hat, als Vorsitzendem,
2. zwei vom Präsidenten der Bundesanstalt beauftragten Beamten als Beisitzern,
3. drei vom Präsidenten der Bundesanstalt bestellten ehrenamtlichen Beisitzern.

² Bei Stimmengleichheit entscheidet der Vorsitzende.

(3) Die ehrenamtlichen Beisitzer werden vom Präsidenten der Bundesanstalt für fünf Jahre als Mitglieder des Widerspruchsausschusses bestellt.

(4) ¹ Das Bundesministerium der Finanzen kann durch Rechtsverordnung[2]), die nicht der Zustimmung des Bundesrates bedarf, nähere Bestimmungen über das Verfahren, die Einzelheiten der Bestellung der ehrenamtlichen Beisitzer, die vorzeitige Beendigung und die Vertretung erlassen. ² Das Bundesministerium der Finanzen kann die Ermächtigung durch Rechtsverordnung auf die Bundesanstalt übertragen.

**§ 7 Zusammenarbeit mit Aufsichtsbehörden im Inland.** (1) ¹ Das Bundeskartellamt und die Bundesanstalt haben einander die für die Erfüllung ihrer Aufgaben erforderlichen Informationen mitzuteilen. ² Die Bundesanstalt übermittelt dem Bundesministerium für Wirtschaft und Energie die ihr nach § 10 Abs. 2 Satz 1 Nr. 3 und § 35 Abs. 1 Satz 4 mitgeteilten Informationen und auf Ersuchen dieser Behörde die ihr nach § 14 Abs. 1 Satz 1 oder § 35 Abs. 2 Satz 1

---
[1]) Siehe die WpÜG-BeiratsVO (Nr. **17f**).
[2]) Siehe die WpÜG-WiderspruchsausschussVO (Nr. **17d**).

übermittelte Angebotsunterlage. ³Bei der Übermittlung personenbezogener Daten ist § 25 Absatz 1 und 3 des Bundesdatenschutzgesetzes anzuwenden.

(2) Die Bundesanstalt kann sich bei der Durchführung ihrer Aufgaben nach diesem Gesetz privater Personen und Einrichtungen bedienen.

**§ 8 Zusammenarbeit mit zuständigen Stellen im Ausland.** (1) Der Bundesanstalt obliegt die Zusammenarbeit mit den für die Überwachung von Angeboten zum Erwerb von Wertpapieren, Börsen oder anderen Wertpapier- oder Derivatemärkten sowie den Handel in Wertpapieren und Derivaten zuständigen Stellen anderer Staaten.

(2) ¹Im Rahmen der Zusammenarbeit nach Absatz 1 darf die Bundesanstalt Tatsachen übermitteln, die für die Überwachung von Angeboten zum Erwerb von Wertpapieren oder damit zusammenhängender Verwaltungs- oder Gerichtsverfahren erforderlich sind; hierbei kann sie von ihren Befugnissen nach § 40 Abs. 1 und 2 Gebrauch machen. ²Bei der Übermittlung personenbezogener Daten hat die Bundesanstalt den Zweck zu bestimmen, für den diese verarbeitet werden dürfen. ³Der Empfänger ist darauf hinzuweisen, dass die Daten nur zu dem Zweck verarbeitet werden dürfen, zu dessen Erfüllung sie übermittelt wurden. ⁴Eine Übermittlung unterbleibt, soweit Grund zu der Annahme besteht, dass durch sie gegen den Zweck eines deutschen Gesetzes verstoßen wird. ⁵Die Übermittlung unterbleibt außerdem, wenn durch sie schutzwürdige Interessen der betroffenen Person beeinträchtigt würden, insbesondere wenn im Empfängerland ein angemessener Datenschutzstandard nicht gewährleistet wäre. ⁶Die Übermittlung personenbezogener Daten an Drittländer und internationale Organisationen muss im Einklang mit Kapitel V der Verordnung (EU) 2016/679 des Europäischen Parlaments und des Rates vom 27. April 2016 zum Schutz natürlicher Personen bei der Verarbeitung personenbezogener Daten, zum freien Datenverkehr und zur Aufhebung der Richtlinie 95/46/EG (Datenschutz-Grundverordnung) (ABl. L 119 vom 4.5. 2016, S. 1; L 314 vom 22.11.2016, S. 72; L 127 vom 23.5.2018, S. 2) in der jeweils geltenden Fassung und mit den sonstigen allgemeinen datenschutzrechtlichen Vorschriften stehen.

(3) ¹Werden der Bundesanstalt von einer Stelle eines anderen Staates personenbezogene Daten mitgeteilt, so dürfen diese nur unter Beachtung der Zweckbestimmung durch diese Stelle verarbeitet werden. ²Die Bundesanstalt darf die Daten unter Beachtung der Zweckbestimmung den Börsenaufsichtsbehörden und den Handelsüberwachungsstellen der Börsen mitteilen.

(4) Die Regelungen über die internationale Rechtshilfe in Strafsachen bleiben unberührt.

**§ 9 Verschwiegenheitspflicht.** (1) ¹Die bei der Bundesanstalt und bei Einrichtungen nach § 7 Abs. 2 Beschäftigten, die Personen, derer sich die Bundesanstalt nach § 7 Abs. 2 bedient, sowie die Mitglieder des Beirates und Beisitzer des Widerspruchsausschusses dürfen ihnen bei ihrer Tätigkeit bekannt gewordene Tatsachen, deren Geheimhaltung im Interesse eines nach diesem Gesetz Verpflichteten oder eines Dritten liegt, insbesondere Geschäfts- und Betriebsgeheimnisse, sowie personenbezogene Daten auch nach Beendigung ihres Dienstverhältnisses oder ihrer Tätigkeit nicht unbefugt offenbaren oder verwerten. ²Dies gilt auch für andere Personen, die durch dienstliche Berichterstattung Kenntnis von den in Satz 1 bezeichneten Tatsachen erhalten. ³Ein unbefugtes Offenbaren oder Verwerten im Sinne des Satzes 1 liegt insbesondere nicht vor, wenn Tatsachen weitergegeben werden an

1. Strafverfolgungsbehörden oder für Straf- und Bußgeldsachen zuständige Gerichte,
2. Stellen, die kraft Gesetzes oder im öffentlichen Auftrag mit der Bekämpfung von Wettbewerbsbeschränkungen, der Überwachung von Angeboten zum Erwerb von Wertpapieren oder der Überwachung von Börsen oder anderen Wertpapier- oder Derivatemärkten, des Wertpapier- oder Derivatehandels, von Kreditinstituten, Finanzdienstleistungsinstituten, Investmentgesellschaften, Finanzunternehmen oder Versicherungsunternehmen betraut sind, sowie von solchen Stellen beauftragte Personen,
3. das Bundesministerium für Wirtschaft und Energie,

soweit die Tatsachen für die Erfüllung der Aufgaben dieser Stellen oder Personen erforderlich sind. ⁴Für die bei den in Satz 3 genannten Stellen beschäftigten oder von ihnen beauftragten Personen gilt die Verschwiegenheitspflicht nach den Sätzen 1 bis 3 entsprechend. ⁵An eine ausländische Stelle dürfen die Tatsachen nur weitergegeben werden, wenn diese Stelle und die von ihr beauftragten Personen einer den Sätzen 1 bis 3 entsprechenden Verschwiegenheitspflicht unterliegen.

(2) ¹Die §§ 93, 97 und 105 Absatz 1, § 111 Absatz 5 in Verbindung mit § 105 Absatz 1 sowie § 116 Absatz 1 der Abgabenordnung gelten für die in Absatz 1 Satz 1 und 2 bezeichneten Personen nur, soweit die Finanzbehörden die Kenntnisse für die Durchführung eines Verfahrens wegen einer Steuerstraftat sowie eines damit zusammenhängenden Besteuerungsverfahrens benötigen. ²Die in Satz 1 genannten Vorschriften sind jedoch nicht anzuwenden, soweit Tatsachen betroffen sind,

1. die den in Absatz 1 Satz 1 oder Satz 2 bezeichneten Personen durch eine Stelle eines anderen Staates im Sinne von Absatz 1 Satz 3 Nummer 2 oder durch von dieser Stelle beauftragte Personen mitgeteilt worden sind oder
2. von denen bei der Bundesanstalt beschäftigte Personen dadurch Kenntnis erlangen, dass sie an der Aufsicht über direkt von der Europäischen Zentralbank beaufsichtigte Institute mitwirken, insbesondere in gemeinsamen Aufsichtsteams nach Artikel 2 Nummer 6 der Verordnung (EU) Nr. 468/2014 der Europäischen Zentralbank vom 16. April 2014 zur Einrichtung eines Rahmenwerks für die Zusammenarbeit zwischen der Europäischen Zentralbank und den nationalen zuständigen Behörden und den nationalen benannten Behörden innerhalb des einheitlichen Aufsichtsmechanismus (SSM-Rahmenverordnung) (EZB/2014/17) (ABl. L 141 vom 14.5.2014, S. 1), und die nach den Regeln der Europäischen Zentralbank geheim sind.

(3) Die Mitglieder des Beirates und die ehrenamtlichen Beisitzer des Widerspruchsausschusses sind nach dem Verpflichtungsgesetz vom 2. März 1974 (BGBl. I S. 469, 547), geändert durch § 1 Nr. 4 des Gesetzes vom 15. August 1974 (BGBl. I S. 1942), in der jeweils geltenden Fassung von der Bundesanstalt auf eine gewissenhafte Erfüllung ihrer Obliegenheiten zu verpflichten.

## Abschnitt 3. Angebote zum Erwerb von Wertpapieren

### § 10 Veröffentlichung der Entscheidung zur Abgabe eines Angebots.

(1) ¹Der Bieter hat seine Entscheidung zur Abgabe eines Angebots unverzüglich gemäß Absatz 3 Satz 1 zu veröffentlichen. ²Die Verpflichtung nach Satz 1 besteht auch, wenn für die Entscheidung nach Satz 1 der Beschluss der Gesellschafterversammlung des Bieters erforderlich ist und ein solcher Beschluss noch nicht erfolgt ist. ³Die Bundesanstalt kann dem Bieter auf Antrag abweichend von Satz 2 gestatten, eine Veröffentlichung erst nach dem Beschluss der Gesellschafterversammlung vorzunehmen, wenn der Bieter durch geeignete Vorkehrungen sicherstellt, dass dadurch Marktverzerrungen nicht zu befürchten sind.

(2) ¹Der Bieter hat die Entscheidung nach Absatz 1 Satz 1 vor der Veröffentlichung

1. den Geschäftsführungen der Börsen, an denen Wertpapiere des Bieters, der Zielgesellschaft und anderer durch das Angebot unmittelbar betroffener Gesellschaften zum Handel zugelassen sind,
2. den Geschäftsführungen der Börsen, an denen Derivate im Sinne des § 2 Absatz 3 des Wertpapierhandelsgesetzes[1)] gehandelt werden, sofern die Wertpapiere Gegenstand der Derivate sind, und
3. der Bundesanstalt

mitzuteilen. ²Die Geschäftsführungen dürfen die ihnen nach Satz 1 mitgeteilten Entscheidungen vor der Veröffentlichung nur zum Zwecke der Entscheidung verwenden, ob die Feststellung des Börsenpreises auszusetzen oder einzustellen ist. ³Die Bundesanstalt kann gestatten, dass Bieter mit Wohnort oder Sitz im Ausland die Mitteilung nach Satz 1 gleichzeitig mit der Veröffentlichung vornehmen, wenn dadurch die Entscheidungen der Geschäftsführungen über die Aussetzung oder Einstellung der Feststellung des Börsenpreises nicht beeinträchtigt werden.

(3) ¹Die Veröffentlichung der Entscheidung nach Absatz 1 Satz 1 ist

1. durch Bekanntgabe im Internet und
2. über ein elektronisch betriebenes Informationsverbreitungssystem, das bei Kreditinstituten, Finanzdienstleistungsinstituten, nach § 53 Abs. 1 des Gesetzes über das Kreditwesen tätigen Unternehmen, anderen Unternehmen, die ihren Sitz im Inland haben und an einer inländischen Börse zur Teilnahme am Handel zugelassen sind, und Versicherungsunternehmen weit verbreitet ist,

in deutscher Sprache vorzunehmen. ²Dabei hat der Bieter auch die Adresse anzugeben, unter der die Veröffentlichung der Angebotsunterlage im Internet nach § 14 Abs. 3 Satz 1 Nr. 1 erfolgen wird. ³Eine Veröffentlichung in anderer Weise darf nicht vor der Veröffentlichung nach Satz 1 vorgenommen werden.

(4) ¹Der Bieter hat die Veröffentlichung nach Absatz 3 Satz 1 unverzüglich den Geschäftsführungen der in Absatz 2 Satz 1 Nr. 1 und 2 erfassten Börsen und der Bundesanstalt zu übersenden. ²Dies gilt nicht, soweit die Bundesanstalt

---

[1)] Nr. 12.

nach Absatz 2 Satz 3 gestattet hat, die Mitteilung nach Absatz 2 Satz 1 gleichzeitig mit der Veröffentlichung vorzunehmen.

(5) ¹Der Bieter hat dem Vorstand der Zielgesellschaft unverzüglich nach der Veröffentlichung nach Absatz 3 Satz 1 die Entscheidung zur Abgabe eines Angebots schriftlich mitzuteilen. ²Der Vorstand der Zielgesellschaft unterrichtet den zuständigen Betriebsrat oder, sofern ein solcher nicht besteht, unmittelbar die Arbeitnehmer, unverzüglich über die Mitteilung nach Satz 1. ³Der Bieter hat die Entscheidung zur Abgabe eines Angebots ebenso seinem zuständigen Betriebsrat oder, sofern ein solcher nicht besteht, unmittelbar den Arbeitnehmern unverzüglich nach der Veröffentlichung nach Absatz 3 Satz 1 mitzuteilen.

(6) Artikel 17 der Verordnung (EU) Nr. 596/2014[1]) des Europäischen Parlaments und des Rates vom 16. April 2014 über Marktmissbrauch (Marktmissbrauchsverordnung) und zur Aufhebung der Richtlinie 2003/6/EG des Europäischen Parlaments und des Rates und der Richtlinien 2003/124/EG, 2003/125/EG und 2004/72/EG der Kommission (ABl. L 173 vom 12.6.2014, S. 1) in der jeweils geltenden Fassung gilt nicht für Entscheidungen zur Abgabe eines Angebots, soweit letztere unter Beachtung des Artikels 2 Absatz 1 der Durchführungsverordnung (EU) 2016/1055 der Kommission vom 29. Juni 2016 zur Festlegung technischer Durchführungsstandards hinsichtlich der technischen Mittel für die angemessene Bekanntgabe von Insiderinformationen und für den Aufschub der Bekanntgabe von Insiderinformationen gemäß Verordnung (EU) Nr. 596/2014 des Europäischen Parlaments und des Rates (ABl. L 173 vom 30.6.2016, S. 47) in der jeweils geltenden Fassung und des § 3a der Wertpapierhandelsanzeigeverordnung[2]) veröffentlicht wurden.

**§ 11 Angebotsunterlage.** (1) ¹Der Bieter hat eine Unterlage über das Angebot (Angebotsunterlage) zu erstellen und zu veröffentlichen. ²Die Angebotsunterlage muss die Angaben enthalten, die notwendig sind, um in Kenntnis der Sachlage über das Angebot entscheiden zu können. ³Die Angaben müssen richtig und vollständig sein. ⁴Die Angebotsunterlage ist in deutscher Sprache und in einer Form abzufassen, die ihr Verständnis und ihre Auswertung erleichtert. ⁵Sie ist von dem Bieter zu unterzeichnen.

(2) ¹Die Angebotsunterlage hat den Inhalt des Angebots und ergänzende Angaben zu enthalten. ²Angaben über den Inhalt des Angebots sind

1. Name oder Firma und Anschrift oder Sitz sowie, wenn es sich um eine Gesellschaft handelt, die Rechtsform des Bieters,
2. Firma, Sitz und Rechtsform der Zielgesellschaft,
3. die Wertpapiere, die Gegenstand des Angebots sind,
4. Art und Höhe der für die Wertpapiere der Zielgesellschaft gebotenen Gegenleistung,
4a. die Höhe der für den Entzug von Rechten gebotenen Entschädigung nach § 33b Abs. 4,
5. die Bedingungen, von denen die Wirksamkeit des Angebots abhängt,
6. der Beginn und das Ende der Annahmefrist.

³Ergänzende Angaben sind

---

[1]) Nr. 11.
[2]) Nr. 12a.

1. Angaben zu den notwendigen Maßnahmen, die sicherstellen, dass dem Bieter die zur vollständigen Erfüllung des Angebots notwendigen Mittel zur Verfügung stehen, und zu den erwarteten Auswirkungen eines erfolgreichen Angebots auf die Vermögens-, Finanz- und Ertragslage des Bieters,
2. Angaben über die Absichten des Bieters im Hinblick auf die künftige Geschäftstätigkeit der Zielgesellschaft sowie, soweit von dem Angebot betroffen, des Bieters, insbesondere den Sitz und den Standort wesentlicher Unternehmensteile, die Verwendung des Vermögens, künftige Verpflichtungen, die Arbeitnehmer und deren Vertretungen, die Mitglieder der Geschäftsführungsorgane und wesentliche Änderungen der Beschäftigungsbedingungen einschließlich der insoweit vorgesehenen Maßnahmen,
3. Angaben über Geldleistungen oder andere geldwerte Vorteile, die Vorstands- oder Aufsichtsratsmitgliedern der Zielgesellschaft gewährt oder in Aussicht gestellt werden,
4. die Bestätigung nach § 13 Abs. 1 Satz 2 unter Angabe von Firma, Sitz und Rechtsform des Wertpapierdienstleistungsunternehmens.

(3) Die Angebotsunterlage muss Namen und Anschrift, bei juristischen Personen oder Gesellschaften Firma, Sitz und Rechtsform, der Personen oder Gesellschaften aufführen, die für den Inhalt der Angebotsunterlage die Verantwortung übernehmen; sie muss eine Erklärung dieser Personen oder Gesellschaften enthalten, dass ihres Wissens die Angaben richtig und keine wesentlichen Umstände ausgelassen sind.

(4) Das Bundesministerium der Finanzen kann durch Rechtsverordnung[1], die nicht der Zustimmung des Bundesrates bedarf,
1. nähere Bestimmungen über die Gestaltung und die in die Angebotsunterlage aufzunehmenden Angaben erlassen und
2. weitere ergänzende Angaben vorschreiben, soweit dies notwendig ist, um den Empfängern des Angebots ein zutreffendes und vollständiges Urteil über den Bieter, die mit ihm gemeinsam handelnden Personen und das Angebot zu ermöglichen.

(5) Das Bundesministerium der Finanzen kann die Ermächtigung nach Absatz 4 durch Rechtsverordnung auf die Bundesanstalt übertragen.

**§ 11a Europäischer Pass.** Die von der zuständigen Aufsichtsstelle eines anderen Staates des Europäischen Wirtschaftsraums gebilligte Angebotsunterlage über ein europäisches Angebot zum Erwerb von Wertpapieren einer Zielgesellschaft im Sinne des § 2 Abs. 3 Nr. 2, deren Wertpapiere auch im Inland zum Handel an einem organisierten Markt zugelassen sind, wird im Inland ohne zusätzliches Billigungsverfahren anerkannt.

**§ 12 Haftung für die Angebotsunterlage.** (1) Sind für die Beurteilung des Angebots wesentliche Angaben der Angebotsunterlage unrichtig oder unvollständig, so kann derjenige, der das Angebot angenommen hat oder dessen Aktien dem Bieter nach § 39a übertragen worden sind,
1. von denjenigen, die für die Angebotsunterlage die Verantwortung übernommen haben, und
2. von denjenigen, von denen der Erlass der Angebotsunterlage ausgeht,

---
[1] Siehe die WpÜG-AngebotsVO (Nr. **17c**).

als Gesamtschuldnern den Ersatz des ihm aus der Annahme des Angebots oder Übertragung der Aktien entstandenen Schadens verlangen.

(2) Nach Absatz 1 kann nicht in Anspruch genommen werden, wer nachweist, dass er die Unrichtigkeit oder Unvollständigkeit der Angaben der Angebotsunterlage nicht gekannt hat und die Unkenntnis nicht auf grober Fahrlässigkeit beruht.

(3) Der Anspruch nach Absatz 1 besteht nicht, sofern
1. die Annahme des Angebots nicht auf Grund der Angebotsunterlage erfolgt ist,
2. derjenige, der das Angebot angenommen hat, die Unrichtigkeit oder Unvollständigkeit der Angaben der Angebotsunterlage bei der Abgabe der Annahmeerklärung kannte oder
3. vor der Annahme des Angebots in einer Veröffentlichung nach Artikel 17 der Verordnung (EU) Nr. 596/2014[1)] oder einer vergleichbaren Bekanntmachung eine deutlich gestaltete Berichtigung der unrichtigen oder unvollständigen Angaben im Inland veröffentlicht wurde.

(4) Der Anspruch nach Absatz 1 verjährt in einem Jahr seit dem Zeitpunkt, zu dem derjenige, der das Angebot angenommen hat oder dessen Aktien dem Bieter nach § 39a übertragen worden sind, von der Unrichtigkeit oder Unvollständigkeit der Angaben der Angebotsunterlage Kenntnis erlangt hat, spätestens jedoch in drei Jahren seit der Veröffentlichung der Angebotsunterlage.

(5) Eine Vereinbarung, durch die der Anspruch nach Absatz 1 im Voraus ermäßigt oder erlassen wird, ist unwirksam.

(6) Weitergehende Ansprüche, die nach den Vorschriften des bürgerlichen Rechts auf Grund von Verträgen oder vorsätzlichen unerlaubten Handlungen erhoben werden können, bleiben unberührt.

**§ 13 Finanzierung des Angebots.** (1) [1]Der Bieter hat vor der Veröffentlichung der Angebotsunterlage die notwendigen Maßnahmen zu treffen, um sicherzustellen, dass ihm die zur vollständigen Erfüllung des Angebots notwendigen Mittel zum Zeitpunkt der Fälligkeit des Anspruchs auf die Gegenleistung zur Verfügung stehen. [2]Für den Fall, dass das Angebot als Gegenleistung die Zahlung einer Geldleistung vorsieht, ist durch ein vom Bieter unabhängiges Wertpapierdienstleistungsunternehmen schriftlich zu bestätigen, dass der Bieter die notwendigen Maßnahmen getroffen hat, um sicherzustellen, dass die zur vollständigen Erfüllung des Angebots notwendigen Mittel zum Zeitpunkt der Fälligkeit des Anspruchs auf die Geldleistung zur Verfügung stehen.

(2) Hat der Bieter die nach Absatz 1 Satz 2 notwendigen Maßnahmen nicht getroffen und stehen ihm zum Zeitpunkt der Fälligkeit des Anspruchs auf die Geldleistung aus diesem Grunde die notwendigen Mittel nicht zur Verfügung, so kann derjenige, der das Angebot angenommen hat, von dem Wertpapierdienstleistungsunternehmen, das die schriftliche Bestätigung erteilt hat, den Ersatz des ihm aus der nicht vollständigen Erfüllung entstandenen Schadens verlangen.

(3) § 12 Abs. 2 bis 6 gilt entsprechend.

---
[1)] Nr. 11.

## § 14 Übermittlung und Veröffentlichung der Angebotsunterlage.

(1) ¹Der Bieter hat die Angebotsunterlage innerhalb von vier Wochen nach der Veröffentlichung der Entscheidung zur Abgabe eines Angebots der Bundesanstalt zu übermitteln. ²Die Bundesanstalt bestätigt dem Bieter den Tag des Eingangs der Angebotsunterlage. ³Die Bundesanstalt kann die Frist nach Satz 1 auf Antrag um bis zu vier Wochen verlängern, wenn dem Bieter die Einhaltung der Frist nach Satz 1 auf Grund eines grenzüberschreitenden Angebots oder erforderlicher Kapitalmaßnahmen nicht möglich ist.

(2) ¹Die Angebotsunterlage ist gemäß Absatz 3 Satz 1 unverzüglich zu veröffentlichen, wenn die Bundesanstalt die Veröffentlichung gestattet hat oder wenn seit dem Eingang der Angebotsunterlage zehn Werktage verstrichen sind, ohne dass die Bundesanstalt das Angebot untersagt hat. ²Vor der Veröffentlichung nach Satz 1 darf die Angebotsunterlage nicht bekannt gegeben werden. ³Die Bundesanstalt kann vor einer Untersagung des Angebots die Frist nach Satz 1 um bis zu fünf Werktage verlängern, wenn die Angebotsunterlage nicht vollständig ist oder sonst den Vorschriften dieses Gesetzes oder einer auf Grund dieses Gesetzes erlassenen Rechtsverordnung nicht entspricht.

(3) ¹Die Angebotsunterlage ist zu veröffentlichen durch
1. Bekanntgabe im Internet und
2. Bekanntgabe im Bundesanzeiger oder durch Bereithalten zur kostenlosen Ausgabe bei einer geeigneten Stelle im Inland; im letzteren Fall ist im Bundesanzeiger bekannt zu machen, bei welcher Stelle die Angebotsunterlage bereit gehalten wird und unter welcher Adresse die Veröffentlichung der Angebotsunterlage im Internet nach Nummer 1 erfolgt.

²Der Bieter hat der Bundesanstalt die Veröffentlichung nach Satz 1 Nr. 2 unverzüglich mitzuteilen.

(4) ¹Der Bieter hat die Angebotsunterlage dem Vorstand der Zielgesellschaft unverzüglich nach der Veröffentlichung nach Absatz 3 Satz 1 zu übermitteln. ²Der Vorstand der Zielgesellschaft hat die Angebotsunterlage unverzüglich dem zuständigen Betriebsrat oder, sofern ein solcher nicht besteht, unmittelbar den Arbeitnehmern zu übermitteln. ³Der Bieter hat die Angebotsunterlage ebenso seinem zuständigen Betriebsrat oder, sofern ein solcher nicht besteht, unmittelbar den Arbeitnehmern unverzüglich nach der Veröffentlichung nach Absatz 3 Satz 1 zu übermitteln.

## § 15 Untersagung des Angebots.

(1) Die Bundesanstalt untersagt das Angebot, wenn
1. die Angebotsunterlage nicht die Angaben enthält, die nach § 11 Abs. 2 oder einer auf Grund des § 11 Abs. 4 erlassenen Rechtsverordnung erforderlich sind,
2. die in der Angebotsunterlage enthaltenen Angaben offensichtlich gegen Vorschriften dieses Gesetzes oder einer auf Grund dieses Gesetzes erlassenen Rechtsverordnung verstoßen,
3. der Bieter entgegen § 14 Abs. 1 Satz 1 der Bundesanstalt keine Angebotsunterlage übermittelt,
4. der Bieter entgegen § 14 Abs. 2 Satz 1 die Angebotsunterlage nicht veröffentlicht hat oder

5. die Veröffentlichung der Angebotsunterlage gegen die Sperrfristen nach § 26 Absatz 1 oder 2 verstößt oder der Bieter entgegen § 26 Absatz 1 oder 2 die Entscheidung zur Veröffentlichung eines Angebots nach § 10 Absatz 3 Satz 1 veröffentlicht hat.

(2) Die Bundesanstalt kann das Angebot untersagen, wenn der Bieter die Veröffentlichung nicht in der in § 14 Abs. 3 Satz 1 vorgeschriebenen Form vornimmt.

(3) [1] Ist das Angebot nach Absatz 1 oder 2 untersagt worden, so ist die Veröffentlichung der Angebotsunterlage verboten. [2] Ein Rechtsgeschäft auf Grund eines nach Absatz 1 oder 2 untersagten Angebots ist nichtig.

## § 16 Annahmefristen; Einberufung der Hauptversammlung.

(1) [1] Die Frist für die Annahme des Angebots (Annahmefrist) darf nicht weniger als vier Wochen und unbeschadet der Vorschriften des § 21 Abs. 5 und § 22 Abs. 2 nicht mehr als zehn Wochen betragen. [2] Die Annahmefrist beginnt mit der Veröffentlichung der Angebotsunterlage gemäß § 14 Abs. 3 Satz 1.

(2) [1] Bei einem Übernahmeangebot können die Aktionäre der Zielgesellschaft, die das Angebot nicht angenommen haben, das Angebot innerhalb von zwei Wochen nach der in § 23 Abs. 1 Satz 1 Nr. 2 genannten Veröffentlichung (weitere Annahmefrist) annehmen. [2] Satz 1 gilt nicht, wenn der Bieter das Angebot von dem Erwerb eines Mindestanteils der Aktien abhängig gemacht hat und dieser Mindestanteil nach Ablauf der Annahmefrist nicht erreicht wurde.

(3) [1] Wird im Zusammenhang mit dem Angebot nach der Veröffentlichung der Angebotsunterlage eine Hauptversammlung der Zielgesellschaft einberufen, beträgt die Annahmefrist unbeschadet der Vorschriften des § 21 Abs. 5 und § 22 Abs. 2 zehn Wochen ab der Veröffentlichung der Angebotsunterlage. [2] Der Vorstand der Zielgesellschaft hat die Einberufung der Hauptversammlung der Zielgesellschaft unverzüglich dem Bieter und der Bundesanstalt mitzuteilen. [3] Der Bieter hat die Mitteilung nach Satz 2 unter Angabe des Ablaufs der Annahmefrist unverzüglich im Bundesanzeiger zu veröffentlichen. [4] Er hat der Bundesanstalt unverzüglich die Veröffentlichung mitzuteilen.

(4) [1] Die Hauptversammlung nach Absatz 3 ist mindestens 14 Tage vor der Versammlung einzuberufen. [2] Der Tag der Einberufung ist nicht mitzurechnen. [3] § 121 Abs. 7 des Aktiengesetzes gilt entsprechend. [4] Abweichend von § 121 Abs. 5 des Aktiengesetzes und etwaigen Bestimmungen der Satzung ist die Gesellschaft bei der Wahl des Versammlungsortes frei. [5] Wird die Frist des § 123 Abs. 1 des Aktiengesetzes unterschritten, so müssen zwischen Anmeldung und Versammlung mindestens vier Tage liegen und sind Mitteilungen des § 125 Abs. 1 Satz 1 des Aktiengesetzes unverzüglich zu machen; § 121 Abs. 7, § 123 Abs. 2 Satz 4 und § 125 Abs. 1 Satz 2 des Aktiengesetzes gelten entsprechend. [6] Die Gesellschaft hat den Aktionären die Erteilung von Stimmrechtsvollmachten soweit nach Gesetz und Satzung möglich zu erleichtern. [7] Mitteilungen an die Aktionäre, ein Bericht nach § 186 Abs. 4 Satz 2 des Aktiengesetzes und fristgerecht eingereichte Anträge von Aktionären sind allen Aktionären zugänglich und in Kurzfassung bekannt zu machen. [8] Die Zusendung von Mitteilungen kann unterbleiben, wenn zur Überzeugung des Vorstands mit Zustimmung des Aufsichtsrats der rechtzeitige Eingang bei den Aktionären nicht wahrscheinlich ist.

**§ 17 Unzulässigkeit der öffentlichen Aufforderung zur Abgabe von Angeboten.** Eine öffentliche auf den Erwerb von Wertpapieren der Zielgesellschaft gerichtete Aufforderung des Bieters zur Abgabe von Angeboten durch die Inhaber der Wertpapiere ist unzulässig.

**§ 18 Bedingungen; Unzulässigkeit des Vorbehalts des Rücktritts und des Widerrufs.** (1) Ein Angebot darf vorbehaltlich § 25 nicht von Bedingungen abhängig gemacht werden, deren Eintritt der Bieter, mit ihm gemeinsam handelnde Personen oder deren Tochterunternehmen oder im Zusammenhang mit dem Angebot für diese Personen oder Unternehmen tätige Berater ausschließlich selbst herbeiführen können.

(2) Ein Angebot, das unter dem Vorbehalt des Widerrufs oder des Rücktritts abgegeben wird, ist unzulässig.

**§ 19 Zuteilung bei einem Teilangebot.** Ist bei einem Angebot, das auf den Erwerb nur eines bestimmten Anteils oder einer bestimmten Anzahl der Wertpapiere gerichtet ist, der Anteil oder die Anzahl der Wertpapiere, die der Bieter erwerben kann, höher als der Anteil oder die Anzahl der Wertpapiere, die der Bieter zu erwerben sich verpflichtet hat, so sind die Annahmeerklärungen grundsätzlich verhältnismäßig zu berücksichtigen.

**§ 20 Handelsbestand.** (1) Die Bundesanstalt lässt auf schriftlichen Antrag des Bieters zu, dass Wertpapiere der Zielgesellschaft bei den ergänzenden Angaben nach § 11 Abs. 4 Nr. 2, den Veröffentlichungspflichten nach § 23, der Berechnung des Stimmrechtsanteils nach § 29 Abs. 2 und bei der Bestimmung der Gegenleistung nach § 31 Abs. 1, 3 und 4 und der Geldleistung nach § 31 Abs. 5 unberücksichtigt bleiben.

(2) Ein Befreiungsantrag nach Absatz 1 kann gestellt werden, wenn der Bieter, die mit ihm gemeinsam handelnden Personen oder deren Tochterunternehmen

1. die betreffenden Wertpapiere halten oder zu halten beabsichtigen, um bestehende oder erwartete Unterschiede zwischen dem Erwerbspreis und dem Veräußerungspreis kurzfristig zu nutzen und
2. darlegen, dass mit dem Erwerb der Wertpapiere, soweit es sich um stimmberechtigte Aktien handelt, nicht beabsichtigt ist, auf die Geschäftsführung der Gesellschaft Einfluss zu nehmen.

(3) Stimmrechte aus Aktien, die auf Grund einer Befreiung nach Absatz 1 unberücksichtigt bleiben, können nicht ausgeübt werden, wenn im Falle ihrer Berücksichtigung ein Angebot als Übernahmeangebot abzugeben wäre oder eine Verpflichtung nach § 35 Abs. 1 Satz 1 und Abs. 2 Satz 1 bestünde.

(4) [1] Beabsichtigt der Bieter Wertpapiere, für die eine Befreiung nach Absatz 1 erteilt worden ist, nicht mehr zu den in Absatz 1 Nr. 1 genannten Zwecken zu halten oder auf die Geschäftsführung der Gesellschaft Einfluss zu nehmen, ist dies der Bundesanstalt unverzüglich mitzuteilen. [2] Die Bundesanstalt kann die Befreiung nach Absatz 1 außer nach den Vorschriften des Verwaltungsverfahrensgesetzes widerrufen, wenn die Verpflichtung nach Satz 1 nicht erfüllt worden ist.

**§ 21 Änderung des Angebots.** (1) [1] Der Bieter kann bis zu einem Werktag vor Ablauf der Annahmefrist

1. die Gegenleistung erhöhen,
2. wahlweise eine andere Gegenleistung anbieten,
3. den Mindestanteil oder die Mindestzahl der Wertpapiere oder den Mindestanteil der Stimmrechte, von dessen Erwerb der Bieter die Wirksamkeit seines Angebots abhängig gemacht hat, verringern oder
4. auf Bedingungen verzichten.

²Für die Wahrung der Frist nach Satz 1 ist auf die Veröffentlichung der Änderung nach Absatz 2 abzustellen.

(2) ¹Der Bieter hat die Änderung des Angebots unter Hinweis auf das Rücktrittsrecht nach Absatz 4 unverzüglich gemäß § 14 Abs. 3 Satz 1 zu veröffentlichen. ² § 14 Abs. 3 Satz 2 und Abs. 4 gilt entsprechend.

(3) § 11 Abs. 1 Satz 2 bis 5, Abs. 3, §§ 12, 13 und 15 Abs. 1 Nr. 2 gelten entsprechend.

(4) Im Falle einer Änderung des Angebots können die Inhaber von Wertpapieren der Zielgesellschaft, die das Angebot vor Veröffentlichung der Änderung nach Absatz 2 angenommen haben, von dem Vertrag bis zum Ablauf der Annahmefrist zurücktreten.

(5) ¹Im Falle einer Änderung des Angebots verlängert sich die Annahmefrist um zwei Wochen, sofern die Veröffentlichung der Änderung innerhalb der letzten zwei Wochen vor Ablauf der Angebotsfrist erfolgt. ²Dies gilt auch, falls das geänderte Angebot gegen Rechtsvorschriften verstößt.

(6) Eine erneute Änderung des Angebots innerhalb der in Absatz 5 genannten Frist von zwei Wochen ist unzulässig.

**§ 22 Konkurrierende Angebote.** (1) Konkurrierende Angebote sind Angebote, die während der Annahmefrist eines Angebots von einem Dritten abgegeben werden.

(2) ¹Läuft im Falle konkurrierender Angebote die Annahmefrist für das Angebot vor Ablauf der Annahmefrist für das konkurrierende Angebot ab, bestimmt sich der Ablauf der Annahmefrist für das Angebot nach dem Ablauf der Annahmefrist für das konkurrierende Angebot. ²Dies gilt auch, falls das konkurrierende Angebot geändert oder untersagt wird oder gegen Rechtsvorschriften verstößt.

(3) Inhaber von Wertpapieren der Zielgesellschaft, die das Angebot angenommen haben, können bis zum Ablauf der Annahmefrist vom Vertrag zurücktreten, sofern der Vertragsschluss vor Veröffentlichung der Angebotsunterlage des konkurrierenden Angebots erfolgte.

**§ 23 Veröffentlichungspflichten des Bieters nach Abgabe des Angebots.** (1) ¹Der Bieter ist verpflichtet, die Anzahl sämtlicher ihm, den mit ihm gemeinsam handelnden Personen und deren Tochterunternehmen zustehenden Wertpapiere der Zielgesellschaft einschließlich der Höhe der jeweiligen Anteile und der ihm zustehenden und nach § 30 zuzurechnenden Stimmrechtsanteile und die Höhe der nach den §§ 38 und 39 des Wertpapierhandelsgesetzes[1]) mitzuteilenden Stimmrechtsanteile sowie die sich aus den ihm zugegangenen Annahmeerklärungen ergebende Anzahl der Wertpapiere, die Gegenstand des

---

[1]) Nr. 12.

Angebots sind, einschließlich der Höhe der Wertpapier- und Stimmrechtsanteile

1. nach Veröffentlichung der Angebotsunterlage wöchentlich sowie in der letzten Woche vor Ablauf der Annahmefrist täglich,
2. unverzüglich nach Ablauf der Annahmefrist,
3. unverzüglich nach Ablauf der weiteren Annahmefrist und
4. unverzüglich nach Erreichen der für einen Ausschluss nach § 39a Abs. 1 und 2 erforderlichen Beteiligungshöhe

gemäß § 14 Abs. 3 Satz 1 zu veröffentlichen und der Bundesanstalt mitzuteilen. ² § 14 Abs. 3 Satz 2 und § 31 Abs. 6 gelten entsprechend.

(2) ¹ Erwerben bei Übernahmeangeboten, bei denen der Bieter die Kontrolle über die Zielgesellschaft erlangt hat, und bei Pflichtangeboten der Bieter, mit ihm gemeinsam handelnde Personen oder deren Tochterunternehmen nach der Veröffentlichung der Angebotsunterlage und vor Ablauf eines Jahres nach der Veröffentlichung gemäß Absatz 1 Nr. 2 außerhalb des Angebotsverfahrens Aktien der Zielgesellschaft, so hat der Bieter die Höhe der erworbenen Aktien und Stimmrechtsanteile unter Angabe der Art und Höhe der für jeden Anteil gewährten Gegenleistung unverzüglich gemäß § 14 Abs. 3 Satz 1 zu veröffentlichen und der Bundesanstalt mitzuteilen. ² § 31 Abs. 6 gilt entsprechend.

**§ 24 Grenzüberschreitende Angebote.** Hat der Bieter bei grenzüberschreitenden Angeboten zugleich die Vorschriften eines anderen Staates außerhalb des Europäischen Wirtschaftsraums einzuhalten und ist dem Bieter deshalb ein Angebot an alle Inhaber von Wertpapieren unzumutbar, kann die Bundesanstalt dem Bieter auf Antrag gestatten, bestimmte Inhaber von Wertpapieren mit Wohnsitz, Sitz oder gewöhnlichem Aufenthalt in dem Staat von dem Angebot auszunehmen.

**§ 25 Beschluss der Gesellschafterversammlung des Bieters.** Hat der Bieter das Angebot unter der Bedingung eines Beschlusses seiner Gesellschafterversammlung abgegeben, hat er den Beschluss unverzüglich, spätestens bis zum fünften Werktag vor Ablauf der Annahmefrist, herbeizuführen.

**§ 26 Sperrfrist.** (1) Ist ein Angebot nach § 15 Absatz 1 oder 2 untersagt worden, ist ein weiteres Angebot an die Aktionäre der Zielgesellschaft sowie die Veröffentlichung einer Entscheidung zur Abgabe eines solchen Angebots gemäß § 10 Absatz 3 Satz 1 vor Ablauf eines Jahres durch folgende Personen unzulässig:
1. den Bieter (des untersagten Angebots),
2. eine zum Zeitpunkt der Untersagung mit dem Bieter gemeinsam handelnde Person oder
3. eine Person, die zum Zeitpunkt der Veröffentlichung nach § 10 Absatz 3 Satz 1 gemeinsam mit dem Bieter oder einer Person nach Nummer 2 gemeinsam handelt.

(2) Hat der Bieter ein Angebot von dem Erwerb eines Mindestanteils der Wertpapiere abhängig gemacht und scheitert dieses Angebot, weil dieser Mindestanteil nach Ablauf der Annahmefrist nicht erreicht wurde, ist ein weiteres Angebot an die Aktionäre der Zielgesellschaft sowie die Veröffentlichung einer

Entscheidung zur Abgabe eines solchen Angebots gemäß § 10 Absatz 3 Satz 1 vor Ablauf eines Jahres durch folgende Personen unzulässig:

1. den Bieter (des gescheiterten Angebots),
2. eine Person, die zwischen der Veröffentlichung des gescheiterten Angebots nach § 10 Absatz 3 Satz 1 und dem Ablauf der Annahmefrist mit dem Bieter gemeinsam handelte, oder
3. eine Person, die zum Zeitpunkt der Veröffentlichung nach § 10 Absatz 3 Satz 1 gemeinsam mit dem Bieter oder einer Person nach Nummer 2 gemeinsam handelt.

(3) [1] Die Jahresfrist nach Absatz 1 beginnt mit dem Tag der Bekanntgabe des Untersagungsbescheides. [2] Die Jahresfrist nach Absatz 2 beginnt mit dem Tag nach Ablauf der Annahmefrist des gescheiterten Angebots.

(4) Die Absätze 1 und 2 gelten nicht, wenn der jeweilige Bieter zur Veröffentlichung nach § 35 Absatz 1 Satz 1 und zur Abgabe eines Angebots nach § 35 Absatz 2 Satz 1 verpflichtet ist.

(5) Die Bundesanstalt kann den jeweiligen Bieter auf schriftlichen Antrag von dem Verbot nach den Absätzen 1 oder 2 befreien, wenn die Zielgesellschaft der Befreiung zustimmt.

**§ 27 Stellungnahme des Vorstands und Aufsichtsrats der Zielgesellschaft.** (1) [1] Der Vorstand und der Aufsichtsrat der Zielgesellschaft haben eine begründete Stellungnahme zu dem Angebot sowie zu jeder seiner Änderungen abzugeben. [2] Die Stellungnahme muss insbesondere eingehen auf

1. die Art und Höhe der angebotenen Gegenleistung,
2. die voraussichtlichen Folgen eines erfolgreichen Angebots für die Zielgesellschaft, die Arbeitnehmer und ihre Vertretungen, die Beschäftigungsbedingungen und die Standorte der Zielgesellschaft,
3. die vom Bieter mit dem Angebot verfolgten Ziele,
4. die Absicht der Mitglieder des Vorstands und des Aufsichtsrats, soweit sie Inhaber von Wertpapieren der Zielgesellschaft sind, das Angebot anzunehmen.

(2) Übermitteln der zuständige Betriebsrat oder, sofern ein solcher nicht besteht, unmittelbar die Arbeitnehmer der Zielgesellschaft dem Vorstand eine Stellungnahme zu dem Angebot, hat der Vorstand unbeschadet seiner Verpflichtung nach Absatz 3 Satz 1 diese seiner Stellungnahme beizufügen.

(3) [1] Der Vorstand und der Aufsichtsrat der Zielgesellschaft haben die Stellungnahme unverzüglich nach Übermittlung der Angebotsunterlage und jeder Änderungen durch den Bieter gemäß § 14 Abs. 3 Satz 1 zu veröffentlichen. [2] Sie haben die Stellungnahme gleichzeitig dem zuständigen Betriebsrat oder, sofern ein solcher nicht besteht, unmittelbar den Arbeitnehmern zu übermitteln. [3] Der Vorstand und der Aufsichtsrat der Zielgesellschaft haben der Bundesanstalt unverzüglich die Veröffentlichung gemäß § 14 Abs. 3 Satz 1 Nr. 2 mitzuteilen.

**§ 28 Werbung.** (1) Um Missständen bei der Werbung im Zusammenhang mit Angeboten zum Erwerb von Wertpapieren zu begegnen, kann die Bundesanstalt bestimmte Arten der Werbung untersagen.

(2) Vor allgemeinen Maßnahmen nach Absatz 1 ist der Beirat zu hören.

## Abschnitt 4. Übernahmeangebote

**§ 29 Begriffsbestimmungen.** (1) Übernahmeangebote sind Angebote, die auf den Erwerb der Kontrolle gerichtet sind.

(2) ¹Kontrolle ist das Halten von mindestens 30 Prozent der Stimmrechte an der Zielgesellschaft aus dem Bieter gehörenden Aktien der Zielgesellschaft oder dem Bieter nach § 30 zugerechneten Stimmrechten an der Zielgesellschaft. ²Stimmrechte aus Aktien, die zu einem von einer Kapitalverwaltungsgesellschaft verwalteten Sondervermögen gehören, das kein Spezialsondervermögen ist und dessen Vermögensgegenstände im Miteigentum der Anleger stehen, gelten für die Anwendung von Satz 1 als Stimmrechte der Kapitalverwaltungsgesellschaft.

**§ 30 Zurechnung von Stimmrechten; Verordnungsermächtigung.**

(1) ¹Stimmrechten des Bieters stehen Stimmrechte aus Aktien der Zielgesellschaft gleich,
1. die einem Tochterunternehmen des Bieters gehören,
2. die einem Dritten gehören und von ihm für Rechnung des Bieters gehalten werden,
3. die der Bieter einem Dritten als Sicherheit übertragen hat, es sei denn, der Dritte ist zur Ausübung der Stimmrechte aus diesen Aktien befugt und bekundet die Absicht, die Stimmrechte unabhängig von den Weisungen des Bieters auszuüben,
4. an denen zugunsten des Bieters ein Nießbrauch bestellt ist,
5. die der Bieter durch eine Willenserklärung erwerben kann,
6. die der Bieter anvertraut sind oder aus denen er die Stimmrechte als Bevollmächtigter ausüben kann, sofern er die Stimmrechte aus diesen Aktien nach eigenem Ermessen ausüben kann, wenn keine besonderen Weisungen des Aktionärs vorliegen,
7. aus denen der Bieter die Stimmrechte auf Grund einer Vereinbarung, die eine zeitweilige Übertragung der Stimmrechte ohne die damit verbundenen Aktien gegen Gegenleistung vorsieht, ausüben kann,
8. die bei dem Bieter als Sicherheit verwahrt werden, sofern dieser die Stimmrechte hält und die Absicht bekundet, sie auszuüben.

²Für die Zurechnung nach Satz 1 Nummer 2 bis 8 stehen dem Bieter Tochterunternehmen des Bieters gleich. ³Stimmrechte des Tochterunternehmens werden dem Bieter in voller Höhe zugerechnet.

(2) ¹Dem Bieter werden auch Stimmrechte eines Dritten aus Aktien der Zielgesellschaft in voller Höhe zugerechnet, mit dem der Bieter oder sein Tochterunternehmen sein Verhalten in Bezug auf die Zielgesellschaft auf Grund einer Vereinbarung oder in sonstiger Weise abstimmt; ausgenommen sind Vereinbarungen in Einzelfällen. ²Ein abgestimmtes Verhalten setzt voraus, dass der Bieter oder sein Tochterunternehmen und der Dritte sich über die Ausübung von Stimmrechten verständigen oder mit dem Ziel einer dauerhaften und erheblichen Änderung der unternehmerischen Ausrichtung der Zielgesellschaft in sonstiger Weise zusammenwirken. ³Für die Berechnung des Stimmrechtsanteils des Dritten gilt Absatz 1 entsprechend.

(3) Für die Zurechnung nach dieser Vorschrift gilt ein Wertpapierdienstleistungsunternehmen hinsichtlich der Beteiligungen, die von ihm im Rahmen einer Wertpapierdienstleistung nach § 2 Absatz 8 Satz 1 Nummer 7 des Wertpapierhandelsgesetzes[1)] verwaltet werden, unter den folgenden Voraussetzungen nicht als Tochterunternehmen im Sinne des § 2 Absatz 6:

1. das Wertpapierdienstleistungsunternehmen übt die Stimmrechte, die mit den betreffenden Aktien verbunden sind, unabhängig vom Bieter aus,
2. das Wertpapierdienstleistungsunternehmen
   a) darf die Stimmrechte nur aufgrund von in schriftlicher Form oder über elektronische Hilfsmittel erteilten Weisungen ausüben oder
   b) stellt durch geeignete Vorkehrungen sicher, dass die Finanzportfolioverwaltung unabhängig von anderen Dienstleistungen und unter Bedingungen erfolgt, die gleichwertig sind denen der Richtlinie 2009/65/EG des Europäischen Parlaments und des Rates vom 13. Juli 2009 zur Koordinierung der Rechts- und Verwaltungsvorschriften betreffend bestimmte Organismen für gemeinsame Anlagen in Wertpapieren (OGAW) (ABl. L 302 vom 17.11.2009, S. 32) in der jeweils geltenden Fassung,
3. der Bieter teilt der Bundesanstalt den Namen des Wertpapierdienstleistungsunternehmens und die für dessen Überwachung zuständige Behörde oder das Fehlen einer solchen Behörde mit und
4. der Bieter erklärt gegenüber der Bundesanstalt, dass die Voraussetzungen der Nummer 1 erfüllt sind.

(4) Für die Zurechnung nach dieser Vorschrift gelten Kapitalverwaltungsgesellschaften im Sinne des § 17 Absatz 1 des Kapitalanlagegesetzbuchs[2)] und EU-Verwaltungsgesellschaften im Sinne des § 1 Absatz 17 des Kapitalanlagegesetzbuchs hinsichtlich der Beteiligungen, die zu den von ihnen verwalteten Investmentvermögen gehören, unter den folgenden Voraussetzungen nicht als Tochterunternehmen im Sinne des § 2 Absatz 6:

1. die Verwaltungsgesellschaft übt ihre Stimmrechte unabhängig vom Bieter aus,
2. die zum verwalteten Investmentvermögen gehörenden Beteiligungen im Sinne der §§ 29 und 30 werden nach Maßgabe der Richtlinie 2009/65/EG des Europäischen Parlaments und des Rates vom 13. Juli 2009 zur Koordinierung der Rechts- und Verwaltungsvorschriften betreffend bestimmte Organismen für gemeinsame Anlagen in Wertpapieren (OGAW) (ABl. L 302 vom 17.11.2009, S. 32), die zuletzt durch die Richtlinie 2014/91/EU (ABl. L 257 vom 28.8.2014, S. 186) geändert worden ist, verwaltet,
3. das Mutterunternehmen teilt der Bundesanstalt den Namen dieser Verwaltungsgesellschaft und die für deren Überwachung zuständige Behörde oder das Fehlen einer solchen mit und
4. das Mutterunternehmen erklärt gegenüber der Bundesanstalt, dass die Voraussetzungen der Nummer 1 erfüllt sind.

(5) Ein Unternehmen mit Sitz in einem Drittstaat, das nach § 32 Absatz 1 Satz 1 in Verbindung mit § 1 Absatz 1a Satz 2 Nummer 3 des Kreditwesengesetzes einer Zulassung für die Finanzportfolioverwaltung oder einer Erlaubnis

---

[1)] Nr. 12.
[2)] Nr. 15.

Wertpapiererwerbs- und Übernahmegesetz  § 31 WpÜG 17

nach § 20 oder § 113 des Kapitalanlagegesetzbuchs bedürfte, wenn es seinen Sitz oder seine Hauptverwaltung im Inland hätte, gilt nicht als Tochterunternehmen im Sinne dieses Abschnitts, wenn

1. das Unternehmen bezüglich seiner Unabhängigkeit Anforderungen genügt, die denen nach Absatz 3 oder Absatz 4, auch in Verbindung mit einer Rechtsverordnung nach Absatz 7, jeweils gleichwertig sind,
2. der Bieter der Bundesanstalt den Namen dieses Unternehmens und die für dessen Überwachung zuständige Behörde oder das Fehlen einer solchen Behörde mitteilt und
3. der Bieter gegenüber der Bundesanstalt erklärt, dass die Voraussetzungen der Nummer 1 erfüllt sind.

(6) Abweichend von den Absätzen 3 bis 5 gelten Wertpapierdienstleistungsunternehmen und Verwaltungsgesellschaften jedoch dann als Tochterunternehmen im Sinne des § 2 Absatz 6, wenn

1. der Bieter oder ein anderes Tochterunternehmen des Bieters seinerseits Anteile an der von dem Unternehmen verwalteten Beteiligung hält und
2. das Unternehmen die Stimmrechte, die mit diesen Beteiligungen verbunden sind, nicht nach freiem Ermessen, sondern nur auf Grund unmittelbarer oder mittelbarer Weisungen ausüben kann, die ihm vom Bieter oder von einem anderen Tochterunternehmen des Bieters erteilt werden.

(7) Das Bundesministerium der Finanzen kann durch Rechtsverordnung[1], die nicht der Zustimmung des Bundesrates bedarf, nähere Bestimmungen erlassen über die Umstände, unter denen in den Fällen der Absätze 3 bis 6 eine Unabhängigkeit des Unternehmens vom Bieter gegeben ist.

**§ 31 Gegenleistung.** (1) ¹Der Bieter hat den Aktionären der Zielgesellschaft eine angemessene Gegenleistung anzubieten. ²Bei der Bestimmung der angemessenen Gegenleistung sind grundsätzlich der durchschnittliche Börsenkurs der Aktien der Zielgesellschaft und Erwerbe von Aktien der Zielgesellschaft durch den Bieter, mit ihm gemeinsam handelnder Personen oder deren Tochterunternehmen zu berücksichtigen.

(2) ¹Die Gegenleistung hat in einer Geldleistung in Euro oder in liquiden Aktien zu bestehen, die zum Handel an einem organisierten Markt zugelassen sind. ²Werden Inhabern stimmberechtigter Aktien als Gegenleistung Aktien angeboten, müssen diese Aktien ebenfalls ein Stimmrecht gewähren.

(3) Der Bieter hat den Aktionären der Zielgesellschaft eine Geldleistung in Euro anzubieten, wenn er, mit ihm gemeinsam handelnde Personen oder deren Tochterunternehmen in den sechs Monaten vor der Veröffentlichung gemäß § 10 Abs. 3 Satz 1 bis zum Ablauf der Annahmefrist insgesamt mindestens 5 Prozent der Aktien oder Stimmrechte an der Zielgesellschaft gegen Zahlung einer Geldleistung erworben haben.

(4) Erwerben der Bieter, mit ihm gemeinsam handelnde Personen oder deren Tochterunternehmen nach Veröffentlichung der Angebotsunterlage und vor der Veröffentlichung gemäß § 23 Abs. 1 Satz 1 Nr. 2 Aktien der Zielgesellschaft und wird hierfür wertmäßig eine höhere als die im Angebot genannte Gegenleistung gewährt oder vereinbart, erhöht sich die den Angebotsempfän-

---
[1] Siehe die Transparenzrichtlinie-DurchführungsVO (Nr. **12e**).

gern der jeweiligen Aktiengattung geschuldete Gegenleistung wertmäßig um den Unterschiedsbetrag.

(5) ¹Erwerben der Bieter, mit ihm gemeinsam handelnde Personen oder deren Tochterunternehmen innerhalb eines Jahres nach der Veröffentlichung gemäß § 23 Abs. 1 Satz 1 Nr. 2 außerhalb der Börse Aktien der Zielgesellschaft und wird hierfür wertmäßig eine höhere als die im Angebot genannte Gegenleistung gewährt oder vereinbart, ist der Bieter gegenüber den Inhabern der Aktien, die das Angebot angenommen haben, zur Zahlung einer Geldleistung in Euro in Höhe des Unterschiedsbetrages verpflichtet. ²Satz 1 gilt nicht für den Erwerb von Aktien im Zusammenhang mit einer gesetzlichen Verpflichtung zur Gewährung einer Abfindung an Aktionäre der Zielgesellschaft und für den Erwerb des Vermögens oder von Teilen des Vermögens der Zielgesellschaft durch Verschmelzung, Spaltung oder Vermögensübertragung.

(6) ¹Dem Erwerb im Sinne der Absätze 3 bis 5 gleichgestellt sind Vereinbarungen, auf Grund derer die Übereignung von Aktien verlangt werden kann. ²Als Erwerb gilt nicht die Ausübung eines gesetzlichen Bezugsrechts auf Grund einer Erhöhung des Grundkapitals der Zielgesellschaft.

(7) ¹Das Bundesministerium der Finanzen kann durch Rechtsverordnung[1], die nicht der Zustimmung des Bundesrates bedarf, nähere Bestimmungen über die Angemessenheit der Gegenleistung nach Absatz 1, insbesondere die Berücksichtigung des durchschnittlichen Börsenkurses der Aktien der Zielgesellschaft und der Erwerbe von Aktien der Zielgesellschaft durch den Bieter, mit ihm gemeinsam handelnder Personen oder deren Tochterunternehmen und die hierbei maßgeblichen Zeiträume sowie über Ausnahmen von dem in Absatz 1 Satz 2 genannten Grundsatz und die Ermittlung des Unterschiedsbetrages nach den Absätzen 4 und 5 erlassen. ²Das Bundesministerium der Finanzen kann die Ermächtigung durch Rechtsverordnung auf die Bundesanstalt übertragen.

**§ 32 Unzulässigkeit von Teilangeboten.** Ein Übernahmeangebot, das sich nur auf einen Teil der Aktien der Zielgesellschaft erstreckt, ist unbeschadet der Vorschrift des § 24 unzulässig.

**§ 33 Handlungen des Vorstands der Zielgesellschaft.** (1) ¹Nach Veröffentlichung der Entscheidung zur Abgabe eines Angebots bis zur Veröffentlichung des Ergebnisses nach § 23 Abs. 1 Satz 1 Nr. 2 darf der Vorstand der Zielgesellschaft keine Handlungen vornehmen, durch die der Erfolg des Angebots verhindert werden könnte. ²Dies gilt nicht für Handlungen, die auch ein ordentlicher und gewissenhafter Geschäftsleiter einer Gesellschaft, die nicht von einem Übernahmeangebot betroffen ist, vorgenommen hätte, für die Suche nach einem konkurrierenden Angebot sowie für Handlungen, denen der Aufsichtsrat der Zielgesellschaft zugestimmt hat.

(2) ¹Ermächtigt die Hauptversammlung den Vorstand vor dem in Absatz 1 Satz 1 genannten Zeitraum zur Vornahme von Handlungen, die in die Zuständigkeit der Hauptversammlung fallen, um den Erfolg von Übernahmeangeboten zu verhindern, sind diese Handlungen in der Ermächtigung der Art nach zu bestimmen. ²Die Ermächtigung kann für höchstens 18 Monate erteilt werden. ³Der Beschluss der Hauptversammlung bedarf einer Mehrheit, die mindestens drei Viertel des bei der Beschlussfassung vertretenen Grundkapitals

---

[1] Siehe die WpÜG-AngebotsVO (Nr. **17c**).

umfasst; die Satzung kann eine größere Kapitalmehrheit und weitere Erfordernisse bestimmen. ⁴Handlungen des Vorstands auf Grund einer Ermächtigung nach Satz 1 bedürfen der Zustimmung des Aufsichtsrats.

**§ 33a Europäisches Verhinderungsverbot.** (1) ¹Die Satzung einer Zielgesellschaft kann vorsehen, dass § 33 keine Anwendung findet. ²In diesem Fall gelten die Bestimmungen des Absatzes 2.

(2) ¹Nach Veröffentlichung der Entscheidung zur Abgabe eines Angebots bis zur Veröffentlichung des Ergebnisses nach § 23 Abs. 1 Satz 1 Nr. 2 dürfen Vorstand und Aufsichtsrat der Zielgesellschaft keine Handlungen vornehmen, durch die der Erfolg des Angebots verhindert werden könnte. ²Dies gilt nicht für

1. Handlungen, zu denen die Hauptversammlung den Vorstand oder Aufsichtsrat nach Veröffentlichung der Entscheidung zur Abgabe eines Angebots ermächtigt hat,
2. Handlungen innerhalb des normalen Geschäftsbetriebs,
3. Handlungen außerhalb des normalen Geschäftsbetriebs, sofern sie der Umsetzung von Entscheidungen dienen, die vor der Veröffentlichung der Entscheidung zur Abgabe eines Angebots gefasst und teilweise umgesetzt wurden, und
4. die Suche nach einem konkurrierenden Angebot.

(3) Der Vorstand der Zielgesellschaft hat die Bundesanstalt sowie die Aufsichtsstellen der Staaten des Europäischen Wirtschaftsraums, in denen Wertpapiere der Gesellschaft zum Handel an einem organisierten Markt zugelassen sind, unverzüglich davon zu unterrichten, dass die Zielgesellschaft eine Satzungsbestimmung nach Absatz 1 Satz 1 beschlossen hat.

**§ 33b Europäische Durchbrechungsregel.** (1) Die Satzung einer Zielgesellschaft kann vorsehen, dass Absatz 2 Anwendung findet.

(2) ¹Nach Veröffentlichung der Angebotsunterlage nach § 14 Abs. 3 Satz 1 gelten die folgenden Bestimmungen:

1. während der Annahmefrist eines Übernahmeangebots gelten satzungsmäßige, zwischen der Zielgesellschaft und Aktionären oder zwischen Aktionären vereinbarte Übertragungsbeschränkungen von Aktien nicht gegenüber dem Bieter,
2. während der Annahmefrist eines Übernahmeangebots entfalten in einer Hauptversammlung, die über Abwehrmaßnahmen beschließt, Stimmbindungsverträge keine Wirkung und Mehrstimmrechtsaktien berechtigen zu nur einer Stimme und
3. in der ersten Hauptversammlung, die auf Verlangen des Bieters einberufen wird, um die Satzung zu ändern oder über die Besetzung der Leitungsorgane der Gesellschaft zu entscheiden, entfalten, sofern der Bieter nach dem Angebot über mindestens 75 Prozent der Stimmrechte der Zielgesellschaft verfügt, Stimmbindungsverträge sowie Entsendungsrechte keine Wirkung und Mehrstimmrechtsaktien berechtigen zu nur einer Stimme.

²Satz 1 gilt nicht für Vorzugsaktien ohne Stimmrecht sowie für vor dem 22. April 2004 zwischen der Zielgesellschaft und Aktionären oder zwischen Aktionären vereinbarten Übertragungsbeschränkungen und Stimmbindungen.

(3) Der Vorstand der Zielgesellschaft hat die Bundesanstalt sowie die Aufsichtsstellen der Staaten des Europäischen Wirtschaftsraums, in denen Wertpapiere der Gesellschaft zum Handel an einem organisierten Markt zugelassen sind, unverzüglich davon zu unterrichten, dass die Zielgesellschaft eine Satzungsbestimmung nach Absatz 1 beschlossen hat.

(4) Für die Einberufung und Durchführung der Hauptversammlung im Sinne des Absatzes 2 Satz 1 Nr. 3 gilt § 16 Abs. 4 entsprechend.

(5) [1] Werden Rechte auf der Grundlage des Absatzes 1 entzogen, ist der Bieter zu einer angemessenen Entschädigung in Geld verpflichtet, soweit diese Rechte vor der Veröffentlichung der Entscheidung zur Abgabe des Angebots nach § 10 Abs. 1 Satz 1 begründet wurden und der Zielgesellschaft bekannt sind. [2] Der Anspruch auf Entschädigung nach Satz 1 kann nur bis zum Ablauf von zwei Monaten seit dem Entzug der Rechte gerichtlich geltend gemacht werden.

**§ 33c Vorbehalt der Gegenseitigkeit.** (1) Die Hauptversammlung einer Zielgesellschaft, deren Satzung die Anwendbarkeit des § 33 ausschließt, kann beschließen, dass § 33 gilt, wenn der Bieter oder ein ihn beherrschendes Unternehmen einer dem § 33a Abs. 2 entsprechenden Regelung nicht unterliegt.

(2) Die Hauptversammlung einer Zielgesellschaft, deren Satzung eine Bestimmung nach § 33b Abs. 1 enthält, kann beschließen, dass diese Bestimmung keine Anwendung findet, wenn der Bieter oder ein ihn beherrschendes Unternehmen einer dieser Bestimmung entsprechenden Regelung nicht unterliegt.

(3) [1] Der Vorbehalt der Gegenseitigkeit gemäß den Absätzen 1 und 2 kann in einem Beschluss gefasst werden. [2] Der Beschluss der Hauptversammlung gilt für höchstens 18 Monate. [3] Der Vorstand der Zielgesellschaft hat die Bundesanstalt und die Aufsichtsstellen der Staaten des Europäischen Wirtschaftsraums, in denen stimmberechtigte Aktien der Gesellschaft zum Handel an einem organisierten Markt zugelassen sind, unverzüglich von der Ermächtigung zu unterrichten. [4] Die Ermächtigung ist unverzüglich auf der Internetseite der Zielgesellschaft zu veröffentlichen.

**§ 33d Verbot der Gewährung ungerechtfertigter Leistungen.** Dem Bieter und mit ihm gemeinsam handelnden Personen ist es verboten, Vorstands- oder Aufsichtsratsmitgliedern der Zielgesellschaft im Zusammenhang mit dem Angebot ungerechtfertigte Geldleistungen oder andere ungerechtfertigte geldwerte Vorteile zu gewähren oder in Aussicht zu stellen.

**§ 34 Anwendung der Vorschriften des Abschnitts 3.** Für Übernahmeangebote gelten die Vorschriften des Abschnitts 3, soweit sich aus den vorstehenden Vorschriften nichts anderes ergibt.

## Abschnitt 5. Pflichtangebote

**§ 35 Verpflichtung zur Veröffentlichung und zur Abgabe eines Angebots.** (1) [1] Wer unmittelbar oder mittelbar die Kontrolle über eine Zielgesellschaft erlangt, hat dies unter Angabe der Höhe seines Stimmrechtsanteils unverzüglich, spätestens innerhalb von sieben Kalendertagen, gemäß § 10 Abs. 3 Satz 1 und 2 zu veröffentlichen. [2] Die Frist beginnt mit dem Zeitpunkt, zu dem der Bieter Kenntnis davon hat oder nach den Umständen haben musste, dass er die Kontrolle über die Zielgesellschaft erlangt hat. ³ In der Veröffentlichung sind die nach § 30 zuzurechnenden Stimmrechte für jeden Zurechnungstatbestand getrennt anzugeben. ⁴ § 10 Abs. 2, 3 Satz 3 und Abs. 4 bis 6 gilt entsprechend.

(2) ¹ Der Bieter hat innerhalb von vier Wochen nach der Veröffentlichung der Erlangung der Kontrolle über eine Zielgesellschaft der Bundesanstalt eine Angebotsunterlage zu übermitteln und nach § 14 Abs. 2 Satz 1 ein Angebot zu veröffentlichen. ² § 14 Abs. 2 Satz 2, Abs. 3 und 4 gilt entsprechend. ³ Ausgenommen von der Verpflichtung nach Satz 1 sind eigene Aktien der Zielgesellschaft, Aktien der Zielgesellschaft, die einem abhängigen oder im Mehrheitsbesitz stehenden Unternehmen der Zielgesellschaft gehören, und Aktien der Zielgesellschaft, die einem Dritten gehören, jedoch für Rechnung der Zielgesellschaft, eines abhängigen oder eines im Mehrheitsbesitz stehenden Unternehmens der Zielgesellschaft gehalten werden.

(3) Wird die Kontrolle über die Zielgesellschaft auf Grund eines Übernahmeangebots erworben, besteht keine Verpflichtung nach Absatz 1 Satz 1 und Absatz 2 Satz 1.

**§ 36 Nichtberücksichtigung von Stimmrechten.** Die Bundesanstalt lässt auf schriftlichen Antrag zu, dass Stimmrechte aus Aktien der Zielgesellschaft bei der Berechnung des Stimmrechtsanteils unberücksichtigt bleiben, wenn die Aktien erlangt wurden durch

1. Erbgang, Erbauseinandersetzung oder unentgeltliche Zuwendung unter Ehegatten, Lebenspartnern oder Verwandten in gerader Linie und bis zum dritten Grade oder durch Vermögensauseinandersetzung aus Anlass der Auflösung einer Ehe oder Lebenspartnerschaft,
2. Rechtsformwechsel oder
3. Umstrukturierungen innerhalb eines Konzerns.

**§ 37 Befreiung von der Verpflichtung zur Veröffentlichung und zur Abgabe eines Angebots.** (1) Die Bundesanstalt kann auf schriftlichen Antrag den Bieter von den Verpflichtungen nach § 35 Abs. 1 Satz 1 und Abs. 2 Satz 1 befreien, sofern dies im Hinblick auf die Art der Erlangung, die mit der Erlangung der Kontrolle beabsichtigte Zielsetzung, ein nach der Erlangung der Kontrolle erfolgendes Unterschreiten der Kontrollschwelle, die Beteiligungsverhältnisse an der Zielgesellschaft oder die tatsächliche Möglichkeit zur Ausübung der Kontrolle unter Berücksichtigung der Interessen des Antragstellers und der Inhaber der Aktien der Zielgesellschaft gerechtfertigt erscheint.

(2) ¹ Das Bundesministerium der Finanzen kann durch Rechtsverordnung[1]), die nicht der Zustimmung des Bundesrates bedarf, nähere Bestimmungen über die Befreiung von den Verpflichtungen nach § 35 Abs. 1 Satz 1, Abs. 2 Satz 1 erlassen. ² Das Bundesministerium der Finanzen kann die Ermächtigung durch Rechtsverordnung auf die Bundesanstalt übertragen.

**§ 38 Anspruch auf Zinsen.** Der Bieter ist den Aktionären der Zielgesellschaft für die Dauer des Verstoßes zur Zahlung von Zinsen auf die Gegenleistung in Höhe von fünf Prozentpunkten auf das Jahr über dem jeweiligen Basiszinssatz nach § 247 des Bürgerlichen Gesetzbuchs verpflichtet, wenn

---

¹) Siehe die WpÜG-AngebotsVO (Nr. **17c**).

1. er entgegen § 35 Abs. 1 Satz 1 keine Veröffentlichung gemäß § 10 Abs. 3 Satz 1 vornimmt,
2. er entgegen § 35 Abs. 2 Satz 1 kein Angebot gemäß § 14 Abs. 3 Satz 1 abgibt oder
3. ihm ein Angebot im Sinne des § 35 Abs. 2 Satz 1 nach § 15 Abs. 1 Nr. 1, 2 oder 3 untersagt worden ist.

**§ 39 Anwendung der Vorschriften des Abschnitts 3 und 4.** Für Angebote nach § 35 Abs. 2 Satz 1 gelten mit Ausnahme von § 10 Abs. 1 Satz 1, § 14 Abs. 1 Satz 1, § 16 Abs. 2, § 18 Abs. 1, §§ 19, 25, 26 und 34 die Vorschriften der Abschnitte 3 und 4 sinngemäß.

### Abschnitt 5a. Ausschluss, Andienungsrecht

**§ 39a Ausschluss der übrigen Aktionäre.** (1) [1] Nach einem Übernahme- oder Pflichtangebot sind dem Bieter, dem Aktien der Zielgesellschaft in Höhe von mindestens 95 Prozent des stimmberechtigten Grundkapitals gehören, auf seinen Antrag die übrigen stimmberechtigten Aktien gegen Gewährung einer angemessenen Abfindung durch Gerichtsbeschluss zu übertragen. [2] Gehören dem Bieter zugleich Aktien in Höhe von 95 Prozent des Grundkapitals der Zielgesellschaft, sind ihm auf Antrag auch die übrigen Vorzugsaktien ohne Stimmrecht zu übertragen.

(2) Für die Feststellung der erforderlichen Beteiligungshöhe nach Absatz 1 gilt § 16 Abs. 2 und 4 des Aktiengesetzes entsprechend.

(3) [1] Die Art der Abfindung hat der Gegenleistung des Übernahme- oder Pflichtangebots zu entsprechen. [2] Eine Geldleistung ist stets wahlweise anzubieten. [3] Die im Rahmen des Übernahme- oder Pflichtangebots gewährte Gegenleistung ist als angemessene Abfindung anzusehen, wenn der Bieter auf Grund des Angebots Aktien in Höhe von mindestens 90 Prozent des vom Angebot betroffenen Grundkapitals erworben hat. [4] Die Annahmequote ist für stimmberechtigte Aktien und stimmrechtslose Aktien getrennt zu ermitteln.

(4) [1] Ein Antrag auf Übertragung der Aktien nach Absatz 1 muss innerhalb von drei Monaten nach Ablauf der Annahmefrist gestellt werden. [2] Der Bieter kann den Antrag stellen, wenn das Übernahme- oder Pflichtangebot in einem Umfang angenommen worden ist, dass ihm beim späteren Vollzug des Angebots Aktien in Höhe des zum Ausschluss mindestens erforderlichen Anteils am stimmberechtigten oder am gesamten Grundkapital der Zielgesellschaft gehören werden.

(5) Über den Antrag entscheidet ausschließlich das Landgericht Frankfurt am Main.

(6) Die §§ 327a bis 327f des Aktiengesetzes finden nach Stellung eines Antrags bis zum rechtskräftigen Abschluss des Ausschlussverfahrens keine Anwendung.

**§ 39b Ausschlussverfahren.** (1) Auf das Verfahren für den Ausschluss nach § 39a ist das Gesetz über das Verfahren in Familiensachen und in den Angelegenheiten der freiwilligen Gerichtsbarkeit anzuwenden, soweit in den nachfolgenden Absätzen nichts anderes bestimmt ist.

(2) Das Landgericht hat den Antrag auf Ausschluss nach § 39a in den Gesellschaftsblättern bekannt zu machen.

(3) [1] Das Landgericht entscheidet durch einen mit Gründen versehenen Beschluss. [2] Der Beschluss darf frühestens einen Monat seit Bekanntmachung der Antragstellung im Bundesanzeiger und erst dann ergehen, wenn der Bieter glaubhaft gemacht hat, dass ihm Aktien in Höhe des zum Ausschluss mindestens erforderlichen Anteils am stimmberechtigten oder am gesamten Grundkapital der Zielgesellschaft gehören. [3] Gegen die Entscheidung des Landgerichts findet die Beschwerde statt; sie hat aufschiebende Wirkung.

(4) [1] Das Landgericht hat seine Entscheidung dem Antragsteller und der Zielgesellschaft sowie den übrigen Aktionären der Gesellschaft, sofern diese im Beschlussverfahren angehört wurden, zuzustellen. [2] Es hat die Entscheidung ferner ohne Gründe in den Gesellschaftsblättern bekannt zu geben. [3] Die Beschwerde steht dem Antragsteller und den übrigen Aktionären der Zielgesellschaft zu. [4] Die Beschwerdefrist beginnt mit der Bekanntmachung im Bundesanzeiger, für den Antragsteller und für die übrigen Aktionäre, denen die Entscheidung zugestellt wurde, jedoch nicht vor Zustellung der Entscheidung.

(5) [1] Die Entscheidung ist erst mit Rechtskraft wirksam. [2] Sie wirkt für und gegen alle Aktionäre. [3] Mit rechtskräftiger Entscheidung gehen alle Aktien der übrigen Aktionäre auf den zum Ausschluss berechtigten Aktionär über. [4] Sind über diese Aktien Aktienurkunden ausgegeben, so verbriefen sie bis zu ihrer Aushändigung nur den Anspruch auf eine angemessene Abfindung. [5] Der Vorstand der Zielgesellschaft hat die rechtskräftige Entscheidung unverzüglich zum Handelsregister einzureichen.

(6) [1] Das Gericht ordnet an, dass die Kosten der Antragsgegner, die zur zweckentsprechenden Erledigung der Angelegenheit notwendig waren, ganz oder zum Teil vom Antragsteller zu erstatten sind, wenn dies der Billigkeit entspricht. [2] Gerichtskosten für das Verfahren erster Instanz können dem Antragsgegner nicht auferlegt werden.

**§ 39c Andienungsrecht.** [1] Nach einem Übernahme- oder Pflichtangebot können die Aktionäre einer Zielgesellschaft, die das Angebot nicht angenommen haben, das Angebot innerhalb von drei Monaten nach Ablauf der Annahmefrist annehmen, sofern der Bieter berechtigt ist, einen Antrag nach § 39a zu stellen. [2] Erfüllt der Bieter seine Verpflichtungen nach § 23 Abs. 1 Satz 1 Nr. 4 oder Satz 2 nicht, beginnt die in Satz 1 genannte Dreimonatsfrist erst mit der Erfüllung der Verpflichtungen zu laufen.

## Abschnitt 6. Verfahren

**§ 40 Ermittlungsbefugnisse der Bundesanstalt.** (1) [1] Die Bundesanstalt kann von jedermann Auskünfte, die Vorlage von Unterlagen und die Überlassung von Kopien verlangen sowie Personen laden und vernehmen, soweit dies auf Grund von Anhaltspunkten für die Überwachung der Einhaltung eines Gebots oder Verbots dieses Gesetzes erforderlich ist. [2] Sie kann insbesondere die Angabe von Bestandsveränderungen in Finanzinstrumenten sowie Auskünfte über die Identität weiterer Personen, insbesondere der Auftraggeber und der aus Geschäften berechtigten oder verpflichteten Personen, verlangen. [3] Gesetzliche Auskunfts- oder Aussageverweigerungsrechte sowie gesetzliche Verschwiegenheitspflichten bleiben unberührt.

(2) ¹Während der üblichen Arbeitszeit ist Bediensteten der Bundesanstalt und den von ihr beauftragten Personen, soweit dies zur Wahrnehmung ihrer Aufgaben nach diesem Gesetz erforderlich ist, das Betreten der Grundstücke und Geschäftsräume der nach Absatz 1 auskunftspflichtigen Personen zu gestatten. ²Das Betreten außerhalb dieser Zeit oder das Betreten von Geschäftsräumen, die sich in einer Wohnung befinden, ist ohne Einverständnis nur zulässig und insoweit zu dulden, wie dies zur Verhütung von dringenden Gefahren für die öffentliche Sicherheit und Ordnung erforderlich ist und bei der auskunftspflichtigen Person Anhaltspunkte für einen Verstoß gegen ein Verbot oder Gebot dieses Gesetzes vorliegen. ³Das Grundrecht des Artikels 13 des Grundgesetzes wird insoweit eingeschränkt.

(3) ¹Der zur Erteilung einer Auskunft Verpflichtete kann die Auskunft auf solche Fragen verweigern, deren Beantwortung ihn selbst oder einen der in § 383 Abs. 1 Nr. 1 bis 3 der Zivilprozessordnung bezeichneten Angehörigen der Gefahr strafgerichtlicher Verfolgung oder eines Verfahrens nach dem Gesetz über Ordnungswidrigkeiten aussetzen würde. ²Der Verpflichtete ist über sein Recht zur Verweigerung der Auskunft zu belehren.

## § 41 Widerspruchsverfahren.
(1) ¹Vor Einlegung der Beschwerde sind Rechtmäßigkeit und Zweckmäßigkeit der Verfügungen der Bundesanstalt in einem Widerspruchsverfahren nachzuprüfen. ²Einer solchen Nachprüfung bedarf es nicht, wenn der Abhilfebescheid oder der Widerspruchsbescheid erstmalig eine Beschwer enthält. ³Für das Widerspruchsverfahren gelten die §§ 68 bis 73 der Verwaltungsgerichtsordnung, soweit in diesem Gesetz nichts Abweichendes geregelt ist.

(2) ¹Die Bundesanstalt trifft ihre Entscheidung innerhalb einer Frist von zwei Wochen ab Eingang des Widerspruchs. ²Bei besonderen tatsächlichen oder rechtlichen Schwierigkeiten oder bei einer Vielzahl von Widerspruchsverfahren kann die Bundesanstalt die Frist durch unanfechtbaren Beschluss verlängern.

(3) ¹Die Beteiligten haben an der Aufklärung des Sachverhaltes mitzuwirken, wie es einem auf Förderung und raschen Abschluss des Verfahrens bedachten Vorgehen entspricht. ²Den Beteiligten können Fristen gesetzt werden, nach deren Ablauf weiterer Vortrag unbeachtet bleibt.

(4) ¹Der Widerspruchsausschuss kann das Verfahren ohne mündliche Verhandlung dem Vorsitzenden durch unanfechtbaren Beschluss zur alleinigen Entscheidung übertragen. ²Diese Übertragung ist nur zulässig, sofern die Sache keine wesentlichen Schwierigkeiten in tatsächlicher und rechtlicher Hinsicht aufweist und die Entscheidung nicht von grundsätzlicher Bedeutung sein wird.

## § 42 Sofortige Vollziehbarkeit.
Der Widerspruch gegen Maßnahmen der Bundesanstalt nach § 4 Abs. 1 Satz 3, § 15 Abs. 1 oder 2, § 28 Abs. 1 oder § 40 Abs. 1 und 2 hat keine aufschiebende Wirkung.

## § 43 Bekanntgabe und Zustellung.
(1) ¹Verfügungen, die gegenüber einer Person mit Wohnsitz oder einem Unternehmen mit Sitz außerhalb des Geltungsbereichs dieses Gesetzes ergehen, gibt die Bundesanstalt der Person bekannt, die als Bevollmächtigte benannt wurde. ²Ist kein Bevollmächtigter benannt, so erfolgt die Bekanntgabe durch öffentliche Bekanntmachung im Bundesanzeiger.

(2) ¹Ist die Verfügung zuzustellen, so erfolgt die Zustellung bei Personen mit Wohnsitz oder Unternehmen mit Sitz außerhalb des Geltungsbereichs dieses Gesetzes an die Person, die als Bevollmächtigte benannt wurde. ²Ist kein Bevollmächtigter benannt, so erfolgt die Zustellung durch öffentliche Bekanntmachung im Bundesanzeiger.

**§ 44 Veröffentlichungsrecht der Bundesanstalt.** Die Bundesanstalt kann ihre Verfügungen nach § 4 Abs. 1 Satz 3, § 10 Abs. 2 Satz 3, § 15 Abs. 1 und 2, § 20 Abs. 1, § 28 Abs. 1, § 36 oder § 37 Abs. 1, auch in Verbindung mit einer Rechtsverordnung nach Abs. 2, auf Kosten des Adressaten der Verfügung im Bundesanzeiger veröffentlichen.

**§ 45 Mitteilungen an die Bundesanstalt.** ¹Anträge und Mitteilungen an die Bundesanstalt haben in schriftlicher Form zu erfolgen. ²Eine Übermittlung im Wege der elektronischen Datenfernübertragung ist zulässig, sofern der Absender zweifelsfrei zu erkennen ist.

**§ 46 Zwangsmittel.** ¹Die Bundesanstalt kann Verfügungen, die nach diesem Gesetz ergehen, mit Zwangsmitteln nach den Bestimmungen des Verwaltungs-Vollstreckungsgesetzes durchsetzen. ²Sie kann auch Zwangsmittel gegen juristische Personen des öffentlichen Rechts anwenden. ³Widerspruch und Beschwerde gegen die Androhung und Festsetzung der Zwangsmittel nach den §§ 13 und 14 des Verwaltungs-Vollstreckungsgesetzes haben keine aufschiebende Wirkung. ⁴Die Höhe des Zwangsgeldes beträgt abweichend von § 11 des Verwaltungs-Vollstreckungsgesetzes bis zu 500 000 Euro.

*[§ 47 bis 30.9.2021:]*
**§ 47 Gebühren und Auslagen.** ¹Die Bundesanstalt erhebt für individuell zurechenbare öffentliche Leistungen auf Grund des § 10 Absatz 2 Satz 3, der §§ 14 und 15 Absatz 1 oder 2, der §§ 20, 24, 28 Absatz 1, der §§ 36, 37 Absatz 1, auch in Verbindung mit einer Rechtsverordnung nach Absatz 2, oder des § 41 in Verbindung mit § 6 Gebühren und Auslagen. ²Das Bundesministerium der Finanzen bestimmt die Gebührentatbestände im Einzelnen und die Höhe der Gebühren durch Rechtsverordnung, die nicht der Zustimmung des Bundesrates bedarf. ³Das Bundesministerium der Finanzen kann die Ermächtigung durch Rechtsverordnung auf die Bundesanstalt übertragen.

*[§ 47 ab 1.10.2021:]*
**§ 47** *(aufgehoben)*

## Abschnitt 7. Rechtsmittel

**§ 48 Statthaftigkeit, Zuständigkeit.** (1) ¹Gegen Verfügungen der Bundesanstalt ist die Beschwerde statthaft. ²Sie kann auch auf neue Tatsachen und Beweismittel gestützt werden.

(2) Die Beschwerde steht den am Verfahren vor der Bundesanstalt Beteiligten zu.

(3) ¹Die Beschwerde ist auch gegen die Unterlassung einer beantragten Verfügung der Bundesanstalt statthaft, auf deren Vornahme der Antragsteller ein Recht zu haben behauptet. ²Als Unterlassung gilt es auch, wenn die Bundesanstalt den Antrag auf Vornahme der Verfügung ohne zureichenden Grund in

angemessener Frist nicht beschieden hat. ³Die Unterlassung ist dann einer Ablehnung gleich zu erachten.

(4) Über die Beschwerde entscheidet ausschließlich das für den Sitz der Bundesanstalt in Frankfurt am Main zuständige Oberlandesgericht.

**§ 49 Aufschiebende Wirkung.** Die Beschwerde hat aufschiebende Wirkung, soweit durch die angefochtene Verfügung eine Befreiung nach § 10 Abs. 1 Satz 3 oder § 37 Abs. 1, auch in Verbindung mit einer Rechtsverordnung nach Abs. 2, oder eine Nichtberücksichtigung von Stimmrechtsanteilen nach § 36 widerrufen wird.

**§ 50 Anordnung der sofortigen Vollziehung.** (1) Die Bundesanstalt kann in den Fällen des § 49 die sofortige Vollziehung der Verfügung anordnen, wenn dies im öffentlichen Interesse oder im überwiegenden Interesse eines Beteiligten geboten ist.

(2) Die Anordnung nach Absatz 1 kann bereits vor der Einreichung der Beschwerde getroffen werden.

(3) Auf Antrag kann das Beschwerdegericht die aufschiebende Wirkung von Widerspruch oder Beschwerde ganz oder teilweise anordnen oder wiederherstellen, wenn

1. die Voraussetzungen für die Anordnung nach Absatz 1 nicht vorgelegen haben oder nicht mehr vorliegen,
2. ernstliche Zweifel an der Rechtmäßigkeit der angefochtenen Verfügung bestehen oder
3. die Vollziehung für den Betroffenen eine unbillige, nicht durch überwiegende öffentliche Interessen gebotene Härte zur Folge hätte.

(4) ¹Der Antrag nach Absatz 3 ist schon vor Einreichung der Beschwerde zulässig. ²Die Tatsachen, auf die der Antrag gestützt wird, sind vom Antragsteller glaubhaft zu machen. ³Ist die Verfügung im Zeitpunkt der Entscheidung schon vollzogen, kann das Gericht auch die Aufhebung der Vollziehung anordnen. ⁴Die Anordnung der aufschiebenden Wirkung kann von der Leistung einer Sicherheit oder von anderen Auflagen abhängig gemacht werden. ⁵Sie kann auch befristet werden.

(5) ¹Beschlüsse über Anträge nach Absatz 3 können jederzeit geändert oder aufgehoben werden. ²Soweit durch sie den Anträgen entsprochen ist, sind sie unanfechtbar.

**§ 51 Frist und Form.** (1) ¹Die Beschwerde ist binnen einer Notfrist von einem Monat bei dem Beschwerdegericht schriftlich einzureichen. ²Die Frist beginnt mit der Bekanntgabe oder der Zustellung des Widerspruchsbescheides der Bundesanstalt.

(2) Ergeht auf einen Antrag keine Verfügung, so ist die Beschwerde an keine Frist gebunden.

(3) ¹Die Beschwerde ist zu begründen. ²Die Frist für die Beschwerdebegründung beträgt einen Monat; sie beginnt mit der Einlegung der Beschwerde und kann auf Antrag von dem Vorsitzenden des Beschwerdegerichts verlängert werden.

(4) Die Beschwerdebegründung muss enthalten

1. die Erklärung, inwieweit die Verfügung angefochten und ihre Abänderung oder Aufhebung beantragt wird, und
2. die Angabe der Tatsachen und Beweismittel, auf die sich die Beschwerde stützt.

**§ 52 Beteiligte am Beschwerdeverfahren.** An dem Verfahren vor dem Beschwerdegericht sind der Beschwerdeführer und die Bundesanstalt beteiligt.

**§ 53 Anwaltszwang.** [1] Vor dem Beschwerdegericht müssen die Beteiligten sich durch einen Rechtsanwalt oder Rechtslehrer an einer deutschen Hochschule im Sinne des Hochschulrahmengesetzes mit Befähigung zum Richteramt als Bevollmächtigten vertreten lassen. [2] Die Bundesanstalt kann sich durch einen Beamten auf Lebenszeit mit Befähigung zum Richteramt vertreten lassen.

**§ 54 Mündliche Verhandlung.** (1) Das Beschwerdegericht entscheidet über die Beschwerde auf Grund mündlicher Verhandlung; mit Einverständnis der Beteiligten kann ohne mündliche Verhandlung entschieden werden.

(2) Sind die Beteiligten in dem Verhandlungstermin trotz rechtzeitiger Benachrichtigung nicht erschienen oder gehörig vertreten, so kann gleichwohl in der Sache verhandelt und entschieden werden.

**§ 55 Untersuchungsgrundsatz.** (1) Das Beschwerdegericht erforscht den Sachverhalt von Amts wegen.

(2) Das Gericht hat darauf hinzuwirken, dass Formfehler beseitigt, unklare Anträge erläutert, sachdienliche Anträge gestellt, ungenügende tatsächliche Angaben ergänzt, ferner alle für die Feststellung und Beurteilung des Sachverhalts wesentlichen Erklärungen abgegeben werden.

(3) [1] Das Beschwerdegericht kann den Beteiligten aufgeben, sich innerhalb einer zu bestimmenden Frist über aufklärungsbedürftige Punkte zu äußern, Beweismittel zu bezeichnen und in ihren Händen befindliche Urkunden sowie andere Beweismittel vorzulegen. [2] Bei Versäumung der Frist kann nach Lage der Sache ohne Berücksichtigung der nicht beigebrachten Beweismittel entschieden werden.

**§ 56 Beschwerdeentscheidung; Vorlagepflicht.** (1) [1] Das Beschwerdegericht entscheidet durch Beschluss nach seiner freien, aus dem Gesamtergebnis des Verfahrens gewonnenen Überzeugung. [2] Der Beschluss darf nur auf Tatsachen und Beweismittel gestützt werden, zu denen die Beteiligten sich äußern konnten. [3] Das Beschwerdegericht kann hiervon abweichen, soweit Beigeladenen aus berechtigten Interessen der Beteiligten oder dritter Personen Akteneinsicht nicht gewährt und der Akteninhalt aus diesen Gründen auch nicht vorgetragen worden ist. [4] Dies gilt nicht für solche Beigeladene, die an dem streitigen Rechtsverhältnis derart beteiligt sind, dass die Entscheidung auch ihnen gegenüber nur einheitlich ergehen kann.

(2) [1] Hält das Beschwerdegericht die Verfügung der Bundesanstalt für unzulässig oder unbegründet, so hebt es die Verfügung auf. [2] Hat sich die Verfügung vorher durch Zurücknahme oder auf andere Weise erledigt, so spricht das Beschwerdegericht auf Antrag aus, dass die Verfügung der Bundesanstalt unzulässig oder unbegründet gewesen ist, wenn der Beschwerdeführer ein berechtigtes Interesse an dieser Feststellung hat.

(3) Hält das Beschwerdegericht die Ablehnung oder Unterlassung der Verfügung für unzulässig oder unbegründet, so spricht es die Verpflichtung der Bundesanstalt aus, die beantragte Verfügung vorzunehmen.

(4) Die Verfügung ist auch dann unzulässig oder unbegründet, wenn die Bundesanstalt von ihrem Ermessen fehlerhaft Gebrauch gemacht hat, insbesondere wenn sie die gesetzlichen Grenzen des Ermessens überschritten oder durch die Ermessensentscheidung Sinn und Zweck dieses Gesetzes verletzt hat.

(5) Der Beschluss ist zu begründen und den Beteiligten zuzustellen.

(6) [1] Will das Beschwerdegericht von einer Entscheidung eines Oberlandesgerichts oder des Bundesgerichtshofs abweichen, so legt es die Sache dem Bundesgerichtshof vor. [2] Der Bundesgerichtshof entscheidet anstelle des Oberlandesgerichts.

**§ 57 Akteneinsicht.** (1) [1] Die in § 52 bezeichneten Beteiligten können die Akten des Beschwerdegerichts einsehen und sich durch die Geschäftsstelle auf ihre Kosten Ausfertigungen, Auszüge und Abschriften erteilen lassen. [2] § 299 Abs. 3 der Zivilprozessordnung gilt entsprechend.

(2) [1] Einsicht in Vorakten, Beiakten, Gutachten und Unterlagen über Auskünfte ist nur mit Zustimmung der Stellen zulässig, denen die Akten gehören oder die die Äußerung eingeholt haben. [2] Die Bundesanstalt hat die Zustimmung zur Einsicht in die ihr gehörigen Unterlagen zu versagen, soweit dies aus wichtigen Gründen, insbesondere zur Wahrung von berechtigten Interessen Beteiligter oder dritter Personen, geboten ist. [3] Wird die Einsicht abgelehnt oder ist sie unzulässig, dürfen diese Unterlagen der Entscheidung nur insoweit zugrunde gelegt werden, als ihr Inhalt vorgetragen worden ist. [4] Das Beschwerdegericht kann die Offenlegung von Tatsachen oder Beweismitteln, deren Geheimhaltung aus wichtigen Gründen, insbesondere zur Wahrung von berechtigten Interessen Beteiligter oder Dritter verlangt wird, nach Anhörung des von der Offenlegung Betroffenen durch Beschluss anordnen, soweit es für die Entscheidung auf diese Tatsachen oder Beweismittel ankommt, andere Möglichkeiten der Sachaufklärung nicht bestehen und nach Abwägung aller Umstände des Einzelfalles die Bedeutung der Sache für die Sicherung eines ordnungsgemäßen Verfahrens das Interesse des Betroffenen an der Geheimhaltung überwiegt. [5] Der Beschluss ist zu begründen. [6] In dem Verfahren nach Satz 4 muss sich der Betroffene nicht anwaltlich vertreten lassen.

**§ 58 Geltung von Vorschriften des Gerichtsverfassungsgesetzes und der Zivilprozessordnung.** Im Verfahren vor dem Beschwerdegericht gelten, soweit nichts anderes bestimmt ist, entsprechend
1. die Vorschriften der §§ 169 bis 197 des Gerichtsverfassungsgesetzes über Öffentlichkeit, Sitzungspolizei, Gerichtssprache, Beratung und Abstimmung und
2. die Vorschriften der Zivilprozessordnung über Ausschließung und Ablehnung eines Richters, über Prozessbevollmächtigte und Beistände, über die Zustellung von Amts wegen, über Ladungen, Termine und Fristen, über die Anordnung des persönlichen Erscheinens der Parteien, über die Verbindung mehrerer Prozesse, über die Erledigung des Zeugen- und Sachverständigenbeweises sowie über die sonstigen Arten des Beweisverfahrens, über die Wiedereinsetzung in den vorigen Stand gegen die Versäumung einer Frist.

## Abschnitt 8. Sanktionen

**§ 59 Rechtsverlust.** [1] Rechte aus Aktien, die dem Bieter, mit ihm gemeinsam handelnden Personen oder deren Tochterunternehmen gehören oder aus denen ihm, mit ihm gemeinsam handelnden Personen oder deren Tochterunternehmen Stimmrechte gemäß § 30 Absatz 1 und 2 zugerechnet werden, bestehen nicht für die Zeit, für welche die Pflichten nach § 35 Abs. 1 oder 2 nicht erfüllt werden. [2] Dies gilt nicht für Ansprüche nach § 58 Abs. 4 des Aktiengesetzes und § 271 des Aktiengesetzes, wenn die Veröffentlichung oder das Angebot nach § 35 Abs. 1 Satz 1 oder Abs. 2 Satz 1 nicht vorsätzlich unterlassen wurde und nachgeholt worden ist.

**§ 60 Bußgeldvorschriften.** (1) Ordnungswidrig handelt, wer vorsätzlich oder leichtfertig

1. entgegen
   a) § 10 Abs. 1 Satz 1, § 14 Abs. 2 Satz 1 oder § 35 Abs. 1 Satz 1 oder Abs. 2 Satz 1,
   b) § 21 Abs. 2 Satz 1, § 23 Abs. 1 Satz 1 oder Abs. 2 Satz 1 oder § 27 Abs. 3 Satz 1 oder
   c) § 1 Abs. 5 Satz 2 in Verbindung mit einer Rechtsverordnung nach § 1 Abs. 5 Satz 3
   eine Veröffentlichung nicht, nicht richtig, nicht vollständig, nicht in der vorgeschriebenen Weise oder nicht rechtzeitig vornimmt,
2. entgegen
   a) § 10 Abs. 2 Satz 1, auch in Verbindung mit § 35 Abs. 1 Satz 4, § 14 Abs. 1 Satz 1 oder § 35 Abs. 2 Satz 1,
   b) § 10 Abs. 5, auch in Verbindung mit § 35 Abs. 1 Satz 4, oder § 14 Abs. 4, auch in Verbindung mit § 21 Abs. 2 Satz 2 oder § 35 Abs. 2 Satz 2, oder
   c) § 27 Abs. 3 Satz 2
   eine Mitteilung, Unterrichtung oder Übermittlung nicht, nicht richtig, nicht vollständig, nicht in der vorgeschriebenen Weise oder nicht rechtzeitig vornimmt,
3. entgegen § 10 Abs. 3 Satz 3, auch in Verbindung mit § 35 Abs. 1 Satz 4, oder § 14 Abs. 2 Satz 2, auch in Verbindung mit § 35 Abs. 2 Satz 2, eine Veröffentlichung vornimmt oder eine Angebotsunterlage bekannt gibt,
4. entgegen § 10 Abs. 4 Satz 1, auch in Verbindung mit § 35 Abs. 1 Satz 4, eine Veröffentlichung nicht, nicht richtig, nicht vollständig oder nicht rechtzeitig übersendet,
5. entgegen § 14 Abs. 3 Satz 2, auch in Verbindung mit § 21 Abs. 2 Satz 2, § 23 Abs. 1 Satz 2 oder § 35 Abs. 2 Satz 2, oder entgegen § 27 Abs. 3 Satz 3 eine Mitteilung nicht, nicht richtig oder nicht rechtzeitig macht,
6. entgegen § 15 Abs. 3 eine Veröffentlichung vornimmt,
7. entgegen § 26 Absatz 1 oder 2 ein Angebot abgibt,
7a. entgegen § 26 Absatz 1 oder 2 seine Absicht, ein Angebot abzugeben, gemäß § 10 Absatz 3 Satz 1 veröffentlicht,
8. entgegen § 33 Abs. 1 Satz 1 oder § 33a Abs. 2 Satz 1 eine dort genannte Handlung vornimmt,

9. entgegen § 33a Abs. 3, § 33b Abs. 3 oder § 33c Abs. 3 Satz 3 eine Unterrichtung nicht, nicht richtig, nicht vollständig oder nicht rechtzeitig vornimmt oder
10. entgegen § 33c Abs. 3 Satz 4 eine Veröffentlichung nicht, nicht richtig, nicht vollständig, nicht in der vorgeschriebenen Weise oder nicht rechtzeitig vornimmt.

(2) Ordnungswidrig handelt, wer vorsätzlich oder fahrlässig
1. einer vollziehbaren Anordnung nach § 28 Abs. 1 oder § 40 Abs. 1 Satz 1 zuwiderhandelt oder
2. entgegen § 40 Abs. 2 Satz 1 oder 2 ein Betreten nicht gestattet oder nicht duldet.

(3) Die Ordnungswidrigkeit kann in den Fällen des Absatzes 1 Nummer 1 Buchstabe a, Nummer 3, 6 bis 8 mit einer Geldbuße bis zu fünf Millionen Euro, in den Fällen des Absatzes 1 Nummer 1 Buchstabe b, Nummer 2 Buchstabe a und Nummer 4 mit einer Geldbuße bis zu zweieinhalb Millionen Euro und in den übrigen Fällen mit einer Geldbuße bis zu einer Million Euro geahndet werden.

(4) Gegenüber einer juristischen Person oder Personenvereinigung kann über Absatz 3 hinaus eine höhere Geldbuße verhängt werden; diese darf
1. in den Fällen des Absatzes 1 Nummer 1 Buchstabe a, Nummer 3, 6 bis 8 den höheren der Beträge von zehn Millionen Euro und 5 Prozent des Gesamtumsatzes, den die juristische Person oder Personenvereinigung im der Behördenentscheidung vorausgegangenen Geschäftsjahr erzielt hat,
2. in den Fällen des Absatzes 1 Nummer 1 Buchstabe b, Nummer 2 Buchstabe a und Nummer 4 den höheren der Beträge von fünf Millionen Euro und 2 Prozent des Gesamtumsatzes, den die juristische Person oder Personenvereinigung im der Behördenentscheidung vorangegangenen Geschäftsjahr erzielt hat, und
3. in den übrigen Fällen zwei Millionen Euro nicht überschreiten.

(5) [1] Über die in den Absätzen 3 und 4 genannten Beträge hinaus kann die Ordnungswidrigkeit mit einer Geldbuße bis zum Zweifachen des aus dem Verstoß gezogenen wirtschaftlichen Vorteils geahndet werden. [2] Der wirtschaftliche Vorteil umfasst erzielte Gewinne und vermiedene Verluste und kann geschätzt werden.

(6) Gesamtumsatz im Sinne des Absatzes 4 ist
1. im Falle von Kreditinstituten, Zahlungsinstituten und Finanzdienstleistungsinstituten im Sinne des § 340 des Handelsgesetzbuchs der Gesamtbetrag, der sich aus dem auf das Institut anwendbaren nationalen Recht im Einklang mit Artikel 27 Nummer 1, 3, 4, 6 und 7 oder Artikel 28 Nummer B1, B2, B3, B4 und B7 der Richtlinie 86/635/EWG des Rates vom 8. Dezember 1986 über den Jahresabschluss und den konsolidierten Abschluss von Banken und anderen Finanzinstituten (ABl. L 372 vom 31.12.1986, S. 1; L 316 vom 23.11.1988, S. 51), die zuletzt durch die Richtlinie 2006/46/EG (ABl. L 224 vom 16.8.2006, S. 1) geändert worden ist, ergibt, abzüglich der Umsatzsteuer und sonstiger direkt auf diese Erträge erhobener Steuern,
2. im Falle von Versicherungsunternehmen der Gesamtbetrag, der sich aus dem auf das Versicherungsunternehmen anwendbaren nationalen Recht im Ein-

klang mit Artikel 63 der Richtlinie 91/674/EWG des Rates vom 19. Dezember 1991 über den Jahresabschluss und den konsolidierten Abschluss von Versicherungsunternehmen (ABl. L 374 vom 31.12.1991, S. 7), die zuletzt durch die Richtlinie 2006/46/EG (ABl. L 224 vom 16.8.2006, S. 1) geändert worden ist, ergibt, abzüglich der Umsatzsteuer und sonstiger direkt auf diese Erträge erhobener Steuern,

3. im Übrigen der Betrag der Nettoumsatzerlöse nach Maßgabe des auf das Unternehmen anwendbaren nationalen Rechts im Einklang mit Artikel 2 Nummer 5 der Richtlinie 2013/34/EU des Europäischen Parlaments und des Rates vom 26. Juni 2013 über den Jahresabschluss, den konsolidierten Abschluss und damit verbundene Berichte von Unternehmen bestimmter Rechtsformen und zur Änderung der Richtlinie 2006/43/EG des Europäischen Parlaments und des Rates und zur Aufhebung der Richtlinien 78/660/EWG und 83/349/EWG des Rates (ABl. L 182 vom 29.6.2013, S. 19; L 369 vom 24.12.2014, S. 79), die zuletzt durch die Richtlinie 2014/102/EU (ABl. L 334 vom 21.11.2014, S. 86) geändert worden ist.

(7) [1] Handelt es sich bei der juristischen Person oder Personenvereinigung nach Absatz 4 um ein Mutterunternehmen oder um eine Tochtergesellschaft, so ist anstelle des Gesamtumsatzes der juristischen Person oder Personenvereinigung der jeweilige Gesamtbetrag in dem Konzernabschluss des Mutterunternehmens maßgeblich, der für den größten Kreis von Unternehmen aufgestellt wird. [2] Wird der Konzernabschluss für den größten Kreis von Unternehmen nicht nach den in Absatz 6 genannten Vorschriften aufgestellt, ist der Gesamtumsatz nach Maßgabe der den in Absatz 6 Nummer 1 bis 3 vergleichbaren Posten des Konzernabschlusses zu ermitteln. [3] Ist ein Jahresabschluss oder Konzernabschluss für das maßgebliche Geschäftsjahr nicht verfügbar, ist der Jahres- oder Konzernabschluss für das unmittelbar vorausgehende Geschäftsjahr maßgeblich; ist auch dieser nicht verfügbar, kann der Gesamtumsatz geschätzt werden.

**§ 61 Zuständige Verwaltungsbehörde.** Verwaltungsbehörde im Sinne des § 36 Abs. 1 Nr. 1 des Gesetzes über Ordnungswidrigkeiten ist die Bundesanstalt.

**§ 62 Zuständigkeit des Oberlandesgerichts im gerichtlichen Verfahren.** (1) [1] Im gerichtlichen Verfahren wegen einer Ordnungswidrigkeit nach § 60 entscheidet das für den Sitz der Bundesanstalt in Frankfurt am Main zuständige Oberlandesgericht; es entscheidet auch über einen Antrag auf gerichtliche Entscheidung (§ 62 des Gesetzes über Ordnungswidrigkeiten) in den Fällen des § 52 Abs. 2 Satz 3 und des § 69 Abs. 1 Satz 2 des Gesetzes über Ordnungswidrigkeiten. [2] § 140 Abs. 1 Nr. 1 der Strafprozessordnung in Verbindung mit § 46 Abs. 1 des Gesetzes über Ordnungswidrigkeiten findet keine Anwendung.

(2) Das Oberlandesgericht entscheidet in der Besetzung von drei Mitgliedern mit Einschluss des vorsitzenden Mitglieds.

**§ 63 Rechtsbeschwerde zum Bundesgerichtshof.** [1] Über die Rechtsbeschwerde (§ 79 des Gesetzes über Ordnungswidrigkeiten) entscheidet der Bundesgerichtshof. [2] Hebt er die angefochtene Entscheidung auf, ohne in der Sache selbst zu entscheiden, so verweist er die Sache an das Oberlandesgericht, dessen Entscheidung aufgehoben wird, zurück.

§ **64 Wiederaufnahme gegen Bußgeldbescheid.** Im Wiederaufnahmeverfahren gegen den Bußgeldbescheid der Bundesanstalt (§ 85 Abs. 4 des Gesetzes über Ordnungswidrigkeiten) entscheidet das nach § 62 Abs. 1 zuständige Gericht.

§ **65 Gerichtliche Entscheidung bei der Vollstreckung.** Die bei der Vollstreckung notwendig werdenden gerichtlichen Entscheidungen (§ 104 des Gesetzes über Ordnungswidrigkeiten) werden von dem nach § 62 Abs. 1 zuständigen Gericht erlassen.

## Abschnitt 9. Gerichtliche Zuständigkeit; Übergangsregelungen

§ **66 Gerichte für Wertpapiererwerbs- und Übernahmesachen.**

(1) [1] Für bürgerliche Rechtsstreitigkeiten, die sich aus diesem Gesetz ergeben, sind ohne Rücksicht auf den Wert des Streitgegenstandes die Landgerichte ausschließlich zuständig. [2] Satz 1 gilt auch für die in § 12 Abs. 6 genannten Ansprüche und für den Fall, dass die Entscheidung eines Rechtsstreits ganz oder teilweise von einer Entscheidung abhängt, die nach diesem Gesetz zu treffen ist. [3] Für Klagen, die auf Grund dieses Gesetzes oder wegen der in § 12 Abs. 6 genannten Ansprüche erhoben werden, ist auch das Landgericht zuständig, in dessen Bezirk die Zielgesellschaft ihren Sitz hat.

(2) Die Rechtsstreitigkeiten sind Handelssachen im Sinne der §§ 93 bis 114 des Gerichtsverfassungsgesetzes.

(3) [1] Die Landesregierungen werden ermächtigt, durch Rechtsverordnung bürgerliche Rechtsstreitigkeiten, für die nach Absatz 1 ausschließlich die Landgerichte zuständig sind, einem Landgericht für die Bezirke mehrerer Landgerichte zuzuweisen, wenn eine solche Zusammenfassung der Rechtspflege in Wertpapiererwerbs- und Übernahmesachen dienlich ist. [2] Sie werden ferner ermächtigt, die Entscheidungen über Berufungen und Beschwerden gegen Entscheidungen der nach Absatz 1 zuständigen Landgerichte in bürgerlichen Rechtsstreitigkeiten einem oder einigen der Oberlandesgerichte zuzuweisen, wenn in einem Land mehrere Oberlandesgerichte errichtet sind. [3] Die Landesregierungen können die Ermächtigungen auf die Landesjustizverwaltungen übertragen. [4] Durch Staatsverträge zwischen den Ländern kann die Zuständigkeit eines Landgerichts für einzelne Bezirke oder das gesamte Gebiet mehrerer Länder begründet werden.

§ **67 Senat für Wertpapiererwerbs- und Übernahmesachen beim Oberlandesgericht.** In den ihm nach § 48 Abs. 4, § 62 Abs. 1, §§ 64 und 65 zugewiesenen Rechtssachen entscheidet das Oberlandesgericht durch einen Wertpapiererwerbs- und Übernahmesenat.

§ **68 Übergangsregelungen.** (1) Auf Angebote, die vor dem 14. Juli 2006 veröffentlicht worden sind, findet dieses Gesetz in der vor dem 14. Juli 2006 geltenden Fassung Anwendung.

(2) Für Zielgesellschaften im Sinne des § 2 Abs. 3 Nr. 2, deren stimmberechtigte Wertpapiere am 20. Mai 2006 zum Handel an einem organisierten Markt zugelassen waren, ist § 1 Abs. 3 mit der Maßgabe anzuwenden, dass in Nummer 2 Buchstabe b Doppelbuchstabe bb an die Stelle der Entscheidung der Zielgesellschaft die Entscheidung der betroffenen Aufsichtsstellen tritt.

(3) Wird die Kontrolle über die Zielgesellschaft dadurch erlangt, dass ein vor dem 19. August 2008 abgestimmtes Verhalten auf Grund der Neufassung des § 30 Abs. 2 ab dem 19. August 2008 zu einer Zurechnung von Stimmrechten führt, besteht keine Verpflichtung nach § 35 Abs. 1 Satz 1 und Abs. 2 Satz 1.

(4) Auf Angebote, die vor dem 19. August 2008 nach § 14 Abs. 2 Satz 1 veröffentlicht worden sind, findet dieses Gesetz in der vor dem 19. August 2008 geltenden Fassung Anwendung.

(5) § 16 Abs. 4 in der Fassung des Gesetzes zur Umsetzung der Aktionärsrechterichtlinie vom 30. Juli 2009 (BGBl. I S. 2479) ist nicht auf Hauptversammlungen anzuwenden, zu denen vor dem 1. September 2009 einberufen wurde.

## 17a. Verordnung über die Anwendbarkeit von Vorschriften betreffend Angebote im Sinne des § 1 Abs. 2 und 3 des Wertpapiererwerbs- und Übernahmegesetzes (WpÜG-Anwendbarkeitsverordnung)

Vom 17. Juli 2006
(BGBl. I S. 1698)

FNA 4110-7-5

Auf Grund des § 1 Abs. 4 in Verbindung mit Abs. 2 und 3 des Wertpapiererwerbs- und Übernahmegesetzes[1]) vom 20. Dezember 2001 (BGBl. I S. 3822), der durch Artikel 1 Nr. 2 des Gesetzes vom 8. Juli 2006 (BGBl. I S. 1426) eingefügt worden ist, verordnet das Bundesministerium der Finanzen:

**§ 1 Vorschriften betreffend Angebote im Sinne des § 1 Abs. 2 des Wertpapiererwerbs- und Übernahmegesetzes.** Auf Angebote im Sinne des § 1 Abs. 2 des Wertpapiererwerbs- und Übernahmegesetzes[1]) sind die folgenden Vorschriften dieses Gesetzes sinngemäß anzuwenden, soweit nicht das ausländische Recht Abweichungen nötig macht:

1. die §§ 1 bis 9,
2. § 29,
3. § 30,
4. § 33,
5. § 33a,
6. § 33b,
7. § 33c,
8. § 33d,
9. § 34,
10. § 35 Abs. 1 Satz 4 in Verbindung mit § 10 Abs. 5 Satz 2 und 3,
11. § 35 Abs. 2 Satz 1 hinsichtlich der Verpflichtung zur Abgabe eines Angebots,
12. § 35 Abs. 2 Satz 2 in Verbindung mit § 14 Abs. 4 Satz 2 und 3,
13. § 35 Abs. 2 Satz 3,
14. § 35 Abs. 3,
15. § 36,
16. § 37,
17. § 38,
18. § 39,
19. § 39a,
20. § 39b,
21. § 39c und
22. die §§ 40 bis 68.

---

[1]) Nr. 17.

**§ 2 Vorschriften betreffend Angebote im Sinne des § 1 Abs. 3 des Wertpapiererwerbs- und Übernahmegesetzes.** Auf Angebote im Sinne des § 1 Abs. 3 des Wertpapiererwerbs- und Übernahmegesetzes[1] sind die folgenden Vorschriften dieses Gesetzes sinngemäß anzuwenden, soweit nicht das ausländische Recht Abweichungen nötig macht:

1. die §§ 1 bis 9,
2. § 31,
3. § 32,
4. § 33d,
5. § 34,
6. § 35 Abs. 1 Satz 1 bis 3, Satz 4 in Verbindung mit § 10 Abs. 2, 3 Satz 3, Abs. 4, 5 Satz 1 und Abs. 6,
7. § 35 Abs. 2 Satz 1 hinsichtlich der Verpflichtung zur Übermittlung und Veröffentlichung,
8. § 35 Abs. 2 Satz 2 in Verbindung mit § 14 Abs. 2 Satz 2, Abs. 3 und 4 Satz 1,
9. § 38,
10. § 39 und
11. die §§ 40 bis 68.

**§ 3 Inkrafttreten.** Diese Verordnung tritt am Tage nach der Verkündung[2] in Kraft.

---

[1] Nr. **17**.
[2] Verkündet am 24.7.2006.

## 17b. Verordnung über den Zeitpunkt sowie den Inhalt und die Form der Mitteilung und der Veröffentlichung der Entscheidung einer Zielgesellschaft nach § 1 Abs. 5 Satz 1 und 2 des Wertpapiererwerbs- und Übernahmegesetzes (WpÜG-Beaufsichtigungsmitteilungsverordnung)

Vom 13. Oktober 2006

(BGBl. I S. 2266)

**FNA 4110-7-6**

Auf Grund des § 1 Abs. 5 Satz 4 in Verbindung mit Satz 3 des Wertpapiererwerbs- und Übernahmegesetzes[1)] vom 20. Dezember 2001 (BGBl. I S. 3822), der durch Artikel 1 Nr. 2 des Gesetzes vom 8. Juli 2006 (BGBl. I S. 1426) eingefügt worden ist, in Verbindung mit § 1 Nr. 2 der Verordnung zur Übertragung von Befugnissen zum Erlass von Rechtsverordnungen auf die Bundesanstalt für Finanzdienstleistungsaufsicht vom 13. Dezember 2002 (BGBl. 2003 I S. 3), der zuletzt durch Artikel 1 der Verordnung vom 17. Juli 2006 (BGBl. I S. 1699) geändert worden ist, verordnet die Bundesanstalt für Finanzdienstleistungsaufsicht:

**§ 1 Mitteilung.** (1) Die Zielgesellschaft hat ihre Entscheidung nach § 1 Abs. 5 Satz 1 des Wertpapiererwerbs- und Übernahmegesetzes[1)] der Bundesanstalt für Finanzdienstleistungsaufsicht spätestens am ersten Tag des Handels ihrer stimmberechtigten Wertpapiere an einem organisierten Markt im Inland mitzuteilen.

(2) Die Mitteilung hat zu enthalten:

1. Firma, Sitz, Rechtsform und Geschäftsanschrift der Zielgesellschaft,
2. Angabe der Staaten des Europäischen Wirtschaftsraums, in welchen die stimmberechtigten Wertpapiere der Zielgesellschaft zum Handel an einem organisierten Markt zugelassen sind, sowie die Bezeichnung der organisierten Märkte,
3. Tag der Zulassung der stimmberechtigten Wertpapiere zum Handel an einem organisierten Markt im Inland und den jeweiligen Tag der Zulassung der stimmberechtigten Wertpapiere zum Handel an einem organisierten Markt in anderen Staaten des Europäischen Wirtschaftsraums und
4. Erklärung darüber, welche der betroffenen Aufsichtsstellen für die Beaufsichtigung eines europäischen Angebots zum Erwerb stimmberechtigter Wertpapiere zuständig sein soll.

(3) Die Mitteilung hat schriftlich zu erfolgen.

**§ 2 Veröffentlichung.** (1) Die Zielgesellschaft hat ihre Entscheidung nach § 1 Abs. 5 Satz 1 des Wertpapiererwerbs- und Übernahmegesetzes[1)] mit dem in § 2 Abs. 2 vorgesehenen Inhalt unverzüglich nach der Zulassung der stimmberechtigten Wertpapiere zum Handel an einem organisierten Markt im Inland zu veröffentlichen.

---

[1)] Nr. 17.

(2) ¹ Die Veröffentlichung der Entscheidung ist
1. durch Bekanntgabe im Internet und
2. über ein elektronisch betriebenes Informationsverbreitungssystem, das bei Kreditinstituten, Finanzdienstleistungsinstituten, nach § 53 Abs. 1 des Kreditwesengesetzes tätigen Unternehmen, anderen Unternehmen, die ihren Sitz im Inland haben und an einer inländischen Börse zur Teilnahme am Handel zugelassen sind, und Versicherungsunternehmen weit verbreitet ist,

in deutscher Sprache vorzunehmen. ² Eine Veröffentlichung in anderer Weise darf nicht vor der Veröffentlichung nach Satz 1 vorgenommen werden.

**§ 3 Inkrafttreten.** Diese Verordnung tritt am Tage nach der Verkündung[1] in Kraft.

---

[1] Verkündet am 20.10.2006.

**17c. Verordnung über den Inhalt der Angebotsunterlage, die Gegenleistung bei Übernahmeangeboten und Pflichtangeboten und die Befreiung von der Verpflichtung zur Veröffentlichung und zur Abgabe eines Angebots (WpÜG-Angebotsverordnung)**

Vom 27. Dezember 2001
(BGBl. I S. 4263)

**FNA 4110-7-3**

zuletzt geänd. durch Art. 8 Abs. 8 G zur weiteren Ausführung der EU-ProspektVO und zur Änd. von Finanzmarktgesetzen v. 8.7.2019 (BGBl. I S. 1002)

Auf Grund des § 11 Abs. 4, § 31 Abs. 7 Satz 1 und § 37 Abs. 2 Satz 1 des Wertpapiererwerbs- und Übernahmegesetzes[1] vom 20. Dezember 2001 (BGBl. I S. 3822) verordnet das Bundesministerium der Finanzen:

### Inhaltsübersicht

**Erster Abschnitt. Anwendungsbereich**
§ 1   Anwendungsbereich

**Zweiter Abschnitt. Inhalt der Angebotsunterlage**
§ 2   Ergänzende Angaben der Angebotsunterlage

**Dritter Abschnitt. Gegenleistung bei Übernahmeangeboten und Pflichtangeboten**
§ 3   Grundsatz
§ 4   Berücksichtigung von Vorerwerben
§ 5   Berücksichtigung inländischer Börsenkurse
§ 6   Berücksichtigung ausländischer Börsenkurse
§ 7   Bestimmung des Wertes der Gegenleistung

**Vierter Abschnitt. Befreiung von der Verpflichtung zur Veröffentlichung und zur Abgabe eines Angebots**
§ 8   Antragstellung
§ 9   Befreiungstatbestände
§ 10  Antragsinhalt
§ 11  Antragsunterlagen
§ 12  Prüfung der Vollständigkeit des Antrags
§ 12a Übergangsvorschriften

**Fünfter Abschnitt. Schlussvorschrift**
§ 13  Inkrafttreten

### Erster Abschnitt. Anwendungsbereich

**§ 1 Anwendungsbereich.** Diese Verordnung ist auf Angebote gemäß § 2 Abs. 1 des Wertpapiererwerbs- und Übernahmegesetzes[1] anzuwenden.

### Zweiter Abschnitt. Inhalt der Angebotsunterlage

**§ 2 Ergänzende Angaben der Angebotsunterlage.** Der Bieter hat in seine Angebotsunterlage folgende ergänzende Angaben aufzunehmen:

---

[1] Nr. 17.

1. Name oder Firma und Anschrift oder Sitz der mit dem Bieter und der Zielgesellschaft gemeinsam handelnden Personen und der Personen, deren Stimmrechte aus Aktien der Zielgesellschaft nach § 30 des Wertpapiererwerbs- und Übernahmegesetzes[1]) Stimmrechten des Bieters gleichstehen oder ihm zuzurechnen sind, sowie, wenn es sich bei diesen Personen um Gesellschaften handelt, die Rechtsform und das Verhältnis der Gesellschaften zum Bieter und zur Zielgesellschaft;
2. Angaben nach Artikel 13 Absatz 1, Artikel 14 Absatz 1 und 2 oder Artikel 15 Absatz 1 der Verordnung (EU) 2017/1129[2]) in Verbindung mit den jeweiligen Vorgaben in den Kapiteln II bis IV der Delegierten Verordnung (EU) 2019/980 der Kommission vom 14. März 2019 zur Ergänzung der Verordnung (EU) 2017/1129 des Europäischen Parlaments und des Rates hinsichtlich der Aufmachung, des Inhalts, der Prüfung und der Billigung des Prospekts, der beim öffentlichen Angebot von Wertpapieren oder bei deren Zulassung zum Handel an einem geregelten Markt zu veröffentlichen ist, und zur Aufhebung der Verordnung (EG) Nr. 809/2004 der Kommission (ABl. L 166 vom 21.6.2019, S. 26), sofern Wertpapiere als Gegenleistung angeboten werden; wurde für die Wertpapiere vor Veröffentlichung der Angebotsunterlage ein Prospekt, auf Grund dessen die Wertpapiere öffentlich angeboten oder zum Handel an einem organisierten Markt zugelassen worden sind, im Inland in deutscher Sprache veröffentlicht und ist für die als Gegenleistung angebotenen Wertpapiere während der gesamten Laufzeit des Angebots ein gültiger Prospekt veröffentlicht, genügt die Angabe, dass ein Prospekt veröffentlicht wurde und wo dieser jeweils erhältlich ist;

2a. Angaben nach § 7 des Vermögensanlagengesetzes[3]) in Verbindung mit der Vermögensanlagen-Verkaufsprospektverordnung[4]), sofern Vermögensanlagen im Sinne des § 1 Absatz 2 des Vermögensanlagengesetzes als Gegenleistung angeboten werden; wurde für die Vermögensanlagen innerhalb von zwölf Monaten vor Veröffentlichung der Angebotsunterlage ein Verkaufsprospekt im Inland in deutscher Sprache veröffentlicht, genügt die Angabe, dass ein Verkaufsprospekt veröffentlicht wurde und wo dieser erhältlich ist, sowie die Angabe der seit der Veröffentlichung des Verkaufsprospekts eingetretenen Änderungen;

3. die zur Festsetzung der Gegenleistung angewandten Bewertungsmethoden und die Gründe, warum die Anwendung dieser Methoden angemessen ist, sowie die Angabe, welches Umtauschverhältnis oder welcher Gegenwert sich bei der Anwendung verschiedener Methoden, sofern mehrere angewandt worden sind, jeweils ergibt; zugleich ist darzulegen, welches Gewicht den verschiedenen Methoden bei der Bestimmung des Umtauschverhältnisses oder des Gegenwerts und der ihnen zugrunde liegenden Werte beigemessen worden ist, welche Gründe für die Gewichtung bedeutsam waren, und welche besonderen Schwierigkeiten bei der Bewertung der Gegenleistung aufgetreten sind,

---
[1]) Nr. **17.**
[2]) Nr. **6.**
[3]) Nr. **8.**
[4]) Nr. **8a.**

3a. die zur Berechnung der Entschädigung nach § 33b Abs. 5 des Wertpapiererwerbs- und Übernahmegesetzes angewandten Berechnungsmethoden, sowie die Gründe, warum die Anwendung dieser Methoden angemessen ist;

4. die Maßnahmen, die die Adressaten des Angebots ergreifen müssen, um dieses anzunehmen und um die Gegenleistung für die Wertpapiere zu erhalten, die Gegenstand des Angebots sind, sowie Angaben über die mit diesen Maßnahmen für die Adressaten verbundenen Kosten und den Zeitpunkt, zu dem diejenigen, die das Angebot angenommen haben, die Gegenleistung erhalten;

5. die Anzahl der vom Bieter und von mit ihm gemeinsam handelnden Personen und deren Tochterunternehmen bereits gehaltenen Wertpapiere sowie die Höhe der von diesen gehaltenen Stimmrechtsanteile unter Angabe der ihnen jeweils nach § 30 des Wertpapiererwerbs- und Übernahmegesetzes zuzurechnenden Stimmrechtsanteile getrennt für jeden Zurechnungstatbestand sowie die Höhe der nach den §§ 38 und 39 des Wertpapierhandelsgesetzes[1]) mitzuteilenden Stimmrechtsanteile;

6. bei Teilangeboten der Anteil oder die Anzahl der Wertpapiere der Zielgesellschaft, die Gegenstand des Angebots sind, sowie Angaben über die Zuteilung nach § 19 des Wertpapiererwerbs- und Übernahmegesetzes;

7. Art und Umfang der von den in Nummer 5 genannten Personen und Unternehmen jeweils für den Erwerb von Wertpapieren der Zielgesellschaft gewährten oder vereinbarten Gegenleistung, sofern der Erwerb innerhalb von sechs Monaten vor der Veröffentlichung gemäß § 10 Abs. 3 Satz 1 des Wertpapiererwerbs- und Übernahmegesetzes oder vor der Veröffentlichung der Angebotsunterlage gemäß § 14 Abs. 3 Satz 1 des Wertpapiererwerbs- und Übernahmegesetzes erfolgte; dem Erwerb gleichgestellt sind Vereinbarungen, auf Grund derer die Übereignung der Wertpapiere verlangt werden kann;

7a. bei Angeboten nach § 39 Absatz 2 Satz 3 Nummer 1 des Börsengesetzes[2]) Angaben zu dem bevorstehenden Antrag der Zielgesellschaft auf einen Widerruf der Zulassung der betroffenen Wertpapiere zum Handel im regulierten Markt; die Angaben müssen einen ausdrücklichen Hinweis auf mögliche Einschränkungen der Handelbarkeit der betroffenen Wertpapiere als Folge des Widerrufs und die damit einhergehende Möglichkeit von Kursverlusten enthalten;

8. Angaben zum Erfordernis und Stand behördlicher, insbesondere wettbewerbsrechtlicher Genehmigungen und Verfahren im Zusammenhang mit dem Erwerb der Wertpapiere der Zielgesellschaft;

9. der Hinweis auf die Annahmefrist im Falle einer Änderung des Angebots nach § 21 Abs. 5 des Wertpapiererwerbs- und Übernahmegesetzes und die Annahmefrist im Falle konkurrierender Angebote nach § 22 Abs. 2 des Wertpapiererwerbs- und Übernahmegesetzes sowie im Falle von Übernahmeangeboten der Hinweis auf die weitere Annahmefrist nach § 16 Abs. 2 des Wertpapiererwerbs- und Übernahmegesetzes;

---

[1]) Nr. **12**.
[2]) Nr. **4**.

10. der Hinweis, wo die Angebotsunterlage gemäß § 14 Abs. 3 Satz 1 des Wertpapiererwerbs- und Übernahmegesetzes veröffentlicht wird;
11. der Hinweis auf das Rücktrittsrecht nach § 21 Abs. 4 und § 22 Abs. 3 des Wertpapiererwerbs- und Übernahmegesetzes und
12. Angaben darüber, welchem Recht die sich aus der Annahme des Angebots ergebenden Verträge zwischen dem Bieter und den Inhabern der Wertpapiere der Zielgesellschaft unterliegen, und die Angabe des Gerichtsstands.

**Dritter Abschnitt. Gegenleistung bei Übernahmeangeboten und Pflichtangeboten**

**§ 3 Grundsatz.** ¹Bei Übernahmeangeboten und Pflichtangeboten hat der Bieter den Aktionären der Zielgesellschaft eine angemessene Gegenleistung anzubieten. ²Die Höhe der Gegenleistung darf den nach den §§ 4 bis 6 festgelegten Mindestwert nicht unterschreiten. ³Sie ist für Aktien, die nicht derselben Gattung angehören, getrennt zu ermitteln.

**§ 4 Berücksichtigung von Vorerwerben.** ¹Die Gegenleistung für die Aktien der Zielgesellschaft muss mindestens dem Wert der höchsten vom Bieter, einer mit ihm gemeinsam handelnden Person oder deren Tochterunternehmen gewährten oder vereinbarten Gegenleistung für den Erwerb von Aktien der Zielgesellschaft innerhalb der letzten sechs Monate vor der Veröffentlichung nach § 14 Abs. 2 Satz 1 oder § 35 Abs. 2 Satz 1 des Wertpapiererwerbs- und Übernahmegesetzes[1]) entsprechen. ²§ 31 Abs. 6 des Wertpapiererwerbs- und Übernahmegesetzes gilt entsprechend.

**§ 5 Berücksichtigung inländischer Börsenkurse.** (1) Sind die Aktien der Zielgesellschaft zum Handel an einer inländischen Börse zugelassen, muss die Gegenleistung mindestens dem gewichteten durchschnittlichen inländischen Börsenkurs dieser Aktien während der letzten drei Monate vor der Veröffentlichung nach § 10 Abs. 1 Satz 1 oder § 35 Abs. 1 Satz 1 des Wertpapiererwerbs- und Übernahmegesetzes[1]) entsprechen.

(2) Sind die Aktien der Zielgesellschaft zum Zeitpunkt der Veröffentlichung nach § 10 Abs. 1 Satz 1 oder § 35 Abs. 1 Satz 1 des Wertpapiererwerbs- und Übernahmegesetzes noch keine drei Monate zum Handel an einer inländischen Börse zugelassen, so muss der Wert der Gegenleistung mindestens dem gewichteten durchschnittlichen inländischen Börsenkurs seit der Einführung der Aktien in den Handel entsprechen.

(3) Der gewichtete durchschnittliche inländische Börsenkurs ist der nach Umsätzen gewichtete Durchschnittskurs der der Bundesanstalt für Finanzdienstleistungsaufsicht (Bundesanstalt) nach Artikel 26 der Verordnung (EU) Nr. 600/2014[2]) des Europäischen Parlaments und des Rates vom 15. Mai 2014 über Märkte für Finanzinstrumente und zur Änderung der Verordnung (EU) Nr. 648/2012 (ABl. L 173 vom 12.6.2014, S. 84; L 6 vom 10.1.2015, S. 6; L 270 vom 15.10.2015, S. 4), die zuletzt durch die Verordnung (EU) 2016/1033 (ABl. L 175 vom 30.6.2016, S. 1) geändert worden ist, oder von einer zentralen

---

[1]) Nr. **17**.
[2]) Nr. **2**.

Gegenpartei nach § 22 Absatz 3 des Wertpapierhandelsgesetzes[1]) als an einem organisierten Markt getätigt gemeldeten oder übermittelten Geschäfte.

(4) Sind für die Aktien der Zielgesellschaft während der letzten drei Monate vor der Veröffentlichung nach § 10 Abs. 1 Satz 1 oder § 35 Abs. 1 Satz 1 des Wertpapiererwerbs- und Übernahmegesetzes an weniger als einem Drittel der Börsentage Börsenkurse festgestellt worden und weichen mehrere nacheinander festgestellte Börsenkurse um mehr als 5 Prozent voneinander ab, so hat die Höhe der Gegenleistung dem anhand einer Bewertung der Zielgesellschaft ermittelten Wert des Unternehmens zu entsprechen.

**§ 6 Berücksichtigung ausländischer Börsenkurse.** (1) Sind die Aktien der Zielgesellschaft ausschließlich zum Handel an einem organisierten Markt im Sinne des § 2 Abs. 7 des Wertpapiererwerbs- und Übernahmegesetzes[2]) in einem anderen Staat des Europäischen Wirtschaftsraums im Sinne des § 2 Abs. 8 des Wertpapiererwerbs- und Übernahmegesetzes zugelassen, muss die Gegenleistung mindestens dem durchschnittlichen Börsenkurs während der letzten drei Monate vor der Veröffentlichung nach § 10 Abs. 1 Satz 1 oder § 35 Abs. 1 Satz 1 des Wertpapiererwerbs- und Übernahmegesetzes des organisierten Marktes mit den höchsten Umsätzen in den Aktien der Zielgesellschaft entsprechen.

(2) Sind die Aktien der Zielgesellschaft zum Zeitpunkt der Veröffentlichung nach § 10 Abs. 1 Satz 1 oder § 35 Abs. 1 Satz 1 des Wertpapiererwerbs- und Übernahmegesetzes noch keine drei Monate zum Handel an einem Markt im Sinne des Absatzes 1 zugelassen, so muss der Wert der Gegenleistung mindestens dem durchschnittlichen Börsenkurs seit Einführung der Aktien in den Handel an diesem Markt entsprechen.

(3) ¹Der durchschnittliche Börsenkurs ist der Durchschnittskurs der börsentäglichen Schlussauktion der Aktien der Zielgesellschaft an dem organisierten Markt. ²Wird an dem organisierten Markt nach Absatz 1 keine Schlussauktion durchgeführt, ist der Durchschnittskurs auf der Grundlage anderer, zur Bildung eines Durchschnittskurses geeigneter Kurse, die börsentäglich festgestellt werden, zu bestimmen.

(4) Werden die Kurse an dem organisierten Markt nach Absatz 1 in einer anderen Währung als in Euro angegeben, sind die zur Bildung des Mindestpreises herangezogenen Durchschnittskurse auf der Grundlage des jeweiligen Tageskurses in Euro umzurechnen.

(5) Die Grundlagen der Berechnung des durchschnittlichen Börsenkurses sind im Einzelnen zu dokumentieren.

(6) § 5 Abs. 4 ist anzuwenden.

**§ 7 Bestimmung des Wertes der Gegenleistung.** Besteht die vom Bieter angebotene Gegenleistung in Aktien, sind für die Bestimmung des Wertes dieser Aktien die §§ 5 und 6 entsprechend anzuwenden.

---

[1]) Nr. **12**.
[2]) Nr. **17**.

## Vierter Abschnitt. Befreiung von der Verpflichtung zur Veröffentlichung und zur Abgabe eines Angebots

**§ 8 Antragstellung.** ¹Der Antrag auf Befreiung von der Pflicht zur Veröffentlichung nach § 35 Abs. 1 Satz 1 des Wertpapiererwerbs- und Übernahmegesetzes[1)] und zur Abgabe eines Angebots nach § 35 Abs. 2 Satz 1 des Wertpapiererwerbs- und Übernahmegesetzes ist vom Bieter bei der Bundesanstalt zu stellen. ²Der Antrag kann vor Erlangung der Kontrolle über die Zielgesellschaft und innerhalb von sieben Kalendertagen nach dem Zeitpunkt gestellt werden, zu dem der Bieter Kenntnis davon hat oder nach den Umständen haben musste, dass er die Kontrolle über die Zielgesellschaft erlangt hat.

**§ 9 Befreiungstatbestände.** ¹Die Bundesanstalt kann insbesondere eine Befreiung von den in § 8 Satz 1 genannten Pflichten erteilen bei Erlangung der Kontrolle über die Zielgesellschaft

1. durch Erbschaft oder im Zusammenhang mit einer Erbauseinandersetzung, sofern Erblasser und Bieter nicht verwandt im Sinne des § 36 Nr. 1 des Wertpapiererwerbs- und Übernahmegesetzes[1)] sind,
2. durch Schenkung, sofern Schenker und Bieter nicht verwandt im Sinne des § 36 Nr. 1 des Wertpapiererwerbs- und Übernahmegesetzes sind,
3. im Zusammenhang mit der Sanierung der Zielgesellschaft,
4. zum Zwecke der Forderungssicherung,
5. auf Grund einer Verringerung der Gesamtzahl der Stimmrechte an der Zielgesellschaft,
6. ohne dass dies vom Bieter beabsichtigt war, soweit die Schwelle des § 29 Abs. 2 des Wertpapiererwerbs- und Übernahmegesetzes nach der Antragstellung unverzüglich wieder unterschritten wird.

²Eine Befreiung kann ferner erteilt werden, wenn

1. ein Dritter über einen höheren Anteil an Stimmrechten verfügt, die weder dem Bieter noch mit diesem gemeinsam handelnden Personen gemäß § 30 des Wertpapiererwerbs- und Übernahmegesetzes gleichstehen oder zuzurechnen sind,
2. auf Grund des in den zurückliegenden drei ordentlichen Hauptversammlungen vertretenen stimmberechtigten Kapitals nicht zu erwarten ist, dass der Bieter in der Hauptversammlung der Zielgesellschaft über mehr als 50 Prozent der vertretenen Stimmrechte verfügen wird,
3. auf Grund der Erlangung der Kontrolle über eine Gesellschaft mittelbar die Kontrolle an einer Zielgesellschaft im Sinne des § 2 Abs. 3 des Wertpapiererwerbs- und Übernahmegesetzes erlangt wurde und der Buchwert der Beteiligung der Gesellschaft an der Zielgesellschaft weniger als 20 Prozent des buchmäßigen Aktivvermögens der Gesellschaft beträgt.

**§ 10 Antragsinhalt.** Der Antrag muss folgende Angaben enthalten:
1. Name oder Firma und Wohnsitz oder Sitz des Antragstellers,
2. Firma, Sitz und Rechtsform der Zielgesellschaft,

---

[1)] Nr. 17.

3. Anzahl der vom Bieter und den gemeinsam handelnden Personen bereits gehaltenen Aktien und Stimmrechte und die ihnen nach § 30 des Wertpapiererwerbs- und Übernahmegesetzes[1)] zuzurechnenden Stimmrechte,
4. Tag, an dem die Schwelle des § 29 Abs. 2 des Wertpapiererwerbs- und Übernahmegesetzes überschritten wurde, und
5. die den Antrag begründenden Tatsachen.

**§ 11 Antragsunterlagen.** Die zur Beurteilung und Bearbeitung des Antrags erforderlichen Unterlagen sind unverzüglich bei der Bundesanstalt einzureichen.

**§ 12 Prüfung der Vollständigkeit des Antrags.** [1]Die Bundesanstalt hat nach Eingang des Antrags und der Unterlagen zu prüfen, ob sie den Anforderungen der §§ 10 und 11 entsprechen. [2]Sind der Antrag oder die Unterlagen nicht vollständig, so hat die Bundesanstalt den Antragsteller unverzüglich aufzufordern, den Antrag oder die Unterlagen innerhalb einer angemessenen Frist zu ergänzen. [3]Wird der Aufforderung innerhalb der von der Bundesanstalt gesetzten Frist nicht entsprochen, gilt der Antrag als zurückgenommen.

**§ 12a Übergangsvorschriften.** Soweit der nach § 5 oder der nach § 39 Absatz 3 des Börsengesetzes[2)] maßgebliche Zeitraum teilweise oder vollständig in die Zeit vor dem 3. Januar 2018 fällt, sind für diesen Zeitraum die nach § 9 des Wertpapierhandelsgesetzes[3)] in der bis zum 2. Januar 2018 geltenden Fassung als börslich gemeldeten Geschäfte zu berücksichtigen.

## Fünfter Abschnitt. Schlussvorschrift

**§ 13 Inkrafttreten.** Diese Verordnung tritt am 1. Januar 2002 in Kraft.

---

[1)] Nr. 17.
[2)] Nr. 4.
[3)] Nr. 12.

## 17d. Verordnung über die Zusammensetzung und das Verfahren des Widerspruchsausschusses bei der Bundesanstalt für Finanzdienstleistungsaufsicht (WpÜG-Widerspruchsausschuss-Verordnung)

Vom 27. Dezember 2001
(BGBl. IS. 4261)

**BGBl. III/FNA 4110-7-2**

zuletzt geänd. durch Art. 1 ÄndVO v. 26.6.2003 (BGBl. I S. 1006)

Auf Grund des § 6 Abs. 4 Satz 1 des Wertpapiererwerbs- und Übernahmegesetzes[1]) vom 20. Dezember 2001 (BGBl. I S. 3822) verordnet das Bundesministerium der Finanzen:

**§ 1 Bestellung und Abberufung der Mitglieder des Widerspruchsausschusses.** (1) Der Präsident der Bundesanstalt wählt aus der gemäß § 5 Abs. 3 Satz 3 des Wertpapiererwerbs- und Übernahmegesetzes[1]) erstellten Vorschlagsliste des Beirats 15 Personen aus und bestellt sie als ehrenamtliche Beisitzer des Widerspruchsausschusses.

(2) Die ehrenamtlichen Beisitzer müssen nach § 15 des Bundeswahlgesetzes wählbar sein.

**§ 2 Vorzeitige Beendigung der Bestellung.** [1]Der Präsident der Bundesanstalt kann einen Beisitzer nach § 86 des Verwaltungsverfahrensgesetzes abberufen. [2]In diesem Fall wird ein neuer Beisitzer nach § 1 Abs. 1 bis zum Ablauf der ursprünglichen Bestellung des abberufenen Beisitzers bestellt.

**§ 3 Reihenfolge der Mitwirkung.** (1) [1]Die ehrenamtlichen Beisitzer sind zur Mitwirkung an Entscheidungen des Widerspruchsausschusses nach Maßgabe der in einer Liste (Beisitzerliste) festgelegten Reihenfolge heranzuziehen, und zwar nach dem Eingang der Widersprüche bei der Bundesanstalt. [2]Jeder Durchgang der Liste bedeutet einen Turnus. [3]Jeder ehrenamtliche Beisitzer wird höchstens einmal je Turnus herangezogen.

(2) [1]Die Reihenfolge der ehrenamtlichen Beisitzer auf der Beisitzerliste wird in einer Sitzung des Widerspruchsausschusses durch Los bestimmt. [2]Das Los zieht der Vorsitzende. [3]Die Beisitzerliste wird vom Vorsitzenden geführt. [4]Scheidet ein ehrenamtlicher Beisitzer aus und wird ein neuer bestellt, tritt dieser an die Stelle des ausscheidenden Beisitzers in der Beisitzerliste.

(3) [1]Bei Verhinderung eines ehrenamtlichen Beisitzers ist der in der Liste nachfolgende zur Mitwirkung berufen. [2]Wurde dieser bereits für einen Widerspruch innerhalb des Turnus herangezogen, ist der nächste, noch nicht herangezogene Beisitzer zur Mitwirkung berufen. [3]Ein bei seiner Heranziehung verhinderter Beisitzer wird erst wieder im nächsten Turnus herangezogen.

**§ 4 Von der Mitwirkung ausgeschlossene Personen.** (1) [1]Unbeschadet der §§ 20 und 21 des Verwaltungsverfahrensgesetzes sind ehrenamtliche Beisitzer, die bei dem Bieter oder der Zielgesellschaft, bei einem mit diesen ver-

---

[1]) Nr. 17.

bundenen Unternehmen oder bei einer mit diesen gemeinsam handelnden Person beschäftigt sind, von der Mitwirkung an Entscheidungen des Widerspruchsausschusses ausgeschlossen. ²Satz 1 gilt auch für ehrenamtliche Beisitzer, die bei einem Unternehmen beschäftigt sind, das für den Bieter, die Zielgesellschaft oder eine mit diesen gemeinsam handelnde Person im Zusammenhang mit dem Angebot tätig geworden ist. ³Den in den Sätzen 1 und 2 genannten Beschäftigten stehen Mitglieder von Organen gleich.

(2) Im Falle des Ausschlusses eines ehrenamtlichen Beisitzers bestimmt der Vorsitzende nach § 3 Abs. 1 und 3 einen anderen ehrenamtlichen Beisitzer.

(3) Unbeschadet der §§ 20 und 21 des Verwaltungsverfahrensgesetzes sind beamtete Beisitzer von der Mitwirkung an Entscheidungen des Widerspruchsausschusses ausgeschlossen, wenn sie an dem Erlass der angegriffenen Entscheidung beteiligt waren.

**§ 5 Einladung zur Sitzung des Widerspruchsausschusses.** ¹Der Vorsitzende des Widerspruchsausschusses beruft den Widerspruchsausschuss ein und lädt die Beisitzer und die Beteiligten ein. ²Die Einladung muss die Zeit und den Ort der Sitzung sowie Angaben zum Gegenstand des Widerspruchsverfahrens und der Besetzung des Widerspruchsausschusses enthalten. ³Der Vorsitzende kann die Sitzung nach Bedarf auch an einem anderen Ort als dem Sitz der Bundesanstalt anberaumen. ⁴In dringenden Fällen kann die Einladung auch telefonisch erfolgen.

**§ 6 Entscheidungen des Widerspruchsausschusses.** (1) ¹Der Widerspruchsausschuss entscheidet in der Regel ohne mündliche Verhandlung. ²Sofern die Angelegenheit besondere Schwierigkeiten tatsächlicher oder rechtlicher Art aufweist, kann der Vorsitzende eine mündliche Verhandlung anordnen.

(2) Die Sitzungen des Widerspruchsausschusses sind nicht öffentlich.

(3) Der Widerspruchsausschuss ist bei Anwesenheit des Vorsitzenden und zweier Beisitzer beschlussfähig.

**§ 7 Entschädigung ehrenamtlicher Beisitzer.** ¹Die ehrenamtlichen Beisitzer des Widerspruchsausschusses verwalten ihr Amt als unentgeltliches Ehrenamt. ²Sie erhalten für ihre Tätigkeit Tagegelder und Reisekostenvergütung nach den Richtlinien des Bundesministeriums der Finanzen über die Abfindung der Mitglieder von Beiräten, Ausschüssen, Kommissionen und ähnlichen Einrichtungen im Bereich des Bundes vom 9. November 1981 (GMBl S. 515), zuletzt geändert durch das Rundschreiben des Bundesministeriums der Finanzen vom 19. März 1997 (GMBl S. 172).

**§ 8 Inkrafttreten.** Diese Verordnung tritt am 1. Januar 2002 in Kraft.

## 17e. Verordnung über Gebühren nach dem Wertpapiererwerbs- und Übernahmegesetz (WpÜG-Gebührenverordnung)[1)]

Vom 27. Dezember 2001
(BGBl. I S. 4267)

**FNA 4110-7-4**

zuletzt geänd. durch Art. 4 Abs. 51 G zur Aktualisierung der Strukturreform des Gebührenrechts des Bundes v. 18.7.2016 (BGBl. I S. 1666)

Auf Grund des § 47 Satz 2 des Wertpapiererwerbs- und Übernahmegesetzes[2)] vom 20. Dezember 2001 (BGBl. I S. 3822) in Verbindung mit dem 2. Abschnitt des Verwaltungskostengesetzes vom 23. Juni 1970 (BGBl. I S. 821) verordnet das Bundesministerium der Finanzen:

**§ 1 Anwendungsbereich.** Die Bundesanstalt für Finanzdienstleistungsaufsicht (Bundesanstalt) erhebt zur Deckung der Verwaltungskosten für die nachfolgend aufgezählten Handlungen nach dem Wertpapiererwerbs- und Übernahmegesetz[2)] Gebühren und Auslagen nach Maßgabe dieser Verordnung.

**§ 2 Gebührenpflichtige Handlungen.** (1) Gebührenpflichtige Handlungen sind:

1. die Entscheidung über einen Antrag auf gleichzeitige Vornahme der Mitteilung und der Veröffentlichung nach § 10 Abs. 2 Satz 3 des Wertpapiererwerbs- und Übernahmegesetzes[2)],
2. die Gestattung der Veröffentlichung der Angebotsunterlage oder das Verstreichenlassen der in § 14 Abs. 2 Satz 1 des Wertpapiererwerbs- und Übernahmegesetzes genannten Frist,
3. die Untersagung des Angebotes nach § 15 Abs. 1 oder 2 des Wertpapiererwerbs- und Übernahmegesetzes,
4. die Entscheidung über einen Antrag auf Befreiung nach § 20 Abs. 1 des Wertpapiererwerbs- und Übernahmegesetzes,
5. die Entscheidung über einen Antrag auf Ausnahme bestimmter Inhaber von Wertpapieren von einem Angebot nach § 24 des Wertpapiererwerbs- und Übernahmegesetzes,
6. die Untersagung von Werbung nach § 28 Abs. 1 des Wertpapiererwerbs- und Übernahmegesetzes,
7. die Entscheidung über einen Antrag auf Nichtberücksichtigung von Aktien der Zielgesellschaft bei der Berechnung des Stimmrechtsanteils nach § 36 des Wertpapiererwerbs- und Übernahmegesetzes,
8. die Entscheidung über einen Antrag auf Befreiung von der Verpflichtung zur Veröffentlichung und zur Abgabe eines Angebotes nach § 37 Abs. 1 des Wertpapiererwerbs- und Übernahmegesetzes,
9. die vollständige oder teilweise Zurückweisung eines Widerspruchs nach § 41 in Verbindung mit § 6 des Wertpapiererwerbs- und Übernahmegesetzes.

---

[1)] **Aufgehoben mit Ablauf des 30.9.2021** durch Art. 4 Abs. 51 G v. 18.7.2016 (BGBl. I S. 1666).
[2)] Nr. **17**.

(2) Eine Gebühr wird auch erhoben, wenn ein Antrag auf Vornahme einer nach Absatz 1 Nr. 1, 4, 5, 7 oder Nr. 8 gebührenpflichtigen Handlung nach Beginn der sachlichen Bearbeitung, jedoch vor deren Beendigung zurückgenommen wird.

**§ 3 Auslagen.** [1] Als Auslagen werden die Kosten der Veröffentlichung nach § 44 des Wertpapiererwerbs- und Übernahmegesetzes[1]) sowie die Kosten, die im Rahmen des Widerspruchsverfahrens den Mitgliedern des Widerspruchsausschusses für die Teilnahme an den Sitzungen entstehen, erhoben. [2] Im Übrigen gilt § 23 Absatz 6 des Bundesgebührengesetzes.

**§ 4 Höhe der Gebühren.** (1) Die Gebühr beträgt für individuell zurechenbare öffentliche Leistungen

1. nach § 2 Abs. 1 Nr. 1: 1 000 Euro,
2. nach § 2 Abs. 1 Nr. 4: 2 000 Euro bis 5 000 Euro,
3. nach § 2 Abs. 1 Nr. 5, 6 oder 7: 3 000 Euro bis 10 000 Euro,
4. nach § 2 Abs. 1 Nr. 8: 5 000 Euro bis 20 000 Euro,
5. nach § 2 Abs. 1 Nr. 2 oder 3: 10 000 Euro bis 100 000 Euro.

(2) [1] Die Gebühr beträgt für Entscheidungen über Widersprüche gegen individuell zurechenbare öffentliche Leistungen

1. nach § 2 Abs. 1 Nr. 1: 2 000 Euro,
2. nach § 2 Abs. 1 Nr. 4: 4 000 Euro bis 10 000 Euro,
3. nach § 2 Abs. 1 Nr. 5, 6 oder 7: 6 000 Euro bis 20 000 Euro,
4. nach § 2 Abs. 1 Nr. 8: 10 000 Euro bis 40 000 Euro,
5. nach § 2 Abs. 1 Nr. 3: 20 000 Euro bis 200 000 Euro.

[2] Die Gebühr beträgt für Entscheidungen über Widersprüche gegen individuell zurechenbare öffentliche Leistungen nach § 4 Abs. 1 Satz 3 oder § 10 Abs. 1 Satz 3 des Wertpapiererwerbs- und Übernahmegesetzes[1]): 3 000 Euro bis 10 000 Euro.

(3) Im Fall einer Antragsrücknahme nach § 2 Abs. 2 ist die Hälfte der für die beantragte individuell zurechenbare öffentliche Leistung vorgesehenen Gebühr zu entrichten.

**§ 5** *(aufgehoben)*

**§ 6 Inkrafttreten.** Diese Verordnung tritt am 1. Januar 2002 in Kraft.

---

[1]) Nr. 17.

## 17f. Verordnung über die Zusammensetzung, die Bestellung der Mitglieder und das Verfahren des Beirats bei der Bundesanstalt für Finanzdienstleistungsaufsicht (WpÜG-Beiratsverordnung)
Vom 27. Dezember 2001
(BGBl. I S. 4259)
**FNA 4110-7-1**
zuletzt geänd. durch Art. 195 Zehnte ZuständigkeitsanpassungsVO v. 31.8.2015 (BGBl. I S. 1474)

Auf Grund des § 5 Abs. 2 Satz 1 des Wertpapiererwerbs- und Übernahmegesetzes[1]) vom 20. Dezember 2001 (BGBl. I S. 3822) verordnet das Bundesministerium der Finanzen:

**§ 1 Bestellung von Stellvertretern für Mitglieder des Beirats.** ¹Für jedes Mitglied des Beirats ist ein erster und zweiter Stellvertreter zu bestellen. ²Scheidet ein Mitglied des Beirats vorzeitig aus, rückt sein Stellvertreter bis zum Ablauf der ursprünglichen Bestellung des ausgeschiedenen Mitglieds nach. ³Steht kein Stellvertreter zur Verfügung, erfolgt eine Nachbestellung bis zum Ablauf der ursprünglichen Bestellung des ausgeschiedenen Mitglieds.

**§ 2 Vorzeitige Beendigung der Mitgliedschaft.** ¹Die Mitgliedschaft im Beirat erlischt außer mit Ablauf der Amtszeit durch vorzeitige Beendigung. ²Das Bundesministerium der Finanzen kann die Mitgliedschaft durch Widerruf der Bestellung aus wichtigem Grund vorzeitig beenden. ³Ein wichtiger Grund liegt insbesondere dann vor, wenn ein Mitglied nicht mehr der Gruppe nach § 5 Abs. 1 Satz 2 des Wertpapiererwerbs- und Übernahmegesetzes[1]) angehört, zu deren Vertretung es bestellt wurde, oder ein Mitglied den Widerruf der Bestellung aus persönlichen Gründen beantragt.

**§ 3 Sitzungen des Beirats.** (1) ¹Der Präsident der Bundesanstalt bestimmt den Termin der Sitzung. ²Sitzungen sind auch auf Antrag von mindestens acht Mitgliedern anzuberaumen. ³Der Präsident lädt die Mitglieder des Beirats sowie die Vertreter der Bundesministerien der Finanzen, der Justiz und für Verbraucherschutz sowie für Wirtschaft und Energie zu den Sitzungen des Beirats ein. ⁴Die Einladung muss die Zeit und den Ort der Sitzung sowie die Tagesordnung enthalten. ⁵Kann ein Mitglied an der Sitzung nicht teilnehmen, so hat es den Präsidenten der Bundesanstalt hierüber unverzüglich zu unterrichten.

(2) ¹Die Sitzungen des Beirats sind nicht öffentlich. ²Der Präsident kann weitere Vertreter der Bundesanstalt zu der Sitzung hinzuziehen. ³Die Mitglieder des Beirats unterliegen der Verschwiegenheitspflicht nach § 9 Abs. 1 des Wertpapiererwerbs- und Übernahmegesetzes[1]).

**§ 4 Beschlussfassung.** ¹Der Beirat ist beschlussfähig, wenn mindestens acht Mitglieder anwesend sind. ²In der Sitzung hat jedes Mitglied eine Stimme. ³Beschlüsse des Beirats bedürfen der einfachen Mehrheit der abgegebenen

---
[1]) Nr. **17**.

Stimmen. ⁴Für die Unterbreitung der Vorschläge für die ehrenamtlichen Mitglieder des Widerspruchsausschusses und deren Vertreter ist eine Mehrheit von zwei Dritteln der Mitglieder erforderlich.

**§ 5 Protokolle.** (1) ¹Über die Sitzungen und Beschlüsse ist von der Bundesanstalt ein Protokoll zu fertigen, das der Sitzungsleiter und der Protokollführer zu unterzeichnen haben. ²Das Protokoll muss Angaben enthalten über

1. den Ort und den Tag der Sitzung,
2. die Namen der anwesenden Personen,
3. die behandelten Gegenstände der Tagesordnung,
4. die Ergebnisse und gefassten Beschlüsse.

³Die Wirksamkeit der gefassten Beschlüsse ist nicht von ihrer Protokollierung abhängig. ⁴Das Protokoll ist den Mitgliedern des Beirats und den sonstigen Teilnehmern zu übersenden.

(2) ¹Das Protokoll gilt als genehmigt, wenn innerhalb von drei Werktagen nach seiner Übersendung kein Mitglied schriftlich Einwendungen erhoben hat. ²Über Einwendungen entscheidet der Sitzungsleiter abschließend.

**§ 6 Entschädigung der Mitglieder.** ¹Die Mitglieder des Beirats verwalten ihr Amt als unentgeltliches Ehrenamt. ²Sie erhalten für ihre Tätigkeit Tagegelder und Reisekostenvergütung nach den Richtlinien des Bundesministeriums der Finanzen über die Abfindung der Mitglieder von Beiräten, Ausschüssen, Kommissionen und ähnlichen Einrichtungen im Bereich des Bundes vom 9. November 1981 (GMBl S. 515), zuletzt geändert durch das Rundschreiben des Bundesministeriums der Finanzen vom 19. März 1997 (GMBl S. 172).

**§ 7 Inkrafttreten.** Diese Verordnung tritt am 1. Januar 2002 in Kraft.

# Sachverzeichnis

Die fetten Zahlen bezeichnen die Nummer eines Textes in dieser Ausgabe; die mageren Zahlen bezeichnen die jeweiligen Paragraphen oder Artikel.

**Abberufung** von Geschäftsleitern; Tätigkeitsverbot **15** 40
**A-Bericht** über Prospekte **6** 47
**Abfassung** und Veröffentlichung **9** 5
**Abgrenzung 15b** 8
**Ablehnung** der Zusammenarbeit **1** 83
**Abschluss** und Bewertung eines OTC-Derivates **15b** 25
**Abschlussprüfung 15** 102, 136, 159
**Abrechnungen** bei Zinsderivaten **15b** 20
**Absichtsanzeige** für Market-Making Tätigkeiten **12f** 2; für Primärmarkttätigkeiten **12f** 3
**Abstimmung** ohne Versammlung **10** 18
**Abwicklung** eines Masterfonds **15** 178; des Sondervermögens **15** 100
**Abwicklungsverfahren 3** 25
**Abwicklungsvorkehrungen 3** 27
**Adressaten 1** 97; einer Maßnahme wegen möglichen Verstoßes gegen Artikel 14 oder 15 der Verordnung (EU) Nr. 596/2014 **12** 12
**Akteneinsicht 17** 57
**Aktien 15** 109, 141
**Aktionäre** und Gesellschafter mit qualifizierten Beteiligungen **1** 10
**Algorithmische** Handelssysteme und elektronischer Handel **4** 26d
**Algorithmischer** Handel **1** 17; **13** 18
**Allgemeine** Anforderungen an die Prüfung; Bildung von Schwerpunkten **12b** 6; Anforderungen an Kundeninformationen **13** 46; Bestimmungen **2** 46; Bestimmungen über Jahresabschlüsse **4a** 72; Bestimmungen zur Mitteilungspflicht **12h** 2; Bestimmungen zur Veröffentlichungspflicht; Auftragsnummer der Veröffentlichung **12h** 8; Bewertungsgrundsätze **15d** 26; Bußgeldvorschriften **8** 29; Grundsätze **2**; **13** 67; **17** 3; Organisationspflichten **15** 28; **15a** 4; organisatorische Anforderungen **13** 21; Prüfungs- und Berichtsgrundsätze **15e** 3; Verfahrensregeln **14** 11; Verhaltensregeln **12** 63; **15** 26; **15a** 2; Verhaltensregeln und Organisationspflichten einschließlich Risikomanagement **15e** 2; Vorschriften **15** 293; **15b** 28; **16** 1; Vorschriften für die Zusammenarbeit bei der Aufsicht **15** 10
**Allgemeine Grundsätze** und Kundeninformation **1** 24

**Allgemeine Verpflichtung** zur laufenden Überwachung **1** 22
**Amtssprache 9** 7
**Änderung** des Angebots **17** 21; des Referenzmitgliedstaates einer ausländischen AIF-Verwaltungsgesellschaft **15** 61; der Verordnung (EU) Nr. 648/2012 hier nicht wiedergegeben **2** 53
**Andienungsrecht 17** 39c
**Anerkennung** von Absicherungsgeschäften **15b** 19; ausländischer Berufsbefähigungsnachweise im Rahmen der Niederlassungsfreiheit **12g** 5
**Anfangskapitalausstattung 1** 15
**Anfechtung** von Beschlüssen **10** 20
**Anforderungen** an das Leitungsorgan des Datenbereitstellungsdienstes **1** 63; an das Leitungsorgan eines Marktbetreibers **1** 45; an die Immobilien-Gesellschaften **15** 235; an die Unabhängige Honorar-Anlageberatung **12d** 8; an die Unabhängigkeit der Stimmrechtsausübung eines Wertpapierdienstleistungsunternehmens vom Bieter **12e** 18; an die Unabhängigkeit der Stimmrechtsausübung eines Wertpapierdienstleistungsunternehmens vom Meldepflichtigen **12e** 2; an faire, klare und nicht irreführende Informationen **13** 44; an Personen mit wesentlichem Einfluss auf die Verwaltung des geregelten Marktes **1** 46
**Angaben** über Auswirkungen auf die Fähigkeit zur Zins- und Rückzahlung **8a** 13a; über das Kapital des Emittenten **8a** 6; über den Emittenten **8a** 5; über den jüngsten Geschäftsgang und die Geschäftsaussichten des Emittenten **8a** 13; in den wesentlichen Anlegerinformationen **15b** 36; über die Anlageziele und Anlagepolitik der Vermögensanlagen **8a** 9; über die Geschäftstätigkeit des Emittenten **8a** 8; über die Prüfung des Jahresabschlusses des Emittenten **8a** 11; über die Vermögens-, Finanz- und Ertragslage des Emittenten **8a** 10; über die Vermögensanlagen **8a** 4; über Gründungsgesellschafter des Emittenten und über die Gesellschafter des Emittenten zum Zeitpunkt der Aufstellung des Verkaufsprospekts **8a** 7; im Jahresbericht **15b** 37; über Mitglieder der

1629

# Sachverzeichnis

Fette Zahlen = Vorschriftennummern

Geschäftsführung oder des Vorstands, Aufsichtsgremien und Beiräte des Emittenten, den Treuhänder und sonstige Personen **8a** 12; zur Person des Positionsinhabers **12h** 3; über Personen oder Gesellschaften, die für den Inhalt des Verkaufsprospekts die Verantwortung übernehmen **8a** 3; zum Sondervermögen **15e** 26; im Verkaufsprospekt eines Publikumsinvestmentvermögens **15b** 35; im Verkaufsprospekt und in den Anlagebedingungen **15** 224
**Angebotsunterlage 17** 11
**Anhang 15d** 25
**Anhörung** der zuständigen Stellen eines anderen Mitgliedstaates der Europäischen Union oder eines anderen Vertragsstaates des Abkommens über den Europäischen Wirtsc **15** 24
**Anlagebedingungen 15** 111, 126, 143, 151, 162, 229, 266, 273; Anlagegrenzen **15** 284
**Anlageberatung 13** 9
**Anlageempfehlungen** und Statistik **11** 20
**Anlagegrenzen** Anlagebeschränkungen, Aussetzung der Anteile **15** 174
**Anlagen** und Unzulässigkeit von Verweisungen **15e** 4
**Anlageobjekte 15** 285; Anlagegrenzen **15** 282
**Anlagestrategieempfehlungen** und Anlageempfehlungen **12** 85
**Anlagevorschriften** und Verletzungen von Anlagegrenzen **15e** 29
**Anlaufzeit 15** 244
**Anleger 15** 127, 152
**Anlegerentschädigungssysteme,** europäisches System **3** 26
**Anlegerinformation 8** 15
**Anleihebedingungen 10** 2
**Annahmefristen** Einberufung der Hauptversammlung **17** 16
**Anordnung** einer Prüfung der Rechnungslegung und Ermittlungsbefugnisse der Bundesanstalt **12** 107; der sofortigen Vollziehung **17** 50
**Anrechnungsbetrag** für das Kontrahentenrisiko **15b** 27; für das Marktrisiko **15b** 16
**Anspruch** auf Zinsen **17** 38
**Ansprüche** der Miteigentümer und sonstiger dinglich Berechtigter bei der Sammelverwahrung **16** 8
**Anteile** und Aktien an Organismen für gemeinsame Anlagen **5** 4
**Anteilklassen 15d** 15; und Teilsondervermögen **15** 96
**Anteilscheine 15** 95

**Antragsinhalt 17c** 10
**Antragstellung 17c** 8
**Antragsunterlagen 17c** 11
**Anwaltszwang 17** 53
**Anwendbare** Vorschriften **15e** 44; Vorschriften für ausländische AIF **15** 90; Vorschriften für Publikums-AIF **15** 87
**Anwendbarkeit 15b** 39; dieser Verordnung **15e** 35; auf Investmentgesellschaften **15d** 20; kartellrechtlicher Vorschriften **4** 9
**Anwendung 9** 25; des einfachen Ansatzes **15b** 24; von Positionslimits **12** 56; auf Treuhänder, Erlass weiterer Bestimmungen **16** 42; der Verordnung (EU) Nr. 596/2014 auf Waren und ausländische Zahlungsmittel **12** 25; der Vorschriften des Abschnitts 3 **17** 34; der Vorschriften des Abschnitts 3 und 4 **17** 39
**Anwendungsbestimmung** für das Gesetz zur Umsetzung der Transparenzrichtlinie-Änderungsrichtlinie **12** 134; für das Transparenzrichtlinie-Umsetzungsgesetz **12** 132; für § 34 der bis zum 2. Januar 2018 gültigen Fassung dieses Gesetzes **12** 133
**Anzeige** straftatbegründender Tatsachen **12** 11; von Verdachtsfällen **12** 23; zum Vertrieb von EU-OGAW im Inland **15** 310
**Anzeigepflicht 12** 86; **15** 312; einer AIF-Kapitalverwaltungsgesellschaft beim beabsichtigten Vertrieb von EU-AIF oder von inländischen Spezial-AIF an semiprofessionelle und professionelle **15** 321; einer AIF-Kapitalverwaltungsgesellschaft beim beabsichtigten Vertrieb von inländischen Publikums-AIF im Inland **15** 316; einer ausländischen AIF-Verwaltungsgesellschaft beim beabsichtigten Vertrieb von von ihr verwalteten ausländischen AIF oder EU-AIF an semiprofessionelle und **15** 330; einer ausländischen AIF-Verwaltungsgesellschaft, deren Referenzmitgliedstaat die Bundesrepublik Deutschland ist, beim beabsichtigten Vertrieb von ausländisc **15** 326; einer ausländischen AIF-Verwaltungsgesellschaft, deren Referenzmitgliedstaat die Bundesrepublik Deutschland ist, beim beabsichtigten Vertrieb von EU-AIF ode **15** 325; einer ausländischen AIF-Verwaltungsgesellschaft, deren Referenzmitgliedstaat nicht die Bundesrepublik Deutschland ist, beim beabsichtigten Vertrieb von ausl **15** 328; einer ausländischen AIF-Verwaltungsgesellschaft, deren Referenzmitgliedstaat nicht die Bundesrepublik Deutschland ist, beim beabsichtigten Vertrieb von EU-A **15** 327; beim beabsichtigten Vertrieb von EU-AIF oder von auslän-

dischen AIF an Privatanleger im Inland **15** 320; einer EU-AIF-Verwaltungsgesellschaft beim beabsichtigten Vertrieb von EU-AIF oder von inländischen Spezial-AIF an semiprofessionelle und professionelle Anle **15** 323; von EU-AIF-Verwaltungsgesellschaften, die die Bedingungen nach Artikel 3 Absatz 2 der Richtlinie 2011/61/EU erfüllen, beim beabsichtigten Vertrieb von AIF **15** 330a

**Anzeigepflichten** von Verwaltungsgesellschaften gegenüber der Bundesanstalt und der Bundesbank **15** 34

**Anzeigewesen** und Meldepflichten **15e** 11

**Art** der Bereitstellung **9** 14; und Form der Anzeige **12a** 3; und Form der Mitteilungen **12a** 9; und Sprache der Veröffentlichung **12a** 16, 18; Sprache und Mitteilung der Veröffentlichung **12a** 22; der Veröffentlichung **12a** 10, 21; der Veröffentlichung von Informationen **12a** 3a; der Veröffentlichung von Tatsachen **8c** 3; und Weise der Übermittlung **12h** 5

**Auf** den Vertrieb und den Erwerb von AIF anwendbare Vorschriften **15** 295; den Vertrieb und den Erwerb von OGAW anwendbare Vorschriften **15** 294

**Aufbewahrung** von Aufzeichnungen **13** 72; von Aufzeichnungen über Geschäfte und Auftragsabwicklungen **13** 75

**Aufgaben** und allgemeine Befugnisse der Bundesanstalt **12** 6; und Befugnisse **17** 4; und Befugnisse der Börsenaufsichtsbehörde **4** 3; und Befugnisse der Börsenaufsichtsbehörde zur Ausführung der Verordnung (EU) 2015/2365 **4** 3a

**Aufhebung** 1 94; **6** 46; der Bekanntmachungspflicht nach § 69 Absatz 2 des Wertpapierhandelsgesetzes **12d** 5; der Erlaubnis **12** 104; der Registrierung als KMU-Wachstumsmarkt **13** 79; der Richtlinie 2003/6/EG und ihrer Durchführungsmaßnahmen **11** 37

**Auflösung** und Liquidation **15** 138, 161

**Auflösungs-** und Abwicklungsbericht **15** 105; **15d** 19

**Aufnahme** von Informationen mittels Verweis **6** 19

**Aufschiebende** Wirkung **17** 49

**Aufsicht 15** 69; Anordnungsbefugnis **8** 3

**Aufsichtsbefugnisse** 1 69

**Aufsichtskollegien** 3 21

**Aufsichtskultur** 3 29

**Aufstellungen** über Kundenfinanzinstrumente und Kundengelder **13** 63

**Aufzeichnung** von Dienstleistungen oder Tätigkeiten, die einen nachteiligen Interessenkonflikt auslösen **13** 35; von Telefongesprächen bzw. elektronischer Kommunikation **13** 76

**Aufzeichnungen** bezüglich Emissionsübernahme oder Platzierung **13** 43; des Prüfers und ihre Aufbewahrungsdauer **12i** 8; und Unterlagen **12b** 9

**Aufzeichnungs-** und Anzeigepflichten **15b** 6; und Aufbewahrungspflicht **12** 83; und Aufbewahrungspflichten **12d** 9

**Aufzeichnungspflichten 12** 27

**Aus** mehreren Einzeldokumenten bestehende Prospekte **6** 10

**Ausdrucksbezeichnungen** 9 4

**Ausführung** von Kundenaufträgen **2** 15

**Ausgabe** und Rücknahme von Anteilen oder Aktien eines inländischen OGAW **15** 71

**Ausgleichsverfahren** bei Verpfändung **16** 33

**Auskünfte** des Anbieters **8** 19; und Prüfungen **15** 14

**Auskunftserteilung** 4 41

**Auskunftspflicht** Abstimmung, Niederschrift **10** 16; von Wertpapierdienstleistungsunternehmen **7** 32

**Auskunftsrecht** der Bundesanstalt **15** 226

**Auslagen 17e** 3

**Auslagerung 15** 36; ausschlaggebender oder wichtiger betrieblicher Aufgaben **13** 31

**Ausländische** Zweigstellen und Zweigniederlassungen **15e** 9

**Auslieferungsansprüche** des Hinterlegers bei der Sammelverwahrung **16** 7

**Ausnahme** für Maßnahmen im Rahmen der Geldpolitik, der Staatsschuldenverwaltung und der Klimapolitik **11** 6

**Ausnahmebestimmungen 15** 2

**Ausnahmen 12** 95, 118; für Eigenkapitalinstrumente **2** 4; für einzelne Arten von Vermögensanlagen **8** 2; für Immobiliar-Verbraucherdarlehensverträge **12** 66; für Nichteigenkapitalinstrumente **2** 9; für Rückkaufprogramme und Stabilisierungsmaßnahmen **11** 5

**Ausschluss** der Anfechtung **12** 52; des Einwands nach § 762 des Bürgerlichen Gesetzbuchs **12** 99; der übrigen Aktionäre **17 39a**

**Ausschlussverfahren 17 39b**

**Ausschussverfahren** 1 89a; **2** 51; **6** 45; **11** 36

**Außergerichtliches** Verfahren für Verbraucherbeschwerden **15** 191

**Außerkrafttreten 14** 28

**Aussetzung 14** 8; und Einstellung des Handels **4** 25; des Handels und Ausschluss von Finanzinstrumenten **12** 73; des Handels

# Sachverzeichnis

Fette Zahlen = Vorschriftennummern

und Ausschluss von Finanzinstrumenten vom Handel an einem geregelten Markt **1** 52; des Handels und Ausschluss von Finanzinstrumenten vom Handel an einem MTF oder einem OTF **1** 32; nach Kündigung **15** 258; der Rücknahme **15** 257; der Übersendung des Stückeverzeichnisses **16** 19
**Ausübung** der Befugnisübertragung **1** 89; **2** 50; **11** 35; der Sanktionsbefugnisse **9** 23

**Bankguthaben 15** 195
**Basisprospekt,** Aufmachung **6b** 25; zu liefernde Angaben **6b** 26
**Bearbeitung** von Beschwerden **13** 26; von Kundenaufträgen **12** 69
**Beauftragung 15** 80; und jährliche Prüfung **15** 68
**Bedingungen** für AIF-Kapitalverwaltungsgesellschaften, welche ausländische AIF verwalten, die weder in den Mitgliedstaaten der Europäischen Union noch in den Vertragss **15** 55; für Anbieter konsolidierter Datenticker (CTP) **1** 65; für die Bereitstellung von Informationen **13** 3; für genehmigte Meldemechanismen (ARM) **1** 66; für genehmigte Veröffentlichungssysteme (APA) **1** 64; Unzulässigkeit des Vorbehalts des Rücktritts und des Widerrufs **17** 18
**Befreiung 12** 51; einer ausländischen AIF-Verwaltungsgesellschaft von Bestimmungen der Richtlinie 2011/61/EU **15** 59; von der Übersendung des Stückeverzeichnisses **16** 23; von der Verpflichtung zur Veröffentlichung und zur Abgabe eines Angebots **17** 37; von Formvorschriften **16** 16
**Befreiungen** für gemeinnützige Projekte und Religionsgemeinschaften **8** 2c; für Schwarmfinanzierungen **8** 2a; für soziale Projekte **8** 2b
**Befreiungstatbestände 17c** 9
**Befugnis** zur Aussetzung und Befugnis zur Übersendung auf Verlangen **16** 21
**Befugnisse 9** 24; der Aufnahmemitgliedstaaten **1** 85; der Bundesanstalt **7** 18; der Bundesanstalt gegenüber dem Betreiber des Bundesanzeigers **12h** 14; der Bundesanstalt im Falle der Anerkennung einer Prüfstelle **12** 108; der EBA zur vorübergehenden Intervention **2** 41; der ESMA zur vorübergehenden Intervention **2** 40; zur Sicherung des Finanzsystems **12** 14; der zuständigen Behörden **6** 32; **11** 23
**Befugnisübertragung 9** 30
**Begrenzung** von Leverage **15** 274; von Leverage durch die Bundesanstalt **15** 215

**Bei** der letzten Prüfung festgestellte Mängel **12b** 15
**Beilegung** von Meinungsverschiedenheiten **3** 19 f.
**Beirat 17** 5
**Bekanntgabe** und Zustellung **8** 5; **17** 43
**Bekanntmachung 9** 29; von Beschlüssen **10** 17; von bestandskräftigen Maßnahmen und unanfechtbar gewordenen Bußgeldentscheidungen **15** 341a; von Bußgeldentscheidungen **8** 26c; von Maßnahmen **4** 50a; **8** 26b; **12** 123; von Maßnahmen und Sanktionen wegen Verstößen gegen die Verordnung (EU) Nr. 596/2014, die Verordnung (EU) 2015/2365 und die Verordnung (EU) 2016/1011 **12** 125; von Maßnahmen und Sanktionen wegen Verstößen gegen Transparenzpflichten **12** 124; von Maßnahmen und Sanktionen wegen Verstößen gegen Vorschriften der Abschnitte 9 bis 11 und gegen die Verordnung (EU) Nr. 600/2014 **12** 126; des Musterverfahrens; Anmeldung eines Anspruchs **14** 10; von sofort vollziehbaren Maßnahmen **15** 7a; der Tatsache durch die Bundesanstalt **8c** 5; des Vergleichs; Austritt **14** 19
**Bekanntmachungen 14a** 3
**Belastbarkeit** der Systeme, Notfallsicherungen („circuit breakers") und elektronischer Handel **1** 48
**Belastung 15** 275
**Benachrichtigung** über Änderungen **12f** 5
**Benennung** einer Kontaktperson **12h** 4; der zuständigen Behörden **1** 67
**Berechnung** des Stimmrechtsanteils für die Mitteilung nach § 38 Absatz 1 Satz 1 des Wertpapierhandelsgesetzes **12a** 13
**Berechtigte** Interessen für eine verzögerte Veröffentlichung **12a** 6
**Bereitstellung 9** 13; von Informationen für Transparenz- und andere Berechnungen **2** 22
**Bericht 11** 38
**Berichte** über Derivate **15b** 38; und Überprüfung **1** 90; **2** 52
**Berichterstattung** über das Bewertungsverfahren **15e** 38; hinsichtlich weiterer Anlagevorschriften und der Verletzung von Anlagegrenzen **15e** 40
**Berichtigung** Löschung, Kennzeichnung und Überprüfung **14a** 4
**Berichtsentwurf 12b** 20
**Berichtspflichten** bei der Ausführung von Aufträgen, die sich nicht auf die Portfolioverwaltung beziehen **13** 59; bei der Portfolioverwaltung **13** 60; im Hinblick auf geeignete Gegenparteien **13** 61

1632

Magere Zahlen = Paragraphen bzw. Artikel **Sachverzeichnis**

**Berichtszeitraum 15e** 6, 21
**Berücksichtigung** ausländischer Börsenkurse **17c** 6; inländischer Börsenkurse **17c** 5; von Vorerwerben **17c** 4
**Berufsgeheimnis 1** 76; **6** 35; **11** 27
**Berufsqualifikationen** als Sachkundenachweis **12g** 4
**Bescheinigung** der Bundesanstalt **15** 335
**Beschluss** der Gesellschafterversammlung des Bieters **17** 25
**Beschlüsse** der Anleger **15** 259
**Beschlussfassung 17f** 4
**Beschlussfassungsverfahren 3** 39
**Beschränkte** Geltendmachung von Pfand- und Zurückbehaltungsrechten **16** 4; Geltendmachung von Pfand- und Zurückbehaltungsrechten bei dem Kommissionsgeschäft **16** 30; Geltendmachung von Pfand- und Zurückbehaltungsrechten bei der Sammelverwahrung **16** 9
**Beschränkung** von Leverage und Belastung **15** 263
**Beschwerde 12** 113
**Beschwerdeausschuss 3** 58 f.
**Beschwerdeentscheidung** Vorlagepflicht **17** 56
**Beschwerden** und Rechtsbehelfe **9** 19
**Beschwerdeverfahren 15** 342
**Besondere** Anforderungen an die Prüfung von Dienstleistungen und von Nebendienstleistungen **15e** 23; Anforderungen an Kapitalverwaltungsgesellschaften **15** 172; Anforderungen an multilaterale Handelssysteme **12** 74; Anforderungen an organisierte Handelssysteme **12** 75; Aufgaben **15** 6; Befugnisse nach der Verordnung (EU) Nr. 1286/2014 und der Verordnung (EU) 2016/1011 **12** 10; Berichterstattung über Verkehrswerte **15e** 39; Übergangsvorschriften für AIF-Verwaltungsgesellschaften, die geschlossene AIF verwalten, und für geschlossene AIF **15** 353; Übergangsvorschriften für Altersvorsorge-Sondervermögen **15** 347; Übergangsvorschriften für Gemischte Sondervermögen und Gemischte Investmentaktiengesellschaften **15** 348; Übergangsvorschriften für Hedgefonds und offene Spezial-AIF **15** 350; Übergangsvorschriften für Immobilien-Sondervermögen **15** 346; Übergangsvorschriften für Sonstige Sondervermögen und Sonstige Investmentaktiengesellschaften **15** 349; Verhaltensregeln bei der Erbringung von Anlageberatung und Finanzportfolioverwaltung **12** 64; Vorschriften für die Zusammenarbeit bei grenzüberschreitender Verwaltung und grenzüberschreitendem Vertrieb von AIF **15** 11; Vorschriften hinsichtlich des Jahresabschlusses und des Lageberichts **15** 291
**Besondere Anforderungen** für MTF **1** 19; für OTF **1** 20
**Besonderheiten** bei Anlagen in Immobilien **15d** 30; bei Anlagen in sonstigen Sachwerten **15d** 33; bei Anlagen von Spezial-AIF **15d** 34; bei der Investmentaktiengesellschaft mit fixem Kapital und der geschlossenen Investmentkommanditgesellschaft **15e** 46; für die Verwaltung inländischer OGAW durch EU-OGAW-Verwaltungsgesellschaften **15** 52; für die Verwaltung von EU-OGAW durch OGAW-Kapitalverwaltungsgesellschaften **15** 50; bei Investmentanteilen, Bankguthaben und Verbindlichkeiten **15d** 29; bei Vermögensgegenständen mit dem Charakter einer unternehmerischen Beteiligung **15d** 32
**Bestandsliste 12f** 6
**Bestandteile** des Jahresberichts **15d** 7
**Bestellung** und Abberufung der Mitglieder des Widerspruchsausschusses **17d** 1; des gemeinsamen Vertreters in den Anleihebedingungen **10** 8; von Stellvertretern für Mitglieder des Beirats **17f** 1
**Bestimmung** der Bundesrepublik Deutschland als Referenzmitgliedstaat einer ausländischen AIF-Verwaltungsgesellschaft **15** 56; des Wertes der Gegenleistung **17c** 7; der wesentlichen Bedeutung der Geschäfte eines Handelsplatzes in einem Aufnahmemitgliedstaat **13** 90
**Bestimmungen** über den Prüfungsinhalt; festgesetzte Prüfungsschwerpunkte **12b** 13
**Bestmögliche** Ausführung von Kundenaufträgen **12** 82
**Beteiligte** am Beschwerdeverfahren **17** 52; des Musterverfahrens **14** 9
**Beteiligung** der Bundesanstalt und Mitteilungen in Strafsachen **12** 122; **15** 341; an Immobilien-Gesellschaften **15** 234; an Zusammenführungssystemen **13** 16a
**Beteiligungen** von Immobilien-Gesellschaften an Immobilien-Gesellschaften **15** 238
**Betrieb** eines multilateralen Handelssystems oder eines organisierten Handelssystems **12** 72
**Beurteilung 1** 13; der Angemessenheit und damit verbundene Aufbewahrungspflichten **13** 56; der Eignung und Zweckmäßigkeit sowie Berichtspflicht gegenüber Kunden **1** 25; der Ertragslage **15e** 17; der Vermögens- und Finanzlage **15e** 16
**Beurteilungszeitraum 1** 12

# Sachverzeichnis

Fette Zahlen = Vorschriftennummern

**Bewerter 15** 216; Häufigkeit der Bewertung und Berechnung **15** 212
**Bewertung 15** 168; von Beteiligungen an Immobilien-Gesellschaften **15d** 31; Bewertungsverfahren, Bewerter **15** 271; Bewertungsverfahren und Bewerter **15** 278; Bewertungsverfahren und Bewerter; Häufigkeit der Bewertung **15** 286; auf der Grundlage geeigneter Bewertungsmodelle **15d** 28; auf der Grundlage von handelbaren Kursen **15d** 27; von Marktentwicklungen **3** 32
**Bewertungsverfahren 15** 169; **15e** 32
**Bezeichnung** der zu übermittelnden Dateien **15c** 5
**Bezeichnungen** zur Unabhängigen Honorar-Anlageberatung **12** 94
**Bezeichnungsschutz 15** 3
**Beziehungen** zu Wirtschaftsprüfern **1** 77
**Bilanz 15d** 21
**Billigung** des Verkaufsprospekts **8** 8
**Bindende** Vermittlung **1** 82
**Börsen** und weitere Begriffsbestimmungen **4** 2
**Börsenordnung 4** 16
**Börsenpreis 4** 24
**Börsenrat 4** 12
**Bußgeldvorschriften 4** 50; **7** 24; **10** 23; **15** 340; **17** 60; zur Rechnungslegung **8** 30

**Clearingpflicht** für über geregelte Märkte gehandelte Derivate und Zeitrahmen für die Annahme zum Clearing **2** 29

**Dach-Hedgefonds 15** 225
**Darlehensgewährung** an Immobilien-Gesellschaften **15** 240
**Darstellung** und Beurteilung der getroffenen Vorkehrungen zur Verhinderung von Geldwäsche und von Terrorismusfinanzierung **15e** 13; der rechtlichen, wirtschaftlichen und organisatorischen Grundlagen **15e** 8, 45
**Das** einheitliche Registrierungsformular **6** 9
**Datenbereitstellungsdienstleistungen 1** 59 ff.
**Datenschutz 1** 78; **3** 71; **6** 36; **11** 28
**Datensicherheit 14a** 6
**Datenübersicht 15e** 20
**Dauer** des Bestehens des Emittenten **4a** 3; der Speicherung **12g** 11; **12h** 7
**Definition** von geschlossenen AIF im Sinne von § 353 **15** 352a
**Delegation** von Aufgaben und Pflichten **3** 28
**Delegierte** Rechtsakte **1** 89 f.
**Depotgeschäft 12b** 12
**Depotunterschlagung 16** 34

**Der** Basisprospekt **6** 8; Prospekt **6** 6
**Derivate 2** 28 ff.; **5** 5; gemäß Anhang I Abschnitt C Nummer 10 der Richtlinie 2014/65/EU **13** 8
**Die** Prospektzusammenfassung **6** 7
**Dienstleister** mit Sitz in einem Drittland **13** 32
**Dienstleistungen** mit nichtkomplexen Instrumenten **13** 57
**Direkter** elektronischer Zugang **12** 77; **13** 20
**Diskriminierungsfreier** Zugang zu einem Handelsplatz **2** 36; Zugang zu einer zentralen Gegenpartei **2** 35; Zugang zu Referenzwerten und Genehmigungspflicht **2** 37
**Dokumentation** Überprüfung **15b** 31
**Drittlandfirmen,** Erbringung von Leistungen **1** 39 ff.
**Drittverwahrung 16** 3
**Druckausstattung** der Wertpapiere **4a** 8

**Eigengeschäfte** von Führungskräften **11** 19
**Eigenhändler** Selbsteintritt **16** 31
**Eigenmittel 15e** 10
**Eignung** des Dritten **12h** 12
**Einberufung** der Gläubigerversammlung **10** 9
**Einbeziehung** von Wertpapieren in den regulierten Markt **4** 33
**Einführung 4** 38; **4a** 52
**Einhaltung** von Gesetz und Anlagebedingungen **15e** 28; der Vorschriften ("Compliance") **13** 22
**Einladung** zur Sitzung des Widerspruchsausschusses **17d** 5
**Einreichung** der Anzeigen **12g** 7; bei der Bundesanstalt **15d** 4
**Einsatz** von Derivaten **15e** 3; von Derivaten, Wertpapier-Darlehen und Pensionsgeschäften **15b** 2; von Mitarbeitern in der Anlageberatung, als Vertriebsbeauftragte, in der Finanzportfolioverwaltung oder als Compliance-Beauftragte; Verordnungsermächtigun **12** 87
**Einschreiten** gegen unerlaubte Investmentgeschäfte **15** 15
**Einsichtnahme 14a** 5
**Einstellung** des Vertriebs von AIF **15** 315
**Eintragungen 14a** 2
**Einzelanlageschwellen** für nicht qualifizierte Anleger **7** 6
**Einzelanzeigen** und Möglichkeit der Zusammenfassung von Anzeigen; Vollmacht **15c** 2
**Elektronische** Einreichung **7** 22
**Emissionszertifikate 5** 6
**Emittenten** aus Drittstaaten **4a** 10

Magere Zahlen = Paragraphen bzw. Artikel **Sachverzeichnis**

**Emittentenbezogene** Anlagegrenzen **15** 210
**Emittentengrenzen 15** 206
**Endgültiger** Emissionskurs und endgültiges Emissionsvolumen der Wertpapiere **6** 17
**Energiederivatkontrakte** in Bezug auf Öl und Kohle sowie Energiegroßhandelsprodukte **13** 6
**Energiegroßhandelsprodukte** die effektiv geliefert werden müssen **13** 5
**Entbündelung** und Disaggregation von Marktdaten **13** 88
**Entschädigung** ehrenamtlicher Beisitzer **17d** 7; der Mitglieder **17f** 6
**Entschädigungseinrichtung 15** 32
**Entscheidungen** des Widerspruchsausschusses **17d** 6
**Entwicklungsrechnung** für das Sondervermögen **15d** 13
**Entzug** der Zulassung **1** 43, 62; von Zulassungen **1** 8
**Erbbaurechtsbestellung 15** 232
**Erbringung** von Dienstleistungen auf Veranlassung des Kunden **1** 42; von Dienstleistungen über eine andere Wertpapierfirma **1** 26; von Wertpapierdienstleistungen und Wertpapiernebendienstleistungen über ein anderes Wertpapierdienstleistungsunternehmen **12** 71
**Erfüllung** durch Übertragung von Miteigentum am Sammelbestand **16** 24
**Ergänzende** Angaben der Angebotsunterlage **17c** 2
**Ergänzungsanzeigen 15c** 6
**Ergebnis** der Prüfung von Bundesanstalt oder Prüfstelle **12** 109
**Erlangen** von Kontrolle **15** 288
**Erlass** technischer Regulierungsstandards **9** 31
**Erlaubnis 4** 4; **12** 102; zum Geschäftsbetrieb **15** 20
**Erlaubnisantrag** für eine AIF-Kapitalverwaltungsgesellschaft und Erlaubniserteilung **15** 22; für eine OGAW-Kapitalverwaltungsgesellschaft und Erlaubniserteilung **15** 21; und Erlaubniserteilung bei der extern verwalteten OGAW-Investmentaktiengesellschaft **15** 113
**Erläuterung** des Prüfungsberichts **12b** 21
**Erläuterungen 15e** 19
**Erleichterung** des Zugangs zu Informationen **5** 8
**Erlöschen** und Aufhebung der Erlaubnis **15** 39
**Ermächtigung** zur Verfügung über das Eigentum **16** 13
**Ermächtigungen 4** 34; zur Verpfändung **16** 12

**Ermittlung** des Anrechnungsbetrags für strukturierte Investmentvermögen **15b** 22; der Anteilwerte **15e** 31
**Ermittlungsbefugnisse** der Bundesanstalt **17** 40
**Errichtung** einer Zweigniederlassung **1** 35, 39
**Erstellung** und Bekanntmachung von Jahresberichten **8** 23; **15** 45; eines Prospekts auf freiwilliger Basis **6** 4; von Verkaufsprospekt und wesentlichen Anlegerinformationen **15** 164, 268
**Erstmalige** Anwendung **12i** 10; Mitteilungs- und Veröffentlichungspflichten **12** 127
**Erteilung** der Erlaubnis für eine ausländische AIF-Verwaltungsgesellschaft **15** 58; der Zulassung **1** 41
**Ertrags-** und Aufwandsrechnung **15d** 11
**Ertragsverwendung 15** 252
**Erweiterte** Anlagegrenzen **15** 208
**Erweiterung** des Musterverfahrens **14** 15
**Erwerb** von Anteilen an Investmentvermögen **15** 207; der Beteiligung; Wertermittlung durch Abschlussprüfer **15** 236; strukturierter Produkte **15b** 33; und Veräußerung von Vermögensgegenständen **15e** 36; von Vermögensgegenständen im Ausland **15e** 37
**ESMA-VO 3**
**ESRB**, Verhältnis **3** 36
**Europäische** Durchbrechungsregel **17** 33b; Fonds für soziales Unternehmertum **15** 338; langfristige Investmentfonds **15** 338a; Risikokapitalfonds **15** 337
**Europäische Aufsichtsbehörden,** Berufsgeheimnis **3** 70; gemeinsame Gremien **3** 54 ff.; Gemeinsamer Ausschuss **3** 54 ff.; Haftung **3** 69; Personal **3** 68; Sitzungsabkommen **3** 74; Sprachenregelung **3** 73
**Europäischer Pass 17** 11a
**Europäisches** Verhinderungsverbot **17** 33a
**EU-Wachstumsprospekt 6** 15; **6b** 28 ff.
**Exekutivdirektor** der Wertpapier- und Marktaufsichtsbehörde **3** 51 ff.
**Externe** Abwicklungssysteme **4** 21; Kapitalverwaltungsgesellschaften **15** 18

**Fehler** Mangel, sonstige Erkenntnisse **12b** 2
**Finanzanalysen** und Marketingmitteilungen **13** 36
**Finanzaufsicht,** europäisches Sysgtem **3** 2
**Finanzierung** des Angebots **17** 13
**Finanzinformationen,** Aufmachung **5a** 9; für Garantiegeber **5a** 8; für geschlossene Fonds **5a** 7; für Kreditinstitute **6a** 4; Mindestinhalt in der Prospektzusammenstellung **6a** 1; für Nichtfinanzunternehmen,

1635

# Sachverzeichnis

Fette Zahlen = Vorschriftennummern

die Dividendenwerte emittieren **6a** 2; für Nichtfinanzunternehmen, die Nichtdividendenwerte emittieren **6a** 3; für Versicherungsgesellschaften **6a** 5; für Zweckgesellschaften, die forderungsbesicherte Wertpapiere emittieren **5a** 6
**Finanzvorschriften** der Wertpapier- und Marktaufsichtsbehörde **3** 62 ff.
**Firma 15** 146, 157; und zusätzliche Hinweise im Rechtsverkehr **15** 118, 134
**Form** des Antrags **12c** 10; und Inhalt der Mitteilung der Tatsache und der Veröffentlichung an die Bundesanstalt **8c** 4
**Format** und Inhalt des Basisinformationsblatts **9** 1
**Formular 12f** 4
**Fragebogen** Beschreibung der identifizierten Mängel und sonstigen Erkenntnisse **12b** 18
**Freiheit** der Wertpapierdienstleistung und der Anlagetätigkeit **1** 34
**Freiverkehr 4** 48
**Fremdbezug** von Dienstleistungen **15e** 34
**Frist** Anmeldung, Nachweis **10** 10; und Form **17** 51; und Form der Veröffentlichung **8** 9; und Form der Veröffentlichung eines Vermögensanlagen-Informationsblatts **8** 13a
**Führung** von Aufzeichnungen über Kundenaufträge und Handelsentscheidungen **13** 74; und von Aufzeichnungen über Rechte und Pflichten der Wertpapierfirma und des Kunden **13** 73
**Für** einen Kunden potenziell nachteilige Interessenkonflikte **13** 33

**Gebühren 7a** 2; **8b** 2; und Auslagen **7** 23; **8** 27; **17** 47; und Entgelte **4** 17
**Gebührenerhebung** in besonderen Fällen **7a** 3; **8b** 3
**Gebührenpflichtige** Handlungen **17e** 2
**Geeignete** Gegenparteien **13** 71
**Geeignetheitsbeurteilung** und Geeignetheitserklärung **13** 54
**Gegenleistung 17** 31
**Gegenstand 11** 1; und Anwendungsbereich **2** 1; **13** 1; Anwendungsbereich und Ausnahmen **6** 1; der Kostenentscheidung im Ausgangsverfahren **14** 24; der Prüfung **12i** 3; der Verschmelzung; Verschmelzungsarten **15** 181
**Gehandelte** Finanzinstrumente **12c** 7
**Geldmarktfonds 15** 338b
**Geldmarktinstrumente 13** 11; **15** 194
**Gelegentliche** Erbringung von Wertpapierdienstleistungen **13** 4
**Geltendmachung** von Ansprüchen der Anleger **15** 78, 89

**Geltung** für Mitverpflichtete **10** 22; von Vorschriften des Gerichtsverfassungsgesetzes und der Zivilprozessordnung **17** 58; für Wechsel und ausländische Zahlungsmittel **4** 51
**Geltungsbereich 9** 2; **12b** 1; **15** 287; **15d** 1
**Gemäß** der Richtlinie 2009/65/EG und der Verordnung (EU) Nr. 1286/2014 übermittelte Informationen **13** 51
**Gemeinsame** Bestimmungen für die Beurteilung der Geeignetheit bzw. Angemessenheit **13** 55
**Gemeinsamer** Vertreter der Gläubiger **10** 7
**Gemischte** Investmentvermögen **15** 218
**Genehmigung** der Anlagebedingungen **15** 163, 267; des Feederfonds **15** 171; einer späteren Veröffentlichung **2** 7, 11; des Vergleichs **14** 18; der Verschmelzung **15** 182
**Geregelte Märkte 1** 44 ff.
**Gerichte** für Wertpapiererwerbs- und Übernahmesachen **17** 66
**Gerichtliche** Entscheidung bei der Vollstreckung **17** 65
**Gesamtgrenze** Derivate **15** 197
**Geschäfte** mit geeigneten Gegenparteien **1** 30; **12** 68
**Geschäftliche** Entwicklung im Berichtsjahr **15e** 15
**Geschäftsführung 15** 128; Beirat **15** 153
**Geschäftsleiter 12** 81
**Geschäftsleitung** des Börsenträgers **4** 4a
**Geschäftsplan 12c** 4
**Gesellschaftskapital 15** 115
**Gesellschaftsvermögen 15** 131, 156
**Gesellschaftsvertrag 15** 125, 150
**Getrennte** Vermögensverwahrung **12d** 10
**Gewährleistete** Vermögensanlagen **8a** 14
**Gewinn-** und Verlustrechnung **15d** 22
**Gleichwertigkeit** der Anforderungen an den Jahresabschluss **12e** 17; der Anforderungen an den Zwischenlagebericht **12e** 13; der Anforderungen an die Ausnahmen von der Zurechnung von Stimmrechten im Sinne des § 34 Absatz 4 des Wertpapierhandelsgesetzes **12e** 8; der Anforderungen an die Fristen für die Veröffentlichungspflichten des Emittenten **12e** 5; der Anforderungen an die im Lagebericht enthaltenen Informationen **12e** 12; der Anforderungen an die Verantwortlichkeit **12e** 14; der Anforderungen an die Veröffentlichungspflichten des Emittenten in Bezug auf die Gesamtzahl der Stimmrechte **12e** 7; der Anforderungen an die Veröffentlichungspflichten des Emittenten in Bezug auf eigene Aktien **12e** 6; der Anforderungen an Mitteilungspflichten des

Magere Zahlen = Paragraphen bzw. Artikel **Sachverzeichnis**

Emittenten **12e** 9; der Anforderungen bei einem Konzernabschluss **12e** 16; der Bestätigung **8d** 2
**Gleichwertigkeitsbeschluss 2** 47
**Grenzüberschreitende** Angebote **17** 24
**Grunderwerbsteuer** bei Übergang eines Immobilien-Sondervermögens **15** 100a
**Grundlagen** und Abgrenzung **15b** 5
**Grundsatz 15b** 23; **17c** 3
**Grundsätze** der Auftragsausführung **13** 66; für den Umgang mit Interessenkonflikten **13** 34
**Gültigkeit** des Prospekts, des Registrierungsformulars und des einheitlichen Registrierungsformulars **6** 12; des Verkaufsprospekts **8** 8a

**Haftung 15** 77, 88; für die Angebotsunterlage **17** 12; bei fehlendem Prospekt **7** 14; bei fehlendem Verkaufsprospekt **8** 21; bei fehlendem Wertpapier-Informationsblatt **7** 15; bei fehlerhaftem Börsenzulassungsprospekt **7** 9; bei fehlerhaftem Verkaufsprospekt **8** 20; bei fehlerhaftem Wertpapier-Informationsblatt **7** 11; bei sonstigem fehlerhaftem Prospekt **7** 10; bei unrichtigem oder fehlendem Vermögensanlagen-Informationsblatt **8** 22
**Haftungsausschluss** bei fehlerhaftem Prospekt **7** 12; bei fehlerhaftem Wertpapier-Informationsblatt **7** 13
**Halbjahres-** und Liquidationsbericht **15** 122
**Halbjahresbericht 15** 103; **15d** 17
**Halbjahresfinanzbericht 12** 115
**Handel** und Abschluss von Geschäften über MTF und OTF **1** 18
**Handelbarkeit** der Wertpapiere **4a** 5
**Handeln** als General-Clearing-Mitglied **12** 78
**Handelsbestand 17** 20
**Handelspflichten** für Wertpapierfirmen **2** 23
**Handelstage 12** 47
**Handelsteilnehmer 12c** 8
**Handelsüberwachungsstelle 4** 7
**Handlungen** des Vorstands der Zielgesellschaft **17** 33
**Häufigkeit** Anpassung **15b** 30; der Bewertung, Offenlegung **15** 279; der Bewertung und Berechnung, Offenlegung **15** 217, 272
**Haushaltsplan,** Ausführung und Kontrolle **3** 64
**Hedgefonds 15** 283
**Herausgabe** von Kommunikationsdaten **12** 7
**Hinterlegung** des Verkaufsprospekts und des Vermögensanlagen-Informationsblatts **8** 14

**Hochfrequente** algorithmische Handelstechnik **13** 19
**Höhe** der Gebühren **17e** 4

**Identifikation** des Positionsinhabers und seiner Kontaktperson beim Betreiber des Bundesanzeigers **12h** 9
**Immobilien-Sondervermögen 15** 230
**Indirekte** Clearingvereinbarungen **2** 30
**Information** mittels eines dauerhaften Datenträgers **15** 167
**Informationen** über die Ausführungsqualität **4** 26e; über die Kundeneinstufung **13** 45; über die Wertpapierfirma und ihre Dienstleistungen für Kunden und potenzielle Kunden **13** 47; über Finanzinstrumente **13** 48; über Kosten und Nebenkosten **13** 50; zum Schutz von Kundenfinanzinstrumenten und Kundengeldern **13** 49; zum Thema Anlageberatung **13** 52
**Informationsaustausch 1** 81; mit der Deutschen Bundesbank **15** 13; mit der ESMA **11** 33; mit Drittländern **1** 88
**Informationsblätter 12d** 4
**Informationspflichten** gegenüber der Bundesanstalt **15** 86; gegenüber semiprofessionellen und professionellen Anlegern und Haftung **15** 307
**Inhaber** bedeutender Beteiligungen **4** 6; **15** 19
**Inhalt 9** 6; der Anzeige **12a** 2; der Anzeigen **12g** 8; und Aufbau des Klagregisters **14a** 1; der Bescheinigung **12i** 9; der Datenbank **12g** 9; der Einberufung, Bekanntmachung **10** 12; und Format der Veröffentlichung **12a** 15; von Jahresabschlüssen und Lageberichten **8** 24; **15** 46; der Mitteilung **12a** 8, 12; und Umfang der Berichterstattung **15** 3; Form und Gestaltung der wesentlichen Anlegerinformationen **15** 166, 270; des Verkaufsprospekts **8** 7; der Veröffentlichung **8c** 2; **12a** 4; der Werbematerialien **9** 9
**Inländische** Zweigniederlassung und grenzüberschreitender Dienstleistungsverkehr von ausländischen AIF-Verwaltungsgesellschaften, deren Referenzmitgliedstaat nicht **15** 66; Zweigniederlassungen und grenzüberschreitender Dienstleistungsverkehr von EU-OGAW-Verwaltungsgesellschaften **15** 51
**Innenrevision 13** 24
**Insidergeschäfte 11** 8
**Insiderinformationen 11** 7
**Insiderlisten 11** 18
**Insolvenzantrag** Unterrichtung der Gläubiger im Insolvenzverfahren **15** 43

1637

## Sachverzeichnis

Fette Zahlen = Vorschriftennummern

**Insolvenzverfahren** und Restrukturierungssachen **10** 19
**Interessengruppe Wertpapiere und Wertpapiermärkte 3** 37
**Interessenkollision 15** 70, 85
**Interessenkonflikte 1** 23; **15** 27; **15a** 3; **15b** 4
**Internationale** Zusammenarbeit **12** 111
**Investmentanteile 15** 196
**Investmentrechtliche** Rechnungslegung **15d** 5

**Jahresabschluss** und Lagebericht **15** 120; Lagebericht, Prüfungsbericht und Abschlussprüfer der externen Kapitalverwaltungsgesellschaft **15** 38
**Jahresbericht 15** 101, 135, 158; für EU-AIF und ausländische AIF **15** 67; Lagebericht und Prüfung von Spezial-AIF, die Darlehen nach § 285 Absatz 2 vergeben **15** 48a
**Jahresfinanzbericht 12** 114

**Kapitalanforderungen 15** 25
**Kapitalverwaltungsgesellschaften 15** 17
**Klageregister 14** 4
**KMU-Wachstumsmarkt 4** 48a
**KMU-Wachstumsmärkte 1** 33
**Kollektive** Bindung **10** 5
**Konkurrierende** Angebote **17** 22
**Konsultation** vor einer Zulassung **1** 84
**Kontrollfunktion 15** 76, 83
**Konzernabschluss 12** 117
**Koordinatorfunktion 3** 31 ff.
**Koordinierung** durch die ESMA und die EBA **2** 43; nationaler Positionsmanagementmaßnahmen und Positionsbeschränkungen durch die ESMA **2** 44
**Kosten** der Verschmelzung **15** 188
**Kostenbasierte** Bereitstellung von Marktdaten **13** 85
**Kostenentscheidung** im Rechtsbeschwerdeverfahren **14** 26
**Kostenvorausbelastung 15** 304
**Kreditaufnahme 15** 199, 254
**Kriterien** für die bestmögliche Ausführung **13** 64
**Kündbarkeit** von Wertpapier-Darlehen und Pensionsgeschäften **15b** 26
**Kunden 12** 67; **12d** 2
**Kundeninformationen** über das Wertpapierdienstleistungsunternehmen und die Wertpapierdienstleistung im Rahmen der Unabhängigen Honorar-Anlageberatung **12d** 3
**Kündigung** und Verlust des Verwaltungsrechts **15** 99

**Lagebericht 15d** 23
**Laufzeit** von Vermögensanlagen **8** 5a
**Leerverkäufe 15** 205, 265, 276
**Legitime** Handlungen **11** 9
**Leitung** der Börse **4** 15
**Leitungsorgan 1** 9
**Liefer-** und Zahlungsverpflichtungen; Deckung **15b** 3
**Liquiditätsmanagement 15** 30; **15a** 6
**Liquiditätsvorschriften 15** 253

**Market-Making-Systeme 4** 26c
**Marktmanipulation 11** 12
**Marktsondierungen 11** 11
**Markttransparenz** und -integrität **17** 31 f.
**Marktüberwachung 2** 39
**Maßgebliche** Beurteilungszeiträume **13** 17; Sprachfassung **15** 303
**Maßnahmen 9** 16; bei Gefahr **15** 42; im Krisenfall **3** 18; bei unzureichenden Eigenmitteln **15** 41
**Master-Feeder-Strukturen 15** 280
**Mechanismus** zur Begrenzung des Volumens **2** 5; zur Vermeidung doppelter oder kollidierender Vorschriften **2** 33
**Mehrheitsbeschlüsse** der Gläubiger **10** 5
**Meldepflichten 12** 22; von AIF-Verwaltungsgesellschaften **15** 35
**Meldung** von Sanktionen an die ESMA **6** 43; von Verstößen **1** 73; **4** 3b; **6** 41; **11** 32
**Meldungen** der Bundesanstalt an die Europäische Kommission, an die europäischen Aufsichtsbehörden und an den Betreiber des Bundesanzeigers **15** 12; und Liste der Finanzinstrumente **11** 4
**Merkmale** sonstiger Derivatkontrakte in Bezug auf Währungen **13** 10
**Mikrofinanzinstitute 15** 222
**Mindestangaben** und Aufmachung **6** 13; im Verkaufsprospekt **15** 165, 269
**Mindestbetrag** der Wertpapiere **4a** 2
**Mindestinhalt** des nicht konsolidierten verkürzten Abschlusses **12e** 10
**Mindestpreisänderungsgröße 4** 26b
**Miteigentum** am Sammelbestand, Verwaltungsbefugnis des Verwahrers bei der Sammelverwahrung **16** 6
**Mitgliedschaft** in einem zugelassenen Anlegerentschädigungssystem **1** 14
**Mitteilung 17b** 1; nach Artikel 17 Absatz 4 Unterabsatz 3 der Verordnung (EU) Nr. 596/2014 **12a** 7; eines beabsichtigten Erwerbs **1** 11; der Beendigung des öffentlichen Angebots und der vollständigen Tilgung **8** 10; durch Mutterunternehmen **12** 37; der Veröffentlichung **12a** 3c, 11, 17, 19; und Veröffentlichung durch Dritte **12h** 11

Magere Zahlen = Paragraphen bzw. Artikel **Sachverzeichnis**

**Mitteilungen** an andere Stellen **12** 110; an die Bundesanstalt **17** 45
**Mitteilungspflicht 1** 40; von systematischen Internalisierern **12** 79
**Mitteilungspflichten 15** 289; des Bieters gegenüber der Bundesanstalt für Finanzdienstleistungsaufsicht **12e** 19; der Bundesanstalt **15** 177; beim Halten von Instrumenten **12** 38; für Inhaber wesentlicher Beteiligungen **12** 43; des Meldepflichtigen **12** 33; des Meldepflichtigen gegenüber der Bundesanstalt für Finanzdienstleistungsaufsicht **12e** 3; bei Zusammenrechnung **12** 39
**Mündliche** Verhandlung **17** 54
**Musterentscheid 14** 16
**Musterrechtsbeschwerdeführer 14** 21
**Musterverfahrensantrag 14** 2

**Nachhandelstransparenzanforderungen** für Handelsplätze im Hinblick auf Aktien, Aktienzertifikate, börsengehandelte Fonds, Zertifikate und andere vergleichbare Finanzinstrumente **2** 6; für Handelsplätze im Hinblick auf Schuldverschreibungen, strukturierte Finanzprodukte, Emissionszertifikate und Derivate **2** 10
**Nachträge** zum Prospekt **6** 23
**Nachweis** mitgeteilter Beteiligungen **12** 42
**Name** und Anschrift **12c** 2
**Namensgebung** Fondskategorien **15** 4
**Nicht** zugelassene Vermögensanlagen **8** 5b
**Nichtaufnahme** von Informationen **6** 18
**Nichtberücksichtigung** von Stimmrechten **12** 36; **17** 36
**Notifizierung** von Prospekten und Nachträgen und Mitteilung der endgültigen Bedingungen **6** 25; von Registrierungsformularen oder einheitlichen Registrierungsformularen **6** 26
**Notifizierungsportal**, technische Modalitäten **6a** 19 ff.
**Nutzerabhängige** Gebühren **13** 87

**Offenlegung** und Vorlage von Berichten **15** 123, 160
**Offenlegungspflicht** bei Erlangen der Kontrolle **15** 290
**Öffentliche** Bekanntgabe **9** 27; Bekanntmachung von Entscheidungen **12** 77
**Öffentliches** Angebot von Wertpapieren oder Zulassung zum Handel an einem geregelten Markt mittels eines nach Maßgabe des Rechts eines Drittlands erstellten Prospek **6** 29; Angebot von Wertpapieren oder Zulassung zum Handel an einem geregelten Markt mittels eines nach Maßgabe dieser Verordnung erstellten Prospekts **6** 28

**Order-Transaktions-Verhältnis 4** 26a
**Ordnungsgeldvorschriften 8** 31
**Ordnungsgemäße** Geschäftsorganisation **15e** 30
**Organisation 15b** 34; der Wertpapier- und Marktaufsichtsbehörde **3** 40 ff.
**Organisationspflichten 12** 80; für Bereitsteller konsolidierter Datenticker **12** 59; für genehmigte Meldemechanismen **12** 60; für genehmigte Veröffentlichungssysteme **12** 58
**Organisatorische** Anforderungen **1** 16, 47
**Organisatorische Anforderungen 1** 64 ff.
**Organisierte** Wertpapier-Darlehenssysteme **15** 202
**Organisiertes** Handelssystem an einer Börse **4** 48b
**Organisiertes Handelssystem** an einer Börse **4** 48b
**Ort** der Gläubigerversammlung **10** 11

**Peer Reviews 3** 30
**Pensionsgeschäfte 15** 203
**Personenbezogene Daten,** Verarbeitung **4** 22b
**Persönliche** Geschäfte **13** 29
**Pfandverwahrung 16** 17
**Pflicht** zur Bereitstellung von Referenzdaten für die einzelnen Finanzinstrumente **2** 27; zum Führen von Aufzeichnungen **2** 25; zum Handel über geregelte Märkte, MTF oder OTF **2** 28; zur Meldung von Geschäften **2** 26; zur Veröffentlichung eines Prospekts und Ausnahmen **6** 3; zur Veröffentlichung eines Verkaufsprospekts **8** 6; zur Wahrung der Marktintegrität **2** 24; der Wertpapierfirmen, bei der Portfolioverwaltung sowie der Annahme und Weiterleitung von Aufträgen im bestmöglichen Interesse des Kunden zu handeln **13** 65; zur Zusammenarbeit **1** 79
**Pflichten** des Börsenträgers **4** 5; nach der Verordnung (EU) Nr. 648/2012 **15e** 14; des Emittenten **4** 40; der Emittenten gegenüber Wertpapierinhabern **12** 48; der Kapitalverwaltungsgesellschaft und der Verwahrstelle **15** 176; des Market Makers im Zusammenhang mit der Nichtberücksichtigung von Stimmrechten **12e** 4; des Skontroführers **4** 28; beim Vertrieb von EU-OGAW im Inland **15** 309; der zuständigen Behörden **2** 16
**Pflichterfüllung** bei Einschaltung eines Dritten **12h** 13
**Portfoliokomprimierung 2** 31
**Positionsinhaberkategorien,** aufgeschlüsselte Positionsmeldungen **1** 58

1639

**Sachverzeichnis**  Fette Zahlen = Vorschriftennummern

Positionslimits bei europaweit gehandelten Derivaten **12** 55; und Positionsmanagementkontrollen **12** 54; und Positionsmanagementkontrollen bei Warenderivaten **1** 57; bei Warenderivaten und Positionsmeldungen **1** 57 ff.
**Positionsmanagementbefugnisse** der ESMA **2** 45
**Positionsmanagementkontrollen 4** 26f; bei Warenderivaten und Positionsmeldungen **1** 57 ff.
**Positionsmeldungen 12** 57; **13** 83
**Potenzieller** Risikobetrag für das Marktrisiko **15b** 10
**Primebroker 15** 31
**Produktfreigabeverfahren** für Konzepteure von Finanzinstrumenten **12d** 11; für Vertriebsunternehmen **12d** 12
**Produktintervention 12** 15; seitens der zuständigen Behörden **2** 42
**Produktüberwachung** und Produktintervention **2** 39 ff.
**Prognosegüte 15b** 14
**Prospekt 7** 5; Aufmachung **6b** 24 ff.; Daten für die Klassifizierung **5a** 11; Inhalt **6b** 2 ff.; Nachträge **5a** 18; Prüfung und Billigung **6b** 35 ff.; Veröffentlichung **5a** 10; Werbung **5a** 13 ff.; zu liefernde zusätzliche Angaben **6b** 18 ff.
**Prospekthaftung 6** 11; und Haftung für die wesentlichen Anlegerinformationen **15** 306
**Prospektverantwortliche 7** 8
**Prospektzusammenfassung 6b** 27
**Protokolle 17f** 5
**Prüfer** Unterschrift **12b** 17
**Prüfpflichtiger** Zeitraum **12i** 4
**Prüfung** und Bestätigung des Abschlussprüfers **8** 25; **15** 47; und Billigung des Prospekts **6** 20; der Einhaltung bestimmter Pflichten der Verordnung (EU) Nr. 648/2012 und der Verordnung (EU) Nr. 600/2014 **12** 32; des Jahresabschlusses und des Lageberichts **15** 121; der Meldepflichten und Verhaltensregeln **12** 89; der Organisationspflichten **12** 62; von Unternehmensabschlüssen und -berichten **12** 106; der Verschmelzung **15** 185; der Vollständigkeit des Antrags **17c** 12
**Prüfungen** nach § 88 Absatz 1 des Wertpapierhandelsgesetzes **12b** 8
**Prüfungs-** und Berichtsgrundsätze für externe Kapitalverwaltungsgesellschaften **15e** 7; und Berichtsgrundsätze für Investmentaktiengesellschaften und Investmentkommanditgesellschaften **15e** 43; und Berichtsgrundsätze für Sondervermögen **15e** 25
**Prüfungsbeginn 12b** 5

**Prüfungszeitraum 12i** 6; und Berichtszeitraum **15e** 12, 24; Prüfungsdauer und Unterbrechung der Prüfung **12b** 3

**Qualifizierung** als ein KMU **13** 77
**Qualitative** Anforderungen **15b** 29; Anforderungen; Risikocontrolling **15b** 13
**Quantitative** Vorgaben **15b** 11

**Rat** der Aufseher **3** 40 ff.
**Rechnungslegung 15** 148
**Recht** auf Einlegung eines Rechtsbehelfs **1** 74
**Rechte** der Anleger **15** 187; des Kommittenten bei Nichtübersendung des Stückeverzeichnisses **16** 25; von Wertpapierfirmen **1** 34 ff.
**Rechtsbehelfe** der Wertpapier- und Marktaufsichtsbehörde **3** 60 ff.
**Rechtsbeschwerde 14** 20; zum Bundesgerichtshof **17** 63
**Rechtsfolgen** der Verschmelzung **15** 190
**Rechtsform 15** 91, 139; anwendbare Vorschriften **15** 108, 124, 140, 149
**Rechtsgrundlage** des Emittenten **4a** 1; der Wertpapiere **4a** 4
**Rechtsmittel 6** 40; **9** 26
**Rechtsstellung** der Beigeladenen **14** 14
**Rechtsstreitigkeiten 15** 62
**Rechtsverlust 12** 44; **17** 59
**Regelmäßige** Überprüfung der Voraussetzungen für die Erstzulassung **1** 21
**Register 2** 48; Unabhängiger Honorar-Anlageberater **12** 93
**Registrierung** und Berichtspflichten **15** 44; als ein KMU-Wachstumsmarkt **13** 78
**Registrierungsformular** für Anteilsscheine **6b** 5; für Dividendenwerte **6b** 2; einheitliches **6b** 3; für forderungsbesicherte Wertpapiere **6b** 10; für Nichtdividendenwerte **6b** 7 f.; für Nichtdividendenwerte, die von Drittländern und deren regionalen und lokalen Gebietskörperschaften begeben werden **6b** 11; für Sekundäremissionen von Dividendenwerten **6b** 4; für Sekundäremissionen von Nichtdividendenwerten **6b** 9; für Zertifikate, die Aktien vertreten **6b** 6
**Reihenfolge** der Mitwirkung **17d** 3
**Richtigkeit** und Vollständigkeit des Jahres-, Zwischen-, Auflösungs- und Abwicklungsberichts **15e** 27
**Richtlinien** der Bundesanstalt **12** 45
**Risikobegrenzung 15b** 7, 15
**Risikofaktoren 6** 16
**Risikolage 15e** 18
**Risikomanagement 13** 23; **15** 29; **15a** 5
**Risikomischung 15** 243, 262

Magere Zahlen = Paragraphen bzw. Artikel **Sachverzeichnis**

**Risikomischung, Arten 15** 214
**Risikoorientierung** und Wesentlichkeit **15e** 2
**Rücknahme 15** 227; von Anteilen, Aussetzung **15** 98

**Sachkunde** des Compliance-Beauftragten **12g** 3; des Mitarbeiters in der Anlageberatung **12g** 1; des Mitarbeiters in der Finanzportfolioverwaltung **12g** 1b; des Vertriebsbeauftragten **12g** 2; des Vertriebsmitarbeiters **12g** 1a
**Sammelurkunde 16** 9a
**Sammelverwahrung 16** 5; Verlust von Anteilscheinen **15** 97
**Sammlung** von Informationen **3** 35
**Sanierungsverfahren 3** 25
**Sanktionen** bei Verstößen **1** 70
**Sanktionsausschluss 4** 22
**Satzung 15** 110, 142
**Schadenersatz** wegen unterlassener unverzüglicher Veröffentlichung von Insiderinformationen **12** 97; wegen Veröffentlichung unwahrer Insiderinformationen **12** 98
**Schaffung** wirksamer Mechanismen **9** 28
**Schiedsvereinbarungen 12** 101
**Schlussbemerkungen 12b** 16
**Schutz** von Hinweisgebern **3** 17a
**Schutzmaßnahmen 3** 38
**Selbstauskunft** bei der Vermittlung des Vertragsschlusses über Wertpapiere im Sinne des § 3c des Wertpapierprospektgesetzes **12** 65a; bei der Vermittlung des Vertragsschlusses über Wertpapiere im Sinne des § 6 des Wertpapierprospektgesetzes **12** 65
**Senat** für Wertpapiererwerbs- und Übernahmesachen beim Oberlandesgericht **17** 67
**Sicherheitsleistungen 4** 20
**Sitzungen** des Beirats **17f** 3
**Sofortige** Vollziehbarkeit **15** 7; **17** 42; Vollziehung **7** 20
**Sofortiger** Vollzug **8** 26a; **12** 13
**Sonderregeln** für das Bewertungsverfahren **15** 249; für den Bewerter **15** 250; für die Ausgabe und Rücknahme von Anteilen **15** 255; für die Bewertung **15** 248; für die Häufigkeit der Bewertung **15** 251
**Sonderregelungen** für die Ausgabe und Rücknahme von Anteilen oder Aktien **15** 223
**Sondervermögen 15** 92
**Sonderverwahrung 16** 2
**Sonstige** Angaben **15d** 16; Anlageinstrumente **15** 198; Benutzung von Börseneinrichtungen **4** 18; derivative Finanzinstrumente **13** 7; Informationspflichten **15**

308; Investmentvermögen **15** 220; Veröffentlichungspflichten **15** 301
**Spätere** Weiterveräußerung von Wertpapieren **6** 5
**Sperrfrist 17** 26
**Sperrwirkung** des Vorlagebeschlusses **14** 7
**Sprache** der Mitteilungen **12a** 14; der Veröffentlichung **12a** 3b
**Sprachenregelung 6** 27
**Staatliche** Schuldverschreibungen **4** 37
**Statthaftigkeit** Zuständigkeit **17** 48
**Stellungnahme** des Vorstands und Aufsichtsrats der Zielgesellschaft **17** 27
**Stichtag** der Prüfung und Berichtszeitraum **12b** 4
**Stimmrecht 10** 6
**Stimmrechtsausübung 15** 94
**Strafantrag 16** 36
**Strafbarkeit** im Falle der Zahlungseinstellung oder des Insolvenzverfahrens **16** 37
**Strafvorschriften 4** 49; **8** 28; **12** 119; **15** 339
**Streuung** der Aktien **4a** 9
**Strukturierte** Einlagen **12** 96; **12d** 13
**Stückelung** der Wertpapiere **4a** 6
**Stückeverzeichnis 16** 18; beim Auftrag zum Umtausch und zur Geltendmachung eines Bezugsrechts **16** 26; beim Auslandsgeschäft **16** 22
**Synchronisierung** von im Geschäftsverkehr verwendeten Formen **4** 22a
**Systematische** Internalisierer für Aktien, Aktienzertifikate, börsengehandelte Fonds, Zertifikate und andere vergleichbare Finanzinstrumente **13** 12; Internalisierer für Derivate **13** 15; Internalisierer für Emissionszertifikate **13** 16; Internalisierer für Schuldverschreibungen **13** 13; Internalisierer für strukturierte Finanzprodukte **13** 14
**Systemrisiken 3** 22 ff.

**Tagesordnung 10** 13
**Tätigkeitsbericht 15d** 8
**Tauschverwahrung 16** 10
**Teilbereiche** des regulierten Marktes mit besonderen Pflichten für Emittenten **4** 42
**Teilgesellschaftsvermögen 15** 117, 132
**Tick-Größen 1** 49
**Titel** und Reihenfolge der Angaben **9** 8
**Tochterunternehmenseigenschaft 12** 35
**Transparenz** des Leistungsversprechens **10** 3
**Transparenzpflicht 13** 89
**Treuhandverhältnis 15** 245

**Übergangsbestimmung 15b** 40
**Übergangsbestimmungen 1** 95; **2** 54; **10** 24; zur Aufhebung des Verkaufsprospektgesetzes **7** 27

1641

# Sachverzeichnis

Fette Zahlen = Vorschriftennummern

**Übergangsregelung 12g** 12; zum CSR-Richtlinie-Umsetzungsgesetz **12** 136; für die Kostenerstattungspflicht nach § 11 der bis zum 2. Januar 2018 gültigen Fassung dieses Gesetzes **12** 129; für die Mitteilungs- und Veröffentlichungspflichten für Inhaber von Netto-Leerverkaufspositionen nach § 30i in der Fassung dieses Gesetzes vom 6. Dezember **12** 130; für die Mitteilungs- und Veröffentlichungspflichten zur Wahl des Herkunftsstaats **12** 128; für die Verjährung von Ersatzansprüchen nach § 37a der bis zum 4. August 2009 gültigen Fassung dieses Gesetzes **12** 131; zum Ersten Finanzmarktnovellierungsgesetz **16** 43
**Übergangsrichtlinie 9** 32
**Übergangsvorschrift** zum Kleinanlegerschutzgesetz **15** 344a; zu § 26 Absatz 7 Satz 3, § 82 Absatz 6 Satz 2 und § 85 Absatz 5 Satz 4 **15** 359; zu § 127 des Investmentgesetzes **15** 352; zu § 342 Absatz 3 **15** 354; zur Rechnungslegung und Prüfung des im Verkaufsprospekt enthaltenen Jahresabschlusses und Lageberichts **8a** 15a; zur Richtlinie 2014/65/EU über Märkte für Finanzinstrumente **12** 138; für Verstöße gegen die §§ 38 und 39 in der bis zum Ablauf des 1. Juli 2016 geltenden Fassung dieses Gesetzes **12** 137
**Übergangsvorschriften** für ausländische AIF-Verwaltungsgesellschaften und für andere Vertragsstaaten des Abkommens über den Europäischen Wirtschaftsraum **15** 344; zum Bilanzrichtlinie-Umsetzungsgesetz **15** 356; zu den §§ 261, 262 und 263 **15** 353a; für inländische und EU-AIF-Verwaltungsgesellschaften **15** 343; für offene AIF und AIF-Verwaltungsgesellschaften, die offene AIF verwalten, die bereits nach dem Investmentgesetz reguliert waren **15** 345; für offene AIF und für AIF-Verwaltungsgesellschaften, die offene AIF verwalten, die nicht bereits nach dem Investmentgesetz reguliert waren **15** 351; für OGAW-Verwaltungsgesellschaften und OGAW **15** 355; zu § 285 Absatz 3 **15** 353b; zur Verordnung (EU) Nr. 596/2014 **12** 135
**Übermittlung** der Daten **12h** 10; von Daten **4** 26g; und Herausgabe marktbezogener Daten **12** 8; von Insiderinformationen und von Eigengeschäften **12** 26; personenbezogener Daten in Drittstaaten **11** 29; und Veröffentlichung der Angebotsunterlage **17** 14; des Wertpapier-Informationsblatts an die Bundesanstalt; Frist und Form der Veröffentlichung **7** 5

**Überprüfung 7** 48; durch die Kommission **9** 33; der enthaltenen Informationen **9** 10; der Verpflichtungen der Emittenten **5** 7
**Überschreiten** von Anlagegrenzen **15** 211
**Übersendung** des Prüfungsberichts und des Fragebogens **12b** 19; des Stückeverzeichnisses auf Verlangen **16** 20
**Übertragbare** Wertpapiere – amtliche Notierung **5** 3; Wertpapiere – fairer, ordnungsgemäßer und effizienter Handel **5** 2; Wertpapiere – freie Handelbarkeit **5** 1
**Übertragung** von Anteilen oder Aktien **15** 277; auf eine andere Kapitalverwaltungsgesellschaft **15** 100b
**Übertragungsformate 15c** 4
**Übertragungsweg 15c** 3
**Überwachung** des Clearings von OTC-Derivaten und Aufsicht über Transaktionsregister **12** 30; durch die ESMA **2** 19; der Einhaltung der Regeln des geregelten Marktes und anderer rechtlicher Verpflichtungen **1** 54; der Einhaltung der Regeln an MTF oder des OTF und anderer rechtlicher Verpflichtungen **1** 31; der Geschäfte der bei der Bundesanstalt Beschäftigten **12** 28; von Leerverkäufen **12** 53; der Meldepflichten und Verhaltensregeln **12** 88; der Organisationspflichten **12** 61
**Überwachungsbehörden 9** 15
**Umfang** ausschlaggebender und wichtiger betrieblicher Aufgaben **13** 30; der Berichterstattung **12b** 10; der Beteiligung; Anlagegrenzen **15** 237; der Ermächtigung zur Tauschverwahrung **16** 11; von persönlichen Geschäften **13** 28; der Prüfung und Schwerpunktbildung durch den Prüfer **12i** 5; der Zulassung **1** 6, 60
**Umsetzung 1** 93
**Umstände** unter denen eine Verhaltensweise angenommen werden kann, die auf eine laut der Verordnung (EU) Nr. 596/2014 verbotene Tätigkeit hindeutet **13** 82; unter denen in Bezug auf ein Finanzinstrument schwerwiegende Verstöße gegen die Regeln eines Handelsplatzes oder marktstörende Handelsbedingungen bzw. Syste **13** 81; die erheblichen Schaden für die Interessen der Anleger und das ordnungsgemäße Funktionieren des Marktes darstellen **13** 80
**Umwandlung** in Feederfonds oder Änderung des Masterfonds **15** 180; von inländischen OGAW **15** 213
**Unabdingbarkeit** der Verpflichtungen des Kommissionärs **16** 28
**Unabhängige** Anlageberatung **13** 53
**Unberücksichtigte** Derivate **15b** 17

Magere Zahlen = Paragraphen bzw. Artikel **Sachverzeichnis**

**Unionsweite** Geltung gebilligter Prospekte 6 24
**Unrechtmäßige** Offenlegung von Insiderinformationen 11 10
**Unregelmäßige** Verwahrung, Wertpapierdarlehen 16 15
**Unterbrechung** des Verfahrens 14 5
**Unternehmen** organisierte Märkte und multilaterale Handelssysteme mit Sitz in einem anderen Mitgliedstaat der Europäischen Union oder in einem anderen Vertragsstaa 12 90; mit Sitz in einem Drittstaat 12 91
**Unterrichtung** der Europäischen Wertpapier- und Marktaufsichtsbehörde im Hinblick auf die Erlaubnis einer ausländischen AIF-Verwaltungsgesellschaft durch die Bundesanstalt 15 60
**Unterrichtungspflichten** des Prüfers bei Behinderung der Prüfung 12i 7
**Untersagung** 12 105; des Angebots 17 15; und Einstellung des Vertriebs von EU-OGAW 15 311; des öffentlichen Angebots 8 18; der Preisfeststellung für ausländische Währungen 4 11; der Veröffentlichung 8 17; des Vertriebs 15 314; von Werbung 8 16
**Unterschreitung** des Anfangskapitals oder der Eigenmittel 15 114, 130, 145, 155
**Untersuchungsgrundsatz** 17 55
**Unterverwahrung** 15 73, 82
**Unverzügliche** redliche und rasche Ausführung von Kundenaufträgen und Veröffentlichung nicht ausgeführter Kunden-Limitaufträge nicht auf einem Handelsplatz gehandelte 13 70
**Unwahre** Angaben über das Eigentum 16 35
**Unwirksame** Haftungsbeschränkung; sonstige Ansprüche 7 16
**Unzulässigkeit** der öffentlichen Aufforderung zur Abgabe von Angeboten 17 17; von Teilangeboten 17 32
**U-Wachstumsmärkte** 12 76

**Veränderliches** Kapital, Kündigung von Kommanditanteilen 15 133; Kapital, Rücknahme von Aktien 15 116
**Verantwortlichkeit** 12g 10
**Verantwortung** des Handelsteilnehmers für Aufträge von mittelbaren Handelsteilnehmern 4 19a; und Zweck 15d 6
**Verarbeitung** personenbezogener Daten 9 21
**Veräußerung** und Belastung von Vermögensgegenständen 15 260
**Veräußerungen** nachrangiger berücksichtigungsfähiger Verbindlichkeiten 12 65b

**Verbot** und Einschränkung von Erwerb und Veräußerung 15 239; der Gewährung ungerechtfertigter Leistungen 17 33d; von Insidergeschäften und unrechtmäßiger Offenlegung von Insiderinformationen 11 14; der Marktmanipulation 11 15
**Verbote** und Beschränkungen 9 17
**Verbotene** Finanztermingeschäfte 12 100
**Vereinbarungen** mit Drittstaaten zur OGAW-Konformität 15 296; mit einer zentralen Gegenpartei und über Clearing und Abrechnung 1 55; mit einer zentralen Gegenpartei und über Clearing und Abrechnung in Bezug auf MTF 1 38; mit Kleinanlegern und professionellen Kunden 13 58; bei Master-Feeder-Strukturen 15 175
**Vereinfachte** Offenlegungsregelung für Sekundäremissionen 6 14
**Verfahren** für die Erteilung der Zulassung und die Ablehnung von Anträgen auf Zulassung 1 7, 61; bei einer Handelspflicht 2 32
**Verfolgung** unerlaubter Investmentgeschäfte 15 16
**Verfügbarkeit** der Finanzberichte und Zahlungsberichte 12a 20
**Verfügungen** über Wertpapiere 16 17a
**Verfügungsbefugnis** Treuhänderschaft, Sicherheitsvorschriften 15 93
**Verfügungsbeschränkung** 15 246, 264
**Vergabeverfahren** 15e 41
**Vergleichende** Analyse der Zulassung von und der Aufsicht über ausländische AIF-Verwaltungsgesellschaften 15 64; Übersicht über die letzten drei Geschäftsjahre 15d 14
**Vergleichsvorschlag** 14 17
**Vergütung** Aufwendungsersatz 15 79, 89a
**Vergütungsgrundsätze** und -praktiken 13 27
**Vergütungssysteme** 15 37
**Verhaltenspflichten** Organisationspflichten und Aufzeichnungspflichten 12b 11
**Verhältnismäßigkeit** der Maßnahme 9 18
**Verkaufsprospekt** 15 228; Anlagebedingungen, Jahresbericht 15 173; und wesentliche Anlegerinformationen beim Vertrieb von EU-AIF oder von ausländischen AIF an Privatanleger 15 318
**Verkaufsunterlagen** und Hinweispflichten 15 297
**Verkürzung** der handelsrechtlichen Offenlegungsfrist 8 26; 15 48
**Verleitung** zu Börsenspekulationsgeschäften 4 26
**Verlust** des Provisionsanspruchs 16 27

1643

# Sachverzeichnis

Fette Zahlen = Vorschriftennummern

**Vermögensanlagen-Informationsblatt 8** 13
**Vermögensaufstellung 15** 247; **15d** 10
**Vermögensgegenstände** in Drittstaaten; Währungsrisiko **15** 233
**Vermögensübersicht 15d** 9
**Vermögensverwahrung** und Finanzsicherheiten **12** 84
**Veröffentlichung 17b** 2; des Ausgabe- und Rücknahmepreises und des Nettoinventarwertes **15** 170; eines Basisprospekts **4a** 48a; der Entscheidung zur Abgabe eines Angebots **17** 10; von Entscheidungen **6** 42; **11** 34; ergänzender Angaben **8** 11; der Gesamtzahl der Stimmrechte und Übermittlung an das Unternehmensregister **12** 41; des Herkunftsstaates **12** 5; von Insiderinformationen **11** 17; der Jahres-, Halbjahres-, Zwischen-, Auflösungs- und Abwicklungsberichte **15** 107; von Mitteilungen und Übermittlung im Wege der Datenfernübertragung **12** 49; des Prospekts **6** 21; der Zulassung **4a** 51; zusätzlicher Angaben und Übermittlung an das Unternehmensregister **12** 50
**Veröffentlichung eines Prospekts,** Pflicht/Ausnahmen **7** 3
**Veröffentlichungen** von Wertpapierfirmen
– einschließlich systematischer Internalisierer – nach dem Handel betreffend Aktien, Aktienzertifikate, börsengehandelte Fonds, Zerti **2** 20; von Wertpapierfirmen
– einschließlich systematischer Internalisierer – nach dem Handel betreffend Schuldverschreibungen, strukturierte Finanzprodukte, Emi **2** 21
**Veröffentlichungspflichten 15** 313; nach Beendigung des öffentlichen Angebots **8** 11a; des Bieters nach Abgabe des Angebots **17** 23; des Emittenten und Übermittlung an das Unternehmensregister **12** 40; und laufende Informationspflichten für EU-AIF und ausländische AIF **15** 299; und laufende Informationspflichten für EU-OGAW **15** 298
**Veröffentlichungsrecht** der Bundesanstalt **17** 44
**Verordnungsermächtigung 15** 106
**Verpfändung** als Sicherheit für Verbindlichkeiten aus Börsengeschäften **16** 12a
**Verpflichtung** zur gesonderten Offenlegung von Vorhandels- und Nachhandelsdaten **2** 12; des Insolvenzverwalters **4** 43; **12** 24; zur kundengünstigsten Ausführung von Aufträgen **1** 27; Marktdaten diskriminierungsfrei bereitzustellen **13** 86; Marktdaten zu angemessenen kaufmännischen Bedingungen bereitzustellen **13** 84; zur Offenlegung von Vorhandels- und Nachhandelsdaten zu angemessenen kaufmännischen Bedingungen **2** 13; der systematischen Internalisierer zur Offenlegung von verbindlichen Kursofferten für Aktien, Aktienzertifikate, börsengehandelte Fonds, Zertifikate und a **2** 14; der systematischen Internalisierer zur Veröffentlichung verbindlicher Kursofferten in Bezug auf Schuldverschreibungen, strukturierte Finanzprodukte, Emiss **2** 18; zur Veröffentlichung und zur Abgabe eines Angebots **17** 35; zur Zusammenarbeit **11** 25
**Verpflichtungen** von Wertpapierfirmen bei der Bestellung vertraglich gebundener Vermittler **1** 29
**Verringerte** Prospektanforderungen **8a** 15
**Verringerung** und Einschränkung von Positionen oder offenen Forderungen **12** 9
**Versagung** der Erlaubnis **12** 103; der Erlaubnis einer Kapitalverwaltungsgesellschaft **15** 23
**Verschmelzung 15** 281; eines EU-OGAW auf ein OGAW-Sondervermögen **15** 183; mit Investmentaktiengesellschaften mit veränderlichem Kapital **15** 191; oder Spaltung des Masterfonds **15** 179
**Verschmelzungsinformationen 15** 186
**Verschmelzungsplan 15** 184
**Verschwiegenheitspflicht 4** 10; **7** 19; **8** 4; **12** 21; **15** 8; **17** 9
**Versicherungsvertrag 9** 12
**Verstoß** gegen die Vorlagevoraussetzungen an das Oberlandesgericht **14** 25
**Verteilung** der Skontren **4** 29
**Vertretung 10** 14; der Gesellschaft, Gerichtsstand beim Vertrieb von EU-AIF oder von ausländischen AIF an Privatanleger **15** 319
**Verwahrung 15** 72, 81; durch den Kommissionär **16** 29
**Verwahrungsbuch 16** 14
**Verwaltung** und Anlage **15** 112, 129, 144, 154; von EU-AIF durch AIF-Kapitalverwaltungsgesellschaften **15** 53; von EU-AIF durch ausländische AIF-Verwaltungsgesellschaften, für die die Bundesrepublik Deutschland Referenzmitgliedstaat ist **15** 65
**Verwaltungs-** oder Aufsichtsorgan des Börsenträgers **4** 4b
**Verwaltungsrat** der Wertpapier- und Marktaufsichtsbehörde **3** 45 ff.
**Verwaltungsrechtliche** Sanktionen **9** 22; Sanktionen und andere verwaltungsrechtliche Maßnahmen **6** 38; **11** 30
**Verweigerung** der Zulassung **4** 35

Magere Zahlen = Paragraphen bzw. Artikel **Sachverzeichnis**

**Verweise** und Ersuchen nach Artikel 19 der Verordnung (EU) Nr. 1095/2010 **15** 336
**Verweismöglichkeiten** der Bundesanstalt an die Europäische Wertpapier- und Marktaufsichtsbehörde **15** 63
**Verweisung 15** 204
**Verweisungen** auf frühere Prüfungsberichte **12b** 14
**Verwendungsrechnung** für das Sondervermögen **15d** 12; und Entwicklungsrechnung bei der Investmentkommanditgesellschaft **15d** 24
**Verzeichnis** von der Handelspflicht unterliegenden Derivaten **2** 34; geregelter Märkte **1** 56
**Vollziehung** von Beschlüssen **10** 21
**Von** den Aufnahmemitgliedstaaten zu treffende Sicherungsmaßnahmen **1** 86; der Mitwirkung ausgeschlossene Personen **17d** 4
**Vorbehalt** der Gegenseitigkeit **17** 33c
**Vorbereitung** des Termins; Schriftsätze **14** 12
**Vorbeugung** und Aufdeckung von Marktmissbrauch **11** 16
**Vorhandelstransparenzanforderungen** für Handelsplätze im Hinblick auf Aktien, Aktienzertifikate, börsengehandelte Fonds, Zertifikate und andere vergleichbare Finanzinstrumente **2** 3; für Handelsplätze im Hinblick auf Schuldverschreibungen, strukturierte Finanzprodukte, Emissionszertifikate und Derivate **2** 8
**Vorlage** von Berichten **15** 137; an das Oberlandesgericht **14** 6
**Vorrangige** Gläubiger **16** 32
**Vorschriften** betreffend Angebote im Sinne des § 1 Abs. 2 des Wertpapiererwerbs- und Übernahmegesetzes **17a** 1; betreffend Angebote im Sinne des § 1 Abs. 3 des Wertpapiererwerbs- und Übernahmegesetzes **17a** 2; für die Bearbeitung von Kundenaufträgen **1** 28
**Vorsichtsmaßnahmen 6** 37
**Vorsitz** Beschlussfähigkeit **10** 15; der Wertpapier- und Marktaufsichtsbehörde **3** 48 ff.
**Vorstand** Aufsichtsrat **15** 119, 147
**Vorzeitige** Beendigung der Bestellung **17d** 2; Beendigung der Mitgliedschaft **17f** 2

**Wahl** des Börsenrates **4** 13; des Herkunftsstaates **12** 4
**Wahrnehmung** der Aufsichts- und Sanktionsbefugnisse **1** 72; **6** 39; der Aufsichtsbefugnisse und Verhängung von Sanktionen **11** 31; der Befugnisübertragung **6** 44
**Weitere** Berichtspflichten **15e** 42

**Weiterer** Geltungsbereich **9** 3
**Weitergabe** oder Verbreitung von Informationen in den Medien **11** 21
**Werbung 6** 22; **15** 33, 302; **17** 28; für Angebote **7** 7; für Vermögensanlagen **8** 12; der Wertpapierdienstleistungsunternehmen **12** 92
**Wertpapier- und Marktaufsichtsbehörde**, Aufgaben und Befugnisse **3** 8 ff.; Befugnisübertragung **3** 11 f.; Errichtung und Rechtsstellung **3** 1 f.; Leitlinien und Empfehlungen **3** 16; Rechenschaftspflicht **3** 3; Rechtsstellung **3** 5; Technische Regulierungsstandards **3** 10 ff.; Verletzung von Unionsrecht **3** 17; Zusammensetzung **3** 6
**Wertpapier- und Marktaufsichtsbehörden-VO 3**; Begriffsbestimmungen **3** 4
**Wertpapierbeschreibung,** Mindestangaben **6b** 12 ff.
**Wertpapier-Darlehen** Sicherheiten **15** 200
**Wertpapier-Darlehensvertrag 15** 201
**Wertpapiere 15** 193
**Wertpapierfirmen,** Bedingungen für die Ausübung der Tätigkeit **1** 21 ff.
**Wertpapierindex-OGAW 15** 209
**Wertpapier-Informationsblatt 7** 4
**Wertpapierrat 12** 16
**Wesentliche** Geschäfte mit nahe stehenden Unternehmen und Personen **12c** 11
**Widerruf** der Registrierung **2** 49; der Zulassung bei Wertpapieren **4** 39
**Widerrufsrecht 8** 2d; **15** 305
**Widerspruchsausschuss 17** 6
**Widerspruchsverfahren 12** 112; **17** 41
**Wiederanlage** von Sicherheiten **15b** 21
**Wiederaufnahme** gegen Bußgeldbescheid **17** 64
**Wirksamkeit** eines Rechtsgeschäfts **15** 242
**Wirksamwerden** der Verschmelzung **15** 189
**Wirkung** des Musterentscheids **14** 22; von Rücknahmen; Verfahrensbeendigung **14** 13; des Vergleichs **14** 23

**Zahlung** und Lieferung **15** 74
**Zahlungen** Überwachung durch die Verwahrstelle **15** 241
**Zahlungsbericht 12** 116
**Zeitpunkt** der Zulassung **4a** 50
**Zerschlagen** von Unternehmen **15** 292
**Zivilrechtliche** Haftung **9** 11
**Zu erfassende Risikofaktoren 15b** 12
**Zugang** zum geregelten Markt **1** 53; zu geregelten Märkten **1** 36; für in einem Drittland niedergelassene zentrale Gegenparteien und Handelsplätze **2** 38; zu Kursofferten **2** 17; zu zentralen Gegenpartei-

1645

# Sachverzeichnis

Fette Zahlen = Vorschriftennummern

en, Clearing- und Abrechnungssystemen sowie Recht auf Wahl eines Abrechnungssystems **1** 37
**Zugehöriges** Vergleichsvermögen **15b** 9
**Zugehöriges Delta 15b** 18
**Zulässige** Marktpraxis **11** 13; Vermögensgegenstände **15** 192; Vermögensgegenstände, Anlagegrenzen **15** 219; Vermögensgegenstände; Anlagegrenzen **15** 231; Vermögensgegenstände, Anlagegrenzen **15** 261; Vermögensgegenstände, Anlagegrenzen, Kreditaufnahme **15** 221
**Zulässigkeit** des Musterverfahrensantrags **14** 3; des Vertriebs von EU-AIF oder von ausländischen AIF an Privatanleger **15** 317; der Verwaltung von inländischen Spezial-AIF und EU-AIF sowie des Vertriebs von AIF gemäß den §§ 325, 326, 333 oder 334 durch ausländische AIF-Verwaltungsg **15** 57
**Zulassung** und anwendbares Recht **1** 44; zur Börse **4** 19; von Finanzinstrumenten zum Handel **1** 51; zum Skontroführer **4** 27; später ausgegebener Aktien **4a** 69; zur Teilnahme am elektronischen Meldeverfahren **12h** 6; von Wertpapieren einer Gattung oder einer Emission **4a** 7; von Wertpapieren mit Umtausch- oder Bezugsrecht **4a** 11; von Wirtschaftsgütern und Rechten **4** 23; von Zertifikaten, die Aktien vertreten **4a** 12
**Zulassungsanforderung 1** 5
**Zulassungsantrag 4a** 48
**Zulassungspflicht 1** 59; **4** 32
**Zurechnung** von Stimmrechten **12** 34; **17** 30
**Zusammenarbeit 4** 8; mit anderen Behörden im Inland **12** 17; mit anderen Stellen **15** 9; und Aufsicht **9** 20; mit Aufsichtsbehörden im Inland **17** 7; mit der ESMA **6** 34; **11** 24; mit der Europäischen Kommission im Rahmen des Energiewirtschaftsgesetzes **12** 20; in der Europäischen Union **4** 36; mit der Europäischen Wertpapier- und Marktaufsichtsbehörde **12** 19; mit Drittländern **1** 88; **6** 30; mit Drittstaaten **11** 26; und Informationsaustausch mit der ESMA **1** 87; mit zuständigen Stellen im Ausland **12** 18; **17** 8; zwischen Behörden in ein und demselben Mitgliedstaats **1** 68; zwischen den zuständigen Behörden bei der Überwachung, den Überprüfungen vor Ort oder den Ermittlungen **1** 80; zwischen zuständigen Behörden **6** 33
**Zusammenfassung** der Prüfungsergebnisse **15e** 5

**Zusammenlegung** und Zuweisung von Aufträgen **13** 68; und Zuweisung von Geschäften für eigene Rechnung **13** 69
**Zusätzliche** allgemeine Anforderungen bezüglich Emissionsübernahme oder Platzierung **13** 38; Anforderungen bezüglich Beratung, Vertrieb und Eigenplatzierung **13** 41; Anforderungen bezüglich Darlehen oder Kreditvergabe im Zusammenhang mit Emissionsübernahme und Platzierung **13** 42; Anforderungen bezüglich Platzierung **13** 40; Anforderungen bezüglich Preisgestaltung der Angebote im Hinblick auf Emission von Finanzinstrumenten **13** 39; Angaben **8** 15a; Angaben im Verkaufsprospekt und in den Anlagebedingungen **15** 256; Angaben und Unterlagen **12c** 9; Berichtspflichten bei der Portfolioverwaltung und bei Geschäften mit Eventualverbindlichkeiten **13** 62; Informationspflichten bei AIF **15** 300; organisatorische Anforderungen bezüglich Finanzanalysen oder Marketingmitteilungen **13** 37; Stresstests im Rahmen der Sicherheitenverwaltung **15b** 32
**Zuständige** Behörde; Aufsicht; Anordnungsbefugnis **15** 5; Behörden **6** 31; **11** 22; Überwachungsstellen und Befugnisse **12c** 6; Verwaltungsbehörde **12** 121; **17** 61
**Zuständigkeit** des Oberlandesgerichts im gerichtlichen Verfahren **17** 62; im Sinne der Verordnung (EG) Nr. 1060/2009 **12** 29
**Zuständigkeiten** der Geschäftsleitung **13** 25
**Zustellungsbevollmächtigter 12c** 5
**Zustimmungspflichtige** Geschäfte **15** 75, 84
**Zuteilung** bei einem Teilangebot **17** 19
**Zuverlässigkeit 12g** 6; der Geschäftsleitung **12c** 3
**Zuwendungen 12d** 6; und Gebühren **12** 70; im Zusammenhang mit Analysen **12d** 7
**Zwangsmittel 17** 46
**Zweigniederlassung** und grenzüberschreitender Dienstleistungsverkehr durch OGAW-Kapitalverwaltungsgesellschaften **15** 49; und grenzüberschreitender Dienstleistungsverkehr von EU-AIF-Verwaltungsgesellschaften im Inland **15** 54
**Zweigstellen** Zweigniederlassungen, Filialen und Auslagerungen **12b** 7
**Zwischenbericht 15** 104; **15d** 18

**Jugendrecht**

SGB VIII: Kinder- u. Jugendhilfe
JugendschutzG
Jugendmedienschutz-
Staatsvertrag
JugendarbeitsschutzG
BAföG
BerufsbildungsG (Auszug)

41. Auflage
2020

Beck-Texte im dtv

Robert G. Brehm · Wolfgang Zimmerling
Alexandra Brehm · Ben Zimmerling
**Erfolgreich zum Wunschstudienplatz**
Bewerbung · NC · hochschulstart.de
Auswahlverfahren und -tests
Rechtsschutz · Studienplatzklage

Beck-Rechtsberater im dtv

## Jugend und Recht

**JugR · Jugendrecht**
SGB VIII – Kinder- und Jugendhilfe,
AdoptionsvermittlungsG, Unterhalts-
vorschussG, JugendschutzG.
Textausgabe  **TOPTITEL**
41. Aufl. 2020. 659 S.
€ 10,90. dtv 5008

AdoptionsvermittlungsG, BAföG, Bayerisches
StrafvollzugsG (Auszug), BerufsbildungsG
(Auszug), Brüssel IIa-VO (Auszug), Bürger-
liches Gesetzbuch mit EGBGB (Auszug),
Bundes-ImmissionsschutzG (Auszug), FamFG
(Auszug), JugendarbeitsschutzG, Jugendfrei-
willigendiensteG, JugendgerichtsG, Jugend-
medienschutz-Staatsvertrag, JugendschutzG,
JugendstrafvollzugsG NRW, Gesetz zur
Kooperation und Information im Kinderschutz
(KKG), Kinderschutzübereinkommen (Aus-
zug), SGB I: Allgemeiner Teil (Auszug), SGB II:
Grundsicherung für Arbeitsuchende (Auszug),
SGB III: Arbeitsförderung (Auszug), SGB VIII:
Kinder- und Jugendhilfe, SGB XII: Sozialhilfe
(Auszug), Strafgesetzbuch (Auszug), Unter-
haltsvorschussG

## Schule und Hochschule

Brehm/Zimmerling/
Brehm-Kaiser/Zimmerling
**Erfolgreich zum Wunschstudienplatz**
Bewerbung · hochschulstart.de · NC · Aus-
wahlverfahren und -tests · Rechtsschutz ·
Studienplatzklage.
Rechtsberater
2. Aufl. 2015. 300 S.
€ 16,90. dtv 50765

**BAföG · Bildungsförderung**
Textausgabe
32. Aufl. 2016. 400 S.
€ 15,90. dtv 5033

Theisen
**ABC des wissenschaftlichen Arbeitens**
Erfolgreich in Schule, Studium und Beruf.
Beck im dtv
1. Aufl. 2006. 263 S.
€ 9,50. dtv 50897

Gramm/Wolff
**Jura – erfolgreich studieren**
Für Schüler und Studenten.
Rechtsberater
7. Aufl. 2015. 277 S.
€ 14,90. dtv 50770
Auch als **ebook** erhältlich.

## Ehe, Familie und Partnerschaft

**FamR · Familienrecht**
Zu Ehe, Scheidung, Unterhalt, Versorgungsausgleich, Lebenspartnerschaft und internationalem Recht.
Textausgabe **TOPTITEL**
19. Aufl. 2019. 938 S.
€ 14,90. dtv 5577

Die 19. Auflage der Textausgabe ist umfassend aktualisiert und bietet ein ausführliches Sachverzeichnis für den schnellen, gezielten Zugriff sowie eine aktualisierte Einführung von Universitätsprofessorin Dr. Dagmar Coester-Waltjen.

Grziwotz
**Rechtsfragen zur Ehe**
Voreheliches Zusammenleben, Ehevermögensrecht, Unterhalt, Vereinbarungen
Rechtsberater **TOPTITEL**
5. Aufl. 2019. 201 S.
€ 14,90. dtv 51214
Auch als **ebook** erhältlich.

Dieser aktuelle Ratgeber informiert **allgemeinverständlich und praxisnah** über alle Rechtsfragen rund um die Eheschließung, Eintragung der Lebenspartnerschaft, Vollmachten in der Ehe, Familienunterhalt, Namensrecht und Güterrecht.

**Zahlreiche Beispiele und praktische Tipps** machen die Ausführungen anschaulich.

Dahmen-Lösche
**Scheidungsberater für Frauen**
Ihre Rechte und Ansprüche bei Trennung und Scheidung.
Rechtsberater
3. Aufl. 2016. 166 S.
€ 11,90. dtv 50753
Auch als **ebook** erhältlich.

Dieses Buch berät umfassend mit vielen Beispielen, Mustern und Checklisten.

Klein
**Eheverträge**
Sicherheit für die Zukunft.
Rechtsberater
6. Aufl. 2020. 276 S.
€ 19,90. dtv 51244
Auch als **ebook** erhältlich.

# Umfassend informiert zum Ehevertrag.

Eheverträge regeln die wirtschaftlichen Folgen einer Ehe. Wann aber ist ein Ehevertrag überhaupt sinnvoll? Gibt es **Vor- und Nachteile?** Welche **Gestaltungsmöglichkeiten** gibt es, um die Rechtsbeziehungen zwischen Eheleuten vertraglich zu regeln?

Dieser Rechtsberater gibt **wertvolle Tipps anhand von vielen Beispielsfällen und Mustern** für die Regelungen im Ehevertrag – vor Schließung der Ehe, während der Ehe und im Fall von Trennung und Scheidung.

Die anschauliche und verständliche Darstellung des Themas schafft schnell und sicher Klarheit. Berücksichtigt sind die aktuelle höchstrichterliche Rechtsprechung und die wichtigsten Änderungen bei Unterhalt, Zugewinn und Versorgungsausgleich sowie die neueste Düsseldorfer Tabelle.

**Vorteile auf einen Blick:**
- anschauliche und verständliche Darstellung des Themas
- mit vielen Beispielsfällen, Musterformulierungen und wertvollen Praxistipps sowohl für vorsorgende Eheverträge als auch für Trennungs- und Ehescheidungsfolgenverträge
- mit der aktuellen höchstrichterlichen Rechtsprechung und wichtigen neuen gesetzlichen Regelungen, einschließlich der EU-Güterrechtsverordnung

Der **Autor Michael W. Klein** ist Rechtsanwalt und Fachanwalt für Familienrecht.

Lütkehaus/Matthäus
**Guter Umgang für Eltern und Kinder**
Ein Ratgeber bei Trennung und Scheidung
Rechtsberater
2018. 249 S.
€ 18,90. dtv 51227
Auch als **ebook** erhältlich.

**Beispielsfälle** aus der langjährigen Praxis der Autoren, Erfahrungsberichte, Info-Kästen, Checklisten, Übungen und Muster bieten **konkrete Hilfestellungen** an und gestalten den Ratgeber alltagstauglich und praxisnah.

Heiß/Heiß
**Die Höhe des Unterhalts von A–Z**
Mehr als 400 Stichwörter zum aktuellen Unterhaltsrecht.
Rechtsberater
12. Aufl. 2018. 536 S.
€ 21,90. dtv 51217
Auch als **ebook** erhältlich.

Dieser Rechtsberater klärt verständlich von A bis Z **in mehr als 400 Stichwörtern** alle in der Praxis relevanten Unterhaltsfragen.

Schwab/Görtz-Leible
**Meine Rechte bei Trennung und Scheidung**
Unterhalt · Ehewohnung · Sorge · Zugewinn- und Versorgungsausgleich.
Rechtsberater  **TOPTITEL**
9. Aufl. 2017. 326 S.
€ 15,90. dtv 51208
Auch als **ebook** erhältlich.

Ratgeber zu allen Rechtsfragen bei Trennung und Scheidung.

Dahmen-Lösche
**Ehevertrag – Vorteil oder Falle?**
So finden Sie Ihre perfekte Regelung.
Rechtsberater
3. Aufl. 2017. 164 S.
€ 13,90. dtv 51216
Auch als **ebook** erhältlich.

Mit zahlreichen Mustern und Beispielen.

Peyerl
**Vermögensteilung bei Scheidung**
So sichern Sie Ihre Ansprüche.
Rechtsberater
3. Aufl. 2016. 132 S.
€ 11,90. dtv 50786
Auch als **ebook** erhältlich.

Grziwotz/Kappler/Kappler
**Trennung und Scheidung richtig gestalten**
Getrenntleben, Scheidung, Lebenspartnerschaftsaufhebung, Vermögensauseinandersetzung und Unterhalt.
Rechtsberater
9. Aufl. 2018. 301 S.
€ 14,90. dtv 51229
Auch als **ebook** erhältlich.

Informiert über die gesetzlichen Regelungen und zeigt Vereinbarungsmöglichkeiten.

Strecker
**Versöhnliche Scheidung**
Trennung, Scheidung und deren Folgen einvernehmlich regeln.
Rechtsberater
5. Aufl. 2014. 349 S.
€ 16,90. dtv 50759
Auch als **ebook** erhältlich.

Bietet Hilfe bei der Suche nach einvernehmlichen Lösungen während Trennung und Scheidung. Berücksichtigt sind auch psychologische Aspekte.

Schlickum
**Scheidungsberater für Männer**
Meine Rechte und Ansprüche bei Trennung und Scheidung.
Rechtsberater
4. Aufl. 2018. 194 S.
€ 14,90. dtv 51220
Auch als **ebook** erhältlich.

Dieser Rechtsberater speziell für Männer bietet umfassend und verständlich Hilfe **bei allen wichtigen rechtlichen Fragen** bei Trennung und Scheidung.

Mit zahlreichen **Beispielen, Mustern, Hinweisen und Praxistipps**.

Berücksichtigt sind die aktuelle Düsseldorfer Tabelle und die Süddeutschen Leitlinien.

Wernitznig
**Meine Rechte und Pflichten als Vater**
Vaterschaft, Sorgerecht, Umgang, Namensrecht, Unterhaltsfragen, erbrechtliche und steuerrechtliche Fragen.
Rechtsberater
2. Aufl. 2014. 148 S.
€ 11,90. dtv 50756
Auch als **ebook** erhältlich.

Lindemann-Hinz/Wabbel
**Elternunterhalt**
Das müssen Kinder für ihre Eltern zahlen.
Rechtsberater
4. Aufl. 2020. XIV, 163 S.
€ 15,90. dtv 51246
Auch als **ebook** erhältlich.

# Alle rechtlichen Aspekte und praktischen Möglichkeiten

Wenn die Behörde zur Auskunft über das eigene Vermögen auffordert, ist es meist zu spät. Erfahren Sie hier, wie viel Unterhalt Sie für Ihre Eltern zahlen müssen, wenn diese sich nicht mehr selbst unterhalten können. Von der Erteilung der Auskunft über das eigene Einkommen und Vermögen über die Freibeträge und die eigene Altersvorsorge bis zum Zugriff auf Immobilienvermögen behandelt der Band alle relevanten Themen.
**Zahlreiche Tipps** lassen den Betroffenen nicht im Regen stehen. Viele Beispiele mit **Musterberechnungen** machen die Ausführungen anschaulich.

### Jetzt aktuell in der 4. Auflage:
- Neu mit den Regelungen zu dem seit Januar 2020 geltenden Angehörigen-Entlastungsgesetz.
- Jede Menge neue Rechtsprechung mit ihren praktischen Konsequenzen.

### Die Autoren
**Gisela Lindemann-Hinz** ist Rechtsanwältin und Fachanwältin für Familienrecht in Berlin. **Jürgen Wabbel** ist Rechtsanwalt in Braunschweig.

## Behinderung

**SGB IX · Rehabilitation und Teilhabe von Menschen mit Behinderungen**
Textausgabe  `TOPTITEL`
10. Aufl. 2020. 947 S.
€ 19,90. dtv 5755

Auf dem Stand Januar 2020 beinhaltet die Textausgabe die für das Recht schwerbehinderter Menschen relevanten Normtexte, zum Teil in Auszügen. Aufgrund der Neufassung des SGB IX wurde die Textsammlung vollständig neu konzipiert und inhaltlich erweitert.

Greß
**Recht und Förderung für mein behindertes Kind**
Elternratgeber für alle Lebensphasen – Sozialleistungen, Betreuung und Behindertentestament.
Rechtsberater  `TOPTITEL`
3. Aufl. 2018. 328 S.
€ 19,90. dtv 51232
Auch als **ebook** erhältlich.

Kompetenter Rechtsrat für Eltern mit behinderten Kindern in den einzelnen Lebenssituationen, wie z. B. Geburt, Schulbesuch, Ausbildung, Volljährigkeit und Auszug aus dem Elternhaus. Die Voraussetzungen für Sozialleistungen (wie Sozialhilfe, Grundsicherung, Kranken- und Pflegeversicherung, Kindergeld etc.) sind ausführlich dargestellt. Schließlich bietet dieser Ratgeber auch Informationen zu gesetzlicher Betreuung und den Möglichkeiten des Erbrechts, um behinderte Kinder über den Tod der Eltern hinaus abzusichern.

Zimmermann
Ratgeber Betreuungsrecht
Hilfe für Betreute, Betreuer
und Angehörige.
Rechtsberater **TOPTITEL**
11. Aufl. 2020. 335 S.
€ 21,90. dtv 51240
Auch als **ebook** erhältlich.

# Schnelle Information zu betreuungsrechtlichen Fragen.

Dieser Rechtsberater informiert umfassend über Rechte und Pflichten der Beteiligten bei einer Betreuung. Beantwortet sind alle wesentlichen Fragen zum Betreuungsrecht, u.a.:
- Wann und wie wird ein Betreuer bestellt?
- Was kann ich mit einer Patientenverfügung regeln?
- Welche Kosten entstehen und wer muss sie tragen?

**Alle Vorteile auf einen Blick:**
- Praxisnahe Beispiele, tabellarische Übersichten und Lösungsvorschläge
- Änderungen im Verfahrens-, Vergütungs- und Unterbringungsrecht werden berücksichtigt

Der Autor **Prof. Dr. Walter Zimmermann** ist Vizepräsident des Landgerichts Passau a.D. und Honorarprofessor für Bürgerliches Recht und Zivilprozessrecht an der Universität Regensburg.

## Betreuung und Alter

**BtR · Betreuungsrecht**
BetreuungsG, BetreuungsbehördenG,
Vormünder- und BetreuervergütungsG.
Textausgabe
16. Aufl. 2020. 165 S. € 7,90. dtv 5570

**TOPTITEL**

Mit den Neuerungen der Vergütung insbesondere von Betreuern durch das geplante Gesetz zur Anpassung der Betreuer- und Vormündervergütung.

Zimmermann
**Betreuungsrecht von A–Z**
Rund 470 Stichwörter zum aktuellen Recht.
Rechtsberater
5. Aufl. 2014. 389 S.
€ 19,90. dtv 50757
Auch als **ebook** erhältlich.

Der Ratgeber informiert lexikalisch umfassend und leicht verständlich über alle wesentlichen Fragen der Betreuung.

Kempchen/Krahmer
**Mein Recht bei Pflegebedürftigkeit**
Leitfaden zu Leistungen der Pflegeversicherung.
Rechtsberater
4. Aufl. 2018. 296 S.
€ 18,90. dtv 50775
Auch als **ebook** erhältlich.

Behandelt das Thema leicht verständlich und erklärt es anhand von vielen Beispielen.

Winkler
**Betreuung in Frage und Antwort**
Alle wichtigen rechtlichen Aspekte für Betreute und Betreuer
Rechtsberater
2. Aufl. 2017. 250 S.
€ 15,90. dtv 51203
Auch als **ebook** erhältlich.

Mit zahlreichen Beispielen und Checklisten.

Putz/Steldinger/Unger
**Patientenrechte am Ende des Lebens**
Vorsorgevollmacht · Patientenverfügung ·
Selbstbestimmtes Sterben.
Rechtsberater   **TOPTITEL**
7. Aufl. 2020. 379 S.
€ 19,90. dtv 51242
Auch als **ebook** erhältlich.

# Rechtzeitig selbst bestimmen!

Der Ratgeber konzentriert sich auf den Aspekt der Vorsorge, auf **Patientenverfügung und Vorsorgevollmacht** und damit auf die Themen und Fragen:
- Selbstbestimmung und Vorsorge bei Krankheit und Tod, Durchsetzung Ihrer Rechte
- Recht auf Leben, Recht auf Sterben, Pflicht zu leben?
- Welche Behandlung wünsche ich in bestimmten Situation – und welche nicht?
- Wer vertritt meine Rechte, wenn ich nicht mehr in der Lage bin?

Die **Neuauflage** berücksichtigt wichtige Entscheidungen des BGH zur rechtswirksamen Formulierung von Patientenverfügungen und Vorsorgevollmacht, z.B. zur Festlegung von lebensverlängernden Maßnahmen, sowie die Entscheidung des Bundesverfassungsgerichts zur Verfassungswidrigkeit des § 217 StGB.

Die Verfasserinnen **Beate Steldinger** und **Tanja Unger** sind Rechtsanwältinnen und Fachanwältinnen für Medizinrecht in München, **Wolfgang Putz** ist Rechtsanwalt in München und Lehrbeauftragter an der LMU München. Durch ihre Veröffentlichungen und Gerichtsverfahren haben sie höchstrichterliche Grundsatzentscheidungen herbeigeführt und die Rechtslage zu diesem Thema wesentlich geprägt.